Freiwillige Gerichtsbarkeit und Zivilprozess II
(1935–1942)

Akademie für Deutsches Recht 1933–1945

Protokolle der Ausschüsse
Herausgegeben von Werner Schubert

Band XXI

PL ACADEMIC RESEARCH

Freiwillige Gerichtsbarkeit und Zivilprozess II

Ausschüsse für Freiwillige Gerichtsbarkeit (1935–1939) und für Bürgerliche Rechtspflege (1937–1942)

Herausgegeben und mit einer Einleitung versehen von Werner Schubert

PL ACADEMIC RESEARCH

Bibliografische Information der Deutschen Nationalbibliothek
Die Deutsche Nationalbibliothek verzeichnet diese Publikation in der Deutschen Nationalbibliografie; detaillierte bibliografische Daten sind im Internet über http://dnb.d-nb.de abrufbar.

Gedruckt auf alterungsbeständigem,
säurefreiem Papier.

ISBN 978-3-631-64392-1 (Print)
E-ISBN 978-3-653-03490-5 (E-Book)
DOI 10.3726/978-3-653-03490-5

PL Academic Research ist ein Imprint der Peter Lang GmbH.

Peter Lang – Frankfurt am Main · Bern · Bruxelles · New York · Oxford · Warszawa · Wien

www.peterlang.de

Inhalt

Einleitung

I. Überblick über den Inhalt des Bandes

Der Band bringt zunächst die Protokolle über die Beratungen des Ausschusses für Freiwillige Gerichtsbarkeit (7 Sitzungen), die auch ohne die von den Ausschussmitgliedern vorgelegten, nicht erhalten gebliebenen Referate verständlich sind. Die Protokolle des Ausschusses für Bürgerliche Rechtspflege für die Zeit von 1934 bis Oktober 1937 sind bereits für das allgemeine Verfahrensrecht in Bd. VI der Reihe (1997) und für das Zwangsvollstreckungsrecht in Bd. XVII (2008) veröffentlicht worden. Ferner sind in Bd. VI bereits die Protokolle enthalten, die sich allgemein mit der Verhandlungsmaxime befassen. Im vorliegenden Band werden die allerdings nicht vollständig überlieferten Protokolle für die Zeit von Ende 1937 bis Anfang 1942 wiedergegeben. Ihre Veröffentlichung erschien gerechtfertigt, da trotz des Fehlens einiger Protokolle die Inhalte der Beratungen des Ausschusses gut überschaubar sind und wichtige Beratungsgegenstände mehrmals behandelt wurden. Die Beratungen geben im Übrigen einen detaillierten Einblick insbesondere in die Reformvorstellungen des Reichsjustizministeriums, des Präsidenten des IV. Zivilsenats des Reichsgerichts *Martin Jonas* – zugleich Kommentator der Zivilprozessordnung in dem von *Stein* begründeten ZPO-Kommentars[1] –, der Prozessualisten *Friedrich Lent* und *Max Pagenstecher* sowie des Hamburger Rechtsanwalts *Walther Fischer*. Auch kommen wiederholt Einzelheiten der Praxis der Zivilprozessordnung und der Entstehung der ZPO-Novelle von 1924[2] zur Sprache, die auf den Vorsitzenden des Ausschusses für Bürgerliche Rechtspflege *Erich Volkmar* zurückgeht. Die Beratungen sind auch insoweit von großem Interesse, als sie für die Zeit ab Mai 1938 die Auseinandersetzung mit dem auch in Deutschland sehr geschätzten österreichischen Zivilprozess unter Mitwirkung österreichischer Juristen dokumentieren. Zu bedauern ist allerdings, dass die Entwürfe von Jonas über die „Berufung" und die „Revision" nicht überliefert sind. Deshalb hat der Herausgeber am Ende des Bandes eine Rekonstruktion der Inhalte der Entwürfe versucht, welche die Benutzung der Protokolle erleichtern soll. Grundlage der Beratungen waren die Zivilprozessordnung in der vom 1.1.1934 an geltenden Fassung (Bekanntmachung vom 8.11.1933, RGBl. I, 821) und der Entwurf der

---

[1] Kommentar zur Zivilprozessordnung. 12./13. Aufl. 1925/26, 15. Aufl. 1934, 16. Aufl. 1938/39 mit Nachträgen von 1941-1943.

[2] Hierzu mit Quellen bei *W. Schubert,* Zivilprozessreform in der Weimarer Zeit (Rechtshistorische Reihe Bd. 323), Frankfurt a.M. 2005.

Abteilung I des Reichsjustizministeriums zu einer Zivilprozessordnung (1931)[3], der in der Folgezeit zu einer breiten rechtspolitischen Diskussion geführt hat.

II. Der Ausschuss für Freiwillige Gerichtsbarkeit

Der genannte Ausschuss hat zwischen dem 25.10.1935 und dem 28.2.1939 unter dem Vorsitz von *Franz Schlegelberger,* seit 1931 Staatssekretär im Reichsjustizministerium und Autor eines umfangreichen Kommentars zum FGG von 1898[4], sieben Sitzungen abgehalten. Das FGG geht zurück auf Vorentwürfe von *Gottlieb Planck* von 1881/88[5], auf eine Vorlage des Reichsjustizamts von 1897[6] sowie auf die Beratungen im Bundesrat und im Reichstag; es wurde am 17.5.1898[7] als Gesetz über die Angelegenheiten der Freiwilligen Gerichtsbarkeit im Reichsgesetzblatt veröffentlicht. Nach einer kurzen Eröffnungssitzung befasste sich der Ausschuss mit den allgemeinen Bestimmungen des FGG und dem Abschnitt über die Vormundschaftssachen anhand eines praktischen Falles. Erörtert wurden Fragen der Amtsprüfung und des Amtsbetriebes, der Zuständigkeit, der Einheit der Gerichtsbarkeit, des Beschwerderechts, der Förmlichkeiten der Beschwerde, der Frage der Beibehaltung einer zweiten Tatsacheninstanz, der Rechtskraft sowie der Vollstreckung[8]. Im Mai 1937 begann der Ausschuss mit den Beratungen der Bestimmungen über die Nachlass- und Teilungssachen (§§ 72 ff. FGG) und prüfte in diesem Zusammenhang folgende Probleme: Zuständigkeit, Nachlasssicherung, Nachlasspflegschaft, Nachlassverwaltung, Inventarfrist, Testamentsvollstrecker, Testamentseröffnung und Erbschein. Nach einer Zusammenfassung des Ergebnisses der Beratungen waren diese durch die Vorarbeiten des Erbrechtsausschusses wesentlich erleichtert[9], an deren Ergebnisse häufig angeknüpft werden konnte, „so vor allem in der grundsätzlich unveränderten Beurteilung der Bedeutung des Erbscheins und seiner Wirkungen im Rechte des nationalsozialistischen Staates". Die bisherigen Formen des Erbscheins hatten sich „nach der Auffassung des Ausschusses bewährt" und konnten deshalb beibehalten werden; dagegen sei „der gegenständlich beschränkte Erbschein abzulehnen; Verfügungsbeschränkungen, z.B. Nachlassverwaltung, Nachlasskonkurs u.a. dürfen nur in sehr engen Grenzen zugelassen werden". Im Übrigen befürwortete der Ausschuss eine „Vereinfachung des Verfahrens bei Erteilung des Erbscheins, besonders des Vorerben-

---

3 Entwurf einer Zivilprozessordnung. Veröffentlicht durch das Reichsjustizministerium, 1931; hierzu *Schubert,* in: Bd. VI der Reihe 1997, S. 11 ff., 19 ff. und Bd. XVII der Reihe, 2008, S. XXXVff.

4 Gesetz über die Angelegenheiten der Freiwilligen Gerichtsbarkeit. Kommentar. Begründet von Rudolf Schultze-Görlitz, 2. Aufl. 1914/19. 3. Aufl. 1927, 4. Aufl. 1935, 5. Aufl. 1937/38, 6. Aufl. 1952.

5 Vorlagen der Redaktoren für die 1. BGB-Kommission, Familienrecht, hrsg. von *W. Schubert,* Teil 3, Berlin 1983, S. 557 ff., 779 ff.

6 *H. H. Jakobs/W. Schubert,* Die Beratung des BGB. Einführungsgesetz und Nebengesetze, Berlin 1990, Teil 2, S. 1640 ff.

7 RGBl. 1898, S. 189 ff. (Inkrafttreten des FGG am 1.1.1900).

8 Vgl. *Schubert,* Bd. III, 8 der Reihe, 1996, S. IL f.; S. 790 ff. auch ein Teil der Prot.

9 Jahrbuch der ADR, Jg. 1938, S. 259 f.

scheins, und beleuchtete zum Schluss die Rechtslage bei der Erteilung eines unrichtigen Erbscheins“[10].

Am 20.12.1937 wurden die Beratungen über „Nachlass- und Teilungssachen“ abgeschlossen mit dem Vorschlag, ein Erbauseinandersetzungsverfahren (richterliches Zuteilungsverfahren, mit gegenüber dem geltenden Recht erweiterten Befugnissen des Richters) einzuführen. Aus den Bedürfnissen der Praxis heraus, so das Jahrbuch der Akademie[11], „brachte der Ausschuss als neue Figur den ‚Erbschaftsverwalter' in Vorschlag, der in gewisser Beziehung als ein ‚verlängerter' Nachlassverwalter nach §§ 1981 ff. BGB zu kennzeichnen wäre; er soll dem Gericht als Hilfsorgan im Auseinandersetzungsverfahren zur Seite stehen.“ Nach einer längeren Pause befasste sich der Ausschuss am 28.2.1939 mit der Frage der Zuständigkeit in Beurkundungssachen und der Gestaltung der Beurkundung. Wenn auch das überlieferte Sitzungsprotokoll weitgehend aus sich heraus verständlich ist, bleibt zu bedauern, dass die schriftlichen Referate des Kammergerichtsrats *Backs* und des rheinischen Notars *Lützeler* sowie der Entwurf der Reichsfachgruppe Notare über die Beurkundung nicht überliefert sind. Die Reichsfachgruppe hatte bereits 1938 in mehreren Eingaben an das Reichsjustizministerium und das Reichsrechtsamt der NSDAP die Erweiterung der Beurkundungszuständigkeit und die Beseitigung nicht mehr gerechtfertigter Beurkundungszuständigkeiten gefordert[12]. In den Ausschussberatungen konnten sich die Notare jedoch nicht mit ihrem Wunsch durchsetzen, die Beurkundung durch die Gerichte ganz aufzugeben. Dagegen war man sich im Ausschuss weitgehend darüber einig, dass die reichs- und landesrechtlich begründeten Zuständigkeiten öffentlicher Behörden und sonstiger mit öffentlichen Aufgaben betrauter Stellen in Fällen, in denen diese an Verträgen beteiligt waren, im Interesse der Unparteilichkeit der Rechtspflege möglichst zu beseitigen waren. Jedoch ließen die Vertreter des Reichsjustizministeriums keinen Zweifel darüber bestehen, dass diese Forderung gegenüber den anderen Reichsministerien nicht durchsetzbar sei.

Im Reichsjustizministerium dürften detaillierte Arbeiten zu einer Reform des FGG nicht mehr in Angriff genommen worden sein. Insgesamt bewegten sie die Ausschussberatungen durchweg im Rahmen des geltenden Rechts, wie einer Zusammenfassung des Beratungsergebnisses Ende 1939 in der Zeitschrift der Akademie für Deutsches Recht zu entnehmen ist[13]: „Der Ausschuss für Freiwillige Gerichtsbarkeit hat, auf dem RFGG von 1898 fußend, den allg. Teil, das Nachlassverfahren und das Urkundenrecht beraten. Die allg. Vorschriften des geltenden Verfahrensrechts haben sich nach seiner Meinung bewährt und bedürfen deshalb nur geringfügiger Verbesserungen. Das Nachlassverfahren braucht eine Zusammenfassung der im BGB und im RFGG zerstreuten Rechtsnormen; eine Neufassung bzw. Ergänzung hängt von der künftigen Gestaltung des materiellen Erbrechts ab. Das auf grundsätzlich zu billigenden Gedanken beruhende Urkundenrecht muss als formell misslungen bezeichnet werden, weil es sich sklavisch

[10] Zur Geschichte des Erbscheins *Mirco Peter Hirsch,* Von der Erbbescheinigung des preußischen Rechts zum Erbschein des BGB, Frankfurt a.M. 2004.

[11] Jb. der ADR Jg. 1938, S. 260.

[12] Vgl. auch *Schubert,* Bd. III, 8 der Reihe, S. I ff.

[13] ZADR 1939, S. 662 (*Emge*).

an das Testamentsrechts des BGB anschließt und im Übrigen der landesrechtlichen Gestaltung zuviel Spielraum lässt. Der Ausschuss fordert deshalb eine Neugestaltung unter straffer Zusammenfassung der Leitsätze und auf der Basis der Reichszuständigkeit." Die Arbeiten zu einer Reform des Rechts der Freiwilligen Gerichtsbarkeit wurden 1964 durch eine vom BMJ eingesetzte Kommission wieder aufgenommen. Aus den Arbeiten dieser Kommission ist das Beurkundungsgesetz vom 28.8.1969[14] hervorgegangen, welches das Beurkundungsrecht vereinheitlichte und die zahlreichen Beurkundungsbefugnisse der Gerichte und Behörden weitgehend beseitigte. Die Kommission beendete ihre Arbeiten 1977 mit der Verabschiedung des Entwurfs einer Verfahrensordnung für die Freiwillige Gerichtsbarkeit, der seit 1980 nicht mehr weiter verfolgt wurde. Nach längeren Vorarbeiten lag 2005 ein Referentenentwurf zu einem Gesetz „zur Reform des Verfahrensrechts in Familiensachen und in Angelegenheiten der freiwilligen Gerichtsbarkeit (FGG-Reformgesetz)"[15] vor, aus dem das Gesetz über das Verfahren in Familiensachen und in den Angelegenheiten der Freiwilligen Gerichtsbarkeit vom 17.12.2008[16] hervorgegangen ist, welches das FGG sowie Teile der Zivilprozessordnung vollständig ersetzte.

III. Der Ausschuss für Bürgerliche Rechtspflege

Wie einer im Oktober 1942 angefertigten Zusammenstellung der Beratungsmaterien des genannten Ausschusses zu entnehmen ist[17], war beabsichtigt, die Ergebnisse „aller bisherigen Beratungen in Leitsätzen" zusammenzufassen. Die Leitsätze sollten dienen als „Grundlage für die Formulierung der Paragraphen des künftigen Gesetzes". Bevor es dazu kam – wobei fraglich ist, ob diese Arbeiten im bereits fortgeschrittenen Kriegsstadium überhaupt hätten vollendet werden können –, setzte der neue Reichsjustizminister *Otto Thierack* (nunmehr Leiter der Akademie für Deutsches Recht) einen Sonderausschuss „Wahrheitsforschung im Streitverfahren" unter dem Vorsitz von *Josef Altstötter* ein (Nachfolger des vorzeitig in den Ruhestand versetzten Ministerialdirektors *Volkmar*), der eine erheblich stärkere Durchbrechung der Verhandlungsmaxime befürwortete als der Ausschuss für Bürgerliche Rechtspflege.

Nach der Zusammenstellung vom Okt. 1942[18] hatte der Ausschuss vor dem Krieg ab 1938 behandelt: Vorbereitung der mündl. Verhandlung, Gütetermin, Probleme des Einzelrichters, Mahnverfahren, deutsch-österr. Rechtsangleichung, Partei kraft Amtes, Streitgegenstand, Zustellungsverfahren, Zuständigkeit, Rechtshängigkeit, Feststellungsklage, Klage auf künftige Leistung, Rechtskraft, Beschränkung des Sachvortrags in der

---

14 Hierzu *Sylvia Scharfenberg,* Die Entstehungsgeschichte des Beurkundungsgesetzes vom 28.8.1969, Frankfurt a.M. 2003.

15 Hierzu *Dirk Bahrenfuss,* FamGG. Gesetz über das Verfahren in Familiensachen und in Angelegenheiten der freiw. Gerichtsbarkeit. Kommentar, Berlin 2009, Rdn. 12 Einl.: FGG *Paul Jansen/v. Schuckmann,* 3. Aufl. 2006, Rdn. 38 ff., 62 ff. Einl.

16 BGBl. I 2009, S. 2586, 2587 ff.

17 BA Berlin, R 3001, 24330.

18 BA Berlin, R 3001, 20642, 24330.

Berufungsinstanz, Beweis durch Parteivernehmung, Umfang der Rechtskraft, Erweiterung der Wiederaufnahmegründe, Behandlung neuer Tatsachen und Beweise im Berufungsverfahren, Urkundenprozess sowie Behandlung verspäteten Vorbringens im ersten Rechtszug. Während des Krieges wurden folgende Themen beraten: Schiedsgerichtsverfahren, Streitgenossenschaft und Beteiligung Dritter am Rechtsstreit, Rechtsmittel (Berufung und Revision), Wiederaufnahme des Verfahrens, Rechtskraft, Unmittelbarkeit des Sachverständigenbeweises, Prozessvoraussetzung, Bindung des Gerichts an Parteivereinbarungen, Kostenfragen, Beschwerde sowie der Verhandlungsgrundsatz. Eine überragende Rolle spielte die Ausgestaltung des Versäumnisurteils sowie die Rechtsmittel der Berufung und der Revision. In diesem Zusammenhang äußerte der 1938 vom Reichsjustizministerium übernommene österr. Ministerialbeamte *Stagel* in der Sitzung vom 25.5.1938 Folgendes[19]: „Wie man in Österreich darüber denken wird, dass in der gemeinsamen ZPO für das Großdeutsche Reich, die ja – darüber besteht auch in Österreich nur eine einheitliche Meinung – kommen muss, im Wesentlichen die Grundsätze des deutschen Zivilprozesses übernommen und aufrecht erhalten werden sollen, so muss ich wohl sagen, dass der erste Eindruck hier der sein wird, dass man dem *ganz fassungslos gegenüberstehen* wird. Denn es ist bei uns in den weitesten Kreisen der Juristen die felsenfeste Überzeugung verwurzelt, dass der *österreichische Zivilprozess besser ist als der deutsche.* Diese Überzeugung ist hier allgemein, obwohl ich überzeugt bin, dass die überwiegende Mehrheit unserer Juristen den deutschen Prozess nicht auch nur annähernd kennt; aber das ist so die communis opinio, die den Juristen in Österreich schon auf der Hochschule eingebläut worden ist, dass der österreichische Zivilprozess ein so vollendetes Werk ist, dass es nichts Besseres geben kann. Das hat auch zur Folge gehabt, dass man in Österreich bis in die letzte Zeit die Hoffnung gehegt hat, es werde uns gelingen, bei den Vereinheitlichungsbestrebungen die Grundsätze unserer Zivilprozessordnung in weitgehendem Maße zum Durchbruch zu bringen." Er persönlich sei sich von vornherein darüber klar gewesen, „dass diese weit gespannten Hoffnungen der Österreicher nicht erfüllt werden können, und ich empfinde es schon dankbar, dass sich die Rechtsentwicklung in den letzten Jahren, was ja gewiss insbesondere der Arbeit unseres Herrn Vorsitzenden zu danken ist, unserem Zivilprozess weitgehend genähert hat, so dass wir die Befriedigung haben, dass Gedanken, die in unserem Zivilprozess verwirklicht sind, in der Novellengesetzgebung ihren Niederschlag gefunden haben. Aber es war mir von vornherein klar, dass man nicht soweit gehen kann, unsere ganze sonstige verschiedene Regelung nun in dem allgemeinen Werk ihren Niederschlag finden zu lassen." Ausgedehnte Beratungen fanden statt über das Vorbringen neuer Angriffs- und Verteidigungsmittel (Nova) in der zweiten Instanz, das nach österreichischem Recht völlig ausgeschlossen war; eine Regelung, die bei den deutschen Kommissionsmitgliedern, insbesondere bei Pagenstecher, auf nicht unerhebliche Bedenken stieß.

In den Sitzungen, deren Protokolle bereits in Bd. VI der Reihe mitgeteilt worden sind, befasste sich der Ausschuss vom 26.-28.10.1937 zunächst mit der Frage[20], ob bei

[19] Unten S. 220 f.
[20] Bd. VI der Reihe, S. 301 ff.

Kollegialgerichten das Führerprinzip eingeführt werden sollte, was allgemein abgelehnt wurde. Abgelehnt wurde auch eine Beteiligung des Staatsanwalts in Zivilsachen, und zwar grundsätzlich auch eine Beteiligung an den Entscheidungen des Großen Senats des Reichsgerichts in Zivilsachen. Der Ausschuss war sich ferner darüber einig, dass die Verhandlungsmaxime bestehen bleiben sollte; eventuell sollte § 139 ZPO noch „klarer" gefasst werden. Über das Verhältnis der Verhandlungsmaxime zur Wahrheitspflicht erzielte man im Wesentlichen Einigkeit. Erstere sollte unter dem Gesichtspunkt der Arglist eingeschränkt werden, ohne dass § 138 ZPO geändert werden sollte.

Unter dem 15.7.1941 erging das Gesetz über die Mitwirkung des Staatsanwalts in bürgerlichen Rechtssachen[21], an dessen Vorbereitung der Ausschuss nicht beteiligt war. Nach § 1 des Gesetzes war die Staatsanwaltschaft in bürgerlichen Rechtssachen der ordentlichen Gerichte „zur Mitwirkung befugt, um die vom Standpunkt der Volksgemeinschaft im Verfahren und bei der Entscheidung zu berücksichtigenden Umstände geltend zu machen". Hierzu sollte „der Staatsanwalt an allen Verhandlungen teilnehmen, Tatsachen und Beweismittel vorbringen und sich über die zu erlassende Entscheidung gutachtlich äußern" können. Nach § 2 galt folgende Regelung: „In rechtskräftig entschiedenen bürgerlichen Rechtssachen der ordentlichen Gerichte kann der Oberreichsanwalt beim Reichsgericht binnen eines Jahres nach Eintritt der Rechtskraft die Wiederaufnahme des Verfahrens beantragen, wenn gegen die Richtigkeit der Entscheidung schwerwiegende rechtliche oder tatsächliche Bedenken bestehen und er wegen der besonderen Bedeutung der Entscheidung für die Volksgemeinschaft die erneute Verhandlung und Entscheidung für erforderlich hält". Über den Wiederaufnahmeantrag sollte der Große Senat für Zivilsachen beim Reichsgericht entscheiden. – Ebenfalls 1941 befürwortete *Jonas* im „Deutschen Recht" in einem umfangreichen Aufsatz[22] eine erhebliche Auflockerung der Verhandlungsmaxime durch eine „Freisetzung der richterlichen Energie auf dem Gebiete der Tatsachenaufklärung" nach dem Muster des § 622 ZPO.

Der Ausschuss für Bürgerliche Rechtspflege befasste sich am 6.12.1941 erneut mit der Verhandlungsmaxime unter weitgehender Beteiligung von Jonas an der Diskussion[23]. Hier schlug dieser folgende Formulierung für eine Einschränkung der Verhandlungsmaxime vor[24]: „Das Gericht kann Tatsachen, die von den Parteien nicht vorgebracht sind, berücksichtigen und die Aufnahme von Beweisen von Amts wegen anordnen." Eine ähnliche Formulierung schlug *Staud* (Reichsjustizministerium) vor: „Das Gericht hat von Amts wegen den wahren Sachverhalt zu ermitteln, unabhängig vom Vorbringen der Partei." Diese Vorschläge wurden von Volkmar und insbesondere von Pagenstecher zurückhaltend aufgenommen. Nach Meinung von Volkmar sollte das Fragerecht dahin erweitert werden[25], dass „der Richter auf eine Ergänzung unvollständiger Tatbestände oder auf den Gesichtspunkt der Klageänderung hinweisen darf". Ferner

[21] RGBl. I 1941, S. 383 f.
[22] *Jonas,* DR (A) 1941, S. 1697 ff., Zitat S. 1702.
[23] Bd. VI der Reihe, S. 318 ff.
[24] Bd. VI der Reihe, S. 325; hier auch die Formulierung von *Staud.*
[25] Bd. VI der Reihe, S. 326 f.

sollte „noch irgendwie in das Gesetz“ hineingebracht werden, „dass der Richter Tatsachen von Amts wegen ermitteln und berücksichtigen kann, deren Berücksichtigung im öffentlichen Interesse liegt. Man kann unter Umständen dahin kommen, dass auch der Wucher dazu gehört.“

Eine weitere, noch ausgedehntere Beratung am 8. und 9.1.1942[26] befasste sich unter dem Vorsitz von *Lent* mit Fragen der Ermittlung von Amts wegen, der Einschaltung der Staatsanwaltschaft und der Verwertung privaten Wissens. Am Ende der Sitzung vom 8.1.1942 stellte Lent fest[27]: „Wir wollen die Aufklärungspflicht im Sinne des § 182 des österreichischen Rechts nehmen. Da müssten wir sagen: Die Befolgung der Wahrheitspflicht ist von Amts wegen zu prüfen. Wir können vielleicht mit dem erweiterten § 139 auskommen. Wenn wir jetzt aber nach § 622 das Gegenteil hineinschreiben, dann nehmen die Leute an, dass wir etwas grundstürzend Neues wollen, während nur die erweiterte Praxis gesichert werden soll.“ Am folgenden Tage präzisierte Lent die Auffassung des Ausschusses dahin[28], dass „nicht ins Gesetz eine ausgesprochene Formulierung der Offizialmaxime hineinkommen soll, dass wir nicht allgemein sagen: Der Richter kann auch Tatsachen berücksichtigen, die von den Parteien nicht vorgebracht worden sind. Ferner wollen wir eine Neufassung des § 139 vornehmen, und zwar im Sinne einer Erweiterung, unter gleichzeitiger Abkürzung, etwa im Sinne der österreichischen Zivilprozessordnung des Schlusssatzes von § 182.“ Die Meinungen darüber, ob man dem Richter, wenn es um das öffentliche Interesse ging, die Ermittlungsbefugnis geben sollte, waren geteilt. Lent war der Ansicht, „dass der Richter es selbst macht. Dass der Staatsanwalt eingeschaltet werden kann, ist selbstverständlich.“[29] Eine weitere, nicht sehr genau dokumentierte Beratung des Ausschusses fand vom 1. bis 3.10.1942 statt. Hier bestand Einigkeit darüber, den § 139 ZPO dahin auszugestalten[30], „dass der Richter den Prozess zu aktivieren hat, so dass die Parteien den Prozess so klären, dass prozessökonomisch die Bereinigung des Streitfalles erreicht wird. Das ist eine richterliche Aufgabe, und die muss ihm gegeben werden“. Hinsichtlich der Verhandlungsmaxime

---

[26] Bd. VI der Reihe, S. 330 ff.

[27] Bd. VI der Reihe, S. 348; § 182 österr. ZPO lautet: Der Vorsitzende hat bei der mündlichen Verhandlung durch Fragestellung oder in anderer Weise darauf hinzuwirken, dass die für die Entscheidung erheblichen tatsächlichen Angaben gemacht oder ungenügende Angaben über die zur Begründung oder Bekämpfung des Anspruches geltend gemachten Umstände vervollständigt, die Beweismittel für diese Angaben bezeichnet oder die angebotenen Beweise ergänzt und überhaupt alle Aufschlüsse gegeben werden, welche zur wahrheitsmäßigen Feststellung des Tatbestandes der von den Parteien behaupteten Rechte und Ansprüche notwendig erscheinen. – Wenn eine Partei in ihrem Vortrage von dem Inhalte eines von ihr überreichten vorbereitenden Schriftsatzes abweicht oder wenn die Vorträge der Parteien mit sonstigen, von Amts wegen zu berücksichtigenden Prozessakten nicht im Einklange stehen, hat der Vorsitzende darauf aufmerksam zu machen. Ebenso hat er die Bedenken hervorzuheben, welche in Ansehung der von Amts wegen zu berücksichtigenden Punkte obwalten. – Außer dem Vorsitzenden können auch die anderen Mitglieder des Senates an die Parteien die zur Ermittlung des Streitverhältnisses und zur Feststellung des Tatbestandes geeigneten Fragen richten.

[28] Bd. VI der Reihe, S. 348.

[29] Bd. VI der Reihe, S. 357.

[30] Bd. VI der Reihe, S. 361.

handelte es sich nach Meinung des Ausschusses „nicht um einen Grundsatz“, sondern um eine „Zweckmäßigkeitsfrage“[31]. Festgehalten wurde an dem Grundsatz, dass wenn der Richter die Sache für die Entscheidung reif hielt, er auch gegen die Anträge der erschienenen Partei eine Entscheidung nach Aktenlage anstelle des Versäumnisurteils zu erlassen hatte. Im Übrigen sollte der Richter die Klage abweisen, wenn er überzeugt war[32], „dass die Klage unbegründet“ ist. Ein Anerkenntnisurteil sollte der Richter nicht erlassen dürfen, wenn ein „Missbrauch der Rechtspflege“ vorliege. Ferner befasste sich der Ausschuss ausführlich mit der Wahrheitspflicht.

Eine letzte Sitzung des Ausschusses fand vom 19.-21.11.1942 statt[33], die Volkmar leitete. An den beiden ersten Tagen erörterte der Ausschuss den Entwurf des Reichsjustizministeriums zur 4. Vereinfachungsverordnung[34], deren meiste Bestimmungen „vom Ausschuss restlos gebilligt wurden“, der nur „geringfügige redaktionelle Änderungen“ in Aussicht nahm. Zu längeren Erörterungen führten die Vorschriften über das Berufungsverfahren: „Allgemein wurde die Beseitigung der Anschlussberufung, die der Entwurf vorschlägt, als wesentlicher Fortschritt begrüßt. Ebenso auch der Vorschlag des Entwurfs, die besondere Berufungsbegründungsfrist fortzulassen, derart, dass die Berufungsanträge und ihre Begründung innerhalb der Berufungsfrist einzureichen sind.“ Man kam jedoch zu dem Ergebnis, dass die im Entwurf vorgesehene Möglichkeit, für die Einreichung der Berufungsanträge und ihrer Begründungen unter bestimmten Voraussetzungen eine Nachfrist zu bewilligen, fortzufallen habe. Besonders eingehend gestalteten sich die Erörterungen darüber, inwieweit das Recht des Klägers, in der Berufungsinstanz neue Anträge zu stellen, insbesondere die Anträge erster Instanz zu erweitern, einzuschränken sei. Man einigte sich schließlich dahin, dass es genüge, wenn man dem Kläger die Möglichkeit gebe, in der Berufungsinstanz anstelle des ursprünglich geforderten Gegenstandes wegen einer inzwischen eingetretenen Änderung der Umstände das Interesse zu fordern und gegebenenfalls von der Feststellungsklage zur Leistungsklage überzugehen. Die Möglichkeit, weitere Änderungen der Anträge erster Instanz vorzunehmen, insbesondere die Klage zu erweitern, wollte man dem Kläger abschneiden, weil diese Möglichkeit dem streng festzuhaltenden Grundsatz, dass das Schwergewicht des Verfahrens in der ersten Instanz liegen müsse, widersprechen würde. Andererseits war man sich darüber einig, dass, soweit der Kläger in der Berufungsinstanz seine Anträge noch zu ändern berechtigt ist, er diese Befugnis auch haben muss, wenn er Berufungs*beklagter* ist und seinerseits keine Berufung eingelegt hat. Auch zu den grundsätzlich gebilligten Vorschriften über die Beschränkung der Zurückverweisungsverpflichtung, die § 538 ZPO dem Berufungsgericht auferlegt, schlug der Ausschuss verschiedene Änderungen vor.“

Am letzten Sitzungstag sprach sich der Ausschuss dahin aus[35], dass die Verhandlungsmaxime auch im „künftigen Prozessrecht“ beizubehalten sei, mit der Begründung,

---

[31] Bd. VI der Reihe, S. 359.
[32] Bd. VI der Reihe, S. 363, 365.
[33] Bd. VI der Reihe, S. 370 f.
[34] Vgl. RGBl. I 1942, S. 7.
[35] Bd. VI der Reihe, S. 370 f.

„dass es nicht Aufgabe einer nationalsozialistischen Prozessreform sein könne, die Initiative der Parteien im Zivilprozess zu verkümmern und derart auf das Gericht zu übertragen, dass dieses von sich aus, unter Umständen über den Kopf der Parteien hinweg, den Sachverhalt zu ermitteln habe." Eine selbständige Ermittlungsfunktion sollte dem Gericht nur insoweit zustehen, „als es sich um Umstände handelt, deren Nichtberücksichtigung dem öffentlichen Interesse entgegenstehen würde". Einig war man sich ferner darüber, „dass es wünschenswert sei, die bisher in § 138 Abs. 1 ZPO enthaltene kurze Vorschrift über die Wahrheitspflicht der Parteien näher auszugestalten und auch die Wirkungen dieser Vorschrift näher festzusetzen, z.B. klarzustellen, dass das Gericht an ein der Wahrheitspflicht widersprechendes Geständnis nicht gebunden sei". Zum Schluss der Sitzung wurde noch darüber gesprochen, „ob die Bindung des Richters an die von den Parteien gestellten Anträge aufrecht zu erhalten sei". Man war dabei der Meinung, „dass man hiervon auch in Zukunft nur insoweit abgehen könne, als das materielle Recht dem Richter die Möglichkeit gebe, das Rechtsverhältnis der Parteien so frei zu gestalten, wie es zur Zeit im Vertragshilfeverfahren oder bei der Herabsetzung einer Konventionalstrafe möglich sei". 1942/43 fasste Lent in einem Aufsatz in der Zeitschrift für Zivilprozess seine Meinung über die Verteilung der Verantwortlichkeit zwischen den Parteien und dem Richter in Leitsätzen zusammen[36], die in etwa der Meinung der Mehrheit der Ausschussmitglieder entsprochen haben dürfte.

Insgesamt sind die Beratungen des Ausschusses für Bürgerliche Rechtspflege und dessen Beratungsergebnisse nicht frei von Einflüssen des nationalsozialistischen Rechtsdenkens[37], die insbesondere von Jonas und Staud ausgingen. Von diesen Einschränkungen abgesehen stehen die Beratungen des Ausschusses bis Mitte 1941 in der Kontinuität der Reformdiskussion der Vorkriegszeit und der Weimarer Zeit[38]. Sie behandeln Themen, die auch seit den 50er Jahren des 20. Jahrhunderts die Zivilprozessreform bis heute bestimmen. Nicht mehr gilt dies für die Beratungsergebnisse des Ausschusses „Wahrheitsermittlung im Streitverfahren", der sich mit der Frage befasste[39], „ob und wie im Zivilprozess die Stellung des Richters erheblich verstärkt und jener im Verfahren der Freiwilligen Gerichtsbarkeit angenähert, aber vor allem durch notfalls amtswegige Klarstellung des Sachverhalts eine weitgehende Übereinstimmung zwischen Urteil und wahrer materieller Rechtslage erzielt werden könne, um so die Garantien für eine richtige und gerechte Entscheidung zu verstärken". Die Vorschläge dieses Ausschusses lagen teilweise auf der Linie der vom vorhergehenden Ausschuss seit Ende 1941 diskutierten Vorschläge. Mehrheitlich trat der neue Ausschuss allerdings für eine

---

[36] *Lent,* ZZP 63 (1943), S. 3 ff.; *ders.,* Wahrheits- und Aufklärungspflicht im Zivilprozess, 1942

[37] Hierzu *Hans Popp,* Die nationalsozialistische Sicht einiger Institute des Zivilprozess- und Gerichtsverfassungsrechts. Dargestellt am Beispiel des Gesetzes über die Mitwirkung des Staatsanwalts in bürgerlichen Rechtssachen vom 15.7.1941, Frankfurt a.M. 1986; *Jürgen Damrau,* Die Entwicklung einzelner Prozessmaximen seit der Reichszivilprozessordnung seit 1877, Paderborn 1975, S. 408 ff.

[38] Vgl. *Damrau,* aaO., S. 268 ff., 351 ff., 407 ff.; für die Nachkriegszeit S. 489 ff.; *Schubert,* Bd. VI der Reihe, S. 19 ff.

[39] Hierzu die Beratungen bei *Schubert,* Bd. VI der Reihe, S. 373 ff., Zitat S. 373.

Generalklausel ein[40], „die es dem Richter ganz allgemein gestatte, Entscheidungen zu vermeiden, die im Ergebnis dem gesunden Volksempfinden gröblich widersprächen". Treibende Kraft für diese Klausel dürften Altstötter, eventuell auch Jonas und Günther Löwisch gewesen sein. Allerdings machten nach dem Protokoll einige Ausschussmitglieder nachdrückliche Warnungen geltend. Insbesondere präzisierte Pagenstecher seinen Widerspruch gegen die vorgeschlagene Generalklausel, der an Klarheit nichts zu wünschen übrig ließ, und wiederholte ihn auch in der abschließenden Sitzung im Mai 1943[41]. Auch die Denkschrift des Ausschusses ging auf die Ablehnung durch Kommissionsmitglieder näher ein, wobei als einziger Pagenstecher namentlich genannt wird[42]. Die Beschlüsse des Ausschusses, die in einer Denkschrift vom Oktober 1943 ihren Niederschlag fanden, wurden weitgehend durch Referentenentwürfe des Reichsjustizministeriums übernommen[43], die bis Kriegsende jedoch nicht weiter verfolgt wurden.

Die Arbeiten zu einer Reform der Zivilgerichtsbarkeit wurden mit den Arbeiten einer vom Bundesministerium der Justiz 1955 eingesetzten Kommission wieder aufgenommen[44], die 1961 einen Bericht vorlegte. Bereits vor Beginn der Kommissionsarbeiten hatte der Bundesgesetzgeber durch das sog. Vereinheitlichungsgesetz vom 12.9.1950[45] grundsätzlich die Fassung der ZPO in der Bekanntmachung vom 8.11.1933 unter Beibehaltung einiger wichtiger Änderungen aus der späteren Zeit wieder in Kraft gesetzt und damit die in der Besatzungszeit verloren gegangene Rechtseinheit auf dem Gebiet des Prozesses und der Gerichtsverfassung wiederhergestellt. Die Kommissionsarbeiten wurden fortgesetzt durch eine 1964 eingesetzte weitere Kommission, deren Arbeiten nach umfangreichen Vorarbeiten zur Einzelrichternovelle vom 20.12.1974, zur Revisionsnovelle vom 8.7.1975 und zum Gesetz zur Vereinfachung und Beschleunigung gerichtlicher Verfahren vom 3.12.1976 führten[46].

---

[40] *Schubert,* Bd. VI der Reihe, S. 414.

[41] *Pagenstecher* bei *Schubert,* Bd. VI der Reihe, S. 440 ff., 427.

[42] *Schubert,* Bd. VI der Reihe, S. 502.

[43] *Schubert,* Bd. VI der Reihe, S. 414 ff.

[44] Hierzu *André Book,* Die Justizreform in der Frühzeit der Bundesrepublik. Die Beratungen der Kommission zur Vorbereitung einer Reform der Zivilgerichtsbarkeit in den Jahren 1955 bis 1961, Frankfurt a.M. 2005, S. 74 ff.

[45] BGBl. I 1950, S. 455 ff.

[46] BGBl. I 1974, S. 3651; 1975, S. 1863; 1976, 3281. Vgl. auch *Bert-Hagen Strodthoff,* Die richterliche Frage- und Erörterungspflicht im deutschen Zivilprozess in historischer Perspektive, Frankfurt a.M. 2004, S. 219 ff.

IV. Die Mitglieder der Ausschüsse für Freiwillige Gerichtsbarkeit und für Bürgerliche Rechtspflege

Altstötter, Josef (1892-1979). Reichsgerichtsrat, 1943 Ministerialdirektor im Reichsjustizministerium. Vgl. Bd. VI der Reihe.

Antoni, Hans (geb. 1888). Senatspräsident am OLG Wien. Vgl. Bd. III, 2 der Reihe.

Backs, Adolf (geb. 1890). Senatspräsident am Kammergericht. Vgl. Bd. III, 8 der Reihe.

Bartholomeyczik, Horst (1903-1975). 1939 Dr. iur. habil., 1956 ord. Prof. in Mainz. Vgl. Bd. III, 8 der Reihe.

Bauer, Ulrich. Rechtsanwalt in Wien.

Bezold. OLG-Rat in München. Nicht identisch mit Otto Bezold, der erst 1945 zum Rat am OLG München ernannt wurde.

Bruhn, Wilhelm (1886-1960). Justizoberinspektor in Hamburg. Vgl. Bd. VI der Reihe.

Dölle, Hans (1893-1980). 1924 ord. Prof. in Bonn. Bd. III, 8 der Reihe.

Engelmann. Obergerichtsvollzieher in Berlin. Vgl. Bd. VI der Reihe.

Fechner, Fritz (geb. 1900). Ab 1943 Ministerialrat im Reichsjustizministerium. Bd. VI der Reihe.

Fischer, Walther (1880-1954). Rechtsanwalt in Hamburg. Vgl. Bd. VI der Reihe.

Furler, Hans (1904-1985). Rechtsanwalt in Karlsruhe. Nach 1949 Bundestagsabgeordneter für die CDU; Europapolitiker. Vgl. Bd. VI der Reihe. Neuere Literatur über Furler: Claudia Philipp, Hans Furler – ein Europäer der ersten Stunde, in: Die Osterweiterung der EU, Stuttgart 2004; Georg Lutz u.a., Europa – eine Vision wird Wirklichkeit. Hans Furler 1904-1985, 2004; Jürgen Mittag: Vom Honoratiorenkreis zum Europanetzwerk, in: 60 Jahre Europäische Bewegung Deutschland, 2009, S. 12 ff.

Heltge, Wilhelm (geb. 1887). Rechtsanwalt. Vgl. Bd. III, 8 der Reihe.

Hesse, William (1883-1945). Ministerialrat im Reichsjustizministerium. Vgl. Bd. III, 2 der Reihe.

Heydtmann, Otto (1887-1962). 1934 Rat am OVG Berlin. Vgl. Bd. VI der Reihe.

Höver, Karl (1882-1962). Amtsgerichtsrat in Bremen, 1937 Kammergerichtsrat in Berlin. Vgl. Bd. III, 8 der Reihe.

Jonas, Martin (1884-1945). 1938 Präsident des IV. Reichsgerichtssenats. Vgl. Bd. VI der Reihe.

Krieg (geb. Juni 1884). 1934 Senatspräsident am Kammergericht. Vgl. Bd. VI der Reihe.

Lange, Heinrich (1900-1977). 1934 ord. Prof. in Breslau. Vorsitzender des Erbrechtsausschusses. Vgl. Bd. III, 3 der Reihe.

Lent, Friedrich (1882-1960). 1918 ord. Prof. in Erlangen. Vgl. Bd. III, 7 der Reihe.

Liese, Fritz. Adjutant der Rechtspflegegruppe im BNSDJ. Vgl. Bd. VI der Reihe.

Lützeler, Wilhelm (1896-1967). Rheinischer Notar. Vgl. Bd. III, 8 der Reihe.

Merten. Gerichtsassessor im Reichsjustizministerium.

Pagenstecher, Max (1874-1957). 1927-1939 ord. Prof. in Hamburg. Vgl. Bd. VI der Reihe.

Pohle, Rudolf (1902-1967). 1941 Ministerialrat im Reichsjustizministerium; 1947 ord. Prof. in Erlangen. Vgl. Bd. VI der Reihe.

Schieck, Helmut (1894-1963). Von 1936 an Notar in München. Vgl. Bd. III, 8 der Reihe.

Schlegel, Karl (1877-1968). Rechtspfleger in Berlin. Vgl. Bd. VI der Reihe.

Schlegelberger, Franz (1876-1970). 1931 Staatssekretär im Reichsjustizministerium. Vgl. Bd. I, III, 8 der Reihe.

Schmidt, Richard (1862-1944). Ab 1913 Prof. in Leipzig. Bd. VI der Reihe.

Schneemelcher, Hermann. Obergerichtsvollzieher in Berlin.

Schrutka, Wolfgang (1887-1945). 1936 Rat am Obersten Gerichtshof in Wien, 1939 RG-Rat. Vgl. Bd. VI der Reihe.

Schultze, Friedrich (geb. 1902). 1936 KG-Rat; 1942 Ministerialrat im Reichsjustizministerium.

Schwartz, Gustav (1894-1981). 1925 Justitiar beim Reichsverband der Deutschen Industrie, 1935 bei der Reichsgruppe Industrie. Vgl. Bd. VI der Reihe.

Siefert, Josef (1872-1952). Bis 1937 Senatspräsident am OLG-Karlsruhe. Vgl. Bd. III, 8 der Reihe.

Singer, Albert (1865-1963). Bis 1934 Präsident des Amtsgerichts München. Vgl. Bd. VI der Reihe.

Stagel, Friedrich (geb. 1889). Österreichischer Ministerialrat; ab 1939 im Reichsjustizministerium.

Staud, Eberhard (1892-1964). Ministerialrat im preuß. Justizministerium, ab 1935 im Reichsjustizministerium.

Vogels, Werner (1888-1942). Seit 1930 Ministerialrat im Reichsjustizministerium. Vgl. Bd. III, 3 der Reihe.

Volkmar, Erich (1879-1951). 1931-1943 Ministerialdirektor im Reichsjustizministerium. Vgl. Bd. VI der Reihe.

Ausschuss für Freiwillige Gerichtsbarkeit

I. Protokoll der Sitzung vom 25.10.1935 (allgemeine Verfahrensnormen des FGG)

(Beginn der Sitzung 10.10 Uhr)

Vorsitzender: Staatssekretär Dr. Schlegelberger: Durch das Vertrauen des Herrn Präsidenten der Akademie für Deutsches Recht auf diesen Posten berufen, übernehme ich den Vorsitz im Ausschuss für die freiwillige Gerichtsbarkeit. Ich möchte nicht verhehlen, dass ich zunächst sehr schwere Bedenken getragen habe, diesen Ausschuss zu übernehmen; denn es ist wirklich kaum mehr denkbar, zur Amtsarbeit noch etwas hinzuzunehmen. Ich habe es schließlich doch getan, weil mir dieses Gebiet ganz besonders am Herzen liegt, und ich bin überzeugt, dass Sie alle, die Sie für diese Dinge Interesse haben, hier gern tätig sein werden, damit die freiwillige Gerichtsbarkeit nicht mehr wie bisher ein Stiefkind der Justiz bleibt, sondern mehr in den Vordergrund tritt.

Ich habe folgende Herren gebeten, in den Ausschuss einzutreten, und begrüße Sie hiermit herzlich, soweit sie hier sind:

1. Professor *Dölle,*
2. Kammergerichtsrat *Heydtmann,*
3. Senatspräsident *Krieg,*
4. Professor *Lange,*
5. Rechtspfleger *Liese,*
6. Senatspräsident *Siefert (Karlsruhe),* der erkrankt ist,
7. Notar *Schieck,*
8. Notar *Wolpers,*
9. Richter *Dr. Höver.*

Ich begrüße die Herren und danke Ihnen besonders für den Inhalt Ihrer Schreiben, weil ich aus der Form ersehen habe, dass die Herren nicht nur formell, sondern wirklich sachlich und freudig mitarbeiten wollen.

Ich habe die Mitglieder des Ausschusses heute zu einer konstituierenden Sitzung berufen und daher auch keine Behörden geladen, damit wir zunächst ganz unter uns die Arbeit regeln können. Sachlich können wir heute naturgemäß noch nicht arbeiten. Wir müssen uns verständigen, wie wir diesen kolossal schwierigen Stoff anfassen wollen.

Man kann das verschieden machen. Wenn man daran denkt, wie der Allgemeine Teil im geltenden Recht entstanden ist, und sich darüber klar wird, dass er doch nur das Ergebnis der Erfahrungen auf den einzelnen Rechtsgebieten ist, gleichsam ein Extrakt, der aus den Sonderregelungen herausgezogen ist, dann könnte man jetzt auch denselben Weg gehen, indem man sich zunächst mit den einzelnen Rechtsgebieten beschäftigt und dann aus ihnen herausnimmt, was in den Allgemeinen Teil zu bringen ist. Ich möchte dazu bemerken, dass das neue Strafgesetzbuch auch so aussehen wird, dass der Allgemeine Teil am Schluss steht, was auf den ersten Blick merkwürdig erscheint.

Man kann es aber auch anders machen. Das Verfahren der freiwilligen Gerichtsbarkeit ist nun einmal so eingespielt, dass man darunter bestimmte Formen des Verfahrens versteht; daran anknüpfend könnte man dann diese allgemeinen Verfahrensvorschriften an bestimmten Gebieten illustrieren. Sie werden mit mir darüber übereinstimmen, dass nichts verfehlter wäre, als glauben zu wollen, dass man freiwillige Gerichtsbarkeit lehren, lernen oder verstehen kann in Isolierung der Verfahrensformen, losgelöst vom materiellen Recht, sondern man kann alle Rechtsformen nur verstehen in Verbindung mit dem materiellen Recht. Damit kommen wir auf eine große Schwierigkeit für den Ausschuss, nämlich auf die Frage: Wie grenzen wir unsere Arbeiten ab? Wenn wir auf das Gebiet sehen, das Herrn Prof. Lange in der Akademie besonders naheliegt, auf das Erbrecht, dann sehen wir schon, wie sich hier die Frage der Zuständigkeit auswirkt, z.B. bei der Frage: Wer soll sich mit der Frage des Erschaftsverfahrens beschäftigen, gehört es in die freiwillige Gerichtsbarkeit oder in das Bürgerliche Gesetzbuch? Aber solche Fragen können wir später regeln. Zunächst ist es gleichgültig, wer es macht, wenn es nur überhaupt ein Ausschuss macht und wenn er es ordentlich macht. Aber jedenfalls werden wir uns mit diesen Fragen beschäftigen müssen.

Ich möchte den Herren, ohne Ihrem abweichenden Urteil zunächst vorgreifen zu wollen, vorschlagen, den zweiten Weg zu gehen. Wir sollten uns nicht mit allen einzelnen Materien der freiwilligen Gerichtsbarkeit beschäftigen, sondern sollten von den allgemeinen Grundlehren und Grundsätzen ausgehen, die wir haben, und diese an einem Rechtsgebiet illustrieren.

Was mir die freiwillige Gerichtsbarkeit besonders nahebringt und immer wieder ein neues Erlebnis ist, wenn ich mich im Amt und auf der Universität mit diesen Dingen beschäftige, ist Folgendes: Der grundsätzliche Unterschied der freiwilligen Gerichtsbarkeit von der streitigen liegt doch darin, dass das Objekt, um das es sich handelt, in der streitigen Gerichtsbarkeit sozusagen das Vermögen, also eine Sache, in der freiwilligen Gerichtsbarkeit aber der Mensch ist. Das ist der kolossale Unterschied. Und weil in der freiwilligen Gerichtsbarkeit im Grundsatz es sich immer darum handelt, die ganzen Menschen zu erfassen und die ganzen Menschen zu leiten und mit gerichtlichen Mitteln zu betreuen, darum auch hier die kolossal starke Herausstellung der Wahrheit, die Herausstellung des Grundsatzes: Ich muss die Wahrheit suchen und mit allen zur Verfügung stehenden Mitteln anpacken.

Deswegen möchte ich vorschlagen, dass wir vielleicht so vorgehen: Wir beschäftigen uns mit den *allgemeinen Lehren der freiwilligen Gerichtsbarkeit, illustriert* an dem Rechtsgebiet, das die Grundlage für das geltende Recht bildet, *am Vormundschaftsrecht.* Das scheint mir die Grundlage zu sein. Sie wissen, dass in unserem geltenden freiwilligen Gerichtsbarkeitsgesetz vieles aneinandergereiht ist, was kaum eine innige Verbindung zu haben scheint: das Vormundschaftsrecht, das Registerrecht, das Urkundenrecht usw. Ich glaube, wir werden in unseren Beratungen einmal eine ganz große Zäsur machen müssen; wenn wir nämlich die allgemeine freiwillige Gerichtsbarkeit in den einzelnen Sparten behandelt haben werden, dann werden wir uns besonders stark mit dem Urkundenrecht beschäftigen müssen; denn darin liegt viel mehr drin als man glaubt, nämlich auch die ganze Organisation und die Urkundsbehörden und die Fragen des Notariats, und dann kommen wir auch wieder auf das Testamentsrecht und was damit zusammenhängt. Gerade in der freiwilligen Gerichtsbarkeit wird ja sehr oft die Frage der Zuständigkeit aufgeworfen, die Frage, ob es sich um ein Gebiet handelt, das das Gericht machen soll, oder ob es im Rahmen einer Gerichtsbehörde der Richter oder der Rechtspfleger erledigen soll. Ich wäre dankbar, wenn wir diese Fragen, insbesondere die *Verteilung der Zuständigkeit zwischen Richter und Rechtspfleger zurückdrängen* möchten. Ich bitte, nicht davon auszugehen, dass ich diese Frage nicht für wichtig hielte; ich halte sie für sehr wichtig, möchte sie aber nicht in den Vordergrund stellen, sondern sie in den Hintergrund treten lassen und sie später einmal zum Gegenstand unserer Beratungen machen.

Glauben die Herren, dass wir so vorgehen sollen, dass wir zunächst die allgemeinen Lehren der freiwilligen Gerichtsbarkeit, und zwar illustriert an einem Gebiet, erörtern sollen? Halten Sie das auch für den geeigneten Weg, um die ganze Frage durchzuberaten?

Prof. Lange (Breslau): Habe ich Sie recht verstanden, dass Sie mit diesem Vorschlage ausführen wollten, dass, wenn diese Arbeitsmethode durchgeführt ist, dann erst die erforderliche Korrektur auf den einzelnen Gebieten erfolgen soll?

Vorsitzender: Jawohl, so denke ich mir das. Wenn wir zunächst aus dem Vormundschaftsrecht die allgemeinen Lehren gezogen haben, dann werden wir uns fragen müssen, welche weiteren Gebiete in Betracht kommen, und daraus werden wir dann wieder für den Allgemeinen Teil Erfahrungen und Lehren sammeln.

Prof. Dölle: Wir legen also zunächst das zugrunde, was gegenwärtig im freiwilligen Gerichtsbarkeitsgesetz zusammengefasst ist. Ich möchte anregen, ob wir nicht vielleicht auch eine gewisse Verbindung mit dem Familienrechtsausschuss aufnehmen wollen. Es steht doch wohl fest, dass der Gedanke der freiwilligen Gerichtsbarkeit heute in starkem Vordringen ist und wir damit rechnen müssen, dass zahlreiche, jetzt streitige Sachen künftig der freiwilligen Gerichtsbarkeit überwiesen werden. Wenn wir hier jetzt von den allgemeinen Lehren ausgehen, so dürfen wir nicht außer Acht lassen, dass z.B. das Problem der Familiengerichtsbarkeit, das Problem des Grundbuchverfahrens, beim Erbrecht die Erbteilungsgerichtsbarkeit usw. usw. nicht in anderem Rahmen gestaltet werden dürfen, als wir jetzt die freiwillige Gerichtsbarkeit gestalten. Wenn wir also hier von den allgemeinen Grundlagen ausgehen, wäre es zu begrüßen, wenn wir bei unseren Beratungen auch darauf hinblicken, was bei einer künftigen Regelung noch alles mit in die freiwillige Gerichtsbarkeit hineingelangen kann oder wird.

Vorsitzender: Für diesen Hinweis bin ich sehr dankbar. Ich wollte absichtlich zunächst nicht allzu hungrig erscheinen; ich bin außerordentlich hungrig für die freiwillige Gerichtsbarkeit; ich bin ihr fanatischer Anhänger und bin durchaus der Meinung, dass aus der Fülle von Fragen, die sich jetzt in anderen Zonen abspielen, vieles hier eingefangen und hier bearbeitet werden muss. Früher hat man ja die freiwillige Gerichtsbarkeit als quantité négligeable behandelt; aber später hat man dann die ganze Aufwertungszeit lediglich mit der freiwilligen Gerichtsbarkeit erledigt, ebenso dann die ganzen Goldmarkbilanzen, jetzt z.B. das Erbhofrecht, und neuerdings kommt vieles hinzu, was mit der Arierfrage zusammenhängt. Man sieht also, wie stark die freiwillige Gerichtsbarkeit im Vormarsch ist, und wir werden noch viele Dinge einfangen. Es ist daher auch meine Absicht, mit den materiellen Ausschüssen im engsten Einvernehmen zu arbeiten, und ich beabsichtige, wenn ich von Ihnen nicht andere Anregungen erhalte, zu unseren Sitzungen wenigstens die Vorsitzenden ausdrücklich einzuladen und ihnen zu sagen, um was es sich handeln wird, daneben natürlich auch die beteiligten Ministerien. Den Herrn Vorsitzenden des Erbrechtsausschusses haben wir ja unter uns, und ich werde auch die anderen Ausschüsse beteiligen, um von ihnen zu hören, ob nicht auch dort die Gebiete vorhanden sind, die wir unter dem Gesichtspunkt der ganzen Neuorientierung unseres Rechtslebens zur freiwilligen Gerichtsbarkeit hereinnehmen sollten.

Da ich sonst keine Wünsche und Anregungen von Ihnen mehr höre, darf ich also davon ausgehen, dass Sie damit einverstanden sind, dass wir zunächst die *allgemeinen Verfahrensnormen orientiert an dem* Gebiete des *Vormundschaftsrechts* in Angriff nehmen wollen.

Ich wäre Ihnen dankbar, wenn ich Herren aus den Reihen des Ausschusses bitten dürfte, vielleicht für die nächste Sitzung einen Bericht und einen Mitbericht zu übernehmen und sich darüber untereinander zu verständigen, damit wir zunächst einmal ein lebendiges Bild bekommen, wie sich nach Ihrer Erfahrung und nach Ihren Wünschen ein einfacher Vorgang der freiwilligen Gerichtsbarkeit abspielen sollte, damit wir gleich sehen, wo es hapert, wo man es anders machen muss. Ich glaube, dass wir uns so verhältnismäßig schnell ein Bild über das allgemeine Verfahren werden machen können. Wer von den Herren will freiwillig einen Bericht übernehmen?

Prof. Dölle: Ich denke mir, dass es am meisten Erfolg verspräche, wenn zunächst ein mit den Dingen der freiwilligen Gerichtsbarkeit besonders erfahrener Praktiker dieses Ausschusses auf seine Erfahrungen und auf die Mängel hinweist, die ihm aufgefallen sind, und dass wir dann von der Wissenschaft vielleicht gleich im Zusammenhang damit einen Bericht übergeben.

Vorsitzender: Ja, Praxis und Wissenschaft gleich im ersten Stadium der Arbeit verbinden! Würde Herr Heydtmann vielleicht diese Arbeit übernehmen?

Senatspräsident Krieg: Ich hatte mit Herrn Heydtmann schon davon gesprochen, dass wir die Arbeit gleich gemeinsam übernehmen können. Wir hätten dann die Resonanz des Senats hinter uns, könnten die Fragen im Senat besprechen und hören, was der Senat dazu meint.

Vorsitzender: Es würde mir eine sehr große Freude bereiten, hier einmal meinen ganzen alten Senat begrüßen zu können, in dem ich jahrelang gearbeitet habe und den ich noch gut kenne. Wir könnten einmal einen Senat hierherbitten und uns von den Herren vortragen lassen, wie sie die Sache machen. (*Präsident Krieg:* So meinte ich es nicht!) – Aber so werden wir es später vielleicht einmal machen. Zunächst darf ich einmal davon ausgehen, dass die beiden Herren Praktiker sich zusammensetzen und die Herren Wissenschaftler auch, – oder wollen Sie sich das teilen? – Herr Prof. Dölle, würden Sie die Güte haben, das Korreferat zu übernehmen?

Prof. Dölle: Ja, aber in dem Sinne, dass wir Anregungen stofflicher und kritischer Art zunächst von den Praktikern erbitten möchten.

Vorsitzender: Das ist sehr nett, und wir freuen uns, dass die Herren sich zur Übernahme dieser Arbeit bereit erklären.

Kammergerichtsrat Heydtmann: Der Umfang des Gebietes, das wir behandeln sollen, ist mir noch verschwommen; ich kann mir noch kein rechtes Bild machen, in welchem Rahmen sich das bewegen soll.

Vorsitzender: Ich stelle es mir so vor, dass Sie sich aus dem Leben heraus einen einfachen praktischen Fall auf dem Gebiete des Vormundschaftsrechtes konstruieren und durchexerzieren, beginnend mit der Auswahl des Vormundes, mit der Verpflichtung, mit Genehmigungen, mit Entlassung und Schlussdarstellung, auch mit Beschwerden von Dritten, mit der Formulierung von Anträgen, mit der Inanspruchnahme des Rechtspflegers usw.

Senatspräsident Krieg: Auch ich hatte insofern ein Bedenken, als wir uns doch mit dem allgemeinen Teil beschäftigen wollen, aber sofort in den speziellen Teil des Vormundschaftsrechts hineingehen sollen. Dann können wir also zunächst theoretisch gar nicht den allgemeinen und den speziellen Teil abgrenzen; denn der allgemeine Teil erwächst doch später erst daraus, dass wir finden, dass in anderen Verfahrensarten ähnliche Grundsätze gelten. Wir können also eine Scheidung zwischen allgemeinem und besonderem Teil nicht durchführen.

Vorsitzender: Nein, das wollen wir auch nicht. In dem geltenden Gesetz über die freiwillige Gerichtsbarkeit steht eigentlich in dem Teil Vormundschaftsrecht so gut wie gar nichts, sondern da werden nur Zuständigkeitsfragen und einige andere Dinge behandelt. Daran sieht man schon, dass dieses Gebiet besonders geeignet ist, um die ganze Sache zu illustrieren. Wir müssen uns ein allgemeines Verfahren zunächst so vorstellen, dass wir uns ein Bild davon machen, wie sich das Verfahren vor dem Gericht abspielen soll. Wir tun also gut daran, uns zunächst damit zu beschäftigen, wie sich gegenwärtig eine Vormundschaftssache abspielt und wie sie sich besser abspielen sollte, wo es da gegenwärtig fehlt. Wenn wir zunächst einen einzigen Fall durchexerziert haben, haben wir dann sofort eine plastische Auffassung des Verfahrens und können uns gleich ein Bild davon machen, dass z.B. für die Nachlasspflegschaft das Verfahren anders sein muss, so dass wir diesen Teil aus dem allgemeinen Teil herausnehmen und in den Vormundschaftsteil hineinstellen müssen. Nur so lässt es sich machen. Glauben Sie nicht auch, dass wir so sofort zu einer plastischen Auffassung des Verfahrens kommen werden? (*Kammergerichtsrat Heydtmann:* Ja.) Ich habe für dieses Gebiet immer wieder geworben in dem Sinne, dass man die Sache nicht als eine Summierung langweiliger Verfahrensvorschriften, sondern als einen Extrakt aus dem praktischen Leben betrachten muss. Ich glaube, dass wir für den allgemeinen Teil nicht sehr viel neue Erkenntnisse gewinnen werden, sondern bin davon überzeugt, dass das Ergebnis der Ausschussberatungen dahin gehen wird, wie Herr Prof. Lange schon sagte, das Gebiet erheblich zu erweitern und daneben natürlich gewisse große Grundsätze, die wir in der Praxis gewonnen haben, im Gesetz herauszustellen. Es ist sehr auffallend, dass der Hauptgrundsatz der freiwilligen Gerichtsbarkeit, der überhaupt das ganze Verfahren trägt, nirgends steht, nämlich der Grundsatz des Amtsprinzips. Davon steht im Gesetz ebenso wenig etwas, wie z.B. im Patentgesetz das Wort Erfinder überhaupt nicht vorkommt. Jedes Verfahren der freiwilligen Gerichtsbarkeit hat den Amtsbetrieb zur Voraussetzung, aber davon steht im Gesetz kein Wort. Wenn wir erst einmal zeigen, dass das Verfahren der freiwilligen Gerichtsbarkeit das Verfahren des Amtsbetriebes und nicht das Verfahren des Parteibetriebes ist, dann werden sicher viele das als ausgezeichnet anerkennen und das gleiche Verfahren für das sie interessierende Gebiet haben wollen.

Damit ist nun wohl klar geworden, wie ich mir das Vorgehen denke. Ich würde den Herren dankbar sein, wenn Sie sich einen Fall, ein Schema ersinnen möchten und uns vorführen, wie es augenblicklich ist, und wie es nach Ihrer Meinung sein sollte. Wenn Sie dieses Schema ausgedacht haben, treten Sie, bitte, mit Herrn Prof. Dölle in Verbindung, und dann werden wir genügend Material für unsere Weiterarbeit bekommen. Jeder von uns kennt ja einzelne Verfahren und kann sich dann innerlich gleich Notizen machen, ob das Vorgetragene auf ein anderes Gebiet anwendbar ist. (*Prof. Dölle:* Bei dieser Gelegenheit wird man schon gewisse Blicke auf diese anderen Verfahren werden können.) – Ja natürlich! Bei unserem kleinen Kreis können wir gern auf verschiedene Gebiete übergreifen. So wird uns z.B. Herr Wolpers sehr beim Urkundenrecht helfen können; er wird uns vorführen können, wie sich ein Urkundsakt abspielt. Wir alle sind ja doch für Einzelgebiete immer auf die speziellen Fachleute angewiesen. Ich selbst z.B. verstehe zwar manches vom Prozessrecht; wenn ich aber einen Prozess führen muss, muss ich mir selbstverständlich einen Rechtsanwalt nehmen. Ebenso müssen wir alle erst davon in Kenntnis gesetzt werden, wie eine Urkunde aufgenommen wird, wie sich das praktisch abspielt, und erst aufgrund dieser Mitteilungen aus der praktischen Erfahrung können wir die Erkenntnis gewinnen, wie es richtig geregelt werden soll. Ebenso werden wir auch das Handelsregisterverfahren durchprüfen müssen, da sich ja augenblicklich im Firmenrecht infolge der Ariergesetzgebung ein Umbruch in großem Umfange vollzieht. Aber den Anfang möchte ich gern mit dem Vormundschaftsrecht machen, weil bei diesem Rechtsgebiet besonders klar in Erscheinung tritt, was für das ganze Gebiet der freiwilligen Gerichtsbarkeit gilt: die Verbindung von Recht mit der Persönlichkeit. (*Kammergerichtsrat Heydtmann:* Erwartet man von uns, dass wir nur die Mängel aufzeigen, oder sollen wir gleichzeitig Reformvorschläge machen?) – Ja natürlich: Sie gehen von dem einen Gebiet aus, weisen auf die auf diesem Gebiet vorhandenen Mängel hin und knüpfen daran Reformvorschläge.

Senatspräsident Krieg: Darf ich an den Herrn Vorsitzenden als besonderen Kenner des Gebietes die Frage richten, ob er das Gesetz über die freiwillige Gerichtsbarkeit für besonders reformbedürftig hält?

Vorsitzender: In dem Schreiben, durch das ich die Herren um ihre Mitarbeit gebeten habe, steht nicht, dass ich einen Ausschuss zur Neuregelung der freiwilligen Gerichtsbarkeit zu leiten habe, sondern es steht darin, dass wir pflichtgemäß prüfen sollen, „ob und in welchem Umfange das Recht der freiwilligen Gerichtsbarkeit einer Reform bedarf“.

Also wir sind uns jetzt klar über das, was wir zu tun haben. Die *nächste Sitzung* beraume ich im Einverständnis mit den Herren auf *Mittwoch, den 18. Dezember 1935, 10 Uhr,* an und bitte die Herren Referenten nur, mir rechtzeitig Mitteilung zu machen, falls Sie bis zu diesem Zeitpunkt Ihre Arbeit noch nicht fertig stellen können.

(Schluss der Sitzung 10.45 Uhr)

II. Protokoll der Sitzung vom 6.1.1937
(Verfahrensgrundsätze. Praktischer Vormundschaftsfall)

(Beginn der Sitzung 10.05 Uhr)

Vorsitzender Staatssekretär Dr. Schlegelberger: Der Start des Ausschusses im vorvergangenen Jahre ist gründlich misslungen. Das lag nicht an der Sache und auch nicht an mir, sondern an Ereignissen und Dingen, die ich jetzt erörtern möchte. Ich bitte, überzeugt zu sein, dass ich selbst das allergrößte Interesse daran habe, die Arbeit in diesem Ausschuss so sehr wie möglich zu fördern. Ich bin überzeugt, dass das jetzt möglich sein wird. Ich beabsichtige, jetzt monatlich einmal Sitzungen abhalten zu lassen, so dass wir verhältnismäßig schnell werden zum Ziele kommen können.

Das letzte Mal hatte ich gebeten, Referate vorzubereiten. Als ich damals diese Anregung gab, hatte ich das Gefühl, als wenn der Ausschuss über diesen Vorschlag nicht sehr glücklich war. Nachdem aber nun die Herren die *Referate des Oberverwaltungsgerichtsrats Heydtmann und des Prof. Dölle* [nicht auffindbar] gelesen haben, werden Sie mir darin beistimmen, dass es in der Tat außerordentlich wertvoll war, die Dinge so vorzubereiten.

Sehr interessant ist, dass auch diese Referate sofort auf die Frage gestoßen sind: was ist freiwillige Gerichtsbarkeit? und: kann man den Namen *„freiwillige Gerichtsbarkeit"* beibehalten? Ich halte es für zweckmäßig, die Frage, wie man dieses Gebiet nennen soll, erst ganz am Schluss zu beantworten, und zwar aus folgender Erwägung: Man kann ein Rechtsgebiet, wie jedes Ding, willkürlich benennen, oder man kann den Namen aus dem Wesen nehmen; oder abgestellt auf unsere Materie: Man kann den Namen aus der Art des Verfahrens oder aus dem Gegenstand nehmen, dem das Verfahren dient. Der Name „freiwillige Gerichtsbarkeit" wirkt zunächst wie ein Kunstausdruck; sachlich ist er schwer zu begründen. Aber bei der Ablösung dieses Namens muss man vorsichtig sein und muss zunächst prüfen, ob man einen besseren findet. Wenigstens für einen Teil des Volkes, für die Juristen, ist dieser Name verständlich, und man weiß nicht, ob man einen besseren finden wird. Deshalb schlage ich vor, diese Frage *bis zum Schluss zurückzustellen,* uns zunächst mit der Kennzeichnung und dem Gegenstrand des Verfahrens zu beschäftigen und dann zu prüfen, ob sich aus dem Wesen ein Name herausdestilliert.

Zweck unserer Beratung ist, zu prüfen, ob die Regelung des Verfahrens der freiwilligen Gerichtsbarkeit zweckdienlich ist oder nicht. Deshalb ist unsere erste Aufgabe, uns ins Gedächtnis zurückzurufen, wie der *Gang dieses Verfahrens* ist. Das können wir nur anhand eines einzelnen praktischen Falles machen, um nicht ins Schemenhafte und Schablonenhafte zu kommen. Wenn wir einen Fall ablaufen sehen, können wir die Grundzüge feststellen, die sich daraus ergeben; und wenn wir uns über die Grundzüge schlüssig geworden sind, haben wir zu prüfen, inwieweit diese Grundzüge für bestimmte große Rechtsgebiete abzuwandeln sind. Als diese großen Rechtsgebiete betrachte ich das *Vormundschaftsrecht,* das *Erbrecht* und das *Handelsrecht.* Für die Bearbeitung des Handelsregisters werden wir noch einen besonderen Sachverständigen zu unseren Beratungen zuziehen müssen. Nachdem wir so das Verfahren als solches erkannt und nach diesen drei großen Gebieten abgewandelt haben, werden wir uns mit dem *Urkundenrecht* zu beschäftigen haben.

Es ist aber nicht nur unsere Aufgabe, ein Verfahren zu kritisieren und auf die großen Gebiete abzuwandeln, die wir jetzt haben, sondern wir werden den Blick immer auch darauf richten müssen, inwieweit dieses Verfahren überhaupt für das materielle Recht nutzbar zu machen ist. Das heißt: Wir müssen prüfen, ob das Verfahren nur den Gebieten dienen soll, die wir jetzt haben, oder ob auch *noch andere Gebiete* mit hereinzuziehen sind.

Die beiden Referate lassen schon erkennen, dass man sich gerade mit der freiwilligen Gerichtsbarkeit überhaupt nur beschäftigen kann, wenn man das materielle Recht kennt. Deshalb müssen wir auch enge Fühlung mit den Ausschüssen halten, die sich mit dem materiellen Recht beschäftigen.

So denke ich im Grundriss vorzugehen, wenn dagegen keine Bedenken erhoben werden.

Zu dem *Referat Heydtmann* möchte ich noch einige Vorbemerkungen machen.

Zunächst einmal: Wenn wir von der freiwilligen Gerichtsbarkeit sprechen, haben wir uns auch mit der Frage zu beschäftigen: Welches ist das *Gericht der freiwilligen Gerichtsbarkeit?* Einstweilen sprechen wir da immer vom Amtsgericht; ich bitte aber die Herren, insbesondere auch Herrn Liese, zunächst zu akzeptieren, dass wir jetzt immer von „dem Gericht der freiwilligen Gerichtsbarkeit“ sprechen und zunächst die Frage *zurückstellen,* welches Organ innerhalb der Gerichte zuständig sein soll. Anschließend an die spätere Erörterung darüber werden wir auch zu prüfen haben, wie dieses Gericht zu besetzen ist. Das wird anhand der besonderen Aufgaben des Gerichts zu entscheiden sein. Auch im Familienrechtsausschuss ist zunächst immer vom „Familiengericht“ die Rede, ohne dass meines Wissens bisher festgesetzt worden wäre, ob dabei an den Einzelrichter oder an ein mehrgliedriges Gericht gedacht ist.

Zu der *Frage der Zuständigkeit* möchte ich ergänzend bemerken, dass, nachdem Herr Heydtmann sein Referat ausgearbeitet hatte, inzwischen zwei Rechtsvorschriften auf dem Gebiete der freiwilligen Gerichtsbarkeit ergangen sind:

1. die *Zuständigkeitsverordnung vom 23. März 1936,* durch die die höchste Rechtsprechung in Berlin und München konzentriert wird, und

2. das kleine *Gesetz vom 30. September 1936,* das den Justizminister ermächtigt, durch Verwaltungsanordnung die Einsichtnahme in die von den Gerichten geführten öffentlichen Bücher, Register oder Verzeichnisse, in gerichtliche Akten und zu den Akten eingereichte Schriftstücke allgemein oder im Einzelfalle aufzuheben oder zu beschränken, wenn dies aus Gründen der öffentlichen Ordnung geboten ist.

Die beiden Herren Referenten haben sich auch mit der *Abgabezuständigkeit* beschäftigt und eine Einheitlichkeit in dieser Beziehung für wünschenswert erklärt. Das ist durch die Zuständigkeitsverordnung wesentlich besser geworden, da jetzt nur noch Berlin und München in Frage kommen. Es ist daher nicht von großer Bedeutung, ob es nötig sein wird, die §§ 5 und 46 FGG dem anzupassen.

Wichtig ist dann noch die Frage, die ich in der Diskussion auch zu behandeln bitte, ob in ein Verfahren der freiwilligen Gerichtsbarkeit die auch in dem neuen Entwurf der Strafprozessordnung vorgesehene Möglichkeit der *Ablehnung der Richter* übernommen werden soll, die jetzt im freiwilligen Gerichtsbarkeitsgesetz nicht vorhanden ist.

In der neuen Zivilprozessordnung ist die *Wahrheitspflicht* sehr stark herausgestellt. Infolgedessen würde ein Richter geradezu seine Pflicht verletzen, wenn er die Wahrheitspflicht nicht ohne weiteres auch auf die freiwillige Gerichtsbarkeit übernehmen würde. Der Gesetzgeber muss sie selbstverständlich, und zwar in einer sehr deutlichen Weise, übernehmen. Denn die Interessen, die hier auf dem Spiele stehen, sind ja verhältnismäßig viel höher als die bei der Zivilprozessordnung in Frage kommenden Interessen. Es ist daher ganz selbstverständlich, dass die Wahrheitspflicht auch hier in das Gesetz kommen muss.

Ich möchte nun Herrn Geheimrat *Heydtmann* bitten, das Wort zu nehmen und einen Fall aufzurollen.

Oberverwaltungsgerichtsrat Heydtmann: Praktischer Vormundschaftsfall.

Ich hatte mir folgenden Fall gedacht: Von einer volljährigen Hausangestellten, deren Eltern in Königsberg in Preußen wohnen, und die sich seit Jahren in Lichtenfels in Bayern in Stellung befindet, wird in der Entbindungsanstalt in Lichtenfels ein Kind geboren. Die Geburt wird dem Standesamt in Lichtenfels angezeigt. Dieses zeigt die Geburt nach § 48 FGG in Verbindung mit § 36 des Jugendwohlfahrtsgesetzes durch das Jugendamt in Lichtenfels, das nach § 35 JWG ohne weiteres gesetzlicher Amtsvormund des Kindes wird, dem Amtsgericht in Lichtenfels an. Dieses erteilt nun in der Annahme seiner örtlichen Zuständigkeit dem Jugendamt eine Bescheinigung über den Eintritt der gesetzlichen Amtsvormundschaft nach § 37 JWG. In Wirklichkeit ist aber das Amtsgericht in Königsberg/Pr. zuständig, weil das Kind zu der Zeit, in welcher die Anordnung der Vormundschaft erforderlich wird, dort nach § 36 FGG seinen Wohnsitz hat, da hier die Zuständigkeit nicht an die tatsächlichen Verhältnisse, sondern an den Wohnsitz geknüpft ist. Nach § 11 BGB teilt das Kind den Wohnsitz der unehelichen Mutter, und die uneheliche Mutter wieder teilt den Wohnsitz ihres unehelichen Vaters, weil sie durch Eingehung eines Hausangestelltenverhältnisses auch nach Eintritt der Volljährigkeit nach ständiger Praxis der höchsten Gerichte einen neuen Wohnsitz in Lichtenfels im Allgemeinen nicht begründet hat.

Erkennt nun das Amtsgericht in Lichtenfels diese Rechtslage nicht sogleich, so sind seine gerichtlichen Handlungen deshalb nicht unwirksam; das bestimmt § 7 FGG. Sobald es aber seine örtliche Unzuständigkeit feststellt, hat es die Abgabe an das zuständige Amtsgericht in Königsberg/Pr. zu betreiben. Wenn sich die beiden Gerichte nicht einigen, dann ist dieser Zuständigkeitsstreit durch das Oberlandesgericht in München zu entscheiden; denn dieses tritt nach *§ 4 Satz 2 der Verordnung vom 23. März 1936* über die Zuständigkeit der Oberlandesgerichte in Angelegenheiten der freiwilligen Gerichtsbarkeit an die Stelle des an sich für das Amtsgericht in Lichtenfels zuständigen Oberlandesgerichts in Bamberg.

Das Ergebnis würde also sein, dass gesetzlicher Amtsvormund das Jugendamt in Lichtenfels ist, da sich Mutter und Kind in Lichtenfels befinden, dass aber zuständiges Vormundschaftsgericht das Amtsgericht in Königsberg ist. Da dieser Zustand unzweckmäßig wäre, würde das Amtsgericht in Königsberg sofort bestrebt sein, die Sache nach § 46 FGG wieder an das Amtsgericht in Lichtenfels abzugeben. Wahrscheinlich würde Zuständigkeits- und Abgabestreit gleichzeitig im Schriftwechsel der Gerichte erledigt werden.

Wenn nun das Amtsgericht in Lichtenfels die Übernahme ablehnt, weil es z.B. meint, dass eine vermögenslose Vormundschaft mit Hilfe des Jugendamts in Lichtenfels auch von Königsberg aus über das in Lichtenfels befindliche Kind geführt werden könne, so wäre *dieser Abgabestreit* meines Erachtens nach § 46 FGG von dem Oberlandesgericht in Bamberg als dem dem Übernahmegericht Lichtenfels vorgesetzten Oberlandesgericht zu entscheiden. Denn nach § 4 Satz 2 der Verordnung vom 23.3.1936 [RGBl. I, 251] tritt das Oberlandesgericht München zwar „bei Streit oder Ungewissheit über die *örtliche Zuständigkeit*" an die Stelle des Oberlandesgerichts Bamberg, das an sich die Zuständigkeit zu bestimmen hat. Dieser zweite Satz des § 4 trifft also nur Entscheidung für den Fall des § 5 FGG, aber nicht über den Fall des § 46 FGG. Und der erste Satz des § 4 der Verordnung bezieht sich nur auf den Fall, dass zwei Gerichte streiten, die entweder beide im Bezirk des Kammergerichts oder beide im Bezirk des Oberlandesgerichts München liegen. Hier handelt es sich aber um zwei Gerichte, von denen das eine im Bezirk des

Kammergerichts, das andere im Bezirk des Oberlandesgerichts München liegt, für die also gemeinsam nur das Reichsgericht zuständig wäre. Für diesen Fall bestimmt der Abs. 2 des § 4: Handelt es sich um einen Zuständigkeitsstreit, dann tritt auch in diesem Falle München an die Stelle des Oberlandesgerichts Bamberg, das zuerst mit der Frage befasst ist. Über den Abgabestreit aber besagt § 4 nichts.

Vorsitzender: Wir wollen diese Sonderfrage gleich erledigen, und ich möchte zunächst die Frage stellen, ob das Justizministerium schon eine Praxis in dieser Beziehung hat.

Ministerialrat Hesse: Eine Praxis über diesen Punkt hat das Reichsjustizministerium noch nicht. Über diese Vorschrift möchte ich sagen, dass bei der Fassung der Verordnung beabsichtigt war, sich genau an die bisherigen preußischen Vorschriften anzuschließen. Daraus ist zu entnehmen, dass der § 46 in denselben Rahmen, in dem er bisher für das Gericht anwendbar war, auch jetzt anwendbar sein soll.

Vorsitzender: Danach darf ich also als feststehend annehmen, dass *in § 4* der *Verordnung vom 23.3.1936 gewisse Unklarheiten* bestehen, über die wir uns aber jetzt nicht weiter zu unterhalten brauchen. Es ist in der Tat zweifelhaft.

Oberverwaltungsgerichtsrat Heydtmann: Ich bin also zu dem Ergebnis gekommen, dass in diesem Falle für den Zuständigkeitsstreit das Oberlandesgericht München, für den Abgabestreit das Oberlandesgericht Bamberg zuständig ist. Aus dieser Phase meines Falles wollte ich zwei *Anregungen* ziehen.

1. Es erscheint mir nicht glücklich, *die Anknüpfung der vormundschaftsgerichtlichen Zuständigkeit* an den mit den tatsächlichen Verhältnissen vielfach nicht übereinstimmenden Wohnsitzbegriff. Es ist doch für den Laien merkwürdig, dass das Amtsgericht Königsberg für ein in Lichtenfels geborenes Kind zuständig sein soll, nur weil nach den gesetzlichen Bestimmungen über den Wohnsitz dieses Kind in Königsberg, dem Wohnsitz seiner Großeltern, auch seinen Wohnsitz hat. Da ist mir der Gedanke gekommen, ob man nicht erwägen könnte, mehr auf die tatsächlichen Verhältnisse abzustellen und statt des Gerichtes des Wohnsitzes vielleicht, wie § 36 FGG es beim Fehlen eines inländischen Wohnsitzes vorschreibt, allgemein das *Gericht des gewöhnlichen Aufenthaltsortes* für zuständig zu erklären. Diesen Begriff hat das Jugendwohlfahrtsgesetz schon in § 7, wo es die Zuständigkeit des Jugendamtes danach bestimmt, ob die Minderjährigen in seinem Bezirk ihren „gewöhnlichen Aufenthaltsort" haben. Das würde mir hier als eine Verbesserung erscheinen; es würde in meinem Fall zur Folge haben, dass gleich von vornherein das Amtsgericht in Lichtenfels zuständig wäre.

2. Ferner erscheint mir auch die verschiedene Regelung der höchstrichterlichen Zuständigkeit bei Abgabe- und Zuständigkeitsstreit nicht zweckmäßig. Die Schwierigkeiten sind hier zwar durch das neue Gesetz erheblich gemildert; aber der Satz 2 des § 4 scheint mir eine Verschärfung zu enthalten und dazu zu führen, dass verschiedene Oberlandesgerichte für die beiden Streite zuständig sind.

Vorsitzender: Auch mir kommt dieser § 4 der Verordnung in der Tat sehr dunkel vor. Wir werden das später noch prüfen müssen, können aber jetzt davon absehen.

Herr Heydtmann hat nun nicht den *§ 7 FGG* erwähnt, der eine allgemeine Regel aufstellt. Er lautet: „Gerichtliche Handlungen sind nicht aus dem Grunde unwirksam, weil sie von einem örtlich unzuständigen Gericht oder von einem Richter vorgenommen sind, der von der Ausübung des Richteramts kraft Gesetzes ausgeschlossen ist." Ich beabsichtige, diesen § 7 für die *nächste Sitzung* noch einmal zur Diskussion zu stellen, möchte aber schon jetzt auf Folgendes aufmerksam machen: An dem Grundgedanken des § 7 werden wir keine abfällige Kritik zu äußern brauchen. In der Tat liegt es im dringenden Interesse aller Beteiligten, dass man die Gültigkeit einer Handlung nicht nachträglich in Zweifel setzt, weil das Gericht nicht zuständig gewesen sei oder der Richter ausgeschlossen gewesen sei. Diese Regelung entspricht den Interessen, die hier auf dem Spiele stehen. Was ich aber das nächste Mal zu erörtern bitte, ist Folgendes: Das FGG hat eine merkwürdige Diktion bezüglich der *Wirksamkeit.* Es kennt die bekannten drei Wirksamkeitsbegriffe: Wirksamkeit gleich Gültigkeit in § 7 und einem Teil des § 32, – Wirksamkeit gleich Verbindlichkeit in § 16, – Wirksamkeit gleich Wirksamkeit des materiellen Geschäfts, das an eine Verfügung anknüpft, in § 32 im Hauptsatz. Es wird in der nächsten Sitzung zu prüfen sein. ob das im Gesetz nicht klarer gestaltet werden kann.

Weiter werden wir im Ausschuss die sehr interessanten Streitfragen zu prüfen haben, die sich an den § 7 auf dem Gebiete des *Erbrechts* knüpfen. Es handelt sich um die Frage, ob eine vor einem nicht zuständigen Gericht erfolgte Erbausschlagung gültig oder ungültig sein soll. Das Reichsgericht hat diese Frage im Sinne der Wirksamkeit entschieden. Aber die Sache ist sehr zweifelhaft; denn § 7 bezieht sich auf „gerichtliche Handlungen", und eine solche liegt hier vielleicht nicht vor. Mit der Praxis allein wird man hier nicht durchkommen. Wenn das Reichsgericht sagt: es entspricht der Billigkeit, dass man eine solche Erbausschlagung für gültig erklärt, so schwebt dabei der Gedanke vor, dass dadurch eine Art Gnadenakt ausgeübt wird. Auf dem Gebiete des Zivilrechts Gnade üben, heißt aber immer, jemandem aus fremder Tasche ein Geschenk zu machen; denn durch die Erbausschlagung wird ein anderer Erbe benachteiligt. Wir werden daher sehr überlegen müssen, ob § 7 so bestehen bleiben kann.

Herr Heydtmann hat dann ebenso wie Herr Dölle die Frage behandelt, ob man in *§ 36 FGG* die *örtliche Zuständigkeit* beibehalten soll. Da möchte ich das Augenmerk darauf richten, dass das FGG eine allgemeine Norm über die örtliche Zuständigkeit nicht enthält. Das Gesetz kann sie auch nicht enthalten, weil in ihm Dinge zusammengefasst sind, die so verschieden sind, dass sich eine allgemeine Norm nicht wird finden lassen. Wir greifen hier also schon auf ein Spezialgebiet hinüber, wenn wir uns mit § 36 beschäftigen. Ich stelle also die Frage *zur Diskussion:* Ist es richtig, dass für die *Geschäfte der Vormundschaft* entsprechend § 36 das Gericht des Wohnsitzes oder in Ermangelung des Wohnsitzes das Gericht des Aufenthalts zuständig ist? Oder ist es richtig, stattdessen entsprechend dem Jugendwohlfahrtsgesetz die Zuständigkeit des *Gerichts des gewöhnlichen Aufenthalts* zu setzen?

Prof. Dölle: Bei der Erörterung dieser Frage wird man von der Erwägung auszugehen haben, welche Gegenargumente gegen den neuen Vorschlag geltend gemacht werden könnten. Man könnte vielleicht einwenden, dass man, wenn man den „gewöhnlichen Aufenthaltsort" anstelle des „Wohnsitzes" zum Anknüpfungspunkt für die Zuständigkeit erklärt, damit einen Begriff wählt, der eine feste Beziehung der Person zu einem bestimmten Ort voraussetzt, während diese Person vielleicht häufig die Stellen wechselt, ein Bedenken, das gegen den Anknüpfungspunkt des Wohnsitzes nicht erhoben werden kann. Aber ich halte diesen Einwand für unbegründet. Denn es wird nicht der „Aufenthaltsort" schlechthin, sondern der „gewöhnliche Aufenthaltsort" zum Anknüpfungspunkt gemacht. Es scheint mir ein Vorzug zu sein, dass dadurch dem Richter eine gewisse Erwägung anheimgegeben wird, ob es berechtigt ist, den Aufenthaltsort des Mündels als gewöhnlichen Aufenthaltsort anzusehen. Was „gewöhnlicher Aufenthaltsort" ist, wird nicht in allen Fällen einheitlich genau fixiert werden können, so dass also dem Richter durch die Wahl dieses Ausdrucks ein gewisser Ermessensspielraum eingeräumt wird. Der Fall Heydtmann scheint mir den Vorzug einer derartigen Gesetzgebungsweise zu beweisen. Da ich andere Gründe gegen die Wahl eines derartigen Anknüpfungsmoments im Augenblick nicht vorzubringen habe, glaube ich, dass dieser Vorschlag in der Tat einen Vorzug gegenüber der jetzigen gesetzlichen Regelung bedeutet.

Richter Dr. Höver: Das Kammergericht hatte früher – KGJ Bd. 30 – den Rechtsgrundsatz aufgestellt, dass gegen eine sachlich zutreffend eingeleitete Vormundschaft, auch vorläufige Vormundschaft oder Pflegschaft eine Beschwerde wegen örtlicher Unzuständigkeit des Gerichts mit dem Ziel der Aufhebung des bisherigen Verfahrens oder der Vormundschaft unzulässig sei und nur eine Abgabe der Sache an das örtlich zuständige Gericht in Frage komme. Diese Rechtsprechung hat das Kammergericht in einer neuen Entscheidung vom 30. Oktober 1936 – veröffentlicht in der „Deutschen Freiwilligen Gerichtsbarkeit" Heft 12 Seite 258 flg. – dahin geändert, dass die vom örtlich unzuständigen Gericht angeordnete Vormundschaft, vorläufige Vormundschaft oder Pflegschaft auf Beschwerde wegen Fehlens der örtlichen Zuständigkeit aufgehoben werden *müssen,* auch wenn die Vormundschaft oder Pflegschaft sachlich zutreffend eingeleitet worden ist. Dabei geht das Kammergericht davon aus, dass die bisherige Praxis ganz zweckmäßig gewesen sein möge, dass dabei aber doch Dinge in Frage kämen, auf die geachtet werden müsse. Das eigentlich zuständige Gericht würde wahrscheinlich einen anderen Vormund genommen haben. Wenn aber nur im Wege der Abgabe an das wirklich zuständige Gericht geholfen werde, dann würde der bisherige Vormund im Amte bleiben, während im Falle der Aufhebung der Entscheidung des unzuständigen Gerichts dem zuständigen Gericht freie Bahn für die Einsetzung eines anderen Vormundes gegeben werden würde. Angesichts dieser neueren Rechtsprechung des Kammergerichts erscheint es in der Tat angebracht, nach Möglichkeit Zuständigkeitsstreitigkeiten zu vermeiden, damit nicht eine Aufhebung aller bisherigen Maßnahmen erfolgen muss. Diese Streitigkeiten und die im Falle Heydtmann sich ergebenen Kalamitäten werden auf ein Minimum vermindert, wenn man der von Herrn Heydtmann angeregten Änderung des Gesetzes folgt. Rein logisch ist die Entscheidung des Kammergerichts im Grunde genommen richtig. Aber aus praktischen Gründen komme ich, der ich eigene praktische Erfahrungen im Vormundschafts- und Familienrecht nicht besitze, aufgrund des Schrifttums zu demselben Ergebnis wie Herr Heydtmann.

Vorsitzender: Auch ich bin der Meinung, dass wir uns dem Vorschlage des Herrn Heydtmann anschließen sollten, in § 38 den „gewöhnlichen Aufenthalt" zu setzen. Das ist nicht mehr ein reiner Begriff des Lebens, sondern ist durch das Jugendwohlfahrtsgesetz schon ein Rechtsbegriff geworden, mit dem man arbeiten kann. Ich werde daher diesen Vorschlag später *erneut zur Diskussion* stellen, wenn wir das *Vormundschaftsrecht in toto* behandeln.

Die Ausführungen des Herrn Dr. Höver veranlassen mich zu der Bitte, bei der in Aussicht genommenen *Besprechung des § 7 FGG* auch die Frage zu prüfen: Ist es konsequent, dass, wenn das Gesetz bestimmt, dass eine Sache nicht unwirksam ist, wenn die örtliche Zuständigkeit verletzt ist, trotzdem die Wirkung der Aufhebung des ganzen Verfahrens eintreten soll, oder soll dann nicht einfach die Abgabe erfolgen? Ich stehe da auf dem Standpunkt, dass die Verletzung der Formalvorschriften ein Anfechtungsgrund sein muss; es ist aber eine andere Frage, ob nun die Konsequenz sein muss, die Beschwerde mit dem Ziele der Aufhebung zuzulassen, wenn im Interesse der Sache andere Möglichkeiten zur Verfügung stehen. Liegt eine solche Anfechtungsmöglichkeit mit dem Ziele der Aufhebung wirklich im Interesse der Menschen, die in diesem Verfahren betreut werden sollen? Die Behandlung dieser Frage wollen wir sowohl zur Erörterung über § 7 FGG wie zur *Erörterung über die Beschwerde* vormerken.

Ich bitte nun Herrn Heydtmann, in seinem Referat fortzufahren.

Oberverwaltungsgerichtsrat Heydtmann: Das endgültig zuständige Gericht betreibt nun das weitere vormundschaftsgerichtliche Verfahren, soweit nicht ausdrücklich – z.B. durch § 113 Abs. 3 BGB – ein Antrag vorgesehen ist. Das ist der Grundsatz des *Amtsbetriebes,* der von dem Grundsatz der *Amtsprüfung* zu unterscheiden ist. In § 12 FGG ist bestimmt: „Das Gericht hat von Amts wegen die zur Feststellung der Tatsachen erforderlichen Ermittlungen zu veranstalten und die geeignet erscheinenden Beweise aufzunehmen." Das Gesetz stellt damit den Grundsatz der Amtsprüfung auf; es ist also hier die Aufklärung von Amts wegen vorgeschrieben, die Regelung ist also anders als beim Zivilprozessgericht, das an den Parteivortrag oder den Parteiantrag gebunden ist. Die Frage ist aber, wann das Verfahren anhängig zu machen ist. Der Grundsatz des Amtsbetriebes ist im Gesetz nicht besonders ausgesprochen, und zwar, wie sich aus Seite 35 der Denkschrift [in: *Carl Hahn/Benno Mugdan,* Materialien zum FGG und zur KO, Bd. 7, 1898] zu dem Gesetz ergibt, deshalb, weil man angenommen hat, der Amtsbetrieb ergebe sich aus der Natur der Sache, weil das Gesetz Rechtsverhältnisse zu regeln beabsichtige, deren Ordnung im öffentlichen Interesse geboten ist. Wenn man nun in der jüngeren Gesetzgebung dazu neigt, alle grundlegenden Prinzipien im Gesetz zu verankern, dann muss man, ebenso wie man die Wahrheitspflicht im FGG verankern muss, auch den *Grundsatz des Amtsverfahrens im Gesetz selbst verankern,* indem man dem § 12 folgenden zweiten Satz anfügt: „Ebenso hat das Gericht Anordnungen von Amts wegen zu treffen, wenn nicht ein anderes bestimmt ist."

Prof. Dölle: Was Herr Verwaltungsgerichtsrat Heydtmann ausgeführt hat, deckt sich fast vollständig mit dem, was auch ich in meinem Referat gesagt habe. Ich bin auch der Meinung, dass der Grundsatz des Amtsbetriebes im Gesetz besonders fixiert werden sollte. Die Gründe, die man für das Schweigen des Gesetzes über dieses selbstverständliche Prinzip angeführt hat, können für einen Gesetzgeber nicht mehr maßgebend sein, der um eine möglichst weitgehende Klarheit und Allgemeinverständlichkeit des Gesetzes bemüht ist. Freilich hat die erste Durchführungsverordnung zum Reichserbhofgesetz diese Maxime, die wir für wünschenswert halten, noch nicht befolgt. Das sollte uns nicht hindern, dieses Prinzip gesetzgeberisch zu verankern. Ich habe vorgeschlagen, dass die von Herrn Staatssekretär Schlegelberger in seinem Kommentar gewählte Formulierung angenommen wird.

Vorsitzender: Es ist einer der schwersten Mängel des Gesetzes, dass dieser Grundsatz nicht darin enthalten ist. Er muss im Gesetz stehen, weil er das ist, was im Wesentlichen dieses Verfahren von anderen Verfahren unterscheidet. Amtsbetrieb und Amtsprüfung sind Kernstücke.

Verwaltungsgerichtsrat Heydtmann: Ich fahre in meinem Beispiel fort. Das Jugendamt als Amtsvormund stellt Ermittlungen nach dem Erzeuger an. Dabei stößt es auf Schwierigkeiten und bittet das Vormundschaftsgericht, die Vernehmung eines auswärtigen Zeugen zu veranlassen. Das Vormundschaftsgericht stellt ein entsprechendes Ersuchen an das Amtsgericht, in dessen Bezirk der Zeuge wohnt. Das ersuchte Gericht lehnt aber eine Rechtshilfe, die in § 12 FGG ausdrücklich vorgesehen ist, ab, und zwar nach der Rechtsprechung und der herrschenden Ansicht mit Recht, weil die Ermittlung des Erzeugers nicht zu den durch Reichsgesetz dem Vormundschaftsgericht übertragenen Obliegenheiten gehört, sondern Sache des Vormunds ist, und auch nicht Gegenstand eines Rechtshilfeersuchens sein kann.

Das Jugendamt hat nun keine andere Wahl, als denjenigen zu verklagen, gegen den es den Prozess für am aussichtsreichsten hält. Es verklagt den B., da er eine freiwillige Zahlung ablehnt. Die Beweisaufnahme fällt für B. nicht günstig aus. Er verlangt darauf die Anstellung der Blutprobe bei dem Kinde, die auch das Prozessgericht für erheblich hält. Das Jugendamt als Vormundschaftsgericht lehnt das ab. Es ist der Ansicht, dass der Prozess für das Kind so günstig aussieht, dass die Blutprobe nur ein zweifelhaftes Ergebnis für das Kind erzielen könnte. Nun beantragt B. beim Vormundschaftsgericht, das Jugendamt gemäß § 1837 BGB in Verbindung mit § 33 des Jugendwohlfahrtsgesetzes zur Gestattung der Blutentnahme anzuweisen. Das Vormundschaftsgericht ist anderer Ansicht als das Prozessgericht und lehnt eine solche Anweisung ab, weil es die Vaterschaft des B. bereits für erwiesen hält. Jetzt erhebt B. dagegen fristlose Beschwerde beim Landgericht, und nun entsteht eine schwierige Frage, die zur Illustration des Beschwerderechts geeignet ist. Das Landgericht kann sich auf den Standpunkt stellen, dass es die Beschwerde zurückweist, indem es sagt: dieser B. hat kein Beschwerderecht. Für das Beschwerderecht kommen nur zwei Bestimmungen infrage, nämlich § 20 Abs. 1: „Die Beschwerde steht jedem zu, dessen Recht durch die Verfügung beeinträchtigt ist." Man muss sich also fragen: Hat der als Erzeuger in Anspruch Genommene ein subjektives Recht zur Feststellung der blutmäßigen Abstammung des Kindes? Diese Frage wird man verneinen müssen.

Wenn dieser Paragraph versagt, dann kommt nur noch *§ 57 Abs. 1 Nr. 9* infrage: „Die Beschwerde steht, unbeschadet der Vorschriften des § 20 zu: 9. gegen eine Verfügung, die eine Entscheidung über eine die Sorge für die Person des Kindes oder des Mündels betreffende Angelegenheit enthält, jedem, der ein berechtigtes Interesse hat, diese Angelegenheiten wahrzunehmen.“ Nun ist es unzweifelhaft, dass die Blutentnahme eine Verfügung ist, die eine Entscheidung über eine die Sorge für die Person des Kindes betreffende Angelegenheit enthält. Man kann vielleicht – das ist die zweite Voraussetzung der Nr. 9 – auch sagen, dass die Beschwerde im Interesse des Kindes erhoben ist; denn im Interesse des Kindes liegt es ja, dass seine butmäßige Abstammung festgestellt wird. Das ist aber schon zweifelhaft. Wahrscheinlich verfolgt B. ausschließlich eigene Interessen; er will nicht die Interessen des Kindes in Anspruch nehmen. Selbst wenn man das bejaht, dann muss nach der Rechtsprechung eine dritte Voraussetzung vorliegen: Der Beschwerdeführer muss berufen sein, die Interessen des Kindes wahrzunehmen, in einem rechtlichen oder tatsächlichen Verhältnis zu dem Kinde stehen, das diese Berufung begründet. Kann man nun sagen, dass er nur durch die Verstrickung in den Unterhaltsprozess berufen ist, die Interessen des Kindes wahrzunehmen? – Das Kammergericht hat das in einer Entscheidung bejaht, die von mir selbst stammt. Es hat angenommen, es werde durch den Unterhaltsprozess eine Interessenbeziehung geschaffen, die den in Anspruch Genommenen einen verständlichen Anlass bietet, die Klärung der Sippenfrage mit allen zulässigen Mitteln zu betreiben.

Das Oberlandesgericht München hat am 13. Dezember genau den entgegengesetzten Standpunkt eingenommen. Es hat sich ein großer Kampf erhoben, der dazu geführt hat, dass nicht weniger als vier Fälle dem Reichsgericht von beiden Seiten vorgelegt worden sind. Das Reichsgericht hat noch nicht gesprochen.

Ich habe diesen Fall gewählt, weil er wohl am besten zeigt, wie zweifelhaft diese Frage ist und wie wenig verständlich vielfach dem Volk das Ergebnis ist.

Nunmehr habe ich angenommen, dass B., weil der Ausgang des Prozesses für ihn zweifelhaft ist, zu Protokoll des Prozessgerichts mit dem Kinde, vertreten durch den Amtsvormund, einen Kapitalabfindungsvertrag geschlossen hat. Dieser Vertrag bedarf nach § 1714 BGB der Genehmigung des Vormundschaftsgerichts. Das Jugendamt sucht diese nach. Das Vormundschaftsgericht verweigert die Genehmigung, weil ihm die Abfindungssumme zu niedrig erscheint. Nun knüpfen sich an diese Verweigerung mehrere Beschwerdeverfahren, die zur Illustration des Beschwerderechts interessant sind. Ich habe angenommen, B. beschwert sich beim Landgericht, das seine Beschwerde wegen mangelnden Beschwerderechts zurückweist. Man sagt: Solange der Vormund die Verweigerung der Genehmigung ihm nicht mitgeteilt hat, ist das ein Internum zwischen Gericht und Vormund, solange sind seine Rechte nicht im Sinne des § 20 vorhanden. Hat aber der Vormund die Verweigerung ihm mitgeteilt, dann kann er nichts mehr machen; denn *§ 55 FGG* bestimmt: „Eine Verfügung, durch welche die Genehmigung zu einem Rechtsgeschäft erteilt oder verweigert wird, kann von dem Vormundschaftsgericht insoweit nicht mehr geändert werden, als die Genehmigung oder deren Verweigerung einem Dritten gegenüber wirksam geworden ist.“ Das ist sie nach § 1829 BGB mit der Mitteilung. Also B. wird wieder wegen mangelnden Beschwerderechts abgewiesen.

Nun kommt der Vormund und beschwert sich. Er hat den Vergleich geschlossen, also die Summe für angemessen gehalten, und ich habe angenommen, ihm würde die Beschwerde ohne weiteres zustehen nach § 20 Abs. 1 in Vertretung des Mündels. Das Landgericht erteilt die Genehmigung. Diese Genehmigung ist nun nach § 1828 BGB ihrem Inhalt nach zunächst für den Vormund bestimmt. Sie wird daher ihm gegenüber nach § 16 FGG Abs. 1 mit der Bekanntmachung wirksam, die nach Abs. 2 desselben Paragraphen formlos geschehen kann, weil die Genehmigung der einfachen weiteren Beschwerde unterliegt, mit der Bekanntmachung also eine Frist nicht in Lauf gesetzt wird. Einem Dritten gegenüber wird jedoch diese Genehmigung nach § 1829 BGB Abs. 1 Satz 2 erst wirksam, wenn sie ihm durch den Vormund in der Absicht mitgeteilt wird, den durch den Mangel der Genehmigung verursachten Schwebezustand zu beseitigen.

Solange diese Mitteilung, die das materielle Recht vorschreibt, gegenüber dem Dritten nicht erfolgt ist, unterliegt die Genehmigung nach § 18 Abs. 1 der jederzeitigen Abänderung durch das Vormundschaftsgericht.

Nun habe ich angenommen: hier hat das Landgericht die Genehmigung auf die Beschwerde des Vormundes erteilt, und der Vormund hat die Genehmigung dem Gegner mitgeteilt. Da erfährt die uneheliche Mutter von der Sache. Die Abfindungssumme ist ihr zu niedrig. Sie legt weitere Beschwerde ein. Dazu ist sie nach § 57 Abs. 1 Nr. 9 berechtigt, weil die Regelung der Unterhaltsansprüche des Kindes mittelbar eine die Sorge für die Person des Kindes betreffende Angelegenheit enthält und weil die Mutter kraft des ihr zustehenden Personensorgerechts, das sie nach § 1707 neben dem Vormunde hat, ein berechtigtes Interesse hat, diese Angelegenheit wahrzunehmen. Ihr Beschwerderecht wäre außer Zweifel. Gleichwohl muss nun die weitere Beschwerde als unzulässig verworfen werden, weil die Genehmigung dem B. gegenüber bereits durch Erteilung wirksam geworden ist und daher auch der Abänderung durch das Beschwerdegericht nach §§ 55, 62, 63 FGG nicht mehr unterliegt. Diese Vorschriften – das fällt einem in der Praxis oft auf – machen also bei Beschwerden im Genehmigungsverfahren immer eine Feststellung notwendig, ob die Erteilung bzw. Versagung der Genehmigung Dritten gegenüber bereits wirksam geworden ist; denn zum Schutze des Dritten sind diese Vorschriften geschaffen. Ist die Wirksamkeit bereits eingetreten, dann muss das Beschwerdegericht immer die Beschwerde zurückweisen, weil dann die Genehmigung unabänderlich geworden ist. Stellt man Ermittlungen in dieser Hinsicht an, dann gibt man vielfach den Anstoß zu einer solchen Mitteilung. Dadurch wird das Beschwerderecht dem Dritten, hier der unehelichen Mutter, oder bei einem beschränkt geschäftsfähigen Mündel aus § 59 entzogen. Das kann man sogar dadurch erleichtern, dass man in dem Vertrage einem Dritten die Ermächtigung zur Mitteilung und zur Entgegennahme der vormundschaftsgerichtlichen Genehmigung gibt. Wird ihm dann die vormundschaftsgerichtliche Genehmigung mitgeteilt, dann nimmt er sie entgegen, teilt sie dem Dritten mit, und damit ist die Sache perfekt und eine Beschwerde ist nicht möglich. Solche Fälle sind von den Gerichten entschieden worden. Ich habe einen bestimmten Fall im Auge. Da hatte ein beschränkt geschäftsfähiges Mündel Grundbesitz. Der Vormund neigte dazu, diesen Grundbesitz zu parzellieren. Bei der ersten Parzelle wurde die Genehmigung erteilt. Dann wurde Beschwerde eingelegt und die Genehmigung rückgängig gemacht. Bei der zweiten machte man es geschickter. Da hat damals das Gericht gesagt, dass die Mitteilung der Genehmigung hinfällig werde, wenn die Schutzvorschrift des § 55 FGG vom Vormund und Vertragsgegner in sittenwidrigem, arglistigem oder schikanösem Zusammenwirken in der Absicht der Vereitelung des Beschwerderechts eines Berechtigten, zum Beispiel des Mündels im Falle des § 59 Abs. 1 Satz 2 FGG zur Auswirkung gebracht ist. Das ist eine sehr zweifelhafte und bedenkliche Konstruktion.

Der Hauptmangel des geschilderten Verfahrens liegt in der Zerrissenheit, in dem Nebeneinander- und Gegeneinanderarbeiten von Vormundschaftsgericht und Prozessgericht. Das Vormundschaftsgericht hält einen Unterhaltsvergleich für zu niedrig, den das Prozessgericht für angemessen erachtet; das Prozessgericht will eine Blutprobe, das Vormundschaftsgericht lehnt das ab. Dieses Nebeneinander- und Gegeneinanderarbeiten tritt auch in anderen Fällen in die Erscheinung, zum Beispiel, wenn das Prozessgericht im Ehescheidungsprozess nach § 627 ZPO einem Ehegatten das Sorgerecht überträgt und das Vormundschaftsgericht in der Ansicht, dass gerade dieser Ehegatte zur Ausübung des Sorgerechts ungeeignet ist, es diesem Ehegatten gemäß § 1666 Abs. 1 BGB wieder entzieht, oder wenn das Prozessgericht den aus alleinigem Verschulden geschiedenen Elternteil gemäß § 1632 BGB zur Herausgabe des Kindes an den anderen Elternteil verurteilt und das Vormundschaftsgericht der Ansicht ist, dass bei dem zur Herausgabe Verurteilten das Kind besser aufgehoben ist und diesem gemäß § 1635 Abs. 1 Satz 2 BGB das Sorgerecht überträgt. Diesen Übelständen ließe sich abhelfen, wenn man die Zuständigkeit des Vormundschaftsgerichts auf die Regelung aller familienrechtlichen Verhältnisse ausdehnte.

Praktisch unbefriedigend und auch dem Volke vielfach unverständlich sind die Erörterungen über das Beschwerderecht, die einen großen Teil der Gerichtsbeschlüsse einnehmen. Da könnte man – das ist nur eine Anregung – zur Diskussion stellen, ob man nicht den Kreis der Beschwerdeberechtigten weiter ziehen sollte, ob er nicht auf alle berechtigten Interessenten oder schutzwürdigen Interessenten ausgedehnt werden müsste. Ich muss aber sagen, dass das schon bei der Beratung des geltenden Gesetzes erwogen worden und abgelehnt worden ist, und zwar mit gutem Grunde. Man stößt auf Schwierigkeiten bei der sofortigen Beschwerde. Man muss dann allen diesen weiteren Kreisen von Interessenten die Entscheidung zustellen und die Rechtskraft tritt erst dann ein, wenn sämtlichen Interessenten gegenüber die Beschwerdefrist abgelaufen ist. Das hat man nicht für tragbar gehalten.

Das Dritte, was ich aus diesen Fällen entnehmen wollte, war dass mir die Bestimmungen über die Wirksamkeit der vormundschaftsgerichtlichen Genehmigung nicht ganz volkstümlich erscheinen. Ich verkenne aber nicht, dass sie in der Hauptsache zunächst auf materiellrechtlichem Gebiet liegen, auf dem Gebiet des § 1829 BGB, das nicht Gegenstand dieser Erörterungen ist. Die unerwünschten Auswirkungen der §§ 52, 62 FGG, die zum Schutze des Vertragsgegners geschaffen worden sind, ließen sich vielleicht vermeiden, wenn man die Genehmigung dem Vormund gegenüber erst mit der formellen Rechtskraft wirksam werden ließe, dem Vormundschaftsgericht aber die Befugnis gäbe, bei Gefahr im Verzuge die sofortige Wirksamkeit anzuordnen. Diesen Weg hat der Gesetzgeber selbst im § 53 FGG gewählt. Das würde zur Folge haben, dass die Genehmigung nach § 60 Nr. 6 der sofortigen Beschwerde unterliegen müsste und dass die Verfügung allen Beschwerdeberechtigten zugestellt werden müsste. Das wäre nicht so schwer durchführbar. Wer bei einer vormundschaftsgerichtlichen Genehmigung beschwerdeberechtigt ist, lässt sich im Allgemeinen wohl feststellen. Es sind die Kontrahenten und unter Umständen der Mündel, wenn er nicht selbständig beschwerdefähig ist; das ist in meinem Falle die uneheliche Mutter. Allerdings würde, wenn man das macht, wieder eine Änderung der Vorschriften des § 1829 Abs. 2 BGB erforderlich sein. Die Bestimmung dieses Paragraphen ist mir in der Praxis eigentlich überhaupt nicht vorgekommen; sie ist praktisch schwer durchführbar. Wenn man also auf diesen Boden träte und die vormundschaftsgerichtliche Genehmigung ähnlich regelte, wie es in § 53 für andere rechtsgeschäftliche Erklärungen geschehen ist, dann müsste man § 1829 Abs. 2 zweifellos ändern.

Prof. Dölle: Wir sind hier bei zwei ganz großen grundsätzlichen Problemen angelangt, einmal bei der Frage, ob nicht die Zukunft uns eine einheitliche Behörde geben muss, vor der alle im Familienkreise sich entwickelnden eigentlichen familienrechtlichen Beziehungen ihre einheitliche Regelung finden sollen, zweitens zu der Frage der Legitimation für die Beschwerden.

Ich habe den Eindruck, dass wir alle in der Tendenz einig sind, dass die Zerrissenheit der familienrechtlichen Fragen in Zukunft ausgeräumt werden muss, dass es unser Ziel sein muss, eine Ordnung zu finden, die es einem Organ ermöglicht, einheitliche Entscheidungen zu fällen, die nur von demjenigen wirksam getroffen werden können, der den Gesamtkreis der einschlägigen Beziehungen versteht.

In der zweiten Frage, der Legitimation zur Beschwerde, bin ich allerdings anderer Ansicht als Herr Heydtmann. Herr Senatspräsident Krieg hat sich zu dieser Frage schriftlich geäußert. Es war mir interessant, zu lesen, dass er im Ergebnis derselben Meinung sei wie Herr Heydtmann. Er warne davor, die Vorschriften über die Legitimation zu ändern, er wolle an dem jetzigen § 20 des Gesetzes festhalten. Er begründet das damit, dass er meint, der Richter komme bei einer Auflockerung dieser Bestimmung auf eine falsche Linie, es sei nötig, ein bestimmtes Gleis anzugeben. § 20, der auf ein subjektives Recht abgestellt, gibt ein solches Gleis, wie die Ausführungen des

Herrn Heydtmann gezeigt haben, zweifellos nicht. Diese Bestimmung gibt keinen festen Anhaltspunkt. Es ist außerordentlich zweifelhaft, wann wir befugt sind, von einem subjektiven Recht und seiner Verletzung zu sprechen. Wenn man vor einem praktischen Fall steht, ergeben sich viele Lösungsmöglichkeiten. Man sollte also diese Vorschrift auflockern; man kann nur mit einer etwas weiter gefassten Klausel die Rettung finden. Dadurch würde der Kreis der Beteiligten weiter gezogen werden. Herr Heydtmann hat schon alle Möglichkeiten angedeutet. Freilich hat er auf ein Bedenken hingewiesen, das ich nicht verkenne: Es muss dann zunächst die Zustellung erfolgen, und man weiß nicht, an wen. Ich habe an den Ausweg gedacht, dem ich aber skeptisch gegenüberstehe, dass man mit der öffentlichen Bekanntmachung arbeiten und eine Ausschlussfrist setzen sollte. Da wird man mir entgegenhalten, dass das viel Geld kostet und die Bekanntmachung doch nicht gelesen wird. Ich habe zu wenig praktische Erfahrungen, um mich zu diesem Einwand äußern zu können. Ich hoffe aber, dass darüber noch Klarheit geschaffen werden wird.

Vorsitzender: Es entsteht die große Frage: Ist es für die Dauer erträglich und kann es ein Gesetzgeber verantworten, dass so viele Behörden gegeneinander arbeiten? Diese Frage stellen, heißt, sie beantworten. Ich halte es für unerträglich, dass eine Behörde gegen die andere arbeitet. Die Juristen müssen dafür sorgen, dass nicht unter dem Streit der Organe des Staates die Volksgenossen Not leiden. Es ist so, dass viele Volksgenossen Not leiden, weil zu viele Behörden die Dinge anordnen. Wir müssen diese Frage insbesondere für das Vormundschaftsrecht klären, ob es möglich ist, eine einheitliche Linie zu finden. Wir müssen diese Frage bei der Erörterung des Familienrechts behandeln. Das können wir nur im Einvernehmen mit dem Familienrechtsausschuss. Ich bin nicht Optimist genug, um anzunehmen, dass immer noch Konflikte zwischen dem Prozessgericht und dem Gericht der freiwilligen Gerichtsbarkeit entstehen können. Deshalb bitte ich Sie, sich die Frage vorzumerken: Ist der Richter der freiwilligen Gerichtsbarkeit an die Entscheidung des Prozessgerichts gebunden und umgekehrt?

Das zweite Problem war das Beschwerderecht. Damit müssen wir uns noch einmal befassen. Dafür bitte ich Sie, sich die Frage vorzumerken: Soll der Instanzenzug, den wir jetzt haben, beibehalten werden? Mein Eindruck von der Rechtsprechung ist der, dass die Rechtsprechung der Oberlandesgerichte ausgezeichnet ist, dass die Rechtsprechung der Amtsgerichte recht gut ist, dass die Rechtsprechung der Landgerichte recht schlecht ist. Das ist erklärlich, weil sowohl die Amtsgerichte wie die Senate der Oberlandesgerichte in diesen Dingen eine große Praxis haben, während die Sachen an die Landgerichte selten herankommen. Deshalb entsteht die Frage, ob wir die Instanz des Landgerichts beibehalten wollen. Ich habe noch nicht Stellung dazu genommen, halte mich aber für verpflichtet, diese Frage zu behandeln. Heute interessiert uns nur die Frage des subjektiven Beschwerderechts.

Heute heißt es: Die Beschwerde steht jedem zu, dessen Recht durch die Verfügung beeinträchtigt ist. Ich pflichte Herrn Prof. Dölle darin bei, dass die Formulierung des § 20 von einer ganz anderen Vorstellung des Begriffs „Recht" ausgeht, als wir sie jetzt haben. Was versteht man unter Recht? Ist es noch das Recht, wie wir es uns früher vorgestellt haben, oder ist es etwas viel Weitergehendes? – Ein praktischer Fall: Ich bekomme vom Amtsgericht Köln eine Mitteilung: „Bei uns schwebt ein Verfahren wegen des Nachlasses der Witwe Müller; es besteht folgender Plan; bitte, äußere dich; wenn du dich nicht äußerst …". Darauf schreibe ich: Ich habe kein Interesse daran, ich weiß nicht, was Sie wollen. – Dann bekomme ich einen neuen Brief: Wir haben vertagt und machen Sie darauf aufmerksam, dass das nicht geht; Sie müssen Ihre Rechte ausüben. – So wird man von einem Gericht, das es gut meint, bombardiert. Dagegen muss man sich wehren können. Deshalb hat man ja in der Rechtswissenschaft angenommen, dass unter „Recht" etwas Weitergehendes zu verstehen ist, nämlich auch die richtige Behandlung meiner Rechtsangelegenheiten. Also man ist in der Rechtspraxis schon über den engen Rahmen des § 20 weit hinausgegangen.

Nun entsteht die Frage, ob man einen Schritt weitergehen darf und nach dem Vorschlage des Herrn Prof. Dölle jedes berechtigte Interesse an der Änderung der getroffenen Verfügung hineinziehen darf. Herr Professor, Ihr Votum ist mir noch nicht sicher. Verstehen Sie darunter nur ein eigenes Interesse oder auch ein fremdes Interesse? Ich habe aus Ihrem Votum herausgelesen, dass Sie auch ein fremdes Interesse meinen. Damit würden wir auf eine Bahn kommen, die in einen Abgrund führt.

Eine andere Frage ist es, ob man das lockern kann, wenn man klarstellt, dass es nur das eigene Interesse ist. Die Herren haben gesagt, wir kämen damit in große Schwierigkeiten, wenn die Wirksamkeit der Verfügung von der Rechtskraft abhängt und die Rechtskraft vom Ablauf der Beschwerdefrist. Das bedarf der Zustellung an die Beschwerdeberechtigten. Wer ist beschwerdeberechtigt? Da sind Hilfskonstruktionen angeregt worden: eine objektive Ausschlussfrist oder ein Inlaufsetzen der Frist durch öffentliche Bekanntmachung. Vor dem Letzten möchte ich warnen; denn unser heutiges Verfahren, insbesondere auch in Familienrechtssachen, leidet viel zu sehr darunter, dass die Sachen in die Öffentlichkeit gebracht werden. Man sollte bei Ehestreitigkeiten die Öffentlichkeit ausschließen; kein Mensch hat ein Interesse an der Veröffentlichung.

Wenn man also glaubt, den § 20 lockern zu sollen, aber anerkennt, dass es dann nicht möglich ist, an den gegenwärtigen Wirksamkeitsbestimmungen festzuhalten, dann müsste man prüfen, ob man nicht besondere Bestimmungen für die formelle Rechtskraft treffen kann oder ob man die Wirksamkeit nicht an die formelle Rechtskraft gegenüber allen Beschwerdeberechtigten knüpft.

Prof. Dölle: Ich habe nicht gemeint, dass auch die Interessen Dritter wahrgenommen werden dürfen, sondern ich habe die Formulierung von berechtigten und nicht von rechtlichen Interessen deswegen gefordert, weil ich mir sagte, dass nicht nur die Rechtslage des Beschwerdeführers, sondern auch sonstige Belange in Frage kommen.

Richter Höver: Ich habe persönlich nur wenig Erfahrung in Beschwerdesachen, weil ich Richter erster Instanz bin. Ich neige der Auffassung zu, die Herr Staatssekretär Schlegelberger in seinem Kommentar vertritt, dass unter Recht im Sinne des § 20 Abs. 1 – sehr weit hinausgehend über das, was ursprünglich gemeint ist – das Recht an der richtigen Besorgung der Angelegenheiten zu verstehen ist. Die freiwillige Gerichtsbarkeit setzt nicht wie der Zivilprozess ein Petitum voraus; sie birgt, weil es sich um ein Amtsverfahren handelt – und selbst im Antragsverfahren – eine große Menge von Gestaltungsmöglichkeiten in sich und ist andererseits auch wieder Fürsorgetätigkeit. Das trifft gerade für das Familien- und das Vormundschaftsrecht im weitesten Sinne zu, und es kommen Fragen des Erziehungsrechts in Betracht; es muss an das Wohl und Wehe des Kindes und des Mündels gedacht werden. Wir Praktiker fassen die freiwillige Gerichtsbarkeit so auf: auf der einen Seite müssen wir dafür sorgen, dass die Volksgenossen ihr Recht bekommen. Wir sind sehr frei in den Möglichkeiten und auch in den Erkenntnisquellen. Auf der anderen Seite stellt sich uns die freiwillige Gerichtsbarkeit als eine unerschöpfliche Fülle von Gestaltungsmöglichkeiten dar. Wenn man diese beiden großen idealen und auch praktischen Ziele der freiwilligen Gerichtsbarkeit im Auge behält, so ist es gar nicht so verkehrt, zu sagen: Die Volksgenossen haben ein Recht darauf, dass ihre Angelegenheiten richtig und ordentlich geregelt werden.

Man muss ja auch fragen, ob sich denn so viele Unzuträglichkeiten ergeben haben. Da kann ich nur an die höchstrichterliche Rechtsprechung und an die Literatur anknüpfen. Ich meine: es haben sich Unebenheiten und Unzuträglichkeiten eigentlich nicht ergeben. Das soll natürlich kein abschließendes Urteil sein. Ich glaube, dass man mit dem Begriff, der weit über das hinausgeht, woran ursprünglich bei Schaffung des Gesetzes gedacht wurde, auskommt, wenn man fragt, wer beschwerdeberechtigt ist.

Prof. Dölle: Wenn sich keine großen Unzuträglichkeiten ergeben haben, so doch nur deswegen nicht, weil man den Begriff, mit welchem ursprünglich in § 20 operiert wurde, umgebogen hat. Mir scheint, dass es nicht die Aufgabe des Gesetzes ist, mit einem solchen Begriff zu arbeiten, der die Wahrheit im Grunde verbirgt und den Volksgenossen unverständlich bleibt, weil er mit diesem Begriff etwas anderes verbindet, als was die Praxis daraus gemacht hat. Deshalb bin ich für Auflockerung des § 20. Man soll mit offenen Karten spielen und dem Richter einen angemessenen Spielraum gewähren, den er sich trotz des § 20 nimmt.

Senatspräsident Siefert: Das ist eins der schwierigsten Gebiete. Diese Frage hat auch im Erbhofrecht eine große Rolle gespielt. Es wird zum Beispiel ein Erbhof demnächst in das Anerbenrecht übernommen. Nun kommt jemand, der einmal als Anerbe in Betracht kommen würde und erhebt Beschwerde. Wir können es fassen, wie wir wollen; wir werden nie zu einer voll befriedigenden Lösung kommen, wenn wir es nicht darauf abstellen, dass der Richter zu entscheiden hat, wessen Rechte beeinträchtigt sind.

Zweifellos hat die öffentliche Bekanntmachung, die öffentliche Zustellung keinen Wert. Ein Gericht in Frankfurt hat eine Entscheidung zu treffen, und der Beschwerdeberechtigte ist vielleicht in Königsberg. Wie sollen diese Bekanntmachungen veröffentlicht werden? Das kommt also nicht in Frage. Ich hätte kein Bedenken, den Kreis der Beschwerdeberechtigten etwas anders zu fassen. Wir werden sagen müssen: diejenigen, deren Belange durch die Verfügung beeinträchtigt werden. Es werden immer Zweifel bestehen. Da muss der Richter entscheiden. Dann ist das Beschwerderecht glatt gelöst. Natürlich muss der Richter prüfen, wer durch die Verfügung betroffen werden kann.

Vorsitzender: Selbstverständlich liegt eine Abschwächung darin, wenn man statt „Recht“ sagt: „rechtliches Interesse“. Auf jeden Fall muss aber der Richter entscheiden, ob ein Recht vorliegt. Der Unterschied zwischen dem rechtlichen und dem berechtigten Interesse ist ziemlich gering.

Ministerialrat Hesse: Dieser Punkt bedarf meines Erachtens dringend der Regelung. Für die Praxis auf dem Gebiet des Fideikommissrechts bedeutet es eine große Schwierigkeit, die Vorschriften des freiwilligen Gerichtsbarkeitsgesetzes, die ja hier für anwendbar erklärt sind, richtig anzuwenden. Wir haben im obersten Fideikommissgericht nach allen möglichen Auswegen gesucht, um eine Form zu konstruieren, die ein Beschwerderecht gibt. Die bisherige Regelung ist in höchstem Maße unbefriedigend und man wird nach einer beweglicheren und umfassenderen Formel suchen müssen. Ich halte es nicht für zweckmäßig, die Frage nun sozusagen einfach den Gerichten zu überlassen; dann da kommen die Interessen der Parteien zu kurz: sie müssen wissen, ob sie ein Beschwerderecht haben und wann sie eine Beschwerde einlegen können. Dasselbe gilt für die Kosten. Auch die Anwälte und Notare müssen wissen, ob sie mit einiger Sicherheit auf den Erfolg ihrer Beschwerde rechnen können. Ähnlich liegen die Dinge im Erbhofrecht. Auch hier ergeben sich dieselben Schwierigkeiten, wenn lediglich der Richter bestimmt, ob ein Beschwerderecht gegeben ist. Das wird aber nicht von allgemeiner Bedeutung sein. In dem Teilgebiet des freiwilligen Gerichtsbarkeitsgesetzes, das ich besonders zu betreuen habe, nämlich auf dem Gebiet des Grundbuchrechts, ist die Frage etwas anders behandelt, aber schon gelöst. Im Grundbuchrecht ist nach allgemein anerkannter Auffassung für § 20 keine Möglichkeit der Anwendung gegeben. Wir müssen ohne jegliche Bestimmung darüber arbeiten, wer beschwerdeberechtigt ist. Das Beschwerderecht ist jedem gegeben, dessen mittelbar oder unmittelbar rechtlich geschütztes Interesse durch die Entscheidung berührt wird. Etwas Ähnliches dürfte hier am Platze sein.

Vom Standpunkt des Grundbuchrechts würde ich es begrüßen, wenn die Diskrepanz zwischen diesen beiden Gebilden beseitigt werden könnte. Wenn ein solcher Schritt gemacht werden würde, dann würde sich für das hier behandelte Gebiet der freiwilligen Gerichtsbarkeit die Frage aufwerfen, wie es mit der Wirksamkeit werden soll. Zwar nicht auf dem Gebiete des Grundbuchrechts, wohl aber auf dem allgemeinen Gebiet spielt diese Frage eine erhebliche Rolle. Da wird man in der Tat nicht mehr an den Vorschriften festhalten können, nach welchen die Wirksamkeit der Entscheidung erst mit der formellen Rechtskraft eintritt. Das ist nicht möglich, weil man den

Kreis der Beschwerdeberechtigten nicht übersehen kann. Man kann auch nicht mit öffentlichen Bekanntmachungen helfen; denn sie stellen nur Beschwichtigungen des juristischen Gewissens dar, haben aber eigentlich keine praktische Bedeutung. Im Fideikommisswesen helfen wir uns dadurch, dass wir an verborgener Stelle hierfür eine Tafel anbringen. Aber von den darauf verkündeten Verfügungen nimmt kein Mensch Notiz. Man könnte sagen: die Wirksamkeit tritt ein, wenn den unmittelbar Beteiligten gegenüber die Rechtskraft eingetreten ist. Die Schwierigkeit entsteht nur hinsichtlich derjenigen, die man noch nicht hat erfassen können. Dann ergibt sich allerdings die praktische Schwierigkeit, die uns häufig entgegengetreten ist: Es gibt viele Fälle der Entscheidung, die zwar unmittelbar verschiedene Personen berühren, aber diesen Personen gegenüber nur einheitlich geschlichtet werden können. Wir bedürfen im FGG unbedingt einer Bestimmung über eine notwendige Streitgenossenschaft, die besagt, dass gewisse Entscheidungen nur einheitlich allen Beteiligten gegenüber rechtskräftig werden. Die Rechtslehre ist in dieser Frage sehr gespalten. Weitgehend wird die Auffassung vertreten, dass die Rechtskraft nur eintrete, wenn dem ersten Beteiligten zugestellt ist; andere wieder sagen: wenn dem letzten Beteiligten zugestellt ist. Das ist von großer praktischer Bedeutung. Wir hatten kürzlich einen Fall, in welchem ein Fideikommiss aufgelöst war. Das Gericht hatte den Beschluss bestätigt. Nachher kam es zur Beschwerde, und es fragte sich, ob der Beschluss rechtsgültig war. Wir mussten zu dieser Frage Stellung nehmen, ohne eine gesetzliche Unterlage zu haben.

Senatspräsident Dr. Siefert: Ich bin wohl missverstanden worden. Sie sagten, der Rechtsanwalt oder der Interessent müsste wissen, ob er ein Beschwerderecht habe. Ich habe es aber so gemeint: Der Richter entscheidet durch die Zustellung darüber, wer ein Beschwerderecht hat; er stellt demjenigen zu dessen Recht nach seinen Ermittlungen beeinträchtigt ist.

Vorsitzender: Das halte ich doch für sehr bedenklich.

Richter Dr. Höver: Man muss zwischen dem berechtigten Interesse und dem rechtlichen Interesse unterscheiden. Wenn schon das rechtliche Interesse sehr weit geht, so geht doch das berechtigte Interesse noch viel weiter. Der Ausdruck „rechtliches Interesse" findet sich insbesondere bei der Vormundschaft, ist aber auch für das Nachlassverfahren von großer Bedeutung. Die Beschwerde gegen eine Verfügung, durch welche die Anordnung einer Vormundschaft bzw. Nachlasspflegschaft abgelehnt oder eine Vormundschaft bzw. Nachlasspflegschaft aufgehoben wird, steht nach § 57 Abs. 1 jedem zu, der ein rechtliches Interesse an der Änderung der Verfügung hat. Zu den Beschwerdeberechtigten in diesem Sinne würde also die große Zahl der Nachlassgläubiger gehören. Man sieht daraus: Hier ist das rechtliche Interesse gegenüber dem berechtigten Interesse ein engerer Begriff, und man kann sich weiter ein Bild machen, wie weit die Beschwerdeberechtigten gehen würden, wenn man für die Beschwerde im Sinne des § 20 ein rechtliches oder gar berechtigtes Interesse annähme. Der Schwerpunkt liegt nicht darin, dass jeder berechtigt ist, die Beschwerde einzulegen, der ein Recht dazu hat, weil seine Angelegenheit nicht richtig besorgt ist, sondern der Schwerpunkt liegt in „seinen" gegenüber anderen Angelegenheiten. Ich kann vom Standpunkt der Praxis aus nur davor warnen. Nach meinem Eindruck sind wir mit dieser Formulierung ganz gut ausgekommen. Schon wenn man das rechtliche Interesse als Ausgangspunkt für die Beschwerdeberechtigung nimmt, kommt man in große Weiten. Hinzu kommt noch die Frage der Zustellung, die bei der sofortigen Beschwerde immer notwendig ist. Vom Standpunkt der Praxis aus kann ich natürlich nur sagen, dass ich eine öffentliche Zustellung für völlig abwegig halte.

Vorsitzender: Wenn unser Gesetz, wie wir wohl anerkennen müssen, nicht genügt hat, dann können wir uns also auf das alte Gesetz nicht zurückziehen, sondern hier muss eine gewisse Ausweitung stattfinden. Daraus ergibt sich die zweite Frage: Wie weit sollen wir ausweiten? Am weitesten ginge die Popularbeschwerde, die aber wohl niemand will. Weiter müssen wir uns fragen: Wie wird den Fällen Rechnung getragen, in denen die Wirksamkeit erst in einem gewissen

Stadium nach der formellen Rechtskraft eintreten muss? Herr Ministerialrat Hesse deutet an, dass man einen Schnitt zwischen unmittelbar und mittelbar Beteiligten machen möge. Ist es möglich, den Kreis der Beschwerdeberechtigten durch den Richter in der Form bestimmen zu lassen, dass man sagt: Beschwerdeberechtigt ist der, den der Richter durch die Zustellung für berechtigt hält? – Schließlich käme noch der Fall der notwendigen Streitgenossenschaft in Frage. Hier würde es sich um das klassische Beispiel handeln, in dem die Entscheidung einer Meinungsverschiedenheit zwischen zwei Vormündern in Frage kommt. Dass dieser Fall einheitlich entschieden werden kann, darüber sind wir nicht im Zweifel. Hier gibt es nur die zwei Fälle: entweder entscheidet die erste oder die zweite Bekanntmachung.

Kammergerichtsrat Dr. Heydtmann: Bei der Fürsorgeerziehung nimmt man eine partielle Berechtigung an. Es würde sich also auch fragen, ob man eventuell auf eine partielle Rechtskraft abkommen könnte. Aber ich halte das für sehr bedenklich.

Vorsitzender: Für das subjektive Beschwerderecht und den Instanzenzug merken wir uns das vor, was sich aus dem Vortrag des Herrn Kammergerichtsrats Dr. Heydtmann ergeben hat.

Nun ist einmal die Frage behandelt worden, ob das Vormundschaftsgericht verpflichtet ist, Zeugen zu vernehmen, die dazu dienen sollen, die Vaterschaft hinsichtlich des unehelichen Kindes festzustellen. Nach dem Vertrage des Herrn Heydtmann kann es nicht Aufgabe des Vormundschaftsgerichts sein, den Erzeuger zu ermitteln. Diese Frage werden wir an den Familienrechtsausschuss abzugeben haben. Ebenso wird der Familienrechtsausschuss die Frage zu prüfen haben, ob die Vorschriften der §§ 28 und 29 aufrechterhalten werden können. Es ist doch eine sonderbare Erscheinung, dass die Vorgenehmigung mit der Bekanntmachung an den Vormund und die Nachgenehmigung erst dann wirksam wird, wenn der Vormund dem Vertragsgegner Mitteilung macht und dass davon die Anfechtbarkeit oder Nichtanfechtbarkeit abhängen soll.

Herr Kammergerichtsrat Heydtmann hat auch den § 18 des FGG gestreift, nämlich das Recht, Verfügungen zu ändern, weil man sie nachträglich für ungerechtfertigt hält. Ich habe immer wieder darauf hingewiesen, dass es noch eine andere Änderungsbefugnis gebe, nämlich die Befugnis zur Änderung wegen veränderter Umstände. Hier muss man sich die Unterlagen mühselig zusammensuchen. Und nun kann es so sein, dass man dasjenige, was vorher getan worden ist, für absolut richtig hält, gleichwohl aber der Überzeugung ist, es entspreche nicht mehr der gegenwärtigen Lage. Hier käme also die Änderung wegen veränderter Umstände in Frage. Wir müssten prüfen, ob wir nicht in das Gesetz einen entsprechenden Rechtsatz aufnehmen sollten. Das Gesetz darf meiner Ansicht nach über diesen wichtigen Punkt nicht hinweggehen. (*Kammergerichtsrat Heydtmann:* Das ist im materiellen Recht geregelt, z.B. in § 1671). – Gewiss, man kann hier einen Katalog aufstellen. Der Grundgedanke muss jedenfalls im Gesetz zum Ausdruck kommen.

Richter Dr. Höver: Es ist interessant, dass in dem Gesetz über die Regelung der landwirtschaftlichen Entschuldung [vom 1.6.1933; RGBl. I, 331] auf die ZPO und das FGG nur insoweit Bezug genommen wird, als gewisse Bestimmungen für anwendbar erklärt werden. Gleichwohl hat sich die Praxis die Anwendung der Bestimmungen des FGG im vollen Umfange noch darüber hinaus zunutze gemacht. Wir ändern sogar Entscheidungen aufgrund des § 18, die der sofortigen Beschwerde unterliegen. De lege ferenda ist also zu überlegen, ob man auch hieran rütteln will.

Vorsitzender: Ich habe immer vorhergesagt, dass sich die Praxis nicht daran kehren wird, und sehe zu meiner Freude, dass das bestätigt wird. Das würden wir also auch überlegen und auch an die zuständige Stelle weiterleiten müssen.

Berichterstatter *Kammergerichtsrat Dr. Heydtmann:* Ich habe den Fall weiter so konstruiert: „Nach Regelung der Unterhaltsansprüche gegen den Erzeuger bestellt das Vormundschaftsgericht aufgrund des § 44 des Jugendwohlfahrtsgesetzes einen Einzelvormund, der dem Gesetz idealer erscheint als die gesetzliche Amtsvormundschaft des Jugendamtes. Nach einem Jahr erfordert es von diesem Vormund vergeblich Bericht. Darauf setzt es gemäß § 1837 Abs. 2 BGB in Verbindung mit § 33 FGG nach vorheriger Androhung eine Ordnungsstrafe von 100 RM gegen ihn fest. Vor Einziehung der Ordnungsstrafe legt der Vormund dagegen die fristlose Beschwerde ein, die nach § 24 Abs. 1 FGG ausnahmsweise aufschiebende Wirkung hat. Gleichzeitig berichtet er dem Vormundschaftsgericht, dass dem Kind Vermögen inzwischen nicht zugeflossen sei und dass er es im Übrigen persönlich in letzter Zeit nicht gesehen habe. Diese mangelhaften Angaben, die aber immerhin einen Bericht darstellen, zwingen das Beschwerdegericht nun zur Aufhebung der Straffestsetzung, weil die Ordnungsstrafe nach herrschender Ansicht nur eine Beugestrafe ist und der Vormund zwar die gerichtliche Anordnung nach Erlass des Festsetzungsbeschlusses, aber vor Einziehung der Strafe befolgt hat. Das geht sogar so weit, dass das Gericht in München in dritter Instanz entschieden hat, dass beide Vorbeschlüsse aufgehoben werden müssen.

Das Vormundschaftsgericht fordert nun eine Ergänzung des Berichtes über die persönlichen Verhältnisse des Kindes ein und setzt, als der Vormund wieder nichts von sich hören lässt, eine neue Ordnungsstrafe fest. Auf die Beschwerde des Vormundes muss auch diese Strafe wiederum aufgehoben werden, weil der Festsetzung eine erneute Androhung gemäß § 35 FGG hatte vorausgehen müssen.

Die Beugestrafe allein genügt nicht, um den Anordnungen des Gerichts den nötigen Nachdruck zu verleihen. Nach erfolgter Straffestsetzung dürfte eine Aufhebung der Strafe nur zulässig sein, wenn die nicht rechtzeitige Erfüllung der gerichtlichen Anordnung ausreichend entschuldigt wird. Die wiederholte Straffestsetzung müsste m.E. auch nicht von einer erneuten Androhung abhängig gemacht werden."

Prof. Dölle: Ich kann mich mit dieser Kritik vollkommen einverstanden erklären. Das Gesetz steht eben auf dem Standpunkt, der Betreffende werde unter Druck gesetzt. Wenn er das, was gewollt ist, getan hat, lassen wir mit dem Druck nach, wenn nicht, erneuern wir den Druck. Aber ich halte das doch für ein etwas unwürdiges Spiel mit der Autorität des Staates, und ich komme zu demselben Ergebnis, dass diese Dinge etwas straffer geregelt werden müssen.

Ministerialrat Hesse: Die Frage, ob eine festgesetzte Ordnungsstrafe rückgängig zu machen ist, nachdem die zu erzwingende Handlung durchgeführt ist, beschäftigt uns im Dienstaufsichtswege sehr häufig. Wir haben in der Tat nach der bisherigen Rechtsprechung des Kammergerichts immer erklärt, das sei keine Angelegenheit des Begnadigungswesens, sondern müsse auf dem Wege der freiwilligen Gerichtsbarkeit geregelt werden. Grundsatz ist: die Beugestrafe fällt weg, wenn die zu erzwingende Handlung geschehen ist. An dieser Entscheidung zwischen Beuge- und fiskalischer Strafe müsse festgehalten werden. Das entspricht auch den Tendenzen auf dem Gebiete des Strafrechts, wo Zwangsgeld und kriminelle Strafe scharf unterschieden werden. Die praktischen Unzuträglichkeiten ließen sich vielleicht vermindern, wenn sich das Beschwerdegericht den inzwischen erstatteten Bericht ansieht und die Befugnis zu der Prüfung hat, ob dieser Bericht genügt. In diesem Fall wäre die Beschwerde unter Umständen nicht zurückzuweisen. In unserem gesamten Rechtsmittelrecht fehlt es an einer Bestimmung, wie sie meines Wissens im englischen Recht vorhanden ist, dass das Beschwerdegericht von der Aufhebung der angefochtenen Verfügung abzusehen hat, wenn es zu keiner wesentlichen Ungerechtigkeit gekommen ist und die Bestätigung des Beschlusses der allgemeinen Gerechtigkeit entsprechen würde.

Vorsitzender: Andererseits darf diese Regelung nicht dazu führen, dass der Vormund oder ein anderer Beteiligter mit dem Gericht spielt, indem er in allen Instanzen bis zum Schluss eine solche Handlungsweise an den Tag legt. Man muss hier an die Verhältnisse nicht nur in der Großstadt, sondern vor allem auch in den kleinen Städten denken. Da bestehen manchmal Spannungen zwischen Richter und Privatpersonen, und jemand bereitet auf diese Weise dem Gericht den größten Ärger. Er zieht die Entscheidung bis zum Schluss hin und erklärt sich erst im letzten Augenblick bereit, die Anordnung zu befolgen. Man könnte diesem Gedanken durchaus Rechnung tragen, wenn man eine Bestimmung etwa des Inhalts schüfe: Ist jemand dem Gericht gegenüber ungehorsam gewesen, dann soll das von ihm eingelegte Rechtsmittel, auch wenn er nachher die Anordnung erfüllt hat, keinen Erfolg haben, sofern das Gericht feststellt, dass er offensichtlich böswillig gehandelt hat. Diese wichtige Frage werden wir allerdings heute nicht entscheiden können. § 33 ist ja erst kürzlich aus Anlass der neuen Grundbuchordnung [RGBl. I 1935, 1073] geändert worden. Im Ergebnis sind wir wohl alle einig, dass die Autorität des Staates nicht aufs Spiel gesetzt werden darf.

Richter Dr. Höver: Aus der handelsregisterlichen Praxis kann ich dazu Folgendes sagen: Das Ordnungsstrafverfahren im Handelsrecht hat seinen Schwerpunkt in den handelsrechtlichen Ordnungsstrafen, durch die die Anmeldepflichtigen gezwungen werden sollen, eine Anmeldung vorzunehmen. Das zieht sich manchmal endlos hin. Als besonders unangenehm empfinden wir es, dass wir mit diesem Ordnungsstrafverfahren in den leeren Raum stoßen, sobald der Anmeldepflichtige vermögenslos ist. Wenn er die Kosten einer Anmeldung scheut, haben wir die Möglichkeit, ihm das Armenrecht zu gewähren. Aber das tut man nicht. Wir helfen uns mit der Rechtshilfe, die ich persönlich für zulässig halte. Die Inhaber selbst der größten Firmen haben merkwürdigerweise immer noch eine Aversion gegen das Gericht. Auch wenn sie ein großes Kapital hinter sich haben, melden sie nicht an, sondern bezahlen eine Ordnungsstrafe nach der anderen. Wir haben es erlebt, dass Beträge von 200, 300, 400 RM bezahlt worden sind. Beschwerde ist nicht eingelegt worden. Als wir dann aber an die 1000 RM herankamen, hatten wir schließlich doch Erfolg. Hier muss unbedingt Wandel geschaffen werden. Nach einem Gutachten des preußischen Justizministeriums ist es sogar möglich, dass die Straffestsetzung trotz formeller Rechtskraft des Beschlusses wegen veränderter Umstände aufgehoben werden kann. Wir müssen jedes Mal auch in die Kosten verurteilen. Daher sollte zum mindesten eine Bestimmung des Inhalts befürwortet werden, dass der Kostenbeschluss aufrecht erhalten wird. Der neue § 33 sagt ja, dass der Verurteilte gleichzeitig in die Kosten zu verurteilen ist.

Weiter sollte man der Frage näher treten, ob man nicht in gewissen Fällen die Haft als primäre Strafe einführen sollte. In manchen Fällen zeigt sich doch eine Nichtachtung des Gerichts, dass man sich des Gefühls nicht erwehren kann, der Betreffende müsste eigentlich auf drei Tage in Haft gehen.

Berichterstatter *Kammergerichtsrat Dr. Heydtmann:* Ich darf dann fortfahren. „Als der Vormund sich weiter saumselig erweist, entlässt ihn das Vormundschaftsgericht gemäß § 1886 BGB. Diese Verfügung wird gemäß § 16 Abs. 2 FGG durch formelle Zustellung an den Vormund wirksam, weil sie nämlich der sofortigen Beschwerde unterliegt. Das ergibt sich aus der Bestimmung des § 60 Abs. 1 Ziffer 3 FGG. Aus diesem Grunde ist auch das Vormundschaftsgericht trotz der Gegenvorstellungen des Vormundes nicht zu ihrer Änderung befugt (§ 18 Abs. 2 FGG). Nun erhebt der Vormund sofortige Beschwerde, und diese Beschwerde hat den Erfolg, dass das Landgericht die Entlassungsverfügung aufhebt. Diese Entscheidung wird nach § 26 FGG erst mit der Rechtskraft wirksam, sofern nicht das Beschwerdegericht die sofortige Wirksamkeit anordnet. Die Rechtskraft muss allen Beteiligten gegenüber eingetreten sein. Der Mündel ist aber in Ermangelung der Voraussetzungen des § 59 Abs. 1 FGG noch nicht beschwerdefähig. Das Vormundschaftsgericht muss also alsbald einen neuen Vormund bestellen, damit diesem der landgerichtliche Beschluss zugestellt und so die Beschwerdefrist in Lauf gesetzt werden kann. Ist die Beschwerdefrist abgelaufen und hat dann die aufhebende Verfügung des Landgerichts die Rechtskraft beschritten, so muss der zweite Vormund wieder entlassen werden, und der alte Vormund muss nach der Rechtsprechung des Kammergerichts wieder neu verpflichtet werden. Die Aufhebung der Bestellung des zweiten Vormundes ist aber nach § 32 FGG auf die Wirksamkeit der in der Zwischenzeit von ihm vorgenommenen Rechtsgeschäfte ohne Einfluss."

Ich habe diesen Fall gewählt, weil mir die Konsequenzen so merkwürdig erscheinen. Dem Volksempfinden wird es nicht verständlich sein, dass man einen zweiten Vormund bestellt, nur um das Vakuum zu beseitigen, das dadurch eintritt, dass die Entlassung des ersten Vormundes sofort wirksam wird. Andererseits ist es aber doch wieder notwendig, weil zumeist Gefahr im Verzug sein wird.

„Im vorliegenden Fall erhebt nun die Mutter rechtzeitig sofortige weitere Beschwerde, sie ist mit der Aufhebung der Entlassung dieses Vormundes nicht zufrieden. Sie erhebt Beschwerde zu Protokoll der Geschäftsstelle des mit der Sache bisher nicht befassten Amtsgerichts ihres derzeitigen Aufenthaltsortes. Die Geschäftsstelle zieht erst die Akten herbei und reicht dann die Sache, nachdem inzwischen die Beschwerdefrist abgelaufen ist, dem zuständigen Oberlandesgericht weiter. Diesem bleibt nichts anderes übrig, als die weitere Beschwerde als unzulässig zu verwerfen, weil die Form der §§ 29, 21 Abs. 2 FGG nicht gewahrt und die Beschwerdefrist verstrichen ist. Nunmehr legt die Mutter innerhalb zwei Wochen nach Empfang dieses Beschlusses formgerecht durch einen Anwalt sofortige weitere Beschwerde ein und beantragt nach Ablauf der Zweiwochenfrist Wiedereinsetzung in den vorigen Stand, indem sie sich zur Begründung des Wiedereinsetzungsantrags auf das fehlerhafte Verhalten der protokollierenden Geschäftsstelle beruft; denn sie hätte die Beschwerde nicht zu Protokoll nehmen dürfen, das ist also höhere Gewalt, ein unabwendbarer Zufall, und daher der Antrag auf Wiedereinsetzung. Auch diese weitere Beschwerde muss als unzulässig verworfen werden, weil der Wiedereinsetzungsantrag und die Glaubhaftmachung nicht innerhalb zwei Wochen nach Beseitigung des Hindernisses erfolgt ist. § 22 Abs. 2 FGG sagt: Einem Beschwerdeführer, der ohne sein Verschulden verhindert war, die Frist einzuhalten, ist auf Antrag von dem Beschwerdegericht die Wiedereinsetzung in den vorigen Stand zu erteilen, wenn er die Beschwerde binnen zwei Wochen nach der Beseitigung des Hindernisses einlegt und die Tatsachen, welche die Wiedereinsetzung begründen, glaubhaft macht. Die Literatur hat angenommen, dass der Beschwerdeführer innerhalb der Frist nicht nur das Rechtsmittel einlege, sondern auch den Wiedereinsetzungsantrag stellen und glaubhaft machen muss. Nehmen wir an, dass das ordnungsmäßig erfolgt ist und die Wiedereinsetzung also gewährt werden müsste, so muss doch die weitere Beschwerde der Mutter nunmehr wegen mangelnden Beschwerderechtes zurückgewiesen werden, und zwar, weil sie kein eigenes Recht auf Entlassung des Vormundes hat, also § 20 Abs. 1 FGG keine Anwendung findet und weil die Sondervorschrift des § 57 Abs. 1 Ziff. 9 versagt. § 57 Abs. 2 sagt nämlich: „Diese Vorschriften finden auf die sofortige Beschwerde keine Anwendung". Es ist ein merkwürdiges Ergebnis, dass die Mutter kein Beschwerderecht gegen eine Verfügung haben soll, die den Vormund bestätigt oder entlässt, weil diese Bestimmung eben durch den Abs. 2 ausgeschlossen ist. Sie müsste doch eine Einwirkung auf die Persönlichkeit des Vormundes haben, mit dem sie dauernd zum Wohl des Kindes zusammenarbeiten muss.

Diese Umständlichkeit des Entlassungsverfahrens hat ihren Grund in der sofortigen Wirksamkeit der Entlassungsverfügung vor Eintritt der formellen Rechtskraft. Man könnte daher auf den Gedanken kommen, die Entlassung solle erst mit der formellen Rechtskraft in Kraft treten, und es solle dem Gericht nur die Möglichkeit bleiben, bei Gefahr im Verzuge eine andere Anordnung zu treffen. Meiner Ansicht nach würde aber hier der Fall einer Gefahr im Verzuge stets vorliegen, so dass auch damit nichts geholfen wäre. Gegen die Missstände sehe ich hier keine Abhilfemöglichkeit.

Ich wollte mit dem Fall zeigen, dass doch die Einlegung der Rechtsmittel in mehrfacher Hinsicht verbesserungsbedürftig ist.

Jede gerichtliche Entscheidung müsste meiner Ansicht nach eine Belehrung über Form und Frist der dagegen zulässigen Rechtsmittel enthalten. Das ist bereits für Fürsorgeerziehungssachen durch eine allgemeine Verfügung des Justizministers vom Jahre 1931 angeordnet worden, wird aber meines Wissens sehr selten beachtet. Wenn eine solche Belehrung unterbleibt, so müsste dies zum mindesten einen gesetzlichen Wiedereinsetzungsgrund darstellen, oder man könnte noch weitergehend sagen: Das Fehlen einer solchen Rechtsmittelbelehrung hindert den Beginn des Fristenlaufs, – eine Vorschrift, die die Reichsabgabenordnung enthält und die in der Praxis sehr begrüßt worden ist.

Weiter wollte ich dartun, dass es unpraktisch ist, zu sagen: die weitere Beschwerde muss zu Protokoll der Geschäftsstelle des mit der Sache befassten Gerichts erklärt werden. Es folgt aus § 29 Abs. 4, der wieder auf § 21 Abs. 2 verweist. § 29 Abs. 4 sagt: „Im Übrigen finden die Vorschriften über die Beschwerde entsprechende Anwendung". Und in § 21 Abs. 2 heißt es: „Die Einlegung erfolgt durch Einreichung einer Beschwerdefrist oder durch Erklärung zum Protokolle der Geschäftsstelle desjenigen Gerichts, deren Verfügung angefochten wird, oder der Gerichtsschreiberei des Beschwerdegerichts". Daraus könnte man schließen, dass die weitere Beschwerde nur zu Protokoll des Landgerichts oder Oberlandesgerichts eingereicht werden kann. Die Rechtsprechung nimmt aber an: auch zu Protokoll des Amtsgerichts, jedoch nur das mit der Sache befassten Amtsgerichts. Das führt nach meinen Beobachtungen zu großen Schwierigkeiten, insbesondere dann, wenn die Leute im Gefängnis sitzen. Sie lassen sich vorführen, erklären es zu Protokoll der Geschäftsstelle des Gerichts, in dessen Bezirk sie sitzen, und dann ist die Erklärung ungültig. Sie braucht nicht durch Bevollmächtigte anerkannt zu werden. Der Erfolg ist, wenn es sich um eine fristgebundene Beschwerde handelt, dass die Frist verstreicht.

Ich sehe also keinen Grund, weshalb man nicht sagen soll: Eine weitere Beschwerde kann zu Protokoll eines jeden deutschen Amtsgerichts erklärt werden, auch wenn es nicht mit der Sache befasst war.

Man hat durch eine allgemeine Verfügung vom Jahre 1911 im Verwaltungswege für Preußen angeordnet, dass in Fällen, in denen es sich nicht zweifelsfrei um eine einfache weitere Beschwerde handelt, formwidrig weitere Beschwerden ohne Akten sofort dem Gericht dritter Instanz vorzulegen sind. Das betreffende Oberlandesgericht sieht dann, dass eine nicht formgerechte weitere Beschwerde vorliegt, dass die Frist noch läuft, und es erwirkt die Nachholung der formgerechten Beschwerde."

Ob man das im Verwaltungswege macht oder das in das Gesetz hineinarbeitet, ist eine untergeordnete Frage.

Dann müsste im § 22 Abs. 2 FGG klar zum Ausdruck gebracht werden, dass auch der Wiedereinsetzungsantrag und die Glaubhaftmachung fristgebunden sind. Das könnte vielleicht durch eine einfache Umstellung der Worte „binnen zwei Wochen" geschehen, so dass sie zu beiden Satzteilen gehören.

Was dann die Entlassung des Vormundes betrifft, so müsste der sorgeberechtigte Elternteil ein Beschwerderecht zugebilligt erhalten. Man könnte daran denken, das in den § 57 vielleicht durch eine Sonderziffer hineinzuarbeiten. Der Fall wird nur selten praktisch. Denn wird der Antrag des sorgeberechtigten Elternteils auf Entlassung des Vormundes abgelehnt, so folgt sein Beschwerderecht aus § 57 Abs. 1 Ziffer 9 FGG. Wird dem Entlassungsantrage stattgegeben, so ist der Antragsteller nicht beschwert. Der Mangel des Beschwerderechts tritt nur dann ein, wenn die Entlassung des Vormundes auf Antrag eines Dritten erfolgt – dann ist die sofortige Beschwerde aus § 57 Abs. 1 Ziffer 9 ausgeschlossen –, oder wenn die auf Antrag des Elternteils erfolgte Entlassung vom Beschwerdegericht aufgehoben wird, weil eben § 57 Abs. 1 Ziffer 9 FGG nach Abs. 2 in den Fällen der sofortigen Beschwerde nicht anwendbar ist.

Prof. Dölle: Was die Frage des Beschwerderechts angeht, so ist außerordentlich interessant zu sehen, dass abgesehen von Sonderbestimmungen die Mutter nach der Formulierung des § 20 keine Möglichkeit hat, Beschwerde einzulegen, wenn ein Vormund bestellt wird, der nach ihrer Meinung den Interessen des Kindes zuwider ist. Nach der Formulierung, dass das rechtliche Interesse maßgebend sein soll, würde nach der heutigen Auffassung die Mutter gleichfalls kein Beschwerderecht haben, denn unter rechtlichem Interesse versteht man nach der herrschenden Meinung ein solches Interesse, das sich aus der Berührung der Rechtslage des Betreffenden ergibt, und es ist nicht erfindlich, wie hier die Mutter, die in keinen Rechtsbeziehungen zum Vormund steht, durch die Bestellung dieses oder jenes Vormunds unmittelbar in ihrer Rechtslage berührt werden soll. Wenigstens werden Sie zugeben, dass das zweifelhaft sein kann, während wir bei der Formulierung, dass das berechtigte Interesse maßgebend sein soll, gar nicht in Zweifel sein können, dass ein Beschwerderecht gegeben wäre.

Dann die Frage der Entlassung des Vormundes. Die Ergebnisse, wie sie sich aus dem praktischen Fall herausstellen, sind geradezu grotesk. Ich finde es sehr bedauerlich, dass Herr Kammergerichtsrat Heydtmann zu dem Ergebnis gekommen ist, dass wir hier resignieren müssten, und dass er hier keine Abhilfe sehe. Ich habe da geglaubt, einen Abhilfevorschlag machen zu können, nämlich dahin, dass man es dem Gericht zur Pflicht macht, stets zugleich mit der Entlassung des alten Vormundes für die Bestellung eines neuen Vormunds Sorge zu tragen. Ich weiß nicht, ob das praktisch durchführbar ist. Ich habe dabei, nachdem Sie erklärt haben, Sie sähen hier keine Abhilfe, das Gefühl, dass Sie das ad absurdum führen werden. Ich habe mich aber für verpflichtet gehalten, auf diese theoretische Abhilfemöglichkeit hinzuweisen.

Was ferner die Rechtsmittelbelehrung anlangt, so bin ich da auch der Auffassung, dass jede Entscheidung mit einer Rechtsmittelbelehrung verbunden sein muss. Es genügt nicht, dass diese Belehrung angeordnet wird. Ich halte es auch für nötig, dass bei fehlender oder falscher Rechtsmittelbelehrung eine etwa gegebene Rechtsmittelfrist überhaupt nicht laufen kann.

Vorsitzender: Was die Entlassung des Vormundes anlangt, so ist die Sache so, dass in der Tat für eine Vertretung gesorgt werden muss. Es wird sich nur fragen, ob man das automatisch funktionieren lassen kann, wie Sie es vorgeschlagen haben. Das wäre keine Sache des materiellen Rechts. Wir müssen diese Sache ad notam nehmen, und sie zum Familienrechtsausschuss hinübergeben. (*Zuruf:* Wir haben eine Parallele, die sich vielleicht verwerten lässt, im Handelsregisterrecht. Wir stehen oft vor der Tatsache, dass plötzlich das einzige Vorstandsmitglied einer Aktiengesellschaft stirbt. Der Aufsichtsrat oder die Generalversammlung, die den Vorstand zu bestellen hat, muss unter gewissen Fristen einberufen werden. Das dauert unter Umständen recht lange. Dann helfen wir uns mit dem § 29 BGB, der im Vereinsrecht steht, aber auch auf die juristische Person des Handelsrechts Anwendung zu finden hat. Dann bestellen wir einen neuen Vorstand, dessen Amtszeit abläuft, sobald die Generalversammlung oder der Aufsichtsrat Abhilfe geschaffen haben.) Wir wollen diese Frage unter uns auch durchdenken, aber sie in den Familienrechtsausschuss hinübergeben.

Weiter bin ich auch der Meinung, dass wir das Beschwerderecht erledigen sollen. Ich bin der Auffassung, dass die Anregung, die Rechtsmittel nicht in Lauf zu setzen, solange die Belehrung fehlt, sehr gut ist. Ich würde empfehlen, diese Anregung zunächst mit aufzunehmen.

Ferner bin auch ich der Meinung, dass man prüfen sollte, ob es nicht möglich ist, die Beschwerde bei jedem Amtsgericht einlegen zu lassen. Die Auffassung, dass ein Studium der Akten hinsichtlich der Entscheidung über die Beschwerde erforderlich ist, wäre wohl nur theoretisch.

Weiter bin ich der Meinung, dass die Frage der Beschwerdefrist bezüglich der Wiedereinsetzung und Glaubhaftmachung eine Formulierungsfrage ist, die von uns erledigt werden kann.

Auch die Frage der Weitergabeform könnte von uns geregelt werden.

Kammergerichtsrat Heydtmann: Ich komme dann zu der letzten Phase des Falles. Der nach rechtskräftiger Entlassung des bisherigen Vormundes bestellte neue Vormund berichtet, die Unterbringung des Kindes bei der Mutter sei äußerlich einwandfrei, vertraulich sei ihm aber von dritter Seite mitgeteilt worden, dass die Mutter einen unsittlichen Lebenswandel führe. Dieser Bericht veranlasst das Vormundschaftsgericht, von Amts wegen ein Verfahren auf Entziehung des Sorgerechts gemäß § 1666 Abs. 1 BGB gegen die Mutter einzuleiten. In einem derartigen Verfahren muss das Gericht nach der zwingenden Vorschrift des § 43 JWG das nach § 7 zuständige Jugendamt des gewöhnlichen Aufenthaltsortes hören. Da diese Vorschrift in einem Sondergesetz steht, wird sie vielfach übersehen, und das führt dann zu Aufhebungsentscheidungen des Kammergerichts. Als auch der Bericht des Jugendamts den zweifelhaften Lebenswandel der Mutter bestätigt, erlässt das Vormundschaftsgericht eine im Gesetz nicht vorgesehene, aber in der Praxis allgemein anerkannte vorläufige Anordnung, durch die es das Sorgerecht einstweilen dem Vormund überträgt. Nun erhebt gegen diesen Beschluss die Mutter Beschwerde mit der Begründung, ihre Entlastungszeugen seien nicht gehört worden. Diese Beschwerde muss zurückgewiesen werden, weil nach den in der Rechtsprechung entwickelten Grundsätzen für das vorläufige Verfahren die durch den jugendamtlichen Bericht erfolgte Glaubhaftmachung als ausreichend angesehen wird. Die Eröffnung eines solchen Rechtsmittelzuges schon im vorläufigen Verfahren bietet nun nach meinen persönlichen Erfahrungen widerstrebenden Beteiligten die Möglichkeit, den Beginn des endgültigen Verfahrens monatelang hinauszuziehen. Es sind sogar die Fälle nicht selten, in denen das Vormundschaftsgericht überhaupt vergisst, das endgültige Verfahren fortzusetzen, und so durch die einstweilige Anordnung praktisch ein Dauerzustand hergestellt wird. Wir haben sogar Fälle erlebt, wo jahrelang nichts geschah, obwohl der Mündel schon in der Anstalt untergebracht war. Das scheint mir auch ein Mangel zu sein.

Hier findet nun eine solche Fortsetzung des endgültigen Verfahrens statt. Das Vormundschaftsgericht hört die Mutter und sonstige Verwandte des Kindes, wie es die in § 1673 BGB enthaltene Verfahrensvorschrift anordnet, vernimmt dann die vom Jugendamt benannten Zeugen und entzieht schließlich der Mutter das Sorgerecht, das damit kraft Gesetzes auf den Vormund übergeht. Nun hat die Mutter verschiedene Möglichkeiten. Sie legt zunächst gegen den im vorläufigen Verfahren ergangenen landgerichtlichen Beschluss weitere Beschwerde ein. Diese Beschwerde muss nach der neueren Praxis des Kammergerichts als gegenstandslos zurückgewiesen werden, weil die endgültige Anordnung nach § 16 Abs. 1 JWG mit der formlosen Bekanntmachung an die Mutter wirksam geworden ist und damit die vorläufige Anordnung ihre Rechtskraft verloren hat. Alsdann beantragt die Mutter gemäß § 18 Abs. 1 FGG die Änderung der endgültigen amtsgerichtlichen Anordnung, die an sich zulässig ist, weil die bemängelte Verfügung nicht der sofortigen Beschwerde unterliegt, die aber vom Vormundschaftsgericht abgelehnt wird. Darauf erhebt die Mutter Beschwerde gegen die endgültige Entziehung des Sorgerechts, indem sie geltend macht, dass sie sich inzwischen verheiratet habe und damit der Vorwurf eines unsittlichen Lebenswandels für die Zukunft hinfällig geworden sei. Gleichzeitig mit der Einlegung der Beschwerde, die nach § 24 Abs. 1 FGG keine aufschiebende Wirkung hat, beantragt sie, die Vollziehung der amtsgerichtlichen Entscheidung auszusetzen, ihr also das Kind für die Dauer des Beschwerdeverfahrens zu belassen. Das Amtsgericht lehnt eine solche Anordnung ab. Das Landgericht dagegen entspricht dem Aussetzungsantrage. Nun erhebt gegen diese Aussetzung das Jugendamt weitere Beschwerde. Diese weitere Beschwerde muss aber nach Ansicht der Praxis als unzulässig verworfen werden, weil derartige Anordnungen aus § 24 FGG unanfechtbar sind. Ich möchte darauf aufmerksam machen: die amtsgerichtlichen vorläufigen Anordnungen sind durch alle Instanzen anfechtbar, aber die landgerichtliche Anordnung, die hinsichtlich der Aussetzung der ersten Entscheidung getroffen worden ist, ist unanfechtbar. Die Beschwerde der Mutter begegnet sonst keinem Bedenken; sie kann auch auf die neue Tatsache der Verheiratung gestützt werden, § 23 FGG.

Das Landgericht macht darauf – das kommt sehr häufig vor – einen sehr kurzen Beschluss und sagt: In der Sache wird der amtsgerichtliche Beschluss aufgehoben und an das Amtsgericht zurückverwiesen, weil es den Sachverhalt im Hinblick auf die inzwischen erfolgte Eheschließung der Mutter nicht für ausreichend geklärt erachtet. Dagegen beschwert sich das Jugendamt, dessen

Beschwerderecht sich aus § 57 Abs. 1 Ziffer 9 FGG ergibt, und hat mit dieser Beschwerde zweifelsfrei Erfolg. Der landgerichtliche Beschluss muss aufgehoben und die Sache an das Landgericht zurückverwiesen werden. Denn einmal muss der landgerichtliche Beschluss eine Sachdarstellung enthalten, die das Gesetz im Gegensatz zu § 713 Abs. 1 ZPO zwar nicht ausdrücklich vorschreibt, die aber notwendig ist, weil das Gericht der weiteren Beschwerde nach § 27 FGG in Verbindung mit § 561 ZPO an die tatsächlichen Feststellungen des Landgerichts gebunden ist. Außerdem rügt das Oberlandesgericht, dass das Landgericht die Sache an das Vormundschaftsgericht zurückverwiesen habe, ohne dass das Verfahren des Amtsgerichts schwerwiegende Mängel aufwies; das kommt auch sehr häufig vor; die Landgerichte stellen sich auf den Standpunkt der Revisionsinstanz, – während es in solchen Fällen selbst die erforderlichen Beweise nachholen und alsdann in der Sache hätte endgültig entscheiden müssen. Das Oberlandesgericht muss also diese Entscheidung aufheben und zurückverweisen. Nun erfolgt die Zurückverweisung an dieselbe Kammer des Landgerichts. Die Zurückverweisung an eine andere Kammer des Landgerichts ist nicht zulässig, weil es im Verfahren der freiwilligen Gerichtsbarkeit an einer dem § 565 Abs. 1 Satz 2 ZPO entsprechenden Vorschrift fehlt. Das haben wir in der Praxis häufig bedauert, weil es Landgerichte gibt, die die oberlandesgerichtlichen Beschlüsse sabotieren, indem sie tatsächliche Feststellungen treffen, an die das Oberlandesgericht als Rechtsinstanz nicht heran kann.

Nunmehr beantragt die Mutter beim Landgericht Akteneinsicht, um den Inhalt des jugendamtlichen Berichts und die Namen der Auskunftspersonen zu erfahren, gegen die sie eventuell strafrechtlich vorgehen will. Sie stützt sich auf § 34 FGG, der sagt: Berechtigtes Interesse genügt zur Akteneinsicht. Gleichwohl muss ihr die Akteneinsicht verweigert werden, weil hier dem Interesse der Antragstellerin an der Kenntnis des Akteninhalts ein höher berechtigtes Interesse der Allgemeinheit an seiner Geheimhaltung insofern gegenübersteht, als die Gewährsleute des Jugendamts vor Belästigungen geschützt werden müssen.

Nach weiterer Aufklärung des Sachverhalts, die auch u.a. ergibt, dass die Mutter staatenlos ist, weist das Landgericht die Beschwerde nunmehr unter Anwendung ihres früheren Heimatrechts zurück. Dagegen wendet sich mit einer weiteren Beschwerde die Mutter, in der sie u.a. Verletzung des ausländischen Rechts rügt. Es erhebt sich die Frage, ob § 27 FGG auch auf die Verletzung einer ausländischen Rechtsnorm gestützt werden kann. Er sagt: Gegen die Entscheidung des Beschwerdegerichts ist das Rechtsmittel der weiteren Beschwerde zulässig, wenn die Entscheidung auf einer Verletzung des Gesetzes beruht. Ob auch das Auslandsrecht eine Rechtsnorm im Sinne dieser Vorschrift darstellt, ist streitig, weil § 27 FGG im Gegensatz zu § 549 ZPO diese Frage nicht ausdrücklich geregelt hat. Die Rechtsprechung der Oberlandesgerichte hat eine solche Revisibilität des Auslandsrechts bisher verneint. Es gibt besonders eine Entscheidung des Oberlandesgerichts Hamburg, die auch vom Kammergericht gebilligt worden ist. Die entgegen gesetzte Ansicht, die in der Literatur z.B. auch von Ihnen, Herr Staatssekretär [*Franz Schlegelberger,* FGG, 6. Aufl., Bd. 1 1932, Rdn. 6 zu § 27], vertreten wird, würde, wenn das Münchener Gericht entscheiden will, gemäß § 28 FGG m.E. eine Vorlage beim Reichsgericht erforderlich machen, denn das Münchener Gericht könnte von der Entscheidung des Kammergerichts nicht abweichen und wohl auch nicht von der Entscheidung des Oberlandesgerichts Hamburg, weil dieses dem Kammergericht einverleibt ist. Das ist eine Streitfrage, die sich aus der Zentralgerichtsverordnung ergibt. Wenn das Kammergericht von der Ansicht des Oberlandesgerichts Hamburg abweichen wollte, dann würde ich der Meinung sein, dass das möglich wäre, weil die Zuständigkeit des Oberlandesgerichts Hamburg auf das Kammergericht übergegangen ist. Unzweifelhaft ist das auch nicht, aber ich möchte es annehmen.

Damit ist der Vormundschaftsfall abgeschlossen.

Nachdem auch die weitere Beschwerde der Mutter als unbegründet zurückgewiesen worden ist, muss nunmehr der Vormund, auf den ihr Sorgerecht übergegangen ist, gegen die Mutter, wenn sie ihr Kind nicht freiwillig herausgibt, auf Herausgabe beim Prozessgericht klagen. Denn, so sagt die Praxis, im Verfahren der freiwilligen Gerichtsbarkeit sind nur solche Anordnungen vollzugsfähig, welche eine in diesem Verfahren zu überwachenden Verpflichtung auferlegen, also z.B. Anordnungen von Zuchtmitteln aus § 1661 BGB, Verkehrsregelung, Gebote an den Vormund, Aufforderung zur Rechnungslegung und Zurückgabe der Bestellung, §§ 1636, 1837, 1892, 1893 BGB, nicht aber Maßnahmen aus §§ 1635 Abs. 2 Satz 2 oder 1666 Abs. 1 Satz 1 BGB. Gegen dritte Personen kann im Vormundschaftsverfahren ein Zwang im Allgemeinen überhaupt nicht ausgeübt werden. Das hat besonders bei der Verkehrsregelung zu Schwierigkeiten geführt.

Die formell rechtskräftige Aberkennung des Sorgerechts hindert aber nicht, dass die Mutter jederzeit einen Antrag auf Änderung der getroffenen Anordnung stellt, und zwar auch dann, wenn die Sachlage unverändert geblieben ist. Denn, so sagt die herrschende Ansicht, die Verfügungen der freiwilligen Gerichtsbarkeit erlangen im Allgemeinen keine materielle Rechtskraft, abgesehen von gewissen Ausnahmefällen, wie Ersatz einer rechtskräftigen Erklärung usw. Dieser Mangel einer materiellen Rechtskraft wirkt sich häufig aus in Sorgerechtssachen, wo die Akten mit neuen Anträgen auf Rückübertragung des Sorgerechts gefüllt werden, in Verkehrsregelungssachen, wo alle Monate lang immer wieder dieselbe Verkehrsregelung beantragt wird.

Aus diesem Fall wollte ich folgende Konsequenzen ziehen.

Einmal erscheint es mir misslich, dass vorläufige Anordnungen anfechtbar sind, dass sich da ein Instanzenzug durch drei Instanzen eröffnet und damit der Beginn des eigentlichen Verfahrens inhibiert wird. Ich würde vorschlagen, dass sämtliche vorläufigen Anordnungen der Anfechtung durch Rechtsmittel entzogen werden.

Dann wäre eine Bestimmung wünschenswert, wie sie auch die Zivilprozessordnung enthält, dass zu den Gründen einer Beschwerdeentscheidung auch eine geordnete Sachdarstellung gehört. Das ist ein Mangel, der sich häufig bemerkbar macht.

Dann halte ich es für sehr misslich, wenn das Landgericht sich häufig für befugt hält, die Sache an das Amtsgericht zurückzuverweisen und dadurch den Instanzenzug weiter hinauszuziehen. Das Recht des Beschwerdegerichts zur Zurückverweisung müsste auf den Fall schwerwiegender Verfahrensmängel beschränkt werden. Die Zurückverweisung durch das Zentralgericht müsste auch an eine andere Kammer des Landgerichts erfolgen können.

Dann würde ich für wünschenswert halten, dass das Auslandsrecht in § 27 FGG ausdrücklich für revisibel erklärt wird. Das Auslandsrecht spielt besonders im internationalen Familienrecht eine große Rolle, und den Landgerichten fehlt vielfach die Literatur, um die äußerst schwierigen Fragen endgültig klären zu können. Ich würde eine solche ausdrückliche Bestimmung, nachdem die höchsten Gerichte sich noch nicht geeinigt haben – ich habe aber neulich gehört, dass München sich auf den Standpunkt der Revisibilität gestellt haben soll, habe aber diesen Beschluss noch nicht finden können – begrüßen.

Dann würde ich der Meinung sein, dass man sämtliche Entscheidungen des Vormundschaftsgerichts, soweit sie einer Vollstreckung fähig sind, für vollstreckbar erklärt werden sollten, sei es durch Geldstrafen oder durch Gebrauch von Gewalt. Wenn das Vormundschaftsgericht entschieden hat, dann muss der Vormund auch die Möglichkeit haben, das Kind mit Hilfe eines Gerichtsvollziehers oder durch Strafen zu bekommen, ohne dass sich an das Prozessverfahren noch ein neues Verfahren anschließt.

Dann die Frage der Einführung einer materiellen Rechtskraft. Vom Standpunkt des Vormundschaftsrichters war ich eigentlich dazu gekommen, die Einführung nicht zu empfehlen, weil das öffentliche Interesse an der Möglichkeit jederzeitiger Beseitigung unrichtiger Verfügungen doch überwiegend ist. Man könnte aber erwägen, ob man nicht zur Entlastung der Gerichte Abänderungsanträge der Beteiligten, soweit sie sich nicht auf eine Änderung der maßgeblichen tatsächlichen Verhältnisse stützen, für eine bestimmte Zeit nach Abschluss eines Verfahrens ausschließen könnte. Ein Vorbild für eine solche Bestimmung ist im § 72 Abs. 4 JWG enthalten. Dieser Paragraph hat eine Bestimmung, die sich in der Praxis sehr wohltätig ausgewirkt hat, nämlich, dass ein Antrag auf Aufhebung außer vom Jugendamt nicht gestellt werden kann, und dass ein abgewiesener Antrag vor Ablauf von sechs Monaten nicht erneuert werden kann.

Prof. Dölle: Was die Unübersichtlichkeit und Zerrissenheit des Rechtsmittelzuges im Verfahren der freiwilligen Gerichtsbarkeit angeht, habe ich mir die Frage vorgelegt, ob man nicht wenigstens zu einem Teil die Schwierigkeiten dadurch beseitigen könnte, wenn man die befristete Beschwerde in einem größeren Umfange einführte, als es gegenwärtig der Fall ist. Ich habe da vor allen Dingen an das Vorbild der Regelung vor der Anerbenbehörde gedacht. Da ist es so, dass die das Erbhofverfahren abschließenden Entscheidungen der sofortigen Beschwerde unterworfen sind. Im § 12 ErbhofVerfO v. 21.12.1936 heißt es, dass die vorläufigen Anordnungen überhaupt nur zusammen mit der Hauptentscheidung angefochten werden können. In diesem Punkte bin ich also, glaube ich, mit dem Herrn Referenten einig, dass trotz einer gelegentlich auftretenden Härte die vorläufigen Entscheidungen einem besonderen Rechtsmittelzug nicht unterworfen werden dürfen, sondern nur zusammen mit der Hauptentscheidung angefochten werden dürfen.

Kammergerichtsrat Heydtmann: Mit der endgültigen Entscheidung wird die vorläufige Entscheidung hinfällig. Insofern müsste man sagen: nicht mit der Hauptentscheidung, sondern: sie ist überhaupt nicht anfechtbar.

Prof. Dölle: Das. ist richtig. – Was die Revisibilität des Auslandsrechts angeht, so stimme ich dem Herrn Referenten durchaus bei. Es ist eine beklagenswerte Erscheinung, dass infolge des unglücklichen Wortlauts der Zivilprozessordnung, der in der Tat auf deutsches Recht oder auf die dort besonders erwähnten Rechtsordnungen abgestellt ist, eine Revision nicht zulässig ist. Es ist gesagt worden, dass das Reichsgericht in diesen außerordentlich schwierigen Fragen die berufene Instanz wäre, die auch auf diesem Gebiet für eine Einheitlichkeit zu sorgen hätte. Dass das auch im Bereich der freiwilligen Gerichtsbarkeit geschehen müsste, darüber sind wir wohl alle einig. Ich bin für eine Vorschrift, dass auch das Auslandsrecht, das zur Anwendung gekommen ist, für revisibel zu erklären ist.

Das Erbhofverfahren bietet auf dem Gebiet der Zwangsvollstreckung gleichfalls ein Vorbild, was auch von dem Herrn Referenten erwähnt worden ist. Im § 50 des Gesetzes [REG, RGBl. I 1933, 685] heißt es, dass aus rechtskräftigen Entscheidungen der Anerbenbehörden die Vollstreckung nach den Vorschriften der Zivilprozessordnung stattfindet. Ich glaube, dass eine entsprechende Vorschrift auch für das Gebiet der freiwilligen Gerichtsbarkeit sehr wünschenswert wäre. Vielleicht könnte in einzelnen Fällen eine Differenzierung eintreten.

Endlich noch ein Wort zur materiellen Rechtskraft. Auch diese Frage ist Gegenstand der Erörterungen und Entscheidungen auf dem Gebiet des Erbhofrechts gewesen. Da taucht insbesondere die Frage nach der materiellen Rechtskraft in Bezug auf die Erbhoffähigkeit auf. Das Erbhofgericht hat erklärt, es könne sich wenigstens in der Übergangszeit nicht zur Anerkennung einer materiellen Rechtskraft entschließen. Durch die neue Erbhofverfahrensordnung sind einzelne Punkte geregelt. Im Übrigen hat man sich da dem Standpunkt angeschlossen, der auch auf dem Gebiet der freiwilligen Gerichtsbarkeit eingenommen wird. Wie der Herr Referent hervorgehoben hat, ist ein für alle Gebiete einheitlicher Standpunkt nicht gewonnen worden. Die überwiegende Meinung geht dahin, dass der Grundsatz der materiellen Rechtskraft, wie er etwa im Strafverfahren anerkannt ist, im Bereich der freiwilligen Gerichtsbarkeit nicht anzuerkennen ist. Wenn ich mich in meinem Votum für die Anerkennung der materiellen Rechtskraft ausgesprochen habe, so ist es durchaus nicht allgemein geschehen. Das ist nicht meine Auffassung. Ich bin nur der Ansicht, wenn man im Bereich der freiwilligen Gerichtsbarkeit eine einheitliche Instanz, der beispielsweise alle Familiensachen, wie wir das heute am Anfang erörtert haben, zugewiesen werden sollen, schafft, dann wird man nicht darum herumkommen, für gewisse Angelegenheiten die materielle

Rechtskraft anzuerkennen. Wenn z.B. in den Kreis dieser Angelegenheiten die Unterhaltspflicht usw. einbezogen wird, so kann ich mir nicht vorstellen, dass man hier von einer Bindung der Gerichte und Parteien an die getroffene Entscheidung ganz absehen sollte, mit dem Vorbehalt, dass, wenn sich die Verhältnisse wesentlich ändern, dann auch Abhilfe eintreten muss. Bei der Frage, ob nicht bei veränderten Umständen eine Abhilfemöglichkeit für das Gericht zu schaffen ist, waren wir zur dem vorläufigen Ergebnis gekommen, dass das jedenfalls sehr beachtlich wäre und wohl der Standpunkt sein müsste, der einzunehmen sei. Wenn man dahin kommt, dann entfällt ja auch ein weiteres Bedenken gegen die Übernahme der materiellen Rechtskraft. Wenn man sagt: an sich sind die Entscheidungen, die sich überhaupt dafür eignen, für die anzugehenden Gerichte und die Beteiligten bindend, es sei denn, dass sich die Verhältnisse wesentlich geändert haben, so würde ich kein Bedenken dagegen haben.

Was die wiederholten Anträge angeht, so darf ich auf die Praxis des Reichserbhofgerichts verweisen, das sich gegen den Missbrauch des Antragsrechts dadurch geholfen hat, indem es gesagt hat: Es hat sich nichts geändert; warum kommst Du mit denselben Anträgen immer wieder? Weise nach, dass Du wirklich Anlass hast, die Gerichte nochmals mit deinen Anträgen zu behelligen.

Vorsitzender: Die Anregungen, die gemacht worden sind, beziehen sich zum Teil auf das große Gebiet der Beschwerde, teils auf die Anfechtbarkeit und teils auf das Beschwerdeverfahren. Das werden wir im Rahmen des Beschwerdeverfahrens später erörtern. Bei der Frage der Anfechtbarkeit handelt es sich um die einfache Beschwerde und dann um die Frage der Unanfechtbarkeit der vorläufigen Anordnungen, wofür ich mich entschieden ausspreche. Auf das Beschwerdeverfahren bezieht sich dann die Frage der Einschränkung der Zurückverweisungsmöglichkeit. Da bin ich etwas skeptisch. Dann die Frage der Möglichkeit der Zurückverweisung an eine andere Kammer und der Revisibilität des Auslandsrechts und des Tatbestandes, wozu ich mich zustimmend äußere.

Sehr wichtig ist weiter erstens die Frage der materiellen Rechtskraft und zweitens die Frage der Vollziehung.

Was die Frage der materiellen Rechtskraft anlangt, so warne ich davor, einen allgemeinen Satz aufzunehmen. Wir werden jeden einzelnen Fall prüfen müssen, ob etwa für ein Einzelgebiet eine Abweichung notwendig ist.

Was die Vollziehung anlangt, so haben sich zwei Meinungsverschiedenheiten herausgestellt. Nach dem Vorschlag von Herrn Kammergerichtsrat Heydtmann soll die Vollziehung durch das Gericht der freiwilligen Gerichtsbarkeit erfolgen, und zwar durch Geldstrafen oder durch Gebrauch von Gewalt, nach dem Vorschlag von Herrn Prof. Dölle auf dem Wege der Zivilprozessordnung. Darüber müssen wir uns noch unterhalten. Ich nähere mich mehr dem Vorschlag Heydtmann, weil ich der Ansicht bin, dass das Gericht auch die Autorität bis zum letzten haben muss.

Damit haben wir, glaube ich, das Thema des heutigen Tages erschöpft. Wir haben aus diesem Thema allerhand gewonnen. Ich darf vielleicht zusammenfassend als Ergebnis Folgendes feststellen: Wir haben uns heute darüber geeinigt, dass im neuen Gesetz etwas darüber stehen muss, dass der Amtsbetrieb das Kennzeichen dieses Verfahrens ist, weiter darüber, dass anstelle des Wohnsitzes oder Aufenthalts eventuell der gewöhnliche Aufenthalt treten soll. Weiter haben wir uns im Grundsatz darüber geeinigt, dass wir für eine Einheit der Gerichtsbarkeit eintreten wollen.

Nach Bekanntgabe der Tagesordnung für die nächste Sitzung schlägt der *Vorsitzende* vor, die nächste Sitzung am *10. Februar um 10.30 Uhr* stattfinden zu lassen, wozu eine besondere Einladung nicht erfolgen soll, und zu der er den Vorsitzenden des Familienrechtsausschusses einladen wird. Er dankt den Ausschussmitgliedern und insbesondere den Berichterstattern, die durch ihre ausgezeichneten Referate eine vorzügliche Vorarbeit geleistet haben, und schließt sodann die Sitzung.

(Schluss der Sitzung 13 Uhr)

III. Protokoll der Sitzung vom 10.2.1937 (§ 7 FGG. Verfahrensgrundsätze. Erweiterung der sofortigen Beschwerde)

(Beginn der Sitzung 10.30 Uhr)

Der *Vorsitzende* eröffnet die Sitzung und begrüßt die neuen Mitglieder und die Gäste. Er fährt fort: Nachdem wir das letzte Mal zusammengekommen waren, hat sich auf dem Gebiete des Rechts allerhand ereignet. Nach zehnjähriger Arbeit haben wir am 30. Januar das Aktienrecht herausgebracht. Dieses Gesetz wird auch der freiwilligen Gerichtsbarkeit neue Aufgaben zuführen.

Ferner ist den Herren bekannt, dass auf Wunsch des Führers das bürgerliche Recht neu bearbeitet wird. Ich habe die Überzeugung, dass sich auch daraus für uns neue Aufgaben ergeben werden. Heute ist es unsere Aufgabe, uns mit dem bisher im Allgemeinen Teil zusammengefassten allgemeinen Grundsätzen des Gesetzes über die freiwillige Gerichtsbarkeit zu beschäftigen. Ich würde vorschlagen, uns über diese Punkte anhand der Tagesordnung zu unterhalten.

Zunächst möchte ich an *§ 7 FGG* anknüpfen und die Frage 2 behandeln. Ich habe das letzte Mal darauf aufmerksam gemacht, dass unser Gesetz über die freiwillige Gerichtsbarkeit ja nach vielen Richtungen Unklarheiten dadurch er- und enthält, dass es eine merkwürdige Diktion hat und dieselben Ausdrücke für die verschiedensten Dinge gebraucht. Zu dem unklarsten aller Begriffe gehört der Begriff der Wirksamkeit, der in den §§ 7, 32 und 16 Abs. 1 in ganz verschiedener Bedeutung gebraucht wird. Wir sollten uns darüber klar werden, dass es zweckmäßig ist, jedes Ding mit dem Namen zu benennen, der ihm zukommt. Ich stelle diese Frage zunächst zur Diskussion. Persönlich würde ich vorschlagen, den Begriff der Wirksamkeit nur für die materielle Wirksamkeit zu verwerten und das Übrige anders zu benennen.

Geheimrat Heydtmann: Nach der Terminologie des Gesetzes müsste es in § 7 statt „unwirksam" entweder „ungültig" oder „nichtig" heißen. Der Ausdruck „ungültig" findet sich in § 200 Abs. 2 und bezeichnet etwas Ähnliches. In § 71 Abs. 2 ist aber von der Nichtigkeit die Rede. In § 16 könnte man vielleicht „unverbindlich" sagen. (*Prof. Dölle:* Das Wort „verbindlich" hat einen gewissen Nebensinn, der zu Missdeutungen führen könnte!) Die Terminologie des Bürgerlichen Gesetzes verwendet den Ausdruck Wirksamkeit immer im Sinne der materiellen Wirksamkeit.

Prof. Dölle: Ich meine, Wirksamkeit heißt allgemein: an einen bestimmten Rechtsakt sind die von einem Gesetz gewollten Folgen unmittelbar geknüpft.

Vorsitzender: Wir wollen doch an einen konkreten Fall anknüpfen: Ein Vormund wird entlassen, die Entlassungsverfügung wird zugestellt. Wann ist diese Entlassungsverfügung verbindlich? Die Wirkungen, die sich daraus ergeben, bilden die materielle Frage. Da würde ich wirksam und unwirksam sagen. Aber das Prozessuale würde ich als „verbindlich" bezeichnen.

Notar Schieck: Der Begriff wirksam wird in doppelter Weise gebraucht. Es wird von der Wirksamkeit von Rechtsgeschäften und von der Wirksamkeit von Verfügungen gesprochen. Deshalb könnte man sich damit begnügen, § 7 und § 32 zu ändern und im Übrigen § 32 stehen zu lassen.

Rechtsanwalt Heltge: Wenn man das auseinanderhalten will, wird man sich daran gewöhnen müssen, mit den Worten, die man an die Stelle des Wortes „Wirksamkeit" setzt, einen bestimmten von uns gewollten Begriff zu verbinden. Wenn man das getan hat, wird man an dem Unterschied zwischen Gültigkeit und Verbindlichkeit gar keinen Anstoß mehr nehmen.

Ministerialrat Hesse: Ich würde es begrüßen, wenn diese Frage geklärt würde, und würde mich dem Vorschlage, der eben gemacht wurde, anschließen. Den Ausdruck „Wirksamkeit" würde ich ganz vermeiden und für die Fälle, von denen § 7 einen kleinen Ausschnitt darstellt, den Begriff „Gültigkeit" verwenden. Was § 16 im Sinne hat, würde zweckmäßig durch „Nichtigkeit" ausgedrückt werden.

Weiter könnte noch ein anderer Ausdruck geklärt werden, der noch vor der Gültigkeit liegt, nämlich die Frage, wann eine Verfügung überhaupt vorhanden ist. Soweit ich weiß, stehen sich da verschiedene Meinungen gegenüber. Im Allgemeinen sagt man, eine Verfügung ist existent, wenn sie nach außen in die Erscheinung getreten ist, aber niemand weiß, in welcher Form das geschehen sein muss. Wenn man nun sagt, jedes In-die-Erscheinung-Treten genüge, dann weiß man wieder nicht, ob die Verfügung schon existent ist, wenn sie der Richter an das Büro gegeben hat – was ich als ein Internum des Gerichts ansehen möchte –, oder erst dann, wenn sie aus dem Schoße des Gerichts heraus in die Öffentlichkeit getreten ist. Ich würde sagen: sofern sie aus dem Gericht, als Ganzes gesehen, an die Öffentlichkeit getreten ist. Die Form, in der das geschieht, würde mir einerlei sein. Denn in dieser Frage geriete man sofort in Schwierigkeiten mit dem Begriffe der Verbindlichkeit.

Vorsitzender: Diese Fragen sehen sehr kleinlich aus, sind aber sehr wichtig, dass wir uns dabei darüber klar werden, was wir wollen. Es wird eine große Aufgabe des Gesetzes sein, dass wir uns daran gewöhnen, bestimmte Ausdrücke zu gebrauchen. Ich würde vorschlagen, den Begriff der Wirksamkeit in § 16 mit „Verbindlichkeit" zu übersetzen.

Was Herr Hesse ausführte, so liegt die Sache so. Für dieses Stadium des gerichtlichen Handelns hat das Gesetz eine Terminologie. Es spricht vom Erlass einer Verfügung. Ich bin mit Herrn Hesse darin einig, dass man unter keinen Umständen sagen kann, eine Verfügung sei bereits erlassen, wenn der Richter sie in die Kanzlei gibt. Wenn aber der Betroffene in der Kanzlei von der Verfügung Kenntnis genommen hat, ist dadurch die Verfügung existent geworden. Das allerfrüheste Stadium, in dem von der Existenz einer Verfügung gesprochen werden kann, muss der Erlass sein. Ich würde an diesem Ausdruck nichts ändern. Er hat sich eingebürgert, mit ihm kann man ganz gut arbeiten.

Nun kehre ich zu § 7 zurück. In diesem § 7 ist eine Frage behandelt, die praktisch von außerordentlicher Wichtigkeit ist. Nun ist folgende Frage entstanden: Ist die Erbschaftsausschlagung gegenüber einem örtlich unzuständigen Gericht wirksam oder unwirksam? Das Reichsgericht hat sich im 71. Bande [RGZ 71, 380; 15.7.1909] auf folgenden Standpunkt gestellt: An sich ist eine Erbschaftsausschlagung dem örtlich zuständigen Gericht gegenüber zu erklären. Wenn nun aber einmal eine Erbschaftsausschlagung von einem örtlich unzuständigen Gerichte erklärt ist, das Gericht aber nachher die Sache so behandelt, als wenn es zuständig gewesen wäre, so soll nach § 7 dieser Verstoß gegen die Zuständigkeit wirkungslos sein.

Mir scheint, wenn etwas unwirksam gewesen ist, kann es nicht dadurch wieder wirksam werden, dass das Gericht nachträglich in diesen Dingen eine Operation vornimmt. War also die Erbschaftsausschlagung unwirksam, so kann sie nicht dadurch gültig werden, dass nachher mit dieser Erklärung irgendwelche Operationen vorgenommen werden. Geht man so weit, dass man nachträglichen Maßnahmen der Gerichte heilende Wirkung beilegt, dann sollte man auf den örtlichen Zuständigkeitstitel verzichten; ich wüsste nicht, welchen Sinn die örtliche Zuständigkeit haben sollte.

Will man aber diese Vorgänge für gültig erklären, dann soll man das sagen. Es handelt sich hier um einen Gnadenakt des Reichsgerichts, der dazu führt, dass man aus fremder Tasche schenkt.

Dr. Höver: Ich schließe mich den Ausführungen des Herrn Vorsitzenden vom Standpunkt der Praxis aus an. Es entstehen immer höchst unangenehme praktische Folgerungen, wenn vor einem unzuständigen Gericht ausgeschlagen wird. Als Nachlassrichter habe ich diese Fälle oft erlebt. Andererseits liegt doch für denjenigen, der ausschlägt, eine große Härte darin, dass die Ausschlagung nicht wirksam sein soll. Auch ich bin der Meinung, dass in dem Augenblick, in dem die Erklärung abgegeben ist, der Vorgang abgeschlossen ist, und dass das, was nachträglich geschieht, an diesem Vorgang nichts ändern kann. Diese bekannte Reichsgerichtsentscheidung ist von einer späteren Kammergerichtsentscheidung kritisiert worden. Aus bestimmten Gründen lag kein Anlass vor, die Sache gemäß § 28 dem Reichsgericht vorzulegen. (Der *Redner* verliest das Kammergerichtsurteil auszugsweise.) Wenn ein Erbfall eingetreten ist und vor einem unzuständigen Gericht eine Erbschaftsausschlagungserklärung abgegeben wird, so ist das ein Internum, von dem niemand etwas erfährt. Nun darf man natürlich nicht bei dem Negativen beharren, sondern muss positive Vorschläge machen. Da möchte ich nun vorschlagen, dass man den § 11 etwas mehr heranzieht und auf seiner Grundlage neue Möglichkeiten schafft. Ich würde vorschlagen, dass jedes deutsche Gericht Erbschaftsausschlagungserklärungen entgegennehmen darf, aber verpflichtet ist, sich sofort darum zu bemühen, das zuständige Gericht zu ermitteln und die Ausschlagungserklärung an die zuständige Stelle weiterzuleiten. Aber die Ausschlagungserklärung muss als rechtzeitig erfolgt gelten, sobald sie bei irgendeinem deutschen Gericht eingegangen ist. Eine Parallele dazu haben wir in § 136 der Durchführungsverordnung zum Aufwertungsgesetz von 1925. Da heißt es, dass die Beschwerde bei jedem deutschen Gericht eingelegt werden kann, dass aber das Gericht verpflichtet ist, die Sache innerhalb 24 Stunden an das zuständige Gericht abzugeben.

In diesem Zusammenhange möchte ich noch auf einen anderen Punkt kommen, der mit der Rechtshilfe zusammenhängt. Da ist z.B. ein altes krankes Mütterchen, das gern ausschlagen möchte; sie liegt entfernt im Bett und kann nicht persönlich erscheinen. Ein Notar ist auch nicht in der Gegend. Jetzt wird auf Ersuchen des zuständigen Nachlassgerichts im Wege der Rechtshilfe das Mütterchen durch das örtliche Amtsgericht vernommen, und ihm gegenüber erklärt sie das Ausschlagen. Die fast übereinstimmende Meinung geht dahin, dass diese Ausschlagungserklärung gegenüber dem Rechtshilferichter erst dann wirksam wird, wenn sie an das zuständige Nachlassgericht gelangt. Das ist m.E. volksfeindlich. Jetzt, nachdem wir Reichsjustiz geworden sind, sind die einzelnen Gerichte nichts anderes als stationes fisci. Die Erklärung, die vor irgendeinem deutschen Gericht eingeht, muss also entsprechend diesem Paragraphen als rechtzeitig abgegeben gelten. Aber dieses Gericht ist ebenso, wie nach der Durchführungsverordnung zum Aufwertungsgesetz verpflichtet, das zuständige Gericht zu ermitteln und die Sache dahin abzugeben.

Vorsitzender: Dieser Vorschlag enthält zweierlei:

1. Er sagt, § 7 soll so bleiben, wie er ist; er ist bisher vom Reichsgericht falsch ausgelegt worden.

2. Es wird eine Änderung des Bürgerlichen Gesetzbuches vorgeschlagen; die Ausschlagungserklärung soll vor jedem deutschen Gericht erfolgen können. Dadurch kann die Ausschlagungsfrist gewahrt werden. Damit ist die Ausschlagung rechtswirksam geworden. Alles andere ist dann einfach die Aufgabe des Behördenapparats.

Prof. Lange: Wir haben diese Frage schon im Erbrechtsausschuss erörtert. Man muss zwei Fälle trennen. Es ist dringend erwünscht, dass die Nachlassregelung in der Hand eines Nachlassgerichts liegt. Infolgedessen würde ich mich gegen eine mittelbare Ausweitung des § 7 in der Rechtsprechung des Reichsgerichts wenden.

Ein ganz anderes Problem ist die Frage, ob man im Interesse des Ausschlagenden etwa Erleichterungen gegenüber der normalen Regelung des Bürgerlichen Gesetzbuchs gibt. Diese Frage hängt mit den Rechtsnachteilen zusammen, die der nicht rechtzeitig Ausschlagende hat. Hat man eine unbedingte Haftung, dann ist der Rechtsnachteil besonders groß. Kommt man auf eine beschränkte Haftung, so ist der Rechtsnachteil nicht so groß. Kommt man auf den Gedanken, dass der Erbe … [fehlt auch im Original], dann erscheint der Nachteil nicht mehr so groß wie bisher. Das sind Vorfragen, die im materiellen Recht wurzeln.

Wenn ich zu den Folgerungen komme, so muss ich sagen: Wir haben den Gedanken vertreten, dass es hier durch die Bestimmungen des Bürgerlichen Gesetzbuchs Härtefälle gibt, die nicht immer im vollen Verhältnis zu der formellen Glattheit stehen. In aller Regel ist es so, dass eine Ausschlagung, die bei einem anderen Gericht erfolgen kann, ziemlich rasch dem Nachlassgericht mitgeteilt wird. Es ist nicht immer leicht, das Nachlassgericht positiv zu bestimmen. In solchen Fällen ist es allerdings unbillig, weil dann eine Rechtsunsicherheit, die durchaus begründet ist, auf dem Rücken des Rechtsunkundigen ausgetragen wird. Dass sich eine Lockerung hier zum Nachteil des nächsten Erben hart auswirken würde, glaube ich nicht, weil ja auch dieser wieder ausschlagen kann. Ich glaube, wenn ein Erbe ausschlägt, wird der nächste schon aus Vorsicht ebenfalls ausschlagen.

Wir waren geneigt, hier gewisse Milderungen zuzulassen. Aber wir waren auch der Ansicht, dass gerade die rasche und klare Durchführung eine Einschränkung erfordert. Ich würde nicht dafür sein, die Erbschaftsausschlagung bei jedem Gericht zuzulassen, sondern wäre höchstens dafür, eine Art …

Prof. Dr. Dölle: Es gibt noch eine weitere Parallele, nämlich § 5 Abs. 5 der Erbhofrechtsverordnung. Danach ist jede Behörde empfangszuständig. Nun glaube ich, dass der Vorschlag von Herrn Höver die Amtsgerichte außerordentlich stark belasten würde. Ich kann mir nicht recht vorstellen, ob man wirklich den Amtsgerichten zumuten kann, in all diesen Fällen die Ermittlung des zuständigen Nachlassgerichts durchzuführen und möchte deshalb zu erwägen geben, ob nicht vielleicht in Fällen, in denen sich aus einer solchen Ermittlung eine erhebliche Verzögerung und Fernhaltung des Amtsgerichts von seinen eigentlichen Amtspflichten ergeben würde, mindestens eine Rückgabe an die Partei, wenn auch mit einer gewissen Belehrung, angemessen wäre. Im Übrigen könnte man für solche Härtefälle auch ein Institut schaffen, das der Einsetzung ähnlich sein könnte.

Geheimrat Heydtmann: Das Gesetz kennt den weiteren Begriff der Verrichtung. Dieser Begriff umfasst auch die Fälle, in denen das Gericht nur Empfangsstelle ist. Man könnte eine Ausweitung dadurch erreichen, dass man hier das Wort „Handlungen" durch „Verrichtungen" ersetzte. Ich habe aber Bedenken, so weit zu gehen, dass die Ausschlagung bei einem unzuständigen Gericht wirksam sein soll. Denn man wollte doch das Nachlassgericht als Zentralstelle haben. Wie schwierig es ist, das zuständige Erblassgericht festzustellen, zeigt der vom Reichsgericht entschiedene Fall ganz klar. Meiner Ansicht nach würde durch diesen Vorschlag eine große Unsicherheit eintreten.

Vorsitzender: Ich bin nicht dafür, § 7 als solchen auszuweiten und zu sagen: alles ist wirksam, wenn es bei irgendeinem Gericht geschehen ist. Man sollte diese Frage vielmehr bei den einzelnen Rechtsmaterien lösen. Denn wenn etwa ein Vorschlag, wie ihn Herr Höver gemacht hat, angenommen würde, würde § 7 ziemlich bedeutungslos werden.

Ministerialdirektor Volkmar: Der Vorschlag von Herrn Höver hat das große Bedenken, dass er letzten Endes die Gefahr, die Herr Höver selbst sieht, nicht ausräumt. Herr Höver meint ganz richtig, es sei nicht möglich, die Ausschlagung an sich bei jedem Gerichte zuzulassen; denn dann bliebe sie dort liegen, und das zuständige Nachlassgericht erhalte keine Kenntnis. Deswegen wäre es nur so denkbar, dass man dazu an jedes Gericht herangeht, dieses aber verpflichtet ist, das zuständige Nachlassgericht zu ermitteln und ihm die Erklärung zuzuleiten. Das hilft aber nicht in denjenigen Fällen, in denen sich das angegangene Gericht für das zuständige hält, und gerade das sind die Fälle, die schwierig sind. Wenn dann inzwischen die übrige Nachlassabwicklung bei einem anderen Gericht stattgefunden hat, wissen beide Gerichte nichts voneinander. Deshalb kann man das nicht so machen.

Auch ich habe das Gefühl, als müsste man das ungeheure Risiko, das der einzelne Volksgenosse hat, etwas erleichtern. Vielleicht könnte man sagen: Eine vor einem unzuständigen Gericht abgegebene Erklärung wird wirksam, wenn sie demnächst an das zuständige Gericht abgegeben wird. Man könnte an hier eine Frist von zwei Wochen denken und sich damit trösten, dass dem Manne angesichts der ungeheuren Schwierigkeiten, die ihm die Einhaltung der Frist nicht ermöglicht haben, mit einer Wiedereinsetzung nicht geholfen werden könnte.

Senatspräsident Siefert: Soll sich der Vorschlag von Herrn Höver nur auf die Erbschaftsausschlagung beziehen oder ganz allgemein sein? (*Dr. Höver:* Nur auf die Erbschaftsausschlagung und allerdings auch auf den Einspruch gegen einen Ordnungsstrafenfestsetzungsbeschluss; also nur für Spezialfälle!) Auch ich bin der Auffassung, dass der Vorschlag recht bedenklich ist. Die Rechtssicherheit wird dadurch zu sehr gefährdet. Nehmen wir einmal an, dass heute die Ausschlagungsfrist abläuft. Das Amtsgericht ist nicht zuständig. Folglich erkläre ich meine Ausschlagung in Berlin. Wohin kommen wir da? Wenn an einem Erbstreit zehn bis zwanzig Leute beteiligt sind und jeder an einem anderen Amtsgericht ausschlägt, ist die Rechtssicherheit doch sehr gefährdet. Es mag sein, dass im einzelnen Falle eine gewisse Unbilligkeit für den Betreffenden vorhanden ist. Aber die müssen wir in Kauf nehmen. Ich meine, wir sollten in § 7 den Ausdruck „gerichtliche Handlungen" stehen lassen; er bedeutet, dass es nur tatsächliche gerichtliche Handlungen sind.

Ministerialrat Hesse: Auch ich halte die Ausweitung des § 7 für sehr gefährlich. Entweder legt man auf eine straff geregelte örtliche Zuständigkeit Gewicht oder nicht. Legen wir Gewicht darauf, so können wir es unmöglich in die Hand der Beteiligten legen, die Zuständigkeit über Bord zu werfen. Das würde man aber tun, wenn man von Verrichtungen spricht. Deshalb muss man sagen: gerichtliche Handlungen. Aber man muss sich darüber klar sein, dass darunter nicht nur positive, sondern auch passive Handlungen zu verstehen sind, also auch das Entgegennehmen. In dem vom Reichsgericht entschiedenen Fall hatte sich das betreffende Gericht als Nachlassgericht geriert und den Eindruck der Zuständigkeit erweckt. In solchen Fällen, die ich als passive Handlungen des Gerichts bezeichnen möchte, scheint mir der Grundsatz des § 7 durchaus gerechtfertigt zu sein. Es ist ein unerwünschter Zustand, wenn durch die Mitwirkung des Gerichts in den beteiligten Volksgenossen der Eindruck erweckt wird, es sei alles in schönster Ordnung, und nachher ist doch alles falsch. Um solche Fälle auszuschalten, ist § 7 da. In der Praxis haben auch Auflassungshandlungen eine Rolle gespielt. Da ist man in der Praxis einhellig der Auffassung, dass die vor einem unzuständigen Gericht vorgenommene Auflassung trotzdem materiell rechtswirksam ist, da die Auflassung nicht zustande kommen kann ohne eine wenigstens passive Mitwirkung des Gerichts.

Eine andere Frage ist es, ob § 7 in allen Fällen seinen Zweck erfüllen wird. Da kommt man auf diejenigen Fälle, bei denen solche fraglichen Handlungen bei einem bestimmten Gericht erforderlich sind. Das ist nun gerade der erbrechtliche Fall. Da muss man sich daran erinnern, dass § 7 gar nicht uneingeschränkt gilt, sondern immer nur unter der Generalklausel des § 1, soweit nicht etwas anderes bestimmt ist. Wir kennen zahlreiche Fälle, in denen der § 7 einfach ausscheidet, in denen eine ausschließliche örtliche Zuständigkeit erklärt ist. Ich erinnere nur an den Kirchenaustritt. Genau dasselbe könnte man auch für das Nachlassgericht sagen. Es ließe sich durchaus rechtfertigen, wenn man sagte, in diesem Falle liege es so, dass trotz § 7 eine ausschließliche Zuständigkeit besteht, so dass die Erklärung nur wirksam wird, wenn sie diesem Gericht zugegangen ist. Das kann unter Umständen wieder Härten mit sich bringen. Man müsste überlegen, ob man mit § 11 helfen könnte. Ich würde aber § 11 nicht so weit ausdehnen, dass die Zuständigkeiten über Bord geworfen werden. Unbeschadet der Zuständigkeit kann die Erklärung vor einem anderen Gericht abgegeben werden, und wenn sie innerhalb einer bestimmten Frist abgegeben wird, ist sie wirksam, wenn sie demnächst dem zuständigen Gericht zugeht.

Vorsitzender: Ich fürchte, wir haben noch einige Unklarheiten zu überwinden. Wir wollen den Fall der Auflassung nehmen. Das Gericht beurkundet die Auflassung. Dann ist ohne weiteres anzunehmen, dass § 7 Anwendung findet. Wenn aber jemand eine Erbschaftsausschlagungserklärung zu Protokoll der Geschäftsstelle gibt, muss die Geschäftsstelle sie entgegennehmen. Da kann man nicht sagen: Weil das Gericht sie entgegennimmt, geriert es sich als zuständig. Aber das ist doch eine gerichtliche Handlung. Da kommen wir auf einem Umwege wieder zu dem, was wir nicht wollen. (*Ministerialrat Hesse:* Die Beurkundung ist ja nicht das Maßgebliche, sondern die Auflassung!) Praktisch ist es doch so: Es kommen zwei Leute und wünschen die Beurkundung einer Auflassungserklärung. Da hört doch der Richter nicht nur zu, sondern er nimmt eine Verhandlung auf und beurkundet sie. Wenn dagegen jemand zur Geschäftsstelle kommt und eine Erklärung protokolliert wissen will, kümmert sich der Betreffende gar nicht darum, sondern nimmt sie entgegen. Dann läuft das Protokoll an den Dezernenten, und dieser sieht dann, was geschehen ist. Insofern liegen die Dinge doch verschieden. Und wenn wir dieses Entgegennehmen Erbschaftsausschlagungserklärung als eine gerichtliche Handlung betrachten, so kommen wir zu dem Begriff der gerichtlichen Verrichtung, und dann kommt § 7 in Betracht. (*Zuruf* des *Ministerialrats Hesse*) – Also es erscheint jemand in der Geschäftsstelle und sagt: Ich bin zum Erben eingesetzt, ich möchte die Erbschaft ausschlagen, bitte, nehmen Sie das entgegen. Der Urkundsbeamte protokolliert das. Ist das eine gerichtliche Handlung? (*Ministerialrat Hesse:* Ja, wenn er ihn nicht auf die Unzuständigkeit des Gerichts hinweist; denn dann geht der Mann in der Überzeugung weg, alles Erforderliche getan zu haben!) – Das geht nicht! Denn dann kommen wir dahin, dass die Erbschaftsausschlagung gegenüber jedem Gericht wirksam ist.

Ministerialrat Hesse: Gerade diesen Fall hatte ich als Ausnahmefall bezeichnet, für den eine ausschließliche Zuständigkeit bezeichnet ist.

Rechtsanwalt Heltge: Solche Fälle dürften große Ausnahmen sein, und lediglich wegen einer Ausnahme kann man sich doch nicht zu einer Änderung des Gesetzes entschließen. Denn dass sich Gerichte als zuständig gerieren ohne es zu sein, möchte ich nicht annehmen.

Vorsitzender: Praktisch läuft die Sache so: Jemand kommt zum Gericht und erklärt: hier ist ein Testament, ich bin zum Erben eingesetzt; ich möchte die Erbschaft ausschlagen; bitte, nehmen Sie die Erklärung entgegen. Dann wird der Beamte seine Pflicht tun und sagen: Die Ausschlagungserklärung muss an das Erbschaftsgericht gehen; wo ist der Wohnsitz des Verstorbenen? – Den Wohnsitz kann er nicht angeben, sondern er will nur die Erklärung abgeben. Das geht doch auch nicht.

Prof. Dr. Dölle: Man wird Zweifelsfälle auch durch eine Terminologie nicht lösen können. Es könnte schon Fälle geben, in denen tatsächlich in der Entgegennahme eine Handlung liegt. Aber im Grundsatz möchte ich das nicht feststellen.

Notar Schieck: Wir werden scharf unterscheiden müssen zwischen einer Handlung und der Entgegennahme einer Erklärung. Es würde zu weit führen, wenn man diese Ausnahme eintreten lassen wollte. Dadurch, dass man in § 7 durch eine Änderung die Entgegennahme einer Erklärung für gültig erklärt, ist nicht gesagt, dass das Gericht entgegennehmen müsse. Das Gericht wird meistens nicht entgegennehmen, sondern ausnahmsweise nur dann, wenn sich der Beteiligte im Unklaren darüber sein kann, welches Gericht zuständig ist. Das schränkt die Gefahren einer Änderung des § 7 sehr stark ein. Ich würde die Änderung so vorschlagen: Abs. 1 gilt auch für Erklärungen, die nach dem Gesetz an eine Frist gebunden sind. Das kann man also auf die Fälle beschränken, in denen den Beteiligten Nachteile daraus entstehen können, dass sie eine Frist versäumen.

Vorsitzender: Also nur zur Fristwahrung die Erklärung von einem beliebigen Gericht. Da kommen wir ins materielle Recht hinein. Ich möchte ein Missverständnis verhüten. Sie sagen, wenn ein Gericht nicht zuständig sei, werde es die Erklärung nicht entgegennehmen. Das ist nicht richtig. Ich glaube, wenn jemand beim Gericht eine Erklärung zu Protokoll geben will, muss sie das Gericht entgegennehmen. Da kann man ja sehr verschiedener Meinung sein.

Backs: Die Ausschlagungserklärung kann ja auch mittels beglaubigter Erklärung eingereicht werden. Ich glaube nicht, dass das Gericht befugt ist, sie zurückzuweisen. Es nimmt sie eben zu den Akten. Damit ist nicht entschieden, ob die Ausschlagungserklärung als an das zuständige Gericht eingereicht gelten soll oder nicht.

Vorsitzender: Ich möchte Folgendes vorschlagen. Wir lassen § 7 in diesem Punkte so bestehen, wie er ist. Wir sind uns darüber klar, dass im Einzelfalle geprüft werden muss, ob eine gerichtliche Handlung vorliegt. Sie kann auch vorliegen in der Entgegennahme einer Erklärung. In der Regel wird es aber nicht der Fall sein.

Eine andere Frage ist die, ob man materielle Rechtshilfe schaffen soll. Ich glaube aber, dass wir das im materiellen Recht prüfen müssen. Ich wäre dem Vorsitzenden des Erbrechtsausschusses dankbar, wenn er diese Frage auch in seinem Ausschuss erörtern wollte.

Rechtsanwalt Heltge: Ich halte es nicht für richtig, die Initiative zur Ermittlung des zuständigen Gerichts ganz aus der Hand des betreffenden Erben zu nehmen. Denn er ist eher in der Lage, die nötigen Ermittlungen anzustellen, als das Gericht von Amts wegen.

Vorsitzender: Über allem steht doch das ungeschriebene Gesetz, dass jedes Gericht wie jede Behörde beflissen sein muss, den Volksgenossen so weit wie möglich zu helfen. Vielleicht können wir das auch zu einem geschriebenen Gesetz machen. Wenn heute ein Gericht eine Erbschaftsausschlagungserklärung erhält und sieht, dass es unzuständig ist, dann kann es den Erben darauf aufmerksam machen, dass ein anderes Gericht zuständig ist. Es ist dann unmöglich, dass es das Schriftstück zu den Akten schreibt. Aber darüber wollen wir später sprechen.

Notar Schieck: Ich wollte auf das Handelsregister hinweisen und zu § 7 noch einige Ausführungen machen. Das ist ja eine bekannte Streitfrage: Es wird ein Verein oder eine Aktiengesellschaft oder eine Firma bei einem unzuständigen Registergericht eingetragen. Diese Eintragung ist eine gerichtliche Handlung. Sie ist keine Verfügung. Gegen eine Eintragung findet ja keine Beschwerde statt. Nun ist es eine der Hauptstreitfragen des Registerrechts, ob der § 7 überhaupt auf Registereintragungen Anwendung findet. Der Kommentar der Reichsgerichtsräte sagt: „Wird die Eintragung von einem unzuständigen Amtsgericht vorgenommen, so hat dies nach der allgemeinen Vorschrift des § 7, die für den Besonderen Teil des § 55 BGB nicht beseitigt ist, die Ungültigkeit der Eintragung nicht zur Folge." Das ist die herrschende Meinung. Es gibt allerdings auch andere Meinungen. Und anderer Meinung ist das Kammergericht in einer sehr beachtlichen Entscheidung im 31. Bande [Jb. für Entscheidungen des Kammergerichts, Bd. 31, 1906, A 206]: „Es ist danach unbedenklich, für das handelsregisterliche Ordnungsstrafverfahren eine Ausnahme zu machen."

Nun steht man auf dem Standpunkt, der also der herrschenden Meinung entgegensteht, dass § 7 FGG sich überhaupt nur auf solche Zuständigkeiten bezieht, die im FGG selbst geordnet sind, nicht aber jene Zuständigkeiten, die im materiellen Recht geordnet sind, also etwa § 29 HGB, § 6 Abs. 1 HGB. Die Zuständigkeit für Kaufleute und Handelsgesellschaften ist also im Handelsgesetzbuche selbst geregelt. Dasselbe gilt auch für das Güterrechtsregister und für das Musterregister.

Nun gibt es eine Meinung, die sagt, dass dieser § 7 darauf gar keine Anwendung findet. Wenn man ihn aber auf solche registerlichen Eintragungen nicht anwendet, erhebt sich die Frage, ob die Eintragung dann gültig ist oder nicht. Da muss man wieder zweierlei unterscheiden. Man unterscheidet ja zwischen rechtsfeststellenden und rechtsbegründenden Eintragungen. Wenn das Register im Sinne des Grundbuchrechts nun auch keinen öffentlichen Glauben genießt, so ist es doch so, dass die Eintragung einer Aktiengesellschaft bei einem unzuständigen Gericht oder die Erwerbung der Kaufmannseigenschaft durch Eintragung aufgrund des § 2 HGB das Bestehen der Aktiengesellschaft und das Vorhandensein der Kaufmannseigenschaft begründet. Das ergibt sich aus Gründen der Rechtssicherheit. Der Kaufmann und das Publikum müssen sich auf das Handelsregister verlassen können, und daher gilt die Eintragung.

Nun kommt aber etwas anderes. Die Eintragung ist gültig! Eine Abweichung muss man aber für das Güterrechtsregister und das Musterregister zulassen. Hier kommt wieder der Begriff der zentralen Sammelstelle in Frage. Das ist das Register desjenigen Bezirks, in dem der Betreffende seinen Wohnsitz hat. Da sagt die Rechtsprechung und die Literatur, dass diese Eintragungen im Güterrechtsregister und im Musterregister aus Gründen der Rechtssicherheit nicht maßgebend, sondern nichtig sind. Dagegen sind die Eintragungen im Handelsregister gültig, und zwar aus allgemeinen Grundsätzen, nicht etwa aus dem Grundsatz des § 7 FGG. Ich meine, dass sich der Ausschuss vielleicht auch mit § 7 FGG in dieser Beziehung beschäftigen müsste. Die Sache hat nämlich sehr erhebliche Konsequenzen. Es wird ja wohl kaum vorkommen, dass ein Registerrichter eine Aktiengesellschaft bei einem unzuständigen Gericht einträgt. Aber die Frage wird immerhin sehr akut, wenn ein Kaufmann seine Firma anmeldet. Wenn nun eine Aktiengesellschaft bei einem unzuständigen Gericht eingetragen ist, dann muss sie gelöscht werden – nicht etwa aufgrund dieses § 144 FGG – denn die Aktiengesellschaft als solche ist in Ordnung –, sondern aufgrund § 142 FGG, weil eine wesentliche sachliche Voraussetzung fehlt. Ich lösche die Aktiengesellschaft oder den Kaufmann, der kraft Eintragung Kaufmann wird – und damit hört die Existenz der Aktiengesellschaft allerdings nicht auf. Man muss dann § 311 HGB wohl analog anwenden, wonach die Aktiengesellschaft, auch wenn sie völlig nichtig ist, als Liquidationsgesellschaft weiterbesteht. Es tritt aber der Fall ein, dass sie nicht im Handelsregister steht. Der Kaufmann, der aufgrund der Eintragung Kaufmann wird, hört also plötzlich auf, Kaufmann zu sein. Er kann Bürgschaften nur schriftlich übernehmen, obwohl man sich darauf verlässt, dass er Kaufmann ist und sie auch mündlich übernehmen kann. Nun muss erst die Eintragung bei dem neuen Gericht erfolgen. Das sind also die praktischen Konsequenzen. Ich meine, dass man sich da helfen muss und greife schon voraus auf die Frage der Beschwerde im Zusammenhang mit § 7 FGG. Es muss möglich sein, ähnlich der Neuregelung im Aktienrecht eine Abgabe zuzulassen, wenn eine Firma ihren Sitz verlegt.

Vorsitzender: Ich glaube, Herr Ministerialrat Hesse hat schon darauf aufmerksam gemacht, dass jeder Paragraph des FGG unter der Generalklausel des § 1 steht, soweit nicht ein anderes bestimmt ist. Ist nun in irgendeinem Teil des Gesetzes bestimmt, dass Erklärungen, Handlungen usw. nur wirksam sind, wenn sie von einem oder gegenüber einem bestimmten Gericht abgegeben sind, dann geht dieser Satz vor, so dass § 7 nicht in Betracht kommt.

Herr Höver hat angeregt, zu prüfen, ob es richtig ist, dass im materiellen Recht an dieser und jener Stelle nur ein Gericht für zuständig erklärt ist. Ich glaube, diese Frage müssen wir bei den einzelnen Teilgebieten behandeln. Wir werden aber im Handelsrecht noch darauf zurückkommen.

Ich glaube, wir sollen den Grundsatz aufrecht erhalten, dass es, wenn im Gesetz irgendwo bestimmt ist, dass eine Handlung nur wirksam ist, wenn sie von einem bestimmten Gericht vorgenommen wird, dabei sein Bewenden haben muss.

Beim nächsten Punkt der Tagesordnung sind zwei Fragen zusammengestellt: Ist das Gericht der freiwilligen Gerichtsbarkeit an Prozessentscheidungen gebunden und ist das Prozessgericht an

Entscheidungen der freiwilligen Gerichtsbarkeit gebunden? Die Rechtsquelle für die Beurteilung dieser Fragen liegt im ersten Fall auf dem Gebiet des § 12, im zweiten Fall auf dem Gebiet des § 16. Beim ersten Fall ist die Frage, ob die Ermittlungspflicht und das Ermittlungsrecht des Richters der freiwilligen Gerichtsbarkeit dadurch beschränkt ist, dass eine Prozessentscheidung vorliegt, und beim zweiten Fall handelt es sich um die Frage, ob das Prozessgericht, wenn das Gericht der freiwilligen Gerichtsbarkeit entschieden hat, daran gebunden ist. Eine ganz andere Frage ist die, inwieweit das Gericht der freiwilligen Gerichtsbarkeit an eigene Entscheidungen gebunden ist. Das ist die Frage der Rechtskraft, die wir aber einstweilen ausschalten wollen.

Prof. Dr. Dölle: In Bezug auf die erste Frage scheint mir Folgendes festzustehen. Liegt eine Gestaltungsentscheidung des Prozessgerichts vor, so ist wohl nicht gut anzunehmen, dass das Gericht der freiwilligen Gerichtsbarkeit darüber hinwegsehen kann. Ich exemplifiziere dabei auf Entscheidungen in Ehesachen. Zweitens scheint mir sicher zu sein, dass in denjenigen Fällen, in denen dem Prozessgericht oder einer anderen Behörde eine ausschließliche Zuständigkeit zur Entscheidung bestimmter Angelegenheiten von der Rechtsordnung verliehen ist, die von einer derartigen Behörde gefällte Entscheidung auch durch das Gericht der freiwilligen Gerichtsbarkeit anerkannt werden muss. Ich denke hier z.B. an Anerbenbehörden. Ein dritter, allgemeiner Gesichtspunkt ist folgender: Bei sonstigen Prozessentscheidungen ist zu berücksichtigen, dass das ganze Gerichtsverfahren der Zivilprozessordnung wenigstens gegenwärtig noch unter der Herrschaft der Verhandlungs- und Dispositionsmaxime steht. Das bringt es mit sich, dass unter Umständen eine Entscheidung ergeht, die zu den Zielen, die mit der Regelung der freiwilligen Gerichtsbarkeit verfolgt werden, in Widerspruch steht. Die für die beiden anderen Kategorien aufgestellten Grundsätze werden hier nicht allgemein gelten können. Ich kann mir gut vorstellen, dass innerhalb dieses Gebietes eine Freiheit von solchen Entscheidungen anerkannt werden muss, dass trotz einer bestimmten Entscheidung des Prozessgerichts das Gericht der freiwilligen Gerichtsbarkeit zu einem anderen Ergebnis gelangt.

Ministerialdirektor Volkmar: Ich glaube, dass die Ausführungen von Herrn Prof. Dölle im Wesentlichen schon das Richtige getroffen haben. Wenn in einem Prozess gegen die Mutter auf Herausgabe der über sechs Jahre alten Söhne das Gericht entscheidet, dass die Kinder herauszugeben sind, dann kann diese Entscheidung selbstverständlich ihrer Art nach für das Vormundschaftsgericht gar nicht bindend sein. Wenn dieses nun von der Mutter angerufen wird, die Personensorge zu regeln, kann es die Personensorge der Mutter übertragen. Das ist eine rechtsgestaltende Entscheidung, die in keinem Widerspruch zu der Entscheidung des Gerichts steht. Das Gericht hat nur festgestellt, was bisher rechtens war, während das Vormundschaftsgericht das vom Gericht richtig erkannte Recht kraft der ihm ausdrücklich erteilen Machtbefugnis umgestaltet. Man kann nicht einmal sagen, dass das Vormundschaftsgericht an die Entscheidung des Gerichts nicht gebunden ist, sondern es trifft eine ganz andere Entscheidung, die auf einer ganz anderen Ebene liegt. Wenn die Mutter nun das Prozessgericht anruft, weil der Vater trotz des Beschlusses die Kinder nicht herausgibt, dann muss das Gericht den Vater verurteilen, weil die materielle Rechtslage nunmehr geändert ist. Irgendwelche Schwierigkeiten sehe ich hier nicht.

Herr Prof. Dölle hat ausgeführt, dass im gerichtlichen Verfahren wegen der Verhandlungsmaxime vielfach ein Ergebnis herauskommt, das dem materiellen Recht nicht entspricht. Das würde bei der Vaterschaftsfeststellung in Betracht kommen. Nehmen wir an, gegen einen bestimmten Mann als den Erzeuger eines unehelichen Kindes wird geklagt, und dieser erkennt aus irgendwelchen Gründen die Vaterschaft sofort an, wird auch entsprechend verurteilt. Nun erklärt der Vormund dem Vormundschaftsgericht, dass ihm an der Vaterschaft äußerste Zweifel gekommen sind, und bezeichnet auch einen anderen als den wirklichen Vater. Hier kann sich das Vormundschaftsgericht nicht in Widerspruch zu der gerichtlichen Entscheidung stellen. Die Lösung würde vielmehr darin bestehen, dass man in Zukunft die Feststellung der Vaterschaft nicht mehr einem Verfahren mit Verhandlungsmaxime, Anerkenntnis usw. überlässt und die Feststellung der unehelichen Vaterschaft so regelt, wie es heute schon für das eheliche Kind geschehen ist. Nur auf diesem Wege kann man die Schwierigkeiten ausräumen.

Vorsitzender: Nehmen Sie folgenden Fall an. Der Vater klagt gegen die Mutter auf Herausgabe des Kindes, und die Mutter wendet ein, in der Klage liege ein Missbrauch des Personenrechts, weil der Vater das Kind nur zum Betteln benutzen wolle. Da der Beweis nicht glückt, wird die Mutter verurteilt, das Kind herauszugeben, und im Urteil wird festgestellt, dass kein Missbrauch der Personensorge vorliegt. Nun wendet sich die Mutter an das Vormundschaftsgericht mit dem Antrag, dem Vater die Personensorge zu entziehen, weil doch ein Missbrauch vorliegt. Das Vormundschaftsgericht hat anderes Material zur Hand und stellt fest, dass der Mann das Kind nur zum Betteln haben will. Wie beurteilen Sie diesen Fall?

Ministerialdirektor Volkmar: Ich würde das ohne weiteres für zulässig halten und würde auch nicht annehmen, dass diese Entscheidungen einander widersprechen. Das Prozessgericht hat über den Herausgabeanspruch entschieden und diesen aus dem klaren Rechtszustand hergeleitet, während das Vormundschaftsgericht diesen klaren Rechtszustand ändern soll. Wenn das Prozessgericht daneben noch die Frage geprüft hat, ob die Klage etwa wegen missbräuchlicher Ausnutzung des Rechts abgewiesen werden könnte, dann betraf das nur einen Nebenpunkt. (*Vorsitzender:* In der Würdigung des Verhaltens des Vaters weichen die Gerichte voneinander ab!) Das können die Gerichte ja immer tun! Ich würde allerdings das Prozessgericht gar nicht so vorgehen lassen, sondern den Antragsteller sofort an das Vormundschaftsgericht verweisen, damit er dort die Entziehung der Personensorge beantragen kann. Wenn nachgewiesen wird, dass der Antrag dort gestellt ist, würde das Prozessgericht das Verfahren aussetzen, bis das Vormundschaftsgericht entschieden hat.

Prof. Dr. Lange: Die Hauptfrage ist wohl, ob wir eine generelle Lösung vorsehen oder praktisch bei den einzelnen Punkten eine Entscheidung treffen sollen. Die freiwillige Gerichtsbarkeit bietet den Vorteil der Elastizität, der Möglichkeit, Änderungen gerecht zu werden, die wir im Prozess in diesem Maße nicht haben. Darum würde ich für eine Bindung der freiwilligen Gerichtsbarkeit an Prozessentscheidungen nicht sein.

Kammergerichtsrat Backs: Ich glaube, dass sich gewisse Grundsätze wohl herausarbeiten lassen. Man muss zunächst einmal prüfen, wieweit die Prozessentscheidung selbst in ihrer Rechtskraft wirkt. Wirkt diese Rechtskraft gegenüber jedermann, wie bei rechtsgestaltenden Urteilen, dann muss sie auch dem Gericht der freiwilligen Gerichtsbarkeit gegenüber wirken. Im Übrigen wird auch das Gericht der freiwilligen Gerichtsbarkeit diejenige Rechtskraft berücksichtigen müssen, die nur zwischen bestimmten Personen eintritt. Die Entscheidung des Gerichts der freiwilligen Gerichtsbarkeit, die sich auf eine solche Prozessentscheidung stützt, darf aber erstens nicht Rechte dritter Personen verletzen, die durch die Rechtskraft der Prozessentscheidung nicht gebunden sind. Zweitens hat das Gericht der freiwilligen Gerichtsbarkeit auch das öffentliche Interesse wahrzunehmen. Es ist also an eine Entscheidung des Prozessgerichts, die nur zwischen bestimmten Personen wirkt, nicht gebunden, wenn das öffentliche Interesse dem entgegensteht. Für den Fall des Vorliegens einer Prozessentscheidung über das Erbrecht zweier Prätendenten kommt man zu folgendem Ergebnis: Wenn A. und B. als Erben miteinander streiten und das Prozessgericht sich nun dahin ausspricht, dass A. Erbe ist, dann ist irgendein öffentliches Interesse nicht vorhanden, diesen A. nicht als Erben anzuerkennen. Andererseits muss man die Frage aufwerfen, ob vielleicht dritte Personen durch die Annahme der Bindung an die Prozessentscheidung beeinträchtigt werden. Wenn das Nachlassgericht aufgrund des Urteils dem A. den Erbschein ausstellt, können nämlich dadurch die Gläubiger benachteiligt werden. Es ist ja möglich, dass sich gerade der B. bereits als Erbe geriert hatte – ich unterstelle, dass er wirklich Erbe ist – und dass er nun schon unbeschränkt haftete. Es geht nicht an, dass er sich der unbeschränkten Haftung dadurch entzieht, dass er mit A. einen Scheinprozess führt und diesen als Erben feststellen lässt. Darum muss der Richter der freiwilligen Gerichtsbarkeit auch das Interesse der Gläubiger berücksichtigen, allerdings nur, wenn die Gläubiger in diesem Verfahren ein Antragsrecht hatten, z.B. wenn ein vollstreckbarer Titel erwirkt ist. In einem solchen Fall, möchte ich meinen, muss der Erbscheinrichter die Bindung an die Prozessentscheidung ablehnen.

Vorsitzender: Ich stimme im Wesentlichen mit dem überein, was Herr Bach gesagt hat. Grundsätzlich möchte ich feststellen, dass der Richter der freiwilligen Gerichtsbarkeit an rechtsgestaltende Urteile gebunden ist; darüber kann kein Zweifel bestehen. Im Übrigen wird man sagen müssen, dass ein vernünftiger Richter der freiwilligen Gerichtsbarkeit nicht ohne weiteres an einer Prozessentscheidung vorbeigeht. Aber eine Bindung kann man nicht feststellen, wenn es sich nicht um ein Urteil handelt, das zwischen bestimmten Personen Rechtskraft schafft.

Die zweite Frage, ob der Prozessrichter an Entscheidungen des Richters der freiwilligen Gerichtsbarkeit gebunden ist, ist verhältnismäßig sehr einfach. Wenn der Vater gegen die Mutter kraft des Personensorgerechts auf Herausgabe des Kindes klagt, die Klage Erfolg hat und sich nun nach der ersten Instanz die Mutter an das Vormundschaftsgericht wendet und die Personensorge entziehen lässt, dann hat die Berufung zweifellos Erfolg. Es ist eine andere Rechtsgestaltung eingetreten, und das muss das Gericht berücksichtigen. Einen Ausspruch im Gesetz über diese Frage brauchen wir wohl nicht.

Prof. Dr. Dölle: Ich möchte nur auf einen Gesichtspunkt aufmerksam machen. Wenn die künftige Gestaltung wirklich Familiengerichte bringen sollte, die diese bisher getrennten Instanzen zugewiesenen Fragen einheitlich behandeln, würde sich der ganze Problemkreis außerordentlich verengen.

Vorsitzender: In Abweichung von der Tagesordnung kommen wir nun zum fünften Punkt, zur *Frage der Rechtskraft.* Es fragt sich, ob wir in der freiwilligen Gerichtsbarkeit den Begriff der formellen und der materiellen Rechtskraft anerkennen sollen. Bezüglich der formellen Rechtskraft ist, so weit ich sehe, irgendein Streit bisher nicht entstanden. Man geht davon aus, dass auch Entscheidungen der freiwilligen Gerichtsbarkeit formell rechtskräftig werden können. In Bezug auf die materielle Rechtskraft muss ich dagegen feststellen, dass auf diesem Gebiet ziemlich chaotische Zustände herrschen. So hat insbesondere das Kammergericht die Frage der materiellen Rechtskraft auf den verschiedensten Gebieten ganz verschieden beurteilt.

Kammergerichtsrat Backs: Ich stehe auch auf dem Boden der Rechtsprechung des Kammergerichts und meine, dass sich die Frage der materiellen Rechtskraft nur für den einzelnen Fall entscheiden lässt. Einen allgemeinen Grundsatz kann man ja meiner Ansicht nach nicht herausarbeiten. Ich glaube, dass man im Allgemeinen wohl zur Ablehnung der materiellen Rechtskraft kommen wird.

Ministerialrat Hesse: Meiner Auffassung nach muss man zwischen rechtsgestaltenden und deklaratorischen Entscheidungen unterscheiden. Bei dem großen Gebiet der Rechtsgestaltung spielt die Frage überhaupt keine Rolle, weil es sich gar nicht um die Rechtskraft, sondern nur um die tatbestandsmäßige Wirkung der Existenz der Entscheidung handelt. Das Problem besteht also nur für die deklaratorischen Entscheidungen, und solche gibt es auf dem Gebiet der freiwilligen Gerichtsbarkeit nicht allzu viel. Auf den Nebengebieten sind sie allerdings recht häufig; man denke nur an Aufwertung, Fideikommiss und Erbhof. Da wird man sich wohl mit Herrn Kammergerichtsrat Bach auf den Standpunkt stellen müssen, dass eine allgemeine Regelung nicht zweckmäßig ist, sondern die einzelnen Verhältnisse besonders geregelt werden müssen. Bei dem Versorgungsstreit im Fideikommissrecht wird man die materielle Rechtskraft wohl ablehnen müssen. Was die Sorgerechtsstreitigkeiten betrifft, so habe ich schon in einem Vortrag angeregt, ob man nicht die materielle Rechtskraft einführen könnte, aber entsprechend dem Jugendwohlfahrtsgesetz dadurch eine Riegel vorzuschieben hätte, dass man bestimmt: Ein Antrag auf Aufhebung einer getroffenen Anordnung kann von den privaten Beteiligten nicht vor Ablauf eines Jahres seit Eintritt ihrer Wirksamkeit gestellt werden; ein abgelehnter Antrag kann nicht vor Ablauf von sechs Monaten oder einem Jahr erneut gestellt werden. Im Übrigen meine ich auch, dass man die materielle Rechtskraft nicht anerkennen kann.

Senatspräsident Siefert: In einer Reihe von Fällen wird man sie anerkennen müssen. In dieser Beziehung ist sehr interessant die neue Erbhofrechtsverordnung, die bestimmt, dass Entscheidungen über die Erbhofeigenschaft und die Erbhofbauernfähigkeit materielle Rechtskraft besitzen. Was einmal entschieden ist, kann nicht noch einmal mit denselben Gründen zum Gegenstand der Verhandlung gemacht werden. Die Regelung der Erbhofrechtsverordnung wird unter Umständen auch für andere Rechtsgeschäfte zutreffen können. Man wird also sagen können, dass grundsätzlich keine materielle Rechtskraft besteht, aber doch Ausnahmen möglich sind.

Oberlandesgerichtsrat Bezold: Wir stehen in Bayern auf dem Standpunkt, dass eine materielle Rechtskraft auf dem Gebiet der freiwilligen Gerichtsbarkeit nicht existiert. Kürzlich haben wir uns mit dieser Frage bezüglich der Blutgruppenuntersuchung beschäftigt. Ein außerehelicher Vater hatte erfahren, dass es jetzt eine neue Methode der Blutgruppenuntersuchung gibt und einen Eintrag auf erneute Untersuchung gestellt. Dieser Antrag ist vom Amtsgericht, Landgericht und Oberlandesgericht Dresden mit der Begründung abgelehnt worden, dass der Vormund keine Pflichtwidrigkeit begangen hat, wenn er die Blutgruppenuntersuchung nicht gestattet hat. Die Restitutionsklage, die der Vater erhoben hatte, ist abgewiesen worden, weil der Beweis, dass die inzwischen verstorbene Mutter einen Meineid geleistet habe, nicht geführt werden konnte. Inzwischen ist die Entscheidung des Kammergerichts ergangen, dass die Blutgruppenuntersuchung auf Antrag des Vaters angeordnet werden kann und der Vormund sie genehmigen muss. Nun haben sich dieselben Gerichte auf den Standpunkt gestellt, dass dem Vormund doch eine pflichtwidrige Handlung zur Last fällt, wenn er die Blutgruppenuntersuchung nicht gestattet. Amts- und Landgericht haben unter ausdrücklicher Betonung, dass eine Rechtskraft durch die früheren Entscheidungen nicht geschaffen ist, den Vormund angewiesen, die Blutgruppenuntersuchung zu gestatten. Inzwischen ist die Entscheidung des Reichsgerichts [RGZ 153, 93; 17.12.1936] ergangen, dass der außereheliche Erzeuger nicht beschwerdeberechtigt ist, und aufgrund dieser Entscheidung haben wir die neuen Beschlüsse des Amts- und Landgerichts aufgehoben und den Antrag abgelehnt. Die Klärung der Frage, ob eine materielle Rechtskraft besteht, ist wiederholt brennend notwendig gewesen.

Richter Dr. Höver: Ich möchte mich den Ausführungen der Herren Vorredner anschließen. Ich bin auch der Ansicht, dass eine materielle Rechtskraft nicht in Frage kommen kann. Ich möchte nur zwei Beispiele bringen, aus denen sich ergibt, dass der Mangel der materiellen Rechtskraft unter Umständen zu Ungerechtigkeiten führen kann. Man denke z.B. daran, dass der Mann der Frau die Schlüsselgewalt entzogen hat. Die Frau ruft daraufhin das Vormundschaftsgericht an, und es ergeht eine Verfügung nach § 53 FGG, dass die Entziehung der Schlüsselgewalt ungerechtfertigt gewesen ist. Die Entscheidung wird formell rechtskräftig, wird in das Güterrechtsregister eingetragen – und drei Tage später entzieht der Mann die Schlüsselgewalt wieder. Das ist zulässig! Oder nach § 113 BGB wird die Ermächtigung erteilt, dass der Mündel mit Genehmigung des Vormundschaftsgerichts ein Arbeitsverhältnis eingeht. Nach Abs. 2 kann die Ermächtigung von dem Vertreter aber zurückgenommen oder eingeschränkt werden. Das sind doch Beispiele, die die materielle Rechtskraft in ihren praktischen Folgerungen vermissen lassen. Es ist schon darauf hingewiesen worden, dass man im materiellen Recht den Gedanken des Missbrauchs einführen muss. Ich denke da an Bestimmungen wie § 72 Abs. 4 des Jugendwohlfahrtsgesetzes, wonach ein abgewiesener Antrag vor dem Ablauf von sechs Monaten nicht erneuert werden kann. Ich weiß, dass das in der Praxis auch zu Ungerechtigkeiten führen kann. Nachdem der Beschluss des Vormundschaftsgerichts, wonach die Entziehung der Schlüsselgewalt ungerechtfertigt ist, rechtskräftig geworden ist, kann die Frau ja wieder Anlass zu der Entziehung geben. Aber man muss doch hier eine Zwischenprüfung anstellen. Die Vermutung und die Lebenserfahrungen sprechen dagegen, dass die Frau jetzt wieder Dummheiten macht. Es gibt tatsächlich Fälle, in denen man eine materielle Rechtskraft vermisst.

Vorsitzender: Nun zur formellen Rechtskraft! Ich möchte jetzt einmal klären, was formelle Rechtskraft bedeutet. Sie bedeutet doch die Unanfechtbarkeit einer Entscheidung und tritt deswegen auch ganz verschieden ein. Entscheidungen, gegen die ein Rechtsmittel nicht zugelassen ist, sind sofort rechtskräftig. Sind sie mit der einfachen Beschwerde anfechtbar, dann werden sie mit der Entscheidung der letzten Instanz rechtskräftig, und wenn sie mit der sofortigen Beschwerde anfechtbar sind, sind sie, wenn die Frist abgelaufen ist, schon damit rechtskräftig. Die formelle Rechtskraft bedeutet Unanfechtbarkeit einer Entscheidung; das wollen wir festhalten.

Der nächste Punkt betrifft die *Änderung der Verfügung.* Da ist die Quelle des gegenwärtigen Rechts *§ 18:* „Erachtet das Gericht eine von ihm erlassene Verfügung nachträglich für ungerechtfertigt, so ist es berechtigt, sie zu ändern; soweit eine Verfügung nur auf Antrag erlassen werden kann und der Antrag zurückgewiesen worden ist, darf die Änderung nur auf Antrag erfolgen." Der zweite Absatz lautet: „Zu der Änderung einer Verfügung, die der sofortigen Beschwerde unterliegt, ist das Gericht nicht befugt." Es handelt sich um die Frage, ob es dabei bleiben soll, dass das Gericht der freiwilligen Gerichtsbarkeit befugt ist, eine von ihm erlassene Verfügung zu ändern, wenn es sie nachträglich für ungerechtfertigt hält. Ich halte die Vorschrift des Gesetzes für heilsam, ganz besonders wegen der Interessen, denen das Freiwillige Gerichtsbarkeitsgesetz dienen will. Es ist in der Wissenschaft zweifelhaft geworden, ob sich dieses Änderungsrecht auch auf unanfechtbar gewordene oder unanfechtbare Beschlüsse bezieht. Soll man etwa sagen, dass jede Verfügung, auch wenn sie unanfechtbar ist, nachträglich geändert werden kann, oder macht es bei der Frage, ob ich eine unanfechtbare Verfügung ändern kann, einen Unterschied, ob die Unanfechtbarkeit kraft Gesetzes oder kraft Rechtskraft eingetreten ist?

Ministerialrat Hesse: Ich glaube, dass die Frage so vollkommen zutreffend gestellt ist. Wenn ich recht unterrichtet bin, steht das Kammergericht auf dem Standpunkt, dass die Abänderungsbefugnis des § 18 dann entfällt, wenn die formelle Rechtskraft eingetreten ist. Andererseits musste aber anerkannt werden, dass es gewisse von Hause aus unanfechtbare Entscheidungen gibt, die zweifellos der Abänderung unterliegen. Ich erinnere an einige Entscheidungen im Grundbuchrecht, die unanfechtbar sind, aber doch der Abänderung unterliegen. Ein Unterschied zwischen Entscheidungen, die von Hause aus unanfechtbar sind, und solchen, die dadurch unanfechtbar werden, dass ein Rechtsmittel nicht eingelegt oder verworfen oder zurückgewiesen wird, ist meiner Ansicht nach begrifflich nicht gerechtfertigt. Ich glaube, man wird die Abänderungsbefugnis von der Schranke, die das Kammergericht aufgerichtet hat, befreien müssen. Man wird sagen müssen, dass sich die Abänderungsbefugnis grundsätzlich auf alle Entscheidungen des Gesetzes über die freiwillige Gerichtsbarkeit bezieht, einerlei, ob sie unanfechtbar sind oder nicht. Praktisch wird man aber doch im Wesentlichen zu dem Ergebnis des Kammergerichts kommen. Es muss sich nämlich zunächst schon nach dem Wortlaut des jetzigen Gesetzes um eine eigene Entscheidung des Gerichts handeln. Damit scheiden die Fälle aus, in denen das Beschwerdegericht sachlich entschieden hat. Dann liegt keine Entscheidung des ersten Gerichts mehr vor. Weiter besteht eine Abänderungsbefugnis nur solange, als das abändernde Gericht noch mit der Angelegenheit befasst ist. Dagegen wird das erste Gericht in sehr vielen Fällen in weiterem Rahmen mit der Sache befasst sein. Es bleibt das Vormundschaftsgericht mit der Vormundschaft selbstverständlich auch dann noch befasst, wenn die Sache erledigt ist. Die Abänderungsbefugnis darf drittens nicht so weit gehen, dass damit rückwirkend materielle Wirkungen aufgehoben oder berührt werden. Für das materielle Recht darf die Abänderungsbefugnis also keine rückwirkende Kraft haben. Die Umwandlung der Entscheidung des ersten Gerichts in eine Fremdentscheidung tritt nun nicht nur ein, wenn das Beschwerdegericht sachlich entschieden hat, sondern auch dann, wenn auf das Beschwerderecht verzichtet ist. Hier sagt die Praxis, dass das dem Fall gleichsteht, dass das Beschwerdegericht sachlich entschieden hat. Durch den Verzicht wird zum Ausdruck gebracht, dass sich auch das obere Gericht mit dem unteren Gericht einverstanden erklären würde. Dasselbe muss gelten, wenn nur die Rechtsmittelfrist ungenutzt verstreicht, so dass man praktisch bei dieser Einschränkung darauf hinauskommt, dass im Allgemeinen diejenigen Entscheidungen, gegen die Rechtsmittel gegeben sind, nur abänderbar sind, wenn diese Rechtsmittel noch schweben.

Vorsitzender: Wenn die Beschwerde materiell geprüft und zurückgewiesen ist, liegt eine Entscheidung des Beschwerdegerichts und nicht des ersten Gerichts vor. – Ich stehe auf dem Standpunkt, dass die Einschränkungen, die Herr Kollege Hesse gemacht hat, vollständig richtig sind. Ich bitte aber, zu der Frage Stellung zu nehmen, ob es grundsätzlich richtig ist, zwischen von Anfang an unanfechtbaren und unanfechtbar gewordenen Entscheidungen zu unterscheiden. Ich glaube auch, dass das konstruktiv ist. Dass aber die Änderung immer nur ex nunc wirkt, ist absolute Notwendigkeit. Man kann nicht Rechte, die bereits eingetreten sind, beseitigen. Ich darf wohl annehmen, dass die Herren damit einverstanden sind.

Ministerialrat Volkmar: Ich möchte nur auf eine Vorschrift der Zivilprozessordnung hinweisen, wonach eine Verfügung, die der sofortigen Beschwerde unterliegt, nicht geändert werden kann. Für das ordentliche Prozessverfahren hat sich in der Praxis herausgestellt, dass diese Bestimmung unpraktisch ist, und dementsprechend war in dem [ZPO-]Entwurf von 1931 vorgeschlagen, sie zu beseitigen. Gegenmeinungen sind mir nicht bekannt geworden. Es wäre sehr interessant, zu erfahren, aus welchen Gründen man bei der freiwilligen Gerichtsbarkeit an der Beschränkung festhalten will. Es wäre doch sehr wünschenswert, dass beide Gesetze in dieser Beziehung übereinstimmten.

Vorsitzender: Man hat diese Änderungsbefugnis ja aus Gründen der Prozessökonomie zugelassen. Man hat gesagt, dass das Gesetz in den Fällen der sofortigen Beschwerde eine möglichst schleunige Entscheidung in allen Instanzen erreichen will. Ob das unbedingt zwingend ist, ist mir auch zweifelhaft. Ich würde auf die Beibehaltung der Einschränkung keinen Wert legen.

Richter Dr. Höver: Als Leiter des Entschuldungsamts Bremen möchte ich darauf hinweisen, dass wir uns in der landwirtschaftlichen Schuldenregelung weit über den Rahmen des § 18 FGG erheben. Wir sagen, dass auch wirtschaftliche Notwendigkeiten, insbesondere die Erbhofentschuldung, uns nötigt, Beschlüsse aufzuheben. Das hohe Ziel, die gänzliche Entschuldung der Erbhöfe, nötigt uns auch dazu, Beschlüsse aufzuheben, die vom Beschwerdegericht erlassen sind. Die Praxis hat sich ja, obwohl nach § 58 des Schuldenregelungsgesetzes nur einzelne Bestimmungen für anwendbar erklärt sind und im Übrigen die ZPO gilt, von vornherein auf den Standpunkt gestellt, dass die landwirtschaftliche Entschuldung freiwillige Gerichtsbarkeit ist. Daraus haben wir die Konsequenz gezogen, dass wir auch § 18 FGG, der in der Praxis der landwirtschaftlichen Schuldenregelung so manches Mal den Angelpunkt bildet, anwenden müssen, dass wir uns unter Umständen aber auch über ihn hinwegsetzen müssen. Ich erinnere auch an die gemeinschaftlichen Richtlinien, bei denen die späteren die früheren aufgehoben haben. Das sind veränderte Umstände! Man steht auch auf dem Standpunkt, dass sich veränderte Umstände aufheben, wenn sich kraft höchstrichterlicher Rechtsprechung eine andere Rechtsauffassung gebildet hat. Wenn man sich auf einem so wichtigen Gebiet wie der landwirtschaftlichen Schuldenregelung ganz zwangsweise über § 18 hinwegsetzt, dann muss man daran auch denken, wenn man das FGG ändert.

Nach dem Programm wollen wir uns auch mit der Frage beschäftigen, ob die sofortige Beschwerde noch erweitert wird. Wenn wir sie erweitern und § 18 FGG bleibt in der bisherigen Fassung bestehen, wird uns der gesunde Weg des § 18 FGG abgeschnitten. Ich denke z.B. an die

Nachlasspflegschaft, die insbesondere bei größeren Verhältnissen in der Praxis für mich dasselbe ist wie die Nachlassverwaltung. Wenn wir nun sagen wollten – wofür ich an sich wäre, damit man klare Verhältnisse schafft –, dass sowohl gegen die Einrichtung der Nachlasspflegschaft wie auch gegen die Ablehnung oder Aufhebung die sofortige Beschwerde gegeben ist, dann müssen wir, wenn wir § 18 FGG in der bisherigen Fassung bestehen lassen und sofortige Beschwerde gegen die Aufhebung oder Ablehnung der Einrichtung zulassen, die Nachlasspflegschaft ja bestehen lassen, wenn wir sie einmal eingerichtet haben.

Ministerialrat Hesse: Der Zweck der Änderungsbefugnis, Vereinfachung und Beschleunigung, würde wahrscheinlich nicht erreicht werden, wenn man die Änderungsbefugnis auch bei der sofortigen Beschwerde zulassen würde. Da handelt es sich um Dinge, die sofort entschieden werden sollen. Es könnte sich sehr leicht ergeben, dass der Richter, wenn gegen seine Entscheidung Beschwerde eingelegt wird, die Entscheidung schleunigst abändert, und dann, wenn die andere Partei Beschwerde einlegt, wieder abändert. Auf dem Gebiet der Schuldenregelung mag es möglich und nützlich sein, davon zu dispensieren. Der Grundsatz des § 18 ist eigentlich niemals angefochten worden und hat seine Berechtigung. Insbesondere denke ich dabei an das Grundbuchrecht.

Vorsitzender: In Bezug auf die sofortige Beschwerde bestehen in der Tat erhebliche Zweifel. Ich lege darauf aber kein großes Gewicht und glaube, dass man auf Absatz 2 verzichten könne.

Zu den Ausführungen von Herrn Dr. Höver möchte ich nur sagen, dass mir der Mut, sich noch über das Gesetz hinaus hinwegzusetzen, etwas weitgehend erscheint. Ich will aber dem Mut keine Schranken setzen.

Nun komme ich zu einem sehr wichtigen Problem. § 18 bedarf meiner Auffassung nach eine Ergänzung für den Fall der veränderten Umstände. Diese sind immer nur an den verschiedensten Stellen des materiellen Rechts behandelt worden; ich habe sie in meinem Kommentar einmal zusammengetragen. Den Satz, dass eine Entscheidung, auch wenn man sie für richtig gehalten hat, später noch geändert werden kann, wenn sich die Verhältnisse grundlegend geändert haben, halte ich für so fundamental, dass ich ihn gern im Gesetz aussprechen möchte.

Prof. Dr. Lange: Die Erweiterung ist sehr glücklich, und die Begrenzung bringt einfach eine Milderung des § 18 Abs. 1. Der Richter wird lieber sagen, dass sich die Verhältnisse geändert hätten, als dass er sagt, er hätte sich geirrt. (*Vorsitzender:* Wir sollen dem Richter die Möglichkeit geben, von einer überholten Entscheidung loszukommen!)

Ministerialdirektor Volkmar: Ich möchte nicht, wie Herr Höver andeutet, eine Änderung in der Rechtsauffassung als veränderten Umstand ansehen. In den Entschuldungssachen spielt folgender Tatbestand eine Rolle: Es ist ein Gutachten eingegangen, dass derjenige, der entschuldet werden soll, nicht sanierungsfähig ist. Darauf wird die Entschuldung abgelehnt und die Ablehnung wird rechtskräftig; denn von der sofortigen Beschwerde wird kein Gebrauch gemacht. Nun wird dem Gericht von der Stelle, die das Gutachten abgegeben hat, erklärt, dass sie von völlig falschen Voraussetzungen ausgegangen sei und der Schuldner durchaus sanierungsfähig sei. In solchen Fällen, wo sich das zugrunde liegende Material als unzuverlässig erweist, muss man helfen können.

Vorsitzender: Wir kommen nun zur *Beschwerde.* Wir müssen unterscheiden die objektive Anfechtbarkeit und das Beschwerderecht. Bei der objektiven Anfechtbarkeit ist neulich die Frage aufgeworfen worden, ob es richtig ist, dass entsprechend einer Praxis des Kammergerichts Entscheidungen auf Beschwerde hin aufgehoben werden müssen. Wir haben damals gesagt: Die Entscheidung ist nicht nichtig; sie ist gültig. Wir haben aber weiter den Grundsatz aufgestellt, dass man eine Entscheidung anfechten kann, weil das Gericht örtlich nicht zuständig war. Nun ist neulich der Fall erörtert worden, dass das Kammergericht sagt: Die Entscheidung muss aufgehoben werden, auch wenn sie für richtig gehalten wird. Ich bin der Meinung, dass man diese Frage vielleicht so lösen kann, dass man es im Grundsatz ruhig dabei lässt, wie es jetzt geltendes Recht ist. Eine andere Frage ist aber, wie einer Beschwerde abgeholfen werden kann. Da ist das Problem das: Kann man etwa Fragen wie diese unter Verwertung der Gesichtspunkte der Abgabe einer Sache von einem örtlich unzuständigen an ein örtlich zuständiges Gericht lösen? Kann man nicht sagen: Gewiss ist die Möglichkeit der Anfechtbarkeit einer Entscheidung gegeben, aber es braucht deshalb nicht die Entscheidung aufgehoben zu werden, sondern die Sache wird an das zuständige Gericht abgegeben? Vielleicht können wir damit weiterkommen. Denn es ist in der Tat unbefriedigend, wenn eine Entscheidung aufgehoben und alles wegrasiert werden muss.

Ministerialratrat Volkmar: Diese Lösung würde ich vom Standpunkt der allgemeinen Zivilrechtspflege nur begrüßen. Die Frage taucht auch in unserem Zivilprozessausschuss beim Vollstreckungsschutz auf. Wenn ein unzuständiges Gericht einen Pfändungsbefehl erlassen hat, dann ist er unwirksam. Das ist ein völlig unerfreulicher Zustand. Dann muss erst eine neue Pfändung ausgebracht werden, und die Verfügungen, die inzwischen ergangen sind, stehen alle der Pfändung entgegen. Da haben wir uns im Zivilprozessausschuss dazu durchgerungen, zu sagen, dass die Sache an das zuständige Gericht abgegeben werden muss.

Vorsitzender: Ähnlich liegt es bei Vormundschaftssachen. Wenn das materielle Recht nicht ausreicht, dann muss man es ergänzen. Aber ich möchte nicht dieses etwas drakonische und fast shylockartige Verfahren, dass man alles wegrasieren muss und die Volksgenossen vor eine ganz neue Rechtslage gestellt werden.

Oberlandesgerichtsrat Bezold: Es ist möglich, dass die Sache an das zuständige Gericht verwiesen wird. Wie ist es aber, wenn es sich um eine Einzelverrichtung des Vormundschaftsgerichts handelt? Wenn das Vormundschaftsgericht dem Vater die Vermögensverwaltung entzieht und sich die Unzuständigkeit des Gerichts herausstellt, wie soll man die Vermögensverwaltung an das zuständige Gericht verweisen?

Vorsitzender: Ich möchte nicht, dass das Beschwerdegericht sagen muss: Die Sache wird verwiesen, sondern es kann der Beschwerde dadurch abhelfen, dass es die Sache verweist. Da ist es ganz richtig, dass, wenn jemand in eine große Sache hineingefunkt hat, das natürlich nicht plötzlich als Verfügung des zuständigen Gerichts gelten kann. Das wird kein vernünftiges Beschwerdegericht tun. Man kann es nur so machen, dass man dem Beschwerdegericht eine Möglichkeit dazu gibt.

Oberlandesgerichtsrat Bezold: Nun entsteht noch eine weitere Frage, vor die wir kürzlich gestellt waren. Sicher ist, dass trotz der Bestimmung des § 7 die weitere Beschwerde auf die örtliche Unzuständigkeit des Gerichts gegründet werden kann. Wie ist es aber in dem Fall, wenn derjenige, dem z.B. die Vermögensverwaltung entzogen ist, sich gegen sachliche Anordnungen beschwert und überhaupt nicht zum Ausdruck bringt, dass er sich dagegen wehrt, dass das unzuständige Gericht die Entziehung der Vermögensverwaltung vorgenommen hat? Muss nun das Gericht, obwohl die Unzuständigkeit nicht zum Beschwerdegrund gemacht worden ist, die Zuständigkeit prüfen und darf es zu einer Aufhebung der Entscheidung kommen? Das ist insbesondere wichtig für das Gericht der weiteren Beschwerde. Wir hatten die Frage dahin entschieden, dass das Gericht der weiteren Beschwerde trotzdem die Unzuständigkeit berücksichtigen muss, denn das ist eine glatte Rechtsverletzung, und nach § 27 in Verbindung mit § 551 der Zivilprozessordnung müssen Gesetzesverletzungen von Amts wegen beachtet werden. Eine Begründung der Beschwerde kann überhaupt nicht verlangt werden. Wenn jemand Beschwerde einlegt, dann muss die Entscheidung auf alle Gesetzesverletzungen hin geprüft werden.

Vorsitzender: Das war früher immer die Praxis des Kammergerichts. Die Neuregelung läuft wieder auf die frühere Praxis des Kammergerichts hinaus. Früher war es so, dass nur auf § 46 verwiesen war, während man jetzt anordnen kann, dass die Beschwerde abgegeben werden kann, auch wenn das Beschwerdegericht dem übernehmenden Gericht nicht vorgesetzt ist. Es geht nicht, dass eine Behörde etwas sagt und die andere Behörde sich nicht darum kümmert. Das muss natürlich bindend sein.

Oberlandesgerichtsrat Höver: Die Rechtsprechung des Kammergerichts ist früher noch weiter gegangen. Nach § 43 Abs. 2 gibt er Anhängselzuständigkeiten. Das Kammergericht hat auch für diese Anhängselzuständigkeiten die früheren Grundsätze der Rechtsprechung angewandt. Wenn z.B. für mehrere Geschwister eine Pflegschaft bei einem Amtsgericht bestand und noch eine andere hinzu kam, dann hat man die frühere Rechtsprechung des Kammergerichts auch auf die Zuständigkeit nach § 43 Abs. 2 ausgedehnt.

Vorsitzender: Wir müssen eine vernünftige Lösung finden, und das ist die, dass die Sache an das richtige Gericht geht.

Die zweite Frage bei der objektiven Anfechtbarkeit ist die: Sollen vorläufige Anordnungen anfechtbar sein oder nicht? Wir haben uns ausführlich darüber unterhalten und waren der Ansicht, dass man vorläufige Anordnungen der Beschwerde entziehen sollte. Denn es handelt sich um etwas Vorläufiges, und es wird das Verfahren immer beschleunigt, wenn man diese Dinge nicht auch noch wieder beschwerdefähig macht.

Backs: Ich möchte zu der Frage, in welchen Fällen überhaupt vorläufige Anordnungen erlassen werden können, sagen, dass das für die Beschwerdeverfahren geregelt ist, für die erste Instanz nicht. Dafür ist auch kein Bedürfnis vorhanden, eine solche Anordnung zu treffen. Z.B. kann es bei der Entlassung eines Testamentsvollstreckers sehr bedenklich sein. Es müsste eine einstweilige Anordnung dahin ergehen können, dass der Betreffende von seinem Amt entbunden wird. Aber eine gesetzliche Grundlage ist nicht vorhanden.

Vorsitzender: Dann kommen wir zum subjektiven Beschwerderecht. Hier müssen wir die am wenigsten unzureichende Lösung wählen. Augenblicklich ist es so, dass Beschwerde für denjenigen gegeben ist, dessen Recht beeinträchtigt ist. Die Praxis hat daraus etwas ganz anderes gemacht, als das Gesetz sagt. Herr Prof. Dölle ist der Meinung: Wenn die Praxis daraus etwas anderes gemacht hat, dann müssen wir das Gesetz ändern. Das ist auch meine Meinung. Die Frage ist: Wie sollen wir das ändern? Sollen wir statt „Recht" sagen „rechtliche Interessen" oder „berechtigte Interessen"? Wir kommen zu Schwierigkeiten erst dann, wenn wir die befristete Beschwerde haben, weil wir nicht wissen, wann die Unanfechtbarkeit der Entscheidung eintritt.

Rechtsanwalt Heltge: Ich bin auch der Auffassung, dass im Gesetz festgelegt werden muss, wer ein Beschwerderecht hat, und dass das nicht etwa dem Gericht oder dem einzelnen Richter überlassen werden kann. Es erscheint mir erforderlich, dass eine andere Formulierung gewählt wird. Vielleicht ist es zweckmäßig, die Formulierung so zu wählen, wie ich sie in dem Kommentar von Schlegelberger gefunden habe. Dort heißt es: Das Recht des an dem Verfahren Beteiligten auf gerechte und sachgemäße Gestaltung und Abgrenzung seines Rechtskreises. Das ist doch vielleicht das, worauf es ankommt. Wenn man von berechtigten Interessen oder rechtlichen Interessen spricht, dann werden sich daran vielleicht wieder dieselben Zweifelsfragen anschließen, die man jetzt hat, und die gerade durch eine neue Fassung beseitigt werden sollen.

Ministerialrat Hesse: Das geltende Recht ist allgemein auf Verletzungen des Gesetzes abgestellt. Die Praxis hat gezeigt, dass ihr an einer wesentlichen Ausweitung der jetzt geltenden Bestimmungen sehr dringend gelegen ist. Ich würde vorschlagen, als allgemeinen Grundsatz aufzustellen: Zur Beschwerde berechtigt ist derjenige, dessen rechtliche Interessen mittelbar oder unmittelbar durch die Entscheidung beeinflusst ist. Eine solche Formulierung hätte den großen Vorteil, dass sie mit dem Grundbuchrecht im Einklang sein würde. Dort besteht die Praxis, dass die unmittelbare oder mittelbare Beeinträchtigung eines rechtlich geschützten Interesses das Beschwerderecht gibt. Ich bin mir bewusst, dass wir die einzelnen Gebiete sehr sorgfältig daraufhin ansehen müssen, ob die Formulierung darauf passt. Schwierigkeiten entstehen bei dieser Ausweitung bei denjenigen Entscheidungen, die mit sofortiger Beschwerde anfechtbar sind, und deren

Wirksamkeit oder Verbindlichkeit von dem Eintritt der Rechtskraft abhängig sind. Wenn die Beschwerde so erweitert wird, dann ist da die große Schwierigkeit, dass es immer wieder vorkommen wird, dass irgendeinem Beschwerdeberechtigten die Entscheidung noch nicht zugestellt ist und daher die Beschwerdefrist gegen ihn noch nicht zu laufen begonnen hat und dass die Rechtskraft noch nicht eingetreten ist. Da könnte man dadurch helfen, dass in solchen Fällen der Richter die Verbindlichkeit seiner Anordnung in einem früheren Zeitpunkt als dem der Rechtskraft eintreten lässt.

Vorsitzender: In der Grundbuchordnung ist das Beschwerderecht nicht näher geregelt. Es herrscht allgemeines Einverständnis, dass § 20 des FFG nicht angewendet wird. Mich stört bei Ihrem Vorschlag, dass man immer wieder daran herumdoktern wird, wann ein rechtlich geschütztes Interesse vorliegt.

Rechtsanwalt Heltge: Ich möchte folgende Formulierung vorschlagen: Die Beschwerde steht jedem von einem Verfahren Betroffenen zu, dessen Recht auf richtige Besorgung seiner Angelegenheiten durch die Verfügung gefährdet ist.

Ministerialdirektor Volkmar: Wir haben dieses Problem der Beschwerde auch beim Reichserbhofgericht gehabt. Das Reichserbhofgericht hat sich auf den Standpunkt gestellt, dass man mit einer allgemeinen Formel eigentlich sehr wenig anstellen kann. Z.B. bei der Genehmigung der Veräußerung eines Erbhofs entsteht die Frage, wer beschwerdeberechtigt ist. Wenn man sich auf den Standpunkt stellt, dass derjenige beschwerdeberechtigt ist, dessen Recht davon betroffen wird, dann könnte man schließlich auf den Gedanken kommen, dass jeder betroffen wird, der in der langen Kette der Anerbenberechtigten steht. Wir haben das aus praktischen Gründen nicht mitmachen können, weil dann allen diesen vielen Leuten, die man nicht sämtlich ermitteln kann, die Entscheidung zugestellt werden müsste und sie nicht rechtskräftig wird. Da haben wir auf § 61 der Verfahrensordnung [ErbhofrechtsVO vom 21.12.1936; RGBl. I 1069] Bezug genommen. Man tut besser, eine positive Regelung vorzusehen, weil das praktische Bedürfnis durch eine allgemeine Formel nicht befriedigt werden kann.

Ein *Ausschussmitglied* war der Meinung, man sollte an dem Grundgedanken einer Auflockerung festhalten. Die Formulierung sei eine zweite Frage.

Der nächste *Redner* führte aus: Ein Emigrant hat die Ausstellung einer Bescheinigung beantragt. Das Amtsgericht fragt bei der Polizeibehörde an, ob Bedenken dagegen vorhanden sind. Das hat die Polizeibehörde bejaht. Darauf hat das Amtsgericht nichts gemacht. Der Emigrant hat Beschwerde eingelegt. Darauf hat das Landgericht das Amtsgericht angewiesen, die Bescheinigung zu erteilen. Dagegen hat der Landrat als Aufsichtsbehörde Beschwerde eingelegt. Demgegenüber ist geltend gemacht worden, dass der Landrat nicht beschwerdeberechtigt sei. Das Reichsgericht hat sich auf den Standpunkt gestellt, dass ein öffentliches Interesse vorliege und daher der Landrat beschwerdeberechtigt sei. Sachlich bin ich damit durchaus einverstanden, aber die Begründung, dass hier ein Recht im Sinne des § 20 vorliegt, ist kaum noch zu vertreten. Daher bin auch ich der Meinung, dass man hier zu einer Erweiterung des Begriffes kommen muss. Das war ein Beispiel dafür, dass hier das Recht in einem Sinn ausgelegt worden ist, an den der Gesetzgeber gewiss nicht gedacht hat.

...(?)...: Ich habe überlegt, wie man die Schwierigkeit bei der sofortigen Beschwerde beseitigen kann. Vielleicht kann man das erweiterte Beschwerderecht auch für die Fälle der einfachen Beschwerde begrenzen. Man könnte auf den Gedanken kommen, die Generalklausel des § 20 in vorsichtiger Weise zu erweitern, und zwar durch den Ausdruck „rechtlich geschützte Interessen", sie aber nur auf die Fälle der einfachen Beschwerde zu begrenzen. Oder man könnte sie auch für die Fälle der sofortigen Beschwerde nehmen, könnte vielleicht eine Verkopplung vornehmen und sie auf den Ablauf der Beschwerdefrist begrenzen.

Vorsitzender: Jetzt kommen wir auf die Lösung zu. Ich glaube nicht, dass es möglich ist, die Voraussetzungen für die Beschwerdebefugnis verschieden zu wählen, weil wir da zwei Gedanken miteinander verquicken, die nichts miteinander zu tun haben. Wir müssen uns, wenn wir § 20 ausweiten, darüber klar werden, wann die Verkündung verbindlich wird. Da müssen wir die Voraussetzungen schaffen. Es ist richtig, dass man sagt: sie wird verbindlich, wenn die Beschwerdefrist abgelaufen ist gegenüber denjenigen, deren Recht beeinträchtigt ist. Ich weiß nicht, ob man nicht wieder in große Schwierigkeiten kommt, wenn das Gericht verbindlich für alle bei Ablauf der Beschwerdefrist gegenüber bestimmten Personen entscheiden soll. Mir ist sehr zweifelhaft, ob das Gericht das dann schon übersehen kann, wer die Personen sind, deren Recht beeinträchtigt wird.

Ministerialdirektor Dr. Volkmar: Ein gewisses Risiko ist dabei. Aber das lässt sich nicht vermeiden.

Vorsitzender: Die Lösung, die uns jetzt vorschwebt, ist im Wesentlichen eine Beibehaltung des bisherigen Zustandes. Wir haben immer prüfen müssen, wessen Recht beeinträchtigt ist. Ich schlage vor, dass wir noch einmal darüber nachdenken. Ich glaube, dass es möglich ist, hier einen gangbaren Weg zu finden.

Wir kommen jetzt zu Punkt IV 3 a der Tagesordnung. Wir haben darüber neulich schon gesprochen. Ich glaube, dass es unbedenklich ist, § 18 Abs. 2 zu streichen. Das können wir uns im Einzelfall überlegen.

...(?)...: Jetzt besteht der Grundsatz: sofortige Beschwerde und nur in einzelnen Fällen einfache Beschwerde. Könnte man das nicht umdrehen und sagen: Grundsatz einfache Beschwerde und nur in einzelnen Fällen sofortige Beschwerde?

...(?)...: Ich halte es für zweckmäßig, dass man die sofortige Beschwerde vorschreibt und die Beteiligten auch darauf hinweist, dass sie die Frist wahren. Ich bin gegen die Auffassung, dass man die Fälle der Beschwerde ausdehnen müsste, und möchte vielmehr fragen, ob man sie nicht in manchen Fällen einschränken könnte, z.B. bei den §§ 146, 148 und 160. Da heißt es: Eine Verfügung, durch welche über einen solchen Antrag entschieden wird, wird mit der sofortigen Beschwerde angefochten. Ich glaube aber, dass eigentlich kein Bedürfnis dazu vorliegt, die Ablehnung eines solchen Antrages mit der sofortigen Beschwerde anfechten zu lassen. Das könnte nur dann notwendig sein, wenn für den Antrag selbst eine Frist vorgeschrieben ist und damit die Notwendigkeit vorliegt, dieses Verfahren schnell zu Ende zu führen.

Vorsitzender: Ich glaube, wir lassen es bei dem Grundsatz der unbefristeten Beschwerde. Sie dürfen nicht nur an die großen Städte denken, sondern müssen auch insbesondere das Land berücksichtigen. Ich möchte es dabei belassen und vorschlagen, in jedem Fall, wo die Beschwerde sofort zugelassen ist, zu prüfen, ob wir sie als einfache oder sofortige Beschwerde zulassen sollen. (*Zustimmung*)

...(?)...: Ich möchte den § 20 Abs. 2 im Prinzip beibehalten, möchte aber das Beschwerderecht nicht nur dem Antragsteller, sondern auch dem Antragsberechtigten geben.

...(?)...: Ich wollte diesen Vorschlag auch machen. Auch im § 18 müsste entsprechend „der Antragsberechtigte" gesagt werden. Das ist umso empfehlenswerter, als im Grundbuchrecht dieser Grundsatz bereits gilt.

Vorsitzender: Dann besteht darüber Einverständnis. – Dann kommen wir zu der Frage, ob der Fristbeginn bei der sofortigen Beschwerde an die Belehrung gebunden sein soll. Das bedeutet eine Vergrößerung der Zahl der Formulare. Es handelt sich aber darum, den hier in Frage kommenden Volksgenossen zu helfen, ihr Recht wahrzunehmen.

...(?)...: Es ist bedenklich, die Beschwerdefrist beginnen zu lassen, wenn die Belehrung angenommen ist. Man könnte vielleicht einen Mittelweg nehmen und sagen: Wenn die Belehrung nicht angenommen ist, dann läuft die Beschwerdefrist spätestens nach einem weiteren Monat ab.

Vorsitzender: Sie sagen: Man soll allgemein davon ausgehen, dass jeder vernünftige Mensch, wenn er sich beschwert, das innerhalb einer vernünftigen Frist tut. Wenn er nicht belehrt ist, muss man ihm die Frist lassen, die vernünftig ist. Wenn die Belehrung fehlt, dann soll die Frist ein Monat sein.

Rechtsanwalt Heltge: Ich möchte auf § 48 des Preußischen Polizeiverwaltungsgesetzes [GS 1931, 77] verweisen. Es erscheint mir vielleicht ganz wünschenswert, dass man eine vernünftige Frist setzt.

Oberlandesgerichtsrat Höver: Um den Volksgenossen zu helfen, möchte ich vorschlagen, zu erwägen, ob man nicht auch für die erste Instanz eine Begründung vorschreiben kann. Es führt doch manchmal zu Misslichkeiten, dass die erstinstanzlichen Entscheidungen keine Begründung haben. In einzelnen Fällen ist es vorgeschrieben. Es gibt eine allgemeine Verfügung des Reichsjustizministers, wonach abweisende Entscheidungen in Handelsregistersachen begründet werden müssen. Es kann sich ergeben, dass, wenn die Entscheidung in die Beschwerdeinstanz gelangt, eine Rückfrage an den Richter der ersten Instanz notwendig ist. Dadurch entstehen Verzögerungen.

Vorsitzender: Ich möchte davor warnen, zu verlangen, dass jede Beschwerde eine Begründung haben muss. Denken Sie an die unzähligen Verfügungen in Vormundschaftssachen. (*Zuruf:* Ich wollte es auf ablehnende Bescheide beschränken!) Ich glaube, das sollten wir der Verwaltung überlassen. Ich bin der Meinung, dass wir die Justizverwaltung darauf aufmerksam machen sollten, die Gerichte darauf hinzuweisen, dass die Begründung im Interesse der Volksgenossen liegt. Aber das als Zwang vorzuschreiben, würde mir zu weit gehen. Ich bin bereit, den Gedanken weiter zu verfolgen.

Weiter die Frage, ob auch bei der Wiedereinsetzung in den vorigen Stand die Glaubhaftmachung an eine Frist gebunden werden soll.

...(?)...: Ich möchte mich dagegen aussprechen. Der Wiedereinsetzungsantrag ist für die Frist einerseits nicht notwendig, aber die Aufrechterhaltung einer solchen Frist kann zu erheblichen Härten führen. Es scheint mir richtig zu sein, dass die sofortige Beschwerde oder die weitere Beschwerde innerhalb der Nachfrist eingelegt wird. Wird sie eingelegt, dann behält das Gericht die Herrschaft über das Verfahren und kann die Entscheidung beschleunigen, je nachdem die Sache eilbedürftig ist. Nach meinen Erfahrungen sind die Sachen nicht so eilig, dass man nicht bei dem Beschwerdeführer noch einmal rückfragen könnte, ob er nicht einen Wiedereinsetzungsantrag stellen will. Das geht verhältnismäßig schnell. Andererseits kann eine solche Fristsetzung zu erheblichen Härten führen. Ich habe zufällig einen solchen Fall gerade zur Bearbeitung. Die landgerichtliche Entscheidung ist dem Beteiligten persönlich zugestellt worden. Er nimmt, wie ich unterstelle, ganz ohne Verschulden an, dass diese Zustellung die Beschwerdefrist noch nicht in Lauf setzt. Er beantragt beim Landgericht, dass auch dem Verfahrensvertreter die Entscheidung zugestellt werden möchte. Seine Frist ist abgelaufen. Aber der Beteiligte ist der Ansicht, dass eine Frist noch nicht in Lauf gesetzt ist, sondern erst mit der Zustellung an den Vertreter. Der Vertreter legt nun die weitere Beschwerde ein. Die Sache geht an das Kammergericht. Inzwischen ist aber die Nachfrist abgelaufen, und der Wiedereinsetzungsantrag kann nicht mehr gestellt werden.

Vorsitzender: Was man will, muss man im Gesetz sagen. Will man den Wiedereinsetzungsantrag nicht innerhalb der Frist verlangen, dann soll man es im Gesetz sagen. Es ist aber nicht möglich, dass man wie in der Rechtsprechung sagt, dass der Wiedereinsetzungsantrag innerhalb der Frist gestellt werden müsse. Wenn der Ausschuss der Meinung ist, dass der Wiedereinsetzungsantrag auch nach der Beschwerdefrist beigebracht werden kann, dann soll man es im Gesetz sagen.

...(?)...: Das würde ich für bedenklich halten, weil es sich um die Beschleunigung des Verfahrens handelt. Ich würde es für richtig halten, dass binnen zwei Wochen die Glaubhaftmachung zu erfolgen hat.

Vorsitzender: Ich würde auch für eine bestimmte Frist sein.

...(?)...: Das Gericht kann eine Beschwerde als unzulässig verwerfen, wenn es der Meinung ist, dass die Sache sehr eilbedürftig ist. Dadurch wird für die Zukunft jeder Wiedereinsetzungsantrag ausgeschlossen.

Vorsitzender: Wenn man das will, könnte man sagen: Wiedereinsetzungsantrag und Glaubhaftmachung sind innerhalb einer bestimmten Frist zu stellen. (*Zuruf:* Eine Nachfrist von zwei Wochen!)

...((?)...: Ich glaube nicht, dass es richtig ist, eine feste Frist einzusetzen. Die Gerichte sehen am besten, wie eilbedürftig eine Sache ist. Sobald die Frist abgelaufen ist, kann die sofortige Beschwerde verworfen werden. Dann ist ein Wiedereinsetzungsantrag nicht mehr möglich.

Ministerialdirektor Dr. Volkmar: Mir scheint es auch richtig, die Möglichkeit einer nachträglichen Frist zu geben. Es kann sein, dass der Betreffende nicht weiß, dass die Frist abgelaufen ist. Er nimmt z.B. an, dass sein Schreiben am Sonnabend in die Hände des Gerichts kommt. Dann wäre die Frist noch gewahrt. Aber das Schreiben kommt erst am Montag an. In einem solchen Fall wäre es sehr unbillig, wenn der Betreffende den Wiedereinstellungsantrag mit dem nachgeholten Rechtsmittel stellen müsste. Da wäre eine nachträgliche Frist richtig.

Oberlandesgerichtsrat Höver: Ich möchte auf eine Diskrepanz aufmerksam machen, die sich herausstellt, wenn man die Beschwerde mit dem Wiedereinsetzungsantrag fristmäßig verkoppelt. Die Beschwerde kann nach § 21 nur bei dem Gericht erster Instanz oder bei dem Beschwerdegericht oder dem weiteren Beschwerdegericht eingelegt werden. Dagegen kann der Antrag auf Wiedereinsetzung nach § 11 bei der Geschäftsstelle jedes Gerichts eingelegt werden. Er wird erst dann wirksam, wenn er dem zuständigen Gericht zugeht. Wenn man Beschwerde und Wiedereinsetzung verkoppelt, muss man auch für die Wiedereinsetzung dieselbe Zuständigkeit gelten lassen. Sonst kommt sie doch unter Umständen wieder zu spät.

Vorsitzender: Der allgemeine Fall ist der: Es hat jemand die Beschwerdefrist versäumt und bittet nun um Wiedereinsetzung. Dieser Wiedereinsetzungsantrag muss innerhalb der Frist beim Beschwerdegericht eingereicht sein. Wenn der Antrag zu spät bei dem Beschwerdegericht eingeht, dann sagt es: Du musst die Glaubhaftmachung innerhalb einer Nachfrist bringen. Wir werden die Fälle einmal nachprüfen.

Bezüglich der Entscheidung des Beschwerdegerichts haben wir uns die Sache so vorgestellt, dass das Beschwerdegericht den Sachverhalt feststellen muss. Nun war neulich von Herrn Oberverwaltungsgerichtsrat Heydtmann die Frage aufgeworfen worden, ob man das Recht des Beschwerdegerichts auf Zurückverweisung beschränken soll. Ich möchte dem Beschwerdegericht ganz freie Hand lassen, ob es zurückverweisen will oder nicht.

Kammergerichtsrat Heydtmann: Ich bin auf den Gedanken gekommen, weil wir in anderen Gesetzen eine solche Bestimmung haben, z.B. in der Reichsabgabenordnung. Dort wird ein Druck darauf ausgeübt, dass das Gericht selbst über das Vorliegen wesentlicher Mängel entscheidet. Geschieht es nicht, dann muss es dies besonders begründen.

Ministerialrat Hesse: Ich würde mich der Auffassung des Herrn Vorsitzenden anschließen. Die Praxis hat gezeigt, dass die Fälle sehr häufig so sind, dass das Beschwerdegericht die Hemmung hat, über einen völlig abgeänderten Tatbestand zu entscheiden, der dem Berufungsrichter überhaupt noch nicht vorgelegen hat. In vielen Fällen ist es doch sehr erwünscht, dass derjenige Richter, der den Verhältnissen tatsächlich am nächsten steht, auch über den Sachverhalt, wie er sich jetzt darstellt, befindet.

Vorsitzender: Man mag über die Dinge denken, wie man will, ich bin der Meinung, dass die Amtsgerichte immer besser darüber entscheiden werden.

...(?)...: Die größeren Landgerichte arbeiten sehr gut, aber von den kleineren Landgerichten ist es nicht zu verlangen, dass sie die nötige Sachkenntnis haben. Da arbeiten die Amtsgerichte besser.

...(?)...: Wenn man eine zweite Tatsacheninstanz hat, dann kann man auch verlangen, dass diese entscheidet.

Vorsitzender: Wir kommen zur weiteren Beschwerde. Die weitere Beschwerde kann nicht bei jedem Amtsgericht eingelegt werden. Daran ist Kritik geübt worden. Ich sehe nicht ein, warum die weitere Beschwerde nicht bei jedem Amtsgericht soll eingelegt werden können. (*Zuruf:* Das ist durchaus zweckmäßig!) Ich stelle also Einverständnis fest.

Dann die Regelung des Auslandsrechts. Wir sind uns das letzte Mal dahin schlüssig geworden, dass das Auslandsrecht immer revisibel sein soll. (*Zuruf:* Ich bin auch sehr dafür!)

Dann die Zurückweisung an eine andere Kammer. Ich habe kein Bedenken, diese Möglichkeit zu geben.

Nun die Frage des Rechtszuges! Soll man das Tatsächliche in zweiter Instanz beibehalten? Wenn ich so könnte, wie ich wollte, dann würde ich diese Instanz ganz beseitigen, weil nach meiner Kenntnis der Dinge in der landgerichtlichen Instanz keine Förderung der Sache zu erwarten ist. Aber mein Bemühen, etwas anderes zu ersinnen, hat keinen Erfolg gehabt, und ich glaube, man wird es beim Alten lassen müssen.

In der folgenden *Aussprache* wird darauf hingewiesen, dass eine Ausscheidung der Landgerichte nicht möglich sei. Man habe vielfach die Erfahrung gemacht, dass die Amtsgerichte zwar sehr rasch, vielfach aber nicht richtig entschieden hätten. Wenn man das Landgericht ausscheide, habe der Beteiligte keine Möglichkeit, Tatsachenfragen, die er gewürdigt haben wolle, zur Entscheidung zu bringen.

Vorsitzender: Die Frage ist die: Gibt es genügend praktische Fälle, die die Einrichtung der Sprungrevision notwendig machen? Wenn die Praktiker der Meinung sind, dass es solche Fälle nicht in ausreichender Zahl gibt, so brauchen wir uns darüber nicht den Kopf zu zerbrechen. Wie stehen die Herren im Einzelnen zur Einrichtung einer Sprungrevision? Halten Sie sie für empfehlenswert oder nicht?

Die Antworten auf diese Frage ergeben, dass die Einrichtung der Sprungrevision nicht für notwendig anzusehen ist, da in der Praxis dafür tatsächlich kein Bedürfnis besteht.

Vorsitzender: Dann ist diese Angelegenheit erledigt. – Wir kommen nun zur Vollstreckung.

Es wird vorgeschlagen, dass man den Grundsatz aufstellen solle: Das Gericht behält die Sache in der Hand, nur müsse man die Möglichkeit offen lassen, die Vollstreckung in anderen Fällen nach den Grundsätzen der Zivilprozessordnung zu ermöglichen.

Der Ausschuss erklärt sich mit diesem Vorschlag einverstanden.

Sodann wird noch auf die Praxis bei Vormundschaftssachen hingewiesen. Hierzu stellt der *Vorsitzende* fest, dass in dem Falle, wenn sich ein Kind beim anderen Elternteil befinde, die Frage entstehe, ob die Herausgabe des Kindes an den Sorgeberechtigten im Prozesswege zu erzwingen sei. Man komme dabei immer auf die Frage zurück, die im Familienrechtsausschuss geprüft werden müsse, wie diese Ansprüche durchzusetzen seien. Das sei keine Vollstreckungsfrage, sondern eine Frage allgemeiner Natur, die der Ausschuss für freiwillige Gerichtsbarkeit nicht lösen könne.

Damit ist die Tagesordnung erschöpft. Da keine weiteren Wünsche vorgebracht werden, ist der *Allgemeine Teil* erledigt. Der Ausschuss wird sich nun noch in einer kurzen Geschäftsordnungsaussprache darüber schlüssig, dass die nächste Sitzung am Mittwoch, dem 21. April stattfinden soll. Als Beratungsgegenstand für diese Sitzung wird das *Nachlasswesen* vorgesehen.

Berichterstatter ist Herr *Prof. Dr. Lange;* Mitberichterstatter Herr Richter *Höver.*

(Schluss der Sitzung 14.10 Uhr)

*IV. Protokoll der Sitzung vom 26.5.1937 (Nachlasssachen, §§ 72 ff. FGG)**

Vorsitzender: Ich eröffne die Sitzung. – Als wir in der letzten Sitzung die Tagesordnung festsetzten, waren wir uns dessen bewusst, dass wir hier zu einem schwierigen Kapitel kommen. Es ist ein Irrglaube, anzunehmen, man könne Freiwillige Gerichtsbarkeit verstehen, lehren oder anwenden, ohne gleichzeitig die notwendigen Kenntnisse auf dem materiellen Rechtsgebiet zu haben. Nun könnten wir verschiedene Verfahren anwenden. Wir könnten die ganze Diskussion über das Recht der Freiwilligen Gerichtsbarkeit auf dem Gebiete des *Erbrechts* zurückstellen, bis das materielle Recht geklärt ist. Das wäre aber mit unserer Aufgabe nicht zu vereinbaren; denn es ist ganz zwangsläufig, diese Dinge auch vom Standpunkt des Erbrechts zu behandeln. Weiter könnte man sich auf den Standpunkt stellen, der Erbrechtsausschuss möge zuerst seine Arbeiten vollenden, und der Ausschuss für die Freiwillige Gerichtsbarkeit mache sich an die Ausarbeitung der für ihn zuständigen gesetzlichen Vorschriften. Auch das wäre völlig verfehlt. Wir können aber zunächst erkennen, dass die gegenwärtig im Gesetz über die Freiwillige Gerichtsbarkeit geregelten Rechtsfiguren aller Voraussicht nach nicht in alle Zukunft dort geregelt werden. Deshalb könnten wir zunächst eine gewisse Aufräumarbeit in Angriff nehmen, alle Kleinigkeiten beseitigen und dann sehen, welche großen Probleme noch übrig bleiben.

Ich danke dem Herrn Berichterstatter [Höver] herzlich für die Vorbereitung der heutigen Sitzung. Durch seinen Bericht ist unsere Arbeit wesentlich erleichtert worden. Auch Herr *Prof. Dr. Lange* hat uns vom Standpunkt des Erbrechtsausschusses einiges zu sagen.

Ich werde nun zunächst die Bestimmungen des FGG nach ihrer Reihenfolge aufrufen, dann von mir aus kurze Bemerkungen aufgrund des Gutachtens von Herrn *Dr. Höver* machen und es ihm überlassen, was er noch hinzuzusetzen beabsichtigt, um dann den Mitgliedern des Ausschusses Gelegenheit zu geben, ihre Meinung dazu zu sagen. Dann können wir nachher feststellen, welche großen Probleme uns noch übrig bleiben, wie etwa das Problem des erbrechtlichen Auseinandersetzungsverfahrens. Wie das nachher zu einem Gesetz vereinigt werden kann, darauf kommt es gar nicht an.

Die Vorschriften des FGG auf dem Gebiete des Nachlasswesens beginnen mit *§ 72,* der die Zuständigkeit regelt. Nach der Ansicht des Berichterstatters wird es bei der Zuständigkeit des Amtsgerichts bleiben müssen. Wir werden auch die Sonderzuständigkeiten nicht beseitigen können. Hier handelt es sich um Bestimmungen aus dem Beamtenrecht, der Seemannsordnung usw., die uns heute nicht zu beschäftigen brauchen.

Was die Frage der örtlichen Zuständigkeit (*§ 75*) angeht, ist es wohl auch unbedenklich, von der augenblicklichen Ordnung auszugehen, nach welcher der Wohnsitz maßgeblich ist, den der

* Die Protokolle vom 26.5., 24.11. und 20.12.1937 wurden bereits im Band II 7 (Erbrecht), 1996, S. 485 ff. wiedergegeben. Sie werden im Rahmen des Verfahrensrechts noch einmal abgedruckt.

Erblasser zur Zeit des Erbfalles hatte. Nun hat Herr Dr. Höver die interessante Frage angeschnitten, ob man immer an diese Zuständigkeit des Gesetzes gebunden ist oder ob es vielleicht möglich wäre, mit Zustimmung aller Beteiligten von dieser Zuständigkeit abzuweichen. Herr Dr. Höver hat besonders die Frage der Erbauseinandersetzung berührt und es als unter Umständen unbequem erachtet, dass z.B. über den Nachlass des einen Ehegatten das eine Gericht und über denjenigen des anderen Ehegatten ein anderes Gericht entscheide. Es ist darauf hingewiesen, dass die Rechtsprechung versucht habe, eine vereinbarte Zuständigkeit zuzugestehen, was aber nicht die Zustimmung des Kammergerichts gefunden hat. Es würde sich fragen, ob es möglich ist, hier eine besondere Abweichung von der Zuständigkeit aus besonderen Gründen zu schaffen, wenn etwa eine andere Regelung zweckmäßig erscheint. Das sind alles Figuren, die immer wieder an § 46 FGG, Abgabe der Vormundschaft, anknüpfen. Ich kann mir vorstellen, dass man für bestimmte geschlossene Rechtsgebiete eine solche Abgabe an ein anderes Gericht vorsehen könnte.

Richter Dr. Höver: Ich habe selber den Vorschlag gemacht. Ich möchte nur noch darauf hinweisen, dass, wenn einmal die Erbauseinandersetzung so gestaltet wird, wie es sich der Erbrechtsausschuss denkt, also im Rahmen der Nachlassverwaltung, sich die Abgabemöglichkeit schon aus § 75 ergibt, weil ja die Nachlassverwaltung eine Art Nachlasspflegschaft ist.

Vorsitzender: Das ist eine Frage der Konstruktion. Dass man eine solche Möglichkeit schaffen muss, ist richtig.

Wir haben uns in der letzten Sitzung über das Problem unterhalten, wie die Rechtslage ist, wenn die Erbschaft vor einem unzuständigen Gericht ausgeschlagen ist. Der Anknüpfungspunkt hierfür ist § 7. Jetzt sieht es aber anders aus; das ganze Problem zerfließt in nichts, wenn man die Erbausschlagung vor jedem Gericht zulassen will. Es wäre nicht übel, wenn dieses Problem verschwinden würde. Der Erbrechtsausschuss hat sich wohl schon schlüssig gemacht, dass für die Erbausschlagung jedes Gericht zuständig sein solle und dass das Gericht des Nachlasses verpflichtet wäre, es abzugeben. Über diese Frage kann man natürlich verschiedener Meinung sein. Man kann sich auch auf den Standpunkt stellen: Gerade diese Abgabepflicht, die vom Erbrechtsausschuss gewünscht wird, zeigt doch, dass schließlich das Gericht des Domizils dasjenige sein soll, das der Aufgabe gerecht wird. Wenn man eine solche Vorstellung für richtig hält, kann man wohl nicht sagen, das könne noch vor einem anderen Gericht vollzogen werden. Es wird für Volksgenossen von geringerer Bildung und Geschäftsgewandtheit nicht immer leicht sein, das zuständige Gericht zu ermitteln, ein Volksgenosse wird unter Umständen Nachteile erleiden, wenn er vor einem anderen Gericht ausschlägt. Aber umgekehrt ist es für diejenigen peinlich, die aufgrund der Ausschlagung Erben werden. Bis jetzt konnte sich jeder bei dem Nachlassgericht orientieren. Ob die Abgabe vom unzuständigen an das zuständige Gericht mit der Wirkung, dass der zunächst Berufene rechtzeitig ausschlagen kann, immer funktionieren wird, ist mir etwas zweifelhaft.

Backs: Die Ausschlagungsfrist beginnt erst mit dem Zeitpunkt, in welchem der Betreffende von der Ausschlagung des zunächst Berufenen Kenntnis erhält, wenn ihm also die Mitteilung zugeht. Für ihn ist es gleichgültig, ob vorher die Ausschlagungserklärung zunächst dem unzuständigen Gericht gegenüber abgegeben und von diesem an das zuständige Gericht geleitet wird. Es wird sich empfehlen, dass sich nicht schon das unzuständige Gericht mit den Dingen befasst, sondern sich lediglich darauf beschränkt, das zuständige Gericht zu ermitteln. Ich halte das auch für sehr zweckmäßig. Die Fälle liegen nicht nur so, dass Personen, die weniger Rechtskunde oder Geschäftsgewandtheit haben, häufig nicht darüber Bescheid wissen, welches Gericht zuständig ist. Diese Frage kann außerordentlich zweifelhaft und schwierig sein. In manchen Fällen haben wir selber kaum gewusst, welches Gericht zuständig war. Ich kenne Fälle, in denen ein Rechtsanwalt die Erbschaft bei sechs oder sieben verschiedenen Gerichten ausschlagen musste, dadurch sechs oder sieben Mal die Ausschlagungskosten entstanden und er trotzdem noch nicht wusste, ob er vor dem zuständigen Gericht ausgeschlagen hat. Der Nachteil ist, dass man nicht mit voller Sicherheit feststellen kann, ob eine Ausschlagung erfolgt ist, weil immer noch die Möglichkeit besteht, dass es bei einem anderen Gericht geschehen ist.

Vorsitzender: Alles das setzt voraus, dass es gelingt, die besten Richter zu Richtern der Freiwilligen Gerichtsbarkeit zu machen.

Senatspräsident Siefert: Die Mehrzahl des Ausschusses hat sich wohl zuletzt dafür ausgesprochen, dass die Ausschlagung nur gegenüber dem zuständigen Gericht erfolgen soll. Meines Erachtens hält diese Frage eng mit der Erbenhaftung zusammen. Derjenige, der ausschlagt, will von den Schulden frei sein. Wenn die Erbenhaftung so gestaltet wird, dass von vornherein nur eine beschränkte Haftung in Frage kommt, oder wenn wir dieses vorgeschlagene nachlassgerichtliche Auseinandersetzungsverfahren einführen, dann besteht jederzeit die Möglichkeit, sich dieses Verfahrens zu bedienen. Ich halte die Frage nicht mehr für so bedeutungsvoll, selbst wenn wirklich gegenüber dem unzuständigen Gericht ausgeschlagen werden und die Ausschlagung unwirksam sein würde.

Vorsitzender: Es hängt davon ab, welche Bedeutung der Akt hat, um dessen Gestaltung wir ringen. Ich halte die praktische Bedeutung der Ausschlagung doch für sehr wesentlich. Es hängt eben von der Gestaltung des materiellen Erbrechts ab.

Bezold: Man sollte die Ausschlagung bei jedem Gericht ermöglichen. Die Ausschlagung und die dafür vorgesehene Frist soll kein Maschendraht sein, in welchem sich der Volksgenosse verfängt, sondern man will ja den Volksgenossen helfen, und alle Gesetzesbestimmungen sollen nach Möglichkeit volksnahe sein. Wenn nachher die Abgabe an das zuständige Gericht erfolgt, kommt schon alles in die richtige Bahn. Man darf wohl auch noch heute zu dem Richter der Freiwilligen Gerichtsbarkeit das Vertrauen haben, dass er alle Sorgfalt auf die Ermittlung des zuständigen Gerichts verwendet. Was die anderen angeht, die nach der Ausschlagung Erben sein würden, so beginnt ja die Frist, wenn ein Erbe ausgeschlagen hat, erst mit der Mitteilung, so dass Rechtsnachteile nicht entstehen können. Auch wenn jeder einen Anspruch darauf hat, durch das zuständige Gericht behandelt zu werden, so geht es bei der Erbschaftsausschlagung gegenüber dem Gericht nicht darum, dass das Gericht für den Betreffenden irgendwie tätig wird, sondern die Tätigkeit des Gerichts besteht hier nur in der Entgegennahme einer Erklärung.

Ein Ausschussmitglied: Ich bin auch dafür, dass man die Ausschlagung vor jedem Gericht zulässt. Eine andere Frage ergibt sich, wenn der zweite Erbe ausschlagen will. Er wird allerdings von dem Gericht, das sich zunächst als zuständig betrachtet, die Mitteilung von der Ausschlagung des ersten Erben erhalten. Nun haben wir aber keine Gewähr dafür, dass dieses Gericht wirklich zuständig ist. Was dem ersten Erben zugestanden wird, das sollte auch bei dem zweiten Erben möglich sein. Man soll es dem Volksgenossen so leicht als möglich machen, Erklärungen vor Gericht abzugeben.

Dr. Heltge: Ich fürchte, dass die Ermittlung der zuständigen Gerichts sehr schwierig sein wird. Der Erbe wird sich auf die Ausschlagung beschränken und sich keine Mühe geben, die nötigen Auskünfte zu erteilen, die dazu dienen könnten, das zuständige Gericht zu ermitteln. Praktisch wird das zu einer starken Verzögerung der endgültigen Erbfeststellung führen. Es wird eine große Unsicherheit darüber bestehen, wer Erbe geworden ist und wo die Sache augenblicklich schwebt.

Ministerialrat Dr. Vogels: Ich würde die Lösung für einen guten Mittelweg halten. Das unzuständige Gericht soll die Ausschlagserklärung unverzüglich an das zuständige Gericht abgeben. Damit würde man erreichen, dass der Notar, der die Ausschlagungserklärung beglaubigt oder beurkundet, sich zunächst bemüht, das zuständige Gericht zu ermitteln. In der großen Mehrzahl aller Fälle wird das sehr einfach sein: es ist eben das Gericht, in dessen Bezirk der Betreffende gestorben ist. Damit haben wir das, was der alte Gesetzgeber gewollt hat, dass die Ausschlagungserklärungen sämtlich an einem Ort zusammenlaufen. Um die Fälle zu erfassen, in denen die Zuständigkeit zweifelhaft ist, und um zu verhindern, dass jemand gleichzeitig an sieben Gerichte eine Ausschlagungserklärung richten muss, was gewiss sehr unerwünscht ist, würde ich es auch vom materiell-erbrechtlichen Standpunkt aus für unbedenklich halten, zu sagen: die Ausschlagungserklärung wird durch die Erklärung vor einem unzuständigen Gericht gewahrt. Dieses Gericht soll dann die Erklärung unverzüglich an das zuständige Gericht abgeben, und dann läuft es auf einem Umweg an der richtigen Stelle ein. Er tritt zwar ein gewisser Nachteil dadurch ein, dass der Richter den Erbschein nicht pünktlich mit Ablauf der Frist ausstellen kann, sondern mindestens eine Woche zusetzen muss, aber das spielt praktisch keine Rolle.

Vorsitzender: Wir werden aber eine sehr viel größere Zahl unrichtiger Erbscheine haben, wenn ein Nachlassgericht den Erbschein ausstellt und dauernd Verzögerungen durch Ausschlagungen eintreten.

Senatspräsident Siefert: Wenn wir die Ausschlagung gegenüber jedem Amtsgericht zulassen, dann liegt darin zweifellos eine Begünstigung für die Erbschaftsausschlagung. Sie zu begünstigen, besteht eigentlich kein Anlass. Aus solchen Ausschlagungen ergibt sich manchmal für den Nachlassrichter eine jahrelange Tätigkeit. Ich wäre dafür, dass man die Erbschaftsausschlagung möglichst erschwert.

§ 74.

Vorsitzender: Zu § 74 der von der Sicherung des Nachlasses handelt, hat der Berichterstatter bereits darauf hingewiesen, dass in Verfolg dieser Vorschrift eine Reihe von landesrechtlichen Vorschriften ergangen ist, die wir unter Auswahl des Besten in das Reichsrecht überführen müssten.

Es gab hierzu übrigens auch eine reichsrechtliche Vorschrift, die durch ein Versehen plötzlich verschwunden ist. Das Reichsbeamtengesetz alten Stils kannte in § 20 eine Vorschrift über die Sicherung des amtlichen Nachlasses eines Beamten. Man hat nun das alte Beamtengesetz im Ganzen aufgehoben und hat vergessen, an die Stelle dieser an sich zweckmäßigen Vorschrift eine entsprechende neue Vorschrift zu setzen. Ich werde veranlassen, dass die Lücke, die dadurch entstanden ist, ausgefüllt wird.

§ 75 (Nachlasspflegschaft)

Vorsitzender: Diese Bestimmung des FGG ist dazu bestimmt, den § 1960 BGB über die Nachlasspflegschaft in die Praxis zu übertragen. Herr Dr. Höver hat angeregt, man solle, wenn auch nur ein Erbe unbekannt ist, die Möglichkeit schaffen, die Nachlasspflegschaft nicht nur für den Anteil dieses Erben, sondern für den gesamten Nachlass anzuordnen. Es wäre mir wichtig zu hören, wie sich über diesen Punkt der Erbrechtsausschuss endgültig schlüssig gemacht hat.

Prof. Dr. Lange: Wir sind davon ausgegangen, dass die Vorschriften des materiellen Rechts über die Nachlasspflegschaft zu eng sind, insofern, als es immer davon abhängt, dass der Nachlasspfleger für eine bestimmte Person bestellt wird, und dass dadurch Komplikationen entstehen können. Wir sind mit dem Vorschlag von Herrn Dr. Höver einverstanden, die Nachlasspflegschaft zu erweitern. Das hängt überhaupt mit der Lücke zusammen, die zwischen Nachlasspflegschaft einerseits und Nachlassverwaltung andererseits besteht. Etwas zweifelhaft war uns, wie diese Lücke ausgefüllt werden könnte, und ob man das Institut der Nachlasspflegschaft so weit ausdehnen kann, dass dadurch die Lücke geschlossen wird.

Der *Vorsitzende* stellte noch einmal die Frage an die Praktiker, ob es möglich sein soll, wenn von drei Erben einer unbekannt ist, nicht nur für diesen einen, sondern für den gesamten Nachlass eine Pflegschaft anzuordnen.

Bezold: Praktische Erfahrungen nach dieser Richtung haben wir nicht. Ich sehe aber keine Schwierigkeiten, wenn man dem Vorschlag von Dr. Höver folgt.

Backs: Die Nachlasspflegschaft soll doch eintreten, weil der Erbe unbekannt und infolgedessen nicht in der Lage ist, seine Rechte wahrzunehmen. Wenn von drei Erben nur einer unbekannt ist, so muss es genügen, wenn für ihn nach Art eines Abwesenheitspflegers ein Nachlasspfleger bestellt wird und dieser dann zusammen mit den beiden anderen die Rechte ausübt. Etwas anderes ist es, wenn sich Schwierigkeiten ergeben. Diesen Schwierigkeiten zu begegnen, ist aber m.E. Aufgabe einer anderen Rechtsfigur; hier könnte der Nachlassvollstrecker oder Nachlassverwalter eingreifen. Es würde sich mit dem Wesen der Nachlasspflegschaft nicht recht vereinbaren, sie auch für den Erbteil eines bekannten Erben einzuleiten, der in der Lage ist, seine Rechte wahrzunehmen.

Ein *Ausschussmitglied* erklärt, auch er habe nie Unzuträglichkeiten nach dieser Richtung erlebt, so dass nach seiner Auffassung ein Bedürfnis zu einer Ausdehnung der Nachlasspflegschaft auf den gesamten Nachlass nicht vorliege.

Senatspräsident Siefert bemerkt gleichfalls, dass er in seiner Tätigkeit als Nachlasspfleger keinen Schwierigkeiten begegnet sei, und dass er keinen Grund für die Ausdehnung erkennen könne.

Richter Dr. Höver: Ich habe den Vorschlag nur in dem Sinne gemacht, dass es in geeigneten Fällen möglich sein soll. Wir haben in Bremen tatsächlich Unzuträglichkeiten gehabt. Wir haben bei uns sehr viele ausländische Beziehungen, und ich denke hier etwa an den Fall eines Erben, der angenommen hat und – vielleicht aus einem gewissen Misstrauen heraus – gar nichts tut, weil er im Auslande sitzt und nur zu 1/20 beteiligt ist. Wir kommen hier auf das Problem, das im Erbrechtsausschuss wiederholt erörtert worden ist, und von dem die Figur des Nachlassvollstreckers ihren Ausgang genommen hat, nämlich auf das Problem der Aktionsunfähigkeit der Erbengemeinschaft. Ich denke an Miterben, die schon deshalb obstinat sind, weil sie zu einem großen Anteil beteiligt sind. Bekanntlich besteht hier ja in der Rechtsprechung eine Streitfrage, und ich wollte nun eine Bestimmung in das Gesetz hineinbringen, damit, wenn der Nachlassrichter die Pflegschaft auf den ganzen Nachlass erstreckt, keine Schwierigkeiten entstehen. Im Allgemeinen wird man auch ohne die Ausdehnung der Nachlasspflegschaft auf den gesamten Nachlass auskommen.

Ministerialrat Dr. Vogels: Wenn man dem Gedanken von Herrn Dr. Höver Rechnung tragen will, was ich nach den Beratungen im Erbrechtsausschuss für notwendig halte, würde man es wohl am besten in der Form machen können, dass man etwa einen Satz des Inhalts aufnimmt: In besonderen Fällen, z.B. wenn über einen Nachlassgegenstand verfügt werden soll und der Erbe nicht sofort erreichbar ist, kann das Nachlassgericht auch für einen bekannten Erben einen Pfleger bestellen. Ich glaube, dass das vom Standpunkt des materiellen Erbrechts aus unbedenklich wäre. Damit würde man einen der schlimmsten Schäden der Erbengemeinschaft, dass sie nämlich häufig aktionsunfähig ist, auch wenn im Interesse aller Erben unbedingt etwas geschehen muss, für einen großen Teil der Fälle beseitigt haben. Man kann natürlich mit diesem Hilfsmittel nicht den Widerstand eines eigensinnigen Erben ausschalten. Ob man in solchen Fällen einen Nachlassvollstrecker vorsieht, ist eine andere Frage. Hier handelt es sich um Schwierigkeiten, die sich aus der räumlichen Entfernung ergeben.

Vorsitzender: Wir müssen hier zwei verschiedene Probleme unterscheiden. Das erste ist der Fall, dass ein Erbe zwar bekannt ist, aber nicht auffindbar ist oder so weit entfernt wohnt, dass man ihn nicht erreichen kann. Hier muss etwas geschehen; man muss die Interessen dieses Erben so wahrnehmen, wie er sie wahrnehmen würde, wenn er da wäre. In diesem Falle müssten wir mit dem Institut der Abwesenheitspflegschaft arbeiten. Herrn Dr. Höver schwebt aber anscheinend der andere Fall vor: einer der beiden Erben ist eigensinnig und verhindert, dass das geschieht, was die Mehrzahl der Erben für richtig hält. Mit dem Vorschlag von Dr. Vogels würde den Interessen von Dr. Höver nicht gedient sein. Dr. Höver wünscht eine Regelung, wonach der Betreffende überstimmt werden kann. Das ist aber nicht nur ein erbrechtliches Problem. Ich darf daran erinnern, dass wir im Handelsrecht bei der Umwandlung von Gesellschaften auch im Interesse des Ganzen kleine Minderheiten mundtot gemacht und gesagt haben: wir müssen eine Majorität entscheiden lassen. Ich glaube, diese Einführung des Majoritätsprinzips ist der ehrliche und richtige Weg. Wir könnten m.E. irgendwo den Gedanken aussprechen: Wenn über gewisse Nachlassgegenstände verfügt werden muss, dann soll eine gewisse Majorität entscheiden können. Man könnte sich dann durchaus vorstellen, dass man nur zur Verteidigung dieses Mannes, der überstimmt werden muss, ein Amt einsetzt, das in der Lage ist, diese Minderheit zu vertreten und zu verhindern, dass Missbrauch getrieben wird. Wir würden aber das Institut des Nachlasspflegers denaturieren, wenn wir die Nachlasspflegschaft auch für eine Person anordnen ließen, die bekannt ist.

Backs betont, der Vorschlag Höver müsste nach seiner Begründung dazu führen, eine Nachlasspflegschaft auch dann zu bestellen, wenn alle Erben bekannt seien. Es könne immer vorkommen, dass sich die Erben nicht einigen könnten.

Heltge: Dr. Höver wies darauf hin, es könne sein, dass ein Erbe im Ausland weile, und dass ein Arbeiten mit ihm sehr schwierig sei. Mit der Abwesenheitspflegschaft kann man in diesem Falle nicht arbeiten. Der Abwesenheitspfleger wird ja nur bei unbekanntem Aufenthalt bestellt. Ich könnte mir schon denken, dass in eiligen Fällen, in denen die Entfernung nicht überwunden werden kann, auch für diesen Mann ein Pfleger bestellt werden muss.

Dr. Lützeler: Es handelt sich vor allem um das Problem der Nachlassteilung. Bei der Nachlassteilung werden wir doch einen Mann haben müssen, der verwalten kann; denn die augenblicklichen Verwaltungsmöglichkeiten bei der Erbengemeinschaft sind ungenügend. Meines Erachtens liegt das, was Dr. Höver erreichen will, nicht auf dem Gebiet der Nachlasspflegschaft, sondern auf dem der Nachlassvollstreckung und Nachlassverwaltung.

Dr. Höver stellt klar, dass, wenn alle Erben bekannt seien und einige widerspenstige darunter seien, die von ihm vorgeschlagene Figur des erweiterten Nachlassverwalters einsetzen solle.

Vorsitzender: Ich möchte vorschlagen, bei der Nachlasspflegschaft vom Standpunkt unseres Ausschusses aus eine Änderung nicht zu empfehlen, sich aber die Frage für die Neuordnung dieses ganzen Rechtsinstituts vorzumerken.

Dr. Höver hat ja im Anschluss an § 75 noch einige Fragen aufgeworfen.

Einmal hat er die Frage gestellt und beantwortet, ob Anlass besteht, das Beschwerderecht der Nachlassgläubiger auszubauen. Ich möchte nach dieser Richtung keine neuen Vorschläge machen. Ich glaube, wir können hier Vertrauen zur Rechtsprechung haben.

Sodann wünscht Dr. Höver, dass nach Möglichkeit die Entscheidung des Nachlassgerichts durch das Nachlassgericht selbst vollstreckt werden könne. Das haben wir neulich bereits festgestellt. Dr. Höver wünscht aber auch weiter, dass Vergleiche, die vor dem Nachlassgericht geschlossen werden, vollstreckbar sein sollen. Ich habe dafür sehr viel Verständnis. Wenn der Nachlassrichter einen Vergleich zu Protokoll bringt und ihn so protokolliert, wie wir es wünschen, dann würde es möglich sein, diesen Vergleich zum vollstreckbaren Titel zu machen.

Daran schließt sich die Frage, ob nicht überhaupt die Zuständigkeit des Nachlassgerichts weitgehend auszudehnen sei. Ich bin durchaus der Meinung, dass hier für eine weitgehende Zuständigkeit der Freiwilligen Gerichtsbarkeit Raum gesucht werden muss. Es ist ein Unding, erst ein Verfahren der Freiwilligen Gerichtsbarkeit durchzuführen, mit der Wirkung, dass dann zahllose Prozesse folgen. Prozesse werden zwar nie zu vermeiden sein; aber wir können doch durch die Erweiterung der Zuständigkeit der Nachlassgerichte im weiten Maße hier vorbeugend wirken. Dr. Höver hat es etwa so formuliert: Er will eine Zuständigkeit des Nachlassgerichts für alle Streitfälle zwischen einem Nachlasspfleger und den Erben. Ob das in dieser Allgemeinheit möglich sein wird, ist mir nicht ganz zweifelsfrei.

Dr. Höver hat schließlich zwei Fälle aus dem BGB besonders herausgegriffen, für die er eine Zuständigkeit wünschte. Mir ist dabei allerdings zweifelhaft, ob diese Fälle wirklich praktische Bedeutung haben. Ich habe sie bisher immer nur als Lehrstoff betrachtet. Ob z.B. der Fall des § 1969 BGB wirklich Gegenstand von Prozessen gewesen ist, ist mir nicht bekannt.

Ich möchte die allgemeine Frage aufwerfen, ob der Ausschuss auf dem Standpunkt steht, dass man nach Möglichkeit die Zuständigkeit des Nachlassgerichts ausdehnen soll.

Prof. Dr. Lange: Was uns am meisten stört, ist wohl dieses Aufeinanderfolgen von Freiwilliger Gerichtsbarkeit, dann streitigem Verfahren und dann wieder Freiwilliger Gerichtsbarkeit. Wenn das ausgeräumt werden könnte, würde schon ein großer Fortschritt erzielt sein. Das hängt natürlich wesentlich mit der Frage der Vollstreckbarkeit zusammen.

Der *Vorsitzende* erwidert, dass dieser Wunsch auch erfüllt werden würde. Er werde sich nach Möglichkeit dafür einsetzen, dass die Zuständigkeit der Freiwilligen Gerichtsbarkeit ausgedehnt werde.

Ministerialrat Dr. Vogels: Einer der wichtigsten Punkte des ganzen Erbrechts ist die Frage der Nachlassteilung und Erbauseinandersetzung. Man hat sich im Erbrechtsausschuss bereits dahin schlüssig gemacht, dass man dann dem Richter der Freiwilligen Gerichtsbarkeit das Recht geben wolle, die Erbauseinandersetzung für verbindlich zu erklären, auch wenn die Erben nicht einverstanden sind. Wir haben das bereits im Erbhofrecht bei der Auseinandersetzung über einen Ehegatten-Erbhof im Falle der Ehescheidung vorgesehen, und wir hoffen, dass es sich in der Praxis bewähren wird. Diese Vorschriften haben sich schon so durchgesetzt, dass sie sich als Muster für eine allgemeine Regelung verwenden lassen.

Ich möchte nur zu dem engeren Fragenbereich, wie Streitigkeiten zwischen Erben und Nachlasspfleger geregelt werden sollen, eine Bemerkung machen. Dass die kleinen Auseinandersetzungen über die einzelnen Rechte des Pflegers, über die Pflichten der Erben zur Auskunftserteilung, zur Herausgabe usw. vor dem Nachlassgericht erfolgen, ist unbedenklich. Nur über eine Frage wird man den Richter der Freiwilligen Gerichtsbarkeit nicht entscheiden lassen können: über die Frage der Entschädigungsansprüche, die die Erben etwa wegen pflichtwidrigen Handelns gegen den Pfleger geltend machen. Da kommt der Richter der Freiwilligen Gerichtsbarkeit in einen Interessenkonflikt. Er ist gleichzeitig Aufsichtsperson für den Pfleger, und wenn der Erbe Pflichtwidrigkeit des Pflegers behauptet, dann behauptet er auch immer gleichzeitig, die Aufsicht des Nachlassgerichts habe versagt. Für diese Entschädigungsansprüche müsste das ordentliche Gericht zuständig sein. Sonst würde man gewissermaßen den Richter der Freiwilligen Gerichtsbarkeit zum Richter in eigener Sache machen.

Vorsitzender: Mit diesem Gedanken bin ich durchaus einverstanden. Das liegt ja auch außerhalb der Abwicklung des Nachlasses. Ich möchte nur den Nachlass als solchen unter einheitlicher Leitung abgewickelt sehen.

§ 76 (Nachlassverwaltung)

Vorsitzender: Nach § 2062 BGB kann die Anordnung einer Nachlassverwaltung von den Erben nur gemeinschaftlich beantragt werden; sie ist ausgeschlossen, wenn der Nachlass geteilt ist. Abweichend hiervon schlägt Dr. Höver vor, das Antragsrecht für die Nachlassverwaltung nicht der gesamten Erbengemeinschaft, sondern jedem Miterben zu geben. (*Prof. Dr. Lange* bemerkt, dass sich in diesem Sinne der Erbrechtsausschuss ausgesprochen habe.) Ich glaube, der Gedanke ist richtig. Damit hängt das zusammen, was auf dem Gebiet der Freiwilligen Gerichtsbarkeit folgt, die Frage des Beschwerderechts der übrigen Miterben. Wenn jeder Miterbe berechtigt ist, den Antrag zu stellen, scheint es mir unabweisbar zu sein, dass die anderen Miterben in der Lage sein müssen, sich dagegen zu wehren. Dass das Beschwerderecht bestehen muss, ist zweifellos. Nur meine ich, dass wir diese Beschwerde an eine Frist binden müssen; wir müssen sie als sofortige Beschwerde ausgestalten. Wird nun der Antrag eines Miterben abgelehnt, dann würde im gegenwärtigen Recht nur dieser Betreffende beschwerdeberechtigt sein. Wir wollen aber in diesem Falle auch jedem anderen Miterben ein Beschwerderecht geben.

In § 76 ist gesagt: „Die Beschwerde steht nur dem Erben ... sowie dem Testamentsvollstrecker zu, welcher zur Verwaltung des Nachlasses berechtigt ist." Dr. Höver erwägt nun, ob man in der Tat nur dem verwaltenden Testamentsvollstrecker oder nicht auch jedem Testamentsvollstrecker das Beschwerderecht geben soll.

Richter Dr. Höver: Ich denke an den Fall, dass mehrere Testamentsvollstrecker da sind. Ich nehme Bezug auf das Referat von Senatspräsident Flad [vgl. Bd. III, 8 der Reihe, 1996, 635 ff.], das ich zum Teil exzerpiert habe. Da doch voraussichtlich der Testamentsvollstrecker unter die Aufsicht des Nachlassgerichts in gewissen Beziehungen kommen wird und damit die Testamentsvollstreckung Ähnlichkeit mit der Nachlasspflegschaft und Nachlassvollstreckung bekommen wird, ergibt sich eine Parallele aus den §§ 58 und 75. Ich möchte befürworten, jedem Testamentsvollstrecker das Beschwerderecht zu geben.

Vorsitzender: Jeder Testamentsvollstrecker, der verwaltet! Es darf nur der verwaltende Testamentsvollstrecker sein, nicht der, der mit beschränktem Aufgabenkreis bestellt ist. Wenn aber mehrere verwaltende Testamentsvollstrecker vorhanden sind, möchte ich fast annehmen, dass es geltendes Recht ist, dass jeder das Beschwerderecht hat. Es dürfte sich aber empfehlen, das ausdrücklich im Gesetz auszusprechen. Bedenken dagegen bestehen wohl nicht.

Dann ist eine wichtige Frage zu entscheiden: In welchem Augenblick soll die Nachlassverwaltung Wirklichkeit werden? Der Vorschlag von Dr. Höver scheint mir sehr gut zu sein, nämlich an andere Bilder – Nachlasskonkurs und dergl. – anzuknüpfen und einfach die Nachlassverwaltung mit der Anordnung wirksam werden zu lassen. Alles andere ist konstruktiv. Ich glaube, dass wir es ohne weiteres so machen sollten.

Dr. Höver hat sodann einen Vorschlag zu § 13 gemacht. Dort heißt es: „Die Bevollmächtigten haben auf Anordnung des Gerichts *oder auf Verlangen eines Beteiligten* die Bevollmächtigung durch eine öffentlich beglaubigte Vollmacht nachzuweisen." Dr. Höver sagt nun mir Recht, man sollte dem Gericht die Entscheidung darüber überlassen, ob es notwendig ist. Wenn es die öffentlich beglaubigte Vollmacht nicht für nötig hält, dann soll es auch nicht genötigt sein, sie zu verlangen. Sonst ist tatsächlich jedem Beteiligten die Möglichkeit gegeben, zu schikanieren. Es ist zu begrüßen, dass uns Anlass gegeben wird, die Worte „auf Verlangen eines Beteiligten" zu streichen.

Wir kommen zur *Inventarfrist (§ 77).* Die Regeln hierüber sind sicher notwendig, mag man die beschränkte oder unbeschränkte Erbenhaftung einführen. Die Bedeutung unserer Diskussion ist deshalb auch nicht so sehr davon abhängig, wie die Erbenhaftung gestaltet werden soll. Ich glaube, Herr Höver hat mit seinen Ausführungen recht. Er macht allerdings auf eine Bestimmung im BGB aufmerksam, auf § 1994 Abs. 2 Satz 2: „Auf die Wirksamkeit der Fristbestimmung ist es ohne Einfluss, wenn die Forderung nicht besteht." Diese Bestimmung verstehe ich nicht. Ich nehme an, dass sich der Erbrechtsausschuss mit dieser Frage befasst hat. Voraussetzung für die Bestimmung der Inventarfrist ist der Antrag eines Nachlassgläubigers. Es muss also geprüft werden, ob der Antragsteller auch wirklich Nachlassgläubiger ist. Das soll nun überflüssig sein, wenn keine Forderung besteht?

Ministerialrat Hesse: Das BGB hat die Frist auch auf den unbegründeten Antrag hin gesetzt. Der Beschluss des Gerichts ist rechtskräftig geworden, und daran hat sich der Erbe zu halten.

Kammergerichtsrat Backs: Wir müssten sonst die Wirkung der Fristsetzung ändern und sagen, dass die Fristsetzung nicht die Wirkung hat, dass der Erbe nur gegenüber dem Antragsteller haftet. Wenn man aus der Fristsetzung die Folgerung zieht, dass der Erbe allen Gläubigern gegenüber unbeschränkt haftet, dann darf es nichts ausmachen, ob die Forderung des Gläubigers bestand oder nicht.

Vorsitzender: Die Vorschrift könnte aber doch dazu verführen, dass das Nachlassgericht sich gar nicht darum kümmert.

Richter Höver: Ich glaube, die Glaubhaftmachung ist eine Abschwächung des Amtsprüfungsprinzips, das sonst herrscht. Der Richter der freiwilligen Gerichtsbarkeit arbeitet sonst immer mit § 12 FGG, und diese Bestimmung wird auch bei § 2006 BGB für maßgeblich erklärt. Hier muss nun im Sinne von § 12 festgestellt werden, dass der Antragsteller auch Nachlassgläubiger ist. Die Folge ist, dass, wenn der Erbe den Offenbarungseid verweigert oder zum Termin nicht erscheint, nur eine unbeschränkte Haftung gegenüber dem antragstellenden Gläubiger eintritt, während dort, wo die Glaubhaftmachung genügt, der § 12 verfahrensrechtlich abgeschwächt wird, eine unbeschränkte Haftung gegenüber allen Nachlassgläubigern einzutreten hat. Ich denke besonders an den Fall, dass ein junger Assessor an einem kleinen Amtsgericht zu entscheiden hat, der vielleicht nur 14 Tage in diesen Fragen der freiwilligen Gerichtsbarkeit ausgebildet worden ist. Er liest das BGB, und schon ist das Unglück da.

Prof. Dr. Lange: Ich glaube, die Entscheidung ist wesentlich davon bestimmt, ob wir in weitem Umfange ein Inventar wünschen oder nicht. Je mehr wir auf die Inventarerrichtung drängen, um so mehr müssten wir uns freuen, dass schon die Möglichkeit der Glaubhaftmachung das Inventar ins Rollen bringt.

Vorsitzender: Ich möchte die Entscheidung dem Erbrechtsausschuss überlassen. Für mich kommt es nur darauf an, dass die Bestimmung richtig ausgelegt wird. Man müsste sie vielleicht anders fassen, damit der Gedanke zum Ausdruck kommt: wenn sich später herausstellt, dass irrtümlich angenommen worden ist, dass eine Forderung besteht.

Kammergerichtsrat Backs: Es handelt sich meines Erachtens hier um ein Problem der Rechtskraft. Die Bestimmung des § 1994 BGB besagt: Wenn rechtskräftig eine Frist gesetzt ist, soll die Grundlage dieser Fristsetzung jeder weiteren Erörterung entzogen sein. Das ist ein gesunder Gedanke, denn die Wirkung der rechtskräftigen Fristsetzung erstreckt sich auch auf andere Personen, und diese müssen doch Bescheid wissen, woran sie sind.

§ 79.

Vorsitzender: Hier ist die Frage behandelt, ob wir nicht in weitem Maße eine neue Zuständigkeit des Nachlassgerichts begründen sollen, und zwar für alle Offenbarungseide, die bei der Abwicklung eines Nachlasses geleistet werden und für die bisher eine Zuständigkeit des Nachlassgerichts nicht besteht. Ich glaube, hier ist in der Tat eine Lücke. Ich nehme an, dass sich der Erbrechtsausschuss mit dieser Frage noch befassen wird.

Wir kommen nun zu zwei großen Gebieten, zunächst zu dem *Testamentsvollstrecker.* Beim Testamentsvollstrecker und in erhöhtem Maße beim Erbschein ist die Technik der Gesetzgebung sehr schlecht. Ich darf einmal ein vulgäres Beispiel bringen. In meiner Heimat Ostpreußen ist es üblich, dass jede gute Hausfrau zum Reisegepäck noch einen großen Sack hat. Mit diesem Sack geht sie vor der Abreise noch einmal durch alle Zimmer und tut alles hinein, was vergessen worden ist. Wenn man die Vorschriften des BGB liest, hat man auch das Gefühl, dass etwas vergessen worden ist; aber man hat ja den Sack, den Gräbscher, da, und in den steckt man das alles hinein. Es ist nicht richtig, dass man das Erbrechtsverfahren im BGB regelt und die vergessenen Dinge nun in das FGG hineinsteckt.

Die Herren haben in ihren Gutachten mit Recht darauf aufmerksam gemacht, dass es heute der berechtigte Wunsch jedes Rechtsuchenden ist, möglichst im Anschluss an das materielle Recht auch die Verfahrensvorschriften zu haben. Ein ausgezeichnetes Vorbild haben wir im Erbhofrecht. Ich glaube aber, dass sich dieses Wunschbild nicht überall erfüllen lässt. Sie wissen, dass wir an der Reform des Ehescheidungsrechts arbeiten, und dass die Reformwünsche auch auf das Verfahren abzielen. Man hat mit Recht die Frage aufgeworfen, ob man nicht das materielle und formelle Ehescheidungsrecht in einem einzigen Gesetz behandeln sollte. Das würde aber zu der Schwierigkeit führen, dass man immer wieder auf die allgemeinen Vorschriften der ZPO verweisen müsste. So ist es auch hier. Aber man sollte jedenfalls dahin kommen, dass die Verfahrensvorschriften nicht in verschiedenen Gesetzen erscheinen.

Wir müssen deshalb die Fragen des Testamentsvollstreckers und des Erbscheins zusammenhängend behandeln. Es lässt sich also eine Kompetenzannäherung zum Erbrechtsausschuss nicht vermeiden. Ich weiß nicht, ob schon Beschlüsse des Erbrechtsausschusses in dieser Frage vorliegen.

Prof. Dr. Lange: Wir haben ein Referat von Herrn Senatspräsident *Flad* [Bd. III, 8 der Reihe, S. 635 ff.] gehabt, der die Fragen des Testamentsvollstreckerrecht betreut und auch seine Ergebnisse in dem Ihnen bekannten Aufsatz niedergelegt hat. Wir haben auch Beschlüsse hierzu gefasst, und soweit ich sehe, hat Herr Höver auch das Wesentliche zusammengestellt.

Vorsitzender: Ich darf das Gutachten kurz rekapitulieren. Herr Höver schlägt in Übereinstimmung mit dem Referat Flad zunächst eine allgemeine Aufsicht des Nachlassgerichts über den Testamentsvollstrecker vor. Ich halte das für unabweislich. Zu diesem Zweck sind nach den Vorschlägen die Kompetenzen des Nachlassgerichts im Einzelnen zu erweitern. Das Nachlassgericht soll zunächst einmal nicht nur – wie bisher – bei Meinungsverschiedenheiten zwischen mehreren Vollstreckern, sondern auch bei Meinungsverschiedenheiten zwischen Erbe und Testamentsvollstrecker zuständig sein. Ich halte das für richtig. Außerdem soll das Nachlassgericht im Falle einer Meinungsverschiedenheit nicht nur im Sinne der einen oder der anderen Meinung entscheiden, sondern auch eine eigene abweichende Meinung durchsetzen können. Das Nachlassgericht soll weiter zuständig sein, das Entgelt des Testamentsvollstreckers festzusetzen und auch gegenüber bestehenden Anordnungen herabzusetzen. Ich glaube, das wird notwendig sein. Das liegt in der Linie der Betreuung von Interessen größerer Personengruppen. Natürlich soll die Herabsetzung nicht nach Belieben, sondern nur nach Billigkeit erfolgen. Das Nachlassgericht soll weiter in der Lage sein, von den Testamentsvollstreckern Sicherheitsleistung zu verlangen und auch über die Fortdauer des Amtes des Testamentsvollstreckers zu entscheiden. Es soll vor allem auch in der Lage sein, auf Antrag eines Beteiligten beim Wegfall des Testamentsvollstreckers einen Ersatzmann zu stellen. Das ist sehr willkommen, da dadurch die Kunststücke verhütet werden, die der Kammergerichtsrat bisher immer vollbracht hat. Wenn der Testamentsvollstrecker an das Nachlassgericht das Gesuch richtete, einen Ersatzmann zu stellen, hat man das Testament einfach so ausgelegt, dass in ihm ein Ersuchen nach einem neuen Testamentsvollstrecker enthalten ist. Das ist ein krummer Weg, den ich nicht für zweckmäßig halte.

Notar Lützeler: Eine Aufsicht des Nachlassgerichts über den Testamentsvollstrecker besteht schon jetzt insofern, als das Nachlassgericht den nicht ordnungsmäßig abwickelnden Testamentsvollstrecker entlassen kann. Ich glaube, dass diese Entlassung auch in Zukunft von Amts wegen und nicht nur auf Antrag erfolgen kann. Ich möchte aber vor einem zu starken Ausbau des Aufsichtsrechts des Nachlassgerichts warnen. Ich fürchte, dass damit eine größere Bequemlichkeit und geringere Verantwortungsfreudigkeit des Testamentsvollstreckers eintreten wird, möglicherweise auch eine Hemmung in der Abwicklung der Nachlassgeschäfte. Auch ist zu bedenken, dass der Apparat des Gerichts besonders bei schwerwiegenden Entscheidungen wirtschaftlicher Art sehr langwierig arbeiten wird, denn den meisten Nachlassrichtern fehlen die Voraussetzungen für Entscheidungen, wie sie der Testamentsvollstrecker bei großen Nachlässen häufig zu treffen hat. Deshalb wünschte ich nicht, dass dem Testamentsvollstrecker die Entscheidungsbefugnis und damit auch die Verantwortung genommen oder erheblich beschnitten wird. Der Testamentsvollstrecker soll nach wie vor die entscheidende und verantwortliche Stelle für alle Entscheidungen sein. Allerdings könnte die Aufsicht, die in der Entlassungsmöglichkeit liegt, vielleicht noch schärfer gehandhabt werden. Mir ist kein Fall bekannt geworden, in dem Beschwerden über irgendwelche Missbräuche durch einen Testamentsvollstrecker vorgebracht worden sind. Deshalb bitte ich, nicht weiter zu gehen, als unbedingt notwendig ist.

Vorsitzender: Die Gedanken der Ausgestaltung der Befugnisse und Pflichten des Nachlassrichters und des Testamentsvollstreckers sind nicht aus dem Wunsch einer gewissen Uniformierung der Organe geboren, sondern beruhen darin, dass heute die Sorge des Staates für die Verwaltung von Erbgut stärker sein muss als früher. Das ist ein gesunder Gedanke, und deshalb sollte man die Autorität des Staates mehr betonen. Es ist folgendes Bild vorgezeichnet worden. Der Nachlass eines großen Wirtschaftsführers wird von einem Notar als Testamentsvollstrecker verwaltet. Nachlassrichter ist ein überalterter Richter eines kleinen Amtsgerichts. Es wird gesagt, dass es unmöglich sei, den Notar, der selbst eine große wirtschaftliche Übersicht hat, plötzlich unter die Weisungsbefugnis dieses alten Richters zu stellen. So stelle ich es mir auch nicht vor. Ich bin nicht der Meinung, dass die Verantwortung dem Testamentsvollstrecker genommen werden soll. Auch der Vormund führt seine Geschäfte unter eigener Verantwortung. Der Testamentsvollstrecker soll auf keinen Fall ausführendes Organ des Nachlassgerichts sein, sondern er handelt unter eigener Verantwortung aufgrund eigenen Entschlusses. Aber das Nachlassgericht muss die Aufsicht über seine Geschäftsführung führen.

Prof. Dr. Lange: Es gibt leider zahlreiche Erscheinungsformen des Testamentsvollstreckers, die eine optimistische Haltung nicht rechtfertigen. Wiederholt haben wir betont, dass der Testamentsvollstrecker als kalter Erbe über den Nachlass in einer Weise verfügen kann, die nicht immer begrüßenswert ist. Es ist nicht richtig, dass der Testamentsvollstrecker vom Nachlassgericht gegängelt werden soll; aber augenblicklich ist der Zustand für ihn auch nicht besonders erfreulich. Das Nachlassgericht muss jetzt mit Kleinigkeiten anfangen und gleich mit dem schwersten Geschütz schießen. Das war für uns der Gesichtspunkt, eine mehr abgestufte Einwirkungsmöglichkeit beim Testamentsvollstrecker vorzusehen. Keineswegs wollten wir ihm aber die Verantwortung abnehmen.

Dr. Lützeler: Meiner Ansicht nach ist es nicht zu unterstützen, dass die Testamentsvollstrecker zum Nachlassgericht laufen und dort Entlastung suchen. Ich möchte umgekehrt dahin wirken, dass der Testamentsvollstrecker, und zwar besonders, wenn er nicht rechtskundig ist, jederzeit beim Nachlassgericht Rat findet, während die Entscheidung und die Verantwortung ihm überlassen bleiben soll. Ein anderes Vorgehen würde auch zu einer großen Mehrbelastung der Nachlassgerichte führen.

Rechtsanwalt Heltge: Es kommt darauf an, dass das Richtige geschieht. Ob der Testamentsvollstrecker aus eigenem Verantwortungsbewusstsein handelt, oder ob er den Nachlassrichter um Unterstützung bittet, das ist nicht wesentlich. Ich kann nur sagen: Die meisten Testamentsvollstrecker werden es, wenn sie nicht Juristen sind, begrüßen, wenn sie eine Unterstützung beim Nachlassrichter finden. Sie kommen ihm mit Vorschlägen, und finden sie die Billigung des Nachlassrichters, so werden sie in ihrer Auffassung bestärkt und Fehler können in gemeinsamer Aussprache korrigiert werden, also ich sehe in dieser Einrichtung ein gewisses Regulativ, das der Sache nur förderlich sein kann. Soweit es sich um rechtskundige Testamentsvollstrecker handelt, so werden sie sich nicht vom Nachlassrichter gängeln lassen, und der Nachlassrichter wird es auch gar nicht wollen. Aus meiner Erfahrung kann ich sagen, dass die Herren es immer begrüßt haben, wenn ich mit Vorschlägen kam und wir eine Angelegenheit gemeinsam durchsprechen konnten. Jedenfalls verspreche ich mir von solchen gemeinschaftlichen Arbeiten außerordentlich viel.

Ministerialrat Hesse: Dass es unerwünscht ist, wenn der Testamentsvollstrecker beim Nachlassgericht Entlastung sucht, ist richtig. Ich kann mir aber Fälle denken, bei denen es durchaus sachlich gerechtfertigt ist, dass der Testamentsvollstrecker an das Nachlassgericht geht. Es gibt schwierige Auslegungsfragen, bei denen der Testamentsvollstrecker im Zweifel sein kann, z.B.

darüber, an wen er eine Summe auszahlen muss. Er will sich decken und geht nun an die entsprechende Stelle, die für die Beteiligten mit bindender Kraft feststellt: Die Zahlung kann an die und die Personen geleistet werden. Ich erinnere da an das englische Vorbild. Erst in den letzten Wochen ist z.B. eine Entscheidung über die Abessinische Bank getroffen worden. In solchen Fällen scheint mir eine Möglichkeit, an das Nachlassgericht zu gehen, durchaus begrüßenswert zu sein.

Senatspräsident Siefert: Ich glaube, es ist kein Zweifel, dass es Fälle gibt, bei denen das Nachlassgericht eingreifen muss.

Vorsitzender: Ich könnte mir folgenden Aufbau denken: „Der Testamentsvollstrecker führt die Geschäfte unter eigener Verantwortung. – Das Nachlassgericht entscheidet bei Meinungsverschiedenheiten zwischen zwei Testamentsvollstreckern; es entscheidet bei Meinungsverschiedenheiten zwischen Erben und Testamentsvollstrecker und schließlich entscheidet es auf Antrag des Testamentsvollstreckers über gewisse Rechtsfragen."

Dr. Lützeler: Mit einer so formulierten Aufsicht des Nachlassgerichts bin ich einverstanden.

Vorsitzender: Wenn kein Widerspruch erfolgt, nehme ich an, dass wir uns über diese Frage einig sind.

Wir kommen nun zu einigen Einzelheiten. Herr Richter Höver hat folgende Frage aufgeworfen: Ist es richtig, im Fall der §§ 81 und 82 bei der Frage der Außerkraftsetzung von Anordnungen des Erblassers dem Nachlassgläubiger ein Beschwerderecht zu geben? Hierüber müsste Klarheit geschaffen werden.

Kammergerichtsrat Backs: Wir stehen auf dem Standpunkt, dass die Nachlassgläubiger ein Beschwerderecht haben, und ich glaube, dass dafür auch keine zwingende Veranlassung vorliegt. Es handelt sich bei den einschlägigen Verfügungen um solche, die in die Rechte der Nachlassgläubiger nicht eingreifen. Diese haben lediglich von dem, der den Nachlass zu verwalten hat, ihr Geld zu verlangen.

Rechtsanwalt Heltge: Der Testamentsvollstrecker kann unter Umständen ein Mann sein, gegen den die Nachlassgläubiger erhebliche Bedenken haben. Wenn sie dagegen nicht angehen könnten, so wäre das nachteilig. Ich meine: Gerade die Nachlassgläubiger müssen eine Beschwerdemöglichkeit haben. Zum Vergleich verweise ich auf § 1981 Abs. 2, wo der Gesetzgeber das Verhalten der Erben in das Gesetz eingefügt hat. (*Backs:* Auch der Testamentsvollstrecker kann den Nachlassgläubigern Anlass zu Beanstandungen geben!)

Richter Höver: Es kann sehr wohl im Interesse der Nachlassgläubiger liegen, dass ein unfähiger Testamentsvollstrecker entlassen, ein ordentlicher Testamentsvollstrecker ernannt wird und dergleichen. Aber im Interesse der Sache liegt es ja, dass gegen alle diese Entscheidungen nur das Rechtsmittel der sofortigen Beschwerde möglich ist. Nun kennt man aber den weiten Kreis der Nachlassgläubiger nicht, und da ist es so, dass, wenn ein Erbe Beschwerde einlegt, mit der Entscheidung darüber das Beschwerdegericht der übrigen Beschwerdeberechtigten noch nicht verbraucht ist, so dass sie also noch Beschwerde einlegen können. Das, was das Gesetz mit der Einrichtung der sofortigen Beschwerde will, wird praktisch nicht erreicht, weil man den Kreis der Beschwerdeberechtigten gar nicht erfassen kann, wenn man die Nachlassgläubiger auch dazu zählt. Wenn nun die Autorität des Gerichtes in dem Sinne gestärkt wird, dass der Testamentsvollstrecker auch in gewisser Hinsicht unter die Aufsicht des Gerichtes auf Antrag der Beteiligten kommt, dann sind erhöhte Garantien dafür gegeben, dass dieser Testamentsvollstrecker sein Amt ordentlich ausführt. Aus diesem Grunde halte ich ein Beschwerderecht der Nachlassgläubiger für überflüssig.

Vorsitzender: Meine Meinung geht dahin, dass man die Sache sehr erschwert, wenn man den Nachlassgläubigern das Recht der sofortigen Beschwerde gibt. Ich bin aber auch der Meinung, dass die Neugestaltung des Rechtes die Garantie bietet, die wir brauchen. Deshalb schlage ich vor, dem Nachlassgläubiger das fragliche Recht nicht zu geben, das aber im Gesetz ausdrücklich zu sagen.

Zum Gebiet der Testamentsvollstreckung habe ich nur die Frage der Einziehung des Zeugnisses zu behandeln. Ich bin der Meinung, dass man dieses Zeugnis genau so, wie man es in den Verkehr setzt, auch wieder aus dem Verkehr herausziehen soll.

Ministerialrat Hesse: Es würde schon damit gedeckt sein, wenn der Testamentsvollstrecker einer allgemeinen Aufsicht unterstellt würde. Dann könnte das erzwungen werden.

Kammergerichtsrat Backs: Soll der Testamentsvollstrecker so unter die Aufsicht gestellt werden, dass nun auch wie beim Vormund bestimmte Rechtsgeschäfte genehmigungspflichtig sind? (*Vorsitzender:* Das schwebte mir bei meinem Vorschlag nicht vor.)

Richter Höver: Der Erbrechtsausschuss hat allerdings eine Genehmigung vorgesehen, und zwar dann, wenn zu den Erben Minderjährige gehören.

Kammergerichtsrat Backs: Dagegen habe ich mich stets ausgesprochen. Mir scheint kein Bedürfnis dafür zu bestehen, und ich würde das sogar für bedenklich halten. Denn das liefe auf eine Bevorzugung der minderjährigen Erben vor den übrigen Erben hinaus.

Vorsitzender: Man sollte die Dinge nicht überspitzen. Ich würde die Genehmigung überhaupt streichen, und zwar schon aus dem Grunde, dass ich eine Aufblähung des Verwaltungsapparates befürchte.

Dann die Frage der *Testamentseröffnung!* Das ist ein merkwürdiges Institut, das der Nachprüfung bedarf. Aber ich glaube, dass nicht wir dafür zuständig sind, sondern der Erbrechtsausschuss. Die Testamentseröffnung entbehrt nicht einer gewissen Komik. Es handelt sich dabei um eine rein formelle Verlesung von Testamenten, während niemand weiter im Saal ist. Außerdem würde ich statt „Testamentseröffnung" lieber sagen: „Testamentsverkündung"; denn das ist eigentlich gemeint.

Ministerialrat Vogels: Mit der Verkündung des Testamentes ist es ähnlich wie mit der Verkündung der gerichtlichen Entscheidung. Wenn ein Zivilprozessurteil verkündet wird, pflegt in der Regel auch niemand anwesend zu sein. Die Verkündung ist notwendig, um festzustellen: Von nun ab laufen die Rechtsfristen. Genauso ist es mit der Verkündung des Testaments, von deren Zeitpunkt ab die Auszahlungspflicht läuft. Die Verlesung könnte man dadurch etwas sinnvoller Gestalten, dass ein Protokoll angefertigt wird: Ich habe den versiegelten Umschlag aufgemacht und habe das Testament da und da niedergelegt.

Vorsitzender: Dagegen habe ich nichts einzuwenden. Das ist eine Kundbarmachung des Testaments. Ich möchte die Sache nur benutzen, um die Nachlassgerichte in die Wahrung der Interessen der Beteiligten einzubauen.

Richter Höver: Im Erbrechtsausschuss waren wir uns darüber einig, dass hierbei die erste Gelegenheit sei, bei der der Nachlassrichter den Hebel ansetzen kann. Wenn die Personen, die geschäftlich mit dem Nachlass zu tun haben, zum Gericht kommen, so ist die beste Gelegenheit dafür, sie zu fragen, ob sie das Amt annehmen. Sicher ist das Verlesen geistlos und langweilig. Man könnte aber bestimmen, dass der wesentliche Inhalt mitzuteilen ist, und dass die Leute danach eine Abschrift bekommen.

Dann noch Folgendes: Wenn ein gemeinschaftliches Testament, das sich in besonderer amtlicher Verwahrung befindet, nach dem Tode des Erstverstorbenen eröffnet ist, muss eine Abschrift von dem eröffneten Teil angefertigt werden. Es können einige Wochen vergehen, bis das Testament wieder in amtliche Verwahrung gebracht wird. Da vertritt die h.M. den Standpunkt, dass der zweite Erblasser zu diesem Termin geladen werden muss, weil aus § 2246 BGB zu folgern ist, dass das Testament nur in Gegenwart des Erblassers wieder verschlossen werden darf. Denken Sie daran, dass der zweite Erblasser sich im Auslande befindet! Ich glaube, diese Bestimmung muss aus dem Gesetz hinaus. Wir haben in Bremen das Gesetz nie so ausgelegt und haben den überlebenden Erblasser auch nie geladen.

Vorsitzender: Nun der *Erbschein!* Ich bin der Meinung, dass das ganze Erbscheinverfahren in das Verfahrensrecht der freiwilligen Gerichtsbarkeit hineingehört und dass im BGB nur gesagt zu werden braucht: Über das Erbrecht ist ein Zeugnis auszustellen. Ich lege in dieser Frage großen Wert auf ein enges Zusammenarbeiten mit dem Erbrechtsausschuss, der ja zu diesen Dingen bereits, wenn auch nicht abschließend, Stellung genommen hat.

Der Ausschuss tritt hierauf in eine Geschäftsordnungsaussprache ein, die zu dem Ergebnis führt, dass die nächste Sitzung mit dem Thema *„Erbschein"* in der Mitte des Monats August stattfinden soll. Die Herren des Erbrechtsausschusses sollen an dieser Sitzung teilnehmen können. Der Ausgangspunkt für die Besprechung soll das noch zu vervielfältigende Referat von Herrn Richter *Höver* sein. Auch die Protokolle des Erbrechtsausschusses sollen dabei herangezogen werden. Herr *Prof. Böhmer* soll zu den Fragen der §§ 2265 bis 2267 in der Sitzung noch besonders gehört werden.

(Schluss der Sitzung 18.15 Uhr)

V. Protokoll der Sitzung vom 24.11.1937 (Erbschein)

Vorsitzender: Wir kommen heute zur Aussprache über den *Erbschein.* Im FGG befasst sich allein § 84 mit dem Erbschein. Ein Mitglied des Erbrechtsausschusses meinte, dass die Bestimmungen über Nachlass- und Teilungssachen im kommenden Erbrecht zusammenzufassen seien. Zweifellos hat eine derartige Zusammenfassung ihre Vorzüge. Ohne Rücksicht darauf, ob die jetzt im FGG geregelte Materie in Zukunft in einem neuen FGG oder in dem Erbgesetz behandelt wird, ist unser Ausschuss jedenfalls legitimiert, sich mit diesen Fragen zu befassen.

Für die Beratung des Gegenstandes der heutigen Tagesordnung liegen vor:

1. Das Gutachten des Kammergerichtsrats Dr. Höver „Der Erbschein",
2. ein Nachtragsgutachten hierzu von Dr. Höver,
3. ein zweites Nachtragsgutachten hierzu von Dr. Höver,
4. ein Gutachten des Kammergerichtsrats Backs „Der Inhalt des Vorerbenerbscheins",
5. ein Gutachten von Dr. Höver über „Nachlass- und Teilungssachen" [Im BA Berlin befindet sich lediglich ein „Nachtragsgutachten" zu dem Abschnitt: Die Teilungssachen, R 3001, 20502, Bl. 354 ff.].

Ich bitte zunächst Herrn Prof. Lange, über die Beratungen im Erbrechtsausschuss zu berichten.

Lange: Das Institut des Erbscheins berührt eine Fülle praktisch-technischer Grundfragen des Erbrechts; daher hat es von jeher große Bedeutung gehabt. Im ausländischen Recht ist der Erbschein nicht oder doch nicht in der Bedeutung des BGB bekannt. Der Erbrechtsausschuss hat sich einstimmig dafür ausgesprochen, dass der Erbschein sowohl in seiner Vermutungswirkung wie in seiner Funktionswirkung erhalten bleiben soll. Er soll den Erben legitimieren und insofern die Rechtswirkung der §§ 929 und 932 BGB ergänzen. Im Ausschuss wurde die Möglichkeit eines auf spezielle Gegenstände beschränkten Erbscheins, der vor allem im Grundstücksverkehr Bedeutung hätte, erörtert. Dies hätte vor allem im Hinblick auf § 99 der Kostenordnung, wonach sich die Kosten immer nach dem Wert des Gesamtnachlasses errechnen, große Bedeutung. Es wurden gegen den Erbschein Angriffe erhoben, weil er nur das Erbrecht für den Todeszeitpunkt ausweise, während gemeinhin angenommen wird, dass ein Erbe auch später noch in jeder Richtung durch den Erbschein legitimiert sei. Der Erbschein ist also lediglich auf den Todesfall ausgestellt und ergeben sich Unrichtigkeiten, so muss für seine Richtigstellung gesorgt werden. Er kann von Anfang an unrichtig sein, sei es infolge falscher Auslegung des Testaments, Anfechtung des Testaments oder Erbunwürdigkeit; dann kann dem durch Einziehung oder Berichtigung abgeholfen werden. Die Schwierigkeiten treten erst bei nachträglicher Unrichtigkeit des Erbscheins, vor allem bei der Erbteilsveräußerung nach § 2033 BGB auf; denn trotz Veräußerung seines Erbteils wird hier der Erbe als „Erbe" durch den Erbschein ausgewiesen. Ein weiterer Fall nachträglicher Unrichtigkeit ist der Eintritt von Verfügungsbeschränkungen durch Nachlassverwaltung und Nachlasskonkurs; diese Beschränkungen werden nicht in den Erbschein aufgenommen. Lediglich die Nacherbfolge gemäß § 2363 BGB und die Anordnung eines Testamentsvollstreckers nach § 2364 BGB werden im Erbschein berücksichtigt. Wenn also der Erbschein nicht von Anfang an unrichtig ist, hat er Dauerwirkung, das heißt, der in ihm Genannte wird als Erbe ausgewiesen und kann im Rechtsverkehr jedenfalls als Erbe angesehen werden. Nur bei Vorliegen nachträglicher Unrichtigkeiten, wie sie eben genannt wurden, genießt der Erbschein keinen öffentlichen Glauben. Es wurde im Erbrechtsausschuss nun erwogen, ob derartige Beschränkungen des Erbrechts in den Erbschein aufzunehmen seien, denn anders besteht die Gefahr, dass z.B. Miterben, die bereits über ihr Erbteil verfügt haben, aufgrund des Erbscheins noch einmal ihr Erbteil veräußern können. Allerdings ist diese Gefahr verhältnismäßig gering, da Erbteilsveräußerungen praktisch nur unter Miterben vorkommen. Dagegen ist die Gefahr der Schädigung eines Dritten bei Nachlasskonkurs und Nachlassverwaltung durchaus gegeben. Der Ausschuss hat von vornherein die Möglichkeit eines Erbrechtsbuches abgelehnt, da dieses keinen dauernden Zustand angeben könnte und daher als Verkehrssicherungsmittel unzulänglich wäre.

Gewisse Schwierigkeiten liegen in der beliebigen Vervielfältigung des Erbscheins durch Ausfertigungen, denn dadurch wird die Berichtigung und Einziehung außerordentlich erschwert. Als Lösung wurde zunächst zur Erörterung gestellt, ob man den Erbschein nicht bei den Gerichtsakten behalten soll und nur beglaubigte Abschriften in den Verkehr gibt. Als mildere Möglichkeit wurde angeregt, im Erbschein wenigstens die Änderungen und Beschränkungen des Erbrechts anzuführen, die bereits im Zeitpunkt seiner Ausstellung vorhanden waren. Hierbei wurde es als erstrebenswert bezeichnet, dass Erbteilsveräußerungen für anzeigepflichtig erklärt werden sollen. Als dritte Möglichkeit wurde erörtert, dass der Erbschein durch seine Fassung selbst klarstellen solle, dass er lediglich die Rechtsverhältnisse zur Zeit des Erbfalles ausweise.

Der Erbrechtsausschuss hat alle drei Möglichkeiten nach gründlicher Prüfung abgelehnt. Er ist überzeugt, dass sich die vorgeschlagenen Verfahren nicht lohnen, weil sich zahlreiche Fälle eines Erbscheinmissbrauchs kriminell erfassen ließen und weil andererseits derjenige, der ernsthaft betrügen will, sich durch derartige technische Kautelen nicht abhalten lassen würde, vielmehr nötigenfalls den Erbschein fälschen oder eine falsche Ausfertigung bewirken könnte. Aber auch sonst würde sich eine Änderung des Erbscheininhalts kaum lohnen. Der Harmlose würde auch durch beglaubigte Abschriften nicht geschützt werden können, weil er nicht weiß und sich auch nicht erkundigt, ob der Erbschein den allerneuesten Stand der Erbverhältnisse wiedergibt. Auch sollte man die Möglichkeit der Erbteilsverfügung nicht allzu sehr erleichtern, denn mit Erbteilen soll grundsätzlich kein Handel betrieben werden. – Die Änderungen der erbrechtlichen Verhältnisse, die bei Ausstellung des Scheins schon vorliegen, in den Schein aufzunehmen, wurden abgelehnt, weil auch diese Klarstellungen Zufälligkeiten unterworfen sind; der Nachlasskonkurs wird z.B. im Erbschein eingetragen, wenn er bereits eröffnet ist, nicht aber, wenn er zwei Tage später eröffnet wird. Man muss befürchten, dass auf diesem Wege das negative Publizitätsprinzip verstärkt wird, ohne ihm eine echte Grundlage zu verschaffen, d.h. man verlässt sich auf den Inhalt des Erbscheins, ohne dass man sich tatsächlich auf die Richtigkeit verlassen kann. – Hinsichtlich der Fassung des Erbscheins war sich der Ausschuss darüber im Klaren, dass eine bessere und klarere Ausdrucksweise erstrebenswert sei, obgleich diese nur schwer zu formulieren ist. Dass schuldrechtliche Belastungen nicht im Erbschein zum Ausdruck gebracht werden sollen, wurde vom Ausschuss einhellig befürwortet. Dies führt freilich dazu, dass der Erbe durch den Erbschein ausgewiesen wird, obgleich er z.B. durch Ausgleichspflichten derart belastet ist, dass sein ganzes Erbrecht illusorisch ist. Diese Gefahr muss aber in Kauf genommen werden. Ebenso wenig wie Ausgleichslasten sind Vermächtnisse, Auflagen und Pflichtteilsansprüche, wie auch sonstige Nachlassverbindlichkeiten in den Erbschein aufzunehmen, denn dieser soll keine Belehrung über das Ausmaß des Erbrechts enthalten. Sollte in Zukunft der Pflichtteilsanspruch durch ein materielles Noterbenrecht abgelöst werden, dann allerdings wäre dieses im Erbschein zu berücksichtigen.

Der Erbrechtsausschuss glaubt nach alledem, den Erbschein in der bisherigen Gestalt und mit den bisherigen materiellen Wirkungen belassen zu sollen. Er hat sich vor allem für den Grundbuch- und Bankverkehr als unerlässlich erwiesen.

Höver: Ich kann mich den Ausführungen des Herrn Prof. Lange im Wesentlichen anschließen. – Der Erbrechtsausschuss behandelte zunächst die Frage, ob es wünschenswert sei, einen gegenständlich beschränkten Erbschein, wie er in gewissem Umfange bereits in § 2369 BGB vorgesehen ist, einzuführen. Es wurde aber auf die Gefahr hingewiesen, dass der gegenständlich beschränkte Erbschein im Verkehr die Vorstellung erwecken würde, dass der in ihm bezeichnete Gegenstand auch wirklich zur Erbschaft gehöre und der Erbe Rechte an der Erbmasse besäße, während er in Wirklichkeit nur das Erbrecht bezeugen soll. Die neue Reichskostenordnung lehnt den gegenständlich beschränkten Erbschein ab und berechnet die Kosten stets nach dem ganzen Nachlass. Der Erbrechtsausschuss sprach sich aus den genannten Gründen gegen die Einführung eines gegenständlich beschränkten Erbscheins aus. – Weiter wurde die Frage erörtert, ob für das Vorausvermächtnis ein Sondererbschein zu schaffen sei. Auch dieses wurde unter dem Hinweis abgelehnt, dass sich dies nicht in allen Fällen verwirklichen ließe, denn wenn z.B. Sachgesamtheiten zum Voraus gehören, dann müsste im Erbschein ein umfangreicher Katalog von Nachlassgegenständen, von denen vielleicht zweifelhaft ist, ob sie tatsächlich zum Voraus gehören, aufgeführt werden. – Auch in der Frage, ob Nachlassverwaltung oder Nachlasskonkurs, mögen sie vor oder nach Ausstellung des Erbscheins eröffnet werden, im Erbschein zu berücksichtigen sein, hat sich der Ausschuss im Wesentlichen den in meinem Gutachten niedergelegten Erwägungen angeschlossen. Eine besondere Gefahr kann ich in dieser Nichterwähnung nicht sehen; höchstens könnten sich Schwierigkeiten bei Verfügungen über Grundstücke oder Grundstücksrechte ergeben, weil diese veräußert und in das Grundbuch eingetragen werden. Ich habe deshalb vorgeschlagen, für eine schnelle Publikation der Nachlassverwaltung und des Nachlasskonkurses und sofortige Eintragung ins Grundbuch Sorge zu tragen, was durch das Nachlassgericht veranlasst werden könnte. Meist gibt der Konkursverwalter belastete Grundstücke frei und überlässt dem Gemeinschuldner die Verfügung darüber. Dieser kann aber nur mit Hilfe eines Erbscheins, in welchen der Nachlasskonkurs nicht vermerkt ist, weitere Verfügungen treffen. Auch deshalb halte ich es nicht für richtig, dass Nachlassverwaltung und Nachlasskonkurs im Erbschein erwähnt werden.

Auch der Nachlass- und der Konkursverwalter bedürfen eines Erbscheins; besonders wenn unter den Miterben bereits eine Verteilung stattgefunden hat, muss er wissen, wie die Massegegenstände verteilt sind und wer die Miterben sind, wenn er sie zum Offenbarungseid vorladen will. Ebenso bedarf der Testamentsvollstrecker eines Erbscheins, da er den Erben gegenüber Pflichten und Rechte auszuüben hat. – Weiter hat sich der Ausschuss damit beschäftigt, ob die Übertragung eines Erbteils nach § 2033 BGB im Erbschein angeführt werden soll. Gerade diese

Frage hat den Ausschuss zu dem besonderen Hinweis veranlasst, dass der Erbschein deutlich zum Ausdruck bringen solle, dass er auf den Todesfall abgestellt ist. In der Praxis geschieht dies bereits, denn es wird nicht bescheinigt, dass A, B, C Erben sind, sondern dass der am … verstorbene X von A, B, C beerbt worden ist. Es wurde weiter angeregt, für die Übertragung eines Erbanteils wie bei der Vorerbschaft und beim Erbschaftskauf eine Anzeige von der Übertragung an das Nachlassgericht vorzuschreiben. Es gilt jedoch zu bedenken, dass der Erwerber die Möglichkeit einer weiteren Übertragung hat, ohne dass der Nachlassrichter hiervon wieder unterrichtet wird. Weiter wurde erörtert, ob Beschränkungen der Verfügungsberechtigung von Erben im Erbschein aufzuführen seien. Es kommt vor, dass der Erbe bei Überbelastung des Nachlasses mit Nachlassschulden praktisch überhaupt keine Verfügungsmöglichkeit mehr hat. Es würde zu den größten Umständlichkeiten führen, wenn der Nachlassrichter im Erbschein alle Belastungen nennen müsste und [dies] würde unter Umständen monatelange Ermittlungen, Aufstellungen eines Inventars usw. erfordern. Wenn der Erbschein wirklichen Nutzen haben soll, dann muss er aber möglichst schnell ausgestellt werden. Alles, was seine Ausstellung verzögern könnte, muss möglichst ausgeschaltet werden. Aufgrund meiner praktischen Erfahrungen in Bremen möchte ich allerdings vorschlagen, dass in einer für das Ausland ausgestellten Ausfertigung eines Erbscheins auf ausdrückliches Verlangen klargestellt wird, dass der betreffende Erbe verfügungsberechtigt ist. – Für den Auslandserbschein spielt § 2369 BGB eine besondere Rolle. Ich wies bereits auf die Schwierigkeiten hin, die sich daraus ergeben, dass in einem solchen Erbschein die Bruchteile genannt werden müssen, obwohl er sich materiell nach dem Auslandsrecht richtet. Dieses erfordert umfangreiche Nachforschungen und Anfragen und führt zu Verzögerungen, die dem Zweck des Erbscheins direkt zuwiderlaufen. Ich verweise auf die beiden letzten für das Auslandsrecht ergangenen Kammergerichtsentscheidungen im 15. und 16. Band des JFG [Jahrbuch für Entscheidungen in Angelegenheiten der freiwilligen Gerichtsbarkeit], in denen ausgeführt wird: Wenn auf dem Wege der Rückverweisung für einen Ausländer das deutsche Recht anzuwenden ist, dann ist ein allgemeiner Erbschein nach §§ 2353 ff. BGB zu erteilen. Beide Entscheidungen sagen ausdrücklich, dass der Nachlass in zwei Teile gespalten werde und es so anzusehen sei, als ob zwei Erbfälle stattgefunden hätten. Es liegt für den Nachlassrichter die Gefahr nahe, dass er nur einen allgemeinen Erbschein, der über den betreffenden Gegenstand im Inland nichts sagt, ausstellt. Zur Verdeutlichung empfehle ich, ausdrücklich zu erwähnen, dass der Erbschein nach § 2369 BGB nur für einen in Deutschland befindlichen unbeweglichen Nachlass zu erteilen ist.

Vorsitzender: Die Beurteilung der Bedeutung des Erbscheins hat im Verlauf der Sitzungen des Erbrechtsausschusses sehr geschwankt. Solange die Neigung vorherrschte, das eigenhändige Testament zu beseitigen, konnte die Meinung vertreten werden, dass der Erbschein überhaupt keine praktische Bedeutung in Zukunft haben würde. Nachdem sich aber der Erbrechtsausschuss entschlossen hat, das eigenhändige Testament beizubehalten, ist der Erbschein nach wie vor von großer Bedeutung. Ich darf wohl als feststehend annehmen, dass der Erbschein nach wie vor die Aufgabe hat, das Erbrecht zu bezeugen. Deswegen muss alles, was nur schuldrechtliche Wirkung hat, ausscheiden. Ferner ist grundsätzlich der gegenständlich beschränkte Erbschein abzulehnen. Weiter ist daran festzuhalten, dass die bisherigen Formen des Erbscheins, wie gemeinschaftlicher Erbschein, Teilerbschein, gemeinschaftlicher Teilerbschein und Gruppenerbschein beizubehalten sind. Dass § 2369 BGB bestehen bleiben soll, ist meines Erachtens ebenso wenig zweifelhaft. – Bezüglich der Aufnahme von weiteren Verfügungsbeschränkungen in den Erbschein teile ich die Auffassung der Herren Referenten. Mit Recht wurde von Herrn Höver auch angedeutet, dass es sich häufig um Tatsachen von vorübergehender Bedeutung handele, die, falls sie im Erbschein verzeichnet würden, diesen nur komplizieren würden, da er nach einiger Zeit wieder unrichtig würde.

Backs: Ich möchte fragen, ob auch der Erbteilserwerber im Erbschein angeführt werden soll. Die herrschende Meinung, dass der Erbschein nur zu bezeugen habe, was im Zeitpunkt des Todes des Erblassers rechtens sei, scheint mir nicht ganz zutreffend zu sein. Das Nachlassgericht hat dem Erben auf Antrag ein Zeugnis über das Erbrecht oder die Größe seines Erbteils auszustellen. Dass ein vergangener Zeitpunkt, nämlich der des Todes des Erblassers, maßgebend sein soll, steht nicht im Gesetz. Deshalb ist meine Meinung, dass der Erbschein den erbrechtlichen Zustand ausweisen solle, der im Zeitpunkt seiner Ausstellung besteht. Auch bei Eintritt der Nacherbfolge wird doch der Erbschein nicht dahingehend gefasst, dass der Vorerbe den Erblasser beerbt habe, sondern dass die namentlich aufgeführten Personen, nämlich die Nacherben, Erben seien; der Vorerbe erscheint überhaupt nicht mehr im Erbschein. Die Frage ist also nicht die, auf welchen Zeitpunkt der Erbschein abstellen will, sondern, worüber er Auskunft zu geben hat. Das Gesetz sagt, er soll über das Erbrecht und gewisse vom Erblasser angeordnete Beschränkungen (Nacherbfolge und Testamentsvollstreckung) aussagen. Nachlassverwaltung und Nachlasskonkurs werden im Erbschein nicht aufgeführt, weil sie weder das Erbrecht an sich berühren, noch auch Anordnungen des Erblassers zur Beschränkung des Erbrechts betreffen. Ich bin auch dafür, Nachlassverwaltung und Nachlasskonkurs nicht in den Erbschein aufzunehmen. – Hinsichtlich der Erbteilsabtretung ist der gegenwärtige Zustand meines Erachtens nicht befriedigend. Es wird z.B. ein Erbschein für mehrere Erben ausgestellt; einer von ihnen tritt seinen Erbteil ab. Aufgrund des Erbscheins ist es nur möglich, dass die Gesamtheit der Erben verfügt. Der Erbteilserwerber, der sich aufgrund des vorgelegten Erbscheins gesichert glaubt, muss sich nun von der Erbengemeinschaft entgegenhalten lassen, dass der Erbe ohne Wissen der übrigen seinen Erbteil abgetreten hat und dass diese Abtretung daher unwirksam ist. Man könnte demgegenüber höchstens einwenden, dass sich ein solcher Fall selten ereignet. Jedenfalls muss man sich darüber klar sein, dass der Erbschein den bisherigen Erben noch ausweist, wenn dieser nur noch dem Namen nach „Erbe“ ist, während seine tatsächliche Rechtsstellung auf einen Dritten übergegangen ist. Um etwaigen hieraus entspringenden Gefahren vorzubeugen, könnte man für die Erbteilsabtretung bestimmen, dass der Erwerber nicht nur wie bisher einen Erbteil erwirbt, sondern auch in die Erbenstellung eintritt, was dann im Erbschein zu vermerken wäre. Dies entspräche der nachträglichen Eintragung des Nacherben in den Erbschein nach Eintritt des Nacherbfolgefalles.

Siefert: In meiner Praxis ist es vorgekommen, dass ein Erbe am gleichen Tage zweimal seinen Erbteil übertragen hat. Ein krimineller Schutz hiergegen ist natürlich möglich, doch soll das Erbrecht selbst Vorsorge gegen derartige Missbräuche treffen. Weiter kommt häufig der Fall vor, dass ein Erbteil ohne Wissen der übrigen Erben übertragen wird, wodurch unter Umständen Verzögerungen, Unkosten und Streitigkeiten hervorgerufen werden. Die jetzige Rechtslage, dass ein Erbe trotz Übertragung seines Erbteils die Erbeneigenschaft behält, also nur noch ein nudum jus besitzt, während der Dritte materiell in die Rechtsstellung des Erben eintritt, ist unbefriedigend. Ich bin nun zwar der Ansicht, dass der Erbschein die Rechtslage beim Tode des Erblassers wiedergeben soll, wie ich auch gegen die Aufnahme des Erbschaftserwerbers als echter Erbe in den Erbschein bin, doch möchte ich mich dafür aussprechen, dass die Erbteilsübertragung, auch wenn sie nachträglich erfolgt, dort vermerkt wird. Da die Erbteilsübertragung einer Beurkundung bedarf, so müsste die beurkundende Stelle dem Nachlassrichter von der Übertragung Mitteilung zu machen und gleichzeitig die vom Erben vorzulegende Ausfertigung des Erbscheins dem Nachlassgericht einliefern. Erbteilsübertragungen kommen häufig vor und müssen meines Erachtens unbedingt im Erbschein zum Ausdruck gebracht werden.

Vorsitzender: Dies würde dazu führen, dass bei Übertragung eines Erbteils der Erbschein eingezogen werden muss.

Hesse: Die Aufnahme der Nachlassverwaltung und des Nachlasskonkurses in den Erbschein dürfte aus rein praktischen Schwierigkeiten scheitern. Es empfiehlt sich daher, diese Verfügungsbeschränkungen, die erst nachträglich eintreten, nicht in den Erbschein aufzunehmen. Zu erwägen wäre, ob das Nachlassgericht nicht auch bei Anordnung der Nachlassverwaltung das Grundbuchamt um Eintragung zu ersuchen hat, wie dies jetzt schon beim Nachlasskonkurs der Fall ist. – Der Grund, den gegenständlich beschränkten Erbschein, der früher in Preußen sehr verbreitet war, abzuschaffen, lag nicht in kostenrechtlichen Erwägungen, sondern in praktischen Notwendigkeiten.

Lützeler: Auch ich bin der Meinung, dass der Erbschein ein Zeugnis über den erbrechtlichen Zustand zur Zeit des Todes des Erblassers sein soll. Das muss im Erbschein auch klar zum Ausdruck kommen. Deshalb könnte die Fassung anstelle: „Erben des X sind A, B und C" besser lauten: „Erben waren zur Zeit des Todes des X A, B und C". Weist der Erbschein aber das Erbrecht im Zeitpunkt des Todes aus, dann gehört der Erbteilserwerb nicht in den Erbschein und es besteht auch kein Anlass, den Erbschein solchenfalls als unrichtig einzuziehen. Eine andere Frage ist, ob man eine Anzeigepflicht für den Erbteilserwerb einführen und die Wirksamkeit der Abtretung von der Erfüllung der Anzeigepflicht abhängig machen soll. Auf diese Weise könnte jeder Interessierte auf dem Wege über das Nachlassgericht sich über die wahre erbrechtliche Lage unterrichten. Schließlich könnte man auch daran denken, auf der Rückseite des Erbscheins die durch Erbteilsveräußerung eingetretene spätere Rechtsänderung anzuzeigen, wodurch Doppelabtretungen verhindert werden.

Vorsitzender: Die Einführung dieses Übertragungsvermerks ist eine rein praktische Frage, die nach der Häufigkeit von Erbteilsübertragungen im einen oder anderen Sinne gelöst werden kann.

Wir kommen nunmehr zur Frage des *Vorerbenscheins* (§ 2363 BGB). Entscheidend sind hierbei folgende Gesichtspunkte:

1. Ist der Name des Nacherben anzugeben?
2. Sind Ersatznacherben anzuführen?
3. Sind Einzelbefreiungen anzugeben?

Höver: Meinen Vorschlägen hat sich der Erbrechtsausschuss im Wesentlichen angeschlossen. Ich habe in meinem Gutachten angeführt, dass die vom Gesetz angeordnete Benennung der Person des Nacherben auch stets der Wirklichkeit zu entsprechen hat und dass der Erbschein unrichtig wird, wenn die Person des Nacherben unrichtig oder unvollständig angegeben ist. Die Forderung, dass die richtigen Nacherben im Erbschein genannt sein müssen, führte aber in der Praxis zu großen Unzuträglichkeiten. Wenn es sich um zahlreiche Nacherben in einer Familie handelt, kann es vorkommen, dass der Erbschein alle paar Monate eingezogen werden muss, weil er durch Todesfälle oder andere Umstände unrichtig wurde (vgl. Entscheidung des OLG München vom 29.9.1928 in JFG 6. Bd., wo es sich um 36 Nacherben handelte und sich nachträglich herausstellte, dass alle falsch aufgeführt waren). In den Fällen der §§ 2101 und 2104 BGB, wo es sich um noch nicht erzeugte Personen handelt, kann die Personenbezeichnung natürlich nur allgemein geschehen. Im Übrigen aber verlangt das Gesetz eine möglichst genaue Personenbezeichnung, die wesentlicher Bestandteil des Erbscheininhalts ist; der Erbschein wird jedes Mal ungültig, wenn die Angabe unrichtig ist. Dies hat den doppelten Nachteil, dass bei Ausstellung des Erbscheins eine übermäßige Verzögerung eintreten kann und später der Richter infolge seiner Ermittlungspflicht fortlaufend vor die Notwendigkeit von Ermittlungen gestellt ist und bei Änderungen den Erbschein jedes Mal einziehen muss. Auch entstehen dadurch jedes Mal neue Kosten, nicht durch die Einziehung des alten, wohl aber durch die Ausstellung des neuen Erbscheins (§ 100 Satz 2 Kostenordnung). Bei Vorliegen befreiter Vorerbschaft und auch in gewissen anderen Fällen ist eine solche wiederholte Ausstellung eines neuen Erbscheins nicht nötig. – Häufig verfügt der befreite Vorerbe im Wege eines entgeltlichen Rechtsgeschäfts über ein Grundstück oder eine Hypothek; dazu bedarf er nicht der Zustimmung des Nacherben. Der Nachweis der Entgeltlichkeit lässt sich mit grundbuchmäßigen Mitteln in der Regel nicht führen. Das Kammergericht hat dem Rechnung getragen, als es den Nachweis der Entgeltlichkeit des Rechtsgeschäfts auch mit nicht grundbuchmäßigen Mitteln zu führen gestattet. Wenn also bei der befreiten Vorerbschaft die Einholung der Zustimmung der Nacherben gar nicht besonders gefordert wird, warum sollen diese dann namentlich im Erbschein aufgeführt werden? Das Grundbuch schafft doch durch § 39 Abs. 1 GBO auch die Erleichterung, dass es bei Aufhebung oder Übertragung eines Rechtes der Eintragung der Berechtigten, also auch der Nacherben, im Grundbuch nicht bedarf. Deshalb sehe ich in der namentlichen Benennung der Nacherben bei befreiter Vorerbschaft einen überflüssigen Formalismus.

Vorsitzender: Auf Seite 4 Ihres Nachtragsgutachtens [nicht überliefert; vgl. *W. Schubert* (Hrsg.), Bd. III, 8 der Reihe, 1996, S. 291 ff., 656 ff.] heißt es: „Der Erbrechtsausschuss hat den von mir in meinem Hauptgutachten S. 36-40 vorgetragenen Bedenken hinsichtlich der Aufnahme der Person des Nacherben in den Erbschein Beachtung geschenkt und sich dahin entschlossen, dass geeignetenfalls die namentliche Bezeichnung der Nacherben wegbleiben kann, insbesondere bei befreiter Vorerbschaft.“ Das ist wohl dahin zu verstehen, dass das Gesetz sich darüber äußern muss, ob die Namen der Nacherben aufgeführt werden müssen oder nicht.

Lange: Grundsätzlich ist es erwünscht, dass die Nacherben namentlich aufgeführt werden; bei Vorliegen besonderer Schwierigkeiten kann davon abgesehen werden.

Backs: Man muss das dem Antragsteller überlassen, denn man kann nicht wissen, für welche Zwecke er den Erbschein benötigt. Es bedarf nur einer kurzen Frage des Nachlassrichters, ob der Antragsteller die namentliche Aufführung wünscht oder nicht.

Lützeler: Ich schließe mich dieser Ansicht an. Wird kein besonderer Antrag gestellt, dann wird lediglich die Anordnung einer Nacherbschaft vermerkt.

Vorsitzender: Augenblicklich besteht der gesetzliche Zwang, die Nacherben namentlich anzugeben; ist ein Nacherbe nicht genannt, dann kann dieser die Einziehung des Erbscheins wegen Unrichtigkeit anregen. Nach dem soeben genannten Vorschlag würde insofern ein grundsätzlicher Wandel eintreten.

Backs: Wenn keine namentliche Anführung der Nacherben beantragt ist, dann lautet der Erbschein: X ist befreiter Vorerbe. Im anderen Falle: X ist befreiter Vorerbe, A, B und C sind Nacherben. Ist noch ein Nacherbe D vorhanden, dann ist der Erbschein unrichtig. Der Nacherbe kann seine Benennung im Erbschein nicht verlangen, denn er ist durch seine Nichtbenennung nicht beschwert; die namentliche Aufführung hat nur für den Vorerben Bedeutung, da er durch den Erbschein darzutun hat, dass derjenige, dessen Zustimmung er dem Grundbuchamt beibringt, der Nacherbe ist.

Vorsitzender: Angenommen, drei Nacherben sind bekannt, der vierte nicht. Im Erbschein steht: Nacherben sind A, B und C und ein Unbekannter. Kann der Unbekannte nunmehr Richtigstellung des Erbscheins verlangen?

Backs: Diese Formulierung kann den Unbekannten nicht gefährden, denn solange im Erbschein das Vorhandensein eines vierten Nacherben festgestellt ist, kann ohne Zustimmung des vierten nicht wirksam verfügt werden.

Lützeler: Wenn schon Nacherben genannt werden, dann muss auch der vierte ein Recht auf Nennung haben.

Backs: Er kann aber praktisch kein Interesse daran haben, da er durch die Fassung des Erbscheins nicht beschwert ist.

Höver: Es werden z.B. Abkömmlinge eines Herrn X für einen bestimmten, noch fernliegenden Zeitpunkt zu Nacherben eingesetzt. X wird voraussichtlich noch mehrere Kinder bekommen. Dann sollen die bereits vorhandenen Kinder nicht im Erbschein genannt werden, weil der Kreis der später als Nacherben in Betracht kommenden Personen noch nicht geschlossen ist. Ist dagegen der Kreis der später als Nacherben in Betracht kommenden Nacherben, etwa bei einem älteren Ehepaar, vollständig zu erfassen, dann sind sie alle einzeln aufzuführen. Es können nun Komplikationen eintreten, indem der Aufenthalt von Nacherben unbekannt oder unsicher ist, ob sie noch am Leben sind. Dann beginnt die Ermittlungspflicht des Nachlassrichters. Für die unbekannten Beteiligten kann gemäß § 1913 BGB ein Pfleger bestellt werden. Jedenfalls ist der Kreis der in Frage kommenden Nacherben möglichst vollständig zu ermitteln und im Erbschein zu bezeichnen.

Hesse: Nach dem gegenwärtigen Rechtszustand ist nicht nur das Recht des Nacherben, sondern auch die Person des Nacherben im Grundbuch einzutragen. Das entspricht den formalen Grundsätzen des Grundbuchrechts, dass bei einer derartigen Beschränkung anzugeben ist, zu wessen Gunsten sie besteht. Darüber hinaus hat es große praktische Bedeutung, ob bei Verfügungen über ein Grundstück die Nacherben genannt sind oder nur allgemein die Tatsache einer Nacherbfolge erwähnt ist, denn letzterenfalls würde das Grundstück nur schwer zu veräußern sein, weil der Erwerber ständig im Ungewissen bleibt, ob tatsächlich und ausnahmslos die Berechtigten ihre Zustimmung erteilt haben.

Backs: Es sind folgende zwei Fälle auseinander zu halten:

1. Der Vorerbe kann nur mit Zustimmung der Nacherben verfügen; dann müssen die Nacherben im Erbschein und auch im Grundbuch stehen.
2. Der Vorerbe ist befreit und bedarf keiner Zustimmung der Nacherben, dann brauchen deren Namen im Erbschein nicht zu erscheinen. Hieraus müsste die Konsequenz gezogen werden, dass man auch im Grundbuch nicht die Namen der einzelnen Nacherben, sondern nur die Tatsache der Beschränkung des Eigentümers durch Nacherbschaft vermerkt.

Vorsitzender: Hieran knüpft sich die Frage, ob ein Erbschein ohne namentliche Angabe der Nacherben bei befreiter Vorerbschaft zulässig ist. Ich möchte diese Erleichterung nur für die voll befreite Vorerbschaft zulassen (*Zustimmung*).

Höver: Die Nacherben im Grundbuch namentlich zu nennen, ist wegen der Möglichkeit eines häufigen Wechsels bedenklich. Das Kammergericht hat die Umschreibung des Grundstücks auf die Nacherben mit der Begründung zugelassen, dass sie als Nacherben im Erbschein ausgewiesen seien. Ich halte das für nicht richtig, denn die Publizitätswirkung des Erbscheins erstreckt sich nicht auf die Person der Nacherben, sondern nur auf die Tatsache der Nacherbschaft. Wenn also die Nacherben bei Umschreibung des Grundstücks in Abteilung II des Grundbuchs aufgeführt sind, dann kann nicht ohne weiteres nach dem Tode des Vorerben das Grundstück auf die Person der Nacherben umgeschrieben werden. So ist es denkbar, dass der Nacherbe sein Anwartschaftsrecht übertragen oder ausschlagen kann. Wegen dieser Unsicherheit hinsichtlich der Nacherbenperson bin ich grundsätzlich gegen die namentliche Anführung der Nacherben nicht nur im Erbschein, sondern auch im Grundbuch. Auch wenn der Fall der befreiten Vorerbschaft nicht vorliegt, sollte meines Erachtens aus den genannten Gründen die namentliche Aufführung im Erbschein unterbleiben.

Vorsitzender: Nach der praktischen Erfahrung wird man wohl nicht unter allen Umständen auf die namentliche Nennung des Nacherben verzichten können. Insbesondere scheint es mir zweifelhaft, ob man bei der nicht befreiten Vorerbschaft darauf verzichten darf. Herr Dr. Höver will offenbar grundsätzlich nur sagen, dass nach Lage des Einzelfalles auf die namentliche Aufführung verzichtet werden darf, ohne dass der Erbschein unrichtig wird.

Ich komme nunmehr zu dem von Herrn Kammergerichtsrat Backs in seinem Gutachten behandelten Problem: *„Der Inhalt des Vorerbenerbscheins"*.

Backs: Beim Vorerbenerbschein ergibt sich zunächst die Frage, inwieweit er über nachträgliche Veränderung des Nacherbenrechts Auskunft geben soll. In der Nacherbfolge können auf verschiedenste Weise Wechsel eintreten, so durch Tod des Nacherben, Ausschlagung, Erbunwürdigkeitserklärung, Übertragung des Nacherbenrechts, Wegfall durch Eintritt einer auflösenden Bedingung.

Der Fall der Übertragung des Nacherbrechts bedarf keines Vermerks im Vorerbenerbschein. Der Eintritt einer auflösenden Bedingung dagegen ist einzutragen. Von den übrigen Fällen ist der wichtigste der Wegfall durch Tod. Hierbei ergeben sich vier Möglichkeiten:

1. Das Nacherbenrecht geht gemäß § 2108 Abs. 2 BGB auf den Erben des Nacherben über.
2. Hat der Erblasser einen Ersatznacherben ausdrücklich oder stillschweigend eingesetzt, dann tritt dieser an die Stelle des Nacherben.
3. Ist weder ein Vorerbe noch ein Ersatznacherbe vorhanden, dann geht das Nacherbenrecht nach § 2094 BGB auf die übrigen Erben über.
4. Ist eine Ersatzerbschaft ausdrücklich oder stillschweigend ausgeschlossen, dann entfällt vollends die Nacherbschaft.

Ich möchte mich dafür aussprechen, dass der Erbschein grundsätzlich den Rechtszustand im Zeitpunkt seiner Ausstellung wiedergibt und dass nachträgliche Veränderungen im Erbrecht nicht berücksichtigt werden sollen. Dafür spricht auch der praktische Gesichtspunkt, dass es für den Nachlassrichter sehr schwierig ist, alle Möglichkeiten im Voraus zu berücksichtigen. Im Falle des Todes des Nacherben ist niemand durch den Erbschein gefährdet. Wenn man davon ausgeht, dass der Erbschein den Tod des ersten Nacherben nicht ausweisen soll, dann darf sich niemand auf seine Richtigkeit verlassen. Was die Ausschlagung und Erbunwürdigkeit betrifft, so besteht dort allerdings die Gefahr, dass der Vorerbe verfügt und denjenigen schädigt, der tatsächlich Nacherbe ist; doch ist diese Möglichkeit von geringer Bedeutung. – Beim Tode des Nachbarn kann ein gewisses Interesse des Vorerben bestehen, dass im Erbschein von vornherein die Möglichkeit des Wegfalls des Nacherben berücksichtigt ist, denn er bedarf dann nicht der Ausstellung eines neuen Erbscheins, weil der bisherige Erbschein genügend den neuen Nacherben ausweist. Es ist auch denkbar, dass der Vorerbe oder auch der Nacherbe von vornherein ein Interesse daran haben, durch eine Entscheidung des Nachlassgerichts die Vererblichkeit des Nacherbenrechts klarstellen zu lassen. Doch auch dieses Interesse halte ich nicht für schwerwiegend genug, um eine entsprechende Regelung im Erbschein zu treffen. Das RG hat entschieden RGZ 154, 330 vom 19.4.1937], dass das Nacherbenrecht und auch seine Vererblichkeit in den Erbschein aufzunehmen seien, weil ein Erbschein ohne Vermerk über das künftige Schicksal des Nacherbenrechts die Rechtslage des § 2108 Abs. 2 BGB unrichtig zum Ausdruck bringe. Dieser Absatz 2 besagt aber nur, dass das Nacherbenrecht im Zweifel vererblich sei, gewährt also lediglich eine Auslegungsregel für den Todesfall, nicht aber für den Erbschein. Wenn man den Standpunkt vertritt, dass der Erbschein über die Vererblichkeit des Nacherbrechts Auskunft zu geben habe, dann müsste dies ausdrücklich verlangt werden. Man kann aber nicht einfach den Schluss ziehen: Weil die Unvererblichkeit des Nacherbrechts im Erbschein nicht erwähnt ist, muss der Erblasser gemäß § 2108 BGB die Vererblichkeit gewollt haben. Der Erbschein soll doch nur angeben, was rechtens ist, und nicht im Wege von Vermutungen und Folgerungen ein bestimmtes Ergebnis herbeizuführen suchen. Ich halte die Angabe der Vererblichkeit des Nacherbrechts im Erbschein nicht für so wesentlich, dass man dem Nachlassrichter diese schwierige Arbeit aufbürden sollte.

Hinsichtlich des Ersatznacherben entschied das RG [RGZ 142, 171 vom 2.11.1933], dass dieser im Erbschein anzugeben sei; dem hat sich auch das KG angeschlossen. Das RG sagte, dass der Ersatznacherbe sich Verfügungen gefallen lassen müsse, die der Vorerbe mit Zustimmung des ersten Nacherben getroffen hat. Anders aber, wenn der Nacherbe sein Nacherbenrecht auf den Vorerben überträgt oder auf die Eintragung seines Rechts im Grundbuch verzichtet. Hieraus ergibt sich eine Gefährdung des Ersatznacherbenrechts, denn wenn der Nacherbe stirbt, dann kann wegen Fehlens des Nacherbenvermerks im Grundbuch nach der formellen Grundbuchlage der Vorerbe unbeschränkt über das Grundstück verfügen. Um dies zu vermeiden, müsste bestimmt werden, dass der Nacherbenvermerk im Grundbuch mit Bewilligung des Nacherben nur gelöscht werden kann, wenn nachgewiesen ist, dass kein Ersatznacherbe vorhanden ist oder dieser zugestimmt hat. Um dies dem Grundbuchrichter nachweisen zu können, bedarf es eines Erbscheins, in dem der Ersatznacherbe aufgeführt ist. – Ich möchte mich dennoch dafür aussprechen, dass die angeführten künftigen Möglichkeiten nicht im Erbschein erwähnt werden sollen. Die Frage der Nennung des Ersatznacherbens im Erbschein ist deshalb so kompliziert, weil nicht nur der vom Erblasser ausdrücklich bestimmte Nacherbe, sondern auch der nach § 2069 BGB in Betracht kommende Ersatznacherbe berücksichtigt werden müsste. Der Richter müsste den Ersatznacherben durch Auslegung der letztwilligen Verfügung ermitteln. Das Gesetz ergänzt gewissermaßen das Testament, indem es in dieses etwas hineinlegt, was der Erblasser nicht ausdrücklich bestimmt hat. Ein grundsätzlicher Unterschied zwischen den vom Erblasser ausdrücklich benannten und den nach § 2069 BGB in Frage kommenden Ersatzerben besteht nicht.

Hesse: Ich gehe von der allgemeinen Auffassung aus, dass der Ersatznacherbe vor Eintritt des Erbfalles lediglich eine Anwartschaft auf den Nachlass hat. Er steht damit im Gegensatz zum Nacherben, der ein Recht am Nachlass hat, wie es durch die relative Verfügungsbeschränkung des Vorerben zum Ausdruck kommt. Angesichts dieser schwachen Position des Ersatznacherben halte ich es für überflüssig, ihn im Erbschein ausdrücklich zu benennen.

Vorsitzender: Als Ergebnis der bisherigen Erörterung schält sich jedenfalls die Notwendigkeit einer Vereinfachung dieses Fragenkomplexes heraus.

Hinsichtlich der *Einzelbefreiungen* bin ich der Anschauung, dass diese in den Erbschein aufzunehmen seien.

Der Erbrechtsausschuss ist sich bezüglich der *Bruchteile* dahin schlüssig geworden, dass diese im Erbschein anzugeben seien. Es wurde angeregt, ob man, wie bei der Nacherbschaft, insofern eine Erleichterung einführen solle, als man auf Antrag die Anführung der Bruchteile unterlässt. – Der Herr Berichterstatter hat auf Seite 4 seines Gutachtens von einer Verfügungsbescheinigung [Bd. II 8 der Reihe, S. 679] gesprochen; ich bitte ihn um eine nähere Erläuterung.

Höver: Diese ist vor allem zur Ermöglichung der Abhebung eines Bankguthabens gedacht. In der Praxis bereitet die Abgrenzung zwischen Erben und Vermächtnisnehmern häufig Schwierigkeiten, vor allem, wenn es sich um große Nachlässe oder zahlreiche Bedachte handelt. Da in den Erbschein aber nur die Erben aufzunehmen sind, bedarf es in solchen Fällen langwieriger Ermittlungen durch den Erbscheinrichter, ob eine Erbeinsetzung oder ein Vermächtnis gemeint ist. Es ist durchaus möglich, dass der Erblasser bei der Zuwendung des Hauptteils seines Vermögens, z.B. eines Grundstücks, keine Erbeinsetzung, sondern nur ein Vermächtnis beabsichtigte, weil er etwa die mit dem Grundstück bedachten Personen von der Verwaltung des Nachlasses ausschließen wollte. Im Übrigen gibt es auch Quotenvermächtnisse. Es kann sich nun darum handeln, dass schnell über ein Bankguthaben oder eine Hypothek verfügt werden muss. Da ein privatschriftliches Testament vorliegt, muss dem Grundbuchrichter oder der Bank unter allen Umständen ein Erbschein vorgelegt werden. Der Nachlassrichter jedoch muss erst vor dessen Ausfertigung eingehende Ermittlungen anstellen, wer im einzelnen Erbe und wer Vermächtnisnehmer ist. Ich will nun in solchen Fällen, falls unter allen Beteiligten, die als Erben oder Vermächtnisnehmer in Frage kommen, Einigkeit darüber besteht, dass die Verfügung getroffen werden solle, eine Verfügungsbescheinigung einführen. Dieser Vorschlag entstammt praktischen Bedürfnissen. Die Bescheinigung soll der Nachlassrichter aufgrund eines Antrags und einer evtl. eidesstattlichen Erklärung aller Beteiligten ausstellen. Die Bescheinigung würde dahin lauten, dass die in ihr bezeichnete Person über ein bestimmtes Vermögensstück verfügen dürfe.

Backs: Dies läuft auf den gegenständlich beschränkten Erbschein hinaus. Es kommt hinzu, dass in diese Bescheinigung auch Personen aufgenommen werden, deren Verfügungsberechtigung nicht feststeht. Es ist dann aber nicht einzusehen, warum man vom Institut des gegenständlich beschränkten Erbscheins abgeht, denn man könnte auch die Regelung treffen, dass in einen gegenständlich beschränkten Erbschein auf Antrag Personen aufgenommen werden können, deren Erbrecht noch zweifelhaft ist.

Lützeler: Ich habe gegen eine derartige Verfügungsbescheinigung Bedenken, denn das Nachlassgericht bescheinigt damit eine Rechtslage, ohne irgendwelche Unterlagen in der Hand zu haben, insbesondere ohne zu wissen, ob die bescheinigte Verfügungsmacht zum Zeitpunkt der Ausstellung der Bescheinigung noch vorhanden ist. Der Erbschein stellt demgegenüber einfach auf den Rechtszustand zur Zeit des Todesfalles ab.

Vorsitzender: Was das *formale Verfahren* betrifft, so trete ich der Auffassung des Erbrechtsausschusses bei, dass das Recht des Testamentsvollstreckers, Nachlass- und Konkursverwalters, einen Erbschein zu beantragen, im Gesetz ausgesprochen werden sollte. Über die Form der eidesstattlichen Versicherung brauchen wir uns in diesem Zusammenhang nicht zu unterhalten.

Es fragt sich nun, wann der *Erbschein Wirksamkeit erlangt.* Entweder tritt sie gemäß § 16 FGG mit der Bekanntmachung an denjenigen, für welchen sie ihrem Inhalt nach bestimmt ist, oder nach dem Vorschlag Höver im Augenblick der Aushändigung an den Antragsteller ein. Ich habe gegen letzteren Vorschlag keine Bedenken; nur muss diese Lösung im Gesetz auch ausdrücklich ausgesprochen werden.

Ich komme dann zur Frage der *Unrichtigkeit des Erbscheins.* Schreib- und Rechenfehler sollen im Wege der einfachen Berichtigung beseitigt werden können. Der Erbrechtsausschuss empfiehlt, dies ausdrücklich zu regeln; doch glaube ich, dass man das Verfahren ohne weiteres der Rechtsprechung überlassen kann, ohne dass eine besondere gesetzliche Bestimmung getroffen wird.

Bei der Frage des unrichtigen Erbscheins besteht wohl kein Zweifel, dass ein Einziehungsbeschluss erforderlich ist.

Höver: An sich ist ein solcher Beschluss notwendig, doch würde ich im Fall des § 2363 BGB nur einen Klarstellungsvermerk vorschlagen.

Vorsitzender: Ich komme nunmehr zu *§ 84 FGG.* Dazu ist meines Erachtens nichts zu bemerken.

Abschließend möchte ich den grundsätzlichen Gedanken herausstellen, dass das Recht des Erbscheins nicht in verschiedenen Gesetzen behandelt werden darf. Ich möchte nach Möglichkeit in einem Erbrechtsgesetz alle materiellen und verfahrensrechtlichen Fragen einheitlich regeln. Die allgemeinen Verfahrensfragen müssten natürlich dem FGG vorbehalten bleiben.

Wir haben dann noch im Bereich der Nachlass- und Teilungssachen die *Nachlassauseinandersetzung* zu behandeln.

Wir werden in der nächsten Sitzung, die voraussichtlich am 20. Dezember stattfinden wird, den Bericht der Herren des Erbrechtsausschusses über die *Erbteilung* und die *richterliche Adjudikationsbefugnis* hören.

VI. Protokoll der Sitzung vom 20.12.1937 (richterliche Erbauseinandersetzung. Erbschaftsverwaltung)

(Beginn der Sitzung 10.25 Uhr)

Vorsitzender: Der Gegenstand, den wir heute behandelt wollen, ist so ausgezeichnet vorbereitet worden, dass ich den Herren folgende Methode vorschlagen zu können glaube. Ich werde von mir aus die Dinge einmal so darstellen, wie sie mir zu sein scheinen. Ich glaube nämlich, dass ich mich in weitestem Maße den Anregungen des Herrn Dr. Höver [Bd. II 8 der Reihe, S. 680 ff., 709 ff.; Beratungen S. 241 ff.] anschließen kann und wir aus diesem Grunde gar keine Diskussion brauchen.

Wir wollen heute über die Auseinandersetzung reden, über die Dinge, die in §§ 86 ff. FGG behandelt werden. Nun glaube ich, können wir folgenden Grundsatz als unbestreitbar und unbestritten betrachten: Grundsätzlich soll es den Erben freistehen, zusammenzubleiben oder sich auseinanderzusetzen, und grundsätzlich soll es auch ihre Sache sein, den Weg zu suchen, auf dem sie sich auseinandersetzen wollen. Ein Zwang zur Auseinandersetzung darf nicht bestehen. Eine zwangsweise Einmischung des Gerichts in eine Erbengemeinschaft kommt nicht in Betracht.

Damit hängt zusammen, dass § 192 FGG nicht in Anwendung kommen kann, den der Herr Berichterstatter behandelt hat.

Kommt es dagegen zu einer Beteiligung des Gerichts in irgendeiner Weise, so findet die Auseinandersetzung nach den Vorschlägen des Herrn Berichterstatters, denen ich mich anschließe, ausschließlich im Rahmen der Freiwilligen Gerichtsbarkeit statt; d.h. die Erbteilungsklage verschwindet, und ebenso verschwindet dieses etwas merkwürdige hermaphroditenhafte Institut der Auseinandersetzungsvermittlung des Gesetzes über die Freiwillige Gerichtsbarkeit; denn das ist in der Tat nur für kleinbürgerliche Verhältnisse geschaffen und führt niemals zum Ziel.

Die gerichtliche Tätigkeit ist eine Tätigkeit der Freiwilligen Gerichtsbarkeit und zwar mit stark autoritärer Stellung des Richters. So weit, glaube ich, können wir es wohl als unbestritten annehmen. Wenn man sich dieses Verfahren näher ansieht, so sieht man, dass es ein Verfahren der Freiwilligen Gerichtsbarkeit ist und als solches aus den von uns behandelten allgemeinen Vorschriften des Gesetzes untersteht.

Dann entsteht aber sofort die erste Frage – und darüber bitte ich eine kurze Aussprache herbeiführen zu dürfen –: soll dieses Verfahren nun ein Antragsverfahren oder ein Amtsverfahren sein? Nach dem, was ich vorhin gesagt habe, kann es nur ein Antragsverfahren sein, wobei ich dieses Auseinandersetzungsverfahren und die Einsetzung eines Erbschaftsverwalters zu unterscheiden bitte. Das sind verschiedene Dinge. Insofern untersteht dieses Verfahren dann der Generalklausel des § 1. Nach § 12 findet ein Amtsverfahren statt, soweit nichts anderes bestimmt ist. Und in § 1 ist eben etwas anderes bestimmt, das Verfahren findet nur auf Antrag statt.

Dr. Höver: Es kann auch Fälle geben, wo es notwendig sein wird, von Amts wegen einzuschreiten, und zwar als Ersatz – besonders wenn die Erbauseinandersetzungsklage wegfällt – für eine einstweilige Verfügung. Es sind auch Verhältnisse denkbar, in denen das öffentliche Interesse so stark überwiegt – ich denke an staatswichtige und staatsnotwendige Betriebe –, dass es unter Umständen notwendig sein kann, von Amts wegen einzuschreiten. Soweit ich mich erinnere, ist das auch im Erbrechtsausschuss bewilligt worden.

Vorsitzender: Das ist ein wichtiger Punkt. Ich unterscheide die Einsetzung eines Erbschaftsverwalters und die Auseinandersetzung. Das sind völlig verschiedene Dinge. Ich kann mir vorstellen, dass es aus bestimmten Gründen notwendig ist, einen Erbschaftsverwalter einzusetzen. Aber dass es notwendig ist, eine Erbschaft zu teilen, kann ich nicht einsehen.

Dr. Höver: Selbstverständlich hängt das miteinander zusammen. Bei überwiegendem öffentlichen Interesse wird es vor allen Dingen notwendig sein, den Nachlass in eine Hand zu bringen, nämlich in die Hand des Erbschaftsverwalters; und zu dessen Aufgaben kann es dann unter Umständen gehören, diese Erbmasse auseinanderzusetzen.

Vorsitzender: Auf die Frage, welche Aufgaben der Erbschaftsverwalter haben soll, komme ich noch zurück. Aber eine amtswegige Auseinandersetzung findet nicht statt.

Dölle: Ich möchte nur die Frage aufwerfen, ob es möglich ist, dass das öffentliche Interesse dort eine Auseinandersetzung verlangt, wo es die Erben nicht wünschen.

Lange: Herr Schlegelberger sagte schon: Dann kann man einen Erbschaftsverwalter von Amts wegen einsetzen, der dann die Sache betreiben kann.

Vogels: Es kann unter Umständen notwendig sein, dass die Erben von Amts wegen ermittelt werden, damit z.B. das Grundbuch berichtigt werden kann. Aber die bloße Erbenermittlung von Amts wegen ist etwas völlig anderes als die Erbauseinandersetzung. Die süddeutschen Länder, die von dem Vorbehalt im Gesetz über die Freiwillige Gerichtsbarkeit Gebrauch gemacht haben, haben zum Teil die amtswegige Erbenermittlung eingeführt, so z.B. Bayern und Württemberg.

Vorsitzender: Wenn wir nun weitergehen, kommen wir zu folgendem Bild. Wir haben jetzt ein Verfahren der Freiwilligen Gerichtsbarkeit, das auf Antrag stattfindet, und an sich unter den Grundsätzen des Gesetzes über die Freiwillige Gerichtsbarkeit steht. Wie steht nun dieses Verfahren zu einem Verfahren des Prozessgerichts? Da möchte ich als Leitmotiv Folgendes sagen. Wir müssen eine Lösung finden, die ein doppeltes Gleis nach Möglichkeit verhindert. Die Doppelgleisigkeit ist immer das Gefährliche. Im Erbrechtsausschuss ist wohl nach der Richtung hin Klarheit geschaffen worden, dass das Nachlassgericht sowohl über das Erbrecht, über den Nachlassbestand, wie auch über die Bewertung entscheiden kann. Das würde an sich zur Kompetenz des Nachlassgerichts gehören. Nur die Frage ist offen geblieben, ob das Gericht der Freiwilligen Gerichtsbarkeit nicht auch unter Umständen gewisse Dinge auf den Prozessweg verweisen kann. Da ist von Herrn Höver besonders auf die Vorempfänge hingewiesen worden. Da besteht also an sich eine Zuständigkeit des Nachlassgerichts, aber mit der Möglichkeit, auch auf den Prozessweg zu verweisen.

So stellt sich mir das Bild dar, das ich aus den Gutachten entnommen habe.

Dr. Höver: Ich persönlich bin weitgehend der Meinung, dass das Nachlassgericht selber über das Erbrecht entscheiden soll, ohne dass hier das Prozessgericht angegangen zu werden braucht, dass dagegen hinsichtlich der Frage des Nachlassbestandes, der Nachlassbewertung und der Vorempfänge Verweisung auf den Prozessweg möglich ist, dass aber der Nachlassrichter auch selber entscheiden kann, wenn er glaubt, selbst entscheiden zu können. Sollte der Nachlassrichter in dieser Hinsicht eine falsche Entscheidung treffen, so müsste gegen diesen Zwischenbeschluss selbständige sofortige Beschwerde eingelegt werden können.

Vorsitzender: Sind die Herren darüber einig, dass an sich die Kompetenz des Nachlassgerichts vollständig ist?

Backs: Ich möchte das nicht befürworten. Man muss die Zuständigkeit zwischen Nachlassgericht und Prozessgericht scharf abgrenzen. Ich halte es für bedenklich, dem Nachlassgericht diese Zuständigkeit zu geben; denn der Prozess bietet mit seinen höheren Instanzen doch eine noch größere Gewähr für eine richtige Entscheidung. Es kommt hinzu, dass das Prozessurteil nur unter den Parteien Rechtskraft schafft. Der Richter der Freiwilligen Gerichtsbarkeit, der Nachlassrichter, soll doch aber wohl mit seiner Erbauseinandersetzung nun allgemein Recht schaffen, so dass nicht noch nachher ein außen stehender Dritter mit der Behauptung kommen kann, er sei nicht gehört worden. Nun scheint es mir aber doch etwas bedenklich zu sein, in einem solchen Verfahren über das Erbrecht entscheiden zu lassen. Denn es könnte doch immerhin der Fall vorkommen, dass der wahre Erbe von dem Verfahren nichts erfährt und sich andere Leute das Erbrecht feststellen lassen, und dieser wahre Erbe dadurch sein Recht verliert. Im Prozess kann das nicht vorkommen. Ich würde mich dafür aussprechen, dass die Entscheidung über das Erbrecht ausschließlich dem Prozessgericht vorbehalten wird, und dass der Prozessrichter aussetzen muss, wenn Streit über das Erbrecht entsteht.

Vorsitzender: Die Überzeugungskraft Ihrer Ausführungen hängt zum großen Teil davon ab, wer zu dem Verfahren zugezogen wird. Es ist einleuchtend, dass wir jemand, der nicht gehört worden ist, nicht durch eine selbständige Entscheidung das Erbrecht absprechen können.

Nun gibt es ja noch weitere Fragen. Nehmen wir also jetzt die Frage des Nachlassbestandes und die Frage der Bewertung.

Backs: Es ist sehr bedenklich, die Frage des Nachlassbestandes der Entscheidung durch das Nachlassgericht zu überlassen. Wenn z.B. das Nachlassgericht darüber entscheiden soll. ob irgendwelche Gegenstände einem Dritten oder zum Nachlass gehören, dann müsste jedes Mal der etwa als Eigentümer in Betracht Kommende zu diesem Verfahren zugezogen werden, wenn das Nachlassgericht bindend darüber entscheiden soll. Ich kann nicht recht verstehen, wie man die nötigen Garantien schaffen will, um durch eine solche Entscheidung Dritte in ihren Rechten nicht zu beeinträchtigen.

Vorsitzender: Das würde also darauf hinauslaufen, dass es so bleiben soll, wie es jetzt ist, nämlich § 95. (*Zuruf:* Nur bezüglich dieser Vorfragen!) Das würde dann dahin führen, dass das Nachlassgericht sein Verfahren aussetzen muss, bis die Sache prozessfähig ist.

Dölle: Die von uns in diesem Ausschuss gelegentlich berührte Frage der Rechtskraft im Verfahren der Freiwilligen Gerichtsbarkeit spielt natürlich als Vorfrage für die Entscheidung dieses Problems eine große Rolle. Ich möchte hinsichtlich der in diesem Verfahren geltenden Maximen glauben, dass der Richter der Freiwilligen Gerichtsbarkeit sich besser über die Dinge informieren kann als – jedenfalls nach unserem geltenden Recht – der mehr gebundene Prozessrichter.

Vorsitzender: Es ist sehr eindrucksvoll, dass gerade Herr Dr. Backs, der im Senat der Freiwilligen Gerichtsbarkeit sitzt, diese Auffassung vertritt.

Bartholomeyczik: Es ist tatsächlich eine Frage der Rechtskraft, wer über die Frage des Erbrechts entscheidet. Dieser Entscheidung wären gleichgestellt auch die Entscheidung über die Frage des Pflichtteilsrechts, des Ausgleichsanspruchs zwischen Miterben und überhaupt über alle Rechtsbeziehungen von Miterben aus der Erbengemeinschaft. Da wäre festzustellen, dass das Verfahren der Freiwilligen Gerichtsbarkeit ein Verfahren sein soll, das im Wesentlichen eine Betätigung des richterlichen Ermessens ermöglicht, während die anderen materiellrechtlichen Fragen nach festen Rechtsregeln zu entscheiden sind. Es lässt sich nicht verhüten, dass die Frage des Erbrechts auch außerhalb der Auseinandersetzung noch einmal zur Entscheidung kommt, und da kommt es darauf hinaus, dass wir die Frage der Rechtskraft der Entscheidung abhängig machen von der Prävention des einzelnen Verfahrens. Diese Entscheidung wäre sachlich sicherlich nicht gerechtfertigt. Daher waren wir im Erbrechtsausschuss der Meinung, dass all diese Fragen wie bisher dem Prozessgericht vorbehalten bleiben sollen, dass aber die Frage der Bewertung zur Selbständigkeit des Nachlassgerichts gehört. Denn da handelt es sich um eine Frage, die nur im Kreise der Erben selber zu entscheiden ist. Auch die Frage der Zugehörigkeit eines Nachlassgegenstandes zum Nachlass gehört nicht zur Kompetenz des Nachlassgerichts; denn hier handelt es sich doch gerade darum, einen Gegenstand einem anderen wegzunehmen, der an dem Verfahren gar nicht beteiligt sein kann. Wir waren daher der Meinung, dass mit der Rechtskraft des Auseinandersetzungsbeschlusses auch Gegenstände erfasst werden, die nicht zum Nachlass gehören, und dass daher schuldrechtlich ein Ausgleich nach den Vorschriften über die ungerechtfertigte Bereicherung ähnlich § 90 ZVG geschaffen werden soll.

Unabhängig davon ist eine andere Frage: Wie soll sich der Nachlassrichter verhalten, wenn die Frage des Erbrechts im Auseinandersetzungsverfahren strittig ist? Er kann natürlich durch einen faulen Einwand eines am Auseinandersetzungsverfahren Beteiligten und durch den Aussetzungszwang, der heute im Verteilungsverfahren herrscht, nicht aufgehalten werden. Infolgedessen waren wir der Meinung, dieses Verfahren jenem Verfahren anzugleichen, wie wir es im Vergleichsverfahren oder im Zwangsvollstreckungsverfahren haben. Der Richter soll das Recht haben, eine Frist zu setzen, innerhalb deren Klage vor dem Prozessgericht zu erheben ist. Verstreicht diese Frist fruchtlos, so hat er das Recht, ohne weiteres zu entscheiden – aber nur mit Verbindlichkeit für das Auseinandersetzungsverfahren. Er kann also seine Entscheidung dem Auseinandersetzungsverfahren zugrunde legen. Das schließt aber nicht aus, dass sich die endgültige Rechtskraftfähigkeit der Entscheidung im Prozessgericht herausstellt und nur schuldrechtlich auf dem Weg über die ungerechtfertigte Bereicherung der Rechtsverlust unbeteiligter Dritter wieder ausgeglichen werden kann.

Vorsitzender: Diese Ausführungen erwecken in mir die Befürchtung, dass wir aneinander vorbeigeredet haben. Ich habe nicht die Frage zur Diskussion gestellt, ob es sich überhaupt um die Feststellung des Erbrechts handelt. Dass die Frage, ob jemand zum Nachlass etwas schuldet oder aus ihm etwas zu beanspruchen hat, im Prozessweg entschieden werden kann und regulär entschieden werden wird, ist ganz selbstverständlich. Für mich handelt es sich immer um eine Diskussion innerhalb der Auseinandersetzung. Nur darum handelt es sich: Wie verhält sich der Auseinandersetzungsrichter, wenn in seinem Verfahren das Erbrecht, der Nachlassbestand oder die Bewertung streitig wird. Da meine ich Folgendes. Wenn ich in diesem Verfahren der Auseinandersetzung den Nachlassrichter verpflichte, die Sache immer an das Prozessgericht abzugeben, dann lege ich ihn genauso lahm wie augenblicklich. Man muss dem Nachlassgericht die Möglichkeit geben, gewisse Dinge an das Prozessgericht mit der Wirkung zu verweisen, dass es selbst entscheiden kann, wenn die Sache vor dem Prozessgericht nicht ernsthaft betrieben wird. Aber man muss ihm die Kompetenz lassen, hier selbständig im Verfahren der Freiwilligen Gerichtsbarkeit zu entscheiden. Es gibt doch Gelegenheiten – denken Sie doch nur an kleine Verhältnisse! –, wo man wirklich sagen kann: Ob der Richter am Vormittag an diesem Tisch, oder am Nachmittag an jenem Tisch die Sache entscheidet, ist wirklich gleichgültig. Das muss man schon dem richterlichen Ermessen überlassen. Wenn man ein Verfahren schaffen will, das wirklich gängig ist, kann man nicht diesen Hemmschuh geben, dass der Nachlassrichter immer aussetzen muss. Sind wir darüber einig?

Vogels: Das ist ähnlich wie im Erbscheinverfahren. Wenn dem Erbschaftsrichter entgegengehalten wird, man wolle sich zunächst einmal in einem Prozess Klarheit verschaffen, kann der Erbscheinrichter warten, aber er braucht es nicht. Das ist im Erbscheinverfahren verhältnismäßig einfach. Wenn der Prozessrichter nachher zu einem anderen Ergebnis kommt, wird der Erbschein unrichtig und von Amts wegen eingezogen. Bei der Erbauseinandersetzung dagegen ist das Korrigieren einer falschen Entscheidung des Richters der Freiwilligen Gerichtsbarkeit nicht so einfach; denn er hat einen rechtskräftigen Beschluss gefasst, und dieser Beschluss muss auch dann bestehen bleiben, wenn sich später im Prozess herausstellt, dass der Richter von einer falschen Grundlage ausgegangen ist. Wir haben uns im Erbrechtsausschuss ziemlich lange darüber unterhalten, was geschehen soll, wenn dieser Konflikt entsteht.

Es waren zwei Bedenken vorhanden. Erstens wird der benachteiligte Erbe den Richter wegen Amtspflichtverletzung verantwortlich machen und darauf hinweisen, dass rechtskräftig festgestellt worden sei, dass der Nachlassrichter das Erbrecht falsch ausgelegt habe. Er hält sich dann nicht an die Miterben, sondern an den Staat.

Das zweite Bedenken war die Frage, wie man den Konflikt aus der Welt schafft, wenn man im Gesetz die Haftung des Richters ausschließt. Herr Bartholomeyczik hat schon angedeutet, dass man das auf dem Wege über die ungerechtfertigte Bereicherung machen wollte. Das ist aber eine recht unbefriedigende Lösung. Wir haben uns dann damit getröstet, dass ein geschickter Auseinandersetzungsrichter den Konflikt über das Erbrecht im Allgemeinen nicht verschärfen, sondern ihn vielmehr in der Schwebe zu lassen und sagen wird: Wir wollen uns erst einmal darüber unterhalten, wie wir die Gegenstände verteilen; und dann wird er eine Art Zwangsvergleich auf dieser Grundlage herbeiführen. So kann er, weil seine Macht viel größer ist als im jetzigen Verfahren, alle Streitigkeiten entgiften und in die ganze Auseinandersetzung mit hineinziehen. Mit diesem etwas schwachen Trost haben wir uns abgefunden und gesagt, dass dann die Fälle, in denen ein solcher Widerstreit zwischen den beiden Richtern auftreten wird, so selten sein werden, dass man sie in Kauf nehmen kann.

Vorsitzender: Auch ich glaube, dass diese Fälle gar nicht so zahlreich sein werden, weil der Nachlassrichter in zweifelhaften Fällen vom Aussetzungsrecht reichlich Gebrauch machen wird.

Aber nun sind wir einen erheblichen Schritt weitergekommen. Die Hauptsache haben wir bereits in der Diskussion behandelt, nämlich das Zuteilungsrecht des Richters. Es ist ja wohl der Kernpunkt der ganzen Diskussion, ob der Richter nur dazu da sein soll, die guten Dienste zu erweisen und zu versuchen, die Leute unter einen Hut zu bringen, oder ob er kraft seiner Richtermacht einfach verurteilen soll. Darüber ist ja im Erbrechtsausschuss schon mit dem klaren Ergebnis verhandelt worden, dass dieses Zuteilungsrecht bestehen muss. Anders kommen wir aus den Dingen nicht heraus. Es ist natürlich auch nicht ganz einfach. Denn zu dieser Verteilung gehört natürlich auch ein sehr starkes wirtschaftliches Erkennen. Wenn z.B. die drei Söhne eines großen Handelsherrn die drei Erben sind, dann ist für die Frage, wem das Geschäft zugeteilt werden soll, schon eine große Menschenkenntnis und Wirtschaftskenntnis erforderlich. Ich glaube auch, dass in diesen Dingen der Erbschaftsverwalter sehr gute Dienste leisten wird. Aber ganz einfach werden diese Dinge nicht sein. Ich kann mir denken, dass es furchtbar einfache Fälle gibt. Aber sehr schwierig und verantwortungsreich wird diese Aufgabe, wenn es sich um große wirtschaftliche Komplexe handelt. Wir müssen aber diesen Schritt machen und dürfen nicht fragen, ob wir die dazu geeigneten Richter haben, sondern wir müssen die Folgerung ziehen, dass wir die geeigneten Richter dazu erziehen müssen.

Wir sind also in diesem Ausschuss darüber einig, dass der Richter das Recht haben muss, kraft Richterspruchs zuzuteilen und demjenigen, der die Dinge übernimmt, bestimmte Verpflichtungen aufzuerlegen, die den Ausgleich schaffen. Natürlich ist auch das nicht einfach; denn es wird überlegt werden müssen, wie weit das Objekt diese Verpflichtungen trägt. Selbstverständlich muss es auch möglich sein, eine Teilauseinandersetzung zu treffen. Darüber ist kein Zweifel. (*Lützeler:* Im Erbrechtsausschuss scheint mir die Frage offen geblieben zu sein, ob einem Beteiligten auch gegen seinen Willen zugeteilt werden kann!) Selbstverständlich muss der Mann gehört werden. Ich kann mir kaum einen Fall konstruieren, wo jemand verpflichtet sein sollte, etwas zu nehmen, was er nicht haben will.

Wenn wir nun dieses Bild vor Augen haben, dass der Richter in der Lage ist, zuzuteilen, und zwar mit einer Wirkung, auf die ich gleich noch zu sprechen komme, müssen wir uns sehr sorgfältig das Verfahren ansehen. Wer ist zu diesem Verfahren zuzuziehen? Darüber kann kein Zweifel sein, dass alle die Leute, die als unmittelbar auseinandersetzungsbeteiligt anzusehen sind, zuzuziehen sind. Unter Zuziehen verstehe ich hier: ihnen die Gelegenheit geben, sich zu beteiligen, und zwar mit der Wirkung, dass, wenn sie kommen, diese Entscheidung auch gegen sie wirkt. Es muss ihnen also in aller Form und mit allen Garantien zugestellt werden. Ein vernünftiger Richter wird das auch wiederholen. Ich würde aber nicht, wie bisher, eine Versäumniswirkung anordnen, sondern einfach sagen: Du bis nachgewiesenermaßen geladen, und wenn du nicht kommst, bist du zugezogen und musst die Entscheidung gegen dich gelten lassen.

Das sind also die unmittelbar Auseinandersetzungsbeteiligten. Wer gehört dazu? Außer den Erben die Pflichtteilsberechtigten und die Vermächtnisnehmer. Ob die Pflichtteilsberechtigten dazu gehören, wird im Wesentlichen von der Ausgestaltung des Pflichtteilsrechts abhängen. Da sind die Auffassungen noch nicht ganz geklärt.

Lange: Sie sind geklärt! Wir haben gewissermaßen eine herrschende Meinung, die sich für die etwas verdinglichte Ausgestaltung des schuldrechtlichen Pflichtteils ausgesprochen hat, und eine etwas weniger herrschende Meinung, die für das Noterbrecht eintritt. Das spielt aber hier keine Rolle, weil auch eine etwas verdinglichte Ausgestaltung zur Folge hat, dass den Leuten mit zugeteilt wird. Der Gedanke ist der: Die Pflichtteilsberechtigten sind froh, wenn sie Geld bekommen. Infolgedessen sagen wir, man muss sowohl den Erben die Möglichkeit geben, Pflichtteilsberechtigte mit Nachlassgegenständen abzufinden, wie den Pflichtteilsberechtigten die Möglichkeit offen zu lassen, auch ihrerseits Nachlassgegenstände zu fordern. Wenn wir das so machen, müssen wir sie auf alle Fälle zuziehen.

Dr. Höver: Auch wenn der Pflichtteilsanspruch ein rein obligatorischer Geldanspruch bleibt, muss man sie zuziehen; denn dieser Geldanspruch kann unter Umständen ein Handelsgeschäft so schwer belasten, dass es zum Erliegen kommt.

Vorsitzender: Deshalb möchte ich auch den Vermächtnisnehmer hinzuziehen, weil es davon wesentlich abhängt, wie sich die Ansprüche dieser Leute gestalten. Vielleicht gelingt es, die Leute in diesem Verfahren auf die Übernahme gewisser anderer Objekte abzudrängen, so dass die geldliche Belastung nicht so schwer wiegt. Zuziehen müssen wir sie; nur muss das ganz klar ausgesprochen werden.

Bartholomeyczik: Wir haben heute einen neuen Rechtsgedanken in § 3 a des Anfechtungsgesetzes [RGBl. 1898, 709], der hier herangezogen werden könnte, solange nicht der Nachlass so übersichtlich ist, dass von vornherein feststeht, dass die Befriedigung der Vermächtnisnehmer und Pflichtteilsberechtigten nicht zu einer Befriedigung der Gläubiger führt. Demgegenüber wurde allerdings auch darauf hingewiesen, dass die Waffen, die das jetzige Gesetz dem Erbschaftsverwalter in die Hand gibt, genügten, nämlich die Möglichkeit, eine Zahlung, die er leisten muss, anzufechten. Außerdem hängt die Berechnung des Pflichtteils und des Vermächtnisses von dem Stand des Nachlasses ab. Es wurde unter Hinweis auf § 3 a ausgeführt, der Erbschaftsverwalter könnte schon nach geltendem Recht drängende Pflichtteilsberechtigte und Vermächtnisnehmer so lange abwehren, bis der Nachlass für ihre Befriedigung genügend übersichtlich sei.

Ein weiterer Vorschlag ging dahin, analog zu § 14 KO eine Vollstreckungssperre einzuführen. Dieser Vorschlag wurde erwogen, aber abgelehnt; denn die Zwangsvollstreckung ist immer noch das wirksamste Mittel, das der Gläubiger hat, um bei einem unübersichtlichen oder überschuldeten Nachlass eine Sonderung des Nachlasses von dem Eigenvermögen der Erben herbeizuführen, und dieses Mittel sollte man ihm nicht ohne Not aus der Hand nehmen.

Vorsitzender: Wir gehen also folgerichtig davon aus, dass es dem Nachlassgericht zur Pflicht gemacht wird, Pflichtteilsberechtigte und Vermächtnisnehmer hinzuzuziehen.

Vogels: Dabei muss man auch an die Fälle denken, dass jemand eine ganze Liste von Vermächtnissen aufsetzt. Das Verfahren würde ganz außerordentlich erschwert werden, wenn all diese kleinen Vermächtnisnehmer zugezogen werden müssten. Denn an sich ist es ganz gleichgültig, wem die Gegenstände überwiesen werden. Ich möchte daher empfehlen, es dem Richter zu überlassen, ob er die Vermächtnisnehmer zuziehen will oder nicht. Manchmal kann es ganz gut sein; in der Regel wird es aber das Verfahren wenig beeinflussen.

Vorsitzender: Gut, damit bin ich einverstanden!

Dieses Auseinandersetzungsverfahren soll nun zu einer Entscheidung führen, die der Rechtskraft fähig ist, also zu einem Beschluss, der mit der sofortigen Beschwerde anfechtbar ist. Diese Entscheidung soll die Wirkung haben, dass sich damit die Zuteilung dinglich vollzieht. Mit dieser

Formulierung allein kommen wir aber nicht weiter. Wie ist es mit Geldansprüchen, die festgelegt werden? Da scheint mir eine Vollstreckung nach der Zivilprozessordnung das Gegebene zu sein. So ist es wohl auch gedacht. Wir haben also in unserer Diskussion über den Allgemeinen Teil jetzt festgesetzt, dass grundsätzlich die Vollziehung von Anordnungen der Freiwilligen Gerichtsbarkeit auch im Verfahren der Zivilprozessordnung stattfinden soll. Nur darf man das nicht übertreiben. Wenn ich heute feststelle, dass A außer dem Erbschaftsanspruch gegen die Erben einen Anspruch von 10.000 RM haben soll, kann diesen Anspruch nicht der Nachlassrichter vollstrecken, sondern das ist Sache des A selbst. Nur wird ein rechtsgültiger Titel in Gestalt dieses rechtskräftigen Beschlusses geschaffen.

Hesse: Wir haben in der Erbhofverfahrensordnung ein gewisses Vorbild in der Auseinandersetzung zwischen Ehegatten. Da haben wir die Wirkung dieses Adjudikationsbeschlusses differenziert. Das halte ich auch für richtig. Es ist so geregelt, dass das Eigentum am Grundstück außerhalb des Grundbuches mit der Rechtskraft des Beschlusses übergeht. Dasselbe würde unbedenklich für alle dinglichen Rechte an Grundstücken gelten können, also auch für eine existente Hypothek. Es soll aber auch vorkommen, dass neue Hypotheken begründet werden müssen. Und da scheint es mir ein zu weitgehender Einbruch in unser bisheriges Recht zu sein, dass eine bisher noch nicht vorhandene Hypothek durch bloßen Beschluss begründet werden kann. Da würde es völlig genügen, wenn insoweit der rechtskräftige Adjudikationsbeschluss der erforderlichen materiellen Beteiligung der Parteien gleichgestellt wird. Dann ist aber Eintragung erforderlich.

Vorsitzender: Damit bin ich absolut einverstanden.

Dr. Höver: Für die Begründung von Hypotheken haben wir im landwirtschaftlichen Entschuldungsverfahren ein Vorbild. In § 15 [des Gesetzes vom 1.6.1933; RGBl. I 1933, 331] werden für alle jene Gläubiger, die bisher nicht gesicherte Ansprüche haben, Hypotheken begründet. Man steht auf dem Standpunkt, dass mit der Bestätigung des Entschuldungsplans oder des Zwangsvergleichs sofort die Hypothek entsteht, und dass die nachherige Eintragung im Grundbuch nur eine Berichtigung darstellt.

Ein weiteres Vorbild haben wir in einer neuen Durchführungsverordnung zum landwirtschaftlichen Entschuldungsverfahren, wonach lediglich aufgrund einer vollstreckbaren Ausfertigung über den Entschuldungsplan vollstreckt werden kann. Diese vollstreckbare Ausfertigung fertigt der Urkundsbeamte der Geschäftsstelle an oder, wenn inzwischen ein Eigentumswechsel stattgefunden hat, der Richter.

Vorsitzender: Wir kommen zu einem einfacheren Verfahren, wenn wir durch einen rechtskräftigen Beschluss die Bewilligung als erteilt betrachten und nun nur die Eintragung ins Grundbuch vornehmen, wobei ich mir ein Ersuchen des Nachlassgerichts vorstellen könnte.

Lange: Der Unterschied ist nicht unbegründet. Im Erbhofverfahren haben wir nicht die Möglichkeit des gutgläubigen Erwerbs. Es kommt auf die Frage hinaus, ob jemand, der keine Kenntnis von der Anordnung hat, das Grundstück lastenfrei erwerben kann oder nicht. Die Lösung, die Herr Höver vorschlägt, ist etwas praktischer, aber die andere hat den Vorzug der größeren Einfachheit.

Hesse: Es bleibt aber im Übrigen in Parallele mit dem, was über die rein schuldrechtlichen Ansprüche ausgeführt worden ist.

Vorsitzender: Ich glaube, diese Lösung ist einfach und klar. Unser Recht ist so kompliziert, dass wir nicht ohne Not eine einfache Lösung nicht übernehmen sollten.

Was Herr Höver erwähnt hat, dem Nachlassrichter das Recht zu geben, Zwischenentscheidungen zu treffen, die auch mit der sofortigen Beschwerde anfechtbar sind, halte ich für praktisch.

Damit hätten wir die Frage bis auf einen Punkt geklärt. Dieser eine Punkt ist stark materiell und gehört auch nicht in diesen Ausschuss, nämlich die Frage, ob der Nachlassrichter bei der Auseinandersetzung an bestimmte Teilungsgrundsätze gebunden sein soll. Diese Teilungsgrundsätze haben im Erbrechtsausschuss eine große Rolle gespielt und gehören auch dorthin. Der Richter, der entscheidet, soll möglichste Freiheit haben und soll sich natürlich bei der Verteilung die Teilungsvorschriften des Gesetzes gegenwärtig halten. Aber letzten Endes ist das, was er tut und leistet, ein arbitrium. Er muss selber und aus eigenem Ermessen die Sachen aufteilen. Ihn fest an materielle Regeln zu binden, scheint mir nicht das Richtige zu sein.

Dr. Höver: Das war auch die Meinung des Erbrechtsausschusses: Diese Teilungsregeln sollen als Richtlinien aufgefasst werden.

Vorsitzender: Einverstanden!

Dölle: Man könnte ein Übriges tun und den Richter anweisen, wenn er von diesen Richtlinien abweicht, besondere Gründe für dieses Abweichen bekanntzugeben – schon zum Zwecke der Nachprüfung in der dritten Instanz.

Lange: Das hat nicht viel Zweck. Wir haben eine Präambel und Sollvorschriften aufgestellt. Aber die Sachlage ist sehr verschieden. Dass er nach Möglichkeit, wenn gleiche Berechtigungen bestehen, gleichmäßig teilt, ist selbstverständlich. Wenn wir aber einen Begründungszwang schaffen, wird er einfach schreiben: Ich weiche ab, weil es sachtunlich ist.

Vorsitzender: Wir wollen diese Sache der Verwaltung überlassen. Wir werden die Richter im Verwaltungswege über diese Aufgaben belehren und ihnen dabei das Notwendige eröffnen.

Nun komme ich auf einen sehr wichtigen Punkt, auf den *Erbschaftsverwalter*, zu sprechen. Der Erbschaftsverwalter, der von den Herren mit besonderer Liebe und Intensität behandelt worden ist, ist nicht identisch mit dem Testamentsvollstrecker; er ist nicht identisch mit dem Nachlasspfleger; er ist nicht identisch mit dem Nachlasskonkursverwalter, sondern er ist etwas ganz anderes.

Man sagt, er sei eigentlich eine Art verlängerter Nachlassverwalter aus §§ 1981 ff. Das scheint vollständig richtig zu sein. Wenn ich mir diesen Nachlassverwalter etwas näher ansehe, scheint es mir richtig zu sein, ihn im Auseinandersetzungsverfahren als ein Hilfsorgan des Gerichts zu betrachten. Er kann auch in sich Aufgaben haben, ohne dass es zur Auseinandersetzung kommt. Im Auseinandersetzungsverfahren ist er dazu da, dem Gericht zu helfen. Das scheint mir seine Aufgabe zu sein.

Da müssen wir uns zunächst einmal darüber klar werden, welche Aufgaben der Nachlassverwalter haben soll. Da gibt es einen Punkt, über den ich mir aus den Drucksachen, die mir vorliegen, noch kein rechtes Bild machen kann. Es geht vielleicht historisch in der Diskussion der Herren etwas durcheinander. Es ist die Frage, ob dieser Erbschaftsverwalter selber Auseinandersetzungsbefugnisse bekommen, oder ob er lediglich die Auseinandersetzung vorschlagen soll. Wenn wir das Nachlassauseinandersetzungsverfahren so gestalten, wie wir es getan haben, scheint es mir das Richtige zu sein, dass der Erbschaftsverwalter alles tut, was zur Auseinandersetzung notwendig ist. Er hat festzustellen, welcher Nachlass vorhanden ist; er hat gegebenenfalls Ermittlungen vorzunehmen und einen Plan aufzustellen. Nun kommt dieser Plan an das Gericht. Aber dann entscheidet das Gericht; die Auseinandersetzungsentscheidung fällt das Gericht.

Dr. Höver: Ich hatte ursprünglich vorgeschlagen, dass dieser Erbschaftsverwalter übertragen soll. In der letzten Sitzung des Erbrechtsausschusses sind wir uns dann dahin schlüssig geworden, dass in Anlehnung an die schon erwähnten Bestimmungen der Erbhofrechtsverordnung [RGBl. I 1936, 1069] das Eigentum mit der Rechtskraft des Teilungsbeschlusses von selber übergehen soll. Im Übrigen stelle ich mir den Erbschaftsverwalter so vor, dass er vorbereiten soll, dass er Hilfsperson sein soll, aber natürlich eine koordinierte Hilfsperson ähnlich wie der Vergleichsverwalter oder der Konkursverwalter. Diese Koordination halte ich im Interesse des Ansehens und der Bedeutung für erforderlich. Natürlich steht er unter der Aufsicht des Nachlassgerichts. Ich betrachte ihn also lediglich als vorbereitende Person, nicht als entscheidende und als vollstreckende Person; denn dann würde er Aufgaben bekommen, die rein richterlicher Natur sind, und die ja heute, wenn wir §§ 21 bis 28 des Preußischen FGG zugrunde legen, auch der Notar nicht hat; auch heute bleibt die Bestätigung dem Richter vorbehalten.

Lange: Es ist die einhellige Meinung des Ausschusses, dass die Zuteilungsbefugnis allein dem Richter vorbehalten bleiben soll. Zunächst war es zweifelhaft, ob nach dem Zuteilungsbeschluss die Durchführung dem Erbschaftsverwalter vorbehalten bleiben soll. Aber dann haben wir uns auf die einfachere Lösung geeinigt, dass die Zuteilung schon durch den Beschluss erfolgt, und damit ist der Erbschaftsverwalter in das Vorbereitungsstadium zurückgerückt worden. Aber eine Zuteilungsmöglichkeit soll er nicht besitzen.

Vorsitzender: Es ist also ein Missverständnis meinerseits gewesen. Ich hatte es so verstanden, dass dieser Nachlassverwalter von sich aus mit dinglicher Wirkung verteilen solle. Jetzt ist es also vollkommen klar, dass der Nachlassrichter die Persönlichkeit ist, die bei großen Auseinandersetzungen für den Richter einfach unentbehrlich ist. Er hat alles so weit vorzubereiten, dass der Richter selber die Entscheidung treffen kann.

Lützeler: Wir haben die Erörterung unter den Gesichtspunkt gestellt, dass das ganze Verfahren durch Beschluss beendigt wird. Nun soll das Bestreben dahin gehen, vorher eine Einigung zu erzielen. Nach meinem Gefühl wird sich auch in den meisten Fällen eine Einigung erzielen lassen. Damit würde also praktisch die größere Zahl der Fälle erledigt werden. Deshalb wäre vielleicht die Frage zu erörtern, welche Aufgaben diesem Erbschaftsverwalter im Rahmen dieser Vermittlung zugedacht sind.

Bartholomeyczik: Der Erbschaftsverwalter soll die Aufgabe haben, zunächst eine vergleichsweise Verteilung anzubahnen. Weiter ist die Frage aufgeworfen worden, ob wir ihm auch die Möglichkeit geben sollen, einen kalten Konkurs abzuwickeln, d.h. bei einer Überschuldung des Nachlasses die Nachlassgläubiger rein privat nach Konkursgrundsätzen zu befriedigen. Diese Frage ist abgelehnt worden. Denn dort, wo der Nachlass unübersichtlich und vielleicht überschuldet ist, brauchen wir die gesetzlichen Garantien eines staatlichen Verteilungsverfahrens. Aber er soll die Möglichkeit haben, einen Vergleich anzubahnen. Dagegen gibt es keine Überstimmung der Nachlassgläubiger, nur einzelner Erben mit Zustimmung des Gerichts.

Vorsitzender: Ich stelle mir die Sache praktisch folgendermaßen vor. Wir sind uns darüber einig, dass das Gericht nur auf Antrag tätig wird. Jetzt wird der Antrag beim Gericht gestellt, und es handelt sich um einen großen Nachlass oder ein größeres Objekt. Dann wird in aller Regel das Gericht einen Erbschaftsverwalter bestellen. Dieser Erbschaftsverwalter wird versuchen, zunächst einmal das Einschreiten des Gerichts unnötig zu machen; er wird mit den Leuten verhandeln und eine Einigung herbeizuführen suchen. Gelingt eine Einigung, dann ist der Antrag erledigt und alles fertig. Kommt sie nicht zustande, dann entsteht die Frage, ob in diesem Stadium das Versäumnisverfahren des geltenden Rechts eingebaut werden soll, ob jetzt die Sache so laufen soll, dass einen Plan aufstellt, und dass derjenige, der nicht zustimmt, sein Recht verschweigt. Ist das die Meinung der Herren? Ich hätte gern gehört, wie sich der Erbrechtsausschuss das gedacht hat.

Dr. Höver: Der Erbrechtsausschuss und auch ich persönlich denken uns die Sache so. Man muss zunächst davon ausgehen, dass sich nach den praktischen Erfahrungen nur bei sehr wenigen Nachlässen die Notwendigkeit ergeben wird, sie mit Hilfe des Gerichts abzuwickeln. Schon heute zeigt sich, dass die Nachlassverwaltungen im Vergleich zu den Pflegschaften sehr selten sind. Ich habe in Bremen bei 350.000 Gerichtseingesessenen jährlich im Durchschnitt zwei bis drei neue Nachlassverwaltungen, während wir im Durchschnitt immer 80 Nachlasspflegschaften laufen haben. Schon daraus ergibt sich, dass unsere Volksgenossen im Wesentlichen selber mit den Nachlässen fertig werden. Also nur wenn es wirklich notwendig ist, wenn die Erben zerstreut wohnen oder sich nicht einigen können, auch im Interesse Dritter soll dieser Nachlassverwalter eingesetzt werden. Der häufigste Fall dürfte der sein, dass sich die Erben über die Auseinandersetzung nicht einigen können. Dann ist es die Aufgabe des Erbschaftsverwalters, die Verteilung vorzunehmen. Ich bin aber der Meinung, dass die Sache in jedem Falle letzten Endes doch noch durch das Gericht entschieden wird. Auf der letzten Seite meines letzten Gutachtens habe ich auch ausgeführt, dass der Nachlassrichter kaum Ursache haben wird, von den Vorschlägen des Erbschaftsverwalters abzuweichen. Wenn er sie für opportun und richtig hält, wird er sich ihnen anschließen. Es können aber doch Angelegenheiten vorkommen, die einer Einigung entgegenstehen. Man denke an ein lebenswichtiges Geschäft. Wenn der Richter den Eindruck gewinnt, dass dieses Geschäft nicht in die rechten Hände kommt, wird sich für das Nachlassgericht unter Umständen die Notwendigkeit ergeben, einzugreifen. Dann kann der Nachlassrichter evtl. von den Vorschlägen des Erbschaftsverwalters abweichen. Persönlich bin ich aber der Meinung, dass gar keine Gefahr besteht, dass die Nachlassgerichte etwa sehr stark belastet würden; denn es hat sich gezeigt, dass die Nachlassverwaltungen sehr gering sind, und dass auch die Anträge auf Einleitung eines Verfahrens nach §§ 86 ff. FGG sehr selten sind.

Vorsitzender: Jetzt sind wir bei einem sehr wichtigen Punkt. Wenn heute der Erbschaftsverwalter eingesetzt ist und mit den Erben verhandelt, und wenn sich die Erben über alles einig sind, und zwar ohne einen Zwang, dann, glaube ich, ist die Sache erledigt. Dann kann der Nachlassrichter nicht sagen: Nein, diese Einigung gefällt mir nicht, ich will etwas anderes haben. Denn dann kämen wir wieder zu der amtswegigen Auseinandersetzung. Dagegen wird diese Sache sofort akut, wenn wir dem Erbschaftsverwalter etwa ein Entscheidungsrecht geben oder ein Versäumnisverfahren einführen wollten. Das möchte ich nicht tun.

Ich habe die Hoffnung, dass es dem Erbschaftsverwalter in vielen Fällen gelingen wird, eine Einigung herbeizuführen. Ist das aber nicht möglich, dann ist das Verfahren vor dem Gericht offen, und dann tritt alles das ein, was wir vorhin besprochen haben. Für dieses Verfahren leistet der Erbschaftsverwalter die notwendigen Vorbereitungen und Hilfen. Wenn wir den Erbschaftsverwalter wieder mit den Befugnissen der §§ 88 ff. ausstatten wollen, besteht wieder die Gefahr, dass wir zu Lagen und Ungelegenheiten kommen, die wir vermeiden wollen.

Lange: Es ist unsere Ansicht, dass man hier ganz klar scheiden soll. Sonst haben wir wieder das Vorverfahren. Wir wollten sagen: bringt er eine Einigung zustande – gut, dann hat der Nachlassrichter nicht einzugreifen; bringt er eine Einigung nicht zustande, dann ist es Sache des Nachlassgerichts. Aber seine Tätigkeit soll keine Versäumniswirkungen haben.

Bartholomeyczik: Nun haben wir hier zwei Möglichkeiten. Zunächst: die Gläubiger sind einig, die Erben aber nicht. Dann besteht die Möglichkeit, dass der Nachlassrichter auch über den Kopf der Widersprechenden einen Vergleich herbeiführt.

Vorsitzender: Es handelt sich hier um die Auseinandersetzung.

Bartholomeyczik: – Die Auseinandersetzung wird aber unter Umständen ohne Rücksicht auf die Gläubiger nicht möglich sein. (*Zurufe*). – Wenn sie nicht einig sind, muss er die Sache vor das Nachlassgericht bringen.

Nun ist es ja möglich, dass sich eine Nachlassteilung ohne Schmälerung der Gläubigerrechte nicht vollziehen lässt. Wenn die Gläubiger damit einverstanden sind, dass ihre Rechte geschmälert werden, aber nicht die Erben, dann kann der Nachlassrichter über den Kopf der Erben hinweg entscheiden. Wenn aber die Gläubiger damit nicht einverstanden sind, glaube ich nicht, dass der Nachlassrichter in dem Auseinandersetzungsverfahren die Befugnis hat, dem Erbschaftsverwalter die Möglichkeit zu geben, einen privaten Konkurs zu eröffnen.

Vorsitzender: Ich fürchte, wir verunklaren das Verfahren.

Dr. Höver: Der Erbschaftsverwalter soll eingeführt werden, damit für eine Abwicklung und eine Erbenauseinandersetzung die sicheren Unterlagen vorhanden sind. Seine Aufgaben bestehen lediglich darin, das Nachlassverzeichnis aufzustellen, und den Nachlass liquide zu gestalten, weil das der Richter von seinem grünen Tisch aus nicht kann. Nur wenn der Nachlass liquide gestaltet ist, kann er auseinandersetzen und zuteilen. Wenn er durch seine vermittelnde Tätigkeit die Erben unter einen Hut bringt, wenn die Erben einverstanden sind, dann, glaube ich, wird die Tätigkeit des Nachlassgerichts nur noch rein formaler Natur sein. Der Nachlassrichter wird dann also das Verfahren aufheben und die Akten weglegen. Ich hatte vorhin nur den Vorbehalt gemacht, dass, wenn etwa ein öffentliches Interesse vorliegt – man denke daran, dass es sich bei dem Nachlass um eine Flugzeugfabrik oder um eine Fabrik für lebenswichtige Lebensmittel handelt –, dann der Richter die Sache aufgreifen kann. Aber mit den Gläubigern hat das Verfahren zunächst nichts zu tun. Wenn sich die Möglichkeit ergibt, im Interesse der Erhaltung des Geschäfts oder eines lebenswichtigen Betriebes Gläubigerforderungen zu kürzen, insbesondere Pflichtteilsrechte und Vermächtnisse – andere Gläubigerforderungen können nicht gekürzt werden außer diesen Forderungen, die auch konkursrechtlich hinter den übrigen Nachlassgläubigern zurückstehen –, dann ist es natürlich notwendig, dass der Richter eingreift. Denn nun würde eine rein richterliche Tätigkeit einsetzen, d.h. es besteht jetzt die Notwendigkeit, eine Entscheidung zu fällen, die neues Recht schafft. In allen diesen Fällen ist das notwendig. Dann wird der Richter auch die Gläubiger zuziehen. Wenn sich ergeben sollte, dass die Gläubiger nicht befriedigt werden können, weil der Nachlass überschuldet ist, dann muss der Nachlassverwalter, wie es heute der Fall ist, den Konkurs beantragen. Ich erwähne auch noch aus dem Buch von Prof. [Heinrich] Siber über die Schuldenhaftung [Haftung für Nachlassschulden, 1937]. dass er auch vorschlägt – ich persönlich trete sehr dafür ein –, dass, wenn der Nachlass im Sinne von § 1990 geringfügig ist und sich in der Hand eines Nachlasspflegers oder Nachlassverwalters befindet, dieser berechtigt sein soll, den Rest nach konkursrechtlichen Gesichtspunkten zu verteilen. Wenn es sich darum handelt, in Gläubigerrechte einzugreifen, muss selbstverständlich der Richter hinzugezogen werden.

Lange: Es muss über die Frage Klarheit geschaffen werden, in welcher Reihenfolge die Interessen der Gläubiger und die der unmittelbar erbrechtlich Beteiligten hinsichtlich der Verteilung zu behandeln sind. Ich möchte fragen: Hat der Erbschaftsverwalter nach Auffassung des Ausschusses auch die Aufgabe, sich schon mit der Befriedigung der Gläubiger, soweit das nicht wegen mangelnder Aktiven Schwierigkeiten macht, zu befassen und sie durchzuführen und dann das Residuum zu verteilen?

Bartholomeyczik: Es ist selbstverständlich, dass man wie bei jeder Aufteilung von Massen zunächst die Gläubiger befriedigt. Es geht nicht an, dass man den Nachlass teilt und jeden einzelnen Gläubiger, der etwas zu bekommen hat, hinterherlaufen lässt. Der Gedanke ist, dass erst befriedigt und dann der Rest verteilt wird.

Vorsitzender: Dann scheint mir das Bild eindeutig und klar zu sein.

Vogels: Der Erbrechtsausschuss hat sich einige Sorgen darüber gemacht, ob man nun nicht zu viel Organe zur Abwicklung von Nachlässen schafft, so dass sich schließlich die verschiedenen Zuständigkeiten so überschneiden, dass zu dem an sich schon komplizierten Erbrecht des BGB noch ein neues komplizierteres Verfahren hinzugefügt wird. Es ist lange darüber gesprochen worden, wie man die verschiedenen Typen von Personen zusammenlegen kann. Das Ergebnis war, dass der Erbschaftspfleger und der jetzige Nachlassverwalter unter allen Umständen zusammengelegt werden müssen. Der Nachlassverwalter, der jetzt in der Hauptsache der Sicherung der Gläubigerinteressen dient, soll mit diesem Mann, der die Belange der Erben hauptsächlich vertritt, verschmolzen werden, so dass wir in diesem Punkt keine Kompliziertheit haben. Wenn man davon ausgeht, dann ist es eine der Hauptaufgaben des Erbschaftsverwalters, zunächst die Gläubigerinteressen zu wahren, nötigenfalls, wenn sich eine Überschuldung ergibt, Konkursantrag zu stellen.

Vorsitzender: Ich habe schon gesagt: Dieser Erbschaftsverwalter ist nichts weiter als der ausgeschaltete Nachlassverwalter. Darüber müssen wir uns klar sein. Das Bild ist für mich jetzt feststehend. Dieser Erbschaftsverwalter ist an sich dazu da, wenn er aus Anlass der Auseinandersetzung eingesetzt wird, den Versuch einer gütlichen Einigung zu machen. Gelingt dies nicht, dann hat er die weitere Aufgabe, die richterliche Aufgabe vorzubereiten. Dazu gehört die Feststellung der Personen, die in Betracht kommen, der Verteilungsplan. Alles andere bewirkt das Gericht.

Nun ist noch die Frage: Wann wird der Erbschaftsverwalter eingesetzt? Ist das noch eine Angelegenheit, die nur auf den Willen von Erben zurückzuführen ist oder auf den Antrag von Gläubigern? Ich glaube, die Diskussion hat schon ergeben, dass wir auch dem Gericht die Möglichkeit geben müssen, von Amts wegen den Verwalter einzusetzen. Wenn wir das tun, dann ergibt sich dabei eine etwas prekäre Frage, nämlich die, die im Erbrechtsausschuss gestellt worden ist, ob auch der Staat ein Recht hat, einen Nachlassverwalter einsetzen zu lassen. Ich glaube, dass wir diese Frage damit auch erledigt haben. Denn wenn das Gericht berechtigt ist, von Amts wegen einen Nachlassverwalter einzusetzen, wenn ein öffentliches Interesse dafür spricht, dann ist natürlich auch dieser wichtige Grund in staatlichen Belangen zu finden. Wenn es sich z.B. um eine Flugzeug- oder Munitionsfabrik handelt, dann kann es natürlich auch dazu führen, dass der Nachlassrichter aus diesem Grunde einen Nachlassverwalter einsetzt.

Lützeler: Der Nachlassverwalter wird nur im Rahmen dieses Verfahrens eingesetzt werden. Dieses Verfahren wird nur auf Antrag eingeleitet. Dann ist der Fall nicht geregelt, dass im öffentlichen Interesse eine Auseinandersetzung geboten erscheint und keiner der Beteiligten, also der Erben usw., einen Antrag stellt.

Vorsitzender: Ich habe schon ausgeführt: Die Auseinandersetzung zu bewirken ist Aufgabe des Gerichts, wenn ein Antrag gestellt wird. Aber ganz unabhängig davon ist die Frage, ob nicht das Nachlassgericht aus anderen Gründen einen Verwalter ernennen kann. Da kommen wir auf den Ausgangspunkt zurück, nämlich auf die Frage, einen Nachlass aktionsfähig zu machen. Es kann sein, dass er es nicht ist. Im Augenblick gibt das Gesetz keine Handhabe, eine solche Persönlichkeit für die Aktionsfähigkeit zu schaffen.

Lützeler: Damit ist den öffentlichen Interessen unter Umständen nicht gedient. Es kann dahin kommen, dass dieser Schwebezustand der Erbengemeinschaft nicht mehr bestehen bleibt, sondern eine Zuteilung erfolgt.

Vorsitzender: Das kann ich mir schwer vorstellen. Wenn jemand da ist, der die Verwaltung führt, ist dem Genüge geschehen.

Lange: Sie haben auch das Bedenken, dass, wenn ein Nachlass von mehreren Erben so nachlässig behandelt wird, dass darunter das öffentliche Interesse leidet, und die entscheidende Instanz, die davon Kenntnis bekommt, einen Erbschaftsverwalter einsetzt, dieser zu einer dauernden Einrichtung werden kann.

Vorsitzender: Sie können diese Frage dadurch lösen, indem Sie dem Erbschaftsverwalter das Antragsrecht geben, die Auseinandersetzung herbeizuführen. Die Sache liegt so: Wir sind von der Auseinandersetzung ausgegangen. Die Auseinandersetzung erfolgt nur auf Antrag. Wir haben nun eine Erbengemeinschaft. Da ist es im öffentlichen Interesse notwendig, dass irgendjemand da ist, der dieses wichtige Objekt bekommt. Jetzt wird ein Erbschaftsverwalter eingesetzt. Nun sagen Sie: Jetzt ist der Erbschaftsverwalter da und verwaltet den Nachlass. Das kann nicht dauernd sein. Diese Frage kann man dadurch lösen, dass wir dem Erbschaftsverwalter das Recht geben, die Auseinandersetzung zu beantragen.

Lange: Dann würde das öffentliche Interesse gerade dahin gehen, eine Auseinandersetzung zu bewirken. Die Auseinandersetzung müsste dann doch zu einer Verteilung führen.

Vorsitzender: Sie müsste zu einer Zuteilung an Einen führen. Ich will dem vorgetragenen Bedenken dadurch Rechnung tragen, dass man dem Erbschaftsverwalter das Recht gibt, die Auseinandersetzung zu beantragen.

Lange: Wenn nun einer der Erben als geeignet für die Übernahme des Nachlasses in Betracht kommt, was dann?

Vorsitzender: Dann wird unter Umständen versteigert. (*Zuruf:* Oder verkauft!)

Höver: Wir haben solche Fälle in der Praxis gehabt. Wir hatten z.B. ein Tabakexportgeschäft jahrelang in der Nachlassverwaltung, und erst dann wurde verkauft. In einem anderen Fall wurde eine GmbH gegründet. Der Nachlasspfleger war der Hauptaktionär bei dieser GmbH, und die Erben bekamen nachher die Anteile abgetreten. Da sind die verschiedensten Möglichkeiten vorhanden. Eine Munitionsfabrik, eine Flugzeugfabrik oder eine Reederei wird sich gewöhnlich schwer verkaufen lassen. Dann erfordert es das öffentliche Interesse und vor allem das Interesse der Gefolgschaft, dass ein solches Unternehmen einmal ein Dezennium lang weitergeführt wird. Das ist durchaus nichts Seltenes. Ich erinnere mich, dass nach dem Tode eines großen Bauunternehmers die Nachlassverwaltung beinahe 20 Jahre gedauert hat. So etwas ist durchaus möglich.

Lange: Das läuft genau genommen auf ähnliche Maßnahmen hinaus, wie sie auf dem Gebiet des Erbhofrechts bestehen. Es bleibt die Frage: Was wird schließlich daraus? Beim Erbhofrecht ist sie leicht zu beantworten.

Bartholomeyczik: Wenn so wesentliche Interessen tangiert sind, dann ist es nicht in erster Linie Aufgabe des Erbrechts, dafür zu sorgen, dem Rechnung zu tragen. Da gibt es vor allen Dingen die Polizei, für die gerade auch im heutigen Staat genügend Möglichkeiten bestehen, das durchzusetzen. Ein solcher Fall kann hier ausscheiden. Die übrigen Fälle werden sich ziemlich einfach lösen lassen. Eine gewisse Abwicklung ist eben notwendig. Ist keiner von den Erben geeignet, den Betrieb zu übernehmen, dann sind wir an dem Ausgangspunkt angelangt, wo wir im BGB auch stehen; dann muss die Sache verwertet werden. Ich sehe hier keine so schwierigen Fragen. Vor allen Dingen muss ich auf die Polizei hinweisen.

Siefert: Wir haben jetzt eigentlich zwei Erbschaftsverwalter. Der eine Erbschaftsverwalter ist Auseinandersetzungsverwalter, und der zweite Erbschaftsverwalter hat nur die Verwaltung. Er kann auch von Amts wegen eingesetzt werden. Nun möchte ich fragen: Besteht wirklich ein Bedürfnis dafür, von Amts wegen diesen Erbschaftsverwalter zu bestellen? Da habe ich auch große Bedenken. Der Erblasser hätte ja auch die Möglichkeit, z.B. die Munitionsfabrik zu verkaufen. Warum sollen die Erben das nicht tun können, was der Erbschaftsverwalter machen kann? Ich möchte fragen, ob hier wirklich ein Bedürfnis besteht, einen Erbschaftsverwalter von Amts wegen einzusetzen.

Backs: Ich kann nur unterstreichen, was meine Vorredner gesagt haben.

Höver: Es ist richtig, was eben gesagt worden ist. Ich habe auch in einem meiner Gutachten ausgeführt, dass, wenn es an geeigneten Erben fehlt, um z.B. eine Flugzeugfabrik zu übernehmen, oder die Erben womöglich im Ausland sind, der Staat sofort eingreifen kann. Wir haben das in der Praxis erlebt. Ich denke an die Handelsgeschäfte, die bei uns in der Nachlasspflegschaft und Nachlassverwaltung waren. Wenn nun alle Erben angenommen haben, sie aber zur Führung des Betriebes völlig ungeeignet sind, dann kann der Staat heute noch nicht eine Person auf die Beine stellen, die durch Vertrag das Geschäft oder diese Erbengemeinschaft verpflichten, die im bürgerlichrechtlichen Sinne handeln kann. Nur dazu ist der Erbschaftsverwalter da. Dann – das ist im Erbrechtsausschuss immer betont worden – handelt es sich um eine Pflegschaft. Wie bei einer Pflegschaft – das kommt auch in der Bestallung zum Ausdruck – die Aufgaben jeweils abgesteckt werden, so können sie auch beim Erbschaftsverwalter abgesteckt werden. Es kann sein, dass der Nachlass durchaus liquid ist, dass er aber einen Verwalter haben muss, weil es das öffentliche Interesse erfordert, oder weil die Erben ungeeignet zur Übernahme des Betriebs sind. Wenn sich die Erben nicht einigen können, dann bekommt er die Möglichkeit, einen Antrag auf Auseinandersetzung zu stellen. Dann werden die Schulden abgedeckt, und das Weitere wird den Erben überlassen. Das Leben ist so vielgestaltig, dass es nicht notwendig und auch ganz unmöglich ist, diese Aufgabe gesetzlich zu formulieren – das kann vielleicht in der Begründung geschehen – , sondern die Aufgaben des Erbschaftsverwalters müssen eben je nach dem Zweck, der erreicht werden soll, abgesteckt werden. Wenn dann die Aufgaben, zu deren Erfüllung der Erbschaftsverwalter eingesetzt ist, erledigt sind, und sich nicht das Bedürfnis ergibt, dass er noch weitere Aufgaben erledigen soll, dann kann die Erbschaftsverwaltung aufgehoben werden. Der Erbschaftsverwalter hat zunächst nur die Aufgabe, den Nachlass liquide zu stellen. Wenn sich dann zeigt, dass er die Erbauseinandersetzung nicht mehr zu machen braucht, dann kann die Verwaltung aufgehoben werden. So hatte sich der Erbrechtsausschuss die Sache gedacht.

Vorsitzender: Der Ausgangspunkt Ihrer ganzen Diskussion im Erbrechtsausschuss bezüglich des Erbschaftsverwalters, der auch wiederholt seinen Namen geändert hat, ist gewesen: Wir müssen dafür sorgen, dass die aktionsunfähigen Nachlässe verschwinden. Wenn wir die Sache heute so machen, dass wir dem Gericht das Recht geben, bei wichtigen Gründen auch von Amts wegen eine Erbschaftsverwaltung zu bestellen, dann würde kein Unglück geschehen. Wir wollen uns einmal die Fälle ansehen, in denen ein Erbschaftsverwalter von Amts wegen eingesetzt würde. Meistens wird dieser wichtige Grund aufgrund einer Anregung anerkannt werden, und diese Anregung kommt meist von einem antragsberechtigten Miterben oder Nachlassgläubiger. Ich glaube also, die Sache spielt praktisch nicht eine so große Rolle, wie es scheint. Ich neige vorläufig noch dazu, bei wichtigen Gründen auch von Amts wegen einen Erbschaftsverwalter bestellen zu lassen.

Dann hätte ich noch einen anderen Punkt zu erwähnen. Das ist § 193 FGG, der landesrechtlich die Möglichkeit gibt, Erbauseinandersetzungen statt durch Gerichte durch andere Organe, insbesondere durch Notare vornehmen zu lassen. Es ist bekannt, dass von dieser Befugnis von den Ländern Gebrauch gemacht worden ist. Der Vorschlag des Erbrechtsausschusses geht dahin, diese Sache dem Gericht vorzubehalten. Ich neige auch sehr stark dieser Auffassung zu. Ich bin auch der Meinung, dass man in der Tat die Kompetenzen so teilen sollte, dass man als geborene Erbschaftsverwalter die Notare mit der Erbschaftsverwaltung betraut, dass aber die Auseinandersetzung beim Gericht bleibt.

Schieck: Ich glaube, dass sich in Süddeutschland die Sache so, wie sie bisher gehandhabt worden ist, bewährt hat, dass sich also die Notare in ihrer Funktion in Süddeutschland bewährt haben.

Vorsitzender: An der Bewährung ist überhaupt nicht zu zweifeln. Aber wir müssen ein einheitliches Recht schaffen.

Lützeler: Sie wissen, dass ich den Standpunkt vertreten habe, die Notare seien auch geeignet, das Verfahren zu führen. Ich habe die Gründe dafür dargelegt. Der Gedanke, dem jetzigen Notar eine solche Befugnis zu geben, ist auch nicht so, dass ich ihn von vornherein ablehnen möchte. Meines Erachtens ist das mit seiner Stellung als Amtsträger durchaus zu vereinigen und deshalb möglich. Ich habe aber hauptsächlich daran gedacht, insbesondere aufgrund der Erfahrungen im Rheinland, dem Lande des Nur-Notars, dass der Notar besonders auf dem Lande eine große Eignung zu vermittelnder Tätigkeit besitzt, die sich sehr bewährt hat. Wenn nun die Aufgabe des Erbschaftsverwalters, wie sie sich heute herauskristallisiert hat, betraut werden soll, dann möchte ich mich dem anschließen und meine weitergehenden Vorschläge zurückstellen.

Vorsitzender: Ich möchte zum mindesten im Gesetz zum Ausdruck gebracht haben, dass das Gericht Notare mit dieser Befugnis betrauen kann.

Lützeler: Wenn der Erbschaftsverwalter außerhalb des Verfahrens eingesetzt wird, wird es Fälle geben, in denen der Notar nicht geeignet sein könnte. Deshalb wird die Haupttätigkeit des Notars meines Erachtens in dieser Vermittlung liegen.

Dölle: Wir haben uns in den letzten Verhandlungen hier wie auch im Erbrechtsausschuss dahin schlüssig gemacht, dass die Einsetzung eines Nachlassverwalters nicht in den Erbschein aufgenommen werden soll. Wenn man jetzt in erheblichem Umfange den Nachlassverwalter einführt, dann muss man ihm auch gewisse Befugnisse geben. Das würde eine Abschwächung des Erbscheins bedeuten.

Backs: Diese Frage sollte genauso wie bei der Testamentsvollstreckung geregelt werden. Der Erbschaftsverwalter kommt doch erst nach längerer Zeit.

Siefert: Mir ist Folgendes nicht klar. Es wird die Einsetzung eines Erbschaftsverwalters beantragt. Das Nachlassgericht kommt zu dem Ergebnis, dass das nicht zweckmäßig ist, sondern dass es zweckmäßig ist, zu verkaufen, um den Gläubiger zu befriedigen. Es stellt sich aber heraus, dass es zweckmäßig ist, den Nachlass ein paar Jahre ruhen zu lassen. Kann man das machen?

Vorsitzender: Ich bin der Meinung, dass man dem Nachlassgericht das Recht geben muss, die Sache auszusetzen.

Höver: Wir haben uns im Erbrechtsausschuss und auch hier in der letzten Sitzung am 24. November dahin geeinigt, dass die Nachlassverwaltung in den Erbschein nicht aufzunehmen ist. Im Übrigen möchte ich nochmals betonen, was ich bereits gesagt habe, dass ich nicht der Ansicht bin, dass von der Einrichtung dieses neuen Erbschaftsverwalters so sehr viel Gebrauch gemacht werden wird. Es kann sich de lege lata unter Umständen die Notwendigkeit einer Nachlassverwaltung ergeben, wenn die Nachlassgläubiger in Eigengut des Erben vollstrecken, § 784 ZPO. Wenn die Vorschläge von Herrn Siefert durchgehen, dass die von vornherein vorläufig beschränkte Haftung kommt, dann ist auch die Vollstreckung in der Richtung ausgebaut, dass auch ohne Nachlassverwaltung die Zwangsvollstreckung der Nachlassgläubiger in Eigengut abgewendet werden kann. Wenn also die vorläufig beschränkte Haftung kommt, dann wird sich noch weniger die Notwendigkeit ergeben, die Nachlassverwaltung einzurichten. Denn heute beantragen die Erben die Nachlassverwaltung vor allen Dingen nicht so sehr im Interesse der Nachlassgläubiger als vielmehr zu dem Zweck, die Zwangsvollstreckung der Nachlassgläubiger in ihr Eigengut abzuwenden.

Vorsitzender: Daraus würde sich ergeben, dass wir eine außerordentlich interessante theoretische Aussprache gehabt haben. Ich würde dann also feststellen, dass wir dieses Thema abschließen können. Damit haben wir das gesamte Nachlassrecht einstweilen erledigt. Ich werde mir vorbehalten, die ganzen Fragen nochmals in einer zweiten Lesung zu behandeln, nachdem der Erbrechtsausschuss seine Beratungen abgeschlossen hat.

Wir haben in der freiwilligen Gerichtsbarkeit noch drei große Gebiete zu behandeln, nämlich das Vormundschaftsrecht, das Handelsrecht und das Urkundenrecht. Ich würde vorschlagen, dass wir uns zunächst dem Urkundenrecht zuwenden, und würde die Herren Schieck, Lützeler und Backs bitten, Gutachten dazu vorzubereiten und mir bis Ende Februar zugehen zu lassen.

Dann schließe ich die Sitzung mit herzlichem Dank für Ihre Mitarbeit und mit den besten Wünschen für die kommende Festzeit.

(Schluss der Sitzung 12.15 Uhr)

VII. Protokoll der Sitzung vom 28.2.1939 (Zuständigkeit der Notare. Gestaltung des Urkundenrechts)

(10.30 Uhr im Akademie-Gebäude zu Berlin)

Den Vorsitz führt Staatssekretär *Dr. Schlegelberger.*

Vorsitzender: Wir haben im Wesentlichen zwei große Fragenkomplexe zu behandeln, die *Frage der Zuständigkeit* und die *Frage der Gestaltung des Urkundenrechts* als solcher. Im ersten

Teil werden wir die großen Prinzipien sofort anfassen, um das auszusprechen, was erledigt werden muss. Eines müssen wir voranstellen, dass der Platz, in dem über das Urkundenrecht gesprochen wird, also über die Zuständigkeit und das Verfahren, das Gesetz über die Freiwillige Gerichtsbarkeit ist und nicht das materielle Recht. Es ist nicht richtig, dass an dieser oder jener Stelle des materiellen Rechts unterschieden wird, ob das eine gerichtliche Beurkundung oder notarielle Beurkundung ist oder eine öffentliche, sondern wir müssen die Frage vorweg behandeln. Das materielle Recht kennt nur die öffentliche Beurkundung, und was diese ist und wie sie aussieht, das sagt unser Gesetz. Wir sprechen im Testamentsgesetz von der öffentlichen Beurkundung und behandeln in unserem Gesetz, wer beurkundet und wie er beurkundet.

So kommen wir gleich zur Hauptfrage: Wer beurkundet? Beurkundet nur das Gericht oder beurkundet nur der Notar? Diese Frage ist bekanntlich mit der Notariatsgesetzgebung sehr eingehend behandelt worden und hat schließlich zu einer Wahrung des Besitzstandes geführt. Die Frage ist dort nicht im Sinne der reinen Notariatsurkundenverfassung gelöst, und wenn ich die Herren, die dem Notariat nahestehen, richtig verstehe, ist der Moment gekommen, das nachzuholen.

Schieck: Bei den ganzen Verhandlungen über die Regelung der Zuständigkeit ist seitens der Reichsfinanzverwaltung, die ja beteiligt werden musste, immer in den Vordergrund gestellt worden, dass bei restloser Übertragung der Zuständigkeit der Beurkundung auf die Notare dem Staat eine wesentliche Einnahme entgehen würde. Hierzu habe ich zwei Gesichtspunkte vorzubringen. Der eine geht dahin, dass ich das als eine unbewiesene Behauptung bezeichnen muss; denn die von uns wiederholt angeregten statistischen Erhebungen sind nicht zustande gekommen. Zweitens möchte ich sagen, dass die Geldfrage im Rahmen unseres Ausschusses ausscheiden sollte, und dass wir hier grundsätzlich das sachlich Bessere und Zutreffendere festzustellen suchen müssen und es unabhängig vom geldlichen Gesichtspunkt vortragen.

Die Reichsnotarordnung [von 1937, RGBl. I 1937, 191], die geschaffen ist, strebt nach dem Notariat für das ganze Reich. Dort, wo es seit den Anfängen schon besteht, in Bayern, Baden und Württemberg, sind die Gerichte neben den Notaren nicht zuständig. Dort hat sich die Tatsache herausgebildet, dass, wenn das Notariat lebensfähig sein soll, ihm die ausschließliche Urkundsausstellung übertragen sein sollte. Das ist der eine Grund: die gute Lebensmöglichkeit für die Gesamtheit der Notare. Hierzu gehört die volle Beschäftigung der Notare, die nicht durch Zuständigkeit anderer Stellen beeinträchtigt werden sollte.

Ein zweiter Grund liegt darin, dass, je länger wir in die neue Zeit hinein schreiten, die Beurkundungstätigkeit als solche nicht mehr die Hauptsache der notariellen Tätigkeit ist. Um die Beurkundung ranken sich die sehr schwierigen Beratungen, die vor der Beurkundung notwendig sind, und hinterher die oft sehr kompliziert gewordene Durchführung der Urkunden. Es sind heute eine ganze Reihe von Genehmigungen für fast jedes Rechtsgeschäft notwendig, und es liegt auf der Hand, dass der Richter oder Rechtspfleger, der die Urkunden aufnimmt, aus Zeitmangel oder aus Bequemlichkeit seines Büros und seiner Person nicht in der Lage ist, diese Durchführungsarbeiten zur Zufriedenheit und Entlastung des Publikums durchzuführen wie der freiberuflich Tätige.

Lützeler: Ich kann besonders den letzten Punkt unterstreichen. Die Erfahrung der letzten Jahre hat gezeigt, dass die eigentliche Beurkundungstätigkeit den allergeringsten Teil der notariellen Tätigkeit ausmacht, dass das Publikum, das den Urkundsbeamten aufsucht, aber gar nicht in der Lage ist, das, was hinterher folgt, richtig selbst auszuführen, weil es die Wege und die Zuständigkeiten nicht kennt und auch nicht gewandt genug ist, sich mit diesen Fragen zu befassen. Es ist also tatsächlich so, dass nach der Beurkundung eigentlich die schwierigste Tätigkeit, vom Laien aus gesehen, erst beginnt. Diese Tätigkeit kann nur der vornehmen, der auf diesem Gebiete besonders bewandert ist. Ein ebenso wichtiger Teil ist die vorhergehende Beratung der Urkundsbeteiligten bei den schwierigen Rechtsgeschäften. Hierzu gehört eine eingehende Befassung mit diesem Gebiet, die nach seinen Erfahrungen einen Rechtswahrer schon voll in Anspruch nimmt, um auf der Höhe zu bleiben. Der Richter oder Rechtspfleger bei Gericht ist mit vielen anderen Aufgaben gleichzeitig befasst. Er kann sich der Entwicklung der Rechtsprechung auf diesem speziellen Gebiet nicht in dem Maße annehmen wie der Notar, der sich ausschließlich mit diesem Gebiete befasst. Es ergibt sich daraus, dass die Beurkundungstätigkeit in der Hand des Fachmannes, wie ich in diesem Falle den Notar bezeichnen möchte, besser gewahrt ist als in der Hand des Richters.

Ein anderer Gesichtspunkt, den Herr Backs in seinem Gutachten [nicht auffindbar; vgl. jedoch *Backs,* Jahrbuch der ADR 1938, 262-281] angeführt hat, ist, dass bei alleiniger Zuständigkeit der Notare das Publikum bei der Inanspruchnahme der Urkundsstellen gehemmt sein würde, dass bei Ausfall der Gerichte in den Gebieten, wo sie neben dem Notar zuständig waren, das Publikum nicht mehr so viel Stellen haben werde, um etwas beurkunden zu lassen. Das trifft meines Erachtens nicht zu. Das Netz der Amtssitze der Notare ist erheblich dichter als das Netz der Amtsgerichtssitze. Also man kann viel leichter einen Notar erreichen als ein Gericht. Überall dort, wo ein Gericht sitzt, sitzt in der Regel auch ein Notar. Mit dem Ausfall der Amtsgerichte würde also keine Benachteiligung des Publikums in der Erreichung einer Urkundsstelle eintreten.

Backs: Ich will mich grundsätzlich keineswegs dagegen aussprechen, die Notare als alleinige Urkundsstellen anzuerkennen. Ich kann mich mit der Sache nur theoretisch befassen, weil mir die Praxis fehlt. Ich habe deshalb nur diejenigen Punkte herausgehoben, die vielleicht Anlass geben könnten, Bedenken gegen die Anerkennung der ausschließlichen Zuständigkeit zu erwecken. Ob sie praktisch begründet sind, kann ich in dem Maße nicht beurteilen. Der Gesichtspunkt der Abgrenzung der Bezirke spricht zunächst für den Vorschlag. Es sollen ja jetzt durch die Notarordnung die Nur-Notare eingeführt werden, und dieses Institut wird sich ja allmählich durchsetzen. Rechtsanwaltschaft und Notariat sollen also nicht mehr vereinigt werden. Wenn man das will, dann muss man mindestens dafür sorgen, dass die Hauptnotariate auch genügend zu tun haben. Das ist ein Grund, der erheblich dafür spricht, die Zuständigkeit anderer Stellen auszuschalten.

Auf der anderen Seite steht das Bedenken: Wird das Publikum dadurch nicht geschädigt? Wenn das Netz der Notariate wirklich mindestens ebenso eng ist wie das der Gerichte, dann fällt dieses Bedenken weg. Ich hatte allerdings geglaubt, dass es vielleicht nicht möglich sein würde, bei jedem kleinen Amtsgericht einen Notar einzusetzen. Dann würde das Publikum eine längere Reise zum nächsten Notar haben.

Von den Notaren wird weiter geltend gemacht, ein großer Vorteil der Einführung der ausschließlichen Zuständigkeit bestehe darin, dass die Urkunden, die jetzt hergestellt würden, einer doppelten Prüfung unterlägen. Zunächst prüft der Notar als Urkundsperson, und beim Gericht wird die eingereichte Urkunde erneut geprüft. Dieses Moment spricht zweifellos für den Vorschlag. Man soll es nur nicht überschätzen. Denn es bezieht sich nur auf diejenigen Urkunden, die zum Zwecke einer Eintragung in das Handelsregister oder Grundbuch beim Gericht eingereicht werden. Ich glaube, wenn wirklich Mängel vorliegen, wird es nicht immer so schlimm sein. Liegt eine Ordnungswidrigkeit vor und die Eintragung ist erfolgt, dann ist das gleichgültig. Immerhin bleiben Fälle übrig, wo die Nachprüfung des Gerichts beitragen kann, Fehler auszumerzen, die sich evtl. unangenehm auswirken.

Ein wesentlicher Grund für die Anerkennung der ausschließlichen Zuständigkeit ist, dass die Nebengeschäfte der Beurkundungstätigkeit sich immer mehr in den Vordergrund schieben. Alles, was vorhergeht und nachher folgt, die Verhandlungen mit anderen Beteiligten, die Einholung der zahllosen Genehmigungen, kann man wohl nicht dem Gericht übertragen. Die Beteiligten müssen wohl meistens noch außerdem einen Anwalt beschäftigen, wenn sie die Gerichte in Anspruch nehmen, während der Notar diese Tätigkeit vorher und nachher als seine ureigenste Aufgabe betrachtet und eine erhebliche Geschäftsgewandtheit darin erlangen wird. Nun könnte man sagen, man kann es dem Publikum überlassen, ob es das so oder so machen will. Tatsächlich ist es so, dass das Publikum bei solchen Geschäften, die erhebliche Nebengeschäfte mit sich bringen, sich von vornherein an den Notar wendet, weil es von diesem eine bessere Betreuung erwarten kann. Das wird hauptsächlich in den großen Städten der Fall sein. Bei den einfachen Geschäften lässt sich sagen: Wenn man ihnen die schwierige Beschäftigung überlässt, erfordert es die Billigkeit, dass sie auch die einfachen Geschäfte mitmachen.

Nun die finanzielle Frage. Einerseits wird die wirtschaftliche Stellung des Notariats gefestigt, wenn man ihm größere Aufgaben gibt, zweifellos ein vom Standpunkt der Volksgemeinschaft aus zu wertender Gesichtspunkt. Auf der anderen Seite stehen die finanziellen Ausfälle, die der Fiskus erleidet. Es lässt sich schwer beurteilen, wie man beides gegeneinander abwägen soll.

Mein Hauptbedenken richtet sich eigentlich nicht grundsätzlich gegen die ausschließliche Zuständigkeit, sondern auf die Frage, ob man die Zuständigkeit wirklich für alle Geschäfte anerkennen soll, oder ob man nicht gewisse Geschäfte mindestens für eine Übergangszeit ausnehmen soll. Da kommen hauptsächlich die Urkundsgeschäfte in Frage, die mit der Eintragung in die öffentlichen Bücher unmittelbar zusammenhängen, die Beurkundungen zum Zwecke der Eintragung ins Grundbuch, Handelsregister usw. Gerade die grundbuchliche Urkundstätigkeit ist bei den kleineren Amtsgerichten sehr erheblich, sie haben eine große Geschäftserfahrung darin. Ob man das aber als ausschlaggebend ansehen soll, ist mir zweifelhaft. Grundsätzlich würde es kein Gesichtspunkt sein, die ausschließliche Zuständigkeit der Notare abzulehnen. Ich bin also auch grundsätzlich der Meinung, dass man die Notare für ausschließlich zuständig im Urkundswesen erklären sollte, dass aber die Überleitung in vorsichtiger Weise geschehen muss. Es muss ohnehin eine ganze Zeit darüber vergehen, weil die Anerkennung der ausschließlichen Zuständigkeit nur soweit möglich ist, als der Grundsatz des Nur-Notariats wirklich durchgeführt wird.

Antoni: In der Ostmark ist die Urkundstätigkeit der Gerichte so gut wie nicht vorgesehen. Wir haben das Nur-Notariat. Wir haben auch bei jedem Bezirksgericht einen Notar. Allerdings sind die Notare vielfach nicht voll beschäftigt. Gerade jetzt werden sie Not leiden, so dass wir nicht wissen, ob wir sie aufrechterhalten werden. Eine Urkundstätigkeit der Gerichte ist nur in einzelnen Fällen vorgesehen, hauptsächlich Legalisierung der Unterschrift und der Abschrift; denn wir haben nicht die Auflassung im Grundbuchwesen. Erforderlich ist beim Erbschaftsverzicht ein gerichtliches Protokoll, ebenso beim Wechselprotest. Praktisch geht aber niemand zum Gericht.

Dölle: Ein wesentliche Gesichtspunkt könnte sein, wie es mit der Haftung des Staates bei etwaigen Versehen bei der Urkundstätigkeit steht. Wenn man die gerichtliche Tätigkeit ganz beseitigte, stelle ich mir vor, dass man den Parteien den unter Umständen wertvollen Zugriff auf das Reich bei einem schuldhaften Versehen nähme.

Liese: Praktisch erscheint mir der Grund am wichtigsten, dass bei vielen Beurkundungsgeschäften sogenannte Abwicklungsgeschäfte mit zu erledigen sind. Nun bin ich der Meinung, dass es möglich wäre, eine staatliche Stelle so beweglich zu gestalten, um die Geschäfte, die vor und nach der Beurkundung erledigt werden, auch zu besorgen. Bei den Behördennotariaten erledigen die Notare alle diese Geschäfte auch mit, da geht es auch ohne den beruflichen Notar.

Schieck: Das sind aber Nur-Notare, während wir geltend machen, dass der Richter oder Rechtspfleger andere Sachen gleichzeitig macht.

Liese: Das Ziel ist ja das Nur-Notariat. Andererseits ist die Frage, ob ein Beamter die genügende Erfahrung hat. Das hängt von dem Aufbau der Gerichtsbehörde ab. Es ist durchaus richtig, dass bei den kleinen Gerichten der Richter oder Rechtspfleger sehr häufig einen Anfall von Urkundsgeschäften hat und bei großen und mittleren Behörden Spezialisten sitzen; denn während der Richter oder Rechtspfleger an einem kleinen Gericht neben Beurkundungsgeschäften noch andere Geschäfte hat, hat der Notar auch noch Beurkundungsangelegenheiten zu besorgen, die niemals zur Zuständigkeit der Gerichte kommen, die Beurkundung von Versammlungen der Aktiengesellschaften usw. Der Vorteil liegt also da, wo bei einer Behörde ein Beamter ausschließlich in Grundbuchsachen zuständig ist, der dann natürlich ein noch besserer Spezialist wird als der Notar.

Andererseits ist in den letzten Jahren verschiedentlich der Gedanke aufgetaucht, ein sogenanntes Grund- oder Bodenamt zu schaffen. Wir wissen, welche Genehmigungen bei der Errichtung von Gebäuden usw. erteilt werden müssen, dass die verschiedensten Behörden daran beteiligt sind, und dass der Wunsch besteht, sie zu einer einheitlichen Behörde zusammenzufassen, um die Sache einheitlich zu bearbeiten. Der Immobilienkredit-Ausschuss [vgl. Bd. III 7 der Reihe, 1995, 1 ff.] hat sich wohl mit der Sache befasst.

In den Gutachten ist auch gesagt worden, dass die Beurkundungstätigkeit nicht Aufgabe der Gerichte sei. Dieser grundsätzlichen Erwägung müssten wir nachgehen. Ich meine, dass gerade das Beurkundungswesen vielfältig und unmittelbar mit allen Gebieten der Freiwilligen Gerichtsbarkeit zusammenhängt, dass die Beurkundungstätigkeit zu einem großen Teil im Dienste der Freiwilligen Gerichtsbarkeit steht, und dass die Freiwillige Gerichtsbarkeit wesentlich eine Aufgabe der Gerichte ist, ist unbestritten. Infolgedessen kann man nicht ohne weiteres sagen, die Beurkundungstätigkeit müsse von den Gerichten losgelöst werden.

Dann die Frage, dass durch eine konkurrierende Zuständigkeit der Gerichte die Bezirke der Notare vergrößert werden müssten. Wir müssen allgemein bei der Regelung der Zuständigkeit und der Gestaltung des Verfahrens davon ausgehen, dass wir zu einem organischen Aufbau kommen, der den Bedürfnissen der Volksgenossen möglichst weit Rechnung trägt. Wir müssen also zu einer räumlich volksnahen Rechtspflege gelangen, die Organe der Gerichtsbarkeit also möglichst weit hinausschieben. Namentlich gilt das für die Freiwillige Gerichtsbarkeit. Wenn wir die ausschließliche Zuständigkeit der Notare festlegen, wäre die Folge, dass die kleinen Gerichte nicht mehr voll beschäftigt wären, und dass kleine Gerichte aufgehoben werden müssten. Es müssten auch Gerichtstage eingezogen werden oder seltener stattfinden. Nun wird auf diesen Gerichtstagen nicht nur die Freiwillige Gerichtsbarkeit besorgt, sondern auch die streitige Gerichtsbarkeit. Den Volksgenossen auf dem Lande ist es dadurch möglich, den Richter oder Rechtspfleger zu erreichen. Andererseits glaube ich kaum, dass der Notar bei der Festlegung der ausschließlichen Zuständigkeit in dem Bezirk solcher kleinen Gerichte hinreichende Tätigkeit fände. Wir würden also weniger Organe der Rechtspflege haben als heute.

Natürlich müssen wir zu einer Regelung kommen, die die Lebensgrundlage des Notars sichergestellt. Zunächst kommt man dazu, nur eine Zahl von Notaren zuzulassen, die jedem ein hinreichendes Auskommen sichert. Was die staatlichen Einnahmen anlangt, so weiß ich von Württemberg zum mindesten, dass sehr erhebliche Zuschüsse, die die Landesjustizverwaltung brauchte, aus den Einnahmen aus der Freiwilligen Gerichtsbarkeit gedeckt wurden, und dass diese Zuschüsse erheblich geringer waren als in vergleichbaren Ländern. Durch Vergleich der früheren Staatshaushaltspläne wird man das feststellen können. Gerade bei kleineren Gerichten ist der erforderliche Apparat vorhanden und die Arbeitskräfte sind nicht voll ausgelastet, so dass ohne Mehrkosten die Beurkundungstätigkeit, selbst wenn die Zuständigkeit der Notare fallen würde, wahrscheinlich in sehr vielen Fällen nebenbei erledigt werden könnte.

Nach meiner Meinung wäre es unhaltbar, wenn man in Angelegenheiten, in denen das Gericht bereits mit der Sache befasst ist, Nachlasssachen, die Beurkundung von Erbschaftsausschlagungen, die Beurkundung dem Gericht nehmen und hier nur die ausschließliche Zuständigkeit der Notare feststellen wollte. Ähnlich ist es bei Vormundschafts- oder Familiensachen, Anerkennung der Vaterschaft oder Beurkundung eines Vertrages über die Auseinandersetzung mit den Mitgliedern. Da ist das Vermögensverzeichnis bereits bei den Gerichtsakten, und die Erbauseinandersetzung muss nachher vom Gericht genehmigt werden. Ebenso das Zeugnis über die Wiederverheiratung.

Andererseits haben wir gerade bei Gericht die Erfahrung gemacht, dass es einen sehr hässlichen Eindruck macht, wenn wir dem Volksgenossen sagen müssen: Du musst zunächst wegen dieses Geschäftes zum Notar gehen. Das betrifft auch die Erfahrungen, die wir mit der Verordnung vom Mai 1934 [RGBl. I 1934, 378; 8.5.1934] gemacht haben, wo festgelegt wurde, dass das schuldrechtliche Veräußerungsgeschäft gerichtlich oder notariell beurkundet werden musste. In weiten Teilen des Reichs hat der Rechtspfleger diese Zuständigkeit zur Beurkundung nicht. Dann musste er sagen: Du musst erst zum Richter oder Notar gehen. Wenn der Richter in einer Sitzung war, musste der Volksgenosse also zum Notar. Die Berufskameraden sind da zum Teil sehr lebhaften Angriffen ausgesetzt gewesen, als ob man sich die Sache bequem machen wolle usw. In weiten Kreisen ist nun einmal die Vorstellung da, dass das Gericht für die Angelegenheiten der Freiwilligen Gerichtsbarkeit zuständig ist, und dass die Beurkundung selbst auch ein Bestandteil der Freiwilligen Gerichtsbarkeit ist.

Bei den Familiensachen hat sich der Familienrechtsausschuss mit der Frage der Schaffung eines Familienamtes oder –richters [vgl. Bd. III, 2 der Reihe, 1989] befasst, in dem alles zusammengefasst wird, was Angelegenheit der Familie ist. Es kam mit Recht zum Ausdruck, dass die Stelle, die zur Entscheidung materieller Ansprüche berufen ist, nicht gleichzeitig entscheiden soll, ob eine Ehe aufrecht erhalten werden soll oder nicht, dass das vielmehr Aufgabe eines Familienamtes sein soll. Wenn wir zu einem Ausbau nach dieser Richtung kommen, wird noch mehr in Erscheinung treten, dass man von diesem Familienamt nicht die Beurkundungsgeschäfte, soweit sie mit anderen Sachen der Freiwilligen Gerichtsbarkeit in Zusammenhang stehen, trennen kann.

Alle diese Gründe gelten in besonderem Maße für Grundbuchsachen. Es ist doch so, dass die zuverlässigste Urkunde von den Grundbuchbeamten anfertigt werden kann. Der Notar ist darauf angewiesen, das Grundbuch selbst einzusehen oder seinen Bürovorsteher hinzuschicken. Es kann vorkommen, dass in der Zeit, die für die Beurkundung vergeht, eine andere Urkunde eingeht und den Vorrang hat. Es wäre auch eine Mehrarbeit, dass immer zwei Organe beteiligt sind, während bei der Zuständigkeit des Gerichts die Sache nicht nur beurkundet, sondern auch entschieden wird. Die Rechtspfleger sind der Meinung, dass dieses Verfahren die größeren Vorteile hätte und auch größere Rechtssicherheit, dass die Urkunden selbst vor dem Urkundsbeamten aufgenommen werden können, und dass der Beamte, der selbst zu entscheiden hat, sehr viel stärker auf die Notwendigkeiten dessen, was zu beurkunden ist, und die Einzelheiten der Urkunde achten kann als der, der dem Grundbuch ferner steht. Diese Momente sprechen dafür, dass die Beurkundung beim Gericht liegen sollte, soweit es sich um das Grundbuch handelt.

Bei der Auflassung haben wir es mit einer alten germanischen Rechtseinrichtung zu tun. In der Auffassung des Volkes wurde der Auflassung immer eine größere Bedeutung beigemessen als der Beurkundung des schuldrechtlichen Veräußerungsgeschäftes. Das BGB hat die Auflassung auch. Dabei waren zwei Grundsätze vorherrschend, erstens die Öffentlichkeit, dass die Erklärung vor der Autorität des Gerichts erfolgt ist, und zweitens die örtliche Gebundenheit an die für das Grundstück zuständige Behörde. Dieser Grundsatz ist seit 1918 durchbrochen worden. Ich bin der Meinung, dass man nun nicht die Beurkundung der Auflassung durch die Gerichte ausschließen, sondern eher zu dem früheren Zustand zurückkehren sollte, auch im Hinblick auf die Auffassung, die wir heute von Grund und Boden haben. Ich halte es daher eher für wünschenswert, für Grundbuchsachen die ausschließliche Zuständigkeit des Gerichts zu begründen. Ich will aber anerkennen, dass es vielleicht schon aus Gründen der Volksnähe besser ist, wenn man die Zuständigkeit des Notars auch bestehen lässt, weil dort, wo ein Gericht ist, auch leicht der Notar zur Verfügung steht. Andererseits haben sich bedeutende württembergische Realkreditinstitute dahin ausgesprochen, dass die Tätigkeit der württembergischen Grundbuchämter besser sei als die der außerwürttembergischen. Sie führen dies zurück auf die Vereinigung der Tätigkeit des Grundbuchbeamten und der Beurkundung selbst. Das gilt zum Teil auch für die Registersachen selbst.

Zu dem Gutachten von Herrn Backs möchte ich darauf hinweisen, dass in einigen deutschen Ländern die Zuständigkeit des Urkundsbeamten erheblich weiter geht. In Sachsen haben die Urkundsbeamten seit 1867 die volle Beurkundungszuständigkeit. Es ist nur ausgenommen die Beurkundung der Testamente und der Erb- und Eheverträge. Tatsächlich üben die sächsischen Rechtspfleger diese Tätigkeit auch in vollem Umfange aus.

Ich komme zu dem Ergebnis, in Grundbuchsachen die ausschließliche Zuständigkeit der Grundbuchämter vorzusehen, auch für die Beurkundung, dass wir aber im Allgemeinen den Zustand herbeiführen sollten, Gericht und Notar nebeneinander zuständig bleiben zu lassen.

Lützeler: Wenn gesagt worden ist, dass die Beurkundungszuständigkeit der Gerichte finanzielle Überschüsse in Württemberg erzielt habe, so wird das damit zusammenhängen, dass man bei einem Gericht die Freiwillige Gerichtsbarkeit und die übrige Tätigkeit in den Unkosten nie genau trennen kann. Ich gehe davon aus, dass im Durchschnitt das Landnotariat keine großen Beträge abwirft, sondern in der Regel nur eine ausreichende Existenz gewährt. Berücksichtige ich, dass im Allgemeinen der kleine Privatmann intensiver und wirtschaftlicher arbeitet als ein großer Behördenapparat, so muss ich zu der Überzeugung kommen, dass für die Gerichte aus der Beurkundungstätigkeit kein erheblicher Überschuss abfallen kann.

Wenn das Publikum gewohnt ist, beim Gericht sich etwas beurkunden zu lassen, so kann das nicht Anlass sein, das zu machen, was als besser anerkannt wird. Ein anderer Gesichtspunkt ist, dass nach allgemeiner Anschauung in allen Verwaltungen in absehbarer Zeit ein Nachwuchsmangel eintreten wird. Das könnte dazu führen, dass die Urkundstätigkeit der Gerichte vielfach gar nicht erwünscht wäre, während im Notariat, besonders im Landnotariat, und in dem neu zu schaffenden Nur-Notariat gewaltige Arbeitsreserven liegen, also ohne Einsatz weiterer Personen eine weitere Arbeitsleistung vollzogen werden kann.

Herr Backs hat gesagt, die doppelte Prüfung sei nicht so wesentlich, weil es sich um formale Mängel handle. Ich halte das nicht für ganz richtig. Es sind gerade sehr erhebliche sachliche Fragen, die geprüft werden können. Die Prüfung des Richters hat sich im Wesentlichen auf sachliche Mängel zu erstrecken, wie man im Kommentar nachlesen kann.

Hesse: Ich darf die Frage mehr vom Gesichtspunkt der Gerichte aus sehen. Auch nach meinen Erfahrungen können wir die Finanzfrage aus dem Spiel lassen; der große Schatten des Reichsfinanzministers steht doch hinter allem. Wenn der Finanzminister nicht will, ist die ganze Arbeit umsonst. Alle derartigen Reformdinge sind stets am Widerspruch des Finanzministers gescheitert. Die finanzielle Auswirkung im Einzelnen ist wirklich nicht einfach zu greifen, weil der Haushalt der Justizverwaltung die Einnahmen nicht nach den einzelnen Sparten trennt, sondern in einer Gesamtsumme angibt. Man könnte es aber für 1/4 Jahr probieren. Ich bin persönlich davon überzeugt, dass es sich um einen sehr erheblichen Betrag handelt, insbesondere bei den kleinen Gerichten, wo die Urkundstätigkeit geradezu das Rückgrat der Tätigkeit bildet, und wo sich gerade deswegen ein Notariat nicht halten kann, weil die Urkundstätigkeit von den Amtsgerichten völlig monopolisiert wird.

Sachlich scheint mir die Ausführung der Notare interessant, dass die eigentliche Beurkundungstätigkeit nur einen kleinen Teil der Tätigkeit des Urkundsbeamten darstellt, und dass das Drum und Dran einen wesentlichen Teil ausmacht. Ich habe versucht, ein normales Auflassprotokoll zum Gebrauch für die Grundbuchämter zu verfassen und mich dabei bemüht, das Gedächtnis der Urkundsbeamten auf alle möglichen Fälle hinzuweisen. Damals haben wir zwölf verschiedene mögliche Genehmigungen festgestellt, jetzt sind es noch mehr. Zweifellos ist es heute ungeheuer schwierig, ein Grundstück zu erwerben oder zu veräußern, und man wird in den meisten Fällen einen Notar in Anspruch nehmen.

Man darf aber die Schwierigkeiten der Abwicklung auch nicht überschätzen. In einigen Fällen sind die Gerichte mindestens ebenso berufen wie die Notare. In den Landesteilen ist der Grundbuchbeamte personengleich mit dem Vormundschaftsrichter. Hier würde das Dazwischenschalten eines Notars die Sache nicht erleichtern. Das Gericht verfügt auch in vielen Fällen über eine viel unmittelbarere Sachkenntnis als der Notar. Das Gericht handelt vor dem offenen Grundbuch, vor den Vormundschaftssachen, Testamentsakten, während der Notar das alles mühsam einsehen muss. Also dieses Argument schlägt bis zu einem gewissen Grade zugunsten des Gerichts aus.

Bei dem positiven Teil muss ich eine Lanze dafür einlegen, dass die Zuständigkeit der Gerichte nicht geschmälert werden sollte. Einmal liegt mir daran, den Gerichten diese sachliche Funktion zu erhalten. Sie sollen diese Urkundstätigkeit praktisch kennen, sollen selbst einmal eine solche Urkunde entworfen haben. Erst dann können sie die besonderen Schwierigkeiten der Beurkundungstätigkeit ermessen. Man sollte unter keinen Umständen dem Amtsgericht eine Sparte der Freiwilligen Gerichtsbarkeit künstlich entziehen, wenn das Publikum diese Tätigkeit ihm einmal anvertrauen will. Das würde auch zum Schaden der Notare sich auswirken. Von einem Regress des Reiches kann bei der beurkundenden Tätigkeit des Notars schlechterdings nicht die Rede sein. Wir können nicht haben Urkundsmonopol des Notars und Regresspflicht des Reichs. Die Gerichte werden in zahlreichen Fällen zu entscheiden haben, ob ein Notar seine Vorschriften vorsätzlich oder fahrlässig verletzt hat. Da ist es von Bedeutung, dass die Gerichte selbst an der Stelle eines Notars einmal gestanden haben und eigene Beurkundungstätigkeit ausüben.

Der zweite Gesichtspunkt ist folgender: Wenn wir den Gerichten jede Urkundstätigkeit nehmen, bringen wir sie in eine unwürdige Stellung hinein. Es ist eine tief eingewurzelte Gewohnheit, dass der Bauer vertrauensvoll zum Amtsrichter kommt. Der Amtsrichter müsste dann sagen: Das müssen wir so und so machen, aber ich kann das nicht tun, du musst zum Notar gehen. Es ist ein zwingendes Gebot der Würde des Gerichts, dem Volksgenossen, der sich vertrauensvoll an das Gericht wendet, nicht fortzuschicken. 1926/28, als im Rheinland das Urkundsmonopol der Notare galt, haben die Gerichte darüber geklagt, sie wären nicht in der Lage, einen zusammenhängenden Akt zusammenhängend zu erledigen. Die Praxis hat auch gelehrt, dass das eigentlich überall anerkannt ist. Denn selbst in den Ländern, die das Urkundsmonopol der Notare besitzen, ist das keineswegs restlos durchgeführt. Beispielsweise ist in Baden neben den Notaren im weitesten Umfange das Gericht zuständig, gerade aus diesem Gesichtspunkte des Zusammenhangs heraus. Ähnlich liegt es in Bayern. Die Praxis hat also gelehrt, dass man die Gerichte nicht völlig ausschließen kann. Ein gewisses Maß, nämlich was mit ihrer eigentlichen gerichtlichen Tätigkeit unmittelbar zusammenhängt, wird man ihnen unter allen Umständen belassen müssen. Gesetzlich hier die Grenze zu ziehen und zu sagen: was über dieses Maß hinausgeht, bleibt dem Notar, ist aus technischen Gesichtspunkten sehr unbehaglich. Ich muss deshalb insbesondere auch vom Standpunkt der Gerichte aus entschieden dafür plädieren, dass ein Urkundsmonopol der Notare in dem erstrebten Umfange nicht eingeführt wird.

Vorsitzender: Es ist sehr erklärlich, dass jeder von uns zunächst einmal das empfiehlt, was er kennengelernt hat, und womit er sich schließlich, wenn er auch die Mängel erkannt, abgefunden hat. Wenn wir uns auf diesen Standpunkt stellen wollten, dann würde es überhaupt niemals zu einer einheitlichen Reichsregelung kommen. Das sehen wir auf allen Gebieten. Die Herren der Ostmark haben oft gesagt: Wir fühlen uns mit unserem Recht ganz wohl, warum wollt ihr uns ein anderes aufdrängen? Unter solchen Umständen können wir unsere Tätigkeit überhaupt einstellen.

Ferner sind wir uns völlig darüber klar, dass die Frage eines Urkundenmonopols der Notare in positivem Sinne nur entschieden werden könnte für den Zeitpunkt, in dem tatsächlich das Nurnotariat besteht. Da auch bei optimistischster Auffassung bis dahin noch einige Zeit vergehen wird, kann es sich nur darum handeln, einen Grundsatz auszusprechen, dessen Durchführung in absehbarer Zeit ich zunächst noch nicht sehe.

Drittens handelt es sich hier nicht darum – das ist auch schon betont worden –, etwa nur die Gerichte für zuständig zu erklären. Wenn auch Herr Liese [Gutachten nicht auffindbar] das für einen gewissen Umkreis zum Teil empfohlen habe, so steht das jedenfalls nicht zur Debatte, sondern es handelt sich nur um die Frage, ob nur die Notare oder die Gerichte und die Notare zuständig sein sollen. Nun haben die Herren Notare auf die Abwicklungstätigkeit hingewiesen. Es ist ganz selbstverständlich, dass man bei diesen außerordentlich schwierigen Fragen in der Regel nicht die Torheit begehen wird, die Sache dem Gericht zu geben. Man wird gerade zu der Stelle hingehen, die das versteht, und diese Stelle ist nicht das Gericht, sondern der Notar, und ein verständiger Richter wird das Publikum auch immer auf die Notare verweisen. Wir haben es oft erlebt, dass die Richter sagten: Gehe damit zum Notar, – nicht weil die Richter faul waren, sondern weil sie die Grenzen ihres Könnens damals schon erkannten. Heute ist es völlig unmöglich, dass die Gerichte diese Tätigkeit übernehmen. Ich möchte wissen, welcher von den höchstgestellten Richtern sich für befähigt halten wollte, diese Dinge zu machen. Das sind völlig verschiedene Aufgabengebiete geworden; das kann nur der Notar machen. Dazu bedarf es auch gar keiner positiven Vorschrift; diese Vorschrift für die praktische Handhabung gibt uns die Vernunft.

Nun ist hier von zwei Mängeln gesprochen worden. Ich habe nicht ohne Neid gehört, dass man irgendwo von Arbeitsmangel gesprochen hat. Ich habe unter diesem Mangel noch nicht gelitten. Wenn aber Herr Liese gesagt hat, wenn wir den Gerichten das wegnehmen, dann leiden sie Not, so ist das ganz richtig. Ich kenne Gerichte, in denen die jungen Referendare morgens um acht Uhr zum Gericht kommen, um sich des Eingangs zu bemächtigen, damit sie etwas zu tun haben. Wenn der andere dann um 8.30 Uhr kommt, hat er nichts mehr. Die Richter arbeiten von halb zehn bis halb zwölf Uhr. Was sie da tun, will ich gar nicht untersuchen; mittags ist jedenfalls Schluss. Ein gewisses Arbeitsminimum muss den Gerichten garantiert werden. Andererseits sagen die Notare: Wir wollen auch die Arbeit haben. Ich hoffe, es wird sich genügend Arbeit einstellen; was wir von der Gesetzgebung dazu beitragen können, wird geschehen.

Dann ist vom Geldmangel gesprochen worden, allerdings etwas einseitig. Die Herren Notare haben gesagt: Ihr müsst uns genügend Einnahmen verschaffen, sonst könnt ihr nicht verlangen, dass wir gut arbeiten. Andererseits wollen die Notare das aber nicht für das Reich gelten lassen. Das scheint mir nicht ganz paritätisch zu sein. Das Reich will sich unter gar keinen Umständen die Einnahmen aus der freiwilligen Gerichtsbarkeit entgehen lassen. Nun erhebt das Reich bei den Notaren die Gebührenabgabe. Ich glaube, die Notare befinden sich besser, wenn diese Gebühren nicht etwa erhöht werden, sondern die Tätigkeit bei den Gerichten verbleibt.

Ein Gebiet gibt es, auf dem die Vertreter der Gerichtszuständigkeit und der Notariatszuständigkeit an einem Strange ziehen müssen. Wir können offen aussprechen, die Justiz ist augenblicklich nicht sehr hoch im Kurse. Wo man eine Gelegenheit findet, zieht man die Justiz in allen ihren Sparten herab. Es ist unser aller Aufgabe, die Volksnähe der Justiz immer wieder zu betonen und zu verbessern. Die Notare selbst leisten sich einen Bärendienst, wenn sie die gerichtliche Tätigkeit blutleer machen. Das ist ein völlig unmöglicher Zustand. Es ist gar nicht auszudenken, dass heute die Gerichte im Rahmen ihrer eigenen Zuständigkeit nicht beurkunden können sollen. Damit entsteht überhaupt nur folgende Frage: Soll man eine Ausschließlichkeit der Notare für die Fälle konstruieren, in denen Urkunden außerhalb eines zum gerichtlichen Verfahren gehörenden Vorgangs notwendig werden? Anders kann die Frage überhaupt nicht gestellt werden. Es stehen nach meiner Ansicht allein die sogenannten selbständigen Beurkundungen zur Debatte.

Aus allen erörterten Gründen kann ich mich für meine Person nicht dazu entschließen, hier die gerichtliche Zuständigkeit auszuschließen. Das kommt in der Tat nicht in Betracht. Wir würden einen theoretischen Satz aussprechen, ohne dass wir die Sache praktisch fördern. Gerade weil ich mich selbst prüfen musste, da ich gerichtlich und nicht notariell erzogen bin, und mich geprüft habe, bin ich zu der Überzeugung gekommen, dass der Satz richtig ist. Wir müssen die Zuständigkeit zu Beurkundungen den Gerichten und den Notaren zusprechen. Zu einer anderen Regelung kann man nicht kommen.

Vogels: Ich möchte für die Herren Notare nur ein tröstliches Wort anfügen. Ich stamme aus dem Rheinland. Da besteht auch die doppelte Zuständigkeit von Nurnotar und Gericht. Tatsächlich geht aber im Rheinland kein Mensch zum Gericht, sondern jeder nur zum Notar. Das ist, glaube ich, eine natürliche Folge des Nurnotariats. Wenn man in anderen Landesteilen, die das Anwaltsnotariat haben, sich scheut, zum Notar zu gehen, so liegt das daran, dass der Notar vielleicht einmal als Anwalt den Gegner vertreten hat oder dass man aus irgendeinem Grunde befürchtet, er könne einmal in irgendeinem Prozess für den Gegner auftreten und dass man dann dem neutralen Richter mehr Vertrauen schenkt als dem Notar. In dem Augenblick, wo der Notar nicht mehr die Möglichkeit hat, zu seinem eigenen Klienten in eine Kampfstellung zu geraten, fällt dieser Hemmungsgrund weg, und dann wird das Publikum ganz von selbst sich viel mehr dem Notar zuwenden als dem Gericht. Wenn es also gelingt, das Nurnotariat auch in anderen Landesteilen zu verwirklichen, kommt automatisch eine starke Belebung der Urkundstätigkeit der Notare hinzu. Wenn man die Frage unter diesem Gesichtswinkel ansieht, verliert sie jede Schärfe. Im Rheinland ist es vollkommen gleichgültig, ob Sie eine Doppelzuständigkeit oder die alleinige Zuständigkeit der Notare haben; praktisch beherrscht der Nurnotar das gesamte Urkundswesen. Ich bin überzeugt, dass es in Bayern auch so sein wird. Wenn die Doppelzuständigkeit eingeführt werden würde, würde das Publikum genau wie bisher nur zum Notar hingehen.

Vorsitzender: Herr Präsident *Siefert* hat mir zu diesem Punkte seine Meinung wie folgt geschrieben [Brief nicht auffindbar]: „Ich verkenne die Gründe für die ausschließliche Zuständigkeit der Notare durchaus nicht … deshalb nicht zu empfehlen.“ (*wird verlesen.*) Das ist die Auffassung von Herrn Siefert.

Lützeler: Ich war mir vollkommen darüber klar, dass ich dem rheinischen Notariat einen Bärendienst erwies, wenn ich für das Nurnotariat eintrat; denn das hätte die erhöhte Gebührenabgabe zur Folge gehabt. Wenn Herr Vogels darauf hinweist, dass im Rheinland tatsächlich ganz überwiegend das Notariat die Beurkundungstätigkeit in der Hand hat, während im übrigen Reichsgebiet die Beurkundungstätigkeit sehr viel vom Gericht wahrgenommen wird, im Rheinland gleichzeitig aber auch das Gericht zuständig war, so geht doch daraus hervor, dass das Publikum, wenn es den Nurnotar hat, geneigt ist, zum Notar zu gehen, weil er in seinem Beruf lebendiger sein kann als der Richter, der den schwerfälligen Apparat des Gerichts hinter sich hat. Aber das wird dazu führen, dass die Durchführung des Nurnotariats im übrigen Gebiet ganz erheblich gehemmt werden wird. Denn da das Publikum dort an das Gericht gewöhnt ist, wird ganz erhebliche Zeit verstreichen, bis das Publikum sich langsam umgewöhnt. Solange das Publikum nicht irgendwie zum Notar geleitet wird, wird es gar nicht möglich sein, das Nurnotariat im Gebiet des Rechtsanwaltsnotariats durchzuführen. Es wird eine ganz erhebliche Zeit dauern, wenn man nicht eine Möglichkeit schafft, in diesem Gebiet mit der Zeit Nurnotarstellen zu errichten, und diese Möglichkeit sehe ich nicht, solange die volle Zuständigkeit des Gerichts neben der des Notars gegeben ist. Deshalb wäre der Gedanke zu prüfen, ob nicht wenigstens für bestimmte Rechtsgeschäfte dann die ausschließliche Zuständigkeit des Notariats festgesetzt werden sollte.

Vorsitzender: Ich glaube, dass es ungewöhnlich schwierig wäre, solche Rechtsgeschäfte auszusondern. Die Dinge hängen alle zusammen. Ein Gebiet haben wir, auf dem nur die Zuständigkeit der Notare besteht; das sind die Generalversammlungen der Gesellschaften. Wenn Sie glauben, Herr Lützeler, dass die praktische Durchführung des Nurnotariats durch diese Dinge gehemmt würde, so fürchte ich, wir kommen nachher in geometrische Größen. Das dauert in der Tat eine ganze Weile. Es handelt sich tatsächlich um Folgendes: Sollen wir, um einen für lange Zeit nur theoretisch geltenden Satz auszusprechen, etwas tun, was die Gerichte immer mehr vom Volk entfernen muss? Dazu kann ich mich nicht entschließen. Es ist vollständig richtig, die Urzelle der Volkszugehörigkeit der Justiz ist das kleine Amtsgericht. Dem kleinen Amtsgericht dürfen Sie deshalb diese Zuständigkeit nicht nehmen, ganz abgesehen davon, dass dort auch gelernt wird. Da müssen die Leute wirklich Urkunden aufnehmen. Dass dabei unglaubliche Torheiten gemacht werden – bei jungen Notaren werden sie auch nicht ganz ausbleiben –, ist klar. Das müssen wir in Kauf nehmen, aus diesen Fehlern müssen wir lernen.

Ich glaube, einen weiteren Beitrag zu dieser Frage können wir heute nicht bringen. In meinem Bericht werde ich mich für die doppelte Zuständigkeit aussprechen, wobei ich selbstverständlich auf die Bedenken und Wünsche der Notare pflichtmäßig hinweisen werde.

Aus dem bunten Bild dieses Fragenkreises möchte ich jetzt eine weitere Frage zur Diskussion stellen. Wir wollen jetzt ausschließlich den *§ 12* des Ausführungsgesetzes zum BGB herausnehmen. Da heißt es: „Wird in einem Vertrage, durch den der eine Teil sich verpflichtet, das Eigentum an einem in Preußen liegenden Grundstück zu übertragen, einer der Vertragschließenden durch eine öffentliche Behörde vertreten, so ist für die Beurkundung des Vertrages außer den Gerichten und Notaren auch der Beamte zuständig, welcher von dem Vorstand der zur Vertretung berufenen Behörde oder von der vorgesetzten Behörde bestimmt ist." Das ist ein allgemeiner wichtiger Grundsatz. Wir stehen vor der Frage, ob wir diesen Satz beseitigen sollen – so verstehe ich das Gutachten der Herren Schieck und Lützeler –, oder ob wir etwa nach der anderen Seite dies als einen allgemeinen Grundsatz in unsere neuen Gesetze aufnehmen sollen. Vielleicht äußert sich Herr Schieck aufgrund seines Gutachtens dazu.

Schieck verliest die entsprechenden Ausführungen aus seinem Gutachten [nicht auffindbar] Seite 18 und 19: „Eine weitere bedeutungsvolle Gruppe von Zuständigkeiten ergibt sich … Mängel hier aufzuführen."

Vorsitzender: Die Herren Notare haben sich mit Wärme gegen diese Vorschrift ausgesprochen.

Backs: Ich möchte meinen, dass das in erster Linie eine fiskalische Frage ist. Natürlich müssten der Staat und die betreffenden Kommunalverbände erhebliche Kosten aufwenden, wenn sie die Verträge ihrerseits durch Notare beurkunden lassen müssten. Wenn ich von diesem fiskalischen Gesichtspunkt absehe, möchte ich meinen, dass mehr Gründe gegen die Einrechnung sprechen. Für die Einrechnung wird man geltend machen, dass der betreffende Beamte der vertragsschließenden Behörde besonders geeignet ist, zu beurkunden, weil er die Verhältnisse genau kennt. Gegen die Einrechnung fällt sehr erheblich ins Gewicht, dass die Urkundsperson ein unparteiischer Mittler zwischen den Beteiligten sein soll und dass der betreffende Beamte, wenn er auch nicht persönlich an den Angelegenheiten beteiligt ist, sich in einer gewissen Abhängigkeit von seiner Behörde befindet und infolgedessen eher geneigt sein wird, bei der Beurkundung die Interessen des anderen Beteiligten. Die Herren Notare haben in ihrem Gutachten verschiedene Beispiele angeführt und haben gesagt: Der Beamte kommt gleich dazu, die Lasten des Vertrages dem Gegner aufzuerlegen, ohne dass der Vertragsgegner über die Bedeutung dieser Bestimmungen hinreichend aufgeklärt wird, was ein unparteiischer Notar ohne weiteres tun würde. Das scheint mir ein erheblicher Grund gegen diese Zuständigkeit zu sein.

Man könnte auch erwägen, ob diese Behördenzuständigkeit auf bestimmte Behörden beschränkt werden solle, bei denen man voraussetzen darf, dass solche Bedenken zurücktreten, z.B. Reichsbank und große Institute. Bedenken wird man vor allem in solchen Fällen haben, wo Kommunalbehörden kleinerer Gemeinden die Möglichkeit haben, ihre Beamten zu bestellen, um einen Vertrag abzuschließen. Da kann es leicht dazu kommen, dass die Interessen der privaten Beteiligten bei der Beurkundung zurückgesetzt werden.

Höver: Ich wollte die Gelegenheit benutzen, um einmal auf die Geschichte dieser Bestimmung hinzuweisen. In Bremen, meinem früheren Tätigkeitsfeld, hatten wir eine gleiche Bestimmung. Diese konnte herausgegeben werden aufgrund des Art. 142 des Einführungsgesetzes zum BGB. In Bremen ist das nicht nur ausgedehnt auf Verträge nach § 313 BGB, sondern auch auf Beurkundungen im Sinne von § 873 BGB. Nun ist es interessant, dass dieser Art. 142 aus einem ganz anderen Anlass in das Einführungsgesetz hineingekommen ist, nämlich nicht etwa deshalb, um allen möglichen Behörden die Möglichkeit zu geben, in eigener Sache Beurkundungen vorzunehmen. Denn in den Protokollen [der 2. BGB-Komm.] Bd. 6 Seite 416 heißt es: „In denjenigen Teilen Deutschlands, in denen die Zerstückelung des Grundbesitzes weit fortgeschritten sei, würden obligatorische Grundstücksveräußerungsverträge in sehr großer Zahl geschlossen. Häufig handle es sich um Parzellen von [sehr] geringem Wert. Es müsse die Möglichkeit gegeben werden [solche Verträge], ohne erheblichen Aufwand" – jetzt kommt der wahre Grund – „von Zeit und Kosten abzuschließen. Die Gemeindebehörden müssten als geeignet gelten, das Gericht zu ersetzen, weil sie mit den einschlägigen Verhältnissen vertraut seien und besondere juristische Kenntnisse nicht vorausgesetzt zu werden brauchten." Gegen die Geeignetheit wurden im damaligen Ausschuss auch Bedenken geltend gemacht. Das Kammergericht hat sich auch wiederholt mit dieser Frage beschäftigt. Die Behörden sind nun weiter gegangen und haben sich nicht darauf beschränkt, Verträge nach § 313 BGB zu beurkunden, sondern sie haben bei dieser Gelegenheit auch die Vollmachtsfragen und Eintragungsbewilligungen erledigt. Das ging aber nicht. Das Kammergericht hat sich in wiederholten Entscheidungen dagegen ausgesprochen.

Hier liegt der wahre Grund. Ich persönlich kann mich nur den Ausführungen der Herren Notare und des Herrn Kollegen Backs anschließen. Ich halte diese Bestimmung für ganz untragbar. Sie hat, wie die Praxis zeigt und wie mir auch aus der Notarpraxis wiederholt berichtet und bestätigt worden ist, einen ganz ungeheuren Umfang angenommen, und zwar deshalb, weil ja der Grundbesitz des Staates und der Behörden – man denke nur an die Wehrmacht und alles Mögliche – ungeheuer groß geworden ist, so dass den Notaren tatsächlich ein großes Betätigungsfeld auf ihrem ureigensten Gebiete abgeschnitten wird. Hier muss man in verschärftem Maße und mit ganz besonderem Nachdruck die Momente hervorheben, die vorhin gegen die Beurkundungstätigkeit der Gerichte geltend gemacht wurden. Die Herren, die hier Beurkundungen vornehmen, die gar keine juristische oder rechtspflegerische Ausbildung haben, haben ja gar keine Ahnung von dem Beurkundungsgebiet, obwohl die §§ 168 ff. für anwendbar erklärt werden, soweit es sich um Rechtsgeschäfte handelt. Die Tätigkeit, die ein Urkundsbeamter entwickelt, umfasst besonders auch die Belehrungstätigkeit, die Prüfung der Geschäftsfähigkeit, der Verfügungsfähigkeit, des Identitätsnachweises usw., wie es alles jetzt in der Reichsnotarordnung und in der Dienstordnung für Notare niedergelegt ist. Das liegt diesen Herren von den Behörden alles völlig fern. Auf der einen Seite verlangt man heute vom Notar, dass er zunächst ein Probejahr und drei Notariatsassessorjahre durchmacht, bevor er Notar wird, und diese Herren können ohne die geringste Vorbildung in eigener Angelegenheit Beurkundungen vornehmen, ohne überhaupt die zahlreichen Bestimmungen in der Reichsnotarordnung, ohne auch das materielle Recht, insbesondere das Sachenrecht, zu kennen. Diese Tätigkeit muss unter allen Umständen beseitigt werden.

In Bremen ist das Gleiche der Fall. Das Publikum spart übrigens durchaus nichts bei der Sache; denn die Behörde erhebt ihrerseits, obwohl sie in eigener Sache beurkundet, in dieser eigenen Sache für sich Gebühren. Hierüber heißt es in § 3 des bremischen Gesetzes: „Für die Beurkundung und Beglaubigung werden die gleichen Gebühren erhoben, die den Notaren zustehen, es sei denn, dass die Aufnahme der Erklärungen im öffentlichem Interesse erfolgt." [Brem. Gesetzblatt 1933, 412] Das ist ein weitgehender Begriff. (*Schieck:* Das tut Preußen nicht!) Wir haben hier nur sachliche Gesichtspunkte, keine finanziellen zu vertreten. Gerade weil wir die Güte der Schaffung der Urkunde fördern wollen und diese nur in den Händen des Notars oder des Gerichts wissen wollen, müssen wir uns nach meiner Auffassung mit aller Energie gegen diese Bestimmung wenden, die einen ganz anderen geschichtlichen Ursprung hat und sich nach einer ganz anderen Richtung ausgewachsen hat als ursprünglich beabsichtigt war.

Heydtmann: Ich habe mit diesem Art. 12 [Preuß. AGBGB v. 1899] früher zu tun gehabt und weiß, was er für eine ungeheure finanzielle Bedeutung hat. Für die Justiz treffen die Bedenken nicht zu, da macht es der Landgerichtspräsident. Man muss bei diesen Verträgen immer bedenken, dass die öffentliche Körperschaft die wirtschaftlich mächtigere ist. Sie setzt auch den Vertrag in der Regel so fest, wie sie ihn schließen will, und fragt: Willst Du den Vertrag schließen oder nicht? Wenn der Vertragspartner sagt: Ja, wird der Landgerichtspräsident beauftragt, und er beurkundet den Vertrag, der vorher durch Verhandlungen festgelegt war.

Bei dieser Frage würde der Standpunkt des Reichsfinanzministers eine erhebliche Rolle spielen, da hier für den Fiskus erhebliche Einnahmen auf dem Spiele stehen. Man kann andererseits nicht annehmen, dass der Fiskus die Privatbeteiligten übervorteilt.

Vorsitzender: Es gibt verschiedene Fisci. Sie denken an den großen Fiskus; es gibt aber auch kleine.

Hesse: Ich bin auch kein Freund dieser Bestimmung. Die bereits angeführten Gründe sind so einleuchtend und unwiderleglich, dass diese Bestimmung ohne Zweifel über Bord geworfen werden müssten, wenn wir so könnten, wie wir wollten. Aber: Leicht beieinander wohnen die Gedanken, doch hart im Raume stoßen sich die Sachen. Wir haben diese Regelung in Preußen, Sachsen, Thüringen, Oldenburg, Anhalt, Braunschweig, Hamburg und Bremen, also man kann sagen, in zwei Dritteln des Deutschen Reichs. In diesem Raum hat die Beurkundungstätigkeit dieser Behördenverträge einen ganz ungeahnten Umfang angenommen. Fast jede größere Behörde, die viel Grundstücksverkehr zu bewältigen hat, bedient sich eines Urkundsbeamten. Darin liegt ein Korrektiv dessen, was Herr Höver gesagt hat. Die großen Behörden haben geschulte Beamte, die solche Sachen täglich machen; sie haben ein volles Büro dafür. Eine gewisse Erfahrung sammeln die schon. Aber sachlich bedenklich ist die fehlende Unparteilichkeit. Es ist beispielsweise völlig ausgeschlossen, dass ein mittlerer Beamter der Stadt Leipzig mit völliger innerer Unabhängigkeit einer Beurkundung gegenübersteht, wenn als Vertragspartner ihm gegenüber der Oberbürgermeister der Stadt Leipzig in eigener Person erscheint. Da kann er psychologisch nicht die nötige Neutralität wahren. Praktisch werden solche Dinge formularmäßig abgeschlossen, und nur das Formular wird beurkundet. Sachlich ist es höchst unerfreulich und ein Fremdkörper. Die Motive für diese Bestimmung ergeben ja, wie ausgeführt wurde, ein völlig anderes Bild. Hinzu kommt, dass selbst die kleinsten Behörden sich dieser Beurkundung bedienen können, z.B. ein kleiner Wasserverband oder eine kleine Kirchengemeinde.

Aber ich glaube, wir dürfen den Blick nicht davon abwenden, dass es praktisch völlig ausgeschlossen sein wird, diese Bestimmung zu beseitigen. Wir haben alle anderen Verwaltungen des gesamten Reichs gegen uns. Denn sie legen auf diese Tätigkeit entscheidendes Gewicht. Wir werden uns darauf beschränken müssen, diese Beurkundungszuständigkeit nach Möglichkeit zu veredeln, wenn ich so sagen darf, die Auswüchse abzuschneiden. In dem von Herrn Höver erwähnten Punkt der Gebührenerhebung durch Behörden wird etwas geschehen müssen; aber eine volle Beseitigung der Bestimmung wird nicht gelingen.

Vorsitzender: Als Vorsitzender dieses Ausschusses kann ich gar nicht anders, als mit Energie für die Beseitigung dieser Vorschrift einzutreten. Denn sie ist an sich eine Unmöglichkeit. Was ich als Gesetzgeber zu tun genötigt sein werde, kann ich in diesem Ausschuss nicht behandeln und weiß ich nicht. Aber dass ich im Sinne aller Redner dieses Ausschusses mich einsetzen werde, ist selbstverständlich. Ich werde mich immer auf den Standpunkt stellen, dass diese Bestimmung vom Gesichtspunkt einer vernünftigen Rechtspflege aus unmöglich ist. Ich bitte nur, mich nicht als meineidig zu bezeichnen, wenn in einem von mir gezeichneten Gesetzentwurf das Gegenteil steht. Es kommt darauf an, wie die Dinge laufen werden. Wir werden natürlich einen furchtbaren Kampf mit sämtlichen Verwaltungen bekommen, schon deshalb, weil heute jede Verwaltung glaubt, dass wir zwar nicht ihre Geschäfte, sie aber unsere Geschäfte versteht. Das ist die augenblickliche Lage.

Antoni: In der Ostmark kommt das nicht in Frage, weil bei uns jedermann Kaufverträge über Grundstücke frei errichten kann.

Lützeler: Ich darf einzelne Fälle schildern. Wenn die Stadt Düsseldorf in eigener Sache beurkundet hat und sie ist nach der allgemeinen Üblichkeit nicht Kostenschuldner bei der Beurkundung durch Gericht oder Notar, so lässt sie diesen ganzen Vertrag noch einmal beim Notar beurkunden. Wenn sie aber nach der allgemeinen Üblichkeit Kostenschuldner ist, lässt sie beim Notar nur die Auflassung beurkunden.

Bezüglich der Formulare treiben auch größere Stellen Missbrauch. Die Regierung in Aachen hat für ihren gesamten Forstfiskus ein Formular für sämtliche Grundstücksgeschäfte herausgegeben. Darin werden regelmäßig sämtliche entstehenden Steuern und Kosten formularmäßig der Gegenpartei aufgeladen, gleichgültig, ob die Gegenpartei Käufer oder Verkäufer ist.

Vorsitzender: Sie würden mir einen Dienst erweisen, wenn Sie mir solche Formulare zugänglich machen könnten. Das würde für die Behandlung der Dinge unter Umständen wichtig sein.

Lützeler: Weiter ist mir folgender Fall zur Kenntnis gekommen. Die IG Farben baut in Landsberg/Warthe ein neues Werk. Die Stadt Landsberg hat sich von der IG eine Vollmacht geben lassen, den nötigen Grundbesitz zu erwerben. Dann tritt ein Vertreter der Stadt vor dem Urkundsbeamten der Stadt auf und beurkundet im Namen der IG ein Angebot an den Vertragsgegner. So ist das in zahlreichen Fällen geschehen. Die Sache ist aufgelassen worden, ins Grundbuch gekommen, und der Mangel war geheilt. (*Zuruf:* Ist das zulässig?) – Nein, aber der Mangel war geheilt durch Auflassung und Eintragung.

Vorsitzender: Das sind schon etwas metajuristische Fragen.

Lützeler: Wir sind uns darüber einig, dass die Urkundstätigkeit Rechtspflege ist, vorweggenommene Rechtsprechung, wenn sie richtig aufgefasst wird, dass ferner die Leute, die die Urkundstätigkeit ausüben, bei den Behörden zum größten Teil nicht die Voraussetzungen dafür haben, weder in Unabhängigkeit noch in Sachverständigkeit. Wenn das erkannt wird und lediglich finanzielle Gesichtspunkte dagegen ins Feld geführt werden sollten, so dürfte uns das m.E. nicht abhalten, doch diesen Weg zu gehen und eben eine andere finanzielle Lösung zu finden, wenn es für die öffentliche Hand eine zu hohe Belastung ist. In manchen Ländern hat es diese Bestimmung nicht gegeben, und es ist auch gegangen. Es müsste dann in der Kostenfrage eine andere Lösung gesucht werden, indem man etwa diese Geschäfte kostenrechtlich begünstigt und dadurch einen Ausgleich findet. Jedenfalls dürfte das kein Grund sein, das von uns gewonnene Ergebnis nur aus finanziellen Gründen zu verwerfen.

Vorsitzender: Die Lage ist klar. Wir sind einstimmig der Meinung, dass wir diese Dinge zu bekämpfen haben. Damit ist dieser Punkt erledigt.

Auch darüber sind wir wohl einig, dass der Prozessrichter bei einem Prozessvergleich beurkunden können muss? (*Zustimmung.*)

Dann kommen wir zu den großen Katalogen der Zuständigkeit, die wir gar nicht erschöpfen können.

Höver: Zu dem vorhin behandelten Punkt darf ich noch bemerken, dass dafür auch das preußische Gesetz über die Preußische Staatsbank (Seehandlung) vom 22. Februar 1930 in Frage kommt. Dem ist der bremische Staat jetzt – allerdings spät – am 7. Juli 1938 [Gesetzblatt Bremen, 1938, 143] gefolgt, indem er ein Gesetz über die Staatliche Kreditanstalt Oldenburg-Bremen erlassen hat. Dieses Gesetz übernimmt die Vorschrift über die Ernennung von Urkundspersonen wörtlich aus dem preußischen Gesetz. Nach dem Reichsbank- und Industriebelastungsgesetz, die beide Reichsgesetze sind, dürfen die Urkundsbeamten nur in Angelegenheiten der Bank tätig werden, während hier eine Zuständigkeit gegeben ist, die sich durchaus nicht auf die eigenen Angelegenheiten beschränkt. Bei der Staatlichen Kreditanstalt Oldenburg-Bremen dürfen vom Vorstand Urkundspersonen bestellt werden, die die Fähigkeit zur Bekleidung des Richteramts besitzen. Sie führen ein dienstliches Siegel. Urkundspersonen können auch Mitglieder des Vorstandes sein. Diese Urkundspersonen sind nun befugt, Urkunden der freiwilligen Gerichtsbarkeit aufzunehmen. Sie können also alle Urkunden der freiwilligen Gerichtsbarkeit aufnehmen. Ihre Zuständigkeit umfasst die Befugnis zur öffentlichen Beurkundung von Rechtsgeschäften und von sonstigen Tatsachen. Wenn einer einen Erbschein in Bremen haben will, kann er zum Vorstand dieser Bank gehen und ihn bitten, die Beurkundung einer eidesstattlichen Versicherung aufzunehmen. Sie können auch Beglaubigungen geben.

Schieck: Da ist aber etwas geschehen; da haben umfangreiche Verhandlungen stattgefunden.

Höver: Es ist nicht abgeändert.

Dann hat man Bezug genommen auf das bremische Ausführungsgesetz zum Reichsgesetz über die Angelegenheiten der freiwilligen Gerichtsbarkeit, ohne zu berücksichtigen, dass es nicht mehr voll in Kraft ist. Darauf scheint man aber nun aufmerksam geworden zu sein und hat jetzt merkwürdigerweise in einem Ergänzungsgesetz dazu verschiedene Paragraphen der Reichsnotarordnung und der Dienstordnung für Notare für anwendbar erklärt. Daraus ergibt sich die Merkwürdigkeit und der Umweg, dass die staatliche Kreditanstalt auch Auflassungen vornehmen kann. Denn das folgt daraus, dass § 22 der Reichsnotarordnung für anwendbar erklärt wird. Für eigene Angelegenheiten hat man das in Bremen schon durch ein Gesetz vom 23. Februar 1936 [Gesetzblatt Bremen, 1936, 19] bestimmt. Jetzt besteht aber die Möglichkeit, dass die staatliche Kreditanstalt in Oldenburg auch in nicht eigenen Angelegenheiten für Auflassungen in Anspruch genommen werden kann. Die Urkundsbeamten dieser Bank sind sogar befugt, die Funktionen nach § 23 der Reichsnotarordnung auszuüben, sie können zum Handelsregister gehen und Einsicht nehmen und eine Bescheinigung ausstellen, dass die und die Herren die und die Aktiengesellschaft vertreten können. Alles, wofür nicht die notarielle Zuständigkeit vorgeschrieben ist, kann von der Bank gemacht werden. Besonders bemerkenswert erscheint mir, dass sie auch Auflassungen in nicht eigenen Angelegenheiten vornehmen und – was ich für sehr gefährlich halte – eidesstattliche Versicherungen für Erbscheine entgegennehmen kann und dass sie diese Bescheinigungen über die Vertretungsbefugnis von Handelsgesellschaften und dergleichen ausstellen kann.

Das Gesetz ist im Namen des Reichs vom Reichsstatthalter für Oldenburg und Bremen unterschrieben. Danach könnte man annehmen, dass das ein Reichsgesetz ist. Ich glaube aber, so weit kann man nicht gehen, sondern das Reich soll nur formell seine Zustimmung geben; im Übrigen bleibt es ein Landesgesetz.

Ganz merkwürdig ist, dass in Ziff. 3 sogar die Befugnis steht, dass sowohl die Preußische Staatsbank wie die staatliche Kreditanstalt Oldenburg-Bremen auch Urkunden nach § 794 Ziff. 6 ZPO beglaubigen kann. Mir erscheint zweifelhaft, ob das zulässig ist, namentlich wenn es ohne Rücksicht darauf geschieht, wo das Grundstück liegt, wenn es sich um eine Klausel für eine Hypothek handelt.

Hesse: Dieser bremische Vorgang hat uns mehrfach beschäftigt. Wenn nach dem Wortlaut des Gesetzes die Zuständigkeit der Urkundsbeamten beschränkt ist, so ist das absichtlich so gefasst, um wegen der Gültigkeit der Urkunden die diffizilen Unterscheidungen zu vermeiden, ob das Geschäft im Rahmen der Geschäftstätigkeit gelegen hat oder nicht. Es ist aber den Beamten dienstlich verboten, andere Geschäfte zu beurkunden als solche, die in den Rahmen ihres Instituts fallen. Genauso ist es bei der Preußischen Seehandlung geregelt. Es steht in der Satzung und in der Dienstanweisung, dass der Beamte das nicht darf. Damit haben wir uns beruhigt. Intern ist also absolut sichergestellt, dass er keine Übergriffe auf das sonstige Beurkundungsfeld macht. Ich glaube, wir haben auch eine Anfrage von Seiten der Notarkammer dazu gehabt und in diesem Sinne beantwortet. Die Kuriosität mit der Auflassung ist mir neu. Das muss ich nachprüfen. Ich möchte glauben, dass man die Bezugnahme auf die Notarordnung zunächst in Bausch und Bogen auslegen muss. Nur soweit von Urkundstätigkeit die Rede ist, kommt das in Frage, nicht zur Entgegennahme der Auflassungserklärungen.

Vorsitzender: Wir wollen uns zunächst mit den reichsrechtlichen Zuständigkeiten und dann mit den landesrechtlichen beschäftigen.

(*Ministerialrat Dr. Hesse* übernimmt die *Leitung der Sitzung* in Vertretung des Vorsitzenden.)

Hesse: Vielleicht können wir nun erörtern: Was soll im künftigen Gesetz über die Angelegenheiten der freiwilligen Gerichtsbarkeit noch an Zuständigkeiten außer den Amtsgerichten und Notaren begründet werden? Zunächst: Wie soll es mit den zahlreichen Beurkundungszuständigkeiten gehalten werden, die jetzt durch Reichsgesetz anderen Stellen beigelegt worden sind? Diese Zuständigkeiten sind sehr zahlreich. Ich darf einige hervorheben, über deren Fortdauer kaum ein Zweifel bestehen dürfte. Das werden sein: Die Zuständigkeit der Militärjustizbeamten, der Konsuln, der Grundbuchämter, die Zuständigkeit der Bürgermeister für Nottestamente im Testamentsgesetz, die Zuständigkeit der Postbeamten für Zustellungen und für Wechsel- und Scheckproteste nach der Wechselordnung und dem Scheckgesetz.

Schieck: Diese Bestimmung wird von Österreich bekämpft.

Antoni: Wir haben den Postprotest bisher nicht eingeführt hauptsächlich zum Schutz der Notare und finden es auch jetzt schwierig, weil jetzt in Österreich die notarielle Tätigkeit etwas ins Stocken geraten ist.

Hesse: Das ist jedenfalls kein ganz unzweifelhafter Punkt. Als unzweifelhaft aber darf ich ferner ansehen die Zuständigkeit der Gerichtsvollzieher, wie sie reichsrechtlich geregelt ist.

Die Urkundsbeamten der Reichsbank sind schon erwähnt worden. Das ist im Reichsbankgesetz wohl eingehender geregelt.

Höver: In einem Aufsatz der Zeitschrift für freiwillige Gerichtsbarkeit Heft 7, 1938, findet sich ein Aufsatz, aus dem hervorgeht, dass sich die Befugnisse dieser Urkundsbeamten nach § 8 des Reichsbankgesetzes nur auf die Angelegenheiten der Reichsbank beziehen.

Hesse: Dass das urkundsrechtlich ein klarer und einwandfreier Begriff ist, wird man nicht behaupten können. Deshalb hat man in späteren Landesgesetzen von der gesetzlichen Beschränkung der Zuständigkeit Abstand genommen und die Regelung der Satzung bzw. Dienstanweisung für die Urkundsbeamten überlassen. Beschwerden in dieser Richtung sind auch nicht gekommen, auch in Bremen wohl noch nicht. Das ist nur eine theoretische Betrachtung.

Höver: Die Satzung war mir nicht bekannt.

Hesse: Ich darf annehmen, der Urkundsbeamte der Reichsbank passiert auch ohne weiteres.

Dann wäre zu erwähnen eine neustens begründete Zuständigkeit, nämlich die Zuständigkeit der Entschuldungsämter, alles zu beurkunden, was in unmittelbarem Zusammenhang mit der Entschuldung steht. (*Schieck:* Das wird von uns bekämpft.) Das wird bei der vorübergehenden Entschuldungstätigkeit keine Kardinalfrage sein; man wird es für kurze Zeit tolerieren können.

Dann bleibt von meinem Katalog als wichtigere Bestimmung die Zuständigkeit der Standesbeamten für die Anerkennung der Vaterschaft, jetzt geregelt durch Ausführungsverordnung zum Personenstandsgesetz, daneben eine ähnliche Zuständigkeit für besonders ermächtigte Mitglieder und Beamte der Jugendämter für Anerkennung der Vaterschaft, geregelt im Jugendwohlfahrtsgesetz. Das muss man zweifellos auch lassen. – Somit bleibt der Katalog mit dem Vorbehalt Österreichs mit dem Postprotest in seinen wesentlichen Vorschriften bestehen. Der Ausschuss dürfte sich dann grundsätzlich dahin aussprechen, dass die Zuständigkeit aller sonstigen Behörden, Beamten und Amtsträger, denen durch Reichsgesetz die Beurkundung beigelegt ist, aufrecht erhalten bleibt.

Lützeler: Die Gesetze der letzten Zeit haben gezeigt, dass immer neue Fälle geschaffen werden. Ich sehe durchaus ein, dass bei vielen großen Instituten – Reichsautobahn usw. – diese Notwendigkeit gegeben ist. Auch sind da sachverständige Leute damit befasst und Personen, die ihrer ganzen Stellung nach unabhängig genug sind. Aber ich bitte, im Auge zu behalten, dass das nicht überhand nimmt. Die Verwaltung ist bestrebt, möglichst viel an sich zu ziehen, und das führt letzten Endes immer mehr zur Schmälerung der Rechtspflege.

Schieck: Das trifft besonders auf die Vermessungsbehörden zu.

Hesse: Das ist eine harmlose Geschichte. Die sind nur für die Beurkundung des Antrags auf Verbindung oder Teilung von Grundstücken. Das hängt mit der Neuanlegung des Reichskatasters zusammen. Da soll die Parzellenzahl nach Möglichkeit vermindert werden. Dazu bedarf es wegen der Zusammenlegung der Parzellen eines Antrags, und dieser Antrag muss vom Grundbuch her beglaubigt sein. Diese Beglaubigungsbefugnis hat man den Vermessungsbehörden beigelegt, damit das an Ort und Stelle geschehen kann.

Schieck: In Oberbayern haben wir eine ganze Reihe von Fällen, in denen die Herren Vermessungsamtsvorstände ihre Beurkundungsbefugnis in viel weiterem Sinne dahin aufgefasst haben, dass sie das Eigentum des einen Grundstücks auf den Eigentümer des anderen Grundstücks übertragen können, was dann im Grundbuch nicht zum Ausdruck gekommen ist.

Hesse: Wenn Ihnen in dem Punkt ernstliche Überschreitungen zu Ohren kommen, bitte ich um Mitteilung. Wir werden das sofort unterbinden.

Schieck: Wir haben das draußen an Ort und Stelle unterbunden.

Hesse: Die Zentralstelle ist sich völlig klar, dass es sich um eine eng beschränkte Zuständigkeit handelt. In dieser engen Begrenzung ist sie aber wirklich nützlich, und ich glaube kaum, dass den Notaren eine ins Gewicht fallende Tätigkeit entgeht.

Antoni: In Österreich liegen besondere Schwierigkeiten vor.

Hesse: Es ist unser Bestreben, darauf zu achten, dass die Sache nicht überhand nimmt. Manchmal sind die Umstände stärker. Als allgemeine Meinung vorbehaltlich von Einzelheiten kann ich bei diesem Punkte feststellen, dass die Zuständigkeit von Behörden, Beamten und Amtsträgern, denen durch Reichsgesetz die Beurkundungszuständigkeit beigelegt ist, aufrecht erhalten bleibt.

Nun kommt die Gruppe Zuständigkeiten für das Beurkundungswesen, die bislang nur landesrechtlich gewissen Stellen beigelegt sind und bei denen wir zu prüfen haben, ob sie sich zur Übernahme ins Reichsrecht eignen. Am wichtigsten ist die bereits erörterte Bestimmung über die Zuständigkeit der behördlichen Urkundsbeamten. Da erhebt sich die Frage, ob man sie überhaupt beibehalten will, was vom Ausschuss grundsätzlich verneint wird. Ob sich das praktisch durchsetzen lässt, ist eine andere Frage. Nun bitte ich um Meinungsäußerung, ob es, wenn man die Bestimmung nicht los wird, angezeigt erscheint, sie auf das ganze Reich auszudehnen. Bisher gilt diese Bestimmung in wichtigen Gebieten des Reichs, insbesondere in Bayern nicht. Es wäre mir interessant zu wissen, wie die bayerische Praxis damit fertig wird. Die Verwaltungsbehörden machen bei uns immer geltend, es ginge gar nicht anders. Beim Bau einer großen Chaussee, wo kleine Landstücke abgetreten werden müssen, könne man wegen der Auflassung nicht immer zum Notar gehen. Ich habe immer darauf geantwortet: Das ist einleuchtend. Man kann bis zu einem gewissen Grade helfen durch Zusammenfassung an einer Stelle.

Schieck: In Bayern machen wir die Erfahrung, dass die Reichsautobahn, die auch ihre eigenen Sachen machen könnte, erst vom Rechnungshof gezwungen werden musste, nicht zum Notar zu gehen und es selbst zu machen. Die sagten sich: Wir gehen viel lieber zum Notar, weil wir dann die Gewähr haben, dass die Sache in Ordnung ist. Jetzt hat der Rechnungshof dort eingegriffen.

Hesse: Wenn die Frage akut wird, wird das Verlangen kommen, das auf das ganze Reich auszudehnen.

Lützeler: Ich habe es selbst auf dem Lande mitgemacht. Die Auflassung muss doch vor Gericht oder einem Notar erfolgen, das ist nicht zu vermeiden.

Hesse: Darauf wird die Antwort sein: Ihr habt das sächsische Beispiel, da kann der Behördenvertreter auch die Auflassung geben.

Lützeler: Ich habe es mehrfach erlebt, es ist eine lange Straße mehrfach begradigt worden. Das ist eine Belastung, mit der die kleinen Firmen gar nicht fertig werden.

Antoni: Für Österreich wird die Erstreckung keine Schwierigkeiten bedeuten; denn wir haben bisher überhaupt keine Beurkundung.

Lützeler: Wenn tatsächlich die Entwicklung dahin läuft, dass es auf das Reich ausgedehnt werden soll, sind jedenfalls die ersten Auswüchse bei den untersten Behörden abzuschneiden, es ist also eine Grenze zu ziehen, dass nur Leute beurkunden können, die sachverständig sind – es brauchen nicht unbedingt Akademiker zu sein –, und die unabhängig sind, die also in einer so sicheren Position stehen, dass sie sich nicht zu ducken brauchen.

Hesse: Haben Sie Erfahrungen darüber, Herr Backs?

Backs: Nein.

Hesse: Sie sind aber derselben Auffassung?

Backs: Ja, wenn man es im ganzen Reiche macht.

Hesse: Also wenn die Bestimmung sich lohnt, wird gegen die Ausdehnung auf das Reich nichts zu bemerken sein, vorausgesetzt dass man sie veredelt. Worin ist die Bestimmung nun verbesserungsbedürftig? Soll man eine Ausdehnung auf die Auflassung vorsehen, womit sich auch die Zuständigkeit für die Auflassungsvollmacht für Eintragungsbewilligungen ergibt, also die dinglichen Nebengeschäfte. Soll man da auch die Schleuse öffnen oder strikt auf dem preußischen Standpunkt stehen bleiben, dass diese Beurkundungsbefugnis sich ausschließlich auf das obligatorische Geschäft erstreckt? – Sie würden sich, Herr Schieck, dafür aussprechen, dass die strenge Beschränkung auf das rein Obligatorische geboten ist?

Schieck: Ja.

Backs: Ich weiß nicht, ob das Zweck hat. Ich kenne nicht die Gründe, weshalb hier der Unterschied gemacht worden ist zwischen der Beurkundungszuständigkeit für das obligatorische Geschäft und der für die Auflassung. Man könnte denken, dass für die Auflassung das Grundbuchamt ausschließlich zuständig war, und dass deswegen die Zuständigkeit anderer Behörden überhaupt nicht in Frage kam. Den Notaren ist die Verpflichtung auferlegt, das Grundbuch vorher einzusehen. Ob man das den Behördenvertretern auch auferlegen könnte, ist mir zweifelhaft, das müsste man sonst mindestens tun.

Schieck: Die praktische Erfahrung zeigt, dass eine unparteiische Beurkundungsperson tatsächlich sehr viele Möglichkeiten hat, einzuwirken und manche Härten zu beseitigen. Es kann da sehr viel Gutes getan werden.

Liese: Ich würde auch dagegen sein, das auf die Auflassung auszudehnen. Ich möchte lieber dafür sein, dass die ganze Sache beim Grundbuchamt bliebe.

Hesse: Das ist mir sehr sympathisch. Die Auflassung soll ein betont formales Rechtsgeschäft sein und bleiben. Wenn man sie zu einem Appendix des obligatorischen Geschäfts macht, würde sie verlieren.

Höver: Im bremischen Gesetz ist es bestimmt. Es heißt, aufgrund der Artikel 142 und 143 des Einführungsgesetzes können noch heute die Länder jede Behörde bestimmen, Auflassungen entgegenzunehmen. Da kann der obligatorische Vertrag von der Regierungskanzlei oder von einem anderen Beamten beurkundet werden und auch die Auflassung, aber merkwürdigerweise nicht die Eintragungsbewilligung; auch kann keine Klausel gegeben werden.

(Den Vorsitz übernimmt wieder Staatssekretär *Dr. Schlegelberger.*)

Hesse: Bislang ist die Sache so geregelt, dass die Zuständigkeit nur Beamten – Beamten im strengsten Sinne – beigelegt werden darf. Das hat manchmal Reibungen gegeben. Wie ist es mit Gerichtsassessoren, die aus dem Beamtenverhältnis ausgeschieden und im Angestelltenverhältnis zuständig sind? Soll die Zuständigkeit auf Beamte im strengsten Sinne beschränkt werden?

Schieck: Es ist eine beachtliche Kautel, wenn es auf Beamte beschränkt wird.

Lützeler: Es wäre erfreulich, wenn ein Gerichtsassessor die Tätigkeit ausübte als irgendein Beamter. Das war die Frage, da überhaupt eine Grenze zu ziehen.

Hesse: Der dritte Punkt wäre noch die Kostenfrage. Ohne zu einer Abgabe verpflichtet zu sein, liquidieren sie einfach die Kosten aus der Kostenordnung. Sie beurkunden ihren eigenen Vertrag. In Preußen haben wir auch Gebühren dafür, immerhin sehr bescheidene, ein Zehntel des Kaufpreises. Die Frage würde sein, dass man, wenn wir es behielten, die Kautel einbaute.

Backs: Ich bin der Meinung, dass das beseitigt werden müsste, in eigener Sache Gebühren zu erheben.

Bezold: Ist der Ausschuss auch dafür, dass die Auflassung nicht übertragen wird?

Vorsitzender: Die Sache so eng wie möglich zu gestalten, das ist der Leitsatz, den wir mitnehmen können. – Dann haben wir noch eine Reihe von landesrechtlichen Zuständigkeiten, die wir nicht alle aufzählen können. Wir sollten uns über Folgendes einigen. Es gibt gewisse Gebiete, die materiell dem Landesrecht vorbehalten sind, Bergrecht, Wasserrecht und dgl. Soweit hier landesrechtliche Beurkundungsbefugnisse bestehen, müssen wir sie beibehalten. Ich würde auch weiter aufrecht erhalten z.B. die Beurkundungszuständigkeiten, die auf österreichischem oder sudetischem Recht beruhen, soweit dies noch materiell österreichisches oder Sudetenrecht regelt. Im Übrigen sollten wir den Grundsatz aussprechen, dass landesrechtliche Zuständigkeiten nur noch bestehen, soweit sie positiv aufrecht erhalten werden. Da müssen wir uns dann einzeln ansehen, wo eine Zuständigkeit aufrecht erhalten bleiben soll oder nicht. Dabei kann man Einzelnes aufrecht erhalten, ich denke an die Zuständigkeit von Ortsgerichten in Ostfriesland. Also die Beurkundungstätigkeit, soweit sie auf materiellem Vorbehaltsgebiet liegt, bleibt bestehen, im Übrigen nur, soweit sie positiv durch Reichsgesetz aufrecht erhalten wird. Im Grundsatz also Beseitigung aller landesrechtlichen Zuständigkeit.

Hesse: Mit Rücksicht auf die vielfach geäußerten Wünsche der Notare wäre von Bedeutung die Zuständigkeit der Ortsgerichte und Lokalgerichte. Ich würde die Ortsgerichte und Lokalgerichte nicht aufheben, würde sie aber von innen aushöhlen, indem ich ihre Tätigkeit aushöhle. Die Tätigkeit der Lokalinstanzen ist noch nicht ganz zu entbehren z.B. auf dem Gebiete der Versteigerung beweglicher Sachen und auch unbeweglicher Sachen im Auftrage des Gerichts und Verpachtungen. Wir haben eine Enquete veranstaltet. Es ist doch ein erheblicher Teil, so dass die Leute unentbehrlich sind, solange keine gewerblichen Versteigerer anwesend sind. Deshalb wird man ihre Tätigkeit nicht ganz entbehren können und muss ihnen auch die Beurkundungsfähigkeit lassen. Darüber hinaus wird man ihnen ihre sonstigen Beurkundungsbefugnisse nehmen können, im Nassauischen z.B. die Beurkundung für kleine Kaufverträge unter 500 Mark.

Vorsitzender: Ein zweiter großer Komplex ist die *öffentliche Beglaubigung* von Unterschriften und Handzeichen. Da ist die feine Unterscheidung, dass ein verschiedenes Recht gelten soll für die Beglaubigung von Unterschriften und Handzeichen. Dafür fehlt jeder vernünftige Grund. Also behandeln wir das gleich mit.

Nun entsteht hier eine große Frage. Es existieren Vorschriften, wonach jede Person ihr öffentliches Siegel führen und beglaubigen kann. Soll diese Zuständigkeit bestehen bleiben oder nicht? Ich weiß nicht, ob es richtig ist, wenn man behauptet, dass neben der Zuständigkeit von

Gerichten und Notaren irgendein öffentliches Bedürfnis für eine amtliche Beglaubigung nicht mehr bestehe. Es gibt in der Tat Fälle, in denen auch eine andere öffentliche Beglaubigung möglich sein muss. Es wird nur darauf ankommen, diese unübersehbare Vorschrift zu beseitigen, wonach jede Person ein öffentliches Siegel führen und beglaubigen kann. Können wir nicht die ganzen Dinge damit entgiften, dass wir sagen: Die Ortspolizeibehörde hat die Möglichkeit, zu beglaubigen. Dafür besteht wohl ein Bedürfnis, z.B. bei den vielen Abschriften bei der Sippen- und Rassenforschung. Dass man deshalb zum Gericht oder Notar gehen soll, heißt doch mit Kanonen nach Spatzen zu schießen.

Schieck: In der Praxis hat es keinerlei Schwierigkeiten gemacht, dass die Leute zum Notar und Gericht gehen sollen. Ich glaube auch nicht, dass es allzu schwer empfunden wird.

Dölle: Die Dekane der Universitäten führen auch Siegel. Das ist sehr praktisch geworden. Zahlreiche Studierende und andere Angehörige der Fakultät haben ihre Beglaubigung sehr bequem und kostenlos durch den Dekan erhalten.

Lützeler: Ich stehe vollkommen auch auf dem Standpunkt, dass es neben den Gerichten und Notaren auch andere Zuständigkeiten geben muss. Man soll aber nicht allgemein sagen, dass jede Siegel führende Behörde in der Lage sei, zu beglaubigen.

Hesse: Das preußische Innenministerium hat immer behauptet, es ist ein Gewohnheitsrecht, dass beispielsweise die Polizeibehörde zwar keine öffentlichen Beglaubigungen im Sinne des BGB, aber im Sinne einer amtlichen Beglaubigung vornehmen kann. Das hat das Reichsgericht in einem Fall als eine öffentliche Urkunde anerkannt.

Lützeler: Die Polizeibehörden sind in den letzten Jahren darin ablehnend. Ich weiß nicht, ob für Abschriftsbeglaubigungen die Polizeibehörde die richtige Stelle ist. Das sind manchmal umfangreiche Vergleichsarbeiten. Ich weiß nicht, ob die Polizei dafür die nötige Ruhe und Zeit hat. Ich fürchte, dass da etwas großzügig verfahren wird. Das ist eine unangenehme Sache für den Notar. Es kann Fälle geben, wo die Leute bei dieser Gelegenheit den Versuch machen, ihre arische Abstammung herzustellen durch Übertragung von der einen Abschrift in die andere.

Vorsitzender: In solchen Fällen wird die Chefbehörde den Polizeibeamten sicher die Pflicht auferlegen, einfach abzulehnen und die Leute zum Standesamt zu schicken. Aber bei den Ahnenpässen schickt man alles zur Polizei und lässt es beglaubigen.

Lützeler: Die Leute kommen mit Urkunden und wollen die Übertragung in den Ahnenpass haben. Da können sehr leicht Fehler vorkommen. Die umlaufenden Passformulare enthalten immer den Notar. In einem Artikel ist dem Notar die Befugnis abgesprochen worden, weil darin nicht eine Vergleichsbestätigung liege, sondern auch Schlüsse zwischen den einzelnen Personen zueinander.

Vorsitzender: Wenn eine Urkunde vorliegt, der ist dann und dann geboren, und ich soll das in den Ahnenpass übertragen, dann beurkunde ich eine Tatsache. Wenn darin keine Konfession steht, darüber aber liegt eine Ausstellung von der evangelischen Kirche vor, dann ist die Eintragung „evangelisch" eine Schlussfolgerung.

Lützeler: Meistens setzt sich das Ergebnis zusammen aus der standesamtlichen Urkunde und der kirchlichen Urkunde.

Vorsitzender: Das hat seine Tücken. Das darf aber den Blick nicht trüben, dass durchaus das Bedürfnis besteht, neben Gericht und Notar auch leichtere Stellen zu schaffen, die Unterschriften beglaubigen können. Es ist aber vernünftig, es ordentlich zu sagen, als es so zu lassen, wo jeder sich befugt hält, Siegel zu führen und zu beglaubigen.

Antoni: Die Unterschriften spielen eine ganz besondere Rolle bei den Grundbuchsachen. Da sind nur die Gerichte und Notare berechtigt, wir können es uns auch nicht anders denken.

Vorsitzender: Da können wir nicht die Polizeibehörde einschalten, da müssen wir einen Unterschied machen.

Hesse: In Tirol haben Sie Legalisatoren.

Antoni: Es waren wiederholt Bestrebungen, das auf ganz Österreich auszudehnen. Wir haben es abgelehnt.

Vorsitzender: Ich schlage als Grundsatz vor: Gerichte, Notare und Ortspolizeibehörden sind diejenigen, die beglaubigen können.

Lützeler: In allen Fällen? Wir haben im Gutachten den Standpunkt vertreten, dass andere Personen in Frage kommen müssen, haben aber gesagt, ihnen für besondere Fälle Befugnisse begrenzenden Inhalts zu gewähren. Denn wenn die Polizei alle Unterschriften beglaubigen kann, dann hat der Sinn der Notare und Gerichte hinsichtlich der Legitimation der Urkunden keinen Zweck mehr. Denn wer seine Unterschriftsbeglaubigung nicht bei Gericht oder beim Notar bekommt, geht dann zur Polizei. Wir haben die strengere Anforderung gestellt inhaltlich und hinsichtlich der Personen. Deshalb könnte man anderen Stellen Beglaubigungsbefugnisse nur in bestimmter Begrenzung geben.

Vorsitzender: Ich gebe zu, dass das Anlass gibt, nachzudenken, ob man den Polizeibehörden alle Befugnisse gibt. Aber wie man das abgrenzt, muss man überlegen.

Antoni: Ein interessanter Fall in einem Gesetz ist: Die Feststellung der Echtheit der Unterschrift auf einer Privaturkunde durch gerichtliche oder notarielle Beglaubigung ist nicht erforderlich, wenn die Urkunde mit der genehmigenden Erklärung einer Behörde des Landes usw. versehen ist. Wo die Behörde ein Genehmigungsrecht hat, ist mit der Genehmigung auch die Beglaubigung gegeben.

Höver: Dann wäre auch zu achten auf die Eintragungsbewilligung. Dann müsste man auch die Ausschließungsgründe haben.

Vorsitzender: Wir sind über die Sache einig. Es gibt Sachen, wo Unterschriften beglaubigt werden, die so anders liegen, dass dafür ein Ausweg gefunden werden muss.

Dölle: Wenn man sagte: Nicht rechtsgeschäftlicher Art.

Backs: So ist jetzt der Rechtszustand.

Hesse: Für den Grundbuchverkehr müssen wir die leicht erreichbare Stelle le lege ferenda haben. In den südwestlichen Teilen Deutschlands ist die Bevölkerung daran gewöhnt, dass eine Stelle am Orte ist, die ihre Rechtsgeschäfte beglaubigen kann, Ortsvorsteher, Ortsgerichte usw.

Backs: Das glaube ich nicht. Wenn wir die Ortsgerichte beseitigen, dann müssen die Gerichte und Notare eintreten, wie es in anderen Gegenden der Fall ist. Warum soll es gerade in den Bezirken nicht gehen?

Vorsitzender: Das Ziel muss sein, für gewisse Unterschriften eine polizeiliche Beglaubigung zuzulassen. Es kommt nur darauf an, die Sache vernünftig abzugrenzen.

Antoni: In Österreich ist das ein sehr wesentlicher Teil des Einkommens der Notare. Es würde den Notaren sehr schwer fallen, wenn man ihnen das nehmen würde. Bei den Gerichten sind es 30%, bei den Notaren 70% der Einnahmen.

Schieck: Vielleicht kann man es so abgrenzen: Beglaubigung solcher Unterschriften, deren Beglaubigung nach keinem materiellen Gesetz erforderlich ist.

Lützeler: Dann käme die Unterscheidung zwischen öffentlicher Beglaubigung und amtlicher Beglaubigung, wie es das preußische Ministerium gemacht hat.

Vorsitzender: Den Weg werden wir uns suchen. – Dann kommen wir auch wieder zu dem großen Katalog im Reich wie im Lande. Da müssen wir denselben Weg gehen. Denn es gibt eine Fülle von reichsgesetzlichen Bestimmungen, in denen Beglaubigung vorgesehen ist, Standesämter, Jugendämter usw. Diese müssen wir aufrecht erhalten, ohne dass ein Abbruch für die allgemeinen Beglaubigungsbehörden erfolgt. Beim Landesrecht würde ich denselben Weg gehen, zunächst die Gebiete vorzubehalten, die materiell dem Lande vorbehalten sind, Österreich und Sudetengebiete, und sonst nur aufrecht zu erhalten, was sie positiv im Reichsgesetz aufrecht erhalten. Alles andere verschwindet.

Dann kommen noch ein paar Dinge. Wenn beispielsweise eine Stelle befugt ist, Eide abzunehmen, muss sie eidesstattlich beurkunden können.

(Mittagspause.)

Vorsitzender: Wir kommen jetzt zum Urkundenrecht. Interessant ist, dass ein pflichtbewusster Rechtswahrer niemals im Zweifel ist, wie er beurkunden soll, dass aber immer die Frage auftaucht, wenn ein Irrtum oder eine Flüchtigkeit passiert. Wie wirkt also ein Fehler auf den Stand des Rechtsgeschäfts? Wir haben bisher unterschieden die Beurkundung von Rechtsgeschäften und Nichtrechtsgeschäften. Das kommt in dem preußischen FGG-Gesetz § 53 zum Ausdruck, wo gesagt ist: Die Beurkundung von anderen Gegenständen als Rechtsgeschäften. Da entsteht die berühmte Frage: Ist das ein Rechtsgeschäft oder Nichtrechtsgeschäft? Das österreichische Recht unterscheidet zwischen Rechtserklärungen, Rechtsgeschäften und Tatsachen. § 1 der österreichischen Notarordnung bringt diese Unterscheidung.

Antoni: § 2 unterscheidet: Notariatsakte, Notariatsprotokolle und notarielle Beurkundungen.

Vorsitzender: Wir haben auch den Begriff der Beurkundung von Tatsachen im preußischen Gerichtsbarkeitsgesetz. Nun ist mir zweifelhaft, ob wir statt der Unterscheidung in Rechtsgeschäfte und Nichtrechtsgeschäfte nicht einfacher sagen sollen: Die Beurkundung von Erklärungen und anderen Vorgängen. Dass daneben noch einfache Zeugnisse gegeben werden müssen, ist klar. Diese Zeugnisse werden wir wahrscheinlich kasuistisch regeln können. Es gibt die merkwürdigsten Zeugnisse. Sicherstellung der Zeit, gibt es das?

Schieck: Das betrifft z.B. einen uralten Brief, der sehr schwer leserlich ist, und von dem die Leute wissen wollen, dass er an dem Tage existierte. Da wurde festgestellt, dass die Urkunde an dem Tage, an dem sie mir vorgelegt wurde, existierte.

Vorsitzender: Ich würde vorschlagen, dass wir einmal anhand der augenblicklichen Regelung des FGG vorgehen. Wir haben jetzt ein ausgezeichnetes Material in den Gutachten [Gutachten und Entwurf nicht auffindbar] und in den Vorschriften des Testamentsgesetzes und den Entwurf der Reichsfachgruppe Notare, den ich recht gut finde. § 168 enthält einige Begriffe des Urkundenrechts, nämlich die Beteiligten. Es ist schwer, den Begriff sachlich abzugrenzen. Ich glaube, es ist aber richtig, was in den Gutachten besonders von Herrn Backs gesagt ist, dass wir zwei Arten von Beteiligten unterscheiden müssen, nämlich den Beteiligten, der am Urkundsakt beteiligt ist, d.h. dessen Erklärung beurkundet wird, und den an der Sache Beteiligten. Dass wir an sich diese Unterscheidung machen müssen, ist klar; denn es heißt: von den Beteiligten vorgelesen und genehmigt.

Die zweite Gruppe von Personen sind die sogenannten Mitwirkenden. Wer diese Mitwirkenden sind, ist völlig klar. Da kommt man gleich zur Frage, wie es mit dem Dolmetscher ist. Ob der Dolmetscher eine so wichtige Rolle spielt, dass man es gesetzlich regelt, ist die Frage. Jedenfalls ist die Frage, ob der Dolmetscher eine mitwirkende Person ist, in der Praxis sehr zweifelhaft. Es ist eine Frage der Zweckmäßigkeit, wie man das erledigt. Ich bin der Meinung gewesen, dass er nach dem geltenden Recht nicht mitwirkende Person ist. Ich habe nichts dagegen, wenn der Ausschuss meint, man sollte den Dolmetscher als Mitwirkenden behandeln. Das ist der Vorschlag von Backs und der Notarfachgruppe.

Nun entsteht die Frage: Unter welchen Voraussetzungen ist jemand von den Mitwirkenden beim Urkundsakt auszuschließen? Diese Frage wird im geltenden Recht in den §§ 170, 171 und 173 gelöst. Sie ist auch im Testamentsgesetz in den §§ 7 und 8 behandelt. In dem Entwurf der

Notare ist eine Ausschließung für den Verlobten vorgesehen. Wir haben es nicht im Testamentsrecht.

Schieck: Ich vertrete das keineswegs mit besonderem Nachdruck. Mir sind nicht die Gründe gegenwärtig, die dafür sprechen.

Antoni: Das ist schwierig. Man nennt sich verlobt und ist es rechtlich vielleicht gar nicht.

Lützeler: Das ist vielleicht durch unsere Anregung hineingekommen. Die beiden Anlagen in dem Gutachten Backs und in unserem sind nicht gleich. In unserem Gutachten ist eine Anänderung des ursprünglichen Entwurfs.

Backs: Es hängt auch davon ab, ob man das als Mussvorschrift oder Sollvorschrift nimmt. In dem Entwurf der Notare ist es eine Soll-Vorschrift, da ist es weniger bedenklich. Es ist bedenklich, die Gültigkeit der Urkunde von einem derartigen Umstande abhängig zu machen, der nachher ziemlich schwer festzustellen ist.

Vorsitzender: Ich bin der Meinung, dass man eine Mussvorschrift nehmen muss. Das führt mich auch zu dem Ergebnis, das Verlöbnis hier wegzulassen.

Dölle: Es erscheint nicht erforderlich, hinsichtlich der Juden usw., die noch als Zeugen bei der Eheschließung besonders ausgeschlossen werden, irgendetwas zu erwähnen. Wir haben im Vorjahr Durchführungsbestimmungen zum Ehegesetz bekommen. Es könnte auffallen, dass hier gar nichts drin ist.

Backs: Man müsste es als Sollvorschrift nehmen.

Vorsitzender: Es war ein Unterschied, dass man beim Testamentsrecht immer Zeugen brauchte, während man in der Freiwilligen Gerichtsbarkeit Zeugen nur bei bestimmten Voraussetzungen braucht. Nun sagt § 6 des Testamentsgesetzes: ... so muss der Richter usw., in anderen Fällen steht es dem Richter oder Notar frei, die in Absatz 1 bezeichneten Personen zuzuziehen. Von dieser Befugnis soll er Gebrauch machen, wenn der Erblasser es verlangt. Das ist eine wichtige Vorschrift. Es entsteht nun die Frage: Sollen wir diese Vorschrift des 2. Absatzes, wonach nach Befinden des Urkundsbeamten Zeugen zuzuziehen sind, auch im FGG aufnehmen? Wenn wir das tun, ist naheliegend, dass der Notar sagt: Da hat der Mann zwei Zeugen mitgebracht, die sollen mit dabei sein. Da könnte man sagen, dass der Urkundsbeamte die Zeugen zurückweisen kann, wenn sie usw. Haben die Herren der Praxis Bedenken, eine solche Vorschrift aufzunehmen, dass nach Befinden des Urkundsbeamten Zeugen zuzuziehen sind?

Liese: Es würde gegen die Autorität des Notars und des Gerichts verstoßen, dass der Beteiligte noch Zeugen zuziehen soll. Soviel Vertrauen muss man haben.

Lützeler: Ich sehe keinen zwingenden Grund dafür, das allgemein einzuführen.

Backs: Vor allem kein praktisches Bedürfnis. Bei Testamenten ist das anders.

Vorsitzender: Ich stelle mir den Vorgang so vor, dass nicht etwa der Urkundsbeteiligte die Zeugen freiwillig mitbringt, sondern die Zeugen sagen: Wir wollen dabei sein, um zu hören, was du erklärst. Das führt dazu, diese Vorschrift nicht aufzunehmen. Ich lasse die Sache also weg. Nun entsteht unabhängig davon die Frage, es kommen Fälle vor, in denen die Zeugen hinzugezogen werden müssen, und dass eine Zeugenunfähigkeit von Juden und dergleichen Leuten ausgesprochen werden soll.

Dölle: Wenn die Beteiligten nicht deutschblütig sind. Das versteht sich aber wohl von selbst.

Backs: Und wenn, dann müsste man eine Sollvorschrift vorschreiben, weil dieser Mangel geheim bleiben kann.

Lützeler: Die Parteien können doch verlangen, dass Zeugen hinzugezogen werden können. Aber keiner hat die Auswahl. Da ist es selbstverständlich, dass der Notar und der Richter nicht zuzieht.

Vorsitzender: § 172 des Gesetzes sagt: Als Urkundsbeamter kann bei den Beurkundungen mitwirken usw. Wenn man eine solche Vorschrift beibehalten will, dann nur als Sollvorschrift. (*Zustimmung*).

Hesse: Praktisches Fälle sind wohl bekannt. Es ist durchaus nicht unpraktisch.

Vorsitzender: Dann heißt es in § 174 FGG: ... müssen bei der Vorlesung, Genehmigung und Unterzeichnung der Urkunde zugegen sein. Diese Vorschrift findet sich im Testamentsgesetz in der Fassung [§ 12]: ... müssen während der ganzen Verhandlung zugegen sein. Der mir vorliegende Entwurf sagt: müssen bei der Vorlesung, Genehmigung und Unterzeichnung zugegen sein. Ich glaube auch, dass das richtig ist.

Schieck: Die Fassung des Testamentsgesetzes beruht auf der gleichlautenden Bestimmung des BGB. Die eigentliche Verhandlung erfolgt regelmäßig ohne die Zeugen. Aber um dem Gesetz Genüge zu leisten, wiederholt man die ganze Verhandlung.

Höver: Noch etwas zu den Ausschließungsgründen. Die Sache ist ja im Sinne dieses Entwurfs nicht wie im FGG §§ 178 f. ein Rechtsgeschäft, sondern auch eine Beglaubigung, und für die Beglaubigung gelten besondere Bestimmungen. Also für die Ausschließungsgründe findet § 6 Anwendung. § 6 Ziffer 1 und 4 scheint mir auch für die Beurkundung von Bedeutung zu sein. Das ist in § 17 der Reichsnotarordnung berücksichtigt worden. Dieser geht nicht von dem Beteiligungsbegriff aus, sondern von den Sachbeteiligten, und da finden sich noch weitere Ausschließungsgründe: „... oder zu einem Beteiligten in dem Verhältnis eines Mitberechtigten oder Mitverpflichteten steht". Vielleicht ist dieser Fall durch den Entwurf § 4 doch noch nicht getroffen. Ferner § 6 Ziffer 4, dass der Notar, der Vorstandsmitglied einer Aktiengesellschaft ist, nicht beglaubigen kann. Nach Artikel 1 des preußischen FGG findet das Anwendung in Sachen, wo er als gesetzlicher Vertreter eines Beteiligten aufzutreten berechtigt ist, während er merkwürdigerweise beurkunden kann. Ich meine, dass man diesen Dingen nachgehen und die Ausschließungsgründe im Sinne des § 17 Ziffer 1, 2 und 5 erweitern muss, gerade weil sie sich auf Beglaubigungen beziehen. Das würde mit § 6 Ziffer 1 und 4 des FGG übereinstimmen. Denn wir gehen ja von einem viel weiteren Begriff der Sache hieraus. Mir war es immer unsympathisch, dass ein Vorstandsmitglied einer Aktiengesellschaft einen wichtigen Vertrag als Notar beurkunden kann und so in Angelegenheit seiner Gesellschaft unter Umständen noch erhebliche Gebühren bezieht. (*Vorsitzender:* Ob das vorkommt?) – Möglich ist es jedenfalls.

Lützeler: Ich glaube nicht, dass ein Notar eine derartige Vorstandstätigkeit ausüben wird, als Aufsichtsrat ja.

Vorsitzender: Es gibt ähnliche Fälle, als Vereinsvorstand. Da scheint mir aber sehr berechtigt zu sein.

Liese: Es heißt in dem Entwurf: „Die Mitglieder können zugegen sein. Zu den mitwirkenden Personen gehört nicht nur der Zeuge, sondern auch der Urkundsbeamte." Da habe ich Bedenken, dass dieser nicht bei der Verhandlung zugegen sein muss. Wir können nicht allgemein den Grundsatz aufstellen, dass der Urkundsbeamte sich lediglich darauf beschränken darf, bei der Vorlesung und den weiteren Maßnahmen zugegen zu sein. Ich bin der Meinung, der Urkundsbeamte muss auch in der Verhandlung anwesend sein.

Vorsitzender: Das ist ein sehr schwieriges Kapitel. Praktisch wird es im Büro vorbereitet, und dann wird der Notar geholt, und er erfährt erst durch die Vorlesung von der Sache. Ich habe große Sorge, wenn wir eine Mussvorschrift einführen, steht sie auf dem Papier. Dann wird nachgegraben: Ist er von Anfang an dabei gewesen oder nicht? Ich glaube nicht, dass das den praktischen Bedürfnissen entspricht. Der Notar macht ja drei bis vier solcher Sachen an einem Vormittag.

Backs: Dass der Urkundsbeamte selbst während der ganzen Verhandlung zugegen ist, scheint mir sehr angebracht zu sein. Dabei würde man nach meiner Meinung mit einer Sollvorschrift auskommen. Beim Testament sollen die Zeugen als Kontrollpersonen fungieren. Sie sollen überwachen, ob der Betreffende vom Richter auch richtig verstanden worden ist. Das wird sich hauptsächlich bei der Verhandlung überwachen lassen. Bei der Vorlesung und Genehmigung können die Zeugen nicht mehr viel feststellen, ob der Beteiligte wirklich von der Urkundsperson richtig verstanden worden ist.

Auch für den besonderen Fall der Taubheit, Blindheit und Stummheit eines Beteiligten sollte man die Zuziehung von Zeugen nicht durch eine Mussvorschrift vorschreiben. Diese Zeugen sollen kontrollieren, ob der Beteiligte von dem Notar richtig verstanden worden ist. Diese Aufgabe können sie aber nur erfüllen, wenn sie dafür besonders geeignet sind. Die Zuziehung geeigneter Personen ist natürlich eine Amtspflicht der Urkundsperson, aber nicht Gegenstand einer Mussvorschrift. Wenn man es dem Notar und dem Richter überlassen muss, nach seinem pflichtmäßigen Ermessen geeignete Personen zuziehen, kann man es m.E. auch seinem pflichtmäßigen Ermessen überlassen, überhaupt die Personen hinzuzuziehen. Darum würde eine Sollvorschrift genügen. Vielleicht kann man auch zulassen, dass er in geeigneten Fällen von der Zuziehung Abstand nehmen kann; denn eine taube Person kann sich möglicherweise schriftlich sehr gut ausdrücken.

Vorsitzender: Bei dieser Frage ist es nur schwierig, den Begriff der Verhandlung festzustellen. Beim Testament ist ausdrücklich festgestellt, wie sich die Testamentserrichtung vollziehen soll; das ist die Verhandlung. Wo aber hier die Verhandlung beginnt, ist gewöhnlich zweifelhaft. Die Ermittlung des Willens macht in der Praxis zum großen Teil der Bürovorsteher, und dann erst wird der Notar zugezogen. Ich fürchte, wir kommen in große Schwierigkeiten, wenn wir über das geltende Recht hinaus eine Vorschrift einfügen. Dass der Urkundsbeamte die Pflicht hat, sich vom ersten Augenblick an zu vergewissern, dass alles ordnungsmäßig vor sich geht, ist selbstverständlich. Das ist eine Dienstpflicht, die sich aus dem Amt ergibt. Hier handelt es sich um Formvorschriften für die Urkunden.

Eine andere Frage ist die, inwieweit man überhaupt gebrechliche Zeugen zuziehen soll. Das möchte ich im Augenblick zurückstellen.

§ 175 betrifft das Protokoll. Dieses ist in deutscher Sprache aufzunehmen. § 13 des Testamentsgesetzes sagt das ebenfalls. Daran können wir nicht rütteln.

Backs: Es muss eine Ausnahme gemacht werden. Wenn alle Personen der fremden Sprache mächtig sind, kann das Protokoll in der fremden Sprache aufgenommen werden. Es wird dann lediglich eine deutsche Abschrift gemacht.

Vorsitzender: Darauf kommen wir noch. – Nun aber kommt § 176. Danach muss das Protokoll enthalten Ort und Tag der Verhandlung, die Bezeichnung der Beteiligten und der bei der Verhandlung mitwirkenden Personen sowie die Erklärung der Beteiligten. Dann kommt noch die Frage der Identität. Bei dem Testamentsgesetz haben wir uns sehr den Kopf darüber zerbrochen, ob man für die Bezeichnung von Ort und Tag der Verhandlung die starre Mussvorschrift aufrecht erhalten kann. Bei dem Tag der Verhandlung muss man das nach meiner Meinung unter allen Umständen; sonst ist die Urkunde unbrauchbar.

Backs: Ich habe viele Fälle erlebt, in denen die Gültigkeit einer Urkunde an dem Fehlen des Tages scheiterte. Aber in keinem dieser Fälle ist es irgendwie auf diesen Tag angekommen, und in jedem dieser Fälle ließ sich der Tag, an dem die Urkunde ausgefertigt wurde, feststellen.

Vorsitzender: Das glaube ich Ihnen schon. Es stellt sich aber immer erst später heraus, ob es auf den Tag ankommt. Wenn Sie zu beurteilen hatten, ob eine Urkunde gültig ist oder nicht, haben Sie vielleicht sagen können, auf den Tag kommt es nicht an. Wenn später aber andere Urkunden gefunden werden, die das Gegenteil sagen, dann wird sich unter Umständen sehr bald herausstellen, ob es auf den Tag ankommt.

Backs: Das ist richtig. Wenn es aber wirklich auf den Tag ankommt und dieser sich nicht feststellen lässt, dann ist die Urkunde materiell unwirksam. Dann kann man sie nicht verwerten, weil man nicht feststellen kann, an welchem Tage sie errichtet worden ist.

Vorsitzender: Deshalb muss ich als Formvorschrift die Bezeichnung des Tages haben. Dabei betone ich, es kommt nicht darauf an, wie der Tag bezeichnet wird. Es genügt, wenn man aus dem Gesamtbild der Urkunde den Tag ersehen kann. Es gibt ja die komischsten Tagesbezeichnungen, z.B. am Tage des ersten Erscheinens eines Zeppelinluftschiffes über Berlin, oder: einen Tag nach Einweihung des neuen Kammergerichts. Es muss sich aus dem Zusammenhang der Urkunde der Tag ermitteln lassen.

Backs: Es fragt sich, ob es genügen soll, wenn aus Vermerken auf der Urkunde festzustellen ist, an welchem Tage sie errichtet wurde, z.B. durch das Notariatsregister. Als Richter ist man in unangenehmer Lage. Man weiß, dass der Tag einwandfrei festzustellen ist, es auf ihn vielfach nicht ankommt, und trotzdem muss man die Urkunde für nichtig erklären.

Vorsitzender: § 13 Abs. 2 gibt hier einen Ausweg. Darin ist der Gedanke ausgesprochen, dass man Hilfsmittel gebrauchen muss, um über die Schwierigkeit hinwegzukommen, wenn der Tag nicht angegeben ist.

Dölle: Könnte man diese Schwierigkeit nicht durch eine modifizierte Formulierung beseitigen, indem man sagt: „aus dem Protokoll muss sich ergeben"? Wenn da steht „enthalten", denkt man daran, dass es besonders fixiert sein muss.

Backs: Die Rechtsprechung geht schon dahin, dass, wenn der Tag der Ausstellung sich irgendwie aus dem Protokoll ergibt, die Formvorschrift gewahrt ist. Die Frage ist: Soll man den Tag der Verhandlung durch Sollvorschrift oder durch Mussvorschrift festlegen? Bei der Mussvorschrift ist das Fehlen einer Tagesangabe Nichtigkeitsgrund, auch wenn im Einzelfall gar keine Veranlassung besteht, besonderen Wert auf den Tag zu legen.

Vorsitzender: Das weiß man gar nicht.

Schieck: Wenn das im Testamentsgesetz gemildert ist, so hat das den guten Grund, dass das Testament nicht zu reparieren ist, während bei jeder anderen Urkunde am nächsten Tage klar und deutlich wird, dass sie nichtig ist.

Backs: Der Formmangel tritt in der Praxis erst dann in die Erscheinung, wenn die Parteien des Rechtsgeschäftes nicht mehr einig sind. Die eine Partei beruft sich auf den Formmangel, und dann kommt die Sache vor Gericht. Da muss die Frage entschieden werden: Ist die Urkunde wegen dieses Formmangels nichtig oder nicht? Man könnte in das Gesetz entsprechend § 14 IV des Testamentsgesetzes eine Bestimmung aufnehmen, dass Nebenvermerke genügen sollen, um die etwa fehlende Zeitangabe zu ersetzen.

Schieck: Es stellt sich doch sofort bei Ausfertigung der Urkunde, z.B. bei der Eintragung, heraus, wenn etwas fehlt.

Backs: Es mag sein, dass wir das hauptsächlich bei Testamenten erlebt haben.

Schieck: Bei anderen Urkunden lässt es sich sofort beseitigen, indem man den Leuten eine Karte schreibt: Das ist noch nicht in Ordnung.

Bezold: Dann müssen die Leute noch einmal zum Notar gehen.

Aber eine andere Frage: Was ist hier unter Verhandlung zu verstehen? Die Verhandlung kann sich u.U. auf acht Tage erstrecken.

Backs: Das ist nicht schlimm, weil eine unrichtige Tagesangabe die Urkunde nicht ungültig macht, wenigstens beim Testamentsgesetz.

Vorsitzender: Bisher hat die Rechtsprechung auf einem anderen Standpunkt gestanden. Deswegen haben wir das ins Testamentsrecht hineingeschrieben. Sie nehmen vorweg, dass wir es auch hier hineinbringen.

Backs: Aufgrund des Testamentsgesetzes kann die Rechtsprechung auch sagen, es wird auch für das andere Gebiet zu gelten haben.

Vorsitzender: Es kann aber auch umgekehrt gehen. – Ich glaube, darüber kann kein Zweifel sein, dass die Unrichtigkeit des Datums die Formgültigkeit der Urkunde nicht berühren kann. Das muss ausdrücklich ausgesprochen werden, genau wie im Testamentsgesetz. Aber ich glaube, wir müssen an der Mussvorschrift für die Tagesangabe festhalten.

Backs: Dann bitte ich, eine Bestimmung entsprechend § 14 hineinzunehmen. Bei dem Testament kann die Zeitangabe ersetzt werden durch eine Angabe auf dem Testamentsumschlage. Etwas Entsprechendes gibt es für Urkunden über Rechtsgeschäfte unter Lebenden nicht.

Vorsitzender: Wenn amtliche Vermerke auf den Urkunden sind, ergibt sich daraus nur, dass die Urkunde frühestens am Tage des Vermerks eingetragen ist, aber nicht, ob sie nicht viel früher errichtet ist.

Liese: Kann man nicht sagen: „wenn sich anderweit mit Sicherheit feststellen lässt"?

Vorsitzender: Das ist ja der Unterschied zwischen Beweiswürdigung und Urkunde. Das Urkundenrecht kann nur nach Formvorschriften gehen.

Höver: Beim Testament ist auch noch die Bestimmung, dass das Testament in Gegenwart der Zeugen und auch des Erblassers in den Umschlag hineingetan wird, so dass man tatsächlich aus dem Datumsvermerk des Umschlages die Gewähr hat, dass das Testament an diesem Tage errichtet worden ist. Ich habe jahrelang die Notare revidiert und habe manchmal gefunden, dass die Eintragung erst Tage später ins Register gekommen sind. Wenn ich plötzlich eine Revision ansetzte, standen die Vorgänge der letzten Tage noch nicht im Register.

Dölle: Ich habe den Eindruck, als ob hier die Form nach § 176 etwas zum Selbstwert erhoben ist. Warum wird denn betont, dass es auf diese Form im Gegensatz zu der Beweiswürdigung ankomme? Worin liegt der Wert, wenn mit Sicherheit anderweitig festgestellt werden kann, dass der bestimmte Tag der Tag der Errichtung ist? Da frage ich mich, warum man das nicht zulassen soll. Denn darüber müssen wir uns klar sein, wenn die ersten Entscheidungen kommen, die sich aufgrund der neuen Vorschrift dahin aussprechen, dass aus diesem Mangel die Urkunde nichtig ist, gibt das die bekannten Angriffe. Ich muss allerdings sagen, ich kann es etwas verstehen, dass man sich gegen diesen Formalismus wendet. Aber vielleicht beruht das darauf, dass ich die Dinge nicht genug kenne.

Vorsitzender: Ich halte das nicht für einen Formalismus. Ein Vorgang wird erst zum Rechtsvorgang, wenn er genau in das Geschehen eingefügt wird.

Dölle: Aber nur zu dem Zweck, dass es feststehe. Wenn es auf andere Weise festgestellt wird, ist dieser Zweck auch erreicht, wenn auch auf andere Weise.

Liese: Wir wollen doch verhüten, dass durch Nichtbeachtung einer Formvorschrift eine Urkunde ungültig wird und unermesslicher Schaden entsteht.

Vorsitzender: Dann müssen Sie überhaupt jede Formvorschrift für Urkunden aufheben.

Hesse: Dann bedürfte es ja nur einer Verständigung ohne notarielle Beurkundung. Ich glaube, wir sind auf dem besten Wege, jede Formvorschrift zu beseitigen.

Schieck: Wir sind hier auf einem Gebiet, das dem Grundbuchrecht so nahe verwandt ist, dass wir die Formstrenge einhalten müssen.

Backs: Selbstverständlich soll das Protokoll das enthalten. Dafür, dass diese Formvorschrift gewahrt wird, sorgen die Notare. Es wird ja niemand absichtlich das Datum weglassen. Es kommen nur Fälle in Frage, wo es versehentlich weggeblieben ist.

Hesse: Es ist ja der Zweck dieser Formvorschriften, alle diese Dispute abzuschneiden. Es soll kein Streit darüber entstehen, ob, wo und wann die Leute sich geeinigt haben.

Backs: Bezüglich des Ortes sind wir uns einig, dass der Ort nicht genannt sein muss. Das Testamentsgesetz selbst hat den Ort nur als Sollvorschrift. Der Unterschied zwischen Ort und Zeit ist aber nicht qualitativ, sondern nur quantitativ; auf den Ort kommt es noch weniger an als auf die Zeit.

Vorsitzender: Deswegen ja auch die Sollvorschrift.

Dölle: Hatte ich richtig verstanden: An einer falschen Angabe des Datums, wenn überhaupt ein Datum da ist, dürfe die Gültigkeit der Urkunde nicht scheitern? (*Zuruf:* Jawohl!) – Das verstehe ich allerdings auch nicht. Es soll überhaupt ein Tag da stehen; dass es der richtige ist, darauf kommt es nicht an.

Hesse: Das ist begrifflich unvollziehbar. Eine materielle Vorschrift als Formvorschrift aufstellen, das geht einfach nicht.

Dölle: Es fragt sich, ob der Gegensatz, den wir bisher aufrecht erhalten haben, künftig notwendig ist. Für mich ist dieser Gegensatz nicht so klar und das Gegenteil nicht so unvollziehbar.

Vorsitzender: Ich muss aus der Urkunde erkennen können, ob die Formvorschriften erfüllt sind oder nicht. Ist ein Datum da, so ist die Formvorschrift erfüllt. Wenn da steht „verhandelt am 28. Februar“, kann ich nicht prüfen, ob es am 1. März gewesen ist.

Hesse: Das unrichtige Datum untersteht der Vermutung der ZPO und kann materiell widerlegt werden. Das ändert aber nichts daran, dass die Form beobachtet worden ist.

Backs: Wenn man sich bezüglich des Ortes der Verhandlung mit einer Sollvorschrift begnügt, kann man es grundsätzlich auch bezüglich des Tages. Kommt es einmal auf die Tagesangabe an, dann ist nach meiner Ansicht die Urkunde formgültig, aber aus der Urkunde können keine Rechte hergeleitet werden, weil zur Begründung dieser Rechte auch der Beweis gehört, an welchem Tage die Urkunde aufgenommen ist. Kann dieser Beweis nicht geführt werden, so können in diesem Falle aus der Urkunde keine Rechte hergeleitet werden, nicht weil sie formungültig ist, sondern weil keine Möglichkeit besteht, den Tag nachträglich festzustellen.

Schieck: Ich glaube, es muss nachgewiesen werden, dass der Tag nicht richtig ist. Darauf kommt es entscheidend an.

Backs: Ich nehme an, dass gar kein Tag darin steht.

Vorsitzender: Es unterliegt absolut unserem Willen, ob wir den Tag als Sollvorschrift oder als Mussvorschrift nehmen. Die grundsätzliche Frage ist die, ob ich für diese Art der Beurkundung eine bestimmte Form aufstellen will oder nicht. Wird alles eine Sollvorschrift, dann bedeutet das: Der Dackel ist gehorsam, man muss nur richtig befehlen; man muss sagen: Komm her oder bleib da, dann ist er immer gehorsam.

Höver: Für das Grundbuchrecht besteht eine zwingende Notwendigkeit, das Datum als Mussvorschrift in das Gesetz aufzunehmen. Denn der Grundbuchrichter darf gar keine Ermittlungen anstellen und gar keine Beweise erheben, wie sonst der Richter der freiwilligen Gerichtsbarkeit nach § 12 FGG. Dieses Ermittlungsverfahren findet im Grundbuchrecht nur in den wenigen Fällen des Amtsverfahrens statt. Für den Grundbuchrichter ist also der Zeitpunkt außerordentlich wichtig. Die Urkundsperson, die die Urkunde feststellt, setzt das Datum ein. Wenn sie sich geirrt hat, soll das nach dem Testamentsgesetz nichts schaden. Das Datum gehört zum Feststellungsinhalt. Nach dem Tode der Urkundsperson kann man überhaupt nicht mehr beweisen, dass sich bei der Urkundsperson innerlich die Überzeugung gebildet hat, die äußerlich durch Hineinschreiben des Datums in Erscheinung tritt. Darum soll dieses Datum gelten.

Backs: Es soll das richtige Datum sein. Ob die Urkundsperson die Absicht gehabt hat, das richtige Datum hineinzuschreiben, ist gleichgültig. Die von Herrn Höver für das Grundbuchrecht angeführte Schwierigkeit besteht nur in den wenigen Fällen, wo es auf das Datum ankommt. Das beweist nicht, dass die Urkunde formungültig sein müsste. Sie kann formgültig sein, und die Parteien können sich im Prozess auseinandersetzen oder das Rechtsgeschäft wiederholen. Das Wesentliche ist, die Urkunde als solche bleibt gültig und die darin beurkundete Erklärung gilt als abgegeben, eventuell bindend abgegeben.

Vorsitzender: Wer ist für die Sollvorschrift? – Die Herren Dölle, Liese, Backs, Heydtmann, Bezold.

Liese: Die Sollvorschrift bedeutet für uns Rechtswahrer dasselbe wie die Mussvorschrift. Aus diesem Grunde bin ich der Meinung, dass man sich mit der Sollvorschrift begnügen kann, um die Gerichte nicht zu einem Formalismus zu führen.

Vorsitzender: Das führt zu einer Auflockerung der Formvorschriften, und das halte ich für bedenklich.

Bezold: Wir haben vorhin gesagt, es könne nicht verlangt werden, dass die Beteiligten – z.B. Zeugen – während der ganzen Verhandlung zugegen sind. Nun können sich gerade über die Frage, an welchem Tage die maßgebende Verhandlung stattgefunden hat, erhebliche Zweifel ergeben, wenn eine Verhandlung tagelang dauert. Sollte man das Wort „Tag der Verhandlung" nicht ersetzen durch „Tag der Errichtung"?

Vorsitzender: Gut, einverstanden. – Bezüglich der Protokollanlagen brauchen wir wohl nichts zu sagen.

Lützeler: Wir haben in unserem Entwurf einen Unterschied zwischen Anlagen und sogenannten Beilagen gemacht. Den Begriff gab es bisher im Gesetz nicht.

Backs: Die Anlage im Sinne von § 176 ist ein Teil des Protokolls.

Vorsitzender: Das ist klar.

Nun kommen wir zur Feststellung der Persönlichkeit. Diese Sache ist in *§ 14* des Testamentsgesetzes behandelt. Ich glaube, dass da keine Abweichung vom geltenden Recht notwendig sein werden. Man kann es anders ausdrücken, aber sachlich muss es dasselbe sein. Entweder sage ich: Ich kenne die Leute, oder: ich kenne sie nicht, oder: ich habe mir die Gewissheit so und so verschafft, und wenn ich das nicht kann, soll ich in der Urkunde sagen, was ich getan habe, um die Persönlichkeit zu ermitteln.

§ 177 behandelt die Vorlesung, Genehmigung und Unterschrift. Ich glaube, man wird als Mussvorschrift beibehalten müssen, dass die Sache vorgelesen, genehmigt und unterschrieben ist. Es ist nur die Frage, ob wir die Feststellung, dass das geschehen ist, als Mussvorschrift oder als Sollvorschrift aufrecht erhalten. § 16 des Testamentsgesetzes hat dafür einen hervorragenden Ausweg gefunden. Denn da wird bei Vorhandensein der eigenen Unterschrift die Vermutung aufgestellt, dass es auch vorgelesen und genehmigt ist. Das ist eine wesentliche Erleichterung, die vielleicht übernommen werden kann.

Schieck: Seinerzeit ist bei den Verhandlungen aus weiten Kreisen angeregt worden, man solle neben das Vorlesen das Vorlegen zur Durchsicht setzen. Eine ganze Reihe von Beteiligten sagt: Auf die Vorleserei geben wir nichts, geben Sie mir die Urkunde, ich will sie selber lesen.

Backs: Ich halte das nicht für zweckmäßig. Das Vorlesen ist doch eindringlich. Die Vorlegung zur Durchsicht könnte zum Schein ausarten.

Vorsitzender: Wir wollen es machen wie im Testamentsgesetz: Es soll vorgelesen, aber auf Verlangen auch zur Durchsicht vorgelegt werden.

Höver: In dem Entwurf steht, es muss „diesen" vorgelesen werden.

Vorsitzender: Das Wort „diesen" ist falsch.

Höver: Unter den Sachbegriff der Beurkundungen fallen auch Nichtrechtsgeschäfte, insbesondere eidesstattliche Erklärungen, und diese können unter Umständen – z.B. bei Auseinandersetzungen über komplizierte Erbverhältnisse – sehr lange Vernehmungen erfordern. Die Niederschrift kann dann 10 oder 20 Seiten lang werden. Wenn sie vorgelesen, genehmigt und unterschrieben werden muss, so muss sie vorher fertig gestellt sein. Da sehe ich Schwierigkeiten tatsächlicher Art. Im Zivilprozess wird gesagt: Nach dem Stenogramm vorgelesen und genehmigt.

Schieck: Von der Fertigstellung der Niederschrift würde ich nicht abgehen; das muss unbedingt geschehen. Kaufverträge über große Anwesen mit vielen Belastungen sind regelmäßig 15 bis 20 Seiten lang.

Höver: Nur liegen da die Sachen vorher vor. Hier wird aber der Vorgang erst produziert. Der Richter oder Notar weiß noch nicht, wie die Verhandlung ausläuft. Das kann u.U. den ganzen Tag dauern.

Schieck: Das ist bei anderen Vorgängen auch so.

Vorsitzender: Nun kommen die gebrechlichen Leute, zunächst die, welche nicht schreiben können. Im FGG wird sehr oft auf die Erklärung eines Menschen abgestellt, er könne dies und das nicht. An anderen Stellen steht „wenn nach Überzeugung des Richters oder Notars". Ich möchte grundsätzlich alles in die Überzeugung des Richters oder Notars, nichts in die Erklärung eines Menschen stellen. Der Richter oder Notar muss entscheiden, ob der Mann nicht schreiben kann oder die deutsche Sprache nicht beherrscht. Nach § 177 Abs. 2 muss nun eine entsprechende Erklärung des Beteiligten im Protokoll festgestellt werden. Das Testamentsgesetz hat eine ähnliche Bestimmung. Im Unterschied dazu sieht der Entwurf, wenn die Unterschrift des Beteiligten irgendwie ersetzt wird, die Zuziehung von Zeugen nicht vor. Sollen wir nun auf die Zuziehung der Zeugen verzichten? (*Zuruf:* Kann verzichtet werden!)

Liese: Bei der Beglaubigung von Unterschriften oder Handzeichen sind wir auch diesen Weg gegangen.

Vorsitzender: Ich glaube, man könnte auf diese Zeugen verzichten.

Die Tauben, Blinden und Stummen sind im FGG unterschiedlich behandelt, wofür grundsätzlich kein Grund einzusehen ist. Es kommt auch z.B. nicht darauf an, ob jemand stumm ist, sondern ob er am Sprechen verhindert ist. Dasselbe gilt für Gebrechen des Gehörs.

Schieck: In österreichischen Urkunden findet sich der wundervolle Ausdruck: Es erscheint heute vor mir der Bauer Soundso, „vollsinnig", d.h. im vollen Besitz seiner sämtlichen Sinne.

Antoni: Das ist anders gemeint.

Vorsitzender: Ich glaube auch, d.h.: im Vollbesitz seiner geistigen Kräfte.

Schieck: Das steht auch da: vollsinnig und im Besitz seiner geistigen Kräfte. Es bezieht sich lediglich auf die äußeren Sinne.

Vorsitzender: Jedenfalls möchte ich als Grundsatz aufstellen: Man kann die verschiedenen Gebrechen nicht verschieden behandeln und muss die Halbgebrechen den vollen Gebrechen gleichstellen.

Weiter ist die Frage zu prüfen: Wie verhandle ich mit den Leuten, und wie beurkunde ich, was ich verhandelt habe? Die Herren Notare wollen es im Allgemeinen der Urkundsperson überlassen, wie sie sich mit diesen Menschen verständigt. Ich glaube, das ist an sich ein richtiger Grundsatz. Kann sich der Urkundsbeamte mit ihnen nicht verständigen, so kann er keine Urkunde aufnehmen. Kann er es, dann soll er es so machen, wie er es verantworten kann. Die Art der Verständigung würde ich in vernünftiger Form ins Protokoll aufnehmen. Nach geltendem Recht muss, wenn eine schriftliche Verständigung mit dem Stummen nicht möglich ist, ein Dolmetscher zugezogen werden. Ist sie aber möglich, und Sie ziehen doch einen Dolmetscher zu und verhandeln mit diesem, so ist die Urkunde nichtig. Das will mir nicht einleuchten. Ich würde als Grundsatz feststellen:

1. Ob der Mann ein solches Gebrechen hat, entscheidet die Urkundsperson nach eigenem pflichtmäßigen Ermessen.

2. Ebenso entscheidet sie, wie sie sich mit ihm verständigt.

3. Die Tatsache und die Methode der Verständigung ist im Protokoll anzugeben.

Lützeler: In dem früheren Entwurf hieß es: In der Niederschrift soll die Art der Verständigung und die Überzeugung des Notars festgelegt werden, dass der Notar die Person verstanden hat. Im abgeänderten Entwurf ist gesagt: Es soll die Überzeugung des Notars zum Ausdruck kommen, dass der Beteiligte den Inhalt der Urkunde verstanden hat. Da ist die Niederschrift über die Art der Verständigung weggefallen, weil wir nicht langatmige Erklärungen darüber haben wollten.

Vorsitzender: Sie sprechen da von Verständigungspersonen.

Lützeler: Der Ausdruck Dolmetscher passt nicht ganz.

Vorsitzender: Er kann jemand hinzuziehen, der bei der Verständigung hilft.

Lützeler: Es kann auch ein naher Angehöriger des Mannes sein, der ihn z.B. an der Mundstellung und an anderen Ausdrucksgaben versteht. Es kann auch eine bei der Beurkundung mitwirkende Person sein. Deshalb ist der Ausdruck Verständigungspersonen gewählt.

Vorsitzender: Nur wird man da, wenn z.B. bei Erbteilungen ein Verwandter die Verständigungsperson ist, sehr vorsichtig sein müssen. Unter Umständen können nachher merkwürdige Dinge zutage treten. – Über den Grundsatz sind wir uns einig, formulieren werden wir ihn noch.

Nun kommt *§ 179,* der die Sprachfremden betrifft. Ich glaube, hier muss man denselben Weg gehen wie beim Testamentsgesetz. Man muss es auf die Überzeugung der Urkundsperson, dass der Beteiligte der deutschen Sprache nicht mächtig ist, und auf die Zuziehung des Dolmetschers abstellen. Dabei entsteht die Frage: Soll diese Zuziehung des Dolmetschers eine Mussvorschrift sein wie im Testamentsgesetz oder keine Mussvorschrift, wie im Entwurf?

Backs: Es war bisher in § 179 auch keine Mussvorschrift, denn im letzten Absatz wird das wieder aufgehoben.

Vorsitzender: Das ist eben die Unsinnigkeit des Gesetzes. Ich glaube, man muss in der Tat eine Mussvorschrift einführen.

Backs: Es ist für die Beteiligten sehr wesentlich. Wenn ein Beteiligter nicht die deutsche Sprache versteht, der Urkundsbeamte aber nicht die fremde Sprache, kann man sich nicht vorstellen, wie es ohne Dolmetscher zur Aufnahme einer Urkunde kommen soll.

Vorsitzender: § 179 regelt den Fall, dass alle mitwirkenden Personen der fremden Sprache mächtig sind. Das ist notwendig; denn wenn nur ein Teil der fremden Sprache mächtig ist, kann in dieser nicht verhandelt werden.

Dann bleibt noch eine wichtige Frage übrig, und zwar § 15 des Entwurfs, der die Nachholung von Feststellungen in Nachtragsvermerken betrifft. Diese Sache ist nicht ganz einfach. Es ist ja nicht so gedacht, dass eine Nachtragsverhandlung stattfindet, sondern ein Nachtragsvermerk des beurkundenden Beamten. Ich habe gewisse Zweifel, ob das wirklich so geht.

Backs: Ich glaube, das wird unter keinen Umständen gehen, wenigstens soweit man für solche fehlenden Vermerke eine Mussvorschrift hat. Es kann nicht im Ermessen der Urkundsperson stehen, nach Jahren die Urkunde gültig zu machen oder nicht. Bei Vermerken, die nur Beweiszwecken dienen, halte ich es für weniger bedenklich. Welche Beweiskraft dann dem nachträglichen Vermerk beizulegen ist, muss das Gericht im Streitfalle entscheiden.

Vorsitzender: Das Protokoll muss vorgelesen und von dem Beteiligten genehmigt und unterschrieben werden. Nun ist etwas vorgelesen, von ihm genehmigt und unterschrieben, und der Notar setzt dann etwas anderes an die Stelle.

Höver: Auch alle Mitwirkenden müssen bei der Unterzeichnung durch einen anderen Mitwirkenden zugegen sein, wenn auch die Beteiligten nicht mehr da zu sein brauchen. In § 29 Abs. 4 der Dienstordnung der Notare ist es auch anders, da hat der Notar bei Berichtigungen eine besondere Niederschrift aufzunehmen.

Schieck: Ich stehe nicht mehr zu § 15.

Lützeler: Die meisten der dort zitierten Paragraphen haben keine große Bedeutung, weil es sich um Sollvorschriften handelt. Die Urkunde wäre nicht ungültig, auch wenn es nicht nachgeholt worden wäre. Von Bedeutung bleibt es bei § 3 Abs. 4 und bei § 13.

Vorsitzender: Nun werden von den Urkunden auch Ausfertigungen erteilt, die schwimmen herum, und inzwischen macht der Notar eine andere Feststellung. Das ist eine Unmöglichkeit. Die Sache ist aber erledigt, wenn niemand sich das zu Eigen macht.

Antoni: Die Vorschrift aus der Dienstanweisung für Notare könnte übernommen werden.

Vorsitzender: Ja, das ist eine verständige Regelung.

Nun hätten wir noch zu prüfen, ob für die Beurkundung von anderen Vorgängen als Erklärungen eine erleichterte Protokollform vorgesehen werden könnte. Eine solche haben wir im preußischen FGG Art. 54 ff. Mir ist zweifelhaft, ob man eine erleichterte Protokollform schaffen soll, vor allen Dingen, da wir die Mussvorschriften schon abgeändert haben. Braucht man das eigentlich noch?

Hesse: Ich glaube, das liegt in der Natur der Sache. Es wird vielfach gar nicht möglich sein, die Urkunde der Partei vorzulegen. Die Urkunde stellt durch Augenschein etwas fest. Von der Genehmigung der Parteien ist sie doch völlig unabhängig. Man kann eine Vorschrift einfügen, dass die Parteien aufgefordert werden und dann ihre Erklärung zu Protokoll geben müssen. Aber eine Genehmigung kann nicht zur Voraussetzung gemacht werden.

Vorsitzender: Diesen Einwand können Sie auch jetzt machen; denn soweit es sich um die Feststellung z.B. von Namen handelt, müssen Sie auch genehmigen. Da wird auch eine Genehmigung zugemutet, obwohl er gar nicht genehmigen kann.

Backs: Wir sollten uns zunächst beschränken auf die Genehmigungen von Protokollen bei Erklärungen. Da fragt sich, wer der Beteiligte ist. Bei der Beurkundung von Generalversammlungsbeschlüssen ist er kein Beteiligter.

Hesse: Bei Versteigerungen ist meistens Vorsorge getroffen, indem die Bieter nicht als Beteiligte gelten. Bei Versammlungen ist es aber schwierig.

Vorsitzender: Es ist die einzige Vorschrift, die in Betracht kommt. Die Beurkundung soll in der Form eines Protokolls erfolgen. Ich habe keine Bedenken. Soweit es sich um die Zeugnisform handelt, können wir nur einzelne kasuistische Regelungen treffen. Bleibt jetzt noch die Unterschriftsbeglaubigung. Sie wird in § 16 des Entwurfs und in der Reichsnotarordnung in § 27 behandelt. Die letztere Vorschrift unterscheidet sich sehr wesentlich vom preußischen Recht; denn in diesem durfte die Person, die die Beglaubigung vollzog, von dem Inhalt der Urkunde ohne Genehmigung des Ausstellers überhaupt keine Kenntnis nehmen. Genau das Gegenteil sagt § 27 der Reichsnotarordnung, eine sehr klare und wohl auch praktikable Vorschrift. Ich bin der Meinung, dass wir diese Vorschrift auf die Gerichte auszudehnen haben. Was der Entwurf sagt, glauben Sie, dass das immer gehandhabt wird? Glauben Sie nicht, dass es auch manchmal telefonisch geschieht?

Lützeler: Das ist der Grund, weshalb wir die Vorschrift hereingebracht haben. Den Urkundspersonen wird immer die sogenannte Fernbeglaubigung zugemutet. Denn es ist bei einem dauernden Klienten merkwürdig, dass er immer wieder erscheinen muss, und dann wird er gedrängt, fernzubeglaubigen.

Vorsitzender: Ist es nicht sehr gefährlich, im Prozess eine Erörterung darüber anzustellen, ob die Beglaubigung in Gegenwart der Notare erfolgt?

Lützeler: Der Notar würde sonst eine schwere Pflichtverletzung begehen. Deshalb wollen wir das empfehlen, damit er es nicht tut. In Großbetrieben in Berlin ist die sogenannte Fernbeglaubigung ziemlich üblich.

Antoni: In Wien beglaubigt ein Notar 600 Mal die Unterschrift des Bürgermeisters in Wien im Jahr. Das kommt jeden Tag vor.

Schieck: Die Bayerische Beamtenbank gibt alle 14 Tage 100 Erklärungen ab.

Hesse: Ich würde sehr gern die Erschwerung haben mit Rücksicht auf die Ortsgerichte. Diese fernbeglaubigen in großem Umfange.

Schieck: Wir haben das gefasst als eine Schutzvorschrift für den Notar selbst.

Vorsitzender: Blankounterschrift oder Blankobeglaubigung! Dass die Blankobeglaubigung nicht zulässig ist, ist klar. Aber ich glaube, eine Blankounterschrift muss möglich sein. Ob ich es tue, ist eine andere Frage.

Lützeler: Wenn der Urkundsbeamte verpflichtet sein soll, den Inhalt der über der beglaubigten Unterschrift stehenden Erklärung auf seine Zulässigkeit im rechtlichen Sinne zu prüfen, dann ist doch die Beglaubigung einer Blankounterschrift bedenklich. Ich habe gar keine Bedenken, wenn nur die Unterschrift als solche als Musterschrift bescheinigt werden soll. Aber ich hätte schwere Bedenken, ein freies Blatt, auf dem eine Unterschrift steht, zu beglaubigen.

Vorsitzender: Ob ich es tun würde, ist eine Sache für sich; aber es ist zulässig.

Backs: Es würde die Vorschrift umgangen werden, dass der Notar und demnächst das Gericht von der Erklärung Kenntnis nehmen und prüfen soll, ob gewisse Bedenken bestehen. Dann würden die Parteien erst die Unterschrift beglaubigen lassen und dann die Niederschrift drübersetzen. Man müsste technisch verhindern, dass etwa drübergeschrieben werden kann.

Vorsitzender: Vorstehende Blankounterschrift wird beglaubigt!

Lützeler: Wenn ein gewisser nicht ausgefüllter Text da steht, der in bestimmtem Sinne verwendet werden kann, so ist das ein anderer Fall, als wenn oben ein freies Blatt ist.

Schieck: Die Halbblankounterschriften kommen häufig vor, hauptsächlich in Vollmachten.

Vorsitzender: Ich würde in solchen Fällen die Blankounterschrift beurkunden. Aber im Gesetz, damit bin ich einverstanden, sollen wir das übernehmen. Das ist eine gute Erschwerung.

Dann die Beglaubigung von Abschriften. Das ist vernünftig geregelt und können wir so lassen, wie es ist.

Ich glaube, wir sollten uns der Lesung des zweiten allgemeinen Teils zuwenden; denn es ist durchaus denkbar, dass wir diesen als Vorläufer einer allgemeinen Gesetzgebung vorausschicken.

(Schluss der Sitzung 3.40 Uhr)

Ausschuss für Bürgerliche Rechtspflege*

I. Protokoll der Sitzung vom 29.10.1937 (Programmbesprechung)

Gegenwärtig:
Vorsitzender: Ministerialdirektor Dr. Volkmar, Berlin

Ausschussmitglieder:
Reichsgerichtsrat Dr. Altstötter, Leipzig,
Rechtspfleger Bruhn, Altona,
Obergerichtsvollzieher Engelmann, Berlin,
Ministerialrat Dr. Jonas, Berlin,
Prof. Dr. Lent, Erlangen,
Geheimrat Prof. Dr. Schmidt, Leipzig,
Kammergerichtsrat Dr. Schultze, Berlin,
Amtsgerichtspräsident i.R. Dr. Singer, München,
Ministerialrat Staud, Berlin.

Als ständige Gäste:
Bezirksrevisor Schlegel, Berlin,
Obergerichtsvollzieher Schneemelcher, Berlin.
Für das Reichsjustizministerium ferner:
Oberlandesgerichtsrat Fechner,
Landgerichtsdirektor Dr. Pohle,
Gerichtsassessor Dr. Becker.
Für den NSRB: zugleich Kammergerichtsrat Dr. Schultze.

Der *Vorsitzende* eröffnete die Sitzung um 11 Uhr und führte aus: Die bisherigen Erörterungen des Ausschusses hätten ergeben, dass eine grundsätzliche Änderung in der Organisation der Gerichte nicht zu empfehlen sei, und dass auch im Verfahren wirklich grundlegende Änderungen – wie bei den letzten Reformen die Durchführung der Unmittelbarkeit u.ä. – jetzt wohl nicht erforderlich seien. Wohl aber ständen zahlreiche mehr oder weniger wichtige Einzelfragen zur Erörterung. Er würde dem Ausschuss empfehlen, sich hier zunächst mit dem *Parteibegriff* mit allen damit im Zusammenhang stehenden Fragen – Partei kraft Amtes, Verbindung mehrerer Parteien, Streitgenossenschaft, Streithilfe usw. – zu beschäftigen.

---

* Die Protokolle der Sitzungen des Ausschusses für Bürgerliche Rechtspflege von 1934 bis zum 28.10.1937 sind im Band VI der Reihe (1997) enthalten. Die Beratungen vom 27. und 28.10.1937 befassen sich mit der Verhandlungsmaxime und dem Aufsatz von *Georg Friedrich Wilhelm Wildhagen:* Gemeinschaftsgedanke und Erkenntnisverfahren (Bd. VI der Reihe, S. 301 ff.).

Das Kernproblem bei der praktischen Gestaltung des Prozesses sei aber der Fragenkomplex der *Vorbereitung der mündlichen Verhandlung.* Alles, was damit zusammenhänge, die Bedeutung der Schriftsätze, die Notwendigkeit des Schriftsatzwechsels, die Vorbereitungsmittel, die Präklusionen, das Einzelrichterverfahren u.a. werde man zweckmäßig in die Erörterung einbeziehen.

Diesen Fragen werde sich der Ausschuss zweckmäßig bei seiner nächsten Zusammenkunft zuwenden. Als Zeitpunkt schlage er für die nächste Vollsitzung, die wiederum drei bis vier Tage dauern solle, Anfang März vor. Er bäte Herrn *Prof. Dr. Pagenstecher,* das Referat und Herrn *Prof. Dr. Lent* das Korreferat über die Fragen der Parteien und Herrn *Geheimrat Schmidt* das Referat über die Vorbereitung der mündlichen Verhandlung und Herrn *Regierungsrat Altstötter* dazu das Korreferat zu übernehmen.

Die Sitzung wurde 11.40 Uhr geschlossen.

II. Protokoll der Sitzung vom 31.3.1938 („Umwandlung" von Mussvorschriften in Sollvorschriften. Güteverfahren. Einzelrichter)*

Beginn der Sitzung 9.30 Uhr

Pagenstecher: Schon gestern habe ich gesagt, dass ich als Theoretiker mich hier, wo es sich um praktische Fragen handelt, möglichst zurückhalten möchte, und habe das auch gestern getan, obwohl die Praktiker unter sich nicht einig sind und ich daher auch als Theoretiker hätte Stellung nehmen können. Aber ich möchte heute doch gern zu einer grundsätzlichen Frage Stellung nehmen.

Wenn man einen Rückblick auf die Arbeiten des Ausschusses und auf die Tendenz wirft, die die Arbeiten des Ausschusses beherrscht hat, und die namentlich durch Herrn Ministerialrat Jonas bestimmt worden ist, so kann man sagen, dass die Tendenz dahin geht, die Prozessvorschriften, soweit sie bis jetzt Mussvorschriften oder zwingende Vorschriften waren, in *Sollvorschriften* zu verwandeln. Man hat beispielsweise die Voraussetzungen für den Erwerb eines Pfändungspfandrechts, wie man früher gesagt hat, oder eines Vorzugszwangsrechts, wie man heute sagen würde, außerordentlich beschränkt und vielleicht zu 90% abgebaut, indem man sagen will: Die Vollstreckung soll nur erfolgen, wenn eine Klausel da war; – aber der Nachdruck liegt auf dem „soll": wenn sie ohne Klausel erfolgt, so schadet es auch nicht. Man ist sogar so weit gegangen, vielfach dem Gläubiger, der die Vorschriften übertritt, eine Belohnung zu geben, indem er sich dadurch die Priorität sichern kann. Wenn zum Beispiel ein Gläubiger ohne Genehmigung der Devisenstelle, also gesetzwidrig, vollstreckt, dann bekommt er die Priorität vor einem anderen Gläubiger, der erst die Genehmigung der Devisenstelle einholt und infolgedessen später vollstreckt; und das kann dann der Richter wieder nach freiem Ermessen ändern.

Nun hat mich gestern eine Äußerung des Herrn Ministerialrats Jonas frappiert, der, zum Herrn Ministerialdirektor gewandt, gesagt hat: „Mir kommt es nur darauf an, diesen Formalismus im Prozess zu beseitigen" und er hat dann die Frage gestellt: „Was wollen Sie? Das ist das Entscheidende: Wollen Sie in diesem Falle die Revision zulassen oder nicht?" Das heißt: Wollen Sie eine Sollvorschrift oder wollen Sie eine Mussvorschrift?

* Die Protokolle der Sitzungen vom 28.-30.3.1938 sind nicht überliefert.

Nun sind ja die Prozessvorschriften nicht Selbstzweck. Es ist klar, dass es für den Laien sehr schwer zu verstehen ist, wenn das Urteil aufgehoben wird und der ganze Prozess noch einmal anfängt, weil zum Beispiel aus irgendeinem Grunde ein Zeuge vereidigt worden ist, der nicht hätte vereidigt werden sollen oder umgekehrt. Das erscheint dem Laien unsinnig und außerordentlich; und man kann in der Tat sagen, dass es ein unnützlicher Verbrauch von Richterkräften ist und das Wirtschaftsleben stört, wenn die Beeidigung eines unzulässigerweise nicht beeidigten Zeugen nachgeholt wird und der Zeuge dann unter dem Eide dasselbe aussagt wie vorher. Es ist auch zuzugeben, dass in manchen Ländern, zum Beispiel in Belgien, ein Missbrauch mit den formellen Vorschriften der Prozessordnung getrieben wird, um das Recht zu beugen und ein gerechtes Urteil zu Fall zu bringen. Aber bei uns in Deutschland kann man das wirklich nicht sagen. Wir sind schon an der äußersten tragbaren Grenze angelangt. Es ist heute so, dass manche Richter sich geradezu rühmen, die Prozessordnung nicht zu beachten. Ein Hamburger Anwalt hat sich zum Beispiel bitter darüber beklagt, dass ein – übrigens nicht arischer – Senatspräsident in Hamburg immer wieder betont hat, dass er die Prozessordnung nicht beachte, wodurch es dem Anwalt vielfach unmöglich gemacht worden ist, die Interessen seiner Partei angemessen zu vertreten.

Wenn man die Vorschriften der Zivilprozessordnung zum größten Teile in Sollvorschriften verwandelt, dann führt das zu einer *Ausschaltung des Reichsgerichts.* Das hat einen zweifachen Nachteil. Einmal fällt dadurch das erzieherische Moment fort, das darin liegt, dass der Richter weiß, dass Revision eingelegt werden kann, wenn er prozessrechtliche Formvorschriften falsch auslegt. Infolgedessen wird die Neigung in der Richterschaft zur Nichtachtung oder Verletzung prozessrechtlicher Formvorschriften dadurch gesteigert werden. Außerdem wird aber dadurch dem Reichsgericht vollkommen die Möglichkeit genommen, das Recht fortzubilden und das Recht auszulegen. Das ist aber gerade dann unbedingt notwendig, wenn wir jetzt zu einer neuen Prozessordnung kommen. Es ist immer wieder betont worden, dass die Novelle von 1924 in den weitesten Kreisen unbekannt ist; bei der neuen Prozessordnung wird es ebenso sein, und wenn dann das Reichsgericht ausgeschaltet ist, weil nur Sollvorschriften da sind, dann ist eben nur noch der Kommentar von Jonas da, und das halte ich nicht für richtig. Es ist vielmehr notwendig, dass auch die Verfahrensvorschriften vom Reichsgericht nachgeprüft werden.

Ich betone noch einmal, dass es auch Fälle gibt, in denen es geradezu ein Unsinn ist, wegen Verstößen gegen Verfahrensvorschriften ein Urteil aufzuheben. Aber die Hauptfunktion dieser Vorschriften ist es, erzieherisch und abschreckend zu wirken, und das Gericht wird sich auch in Fällen, wo keine Revision eingelegt werden kann, hüten, gegen eine *feste Judikatur* des Reichsgerichts zu verstoßen. Eine solche feste Judikatur des Reichsgerichts kann sich aber nicht bilden, wenn es fast nur Sollvorschriften gibt. In der Zivilprozessordnung steht heute schon die Vorschrift, dass das Reichsgericht eklatante prozessrechtliche Mängel nur berücksichtigen darf, wenn in der Revisionsbegründungsschrift darauf hingewiesen und sie darauf gestützt ist. Diese Vorschrift hätte schon zu einem bedauerlichen Zustand geführt, wenn das Reichsgericht hier nicht eingegriffen und gesagt hätte: Es gibt absolute Revisionsgründe, die unbedingt berücksichtigt werden müssen.

Ich habe es für meine heilige Pflicht gehalten, auf die große Gefahr hinzuweisen, die sich aus dieser Tendenz des Ausschusses ergibt. Wir befinden uns hier nach meiner Meinung auf einem abschüssigen Wege, wenn wir darin noch weiter gehen wollten.

Vorsitzender: Diese sehr beherzigenswerten Worte werden später bei der Formulierung sehr gründlich erwogen werden. Ich möchte aber betonen, dass es sich hier nicht um eine Frage des Grundsatzes, sondern um eine *Frage des Maßes* handelt. Natürlich können Maßfragen in grundsätzliche Fragen übergehen, wenn das Maß überschritten wird. Wir wollen uns durch einen klaren Rückblick auf die gestrigen Erörterungen ein Urteil darüber verschaffen, ob hier das Maß tatsächlich überschritten worden ist.

Obwohl die Meinungen sehr verschieden waren, sind wir doch in sehr vielen grundsätzlichen Fragen von denselben Ideen ausgegangen. Wir alle sind der Meinung, dass der Verfahrensimpuls im Prozess so früh wie möglich sein muss. Schon bei Empfang der Klage muss der Richter sich darüber klar werden, wie er das Verfahren dirigieren will, damit der erste Termin so fruchtbar wie möglich werden kann. Zu diesem Zwecke muss ihm eine ganze Reihe von Obliegenheiten und Befugnissen verliehen werden. Man darf auch vor der Möglichkeit, Zeugen und Sachverständige zu vernehmen, trotz der Schwierigkeiten und Bedenken, die sich im Einzelfalle ergeben, nicht haltmachen. Es wird Sache der richtigen Erziehung der Richter sein, die wir heute leichter haben als früher. Man ist ja heute von der Idee abgekommen, die man früher hatte, dass auch die formale Behandlung eines Prozesses eine Angelegenheit der richterlichen Unabhängigkeit sei, dass da ein Vorgesetzter überhaupt nicht hineinreden könne. Früher erblickte man zum Beispiel einen Eingriff in die richterliche Unabhängigkeit darin, wenn ein Richter von vorgesetzter Stelle darauf aufmerksam gemacht wurde, dass er unnötig viel vertage. Da gibt es jetzt Grenzen, und wir werden da auf dem Wege der *Dienstaufsicht* manches erreichen können. Ein Richter, der die Prozessvorschriften bewusst missachtet und das auch ausspricht, wie es mir gegenüber einmal der von Herrn Pagenstecher erwähnte nicht arische Senatspräsident in Hamburg getan hat, kann sich künftig dienstlichen Unannehmlichkeiten aussetzen.

Streit hat demnach im Ausschuss grundsätzlich nur in dem einen Punkte bestanden, ob wir das jetzige System aufrecht erhalten sollen, das wir aus der österreichischen Zivilprozessordnung entnommen haben: Dass wir zwischen bloß vorbereitenden Anordnungen und zwischen Bereitstellen von Beweismitteln und Beweisbeschlüssen unterscheiden, – oder ob Herr Jonas Recht hat, der sagt: Der formelle Beweisbeschluss ist ein Residuum alter Verfahrensgrundsätze, wo der Prozess deutlich in zwei Teile zerfiel, wo eine große Scheidung im Prozess eintrat; davon ist man praktisch abgekommen, praktisch hat schon im heutigen Recht der Beweisbeschluss den Charakter einer prozessleitenden Verfügung; soll man nicht diesen Zopf abschneiden und diese Unterscheidung fallen lassen und dann sagen: Der Vorsitzende kann unter allen Umständen solche Beweisanordnungen machen, mögen sie in der Form der Bereitstellung oder in der Form eines formulierten Beweisreglements erfolgen.

Das ist meines Erachtens eine praktische Frage; man muss überlegen, welche Unzuträglichkeiten da entstehen können. Diese Fragen sind aber *noch nicht spruchreif;* denn sie sind davon abhängig, wie man in der Zukunft sich überhaupt den Beweisbeschluss denkt. Unsere Strafrechtler liebäugeln mit dem Gedanken, die Führungsgewalt des Vorsitzenden im Strafprozess so weit auszudehnen, dass der Vorsitzende über Beweise allein entscheidet. Das ist etwas graue Theorie; denn der Vorsitzende wird es nicht unternehmen können, einen Beweisantrag eines Angeklagten abzulehnen, wenn er nicht weiß, ob seine Beisitzer derselben Meinung sind; wenn er sich darüber nicht vergewissert, könnte es sich ereignen, dass später die Beisitzer erklären, sie könnten den Angeklagten nicht verurteilen, weil es gerade auf den vom Vorsitzenden abgelehnten Entlastungsbeweisantrag des Angeklagten ankomme. Also der Vorsitzende wird sich immer der Meinung seiner Kammer vergewissern müssen. Wollte man sich nun im Zivilprozess zu dem Grundsatz bekennen, dass der Beweisbeschluss überhaupt in das Gebiet der Prozessleitung gehört und vom Vorsitzenden allein getroffen werden soll, dann würde kein Bedenken bestehen, überhaupt von einer Unterscheidung zwischen den Dingen abzusehen, die der Vorsitzende vor dem Termin macht, und den Entschließungen, die er im Termin aufgrund der Verhandlungen trifft. Die Entscheidung wird man einer späteren Zeit vorbehalten können. So wichtig der von Herrn Pagenstecher betonte allgemeine Grundsatz ist, dass man mit der Entformalisierung des Prozesses nicht zu weit gehen dürfe, so würde, wenn man den eben von mir angedeuteten Weg einschlägt, doch kaum noch das Bedenken entstehen können, dass hier dem Reichsgericht die Möglichkeit zum Eingreifen verschlossen wird.

Nunmehr könnten wir noch zwei wichtige Punkte erörtern: das *Güteverfahren* und den *Einzelrichter.*

Ich möchte beide zusammen zur Debatte stellen, weil sie nicht ganz voneinander getrennt werden können.

Herr Altstötter hatte schon dargelegt, dass das Güteverfahren die Bedeutung hat, nicht nur die gütliche Erledigung des Rechtsstreits zu ermöglichen, sondern auch da, wo das nicht gelingt, für die nötige Sachaufklärung zu sorgen. Der Gütetermin beim Amtsgericht ist ein guter vorbereitender Termin, namentlich wenn die Parteien zugegen sind; dann kann der Richter, wenn er die Parteien geschickt ausfragt, die Gefahr vermeiden, dass über etwas gestritten wird, was in Wirklichkeit unstreitig ist, nur weil die Anwälte die Parteien nicht richtig verstanden haben. Wenn der Gütetermin fruchtlos verlaufen ist und eine größere Beweiserhebung notwendig ist, wird der Richter zur streitigen Verhandlung einen besonderen Termin anberaumen und dann dazu das gesamte Streitmaterial einschließlich des Beweismaterials bereit haben.

In der Frage, ob das *obligatorische Güteverfahren* beibehalten werden soll, hat Herr Altstötter gewisse Zweifel geäußert. Nun hat Herr Jonas schon erwähnt, dass unsere bisherige Prozessreform das unbestreitbare Gute hat: sie hat einen organischen Charakter gehabt; es ist nach einer bestimmten Richtung konsequent fortgeschritten, und auch die auf die Novelle von 1924 folgenden Novellen sind der weiteren Durchführung der Grundsätze der Novelle von 1924 treu geblieben. Bei einer so konsequent fortgeschrittenen und in ihrem Kern bewährten Reform wird man sich sehr überlegen müssen, ob man nun einen Schritt, den man getan hat, ohne weiteres wieder zurückziehen kann. Angeregt durch den Ausspruch des Professors Oetker auf der ersten Tagung der Zivilprozessrechtslehrer: „Was würde wohl Ihering, der uns den herrlichen Kampf ums Recht beschert hat, zu dem ganzen Gütegedanken gesagt haben", habe ich vor Jahren eine kleine Schrift veröffentlicht: „Kampf ums Recht und Rechtsfriedensgedanke [Hamburg 1927]." In dieser Schrift habe ich auseinandergesetzt, dass beide Dinge auf verschiedenen Ebenen liegen und sich nicht gegenseitig stören. Wenn Jhering bei seinem Kampf ums Recht davon ausgegangen ist: „Verletzung meines Rechts ist unter Umständen schwerste Verletzung meiner Persönlichkeit, und wer so in seiner Persönlichkeit verletzt ist, gibt sein Bestes feige preis, wenn er sein Recht preisgibt", so hat er dabei an Fälle gedacht, wo entweder eine bewusste Rechtsverletzung vorliegt oder jemand seinen Interessenstandpunkt so brutal in den Vordergrund stellt, dass er die Interessen des anderen rücksichtslos missachtet. Das sind aber die Fälle, bei denen der Richter schon heute sofort sagen kann, dass sie sich nicht zum Güteverfahren eignen und davon Abstand genommen wird, – falls nicht der Gegner nachgibt; aber dann steht der Gütegedanke nicht im Widerspruch mit Iherings Idee; denn niemand kann sein Recht besser durchsetzen, als wenn der Gegner anerkennt, dass ihm Unrecht geschehen ist, und ihm das Streitige in Güte gewährt. Ich habe dann in dieser Schrift auf die Gedanken von Johann Christoph Schwartz hingewiesen, der in seinem Werk: „400 Jahre deutscher Zivilprozessgesetzgebung" auseinandergesetzt hat, welche großen Werte im alten deutschen Prozessrecht gesteckt haben, wie sich diese Werte in vielen Landesprozessrechten noch erhalten haben, wie dann aber im Jahre 1877 eine Zivilprozessordnung geschaffen worden ist, die diese deutsch-rechtlichen Fäden einfach abschnitt und uns ein zum großen Teil auf fremden Rechtsgedanken beruhendes Prozessrecht beschert hat. Dazu gehört auch das völlige Überbordwerfen des Gütegedankens, der im alten Recht so stark war, dass das Güteverfahren in vielen deutschen Prozessrechten, genau wie heute, obligatorisch war, dass die Parteien zum eigentlichen Streitverfahren erst übergehen konnten, wenn sie das Gütestadium durchlaufen hatten. Man hatte dafür im alten deutschen Recht den sehr treffenden Ausdruck: „Verfahren mit Minne". Wenn schon vor dem Kriege und besonders während des Krieges diese alten Gütegedanken wieder auflebten, so ist damit letzten Endes altes deutsches Rechtsgut wieder hervorgeholt worden, und gerade vom

Standpunkt der heutigen Zeit wird man das Güteverfahren nicht einfach über Bord werfen können.

Dazu kommen noch politische Erwägungen. Als ich damals den Entwurf von 1924 meinen Oberherren im Ministerium vorlegte [vgl. *W. Schubert,* Zivilprozessreform in der Weimarer Zeit, Frankfurt/M. 2005, XLII f.], hat mir der Ministerialdirektor Oegg gesagt: „Lassen Sie das Güteverfahren heraus, Sie belasten sich damit politisch ungeheuer." Ich habe es aber beibehalten, und es hat sich nachher gezeigt, dass das keine politische Belastung, sondern im Gegenteil eine starke politische Entlastung war: Der Kampf um die Arbeitsgerichte ist dadurch sehr erleichtert worden. Denn eins der Hauptargumente, die uns entgegengehalten wurden, bestand in dem Vorwurf, dass die Richter Paragraphenhengste seien, die vielleicht eine gut begründete streitige Entscheidung fällen könnten, aber nicht das Fingerspitzengefühl besäßen, um die Leute zu einigen; das beweise die Statistik, nach der auf hundert Gerichtsurteile nur vierzig Vergleiche entfielen, während bei den Kaufmanns- und Gewerbegerichten auf einhundert streitige Sachen dreihundert Vergleiche kämen. Da konnten wir einhaken und erklären, dass wir eben für die Gerichte das gleiche Verfahren bekommen müssten wie bei den Kaufmanns- und Gewerbegerichten, dann würden auch die Gerichte günstige Vergleiche fördern können. Als nun in neuerer Zeit Versuche gemacht worden sind, zum Beispiel Mietstreitigkeiten durch die NSV in einem friedlichen Verfahren gütlich zu erledigen, haben wir diese Bestrebungen mit dem Einwande abbiegen können, dass ja gerade in Mietsachen das friedliche Verfahren in bester Weise von den Gerichten ausgenutzt würde, und dass, wenn die NSV da etwas glaube tun zu können, die Gerichte die NSV von schwebenden Sachen benachrichtigen könnten, damit sie eine Einwirkung auf den Hauswirt zu versuchen in der Lage sei. Mit dem Hinweis auf das obligatorische Güteverfahren der Zivilprozessordnung haben wir auch andere Gütestellen, die sich sonst gebildet hätten oder schon gebildet hatten, wieder beseitigen können. Wir hätten sonst zweifellos eine Unmenge *wilder Gütestellen* bekommen, die der Rechtspflege nur abträglich sein können, weil dadurch dem Gericht die beste und populärste Tätigkeit des Richters: das Schlichtende und Ausgleichende genommen und anderen Stellen übertragen würde, so dass das rechte Vertrauen zu dem nur noch Streit schlichtenden Richter nicht hergestellt werden könnte. Gerade unter den heutigen Verhältnissen möchte ich deshalb den Satz unterstreichen, mit dem ich damals meine kleine Schrift geschlossen habe: „Wer heute verlangen würde, dass die Vorschriften über das Güteverfahren abgeschafft werden, der würde verlangen, dass sich das Rad der Prozessgeschichte rückwärts dreht."

Die Mehrheit dieses Ausschusses ist sicher nicht der Meinung, dass man das obligatorische Güteverfahren wieder verwerfen sollte. Das hat aber nichts mit der Frage zu tun, ob man die heute bestehende Zäsur aufrecht erhält. Die Vorschrift in der Kriegsnovelle [RGBl. 1915, 562]: „In jedem Verfahren soll zu Beginn der Richter einen Güteversuch machen", ist genauso wirkungslos geblieben wie der berühmte Einigungsversuch vor Beginn eines Duells. Wir haben später eine sehr viel wirkungsvollere Bestimmung geschaffen, und daran sollten wir auch festhalten.

Trotzdem möchte ich empfehlen, wie das auch in dem Entwurf von 1931 vorgesehen war, den ersten Termin wie beim Arbeitsgerichtsverfahren als *Gütetermin* zu bezeichnen. Man kann ja die Bestimmung hinzufügen: „Für den Fall des Scheiterns des Güteversuchs kann unmittelbar im Anschluss daran streitig verhandelt werden."

Dann erhebt sich die Frage, ob man die Vorschriften über das Güteverfahren nicht in die Vorschriften bringen sollte, die für alle Instanzen gelten, ob man also nicht auch für das Landgericht etwas Ähnliches bestimmen sollte. Das hängt wieder mit der Frage zusammen, ob wir beim Landgericht den *Einzelrichter,* ähnlich der heutigen Form, beibehalten; geschieht das, dann würde man wohl ähnliche Vorschriften, wie sie für den Amtsrichter gelten, auch für den Einzelrichter beim Landgericht schaffen können. Andernfalls, wenn die Verhandlung unmittelbar vor der Kammer stattfindet, würde man sich wohl mit der Vorschrift begnügen können, dass der Vorsitzende vorher einen Einigungsversuch machen soll. Ich glaube kaum, dass für eine Kammer ein formelles Güteverfahren angebracht ist. Aber darüber bitte ich die Herren, sich noch in der Aussprache zu äußern.

Was nun die Frage des Einzelrichters betrifft, so ist ja gegen das jetzige Einzelrichtersystem sehr viel eingewendet worden. Von Seiten der Wissenschaft ist eingewendet worden, dass das ein Abbau der Unmittelbarkeit sei; während sonst die Unmittelbarkeit gefördert werde, schaffe man hier die Möglichkeit, dass ein einzelnes Mitglied des Kollegiums gewissermaßen als Vertreter der Kammer gerade die entscheidenden vorbereitenden Maßnahmen trifft, die die Hauptverhandlung fruchtbar gestalten sollen; wenn man einem einzelnen Mitgliede ermögliche, das Verfahren in eine bestimmte Bahn zu leiten und sogar einzelne Beweise zu erheben, so werde damit die Gefahr geschaffen, dass, wenn der Einzelrichter einen falschen Weg gehe, die Kammer entweder die ganzen Vorberatungen von neuem beginnen müsse, oder dass die Kammer die unglückliche Bahn verfolge, die der Einzelrichter eingeschlagen hat. Das Wichtigste beim Prozess ist natürlich der erste Start des Prozesses; deswegen – so sagt man – müsse die ganze Kammer von vornherein bestimmen, welcher Weg der Meinung der Kammer entsprechend eingeschlagen werden soll.

Das Gewicht dieser Einwendungen ist nicht zu verkennen. Es ist auch nicht zu verkennen, dass beim Einzelrichter alles von seiner Persönlichkeit abhängt, und dass man nicht erwarten kann, dass in einer Kammer lauter Kapazitäten sitzen, dass also nicht gelegentlich einmal ein Einzelrichter abseitige Ideen haben könnte, die störend wirken. Andererseits aber muss unbedingt verhindert werden, dass ein Prozessverfahren in einer Reihe von Terminen zersplittert; es muss die Möglichkeit vorhanden sein, nicht nur durch schriftliche Anfragen, sondern gerade auch durch mündliches Einwirken auf die Parteien dafür zu sorgen, dass der Streitstoff in die richtigen Bahnen gelenkt und alles erforderliche Material so früh wie möglich bereitgestellt wird. Zur Erreichung dieses Zieles muss ein besseres Äquivalent geschaffen werden, als es der Hamburgische Durchrufstermin ist, der keineswegs besonders gut wirkt und eine ausreichende Vorbereitung nicht sicherstellt.

Da ist nun angeregt worden, dass der Vorsitzende, wenn er erkennt, dass die Parteien einer Hilfe zur richtigen Sichtung des komplizierten Materials und zur Ausfüllung von Lücken bedürfen, einem Beisitzer den konkreten Auftrag erteilen sollte, mit einer bestimmten Marschroute Aufklärung bei den Parteien zu schaffen, dann aber die Sache wieder in die Hand nehmen und einen Termin zur entscheidenden Verhandlung anberaumen sollte; dann wäre alles geklärt, was zwischen den Parteien streitig ist, so dass es nicht nötig wäre, nun erst mündliche Verhandlung vor der Kammer und dass einen weiteren Termin zur weiteren Beweiserhebung anzuordnen, sondern dann wäre das Ideal erreicht, dass die eigentliche Verhandlung mit präsentem Beweismaterial stattfände, und es sei dann von untergeordneter Bedeutung, ob nun den Parteien einfach mitgeteilt werden könnte: das Gericht hat die und die Zeugen bereitgestellt und den und den Sachverständigen geladen, oder ob vorher eine Art Beweisbeschluss ergeht.

Zu diesem Problem bitte ich noch um Äußerungen.

Staud: Auch nach meiner Auffassung ist der *Gütegedanke* richtig und muss weiter ausgebaut werden. Wenn man das nicht tun wollte, würde das nach der ganzen Tendenz, die man als Ministerialreferent heute täglich zu beobachten Gelegenheit hat, dahin führen, dass die Rechtspflege ein Feld räumen muss, das sie unbedingt halten muss, wenn sie nachher auch praktisch die Entscheidung haben will. Denn es ist nicht zu verkennen, dass, wenn neben den ordentlichen Gerichten Stellen aufgetan werden, die mit dem Versuch der gütlichen Beilegung von Streitigkeiten befasst werden, diese Stellen praktisch auch die Entscheidung solcher Streitigkeiten an sich ziehen werden. Solche mit Schlichtungs- und Vergleichsversuchen betrauten Stellen haben unverkennbar die außerordentlich scharfe Tendenz, Vergleiche nicht nur zu vermitteln, sondern auch zu erzwingen. Es wäre ein Trugschluss, anzunehmen, dass, wenn man den Gütegedanken bei den Gerichten opfert und diesen Stellen überlässt, nachher die Gerichte zu entscheiden haben würden, wenn die Einigung misslingt; sondern diese Sachen werden dort mit oder ohne Einverständnis der Beteiligten geschlichtet werden und kommen nicht mehr ans Gericht. Mit Rücksicht auf diese ganz unverkennbare Entwicklung darf man den Gerichten dieses Feld nicht nur erhalten, sondern muss es auch ausbauen.

Die Strafverfahrensordnung im ersten Entwurf fängt auch schon mit der Ausgestaltung des Schlichtungsgedankens an, und zwar unter Erstreckung auf zivilrechtliche Streitigkeiten. Die „Friedensrichterordnung" des Entwurfs [bei *W. Schubert* (Hrsg.), Quellen zur Reform des Straf- und Strafprozessrechts, Bd. III, 1, 1991, 165 ff.] will dem Friedensrichter die mit den bisherigen Privatklagedelikten verbundenen vermögensrechtlichen Streitigkeiten zur Schlichtung und, wenn die Schlichtung misslingt, zur Entscheidung übertragen. Die Zivilrechtspflege muss diesem Gedanken der Strafverfahrensordnung voraus sein!

Nun ist nicht zu verkennen, dass sich das Güteverfahren der geltenden Prozessordnung bei den Amtsgerichten nicht durchgesetzt hat. Nur einzelne Amtsrichter haben das Güteverfahren ausgebaut und machen davon mit großem Erfolge Gebrauch; aber bei anderen Amtsgerichten ist das Güteverfahren leider mehr oder minder tot. Das mag zum Teil mit darauf beruhen, dass, als das Güteverfahren im Jahre 1924 eingeführt wurde, die Gerichte zunächst mit einer ganz ausgesprochenen Opposition der damaligen Anwaltschaft zu kämpfen hatten; beim Amtsgericht in Düsseldorf zum Beispiel gab es jahrelang heftige Konflikte mit den Anwälten, die kein Verständnis für das Güteverfahren hatten, es von vornherein ablehnten und auf das Eintreten in das Streitverfahren drängten. Dem Güteverfahren hat vielleicht auch in der praktischen Durchführung die allzu scharf durchgeführte Zäsur und die Belastung mit reichlich viel Formalismus geschadet; schon die Zeremonie der Kosteneinziehung ist unerquicklich. Aber mit diesen Erscheinungen braucht man in Zukunft nicht mehr zu rechnen: Die Gütetendenz wird in der heutigen Anwaltschaft Verständnis finden, und außerdem würde die Anwaltschaft sich nur selber schädigen, wenn sie sich nicht selbst zu unseren Verbündeten bei der Durchführung des Gedankens des Güteverfahrens machen wollte. Denn die Stellen, die sonst den Gerichten die Gütesachen abnehmen würden, sind gerade die Stellen, bei denen die Anwaltschaft die allergeringste Aussicht haben wird, sich jemals zur Geltung zu bringen.

Das Güteverfahren muss also künftig praktischer ausgestaltet und gleichzeitig etwas von der formalistischen Zäsur befreit werden. Ich bin der Meinung, dass wir das Güteverfahren beim *Landgericht* ebenso haben müssen wie beim Amtsgericht. Es muss praktisch beim Landgericht so gehandhabt werden, dass das Güteverfahren im ersten Verhandlungstermin stattfindet, und ich stelle mir die Sache so vor, dass der Vorsitzende den Güteversuch unternimmt, aber bei präsenter Kammer. Das schließt nicht aus, dass in besonders gelagerten Einzelfällen, wo der Vorsitzende den Eindruck hat, dass er es am besten allein macht, er selbst in Aktion tritt oder es einem Beisitzer überträgt.

Ich gehe also davon aus, dass im Gesetz festgelegt wird: *„Vor Beginn der Streitverhandlung hat das Gericht einen Schlichtungsversuch zu machen."* Es wird zweckmäßig sein, in der Ladung zum Ausdruck zu bringen, dass ein Schlichtungsversuch stattfinden soll; eine solche Vorschrift braucht aber nicht im Gesetz zu stehen, sondern kann durch verwaltungsmäßige Verfügung festgelegt werden. Ich würde nicht empfehlen, diesen ersten Termin einen „Gütetermin" oder „Schlichtungstermin" zu nennen. Denn praktisch ist ja dieser erste Termin in der Mehrzahl der Fälle, namentlich beim Landgerichtsprozess, gleichzeitig der Termin zu der großen Hauptverhandlung, die Verhandlung, Beweisaufnahme und Entscheidung umfassen soll. Es wäre also unpraktisch, die Bezeichnung „Gütetermin" zu wählen, da dann in einer Fußnote darauf hingewiesen werden müsste, dass, wenn der Schlichtungsversuch misslingt, die große Hauptverhandlung einsetzt. Es ist also besser, ihn als „Termin zur Verhandlung" zu bezeichnen, aber darauf hinzuweisen, dass das Gericht vor Eintritt in die Verhandlung einen Schlichtungsversuch vornehmen wird. Diese Regelung wird durchaus genügen, wenn alle Prozessbeteiligten, sowohl die Parteien wie die Richter, entschlossen sind, sich praktisch für den Schlichtungs- und Gütegedanken einzusetzen.

Ich möchte auch dem *Gütegedanken im weiteren Prozessverlauf* Aufmerksamkeit zugewendet sehen. Dass sich vielfach im weiteren Prozessverlauf eine Chance zum Vergleich ergibt, ersieht man daran, dass beim Amtsgericht der Prozentsatz der Vergleich im eigentlichen Streitverfahren hinter dem Güteverfahren beachtlich hoch ist. Ich denke es mir so, dass die Bestimmung über das Schlichtungsverfahren, die von dem obligatorischen Schlichtungsversuch zu Beginn der Verhandlung ausgeht, weiter hervorhebt, dass das Gericht in geeigneten Fällen den Schlichtungsversuch im weiteren Prozessverlauf wiederholen soll. Der Augenblick, wo solche Schlichtungsversuche erfahrungsgemäß am meisten Erfolg haben, ist der der angeordneten Beweisaufnahme.

Zahlenmaterial zur Beurteilung dieser Fragen liegt mir nur für 1934 und nur für Preußen vor. Von den 1,5 Mio. Zivilprozessen, die im Jahre 1934 in Preußen bei den Amtsgerichten anhängig geworden sind, sind 324.000 – etwas über 20% – durch Vergleich beendet worden. Von diesen 324.000 Vergleichen sind 248.000 im Güteverfahren, 76.000 im Streitverfahren geschlossen worden. In den 248.000 Vergleichen im Güteverfahren sind die Anerkenntnisfälle enthalten; welche Quote von der Gesamtzahl auf sie entfällt, darüber liegt eine genaue Statistik nicht vor; es ist vielleicht die Hälfte der Fälle. Anerkenntnisse nach Übergang ins Streitverfahren sind praktisch äußerst selten. Aus diesen Zahlen: 248.000 Vergleiche im Güteverfahren einschließlich der Anerkenntnisfälle und 76.000 echte Vergleiche im Streitverfahren, ersieht man, wie viele Vergleichsmöglichkeiten auch noch im späteren Prozessstadium bestehen. Insgesamt sind etwas über 20% der gesamten anhängig gewordenen Sachen bei den Amtsgerichten durch Vergleiche erledigt worden; darin sind die Urkunds- und Wechselsachen enthalten, die namentlich bei großstädtischen Amtsgerichten zahlreich sind.

Vorsitzender: Nach der Reichsstatistik waren 2 Millionen Gütesachen anhängig, und nur 1,5 Millionen gingen ins Streitverfahren. Also ein Viertel der Sachen hat sich im Güteverfahren oder durch Vergleich erledigt.

Staud: Was dann die Landgerichte betrifft, so gibt es dort bei der gegenwärtigen Gesetzeslage ein eigentliches Güteverfahren nicht, die Durchführung des Güteverfahrens hängt daher von der Einsicht und dem guten Willen der Beteiligten ab. Bei den Zivilkammern in Preußen waren im Jahre 1934 anhängig: 56.000 vermögensrechtliche Prozesse und 50.000 Ehescheidungssachen. Insgesamt sind 1934 vor den preußischen Zivilkammern 10.000 Vergleiche geschlossen worden. Da Vergleiche in Ehesachen äußerst selten sind, wird man vielleicht sagen können, dass von diesen 10.000 Vergleichen mindestens 9.400 auf die vermögensrechtlichen Sachen entfallen und nur der kleine Rest von 500 auf die durch Vergleich erledigten Ehesachen. Dann käme man bei den vermögensrechtlichen Sachen vor dem Landgericht in Preußen zu einer Vergleichsquote von etwa 18%. – Bei den Kammern für Handelssachen waren in Preußen im Jahre 1934 7.000 Zivilprozesse anhängig, von denen 1.000, auch über 16%, durch Vergleich erledigt worden sind. Daraus ersieht man, dass bisher schon, obwohl es ein formelles Güteverfahren dort nicht gibt, auch beim Landgericht der Prozentsatz der vergleichsweise erledigten Fälle kaum geringer gewesen ist als beim Amtsgericht. Denn wenn das Amtsgericht über 20% Vergleiche hat, so darf man nicht vergessen, dass darin die Anerkenntnisfälle enthalten sind, die beim Landgericht durch Anerkenntnisurteil erledigt werden.

Diese Zahlen zeigen, ein wie hoher Prozentsatz der Fälle für die vergleichsweise Erledigung geeignet ist. Und diese Zahlen stellen sicher nicht das Maximum, sondern vielmehr das Minimum des Erreichbaren dar; denn sie sind im Jahre 1934 erzielt worden, wo man mit der Mobilisierung des Gütegedankens noch in den Anfängen steckte, verglichen mit der seit dem Umbruch eingetretenen allgemeinen Auffassung.

In der Frage des Einzelrichters deckt sich meine Auffassung vollkommen mit dem, was Herr Altstötter uns gestern entwickelt hat. Ich möchte den Einzelrichter, wie wir ihn jetzt haben, nicht beibehalten, sondern ich würde vorschlagen, ihn zum Gehilfen des Vorsitzenden zu machen, der nach dessen Weisung zu einzelnen vorbereitenden Maßnahmen herangezogen wird. (*Pagenstecher:* Wodurch soll er sich von dem jetzigen beauftragten Richter unterscheiden?) – Durch die Funktionen, die ihm übertragen sind. Mit dem beauftragten Richter kann man diesen Einzelrichter, wie ich ihn mir vorstelle, allerdings in sehr vieler Hinsicht vergleichen. Er ist an Aufträge gebunden. Allerdings ist er nicht der Beauftragte der Kammer, sondern der Beauftragte des Vorsitzenden. Der beauftragte Richter, wie wir ihn bisher hatten, war der unselige beauftragte Richter zur Verhinderung der Unmittelbarkeit der Beweisaufnahme. Dieser wird abgeschafft. Für den Einzelrichter, den vom Vorsitzenden beauftragten Richtergehilfen, liegt das Schwergewicht seiner Tätigkeit nunmehr in vorbereitenden Maßnahmen, wobei die vorbereitenden Maßnahmen nicht nur vor dem ersten Verhandlungstermin denkbar sind, sondern gegebenenfalls auch zwischen den Verhandlungsterminen, z.B. wenn sich erst im ersten Termin durch einen Aufrechnungseinwand herausstellt, dass es sich um Punktenforderungen handelt und das Gericht es nicht für zweckmäßig hält, unter Vorbehalt Aufrechnung zu erlassen. Da würde die Funktion dieses Richters sehr viel Verwandtschaft mit dem jetzigen Einzelrichter haben. Ich würde mir denken können, dass der Vorsitzende die nächste Verhandlung in zwei Monaten ansetzt und den Landgerichtsrat X beauftragt, in der Zwischenzeit mit den beiden Parteien zur Klärung gewisser Rechnungsposten in Verbindung zu treten. Dann würde dieser beauftragte Einzelrichter in der Zwischenzeit mit den Anwälten Fühlung nehmen und nach Weisung des Vorsitzenden bestimmte Direktiven geben. Ebenso würde er gelegentlich mit dem Vorsitzenden Fühlung nehmen, der ihm in dieser und jener Richtung Direktiven geben würde. Die Hauptrolle würde der vorbereitende Richtergehilfe in der Zeit vor dem ersten Termin spielen, wenn sich von vornherein aus dem Schriftsatzwechsel ergibt, dass es sich um eine komplizierte Sache handelt. Das ist insbesondere der Fall, bei denen die Klageforderung das Ergebnis eines Punktverhältnisses ist. Der Vorsitzende würde hier den ersten Termin vielleicht erst in drei Monaten ansetzen und den Assessor X, der seiner Kammer angehört, beauftragen, in der Zwischenzeit in dieser und jener Richtung mit den Anwälten Fühlung zu nehmen.

Gegen den Einzelrichter, wie wir ihn zur Zeit haben, sprechen doch die praktischen Erfahrungen einer ganzen Anzahl von Gerichten. Aus Erkundigungen, die ich sowohl bei rheinischen Gerichten wie auch bei Berliner Gerichten persönlich eingezogen habe, habe ich meinen Eindruck bestätigt gefunden, dass tüchtige Vorsitzende den Einzelrichter ablehnen und die Sache selbst in der Hand haben wollen. Besonders interessant ist mir in dieser Beziehung ein Schreiben des verstorbenen Landgerichtsdirektor Abendroth aus Hamburg, der ein ganz entschiedener Gegner des jetzigen Einzelrichtersystems war und der sagte, dass er vom ersten Tage an den Prozess in seiner Hand haben müsse. Dieser Landgerichtsdirektor hat in Hamburg als sehr tüchtiger Vorsitzender gegolten. Die Stellung des Einzelrichters, wie Herr Altstötter und ich ihn uns vorstellen, trägt auch dem Führergedanken Rechnung, und zwar auf dem Gebiet, auf dem der Führergedanke berechtigt ist. Bei der Wahrheitsfindung ist man auf allen Gebieten der Rechtspflege, auch auf dem Gebiet des Strafprozesses, zu der richtigen Erkenntnis gekommen, dass man sich durch das Schlagwort des Führergedankens nicht blenden lassen darf. Die vorbereitende und ihrer Art nach mehr verwaltende Tätigkeit im Prozess dagegen könnte eine Durchdringung mit dem Führergedanken durchaus vertragen. Ich muss auch offen sagen, dass wir davon ausgehen müssen, dass in der Kammer der Vorsitzende der beste Richter ist. Dessen Einfluss und dessen Persönlichkeit möchte ich souverän für die Vorbereitung der Verhandlung und für die Leitung des Verfahrens nutzbar machen, und den Einzelrichter möchte ich zu seiner Entlastung, deren er dringend bedarf, zu seinem Gehilfen machen, der aber von seinen Weisungen abhängig sein soll. (*Vorsitzender:* Soll der Einzelrichter Versäumnisurteil erlassen können?) – Nein! Ob man einen Vergleich vor ihm abschließen kann, halte ich für eine nebensächliche Frage. Ich habe nichts dagegen. Aber bei dem Einzelrichter, wie Herr Altstötter und ich ihn uns vorstellen, sind Anerkenntnis- und Versäumnisurteile undenkbar. Das ist aber auch gar kein Unglück.

Vorsitzender: Sie stellen sich den Zweck dieses beauftragten Einzelrichters also so vor, dass er mit den Parteien verhandelt. Er beraumt nur einen Termin an und schreibt, dass eine Aufklärung in diesen und jenen Punkten erforderlich wäre. (*Staud:* Eine förmliche Terminsanberaumung mit Ladung stelle ich mir nicht vor!) – Umso eher wird ein Anwalt nicht erscheinen!

Staud: Es mag wohl vorkommen, dass ein Flegel nicht erscheint. Dann ist es aber Sache der Anwaltskammer, für Abhilfe zu sorgen. Wenn ein Anwalt nicht zum Termin erscheint, wird er sich im Allgemeinen doch unter einem Vorwand entschuldigen, und dann wird der vorbereitende Einzelrichter den Termin verlegen. Hat er auch da wieder nur eine faule Ausrede, dann wird der Einzelrichter eben die mündliche Kammerverhandlung abwarten. (*Fischer:* Uns interessiert die Funktion des Einzelrichters als Ersatz der Kammer!) Da der Einzelrichter kein Kammerersatz ist, ist, genau gesehen, hier das Problem des Anwaltszwanges gar nicht evident. Das hängt mit der Frage zusammen, die wir noch später erörtern werden, wie man den Anwaltszwang lockern und verschärfen wird. Man kann sich die Vorbesprechung so denken, dass die Anwälte anwesend sein müssen und dass es vollkommen gleichgültig ist, ob, wenn der Anwalt nicht erscheint, dessen Prokurist kommt. Das würde sehr volkstümlich sein, zumal es sehr oft so sein wird, dass der Prokurist sagen kann, wie es sich mit den Dingen verhält, während, wenn der Anwalt erscheint, er sagen wird, dass er davon nichts verstehe und dass der Prokurist die Aufklärung geben werde. Ich kann mir aber auch vorstellen, dass man zunächst die Leute selber kommen und Informationen geben lässt. Eine dritte Möglichkeit wäre, es dem Vorsitzenden, gegebenenfalls dem beauftragten Kammermitglied zu überlassen, wie sie im Einzelfall vorgehen wollen. In vielen Fällen werden die Anwälte selbst sagen, dass es keinen Zweck hat, bei der rechnerischen Durchprüfung dabei zu sein. Das sind keine Überlegungen, über die man sich klar werden muss, wenn man zu einer Entschließung darüber gelangen will, wie man den Einzelrichter ausgestalten soll; es sind aber Fragen, die uns im Zusammenhang mit der künftigen praktischen und gesetzgeberischen Ausgestaltung des Anwaltszwanges immer wieder begegnen. Ich habe auch nichts dagegen, wenn die Verabredung zu einer solchen Besprechung am Telefon getroffen werden würde; eine Zustellung wäre in der Regel wohl nicht erforderlich.

Pagenstecher: Was das Güteverfahren betrifft, so bin ich der Ansicht, dass man das vollkommen der Entscheidung der Praktiker überlassen muss, und ich muss sagen, dass mir das, was in dieser Hinsicht Herr Volkmar und Herr Staud ausgeführt haben, vollkommen einleuchtet. Ich möchte nur zwei Bedenken anführen, die aber nicht etwa dazu führen sollen, am Güteverfahren nicht festzuhalten, deren Beseitigung mir aber wichtig erscheint.

Im Anfang meiner praktischen Tätigkeit habe ich einen Amtsrichter kennengelernt, der ein sehr guter Jurist war, von Gesetzeskenntnis aber keine Ahnung hatte. Dieser hat stets versucht, einen Vergleich zustande zu bringen, und der Gerichtsschreiber hat ihn mit Recht immer Zwangsvergleich genannt. Es muss aber vermieden werden, dass die Parteien gezwungen werden, sich zu vergleichen; denn darunter leidet das Rechtsempfinden der Parteien. Bei den Landgerichtsprozessen liegen die Dinge natürlich anders, weil sich der Anwalt einem Druck nicht beugen wird.

Ich bin mir ferner nicht klar darüber, ob auch im Landgerichtsprozess das persönliche Erscheinen der Parteien im Güteverfahren immer angeordnet werden kann. Als wir unsere Beratungen aufgenommen haben, waren fast alle Herren für das persönliche Erscheinen der Parteien begeistert. Ich habe damals schon dagegen gesprochen, und habe auch eine entschiedene Unterstützung bei Herrn Gelpcke [Präsident der IHK Berlin, Bd. I der Reihe, 1986, LIV] gefunden, der mich im Interesse der Wirtschaft unterstützt hat. Es darf aber nicht soweit kommen, dass man sich scheut, einen Prozess zu führen, weil man es vermeiden will, wegen 100 RM immerfort zu Gericht laufen und dort längere Zeit warten zu müssen, was gar nicht zu vermeiden ist. Stellen Sie sich nur vor, dass ein bedeutender Arzt, dessen Zeit äußerst beschränkt ist, in solche Situation kommt. Ich bin überhaupt gar nicht der Auffassung, dass das persönliche Erscheinen den Abschluss eines Vergleichs immer erleichtert. Jedenfalls halte ich es nicht für richtig, wenn beim ersten oder bei einem späteren Termin nahezu ausnahmslos das persönliche Erscheinen der Parteien angeordnet wird.

Was den Einzelrichter betrifft, so gehöre ich vom ersten Tage an zu den entschiedenen Gegnern dieses Systems. Das Hauptargument gegen den Einzelrichter ist hier noch nicht erwähnt worden. Wenn die Anwälte überhaupt nicht plädieren, ist es ja gleichgültig, ob der Einzelrichter oder das Gericht da ist. Im nationalsozialistischen Staat ist doch besonderer Wert darauf gelegt worden, dass die Mündlichkeit keine Farce ist. (*Vorsitzender:* Man denkt es sich so, dass der Einzelrichter die Verhandlung führt und auf Lücken usw. hinweist!) – Dann verstößt man erst recht gegen den Grundsatz der Mündlichkeit; denn der Einzelrichter kennt überhaupt nur die Prozessakten. Es ist doch bisher immer gesagt worden: Ich bitte das Plädoyer auf diesen einen Punkt zu beschränken. Das geht nicht an! Es ist gesagt worden, der Einzelrichter sei schon deshalb notwendig, damit jemand da sei, der den Streitstoff in die richtige Bahn lenken könne. Statt dass schriftlich um Äußerung ersucht wird, soll das den Anwälten in Zukunft gesagt werden. Wenn der Einzelrichter nichts weiter zu tun hätte, würde ich dagegen nicht viel einwenden. Ich möchte aber einmal die Frage anschneiden, ob nicht der Richter, wenn das Güteverfahren misslungen ist, sagen könnte, dass die Anwälte sich noch über diesen und jenen Punkt zu äußern hätten. Allerdings gebe ich zu, dass dann nicht in dem Gütetermin verhandelt und entschieden werden würde, sondern es würde noch ein neuer Termin notwendig sein. Wenn ich versuche, mich in die Lage eines Anwalts zu versetzen, der die Klageschrift bzw. die Klagebeantwortungsschrift eingereicht hat, im Termin vor dem Einzelrichter erscheinen muss und aufgrund der Ausstellungen des Einzelrichters noch einen Schriftsatz auszuarbeiten hat und nun nach drei Wochen wieder zum Gütetermin kommen muss, dann kann ich mir nicht vorstellen, dass er über den Gütetermin sehr erfreut sein wird.

Vorsitzender: Wenn man den Einzelrichter abschafft, muss man einen Ersatz schaffen. Bleibt man dagegen beim bisherigen Einzelrichter, dann wäre dieser der geeignete Mann, einen Gütetermin zu versuchen.

Pagenstecher: Wenn der Einzelrichter abgeschafft werden würde, würde ich prima facie dafür sein, dass der Gütetermin stattfindet. Man würde aber vorher wohl an die Anwälte herantreten, damit sie in dieser oder jener Beziehung ihre Ausführungen in den Schriftsätzen ergänzen.

Vorsitzender: Diese Zerreißung, dass man zuerst den Sachverhalt klärt und dann den Gütetermin durchführt, will kein Mensch. (*Fischer:* Trotzdem kann erst nach einer weiteren Aufklärung der Zeitpunkt für einen Güteversuch gekommen sein!)

Pagenstecher: Ich habe gegen den Einzelrichter noch das Bedenken, dass durch dieses Institut der dritte Beisitzer ausgeschaltet werden würde. Wenn der heutige Einzelrichter in einem Punkt nicht weiß, welcher Rechtsauffassung der Vorsitzende sein wird, wird er sich natürlich mit dem Vorsitzenden besprechen. Nun sind der Vorsitzende und der Einzelrichter vollständig einig, und beide haben sich, nachdem der Vorsitzende zwar die Akten gelesen, aber nicht die Anwälte gehört hat, eine feste Auffassung gebildet. Wenn dann Verhandlung anberaumt wird, hat der dritte Mann doch wirklich nicht mehr viel zu sagen. Er weiß ja auch, dass die beiden anderen sich einig sind. Ganz anders ist es, wenn gleich im ersten Termin die Anwälte plädieren. Die Bedeutung des dritten Mannes, die an und für sich nicht sehr groß ist, wird auf diese Weise jedenfalls noch weiter verringert. So sollte das Verfahren nicht gestaltet werden.

Vorsitzender: Es ist doch so gedacht, dass beim Einzelrichter eine ganz zwanglose Besprechung stattfindet, in der die noch vorhandenen Lücken aufgezeigt werden und gewissermaßen nur das Schlachtfeld abgesteckt wird, auf dem nachher vor der ganzen Kammer die Schlacht stattfinden soll.

Pagenstecher: Ich bin doch nicht so überzeugt, dass das Führerprinzip da angebracht ist. Wenn der Beweisbeschluss so bleiben soll, wie er heute ist, liegt in ihm schon mehr eine Entscheidung.

Vorsitzender: Ich will mich mit den Führerprinzip jetzt nicht festlegen, sondern sage nur, dass man sich den Fragenkomplex nach allen Richtungen hin überlegen muss. (*Pagenstecher:* Wenn es gelingt, das Bedenken hinsichtlich des dritten Mannes auszuschalten, möchte ich mich Herrn Staud vollkommen anschließen.)

Staud: Wir dachten uns den Normalverlauf so, dass die Vorbereitung durch die mündliche Besprechung erfolgt und dann in der mündlichen Verhandlung mit dem Ergebnis verhandelt wird, dass man entweder schon zum Urteil oder aber zum Beweisbeschluss kommt. Das ist im Normalfall des Prozesses für die Tätigkeit dieses chargierten Richters überhaupt kein Betätigungsfeld. (*Altstötter:* Wie mobilisiert man die Aufmerksamkeit des dritten Mannes?)

Vorsitzender: Je vollständiger die Verhandlung vor der Kammer ist, desto größer ist die Aufmerksamkeit des dritten Mannes!

Altstötter: Bei dem Prinzip, das uns vorschwebt, wissen die Parteien nicht, welcher Auffassung das Gericht sein wird. Während sie sich beim System des heutigen Einzelrichters sehr wohl denken können, in welcher Richtung die Entscheidung ergehen wird.

Pagenstecher: Ich bin dafür, hier Anwaltszwang vorzuschreiben. Ich habe nie begreifen können, aus welchem Grunde beim beauftragten Richter Anwaltszwang nicht vorgeschrieben ist.

Vorsitzender: Wir kommen immer wieder darauf zurück, dass der Vorsitzende möglichst der Klage ansehen muss, ob es sich um eine komplizierte Sache handelt. Heute wird ausdrücklich gesagt, dass im Güteantrag zu begründen ist, aus welchen Gründen der Gegner den Kläger nicht befriedigt. Ich möchte hier an die Praktiker die Frage richten, ob man nicht auch für die Klage vorschreiben könnte, dass der Kläger tunlichst kurz anzugeben hätte, was ihm über die Gründe, aus denen der Beklagte nicht leistet, bekannt ist. Es dürfte nicht wieder vorkommen, dass in einem komplizierten Fall der Beklagte bestreiten kann, dass er die Waren bestellt hat. Auf eine Klage, dass der Beklagte die in der nachstehenden Rechnung bezeichneten Waren bestellte und empfing und dass, da keine Zahlung erfolgt ist, Verurteilung zur Zahlung beantragt wird, kann das Gericht nichts veranlassen. Wenn aber gesagt wird, dass der Beklagte behauptet, es wäre an seine Frau geliefert worden, dann erkennt der Richter, ob die Sache kompliziert ist. Früher war die Anwaltskunst ja eine ganz andere. Mir sagte der Anwalt, bei dem ich ausgebildet wurde, es wäre nicht meine Aufgabe, einen Fall auf Ansprüche aus Vertrag, aus ungerechtfertigter Bereicherung und aus unerlaubter Handlung zu untersuchen, sondern ich hätte als Anwalt nur dem Richter ein paar Tatsachen anzugeben, deren rechtliche Natur mich nichts angehe; wenn der Richter eine Aufklärung haben wolle, werde er es schon sagen. Da die heutige Anwaltschaft nicht mehr auf diesem Standpunkt steht, würde der Gedanke, den ich hier angeregt habe, nicht ganz abwegig sein.

Was die Vergleichspresse betrifft, so stimme ich Herrn Pagenstecher zu, dass es nicht der Sinn der Rechtsprechung ist, auf alle Fälle möglichst viel Vergleiche zustande zu bringen. Ich habe ähnliche Erfahrungen gemacht wie Herr Pagenstecher, als ich junger Richter in Schöneberg war. Ein älterer Kollege, der besonders viel Vergleiche abschloss, vertagte schwierige Sachen solange, bis die Parteien die Geduld verloren und um jeden Preis einen Vergleich schlossen.

Das persönliche Erscheinen wollen wir keineswegs in jedem Fall erzwingen. Die Möglichkeit des Gerichts, das Erscheinen zu erzwingen, muss aber beibehalten werden. Ich sehe jedoch den Hauptantrieb zum persönlichen Erscheinen nicht in irgendwelchen Zwangsmitteln, sondern in der Gestalt des Verfahrens. Das Nichterscheinen einer Partei müsste mit einem gewissen Risiko verbunden werden. Je mehr das Verfahren konzentriert wird, je größer die Neigung des Gerichts ist, etwas, was im Termin nicht erklärt werden kann, später nicht mehr zu berücksichtigen, umso größer wird die Neigung der Parteien sein, persönlich zu erscheinen. Im österreichischen Prozess ist es praktisch eigentlich unmöglich, dass eine Partei nicht erscheint; kein Anwalt riskiert es, nicht in Begleitung seiner Partei zu kommen. Das persönliche Erscheinen wird auch keine Belastung bedeuten, wenn wir zu einer solchen Konzentrierung kommen werden, dass nicht ein Dutzend von Terminen erforderlich ist, sondern die Partei nur einmal zu erscheinen braucht. Das kann man auch einem viel beschäftigten Arzt zumuten. Wenn er einen Prozess über 20.000 RM führt, muss er genauso persönlich erscheinen können, wie wenn er sich einen Zahn plombieren lassen muss.

Singer: Ich würde das Wort Güteverfahren ebenso wie die Bezeichnung Gütesache nicht, wie Herr Staud, mit dem ich im Übrigen einverstanden bin, vorschlägt, streichen, da sich diese Ausdrücke eingebürgert haben. Man soll es hier bei dem belassen, was sich bewährt hat.

Es ist richtig, dass ursprünglich gegen das Güteverfahren erhebliche Widerstände bestanden haben. Das ist zum Teil auf die früheren Verhältnisse zurückzuführen. Ein Grund dafür, dass sich das Güteverfahren in München zunächst nicht so eingebürgert hat, war, dass bei dem Übertritt in das Streitverfahren die halbe Gebühr bezahlt werden musste. Die Leute mussten sich in der Gerichtsschreiberei die Gebührenmarken besorgen und von neuem anstehen, was bei dem großen Andrang sehr unangenehm war. Ich habe da sofort abgeholfen, indem ich dafür sorgte, dass der Protokollführer Gebührenmarken hatte und die Parteien sie sofort bei ihm bekamen. Ein weiterer Grund war die Vergleichsgebühr der Rechtsanwälte, die nicht zugebilligt wurde, wenn im Güteverfahren ein Vergleich geschlossen wurde. Dem wurde in einer Novelle abgeholfen. Nachdem auch der letzte Stein des Anstoßes beseitigt war, haben wir in München sehr gute Erfolge mit dem Güteverfahren gehabt; es hat sich vollständig eingebürgert. Allerdings ist die Zäsur bei Übertritt in das Streitverfahren äußerlich nicht hervorgetreten. Im Protokoll wurde er natürlich stets vermerkt.

Zu berücksichtigen ist ferner, dass sich der Gütegedanke nicht nur in der ordentlichen Rechtspflege, sondern auch sonst durchgesetzt hat. Wiederholt ist jetzt in Schiedsgerichtsordnungen ausdrücklich vorgesehen, dass der Obmann zu Beginn der Sitzung einen Versuch zur gütlichen Einigung zu machen hat. Gesetzlich ist der Gütegedanke verankert bei der Einrichtung der Einigungsämter bei den Industrie- und Handelskammern. Ich selbst bin Vorsitzender des Einigungsamtes in München und ich habe 98% Vergleiche, die in der Regel eine Konventionalstrafe für den Fall der Zuwiderhandlung und die Unterwerfung unter die sofortige Zwangsvollstreckung vorsehen.

In der Frage des Einzelrichters beim Landgericht bin ich vollkommen der Auffassung von Herrn Staud und Herrn Altstötter. Der Einzelrichter in der jetzigen Form ist nicht besonders beliebt. Wenn er als Gehilfe des Vorsitzenden erscheint, wie Herr Staud es vorgeschlagen hat, dann wird auch dem Führergedanken Rechnung getragen, und ich glaube, dass, wenn ein tüchtiger Direktor an der Spitze der Kammer steht, ein gutes Ergebnis sichergestellt ist. Ich glaube auch, dass die Bedenken ausgeräumt werden, wenn man die Regelung einführt, die wir in München für das Landgericht gewählt haben. Sind Schriftsätze vorhanden, dann gibt der Vorsitzende ein kurzes Resümee, worum es sich handelt, damit auch der dritte Mann folgen kann. Beim Schiedsgericht weiß auch der zweite Mann nichts, und ich gebe aus diesem Grunde auch stets zunächst ein kurzes Resümee. Wenn der Vorsitzende der Kammer so vorgeht, sehe ich keine Bedenken gegen den Vorschlag von Herrn Staud.

Was die Vergleiche betrifft, so kann man in einer Dienstvorschrift das Nötige dazu sagen, obwohl ich auch das nicht für notwendig halte. Gewiss, manche Vergleiche müssen mit einem gewissen Druck abgeschlossen werden. Es kommt ja auch darauf an, um was für eine Bevölkerung es sich handelt. Wenn ich in Nordschwaben erklärte, dass die Sache sich nicht zur Entscheidung eigne, sondern durch einen Vergleich entschieden werden müsse, bekam ich in der Regel die Antwort, dass man es so machen wolle, wie der Herr Amtsrichter es wolle.

Das persönliche Erscheinen der Parteien wird beim Landgericht die Ausnahme sein. Es besteht ja durchaus die Möglichkeit, dann, wenn es besonders unerwünscht ist, mit entsprechender Begründung einen Entschuldigungsantrag einzureichen, dem der Richter, wenn es angezeigt ist, auch stattgeben wird. Ich habe als Vorsitzender eines Schiedsgerichts während des Termins sogar einmal einen Beklagten telefonisch herbeigerufen, nachdem dieser im vorhergehenden Termin ausgeblieben war. Ich würde es schließlich durchaus für richtig halten, wenn man in einer Sollvorschrift bestimmen würde, dass bekannte oder zu erwartende Einwände tunlichst in der Klageschrift anzugeben sind.

Fischer: Es scheint mir dringend wünschenswert zu sein, dass wir dies nicht als formelle Vorschrift bringen, sondern den Leuten klar machen, worauf es ankommt. Auch eine Klage, bei der der Kläger lediglich ausführt, dass der Beklagte die Waren kaufte und empfing, und es diesem überlässt, die von ihm für haltlos gehaltenen Einwände dem Gericht zu unterbreiten, kann durchaus richtig und angebracht sein.

Ferner möchte ich dringend bitten, eine Vorschrift in das Gesetz aufzunehmen, dass die Klage selbst im bestrittenen Sachverhalt in allen ihren Punkten dem Gericht deutlich erkennbar unter Beifügung der erforderlichen schriftlichen Unterlagen vorzutragen ist. Wir machen es so; sehr häufig geschieht es aber heute noch nicht. Ich bin durch den Verlauf der Diskussion insofern sehr beglückt, als ich sehe, dass wir in Hamburg das, was Sie alle erstreben, seit Jahrzehnten haben.

Vorsitzender: Bei meinem Besuch in Hamburg habe ich etwa 24 Durchrufstermine besucht, und immer habe ich das typische Bild gesehen, dass rechts und links vom Vorsitzenden ein stummer Beisitzer saß und zwei Anwälte die Erklärung des Vorsitzenden, dass in diesen und jenen Punkten noch Ergänzungen nötig seien, Wort für Wort nachschrieben, ohne irgendetwas zu sagen. Bei einem solchen Verfahren würde es vollkommen genügen, wenn das Gericht sich der Postkarte bedient.

Fischer: Wenn keiner etwas sagt, dann liegt das daran, dass in der Mehrzahl der Fälle die Sachen ausreichend vorbereitet sind. Ich möchte folgenden praktischen Fall anführen. In einem Prozess eines Ingenieurs gegen ein Bauunternehmen wurde eingewandt, dass es sich um eine Diensterfindung handele. Im ersten Termin forderte der Vorsitzende auf, dass wir uns ganz kurz dazu äußern, ob es sich um eine Diensterfindung handelt. Nachdem wir wenige Minuten über diese Frage plädiert hatten, wandte der Beklagte ein, dass sie nicht entscheidend sei, weil später eine ausdrückliche Vereinbarung getroffen worden sei, dass die Rechte an der Erfindung auf das Unternehmen übergehen sollten und dass die Lizenz für die Zeit nach dieser Vereinbarung verlangt werde; auf den Charakter der Diensterfindung komme es also gar nicht an. Mit einem Einwand drang der Beklagte sofort durch, so dass der Prozessstoff in der ersten mündlichen Verhandlung erledigt werden konnte.

Im Allgemeinen ist die Verhandlung in einem Durchrufstermin keineswegs so einseitig, wie der Vorsitzende das geschildert hat. Wenn der Richter auf irgendwelche Bedenken hinweist, fragt der Anwalt häufig nach dem Grund, und dann erklärt der anwesende Beisitzer vielleicht, dass dieser oder jener Paragraph übersehen worden ist. Dagegen verweist der Anwalt nun vielleicht auf eine neue Reichsgerichtsentscheidung. Was ich will, ist, dass wir die Möglichkeit haben, im

Termin so zu verfahren, wie es bisher in Hamburg geschehen ist, wo wir ja kein Zwischenurteil haben. (*Vorsitzender:* Sie wollen also nicht eine Vorschrift der Prozessordnung, dass der erste Termin als Durchrufstermin bestimmt werden kann?) – Das will ich keineswegs! Ich will möglichst wenig, damit wir einen umso größeren Spielraum haben. – In meinem Beispiel wurde nun mit einer Schadensersatzforderung aufgerechnet, die aus der Dienstzeit des Ingenieurs stammte und mit einer fehlerhaften Berechnung begründet wurde. Das Ergebnis ist gewesen, dass Widerklage beim Arbeitsgericht erhoben und der Hauptprozess bis zur Erledigung der Sache vor dem Arbeitsgericht ausgesetzt wurde. (*Vorsitzender:* Unter diesen Umständen hätte der Prozess doch sofort an das Arbeitsgericht gebracht werden müssen!) – Zunächst wurde ja wegen der Lizenz geklagt, und das war eine rein patentrechtliche Streitigkeit. Die Sache wurde erst in dem Durchruftermin klargestellt.

Was den Einzelrichter betrifft, so bin ich mit Herrn Staud durchaus einer Auffassung. Wir kennen die Arbeitsmethode, die Herr Staud sich vorstellt, bereits. Die Hamburger Statistik ist ja schlecht in Bezug auf die Zahl der Termine und gut in Bezug auf die Dauer der Prozesse; sie entspricht dem Reichsdurchschnitt. (*Staud:* Das will nicht viel heißen; denn durch die süddeutschen Verhältnisse wird die Statistik wesentlich verschlechtert!) – In Berlin ist es ja so, dass der Referent und der Vorsitzende kaum vorbereitet sind und die Sache in einer überstürzten Verhandlung an einem Tage erledigt wird, an dem 17 Sachen anstehen. (*Vorsitzender:* Wir hatten bei der Besichtigung des Berliner Landgerichts Mühe, überhaupt etwas zu sehen zu bekommen!) Jedenfalls ist die Statistik nur ein Hilfsmittel für die Beurteilung der Dinge, und im Übrigen sehe ich nicht ein, dass ein Prozess besser geführt ist, wenn er einen Monat länger dauert.

Den Gütegedanken richtig zu handhaben, ist eine Kunst der Richter und der Anwälte. Wir gehen ja manchmal an einen Prozess nicht mit dem Gedanken heran, ihn zu gewinnen oder zu verlieren, sondern zu einem vernünftigen Ausgleich mit dem Gegner zu kommen. Wir warten also während des ganzen Prozesses auf den psychologisch geeigneten Moment zum Vergleich. Der Gedanke ist brauchbar; ich möchte nur keine Zwangsvorschrift haben, damit nicht durch allzu frühe Vergleichsversuche das Zustandekommen eines Vergleichs beeinträchtigt oder verhindert wird.

Die Möglichkeit, das Erscheinen der Parteien anzuordnen, muss bestehen; ob man es anordnet, ist eine zweite Frage. In einzelnen Fällen kann es gerade zweckmäßig sein, die Mandanten nicht zum Termin mitzubringen.

Vorsitzender: Die psychologische Wirkung der Tätigkeit des Einzelrichters ist manchmal wirklich nicht abzusehen. Mir hat ein Beklagter, von dem ich das nach seinem bisherigen Verhalten nie erwartet hätte, auf meinen Vergleichsvorschlag einmal geantwortet, dass er sich nur mir zuliebe vergleiche.

Fischer: Die Angst vor dem Zwangsvergleich darf man nicht bestimmend sein lassen; sonst muss man auf den Gedanken des Zwangsvergleichs überhaupt verzichten. Andererseits geht es natürlich nicht an, dass, wie es vorgekommen ist, der Amtsrichter erklärt: Wollen Sie sich vergleichen oder nicht? Wenn Sie sich nicht vergleichen, sind Sie schon verurteilt!

Was den dritten Mann betrifft, so kennt er bei uns die Akten; diese laufen bei allen dreien um. Auch das Vorsitzendenreferat ist nicht immer die glücklichste Lösung. Bei uns plädiert man anhand des Sachverhalts, und das ist das Beste; sonst müsste man sich auf den dritten Mann konzentrieren, während es gerade auf die beiden anderen ankommt. Natürlich kommt es auch vor, dass der Vorsitzende sagt, wie er die Dinge sieht, und dann ist die Aussprache darüber am fruchtbarsten. (*Vorsitzender:* Es darf auch nicht so kommen, dass die Partei, die im Zuhörerraum sitzt, gar nicht merkt, wann über ihre eigene Sache verhandelt wird!) Beim Landgericht konzentriert sich die mündliche Verhandlung auf das, was an der Sache wichtig ist. Da kann man voraussetzen, dass die Akten bekannt sind und der Referent und der Vorsitzende sich eine Meinung gebildet haben. (*Altstötter:* Sie wollen auch nicht der Geheimnistuerei das Wort reden?) – Nein, im Gegenteil! Wenn das Gericht sagt, wie es über den Fall denkt, dann ist uns das am liebsten; denn dann können wir uns mit dem Gericht darüber auseinandersetzen, und das dient in Bezug auf den Sachverhalt und die Rechtsfragen wirklich der Klärung der Angelegenheit. Mitunter sagt man uns auch ganz offen, dass man im Gericht verschiedener Meinung ist. Dann kann es auf den dritten Mann sehr ankommen, und dann plädieren wir über die beiden Meinungen. Es gibt ja auch Kammern, bei denen wir nur für den dritten Mann plädieren, weil er der Kopf der Kammer ist.

Furler: Es hat mich interessiert, dass sich der Gütegedanke nach der Statistik sehr stark durchgesetzt hat. Das ist aber kein Anlass, nun nicht ausdrücklich in das Gesetz zu schreiben, dass eine Güteverhandlung stattfinden soll. Ich möchte nur, dass sie nicht an besondere Termine und große Formalitäten geknüpft wird; es wird genügen, wenn es heißt, dass im ersten Termin der Richter einen Güteversuch unternehmen soll. Dabei lasse ich mich von psychologischen Erwägungen leiten. Ich habe die Erfahrung gemacht, dass die psychologische Wirkung eines Eingreifens des Gerichts in dieser Beziehung im Allgemeinen gut ist. Allerdings müsste man dafür sorgen, dass der Richter einen sachlich begründeten und durchdachten Vorschlag macht.

Vorsitzender: Das steht bereits in den Vorschriften über das Güteverfahren! Der Richter muss vor allen Dingen auch sehen, was wirtschaftlich und persönlich hinter dem Prozess steht; denn oft ist der Prozess gar nicht aus sich selbst heraus zu vergleichen, sondern nur indem man die Momente beseitigt, die die Parteien überhaupt entzweit haben.

Furler: Nun zum Einzelrichter! Wir sind in Baden sehr verrufen, weil tatsächlich sehr viele Beweisaufnahmen vor dem Einzelrichter durchgeführt werden und dort auch Vertagungen stattfinden. Ich habe mich bis jetzt innerlich eigentlich noch nicht damit abfinden können, dass der Einzelrichter in der Form, wie er noch im Entwurf von 1931 vorgesehen ist, also in der heute geltenden Form verschwinden soll. Ich bin wie Herr Fischer der Meinung, dass man in den meisten Prozessen vor dem ersten wirklichen Hauptverhandlungstermin, in dem Zeugen, Sachverständige usw. erscheinen, einen Spielraum haben müsste. Die Idee, die in Hamburg mit dem Durchrufstermin verwirklicht ist, sollte man jedenfalls nicht so unbedingt ablehnen. Im Strafverfahren ist es ja ganz anders als im Zivilprozess. Da findet eine Hauptverhandlung erst statt, nachdem eine monatelange Untersuchung durch die Staatsanwaltschaft geschwebt hat, und dann kann man natürlich im ersten Termin zum Ziele kommen. Mein Gedanke ist – und dafür hatte ich den Einzelrichter immer für geeignet gehalten –, dass man zunächst einen Termin hat, in dem die unstreitigen Sachen erledigt werden, in dem auch der Güteversuch erfolgt und in dem man den Streitstand ordnet. Man bespricht mit dem Richter, was wesentlich ist und was nicht, und man weist darauf hin, dass z.B. von fünf geladenen Zeugen einer genügt. Ich erlebe es immer wieder, dass die Kammer für Handelssachen Einzelrichtertermin vor dem Vorsitzenden bestimmt. Ich halte es auch dann, wenn z.B. in einem technischen Prozess zehn Zeugen in Berlin zu hören sind, für besser, einen Einzelrichter aus Karlsruhe nach Berlin zu schicken, als die Zeugen durch einen ersuchten Richter vernehmen zu lassen, weil auf diese Weise die Unmittelbarkeit besser gewahrt ist. Für mich hat der Einzelrichter eigentlich die Bedeutung, die in Hamburg der Durchrufstermin hat: er soll das Material sichten und die mündliche Verhandlung vorbereiten; denn im ersten Termin ist es oft unmöglich, alle Zeugen und Sachverständigen zu vernehmen. Wenn der Einzelrichter alle Zeugen verhört, den Prozess sachlich erledigt, zum Schluss Termin vor der Kammer bestimmt und dort dann keine oder nur eine formale Beweisaufnahme durchgeführt wird, dann ist das natürlich ein Missbrauch.

Der Einzelrichter soll in den normalen, wenn auch komplizierten Fällen, nicht, wie es geschieht, die Beweisaufnahme durchführen; er soll aber diesen ersten oder auch zweiten Termin durchführen, der notwendig ist, um die Sache für die Kammer verhandlungsreif zu machen. (*Altstötter:* Meinen Sie den Vorsitzenden als Einzelrichter oder den heutigen Einzelrichter?) – Ich meine jetzt den heutigen Einzelrichter. Bei der Kammer macht es der Vorsitzende; sonst macht es immer der Berichterstatter. Wenn es der Vorsitzende macht, ist es am besten. (*Vorsitzender:* Soll in der Verhandlung vor der Kammer einfach auf die Verhandlung vor dem Einzelrichter Bezug genommen werden?) Man kann es nicht allgemein sagen. Die Wirkung der Unmittelbarkeit hat aber hier zu einer Verbesserung geführt. Ich habe das Unterstellen der mündlichen Verhandlung nie gern gehabt. Es wird mehr verhandelt. Allerdings ist auch das von Fall zu Fall verschieden. Ich halte es für die idealste Art der Verhandlung, dass nicht der ganze Tatbestand und die Beweisaufnahme von Grund aus vorgetragen wird, sondern dass es ein Plädieren mit Leuten ist, die wissen, worum es geht; denn dabei kann man die schwierigen und komplizierten Punkte und diejenigen Punkte, bei denen das Gericht möglicherweise anderer Meinung ist, besonders herausstellen. Es soll ja nicht deshalb verhandelt werden, damit sich Unbeteiligte ein genaues Bild machen können, sondern der Prozessstoff soll noch einmal lebendig werden, und schwierige Punkte sollen besonders hervorgehoben werden, damit sie klarer werden. Ich halte es für zwecklos, zu bestimmen, dass nun jeder Fall durchverhandelt werden soll, auch wenn er vollständig klar ist. Es wird stärker verhandelt, es könnte noch mehr verhandelt werden – aber immer modifiziert durch das, was praktisch wirklich notwendig ist. Auch der dritte Mann wird sich in den meisten Fällen informiert haben. Wenn also eine Möglichkeit geschaffen wird, ohne Einzelrichter das zu erreichen, was ich haben möchte, nämlich jene Art von vorbereitenden Verhandlungen, die weder einen Zeitverlust darstellen, noch irgendwie den Prozess verschlechtern, sondern ihn nur verbessern, dann könnte man von dem Gedanken abkommen, es so zu lassen, wie es jetzt ist. Wenn jemand allein arbeiten soll, dann soll man ihm auch die Verantwortung überlassen; dann soll man ihm also wirklich die Stellung eines Richters geben und nicht nur die eines Gehilfen. Dann also sollte man es so lassen, wie es im Entwurf steht. (*Vorsitzender:* Wie viele Termine stehen bei Ihnen durchschnittlich in einer Landgerichtssitzung an?) – Das schwankt; aber ich glaube nicht, dass es jemals 110 waren. Es gibt natürlich auch Fälle, in denen mehr Termine anstanden. Die einzelne Kammer hat in der Woche höchstens eine Sitzung. (*Vorsitzender:* Dann braucht man sich nicht zu wundern, dass Sie nicht fertig werden!) – Man müsste natürlich die Sache auflockern. Der Einzelrichter soll nicht die Unmittelbarkeit vernichten. Das wäre ein Missbrauch. (*Altstötter:* Was haben Sie für Beisitzer?) – Früher waren es nie Assessoren; heute sind sie es meist.

Schlegel: Sie wissen, dass die frühere Organisation der Rechtspfleger die Forderung vertreten hat, dass das Güteverfahren den Rechtspflegern zu übertragen sei. Im Jahre 1924 [Emminger ZPO-Novelle, RGBl. I, 135], als dieses Verfahren eingeführt wurde, wurde mir der Vorsitz im Bunde deutscher Rechtspfleger übertragen. Sie werden verstehen, dass ich an der Art der Vertretung dieser Forderung in der Öffentlichkeit sehr beteiligt war.

Nun standen wir mit dieser Forderung durchaus nicht allein. Sie wissen, dass auch andere Stellen in der Öffentlichkeit diese Forderung stellten – teils mit unseren Gründen, teils mit ganz anderen Gründen. Es ist auch heute wieder zum Ausdruck gekommen, dass damals mindestens ein großer Teil der Richterschaft diese Einrichtung nicht ernst nahm – diese Einrichtung, die von der Regierung und auch vom Volke sehr hoch bewertet wurde. Schon aus diesen Gründen liegt es sehr nahe, dass sich die Rechtspfleger dieser Einrichtung gern angenommen hätten, umso mehr, als zahlreiche andere Stellen vorhanden waren, die das Güteverfahren in der Hand hatten – Stellen, mit denen die Rechtspfleger in Bezug auf Leistungsfähigkeit durchaus konkurrieren konnten.

Heute liegen die Verhältnisse nun ja anders, besonders dann, wenn die Regelung so getroffen wird, wie es nach dem Ergebnis unserer jetzigen Tagung wohl der Fall sein wird, wonach der Richter vom ersten Augenblick an jede einzelne Sache straff in die Hand nehmen und alles tun soll, den Rechtsstreit zu fördern. Nun liegt es natürlich nahe, dass er bei dieser intensiven Betätigung vom ersten Augenblick an von sich aus auf den Gedanken kommt, nun im Güteverfahren die Sache wenn irgend möglich zu Ende zu bringen. Im Übrigen wird wohl auch heute und in

Zukunft die Richterschaft so beeinflusst werden, dass es nicht mehr zutreffen wird, was früher vielleicht der Fall war: dass sie sich an dem Güteverfahren nicht interessiert zeigt. Und weil sich eben die Verhältnisse so grundlegend geändert haben, so muss nach meiner persönlichen Meinung doch unbedingt zugegeben werden, dass weder ein Anlass noch ein Grund oder auch nur eine Möglichkeit besteht, die Rechtspfleger am Güteverfahren zu beteiligen.

Das wollte ich nur im Hinblick auf die vergangene Entwicklung des Güteverfahrens und auf die Beteiligung der Organisation der Rechtspfleger in den Jahren seit 1924 bemerken.

Vorsitzender: Ich bin Herrn Schlegel für diese Äußerungen sehr dankbar, die beweisen, wie gut man mit den Rechtspflegern arbeiten kann, und dass sie auch da, wo sie einmal ihr ganzes Herz an eine Forderung gehängt haben, doch einsichtig genug sind, die Gründe zu begreifen, die der Erfüllung eines solchen Wunsches entgegenstehen.

Wir können das Ergebnis wohl dahin zusammenfassen: das Güteverfahren muss beibehalten werden, und zwar als obligatorisch. Es muss möglichst auf das landgerichtliche Verfahren ausgedehnt werden. Die Zäsur können wir wegfallen lassen; aber der Ausdruck „Güteverfahren" soll beibehalten werden. Auch im Arbeitsgerichtsgesetz werden wir ihn nicht entbehren können. Daran braucht man nichts grundsätzlich zu ändern – vorbehaltlich aller Maßnahmen, die man etwa treffen kann, damit ein Missbrauch des Güteverfahrens ausgeschlossen wird.

In der Frage des Einzelrichters stehe ich vor der erschütternden Tatsache, dass unter denjenigen, die dem alten Einzelrichter ein warmes Wort reden, nur Herr Rechtsanwalt Furler ist. Er ist aus Baden, wo vom Einzelrichter ein sehr eifriger Gebrauch gemacht wird. Das hätte mich in früheren Jahren sehr gefreut. Man muss aber hier erkennen, dass bei diesem reichlichen Gebrauch des Einzelrichters die Unmittelbarkeit verschwunden ist. So wird man wohl den Gedanken, den Einzelrichter so, wie er heute ist, aufrecht zu erhalten, preisgeben und einen Ersatz für die Tätigkeit, die er ausübte, finden müssen. Da scheinen mir die Vorschläge des Herrn Staud immerhin einen brauchbaren Ausweg zu bilden. Es kommt nur darauf an, wie man seine Vorschläge im Einzelnen ausgestaltet. Da entstehen ja allerhand schwierige Fragen, die noch im Einzelnen gelöst werden müssen.

Damit können wir unsere heutige Tagung schließen. Die Frage der Präklusionen wird uns noch in anderem Zusammenhange beschäftigen müssen.

Nun müssen wir aber auch noch einen Blick in die Zukunft tun und uns fragen, was wir in einer späteren Sitzung behandeln wollen. Da scheint mir die Frage der Parteien vordringlich zu sein, also insbesondere die Fragen: Partei kraft Amtes, Mehrheit der Parteien, Streitgenossenschaft, notwendige Streitgenossenschaft, Nebenintervention, Hauptintervention, und alles, was damit zusammenhängt. In einem gewissen Zusammenhang damit wäre auch die Frage der Klage überhaupt zu behandeln. Daran knüpfen sich noch einige wissenschaftliche Fragen. Zunächst wird es sich darum handeln, wie am besten praktisch der Inhalt der Klage gestaltet wird. Dann müssen auch die Vorschriften in sich richtig logisch sein. Hier werden meinem Entwurf [ZPO-Entwurf von 1931], der sich redlich bemüht, manches an dem bisherigen zu ändern, aus Kreisen der Wissenschaft Vorwürfe gemacht. Es ist natürlich nicht möglich, ein Gesetz herauszubringen, das berechtigten wissenschaftlichen Angriffen ausgesetzt ist. Hier hoffen wir gerade auf die Mitwirkung der Herren Professoren, um etwas praktisch und theoretisch Brauchbares zustande zu bringen.

Daran würden sich dann die komplizierten Fragen der Rechtsgestaltungsklage, der Klagenhäufung, der Eventualklage, der bedingten Klage usw. anschließen.

Dann noch etwas überwiegend Praktisches, was wir vielleicht sogar vorwegnehmen müssen, da es die Herren Rechtspfleger lebhaft interessiert: die Gestaltung des Mahnverfahrens.

All diese Dinge werden in Unterausschusssitzungen vorbereitet werden, um im Hauptausschuss fruchtbar behandelt werden zu können. Ich glaube, wir müssen uns bemühen, nachdem wir nunmehr das schwierigste Gebiet, die Zwangsvollstreckung, zu einem gewissen Abschluss gebracht haben, nunmehr mit dem Erkenntnisverfahren rüstig vorwärts zu kommen. Denn es muss auch die Frage erörtert werden, wann das österreichische Recht dem deutschen angeglichen werden wird. Es dürfte unmöglich sein, von den Österreichern zu verlangen, dass sie unseren durch zahlreiche Novellen buntscheckig und unübersichtlich gewordenen Prozess ohne weiteres übernehmen. Deshalb wird es nützlich sein, wenn wir so bald als möglich eine abschließende Neuregelung schaffen, an deren Behandlung wir dann sicherlich auch Österreicher beteiligen müssen. Wir können also hoffen, dass auf unserer nächsten Tagung unser Kreis vergrößert ist.

Für die nächste Tagung wird der *23., 24. und 25. Mai* in Aussicht genommen.

(Schluss der Sitzung 12.45 Uhr)

III. Sitzungen vom 23.-25.7.1938 (Salzburg)

1. Protokoll vom 23.5.1938 (Urkunden- und Wechselzahlungsbefehl. Grundzüge des österreichischen Zivilprozessrechts)

(Beginn der Sitzung 10 Uhr)

Vorsitzender: Wenn wir für unsere heutige Tagung diese herrliche Stadt gewählt haben, so liegt das nicht nur daran, dass wir alle gar solange die Möglichkeit, Salzburg zu besuchen, entbehrt haben und nun die erste beste Gelegenheit benutzen wollen, einmal wieder hier zu sein, sondern das hat auch eine tiefere Bedeutung: Wir wollten jetzt, wo die Reform des Zivilprozesses in das entscheidende Stadium tritt, dem jetzt glücklich mit uns vereinten Österreich so nahe wie möglich sein; wir wollten die nun bei uns eingetretenen österreichischen Ausschussmitglieder nicht zu uns bitten, sondern uns selbst zu ihnen begeben, um dadurch zum Ausdruck zu bringen, dass die Reform des Zivilprozesses nicht beendet und durchgeführt werden soll, ohne dass auch gerade auf diesem Gebiet eine weitgehende deutsch-österreichische Vereinigung stattfindet.

Nun darf man sich das nicht etwa vorstellen, als ob wir bisher bei unserer ganzen Zivilprozessreform Österreich ignoriert und diese Reform lediglich nach deutschen Bedürfnissen zugeschnitten hätten. Freilich konnten wir damals noch nicht wissen, dass die Wiedervereinigung gelingen würde und wir die österreichischen Verhältnisse berücksichtigen müssten. Umso mehr haben wir den österreichischen Zivilprozess berücksichtigt, die Zivilprozessreform fängt ja nicht erst jetzt an, sondern läuft seit dem Jahre 1924 in verschiedenen Etappen, die schon ganz erhebliche Änderungen unseres alten Rechts geschaffen haben. Diese Änderungen sind so erheblich, dass kürzlich der Präsident des italienischen Obersten Gerichtshofs, der bei einem Besuch in Berlin sich das Verfahren vor den Gerichten eingehend angesehen hat, sagte: „Wenn man den deutschen Prozess von früher kennt und jetzt in die Gerichte kommt, dann hat man den Eindruck, dass es ein völlig neuer Prozess geworden ist." Trotzdem ist die Reform noch nicht abgeschlossen. Die endgültige Vollendung des Stückwerks, das bisher nur geleistet werden konnte, zu einem einheitlichen abgeschlossenen Werk steht uns noch bevor.

Wenn man nun unsere bisherige Prozessreform betrachtet, so werden auch die österreichischen Herren zugeben müssen, dass sie in einer ganz auffallenden Weise von österreichischen Prozessgedanken befruchtet ist. Ich bin immer ein glühender Verehrer der österreichischen Prozessgrundsätze gewesen und habe bereits in meiner ersten Schrift über Prozessreform [vgl. *W.*

Schubert, Zivilprozessreform in der Weimarer Zeit, 2005, XXI ff.], die vor 27 Jahren erschienen ist, der österreichischen Prozessordnung ein Loblied gesungen. Als ich dann im Jahre 1919 im Reichsjustizministerium den ehrenvollen Auftrag bekam, die deutsche Prozessreform in die Wege zu leiten, und befragt wurde, in welcher Richtung ich mir das dachte, habe ich betont, dass uns die Abkehr von den Grundsätzen der Zivilprozessordnung von 1879 und möglichste Annäherung an die Grundsätze der österreichischen Prozessordnung Not täte, so dass der damalige Staatssekretär gelegentlich einmal scherzend äußerte, dass ich nun hingehen und die österreichische Zivilprozessordnung abschreiben würde. Dass ich das nicht getan habe, ist mir, wie ich oft in Wien hören musste, in Österreich vielfach zum Vorwurf gemacht worden. Aber ich konnte das aus folgender Erwägung nicht tun. Einem Reiche, das Jahrzehnte lang unter einer ganz anderen Prozessordnung gelebt hat, die eine ganz andere Entwicklung genommen hat wie Österreich auf diesem Gebiet, wo infolgedessen Gewohnheiten und Grundsätze ganz anderer Art eingewurzelt sind, kann man unmöglich damit das Heil bringen, dass man eine andere Prozessordnung, mag sie noch so gut sein, einfach wörtlich abschreibt, sondern da muss man sich fragen: Wie muss der alte heimische Prozess gestaltet werden, wenn man von den tragenden Grundsätzen des fremden Rechts lernt?

Dazu kam noch ein Zweites. Es ist eine alte Erfahrung, der ich in Wien auch einmal in den 20er Jahren Ausdruck gegeben habe, als ich dort Gelegenheit hatte, bei der Wiener Gesellschaft über Prozessreform und deutsch-österreichische Rechtsannäherung zu sprechen: Den Inhalt eines Prozessrechts kann man niemals aus dem Wortlaut der Prozessordnung entnehmen; manches macht sich auf dem Papier ganz anders, als es in der Praxis aussieht; das Entscheidende bei jedem Prozessverfahren ist letzten Endes die praktische Handhabung. Ich habe mich immer redlich bemüht, mir durch Besprechungen mit österreichischen Praktikern und durch Besuche bei österreichischen Gerichten ein Bild davon zu machen, wie der österreichische Prozess verläuft. Dabei habe ich gesehen, dass der Kern, das Salz des ganzen österreichischen Prozessverfahrens viel weniger in der Formulierung des Gesetzes als viel mehr in der Art liegt, wie die Handhabung in der Praxis unter der starken Leitung des Justizministeriums gestaltet wurde.

So haben wir denn für unsere eigene Prozessreform von den Österreichern nicht nur das gelernt, worin wir eigentlich ganz dem österreichischen Beispiel gefolgt sind: Beseitigung des dominium litis zugunsten der rechtspolitischen Auffassung von der Volksgemeinschaft bei den Aufgaben des Prozessverfahrens, – Beseitigung der zur Schlamperei verführenden, im alten Zivilprozessrecht Deutschlands übertriebenen Gestaltung des freien Rechtsstoffs, – starke richterliche Initiative, – Beseitigung des Vertagungsrechts der Parteien, starke Mitwirkung des Richters bei der Prozesshandhabung, Beseitigung des Vertagungsunwesens, – möglichste Steigerung der Unmittelbarkeit und des mündlichen Austrags, in der Erkenntnis, dass beides erreicht werden kann, wenn der Prozessstoff soweit wie möglich konzentriert wird. Alle diese Bewegungsimpulse haben wir aus dem österreichischen Prozess übernommen, und wir werden nun noch darüber beraten müssen, wie wir zu einer einheitlichen Anschauung in den mancherlei Umständen kommen können, in denen scheinbar noch mehr große Divergenzen bestehen.

Wir haben aber auch das Zweite gelernt, wie wichtig es ist, dass die Justizverwaltung auf die Handhabung des Prozessverfahrens bei den Gerichten drückt, dass man einen Unterschied zwischen den Dingen machen muss, wo man wirklich von richterlicher Unabhängigkeit sprechen kann: Das ist nicht nur die materielle Entscheidung, sondern das ist auch die Frage, ob der Richter etwas als einen wichtigen Vertagungsgrund ansieht. Aber wo es sich um Schlamperei, um Gleichgültigkeit, um offensichtliche Verstöße gegen die neuen Prozessgrundsätze handelt, kann sich kein Richter hinter der richterlichen Unabhängigkeit verschanzen, sondern ebenso, wie man gegen ihn einschreiten kann, wenn er die Parteien mit dem Beginn der angesetzten Sitzung warten lässt, so kann man gegen ihn auch einschreiten, wenn er das Prozessverfahren verloddern lässt. Solange wir in Deutschland noch keine einheitliche Justizverwaltung hatten, war das freilich nicht so gut möglich wie in Österreich. Aber wir haben das von 1933 und namentlich von 1934 an nachgeholt, wo wir die einheitliche Reichsjustizverwaltung bekamen. Wenn auch bei uns über manche statistische Nachweisungen, die uns gegeben werden müssen, und über allerhand Maßnahmen der Dienstaufsicht gemurrt wird, so werden wir uns doch durchzusetzen wissen.

Das ist die Situation, vor der wir stehen. Es handelt sich hier also nicht etwa darum, dass die Herren aus Österreich hier dafür kämpfen müssen, dass die Bedeutung ihrer Zivilprozessordnung anerkannt wird, und dass wir nicht ganz eigene Wege gehen, sondern es wird sich im Wesentlichen darum handeln, dass die Herren uns helfen mögen, zu einer für uns mit unserer prozessualen Vergangenheit tragbaren Lösung in den Punkten zu gelangen, wo noch starke Divergenzen zwischen österreichischem und deutschem Recht bestehen, ohne dass die Österreicher mit ihrem vollkommeneren Prozess irgendwelche Einbuße erleiden.

Ich begrüße in unserer Mitte die österreichischen Herren, die die Freundlichkeit haben, uns helfen zu wollen:

Herrn Ministerialrat *Stagel,* Herrn Hofrat *Schrutka* und Herrn Rechtsanwalt *Dr. Bauer,* und darf die Hoffnung aussprechen, dass diese starken Kräfte, die nunmehr zu uns stoßen, unser gemeinsames Werk ganz besonders fördern werden.

Damit können wir nun zum Sachlichen übergehen.

Ich hatte mir gedacht, dass wir bei dieser ersten gemeinsamen Tagung schon auf einige Rechtsfragen eingehen, in denen wir mit Österreich noch am meisten auseinander sind, und die gleichzeitig die wichtigsten für die Prozessgestaltung sind. Um das auszuwerten, was unser Unterausschuss in wohlbewährter Arbeit in der Zwischenzeit auf dem Gebiete des *Mahnverfahrens* geleistet hat, würde ich es für zweckmäßig halten, dass wir das zunächst erledigen und uns bemühen, hier im Hauptausschuss die Arbeit des Unterausschusses zum Abschluss zu bringen. Sie haben alle die kurze Aufstellung des Herrn Ministerialrats Staud über das Mahnverfahren [nicht auffindbar] in Händen, die die Überschrift trägt: „Dritte Fassung unter Berücksichtigung der Ergebnisse des Unterausschusses (28. bis 30.4.1938)“ Ich bitte Herrn Prof. Lent, mit einigen Worten dieses kurze Gerippe etwas mit Fleisch aufzufüllen.

Lent: Die grundlegende Frage, die wir uns im Unterausschuss vorgelegt haben, war die, ob wir bei der Gestaltung des Mahnverfahrens das Hauptgewicht darauf legen sollten, ein möglichst einfaches und möglichst formloses Verfahren herauszubilden, diesem Verfahren aber eine gerichtliche Tragweite zu geben, nämlich nur einen Vollstreckungstitel zu schaffen, nur die reine Zahlung zu erreichen, – oder ob wir eine gewisse Formstrenge, eine gewisse Ausgestaltung formeller Art des Verfahrens in Kauf nehmen könnten, dafür aber die Bedeutung und Tragweite des Mahnverfahrens größer gestalten sollten, nämlich außer der Vollstreckungsfunktion nun auch der Endentscheidung des Mahnverfahrens die sachliche Rechtskraft zu verleihen. Der Entwurf von 1931 hat es sich als einen Teil und eine Art des Vollstreckungsverfahrens gedacht und daher von der Rechtskraft Abstand genommen. Wir sind bei unseren Beratungen doch wieder zu der Überzeugung gelangt, dass man die Rechtskraft in das Mahnverfahren einbauen kann, ohne dass dadurch eine allzu große Belastung mit Formen und Umständlichkeiten entsteht, weil die vollständige Formlosigkeit und völlige Vereinfachung des Verfahrens selbst dann nicht tragbar erscheint, wenn wir von der Rechtskraft Abstand nehmen und es lediglich auf eine Zahlungserwirkung abstellen.

Der erste Punkt betrifft dann die *Zuständigkeit.* Der Entwurf von 1931 hat das Vollstreckungsgericht für zuständig erklärt, während nach der Zivilprozessordnung das Amtsgericht zuständig war. In der Gerichtsart besteht zwischen Amtsgericht und Vollstreckungsgericht kein Unterschied, da das Vollstreckungsgericht ebenfalls das Amtsgericht ist. Aber die Wirkung der Zuständigkeit ist eine verschiedene. Die Zuständigkeit des Amtsgerichts wird sich nach den allgemeinen Vorschriften, also meist nach dem Wohnsitz des Begeklagten richten. Das Vollstreckungsgericht leitet seine Zuständigkeit daher ab, dass die Vollstreckung im Bezirk selbst stattfinden soll. Der Unterausschuss hat sich aus praktischen Gründen für die Zuständigkeit *des Amtsgerichts,* nicht des Vollstreckungsgerichts entschieden, weil es für die Einleitung des Verfahrens einfacher erschien, nach dem Wohnsitz des Beklagten als nach der allgemeinen zivilprozessualen Regelung zu entscheiden, also nicht nach vollstreckungstechnischen Grundsätzen das Vollstreckungsgericht einzuschalten.

Was zweitens die *Zulässigkeit* anlangt, so ging das deutsche Recht in erster Linie davon aus, dass es sich hier in der Hauptsache um Geldansprüche handelt, und es war nur die Frage, ob daneben noch der Zahlungsbefehl auf Leistung vertretbarer Sachen beibehalten werden sollte. Nach den Äußerungen, die uns aus der Praxis vorlagen, spielt dieser Zahlungsbefehl auf Leistung vertretbarer Sachen so gut wie gar keine Rolle und erscheint daher entbehrlich. Wir schlagen daher vor, dass man das Mahnverfahren auf Geldansprüche beschränkt, andererseits aber keine Beschränkung einführt, was die Höhe des Geldanspruches anlangt, da eine Geldhöhe für das Mahnverfahren keinen inneren Grund abgibt, um das Verfahren auf gewisse geringwertige Gegenstände zu beschränken.

Was dann die Frage der *Auslandszustellung* betrifft, so erschien es uns auch hier richtig, das bisherige Recht beizubehalten, d.h. von dem Mahnverfahren dann Abstand zu nehmen, wenn die Zustellung des Zahlungsbefehls im Ausland erfolgen müsste. Es passt in das einfache Verfahren kaum hinein, wenn die Komplikation der Auslandszustellung hineinkommt, und außerdem wird die Zahl der Sachen, die im Ausland zuzustellen sind und dort glatt liegen, kaum mehr beträchtlich sein.

Was dann die *Abhängigkeit von einer Gegenleistung* anlangt, so hat das bisherige Recht das Mahnverfahren für die Fälle ausgeschlossen, wo die Geltendmachung des Anspruchs von einer noch nicht erfolgten Gegenleistung abhängig ist. Das ist schon aus der praktischen Erwägung geschehen, dass ein glatter Fortgang des Verfahrens nicht zu erwarten ist, wenn der Schuldner noch die Einrede der nicht erfolgten Gegenleistung hat, so dass kaum anzunehmen ist, dass das Verfahren ohne Widerspruch glatt durchzuführen ist, wenn die Gegenleistung noch aussteht. Wir haben uns daher entschlossen, die Bestimmung beizubehalten, dass das Mahnverfahren dann nicht Platz greifen soll, wenn eine Gegenleistung noch aussteht, daher eine Vertagungsmöglichkeit für den Schuldner besteht und zu erwarten ist, dass er von dieser Vertagungsmöglichkeit auch Gebrauch machen wird, womit das Mahnverfahren als solches scheitern müsste.

Fraglich war nur, ob etwa der Gläubiger, der den Zahlungsbefehl erwirken will, in seinem Antrag etwa ausdrücklich betonen müsste, dass eine Gegenleistung nicht mehr aussteht. Das schien uns etwas zu weitgehend, weil damit in den Antrag des Mahnverfahrens ein Inhalt hineingebracht würde, der bei der Klageerhebung im ordentlichen Verfahren nicht notwendig erscheint; denn wenn man Klage aus einem gegenseitigen Vertrag erhebt, dann braucht man sich über das Ausstehen oder das Nichtausstehen der Gegenleistung nicht auszusprechen und kann sogar ein Versäumnisurteil ohne Rücksicht auf das Ausstehen der Gegenleistung erreichen. In das Mahnverfahren die Bestimmung hineinzubringen, dass man ausdrücklich erwähnen müsste, dass die Gegenleistung fehlt, wäre zu weitgehend. Wir wollen daher das Mahnverfahren zulassen, auch wenn in dem Antrag über das Schicksal der Gegenleistung nichts erwähnt ist.

Damit bin ich schon auf die *Erfordernisse des Antrags* eingegangen. Hier erhebt sich die Frage, welche Anforderungen man an die Bezeichnung der geltend gemachten Forderung stellen soll. Im Sinne der Vereinfachung des ganzen Verfahrens erschiene es vielleicht wünschenswert, die Anforderungen möglichst gering zu gestalten und etwa einen Antrag zuzulassen, der lediglich sagt: Ich habe als Gläubiger gegen den Schuldner eine Forderung von 500 RM. Wenn man weiter nichts erreichen will, als eine Vollstreckungsmöglichkeit zu schaffen, könnte es so aussehen, als ob man sich mit dieser kümmerlichen Unbestimmtheit begnügen könnte, und als wenn mehr nur von dem Gesichtspunkt der Rechtskraft zu fordern sein würde. Es ist klar, dass man bei einem so unbestimmten Antrag und so unbestimmten Zahlungsbefehl eine Rechtskraft überhaupt nicht begründen kann, weil dann nicht feststände, um welchen Zahlungsanspruch es sich handeln würde. Wenn man also überhaupt der späteren Entscheidung Rechtskraft verleihen will, erscheint es von vornherein ausgeschlossen, einen so unbestimmten Antrag überhaupt zuzulassen und darauf überhaupt einen Zahlungsbefehl zu erlassen. Aber selbst unter dem Gesichtspunkt, dass man nur an die Erwirkung einer Zahlung denkt, scheint es nicht möglich zu sein, sich mit einem so unbestimmten Antrag und einer so mangelhaften Festlegung der Forderung zu begnügen; denn hinsichtlich der reinen Zahlung könnten sich später zwischen den Parteien erhebliche Differenzen ergeben, welche Forderung durch diese Zahlung von 500 RM beglichen sein soll.

Wir sind daher zu dem Ergebnis gekommen, dass sich auch beim Mahnverfahren ohne eine *Individualisierung der Forderung* nicht auskommen lässt, Individualisierung in dem modern ausgebildeten Sinne, dass die geltend gemachte Forderung so eindeutig bestimmt sein muss, dass sie von anderen unterschieden werden kann, dass also festzustellen ist, welches der Streitgegenstand ist, und um welche einzelne Forderung des Gläubigers gegen diesen Schuldner es sich handelt. Dagegen ist nicht eine Substantiierung im Sinne einer ausführlichen Darlegung des ganzen Tatbestandes erforderlich, sondern es genügt, dass soviel Tatsachen vorgebracht werden, dass erkennbar ist, um welche Forderung es sich handelt, um welchen Anspruch des Gläubigers es in diesem Mahnverfahren geht. Wir sehen also, dass durch die Rechtskraftverleihung die Anforderungen an den Antrag nicht komplizierter werden; denn ganz abgesehen von der Rechtskraft ist auch für die reine Zahlung eine Individualisierung der Forderung notwendig, um etwaigen späteren Differenzen vorzubeugen, auf welche Forderung eine Zahlung erfolgt ist.

Dann kam das Problem der *Schlüssigkeit* in Frage: Wie sollen im Mahnverfahren Anträge behandelt werden, aus deren Inhalt hervorgeht, dass ein solcher Anspruch seiner Art nach nicht bestehen kann? Das wird ja keine allzu große praktische Bedeutung haben, aber es könnten doch Zahlungsansprüche erhoben werden, die nach der eigenen kurzen Darstellung des Sachverhalts als nach der Rechtsordnung nicht durchsetzbar erkannt werden, etwa eine Spielschuld, eine Wettschuld usw. Man könnte sagen, dass eine Prüfung der Schlüssigkeit in diesem Stadium das ganze Verfahren erschwert, dass ja gegen die nicht schlüssigen Ansprüche wohl Widerspruch erhoben werden würde, und dass dann der geeignete Zeitpunkt gekommen sei, in die Prüfung der Schlüssigkeit einzutreten. Aber es war im Unterausschuss doch Stimmung dafür vorhanden, schon bei der ersten Prüfung des Antrags eine Prüfung der Schlüssigkeit des Antrags einzuschalten; denn in den Augen der Rechtsuchenden und der Bevölkerung wird das Gefühl nicht auszuschalten sein, dass das Gericht bei dem Erlass eines Zahlungsbefehls mit seiner Autorität hinter den geltend gemachten Anspruch tritt, zwar nicht in dem Sinne, dass der Anspruch bewiesen sei, aber doch in dem Sinne, dass er möglich sei, und dass die Rechtsordnung, wenn er sich tatsächlich als bestehend herausstellen sollte, hinter diesen Anspruch den Zwang setzen kann. Durch Erlass eines Zahlungsbefehls hinter eine Sache, die die Rechtsordnung nicht anerkennt, eine Gerichtshilfe zu setzen, erschien uns bedenklich. Das Gefühl spricht auch dagegen, dass etwa ein Richter einen Zahlungsbefehl wegen eines Anspruchs erlassen soll, von dem er gleich von Anfang an überzeugt ist, dass er nicht besteht, weil er seiner Art nach nicht bestehen kann. Das ist eine nicht tragbare Zumutung an den Richter. Deswegen wünschen wir, neben die Individualisierung der geltend gemachten Forderung auch die Voraussetzung aufzustellen, dass der Anspruch seiner Art nach möglich und in diesem Sinne schlüssig ist.

Was dann den Punkt 4, die *Behandlung unbegründeter Anträge* betrifft, so war die Frage, ob man hier ein einfaches Entweder-Oder schaffen soll: Erlass oder Zurückweisung des Zahlungsbefehls, oder ob man nach zwei Seiten ein elastisches Handeln ermöglichen soll, nach der Seite der Teilstattgebung oder der Teilzurückweisung oder in der zweiten Richtung, dass man, wenn ein

Punkt noch der Aufklärung bedarf, mit Zwischenverfügungen arbeiten und eine Aufklärung verlangen darf, ehe man zu einer endgültigen Entscheidung gelangt. Es erschien uns richtig, die Zwischenverfügung, die meist eine Rückfrage voraussetzen wird, nicht auszuschließen, sie aber dem Ermessen des Richters zu überlassen und in das Gesetz darüber nicht allzu viel hineinzuschreiben. Es wird rein auf das praktische Ermessen des Richters ankommen, ob und inwieweit er zu Rückfragen in Gestalt von Zwischenverfügungen greifen wird. Allerdings ist die Gefahr groß, dass man so allmählich in das ordentliche Verfahren hinüber gleitet und eine schnelle Erledigung der Sache nicht erfolgt, so dass, wenn nachher doch eine Zurückweisung erfolgen muss, nur kostbare Zeit verloren gegangen ist. Andererseits kann man sich Fälle denken, in denen ein Punkt, der Bedenken erregt, schnell aus dem Wege geräumt werden kann, so dass dadurch das Mahnverfahren möglich wird.

Was die Teilung anlangt, so sind wir der Ansicht, dass keine Bedenken dagegen bestehen, sie zuzulassen, also einem Antrag nur zu einem Teil stattzugeben und ihn zu einem Teil zurückzuweisen.

Wenn eine Zurückweisung erfolgt, so fragt sich, wie weit man dagegen Rechtsmittel geben soll. Da der Erlass des Zahlungsbefehls in die Zuständigkeit des Rechtspflegers gegeben werden soll und wird, erschien es uns richtig, hier als Rechtsmittel lediglich die Anrufung des Richters zu geben. Der Ausbau eines Beschwerdesystems hätte hier deswegen keinen Sinn, weil ja dem Gläubiger jederzeit das ordentliche Verfahren zur Verfügung steht und er mit der Klage rascher zum Ziele kommt, wenn er sich nicht auf einen langen Streit mit dem Richter einlässt, sondern dem ganzen Verfahren seinen Fortgang gibt.

Was den *Zahlungsbefehl* anlangt, so ist er im Wesentlichen eine Aufforderung, entweder den Gläubiger bei Vermeidung der Zwangsvollstreckung zu befriedigen oder Widerspruch zu erheben, wenn und soweit der Beklagte den Anspruch für unbegründet hält. Man sieht auch hier, dass eine Teilung möglich ist, insofern der Schuldner auch einen Teilwiderspruch erheben kann.

Es ist notwendig, den Zahlungsbefehl dem Schuldner von Amts wegen zuzustellen. Wir müssen auch hier statt des Parteibetriebs zur amtswegigen Zustellung übergehen. Dadurch entfällt die Notwendigkeit, den Gläubiger von der erfolgten Zustellung zu benachrichtigen, da nach dem für die Zukunft geplanten Aufbau ein Antrag des Gläubigers auf Vollstreckung wegfällt. Der Zahlungsbefehl wird nach einem bestimmten Ablauf für vollstreckbar erklärt, und dann erfährt der Gläubiger auch das Schicksal des Zahlungsbefehls.

Bei der Bedeutung des Aktes erschien es uns angemessen, *den Widerspruch* schriftlich erfolgen zu lassen.

Da kommt aber nun insofern eine Eigentümlichkeit, als wir zwei Arten von Widerspruch haben, die zwar im Endziel praktisch zum gleichen Ergebnis führen, aber verschiedene Fristen und verschiedene theoretische Bedeutung haben. Einmal soll nämlich der Widerspruch nach einer sehr kurz bemessenen Frist die Wirkung einer Vollstreckungshemmung haben. Wir haben uns da für den Normalfall eine Frist von drei Tagen gedacht, jedoch mit der Möglichkeit, wie bisher in Ausnahmefällen eine Frist bis zu einer Woche zu geben. Wenn der Widerspruch innerhalb dieser Frist eingelegt wird, soll er vollstreckungshemmend wirken; ein Vollstreckungstitel entsteht dann nicht. Ferner soll der Widerspruch auch nach Ablauf dieser kurz bemessenen Frist, auch noch nach erfolgter Vollstreckbarkeitserklärung, selbst noch nach erfolgter Vollstreckung möglich sein, und zwar innerhalb der reichlich bemessenen Frist von drei Monaten, beginnend mit der Zustellung der vollstreckbaren Ausfertigung des Zahlungsbefehls an den Schuldner. In diesem Fall hat aber der Widerspruch nicht die Wirkung einer Vollstreckungshemmung. Der Vollstreckungstitel entsteht nach Ablauf der ersten kurz bemessenen Frist, und später handelt es sich nicht mehr darum, durch den Widerspruch die Entstehung des Vollstreckungstitels zu verhindern, sondern darum, den Vollstreckungstitel als solchen anzugreifen. Im praktischen Ergebnis kommen beide

Fälle des Widerspruchs auf dasselbe hinaus: es erfolgt nämlich dann die Überleitung in das ordentliche Verfahren, sowohl wenn der Widerspruch vollstreckungshemmend ist, als wenn er später erfolgt und nicht ipso iure in die Vollstreckung eingreifen kann. Sollte die Vollstreckung schon erfolgt sein und es würde nun im ordentlichen Verfahren ein Urteil ergehen, das den Zahlungsbefehl aufhebt oder den Gläubiger mit der Klage abweist, so würde in diesem Fall wohl ein Schadensersatzanspruch des Schuldners gegen den Gläubiger wegen ungerechtfertigter Vollstreckung gegeben sein, unter ähnlichen Voraussetzungen wie in den §§ 717 oder 302 ZPO.

Fraglich war nur – und darüber wird heute wohl noch weiter zu verhandeln sein, – ob der Widerspruch begründet werden muss. Dass er begründet werden soll, darüber waren wir alle einig, da ja im Sinne einer geordneten Fortführung des Verfahrens eine Begründung des Widerspruchs notwendig erscheint. Aber es war nicht ganz unfraglich, welche Sanktionen man hinter das Fehlen einer Widerspruchsbegründung setzen soll.

Eine Zurücknahme des Widerspruchs soll mit der Wirkung zulässig sein, dass der Widerspruch dann als nicht erhoben gilt. Aber im Interesse des Gläubigers sollte eine Zurücknahme des Widerspruchs ohne dessen Einwilligung nur bis zur Terminsbestimmung zulässig sein. Wenn der Termin im ordentlichen Verfahren schon angesetzt ist, dann soll die Einwilligung des Gläubigers zur Zurücknahme des Widerspruchs notwendig sein, um zu verhindern, dass dem Gläubiger etwa im ordentlichen Verfahren überflüssige Kosten dadurch entstehen, dass der Schuldner den Widerspruch im letzten Augenblick zurücknimmt.

Es entsteht dann die Frage, was zu geschehen hat, wenn der Einspruch eingelegt ist, und zwar gleichviel, ob er vollstreckungshemmend ist oder später eingelegt wird. Dann ist *Termin* anzusetzen, und zwar der Regel nach vor dem Amtsgericht ohne Rücksicht auf den Wert des Streitgegenstandes, wenn eine der beiden Parteien den Antrag stellt. Dagegen wird der Termin beim Landgericht festgelegt und es erfolgt eine Verweisung an das Landgericht, wenn nach dem Werte des Streitgegenstandes die Zuständigkeit des Landgerichts besteht und außerdem der Gläubiger eine Verweisung und Ansetzung des Termins vor dem Landgericht beantragt. Der Schuldner ist also in diesem Stadium zunächst noch mit diesem Verweisungsantrag ausgeschlossen. Sollte der Gläubiger den Antrag nicht stellen und das ordentliche Verfahren vor dem Amtsgericht beginnen, so hat der Schuldner immer noch im ordentlichen Verfahren die Möglichkeit, einen Verweisungsantrag zu stellen. Aber zunächst soll die Sache beim Amtsgericht beginnen.

Unter Litera c) soll auch die Möglichkeit eröffnet werden, dass an ein anderes zuständiges Gericht, auch an die Arbeitsgerichte, verwiesen werden kann, unter der Voraussetzung, dass der Schuldner die Zuständigkeit des anderen Gerichts geltend macht und daraufhin der Gläubiger, der diesen Antrag als berechtigt anerkennt, die Verweisung an das andere Gericht beantragt.

Zur Erleichterung des Verfahrens sind die Anträge unter a), b) und c) auch im Voraus zulässig. Der Gläubiger insbesondere kann also für den Fall des Widerspruchs schon im Voraus Termin und eventuell auch Verweisung beantragen, damit diese Verfügung, die Überleitung in das ordentliche Verfahren, im Falle des Widerspruchs möglichst schnell erfolgen kann.

Dagegen ist umgekehrt eine Befristung dieser Anträge vorgesehen. Diese Antragstellung auf Terminanberaumung nach erfolgtem Widerspruch soll binnen drei Monaten befristet sein. Erfolgt binnen dreier Monate nach einem Widerspruch kein Antrag auf Terminfestsetzung oder Verweisung, dann soll der Zahlungsbefehl erlöschen. Der Gläubiger kann die Anträge auf Verweisung auch dann noch stellen, wenn auf Antrag des Schuldners, der das nach 7 a) beantragen kann, bereits Termin vor dem Amtsgericht bestimmt ist. Kommt es dann zu einer Terminbestimmung, dann gilt die Sache als rechtshemmend schon seit der Zustellung des Zahlungsbefehls, weil ja dann ein ordentliches Verfahren vorliegt, dessen Grundlage hier die Zustellung des Zahlungsbefehls ist, die hier die Zustellung einer Klageschrift ersetzen muss.

Nun kommen wir zu dem Fall, dass ein *Widerspruch nicht erhoben* wird. Jetzt haben wir es aber nur mit dem kurz befristeten Widerspruch zu tun, der nicht binnen drei Tagen erhoben wird. Nun entsteht die Neuerung, dass jetzt nicht ein besonderer Antrag des Gläubigers auf Erlass des Vollstreckungsbefehls notwendig ist, sondern dass der Gläubiger nun nach Ablauf dieser Frist ohne besonderen Antrag die *vollstreckbare Ausfertigung* des Zahlungsbefehls ausgehändigt bekommt. Damit ist ein Titel für die Zwangsvollstreckung entstanden. Für die Durchführung der Zwangsvollstreckung bedarf es jetzt aber noch eines besonderen Antrags des Gläubigers. Das haben wir mit Rücksicht auf die Fälle vorgesehen, in denen doch noch eine Zahlung des Schuldners an den Gläubiger erfolgt, damit nun nicht ohne weiteres aufgrund der vollstreckbaren Ausfertigung eine Vollstreckung durchgeführt wird, sondern der Gläubiger nun eben noch in Gestalt des besonderen Antrags tätig werden muss. Wenn er inzwischen Zahlung erhalten hat, kann er rechtmäßig diesen besonderen Antrag nicht mehr stellen. Der Antrag auf Durchführung der Zwangsvollstreckung setzt voraus, dass vorher oder mindestens gleichzeitig der Titel an den Schuldner zugestellt ist. Damit ist dann der Schuldner auf alle Fälle gewarnt.

Wir haben auch an die Fälle gedacht, in denen ein Zahlungsbefehl gleichsam in Reserve gehalten und nach einiger Zeit plötzlich zur Überraschung des Schuldners vollstreckt wird. Das wollen wir ausschließen, weil dem Schuldner keine Gefahr droht, solange ihm die vollstreckbare Ausfertigung des Zahlungsbefehls noch nicht zugestellt ist. Wenn dagegen der Gläubiger diesen Schritt tut und die vollstreckbare Ausfertigung an den Schuldner zustellt, dann muss sich der Schuldner darüber im Klaren sein, dass jetzt jederzeit auf Antrag des Gläubigers eine Vollstreckung erfolgen kann. Damit dem Schuldner auch hier wieder eine Frist gegeben wird, um aus dieser Gefahr herauszukommen, soll die Zustellung der vollstreckbaren Ausfertigung befristet sein. Erfolgt die Zustellung der vollstreckbaren Ausfertigung an den Schuldner nicht binnen drei Monaten, dann erlischt der Zahlungsbefehl. Dadurch wird der Gläubiger, der einen Zahlungsbefehl in Reserve halten will, gezwungen, die vollstreckbare Ausfertigung spätestens binnen drei Monaten zustellen zu lassen. Wenn er sie länger als drei Monate liegen lässt, kann er sie nicht mehr eines Tages hervorholen.

Der *spätere Widerspruch* führt zu demselben Verfahren, was die Überleitung ins ordentliche Verfahren betrifft. Es ist also für die Überleitung in das ordentliche Verfahren gleichgültig, ob der Widerspruch in der kurzen Frist oder später erfolgt, ob inzwischen die vollstreckbare Ausfertigung zugestellt ist, ob die Vollstreckung schon begonnen hat oder gar vollendet ist. Der Unterschied liegt darin, dass, wenn der Widerspruch nicht kurzfristig binnen drei Tagen erhoben wird, dann inzwischen die Möglichkeit der Vollstreckung besteht, und dass durch die spätere Einlegung des Widerspruchs keine automatisch eintretende Hemmung der Vollstreckung eintritt, sondern, wenn der Widerspruch später erhoben wird, geht die Vollstreckung an sich ruhig weiter. Der Gläubiger wird dadurch in keiner Weise gehindert. Aber der Schuldner hat die Möglichkeit, nun eine *einstweilige Einstellung* der Zwangsvollstreckung zu erreichen. Er muss sich aber selbstverständlich rühren. Er kann durch seinen späteren Widerspruch nicht einfach automatisch verhindern, dass ein Vollstreckungstitel entsteht – er ist ja schon da; – er muss sich hier rühren und muss aktiv tätig werden. Das kann er, indem er versucht, beim Prozessgericht die einstweilige Einstellung der Zwangsvollstreckung zu erreichen. Diese kann er aber nur erreichen, wenn er seine Einwendungen glaubhaft machen kann.

Hier sind noch einige Fragen offen geblieben: Ob diese einstweilige Einstellung der Zwangsvollstreckung durch eine Verfügung des Vorsitzenden in vereinfachter Form erfolgen kann, oder ob es notwendig erscheint, die einstweilige Einstellung von der Terminbestimmung und dem Antrag auf Terminbestimmung abhängig sein zu lassen oder damit in Verbindung zu setzen. Wenn nun später im ordentlichen Verfahren eine endgültige Entscheidung ergeht, so muss diese Entscheidung sich darüber aussprechen, ob der Zahlungsbefehl aufrecht erhalten oder aufgehoben wird. Bei Aufhebung des Zahlungsbefehls durch Entscheidung im ordentlichen Verfahren kommt nun wieder der Schadensersatzanspruch oder, genauer gesagt: ein *Rückgewährsanspruch*, was beigetrieben worden ist, in Frage. Dieser Anspruch soll von einem Verschulden des Gläubigers absehen und rein aufgrund des objektiven Tatbestandes gegeben sein. Fraglich erscheint, ob darüber hinaus echte Schadensersatzansprüche aus unerlaubter Handlung des Gläubigers noch zugelassen werden sollen. Diese würden nach den allgemeinen Grundsätzen des BGB das Verschulden des Gläubigers erfordern.

In Punkt 10 ist dann das Problem der *Rechtskraft* festgelegt. Die Neuerung besteht hier in der langen Frist; denn erst dann, wenn drei Monate seit Zustellung der vollstreckbaren Ausfertigung des Zahlungsbefehls an den Schuldner verstrichen sind und kein Widerspruch erhoben ist, soll die Entscheidung einem endgültigen rechtskräftigen Urteil gleichstehen, während der Zahlungsbefehl bisher dem Versäumnisurteil gleichgestellt war und daher eher eine Rechtskraft erwuchs als künftig.

In Punkt 11 ist das *Erlöschen des Zahlungsbefehls* nochmals zusammengestellt. Ein Zahlungsbefehl, der noch nicht für vollstreckbar erklärt ist, *und wo die vollstreckbare Ausfertigung nicht erteilt ist,* erlischt, wenn nicht drei Monate nach erfolgtem Widerspruch wenigstens der Terminsantrag gestellt wird. Aber auch der für vollstreckbar erklärte Zahlungsbefehl, wo die vollstreckbare Ausfertigung erteilt ist, soll noch einmal erlöschen, wenn die vollstreckbare Ausfertigung nicht binnen dreier Monate dem Schuldner zugestellt wird. Dadurch soll verhindert werden, dass ein Zahlungsbefehl auch in der Form der vollstreckbaren Ausfertigung unbeschränkte Zeit in Reserve gehalten werden kann. Daher auch hier die Bestimmung: Der Gläubiger, der die vollstreckbare Ausfertigung in der Hand hat, muss wenigstens den Schritt machen, sie dem Schuldner binnen drei Monaten als Warnungszeichen zuzustellen, dass er mit der Vollstreckung rechnen muss. Wenn er das nicht tut, sondern die Ausfertigung bei sich zurückbehält, dann ist binnen drei Monaten das Ende für die Wirkung des vollstreckbaren Zahlungsbefehls gekommen.

Schließlich geht aus Punkt 12 hervor, dass uns ein besonderer *Urkunden- und Wechselzahlungsbefehl* entbehrlich erscheint.

Staud: Zu diesen Ausführungen möchte ich deshalb eine Ergänzung geben, weil in der Aufzeichnung einige kleine von den Mitgliedern des Unterausschusses offenbar gebilligte Abweichungen von dem stehen, was wir in Hamburg miteinander festgestellt hatten. Im Übrigen sind wir in Hamburg auf eine die Wünsche einer wissenschaftlichen Ästhetik vielleicht nicht restlos befriedigende Regelung hinausgekommen, sondern auf ein möglichst einfaches Verfahren. Wir sind davon ausgegangen, dass es sich bei dem Mahnverfahren um den Massenartikel in unserer Gerichtspraxis handelt. In dem alten Reichsgebiet hatten wir 4,7 Millionen Mahnsachen. Dagegen verschwinden die Zivilprozesse mit 200.000 Landgerichtsprozessen und 1,8 Millionen Amtsgerichtsprozessen. Diese Zahlen haben sich in den Jahren 1937 und 1938 nicht wesentlich verschoben. In den letzten vier, fünf Jahren ist die Zahl der Mahnsachen ziemlich konstant geblieben. Dieser Massenbetrieb zwingt zu einem vielleicht nicht in allen Punkten besonders schönen, aber einfachen und praktikablen Verfahren. Daran ist auch das außen stehende und rechtsunkundige Publikum sehr stark beteiligt. Nicht nur der Gläubiger, sondern vor allen Dingen auch der Schuldner kann knifflige Unterscheidungen, die aus begrifflichen Gründen vielleicht wünschenswert wären, nicht gebrauchen.

In dem bisherigen Verfahren im Altreich sind die wesentlichsten Neuerungen und Verbesserungen die, dass erstens die Zäsur zwischen Zahlungsbefehl und Vollstreckungsbefehl mit dem dazwischen liegenden besonderen Antrag des Gläubigers auf Vollstreckungsbefehl wegfällt, und dass zweitens das Rechtsmittel gegen den Zahlungsbefehl der Widerspruch ist. Es wird nicht unterschieden zwischen Widerspruch gegen den Zahlungsbefehl und Einspruch gegen den Vollstreckungsbefehl, es wird aber das Zwischenstadium vermieden, dass Schriftstücke, die unter der

Bezeichnung Widerspruch eingehen, nachdem der Zahlungsbefehl hinausgegangen ist, von dem einen Praktiker als Einspruch bezeichnet wird, während andere Praktiker sagen, dass der Schuldner nicht daran denke, Einspruch einzulegen, sondern dass er nur den Vollstreckungsbefehl verhindern wollte. Diesen Unterschied möchten wir wegfallen lassen, und wir sagen uns, dass sich das auch begrifflich rechtfertigen lässt. Denn das Ziel dieses Rechtsmittels ist doch immer ein und dasselbe: Die Herbeiführung der richterlichen Entscheidung darüber, ob das, was im Zahlungsbefehl dem Schuldner aufgegeben wird, ihm zu Recht aufgegeben wird. Die Behandlung dieses Widerspruchs ist zwangsläufig eine verschiedene, je nachdem, in welchem Stadium der Widerspruch eingelegt wird.

Die dritte wesentliche Neuerung liegt darin, dass ein Mahnverfahren, welches nicht betrieben wird, erlischt, indem jeder Zahlungsbefehl, der nicht materiell und formell rechtskräftig wird, nach einer gewissen Frist als erledigt gilt, in drei Monaten, wenn Widerspruch erhoben wird, oder, wenn kein Widerspruch erhoben wird, falls nicht binnen drei Monaten die Zustellung des vollstreckbaren Titels erfolgt.

Herr Prof. Lent hat unter den Einzelheiten Fragen nicht hervorgehoben, die uns vielleicht in der Diskussion beschäftigen werden, und über die m.E. auch der Unterausschuss noch nicht zu klaren Vorstellungen gelangt ist.

Zunächst handelt es sich um die Frage der *Vollmacht.* Im Mahnverfahren ist die Frage von eminenter praktischer Bedeutung: Wann soll die Vollmacht verlangt werden? Wegen ungenügender oder fehlender Vollmachten sind Rückschriften in sehr großem Umfange nötig, was eine große Belastung des Geschäftsganges bedeutet. Wichtig sind da besonders die Fragen: 1. Soll für den Antrag die Vollmacht verlangt werden? 2. Soll bei Einlegung des Widerspruchs die Vollmacht verlangt werden? 3. Wie ist es mit der Vollmacht bei der Rücknahme des Widerspruchs?

Wichtig ist ferner die Frage der *Verjährungsunterbrechung,* wir sind im Unterausschuss davon ausgegangen, dass es hier so bleiben soll, wie es zur Zeit Reichsrecht ist, dass der Zeitpunkt der Verjährungsunterbrechung bei rechtzeitiger Einreichung des Antrages zurückwirkt. Ferner sind wir m.E. davon ausgegangen, dass die Verjährungsunterbrechung bestehen bleibt und nicht wieder wegfallen soll, wenn der Zahlungsbefehl erlischt. Wenn der Zahlungsbefehl erlischt und nicht rechtskräftig geworden ist, dann hat die Zustellung des Zahlungsbefehls die Verjährung unterbrochen, und diese Unterbrechung wollen wir durch das Erlöschen des Zahlungsbefehls nicht wieder hinterher annullieren. Dann ist die Verjährung durch den Zahlungsbefehl unterbrochen worden, und von diesem Unterbrechungszeitpunkt hat die Verjährungsfrist von neuem zu laufen.

Als einen besonders starken Widersinn unseres jetzigen Mahnverfahrens hat man allgemein den bisherigen Zustand aufgefasst, dass jemand auch dann, wenn er sich so verhält, wie es der Zahlungsbefehl von ihm verlangt, Widerspruch einlegen muss. Beim heutigen Mahnverfahren muss man einem Schuldner, der Zahlung leistet, sagen, dass er trotzdem gleichzeitig Widerspruch einlegen muss. Mit diesem Zustand räumt die Regelung, die wir in Hamburg skizziert haben, doch im Großen und Ganzen auf. Ein Schuldner, der zahlt, braucht künftig nicht mehr zu seiner Sicherheit Widerspruch einzulegen. Zwar erhält der Gläubiger die vollstreckbare Ausfertigung automatisch, auch wenn der Schuldner zahlt, aber dem Schuldner kann da nichts passieren. Der Gesetzgeber darf bei einer Regelung doch nicht davon ausgehen, dass ein Gläubiger, der sein Geld erhalten hat, trotzdem noch zum zweiten Mal vollstreckt, sondern der Gesetzgeber muss sich sagen, dass, wenn der Gläubiger das tut, in diesem Moment der Schuldner um Hilfe rufen wird. Dem Schuldner kann also nur dann etwas passieren, wenn der Gläubiger geradezu dolos vorgeht und dem Schuldner trotz seiner Zahlung den Zahlungsbefehl zustellt. Wenn der Gläubiger das tut, kann der Schuldner Widerspruch einlegen, und zwar nicht in der kurzen Frist von höchstens einer Woche, sondern in einer Frist von drei Monaten. Wenn die Vollstreckung trotz der Zahlung betrieben wird, kann der Schuldner den Postschein vorlegen und hat die Möglichkeit der Einstellung und die Möglichkeit der Vollstreckungsgegenklage. Wir gehen davon aus, dass im Falle der Vollstreckungsgegenklage hinsichtlich des maßgebenden Zeitpunktes nicht auf den Vollstreckungsbefehl abgestellt werden darf, sondern dass man auf den Tag der Erlassung des Zahlungsbefehls abstellen muss. Ich möchte sogar noch weiter gehen und sagen: auf den Tag der Beantragung des Zahlungsbefehls, damit auch noch die Einwände berücksichtigt werden können, die bis zur Beantragung des Zahlungsbefehls entstanden sind.

Vorsitzender: Für die Einzelerörterung werden wir wohl einige Abschnitte machen müssen.

Zunächst liegt ja dem Ganzen eine grundsätzliche Frage zugrunde. In dem Entwurf von 1931 ist bekanntlich ein anderer Weg begangen worden. Da hatte man sich auf den Standpunkt gestellt, dass das Mahnverfahren seinem Sinne nach nicht eigentlich ein Verfahren sei, das streitige Ansprüche feststellt, sondern ein Verfahren, das gegenüber einem säumigen Schuldner einen Anspruch, den er nicht bestreiten kann, möglichst schnell zur Erwirkung bringen soll. Dem dient das Mahnverfahren in der Tat; denn es lässt sich feststellen, dass sich der weitaus größte Teil der Sachen im Mahnverfahren erledigt ist und nur ein geringer Teil in das Streitverfahren hineingeht, und deshalb hat man sich gesagt, dass es auch rechtspolitisch richtiger wäre, das Mahnverfahren nicht mehr als ein prozesseinleitendes Verfahren zu regulieren, sondern nach dem Muster der Schweiz als ein Verfahren der Beitreibung ohne Titel, wo der Titel in dem Mahnverfahren dadurch geschaffen wird, dass der Schuldner gegen den Zahlungsbefehl keinen Widerspruch erhoben hat. Wenn man es als Beitreibungsverfahren ansieht, dann war die Folge, dass man es dem Vollstreckungsgericht übergeben musste, dass also der Antrag immer bei *dem* Gericht gestellt werden musste, bei dem die Vollstreckung betrieben werden sollte. Ergab sich nachher, wenn Widerspruch erhoben wurde, dass für den Prozess beim Vollstreckungsgericht keine Zuständigkeit besteht, dann musste die Verweisung an das nach allgemeinen Prozessgrundsätzen zuständige Gericht eintreten.

Dieser Vorschlag hat nun hinsichtlich seiner praktischen Durchführbarkeit eine große Zahl von Bedenken, die im Hauptausschuss schon einmal erörtert worden sind.

Als das weitaus wichtigste praktische Bedenken wurde hervorgehoben, dass die Bedeutung des Mahnverfahrens für viele Firmen, die mit kleinen, auf Abzahlung kaufenden Abnehmern zu rechnen haben, darin liegt, dass nach ihren Lieferungsbedingungen regelmäßig Erfüllungsort der Sitz der Firma ist, so dass sie dann bei dem Gericht, bei dem sie täglich verkehren, Zahlungsbefehle für alle ihre Schuldner einreichen können. Es gibt Firmen, die beinahe jeden Tag mit Dutzenden solcher Anträge an das Gericht gehen. Für diese Firmen würde es eine ungeheure Erschwerung bilden, wenn sie sich künftig je nach dem Wohnsitz der Schuldner an die verschiedensten Gerichte mit ihren Anträgen wenden müssten. Man befürchtet, dass das Mahnverfahren, das erfreulicherweise im Laufe einer mehrjährigen Entwicklung populär geworden ist und sehr zur Entlastung der Prozessgerichte beigetragen hat, wieder in Abnahme gerät und solche Firmen dann lieber ein Versäumnisurteil erwirken und den Klageweg beschreiten werden.

Dieser Grund ist, wie ich glaube, sagen zu können, auch für das Reichsjustizministerium entscheidend, davon abzusehen, den Weg des Entwurfs von 1931 nach dieser Richtung weiter zu verfolgen, zumal verschiedene Punkte, die in dem Entwurf von 1931 allgemein als entschiedener Fortschritt angesehen werden: der Wegfall der Zäsur zwischen Zahlungsbefehl und Vollstreckungsbefehl und die Gestaltung des Vollstreckungsbefehls nach dem Muster des Versäumnisurteils in dem neuen Entwurf, glücklich gestaltet sind. Ich glaube also, dass man die ganze Anlage des Entwurfs, wie er uns jetzt vorgelegt wird, wohl wird billigen können.

Für die *Zuständigkeit* ergibt sich als ganz selbstverständlich, dass sie sich nach allgemeinen prozessualen Grundsätzen bestimmt, dass der Zahlungsbefehl immer bei dem Gericht beantragt werden kann, bei dem auch die Klage erhoben werden könnte.

Was die *Zulässigkeit* betrifft, so ist der Zahlungsbefehl außer wegen eines Geldanspruchs heute noch wegen eines Anspruchs auf Leistung vertretbarer Sachen möglich. Solche Zahlungsbefehle sind aber meines Wissens nur in verschwindend geringem Umfange vorgekommen. Es ist also zu billigen, wenn man diesen Zopf abschneidet und den Zahlungsbefehl nur noch wegen Geldansprüchen zulässt.

Von den Fragen, die dann noch zu erörtern wären, ist die grundsätzlichste die, was der *Inhalt des Antrages* sein soll. Da bin ich mir noch nicht ganz im Klaren, wie das gedacht ist. Man will sich hier mit einer Individualisierung des Antrags begnügen, will aber andererseits doch eine Prüfung vornehmen, also Schlüssigkeit fordern. Da liegt es doch nahe, für den Zahlungsbefehlsantrag genau dasselbe wie für die Klage zu fordern. Wir sind uns doch alle darüber einig, dass Zahlungsbefehle nicht erlassen werden können, wenn, wie es immer noch sehr häufig vorkommt, in dem Antrag nur gesagt wird, dass der Beklagte nach ihm mitgeteilter Rechnung 500 RM schuldet. Schon um genau feststellen zu können, welcher Anspruch nachher rechtskräftig wird, muss man vom Schuldner verlangen, dass er die Rechnung überreicht. Daraus ergibt sich dann, dass der Gläubiger dem Schuldner die und die Waren zu der und der Zeit geliefert hat, und dann ist der Anspruch nicht nur individualisiert, sondern auch substantiiert. Wenn im Wege des Zahlungsbefehls ein Schadensersatzanspruch geltend gemacht wird, dann würden doch auch die Herren, die sich mit der Individualisierung begnügen wollten, nicht zulassen, dass der Gläubiger einfach sagt: Wegen Beschädigung einer Sache schuldet mir der Beklagte 50 RM. Er würde vielmehr sagen müssen, dass der Beklagte mit seinem Handwagen den und den Gegenstand aus Unvorsichtigkeit angefahren hat und deshalb die dadurch entstandenen Reparaturkosten in der und der Höhe schuldet. Ich glaube, man wird hier zugunsten des Zahlungsbefehls eine geringere Begründungspflicht wohl kaum durchführen können. Es wird auch nicht ausreichen, wenn der Kläger sagt, dass der Beklagte ihm aus einem Auftrag, den er ihm erteilt habe, 75 RM schulde, sondern er wird sagen müssen, dass ihm der und der Auftrag erteilt worden sei und dass er darum die und die Aufwendungen gemacht habe.

Nun zur Teilzurückweisung! Wenn Schadenersatzansprüche geltend gemacht werden und der Richter der Meinung ist, dass sie in Höhe von 30 RM begründet sind, in Höhe von 40 RM dagegen unbegründet sind, ergeht ein Zahlungsbefehl in Höhe von 30 RM. Erhebt nun der Schuldner Widerspruch, dann kommt es zum Prozess, und dann kann der Gläubiger seinen Antrag ohne weiteres erweitern. Erhebt der Schuldner keinen Widerspruch, dann wird in Höhe von 30 RM der Zahlungsbefehl rechtskräftig. In diesem Falle würde der Gläubiger die Möglichkeit haben, den Restanspruch von 40 RM im Klagewege geltend zu machen.

Hinsichtlich der Form des Zahlungsbefehls und der Widerspruchsfrist sind wohl keine Bedenken zu erheben. Der Widerspruch würde, auch wenn eine bestimmte Widerspruchsfrist besteht, doch berücksichtigt werden, wenn er eingeht, bevor der Vollstreckungsbefehl erteilt ist. Über die Einzelheiten müssen wir aber noch sprechen.

Dass der Schuldner seinen Widerspruch begründen muss, sollte wohl gefordert werden. Dabei darf man sich natürlich keinen allzu großen Illusionen hingeben. Es wird vollständig genügen, wenn der Schuldner sagt, dass er die geforderte Summe nicht schuldig sei. Die Frage ist nun, was der Schuldner macht, der ganz genau weiß, dass er den Betrag schuldet, ihn aber nicht bezahlen kann. Da können wir wohl annehmen, dass dem Schuldner bei der heutigen Ausgestaltung des Schuldnerschutzverfahrens in der Vollstreckung Hilfe genug werden kann. Er würde einfach den Widerspruch unterlassen, und wenn ihm die vollstreckbare Ausfertigung zugestellt wird, würde er wohl Schuldnerschutz geltend machen, – oder müsste er nach unseren Regelungen erst die Pfändung abwarten? Wenn der Schuldner einfach Widerspruch erheben würde, würde es zunächst zum Güteverfahren kommen, und dann würde es wohl dem Richter, wenn der Schuldner seine bedrängten Vermögensverhältnisse darlegt und erklärt, dass er die Schuld allmählich abzahlen würde, gelingen, einen Vergleich herbeizuführen. Diesen Punkt müssen wir auch noch erörtern. Wenn ich es ganz richtig in Erinnerung habe, sind die Vollstreckungsschutzvorschriften so gedacht, dass zunächst einmal gepfändet wird und dann erst der Schuldnerschutz eintritt. (*Jonas:* Einen allgemeinen Vollstreckungsschutz, dass nicht vollstreckt werden soll, haben wir ja nicht!) Mit dem Mahnverfahren würden wir diesem Schuldner die Chance nehmen, die er im Güteverfahren hat.

Bruhn: Ob die Regelung des Entwurfs, nach der der Vollstreckungsbefehl ohne Antrag erlassen werden kann und nur die Vollstreckung eines Antrages bedarf, wirklich eine Vereinfachung bedeutet, ist mir bei weiterem Überlegen sehr zweifelhaft geworden. Bei dem jetzigen Verfahren ist es ja so, dass der Antrag auf Erteilung des Vollstreckungsbefehls mit dem Antrag auf Vollstreckung verbunden werden kann. Praktisch haben wir bisher also nur einen Antrag nötig, und wenn dieser Antrag in Zukunft nur zu einem anderen Zeitpunkt gestellt werden muss, ist das nach meiner Auffassung keine Verbesserung. Es ist zwar richtig, dass zwischen dem Erlass des Zahlungsbefehls und dem Vorgehen des Gerichtsvollziehers oder des Vollstreckungsgerichts eine neue Stellungnahme des Gläubigers liegen muss, weil sehr viele Zahlungsbefehle sich ohne Vollstreckung erledigen; der Antrag muss nach meiner Ansicht aber vor der Erteilung der vollstreckbaren Ausfertigung gestellt werden. Man muss berücksichtigen, dass das Kontrollieren des Ablaufs der Widerspruchsfrist und das Herausgeben des Vollstreckungsbefehls eine ziemliche Geschäftsbelastung und Verantwortung für das Gericht bedeutet. Hunderte und Tausende von Sachen bearbeiten wir heute außerordentlich formlos, und es wäre bedauerlich, wenn in Zukunft immer Frist notiert und die sorgfältige Wiedervorlegung kontrolliert und die Herausgabe des Vollstreckungsbefehls an den Gläubiger veranlasst werden müsste.

Staud: Wir können eine Verfahrensverbesserung aber doch nicht deshalb ablehnen, weil die Beamten dadurch zu viel Arbeit bekommen würden! Die Fristkontrolle wird höchstens von den Anwaltsbüros und den kaufmännischen Büros auf das Gerichtsbüro übertragen. Mir haben alle Praktiker gesagt, dass es eine wesentliche Erleichterung wäre, wenn man wüsste, dass in allen Mahnsachen nach drei Tagen, wenn kein Widerspruch erhoben wird, eine vollstreckbare Ausfertigung erteilt wird, ohne dass ein Antrag zu stellen ist, der zunächst auch wieder durch die Registratur wandert. Ich sehe wirklich nicht ein, worin die Mehrbelastung für den Geschäftsgang bestehen soll. Die Widerspruchsnachricht fällt doch auch weg! Wenn Sie jetzt den Zahlungsbefehl zustellen, geben Sie erst Zustellungsnachricht, dann Widerspruchsnachricht, und dann warten Sie ab, dass der Antrag auf Erlass des Vollstreckungsbefehls eingeht, dann haben Sie mit den Eingängen zu tun, die in der Zwischenzeit kommen und überlegen sich, was Sie mit dem Widerspruch machen sollen, der eingeht, nachdem Sie den Vollstreckungsbefehl verfügt haben. Das jetzt vorgeschlagene Verfahren dagegen ist denkbar einfach: der Zahlungsbefehl wird erlassen, Wiedervorlage erfolgt nach drei Tagen, ohne dass die verfügt zu werden braucht; es kann in der Geschäftsanweisung vorgeschrieben werden, dass die Mahnsachen nach drei Tagen wieder vorzulegen sind.

Vorsitzender: Wir müssen noch die Frage klären, ob der Widerspruch auch dann berücksichtigt werden soll, wenn er einen Tag zu spät eingeht, der Zahlungsbefehl aber noch nicht für vollstreckbar erklärt worden ist. Hier können sich bei einem Großbetrieb komplizierte Verhältnisse ergeben. Wenn z.B. beim Amtsgericht Berlin-Mitte Widerspruch eingelegt wird, ohne dass das Aktenzeichen angegeben wird, dauert es vielleicht drei Tage, bis der Widerspruch an die richtige Stelle gelangt, und inzwischen hat der übereifrige Rechtspfleger schon die vollstreckbare Ausfertigung verfügt.

Staud: Das kommt sehr oft vor; denn wenn der Widerspruch im internen Gerichtsbetrieb nicht rechtzeitig zu den Akten kommt, hat der bearbeitende Beamte das Aktenstück ohne Widerspruch vor sich. Das Präsentatum erhält der Widerspruch ja schon dann, wenn er beim Gericht überhaupt eintrifft.

Jonas: Wenn wir eine Frist von drei Tagen vorsehen, muss für die Bearbeitung beim Großbetrieb eine Zwischenfrist angenommen werden. Bis der Einspruch an die zuständige Abteilung gelangt und zu den Akten gebracht wird, vergehen zwei Tage. Angenommen, die Frist endet am Sonnabend, dann darf der Vollstreckungsbefehl erst am Dienstag erlassen werden. Wenn wir diese Zwischenfrist normalerweise noch gewähren, fragt es sich, weshalb man es nicht mehr zulassen sollte, dass der Schuldner am Dienstag, nachdem er die Abteilung des Gerichts ermittelt hat, seinen Widerspruch dort abgeben darf.

Staud: Das einzige, wogegen der Schuldner geschützt werden muss, der innerhalb der drei Tage seinen Brief in den Gerichtsbriefkasten geworfen hat, ist, dass der Widerspruch infolge des schleppenden Geschäftsganges der Eingangsverteilungsstelle, der Registraturen usw. zu spät zu den Akten kommt. Verwaltungsmäßig kann ich natürlich vorschreiben, dass der Vollstreckungsbefehl erst nach Ablauf von fünf Tagen zu erlassen ist. Ich sehe aber nicht ein, inwiefern diese Überlegungen irgendwie dazu führen können, auch den Schuldner zu schützen, der nach Ablauf der drei Tage zum Gericht kommt. Es würde sich bestimmt nicht günstig auswirken, wenn erst bekannt werden würde, dass der Gerichtsbetrieb gar nicht so schnell arbeitet.

Jonas: Im geltenden Recht ist Grundsatz, dass Handlungen solange vorgenommen werden können, bis die präkludierende Gerichtshandlung erfolgt ist. Ich sehe die Dinge nur vom praktischen Gesichtspunkt aus. Der von Herrn Staud vertretene Standpunkt hätte zur Folge, dass der Vollstreckungsbefehl ergehen würde und darauf sofort ein neuer Antrag auf Einstellung der Vollstreckung nötig wäre. Ich glaube doch, dass da die andere Regelung einfacher ist.

Staud: Der Gläubiger muss sich darauf verlassen können, dass er nach Ablauf von drei plus zwei Tagen die vollstreckbare Ausfertigung bekommt. Es darf nicht dahin kommen, dass noch nach Fristablauf der Schuldner dem Gläubiger sagen kann: Die Frist ist herum und ich habe keinen Widerspruch eingelegt; ich werde aber trotzdem dafür sorgen, dass du keine vollstreckbare Ausfertigung bekommst!

Jonas: Wenn sich alles an einem Ort abspielt, liegen die Dinge ja einfach. Schwierigkeiten entstehen dagegen dann, wenn der Schuldner an einem Ort wohnt, der sehr schlechte postalische Verbindungen mit dem Gerichtsort hat, so dass der Widerspruch schon am Abend des ersten Tages zur Post gegeben werden müsste, damit er bei Fristablauf bestimmt im Gericht eintrifft. (*Staud:* Wenn der Widerspruch am Abend des dritten Tages zur Post gegeben wird, ist klar, dass er zu spät kommt!) Der einfache Mann aus dem Volke muss aber doch die Möglichkeit haben, einen anderen zu fragen, wie er sich verhalten soll.

Staud: Wenn Ihnen die Frist zu kurz ist, müssen wir sie eben verlängern, vielleicht auf fünf Tage. Ich stehe aber auf dem Standpunkt, dass drei Tage genügen müssen.

Schlegel: Wenn die Zustellungsurkunde an das Gericht zurückkommt und der Registrator sie dem Rechtspfleger vorlegt, ersieht dieser daraus, wann die Frist abläuft. Er kann also sagen, dass die Sache zwei Tage liegen bleiben soll, und kann dann, wenn die drei Tage abgelaufen sind, die vollstreckbare Ausfertigung erteilen.

Jonas: Der registrierende Beamte muss das Schriftstück, mit dem Widerspruch eingelegt wird, irgendwie büromäßig behandeln, – oder der Rechtspfleger ist sein eigener Registrator, und dass wollen wir ja nicht.

Staud: Ich halte es für überflüssig, dass dem Rechtspfleger die Zustellungsurkunde nur deshalb vorgelegt wird, damit er feststellen kann, wann die Frist abläuft. Man wird in Zukunft sagen können: „Mahnsachen werden nach fünf Tagen vorgelegt“. Wenn diese Frist zu kurz erscheint, kann man sagen, dass sie nach sechs Tagen vorgelegt werden. Dann kann ich mich in dem Gros der Fälle darauf verlassen, dass der Widerspruch inzwischen zu den Akten gelangt ist, wenn er nach drei Tagen bei Gericht eingereicht worden ist.

Vorsitzender: Wir brauchen uns um die Einzelheiten nicht zu kümmern. Für uns ist die Hauptsache das Prinzip, und da stehen die Erwägungen von Herrn Jonas und Herrn Staud gegeneinander.

Engelmann: Ich halte die Frist von drei Tagen für zu kurz. Praktisch ist es so, dass der einfache Arbeiter sich erst am zweiten Tage mit dem Zahlungsbefehl befasst und dass er dann am dritten Tage endlich einen Bekannten fragt, was er tun solle. Das Schreiben fällt den Arbeitern meist ja sehr schwer, und so würden die Vollstreckungsbefehle erlassen werden, ehe der einfache Mann überhaupt dazu gekommen ist, Widerspruch einzulegen.

Stagel: Im Namen der Österreicher darf ich ganz kurz für die Einladung zu den Ausschussberatungen danken und gleichzeitig unserer Herzensfreude Ausdruck geben, dass wir dank der großen Tat des Führers vom März dieses Jahres nun auch berufen sind, an der Schaffung des großdeutschen Rechts mitzuwirken. Ich darf auch sagen, dass wir die Ausführungen des Herrn Vorsitzenden zu Beginn der Sitzung, dass schon jetzt die Grundsätze des österreichischen Prozessrechts auch in Deutschland zu würdigen gewusst wurden und in der Novellengesetzgebung ihren Niederschlag gefunden haben mit großer Dankbarkeit zur Kenntnis genommen haben. Wir dürfen auch hoffen, dass wir Gelegenheit haben werden, einzelnen Punkten unseres Rechts, die wir für besser halten, zum Durchbruch zu verhelfen.

Auch wir müssen großen Wert darauf legen, das Mahnverfahren, das bei uns das Prozessverfahren zum großen Teil verdrängt hat, weiter auszugestalten. Wir begrüßen daher den Entwurf sehr, und ich glaube wohl im Namen der österreichischen Herren sprechen zu können, wenn ich sage, dass wir mit dem Entwurf grundsätzlich einverstanden sein können und dass es hauptsächlich Einzelheiten sind, in denen wir gegenteiliger Ansicht sind.

Die Zuständigkeit des Amtsgerichts erscheint auch uns als naturgegeben. Ich glaube auch, dass keine wesentlichen Bedenken dagegen sprechen, die Gerichtsstände in ihrer Allgemeinheit für das Mahnverfahren einzuführen, während wir bisher ja nur einen besonderen Gerichtsstand in unserem Mahnverfahren hatten. Die Beschränkung auf den Geldanspruch allein ist auch von uns nur als praktisch anzuerkennen. Auch bei uns bilden Zahlungsbefehle auf andere vertretbare Sachen die verschwindende Ausnahme. Ich würde es auch sehr begrüßen, wenn, wie vorgeschlagen ist, eine strenge Individualisierung des Antrags gefordert wird, und glaube auch, dass es sehr förderlich wäre, wenn alle Erfordernisse, die an eine Klage gestellt werden, auch für den Antrag auf Erlass des Zahlungsbefehls nötig wären. Die Vollmacht würde ich wohl auch gleich verlangen. Die Zurückweisung von Anträgen und insbesondere die Teilzurückweisung bedürfen, glaube ich, noch der Erörterung. Mir ist noch nicht ganz klar, was geschieht, wenn ein Antrag ganz oder teilweise zurückgewiesen wird. Wir haben in unserem Verfahren da die Möglichkeit, dass bei Einbringen einer sogenannten Mahnklage auch in diesem Fall ein Termin angeordnet wird und das Prozessverfahren sogleich in Gang gesetzt wird, und ich möchte zur Erwägung stellen, ob man eine derartige Regelung nicht auch hier treffen kann, damit der Gläubiger nicht gezwungen ist, nochmals seinen Anspruch geltend zu machen. Ein bloßer Antrag auf Erlass des Zahlungsbefehls kommt bei uns praktisch nicht vor, sondern es wird jeder Antrag in die Form einer sogenannten Mahnklage gekleidet, in der der Gläubiger beantragt, a) den Zahlungsbefehl zu erlassen und b) im Falle des Widerspruchs im Urteil nach seinem Klagebegehren zu erkennen. Jeder Antrag auf Erlass des Zahlungsbefehls hat bei uns deshalb die Form der Klage, enthält also deren sämtliche Bestandteile.

Fremd ist uns die Teilung des Widerspruchs in einen kurzfristigen und einen langfristigen. Diese Möglichkeit, den Zahlungsbefehl in ganz einfacher Weise lange Zeit nach Zustellung wieder außer Kraft zu setzen, scheint uns recht bedenklich zu sein. Wir haben eine längere Widerspruchsfrist, die 14 Tage beträgt; nach Ablauf dieser 14 Tage aber hat der Schuldner keine Möglichkeiten mehr, sondern damit wird der Zahlungsbefehl rechtskräftig. Ob 14 Tage notwendig sind, weiß ich nicht; eine kürzere Frist würde wohl auch genügen. Bei dieser Regelung fallen auch die ganzen Schwierigkeiten weg, die zum Schluss der Debatte betont wurden. Ist die Frist einmal abgelaufen, dann ist ein verspätet einlaufender Widerspruch nicht mehr zu berücksichtigen, weil der Zahlungsbefehl schon rechtskräftig geworden ist. Was die Begründung des Widerspruchs anlangt, so bin ich auch der Meinung, dass der Schuldner ihn begründen soll. Ob man es aber zur Pflicht machen kann, möchte ich bezweifeln, wenn man bedenkt, dass es vielfach rechtsunkundige und unvertretene Parteien sind, gegen die sich die Zahlungsbefehle richten. Was für Folgen sollte die Verletzung dieser Pflicht auch haben? Ich kann mir nicht denken, dass man einer rechtsunkundigen Partei gegenüber eine Sanktion eintreten lässt.

Vorsitzender: Die Sanktion könnte darin bestehen, dass der Widerspruch nicht beachtet wird. Ich kann mir nicht vorstellen, dass das einfache „Ich bin es nicht schuldig" zu schwer ist. Wenn auf den Widerspruch hin Termin anberaumt wird und der Schuldner einfach Versäumnisurteil ergehen lässt, weil er genau weiß, dass er den Betrag doch schuldet, und nachher Schuldnerschutzanträge stellt, wird man ihm sagen: Du hättest dich damals ruhig zu deiner Schuld bekennen sollen; nachdem du uns belogen hast, bekommst du jetzt keinen Schuldnerschutz!

Stagel: Ich glaube, unsere Bevölkerung ist noch nicht so weit, dass man ihr das zumuten könnte. Die Leute werden stets, wenn sie nicht zahlen können, Widerspruch erheben, auch wenn sie schuldig sind. Ich habe auch starke Bedenken, wenn ich höre, dass das Güteverfahren im Mahnverfahren wegfällt.

Schrutka: Die Leute erheben Widerspruch vielfach ganz ohne jede Begründung. Eine Begründung ist bei uns ja nicht vorgeschrieben. Meist heißt es: „Ich erhebe Widerspruch, indem dass ich nichts zahlen kann". Diese Begründung hat aber auch keinen Zweck. Das Güteverfahren haben wir ja nicht.

Vorsitzender: Auch in unserem Hause sind starke Stimmen gegen eine Begründung des Widerspruchs, und ich hatte selber angeführt, dass man dann einem Schuldner, der nicht zahlen kann, die Möglichkeit des Gütetermins abschneidet, obwohl man andererseits wieder sagen kann, dass das Mahnverfahren gerade dazu da ist, unstreitige Ansprüche schnell zu vollstrecken.

Herr Stagel hat nun anregt, die Möglichkeit zu schaffen, dass, wenn ein Antrag auf Erlass des Zahlungsbefehls zurückgewiesen wird, unter Umständen gleich Termin anberaumt werden kann. Man könnte diesem Gedanken in der Weise Rechnung tragen, dass man sagt: Hat der Gläubiger in seinem Antrag die Erklärung abgegeben, dass er für den Fall der Zurückweisung eine Terminanberaumung wünscht, und entspricht der Antrag den Erfordernissen einer Klage, dann ist der Termin anzuberaumen. Weiter würde man wohl kaum gehen können; denn wenn ich einen Antrag auf Erlass des Zahlungsbefehls mit der Begründung zurückweise, dass ein derartiger Anspruch nach dem eigenen Antrag des Klägers nicht existiert, werden sich fast alle Kläger sehr überlegen, ob sie dann noch den Klageweg beschreiten sollen. Ihnen dann noch die Kosten zu machen, sofort einen Termin anzuberaumen, würde ich für bedenklich halten. Warum sollte man aber für geschäftsgewandtere Kläger nicht die Möglichkeit eröffnen, wenn sie die Zurückweisung bekommen, zu klagen?

Sehr schwerwiegend ist das, was Herr Stagel gegen die Dreimonatsfrist sagt. Die Bedenken, die dagegen erhoben sind, dass die Lage des Gläubigers in einer Weise in der Schwebe gehalten wird, die eine starke Vergällung des ganzen Mahnverfahrens für ihn bedeutet, liegen ja nahe. Ich könnte mir auch denken, dass man in unseren Geschäftskreisen ähnliche Bedenken geltend machen würde.

Altstötter: Ich war sehr überrascht zu hören, dass im Jahre 1936 noch eine so enorme Zahl von Mahnverfahren anhängig war; denn ich hatte mir vorgestellt, dass die große Zahl der Mahnverfahren seinerzeit nur auf die schlechten wirtschaftlichen Verhältnisse um 1930 herum zurückzuführen sei. Die hier bekanntgegebenen Zahlen sind aber doch ein Beweis dafür, dass das Mahnverfahren im Kern, wenn auch nicht in der Einzelausgestaltung, im Volke letzten Endes immer Anklang gefunden hat, und wenn wir etwas Neues machen wollen, dann darf es meiner Meinung nach im Kern nicht schwieriger werden, sondern es muss einfacher werden. Ich habe gegen die jetzt vorgeschlagene Regelung des Widerspruchs sehr schwere Bedenken. Der einfache Mann, der damit operieren soll, würde sie überhaupt nicht verstehen. Der Entwurf ist auf geschäftsgewandte Firmen zugeschnitten, bei denen ein Angestellter nur mit dem Mahnbetrieb zu tun hat. Die Vereinfachung kann nicht darin liegen, dass man eine kurze und eine lange Frist einführt, sondern man soll *eine* einfache Frist geben, nach deren Ablauf nur noch die Vollstreckungsgegenklage erhoben werden kann.

Zahlungsbefehle über vertretbare Sachen kommen im Allgemeinen nicht häufig vor. In meiner Praxis habe ich aber doch einige Fälle gehabt, aus denen hervorgeht, dass es unschädlich wäre, wenn man diese Möglichkeit bestehen lassen würde. Bei Ansprüchen aus Altenteilen weiß ich nicht, ob man die Beteiligten immer auf den Klageweg verweisen muss.

Was die Vollmacht betrifft, so bin ich an sich der Meinung, dass es zweckmäßig ist, wenn man eine Vollmacht von vornherein verlangt. Aber mir liegt Folgendes am Herzen. Ich habe seinerzeit die Erfahrung gemacht, dass die Zahlungsbefehle der einfachen Leute und der Firmen überwiegend von „Ferkelstechern“ gemacht wurden. Wir sollten diesen Punkt bei der Erörterung nicht außer Acht lassen, zumal die Lage der Anwaltschaft auch heute durchaus nicht rosig ist. In der Regel wird doch vor Erhebung einer Klage der Anwalt überhaupt nicht oder nur in seltenen Fällen mit dem Antrag auf Erlass des Zahlungsbefehls befasst. In meinem Bezirk haben einzelne Winkeladvokaten durch Erlass von Zahlungsbefehlen über 30.000 bis 40.000 RM im Jahre verdient! Wir sollten wenigstens den Versuch unternehmen zu verhindern, dass die nicht zugelassenen Rechtsagenten den Vorteil von unserer Regelung haben.

Die Substantiierung ist an sich natürlich erwünscht. Praktisch fürchte ich jedoch, dass sie nicht durchführbar sein wird, wenn man nicht gerade die einfachen Leute den sogenannten Ferkelstechern in die Arme treiben will. Ich weiß also nicht, ob man sich nicht mit einem Minimum begnügen sollte. Wenn wir die Substantiierung vorschreiben, wird der Rechtspfleger – ein sehr gewissenhafter Beamter – in mindestens 40% der Fälle feststellen, dass die Anträge auf Erlass des Zahlungsbefehls den Anforderungen hinsichtlich der Substantiierung nicht entsprechen. Die Folge würde nur sein, dass unbedingt Rückfragen gestellt werden müssten, und auf diese Weise würden wir zu einem unnötigen Vorverfahren kommen. Ich habe den Eindruck, dass man eine Individualisierung verlangen sollte. Gewiss, man muss erkennen, worum es geht. Man darf aber nicht vergessen, dass die Beteiligten das rechtliche Verhältnis, das zwischen ihnen besteht, nicht angeben können, weil die das nicht verstehen. Ich glaube, man müsste versuchen, eine etwas einfachere Regelung zu treffen.

In der Frage der Begründung des Widerspruchs bin ich der Meinung, dass das „soll“ unschädlich ist, dass aber ein „muss“ unmöglich ist. Der Schuldner, der zum Gütetermin vor dem Amtsrichter geladen wird, schreibt zunächst ja auch nichts. Er ist es nicht gewöhnt, und er kann es auch nicht. Es handelt sich doch um Arbeiter und einfache Leute, denen das Schreiben zu beschwerlich ist. Wir sollten im Interesse der Vereinfachung bestrebt sein, hier keine Erschwerungen zu bringen. Ich achte das Erziehungsprinzip, bin aber der Meinung, dass man bei erwachsenen Leuten mit der Erziehung in der Regel nicht weiter kommt, wenn die Grundlagen für eine Erziehung völlig fehlen. Das Widerspruchsverfahren ist meiner Meinung nach viel zu kompliziert, und zwar auch bei der Regelung, die Herr Staud vorgeschlagen hat. Bei der Zweiteilung der Fristen erscheint mir eine Frist von beinahe drei Tagen unmöglich, und wenn man etwa der Meinung sein sollte, dass der Zahlungsbefehl nach Ablauf einer längeren Frist Rechtskraft erlangen sollte, müsste man auch die Frist verlängern. Ich muss aber bitten, von der Zweiteilung der Fristen abzusehen und das ganze Verfahren möglichst noch einfacher zu gestalten.

Vorsitzender: Selbstverständlich wird eine formgerechte Klage nicht verlangt. Jeder einfache Handwerker schreibt aber doch seinem Schuldner eine Rechnung. Warum soll man da nicht verlangen können, dass er die überreicht? Das würde ja eine vollkommen genügende Substantiierung sein.

Altstötter: In der Stadt liegen die Dinge vielleicht anders; auf dem Lande aber schreibt der Hafner lediglich: „Er hat mir meinen Ofen soundso viel RM nicht bezahlt!" Rückfragen haben da gar keinen Zweck!

Bauer: Es ist auch bei den Anwälten in Österreich üblich, dass sie in dem Antrag nur sagen, der Kläger habe Waren geliefert und Arbeit geleistet und verlange dafür den und den Betrag. Aufgrund von solchen Anträgen werden allgemein auch die Zahlungsbefehle erlassen.

Jonas: Zu Punkt 1 und 2 der Aufstellung habe ich nichts weiter zu bemerken. Dann, anknüpfend an das, was soeben besprochen worden ist, komme ich zu der Frage, was in eine Klage hineingehört. Diese Frage müsste eigentlich beim Kapitel „Urteil" behandelt werden: das muss der Richter feststellen, um ein Urteil erlassen zu können! Auf den Inhalt der Klage kommt es praktisch im Prozess kaum an. Nun ist soviel klar: damit ein Urteil ergehen kann, muss der Kläger ein gewisses Quantum von Tatsachen vortragen. Auf ein Schreiben, das einfach lautet: der und der schuldet mir 50 RM, könnte ein Versäumnisurteil nicht ergehen. Im Verhandlungstermin ergänzt der Kläger aber sein Vorbringen. Beim Zahlungsbefehl ist eine solche Ergänzungsmöglichkeit nicht gegeben, ein Termin findet nicht statt, und das, was dahinter steht, ist nach reichsdeutschem Recht ein Titel, der einem rechtskräftigen Urteil gleichsteht. Daher müssen wir zwangsläufig, wenn wir an einem dahinterstehenden rechtskräftigen Titel als Ziel der Angelegenheit festhalten, darauf abkommen, dass der Antrag auf Erlass eines Zahlungsbefehls so viel wie die Klage enthalten muss, auf die ein Versäumnisurteil erlassen werden könnte. Was dazu im Einzelnen gehört, das ist eine Frage, über die wir hier nicht zu sprechen brauchen. Natürlich reicht die Klage aus, wenn sie enthält: der Schuldner schuldet mir 50 RM für geleistete Arbeiten aus der und der Zeit. Wenn man aus der Schrift sieht, dass es sich um einen Ofensetzer handelt, dann kann man annehmen, dass eine Ofenreparatur vorgenommen worden ist. Es sind Maßfragen, wie viel man nun im konkreten Fall für notwendig hält. Wir müssen nur darauf abkommen, dass der Zahlungsbefehl das enthalten muss, was eine Klage zu enthalten hat, auf die Versäumnisurteil ergehen kann. Darüber, was dazu gehört, sind die Anhänger der Individualisierungs- und Substantiierungstheorie verschiedener Meinung, während man praktisch wahrscheinlich aufgrund beider Theorien zum gleichen Ergebnis kommt. Wenn man nur einfach sagte: es genügt Angabe der Tatsache: A schuldet mir 50 RM; daraufhin will ich den Zahlungsbefehl haben, so würde das erträglich sein, wenn dahinter nicht ein rechtskräftiger Schuldtitel stünde. Ich glaube, über diesen Punkt werden uns die österreichischen Herren über die in Österreich geübte Praxis Auskunft geben. In Österreich würde der Zahlungsbefehl durch den Fristablauf formell rechtskräftig; materielle Rechtskraft tritt aber nicht ein. Wenn nun aufgrund einer vielleicht laxen Praxis ein Zahlungsbefehl erlassen würde aufgrund eines Antrags: B schuldet mir 50 RM, und der Gerichtsvollzieher vollstreckt nachher, – würde dann der Schuldner mit einer Klage auf Rückzahlung der beigetriebenen 50 RM kommen können, und zwar mit der Begründung: wir stehen nur in dem einen Rechtsverhältnis, aus dem du 50 RM beanspruchst; diese 50 RM schulde ich nicht? Würde einer solchen Klage der Einwand der materiellen Rechtskraft entgegengesetzt werden können oder nicht? Ich habe das Gefühl: theoretisch würde eine solche Klage zulässig sein.

Schrutka: In dem inzwischen aufgehobenen § 16 [Gesetz vom 27.4.1873 über das Mahnverfahren, RGBl. 1873, 266; § 16: aufgehoben durch EGZPO vom 1.8.1895, Art. XXVIII, RGBl. 1895. Nr. 112] hieß es, dass der Zahlungsbefehl nach einem halben Jahr außer Kraft tritt. Nach

Aufhebung des § 16 schafft der Zahlungsbefehl materielle Rechtskraft, und infolgedessen findet man eine Bestimmung im Gesetz darüber nicht. Früher war das ein zeitlich befristeter Titel.

Jonas: Wenn wir alle darüber einig sind, dass der endgültig gewordene Zahlungsbefehl ein rechtskräftiger Titel ist, so müsste man soviel für den Zahlungsbefehl fordern, dass man nachher aus dem Titel ersieht, was nun eigentlich rechtskräftig festgestellt ist. Über die Einzelheiten brauchen wir uns nicht zu unterhalten.

Schrutka: Unser Mahnverfahren hat zwei Teile gehabt. Wenn eine Mahnklage eingebracht worden ist, ist es zum Zahlungsbefehl gekommen, und wenn dagegen Widerspruch erhoben wurde, so ist automatisch das Streitverfahren eingeleitet worden. (*Jonas:* Das ist unser Verfahren. Auch bei uns war dieselbe Entwicklung. Dass auf den Widerspruch hin ein Termin anberaumt wird, ist erst 1898 gekommen. Vorher war aufgrund des Widerspruchs Schluss.) Aufgrund des Mahngesuches ist in diesem ersten Verfahren eine Individualisierung nicht verlangt worden; trotzdem ist aber ein solcher Zahlungsbefehl auch in Rechtskraft erwachsen. Die österreichische Mahnklage entspricht fast genau dem reichsdeutschen Zahlungsmahngesuch.

Altstötter: Bei uns hat man die Anforderung an einen Zahlungsbefehlantrag geringer gestellt als die Anforderung an eine Klage. Ich hätte kein Bedenken, den Grund des Anspruchs hineinzuschreiben. Aber was gehört zum Grund des Anspruchs? Wenn man da zu einem Katalog käme, so hätte ich Befürchtungen. Ich will nicht, dass man verlangt: es wird eine Kaufklage gestellt; jetzt muss drin stehen: ich habe das und das für so und so viel gekauft, die Gegenstände waren so und so. Das macht der einfache Mann nicht. Wenn es genügt, dass der Betreffende schreibt: ich habe bei dem und dem eine Reparatur gemacht und dafür soundso viel zu fordern, so bestehen keine Bedenken.

Vorsitzender: Das steht heute schon drin. Leider ist die Praxis viel zu lax. Jedenfalls muss die Zuständigkeit klar sein.

Jonas: Praktisch ist unser Ziel: Wir wenden uns dagegen, für das Mahnverfahren von jeder Charakterisierung überhaupt abzusehen; wir wollen es im Wesentlichen bei der jetzigen Regelung lassen und einer zu laxen Praxis entgegentreten.

Der nächste Punkt ist die Vollmacht. Man wird unterscheiden müssen zwischen dem Bevollmächtigten, der nachher im Rubrum erscheint, und dem, der für die Firma, ohne an sich Prokura oder Handlungsvollmacht zu haben, einen Antrag stellt. Ich glaube, für den Bevollmächtigten, der nachher im Rubrum erscheint, sollte man von vornherein ebenso wie im amtsgerichtlichen Verfahren Vollmacht verlangen. Weiterzugehen scheint mir überflüssig zu sein. Es scheint mir nicht notwendig zu sein, dass man sich von dem, der das Mahngesuch für die Firma mit dem Ziel unterzeichnet hat, Zahlungsbefehl für die Firma X, die allein im Zahlungsbefehl erscheint, zu erreichen, die Vertretungsmacht nachweisen lässt. Denn der Zahlungsbefehl und alles Sonstige geht an die Firma. Wenn dagegen die betreffende Firma, vertreten durch den Rechtsbeistand, ein Mahngesuch einreicht, dann soll es an den Rechtsbeistand nur gehen und dieser soll nur dann als Prozessbevollmächtigter aufgeführt werden, wenn er sich durch Vollmacht ausgewiesen hat. Wenn dagegen alles Notwendige aus dem Kopf der Firma zu ersehen ist, dann soll nicht erst zurückgefragt werden, ob der Unterzeichner Prokurist oder etwas anderes ist. (*Vorsitzender:* Es wird technisch nachher nicht einfach zu gestalten sein.) Wenn ein Prozessbevollmächtigter nachher im Zahlungsbefehl aufgeführt sein soll, dann muss das ein durch Vollmacht ausgewiesener sein. (*Vorsitzender:* Wie wollen Sie das im Gesetz zum Ausdruck bringen?) Das ist eine Frage der Formulierung.

Vorsitzender: Damit hängt die Frage des *Widerspruchs* zusammen. Da halte ich es für nötig, dass eine Bevollmächtigung nicht nachgewiesen zu werden braucht. Beispiel: ich verreise. Irgendjemand behauptet, ich hätte ihn mit dem Auto angefahren und erwirkt Zahlungsbefehl. Nun muss meine Frau doch die Möglichkeit haben, Widerspruch zu erheben ohne die Bevollmächtigung nachweisen zu müssen.

Jonas: In diesem Falle bedarf es einer Vollmacht nicht. Dann der nächste Punkt! Dass *Zwischenverfügungen* zulässig sein müssen, scheint mir unbedingt notwendig zu sein. Es ist in Fällen, wo die Substantiierung nicht ausreicht, notwendig, dass durch eine einfache Rückfrage der Mangel ausgeräumt werden kann. *Teilzurückverweisungen* möchte ich für möglich halten. Diese möchte ich in das Ermessen des Rechtspflegers stellen. Hinterher wird immer die Anrufung des Richters möglich sein. Wir müssen bedenken, dass es zwei Gruppen von Fällen gibt. In dem einen Fall ist es dem Gläubiger gleichgültig, ob ihm ein wenig abgezapft wird. Er verlangt 6% Zinsen. Der andere will ihm aber nur 4 oder 5% geben. Er regt sich darüber nicht auf und denkt nicht daran, selbständig zu klagen. Es gibt aber auch andere Fälle, in denen ihm durch eine kleine Kürzung etwas genommen wird, auf das er einen gewissen Anspruch zu haben glaubt. Es ist aber eine so kleine Summe, dass ihm schließlich damit der Rechtsweg abgeschnitten wird. Jemand fährt ein Huhn tot. Der Geschädigte verlangt dafür 15 RM. Der Rechtspfleger ist aber landwirtschaftlich sachkundig und sagt: es gibt nur Hühner im Werte von 3 RM. Wenn dem Betreffenden nun gegen seinen Willen ein paar Mark abgestrichen werden, steht er vor der Situation, dass er einen Prozess wegen dieses Teilbetrages überhaupt nicht führen kann. Für solche Fälle scheint es mir zweckmäßig zu sein, eine möglichst weitgehende Ermessensfreiheit zu lassen.

Zum Punkt *„Widerspruch"* möchte ich betonen, dass es grundsätzlich gleich ist, ob die Frist fünf Tage oder sieben Tage beträgt. Ich will mich auf meinen Standpunkt, den ich gegen Herrn Staud in dieser Frage eingenommen habe, nicht versteifen.

Bei der Begründung des Widerspruchs sollte man nicht gesetzliche Bestimmungen treffen. Die Gesetze liest der Schuldner nicht. Man sollte vielmehr durch die Fassung der Vordrucke den Schuldner darauf aufmerksam machen, dass der Widerspruch nicht dazu da ist, die Sache hinauszuzögern. (*Zuruf:* Geschieht heute schon!) Die Formulare sind ein Kapitel für sich. Man sollte die Formulare etwas lebensfähiger gestalten; aber wirklich ernste Sanktionen in dem Sinne dahinter zu stellen: wenn der Widerspruch nicht begründet ist, dann ergeht Vollstreckungsbefehl und bleibt dann unter Umständen endgültig, – dabei ist mir nicht ganz wohl.

Nun haben sowohl Herr Altstötter als auch Herr Staud an der Regelung des Widerspruchs eine nicht gerade sehr wohlwollende Kritik geübt. Wir sind von unserem Standpunkt an die ganzen Betrachtungen unter der Vorstellung herangetreten: Jetzt haben wir zwei Dinge; wir haben einen Widerspruch und haben einen Einspruch, und dazwischen befindet sich ein Vakuum, das auszufüllen sehr schwierig ist, und zwar insofern, als man den verspäteten Widerspruch, wenn man vernünftig vorgehen will, als Einspruch fingieren muss. Wir sagten: Das Einfachste ist, wir setzen den Schuldner vor die klare Situation: du brauchst dir die Rechtskonsequenzen nicht klar zu machen, du hast den Widerspruch. Nun war bei unserem jetzigen Widerspruch misslich: Der Zahlungsbefehl gibt dem Schuldner auf, zu zahlen, und wenn der Schuldner wirklich so brav ist, dass er zahlt, dann muss er Widerspruch einlegen, um zu verhüten, dass ihm etwas Unangenehmes passiert. Wir wollten hier zwei Fliegen mit einer Klappe schlagen, indem wir sagten: Das einzige Mittel, das du hast, ist der Widerspruch, und dieser Widerspruch soll nicht so kurz befristet sein, dass du gegebenenfalls aus Sicherheitsgründen Schritte unternehmen musst, damit dir nichts Unangenehmes zustößt. Aus diesem Grunde ist die Widerspruchsfrist von drei Monaten zustande gekommen. Wir wollten dem Schuldner nur *ein* Mittel geben und dieses Mittel zeitlich so weit ausdehnen, dass alle Fragen, die sich bei Bagatellsachen durch Korrespondenz und Telefonate erledigen lassen, bereinigt werden können.

Ein Bedenken, allerdings wohl mehr theoretischer Art, kann dabei auftauchen. Es ist misslich, dass die materielle Rechtskraft schließlich erst drei Monate später eintritt. Aber ich glaube, dass dieses Bedenken absolut theoretischer Natur ist; denn entweder wird gezahlt oder es wird vollstreckt, und dann wird der Schuldner ohne weiteres darauf gedrängt, sich zu rühren. In den Fällen, die versanden, ist es gleichgültig, ob die Akten nach drei Monaten weggelegt werden oder schon nach 14 Tagen. Nun ist nach unserer Regelung wieder misslich: bei der 14tägigen Einspruchsfrist sagt sich der Gesetzgeber: Dies ist eine kurze Frist; ich muss dahinter zur Sicherheit die Wiedereinsetzungsmöglichkeit vorsehen, die bei einer dreimonatigen Frist schließlich ohne weiteres entfallen kann. Jedenfalls ist unsere Regelung nicht so abwegig, wie es auf den ersten Blick scheinen mag, und ich hoffe, dass auch die Herren, denen diese Regelung zuerst etwas verwunderlich erschien, mit der Zeit sich doch damit befreunden können.

Pagenstecher: Zu Punkt 2 habe ich hinsichtlich der *Gegenleistung* eine Frage. Wenn der Betreffende bei einer Kaufklage nicht erwähnt, dass noch eine Gegenleistung aussteht, auch dann ergeht ein Zahlungsbefehl. Was soll nun geschehen, wenn sich hinterher herausstellt, dass die Ware noch nicht geliefert worden ist? Soll dann das Verfahren ruhig weitergehen oder sollen dann hinterher irgendwelche Konsequenzen daraus gezogen werden? (*Vorsitzender:* Er kann Widerspruch erheben.) Und wenn er keinen Widerspruch erhebt? Ist das Mahnverfahren dann zulässig? (*Vorsitzender:* Ja!) Dann kann der Mann, der klug verschweigt, unter Umständen seinen Zahlungsbefehl bekommen, der andere aber nicht. Ich habe keine Bedenken dagegen.

Individualisierung und Substantiierung ist nach heutigem Recht durchaus nicht dasselbe. Wenn ich sage: ich habe die selbstschuldnerische Bürgschaft für die und die ganz genau bestimmte Forderung übernommen, so genügt das für einen Zahlungsbefehl. Für den Erlass eines Versäumnisurteils genügt es nach der herrschenden Meinung aber nicht. Denn dann muss der Betreffende behaupten, dass die Bürgschaftserklärung abgegeben wird.

Jonas: Der Mann muss behaupten, dass er gekauft oder Bürgschaft übernommen habe. Die Frage der Formgerechtigkeit wird erst im Prozess aufgrund näherer Einwendungen akut.

Vorsitzender: Der kleine Kaufmann X kauft von der Firma Y die und die Waren und schuldet darauf die entsprechenden Beträge. Nun sagt der Beklagte im Termin: Ich weiß von nichts, ich habe nichts bestellt. Dann verlangt man natürlich Substantiierung. Jetzt muss der Kläger sagen: Er hat bei mir nicht bestellt, sondern da war die Frau da, und ich habe angenommen, dass sie dazu berechtigt war. Nein, sagt der Gegner, das ist nicht der Fall. Oder er sagt: Bestellt habe ich nichts; wir haben zwar lang und breit gesprochen, zu einem Abschluss ist es aber nicht gekommen. Nun muss er substantiieren, wie die beiderseitigen Erklärungen waren. Allein niemand wird verlangen, dass eine Klage auf alle Einzelheiten abgestellt werden muss. Auf diesem Gebiet liegt auch die Frage der Bürgschaft. Was man unter Bürgschaft versteht, ist allgemein bekannt. Werden Einwendungen erhoben, dann muss vorgebracht werden, was zu einer wirksamen Bürgschaft gehört.

Pagenstecher: Ich bin überzeugter Anhänger der Individualisierungstheorie und brauche mir deshalb den Kopf nicht darüber zu zerbrechen, was die Substantiierungstheorie verlangt. Sie wird in der Praxis niemals streng durchgeführt. Denn wenn das geschähe, würde bei jeder nicht genügend substantiierten Frage ein Erfordernis fehlen, Heilung könnte nicht eintreten, und dann müsste die Klage abgewiesen werden. Ich verstehe unter Individualisierung: Der Anspruch muss so genau bezeichnet werden, dass er von anderen Ansprüchen unterschieden ist. Der Einwand, dass das von den Verhältnissen zwischen den beiden Personen abhänge, schlägt nicht durch; denn darüber kann der Richter nichts wissen.

Nun die schwierige Frage der *Widerspruchsfrist!* In Hamburg habe ich mich gegen die lange Frist ausgesprochen, und zwar aus der Erwägung heraus, dass der Gläubiger solange in Unsicherheit ist. Über diese Frage müssen aber die Praktiker entscheiden. Ich als Theoretiker stehe durchaus auf dem Standpunkt der Herren Altstötter und Stagel. Dieser Widerspruch, der immer denselben Namen trägt, aber verschiedene Funktionen hat, ist keine schöne Sache. Ich würde eine Frist von 14 Tagen setzen und würde in den Zahlungsbefehl klar und deutlich hineinschreiben: Wenn du die Sache schuldest, dann zahle, wenn du kannst, und erhebe dann Widerspruch, und wenn du nichts schuldest, erhebe auch Widerspruch. Ich glaube, es ist möglich, das Volk dazu zu erziehen, dass unter allen Umständen Widerspruch erhoben werden kann, wenn der Betreffende nicht damit einverstanden ist, dass die Sache rechtskräftig ist. Dann würde ich allerdings bei der 14tägigen Frist die Restitution nach österreichischem Muster vornehmen. Dabei ist das unvorhergesehene Ereignis der springende Punkt, und es muss sich immer um etwas Ungewöhnliches handeln. Ich möchte das aber mit allem Vorbehalt sagen, weil es sich hier um eine Frage handelt, über die in erster Linie die Praktiker zu entscheiden haben. Die zweifache Bedeutung für den einen Begriff ist nicht schön, und ich bin daher dafür, verschiedene Namen zu wählen.

Vorsitzender: Gegen Ihren Vorschlag spricht die ungeheuer lange Frist von zwei Wochen, die unsere Praxis sicherlich als einen Rückschritt bezeichnen wird. Es ist unmöglich, zu schreiben: Entweder zahlst du und erhebst Widerspruch oder zahlst nicht und erhebst auch Widerspruch. Aber man könnte so sagen: Du musst entweder zahlen oder Widerspruch erheben; zahlst du, hast du dem Gericht die Zahlung mitzuteilen. Die große Schwierigkeit besteht aber in der ungeheuer langen Frist.

(Pause)

Vorsitzender: Gegen die doppelte Möglichkeit des Widerspruchs, gegen die doppelte Frist, die einmal vom Augenblick der Zustellung des Zahlungsbefehls läuft und dann mit schwächerer Wirkung, mit nicht mehr unbedingt vollstreckungshemmender Wirkung, bis drei Monate nach Zustellung der vollstreckbaren Ausfertigung, hatten nicht nur Herr Stagel, sondern auch Herr Altstötter und Herr Pagenstecher gewisse Bedenken. Die Abhilfen, die gegen diese Komplizierung gesucht werden, sind aber nach meinem Eindruck sämtlich so, dass wir sie nicht anwenden können. Denn eine wesentliche Verlängerung der Widerspruchsfrist würde das Hauptziel des Zahlungsbefehls, die Möglichkeit einer schnellen Vollstreckung, verhindern, und die Gläubiger würden dann mit einem Versäumnisurteil schneller als mit einem Zahlungsbefehl zum Ziele kommen. Dann bleibt nichts weiter übrig, als die viel größeren Komplikationen, die wir heute mit dem besonderen Antrag auf Vollstreckungsbefehl unter Möglichkeit der Wiedereinsetzung in den vorigen Stand haben, in Kauf zu nehmen. Wir tun daher besser, das kleinere Übel zu wählen und uns auf den Boden des Entwurfs zu stellen, was doch eine wesentliche Vereinfachung gegenüber dem heutigen Zustand mit sich bringen würde. An dem Namen „Widerspruch" für beides braucht man sich nicht zu stoßen, da doch die Hauptwirkung dieselbe ist: die Sache in das Prozessverfahren überzuleiten.

Sehr beachtlich erscheint mir nun der Einwand des Herrn Stagel, dass der Gläubiger dann unverhältnismäßig lange im Ungewissen bleibt. Das ist aber nur theoretisch der Fall. Praktisch läuft es so: Wenn der Gläubiger die vollstreckbare Ausfertigung erhalten hat, wird er in der Regel auch mit der Vollstreckung vorgehen, und dann ist der Schuldner, wenn er die Vollstreckung beseitigen will und nicht rechtzeitig Widerspruch eingelegt hat, genötigt, den Widerspruch so schnell wie möglich nachzuholen. Andererseits haben wir jetzt nicht selten den Fall gehabt, dass ein Schuldner von dem Zahlungsbefehl überhaupt nichts erfahren hat. Wenn z.B. seine Frau hinter seinem Rücken Schulden gemacht hat und ihr in seiner Abwesenheit der Zahlungsbefehl zugestellt wird, sagt sie ihm nichts von dem Zahlungsbefehl, und wenn er dann erst durch die Vollstreckung von dem Zahlungsbefehl erfährt, dann sind alle Rechtsmittelfristen abgelaufen. In solchen Fällen würde dieses Verfahren eine gute Hilfe geben. Andererseits wird für die normalen Fälle keinerlei Schädigung des Gläubigers eintreten.

Ich bitte daher die Herren, die sich bisher gegen diese Auffassung gewendet haben, sich den Vorschlag noch einmal in Ruhe zu überlegen. Wir müssen die Sache ja ohnehin nochmals besprechen, wenn wir die Formulierung vorgenommen haben, wie man durch eine praktische und schöne Lösung die große Gefahr vermeiden kann, dass das Mahnverfahren durch allzu lange Fristen wieder unpopulär gemacht wird.

Singer: Auch ich halte das neue Verfahren für praktisch. Es ähnelt sehr dem Sonderverfahren, das ich seinerzeit für München durch die Herausgabe von Richtlinien geschaffen habe, die an alle Firmen verteilt wurden, und in denen angegeben war, wie der Gläubiger am einfachsten und schnellsten zum Ziele kommt. Für die Praxis ist da von großer Bedeutung die Vermeidung des Versäumnisverfahrens und der Hinweis auf die Schwierigkeiten, was geschehen soll, wenn der Schuldner bezahlt. Auf den ersten Anblick erscheint dieses Verfahren vielleicht kompliziert, ist aber in Wirklichkeit für die, die es verstehen wollen, leicht zu verstehen. Für diejenigen, die grundsätzlich doch gegen alles Widerspruch erheben, ist es gleichgültig, was für Rechtsmittel festgesetzt werden. Ich habe beispielsweise in einem Fall einen Regressanspruch gegen einen Richter, der nicht begründet war, zurückgewiesen, und das höchste Gericht hat das gebilligt. Der Abgewiesene war aber unbelehrbar und hat dann zu dem eigentümlichen Mittel gegriffen, Beschwerde beim Salzamt zu erheben, das zufällig in dem Gebäude untergebracht war, wo früher der Verwaltungsgerichtshof arbeitete. Also die Unbelehrbaren werden immer wieder alle Instanzen, die sie für denkbar halten, in Anspruch nehmen. Gegen die Regelung ist nichts einzuwenden. Wenn wirklich jemand in der Frist von drei Tagen bezahlt hat und doch den Zahlungsbefehl bekommt, so kann er nachträglich mit dem Widerspruch alle Schwierigkeiten aus dem Wege räumen. So schön der Vorschlag klingt, die erste Widerspruchsfrist auf 14 Tage festzusetzen, so spricht dagegen doch das große Bedenken, dass darunter die Schnelligkeit des Verfahrens leidet. Der Unterausschuss hat in Hamburg gerade über diese Frage sehr eingehend verhandelt und ist sich über diesen Vorschlag einig geworden.

Vorsitzender: Wenn der Gläubiger einen vollständig ausgefüllten Zahlungsbefehl überreicht, kann dieser in 24 Stunden herausgehen und schon vier Tage darauf kann vollstreckt werden.

Singer: Es hat sich in München sehr bewährt, dass den großen Firmen die Zahlungsbefehle schon fertig zur Unterschrift vorgelegt werden, und dass auf dem Formular alle erforderlichen Rechtsbelehrungen stehen. Außerdem kann jeder auf der Geschäftsstelle des Gerichts einen Abdruck der Richtlinien bekommen, wodurch die ganze Sache sehr beschleunigt wird.

Altstötter: Von der Zweckmäßigkeit dieser Neuregelung bin ich aus folgenden Gründen noch nicht ganz überzeugt. In der Praxis wird die Sache nicht so fix gehen, wie es hier dargestellt worden ist, weil der Antrag auf Erteilung des Vollstreckungsbefehls dazwischen liegt. Zweitens stellt man hier auf den praktisch doch nicht sehr häufigen Fall ab, dass ein Gläubiger, der schon Zahlung erhalten hat, trotzdem den von Amts wegen erlassenen Zahlungsbefehl vollstrecken lässt. Das halte ich nicht für einen durchschlagenden Gesichtspunkt. (*Singer:* Es kann vorkommen, dass die Geschäftsstelle nichts von der inzwischen erfolgten Zahlung weiß!) Ja, was hier jetzt so getadelt wird, kann auch heute passieren. In Zukunft wird das aber regelmäßig der Fall sein. Wenn der Schuldner nicht Widerspruch einlegt, wird der Vollstreckungsbefehl automatisch hinauslaufen. (*Singer:* Es kommt aber nicht zur Vollstreckung!) Für mich hat die Sache auch noch eine andere bedenkliche Folge. In dem gläubigerfeindlichen Standpunkt, den der Ausschuss einnimmt, überwälzt er die Sache auf den Gläubiger und verhütet, dass der Schuldner irgendetwas weiter tun muss, als einfach Widerspruch zu erheben. Auch wenn der Gläubiger mit Recht alles, was der Schuldner einwendet, als Flausen bezeichnen kann, bleibt das Risiko doch auf dem Gläubiger haften, der nun drei Monate lang aushalten muss. Das wird dieses Verfahren unpraktisch und unbeliebt machen. (*Vorsitzender:* In der Regel wird doch der Gläubiger sofort vollstrecken!) – Der Gläubiger kann doch mit der Vollstreckung bis zum letzten Tage warten, und dann kann der Schuldner noch Widerspruch erheben.

Staud: Dem Gläubiger, der drei Monate lang bis zum letzten Tage mit der Vollstreckung wartet, kann man nicht helfen. Wenn er aber am vierten oder fünften Tage vollstreckt und dann sein Geld bekommt, dann kann er es wohl tragen, nunmehr im Besitz seines Geldes noch über zweieinhalb Monate auf die materielle Rechtskraft zu warten. Dem Gläubiger liegt nicht an der materiellen Rechtskraft, sondern am Geld.

Altstötter: Er bekommt nicht sein Geld, sondern er bekommt eine Vollstreckungsmaßnahme, und dem wird sofort in den Arm gefallen. Es gibt in Zukunft für den Schuldner nichts Günstigeres als das Mahnverfahren, weil er dann alles bis zum Letzten ausnutzen kann.

Staud: Man muss doch davon ausgehen, dass der Schuldner, wenn er eine einstweilige Einstellung herbeiführen will, seine Einwendungen glaubhaft machen muss. Man tut den unteren Gerichten Unrecht, wenn man von der Annahme ausgeht, dass sie ohne praktische Vorprüfung den Forderungen des Schuldners entsprechen werden. Das Reichsgericht mag da anders verfahren, aber bei den Instanzgerichten ist der Drang, unbesehen einstweilen einzustellen, überwunden.

Altstötter: Das Reichsgericht muss in einem solchen Fall deshalb einstellen, weil es eine sachliche Vorprüfung nicht vornehmen kann und noch nicht weiß, wie die Sache liegt. Das hat nichts mit der Frage zu tun, ob der Amtsrichter nicht in den meisten Fällen vorläufig einstellen wird, wenn der Schuldner geltend macht, dass er rechtzeitig Widerspruch eingelegt hat und die Durchführung der Vollstreckung ihn wirtschaftlich schwer schädigen würde.

Staud: Der Schuldner soll nicht bloß deswegen eine einstweilige Einstellung bekommen, weil sonst die Sachen wegkommen, sondern schon wenn er eine einstweilige Einstellung haben will, muss er glaubhaft machen, dass der Standpunkt des Gläubigers unberechtigt ist.

Altstötter: Das kann man nicht verlangen! Wenn der Schuldner Widerspruch einlegt und der Gläubiger trotzdem vollstreckt, dann glaube ich, dass in mindestens 95% der Fälle der Schuldner geltend machen wird, dass trotz seines Widerspruchs vollstreckt werden soll.

Vorsitzender: Dieses Problem haben wir heute auch beim Versäumnisurteil. Da bestehen doch nicht alle diese einschränkenden Bestimmungen.

Altstötter: Da werden Termine anberaumt. Der Schuldner hat den Termin versäumt; darauf ist Urteil ergangen, und gegen dieses Urteil kann er nichts machen.

Vorsitzender: Ja, er kann Einspruch einlegen und auch die Einstellung beantragen. Diese Möglichkeit möchten wir nur in beschränktem Umfange geben. Da steht ausdrücklich drin, und wir müssen davon ausgehen, dass die Gerichte diese Richtlinie beachten.

Lent: Ich sehe das Problem darin: Wenn der Entwurf einen Widerspruch nicht auf lange Zeit zulässt, sondern ihn befristet, dann muss er die Widerspruchsfrist ziemlich lang bemessen. Damit geht für die Normalfälle dem Gläubiger der Vorteil verloren, dass er nach drei oder fünf Tagen die vollstreckbare Ausfertigung bekommt und vollstrecken kann. Nun werden doch nach den Mitteilungen von Herrn Ministerialrat Staud die meisten Mahnverfahren tatsächlich ohne Widerspruch zu Ende geführt. Praktisch kommt es also vor allen Dingen darauf an, für den Normalfall, für eine unstreitige Sache, dem Gläubiger eine einfache und rasche Zugriffsmöglichkeit zu geben. Wenn aber das Gesetz bestimmt, dass der Widerspruch nur eingelegt werden kann, bis die vollstreckbare Ausfertigung da ist, später nicht mehr, dann muss es die Anberaumung eines Termins vorsehen, an dem die vollstreckbare Ausfertigung erteilt wird, und damit geht die Schnelligkeit verloren. Die Möglichkeit, dem Gläubiger einen schnellen Zugriff zu geben, hängt davon ab, dass der Schuldner auch nachher noch Widerspruch einlegen kann. Wenn man das ablehnt, dann muss man die Frist verlängern und beraubt damit den Gläubiger der raschen Zugriffsmöglichkeit. Man würde dann also wegen der Widerspruchsfälle, die nicht Normalfall sind, das Mahnverfahren für den Hauptfall verlängern, wo kein Widerspruch eingelegt wird. Daher ist es richtig, den doppelten Widerspruch zuzulassen. Wenn wir aber nach vollstreckbarer Ausfertigung keinen Widerspruch mehr geben, dann müssen wir die Frist auf ein bis zwei Wochen ausdehnen und führen damit gegenüber der großen Masse der widerspruchslosen Mahnverfahren eine Verzögerung herbei, die sehr ins Gewicht fällt. Der Reiz, das Mahnverfahren zu beschreiten, wird sehr gering, wenn es nicht nach drei oder höchstens fünf Tagen, sondern erst nach zwei Wochen zur vollstreckbaren Ausfertigung führt. Es ist daher zweckmäßig und praktisch, diese beiden Arten von Widerspruch beizubehalten, weil dadurch allein die Möglichkeit gegeben wird, die vollstreckbare Ausfertigung in den Normalfällen binnen kurzer Frist zu erteilen.

Was die Widerspruchsbegründung betrifft, so verspreche ich mir nicht viel davon, dass man einen Widerspruch ohne Begründung für zulässig erklärt. Das fördert die Sache nicht sehr. Andererseits ist nicht zu verkennen, dass man mit Rücksicht darauf, dass man es hier vielfach mit wenig gewandten Leuten zu tun hat, in der Anforderung an die Begründung nicht allzu weit gehen darf.

Der einzige Punkt, bei dem ich mich vorläufig mit den Vorschlägen nicht einverstanden erklären kann, sind die zwei Arten der *Vollmacht.* Es scheint mir gesetzlich nicht recht fassbar zu sein, wenn man einen Unterschied dahin machen will, dass ein Bevollmächtigter, der nachher in das Rubrum hineinkommt, seine Vollmacht nachweisen muss, dass das aber nicht bei einem Geschäftsbevollmächtigten notwendig ist, der nur den Antrag stellt und keinen Wert darauf legt, in das Rubrum zu kommen. Man muss die Vollmacht entweder fordern oder darf sie nicht fordern.

Vorsitzender: Da es sich hier um eine Frage der Formulierung handelt, können wir uns diese Frage später noch einmal überlegen. Es führt wohl nicht zu Schwierigkeiten, wenn man die Bestimmung trifft: „Wird der Antrag durch einen Prozessbevollmächtigten gestellt, so gelten die allgemeinen Grundsätze. Des Nachweises der Vollmacht bedarf es indessen nicht, wenn der Antragsteller geltend macht, dass seine Vollmacht sich nur auf diesen Antrag beschränkt“. (*Lent:* Ja, das wäre wohl möglich!)

Jonas: Herr Reichsgerichtsrat Altstötter ist zutreffend davon ausgegangen, dass den misslichen Fällen zu Leibe gerückt werden soll, wo die Gefahr besteht, dass der Gläubiger trotz inzwischen erfolgter Zahlung vollstreckt. Die von uns vorgeschlagene Regelung baut sich auf dem Gedanken auf, dass diese Gefahr sehr klein ist, während das geltende Gesetz diese Gefahr so schwer nimmt, dass es auch auf die zahllosen unstreitigen Fälle einen neuen Antrag aufbaut, – mit der Folge, dass die Praxis sich immer bemüht, doch um diesen Antrag herumzukommen. Jetzt wird also wegen dieser kleinen Gefahr ein großer Apparat in Bewegung gesetzt. Wir schätzen aber diese Gefahr der Vollstreckung trotz Zahlung so gering ein, dass wir die Möglichkeit eröffnen, dass ohne Rücksicht auf diese Gefahr ein Zahlungsbefehl erteilt wird. Wenn wir es nun aber nicht für nötig halten, vorher eine Sicherung einzubauen, so müssen wir natürlich hinterher ein möglichst praktikables Mittel einsetzen, um einem etwa eingetretenen Malheur nachträglich wieder zu Leibe gehen zu können. Die Fälle, in denen trotz Zahlung vollstreckt wird, sind entweder die doch wohl sehr seltenen Böswilligkeitsfälle oder die Fälle, wo es mit der Kommunikation zwischen Gläubiger und Prozessbevollmächtigten nicht klappt, die auch verhältnismäßig selten sein werden. Es ist daher grundsätzlich nichts dagegen einzuwenden, dass man für diese seltenen Fälle die Möglichkeit schafft, durch einen nachträglichen Widerspruch Remedur herbeizuführen.

Hiermit steht die unter Nr. 11 vorgeschlagene Regelung bezüglich des Erlöschens des Zahlungsbefehls im Zusammenhang. Wir gehen davon aus, dass der in drei Monaten nicht vollstreckte Zahlungsbefehl erlischt, wenn nicht ein Widerspruchterminantrag gestellt worden ist. Das ist einwandfrei. Aber ich habe gewisse Bedenken gegen den Vorschlag, dass der Zahlungsbefehl, der für vollstreckbar erklärt ist, seine Wirkung verlieren soll, wenn die vollstreckbare Ausfertigung nicht binnen drei Monaten dem Schuldner zugestellt ist. Diesem Vorschlag liegt der sehr vernünftige Gedanke zugrunde, dass ein Zahlungsbefehl nicht einfach beiseite gelegt werden darf. Die Sache hat aber insofern noch einen kleinen Haken, als wir noch nicht genau wissen, wie später die Zustellung aussehen wird. Wenn man sich vorstellt, dass die Zustellung auch künftig eine Zustellung im Parteibetriebe ist, von der das Gericht nichts erfährt, dann entsteht die missliche Situation, dass bei den Gerichtsakten nichts davon vorhanden ist, ob der Gläubiger, der einen Zahlungsbefehl mit angehängter Zustellungsurkunde bekommen hat, tatsächlich zugestellt hat. Wenn der Gläubiger dann an das Gericht mit der Behauptung herantritt, dass er zugestellt habe, die Akte aber verloren habe und nun eine neue Ausfertigung haben will, dann kann das Gericht sie nicht geben, weil es keinen Nachweis über die Zustellung hat. Dann muss der Gläubiger klagen, und wenn er klagt, kann der Schuldner unter Umständen beweisen, dass ja zugestellt ist. Diese technische Frage müssen wir später im Zusammenhang mit den *Zustellungsbedingungen* nochmals überlegen.

Pagenstecher: Es ist geltend gemacht worden, dass es, wenn man eine 14tägige Frist geben würde, sehr lange dauern würde, bis der Gläubiger zur Vollstreckung kommt, so dass er ein Versäumnisurteil vorziehen würde. Tatsächlich aber besteht hier doch ein großer Unterschied. Denn wenn ein Zahlungsbefehl erteilt ist und innerhalb der zweiwöchigen Frist kein Widerspruch erhoben wird, hat der Gläubiger einen endgültigen Rechtstitel in der Hand, der mit materieller Rechtskraft ausgestattet ist, und gegen den man nicht angehen kann. Wenn er aber nach 14 Tagen ein Versäumnisurteil bekommt, dann kann der Schuldner Einspruch einlegen, und es kommt zu neuen Verhandlungen. Diese beiden Dinge kann man also nicht in Parallele setzen.

Die Frage des Widerspruchs hat in der Aussprache eine große Rolle gespielt. Es wäre deshalb für den Ausschuss sicher wünschenswert, zu wissen, ob es eine Statistik über den Erfolg der Vollstreckung gibt. Dabei darf man nicht nur an die Fälle denken, wo kein Widerspruch erhoben wird; denn heute kann gegen den Zahlungsbefehl immer noch Widerspruch erhoben werden. Es interessiert also, zu erfahren, ob es trotz aller Schuldnerschutzvorschriften in der Praxis wirklich noch vorkommt, dass jemand, der einen Zahlungsbefehl erlässt, in einer Woche sein Geld bekommt.

Staud: Eine Statistik darüber, ob und wann die Leute Geld bekommen haben, besitzt das Justizministerium nicht. Darüber könnten vielleicht die Handelskammern Angaben machen.

Pagenstecher: Ich möchte weiter noch folgende Frage aufwerfen: Wenn die Frist auf zwei Wochen festgesetzt wird, dann beträgt sie auch für die anderen Gläubiger zwei Wochen. Es ist also nicht zuzugeben, dass es so schneller geht. Wenn die Frist für alle Gläubiger zwei Wochen beträgt, dann sind die Waffen gut und gleich.

Staud: Von dem Amtsgerichtsdirektor in Düsseldorf habe ich mir die Zahlen für den Monat August 1937 für die Mahnsachen des dortigen Bezirks geben lassen. Danach ist dort bei 1500 Mahnsachen in 57,2% der Fälle Vollstreckungsbefehl ergangen. In 24,8% der Fälle ist die Sache infolge Widerspruchs an die Zivilabteilung und an das Landgericht gegangen. In 14% der Fälle ist weder Widerspruch eingelegt, noch Zahlungsbefehl beantragt worden. In 4% der Sachen ist anderweitige Erledigung erfolgt. Diese Zahlen sind rein örtlich und lassen an sich keinen allgemeinen Schluss zu. Wie mir aber Herr Oberlandesgerichtsrat Fechner eben sagt, ist vor zwei Jahren in verschiedenen sowohl städtischen wie ländlichen preußischen Gerichtsbezirken eine Zählung durchgeführt worden, die ungefähr dasselbe Ergebnis gehabt hat. Da kommen nur Schwankungen von 5 oder 6% vor. (*Altstötter:* Wie viel Einsprüche sind gegen Vollstreckungsbefehle eingelegt worden?) Die 24,8% beziehen sich auf Widerspruch und Einspruch, aber meiner Erinnerung nach sind die Einspruchsfälle sehr minimal.

Vorsitzender: Der Gläubiger, der davon überzeugt ist, dass sein Schuldner nichts einwenden kann, wenn er einen Zahlungsbefehl bekommt, rechnet nicht mit dem Widerspruch und glaubt, dass sein Fall zu den 57,2% der Fälle gehört, wo der Zahlungsbefehl ohne weiteres zum Ziel führt. Er wird es daher nicht auf ein Versäumnisurteil ankommen lassen, da er dann frühestens in drei Wochen zu seinem Gelde kommen kann. Aber vielleicht können die Herren Gerichtsvollzieher die Frage beantworten, wie alt nach ihren Erfahrungen die Zahlungsbefehle sind, die zur Vollstreckung kommen.

Schneemelcher: Für die Wirtschaft ist der Zahlungsbefehl ein Rechtsmittel, um eine unstreitige Forderung ohne Umstände hereinzubringen. Die dreitägige Frist im § 8 ist für die Praxis viel zu kurz. Es werden auf diese Weise Hunderttausende von Vollstreckungsbefehlen erteilt, die nicht nötig wären, wenn die Frist *auf fünf bis sieben Tage verlängert* wird. Dazu sollte man sich aus praktischen Gründen entschließen.

Die Frage, in welchem Umfang aufgrund von Vollstreckungsbefehlen, die erteilt werden, später tatsächlich Vollstreckungen durchgeführt werden, kann ich dahin beantworten, dass weniger als die Hälfte der Vollstreckungsbefehle überhaupt zur Vollstreckung kommt, weil der Lieferant, der seine Kunden nicht verlieren will, weiter liefert und sich nur mal einen Zahlungsbefehl erwirkt, um zu erreichen, dass er zu seinem Gelde kommt. Auf die praktische Durchführung des Zahlungsbefehls kommt es ihm keineswegs immer an.

Dann haben wir auch Bedenken dagegen zu erheben, dass die Vollstreckungsklausel ohne besonderen Antrag erteilt werden soll. Denn es werden Hunderttausende vollstreckbarer Titel in die Welt gesetzt, aus denen innerhalb von drei Monaten noch vollstreckt werden kann.

Zu den widerstreitenden Anschauungen der Herren Altstötter und Jonas möchte ich aufgrund meiner mehr als 25jährigen Tätigkeit als Gerichtsvollzieher sagen: Die Fälle, in denen eine Vollstreckung bewusst zu Unrecht aus einem vollstreckbaren Titel durchgeführt wird, sind so ungeheuer selten, dass ich selbst mich nicht eines einzigen Falles erinnern kann. Ich entsinne mich keines Falles, wo ein Gläubiger bewusst aus reiner Schikane eine Zwangsvollstreckung betrieben hätte.

Altstötter: Würden ernste Bedenken bestehen, dieses Verfahren ganz einfach folgendermaßen zu gestalten: Zahlungsbefehl wird erlassen mit einer Frist von vielleicht zehn Tagen; innerhalb von zehn Tagen muss der Schuldner Widerspruch erheben. Tut er es nicht, dann ist dieser Zahlungsbefehl einfach gleich einem für vollstreckbar erklärten Urteil. Dann hat der Schuldner nur die Möglichkeit, Einwendungen geltend zu machen, die erst nach der Beantragung des Zahlungsbefehls entstanden sind. Ich will also zunächst dem Schuldner die Möglichkeit geben, die Einwendungen vorzubringen und die Sache ins Prozessverfahren hinüberzuleiten. Tut er das nicht, dann muss er die Konsequenz tragen. Ich stehe nicht ein, warum, wenn der Widerspruch nicht innerhalb dieser Frist erfolgt, später noch eine Frist gegeben sein soll. Die erfolgte Zahlung kann ja der Schuldner jederzeit geltend machen, und wenn der Gläubiger zu Unrecht Forderungen erhebt, hat der Schuldner den Entschädigungsanspruch. Ausgangspunkt der vorgeschlagenen Regelung ist der Grund, dass man die Zeitspanne, die heute praktisch nötig ist, um im Mahnverfahren einen Vollstreckungsbefehl zur Vollstreckung zu bringen, für die Regelfälle noch kürzer machen möchte. Der Erlass des Vollstreckungsbefehls von Amts wegen bedeutet eine beträchtliche Abkürzung. Diese wünscht man für die Regelfälle und nimmt nun die anderen Fälle in Bausch und Bogen zu Ungunsten der Gläubiger mit hinein. Das möchte ich vermeiden, indem ich lieber dem Schuldner allgemein zehn Tage Zeit geben will. Ich stimme Herrn Schneemelcher durchaus darin bei, dass es den Firmen nicht so sehr auf die Schnelligkeit ankommt als vielmehr auf die Möglichkeit, unbestrittene Forderungen im geordneten Verfahren ohne Verhandlung und ohne Termin durchsetzen zu können. Deshalb empfehle ich, eine möglichst einfache Regelung zu treffen, die sich sicher allgemeiner Beliebtheit erfreuen wird.

Schultze: Ich stimme durchaus dem vorgeschlagenen Verfahren zu, da es eine große Vereinfachung mit sich bringt. Ich halte es nicht für richtig, hier von einem „doppelten Widerspruch" zu sprechen. Tatsächlich ist es so, dass gegen den erlassenen Zahlungsbefehl binnen drei Monaten Widerspruch erhoben werden kann. Falls der Widerspruch nicht binnen drei Tagen erhoben wird, so wird auf jeden Fall die vollstreckbare Ausfertigung erteilt. Ein später als drei Tage erhobener Widerspruch hemmt die Vollstreckung nicht.

Nun möchte ich zur Erwägung stellen, ob es nicht möglich ist, die Einstellung der Zwangsvollstreckung noch etwas einzuschränken. Man sollte vielleicht hervorheben, dass die Einstellung nur stattfinden darf, wenn die Einwendungen auch hinreichend substantiiert sind und Hand und Fuß haben. Ferner sollte man vielleicht durch eine entsprechende Klausel im Gesetz die Einstellung der Vollstreckung dann als gerechtfertigt hinstellen, wenn jemand ohne sein Verschulden erst nach Ablauf der Frist Einwendungen geltend machen kann.

Auf die Begründung des Widerspruchs wird man nicht verzichten können, da doch dem Zahlungsbefehl Rechtskraft innewohnt und man natürlich genau wissen muss, was rechtskräftig geworden ist. Andererseits muss natürlich vermieden werden, dass ein unschlüssiger Anspruch, z.B. eine Spielschuld, vollstreckt wird.

Bruhn: Aus der Bevölkerung hört man häufig den Wunsch, dass ein schnelleres Verfahren eingeführt werden möchte. Wenn der Arrest künftig nicht mehr die Wirkung haben wird wie früher, dann wird der Zahlungsbefehl sehr viel weniger mit dem Prozessverfahren in den sehr häufigen Fällen in Konkurrenz treten, wo den Leuten daran liegt, schnell einen Titel zu bekommen. Trotz der gebotenen Schnelligkeit sollte man aber einen Vollstreckungsbefehl nie ohne Antrag hinausgehen lassen, damit nicht Titel in der Welt herumlaufen, obwohl die Sache schon erledigt ist.

Vorsitzender: Wenn wir die Bilanz dieser interessanten und eingehenden Erörterungen ziehen, werden wir nur sagen können, dass die widersprechenden Meinungen sich nicht haben vereinigen lassen. Immerhin habe ich den Eindruck, als ob die Zahl derer überwiegt, die das hier vorgeschlagene Verfahren billigen. Jetzt weiter zu debattieren, wird uns nicht dem Ziele näher führen. Wir alle müssen uns diese Fragen noch einmal überlegen und werden sie später noch einmal besprechen, wenn uns eine Formulierung vorliegt.

Dann kommen wir zu dem folgenden Abschnitt: Wie soll die Sache weiter gestaltet werden, wenn rechtzeitig Widerspruch eingelegt ist? Dann kann jede der Parteien den Antrag auf Anberaumung eines Termins stellen.

Wie ist es nun, wenn das angerufene Gericht nicht zuständig ist? Da wird gesagt: Wenn es sich um eine Landgerichtssache handelt, soll nur der Gläubiger das Recht haben, die *Verweisung an das Landgericht* zu beantragen, so dass die Sache schon vor der Terminanberaumung an das Landgericht abgeschoben werden kann. Dem Schuldner gibt man dieses Recht nicht, weil man sagt, das würde ganz aus dem System herausfallen. Immerhin würde dadurch eine Verzögerung eintreten. Der Schuldner müsste abwarten, bis der Termin vor dem Amtsgericht ansteht, und müsste in diesem Termin geltend machen, dass die Sache vor dem Landgericht ausgetragen werden muss. Ob es ein großer Fortschritt ist, dass man hier die Möglichkeit schafft, dass der Schuldner das Verfahren durch seinen eigenen Antrag abkürzt, mag dahinstehen. Ich bitte, diesen Punkt in der Aussprache noch zu behandeln.

Dann steht unter 7 c) „Verweisung an ein anderes zuständiges Gericht nur dann, wenn der Schuldner dessen Zuständigkeit geltend macht *und* der Gläubiger Verweisung und Termin beantragt". Wie ist es nun, wenn z.B., was hier in Klammern als Beispiel angeführt wird, das Arbeitsgericht zuständig ist? Warum muss da gewartet werden, bis der Schuldner dessen Zuständigkeit geltend macht? Wenn das Gericht merkt, dass es sich um eine arbeitsgerichtliche Sache handelt und den Gläubiger darauf hinweist, der dem Gericht anheimstellt, die Sache an das Arbeitsgericht zu verweisen, – warum soll der Schuldner, auf dessen Willen es gar nicht ankommt, allein ausschlaggebend sein? Die Zuständigkeit des Arbeitsgerichts kann doch nicht durch stillschweigende Vereinbarung begründet werden. Ich bitte, noch einmal zu prüfen, ob man das ohne weiteres so lassen kann, wie es hier vorgeschlagen ist.

Die Frage ist schon erörtert worden, ob man zulassen soll, dass die vollstreckbare Ausfertigung ohne besonderen Antrag erteilt wird. Da ist ein gewisses Bedenken nicht zu unterdrücken, weil ein großer Teil der Fälle sich dadurch erledigt, dass der Schuldner aufgrund des Zahlungsbefehls zahlt. Wenn wir annehmen, dass wir jährlich 4 Mio. Zahlungsbefehle haben, würde der Gläubiger vielleicht in 1 Mio. dieser Fälle eine vollstreckbare Ausfertigung erhalten, obwohl er nicht vollstrecken darf und gar kein Interesse an dieser vollstreckbaren Ausfertigung hat. Das scheint mir aber mehr eine technische Frage zu sein. Hinsichtlich des Erlöschens des Zahlungsbefehls habe ich auch keine Bedenken. Zweifelhaft ist mir aber, wie die Herren sich die Verjährung gedacht haben. Muss man nicht sagen, dass dann, wenn der vollstreckbare Zahlungsbefehl erlischt, die Unterbrechung der Verjährung überhaupt nicht als eingetreten gilt? So ist es doch heute, und wenn man das nicht will, müsste man das ausdrücklich sagen.

Staud: Zu Fall 7 b! Heute hat der Schuldner die Möglichkeit, eine Sache an das Landgericht zu bringen, von der der Gläubiger sagt, dass nach den Geschäftsbedingungen die Zuständigkeit des Amtsgerichts vereinbart sei. Dass in Beitreibungssachen die sachliche Zuständigkeit des Amtsgerichts in den Geschäftsbedingungen oft vereinbart wird, ist wohl richtig, und ich bin auch nicht der Auffassung, dass das unter allen Umständen bekämpft werden müsste. Auch wenn man es bekämpfen würde, glaube ich nicht, dass man es auf dem Wege tun darf, dass dem Schuldner die Möglichkeit eröffnet wird, dem Gläubiger das Gericht, das dieser zunächst angegangen hat, einseitig zu nehmen. Es kommt auch nicht in Frage, dass der Gläubiger für den doch zunächst zweifelhaften Fall, dass der Schuldner überhaupt die Unzuständigkeit des Amtsgerichts geltend machen wird, seinerseits sagen muss, dass im Falle eines Widerspruchs und eines Verweisungsantrages des Schuldners die Sache beim Amtsgericht bleiben solle, da dessen Zuständigkeit vereinbart sei. Es besteht auch nicht das geringste Interesse daran, dem Schuldner diese Beschleunigungsmöglichkeit, die Sache an das Landgericht zu bringen, zu geben. Der Mann, der ein Interesse an der Beschleunigung hat, ist nicht der Schuldner, sondern der Gläubiger.

Auch im Falle c) geht der Vorschlag davon aus, dass die Verweisung, da sie für das angewiesene Gericht bindend ist, nur der Gläubiger herbeiführen kann. Der soll aber die Möglichkeit nur dann haben, wenn der Schuldner nunmehr die Zuständigkeit dieses Gerichts, in dessen Bezirk er vielleicht wohnt, geltend macht. Wenn wir dem Gläubiger die Möglichkeit der Verweisung in diesem Verfahrensstadium geben, ohne dass der Schuldner die Unzuständigkeit geltend macht, bringen wir in den Prozess ein Novum herein, das wir heute noch nicht haben. Solange der Schuldner die Unzuständigkeit nicht geltend macht, soll die Sache bei dem Gericht bleiben, bei dem der Gläubiger sie angebracht hat, es sei denn, dass sich die Unzuständigkeit aus einem von Amts wegen zu berücksichtigenden Punkt ergibt. Wenn der Schuldner Widerspruch einlegt, muss er sich darauf verlassen können, dass die mündliche Verhandlung, die er mit seinem Widerspruch erstrebt, vor dem Amtsgericht stattfindet, vor dem der Gläubiger das Verfahren begonnen hat. Der Fall, dass das Gericht bei Erlass des Zahlungsbefehls zunächst übersieht, dass die ausschließliche Zuständigkeit eines anderen Gerichts besteht, z.B. in einer arbeitsgerichtlichen Sache, und dass das nachher erkennbar wird, wird sehr selten sein. Wenn wir an den Inhalt des Antrages erhöhte Anforderungen stellen und eine halbwegs eingehende Substantiierung fordern, wird ja die Frage, ob es sich um eine arbeitsgerichtliche, eine amtsgerichtliche oder landgerichtliche Sache handelt, in der Regel vom Gericht bei Erlass des Zahlungsbefehls hinreichend geprüft werden können. Ist es aber vom Gericht übersehen worden, dann ist es wirklich kein Unglück, wenn in dem Fall, dass der Schuldner die Verhandlung vor dem Amtsgericht wünscht, von dem der Zahlungsbefehl ergangen ist, der Termin ruhig da stattfindet.

Vorsitzender: Ich würde doch vorschlagen, Punkt c einfach fallen zu lassen und nur die Möglichkeit zu a und b zu geben.

Staud: Ich denke an den Fall, dass der Schuldner im Mahnverfahren mit der Behauptung in Anspruch genommen wird, Berlin sei als Gerichtsstand vereinbart, und dass er von Frankfurt aus Widerspruch einlegt und die Zuständigkeitsvereinbarung bestreitet. Jetzt sieht der Gläubiger, dass er mit Zuständigkeitsvereinbarungen nicht weiterkommen wird. Weshalb soll ich dem Gläubiger dann nicht die Möglichkeit geben, bevor ein Termin in Berlin stattfindet, sich damit einverstanden zu erklären, dass die Sache ohne mündliche Verhandlung nach Frankfurt geht? Das halte ich gegenüber der bisherigen Regelung, die eine Verweisung ohne mündliche Verhandlung nicht hatte, für einen so enormen Gewinn, dass ich dringend bitten möchte, von der Streichung des Punktes c abzusehen.

Altstötter: Ich möchte zu dem ersten Punkt, den Herr Staud erörtert hat, daran erinnern, dass bedeutende Firmen ihren Sitz an einem Amtsgerichtsplatz haben und es sich für den Schuldner nur darum handelt, zu verhüten, dass er erst noch für einen Termin vor dem Amtsgericht einen Anwalt bestellen muss. Hier strebt der Schuldner danach, die Verweisung an das Landgericht gleich zu erreichen, damit er dort einen Anwalt bestellen kann. Das Beschleunigungsinteresse des Schuldners tritt dabei nicht hervor, sondern sein Kosteninteresse.

Staud: Wenn es sich nur um die Frage der sachlichen Zuständigkeit handelt, dann glaube ich, dass man Ihren Einwand anerkennen muss. Das Kosteninteresse ist da nicht so groß. In diesen Fällen wird ein und derselbe Anwalt sowohl bei dem Amtsgericht wie auch bei dem Landgericht zugelassen sein, so dass der Schuldner zu einem Anwaltswechsel nicht genötigt ist. Das Risiko taucht erst auf, wenn der Schuldner geltend macht, dass es erstens an der örtlichen Zuständigkeit und zweitens an der sachlichen Zuständigkeit fehlt, und dann haben wir wieder einen Fall, in dem man das dem Gläubiger überlassen muss. Der Gläubiger soll doch selbst bestimmen, bei welchem Gericht er seinen Prozess führen will. Dafür trägt er ja die Kosten. Ich kann aber nicht einsehen, dass man aus irgendwelchen Gründen dem Kläger gegen seinen Willen ohne Verhandlung und ohne ihn gehört zu haben, das Gericht nimmt, das er angegangen hat. Ich kann ihm die Möglichkeit geben, seinerseits ohne mündliche Verhandlung von dem angegangenen Gericht zu einem anderen überzugehen, indem er vor der mündlichen Verhandlung zum Zwecke der Kostenersparnis, der Beschleunigung oder aus anderen Gründen die Verweisung herbeiführt. Umgekehrt aber den Gläubiger ohne mündliche Verhandlung und ohne ihn gehört zu haben, auf einen bloßen Antrag des Beklagten hin von dem Gericht, das er angegangen hat, zu vertreiben, kann ich wirklich nicht als berechtigt anerkennen. Das mag in gewissen Einzelfällen im Interesse der Kostenersparnis zweckmäßig sein. Dann wird der Gläubiger aber wieder genötigt, große Kosten aufzuwenden, obwohl es sich um einen faulen Schuldner handelt, und bei einem auswärtigen Landgericht einen Anwalt zu bestellen. (*Altstötter:* Ich halte die Frage praktisch nicht für sehr wichtig!)

Vorsitzender: Mich stört, dass mir noch nie Klagen über den heutigen Zustand zu Ohren gekommen sind.

Pagenstecher: Wir müssen wohl einmal die Vorfrage stellen, ob nicht das Gericht, ehe es eine Sache an ein anderes Gericht verweist, prüfen muss, ob das andere Gericht zuständig ist. (*Vorsitzender:* Davon gehen wir ja aus!)

Staud: Jetzt ist die Rechtslage die, dass der Schuldner die Verweisung an das Landgericht im Prozess überhaupt nicht herbeiführen kann, sondern der Gläubiger die Wahl hat, ob er Verweisung beantragen will oder ob er das Gericht durch Urteil über die Zuständigkeit entscheiden lassen will, – eine m.E. vollkommen gesunde Regelung, von der abzugehen gar kein Anlass besteht.

Pagenstecher: Punkt c betrifft die Verweisung an ein anderes *zuständiges* Gericht, wenn der Schuldner dessen Zuständigkeit geltend macht und der Gläubiger Verweisung und Termin beantragt. In diesem Fall muss aber immer auch Voraussetzung sein, dass das Gericht prüft, ob das gewünschte Gericht zuständig ist. Auch wenn beide Parteien Verweisung an das Arbeitsgericht beantragen, weil sie dieses Gericht für zuständig halten, darf das Gericht doch nicht ohne weiteres verweisen, sondern nur dann, wenn das Arbeitsgericht wirklich zuständig ist!

Staud: In der mündlichen Verhandlung soll die Frage der Zuständigkeit geprüft und dann jedenfalls aufgrund mündlicher Verhandlung vom angegangenen Gericht verwiesen werden.

Altstötter: Wir haben es praktisch folgendermaßen gemacht. Wir haben dem Gläubiger den Wunsch des Schuldners mitgeteilt und ihn aufgefordert, sich zu äußern und gegebenenfalls den Verweisungsantrag zu stellen. Hat der Gläubiger das getan, dann hat man geprüft, ob aufgrund der vorhandenen Unterlagen die Zuständigkeit des angegangenen Gerichts, an das verwiesen werden sollte, gegeben war. War sie gegeben, dann hat man verwiesen, und war sie nicht gegeben, dann hat man einfach Termin vor dem eigenen Gericht anberaumt. In der mündlichen Verhandlung wurde dann noch einmal darauf eingegangen.

Jonas: Die Fragen der Verweisung liegen ja absolut auf dem Gebiet der Technik; das haben die ständigen Änderungen durch die Novellen gezeigt. Nach meiner Meinung haben die ganzen Fragen keine besondere Bedeutung. Bei der Regelung, die durch die Gruppierung in a, b und c vielleicht ein wenig kompliziert aussieht, hat uns Folgendes vorgeschwebt. Unser Gesetz leidet an zwei Mängeln. Der eine ist der, dass die Verweisung an das übergeordnete Landgericht vom Schuldner auch in den Fällen forciert werden kann, in denen eine Provokation auf das Amtsgericht vorlag. Ob das in der Praxis eine große Bedeutung hatte oder nicht, darüber haben wir nicht weiter nachgedacht. Jedenfalls haben wir diese Unstimmigkeit bereinigen wollen. Der zweite Mangel ist der, dass die Verweisung an ein anderes Gericht eine mündliche Verhandlung voraussetzt. Es ist zweifellos eine Unstimmigkeit unseres jetzigen Gesetzes, dass die Verweisung an das übergeordnete Gericht ohne mündliche Verhandlung möglich ist, während, wenn an ein Nachbargericht verwiesen werden soll, wenn es sich nicht um sachliche, sondern um örtliche Zuständigkeit handelt, ein Termin anberaumt werden muss, Anwälte bestellt werden müssen usw. Daran hat sich, insbesondere auf dem Kostengebiet, ein solcher Wust von Zweifelsfragen geknüpft, dass es uns zweckmäßig erschien, diese Fragen zu bereinigen. Da ist der glatteste Weg der, dass man sagt: zur Verweisung an ein anderes Gericht, ob es nun das übergeordnete Landgericht, ein anderes Amtsgericht, ein diesem übergeordnetes Landgericht oder ein Arbeitsgericht ist, ist Voraussetzung, dass der Schuldner Einwendungen gegen die Zuständigkeit erhebt und der Gläubiger daraufhin sagt: Ich will mich über Zuständigkeitsfragen nicht streiten, sondern folge deinem Wunsch und beantrage die Überweisung an das andere Gericht. Ein dazwischen liegendes Verfahren bedeutet das eigentlich kaum. Von dem eingehenden Widerspruch wird der Kläger ohnehin in Kenntnis gesetzt; er ist es doch, der normalerweise den Termin beantragt. Die Frage des Arbeitsgerichts nun wird man praktisch auch folgendermaßen ansehen müssen. Der Gläubiger stellt einen Antrag z.B. aus Werkvertrag, und der Schuldner erhebt Widerspruch, weil er nichts schulde, und macht geltend, dass es sich im Übrigen um eine Arbeitsgerichtssache handle und dass er sie vor das Arbeitsgericht bringen wolle. Wenn dann der Gläubiger um Termin vor dem Arbeitsgericht bittet, können wir wohl für das Gros der Fälle annehmen, dass es sich tatsächlich um eine Arbeitsgerichtssache handelt. Wenn der Gläubiger es dagegen nicht für eine Arbeitsgerichtssache hält und Verhandlung vor dem Amtsgericht wünscht, dann mag aufgrund des Termins das Amtsgericht die Klage wegen Unzuständigkeit abweisen, oder es wird der Antrag aus § 276 ZPO gestellt.

Vorsitzender: Es ist nur misslich, dass hier, wo es auf den Willen des Schuldners gar nicht ankommt, zur Voraussetzung gemacht wird, dass der Schuldner die Unzuständigkeit gerügt hat. Das ist doch gar nicht nötig!

Jonas: Wenn er sie nicht rügt, ergeht Termin vor dem Amtsgericht, und in diesem Termin ist darüber zu entscheiden, ob die Sache an das Arbeitsgericht zu verweisen ist. Für die Frage, ob das Arbeitsgericht oder das Amtsgericht zuständig ist, kommen doch nur Grenzfälle in Betracht.

Vorsitzender: Nur der Gläubiger hat das Recht, die Verweisung zu bestimmen. Der Gläubiger hat ein Recht, die Entscheidung des Gerichts über die Zuständigkeit herbeizuführen, und zwar eine Entscheidung, die rechtsmittelfähig ist. Ich meine den Fall, dass der Gläubiger selbst sich überzeugt, dass das, was er geltend macht, keine Agentenforderung ist, da er nur Angestellter ist, dass er mit Rücksicht darauf nun beim Amtsgericht den Antrag der Verweisung an das Arbeitsgericht stellt und das Amtsgericht sich davon überzeugt, dass das richtig ist. Nach dem Entwurf soll es darauf ankommen, was der Gegner will!

Jonas: Wenn z.B. ein Zahlungsbefehl wegen eines Deflorationsanspruchs ergeht und der Schuldner nun einwendet, dass das Arbeitsgericht zuständig sei, und der Gläubiger auch Verweisung an das Arbeitsgericht wünscht, wird doch das Amtsgericht selbstverständlich sagen, dass hier nicht Verweisung an das zuständige Gericht, sondern überhaupt etwas Falsches beantragt wird. Aber wenn bei einem Dienstvertrag z.B. der Beklagte einwendet, dass das Arbeitsgericht zuständig sei, und der andere mit der Verweisung einverstanden ist, braucht man wirklich nicht zu verlangen, dass die Verweisung von Amts wegen zu prüfen und erst aufgrund mündlicher Verhandlung zuzulassen ist. Das will mir bei der Seltenheit dieser Fälle als eine solche Kleinigkeit erscheinen, dass man diese gewisse Unstimmigkeit ruhig in Kauf nehmen sollte.

Die Frage, wie es mit der Verjährung gehalten werden soll, ob die Verjährungsfrist von neuem läuft oder ob eine neue Verjährungsfrist an ein bestimmtes Ereignis und an welches Ereignis anknüpft, kann man so und auch so regeln. Es kommt nur darauf an, dass der Gesetzgeber klar sagt, was er meint, und da scheint mir das Beste zu sein, dass man eine Unterbrechung der Verjährung vorsieht, nach der die Verjährungsfrist von neuem zu laufen beginnt, natürlich die kurze Verjährungsfrist. Bei einer Klagerücknahme ist es anders. Man wird natürlich bei der Verjährung darauf zu achten haben, dass man Fälle, die systematisch vielleicht verschieden liegen, die aber praktisch gleich sind, praktisch auch ebenso regelt. Ich glaube, im Augenblick genügt es vorzumerken, dass die Verjährungsfrage positiv klargestellt werden muss – wie, ist meiner Meinung nach ganz gleichgültig.

Wenn hier von einer Million von Titeln gesprochen worden ist, dann brauchen wir uns durch solche Zahlen nicht so sehr schrecken zu lassen. Wir geben uns doch der Hoffnung hin, dass nicht nur der Gerichtsvollzieher beitreibt, sondern dass auch gutwillig gezahlt wird.

Altstötter: Hier ist die Rechtshängigkeit auf den Zeitpunkt der Zustellung des Zahlungsbefehls bezogen. Ich weiß nicht, welche Erwägungen maßgebend gewesen sind, nicht auf die Antragstellung abzustellen.

Staud: Bei der Verjährungsunterbrechung wollten wir es bei dem bisherigen Zustand belassen, dass, wenn die Zustellung demnächst erfolgt, die Verjährung schon durch die Stellung des Antrags als unterbrochen gilt. Ob ein Interesse daran besteht, auch die Rechtshängigkeit in ihrer Wirkung vorzudatieren, müsste man sich überlegen. Auf den ersten Blick sehe ich kein rechtes Interesse. Bei der Verjährungsunterbrechung besteht ja das akute Interesse, dass die Verjährungsfrist am 31. Dezember abläuft – und dass das Mahngesuch, das am 20. Dezember eingereicht wird, nicht vergebens ist. Die Zustellung des Güteantrags begründet ja auch die Rechtshängigkeit, wenn nachher in das Streitverfahren eingetreten wird.

Vorsitzender: Das ist aber nur der Fall, soweit eine Frist gewahrt oder die Verjährung unterbrochen werden soll. Die Vorschrift des § 496 Abs. 3 gilt auch für das Mahnverfahren.

Pagenstecher: Mir ist die Haftung in Punkt 9 des Entwurfs noch nicht ganz klar geworden. Hier ist zunächst für den Fall der Aufhebung des Zahlungsbefehls die Haftung auf Rückgewähr des Beigetriebenen vorgesehen und dann die Möglichkeit von weitergehenden Ansprüchen aus unerlaubter Handlung angedeutet. M.E. liegt hier das Richtige in der Mitte. Dem Schuldner ist durch die Vollstreckung doch ein Schaden erwachsen, und nach meiner Auffassung kommt nicht § 717 Abs. 3, sondern § 717 Abs. 2 zur Anwendung, wobei ich als selbstverständlich voraussetze, dass die uferlosen Schadenersatzansprüche überhaupt in unserem Recht abgeschafft werden. Aber hier etwa nach Kondiktionsgrundsätzen nur einen Rückgewähranspruch zu geben, halte ich für absolut verfehlt. § 717 Abs. 2 muss unbedingt aufrecht erhalten bleiben, insbesondere, wenn an der dreitägigen Frist festgehalten werden soll. Andernfalls würde man den Schuldner zu sehr schädigen.

Staud: Wir haben das Problem schon im Zusammenhang mit der Arresthaftung und der vorläufigen Vollstreckbarkeit erörtert. Ich stehe auf dem Standpunkt, dass jemand, der ein landgerichtliches vorläufig vollstreckbares Urteil vollstreckt, nicht auf Schadenersatz haften darf. Wer ein staatliches Urteil hat, muss es vollstrecken können, ohne ein Schadenersatzrisiko zu laufen. Ich bin auch der Meinung, dass das Erlangte zurückgewährt werden soll und dass man eine Verbrauchseinrede nicht geben soll. Diesen Standpunkt sollte man auch beim Zahlungsbefehl einnehmen. Anders ist es beim Arrest, weil dieser bewusst eine provisorische Maßnahme ohne Sachprüfung darstellt.

Pagenstecher: Ich bin in Bezug auf das vorläufig vollstreckbare Urteil nicht Ihrer Ansicht, muss aber betonen, dass die Dinge in beiden Fällen ganz verschieden liegen. Das Mahnverfahren geht sozusagen automatisch vor sich, und da widerspricht Ihr Standpunkt meinem Rechtsgefühl. Wenn der Gläubiger das schnelle Mahnverfahren anwendet, muss er es auf seine eigene Gefahr tun.

Jonas: Was Herr Pagenstecher jetzt ausführt, scheint mir in der Tat recht beachtlich zu sein, und es ist mir wirklich sehr zweifelhaft, ob wir an dem festhalten, was wir in Dresden bei der vorläufigen Vollstreckbarkeit festgelegt hatten. Jedenfalls wird man diese Frage noch einmal durchdenken müssen. Misslich scheint mir insbesondere zu sein, dass man dieselbe Frage an verschiedenen Stellen verschieden regelt.

Pagenstecher: Die Österreicher lassen überhaupt keine Vollstreckung, sondern nur Sicherungsmaßnahmen zu. Wenn wir nun trotzdem entgegen dem österreichischen Recht die vollkommene Vollstreckung zuzulassen, müssen wir mindestens einen Schadenersatzanspruch geben.

Stagel: Der Gläubiger, der nicht hundertprozentig sicher weiß, dass seine Forderung bis in die letzte Instanz auch wirklich hieb- und stichfest ist, muss mit der Vollstreckung eben warten, bis er eine endgültige Entscheidung in der Hand hat!

Vorsitzender: Das Argument von Herrn Staud, dass man nicht jemanden zum Schadenersatz verurteilen kann, der sich auf ein Urteil eines Gerichts verlässt, können wir, glaube ich, nicht ohne weiteres billigen; denn er muss ja mit der Möglichkeit rechnen, dass die höhere Instanz anders entscheidet, und wenn er den Schuldner trotzdem vor eine vollendete Tatsache stellt, tut er es auf seine Gefahr.

Jonas: Wir sind darüber einig, dass eine reine Kausalhaftung für unvorhersehbare Schäden ausgeschlossen werden muss. Folgender Gesichtspunkt scheint mir auch nicht unbeachtlich zu sein. Wenn wir dem Schuldner keine Möglichkeit geben, den Gläubiger wegen der Schäden nachher zu belangen, werden bei dem Gläubiger alle Risikohemmungen ausgeschaltet. Umso stärker wird die Verantwortung des Gerichts bei der einstweiligen Einstellung. Im praktischen Ergebnis besteht die Gefahr, dass die Einstellungspraxis immer schuldnerfreundlicher werden wird, während wir sie ja gerade vorsichtiger gestalten wollen.

Schultze: Ich glaube, das ganze Problem sollte nach der erstmaligen Beratung überhaupt noch einmal eingehend erörtert werden. Bisher ist die Frage des Schadenersatzes immer nur am Rande mitbehandelt worden. (*Staud:* Die Frage muss im Gesamtzusammenhang erörtert werden!)

Pagenstecher: Es hieß, man hätte für das bürgerliche Recht die Absicht, die uferlosen Schadenersatzansprüche zu beseitigen oder wenigstens eine Begrenzung vorzunehmen.

Vorsitzender: Das ist schon an verschiedenen Stellen zum Ausdruck gekommen, z.B. im Patentgesetz. Wir stehen auf dem Standpunkt, dass man den Schadenersatz nach dem Maß des Verschuldens abstufen soll und dass man nicht bei einem ganz geringfügigen Verschulden unter allen Umständen bis zum letzten Pfennig Schadenersatz leisten muss. In solchen Fällen soll der Richter eine Billigkeitsentscheidung treffen. (*Pagenstecher:* Bei der Gefährdungshaftung müssten wir auch eine Regelung treffen!)

Wir kommen nun zum *Urkunden- und Wechselzahlungsbefehl.* Ich bin über das Ergebnis der Hamburger Verhandlung einigermaßen überrascht. Wir haben uns damals, als wir den Entwurf 1931 aufgestellt haben, reiflich überlegt, ob der Urkundenprozess überhaupt noch seine Lebensberechtigung hat; denn erfahrungsgemäß dauert ein Urkundenprozess länger als ein gewöhnlicher Prozess. Wenn wir ihn trotzdem aufrecht erhalten haben, dann mit Rücksicht auf den Urkunden- und Wechselzahlungsbefehl. Insbesondere der Wechselzahlungsbefehl wurde von der Praxis gewünscht, während der Urkundenzahlungsbefehl ja gar keine Rolle spielt. Ich hatte damals den Eindruck, dass der Wechselzahlungsbefehl sehr praktisch ist und dass man gute Erfahrungen mit ihm gemacht hat. Ist es wirklich so, dass es jetzt keine Wechselzahlungsbefehle mehr gibt?

Bruhn: Im Verhältnis zu den Tausenden von Zahlungsbefehlen, die wir haben, spielen sie ja eine untergeordnete Rolle. Sie kommen aber doch immer wieder vor, und zwar etwa im Verhältnis der Urkundenprozesse. (*Schlegel:* ich kann auch nur sagen, dass sie sehr selten vorkommen!)

Staud: Wechselklagen gehen so schnell, dass ein Bedürfnis für ein Mahnverfahren in diesem Fall gar nicht besteht.

Jonas: Beim Wechselzahlungsbefehl gibt es ja zwei Arten des Widerspruchs. Erstens kann man die Wechselverpflichtung überhaupt bestreiten und zweitens kann man den Wechseltitel anerkennen, sich aber seine Rechte vorbehalten, die nicht im Urkundenprozess geltend gemacht werden könne. (*Bruhn:* Ein Widerspruch der zweiten Art ist mir nie vorgekommen!) – Ich glaube auch nicht, dass solche Widersprüche in der Praxis erhoben werden.

Bruhn: Liegt nicht das Wesentliche darin, dass nachher bei Widerspruch der Prozess als im Urkundsverfahren anhängig wird? Im Urkundsverfahren würde der Beklagte immer noch auf wechselmäßige Einreden beschränkt sein.

Vorsitzender: Es fragt sich, ob der Wechselzahlungsbefehl überhaupt große praktische Bedeutung hat. Wenn man das verneint, kann man es allerdings billigen. Das heißt, der Wechselprozess wird immer noch praktisch sein, und man wird den Urkundsprozess nicht entbehren.

Staud: Es gibt Fälle, in denen der Urkundsprozess den Zweck haben kann, der geschäftsunkundigen und ungewandten Partei offensichtlich begründete Einwendungen abzuschneiden. Beim Wechselprozess liegt es anders. Allerdings bekämpft die Reichsbank die kleinen Wechsel, und zwar mit gutem Grund. Die großen Wechsel gehen alle vor die Kammer für Handelssachen. Dieser Prozess ist erhaltungsfähig und erhaltungswürdig, der Urkundsprozess dagegen nicht. Alles was auf die Beschränkung der Beweismittel hinausläuft, enthält eine Negierung des Wahrheitsgrundsatzes. Der Wechsel ist ein vom Gesetzgeber geschaffenes und von der Wirtschaft begrüßtes Kreditverkehrsmittel. Aber im Urkundsprozess hat das keinen Zweck.

Vorsitzender: Dann ist dieser Teil erledigt. Hinsichtlich des nun zur Erörterung stehenden zweiten Teils ist es notwendig, die österreichischen Herren über das ins Bild zu setzen, was in Baden-Baden besprochen wurde.

Wir gehen davon aus und wissen uns darin mit den Herren aus Österreich einig, dass der Prozess eine nützliche Rechtsschutzeinrichtung für die Volksgemeinschaft sein soll und nicht der Tummelplatz für Parteiwillkür. Ein solches Verfahren muss so gestaltet sein, dass möglichst frühzeitig der gesamte Streitstoff, den das Gericht zu seiner Entscheidung braucht, so bereitgestellt wird, dass die Parteien in der Lage sind, das Notwendige dem Gericht in einer lebendigen mündlichen Verhandlung vorzutragen. Ferner ist das Ideal, dass man mündliche Verhandlung und Beweisaufnahme nicht in verschiedene zeitlich voneinander getrennte Verfahrensstadien auseinanderreißt, sondern dass man die Unmittelbarkeit auch auf das Beweisverfahren ausdehnt und dieses möglichst unmittelbar an die mündliche Verhandlung anschließt, damit das Gericht unter dem frischen Eindruck des von den Parteien Vorgetragenen in die Beweisaufnahme eintritt und damit auch die Lust der Parteien, dem Gericht etwas vorzulügen, nicht nur durch im Gesetz ausgesprochene Verbote, sondern auch durch die Gefahr eingedämmt wird, sich kurze Zeit später durch eine Zeugenaussage widerlegt und blamiert zu sehen. Diese Unmittelbarkeit der Beweiserhebung ist auch deshalb notwendig, weil etwaige Bedenken, die von den Parteien gegen Zeugenaussagen geltend gemacht werden, soweit sie sich auf das Ergebnis der Beweisaufnahme beziehen, am besten dann gebracht werden, wenn die Beweismittel noch zur Stelle sind. Der Hauptmangel des alten Verfahrens im Reiche war es, dass erst eine Verhandlung stattfand und dann in einem besonderen Termin, womöglich vor dem beauftragten Richter, die Zeugen und Sachverständigen vernommen wurden. Dann geht wieder eine Zeit hin, in der die Parteien nichts Eiligeres zu tun haben, als über den Protokollen zu brüten und auf allerlei dialektische Methoden zu verfallen. Solche Methoden sind geeignet, eine an sich günstige Beweisaufnahme zu Ungunsten des Klägers zu erschüttern und mit allen Folgen dazu zu führen, dass der Prozess schließlich jahrelang dauert. Diesem Übel kann man nur durch die stärkste Konzentrierung durch die mündliche Verhandlung steuern. In Österreich ist es meines Wissens nicht üblich, wenn nicht gar verboten, dass, nachdem eine Beweiserhebung stattgefunden hat, die Parteien noch hin und her darüber reden, wie die Beweisaufnahme zu werten ist. In Österreich ist es so: Mit der Vernehmung des letzten Zeugen zieht sich das Gericht zurück und verkündet nach einiger Zeit sein Urteil. Wir werden noch darüber sprechen müssen, ob uns die Herren aus Österreich die Verhandlung über das Beweisergebnis konzedieren. Bei uns ist das eigentlich eine Lebensfrage, und das Reichsarbeitsgericht hat das Urteil eines übereifrigen Landesarbeitsgerichts aufgehoben, weil die unterlegene Partei rügte, sie hätte sich über das Beweisergebnis nicht erklären können.

Um eine solche Verhandlung gestalten zu können, ist die erste Voraussetzung, dass die notwendigen Erklärungen der Parteien zur Stelle sind und die zweite, dass auch die Beweismittel parat sind. Die Frage ist, wie wir das erreichen.

Gehen wir von dem kollegialgerichtlichen Verfahren aus. Da gibt es eine ganze Reihe von Möglichkeiten, die wir zum Teil dem österreichischen Recht entlehnt haben. Anzuziehen ist hier z.B. die Vorschrift des § 272 b. Danach kann den Parteien die Ergänzung oder Erläuterung ihrer vorbereitenden Schriftsätze usw. aufgehoben werden. Der Vorsitzende kann von sich aus Behörden oder Beamte usw. um Auskunft ersuchen, damit nicht erst in der mündlichen Verhandlung beschlossen zu werden braucht, die Grundakten sollten herangezogen werden. Dann kann er das persönliche Erscheinen der Parteien anordnen, und zwar unterliegen die Parteien beinahe demselben Zwangsmittel wie ein ausbleibender Zeuge. Ferner kann er Zeugen, auf welche eine Partei sich bezogen hat, zur mündlichen Verhandlung laden oder, soweit das zulässig ist, schriftliche Auskünfte von ihnen einholen. Er kann auch die Vornahme des Augenscheins und die Begutachtung durch Sachverständige anordnen oder Sachverständige zur mündlichen Verhandlung laden. Wenn er z.B. annimmt, dass es wesentlich sein wird, über den Gesundheitszustand des Klägers ein Gutachten herbeizuführen, dann kann er sagen: Wir kommen in diesem Termin nicht zu Ende, wenn wir erst beschließen, ein Sachverständiger soll den Kläger untersuchen; daher ordne ich das vor dem Termin an. Der Sachverständige fertigt dann ein schriftliches Gutachten über den Gesundheitszustand des Klägers an. Er kann auch geladen werden, damit er sein Gutachten im Termin mündlich vorträgt. Das sind alles Möglichkeiten, die dazu dienen, dass die mündliche Verhandlung auch von Erfolg begleitet ist.

Nun aber gibt es Sachen von größerer Kompliziertheit, bei denen man mit so einfachen Mitteln nicht weiter kommt, sondern bei denen es nötig ist, dass in einer unmittelbaren mündlichen Aussprache die Punkte festgestellt werden, auf die es dem Gericht ankommt und über die die Parteien Erklärungen abzugeben haben, damit Gericht und Partei nicht aneinander vorbeireden, so dass es im Termin nicht zur Vertagung zu kommen braucht. Hier ist die geltende Zivilprozessordnung aufgrund der Novelle von 1924 auf den Einzelrichter gekommen. Dieser hat die Aufgabe, mit den Parteien den Sachverhalt zu erörtern und auf die Parteien einzuwirken, damit bis zu dem später anzuberaumenden Termin alles bereitgestellt werden kann und klar ist, auf welche Beweismittel es ankommt. Es kann in einem umständlichen Prozess eine Fülle von kleinem Beweismaterial geben, das der Einzelrichter vor dem Termin bereits sichten kann.

Gegen dieses Verfahren haben sich allerdings sehr erhebliche Bedenken erhoben, und es hat sich in der Praxis nicht so einheitlich eingespielt, wie man gehofft hatte. Eine Zahl von Gerichten gibt es, die vom Einzelrichter so gut wie keinen Gebrauch machen, bei anderen führt der Missbrauch dieser Einrichtung dahin, dass der Einzelrichter zu lange über den Sachen brütet, der Vorsitzende die Dinge aus der Hand verliert und dann unter Umständen der Fall eintritt, dass nachher, wenn eine Sache zur mündlichen Verhandlung genügend vorbereitet erscheint, sich herausstellt, dass die Vorbereitung nicht in der richtigen Linie lag und neue Fragen notwendig sind. Deshalb sind andere Gerichte, die in Hamburg z.B., zum Durchrufstermin übergegangen. Die Hamburger schwören, dass ihr Verfahren ideal ist. Es beseitige die Mängel, die das Einzelrichterverfahren habe; bei ihnen sei das ganze Kollegium dabei. Gegen dieses Verfahren habe ich das Bedenken, dass dabei niemals eine Erörterung stattfand. Der Vorsitzende kann alles genauso gut der Partei schriftlich geben. Manchmal ist auch der eigentlich zuständige Anwalt gar nicht da, sondern statt seiner ein Substitut, der das mit stenographiert, was ihm gesagt wird. Eine ideale Vorbereitung ist das also nicht.

Dann wurde erwogen, ob der österreichische Vortermin als eine genügende Vorbereitung gelten könne. Ich habe nach meinen Beobachtungen in Österreich gefunden, dass 40 Vortermine in zehn Minuten erledigt werden, dass in den seltensten Fällen ein Anwalt kommt, sondern ein Bürofräulein, dass also eine sachliche Vorbereitung in mündlicher Erörterung nicht stattfindet. Die Dinge laufen bei diesem Verfahren darauf hinaus, dass man dem Beklagten, wenn er Einwendungen erhebt, sagt: Du wirst deine Einwendungen binnen vier Wochen schriftlich geltend machen. Tut er das aber nicht, so tritt Präklusion ein, so dass ein Versäumnisurteil ergehen kann. Kommt er aber mit der Klagbeantwortung in vier Wochen, dann ist ein Versäumnisurteil in diesem Prozess nicht mehr möglich. Dann wird Termin zur Verhandlung anberaumt, und das Problem ist: wie erreichen Sie es, dass in diesem Termin alles bereit steht? Nach meinen Eindrücken erreicht man das im Vortermin nicht, und da ist man bei uns auf den Gedanken gekommen: Soweit man einer solchen Vorbereitung zu bedürfen glaubt, wäre sie vielleicht ähnlich wie die durch den Einzelrichter zu gestalten. Das soll dann aber nicht so erfolgen, dass der Einzelrichter, der nun gewissermaßen als Stellvertreter der Kammer längere Termine abhält, nach eigenem Gutdünken das Gleis bestimmt, auf das der Prozess geschoben werden soll, sondern dann muss der Vorsitzende dem Berichterstatter, oder wen er sonst beauftragt, ganz bestimmte Richtlinien darüber geben, nach welcher Richtung die weitere Vorbereitung des Prozesses geschehen soll, so dass dann der beauftragte Richter ein Gehilfe ist, der das erreicht, was mit schriftlichen Mitteilungen an die Parteien nur unvollkommen erzielt werden kann.

Dabei ist noch zu erörtern, dass wir das Güteverfahren beizubehalten wünschen, wenn wir es auch umgestalten wollen, indem wir es nicht mehr vor die Klage legen, sondern wie im arbeitsgerichtlichen Prozess bestimmen, dass der erste Termin als Gütetermin abgehalten wird. In diesem Termin soll der Richter in den Streit hineinleuchten und nicht nur seine juristischen, sondern auch seine menschlichen Zusammenhänge prüfen. Der Richter muss natürlich alle Gegengründe, die der Beklagte vorzubringen hat, hören und kann ohne weiteres sagen, wenn eine Einigung nicht zustande kommt: Wir wollen in das Streitverfahren übergehen, aber noch nicht heute; denn es ist noch nicht alles beisammen, was wir brauchen; über den und den Punkt müsst ihr euch noch erklären und müsst Beweismittel angeben; tut das schriftlich, damit ich im nächsten Termin die Zeugen gleich laden kann. Auf diese Weise ist die Vorbereitung im landgerichtlichen Prozess ermöglicht. Eine gütliche Erledigung wollen wir auch ermöglichen; man wird aber beim Kollegialgericht dem Güteverfahren die vorbereitende Bedeutung nicht gut allein beimessen können. Denn wenn erst einmal aufgrund eines Aufgebotes eine ganze Kammer zusammentritt, dann besteht das Bedürfnis, beim Scheitern des Einigungsversuches sofort abschließend zu verhandeln.

Nun frage ich die Herren aus Österreich: Ist es bei Ihnen noch immer möglich, einen Streit in einer Beweisaufnahme und Klagevortrag umfassenden Verhandlung in der Mehrzahl der Fälle zu erledigen und Vertagung zu vermeiden? Wie erreichen Sie die nötige Konzentrierung? Wie helfen Sie sich, wenn in der mündlichen Verhandlung eine Partei plötzlich mit ganz neuen Behauptungen auftritt, auf die sich der Gegner im Augenblick gar nicht erklären kann? Weisen Sie ihn dann mit der Begründung ab: Du hast das schriftsätzlich nicht rechtzeitig vorgebracht; der Gegner konnte sich nicht darauf erklären; ein notwendiger Grund zur Vertagung liegt nicht vor, es ist kein unübersteigliches Hindernis vorhanden; denn das Hindernis wäre leicht zu übersteigen gewesen, wenn du dich rechtzeitig schriftsätzlich geäußert hättest; infolgedessen hören wir dich nicht damit?

Stagel: Die überwiegende Mehrzahl unserer heutigen Prozesse kann nicht in einem Termin erledigt werden. Das liegt aber nicht an den Verfahrensvorschriften, sondern an einer gewissen Mangelhaftigkeit der am Prozess Beteiligten, und zwar sowohl der Richter, als auch der Parteien. Ich bin fest davon überzeugt, dass, wenn alle Richter und insbesondere auch die Parteienvertreter den Prozess unter Ausnutzung der durch das Gesetz gegebenen Bestimmungen so führen würden, wie es möglich ist, in der Mehrzahl der Fälle leicht in einem Verhandlungstermin zu Ende zu kommen wäre. Aber die menschliche Unvollkommenheit bewirkt, dass heute solche Prozesse in der Regel erst in mehreren Verhandlungen zu Ende geführt werden können, wobei ich betonen muss, dass es dabei je nach der Qualität des Richtermaterials große Unterschiede gibt. Die überwiegende Mehrzahl der Prozesse wird in weniger als drei Monaten erledigt. Dann kommt eine große Zahl, die in sechs Monaten zu Ende geführt werden, und die, die über ein Jahr dauern, sind verhältnismäßig selten.

Vorsitzender: Leider zählen Sie in Ihrer Statistik die Versäumnisurteile mit. (*Stagel:* Ja!) Man muss erst wissen wie viel Versäumnissachen Sie haben. Wir haben sehr wenig, weil es uns gelungen ist, während des Krieges und nach dem Kriege das Mahnverfahren populär zu machen. Bei Ihnen gibt es aber noch eine große Zahl von Versäumnisurteilen, und das verschönert die Statistik sehr.

Wie stellen Sie sich nun die zweckmäßigste Terminvorbereitung vor, ohne dass man, sei es in der alten, sei es in der eben angedeuteten abgewandelten Form einen Einzelrichter einschiebt?

Stagel: Bei uns liegt die Sache dadurch grundlegend anders, dass wir eigentlich keinen Senatsprozess mehr haben. Wir haben schon bald nach dem Kriege den Einzelrichter als erkennenden Richter anstelle des Senats auch beim Gerichtshof eingeführt, und zwar zunächst mit einer verhältnismäßig niederen Wertgrenze, die aber rasch erhöht wurde und die heute 50.000 S beträgt, so dass nur ein verschwindender Prozentsatz der Prozesse vor den Senat kommt. Es handelt sich um 4%. Dadurch ist das Problem bei uns nicht mehr aktuell. Denn der Einzelrichter braucht eine Vorbereitung nicht, weil er alles in der mündlichen Verhandlung erledigt. Wenn aber vor der mündlichen Verhandlung eine Vorbereitung schon stattfindet, so gibt in den meisten Fällen der Schriftwechsel zwischen den Parteien, der dem Verfahren vorausgeht, die notwendigen Grundlagen dafür, die erforderlichen Beweismittel für die Verhandlung bereitzustellen. Wenn die Parteien in diesen vorbereitenden Schriftsätzen alles Wesentliche niedergelegt und ihre Beweisanträge vollständig gebracht haben, dann ist es für den Richter leicht, diese Beweismittel zur mündlichen Verhandlung bereitzustellen, aufgrund der mündlichen Verhandlung sofort in die Beweisaufnahme einzutreten, sie zu schließen und das Verfahren zu beenden. (*Vorsitzender:* Sie laden grundsätzlich immer schon die Zeugen zur ersten Verhandlung?) Ja, das ist das Ziel, das den Richtern immer wieder eingebläut wird. Auch in unserem bezirksgerichtlichen Verfahren kann das ein tüchtiger Richter ohne weiteres erreichen, obwohl er da keine Klagbeantwortung hat. (*Vorsitzender:* Wie ist es nun mit der ersten Tagsatzung?) Sie ist fakultativ; sie muss nicht sein und wird auch bei größeren Gerichten, allerdings nicht bei allen, abgehalten. Bei der ersten Tagsatzung soll der Richter das Streitverhältnis rasch soweit erörtern, dass er schon ein Bild über die bereitzustellenden Beweise erhält. (*Vorsitzender:* Das kann er mit dem Bürofräulein machen!) Er sieht das aus der schriftlichen Klage, und der Beklagte ist gewöhnlich im bezirksgerichtlichen Verfahren anwesend, so dass der Richter mit ihm sprechen kann.

Grundsätzlich ist es möglich, dass der Richter mit dieser Vorbereitung auskommt und schon bei der ersten Verhandlung zum Ende kommt. Sicher ist allerdings, dass die Parteien in vielen Fällen mit neuen Vorbringen erst während der Verhandlung kommen. Da sind die Gerichte in ihrer Praxis sehr liberal, und sie lassen solche Vorbringen zu, auch wenn das Gesetz ihnen die Möglichkeit gibt, sie als schuldhaft verspätet zurückzuweisen. (*Vorsitzender:* Welche Handhabe bietet das Gesetz nach dieser Richtung?) Wenn tatsächlich Verschleppungsabsicht vorgebracht worden ist! (*Vorsitzender:* Aber die Verschleppungsabsicht kann man nur in seltenen Fällen feststellen.) Die Gerichte nehmen sie auch nicht gern an. Tatsächlich wird ein solches Vorbringen entgegengenommen, und das ist wohl der Hauptgrund dafür, warum es vielfach zu Vertagungen kommt.

Vorsitzender: Das war früher nicht so. Ich erinnere mich an einen nach dem Kriege geführten Prozess. Zwei Schieber hatten ein Geldgeschäft gemacht. Der eine war in Bulgarien und hatte dem anderen aufgegeben, in rumänischen Lei zu zahlen. Nun handelte es sich darum, ob das Darlehensgeschäft gültig war und ob und in welchem Umfange eine Aufwertung stattfinden müsste. Eine so komplizierte Sache, dass ich mir sagte: vor unseren Gerichten würde der Prozess mindestens neun Monate dauern, und dann wäre er immer noch in der Beweisaufnahme. Die Dinge wurden von den beiden Anwälten äußerst klar und gründlich vorgetragen. Der eine sprach, und der andere erwiderte, und dann wurden die Zeugen, die alle aufmarschiert waren, vernommen. Die ganze Verhandlung dauerte drei Stunden. Dann zog sich das Gericht zurück, kam nach 20 Minuten wieder, und der Vorsitzende verkündete ein höchst elegant begründetes Urteil, das alles Wesentliche enthielt. Frage: Wie ist es möglich gewesen, diesen ganz verwickelten Sachverhalt gleich zur ersten Verhandlung so wunderschön klar zu bringen? Kein Mensch sagte etwas Neues, was die Sache hätte verzögern können, sondern auf alles, was der eine sagte, war der andere vorbereitet. Die Zeugen waren vollständig da, und neue Beweismittel wurden nicht vorgebracht. Wie ist das möglich? (*Stagel:* Da waren die vorbereitenden Schriftsätze schon entsprechend ausgestaltet.) Kein Anwalt bringt doch erschöpfende Schriftsätze, wenn nicht ein Druck dahinter steht. Wo ist der Druck? (*Bauer:* Vielleicht haben sie Aufsätze bekommen, sich mittels vorbereitender Schriftsätze zu äußern!) Das genügt? (*Bauer:* Ja!) Das können unsere Richter den Parteien auch auferlegen! Die Schwierigkeit aber ist, ob sie erreichen, dass diese Auflage prompt befolgt wird.

Stagel: Ausnahmen kommen natürlich vor. Die Beweiserörterung ist in unserem Gesetz nach §§ 193 und 194 unserer ZPO nicht verboten. Es ist aber ausschließlich in das Ermessen des Gerichts gestellt, wieweit es eine solche Erörterung für notwendig hält, und nur dann lässt es sie zu. Tatsächlich ist das bei uns nicht üblich, und es wird auch im Allgemeinen von den Parteien und den Vertretern kein besonderer Wert darauf gelegt, und sie finden sich damit ab. So kommt es, dass tatsächlich auf die Beweisaufnahme bald der Schluss der Verhandlung folgt. Ein vorbereitendes Verfahren, insbesondere bei verwickelten Sachen, haben wir im Gesetz eingehend geregelt. (*Vorsitzender:* Das ist so wie unser altes Verfahren in Rechnungssachen [ZPO v. 1898 §§ 348 ff.]) Das wird aber im heutigen Österreich nicht so praktisch. Die Gerichte haben es von vornherein abgelehnt. Es spielt deshalb schon jetzt keine Rolle mehr, weil das nur für das Senatsverfahren in Betracht kommt und nicht für das Verfahren vor dem Einzelrichter. Jetzt wird die notwendige Vorbereitung in der Verhandlung selber vorgenommen, und ich glaube, dass die Gerichte das als das geringere Übel ansehen, als den Grundsatz der Unmittelbarkeit zu verletzen und einen Teil der mündlichen Verhandlung vorzuverlegen. Den Hamburger Durchrufstermin halte ich für äußerst bedenklich. Er ist nichts anderes als das, was sich bald nach dem Kriege bei einzelnen unserer Gerichte herauszubilden schien, nämlich ein versteckter Rückfall in das schriftliche Verfahren. Ich kann aber wohl sagen, dass die nach dem Kriege aufgetretenen Auswüchse bei uns bald wieder verschwunden sind, und es wird jetzt durchweg bei den Gerichten wieder ordentlich mündlich verhandelt. Im Gerichtshofsverfahren dient die Erste Tagsatzung bei uns nicht der Vorbereitung der mündlichen Verhandlung. Ihr Zweck ist es, die nicht streitigen Fälle von den streitigen zu sondern. In der Praxis kommt es entweder zu Versäumnisurteilen oder zum Abschluss von Vergleichen, die eigentlich Einräumungen von Zahlungsfristen sind. Die Zustimmung des Klägers muss vorhanden sein, aber er bekommt einen Vollstreckungstitel in der Form des gerichtlichen Vergleichs. Im Gerichtshofsverfahren ist eine weitere Vorbereitung insofern nicht notwendig, als der Beklagte den Auftrag zur Klagbeantwortung bekommt und er dabei Gelegenheit hat, auf die Klage zu antworten, woraus sich die Vorbereitung ergibt. (*Vorsitzender:* Man kann ihn auffordern, sein Vorbringen zu ergänzen.) Ja! Im bezirksgerichtlichen Verfahren soll der Richter bei der Ersten Tagssatzung den Streitgegenstand erörtern und nach Möglichkeit feststellen, welche Vorbereitung er für die mündliche Verhandlung treffen muss. Leider Gottes wird das von den Gerichten wenig getan, und deshalb kommt es bei den Bezirksgerichten noch öfter als im Gerichtshofsverfahren vor, dass bei der ersten mündlichen Verhandlung nicht alle Beweise vorgebracht sind. Obwohl in der Vorladung des Beklagten zur mündlichen Verhandlung steht, er solle vor der Verhandlung seine Beweismittel dem Gericht rechtzeitig bekannt geben, damit dieses für die Bereitstellung bei der Verhandlung sorgen kann, wird leider selten von dieser Aufforderung Gebrauch gemacht.

Meine persönliche Meinung, wie das Verfahren künftig gestaltet werden sollte, geht dahin, dass die Vorschläge des Herrn Ministerialdirektors Volkmar hinsichtlich des Einzelrichters mit beschränktem Wirkungskreis durchaus erwägenswert sind.

Pagenstecher: Ist die Kompetenz des Einzelrichters aus Sparsamkeitsrücksichten oder aus Zweckmäßigkeitserwägungen heraus so weit ausgedehnt worden?

Stagel: Natürlich spielen Sparsamkeitsrücksichten eine große Rolle. Ich bin ein Anhänger des Einzelrichtersystems, und zwar nicht nur aus Sparsamkeitsrücksichten. Wir waren bisher ein kleiner und armer Staat und mussten sparen. Ich habe mir sagen lassen, dass der Senat in erster Instanz doch eine starke Verschwendung von Arbeitskräften ist. Die Hauptaufgabe des ersten Richters, die Sammlung des Prozessstoffes und die Beweisaufnahme, ist bei einem tüchtigen Richter gut aufgehoben, so dass ich die Notwendigkeit eines Senates bei diesem erstinstanzlichen Verfahren wirklich nicht als durchschlagend ansehen möchte. Etwas anderes ist es natürlich in den höheren Instanzen, wo die Rechtsfragen mehr in den Vordergrund treten. Es kommt hinzu, dass wir die Senate in Österreich gern in einer Zusammensetzung hätten, dass sie nämlich aus drei vollwertigen Kräften bestehen. Bei uns ist es leider so, dass der Vorsitzende zwei Männer an die Seite bekommt, die zu etwas anderem nicht zu gebrauchen sind. (*Zuruf*) 90% aller Sachen gehen bei uns an das Bezirksgericht. Die Grenze ist dort 2000 S. Es ist wertvoll, dass der Prozess an das Volk herangetragen wird.

Vorsitzender: Die Möglichkeit, beim Kollegialgericht alles durch den Einzelrichter machen zu lassen, schien uns für einen großdeutschen Prozess ausgeschlossen zu sein. Wenn es irgendeinen Sinn haben soll, zum Bezirksgericht zu gehen, dann soll man auch die Vorzüge der kollegialen Beratung ermöglichen. Glaubt man, dass der Einzelrichter geeignet ist, noch höhere Objekte zu erledigen, dann soll man die amtsgerichtliche Zuständigkeit vergrößern. Aber einem Gericht, das als Kollegialgericht aufgezogen ist, eine Vorschrift zu machen, dass in der Regel der Einzelrichter einzuschalten ist, das kann man für einen einheitlichen großdeutschen Prozess, der auch außerhalb von Notzeiten gelten soll, nicht gut heißen. Infolgedessen wird die Frage, wie man im kollegialgerichtlichen Prozess das Verfahren gut vorbereiten kann, für Sie brennend werden, und wir würden dankbar sein, wenn wir darüber von Ihnen noch etwas hören könnten.

Schrutka: Der Einzelrichter ist bei uns 1914 eingeführt worden. Es bestand aber eine niedrigere Grenze. Man hat mit dem Einzelrichter keine schlechten Erfahrungen gemacht, und deshalb ist man mit der Wertgrenze für den Einzelrichter immer höher gegangen. Die Rechtsprechung ist darüber nicht schlechter geworden. Sie ist vielleicht auch billiger geworden, weil früher Erstreckungen und Wiederholungen bei den Verhandlungen leichter möglich waren. (*Vorsitzender:* Vertagungen sind bei Ihnen nicht häufig gewesen?) Wiederholungen haben sich immer ergeben. Es ist immer nur der anzustrebende Idealzustand, die Dinge in *einer* Verhandlung durchzuführen. Die Regel war das aber nicht.

Jonas: In den Ausführungen von Herrn Stagel klang an: in der ersten Instanz genügt der Einzelrichter; in den höheren Instanzen, bei denen es sich um Rechtsfragen handelt, ist die Sache anders. Wir bemühen uns bei unserer Reform, einen erstinstanzlichen Prozess zu schaffen, der den Bedürfnissen so ernsthaft und so ideal genügt, dass das Anrufen der zweiten Instanz eine Ausnahme wird. Nun spielt aber die Kostenfrage auch eine Rolle. Frage: Wird von der zweiten Instanz verhältnismäßig viel Gebrauch gemacht? Oder gehen die Leute, die in erster Instanz wirklich ernsthaft streiten, in Österreich nur selten in die zweite Instanz?

Schrutka: Wir haben Beschränkungen für die zweite Instanz. Der Prozess muss in der ersten Instanz ordentlich durchgeführt werden, weil der Betreffende in der zweiten Instanz neue Tatsachen nicht vorbringen kann. Ich bin überzeugt davon, dass der Prozentsatz ist als der, der für die zweite Instanz in Frage kommt.

Vorsitzender: Nun noch eine Frage! Sollte vielleicht das ganze Geheimnis, weshalb in Österreich die Anwälte besser geneigt sind, sich anzustrengen und alles rechtzeitig zusammenzutragen, etwa darin liegen, dass die Nova in der Berufungsinstanz ausgeschlossen sind? (*Bauer:* Ja!)

(Schluss der Sitzung 7.05 Uhr)

2. Protokoll vom 24.5.1938 (Diskussion über die Grundsätze des österreichischen Zivilprozesses im Anschluss an den Besuch einer Gerichtsverhandlung in Salzburg)

Der *Vorsitzende* dankt nach dem Besuch der Gerichtsverhandlung Herrn Hofrat *Schrutka.*

Schmidt macht darauf aufmerksam, dass sein Referat über die *Vorbereitung der mündlichen Verhandlung*, auf das im Bericht über die Ausschusstagung in Baden-Baden [nicht auffindbar] hingewiesen sei, nunmehr eingetroffen sei und verteilt werde.

(Pause)

Vorsitzender: Mein Haupteindruck von der heutigen Verhandlung ist der, dass es sich aufgrund der schriftsätzlichen Vorbereitung eines Prozesses in der Tat durchführen lässt, dass gleich zum ersten Termin die notwendig werdenden Zeugen geladen werden. Der Richter hat mir auch gesagt, dass er keinen Beschluss macht, sondern den Zeugen einfach mitteilt, dass sie vernommen werden sollen. Er gibt auch, wie ich es hier immer empfohlen habe, das Beweisthema nicht genau, sondern nur ungefähr an, damit der Zeuge weiß, über welchen Tatsachenkomplex er aussagen soll. Aus dem Schriftsatzwechsel entnimmt der Richter, dass es mit 90%iger Wahrscheinlichkeit auf die Zeugen ankommt. Wenn ich richtig verstanden habe, war noch ein zweiter Zeuge anwesend – den vernommenen Anwalt, der gleichzeitig Parteivertreter und Zeuge war, rechne ich nicht mit –, dessen Vernehmung jedoch dadurch überflüssig wurde, dass sich die Tatsachen, über die er vernommen werden sollte, im Laufe der Verhandlung als unstreitig herausstellten. Das kommt alle Tage vor. Wenn aufgrund einer Verhandlung ein besonderer Beweisbeschluss erlassen wird, ergibt es sich auch, dass ein geladener Zeuge nicht vernommen zu werden braucht, sondern die Partei, die ihn benannt hat, auf seine Vernehmung verzichtet.

Die Zeugenvernehmung hat, wie wir gesehen haben, in aller Ruhe und aller Gründlichkeit stattgefunden. Es ist uns allen aufgefallen, dass die Debatte über die Beweisaufnahme im österreichischen Prozess vollkommen wegfällt. Der Richter hat sich von unserem Standpunkt aus ja glänzend verhalten. Er hat den Leuten nicht gesagt: Gott sei Dank, dass ihr euch vergleichen wollt. Er hat vielmehr gesagt: Ihr schließt nur einen bedingten Vergleich, also beende ich die Verhandlung; wenn aber der Vergleich widerrufen wird, verkünde ich aufgrund der heutigen Verhandlung meine Entscheidung. Auch die ganze Art, wie der Richter verhandelte, hat mir trotz der etwas melancholischen Ruhe imponiert. So leise er auch sprach, hat ihn doch jeder verstanden. Er hat auch die Zeugen immer gut verstanden, und in keinem einzigen Punkt hatte man das Gefühl, dass der Richter die Dinge und die Menschen nicht ganz genau beherrscht. Es war hier gar nicht so, was man bei den Verhandlungen gelegentlich so schmerzlich empfindet, dass die Parteien, die Zeugen und der Richter aneinander vorbeireden. Mit welcher Vornehmheit hat er dem Rechtsanwalt auch mit zwei oder drei Andeutungen auseinandergesetzt, dass auf seine Aussage eigentlich gar nichts zu geben wäre! Das genügte ja auch für den Anwalt, dem Gegner sofort einen Vergleichsvorschlag zu machen.

Bei dieser Verhandlung wie bei allen anderen Verhandlungen, die ich je auf österreichischem Boden angehört habe, hat mich am allermeisten beeindruckt, dass der Sachvortrag so erschöpfend und trotzdem so knapp und präzis war. Nicht ein einziges Wort ist zuviel gesprochen worden, während bei uns doch immer die große Gefahr besteht, dass ein von Natur einfacher Sachverhalt durch die Ausführungen nur immer komplizierter wird. Hier dagegen kam es nur auf die Grundlinie des Sachverhalts an, während alles Nebenwerk weggelassen war, und nachdem der eine seinen Vortrag gehalten hatte, erwiderte der andere ebenso nüchtern und vollständig, aber knapp, und nun gab es keine Replik und Duplik. Bei dem Temperament reichsdeutscher Anwälte könnte man sich das überhaupt nicht vorstellen! Auf diese Weise wird es in Österreich so unendlich viel leichter beim Wesentlichen zu bleiben. Wenn wir uns die psychologischen Grundvoraussetzungen überlegen, warum dieses Maßhalten beim Aufbauschen des Prozessstoffs in Österreich möglich ist, dann kommt es doch wohl auch darauf an, dass hier das, was wirklich gesagt werden muss, rechtzeitig gesagt wird. Der Kläger äußert sich in der Klageschrift vollständig, und ebenso macht es der Beklagte in seiner Klagebeantwortung. Ich frage mich immer wieder, ob die Lösung dieses Rätsels nicht in der beschränkten Berufung in Österreich liegt. In Deutschland haben wir uns ja an eine ganz andere Berufung gewöhnt, und so habe ich auch in einer Denkschrift gelesen, es wäre dringend nötig, die Beschränkung der Berufung, die die letzten Novellen gebracht haben, wieder zu beseitigen. Es wurde geltend gemacht, dass wir gar keine richtige Berufung mehr hätten; zum Wesen der Berufung gehöre es, dass neue Tatsachen in unbegrenztem Umfange angeführt werden könnten. Diese Auffassung ist natürlich nicht richtig. Sie ist aber kennzeichnend für die Entwicklung der Berufung im Anschluss an den Leonhardtschen Prozess [CPO v. 1877], der seinerseits wieder nicht von altdeutschen Gedanken, sondern von fremdländischen Ideen, insbesondere von der römischen Berufung, beeinflusst war. Diese musste zu einem novum iudicium führen; es handelte sich auch um ein ganz anderes Verfahren. Die Berufung fand vor dem königlichen oder kaiserlichen Beamten statt, während in erster Instanz der iudex entschied. Im altdeutschen Recht ging die Urteilsschelte vielmehr darauf aus, dass geprüft wurde, ob der erste Richter den ihm vorgelegten Sachverhalt richtig entschieden hatte. Fasst man die Berufung so auf, dann ist der Ausschluss der nova etwas ganz Selbstverständliches, und so findet man in dem ausgezeichneten Buch von [Andreas]Heusler über den schweizerischen Prozess [Mannheim 1923] auch den Satz, dass es im Wesen der Berufung liege, dass nova nicht vorgebracht werden könnten. Aus Begriff und Wesen der Berufung kann tatsächlich niemand folgern, dass die Berufung beschränkt, unbeschränkt oder mäßig beschränkt sein müsste, sondern das ist eine reine Zweckmäßigkeitsfrage. In Österreich war man in der glücklichen Lage, dass, an deutschrechtliche Ideen anknüpfend, die beschränkte Berufung längst eingeführt war, und so war es eine Kleinigkeit, sie auch in der österreichischen Zivilprozessordnung beizubehalten. Wir werden uns bei unseren weiteren Erörterungen überlegen müssen, inwieweit diese Vermutung zutrifft, dass der Hauptgrund für die Konzentrierung der Verhandlung, die in Österreich möglich ist, die beschränkte Berufung ist, wegen der sich jeder mit seinem Vorbringen beeilt, weil er nicht wissen kann, wann das Gericht zu seinem Spruch kommt, aber weiß, dass er keine Möglichkeit hat, Tatsachen, die er in der ersten Instanz nicht vorgebracht hat, in der zweiten Instanz geltend zu machen.

Nach den österreichischen Vorschriften ist es nun offenbar nötig, in das Verhandlungsprotokoll den wesentlichen Gang des Verfahrens und sogar alle wesentlichen tatsächlichen Behauptungen der Parteien aufzunehmen. Das ist, wie wir es hier gesehen haben, beim schriftsätzlich vorbereiteten Prozess schon umständlich genug und nimmt viel Zeit in Anspruch. In einem bezirksgerichtlichen Prozess, in dem keine Schriftsätze gewechselt sind, muss es sogar sehr umständlich und zeitraubend sein.

Die Zeugenvernehmung, die einigen Herren etwas sehr umständlich vorgekommen ist, finde ich keineswegs umständlicher als bei uns. Bei uns muss ja auch protokolliert werden, und darüber vergeht ebenfalls viel Zeit. Bewundert habe ich die Formulierung der Zeugenaussagen. Nicht einmal brauchte der Richter eine Rückfrage an den Zeugen zu stellen, und kein Zeuge hatte Anlass zu sagen, dass er missverstanden worden sei. In Wirklichkeit ist ja dies Protokollieren von Zeugenaussagen eine Crux, und man könnte sich als Idealbild das sogenannte mechanische Protokoll vorstellen. Vor Jahren sind in Hamburg auch Versuche mit verschiedenen Systemen gemacht worden. Am ehesten anwendbar war da das Verfahren, bei dem das Gesprochene auf Metallplatten aufgenommen wurde, die jederzeit reproduziert werden konnten. Ein solches Verfahren würde aber erstens etwas zu kostspielig sein und zweitens in der Berufungsinstanz unter Umständen dahin führen, dass dieselbe Platte wiederholt reproduziert werden müsste, wenn man nicht mit einer Art Zeitlupe den entscheidenden Punkt langsamer bringen könnte. Man denke auch nur an Zeugen, die stockend aussagen und flüsternd die entscheidenden Worte sprechen. Ich glaube also, es wird niemandem gelingen, einen Weg zu zeigen, wie man das umständliche Protokollieren, das die Lebendigkeit der Verhandlung ungemein stört, vermeiden könnte. Das Protokollieren ist für viele reichsdeutsche Richter ja das Haupthindernis, die Unmittelbarkeit der Beweisaufnahme glatt durchzuführen; sie sagen, es wäre schade um die Zeit, die verloren geht. Ich fürchte aber, dass man dies Hindernis der Unmittelbarkeit nicht ganz wird ausräumen können.

Singer: In München macht man es vielfach folgendermaßen. Das Protokoll wird dem Protokollführer ins Stenogramm diktiert, von diesem vorgelesen und zu Protokoll gegeben.

Vorsitzender: Es muss unsere Hoffnung sein, dass wir durch bessere stenographische Ausbildung unserer Kanzleikräfte das Übel des umständlichen Protokollierens nach Möglichkeit mildern.

Altstötter: Ich möchte vor allen Dingen unterstreichen, was der Vorsitzende über die restlose Tatsachenfeststellung in der ersten Instanz gesagt hat. Leider ist es bei uns heute so, dass die erschöpfende Tatsachenfeststellung in der Regel erst in zweiter Instanz erfolgt, und ich habe das immer als ungeheuren Nachteil empfunden. Welche Ursachen dazu geführt haben, ist eine andere Frage. Wir sollten uns aber ernsthaft überlegen, wie wir es erzwingen können, dass die Tatsachen restlos in der ersten Instanz festgestellt werden. Dabei ist natürlich Grundvoraussetzung, dass nur das Wesentliche vorgebracht wird und dass man sich nicht in Einzelheiten verliert, wie es heute bei uns Mode geworden ist. Für dringend notwendig halte ich da, dass in Zukunft alle Zeugen wieder beeidet werden; denn die Prozessparteien beschäftigen sich viel zu sehr damit, die Glaubwürdigkeit der Zeugen in Zweifel zu ziehen. (*Vorsitzender:* Wenn mehr Zeugen vereidigt werden, erreicht man nur, dass mehr Meineidsanzeigen gemacht werden!) – Es wird immer von den Meineidszeugen gesprochen. Das ist ein Schlagwort, und leider setzen sich diese Schlagworte überall durch. Wenn man die Schlagwortseuche, die mir viel gefährlicher erscheint als die Meineidseuche, bekämpfen würde, würden wir schon sehr viel weiter kommen. – Wir müssen dafür sorgen, dass in zweiter Instanz das Vorbringen neuer Tatsachen weitestgehend unterbunden wird. Ein Prozess ist ja nicht Selbstzweck, sondern Mittel zum Zweck. Er soll die materielle Wahrheit an den Tag bringen, und für die Wahrheitserforschung ist schließlich jedes Mittel, das man anwenden kann, anzuwenden. Der Prozess muss volksnahe sein, und ich weiß nicht, ob man es im Volke zunächst verstehen könnte, dass man in der zweiten Instanz neue Tatsachen nicht mehr vorbringen darf. Ich meine aber, dass ein Ausgleich dafür die Notwendigkeit bietet, in der ersten Instanz volle Klarheit zu schaffen, und einen weiteren Ausgleich bietet die Möglichkeit der Zurückverweisung an die erste Instanz, wenn das Gericht in Verkennung der Rechtslage Tatsachen, die an sich wichtig sind, nicht erschöpfend festgestellt hat. Von dieser Möglichkeit muss sehr viel häufiger Gebrauch gemacht werden, als es heute der Fall ist. In Österreich ist der Prozentsatz der Zurückverweisungen aus der zweiten Instanz in die erste sehr viel höher als bei uns.

Ganz besonders hat mich heute Vormittag beeindruckt, dass dieser eine Mann aus sich selbst heraus den ganzen Prozess geleistet hat. Ich neige sehr stark zu dem Gedanken, ob wir uns nicht entschließen sollten, die erste Instanz auch nur mit einem Tatsachenrichter zu besetzen. Mich würde es nicht stören, dass das Amtsgericht bei kleinen Streitwerten einen Richter hat und das Landgericht in erster Instanz dann auch nur einen Richter hätte. Wenn man bei einer Sache drei Richter beschäftigt, stehen natürlich in einem Termin mehr Sachen an, als wenn man einen Richter beschäftigt. Der eine Richter könnte sich mit der Tatsachenfeststellung viel intensiver befassen, weil er auf den Prozess viel mehr Zeit verwenden könnte. Bei uns wäre die ganze Verhandlung durch den Richter wohl etwas temperamentvoller geführt worden, wenn mich die Ruhe hier auch sehr beeindruckt hat. Ich neige also sehr stark zu der Auffassung, dass Richterpersönlichkeiten in erster Instanz den Prozess allein führen sollten und dass wir ein Kollegium erst beim Oberlandesgericht vorsehen sollten. Diese Auffassung habe ich auch nicht erst seit heute Vormittag. (*Vorsitzender:* Wozu würden wir dann ein Landgericht brauchen?) – Ich bin der Meinung, dass höherwertige Prozesse der Behandlung durch eine hochqualifizierte Richterkraft bedürfen. Wir müssen uns darüber klar sein, dass die Richterkräfte in ihrer Qualifizierung einander nicht gleichgestellt werden können. Das soll nicht heißen, dass der Amtsrichter ein schlechter Richter wäre. Es ist aber notwendig, dass man die besten Richter dann für diese wichtigen Prozesse der ersten Instanz herausstellt.

Schmidt: So rasch dürfen wir die Flinte doch nicht ins Korn werfen. Wir haben ein Gegenargument, das schlechterdings nicht zu entkräften ist, das gegen die Monopolisierung des Einzelrichters spricht, und das ist das Interesse an der Ausbildung zum Juristen. Der junge Jurist braucht eine Stelle, an der er im Instanzgericht Zeuge der Diskussion ist, und diese findet er beim Landgericht. Er muss diskutieren lernen und wird die Wortgewandtheit und das Manövrieren mit juristischen Begriffen sonst eigentlich nirgends finden. Man hat am Kollegium als dem Urbestandteil von der römischen Zeit an durch die italienische Zeit, durch die französische und die deutsche Entwicklung hindurch immer festgehalten, und ich glaube, einen solchen Bestand wird man einschränken, aber nicht vollkommen ausrotten dürfen. Wir haben nun schon die Konsequenz gezogen, dass die neue Zivilprozessordnung in erster Linie auf dem Einzelrichter aufgebaut wird. Ganz beseitigen aber sollten wir das Kollegium doch nicht.

Vorsitzender: Ich kann Herrn Schmidt darin nur beitreten und glaube auch nicht, dass die Belastung zu groß sein würde, wenn drei Richter vorgesehen sind. Wir wollen doch das Kollegialgericht haben, damit wichtigere Sachen von mehreren geprüft werden, und diese Prüfung durch mehrere wird ja umso intensiver, je lebendiger wir das Verfahren gestalten. Das Gerede von der Ausschaltung des dritten Mannes würde doch bei einer Verhandlung, wie wir sie heute erlebt haben, gar nicht berechtigt sein. Wir als Zuhörer haben die Verhandlung doch von Anfang bis zu Ende verstanden, und warum sollte ein Beisitzer sie nicht ebenso vollkommen verstehen? Ich möchte auch bitten, dieses Thema jetzt nicht weiter zu vertiefen, weil es nicht zur Debatte steht. Zur Debatte steht vielmehr alles, was die Vorbereitung der Verhandlung betrifft, und da habe ich die *Frage der beschränkten Berufung* hereingezogen, weil sie mir für die Konzentrierung sehr wichtig erscheinen könnte. Sehr wichtig ist in dieser Beziehung ja die Frage, wie eine beschränkte Berufung auf die deutsche Bevölkerung wirken würde. Ich bin vor der letzten Konsequenz immer zurückgescheut, weil ich mir gesagt habe, dass unsere deutsche Rechtsentwicklung ganz anders gewesen ist und dass die Bevölkerung seit der Reichszivilprozessordnung nun einmal auf diese Berufung eingestellt ist. Selbstverständlich würde aber die radikale Aufgabe der freien Berufung und die Einführung des österreichischen Zustandes im praktischen Endergebnis einen ungeheuren Vorteil bringen, und man muss sich wirklich überlegen, ob sich die Bevölkerung nicht in kurzer Zeit vielleicht doch daran gewöhnen und die Segnungen des neuen Systems einsehen würde. Diese Frage müssen wir auch hier erörtern.

Lent: Ich bin der Ansicht, dass es sich in der heutigen Verhandlung bestätigt hat, wie praktisch eine vorsorgliche Ladung der Zeugen zum ersten Verhandlungstermin ist. Ich sehe nicht ein, warum, wenn sich aus Klage und Klagebeantwortung mit ziemlicher Sicherheit ergibt, welche Zeugen man wird vernehmen müssen, man diese Zeugen nicht zum ersten Verhandlungstermin vorsorglich laden soll. Aufgrund der mündlichen Verhandlung wird sich in 90 von 100 der Fälle die Notwendigkeit der Zeugenvernehmung ergeben; man kann sie also sofort anordnen. Wenn heute Vormittag die Zeugen nicht zur Stelle gewesen wären, hätte man selbstverständlich einen zweiten Termin gebraucht. Die wenigen Fälle, in denen ein Zeuge doch einmal überflüssig wird, können gegenüber dem großen Vorteil in Kauf genommen werden, dass man in den meisten Fällen viel Zeit und Kosten sparen kann.

Hinsichtlich der übrigen Eindrücke kann ich auch nur sehr günstig urteilen. Ich bin aber der Ansicht, dass wir uns unter dem Eindruck dieser einen Verhandlung nicht zu weitgehenden Konsequenzen fortreißen lassen dürfen. Ich bedaure zunächst einmal, dass gerade die beiden Anwälte unseres Ausschusses fehlen. Im heutigen Prozess war eine eigentümliche Lage ja dadurch gegeben, dass der eine Prozessbevollmächtigte zugleich Zeuge war, und wahrscheinlich hat er auch die ganze Affäre veranlasst, so dass er sich deshalb Zurückhaltung auferlegen musste. Ich möchte doch nicht glauben, dass eine Erörterung des Beweisergebnisses unter allen Umständen unpraktisch wäre, sondern ich kann mir denken, dass bei widersprechenden oder unsicheren Zeugenaussagen sehr wohl damit etwas zu erreichen wäre. Sache des Richters wäre es, unnötige Debatten abzuschneiden. Dass man aber auf eine mündliche Verhandlung nach der Beweisaufnahme ohne weiteres völlig verzichten müsste, leuchtet mir noch nicht ganz ein.

Zur Frage der Berufungsinstanz möchte ich im Moment nur Folgendes sagen. Nach den bisherigen Überlegungen bin ich dafür, dass wir an dem ius novorum in der Berufungsinstanz festhalten. Es wird nicht zweifelhaft sein, dass eine neu entstandene Tatsache, die sich erst nach Abschluss der erstinstanzlichen mündlichen Verhandlung ergeben hat, als neue Tatsache selbstverständlich berücksichtigt werden muss. Es leuchtet mir gar nicht ein, dass man die ignorieren oder erst in einem komplizierten Verfahren zurückverweisen sollte. Es erscheint mir praktischer, das, was sich im Prozess ergibt, nach Möglichkeit auf einmal zu erledigen, statt in dem Prozess auszuschließen, die Rechtskraft zu beschränken und die Parteien, wenn es sich um erhebliche neue Tatsachen handelt, zu einem zweiten Prozess zu nötigen. Das würde doch gegen jede Prozessökonomie verstoßen! Auch bei neu erfahrenen Tatsachen, die die Partei ohne jedes Verschulden vorher nicht erfahren hat, scheint es mir mit dem Grundsatz der materiellen Wahrheitserforschung schwer vereinbar zu sein, wenn man sie ohne weiteres ausschließen würde. Drittens können neue rechtliche Gesichtspunkte aufkommen, die eine neue Tatsachenforschung erforderlich machen oder rechtfertigen. Auch da müsste jedenfalls, wenn das Berufungsgericht zu einer neuen rechtlichen Würdigung des Tatbestandes oder auch zu der Möglichkeit eines neuen rechtlichen Gesichtspunktes kommt, die entsprechende Erweiterung des Tatbestandes gestattet werden. Ich frage mich überhaupt, warum man, wenn man schon eine zweite Tatsacheninstanz hat, diese auf die Wiederholung der ersten Tatsacheninstanz beschränken soll. Wenn es nur noch darauf ankommt, den bisherigen Tatbestand rechtlich neu zu würdigen, nähert sich die Berufungsinstanz so sehr der Revisionsinstanz, dass ich eigentlich entweder zur Abschaffung der zweiten Instanz käme und mich mit zwei Instanzen überhaupt begnügen könnte oder die Sprungrevision erweitern würde. Was habe ich für ein Interesse daran, den bisherigen Tatbestand vom Oberlandesgericht noch einmal prüfen zu lassen, wenn ich die Möglichkeit habe, ihn endgültig durch das Reichsgericht erledigen zu lassen? Ich würde es also für eine halbe Maßnahme halten, wenn wir lediglich das ius novorum beschränken würden. Ich fürchte auch, dass wir mit der Beseitigung des ius novorum keineswegs zu einer Konzentrierung kommen würden. Die Parteien und die Parteivertreter würden vielmehr in der ersten Instanz alles Erdenkbare vorbringen, weil sie wissen, dass sie in der zweiten Instanz diese Möglichkeit nicht mehr haben. Wir würden hier eine ähnliche psychologische Wirkung feststellen müssen wie bei der Eventualmaxime. Nach allem möchte ich vorläufig an dem ius novorum für die Berufungsinstanz festhalten.

Pagenstecher: Ich glaube, man kann eine Berufung de lege ferenda auf folgende Weise konstruieren. Man kann einmal, wie wir es jetzt haben, die Nachprüfung und die Neuprüfung vorsehen, und da ist das Entscheidende, dass, selbst wenn die Berufung als unbegründet zurückgewiesen wird, die Bedeutung des Urteils sich vollständig ändert, weil sich der entscheidende Zeitpunkt ändert, wenn das erstinstanzliche Urteil rechtskräftig wird. Der entscheidende Punkt ist der Schluss der letzten mündlichen Verhandlung erster Instanz, und wenn die Berufung als unbegründet zurückgewiesen wird, ist der entscheidende Zeitpunkt für die Rechtskraft demgemäß der Zeitpunkt der zweiten Instanz. Man muss sich erst einmal darüber klar werden, ob man daran festhalten will. Denn dann muss man selbstverständlich alles zulassen, was sich nach der letzten mündlichen Verhandlung ereignet hat und wohl auch das, was die Parteien vorher hätten vorbringen können, tatsächlich aber nicht vorgebracht haben; das ist aber nicht unbedingt notwendig. Da bin ich unbedingt gegen einen Zwang zur Zurückweisung, weil das wieder gegen die materielle Wahrheit verstoßen würde. Der Richter, der eine verspätet vorgebrachte Tatsache nicht berücksichtigen darf, weiß vielleicht ganz genau, dass er, wenn er die Zeugen vernehmen würde, die für diese Tatsache benannt sind, vielleicht doch zu einem anderen Urteil kommen könnte. Ich würde das nicht für richtig halten und bin deshalb zumindest gegen den Zwang zur Zurückweisung. Ob man die Zurückweisung fakultativ vorsehen soll, ist eine andere Frage. Ich sehe hier einen absoluten Gegensatz. Auf der einen Seite wird die Wahrheitspflicht mit ungeheurer Übertreibung betont, und auf der anderen Seite zwingt man den Richter, eine Entscheidung zu fällen, deren Richtigkeit ihm schließlich selber höchst zweifelhaft ist.

Man kann die Berufung weiter auch so konstruieren, dass man für die Entscheidung nicht die letzte Verhandlung der Berufungsinstanz, sondern die letzte mündliche Verhandlung erster Instanz für maßgebend erklärt. Dann liegt natürlich ein Verstoß gegen die Wahrheitspflicht nicht vor, wenn man den Parteien verbietet, Tatsachen, die nachträglich eingetreten sind, vorzubringen.

Eine ganz andere Frage ist es, ob man den Parteien auch verbieten kann, Tatsachen vorzubringen, die sich vor der letzten mündlichen Verhandlung der ersten Instanz ereignet haben. Tut man das nämlich, dann gerät man mit der Wahrheitspflicht wieder in Konflikt, und das erscheint mir aus den vorhin schon angeführten Gründen nicht unbedenklich. Das österreichische Recht erlaubt ja unter keinen Umständen das Vorbringen einer neuen Tatsache, auch dann nicht, wenn es ganz offenkundig ist, dass die Partei die Tatsache in der ersten Instanz ohne jedes Verschulden nicht vorbringen konnte. Das widerspricht vorläufig meiner Auffassung, dass das Gericht, wenn man schon eine Tatsacheninstanz hat, eine solche Tatsache zurückweist und darauf ein Urteil fällt, von dem es vielleicht überzeugt ist, dass es zu Unrecht ergangen ist. Wir dürfen dabei auch nicht immer nur an Leistungsklagen denken, sondern müssen auch an Feststellungsklagen denken. Da gibt es, wenn eine Partei die Tatsache erst nachträglich erfahren hat, Restitution. Aber dann muss die Partei wohl den oft recht schwierigen Beweis führen, dass sie ohne ihr Verschulden nicht in der Lage war, diese Tatsache vorher vorzubringen. Ich weiß nicht, ob in der Praxis bei der Restitution sehr strenge Anforderungen an diesen Beweis gestellt werden. Es erscheint mir aber außerordentlich zweifelhaft, ob hier die Konzentration nicht zu teuer erkauft ist.

Nun muss ich ganz offen gestehen, dass ich mich in die Grundidee der österreichischen Berufung noch nicht so ganz hineindenken kann. Herr Stagel hat mir vorhin gesagt, dass das Obergericht auch an die tatsächlichen Feststellungen des ersten Gerichts gebunden ist. Es darf z.B. nicht, wenn ausführliche Protokolle vorliegen, die Zeugenaussagen aus dem ganzen Sachverhalt heraus anders würdigen; wenn es das tun will, muss es den ganzen Prozess von neuem aufrollen. (*Vorsitzender:* Es ist durchaus verständlich, dass es den Zeugen, den der erste Richter mündlich vernommen hat, nicht nach dem Papier anders würdigen soll!) – Gewiss, das ist an sich durchaus verständlich. Dann wird also der Prozess von neuem aufgerollt, und nun kann ich unter dem Gesichtspunkt der Prozessökonomie nur nicht recht verstehen, dass der Richter trotzdem unter Umständen eine Entscheidung fällen muss, von deren Richtigkeit er nicht überzeugt ist, weil er eine Tatsache nicht berücksichtigen darf, die eine Partei ohne ihr Verschulden in der ersten Instanz nicht vorgebracht hat und nicht vorbringen konnte, so dass nach diesem ganzen umständlichen Verfahren die Partei schließlich genötigt ist, eine ganz neue Klage … [im Original eine Zeile abgeschnitten] Urteil natürlich in der Revisionsinstanz schwebt, ist in tatsächlicher Beziehung nichts zu ändern.

Vorsitzender: Mir ist zweifelhaft, ob man diese Frage mit juristisch dialektischen Gründen lösen kann. Ich kann auch die Berechtigung des Gedankenganges von Herrn Pagenstecher nicht anerkennen. Er sagte: Auf der einen Seite singen wir das Hohe Lied der Wahrheitspflicht, und auf der anderen Seite zwingen wir den Richter dazu, eine Entscheidung zu treffen, obwohl er innerlich davon überzeugt ist, dass eine dem Kläger günstige Entscheidung herauskommen würde, wenn er den vorgebrachten neuen Tatsachen nachginge, während er ihn jetzt endgültig abweisen muss. Hat das wirklich mit Wahrheitspflicht etwas zu tun? Wir verstehen unter Wahrheitspflicht die Verpflichtung der Parteien, ihre Erklärungen der Wahrheit gemäß abzugeben und nichts zu behaupten oder zu verschweigen, was ihnen günstig bzw. ungünstig ist. Es handelt sich hier lediglich um eine Frage der Zweckmäßigkeit, ob wir unser Prozessverfahren zugunsten der Gesamtheit fördern.

Wie finden sich die Richter in Österreich mit der beschränkten Berufung ab? Fühlen sie sich nicht in ihrem Gewissen beengt, wenn sie in der Berufungsinstanz vorgebrachte neue Tatsachen, obwohl sie sie selber für erheblich halten, einfach nicht berücksichtigen können? Sodann bitte ich die Herren aus Österreich, sich auch gleich zu dem Argument von Herrn Lent zu äußern, dass letzten Endes die Beschränkung der Nova für die Berufungsinstanz auf eine Eventualmaxime hinausläuft, die zur Komplizierung beiträgt.

Stagel: Ich gebe ohne weiteres zu, dass Herr Prof. Pagenstecher theoretisch vollkommen recht hat, wenn er sagt: Der Berufungsrichter kann bei uns in die Lage kommen, aufgrund eines Tatbestandes, der nicht der materiellen Wahrheit entspricht, sein Urteil fällen zu müssen. Ich glaube aber nicht, dass bei uns in der Praxis so etwas jemals vorkommen wird. Das kann ich nur auf die langjährige Geltung unseres Systems zurückführen. Die Leute wissen, sie müssen alles Wesentliche in der ersten Instanz vorbringen und unternehmen erst gar nicht den Versuch, in der zweiten Instanz Neues vorzubringen. Wenn aber einmal das Berufungsgericht tatsächlich die Überzeugung gewinnt, einer Partei sei ohne ihr Verschulden das Malheur passiert, etwas in erster Instanz nicht vorbringen zu können, das geeignet ist, die Rechtslage wesentlich zu verschieben, dann möchte ich das Berufungsgericht sehen, das nicht den Ausweg eines Aufhebungsgrundes findet und das Urteil entweder zurückweist oder selbst nach aufgehobenem Urteil neu verhandelt. In dem neuen Verfahren besteht dann wieder die Möglichkeit, Neues vorzubringen. Sobald das Urteil aufgehoben ist und neu verhandelt wird, können Nova wieder vorgebracht werden. Der § 496 [österr. ZPO] wird nicht immer ganz streng gehandhabt. Aber, wie gesagt, das Gericht kann es machen und es wird es auch in gegebenen Fällen tun. Darauf ist vielleicht manche unserer zahlreichen Aufhebungen zurückzuführen, und darum habe ich keine Bedenken, dass in vielen Fällen wirklich materiellrechtlich Unrecht geschehen könnte. Es bestehen Aufhebungsgründe, wenn z.B. das Verfahren erster Instanz an wesentlichen Mängeln leidet.

Die Meinung von Herrn Prof. Lent, dass wir uns der Eventualmaxime näherten, kann ich eigentlich nicht recht verstehen. Warum ist es anders, wenn man das Vorbringen in der zweiten Instanz behaupten muss? Auch da gibt es einen Schluss. Wenn man den Gedanken, dass es immer darauf ankommt, noch Gelegenheit zu haben, Neues vorzubringen, konsequent weiter führt, so käme man doch zu einer Schraube ohne Ende!

Vorsitzender: Nehmen Sie einmal an, dass in erster Instanz eingehend verhandelt worden ist. Die Parteien haben wichtige Tatsachen deshalb nicht vorgebracht, weil sie nicht wussten, dass es auf diese Tatsachen entscheidend ankommt. Das stellt sich erst in der Berufungsinstanz heraus. Was macht nun das Berufungsgericht? Unter keinen Umständen kann es diese neuen Tatsachen zulassen. Es muss einen Weg finden, um in die erste Instanz zurückzuverweisen, damit es dort erledigt wird. Frage: Sind solche Fälle verhältnismäßig häufig?

Schrutka: Der Vorwurf, dass wir in Österreich zwei Revisionsinstanzen, aber keine Berufungsinstanz haben, ist nicht berechtigt. Auch die Berufungsinstanz ist bei uns eine Tatsacheninstanz. Die Berufung setzt einen Berufungsgrund voraus, und der Vorwurf, dass das Urteil erster Instanz falsch ist, ist schlechthin noch kein Berufungsgrund. Vielmehr muss ein bestimmter Grund geltend gemacht werden, der im Verfahren oder im Urteil liegt. Das Verfahren erster Instanz wird von der Berufungsinstanz überprüft; es wird aber nicht geprüft, ob die Entscheidung der ersten Instanz der materiellen Lage überhaupt entspricht. Das Berufungsgericht kann auch die Tatfrage prüfen, ob die tatsächlichen Feststellungen aus dem gewonnenen Material der ersten Instanz richtig sind und ob die Beweise richtig gewürdigt wurden. Diese Überprüfung ist der Revisionsinstanz verschlossen. Die Berufungsinstanz kann also wohl überprüfen, sie kann aber nicht zu einer anderen Würdigung der Beweise kommen, wenn nicht die Beweise, die unmittelbar vor dem ersten Richter durchgeführt worden sind, auch unmittelbar in der Berufungsinstanz durchgeführt werden. Wenigstens im Großen und Ganzen ist das so. Über Nebensächliches wird man hinwegkommen. Im Großen und Ganzen gilt aber der Unmittelbarkeitsgrundsatz auch für die zweite Instanz. Im deutschen Recht kann auch Berufung aus dem Grunde eingelegt werden, dass das Urteil unrichtig ist, da noch die und die Behauptungen hinzukommen. Das ist kein Berufungsgrund. Das Urteil erster Instanz wird also überprüft, und daraus folgt, dass das, was für die Urteilsfällung erster Instanz maßgebend war, auch maßgebend sein muss für die Berufungsinstanz. Wenn in der ersten Instanz noch Patronen aufgespart worden sind, die erst in der zweiten

Instanz verschossen werden, so ist nur das Vorbringen verschoben, und diese Überschüttung mit Prozessmaterial tritt dann natürlich in der zweiten Instanz ein. Sie ist bei uns aber an die erste Instanz gebunden. Im Allgemeinen wird es ein verständiger Richter so weit bringen, dass sich die Parteienvertreter zurückhalten und Patronen, die wohl krachen, aber keine Wirkung haben, nicht abschießen. Also die Nova, die nach dem Schluss der Verhandlung erster Instanz auftreten, scheiden ganz aus. Sie sind so zu behandeln wie die Nova im deutschen Recht, die sich nach Schluss der Revisionsinstanz ergeben. Allerdings bilden die Tatsachen, die sich vor dem Schluss der ersten Instanz ereignet haben, einen Wiederaufnahmegrund, wenn sie ohne Verschulden der Partei von ihr nicht vorgebracht werden konnten. Das Wiederaufnahmeverfahren kann auch während des Rechtsstreits in der zweiten Instanz eingeleitet werden. Das hat das deutsche Recht nicht. Der Prozess wird unterbrochen, und es läuft inzwischen das sich einschaltende Wiederaufnahmeverfahren. (*Vorsitzender:* Kommt das oft vor?) Nein! Die Wiederaufnahme nach Schluss des Prozesses erster Instanz ist häufiger als die, die sich in den Prozess einschiebt. Dadurch ist für den Fall, dass ein Verschulden nicht vorliegt, der Partei schon die Möglichkeit gegeben, das Prozessmaterial nachzuholen. Wenn wieder aufgenommen wird, fällt der erste Prozess weg, und der Richter hat freie Hand für die Berücksichtigung des neuen Materials. Theoretisch ist bestritten, wie weit das neue Material verwendet werden kann, ob es möglich ist, es über den Wiederaufnahmegrund hinaus zu verwenden. Unsere Praxis ist aber entgegenkommend und weitherzig.

Die Zurückverweisung kann nach unserem Gesetz in der Berufungsinstanz in drei Fällen eintreten. Den ersten Fall umfasst § 498. Der zweite Fall ist wichtiger, wenn nämlich das Verfahren erster Instanz an wesentlichen Mängeln leidet. Das ist der gewöhnliche Wiederaufnahmegrund. Der dritte Fall ist der, dass die zweite Instanz eine andere Rechtsauffassung hat, wenn die erste Instanz von der Partei angebotenes Prozessmaterial nicht zugelassen hat, das die Berufungsinstanz als wesentlich zur Entscheidung ansieht. Hier kann die Berufungsinstanz, statt aufzuheben und zurückzuverweisen, auch selber in die Verhandlung eintreten. Ein formaler Aufhebungsgrund ergeht nicht.

Vorsitzender: Sind nun diese Zurückverweisungen deshalb sehr häufig, weil das Gericht erster Instanz die Partei auf die Notwendigkeit eines tatsächlichen Vorbringens gar nicht hingewiesen hat und aus diesem Grunde der Prozessstoff erster Instanz nicht erschöpft war?

Schrutka: Das weiß ich nicht. Ich habe die Zahlen nicht im Kopf.

Stagel: Es ist ziemlich häufig. Bei uns ist es für den ersten Richter nicht ein schlechtes Zeugnis, wenn sein Urteil aufgehoben wird. Wenn aus Rechtsgründen, aufgrund anderer Rechtsbeurteilung aufgehoben wird und sich die Rechtsauffassung des ersten Richters vertreten lässt, dann kann man ihm daraus keine Vorwürfe machen. Anders ist es natürlich, wenn sich zeigt, dass er wiederholt schlampig verhandelt hat.

Vorsitzender: Es ist hier auch erörtert worden, wie man sich dazu stellen solle, dass in Österreich eine Verhandlung über die Beweiserhebung fakultativ ist und in der Praxis selten vorkommt. Herr Prof. Lent meint, dass man das nicht billigen solle. Ich möchte dazu Folgendes sagen. Bei uns haben wir die in ihren letzten Auswirkungen doch recht bedenkliche Möglichkeit, ohne mündliche Verhandlung zu entscheiden. Wir haben sie hauptsächlich deshalb geschaffen, um für bestimmte Fälle eine Vereinfachung zu erreichen. In der letzten mündlichen Verhandlung stellt sich heraus, dass der in Königsberg wohnende Zeuge X wesentlich ist. Es wäre unökonomisch, diesen Zeugen nach Berlin zu zitieren. Infolgedessen schickt man, nachdem der Beweisbeschluss auf Vernehmung durch den ersuchten Richter ergangen ist, die Akten nach Königsberg. Nun müsste man nach unserer Prozessordnung den Parteien noch einmal Gelegenheit heben, über den in Königsberg vernommenen Zeugen eingehend zu verhandeln. Die Gefahr besteht, dass die Verhandlung zu einem neuen Beweisbeschluss führt, und da soll die Möglichkeit, dass ohne mündliche Verhandlung entschieden werden kann, helfen. Die Nebenwirkung hierbei ist, dass ein

Richter, wenn er die fortgeschickten Akten zurückerhält, entscheiden kann, ohne dass eine Verhandlung stattgefunden hat. Für die künftige Prozessordnung könnte man das vielleicht mildern und sagen: Grundsätzlich ist den Parteien zur Äußerung Gelegenheit zu geben; im Einverständnis mit den Parteien kann das Gericht aber anders verfahren.

Bauer: Nach österreichischem Recht hat das Berufungsgericht die durch die erste Instanz festgestellten Tatsachen, auf die sich die Entscheidung gründet, zu überprüfen. Das ist natürlich nur möglich aufgrund des der ersten Instanz bereits vorgelegenen Materials. Wenn neues Material herangezogen wird, so ist das keine Überprüfung der erstinstanzlichen Entscheidung. Denn diese Tatsachen waren dem Richter erster Instanz unbekannt, und es beginnt eigentlich ein in gewissem Sinne neues Verfahren. Ich kann mir vorstellen, dass das Vorbringen erster Instanz aus gewissen Gründen beiderseits äußerst dürftig war. In der zweiten Instanz erfolgt nun ein umfangreiches Vorbringen beiderseits, das dem Prozess ein anderes Aussehen gilbt. Das soll nach österreichischem Recht ausgeschlossen werden. Es soll nur überprüft werden, ob der Richter aufgrund des Materials, das ihm vorlag, richtig Recht gesprochen hat.

Ich bin auch der Ansicht, dass diese Schraube ein Ende haben muss. Denn wenn man in der zweiten Instanz Nova zulässt, – warum sollen sie nicht auch in der dritten Instanz möglich sein? Es ist vollkommen genug, wenn man das Beweisverfahren und das neue Vorbringen mit der ersten Instanz abschließt.

Vorsitzender: Haben Sie als Anwalt Not, wenn sich eine Partei an Sie wendet und sagt: Ich bin in der ersten Instanz unterlegen; das Urteil ist aus den und den Gründen unrichtig? Kommen die Betreffenden mit neuen Behauptungen und Sie müssen ihnen sagen: Das hätten Sie in erster Instanz vorbringen müssen; jetzt können wir das nicht mehr bringen?

Bauer: So etwas kommt vor. Wir müssen aber in diesem Fall vom vorliegenden Gesetz ausgehen. Wir können nichts Neues vorbringen, und wir sagen der Partei: Du hast die Gesetze gekannt, warum hast du es nicht gebracht? Ich wusste es nicht, sagt die Partei. Es gibt immer wieder Wege, die den Betreffenden zum Recht verhelfen. Ein Beispiel! Ich habe einen ziemlich umfangreichen Prozess, bei dem sich der Richter auf die Aussage eines Zeugen gestützt hat. Nach dem Urteil habe ich erfahren, dass dieser Zeuge vorbestraft ist. Aufgrund dieser Tatsache hat das Berufungsgericht aufgehoben, und zwar aus dem Grunde der unrichtigen Beweiswürdigung. Eine neuerliche Einvernahme dieses Zeugen hat ein neues Urteil herbeigeführt. Der Richter hat gesagt: Ich schenke dem Mann keinen Glauben. So habe ich den Prozess gewonnen. Wir Anwälte empfinden es nicht als Beschwernis, dass wir keine neuen Tatsachen in der zweiten Instanz können. Wir werden dadurch gleich diszipliniert, das ganze Vorbringen zusammengefasst in der ersten Instanz vorzulegen. Die Kollegen sind darin gewöhnt, gleich eine erschöpfende Information aufzunehmen, und es ist sehr selten, dass Anwälte in der zweiten Instanz Neuerungen aus Gründen vorbringen, die sie selbst nicht verantworten können.

Vorsitzender: Die Erziehung der Anwälte zur vollständigen Information ist dringend notwendig.

Bauer: Bei uns besteht für den Anwalt die Hauptarbeit in der Aufnahme einer ausführlichen Information.

Pagenstecher: Man muss unterscheiden zwischen der Wahrheitspflicht und der Disposition der Parteien über den Prozessstoff. Solange wir die Verhandlungsmaxime haben, haben wir auch eine Disposition der Parteien über den Prozessstoff. Ein wahrheitswidriges Geständnis verstößt nicht gegen die Wahrheitspflicht, sondern ist eine Disposition über den Prozessstoff. Die Partei wird gefragt: Wollen Sie nicht behaupten, dass der Mangel arglistig verschwiegen ist? Die Partei verneint. Damit disponiert sie über den Prozessstoff. Das ist ihr gutes Recht. Wenn man sagt: Du bist damals ausdrücklich gefragt worden, ob du die und die Behauptung aufstellen willst; du sagtest: Nein, ich will, dass der Prozess so entschieden werde, als ob eine arglistige Verschweigung nicht vorhanden wäre, so ist auch das eine Disposition über den Prozessstoff und kein Verstoß gegen die Wahrheitspflicht. Ich bin durchaus nicht dagegen, dass das in der Berufungsinstanz nicht nachgeholt werden kann.

Anders liegen die Dinge jedoch, wenn die Partei die Sache ohne ihr Verschulden in erster Instanz nicht vorbringen konnte. Sie hat sie einfach nicht gewusst, ist über die Rechtsfrage nicht orientiert gewesen. Nachher erfährt sie die Tatsache. Dass dann der Richter sagen soll: Hier liegt keine Disposition über den Prozessstoff vor, ich entscheide jetzt, obwohl ich genau weiß, dass die Entscheidung zu Unrecht ergeht, – das stimmt mit der Idee der Wahrheitspflicht nicht überein. Dann gibt es unter Umständen ganz unnötige Restitutionsklagen.

Staud: Eine Bemerkung zu der heutigen Gerichtsverhandlung! Sie hat mir ausgezeichnet gefallen. Auch bei uns gibt es solche Gerichtsverhandlungen. Ich habe nur die eine Frage dazu, wann dieser Prozess angefangen hat.

Vorsitzender: Er trägt die Nr. 860 vom vergangenen Jahr. Infolgedessen kann er erst am Schluss des vergangenen Jahres anhängig geworden sein. Dann musste erst ein Vortermin stattfinden, der infolge der historischen Ereignisse vom 11. März verschoben werden musste. Danach ist vier Wochen Zeit gewesen für die Klagbeantwortung.

Staud: Wenn wir von dieser Verhandlung einen Gewinn haben wollen, wäre es für uns wertvoll zu wissen, welche vorbereitenden Maßnahmen in den Monaten bis zur Schlussverhandlung vom Richter vorgenommen worden sind. Er hat die Zeugen zitiert. Welche Maßnahmen waren notwendig, um die Anwälte zur Vervollständigung des Streitstoffes zu veranlassen? Ich will nur sagen: Zu einer abschließenden Beurteilung kann erst die Erfahrung aus einer Vielzahl von Fällen führen. Das eine hat die heutige Erfahrung allerdings ergeben, wie nützlich die vorbereitenden Beweisanordnungen sind. Dann möchte ich nur noch eine Frage aufwerfen. Sollen wir die vorbereitende Beweisanordnung davon abhängig machen, dass sie der Richter nach dem Akteninhalt oder dem vorweg genommenen Beweisbeschluss für zweckmäßig hält, oder sollen wir als weitere Voraussetzung aufstellen, dass der Richter aus dem Akteninhalt auch die Überzeugung gewonnen hat: Die Parteien sind über die Erheblichkeit dieses Beweisthemas einig? Wenn man vom Richter verlangt, dass er zur vorbereitenden Beweisanordnung auch die Überzeugung gewonnen haben muss, die Parteien sind über die Erheblichkeit des Beweisthemas einig, dann ist die Brauchbarkeit der vorbereitenden Beweisanordnung allerdings so stark eingeschränkt, dass nicht mehr viel übrig bleibt. Den Eindruck des Richters, dass die Parteien über die Erheblichkeit einig sind, möchte ich nur für die schon vorweggenommene Beweiserhebung als Erfordernis aufgestellt sehen, wenn es sich nämlich um eine Beweiserhebung handelt, die nicht vor dem Prozessgericht selber vorgenommen werden kann, also wenn es sich um einen auswärts vorweg zu vernehmenden Zeugen handelt.

Auch zu der Frage, ob über die Beweisaufnahme verhandelt werden soll, eine Bemerkung! Ich meine, dass wir an dem im alten Reich gesetzlich statuierten, in Österreich offenbar von der Praxis beobachteten Grundsatz festhalten sollen, dass über das Beweisergebnis auch verhandelt werden soll. Für mich ist der Gedanke dabei bestimmend, dass wir immer mehr dazu kommen, das Schwergewicht des Zivilprozesses nicht so sehr in der Exerzierung von Rechtsfragen, als in der Sachaufklärung zu sehen, so dass wir die Verhandlung über die Beweisaufnahme als einen sehr wesentlichen Akt des Prozessverlaufes betrachten müssen. Ich warne davor, von diesem Grundsatz irgendwelche Ausnahmen zuzulassen. Wir dürfen keine Hintertüren offen lassen; denn wir müssen uns klar sein, dass die Gerichte solche Hintertüren auch in den Fällen benutzen werden, für die sie nicht geschaffen waren. Es ist besser, solche Hintertüren nicht einzubauen und in den verschwindend seltenen Fällen, bei denen eine auswärtige Beweisaufnahme stattfinden muss, lieber noch eine pro forma-Verhandlung stattfinden zu lassen. Ich bin auch gegen das Einverständnis der Parteien. In den Richtern steckt der Drang, sich aus der Mündlichkeit in die Schriftlichkeit, aus der Unmittelbarkeit in die Mittelbarkeit zu flüchten, und sie werden das Einverständnis sehr leicht erhalten. Das sind Dinge, auf die wir uns nicht einlassen dürfen. Das Einverständnis der Beteiligten ist in meinen Augen keine Garantie gegen einen Missbrauch. (*Vorsitzender:* Es handelt sich nur um die mündliche Erörterung des Beweisergebnisses, die in 90% der Fälle überflüssig ist!) – Ich bin anderer Meinung; man kann das nicht auseinanderhalten. Wir müssen davon ausgehen: Das Urteil wird aufgrund des Sach- und Streitstandes einschließlich der Beweisaufnahme gesprochen, wie sie sich nach ihrer Beendigung darstellt, und wir müssen daran festhalten, dass darüber verhandelt wird. In Ausnahmefällen kann das müßig sein; es ist vielleicht nur darüber gestritten worden, ob jemand einen Betrag an den oder jenen Zeugen gezahlt hat, und einer sagt mit Glaubwürdigkeit, dass das Geld an einen bestimmten Zeugen gezahlt worden ist. Darüber braucht vielleicht nicht verhandelt zu werden, aber es schadet nicht, wenn auch in solchen Ausnahmefällen eine Verhandlung stattfindet.

Was die Frage der *Berufung* betrifft, so ist mir dieses Thema heute so plötzlich gekommen, dass ich glaube, erst die Fülle der Eindrücke, die heute auf mich eingestürmt sind, verdauen zu müssen, ehe ich mich dazu äußern kann. (*Vorsitzender:* Das ist das Kernproblem der ganzen Prozessregelung, und an diese Frage müssen wir immer denken!) Man wird die Frage sicher nicht so stellen dürfen: Sollen wir ein Verbot der Nova bringen, oder sollen wir es beim gegenwärtigen Zustand belassen? Mir scheint sicher zu sein, dass wir es beim gegenwärtigen Zustand *nicht* belassen dürfen. Wenn man im Prinzip an dem gegenwärtigen Zustand festhalten und ihn nur verbessern will, dann gewinnt der gegenwärtige Zustand vielleicht ein weniger bedenkliches Aussehen, wenn man ein eine grundlegende Umgestaltung der *Kostenbestimmungen* geht. Man muss den Grundsatz des § 97 verlassen, der dahin führt, dass, wenn der Kläger zum Schluss in dritter Instanz seinen Prozess gewonnen hat, die unterlegene Partei die Kosten der gesamten Instanzen: Landgericht, Oberlandesgericht und Reichsgericht, tragen muss. Wir müssen dahin kommen, dass *jeder grundsätzlich selbst die Instanz bezahlt, die er verliert,* und dass der Rechtsmittelrichter nur ausnahmsweise dann, wenn er der Auffassung ist, dass der Vorderrichter falsch judiziert hat, die Kosten der Partei, die endgültig obsiegt, auferlegen kann. Dabei behalten wir den Grundsatz des § 97 bei, dass eine Partei, die aufgrund eines neuen Vorbringens klagt, die Kosten zu tragen hat. Dieser Grundsatz wird, wie mir scheint, von den Berufungsgerichten leider gar nicht befolgt. Das ist deswegen sehr bedauerlich, weil nicht nur Saumseligkeit, sondern namentlich taktische Erwägungen hier oft eine entscheidende Rolle spielen. Bei einer Unterhaltung in Hamburg zwischen den Herren Anwälten Furler und Fischer hat Prof. Fischer sich etwa dahin geäußert: er verliere am liebsten in der ersten Instanz; dann wisse man in der zweiten Instanz besser, wie man seine Kräfte gruppieren soll; entscheidend sei ja, wer in der zweiten Instanz, und nicht, wer in der ersten Instanz gewonnen habe. Diese Erwägungen, die gegenwärtig in der Praxis vielfach angestellt werden, werden natürlich erschüttert, wenn es sich in der Praxis durchgesetzt hat, dass solche Überlegungen sehr kostspielig sind und den Mandanten viel Geld kosten. Dann werden die Mandanten, die die Kosten zu tragen haben, sich selbst dagegen wenden. Also grundsätzlich sollte jeder die verlorene Instanz selbst bezahlen.

Vorsitzender: Mit Kostenvorschriften werden wir der Sache nicht beikommen; denn die Vorschrift des § 97 wird, obwohl sie in dieser Beziehung völlig klar ist, niemals angewendet.

Jonas: Ich kann Herrn Staud nur darin beistimmen, dass die Gerichtsverhandlung, der wir heute Vormittag beizuwohnen Gelegenheit hatten, den besten Eindruck einer würdigen Gerichtsverhandlung gemacht hat. Die Anwälte und namentlich der Gerichtsvorsitzende waren durchaus auf der Höhe. Was aber uns, die wir unter dem reichsdeutschen Zivilprozess leben, auffiel, war die erstaunlich geringe Aktivität des Vorsitzenden. Er entsprach eigentlich dem Richter, den wir auch bei uns bis 1924 hatten, den wir umzumodeln aber uns im Laufe der Zeit bemüht haben. Er hörte die Vorträge der Parteien stumm und schweigend mit an, fragte dann die Zeugen und verwirklichte absolut nicht das Idealbild, das uns vorschwebt, und das man in dem Schlagwort von der Arbeitsgemeinschaft zwischen beiden Parteien und Gericht im Interesse der Aufklärung des Tatbestandes und der Findung der materiellen Wahrheit zusammenfassen kann. Er war absolut passiv. Wenn das, was wir in der Verhandlung mit angehört haben, die Aufklärung eines Tatbestandes für den ganzen Prozess war, dann muss ich sagen, dass mir dabei sehr wenig wohl war; denn der Tatbestand war einzig und allein unter dem Gesichtspunkt geklärt, dass der Beklagte verurteilt werden sollte. Der Vorsitzende, wie wir ihn uns nach der reichsdeutschen Zivilprozessordnung vorstellen, hätte von sich aus weitere Fragen an die Zeugen gestellt. Es bestand hier ein klaffender Unterschied zwischen zwei eidlichen Aussagen. Der eine Zeuge sagte, dass er von einem bestimmten Zeitpunkt an nicht mehr in das Büro des Anwalts gekommen sei, und der Anwalt, der zufällig auch Zeuge war, erklärte, dass nach den Angaben seines verstorbenen Sozius oder Kanzleichefs sowohl der eine Herr wie dieser Zeuge wiederholt bei ihm gewesen seien. Da hätte es doch außerordentlich nahegelegen, dass der Vorsitzende ihn gefragt hätte, ob er denn wirklich dagewesen sei. Wenn dann der erste Zeuge, der nach meinem Eindruck einen etwas eingelernten Eindruck machte, gesagt hätte, es könne sein, dass er mal bei dem Anwalt gewesen sei, dann hätte weiter gefragt werden müssen, was denn bei dieser Gelegenheit besprochen worden sei, ob da nicht vielleicht etwas gesprochen worden sei, was als Änderung des Auftrags hätte gedeutet werden können. Nichts von alledem. Der Vorsitzende blieb passiv und würdevoll und steuerte offenbar lediglich darauf hin, den Beklagten zu verurteilen. Wenn nun der Tatbestand nicht ganz so klar gewesen wäre und der Richter in der Zeugenwürdigung geschwankt hätte, dann wäre noch ein zweiter Fragenkomplex aufgetaucht: Wenn ein solcher Auftrag zur Abänderung der Grundbucheintragung von einem Vertragschließenden erteilt ist, wie ist es dann mit der Vollmachtsfrage überhaupt? Dieser Tatbestandskomplex ist nicht erörtert worden. Die Anwälte haben das nicht vorgebracht. Unserer Auffassung nach hätte der Vorsitzende von dem Fragerecht nach § 139 Gebrauch machen und sagen müssen: Wie stellen Sie sich das vor; wenn der Auftrag wirklich erteilt ist, bestand da eine Vollmacht oder nicht? Also eine Ausübung des Fragerechts hat nicht stattgefunden. Die Anwälte waren ihrer Erziehung gemäß sehr zurückhaltend; das wird wahrscheinlich der Tradition entsprechen. Wenn das das Urteil dahin ergangen wäre, dass der Beklagte verurteilt wird, so ist es überaus fraglich, ob das wirklich der Weisheit letzter Schluss, ob es die materielle Wahrheit gewesen wäre.

Nun möchte ich die Frage stellen, wie die Sache in der zweiten Instanz gegangen wäre, falls der Beklagte verurteilt worden wäre, weil seine Darstellung nicht glaubhaft gewesen sein soll. Wie würde die Sache in der zweiten Instanz laufen, wenn die Berufung damit begründet wird, dass sich hier zwei einander widersprechende Zeugenaussagen bezüglich des nochmaligen Besuchs im Anwaltsbüro gegenüberstehen, und aus dem Umstand, dass der Anwalt nachher zum Gericht gegangen ist und eine Änderung beantragt hat, doch der Schluss gezogen werden müsste, dass in der Zwischenzeit etwas passiert ist, da der Anwalt doch wohl kaum allein aus sich heraus zum Gericht gegangen wäre? Und wie würde die Sache laufen, wenn da unter Umständen die Frage der Vollmacht in Betracht kommt? Wenn ich recht verstehe, würde das Berufungsgericht dann beide Leute nochmals vernehmen. (*Stagel:* Ja, wenn es Bedenken hat. Sonst Würdigung der Beweise erster Instanz!) Entweder könnte sich das Berufungsgericht auf den Standpunkt stellen, dass aufgrund des Aktenmaterials keine Bedenken bestehen, den Einspruch als unbegründet anzusehen. Wenn aber das Gericht die Beweiswürdigung für angreifbar hält, vernimmt es dann beide Leute nochmals? (*Stagel:* Ja!) Ist es in der Würdigung ganz frei? (*Stagel:* Ja!) Oder kann das Gericht auch sagen: Ich lasse diese Frage dahingestellt und frage den Zeugen, ob er eine Vollmacht hatte oder nicht – und kann dann das Gericht frei entscheiden, wenn der Zeuge erklärt, dass er keine Vollmacht hatte? (*Stagel:* Das darf das Berufungsgericht! Eine andere Würdigung der Beweise würde zu einer anderen Feststellung kommen, und daraufhin würde das Gericht dann die

Tatsachen erörtern müssen, um zu einem Urteil zu kommen.) Kann das Gericht das selbst machen oder es nur auf dem Wege der Zurückverweisung erreichen? (*Stagel:* Das kann es auch selbst machen!)

Nun habe ich den Eindruck, dass die österreichische Regelung mit der Zurückverweisung einen Weg beschritten hat, mit dem man sich zwar in Österreich seit langer Zeit abgefunden hat. Aber die Zurückverweisung ist doch das Furchtbarste, was es gibt, und wir müssen uns unbedingt den Kopf in der Richtung zerbrechen, dass wir für die Revisionsinstanz die Zurückverweisung nach Möglichkeit vermeiden, da mit Zurückverweisungen eine unglaubliche Verschwendung von Zeit und Kosten verbunden ist. Die Zurückverweisung soll nur das letzte Mittel unter dem Gesichtspunkt sein, dass einer Partei bitter Unrecht geschehen würde, wenn ihr eine Instanz abgeschnitten würde. Aber es muss für die Zukunft unter allen Umständen vermieden werden, dass durch irgendwelche starre Bindungen in einem Falle eine Zurückverweisung notwendig wird, wo das sachlich nicht geboten ist. Der Gedanke ist doch: möglichst Auflockerung des Prozesses.

In der Frage der *Noven* gehen zwar die beiden Gesetze in ihrer Fassung recht weit auseinander, praktisch ist aber der Unterschied gar nicht sehr groß. Nach dem österreichischen Gesetz sind Noven unzulässig. Wir haben aber gehört, dass es auch hier gewisse willkürliche legale oder praeter legem oder vielleicht sogar etwas contra legem vorhandene Möglichkeiten für den Richter gibt, dem als wahr Erkannten zum Siege zu verhelfen. Der in § 529 des deutschen Gesetzes aufgestellte Grundsatz, dass Noven zulässig sind, ist tatsächlich schon so eingeschränkt, dass der Berufungskläger es in der Berufungsschrift ankündigen muss und dann ein Zurückweisungszwang nur bei böslichem oder grob schuldhaftem Verhalten gegeben ist. Es dürfte nicht sehr schwer fallen, zwischen diesen beiden Gesetzen eine mittlere Linie zu finden; denn unser Ziel muss in dem künftigen Prozess sein, eine Regelung zu finden, die locker ist, die nicht starr ist, die weder den Richter in den Zwang versetzt, etwas unberücksichtigt zu lassen, was er als richtig erkannt hat, noch auch die Revisionsinstanz in die Lage versetzt, wie es bei uns jetzt leider im arbeitsgerichtlichen Verfahren der Fall ist, dahin zu entscheiden, dass zurückgewiesen werden muss, ohne Rücksicht darauf, ob das neu Vorgebrachte nach dem jetzigen Tatbestand richtig ist oder nicht, eben weil nichts Neues hätte vorgebracht werden dürfen. Derartige Gesichtspunkte, wie sie das Reichsarbeitsgericht mehrfach aufgestellt hat, sollte man in einem entformalisierten Prozess, wie er uns für die Zukunft vorschwebt, unter allen Umständen vermeiden.

Auf eine Aussprache darüber, wie man hier die Mittellinie im Einzelnen finden soll, sind wir im Augenblick nicht vorbereitet. Das eine wird man aber schon jetzt sagen können, dass man weder das Novenrecht noch den Ausschluss der Noven irgendwie als Ideal hinstellen sollte. Wir alle sind davon überzeugt, dass man zur Konzentrierung der mündlichen Verhandlung in der ersten Instanz auch in die zweite Instanz ein Druckmittel setzen muss. Dem stimmen auch die österreichischen Herren vollständig bei. Die Starrheiten, die in Österreich seit Jahrzehnten bestehen, und die eine in dieser Beziehung zweifellos besser geschulte Anwaltschaft dank ihrer jahrelangen Erziehung in Kauf genommen hat, würde man jedenfalls nur sehr schwer nach Deutschland verpflanzen können, weil unsere Anwaltschaft eine andere Entwicklung durchgemacht hat.

Im Rahmen dieser Druckmittel sollte man auch den Gedanken, die *Kostenregelung* für die Rechtsmittelinstanzen umgekehrt aufzuziehen als bisher, nicht grundsätzlich damit ablehnen, dass man sagt: Kostenfolgen sind immer nur ein letztes Hilfsmittel; wenn andere nicht mehr zur Verfügung stehen, dann kommt man mit den Kostenfragen. Die Bestimmung des § 97 würde aus dem Dornröschenschlaf, den sie bisher nach der historischen Entwicklung geführt hat, wesentlich herausgerückt werden, wenn umgekehrt bestimmt wird. Grundsätzlich treffen die Kosten der Instanz den, der in der Instanz verloren hat. Diesen Weg sollte man sich doch ernstlich überlegen.

Auch in der Auffassung des Wertes der *Erörterung über das Beweisergebnis* möchte ich mich Herrn Staud durchaus anschließen. Wenn wir mit Restriktionen neuen Vorbringens in der Berufungsinstanz Ernst machen wollen, dann ist zweifellos die Verhandlung nach der Beweisaufnahme eine gute Gelegenheit, wo noch neue Behauptungen und neue Beweise vorgebracht werden können, wenn sich aufgrund der Beweisaufnahme die Sache durchaus anders darstellt. Wenn sich z.B. in der Verhandlung heute Vormittag herausgestellt hätte, dass der eine Zeuge bei einer Vernehmung durch einen ersuchten Richter erklärt hätte, dass sie doch noch einmal im Anwaltsbüro gewesen seien, allerdings nur über gleichgültige Dinge geredet hätten, dann wäre es zweifellos sehr erwünscht gewesen, wenn die Parteien nochmals Gelegenheit gehabt hätten, den ganzen Stoff durchzusprechen.

Schmidt: Was Herr Präsident Jonas eben so glücklich illustriert hat, erinnert an den vorher demonstrierten Fall, wo es sich darum handelt, die Glaubwürdigkeit eines Zeugen in Frage zu stellen.

Vorsitzender: Zu Ehren des Vorsitzenden der heutigen Gerichtsverhandlung möchte ich hervorheben, dass ich das Beweisergebnis so verstanden habe, dass der maßgebende Zeuge nach Leistung des Eides mit aller Bestimmtheit erklärt hat, dass er später nie wieder im Büro des Anwalts gewesen ist. Der andere Zeuge hat nicht etwa mit Bestimmtheit ausgesagt, dass er im Büro des Anwalts gewesen wäre, sondern nur gesagt, dass er erst geglaubt habe, dort gewesen zu sein, sich aber nun, nachdem er die Angabe des verstorbenen Anwalts gehört habe, nicht mehr genau erinnern und seine Angaben nur mit allem Vorbehalt machen könne. Diese Situation nötigt m.E. nicht zur Vernehmung des Zeugen. Die Vollmachtfrage konnte deswegen keine Rolle spielen, weil eine Vollmacht der Mutter nicht in Frage kommen konnte; denn es waren nur dieser Zeuge und der inzwischen verstorbene Vater zugegen. Wenn nun der Zeuge ausgesagt hätte, dass er nach Rücksprache mit seinem Vater von der Notwendigkeit der Eintragung überzeugt gewesen und zum Anwalt gegangen sei, dann wäre damit die Vollmachtsfrage vollständig erledigt gewesen. Die Ausführungen von Herrn Jonas sind für mich ein schlagender Beweis dafür, dass dieser Prozessstoff, der hier so einfach präpariert vorgesetzt wurde, in Deutschland wesentlich komplizierter gewesen wäre. Es war nach meiner Auffassung das Tiefere, dass der Richter auf diese Einzelheiten nicht mehr einging. Nach meinem Eindruck hat der Mann, der als Zeuge auftrat, die ganze Sache versiebt, da doch selbstverständlich das Wohnrecht nicht auf den Grundstücken eingetragen werden konnte, auf denen die alte Dame überhaupt nicht wohnen wollte. Diesen Fehler hat er später korrigieren wollen. Das hat der Richter ihm auch angedeutet; es ist ihm also aus seinem Verhalten kein Vorwurf zu machen, sondern er hat sich eine weise Beschränkung auferlegt, und wenn das Urteil in dieser Richtung ergangen wäre, hätte ich es als gerecht empfunden.

Bruns [Bruhn?]: Um die Gestaltung eines Verfahrens richtig beurteilen zu können, muss man sich seine Wirkung auf die Parteien vor Augen führen. Ich bin mir keinen Augenblick darüber im Zweifel, dass die heutige Verhandlung, die schon auf die Juristen so stark gewirkt hat, die streitenden Parteien aufs Allerstärkste beeindruckt hat, und dass diese diesen Prozess und die Verhandlung als ein Erlebnis mitgenommen haben. Dass eine Zivilprozesssitzung vor einer Zivilkammer nicht einen derartigen Eindruck gemacht hätte, daran habe ich keinen Zweifel. Während meiner 34jährigen Amtstätigkeit habe ich alle möglichen Arten von Prozessen erlebt, und die Leute haben darüber immer wieder mit uns gesprochen, und wenn die Parteien dann nach der Verhandlung herauskamen und erlebt hatten, dass nun erst einmal verkündet werden soll, und dass vor dem Verkündungstermin ein Beweisbeschluss erlassen werden soll und dann der Beweisbeschluss und die Zeugenvernehmung und die Verhandlung kommen, so stellte sich immer wieder das Eine heraus, dass die Parteien vor allen Dingen den Wunsch haben, ebenso wie in Strafsachen auch in Zivilsachen nur *zu einem Termin* vor den Richter zu gehen. Die Bevölkerung wünscht die Zusammenfassung von Beweisaufnahme, Verhandlung und Entscheidung in *einem* Verfahren. Dann wird es dem Richter leichter als bei dem jetzigen Verfahren gelingen, die Verhandlung so zu lenken, dass die Parteien das Gefühl haben: Die Entscheidung musste so sein, wie sie ergangen ist. Dieses Ziel muss angestrebt werden.

Vorsitzender: Ich möchte nun noch an die österreichischen Herren die Frage richten, ob sie, wenn wir am Kollegialsystem beim Landgericht festhalten, wie ich es auch wünsche, etwas dagegen einzuwenden hätten, dass der Vorsitzende, um bei komplizierten Sachen eine anberaumte Verhandlung gut vorzubereiten, einem Richter sagt, er solle den Fall noch mit den Anwälten besprechen, da er nach verschiedener Richtung einer Aufklärung bedürftig sei, oder ob sie etwas dagegen haben, dass der Vorsitzende das in ganz wichtigen Fällen auch allein macht, lediglich als *Vorbereitung für die* eigentliche *Verhandlung.* Darin kann man doch einen Verlust der Unmittelbarkeit nicht erblicken, da ja die Unmittelbarkeit nachher bei Beginn der Verhandlung in Erscheinung tritt. (*Altstötter:* Keine Zeugenvernehmung, sondern nur Aufklärung von Einzelheiten!) – Nein, der vorbereitende Richter macht natürlich keine Beweiserhebungen!

Bauer: Es erscheint mir das Beste, wenn der Vorsitzende das selbst machen würde. Dazu braucht er nicht noch einen anderen Richter.

Altstötter: Wenn wir beim Kollegialsystem der ersten Instanz bleiben, halte ich es für völlig ausgeschlossen, dass der Richter seinen eigenen beauftragten Richter macht. Das ist doch undenkbar.

Vorsitzender: Wir gehen davon aus, dass nicht alle, sondern nur gewisse Sachen einer Vorbereitung bedürfen.

Altstötter: Es handelt sich um die verwickelten Fälle, und gerade bei diesen muss Punkt für Punkt mit den Parteien durchgesprochen werden. Ich glaube nicht, dass der Vorsitzende z.B. allein mit Sachverständigen eine Prüfung der Bücher vornimmt und bespricht. (*Vorsitzender:* Er soll aber die Möglichkeit haben!) Aus den Ausführungen des Herrn Rechtsanwalts Bauer und des Herrn Vorsitzenden hatte ich den Eindruck, dass die beiden Herren sich darin einig sind, dass der Vorsitzende es allein machen soll.

Vorsitzender: Ich könnte mir vorstellen, dass ein pflichtbewusster Vorsitzender mit bestimmten Sachen nicht einen Beisitzer beauftragt, sondern sie lieber selber machen möchte.

Jonas: Wenn es sich wirklich um eine schwierige Rechtsfrage handelt, dürfte sie kaum für ein vorbereitendes Verfahren geeignet sein.

Vorsitzender: Es handelt sich darum, den Beteiligten darüber Aufklärung zu geben, dass sie die rechtlichen Punkte noch nicht richtig verstanden haben, und dass man ihnen den Einblick zu geben wünscht, nach welcher Richtung eine Aufklärung tatsächlich noch notwendig ist. Das kann unter Umständen der Vorsitzende selber am besten machen.

Altstötter: Das kann doch im ersten Termin geschehen!

(Schluss der Sitzung 19.15 Uhr)

3. Protokoll der Sitzung vom 25.5.1938 (Künftige Gestaltung des Versäumnisverfahrens und der Aktenlageentscheidung)

Vorsitzender: Das österreichische Recht unterscheidet sich im Versäumnisverfahren vom deutschen. Wenn wir auch im Allgemeinen mit unserem Versäumnisverfahren zufrieden sind, so ergeben sich doch einzelne Mängel, bei denen eine Lösung gefunden werden muss, die auch für Österreich erträglich ist.

In Österreich gibt es zwei Möglichkeiten, wie es zu einem Versäumnisurteil kommen kann, und zwar erstens, dass der Beklagte in der ersten Tagsatzung nicht erscheint, und zweitens – diese Möglichkeit ist eigenartig, weil sie mit der potenzierten Wertung der Mündlichkeit des österreichischen Rechts eigentlich in einem gewissen Widerspruch steht –, dass dem Beklagten in der ersten Tagsatzung eine Frist von vier Wochen zur Klagbeantwortung gestellt wird. Wenn er diese Beantwortung nicht in dieser Frist einreicht, dann ergeht Versäumnisurteil gegen ihn, ohne dass es noch eines Termins bedarf. Wenn er aber die Klagbeantwortung rechtzeitig einreicht, dann kann im folgenden Prozess kein Versäumnisurteil gegen ihn ergehen; wenn er dann auch in der Verhandlung nicht erscheint, dann wird die Beweisaufnahme ruhig vorgenommen, und es wird dann nach Lage der Akten und der einseitig durchgeführten Verhandlung entschieden. Nimmt man an, es wären mehrere Termine nötig gewesen und der Beklagte sieht ein, dass er den Prozess verlieren muss, so dass er aus diesem Grunde gar nicht erst kommt, dann kann der Richter gegen ihn trotzdem kein Versäumnisurteil erlassen, sondern muss nach Lage der Akten entscheiden. Die österreichische Zivilprozessordnung hat eine besondere Vorschrift über die Aktenlageentscheidung, und deshalb wundere ich mich darüber, dass die Österreicher die Novelle von 1924 hinsichtlich der Aktenlageentscheidung kritisierten, die eigentlich für Österreich nicht Neues bedeutet.

Bei uns ergeht ein Versäumnisurteil als Folge des Nichterscheinens in der mündlichen Verhandlung. Diese Folge tritt aber nicht nur ein, wenn der Beklagte in der ersten mündlichen Verhandlung nicht erscheint, sondern auch dann, wenn der Beklagte im zweiten Termin nicht erscheint, ein glaubwürdiger Zeuge aber da ist, dessen Aussagen die Angaben des Klägers erschüttern. Auch da kann der Kläger ein Versäumnisurteil beantragen, und der Richter muss nach geltendem Recht ein Versäumnisurteil erlassen, obwohl er davon überzeugt ist, dass die eingeklagte Schuld bezahlt ist.

Ein zweiter Unterschied ist aber noch viel erstaunlicher. In Deutschland kann das Versäumnisurteil ohne weiteres umgestoßen werden, wenn der Verurteilte Einspruch einlegt, und dann ist es ebenso, als wäre das Versäumnisurteil nie erlassen worden. Es steht also in der Willkür der Partei, durch Einlegung des Einspruchs den früheren Zustand wieder herzustellen, der vor der Versäumnis bestand.

Ganz anders ist das im österreichischen Recht. Wenn da ein Versäumnisurteil ergangen ist, dann ist zunächst Wiedereinsetzung in den vorigen Stand möglich, die an besonders strenge Anforderungen geknüpft ist, und zwar an das „unvorhergesehene oder unabwendbare Ereignis".

Zum anderen ist in Österreich grundsätzlich gegen jedes Versäumnisurteil Berufung möglich. Nun würde man denken, dass dann in Österreich das Versäumnisurteil nur dazu dient, den Prozess gleich in der zweiten Instanz zu führen. So ist es aber nicht. Das hängt mit dem Novenverbot zusammen. Es ist so, dass die österreichische Berufung gegen Versäumnisurteil nur in ganz seltenen Fällen eine praktische Bedeutung hat.

Nun ist die Frage, ob man die österreichische Praxis auf unser Recht übertragen kann. Diese Frage verneine ich zunächst, und zwar aus dem Grunde, weil wir ein Urteil nun einmal als Ergebnis einer mündlichen Verhandlung ansehen, und es würde in unser ganzes System schlecht passen, wenn wir ein Versäumnisurteil nur deshalb ermöglichten, weil ein Schriftsatz nicht rechtzeitig eingereicht ist. Ein Versäumnisurteil nur mit Wiedereinsetzung in den vorigen Stand anfechtbar zu machen, es dafür aber der Berufung zu unterwerfen, wird auch schwer gehen, weil wir uns dem österreichischen Recht nicht soweit nähern können, zu sagen: Auch ein einfaches Bestreiten ist ein neues Vorbringen, das in der Berufungsinstanz nicht mehr vorgebracht werden kann. Deshalb habe ich den Gedanken, den Mängeln unseres Versäumnisurteils vielleicht in anderer Weise gerecht zu werden.

Seit 1924 haben wir die Aktenlageentscheidung. Wir haben den Österreichern die Beseitigung des freien Vertagungsrechts der Parteien nachgemacht. Die Vertagung kann also nur vom Richter angeordnet werden, und zwar aus denselben Gründen, aus denen heraus sie in Österreich möglich ist. Was soll aber nun der Richter machen, der das Vertagungsgesuch ablehnt und vor dem die Parteien einfach nicht erscheinen? In Österreich wird in solchen Fällen das Ruhen des Verfahrens angeordnet. Diese Möglichkeit haben wir von den Österreichern übernommen, wollten dem Richter aber noch eine positive Möglichkeit geben. Wir haben uns gesagt: Warum soll in den Fällen, in denen die Parteivertreter einfach nicht kommen, das Gericht nicht sagen können: Die Parteien sind nicht da, wollen offenbar nichts vortragen; die Sache ist aber spruchreif, wir entscheiden nach Lage der Akten. Diese Praxis hat sich bewährt, und es liegt in ihr ein starker Druck für die Parteien, zu kommen, wenn sie etwas zu sagen haben. Die Aktenlageentscheidung kann dann ergehen, wenn beide Parteien nicht kommen, natürlich immer unter der Voraussetzung, dass eine Entscheidung getroffen werden kann. Es kann aber auch ein Beweisbeschluss ergehen. Die abschließende Endentscheidung braucht es nicht zu sein. Was bei der Aktenlageentscheidung zu berücksichtigen ist, das sind Einzelheiten, die jetzt nicht interessieren.

Dann folgender Fall! Der Vertreter des Klägers erscheint vor Gericht und wird gefragt: Ihr Gegner ist nicht da; wollen Sie nicht Versäumnisurteil? Nein, sagt der Betreffende, das würde mir der Gegenanwalt übelnehmen; das tue ich nicht. Auch in diesem Falle haben wir dem Richter die Möglichkeit gegeben, eine Entscheidung nach Lage der Akten zu fällen, z.B. einen Beweisbeschluss, und dann ist das Verfahren immer schon ein wenig gefördert. Damit haben wir schon einen der Hauptfehler des früheren Versäumnisverfahrens beseitigt. Mir ist es oft vorgekommen, dass ein Anwalt im Termin, wenn ich ihm andeutete, dass ich die Sache für spruchreif hielt, meinte: Zeit gewonnen, alles gewonnen; bei einem anderen habe ich vielleicht mehr Glück; die Hauptsache ist zunächst, dem Spruch auszuweichen, und er hat dann Vertagung beantragt. Ich lehne die Vertagung ab. Der Gegner lehnte die Vereinbarung einer Vertagung auch ab, und was tat nun der Anwalt? Er verließ den Saal, und nunmehr blieb dem zurückbleibenden Kläger nichts weiter übrig, als einen Antrag auf Versäumnisurteil zu stellen. Dem Antrag wurde stattgegeben, und obwohl das Versäumnisurteil brutal herausgefordert worden war, konnte es durch Einspruch wieder beseitigt werden, so dass sich der Betreffende die Vertagung, die ich ihm nicht bewilligt hatte, dadurch erzwungen hatte. Um dies zu vermeiden, haben wir schon in der Novelle von 1924 gesagt: Die allein erschienene Partei kann gegen den ausgebliebenen Gegner nach ihrer Wahl Versäumnisurteil oder Aktenlageentscheidung beantragen. Nun kann sich der in unserem Beispiel allein erschienene Anwalt des Klägers überlegen, weshalb der Gegner nicht kommt. Geschieht das, weil er das Rennen aufgibt, dann ist ein Versäumnisurteil das einfachste. Nimmt er an, der andere will nur Zeit gewinnen, dann kann er, wenn die Sache spruchreif ist, durch Antrag auf Aktenlageentscheidung die Instanz beendigen.

Soweit ist unser Versäumnisverfahren durch die Novelle von 1924 schon gelenkiger geworden. Es bleibt aber immer noch der Fall übrig, dass gerade die voraussichtlich siegreiche Partei aus irgendeinem Grunde dem Termin ferngeblieben ist. Dann wird sich der Gegner hüten, Aktenlageentscheidung zu beantragen. Vielmehr beantragt er dann Versäumnisurteil, und das zwingt den Richter unter Umständen dazu, eine Entscheidung zu fällen, die ihm gegen den Strich geht. Vielleicht kann hier die Vorschrift, die erst durch die Novelle von 1933 eingeführt worden ist, die Vorschrift über die Wahrheitspflicht, helfen. Dann würde zu prüfen sein, ob man nicht dem Richter die Macht geben soll, auch dann, wenn eine Partei nur Versäumnisurteil beantragt, die Aktenlageentscheidung zu wählen, weil sie ihm als die gerechtere Lösung erscheint. Darüber werden wir noch zu sprechen haben.

Staud: Die Abhilfemöglichkeit, die man bisher dagegen hatte, dass der Richter im Wege des Versäumnisurteils eine Entscheidung fällen muss, deren Unrichtigkeit ihm in sachlicher Beziehung klar ist, war außerordentlich dürftig. Sie war teils contra legem, teils praeter legem. Man führte [wies?] entweder den Betreffenden ab, oder konstruierte gegen den Willen der erschienenen Partei einen für den Kläger unabwendbaren Zufall. Das waren aber keine irgendwie ernsthaft in Frage kommenden Auswege. Für den Richter bestand aber vor der gesetzlichen Festlegung der Wahrheitspflicht insofern immer schon eine gewisse Möglichkeit, sich gegen Versäumnisurteile zu helfen, die materiell falsch erschienen und vor allem mit der tatsächlichen Lage des Prozesses in Widerspruch zu stehen schienen, indem er sagte: Das Versäumnisurteil basiert darauf, dass ich das tatsächliche Vorbringen des Klägers als zugestanden ansehen muss. Nun sagte man weiter: Ein Zugeständnis, das zu einem offenbar unwahren Ergebnis führt, ist nicht bindend. Das Zugeständnis überhebt den Richter des Beweises. Man hat das in der Praxis zurückgewiesen. Wenn aber in der Praxis solche Versuche gemacht werden, dann zeigt das, dass etwas in der Zivilprozessordnung nicht in Ordnung ist. Wenn wir aber so auslegen, dass das Gebot der Wahrheitspflicht nichts anderes ist als das Verbot der lügnerischen und dolosen Prozessführung, dann kommt man mit der Versagung des Versäumnisurteils nur in den seltenen Fällen aus, in denen der Richter die Überzeugung gewonnen hat, dass der Kläger wider besseres Wissen handelt. Auch die Fälle, in denen eine Beweisaufnahme schon ein eindeutiges Bild ergeben hat, sind immer noch nicht geeignet, dem Kläger zu sagen: Wenn du das Ergebnis der Beweisaufnahme nicht annimmst und an deinen Behauptungen festhältst, handelst du arglistig. Das kann man nicht sagen; denn es hängt vom Naturell einer Partei ab, ob sie sich überzeugen lässt oder nicht. Das kann der Richter nicht durchschauen. Man kann den Richter nicht dazu zwingen, dass er, um an solchen Versäumnisurteilen vorbeizukommen, der erschienenen Partei eine Art Unehrlichkeit und Prozessbetrug attestiert. In eine solche Zwangslage soll man den Richter nicht versetzen.

Man würde also wohl unter allen Umständen daran festhalten müssen, dass die bisherige Voraussetzung für ein Versäumnisurteil gegen den Beklagten beibehalten wird, nämlich die, dass das tatsächliche Vorbringen des Klägers den Klaganspruch rechtfertigt, dass das Klagvorbringen schlüssig ist. Sonst begehen wir einen frommen Selbstbetrug. Wir müssen also wohl an dieser Voraussetzung festhalten, und ich meine, wir müssen auch daran festhalten, dass nur das tatsächliche Vorbringen des Klägers dem Versäumnisurteil zugrunde gelegt wird, das vorher dem Beklagten schriftsätzlich zugestellt ist. das österreichische Recht lässt hier auch nachträgliche Ergänzungen des Klägers in der ersten Tagsatzung zu, die dem Beklagten gar nicht schriftsätzlich mitgeteilt zu sein brauchen.

Ich meine also, dass wir an den materiellen und formalen Voraussetzungen des Versäumnisurteils gegen den Beklagten so festhalten sollen, wie wir es jetzt haben. Andererseits sollte aber dem Richter neben den bereits angedeuteten Wegen ein ganz legaler Ausweg für Konfliktsfälle zur Verfügung stehen. Jetzt kann der Richter in solchen Fällen statt des Versäumnisurteils eine Aktenlageentscheidung nur dann erlassen, wenn die erschienene Partei es beantragt. Hier sollte der Richter hinsichtlich der Wahl nicht abhängig sein vom Antrag der erschienenen Partei, sondern sollte aus eigener Initiative darüber befinden können, ob er Versäumnisurteil oder Aktenlageentscheidung wählt. Der Richter darf von diesem Wahlrecht nur dann Gebrauch machen, wenn er in der Lage zu sein glaubt, anstatt des Versäumnisurteils ein die Instanz beendigendes berufungsfähiges Urteil zu erlassen. Es müssen ihm die faulen Zwischenauswege verbaut werden, dass er sich durch Beschlüsse mehr oder weniger geschickter Art um den Erlass des Urteils herumdrückt.

Die Fälle, in denen gerade die Partei ausbleibt, die im Begriff ist, den Prozess zu gewinnen, sind äußerst selten. Das kommt in der Zivilkammer im Jahre ein- oder zweimal vor. Es wird auch selten sein, dass die voraussichtlich unterliegende Partei in diesen Fällen Versäumnisurteil beantragt, wenn wir dem Richter das vorgeschlagene Wahlrecht geben. Vergessen dürfen wir auch nicht, dass der Richter, wenn er ein Urteil fällt, das eine Partei belastet, sehr oft Angriffen von recht robusten Stellen ausgesetzt ist. Wie würden diese Angriffe zunehmen, wenn man einem

Richter vorhalten könnte: Du warst nicht genötigt, Versäumnisurteil zu erlassen; du hattest nach dem Gesetz die Möglichkeit, statt dessen durch Beschluss weitere Sachaufklärung aufzugeben oder die Vernehmung des und des Zeugen anzuordnen! Wie kommst du dazu, gegen diesen Mann bei der ungeklärten Sachlage schon Versäumnisurteil zu erlassen! Wir müssen also eine Grenze ziehen, damit das Versäumnisverfahren nicht entwertet wird.

Ich schlage etwa folgende Formulierung vor: „Insoweit der Rechtsstreit zur Endentscheidung reif ist, kann das Gericht an Stelle eines beantragten Versäumnisurteils eine Entscheidung nach Lage der Akten erlassen. Die erschienene Partei ist hierüber zu vernehmen" [?]

Ich bemerke noch: Auch nach dem heute geltenden Prozessrecht sind die Voraussetzungen und die gesetzgeberischen Überlegungen beim Versäumnisurteil gegen den Beklagten andere als beim Versäumnisurteil gegen den Kläger. Der Beklagte wird kontumaziert, weil das tatsächliche Vorbringen des Klägers wegen des Ausbleibens als unbestritten zu betrachten ist; der Kläger wird nur deshalb kontumaziert, weil er ausgeblieben ist.

Vorsitzender: Ein Bedürfnis für die Wahl zwischen Aktenlageentscheidung und Versäumnisurteil für den Richter besteht im ersten Termin nicht, da die Sache dann doch noch nicht spruchreif ist, es sei denn, dass das ganze Klagevorbringen unschlüssig ist. Dann kann heute schon die Klage abgewiesen werden. Ich bitte bei der Diskussion zu prüfen, ob nicht die ganze Frage ein anderes Gesicht bekommt, wenn wir die Möglichkeit ausschließen, dass diese Wahl im ersten Termin stattfindet. Denn die praktische Bedeutung des Versäumnisurteils liegt hauptsächlich im ersten Termin.

Altstötter: Herr Staud, wie stellen Sie sich die Sache vor, wenn der Stoff teilweise zur Endentscheidung reif ist, teilweise aber noch nicht? Soll dann ein Teilendurteil ergehen und im Übrigen der Erlass eines Beweisbeschlusses zulässig sein und für einen weiteren Teil Versäumnisurteil ergehen?

Staud: Dazu ein Beispiel! In einem Prozess ist auf 11.300 RM Schadenersatz geklagt. Der Höhe nach hat sich ergeben, dass 5.000 RM Verdienstausfall unter keinen Umständen in Frage kommen, da der Betreffende während der Zeit anderweitige Entschädigungen bezogen hat. 4.200 RM betragen Arztkosten und Sachschäden. In dem Termin beantragt der Kläger Versäumnisurteil gegen den ausgebliebenen Beklagten. Da kann der Richter sagen: In Höhe der 5.000 RM Verdienstausfall hält das Gericht die Sache für instanzbeendigungsreif und beabsichtigt Aktenlageentscheidung. Teilurteil: Die Klage auf den Ersatz von 5.000 RM Verdienstausfall wird abgewiesen; für 4.200 RM ergeht Versäumnisurteil.

Pagenstecher: Bei der Verfassung der Zivilprozessordnung stand der Gesetzgeber vor der Frage: was sollen wir machen? Eine richtige Prozessführung ist nur möglich beim mündlichen Verfahren, wenn beide Parteien erscheinen. Wie sollen wir sie dazu bewegen? Man kann an Prozessstrafen denken. Wir wollen solche Prozessstrafen aber nicht, sondern machen es so: Wenn eine Partei nicht erscheint, wird sie ohne jede Prüfung verurteilt. Wenn sie zweimal nicht erscheint, ist die Sache anders. Wenn gegen den Kläger Versäumnisurteil ergeht, so besteht der Nachteil darin, dass er Zeit verliert. Beim Beklagten besteht der Nachteil darin, dass ein Vollstreckungstitel gegen ihn besteht, der auch aufrecht erhalten bleibt, wenn er Einspruch einlegt. Tut er das, kann allerdings die Zwangsvollstreckung eingestellt werden, aber nur gegen Sicherheitsleistung. Wenn also ein Versäumnisurteil ergangen ist und es ist sofort vollstreckt, dann bleiben die Vollstreckungsregeln bestehen, es sei denn, dass der Beklagte Sicherheit leistet.

Nun besteht ein Schönheitsfehler in unserer Zivilprozessordnung. Dieses Prinzip ist nämlich nicht ganz streng durchgeführt. Der große Unterschied zwischen Kläger und Beklagtem besteht darin: Bleibt der Kläger aus, ist alles gleichgültig, und die Klage wird als unbegründet abgewiesen. Natürlich müssen die Voraussetzungen für den Erlass eines Versäumnisurteils vorliegen. Bleibt dagegen der Beklagte aus, wird noch eine gewisse Prüfung vorgenommen. Das ist ein

Schönheitsfehler. Man hätte, wenn man sich auf den Standpunkt der damaligen ZPO stellen will, Kläger und Beklagten gleichstellen müssen. Der Grundgedanke unseres Versäumnisurteils ist etwas, wovon auch unser Mahnverfahren beherrscht ist, dass nämlich jemand, der einmal einen Termin versäumt hat, selbst wenn das schuldhaft geschah, kein dauernder Nachteil daraus erwachsen soll. Die Frage, die wir uns vorlegen müssen, ist vor allem die: Wollen wir daran festhalten oder nicht? Ich darf daran erinnern, dass beim Mahnverfahren Herr Stagel und ich selber diesen Grundsatz verteidigt haben. Wir sagten: Der Betreffende soll zwei Wochen Zeit haben, um gegen den Zahlungsbefehl Widerspruch erheben zu können. Wenn er in dieser Zeit Widerspruch nicht erhebt, wird er zunächst einmal verurteilt. Dieses Urteil hat die Wirkung eines rechtskräftigen kontradiktorischen Urteils.

Nun will Herr Staud beim Versäumnisurteil die Geständnisfiktion aufrecht erhalten. Jedenfalls will er daran festhalten, dass die Tatsachen, die der Kläger behauptet hat, als festgestellt gelten, es sei denn, dass das Gericht aus irgendeinem Grunde dagegen ist. Wollen Sie daran nicht festhalten bei der Entscheidung nach Lage der Akten? Soll da § 286 anwendbar sein? (*Staud:* Ja!) Nun soll im ersten Termin diese Wahl nicht stattfinden. Im ersten Termin kommt nur der Kläger. Der Beklagte hat nichts von sich hören lassen oder eine farblose Klagbeantwortung geschickt. Es handelt sich nicht um einen Urkundsprozess. Trotzdem beweist aber der Kläger durch Urkunden, an deren Echtheit der Richter nicht zweifeln kann, die Gültigkeit seines Anspruchs und beantragt nunmehr meinetwegen Versäumnisurteil. Würden Sie nun sagen: Ja, hier ist der Prozess zur Endentscheidung reif; denn Einwendungen sind nicht erhoben worden? Würden Sie da eine Entscheidung nach Lage der Akten erlassen?

Staud: Nein, in diesem Falle nicht! In diesem Fall würde der Richter nicht in einen Konflikt hineinkommen; denn hier würde die Aktenlageentscheidung genauso ausfallen wie das beantragte Versäumnisurteil

Pagenstecher: Nehmen wir einmal einen anderen Fall. Im ersten Termin eines Amtsgerichtsprozesses ist der Beklagte erschienen. Es stellt sich heraus, dass der Beklagte nicht weiß, um was es sich handelt, oder er sagt: Ich muss erst in meinen Büchern nachsehen. Der Termin ist vertagt worden, ohne dass der Richter sich darüber klar ist, ob der Beklagte nun wirklich stichhaltige Einwendungen hat oder nicht. Nun bleibt der Beklagte auch im nächsten Termin aus. Da wäre die Situation so. Der Mann kann die Sache noch durchspielen. In sehr vielen Fällen wird der Richter nun sagen können: Der Prozess ist zur Endentscheidung reif, wenn ich voraussetze, dass der Beklagte keinerlei Einwendungen mehr bringt oder dass er, wenn er erschienen wäre, keinerlei Einwendungen gebracht hätte. Die Fälle werden außerordentlich selten so liegen. Im Allgemeinen aber muss der Richter, wenn er sich dessen auch nicht bewusst ist, sagen: Ich bin jetzt überzeugt, der Prozess ist zur Endentscheidung reif, und zwar in dem Sinne, dass der Beklagte verurteilt werden muss, vorausgesetzt, dass der Beklagte nicht noch Einwendungen hat, die ich vielleicht gar nicht kenne. Und nun ergeht ein quasi kontradiktorisches Urteil, gegen das es Berufung gibt. Ich wollte nichts weiter, als klarstellen, dass man hier mit diesem Prinzip gebrochen hat. Ich weiß nun nicht, ob Sie daran festhalten wollen, dass dieses Urteil nun wieder rückgängig gemacht werden kann oder nicht ergehen soll, wenn der Beklagte glaubhaft macht, dass er den Termin ohne Verschulden versäumt hat.

Staud: Dagegen bin ich entschieden. Diese jetzt in der Zivilprozessordnung stehende Bestimmung über Entscheidungen nach Aktenlage wird in der Praxis wenig angewendet.

Pagenstecher: Ich wollte nur darauf aufmerksam machen, dass wir hier einen Fall haben, wo einem Beklagten ein erheblicher Nachteil daraus erwächst, wenn er ohne Verschulden einen Termin versäumt. In Österreich war das schon immer so, aber bei uns wäre es etwas ganz Neues, besonders wenn wir in der Berufungsinstanz das Novenrecht einschränken.

Staud: Es handelt sich immer nur um die Frage, ob der Richter gegen den Beklagten ein Versäumnisurteil verurteilenden Inhalts oder ein die Instanz beendendes Urteil erlassen soll. Nach meiner Meinung ist das Institut im Unterbewusstsein mehr für die Fälle geschaffen, in denen eine die Instanz beendende Endentscheidung von der durch Versäumnisurteil erstrebten Entscheidung abweicht. Ich hatte aber die größten Bedenken, es auf diese Fälle zu beschränken und das im Gesetz zum Ausdruck zu bringen. Die Frage, wann der Richter einen Prozess als reif zur Endentscheidung ansehen kann, ist wohl in einer kurzen Formel kaum zu beantworten. Das ist letzten Endes Gefühlssache. Erst wenn der Richter sein Urteil mit Tatbestand und Endentscheidungsgründen machen soll, merkt er, ob er tatsächlich in der Lage ist, eine Endentscheidung aufgrund des ersten Termins oder aufgrund eines zweiten oder dritten Termins zu fällen. In dem Beispiel, das Herr Prof. Pagenstecher eben gegeben hat, würde ich ganz entschieden die Frage verneinen, ob der Richter da wirklich sagen kann: die Instanz bei mir ist nunmehr bereits erschöpft. Denn wie soll der Richter in solchen Fällen sein Urteil so begründen, dass die Berufungsinstanz es ihm nicht aufhebt!

Pagenstecher: Meines Erachtens kann von einer Endentscheidung nur dann die Rede sein, wenn der Richter den Beklagten gefragt hat und fest überzeugt ist, dass dieser keine Einwendungen mehr hat. Solange aber der Beklagte noch Einwendungen hat, muss der Richter sagen: ich berücksichtige die etwaigen Einwendungen nicht. Aber man kann nicht davon sprechen, dass der Prozess zur Endentscheidung reif ist.

Vorsitzender: Es ist nicht an dem, dass ich hier neu eine Unterscheidung hinsichtlich der Möglichkeit einer Aktenlageentscheidung einführen will, ob im ersten oder in einem späteren Termin, und dass ich nun etwas, was das Gesetz bisher keusch verhüllte, offenkundig machen wollte, dass es auch Fälle gibt, in denen der Prozess nicht in einem Termin entschieden wird, sondern heute steht im Gesetz ausdrücklich, dass ein Aktenlageurteil nur ergehen darf, wenn in einem früheren Termin eine mündliche Verhandlung stattgefunden hat. Nun sind dem Justizministerium aus der Praxis heraus Äußerungen zugegangen, dass diese Vorschrift ein Hemmnis sei, da es viele Fälle gibt, wo im ersten Termin eine Aktenlageentscheidung möglich ist. Das sind die zahlreichen Fälle, wo entweder keine Partei erscheint, oder wo der Kläger erscheint und bittet, gegen den Beklagten, der ein fauler Zahler sei, nicht ein Versäumnisurteil ergehen zu lassen, das einen neuen Termin erfordert, sondern er möchte gleich eine Aktenlageentscheidung haben. Ich gehe davon aus, dass man diesen aus der Praxis geäußerten Wünschen entsprechen sollte. Also in dieser Beziehung wollen wir das Gesetz ändern, und ich schlage nur vor, dass der heute bestehende Unterschied für den einen Fall beibehalten wird, wo wir dem Richter die Wahl lassen, ob er Versäumnisurteil ergehen lassen oder eine Aktenlageentscheidung fällen will. In diesen Fällen könnte man sich vorstellen, dass man an der alten Grenze festhält, auch aus dem von Herrn Pagenstecher vorgetragenen Erwägungen. Diese Fälle, wo der Richter bisher Versäumnisurteil erlassen konnte, und wo wir ihm nun auch die Möglichkeit zur Aktenlageentscheidung geben wollen, sind sicher nur die Fälle, wo die Aktenlageentscheidung zugunsten dessen ergeht, der den Versäumnisantrag stellt, und den Versäumnisantrag würde die siegreiche Partei stellen; der Richter könnte ihr dann sagen, ob sie nicht lieber eine Aktenlageentscheidung haben und damit für diese Instanz obsiegt haben möchte. Ich kann mir nicht denken, dass in solchen Fällen ein Anwalt erklären würde, es möchte lieber ein Versäumnisurteil ergehen, damit er dann nochmals zu einem Termin kommen muss. In diesen Fällen kann ein praktisches Bedürfnis nur bestehen, wenn schon einmal verhandelt und das Für und Wider von beiden Parteien vorgetragen worden ist.

Herr Pagenstecher hat nun das Beispiel gebildet, dass der Kläger seine Klage einreicht, der Beklagte sich darüber überhaupt nicht geäußert hat, der Kläger nun kommt und einige Urkunden vorlegt, die dem Richter den Eindruck völliger Gerechtigkeit machen und den Klageanspruch beweisen. In einem solchen Fall kann man nach meiner Meinung keine Aktenlageentscheidung ergehen lassen; denn eine Aktenlageentscheidung setzt voraus, dass nicht kraft einer Fiktion, dass der andere nichts einzuwenden hat, sondern kraft tatsächlicher Lage feststeht, was die Parteien behauptet haben. Hier steht aber nicht fest, ob der Beklagte zugestimmt hat. Urkunden kann man prozessordnungsmäßig nicht berücksichtigen, solange sich der Beklagte über die Echtheit der Urkunden nicht geäußert hat. Eine Aktenlageentscheidung wäre zum Beispiel für folgenden Fall denkbar. Der Kläger legt eine Bürgschaftsurkunde vor und stellt dem Beklagten eine Abschrift zu; nun erklärt der Beklagte vor dem Termin, er könne zwar nicht bestreiten, die mitgeteilte Bürgschaftsurkunde unterschrieben zu haben, er habe aber davon keinerlei persönlichen Vorteil gehabt; er habe die Bürgschaft lediglich aus Gefälligkeit für den Dritten übernommen, und dieser habe ihm versichert, er würde nie in die Lage kommen, zahlen zu müssen. Aufgrund dieses Tatbestandes bezeichnet der Beklagte die Klage als unberechtigt. Wenn das vorliegt, dann ist allerdings die Möglichkeit einer Aktenlageentscheidung gegeben; denn diese Einwendungen sind offenbar vollständig; andere Einwendungen wird der Beklagte nicht vorbringen können, so dass sich der Richter auf den Standpunkt stellen kann: die allein erheblichen Tatsachen sind zugestanden; die dagegen vorgebrachten Einwendungen hindern die Klageforderung nicht. Hier ist die Möglichkeit einer Aktenlageentscheidung gegeben.

Wenn man nun den Fall so nimmt, dass bei dieser Sachlage der Beklagte allein im Termin erschienen wäre und nun Versäumnisurteil gegen den Kläger beantragte, dann wäre der Punkt gegeben, wo die Differenz zwischen Herrn Staud und mir klar wird, und wo man nun die Wahl geben will, ob das Gericht dem Versäumnisurteilsantrag entsprechen will, oder ob es den Standpunkt einnehmen will: Der Kläger ist zwar nicht erschienen, aber die Einwendungen des Beklagten sind so unschlüssig, dass die Sache für im ersten Termin spruchreif anzusehen ist. Wenn es umgekehrt so wäre, dass bei dieser Sachlage allein der Kläger kommt, der Beklagte aber nicht erscheint und der Kläger nun Versäumnisurteil beantragt, dann wird der Richter dem Kläger sagen können: Die Einwendungen des Beklagten sind so unsinnig, dass der Prozess zur Endentscheidung reif ist. Dann wird natürlich der Kläger um eine Aktenlageentscheidung bitten.

Pagenstecher: Darf ich den Herrn Vorsitzenden fragen, ob er eine Aktenlageentscheidung in Zukunft in dem Fall als zulässig ansehen würde, wo der Richter schon vor der ersten mündlichen Verhandlung aus der eidlichen Vernehmung glaubwürdiger Zeugen die Überzeugung gewonnen hat, dass die Klageforderung entstanden ist. Wenn nun im ersten Termin der Beklagte ausbleibt, dann würde die Sache nicht mit dem Einwand zu widerlegen sein, dass der Beklagte sich über die Echtheit der Urkunden äußern muss, sondern da würde der Richter bereits davon überzeugt sein, dass die Forderung entstanden ist. Soll da eine Aktenlageentscheidung ergehen können? Falls in diesem Fall der Beklagte tatsächlich erscheint, würde der Richter im Unterbewusstsein doch immer felsenfest davon überzeugt sein, dass der Beklagte doch keine berechtigten Einwendungen erheben kann. Die Sache würde also nach seiner Auffassung zur Endentscheidung reif sein, ganz ohne Rücksicht auf das, was der erschienene Beklagte wirklich noch vorbringt.

Vorsitzender: Eine vorherige Vernehmung von Zeugen würde das Gericht doch nur dann vornehmen können, wenn es sich um auswärtige Zeugen handelt. Wenn zum Beispiel in einem Berliner Prozess als Zeuge ein in Königsberg wohnender Mann angegeben wird, dann setzt das voraus, dass die Akten im Einverständnis der Parteien nach Königsberg geschickt werden und der Zeuge dort vernommen wird. So kann das Gericht nur vorgehen, wenn ein erschöpfender Schriftwechsel mit beiden Parteien stattgefunden hat. Der Kläger muss seine Klageforderung dargelegt und seinen Anspruch begründet haben, und der Beklagte muss eine Gegenerklärung abgegeben haben. Der Richter muss dann zu der Überzeugung gekommen sein, dass entscheidend allein die Aussage des Zeugen in Königsberg ist.

Pagenstecher: Es kann so sein, dass der Beklagte vielleicht zunächst nur das Entstandensein des Vertrags aus irgendeinem Grunde bestreitet, Wucher oder Dissens oder Geschäftsunfähigkeit einer Partei sind. Man kann nicht von vornherein wissen, ob er, wenn er damit nicht durchdringt, nicht noch andere Einwendungen machen könnte.

Vorsitzender: Dann müsste der Beklagte gesagt haben, dass er zunächst das Zustandekommen des Vertrags bestreitet und sich im Übrigen weitere Einwendungen vorbehalte.

Pagenstecher: Dazu ist der Beklagte nicht verpflichtet. Das hat er vielleicht nicht getan.

Vorsitzender: Eine Aktenlageentscheidung kann überhaupt nur zugelassen werden, wenn Schriftsätze ebenso berücksichtigt werden müssen, wie das beim mündlichen Vorbringen der Fall ist. Wenn also der Beklagte in einem Prozess bestreitet, dass der Vertrag zustande gekommen ist, weiter aber nichts sagt, dann kann man annehmen, dass er weiter nichts einzuwenden hat. Auch wenn der Beklagte in einem Schriftsatz nichts weiter tut, als das Zustandekommen des Vertrages zu bestreiten, wird man annehmen dürfen, dass er weiter nichts einzuwenden hat. Dann wird also der Richter entscheiden können.

Nun möchte ich aber betonen, dass hierin nicht ein Abgehen von dem Grundsatz liegt, dass jemand nicht wegen seines einmaligen Ausbleibens einen dauernden Nachteil haben soll. Das ist nicht der Grundsatz, von dem wir bei der Aktenlageentscheidung abgehen, sondern der Grundsatz, von dem wir abgehen wollen, ist der Mündlichkeitsgrundsatz. Wir wollen nicht daran festhalten, dass nur das berücksichtigt werden darf, was die Parteien in der mündlichen Verhandlung vorgebracht haben, sondern wir stellen uns hier aus praktischen Gründen auf den Standpunkt, dass unter gewissen Umständen schriftliches Vorbringen ebenso wie mündliches Vorbringen behandelt wird. Mit der Möglichkeit, dass ein Vorbringen unvollständig ist, müssen wir beim mündlichen wie beim schriftlichen Verfahren rechnen. Wenn der Richter nicht aufgrund einer Fiktion, sondern aufgrund seiner durch das Parteivorbringen und die etwaige Beweiserhebung gewonnenen Überzeugung urteilt, dann entsteht der betreffenden Partei kein Nachteil in dem Sinne, wie es Herr Pagenstecher meinte. Das ist kein Abweichen von den Versäumnisgrundsätzen. Wenn der Richter die freie Überzeugung gewonnen hat, dass der Beklagte schuldig ist, dann ist es nur ein Abgehen vom Mündlichkeitsgrundsatz, wenn wir eine solche Aktenlageentscheidung zulassen.

Pagenstecher: In 90% der Amtsgerichtsprozesse wird der Beklagte nicht vertreten. Er macht zunächst nur eine ihm besonders wichtig erscheinende Einwendung, zum Beispiel hinsichtlich des Zustandekommens des Vertrages, und glaubt, in dem späteren Termin seine anderen Einwendungen vorbringen zu können. Es darf ihm kein Nachteil daraus erwachsen, wenn er ohne sein Verschulden den Termin versäumt.

Vorsitzender: Der Richter wird einem Schriftsatz sofort ansehen, ob es sich um einen ungewandten Menschen handelt, der sicher noch nicht alles Notwendige vorgebracht hat. Im Übrigen spielt die Aktenlageentscheidung doch keine Rolle im Parteiprozess, wo die Parteien persönlich anwesend sind, sondern nur da, wo die Parteien durch Anwälte vertreten sind. Die Aktenlageentscheidung ist in vielleicht 25% der Fälle ein Mittel, die Sache zu fördern, und in 75% der Fälle ist es ein Druckmittel auf die Anwälte, nun auch wirklich zum Termin zu erscheinen. In dieser Beziehung hat sie ausgezeichnet bei uns gewirkt. Die Anwälte, die noch etwas zu sagen haben, kommen, und nur die Anwälte kommen nicht, die nichts mehr vorzubringen haben. Die Vorschrift, dass nur in einem auf eine Woche auszusetzenden Termin ein Urteil verkündet werden darf, ist nicht deswegen in das Gesetz hineingekommen, weil ich sie für ausgezeichnet gehalten hätte, sondern das war eine notwendige Konzession im damaligen Rechtsausschuss des Reichstags [vgl. *W. Schubert,* Zivilprozessreform in der Weimarer Zeit, 2005, 105 ff.], wo die dort vertretenen Anwälte es als unerträglich bezeichneten, dass eine Aktenlageentscheidung ergehen könnte, wenn ein Anwalt einen Termin versäumt hat, weil er bei einer Beweisaufnahme in einem anderen Fall aufgehalten wird und nun Entscheidendes nicht mehr vorbringen kann. Mit Rücksicht darauf hat sich das Justizministerium mit der Aufnahme dieser Bestimmung in die Zivilprozessordnung einverstanden erklärt. Tatsächlich hat sich aber herausgestellt, dass bei den Richtern kaum jemals in dieser Woche sich ein Anwalt wegen seines Fernbleibens entschuldigt hätte, sondern wenn das Gericht den Beteiligten mitgeteilt hatte, dass in einer Woche Aktenlageentscheidung ergehen wird, dann lassen die Beteiligten die Aktenlageentscheidung ergehen. Die Praxis hat also gezeigt, dass diese im Reichstag vorgebrachten Bedenken nicht berechtigt gewesen sind. Ich stimme daher Herrn Staud durchaus darin bei, dass man diesen hässlichen Zopf abschneiden und von dieser Fristsetzung ganz absehen kann.

Singer: Aus meiner amtlichen Tätigkeit ist mir bekannt, dass beim Vormundschaftsrichter häufig Vormünder erscheinen und angeben, dass der Vater eines außerehelichen Kindes zwar die Vaterschaft anerkennt, aber jede Zahlung abgelehnt habe. Die Vormünder erheben dann Alimentenklage; der Beklagte erscheint im Termin nicht. In solchen Fällen ist tatsächlich immer Aktenlageurteil ergangen, und das ist zweifellos das einzig Richtige.

Pagenstecher: In solchen Fällen steht fest, dass der Beklagte keine berechtigten Einwendungen zu erheben hat.

Altstötter: Wenn keine mündliche Verhandlung vorangegangen ist, darf nach heutigem Recht keine Aktenlageentscheidung gefällt werden.

Singer: Wenn der Beklagte zum Prozess nicht kommt, wird er glatt verurteilt. (*Altstötter:* Das ist doch unmöglich! – *Lent:* Es kann nur Versäumnisurteil ergehen!) Ja, das war nicht richtig; es ist aber praktisch so gemacht worden. Der Richter hat in einem solchen Fall den Vormund veranlasst, den Antrag zu stellen.

Lent: In der sachlichen Gestaltung bin ich weitgehend mit den Vorschlägen des Herrn Staud einverstanden. Aber ich möchte doch für eine schärfere Unterscheidung zwischen Versäumnis im ersten Termin und Versäumnis im späteren Termin eintreten, obwohl diese Unterscheidung bei Ausgestaltung des vorbereitenden Verfahrens nicht mehr genau stimmt. Wir würden in Schwierigkeiten kommen, wenn wir die Versäumnisfälle, weil sie gewisse äußerliche Momente gemeinsam haben, unter einen Hut bringen wollten, obwohl die Funktionen und Aufgaben des Versäumnisverfahrens in den verschiedenen Fällen recht verschieden liegen.

Im ersten Termin bleibt der Beklagte im Normalfall deswegen aus, weil er nicht sagen kann und nicht sagen will. Hier ist die Aufgabe des Versäumnisverfahrens einfach die, dem Kläger möglichst rasch und billig einen Vollstreckungstitel zu verschaffen. In diesen häufigen Fällen würde es unerheblich sein. ob Versäumnisurteil oder Aktenlageentscheidung ergeht, weil der Beklagte sich ohne weiteres verurteilen lässt. Es wäre interessant, zu erfahren, ob eine Statistik darüber besteht, in wie vielen Fällen überhaupt Einspruch gegen Versäumnisurteil ergeht. Ich habe gehört, dass das selten der Fall ist. Für den *ersten Termin* würde ich daher ruhig an dem bisherigen *Versäumnisverfahren* als einziger Möglichkeit festhalten. Warum soll man das da nicht unverändert lassen?

Man sollte diese Wahl des Richters zwischen Entscheidung nach Lage der Akten und Versäumnisurteil auf den Fall beschränken, für den sie bestimmt war: Ihm den Gewissenskonflikt zu ersparen, dass er, wenn er aus dem Prozessverlauf eine andere Überzeugung gewonnen hat, gegen seine Überzeugung entscheiden muss. Das kann nur in einem späteren Stadium des Prozesses passieren. In diesem späteren Stadium des Prozesses ist auch die Aufgabe des Versäumnisverfahrens eine andere; denn der Grund, warum der Betreffende dann wegbleibt, ist ein anderer als im ersten Termin. Im ersten Termin bleibt er weg, damit der Vollstreckungstitel möglichst schnell geschaffen wird, – jetzt bleibt er entweder weg, weil er den Kampf, den er begonnen hat, aufgibt, oder weil der die Sache für aussichtslos ansieht.

Nun kommt die schwierige Frage: Wann ist die Möglichkeit einer Entscheidung nach Lage der Akten gegeben? Hier im Ausschuss haben sich zwei Meinungen gebildet. Herr Staud hat es zunächst so dargestellt, als wenn eine Entscheidung nach Lage der Akten im ersten Termin einfach aufgrund des einseitigen Vorbringens des Klägers schon möglich sei. Herr Ministerialdirektor Volkmar hat die Sache dann richtiger dahin behandelt: Es muss schon irgendein positives Verhalten, eine positive Äußerung des Beklagten vorliegen. Nun entsteht die Frage, ob man es darauf abstellen kann: Versäumnisverfahren ausschließlich dann, wenn der Beklagte sich bis zum Termin nicht gerührt hat. Dann haben wir glatt das bisherige Versäumnisverfahren. Hat sich dagegen der Beklagte schon gerührt und bleibt bloß aus irgendwelchen unersichtlichen Gründen weg, dann die Wahl zwischen Entscheidung nach Lage der Akten und Versäumnisurteil. Dieser Weg würde geeignet sein. Man kann ihn erreichen, wenn man im Gesetz bestimmt: Es muss schon eine *Gegenäußerung des Beklagten vorgelegen* haben, damit eine Entscheidung nach Lage der Akten ergehen lassen. Das sollte im Gesetz ausdrücklich festgelegt werden. Wenn man sich aber auf den Standpunkt stellt, dass eine Entscheidung nach Lage der Akten auch dann möglich sein soll, wenn der Beklagte sich noch nicht gerührt hat, dann bleibt für das Versäumnisurteil überhaupt nichts übrig.

Ich würde also für eine gewisse Unterscheidung eintreten. Wenn sie nicht nach dem ersten und zweiten Termin erfolgen kann, dann muss sie danach erfolgen, ob der Beklagte sich gerührt hat oder nicht. Hat er sich nicht gerührt, dann nur Versäumnisverfahren. Hat er sich schon gerührt, dann Wahl zwischen Versäumnisverfahren und Entscheidung nach Lage der Akten.

Für das Versäumnisverfahren würde ich an der Schlüssigkeit im bisherigen Sinne festhalten. Ich würde auch an dem deutschen Recht festhalten, dass ein Versäumnisurteil nur aufgrund des Materials ergehen kann, das dem Beklagten schriftlich mitgeteilt ist und zwar deswegen, weil sich ein Beklagter sagen kann, dass er ruhig wegbleiben kann, weil er aufgrund dieses Vorbringens vom Gericht nicht verurteilt werden kann.

Was die Frage der Wahl des Richters zwischen Versäumnisurteil und Entscheidung nach Lage der Akten betrifft, so würde ich dem Richter das Recht geben, entgegen dem Antrag der erschienenen Partei eine Entscheidung nach Lage der Akten zu fällen, namentlich beim Wegbleiben einer Partei im späteren Termin. Hier trete ich voll dem Vorschlag des Herrn Staud bei, dass diese Wahl nur darin bestehen kann: quasi-kontradiktorisches Urteil oder Versäumnisurteil. Nicht aber so, dass der Richter den Prozess gleichsam ohne Zusammenhang mit den Parteien weiter führt, sondern er soll nur die Wahl zwischen einem Versäumnisurteil und einem quasi-kontradiktorischen Urteil haben. Alles andere ausgeschlossen! Ich glaube, dass man soweit gehen kann, dem Richter dieses Recht zu geben. Man erspart ihm damit den bisherigen Konflikt, dass er eine Entscheidung treffen muss, die dem bisherigen Prozesslauf entgegengesetzt ist. Ich glaube, dass dieser Konfliktfall im Allgemeinen nur eintreten kann, wenn eine Versäumnis in einem späteren Termin erfolgt, oder dass sie im ersten Termin frühestens eintreten kann, wenn sich der Beklagte gerührt hat. Wenn aber der Beklagte, wie es die Regel ist, vor dem ersten Termin überhaupt nichts von sich hat hören lassen, dann ist eine Entscheidung nach Lage der Akten unmöglich.

Ich stelle anheim, ob es nötig ist, dahingehende Bestimmungen im Gesetz ausdrücklich zu treffen. Klarer wäre es jedenfalls. Denn es erscheint mir zweifelhaft, ob ohne eine solche ausdrückliche Gesetzesbestimmung bei den Parteien Klarheit darüber bestehen wird, wann eine Entscheidung nach Lage der Akten ergehen kann.

Vorsitzender: Man kann sich natürlich noch überlegen, ob da eine Formulierung möglich wäre. Der düstere Punkt bei der Entscheidung nach Lage der Akten ist ja, dass sich darüber Unklarheiten ergeben. Aber es ist sehr schwer, Klarheit darüber im Gesetz selbst herbeizuführen. Im Kommentar Jonas sind ganze Seiten darüber geschrieben, und auch ich selbst habe viele Seiten voll darüber geschrieben.

Altstötter: Ich möchte lediglich auf das *Versäumnisverfahren gegen den Beklagten* eingehen. Meiner Meinung nach muss selbstverständlich davon ausgegangen werden, dass, wenn der Beklagte bisher im Laufe des Rechtsstreites überhaupt noch keine Äußerung von sich gegeben hat, eine Aktenlageentscheidung nicht ergehen kann, sondern nur das Versäumnisverfahren bleibt. Aber in diesem Punkte setzen Zweifel ein, die mir einerseits von der Seite der heute bestehenden Übung aus aufstoßen, dass das sogenannte Armenrechtsprüfungsverfahren durchgeführt wird, bis die Sache beinahe endgültig zur Entscheidung reif ist, und zweitens von der zukünftigen Seite als, dass das Schwergewicht des Prozesses in das vorbereitende Verfahren verlegt werden soll. Es wird doch dahin gestrebt, dass in dem vorbereitenden Verfahren künftig schon die Grundlage für die mündliche Verhandlung gelegt wird, und dass dann bei der mündlichen Verhandlung in einem Termin endgültig entschieden werden soll. Nun ist es sehr häufig der Fall, dass der Beklagte einen Anwalt findet, der ihn vertritt und auch einen Schriftsatz abgibt, aber von ihm Vorschussleistung spätestens bis zum ersten Termin verlangt. Wenn nun der Vorschuss nicht rechtzeitig aufgebracht wird, weil das Armenrecht bis dahin noch nicht bewilligt ist, dann tritt der Anwalt im ersten Termin nicht auf. Dann kann die Sache so liegen, dass der Richter aufgrund des vorbereitenden Verfahrens Zeugen bestellt hat, die auch erschienen sind; der Kläger hat seine Klage begründet; der Beklagte hat in einem Schriftsatz das gegnerische Vorgeben bestritten.

Hieraus kann man folgende Lehren ziehen.

Erstens: Es geht nicht an, auf den ersten oder späteren Termin abzustellen. Wenn wir ein praktisches Aktenlageverfahren haben wollen, dann ist doch der tiefere Sinn, wenn man schon von dem Prinzip der Mündlichkeit überhaupt abgeht, dass man sagt: Hier hat bisher überhaupt noch keine mündliche Verhandlung stattgefunden; der Beklagte hat sich mündlich überhaupt noch nicht geäußert. Es fragt sich, ob man nicht auch solche Fälle hinein nehmen und dem Richter die Möglichkeit geben muss, nach Lage der Akten zu entscheiden, obwohl eine streitige mündliche Verhandlung bisher noch nicht gewesen ist.

Die zweite Frage ist die, ob nun der Richter sagen soll: Die Zeugen sind alle da; das gegnerische Vorbringen ist bestritten; ich habe auch die Überzeugung, dass der Kläger recht hat, möchte mich aber noch selber vergewissern. Soll es nun nach dem Standpunkt des Herrn Staud so sein, dass der Richter die Zeugen wegschickt und sich auf den Standpunkt stellt: Der Beklagte hat bestritten, – nur Versäumnisurteil, oder soll man auch vorsehen, dass der Richter in die Lage versetzt wird, die aufgrund des vorbereitenden Verfahrens bereitgestellten präsenten Beweise doch noch zu erheben und sich aufgrund der Beweiserhebung das an seiner Überzeugung noch Fehlende zu verschaffen? Diese Frage ist sehr praktisch. Es erfolgt namentlich im Armenrechtsprüfungsverfahren vorher eine sehr weitgehende Prüfung, und es ist für den Kläger *sehr* wichtig, ein *endgültiges* Urteil und nicht ein Versäumnisurteil zu haben, das ihm wieder durch neue Einwendungen, die zur Einstellung der Zwangsvollstreckung führen können, zunichte gemacht werden kann; das geht ja sehr weit.

Von dem Standpunkt aus, das Prinzip der Mündlichkeit nach Möglichkeit aufrecht zu erhalten, wäre die reinste Lösung: es muss eine streitige Verhandlung vorausgegangen sein. Das wäre die sauberste Lösung. Als wir im Ausschuss über die Verlagerung der Beweismaßnahmen in die vorbereitenden Maßnahmen sprachen, habe ich schon darauf aufmerksam gemacht, dass sich daraus Konsequenzen ergeben werden, die uns zwingen werden, im Laufe des späteren Verfahrens daraus Folgerungen zu ziehen. Nun wäre ich der Meinung: Wenn wir das vorbereitende Verfahren so ausbauen, wie es nach Ansicht der Mehrheit des Ausschusses erwünscht ist, dann müssen wir doch wieder auch die Möglichkeit geben, aufgrund des schriftlichen Materials die schriftliche Aktenlageentscheidung zu fällen. Jedenfalls müssen wir das ins Auge fassen.

Vorsitzender: Was Herr Altstötter eben ausgeführt hat, ist sehr wichtig und sehr interessant und ist bisher im Rahmen unserer Erörterungen noch nicht besprochen worden. Ich möchte zu diesem Problem Folgendes bemerken.

Zunächst möchte ich bemerken, dass ich meine ursprüngliche Anregung zurücknehmen muss, schon im ersten Termin die Wahl zwischen Aktenlageentscheidung und Versäumnisurteil zu geben. Dazu veranlasst mich der als Beispiel angeführte Fall, dass der Kläger in seinem Schriftsatz die Klage begründet hat und der Beklagte in einem Schriftsatz Einwendungen erhoben hat, die völlig unschlüssig sind; deshalb glaubt der Kläger, zum Termin gar nicht erscheinen zu müssen. Es erscheint nur der Beklagte und beantragt nun Versäumnisurteil gegen den Kläger, obwohl der Richter ihm vorhält, dass er ja nichts Durchschlagendes einzuwenden habe. In diesem Fall dürfte eine Wahl zwischen Aktenlageentscheidung und Versäumnisurteil nicht gegeben sein.

Nun hat uns aber Herr Altstötter in eine sehr bedenkliche Lage gebracht. Er bildete das Beispiel, dass nach Wechsel der Schriftsätze der Richter Zeugen geladen hat, die auch erschienen sind. Nun kommt aber der Anwalt des Klägers nicht, weil er den Kostenvorschuss nicht erhalten hat, aber der Beklagte ist durch einen Anwalt vertreten und beantragt nun Versäumnisurteil gegen den Kläger. Wäre ein Termin vorausgegangen und Beweiserhebung und weitere Verhandlung in einem zweiten Termin beschlossen worden, dann ist es bekanntlich so, dass zuerst die Beweisaufnahme zu absolvieren ist, und nach der Beweisaufnahme kann der Versäumnisantrag gestellt werden, und da kann dann der Richter sagen: Die Beweisaufnahme war völlig eindeutig, und ich wähle jetzt statt des Versäumnisurteils die Aktenlageentscheidung. So ist es aber bei dem Beispiel Altstötter nicht. Der Richter darf die Zeugen erst vernehmen, nachdem die Parteien die rechtserheblichen Tatsachen vorgebracht haben, und das können die Parteien hier nicht, weil nur eine Partei vertreten ist. Ich möchte der Meinung sein, dass, wenn wir nicht grundlegende Änderungen nach dieser Richtung schaffen wollen, jedenfalls aufgrund der bisherigen Vorschriften in diesem Fall nicht in eine Vernehmung eingetreten werden kann. Darf ich fragen, wie das in Österreich in einem solchen Fall gemacht wird? Würde z.B. in der gestrigen Verhandlung, wenn nur eine Partei erschienen wäre, eine Zeugenvernehmung erfolgen, obwohl kein Beweisbeschluss vorlag?

Stagel: Nach § 399 kann aufgrund des Materials mit einer erschienenen Partei der Beweisbeschluss gefasst werden.

Vorsitzender: Wir haben diese Vorschrift nicht und könnten aufgrund der heutigen Vorschriften nicht so verfahren. Aber es wäre de lege ferenda wohl zu überlegen, ob man das, was in Österreich gegangen ist, nicht auch für das deutsche Verfahren einführen könnte. Dann wäre besonders klar, dass wir auch im ersten Termin die Wahl zwischen Aktenlageentscheidung und gewöhnlicher Entscheidung vorsehen müssen, und es liegt ganz im Wesen der Aktenlageentscheidung, dass – wenn nicht der Ausnahmefall der Abweisung einer unschlüssigen Klage vorliegt – die Aktenlageentscheidung immer dann sinnvoll ist, wenn beide Parteien sich irgendwie zu dem Streitstoff geäußert haben. Also eine so ins Einzelne gehende Vorschrift, wie Herr Prof. Lent sie angeregt hat, wäre nicht nötig. Wohl aber wäre zu erwägen, ob man nicht einmal umreißen müsste, was dann alles in einer Aktenlageentscheidung erfasst werden kann.

Jonas: Bei der Aussprache hatte man zum Teil den Eindruck, als wenn Fälle im Mittelpunkt des Interesses stehen, die praktisch doch ungeheuer selten sind. Daher ist es zweckmäßig, sich noch einmal die allgemeine Lage zu vergegenwärtigen. Da möchte ich zunächst betonen, dass wir bei den Verhandlungen des Unterausschusses in Hamburg zu dem Ergebnis gekommen sind, dass der grundsätzliche Aufbau unseres Versäumnisverfahrens durchaus gesund ist. Ich hatte im Unterausschuss den Gedanken zur Diskussion gestellt, ob man nicht dadurch über manche Schwierigkeiten hinwegkommen könnte, dass man das Versäumnisurteil gegen den Beklagten nicht unter die These stellt „nicht bestritten", sondern unter die These „anerkannt". Die Aussprache in Hamburg hat aber ergeben, dass man auf diesem Wege praktisch nicht zu etwas nennenswert anderem kommt, dass sich da im Gegenteil gewisse Schwierigkeiten ergeben. Also wir stehen grundsätzlich auf dem Standpunkt, dass das Versäumnisurteil gegen den Beklagten auf der Grundlage ergeht: Der Beklagte bestreitet nicht, und dass auf dieser Grundlage das Verfahren eigentlich kaum irgendwie nennenswert anders gestaltet werden kann, als es jetzt schon der Fall ist.

Im Gesamtrahmen ist ein verhältnismäßig seltener Punkt des Anstoßes der, dass ein Versäumnisurteil in einem späteren Termin ergeht und nach der jetzigen Rechtslage zulässig ist. Da kommt die Komplikationslage, dass der Richter Gefahr läuft, unter Umständen gegen sein Gewissen zu entscheiden, dass er eine Lage annehmen muss, die dem bisherigen Prozessstoff nicht entsprechen würde. Der Herr Vorsitzende hat mit Recht darauf hingewiesen, dass das eigentlich der Hauptstein des Anstoßes in unserem jetzigen Verfahren ist. Hier ist nun die Lage entweder so, dass jemand das Rennen aufgibt, obwohl die Sache nach der Auffassung des Richters für ihn günstig steht, oder so, dass jemand, der sich in einer durchaus günstigen Lage befindet, bloß durch einen Zufall nicht in die Lage gekommen ist, den Termin wahrzunehmen. Einen solchen Mann will man nun vor der Schikanierung schützen, dass gegen ihn ein sinnloses Versäumnisurteil ergeht. Der Richter kann nun aber nicht wissen, welcher Fall vorliegt. Im Anwaltsprozess wird er es allerdings wissen; denn nach unserer Gepflogenheit beantragt ein Anwalt gegen einen anderen Anwalt ein Versäumnisurteil nicht, ohne sich vergewissert zu haben, ob er das Rennen endgültig aufgibt.

Wenn man so die Kreise enger zieht, bleibt für die ganze Sache doch ein verhältnismäßig ganz kleines Gebiet, auf dem überhaupt die Probleme praktisch werden, mit denen wir uns heute befasst haben.

Nun ist wohl kein Wort darüber zu verlieren, dass man den Richter in die Lage versetzen muss, aufgrund einer ihm klar scheinenden Rechtslage ein endgültiges, berufungsfähiges Urteil zu erlassen oder, wenn er eine solche Lage nicht annimmt, zunächst einmal ein die Instanz beendigendes Versäumnisurteil zugunsten der erschienenen Partei zu fällen. Also: entweder Versäumnisurteil oder Aktenlageentscheidung.

Nun ergibt sich die Frage, ob man dem Richter unter Umständen auch noch die Möglichkeit geben sollte, den Prozess weiter fortzusetzen, d.h. eine Aktenlageentscheidung in Form eines Aufklärungsbeschlusses oder eines Beweisbeschlusses zu erlassen. Dagegen hat Herr Staud eingewendet, dass man den Richter dann in die peinliche Situation bringe, dass man ihm mit Recht vorwerfen könne, er hätte es bei einiger Geschicklichkeit anders machen müssen. Diese Einwendung erscheint mir auch durchaus beachtlich. Man sollte daher die dritte Möglichkeit nicht vorsehen, den Prozess durch Aufklärungsbeschluss oder weitere Beweisanordnung fortzusetzen. Das erscheint mir auch deswegen angebracht, weil der Richter, wenn er den Prozess von sich aus fortführen wollte, in dieser Situation im Augenblick nicht weiß, ob die Parteien nachher auch wirklich mitmachen werden, ob nicht der Fall so liegt, dass die abwesende Partei endgültig das Rennen aufgeben will. Man sollte also nur die Möglichkeit vorsehen, dass das Gericht im zweiten Termin, auch ohne dass ein Antrag der erschienenen Partei vorliegt, ein endgültiges, die Instanz beendigendes, berufungsfähiges Urteil erlassen kann, wenn es den Prozessstoff zur Endentscheidung reif annimmt. Das kann natürlich auch ein Teilurteil und kann auch ein Grundsatzurteil sein, und dieses Urteil kann sowohl gegen die erschienene Partei wie auch zu ihren Gunsten ergehen.

Hier bleibt allerdings ein kleines Loch, und das ist das: Wenn der Richter das Gefühl hat, dass die Beweisaufnahme reichlich zuungunsten der erschienenen Partei ausgefallen ist, aber doch nicht ganz ausreicht, um daraufhin ein Endurteil zu erlassen, so muss ich sagen, dass man eine hundertprozentig glückliche Regelung in einer solchen Komplikationslage überhaupt nicht wird finden können. Bei Abwägung alles Für und Wider möchte ich deshalb an dem Standpunkt des Herrn Staud festhalten: entweder – oder. Die eben hervorgehobene Komplikationslage kann man wesentlich dadurch verringern, dass man die jetzige Bestimmung des § 367, dass die erschienenen Zeugen vernommen werden müssen, dahin abändert, dass man die Vernehmung in das Ermessen des Gerichts stellt. Wenn z.B. in einem Unfallprozess der Richter, obwohl er der Überzeugung ist, dass der Beklagte das Rennen aufgibt, nun doch genötigt sein soll, die Zeugen zu vernehmen, obwohl damit gerechnet werden kann, dass sie voneinander völlig abweichende Aussagen machen werden, so dass sich der Unfall vielleicht schließlich überhaupt ganz anders darstellt, dann muss der Richter auf diese Vernehmungen verzichten können, wenn der Fall so liegt, dass er mit der Möglichkeit rechnen kann, dass der Beklagte, z.B. die Versicherungsgesellschaft, das Rennen aufgibt. Ich halte es für richtig, dass man die starre Bestimmung des § 367, nach der die erschienenen Zeugen vernommen werden müssen, in eine Kannbestimmung umwandelt. Weshalb soll es nun im ersten Termin eigentlich anders sein als in einem späteren Termin? Bestehen irgendwelche zwingenden Gründe, die Möglichkeit des Aktenlageurteils vom ersten Termin auszuschließen? Nach dem jetzigen § 251 a kann das Urteil nach Aktenlage erst in einem besonderen Verkündungstermin ergehen. Der Vorsitzende hat schon ausgeführt, dass sich diese Bestimmung nur als absolut überflüssiger Hemmschuh erwiesen hat. Ähnlich ist es auch mit der Notwendigkeit einer voraufgegangenen Sachverhandlung. Das Gesetz sagt nichts darüber, ob sich diese Sachverhandlung auf das Thema beziehen muss oder ob es etwa genügt, wenn prozesshindernde Einreden usw. vorgebracht worden sind. Das Reichsgericht hat sich auch einmal dahin geäußert, dass eine Sachverhandlung genügt, wenn sie nur über den Grund stattgefunden hat; das deckt das Aktenlageurteil über den Betrag. Man hat also den Eindruck, dass die Praxis sich weitgehend über dieses Erfordernis hinwegsetzt.

Was kann nun im ersten Termin passieren? Entweder handelt es sich um eine unschlüssige Klage, die nach der jetzigen Rechtslage auch abzuweisen ist. Dieses Urteil ist aber praktisch genau dasselbe wie eine Aktenlageentscheidung; es ist ein rechtsmittelfähiges, die Instanz beendendes Urteil. Ob man es Aktenlageentscheidung nennt oder Abweisung eines Versäumnisurteils, ist vollkommen gleichgültig. Wenn der Kläger im Amtsgerichtsprozess dagegen eine schlüssige Klage eingereicht hat und auch der Beklagte sich in einem Schriftsatz geäußert hat, so dass der Richter mit den Parteien verhandeln will, und nun der Beklagte nicht erscheint, wird er gegen diesen Versäumnisurteil erlassen. Stammt der Schriftsatz des Beklagten nun von einem Anwalt und ergibt sich daraus, dass es nur darauf ankommt, dass eine bestimmte Rechtsfrage entschieden wird, würde ich unbedenklich ein Aktenlageurteil zulassen. Ich würde es auch dann zulassen, wenn z.B. ein Teilbetrag eingeklagt wird und es nachher dem Anwalt gelingt, den Richter davon zu überzeugen, dass die Entscheidung falsch war, und nun noch ein weiterer Teilbetrag eingeklagt wird. Der dritte Fall betrifft die nach der vorbereitenden Anordnung gestellten Zeugen. Da steht es im Ermessen des Richters, ob er die Zeugen vernimmt. Hat er den Eindruck, dass der Beklagte das Rennen erst gar nicht anfängt und dass er die Zeugen in einem gewissen Übereifer zum Termin gestellt hatte, schickt er sie nach Hause und erlässt das Versäumnisurteil, oder er sagt sich, dass es einfacher wäre, die Zeugen jetzt zu vernehmen. Das wird er natürlich nur dann tun, wenn der Tatbestand es möglich erscheinen lässt, dass er aufgrund der Zeugenaussagen wirklich zu einem positiven Ergebnis kommt. Wenn also in einem Unfallprozess nur die Grundzeugen anwesend sind und die Frage des Betrages unter Umständen noch zu Weiterungen führen würde, wird er die Zeugen wohl nach Hause schicken. Ich möchte hier nur dem Richter die Freiheit lassen, die Zeugen zu vernehmen oder nicht zu vernehmen. Wenn man sich auf diesen Standpunkt stellt, sollte man sich auch dazu durchringen, für die Zukunft die These von dem Unterschied zwischen einem Beweisbeschluss aufgrund mündlicher Verhandlung und aufgrund einer vorläufigen Gestellung von Zeugen aufzugeben. (*Pagenstecher:* Soll nun Versäumnisurteil ergehen, wenn die Zeugen nicht das aussagen, was der Richter angenommen hat?) – Dann ist die Situation wie im zweiten Termin: Der Richter hat aufgrund der Beweisaufnahme den Eindruck, dass der Vorfall anders gewesen ist. Angenommen, der Vorsitzende fährt mit dem Auto durch Bückeburg und wird verklagt, vor dem und dem Haus einen andern angefahren zu haben. Man will festgestellt haben, dass an dem fraglichen Tag in Bückeburg kein anderes Auto mit dem Kennzeichen I A gewesen ist, und nun sagen die Zeugen einstimmig, dass es sich nicht um ein rotbraunes, sondern um ein hellblaues Auto gehandelt hat. Entweder ist die Lage die, dass ich ohne weiteres zur Abweisung komme; dann erlasse ich eben aufgrund der Beweisaufnahme das Klage abweisende Aktenlageurteil. Komme ich zu dem Ergebnis, dass die Sache ganz sonnenklar ist, dann kann ich schon das Aktenlageurteil im Sinne der Verurteilung erlassen, – oder es ist die non-liquet-Lage, aufgrund derer ich das Versäumnisurteil erlasse. So würde die Sache genauso laufen, wie sie im zweiten Termin ja auch läuft. Ich glaube also, dass man mit dieser Regelung durchaus allen Möglichkeiten gerecht werden kann.

Vorsitzender: Mir ist zunächst noch nicht klar, wie man diese Regelung im Gesetz verankern will. Bisher stehen wir auf dem Standpunkt, dass dann, wenn Zeugen zum Termin gestellt werden, erst die Verhandlung endgültig ergeben muss, ob der Richter zur Vernehmung schreiten kann. Die Verhandlung kann dahin führen, dass ein Zeuge überflüssig ist und gar nicht vernommen wird. In Österreich haben wir die klare Anordnung, dass in dem Moment, in dem die litis contestatio durch Einreichung der Klagebeantwortung beendet ist, überhaupt kein Versäumnisurteil mehr ergehen kann. Diese Möglichkeit müssten wir bei uns auch extra schaffen und begrenzen. Rein technisch ist mir nun Folgendes nicht klar. Wenn der Richter das Gefühl hat, dass der Nichterschienene das Rennen aufgibt, wird er Versäumnisurteil erlassen. Tritt er aber in die Beweisaufnahme ein und vernimmt der die Zeugen, dann kann er m.E. nur eine Aktenlageentscheidung treffen; denn dadurch, dass er in die Beweisaufnahme eintritt, hat er ja schon zu erkennen gegeben, dass nach seiner Auffassung die Situation für eine Entscheidung durch Versäumnisurteil nicht geeignet ist. Wenn die Zeugen erklären, dass sie meinen Wagen ganz deutlich erkannt hätten, ergeht gegen mich Urteil nach Aktenlage. Wenn sie sagen, dass mein Wagen es nicht gewesen sein kann, wird die Klage nach Aktenlage abgewiesen. Erklären beide Zeugen, dass sie von der ganzen Sache nichts wüssten und dass es sich um einen Irrtum des Klägers handeln müsse, dann bestehen zwei Möglichkeiten. Entweder hat der Kläger andere Zeugen nicht, dann ist abzuweisen, oder er macht noch andere Zeugen geltend, und dann müssen diese vernommen werden. So macht man es doch auch in Österreich. (*Bauer:* Ja!) Ich halte es aber für unmöglich, dass man, nachdem man über das Ausbleiben des Beklagten hinweggegangen ist und sachlich verhandelt hat, plötzlich zu einem Versäumnisurteil kommen soll. Das würde ich im Anfang der Verhandlung konzedieren, nicht aber nach Schluss der Beweiserhebung. Nachdem man angenommen hat, dass der nicht erschienene Beklagte bestritten hat, und deshalb die Zeugen vernommen hat, kann man nicht auf einmal alles als zugestanden ansehen! Angenommen, ich erscheine im ersten Termin in Bückeburg, es wird verhandelt und es ergeht Beweisbeschluss, und zum zweiten Termin komme ich nicht. Nun ist der Richter gezwungen, die Beweisaufnahme durchzuführen. Nach Abschluss der Beweisaufnahme beginnt ja erst der Termin! (*Jonas:* Das ist die Fiktion des Gesetzes. An sich ist es doch derselbe Termin!) – Das ist richtig; es hängt davon ab, wie man es konstruiert. (*Jonas:* Eine nach allen Richtungen 100%ig richtige Entscheidung gibt es nicht!) Herr Jonas macht ganz zu Recht geltend, warum es nun durchaus anders sein soll, wenn eine Beweisaufnahme im zweiten Termin stattfindet, oder wenn die Zeugen gleich zum ersten Termin geladen werden. Wie ist es, wenn ein besonderer Termin zur Beweisaufnahme und Fortsetzung der mündlichen Verhandlung anberaumt ist? Dann hat schon einmal eine Verhandlung stattgefunden und der Grundsatz, dass Beweisbeschlüsse aufgrund mündlicher Verhandlung ergehen, ist gewahrt. Nun muss naturgemäß der neue Termin nicht mit einer Verhandlung beginnen, sondern mit der Beweiserhebung. Bei dieser brauchen die Parteien nicht vertreten zu sein, so dass der Versäumnisfall erst eintreten kann, wenn die Beweisaufnahme beendet wird und nunmehr in die mündliche Verhandlung eingetreten wird. Da kann sich der Richter mit Recht überlegen, ob er statt des beantragten Versäumnisurteils ein Aktenlageurteil ergehen lassen soll. Ist das Ergebnis der Beweisaufnahme ganz eindeutig, dann kann er zur Sache selbst durch Urteil entscheiden. Herr Staud würde in diesem Fall die Aktenlageentscheidung wählen.

War die Beweisaufnahme dagegen unvollständig und hat sie keine volle Überzeugung erbracht, hat der Kläger aber weitere Beweise angeboten, dann will Herr Staud dem Richter nicht das Recht geben, aufgrund der einseitigen Verhandlung einen neuen Beweisbeschluss zu erlassen; wenn der Richter die Sache zur Endentscheidung für reif hält, soll er nach der Auffassung von Herrn Staud Versäumnisentscheidung geben. Das kann man machen. Kann man es nun so machen, wenn, wie in dem gestrigen Fall, die Zeugen zum ersten Termin gestellt sind und eine Partei nicht erschienen ist? Gestern hat der Richter es ganz korrekt so gemacht, wie ich es mir vorstelle. Er hat sich zuerst den Parteivortrag angehört und hat auch Fragen an die Parteien gestellt. Dann hat er festgestellt, welche Zeugen er braucht, und hat, was im österreichischen Recht vorgeschrieben ist, einen Beweisbeschluss erlassen. Da wurde also besonders deutlich, dass der Richter erst aufgrund der mündlichen Verhandlung den Entschluss gefasst hat, in die Beweisaufnahme einzutreten. Wie soll man es nun mit dem Wahlrecht des Richters zwischen Versäumnisurteil und Aktenlageentscheidung machen, wenn im ersten Termin eine Partei nicht erscheint? Man könnte sich vorstellen, dass der Richter sich gleich überlegen muss, aus welchem Grund eine Partei nicht erschienen ist. Nimmt er an, dass sie das Rennen aufgibt, wird er einfach Versäumnisurteil geben. Nimmt er dagegen z.B. eine zufällige Behinderung an, dann erhebt er Beweis, obwohl noch gar keine Verhandlung stattgefunden hat, die ihn berechtigt, einen Beweisbeschluss zu erlassen. Das könnte ich logisch nur so in unser System einordnen, dass ich sage: In diesem Fall trifft der Richter eine Aktenlageentscheidung dahin, dass der Beweis zu erheben ist, und erhebt ihn. Wenn dann der Zeugenbeweis ein non-liquet ergibt und weiterer Zeugenbeweis angetreten wird, muss ich mir sagen, dass der Richter, nachdem er sich in das Aktenlageverfahren begeben hat, noch einmal wechseln kann und die Grundsätze des Versäumnisverfahrens anwenden kann, nachdem er über die Säumnis der Parteien im Termin schon hinweggegangen ist und das schriftlich Erklärte als im Termin vorgebracht angesehen hat. Ich habe starke Bedenken dagegen, dass der Richter, nachdem er über die Säumnis der Partei hinweggegangen ist und ihr schriftliches Vorbringen wie ein mündliches Vorbringen behandelt und daraufhin die Beweisaufnahme vorgenommen hat, am Schluss der Beweisaufnahme, wenn er zur endgültigen Aktenlageentscheidung nicht kommen kann, sich nur darauf stützt, dass die Partei nicht erschienen ist und durch Versäumnisurteil entscheidet. Herr Staud und Herr Jonas dagegen haben keine Bedenken in dieser Beziehung und wollen das Verfahren so wandlungsfähig wie nur irgend denkbar machen. Sie wollen ruhig zunächst in Aktenlageverfahren Beweis erheben und dann, wenn das nicht zum Ziele führt, sich darauf zu stützen, dass die Partei nicht erschienen ist und Versäumnisurteil ergehen lassen. Wir werden diesen ganzen Fragen aber einmal in den Unterausschuss verweisen müssen. Mir taucht immer deutlicher der Gedanke auf, ob wir nicht doch schließlich zu der Vorschrift kommen müssen, die in Österreich besteht, dass von einem bestimmten Moment an ein Versäumnisverfahren nicht mehr möglich ist.

Staud: Es erscheint mir sehr unzweckmäßig, die im ersten Termin aufgrund der vorbereitenden Beweisanordnung gestellten Zeugen wegzuschicken und sie, nachdem der Beklagte Einspruch eingelegt hat, eine Woche später wieder zu laden. Ich bin der Auffassung, dass wir das Verfahren in Ausgestaltung des § 367 so regeln müssen, dass auch in solchen Fällen der Richter die Möglichkeit hat, zunächst einmal die gestellten Zeugen zu vernehmen, und zwar für den Fall, dass es zum Einspruch kommt. Ob man das nun technisch macht, indem man § 367 etwas umformuliert oder indem man die Bestimmung in das Versäumnisverfahren bringt, ist eine rein äußerliche technische Frage. Die Bedenken, die der Herr Vorsitzende eben angeführt hat, schätze ich nicht so schwer ein. Ich bin überhaupt der Auffassung, dass wir unsere Verfahrensbegriffe besser erst nachträglich aus der aus Zweckmäßigkeitsgründen getroffenen Regelung heraus ableiten, als Begriffen zuliebe uns in der Regelung zu etwas nötigen zu lassen, das uns sehr unpraktisch und unzweckmäßig vorkommt. Wenn wir die Bestimmung einmal so haben, dass auch in

Ver … [im Original eine Zeile abgeschnitten] präsenten Beweismitteln zunächst zu erheben sind oder erhoben werden können, dann würden die Zeugen vernommen werden, und erst jetzt, nachdem das geschehen ist, würde für den Richter überhaupt das Versäumnisurteil praktisch werden. Jetzt handelt es sich darum, ob der Beklagte säumig ist, ob der Antrag auf Versäumnisurteil erlassen oder Aktenlageentscheidung treffen soll. Vor diese Frage ist er m.E. noch nicht gestellt, wenn er den Entschluss fassen soll, ob er den erschienenen Zeugen vernehmen soll oder nicht. Ob der Richter von dieser Kannvorschrift Gebrauch macht, soll für mich nur von Zweckmäßigkeitserwägungen des Richters abhängig sein. Ich möchte mich von dem Gedanken befreien, dass, wenn der Richter die vorbereitende Beweisanordnung getroffen hat, er mit dem Entschluss, die Zeugen zu vernehmen, sich bereits auf eine Aktenlageentscheidung festgelegt hätte. Zu dieser Annahme sind wir doch gar nicht genötigt! (*Vorsitzender:* Man muss es sich doch irgendwie vorstellen!) – Ich sehe jedenfalls kein Hindernis, das auch begrifflich unüberwindlich sein würde.

Nun zu der Frage des ersten Termins! Ich glaube jetzt die große Gruppe von Fällen gefunden zu haben, bei denen dies Verfahren, wenn wir es so gestalten, praktisch werden kann, und da denke ich in erster Linie an den Amtsgerichtsprozess. Ich denke an die Fälle, die jeder Amtsgerichtsrat wer weiß wie oft erlebt, dass die auswärtige Partei auf die schlüssige Klage eine schriftliche Einlassung eingesandt hat, aus der der Richter ersieht, dass die Klage, wenn das stimmt, was der Beklagte geschrieben hat, unbegründet ist. Nehmen Sie an, der Kläger verlangt Bezahlung für verkaufte Waren und klagt vor dem Amtsgericht München. Der Beklagte schreibt aus Deggendorf zurück, dass die Ware ihm zwar geliefert worden sei, aber nichts getaugt habe, und dass der Vertreter des Klägers sie wieder zurückgenommen habe. Hier kann das ganze Problem im ersten Termin praktisch werden. Der Richter wird von der Eingabe des Beklagten dem Kläger Kenntnis geben. Nun wird der Kläger vielleicht sagen, dass die Ware dem Vertreter zwar zur Zurücknahme angeboten sei, dass dieser aber alle Mängel bestritten und die Rücknahme abgelehnt habe. In diesem Fall würde Versäumnisurteil zu ergehen haben; zur Endentscheidung durch Urteil wäre dieser Fall noch nicht reif. Sagt der Kläger dagegen: Das mag sein; aber der Beklagte ist ja nicht hier, und ich beantrage jedenfalls Versäumnisurteil, dann ist der Rechtsstreit zur Endentscheidung reif.

Vorsitzender: Wenn wir solch eine Vorschrift haben, wird es ja nicht mehr vorkommen, dass der Kläger so offen eingesteht. Ich denke hier an den Fall, dass der Beklagte Einwendungen erhebt, die von vornherein unschlüssig sind. Er sagt z.B. in seinem Schriftsatz: Ich habe die schriftliche Bürgschaft zwar übernommen, aber nur nachdem mein Schwiegersohn mir fest versprochen hat, dass ich aus dieser Bürgschaft nie in Anspruch genommen werden würde. Nun erscheint der Beklagte im Termin zur mündlichen Verhandlung allein und bittet um Versäumnisurteil gegen den Kläger. Dann würde die Sache an und für sich ohne weiteres zur Aktenlageentscheidung reif sein, weil das, was der Mann offenbar erschöpfend sagt, rechtlich völlig irrelevant ist. (*Altstötter:* Es handelt sich also darum, dass die Vorschrift des § 367 in eine Kannvorschrift umgewandelt wird!) – Nein, es kommt darauf an, ob man § 367 auf den gestellten Zeugen ausweiten soll. Die Herren Professoren haben mir oft genug vorgeworfen, dass ich die wissenschaftlichen Fragen nicht genug würdige und das Voranstellen der praktischen Zwecke betone. Ich habe immer gesagt, dass es eine Frage des Maßes ist, wieweit man hier geht; darüber werden Professor und Praktiker verschiedener Ansicht sein, wieweit man den Prozess Grundsätzen zuliebe formt. Aber ganz ohne Grundsätze, ganz ohne zu überlegen, ob eine Beweiserhebung eine vorherige Verhandlung der Parteien voraussetzt, kann man m.E. einen Prozess nicht aufbauen, und man kann nicht sagen: Machen wir ruhig alles, was uns irgendwie gefällt, wie sich die Dinge untereinander auch widersprechen; die Grundsätze werden wir nachher schon finden. Wenn wir beim Aufbau nicht mit einer gewissen Konsequenz vorgehen, wird es niemandem gelingen, nachher in unserem Prozess irgendwelche Grundsätze zu finden.

Lent: Wenn der Richter einmal die andere Verfahrensart beschritten hat, kann er nicht wieder zurück. Wenn er einmal zur Beweisaufnahme usw. gekommen ist, kann er nachher nicht wieder in das Versäumnisverfahren zurückfallen.

Vorsitzender: Nun müssen wir uns klarmachen, wie weit wir uns vom Mündlichkeitsgrundsatz in dem Augenblick entfernen, indem wir uns zu dem Satz bekennen, dass der Richter, wenn Zeugen bereitgestellt sind, sie in jedem Fall vernehmen kann. Der Mann in Königsberg, der in Berlin vor dem Amtsgericht verklagt wird, ist nun in einer glänzenden Lage. Er schickt einen fulminanten Schriftsatz, aufgrund dessen sich die Notwendigkeit ergibt, drei Zeugen zu vernehmen. Der Richter stellt die drei Zeugen zum Termin; der Mann aus Königsberg denkt gar nicht daran, zu erscheinen. Nun werden die drei Zeugen vernommen, und wenn er Glück hat und die Zeugen das bestätigen, was er sagt, dann hat er seinen Prozess gewonnen. Ich will nicht sagen, dass ich gegen diese Vorschrift bin. Im Gegenteil, ich habe immer das Schiedsurteil bis zu 100 RM deshalb propagiert, weil es die einzige Möglichkeit ist, eine sonnenklare Einwendung des Beklagten, der nicht zum Termin kommen kann, zu berücksichtigen. Ich sage nur, dass wir, wenn wir so etwas erwägen, uns die weitgehenden Konsequenzen klarmachen müssen.

Jonas: Was die praktische Seite betrifft, so kann ich nur auf all das Bezug nehmen, was Herr Staud vorhin gesagt hat. Wenn ich recht verstanden habe, war ein starkes grundsätzliches Bedenken des Herrn Vorsitzenden, dass es komisch wäre, wenn aufgrund des Nichterscheinens des Beklagten im Termin der Richter sich zunächst schlüssig werden würde, eine Aktenlageentscheidung zu fällen und zunächst eine Beweisanordnung zu treffen, und dann nach dem Ergebnis der Beweisaufnahme zum Versäumnisverfahren herüberwechseln würde. Bewegen wir uns hier nicht doch ein wenig sehr auf dem Gebiet der Konstruktion? Sollte man sich für das künftige Recht, wenn man die Dinge konstruktiv sehen will, nicht auf diese Linie zurückziehen: Eine Entscheidung nach Lage der Akten ist eigentlich nur das Urteil, die Endentscheidung, und alle Beweisanordnungen usw. sind prozessleitende Anordnungen, die zwar grundsätzlich aufgrund mündlicher Verhandlung ergehen sollen, aber auch ordnungsmäßig sind, wenn sie aufgrund einseitiger Verhandlung oder ohne mündliche Verhandlung ergangen sind. Bei dieser Betrachtung sehe ich, wie ich es schon in Baden-Baden ausgeführt habe, keinen Unterschied zwischen der vorläufigen Beweisanordnung und den Beweisbeschluss, der im Termin ergeht. Beantragt nun jemand Versäumnisurteil, dann sagt sich der Richter: Ich habe die Möglichkeit, Versäumnisurteil oder Aktenlageurteil zu erlassen; ob ich das eine oder das andere für zweckmäßig halte, mache ich von dem Ergebnis einer Vernehmung der präsenten Zeugen abhängig, – ebenso wie er schließlich von einer dazwischen geschobenen Beweisaufnahme seinen Entschluss abhängig macht, wenn er eine Urkunde, die eingereicht ist, noch einmal sorgfältig durchliest. Besteht zwischen dieser Würdigung einer eingereichten Urkunde und der Entgegennahme der Aussage eines präsenten Zeugen eigentlich ein Unterschied? Natürlich besteht ein praktischer Unterschied hinsichtlich des Maßes, nicht aber ein systematischer Unterschied, und ich wende mich jetzt ja nur gegen die Bedenken auf systematischem Gebiet.

Schmidt: Niemand kann mehr als ich die Zweifel, die der Herr Vorsitzende noch gegenüber der Stellungnahme von Herrn Jonas hat, begrüßen, und ich möchte noch einmal versuchen, eine Lanze für die Stellungnahme von Herrn Lent zu brechen. Herr Lent ist für die prinzipielle Teilung des ersten und des zweiten Verfahrens eingetreten. Er hat sich dahin geäußert, dass der erste Termin nach unserem System eigentlich doch nur darauf hinausgeht, im Versäumnisfall des Beklagten einen Zwang zum Erscheinen im Termin auf ihn zu üben, und das halte ich auch für die ursprüngliche Erscheinung unseres Verfahrens. Ursprünglich war es im Versäumnisfall des Beklagten gar nicht auf ein Urteil abgesehen. Ursprünglich ging man davon aus, Zwangsmaßregeln zum Erscheinen gegen den Beklagten vorzunehmen. Das war ein persönlicher Zwang, im karolingischen Prozess die bannitio, noch früher eine Friedloslegung. Dann trat sachlicher Zwang zum

Erscheinen an die Stelle: Die römische missio in bonam, die die langobardische Rechtsgewohnheit bereits aufgenommen und auch gesetzlich sanktioniert hat. Ein Urteil war deshalb ursprünglich nicht nötig, weil man meinte, dass man unter allen Umständen zuerst eine zweiseitige Verhandlung haben müsse, und darauf geht auch die ganze frühmittelalterliche Entwicklung hinaus. Denn die missio in bona haben wir bis zur Aufnahme des italienischen Rechts in Deutschland gehabt, und damit war die zweiseitige kontradiktorische Verhandlung als Ausgangspunkt jedes Prozesses für notwendig erklärt. So bezweckt das heutige Versäumnisurteil auch nur einen Zwang auf dem Beklagten zum Erscheinen. Erst von dem späteren Beginn des zweiten Verfahrens an ist der Prozess spruchreif. Erst dann kann eigentlich eine Wahl zwischen dem Versäumnisurteil und dem, was wir heute Aktenentscheidung nennen, möglich sein. Deshalb möchte ich allerdings das Prinzip, das Kollege Lent vertreten hat, auch für das gesunde halten, und wenn ich den Herrn Vorsitzenden richtig verstanden habe, ist das doch auch zunächst sein Zweifel, dass er nicht ohne eine Verhandlung der Parteien durchzukommen meint und nicht gleich mit dem Beweis beginnen würde.

(Pause)

Vorsitzender: Mehr und mehr hat sich herausgestellt, dass der Richter, wenn man die Voraussetzungen der Aktenlageentscheidung so fasst, wie sie sich uns allen darstellen, nicht etwa wegen des Ausbleibens, sondern aufgrund der, sei es mündlich oder schriftlich, abgegebenen Erklärung seine Entscheidung fällt. Dann würde auch vom Standpunkt des Herrn Prof. Lent kein Bedenken bestehen und letzten Endes auch nicht von dem Standpunkt aus, den Herr Prof. Schmidt eingenommen hat. In dieser Beziehung würde also wohl, was den reichsdeutschen Teil des Ausschusses betrifft, kein Bedenken bestehen.

Schwierigkeiten bestehen nur noch in einem Punkt. Wie ist es im ersten Termin dann, wenn der Richter statt des beantragten Versäumnisurteils die Aktenlageentscheidung nicht aufgrund der Klageschrift und der Gegenäußerungen des Beklagten fällt, die bereits bei den Akten liegen und nun zufällig ausreichen, um den Prozess endgültig zu entscheiden, sondern wenn er noch ein Beweisergebnis berücksichtigt? Bedenken bestehen auch darüber nicht, dass er ein Beweisergebnis berücksichtigt, das er selber vorgenommen hat. Wenn nun kein Beweisergebnis bei Beginn des Termins vorliegt, aber Zeugen bestellt sind, und wenn die eine Partei kommt, die andere aber nicht und daher Versäumnisurteil beantragt wird, warum, so meinen die Herren Staud und Jonas, soll der Richter da nicht die Wahl haben, statt des Versäumnisurteils die Zeugen zu vernehmen! Meinem Bedenken, dass der Richter dann aus dem schriftlichen Verfahren ins mündliche hinüberschaukelt, sucht Herr Jonas dadurch zu begegnen, dass er sagt: Wenn nur eine Partei im ersten Termin erschienen ist und ein Versäumnisurteil in Frage steht, der Richter aber Zweifel hat, ob dieses Urteil im Ergebnis nicht ein Unrecht ist – er kann das nicht übersehen, hofft aber, dass er klar sieht, wenn er die Zeugen vernimmt, dann soll er, um sich seine Überzeugung verschaffen zu können, die Zeugen vernehmen dürfen, so dass er dann der Frage, ob mündliches oder schriftliches Verfahren, noch nicht vorgegriffen hat. Ob man sich allerdings mit den sich hieraus ergebenen Konsequenzen abfinden kann, – dazu kann ich heute noch nicht Stellung nehmen, denn das muss noch reiflich überlegt werden. Ich glaube, dass es gut ist, wenn sich der Unterausschuss mit dieser Frage befasst.

Dann ist noch die Frage offen: Belassen wir es bei unserem *Einspruch,* wie er heute ist, dass er nämlich an eine Frist gebunden ist, aber keiner Begründung bedarf?

Pagenstecher: Ich möchte nur noch einmal kurz auf das zurückkommen, was wir bereits heute Vormittag besprochen haben. Ein Antrag auf Entscheidung nach Lage der Akten kommt fast nur bei Anwaltsprozessen vor, und es wird dort auch immer nur dann eine Entscheidung nach Lage der Akten ergehen, wenn beide Anwälte darüber einig sind, ebenso wenig, wie der Anwalt der Kläger gegen den Beklagten ein Versäumnisurteil beantragen wird, ohne sich vorher mit seinem ausgebliebenen Kollegen verständigt zu haben. Nun soll der Richter aber auch ohne Antrag eine Aktenlageentscheidung fällen können. Nehmen Sie einmal an, dass der Kläger einen Anwalt hat, der Beklagte dagegen nicht. Es handelt sich um eine Bürgschaftsklage. Der Beklagte schreibt an das Gericht: Ich schulde nichts; denn mein Schuldner hat mir dafür garantiert, dass ich unter keinen Umständen in Anspruch genommen werde. Sie würden hier annehmen: Der Prozess ist zur Endentscheidung reif und der ausgebliebene Beklagte kann im Termin nach Lage der Akten verurteilt werden. Nun stellen Sie sich aber einmal vor, dass der Beklagte, der einen Brief an das Gericht geschrieben hat, im Termin erscheint! Dann wird der Richter sagen: Wollen Sie nicht ein Anerkenntnis abgeben? Das ist billiger; denn Ihr Einwand ist unberechtigt, es liegt ein Rechtsirrtum vor; Ihnen ist gesagt worden, Sie würden nicht in Anspruch genommen; das ist unerheblich. Da kann der Beklagte sagen: Außerdem hat noch der Schuldner, für den ich die Bürgschaft übernommen habe, darauf hingewiesen, ein anderer hätte die Bürgschaft auch noch übernommen, und nur dadurch wurde ich zur Bürgschaftsübernahme veranlasst. Oder er wird vielleicht sagen: Wenn ich mich geirrt habe und zahlen muss, so ist das schlimm; aber ich denke nicht daran, anzuerkennen. – Ich will damit nur betonen, wie man sich hüten muss, irgendwelche Folgerungen aus der bisherigen Praxis zu ziehen und daraufhin eine Gesetzesänderung vorzunehmen.

Vorsitzender: Heute sagt das Gericht, wenn nur ein Anwalt kommt und Versäumnisurteil gegen seinen Gegner nicht beantragen will, sondern um einen neuen Termin bittet: Es besteht kein Anlass für einen neuen Termin; entweder Sie beantragen Versäumnisurteil, oder die Sache ist spruchreif. (*Pagenstecher:* In diesem Fall hätte der Betreffende Versäumnisurteil zu beantragen, und das Gericht könnte Aktenlageentscheidung erlassen.) Nehmen Sie an, es wird Versäumnisurteil beantragt! Dann wird über den Antrag hinweg eine Aktenlageentscheidung getroffen. Das haben viele Gerichte getan.

Pagenstecher: Ich wollte nur darauf hinaus, dass es Fälle geben kann – man kann sie in Kauf nehmen –, dass der Beklagte, der den Termin ohne Verschulden versäumt hat, zunächst einmal sehr nachteilige Folgen auf sich nehmen muss.

Vorsitzender: Solche Fälle sind theoretisch denkbar. In der Praxis spielen sie keine Rolle.

Dann können wir zu meiner Frage von vorhin kommen. Beim Einspruch wird alles beim Alten bleiben. Er wird an keine Voraussetzung geknüpft. Einspruch kann auch derjenige einlegen, der einen Termin ganz böswillig versäumt hat. Das Übel, dass ein Anwalt, dem die Vertagung nicht bewilligt wird und der einen neuen Termin erreichen will, einfach den Saal verlässt und dass er dann gegen das ergehende Versäumnisurteil Einspruch einlegt, wodurch er sein Ziel erreicht hat, wird dadurch gemildert, dass wir die Möglichkeit der Aktenlageentscheidung dann geben, wenn ihm der Gegenanwalt den Gefallen tut und Versäumnisurteil gegen ihn beantragt.

Sollen wir es nun bei der Einspruchsfrist belassen? Dagegen ist wohl nichts zu sagen.

Wenn nun in dem Termin, der über den Einspruch anberaumt wird, der Einspruch Einlegende auch nicht erscheint, so haben wir das zweite Versäumnisurteil, das dann nicht mehr mit Einspruch angefochten werden kann, sondern nur durch Berufung, und zwar in dem Fall, dass geltend gemacht wird: Versäumnis hat nicht vorgelegen. Nehmen wir an, der Betreffende hat dem Gericht geschrieben, dass er zu dem Termin nicht kommen könne, und hat er nun so plausible Gründe gegeben, dass das Gericht ausnahmsweise eine Vertagung bewilligt hat, und er kommt im neuen Termin nicht, dann haben wir ebenfalls ein zweites Versäumnisurteil. Ist im ersten Termin verhandelt und dann ein neuer Termin zur Fortsetzung der Verhandlung anberaumt worden, und er erscheint dann nicht im nächsten Termin, so ist das ein ferneres Versäumnisurteil. Gegen dieses neue Versäumnisurteil kann Einspruch nicht eingelegt werden. Die Frage ist nun die: Sollen wir das zweite und fernere Versäumnisurteil, das in der Zwangsvollstreckung durchaus Bedeutung hat, aufrecht erhalten, oder empfiehlt sich eine Vereinfachung?

Jonas: Auf dem Gebiet des Einspruchs lässt sich kaum irgendetwas Nennenswertes anders machen, als man es bisher gemacht hat. Missstände haben sich da wohl nicht ergeben.

Hinsichtlich des zweiten und ferneren Versäumnisurteils muss man eine technische Lösung suchen. Für eine Patentlösung besteht, glaube ich, kein Bedürfnis.

Pagenstecher: Nehmen Sie an: Gleich im ersten Termin ist der Beklagte ausgeblieben, und es ist ein Versäumnisurteil ergangen. Im zweiten Termin ist der Beklagte wieder ausgeblieben. Er hat rechtzeitig Einspruch eingelegt. Aber das Versäumnisurteil ist durch ein neues Versäumnisurteil aufrecht erhalten worden. Hinterher stellt sich heraus, dass sich der Mann auf dem Wege zum Gericht ein Bein gebrochen hat. Da ist nach meiner Ansicht, und ich glaube, dass das auch die Ansicht des Gesetzes ist, nichts zu machen. Das Versäumnisurteil ist in gesetzlicher Weise ergangen. Der Richter konnte nicht wissen, dass ein unabwendbarer Zufall vorlag. Wenn er das gewusst hätte, hätte er aber auch ein Versäumnisurteil erlassen können. Ich will aber unterstellen, dass der Anwalt sagt: Der Kerl kommt schon wieder nicht; also erlassen wir Versäumnisurteil! Nun vertritt Herr Jonas in seinem Kommentar die Auffassung, das Versäumnisverfahren sei hier nicht in gesetzlicher Weise ergangen. Das ist deshalb nicht richtig, weil unser Versäumnisurteil irgendein Verschulden nicht voraussetzt. Wollen wir nun, wenn der Betreffende zweimal hintereinander ausgeblieben ist, selbst wenn er nachweisen kann, dass er den zweiten Termin infolge höherer Gewalt versäumen musste, auch sagen: Dann ist nichts dagegen zu machen? Ich möchte darauf hinweisen, dass es eine Restitutionsfrist gegen Versäumung auch nicht gibt. Wenn ich eine Frist versäumt habe, kann ich Restitution verlangen. Wenn ich aber, was sehr selten sein dürfte, aber immerhin denkbar ist, die Restitutionsfrist wegen höherer Gewalt wieder versäume, dann ist Schluss. Man kann verschiedener Ansicht darüber sein, wie oft man das tun soll. Aber ich meine, man muss sagen: Einmal muss unbedingt Schluss sein! Aber das Gesetz nun umzubiegen und gewissermaßen contra legem zu entscheiden, das halte ich nicht für richtig. Vorschläge kann ich hierzu nicht machen. Ich will nur auf das Problem hinweisen.

Vorsitzender: Der Gedankengang von Herrn Jonas ist der: Wenn das Gericht damit rechnet, dass der Betreffende durch unabwendbaren Zufall verhindert ist, dann ist es eine Ehrenpflicht, nunmehr das Versäumnisurteil nicht zu erlassen, weil dann nach dem Gesetz ein Fall der Säumnis nicht vorliegt.

Nun kommt es aber zum Spruch. Es stellt sich nachher heraus, dass der Mann zum zweiten Termin nicht kommen konnte. Der Mann sagt: Wenn der Richter das gewusst hätte, dann würde er das Versäumnisurteil nicht erlassen haben. Warum nicht? Weil der Fall der Säumnis nicht vorlag! Also kann der Mann sagen: Obwohl der Richter das nicht erkannt hat und vielleicht auch nicht erkennen konnte, weil ich durch einen unabwendbaren Zufall am Kommen verhindert war und weil der Gesetzgeber offenbar auf dem Standpunkt steht, dass dann eine eigentliche Säumnis nicht vorliegt, lege ich jetzt Berufung ein. Diese Ansicht habe ich in einer arbeitsgerichtlichen Entscheidung gleichfalls vertreten und habe dadurch das Meinige dazu beigetragen, um eine herrschende Meinung zu bilden.

Lent: Das bedeutet, dass ein Richter ein Versäumnisurteil erlassen darf, ohne die Voraussetzung der Versäumnis überhaupt geprüft zu haben. Unterzieht er sich dieser Mühe nicht, so ist das nicht richtig.

Vorsitzender: Das ist dasselbe wie bei der Geisteskrankheit. Der Beklagte ist nur prozessfähig, wenn er vernünftig ist. Kein Richter wird aber Ermittlungen darüber anstellen, ob der Beklagte, namentlich wenn er nicht da und ein Versäumnisurteil erlassen werden soll, verrückt ist. Stellt sich aber heraus, dass er verrückt ist, dann war er nicht gesetzlich vertreten und das ganze Verfahren unterliegt der Aufhebung. Mit ihrem Argument kann man uns also nicht schlagen.

Jonas: Wir legen die etwas merkwürdig gefasste Bestimmung des § 337 so aus, als wenn sie lautete: In den Fällen der unverschuldeten Verhinderung darf ein Versäumnisurteil nicht ergehen. Ob dieser Fall vorliegt, hat das Gericht nach freiem Ermessen zu entscheiden. Lautete die Bestimmung so, dann würden an der Richtigkeit unserer Auslegung keine Zweifel bestehen.

Pagenstecher: Nun ist das Gericht gar nicht auf die Idee gekommen, dass Glatteis liegt und der Mann sich das Bein gebrochen hat! Kein Mensch konnte damit rechnen! Jetzt entscheidet das Gericht nach freiem Ermessen und sagt: Der Mann ist wieder ausgeblieben; jetzt ergeht Versäumnisurteil. Dieses Versäumnisurteil ist doch in gesetzlicher Weise ergangen. Dann müssen Sie den Wortlaut ändern. Dann müssen Sie schreiben: Wenn sich das hinterher herausstellt, kann er die Berufung darauf stützen. Dann brauchen wir keine verwickelte Gesetzesauslegung zu machen. Aber die Frage ist, ob wir das wollen. Warum soll es bei der Terminversäumnis anders sein als bei der Fristversäumnis? Nur diese Ungleichheit möchte ich bekämpfen. Ich möchte nur, dass das, was geschehen soll, klar und deutlich aus dem Gesetz hervorgeht, so dass eine andere Interpretation ausgeschlossen ist, und möchte anregen, die Verhältnisse bei der Fristversäumnis entsprechend zu gestalten wie bei der Terminversäumnis.

Jonas: Die 14tägige Restitutionsfrist muss meiner Meinung nach geändert werden. Diese Bestimmung ist eine der unbequemsten, die es in der Zivilprozessordnung gibt. (*Pagenstecher:* Da will ich nicht widersprechen.) Auch die Bestimmung, dass nach Ablauf eines Jahres eine Wiedereinsetzung nicht möglich ist, hat sehr viel gegen sich. Es können Fälle vorkommen, in denen der Betreffende an die Wiedereinsetzung überhaupt nicht gedacht hat. Das kann zu gewissen Härten führen. Nun den § 337 ganz streng auszulegen und dafür zu plädieren, dass die Dinge in Zukunft auch so streng gehandhabt werden sollen, – dazu besteht kein Bedürfnis. Meine Auslegung ist aus dem Wunsche heraus erwachsen, in Härtefällen zu helfen, und ich hätte keine Bedenken dagegen, wenn man diese Frage im Gesetz klar und eindeutig löste. Ob das zu billigen ist oder nicht, das ist freilich eine andere Frage. (*Pagenstecher:* Wie ist es beim dritten Mal? Da versäumt er wieder etwas!) Dann ist die Sache in die Berufungsinstanz gegangen. Wenn er dort nicht erscheint, wird die Berufung zurückgewiesen. da ergeben sich keine Schwierigkeiten.

Pagenstecher: Sie wollen ihm jedenfalls ein zweites Mal eine Chance geben, und zwar aus Billigkeitsgründen! (*Vorsitzender:* Die Chance des ungewöhnlichen Falles!) Dann bitte ich, das deutlich in das Gesetz zu schreiben und es bei der Restitutionsfrist ebenso zu regeln!

Jonas: Dann wollen wir uns *vormerken,* dass da noch irgendetwas geschehen muss. Es geht natürlich nicht, dass man diese 14tätige Frist wieder zu einer Notfrist macht.

Vorsitzender: Sonst sind zum Einspruch Anregungen nicht zu geben. Unsere Arbeit ist damit also abgeschlossen.

Nun möchte ich um eine *Stellungnahme der österreichischen Ausschussmitglieder* bitten, da doch gerade in Österreich von ganz anderen Grundsätzen ausgegangen wird. Ich möchte an die Herren zweierlei Fragen richten.

Erstens! Was meinen Sie, was wird die österreichische Volksseele, insbesondere die Seele der österreichischen Richter und Anwälte dazu sagen, wenn nun diese bis auf ganz kleine Nuancen vom Ausschuss einstimmig gebilligten Grundsätze auf Österreich übertragen werden? Denn darüber sind wir uns alle einig, dass wir zu einer einheitlichen Zivilprozessordnung kommen müssen. Selbst als das alte Deutsche Reich gegründet war, dauerte es nur neun Jahre, bis das einheitliche Prozessrecht eingeführt wurde, obwohl man damals in einzelnen Landesteilen hinsichtlich des materiellen Rechts noch viel weiter auseinander war, als Österreich und das alte Reich es sind. (*Jonas:* Allerdings soll die historische Tatsache nicht verschwiegen werden, dass der hannoversche Entwurf schon 1862 und die ersten Entwürfe zur Reichszivilprozessordnung doch wohl schon vor 1866 fertig waren.) Daraus geht jedenfalls hervor, dass man sich schon in grauer Vorzeit, als man das Zusammengewachsensein noch nicht so betonte, wie wir es heute betonen, sagte:

Der Anfang jeder Zusmmenschließung von verschiedenen Volksstämmen zu einem Volke ist zum mindesten ein einheitliches Prozessverfahren. So ist es natürlich, dass wir in Deutschland und Österreich auf die Dauer nicht verschiedene Prozesse haben können, sondern das muss einmal einheitlich werden. Wie würde es nun auf Ihre Landsleute und namentlich Ihre juristischen Kollegen wirken, wenn wir diese Grundsätze einführen, wenn wir also von dem Grundsatze abgehen, dass die Möglichkeit des Versäumnisurteils schon dann gegeben wird, wenn bloß der Klagebeantwortungsschriftsatz nicht rechtzeitig eingereicht wird, dass wir also ein Versäumnisurteil nur im Falle der Terminversäumung haben, – dass wir andererseits Ihren Grundsatz nicht mitmachen, dass mit der Einreichung der Klagebeantwortung die Möglichkeit eines Versäumnisurteils ausgeschlossen wird und nachher nur noch eine Aktenlageentscheidung ergehen kann? Ich hatte schon mittags mit Ihnen darüber gesprochen, ob man Ihren Grundsatz, der an sich etwas Vernünftiges hat, etwas abgewandelt bei uns einführen und etwa sagen kann, dass wenn streitig zur Sache verhandelt ist, ein Versäumnisurteil nicht mehr ergehen kann. Aber dagegen bestehen wesentliche Bedenken. Einmal hat man dann nicht mehr ein scharfes Druckmittel gegen Nachlässigkeit in allen Fällen, wo sich eine Aktenlageentscheidung nicht mehr lohnt. Zweitens könnte dann ein Versäumnisurteil nicht mehr ergehen in Fällen, wo ein praktisches Bedürfnis dazu besteht. Ich habe in meiner Praxis wiederholt erlebt, dass das Gericht sich nach einer umständlichen Beweisaufnahme über das Urteil klar war und dem Anwalt des Klägers riet, lieber die Klage zurückzunehmen, da er doch selber empfinden müsse, dass er den Prozess verlieren werde; dann erklärte der Anwalt, dass er das aus bestimmten Gründen nicht tun könne, aber nicht mehr auftreten und Versäumnisurteil ergehen lassen wolle. Dadurch wird der Richter der Mühe enthoben, ein langes Urteil anzufertigen. Das können wir nicht über Bord werfen; wir können auch dem Richter nicht zumuten, in Fällen, wo die Partei von selber das Rennen aufgibt, ihr ein kontradiktorisches Urteil aufzuzwingen. Wir werden also doch wohl dabei bleiben müssen, dass wir die Möglichkeit des Versäumnisurteils auch noch später schaffen, dann aber mit den Einschränkungen, die hier eingehend erörtert worden sind, insbesondere mit der vermehrten Möglichkeit, das Versäumnisurteil durch eine Aktenlageentscheidung zu ersetzen.

Zweitens! Von den Herren möchte ich auch gern eine Aufklärung haben, wie Sie sich nun zu dem Fall stellen, wo ich mit meinen Referenten noch nicht ganz einig bin: Dass also im ersten Termin, wo noch nicht verhandelt ist, Zeugen bestellt sind, und nun erscheint bloß eine Partei. Wie würden Sie sich da die Lösung der Sache denken? Können Sie da auch auf den Boden der Herren Jonas und Staud treten? Es wäre für den Ausschuss sehr interessant, wenn Sie gleichzeitig eingehend schildern wollten, wie das im heutigen österreichischen Verfahren ist, wie es z.B. gestern bei der Verhandlung gelaufen wäre, wenn der Kläger gar nicht erschienen wäre, ob sich die Sache dann genau so abgerollt hätte, ob der Richter z.B. einen Beweisbeschluss erlassen hätte, obwohl da gar kein Klagevortrag vorgelegen hatte. Wie läuft das heute, und billigen Sie für die Zukunft die von den Herren Staud und Jonas vorgeschlagene Lösung?

Stagel: Wenn ich die erste Frage beantworten soll: Wie man in Österreich darüber denken wird, dass in der gemeinsamen ZPO für das Großdeutsche Reich, die ja – darüber besteht auch in Österreich nur eine einheitliche Meinung – kommen muss, im Wesentlichen die Grundsätze des deutschen Zivilprozesses übernommen und aufrecht erhalten werden sollen, so muss ich wohl sagen, dass der erste Eindruck hier der sein wird, dass man dem *ganz fassungslos gegenüberstehen* wird. Denn es ist bei uns in den weitesten Kreisen der Juristen die felsenfeste Überzeugung verwurzelt, dass der *österreichische Zivilprozess besser ist als der deutsche.* Diese Überzeugung ist hier allgemein, obwohl ich überzeugt bin, dass die überwiegende Mehrheit unserer Juristen den deutschen Prozess nicht auch nur annähernd kennt; aber das ist so die communis opinio, die den Juristen in Österreich schon auf der Hochschule eingebläut worden ist, dass der österreichische Zivilprozess ein so vollendetes Werk ist, dass es nichts Besseres geben kann. Das hat auch zur

Folge gehabt, dass man in Österreich bis in die letzte Zeit hinein die Hoffnung gehegt hat, es werde uns gelingen, bei den Vereinheitlichungsbestrebungen die Grundsätze unserer Zivilprozessordnung in weitgehendem Maße zum Durchbruch zu bringen. In diesem Zusammenhang muss ich insbesondere darauf hinweisen, dass auch Herr Minister Hueber offenbar ganz dieser Ansicht ist, denn er hat ihr schon mehrmals in öffentlichen Äußerungen Ausdruck gegeben. Ich will also gar keinen Zweifel darüber lassen, dass der erste Eindruck in Österreich nicht froh sein wird, dass das ein ziemliches Befremden erregen wird. Ich persönlich war mir von vornherein klar, dass diese weit gespannten Hoffnungen der Österreicher nicht erfüllt werden können, und ich empfinde es schon dankbar, dass sich die Rechtsentwicklung in den letzten Jahren, was ja gewiss insbesondere der Arbeit unseres Herrn Vorsitzenden zu danken ist, unserem Zivilprozess weitgehend genähert hat, so dass wir die Befriedigung haben, dass Gedanken, die in unserem Zivilprozess verwirklicht sind, in der Novellengesetzgebung ihren Niederschlag gefunden haben. Aber es war mir von vornherein klar, dass man nicht soweit gehen kann, unsere ganze sonstige verschiedene Regelung nun in dem allgemeinen Werk ihren Niederschlag finden zu lassen.

Was nun die Spezialfrage der *Gestaltung des Versäumnisverfahrens* anbelangt, so war mir von vornherein immer klar, dass man da sehr schwanken kann, ob unser System das bessere ist oder das andere; das ist wohl auch etwas, wo die Volksmentalität eine Rolle spielt, wo es sehr darauf ankommt, an was die Bevölkerung in den beiden Teilen des Reichs seit Jahrzehnten gewöhnt ist.

Herr Prof. Lent hat heute Vormittag hervorgehoben, dass es der Zweck des Versäumnisurteils ist, möglichst rasch und möglichst billig einen Vollstreckungstitel zu schaffen. Nun sind die Auffassungen darüber, wie dieser Vollstreckungstitel beschaffen sein sollte, hüben und drüben der alten Grenzen verschieden. Im Altreich will man möglichst in noch kürzerer Zeit als bei uns einen vorläufigen Vollstreckungstitel erhalten und nimmt es dabei in Kauf, dass diese Vollstreckungsmöglichkeit später auf einfache Weise aus der Welt geschafft werden kann und dass der Gläubiger, wenn er vollstreckt hat, obendrein noch schadenersatzpflichtig gemacht werden kann. Bei uns in Österreich ist es so, dass man lieber ein bisschen länger wartet, dann aber einen endgültigen Vollstreckungstitel haben will, gegen den man mit ordentlichen Rechtsbehelfen nicht mehr ankämpfen kann, der dem Gläubiger also das Risiko abnimmt, später den Rechtstitel wieder zu verlieren. Bei uns schafft das Versäumnisurteil einen endgültigen Vollstreckungstitel; es gibt dagegen keinen Einspruch, sondern nur die Berufung, die praktisch fast nie zu einem Erfolge führen kann, und tatsächlich sind auch die Berufungen gegen Versäumnisurteile in Österreich äußerst seltene Ausnahmen. Bei uns weiß der Kläger, wenn er ein Versäumnisurteil erwirkt hat, dass er 14 Tage nach der Zustellung des Urteils gegen den Beklagten vollstrecken kann, ohne dass der Beklagte dagegen noch etwas machen könnte; er kann die Vollstreckung bis zum Ende durchführen, ohne fürchten zu müssen, dass ihm daraus nachträglich irgendwelche Folgen, insbesondere irgendwelche Schadenersatzansprüche erwachsen.

Wenn man das deutsche System bei uns einführt, so nimmt man unserer Bevölkerung die Möglichkeit, so rasch wie bisher zu einem endgültig vollstreckbaren Titel zu kommen. Der Kläger muss dann zum mindesten damit rechnen, dass er nicht im ersten Termin einen solchen endgültig vollstreckbaren Titel bekommt, sondern dass der Beklagte die Möglichkeit hat, durch bloßen Einspruch, den er in keiner Weise zu begründen braucht, dieses Urteil wieder seiner Rechtskraft zu entkleiden, und es muss dann zum mindesten noch ein zweiter Termin stattfinden; erst wenn dann der Beklagte wieder ausbleibt, kann der Kläger damit rechnen, womit er bei uns schon nach dem ersten Termin hat rechnen können. Kostenfolgen wird das zwar für den Gläubiger nicht haben, da der Beklagte, wenn er beim zweiten Termin ausbleibt, wieder die Kosten tragen muss; aber es wird etwas länger dauern. Ich kann also an dieser Regelung gewiss nichts finden, was die Vereinheitlichung des Prozesses erschweren müsste, und ich glaube auch, dass mit der Zeit die

Wogen der Erregung, die eine starke Änderung unserer Prozessvorschriften zunächst hervorrufen wird, abebben werden, wenn die Leute erst Gelegenheit gehabt haben, das neue Recht kennenzulernen, und wenn ihnen das entsprechend klargemacht wird, so dass sie sich da hineinfinden können.

Was dann die andere Frage anbelangt, in der der Herr Vorsitzende mit den Herren Präsident Jonas und Ministerialrat Staud nicht übereinstimmt, so würde ich eigentlich an der Lösung, die die beiden Herren da in Aussicht genommen haben, nichts Schreckliches finden. Nach den Ausführungen, die ich heute insbesondere auch vom Herrn Vorsitzenden gehört habe, würde ich das deshalb als eine ganz glückliche Lösung empfinden, weil ja das Versäumnisurteil nach dem deutschen Recht an sich eine sehr labile Einrichtung ist. Es scheint mir daher ein glücklicher Ausweg zu sein, dass namentlich auch in den Fällen, wenn in Vorbereitung einer Aktenlageentscheidung schon Beweise erhoben wurden, die sich aber nachträglich als nicht ausreichend erweisen, um die Sache spruchreif zu gestalten, der Richter wieder die Möglichkeit hat, auf das Versäumnisurteil zurückzugreifen. Darin sehe ich eigentlich nur eine Anfrage an den Beklagten, ob er deswegen ausgeblieben ist, weil er das Rennen aufgeben will, oder ob ein anderer Grund vorhanden ist. Ist das Erste der Fall, dann wird er keinen Einspruch erheben, und dem Gericht und der anderen Partei wird jede weitere Mühe erspart. Hatte aber sein Fortbleiben einen anderen Grund, dann erhebt er Einspruch, die Sache ist wieder in den früheren Zustand zurückversetzt, und der Prozess kann nun weitergehen wie früher. Aus diesen Gründen würde ich trotz der Bedenken, die vielleicht theoretisch und systematisch gegen die von den beiden Herren vorgeschlagene Lösung sprechen, kein Hindernis gegen diese Anregung sehen.

Schließlich sind wir vom Herrn Vorsitzenden gefragt worden, wie es in Österreich gewesen wäre, wenn gestern der Kläger ausgeblieben wäre. Dazu muss ich sagen, dass dann eben nach österreichischem Recht ein Versäumnisurteil nicht mehr möglich gewesen wäre. (*Vorsitzender:* Das ist mir klar. Aber wie läuft es praktisch?) Es wäre genauso wie gestern gewesen. (*Vorsitzender:* Also Sie hätten auch einen Beweisbeschluss gefasst?) Ja, wir hätten einen Beweisbeschluss gefasst und hätten die Zeugen vernommen und dann nach Vernehmung der Zeugen das Urteil nach § 399 [österr. ZPO] gefällt.

Nun möchte ich noch die Ausführungen des Herrn Vorsitzenden von heute Mittag über die Gestaltung unseres Versäumnisverfahrens mit einigen Bemerkungen über die Abweichungen im bezirksgerichtlichen Verfahren ergänzen. Dort gibt es keine Klagebeantwortung, sondern der erste Termin wird immer als Vortermin oder aber sofort als mündliche Streitverhandlung angeordnet. In beiden Fällen kann, wenn eine der beiden Parteien von der ersten Tagsatzung ausbleibt, sei sie als Vortermin oder gleich zur mündlichen Streitverhandlung angeordnet, ein Versäumnisurteil gefällt werden. Ist erste Tagsatzung angeordnet und sind bei dieser beide Parteien erschienen und es ist nun der nächste Termin zur mündlichen Streitverhandlung anberaumt worden, so tritt nun zum ersten Male ein Unterschied in der Behandlung der beiden Parteien ein: Bleibt der Beklagte von dieser angeordneten zweiten Tagsatzung auch wieder aus, so kann auch gegen ihn ein wirksames Versäumnisurteil erlassen werden; bleibt aber der Kläger das zweite Mal aus, dann gibt es nur noch ein Versäumnisurteil nach § 399, und ebenso gegen den Beklagten, wenn er von einer zweiten oder weiteren Tagsatzung fernbleibt. Gegen den Kläger gibt es ein Versäumnisurteil nur bei der ersten Tagsatzung oder, wenn gleich mündliche Streitverhandlung anberaumt war, nur bei dieser. War er aber beim ersten Termin da, und es kommt dann zur mündlichen Streitverhandlung, so kann wohl gegen den Beklagten, aber nicht gegen den Kläger ein Versäumnisurteil erlassen werden.

Vorsitzender: Das sind alles spezielle Regelungen, dass sich schon daraus die Unmöglichkeit ergibt, sie nun, obwohl sie sich in Österreich eingespielt haben, auf ein ganz großes Volk zu übertragen. (*Stagel:* Ja, das gebe ich zu.) Das geht nicht an. Wir sind ja des allerbesten Willens, alles, was in Österreich wirklich grundsätzlich ist, auch bei uns einzuführen. Man würde in Österreich mit Recht empört sein, wenn wir unseren früheren alten Prozess mit dem Vertagungsrecht der Parteien usw. in Österreich einführen wollten; dann würde die Volksseele mit Recht kochen. Aber in allen diesen Richtungen, die wirklich grundsätzlich sind, haben wir uns ja Ihnen bereits angenähert und wollen Ihre Mitwirkung nun auch benutzen, es noch schöner zu machen. Aber hier wird es nicht gehen; denn das würde als Rückschritt empfunden werden. Bei Ihnen muss die Versäumnis entschuldigt sein, damit Wiedereinsetzung erfolgen kann. Wenn wir aber etwas Ähnliches bei uns einführten, dann müssten wir auch die Berufung einführen, und wenn das keinen Schaden anrichten sollte, dann müssten wir auch die Beschränkung des Novenrechts in der radikalen Form geben, wie Sie sie haben, und das wird wohl schwer durchzuführen sein.

Stagel: Ich möchte bitten, vielleicht noch zu erwägen – ich selbst kann bisher noch keinen Vorschlag machen, – ob nicht eine Möglichkeit gegeben werden kann, *rascher* in unserem Sinne zu einer *endgültigen* vollstreckbaren Entscheidung zu kommen. Ich hatte bisher in dieser Tagung gehofft, dass die Gestaltung des Mahnverfahrens uns dies erleichtern würde. Aber diese Hoffnungen sind eigentlich an der Tatsache zerschellt, dass diese letzte Widerspruchsfrist gegeben ist. Diese dreimonatige Widerspruchsfrist lässt mich befürchten, dass das Mahnverfahren in der neu einzuführenden Form bei uns nicht die Verbreitung finden wird wie im Altreich, weil die Leute vor diesem langen Risiko zurückschrecken werden.

Vorsitzender: Nein, es ist doch so: Wenn bei jemandem erst vollstreckt ist, dann wird er sich nicht mehr rühren. Das ist psychologisch verständlich. Ich kann mir vorstellen, dass jemand sich noch rührt, wenn bei ihm gepfändet ist, um die Vollstreckung abzuwenden; dann sucht er das Verfahren in Gang zu bringen. Wenn das aber erst durchexerziert ist, dann ist die Sache wohl meist damit erledigt.

Stagel: Wenn wir zu wählen haben, ob wir die Aktenlageentscheidung oder das Versäumnisurteil vorziehen, so würde ich dem Versäumnisurteil den Vorzug geben, weil es nur die Möglichkeit des Widerspruchs in 14 Tagen eröffnet, während bei der Aktenlageentscheidung die Berufung zulässig ist mit der Möglichkeit der Neuerungen im Berufungsverfahren. Das ist eine schlimmere Lage für den Gläubiger. Darum wäre ich dafür, das Versäumnisurteil soweit wie möglich zuzulassen.

Vorsitzender: Beim Versäumnisurteil kann erst recht Neues vorgebracht werden.

Schrutka: Was zunächst die kochende Volksseele betrifft, so habe ich da gar keine Bedenken. Das volkspsychologische Problem liegt nicht im Versäumnisverfahren. Die Leute sind daran gewöhnt und wissen, wenn sie eine Streitigkeit in Geldsachen bekommen, dass des Lebens Ernst damit angefangen hat und sie sich um Gericht zu begeben haben. Sie unterscheiden sogar sehr genau die außerstreitigen Vorladungen vor Gericht, denen nicht dieser Ernst zukommt, und eine Ladung im Streitverfahren. Wenn sie aber daran gewöhnt sind, solchen Ladungen zu folgen, so hat es weiter keine Schwierigkeiten, was da die Folgen sind. Anders ist es mit der kochenden Juristenseele. (*Vorsitzender:* Die habe ich auch nur gemeint!) Die wird sich wohl etwas aufregen. Aber auch dieser Sturm wird sich bald beruhigen, wenn die österreichischen Juristen einsehen, dass auch das sehr zweckdienlich sein kann. Das eine ist sicher, dass man nach der Regelung des Versäumnisverfahrens im deutschen Recht *rascher zu einem Vollstreckungstitel kommen* kann, und dieses Moment wird bei uns immer mehr von Bedeutung werden. Infolgedessen möchte ich mich mit der Regelung des Mahnverfahrens, wie sie hier besprochen worden ist, leichter abfinden, als sich Herr Ministerialrat Stagel damit abfinden zu können scheint. Die Geschwindigkeit, die im Altreich offenbar eine größere Rolle gespielt hat als bei uns, wird auch bei uns sehr geschätzt werden.

Zu der Frage der Schlüssigkeit möchte ich noch hervorheben, dass das Versäumnisverfahren bei uns in den Folgen verschieden geregelt ist. Das Versäumnis der Partei im ersten Termin – sei es die erste Tagsatzung im Verfahren beim Gerichtshof oder die erste Streitverhandlung im amtsgerichtlichen Verfahren – hat zur Folge, dass die Versäumnisfolgen eintreten. Der zweite derartige Fall von Versäumnis ist der, dass die Partei die ihr aufgetragene Klagebeantwortung nicht einbringt; auch da tritt die Folge der Versäumnis ein. Nun steht unser Gesetz auf dem Standpunkt, dass, wenn bei der Tatsatzung nur der Kläger oder nur der Beklagte erscheint, die Partei, die da erscheint, noch Prozessmaterial, Behauptungen nachschieben kann, um eine Klage, die von Hause aus nicht schlüssig war, schlüssig zu stellen. Daraus geht schon hervor, dass wir das Versäumnisurteil in gleicher Weise wie dem Kläger auch dem Beklagten gewähren. Der Beklagte muss natürlich bei diesem Termin Behauptungen aufstellen, die darin bestehen, dass die rechtsbezeugenden Tatsachen bestritten werden; dann bekommt er sein Versäumnisurteil, denn das, was er an Bestreitungen vorbringt, wird *für wahr gehalten, soweit es beweisbedürftig ist.* (*Vorsitzender:* Das ist einer der springenden Punkte für die Gestaltung des Versäumnisverfahrens gegen den Kläger und wird uns nachher noch sehr interessant sein.) Wenn das gegen den Kläger anders geregelt wird, dann fallen diese Bedenken hin, und man kann sich auf den Standpunkt stellen: Der Richter hat nur das als wahr anzunehmen, was in der Klage vorgebracht ist, irgendein anderes Material ist nicht vorzubringen. Wenn die Klage nicht schlüssig ist, so kann eben von Seiten des Klägers ein Versäumnisurteil nicht erwirkt werden.

Vorsitzender: Aber nur dann nicht, wenn er nicht den Mangel der Schlüssigkeit im Termin behebt; er kann dann doch weiteres Material vorbringen.

Stagel: Ja, so ist es bei uns geregelt.

Staud: Man würde es bei uns anwenden können, indem er im Termin das Nötige nachbringt, und dann kann der Richter das Versäumnisurteil ablehnen, weil das, was jetzt nachgeschoben worden ist, noch nicht zugestellt ist. Also kann käme es nicht zur Klageabweisung, sondern dann käme es erst zum Beschluss oder zu einer Vertagung, damit in der Zwischenzeit dem säumigen Beklagten das ergänzende Vorbringen zugestellt wird.

Schrutka: Dieser eine Fall des Ausbleibens der Klagebeantwortung ist insofern interessant, als unser Gesetz früher eine Verhandlung vorgesehen hatte, die ein vollständiger Leerlauf war und nur zur Verkündung des Versäumnisurteils wegen Ausbleibens der Klagebeantwortung führte. Seit dem Jahre 1914 gibt es diese Bestimmung nicht mehr; infolgedessen hat der Kläger keine Gelegenheit, sein in der Klageschrift nicht schlüssiges Material schlüssig zu stellen.

Vorsitzender: Dazu könnte man sagen: Es ist eine geniale Einrichtung des österreichischen Zivilprozesses, weil es der beste Zwang ist, dass der Beklagte rechtzeitig die Klagebeantwortung einreicht. Aber er braucht sie ja nicht vollständig zu machen, er kann einen jammervollen Schriftsatz bringen und sich das ganze Material für die mündliche Verhandlung aufsparen. Dagegen ist man doch nicht gesichert, und deswegen ist es doch wohl eine unzumutbare Idee, dass wir diese eigenartige Regelung übernehmen.

Stagel: Darauf wird, glaube ich, bei uns gar kein Wert gelegt, denn das ist auch bei uns gar nicht praktisch.

Schrutka: Der weitere Fall der Versäumnis nach § 399: Ausbleiben von der ersten Streitverhandlung ist so geregelt: Das Gesetz verzichtet hier auf die Mündlichkeit des Verfahrens; das, was schriftlich zu den Akten gebracht worden ist, gilt schon als Vorbringen der Partei, obwohl es dann, wenn die Verhandlung in Anwesenheit der Partei stattgefunden hätte, nicht Prozessmaterial wäre, wenn sie es nicht vorbringt. Das ist ein sonderbarer Fall. Der Gesetzgeber hat das offenbar, aus prozessökonomischen Grundsätzen eingeführt, um nicht auf etwas zu verzichten, was schon als Material vorgebracht worden ist. (*Vorsitzender:* Das ist ja etwas Verwandtes mit unseren Vorschlägen.) Hier ist doch wieder ein großer Unterschied vorhanden: Es wird hier verhandelt, und zwar mit der erschienenen Partei, die auch noch weitere Behauptungen aufstellen kann.

Vorsitzender: Das geht bei uns auch. Angenommen, es erscheint nun der Kläger und beantragt gegen den Beklagten Aktenlageentscheidung. Wenn dann der Richter einwendet, dass doch der Beklagte einen langen Schriftsatz eingereicht hätte und darüber noch Beweis erhoben werden müsste, dann erwidert der Kläger: „Das ist nicht nötig, den Beweis brauchen Sie nicht, denn die Tatsachen 2 und 3 sind völlig unerheblich – (und der Richter überzeugt sich, dass das richtig ist) – und was in Punkt 1 gesagt ist, ist richtig, das erkenne ich an". Wenn nun daraufhin die Sache zur Endentscheidung reif wäre, dann bestünden doch gar keine Bedenken, dass das Gericht eine Aktenlageentscheidung trifft, weil es sich auf den Standpunkt stellen kann: Der Beklagte hat sich erschöpfend geäußert, es sind keine Fragen mehr an ihn zu stellen; zu dem, was der Beklagte gesagt hat, hat sich der Kläger in einer Weise erklärt, dass weitere Beweise nicht erhoben zu werden brauchen; infolgedessen kann eine Aktenlageentscheidung erlassen werden. Also das kann bei uns auch vorkommen.

Stagel: Kann aber die erschienene Partei auch weiteres Material vorbringen?

Vorsitzender: Wenn neues Prozessmaterial vorgebracht wird, auf das sich der Beklagte noch nicht erklärt hat, dann können Sie doch auch nicht eine Aktenlageentscheidung machen?!

Stagel: Ja, doch, da ist eben der Unterschied. Es kommt zu einer weiteren Verhandlung, und bei dieser weiteren Verhandlung kommt das Nichterscheinen in der ersten Verhandlung vollkommen zur Geltung.

Vorsitzender: Aus den hier schon klargemachten Gründen wollen wir solche Aktenlageentscheidungen in Versäumnisfällen nicht zulassen, wenn eine Partei nicht erscheint.

Stagel: Aber wenn beide Parteien nicht erscheinen, dann wäre es möglich?

Vorsitzender: Ja, dann wäre es möglich, einen Beweisbeschluss zu machen. Dabei möchte ich bemerken, dass Sie wohl auch auf dem Standpunkt stehen, dass man eine bloße Auflage, wie sie der Richter machen kann, nicht als Aktenlageentscheidung betrachtet. Aber es würde nicht gehen, dass wir bei Nichterscheinen einen Punkt finden, von dem aus wir keine Entscheidung mehr geben. Sie müssen dann in allen Fällen ein großes kontradiktorisches Verfahren machen, auch wenn alles feststeht?

Stagel: Das hat keine große praktische Bedeutung bei uns und kommt sehr selten vor. Ich konstruiere folgenden Fall: Bei dieser Verhandlung, die nach § 399 durchgeführt wird, wird ein Zeuge vernommen, und die erschienene Partei bringt dann vor, dass dieser Zeuge durchaus unglaubwürdig ist, und führt als Beweis an, dass er wegen falscher Zeugenaussage vorbestraft ist; das alles sind Dinge, die vorher nicht bekannt sein konnten. Mit diesem Material ist er nach unserem Recht gewiss nicht ausgeschlossen. Aber bei der Aktenlageentscheidung wäre er vielleicht ausgeschlossen?

Vorsitzender: Diese Möglichkeit hätten wir heute noch. Wenn schon ein Beweisbeschluss vorliegt, wird der Beweis erhoben, und am Schluss der Beweisaufnahme tritt erst der Augenblick ein, wo die allein erschienene Partei Aktenlageentscheidung beantragt.

Jonas: Wenn nun die Erschienenen wirklich beachtliche Bedenken gegen die Glaubwürdigkeit des Zeugen vortragen, dann ist der Augenblick da, wo der Richter erklärt, dass die Lage zu einer Aktenentscheidung durch Urteil eben noch nicht reif ist.

Vorsitzender: Heute ist es doch so, dass die allein erschienene Partei Aktenlageentscheidung beantragen kann. Dieses Recht soll ihr auch künftig bleiben. Nur wird die Entscheidung nicht über den Kopf der Partei getroffen. Wenn also die Partei um Aktenlageentscheidung bittet, dann können vom Gericht noch Ermittlungen angestellt werden. Wenn die Bedenken gegen die Glaubwürdigkeit des Zeugen erst bei der Verhandlung vorgebracht werden, dann müsste streng genommen erst der Gegner gehört werden.

Staud: In diesen Fällen muss gegen die säumige Partei sowohl ein Versäumnisurteil als auch eine Entscheidung nach Lage der Akten möglich sein.

Pagenstecher: Nach § 335 Nr. 3 darf keine Entscheidung nach Lage der Akten erfolgen, wenn dem Beklagten das Vorbringen nicht mitgeteilt worden ist.

Vorsitzender: Ja, das klappt noch nicht ganz. Wir müssen uns die *Fassung von § 335 Nr. 3* noch einmal überlegen. Wir wollen, dass die Aktenlageentscheidung aufgrund dessen ergeht, was die Parteien vorgebracht haben, mag es auch zum Teil nur schriftlich vorgebracht sein. Das erfordert an sich, dass ein Beweisbeschluss erst über Behauptungen erlassen wird, zu denen der Gegner Stellung genommen hat; denn der Beweis würde ja erst erheblich sein, wenn der Gegner die Tatsache bestreitet. So würde man hier vielleicht dazu kommen können, dass man sagt: Hier kann das Gericht einen Beweisbeschluss nach Lage der Akten nicht erlassen, denn es weiß ja nicht, was der Gegner dazu sagen wird. Da habe ich mich immer auf den Standpunkt gestellt, dass der Richter die Freiheit hat, zu sagen: Nach dem ganzen bisherigen Verhalten der anderen Partei ist anzunehmen, dass sie auch dies bestreitet, was ja nur eine Ergänzung der Behauptung ist, die sie schon bestritten hat.

Jonas: Die Fassung des § 335 ist insofern unstimmig, als hier von einer „Entscheidung" nach Lage der Akten die Rede ist, während gemeint ist: ein *„Urteil"* nach Lage der Akten.

Vorsitzender: Ich habe schon immer die Meinung vertreten, dass man das nicht schematisch und formalistisch anzuwenden braucht. Denn wenn nach dem gesamten Vorbringen der ausgebliebenen Partei angenommen werden muss, dass sie auch dieses Vorbringen bestreiten wird, dann braucht man sie nicht noch einmal zu hören, sondern kann ruhig den Beweis erheben. So kann es auch bei diesem Beispiel liegen: Wenn der Kläger diesen Zeugen als unglaubwürdig hingestellt hat, dann kann das Gericht aus der Art, wie der Zeuge aufgetreten ist, annehmen, dass der Beklagte diese Behauptung nicht zugeben wird, und kann den Beweis erheben. Aber der Grundsatz bleibt natürlich bestehen, dass im Aktenlageverfahren nicht ein Beweis über Tatsachen erhoben werden kann, die noch gar nicht bestritten sind.

Stagel: Das jetzt vorhandene Prozessmaterial muss genügen, um zur Entscheidung zu gelangen. Das ist nach unserem § 399 nicht der Fall: da wird mit der einen Partei verhandelt, die erschienen ist, weil die säumige Partei von dem Recht ausgeschlossen ist, neues Material vorzubringen.

Vorsitzender: Wenn aber die erschienene Partei neue Behauptungen aufstellt, weiß man doch nicht, ob der Gegner zugesteht.

Stagel: Dann muss vertagt werden. Das Material muss selbstverständlich der ausgebliebenen Partei bekannt sein.

Vorsitzender: Wenn nun aber dem Beklagten dieses neue Material durch Schriftsatz mitgeteilt worden ist, er erscheint aber nicht und hat auch keinen Schriftsatz eingereicht, dann weiß doch das Gericht nicht, ob er das Material bestreitet oder zugesteht, und dann unterstellt das Gericht in Österreich ein Bestreiten? – Aber das sind schließlich keine Dinge, die man, ohne die österreichische Seele zu zerreißen, nicht so regeln könnte, wie es hier vorgesehen ist. Man kann doch keine überflüssigen Beweise erheben. Bei der gestrigen Gerichtsverhandlung wäre aber die Beweisaufnahme ruhig abgerollt, weil man aus den Schriftsätzen das Vorbringen der Partei kannte?

Stagel: Einiges Vorbringen der Partei war ja neu, und da hätte diese Folge eintreten können, die Sie erwähnen.

Vorsitzender: Es wäre natürlich einwandfrei gewesen, sofort Beweis über die Behauptung zu erheben, die nachher ganz präzis vom Beklagten aufgestellt wurde, dass er den ausdrücklichen Auftrag gegeben habe, die Mithaftung auf andere Grundstücke auszudehnen. Aus der ganzen Lage ging hervor, dass das an sich neu war. Aber es lag im Zuge der ganzen Klage, dass dies bestritten worden wäre; denn derjenige, der diese Klageschrift gemacht hat, konnte diese Behauptung nicht anerkennen.

Stagel: Ich glaube, dass es ganz gleichgültig ist, wie er sich vermutlich dazu gestellt hätte. Sondern nur allein die Tatsache, dass es ihm nicht mitgeteilt worden ist, genügt, dass es in dieser Tagsatzung nicht erörtert werden konnte.

Vorsitzender: Setzen wir den Fall, dass der Beklagte darüber vernommen werden soll, ob er, wie der Kläger behauptet, an einem bestimmten Tage in seinem Laden bei dem Reisenden bestimmte Waren bestellt hat. Der Beklagte hat das bestritten und das als unwahr bezeichnet, da er an diesem Tage überhaupt nicht im Laden gewesen sei, sondern sich mit seiner Frau auf einer zehntägigen Reise befunden hätte, und in dem Laden hätte auch kein Fremder in Vertretung des Ehepaares anwesend sein können. Wenn nunmehr der Beklagte in dem Termin, wo Zeugen bestellt sind, ausbleibt, und nun macht der Kläger im Termin geltend, dass er bisher nur von der Bestellung von zwei Posten gesprochen, aber ganz vergessen hätte, dass bei dieser Gelegenheit auch noch ein dritter Posten bestellt worden sei, dann ist doch vollständig klar, dass der Beklagte, der behauptet hat, überhaupt nicht dagewesen zu sein und nichts bestellt zu haben, selbstverständlich auch den dritten Posten bestreiten würde, wenn er da wäre.

Stagel: Das kann der Kläger nicht vorbringen, weil er darauf die Klage nicht erstreckt hätte. Der Rahmen des bestellten Begehrens ist doch die Grenze, eine solche Erweiterung ist nicht zulässig.

Vorsitzender: Aber auch wenn der Andere Einzelheiten über die Bestellung neu vorträgt, die er früher nicht vorgetragen hat, weiß man doch im Voraus, dass der Beklagte, der überhaupt bestreitet, anwesend gewesen zu sein, das bestreiten wird. – Also in dem gestrigen Verfahren hätten Sie, wenn der Kläger nicht erschienen wäre, die Sache so weit erledigt, als es sich um schon vorgebrachtes Material handelte, hätten [Sie] schließlich aber doch vertagt, weil einiges, was der Beklagte mündlich vortrug, in der Klagebeantwortung noch nicht erörtert worden ist, damit sich der Kläger neu erklären kann. Wenn aber der Kläger nun in der neuen Tagsatzung wieder nicht kommt, was geschieht dann?

Stagel: Dann ist es schon Prozessmaterial geworden, und dann kann der Beweisbeschluss erlassen werden. Aber diese Sachen kommen nie vor. Diese Fiktion, dass etwas nicht bestritten und deshalb als wahr anzunehmen ist, gibt es nur im ersten Termin, nicht aber bei späteren Tagsatzungen.

Vorsitzender: Wenn die Regelung in Österreich so ist, dann kann ich nicht einsehen, dass wir das so furchtbar eingreifend wirken.

Stagel: Nein. Das spielt bei uns eine so geringe Rolle, dass man das ohne weiteres aufheben kann. Ich habe das auch nur zur Erläuterung angeführt, weil Sie fragten, wie sich das Gericht in dem gestrigen Fall nach § 399 benommen hätte und wie die Sache da hätte weiter laufen können.

Vorsitzender: Bei der *Formulierung* werden wir uns später noch mit Ihnen zusammensetzen, Sie können uns dann Ihre Wünsche äußern, und ich bin überzeugt, dass wir dann zu einer einmütigen Regelung kommen werden.

Schrutka: Der *Einspruch* gegen Versäumnisurteil ist für Österreich etwas ganz Neues. Das wird bei uns vermutlich nicht so gut arbeiten wie unsere bisherige Regelung.

Jonas: Uns schwebt vor: Aufgrund eines Prozessstoffes soll entweder Versäumnisurteil oder Urteil nach Lage der Akten ergehen können. Das Versäumnisurteil beruht einzig und allein auf Behauptung und Nichtbestreiten des Angeklagten. Aktenlageentscheidung beruht auf der Tatsache: Einer hat etwas vorgebracht, und ich unterstelle, dass das, was neu vorgebracht ist, beweisbedürftig ist.

Vorsitzender: Das unterstelle ich nicht, sondern das weiß ich aus den Erklärungen in der früheren Verhandlung.

Jonas: Entweder hat er etwas zugegeben oder hat es nicht bestritten, und die neu aufgestellten Behauptungen, über die eine Erklärung des Gegners nicht vorliegt, sind beweisbedürftig.

Vorsitzender: Beweisbedürftig sind sie erst, wenn ich weiß: er bestreitet sie. Ich möchte allerdings so weit gehen, zu sagen: Aus dem ganzen Verhalten der anderen Partei geht hervor, dass er sie bestreiten wird.

Jonas: Wenn ich aus dem ganzen Vorbringen folgern kann, dass er das nicht bestreitet, dann ist es klar.

Vorsitzender: Oder: Ich erhebe Beweis, wenn ich aus seinem Vorbringen folgern kann, dass er es bestreitet. Wenn es sich um eine ganz neue Behauptung handelt, zu der der Gegner noch gar keine Stellung genommen hat, dann kann ich diese neue Behauptung nicht zur Geltung einer Aktenlageentscheidung machen. Ich kann auch nicht Beweis erheben, wenn ich nicht weiß, ob der Gegner bestreiten wird; dann kann ich nur vertagen.

Jonas: Aus einer Versäumnis, die später als die erste Tagsatzung vorgekommen ist, ergeben sich absolut keine Geständnisfiktionsfolgen?

Vorsitzender: Nein! – Ich glaube, für die Beratung im Ausschuss genügt es hinsichtlich der Aktenlageentscheidung, dass sie an sich beibehalten wird und dass die Grundsätze klar sind. Wie wir sie im Einzelnen technisch formulieren, müssen wir erst einmal in unserem Hause klären, und dann müssen wir einen Entwurf aufstellen, zu dem der Ausschuss später gehört werden würde. Dabei könnten wir dann auch mit den österreichischen Herren zusammenarbeiten.

Wir kommen nun zum letzten Kapitel, dem *Versäumnisurteil gegen den Kläger.* Es hat ja eine Zeit gegeben, in der es noch streitig war, was eigentlich das Versäumnisurteil gegen den Kläger ist. Dieser Zweifel ergab sich aus den verschiedenen Grundlagen. Der Kläger bekommt gegen den Beklagten doch ein Versäumnisurteil, wenn er in seinem Schriftsatz, der dem Beklagten zugestellt worden ist, Tatsachen behauptet hat, die seinen Klageanspruch als begründet erscheinen lassen, weil die Versäumniswirkung nur die ist, dass das tatsächliche Vorbringen des Klägers als zugestanden gilt. Wenn der Kläger selbst ausbleibt und nunmehr der Beklagte Versäumnisurteil beantragt, wird nicht geprüft, was eigentlich der Beklagte einzuwenden hat. Dieser braucht nur zu sagen: Der Kläger ist nicht da, und ich verlange infolgedessen, dass die Klage im Versäumniswege abgewiesen wird. Ich habe es mir immer so vorgestellt, dass der Gesetzgeber diese verschiedene Regelung deshalb getroffen hat, weil er sich gesagt hat: Der Beklagte müsse ja ganz dumm sein, wenn er die Klage abgewiesen haben will und nicht irgendetwas daher redet, was zur Klageabweisung genügt. Darauf verlangt man das erst gar nicht von ihm, sondern gibt ihm das Recht, beim Ausbleiben des Klägers Versäumnisurteil zu beantragen. Es ist mir sehr interessant, dass es in Österreich anders ist. Da verlangt man von dem Beklagten, dass er angibt, aus welchem sachlichen Grund er Klageabweisung beantragt. Bei dieser Regelung ist der Hereingefallene natürlich derjenige, der aus seinem Herzen keine Mördergrube macht. Wenn in Österreich die Klage unschlüssig ist und der Kläger gegen den nicht erschienenen Beklagten Versäumnisurteil beantragt, dann wird nicht nur der Antrag abgewiesen, sondern die Klage wird sachlich abgewiesen. Nun wäre es konsequent, wenn man dann, wenn der Beklagte nur törichten Unsinn redet, statt das Versäumnisurteil zu geben, der Klage zusprechen würde. Das tun Sie aber nicht? (*Schrutka:* Nein, das tun wir nicht!) Es ist mir sehr interessant, dass es auch eine andere Lösung gibt als die unsrige. Ich ziehe sie aber nicht vor, weil sie darauf hinausläuft, dass der Ungeschickte hereinfällt, während der Geschickte seine Einwendungen immer entsprechend fassen wird. Deshalb halte ich unsere Regelung für ganz richtig. Nun sind Zweifel entstanden, wie man unsere Versäumnisentscheidung auslegen muss, wenn sie sich gegen den Kläger richtet, und es hat namhafte Leute gegeben, die früher die Ansicht vertreten haben, dass das gar keine Abweisung in der Sache sei, sondern dass es sich nur um eine Klagezurücknahme handle. Diese Ansicht ist aber jetzt wohl so vereinzelt, dass man sie als gegenstandslos bezeichnen kann. Jetzt ist die allgemeine Meinung, dass die Klageabweisung auch im Versäumniswege eine Abweisung in der Sache ist; wird sie rechtkräftig, so kann der Kläger gegen den Beklagten den Anspruch nie mehr geltend machen.

Man kann das auch aus dem Gesetz selbst begründen; denn bei der Ehenichtigkeitsklage heißt es ausdrücklich, dass das Ausbleiben des Klägers die Wirkung hat, dass die Klage als zurückgenommen gilt. Der Gesetzgeber steht also selbst auf dem Standpunkt, dass die Wirkung des Versäumnisurteils gegen den Kläger in anderen Fällen eine andere ist. Die Frage ist nun, ob man es dabei belassen oder ob man es anders machen soll. Ich vermag das nicht einzusehen. Ich meine: Der Kläger muss genauso seinen Kopf hinhalten wie der Beklagte. Es würde sich auch die Frage ergeben, ob man die Möglichkeit geben soll, statt des Versäumnisurteils eine Aktenlageentscheidung auch über den Kopf der Beteiligten hinweg zu geben. Diese Möglichkeit haben wir zum Teil schon heute. Ich würde zunächst keinen Grund sehen, auch in diesen Einzelheiten das Versäumnisverfahren gegen den Kläger anders zu gestalten.

Staud: Ich habe in diesen Fragen noch gewisse Zweifel und habe mich zu einer bestimmten Auffassung noch nicht durchgerungen. Wenn wir das Verfahren so lassen, wie es ist, und unsere Neuerung, dass das Gericht von sich aus anstelle des beantragten Versäumnisurteils eine Aktenlageentscheidung geben kann, auch für den Fall gelten lassen, dass es sich um das Versäumnisurteil gegen den Kläger handelt, dann könnte der Fall eintreten, dass der Beklagte gegen den ausgebliebenen Kläger Versäumnisurteil beantragt, dass der Richter aber in einem Aktenlageurteil den Beklagten nach dem aus den Akten ersichtlichen Klageantrag verurteilt. Dieses Urteil kann dem Kläger, wenn der Beklagte Berufung einlegt, höchst unerwünscht sein, wenn er durch sein Fernbleiben lediglich dem Beklagten Gelegenheit geben wollte, die Sache durch Versäumnisurteil zu erledigen. Ich will allerdings nicht sagen, dass dies Bedenken für mich ausschlaggebend wäre. Man wird vielleicht auch noch einmal darüber sprechen können, ob man wirklich daran festhalten soll, dem Versäumnisurteil gegen den Kläger materielle Rechtskraft in dem Sinne beizumessen, dass der Anspruch des Klägers materiell abgewiesen ist, oder ob man nicht vielleicht doch mit der beschränkteren Lösung im umgekehrten Versäumnisfall auskommt, dass das Versäumnisurteil gegen den Kläger nur die Bedeutung haben soll, dass seine Klage für zurückgenommen erklärt wird. In den Fällen, in denen der Beklagte ein Interesse daran hat, nachdem der Prozess soundso lange gedauert hat, wenn der Kläger jetzt die Flinte ins Korn wirft, es zu einer sachlichen Entscheidung kommen zu lassen, könnte man ihm die Möglichkeit geben, anstelle des Versäumnisurteils seinerseits Aktenlageentscheidung zu beantragen.

Vorsitzender: Herr Staud bedauert es, dass den Kläger unter Umständen ein Urteil aufgezwungen werden kann, das zu seinen Gunsten ergeht, ihm aber insofern sehr unangenehm ist, als es falsch ist und er den Prozess in der Berufungsinstanz dann doch verliert, so dass er für zwei Termine Kosten zahlen muss. Das kann dem Beklagten aber auch passieren, und außerdem ist es heute schon so, wenn der Beklagte es beantragt. Ich würde das eigentlich in Kauf nehmen.

Die zweite Frage geht dahin, ob man dem Versäumnisurteil gegen den Kläger nur die Wirkung geben soll, dass die Klage als zurückgenommen gilt. Ich würde das eigentlich für einen Rückschritt halten; denn die Möglichkeit, durch Aktenlageantrag die Sache zur Erledigung zu bringen, hat doch der Beklagte in allen Fällen. Da möchte ich doch annehmen, dass es das Recht des Beklagten ist, genauso geschützt zu werden, wie im umgekehrten Falle der Kläger geschützt ist.

Jonas: Der Beklagte hat immer noch eine viel einfachere Möglichkeit: Er stellt nur den negativen Feststellungsklageantrag und bekommt aufgrund dessen im folgenden Termin sicher auch ein Versäumnisurteil gegen den Kläger. Ich glaube also, dass der Beklagte in jedem Fall die Möglichkeit hat, sich ein der materiellen Rechtskraft fähiges Urteil zu verschaffen, und diese Möglichkeit müssen wir ihm doch erhalten; denn der schwerste Angriff auf seine Rechtsposition ist doch, dass er verklagt wird. Man sollte es daher, abgesehen von den Statusklagefällen usw., dabei belassen, dass das Versäumnisurteil gegen den Kläger nach wie vor mit der Wirkung einer materiellen Rechtskraft zugelassen wird. Ob man sich das als einen fingierten Verzicht des Klägers oder sonst wie vorstellen soll, mag jeder selbst entscheiden, wie er will. Dass der Gesetzgeber sich darüber ausspricht, würde ich nicht empfehlen. Denn wenn man es als fingierten Verzicht auf den Klageanspruch konstruiert, muss man es im gegenteiligen Fall als ein fingiertes Anerkenntnis konstruieren, und wenn man es beim Beklagten bewusst nicht so konstruieren will, kommt man auf der Klägerseite wieder in Schwierigkeiten. Ich glaube, hierbei sollte man es beim alten belassen.

Nun bleibt noch die Frage übrig, wie es ist, wenn der erschienene Beklagte Versäumnisurteil beantragt und der Richter Aktenlageentscheidung zugunsten des ausgebliebenen Klägers und zuungunsten des erschienenen Beklagten erlässt. In diesem Fall fragt man sich doch eigentlich, wie es überhaupt möglich ist, dass es noch zu diesem Termin gekommen ist und dass das Urteil nicht schon im vorigen Termin ergangen ist. Wird nun aufgrund der zum Termin gestellten Zeugen erst die Beweisaufnahme vorgenommen und bittet der Beklagte dann, weil der Kläger ausgeblieben ist, um das Versäumnisurteil, während der Richter der Überzeugung ist, dass der Beklagte den Prozess verlieren muss, dann ist es doch schließlich ganz vernünftig, wenn man annimmt, dass der Kläger das Rennen schon aufgegeben hat. Ich glaube, wir denken doch an so seltene Möglichkeiten, dass es sich nicht lohnt, dafür noch besondere Regelungen zu treffen. Wenn der Kläger, der an sich schon das Rennen aufgegeben hatte, eine ihm unsympathische Berufung vermeiden will, kann er sich ja vergleichen oder die Klage zurücknehmen; diese Möglichkeit hat er ja immer, und das würde man auch als materiellen Verzicht auf den Anspruch ansehen können. Die Zweifel, die Herr Staud gegenüber dieser Regelung hat, sind zweifellos beachtlich. Ich möchte sie nur als so wenig schwerwiegend ansehen, dass es wohl nicht lohnen würde, die Regelung durch Sonderregelungen zu komplizieren. Im Ergebnis möchte ich mich also auf den Standpunkt des Herrn Vorsitzenden stellen.

Pagenstecher: Es ist ja wohl so gedacht, dass der allein erschienene Beklagte die Klagetatsachen nicht zu bestreiten braucht und auch keine Einwendungen zu erheben braucht. Das Bestreiten könnte wichtig sein, wenn man ihm nachweisen könnte, dass er wider besseres Wissen bestritten hat. Die heutige Ungleichheit zwischen Kläger und Beklagtem würde also im Gesetz aufrecht erhalten werden. Ich halte es für ungerecht, dass der Kläger das Versäumnisurteil gegen den Beklagten sehr viel schwieriger bekommt. Er muss die Klage substantiieren, während der Beklagte gar nichts weiter zu sagen muss. Wenn man es analog wie beim Versäumnisurteil gegen den Beklagten machen wollte, müsste man sagen: Der allein erschienene Beklagte muss sich darüber äußern, ob die Klagetatsachen wahr sind oder nicht. Wenn er sagt, dass die Klagetatsachen nicht wahr sind, ist alles in Ordnung. Sagt er, dass sie wahr sind, dann muss er Einwendungen machen und muss diese Einwendungen substantiieren. So wäre eine gewisse Gleichstellung vorhanden, und dann müsste man, wenn man ganz konsequent sein wollte, wieder sagen, dass diese Einwendungen dem Kläger vorher mitgeteilt worden sein müssten.

Vorsitzender: Der Kläger ist ja in einer ganz anderen Lage. Er macht den Angriff gegen den Beklagten, und von ihm muss ich verlangen, dass er in seiner Klageschrift alles, was er später eventuell zu beweisen hat, substantiiert vorbringt. Der Beklagte braucht ja nichts weiter zu tun, als zu bestreiten. (*Jonas:* Aus der Tatsache, dass der Kläger nicht erschienen ist, folgere ich, dass er materiell verzichtet hat!)

Pagenstecher: Das ist doch nur eine Fiktion, wenn man immer sagt, dass der Kläger und der Beklagte vollkommen verschieden seien. Dem Kläger kann es doch auch einmal passieren, dass er ohne sein Verschulden den Termin versäumt.

Lent: Ich sehe den Unterschied darin, dass der Kläger den Prozess selbst gewollt und begonnen hat, während der Beklagte in einen Prozess durch den Willen des Klägers hineingezwungen wird. Wenn der Kläger nun plötzlich nicht kommt und sich nicht einmal rührt, soll er auf keinen Fall eine ihm günstige Entscheidung bekommen. Die materielle Rechtskraft würde ich im Sinne mehr des Verzichts beibehalten. Wenn wir hier nur eine Klagezurücknahme sehen würden, würde der Kläger eine Möglichkeit gewinnen, sich ohne Einwilligung des Beklagten aus dem Prozess herauszudrücken, indem er einfach wegbleibt. Dann würde er durch Versäumnisurteil dasselbe erreichen, was er sonst mit der Klagezurücknahme erreichen würde, nur dass er dabei von der Einwilligung des Beklagten vollständig abhängig wäre. Er könnte also den Beklagten um die diesem günstige Sachentscheidung einfach prellen, und das soll doch unter allen Umständen vermieden werden.

Pagenstecher: Auch diese Ausführungen haben mich nicht überzeugt. Ich sage, dass die Parteien gleich behandelt werden müssen und dass auch der Kläger einmal ohne sein Verschulden einen Termin versäumen kann, und ich sehe nicht ein, warum ihm das soviel mehr schaden soll als dem Beklagten.

Abgesehen von den besonderen Fällen bei der Ehenichtigkeitsklage muss das Versäumnisurteil gegen den Kläger dahin lauten, dass die Klage als unbegründet abgewiesen wird. Der Beklagte muss das ganz unbedingt verlangen können.

Wie soll es nun sein, wenn ein Kläger die Klage zwar individualisiert, aber nicht substantiiert hat, dann ausbleibt und der Beklagte ein Versäumnisurteil beantragt? Soll dann die Klage als unbegründet abgewiesen werden oder soll ein Versäumnisurteil ergehen? De lege ferenda wird man wohl sagen müssen, dass ein Versäumnisurteil ergeben soll. Man kann nicht mit dem Argument arbeiten: Wenn der Kläger erschienen wäre, könnte er sein Vorbringen ergänzen, würde allerdings dann kein Versäumnisurteil bekommen; seine Klage würde aber auch nicht als unbegründet abgewiesen werden. Wenn ich mich einmal auf ihren Standpunkt stelle, würde ich sagen, dass wir es da bei der heutigen Regelung belassen und ihm ein Versäumnisurteil geben müssen. Allerdings stelle ich mich damit schon auf den Boden der Individualisierungstheorie; denn wenn wir in der neuen Prozessordnung die Substantiierungstheorie streng durchführen wollen, müssen wir die Klage als unzulässig abweisen.

Vorsitzender: Da muss immer unterschieden werden! Außerdem kann in diesem Fall ein solcher Mangel der Klage, der jederzeit behoben werden kann, ja nicht zur Klageabweisung führen.

Pagenstecher: Ob er jederzeit behoben werden kann, ist sehr fraglich. Denken Sie an das Schulbeispiel, bei dem der Kläger behauptet, er habe eine Bürgschaft übernommen, aber gar nichts darüber sagt, ob er das mündlich oder schriftlich getan habe. Da kann es sein, dass er nachträglich noch sagen kann, dass er die Bürgschaft schriftlich erklärt habe.

Vorsitzender: Dann ist doch erst recht die Klage nicht als unzulässig, sondern als unbegründet abzuweisen!

Pagenstecher: Man könnte vielleicht so konstruieren, dass man sagt: Wenn der Beklagte Versäumnisurteil beantragt, ist damit der Mangel geheilt!

Vorsitzender: Das meinte ich! Dann sind wir uns also doch einig.

Damit können wir nun die sachliche Beratung schließen, und ich danke allen Teilnehmern, insbesondere aber den österreichischen Herren, für ihre Mitwirkung.

Für unsere weiteren Arbeiten haben wir folgende vier Themengruppen in Aussicht genommen. Zunächst müssen wir uns einmal mit der *Frage der Parteien*, insbesondere mit der Frage der Mehrheit der Parteien, also dem Problem der Streitgenossenschaft, beschäftigen. Dann müssen wir auch den ganzen Komplex besprechen, der sich um die *Klage* gruppiert. Dabei würde es sich um den Inhalt der Klage, die Substantiierungs- und Individualisierungstheorie, die Eventualklage, die Feststellungsklage, die Rechtsgestaltungsklage, die Klageänderung, vielleicht auch um die Änderung der Parteien sowie um das *Problem der Klagerücknahme* handeln, bei dem es insbesondere darauf ankommt, ob man im Dritten Reich den Beklagten noch ein absolutes Recht geben kann, der Klagerücknahme zu widersprechen. Die dritte Gruppe würde die *Zuständigkeit einschließlich des vereinbarten Gerichtsstandes* umfassen, während die vierte Gruppe den *Prozess-*

betrieb im Ganzen betreffen würde. Dazu würden gehören die Zustellungsvorschriften, die Ladungsvorschriften, Fristen, Termine, die Frage des Parteibetriebs und des Amtsbetriebs bei der Zustellung und der heutige Unterschied zwischen dem landgerichtlichen und dem amtsgerichtlichen Verfahren, also die Frage, ob man ihn beseitigen kann.

Über die *erste* und *zweite* Gruppe werden *Pagenstecher* und *Lent* berichten. Über die Frage der *Zuständigkeit* und des vereinbarten *Gerichtsstandes* sollen *Fischer* und *Furler* referieren, während für die *letzte Gruppe* die *Rechtspfleger* ein kleines Exposé ausarbeiten sollen.

Es wird in Aussicht genommen, die nächste Tagung des Hauptausschusses vom 26. September bis 1. Oktober abzuhalten.

(Schluss der Tagung 19 Uhr)

IV. Sitzungen vom 26.-28.9.1938 (Wiesbaden)

1. Protokoll der Sitzung vom 26.9.1938 (Partei kraft Amtes; Streitgegenstand)

(Beginn der Sitzung 10 Uhr)

Vorsitzender: Wir alle werden das Gefühl haben, dass es einem schwer fällt, sich in diesen Zeiten, wo es so ernste und für das Leben des deutschen Volkes so wichtige Fragen zur Entscheidung stehen, noch in aller Gründlichkeit über Probleme zu unterhalten, wie wir sie hier behandeln wollen. Ich habe infolgedessen auch lange erwogen, ob es überhaupt möglich wäre, diese Tagung jetzt abzuhalten. Aber gerade auch nach Rücksprache mit den leitenden Herren im Justizministerium habe ich es doch für nötig gehalten, die Tagung nicht abzusagen, zumal in diesen Tagen auch andere amtliche Tagungen, die vom Justizministerium selbst ausgehen, stattfinden. Die zahlreiche Beteiligung zeigt, dass wir auch die Möglichkeit haben, diese Fragen hier zu erörtern. Es fehlen nur Herr *Altstötter*, der mit der Vertagung gerechnet hat und sich daher nicht mehr freie Zeit schaffen konnte, und Herr *Bruhn* wegen eines schweren Unfalls.

Die Fragen, um die es sich hier handelt, sind dankenswerterweise vom Unterausschuss wieder sehr gründlich vorbereitet worden; einem on dit zufolge hat man sich sogar tagelang ausschließlich über die Frage der Partei kraft Amtes beraten, so dass, glaube ich, nach einer so gründlichen Artillerievorbereitung, nach einem so umfassenden Trommelfeuer, der Graben jetzt von uns im Sturm wird genommen werden können. Ich habe nämlich noch ziemlich viel vor. Ich hoffe, dass wir uns nicht nur mit der Frage *Partei kraft Amtes* und des Streitgegenstandes beschäftigen werden, sondern dass wir auch noch das ganze Problem erörtern können, das sich um Inhalt der Klage, Klageänderung, Eventualklage usw. gruppiert und dann vielleicht noch zu einigen anderen Themen übergehen können, die in der Einladung aufgeführt sind.

Außer dem speziellen Dank an den *Unterausschuss* möchte ich doch Herrn *Prof. Fischer* einen besonderen Dank aussprechen für die *schriftlichen Darlegungen* [nicht auffindbar], die er uns übersandt hat. Das ist eine klare Übersicht über die Regelung, die uns alle vorzüglich in den Verlauf der Erörterungen einführt.

Ich bitte nun, wie gewöhnlich, Herrn *Prof. Lent,* uns den Gang der Verhandlungen und die Stellung der Probleme darzulegen.

Lent: Wenn ich jetzt den Sturmangriff eröffne, so bin ich mir bewusst, dass dieser Angriff nicht ohne weiteres gleich zu einem vollen Erfolge und zu einer vollen Entscheidung führen kann.

Dafür sind die Dinge doch auch im Unterausschuss selbst weitgehend streitig geblieben, und die letzte Entscheidung des Unterausschusses stellt eigentlich nur eine Art Torso dar; denn es fehlten bei den Beratungen des Unterausschusses maßgebende Persönlichkeiten auf der Gegenseite, namentlich Herr Präsident Jonas, von dem wir wohl erst heute den Gegenangriff zu erwarten haben.

Die erste Aufgabe war für den Unterausschuss, den Bereich abzugrenzen, auf dem die Partei kraft Amtes in Erscheinung tritt, sich also klarzumachen, um welche Erscheinungsfälle es sich dabei handelt. Den Ausgangspunkt bildet die Erscheinung des Konkursverwalters, des Nachlassverwalters und des Testamentsvollstreckers und eine Reihe ähnlicher Erscheinungen der neueren Gesetzgebung. Darüber gibt der neue Kommentar von Jonas ohne weiteres Aufklärung. Charakteristisch ist für alle diese Fälle: Die Verwertung und damit auch die Verfügung über eine bestimmte Vermögensmasse wird dem Inhaber dieses Vermögens entzogen; der Inhaber bleibt Träger von Rechten und Verbindlichkeiten, aber er kann nicht mehr verwalten und verfügen.

Die andere charakteristische Erscheinung ist die, dass diese Entziehung der Verwaltung und Verfügung vom Inhaber rechtlich eigentlich nicht im ausschließlichen oder auch nur vorwiegenden Interesse des Inhabers erfolgt, sondern dass hier von Amts wegen ein Verwalter eingesetzt wird, der die verschiedenen Interessen zu wahren und auszugleichen hat. In dieser Verteilung der Interessen sieht die Lehre der Partei kraft Amtes den entscheidenden Unterschied von der „gesetzlichen Vertretung" des Inhabers, indem man auf dem Standpunkt steht, dass die gesetzliche Vertretung nur da angenommen werden kann, wo es sich mindestens vorwiegend und in erster Linie um die Wahrnehmung der Interessen des Vertretenen handelt.

Steht man auf dem Standpunkt, dass es sich hierbei nicht um gesetzliche Vertretung handelt, dann muss man für den Prozess auch die Folgerung ziehen, dass dieser Verwaltung auch *nicht gesetzlicher Vertreter* des Inhabers sein kann, wenn er Prozesse über dessen Rechte und Verpflichtungen führt, sondern *selber Partei* ist, eben Partei kraft des Amtes, das ihm übertragen worden ist.

Es ist aber zu bemerken, dass aus dem Bereich der Partei kraft Amtes wieder zwei Erscheinungen ausscheiden. Das eine ist die Rolle des Staatsanwalts im Zivilprozess, die wieder ganz anders behandelt wird und auch deswegen innerlich abgetrennt werden kann, weil der Staatsanwalt die Wahrung öffentlicher Interessen und nicht widerstreitende Privatinteressen dabei zu berücksichtigen hat.

Die zweite Erscheinung, die einer Sonderregelung unterworfen ist, ist der Ehemann beim gesetzlichen Güterstande. Es wäre in Zukunft zu erwägen, eine vereinfachte Regelung für alle diese Fälle herbeizuführen. Zurzeit ist aber der Ehemann einer Sonderregelung unterworfen.

Die Schwierigkeiten, die sich für diese ganze Lehre entwickeln lassen, folgen aus zwei Punkten. Einmal lässt sich die normale Parteistellung für die Partei kraft Amtes nicht durchführen. Wir werden bei zahlreichen Einzelfällen von praktischer Bedeutung sehen, dass aus der Parteistellung nicht die sonst üblichen Folgerungen gezogen werden, sondern dass man sich hier umgekehrt die Stellung des gesetzlichen Vertreters als Vorbild nehmen muss.

Die zweite Schwierigkeit ist die, dass das Problem kein rein prozessuales ist, ja, dass die prozessuale Seite nur ein Annex zur materiellrechtlichen ist; denn im Vordergrunde steht natürlich die Tätigkeit des Verwalters in der Verwaltung, in der Verfügung, in dem Erwerb von Pflichten, und dann erst tritt die Prozessführung als Ausnahmeerscheinung hinzu. Es empfiehlt sich nicht, die Stellung dieser Verwalter im materiellen Recht und im Prozess verschieden zu gestalten und etwa anzunehmen, dass sie im Prozess als Partei, im materiellen Recht als Vertreter handeln. Sondern das Ziel muss sein, unter allen Umständen eine gleichmäßige Auffassung und Stellung für materielles und Prozessrecht zu erreichen.

Daraus ergibt sich die *Notwendigkeit einer gesetzlichen Regelung.* Wenn man zur Partei kraft Amtes übergehen will, dann müssen auch die wichtigen Sondervorschriften für diese Partei im

Gegensatz zur normalen Partei gesetzlich festgelegt werden. Denn die Dinge sind so verwickelt und haben zu so großen Schwierigkeiten geführt, dass der Gesetzgeber das nicht einfach der Rechtsprechung überlassen kann.

Ich werde so vorgehen, dass ich zunächst darstelle, zu welchen Vorschlägen im Einzelfalle der Unterausschuss gekommen ist: Prozesskosten, Armenrecht usw. und werde einfach ohne Rücksicht auf die Theorie und die Konstruktion darlegen, welche Konstruktion des Einzelfalls uns als praktisch gegeben erschienen ist. Wir werden sehen, dass dabei vielleicht nicht allzu viel Diskussion zu führen ist, weil man sich über diese praktischen Schwierigkeiten teils längst einig ist, sie teils kurz erledigen kann. Aus diesen Einzellösungen werde ich dann die Konsequenz für den Versuch der Generalkonstruktion ziehen. Dieser Weg erscheint mir aus grundsätzlichen Erwägungen richtig: Weil ich glaube, dass man niemals mit einer Konstruktion anfangen kann und dieser die praktische Einzellösung unterordnen darf, sondern dass man umgekehrt zunächst fragen muss: Wie regle ich die ganze Materie praktisch einwandfrei und gerecht; erst aufgrund der Einzellösungen, die sich als praktisch erwiesen haben, kann man dann den Versuch machen, nunmehr zu einer allgemeinen Konstruktion und einer generellen Auffassung überzugehen.

Wenn ich also zunächst erörtere, zu welchen Vorschlägen wir bei Lösung der einzelnen Fragen gekommen sind, so erwähne ich als ersten Punkt die *Prozesskosten,* wobei ich bitte, den Gegensatz der Partei kraft Amtes und einer Vertreterstellung des Verwalters im Auge zu behalten, aber sich zunächst einfach zu fragen: Welche Regelung dieser Frage erscheint angemessen? Wir werden alle darüber einig sein, dass die Kosten eines Prozesses über ein verwaltetes Vermögen dieses verwaltete Vermögen, rechtlich als den Inhaber dieses Vermögens treffen, der aber nur mit diesem abgetrennten Vermögen haftet. Es erscheint unangemessen, etwa den Verwalter mit seinem persönlichen Vermögen haften zu lassen und ihm nur den Rückgriff gegen das verwaltete Vermögen zu gestatten. Es wird also dabei bleiben wie bisher, dass dieses verwaltete Vermögen – Konkursmasse, Nachlass usw. – die Kosten zu tragen hat, wenn die Prozesskosten der Partei auferlegt sind, dass dagegen der Verwalter selbst mit seinem Vermögen nicht Kostenschuldner ist und nicht zu haften hat.

Zweitens: In engem Zusammenhang mit den Prozesskosten steht die Frage des *Armenrechts.* Hier ist durch eine Sondervorschrift in der Zivilprozessordnung schon Klarheit geschaffen worden. Dieser Regelung werden wir uns anschließen können. Es ist selbstverständlich, dass das Armenrecht nicht nach der Person des Verwalters zu beurteilen ist, sondern dass dabei die Verhältnisse des verwalteten Vermögens zu berücksichtigen sind. Der Zusatz der neuen Bestimmung der ZPO, dass auch noch andere Interessenten heranzuziehen sind, kann ruhig dahin ergehen: Es entscheiden die Verhältnisse des verwalteten Vermögens, nicht die Verhältnisse des Verwalters.

Eine dritte Frage würde dann die des *Gerichtsstandes* sein. Wenn es hier auf den Beklagten ankommt, so würde die Frage sein, ob man den Wohnsitz des Inhabers des Vermögens oder den Wohnsitz des Verwalters als maßgebend bestimmt. Hier würde es empfehlenswert erscheinen, eher den Wohnsitz des Verwalters zu nehmen, weil er meist mit dem Orte zusammenfallen wird, wo die ganze Verwaltung geführt wird, während der Wohnsitz des Inhabers des Vermögens praktisch keine große Bedeutung hat. Die Vorschrift, dass man dem Beklagten an seinen Wohnsitz zu folgen hat, soll ja dem Beklagten, dem der Prozess durch den Gegner aufgezwungen wird, die Prozessführung erleichtern; da aber der Inhaber für die Prozessführung ganz ausgeschaltet ist, kann dieser Gesichtspunkt hier keine Bedeutung beanspruchen. – Diese Frage des Gerichtsstandes erscheint hier nur von untergeordneter Bedeutung und kann auch ganz bis zu einer Gesamtregelung der Zuständigkeitsfragen überhaupt zurückgestellt werden; dabei kann dann nebenbei auch für die Partei kraft Amtes eine Sonderregelung getroffen werden, wenn es notwendig sein sollte.

Die vierte Frage, die unsere Beachtung findet, ist dann die Berücksichtigung persönlicher Verhältnisse beim Ausschluss des Richters und beim Zeugnisverweigerungsrecht.

Was den *Ausschluss des Richters* anlangt, so erscheint es natürlich, als Ausschlussgrund die Beziehungen des Richters zu dem Inhaber des Vermögens zugrunde zu legen und nicht die Beziehungen zum Verwalter. Denn der Sinn der Vorschrift ist doch, dass die Objektivität gefährdet erscheint, sobald der Richter in engen Beziehungen zu dem materiell vom Ausgang des Prozesses Betroffenen steht. Da nun der Verwalter in seiner Person in keiner Beziehung vom Prozessergebnis betroffen wird, so erscheint es nicht nötig, einen Richter auszuschließen, weil er in engen Beziehungen zum Verwalter steht. Dagegen kann in vielen Fällen die Beziehung zum Inhaber des Vermögens, also zu dem materiell Getroffenen, doch durchaus als Ausschlussgrund behandelt werden. – Aber auch diese Frage ist für die Stellungnahme zum gesamten Problem von keiner entscheidenden Bedeutung. Denn wenn man selbst dazu übergehen wollte, die Beziehung zum Inhaber des Vermögens als gleichgültig für den Ausschluss zu erklären, bliebe ja praktisch die Ablehnung übrig, mit der zu helfen ist. Große praktische Unterschiede würden sich daraus nicht ergeben. Andererseits würde es nicht nötig erscheinen, den Ausschluss des Richters wegen Beziehung zum Verwalter festzustellen. Aber wenn nun mal wirklich eine solche Beziehung vorhanden ist, ist es schließlich nicht wichtig, wenn mal ein Richter ausgeschlossen wird, obwohl man sich sagen könnte, dass diese Folge eine zu schwerwiegende erscheint. Das kann in der Praxis ohne jede Schwierigkeit geregelt werden.

Etwas einfacher liegen die Dinge beim *Zeugnisverweigerungsrecht.* Auch hier erscheint es als das Natürliche, das Zeugnisverweigerungsrecht nicht wegen der Beziehung zum Verwalter, sondern wegen der Beziehung zum Inhaber des verwalteten Vermögens zu geben, weil der Gewissenskonflikt, aus dem heraus das Zeugnisverweigerungsrecht gegeben wird, nicht gegeben ist aus dem Gesichtspunkt, ob der Verwalter den Prozess gewinnt oder verliert, sondern ob der Inhaber des Vermögens, der materiell getroffen wird, den Prozess verliert oder gewinnt. Es erscheint nicht gerechtfertigt, dass, wenn ein Prozess vor der Konkurseröffnung begonnen ist, die Verwandten des Gläubigers das Recht zur Zeugnisverweigerung haben, es aber nach Eröffnung des Konkurses verlieren sollten. Beim Erbfall erkennt man klar, dass an sich die Verweigerung des Zeugnisverweigerungsrechts eine Härte darstellt. – Aber auch hier wird man die Entscheidung hinausschieben können, bis das Zeugnisverweigerungsrecht grundsätzlich geregelt wird. Es erscheint fraglich, ob es im bisherigen Umfange aufrecht erhalten bleibt. Deshalb braucht man hier nicht eingehend zu erörtern, ob die Versagung oder die Genehmigung des Zeugnisverweigerungsrechts in diesem oder jenem Falle zu einer Härte führt oder nicht. Es kann in Härtefällen auch bei einer Beeidigung die nötige Rücksicht genommen werden. Man wird daher sagen können: Auch für das Zeugnisverweigerungsrecht, wenn man es beibehalten wird, erscheint es als das Natürliche, die Beziehung zum Inhaber des Vermögens und nicht die Beziehung zum Verwalter zugrunde zu legen. Ausschlaggebende Bedeutung kommt dem aber nicht zu.

Die fünfte Frage, die wir uns vorgelegt haben, war die *Zeugenvernehmung.* Es erscheint praktisch durchaus geboten, dass der Vermögensinhaber, der von der Verwaltung des Vermögens ausgeschlossen ist, als Zeuge vernommen werden kann, weil er doch die Persönlichkeit ist, die in vielen Fällen weit besser als der Verwalter über gewisse Dinge berichten kann, so dass dessen Vernehmung vielfach geboten erscheint. An dieser Vernehmung des Inhabers des Vermögens als Zeuge können wir vom Boden beider Konstruktionen festhalten. Vom Boden der Partei kraft Amtes ist die Sache selbstverständlich, weil jemand, der nicht Partei ist, selbstverständlich als Zeuge vernommen werden kann. Nach der Vertretertheorie ist es ebenfalls möglich in Konsequenz der herrschend gewordenen Auffassung, dass eine Partei als solche vernommen werden kann, wenn sie für die Parteivernehmung nicht in Frage kommt; und diese Partei, die des Verwaltungs- und Verfügungsrechts beraubt ist, wäre den prozessunfähigen Personen gleichzustellen und könnte vernommen werden.

Etwas komplizierter ist dann der sechste Punkt. Das sind die Fälle, wo ein *Wechsel in der Verwaltung* eintritt. Hier sind zwei Fälle auseinanderzuhalten. Einmal der Fall, dass lediglich ein Wechsel in der Person des Verwalters eintritt, weil der bisherige Verwalter ausscheidet, entlassen wird, stirbt. Zweitens der rechtlich anders zu betrachtende Fall, dass die Verwaltung ein Ende nimmt, also zum Beispiel der Konkurs durch Zwangsvergleich oder Aufhebungsbeschluss beendet wird oder die Testamentsvollstreckung mit Ablauf der dreißigjährigen Frist usw. endet oder die Nachlassverwaltung endet.

Wenn wir den Fall des bloßen Wechsels in der Person des Verwalters bei Fortbestand der Verwaltung nehmen und uns dann fragen, welchen Einfluss dieses Ereignis auf die Weiterführung eines Prozesses hat, so hat sich hier die Auffassung gebildet, dass die Aussetzung des Verfahrens nach § 241 zu erfolgen hat und nicht § 239 Platz greift, der den Tod der Partei regelt. Auch hier wird die Frage im Zusammenhang mit der Frage zu prüfen sein, wie überhaupt Unterbrechung, Aussetzung usw. geregelt werden sollen. In Zukunft wird vielleicht eine Vereinfachung herbeigeführt werden, die mit diesen Unterscheidungen überhaupt aufräumt, und dann würde es auch hier wenig ins Gewicht fallen, ob eine Unterbrechung oder eine Aussetzung vorliegt, die sich auf § 241 oder auf § 239 stützt und danach regelt. Es erscheint einfacher, hier die Regelung nach § 241 zu nehmen anstelle der Regelung nach § 239.

Der zweite Fall würde das *Aufhören der Verwaltung* überhaupt betreffen. Hier nimmt man nach der herrschenden Rechtsprechung an, dass Unterbrechung und Aussetzung hier nach § 239 zu beurteilen sind, so dass das Aufhören der Verwaltung im Ganzen dem Tode der Partei gleichgestellt wird. Wir sehen hier, dass die Konstruktion der Partei kraft Amtes doch nötigt, allerlei ziemlich schwierige Konstruktionen anzuwenden, um das nötige praktische Ergebnis zu erreichen. Aber wir werden auch hier den Gesamteindruck haben, dass diese Dinge einer praktischen Regelung vom Boden jeder der beiden Auffassungen und Konstruktionen aus unterworfen werden können.

Ein siebenter Fragenkomplex betrifft die *Rechtskraft.* Hier erscheinen zunächst drei Punkte praktisch notwendig:

1. Ein Urteil, das von oder gegenüber einem Verwalter erstritten ist, muss natürlich auch gegenüber allen nachfolgenden Verwaltern Rechtskraft haben. Das ist selbstverständlich.

2. Ein Urteil, das gegenüber dem Inhaber des Vermögens vor Eintritt der Verwaltung erstritten ist, muss unbedingt auch Rechtskraft für oder gegen den Verwalter haben. Der Konkursverwalter zum Beispiel muss gebunden sein an ein Urteil, das der Gemeinschuldner vor Eintritt des Konkurses erstritten hat.

3. Ein Urteil, das der Verwalter erstritten hat, muss nach Beendigung der Verwaltung Rechtskraft gegenüber dem Inhaber des Vermögens nach Übernahme der Verwaltung durch ihn selbst haben. Also ein Urteil, das der Nachlassverwalter, der Konkursverwalter, der Testamentsvollstrecker erstritten hat, bindet später den Erben, den freigewordenen Gemeinschuldner usw.

Diese drei Punkte sind praktisch unentbehrlich.

4. Von geringerer praktischer Bedeutung ist die Frage, ob die Rechtskraft eines Urteils, das ein Verwalter erstritten hat, schon während der Verwaltung den Inhaber des Vermögens treffen soll, weil kaum Fälle von praktischer Bedeutung zu finden sind, wo das in Frage käme.

5. Schließlich ist die Frage der Rechtskraft dahin zu prüfen, ob und inwieweit Rechtskraft gegenüber dem Verwalter selbst während der Dauer der Verwaltung bestehen soll. Hier ist es ein praktisches Erfordernis, dass der Verwalter selber an die Urteile, die für oder gegen ihn erfolgt sind, gebunden ist.

Der achte Fragenkomplex umfasst dann die *Vollstreckung.* Auch hier ist die praktische Lösung naheliegend, dass die Vollstreckung nur in das verwaltete Vermögen stattfinden kann. Danach erscheint es hier praktisch ausgeschlossen, dass sich die Vollstreckung in das Privatvermögen des Verwalters selbst vollziehen soll, soweit es sich um normale Vollstreckung auf Geldzahlungen und sonstige Leistungen handelt. Es besteht kein Zweifel darüber, dass der Verwalter selbst mit seinem eigenen Vermögen außerhalb der Vollstreckung bleibt. Vollstreckungsobjekt ist nur das verwaltete Vermögen.

Hieran möchte ich gleich die Frage des *Schuldnerschutzes* knüpfen, die im Unterausschuss nicht erörtert worden ist. Es ist selbstverständlich, dass sich der Schuldnerschutz nach den Verhältnissen des verwalteten Vermögens richten muss. Es wäre vielleicht noch zu prüfen, ob und inwieweit die Frage der Vertrauenswürdigkeit des Schuldners auf die Person des Verwalters abgestellt werden muss. Aber soweit der Schuldnerschutz im Hinblick auf den Schutz des Vermögens abgestellt ist, kann nur das verwaltete Vermögen in Frage kommen, weil sonst ein wohlhabender Testamentsvollstrecker usw. Schuldnerschutz überhaupt nicht in Anspruch nehmen könnte, was eine praktisch unmögliche Folgerung wäre.

Als neunter Fragenkomplex erscheint die Frage des *Schadenersatzes* wegen ungerechtfertigter Bereicherung im Wege einer Vollstreckung. Hier ist wiederum klar, dass dieser Schadenersatzanspruch praktisch gegen den jeweiligen Verwalter geltend gemacht werden muss, solange die Verwaltung dauert, dass sich aber der Zugriff in der Durchführung des Schadenersatzes nur auf das verwaltete Vermögen beziehen kann. Nach Beendigung der Verwaltung muss sich der Schadenersatzanspruch gegen den nunmehr wieder im Besitz der Verwaltung seines Vermögens befindlichen Inhaber des Vermögens durchführen lassen.

Zehnter Fragenkomplex: Die *Wiederaufnahme des Verfahrens* muss sich praktisch gegen den jeweiligen Verwalter richten. Sollte der Verwalter inzwischen gewechselt haben, so muss sie sich gegen den jetzigen Verwalter richten. Sollte ein Prozess vor Entscheidung über die Verwaltung geführt sein, so muss sie sich gegen den Verwalter richten, der inzwischen die Verwaltung übernommen hat. Sollte die Verwaltung inzwischen beendet sein, so muss die Wiederaufnahme sich gegen den Inhaber des Vermögens richten, weil dieser jetzt wieder das Verwaltungsrecht über das verwaltete Vermögen bekommen hat.

Ich glaube, dass wir in diesen Einzelfragen der Rechtskraft, der Vollstreckung, des Armenrechts und der anderen Nebenfragen, die sich darum gruppieren, sehr rasch zu einer Einigung kommen werden. Die praktische Linie, in der vorzugehen ist, ist so vollkommen klar, wie es auch meist in der bisherigen Rechtsprechung und Wissenschaft der Fall war. Die Schwierigkeiten und der Streit unter uns beginnen erst bei dem Punkt, wo es sich darum handelt, aus der Lösung der Einzelfragen, über die wir alle einig sind, einen Rückschluss auf die Konstruktion zu ziehen, d.h. sich zu fragen, aus welcher Gesamtauffassung der Stellung dieser Verwalter sich diese Einzelfragen am einfachsten ableiten lassen. Die Konstruktion muss ja versuchen, alle Einzelfragen nicht isoliert zu betrachten, sondern sie aus einem übergeordneten Prinzip abzuleiten. Ob es gelingen wird, für alle diese Einzellösungen eine einheitliche Gesamtlösung zu finden, das ist die Frage, um die der Streit gehen wird.

Die Regelung, die wir im Einzelnen vorgesehen haben, hat in den meisten Punkten jedenfalls mehr Ähnlichkeit mit einer *Vertreterstellung* als mit einer *Parteistellung.* Alle diese Einzelfragen bedürfen keiner Sonderregelung, wenn man sich den Verwalter als Vertreter vorstellt. Als wessen Vertreter, ob als Vertreter des Inhabers oder als Vertreter des subjektivierten Vermögens, will ich zunächst dahingestellt sein lassen. Aber jedenfalls, wenn er überhaupt Vertreter ist, so ergeben sich die wichtigsten Punkte von selbst. Wenn man ihn dagegen als Partei auffasst, so ergeben sich fast überall Abweichungen von den sonstigen Folgerungen, die aus der Parteistellung gezogen werden.

Die Partei kraft Amtes soll also die Kosten nicht tragen, – obwohl in der ZPO klar steht, dass die Kosten des Prozesses die Partei treffen. Es ist keineswegs selbstverständlich, dass eine Partei kraft Amtes von diesen Kosten nicht berührt werden soll.

Beim Armenrecht ist schon eine Sondervorschrift für die Partei kraft Amtes getroffen, weil sie eben notwendig ist, sobald man überhaupt mit der Partei kraft Amtes Ernst macht.

Beim Ausschluss des Richters erscheint es natürlicher, als Partei den Inhaber aufzufassen und nicht den Verwalter. Aber hier würden sich keine besonderen Schwierigkeiten ergeben.

Dagegen entstehen schon beträchtliche Schwierigkeiten für die Auffassung der Partei kraft Amtes bei den Fällen des Wechsels in der Verwaltung. Es ist ein eigentümliches Schauspiel, dass der Tod des Verwalters, der als Partei betrachtet wird, nicht als Tod im Sinne des § 239 ZPO behandelt werden soll, dass dagegen das Aufhören der Verwaltung als Tod der Partei betrachtet werden soll, obwohl der Verwalter fröhlich weiterlebt. Das sind Schönheitsfehler, die den gesunden Volksgenossen kopfscheu machen, dem Juristen aber nicht imponieren können, weil sich eben komplizierte Fälle nicht so regeln lassen, dass der einfache Volksgenosse es versteht. Aber ich mache auf eine prozessuale Folge aufmerksam: Wenn der Verwalter ausscheidet, sei es durch Tod, sei es durch Entlassung, und es ist nicht sofort ein neuer Verwalter da, so entsteht die ganz absonderliche Lage eines Prozesses, bei dem nur noch eine Partei da ist und die andere Partei ersatzlos weggefallen ist. Diese Erscheinung eines Prozesses mit nur einer Partei ist zum mindesten absonderlich. Einen solchen Fall hat die Zivilprozessordnung in dieser Form nicht vorgesehen; eine Sonderregelung wird daher unbedingt erforderlich, da der ersatzlose Wegfall einer Partei sich wesentlich von den Fällen des § 239 und vollends von den Fällen des § 241 unterscheidet.

Auch die Rechtskraftwirkungen sind vom Standpunkt einer Vertretertheorie ohne weiteres selbstverständlich. Vom Standpunkt der Partei kraft Amtes muss eine Hilfskonstruktion einsetzen, nämlich die Hilfskonstruktion der Rechtsnachfolge: In Bezug auf die Rechtskraft muss der neue Verwalter als Rechtsnachfolger seines Vorgängers betrachtet werden, – obwohl ja wieder für die Frage der Unterbrechung des Verfahrens die Anwendung des § 239 mit der Begründung abgelehnt wird, dass der neue Verwalter nicht als Rechtsnachfolger des alten betrachtet werden könne. Er ist es ja auch tatsächlich nicht, weil er seine Verwalterstellung nicht aus der des Vorgängers ableitet. Hier wird also der Begriff der Rechtsnachfolge zerrissen.

Nun kann in den Fällen, wo von der Verwaltung ein Urteil gegen den Inhaber erstritten ist, die Rechtskraftbindung des Verwalters nur dadurch erklärt werden, dass man den Verwalter als Rechtsnachfolger des Inhabers bezeichnet, – und umgekehrt nach Beendigung der Verwaltung den Inhaber, der nun wieder freies Verfügungsrecht hat, als Rechtsnachfolger des Verwalters bezeichnet. Diese Konstruktion der Rechtsnachfolge ist möglich und tragbar, sie trägt aber jedenfalls nicht zur Vereinfachung der ganzen Rechtserscheinung bei.

Bei der Vollstreckung entsteht eine Schwierigkeit deswegen, weil in der ZPO im Allgemeinen als Vollstreckungsschuldner nur der erscheinen kann, in dessen Vermögen vollstreckt wird. Wenn nun bei der Partei kraft Amtes der Verwalter Vollstreckungsschuldner wird, ohne dass sich die Vollstreckung in sein Vermögen richtet, so entsteht hier ein Zwiespalt, der sonst der ZPO fremd ist, indem jemand als Schuldner behandelt wird, in dessen Vermögen nicht vollstreckt wird.

Danach ist die prozessuale Lage wohl dahin zusammenzufassen, dass die Partei kraft Amtes möglich erscheint, aber eine Reihe von Sondervorschriften erfordert und zu Komplikationen führt, während die Auffassung als Vertreter ziemlich durchweg Sondervorschriften überflüssig macht, also den Vorteil einer einfacheren Regelung hätte und darüber hinaus auch das ganze Bild keiner komplizierten Konstruktion bedarf, wie es bei der Partei kraft Amtes der Fall ist.

Noch größere Schwierigkeiten entstehen, wenn wir die Blicke dem *materiellen Rechte* zuwenden. Ich bin mir bewusst, dass wir damit unsere Zuständigkeit hier im Ausschuss gewissermaßen etwas überschreiten; streng genommen kann die Entscheidung für und gegen die Partei kraft Amtes von unserem Ausschuss überhaupt nicht allein gefasst werden, weil der Konkursausschuss und auch der Erbrechtsausschuss hier mitzureden hätten. Wir können hier keine prozessuale Entscheidung treffen, die nachher im materiellen Rechte abgelehnt wird. Denn ich stelle an die

Spitze dieser materiellrechtlichen Ausführungen den Satz, dass der Parteistelle im Prozess im materiellen Recht das Handeln im eigenen Namen entsprechen muss. Es wäre mehr als ein arger Schönheitsfehler, wenn wir im Prozessrecht dem Verwalter eine grundsätzlich gegensätzliche Stellung einräumen wollten, als er sie im materiellen Recht hat. Auch die reichsgerichtliche Rechtsprechung hat sich langsam und zögernd entschlossen, dieser Konsequenz Rechnung zu tragen, indem sie schließlich den Standpunkt eingenommen hat: Wenn man an der Partei kraft Amtes festhält, muss man auch im materiellen Recht dem Verwalter das entsprechende Handeln im eigenen Namen zubilligen.

Damit kommen wir auf die Frage, wie weit solches *Handeln im eigenen Namen* im materiellen Rechte anzunehmen ist. Ich bemerke übrigens, dass ich in diesem Punkte weniger Meinungen des Unterausschusses vortrage als eigene Ansichten.

Es gibt Verfügungen über fremdes Recht im eigenen Namen. Das ist eine häufige Erscheinung, die auch das BGB in § 185 zugelassen hat. Die Frage, ob es einen unmittelbaren Erwerb für fremdes Vermögen durch Handeln im eigenen Namen gibt, ist dagegen schon sehr umstritten. Hier müsste es so liegen, dass der Verwalter durch Handeln im eigenen Namen unmittelbar für das verwaltete Vermögen erwerben könnte. Das ist sonst meist nicht vorgesehen, sondern bezeichnenderweise ist für die meisten Vermögensmassen ein anderer Gesichtspunkt vorgeschrieben, nämlich das Surrogationsprinzip, das die Sache sehr vereinfacht und ganz darauf abstellt, für welche Vermögensmassen erworben wird, aber ganz davon absieht, in welchem Namen sich diese Handlungen vollziehen. Unser Recht schreckt also davor zurück, einen unmittelbaren Namen daran zu knüpfen für Vermögen, das man im fremden Namen erwirbt.

Noch größer werden die Schwierigkeiten, wenn es sich um Verpflichtungsgeschäfte handelt. Dass man im eigenen Namen eine Verpflichtungserklärung abgibt, die einen anderen verpflichtet, das scheint mir ein Widerspruch in sich selbst zu sein, und es ist bezeichnend, dass allen Personen, die sonst im eigenen Namen verfügen können: dem Ehemann, dem Pfandgläubiger, dem Nießbraucher, durchweg die Möglichkeit fehlt, im eigenen Namen andere Personen zu verpflichten. Es ist eben ein großer Unterschied, ob jemandem ein Verfügungsrecht eingeräumt wird – das findet sich häufig und ist eine einfache Rechtserscheinung –, oder ob jemandem das Recht eingeräumt wird, einen anderen durch Erklärungen zu verpflichten, die er im eigenen Namen abgibt.

Ferner ist festzustellen, dass die Wirkung des unmittelbaren Erwerbs für das verwaltete Vermögen unter Verpflichtung des verwalteten Vermögens nur dann eintritt, wenn der Verwalter bei seinem Handeln seine Verwaltereigenschaft hervorhebt. Sollte ein Konkursverwalter, ein Nachlassverwalter oder Testamentsvollstrecker Erwerbsgeschäfte oder Verpflichtungsgeschäfte eingehen, ohne etwas von seiner Verwaltereigenschaft zu sagen, dann tritt zweifellos keine Verpflichtung und kein Erwerb für das verwaltete Vermögen ein.

Aber es entsteht die Frage, ob dann, wenn er seine Verwaltereigenschaft hervorhebt, überhaupt noch Handeln im eigenen Namen angenommen werden kann. Das führt zu der Frage, wie sich überhaupt Handeln im eigenen und im fremden Namen unterscheiden lassen. Ich stehe auf dem Standpunkt, dass man das Handeln im fremden und im eigenen Namen ununterscheidbar verwirrt, wenn man annimmt, dass ein Verwalter, der eine rechtsverbindliche Erklärung mit dem Zusatz abgibt, er handle als Verwalter, im eigenen Namen handle. Das Handeln im fremden Namen ist gekennzeichnet 1. durch den Willen, eine Fremdwirkung hervorzubringen, d.h. eine Wirkung gegenüber einem anderen zu erzielen, 2. durch den Willen, selber unberührt zu bleiben, 3. dadurch, dass der doppelte Wille der Fremdwirkung und der eigenen Unberührtheit zum Ausdruck kommt. Diese Momente treffen sämtlich für das Handeln des Verwalters als Verwalter zu: Er hat den Willen zur Fremdwirkung; er hat den Willen, selber unberührt zu bleiben; er gibt dem doppelten Willen auch Ausdruck durch den für den Verkehr klaren Zusatz: Er handelt nur als Verwalter. Man kann nun nicht etwa als Unterscheidungsmerkmal hinstellen: der Verwalter handle als Verwalter im eigenen Namen. Denn das ist eine Konstruktion, die praktisch nicht vorkommen darf. Auch die anderen Fälle außerhalb der Vertretung, in denen eine Fremdwirkung erzielt wird, sind anders gelegen. Beim Vertrag zugunsten eines Dritten wird auch eine Fremdwirkung erzielt, – aber der andere bleibt Geschäftspartei mit Leistung und Anspruch an den Dritten. Auch der Gerichtsvollzieher erzielt eine Fremdwirkung und bleibt unbetroffen; aber auch er kann nicht als Vergleich dienen, denn er handelt in Ausübung öffentlicher Gewalt, während die Verwalter rein privatrechtliche Geschäfte abschließen. Woran soll man überhaupt unterscheiden, ob der Konkursverwalter im eigenen oder fremden Namen handelt, außer dadurch, dass er erreichen will: eigenes Betroffensein oder eigenes Unberührtsein. Wenn zum Beispiel ein Konkursverwalter eine Bürohilfskraft engagiert, so kann man die Unterscheidung, ob er sie für seine eigenen Zwecke oder für das in Konkurs befindliche Unternehmen engagiert, nur dadurch treffen, dass er sagt: Ich brauche diese Hilfskraft für mich, oder ich brauche sie für das Konkursunternehmen. An dieser grundsätzlichen Unterscheidung muss man festhalten; nur dadurch lässt sich die ganze materielle Rechtslage klarstellen. Am einfachsten und klarsten wird die materielle Rechtslage gestaltet, wenn man annimmt, dass es sich hier um eine gesetzliche Vertretung handelt.

Es kommt die weitere Schwierigkeit hinzu, dass der Verwalter nicht zum Schuldner der Verpflichtungen des verwalteten Vermögens gemacht werden kann. Denn es ist undenkbar, den Schuldnerbegriff so seines Inhalts zu entkleiden, dass man meint, es könne jemand als Schuldner im Rechtssinne gelten, der überhaupt nicht haftet. Gewiss, es gibt den umgekehrten Fall, dass jemand mit seinem Vermögen haftet, ohne Schuldner zu sein. Aber wenn jemand Schuldner sein sollte, ohne mit seinem Vermögen zu haften, – was bleibt dann noch von dem Begriff des Schuldners übrig?

Ich möchte also der Ansicht Ausdruck geben, dass die Lehre von der Partei kraft Amtes im materiellen Recht auf sehr erhebliche Bedenken stößt, dass dagegen die Vertretertheorie auch hier zu glatteren und einfacheren Ergebnissen führt. Aber wenn wir nun auch die *Schwächen der Vertretertheorie* ins Auge fassen, so fragt sich zunächst, welche Bedenken sich gegen die Konstruktion des Verwalters als gesetzlicher Vertreter zunächst des Inhabers des Vermögens ergeben. Mir selbst erscheinen diese Bedenken nicht als ausschlaggebend, aber sie haben dem Ausschuss in seiner Mehrheit Anlass gegeben, die Konstruktion als gesetzlicher Vertreter des Inhabers abzulehnen.

Von großer praktischer Bedeutung sind da in Bezug auf den Konkursverwalter zunächst die Anfechtungsansprüche und Anfechtungsprozesse, die im Konkurse eine große Rolle spielen. Hier erscheint es sehr schwierig, zu sagen, dass diese Anfechtungsansprüche dem Gemeinschuldner zustehen, da ein großer Teil dieser Anfechtungsgründe aus einem fragwürdigen Handeln des Gemeinschuldners erwächst und darin begründet ist, fragwürdige Handlungen des Gemeinschuldners anhängig machen zu können. Vor dem Konkurs stehen diese Anfechtungsansprüche dem einzelnen Gläubiger zu, und es wäre widersinnig, im Falle des Konkurses diese Ansprüche dem Gemeinschuldner als dem Inhaber des Vermögens erwachsen zu lassen. Daraus ergibt sich auch das prozessuale Bild, das nunmehr der Gemeinschuldner Partei und die Interessenlage eine ganz andere ist, als sie normalerweise im Prozess besteht. Das würde dahin führen, dass der Sieg des Gemeinschuldners, wenn man ihn als Partei auffasst, davon abhängt, dass er sein fragwürdiges Verhalten nachweisen kann oder nachgewiesen bekommt. Ich gebe zu, dass das ein sehr schweres Bedenken gegen die Konstruktion als gesetzlicher Vertreter ist, weiß aber nicht recht, wem nun diese Anfechtungsansprüche zugeteilt werden sollen. Das Natürliche wäre, man teilte sie den Gläubigern zu. Aber die Gläubiger sind ja eine unbestimmte Menschenmenge, deren subjektiver und objektiver Umfang nicht feststeht. Wollte man aber annehmen, dass einer unbekannten Mehrheit von Personen Ansprüche zustehen, so hieße das, eine Vertretung dieser Personen im Verwalter selber zusammenzuschustern. Dem Konkursverwalter den Anfechtungsanspruch zuzugestehen, scheint mir auch nicht gut möglich, weil der Verwalter ja eigentlich fremde Rechte auszuüben hat und ihm nicht eigene Rechte erwachsen dürfen, die ihm vorher ohne die Verwaltung gar nicht zustehen würden. Hier entstehen also Schwierigkeiten. Aber ich hebe hervor: Es ist in der Tat mindestens ein arger Schönheitsfehler, anzunehmen, dass die Anfechtungsansprüche vom Konkursverwalter in seiner Eigenschaft als gesetzlicher Vertreter des Gemeinschuldners geltend gemacht werden; denn an dieser Stelle würde der gesetzliche Vertreter Rechte ausüben, die der Vertretene selbst ohne die Vertretung nicht hätte. Man müsste sich also damit helfen, zu sagen, dass durch den Konkursausbruch dem Gemeinschuldner neue Rechte im Interesse der Masse erwachsen.

Das zweite sehr schwerwiegende Bedenken ist, dass dann ausnahmsweise die eigentlich unmögliche Lage entstehen kann, dass der Verwalter in die Lage kommt, mit dem Inhaber des Vermögens zu prozessieren. Da führt die Vertretertheorie im Sinne einer gesetzlichen Vertretung des Inhabers zu der fast unlösbaren Schwierigkeit, annehmen zu müssen, dass die Parteistellung auf beiden Seiten dieselbe sei, dass der Verwalter mit dem Inhaber einen Prozess führt. Es könnte ja sein, dass der Inhaber des Vermögens fahrlässig oder vorsätzlich einen der Verwaltung unterliegenden Gegenstand beschädigt, oder dass ein Erbe einen Gegenstand beschädigt, der zum Nachlass gehört, oder dass der Testamentsvollstrecker auf Erfüllung einer Auflage gegen einen Erben zu klagen hätte. Was dann? Man muss zugeben, dass hier die Auffassung des Verwalters als gesetzlichen Vertreters des Inhabers in eine arge Klemme gerät; denn das wäre ja dann ein Prozess, wo die Parteistellung auf beiden Seiten gegeben wäre. Man könnte es als ein Unding bezeichnen, dass jemand einen Prozess mit sich selbst führt. Aber hier wird eben die einheitliche Person des Gemeinschuldners oder des Erben zerspalten: mal ist er Inhaber des einen Vermögens, mal der Inhaber des anderen. Solche Fälle finden sich auch im materiellen Recht öfter. Das beruht auf der Theorie des Sondervermögens. Eine ähnliche Zerspaltung ist auch hier möglich und notwendig, zum Beispiel, wenn der Verwalter selbst Schuldner des Inhabers ist und nun seine Schuld berichtigen will; dann würde er ja, wenn er im eigenen Namen handelt, in seiner Eigenschaft als Privatperson mit sich selbst in seiner Eigenschaft als Verwalter im eigenen Namen ein Geschäft abschließen, also streng genommen ein Geschäft mit sich selbst. Diese Schwierigkeiten entstehen also in beiden Fällen. Aber ich gebe zu, dass hier die Achillesferse der Vertretertheorie liegt, dass man nur sehr schwer um das groteske Schauspiel eines Rechtsgeschäfts mit sich selbst und eines Prozesses mit sich selbst herumkommt, und dass eine Lösung den Vorzug verdient, die solche Grotesken vermeidet.

Diese beiden Momente haben den Unterausschuss bewogen, die gesetzliche Vertretung des Inhabers des Vermögens fallen zu lassen und zu einer anderen Vertreterauffassung überzugehen, die ich nachher noch vortragen werde.

Dem grundsätzlichen Bedenken, die gesetzliche Vertretung des Inhabers sei deswegen ausgeschlossen, weil die Verwalter nicht bloß Interessen des Vertretenen zu wahren hätten, kann ich mich nicht anschließen. Ich vermag nicht anzuerkennen, dass der gesetzliche Vertreter nur die Interessen des Vertretenen zu wahren hätte. Ich leugne, dass für den Vormund des Trunksüchtigen oder des Verschwenders nur deren Interessen maßgebend sein müssten, sondern meine, dass bei der Vormundschaft das Sippeninteresse sehr stark hervortreten muss. Ich kann ferner nicht anerkennen, dass die Tätigkeit des Verwalters gegen das Interesse des Inhabers gerichtet sei. Ich kann nicht einmal anerkennen, dass der Konkursverwalter, wenn er nach Möglichkeit die Schulden des Gemeinschuldners bezahlt, damit gegen das Interesse des Gemeinschuldners verstieße; denn man kann unmöglich sagen, dass das Bezahlen von Schulden ein Verstoß gegen das Interesse des Schuldners sei. Es handelt sich hier ja um die Erfüllung einer Rechtsverpflichtung. Wenn ein Schuldner 90% oder auch 95% seines Vermögens zur Befriedigung seiner Gläubiger verwenden muss, wird niemand sagen, dass er damit interessenwidrig handelt. Und wenn ein Verwalter die Schulden, die um 5% über 100% hinausgehen, soweit bezahlt, wie es eben mit dem Vermögen möglich ist, so handelt er auch damit nicht gegen das Interesse des Schuldners; denn er hat nur dasselbe getan, was der Schuldner selbst ohne den Konkurs hätte tun müssen. Beim Testamentsvollstrecker liegen die Dinge so, dass seine Aufgabe die Erhaltung des Nachlasses ist. Die meisten Testamentsvollstrecker werden nicht gegen den Erben eingesetzt, sondern im Interesse des Erben, um einem verschuldeten Erben den Nachlass zu erhalten oder eine Verwaltung zu sichern, die dem Erben selbst nicht zuzutrauen ist. Der Testamentsvollstrecker hat im Allgemeinen nichts anderes zu tun, als was in den meisten Erbschaftsfällen die Erben selbst zu tun haben. Die Testamentsvollstreckung tritt nur aus besonderen Gründen ein, aber sie ist nicht gegen das Interesse des Erben gerichtet. Bei der Nachlassverwaltung kommt durch das Antragsrecht des Erben selbst und durch die infolge der Nachlassverwaltung eintretende Beschränkung der Schuldhaftung eindeutig zum Ausdruck, dass die Nachlassverwaltung gerade dem Interesse des Erben dienen soll; sie ist das wichtigste Mittel, das Interesse des Erben zu wahren.

Danach möchte ich meinen Standpunkt dahin präzisieren, dass die Vertretung von der Interessenwahrung unabhängig ist, dass sie eine technische Form ist, deren sich das Gesetz zu den verschiedensten Interessenwahrungen bedienen kann. Es gibt Vertretungen, die nicht bloß das Interesse des Vertretenen zu wahren haben, sondern die im Interesse des Vertreters selber angeordnet werden. In jedem Einzelfall ist die Frage, ob Vertretung vorliegt oder nicht, vollkommen unabhängig von der Frage der Interessenvertretung; wessen Interessen zu wahren sind, hat keinen Einfluss auf die Frage, ob jemand als Vertreter gehandelt hat oder nicht. Ich halte daher die Interessenwahrung einfach für das Innenproblem; ob jemand Interessen wahrt oder nicht, entscheidet über die Frage, wessen Geschäftsführer er ist, nicht aber darüber, wen er vertritt. Für die meisten Fälle von Vertretung kann nicht zugegeben werden, dass die Interessenwahrung mit der Frage der Vertretung im unmittelbaren Zusammenhang stände. Wenn das Gesetz es für nötig hält, alle möglichen Interessen – nicht nur die Interessen des Inhabers – durch einen Verwalter wahrnehmen zu lassen, und wenn die Wahrung dieser Interessen hauptsächlich die Verwaltung und Verfügung über eine bestimmte Vermögensmasse erfordert, dann liegt nach meiner Auffassung nicht das geringste innerliche Hindernis vor, zu sagen: Diese Aufgaben werden am besten erfüllt, wenn man den Verwalter zum Inhaber dieser Vermögensmasse macht; denn dadurch, dass er dieses Vermögen verwaltet, für dieses Vermögen Verpflichtungen eingeht und erwirbt, lassen sich am besten die Interessen dieses Vermögens wahren. Der Verwalter ist Treuhänder. Das wird jeder ohne weiteres zugeben. Treuhänder ist aber ein sehr vieldeutiger Begriff, und warum soll nicht auch für den Treuhänder die Form des gesetzlichen Vertreters gewählt werden? Es gibt ja Vertreter, die z.B. Eigentümer des verwalteten Vermögens werden und trotzdem noch im inneren Verhältnis Wahrer und Treuhänder fremder Interessen sind. Wenn das möglich ist, ohne dass die Treuhändernatur dadurch berührt wird, dann erscheint es mir auch möglich, jemanden zum gesetzlichen Vertreter als Verwalter eines bestimmten Vermögens zu machen, ohne dass dadurch seine Treuhänderfunktion für Andere Schaden erleidet.

Das ganze Bild, das wir so gewinnen, kann man als ein Trümmerfeld bezeichnen. Durch das Trommelfeuer sind starke Breschen in das Gebäude der Partei kraft Amtes geschossen. Auf der anderen Seite muss ich selbst zugeben, dass die von mir vertretene Theorie der gesetzlichen Vertretung des Inhabers eine Ruine darstellt. Nun will aber der Unterausschuss nicht mit Ruinen vor den Hauptausschuss treten, sondern wollte selber etwas bauen. Infolgedessen haben wir uns auf den Versuch geeinigt, auch positiv etwas vorzuschlagen, was sowohl den Bedenken gegen die Partei kraft Amtes wie den Bedenken gegen die Auffassung der gesetzlichen Vertretung des Vermögensinhabers Rechnung trägt. Da ist nun eine schon alte Konstruktion übrig geblieben: Der Versuch, dieser verwalteten Vermögensmasse, diesem *Sondervermögen eine Art Parteistellung* einzuräumen.

Damit haben wir zunächst alle Schwierigkeiten vermieden, die sich aus der Auffassung als gesetzlicher Vertreter des Vermögensinhabers ergeben. Wir haben z.B. gar keine Schwierigkeiten, zu sagen: Die Anfechtungsansprüche erwachsen der Konkursmasse mit dem Konkursausbruch; das Vermögen wird durch neue Ansprüche verstärkt, die der Mehrung dieser Masse dienen. Auch die Prozesse mit sich selbst fallen weg. Auch der Wahrung der verschiedenen Interessen – mal des Inhabers des Vermögens, mal der Gläubiger – kann durch die Figur einer Verselbständigung der Vermögensmasse Rechnung getragen werden.

Nun ist das Bedenken nicht von der Hand zu weisen, dass, während sonst ganz allgemein die Tendenz jetzt dahin geht, die juristische Person abzuschwächen, die persönliche Verantwortung wirklicher Menschen in den Vordergrund zu schieben, hier umgekehrt plötzlich anstelle von Menschen abstrakte Gebilde gesetzt werden. Was aber die tatsächliche Verantwortung anlangt, so haben wir es nicht damit zu tun, dass sich hier Menschen hinter einem abstrakten Gebilde verstecken sollen oder wollen, sondern welche Menschen hier die Verantwortung tragen, ist vollkommen klar: Der Verwalter kann sich nicht hinter dem abstrakten Gebilde der Vermögensmasse verstecken. Also dieses gefühlsmäßige Bedenken lässt sich aus dem Wege räumen. Ein Beispiel für dieses Vorgehen haben wir in der offenen Handelsgesellschaft, wo man auch den Eindruck hat, dass sie weder recht den juristischen Personen, noch recht einer reinen Personengemeinschaft unterstellt werden kann, sondern ein Zwitterding ist, obwohl doch die offene Handelsgesellschaft eine offene und ehrliche Verantwortung bestimmter Menschen hat.

Ob man nun den Wert mehr auf die organisierte Verwaltung oder auf die Vermögensmasse legt, – jedenfalls erscheint das als der zu erörternde Ausweg, dass man die Verwaltung nicht als gesetzliche Vertreter des Inhabers auffasst, nicht als Personen, nicht als im eigenen Namen handelnd und auch nicht als Partei zu betrachtend, sondern als Vertreter des selbständigen Sondervermögens oder als Vertreter dieser organisierten Verwaltung. Ich glaube, dass wir damit am besten die Schwierigkeiten vermeiden, die sich bei allen anderen Auffassungen ergeben, und dass wir uns deswegen gerade im Interesse einer Vereinfachung nicht scheuen sollten, hier einen Schritt zu tun, der zunächst vielleicht als ein Rückschritt erscheint oder auch ein in der Gegenwart nicht tragbarer Schritt.

Sie ersehen aus diesen Ausführungen, dass der Unterausschuss sich dahin entschlossen hat, vorzuschlagen, die Vermögensmasse mindestens für den Prozess zu subjektivieren, ähnlich wie man der offenen Handelsgesellschaft eine Parteirolle für den Prozess zuerkennen kann und muss. Über die Formulierung brauchen wir uns zunächst nicht den Kopf zu zerbrechen; das können wir uns später noch überlegen. (*Vorsitzender:* Aber der Wert dieser Lösung würde dadurch sehr beeinflusst werden, wenn man sieht, wie das nachher im Gesetz aussieht!) – Bis zum Nachmittag würde es uns wohl gelingen, einen Vorschlag zu formulieren, wenn diese Anregung Anklang findet. Sollte man aber diese Lösung ablehnen, dann erscheint es uns richtig, eine Formulierung für die Partei zu wählen, welche die „Partei kraft Amtes" nicht ausdrücklich erwähnt, sie aber auch nicht ausschließt. Das würde heißen, dass man die Frage der Partei kraft Amtes im Gesetz offen lässt.

Sollte man aber auch hier weitergehen und sagen wollen, die Partei kraft Amtes müsse im Gesetz durch eine Bestimmung erwähnt und damit verankert werden, dann erscheint es uns notwendig, nun auch die Folgerung zu ziehen und eine Reihe von Sonderbestimmungen bei den einzelnen Punkten zu treffen, bei denen die Partei kraft Amtes eine Sonderstellung erfordert. Das ist eine ganze Reihe von Punkten. Aber eine ungebührliche Belastung des Gesetzes mit Sonderbestimmungen würde dadurch nicht eintreten. Eine Reihe von Sonderbestimmungen müsste aber nach unserer Ansicht in das Gesetz eingefügt werden, da diese Dinge sehr kompliziert sind und auch in der Rechtsprechung zu einer großen Unsicherheit geführt haben. Dieser Unsicherheit muss ein Ende gemacht werden, indem klipp und klar im Gesetz zum Ausdruck gebracht wird:

Mit der Partei kraft Amtes ist es bei den Kosten so, bei der Unterbrechung so usw. Das lässt sich mit wenigen kurzen und präzisen Bestimmungen regeln.

Nach diesen Ausführungen wird es den Herren begreiflich erscheinen, dass wir im Unterausschuss unverhältnismäßig viel Zeit auf diese Dinge verwandt haben, da sich eben das Problem nach vielen Seiten verzweigt und auch eine ganze Reihe grundsätzlicher Fragen des materiellen Rechts dabei zu erledigen ist. Ich mache nochmals darauf aufmerksam, dass wir uns in diesem Ausschuss kaum endgültig werden entscheiden können, sondern dass ein Benehmen mit anderen Ausschüssen notwendig sein wird, weil ja diese Fragen über das Prozessrecht hinausgreifen und eine Zweigstelle bilden, wo materielles und Prozessrecht aneinander grenzen.

Vorsitzender: Diese präzisen und erschöpfenden Ausführungen werden es dem Ausschuss hoffentlich ermöglichen, leichter seinen Weg zu finden. Trotz der großen Objektivität des Berichterstatters hat er einen Sturmangriff gegen die Partei kraft Amtes geführt. Wir müssen abwarten, ob noch Maschinengewehrnester übriggeblieben sind, die die Amtstheorie erfolgreich verteidigen können.

Ohne mich jetzt selbst zu diesen Dingen äußern zu wollen, möchte ich einen Gedanken zur Sprache bringen, der mir eben gekommen ist. Wenn man sich hier die subjektivierte Vermögensmasse nach Art der offenen Handelsgesellschaft denkt, kann man dann nicht einfach sagen, dass die schon in den Armenrechtsvorschriften eingeführte Partei kraft Amtes ein ganz ähnliches Gebilde ist, das man sich ebenso vorstellen kann, so dass man ruhig zu der Partei kraft Amtes greifen und das Nötige kurz in der Begründung erläutern kann? Diese Frage scheint mir der Erörterung zu bedürfen. Man wird weiter zu erörtern haben, ob man, wenn man bei der Partei kraft Amtes bleiben will, nicht leicht etwas bei Aussetzung und Unterbrechung bringen kann, was die Sache klärt. Zweifelhaft erscheint mir, ob man so weit gehen muss, auch beim Gerichtsstand oder bei der Ausschließung von Richtern oder dem Zeugnisverweigerungsrecht etwas zu bringen. Ähnliche Fragen haben wir ja heute z.B. auch, wenn gegen eine Einmanngesellschaft mit beschränkter Haftung geklagt wird. Die Richterfrage kann man da natürlich nur unter dem Gesichtspunkt der Ablehnung erörtern, und es fragt sich, ob man damit nicht auch hier auskommen würde. Einer besonderen Regelung wird es da ebenso wenig wie bei der Zeugnisverweigerung bedürfen. Das sind einige Bedenken, die ich zunächst zur Sprache bringen wollte.

Nun liegt es nahe, dass zunächst Herr Senatspräsident Jonas das Wort ergreift, der den Unterausschusssitzungen nicht beigewohnt hat.

Jonas: Ich möchte mich zunächst, anknüpfend an die Ausführungen des Herrn Vorsitzenden, dahin aussprechen, dass mir der wirklich inhaltsreiche Vortrag des Herrn Prof. Lent ein besonderer Genuss war, weil mir diese Fragen theoretisch sehr interessant sind; und wenn ich eine gegenteilige Ansicht vertrete, so bitte ich, das nicht als Kritik aufzufassen. Theoretisch und als Kommentator interessieren mich diese Fragen ganz besonders. Aber wir betrachten diese Frage hier im Wesentlichen unter dem Gesichtspunkte der Gesetzgebung, und unter diesem Gesichtspunkte sind diese Fragen von einer geringeren Bedeutung. Das ganze Problem ist nicht besonders wichtig. 50 Jahre lang ist es in der Zivilprozessordnung ungeregelt gewesen. Die Ausführungen des Herrn Prof. Lent haben uns ja auch gezeigt, dass man erst ziemlich stark hat suchen müssen, an welcher Stelle das ganze Problem überhaupt akut wird. Ich möchte nun diesen ganzen umfangreichen Katalog noch einmal durchsprechen, um dadurch klarzumachen, welche geringe Bedeutung dem ganzen Problem überhaupt zukommt.

Zunächst wurde auf die Kostenbestimmung hingewiesen. Streng genommen gehört diese Frage überhaupt nicht ins Prozessrecht, sondern ins Gerichtskostengesetz. Aber im Übrigen ist es eine Frage des materiellen Rechts, wer für Rechtshandlungen des Konkursverwalters haftet. Diese Frage ist in der Konkursordnung ausdrücklich geregelt: es sind Masseschulden. Und wer für Rechtshandlungen des Testamentsvollstreckers haftet, steht im Erbrecht. Wer für Rechtshandlungen anderer Parteien kraft Amtes – z.B. der Treuhänder eines konfiszierten Vermögens – haftet, ist eine Frage des öffentlichen Rechts, die wir mit einer prozessualen Vorschrift ohnehin nicht regeln können. Dass sich beim Gerichtsstand unter Umständen gewisse Zweifel ergeben können, dass z.B. der Konkursverwalter in einem anderen Bezirk wohnt als der Konkursifex, liegt nahe. Hierher gehört auch der Fall der Arbeitsfront, der positiv geregelt ist.

Vorsitzender: Z.B. Berlin: Der Konkurs wird am Amtsgericht Berlin-Mitte geführt; der Konkursverwalter wohnt in Zehlendorf. Nun wird ein kleiner Prozess beim Amtsgericht Lichterfelde geführt. Darauf kommt doch kein Mensch!

Jonas: Mir ist keine Entscheidung bekannt, die sich mit dieser Frage befasst.

Als nächstes der Richterausschluss. Ich kann mir Fälle denken, in denen er akut wird. Wenn der Richter der Sohn des Konkursverwalters ist, dann klappt es nicht; und wenn der Richter der Bruder des Konkursifex ist, klappt die Sache auch nicht. Diese Fälle erledigen sich aber praktisch dadurch, dass der Richter abgelehnt wird oder sich selber für befangen erklärt.

Dann: Zeugnisverweigerungsrecht, Parteivernehmung und Zeugenvernehmung! Auch hier erheben sich noch einige kleine Fragen. Einmal sagt Herr Prof. Lent, die Beziehungen zum Gemeinschuldner müssten maßgebend sein. Praktisch hätte also die Ehefrau des Gemeinschuldners ein Zeugnisverweigerungsrecht. Aber nachher sagte Herr Prof. Lent, wenn ich ihn richtig verstanden habe, dass der Konkursifex natürlich vernommen werden könne. Hier erheben sich also gewisse Unklarheiten, und man kommt zu verschiedenen Ergebnissen, je nachdem, ob man diese Fragen an dem Beispiel des Konkurses oder an dem Beispiel der Testamentsvollstreckung durchexerziert. Es sind Fragen, die weder vom Standpunkt der Vertretertheorie noch vom Standpunkt der Subjektivierungstheorie oder irgendeiner anderen Theorie aus eindeutig gelöst werden können. Eine andere Frage ist es, ob es notwendig ist, all diese kleinen Fragen im Gesetz zu regeln, oder ob man sie getrost der Rechtsprechung überlassen kann. Das sind Maßfragen.

Dann ist die Frage der Rechtskraft und die Frage der Unterbrechung (§§ 239 und 241) behandelt worden. Auch diese Fragen sind in der Unvollkommenheit des jetzigen Gesetzes begründet. Das Gesetz redet nämlich in § 239 nur vom Tode einer Partei, und alle anderen Fälle der Rechtsnachfolge und rechtsnachfolgeähnlichen Vorgänge sind im Gesetz nicht geregelt. So ergeben sich diese Komplikationen, dass man einmal genötigt ist, sich auf § 239 zurückzuziehen, und ein andermal auf § 241 oder § 246 usw. Diese Fragen, ob unterbrochen oder ausgesetzt wird, sind so kompliziert, dass ich vor einigen Tagen erst in meinem eigenen Kommentar nachsehen musste, ob ein bei mir anhängiger Prozess unterbrochen oder ausgesetzt ist.

Ähnlich liegt es bei der Vollstreckung und dem Schadenersatz nach § 717. Diese Fragen können auftauchen und sind wohl auch hin und wieder aufgetaucht. Aber bei diesem ganzen Fragenkomplex muss man sich immer vor Augen halten, dass diese Fragen für den Gesetzgeber, der ein kurzes klares Gesetz machen will, nicht gerade von erschütternder Wichtigkeit sind. Ich muss zu dem ganzen Problem sagen: Wenn man es so machen will, wird man sich damit abfinden; und wenn man es anders machen will, werden sich die anderen damit abfinden.

Mit diesem Vorbehalt, dass das ganze Problem nicht zuviel Schweißes der Edlen wert ist, möchte ich an das Problem überhaupt herangetreten werden wissen.

Herr Prof. Lent geht von einer Ansicht aus, der ich nicht ganz zustimmen kann. Er identifiziert zu stark Parteistellung und materiellrechtliches, bürgerlichrechtliches Rechtssubjekt. Man hat sich doch z.B. bei der offenen Handelsgesellschaft damit abgefunden, dass man sagt, dass die offene Handelsgesellschaft materiell keineswegs eine juristische Person ist – darüber besteht de lege lata wohl kein Zweifel –, dass aber das Gesetz sie im Prozess als Partei behandelt. Weshalb soll Partei und materiellrechtliches Rechtssubjekt nicht auseinanderklaffen? Es herrscht immer die irgendwie unklare Vorstellung, die Partei im Prozess müsse immer ein materielles Rechtssubjekt sein und doch eigentlich auch der Träger der im Streit befangenen Rechte. Hier, glaube ich, liegt das unklare Gebiet. Ich stehe auf einem anderen Standpunkt als Herr Prof. Lent. Zur Illustrierung darf ich Folgendes anführen. Der Ehemann, der den Prozess kraft ehelichen Güterrechts führt, ist doch zweifellos nicht Träger des subjektiven Rechts. Ob man nun sagt, im Grunde genommen mache er sein materielles Verwaltungs- und Nutznießungsrecht materiell geltend, oder ob man es anders konstruiert, ist gleichgültig. Jedenfalls ist der Ehemann ein solcher Fall.

Dann bitte ich auch an jene Fälle zu denken, in denen die Partei überhaupt nicht an dem materiellen Rechtsverhältnis interessiert ist. Hierher gehören alle Feststellungsklagen, bei denen sich die Partei danach bestimmt, wer ein rechtliches Interesse hat. Ob man etwas Ähnliches für Leistungsklagen annehmen kann, will ich nur nebenbei erwähnen. Herr Prof. Pagenstecher hat gewisse Bedenken gegen diese meine Auffassung geäußert. Die offene Handelsgesellschaft habe ich schon erwähnt, bei der prozessuale Partei und subjektives Rechtsgebilde auseinanderklaffen. Zu diesem Komplex von Zwittergebilden gehört auch der Fragenkomplex, für den sich der Begriff „Partei kraft Amtes" herausgebildet hat.

Und nun eine Bemerkung vorweg! Ein gewisser Unterschied in der Auffassung liegt seiner Ansicht nach auch darin, was man unter einem Vertreter versteht. Ich stimme Herrn Lent vollkommen darin zu, dass zu einem Vertreter der Wille, Fremdwirkung zu erzielen usw., erforderlich ist. Aber es gehört nicht zum Begriff des Vertreters das Handeln für einen bestimmten Vertretenen. Kann man von einem Vertreter überhaupt noch reden, wenn ich es im Unklaren lasse, wer eigentlich der Vertretene ist. Meiner Ansicht nach ist nichts gewonnen, wenn man ausspricht, dass der Konkursverwalter gesetzlicher Vertreter ist und es im Dunkel lässt, ob im einen Falle die Gläubigerschaft im Anfechtungsprozess oder in einem anderen Falle beim Konkursfeststellungsprozess gegen einen widersprechend titulierten Gläubiger der Vertretene der Gemeinschuldner ist. Meiner Ansicht nach ist mit dem Bekenntnis zur Rechtskonstruktion des Vertreters nichts gewonnen, wenn man sich nicht gleichzeitig für alle Fälle darüber ausspricht, wer der Vertretene ist, also wer im Prozess Partei ist. Mit der Vertretertheorie kann man eigentlich nur dann Ernst machen, wenn man die Konsequenz zieht und sagt: Der Testamentsvollstrecker ist der gesetzliche Vertreter der Erben, und die Erben führen den Prozess. Dann kommt man zu den vom Herrn Vorredner auch hervorgehobenen Schwierigkeiten, dass der Vertretene und der Prozessgegner unter Umständen dieselben sind, wie z.B. im Falle des Testamentsvollstreckers der für die Erbengemeinschaft einen Prozess gegen einen Erben führt; und beim Anfechtungsprozess des Gemeinschuldners ist es ja ebenso.

Nun ist zunächst einmal die Subjektivierung der Masse vorgeschlagen worden. Da muss ich, offen gestanden, mit dem gefühlsmäßigen Argument kommen, dass das nicht geht. Konstruktionen und Fiktionen sind nur Rechtshilfe, Gerüste, an denen sich andere heraufziehen wollen, an denen man sich aber nicht selber heraufzieht. Für einen ist das Gerüst bequemer, für den anderen ist es weniger bequem; der eine empfindet eine Konstruktion als plastischer, der andere als weniger plastisch. Der Gesetzgeber kann sich nicht gut einer Konstruktion anschließen, die Hellwig vor 40 Jahren hauptsächlich vertreten hat, die bekämpft wurde und in der Versenkung verschwunden ist; der Gesetzgeber kann nicht gut bei der Frage des Testamentsvollstreckers auf die hereditas iacens abkommen. Warum soll ein Lehrbuch oder ein Kommentar diese Konstruktion nicht wählen? Aber der Gesetzgeber kann es nicht!

Der zweite Vorschlag ging dahin, eine Formulierung zu wählen, die die Partei kraft Amtes zwar nicht erwähnt, sie aber auch nicht ausschließt. Ich weiß nicht, ob dieser Gedanke sehr glücklich ist. Meiner Ansicht nach sollte man unbesorgt das aussprechen, was in § 51 des Entwurfs gesagt ist – allerdings möchte ich eine etwas geänderte Fassung vorschlagen. Das Wesentliche ist doch, dass wir einmal deutlich aussprechen, dass bei diesen Partei-kraft-Amtes-Verhältnissen der Vertretene nicht irgend jemand ist, den sich der Richter suchen müsste, sondern dass sich der Richter in solchen Fällen, in denen ein Amtsträger den Prozess führt, damit begnügen kann, dass dieser Amtsträger die Partei ist, und dass der Richter nach dem hinter dem Amtsträger stehenden Vertretenen nicht zu suchen braucht.

Nun wird gesagt, vom Standpunkte der Vertreterkonstruktion oder der Konstruktion der personifizierten Masse kläre sich alles. Ich dagegen glaube, von den Fragen, die wir positiv regeln müssen, wird uns dadurch nicht eine einzige erspart. (*Zuruf:* Alle!) – Z.B. die Frage des Armenrechts! Soll es einzig und allein davon abhängen, dass der Gemeinschuldner überschuldet ist? Dann wäre das Ergebnis, dass alle Konkursfälle im Armenrecht geführt würden. Das ist ein Ergebnis, das wir alle nicht wollen. (*Fischer:* Die Persönlichkeit des Konkursverwalters spielt für das Armenrecht überhaupt keine Rolle!) – Nein; das braucht sie auch nicht! (*Erneute Zurufe*) – Die Frage der Zeugnisverweigerung! Bei der subjektivierten Masse ist der Konkursifex Dritter und scheidet aus, während es nach dem Tableau doch zunächst auf die praktischen Ergebnisse ankommen sollte, und dann wäre der Konkursifex maßgebend und nicht der Konkursverwalter. Hiernach aber könnte ein Zeugnisverweigerungsrecht auch für den Gemeinschuldner bestehen. Und soll man die Fälle der Rechtsnachfolge, der Unterbrechung usw. wirklich so lösen, dass die juristische Person aufhört zu existieren? Oder den Fall des Testamentsvollstreckers: Die Erben einigen sich über den Nachlass, die Testamentsvollstreckung hört auf, und der Testamentsvollstrecker tritt ab. Das ist das Ende einer juristischen Person. Ich glaube, damit entfernt man sich vollständig von den Realitäten. Für die Fälle, in denen Unklarheiten bestehen, braucht man eine positive Vorschrift, welche Konstruktion auch immer man wählt. Uns ist aber nicht damit gedient, dass man sagt: In den und den Fällen ist ein gesetzlicher Vertreter vorhanden, und die Frage offen lässt, wer der Vertretene ist. Man muss überall da, wo man es für notwendig hält, positive Vorschriften geben.

Nun sehe ich eine ganze Reihe von Zweifelsfragen, die noch nicht ganz geklärt sind, die man so oder anders regeln kann, die zum großen Teil auch ungeregelt bleiben können, weil sie allzu selten vorkommen. Positive Regelung brauchen wir auf jeden Fall. Wir sind uns darüber klar, dass wir in der Partei kraft Amtes ein Gebilde vor uns haben, das nach der Seite des gesetzlichen Vertreters hin tendiert, aber auch andere Elemente in sich schließt. Und nun bleibt nur noch die Frage offen, ob wir sagen: Diese Amtsträger sind Parteien – oder ob wir sagen: Diese Amtsträger sind gesetzliche Vertreter eines dahinterstehenden vagen Gebildes, das ich mir, weil ich nichts anderes finde, als Rechtssubjekt vorstelle. Alles Wesentliche muss man – davon bin ich überzeugt – positiv regeln. Ist das nicht eigentlich beinahe dasselbe? Da knüpfe ich an die Gedanken an, die schon der Herr Vorsitzende vorhin andeutete.

Nun möchte ich noch ein Wort darüber sagen, wie ich mir die Dinge vorstelle.

Man soll zunächst einmal der ganzen Geschichte keine besondere Bedeutung beimessen. Schon durch die Armenrechtsvorschriften hat es sich als zweckmäßig erwiesen, dass es so etwas gibt. In gleicher Frage soll man diese Partei kraft Amtes auch im Gesetz verankern. Nur scheint mir die Fassung des § 51 nicht ganz glücklich zu sein. Da heißt es nämlich: „Partei ist, wer einen Rechtsstreit selbst oder durch einen Vertreter führt." „Selbst oder durch einen Vertreter" ist eigentlich keine Definition. Es bedeutet, dass es gleichgültig ist, ob er den Rechtsstreit selbst oder durch einen Vertreter führt. Diese Definition trägt also nichts zur Umgrenzung des Begriffs bei. (*Vorsitzender:* Diese Definition besagt z.B., dass beim Prozess des Vormundes das Mündel Partei ist!) – Praktisch sagt der erste Satz eigentlich nur: Partei ist, wer einen Rechtsstreit führt. Das Wesentliche, das Begehren des Rechtsschutzes im eigenen Namen, ist nicht zum Ausdruck gekommen. Mir wäre folgende Fassung sympathischer: „Partei ist derjenige, der im eigenen Namen eine richterliche Handlung begehrt (Kläger), und derjenige, gegen den die Handlung begehrt wird (Beklagter)!" Damit ist also auch gesagt, dass derjenige Partei ist, der bei der Führung des Rechtsstreites fremde Interessen kraft Amtes wahrnimmt. Das ist eigentlich nicht derjenige, der bei der Führung des Rechtsstreits fremde Interessen wahrnimmt, sondern es ist logisch, straffer gesagt, derjenige, der kraft Amtes Interessen wahrzunehmen hat. Also: Wer kraft Amtes Interessen wahrzunehmen hat, ist bei einem sich daraus ergebenden Prozess Partei. Denn er ist ja nicht zur Prozessführung bestellt, sondern zur Interessenwahrnehmung. Und wenn er in diesem seinem Amte einen Prozess führt, ist er Partei. Ich würde also formulieren: „Ist jemand zur Wahrung fremder Belange kraft Amtes berufen, ohne gesetzlicher Vertreter zu sein, so ist er im Rechtsstreit selber Partei." Mit einer solchen Fassung scheint mir eigentlich die ganze Geschichte vom Standpunkt des Gesetzgebers ausgeräumt zu sein, wenn sich der Erbrechtsgesetzgeber auf den Standpunkt stellt, dass der Testamentsvollstrecker gesetzlicher Vertreter der Erben ist, mag er es tun. Oder wenn sich der Konkursgesetzgeber auf den Standpunkt stellt, dass der Konkursverwalter gesetzlicher Vertreter des Gemeinschuldners ist, so kann ich dazu nur sagen, dass wir in unserem Zivilprozessausschuss nicht in allen Fällen, in denen es solche Möglichkeiten gibt, dem Gesetzgeber präkludieren können. Und da es anerkannterweise solche Gebilde gibt, scheint es mir durchaus zweckmäßig zu sein, als Generalvorschrift bei den Parteien etwas Derartiges zu sagen, und beim Armenrecht und bei der Unterbrechung – das sind beinahe die einzigen Fälle, in denen es notwendig sein wird – vielleicht positive Vorschriften zu geben.

Das ist mein Vorschlag. Ob man nun sagt: „so ist er im Rechtsstreit selbst Partei" – oder „so gilt er im Rechtsstreit selbst als Partei" – darüber hat sich der Unterausschuss ebenfalls geäußert –, ist mir vollständig gleichgültig. Mir scheint, mit einer solchen Bestimmung kommt man praktisch am weitesten, und man sollte sich jedenfalls nicht auf Konstruktionen festlegen, die nicht notwendig sind und in einem modernen, gemeinverständlichen Gesetz vielleicht nicht mehr ganz zeitgemäß sind.

Vorsitzender: Meine Hoffnung ist also erfüllt worden. Die Widerstandskraft der Vertreter der Partei kraft Amtes ist noch nicht ganz gebrochen. Ich kann mich mit vielem, was Herr Senatspräsident Jonas gesagt hat, einverstanden erklären. Insbesondere darf man nicht das, was wir bisher unter Partei kraft Amtes verstanden, mit den Fällen der sogenannten Prozessstandschaft identifizieren. Die Prozessstandschaft ist ein Vorgang, der mit der gewöhnlichen Partei nicht ganz übereinstimmt. (*Jonas:* Alles sind Fälle, bei denen der Träger des streitigen materiellen Rechts und die Prozesspartei vollständig auseinanderklaffen!) Die Prozessstandschaft ist durch die Rechtsprechung des Reichsgerichts noch weiter ausgebaut. Da ist auch die vertragliche Prozessstandschaft beim Treuhänder möglich, während man nicht weitergeht. Nur aufgrund eines Treuhandverhältnisses kann sich eine solche Prozessstandschaft finden. Die Rechtsprechung hat es allgemein abgelehnt, dass eine Prozessstandschaft durch einen Einzelvertrag begründet werden kann. Ich erinnere nur an die berühmten Vollmachtsverträge zugunsten des Hausverwalters, wie sie in Berlin üblich waren, in denen es hieß: Der Hausverwalter hat den Hausbesitzer in allen Angelegenheiten zu vertreten; er kann insbesondere Räumungsangelegenheiten gegen den Mieter im eigenen Namen zu führen. Viele Gerichte sind darauf hereingefallen, bis schließlich einige Abteilungen des Berliner Amtsgerichts sich widersetzt haben. Jetzt werden solche Verträge nicht mehr zugelassen. Der Hausverwalter kann einen solchen Prozess als Bevollmächtigter führen, aber er kann nicht selbst Partei sein. Nur aufgrund einer allgemeinen Treuhänderstellung, die ihm eingeräumt wird, kann er eine Prozessstandschaft haben. Aber im Übrigen sind das klar abgegrenzte Begriffe: Prozessstandschaft und das, was wir als Partei kraft Amtes bezeichnen.

Zu den Formulierungswünschen des Herrn Jonas möchte ich sagen, dass nach Abs. 2 unserer eigenen Vorschläge, die wir uns im Ministerium ausgeklügelt haben, mit seinem Vorschlag ziemlich übereinstimmen. Seinem Vorschlage zu Abs. 1 möchte ich mich allerdings nicht anschließen, weil er mir zu gelehrt klingt. Wer Partei ist, ist eine grundlegende Frage, die man einfacher ausdrücken müsste. Ich glaube, man kann seinen Bedenken schon dadurch Rechnung tragen, dass man sagt: „Partei ist, wer einen Rechtsstreit im eigenen Namen selbst oder durch einen Vertreter führt." Denn dass er den Rechtsstreit nun als Kläger oder als Beklagter führen kann, braucht nicht besonders gesagt zu werden.

Jonas: Das Wesentliche dabei ist der eigene Name. Wer Beklagter ist, bestimmt nicht der Beklagte selbst, sondern Beklagter ist derjenige, den der Kläger heranzieht. Wie man das fasst, ist mir ganz gleichgültig. Wir brauchen diese Definition eigentlich nur als Vorsatz für Abs. 2.

Staud: Zu Abs. 2 habe ich nach dem Vorschlag des Herrn Präsidenten Jonas eigentlich kaum etwas Neues zu sagen. Wir waren früher wohl von der Erkenntnis ausgegangen, dass die Partei kraft Amtes nicht eine Partei schlechthin wie jede andere Partei, sondern eine Partei sui generis ist. „Wer, ohne gesetzlicher Vertreter bestimmter Personen zu sein, bei Führung eines Rechtsstreits fremde Interessen kraft Amtes wahrnimmt (Testamentsvollstrecker, Konkursverwalter und andere), hat insoweit die Stellung einer Partei." Dann weiter wie im bisherigen Entwurf [von 1931].

Hier sind die Worte „bei Führung eines Rechtsstreits" im Vordersatz enthalten. Ich kann noch nicht sagen, ob die Herüberholung dieser Worte in den Nachsatz richtig oder geboten ist. Einstweilen glaube ich, dass sie im Vordersatz bleiben sollen. In Hamburg ist in einem Vorschlage gesagt worden, die Formulierung des Entwurfs sei tragbar, wenn die Klammer verschwände. Sie ist nicht verschwunden, steht aber an einer Stelle, die vielleicht einen Teil der geäußerten Bedenken beseitigt. Denn dass der Konkursverwalter fremde Interessen kraft Amtes wahrnimmt, werden wir wohl sagen können. (*Fischer:* Wenn Sie die Klammer beibehalten, ist es mir viel lieber, wenn Sie „bei Führung eines Rechtsstreits" nach vorn setzen!)

Ich bin der Auffassung, dass bei dieser Fassung jede weitere Sonderregelung im Gesetz – abgesehen von der im Armenrecht – überflüssig ist. Herr Präsident Jonas meint, dass eine Regelung immer noch nötig sei im Verhältnis der §§ 239 und 241. Das ist eine Frage, die wir am besten gar nicht berühren. Es ist möglich, dass wir später bei Beratung dieser Bestimmung dazu kommen, diese beiden Paragraphen doch noch auf einen gemeinsamen Nenner zu bringen. Ferner glaube ich, dass die ganzen vorhin erörterten Fragen der Kosten, der Rechtskraft und der Rechtsnachfolge durch das Wort „insoweit" erledigt sind.

Die Worte „hat die Stellung einer Partei" lassen der Theorie freien Spielraum. Man kann also sagen, damit habe der Gesetzgeber im Effekt eine Subjektivierung der Masse im Prozess anerkannt. In der Literatur kann man selbstverständlich mit dem Begriff der Subjektivierung der Masse nach wie vor arbeiten. Da wir aber im Gesetz heute nicht mehr mit der Konstruktion juristischer Begriffe operieren können, hatte ich mir schon in Hamburg auszusprechen erlaubt und deshalb alle Konstruktionen, die durch Ausspruch des Gesetzgebers einen fingierten Rechtsträger einführen, als kaum noch tragbar bezeichnet.

Pagenstecher: Ich wollte nur darauf aufmerksam machen, dass nach dieser Formulierung von Herrn Ministerialdirigent Staud doch festgelegt ist, dass der Konkursverwalter nicht gesetzlicher Vertreter ist. Damit werden die Ausführungen von Herrn Präsidenten Jonas hinfällig, dass gar nichts im Wege stünde, wenn in der Konkursordnung daran festgehalten würde, dass der Konkursverwalter gesetzlicher Vertreter des Gemeinschuldners wäre, wie Jaeger das in allen Fällen vertritt. Ich lehne ja diese Lehre ab. Es ist also nicht denkbar, dass in der Zivilprozessordnung mit dürren Worten gesagt wird, der Konkursverwalter sei nicht gesetzlicher Vertreter, dass aber in der Konkursordnung gesagt wird, der Konkursverwalter sei doch gesetzlicher Vertreter. Das ist nach meiner Ansicht durchaus ein Unding. Der Konkursverwalter wäre dann ein Mann, der im Zivilrecht immer im fremden Namen handelt, der aber, sobald er prozessiert, im eigenen Namen handelt. Wir haben, zivilrechtlich betrachtet, gesetzliche Vertreter, die im Zivilrecht im fremden Namen handeln und im fremden Namen prozessieren, und wir haben gesetzliche Vertreter, die im Zivilrecht im fremden Namen handeln, aber im Prozess im eigenen Namen.

Staud: Das wäre im Ergebnis unerfreulich und würde eine gewisse Diskrepanz zwischen Konkursordnung und Verfahrensordnung darstellen. Begrifflich braucht es aber nicht ausgeschlossen zu sein. Ich bin unbedingt der Auffassung, dass wir im Prozess jemand durch positive Gesetzesvorschrift zur Partei machen können, der materiellrechtlich gesetzlicher Vertreter ist. Ob das erwünscht ist, ist eine andere Frage.

Vorsitzender: Wir machen uns hier unnötige Sorgen. Ich kann es wohl als ziemlich ausgeschlossen bezeichnen, dass wir im materiellen Konkursrecht dazu kommen, den Konkursverwalter zum gesetzlichen Vertreter zu machen. Heute steht nichts darüber in der Konkursordnung, und es wird auch künftig nicht der Fall sein. (*Jonas:* Meine Fassung ist eine noch offenere; die Klammer habe ich nicht vorgesehen!) – Dann wissen wir nicht, ob diese Formel, die wir offen für den Konkursverwalter schaffen, auf den Konkursverwalter anwendbar ist.

Fischer: Auch wenn wir keine Klammer haben, ist ihm die Parteistellung für den Prozess immer kraft der Formulierung, die Sie vorschlagen, gewahrt. Geht das Gesetz andere Wege, und wird er gesetzlicher Vertreter, dann hat er diese Stellung ebenfalls. Dann ist die Klammer also überflüssig. Und das war doch der Grund im Unterausschuss, dass man nur für diejenigen Fälle diese Regelung trifft, in denen die materielle Regelung nicht schon ohnehin eine Parteistellung gibt.

Vorsitzender: Dann ist das eine inhaltlose Formel. (*Fischer:* Nicht doch! Der Testamentsvollstrecker bleibt!) – Das würde man ebenso gut machen. Aber ich glaube gerade aus den Gefühlsgründen, die Herr Jonas anführt, dass wir heutzutage zu keiner Subjektivierung der Masse kommen können.

Fischer: Die Subjektivierung der Masse wird heutzutage aus Gefühlsgründen angegriffen. Herr Prof. Lent hat ja schon gesagt, dass wir bei der Subjektivierung der Masse zu einer juristischen Person oder etwas Ähnlichem kommen, was einem wirklich Verantwortlichen die Möglichkeit gibt, sich hier der juristischen Konstruktion vor seiner Verantwortung zu verstecken. Diese Verantwortung, die immer für die juristische Person das Hauptagens für den Widerstand gegeben hat, kommt hier nicht in Frage. Ich glaube, unsere Gegensätze in Bezug auf die juristische Person und die Partei kraft Amtes sind minimal. Es handelt sich nämlich um Folgendes.

Wenn wir zu gesetzgeberischen Lösungen kommen und sie dogmatisch begründen wollen, müssen wir nicht von den juristischen Begriffen, sondern von den Dingen, wie sie im Leben sind, ausgehen. Und wie sind sie im Leben? Da sind die beiden Elemente ganz klar und haben von Anfang an ihre Rolle gespielt. Diese selbständige Vermögensmasse geistert weiter seit Hellwig. Die Lebensfähigkeit dieses Begriffes beweist, dass etwas dahintersteckt; sonst wäre er tot. Und hier haben wir zwei Dinge: Ein Sondervermögen und einen Treuhänder, der es verwaltet. Dieser Treuhänder leitet seine Befugnisse nicht von dem Vermögensinhaber ab und ist an seine Weisungen nicht gebunden; er ist von ihm völlig unabhängig und hat seine eigene Rechtsstellung und handelt nach seiner eigenen Verantwortung. Infolgedessen wird man ihm für den Prozess diejenige Stellung geben, die er dafür braucht. Aus dieser seiner Stellung kommt man unmittelbar zur Partei kraft Amtes.

Das einzige Argument gegen die Partei kraft Amtes liegt nun darin, dass wir aus unseren Arbeiten den Eindruck gewonnen haben, dass nicht der Mann, der da als Partei steht, die Hauptsache ist, sondern das Amt. Die Person kann 27mal wechseln; das Amt bleibt bestehen. Denken Sie, es handle sich um eine verwaltende Behörde; dann wissen Sie sofort, was ich meine. Es ist nicht die Bildung einer juristischen Person, sondern es ist die amtliche Aufgabe. Die Partei ist das Amt, und für dieses Amt muss die erforderliche Parteistellung geschaffen werden. Die Differenz zwischen uns liegt nur in der Frage, ob wir sagen wollen, dass der Träger dieses Amtes Partei ist, oder ob wir sagen können, dass das Amt die Parteistellung hat. Gegen das Erstere haben wir dadurch Bedenken bekommen, dass der Amtsträger selbst eben nicht Partei ist.

Vorsitzender: Er ist es in einer Eigenschaft. Darum haben wir „insoweit" hineingeschrieben, damit die Rechtsprechung in den Fragen, die wir im Gesetz nicht ausdrücklich geregelt haben, einen Anhaltspunkt für die Beurteilung hat. (*Fischer:* Das „insoweit" ist neu; es gibt einen Anhalt für die wissenschaftliche Behandlung!) – Das ist sehr schön. Dann haben wir eine Regelung getroffen, die einfach ist, die den Tatsachen des Lebens Rechnung trägt, aber der juristischen Konstruktion nicht zu sehr vorgreift, sondern ihr einen weiten Spielraum lässt. Vor allen Dingen haben wir eine Aufgabe erfüllt, an die ich die Herren auch bei späteren Erörterungen über den Streitgegenstand immer wieder erinnern muss: Für mein Inneres steht über der ganzen Reformarbeit der eherne Satz: nicht zu komplizieren, zu vereinfachen bin ich da. Und dem können und dürfen wir uns nicht entziehen. Sonst könnte man uns mit Recht sagen, wir trieben mittelalterliche Begriffsspaltereien und schüfen ein kompliziertes Gebilde, aber keine Prozessordnung für das Volk.

Jonas: Ich habe den Ausführungen des Herrn Prof. Fischer entnommen, dass er im Ergebnis mit mir darin übereinstimmt, dass die Differenz ganz gering ist. Aber es bleibt schließlich doch eine Frage übrig. Wir bezeichnen den Mann A als Partei, obwohl er nicht als Person, sondern nur in einer Funktion tätig wird. Und weil wir uns das nicht vorstellen können, gehen wir einen Schritt weiter und behandeln eine Vermögensmasse wie einen Menschen! Da muss ich nun sagen, dass ich mir das Erstere doch viel leichter vorstellen kann, als eine Vermögensmasse als einen Menschen zu betrachten. (*Vorsitzender:* Ein Objekt als ein Subjekt!) Es handelt sich für mich nicht um die Frage, ob juristische Personen oder personifizierte Vermögensmassen unter dem Gesichtspunkt der Verschleierung, Schiebung usw. vom jetzigen Standpunkt aus unerwünscht sind oder nicht. Für mich ist einzig und allein der Gesichtspunkt maßgebend, dass sich der Gesetzgeber nicht in solche Höhen abstrakter Konstruktion begeben darf, Objekt und Subjekt gleich zu behandeln. Das darf der Gesetzgeber nicht. Ob man die Klammer bestehen lässt oder nicht, ist gleichgültig. Man mag sie bestehen lassen, denn sie trägt zur Verdeutlichung bei. Natürlich ist dann die Frage für den Testamentsvollstrecker und den Konkursverwalter klargestellt. Es ist selbstverständlich, dass man diese in erster Linie gemeint hat. Der Zwangsverwalter ist schon etwas zweifelhafter. Ich halte ihn noch für dahin gehörig, während man die bei der Beaufsichtigung der Wirtschaftsführung tätigen Personen ausdrücklich als gesetzliche Vertreter bezeichnet. Sachlich sind sie dasselbe wie Zwangsverwalter. Es wird immer eine ganze Reihe von Gebilden geben, die Grenzfälle darstellen. Deshalb mag man die Klammer bestehen lassen oder streichen.

Ob man „bei Führung des Prozesses" in den Vordersatz oder in den Nachsatz stellt, ist eine andere Frage. Dazu möchte ich Folgendes sagen. Über den Unterschied zu rechten, ist wohl nur möglich, wenn beide Fassungen zur Verfügung stehen. Es ist müßig, ein Wort darüber zu verlieren, ob gewisse Nuancen vorhanden sind. Das Wort „insoweit" scheint mir durchaus zweckmäßig zu sein; es stellt eine Brücke zu denjenigen dar, die lieber das Wort „er gilt" haben möchten. Solche Worte sind Vokabeln, die nur Diskussionsgegenstand sein können, wenn man beide Fassungen nebeneinander legt. Wenn man das Gesetz später liest, ist es gänzlich gleichgültig. Mit der von Herrn Staud vorgeschlagenen Fassung bin ich durchaus einverstanden.

Vorsitzender: Es freut mich, dass wir nun einig sind.

Herrn Prof. Lent gegenüber wollte ich noch Folgendes erwähnen.

Gerade durch das Wort „insoweit" haben wir zweierlei zum Ausdruck gebracht; nämlich erstens das, was Sie sagen: Nicht als Person ist er Partei, sondern in seiner Eigenschaft und in den Grenzen, die ihm seine Amtsstellung einräumt. Zweitens wird damit gesagt, dass der Richter nun nicht mechanisch alle Grundsätze, die für die gewöhnliche Partei gelten, auf ihn anwenden darf, dass er sich z.B. nicht einbilden darf, dass der Verwalter für die Kosten persönlich haftet usw.

Fischer: Dürfen wir, die wir Zweifel haben, die einzelnen Fälle noch einmal durchgehen! Unsere Besorgnis geht dahin, dass hier eine Parteistellung geschaffen wird, die, wenn man die Vorschriften der Prozessordnung anwendet, also die Konsequenzen zieht, versagt. Deshalb möchte ich das gern noch einmal rekapitulieren.

Also: Die Kosten trägt er nicht; das Armenrecht gilt für ihn nicht. (*Zurufe*) – Jetzt rühren Sie an einen Punkt, der in der Tiefe liegt. Das sind die Gegensätze. Was bedeutet das Wort „Partei"? Ist es das, was Sie im ersten Absatz sagen, nämlich das Führen eines Prozesses, das Vornehmen von Prozesshandlungen – ich möchte sagen; das Auftreten im Prozess? Oder drückt es die daraus hervorgehenden, vor allen Dingen für die Rechtskraft ungeheuer bedeutsamen Wirkungen aus, die unter bestimmten Voraussetzungen nur dann ausgelöst werden können, wenn der Betreffende eben Partei ist? Da kommen die ganz großen Bedenken zutage. Wer nämlich Partei ist, gegen den schlagen seine Handlungen. Hier aber wirkt in keinem Fall die Handlung der Partei gegen sie. Das ist der Gegensatz der beiden Auffassungen. (*Vorsitzender:* Doch, sie wirkt gegen ihn als Träger des Amts „insoweit"!) – Das ist es! Wenn Sie glauben, diese Tatsache mit dem Wort „insoweit" ausreichend gesagt zu haben, dass es immer denjenigen trifft, der Rechtsträger des Sondervermögens ist, dass also die Wirkung dann immer am Vermögen haftet. –

Jonas: Nur bei der Haftung des Vermögens sind wir wieder auf den Begriff des materiellen Rechts hinübergewandert. Wer ist materieller Rechtsträger? Das ist die Schwierigkeit! Wir können im Prozess nur einen ganz formalen Parteibegriff schaffen.

Fischer: Da sitzt der Kern für die Auseinandersetzung. Ich bin in Tutzing offenbar hineingefallen, als ich zu sagen wagte, der Parteibegriff scheine mir von der Verfügungsbefugnis abzuhängen. Ich wurde von allen Seiten angegriffen und habe mich nicht wieder hervorgewagt.

Vorsitzender: Im Bürgerlichen Gesetzbuch heißt es, ein Ehemann könne den Prozess der Frau über eingebrachtes Gut im eigenen Namen führen. Als der erste Ehemann einen solchen Prozess im eigenen Namen führte und Zahlung an sich verlangte, erklärte das Reichsgericht, so sei die Sache nicht; er dürfe über eingebrachtes Gut nicht verfügen. Wenn er die Forderung einkassiere, verfüge er. Also müsse er Zahlung an seine Frau oder an sich mit Zustimmung seiner Frau beantragen. Da sieht man, dass der Verfügungsbegriff doch nicht mit dem Parteibegriff zusammenhängt.

Furler: Ich persönlich bin ein Gegner der Subjektivierung der Masse und kann mich den Gründen des Herrn Präsidenten Jonas anschließen. Ich halte es für unerträglich, dass wir neue Komplikationen einfügen, überlege aber doch, ob es nicht vielleicht zweckmäßiger wäre, den ganzen § 51 des Entwurfs wegzulassen. Was ist damit gewonnen? Die Partei kraft Amtes hat sich durch die Rechtsprechung entwickelt. Sie ist eine richtige und notwendige Figur. Sie konnte sich nur entwickeln, weil das alte Gesetz davon abgesehen hatte, eine Begriffsbestimmung für die Partei zu geben; sonst wäre sie überhaupt nicht entstanden. Was haben wir von der neuen Formulierung? Abs. 1 sagt: „Partei ist, wer im eigenen Namen richterliche Handlungen begehrt". Damit ist im Grunde nichts gesagt und nichts gewonnen, sondern nur eine Selbstverständlichkeit ausgedrückt. Wenn wir aber die Partei nicht formulieren, brauchen wir auch die Partei kraft Amts nicht zu formulieren; sondern sie ist vorhanden, und die weitere Entwicklung wird nicht abgeschnitten. Denn dauernd kommen neue Gesetze heraus, die ein Bild von den Erscheinungen geben, die sich weiterentwickeln. Ich weiß nicht, ob wir gezwungen sind, durch Begriffsbestimmungen in der Zivilprozessordnung Hemmungen für die Entwicklung zu schaffen.

Was haben wir damit gewonnen, dass wir in den zweiten Absatz hineingesetzt haben: „ist insoweit Partei"? Praktisch läuft das darauf hinaus, dass man schreiben muss, was darunter zu verstehen ist; und man wird das schreiben, was bisher herrschende Rechtsprechung ist. Wir sind also im Grunde nicht weitergekommen, sondern haben lediglich das gewonnen, dass wir einen sehr allgemeinen Parteibegriff haben, der nicht notwendig ist, und eine Verankerung der Partei kraft Amtes. Es entsteht ein rechtstheoretischer Streit um die ganze Frage, und ich weiß nicht, ob das diese Regelung wert ist. Ich meine, wir lassen es so, wie es bisher war.

Vorsitzender: Wir haben es doch jetzt im Armenrecht! Ich kann es aber nicht im Armenrecht bringen, ohne an anderer Stelle zu sagen, was wir unter Partei kraft Amtes verstehen.

Jonas: Es handelt sich hier um die allgemeine Frage, ob man überhaupt Sätze, die sich in der Rechtsprechung herausgebildet haben, in das Gesetz aufnehmen soll oder nicht. Wir können doch nicht gut sagen, weil sich diese Frage in der Rechtsprechung geklärt habe, nehmen wir sie nicht in das Gesetz auf. Dann könnten wir auch sagen, der Satz, dass die Rechtsfähigkeit des Menschen bei der Vollendung der Geburt beginnt, brauche als selbstverständlich nicht aufgenommen zu werden. Gewisse Selbstverständlichkeiten müssen um des geschlossenen Aufbaus des Gesetzes willen gesagt werden.

Aber so ganz selbstverständlich ist die Sache doch nicht. Denn wesentlich ist immerhin das Negative. Denn es wird gesagt, dass das Gesetz auf dem Standpunkt steht, wer Partei ist, richte sich einzig und allein nach der formalen prozessualen Situation, in wessen Namen Recht begehrt und der Prozessweg beschritten wird. Historische Reminiszenzen sind ja immer ganz interessant, und wir müssen daran festhalten, dass die Schöpfer der Zivilprozessordnung von 1877 das alles nicht gekannt haben. Sie standen absolut auf dem Standpunkt, dass Parteistellung und Träger des materiellen eingeklagten Rechts absolut identisch sind. Dass man eine Feststellungsklage nach § 256 auch über Rechte führen kann, deren Subjekt ein anderer ist, hat sich eben erst im Lauf der Rechtsprechung in langen Jahren entwickelt. Der Herr Vorsitzende wird sich entsinnen, dass sich das Reichsarbeitsgericht in den Jahren 1927/28 auf diesem Gebiet gewisse Rückfälle in längst vergangene Zeiten geleistet hat.

Wenn also der erste Satz nicht vorhanden wäre, würde die Welt nicht untergehen. Aber er ist doch durchaus nicht inhaltslos. Auch der zweite Satz ist keinesfalls inhaltslos; denn er stellt klar, dass der Richter bei diesen Gebilden nicht danach zu suchen hat, was hinter dieser im Prozess auftretenden Person als wirkliche Partei steht, der Konkursifex, die Gläubigerschaft oder wer sonst; dass er sich vielmehr dabei beruhigen kann, dass diese Person diejenige ist, in deren Namen der Prozess geführt wird. Das ist also die Partei. Die Frage, wie weit das Urteil, das in dem von ihm geführten Prozess ergeht, rechtskräftig wirkt auf einen Nachfolger oder auf einen nach Erlöschen des Amtsverhältnisses in die Erscheinung tretenden nunmehrigen Inhaber, liegt außerhalb unserer unmittelbaren Zivilprozesskompetenz; denn es ist eine Frage, die beim Konkurs ganz anders liegt als bei der Testamentsvollstreckung, bei der Zwangsverwaltung usw. Auch beim Konkurs liegt diese Frage verschieden, je nachdem, ob es sich um einen Prozess handelt, den der Konkursverwalter gegen den Konkursifex auf Herausgabe von zur Masse gehörigen Gegenständen führt, oder etwa um einen Anfechtungsprozess gegen einen Gläubiger usw.

Dann muss man sich auch vor Augen halten, dass bei diesen verschiedenen Amtsverhältnissen zwei ganz verschiedene Gruppen vorhanden sind. Die eine Gruppe umfasst die vorübergehenden Verhältnisse wie Testamentsvollstreckung, Zwangsverwaltung usw.; und die andere Gruppe umfasst die Liquidationsverhältnisse. Der Amtsträger, der ein konfisziertes Vermögen liquidiert, ist hinsichtlich der Rechtskraftwirkungen ein vollständig anderer als etwa ein Testamentsvollstrecker. Man sollte es also bei diesen Bestimmungen, mit denen sich meiner Ansicht nach auch die Gegner abfinden könnten, ruhig bewenden lassen. Wenn die Bestimmung nicht vorhanden ist, wird die Weltgeschichte trotzdem weitergehen, wenn man sich aber um einen geschlossenen systematischen Aufbau des Gesetzes bemüht, ist die Bestimmung sowohl in Abs. 1 wie in Abs. 2 sehr inhaltsvoll.

Vorsitzender: Herr Furler meint, in Abs. 1 sei die Bestimmung besser: „Wer eine richterliche Handlung begehrt“. Das ist doch wohl nicht ganz richtig; denn hiernach würde auch der Zeuge, der die Verlegung eines Vernehmungstermins beantragt, Partei sein. Es kommt doch gerade darauf an, dass der Rechtsstreit im eigenen Namen geführt wird. Nicht das Begehren jeder richterlichen Handlung kann jemand zur Partei machen.

Jonas: Hier ist natürlich eine abschließende richterliche Handlung gemeint. Aber „Prozess führen" ist falsch, weil die Zwangsvollstreckung keine Prozesshandlung ist.

Lent: Herr Präsident Jonas hat mit Recht gesagt, dass man die Partei nicht als Träger des materiellen Rechts auffassen darf. Darüber sind wir uns alle einig. So ist aber das, was ich gegen die Partei kraft Amtes ausgeführt habe, nicht gemeint. Sondern wenn die Partei nicht Träger des materiellen Rechts ist, so muss sie Träger des prozessualen Rechts und der Folgen sein. Das, was ich der Partei kraft Amtes vorwerfe, ist die Tatsache, dass sie den Parteibegriff vollkommen inhaltslos macht, weil sie einen Mann zur Partei macht, der zwar handelt – das tut aber der gesetzliche Vertreter genau so –, aber nicht das Risiko seines Handels trägt. (*Vorsitzender:* Er trägt es in seiner Eigenschaft als Inhaber des Amtes!) – Ich bin vollständig damit einverstanden, dass man sagt: Das Amt ist die Partei. Wenn man aber sagt, die Person sei die Partei und nicht das Amt, dann muss auch die Person für die prozessualen Folgen eintreten. (*Vorsitzender:* Insoweit!) – Der Ehemann trägt nicht „insoweit" das prozessuale Risiko, sondern er trägt es!

Vorsitzender: Hier trägt es das Amt. Das „insoweit" drückt aus, dass eigentlich das Amt der Träger ist. (*Lent:* Warum sagen Sie es dann nicht?) – Weil es kein Testamentsvollstreckeramt gibt. Man könnte einen Konkurs so konstruieren, dass man sagt: Es wird ein Konkursverwalteramt errichtet, und dieses führt durch seine Organe die Konkursverwaltung. Dann könne ich natürlich sagen, das Konkursverwalteramt sei Partei, wie ich es beim Staatsanwalt sage. Da es aber kein Konkursverwalteramt gibt, sondern immer nur Personen, muss ich sagen, die Person ist Partei, aber immer nur innerhalb ihrer Amtsstellung.

Lent: Sie trägt aber nichts; sie ist nicht Vollstreckungsschuldner. Vollstreckungsschuldner kann nicht eine Person sein, die überhaupt nicht haftet.

Vorsitzender: In seiner Eigenschaft als Amtsträger.

Jonas: Bei der Frage, wer das Risiko trägt, sind Sie von der Parteistellung schon wieder auf das materiellrechtliche Gebiet hinübergeglitten: diejenigen tragen das Risiko, für und gegen die das Urteil wirkt.

Lent: Nein! Bei der Feststellungsklage über fremde Rechte trägt derjenige das Risiko, der die Feststellungsklage erhebt. (*Vorsitzender:* Weil das echte Parteien sind. Der Konkursverwalter muss seine ganze Masse herausgeben!) – Ich teile den Standpunkt von [Heinrich] Siber. Siber hat es dahin formuliert: von der Parteistellung bleibt nur das Rubrum übrig. Weiter nichts.

Jonas: Wir sind in einem prozessualen Verfahren, und Partei ist derjenige, der formell etwas vom Gericht haben will.

Lent: Und der gesetzliche Vertreter ist genau dasselbe. Er trägt ebenso das Risiko in seiner Eigenschaft als Vertreter des Mündelvermögens mit dem Mündelvermögen. Die Sitze können Sie auf den gesetzlichen Vertreter wortwörtlich übertragen.

Vorsitzender: Nur weiß man da, wen er vertritt.

Fischer: Wen er vertritt, ist auch hier ganz klar.

Jonas: Wir streiten um Definitionen. Der eine sieht im Begriff des Vertreters im Wesentlichen nur die Fremdwirkung, während ich es als wesentlich betrachte, dass der Vertretene klar ersichtlich ist.

Fischer: Das Problem wandelt sich. Die eine Gruppe sagte: Vertretung ist durch Fremdwirkung festgelegt, ist gewollte und evtl. erzielte Fremdwirkung. Die andere Gruppe sagte: Das genügt nicht, sondern der Begriff der Vertretung ist auch an die Interessenlage gebunden. Wer vertritt, also Fremdwirkungen erzielt, gegen die Interessen des Vertretenen, ist nicht mehr Vertreter. Das sind die Gegensätze. Aber wir haben uns nicht einigen können.

Jonas: Jetzt komme ich und sage: Für den Begriff des Vertreters ist es wesentlich, dass ein bestimmter Vertretener da sein muss.

Lent: Wenn ich über die Masse verfüge, verfüge ich über das Vermögen des Herrn X. Damit ist ganz klar, dass ich Vertreter des Herrn X bin.

Fischer: Nun kommen wir zu einer ganz anderen Frage: Wie ist die Rechtsstellung des Konkursverwalters? Da lehne ich den Vertreterbegriff überhaupt ab.

Jonas: Alle diese Differenzen sind darauf zurückzuführen, dass wir bei den grundlegenden Definitionen gefühlsmäßig nicht gerade verschiedene Definitionen zugrunde legen, dass aber der eine dieses, der andere jenes stärker hervorhebt.

Lent: Schrecken Sie denn nicht vor diesen grotesken Geschäften mit sich selbst zurück? Wenn Sie sagen, sublime Konstruktionen könnten wir nicht gebrauchen, dann müssen Sie auch die Gesamthand abschaffen. (*Vorsitzender:* Das ist altes deutsches Recht!) – Gewiss, aber sie ist sublim, denn sie enthält ein Geschäft mit sich selbst. Die Tatsache, von der wir auszugehen haben, ist das Sondervermögen. Dass niemand dem Verwalter hineinreden kann, ist für die Vertreterstellung gar nicht maßgebend und schaltet ganz aus.

Singer: Ich persönlich bin Anhänger der Subjektivierung. Denn ich sage mir: Für und gegen wen geht es? Für und gegen eine bestimmte Masse, für und gegen ein bestimmtes ausgeschiedenes Vermögen. Dieses Vermögen nenne ich Zweckvermögen. Dieser Ausdruck stammt von Prof. Prinz. Es ist ein uralter Ausdruck, der aber im Körperschaftssteuergesetz wiederkehrt. Ich sehe nicht ein, warum wir diesen Ausdruck, der ja wieder kurant ist, nicht als Partei erklären sollen, nachdem wir der Sache nach alle darin einig sind, dass es sich um ein Sondervermögen handelt, das aus dem übrigen abgesondert ist und besonders behandelt werden soll. Wir brauchen es nicht als juristische Person zu bezeichnen. Wir sind darüber einig, dass eine besondere Masse in Frage kommt, für und gegen welche gehandelt wird. Wenn wir diese Masse subjektivieren, so fallen alle Bedenken sowohl der Vertretertheorie wie der Amtstheorie weg. Übrigens wird auch im österreichischen Recht die Konkursmasse ausdrücklich als Person behandelt. Ich würde den Ausdruck „Zweckvermögen", also die Subjektivierung vorschlagen, weil ich mir davon verspreche, dass dadurch aus praktischen Gesichtspunkten alle Bedenken wegfallen.

Vorsitzender: Von Ihrem Standpunkt aus müsste man dann § 51 streichen und dafür in § 52 sagen: „Parteifähig ist, wer rechtsfähig ist. Parteifähig ist auch ein Zweckvermögen, das wie eine Konkursmasse unter einer bestimmten Verwaltung steht. In den Prozessen hat der Verwalter die Stellung eines gesetzlichen Vertreters." Ist damit etwas gewonnen?

Singer: Dann brauchen wir § 51 Abs. 2 nicht.

Pagenstecher: Dann steht der Anfechtungsanspruch dem Zweckvermögen zu.

Vorsitzender: Aus Ihren Bemerkungen muss ich schließen, dass Sie auch dann ein energisches Nein hätten, wenn wir die von uns vorgetragene Formulierung wählen würden.

Pagenstecher: Ich würde es nicht sagen, aber ich würde es denken. (*Zurufe*) – Wenn Sie mich also zwingen, Stellung zu nehmen, würde ich Nein sagen. Bis vor vier oder fünf Minuten habe ich immer gedacht, es gebe keine befriedigende Konstruktion. Alle Konstruktionen des Konkursverwalters seien unbefriedigend. Die Lehre von der Partei kraft Amtes habe ich nur als Verlegenheitslösung betrachtet. Jaeger sagte mir einmal im Privatgespräch, es sei ein Wort, weil die Begriffe fehlten.

Nun habe ich mich noch einmal ganz intensiv mit der Sache befasst und bin heute ein ganz intensiver Anhänger der Theorie vom Zweckvermögen. Da lösen sich zwanglos alle Schwierigkeiten, und es ist eine volle Harmonie zwischen materiellem Recht und Prozessrecht, weil Klarheit darüber besteht, wem der Anspruch zusteht. Die Rechtskraft erstreckt sich auf dieses Vermögen. Es ist eine vollkommen klare Regelung. Es ist eine Frage, die auf dem Gebiet des materiellen Rechts und des Prozessrechts liegt und daher einheitlich geregelt werden muss.

Vorsitzender: Wir greifen jetzt ins materielle Recht ein.

(Pause)

Vorsitzender: Ich habe immer noch nicht eingesehen, dass wir mit der Lösung, die wir zum Schluss vorgeschlagen haben, etwas tun, was für den Aufbau unseres ganzen Prozesses irgendwie verderblich oder gefährlich wäre. Unser Vorschlag geht also dahin, die Partei kraft Amtes, die schon heute im Gesetz steht, nun auch an prominenter Stelle zu erwähnen und immer dann von ihr zu sprechen, wenn jemand, der einen Prozess führt, dies deshalb tut, weil er eine Vermögensmasse, ohne Vertreter bestimmter Personen zu sein, verwaltet und dann insoweit, also in seiner amtlichen Stellung als Konkursverwalter, Nachlassverwalter, Zwangsverwalter usw., eine Parteistellung ist. Wenn man mir entgegenhält, dass derjenige, der wirklich Partei ist, auch das ganze Risiko des Prozesses selbst tragen muss, dann sage ich, dass das richtig ist, dass aber der, der nur in seiner Eigenschaft als Amtsträger das Risiko tragen muss, und das tut der Mann. Wenn man mir weiter sagt, dass es dann ähnlich wie mit dem Vormund sei, der das Risiko des Prozesses auch insoweit trägt, als er das Amt des Vormunds ausübt, dann ist auch das richtig; aber in diesem Fall hat der Gesetzgeber schon festgestellt, dass der Vormund gesetzlicher Vertreter einer bestimmten Person ist, während der Gesetzgeber hier im materiellen Recht noch nicht gesagt hat, dass der Konkursverwalter gesetzlicher Vertreter einer bestimmten Person ist, und infolgedessen ist die Lösung, die wir vorgeschlagen haben, durchaus brauchbar und auch praktisch, weil sie an das anknüpft, als die Rechtsprechung schon herausgearbeitet hat, und dies nur befestigt. Nun wird ferner gesagt, dass es doch besser wäre, eine Subjektivierung der Masse in der Weise einzuführen, dass das Zweckvermögen wie ein Nachlass bei der Testamentsvollstreckung oder wie die Konkursmasse bei der Konkursverwaltung wie juristische Personen behandelt werden. Wir müssen ja sagen, dass wir als Prozessgesetzgeber nicht dazu da sind, den Schritt zu tun, den der Konkursgesetzgeber bewusst bisher nicht getan hat und voraussichtlich auch nie tun wird und den man auch im Erbrecht bisher nicht getan hat und wahrscheinlich auch nie tun wird. Gewiss, man könnte in der Prozessordnung bestimmen, dass solche Zweckvermögen, bei denen der Gesetzgeber des materiellen Rechts nicht den Mut findet, sie zu juristischen Personen zu machen, wie juristische Personen behandelt werden und dass der Konkursverwalter ihr gesetzlicher Vertreter sein soll. Was hätte es aber für einen Sinn, etwas zu fingieren, was das materielle Recht bewusst nicht tut und nicht will? Nicht einen Schritt kommen wir praktisch weiter; um nichts verbessern wir den Gang des Prozesses. Wir erreichen nur das eine, dass alle Leute sich umstellen müssen. Heute steht im Rubrum: der Zwangsverwalter, der Konkursverwalter, der Testamentsvollstrecker. In Zukunft müsste es heißen: Die Zwangsverwaltungsmasse ist Partei der Klage des X gegen die Zwangsverwaltungsmasse Y, vertreten durch ihren Zwangsverwalter. Alles würde irgendwie anders werden, ohne dass es besser werden würde und ohne dass wir das Wesen des Prozesses oder seinen Verlauf verbessern würden.

Singer teilt mit, dass er viele Klagen bekommen habe, bei denen gegen die Konkursmasse geklagt worden sei. Es sei eine Kleinigkeit für das Gericht, das Rubrum richtigzustellen.

Vorsitzender: Bisher kann man eigentlich immer nur sagen: Man kann es auch anders machen, und infolgedessen wollen wir es anders machen. Aber dass das Neue eine wesentlich glücklichere Lösung ist, dass sich das völlige Umstellen der Praxis auf diese Fiktionstheorie lohnt, dass es das Ziel, das wir anstreben, fördert, bedarf meiner Meinung nach noch des Beweises.

Schrutka: Die österreichische Prozessordnung stellt den Parteibegriff nirgends ex professo auf, und auch sonst ist es ihr fremd, irgendeinen formalen Parteibetrieb an irgendeiner Stelle zu fordern. Unser übriges Recht kennt jedoch den formalen Parteibegriff sehr wohl, und zwar insbesondere bei der Klage, die der Ehemann auf Bestreitung der Kosten der außerehelichen Geburt des von der Frau geborenen Kindes erhebt. Diese Klage ist zu Händen eines aufzustellenden Kurators einzubringen. Da sehen die Theoretiker gewissermaßen die Partei von Amts wegen in Reinkultur, während die Praxis es anders auffasst. Das hat jedoch nie zu Schwierigkeiten geführt. In den anderen Fällen, wo man eine formale Partei annehmen kann, lehnt unsere Praxis die Auffassung der Partei kraft Amtes ab und vertritt eine Vertretungstheorie. Allerdings erscheint im Rubrum als Kläger und Beklagter der Masseverwalter. Dies darf jedoch nicht irreführen; der Masseverwalter wird bei uns nicht als Partei angesehen, und es gibt in der Tat auch keinen Anlass, ihn irgendwie als Partei anzusehen. Die Schwierigkeiten, die vielfach bestehen und die Herr Lent angedeutet hat, lösen sich bei uns also sehr leicht. – Im Konkursprozess ist, wenn es sich nicht um den Anfechtungsanspruch handelt, der Gemeinschuldner Partei, und beim Anfechtungsprozess hilft uns eine Bestimmung der Prozessordnung über die Parteivernehmung. Ob im Anfechtungsprozess der Gemeinschuldner Partei ist, ist von der Praxis offen gelassen. Unsere Theorie schwankt auch, Rintelen vertritt die Personifizierungstheorie.

Vorsitzender: Wir würden für Österreich also gar keine wesentlichen Änderungen herbeiführen; was wir vorschlagen, würde für Österreich keine unerträgliche Lösung sein. (*Schrutka* stimmt dem zu.)

Stagel: Ich halte es auch vom österreichischen Standpunkt doch für angezeigt, zu der Partei kraft Amtes überzugehen, und zwar aus den Gründen, die heute schon öfters gegen die Schaffung neuer juristischer Personen, oder wie immer man die Subjektivierung der Masse benennen will, vorgebracht worden sind. Ich glaube auch, dass man es heute, von den Juristen abgesehen, nicht günstig aufnehmen würde, wenn man auf dies Rechtsgebilde zurückgreifen würde. In Österreich würde man, wie früher schon festgestellt worden ist, gar keine Schwierigkeiten haben.

Auf die Frage des *Vorsitzenden* an die Mitglieder des Ausschusses, ob sie die vorgeschlagene Lösung für erträglich halten, erklären sich Jonas, Stagel, Staud, Fechner, Pohle, Schultze und Engelmann für den Entwurf, während Singer und Schmidt gegen die Partei kraft Amtes sind. Auch Fischer und Lent erklären sich für das Zweckvermögen, halten jedoch die vorgeschlagene Lösung nach der Aussprache mit Herrn Staud nicht gerade für unerträglich. Pagenstecher erklärt, dass der Ausschuss dann, wenn die anderen Ausschüsse die Subjektivierung der Masse keinesfalls annehmen würden, dies auch nicht tun könne. Er halte die Theorie vom gesetzlichen Vertreter für vollkommen unannehmbar und die Partei kraft Amtes demgegenüber ganz entschieden für das kleinere Übel. Wenn er wüsste, dass sich die anderen Ausschüsse der Lehre der Partei kraft Amtes anschließen würden, würde er auch dafür sein. Da aber alles fraglich sei, halte er de lege ferenda die Subjektivierung der Masse für das Richtigste.

Der *Vorsitzende* stellt fest, dass die Mehrheit der Ausschussmitglieder sich für den vorgeschlagenen Entwurf entscheidet und schließt damit die Debatte über diese Frage.

Der Streitgegenstand

Lent: Bei der Frage des Streitgegenstandes wollen wir von der alten Frage nach dem Inhalt der Klage ausgehen. Da kann man wohl so weit gehen zu sagen, dass man eine vollständige Substantiierung im Sinne einer schöpfenden, alle Tatsachen, auch alle erheblichen Tatsachen bringenden Sachdarstellung als notwendigen Inhalt der Klage nicht verlangen kann. Wenn man mit der Forderung der Substantiierung im Sinne des notwendigen Inhalts der Klage ernst machen würde, müsste man auch die Konsequenz ziehen, eine nicht vollständig substantiierte Klage als unzulässig abzuweisen. Diese Konsequenz ist in der Praxis meines Wissens nie gezogen worden.

Vorsitzender: Ein tüchtiger Landesarbeitsgerichtsvorsitzender in Berlin steht auf dem Standpunkt, dass die Anforderungen an die Substantiierung gar nicht groß genug sein können. Für den gewöhnlichen Prozess spielt es keine Rolle. Wenn man eine Klage erhebt, und in der mündlichen

Verhandlung wird von dem Gegner gerügt, die Klage wäre unsubstantiiert, weil – angenommen, es handelt sich um eine Darlehensklage – aus ihr die Fälligkeit nicht hervorgehe, dann kann man darauf hinweisen, dass sich die Fälligkeit aus einem Brief vom soundsovielten ergibt, in dem Zahlung verlangt worden ist. Bei der Kündigungswiderrufsklage muss die Kündigung zivilrechtlich an sich wirksam sein, d.h. derjenige, der kündigt, muss entweder das Recht haben, nach dem Arbeitsvertrag jederzeit zu kündigen, oder aber er muss die Kündigungsfrist innegehalten haben. Wenn einem Angestellten zum Schluss des Kalendervierteljahres ordnungsgemäß gekündigt wird, dann kann er die Kündigungswiderrufsklage nur darauf stützen, dass sie eine unbillige Härte bedeute. Unbillige Härte ist nun ein Rechtsbegriff. Die Substantiierungstheorie verlangt, dass die Tatsachen dargelegt werden, aus denen sich die unbillige Härte ergibt, und das verlangt jener Prozessrichter und operiert nun folgendermaßen. Wenn eine Klage eingereicht wird, in der es nur heißt, dass der Beklagte gekündigt hat, dass diese Kündigung unbillig ist und beantragt wird, den Beklagten zum Widerruf der Kündigung zu verurteilen, dann sagt dieser Richter – er hat lang begründete Erkenntnisse in diesem Sinne gebracht –, dass dies keine ordnungsmäßige Klage ist, weil ihr die Begründung fehlt; es ist mit keinem Wort gesagt, woraus sich die unbillige Härte ergibt. Wenn der Kläger das in der mündlichen Verhandlung nachholen will, dann lässt dieser Richter das nicht zu. Er stellt sich auf den Standpunkt, dass die Klage innerhalb einer Woche eingereicht werden musste und dass sie nicht mehr ergänzt werden kann, wenn diese Frist verstrichen ist, und infolgedessen weist er die Klage, ohne sie sachlich zu prüfen, als unzulässig ab.

Herr Jonas hat sich ebenso wie ich eingehend darüber ausgesprochen, und die Mehrheit der Rechtsprechung ist uns gefolgt; das Reichsarbeitsgericht hat leider keine Stellung dazu nehmen können. Herr Jonas hat einmal sehr klar auf folgenden Unterschied hingewiesen. Beim Versäumnisurteil muss natürlich die vollständige Substantiierung erfolgt sein, während man sich bei der Klage unter Umständen, wenn man nicht zu irrsinnigen Ergebnissen kommen will, mit einem Minimum von Substantiierung begnügen muss. Hinzu kommt, dass sich die Notwendigkeit der Substantiierung oft erst aus dem Prozessverlauf ergibt. Es ist doch ganz klar, dass ich ohne weiteres folgende Klage erheben kann: Der Beklagte kaufte und empfing die und die Waren; ich bitte, ihn zur Zahlung zu verurteilen. Nun kann der Beklagte dagegen fragen, wann und unter welchen Umständen er die Waren gekauft haben soll, und dann muss der Kläger unter Umständen sehr eingehend darlegen, dass z.B. sein Reisender in dem Geschäft des Beklagten gewesen sei und dort mit seiner Ehefrau verhandelt habe, die nach dem Handelsgesetzbuch als zu solchen Geschäften ermächtigt gelte. Wenn der Beklagte einfach dagegen einwendet, dass die Waren mangelhaft gewesen seien und dass er sie deshalb nicht angenommen habe, dann hat es keinen Sinn, lange darüber zu grübeln, wie der Kaufvertrag zustande gekommen ist. Wir würden uns selber ad absurdum führen, wenn wir verlangen würden, dass in jeder Klage zu stehen hat, wie der Kaufvertrag zustande gekommen ist, worin das Angebot und worin die Abnahme gelegen habe, und aus welchen Umständen sich gegebenenfalls die Ermächtigung des Annehmenden ergeben habe.

Lent: Ich stimme hier mit dem Herrn Vorsitzenden durchaus überein. Es liegt durchaus im Sinne der Elastizität der Prozessführung, eine vollständige Substantiierung des Inhalts der Klage nicht zu fordern, sondern es vom Prozessverlauf abhängig zu machen, in welchen Einzelfällen eine vollständige Substantiierung überhaupt nach der Streitlage notwendig wird. Es kann weiter, wenn man überhaupt zwischen der Klage und ihrer Bedeutung einerseits und der mündlichen Verhandlung und ihrer Bedeutung andererseits unterscheidet, kein Zweifel sein, dass die vollständige Substantiierung in der mündlichen Verhandlung zu liefern ist, dass es aber nicht Aufgabe eines auf dem Prinzip der Mündlichkeit beruhenden Verfahrens ist, sämtliche Aufgaben der mündlichen Verhandlung, darunter auch die vollständige Substantiierung bereits der Klageerhebung zuzuschieben. Ich würde mich auf den Standpunkt stellen, dass eine vollständige Substantiierung als notwendiger Inhalt der Klage nicht richtig erscheint, und dass auch die richterliche

Aufklärungspflicht usw. vollständig den Sinn verlieren würde, wenn nichts mehr aufzuklären wäre, sondern die vollständige Substantiierung entweder bereits durch den Kläger erfolgt wäre oder, wenn sie nicht erfolgt wäre, die Klage mangels vollständiger Substantiierung als unzulässig abgewiesen werden müsste. Gerade die wichtige richterliche Ergänzung der Angaben des Klägers kann sich nur entfalten, wenn die Unvollständigkeit der Klage nicht zur Abweisung der Klage als unzulässig führen kann.

Was nun weiter die Anführung in der Klage anlangt, so ergibt sich die Frage, ob es für eine Klage genügt, dass lediglich ein Tatbestand, eine Sammlung von Tatsachen gebracht wird, oder ob der Kläger eine konkrete Rechtsfolge behaupten muss, zu der der Beklagte auch entsprechend Stellung zu nehmen hat. Wohlgemerkt scheidet eine abstrakte oder gar technische Bezeichnung der Rechtsverhältnisse aus.

Es ist selbstverständlich, dass die alte Individualisierungstheorie, die gefordert hat, dass das Rechtsverhältnis bezeichnet wird, nicht richtig sein kann, weil damit dem Kläger die Verantwortung für eine technisch korrekte Bezeichnung zugeschoben werden würde. Wir sind wohl alle darüber einig, dass von den Parteien die Kenntnis des abstrakten Rechts nicht verlangt werden kann und daher auch keine technische Bezeichnung. Wenn es auf die technische Bezeichnung seitens der Partei nicht ankommt, ist es auch sinnlos, darin ein wesentliches Merkmal der Klage zu sehen. Wenn ich eine Klage aus Darlehen oder aus Kauf erhebe, das Rechtsverhältnis also vielleicht sogar korrekt bezeichne, so ist damit nicht im Geringsten etwas für die Individualisierung des Rechtsverhältnisses getan; denn um welchen Kauf und welches Darlehen es sich handelt, ist ja nicht gesagt. Es kann sich nur darum handeln, ob der Kläger eine konkrete Rechtsfolge ganz unabhängig von der technischen Bezeichnung für sich selbst behaupten muss, und da steht ja unsere bisherige Prozessordnung auf dem Standpunkt, dass die Partei in ihrem Antrag, verbunden mit der Begründung, die sie dem Antrag gibt, eine konkrete Rechtsfolge behaupten muss, z.B. dass sie aus dem Kauf, der näher dargelegt wird, den Anspruch auf Zahlung des Kaufpreises von 300 RM hat. Es ist gleichgültig, ob das in Wahrheit ein Kauf, ein Werklieferungsvertrag oder ein Werkvertrag ist; denn es ist erkennbar, welchen Vertragsanspruch der Kläger meint. Das muss erkennbar sein, und es ist Sache des Gerichts, die juristische Qualifikation dafür zu geben, während der Kläger sich eine bestimmte Rechtsfolge zuschreiben muss.

Es ist ausgeschlossen, wie Baumbach es verlangt, dass eine Partei sich an das Gericht wendet, angibt, was ihr passiert ist, und bittet, dass ihr gesagt wird, was sie daraufhin zu verlangen hat. Der Kläger muss sich selber überlegen, welche Rechtsfolge er aus den Tatsachen ziehen soll. Er muss sich auf eine bestimmte, konkrete Rechtsfolge festlegen, die den Streitgegenstand bildet. Bei der Feststellungsklage kann eine Entscheidung über Tatsachen und Tatbestände gar nicht ergehen. Die Leistungsklage werden wir nicht anders behandeln können. Auch hier ist Streitgegenstand und Entscheidungsgegenstand die konkrete, in der Klage vom Kläger festgelegte Rechtsfolge, die er aus dem von ihm behaupteten Tatbestand zieht.

Es handelt sich im Ganzen um drei Glieder einer Kette: Einen Tatbestand einerseits, eine konkrete Rechtsfolge andererseits und ein Mittelglied, gebildet von den Gesetzesnormen, nach denen sich aus diesem Tatbestand gemäß § soundso die und die konkrete Rechtsfolge ergibt. Von diesen drei Gliedern der Klage hat die Partei das erste und dritte Glied zu liefern, nämlich den Tatbestand und die beanspruchte Rechtsfolge, während es ausschließlich Sache des Gerichts ist, das Mittelglied zu liefern und zu prüfen, ob es eine Norm des objektiven Rechts gibt, die die vom Kläger behauptete Rechtsfolge aus dem von ihm behaupteten Tatbestand ableiten lässt. Kommt das Gericht zu der Überzeugung, dass dieses Mittelglied nicht zu finden ist, dann ist die Klage, wie wir sagen, unschlüssig, und es erübrigt sich für das Gericht, zu erforschen, ob der Tatbestand überhaupt besteht oder nicht; denn dann steht fest, dass sich die Rechtsfolge aus dem Tatbestand, selbst wenn dieser besteht, überhaupt nicht ergeben kann, und damit ist die Klage zur Abweisung reif. Die Härte dieser Entscheidung wird durch § 139 weitgehend gemildert, indem der Richter den Kläger darauf aufmerksam machen kann, dass es die Rechtsfolge, die er aus dem Tatbestand ableitet, nach unserer Gesetzgebung nicht gibt und dass er, wenn der Tatbestand bestehen sollte, eine andere Rechtsfolge daraus ableiten könnte, und der Richter kann fragen, ob er vielleicht einen entsprechenden Antrag stellen will. Soweit könnte man jedenfalls nach moderner Prozessauffassung gehen.

Ich erinnere hier an den bekannten Fall, dass der Käufer wegen Mängel der Kaufsache zahlreiche Ansprüche hat, im Gegensatz zum Werkvertrag aber nicht den sehr naheliegenden Anspruch auf Ausbesserung des Fehlers. Wir sind elastisch genug, um die Härte, die darin liegt, ausgleichen zu können. Es ist eine Härte; denn ich kann eine konkrete Rechtsfolge mit voller Sicherheit aus einem Tatbestand nur ableiten, wenn ich die Normen kenne oder wenn ich instinktiv aus meinem Rechtsgefühl heraus die Konsequenzen ziehe, die die Normen festsetzen. Wir müssen daran festhalten, dass sich der Kläger nicht damit begnügen darf, Tatsachen anzuführen und es dem Gericht zu überlassen, aus diesen Tatsachen eine Rechtsfolge abzuleiten und zuzusprechen, sondern die Aufgabe übernehmen muss, sich selbst ein Bild von der Rechtsfolge zu machen, eine bestimmte, konkrete Rechtsfolge herauszugreifen und für sich zu behaupten.

Ich komme nun zu einem kritischen Punkt, nämlich zu den konkurrierenden Ansprüchen, bei denen nach materiellem Recht, wirtschaftlich und rechtlich gesprochen, zur Erreichung eines und desselben Zieles zwei oder mehr Ansprüche zur Verfügung stehen. Wenn man hier zunächst streng nach der Theorie vorgeht, dann fragt man sich unwillkürlich, warum man etwas einfach machen soll, wenn es auch kompliziert geht. Ein einfacher Fall ist der, dass der Mieter eines möblierten Zimmers einige der Möbel und Fenster dieses Zimmers beschädigt. Leider hat das materielle Recht diesen Fall dadurch kompliziert, dass, wenn diese Möbel nicht nur Gegenstand des Mietvertrages, sondern auch Eigentum des Vermieters sind, dem geschädigten Vermieter zwei konkurrierende Ansprüche zur Verfügung stehen, die wir als Vertragsanspruch und Deliktsanspruch bezeichnen wollen. Er kann die 100 RM, die er als Schadenersatz verlangt, als Deliktsanspruch und als Vertragsanspruch betrachten. Er wird in der Klage in aller Regel sagen: Die mir gehörigen und in dem möblierten Zimmer vermieteten Gegenstände hat X beschädigt; ich verlange daher Verurteilung des Beklagten zum Schadenersatz von 100 RM. Damit entsteht die schwierige Frage, ob das ein Streitgegenstand ist oder ob es zwei sind. Es ist unbedenklich zuzugeben, dass der Laie sagen wird, es handelt sich natürlich um einen Streitgegenstand, da der Mann nur eine Verurteilung verlangt; aus welchem Gesichtspunkt diese erfolgt, ist ihm an sich gleichgültig. Man könnte danach prima facie unbedingt dafür eintreten, zu sagen, dass es sich selbstverständlich nur um *einen* Streitgegenstand handelt, weil nur *ein* Antrag gestellt ist und der Mann nur *eine* Entscheidung haben will.

Das Bild ändert sich erst dann, wenn wir annehmen, der Mann habe in seiner Klagebegründung nichts davon erwähnt, dass die Möbel sein Eigentum sind, sondern habe lediglich behauptet, dass in dem von ihm vermieteten Zimmer die und die Schäden angerichtet worden seien. Selbstverständlich kann diese Unvollkommenheit der Klage nach § 139 in der Praxis sehr rasch ausgeglichen werden, indem der Richter die naheliegende Frage stellt, ob dem Kläger die Möbel gehören. Aber wir müssen doch zunächst annehmen, er habe lediglich den Vertragsanspruch erhoben. Jetzt wird gegen den Vertragsschluss irgendeine durchschlagende Einwendung vorgebracht, z.B. die Minderjährigkeit des Mieters eingewandt, und es erweist sich, dass ein Vertragsanspruch auf Entschädigung wegen Verletzung des Mietvertrags nicht besteht. Dann wird der Kläger abgewiesen, und diese Entscheidung wird rechtskräftig. Nachher sagt dem Vermieter jemand, dass er sein Eigentum hätte behaupten können und dass er damit durchgedrungen wäre. Jetzt erhebt er eine neue Klage mit der Begründung, dass die Möbel sein Eigentum gewesen wären; er macht also den Deliktsanspruch geltend. Da entsteht die Frage, ob die Rechtskraft des ersten, abweisenden Urteils auch den Deliktsanspruch trifft. Hier tritt das Problem auf, was Streitgegenstand im Sinne des Entscheidungsgegenstandes ist, und da wird man wohl daran festhalten müssen, dass Urteilsgegenstand und Streitgegenstand der Rechtskraft ein bestimmter Anspruch im Sinne des materiellen Rechts ist, dass rechtskräftig aberkannt lediglich der Vertragsanspruch ist und dass einer neuen Prozessführung aufgrund des Deliktsanspruchs nichts entgegensteht. Umgekehrt ist es natürlich genauso.

Herr Stagel hat dem widersprochen. Hier sehen Sie schon einen praktischen Konfliktsfall. Die eine Anschauung geht dahin, dass es nicht zulässig ist, den im Wesentlichen gleichen Tatbestand noch einmal, nur unter anderen rechtlichen Gesichtspunkten, aufzurollen. Wenn man das verneint, muss man aber dazu übergehen, auch den Gegenstand der Rechtskraft völlig anders aufzufassen als bisher und zu sagen, dass kein bestimmter, individualisierter Anspruch des materiellen Rechts, also der Vertragsanspruch, aberkannt bzw. zuerkannt wird, sondern ein Anspruch schlechthin, dessen Festlegung außerordentlich schwierig ist, während die Festlegung anhand des materiellen Rechts sehr einfach ist.

Wenn wir der umgekehrten Auffassung folgen und sagen, dass lediglich über den Vertragsanspruch erkannt ist und für den Deliktsanspruch noch freie Bahn besteht, dann ersieht man, dass mit der Behauptung des Deliktsanspruchs jedenfalls ein zweiter Streitgegenstand eingeführt ist, der nicht ohne weiteres vom Urteil über den ersten Streitgegenstand gedeckt wird.

Entsprechend wird die Frage zu stellen sein, wenn im Laufe des Prozesses, vielleicht auf Befragen des Richters, der Kläger auch noch sein Eigentum erwähnt und sich auf den Deliktsanspruch stützt. Dann wird das eine Klageänderung sein, die aber praktisch ohne jede Schwierigkeit sein wird, da sie als sachdienlich selbstverständlich zugelassen werden würde. Aber wenn wir auf dem Standpunkt stehen, dass es eine Klageänderung ist, dann würde darin auch das Zugeständnis liegen, dass eine Änderung des Streitgegenstandes vorliegt.

Ich möchte gleich den Einwand abschneiden, das seien zwei verschiedene rechtliche Gesichtspunkte, und in den rechtlichen Gesichtspunkten sei das Gericht ja frei. Das stimmt nicht. Es handelt sich um die tatsächliche Behauptung des Klägers, die Sachen gehörten ihm, und das Gericht hat nicht die Möglichkeit, jemandem einen Eigentumsanspruch und daher auch eine Deliktsanspruch zuzuerkennen, solange die Partei selber niemals behauptet hat, dass die Sachen ihr Eigentum seien. Es handelt sich nach der Gestaltung des bürgerlichen Rechts genau genommen nicht um zwei rechtliche Gesichtspunkte in Bezug auf denselben Streitgegenstand, sondern um zwei verschiedene Ansprüche, die zum Gegenstand des Rechtsstreits gemacht werden. Wir könnten also zunächst sagen, dass wir zwei Streitgegenstände haben.

Wie gestalten sich die Dinge aber praktisch und einfach? Wenn das Gericht den einen der beiden erhobenen Ansprüche prüft und bejaht, wird es das Urteil fällen. Es wird also, wenn z.B. die fahrlässige Beschädigung der Sachen feststeht und das Eigentum unbestritten ist, der Frage des Mietvertrages keine Aufmerksamkeit mehr zu schenken brauchen, vielleicht gar nicht mehr schenken dürfen, sondern den Schadenersatz mit der Begründung zusprechen, dass der Kläger den Deliktsanspruch habe, und dabei werden sich die Parteien beruhigen.

Bei der Lehre von den zwei Streitgegenständen müssten wir jetzt eigentlich sagen, dass von den beiden Streitgegenständen nur der eine durch das Urteil erledigt sei. Was ist mit dem Vertragsanspruch geworden? Dieser ist nach unserer Auffassung doch Streitgegenstand gewesen, und ein Streitgegenstand kann doch nicht einfach stillschweigend unter den Tisch fallen und muss doch auch noch irgendwie erledigt werden. Hier wird die Praxis natürlich sagen: Da sieht man den ganzen Unsinn des doppelten Streitgegenstandes; wir sind gezwungen, obwohl keine Partei das wünscht, den Prozess über den Vertragsanspruch weiterzuführen. Hier muss also, wenn wir uns auf den Boden der Lehre vom doppelten Streitgegenstand stellen, ein Ventil geschaffen werden, das die sofortige Beendigung des Prozesses aufgrund der Entscheidung über den einen

Streitgegenstand gestattet, damit die leidige und von den Parteien gar nicht mehr für nötig gehaltene Verhandlung über den zweiten Streitgegenstand ohne jede Schwierigkeit wirklich abgebogen werden kann. Es bedarf allerdings irgendeiner Vorschrift. Man kann sagen, dass die Zurücknahme der zweiten Klage ohne Widerspruch des Beklagten möglich ist, und dass sich die Kosten des Prozesses bei konkurrierenden Ansprüchen nach einem Streitgegenstand richten, und schließlich kann man bestimmen, dass im Falle der Zuerkennung des einen Anspruchs der andere als aberkannt gilt. Es besteht aber zweifellos auch im Falle der Annahme eines doppelten Streitgegenstandes die Möglichkeit, hier Remedur zu schaffen und eine ganz einfache Lösung zu finden, bei der der zweite Streitgegenstand beseitigt wird.

Wie ist es nun in dem immerhin denkbaren, wenn auch praktisch seltenen Fall, dass der Kläger ein Interesse daran hat, den einen der beiden Ansprüche vorzugsweise festgestellt zu sehen oder gar beide Ansprüche feststellen zu lassen? Es könnte sein, dass ein größerer Schaden entstanden ist und der Kläger für den Vertragsanspruch einen Bürgen hat, während er beim Deliktsanspruch, wenn er den Vorsatz beweisen kann, den Vorteil hat, dass gegen seinen Schadenersatzanspruch nicht aufgerechnet werden kann. Es muss doch möglich sein, dass eine Entscheidung über beide Ansprüche ergeht, wenn ein Kläger in dieser Lage ist. Das ist aber nur möglich, wenn wir einen doppelten Streitgegenstand annehmen. Nehmen wir an, es sei nur ein Streitgegenstand mit doppelter Begründung, dann gibt es nach herrschender Auffassung keinen Weg, etwa festzulegen, dass beide Begründungen irgendwie festgestellt werden können. Es bleibt nun einmal dabei, dass die Feststellung des Vertragsanspruchs rechtskraftmäßig dem Urteil einen anderen Inhalt, eine andere Bedeutung und eine andere Tragweite verleiht, als die Feststellung des Deliktsanspruchs. Die beiden Urteile sind inhaltlich nicht gleich. Bei einem Urteil auf eine Klage mit doppelter Begründung kann das Gericht die Begründung frei wählen. Ob man im Urteil die Verpflichtung zum Schadenersatz auf § 823 Abs. 1 oder § 823 Abs. 2 stützt, ob man einen Wandlungs- oder Minderungsanspruch mit der Begründung zuerkennt, eine zugesicherte Eigenschaft fehle, oder ob man sagt, abgesehen von der Zusicherung ergebe sich der Anspruch schon aus § 459 Abs. 1, ist für die Rechtskraft des Urteils vollkommen unerheblich; es wird derselbe Schadenersatzanspruch, derselbe Wandlungs- und Minderungsanspruch zur rechtskräftigen Feststellung gebracht. Weil die Rechtskraft des Urteils in beiden Fällen dieselbe ist, kann die Partei auch nicht verlangen, dass nun gerade eine bestimmte Begründung gewählt wird; sie kann dem Gericht nicht vorschreiben, welche Begründung es wählen soll. Wenn dagegen der Inhalt der Rechtskraftwirkung bei beiden Urteilen verschieden ist, muss auch der Partei die Möglichkeit gewährt werden, denjenigen Anspruch zur Feststellung zu bringen, den sie will. Wir haben außer dem schon erwähnten Fall, dass ein rechtliches Interesse für den Kläger besteht, zwei Schadenersatzansprüche zur Feststellung zu bringen, noch den seltenen Ausnahmefall zugelassen, dass der Kläger ein Interesse daran hat, einen der beiden Ansprüche zur Feststellung zu bringen und das Gericht zwingen kann, gerade diesen Anspruch festzustellen.

Weitere Schwierigkeiten ergeben sich beim Einlegen der Rechtsmittel. Nehmen Sie an, der Vertragsanspruch ist zuerkannt worden. Der Beklagte legt nun Berufung ein und macht geltend, der Vertrag sei nicht gültig. Das Gericht zweiter Instanz kommt zu der Auffassung, dass der Vertragsanspruch nicht besteht, prüft aber nunmehr den Deliktsanspruch und kommt wiederum zu der Zuerkennung des Schadenersatzes, jetzt mit der Begründung des Delikts. Dabei kann das Urteil nicht einfach so gefasst werden, dass die Berufung abgewiesen wird; denn in diesem Fall würde das Urteil erster Instanz rechtskräftig werden, das den Vertragsanspruch zuerkannt hat. In dem Urteil der Berufungsinstanz muss vielmehr gesagt werden, dass das Urteil der Vorinstanz aufgehoben wird, dass der Beklagte aber erneut zum Schadenersatz verurteilt wird. Das muss geschehen, weil sonst später Unklarheit darüber herrschen würde, welcher Anspruch des materiellen Rechts eigentlich zuerkannt ist. Das klingt sehr kompliziert, aber ich glaube, dass im Unterausschuss doch Neigung bestand, diese zunächst kompliziert erscheinende Regelung anzunehmen, weil dadurch nur eine absolute und doch sehr einfache Klarheit über die Behandlung der Dinge und die Rechtskraft geschaffen werden könnte.

Der andere Ausweg wäre der, dass es nicht auf den Anspruch nach der Qualifikation des bürgerlichen Rechts ankommt, sondern der Lebensvorgang, der einheitliche Lebenskomplex entscheidet. Ich warne davor. Es ist sehr schwierig, zu entscheiden, wann ein Lebensvorgang vorliegt oder ein anderer, wann es sich um denselben Lebenskomplex handelt oder um einen anderen. Wir haben mit vieler Mühe herausgearbeitet, wann ein und derselbe Anspruch vorliegt und wann es verschiedene sind. Wenn wir jetzt auch noch für die Lebenskomplexe eine einfache und präzise Regelung geben wollten, wann ein Lebensvorgang vorliegt und wann es zwei sind, dann wäre das ein außerordentlich schwieriges Unternehmen, das der Praxis die Arbeit nur erschweren würde.

Ich persönlich bin also, obwohl ich gewisse Schwächen der Theorie zugebe, der Auffassung, dass es am einfachsten ist, wenn man sich klar macht: Auch wenn ich nur einen Antrag stelle, aber zwei Ansprüche des bürgerlichen Rechts geltend mache – vorausgesetzt, dass das bürgerliche Recht diese Form der konkurrierenden Ansprüche beibehält –, muss es sich um zwei Streitgegenstände handeln. Was wir erreichen müssen, ist die praktische Handhabung des Prozesses in der Weise, dass, wenn die beiden Parteien mit der Entscheidung über den einen der beiden Ansprüche zufrieden sind, der andere ohne weiteres amputiert wird und wegfällt. Wenn uns das aber nicht gelingt, würden wir zu einer Kompliziertheit des Verfahrens kommen, die nicht tragbar wäre. Ich bin jedoch der Überzeugung, dass es sehr wohl möglich ist, den zweiten Gegenstand auszuschalten. Dabei müssen wir allerdings an den Fall denken, dass der Kläger dem Gericht vorschreiben kann, welchen Anspruch er in erster Linie festgestellt haben will, und dass in Ausnahmefällen die Möglichkeit gegeben sein muss, sogar über beide Ansprüche eine Entscheidung zu verlangen, wenn ein rechtliches Interesse daran nachgewiesen wird. Dass der zweite Antrag nur noch ein Antrag auf Feststellung sein kann, ist wieder eine zweite Frage. In Wahrheit handelt es sich, glaube ich, um eine vollkommen klare und einfache Linie, an die sich die Praxis sehr schnell gewöhnen kann, wenn es uns nur gelingt, dass sich in dem Normalfall beide Parteien mit der Entscheidung über den einen Anspruch zufrieden geben und der andere Anspruch vollkommen schmerzlos ohne besondere Kosten beseitigt wird.

Im Übrigen und für die Lehre von der Rechtskraft kommen wir auf diesem Wege zu einer wirklich klaren Linie; denn ich weiß nicht, was anders Gegenstand der Rechtskraft sein sollte als ein qualifizierter Anspruch des bürgerlichen Rechts. Auch an die Rechtshängigkeit werden vom bürgerlichen Recht Folgen nicht unbedeutender Art geknüpft. Das materielle Recht steht auf dem Standpunkt, dass mit der Klageerhebung ein qualifizierter Anspruch des bürgerlichen Rechts rechtshängig wird. Das führt dahin, dass, wenn der Deliktsanspruch und der Vertragsanspruch gleichzeitig erhoben werden, zwei Ansprüche des bürgerlichen Rechts anhängig werden.

Alle Versuche, auf dem Lebensvorgang, dem Lebenskomplex aufzubauen, werden an dieser Berührung der Rechtshängigkeit mit den Wirkungen des materiellen Rechts und vollends an der Lehre von der Rechtskraft scheitern müssen oder zu Komplikationen führen, die ungeahnt schwieriger sind, als sie vielleicht im ersten Augenblick erscheinen.

Wenn man die Streitgegenstände nicht nach der Zahl der geltend gemachten Ansprüche des bürgerlichen Rechts, sondern nach der Zahl der Anträge bestimmt, bleibt immer eine Lücke zwischen dem Streitgegenstand und dem Urteilsgegenstand; denn der Urteilsgegenstand ist und bleibt nun einmal ein Anspruch des bürgerlichen Rechts, und da tritt immer eine mysteriöse Umwandlung auf; der Streitgegenstand ist zunächst kein Anspruch des bürgerlichen Rechts, weil er Lebenskomplex ist, und nachher haben wir als Gegenstand des Urteils und der Rechtskraft einen qualifizierten Anspruch des bürgerlichen Rechts.

Pagenstecher: Wenn wir jetzt über diese Dinge sprechen, dann wollen wir uns zunächst einmal darüber klar werden, was wir für richtig halten. Wie ich schon in der Frage der Partei kraft Amtes betont habe, geht unser Bestreben grundsätzlich dahin, eine Einheit zwischen Prozess- und bürgerlichem Recht zu schaffen.

Individualisiert ist nach unserer Auffassung ein Anspruch im Sinne des § 322 ZPO, wenn er so genau bezeichnet ist, dass er von anderen Ansprüchen unterschieden werden kann. Diese Individualisierung schon in der Klageschrift halte ich für unbedingt notwendig, damit der Beklagte weiß, worum es sich handelt. Ich bin also auch der Auffassung, dass in jeder Klage ein konkretes Rechtsverhältnis implicite behauptet werden muss; selbstverständlich darf man hier nicht gegen den bekannten Grundsatz „da mihi facutm, dabo tibi ius" verstoßen.

Ich möchte zunächst ein Missverständnis ausräumen, das immer wieder in dieser Lehre auftritt: dass es etwas Verschiedenes wäre, ob man eine Leistungsklage oder eine Feststellungsklage erhebt. Die Leistungsklage ist gegenüber der Feststellungsklage nicht ein aliud, sondern ein Plus. Auch mit der Leistungsklage verlangt der Kläger eine Feststellung, und das Leistungsurteil enthält genauso wie das Feststellungsurteil, wenn es rechtskräftig geworden ist, eine rechtskräftige Feststellung. Allerdings besteht folgender Unterschied: Im Leistungsurteil wird nur ein Anspruch im Sinne des Bürgerlichen Gesetzbuchs festgestellt, während im Feststellungsurteil auch ein Rechtsverhältnis, das kein Anspruch ist, z.B. die Ehe, festgestellt werden kann. Wenn ein Feststellungsurteil über einen Anspruch ergeht, dann hat dies Feststellungsurteil genau die gleiche Wirkung, wie wenn über den Anspruch ein rechtskräftiges Leistungsurteil ergangen wäre, mit dem einzigen Unterschied, dass man das Leistungsurteil auch vollstrecken kann. Wenn man das Feststellungsurteil betrachtet, tritt, glaube ich, die rechtliche Situation etwas deutlicher hervor, insbesondere, dass jede Klage mindestens implicite eine Rechtsbehauptung enthalten muss. Bei vielen Feststellungsklagen enthält die Klage schon ausdrücklich eine Rechtsbehauptung, z.B. wenn auf Feststellung des Eigentums, des Bestehens einer Ehe usw. geklagt wird. Hier wird überall ausdrücklich ein Rechtsverhältnis behauptet.

Anders läge der Fall, wenn ein Mädchen gegen einen Mann, der behauptet hat, er habe ein Verhältnis mit ihr, auf Feststellung klagt, dass er kein Verhältnis mit ihr habe. In diesem Fall wäre die Klage nicht individualisiert, weil hier keine Rechtsbehauptung aufgestellt wird.

Ich komme nun zu den Fällen des § 29 ZPO, bei denen auf Feststellung des Bestehens oder Nichtbestehens eines Schenkungsvertrags, Vergleichs usw. mit bestimmtem Inhalt geklagt wird. Auch in diesen Fällen braucht der Kläger nicht zu sagen, dass es sich um einen Vergleich oder Schenkungsvertrag handelt, sondern er kann z.B. einen schriftlichen Vertrag vorlegen, und das Bestehen des Vertrags wird festgestellt. Der Richter ist aber unabhängig verpflichtet, im Urteil nicht festzustellen, dass der in der Anlage des Urteils enthaltene Vertrag besteht, sondern er muss feststellen, dass dieser Schenkungsvertrag oder dieser Vergleich besteht. Dies ist ein unbedingtes rechtspolitisches Erfordernis, weil hinterher sonst die Prozesse in ganz ungerechtfertigter Weise vermehrt werden würden. Sie brauchen nur an den Fall zu denken, dass jemand wegen Undanks widerrufen will und dass es dann darauf ankommt, ob es sich um einen Anspruch aus Vergleich oder aus einem Schenkungsvertrag handelt. Wenn man das dahingestellt lässt und sich auf den Standpunkt stellt, dass das ganz gleichgültig sei, wenn der Beklagte nur das und das schulde, dann bleibt etwas ungewiss, und es widerspricht dem Grundsatz, dass der Streit der Parteien endgültig entschieden werden muss.

Nehmen Sie an, ein Sohn hat gegen seinen Vater auf Herausgabe außerordentlich wertvoller Gemälde geklagt und hat einen notariellen Vertrag vorgelegt, in dem der Vater dem Sohn versprochen hat, die und die Gemälde zu schenken. Der Vater ist auch antragsgemäß verurteilt worden, die Gemälde aus Schenkungsvertrag herauszugeben, und bevor nun die Gemälde übergeben worden sind, widerruft der Vater den Schenkungsvertrag wegen groben Undanks des Sohnes.

Darauf erklärt der Sohn, dass es sich gar nicht um einen Schenkungsvertrag gehandelt habe, sondern anlässlich der zweiten Heirat des Vaters hätten sie einen Auseinandersetzungsvertrag geschlossen, und lediglich um klarzustellen, wie viel Schenkungs- und Erbschaftssteuer gezahlt werden müsste, habe der Notar zwei getrennte Verträge beurkundet. Der Sohn führt weiter aus, er hätte damals keine Veranlassung gehabt, das zu erwähnen; er habe nicht gewusst, dass es darauf ankommt. Ebenso kann es sein, dass aus einem Vergleich geklagt und dass hinterher auf einmal behauptet wird, in Wirklichkeit handle es sich um eine Schenkung. Dann wird auch wieder ein ganz neuer Streit aufgerollt.

Vorsitzender: Bei unserer Debatte wird alles von der Frage abhängen, was in den Tenor und was in die Gründe gehört. Denn wenn wir sagen, es genügt, dass es in den Gründen steht, weil diese das Urteil ergänzen, dann würde, wenn die erste Instanz aus Vertrag verurteilt hat und die zweite sich auf den Standpunkt stellt, dass der Vertrag nicht zustande gekommen ist, aber den eingeklagten Betrag aus unerlaubter Handlung zuerkennt, die zweite Instanz nicht zu sagen habe, dass das Urteil abgeändert wird. Dass derselbe Betrag dem Kläger aus unerlaubter Handlung zugesprochen wird, gehört nicht in den Tenor, sondern es genügt, wenn das in den Gründen steht, und das erste Urteil wird nicht dadurch einfach rechtskräftig, sondern so, wie seine Gründe durch das zweitinstanzliche Urteil gestaltet werden.

Fischer: Wenn der Sohn gegen den Vater auf Feststellung des Vertrags klagt, dann entscheidet der Richter dahin, dass der Vertrag als geschlossen festgestellt wird. Nun soll er nach der Meinung von Herrn Pagenstecher nicht nur sagen, dass der Vertrag zustande gekommen ist, sondern auch, dass es ein Schenkungsvertrag ist, und das ist uns in der Praxis fremd.

Pagenstecher: Ob es im Tenor oder in den Gründen steht, ist für mich vollkommen gleichgültig, sondern es kommt auf den Sinn des Tenors an. Wenn festgestellt wird, dass der Beklagte aus Vertrag das und das schuldet, und sich aus dem Tenor ergibt, dass das Gericht einen Schenkungsvertrag angenommen hat, dann ist mir das ganz gleichgültig.

Nehmen Sie an, es wird nur festgestellt, dass der Vater die Gemälde herauszugeben hat, und nun gehen sie durch eine leichte Fahrlässigkeit unter. Wenn es sich um einen Schenkungsvertrag handelt, ist kein Schadenersatz zu leisten, während dann, wenn es sich um einen anderen Vertrag, z.B. einen Auseinandersetzungsvertrag, handelt, Schadenersatz zu leisten hat. In diesem Fall kommen wir also zu einem zweiten Prozess, und das ist es gerade, was wir nicht wollen.

Ich behaupte also, dass im Leistungsurteil und im Feststellungsurteil sogleich festgestellt werden muss, um welches Rechtsverhältnis es sich handelt. Wenn wir den Fall setzen, dass der Kläger mit seiner Klage ohne weiteres durchgedrungen ist, dann kann man ja sagen, dass die Rechtsbehauptung, die er in der Klage aufgestellt hat, z.B. dass der Beklagte aus Schenkungsvertrag die und die wertvollen Gemälde schuldet, vom Richter anerkannt worden ist.

Weiter kann man an den Fall denken, dass zwischen Erben, die beide vollkommen bona fide sind, z.B. auf 10.000 RM geklagt wird, zahlbar in zehn Jahresraten von je 1000 RM. A2 ist Erbe des A1, B2 Erbe des B1. A2 klagt nun auf die Zahlung. B2 macht dagegen geltend, dass der der Klage zugrunde liegende Vertrag infolge Wuchers nichtig sei. Nun wird B2 antragsgemäß zur Zahlung von zehn Jahresraten à 1000 RM verurteilt. Erst später stellt sich heraus, dass die beiden Erblasser A1 und B1 nachträglich in vollkommen gültiger Form schriftlich vereinbart hatten, dass die Forderung sofort fällig sein soll. Da bin ich nun der Meinung, dass in diesem Falle nicht auf sofortige Leistung statt der zehn Jahreszahlungen geklagt werden kann. Es ist genauso, als ob auf Feststellung des Bestehens eines Vertrags geklagt wäre, in dem steht, dass zehn Jahre lang je 1000 RM gezahlt werden sollen. In einem solchen Fall würde niemand daran denken, dass der Beklagte nachher nicht geltend machen kann, dass der Vertrag ganz anders gelautet habe. Beispiele dieser Art finden sich vielfach in meinen Schriften und auch in dem *Exposé* [nicht auffindbar], das ich dem *Unterausschuss* habe zugehen lassen. Meiner Meinung nach würde also in diesen Fällen das Urteil rechtskräftig bleiben müssen. Das Urteil muss nach meiner Auffassung sowohl in Bezug auf die rechtliche Qualifikation wie auch in Bezug auf die Fälligkeit und in Bezug auf die Höhe rechtskräftig werden.

In Bezug auf Eventualansprüche möchte ich einen Fall behandeln, der im Referat nicht behandelt worden ist, nämlich den Fall, dass ein notwendiges Eventualverhältnis vorhanden ist. Wenn eine Forderung aus Vertrag klar ist und der Kläger sagt: Eventuell mache ich auch ungerechtfertigte Bereicherung geltend für den Fall, dass es mir nicht gelingen sollte, den Vertrag zu beweisen – dann handelt es sich zweifellos um zwei verschiedene Streitgegenstände, und der Richter ist in diesem Fall verpflichtet, zuerst die erste Frage und dann erst die zweite Frage zu behandeln. Auch da muss irgendeine Möglichkeit getroffen werden, dass daraus keine Komplikationen entstehen.

Wir haben dann auch darüber gesprochen, dass die besonderen Gerichtsstände reduziert werden sollen. Aber ganz abschaffen kann man sie nicht, und da spielt dann die Frage: Gerichtsstand des Vertrages, Gerichtsstand des Delikts eine ganz große Rolle. Wo es auf den Gerichtsstand ankommt, hat das Reichsgericht sich in verschiedenen Entscheidungen auf den Standpunkt gestellt: Es ist beim Gerichtsstand der unerlaubten Handlung geklagt und zugleich Vertragsklage geltend gemacht worden, maßgebend ist aber nur der vertragliche Standpunkt. Auch da ist es praktisch von Bedeutung, dass zwei Ansprüche bestehen. Wenn nun der Kläger später noch neue Behauptungen aufgestellt hat, kommt es natürlich auf die Feststellungen des Gerichts an. Dann braucht eine Gleichheit mit der Klage und eine Gleichheit mit dem Urteil nicht zu bestehen. Dann ist der Streit eben nachträglich geändert.

Vorsitzender: Herr Prof. Pagenstecher hat gesagt, dass diese Dinge geklärt werden müssten, ohne Rücksicht darauf, welche Folgerungen daraus für die Fassung der ZPO zu ziehen sind. Ganz wird man aber doch darüber nicht hinwegkommen können. Namentlich eins müsste schon in unseren Erörterungen klargestellt werden, nämlich die Frage, ob es weiter nötig ist, in der ZPO immer vom *Anspruch* zu reden und zu sagen, dass die Entscheidung über einen Anspruch rechtskräftig wird. In dem Entwurf ist das nach Möglichkeit vermieden, was die Literatur, die über den Entwurf entstanden ist, allerdings mit der Behauptung bemängelt hat, dass das nicht konsequent durchgeführt sei. Es ist daher wichtig, darüber Klarheit herbeizuführen. Zu meiner Freude hat Herr Prof. Lent immer von den „Rechtsfolgen" gesprochen. In der Tat kann man nicht immer sagen, dass bei einem Urteil die Entscheidung über den geltend gemachten Anspruch rechtskräftig wird. Wenn z.B. ein Urteil dahin geht, dass die Klage abgewiesen wird, und zwar, wie die Begründung ergibt, weil der Rechtsweg unzulässig ist, dann kann man nur mit großen Verrenkungen einen „Anspruch" finden, indem man sich auf den Rechtsschutzanspruch zurückzieht. Das Urteil wird in dieser Beziehung rechtskräftig, dass die Rechtsverfolgung hier unzulässig ist, und eine solche Entscheidung bindet sogar Verwaltungsbehörden. Dem muss man doch Rechnung tragen. Man muss endlich davon abkommen, sich hier mit der Ausrede zu helfen, dass es sich um einen Rechtsschutzanspruch handelt, über den erkannt ist. Mir war dieses dreieckige Verhältnis immer ein Grauen: Anspruch des Klägers gegen den Beklagten auf Leistung, gleichzeitig Anspruch beider gegen den Staat auf Rechtsschutz. Heute ist es eine unmögliche Vorstellung, diese aus der Staatsbürgerschaft folgernde allgemeine Berechtigung, vom Staate geschützt zu werden, als einen Anspruch gegen den Staat zu konstruieren, der in einer Ebene mit dem Anspruch des Klägers gegen den Beklagten liegt, ihm 1000 RM zu zahlen. Das können wir nicht als Anspruch im Sinne der ZPO anerkennen. Wenn ferner auf Ehescheidung geklagt wird, so ist es absurd, von einem Ehescheidungsanspruch zu reden, der gegen den Prozessgegner erhoben wird. Die Klage wird doch auch dann erhoben, wenn beide Ehegatten vollkommen in dem Wunsche einig sind, geschieden zu werden. Es ist auch kein Anspruch gegen den Staat auf Ehescheidung, sondern es ist das Begehren, eine Rechtsgestaltung eintreten zu lassen. Deswegen halte ich es für gut, überall von *Rechtsfolgen* zu reden. Es fragt sich, inwieweit sich dadurch das Bild ändert, das immer mit den Ansprüchen operiert.

Jonas: Für die Theorie ist es immer verlockend gewesen, aus der Fülle der in Betracht kommenden Vorschriften den Begriff eines *Streitgegenstandes* herauszudestillieren und dann aus diesem einseitig gewonnenen Begriff wieder Folgerungen für die einzelne Gestaltung zu ziehen. Aber alle Schriften, die sich mit dem Streitgegenstand befassen, haben bewiesen, dass man zu einem einheitlichen Begriff des Streitgegenstandes nicht kommen kann, weil eben Streitgegenstand in den verschiedenen Vorschriften etwas vollständig Verschiedenes ist. Fast in jedem Prozess kommt der Streitgegenstand bei der Bewertung zum Klappen. Wir sehen, dass bei der Bewertung – und parallel läuft die Zuständigkeitsregelung, die vom Wert des Streitgegenstandes abhängt – vollständig andere Grundsätze bestehen als sonst im Prozess, dass für die Bewertung der Duldungsanspruch gegen den Ehemann und der Zahlungsanspruch gegen die Ehefrau *ein* Anspruch ist, dass die Gebühren nicht zweimal, sondern nur einmal erhoben werden. Daran sieht man schon, dass auf dem Gebiet der Bewertung und der Zuständigkeit vollständig andere Gesichtspunkte maßgebend sind und maßgebend sein müssen als woanders.

Nun kommt der Streitgegenstand in einer ganzen Reihe von Vorschriften zum Zuge, die im Prozess liegen, nämlich erstens darin: Was soll die Klage behaupten? Wenn man dann noch an Eventualstellung, Klageänderung, Rechtshängigkeit usw. denkt, so muss man doch sagen, dass das alles Fälle sind, wo vom Standpunkt des künftigen Gesetzgebers aus gesehen die Regelung lediglich unter praktischen Zweckmäßigkeitsgesichtspunkten stehen muss. Es ist ein Unglück und hat stark zur Verwirrung des ganzen Problems geführt, dass bei der Klage die Frage Individualisierungstheorie und Substantiierungstheorie zu einer Behandlung aus der romanistischen Rechtssphäre herausgeführt hat. Es kommt aber in der Praxis darauf an, dass das Urteil zu entscheiden hat, wie weit die Rechtskraft gehen soll. Daher hat für den künftigen Gesetzgeber die Frage Individualisierung und Substantiierung herzlich wenig Interesse. Denn dass eine Klage neben ungenügender Substantiierung abgewiesen wird, kommt in der Praxis nicht vor. Es ist daher schon ein kleiner Schönheitsfehler im Entwurf, wenn da noch unterschieden wird: Die Klage *muss* die Tatsachen enthalten, und das und das *soll* aufgenommen werden. Meiner Meinung nach darf eine Klage nicht deswegen abgewiesen werden, weil sie nicht Genügendes enthält; dann hat der Richter eben Fragen zu stellen, und wenn schließlich die Klage abgewiesen wird, so geschieht das nicht, weil das Instrument der Klage unvollkommen war, sondern weil der Kläger nicht einen Tatbestand vorgetragen hat, aus dem sich die von ihm ausgesprochene Rechtsfolge ergibt.

Nun ist es doch wohl klar, dass der Gesetzgeber bei der Klage kaum viel zu sagen hat. Jemand muss Tatsachen behaupten und einen Tatsachenkomplex und muss schließlich in Form eines Antrags sagen, was er will. Mehr braucht das Gesetz nicht zu enthalten: ein bestimmter Antrag des Klägers und die Tatsache, die zur Begründung dienen soll. (*Vorsitzender:* Mehr steht auch nicht im Entwurf!) – Ja, ich spreche mich eben dafür aus, dass das vollständig genügt, und dass der Gesetzgeber in keiner Weise dazu Stellung nehmen muss, ob der Kläger dies und jenes substantiieren oder individualisieren muss, – wobei man im Ergebnis doch dazu kommt: Im Gros der Fälle läuft das auf dasselbe hinaus, und nur bei einigen wenigen Fällen ergeben sich gewisse Unterschiede.

Klageänderung, Rechtshängigkeit usw. sind dann Fragen, die unter Zweckmäßigkeitsgesichtspunkten zu ordnen sind. Es wäre ein Unfug, wenn der künftige Gesetzgeber es zulassen wollte, dass z.B. in dem Mietbeispiel der eine aus dem Mietverhältnis auf Beschädigung des Gegenstandes klagt, und der Gegner erhebt eine Feststellungsklage darauf, dass ein Anspruch aus dem Eigentum nicht besteht. Das sind technische Fragen, die der Gesetzgeber dahin klarstellen soll: Die Rechtshängigkeit hat die Wirkung, dass aus demselben Lebenskomplex nicht ein gleicher Anspruch bei einem anderen Gericht geltend gemacht werden dar. Es genügt vollständig, dass man alle diese Fragen, die bis zum Urteil gehen, unter Zweckmäßigkeitsgesichtspunkten nach prozessökonomischen Grundsätzen praktisch behandelt.

In den Fällen, wo für einen Anspruch eine ausschließliche Zuständigkeit besteht, für einen anderen Anspruch nicht, liegt das Heilmittel auf ganz anderem Gebiete. Die ausschließlichen Gerichtsstände in vermögensrechtlichen Streitigkeiten sind doch eine komische Angelegenheit. Es ist eine komische Sache, dass für die Hypothekenklage eine ausschließliche Zuständigkeit gegeben ist, dass aber kein Gerichtsstand gegeben ist, wenn die hinter der Grundschuld stehende persönliche Schuld eingeklagt wird. Man wird sich daher überlegen müssen, ob man die ausschließliche Zuständigkeit für dingliche Zustände beibehalten soll. Man wird einen *Gerichtsstand des Zusammenhangs* schaffen müssen, ebenso wie wir einen *Gerichtsstand der Streitgenossenschaft* haben müssen. Dass wir den österreichischen Zustand der Streitgenossenschaft nicht haben, ist geradzu grotesk. In dem von mir geleiteten Senat des Reichsgerichts sind die Gerichtsstandssachen konzentriert, und es müssen nun in jeder Sitzung vom höchsten Gerichtshof vier oder fünf Sachen daraufhin durchgesehen werden, ob nicht zufällig ein gemeinsamer besonderer Gerichtsstand gegeben ist. Also hier liegt die Remedur auf anderem Gebiete.

Das einzige Problem bleibt nun der *Umfang der Rechtskraft.*

Gegenüber den Ausführungen des Herrn Prof. Lent möchte ich das Bedenken geltend machen, ob sie nicht doch an einer Verquickung des prozessualen Begriffs Streitgegenstand mit materiellem Anspruch kranken. Der Gedankengang war doch der: Wenn festgestellt wird, dass 1000 RM aus Delikt und Vertrag geschuldet werden, dann sind das eigentlich zwei Streitgegenstände. Von meinem Standpunkt interessiert es aber gar nicht, ob es zwei Gegenstände sind oder nur einer, sondern für mich ist allein die Frage interessant: Wie weit schafft dieses Urteil Bindung für einen späteren Prozess? Natürlich kommt man dann wieder auf die grundsätzliche Frage, was Rechtskraft ist: Ist Rechtskraft die Schaffung eines neuen materiellen Anspruchs, oder sollte man sich, da wir doch nicht zur Leistungsurteile haben, sondern auch Feststellungsurteile, Abweisungsurteile und alle Prozessurteile, die der Rechtskraft fähig sind, nicht lieber der prozessualen Auffassung anschließen und sagen: Das Wesen der Rechtskraft besteht darin, dass über die vom Richter ausgesprochene Rechtsfolge nicht nochmals anders entschieden werden darf? Wie weit die Rechtsfolge, wie weit der Ausspruch geht, das hängt natürlich nicht davon ab, was im Tenor steht, und was in den Gründen steht; der Tenor ist aus den Gründen auszulegen.

Nun ist, glaube ich, eine gewisse Unklarheit dadurch entstanden, dass man häufig zu prononciert ausgesprochen hat: Festgestellt und rechtskraftfähig ist nur der Ausspruch über den Anspruch; also § 322 prononciert sehr stark auf den Anspruch, nicht auf die dahinter stehenden Gründe. Andererseits darf man aber nicht so weit gehen, wie Herr Prof. Pagenstecher es anscheinend tun will, zu sagen: Alles, was zur Begründung vorgebracht ist, ist der Rechtskraft fähig. (*Pagenstecher:* Nein, nur die konkrete Rechtsbehauptung! Wenn z.B. ein schriftlicher Vertrag vorliegt und das Gericht sagt: das ist ein Schenkungsvertrag – dann liegt darin implicite: aus Schenkungsvertrag wird geschuldet!) Ich würde da die Unterscheidung machen: Rechtskräftig wird nur die Feststellung, dass das eine Schenkung ist, und über den Punkt, ob Schenkung vorliegt oder nicht, darf später nicht mehr diskutiert werden. Das soll aber nur dann gelten, wenn diese Feststellung als rechtskräftige *begehrt* wird. Wenn es z.B. in einem Fall, wo es zweifelhaft ist, ob ein Vertrag ein Mietvertrag oder ein Pachtvertrag ist, zunächst auf Feststellung der Gültigkeit des Vertrags geklagt wird, weil Zweifel über die Unterschrift bestehen, und der Richter stellt die Echtheit der Unterschrift fest, dann ist der Prozess damit erledigt. Wenn nun später bei einer Reparatur oder Herausgabepflicht oder Inventarhaftung zwischen den Parteien ein Streit entsteht, der davon abhängt, ob der Vertrag ein Mietvertrag oder ein Pachtvertrag ist, dann will mir nicht einleuchten, warum dieser Streit nun durch die frühere Feststellung der Unterschrift abgeschnitten sein sollte. Derselben Meinung hat auch Prof. Pagenstecher in dem Beispiel Ausdruck gegeben, wo es sich um die Herausgabe des geschenkten Bildes handelte. Auch er ist der Ansicht, dass es davon abhängt, was der Richter an Rechtsfolgen hat feststellen wollen. Und was er als Rechtsfolgen hat feststellen wollen und feststellen müssen, hängt natürlich davon ab, was der Kläger als Feststellung begehrt hat.

Nun kann der Gesetzgeber natürlich nicht Fragen fassen wie die, was der Richter hat feststellen wollen, und was der Kläger begehrt hat. Das hängt von dem einzelnen Fall ab. Man wird sagen können: Der Kläger darf solche Inzidentfeststellungen nur begehren, wenn er ein rechtliches Interesse daran hat. (*Fischer:* Setzen Sie voraus, dass dann auch ein Antrag gestellt ist?) – Das will ich zunächst einmal offen lassen. Das ist eine Frage der Technik, über die ich mich schon deswegen nicht weiter auslassen möchte, weil ich darüber nicht weiter nachgedacht habe. Das Wesentliche scheint mir zu sein, dass irgendwie im Gesetz zum Ausdruck gebracht wird, dass die Rechtskraft das bedeutet, dass die Rechtsfolge, die der Richter aus einem Tatbestand zieht, von einem anderen Gericht nicht anderweit in anderem Sinne entschieden werden kann. Was dazu gehört, das hängt davon ab, was der Kläger begehrt hat.

Nun ist im alten Gesetz die Rechtskraft nicht definiert; es steht darin weiter nichts als der im neuen Recht einfach herüber genommene Satz: „ist der Rechtskraft nur insoweit fähig, als …“. Man wird also künftig auch eine Klarstellung treffen müssen, dass sich bei Teilansprüchen die Rechtskraft nicht auf das Ganze erstreckt, sondern nur auf den geltend gemachten Teil. Das wird man positiv regeln müssen.

Nun geben mir gerade die von Herrn Pagenstecher in seinem Exposé an den Unterausschuss angeführten Beispiele Veranlassung, die Frage aufzuwerfen, auf die Gefahr hin, dass man über meine bolschewistische Ansicht entsetzt ist: Soll man eigentlich überhaupt an dem Begriff der Rechtskraft in der starren Form festhalten, wie er bisher im Gesetz steht? Bisher ist die Rechtskraft immer unter dem Gesichtspunkt behandelt worden, dass, wenn wir sie nicht haben, die Prozesswiederholungen sich häufen werden und das ganze Rechtsleben zusammenbrechen würde. Wenn wir uns aber die Einzelfälle ansehen, in denen jetzt rechtskräftige Feststellungen getroffen werden, so müssen wir uns wirklich fragen, ob es peinliche Folgen hätte, wenn wir diese Rechtskraft nicht feststellen. Nehmen wir den Fall an, dass jemand als unehelicher Vater zur Alimentationszahlung verurteilt worden ist, und es wird nachher einwandfrei dargetan, dass in der Empfängniszeit auch noch ein anderer konkubiert hat, und die Blutuntersuchung ergibt, dass die Wahrscheinlichkeit nach der anderen Seite größer ist, so dass also das Urteil wahrscheinlich falsch ist, – lediglich aus dieser Notlage heraus ist man doch auf diese Wege verfallen, die Herrn Pagenstecher zu einem mitleidigen Lächeln über die Schwächlinge geführt haben, die da aus Billigkeitsgründen umfallen. Wenn wir weiter an meine boshafte Theorie denken, dass man da mit dem Vollstreckungsmissbrauchsgesetz helfen könnte, und wenn man sich das epochemachende Urteil des Kollegen [Ernst] Brandis [in: Mieterschutz im neuen Reich, 3. Aufl. zus. mit E. L. Rexroth, Berlin 1936, S. 107 ff.] vor Augen hält, dass nicht nur das Erschleichen des Urteils den berühmten Tatbestand bildet, sondern auch das missbräuchlich vollstreckte Urteil, das an sich nicht erschlichen, aber nachträglich als unrichtig erkannt war, so nötigt uns das alles doch, ernsthaft zu überlegen, ob man nicht dem Satz: „Die Rechtskraft bindet“ den Satz anfügen sollte: „Die Bindung besteht aber nicht insoweit, als *neue Tatsachen* vorgebracht werden, die die Partei, ohne dass sie ein Verschulden trifft, nicht vorbringen konnte“. Nehmen wir den Fall, der dem Auswärtigen Amt passiert ist, das zu einer sehr hohen Gehaltszahlung gegenüber einem Manne verurteilt worden war, von dem sich nachher herausstellte, dass er das Amt nach Strich und Faden betrogen hatte; wegen der Rechtskraft aber konnte nicht aufgerechnet werden. (*Fischer:* Das ist doch ein Fehler des materiellen Rechts!) – Nein! Die Schwierigkeit liegt in der starren Bindung! In den vielen Fällen, die bisher vorgekommen sind, hat man sich praktisch dadurch zu helfen versucht, dass man sich bemüht hat, durch einen Umweg – Zessieren der Rechtskraft, exceptio doli usw. –

um diese Bindung herumzukommen. Ich teile nicht die Befürchtung, dass eine solche Regelung, wie ich sie befürworte, dahin führen könnte, dass jemand, der einen Prozess verloren hat, nun mit einer anderen Begründung den Prozess wiederholt. Das Prozessieren ist ohnehin ein kurzfristiges Vergnügen; der Kläger muss seine Schuldlosigkeit ja geltend machen. Wenn jemand das Glück hat, nach Beendigung des Prozesses durch Auffinden einer Urkunde die neue Tatsache beweisen zu können, so ist ja in einem solchen Fall auch schon jetzt die Wiederaufnahme möglich.

Die Frage, ob die Möglichkeit, neue Tatsachen zu berücksichtigen, die schuldhafterweise vorher nicht vorgebracht worden sind, in ein Wiederaufnahmeverfahren oder in eine Bindung der Rechtskraft hineingruppiert werden soll, ist lediglich eine Frage der Technik. Man kann die zweite Klage als eine Wiederaufnahmeklage bezeichnen, um die Verbindung mit dem bisherigen Prozess hervorzuheben. Man kann auch eine andere Bezeichnung wählen.

So sehe ich dieses Gebiet im Ganzen an. Erstens: Ich halte das Bemühen, einen einheitlichen Begriff des Streitgegenstandes zu finden, für falsch, weil das nicht durchführbar ist. Der Gesetzgeber sollte deshalb den Ausdruck Streitgegenstand so sehr vermeiden, wie es nur möglich ist. Bei den Wertbestimmungen braucht man so etwas allerdings; da ist es auch kein Unglück. Zweitens stehe ich auf dem Standpunkt, den sich schon der Entwurf zu eigen macht, aber vielleicht noch nicht voll durchgeführt hat, dass man so wenig wie möglich von „Anspruch", sondern von „festgestellter Rechtsfolge" reden sollte. Drittens muss der Gesetzgeber meiner Ansicht nach etwas anderes als bisher über die Rechtskraft sagen, vor allem in dem Sinne, dass das Wesen der Rechtskraft in der Bindung des späteren Richters hinsichtlich der ausgesprochenen Rechtsfolge besteht. Weiter geht meine Anregung dahin, die ganzen Probleme der Rechtskraft wesentlich dadurch auszuräumen, dass man die Wiederaufnahmemöglichkeit erweitert.

Vorsitzender: Bei diesen dankenswerten Ausführungen ist vieles von dem, was Herr Prof. Lent dargelegt hat, unter den Tisch gefallen, namentlich die *Konkurrenz mehrerer Ansprüche.* Welche Fälle sich da in der Praxis ereignen können, möchte ich an einem Beispiel dartun, das ich selbst erlebt habe.

Ein Zehlendorfer Hausherr hat beim Rittergut Düppel Kartoffeln bestellt. Als er vor der Lieferung abreisen muss, sagt er seiner Hausangestellten, dass die Kartoffeln wahrscheinlich dieser Tage kommen werden und sie die 20 RM für die bestellten vier Zentner gegen Quittung bezahlen soll. Nach der Rückkehr berichtet die Angestellte, dass die Kartoffeln tatsächlich gekommen seien, aber 25 RM gekostet hätten. Die Einsicht in die Quittung ergab dann, dass die Kartoffeln für einen anderen Zehlendorfer Einwohner bestimmt waren, und dass es sich um eine Lieferung vom Raiffeisenverein handelte. Die Leute hatten die Frage der Haushälterin, ob die Kartoffeln vom Rittergut Düppel kämen, offenbar absichtlich überhört, um die Ware schnell los zu werden. Der Besteller der Raiffeisen-Kartoffeln weigerte sich, Kartoffeln anzunehmen, die schon in einem fremden Keller gelegen hätten. Der Raiffeisenverein erklärte, die Kartoffeln nicht sofort wieder abholen lassen zu können, obwohl der Bezieher dieser Kartoffeln natürlich in die größte Verlegenheit gekommen wäre, wenn Düppel die von ihm bestellten Kartoffeln geliefert hätte, während die Raiffeisen-Kartoffeln noch in seinem Keller lagen. In diesem Fall hat sich nun tatsächlich alles im Guten erledigt.

Angenommen aber, der Zehlendorfer Hausherr hätte die Raiffeisen-Kartoffeln einfach vor das Haus geschüttet, um Platz für die von ihm bestellten Kartoffeln zu haben, und sie wären nun in der Nacht durch Frost verdorben und Raiffeisen hätte inzwischen die gezahlten 25 RM zurückerstattet, – dann hätte Raiffeisen auf Zahlung klagen können, 1. mit der Begründung, die Haushälterin habe den Leuten erklärt, sie nehme die Kartoffeln an, obwohl sie nicht bei Raiffeisen bestellt wären, um auf jeden Fall Vorrat für den Winter zu haben. Die Vollmacht zu solcher Handlung würde sie zweifellos haben. Der Beklagte wäre also an diese Erklärung seiner Haushälterin gebunden. 2. hätte Raiffeisen auf Schadenersatz klagen können, da der Hausherr die Kartoffeln pfleglich hätte behandeln müssen und nicht in einer Zeit hätte ins Freie schaffen dürfen, in der Frost zu erwarten war.

Sind das nun zwei Ansprüche? Aus der Erklärung von Raiffeisen ergibt sich zweifellos nur die eine Rechtsfolge, dass die Kartoffeln bezahlt werden sollen. Da ist nun die entscheidende Frage: Wie verhält sich das Gericht? Die weitestgehende Ansicht geht dahin, dass das Gericht sich über beide Ansprüche schlüssig werden muss, und wenn es zu dem Ergebnis kommt, dass der Vertragsanspruch nicht berechtigt ist, aber wegen der unerhörten Handlungsweise, die Kartoffeln in der kalten Jahreszeit auf die Straße zu werfen, der Beklagte zu Schadenersatz verurteilt werden muss, dann müsste das Gericht erkennen: Unter Ablehnung des Vertragsanspruchs wird der Beklagte verurteilt, Schadenersatz zu leisten. Das halte ich für unmöglich. Der Kläger hat nur *eine* Rechtsfolge erhoben, die Zahlung von 25 RM; infolgedessen ist nichts abzuweisen. Es wäre auch grotesk, wenn das Gericht erklären wollte: Der Vertragsanspruch wird abgewiesen; über den Schadenersatzanspruch wird weiter geurteilt. Dann würde das Reichsgericht entscheiden: Das ist kein Teilurteil, denn Raiffeisen verlangt nun einmal die 25 RM, und es ist nur über eine Klagegrund zu entscheiden. Wären das aber wirklich zwei Streitgegenstände, dann würde das ein richtiges Teilurteil sein.

In Übereinstimmung mit dem Reichsgericht erhebe ich seit Jahren immer wieder die Forderung, dass man sich doch endlich einmal darüber klar werden möge, was ein *Teilurteil* ist. Wenn jemand Geld fordert, gibt es nur eine Möglichkeit des Teilurteils: 100 RM werden gefordert; 50 RM muss der Beklagte zahlen; der Rest bleibt einem Schlussurteil überlassen. Wenn aber dahin entschieden wird, dass der Vertragsanspruch unbegründet ist, so wird damit nicht über einen Teil der Klageforderung entschieden, sondern nur über *einen* der Stützpunkte der einheitlichen Klage. Denn der Kläger macht *eine* Rechtsfolge geltend; er will nur *einmal* 100 RM. Das ist in der Rechtsprechung des Reichsgerichts vollkommen gesichert, und das ist die einzige Theorie, die Ordnung in das Rechtswesen hineinbringen kann, und die auch dem schlichten Staatsbürger einleuchtet. Es wäre grotesk, wenn z.B. ein Richter den Zehlendorfer Hausherrn wegen Vertragsbruch verurteilt und der zweite Richter in der Berufungsinstanz kommt zu dem Ergebnis, dass es mit dem Vertrag nichts sei, dass aber der Hausherr wegen des unerhörten Herausschmeißens der Kartoffeln aus diesem Delikt hafte. Das macht heute kein Gericht, und das soll auch künftig nicht gemacht werden. Nicht zu komplizieren, sondern zu vereinfachen sind wir da; wir müssen bestehende Komplikationen hinwegräumen und dürfen nicht neue hineinbringen.

Nun ist hier zum Ausdruck gebracht worden, dass man die Rechtskraft nicht nur aus dem Tenor, sondern auch aus den Gründen abgrenzen müsse. Das würde in diesem Fall bedeuten: Wenn im ersten Urteil zur Zahlung von 100 RM aus unerlaubter Handlung verurteilt wird, dann wäre nur rechtskräftig geworden, dass 100 RM aus unerlaubter Handlung geschuldet werden, nicht aber aus Vertrag. Man könnte sich in diesem Fall denken, dass der Richter sich sagt: Wegen des behaupteten Vertragsabschlusses würde eine lange Beweisaufnahme mit Vernehmung der Haushälterin, der Fahrer, Begleiter usw. notwendig werden; das halte ich nicht für nötig, weil ich der Meinung bin, dass das Herauswerfen der Kartoffeln unberechtigt war; ich scheide daher vollkommen aus, ob ein Vertragsbruch ebenfalls besteht oder nicht, sondern verurteile aus dem Deliktsanspruch zur Zahlung. Dann steht also fest, dass der Deliktsanspruch besteht, es bleibt aber offen, ob auch ein Vertragsanspruch besteht. Nun machen die Herren geltend, dass der Kläger doch ein Interesse daran habe, dass der Richter gezwungen ist, getrennt zu entscheiden, weil zum Beispiel die Frage der Bürgschaft oder bei unerlaubter Handlung die Möglichkeit der Aufrechnung und dergl. in Frage käme. Dazu möchte ich bemerken, dass mir in meiner ganzen langen Richterzeit nicht ein einziger Fall vorgekommen ist, wo die Forderung erhoben worden ist, jemanden zwar aus Vertrag, aber beileibe nicht aus unerlaubter Handlung zu verurteilen, sondern allen Klagenden kommt es immer nur darauf an, dass der Gegner überhaupt verurteilt wird.

Wenn nun heute bei einem Ehescheidungsprozess der Richter vor der Frage steht, ob er wegen Ehebruchs oder aus § 1568 scheiden soll, und er sich sagt, dass Scheidung wegen Ehebruchs eine umständliche Beweisaufnahme nötig machen würde, aber schon feststehe, dass die Frau den Mann schlecht behandelt habe, dass sie die Wirtschaft schlecht geführt und auch ehewidrige Beziehungen mit anderen Männern unterhalten habe, und er scheidet nun aus § 1568, dann nimmt man auch heute schon den Standpunkt ein: hier liegt eine *Beschwer* vor. Das allenfalls könnte man auch in Zukunft in das Gesetz aufnehmen. Man könnte in einer Bestimmung sagen: Unter Umständen könnte auch eine Beschwer darin liegen, dass die Begründung sich auf einen bestimmten Punkt nicht eingelassen hat. Daraus folgt aber nicht, dass der ungeheure Fehler gemacht wird, in den Tenor Dinge hineinzubringen, die in die Begründung gehören. Ob ein praktisches Bedürfnis nach einer Regelung in dieser Richtung besteht, möchte ich aber doch erst durch eine Rundfrage an die Oberlandesgerichtspräsidenten feststellen. Ich bin fest davon überzeugt, dass nicht ein einziger Oberlandesgerichtspräsident berichten wird, dass eine solche Bestimmung sich als praktisch notwendig erwiesen habe. Auf keinen Fall aber dürfen wir das wirkliche Leben dadurch vergewaltigen, dass wir von mehreren Streitgegenständen sprechen, wenn es sich um einen Fall handelt, wo der Kläger aus einem einheitlichen Lebensvorgang eine einheitliche Rechtsfolge zieht.

Wenn nun in diesem Fall Raiffeisen die zweite Begründung gar nicht vorgebracht, sondern die Forderung auf Zahlung lediglich damit begründet hätte, dass die Angestellte die Kartoffeln angenommen und in den Keller gebracht habe und dadurch ein Vertrag zustande gekommen sei, und er wird damit abgewiesen, – soll er nun nicht ein zweites Mal Zahlung mit der Begründung verlangen können, dass die Kartoffeln infolge der ungehörigen Behandlung vernichtet worden seien? Es ist doch eine starke Maßfrage, ob man in diesem Fall durch das erste Urteil die Sache als endgültig erledigt betrachten soll. Grundsätzlich würde auch ich durchaus geneigt sein, zu sagen, dass, wenn es sich um einen einheitlichen Lebenskomplex handelt, wie hier um das Schicksal der Kartoffeln, dann alles, was dazu gehört, in dem Prozess mit umgriffen sein soll. Aber dagegen spricht das starke Bedenken, dass unter Umständen bei Einleitung dieses Prozesses der Kläger Vorgänge nicht gekannt haben kann, die für die ganze Sache von entscheidender Bedeutung sind. Wenn zum Beispiel ein Weinhändler jemandem ohne Auftrag Wein ins Haus geschickt hat und auf Zahlung klagt, der Beklagte macht aber geltend, dass er den Wein nicht bestellt habe und seine Hausangestellte zur Annahme nicht berechtigt gewesen sei, dann wird eine solche Klage naturgemäß abgewiesen werden. Wenn nun aber später der Weinhändler zum zweiten Mal mit dem Vorbringen klagt, er habe inzwischen nach dem ersten Urteil jemanden zur Abholung des Weines hingeschickt und dabei habe sich herausgestellt, dass der damals Freigesprochene inzwischen den Wein ausgetrunken habe, dann wäre es doch ein Nonsens, sich auf den Standpunkt zu stellen, dass dieser Anspruch ebenfalls als abgewiesen anzusehen sei.

Aber deswegen braucht man nicht zwei Streitgegenstände anzunehmen. Dasselbe kann auch sonst vorkommen. Wenn zum Beispiel jemand auf Zahlung eines Kaufpreises für einen Hund klagt und der Beklagte macht geltend, dass er den Hund gar nicht gekauft, sondern lediglich zur Aufbewahrung übernommen habe und gar nicht die Rede davon gewesen sei, dass er den Hund behalten solle, dann wird die Klage naturgemäß abgewiesen. Später kann aber derselbe Kläger trotzdem mit einer Klage auf Zahlung hervortreten und geltend machen, dass, als der Hund nach dem ersten Verfahren abgeholt werden sollte, der Beklagte gebeten habe, ihm doch den Hund zu lassen, da seine Frau inzwischen das Tier liebgewonnen habe. Da handelte es sich also beide Male um einen Anspruch aus einem Kaufvertrag, und zwar ist der Kaufvertrag hier nach dem ersten Verfahren geschlossen worden. Aber wo da der „einheitliche Lebensvorgang" liegt, ist zweifelhaft. Wenn zum Beispiel in dem Fall mit dem Hunde erst eine Korrespondenz stattgefunden hat, die den Kauf nicht ergibt, später hat sich aber der Betroffene telefonisch zum Kauf bereit erklärt, dann würde man sagen müssen: Jetzt ist der erste Anspruch fallen gelassen; das ist ein zweiter Anspruch.

Man sollte daher sagen: „Gegenstand eines Prozesses ist die aus einem bestimmten Lebensvorgang hergeleitete Rechtsfolge." Wir können uns vorbehalten, ob wir in bestimmten Fällen den Richter zwingen wollen, wenn die Rechtsfolge aus mehreren rechtlichen Gesichtspunkten folgt, die meist auch einzelne Varianten der tatsächlichen Feststellungen bedingen, zum Ausdruck zu bringen, dass er nur einen ausgewählt hat und über andere hinweggegangen ist. In dem Beispiel von Prof. Pagenstecher könnte die Sache zum Beispiel so liegen, dass eine Urkunde vorgelegt wird, die es zweifelhaft erscheinen lässt, ob es sich um Schenkung oder Vergleich handelt, und der Kläger verlangt lediglich die Feststellung, dass der Beklagte eine bestimmte Leistung bewirken soll. Dann könnte der Richter sagen: Als Schenkung wäre es nicht gültig, aber ich betrachte es als Vergleich; infolgedessen ist er zur Zahlung verpflichtet. Selbst wenn eine notarielle Urkunde vorliegt, die es zweifelhaft erscheinen lässt, ob es sich um Schenkung oder Vergleich handelt, kann der Richter glatt zur Zahlung verurteilen, ohne eine Beweisaufnahme darüber stattfinden zu lassen, ob ein Vergleich vorliegt oder nicht. Da würde sich wieder die Frage erheben, ob die Partei unter Umständen verlangen kann, dass über die erste principaliter angeführte Begründung mit entschieden wird. Meiner Meinung nach besteht ein praktisches Bedürfnis dazu nicht. So klar es theoretisch liegt, dass hier ein großes Interesse besteht, haben sich in der Praxis doch nie solche Schwierigkeiten ergeben.

Fischer: Das ist einer der seltenen Fälle, wo mit der Feststellungsklage eine Leistungsklage verbunden wird. Dann muss das Urteil dahin ergehen: 1. Es ist ein Vertrag geschlossen; 2. der Beklagte wird zur Zahlung in der und der Höhe verurteilt.

Furler: Wenn nicht beides ausdrücklich vom Kläger beansprucht wird, hat das Gericht keine Veranlassung, sich dazu zu äußern.

Fischer: Ich halte es nicht für unbedingt notwendig, dass die Aussprache sich darüber verbreitet, ob in dem Urteil auf Leistungsklage der Rechtsgrund qualifiziert werden muss. Die Herren suchen mit ihren Beispielen die Notwendigkeit zu beweisen, indem sie auf etwaige Folgen hinweisen, die später eintreten können. Sie sagen, man dürfe das nicht der Zukunft überlassen, um nicht einen zweiten Prozess in derselben Sache zu haben. Demgegenüber werfe ich die Frage auf, warum soll nicht ein zweiter Prozess stattfinden, wenn sich herausstellt, dass wirklich eine Notwendigkeit dazu besteht? Der Richter hat keinen Anlass, so weitgehende Beweise in jedem Fall zu erheben, wenn der Kläger es nicht verlangt. Ich möchte aus meiner Praxis zwei Beispiele so anführen, wie sie sich zugetragen haben.

Erster Fall: Verkauf eines Zinsgrundstücks durch eine Erbengemeinschaft. Im Vertrag erklären die Erben zusammen, dass sie nichts von Schwamm wussten; Schwammreparaturen seien nie vorgekommen. Es erfolgt nun Auflassung und Übergabe. Als Handwerker geholt werden, weil Schwamm im Hause ist, erklären sie, dass das ja eine ganz alte Sache sei; sie hätten hier schon immer Schwammreparaturen machen müssen. Es stellte sich dann heraus, dass der Erbe, der die Verwaltung hatte, diese Aufträge erteilt hatte. Als dann auf Zahlung von 8000 M Schadenersatz wegen arglistiger Täuschung geklagt wird, empfiehlt der Richter, die Klage auch auf Minderung zu stützen, da das Haus mit dem Schwamm weniger wert sei. Der Kläger geht darauf natürlich ein. Die Klage wird nun dem Grunde nach für berechtigt erklärt, und in der Begründung wird ausgeführt, dass arglistige Täuschung nicht festgestellt werden könne, dass aber der Minderungsanspruch berechtigt sei. Wie ist es aber nun mit den Rechtsmitteln? Hat der Kläger, obgleich sein Anspruch dem Grunde nach für berechtigt erklärt worden ist, die Berufung? Das ist deswegen von Bedeutung, weil naturgemäß die Verurteilten Berufung einlegen und es auch für den Kläger wichtig sein kann, Berufung einzulegen, da der Schadenersatzanspruch wegen des Schwamms vielleicht größer sein kann als die Minderung, wie sie im Urteil festgesetzt ist.

Zweiter Fall: In einer offenen Handelsgesellschaft entsteht Streit zwischen den Inhabern. Der eine Inhaber klagt gegen den anderen auf Ausschluss aus der Gesellschaft mit dem Hilfsantrag: Entziehung der Geschäftsführung. Er überlegt sich, ob er auch einen Hilfsantrag stellen soll, die Gesellschaft aufzulösen, wobei aber nicht sicher ist, ob nicht im Wege der Auslegung nach dem Vertrage sogar die Möglichkeit besteht, dass damit das ganze Geschäft anders wird. Wenn er nun den Antrag nicht stellt und die Ausschlussklage wird abgewiesen, weil das Gericht sich auf den Standpunkt stellt, dass dafür der Tatbestand nicht genügt, dass er aber für einen Auflösungsgrund genügt hätte, ist es dann, wenn dieses Urteil rechtskräftig wird, noch möglich, die Auflösungsklage nachträglich einzubringen? (*Vorsitzender:* Ja, das ist ja ein ganz anderer Klageinhalt! Auflösung und Ausschließung sind zwei verschiedene Dinge; es ist eine ganz andere Rechtsfolge!) – Aber es liegt derselbe Sachverhalt zugrunde.

Schmidt: Die Herren des Reichsjustizministeriums gehen davon aus, dass die künftige Tendenz unserer Prozessordnung dahin hervortreten soll, dass der Aktionsradius des Richters möglichst erweitert wird, unabhängig vom Antrag. Wird dabei auch an die Klageänderung gedacht? Oder will man verlangen, dass dieser Aktionsradius von vornherein möglichst weit ausgedehnt wird, so dass sich dann das Bedenken wegen der Klageänderung erhebt, wenn eine Notwendigkeit dazu erst im Laufe des Verfahrens hervorgeht?

Fischer: Das Bedenken der Klageänderung spielt für uns alle gar keine Rolle.

(Schluss der Sitzung 18.45 Uhr)

2. Protokoll der Sitzung vom 27.9.1938 (Streitgegenstand)

(Beginn der Sitzung 10 Uhr)

Vorsitzender: Wir müssen die Diskussion von gestern Abend beenden.

Meine Ansicht war die: Wenn jemand einen einheitlichen Lebenskomplex vorträgt und aus diesem einheitlichen Lebenskomplex eine einzige Rechtsfolge zieht, nämlich die, dass ihm der Beklagte eine bestimmte Geldsumme zahlen muss, dann hat der Richter den Sachverhalt daraufhin zu prüfen, aus welchen Rechtsgründen die Berechtigung dieses Anspruchs hergeleitet werden kann. Findet er dann, dass zwei Rechtsgründe in Frage kommen, etwa Vertrag und ungerechtfertigte Bereicherung, dann hängt die Rechtskraftwirkung davon ab, welchen Rechtsgrund er in den Gründen feststellt. Sagt er z.B. in den Gründen ausdrücklich, ein Vertrag sei nicht zustande gekommen, nach der vorgelegten Korrespondenz sei eine Einigung nicht anzunehmen, aber der Anspruch aus ungerechtfertigter Bereicherung sei begründet, dann habe ich keinen Zweifel, dass nunmehr ein Bereicherungsanspruch rechtskräftig feststeht. (*Pagenstecher:* Dann haben Sie eine Rechtskraft der Entscheidungsgründe!) – Ja, wir alle sind uns darüber einig, dass der Tenor des Urteils aus den Gründen ergänzt werden muss.

Pagenstecher: Dann müssen Sie aber auch zugeben, dass entschieden wird: Er schuldet aus ungerechtfertigter Bereicherung. Dann können Sie nicht den Grundsatz aufrecht erhalten, dass entschieden wird: Er schuldet 1000 RM. Entweder ist Entscheidungsgegenstand der Anspruch im Sinne des Bürgerlichen Rechts; dann wird der Anspruch rechtskräftig festgestellt; welcher Anspruch rechtskräftig festgestellt wird, ergibt sich aus den Gründen. Oder aber es wird gar nichts weiter rechtskräftig festgestellt als: Der Beklagte schuldet dem Kläger 1000 RM. Wenn Sie nun aber auf die Gründe zurückgreifen und sagen, es werde trotzdem rechtskräftig festgestellt, dass der Beklagte diese 1000 RM aus ungerechtfertigter Bereicherung schulde, werden Sie Ihrem Grundsatz untreu und kommen zu einer Rechtskraft der Begründung.

Vorsitzender: Aus der Rechtsprechung ergibt es sich, dass die Gründe zum Verständnis des Tenors heranzuziehen sind. M.E. hängt es vom Urteil ab, wie die Rechtskraftwirkung begrenzt wird. Wenn das Gericht ausdrücklich sagt, ein Vertragsanspruch bestehe nicht, wohl aber ein Anspruch aus ungerechtfertigter Bereicherung, dann ist rechtskräftig festgestellt, dass der Beklagte nur aus ungerechtfertigter Bereicherung, aber nicht aus Vertrag haftet. (*Pagenstecher:* Das lässt sich theoretisch nur rechtfertigen, wenn man anerkennt, dass ein subjektives Recht festgestellt wird!) – Das ist eine Begriffsfreudigkeit, die ich nicht mitmache. Daraus folgt nicht, dass nun immer der Anspruch im Sinne des Bürgerlichen Rechts festgestellt werden muss. Stellen Sie sich vor, der Richter sagt: Wenn ich feststellen wollte, ob der Wein wirklich gekauft ist, bedürfte es einer endlos langen Beweisaufnahme; ich kann aber feststellen, dass der Wein jedenfalls verbraucht ist, dass also der Beklagte ungerechtfertigt bereichert ist; infolgedessen schuldet der Beklagte – wie die Sache auch sein mag – dem Kläger immer 1000 RM; und auf diese 1000 RM erkenne ich. Dann ist eben nicht ein bestimmter Anspruch im Sinne des Bürgerlichen Rechts mit einem bestimmten Rechtsgrund festgestellt, sondern es ist offen geblieben, aus welchem Rechtsgrund der Anspruch herzuleiten ist, und es steht nur rechtskräftig fest, dass der Beklagte 1000 RM zu zahlen hat.

Fischer: Die Probleme sind anders zu formulieren. Es erscheint mir zweifelhaft, ob der Richter in diesem Falle nicht einen Fehler macht oder gegen seine Pflicht handelt. Die Meinung der Herren, die hier eine andere Ansicht vertreten, ist die, dass der Richter das bei der Begründung seiner Entscheidung aussprechen müsse.

Vorsitzender: Dass er es immer muss, kann man nicht behaupten. Es gibt Tausende von Urteilen, bei denen das dahingestellt bleibt, in denen man z.B. sagt: Ob dies ein Vergleich oder eine Schenkung ist, mag dahingestellt bleiben; jedenfalls ist in der Urkunde die Schenkungsform erfüllt, und infolgedessen zerbreche ich mir nicht den Kopf darüber, sondern entscheide, dass der Beklagte zu zahlen hat. Das hat das Reichsgericht entschieden; so entscheiden alle Instanzurteile, und es hieße die Rechtspflege komplizieren statt vereinfachen, wenn wir sagen wollten, das Gericht müsse in solchen Fällen unter allen Umständen Farbe bekennen. Das ist m.E. gar nicht zu diskutieren.

Eine andere Frage ist es aber, ob man sagen kann: Es gibt Fälle, in denen die genaue Bezeichnung des Anspruchs von ganz besonderer Bedeutung ist, in denen die Partei – wie bei der Ehescheidung – ein besonderes Interesse daran hat. Dann müsste man sich aber nicht in bestimmte Begriffsbestimmungen verrennen, sondern ganz klar den Satz aufstellen: Wenn ein und dieselbe Rechtsfolge aus verschiedenen Rechtsgründen hergeleitet werden kann, wenn von vornherein zwei Ansprüche in lite sind, so ist ein Urteil, das nur über einen Anspruch entscheidet, ein Teilurteil. Das würde einer gesicherten Rechtsprechung ins Gesicht schlagen. Das Reichsgericht hat immer wieder gesagt, es sei kein Teilurteil. (*Zuruf Pagenstecher*) – Sehen Sie einmal die letzten Hefte der Arbeitsrechtssammlung durch! Da habe ich verschiedene reichsarbeitsgerichtliche Entscheidungen abgedruckt, in denen immer wieder gesagt wird, es sei eine Schlamperei von den Landesarbeitsgerichten, lediglich zu erkennen: Ein Vertragsanspruch besteht nicht; ob etwa aus einem anderen Rechtsgrunde die Forderung gerechtfertigt ist, wird das Schlussurteil feststellen. – Das sei kein Teilurteil, sondern die Vorwegnahme eines einzelnen Entscheidungsgrundes; denn über den Anspruch – Zahlung von 1000 RM – sei überhaupt noch nicht erkannt. (*Zurufe von verschiedenen Seiten)* – Es wäre eine ungeheure Komplizierung, wenn wir diese gesunde Praxis aufgeben, eine einheitliche Forderung in verschiedene Ansprüche zerspalten und Teilurteile zulassen wollten usw.

Wenn man hier das praktische Bedürfnis fühlt – was ich verneine, weil mir in meinem langen Leben noch nicht ein einziger Fall vorgekommen ist, wo die Partei, abgesehen vom Eheprozess, ein besonderes Interesse daran geltend gemacht hat, dass in einer ganz bestimmten Reihenfolge über die verschiedenen Rechtsgründe, aus denen sie ihre Forderung herleiten kann, erkannt wird, – dann wäre es m.E. das Richtige, im Gesetz etwa dort, wo man sich darüber ausspricht, dass nur derjenige Berufung einlegen kann, der durch das Urteil beschwert ist, zum Ausdruck zu bringen, dass eine Beschwer unter Umständen auch darin liegen könne, dass zwar nach dem Antrag erkannt sei, aber nicht über einen bestimmten Rechtsgrund. Sie haben selbst gesagt, wenn man solche Fälle konstruiere, sei immer die Möglichkeit gegeben, das Gericht durch einen Inzidentfeststellungsantrag zu zwingen, auch über einen bestimmten Rechtsgrund zu erkennen. (*Zurufe von Pagenstecher, Fischer und Furler*) – Erlauben Sie mal! Wenn der Richter sagt, er brauche nicht zu prüfen, ob die vorliegende Urkunde ein Vergleich oder ein Schenkungsvertrag sei, denn sie sei notariell beurkundet, erfülle also auch die Form des Schenkungsvertrages, dann sagt der Kläger, er habe ein dringendes Interesse daran, dass festgestellt werde, dass es kein Schenkungsvertrag, sondern ein Vergleich sei, denn dann könne er nicht wegen Undanks widerrufen werden. Warum sollen Sie das nicht beantragen? Sie können dann doch beantragen: 1. festzustellen, dass der in der Urkunde vom soundsovielten niedergelegte Vertrag ein Vergleich ist; 2. den Beklagten zu verurteilen, 1000 RM zu zahlen. (*Zuruf von Pagenstecher*) – Wenn man ihn aber zwingt, ein im Laufe des Prozesses streitig gewordenes Rechtsverhältnis festzustellen?

Pagenstecher: Jetzt kommen Sie wieder zu unserer Auffassung! Das darf nicht durcheinandergehen. Man muss da ganz exakt sein. Streitgegenstand ist die Zahlung von 1000 RM. Alles andere sind Entscheidungsgründe, sind Klagegründe. Zur Feststellung eines Klagegrundes kann man aber keine Inzidentfeststellungsklage erheben!

Vorsitzender: Ich gebe zu, dass man mit § 280 das Problem nicht lösen kann, wohl aber mit § 256. (*Zurufe von verschiedenen Seiten*) – Er sagt also: Ich kann hier Leistungsklage erheben; aber bei der Leistungsklage braucht nicht entschieden zu werden, was für ein Rechtsverhältnis der Klage zugrunde liegt. Ich habe ein rechtliches Interesse daran, das Rechtsverhältnis festzustellen. Das ist aber doch dieselbe Sache wie das Einklagen von Zinsen; der Beklagte bestreitet das Darlehen, und mir liegt daran, das Bestehen des Darlehensvertrages festzustellen.

Pagenstecher: Wenn ich Sie richtig verstehe, soll der Begriff des Streitgegenstandes nach Ihrer Ansicht bei der Leistungsklage ein ganz anderer sein als bei der Feststellungsklage. Bei der Leistungsklage soll darüber entschieden werden, ob der Kläger 1000 RM zu zahlen hat oder nicht, während bei der Feststellungsklage darüber entschieden wird, ob der Beklagte aus Vergleich schuldet; da soll der Beklagte nicht das Recht haben zu sagen, er schulde nur 1000 RM.

Vorsitzender: Nein! Ich kann doch verschiedene Feststellungsklagen erheben. Unter Umständen habe ich nur die eine Möglichkeit, eine Feststellungsklage zu erheben, dass ich sage: Ich bitte festzustellen, dass mir der Beklagte 1000 RM schuldet. Dann ist es genau wie bei der Feststellungsklage. Aber ich habe unter Umständen ein Interesse daran, dass festgestellt wird, ob der Vertrag, den ich geschlossen habe, ein Pachtvertrag oder ein Mietvertrag ist. Da kann ich doch bitten, festzustellen, dass zwischen den Parteien ein Pachtverhältnis besteht.

Pagenstecher: Sie wollen also eine Feststellungsklage einfach dahin zulassen, dass der Beklagte dem Kläger 1000 RM schuldet.

Vorsitzender: Sicherlich! Wenn es sich nur darum handelt, ob er aus Kaufvertrag oder aus ungerechtfertigter Bereicherung schuldet, kann sich unter Umständen mein Interesse darin erschöpfen, dass ich weiß, dass ich eine Forderung von 1000 RM habe. Aus irgendeinem Grunde besteht ein Interesse an der Feststellung. Meist wird dann die Feststellungsklage gegeben sein. Es werden seltene Fälle sein, in denen man sich auf die Feststellung beschränkt. Aber die Feststellungsklage ist gerade deswegen eingeführt, damit die Parteien die Möglichkeit haben, das Bestehen eines bestimmten Rechtsverhältnisses festgestellt zu sehen.

Pagenstecher: Nun wird also eine Feststellungsklage erhoben, und es wird nur festgestellt, dass der Beklagte dem Kläger 1000 RM schuldet. Hinterher wird auf Leistung geklagt. Nun kommt der neue Richter zu dem Ergebnis, dass weder Kaufvertrag noch ungerechtfertigte Bereicherung vorliegt.

Vorsitzender: Jedenfalls steht rechtskräftig fest, dass der Beklagte dem Kläger 1000 RM zahlen muss. Der neue Richter darf nicht anders entscheiden.

Fischer: Der erste Richter hat in der Feststellungsklage entschieden: Der Beklagte schuldet 1000 RM; ob aus Schenkung oder Darlehen, kann dahingestellt bleiben. Nun kommt der Kläger und sagt: Die Summe ist jetzt fällig, ich muss einen Titel haben, denn der Schuldner zahlt nicht. Er klagt also auf Verurteilung zur Zahlung von 1000 RM. Jetzt kommt der Beklagte und sagt, er sei zwar rechtskräftig verurteilt, aber es habe eine Schenkung vorgelegen und er habe sie inzwischen wegen Undanks widerrufen.

Nun besteht zwischen beiden Gruppen folgende Differenz. Die einen sagen, der erste Richter müsse die Rechtssicherheit so weit treiben, dass er den Parteien genau sagt, woran sie sind. Die andere Gruppe sagt: Warum? Im zweiten Prozess kann untersucht werden, welche Qualifikation diese Verurteilung hatte, ob es Schenkung war oder Darlehen. Die Meinung der Herren geht dahin – das habe auch ich erst langsam in den Hamburger Verhandlungen erkannt, – dass sich mit dem Leistungsurteil immer ein Feststellungsurteil verbindet.

Vorsitzender: Mit anderen Worten: Eine Eventualbegründung ist im Urteil nicht möglich. Das würde dahin führen, dass wir die Prozesse ins Endlose verlängern und unnötig komplizieren. Vor allen Dingen: In diesem Punkte liegen doch nicht die Schäden unseres Prozesses. Wir wollen unseren Prozess verbessern und nicht verschlechtern. Durch die jetzt besprochene Regelung ist doch noch nie ein Unrecht geschehen. Das sind doch alles konstruierte Fälle. Man möge mir doch einen einzigen Fall vortragen, der wirklich so gelaufen ist.

Fischer: Wenn Sie in der Berufung das Recht geben, sich zu beschweren, dann ist mein einziges Bedenken ausgeräumt. (*Vorsitzender:* Das kann man erwägen!) Siebers sagte in Hamburg [?], wenn in solchem Falle nur gesagt werde, die Klage sei dem Grunde nach gerechtfertigt, und wenn in den Gründen nur gesagt werde, arglistige Täuschung liege nicht vor, sondern Minderungsanspruch, dann habe der Richter falsch tenoriert; vielmehr müsse er sich entscheiden und etwa sagen: Die Klage wegen der arglistigen Täuschung ist nicht begründet, wohl aber liegt ein Minderungsanspruch vor.

Jonas: Ob es in den Gründen oder im Tenor steht, ist vollkommen gleichgültig; wenn ich es aus den Gründen erkennen kann, ist es dasselbe, wie wenn es im Tenor steht.

Vorsitzender: Welchen Grund der Richter feststellt, ergibt sich aus den Gründen.

Fischer: Darin sind wir einig, aber wir sind noch nicht weit genug. Eine andere Frage ist es, wenn der Richter sagt, eine arglistige Täuschung liege nicht vor, aber die Klage sei dem Grunde nach berechtigt, weil er einen Minderungsanspruch anerkenne. Dann liegt darin implicite eine Abweisung, eine der Rechtskraft fähige Abweisung.

Vorsitzender: Ich würde dasselbe annehmen. Wenn in den Gründen des Urteils steht, Schadenersatz wegen Nichterfüllung, wegen arglistigen Verschweigens komme nicht in Frage, sondern nur ein Anspruch aus Minderung, dann ist damit der Anspruch in dieser Beschränkung festgestellt, und darin liegt implicite die Ablehnung eines weitergehenden Anspruchs.

Fischer: Dann würden Sie also heute schon die Berufung geben?

Lent: Das geht doch nicht! Sie können doch nicht zwei Ansprüche haben!

Vorsitzender: Das liegt daran, dass ein Grundurteil, wie Herr Jonas sagte, einem Feststellungsurteil sehr nahe liegt, und zwar einem Feststellungsurteil dahin, dass das Rechtsverhältnis, aus dem geschuldet wird, konkretisiert wird. Ich kann zu jeder Zeit bitten, festzustellen, dass zwischen mir und dem Beklagten ein Arbeitsverhältnis aufgrund eines bestimmten Tarifvertrags besteht. Wenn dann der Richter feststellt, dass zwischen den Parteien ein Tarifvertragsverhältnis bestehe, aber nicht – in diesem Falle würde es in den Tenor gehören – vom soundsovielten, dann ist der Kläger beschwert. So etwas kann es geben. Ich würde auch da mit mir handeln lassen, noch andere Fälle wie die Feststellung des Grundes des Anspruchs, wo also gerade der Rechtsgrund, der nicht das Urteil ist – denn ich kann einen Anspruch dem Grunde nach nur dann feststellen, wenn ich den Grund angebe, sonst ist es ein Widersinn … (*Lent:* Rechtsgrund ist der Lebenskomplex!) – Nein! Rechtsgrund ist nicht der Lebenskomplex, sondern … (erneuter Zuruf von *Lent*) – Ich muss in meiner prozessualen Entscheidung das materielle Recht anwenden und muss … (erneuter Zuruf von *Lent*) – Wenn ich sage, es kommen nur zwei Gründe in Frage. Wenn ich bitte, festzustellen, dass zwischen mir und dem Beklagten ein Arbeitsvertragsverhältnis besteht, dann kann der Richter nicht sagen, es könne dahingestellt bleiben, ob ein Arbeitsvertragsverhältnis vorliege oder nicht, jedenfalls habe der Kläger dem Beklagten tatsächlich Arbeit geleistet, und daher sei der Beklagte um die Arbeit des Klägers bereichert. Damit würde der Richter meinem Antrage nicht genügen. Ich habe durch die Prozessordnung das Recht bekommen, ein bestimmtes Rechtsverhältnis feststellen zu lassen, wenn ich ein Rechtsinteresse daran habe. Infolgedessen muss der Richter Farbe bekennen. Wenn ich aber lediglich eine Feststellungsklage erhebe und sagen: Der Beklagte soll mir 500 RM zahlen, denn ich bin bei ihm gewesen und habe für ihn gearbeitet, und nach meiner Meinung ist ein Arbeitsvertrag zustande gekommen, und der Richter antwortet, er habe Zweifel daran, da ich aber wirklich gearbeitet hätte, werde ich wohl auch behaupten wollen, dass der Beklagte um meine Arbeit ungerechtfertigt bereichert sei – ich sage: selbstverständlich, – dann kann sich der Richter damit begnügen, zu sagen: Die große Beweisaufnahme, die nötig wäre, um das Vorliegen eines Arbeitsvertragsverhältnisses festzustellen, erspare ich mir, da der Kläger nur seine 500 RM haben will, und ich entscheide: Der Beklagte wird verurteilt, 500 RM zu zahlen.

Wenn aber strittig ist, ob der Kläger 200 oder 500 RM zu fordern hat, kann sich der Richter nicht damit begnügen, zu sagen, der Anspruch sei dem Grunde nach gerechtfertigt. (*Lebhafte Zurufe*)

Jonas: Wir sollten uns noch einmal vergegenwärtigen, worüber wir eigentlich diskutieren. Ich glaube, bei der letzten Diskussion war es vollständig unklar, ob wir über die Auslegung des jetzigen Gesetzes sprechen, oder ob wir uns über die Gestaltung des künftigen Gesetzes unterhalten. Ich möchte also bitten, sich in der jetzigen Diskussion streng auf die Frage zu beschränken, wie wir es künftig machen wollen. Und da möchte ich auch bitten, möglichst davon abzusehen, den Ausdruck „Streitgegenstand“ wieder zu benutzen; denn wir sind uns darüber einig, dass der Streitgegenstand bis zum Urteil ziemlich gleichgültig ist, und alles erst bei der Frage, wie weit die Rechtskraft geht, akut wird.

Bei der Rechtskraft bestand bisher die berühmte Frage, ob nur das, was als Rechtsfolge festgestellt wird, ganz gleichgültig, ob es im Tenor steht, oder ob die Entscheidungsgründe zum Verständnis des Tenors mit herangezogen werden müssen, rechtskräftig festgestellt wird, oder ob sich die rechtskräftige Feststellung auch auf die Begründung beziehe.

Wenn man die jetzige Theorie bis zur letzten Konsequenz verfolgt, kommt man zu misslichen und unerwünschten Ergebnissen. Unsere Aufgabe ist es, nun für die Zukunft, gleichgültig, wie es das geltende Recht macht, die vernünftige Linie zu ziehen. Und da glaube ich, sollte man sich auf den Boden stellen, dass rechtskräftig nur der Urteilsausspruch wird, nicht auch die Begründung. Im Ergebnis stimme ich den Beispielen des Herrn Vorredners vollständig zu. Wenn der Richter sagt, es könne dahingestellt bleiben, ob ein Kauf oder eine Bereicherung in Gestalt eines Geldanspruchs vorliege, fest stehe jedenfalls, dass die Sache schon verbraucht ist und der Bereicherungsanspruch ebenso groß sei wie die Kaufpreisforderung, so lässt sich dagegen nichts einwenden. Wenn sich aber Differenzen ergeben – die Parteien werden ja dem Richter vorher gesagt haben, worauf es ihnen ankommt, – dann darf es der Richter nicht dahingestellt sein lassen.

Nehmen wir einmal folgenden Fall. Ich klage aus einem Kaufvertrag auf Zahlung von 1000 RM. Auf diese 1000 RM wird erkannt. Etwas anderes als ein Kaufvertrag steht im Augenblick nicht zur Diskussion.

Nun kann später gesagt werden, es sei kein Kaufvertrag gewesen, sondern eine Schenkung, und ich mache groben Undank geltend – natürlich infolge eines nach der Rechtskraft eingetretenen Ereignisses. Konkret gesprochen, wäre das eine Vollstreckungsgegenklage. Ich habe keine Bedenken dagegen, dass man eine solche Vollstreckungsgegenklage zulässt. In Rechtskraft ist nur die Verpflichtung erwachsen, in dem Augenblick, in dem das Urteil ergeht, 1000 RM zu zahlen. (*Pagenstecher:* Wie liegt es, wenn der Vertrag nicht notariell beurkundet war?) – Das ist eine Untersuchung des zweiten Prozesses. Da können die Verhältnisse durchaus verschieden sein. Es ist z.B., um die Steuerbehörde zu täuschen, ein Kaufvertrag mit einer fingierten Gegenforderung aufgestellt worden. Es ist aber auch möglich, dass dieser Kaufvertrag im Rahmen einer größeren Aktion abgeschlossen worden ist, die im Ganzen eine Schenkung darstellt. Ich sehe durchaus nicht ein, warum in solchen Fällen in einem späteren Prozess nicht dahin entschieden werden kann, dass die Begründung des ersten Richters nicht anzuerkennen sei, dass es nicht ein Kauf, sondern eine Schenkung sei. Man muss z.B. auch an folgenden Fall denken: Zunächst ist es ein Kaufvertrag, ein Lieferungsvertrag auf Kohlen. Es ergeht Versäumnisurteil, weil die Kohlen nicht geliefert wurden. In einem späteren Prozess ergeben sich aus diesem Rechtsverhältnis Komplikationen ganz anderer Art über die Fortsetzung der Lieferungen, und nun taucht die Frage auf, ob es überhaupt ein Lieferungsvertrag war, oder ob es nicht vielmehr ein Pachtverhältnis oder irgendein Ausnutzungsverhältnis war. Ich glaube, man kann durchaus nicht den Satz aufstellen, dass die Gründe schlechthin in Rechtskraft erwachsen. Die rechtliche Subsumtion, die der erste Richter gegeben hat, gelte auch für spätere Prozesse. Das geht einfach nicht, weil die Parteien im ersten Prozess überhaupt noch nicht übersehen können, wie die Sache in einem späteren Prozess läuft. Und wenn sie es schon jetzt übersehen wollen, dann mögen sie schon jetzt einen Feststellungsantrag als Inzidentantrag nach § 280 oder nach § 256 stellen. Dann erwächst diese Feststellung in Rechtskraft.

Vorsitzender: Darf ich um eine Ergänzung bitten. Sie weichen etwas von meiner Auffassung ab, aber beseitigen die Bedenken, die gegen mich erhoben worden sind. Daher sind mir Ihre Ausführungen recht sympathisch.

Nun möchte ich zur Ergänzung Ihrer Stellungnahme Ihre Ansicht über den sehr instruktiven Fall des Herrn Prof. Fischer haben. Es handelt sich um Folgendes.

Eine Erbengemeinschaft hat ein Haus verkauft. Schwammfreiheit ist nicht zugesichert worden, sondern es ist nur gesagt worden: Während unserer Besitzzeit haben wir niemals etwas von Schwamm bemerkt. Nun wird Klage erhoben und behauptet, Schwamm sei vorhanden, die Beseitigung koste mindestens 6000 RM, die Erben sollten verurteilt werden, 6000 RM zu zahlen; und zwar wird dieser Anspruch daraus hergeleitet, dass das Vorhandensein des Schwamms arglistig verschwiegen worden wäre, denn die Miterbin, die die Verwaltung des Hauses hatte, hat selber bei einem Handwerker wiederholt Schwammreparaturen bestellt und vornehmen lassen.

Bei der Verhandlung kommt das Gericht zu der Überzeugung, dass man arglistige Täuschung kaum annehmen könne, wohl aber habe der Kläger einen Minderungsanspruch. Mit dieser Begründung wird der Anspruch dem Grunde nach festgestellt.

Wie ist es,

a) wenn sich die Parteien damit beruhigen, das Urteil also rechtskräftig wird, und sich nun im weiteren Verlauf über die Höhe des Anspruchs herausstellt, dass der Schadensersatzanspruch höher sein würde als der Minderungsanspruch? Kann dann das Gericht trotzdem bei der Entscheidung über die Höhe des Anspruchs auf den höheren Betrag erkennen, indem es sagt: Wir haben damals zwar gesagt, es liege nur ein Minderungsanspruch vor. Aber diese Begründung erwächst ja nicht in Rechtskraft; in Rechtskraft erwächst nur die Feststellung, dass der Anspruch aus dem Hausverkauf dem Grunde nach gerechtfertigt ist, und wir sind nicht gehindert, nunmehr den höheren Schadenersatzanspruch zuzuerkennen?

b) wenn der Kläger gegen das erste Urteil Berufung einlegt, indem er sagt: Mein Anspruch ist zwar dem Grunde nach für gerechtfertigt erklärt, aber unter ausdrücklicher Beschränkung auf den Minderungsanspruch; das wirkt sich auf die Höhe aus, und infolgedessen bin ich durch das Urteil beschwert?

c) wenn diese Berufung zulässig ist und das Berufungsgericht anderer Ansicht ist als das erstinstanzliche Gericht?

Jonas: Meine Antwort de lege ferenda ist sehr einfach. Ein Grundurteil ist meiner Ansicht nach grober Unfug. Die ganzen Grundurteile haben die Eigenschaft, dass sie gemeinsame Komplexe zerreißen und die Entscheidungen auf verschiedene Zeitpunkte verlagern. Es ist die vernünftigste Einrichtung im Arbeitsgerichtsgesetz, dass es die Grundurteilsentscheidung für nicht selbständig revisibel erklärt hat. Die ganze Geschichte wird dadurch nur kompliziert, dass man die Urteile selbständig appellabel macht. Es ist doch einfach so, dass das Gericht sich sagt: Nun wollen wir mit diesem Punkt einmal Schluss machen und Farbe bekennen; wie ist das und das zu beurteilen? – Ich habe gar nichts dagegen, dass man eine solche Zwischenentscheidung trifft und für zweckmäßig hält. Nur möchte ich dann die selbständige Anfechtbarkeit weglassen, und ebenso den unglücklichen § 318, dass das Gericht an solche Zwischenaussprüche gebunden ist. (*Vorsitzender:* Dann kann man das Grundurteil doch ganz beseitigen!) – Es ist die Präklusionswirkung. Es ist eine prozessleitende Handlung. Das Gericht sagt: Über diesen Punkt darf nun nichts Neues mehr vorgebracht werden; und nun wollen wir uns noch über die Höhe unterhalten. In diesem Sinne als prozessleitende Maßnahmen sind der Grundausspruch und auch das alte Zwischenurteil des § 303 durchaus zweckmäßige Momente. Aber sie werden in dem Augenblick zu einer Gefahr, in dem das Gericht nicht mehr von dieser seiner Entscheidung loskommen kann. Namentlich, wenn die Kammer vollständig anders besetzt ist, können sich Misshelligkeiten ergeben. Schwierig wird es dann mit der selbständigen Appellabilität. Gerade diese Beispiele – und aus der Rechtsprechung kann man eine Fülle anderer Beispiele beifügen – zeigen instruktiv, dass Grund und Betrag doch nicht so leicht zu scheiden sind, wie es sich der Gesetzgeber vorgestellt hat. Auf diesem Gebiete hat die Rechtsprechung sehr viele vernünftige Konzessionen gemacht, wie z.B. bei der Aufrechnung. An sich gehört die Aufrechnung selbstverständlich in den Grund; wenn sie der Richter aber für das Betragsverfahren vorbehalten hat, mag es auch im Betragsverhalten behandelt werden, und wenn sich die Parteien beim Grundurteil beruhigt haben, soll ihnen die Aufrechnung nun nicht etwa abgeschnitten werden.

Nach diesem Rezept möchte ich auch den vorliegenden Fall behandeln. Ich spreche jetzt de lege lata. Wenn also der Richter sagt: Ich stelle dem Grunde nach den Anspruch fest, lasse aber offen, ob aus Minderung oder arglistiger Täuschung – also ein Problem, das zwar systemtheoretisch auf dem Gebiete des Grundes liegt, sich aber praktisch in der Höhe des Anspruchs auswirkt, und nehme es in das Betragsverfahren hinein, dann muss es meiner Ansicht nach auch im Betragsverfahren behandelt werden.

Nun kann man ja sagen, wenn das Grundurteil so unklar ist, dass die Frage offen gelassen wird, ob arglistige Täuschung oder Minderung vorliegt, dann muss man in solchen Fällen den Parteien vernünftigerweise den Weg offen lassen, schon das Grundurteil anzugreifen und sich nicht auf das Betragsverfahren zurückzuziehen, um dann später belehrt werden, dass diese Dinge gegen das Grundurteil hätten vorgebracht werden müssen; da das nicht geschehen und das

Grundurteil rechtskräftig geworden sei, könne man sich mit diesem Fragenkomplex nicht mehr befassen. Wenn das Gericht eine Frage zweifelhaft lässt, muss man meiner Meinung nach den Parteien die Möglichkeit geben, alle in Betracht kommenden Rechtsmittel zu ergreifen.

Vorsitzender: Sie würden also heute in dem von Herrn Prof. Fischer angeführten Fall die Berufung geben? Sie würden also nicht sagen: Es waren zwei Ansprüche, von denen nur einer anerkannt worden ist – sondern: du hast meinen einheitlichen Anspruch in einer Weise festgestellt, die sich auf die Höhe des Betrages später auswirken muss?

Jonas: Das ist meine Begründung dafür. Ob ich das nun ausdrücke, indem ich sage: Es ist offen gelassen worden, ob der sich aus § X ergebende Anspruch festgestellt worden ist, oder anders – da habe ich das Gefühl, dass man eigentlich um Wortfassungen streitet. Das ist ziemlich gleichgültig und bestärkt mich in der Auffassung, dass der Prozessgesetzgeber Begriffe wie Anspruch und Streitgegenstand so weit wie irgend möglich aus dem Gesetz herauslassen sollte. Den Streitgegenstand brauchen wir im Gesetz nicht zu definieren. Wir müssen nur eine möglichst große Klarheit darüber in das Gesetz hineinbringen, was in Rechtskraft erwächst. Da ist es am besten, wenn man es auf die Rechtsfolgen abstellt, die aus einem Tatbestandskomplex gezogen werden. Das sind meiner Ansicht nach die greifbarsten Elemente. Natürlich haben wir einen einheitlichen Lebenskomplex; das sind Dinge, die man nicht weiter zerlegen kann. Und wenn man dann wieder auf die Tatbestände des materiellen Rechts abkommt, kommt man wieder zu einer Zersplitterung mit einer Mehrheit von Ansprüchen unter einer rein bürgerlich-rechtlichen Betrachtungsweise. Z.B. habe ich gar nichts dagegen, dass man sagt: Der Unterhaltsanspruch ist ein gesetzlicher Unterhaltsanspruch und daneben ein vertraglicher Unterhaltsanspruch. Das sind bürgerlich-rechtlich unbedingt zwei verschiedene Ansprüche. Es ist mir vollständig gleichgültig, ob man das so oder so behandelt. Ich bin nur daran interessiert, dass man sie im Prozess als eine Einheit behandelt und nicht aufspaltet.

Also mein Ergebnis: Diese Grundurteilsfragen löse ich für das künftige Recht praktisch dadurch, dass es ein selbständig appellables Grundurteil und Zwischenurteil überhaupt nicht gibt. Nach geltendem Recht löse ich die Grenzfälle zwischen Grundurteil und Betragurteil dadurch, dass ich dem Bedürfnis der Parteien entspreche. Die Parteien dürfen in ihren Entschließungen nicht dadurch bestimmt werden, was der weise Richter beim Reichsgericht vielleicht später sagen wird. Man darf die Entscheidungen der Parteien nicht davon abhängig machen, wie die höchste Instanz diese Fälle entscheidet; denn das Reichsgericht könnte ihnen sagen: Was du gemacht hast, ist unzulässig; du hättest einen anderen Weg einschlagen müssen; leider ist er nicht mehr gangbar, weil das Urteil inzwischen rechtskräftig geworden ist. Es gibt in letzter Zeit eine Reihe solcher Entscheidungen, die einen vielfach recht peinlich berühren.

Vorsitzender: Ich kann jetzt die erfreuliche Feststellung treffen, dass durch die Fortführung unserer Diskussion und die Ausführungen von Herrn Jonas meine Ansicht wesentlich geklärt ist. Ich kann mich jetzt dem, was Herr Jonas ausgeführt hat, voll anschließen.

Furler: In dem Fall Fischer müsste man eine andere Entscheidung treffen. Der Tenor müsste lauten: Der Anspruch ist dem Grunde nach gerechtfertigt. Da die Gründe nicht in Rechtskraft erwachsen, ist nur festgelegt, dass überhaupt ein Anspruch besteht, nicht aber, welcher. Ein Beschwerdegrund ist damit nicht gegeben.

Jonas: De lege ferenda denke ich an eine Erklärung des Kollegiums in feierlicher Form, dass die Verhandlung über den Grund beendet sein soll und dass es im weiteren Verlauf des Prozesses nur noch um den Betrag gehen soll. (*Fischer:* Das Gericht soll doch aber nicht unwiderruflich an diese Zwischenentscheidung gebunden sein?) Nach meiner Meinung soll es nicht daran gebunden sein. (*Fischer:* Es soll sich also mehr um einen Beschluss handeln?) – Ja! (*Fischer:* Dann bin ich vollkommen einverstanden!)

Pagenstecher: Nehmen Sie an, in der Klage wird beantragt, festzustellen, dass der zwischen den Parteien dann und dann geschlossene Schenkungsvertrag besteht. In der Klageschrift sagt der Kläger, dass es sich um einen notariellen Schenkungsvertrag auf Schenkung wertvoller Gemälde handelt, während der Beklagte behauptet, er habe diesen Vertrag wegen arglistiger Täuschung angefochten und sei infolgedessen nicht verpflichtet, die Gemälde zu übergeben. Nun wird dieser Klage stattgegeben und im Urteil wird festgestellt, dass der zwischen den Parteien geschlossene Schenkungsvertrag besteht. Nachher verbrennen die Gemälde infolge leichter Fahrlässigkeit des Schenkers, und es erhebt sich die Frage, ob Schadenersatz geleistet werden muss. In dem daraufhin angestrengten Prozess wird behauptet, der Vertrag habe zwar wie ein Schenkungsvertrag ausgesehen, sei in Wirklichkeit aber ein Erbauseinandersetzungsvertrag gewesen. Am selben Tage sei noch ein anderer Vertrag geschlossen worden, und dieser Schenkungsvertrag sei nur aus steuerlichen Gründen als besonderer Vertrag abgeschlossen und als Schenkungsvertrag qualifiziert worden. Würden Sie nun zulassen, dass der Richter, obwohl ein Schenkungsvertrag festgestellt ist, in einem zweiten Urteil erklärt, dass es sich nicht um einen Schenkungsvertrag, sondern um einen Auseinandersetzungsvertrag handelt, und den Beklagten deshalb, obwohl ihm nur leichte Fahrlässigkeit zur Last fällt, haften lassen?

Jonas: Der Richter stellt doch nicht abstrakt eine juristische Qualifikation eines Anspruchs fest, sondern aufgelöst besagt doch das Urteil: Aus dem Vertragstatbestand, aus dem Lebenskomplex ergibt sich die Rechtsfolge, dass der eine dem anderen einen Gegenstand zu übertragen hat und dafür nach den und den Vorschriften haftet. Wenn dies in dem ersten Urteil festgestellt ist, kann nach meiner Auffassung eine andere juristische Beurteilung nicht in Frage kommen.

Anders liegt der Fall natürlich, wenn jemand auf Feststellung klagt, dass der Beklagte das Bild unter gewissen Bedingungen zu übertragen hat, und in der Begründung den Vertrag, auf den er sich bezieht, als Schenkungsvertrag bezeichnet. Wenn es dann in dem Urteil heißt, aus dem Vertrag gehe, gleichgültig, ob er als Schenkungsvertrag oder als Auseinandersetzungsvertrag aufzufassen sei, klipp und klar hervor, dass das Bild unter gewissen Bedingungen herauszugeben sei, dann ist in Bezug auf die Frage, ob es sich um eine Schenkung handelt oder nicht, eine rechtskräftige Feststellung nicht erfolgt.

Pagenstecher: Nehmen Sie nun in dem gleichen Fall an, dass der Kläger dieselbe Begründung gibt, aber nicht auf Feststellung, sondern auf Herausgabe der Gemälde klagt. Nun steht im Tenor nur: Der Beklagte wird verurteilt, dem Kläger die und die genau bezeichneten Gemälde herauszugeben. In den Gründen steht: Die Parteien sind darüber einig, dass der und der Schenkungsvertrag abgeschlossen ist. Der Beklagte hat den Schenkungsvertrag wegen arglistiger Täuschung angefochten. Das Gericht hat sich aber nicht davon überzeugen können, dass eine arglistige Täuschung vorlag und gibt deshalb dem Antrag des Klägers, den Beklagten zur Herausgabe der Gemälde zu verurteilen, statt. – Bevor nun das Urteil vollstreckt wird, verbrennen die Gemälde. Wie würden Sie in diesem Fall entscheiden? (*Jonas:* Da würde ich anders entscheiden! – Nach Ihrer Ansicht ist also bei der Leistungsklage niemals die rechtliche Qualifikation maßgebend, sondern, um eine rechtliche Qualifikation zu erhalten, muss man de lege ferenda in allen Fällen eine Feststellungsklage erheben, und das kann man dann tun, wenn man ein rechtliches Interesse nachweist.

Jonas: Mir scheint das de lege ferenda die glatteste Lösung zu sein. Alles, was ich de lege lata in meinem Kommentar gesagt habe, ist doch praktisch sehr angreifbar. Jedenfalls besteht jetzt auf diesem Gebiet eine sehr starke Unklarheit, und wenn wir für das künftige Gesetz die Dinge vereinfachen wollen, sollten wir uns nach meiner Meinung auf den Standpunkt stellen, der jetzt klargestellt ist.

Vorsitzender: Die Fassung des ersten von Herrn Pagenstecher erwähnten Feststellungsantrags würde doch davon abhängen, welchen Inhalt dieser Vertrag hat. Wenn der ganze Vertrag, wie ich es nach den Darlegungen von Herrn Pagenstecher annehmen muss, nichts weiter enthält als die

Verpflichtung, die Gemälde herauszugeben, dann müsste meiner Meinung nach der Antrag lauten: Ich bitte, festzustellen, dass der Beklagte verpflichtet ist, gemäß dem Vertrag vom soundsovielten die Gegenstände zu übergeben, denn nur das ist das Rechtsverhältnis, das ich tatsächlich festgestellt sehen will.

Nun könnte es aber sein, dass in dem Vertrag noch verschiedene andere, erst in ferner Zukunft akut werdende Vorteile für den Kläger enthalten sind, so dass ihm daran liegt, dass das ganze Rechtsverhältnis festgestellt wird. Dann würde ich nur dann annehmen, dass die bloße Erwähnung als Schenkungsvertrag im Urteil für alle Zeiten bindet, den Vertrag als Schenkungsvertrag zu qualifizieren, wenn feststeht, dass es gerade die Absicht des Gerichts war, den Vertrag zu qualifizieren. Das führt zu der Frage, wie es de lege lata ist, und wie es de lege ferenda sein soll. Herr Jonas hat vielleicht nicht mit Unrecht Zweifel aufgeworfen, ob es überhaupt möglich ist, die rechtliche Natur eines Vertrags feststellen zu lassen. Es ist z.B. ganz klar, dass über die Benutzung bestimmter Räume zwischen den Parteien ein gültiger Vertrag geschlossen ist. Kein Mensch zweifelt an seiner Wirksamkeit. Der Kläger sagt, dass es ein Pachtvertrag ist, während der Beklagte ihn für einen Mietvertrag hält. Für den Kläger ist es sehr wichtig, ob es ein Pachtvertrag ist, weil er aus diesem gewisse Rechte hat, die er als Mieter nicht hat. Kann er nun schon de lege lata in solchem Fall beantragen, festzustellen, dass der Vertrag ein Pachtvertrag ist, und wenn nicht, müsste man nicht schleunigst dafür sorgen, dass das de lege ferenda möglich gemacht wird?

Jonas: Es ist heute schon möglich, dass sich die Parteien darüber streiten, ob ein Vertrag ein Mietvertrag oder ein Pachtvertrag ist, ob es ein Vertrag ist, der unter den Herausgabe- und Kündigungsvorschriften der Paragraphen soundso oder unter den Vorschriften der Paragraphen soundso steht. Sie streiten darüber, welche Rechtsbeziehung zwischen ihnen besteht, und wenn man mit einem Globalbegriff Mietvertrag oder Pachtvertrag auskommt, wenn Gericht und Parteien sich darüber klar sind, zu welchen Streitpunkten eindeutig mit diesen kurzen Begriffen Stellung genommen wird, habe ich nichts dagegen, dass so tenoriert wird.

Vorsitzender: Das Reichsarbeitsgericht lässt heute schon eine Feststellungsklage dahin zu, dass das Arbeitsverhältnis zwischen den Parteien einem bestimmten Tarifvertrag unterliege. Das ist eine Globalfeststellung. Sie werden auch zugeben, dass es für die Rechtskraftwirkung jeder derartigen Feststellungsentscheidung darauf ankommt, ob gerade dieser Punkt festgestellt werden sollte. Angenommen, die Parteien haben einen Vertrag geschlossen, der die Überschrift Mietvertrag trägt, und sie streiten gar nicht darüber, welche rechtliche Natur der Vertrag hat, sondern nur darüber, ob er besteht oder nicht, und nun tenoriert das Gericht unglücklicherweise so, dass es nicht einfach den Vertrag als wirksam feststellt, sondern weil er als Mietvertrag überschrieben worden ist, sagt es, dass der Mietvertrag wirksam ist. Wenn später bei einer ganz anderen Auseinandersetzung streitig wird, ob das ein Mietvertrag oder ein Pachtvertrag ist, würde der Richter nicht daran gebunden sein, dass in dem Tenor zufällig „Mietvertrag" steht. (*Jonas:* Ja!) – Dann sind wir vollkommen einig.

Lent: In dem Fall, dass aus einem Vertrag geklagt wird, von dem nicht feststeht, ob er Mietvertrag oder Pachtvertrag ist, dass es nach Lage des Rechtsstreits aber gar nicht darauf ankommt und nur der Anspruch auf Zahlung des Zinses zuerkannt wird, bin ich auch der Ansicht, dass eine rechtliche Qualifizierung des Anspruchs dahin, ob er Miet- oder Pachtanspruch ist, nicht notwendig ist und nicht rechtskräftig erfolgt; denn durch das Urteil ist der Anspruch eindeutig als Anspruch aus diesem Vertrag zwischen den Parteien individualisiert. Ob das nun rechtlich als Miete oder Pacht zu qualifizieren ist, ist nicht rechtskräftig festgelegt, weil es in diesem Fall gar nicht darauf ankommt. Was ich aber leugne, ist, dass dasselbe der Fall ist, wenn etwa im Urteil dahingestellt bleibt, ob es sich um einen Vertragsanspruch oder um einen Bereicherungsanspruch handelt; denn dann ist nicht die rechtliche Qualifikation eines und desselben Anspruchs überflüssig, sondern dann lässt das Urteil überhaupt dahingestellt, welcher Anspruch besteht, und daher ist überhaupt nicht einmal ein individualisierter Anspruch festgestellt.

Grundsätzlich bin ich der Überzeugung, dass das Prozessrecht das bürgerliche Recht nicht einfach ignorieren kann. Was Sie wollen, ist die vollständige Integrierung des immerhin noch geltenden Bürgerlichen Gesetzbuchs. Zunächst sagt mir ein gewisser Instinkt, dass, wenn im bürgerlichen Recht die Verhältnisse vollkommen verschieden sind, sich das in der prozessualen Behandlung irgendwie ausdrücken muss. Nun besteht im bürgerlichen Recht ein sehr tiefgreifender Unterschied in der doppelten Begründung eines und desselben Anspruchs und dem Vorhandensein zweier konkurrierender Ansprüche. Das ist ein vollkommen verschiedener Tatbestand, und dass diese vollkommene Verschiedenheit im Prozess überhaupt nicht zum Ausdruck kommt, scheint mir von vornherein unwahrscheinlich.

Weiter nimmt das bürgerliche Recht im § 209 BGB an, dass die Verjährung unterbrochen wird, wenn auf Befriedigung des Anspruchs geklagt wird. In diesem Fall ist kein Zweifel, dass es sich um den materiellrechtlichen, den bürgerlichrechtlichen Anspruch handelt. Das Bürgerliche Gesetzbuch geht also jedenfalls davon aus, dass die Erhebung der Klage bedeutet, dass auf Befriedigung oder Feststellung des materiellrechtlichen Anspruchs geklagt wird; denn sonst könnte die Verjährung nicht für einen ganz bestimmten materiellrechtlichen Anspruch unterbrochen werden. Das Bürgerliche Gesetzbuch kennt keine Klage, die aus einem Lebenskomplex heraus erhoben wird; denn sonst könnte es die Folge der Unterbrechung der Verjährung des Anspruchs gar nicht an die Klageerhebung knüpfen, wenn gar nicht einmal feststünde, welcher Anspruch des bürgerlichen Rechts erhoben wird.

Ferner heißt des in § 218 BGB dass ein rechtskräftig festgestellter Anspruch in 30 Jahren verjährt, und zwar auch dann, wenn er an sich einer kürzeren Verjährung unterliegt. Auch hier nimmt das Bürgerliche Gesetzbuch an, dass ein Anspruch des materiellen Rechts und nicht ein Anspruch aus einem Lebenskomplex festgestellt wird. Wenn Sie zu einer neuen Auffassung des Prozessrechts übergehen wollen, müssen Sie sich darüber klar sein, dass die Bestimmungen des Bürgerlichen Gesetzbuchs über den Vertrag von Grund aus geändert werden müssen, weil sonst das Bürgerliche Gesetzbuch unter der Klageerhebung wegen Geltendmachung eines Anspruchs und unter rechtskräftiger Feststellung eines Anspruchs etwas ganz anderes versteht als Sie im Prozess.

Was den Lebenskomplex betrifft, so haben wir uns eine unendliche Mühe geben müssen, festzuhalten, wann zwei Ansprüche identisch oder verschieden sind. Das war außerordentlich schwierig, ist aber schließlich annähernd gelungen.

Die ganze Frage ist nun, wann ein und derselbe Lebenskomplex vorliegt, und die gestrige Debatte hat gezeigt, dass darüber überhaupt keine Einigkeit besteht. Der Vorsitzende war in seinem Fall mit der Kartoffellieferung der Ansicht, dass die Lieferung der Kartoffeln, der Anspruch auf Bezahlung und das Herauswerfen der Kartoffeln auf die Straße im Sinne einer unerlaubten Handlung ein und derselbe Lebensvorgang sei. Sehr viele andere Herren waren dagegen der Ansicht, dass es verschiedene Lebenskomplexe wären. Wenn wir uns bei einem ganz einfachen Fall nicht einmal darüber einig sind, ob es sich um *einen* Lebenskomplex oder zwei Lebenskomplexe handelt, dann sehe ich darin den Bankrott dieser Auffassung. Wie soll ein Amtsrichter dann wissen, wann es sich um einen und wann um zwei Lebenskomplexe handelt! Auch im Strafrecht ist die Frage, was ein Lebenskomplex ist und was zwei Lebenskomplexe sind, außerordentlich schwierig und nach ganz verschiedenen Gesichtspunkten zu behandeln. Der Laie wird sagen, dass ein Schuss ein Vorgang ist. Sobald der Schuss aber zwei Güter verletzt, sind es zwei verschiedene Vorgänge, z.B. Sachbeschädigung und zugleich Körperverletzung. Angenommen, es ist eine Sache verletzt, dann werden Sie sagen, dass das selbstverständlich ein Lebensvorgang ist. Der Fall kann aber so liegen, dass dadurch nicht nur der Eigentümer, sondern auch der Pfandgläubiger bzw. der Mieter geschädigt ist. Der einheitliche Lebenskomplex ist also rechtlich kein einheitlicher Lebenskomplex. Die Lebensvorgänge mögen noch so einfach sein; trotzdem liegen ganz verschiedenartige rechtliche Vorgänge vor. Jeder Laie wird auch sagen, dass es ein Lebensvorgang sei, wenn man auf dem Bahnhof eine Zeitung kauft. Wir können nicht daran vorbeigehen, dass sich in dieser Sekunde nicht weniger als drei verschiedenartige Verträge zwischen dem Käufer und dem Zeitungsverkäufer vollziehen. Wenn Sie das alles vereinheitlichen wollen, heben Sie das bürgerliche Recht aus den Angeln. Es wird auch nie gelingen, es so einfach zu machen, wie es dem Laien erscheint. Ich bin der Auffassung, dass das Herauswerfen der Kartoffeln nach dem Vertragsschluss ein selbständiger Lebensvorgang ist, der mit dem anderen Fall der Annahme oder Nichtannahme der Bestellung nichts zu tun hat. Wenn wir hier aber nicht so klare Richtlinien geben können, dass jeder Amtsrichter sofort entscheiden kann, ob es sich um *einen* Lebensvorgang handelt oder nicht, kommen wir zu einer vollständigen Unsicherheit.

Ebenso fragt es sich bei der Minderung und Anfechtung wegen arglistiger Täuschung, ob ein Lebensvorgang vorliegt oder nicht. Ich würde auf dem Standpunkt stehen, dass, wenn ich eine selbständige Anfechtung wegen Irrtums oder Täuschung erkläre, das ein zweiter, neuer Lebensvorgang ist, der mit dem Kaufvertrag schlechterdings in diesem Sinne nichts zu tun hat. Ich kann nicht anerkennen, dass eine selbständige Willenserklärung kein selbständiger Tatbestand und kein selbständiger Lebenskomplex sein soll. Sie sagen nun wieder, dass die Anfechtung kein selbständiger Lebensvorgang ist. Aber auch die arglistige Täuschung würde ich wieder für einen ganz anderen Vorgang halten als den Abschluss des Vertrages selbst; denn die arglistige Täuschung in dem Sinne muss ja vor dem Vertragsabschluss gelegen sein. Wir kommen also zu den subtilsten Unterscheidungen, und ich glaube, dass diese Unterscheidungen noch viel schwieriger und subtiler werden als die bisherigen. Es wäre ein verhängnisvoller Irrtum, zu glauben, dass wir zu einer Vereinfachung gelangen würden.

Nun zum doppelten Anspruch! Wir sind darüber einig, dass man im Prozess zu einer glatten Lösung kommen muss. Wenn der Vertragsanspruch und der Deliktsanspruch vom Gericht geprüft werden und beide sich nach Ansicht des Gerichts als nicht bestehend erweisen, lautet das Urteil auf Abweisung der Klage. Es kann kein Zweifel sein, dass im Sinne der Rechtskraft zwei verschiedene Ansprüche rechtskräftig aberkannt sind, sowohl der Vertragsanspruch wie der Deliktsanspruch. Sie haben hier einen doppelten Gegenstand der Entscheidung. Wird dagegen ein Hauskauf mit der Begründung gewandelt, die Zentralheizung funktioniert nicht, und deshalb sei das Haus nicht zu benutzen, und stützt man sich dabei auf § 459 BGB und für den Fall, dass man damit nicht durchdringe, darauf, dass ausdrücklich eine Temperatur von 23°C zugesichert worden sei, dann handelt es sich nur um einen Anspruch mit doppelter Begründung und nicht um zwei Ansprüche.

Vorsitzender: Man kann auch nicht sagen, dass man aus Vertrag 100 RM zu fordern habe, und die 100 RM noch einmal aus unerlaubter Handlung fordern, sondern aus einem einheitlichen Lebensvorgang kann man nur einmal 100 RM fordern.

Lent: Sie können sie wohl zweimal fordern, aber Sie können nur einmal Bezahlung verlangen! § 823 Abs. 1 und § 823 Abs. 2 sind zwei verschiedene Normen, die auf einen und denselben Tatbestand Anwendung finden. Aber Vertragsanspruch und Deliktsanspruch sind nun einmal nicht zwei verschiedene Normen, sondern zwei verschiedene Ansprüche. Jedenfalls haben Sie einen doppelten Gegenstand der Entscheidung. Ich kann noch sagen, dass mit der Klage ein bestimmter Lebensvorgang anhängig gemacht wird, ohne Rücksicht darauf, ob dem Kläger die doppelten Ansprüche wirklich vorschweben oder nicht. Aber für die Entscheidung muss unter allen Umständen festgehalten werden, dass ein bestimmter Anspruch im Sinne des bürgerlichen Rechts Entscheidungsgegenstand und Rechtskraftgegenstand ist.

Vorsitzender: Nehmen Sie an, in dem Kartoffelfall hat erst der Kläger den ganzen Sachverhalt vorgetragen, wie ich ihn vorgetragen habe, und hat sich immer nur an den Kaufvertrag gehalten.

Dann ist Beweis erhoben worden und die Beweiserhebung ist ungünstig für ihn ausgefallen. Darauf beantragt er, dass das Gericht, wenn es wirklich der Auffassung sei, es bestehe kein Kaufverhältnis, wegen unerlaubter Handlung verurteilen solle. Würden Sie da der Meinung sein, dass der Anspruch wegen unerlaubter Handlung erst jetzt erhoben worden ist? (*Zuruf.*)

Nehmen Sie nun an, der Mann wusste bei der Klage gar nicht, dass ich die Kartoffeln inzwischen dem Verderb ausgesetzt hatte. Haben Sie Zweifel daran, dass er nachher sagen kann, er habe inzwischen festgestellt, dass die Kartoffeln verdorben worden seien? (*Lent:* In diesem Fall handelt es sich um einen neuen Anspruch!)

Nehmen Sie weiter an, der Mann wusste von vornherein, dass ich die Kartoffeln so behandelt habe, hat das aber gar nicht vorgebracht und stützt sich nachträglich darauf. Würde der Fall genauso liegen wie der, dass jemand behauptet, ein Kaufvertrag sei aufgrund einer Korrespondenz geschlossen worden, das Gericht überzeugt sich davon, dass die Korrespondenz nicht die Einigkeit der Parteien ergibt und weist die Klage ab, und nun sagt der Kläger, was er schon vorher hätte tun können, nach der Korrespondenz habe ein Telefongespräch stattgefunden, das den Vertragsschluss ergeben habe? In dem eben erwähnten Fall wird der Kläger damit nicht gehört. Die Individualisierung ist eben dadurch geschehen, dass ich das Lebensverhältnis in seinem ganzen Komplex darstelle. (*Lent:* Der Lebenskomplex als einheitlicher Lebensvorgang ist erledigt, ob er vollständig vorgetragen worden ist oder nicht; sonst heben Sie die Rechtskraft aus den Angeln!) Angenommen, jemand klagt aus Kaufvertrag wegen Warenlieferung. Der Kaufvertrag ist nicht zustande gekommen, und die Klage wird abgewiesen. Nunmehr schickt der Kläger zu dem Beklagten, um den gelieferten Wein abholen zu lassen, und jetzt stellt sich heraus, dass er den Wein ausgetrunken hat. Das ist ein neuer Lebenskomplex.

Lent: Dann sind wir einig! Handelt es sich um zwei Lebenskomplexe, dann ist der Kläger im ersten Prozess nicht gezwungen, auch den zweiten Lebenskomplex vorzubringen. Er kann also nicht gehindert werden, nach rechtskräftiger Abweisung des Kaufanspruchs etwas Neues geltend zu machen. Er kann doch nicht gezwungen sein, zwei Lebenskomplexe gleichzeitig anzugeben. Ob es sich um einen Lebenskomplex oder um zwei handelt, muss nach objektiven Maßstäben festgestellt werden.

Jonas: Auch bei diesen Fragen zeigt sich ebenso wie bei früheren Fragen der Unterschied zwischen der Auffassung von Herrn Lent und meiner Auffassung, dass Herr Lent die Dinge letzten Endes immer bürgerlich-rechtlich ansieht, während ich sie prozessual sehe. Das bürgerliche Recht stellt natürlich Tatbestände auf und gibt für bestimmte Tatbestände bestimmte Ansprüche. Es stellt z.B. den Tatbestand der Beschädigung der Treppe eines Hausbesitzers auf und gibt in diesem Fall einen Deliktsanspruch aus Eigentumsbeschädigung. In dem anderen Tatbestand, dass ein Mieter die Treppe des Hausbesitzers benutzt und dabei beschädigt, gibt es den Vertragsanspruch. Ich gebe zu, dass es vom Standpunkt des bürgerlichen Rechts aus ruhig zwei Ansprüche sein mögen. Bei rein bürgerlich-rechtlicher Betrachtung kommt man nicht gut darum herum zu sagen, dass dann, wenn zwei Ehegatten einen Vertrag über den Unterhalt abschließen, ein gesetzlicher Anspruch und ein vertraglicher Anspruch gegeben sind, die bürgerlich-rechtlich meinetwegen nebeneinander bestehen. Prozessrechtlich sollte uns diese Frage aber absolut nicht interessieren. Der Richter hat im Prozess festzustellen, ob aus einem Tatbestand, der ihm vorgetragen ist, eine bestimmte Rechtsfolge zu ziehen ist, die ein bürgerlich-rechtlicher Anspruch sein kann und die ein Rechtsverhältnis sein kann. Daher brauchen wir ja nicht den Ausdruck Anspruch, sondern Rechtsfolge. Der Gesetzgeber des bürgerlichen Rechts hat es sehr einfach. Er sagt: Diese Tatbestandsmomente genügen, einen Anspruch zu erzielen, und andere Tatbestandsmomente genügen, einen anderen Anspruch zu erzielen. Hier ist es aber anders. Der Kläger trägt etwas vor, und der Richter sucht sich nun das Wesentliche aus dem Vorgetragenen heraus. Wenn er die Momente a und b vorträgt, ergibt sich daraus ein Anspruch. Wenn er die Momente c und d vorträgt, ergibt sich daraus ein anderer Anspruch im Sinne des bürgerlichen Rechts. Es handelt sich doch aber letzten Endes um dasselbe Begehren, z.B. 1000 RM zu bekommen. Wenn wir im Prozess des Hausbesitzers gegen den Mieter, der seine Treppe beschädigt hat, sagen, dass hier zwei Ansprüche bestehen, und zwar einer aus Mietvertrag und der andere aus Delikt, die zufällig zu demselben Ergebnis führen, dann bewegen wir uns doch auf einem Gebiet, das einfach nicht in den lebendigen Prozess passt.

Nun zu der Frage, ob ein Lebensvorgang vorliegt oder zwei. Nehmen Sie an, es wird vorgetragen, man habe einen Vertrag abgeschlossen, und zum Beweise bezieht man sich auf die Korrespondenz. Bürgerlich-rechtlich ist das unter Umständen ein Konvolut von verschiedenen Ansprüchen, und zwar handelt es sich entweder um einen Vertrag, der durch die Briefe vom 1. und 2. Oktober zustande gekommen ist, oder um einen Vertrag, der durch die Briefe vom 15. und 16. Oktober zustande gekommen ist. Bürgerlich-rechtlich werden Sie wahrscheinlich sagen müssen, dass hier zwei Ansprüche geltend gemacht werden, während im Sinne des Prozessrechts hier *ein* Anspruch geltend gemacht wird. Hier wird dem Richter ein Lebenskomplex vorgetragen. Nun ist es nicht ganz genau, wenn der Vorsitzende vorhin sagte, dass Lebenskomplex das ist, was der Kläger vorträgt. Genau genommen ist es das, was aus diesem Lebenskomplex der Richter für erheblich hält.

Vorsitzender: Natürlich! – Die Behauptungen entstehen aber auch dann, wenn es sich auch nach Ihrem Standpunkt um einen einheitlichen Anspruch handelt. Ich habe schon das Beispiel erwähnt, dass wegen eines ganz einheitlichen Anspruchs aus einem Kaufvertrag die Korrespondenz vorgetragen wird und das Gericht abweist. In einem späteren Prozess sagt nun der Kläger, dass sich der Beklagte nach Abweisung der Klage mit dem Kaufvertrag einverstanden erklärt habe. Nunmehr ist er zustande gekommen, und nun sagen Sie, dass das eine ganz neue Angelegenheit sei, die durch die Rechtskraft nicht gedeckt werde. Wenn diese Erklärung vor der letzten mündlichen Verhandlung liegt, kann der Kläger sie nachher nicht geltend machen. Dann wird man sagen: Das Urteil hat festgestellt, dass der Vertrag nicht zustande gekommen ist. Wenn der Kläger behauptet, für das Zustandekommen des Vertrags läge außer der früher vorgelegten Korrespondenz noch eine weitere Tatsache vor, dann kann ich ihn in einem neuen Prozess damit nicht hören. Nehmen Sie nun an, der Kläger sagt nachher, die nachträgliche Zustimmung zu dem ersten Kaufvertrag habe der Beklagte zwar drei Tage vor der letzten mündlichen Verhandlung im Geschäft des Klägers erklärt, da er (der Kläger) aber gerade verreist gewesen sei, habe er erst nach der mündlichen Verhandlung davon Kenntnis erhalten. Soll man auch in diesem Fall die Rechtskraft dafür entscheidend sein lassen? Das sind genau dieselben Fragen, die auch dann auftauchen, wenn überhaupt nur ein bürgerlich-rechtlicher einheitlicher Anspruch geltend gemacht wird. Sie tauchen auch bei einem einheitlichen Lebenskomplex auf, und wir können sie entweder der Rechtsprechung überlassen oder positiv im Gesetz regeln. Dass aber solche Zweifel möglich sind, beweist nichts gegen die Richtigkeit unseres Standpunktes. Nach der Definition des Bürgerlichen Gesetzbuchs ist Anspruch das Recht, ein bestimmtes Tun oder Unterlassen von einem anderen zu verlangen. Habe ich aus Mietvertrag einen Anspruch auf 1000 RM, dann ist Anspruch nicht die Begründung, sondern dass ich 1000 RM von dem Mieter verlangen kann, und wenn ich auch aus unerlaubter Handlung 1000 RM verlange, liegt ein einheitlicher Anspruch vor. Das ist lediglich Gedankengymnastik; man kann es so machen oder auch anders.

Jonas stellt hierauf anhand des Kartoffelfalls dar, dass sich das, was tatsächlich Lebenskomplex sei, daraus ergebe, was der Kläger vortrage und was der Richter davon für erheblich halte. Darüber hinaus könne aber in diesen einheitlichen Lebenskomplex nicht alles hineingezogen werden, was in dasselbe Gebiet hineinfalle. Es gebe Grenzfälle, durch die man sich die Verhältnisse so komplizieren könne, dass schließlich alle zu einer verschiedenen Ansicht kämen. Der Gedanke des Ministeriums sei es gewesen, Dinge, die nun einmal im lebendigen Prozess einheitlich seien, nicht zu zerspalten. Das Ministerium meine: Aus dem, was der Kläger vorgetragen habe und was für erheblich zu halten sei, ziehe der Richter seine Folgerung, und diese Folgerung dürfe im späteren Prozess nicht anders entschieden werden.

Lent stimmt insoweit zu, als sich die Zahl der Klagbegehren nach den Anträgen und nicht nach den materiellen Gründen richte. Dann müsse aber im richterlichen Urteil ein einzelner materieller Anspruch festgestellt werden und nicht eine Rechtsfolge aus dem Lebenskomplex. Da bestehe zwischen Klaggegenstand und Urteilsgegenstand eine Differenz.

Der *Vorsitzende* führt hierauf aus, es sei die Frage, was in Rechtskraft erwachse. Herr Jonas meine, in Rechtskraft erwachse lediglich, dass der Betreffende den Betrag zu fordern habe. (*Lent* wirft ein, dass er soweit nicht gehen könne.) Zweifel bestünden nur immer in der Frage, was später noch einmal geltend gemacht werden könne. Die Frage sei, ob der Mann, der erst nur aufgrund des Kaufvertrages geklagt habe, ohne selber zu wissen, dass der Beklagte die Ware verbraucht habe, nachher auch noch damit kommen könne. Das müsse bei der Besprechung über die Rechtskraft erörtert werden, wenn der objektive Inhalt der Rechtskraft klar umgrenzt werde.

Folgender Fall! Die Korrespondenz werde vorgelegt, und es werde behauptet, aus dieser Korrespondenz ergebe sich, dass der Beklagte gekauft habe. Der Richter sage: Nein, die Korrespondenz enthalte eine bedingungslose Annahme des Angebots, und zwar selbst in dem letzten Schreiben; ein Vertrag sei nicht zustande gekommen. Nun sage der Kläger in einem späteren Prozess, er behaupte, dass, nachdem er belehrt worden sei, die Korrespondenz nicht ausreiche, nach der Korrespondenz ein Telefongespräch stattgefunden habe und dass in diesem Fall die unbedingte Annahme erfolgt sei. Er frage Herrn Lent, ob er es für richtig halte, solche Klagen zuzulassen.

Lent: Nein, ich glaube nicht.

Jonas: Auch ich glaube nicht, dass darauf eine neue Klage gestützt werden könne. Man darf da nicht zu weit gehen; sonst kommt man ins Schwimmen. Es dürfte sich hier um reine Maßfragen handeln.

Schultze: Ich schließe mich dem von dem Herrn Ministerialdirektor und dem Herrn Senatspräsidenten entwickelten Standpunkt an. Für die Regelung stehen die praktischen Gesichtspunkte im Vordergrund. Die Frage der Rechtskraft ist hier zunächst nur von untergeordneter Bedeutung und wird nachher entsprechend geregelt werden müssen.

Dann aber ein weiterer Punkt! Dabei ist die erste Frage: Wie ist es mit dem Lebenskomplex? Ist es nicht richtiger, die Sache zu beschränken und zu sagen, dass es auf den Tatsachenkomplex ankommt? Beim Kartoffelfall liegen zwei Tatsachenkomplexe vor, und zwar einmal die Lieferung, die Kauffrage, und später das Auf-die-Straße-werfen. Bei einer Klage kann der eine oder der andere oder können beide zusammen vorgetragen werden. Genügt es nicht, wenn man sagt: Man muss davon ausgehen, dass auf der einen Seite das Tatsachenmaterial da ist, dem auf der anderen Seite aufgrund eines Antrags ein Rechtsverlangen gegenübersteht? Rechtskraft tritt ein, wenn das Rechtsverlangen aus diesen Tatsachenkomplexen hergeleitet werden kann.

Die zweite Frage ist es, ob man nicht einen Zwang ausüben soll, ob nicht jemand, der ein Rechtsverlangen stellt, gezwungen werden kann, alle Tatsachenkomplexe, die ihn rechtfertigen können, vorzutragen. Aber das sind Maßfragen.

Lent: Sie kommen jetzt auf die Mehrheit der Tatsachenkomplexe. Sie wollen aber etwas anderes erreichen. Sie müssen sagen: Wenn ich nur *eine* Entscheidung will, dann ist das ein einheitlich prozessualer Anspruch.

Schultze: Es kann durchaus sein, dass ich noch mehr will. Wenn ich darüber hinaus ein Interesse daran habe, dass das Rechtsverhältnis festgestellt wird, dann bringe ich diesen Zwischenantrag ein. Nach der Prozessordnung kann ich die Tatsachen vortragen, wie ich will. Bei der Kartoffellieferung kann ich meinen Antrag auf die Bestellung stützen; in zweiter Linie kann ich ihn aber auch auf den Verbrauch stützen. (*Lent:* Dann verwenden Sie aber zwei Tatsachenkomplexe gleichzeitig!)

Fischer: Ich möchte das festhalten, was positiv gewonnen worden ist. Über den Begriff des Streitgegenstandes brauchen wir uns nicht den Kopf zu zerbrechen. Streitgegenstand ist in unserer Besprechung etwas anderes als Urteilsgegenstand. Der Streitgegenstand kann nur nach Zweckmäßigkeitsgründen behandelt werden. Wir können aber das, was wir über den Streitgegenstand festlegen, nicht ganz ohne einen Blick auf die Urteilswirkung betrachten; denn diese wirkt zurück auf das, was im Prozess geschehen muss. Diesen Gedanken lasse ich für einen Augenblick jetzt fallen. Ich glaube, wir sind der Meinung, dass bis zur Urteilsfindung das, was wir als den Lebenskomplex im weiteren Sinne betrachten, eine große Rolle spielt, dass es möglich sein muss, einen Sachvorgang in einem einheitlichen Prozess zu erschöpfen, soweit er in einem inneren Zusammenhang damit steht. Alles, was in der Klage vorgetragen wird, grenzt zwar zunächst einmal in gewisser Beziehung den Prozessstoff ab, ist aber ergänzungs- und änderungsfähig. Daher brauchen wir uns nicht auf die Frage zu konzentrieren, was die Klage vorbringen muss. Soviel muss natürlich in der Klage stehen, dass der Richter judizieren kann. Sonst muss die Klage abgewiesen werden. Aber für alles weitere – das ist die Frage der Klagänderung – spielt der Lebenskomplex eine große Rolle. Uns ist entgegengehalten worden, dass wir mit unseren Ideen über den Lebenskomplex nahe daran seien, den Begriff der Klagänderung abzuschaffen. Das ist tatsächlich richtig. Die bisherige Entwicklung der Zivilprozessordnung scheint mir zu beweisen, dass das sogar nötig ist, wenn man den Streitstoff im Prozess erschöpfen will. Trotzdem brauchen wir diese Sache nicht zu fürchten; denn hier kann der Uferlosigkeit durch Präklusionen entgegengetreten werden. Außerdem können, was noch wichtiger ist, die Rechtsmittel begrenzt werden, wie die österreichische Prozessordnung das kann. Aber das sind Dinge, die im Einzelnen später besprochen werden können.

Soweit sind wir einig und insoweit ist der Begriff des Lebenskomplexes brauchbar. Ganz anders liegt die Sache aber bei der Urteilsfällung. Hier nehme ich die Frage auf: Soll der Kläger gezwungen werden, den Lebenskomplex in seiner Klage zu erschöpfen? Diesen Zwang können wir ausüben, und zwar nicht durch irgendwelche Vorschriften des Verfahrens, sondern durch die Wirkung des Urteils. Wenn die Wirkung des Urteils soweit ginge, dass alles das, was nur im tatsächlichen Zusammenhang mit dem vorgetragenen Prozessstoff steht, nicht wieder vorgetragen werden kann, so wäre das der Zwang, den Lebenskomplex im Großen zu erschöpfen.

Die andere Frage ist – und damit scheidet die Frage des Streitgegenstandes aus –: Was ist Urteilsgegenstand oder welche Wirkung hat der Richterspruch mit seinen Gründen? Das ist die Rechtskraft. Da kommt es darauf an, ob die Rechtskraftwirkung den Lebenskomplex in diesem weiten Sinne umfassen soll oder nur den Sachvortrag. Dass der Sachvortrag erfasst wird, scheint mir richtig zu sein. Das zweite Urteil enthält zweierlei: Tatsachenfeststellung und Rechtsanwendung. Und nun fragt sich: Ist das, was der Richter getan hat, die Grenze für die Zukunft, oder geht die Wirkung darüber hinaus? Der Richter muss irgendetwas an Tatsachen feststellen, sonst hat er keine Grundlage, und irgendein Recht muss er anwenden. Soweit der Richter einen Sachverhalt festgestellt und Recht angewendet hat, hat er die Rechtsfolge gezogen, die in seinem Urteilsspruch festgelegt ist. Im Gegensatz zu den anderen Herren bin ich aber der Meinung, dass dadurch ein Rechtsverhältnis nur in dem Umfange festgestellt wird, als dieses Rechtsverhältnis notwendig ist, um den Urteilsspruch zu rechtfertigen. Damit gewinnt man die Freiheit, andere rechtliche Gesichtspunkte später wieder geltend zu machen. Nun sind wir darüber einig, dass es Fälle gibt, in denen die Bindung, die das Urteil schafft, über den Sachvortrag, den der Richter zur Grundlage einer Entscheidung gemacht hat, hinausgeht. Der Sachvortrag, der im Prozess geschehen, vom Richter aber vergessen worden ist, muss natürlich erfasst sein. Es müssen also mehrere

Dinge berücksichtigt werden, so dass der vorgetragene Prozessstoff seine Wirkung äußert auf die Wirkung des Urteils, auch wenn er im Urteil selber nicht zur Feststellung gediehen ist.

Da wir aber vor der Frage stehen, ob man den Kläger zwingen soll, den Stoff zu erschöpfen, müssen wir uns fragen, ob auch dann eine Wirkung des Urteils eintritt, wenn der Prozessstoff nicht vorgetragen ist. Das gibt es. Die Frage ist für uns nur die, wie wir das wissenschaftlich oder durch Gesetz abgrenzen.

Vorsitzender: Das letzte Wort über diese Abgrenzung können wir jetzt noch nicht sprechen; auch die Frage, ob man das der Rechtsprechung oder dem Gesetz überlassen sollte, ist noch nicht spruchreif.

Fischer: Der Lebenskomplex ist mehrdeutig. Nun erhebt sich für uns die andere Frage, inwieweit die juristische Beurteilung eines Sachverhalts maßgebend ist, und da habe ich in den Auseinandersetzungen im Unterausschuss Zweifel bekommen, was die Folge ist, wenn der Richter über die Rechtslage nichts gesagt hat.

In der sich hieran anschließenden Aussprache ergreift u.a. *Pagenstecher* das Wort: Es ist gesagt worden, dass nicht der Lebenskomplex, sondern der vorgetragene Tatsachenkomplex maßgebend sein solle und dass, soweit er nicht vorgetragen ist, darauf eine neue Klage gestützt werden könne. Hierzu ein Beispiel! Der Mieter hat ihn abvermietete Möbel beschädigt. Der Vermieter klagt aus Mietvertrag ohne zu erwähnen, dass er der Eigentümer der Möbel ist. Nun wird die Klage aus Mietvertrag abgewiesen, und dann würde nach der vorgetragenen Ansicht neu geklagt werden können, und zwar aufgrund der Behauptung: Ich bin der Eigentümer der Möbel und kann Schadenersatz nach § 823 verlangen. Aber das ist uns ja gerade zum Vorwurf gemacht worden, dass es undenkbar wäre, dann noch einmal zu klagen, da es sich um denselben Lebenskomplex handelt. (*Vorsitzender:* Das ist die Frage der Abgrenzung!)

Jonas: Man muss sich klar machen, dass der Kläger im Prozess Tatsachen zu behaupten hat. Er hat zu behaupten die Tatsache, dass die Gegenstände beschädigt worden sind. Daraus ist zu folgern ein Tatbestand: Dieser Gegenstand ist beschädigt. Daraus soll nun die Rechtsfolge gezogen werden. Das ist z.B. eine Forderung auf Zahlung von 1000 RM. Der Weg von dieser Tatsache bis zum Urteil ist nun ein doppelter. Der eine Weg ist die juristische Betrachtung: Ich bin der Eigentümer. Aus dem Eigentum ergibt sich der Eigentumsanspruch. Der andere Weg ist der, dass der Kläger behauptet: Das Band, das zwischen uns besteht, ist ein Vertrag. Die Tatsache ist, dass die Sache beschädigt wurde, und das andere ist das hinführende juristische Band. (*Lent:* Dass ich Eigentümer bin, ist doch auch eine Tatsache!) Die Tatsache, dass die Sache beschädigt wurde, ist der Lebenskomplex, aus der eine Rechtsfolge gezogen wird. Natürlich muss dem Richter ein Bindeglied vorgetragen werden, das aus anderen Tatsachen besteht, und es muss ein Weg zwischen den Dingen gebaut werden. Man kann das alles aber nicht in einem einzigen riesigen Lebenskomplex zusammenfassen. Dadurch verwässert man die ganze Sache.

Fischer: Der Sachvortrag eines Klägers zerfällt in zwei Gruppen: in die Verhältnisse, die gestört werden, und in die Störungstatsachen. Unser einheitlicher Lebenskomplex besteht darin, dass die Störungstatsache dieselbe ist. (*Jonas:* Das ist materiellrechtlich und sehr eng gefasst.) Nein, es ist rein tatsächlich gedacht. Das ist die Tatsache, durch die der Beklagte die Rechtslage, die bisher bestanden hat, stört. Sie können nicht die Störungstatsache allein nehmen. Die Lebensverhältnisse sind Zustände, die zusammen mit der Störung auch behauptet werden müssen.

Vorsitzender: Die Tatsache zerstört zwei Rechtsgüter: den Vertragsanspruch und den Eigentumsanspruch. Ich kann niemals eine Störung allein vortragen.

Jonas: Mit den Begriffen Rechtsfrieden und Rechtsstörung verwirrt man die ganze Sache. Wir unterhalten uns jetzt darüber: Was ist der Tatsachenkomplex, aus dem eine Rechtsfolge gezogen wird?

Fischer: Wenn Sie die Einheitlichkeit der Störungstatsache haben, so wird es keine Schwierigkeit machen, das gestörte Rechtsverhältnis nachzuschieben. Wenn Sie sagen: hier ist unerlaubte Handlung vorgekommen, wenn Sie andere Störungstatsachen bringen, dann sind das neue Tatsachen. Die zweite Störungstatsache in Bezug auf den Kartoffelfall ist das Aufessen.

Jonas: Die Störungstatsachen sind Begriffe, über die man streiten kann. Wir sprechen jetzt darüber, ob die Klage wegen einer Treppenhausbeschädigung durch den Mieter auf Eigentum gestützt werden kann und ob die Abweisung der Klage aus dem Mietvertrag noch die Möglichkeit eröffnet, aus dem Eigentum zu klagen. Das geht nicht. Die Tatsache, aus der geklagt wird, ist die: Der eine hat eine Sache, zu der ein anderer in einer Rechtsbeziehung stand, beschädigt. Das ist der Tatbestand.

Fischer: Wir sind uns einig. Sie wollen nur nicht anerkennen, dass meine Denkweise brauchbar ist.

Stagel: Mir ist unfassbar, dass man sagt: Das sind zwei verschiedene Ansprüche, die gesondert geltend gemacht werden können, und zwar womöglich noch bei verschiedenen Gerichten, der eine Anspruch aus Vertrag bei dem Gericht A und der andere Anspruch aus Eigentum bei dem Gericht B. Dann wird über die Forderung, die auf Ersatz eines Schadens doch nur einmal gestellt werden kann, zweimal entschieden. Der Kläger kann, wenn er nur den einen Anspruch geltend gemacht hatte und damit abgewiesen wurde, auch noch ein zweites Mal wegen derselben Rechtsverletzung klagen und nun sagen: Ich bin Eigentümer und verlange aus diesem Grunde das und das. Das ist mir schon früher vollkommen unmöglich erschienen. Unsere Bevölkerung wird das niemals begreifen. Ich glaube, es muss das Bestreben sein, möglichst danach zu trachten, dass alle Auswirkungen eines bestimmten Lebensvorganges tunlichst in einem Prozess erledigt werden, um es unmöglich zu machen, dass ein und derselbe Rechtsvorgang mehrmals vor Gericht gezogen wird, und dass auch der Beklagte mehrmals vor Gericht zu stehen hat. Der Beklagte müsste sich dann mehrmals den Unannehmlichkeiten und den Kosten einer solchen Prozessführung unterziehen. Ich glaube, dass es schließlich nur auf die Abgrenzung ankommt, wo diese Frage der Maßhaltung gelegen ist. Die Ausführungen von Herrn Fischer dürften da vielleicht einen Fingerzeig zur richtigen Lösung geben. Wir sind uns aber noch nicht klar, wo man die Grenze ziehen kann und ob überhaupt eine Grenze zu ziehen möglich ist. In dieser Beziehung hat mir der Einwand Fischer von der Rechtsstörung einen Weg gewiesen. Man muss verlangen, dass die Parteien alles das, was sich aus dieser Rechtsstörung ergibt, die ganzen Tatsachen, die notwendig sind, um alle rechtlichen Folgerungen aus dieser Rechtsstörung zu ziehen, im Prozess vorbringen müssen. Tun sie das nicht, so sind sie in einem darauf ergehenden Urteil gehindert, diese Rechtsfolgen noch einmal geltend zu machen. Ich bin jetzt aber noch nicht in der Lage, das vollkommen für alle in Betracht kommenden Fälle zu überdenken, bitte jedoch, dass sich die Herren diesen Gedankengang noch einmal gründlich überlegen. Vielleicht können wir dann zu einer entsprechenden Regelung kommen, die uns unser Ziel möglichst erreichen lässt, zu einer Rechtsbefriedung in möglichst einfacher und ohne die Parteien und das Gericht zu sehr beschwerender Weise zu gelangen. (*Singer:* Sie wollen das Verbot der Nova in der Berufungsinstanz?) Ja!

Vorsitzender: Das ist ein Punkt für sich.

(Schluss der Sitzung 13 Uhr)

3. Protokoll der Sitzung vom 28.9.1938 (Streitgegenstand; Zustellung)

(Beginn der Sitzung 10 Uhr)

Prof. *Lent* leitet die Verhandlungen, da der Vorsitzende durch einen Trauerfall in der Familie abberufen worden ist.

Die nächste *Sitzung des Unterausschusses* wird auf den 27., 28. und 29. Oktober nach dem „Rautenkranz" in *Eisenach* festgesetzt. Eine zweite Unterausschusstagung soll im Dezember stattfinden.

Für die nächste *Hauptausschusssitzung* wird der Januar 1939 in Aussicht genommen.

Verhandlungsleiter: Die Frage des *Streitgegenstandes* ist noch keineswegs spruchreif und wird im Unterausschuss noch weiter bearbeitet werden müssen. Aber wir könnten vielleicht versuchen, wenigstens etwas aus unserer bisherigen Aussprache herauszukristallisieren. Wir sind, glaube ich, darin einig, dass der Kläger eine konkrete Rechtsfolge behaupten muss, hervorgehend einerseits aus dem Inhalt seines Antrags und andererseits aus dem angeführten Tatbestand. Der Streit zwischen uns beginnt weniger beim Inhalt der Klage usw. als bei der Frage, 1. der Mehrheit und Einheit der ganzen Prozessgeschichte und der daraus hervorgehenden Notwendigkeit, eventuell ein Urteil als Teilurteil aufzufassen, wenn es über einen Teil des Gesamtprozessgegenstandes ergeht, und dann 2. hauptsächlich bei der Frage der Rechtskraft. Da haben Herr Pagenstecher und ich die Auffassung vertreten, dass der Zusammenhang mit dem bürgerlichen Recht gewahrt werden müsse, und dass daher, wenn zwei Ansprüche des bürgerlichen Rechts anhängig gemacht würden, implicite damit auch ein doppelter Prozessgegenstand dem Gericht unterbreitet würde, wodurch auch die Fragen berührt werden, die das Gericht zu prüfen und zu entscheiden hat. Wir hatten nur weitgehende Erleichterungen vorgeschlagen, damit das bisherige Prozessbild praktisch erhalten bleibt, so dass zum Beispiel ein Urteil über einen Anspruch gefällt werden kann, ohne dass der andere Gegenstand zum Gegenstand der Prüfung gemacht würde.

Diese Auffassung ist von der Mehrheit des Ausschusses abgelehnt worden. Die Mehrheit hatte sich auf den Standpunkt gestellt: Wer dem Gericht *einen* Lebensvorgang unterbreitet und aus diesem einen Lebensvorgang eine Rechtsfolge ableitet, der unterbreitet dem Gericht nur *einen* Prozessgegenstand, über den zu entscheiden ist, – und bei der Folgerung für die Rechtskraft war der entscheidende Gesichtspunkt: Das Urteil erledigt nun die gesamten Folgen aus diesem Lebensvorgang. Wenn zum Beispiel ein Mieter die im Eigentum des Vermieters stehenden Mietsachen beschädigt, so würde das als einheitlicher Lebensvorgang und demnach als ein einheitlicher Prozessgegenstand aufzufassen sein. Es kann nur eine Entscheidung gefällt werden: Das Urteil kann die einheitliche Rechtsfolge aus dem einheitlichen Lebensvorgang nur entweder bejahen oder verneinen.

Nun war die Frage: Was ist rechtskräftig festgestellt, wenn das Urteil zum Beispiel den Beklagten zur Zahlung von 100 M Schadenersatz verurteilt, oder wenn die Klage abgewiesen wird? Nach Prof. Pagenstechers und meiner Auffassung würde im Falle der Abweisung der Klage nur ein bürgerlichrechtlicher Punkt festgestellt sein, und man müsste nun fragen, was mit den anderen Punkten geschehen soll. Nach der Auffassung der anderen Ausschussmitglieder würden beide Ansprüche rechtskräftig verneint sein. Es fragt sich nun, ob die beide auch dann als verneint gelten sollen, wenn das Gericht versehentlich nur einen von beiden geprüft hat.

Erste Frage: Angenommen, das Gericht prüft lediglich den Schadenersatzanspruch unter dem Gesichtspunkt der Eigentumsverletzung, des Delikts, weil das einfacher erscheint, und kommt zu einer Bejahung des Schadenersatzanspruchs, – was ist dann rechtskräftig festgestellt? Zweite Frage: Angenommen, das Gericht prüft den Schadenersatzanspruch unter beiden Gesichtspunkten und kommt zur Abweisung der Klage, – was ist dann rechtskräftig festgestellt? Dritte Frage: Angenommen, das Gericht prüft versehentlich nur einen Gesichtspunkt, weist aber einfach ab, – was ist dann rechtskräftig festgestellt?

Wir wollen also annehmen, dass der einheitliche Lebensvorgang, den der Kläger dem Gericht unterbreitet, beide Gesichtspunkte in der einfachen Form enthält, dass der Vermieter sagt: Die von mir dem Beklagten vermieteten und in meinem Eigentum stehenden Sachen sind in der und der Weise beschädigt. Wenn nun das Gericht die Sache unter *einem* Gesichtspunkt prüft und Schadenersatz zuerkennt, – was ist dann Gegenstand der rechtskräftigen Entscheidung? Würde ein Anspruch des bürgerlichen Rechts als festgestellt zu erachten sein? Darüber bitte ich um Äußerungen.

Diesen Äußerungen also bitte ich folgenden Fall zugrunde zu legen. Es klagt jemand auf Zahlung von Schadensersatz und unterbreitet so viel an Tatsachen, dass daraus sowohl der Gesichtspunkt der Vertragsverletzung wie der Gesichtspunkt des Delikts sich ergibt, da er geltend macht: Die von mir vermieteten Sachen sind in der und der Weise beschädigt worden. Das Urteil ergeht nach Klageantrag, weil das Gericht die Sache zum Beispiel unter dem Gesichtspunkt des Delikts prüft und den Anspruch als gerechtfertigt anerkennt; es verurteilt den Beklagten, 1000 M Schadenersatz an den Kläger zu zahlen. Nun entsteht die Frage: Was ist damit rechtskräftig für die materiellrechtlichen Ansprüche festgestellt, oder spielen sie keine Rolle? Es wird also unterstellt, dass es eine einheitliche Klage ist, dass ein Antrag gestellt und eine Entscheidung begehrt ist.

Fischer: Das Urteil sagt also: Der Beklagte wird verurteilt, dem Kläger 1000 M zu zahlen. Angenommen, das Gericht hat die Zeugen vernommen, und es hat sich ergeben, dass der Vertrag zweifellos besteht, was auch unstreitig ist; es hat sich ferner ergeben, dass der Beklagte sowohl den Vertrag verletzt wie gleichzeitig auch durch sein Verhalten eine unerlaubte Handlung begangen hat. Aus beiden Gründen ist also der Klage zu entsprechen, und es ist kein Zweifel, dass der Beklagte zu verurteilen ist.

Wenn der Richter in beiden Beziehungen als Grundlage für den Urteilsspruch beide materiellrechtlichen Ansprüche als bestehend angenommen hat, dann fragt es sich, welche Komplikationen nun noch entstehen könnten. Ich sehe nur die eine theoretische Komplikationsmöglichkeit, dass der Kläger auf den Gedanken kommt, die Zahlung von 1000 M aus Vertrag abzutreten. Dann kann er nach bürgerlichem Recht in Bezug auf die unerlaubte Handlung nicht aufrechnen. Solange der Vertragsanspruch da ist, kann er aufrechnen. Wie wirkt sich dieser Zwiespalt gegenüber dem verurteilenden Tenor aus? Wenn man davon ausgehen wollte, dass der Anspruch aus dem Richterspruch ein Ding für sich sei, dann würden wir überhaupt vor einer großen Schwierigkeit stehen, denn man würde ja, wenn wir die materielle Begründung weglassen, dann aufrechnen können und wären an die Aufrechnungssperre nicht gebunden. Wir können also die Frage, ob aufgerechnet werden kann, nicht aus der Theorie behandeln, dass man hier einen neuen selbständigen Anspruch als entstanden annimmt. Da kommen wir also mit der Aufrechnungsfrage nicht durch. Wir müssen also auf die Gründe zurückgehen. Nun sind beide Ansprüche als begründet anerkannt. Nimmt man an, dass gar kein Zweifel darüber besteht, dass sowohl der Anspruch aus Delikt wie der Anspruch aus Vertrag gegeben ist, dann ist es mit der Aufrechnung so: Es sind nur einmal 1000 M zu zahlen. Wenn man nun mit dem Schaden aufrechnet, dann sind die 1000 M getilgt, und der Schaden ist tot; das andere kann nicht effektuiert werden, weil das wirtschaftliche Moment, der Anspruch auf 1000 M, befriedigt ist, da ja der Kläger die 1000 M bekommen hat. Nach materiellem Recht ist also nach meiner Meinung hier das Vertragswerk das stärkere. (*Jonas:* Ich möchte mich später rechtlich auf den entgegen gesetzten Standpunkt stellen!) – Wenn Sie zu einem anderen Ergebnis kommen, so ist das, da man ja in Bezug auf diese Frage auf die

Grundlagen des Urteils zurückgehen muss, vom Standpunkt des Urteilsspruchs gleichgültig, da er ja auf beide Dinge gestützt ist. Das zeigt uns, dass man in bestimmten später entstehenden materiellrechtlichen Fragen nicht umhin kann, die Rechtsanwendung des materiellen Rechts nachzuprüfen.

Nehmen wir nun den Fall so an, dass der Richter 1000 M ausspricht, aber sagt: Ich brauche die Vertragsklage nicht zu untersuchen, weil die Deliktsklage klar ist. Es gibt keinen Urteilsspruch ohne Anwendung materiellen Rechts. Das ist gar nicht denkbar. Ein Richter wird nie sagen: Ich kümmere mich um die Vertragsklage überhaupt nicht, sie ist mir gleichgültig, sondern es wird immer so sein, dass der Richter erklärt: Auf diese Sache will ich nicht eingehen, da ich schon durch Anwendung materiellen Rechts sehr einfach zum Ziel komme. Nun kommt die Anregung, der Kläger kann sich auf den Standpunkt stellen, dass sie nicht in Frage kommt, da die Verurteilung wegen unerlaubten Handelns erfolgt ist. Dann kann der Beklagte geltend machen: Die Rechtslage muss noch einmal geprüft werden; im vorigen Prozess ist nicht geprüft worden, ob der Vertrag die Sache trägt, und das müssen wir jetzt nachprüfen. Das ist der Standpunkt, dass in Bezug auf die offen gelassene Frage nicht judiziert ist, infolgedessen keine Rechtsanwendung vorliegt und infolgedessen zunächst keine Entscheidung vorliegt. Da bin ich nun der Meinung: Der Richter *kann* offen lassen, und die Fragen, die sich aus dem Offenlassen später ergeben, können in einem späteren Prozess nachgeprüft werden. Der Beklagte kann nun Zwangsvollstreckungsgegenklage erheben. Dann ist ihm zu antworten, dass die Sache untersucht werden muss.

Nun ist die Frage, ob wir sagen können: „Ein Urteilsspruch, der klar auf eine materiellrechtliche Grundlage gestellt ist, kann in Zukunft auch nur nach dieser materiellrechtlichen Grundlage behandelt werden." Wenn man diesen Satz aufstellt, vereinfacht man die Sache sehr. Wenn man aber der Ansicht ist, dass eine Verschiebung der materiellrechtlichen Lage später auch berücksichtigt werden muss, dann kommt die Diskussion über das materielle Recht usw., hier also darüber, ob nun die Zwangsvollstreckungsgegenklage für begründet erklärt werden kann, weil nicht der auf Vertrag beruhende Rechtsanspruch, sondern der aus der unerlaubten Handlung hervorgegangene Rechtsanspruch seine Befriedigung gefunden hat. Da muss ich sagen: Nein, das ist nicht möglich; der Vertragsanspruch hilft nicht; die Aufrechnungssperre schlägt durch. Der Richter kann daher die Zwangsvollstreckungsgegenklage abweisen, weil der Vertragsanspruch nicht zieht.

Es ist die Frage, ob jede Diskussion von vornherein ausgeschieden wird, oder ob man in die Prüfung der materiellrechtlichen Lage eintreten kann. Das sind die beiden Extreme. Ich kann mir nicht gut vorstellen, dass der Richter einfach sagt: Ich prüfe überhaupt nichts, sondern du bekommst eben 1000 M.

Die dritte Möglichkeit ist dann die, dass der Richter entscheidet: Vertrag nein, unerlaubte Handlung ja. Dann hat der Richter judiziert; er hat nach beiden materiellrechtlichen Seiten hin judiziert, und dieser sein Spruch ist nach meiner Meinung für die weitere Behandlung des Urteilsspruchs bindend. Hat er so entschieden: Vertrag nein, unerlaubte Handlung ja, dann ist die Aufrechnung nicht möglich; denn in Bezug auf die hier eingeklagte Rechtsfolge hat er entschieden: die 1000 RM kann der Kläger nicht aus Vertrag verlangen, sondern nur aus unerlaubter Handlung. Dann sind keine weiteren Diskussionen möglich.

Verhandlungsleiter: Sie nehmen also an, dass der Vertragsanspruch verneint, der Deliktsanspruch bejaht wird, so dass dann rechtskräftig wird: Ein Rechtsanspruch wird bejaht, und einer wird verneint?

Fischer: Bejaht ist die aus dem Sachverhalt durch die Rechtsstörung entstehende Rechtsfolge: der Kläger bekommt 1000 RM. Daran ist überhaupt nicht zu rütteln. Daneben wirkt das Urteil, weil es gegenüber dem anderen Prozessverlauf materielle Rechtsanwendung enthält, insoweit über den Antrag hinweg, als ein Urteilsspruch materiell festgelegt ist, wenn der Richter judiziert hat. Man soll hier nicht daran denken, ob das einfach wäre oder nicht. Es ist natürlich richtig, eine Sache klar zu entscheiden. Wenn der Richter in diesem Fall präjudiziert, dass der Anspruch nicht auf Vertrag begründet werden kann, wohl aber auf unerlaubte Handlung, dann führt ein solches Urteil infolge der Prozesswirkung eine im Rahmen des Urteilsspruchs liegende gleichzeitig eintretende *Bindung* materiellen Rechts herbei. Ich möchte hier glatt von Bindung sprechen und Worte wie Feststellung und dergleichen vermeiden. Denn die Frage, ob ein Anspruch „festgestellt" wird, ist noch nicht identisch mit der Frage, ob alle späteren Entscheidungen gebunden sind, denen der gleiche Tatbestand zugrunde liegt.

Verhandlungsleiter: Zusammenfassend kann man also sagen, dass das Urteil zweierlei enthält: 1. die Zuerkennung der Rechtsfolge, schlechthin 1000 RM zu zahlen, also eine Art Leistungsbefehl, 2. eine Bindung an diejenigen materiellen Rechtsfolgen, über die judiziert ist, so dass diese Feststellung je nach Art der Prüfung einfachen oder auch doppelten oder gar mehrfachen Inhalts sein kann.

Fischer: Die bisher von mir vorgetragenen Dinge sind verhältnismäßig klar. Die Schwierigkeiten entstehen erst dann, wenn nicht judiziert ist, oder wenn abgewiesen ist. Wenn abgewiesen ist und wenn der Richter judiziert und sagt: Ich habe pflichtgemäß beide Möglichkeiten, den Vertrag und das Delikt, untersucht und verneine beide, – dann ergibt sich für die hier geltend gemachten Rechtsfragen die Festlegung: keine unerlaubte Handlung, kein Vertrag. Im Übrigen wird es so sein, dass der Richter ja bei der Abweisung gezwungen sein wird, zu judizieren. Die Folge ist dann klar: Die Urteilsbitte ist abgewiesen, die Rechtsfolge sowohl bei Vertrag wie bei unerlaubter Handlung ist bindend verneint.

Nun erhebt sich die Frage, was die Folge ist, wenn der Richter übersehen hat, dass in der Sache noch Vertrag steckt, wenn er also durch seinen Spruch ein bindendes Urteil nur für die Frage der unerlaubten Handlung fällt, indem er diese Klagebitte abweist. Dann ist die Frage Vertrag offen. Es fragt sich, ob der Kläger nun geltend machen kann: Es ist übersehen worden, dass die Vertragsgrundlage da war, das muss in einem neuen Prozess nachgeholt werden; ich wünsche ein Urteil darüber; der Richter hat sich durch das Übersehen dieses Umstandes seiner Aufgabe entzogen. – Ich glaube, wir werden das nicht zugestehen können. Solange wir nicht davon ausgehen, dass Fehlurteile überhaupt nicht tragbar sind, sondern um anderer Grundsätze willen hingenommen werden müssen, solange werden wir auch ein solches Urteil hinnehmen und uns sagen müssen: Das war Pech des Klägers; das kann vorkommen. Das ist dann eine Rechtsfolge, und hier erfasst die Rechtskraft des Urteils bloß gleichzeitig die zum Gegenstand des Prozesses gemachten, also im Prozessstoff, im Sachvortrag begründeten Ansprüche.

Jonas: Bis dahin gehe ich mit Ihnen. Weiter will ich auch nicht gehen. Aber ich habe immer von „Tatsachenkomplex" gesprochen, und daraus ist dann in der Aussprache der Lebenskomplex geworden.

Fischer: Ich bin jetzt beim Sachvortrag. Wenn ein Teil eines Lebensvorganges durch Sachvortrag Prozessstoff geworden ist, und wenn sich daraus ohne weiteres die Urteilsgrundlagen in materiellrechtlicher Beziehung ergeben, dann ist es das Unglück des Klägers, dass der Richter einen Teil übersehen hat. Aber nochmals gebracht werden kann das nicht.

Eine andere Frage ist es: Was ist, wenn der Kläger nur eins bringt und das andere überhaupt nicht bringt? Kann dann durch Erweiterung des Sachvortrags oder durch Übergang auf eine andere rechtliche Konstruktion die Sache nochmals vorgebracht werden? Es ist ein Übergang auf eine andere rechtliche Konstruktion, wenn dieselbe Sache nochmals vorgetragen und nunmehr noch auf den Vertrag hingewiesen wird. Da sage ich: Jeder materiellrechtliche Anspruch hat seinen Tatbestand für sich; wenn sich verschiedene Rechtsfolgen ergeben, dann kann eben nicht derselbe Sachverhalt zugrunde liegen. – Wenn ich von Sachvortrag rede, brauche ich niemals das Wort Tatbestand; ich sage immer: Tatsachen, Sachvortrag, Sachverhalt. – Bei jedem materiellrechtlichen Anspruch ist ein dem Tatbestand genau entsprechender Sachvortrag nötig. Wir werden viele Fälle haben, in denen die zweite Klage denselben Sachverhalt mit einem Minus bringt, indem z.B. die unerlaubte Handlung wegbleibt. Es kommt häufig vor, dass jemand darüber klagt, von einem anderen durch unerlaubte Handlung geschädigt worden zu sein, und dabei übersieht, dass dahinter auch Vertrag steckt. Kann man nun noch mit der anderen Klage kommen, wenn der Sachverhalt, der in der ersten Klage vorgetragen worden ist, lediglich ein Minus ist? Ja, wenn über das Vertragsverhältnis nicht genug vorgetragen worden ist, ist es nach § 139 Sache des Richters, danach zu fragen. Das kann der Partei nicht schaden, kann ihr aber auch nicht nützen. Hat der Sachvortrag sich auch mit dem Vertragsverhältnis befasst und der Richter hat übersehen, darüber zu judizieren, dann ist keine befriedigende sachliche Erledigung eingetreten, und es entsteht die Frage, ob man in einem solchen Fall dem Betreffenden zu seinem Recht verhelfen will, oder ob man sagen soll: Nein, wenn die Sache einmal grundsätzlich durchbehandelt worden ist, dann ist damit Schluss; dann ist damit weiter nichts zu machen.

Das ist eine Frage zur Rechtskraft. Es ist die Frage, ob man die Rechtskraft schlechthin an einen Sachverhalt und einen Antrag oder einen Urteilsspruch binden will, und ob man eine Wiederholung ausschließen will. Wir müssen uns da entweder für das Prozessrecht oder für das materielle Recht entscheiden. Meiner Meinung nach müssen wir in diesem Fall die Wiederholung der Klage zulassen, denn der Anspruch ist nicht judiziert. Das ist materiellrechtlich der richtige Standpunkt. Entscheidet man sich aber für die prozessuale Lage der Dinge, dann muss man sagen: Es tut mir leid, dass nicht judiziert ist, aber die Sache ist erledigt. Wir Praktiker neigen dazu, uns auf den Standpunkt zu stellen, dass es nicht Sache der Zivilprozessordnung ist, die Erledigung eines materiellen Rechtsanspruchs sicherzustellen.

Bis jetzt habe ich das Nachbringen einer anderen materiellen Rechtsanspruchskonstruktion behandelt. Jetzt komme ich zum Nachbringen eines anderen Sachverhalts. Da würden wir Praktiker uns auf den Standpunkt stellen: Wenn jemand einen Streitfall des Lebens vor das Gericht bringt, der natürlich die verschiedensten Elemente sachlicher Art enthält, dann ist es seine eigene Sache, alles Nötige vorzubringen; wenn er das nicht tut, dann ist eben Schluss.

Wie weit reicht nun die Unterbindung einer neuen Klage, wenn gegenüber dem Sachverhalt des alten Prozesses *neue Tatsachen* gebracht werden können, die ja in der Regel auch neue materiellrechtliche Ansprüche erzeugen? Dabei kommt es darauf an, dass diese Ansprüche neuer Art nicht nur durch eine andere Betrachtung des Rechtsgegenstandes, sondern durch neue Tatsachen unterstützt werden. Das ist eine Differenz auch für das Prozessrecht, weil eben die Frage ist: Was muss an Tatsachen gebracht werden? Wenn man nämlich ganz streng ist und nur das Vorbringen neuer Tatsachen verlangt, dann kann man diesen Satz nicht bis zu der Konsequenz führen, dass man sagt: Wenn der Kläger die Tatsache nicht gebracht hat, die er jetzt bringt, muss der Richter wieder entscheiden. Das ist untragbar, weil es ins Uferlose geht, und es kommt da wieder die Schwierigkeit, wie wir so abgrenzen können, dass es für das Gesetz oder auch die Wissenschaft brauchbar ist. Da suche ich nach einem Mittel der Erkenntnis, und ich habe versucht, mit der Störungstatsache und dem Grundverhältnis durchzukommen. Störungstatsache ist z.B. ein Wurf ins Fenster. Der Mann hat aus dem Mietvertrag geklagt und kommt hinterher mit dem Eigentum. Dann sagen wir: Das ist dieselbe Sache; das hätte rechtzeitig vorgebracht werden müssen. Ich bin der Meinung, mit dem Nachbringen eines neuen Grundverhältnisses ist nichts zu machen. Nun kommt eine neue Rechtsstörungstatsache. Bis dahin hat man nur Vertrag gehabt und Zuwiderhandlung gegen den Vertrag. Es kommen unerlaubte Handlungen. Und da könnte man vielleicht subsidiär untersuchen, ob der Sachverhalt im ersten Prozess nicht schon soweit vorgetragen war, dass er diese Sache mit erschöpft. Da scheinen mir überhaupt nur bei diesen Abgrenzungen die Schwierigkeiten zu liegen. Dass wir im großen Maße neue Tatsachen zulassen müssen, das ist sicher.

Staud: Vielleicht muss man untersuchen, ob das Kriterium nicht darin zu finden ist: Wann sind die verschiedenen Ansprüche entstanden? Im Fensterfall gleichzeitig; im Kartoffelfall nacheinander!

Fischer: Wie wollen Sie durchkommen, wenn Sie zeitlich auseinanderfallende Punkte haben? Im Kartoffelfall den Vertrag und hinterher Bereicherung? Jetzt klagen Sie erst aus dem Kaufvertrag, und nach der letzten mündlichen Verhandlung werden die Kartoffeln aufgegessen. Da kommt der prozessuale Fall auch wieder hinein, und es ist die Frage, ob der Betreffende das vorbringen konnte oder nicht. (*Staud:* Aber das wollen wir einmal unterstellen!) Wenn es nach der letzten mündlichen Verhandlung erst zu seiner Kenntnis gekommen ist, wenn der Betreffende es nicht vorbringen konnte, dann soll er es später noch vorbringen können. Das würde in der Regel auf die Zwangsvollstreckungsgegenklage hinauslaufen bzw. bei Abweisung auf eine neue Klage. Wenn die zweite Störungstatsache vor dem Schluss der mündlichen Verhandlung liegt, wenn sie womöglich vor Erhebung der Klage schon bestand und nicht vorgetragen wurde, dann wird bei uns die Neigung bestehen, sie abzuschneiden. Für den Anwalt ist diese Entscheidung jedenfalls noch sehr viel schwieriger. Es steht z.B. zur Frage, ob aufgrund Vertrages oder unerlaubter Handlung, die klar zutage liegt, geklagt werden soll. Der Klient sagt: Machen Sie das mit dem Vertrag! Die Vertragssache geht verloren, und jetzt sagt er: Nun aber los mit der unerlaubten Handlung! Nach dem heutigen Recht kann der Anwalt die Sache so aufziehen, dass die unerlaubte Handlung nicht drin ist. Nun kommt ein neuer Sachverhalt, und nun sind wir in der Eventualmaxime schon soweit, dass wir zurückweisen und sagen: Das hätte vorgebracht werden müssen.

Jonas: Auf allen Wegen kommen wir immer zu der Schlussfrage, ob man Lebensvorgänge, einheitliche Dinge, in getrennte Gruppenvorgänge aufspalten kann. Soundso viele Fälle gibt es, bei denen man ohne weiteres trennen kann. Es gibt aber auch andere. Und das sind Maßfragen.

Lent: Nehmen wir einmal als Beispiel eine Prügelei! Der Kläger macht geltend, er habe dabei eine Gehirnerschütterung erlitten. Es ergibt sich, dass das nicht den Tatsachen entspricht, und er wird abgewiesen. Darauf stellt der Betreffende eine neue Klage: Bei derselben Prügelei habe ich eine Unterleibsverletzung erlitten. Ist das ein einheitlicher Lebensvorgang, der konsumiert ist, oder sind es zwei?

Jonas: Da neige ich dazu, zwei Vorgänge anzunehmen. Aber nuancieren Sie das Beispiel einmal! Jemand hat Schläge bekommen und gibt an, dadurch eine Gehirnerschütterung davongetragen zu haben. Nun stellt der Arzt fest, dass eine Kausalität nicht bestehen kann: Durch einen Schlag auf den Rücken kann man eine Gehirnerschütterung nicht bekommen. Nun klagt der Betroffene von neuem und sagt: Bei demselben Vorgang habe ich nicht nur einen Schlag auf den Rücken, sondern auch auf den Kopf bekommen. Da wird man sagen: So etwas geht beim besten Willen nicht, weil das zwei verschiedene Ansprüche sind. In diesem Falle würden wir sagen: Es ist grober Unfug, einen Tatbestand zu wiederholen.

Lent: Es ist kein grober Unfug, weil die zweite Folge der Prügelei etwas später eintritt!

Jonas: Man kann nicht eine Linie ziehen, die im täglichen Leben nicht zu ziehen ist. Ich würde es für ein Unglück halten, wenn der Richter nicht die Beweglichkeit hat, darüber nach den jeweiligen Verhältnissen zu urteilen.

Lent: Im Strafrecht sind doch ganz feste Regeln darüber ausgebildet, wann *eine,* und wann zwei strafbare Handlungen vorliegen! Warum sollen wir die Waffen strecken?

Jonas: Da möchte ich widersprechen! Weil es der Strafrechtswissenschaft und der Strafrechtspraxis nicht gelungen ist, Ideal- und Realkonkurrenz fallen zu lassen, doktort man daran herum, diesen Unterschied aufzugeben, weil er sich nicht durchführen lässt.

Lent: Natürlich gibt es Grenzfälle, bei denen man sich eine dogmatische Abgrenzung versagen muss. Daraus schließe ich aber nicht, dass man von vornherein darauf verzichten muss. In unserem Kreise sind wir schon uneinig darüber, ob diese zweite Klage zulässig ist. Nun denken

Sie aber einmal an die Praxis! Wir komplizieren die Prozesse maßlos mit diesen Vorfragen des verschuldeten oder nichtverschuldeten Nichtvorbringens.

Jonas: Wir bemühen uns, einen Filter einzubauen, der zwar auch nicht absolut undurchlässig ist, während eigentlich Ihr Standpunkt einen gewissen Verzicht bedeutet: Ich muss mich damit abfinden; da es ein neuer Anspruch ist, muss ich immer neue Klagen zulassen.

Staud: Eine Klage auf 1000 RM wird abgewiesen. Wollen Sie da zur Erwägung stellen, ob man bei Teilklagen eine Ausdehnung der Bindung für die Restansprüche ...

Jonas: Das ist das wichtigste Problem bei der ganzen Rechtskraft! Es ist die Frage, inwieweit ich mich von der Rechtskraftwirkung loslösen kann, indem ich nur einen Teilanspruch geltend gemacht habe und mir vorbehalte, immer von neuem zu klagen. Das ist aber eine Frage, mit der wir uns bisher überhaupt noch nicht befasst haben!

Fischer: Nach unserer bisherigen Regelung sind die Teilklagen möglich. Beide Parteien haben die Möglichkeit, sofort das Ganze zur Entscheidung zu bringen. Wenn es der Kläger nicht will, kann der Beklagte die Sache mit der Feststellungswiderklage zur Judikatur bringen. Ich bitte Sie, von diesem eminent praktischen Bedürfnis nicht abzugehen.

Furler: Ich glaube, es ist eine Verwirrung eingetreten, da durch das Beispiel verschiedene Ansprüche aufgetaucht sind. Wir hatten bisher immer nur über *einen* Rechtsanspruch gesprochen.

Jonas: Der Anspruch besteht darin: Der Mann ist arbeitsunfähig gewesen. Man kann da nicht trennen.

Lent: Ich wollte nur darauf hinweisen, dass die Einheit des Lebensvorganges unerheblich ist, sobald daraus mehrere Ansprüche abgeleitet werden. (*Widerspruch*)

Fischer: Wir gehen immer wieder daran vorbei, was wir errungen haben, und das ist eine klare Scheidung der Meinungen, ob für die Dinge der Sachverhalt und die daraus abgeleiteten Urteilsgründe maßgebend sind oder die Rechtskonstruktion. Wir können doch eine Entscheidung nicht beurteilen, ohne die darin in Erscheinung tretende Rechtsauffassung des Richters zu berücksichtigen. (*Furler:* Das kann man!) Nein, Herr Kollege! In vielen Fällen kommt es nicht darauf an, und deshalb kann man daran vorbeigehen.

Lent: Es ist gesagt worden, dass das Urteil einen doppelten Inhalt hat: Einmal erkennt es die Rechtsfolge „Zahlung von 1000 RM" zu oder ab, und daneben enthält es etwas Zweites, nämlich eine Feststellung des Richters über die materiellen Ansprüche. (*Staud:* Das braucht keineswegs der Fall zu sein!)

Furler: Wir gehen immer davon aus, dass das Leistungsurteil auch noch die Feststellung enthält! Und dadurch kommen die Schwierigkeiten. (*Lent:* Da sind bisher sämtliche Juristen einstimmiger Ansicht!)

Jonas: Das ganze Problem liegt im Wesentlichen auf dem Gebiete der Rechtskraft, und ich glaube, dass wir uns zu dieser Erkenntnis alle durchgerungen haben. Wir werden aber wohl in unserer Besprechung jetzt nicht wesentlich vorankommen können, und wir haben uns ja auch schon dahin ausgesprochen, dass das Problem der Rechtskraft noch einmal in einem kleinen Kreise behandelt werden soll.

Nun scheint es mir zweckmäßig zu sein, dass wir nicht mit einer allgemeinen Aussprache schließen, sondern dass wir doch gewisse positive Dinge aus unserer Diskussion herausschälen. Da scheint mir Folgendes klar zu sein: Diese Fragen gehören in das Gebiet der Rechtskraft, das künftig noch behandelt werden soll.

Ich glaube, es gibt eine ganze Reihe von Dingen, über die wir uns positiv schlüssig werden können. So können wir zu allem, was vor dem Urteil liegt, bestimmte Entschließungen fassen. Dabei möchte ich Folgendes sagen. Die Besprechung darüber, wie die Bestimmungen über den Streitgegenstand hinsichtlich der Bewertung für Zuständigkeit und Kosten gestaltet werden, können wir getrost zurückstellen. Die hier auftauchenden Fragen können alle im Unterausschuss durchberaten werden. Übrig bleibt der *Inhalt der Klage!* Reichen die Bestimmungen aus, die in dem Entwurf von 1931 aufgestellt sind, oder muss für den Inhalt der Klage etwas anderes gesagt werden?

Dann die Frage der *Zuständigkeit!* Dabei scheide ich die Wertfrage, ob Landgericht oder Amtsgericht, aus. Ich meine Zuständigkeit in dem Sinne, ob für den einen Anspruch ein ausschließlicher Gerichtsstand vorhanden sein muss, für den anderen Anspruch nicht. In diesem Sinne muss die Zuständigkeitsvorschrift irgendwie bereinigt werden, vielleicht durch den *Gerichtsstand des Zusammenhangs.*

Ferner die *Klagänderung!* Was brauchen wir für Vorschriften über die Klagänderung? Haben wir es überhaupt nötig, dazu Stellung zu nehmen, was Streitgegenstand ist? Wenn man sagt: Eine Klagänderung ist zulässig, wenn zugestimmt wird, oder der Richter sie für sachdienlich hält, dann braucht man zu diesem Punkt vielleicht gar nichts zu sagen.

Weiter das *Problem der Rechtshängigkeit!* Ich möchte zur Diskussion stellen, ob man nicht eine zweckmäßige Lösung finden könne. Hier schwebt eine Klage auf Zahlung, dort wird, weil es dem anderen besser passt, eine negative Feststellungsklage erhoben. Im Augenblick ist die gesetzliche Regelung misslich. Ist nicht die einfachste Lösung die, den Schritt zu tun, den wir schon bei der Zuständigkeit gegangen sind: Der Einwand der Rechtshängigkeit führt nicht zur Abweisung, sondern zur Verweisung an die andere Stelle? Das ist ein Gedanke, der mir zunächst einmal durchaus diskutabel erscheint.

Lent: Über den Klaginhalt werden wir wahrscheinlich rasch zu einer Einigung kommen, nicht aber in den anderen Punkten.

Etwas über den Gerichtsstand des Zusammenhangs! Solange Sie darauf beharren, dass der Lebensvorgang entscheide, ist eine Vorschrift über den Zusammenhang des Gerichtsstandes falsch.

Dann die Zuständigkeit! Wenn Sie die materiellrechtliche Qualifikation über Bord werfen, müssen Sie die Zuständigkeit vollkommen neu aufbauen. Dann kann es keinen Paragraphen geben: Für unerlaubte Handlung ist das und das Gericht zuständig. Ich schlage vor, dass vielleicht Herr Pagenstecher und ich die einzelnen Fragen, die in diese Gebiete fallen, für die nächste Unterausschusssitzung klarlegen, damit der Ausschuss in die Lage kommt, dazu Stellung zu nehmen. (*Fischer:* Ich werde in meinem Referat über den Gerichtsstand auch die Rechtshängigkeit behandeln.) Das wäre wünschenswert. Dann möchte ich, dass abgesehen von der Bindung auch über den Urteilsinhalt Klarheit geschaffen wird, und zwar in dem Sinne, ob die Theorie Fischer hinsichtlich des doppelten Urteilsinhalts anzunehmen ist.

Pagenstecher: Ich will nur zwei Fragen stellen. Beispiel: Es hat jemand eine Klage erhoben auf Zahlung von 1000 RM und hat einen notariellen Vergleich vorgelegt. Der Beklagte hatte geltend gemacht, dieser Vertrag sei aus irgendeinem Grunde angefochten worden, etwa wegen arglistiger Täuschung. Das Gericht sagt: Der Betreffende ist den Betrag schuldig. Entweder ist er ihn schuldig aus dem Vertrag oder aus ungerechtfertigter Bereicherung. Demgemäß erlässt das Gericht ein Urteil: Der Beklagte wird verurteilt, an den Kläger 1000 RM zu zahlen. Nun erhebt der Beklagte die Vollstreckungsgegenklage. Wir wollen annehmen, dass sich die Besetzung des Gerichts inzwischen geändert hat. Der Beklagte behauptet in seiner Gegenklage: Der von uns abgeschlossene Vertrag ist in Wirklichkeit ein Schenkungsvertrag, und ich widerrufe die Schenkung wegen Undank. Der Undank ist nach der Rechtskraft eingetreten. Nun prüft der Richter aufgrund der Vollstreckungsgegenklage den Sachverhalt und kommt zu dem Ergebnis, dass der Vertrag zwar perfekt geworden ist, er hält ihn jedoch für einen Schenkungsvertrag. Nun möchte ich wissen, ob der Richter bei diesem Sachverhalt den Widerruf als zulässig ansehen kann, oder ob er an die Rechtskraft insoweit gebunden ist, dass er nur die Wahl hat zwischen dem Anspruch aus ungerechtfertigter Bereicherung oder aus Vergleich.

Ein zweiter Fall! Es wird auf Herausgabe bestimmter wertvoller Gemälde geklagt. In der Klagschrift führt der Kläger aus: Die Gemälde habe ich bezahlt; sie befinden sich bei dem Beklagten; das Eigentum ist aber bereits übergegangen; ich habe sie nur noch dem Beklagten zur Verwahrung gelassen. Der Beklagte behauptet demgegenüber: Der Kläger ist nicht Eigentümer geworden; es wurde kein Verwahrungsvertrag geschlossen; die Klage ist unbegründet. Das Gericht kommt zu dem Ergebnis: Es ist zweifelhaft, ob eine Eigentumsübertragung bereits stattgefunden hat. Es bejaht aber das Bestehen des Kaufvertrages und gibt der Klage statt. Tenor: Der Beklagte wird verurteilt, an den Kläger die und die genauer bestimmten Gemälde herauszugeben. Ich möchte wissen, ob Sie das zulassen würden. Oder würden Sie hier zulassen, dass es das Gericht dahingestellt sein lässt, ob das Eigentum übergegangen ist oder nicht? Sie sehen, dass hier zwei ganz verschiedene Ansprüche vorliegen: Die rei vindicatio und der obligatorische Anspruch auf Eigentumsverschaffung. Würden Sie in diesem Falle sagen: Dem Betreffenden ist die Hauptsache, dass die Gemälde herausgegeben werden, oder würden Sie anders entscheiden, und wenn ja, mit welcher Begründung?

Jonas: In dem zweiten Fall würde ich es nicht für korrekt halten, dass es der Richter dahingestellt sein lässt, ob ein obligatorischer oder dinglicher Herausgabeanspruch besteht. Denn sachlich ist das Petitum im Tenor ein ganz anderes.

Staud: Wenn der Antrag auf Herausgabe der Sache in dem einen Fall die Eigentums- und die Besitzbeschaffung bedeutet und im anderen nur die Besitzbeschaffung, dann liegt ein Fehler im Antrag vor. Nun aber der Fall, dass es sich in beiden Fällen um die reine Besitzbeschaffung handelt. Wie ist es denn?

Pagenstecher: Mit der rei vindicatio erlangt der Betreffende Besitzübertragung, mit der Klage aus Kaufvertrag Besitzübertragung, aber auch Eigentumsübertragung. Zwei ganz verschiedene Ansprüche!

Jonas: So etwas ist ein unklares Urteil, das wahrscheinlich zu keinen Weiterungen führt, weil, wenn vollstreckt wird, der Mann das Eigentum hat. Ich glaube, da sind wir derselben Ansicht.

Pagenstecher: Wie hätte nach Ihrer Ansicht korrekt gehandelt werden müssen? Der Kläger verlangt in erster Linie Übergabe seines Eigentums, weil er auf dem Standpunkt steht, dass das Bild ihm gehört und der andere es ihm zurückgeben muss. In zweiter Linie sagt er: Für den Fall, dass sich das Gericht nicht davon überzeugen kann, dass bereits Eigentum auf mich übergegangen ist, verlange ich nunmehr auch Eigentumsverschaffung aus dem Kaufvertrag. So hätte er sagen müssen, und dann wäre nach Ihrer Ansicht erst über die rei vindicatio zu entscheiden gewesen. Das hätte der Richter zuerst prüfen müssen, und dann wäre er zu dem Ergebnis gekommen: Eigentum hat er noch nicht erworben. Könnte er dann Ihrer Ansicht nach die Klage durch Teilurteil abweisen oder nicht?

Jonas: Da muss man sich, glaube ich, ganz strikt an einen Antrag halten. Ein abweisendes Teilurteil kann ich nur erlassen, wenn klar ist: Es ist Raum zu einem negativen Ausspruch. Wollen Sie ein Teilurteil da zulassen? (*Pagenstecher:* Selbstverständlich! Da habe ich nicht den geringsten Zweifel!)

Fischer: Ich möchte gern wissen, ob nach dem heute geltenden Recht der Richter während der Dauer des Prozesses hier Ihrer Ansicht nach ein Teilurteil erlassen kann.

Jonas: Das möchte ich verneinen, weil ein Teilurteil meiner Auffassung nach nur ergehen kann, wenn das, was nachher Gegenstand der Vollstreckung ist, quantitativ teilbar ist. Für zulässig würde ich ein Zwischenurteil halten, wenn wir noch das alte Zwischenurteil hätten.

Pagenstecher: Wenn der Klage stattgegeben würde, dann würden Sie also sagen: Eigentum ist nicht erwiesen? (*Jonas:* Ja!) Dagegen sind Sie der Auffassung: Kaufvertrag ist erwiesen? (*Jonas:* Ja!) Wie würden Sie tenorieren?

Jonas: Es kommt darauf an, was im Tenor steht. Würde darin stehen: ist zu übereignen, so würde der Richter doch vielleicht sagen: die und die Gegenstände sind zu übereignen. (*Furler:* Er *muss* das sagen!) Ihm zu verschaffen.

Fischer: Ich würde sagen, der Beklagte wird verurteilt, gegen Übertragung des Eigentums die und die Sachen herauszugeben.

Pagenstecher: Wenn Sie ein Teilurteil zulassen wollen, dann würden Sie sagen: Das ist ein selbständiges Angriffsmittel, das durch Zwischenurteil verneint werden kann? (*Jonas:* Ja!) Ein selbständiges Angriffsmittel bei ganz verschiedenen Ansprüchen! Das Petitum ist auch ganz verschieden. In dem einen Fall verlangt der Mann die Herausgabe einer eigenen Sache. Es ist also ein dinglicher Anspruch. Im anderen Fall handelt es sich um einen Verschaffungsanspruch. Das Petitum ist verschieden. Dass die Vollstreckung sich rein äußerlich vollzieht, kann nicht entscheidend sein.

Lent: Ich halte es für unmöglich, zwei verschiedene Anträge als selbständige Angriffs- und Verteidigungsteile zu bezeichnen. Wenn Sie aber zugeben, dass das zwei verschiedene Petita sind, so kann man über einen selbständigen Antrag kein Zwischenurteil erlassen.

Jonas: Wir bewegen uns im luftleeren Raum, weil der Begriff des selbständigen Angriffs- oder Verteidigungsmittels ganz verschwommen und vom Gesetz nicht definiert ist. Jeder Antrag ist ein Angriff, jede Begründung ist ein Angriff. (*Zurufe*) Natürlich kann man über das Teilurteil und das Zwischenurteil im Einzelfall verschiedener Ansicht sein. Wie ist es aber, wenn auf 1000 RM geklagt wird mit der Begründung, der Beklagte habe das Eigentum des Klägers beschädigt, und mit der Eventualbegründung, es sei der Kaufpreis für das gelieferte Bild. Dass man in einem solchen Falle den Anspruch von 1000 RM nicht mit Teilurteil aberkennen kann, ist ganz klar. (*Pagenstecher:* Das gebe ich nicht zu!) – Dann stellen Sie sich aber gegen das Reichsgericht.

Pagenstecher: Ich danke Ihnen. Über diese Frage bin ich jetzt informiert. Sie nehmen also zwei selbständige Angriffs- und Verteidigungsmittel auch dann an, wenn Sie zugeben müssen, dass die Petita verschieden sind; und Sie betrachten es nur deshalb als etwas Einheitliches, weil – wie Sie sich vorhin ausgedrückt haben – sich die Vollstreckung wenigstens äußerlich in gleicher Weise vollzieht. Dann würden Sie auch noch einen Schritt weiter gehen und sagen: Der Klage wird stattgegeben; es kann dahingestellt bleiben, ob er Eigentümer geworden ist, weil er jedenfalls aus dem Kaufvertrag die Herausgabe schuldet.

Jonas: Das ist ein inkorrektes Urteil. (*Zurufe*)

Pagenstecher: Der große Unterschied zwischen beiden besteht darin, ob ich schon Eigentümer bin und mein Eigentum herausverlange, oder ob ich erst durch die Handlung des Gerichtsvollziehers das Eigentum erwerbe. (*Furler:* Worin liegt dann die Feststellungswirkung?) – Darin, dass er einen Anspruch aus Eigentum hat. (*Furler:* Damit ist doch für den nächsten Prozess entschieden, dass er Eigentümer ist!) – Die Frage ist früher außerordentlich bestritten gewesen. Früher hat man gesagt: Wenn ich die rei vindicatio erhebe, ist auch mein Eigentum festgestellt. Die neue Ansicht sagt, das sei ein Entscheidungsgrund und werde daher nicht rechtskräftig. Wenn das Eigentum bestritten wird, kann er eine Feststellungsklage erheben. Aber es ist ja möglich, dass das Eigentum gar nicht bestritten wird. (*Jonas:* Die Qualifikation ist offen gelassen: entweder Anspruch aus Vergleich oder aus ungerechtfertigter Bereicherung) – Nun erhebt der Beklagte Vollstreckungsgegenklage und sagt, es liege Undank vor, er widerrufe.

Jonas: Wenn ihm an der Qualifikation liegt, hat er die Möglichkeit, die Sache durch einen Inzidentantrag oder einen Feststellungsantrag zur Klarstellung zu bringen. Hier fehlt die Feststellung. Das ist, systematisch gesprochen, eine inkorrekte Feststellung. Aus praktischen Bedürfnissen hätte ich jedoch kein Bedenken dagegen, etwas Derartiges zuzulassen.

Wie wird es nun für den späteren Prozess? Da muss man von meinem Standpunkt aus fragen: Was ist Rechtskraft? Es ist die Bindung des künftigen Richters, nichts anderes festzustellen, ein

Rechtsverhältnis nicht anders zu beurteilen, als es der Vorrichter getan hat. Hier hat ja der Richter aus irgendwelchen Gründen davon abgesehen, das Verhältnis im Vorprozess zu beurteilen. In diesem Falle würde also bei solcher Alternativfeststellung der Zweitrichter in der Lage sein, eine selbständige neue Feststellung zu treffen.

Pagenstecher: Das wollen wir mal festhalten; das ist außerordentlich wichtig. Nach Ihrer Ansicht ist es also nicht etwa so, dass im Urteil festgestellt wird: Der Kläger schuldet entweder aus Vergleich oder aus ungerechtfertigter Bereicherung – das würde in den Urteilsgründen stehen; – es wird aber nur festgestellt: er schuldet 1000 RM. Deshalb verstößt es also nicht gegen die Rechtskraft, wenn der Betreffende nun sagt: Allerdings schulde ich 1000 RM, aber weder aus Vergleich, noch aus ungerechtfertigter Bereicherung.

Jonas: Zur Diskussion steht aut-aut. Sie meinen, ob damit die Möglichkeit gegeben ist, etwas Drittes zu sein. Jetzt sprechen wir de lege lata. Da scheint es mir ausgeschlossen zu sein. Wenn vorher gesagt worden ist, entweder sei es ein Vertrag, der aufgrund eines Vergleichs die Unwiderruflichkeit in sich trage, oder es sei ein Anspruch aus ungerechtfertigter Bereicherung, dann kann der künftige Richter nicht sagen, es sei eine Schenkung, also ein Vertrag, der die Widerruflichkeit in sich trägt.

Pagenstecher: De lege lata wird nach Ihrer Ansicht rechtskräftig festgestellt, dass der eine oder der andere Anspruch besteht. Und da ist es eine für mein Gefühl etwas eigenartige Folgerung, dass sich der zweite Richter eins von beiden aussuchen muss, aber nicht beides verneinen kann. Der Richter soll also die rechtliche Qualifikation feststellen, ist aber insofern gebunden, als er nur zwischen zwei rechtlichen Qualifikationen zu wählen hat. Das leuchtet mir nicht ein – aber mir leuchtet ja die ganze Sache nicht ein!

Jonas: Ich will das Beispiel etwas nuancieren. Der Kläger sagt: Ich bin Eigentümer der Sache, die du beschädigt hast. Du hast meine Treppe beschädigt. Der Beklagte trägt vor: Ich bestreite dein Eigentum; die Treppe gehört einem anderen; du bist nur der Verwalter. Außerdem bin ich als Mieter die Treppe hinaufgegangen, und dabei habe ich sie allerdings beschädigt. Nun sagt der Richter: Es kann dahingestellt sein. ob der Schadensersatzanspruch aus unerlaubter Handlung wegen Beschädigung des Eigentums gegeben ist, oder ob nach der Darstellung des Beklagten ein Vertragsanspruch gegeben ist; jedenfalls schuldet der Beklagte 1000 RM. Ich lasse also den Lebenskomplex ganz offen.

Lent: Das Urteil kann gar nicht so lauten; denn der Richter müsste doch feststellen, dass die unerlaubte Handlung begangen ist. Wenn er feststellt, dass ein Vertrag besteht, muss er auch feststellen, ob eine unerlaubte Handlung begangen ist.

Jonas: Der Kläger gibt eine Darstellung, aus der sein Anspruch folgen soll, und der Beklagte gibt eine Gegendarstellung, aus der folgt, dass der Anspruch nicht besteht.

Pagenstecher: Warum machen Sie sich die Sache so schwer, indem Sie ein neues Problem hineinbringen? Aus dem Vorbringen des Beklagten kann der Richter schließen, dass der Kläger gewisse Ansprüche geltend machen könnte; wenn er diese Ansprüche aber nicht geltend macht, kann er darüber nicht entscheiden. Deshalb möchte ich bei meinem Beispiel bleiben.

Jonas: Ich meine nur, dass der Zweitrichter nicht ein Drittes feststellen kann. Dass die gegenwärtige Rechtslage so ist, kann nicht bezweifelt werden. Für die künftige Regelung ergibt sich die Möglichkeit, diese Unklarheit zu vermeiden. Herr Staud sagt mit Recht, dass man sich bei der künftigen Regelung nicht auf den abstrakten Ausdruck beschränken kann; denn dann komme man zu der abstrakten Urteilsforderung. Man kann aber nach der anderen Seite hin noch weiter gehen und kommt dann zu der alten Rechtskraft der Urteilsgründe. Das ist zweifellos eine sonderbare Angelegenheit.

Pagenstecher: Nach unserer Lehre entwickelt sich die Sache sehr einfach dadurch, dass sich der Richter darüber aussprechen muss. Er darf es nicht dahingestellt sein lassen.

Staud: Darüber mag der Kläger selber disponieren. Er kann durch einen entsprechenden Antrag den Richter zur Entscheidung zwingen. Ich möchte zur Erwägung stellen, ob der Kläger nicht durch einen Haupt- oder Eventualantrag den Richter zwingen kann, in einer bestimmten Reihenfolge vorzugehen, indem er sagt: Ich klage principaliter den Kaufpreisanspruch, eventualiter den Gegenstand der Bereicherung, zweiteventualiter einen Deliktsanspruch.

Lent: Wir kommen dann zu zwei Prozessarten: Ein Prozess nach Wahl des Klägers, und ein anderer Prozess nach unserer Ansicht.

Darf ich bitten, folgende Erwägung des Herrn Ministerialrats Staud zur Debatte zu stellen.

Herr Ministerialrat meint, im Normalfall könne jemand klagen, ohne dass er die rechtliche Qualifikation seines Begehrens verlangt. Aber er könne nun auch, wenn er ein Interesse an der besonderen rechtlichen Qualifikation habe, eine Entscheidung mit Rechtsqualifikation verlangen. Herr Präsident Jonas wollte dieser Möglichkeit durch eine Inzidentklage auf Feststellung des Rechtsgrundes Rechnung tragen. Herr Ministerialrat möchte die Sache etwas anders machen und von vornherein sagen: Ich verlange 1000 RM als Kaufpreisanspruch; Eventualantrag: Wenn das Gericht den Kaufpreisanspruch verneinen sollte, als Bereicherungsanspruch, und zwar braucht der Bereicherungsanspruch nicht denselben Umfang zu haben oder denselben Gegenstand zu betreffen; drittens eventualissime als Deliktsanspruch.

Jonas: Da sehe ich keinen Gegensatz zwischen uns.

Staud: Das ist de lege lata zulässig. De lege ferenda soll es so bleiben. Dem Interesse, es auf das Interesse des Rechtsuchenden abzustellen, ist Genüge getan. Dem Kläger ist es im Allgemeinen gleichgültig, wofür er sein Geld bekommt; er will lediglich sein Geld haben und überlässt es dem Gericht, über den Streitstoff zu disponieren.

Wenn er den anderen Weg geht, dann kann er ein Interesse an der Disposition haben, wenn etwa eine Bürgschaft besteht und er dem Bürgen den Streit verkündet hat; dann kann er in dieser Form der Antragstellung durch einen Inzidentfeststellungsantrag das Gericht dazu zwingen. (*Zurufe*) – Ich stelle mir die Klage von vornherein wie folgt erhoben vor:

1. 1000 RM als Kaufpreis zu zahlen;

2. falls das Gericht einen Kaufvertrag nicht annehmen sollte, Rückgabe der Waren aus ungerechtfertigter Bereicherung;

3. wenn sich das Nichtvorhandensein der Waren herausstellen sollte, Zahlung von 1000 RM aus dem ersten Antrag als ungerechtfertigte Bereicherung.

Nun ist das Gericht gezwungen, zunächst über den Kaufvertrag Beweis zu erheben. Es kann nicht sagen: Es ist mir einerlei, ob ein Kaufvertrag vorliegt oder nicht, die 1000 RM bekommt der Kläger auf alle Fälle. Nun kommt das Gericht zu dem Ergebnis, dass ein Kaufvertrag nicht zustande gekommen ist, und spricht 1000 RM aus ungerechtfertigter Bereicherung zu. (*Pagenstecher:* Kann es ein Teilurteil erlassen?) – Meiner Ansicht nach nicht.

Das Urteil würde lauten: Der Hauptantrag wird abgewiesen; 2. auf den Leistungsantrag wird der Beklagte verurteilt, 1000 RM zu zahlen. Der Kläger kann gegen dieses Urteil auch Berufung einlegen, da er seinen Anspruch darauf hat, in den Instanzen die Berechtigung seines Prinzipalantrages durchzusetzen.

Das ermöglicht es dem Kläger, den Sachverhalt getrennt nach verschiedenen Gesichtspunkten vorzubringen, und belastet ihn auch mit dem Risiko. Denn wenn er mit dem ersten Anspruch nicht durchdringt, ist er ein teilweise Unterliegender. Er wird diesen Weg also nur gehen, wenn er ein Interesse an dieser Prozessführung hat.

Frage: Wollen wir de lege ferenda uns mit dieser Möglichkeit begnügen? Dann bedarf es kaum irgendwelcher positiver Vorschriften.

Pagenstecher: Sie haben geschrieben: Der Hauptantrag wird abgewiesen. Welche Rechtskraftwirkung tritt dann ein? Wird damit rechtskräftig festgestellt, dass der Vertrag nicht besteht?

Staud: Dass er keinen Kaufpreisanspruch hat, und dass er einen Bereicherungsanspruch hat.

Jonas: Und damit ist dann doch festgestellt, dass für einen anderen Vertragsanspruch kein Raum mehr ist.

Staud: Etwaige andere Verträge sind überhaupt nicht in lite gewesen.

Pagenstecher: Muss der Beklagte hier Ihrer Ansicht nach ein Rechtsinteresse glaubhaft machen, dass er ein Interesse an der rechtlichen Qualifikation hat? Oder steht es überhaupt in seinem Belieben? (*Staud:* Durchaus nicht!) Wenn der Beklagte sagt: Ich bestreite, dass dieser Vertrag überhaupt zustande gekommen ist; wenn er aber zustande gekommen sein sollte, wäre es ein Schenkungsvertrag; ich möchte eine rechtliche Qualifikation haben; das ist für mich außerordentlich wichtig, weil meine Haftung geringer ist – mit anderen Worten kann auch der Beklagte dasselbe verlangen, was der Kläger hätte verlangen können, aber nicht verlangt hat, weil es ihm gleichgültig ist, oder weil es ihm vielleicht auch angenehmer ist, wenn die rechtliche Qualifikation dahingestellt bleibt?

Staud: Das ist ein ganz interessanter Einwurf. Es ist Folgendes denkbar. Der Kläger sagt: Ich verlange principaliter 1000 RM als Kaufpreis, eventualiter als Bereicherungsanspruch. Das Gericht kommt zu dem Ergebnis, dass ein Vertrag vorliegt, aber kein Kaufvertrag, sondern ein anderer. Da muss ich meine Ausführungen vielleicht nun etwas modifizieren. Wird auf Vertragserfüllung geklagt, dann ist es gleichgültig, welcher Vertrag es ist; denn 1000 RM sind als Gegenstand wohl identisch, wenn sie als Gegenstand der Vertragserfüllung verlangt werden. Es ist aber etwas anderes, wenn sie nicht als Vertragserfüllung, sondern aus Bereicherung verlangt werden.

Pagenstecher: In solchen Fällen wird eine Rechtsbehauptung aufgestellt, und der Richter muss die Behauptung richtig erkennen. Wenn der Richter sagt, es sei ein Vergleich, während es in Wirklichkeit ein Schenkungsvertrag ist, dann judiziert er falsch.

Furler: In dem Antrag liegt also ein Doppeltes, nämlich eine Feststellungsklage und eine Leistungsklage; denn Sie sagen, wenn es sich lediglich um die rechtliche Beurteilung handele, könne er auch diesen Antrag stellen. Das Gericht sagt: Das geht mich nichts an, weil der Kläger diesen Antrag als eine rein rechtliche Feststellung erheben kann. Sie lassen ihn zu, wenn Sie sagen, es liegen verschiedene Ansprüche vor. Also liegt darin ein Feststellungsbegehren, während ich sage: Ich will über die Tatsache, dass ich 1000 RM bekomme, hinaus noch geklärt haben, dass ein Vertrag besteht.

Staud: Das ist etwas ganz anderes. Ich muss dem Gedanken Rechnung tragen, dass unbestreitbar ein Vertragserfüllungsanspruch besteht. Ob das Gericht diesen Vertrag Kaufvertrag oder Mietvertrag nennt, ist gleichgültig. Das ist der eine Anspruch. Der Bereicherungsanspruch ist ein anderer Anspruch. Es liegen also zwei verschiedene Ansprüche vor. Zwischen diesen beiden Ansprüchen kann ich ein Leistungseventualantragsverhältnis herstellen. Wenn ich Wert darauf lege, dass der mir zugesprochene Vertragserfüllungsanspruch rechtskräftig festgestellt wird, und zwar, dass in durch Berufung anfechtbarer Weise festgestellt wird, dass es ein Kaufvertrag ist, dann muss ich das mit einem weiteren Feststellungsantrag verbinden und sagen: Den Beklagten zur Vertragserfüllung – Zahlung von 1000 RM – zu verurteilen und hierbei festzustellen, dass der Vertrag ein Kaufvertrag ist; Eventualantrag: Herausgabe der Bereicherung; zweiter Eventualantrag: Zahlung von Schadensersatz.

Lent: Ich bin praktisch durchaus einverstanden. Ich möchte aber die Folge daraus ziehen, dass Sie im Interesse der Vereinfachung zwei verschiedene Klagarten und zwei verschiedene Prozessarten haben. (*Staud:* Nein!) – Es ist doch etwas Verschiedenes, ob ich ein Urteil mit materiell qualifiziertem Inhalt, oder ein normales Urteil ohne qualifizierten Inhalt verlange. (*Zurufe*)

Mir ist nun noch ein kleiner Punkt über die Streitverkündung eingefallen. Der Mann sagt: Wenn es ein Vertragsanspruch ist, habe ich einen Bürgen, dem ich den Streit verkünde. Ist nun dieser Nebenintervenient an dem Prozess nur insoweit beteiligt, als es sich um den Vertragsanspruch handelt, oder auch insoweit, als es sich etwa um einen Deliktanspruch handelt? (*Staud:* Das ist eine Frage, die von dem Nebeninterventionsrecht abhängt! Wenn ich mehrere Ansprüche eingeklagt habe ..) – Es ist nur ein Anspruch und nur ein Streitgegenstand da. Daher muss der Nebenintervenient auch die Möglichkeit haben, zum Deliktsanspruch zu sprechen. Oder wollen wir etwa sagen, den Nebenintervenienten gehe der Deliktsanspruch nichts an; sobald dessen Diskussion zu Ende sei, scheide er aus? Das würde ein Argument dafür sein, dass es kein einheitlicher Rechtsanspruch ist.

Jonas: Unter gewissen Voraussetzungen, nämlich dass ein Rechtsinteresse besteht und gewisse Rechtskraftwirkungen entstehen, wird einem Dritten das Recht gegeben, sich am Prozess zu beteiligen. Es ist nicht gut möglich, in solchem Falle zu sagen, zu Punkt 1 dürfe er sprechen, zu Punkt 2 nicht.

Lent: Es wäre ein groteskes Schauspiel, wenn der Vertragsanspruch erledigt ist und sich im Prozessraum immer noch ein Mann herumtreibt, der an der ganzen Frage gar kein rechtliches Interesse mehr hat. Sie müssten eigentlich bei unbestimmt qualifiziertem Urteil eine Nebenintervention ausschließen; denn der Nebenintervenient kann sein Interesse gar nicht nachweisen. Das kann er nur dann, wenn ein rechtlich qualifiziertes Urteil ergeht. Denn darauf beruht sein Rechtsinteresse. Wenn es das Urteil dahingestellt sein lässt, ob ein Vertrags- oder ein Deliktsanspruch vorliegt, hat er doch wohl kaum ein Rechtsinteresse daran. –

Ja, meine Herren, ich kann zu meinem Bedauern nur sagen, dass wir nicht zu einem endgültigen positiven Ergebnis vorgedrungen sind. Es sind nur gewisse Klärungen der gegenwärtigen Gefechtslage. Wir wollen sehen, was für den Unterausschuss in dieser Angelegenheit zu tun übrig bleibt.

Herr Fischer würde uns ein Referat über Zuständigkeit und Gerichtsstand halten, aber mit Berücksichtigung der Konsequenzen, die sich für Zuständigkeitsfragen und Rechtshängigkeitsfragen aus der neuen Auffassung des Urteils ergeben. Herr Furler würde das Korreferat übernehmen.

Zweiter Gegenstand: Die Rechtskraft, insbesondere mit den Konsequenzen, die sie für diese Dinge hat.

Ich glaube, dass wir jetzt nicht mehr weiterkommen, und dass die beiderseitigen Gefechtslinien ziemlich fest liegen.

(Pause)

Nach der Pause erstattet *Schlegel* sein Referat, das dem Protokoll als Anlage beigegeben werden soll. [nicht überliefert]

Über das schriftlich vorliegende Referat hinaus führt der *Berichterstatter* zum Schluss aus: Es ist bereits öfter davon gesprochen worden, dass man vielleicht das ganze *Zustellungsverfahren der Zivilprozessordnung* entbehren könnte und dass man für die Übermittlung gerichtlicher Schriftstücke an die Parteien die Post benutzen könnte. Bei der Ausarbeitung meines Referats habe ich nicht an diese Möglichkeit gedacht. Dieser Vorschlag ist mir etwas überraschend gekommen, und ich möchte ihn daher heute noch nicht in den Bereich meiner Betrachtungen einbeziehen. Es muss noch überlegt werden, ob es möglich sein wird, tatsächlich auf die Zustellungseinrichtungen zu verzichten und die Übermittlung der Schriftstücke der Post zu überlassen.

Lent: Ich danke Herrn Schlegel für sein klares und ausführliches Referat. Unsere Erörterung wird zunächst an die *Grundfrage* anknüpfen müssen: *Zustellung von Amts wegen oder im Parteibetrieb* unter besonderer Berücksichtigung der Zustellung des Urteils. Danach werden die Fragen der Heilung und der Vereinfachung kommen, und zuletzt wird die Frage zu besprechen sein, ob man überhaupt grundsätzlich, abgesehen von einzelnen Verbesserungen des Zustellungswesens, zu einer Änderung kommen soll.

Furler: In Bezug auf die Zustellung bringt der Entwurf [von 1931] eine Reihe von Verbesserungen, die anerkannt werden müssen. Da wird es sich zunächst um die Frage drehen: Wie ist ein Unterschied zu machen zwischen dem, ich will einmal sagen, beamteten Parteiprozess und dem Prozess, der durch Anwälte geführt wird, dem landgerichtlichen Prozess? Mir scheint kein wirklich zwingender Grund vorzuliegen, das bisherige Verfahren beim Anwaltsprozess zu beseitigen. Es heißt zur Begründung auch lediglich, dass die allgemeine Entwicklung dahin gehe. Man führt weiter an, dass der Prozess so sehr vom öffentlich-rechtlichen Gesichtspunkt bestimmt werde, dass es nicht mehr angängig sei, die wichtigsten Akten dem Gericht zu entziehen und sie den Parteien zu überlassen. Das ist kein zwingender Grund; denn schließlich ist der Anwalt auch ein Organ der Rechtspflege. Auch er ist in den öffentlich-rechtlichen Teil der Durchführung des Prozesses verwickelt, und man kann dieses Argument nicht dafür anführen, dass die Zustellung unbedingt durch das Gericht gemacht werden müsse. Viele Möglichkeiten der Klärung würden entfallen, wenn alles von Amts wegen durchgeführt werden müsste. Bisher hat sich daraus, dass die Zustellung vom Anwalt ausging, keine Schwierigkeit ergeben. Für mich besteht kein zwingender Grund dafür, die bisherige Regelung aufzugeben und zur Urteils- und Klagzustellung von Amts wegen überzugehen.

Fischer: Bisher sind beim Anwaltsprozess überhaupt keine Missstände aufgetreten. Ich verstehe nicht, wie schlechte Erfahrungen, die man früher gemacht hat, dazu führen sollten, zu sagen: Es handelt sich um ein amtliches Verfahren, in dem andere nichts zu suchen haben. Das ist falsch, denn dadurch entfernen Sie den Anwalt aus seinem eigentlichen Aufgabenkreis. Der Anwalt muss seine Aufgabe auch als Amt empfinden, und je mehr Sie ihn aus dem technischen Betriebe des Prozesses entfernen, umso mehr wird er das Gegenteil von dem werden, was er heute sein soll: Ein Mitarbeiter im Prozess, und zwar auch in der Technik des Prozesses. In der Anwaltschaft ist das Gefühl vorhanden, dass sie vom Gesetzgeber als ein Organ betrachtet wird, dass seine Aufgaben doch nicht mit der notwendigen Sorgfalt, Treue und Kenntnis erfüllen kann, und dass nur Beamte dazu geeignet sind, die Dinge sorgfältig und gründlich durchzuführen. Hat man diese Auffassung, dann soll man aber auch die Konsequenz ziehen; denn dann taugt die Anwaltschaft nichts. Will man aber die Anwaltschaft im Prozess heranziehen, dann muss man ihr die technische Arbeit auferlegen.

Nun die Zustellung von Klage und Urteil! Diejenigen, die glauben, dass man das von Amts wegen machen könne, haben niemals hinter die Kulissen der anwaltlichen Arbeit gesehen. Die Entscheidung darüber, ob eine eingereichte Klage zugestellt werden kann und darüber, ob das verkündete Urteil zugestellt werden kann oder nicht, kann das Gericht nicht treffen, weil es die Dinge, die hinter den Kulissen spielen, nicht kennt. Diese Dinge kennt nur der Anwalt. Wenn die Verkündung da ist, so weiß der Anwalt ganz genau, wenn er die Gründe hat, ob das ein Urteil ist, das die Basis dafür ergibt, die Sache in Ordnung zu bringen, oder das weiter umkämpft werden muss. Diese Frage kann der Richter überhaupt nicht beurteilen, da er die Partei des Anwalts nicht kennt. In der Regel kann der Anwalt aber auch noch die andere Partei beurteilen, und er kann durchaus eine Zusammenkunft bewirken. Ich möchte mit meinen Worten nur deutlich machen, worauf es ankommt. Die Anwälte müssen es in der Hand haben, die Klage und die Urteilsausfertigung zuzustellen, wenn sie überhaupt dazu da sein sollen, am Prozess mitzuarbeiten. Inzwischen wird ja auch die Erziehung der Anwälte hoffentlich etwas vorangetrieben worden sein. Außerdem kann man die Rechtsmittelfristen so begrenzen, dass Missstände unterbunden werden. Dass sich die Anwaltschaft mitunter auch über den Betrieb der Gerichte beschweren kann, darüber brauche ich hier kein Wort zu sagen.

Nun ist Folgendes interessant. In Berlin stellen die Gerichte die kurze und die vollständige Ausfertigung gleichzeitig zu. Die vollständige Ausfertigung brauchen wir nicht, da wir sie den Amts- und Landgerichten überhaupt nicht zustellen, sondern es der Gegenseite überlassen, sie sich selber zu beschaffen. Die kurze Ausfertigung bekommen wir in Hamburg in zweimal vierundzwanzig Stunden. Die lange Ausfertigung kann dann noch nicht da sein. In Berlin muss man auf das kurze Urteil warten, bis die lange Ausfertigung da ist.

Begrüßen würde ich es, wenn alle Rechtsmittelfristen an das vollständige Urteil gebunden würden. Sonst wird die Überlegungsfrist dem Gegner zu sehr zusammengedrückt.

Meine grundsätzliche Einstellung zur Frage der Zustellung von Amts wegen ist die: Die prozesstechnischen Dinge müssen durch ein Rechtspflegeorgan erledigt werden, wobei es an sich gleich ist, was das für ein Rechtspflegeorgan ist, wenn nur in den Fällen, in denen der Entschluss, ob jetzt zugestellt werden soll oder nicht, für die materielle Behandlung der Sache von Bedeutung ist, für die Beratung der Parteien durch den Anwalt genügend Raum gegeben wird.

Engelmann: Ich halte die Zustellung von Amts wegen für vollständig verfehlt, und zwar sowohl im Anwaltsprozess, als auch für die Schuldtitel, die zur Zwangsvollstreckung gehen sollen. Der Gläubiger, der einen Schuldtitel nach langem Prozess erwirkt hat, wird, nachdem das Urteil nun endlich heraus ist, vollständig ausgeschaltet, wenn die Zustellung von Amts wegen vorgenommen wird. Die Zustellung muss unbedingt den Parteien überlassen bleiben; denn nur der Gläubiger oder dessen Vertreter oder Anwalt können bestimmen, wann und zu welchem Zweck der Schuldtitel zugestellt werden soll. Wird von Amts wegen zugestellt, so werden dem Gläubiger bzw. seinem Vertreter sämtliche Rechte genommen.

Ich will einmal auf die Schuldtitel verweisen, die zur Zwangsvollstreckung gehen sollen, und zwar habe ich da einen Haftbefehl. Sämtliche Haftbefehle werden von den Abzahlungsgeschäften und von den Anwälten vor der Vollziehung zugestellt, und zwar von einem Gerichtsvollzieher. Das ist etwas anderes, als wenn das Gericht selber zustellt. Der Schuldner geht zum Gerichtsvollzieher und fragt: Was soll ich machen? Es ist Haftbefehl gegen mich erlassen. Antwort des Gerichtsvollziehers: Gehen Sie zum Gläubiger und bezahlen Sie ab! Auf diese Weise kommen wenigstens 60% der Haftbefehle nicht zur Vollstreckung. Würden die Haftbefehle nicht auf diesem Wege zugestellt, so hätten die Gerichtsvollzieher erheblich mehr Arbeit und die Kosten des Gläubigers würden sich dadurch gleichfalls erheblich vermehren.

Dasselbe ist auch bei den Zahlungsbefehlen oder Vollstreckungsbefehlen der Fall. Bei Abzahlungsgeschäften lassen die Berliner Anwälte fast alle Vollstreckungsbefehle vor der Vollstreckung durch einen Gerichtsvollzieher zustellen, und dann einigen sich die Schuldner mit den Gläubigern, so dass diese Schuldtitel alle nicht zur Vollstreckung kommen.

Die Pfändungs- und Überweisungsbeschlüsse von Amts wegen zustellen zu lassen, halte ich für ganz verfehlt. Bei fast allen Pfändungs- und Überweisungsbeschlüssen heißt es schon im Antrag, dass der Antragsteller sie selber zustellen will, und dafür hat er schon seine Gründe. Der Pfändungs- und Überweisungsbeschluss nützt dem Auftraggeber gar nichts, wenn er ihn nicht im gegebenen Moment zustellen kann. So wird er ihn bei einem Lohnempfänger z.B. am Freitag zustellen, wenn dieser seinen Lohn bekommen hat. In vielen anderen Sachen wird er an einem Tage zustellen, an dem irgendeine Forderung fällig ist. Das macht schon der Gerichtsvollzieher aus sich heraus; von Amts wegen wird es aber nie geschehen, sondern wird es immer schematisch erledigt werden. Der Gerichtsvollzieher und der Anwalt haben aber ein Interesse daran, dass die Zustellung auch Erfolg hat. Das Gericht schließt nachmittags auch um vier Uhr, während der Gerichtsvollzieher von vier bis sechs Uhr noch Sprechstunde hat. Um sechs oder sieben Uhr schickt der Anwalt ihm noch einen Pfändungs- und Überweisungsbeschluss oder einen Schuldtitel, und den stellt der Gerichtsvollzieher ganz prompt noch zu. Das würde bei einer Zustellung von Amts wegen wegfallen.

Fischer: Wir fahren beim Gerichtsvollzieheramt mit der Taxe vor. Da steigt der Eilgerichtsvollzieher in den Wagen, und sofort wird die Zustellung vorgenommen.

Engelmann: Der Personalmangel ist auch zu berücksichtigen. Bei allen Gerichten herrscht ein solcher Personalmangel, dass ich es für ganz unmöglich halte, die Zustellungen, die heute der Gerichtsvollzieher bewirkt – jeder Gerichtsvollzieher hat im Jahr 3000 Zustellungen – durch das Gerichtspersonal vornehmen zu lassen.

Ich gehe sogar so weit anzuregen, dass dem Gerichtsvollzieher die Zustellung der Ladungen übertragen wird. In diesem Fall müsste der Gerichtsvollzieher verpflichtet sein, die Ladung persönlich zuzustellen. Auch die Ladungen müssen wir die Zwangsvollstreckungsaufträge den Bezirken zugeteilt werden; denn mit den Postzustellungen machen wir heute geradezu katastrophale Erfahrungen. Die einzige Möglichkeit, die Zustellung richtig zu bewirken, ist heute die, den Gerichtsvollzieher damit zu beauftragen. Die Kostenfrage spielt gar keine Rolle, weil die Gebühren ja der Staat und nicht der Gerichtsvollzieher bekommt.

Furler: Ich möchte von den Herren im Ministerium einmal hören, welche sachlichen Gründe dafür maßgebend waren, im Entwurf vorzuschreiben, dass auch im Landgerichtsprozess die wesentlichen Zustellungen, nämlich der Klage und des Urteils, von Amts wegen erfolgen. Ich habe einen wirklich durchschlagenden sachlichen Grund nicht finden können. Dagegen haben wir doch sachliche Gründe vorgebracht, die dafür sprechen, dass man es bei der geltenden Regelung belässt. Irgendwelche Missstände haben sich offensichtlich nicht ergeben. Ich trete unbedingt dem bei, was Herr Fischer hier gesagt hat. Für uns handelt es sich um eine Berufs- und Ehrenfrage!

Staud: Ich kann eigentlich nur meine persönlichen Empfindungen andeuten, weil ich über diese Fragen mit dem Vorsitzenden noch nicht habe sprechen können. Die heutige Erörterung hatte wohl auch in erster Linie den Zweck, zunächst die Probleme aufzuzeigen, mit deren Vertiefung wir uns in den nächsten Sitzungen beschäftigen müssen.

Herr Schlegel hat schon angedeutet, dass man grundsätzlich die Frage aufwerfen kann, ob man die Zustellungen überhaupt oder wenigstens in weitem Umfange entbehren könne, eine Frage, mit der man sich beschäftigen muss. Dass wir die Zustellungen in ganz erheblichem Umfange entbehren können, möchte ich auch aus eigener richterlicher Praxis feststellen. Es wird viel zu viel zugestellt! Jede Terminsverlegung usw. wird mit dem ungeheuren Apparat der Zustellung den Parteien mitgeteilt, so dass man meinen möchte, die Gerichte kennten überhaupt keine andere Art des Postverkehrs mehr als die Zustellung der Urkunden. Der gesunde Menschenverstand sagt einem schon, dass die Zustellungen auf das unbedingt notwendige Maß zu beschränken sind, also etwa auf die Fälle der Begründung der Rechtshängigkeit durch Zustellung der Klage, der Klageerweiterung und allenfalls auf die Fälle der Ingangsetzung einer Rechtsmittelfrist. Ob man hier an die Stelle der Zustellung eine vereinfachte Form setzen kann, ist eine Frage, die man noch besprechen müsste. Es wird immer etwas übrig bleiben, was sich als eine feierliche und mit erhöhten Sicherungen ausgestattete Form der Übergabe eines Schriftstücks darstellt. Das kann vielleicht dazu führen, dass wir den technischen Vorgang in mancher Hinsicht vereinfachen, aber ich glaube, dass wir für gewisse Akte des Prozesses die Zustellung nicht entbehren können.

Praeter legem haben wir beim Amtsgericht Düsseldorf jahrelang folgendes Experiment durchgeführt. Durch den Amtsgerichtsdirektor haben wir den Geschäftsstellen mitteilen lassen, dass sie in Schiedsurteilssachen außer der Klage nichts mit Zustellungsurkunden herausgehen zu lassen hätten, es sei denn, dass der mit der Sache befasste Prozessrichter ausdrücklich die Zustellung anordnet. Wir ließen also, wenn gegen einen Zahlungsbefehl, der bereits zugestellt war, Widerspruch einging, die Terminsnachricht ohne Zustellungsurkunde herausgehen. In Zehntausenden von Zivilprozessen haben wir das eine ganze Reihe von Jahren hindurch so gemacht, und in keinem Fall hat man gesagt, der Termin gelte nicht, weil nichts zugestellt worden sei. Wenn ein einfacher Mann im amtlichen Briefumschlag einen Brief vom Amtsgericht bekommt, hält er das schon für eine amtliche Zustellung.

Nun zu der Frage des Amtsbetriebs oder des Parteibetriebs! Was da zunächst den konkreten Fall der Klagezustellung betrifft, so geht meine persönliche Auffassung eigentlich dahin, hier die Grundsätze des Amtsgerichtsprozesses auf den Landgerichtsprozess zu übertragen. Ich will nichts darüber sagen, dass die Ersetzung des Parteibetriebs durch den Amtsbetrieb dem Zuge der Entwicklung entspricht; denn damit renne ich offene Türen ein, und außerdem könnte man mir entgegnen, ich arbeite mit Schlagworten. Während meiner Tätigkeit am Landgericht und als Anwalt ist es mehr als einmal vorgekommen, dass alle Parteien zu dem angesetzten Termin gerüstet waren und verhandeln wollten, aber der Beklagte nicht erschien und nun der Anwalt des Klägers feststellte, dass die Klage nicht zugestellt war. Das ist jedenfalls ein praktischer Grund für die Zustellung der Klage im Amtsbetrieb. Für das Gericht ist es ohne Zweifel misslich, im Ungewissen zu sein, ob der Termin technisch so vorbereitet ist, dass im Termin etwas geschehen kann; denn unsere Verfahrensgestaltung hat als Zielsetzung doch, dass in diesem Termin erschöpfend verhandelt werden soll, und deshalb müssen sich der Berichterstatter und der Vorsitzende entsprechend vorbereiten. Mit dem Argument, dass, weil es in Österreich so ist, wir das übernehmen könnten, will ich nicht arbeiten.

Ein Punkt, bei dem ich allerdings verstehe, dass die Anwälte stark interessiert sind, ist die Frage der Urteilszusammenstellung, dass heißt, ob den Anwälten die Disposition über den Lauf der Rechtsmittelfrist, die sie jetzt haben, belassen werden soll. Wenn die Zustellung eines Urteils ohne Entscheidungsgründe durch das Amtsgericht die Rechtsmittelfrist in Gang setzt, liegt darin natürlich ein wesentliches Argument gegen die Amtszustellung, und mein erster Eindruck ist der, dass gewiss die Zustellung der Urteile im Amtsbetrieb voraussetzt, dass die Rechtsmittelfrist nicht eher zu laufen beginnt, als bis die durch das Urteil beschwerte Partei das vollständige Urteil mit Tatbestand und Entscheidungsgründen in der Hand hat; sonst kann es vorkommen, dass die Rechtsmittelfrist abgelaufen ist, ehe die vollständige Urteilsausfertigung da ist. Dass die Ausfertigung eines vollständigen Urteils mit Tatbestand und Gründen drei bis sechs Wochen dauert, sind Ausnahmen. Ich mache aber kein Hehl daraus, dass sich das Tempo der kanzlei- und geschäftsstellenmäßigen Behandlung unserer Rechtssachen dem Tempo unserer Verfahrensbehandlung noch nicht überall in dem wünschenswerten Maße angepasst hat. Bei den großen Gerichten sind Klagen in dieser Beziehung allerdings sehr selten. Ich möchte jedenfalls betonen, dass die Frage, ob die Urteile von Amts wegen zuzustellen sind, nur in engem Zusammenhang mit der Gestaltung der Rechtsmittelfristen behandelt werden kann. Bei den Rechtsmittelfristen werden wir uns wahrscheinlich auch noch mit der Frage beschäftigen müssen, ob diese Fristen zu lang sind. Es könnte auch einmal die Frage auftauchen, ob wir die Rechtsmittelfristen etwas elastischer gestalten müssen, damit die Verlängerungen, die bei der Berufungsbegründung und Revisionsbegründung nachher verlangt werden, in ein früheres Stadium verlegt werden. Alle diese Fragen stehen im gewissen Zusammenhang mit der Frage, ob die Urteile von Amts wegen oder durch die Anwälte zuzustellen sind. Man kann nicht die eine Frage losgelöst von der anderen behandeln. Ich für meine Person stehe auf dem Boden des Entwurfs, abgesehen von den Modifikationen, die sich aus meinen Ausführungen ergeben.

Fischer: Die Frage der Fristen bedarf einer sehr sorgfältigen Untersuchung. Wir haben Fristen, die viel zu lang sind, und wir haben andererseits Fristen, die viel zu kurz sind. Angenommen, meine Partei wohnt in Amerika und es handelt sich um Dinge, die dem Aufsichtsrat vorgelegt werden müssen. Dann muss alles telegrafisch erledigt werden, und das verursacht ungeheure Kosten. Nach meiner Meinung sollte man die Fristen verschieden bemessen, je nachdem, ob die Partei im Gerichtssprengel, im Reich, in Europa oder außerhalb Europas wohnt. Eine solche Unterscheidung erscheint dringend notwendig, und mir ihr wäre schon sehr wesentlich geholfen. Wenn man dann weiter sagen würde, dass die Rechtsmittelfristen mit der Zustellung des vollständigen Urteils beginnen, wäre die Gefahr beseitigt, dass man das vollständige Urteil erst beginnt, wenn man überhaupt nichts mehr damit anfangen kann und für alle Fälle Berufung einlegen muss. (*Furler:* Ich habe mit Befriedigung festgestellt, dass es durchschlagende sachliche Gründe für eine Zustellung von Amts wegen im Landgerichtsprozess nicht gibt!)

Stagel: Ich bedaure zunächst, dass ein Vertreter der österreichischen Anwaltschaft nicht zugegen ist. Unserer Auffassung nach ist die Regelung, die das Zustellwesen in unserem Prozess gefunden hat, dem der deutschen Zivilprozessordnung turmhoch überlegen. Wir empfinden die Regelung der deutschen Zivilprozessordnung als ein trauriges Rudiment aus einer Zeit, die wir längst überwunden zu haben glauben und die der deutsche Zivilprozess in seiner Entwicklung auch mehr und mehr abgestreift hat. Wir sehen darin einen Rückfall in die Zeit des reinen Parteibetriebs, der nach unserem Empfinden längst überwunden sein sollte, und ich kann mir nicht vorstellen, dass man in dem neuen Zivilprozess in einer solchen Frage eine Regelung bringen wird, die für einen immerhin beachtlichen Teil des großdeutschen Reiches nach dem heutigen Empfinden einen Rückschritt bilden würde. Ich kann mich auch nicht mit der Auffassung befreunden, dass die Rechtsanwälte es als eine Ehrenfrage ansehen, wenn ihnen die Zustellung genommen wird. Ich erblicke die Aufgabe des Rechtsanwalts auf einem anderen Gebiet und in einer anderen Weise, als in der Mitwirkung bei diesen technischen Dingen, die unbedingt einzig und allein Sache der staatlichen Behördenorganisation sind. Dass diese Auffassung richtig ist, ist, glaube ich, auch durch die Verhältnisse in Österreich am besten bewiesen; denn unsere Regelung hat sich ausnahmslos bewährt und ist insbesondere von der österreichischen Anwaltschaft als durchaus richtig empfunden worden. Das geht schon daraus hervor, dass unsere Zivilprozessordnung eine Bestimmung enthält, die die Zustellung durch Rechtsanwälte vorsieht, und dass diese Bestimmung eine der wenigen der ganzen Zivilprozessordnung ist, die (mit einer einzigen Ausnahme) niemals angewendet worden ist. Vor ein paar Jahren ist nämlich ein findiger Rechtsanwalt auf den Gedanken gekommen, dass er sich mit Hilfe dieser Bestimmung Gebühren ersparen kann. Im Übrigen aber haben unsere Rechtsanwälte nicht das geringste Verlangen, von dieser im Gesetz eingeräumten Möglichkeit Gebrauch zu machen, und der Amtsbetrieb hat sich immer zur Zufriedenheit aller Beteiligten ausgewirkt. Hinzu kommt allerdings, dass wir die Post beim Zustellungsbetrieb einspannen. In Österreich stellt nicht das Gericht, sondern die Post zu. Ich muss auch sagen, dass die Zustellung Aufgabe der Post ist, und wenn man sich auf diesen Standpunkt stellt, erledigen sich die Bedenken, dass es für den Amtsbetrieb an Personal fehlt. Der Unterschied zwischen dem amtsgerichtlichen und dem landgerichtlichen Verfahren entbehrt doch auch jeder Logik. Wenn man in dieser Frage folgerichtig vorgehen will, kommt nur das in Frage, was Herr Fischer erwähnt hat, dass überall da, wo ein Rechtsanwalt auftritt, dieser zustellt und dass sonst der Amtsbetrieb herrscht. Das wäre die einzige logische Lösung, die einen Sinn hätte; aber den Unterschied zwischen amtsgerichtlichem und landgerichtlichem Verfahren kann ich nicht begreifen.

Was Herr Staud hinsichtlich der Überzahl der Zustellungen gesagt hat, möchte ich vollkommen unterstreichen. Ich habe in Österreich dieselben Erfahrungen gemacht und bin mit Herrn Staud darüber einig, dass die Zustellungen weitestgehend eingeschränkt werden können. Die vollständige Beseitigung würde ich allerdings auch für bedenklich halten. Was die Urteilszustellung anlangt, so erscheint es mir auch selbstverständlich, dass die Rechtsmittelfristen erst von der Zustellung einer vollständigen Ausfertigung des Urteils an zu laufen haben. Die Fristen des Entwurfs empfinden wir natürlich als zu eng. Wir haben ja die ganz kurzen Rechtsmittelfristen, und es ist nie ernstlich gefordert worden, sie zu verlängern. Dagegen kann ich mir vorstellen, dass man für gewisse Fälle eine gewisse Ausdehnung schafft, doch wird man in dieser Beziehung sehr vorsichtig vorgehen müssen.

Schrutka: Ich bin eigentlich über den Widerstand gegen die amtswegige Zustellung sehr erstaunt. Die Zustellung von Amts wegen ist in Österreich altes Recht. Zu der Zeit, als der jetzt geltende Prozess geschaffen wurde, ist meines Wissens aus den Kreisen der Anwälte kein Widerstand gegen die Beibehaltung der Zustellung von Amts wegen gekommen. Die Fülle der Zustellungen scheint im alten Reich größer zu sein als bei uns. Bei uns brauchen Terminsverlegungen, die in der mündlichen Verhandlung verkündet werden, den Parteien nicht zugestellt zu werden. Auch Beschlüsse, die in der Verhandlung verkündet werden und die einem Rechtsmittel nicht zugänglich sind, werden den Parteien nicht zugestellt. Die Durchführung der Zustellung begegnet gar keinen Schwierigkeiten; die Post erweist sich in fast allen Fällen als durchaus verlässlicher Bote des Gerichts. Dass man dagegen eine Zustellung durch die Behändigung ersetzt, scheint mir etwas bedenklich zu sein. Gewiss wird manches erspart, aber ob die Ersparungen wirklich so weit gehen, dass man es in Kauf nehmen soll, dass das ganze weitere Verfahren auf einer recht unverlässlichen Grundlage aufgebaut ist, scheint mir zweifelhaft.

Der Gedanke der Abstufung der Rechtsmittelfristen, den Herr Fischer jetzt auch vorgebracht hat, ist mir eigentlich recht neu, und ich glaube, dass er dem Gedanken einer volkstümlichen Vereinfachung des Prozessrechts nicht recht entsprechen würde. Sehr richtig ist schon der Zusammenhang der Zustellung von Amts wegen mit der Gestaltung der Rechtsmittelfristen hervorgehoben worden. Die ganze Gestaltung der Rechtsmittelfristen ist bei uns viel einfacher. Wir kennen nicht die Zustellung einer kurzen Ausfertigung und die Zustellung einer langen Ausfertigung, sondern erst mit der Zustellung des vollständigen Urteils beginnt die Rechtsmittelfrist, die grundsätzlich 14 Tage dauert. In beiden Punkten haben wir in Österreich die besten Erfahrungen gemacht, und ein österreichischer Rechtsanwalt würde, glaube ich, keinen anderen Standpunkt vertreten als Herr Stagel und ich.

Fischer: Was den Ehrenstandpunkt betrifft, so sind wir vollkommen einig. Ich finde nur, dass sich in dieser Behandlung der Frage eine gewisse Einstellung gegen die Aufgabe und das Wirken der Anwälte verrät, gegen die ich Front mache, weil sie der Aufgabe und der Stellung der Anwälte nicht gerecht wird. Darauf allein versteife ich mich nicht. Ich versteife mich auf die praktischen Erfahrungen der deutschen Anwaltschaft, und dass ich legitimiert bin, zu dieser Frage zu sprechen, geht daraus hervor, dass ich seit 1921 im Vorstand des Hamburger Anwaltvereins und etwa zehn Jahre im Vorstand des Deutschen Anwaltvereins gewesen bin. Die deutsche Anwaltschaft vertritt keine andere Auffassung, als ich sie vertreten habe. Nicht vom Ehrenstandpunkt aus, sondern aus unserem Verantwortungsgefühl heraus sagen wir, dass die Frage, ob die Frist in Lauf gesetzt werden soll, eine der wichtigsten Entscheidungen des Prozessverlaufs ist und dass der Anwalt diese Entscheidung nur treffen kann, wenn er die Zeit dazu hat. Der Anwalt darf nicht gezwungen sein, wegen einer laufenden Frist eine Entscheidung zu treffen und einen Prozess fortzusetzen und damit weitere Kosten zu verursachen, wenn er die Möglichkeit sieht, die Angelegenheit ohne weitere Mitwirkung des Gerichts aus der Welt zu schaffen.

Stagel macht demgegenüber auf die in solchen Fällen bestehende Möglichkeit der Vertagung aufmerksam.

Lent sieht für die Zustellung der Klage keine Schwierigkeiten und hält es keineswegs für geboten, von dem an sich sonst gesunden Prinzip der Amtszustellung Abstand zu nehmen. Bei der Zustellung des Urteils dagegen müsse er anerkennen, dass es durchaus zweckmäßig sei, wenn man die Möglichkeit schaffe, innerhalb einer verhältnismäßig kurzen Frist noch Überlegungen anzustellen.

Demgegenüber betont *Stagel,* dass man hier mit der Möglichkeit einer Fristverlängerung helfen könne. Im Übrigen könne man sich überlegen, ob man das österreichische System, das die Trennung zwischen der Einlegung des Rechtsmittels und der Begründung nicht kenne, einführen solle.

Lent stellt darauf das allgemeine Einverständnis dahin fest, dass, von der Vertretung durch Anwälte abgesehen, die Amtszustellung erfolgen soll. Fraglich sei nur die Zustellung im Falle der Vertretung durch Anwälte, und zwar insbesondere der Urteile. Einigkeit bestehe ferner darüber, dass die Zahl der Zustellungen innerhalb des Prozesses verringert werden müsse. Für die Klageerhebung dagegen glaube er, dass die Zustellung trotz des Apparates, der für sie notwendig sei, erforderlich sei, schon im Hinblick auf das Versäumnisverfahren, für das eine Zustellungsurkunde vorhanden sein müsse.

Staud macht darauf aufmerksam, dass eine Zustellung im Prozess, und zwar zu Beginn des Prozesses, Gewähr dafür biete, dass gegen eine tatsächlich nicht existierende Person nicht prozessiert werde. Auf die Zustellung zur Ladung beim neuen Termin könne man ohne Bedenken vollkommen verzichten.

Schlegel macht auf die Geschäftsordnung für die österreichischen Gerichte und die Bestimmungen über die Ausführung der Zustellung aufmerksam und äußert sich dahin, dass das Zustellungswesen in Österreich tatsächlich turmhoch über dem deutschen Zustellungswesen stehe. Die österreichischen Vorschriften seien es wert, im Ministerium des Näheren überprüft zu werden.

Staud gibt zu, dass die Zustellungsvorschriften des Entwurfs auch nach allgemeiner Meinung im Ministerium noch erheblich umgeändert werden müssten. Vielleicht könnte man es dem Richter überlassen, die formelle Zustellung anzuordnen, sobald er es im Einzelfall für geboten halte. Die Mitteilungen der Finanzämter würden schließlich auch nicht eingeschrieben übersandt. Die Gefahr liege allerdings darin, dass sich die Leute auf den Standpunkt stellen können, sie hätten keine Mitteilung bekommen.

Fischer regt an, für den Anwaltsprozess vorzuschreiben, dass dann, wenn sich auf der Gegenseite ein Anwalt melde, formelle Zustellungen nicht mehr nötig seien.

Schrutka erwägt, die Zustellung des Urteils von Amts wegen ohne weiteres eintreten zu lassen, für den landgerichtlichen Prozess aber vorzusehen, dass beide Anwälte einen gegenteiligen Antrag stellen könnten und dann die Zustellung erst auf den Antrag des Anwalts hin erfolgen dürfe.

Staud hält das für eine Durchbrechung des Prinzips und eine weitere Komplikation.

Lent teilt mit, dass er diese Frage auf die Tagesordnung der zweiten Sitzung des Unterausschusses setzen und zu dieser Sitzung auch die Herren Rechtspfleger und Gerichtsvollzieher zuziehen werde.

Die übrigen Gegenstände werden mit Rücksicht auf den zu großen Umfang von der Tagesordnung abgesetzt.

(Schluss der Sitzung 18 Uhr)

V. Bericht über die Tagung des Ausschusses für bürgerliche Rechtspflege vom 14.-17.1.1939 in Düsseldorf

1. Bericht [für den fehlenden Teil die Protokollfassung] über die Sitzung vom 14.1.1939 (Zustellung)

Gegenwärtig:

Vorsitzender: Ministerialdirektor *Dr. Volkmar,* Berlin
Ausschussmitglieder:
Reichsgerichtsrat *Altstötter,* Leipzig
Obergerichtsvollzieher *Engelmann,* Berlin
Rechtsanwalt *Dr. Furler,* Mannheim
Senatspräsident beim Reichsgericht *Dr. Jonas,* Leipzig
Prof. Dr. Lent, Erlangen
Rat am Obersten Gerichtshof *Dr. Schrutka,* Wien
Amtsgerichtspräsident i.R. *Dr. Singer,* München
Ministerialrat *Dr. Stagel,* Wien
Ministerialrat *Staud,* Berlin
Als ständiger Gast:
Bezirksrevisor *Schlegel,* Berlin
Für das Reichsjustizministerium:
Oberlandesgerichtsrat *Fechner,* Berlin
Landgerichtsdirektor *Dr. Pohle,* Berlin
Gerichtsassessor *Dr. Merten,* Berlin

Vorsitzender Dr. Volkmar eröffnet um 10 Uhr die Sitzung. Er begrüßt die erschienenen Herren und gibt seinem Bedauern darüber Ausdruck, dass die Herren Bruhn, Fischer, Pagenstecher, Schmidt, Schultze und Schwartz teils aus beruflichen Gründen, teils aus Gesundheitsrücksichten an der Teilnahme verhindert wären. Er schlägt vor, entsprechend der Tagesordnung zunächst den *Prozessbetrieb* zu behandeln und in diesem Zusammenhang nochmals das *Zustellungswesen* einer Beratung zu unterziehen; er dankt Herrn Schlegel für die hierzu verfertigte Denkschrift [nicht auffindbar] und erteilt ihm zu dieser Frage das Wort.

Schlegel: Einzelheiten habe er in seiner Aufzeichnung niedergelegt; es käme ihm jetzt darauf an, das Grundsätzliche herauszustellen.

Er müsse nochmals die unverkennbaren Vorzüge des österreichischen Zustellungswesens betonen, die zu einer Übernahme der österreichischen Grundsätze in das neue Recht berechtigten.

a) Das österreichische Recht kenne – von wenigen für die Praxis bedeutungslosen Ausnahmen abgesehen – nur die Zustellung von Amts wegen. Da es in jedem Prozess zwei wesentliche Zustellungen gebe, die der Klage und des Urteils, müsse man hierbei zum *Amtsbetrieb* kommen. Für die Klagezustellung sei dies auch bei uns bereits im amtsgerichtlichen Prozess eingeführt; hier habe sich die Maßnahme bewährt und es sei nicht einzusehen, warum für den landgerichtlichen Prozess etwas anderes gelten solle.

In Österreich habe sich die Zustellung von Amts wegen schon seit Jahrzehnten bewährt. Auch seitens der Anwaltschaft seien in Österreich hiergegen keine Bedenken geltend gemacht worden. Seitens der deutschen Anwälte seien allerdings auf der Wiesbadener Tagung Einwendungen erhoben worden; angeblich liege eine Ausschaltung von der technischen Behandlung des

Prozesses nicht im Interesse der Anwaltschaft. Diesen Einwand habe er in den 43 Jahren, die er im Justizdienst stehe, zum ersten Mal gehört. Was die *Klagezustellung* angehe, so könne es s.E. nicht im Belieben des Anwalts gelassen werden, ob er eine dem Gericht bereits eingereichte Klage auch zustellen oder nur als letztes Druckmittel gegenüber dem Schuldner benutzen wolle. Es sei ein Missstand, wenn das Landgericht bis zum Termin nicht wisse, ob die Klagezustellung auch tatsächlich erfolgte. Auch um hier Abhilfe zu schaffen, sei die Klagezustellung von Amts wegen zu empfehlen. Bei der *Urteilszustellung* sollten sich angeblich Schwierigkeiten aus der Amtszustellung hinsichtlich des Beginns der Rechtsmittelfristen ergeben. Hier könne man ebenfalls auf das österreichische Recht verweisen, in dem derartige Verwicklungen nicht entstanden wären, obwohl die Berufungsfrist sogar nur 14 Tage betrage.

b) Ein weiterer Vorzug des österreichischen Zustellungswesens bestehe darin, dass die Zustellungen fast ausnahmslos *durch die Post* erfolgten. Eine Zustellung durch einen Gerichts- oder Gemeindebeamten kenne das österreichische Recht nur in fünf Fällen, nämlich

1. wenn für den Ort, an dem zugestellt werden solle, kein Postzustelldienst eingerichtet sei,
2. wenn bei Zustellung durch die Post eine rechtzeitige Zustellung oder rechtzeitiges Vorliegen des Zustellungsnachweises bei Gericht nicht mehr zu erreichen sei,
3. wenn der Zustellungsempfänger oder seine genaue Anschrift erst von dem Zustellenden ermittelt werden müssten,
4. wenn die Zustellung zu einer Zeit erfolgen solle, zu der Postbestellungen nicht vorgenommen werden,
5. wenn es sich um Zustellungen bei Exekutionshandlungen, Durchsuchungen, Vorführungen oder Verhaftungen handle,

Von der schließlich in Österreich noch zulässigen Zustellung von Anwalt zu Anwalt werde praktisch kein Gebrauch gemacht.

Diesen Vorrang der Post müsse man auch im großdeutschen Zustellungsrecht einführen. Jedenfalls gehe es nicht an, statt dessen etwa eine neue Möglichkeit der Zustellung durch den Gerichtsvollzieher zu schaffen, wie gelegentlich vorgeschlagen worden sei.

Zur Frage, in welchen Punkten das Zustellungswesen allgemein *vereinfacht* werden könnte, könne auf die Regelung im *Besteuerungsverfahren* durch die VO vom 11. Dez. 1932 (RGBl. I S. 544) zurückgegriffen werden. Hier erfolge die Zustellung grundsätzlich nur durch die Post durch Übersendung einfacher Briefe; nur in Ausnahmefällen seien eingeschriebene Briefe vorgesehen. Nach den Erfahrungen der Steuerverwaltung habe sich diese Einrichtung auch durchaus bewährt. S.E. könne man das gerichtliche Zustellungsverfahren dieser Handhabung in der Steuerverwaltung bedenkenfrei angleichen.

Die in seiner Denkschrift gemachten Einzelvorschläge möchte er noch hinsichtlich der *öffentlichen Zustellung* ergänzen. Der Entwurf sehe hier bei Ladungen neben dem Anschlag an die Gerichtstafel die einmalige Veröffentlichung im Reichsanzeiger vor. Diese Veröffentlichung könne man auch vielleicht noch streichen, da sie doch nur symbolischen Charakter besitze. In Österreich kenne man eine Zeitungsveröffentlichung neben dem Anschlag an die Gerichtstafel auch dann nicht, wenn mit dem zuzustellenden Schriftstück eine Ladung verbunden sei. Dies könne wohl auch in das großdeutsche Zustellungsrecht übernommen werden.

Vorsitzender dankt Herrn Schlegel für seine klaren und ausführlichen Darlegungen. Zu diskutieren sei darüber, ob man die *Zustellung von Amts wegen* erweitern solle quantitativ durch Erstreckung auch auf das Verfahren vor den Landgerichten und Oberlandesgerichten, auch qualitativ durch Einbeziehung der Urteile. Damit zusammen hänge die weitere Frage, wie sich die Zustellung der Urteile von Amts wegen auf die *Vollstreckung* auswirke. Das Problem hierbei sei, ob die Zustellung von Amts wegen eine Verschlechterung für den Gläubiger bedeute, der nach geltendem Recht – bei Vollstreckung durch den Gerichtsvollzieher – Zustellung und Vollstreckung vereinigen könne. Bleibe man dabei, dass Vollstreckungsgrundlage die Zustellung des Vollstreckungstitels sei, so müsse künftig erst die Zustellung von Amts wegen abgewartet werden; erst dann könne man dem Gerichtsvollzieher den Vollstreckungsauftrag erteilen. Das wiederum hänge mit der Frage zusammen, wie man die *Urteilszustellung* wirksam vorzunehmen habe. Entweder könne man die Zustellung des abgekürzten Urteils genügen lassen, um die Berufungsfrist in Lauf zu setzen, oder man verlange Zustellung des mit Gründen versehenen Urteils. Daraus entstände die Frage, wie man die *Berufungs- und Berufungsbegründungsfrist* bemessen solle. Gewiss könne man, um hier zu Fristverkürzungen zu kommen, festsetzen, dass nur durch ein vollständiges Urteil die Berufungsfrist in Lauf gesetzt würde. Das bedeute dann aber unter Umständen für die Verhältnisse des Altreichs einen Rückschritt, da das abgekürzte Urteil gerade die Urteilsvollstreckung in einem besonders frühen Stadium ermögliche. Eine Lösung dieser Schwierigkeiten könnte in einer Änderung der Vollstreckungsvorschriften gefunden werden, wonach zur Vollstreckung die vorhergehende formelle Urteilszustellung nicht erforderlich sei. Man könne stattdessen die *Übergabe einer Ausfertigung des abgekürzten Urteils* als Vollstreckungsvoraussetzung genügen lassen. Eine Klärung sei erforderlich, da bei der Urteilszustellung von Amts wegen die Zustellung des *vollständigen* Urteils geboten sei.

Hinzuweisen sei hier auf die Vorschrift des *§ 798 ZPO.* Diese Gesetzesbestimmung habe hinsichtlich der vollstreckbaren Urkunde ihren guten Sinn. Habe ein Schuldner sich in notarieller Urkunde der sofortigen Zwangsvollstreckung unterworfen, so könne der Gläubiger – der jederzeit eine vollstreckbare Ausfertigung vom Notar erhalte – durch Vollstreckung zu ungelegener Zeit seinen Schuldner in größte Schwierigkeiten bringen. § 798 ZPO schütze hier den Schuldner nicht vollkommen. Diese Vorschrift sei auch dann erfüllt, wenn der Gläubiger sich heute eine notarielle Urkunde ausstellen lasse, um sie morgen dem Schuldner zuzustellen, dann aber die Vollstreckung erst nach langer Zeit vornehmen lasse, ohne dass der Schuldner im Geringsten darauf vorbereitet sei. In den Fällen des § 798 ZPO könne man vielleicht damit helfen, dass man sage: *Eine Vollstreckungshandlung könne nur vorgenommen werden, wenn eine Woche vorher von der beabsichtigten Vollstreckungshandlung unter nochmaliger Zahlungsaufforderung dem Schuldner Kenntnis gegeben worden sei.* Bei einer vollständigen Lösung des Problems dürfe man diese Frage nicht unerörtert lassen.

Ein zweiter Fragenkomplex sei, ob man die Fälle der *formellen Zustellung* (die Fälle, in denen eine Zustellungsurkunde aufgenommen werde, eingeschlossen) noch wesentlich mehr als bisher beschränken könne. Endlich sei die Frage, ob und wie man den *Zustellungsvorgang* in den Fällen formeller Zustellung weiter vereinfachen könne, ob man schließlich über die Vorschläge des Entwurfs von 1931 hinaus noch brauchbare weitere Vereinfachungen vorschlagen könne.

Jonas: Dass man im Zustellungswesen zu einer einschneidenden Auflockerung und Vereinfachung kommen müsse, sei nicht zu verkennen. Man dürfe wohl soweit gehen zu fordern, dass man die Zustellungsfragen aus der ZPO ganz herausnehmen solle.

Bei der Frage: *Partei- oder Amtsbetrieb?* bestehe Klarheit darüber, dass die Richtung zum *Amtsbetrieb* gehe. Er sei im amtsgerichtlichen Verfahren bereits vorhanden, aber auch im landgerichtlichen Prozess sei der Parteibetrieb bereits weitgehend eingeschränkt wie z.B. bei der Einreichung von Berufungsbegründungen, Terminanberaumungen zum Zwecke einer Beweisaufnahme u.a.m. Ebenso gut könne auch für die Ladungen im landgerichtlichen Verfahren der Amtsbetrieb eingeführt werden. Man müsse mit der liberalen Auffassung brechen, als ob die Parteien den Gegner vor einen ihnen zur Verfügung stehenden Richter laden könnten.

Zweck der Zustellung sei zunächst die beglaubigte Feststellung der Identität des zu übergebenden Schriftstücks gewesen, dann eine Festlegung des Übergabevorgangs nach Person und Zeitpunkt, woran sich die Beurkundung dieses Vorganges angeschlossen habe. Das alles könne man heute, wo man den Schreibmaschinendurchschlag besitze, beseitigen. Heute genüge es, zu bestimmen: *Mitteilungen des Gerichts sind entweder durch den Wachtmeister zu übergeben oder nach den geltenden postalischen Bestimmungen durch die Post* – und zwar ohne Zustellungsurkunde – *zu übersenden.* So hielten es auch die Verwaltungen, ohne dass Schwierigkeiten entständen. Als Konsequenz könne man allerdings die *Wiedereinsetzungsvorschriften* etwas lockerer gestalten.

Die beiden schwierigeren Fragen seien die nach der Zustellung als Beginn der Zwangsvollstreckung und als Beginn der Rechtsmittelfrist.

Bei der *Zwangsvollstreckung* suche man vergeblich nach einer inneren Rechtfertigung des Satzes, dass vor Vollstreckungsbeginn der Titel zuzustellen sei. Das verkündete Urteil sei beiden Parteien bekannt. Die Ausnahmefälle, wo dies nicht der Fall sei, könne man mithilfe der Wiedereinsetzung lösen. Man müsse auch bedenken, dass die gepfändeten Gegenstände niemals alsbald versteigert würden. Es müsse demnach vollkommen genügen, wenn der Gerichtsvollzieher zur Legitimation *die vollstreckbare Urteilsausfertigung vorlege.* Das sei unter Umständen wirkungsvoller als eine Zustellung gemäß § 176 ZPO. Zutreffend sei der Hinweis des Herrn Vorsitzenden auf § 798 ZPO. Hier könne man vielleicht dem Vollstreckungsorgan eine *formularmäßige Vollstreckungsankündigung* zur Pflicht machen, in der es etwa heißt: „Dieser Beschluss wird erst mit Ablauf einer Woche wirksam“. Das seien aber technische Einzelheiten, die man verschieden lösen könne.

Das Hauptproblem der Zustellungsfragen sei der *Beginn der Rechtsmittelfristen.* Vorfrage hierbei sei, ob man den Parteien die Disposition über den Lauf der Rechtsmittelfrist belassen solle. S.E. sei diese Frage zu verneinen. Die Frist müsse *vom Gericht bestimmt* und *auch in Lauf gesetzt werden.* Technisch könne das so vor sich gehen, dass die Geschäftsstelle eine kurze formlose Mitteilung über die ergangene Entscheidung den Parteien zugehen lasse, in der formularmäßig gesagt sei: Die Rechtsmittelfrist endet an dem und dem Tage. Damit seien auch die Schwierigkeiten beseitigt, die gelegentlich heute bei der Zustellung von Anwalt zu Anwalt daraus entständen, dass man nicht genau feststellen könne, an welchem Tage zugestellt sei; es komme vor, dass dem Anwalt eine Sache am 15. eines Monats zugehe, während erst am 18. dieses Monats die Zustellungsurkunde unterschreibe. Das könne künftig bei gerichtlicher Bestimmung nicht mehr geschehen.

Bezüglich der Rechtsmittelfrist sei der heutige Zustand, nach dem die Parteien ihren Beginn um Wochen und Monate gelegentlich hinausschieben, völlig unerwünscht. Zweckmäßig sei die *Einführung einer kurzen Rechtsmittelfrist;* statt des jetzt zur Verfügung stehenden Monats genügten zwei Wochen. Nur bei der *Begründungsfrist* könne man dem oberen Gericht freie Hand lassen. Der Einwand, dass die kurzen Rechtsmittelfristen die Parteien zu vorsorglicher Rechtsmitteleinlegung zwängen, hängt mit der Frage der *Simultanzulassung der Anwälte* zusammen. Bejahe man diese, so könne der mit der Sache bereits befasste Anwalt auch schnellstens entscheiden, ob eine weitere Rechtsverfolgung aussichtsreich sei.

Bekenne man sich zu den hier vorgeschlagenen Änderungen des geltenden Rechts, dann genüge in der ZPO eine Bestimmung des oben genannten kurzen Inhalts. Wie sich der zustellende Wachtmeister im Einzelfall zu verhalten habe, könne *Verwaltungsanordnungen* überlassen werden. Gleiches gelte von der Regelung sonstiger technischer Einzelheiten.

Vorsitzender: Bei der Zustellung für Ingangsetzung der Rechtsmittelfrist gehe die Anregung des Herren Präsidenten Jonas – die man wohl als die radikalste überhaupt mögliche Lösung anzusehen habe – doch etwas zu weit. Es gehe wohl nur schwer an, den Urkundsbeamten zum Herrn über den Lauf der Rechtsmittelfrist zu machen. Außerdem müsse man bedenken, dass bei einem derartigen Verfahren die Partei noch nichts über die Urteilsgründe wisse. Man verlege auf diese Weise das *Schwergewicht in die Begründungsfrist.* Das sei kaum eine glückliche Lösung. Bei der Begründungsfrist sei bedauerlicherweise die Verlängerung schon die Regel geworden. Nach den jetzigen Vorschlägen müsse man aber in noch stärkerem Umfange mit Verlängerungen der Begründungsfrist rechnen. Da der sorgfältig arbeitende Richter seine Urteile immer rechtzeitig fertig stellen werde, erscheine es besser, den Beginn der Rechtsmittelfrist an die Zustellung des vollständigen Urteils zu knüpfen. Die hierbei bestehenden Kanzleischwierigkeiten müssten beseitigt werden.

Jonas: Eine lange Begründungsfrist sei bestimmt nicht zu begrüßen. Man müsse sich aber damit abfinden, weil man die Zeit, in der das Urteil noch nicht vorliege, nicht zulasten der Partei laufen lassen könne. Auch müsse man der Partei eine gewisse Überlegungsfrist lassen.

Schlegel: Ergänzend zu seinen bisherigen Ausführungen möchte er für das *Besteuerungsverfahren* noch bemerken, dass neben der VO vom 11. Dez. 1932 zu berücksichtigen seien die §§ 58, 88 und 89 der Reichsabgabenordnung. Er könne nur nochmals auf die Klarheit und Einfachheit der hier geschaffenen Regelung hinweisen.

Altstötter: Das Ideal wäre, die Formvorschriften und sonstigen Fesseln des heutigen Zustellungsrechtes möglichst weitgehend abzustreifen. Diese starren Formen seien längst überholt. Daraus ergebe sich für gewisse Fragen von selbst die Lösung. So sei die *Richtung auf den Amtsbetrieb hin* unverkennbar. Man könne nicht zugeben, dass hierbei Prestigefragen des Anwalts mitspielten. Es sei im Gegenteil zu begrüßen, wenn die anwaltliche Entschlussfreudigkeit durch die gerichtliche Nachhilfe etwas gestärkt werde. Habe man dem Richter neuerdings immer mehr zur Pflicht gemacht, die *Prozessleitung* in die Hand zu nehmen, so müsse man dem Gericht auch die Ingangsetzung des Prozesses überlassen. Unter diesem Gesichtspunkt müsse man auch den *Amtsbetrieb bei der Klagezustellung* durchführen. Grundsätzlich werde eine – formlose – Mitteilung auch in diesen Fällen genügen. Zweifelhaft könne nur sein, ob hierauf auch ein *Versäumnisurteil* gestützt werden dürfe. Aus dieser Erwägung werde man wohl dahin kommen, für den Anfang des Verfahrens jedenfalls einen *formellen Nachweis* zu verlangen dafür, dass der Betroffene von der Sache überhaupt erfahren hat. Die technische Gestaltung sei eine Frage für sich. Auch bei der *Zwangsvollstreckung* werde man wohl die förmliche Zustellung nicht ganz missen können. Man denke beispielsweise an die Zustellung von *Pfändungsbeschlüssen* bei Forderungspfändungen.

Bei der *Urteilszustellung* sei der Amtsbetrieb wohl auch selbstverständlich. Nur werde hier eine formlose Mitteilung in jedem Falle ausreichen. Das müsse auch für den *Beginn der Zwangsvollstreckung* gelten. Habe man schon einmal den Schuldnerschutz weit ausgebaut, so sei es ein vernünftiges Äquivalent, dem Gläubiger die Einleitung der Zwangsvollstreckung zu erleichtern. Die bloße Legitimation des Gerichtsvollziehers werde ausreichen müssen. Der Sonderfall des § 798 ZPO könne besonders geregelt werden.

In der Frage des *Beginns der Rechtsmittelfrist* ständen sich zwei Auffassungen gegenüber: einmal verlange man für den Beginn der Rechtsmittelfrist Zustellung eines mit Gründen versehenen Urteils, kenne dann aber nur eine einzige Frist für Einlegung und Begründung. Auf der anderen Seite wolle man die Teilung in zwei Fristen im Anschluss an die Zustellung eines abgekürzten Urteils durchführen, durch Sondervorschriften aber eine übermäßige Verlängerung des Rechtsmittelzuges vermeiden. Die Grundfrage hierbei sei, ob man den Beweglichkeitsfaktor, den der Richter mit der *Verlängerungsmöglichkeit* für die Fristen in der Hand habe, entbehren könne. Diese Frage sei s.E. zu verneinen. Dies gelte jedenfalls solange, als noch keine Simultanzulassung der Anwälte vorhanden sei. Eine übermäßige Verlängerung der Fristen könne der Vorsitzende des Gerichts jederzeit unterbinden. Um eine Abkürzung des ganzen Rechtsmittelverfahrens zu erreichen, könne man auch an eine *möglichst kurze Einlegungsfrist* denken, außerdem den Beginn dieser Frist unter Umständen sogar an die Verkündung des Urteils knüpfen. Nur müsste es sich in jedem Falle wohl um eine gesetzlich bestimmte Frist handeln. Der Urkundsbeamte hätte dann auf dem von ihm zu fertigenden Vordruck nur noch zu vermerken, wann das Urteil verkündet worden sei oder das vollständige Urteil bei Gericht abginge. Dadurch seien Fehler in der Person des Urkundsbeamten weitgehend ausgeschlossen. Das *Ergebnis* wäre mithin: Beibehaltung zweier Fristen unter erheblicher Verkürzung der Frist. Möglichst früher Beginn der ersten Frist, Zulässigkeit ihrer Verlängerung, mithin auch Fortfall einer förmlichen Zustellung.

Engelmann: Man müsse *drei Arten von Zustellungen* unterscheiden:

1. Zustellungen während des Prozesses,
2. Zustellungen nach Erwerb eines Schuldtitels durch den Gläubiger und
3. Zustellungen zwecks Herbeiführung des Beginns einer Rechtsmittelfrist.

Zu 1. könne man unbedenklich die *Zustellung von Amts wegen* – unter Benutzung eines eingeschriebenen Briefes – anerkennen.

Anderer Ansicht müsse man zu 2. sein. Hier kämen immer mehr Gläubiger dazu, den Schuldtitel *durch einen Gerichtsvollzieher persönlich* zustellen zu lassen. Das übe meist einen starken Druck auf den Schuldner aus und führe in sehr vielen Fällen zu baldiger Befriedigung des Gläubigers. Das werde man mit einer Zustellung im Amtsbetrieb niemals erreichen.

Zu 3. könne man den Ausführungen des Herrn Präsidenten Jonas und des Herrn Reichsgerichtsrats Altstötter ohne weiteres beipflichten.

Staud: Den *Grundgedanken* der Vorschläge des Herrn Präsidenten Jonas könne er sich ganz anschließen. Nur in der *Ausführung* dieser Ideen werde man zu einigen Änderungen gelangen müssen. Die *Zustellungsbestimmungen* werde man als Teil der ZPO entbehren und die Bestimmungen über die formale Ausführung des Zustellungsakts in die *verwaltungs- und postalischen Vorschriften* verlegen können. Wichtig wäre es wohl hierbei, eine *besondere Art des Einschreibens gegen Rückschein* zu schaffen, bei der die Einschreibesendung auch dann bestellt würde, wenn der Empfänger nicht angetroffen werde. Damit seien die Fälle der *Ersatzzustellung* durch entsprechende postalische Maßnahmen ersetzt. In der ZPO hätte man alsdann nur noch zu bestimmen: *Der Verkehr zwischen dem Gericht und den Parteien vollzieht sich formlos durch die Post.*

[*Ab hier die vollständige Protokollfassung.*] Die Zustellung – und dabei stelle ich mir als Zustellung diesen noch im Einzelnen zu gestaltenden postalischen Akt des Einschreibens gegen Rückschein mit Möglichkeit auch der Ersatzzustellung vor – ist nur noch in wenigen Fällen nötig. Diese Fälle im Einzelnen zu entwickeln, geht zu weit. Ich möchte da vielleicht in einem gewissen Gegensatz zu Herrn Jonas diese Zustellung nicht für völlig entbehrlich halten und meinen, dass man in zwei Gruppen von Fällen diese Zustellung der neuen Art noch nötig hat, nämlich:

1. in jenen Fällen, in denen es sich um die Begründung der Rechtshängigkeit handelt, und
2. in denjenigen Fällen, in denen es sich um die Ingangsetzung einer Notfrist handelt.

Zur ersten Gruppe der Fälle sagte Herr Altstötter, ihm graue davor, dass das Versäumnisurteil ergehen könnte, wenn nicht förmlich zugestellt sei. Ich war aber beruhigt, als er nachher sagte, es genüge ihm aber, wenn der Beklagte mindestens einmal zu Beginn des Verfahrens mit einer solchen Zustellung beglückt worden sei; von diesem Zeitpunkt an habe er allen Anlass, seine Posteingänge auf etwaige Anschriften des Gerichts hin durchzusehen. Es ist vielleicht doch gut, wenn die erste Zustellung, die die Rechtshängigkeit begründet, erhalten bleibt, damit das Gericht sieht, dass der Beklagte unter der vom Kläger angegebenen Adresse zu erreichen ist. Wenn es formlos geht, sollte man meinen, wenn es nicht zugestellt wird, kommt es zurück. Aber es kann doch auch nachgesandt werden, ohne dass das Gericht von der Änderung der Adresse etwas erfährt. Da ist es wohl besser, wir haben eine Art Einschreiben mit Rückschein. Also diese Zustellung der künftigen Art würde für die erste Instanz genügen. Damit ist der Beklagte in einer gewissen formellen Weise von dem Prozess benachrichtigt und hat von nun an allen Anlass, seine Post durchzusehen, während das Gericht seinerseits weiß, dass er unter dieser Adresse zu finden ist.

Die zweite Gruppe umfasst jene Fälle, in denen es sich um das Ingangsetzen einer Notfrist handelt. Bleiben wir gleich bei dem Fall des Ingangsetzens der Rechtsmittelfrist. Rein theoretisch könnte man sagen: Dazu brauche ich gar nichts, denn die Urteile werden im Termin verkündet, und zu diesem Termin sind die Parteien geladen. Es ist also genau wie im Strafprozess: Wenn in einem ordnungsmäßig geladenen Termin die Entscheidung verkündet wird, läuft die Rechtsmittelfrist von der Verkündung ab. Aber für den Zivilprozess halte ich das doch für unmöglich; denn die Urteilsverkündung im Zivilprozess ist etwas anderes als die im Strafprozess. Die Verkündungstermine liegen sehr häufig zeitlich getrennt vom letzten Verhandlungstermin; und dann kommt die Zeit hinzu, die für die Begründung benötigt wird. Im Strafprozess dagegen wird die Begründung gleich mündlich vorgetragen und erleichtert schon dadurch die Entschließung über die Einlegung eines Rechtsmittels. Im Zivilprozess ist das anders. Die mündlichen Begründungen werden im Allgemeinen nicht gar zuviel wert sein. (*Vorsitzender:* Zur Zeit!) – Ob es in absehbarer Zeit wesentlich besser werden wird, vermag ich nicht zu beurteilen. Ich meine also, man könnte diese zweite Gruppe von Zustellungsfällen – wobei ich mir die Zustellung immer in der vereinfachten neuen Art vorstelle – vielleicht doch belassen.

Im Zusammenhange damit ist nun die dritte Frage berührt worden: Wie ist es mit den Rechtsmittelfristen? Wann soll ihr Lauf beginnen? Über diese Frage wird man sich auch im Zusammenhange mit der Frage des Prozessbetriebes im Besonderen schlüssig werden müssen. Die anderen Fragen der Begründungsfrist usw. möchte ich heute nicht berühren; denn ich meine, dass sie mit dem auf der Tagesordnung stehenden Gegenstand nichts zu tun haben und besser bei der Gestaltung des Rechtsmittelverfahrens erörtert werden.

Die Rechtsmittelfrist sollte man erst mit der Zustellung des vollständigen Urteils beginnen lassen. Nun sagt man, es dauere zu lange, bis das vollständige Urteil zugestellt sei. Aber das sind Mängel, die sich beheben lassen. Ich würde mich wundern, wenn man damit nicht fertig würde, wenn es sich nicht sollte erreichen lassen, dass die kanzleimäßige Herstellung der Abschriften in derselben Zeit durchgeführt wird, in der derartige Abschriften in jedem geschäftlichen Betrieb hergestellt werden. Meiner rein persönlichen Ansicht nach liegt dieser ganze Mangel des Kanzleibetriebes in der Justiz daran, dass wir das bürokratische Kanzleisystem haben, die Zentralisierung der Kanzlei, und nicht das, was alle anderen Betriebe haben, nämlich die Aufteilung des gesamten Kanzlei-, Schreib- und Registraturpersonals auf die Richter, Referenten usw., wo jedes Referat und Dezernat seinen eigenen Bürobetrieb hat. Aber das sind Dinge, die in diesem Rahmen nicht zu erörtern sind, aber vielleicht eine der vielen Lösungsmöglichkeiten, die sich zu dem Problem der Kanzleiverzögerung aufdrängen.

Die Rechtsmittelfrist sollte also erst mit der Zustellung des vollständigen Urteils beginnen. Das ist die Voraussetzung. (*Jonas:* Meinen Sie die Zustellung des Urteils oder das Vorliegen eines vollständigen Urteils? Halten Sie es für notwendig, dass die Rechtsmittelfrist erst durch die Übergabe dieser 275 Seiten in Lauf gesetzt wird?) – Ich halte Urteile von 275 Seiten für eine Katastrophe. Ich bin auch überzeugt, dass sie verhältnismäßig selten sein werden. Aber wenn sie nun einmal gemacht werden, dann handelt es sich offenbar um einen Prozess von einer solchen Bedeutung und um Fragen von solcher Schwierigkeit, dass man eine gewisse Verzögerung in Kauf nehmen muss. (*Jonas:* Auch wenn jeder Anwalt schon eine Ausfertigung erhalten hat?) – Auch dann! Ich bin nämlich der Auffassung, dass diese Frage technisch gelöst werden wird. Wenn nämlich der Anwalt ein vollständiges Urteil, also einen Durchschlag des Originalurteils, erhalten hat, dann muss auch ein Exemplar vorhanden sein, welches für die Zwecke der Zustellung benutzt werden kann. Denn wie anders hat der Anwalt das Urteil in Händen? Er muss es doch schwarz auf weiß haben. Und weshalb soll in demselben Augenblick nicht ein weiterer Durchschlag hergestellt werden, der dazu bestimmt wird, dem Gegner zugestellt zu werden? (*Jonas:* Das macht neue Kosten, und diese betragen praktisch 50 RM!) – Auch das darf uns nicht kopfscheu machen. Wenn die Schreibkosten so enorm sind, müssen sie herabgesetzt werden. Wie sich die Etatabteilung unseres Hauses dazu stellen wird, weiß ich nicht. Ich könnte mir vorstellen, dass diese meine Ansicht Entsetzen erregt. Es ist Tatsache, dass eine Urteilsabschrift von 150 Schreibmaschinenseiten zurzeit 50 RM kostet. Und wenn zugleich mit der Reinschrift sieben Durchschläge bestellt sind und angefertigt werden, dann berechnet der Staat hierfür 8 x 50 = 400 RM Schreibkosten. Vielleicht wird man das einmal ändern können. Aber wir dürfen unsere Verfahrensvorschriften nicht nach der derzeitigen Berechnung der Schreibkosten einrichten. Diese Schreibkostenbestimmungen stammen aus der Zeit, als man mit dem Federhalter oder gar noch mit dem Gänsekiel mit Kunstbuchstaben stundenlang mit der Hand Abschriften herstellte. Diese Schreibkostenbestimmungen sind aber der Technik der Schreibmaschine durchaus nicht angepasst und stellen eine hervorragende Verdienstquelle für die Justiz und die Rechtsanwälte dar. Die Rechtsanwaltsbüros sanieren sich ja an solchen Schreibkosten. Dasselbe gilt von den Gerichtsvollziehern, die bei diesen Akten ebenfalls ihr Geschäft machen. Das alles ist aber kein Hindernis, welches uns ernstlich davon abhalten könnte, zu sagen: Die Rechtsmittelfrist wird erst durch die Zustellung des vollständigen Urteils in Gang gesetzt. Die Zustellung des vollständigen Urteils ist Voraussetzung für diese Kürzung der Rechtsmittelfrist. Auf alle anderen hier aufgeworfenen Einzelfragen will ich jetzt nicht eingehen. Herr Schlegel hat eine ganze Reihe von ausgezeichneten Einzelanregungen gegeben. Ich glaube aber, dass diese Fragen besser bei anderer Gelegenheit im kleineren Kreise erörtert werden.

Singer: Ich habe nichts Neues vorzubringen. Die Vorschläge von Herrn Präsident Jonas sind allerdings revolutionär. Die Zustellungsvorschriften sollen ganz gestrichen werden. Darüber kann man verschiedener Meinung sein. Ich persönlich meine, man sollte auch dann, wenn die Zustellungsvorschriften wesentlich gekürzt werden, diesem Kapitel einen kurzen Abschnitt widmen. Denn jeder würde einen Abschnitt über die Zustellung suchen, und es würde mit der Zustellung unter Umständen so gehen, wie es mit dem Mahnverfahren ging. Das Mahnverfahren wurde in dem Entwurf gesucht und zum Teil überhaupt nicht gefunden, weil es unter der Überschrift „Mahnverfahren" gesucht wurde. Kein Mensch wird es unter der Überschrift „Zwangsvollstreckung" suchen.

Nun zu den Einzelheiten! Ich bin der Meinung, dass für den Beginn des Prozesses ein formeller Nachweis unbedingt notwendig ist. Ich halte die Zustellung der Klage als Prozessbeginn – wie man sie dann gestaltet, ist eine zweite Frage – für unbedingt erforderlich, und zwar insbesondere mit Rücksicht auf das Versäumnisurteil. Man kann dem Richter nicht zumuten, ein Versäumnisurteil zu erlassen, ohne dass er den positiven Nachweis der Zustellung an den da und da wohnenden Beklagten in der Hand hat.

Was den Beginn der Zwangsvollstreckung betrifft, so bin ich mit Herrn Altstötter der Meinung, dass es vollständig genügt, dass die Legitimation des Gerichtsvollziehers bei der Mobiliarzwangsvollstreckung nachgewiesen wird. Es genügt die einfache Übergabe des in seinen Händen befindlichen Urteils in der abgekürzten Form.

Was den Beginn der Rechtsmittelfrist betrifft, so bin auch ich der Meinung, dass die Zweiteilung zwischen Einlegung und Begründung des Rechtsmittels wie bisher bestehen bleiben muss, dass aber insbesondere die letzte labil gestaltet werden muss. Die Rechtsmittelfrist soll nach meiner Meinung mit der Zustellung bzw. der Bekanntgabe des abgekürzten Urteils zu laufen beginnen. Ich glaube, dass es vollständig genügt, und zwar in der Form, wie es hier vorgeschlagen worden ist. Die Frist des Rechtsmittels soll mit der Hinausgabe der Mitteilung des abgekürzten Urteils beginnen. Das genügt vollständig.

Ob man es nun in der Form machen soll, dass der Urkundsbeamte hinaufschreibt, dass die Frist an dem und dem Tage endet, oder ob man es mit der Feststellung des Tages der Aushändigung machen soll, ist eine Frage, über die man verschiedener Meinung sein kann. Es ist letztlich eine Frage, die von den vorhandenen Arbeitskräften abhängt, über deren Vermehrung wohl sämtliche Behörden der gleichen Ansicht sein werden.

An sich bin ich mit dem, was Herr Präsident Jonas gesagt hat, einverstanden, dass es auf das Hinausgehen der Mitteilung abgestellt werden soll.

Was die Begründungsfrist betrifft, so muss sie zweifellos labil gestaltet werden. Natürlich muss die Möglichkeit der Verlängerung bestehen. Insbesondere bin ich damit einverstanden, dass man das durch das Obergericht machen soll.

Was endlich die öffentliche Zustellung betrifft, so bin auch ich der Meinung, dass gegenüber dem bisherigen Verfahren eine wesentliche Vereinfachung eintreten muss. Es genügt vollständig, wenn die betreffende Ausschreibung in dem Amtsblatt, das zu Beginn eines jeden Jahres bekanntgegeben werden muss, erfolgt.

(Pause)

Furler: Die Frage der Schnelligkeit der Ausfertigung im Kanzleiverfahren sollte bei unserer Diskussion keine Rolle mehr spielen; denn ein Justizministerium, das die Prozesse beschleunigt hat, wird es auch fertig bringen, den Kanzleibetrieb zu modernisieren und zu beschleunigen.

Dann die Frage: Zustellung von Amts wegen oder von Partei wegen, und zwar zunächst die Klagzustellung. Bei der Zustellung der Klage halte ich es für eine rein technische und im Grunde untergeordnete Frage, ob das von Amts wegen oder vom Anwalt aus geschieht. Dabei neige ich zu der Auffassung, dass die formelle Zustellung von heute überflüssig ist, dass man von einer Zustellung absehen kann und eine vereinfachte Art der Zustellung gegen Rückschein das zweckmäßigste wäre. Wenn man das durchführt, dann ist es natürlich praktisch nicht mehr zu machen, eine Klage von einem Rechtsanwaltsbüro einfach durch einen Brief mit Ladung zu übersenden, da dann das Eintreten der öffentlichen Hand fehlt, und auf diese Weise die Rechtshängigkeit einzuleiten, scheint mir nicht möglich zu sein. Ich rege aber an, dass, wenn im Anwaltsprozess die Klage von Amts wegen übermittelt werden soll, durch die Einreichung der Klage eine Frist gewahrt und die Verjährung unterbrochen wird, weil es nicht tragbar ist, dass man darüber keine Dispositionsmöglichkeit hat, wenn die Klage der Gegenpartei zugeht, sonst aber daran gebunden ist, dass das rechtzeitig geschieht.

Bei der Zustellung des Urteils sind einige praktische Gesichtspunkte zu berücksichtigen. Zunächst handelt es sich da um die Frage, wie es mit der Zwangsvollstreckung steht. Für den Beginn der Zwangsvollstreckung ist es nicht unbedingt erforderlich, dass zunächst eine formelle Zustellung erfolgt. Ich halte es nicht für notwendig bei der Mobiliarvollstreckung und weise darauf hin, dass es bei der Forderungspfändung bisher geradezu eine Hemmung war. Also bei der Zwangsvollstreckung sehe ich die Notwendigkeit einer Zustellung nicht. Anders ist es bei der Ingangsetzung von Notfristen, vor allen Dingen der Rechtsmittelfrist, wo eine Zustellung erfolgen muss, damit klar ist, wann diese Frist zu laufen beginnt. In Bezug auf die Frage, wann die Fristen zu laufen beginnen, hat die bisherige Praxis sehr zur Verlängerung der Prozesse beigetragen. Wenn wir die Prozesse wirklich verkürzen wollen, muss hier Wandel geschaffen werden, und ich bin dafür, dass die doppelte einmonatige Frist, und zwar einmal bei der Berufung und dann bei der Berufungsbegründung, unnötig ist; denn wenn ich die Berufung einlege, muss ich mich auch dazu entschließen, die Begründung anzufertigen. Ich möchte nicht darüber sprechen, ob bei der reichsgerichtlichen Begründung eine Verlängerung der Frist notwendig ist. Bei der Berufungsbegründung ist jedenfalls eine Verlängerungsmöglichkeit nicht notwendig. Wenn es keine Verlängerungsmöglichkeit gibt, werden die Berufungsbegründungen trotzdem rechtzeitig eingereicht werden. (*Zuruf*). Ich bin für eine *einheitliche* Frist. Wenn es in Österreich so gut geklappt hat, so hängt das sicher mit der Gestaltung des dortigen Berufungsverfahrens zusammen. Bei uns sollte man jedenfalls eine einheitliche und nicht zu lange Frist geben, die dann nicht verlängerbar sein dürfte. Die einheitliche Frist müsste allerdings erst mit der Zustellung des vollständig begründeten Urteils beginnen. Denn erst dann kann man zur Begründung Stellung nehmen und die Argumente anfechten, die das Gericht vorgebracht hat.

Man könnte nun daran denken, die Berufungsfrist mit der Verkündigung und die Begründungsfrist mit der Zustellung des vollständig abgesetzten Urteils beginnen zu lassen. Im ersten Augenblick leuchtet das ein. Ich habe aber das starke Bedenken dagegen, dass dann der Richter mit der Absetzung der Berufungsbegründung wartet, bis er weiß, ob Berufung eingelegt wird – die Tendenz ist in Strafsachen sehr groß –, und dann wird das Urteil anders begründet, als wenn es rechtskräftig wird. Diese Möglichkeit zu fordern, scheint mir nicht notwendig zu sein. Der Richter soll begründen, wie er es für notwendig hält und nicht mit Rücksicht auf irgendwelche Instanzen.

Stagel: Wir Österreicher sind erfreut darüber, dass unseren Vorschlägen ein so uneingeschränktes Lob zuteil wurde. Die Debatte hat uns gezeigt, dass wir auf dem richtigen Wege sind, und wir hoffen und haben die Genugtuung, dass wir zu einer ersprießlichen Gestaltung des künftigen Zivilprozessrechts etwas beitragen können.

Bei der Zustellung dürfte jetzt wohl die allgemeine Meinung dahin gehen, dass hier der Amtsbetrieb gewählt werden soll. Für uns wäre es ein unfassbares Zurückfallen in eine längst überwundene Epoche, wollte man den Parteibetrieb wieder einführen. Das könnten wir einfach nicht verstehen, und es würde wohl auch der heutigen Zeit nicht entsprechen. Ein gänzlicher Verzicht auf die Zustellung wird aber wohl nicht möglich sein, und es muss wohl dabei bleiben, dass die den Prozess einleitenden Schriftstücke dem Beklagten in einer gewissen Form zugestellt werden. Ein förmlicher Zustellungsvorgang ist auch aus Gründen des zwischenstaatlichen Rechts notwendig. Ich erinnere daran, dass in den meisten Vollstreckungsrechtsabkommen das Erfordernis aufgestellt ist, die den Prozess einleitende Verfügung dem Beklagten womöglich zu eigenen Händen zuzuleiten, und es würde auf Schwierigkeiten stoßen, wenn man jede Zustellung, und zwar auch die der prozesseinleitenden Verfügung, beseitigen wollte. Es wird also notwendig sein, die formelle Zustellung beizubehalten, wenn auch in einem wesentlich eingeschränkten Umfang. Uns ist es nicht recht verständlich, warum im Altreich ein solcher Horror vor der Zustellung besteht. Ich kann es mir nur so erklären, dass die Dinge nicht so einfach sind wie bei uns. Bei uns ist technisch sehr wenig dabei, ob der herausgehende Gerichtsbrief auf einen gewöhnlichen Briefumschlag mit einfacher Anschrift geschrieben wird oder ob er mit dem bei uns gleich angehefteten Rückschein herausgeht und der Urkundsbeamte oder Schreiber die Anschrift gleich in zweifacher Ausfertigung im Durchschlag schreibt. Nun geht der Brief wie jeder andere zur Post. Der Rückschein kommt zurück und geht zu den Akten.

Wenn der Briefträger den Empfänger nicht antrifft, hinterlässt er an der Tür oder bei der Frau, der Hausgehilfin, dem Hausbesorger oder dem Nachbarn die Nachricht, dass er am nächsten Tage wiederkommen werde, um die eigenhändige Zustellung zu besorgen. Die Klage wird immer zu eigenen Händen zugestellt, und wenn nun der Empfänger am nächsten Tage wieder nicht da ist, wird der Brief beim Postamt 14 Tage hinterlegt. Der Empfänger wird benachrichtigt, dass er den Brief beim Postamt abholen kann. Nach 14 Tagen geht er an das Gericht zurück, gilt aber als zugestellt. (*Vorsitzender:* Ist es nicht besser, dass man der Hausgehilfin den Brief einfach überlässt?) Dann hat man wieder nicht die Zustellung zu eigener Hand, die, glaube ich, im Ausland meist verlangt wird.

Wenn der Empfänger nun verreist ist, hat die Post ganz genaue Vorschriften in der [Allgemeinen] Dienstanweisung [für das Post- und Fernmeldewesen] 8. Wenn er nur auf kurze Zeit verreist ist, wird der Brief hinterlegt. Ist er dagegen länger verreist, geht er an das Gericht zurück, damit es die Zustellung an seinen neuen Aufenthaltsort anordnen kann. Jedenfalls ist vorgesorgt, dass die Zustellungen zu eigener Hand wirklich dem Empfänger zukommen. Ob der Betreffende längere oder kürzere Zeit verreist ist, – darüber weiß der Briefträger im Allgemeinen Bescheid.

Altstötter: Worin liegt eigentlich die große Vereinfachung im österreichischen Zustellwesen gegenüber dem deutschen? Ich bin bisher gutgläubig davon ausgegangen, dass dem so sei. Jetzt aber scheint mir unser System beinahe einfacher zu sein. Wie ist es denn bei der Ersatzzustellung?

Stagel: Ersatzzustellung ist bei allen sonstigen Fällen. Meine Ausführungen beziehen sich nur auf die Klagzustellung. (*Altstötter:* Wo stehen denn die einschlägigen Vorschriften? Offenbar doch woanders als in der Zivilprozessordnung!) In den Postvorschriften! (*Altstötter:* Das kommt auf dasselbe hinaus. Man kann die Zivilprozessordnung davon entlasten. Mir kommt es darauf an, in welchen Punkten Abweichungen entstehen.) Die reine Amtszustellung geschieht meist durch die Post. (*Staud:* Ihre Zustellungsvorschriften sind also kein Gesetz, sondern postalische Verwaltungsbestimmungen!) Jawohl! (*Vorsitzender:* Nach dem deutsch-schweizerischen und dem deutsch-italienischen Abkommen genügt es, wenn die Zustellung nach unseren Vorschriften ordnungsmäßig erfolgt ist. Es ist also nicht so, dass bei internationalen Verträgen immer die Zustellung zu eigener Hand verlangt wird.) Was die Zustellung des Urteils anbelangt, so glaube ich auch, dass sie mir vor der Vollstreckung nicht notwendig zu sein scheint, sondern gleich vor sich gehen kann. Ich muss dabei erwähnen, dass bei uns die Bevölkerung nicht darauf eingestellt ist, aufgrund einer nicht rechtskräftig gewordenen Entscheidung zu vollstrecken. Bei uns warten die Betreffenden ab, um sicher zu gehen. Wozu braucht man die Notwendigkeit, sofort zu vollstrecken, ehe zugestellt ist? Die Rechtsmittelfrist soll erst dann zu laufen beginnen, wenn das Urteil den Parteien in vollständiger Ausfertigung zugestellt worden ist. Ich kann mir nicht vorstellen, wie man eine Rechtsmittelschrift anfertigen soll, ohne die Begründung zu kennen. Da dadurch schon eine gewisse Hinausschiebung eintritt, glaube ich, kann man sich damit abfinden, dass die Frist selber nicht zu lang ist. Ob man nun an dem Unterschied zwischen der Einlegungs- und der Begründungsfrist festhalten will, das kann ich nicht beurteilen, weil wir diese Verhältnisse nicht kennen. Es leuchten mir aber die Ausführungen von Herrn Furler ein, dass es gut ist, wenn sich das Gericht schon von vornherein darauf einstellt: Jedes Urteil muss entsprechend begründet werden und ist in vollständiger Ausfertigung herauszugeben. (*Vorsitzender:* Wie lange dauert es bei Ihnen, bis das Urteil aus den Kanzleien herauskommt?) Das ist sehr verschieden. Wir haben die Frist von acht Tagen, innerhalb der der Richter das Urteil mit vollständiger Begründung abgegeben haben soll. Viele Richter halten diese Frist immer oder fast immer ein, und zwar selbst bei verhältnismäßig umfangreichen Urteilen. Natürlich gibt es auch viele Richter, die die Frist überschreiten. Diese Herren muss das Justizministerium zu schnellerem Arbeiten bewegen. Das Gleiche gilt von der Ausfertigung der Urteile durch die Kanzlei. Dabei spielt natürlich die Besetzung des Gerichts mit den nötigen Kräften eine Rolle. Wo entsprechend geschulte Kräfte in ausreichender Zahl zur Verfügung stehen, wird die Schrift alsbald ausgefertigt. Auch hier kommen natürlich Verzögerungen vor, und das Justizministerium muss in solchen Fällen entsprechend eingreifen. Ich glaube aber, es ist bisher im Allgemeinen gelungen, bei solchen Klagen Abhilfe zu schaffen.

Die beste Methode, um die langen Abfertigungsfristen zu vermeiden, ist die, dass der Richter das Urteil unmittelbar in die Maschine diktiert. Auf diesem Wege werden die Durchschriften für die Zustellungen gleich mit hergestellt und das Urteil kann dann sofort herausgehen. Natürlich hängt die ganze Sache von der Geschicklichkeit des einzelnen Richters ab. (*Altstötter:* Wie viele Richter können gleichzeitig unmittelbar in die Maschine diktieren? Drei unter Hundert! – *Vorsitzender:* Ich habe es immer so gehalten, habe es natürlich vom ersten Tage ab auch nicht gekonnt!)

Der Richter kann auch sein Stenogramm hergeben und die Reinschrift gleich mit den Durchschlägen herstellen lassen. Es ist eine rein technische Frage, wie das gehandhabt wird.

Dass unsere 14tägige Rechtsmittelfrist aufgegriffen wird, wage ich nicht zu hoffen. Ich rechne da mit einer Frist von einem Monat. Dabei denke ich daran, dass diese Frist nicht von der Behändigung, sondern von der Abfertigung ab zu laufen beginnt. Die Tage des Postlaufs sollen also mit eingerechnet werden, und dann verkürzt sich die Frist etwas, so dass sie nicht viel länger sein wird, als sie jetzt bei uns ist. Darum würde ich den entsprechenden Vorschlag gern annehmen.

Auf die formelle Zustellung beim Urteil können wir verzichten. Einer Verlängerbarkeit der Rechtsmittelfrist möchte auch ich widerraten, und ich stimme in dieser Beziehung Herrn Furler zu; es ist gefährlich, diese Möglichkeit zu eröffnen, da sie auch in solchen Fällen gewährt werden wird, wo es nicht unbedingt erforderlich ist.

Dann die Frage der öffentlichen Zustellung! Ich halte die Veröffentlichung in jedem Blatt, sei es der Staatsanzeiger oder irgendein Amtsblatt, für gleich unnötig und vollständig zwecklos, da weder das eine noch das andere von dem Betreffenden gelesen wird. Auf diese reine Formvorschrift, die nur unnötige Kosten verursacht, kann man verzichten.

Wir bekämpfen, dass das Verfahren in erster Instanz verhältnismäßig rasch durchgeführt wird und dass sich daran endlos lange Rechtsmittelverfahren anknüpfen, so dass das Schwergewicht des Prozesses in die höhere Instanz verlegt wird. Der Schwerpunkt des Prozesses soll in der ersten Instanz liegen. Die Prüfung des Tatsachenstoffes, das Beweisverfahren usw., all das muss in der ersten Instanz durchgeführt werden. Will man dieses Ideal erreichen, muss auch eine entsprechend straffe und knappe Festsetzung der Rechtsmittelfristen gegeben sein, und auch aus diesem Grunde werde ich dafür eintreten.

Schrutka: Bei uns hat das Problem der Zustellung, wie es heute hier aufgerollt worden ist, nie bestanden. Mit unseren Zustellungsvorschriften sind Anwälte und Verwaltung zufrieden.

Hinsichtlich der Frage, ob Amtsbetrieb oder Parteibetrieb, bin ich mit der gefundenen Lösung einverstanden. Nur gegen die Zustellungen ohne Zustellungsurkunde habe ich Bedenken, weil sich die Rechtsmittelfrist daran knüpft, die erst dann beginnen kann, wenn das Urteil vollständig in der Hand des Rechtsanwalts oder der Partei eingetroffen ist.

Klagen darüber, dass die 14tägige Frist nicht ausreiche, hat es bis auf einen Fall nie gegeben. (*Altstötter:* Woran liegt es, dass Sie in der Revisionsinstanz mit so kurzen Fristen auskommen?) Unsere Revisionsvorschriften sind mitunter auch ziemlich umfangreich. Die Sache ist aber bei uns dadurch erleichtert, dass wir die Simultanvertretung haben.

Altstötter: Wir beobachten nicht selten, dass die Dinge in der zweiten Instanz infolge des Hinzukommens eines anderen Anwalts von einer anderen Seite aus betrachtet werden, so dass der Prozess eine neue Wendung bekommt. So etwas kommt bei Ihnen nicht vor? (*Schrutka:* Es kommt vor. Die Fälle dürften bei Ihnen aber häufiger sein als bei uns.)

Furler: Die Schwierigkeiten dürften sich bei uns verringern, wenn die erste Instanz genügend ausgebaut wird. Ich bin auch ein Anhänger der beschränkten Berufung, wie sie in Österreich üblich ist. Die erste Instanz muss so ausgestaltet werden, dass eine Beschränkung für die zweite Instanz möglich ist. Dann wird die erste Instanz ohne weiteres anders laufen. (*Altstötter:* Ausgenommen sind die arbeitsgerichtlichen Verfahren, z.B. bei Kündigungsfragen. Bei Tarifauslegungen gibt sich die erste Instanz Mühe, und ihre Entscheidungen sind nicht selten natürlicher und besser.)

Stagel: Bei uns gibt es nur eine vollständige Urteilsausfertigung. Die abgekürzte Zustellung kennen wir nicht. Die Schreibkosten spielen bei uns keine Rolle, und die Ausfertigungen gehen kostenlos an die Parteien.

Vorsitzender: Wie ist es bei Ihnen mit der Urteilsbegründung? In den Fällen, in denen ich mir in Österreich Prozesse angesehen habe, habe ich mich immer über die meisterhafte Urteilsbegründung gefreut. Arbeitet bei Ihnen das Gros der Richter in so vorzüglicher Weise?

Schrutka: Im Allgemeinen kann man keine Klage führen. Die Urteilsbegründungen werden fast stets ordentlich ausgearbeitet. (*Vorsitzender:* Ich meine die mündliche Verkündigung!) Die ist bei uns stark zurückgetreten. Wenn ein Richter das Urteil verkündet, so hat er das Bild wohl schon vor sich, und es hat dann wohl auch Hand und Fuß. Das Justizministerium hat darauf gedrängt, dass die Urteile verkündet werden, und man hat darüber eine entsprechende Statistik.

Jonas: Es ist für notwendig erachtet worden, dass die Klage auf jeden Fall zugestellt werden müsste, und zwar in dem Sinn, dass das Gericht einen Rückschein erhält. Über diesen Punkt kann man durchaus reden. Wenn man das für notwendig hält, will auch ich mich nicht dagegen sträuben. Nur brauchen wir dann in der Zivilprozessordnung keine Bestimmungen darüber, dass die Zustellung auch an das Dienstmädchen, den Nachbarn usw. abgegeben werden kann. Für diesen Fall brauchen wir in der Zivilprozessordnung nur die Bestimmung: „Klagen sollen durch Einschreiben gegen Rückschein übergeben werden". Dann sieht der Richter nachher aus dem Rückschein, wer das Schreiben erhalten hat.

Nun zu dem Fragenkomplex: Rechtsmittelfristen und Rechtsmittelbegründungsfristen! Der Kernpunkt dieser Frage ist und bleibt, ob wir den simultan zugelassenen Anwalt oder verschiedene Anwälte haben. Es ist indiskutabel, eine 14tägige Frist einzuführen, wenn man einen anderen Anwalt am Oberlandesgericht mit der Aufgabe betrauen soll, sich in den Prozessstoff hineinzuarbeiten. Ich möchte auch in der Revisionsinstanz den einen Anwalt haben, der den ganzen Prozessstoff beherrscht. Es ist unökonomisch, drei richterliche Instanzen zu haben und dazwischen noch einmal durch Anwaltswechsel neue Anwaltsinstanzen einzufügen. Bei meiner Betrachtung schalte ich die Revisionsinstanz des Reichsgerichts aus, um bei den zwei Tatsacheninstanzen zu bleiben. Wir haben die Simultanzulassung schon beim Amtsgericht und Landgericht und auch bei einzelnen Oberlandesgerichten.

Und nun der Einwand: Vier Augen sehen mehr als zwei! Es gibt so viele Prozesse, bei denen erst in der zweiten Instanz den Parteien die juristische Lage klar wird. Ich glaube aber beinahe, dass die Zahl der Fälle größer ist, bei denen am Landgericht ein verhältnismäßig kleiner Fragenkomplex streitig war. Nun wird die Partei abgewiesen und kommt auf den Dreh, die Angelegenheit anders zu wenden. Nehmen wir einmal an, es liegt eine einfache Ehescheidung vor. In der zweiten Instanz merkt der Kläger, dass er nebenbei noch Aufhebung betreiben muss, weil er inzwischen entdeckt hat, dass der Großvater des Ehepartners nicht arisch war. Das schwillt dann zu einem fantastischen Komplex von allen möglichen Dingen in der zweiten Instanz an, und es liegt natürlich die Versuchung dazu nahe, wenn in der zweiten Instanz ein anderer Anwalt die Sache durch das Berufungsverfahren in die Finger bekommen hat. Haben wir überall die Simultanzulassung, und zwar mit dem Druck auf den Anwalt der ersten Instanz, dass er selber die Verantwortung dafür hat, alles, was vorgebracht werden muss, vorzubringen, wird alles anders sein. Es darf nicht sein, dass ein Anwalt schluderig arbeitet und sich darauf verlässt, dass der Auftraggeber in der Revisionsinstanz einen prominenten Anwalt genommen hat, der das Notwendige weiterverfolgen wird. Es ist eine Erfahrung, die wir beinahe in jeder Sache machen können, dass das landgerichtliche Urteil sechs bis zehn Seiten stark ist und das Urteil des Oberlandesgerichts 25 Seiten, weil die zweite Instanz weiter gewachsen ist. Der Kern des Problems liegt nicht im Novenverbot, sondern darin, dass die Sache auf beiden Seiten in der Hand desselben Anwalts bleibt. Dann ist die Gefahr, dass die neu hinzukommenden obergerichtlichen Anwälte den Prozess wachsen lassen, wesentlich ausgeräumt.

Rechne ich mit Simultananwälten, so habe ich kein Bedenken, es bei der Berufung und Begründung mit nur einer Frist bewenden zu lassen. Diese Frist braucht nicht starr gestaltet zu werden. Im englischen Recht z.B. bestimmt der Richter die Rechtsmittelfrist nach dem Umfang der Sache. Wie wir die Regelung treffen wollen, das ist mehr eine technische Angelegenheit. Jedenfalls ist es erwünscht, statt der Rechtsmittelfrist plus Begründungsfrist nur *eine* Frist vorzusehen.

Und dann zu der Frage: Soll diese Frist vom Übergabeakt das mit Gründen versehenen Urteils zu laufen beginnen? Auch da ist es eine Frage der Technik, ob man sagt: von dem Zustellungsakt läuft eine bestimmte gesetzliche Frist, oder ob man sagt: der Partei wird durch Brief das Notwendige mitgeteilt und in dem Schreiben steht, dass die Frist vier Wochen später endet. Mir scheint der zweite Weg besser zu sein. Es ist das aber eine Frage von untergeordneter Bedeutung.

Ich bitte nun zu überlegen, ob es richtig ist, die Rechtsmittelfrist von der Kundmachung des vollständig begründeten Urteils abhängen zu lassen. Es scheint mir da ein Gesichtspunkt wesentlich zu sein, der stark in das wirtschaftliche Gebiet hinüber greift. Wenn wir dahin kämen, die Zustellung des abgekürzten Urteils zu beseitigen, die wir jetzt haben, dann würde die Zustellung unter Umständen erst Wochen oder Monate später erfolgen. Diese Zeit ist für die Vollstreckung des Urteils für den obsiegenden Teil mit außerordentlichen Gefahren verbunden. Denn er geht das Risiko ein, dass er in der Zwischenzeit ein vorläufig vollstreckbares Urteil zur Vollstreckung bringt, hinter dem die Haftungsgefahr aus § 717 steht. Diese Gefahr können wir vielleicht etwas einschränken; sie bleibt aber unter allen Umständen bestehen. Im Allgemeinen ist es so, dass nicht rechtskräftige Urteile, abgesehen von Versäumnisurteilen, nur in sehr seltenen Fällen vollstreckt werden, und ich glaube, man sollte daran festhalten, dass die in Lauf setzende Zustellung, der Mitteilungsakt oder was man sonst für eine Bezeichnung dafür wählen will, erst in dem Augenblick erfolgt, in dem eine, wenn auch nur abgekürzte Ausfertigung vorliegt. Auf welchem Wege man in solchen Fällen, in denen das Urteil mit Begründung noch nicht vorliegt, Abhilfe schafft, das ist auch wieder eine technische Frage, die man auf verschiedene Weise lösen kann. Aber unter einseitiger Betonung des Rechtsmittelverfahrens zu sagen: Das Urteil wird erst rechtskräftig mit Zustellung des vollständig abgesetzten Urteils, also unter Umständen ein paar Monate später, das würde ich gegenüber dem augenblicklichen Zustand für eine Rücktritt halten. Ich bitte also, diese Frage auch unter der Auswirkung auf die Zwangsvollstreckung zu betrachten. (*Altstötter:* Sie würden also für die Revisionsinstanz dann auch nur eine Frist haben wollen? – *Vorsitzender:* Nein, Herr Jonas will beide Fristen!) Nein, ich will *eine* Frist, will aber mit Rücksicht auf die Schwierigkeit zu begründen, insbesondere, weil ein abgesetztes Urteil noch nicht da ist, die Möglichkeit der Verlängerung. Ob man die Rechtsmittelfrist von vornherein verlängert, dem Betreffenden also den Entschluss offen lässt, ob er Rechtsmittel einlegen will, oder ob man die Erklärung, dass er ein Rechtsmittel einlegen will, verlangt und für das Nachschieben der Begründung eine Verlängerung gibt, – diese Frage kann man so oder so entscheiden. Mir würde es nur als gefährlich erscheinen, wenn wir den Eintritt der Rechtskraft in großen Sachen, bei denen er heute in vielen Fällen schon nach ein paar Wochen erfolgt, auf Monate hinausschieben wollten.

Altstötter: Würden Sie als Begründung der Verlängerung der Begründungsfrist nur den Gesichtspunkt mangelnder Urteilsbegründung oder auch andere Gesichtspunkte zulassen? Ich möchte ein Beispiel nennen, das uns sehr häufig entgegentritt, wenn es sich um Vertreter handelt. Die Leute sind sehr schwer zu Informationen zu haben, und das wird sehr häufig als Grund dafür angegeben, dass bisher eine Information nicht möglich war.

Jonas: Das ist nun gerade ein besonders kitzliger Fall. Da habe ich gewisse Bedenken. Wenn jemand einen Prozess führt und einen Anwalt hat, der durch zwei Instanzen mit der Sache befasst ist, ist zu großen Informationen eigentlich kaum noch Raum vorhanden. Der Anwalt muss es allmählich wissen. Diese Frage taucht bei uns gerade deshalb so häufig auf, weil der in der dritten Instanz befasste Anwalt ein Mann ist, der die tatsächlichen Verhältnisse noch gar nicht kennt.

Altstötter: Ist es denn überhaupt möglich, die Dinge von dem Standpunkt aus zu beurteilen, dass in Zukunft derselbe Anwalt in allen drei Instanzen den Prozess bearbeiten wird? Das scheint mir doch die Kernfrage zu sein.

Vorsitzender: Der Präsident des Reichsgerichts begeht Harakiri, und die anderen Senatspräsidenten zerreißen ihre Roben, wenn man ihnen ihre alten Rechtsanwälte wegnimmt. Ich wundere mich, wie sich die Richter des obersten Gerichtshofs so freudig ein solches Armutszeugnis ausstellen können. Das ist die Quintessenz dessen, was ich dort immer gehört habe, wenn es sich darum handelte, dass mal ein anderer Anwalt plädieren sollte, während beim Patentsenat des Reichsgerichts sogar Patentanwälte hinkommen und den Herren etwas vorschwatzen können.

Altstötter: Da ich selber in beiden Senaten bin, habe ich Vergleichsmöglichkeiten. Was das Kapitel Reichsgerichtsanwälte anlangt, so darf die Inflation derjenigen, die über den Instanzanwalt nicht hinauswachsen, nicht zuliegen [zunehmen?]. Wenn Sie einen Reichsgerichtsanwalt hinstellen, der selber nur Tatsächliches sagt, dann ist es mir ganz gleich, wer mich „anpflaumt". Hier ist dieses Wort nämlich am Platze unter dem Gesichtspunkt der Verletzung der absoluten rechtlichen Bestimmungen. Den Schaden trägt in diesen Fällen aber häufig die Partei, und zwar deswegen, weil nach § 554 Abs. 3 Nr. 2 b ZPO eine Verfahrensrüge durch Vortrag der Tatsachen gerügt werden muss und dann eine Präklusion eintritt. Das geschieht nun nie. Sämtliche Rügen am Reichsarbeitsgericht sind nichts anderes als Blankstellungen, die mit § 286 rügen wollen, aber nicht können. Es gibt eine Reihe von Fällen, in denen das einfach nicht mehr möglich ist. Das geht heute, wo wir sagen: Die anderen Parteien, die vor den ordentlichen Senaten auftreten, haben eigene Berater, die ihnen diese Rügen entsprechend formulieren und aufziehen; aber ihr armen Menschen müsst hier mit jemand, der auf diesem Gebiet keine Erfahrung hat, fürlieb nehmen; denn euch wird der betreffende Anwalt von der Arbeitsfront gestellt; infolgedessen müssen wir einen sehr milden Maßstab anwenden. Wenn aber alle Parteien einheitlich nicht mehr durch einen Spezialanwalt, sondern durch den Instanzenanwalt vertreten werden, wird man natürlich keinen Unterschied mehr machen können. Dann wird die Frage, ob der Anwalt es kann oder nicht, eine große Rolle spielen. Nun wird es auch da wieder Anwälte geben, die das tadellos herausarbeiten. Ich will nicht den berühmten Rechtsanwalt aus dem bayerischen Walde wieder erwähnen; aber es gibt auch anderswo Rechtsanwälte, die vielleicht in ihrer ganzen Laufbahn ein einziges Mal dazu kommen, einen Prozess bis zum Reichsgericht zu bringen. Dann steht man vor einer Katastrophe; dann ist die Sache nicht in Ordnung und der Partei nicht dienlich, sondern schädlich. Ich glaube, man kann diese Frage nicht mit anderen als mit sachlichen Argumenten lösen. Und da glaube ich, dass tatsächlich ein eingearbeiteter Anwalt am Reichsgericht der Sache mehr nützt als der Instanzanwalt. Ob man dagegen in den beiden Tatsacheninstanzen nicht besser die Simultanbehandlung vorsieht, ist eine andere Frage. Da würde ich mit Ihnen vollkommen konform gehen. Es gibt eine Anzahl von Fällen, in denen die Sache in der Berufungsinstanz in der Tat in erweitertem Umfange aufgezogen wird, weil man hofft, auf diese Weise erst zum Zuge zu kommen.

Eins hat mich gewundert: Sie sagen, das Reichsgerichtsurteil habe sechs bis zehn Seiten. In meiner ganzen Praxis komme ich über 1 ½ bis 3 Seiten Grundurteil überhaupt nicht hinaus. (*Lent:* Die Reisekosten werden auch sehr steigen, wenn alle Anwälte zur Sitzung des Reichsgerichts reisen müssen!) – Die Sache wird häufig so gemacht, dass ein Leipziger Anwalt substituiert wird. Dadurch haben die Leipziger Anwälte ein gewisses Prä. Da haben sich dann wieder gewisse Anwälte von der Arbeitsfront aufgetan, die dann das Mandat bekommen. Die treten nun öfter auf, und je öfter sie auftreten, umso mehr arbeiten sie sich ein. Sehr oft bekommen wir aber Anwälte, die wir gar nicht kennen.

Lent: Wenn man einen Substituten nimmt, kann man auch einen Rechtsanwalt am Reichsgericht nehmen. Der Vorteil, dass das derselbe Anwalt ist, der den Prozess ab ovo kennt, fällt dann weg.

Altstötter: Sie haben ganz recht, Herr Professor. Persönlich bin ich auch der Meinung, dass die Reisekosten eine erhebliche Rolle spielen werden. (*Zurufe*). Am Reichsarbeitsgericht spielt die Frage der Reisekosten nicht die ausschlaggebende Rolle; denn entweder werden sie von der Arbeitsfront bezahlt, oder der Prozess wird im Armenrecht geführt. Auch in den anderen Fällen tritt es nicht so stark hervor, weil die Streitereien im Allgemeinen sehr gering sind, so dass die notwendigen Prozesskosten der Partei gering sind. Das ist natürlich vor den ordentlichen Senaten für den Regelfall anders, weil da die Streitsumme höher als 6000 RM sein muss. Da spielt die Höhe der Prozesskosten schon eine Rolle.

Vorsitzender: Ich fürchte, wir verlieren uns zu sehr in Einzelheiten. Ich wollte nur das Eine sagen.

Es genügt, wenn wir uns darüber klar werden, dass es für die beiden ersten Instanzen durchführbar ist. Für die Revisionsinstanz könnte man sich immer noch ein anderes Verfahren vorstellen. Ich glaube auch, dass die Sache für die Revisionsinstanz davon abhängen wird, ob wir nach wie vor eine mündliche Verhandlung in der Revisionsinstanz verlangen. Kommen wir auf den österreichischen Dreh, dann ließe es sich auch in der Revisionsinstanz durchführen; sonst nicht. (Zuruf von *Jonas*) Aber für die Berufungsinstanz ist es schon richtig, dass die Rechtsmittelfrist erst mit der Zustellung des fertig begründeten Urteils beginnt. Ob man dann die Revisionsfrist verlängert oder noch eine Begründungsfrist gibt, das würden Einzelheiten sein, die man später erörtern muss.

Jonas: Hier liegt ein wirtschaftlich kolossal schwieriges Problem; denn es kommt vor, dass zwischen dem oberlandesgerichtlichen Urteil und der Rechtskraft des Urteils nicht selten mehr als ein Jahr liegt, z.B. wenn die Revision im letzten Augenblick zurückgenommen wird. (*Vorsitzender:* Sie meinen, das würde aufhören, wenn man beim Reichsgericht den Anwalt erster Instanz zuließe?) – Diese Frage hat mit der Bequemlichkeit der Herren am Reichsgericht nichts zu tun, sondern es ist ein Problem der Ausbalancierung der Arbeit. Wenn wir vor dem Reichsgericht Instanzanwälte als vertretende Anwälte haben, ist das für die Richter beim Reichsgericht zweifellos eine starke Mehrbelastung; denn sie hören keine vernünftigen Vorträge. Das kann der Instanzanwalt nicht; denn in den Instanzen wird niemals geschlossen vorgetragen. Es handelt sich um die Arbeitsentlastung des Reichsgerichts. Wenn ein hervorragender Anwalt beim Reichsgericht plastisch vorgetragen hat, braucht der Reichsgerichtsrat bei der Beratung nicht so weit auszuholen. Juristisch tragen die Anwälte beim Reichsgericht im Allgemeinen nicht viel bei. Ich denke speziell an meinen Ehe- und Erbschaftssenat, wo unendlich viele Armensachen vorhanden sind. Auf den juristischen Dreh sind wir dort schon gekommen, wenn wir das Armenrecht bewilligt haben. Dass der Anwalt auf juristische Gesichtspunkte kommt, auf die der Sachbearbeiter in seinem Votum nicht gekommen ist, ist sehr selten.

Es handelt sich also um eine Frage der Prozessökonomie. Lediglich um die Verhandlung beim Reichsgericht abzukürzen und für die Richter leichter und zweckmäßiger zu gestalten, wird ein hochqualifizierter Jurist eingeschaltet, der den ganzen Prozessstoff, welcher unter Umständen in drei bis vier dicken Bänden aufgespeichert ist, in sich aufnimmt und so plastisch erfasst, beinahe auswendig lernt, dass er ihn dem Reichsgericht in zwei Stunden vortragen kann. Diese Herren müssen sich stundenlang mit dem Stoff befassen und sich einen Vortrag ausarbeiten. Das ist doch eine ganz ungesunde Fehlanwendung von juristisch hochqualifizierter Arbeit. Wenn wir nun den Instanzanwalt auch beim Reichsgericht zulassen, dann haben wir die Möglichkeit, dass derselbe Anwalt den Prozess in allen drei Instanzen führt, und damit haben wir die Möglichkeit, das dringende Erfordernis in die Tat umzusetzen, dass nämlich die Anwaltsgebühren in den Rechtsmittelinstanzen herabgesetzt werden; denn diese Gebühren sind augenblicklich so grotesk hoch, dass ein Objekt von 6000 RM von ihnen beinahe aufgefressen wird. Das ist und bleibt auf die Dauer eine Unmöglichkeit, und bei jeder sich bietenden Gelegenheit werde ich immer wieder auf diesen

Punkt zurückkommen. Wir müssen die Gebühren senken, aber wir können den Reichsgerichtsanwalt nicht auf halbe Gebühren setzen, wenn seine Arbeit genau dieselbe bleibt.

Herr Reichsgerichtsrat Altstötter meinte nun, im arbeitsgerichtlichen Verfahren handle es sich um Rügen, und der Instanzanwalt beherrsche nicht die Technik, prozessuale Rügen herauszupicken, während es der routinierte Reichsanwalt aus dem ff. könne. Diesem Mangel abzuhelfen, ist eine andere Stelle zuständig. Dann müssen eben die Bestimmungen über die Revision in diesem Punkt geändert werden. Mir schwebt eine Bestimmung des Inhalts vor, dass Mängel des Verfahrens in der Revisionsinstanz nur gerügt werden können, wenn dadurch der Partei das rechtliche Gehör abgeschnitten ist, usw. (*Vorsitzender:* Sie wollen doch wohl nicht § 286 beseitigen?) – Da handelt es sich doch um einen Mangel des Urteils; hier aber sprechen wir von dem Herauspicken von Formalien usw., ob man die Urkundenauslegung oder eine falsche Beweiswürdigung als Verfahrensrüge oder als Verstoß gegen logische Gesetze auffasst.

Vorsitzender: Wenn der Mann sagt: Ich rüge hier eine Verletzung des § 823 BGB – und Sie stellen im Urteil fest, dass die Begründung des Urteils mangelhaft ist, dann sind zwei Fälle denkbar.

Erstens es wird gesagt: Aufgrund der Aussagen des Zeugen X bin ich der Meinung, dass das soundso ist. Der Zeuge X hat aber nicht hundertprozentig, sondern nur achtzigprozentig bestätigt, und der Zeuge Y, auf dessen Aussage das Gericht überhaupt nicht eingegangen ist, hat ganz anders ausgesagt.

Wenn das Reichsgericht die Entscheidung nicht für richtig hält, werden solche Urteile in der Regel aufgehoben, und es wird gesagt: Das ist ein Verstoß gegen § 286 ZPO, weil das Urteil eine unvollkommene Beweiswürdigung enthält. Können Sie so verfahren, ohne dass die Partei eine Verfahrensrüge erhoben hat? (*Jonas:* Jetzt wohl nicht. Aber § 286 steht formularmäßig in jeder Revisionsbegründung.) – Aber da ist es doch nicht so schön, wie bei den Paragraphen des Bürgerlichen Gesetzbuchs. Bei den Paragraphen des Bürgerlichen Gesetzbuchs genügt es, wenn gesagt wird: Ich rüge die Verletzung des § 823. Dann braucht man nichts weiter zu sagen, oder man schreibt lauter Blödsinn, der sich nur mit der Beweiswürdigung befasst und in keiner Weise eine Verletzung des § 823 erkennen lässt. Formell ist die Sache in Ordnung.

Jonas: Die Sache wäre formell nicht in Ordnung.

Altstötter: Die Revision würde als unzulässig verworfen werden. Man muss doch angeben, wie weit die Rechtsnorm verletzt ist. (*Vorsitzender:* Nein, das muss man bei Verfahrensmängeln!) – Nein, da muss man die Tatsachen anführen, aus denen sich die Verletzung der Verfahrensnormen ergibt. Bei einer Verletzung der Rechtsnorm braucht man nur zu sagen: Die Rechtsnorm ist insofern unrichtig angewandt, als der Begriff des Verschuldens verkannt ist. Daraus ergibt sich, dass sich der Mann wirklich eine Verletzung der Norm vorgestellt hat. Das genügt. Wenn man aber aus der Revisionsbegründung ersieht, dass sich der Mann überhaupt nichts vorgestellt hat, wird die Revision verworfen.

Ich glaube, es genügt auch noch nicht, die Bestimmungen über die Revision zu ändern. Ich bin der Meinung, dass es eine Reihe von Verfahrensrügen gibt, auf die man nicht wird verzichten können, und die einer sorgfältigen Begründung bedürfen. Ich weise auf folgenden Fall hin. In zweiter Instanz gibt der Anwalt, der Prozessbevollmächtigte der einen Partei, ein Geständnis ab. Das Berufungsgericht geht auf dieses Geständnis gar nicht ein; es ist weder im Protokoll noch im Tatbestand enthalten. Nun muss ein Antrag auf Tatbestandsberichtigung gestellt werden. Und das mit irgendeiner gewandten Revisionsrüge herauszubringen, dazu gehört eine ungeheure Geschicklichkeit, und selbst dann schlägt es noch oft genug fehl. Es gibt eine ganze Reihe solcher Fäll. Wir haben schon Fälle gehabt, in denen die Frage, ob ein Geständnis vorliegt oder nicht, für die Entscheidung tatsächlich von enormer Bedeutung war, weil wir uns sagten: Der Prozess ist sicherlich unrichtig entschieden. Es musste irgendein Weg gesucht werden, die Sache wieder geradezubiegen. Solche Fälle gibt es eine Masse. § 141 ist eine berühmte Geschichte. Dann beim Sachverständigenbeweis die nochmalige Beantragung usw., das rechtliche Gehör – wie weit reicht das –.

Vorsitzender: Diese Einzelheiten müssen wir später bei der Revision erörtern. Es ist nur wichtig, hier festzustellen, dass wir uns mit dieser Frage eingehend befassen müssen: Können wir eventuell darauf verzichten, dass die Revision beim Reichsgericht nur von den dort besonders zugelassenen Anwälten vertreten werden kann? Dass das eine sehr kitzlige Frage ist, darüber sind wir uns klar.

Lent: Neue Gesichtspunkte kann ich nicht anbringen, und diesen Mangel werde ich durch Kürze auszugleichen versuchen.

Zustellung von Amts wegen oder auf Parteibetrieb – ich schließe mich der allgemeinen Anschauung an, dass es im Zuge der Zeit liegt, den Betrieb von Amts wegen durchzuführen.

Was die Notwendigkeit der formellen Zustellung angeht, so bin ich dafür, dass bei der Klageerhebung irgendeine Formalisierung erfolgt. Ob man das im Wege der Zustellung oder durch eingeschriebenen Brief mit Rückschein macht, ist mir gleichgültig. Nur würde ich es für notwendig halten, dass der Richter einen urkundlichen Nachweis darüber in die Hand bekommt, dass das Schriftstück überhaupt ausgehändigt worden ist, und wann und an wen. Das ist im Interesse des Versäumnisverfahrens notwendig. Für mein Gefühl ist es undenkbar, dass der Richter ohne diesen Nachweis ein Versäumnisurteil ins Blaue hinein erlässt und es dem Beklagten überlässt, eine Wiedereinsetzung mit dem Nachweis zu begründen, dass er den Brief nicht bekommen hat. Das ist sehr viel umständlicher, schon weil ein negativer Nachweis weit umständlicher ist als ein positiver. Dass Briefe verloren gehen, ist keine Seltenheit. Angesichts der Verspätung lege ich Wert darauf, dass der Richter den urkundlichen Nachweis in der Hand hat.

Formen interessieren mich nur insoweit, als ich frage, ob eine gewisse Harmonie zwischen der Bedeutung dieses Aktes und seiner Formalisierung besteht. Aber die Klageerhebung und die Tatsache, dass sie dem Beklagten in die Hand kommt, scheinen mir von so grundsätzlicher Bedeutung zu sein, dass dieser Akt eine formelle Rolle vertragen kann.

Das Urteil als Vollstreckungstitel! Da scheint mir die Zustellung des Urteils nicht notwendig zu sein. Denn für den Schuldner genügt es, wenn ihm der Gerichtsvollzieher eine Ausfertigung vorlegt und sich damit legitimiert. Hier genügt auch das Urteil ohne Begründung. Denn für den Vollstreckungszugriff und den Standpunkt des Schuldners genügt es, dass das Urteil da ist. Wie es begründet ist, ist für ihn als Vollstreckungsschuldner zunächst gänzlich gleichgültig.

Anders das Urteil als Grundlage der Rechtsmitteleinlegung. Hier erblicke ich den Idealzustand darin, dass eine Rechtsmittelfrist erst zu laufen beginnt, wenn das vollständige Urteil vorhanden ist. Die Frage, ob technische Schwierigkeiten im Wege stehen, muss ich den Herren der Praxis überlassen.

Ob man nun den Lauf der Frist von der Herausgabe einer Mitteilung vom Urteil durch die Geschäftsstelle oder vom Empfange an berechnet, so geht meine Meinung dahin, dass man besser vom Empfang an rechnet, wenn man kurze Fristen haben will. Wenn man eine 14tägige Frist hat und die Post eine Verspätung von vier bis acht Tagen erleidet, ist es bedenklich, von der Absendung an zu rechnen. Haben wir längere Fristen, dann kommt es auf eine kleine Verzögerung nicht an. Dann müssen wir uns den Vorschlag von Herrn Präsident Jonas durch den Kopf gehen lassen. Festhalten würde ich daran, dass die Rechtsmittelfristen gesetzliche Fristen sind und durch den Richter evtl. verlängert werden können. Wenn man die doppelte Frist fallen lässt und nur eine einfache Frist gibt, würde ich dafür sein, dass das vollständige Urteil den Anfang für die Rechtsmittelfrist gibt. Teilt man es, dann kann man zunächst mit dem unvollständigen Urteil beginnen.

Der Gedanke der Simultanzulassung für die ersten Instanzen leuchtet mir durchaus ein. Dagegen habe ich Bedenken, bei der dritten Instanz den bisherigen Zustand umzustoßen.

Staud: Ich wollte nur auf eine Einzelheit aus den letzten Ausführungen des Herrn Präsidenten Jonas eingehen. Mir scheint, dass zwischen unseren Auffassungen keine Gegensätze mehr bestehen, was die Zustellung zwecks Begründung der Rechtshängigkeit angeht. Das muss natürlich in einer irgendwie garantierten Form dem Beklagten übermittelt werden.

Nun die Zustellung zur Ingangsetzung der Rechtsmittelfrist. Da sind wir doch verschiedener Auffassung. Was die Frage angeht, ob hierzu die Zustellung des vollständigen Urteils mit Begründung notwendig ist, so habe ich von Herrn Präsident Jonas als Argument gegen die Zustellung gehört, dass dadurch die Rechtskraft zu lange hinausgeschoben werden würde. Ich weiß nicht, ob das richtig ist. Herr Präsident Jonas sagt, die abgekürzte Ausfertigung müsse genügen, um die Rechtsmittelfrist in Gang zu setzen. Liege die Begründung noch nicht vor, dann möge nachher durch Verlängerung, sei es der Rechtsmittelfrist, sei es einer etwaigen Begründungsfrist, geholfen werden. Dadurch scheint mir doch der Zeitpunkt des endgültigen Eintritts der Rechtskraft genauso weit hinausgeschoben zu werden, wie wenn man erst die Rechtsmittelfrist, aber ohne Verlängerungsmöglichkeit, laufen lässt, wenn das Urteil fertig abgesetzt ist, wie auch umgekehrt: Man lässt die Rechtsmittelfrist laufen, verzögert aber das Rechtsmittelverfahren dadurch, dass man wegen noch nicht vollständigen Vorliegens des angefochtenen Urteils die Frist verlängert. (Zuruf von *Jonas.*) – Der Entschluss, ein Rechtsmittel nicht einzulegen, wird vielleicht noch eher gefördert, wenn der Partei das Urteil mit Begründung vorliegt. Denn die Begründung des Urteils soll doch den Leser von der Richtigkeit des Urteils überzeugen. Solange das Urteil nicht begründet ist, wird immer eine größere Neigung bestehen, ein Rechtsmittel einzulegen, weil immer noch die Hoffnung besteht, dass die Begründung so miserabel ist, dass sich die Einlegung des Rechtsmittels lohnt. Ich glaube also, dass man diese Spekulation ebenso gut in der umgekehrten Richtung anstellen kann, wie sie anscheinend für Sie leitend gewesen ist. Wir sind uns sicherlich darüber einig, dass die Durchführung der Zwangsvollstreckung unabhängig davon erfolgen kann, dass es dazu einer formellen Zustellung nicht bedarf, sondern dass dazu die abschriftliche Mitteilung oder vielleicht auch nur die Verweisung der vollstreckbaren Ausfertigung genügt.

Dass ich gegen jede individuelle Verlängerung von Rechtsmittelfristen bin, brauche ich nicht mehr besonders zu unterstreichen. Das habe ich schon in Wiesbaden [vgl. S. 309 ff.] hervorgehoben.

Ein Gedanke, den in Wiesbaden Herr Prof. Fischer zur Sprache gebracht hatte, ist heute nicht wieder aufgetaucht. Er sagte, für gewisse Fälle – dabei dachte er an Honduras, Costa Rica und dergleichen – komme man mit einer 14tägigen Frist nicht aus. Da wurde nun der Gedanke erörtert, ob man die Rechtsmittelfrist nicht auf den Wohnsitz der rechtsmittelberechtigten Partei abstellen solle. Man könnte da mit ähnlichen Grundsätzen arbeiten wie bei der Bemessung der Einlassungsfrist. Ob dafür ein praktisches Bedürfnis besteht, weiß ich nicht. Ich möchte es verneinen.

Vorsitzender: Damit wäre die Rednerliste erschöpft. Wir können aus dieser Debatte recht erfreuliche Schlüsse ziehen.

Wir sind uns erstens darüber einig geworden, dass der sogenannte Amtsbetrieb, d.h. dass auch von der Ingangsetzung des Verfahrens in erster Instanz an alle notwendigen Zustellungen durch das Gericht veranlasst werden, auch im landgerichtlichen Verfahren durchgeführt werden soll. Davon sind wir inzwischen alle überzeugt worden. Das kann man schon als etwas Positives anerkennen.

Zweitens sind wir alle darüber einig, dass unsere Zustellungsvorschriften reichlich kompliziert sind, und dass es keine große Schönheit der Zivilprozessordnung bedeutet, wenn wir den langen Abschnitt über die Zustellung haben.

Wir sind uns ferner darüber einig, dass wir – wenn überhaupt – Zustellungen nur noch für zwei große wichtige Abschnitte brauchen: die Ingangsetzung des Verfahrens überhaupt, die Begründung der Rechtshängigkeit, die Eröffnung einer Rechtsmittelfrist durch Zustellung eines

Urteils, die dann aber im Übrigen ebenso wie alle anderen Zustellungen von Amts wegen durchgeführt werden müsste.

Die Frage, ob wir für diese beiden Zustellungen noch den ganzen Komplex der Vorschriften brauchen, erscheint nun als besonders dringlich. Denn wenn wir den räumlichen Umfang der Zustellung so sehr beschränken, ist es doppelt misslich, wenn wir dafür einen so großen Apparat aufziehen müssen, wie wir ihn jetzt haben.

Da sind nun verschiedene Möglichkeiten eröffnet worden. Die eine Möglichkeit besteht darin, dass man mit Fiktionen arbeitet, wie wir es heute in § 496 tun. Das entspricht nicht ganz dem Gedanken, dass diese Fälle besonders sakrale Akte sind, in denen ganz klar sein soll, wann der Termin eingetreten ist. Wenn man also eine Vereinfachung vornehmen will, muss man an andere Dinge denken, sei es, dass man nach österreichischem Vorbilde auf eine Sache mit Rückschein kommt, wobei dann freilich immer noch die Ersatzzustellung geregelt werden müsste,. Inwieweit man das der Post überlassen kann, können wir gar nicht abschließend entscheiden. Da müssen wir uns mit den Herren aus dem Postministerium in Verbindung setzen. Irgendein Weg wird gefunden werden müssen. Man könnte sich schon vorstellen, dass die meisten Bestimmungen über die Zustellung aus der Zivilprozessordnung verschwinden, und dass nur Soll-Vorschriften vorhanden sind, von denen die Gültigkeit der Zustellung überhaupt nicht abhängt.

Nun die Frage, wie die Rechtsmittelfrist in Lauf gesetzt werden soll. Diese Frage hängt eng mit der Frage der besonderen Begründungsfrist zusammen. Da scheint sich doch nun am Horizont immer klarer das Bild abzuzeichnen, dass wir diese doppelte Frist aufgeben. Auch Herr Jonas hat sich zuletzt dafür ausgesprochen, mit der Zustellung des vollständigen Urteils die Frist beginnen zu lassen und dann gleich beides zusammenzufassen, so dass in dieser einen Frist die Berufung eingelegt und begründet werden muss. Allerdings hat Herr Jonas zum Schluss wieder mehrere Pflöcke zurückgesteckt und gemeint, dass es wegen der etwaigen Verzögerung der Vollstreckung – denn niemand wird in einer schwierigen Sache gern ein noch nicht rechtskräftiges Urteil vollstrecken wollen – doch besser sei, schon mit einer abgekürzten Ausfertigung die Rechtsmittelfrist im Lauf zu setzen und dann einen beweglichen Faktor einzuschalten, so dass derjenige, der zunächst noch kein vollständiges Urteil in der Hand hat und daher noch nicht weiß, wie er das Rechtsmittel begründen soll, entweder die Rechtsmittelfrist verlängert oder die Möglichkeit erhält, die Begründung nachzubringen.

Dagegen habe ich nun allerdings gewisse Bedenken. Ich erinnere mich bei diesen Ausführungen von Herrn Jonas an etwas, was Nietzsche einmal über Kant gesagt hat. Nietzsche setzt auseinander, Kant hätte mit ungeheurem Scharfsinn nachgewiesen, dass Erkenntnisse a priori überhaupt unmöglich sind, dass wir immer nur aus unseren Erfahrungen Schlüsse ziehen können, und scheinbare Urteile a priori, wie z.B. die mathematischen, nichts weiter seien, als dass man von vornherein Begriffe hat und aus diesen Begriffen die Schlüsse zieht. Aber in den Begriffen ist alles das schon enthalten, und deshalb müssen die Schlüsse immer stimmen. Aber, sagt er zum Schluss, es gibt ein Ding an sich, es gibt das Gewissen und gewisse vom Jenseits her dem Menschen innewohnende Erkenntnisse. Das sind dann letzten Endes doch Erkenntnisse a priori. Und da sagt Nietzsche, ihm komme Kant vor wie ein Fuchs, dem es mit einem ungeheuren Scharfsinn gelingt, aus einem Käfig auszubrechen, der dann in der Freiheit eine große Wanderung macht und am Schluss wieder freiwillig in seinen Käfig zurückkehrt.

Ebenso ist es, wenn wir mit großer Geistesschärfe nachweisen, dass wir eine Zweiteilung von Berufungsfrist und Berufungsbegründungsfrist entbehren und uns mit einer einheitlichen Frist begnügen können. Wenn das nun aber im Einzelfalle kitzlig ist, muss der Richter die Möglichkeit haben, dem Berufungsberechtigten zur Ergänzung seiner Berufung noch eine besondere Frist zu gewähren. Dann haben wir ja wieder die Zweiteilung von Berufungsfrist und Berufungsbegründungsfrist.

Da möchte ich eigentlich die Ansicht von Herrn Staud teilen, dass erfahrungsgemäß solche Hintertüren nicht nur Notausgänge sind, sondern wie der berühmte Notausgang bei Wertheim regelmäßig benutzt werden. Diese Ausnahme würde gar zu leicht zur Regel werden. Da dürfen wir doch wohl vor einer gewissen lapidaren Einfachheit nicht zurückschrecken und können uns damit trösten, dass alles das, was zu diesen Erwägungen geführt hat, letzten Endes immer der Gedanke war, dass die Fälle doch verhältnismäßig häufig sind, in denen es heute so unendlich lange dauert, bis die Parteien das fertig begründete Urteil haben. Das liegt in den Mängeln des Betriebes, das liegt daran, wie die Richter ihr Urteil anfertigen und wie die Kanzlei diese Urteile ausfertigt.

Nun gebe ich zu, dass es heute sehr schwer ist, durch eine zwischendurch getroffene ministerielle Anordnung diese Misslichkeiten vollständig auszuräumen. Aber das ist doch der Segen, den wir auch durch eine neue Prozessordnung anstreben, dass wir nun die Möglichkeit haben, zur Durchführung des neuen Prozessrechts ganz radikal auch mit diesem alten Schlendrian dort aufzuräumen. Ich glaube, dann ist der Moment gekommen, wo nicht nur die Abteilung 6, sondern auch die Abteilung 4 ein Wort darüber zu reden hat, wie die Kanzleien einzurichten sind. Ob wir dann nicht auch hier wie auf anderen Gebieten eine Beseitigung dieses alten Schlendrians erreichen, das wollen wir erst einmal sehen. Gerade im Zusammenhange mit der hier angestrebten Reform werden wir manchen Nutzen schaffen.

Dann haben wir gesehen – es ist dankenswert, dass Herr Präsident Jonas das in den Vordergrund gestellt hat –, dass schon ein Vergleich mit dem österreichischen Verfahren zeigt, wie die Abkürzung und Konzentrierung der Fristen mit der Frage zusammenhängt, ob in den drei Instanzen derselbe Anwalt oder verschiedene Anwälte die Partei vertreten. Wir können schon heute sagen, dass die Möglichkeit einer Simultanzulassung für die erste und zweite Instanz zu bejahen ist, dass es aber für die dritte Instanz hinsichtlich der Durchführbarkeit noch einer sehr ausführlichen Erörterung bedarf.

Nun wollte ich zum Schluss noch auf einen Punkt kommen, den Herrn Präsident Jonas andeutet, aber nicht weiter verfolgt hat. Er sagte ganz richtig, dass bei der Beratung unseres letzten Zivilprozessordnungsentwurfs bezüglich der Urteilszustellung ausgeführt worden sei, es sei eine Sache der Ökonomie, die Urteilszustellung in die Hand der Parteien zu legen. Das möchte ich noch etwas näher ausführen. Man sagte sich, dass ja ein großer Vorzug der Parteizustellung darin liege, dass durch die eine Zustellung die Berufungsfrist für beide Parteien hinaufgesetzt wird, und dass das Urteil nur einer Partei zugestellt werden muss.

Jonas: Unter folgendem Gesichtspunkt. Die Parteien beantragen unter Umständen Abschriften, und diese Abschriften werden bezahlt. Das Gericht ist mit der ganzen Geschichte nicht weiter befasst. Und nun muss auch in denjenigen Fällen, in denen es für die Parteien von vornherein klar ist, dass sie kein Rechtsmittel einlegen wollen, das Gericht um des Gesetzes willen zwecklos tätig werden.

Vorsitzender: Ja, früher genügte eine Zustellung, und jetzt sind zwei erforderlich. Da ergibt sich auch die Frage, wann der Lauf der Rechtskraft beginnt. Ich muss gestehen, obwohl es in meinem Kommentar zum Arbeitsgerichtsgesetz auseinandergesetzt ist, weiß ich es im Augenblick nicht ganz genau. Man nimmt wohl an, die Rechtsmittelfrist beginnt für beide Teile erst dann, wenn die letzte Zustellung bewirkt ist. (*Altstötter:* Nein, die Rechtsmittelfrist läuft für jede Partei gesondert!) – Dann wäre das weiter kein Problem.

Jonas: An sich sind ja das alles keine welterschütternden Fragen. Nur über eins wundere ich mich: Überall war es doch unser Ziel, den Prozess zu beschleunigen. Und hier macht man plötzlich einen Rückschritt! Es ist meiner Meinung nach ein absoluter Rückschritt, wenn in Fällen, in denen bisher die Rechtskraft vier Wochen nach Zustellung der abgekürzten Urteilsformel eintrat, jetzt unter Umständen einen Monat später zugestellt wird, weil die kanzleimäßige Erledigung umfangreicher Urteile nicht eher beendet ist. Das leuchtet mir nicht ein. Ich stecke nicht Pflöcke zurück, sondern ich möchte diesen Rückschritt, den Sie meiner Meinung nach machen, nicht mitmachen. Ich will es bei dem jetzigen Zustande belassen, sehe aber natürlich ein, dass wir eine starre Begründungsfrist vor Kenntnisnahme und Durcharbeitung des umfangreichen begründeten Urteils nicht einführen können. Ich sehe aber nicht ein, weshalb man deswegen die Rechtsmittelfrist erst mit der Zustellung des vollständig begründeten Urteils laufen lassen und bis dahin jede Vollstreckung unter das Risiko der Kausalhaftung stellen soll, mit dem Ergebnis, dass ein vernünftiger Mensch überhaupt nicht mehr das Risiko eingehen kann, zu vollstrecken. Da haben mich auch Ihre letzten Ausführungen nicht umgestimmt.

Vorsitzender: Es handelt sich um die Frage, wie man Vorteil und Nachteil abwägt. Ich bin mit Herrn Staud der Meinung, dass dann die Fälle, in denen in Wirklichkeit nur scheinbar etwas geholfen wird, überwiegen werden, indem vorsorglich in der kurzen Frist das Rechtsmittel eingelegt wird, während sich hernach, und möglicherweise erst nach Verlängerung der Begründungsfrist herausstellt, dass gegen das Urteil nichts ausgerichtet werden kann, so dass die Berufung nun zurückgenommen werden muss.

Jonas: Die Partei geht ein Kostenrisiko ein. Aber das sind Argumente, gegen die man sich eigentlich nicht gut verteidigen kann, indem man mir vorhält, aus dem, was ich vorschlage, würden sich Missstände ergeben, und alle Schwierigkeiten würden verschwinden, wenn man alles anders mache und die kanzleimäßigen Schwierigkeiten behebe. Wenn es wirtschaftlich so weitergeht wie jetzt, werden die kanzleimäßigen Schwierigkeiten in den nächsten Jahren ins Ungemessene anwachsen. Denn die Behörden werden bei den Gehältern und Löhnen, die sie zahlen, für Schreibarbeiten überhaupt keine eingearbeiteten Kräfte mehr bekommen. Die Post und die Eisenbahn leiden schon heute sehr unter Personalmangel, weil alle halbwegs geschulten Kräfte in die Industrie gehen. Dass die Kanzleien der Behörden in der Frage der Gehälter auch nur annähernd mit den Kanzleien der Anwälte oder der Industrie konkurrieren können, werden wir wohl nicht erreichen, und den Optimismus, dass wir unseren Kanzleibetrieb irgendwie ändern könnten, teile ich nicht. Denn mit einer Dezentralisierung der Kanzlei ist die Frage nicht gelöst. Normalerweise müssen die Urteile umgedruckt werden, weil so viele Exemplare benötigt werden, dass sieben Durchschläge nicht ausreichen. Hinter dieser Frage stehen also Schwierigkeiten, die nicht ganz einfach zu beseitigen sind.

Altstötter: Wenn man sich dazu entschließt – und ich würde es schließlich mitmachen – die Zweiteilung der Frist fallen zu lassen und eine einheitliche Frist zu geben, dann möchte ich aber doch bitten, dass man das, was Sie als Hintertürchen bezeichnen, als Notbehelf offen lässt. Wie man diese Möglichkeit einschränkt, ist eine Frage für sich. Ich glaube, es wird sich praktisch gar nicht durchhalten lassen. (*Vorsitzender:* Die Verlängerung wird immer die Regel sein!) – Ich sehe auch gar kein hervorragendes Interesse. Ich erinnere daran, dass wir dieselbe Frage noch einmal in § 519 Abs. 6 haben. Diese Frist wird in sehr vielen Fällen – wohl in den meisten Fällen – verlängert werden und verlängert werden müssen, weil der Mann das Geld nicht aufbringt. Können wir auf diese Verlängerung verzichten? Ich glaube nicht; denn man würde der Justiz den Vorwurf machen, dass sie den reichen Leuten diene. Und wenn man hier zu einer Verlängerung der Frist kommt, sollte man diese Möglichkeit grundsätzlich vorsehen. Es gibt Fälle, in denen es ohne diese Verlängerung nicht geht. Schließt man eine Verlängerung aus, so macht man einen Fehler.

(Schluss der Sitzung 17 Uhr)

2. Protokoll/Bericht über die Sitzung vom 15.1.1939 (Gerichtsstand)

Furler: Der Unterausschuss, über dessen Beratungen ich zu berichten habe, hat sich zunächst mit der Frage des Gerichtsstandes als der örtlichen Zuständigkeit befasst. Er hat sich dahin entschieden, bei der Einteilung zu bleiben, die der bisherige Gesetzentwurf hat, nämlich zwischen einem allgemeinen Gerichtsstand und besonderen Gerichtsständen zu unterscheiden. Beim allgemeinen Gerichtsstand soll von der Person des Beklagten ausgegangen werden. Darüber, wie das im Einzelnen anzuknüpfen ist, entstanden drei verschiedene Auffassungen.

Die eine Auffassung will bei der bisherigen Regelung bleiben, dass nämlich der allgemeine Gerichtsstand durch den Wohnsitz oder den Sitz der Verwaltung bestimmt sind. Die andere Auffassung, die besonders Herr Prof. Fischer vertrat, ging dahin, dass diese juristischen Begriffe auszuschalten wären; denn man müsse an den ständigen Aufenthaltsort oder den Ort, an dem die Verwaltung geführt wird, anknüpfen. Der Ausschuss entschied sich dafür, den allgemeinen Gerichtsstand sowohl durch den Wohnsitz, als auch durch den ständigen Aufenthaltsort oder bei Gesellschaften durch den Sitz der Verwaltung bestimmen zu lassen. Ob das auch für nicht vermögensrechtliche Streitigkeiten gelten sollte, blieb unentschieden. Der Wohnsitz oder der Sitz der Verwaltung soll also in erster Linie bestimmend sein; wenn ein Wohnsitz oder ständiger Aufenthaltsort nicht gegeben ist, soll es bei der bisherigen Regelung bleiben.

Nun hat sich der Unterausschuss weiter dahin entschieden, dass im Hinblick auf § 21 des Gesetzentwurfs noch ein zweiter allgemeiner kleiner Gerichtsstand geschaffen wird. Er ist auf folgende Formulierung abgekommen: „Handelt es sich um Rechtsstreitigkeiten, die mit einer besonderen geschäftlichen oder beruflichen Tätigkeit des Beklagten zusammenhängen, dann kann dieser auch an dem Ort verklagt werden, wo sich das Geschäft befindet oder der Beruf ausgeübt wird. Dies gilt auch für Zweigniederlassungen oder Klagen, die mit der Bewirtschaftung eines Gutes oder Mietshauses zusammenhängen."

Man hat noch darüber beraten, ob es richtig ist, ähnlich wie im Art. 31 der österreichischen Jurisdiktionsnorm eine Möglichkeit zu schaffen, dass das Gericht ganz allgemein einen zweckmäßigen Gerichtsstand bestimmt. Der Unterausschuss entschied sich dahin, dass diese Lösung für uns nicht notwendig und auch nicht erwünscht ist und dass man es bei der automatischen Regelung, wie sie bisher formuliert war, lassen solle. Art. 31 der österreichischen Regelung hat auch nur wenig oder keine Bedeutung. Er lautet: „Auch kann aus Gründen der Zweckmäßigkeit auf Antrag einer Partei von dem Oberlandesgericht, in dessen Sprengel das zuständige Gericht gelegen ist, anstelle desselben ein anderes im Sprengel zur Verhandlung und Entscheidung bestimmt werden." Das ist die Möglichkeit, dass das Gericht auf Antrag einer Partei ein Gericht, das es für besonders zweckmäßig hält, abweichend von der üblichen Regelung bestimmt.

Im Einzelnen ist noch zu bemerken, dass der Unterausschuss dafür ist, § 17 Abs. 3 zu streichen, wonach bei Aktiengesellschaften durch Statut ein weiterer allgemeiner Gerichtsstand bestimmt werden kann, weil das unpraktisch ist. Der Ausschuss hält es für wünschenswert, dass in Bezug auf die Zuständigkeit bei Klagen gegen den Fiskus Klarheit geschaffen wird. Das liegt allerdings außerhalb des Aufgabenbereichs unseres Ausschusses. Ich will erwähnen, dass bei dieser Gelegenheit auch über den österreichischen Finanzprokurator gesprochen wurde.

Nun zu den besonderen Gerichtsständen! Hier war der Unterausschuss der Auffassung, dass die bisherigen §§ 20 und 21 als überflüssig gestrichen werden können. Das kann bei § 21 deshalb geschehen, weil er sich aus der vorhin erwähnten Zuständigkeit ergibt. § 20 kann gestrichen werden, weil auch er als überflüssig erscheint, weil man den ständigen Aufenthaltsort ebenfalls als bestimmend für den allgemeinen Gerichtsstand anerkannt hat.

Der Gerichtsstand der Mitgliedschaft – § 22 –, der Sitz der Verwaltung soll bleiben, und zwar auch für die Zwangsmitgliedschaften, wenn sich jemand also nicht freiwillig, sondern aufgrund von Zwang einer Personengemeinschaft anschließt.

Der Gerichtsstand des Vermögens soll auch weiter beibehalten werden als besonderer Gerichtsstand, und zwar vor allem wegen der internationalen Zuständigkeit. Neu wurde im Unterausschuss aufgrund einer Anregung von Herrn Jonas, die Billigung fand, die Schaffung eines besonderen Gerichtsstandes befürwortet, der so zu umreißen ist, dass jemand, der in Deutschland weder einen allgemeinen noch einen besonderen Gerichtsstand hat, allgemein, wenn der Kläger ein berechtigtes Interesse nachweist, in Berlin verklagt werden kann, und zwar auch dann, wenn ausländische Staaten das entsprechende Urteil hinsichtlich der Vollstreckbarkeit nicht anerkennen sollten.

Eingehende Erörterungen fanden statt über den dinglichen Gerichtsstand. Es herrschte Einigkeit darüber, dass er als besonderer Gerichtsstand erhalten bleiben soll, und zwar sowohl für die dinglichen, als auch für die damit zusammenhängenden persönlichen Fragen. Fraglich war dabei, ob er als ausschließlicher Gerichtsstand bleiben soll. Die eine Gruppe der Herren war gegen die Ausschließlichkeit. Die andere Gruppe sprach sich für die bisherige Regelung aus. Man einigte sich dahin, diesen Gerichtsstand als alleinigen Gerichtsstand bestehen zu lassen. Die besonderen Gerichtsstände sind also ausgeschlossen. Es ist aber eine anderweitige Einlassung oder Vereinbarung zulässig. Wenn diese Regelung getroffen wird, erscheint es dem Unterausschuss als notwendig, dass in der Frage der Anerkennung ausländischer Urteile eine Änderung in der gesetzlichen Formulierung stattfindet, und zwar aus folgendem Grunde. Bisher waren nach § 326 der ZPO ausländische Urteile hinsichtlich deutscher Grundstücke nicht anerkannt, weil die ausschließliche Zuständigkeit entgegenstand. Es würde nach der gegenwärtigen Gesetzeslage, wenn ein vereinbarter Gerichtsstand zulässig ist, dazu führen, dass ausländische Urteile anerkannt würden. Dem Unterausschuss scheint das ausgeschlossen zu sein, und es soll dabei bleiben, dass trotz dieser Vereinbarung ausländische Urteile nicht anerkannt werden. Das kann einmal durch eine Änderung des § 328 formuliert werden oder durch eine eventuelle Einführung einer Beschränkung der Vereinbarung durch deutsche Gerichte.

Dann war noch zu klären, wie die Abgrenzung des dinglichen Gerichtsstandes zu umschreiben ist. Herr Prof. Fischer schlug vor, das allgemein zu fassen. Die Formulierung lautet: „Im dinglichen Gerichtsstand können Rechtsstreitigkeiten durchgeführt werden über Rechtsverhältnisse an Grundstücken und solche, die mit Rechten an Grundstücken und Rechten an solchen Rechten zusammenhängen." Der Unterausschuss war der Meinung, dass hier eine schärfere Abgrenzung erforderlich ist und dass genau gesagt werden muss, welche dinglichen Rechte und welche damit zusammenhängenden persönlichen Rechte für den Gerichtsstand im Allgemeinen gelten müssen. Die Mehrheit war der Auffassung, dass die Formulierung des Entwurfs hier die notwendige Schärfe und Klarheit für die Abgrenzung schaffe, so dass sie in das neue Gesetz übernommen werden kann.

Nun noch eine Anregung zur Ergänzung! In Bezug auf den Gerichtsstand, der durch das obere Gericht bestimmt wird, heißt es, dass, wenn ein Grundstück in den Bezirken verschiedener Gerichte liegt, das obere Gericht *ein* Gericht für zuständig erklären kann. Der Unterausschuss hat die Tendenz, diese Bestimmbarkeit nach Möglichkeit einzuschränken und durch eine automatische Regelung zu ersetzen. Es ist anzuregen, ob es nicht zweckmäßig wäre, beim dinglichen Gerichtsstand zu sagen: „Ist eine Sache im Gerichtsstand verschiedener Gerichte belegen, so ist jedes dieser Gerichte zuständig."

Eingehend erörtert wurde die Frage, ob der Gerichtsstand der Erbschaft beibehalten werden soll. Man gelangte zu dem Ergebnis, dass dieser Gerichtsstand als besonderer erwünscht ist, solange der Nachlass ungeteilt ist, und dass er alsdann als alleiniger beibehalten werden soll.

Nun zu einem weiteren besonderen Gerichtsstand, und zwar dem des Erfüllungsortes! Hier war eine Gruppe der Herren der Auffassung, dass der Gerichtsstand des Erfüllungsortes überhaupt zu streichen wäre, weil die bürgerlichrechtliche Anspruchskonstruktion nach Möglichkeit überall dort ausgeschaltet werden müsse, wo dies angängig sei. Der Unterausschuss entschied sich aber in seiner überwiegenden Mehrheit gegen diese Auffassung und war dafür, den Gerichtsstand des Erfüllungsortes als besonderen Gerichtsstand beizubehalten. Die Gründe dafür liegen einmal in der internationalen Zuständigkeit, die auch dadurch geschaffen wird, und dann darin, dass durch den Gerichtsstand des Erfüllungsortes ein einmal begründeter Gerichtsstand beim Beklagten beibehalten wird, auch wenn dieser seinen Wohnsitz und ständigen Aufenthaltsort ändert.

Eine andere Frage ist die, ob der vereinbarte Erfüllungsort auch genügen soll, um einen gesetzlichen besonderen Gerichtsstand zu begründen. Wir werden das im Zusammenhang mit dem vereinbarten Gerichtsstand behandeln, weil es unbedingt notwendig erscheint, dass die beiden Fragen gleichmäßig behandelt werden.

Der Unterausschuss war auch dafür, den Gerichtsstand des Mess- und Marktortes beizubehalten, wenn mir auch zweifelhaft ist, ob dieser Gerichtsstand eine große praktische Bedeutung hat. Vielleicht wäre es zweckmäßig, darüber Erhebungen anzustellen. (*Vorsitzender:* Darüber haben wir bei der Ausarbeitung des Entwurfs eingehende Informationen eingeholt. Ich war der Meinung, man müsste ihn streichen. Er ist nachher aber wieder in den Entwurf hineingekommen, weil behauptet wurde, dass Leipzig sehr wichtig ist.) Jedenfalls war der Unterausschuss dafür, diesen Gerichtsstand beizubehalten.

Weiter der Gerichtsstand der Vermögensverwaltung! Er führte den Unterausschuss in das Problem des Gerichtsstandes der Partei kraft Amtes ein, die dann eingehend besprochen wurde. Auch ich will diese Unterteilung beibehalten, und zwar einmal den Gerichtsstand der Partei kraft Amtes und dann den übrigen Gerichtsstand. Es ist eine Frage der Zweckmäßigkeit, ob man bei der Partei kraft Amtes vom privatrechtlichen Eigentümer oder vom Verwalter auszugehen hat. Der Unterausschuss hat hierzu nur gewisse Grundsätze aufgestellt, von denen ausgegangen werden soll. Es soll keine Sonderregelung für Aktivprozesse geschaffen werden; dann soll kein bei Eintritt der Partei kraft Amtes begründeter Gerichtsstand beseitigt werden, und schließlich hat man gesagt, dass für die Partei kraft Amtes der allgemeine Gerichtsstand dort ist, wo sie die Verwaltung führt. Dort kann sie in allen Dingen, die mit dieser Verwaltung zusammenhängen, verklagt werden. Das wäre die einzige Sonderregelung, die nach der Auffassung des Unterausschusses notwendig ist, weil sich die beiden ersten Punkte nach der gesetzlichen Formulierung von selber ergeben. Bei den anderen Verwaltungen schien es dem Unterausschuss richtig zu sein, eine Sonderregelung nicht zu schaffen, sondern lediglich den § 31 des Gesetzentwurfs beizubehalten, wonach bei unmittelbaren Verwaltungsstreitigkeiten … (*Vorsitzender:* Was soll heißen: die besonderen Gerichtsstände bleiben?) Alle *begründeten* Gerichtsstände bleiben. Es war im Unterausschuss streitig, wie es bei einem Konkurs sein soll. Die Mehrheit war dafür, hier keine Änderung zu schaffen. Es soll so bleiben, wie es bei Eintritt des Konkurses war.

Dann der Gerichtsstand der unerlaubten Handlung! Hier ist der Unterausschuss einstimmig für die Beibehaltung des besonderen Gerichtsstandes. Eine Diskussion fand vor allem unter dem Gesichtspunkt statt, dass bei der heutigen Lage unbestreitbar nach verschiedenen Richtungen ein Missbrauch mit diesem Gerichtsstand getrieben wird. Missbrauch kann getrieben werden insofern, als ein gutgläubiger oder auch nicht gutgläubiger Beklagter veranlasst werden kann, eine unerlaubte Handlung zu begehen, um ihn verklagen zu können, und dann auch insofern, als eine unerlaubte Handlung einfach behauptet wird, um die rechtliche Qualifikation dafür zu erhalten, einen Prozess dort durchzuführen, wo er an sich nicht durchgeführt werden kann.

Bei der Frage der Veranlassung einer unerlaubten Handlung, um zu einem Gerichtsstand zu kommen, wird es sich praktisch, glaube ich, um die Rechtsgebiete des gewerblichen Rechtsschutzes, Patentprozesse, Warenzeichenstreitigkeiten, handeln. Hier hat Herr Prof. Fischer vorgeschlagen, in das Gesetz die Klausel aufzunehmen, dass der Gerichtsstand der unerlaubten Handlung nicht gelte, wenn der Kläger die unerlaubte Handlung selber oder durch einen anderen veranlasst hat, um einen besonderen Gerichtsstand zu erlangen. Dem Ausschuss war es fraglich, ob es zweckmäßig ist, eine solche Klausel aufzunehmen, weil dadurch komplizierte Streitigkeiten über den Gerichtsstand mit Beweisaufnahmen entstehen können, weil bei der Regelung der örtlichen Zuständigkeit möglichst klare Zuständigkeiten geschaffen werden sollen, und weil der Beklagte die unerlaubte Handlung tatsächlich auch begangen haben muss. Es scheint mir zu genügen, wenn das in den einschlägigen Sondergesetzen geregelt wird. (*Vorsitzender:* Heute steht das im Gesetz über den unlauteren Wettbewerb!) Das wird aber ausgeschaltet, weil alle Klagen aus unlauterem Wettbewerb aus §§ 826 und 823 begründet werden. In besonders krassen Fällen kann das Gericht auch mit dem Einwand der Arglist helfen.

Nun die Frage des Missbrauchs durch die Behauptung einer unerlaubten Handlung! Hier führte die Diskussion in das Gebiet des Gerichtsstandes des Zusammenhangs. Zwei Grundsätze sind hier herauszustellen. Einmal herrschte Einigkeit darüber, dass es erwünscht ist, dass das Gericht, das für das Urteil oder für einen der konkurrierenden Ansprüche zuständig ist, über alle Ansprüche entscheiden kann. Der andere Grundsatz ist der, es ist unerwünscht, dass durch eine falsche Behauptung in der Beurteilung oder den Ansprüchen ein Gericht einfach für den Gerichtsstand des Zusammenhanges zuständig gemacht wird, das an sich nicht zuständig ist. Zwischen diesen beiden Folgen bewegte sich die Debatte, und eine Einigung war hierüber nicht zu erzielen, weil es, wenn man diesen allgemeinen Zusammenhang des Gerichtsstandes schafft, unvermeidbar ist, dass der geschickte Kläger das unbilligerweise missbraucht und den Prozess dort hinzieht, wo er ihn hinhaben will. Eine zu diesem Komplex vorgebrachte Anregung lautete: „Das Gericht kann sich für zuständig erklären, wenn der Kläger bei Erhebung der Klage die Zuständigkeit für gegeben erachten durfte und wenn die Zuständigkeit des angerufenen Gerichts auch unter Berücksichtigung der Belange des Beklagten sachdienlich ist.“ Der Unterausschuss hat aber in dieser Frage eine endgültige Lösung nicht finden können.

Beim besonderen Gerichtsstand der Widerklage war man sich darüber einig, dass eine Abschaffung nicht in Frage kommt, wobei man dahingestellt sein lassen kann, ob es sich hier um eine Widerklage, eine Klage im Sinne der Hauptklage oder nur um einen Gegenantrag handelt. Unter beiden Gesichtspunkten muss die Möglichkeit geschaffen werden, diese Streitfragen wie bisher an dem gemeinsamen Gericht zu erledigen.

§ 34 – Gerichtsstand des Hauptprozesses – kann noch der Meinung des Unterausschusses gestrichen werden, weil er wirklich keine große praktische Bedeutung hat und nur für die Prozesskosten gilt, die ohnehin vom Gericht festgesetzt werden können und weil es nicht notwendig ist, die Zuständigkeit zu entlasten.

Dann wurde angeregt, den besonderen Gerichtsstand der Streitgenossenschaft neu zu schaffen. Es handelt sich da um Folgendes: Heute wird durch § 36 Abs. 3 bestimmt, dass das im Instanzenzug übergeordnete Gericht ein Gericht bestimmen kann, wenn mehrere Personen, die ihren allgemeinen Gerichtsstand bei verschiedenen Gerichten haben, als Streitgenossen verklagt werden. Hier scheint eine automatische Regelung Platz greifen zu sollen, und zwar in der Art: „Fehlt ein gemeinschaftlicher besonderer Gerichtsstand, dann können Streitgenossen im allgemeinen Gerichtsstand eines jeden von ihnen verklagt werden.“ Wenn dieser besondere Gerichtsstand käme, würden §§ 36 und 37 nur noch in verkürzter Fassung ins neue Gesetz aufgenommen zu werden brauchen.

Ich komme jetzt zu der im Unterausschuss besonders streitig gewesenen Frage des vereinbarten Gerichtsstandes. Zunächst einmal will ich hierbei die Grundsätze herausstellen, über die Einigkeit bestand. Einigkeit besteht darüber, dass eine Vereinbarung grundsätzlich nur in vermögensrechtlichen Streitigkeiten möglich sein soll. Denn es ist selbstverständlich, dass ein ausschließlicher Gerichtsstand durch Vereinbarung nicht beseitigt werden kann und dass eine Vereinbarung oder Einlassung bei einem bereits anhängigen Prozess zulässig ist. Darüber bestand also Einigkeit, wobei hinsichtlich der Einlassung eine andere Formulierung als bisher für zweckmäßig gehalten wurde. Man hielt es für richtig, zu sagen, dass die prozessuale Tatsache des Verhandelns zur Hauptsache ohne Vorbehalt die Zuständigkeit schafft.

Hinsichtlich der Frage der Vereinbarung für zukünftige Streitigkeiten möchte ich feststellen, dass in zwei Punkten wiederum Einigkeit bestand, und zwar zunächst dahin, dass diese Vereinbarung nur möglich sein soll, wenn es sich um zukünftige Streitigkeiten aus einem bestimmten Rechtsverhältnis handelt, und dass sie zum anderen sicher zulässig sein soll zwischen Vollkaufleuten, wobei bei Vollkaufleuten eine bestimmte Form für die Vereinbarung nicht verlangt werden soll. Der Streit konkretisierte sich nunmehr dahin, ob eine Vereinbarung hinsichtlich zukünftiger Streitigkeiten in vermögensrechtlichen Sachen, die sich auf bestimmte Rechtsverhältnisse beziehen, auch zwischen Nichtkaufleuten zulässig sein soll. Hier waren die Gegensätze nicht zu überbrücken. Die Herren Staud, Jonas, Stagel, Lent und Fischer waren der Auffassung, dass das grundsätzlich unzulässig sein soll. Sie gingen dabei von zwei Hauptargumenten aus, einmal den Schutz des wirtschaftlich Schwachen und des Unerfahrenen und dann von der öffentlichrechtlichen Natur, sozusagen von der Unabdingbarkeit dieser Bestimmungen, die in der ZPO enthalten sind. Die übrigen waren dafür, dass die Vereinbarung zwischen Nichtkaufleuten grundsätzlich zulässig sein soll, dass man sie aber an die Schriften knüpfen müsste. Diese Herren gingen davon aus, dass der Beklagte kein Naturrecht darauf habe, allgemein am Gerichtsstand seines Wohnsitzes und ständigen Wohnortes verklagt zu werden. Es wurde die Interessenlage vorgebracht. Der Kampf gegen Schwindelfirmen gehöre nicht in die ZPO, auch in anderen Kulturstaaten sei eine solche Vereinbarung erlaubt, und schließlich müsse es, solange es möglich sei, einen Schiedsvertrag zu schließen, auch möglich sein, eine Zuständigkeitsvereinbarung zu treffen.

Im Rahmen dieses Streites war es bei der Gruppe, die gegen diese Vereinbarung war, wieder fraglich geworden, wohin die Minderkaufleute gehörten. Die Auffassung ging dahin, sie nicht den Vollkaufleuten zuzuschlagen, sondern den Trennungsstrich gewissermaßen mit der Eintragung im Handelsregister zu ziehen, damit die Grenzlinie klar ist.

Das führt hinüber zur Frage des vereinbarten Erfüllungsortes. Da war es fraglich, ob sich an die Vereinbarung des Erfüllungsortes auch ohne weiteres die Zuständigkeitsmöglichkeit knüpfen soll. Sicherlich sind wir nicht zuständig, über diese Frage zu entscheiden. Wir können nicht darüber entscheiden, ob es bürgerlichrechtlich überhaupt erlaubt sein soll, einen besonderen Erfüllungsort zu vereinbaren; denn wir haben hier nur darüber zu befinden, ob sich an diese Sondervereinbarung des Erfüllungsortes die Folge knüpft, dass ein besonderer Gerichtsstand geschaffen wird. Diese Frage muss einheitlich geregelt werden innerhalb jeder der beiden im Unterausschuss vorhandenen Gruppen. Übereinstimmung bestand nur dahin, dass die Bestimmung des § 29 Abs. 2 nicht differenziert werden könnte von § 41, sondern dass das einheitlich geregelt werden müsste.

Vorsitzender: Die Änderungsfreude allein darf uns nicht bewegen. Wir müssen möglichst darauf Bedacht nehmen, dass, wenn wir etwas ändern, auch ein Schlager daraus wird. Da möchte ich zunächst bezweifeln, ob die zum allgemeinen Gerichtsstand gemachten Vorschläge als Schlager bezeichnet werden können. Von unvermeidbaren Ausnahmefällen abgesehen wird der allgemeine Gerichtsstand immer dort sein, wo der Betreffende seinen Wohnsitz hat. Der klare Begriff des Wohnsitzes wird dadurch verwischt, dass man daneben noch den „ständigen Aufenthaltsort“ wählt, der offenbar auch ein vorübergehender Aufenthaltsort sein kann. Wenn jemand, der in Potsdam wohnt, noch eine Fabrik in Remscheid hat, dann ist es natürlich berechtigt, ihn auch in Remscheid zu verklagen. Nicht berechtigt ist es aber, dass ihn der Kaufmann, der in Potsdam für seinen Haushalt geliefert hat, ausgerechnet in Remscheid verklagt. Richtig ist, dass alles, was mit dem Betrieb in Remscheid zusammenhängt, auch in Remscheid erledigt wird, und dieses Bedürfnis wird durch die §§ 20 und 21 befriedigt.

Jonas: Ich bin dafür, dass man die angeregte Erweiterung schafft. Ob man in der Fassung des Paragraphen nachher von „ständigem Aufenthaltsort" oder von „Aufenthalt" schlechthin spricht, das ist eine Fassungsfrage, die wir im Augenblick, wo es um den Grundsatz geht, nicht zu erörtern brauchen.

Wie ist jetzt die Lage? Wir haben den Wohnsitzgerichtsstand. Daneben haben wir für 90% der vorkommenden Fälle den Gerichtsstand des § 20. Nur ist da die Schwierigkeit, ob das Gros der Fälle unter dienstboten- oder studentenähnliche Verhältnisse fällt.

Vorsitzender: Wir haben die Dienstboten im Entwurf schon herausgestrichen. Man kann das auch noch veredeln. Jedenfalls geht § 20 weit genug.

Jonas: Wozu diese Einschränkung? Beinahe alle vermögensrechtlichen Streitigkeiten fallen unter § 20, und zwar namentlich in der weiten Fassung des Entwurfs, so dass ich eigentlich nicht sehe, weshalb man nun nicht einen kleinen Schritt weiter geht und die paar vermögensrechtlichen Streitigkeiten auch noch hinein nimmt, die vielleicht unter diese Fassung nicht fallen würden. Auf diese Weise würde man zu einer vollständigen Gleichstellung der beiden Fälle gelangen. (*Vorsitzender:* Das kommt man doch nicht! Denn es soll nur der allgemeine Gerichtsstand für vermögensrechtliche Streitigkeiten sein!) Für vermögensrechtliche Streitigkeiten ist es eine überflüssige Einschränkung. Ob nach meinem Vorschlag ein paar vermögensrechtliche Streitigkeiten aus § 20 herausfallen oder nicht, das ist eine unwichtige Frage. Einfacher erscheint mir jedenfalls meine Lösung zu sein.

Wichtiger ist die Frage der nicht vermögensrechtlichen Streitigkeiten. Auch da scheint es mir zweckmäßig zu sein, Wohnsitz und Aufenthalt gleichrangig nebeneinander zu stellen. Denn bei nicht vermögensrechtlichen Streitigkeiten taucht, wenn auch selten, zunächst einmal die Frage auf: Nach welchen Bestimmungen richtet sich der Wohnsitz? – Beim Ausländer z.B. nach materiellem Recht! Wir hatten in der letzten Sitzung meines Senats folgenden Fall: Ein Mann, der Vater, lebt in Österreich. Er untersteht zweifellos österreichischem Recht. Das Kind und die Frau leben in Essen. Der Mann geht in Essen gegen das Kind mit Ehelichkeitsanfechtungsklage vor und sagt: Ich bin durchaus damit einverstanden, dass das Kind in Essen bei der Mutter bleibt, und nach österreichischem Recht kann der Vater den Wohnsitz des Kindes nicht anderweitig bestimmen. Da taucht die Frage auf, ob wir mit Herrn Pagenstecher dahin gehen sollten: Der Wohnsitzbegriff des deutschen Rechts ist auch für Ausländer maßgebend, oder ob sich der Wohnsitzbegriff nach Heimatrecht bestimmt. Das Gesetz hat nur auf den Wohnsitz abgestellt, so dass man da zu allzu komplizierten Fragen kommt, die wirklich nicht verlohnen und über die wir uns den Kopf nicht zu zerbrechen brauchten, wenn wir beide Begriffe im Gesetz hätten. Haben wir Wohnsitz und Aufenthaltsort nebeneinander, dann haben wir für nicht vermögensrechtliche Streitigkeiten eine Zuständigkeit begründet. (*Vorsitzender:* Dann ist es leicht, in Ehesachen z.B. einen Gerichtsstand zu bestimmen. In Hamburg wird jede Ehe aus § 55 EheG geschieden, in München nicht. Der Kläger nimmt also ständigen Aufenthalt in Hamburg und bekommt dort anderes materielles Recht als in München.) Mit diesem Argument kann man nicht kommen! Wenn es sich um Zuständigkeiten handelt, können wir vernünftigerweise grundsätzlich nur davon ausgehen, dass das materielle Recht von allen Stellen gleich angewandt wird. Dass einmal das eine Gericht einen anderen Standpunkt als das andere hat, das ist schließlich nicht zu vermeiden. Wir können aber aus dieser Vorstellung keine Argumente nehmen, die für die Zustellung maßgebend sein sollen.

Vorsitzender: In all den Fällen, wo sich die Zuständigkeit nach den Verhältnissen des Beklagten richtet, ist das vollkommen richtig. Für Ehesachen aber besteht das Bedenken, dass sich der Kläger sein Scheidungsgericht aussuchen kann.

Jonas: Ich glaube, wir haben nicht die Frage zu erörtern, wie die konkrete Zuständigkeit in Ehesachen gestaltet sein soll. Ich erinnere daran, dass wir in gewissen Fällen den Frauengerichtsstand einführen mussten. Ich halte es z.B. für durchaus erwünscht, wenn der Frauengerichtsstand nicht nur für den Fall der wieder eingebürgerten Frau gelten soll, sondern auch für den Fall der aus dem Ausland zurückgekehrten Frau, die sich von einem Ausländer getrennt hat und wieder im Inland wohnt, auch wenn sie die deutsche Staatsangehörigkeit noch nicht besitzt. Denn es ist eigentlich ein Skandal, dass eine solche Ehe nicht geschieden werden kann, weil wir keine Zuständigkeit haben. Wir müssen die Möglichkeit haben, solche Prozesse an unseren Gerichten zu erledigen, und wir brauchen nicht die Frage zu erörtern, ob der Ausländer in Deutschland seinen Wohnsitz oder seinen Aufenthaltsort hat. Die Gerichte sollten auch nicht gezwungen sein, darüber Betrachtungen anzustellen, ob es sich bei einem Ausländer, der sich von seiner Frau trennt und sich alle paar Wochen woanders aufhält, um eine Wohnsitz- oder nur um eine Aufenthaltsverlegung handelt. Betrachtet man diese Sache nach Zweckmäßigkeitsgesichtspunkten, so scheinen mir die überwiegenden Argumente dafür zu sprechen, dass wir es bei der Anregung des Unterausschusses belassen, Wohnsitz und Aufenthalt gleichzustellen. (*Staud:* Wie wäre es mit dem Ausdruck: „Dauernder Aufenthalt“?) Wie man es fasst, ist gleich. Vielleicht kann man auch sagen. „Aufenthalt von längerer Dauer“.

Vorsitzender: Wenn man sagt: „Wohnsitz oder längerer Aufenthalt“, würde ich kein Bedenken haben. Aber Herr Jonas will auch den Fall des Studenten treffen, der sich ein halbes Jahr an einer Universitätsstadt aufhält, und den des Ingenieurs, der ein großes Werk leitet.

Jonas: Dort, wo der Betreffende steuerlich angemeldet ist, hat er auch seinen Wohnsitz! Die Schwierigkeit ist, dass bei kürzerem Wechsel kein Kriterium vorhanden ist. Denn die polizeiliche Abmeldung zieht nicht mehr, weil man sie jetzt ständig zu bewirken hat. Aber bei dem, der sich an einem Ort steuerlich abmeldet, wird man eine Wohnsitzverlegung annehmen können.

Altstötter: Mir scheint der Ausdruck: „Aufenthalt von längerer Dauer“ zu unbestimmt zu sein, und ich habe Bedenken dagegen in Bezug auf die dadurch eventuell mögliche Beeinflussung des Gerichtsstandes. Im Unterausschuss sind wir vom Vorschlag Fischer ausgegangen, der den Wohnsitz durch den Aufenthalt ersetzen wollte, und von da aus haben wir uns zu der Kompromisslösung: „ständiger Aufenthalt und Wohnsitz sollen gleichgestellt werden“ durchgerungen. Ich meine, wir sollten bei dem Vorschlag des Unterausschusses bleiben.

Lent: Ausgangspunkt im Unterausschuss war die Betrachtung, dass man die juristischtechnischen Begriffe nach Möglichkeit vermeiden solle. Wohnsitz ist kein einfacher juristischer Begriff. Daher kam man zu der Formulierung, neben den Wohnsitz den ständigen Aufenthalt zu setzen. Dann sind wir in den „längeren Aufenthalt“ hinübergeglitten.

Vorsitzender: Wir stellen fest, dass Einmütigkeit zwischen uns nur besteht hinsichtlich der Erleichterung, dass man Wohnsitz und ständigen Aufenthalt gleichsetzt, dass man also neben den Wohnsitz als allgemeinen Gerichtsstand den ständigen oder dauernden Aufenthalt stellt und den Gerichtsstand des § 20 ruhig behält.

Staud: Dann müsste man in § 20 sagen: „vorübergehender Aufenthalt von längerer Dauer“. Wir müssen die Grenze irgendwie abstecken. Man muss unterscheiden zwischen „dauerndem Aufenthaltsort“, der Wohnsitz nach der Anschauung des Volkes ist, und dem Gegenstück dazu, dem Aufenthaltsort im Sinne des § 20. Der Unterschied zwischen beiden Aufenthalten ist nur der: Der eine ist der dauernde Aufenthalt und der andere ist der vorübergehende Aufenthalt von längerer Dauer. Dann würde § 20 noch etwas erweitert werden, und vielleicht ist das gar nicht so schlecht.

Vorsitzender: Sobald wir sagen: „dauernder Aufenthalt“, ist nichts dagegen einzuwenden, dass die Bestimmung auch für nicht vermögensrechtliche Streitigkeiten gelten soll. Dann entfallen alle meine Bedenken.

Jonas: Um noch einmal auf den Essener Fall zurückzukommen: Der Kläger will das Kind an dem Ort, wo es mit seiner Mutter wohnt, verklagen, und das geht im Augenblick nicht!

Vorsitzender: Das will ich Ihnen konzedieren. – Damit können wir dieses Thema wohl verlassen. Wir werden später ohnehin darauf noch einmal zurückkommen müssen.

Dagegen, dass der dingliche Gerichtsstand nur alleiniger und nicht ausschließlicher Gerichtsstand sein soll, ist wohl nichts zu sagen, obwohl es etwas misslich ist, dass man, um diese Möglichkeit zu schaffen, § 328 etwas ändern muss. Frage: Besteht in Hypothekenklagen z.B. oder bei einer Klage aus einer Grundschuld auf einem Grundstück, das in Königsberg eingetragen ist, ein Bedürfnis, diesen Prozess unter Umständen in Berlin auszutragen? (*Staud:* Der Berechtigte und der Verpflichtete wohnen z.B. in Berlin!) Ich bin einverstanden.

Dann der Gerichtsstand des Erfüllungsortes! Er bietet, abgesehen von der Frage des vereinbarten Erfüllungsortes wohl auch keine Probleme.

Der Gerichtsstand des Mess- und Marktortes! Ist Ihnen, Herr Schwartz, bekannt, ob da für die Praxis ein Bedürfnis besteht?

Schwartz: Ich kann dazu nichts beitragen. Allerdings ist man einigermaßen skeptisch, ob dieses Bedürfnis wirklich dargetan werden kann. Dagegen müssen, wie mir scheint, in den Fällen, in denen es aus Anlass einer Messe oder eines Marktes notwendig ist, sofort prozessieren zu können, immer besondere Gerichtsstände gegeben sein, auf die man zurückgreifen kann. Das betrifft z.B. den Fall einer Musterschutzverletzung bei einem ausgestellten Gegenstand. Aber da scheint mir immer ein auf der Natur dieses Anspruchs beruhender anderer besonderer Gerichtsstand gegeben zu sein. Dagegen kann ich mir aus der Vertragsverpflichtung zwischen dem Verkäufer und Käufer, dem Aussteller und dem Besteller heraus eigentlich ein besonderes Bedürfnis zur Begründung des Leipziger Gerichtsstandes weniger vorstellen. Will man aber diese letzten Zweifel beseitigen, ob nicht doch aus der bisherigen Erfahrung heraus, abgesehen von den Sondertatbeständen, ein allgemeines Bedürfnis besteht, so bleibt nichts anderes übrig, als das Leipziger Landgericht zu befragen. Die Wirtschaft wird die Dinge nur sehr schwer herausarbeiten können.

Vorsitzender: Dann wollen wir in dieser Frage darauf abkommen.

Wesentlich wichtiger ist nun die Frage der unerlaubten Handlung. Da soll es ein Missbrauch des Gerichtsstandes der unerlaubten Handlung sein, wenn ich weiß: in patentverletzender oder wettbewerbsverletzender Weise vertreibt ein Anderer Waren in Königsberg und München; nur nach Berlin hat er noch nie geliefert, und es tut mir leid, dass ich ihn nun nicht in Berlin verklagen kann. Ich veranlasse nun einen Geschäftsfreund in Berlin, von dem Betreffenden etwas zu bestellen. Der Geschäftsfreund bekommt die Waren geschickt, und nun sage ich: Nunmehr ist die unerlaubte Handlung auch in Berlin begangen, und jetzt verklage ihn in Berlin. Der Andere brauchte die Ware ja gar nicht nach Berlin zu schicken! Ich kann da einen besonderen Missbrauch nicht sehen.

Jonas: Die Parallele ist der fliegende Gerichtsstand der Presse im Strafprozess. Da lässt man auch nicht an jedem Ort der Verbreitung einen Gerichtsstand begründen! Unser Vorschlag läuft auf eine objektive gesetzliche Regelung hinaus: Der Kläger soll nicht Missbrauch treiben können, indem er in provozierender Weise eine Sache an seinen Wohnort zieht.

Staud: Herr Fischer sprach von einer Tabakfabrik in Saarbrücken, die eine Tabakpackung „Halbe Mark" vertrieb, und zwar nur im Saargebiet und im Rheinland. Dadurch fühlte sich ein anderer Mann verletzt, der die Bezeichnung „Fünf Groschen" gewählt hatte. Die Rechtsprechung hat hier keine Verletzung erblickt; der Sprachgebrauch sei im Westen anders. Um den Mann nun doch zu fassen, hat man ihn verleitet, einige Packungen nach Berlin zu liefern. Hier wurde er verurteilt, weil das Gericht nach dem Berliner Sprachgebrauch eine Verletzung annahm. Nach dem Vorschlag Fischer sollte die dolose Herbeiführung des Gerichtsstandes, die nicht dem Sinn des Gesetzes entspricht, unterbunden werden. Frage: Ob allgemeine Erwägungen hier schon Abhilfe schaffen oder ob man eine besondere positive Vorschrift braucht!

Jonas: In diesem sehr instruktiven Beispiel liegt das Problem auf dem Gebiet des materiellen Rechts. Unterstellen wir, dass der Fall so ist, wie ihn Herr Fischer darstellte, so würde ich sagen: Das Berliner Gericht hat falsch entschieden. Es hätte entscheiden müssen: Im Rheinland und im Saargebiet liegt wegen der fehlenden Verwechslungsgefahr keine unerlaubte Handlung vor. Eine unerlaubte Handlung liegt in Berlin gleichfalls nicht vor; denn der Kläger hat sie provoziert.

Vorsitzender: Es ist so wie bei dem vom Ehemann provozierten Ehebruch. Ob es sich lohnt, deswegen eine besondere Vorschrift in die ZPO aufzunehmen, ist mir sehr zweifelhaft.

Furler: Natürlich entstehen große Streitigkeiten über die Frage, ob es eine veranlasste unerlaubte Handlung ist. Die Beweisführung ist nicht leicht.

Vorsitzender: Die Mehrheit des Ausschusses hält es jedenfalls nicht für dringend erforderlich. Wichtiger aber ist die andere Frage. Es handelt sich um die Fälle des einheitlichen Antrages und des doppelten Streitgegenstandes. Das stärkste Argument, das die Herren haben, liegt doch offensichtlich in dem Hinweis: Es gibt einen Fall, in welchem es ganz deutlich wird, dass zwei Ansprüche bestehen. Dafür möge als Beispiel ein schriftlicher Kaufvertrag mit vereinbartem Erfüllungsort gelten. Der Beklagte macht geltend, der Vertrag sei aus den und den Gründen nichtig, er sei von einer Person abgeschlossen worden, die nicht berechtigt gewesen sei, ihn zu vertreten; er habe das auch, sobald er von dem Vertrag erfahren habe, gerügt. Dem wird vom Kläger entgegengehalten: Der Beklagte habe aber die Ware behalten und verbraucht und hafte deshalb aus ungerechtfertigter Bereicherung. Darauf wendet der Beklagte ein: Jedenfalls ist für die Klage aus ungerechtfertigter Bereicherung dieses Gericht nicht zuständig. Das Gericht darf nun nicht etwa wegen Unzuständigkeit sofort abweisen, sondern es muss, wenn es für richtig hält, dass der Vertrag zustande gekommen ist, erkennen: Die Klage wird abgewiesen, – und in den Gründen muss es sagen: Die Zuständigkeit war für die Klage aus dem Vertrag begründet, weil, da der Vortrag des Klägers genügt, der sich auf den angeblich abgeschlossenen Vertrag stützt, da der Vertrag nicht zustande gekommen ist, ist die Vertragsklage abzuweisen. In den Gründen wird gesagt werden müssen: Nun ist die Klage außerdem auf ungerechtfertigte Bereicherung gestützt, dafür ist dieses Gericht aber nicht zuständig; der Beklagte hat auch die Unzuständigkeit gerügt, und insoweit war die Klage wegen Unzuständigkeit abzuweisen. Es ist das stärkste Argument, das die Meinung a) hat und der schwächste Punkt der Meinung b), dass in einem solchen Urteil wirklich eine Zweiteilung des an sich nach der Meinung b) einheitlichen Anspruchs eintritt. Und hier besteht ein Bedürfnis, diese Schwierigkeiten zu beseitigen. Ich kann verstehen, wenn die Anhänger der Meinung a) sagen: Wir werden nicht unsere Hand dazu bieten, dass dieser schwache Punkt ausgeräumt wird und unsere stärkste Position fällt. Sie sind aber großzügig gewesen und haben sich mit der Formel des Herrn Staud einverstanden erklärt.

Staud: Das Gericht kann sich für zuständig erklären, wenn der Kläger bei der Klagerhebung die Zuständigkeit für gegeben halten konnte und die Erledigung des Rechtsstreits durch das angerufene Gericht auch unter Berücksichtigung der Interessen des Beklagten sachdienlich ist. – Die Mehrkosten, die dadurch entstanden sind, dass anstelle des eigentlich zuständigen Gerichts das andere Gericht die Sache zu Ende führt, treffen in diesem Fall den Kläger. Es würde in dem Fall helfen, dass sich die Zuständigkeit dadurch ergibt, dass eine rechtliche Begründung im Laufe des Prozesses als nicht tragbar erscheint.

Vorsitzender: Jedenfalls würde vermieden werden, dass jemand nicht gutgläubig in schieberhafter Weise die Behauptung der unerlaubten Handlung aufstellen sollte. Das Gericht muss überzeugt sein.

Staud: „Unter Berücksichtigung der Interessen des Beklagten ist das Verbleiben des Prozesses bei diesem Gericht sachdienlich." Diese Bestimmung würde nie zum Durchbruch kommen, wenn sich schon im ersten Termin die Unzuständigkeit ergibt. Da wird das Gericht sagen: Der Prozess hat noch nicht angefangen, zur Sache hat sich noch niemand eingelassen, eine Beweisaufnahme hat noch nicht stattgefunden, der Kläger hat aus entschuldbarem Rechtsirrtum die Klage beim unzuständigen Gericht eingebracht. Man wird kaum sagen können, dass das Verbleiben bei diesem Gericht auch unter Berücksichtigung der Interessen der Beklagten sachdienlich sei. Vorwiegend würde es in den Fällen zum Zuge kommen, in denen sich nach der Beweisaufnahme herausstellt, dass die Sache zur Entscheidung reif, aber die ursprüngliche Zuständigkeitsgrundlage weggefallen ist. Es gibt nur Bereicherungsansprüche; eigentlich wäre das andere Gericht zuständig; aber weshalb sollen beide Parteien nun einen Anwaltswechsel vornehmen, oder weshalb soll die ganze Sache, in der schon eine Beweisaufnahme unmittelbar erfolgt ist, an ein anderes Gericht kommen, das die Ergebnisse der Beweisaufnahme lediglich aus den Akten entnehmen würde?

Vorsitzender: Ist auch die Frage erörtert worden, ob man darüber hinaus noch einen Gerichtsstand des sachlichen Zusammenhangs begründen soll?

Staud: Die Konstruktion einer Zuständigkeit durch das Verschulden einer unerlaubten Handlung usw. ist leicht möglich. Im Arbeitsgerichtsprozess besteht diese Gefahr nicht. Hier wird die Zuständigkeit von etwas hergeleitet, was ganz unzweifelhaft da ist, und das, was unter anderen Gesichtspunkten der unerlaubten Handlung usw. dazu kommt, kann vom Arbeitsgericht mit erledigt werden. Im regulären Zivilprozess bestände aber die Gefahr, dass jemand mit hergeholten Behauptungen von irgendwelchen Verstößen kommt. Infolgedessen ist hier der Ort zuständig, an welchem sich der Wohnsitz usw. befindet.

Vorsitzender: In Fällen, für die eine arbeitsgerichtliche Zuständigkeit besonders praktisch ist, wollen Sie durch die Streitgenossenschaft helfen. Ich könnte mir das gut vorstellen.

Jonas: Das Schwergewicht der arbeitsgerichtlichen Zuständigkeit liegt auf dem sachlichen Gebiet, während wir doch im Augenblick von der örtlichen Zuständigkeit sprechen.

Vorsitzender: Nur besteht hier eine gewisse Parallelität des Gedankens. Genauso gut, wie man dort gesagt hat: Wenn das Arbeitsgericht über den Hauptstreit entscheidet, warum soll es nicht über die Bürgenhaftung mitentscheiden? – kann man auch sagen: Wenn das Gericht X über die Hauptschuld entscheiden muss, warum soll es nicht auch über die Bürgschaft entscheiden können? Ich glaube schon, dass man damit in der Praxis auskommt.

Jonas: Ich befürworte den Gedanken sehr, dass man dieses Ventil schafft. Alle Zuständigkeitsfragen werden als Streitpunkte in ihrer Tragweite wesentlich abgeschwächt, wenn dafür angesichts des Verhaltens einer Partei, das an eine sehr rigorose Prozessführung heranreicht, ein Ventil geschaffen ist, indem solche Fragen in vernünftiger Weise vom Richter souverän abgetan werden. Ich möchte in diesem Zusammenhang noch eine Frage berühren, die ich allerdings im Augenblick nicht vertiefen will: Soll dieser Satz auch für die nicht vermögensrechtlichen Streitigkeiten gelten? Damals haben wir ihn auch nur für die vermögensrechtlichen Streitigkeiten angenommen. Von meinem Standpunkt würde ich es jedenfalls sehr begrüßen, wenn er auch für die nicht vermögensrechtlichen Streitigkeiten Geltung hätte.

Staud: Ich stelle es mir so vor, dass in diesen Fällen die Zuständigkeit des eigentlich unzuständigen Gerichts durch einen positiven, im Wege des Beschlusses erfolgenden Ausspruch des Gerichts begründet wird. Diesen Beschluss würde ich der sofortigen Beschwerde unterwerfen. Das würde u.a. den Vorteil mit sich bringen, dass bei Missbrauch der Zuständigkeit ein Rechtsmittel eingelegt werden könnte. Im Übrigen möchte ich zu der Frage aber noch Folgendes sagen: Wer sich einen besonderen Gerichtsstand aussucht, muss wissen, dass er einen Gerichtsstand wählt, der ein Risiko in sich birgt. Wer dieses Risiko vermeiden will, soll im Voraus die Sache in Ordnung bringen, er kann sich nicht darauf verlassen, dass ihm der Gesetzgeber für den Fall, dass seine erste Spekulation fehl geht, unter allen Umständen hilft.

Vorsitzender: Sie würden also in einem Fall, in welchem die Gültigkeit eines Vertrages von vornherein zweifelhaft war, dem Kläger nicht helfen.

Staud: Ich möchte wünschen, dass die Gerichte die Bestimmung restriktiv anwenden würden. Wenn der Prozess praktisch durchgeführt ist, hat es natürlich keinen Zweck mehr. Vor der Beweisaufnahme wird man sagen: Die Sache geht uns nichts an. Bei den Gerichten wird ja vielleicht auch die Neigung bestehen, umfangreiche Sachen nach Möglichkeit von sich fern zu halten.

Altstötter: Ich bin immer der Auffassung gewesen, dass wir in Zukunft von der Klage ausgehen, die an einen Lebensvorgang anknüpft, und einen Antrag dazu stellen. Nun schwebt mir vor, dass das Gericht verpflichtet ist, unter allen rechtlichen Gesichtspunkten, die der vorgetragene Sachverhalt bietet, zu prüfen, ob der Antrag des Klägers gerechtfertigt ist. Selbstverständlich ergibt sich daraus die natürliche Folge, dass das Gericht für diese Prüfung nach jeder Richtung hin zuständig sein soll, und dass die Notwendigkeit besteht, das Gericht in dieser Hinsicht zuständig zu machen. Nun bin ich natürlich durchaus nicht der Meinung, dass derjenige, der einen besonderen Gerichtsstand wählt, unbedingt von vornherein ein Schurke sein muss. Ich komme nach allem zu dem Ergebnis: Wir versuchen, die Zuständigkeitsstreitigkeiten zu beseitigen, Herr Staud verweigert sie aber. Es ist doch ganz klar, dass jedes Mal, wenn ein besonderer Gerichtsstand angegangen wird und es sich herausstellt, dass man unter anderen Gesichtspunkten an die Sache herangehen müsste, weil das Gericht die Vereinbarung über den Erfüllungsort in Zweifel zieht, der Kampf von Seiten der Beklagten beginnt, die die Abweisung der Klage wegen Unzuständigkeit und wegen Nichtbegründetseins des Anspruchs aus den rechtlichen Gesichtspunkten, unter denen der besondere Gerichtsstand angerufen worden ist, beantragen. Und dieser Kampf beginnt dann mitten im Prozess. Wenn einmal ein Gericht mit einer Sache befasst ist, soll es den Rechtsstreit möglichst nach allen Seiten prüfen und erledigen können; es soll dieser Zustand aufhören, dass man sich erst um die Zuständigkeit streitet. Das ist aber in diesem Vorschlag verewigt. Darum ist mir der Gerichtsstand des Zusammenhanges auch unter dem Risiko lieber. Gegen ein offenbar arglistiges Gebaren des Klägers kann das Gericht schon helfen. Eine gesetzliche Bestimmung halte ich jedoch nicht für geboten.

Lent: Die besonderen Gerichtsstände sind doch unter besonderen rechtlichen Gesichtspunkten geschaffen worden. Dann muss man eben die besonderen Gerichtsstände abschaffen. Der Konflikt, der hier leider zutage tritt, liegt nicht an uns, sondern er ist gegeben.

Altstötter: Die besonderen Gerichtsstände können bestehen bleiben. Es bedarf nur einer Bestimmung des Inhalts, dass, wenn ein Gericht angegangen ist, der Sachvorgang geprüft werden darf.

Lent: Es ist eine völlige Durchlöcherung des allgemeinen Gerichtsstandes.

Vorsitzender: Man müsste auch eine Missbrauchsklausel haben. Das Gericht wird eine solche Missbrauchsklausel im Rahmen der Vorschriften über die guten Sitten anwenden. Nun ist es schließlich gleich, ob man es so oder so dreht. Bei dem gutgläubigen Kläger, der mit Recht annehmen konnte, er komme unter diesem Gesichtspunkt durch, oder bei demjenigen, der für die von ihm geltend gemachten Gesichtspunkte zahlreiches Material beibringen konnte, der, wie festgestellt werden kann, bona fide angenommen hat, er könne den Beklagten wegen Betruges oder wegen vorsätzlicher Eigentumsverletzung, wegen Diebstahls usw. hier verklagen, kann auch dann geholfen werden, wenn sich später herausstellt, dass der Beklagte zwar ganz gutgläubig gewesen, aber doch immerhin bereichert sei. Hier würde die Formel helfen, dass man auch die Bereicherungsklage zulässt. Es aber generell zu sagen, würde dem Wesen der besonderen Gerichtsstände widersprechen.

Altstötter: Ich beurteile die Dinge auch noch von einer anderen Seite und wünsche, dass der Kläger von Anfang an weiß, dass er, wenn er einen besonderen Gerichtsstand hat, alle rechtlichen Gesichtspunkte schon in seiner Klage vorbringen darf.

Jonas: Die Aussprache hat sich dadurch etwas erschwert, dass der Tatbestand nicht ganz klar ist. Hier sind zwei Fälle zu unterscheiden. Wir knüpften an das von dem Herrn Vorsitzenden gebrachte Beispiel an: Vertrag mit Gerichtsstand des Erfüllungsorts oder vereinbartem Gerichtsstand des Erfüllungsorts, und dahinter steht die Frage, wie geht der Prozess weiter, wenn sich herausstellt, dass der Vertrag nichtig ist? Daneben steht der andere Fall: Ein einheitlicher Vorgang wird sowohl unter dem Gesichtspunkt der unerlaubten Handlung wie dem des Vertrages behandelt. Wenn man den ersten Fall, auf den speziell die von Herrn Staud vorgeschlagene Fassung gemünzt ist, unter die Lupe nimmt, wäre die Sache doch so: Der Kläger behauptet in erster Linie einen Vertrag mit dem vertraglichen Gerichtsstand, für den Fall, dass der Vertrag nicht abgeschlossen sein sollte, will er den Prozess auch in dem Gerichtsstand weiterführen. Etwas ganz anderes liegt in folgendem Fall vor: Ich stelle nicht Eventualbehauptungen auf, sondern berufe mich auf den berühmten Tatsachenkomplex und mache geltend; aus diesem von mir einheitlichen vorgetragenen Tatbestand ergeben sich die Rechtsfolgen, die man nach § 826 BGB so beurteilen will, während sie sich aus dem Vertrag so und so beurteilen.

Für den ersten Fall müssen wir wohl, wenn wir Abhilfe schaffen wollen, eine Klausel haben, und zwar in Form eines Gerichtsstandes des von vornherein festgelegten Zusammenhangs. Ich stehe auf dem Standpunkt, der Vertrag sei nichtig, und brauche dann nur dafür zu setzen: Für den Fall, dass der Vertrag gültig ist, verlange ich Erfüllung. Damit habe ich die Zuständigkeit begründet. Hier würde man allerdings, da eine solche Regelung Schiebungen Tür und Tor öffnen würden, ein Ventil brauchen. Ich halte den Weg für besser, dass man in den Fällen, in denen ersichtlich kein Missbrauch getrieben ist, dem Richter die Möglichkeit eröffnet, die Sache beim Gericht zu lassen. Theoretisch würden die Dinge also wirklich so laufen: Nur für den Vertragsanspruch ist eine Zuständigkeit von vornherein begründet, für die eventuell begehrten Rechtsfolgen aus dem Nichtbestehen des Vertrags würde von vornherein keine Zuständigkeit begründet sein. Sie würde aber in jedem praktischen Fall durch den Richter nach dieser Klausel vernünftigerweise geschaffen werden.

Schwartz: Ich wollte mich nur für die Aufrechterhaltung bzw. Schaffung des Gerichtsstandes des Sachzusammenhangs aussprechen, weil ich darin eine Vereinfachung und Erleichterung des Prozessverfahrens erblicke.

Vorsitzender: Aber in dem angegebenen Beispiel würde das Gericht sagen: Nachdem ich den ganzen Sachverhalt geprüft habe und der Beklagte verpflichtet war, sich in die Verhandlung unter dem Gesichtspunkt des Vertrages einzulassen, werden seine Interessen nicht im Geringsten geschädigt, wenn er die Sache unter dem Gesichtspunkt der Bereicherung vertreten muss; und ich entscheide auch darüber. Es ist ja wohl auch eine Frage der Formulierung, und wir werden diese Fragen des Gerichtsstandes bald in irgendeiner Form niederlegen. Diese Formulierung könnte dann geprüft werden.

Wir können dann zu der Frage des *vereinbarten Gerichtsstandes* übergehen.

Ein Zweifel besteht hier nur hinsichtlich der Frage: Soll man für die Kaufleute die Vereinbarung eines Gerichtsstandes für künftige Rechtsstreitigkeiten zulassen, und zwar

a) dadurch, dass sie direkt eine Vereinbarung über den Gerichtsstand abschließen,

b) dadurch, dass sie einen Erfüllungsort abweichend vom Gesetz vereinbaren?

Das kommt ja im praktischen Ergebnis auf dasselbe hinaus. Das Hauptgewicht der Frage liegt auf wirtschaftlichem Gebiet. Wir alle, die wir in der Praxis solche vereinbarten Gerichtsstände, mögen sie direkt oder durch Vereinbarung des Erfüllungsorts zustande gekommen sein, kennengelernt haben, haben feststellen können, dass Firmen sehr zweifelhafter Art, die das ganze Land durch ihre Reisenden abgrasen lassen, offenbar höchst sonderbare Verträge abschließen, die dann aber alle an sich gültig sind und diese Klausel enthalten. So habe ich es erleben müssen, dass vor dem Amtsgericht in Berlin-Schöneberg von einer Firma, die sich mit dem Vertrieb von Meyers Konversationslexikon befasste, ein Hirte aus Kaliningken verklagt worden ist, und zwar mit der Behauptung, er habe das Lexikon zum Preise von 130 RM gegen monatliche Abzahlung von 3 RM bestellt, er sei dreimal mit der Rate rückständig gewesen, nunmehr sei der ganze Rest fällig, und von diesem Rest würden 100 RM gefordert. Der Hirte schrieb einen ungelenken Schriftsatz, aus dem hervorging, dass er sich über die Tragweite dessen, was er unterschrieben hatte, gar nicht klar gewesen sein wollte. Nach dem damaligen Rechtszustand blieb mir nichts übrig, als diesen unglücklichen Mann im Versäumnisverfahren zu verurteilen, da ich auf sein schriftliches Vorbringen nichts geben durfte. Heute ist es dann, wenn die Firma so vorsichtig ist, nur 100 RM einzuklagen, einfacher, weil wir das Schiedsurteilsverfahren haben, aufgrund dessen der Richter den Reisenden zur mündlichen Verhandlung vorladen, die Sachlage genau prüfen und genau feststellen kann, was an diesem Vertragsschluss zu beanstanden ist. Er kann unter Umständen sagen: Es verstößt gegen die guten Sitten, die Dummheit eines Hirten auszunutzen und ihm ein Werk aufzuschwatzen, von dem er keinen Gebrauch machen kann. Dieser Missbrauch soll ja selbst mit Werken wissenschaftlichen Inhalts, z.B. mit Kommentaren getrieben werden.

Das ist die eine Seite der Sache. Von einem anderen Standpunkt aus wird nun aber wieder gesagt: Die Tätigkeit auch der anständigen Geschäfte wird vollständig lahmgelegt, wenn diese Vereinbarung über den Erfüllungsort gestrichen wird. Es gibt ganz solide Geschäfte, die darauf angewiesen sind, ihre Ware über das ganze Land zu verbreiten. Wenn sie nun als Erfüllungsort den Ort ihrer Niederlassung vereinbaren, dann ist es sehr leicht, zentral ihre sämtlichen Zahlungsbefehle, auf die es solchen Firmen hauptsächlich ankommt, beim Gericht ihres Wohnsitzes einzureichen. Diese Firmen müssten ihren Betrieb einstellen, wenn sie gezwungen wären, mit 124 Amtsgerichten im Deutschen Reiche zu verkehren und etwaige Klagen bei ihnen anzubringen. So aber haben sie einen geschäftsgewandten Angestellten, der sie vor dem Berliner Amtsgericht im gegebenen Falle vertreten kann, während sie sonst einen Anwalt hinzuziehen müssten und für sie Kosten entstehen, die bei den zahlungsunfähigen Schuldnern nicht gedeckt werden können. Diese Dinge sind ja in der Juristischen Wochenschrift von einem Gerichtsassessor dargelegt worden. Nachher hat sich aber herausgestellt, dass der Verfasser des Aufsatzes kein praktischer Richter, sondern Syndikus einer Firma war, die von dem Vertrieb solcher Dinge lebt. Man kann also immerhin zweifeln, ob diese Leute nicht pro domo reden oder wirklich allgemeine Interessen vertreten.

Dann ist die Frage aufgeworfen worden: Bei welcher Regelung ist es am leichtesten, hinter die Schliche von Schwindelfirmen zu kommen? Da haben die Vertreter der Zulässigkeit einer Vereinbarung des Erfüllungsortes gesagt: Es kann für das Gericht nichts günstiger sein, als wenn z.B. bei einem bestimmten Amtsgericht alle Klagen eingereicht werden, die von dieser Firma ausgehen; wenn der Richter feststellt, dass immer dieselben Einwendungen gegen den Kläger erhoben werden, dann ist es für ihn viel leichter, einer solchen Firma das Handwerk zu legen. In der Vergangenheit gab es auch einige Richter beim Amtsgericht Berlin-Mitte, die solche Firmen mit besonderem Geschick zur Strecke gebracht haben. Aus der Tatsache, dass in Dutzenden von Fällen immer wieder Klagen von gewissen Firmen erhoben werden, ist man zu der Überzeugung gekommen, dass da mit unlauteren Mitteln gearbeitet wird, – und alle diese Klagen sind abgewiesen worden. Man kann aber sagen: Das ist kein durchschlagendes Argument; denn solche Firmen lassen durch ihre Reisenden immer ganze Gebiete vollständig abgrasen. Wenn bei einem bestimmten ostpreußischen Gericht 24 Klagen erhoben werden und die Beklagten immer mit denselben Einwendungen kamen, dann kann vielleicht an Ort und Stelle, wo man die Zeugen sämtlich zur Verfügung hat, der Sachverhalt ebenso gut festgestellt werden. Außerdem gibt es ja die Zentrale zur Bekämpfung der Schwindelfirmen, bei der sich das Gericht leicht die nötigen Informationen holen kann.

Ich bin mir klar, dass es sich hier vielleicht um eine der wichtigsten und weitest tragenden Entschließungen handelt, die wir zu fassen haben, noch wichtiger als die Entschließung, ob wir einen doppelten oder einheitlichen Streitgegenstand annehmen werden.

Schwartz: Die Darlegungen des Herrn Vorsitzenden, übrigens auch diejenigen des Herrn Berichterstatters haben die maßgebenden Gesichtspunkte schon ziemlich erschöpfend aufgezeigt, so dass es nicht leicht sein wird, noch neue Gesichtspunkte heranzuziehen. Ich möchte aber trotzdem vorausschicken, dass ich durch die Darstellung der Gegensätze und die sehr pointierte Gegenüberstellung der Argumente nicht in die Situation des Verteidigers eines Rechtszustandes gedrängt werden möchte, der unter den von ihm dargestellten Gesichtspunkten aufrecht erhalten werden müsste. Davon, dass die Firmen, die sich dieser Gerichtsstandvereinbarung formularmäßig bedienen, nun Pleite machen müssten, wenn man ihnen dieses Mittel nimmt, kann keine Rede sein; von einer solchen „Dramatisierung" der Bedeutung dieser ganzen Frage möchte ich mich fernhalten. Ich stehe nicht unter dem Eindruck, dass man der Wirtschaft mit Reformen auf diesem Gebiet sehr erhebliche Unbequemlichkeiten verschafft. Wenn man die Dinge sehr tragisch nimmt, könnte ich mir allerdings auch gewisse Kreditfolgen denken. Aber von irgendwelchen Argumenten der Art, dass hier in einschneidender Weise das Messer gewissermaßen an den Körper der Wirtschaft gelegt werden würde, wenn man sich zu einer Reform entschlösse, möchte ich keinen Gebrauch machen; denn das würde mir übertrieben erscheinen. Die Leistungsfähigkeit der Wirtschaft gegenüber solchen Maßnahmen ist viel größer, als gemeinhin angenommen wird. Ich glaube, dass sich die Wirtschaft allenfalls auch mit dieser Entschließung abfinden würde.

Das hindert mich aber nicht, Sie mit großer Entschiedenheit zu bitten, diesen Weg, den Sie gehen wollen, nicht weiter zu beschreiten, es auch nicht bei jenem Kompromiss zu belassen, das sich in der Dresdner Tagung zeigte, sondern vielmehr den Zustand so bestehen zu lassen, wie er ist. Ich hatte mich von vornherein dagegen gewendet, dass man den allgemeinen Gerichtsstand als eine Rechtsgarantie ansehen müsste, wie es Herr Prof. Fischer getan hat. Ich hatte mich namentlich dagegen wenden müssen, nachdem auch Herr MinRat Staud die Frage so behandelt hatte, als ob eigentlich derjenige, der sich zugunsten des vereinbarten Gerichtsstands einsetzte, seinerseits die volle Beweislast habe, es sei im Gegenteil so, dass derjenige, der von dieser Rechtsgarantie einen Abstrich machen wolle, schon ganz gewichtige Gründe bringen müsse, damit man ihn überhaupt anhöre. Darüber hinaus hat Herr Präsident Jonas in dieser Debatte geradezu einen weltanschaulichen Gegensatz gesehen. Kurz und gut, man sieht sich in Verteidigungsstellung gedrängt.

Das alles scheint mir eine übertriebene Dramatisierung zu sein. Ich halte die Frage für eine reine Zweckmäßigkeitsfrage. Ich sehe in diesem allgemeinen Gerichtsstand nicht ein Dogma und halte es auch nicht für notwendig, hier einen Rechtsgrundsatz zu verteidigen. Ich beurteile die Dinge nicht so, als ob der Beklagte gewissermaßen seinem ordentlichen Gericht entzogen wird, wenn er genötigt ist, sich am Gerichtsstand des Klägers zu beteiligen.

Vorsitzender: Halten Sie es für zweckmäßig, dass der Hirt aus Kaliningken seinen Prozess über die Bestellung dieses Lexikons nicht vor dem Amtsrichter seines Wohnortes führt, der ihn versteht, sondern dass er statt dessen gezwungen ist, einen hölzernen Schriftsatz nach Berlin zu senden?

Schwartz: Ich halte es nicht für untragbar. Wie ist es denn beispielsweise, wenn es diesem Vertreter gelingt, seine Ware dem Hirten aus Kaliningken gegen Barzahlung aufzudrängen, z.B. einen Gassparapparat zum Preise von 7,50 RM? Nachher stellt sich heraus, dass dieser Apparat ein reines Schwindelprodukt ist. Der Hirt aus Kaliningken kann sich dann auch nach Ihren Grundsätzen nicht anders helfen, als dass er die Schwindelfirma, die das entriert hat, in Berlin verklagt.

Soviel scheint mir sicher zu sein: Man kann die Gerichtsstandvereinbarung nicht danach ordnen, dass der Schwache möglichst nur an seinem Ort Recht zu nehmen genötigt ist und davor bewahrt werden muss, irgendwann, sei es als Beklagter oder als Kläger, auch mit Gerichten an anderen Orten zu tun zu haben.

Vorsitzender: Wenn dieser Hirt aus Kaliningken erst sein Volksauto hat und in Berlin eine Person überfährt, dann muss er sich auch gefallen lassen, dass er in Berlin verklagt wird. Darum handelt es sich hier aber nicht, sondern wir haben es mit dem Fall zu tun, dass jemand in seiner Heimat bleibt und Verträge schließt und dass der wirtschaftlich Starke ihm ein natürliches Recht aus der Hand nimmt.

Schwartz: Ich möchte mich nochmals dagegen wenden, dass man grundsätzlich diesen Weg des Kompromisses geht, wie er sich in Dresden gezeigt hat. Offenbar reichen die Argumente, die den allgemeinen Gerichtsstand als den allein der Rechtsordnung gemäßen darstellen, doch nicht aus, um den vereinbarten Gerichtsstand zwischen Vollkaufleuten aus der Welt zu schaffen. Nach der Richtung ist man zu Konzessionen bereit, und das vermindert natürlich die Tragweite der Entschließung bezüglich des verbleibenden Teils. So weit zu gehen, dass man auch unter Kaufleuten die Vereinbarung des Gerichtsstandes verhindert, würde ja in der Tat ein sehr gewichtiger Schritt sein. Das schien man aber nicht vorzuhaben. Tut man es nicht, so kommt man systematisch, aber auch praktisch ins Gedränge. Die Unterscheidung zwischen Vollkaufleuten auf der einen Seite und vulgären, geringeren Leuten auf der anderen Seite, bringt doch eine erhebliche Erschwerung des Rechts- und Geschäftsverkehrs, von der Wirtschaft aus gesehen. Man kann es seinem Vertragspartner nicht ansehen, ob er Minderkaufmann ist oder nicht, und man wäre dann genötigt, entweder im Einzelfall das vorher festzustellen oder aber gewisse Mehrkosten zu riskieren, die sich durch Anrufung des unzuständigen Gerichts ergeben können. Wenn man den Gedanken, dass es dem Kaufmann nicht völlig verwehrt werden soll, in einem ordentlichen und normalen Geschäftsverkehr die Rechtsstreitigkeiten an seinem Wohnsitz zu konzentrieren, überhaupt nicht für völlig absurd erklärt, muss man ihn eigentlich auch, wenn auch nicht gegenüber dem Hirten aus Kaliningken, so doch gegenüber einer großen Anzahl von Nicht- oder Minderkaufleuten gelten lassen, die aber keineswegs dieses sentimentalen Schutzes bedürfen, von dem wir durch die Wahl solcher Beispiele genarrt werden würden. Nehmen Sie einmal den Fall, dass eine Landmaschinenfabrik ihre Maschinen ohne Einschaltung von Großhandel oder Einzelhandel im ganzen Deutschen Reich absetzt. Nehmen Sie weiter die anderen Fälle, etwa der Bierlieferungsverträge, wo die Brauer mit einer ganzen Anzahl von Gastwirten auf dem Lande in Geschäftsverkehr stehen und mit ihnen jene typischen Bierlieferungsverträge abschließen. Da wird nicht etwa der Gerichtsstand der gewerblichen Niederlassung der Brauerei vereinbart, sondern es wird für eine Verteilung der Klagen und für ein Näherkommen an den Gastwirt dadurch gesorgt, dass der Gerichtsstand der ausliefernden Abteilung des Gesamtunternehmens vereinbart wird. Aber dieser Gerichtsstand, der sich an mittleren Plätzen lokalisiert, hat für die Brauerei allerdings ein starkes Interesse, weil es der Brauerei erspart wird, bei jedem letzten kleinen Amtsgericht, an dessen Sitz sich Gastwirte befinden, zu klagen.

Es könnte vielleicht auch zu denken geben, dass selbst die solidesten Unternehmungen sich an die letzten Abnehmer wenden und auf solche Bedingungen nicht verzichten können. Das Volkswagenwerk z.B. hat in den neuen Geschäftsbedingungen als Gerichtsstand den Ort Fallersleben festgesetzt.

Was den Gesichtspunkt angeht, dass die Beschaffung des Titels der wahre Grund für die Klagerhebung ist, so lassen wir uns immer zu sehr von der Befürchtung leiten, es könnte in einem wirklich vorhandenen Streit die Rechtsstellung des Beklagten dadurch, dass er größere Unbequemlichkeiten hat, gemindert werden. Dieses Argument ist absolut nicht durchschlagend. Wenn man sich klarmacht, dass es sich praktisch darum handelt, einen Titel zu bekommen, dann steht ja dafür zunächst das Mahnverfahren zur Verfügung. Die Fälle, in denen ein Widerspruch erhoben wird, verdichten sich nachher auch keineswegs immer zu einem wirklichen Prozess, sondern nach dem nochmaligen Vorhalten des Lieferanten, dass die Sache für den Beklagten, der zumeist nur Stundung erhalten will, hoffnungslos steht, wird eine Vereinbarung darüber geschlossen. In allen diesen Fällen ist es doch völlig gleichgültig, ob man den Gerichtsstand des Lieferanten oder denjenigen des anderen wählt. Mit den Argumenten, mit denen der vereinbarte Gerichtsstand bekämpft wird, fährt man in diesen 80 bis 90% der Fälle ein viel zu schweres Geschütz auf. Der Lieferant braucht seinen Titel, er hat in der Tat eine erhebliche Beschwerung seiner Zentralverwaltung und schließlich auch eine kostenmäßige Belastung zu tragen, wenn er die ganze Arbeit in die Provinz verlegen muss. [Ende der Protokollfassung.]

Im Übrigen sei die ZPO nicht zur *Bekämpfung von Schwindelfirmen* bestimmt. Unsaubere Manöver mancher Firmen sollten damit nicht gedeckt werden. Im wirklichen Fluss des Wirtschaftslebens spielten diese Dinge jedoch keine Rolle, so dass man sie auch nicht zum Ausgangspunkt einer Regelung in der ZPO machen dürfte.

Glaube man trotzdem, auch hier etwas tun zu müssen, so solle man indessen den systematisch unkorrekten Weg der Trennung in Vollkaufleute und sonstige Vertragsgegner nicht gehen. Stattdessen empfehle es sich, *für eine bestimmte Art der geschäftlichen Betätigung* durch ausdrückliche Vorschriften Bestimmungen über die Unmöglichkeit der Vereinbarung eines Gerichtsstandes zu treffen. In der *Gewerbeordnung* seien schon Bestimmungen enthalten, wonach das Aufsuchen des letzten Abnehmers im Wege der Konzession, d.h. der Erlaubnispflicht oder Verbietungsmöglichkeit schärfer behandelt werde als eine sonstige gewerbliche Betätigung. Vielleicht könne man auch bei der hier beabsichtigten Reform die geplante Einschränkung auf solche Geschäfte zu beziehen, die zwar nicht gerade durch den Gewerbebetrieb im Umherziehen, jedenfalls aber durch das *Aufsuchen des letzten Kunden* charakterisiert seien, d.h. durch einen in der Gewerbeordnung bereits erfassten Tatbestand. Dieser Regelung solle man sich anschließen, z.B. indem man in die ZPO eine entsprechende Sondervorschrift aufnehme. Man könne auch daran denken, gewissen Gewerbetreibenden im Wege des *ständischen Zwanges* durch einen Erlass des Reichswirtschaftsministers die Hereinnahme solcher Klauseln in ihre Geschäftsbedingungen zu untersagen. Die *Formulierung* für die ZPO wäre etwa zu fassen: „Die Vereinbarung eines Gerichtsstandes, bei der auf der einen Seite ein Gewerbetreibender beteiligt ist, der durch Aufsuchen des letzten Bestellers seine Ware absetzt, ist nichtig." Damit werde alles erfasst, was tatsächlich zu Bedenken Anlass gebe. Das *Abzahlungsgeschäft* sei damit allerdings nicht schlechthin einbegriffen, ebenso wenig der Fall, dass der Lieferant *Minderkaufmann* sei. Es gebe Handwerker, deren Absatzbereich weit über ihren Wohnsitz hinausgehe. Folge man diesem Vorschlag, so vermeide man für die verarbeitende Industrie und den ordnungsmäßigen Handel die Schwierigkeiten, die sich daraus ergäben, dass der Lieferant aufgrund im Übrigen gleicher Bedingungen einmal mit dem Gerichtsstand an seinem Wohnort – bei Vertrag mit einem Minderkaufmann –, das andere Mal mit dem Gerichtsstand des Wohnsitzes des Beklagten rechnen müsse. Eine derartige Unterscheidung der Abnehmer würde nur dazu führen, dass man in einer Reihe von Fällen beim falschen Gericht klage oder aber die lästige Mühe der Einsicht in das Handelsregister auf sich nehmen müsse.

Vorsitzender: Bezüglich der Behandlung der *Abzahlungsgeschäfte* sei ein Vergleich mit dem *österreichischen Recht* interessant. Es sei hier nur auf den § 6 des Gesetzes betreffend Ratengeschäfte vom 27. April 1896 verwiesen.

In dem von Herrn Schwartz gebrachten Fassungsvorschlag seien recht fruchtbare Gedanken enthalten. Man könne es nach seinem Vorschlag vielleicht so formulieren, dass *alle Firmen, die außerhalb ihres Wohnsitzes Kunden aufsuchten und Bestellungen von ihnen entgegennähmen, eine Gerichtsstandsvereinbarung oder die Vereinbarung eines Erfüllungsortes mit prozessualer Wirkung nicht vornehmen könnten.* Man könne vielleicht sogar darauf verzichten, *alle* Anzahlungsgeschäfte zu erfassen. Suche der Kunde selbst ein Abzahlungsgeschäft auf, so liege die Sache doch etwas anders. Hier bedürfe es kaum eines besonderen Schutzes.

Staud: Bei den Fällen, die hinsichtlich der Gerichtsstandsvereinbarung im Wesentlichen zu Unzuträglichkeiten geführt hätten, handle es sich zunächst um die *Abzahlungsgeschäfte.* Diese Fälle regle das *österreichische Recht* nach dem Gesetz von 1896 dahin, dass Gerichtsstandsvereinbarungen jeder Art untersagt seien. Dieser Grundsatz sei auch im Entwurf eines österreichischen Abzahlungsgesetzes von 1932 enthalten gewesen, der allerdings nicht Gesetz geworden sei.

In der zweiten Gruppe von Fällen, um die es sich handle, und deren sich das *schweizerische Recht* angenommen habe (Bundesgesetz über die Handelsreisenden vom 4.10.1930) sei auf die *Art des Zustandekommens des Geschäfts* abgestellt; es handle sich um die Fälle, in denen der Kunde durch Reisende aufgesucht werde.

Lege man diese beiden Gruppen von Fällen einer künftigen Regelung zugrunde, so würden kaum Tatbestände übrigbleiben, in denen die Gerichtsstandsvereinbarung praktisch eine große Rolle spiele.

Schwartz: Wenn man für die *Abzahlungsgeschäfte* etwas Besonderes anordnen wolle, so sei hiergegen nichts einzuwenden. Die österreichische Regelung sei an sich nicht beweiskräftig. Die Formulierung stamme aus der Zeit der Doppelmonarchie. Die wirtschaftliche Gesamtstruktur Österreich-Ungarns habe eine ganz andere und strengere Einstellung in diesen Dingen gerechtfertigt als im Altreich, wo eine ungleich größere wirtschaftliche Intensität vorliege. Man müsse davor warnen, Gesichtspunkte zu übernehmen, die aus verschiedenen wirtschaftlichen Grundverhältnissen entstanden seien.

Staud: Die *schweizerischen Bestimmungen* entsprächen etwa dem Vorschlag des Herrn Schwartz. Die schweizerische Rechtsprechung sei auf diesem Gebiet besonders streng und habe z.B. eine Gerichtsstandsvereinbarung dann für unwirksam erklärt, wenn sie nicht in einer für den Besteller besonders deutlich erkennbaren Form aus dem Wust der Lieferungsbedingungen sich heraushebe.

Stagel: Gegenüber den *österreichischen Vorschriften* auf dem hier behandelten Gebiet könne man nicht einwenden, sie seien auf die Verhältnisse der österreichisch-ungarischen Doppelmonarchie zugeschnitten gewesen. In der Zeit nach dem Kriege, wo es sich also nur um das kleine Österreich gehandelt habe, sei die allgemeine Tendenz nicht auf Aufhebung des *Ratengesetzes* gegangen, vielmehr habe sich ein Bedürfnis nach einer Verschärfung herausgestellt. Dass die damaligen Entwürfe nicht Gesetz geworden seien, beruhe auf parlamentarischen Schwierigkeiten. Aufgrund der in Österreich gemachten Erfahrungen müsse man sich für eine *besonders scharfe Formulierung gegen die Gerichtsstandsvereinbarungen* aussprechen.

Altstötter: Offenbar gehe es bei der hier geplanten Neuregelung darum, Leute gegen ihre eigene Dummheit auf Kosten anderer zu schützen. Aber auch dann, wenn man diese Leute, die aus eigenem Antrieb zu ihre Kaufkraft weit übersteigenden Anschaffungen kämen, vor dem Gericht ihres Wohnsitzes verklagen lasse, käme kaum einmal ein Fall vor, wo sie von ihrer Zahlungspflicht befreit würden. In den allermeisten Fällen gehe eben der Vertrag durchaus in Ordnung, nur hätten die Leute aus eigenem Antrieb Sachen gekauft, die sie nicht bezahlen könnten.

Um der Gegenseite entgegenzukommen, könne man wohl den von Herrn Schwartz gezeigten Weg ausbauen. Man könne dabei an folgende Formulierung denken: „Die Vereinbarung eines besonderen Gerichtsstands zwischen einem Gewerbetreibenden oder Kaufmann, der seine Ware außerhalb seines Gerichtsbezirks durch Aufsuchen des letzten Bestellers absetzt, und dem letzten Besteller ist nichtig, sofern dieser die Ware nicht für seinen Gewerbe- oder Geschäftsbetrieb oder für seine berufliche Tätigkeit erwirbt." Damit entfielen für die Vereinbarung in erster Linie die

Fälle, in denen der *Reisende* den Abnehmer berede, der keine Erfahrungen besitze, weiter seien damit auch die Hauptfälle der *Abzahlungsgeschäfte* ausgeschlossen. Eine weitergehende praktische Lösung sei nicht möglich. Die Erwähnung des *Gewerbe- oder Geschäftsbetriebes* sei unbedingt notwendig. Schließe man auch in derartigen Fällen die Gerichtsstandsvereinbarung aus, so handle man damit der Rationalisierung entgegen, die gerade heute bei uns anderweit stark gefördert werde. Man gelange mit derartigen einschränkenden Vorschriften ohne weiteres zu einer Verteuerung der Ware.

Furler: Richtig sei allein der Standpunkt der *Zulässigkeit der freien Gerichtsstandsvereinbarung* ohne jede Einschränkung. Es handle sich herbei lediglich um eine *Zweckmäßigkeitsfrage,* die weder liberalistisch sei noch irgendwie weltanschaulich bedingt. Es gebe in großem Umfange tatsächlich wirtschaftliche Beziehungen, die überhaupt keinen Zusammenhang mit den hier aufgezeigten angeblichen Missständen hätten. Diese Tatbestände enge man durch die hier vorgeschlagenen Bestimmungen unnütz ein.

Staud: Die ganzen Gerichtsstandsvereinbarungen stellten nur eine schlechte Gewohnheit dar. Es sei nicht einzusehen, worin der Schade bestehe, wenn ein Besteller dort verklagt werde, wo er seinen allgemeinen Gerichtsstand habe. Wenn wirklich ein Bedürfnis nach einem *besonderen Gerichtsstand* bestehe, so möge der Gesetzgeber einen solchen schaffen. Es sei aber unverständlich, wenn der Gesetzgeber eine ganze Reihe von Gerichtsständen gesetzlich festgelegt habe und sich dann damit abfinden müsse, dass dieser Wille des Gesetzgebers durch den Vordruck eines Lieferanten zunichte gemacht werde.

Der *Vorsitzende* schließt sodann die Sitzung um 13.20 Uhr.

3. Bericht über die Sitzung vom 16.1.1939 (Gerichtsstandsvereinbarung. Streitwertfestsetzung. Geltendmachung der Unzuständigkeit. Rechtshängigkeit)

Gegenwärtig: Dieselben Herren wie am 14.1., ferner Staatsanwalt Prof. Dr. Fischer.

Vorsitzender Dr. Volkmar eröffnet die Sitzung um 9.30 Uhr. Zur Frage der *Gerichtsstandsvereinbarung* seien besonders bedeutungsvoll die Ausführungen des Herrn Rechtsanwalts Schwartz gewesen, der sich mit Nachdruck dafür eingesetzt habe, kein grundsätzliches Verbot der Zuständigkeits- oder Erfüllungsortvereinbarung mit prozessualer Wirkung zu erlassen. Zwar würden – nach den Ausführungen des Herrn Schwartz – dadurch nicht eine große Anzahl von Einzelhandelsgeschäften zum Erliegen kommen, wie man dies gelegentlich behauptet habe, es sei aber doch eine *Erschwerung ihres Geschäftsbetriebes* in unbilliger Weise zu befürchten. Man müsse sich daher doch genauestens überlegen, in welchen bestimmten Fällen die Gerichtsstandsvereinbarung missliche Folgen habe. Hierzu gehöre in erster Linie der Komplex von Geschäften, die vom *Reisenden mit dem letzten Verbraucher* abgeschlossen würden. Diese Gruppe von Geschäften sei bereits in der Gewerbeordnung geregelt, hier könne man wohl unbedenklich eine Gerichtsstandsvereinbarung ausschließen. Wichtig sei hierbei der Einwand des Herrn Reichsgerichtsrats Altstötter, man dürfe dies dann nicht gelten lassen, wenn der letzte Verbraucher die bestellte Ware nicht für seinen Privatbedarf, sondern für *sein Gewerbe oder seinen Beruf* Ware gekauft habe.

Dem sei entgegengehalten worden, dass ein so beschränkter Schutz nicht ausreiche. Gerade der *Kleingewerbetreibende* müsse einbezogen werden. Aber auch das Aufsuchen des letzten Verbrauchers genüge nicht, weil es den Kleingewerbetreibenden nicht schütze, der seinerseits weiterveräußere.

Ferner sei erklärt worden, es gehe nicht, die Abzahlungsgeschäfte nur in diesem Namen zu erfassen. Als Vorbild sei auf die österreichische Regelung hingewiesen worden.

Nach alledem werde man nicht darum herumkommen, die *Zuständigkeitsvereinbarung zu beschränken.* Es komme nunmehr nur noch darauf an, wie dies geschehe. Vielleicht werde man mit einem beschränkten Ausschluss der Zuständigkeitsvereinbarung auskommen. Man dürfe niemals vergessen, dass ein allgemeiner Ausschluss erheblich in das Wirtschaftsleben eingreife.

Fischer: Einig sei man offensichtlich darüber, dass *Vollkaufleute* in der Gerichtsstandsvereinbarung frei sein sollten, dass dagegen eine andere Gruppe von Leuten geschützt werden müsse. Bei der hierbei auftauchenden Frage der Grenzziehung ergäben sich zwei Gesichtspunkte. Einmal wolle man bestimmte Fälle treffen, wie z.B. insbesondere die *Reisenden in Abzahlungsgeschäften.* Hier werde man bestimmt eine Vereinbarung nicht zulassen können. Die andere Abgrenzung sei die nach dem *Gewerbetrieb oder dem Beruf.* Hier wolle man offenbar jetzt eine generelle Regel, nicht nur eine Norm für den Kleinkaufmann schaffen. Das könne man sicherlich begrüßen. Handle jemand im Rahmen seines Gewerbes oder Berufes, so stehe er in dem Lebenskreis, in dem er seine Erfahrungen besitze. Er könne demnach auch einigermaßen beurteilen, um was es sich handle. Jedenfalls halte man dies dem ersten Anschein nach für richtig. Es könnten aber doch erhebliche Zweifel auftauchen, ob der kleine Bauer, der etwas für einen Hof kaufe, tatsächlich diese Sachkunde besitze, um jeden Schutz entbehren zu können.

Jonas: Ausgangspunkt sei, dass der Zivilprozess grundsätzlich der Parteidisposition entzogen sei. Man müsse daher doch davon ausgehen, ob es ein grundsätzliches Recht der Parteien sei, Vereinbarungen über den Zivilprozess zu treffen. Man wolle nunmehr im Grundsatz hieran festhalten und nur die Fälle ausräumen, in denen sich Missstände herausgestellt hätten.

Grundsätzlich werde man daher sagen müssen, dass man in denjenigen Fällen, in denen ein Bedürfnis anerkannt sei, die Zuständigkeitsvereinbarung zulassen solle. Das seien vor allem die *Vollkaufleute,* worüber auch kein Streit mehr bestehe.

Die weitere Frage sei dann, ob sonst ein durchschlagendes Bedürfnis bestehe, eine Zuständigkeitsvereinbarung zuzulassen. Eine *Kompromisslösung sei hier unangebracht.* Man wolle Einzelfälle ausschließen wie etwa das Aufsuchen durch Reisende. Missstände könne man auf eine solche Art und Weise nicht beseitigen. Dann stelle sich die Technik der Reisenden einfach um. Man lasse beispielsweise dann eben kein Formular mehr unterschreiben, sondern bestätige den Auftrag durch einen Brief, den man sich dann unterzeichnet zurückgeben lasse. Dann bleibe mithin praktisch alles beim Alten.

Man könne auch auf dem Gebiete des *materiellen Abzahlungsrechts* irgendwelche Hilfsmaßnahmen treffen. Damit verschiebe man aber nur die Verantwortung für die Neuregelung.

Undurchführbar sei auch der Vorschlag, die Grenze nach dem Gesichtspunkt des *letzten Verbrauchers* zu ziehen. Dabei sei nämlich die Abgrenzung des Begriffs „für den Betrieb oder den Beruf" äußerst schwierig. Auch dies sei eine Kompromisslösung, die keine Aussicht auf praktischen Erfolg besitze.

Altstötter: Man müsse doch davon ausgehen, dass wir nach wie vor den *Prozess der Parteien* hätten. Zwar habe man den Einfluss der staatlichen Organe auf den Prozess verstärkt. Aber davon könne doch keine Rede sein, dass es nun nur noch den Zivilprozess gebe, den der Staat betreibe. Überdies sei dieser Gesichtspunkt auch nicht entscheidend für die hier behandelte Frage. Wolle man Missstände grundsätzlich beseitigen, so könne man die *Abzahlungsgeschäfte ganz* beseitigen oder den *Warenvertrieb durch Reisende* verbieten. Das Prozessgesetz sei nicht der Platz, um diese Missstände zu lösen.

Fischer: Man komme nicht daran vorbei, dass die Normalfälle überragten, dass außerdem die anormalen Fälle vielleicht so wenig bedeutsam seien, dass man sie vernachlässigen könne. In allen Fragen des Gesetzgebers müsse diese *Interessenabwägung* ausschlaggebend sein. Der Gesetzgeber müsse sich immer fragen, ob es wirklich notwendig sei, soweit zu gehen. Denke man auf diese Art alle Ausführungen noch einmal durch, so komme man immer wieder zu der alten

Auffassung: *generelles Verbot der Zuständigkeitsvereinbarungen bis auf die Gruppe der Vollkaufleute.*

Furler: Es handle sich hier um eine *reine Interessenfrage,* die man nur unter dem Gesichtspunkt der Brauchbarkeit für die Wirtschaft und für die allgemeine Gestaltung des Gesetzes werde lösen können. Grundsätzliche Erwägungen müssten ausgeschaltet bleiben.

Die Leute, die sich betrogen fühlten, hätten dieses Gefühl nicht, weil ihnen ein bestimmter Gerichtsstand aufgeschwatzt worden sei, sondern weil sie das ganze Geschäft überhaupt nicht gemacht haben möchten. Die Leute hätten sich wirtschaftlich übernommen. Die Prozesse endeten meistens daher damit, dass die Käufer verurteilt würden. Bedenke man dies alles, so käme man wohl ohne weiteres mit dem von Herrn Reichsgerichtsrat Altstötter gemachten Vorschlag aus. Weitere Interessen als die hierbei genannten könne man nicht anerkennen.

Jonas: Er müsse einmal auf das *Auskunfts- und Inkassogewerbe* hinweisen. Man habe stets betont, dass dieser Gewerbezweig Aufgaben erfülle, die man nicht entbehren könne. Es müsse jemanden geben, der sich die Leute auf ihre Zahlungsfähigkeit usw. hin ansehe. Wenn man also feststellen wolle, ob es sich lohne, gegen einen Schuldner zu klagen, habe man das Bedürfnis, sich den Mann *an Ort und Stelle* anzusehen. Nur den sich dann eventuell anschließenden Prozess wolle man am eigenen Geschäftssitz durchführen. Dabei solle es dann keine Rolle spielen, ob der Schuldner seine Einwendungen persönlich vorbringen könne oder nicht. Dabei lasse man auch ganz außer Acht, dass der Richter am Orte des Schuldners das Milieu und die Verhältnisse des Schuldners kenne.

Staud: Käme man zu einer *enumerativen Lösung,* so seien zu nennen zunächst die Fälle der *Reisenden,* dann die *Abzahlungsgeschäfte* und schließlich diejenigen Fälle, in denen die Zuständigkeitsvereinbarung in den *Lieferungsbedingungen* usw. enthalten sei. Auch diese Fälle müssten irgendwie erfasst werden. Dann könne man sich allerdings fragen, was noch an praktisch vorkommenden Gerichtsstandsvereinbarungen zwischen Nichtkaufleuten übrig bleibe.

Vorsitzender: Es stehe fest, dass zur Verhütung des Missbrauchs der Gerichtsstandsvereinbarungen etwas unternommen werden müsse. Dem könne man nicht entgegenhalten, es handle sich um die *Abwehr materieller Übervorteilungen,* gegen die man auf materiellrechtlichem Gebiet und nicht mit Prozessgesetzen vorgehen müsse. Das sei ein Trugschluss. Hier müsse verhindert werden, dass die Geltendmachung materiellrechtlicher Einwendungen durch die Zuständigkeitsvereinbarung unbillig erschwert werde.

Die *Zuständigkeitsregelung* werde letzten Endes stets eine *Zweckmäßigkeitslösung* sein. Man könne daher nur noch darüber streiten, ob man die Fälle des Ausschlusses der Zuständigkeitsvereinbarung einzeln aufzählen oder eine generelle Regel geben solle.

[Aus dem Protokoll S. 25: Auf Vorschlag *Jonas* bittet der *Vorsitzende* die Mitglieder, schlagwortartig ihre Stellungnahme zusammenzufassen.

Schrutka: Ich möchte das generelle Verbot, aber Zulassung für Vollkaufleute. Dann wird man im Wege des Kompromisses vielleicht einen Schritt weitergehen können, weil gewisse Kreise immer am Werke sein werden, irgendetwas zu erreichen. (*Vorsitzender:* Aber Ihr Wunsch ist es, nicht weiterzugehen als bis zu den Vollkaufleuten?) – Ich möchte möglichst zurückhalten.

Stagel: Ich bin unbeschränkter Gegner jedes Kompromisses und stehe mit Ausnahme der Vollkaufleute auf dem Standpunkt des Verbots.

Jonas: Ebenso!

Singer: Vollkaufleute plus Minderkaufleute mit Ausnahme des Reisebetriebs und der Abzahlungsgeschäfte.

Lent: Ich bin nur für Zulassung bei Vollkaufleuten; sonst bin ich dagegen.

Fechner: Lösung von Altstötter!

Merten: Das generelle Verbot ist wohl das Richtige!

Engelmann: Ich bin für freie Vereinbarung.

Schlegel: Vorschlag Altstötter!

Furler: Grundsätzlich mit Schwartz für freie Vereinbarung; würde mich aber mit einer ganz engen Norm im Sinne des Herrn Reichsgerichtsrats Altstötter einverstanden erklären.

Fischer: Zulassung nur bei Vollkaufleuten, und bei Minderkaufleuten im Rahmen ihres Geschäftsbetriebes.

Staud: Wie Lent und Jonas!

Vorsitzender: Wie Herr Altstötter denkt, wissen wir ja.

Ich könnte mir vorstellen, dass man mit einer Einzelaufzählung auskommt, wenn man sie nicht so verklausuliert beschränkt, sondern so fasst, dass jedes Aufsuchen von Kunden außerhalb des Geschäftsbetriebes – mag es schriftlich oder mündlicher sein – darunter fällt, und dass außer für Vollkaufleute keine Ausnahme gemacht wird, also nicht für Bestellungen im Beruf, nicht für Bestellungen im Kleingewerbe.]

Furler: Man habe bisher noch nicht über den von Herrn Jonas vorgetragenen Vorschlag debattiert, *einen Gerichtsstand in Berlin* für Leute zu schaffen, für die *überhaupt keine Zuständigkeit in Deutschland bestehe.* Der Kläger müsse ein gewisses Interesse darlegen, in Deutschland einen Titel zu erzielen, wobei ihm nicht solle entgegengehalten werden können, dass ein solcher Titel im Ausland nicht vollstreckbar sei. Es solle das allgemeine Interesse genügen, vor einem deutschen Gericht einen Anspruch gegen einen Ausländer zuerkannt oder eine Feststellung getroffen zu sehen. Man habe heute bereits eine ähnliche Reglung in Frankreich.

Jonas: Wir befänden uns im Augenblick gegenüber Ausländern in einer misslichen Lage. *Der Gerichtsstand des Vermögens gemäß § 23 ZPO* sei von Zufälligkeiten abhängig, andererseits bestehe doch ein erhebliches Interesse daran, sich für die Vollstreckung in Deutschland einen Titel zu verschaffen für eine Zeit, in der der Gegner einmal hier Vermögen haben sollte. Aus diesem Grunde sei es empfehlenswert, einen deutschen Gerichtsstand gegen Ausländer zu schaffen, der nicht von Zufälligkeiten abhängig sei.

Vorsitzender: Besondere Bedenken gegen diesen Vorschlag würden nicht erhoben. Nunmehr bitte er um Erörterungen zur Frage der *sachlichen Zuständigkeit.*

Furler: Man habe den *bisherigen Aufbau der Gerichte* zugrunde gelegt. In vermögensrechtlichen Streitsachen werde man im ersten Rechtszuge die Unterscheidung hinsichtlich Amts- oder Landgericht nach einer *Wertgrenze* zu treffen haben, die in der Höhe schwankend sei. An die Stelle des bisherigen „*Wert des Streitgegenstandes*“ wolle der Unterausschuss den Ausdruck „*Streitwert*“ setzen. Dieser Ausdruck habe sich in der Praxis eingebürgert, er sei auch erwünscht, weil damit die Frage des Streitgegenstandes und der Ansprüche bei der Wertberechnung an sich ausscheide. Grundsätzlich müsse für den Streitwert das *geschäftliche Interesse des Klägers* maßgebend sein. Diese Regelung sei richtiger, als wenn man – entsprechend einem Vorschlag des Herrn Fischer – in gewissen Fällen auch das höhere wirtschaftliche Interesse des Beklagten maßgebend sein lasse.

Bei der *Berechnung des Streitwertes* wolle man die §§ 3 und 4 des Entwurfs beibehalten. Die Mehrheit des Ausschusses sei auch dafür gewesen, mehrere geltend gemachte Ansprüche zusammenzurechnen.

Grundsätzlich wolle man auch die Regelung des § 10 des Entwurfs beibehalten. Nur wolle man von der bürgerlichrechtlichen Anspruchskonstruktion abgehen und folgende *Fassung* wählen: „Wird ein Streitfall beim Landgericht anhängig gemacht, so ist der Beklagte mit der Einrede, dass in einzelnen Beziehungen die Zuständigkeit des Amtsgerichts gegeben sei, nicht zu hören, sofern die Zuständigkeit nicht eine ausschließliche ist.“

Bei der *Streitwertfestsetzung* sei der heutige Zustand unbefriedigend. Man wolle unterscheiden zwischen der der *Kostenberechnung* zugrunde liegenden Streitwertfestsetzung und derjenigen Festsetzung, die für die *Berufungs- und Revisionsfragen* maßgeblich sei.

Bei der *Streitwertfestsetzung für die Gebühren* solle ohne ein besonderes Verfahren die Festsetzung im Urteil erfolgen; hiergegen solle die sofortige Beschwerde gegeben sein. Werde diese Beschwerde nicht eingelegt, so sei der Streitwert bezüglich der Gebührenberechnung endgültig festgestellt.

Für die nächste Instanz – bei Berufungs- oder Revisionseinlegung – soll die Nichteinlegung der Beschwerde keine Bindung schaffen. Ausgeschlossen sollte eine *Streitwertvereinbarung* sein.

Jonas: Bei der Fassung *„Streitwert"* statt *„Wert des Streitgegenstandes"* habe man nach Möglichkeit Fassungen im Gesetz vermeiden wollen, die eine Stellungnahme zu noch nicht ausgetragenen Fragen in sich schlössen. Es scheine am besten zu sein, einen möglichst farblosen Ausdruck zu wählen.

Die *Streitwertbemessung für die Gebühren* solle nach wirtschaftlichen Gesichtspunkten erfolgen. Die Zahl habe indessen bei *zahlenmäßigen Forderungen* selbstverständlich maßgebend zu sein. Fest stehe, dass man die Streitwertfestsetzung für die Gebührenberechnung so beweglich wie möglich gestalten solle. Allerdings gehöre dieser ganze Fragenkomplex wohl in das *Gerichtskostengesetz.* In die *Zivilprozessordnung* gehörten nur die Bestimmungen, die für die *Zuständigkeit* und für die *Rechtsmittel* maßgebend seien.

Zur Frage der *Revision* werde man zu einer dem arbeitsgerichtlichen Verfahren angenäherten Lösung kommen müssen. Zwar werde man bei Mammutobjekten die Revision schlechthin zulassen müssen, daneben werde man aber die *Revisibilität kraft Zulassungsausspruches* zu stellen haben.

Zweckmäßig sei es wohl auch, am Schluss einer jeden Instanz einen *endgültigen Ausspruch über die Bewertung des Gegenstandes* zuzulassen. Es müsse sobald als möglich eine endgültige, nicht mehr abänderbare Feststellung des Wertes getroffen werden.

Vorsitzender: Grundsätzlich werde man feststellen müssen:

1. *Streitwertfestsetzung* für die Zuständigkeit und Zulässigkeit sei von der für die Kostentragung zu unterscheiden.

2. Es empfehle sich, für die *Streitwertfestsetzung* am *Schlusse der Instanz* durch Einführung von Beschwerdefristen eine rechtskräftige Festsetzung des Streitwertes die Kosten dieser Instanz zu erreichen. [OLG-Festsetzung für das RG bindend; Bl. 40 des Prot.]

3. Die *Rechtsmittelfähigkeit* werde sich nach dem Streitwert und nicht nach dem Beschwerdewert zu richten haben.

Stagel: In *Österreich* seien alle diese Fragen bedeutungslos. Der Kläger gebe den Streitwert an und diese Angabe sei für das Gericht und den Gegner maßgebend. Sicherlich sei es am besten, den Streitwert für den weiteren Prozess möglichst bald festzulegen, damit jede Unsicherheit vermieden werde.

Vorsitzender: Bei § 10 des Entwurfs müsse man zugeben, dass man sich an dem Wort *„Ansprüche"* stoßen könne. Vielleicht könne man sagen: „Mit einer Klage, für welche die Zuständigkeit des Landgerichts begründet ist, kann auch eine Klage, für die die sachliche Zuständigkeit des Amtsgerichts begründet sein würde, verbunden werden." Es handle sich eigentlich hierbei um einen Fall der *Klagenverbindung.*

Staud: Es bestehe die Gefahr, die Möglichkeit für die *Verbindung ganz verschiedener Dinge* zu geben, wenn man den Grundsatz verlasse, dass bei der Klagenverbindung die Zuständigkeit des angerufenen Gerichts nur dann gegeben sei, wenn für jeden der mehreren Ansprüche das angegangene Prozessgericht zuständig sei. Sonst könne jede amtsgerichtliche Klage auch beim Landgericht im Wege er Klagenhäufung anhängig gemacht werden. Wolle man davon ausgehen, dass für die Zuständigkeit die Streitwerte zusammenzurechnen seien, so könnten beispielsweise drei Amtsgerichtsobjekte zusammen ein Landgerichtsobjekt ergeben.

Jonas: Es sei richtig, dass eine solche Verbindung nur bei *rechtlichem Zusammenhang* oder unter der Voraussetzung des Vorliegens eines *einheitlichen Lebenskomplexes* zugelassen werden dürfe. Zweifelsfrei sei aber auch, dass der Prozess dann vor dem Landgericht geführt werden könne, wenn der Beklagte sich darauf einlasse. Durch die Generalklausel: *„Auf Zuständigkeitseinwendungen soll der Richter nicht eingehen, wenn er die Fortführung des Prozesses bei dem gleichen Gericht für zweckmäßig hält,“* würden am besten alle Zweifelsfälle ausgeräumt und § 10 des Entwurfs sei dann entbehrlich.

Vorsitzender: Es sei nunmehr über das *„Verfahren bei Geltendmachung der Unzuständigkeit“* zu sprechen.

Staud: Man habe im Unterausschuss besprochen, welche Möglichkeiten geschaffen werden könnten, um mehr als bisher zu verhüten, dass im Laufe des späteren Instanzenzuges – d.h. erst beim Berufungs- oder Revisionsgericht – ein bis dahin in der Sache durchgeführter Prozess einer *formalen Abweisung wegen einer prozesshindernden Einrede* verfalle. Bei der *örtlichen Unzuständigkeit* treffe schon das Gesetz selbst gewisse Kautelen. Man müsse aber auch andere *prozesshindernde Einreden* einbeziehen, zunächst die sogenannten *verzichtbaren* wie die der mangelnden Kostenerstattung, des Schiedsvertrages usw., dann aber auch die sogenannten *nicht verzichtbaren* wie die der Unzulässigkeit des Rechtsweges. Es hätten sich hierbei doch erhebliche Widerstände gegen den Vorschlag einer abgekürzten Vorwegentscheidung ergeben.

Die Vorschläge seien bisher in *zwei Richtungen* gegangen: 1. Man wolle die Behandlung der verzichtbaren prozesshindernden Einreden in ein *Beschlussverfahren* bringen, um die Nachprüfung derartiger Streitigkeiten weitgehend zu erleichtern. 2. Man wolle dem Kläger die Möglichkeit geben, unter allen Umständen dann, wenn der Beklagte im ersten Rechtszug mit derartigen prozesshindernden Einwendungen komme, eine *Vorwegentscheidung* in diesem abgekürzten Beschlussverfahren zu erzwingen. Auf diese Weise werde es vermieden, dass der Kläger beim Oberlandesgericht oder gar beim Reichsgericht mit völlig nebensächlichen Einreden wie der des Schiedsvertrages oder der mangelnden Kostenerstattung überfallen werde. Man könne dann etwa formulieren: „Auf Antrag des Klägers ist über prozesshindernde Einreden durch Beschluss vorweg zu entscheiden, dieser Beschluss unterliegt der sofortigen Beschwerde.“ Mache der Kläger von der Möglichkeit einer solchen Vorwegentscheidung keinen Gebrauch, so nehme er das hierbei für ihn entstehende Risiko bewusst in Kauf. Andernfalls stehe ihm das genannte Beschlussverfahren zur Verfügung, wobei beim Oberlandesgericht das *schriftliche Beschwerdeverfahrn* anwendbar sei.

Als Konsequenz der Einführung eines solchen Beschwerdeverfahrens müsse man dann, wenn *in erster Instanz eine Klage angebrachtermaßen abgewiesen* werde, diese Abweisung auch *durch Beschluss* erfolgen lassen und hiergegen das Rechtsmittel der *sofortigen Beschwerde* geben, damit der Kläger sich auf diesem schnellen und billigen Wege die Klärung durch die höhere Instanz verschaffen könne.

Das Interesse an derartigen *Vorwegentscheidungen* bestehe stets dann, wenn man Klarheit über die weitere Entwicklung des Prozesses wünsche, ehe es zu kostspieligen Beweisaufnahmen gekommen sei. In manchen Fällen werde allerdings auch bereits die Prüfung z.B. der Zuständigkeitsfrage zu derartigen Beweiserhebungen nötigen.

Die hier gemachten Vorschläge sollten alle übrigen Sonderbestimmungen – wie z.B. § 512 a ZPO für die Berufungsinstanz – überflüssig machen, indem man sage: Mache der Kläger von dieser Nachprüfungsmöglichkeit keinen Gebrauch, so setze er sich damit bewusst der Gefahr aus, dass die Berufungsinstanz die Rechtslage anders beurteile als der erste Rechtszug.

Vorsitzender: Man dürfe niemals verkennen, dass z.B. § 512 a ZPO im Interesse der *Prozessökonomie* geschaffen sei. Die jetzt gemachten Vorschläge müsse man auch hiermit in Übereinstimmung bringen.

Jonas: Beschränke man sich zunächst auf die *Zuständigkeitsfragen,* so sei die heutige Regelung – jedenfalls für die vermögensrechtlichen Streitigkeiten – doch folgende: Wenn der erste Richter seine *Zuständigkeit* bejaht habe, sei damit nach *§ 512 a ZPO*, der Streit insofern ausgestanden. Diese Bestimmung könne man auch künftighin nicht entbehren. Da daneben noch die *Verweisungsmöglichkeit* nach § 276 ZPO bestehe, sei allen Anforderungen genügt. Bei den nicht vermögensrechtlichen Streitigkeiten ständen im Hintergrund die *internationalen Fragen.* Man könne fast sagen, die internationale Zuständigkeit sei nicht örtliche Zuständigkeit, sondern ein besonderes Gebilde. Hierbei könnte man daran denken, in einer materiellen Vorschrift z.B. festzulegen, wieweit sich das deutsche Gesetz überhaupt mit ausländischen Ehesachen befassen dürfe.

Wenn dagegen die erste Instanz – das Landgericht – seine *Zuständigkeit verneint* habe, könne man das weitere Verfahren als *Berufung* oder – entsprechend etwa der Regelung in § 99 ZPO – als *Beschwerdeverfahren* ausgestalten, und zwar auch bei Abweisung der Klage wegen Unzuständigkeit. Eine Frage von grundsätzlicher Bedeutung sei dies nicht, sondern eine *reine Verfahrensfrage.*

Bei den übrigen prozesshindernden Einreden werde man einige ganz streichen können. Besonderes gelte nur für die *Einrede der Rechtshängigkeit.* Hier werde man eine Neuregelung schaffen müssen, deren Kernpunkt im praktischen Ziel nicht Klageabweisung, sondern *Aussetzung* oder *Verweisung* an ein anderes Gericht sei.

Es bleibe noch die Frage, ob man sich bei Geltendmachung der *Einrede des Schiedsvertrages* auf ein *Beschlussverfahren* einlassen wolle. Hier beständen erhebliche Bedenken. Es werde sich hierbei stets um rechtlich schwierige Fragen handeln, da der Schiedsvertrag nur Teil eines dabei mit zu beurteilenden materiellen Vertrages sei. Der Geltungsbereich der Schiedsgerichtsabrede umfasse in den meisten Fällen auch stets die Frage der Gültigkeit oder Ungültigkeit des materiellen Vertrages. Derart schwerwiegende Fragen dürfe man nicht in einem besonders beschleunigten Verfahren entscheiden. Alle Vorwegentscheidungen seien hierbei unangebracht.

Vorsitzender: Er bitte nunmehr zunächst Herrn Prof. Fischer um seine Ausführungen zu den Problemen der *Rechtshängigkeit.*

Fischer: Die mit der Rechtshängigkeit zusammenhängenden Fragen enthielten zahlreiche Probleme. Man wolle bewusst bis zum Urteil den Richter nicht an materiellrechtliche Anspruchskonstruktionen binden, soweit dies irgend angängig sei. Dieser Leitgedanke erlaube es, alles, was bis zum Urteil geschehe, unter *reine Zweckmäßigkeitsgesichtspunkte* zu stellen. Daneben sei *Grundregel,* dass in einem Prozess die erschöpfende Behandlung eines Streitkomplexes im Sinne des sogenannten einheitlichen Lebenskomplexes sichergestellt sein solle. Allerdings wolle man daneben die gegenwärtige Regelung aufrecht erhalten, wonach die Parteien in der Lage seien, durch ihren *Sachvortrag* und ihre *Anträge* den Prozessstoff für das Gericht maßgebend festzulegen. Damit schaffe man die Möglichkeit, dass die Parteien sehr oft dem Richter nur einen Ausschnitt aus einem Streitfall vortrügen. Damit entständen zahlreiche Fragen über die Zuständigkeit, den notwendigen Klageinhalt, die Klageänderung, am Prozessende schlössen sich hieran wieder die schwierige Frage um die Rechtskraft. Hier handle es sich nur um die *Rechtshängigkeit,* deren Probleme in *zwei Teile* zerfielen:

1. Zunächst entstehe die Frage, ob die Parteien das Recht haben sollten, während eines Prozesses die Streitsache vor ein anderes Gericht zu bringen.

2. Die zweite Frage sei, ob die Parteien während des Prozesses die Möglichkeit haben sollten, weitere Teilausschnitte aus dem Streitstoff vor anderen Gerichten zur Entscheidung zu bringen.

Nach der *jetzigen Gestaltung* habe die Rechtshängigkeit *Folgen von dreierlei Art:* perpetuatio fori, die prozesshindernde Einrede gegen die Verdoppelung des Prozesses sowie schließlich die Folgen, die das materielle Recht an die Rechtshängigkeit knüpfe wie Verjährungsunterbrechung usw.

Die *perpetuatio fori* werde man bestehen lassen müssen. Eine kleine Durchbrechung dieses Grundsatzes werde später nur noch bei den erweiterten Verweisungsmöglichkeiten kommen.

Die *materiellen Folgen der Rechtshängigkeit* habe das materielle Recht zu bestimmen; sie schieden daher hier aus.

Die weitere Frage sei dazu, was mit den materiellrechtlichen Ansprüchen zu geschehen habe. Am einfachsten werde man wohl sagen können, dass bei *Antragstellung* und *Sachvortrag vor dem Richter* damit alle materiellrechtlichen Ansprüche zur Rechtshängigkeit kämen, die geeignet sein könnten, den Antrag aus dem Sachvortrag abzuleiten. Auf die Entscheidung des Richters komme es nicht an, sondern darauf, *welche Entscheidung* möglich wäre.

Dann brauche man nur noch festzustellen, *in welchem Umfange* und *wann* die Streitsache rechtshängig werde. Dabei müsse entscheidend sein der Augenblick, in welchem ein *bestimmter Antrag* gestellt oder dem Gericht ein *bestimmter Sachvortrag* unterbreitet werde.

Bezüglich des *Endes der Rechtshängigkeit* werde man sagen können, dass es dann eintrete, wenn über den Antrag rechtskräftig entschieden oder der Antrag durch Vergleich oder auf sonstige Art erledigt sei.

Zu neuen Gesetzesvorschlägen führe von diesen ganzen Problemen allerdings nur die Frage der *„Vermeidung des Doppelprozesses"*. Vorfrage dabei sei, wann ein Doppelprozess vorliege. Es gebe dabei drei Gruppen: Vollidentität der Streitsache, auf der anderen Seite die Gruppe, in der überhaupt keine Gleichheit der Streitsachen vorliege, und schließlich die gemischten Fälle. Zur Unterscheidung komme man dann darauf ab, dass es *vier Kombinationen gebe:*

1. Einheitlicher Sachvortrag, einheitlicher Antrag – der Fall der Vollidentität –,
2. einheitlicher Antrag, abweichender Sachvortrag,
3. abweichender Antrag, einheitlicher Sachvortrag, und
4. verschiedene Anträge, verschiedener Sachvortrag.

Das Ziel sei, die *Verdoppelung der Prozesse weitgehend zu vermeiden.* Mittel hierzu gebe es zwei: *Abweisung* und *Aussetzung.* Als drittes Mittel wolle man jetzt die *Verweisung* ähnlich wie in den Zuständigkeitsvorschriften einführen.

Den Begriff *„Einheitlichkeit des Antrages"* könne man so festlegen, dass der Erfolg des einen Antrags den Erfolg des anderen Antrags ausschließe. Bei der *„Einheitlichkeit des Sachvortrags"* komme es darauf an, welche Verletzungstatsachen hinsichtlich eines Rechtsgrundverhältnisses vorgetragen würden: Vortrag mehrerer Verletzungstatsachen bedinge auch einen verschiedenen Sachvortrag. Hiernach habe man jeden Prozess zu beurteilen.

Als *Folge der Vollidentität* käme wohl nur Abweisung in Betracht; hier habe es keinen Sinn, wenn ein zweiter Prozess neben dem ersten fortgesetzt werde. Nur sollten die Parteien hier die Möglichkeit haben, durch einen *Verweisungsantrag* die Abweisung zu vermeiden. Das Mittel der Aussetzung – das hier nicht erwähnt werde – bleibe daneben dem Richter in jedem Falle. Wenn heute hier noch keine Aussetzungsmöglichkeit bestehe, so müsse man die entsprechende Vorschrift schaffen.

Zur Verweisung sei noch zu bemerken: Der Richter solle verweisen können, wenn ihm dies *sachdienlich* erscheine. Man könne hierbei stets daran denken, den einen Prozess in den anderen Hauptprozess einzuführen. Am wenigsten Schwierigkeiten bereite selbstverständlich hierbei ein *übereinstimmender Antrag der Parteien.* Am weitesten auswirken müsse sich die Verweisungsmöglichkeit bei den oben erwähnten gemischten Fällen. Hier bestehe das stärkste Bedürfnis, die Streitgegenstände, die nur wenig, aber immerhin eine gewisse gemeinschaftliche Basis hätten, zusammenzuziehen und einer einheitlichen Entscheidung zuzuführen. Hieraus seien folgende Vorschläge entstanden:

Wegen des Eintritts der Prozesshängigkeit könne man sagen: *I.* Die Streitsache wird durch die Anträge und den Sachvortrag der Parteien bestimmt.

Die Prozesshängigkeit der Streitsache tritt mit Einreichung der Klage, im weiteren Verlauf des Rechtsstreits mit Einreichung des Schriftsatzes, sonst mit dem Vortrag in der mündlichen Verhandlung ein.

Ob dann weiterhin Folgendes ausreiche, sei noch zu prüfen: *II.* Mit dem Eintritt der Prozesshängigkeit werden alle Ansprüche des materiellen Rechts, die die Ableitung der Anträge aus dem Sachvortrag rechtfertigen könnten, rechtshängig.

Hinsichtlich der *perpetuatio fori* könne man etwa formulieren: *III.* Ist die Streitsache anhängig, so können spätere Ereignisse die einmal begründete Zuständigkeit des Gerichts nicht beeinflussen, soweit das Gesetz nicht ausdrücklich etwas anderes bestimmt.

In der Vorschrift IV sei „nicht zulässig" gesagt worden, um damit das Prinzip der Abweisung in den Vordergrund zu stellen; die Vorschrift laute: *IV.* Bis zur rechtskräftigen Entscheidung ist es nicht zulässig, dieselbe Streitsache bei demselben oder bei einem anderen Gericht anhängig zu machen.

Die Streitsache ist dieselbe, wenn die Anträge der Parteien dieselben sind und sich die zu ihrer Rechtfertigung behaupteten rechtsverletzenden Tatsachen ganz oder teilweise decken.

Jede der Parteien kann beantragen, anstelle der Abweisung den Rechtsstreit an das Gericht des ersten Prozesses zu verweisen. Die Verweisung soll nur erfolgen, wenn sie sachdienlich ist. Stimmt der Gegner zu, so kann das Gericht verweisen, ohne zu prüfen, ob die Streitsache dieselbe und die Verweisung sachdienlich ist.

Dann würden die gemischten Fälle behandelt: *V.* Wird während des Rechtsstreits eine Klage vor einem anderen Gericht erhoben, die mit dem ersten Rechtsstreit im inneren Zusammenhange steht, so kann jede Partei die Verweisung an das Gericht des ersten Rechtsstreits beantragen. Das Gericht hat dem Antrage stattzugeben, wenn die Verweisung sachdienlich ist.

Andernfalls soll es prüfen, ob die Aussetzung des zweiten Rechtsstreits angebracht ist.

Ein innerer Zusammenhang besteht insoweit, als

a) der Erfolg eines Antrags in dem einen Rechtsstreit den Erfolg eines Antrags in anderen Rechtsstreit ausschließt, auch wenn der Sachvortrag abweicht,

b) verschiedene Anträge mit den gleichen Behauptungen über die rechtsverletzenden Tatsachen gerechtfertigt werden.

Schließlich sei die *Möglichkeit des Verweisungsantrags* festzulegen gewesen, etwa in folgender Form: *VI.* In allen Fällen kann der Antrag auf Verweisung auch bei dem Gericht des zuerst anhängig gewordenen Rechtsstreits gestellt werden, wenn es sachdienlicher erscheint, den Rechtsstreit vor dem später angerufenen Gericht durchzuführen.

Den Abschluss hätten etwa folgende Bestimmungen zu bilden: *VII.* Der Beschluss, durch den der Rechtsstreit an das andere Gericht verwiesen wird, ist unanfechtbar und für das andere Gericht bindend. Dieses bestimmt das weitere Verfahren.

Die in dem Verfahren vor dem verweisenden Gericht erwachsenen Kosten werden als ein Teil der Kosten behandelt, welche bei dem Gericht erwachsen sind, an das der Rechtsstreit verwiesen worden ist. Das Gericht kann die entstandenen Mehrkosten dem Kläger auch dann auferlegen, wenn er in der Hauptsache obsiegt.

VIII. Die Prozesshängigkeit endet insoweit, als über den Antrag rechtskräftig entschieden ist oder er sich durch Vergleich oder auf andere Weise erledigt. Schließen Anträge einander aus, so gilt der eine insoweit als erledigt, als dem anderen rechtskräftig stattgegeben ist.

Der *Vorsitzende* dankt dem Vortragenden für seine erschöpfenden und bis ins Einzelne ausgearbeiteten Vorschläge. Eine grundsätzliche Bemerkung sei vonnöten. Man solle sich davor hüten, neue schwierige Begriffe wie Verletzungstatsache usw. im Prozessrecht einzuführen. Man dürfe die Begriffe nicht zu stark komplizieren. Das sei im Entwurf des Herrn Prof. Fischer bereits weitgehend vermieden worden. Aufgabe der weiteren Redaktion sei es, Derartiges ganz auszuschließen.

Den *Vorschlag zu Ziffer II* werde man in seiner jetzigen scharfen Form nicht übernehmen können. Danach scheine der Richter verpflichtet zu sein zu erforschen, welche Klagegründe ein Rechtsstreit überhaupt ermögliche, ohne den Kläger erst zu fragen, ob er dies überhaupt wünsche. Insofern stehe II. auch in einem gewissen Gegensatz zu I., der die Parteidisposition ausdrücklich aufrecht erhalte. Man werde daher auf ein richterliches Fragerecht wie bisher abzukommen haben. Zumindest müsse der Richter den Kläger fragen, ob er sich ein bestimmtes Vorbringen – des Beklagten, eines Zeugen – zu Eigen machen wolle. Von Amts wegen könne der Richter nicht seine Entscheidung hierauf stützen.

Bei V. sei wohl der *innere Zusammenhang* zu abstrakt gefasst. Viel besser sei es, wenn man stattdessen nur von einem inneren, rechtlichen oder tatsächlichen Zusammenhang spreche und es dem Richter überlasse, was er darunter verstehe.

Lent: Bei der Frage, was rechtshängig werde, könne man am besten sagen: *rechtshängig werde ein Klagebegehren.* Bestimmt werde das Klagebegehren als Prozessgrundlage durch einen *Antrag* und einen *Sachverhalt.* Schwierigkeiten entständen erst, wenn man feststellen wolle, wann dasselbe Klagebegehren noch einmal gestellt sei. Hier werde man dann auch nach Antrag und Sachverhalt urteilen müssen, was aber doch erhebliche Schwierigkeiten biete. Deshalb wolle man in diesem Zusammenhang den Richter ähnlich stellen wie bei der *Klageänderung,* wo die gleichen schwierigen Abgrenzungen notwendig seien. Damit sei der Richter der Prüfung der Identität im strengeren Sinne enthoben; er könne eine Sache, die ihm zweifelhaft erscheine, aus sachdienlichen Gründen ebenso behandeln wie eine voll identische. Die *Klausel* könne etwa lauten: „Der Richter kann in den Fällen verweisen, in denen die volle Identität nicht besteht, aber ein rechtlicher Zusammenhang vorhanden ist usw." Die Frage nach der wirklichen Identität zu beantworten, sei Aufgabe der Wissenschaft.

Schwierig sei der Fall, dass Identität nicht vorhanden sei, trotzdem aber das Bedürfnis bestehe, den Prozess zu vereinheitlichen. Auch hier könne man durch *Verweisung* einen einheitlichen Prozess gestalten.

Jonas: Hinsichtlich des Vergleichs mit der *Klageänderung* schließe er sich restlos Herrn Prof. Lent an. Diese Frage sei durch die Einführung der Worte: „Der Richter kann bei Sachdienlichkeit die Klageänderung zulassen", soweit ausgeräumt, dass fast eine genaue Definition der Klageänderung entbehrlich geworden sei.

Der andere Satz sei der, dass alles bis zum Urteil in einem Prozess ausschließlich unter *Zweckmäßigkeitsgesichtspunkten* behandelt werden müsse. Beim Urteil allerdings müsse Klarheit darüber bestehen, was rechtshängig geworden sei. Wolle man das bereits jetzt feststellen, so komme man damit wieder zum alten Problem des Streitgegenstandes. Nur sei jetzt die Diskussion noch dadurch verschärft, dass man die Verhandlungsmaxime mit hineingezogen habe. Es sei doch eigentlich völlig gleichgültig, was rechtshängig werde. Fragen müsse man sich, welche Bedürfnisse für den Prozess beständen, was man im Gesetz regeln müsse. Man solle doch im Gesetz so wenig wie möglich sagen. Aus dieser Erwägung sei man neben anderem auf eine Erweiterung der *Aussetzungsfälle* abgekommen. Dabei sei eigenartig, dass gegenwärtig § 148 ZPO praktisch so eng gefasst sei, dass man kaum jemals zu einer Aussetzung komme. Vielleicht könne man die jetzt hier im Zusammenhang mit der Rechtshängigkeit entstandenen Fragen dadurch lösen, dass man dem *§ 148 ZPO* folgende *Bestimmung* zufüge: „Ist zwischen den Parteien bereits ein anderer Rechtsstreit anhängig, bei dem im Wesentlichen dieselben tatsächlichen und rechtlichen Verhältnisse zu beurteilen sind, so kann das Gericht bis zur Erledigung des anderen Rechtsstreits das Verfahren aussetzen." Damit erledige sich der eine Prozess. Es gebe eine andere Möglichkeit, nämlich den Parteien es zu ermöglichen, die beiden Prozesse durch *Verweisungsantrag* bei einem der beteiligten Gerichte miteinander zu verbinden. Hier entständen Unterfragen, ob Verweisung nur bei Sachdienlichkeit, ob nur auf Antrag oder auch gegen den Willen der Parteien, vielleicht auch nur auf übereinstimmenden Antrag der Parteien. Dies seien jedoch keine grundsätzlichen Erörterungen; am zweckmäßigsten sei es wohl, wenn man die Verweisung nur für den Fall vorsehe, dass ein *übereinstimmender Antrag der Parteien* vorliege. Zu berücksichtigen sei allerdings noch die Kostenfrage; aber auch diese würde bei Forderung eines übereinstimmenden Parteiantrgs am sichersten gelöst.

Führe man derartiges ein, so werde man es auch in den seltenen Fällen der *Vollidentität* gelten lassen müssen. Täte man dies, so nehme man dem ganzen Problem seine Schwierigkeit; es könne dann jedenfalls bei Sachdienlichkeit ausgesetzt werden. Die Sanktion, dass bei Vollidentität auch die Klage abgewiesen werden könne, sei durchaus zu entbehren. Das werde man erreichen, indem man § 148 ZPO wie vorgeschlagen fasse und irgendwie sonst die Rechtshängigkeitsbestimmungen anknüpfe: „statt der Abweisung kann das Gericht, wenn es ihm sachdienlich erscheint, das Verfahren aussetzen oder auf übereinstimmenden Antrag der Parteien an das andere Gericht verweisen."

Staud: Bei dem praktisch häufigsten und rechtlich am einfachsten Fall der *Gleichartigkeit zweier Prozesse* erscheine ihm die von Herrn Präsidenten Jonas vorgeschlagene Formulierung sehr glücklich. Es bestände danach die Möglichkeit der *Aussetzung* und der *Verweisung*. Die Aussetzungsmöglichkeit könne man sich auch als Maßnahme *von Amts wegen* vorstellen unter der Voraussetzung, dass das Gericht sie für sachdienlich halte. Gegen eine solche Aussetzung müsse jede Partei die Möglichkeit der *Beschwerde* haben. Auf diese Weise sei sichergestellt, dass nicht etwa aus Bequemlichkeitserwägungen heraus eine Sache ausgesetzt werde.

Bezüglich der Verweisung müsse man 1. den übereinstimmenden Antrag der Parteien und 2. auch hier die Sachdienlichkeit verlangen. Es sei eine Fülle von Möglichkeiten denkbar, in denen die Verweisung durchaus nicht sachdienlich sei. Dies liege z.B. vor, wenn der erste Prozess bereits in einer anderen Instanz schwebe. Mit der Verweisung habe man zunächst nur die örtliche Konzentration der beiden Prozesse bei demselben Gericht erzielt. Ein *Zwang zur Verweisung* könne daher nur dann bestehen, wenn gleichzeitig die *Voraussetzungen der Verbindung dieser beiden Prozesse* vorlägen. Daraus ergebe sich dann ohne weiteres, dass die Verweisung nicht stattfinden könne, wenn der eine Prozess bereits in einer anderen Instanz schwebe. Man dürfe niemals vergessen, dass das *Normalmittel die Aussetzung sei.* Die Verweisung dürfe – wie bereits gesagt – nur da zugelassen werden, wo sie zur Verbindung führe. Für die Verbindung könne man die gleichen Voraussetzungen zugrunde legen, wie sie heute in der ZPO enthalten seien.

In den Fällen der *vollen Identität* würde neben der selbstverständlich in erster Linie in Frage kommenden *Abweisung* zunächst auch wieder die Aussetzung gegeben sein. Auch hier müsse die Aussetzung von den Anträgen der Parteien unabhängig sein, wenn das Gericht sie für sachdienlich halte, wogegen es ebenfalls die Rechtsmittelbeschwerde geben könnte. Die *Verweisung* erscheine rein begrifflich hier als Widerspruch in sich. Man könne das aber im Interesse der Einfachheit der gesetzlichen Formulierung in Kauf nehmen und auch hier rein theoretisch die Verweisung zulassen, auch hier wieder auf übereinstimmenden Antrag der Parteien und unter der Voraussetzung, dass das Gericht sie für sachdienlich halte. Auf diese Weise verschwinde dann allerdings fast jeglicher Unterschied zwischen Vollidentität und bloßer Gleichartigkeit. Man könne dann in § 148 ZPO in einem dritten Absatz sagen, dass die Bestimmungen dieses Paragraphen auch bei Sachdienlichkeit gelten, wenn etwa gleichzeitige Rechtshängigkeit vorliegen sollte.

Im *Verhältnis vom ersten zum zweiten Gericht* werde man mit aller Entschiedenheit am *Grundsatz der Priorität* festzuhalten haben. Eine andere Regelung gehe zulasten des Klägers, der dagegen geschützt werden müsse, dass der Beklagte durch einen zweiten Prozess das Verfahren unter Umständen an ein ihm genehmeres Gericht ziehe. Den Prioritätsgrundsatz werde man nur durchbrechen können, wenn die Aussetzung oder Verweisung der ersten Sache nicht nur sachdienlich sei, sondern auch dem übereinstimmenden Antrag beider Parteien entspreche. Dann könne man auch daran denken, dass man die Priorität zugunsten einer Aussetzung durchbreche, wenn der zweitanhängig gewordene Prozess inzwischen bereits in eine höhere Instanz gelangt sei.

Altstötter: Man halte im Grunde genommen an dem fest, was bereits geltendes Recht sei. Man stelle lediglich die *Rechtshängigkeit der Präjudizialität* in gewissem Umfange gleich und schaffe ferner in begrenztem Umfange die Möglichkeit, eine *Verweisung* vorzunehmen. Schließlich wisse niemand dann mehr, was eigentlich rechtshängig sei. Da nur Klarheit Wahrheit schaffen könne, müsse man darauf sehen, den Prozess in der Richtung aufzulockern, dass die Parteien Lebensvorgänge vorzutragen hätten und lediglich Anträge stellen dürften, die als Folgen aus den Lebensvorgängen zu rechtfertigen seien. Die materiellrechtliche Anspruchskonstruktion habe dabei ganz dahingestellt zu bleiben.

Dazu komme noch eine *prozessökonomische Betrachtung:* Man brauche nicht zwei Prozesse nebeneinander laufen zu haben, die bei kleinen Verschiedenheiten doch die gleichen Beweisaufnahmen und dergleichen erforderten. Dann müsse beides in der Hand des Richters vereinigt werden, der bereits am weitesten vorgeschritten sei. Daraus komme man auch dazu, eine *Verweisung von Amts wegen* zuzulassen. Bei *Vollidentität* müsse man schließlich beim Prinzip der Abweisung bleiben.

Stagel: In all diesen Fällen müsse man dem Richter möglichst freie Hand lassen. Wenn man den Richter von der Fessel der Parteianträge weitgehend befreien wolle, müsse man dem Richter auch jede der hier erörterten Möglichkeiten von Amts wegen zugestehen. Ein Missbrauch werde dadurch niemals entstehen.

Fischer: Er möchte daran festhalten, dass – unter Aufrechterhaltung der von ihm vorgeschlagenen Ziffern I und II – man im Gesetz den *Begriff der Rechtshängigkeit* genau umreißen solle.

Die erläuternden Zusätze in den Nummern IV und V könne man ohne weiteres fallen lassen. Es genüge, wenn stehenbleibe: „bis zur rechtskräftigen Entscheidung … bei einem anderen Gericht anhängig zu machen."

Vorsitzender: Bedeutsam erscheine ihm zweierlei: Einmal die *Ausdehnung des § 263 ZPO* und dann der *Grundsatz,* dass man sich nicht mehr auf den Parteivortrag beschränken, sondern als Urteilsgrundlage auch alles das benutzen solle, was sich zufällig aus der Beweisaufnahme ergeben habe. Das schieße weit über das Ziel hinaus. Wenn jemand z.B. berechtigt sei, einen Ehebruch zu verzeihen, so müsse er auch berechtigt sein, die Klage auf einen bestimmten Ehebruch nicht zu stützen. Und wenn die Parteien bei einer gewöhnlichen Kaufklage über ihre Rechte allgemein verfügen könnten, dann müssten sie auch das Recht haben, über die Tatsachen insoweit zu verfügen, als sie erklären könnten, sie wollten eine bestimmte Tatsache nicht geltend machen. Trotz aller Fortschrittlichkeit dürfe man hier auch nicht zu weit gehen, weil man sonst jede Form für den Prozess verlöre. Man müsse bei jeder Reform erkennen, wo die zulässigen Grenzen lägen.

Der *Vorsitzende* schließt sodann die Sitzung um 19 Uhr.

4. Bericht über die Sitzung vom 17.1.1939 (Verweisung bei Rechtshängigkeit. Eventualklage. Eventualantrag. Eventualurteil)

Gegenwärtig: Dieselben Herren wie am Vortrage mit Ausnahme des Herrn RA Dr. Furler.

Der *Vorsitzende* eröffnet die Sitzung um 9.30 Uhr.

Man wolle in Fällen der Rechtshängigkeit zweier teilweise oder ganz gleicher Prozesssachen entweder *aussetzen* oder *verweisen.* Man müsse sich nunmehr noch die prozessrechtlichen Folgen dieser Maßnahmen klarmachen.

Fischer: Er könne hier auf seine Vorschläge verweisen. Über das weitere Verfahren nach Verweisung bestimme das Gericht, an das verwiesen worden sei. Liefen zwei Prozesse bei einem Gericht zusammen, so werde das Gericht entweder verbinden oder nicht.

Jonas: Es müsse vernünftigerweise erreicht werden, dass derartige Prozesse miteinander verkoppelt werden könnten. Technisch gesehen könnten keine größeren Verwicklungen entstehen als in allen Fällen einer *Verbindung. Kostenrechtlich* sei das, was vor der Verbindung gelegen habe, selbständig, und das, was nachher in dem einheitlichen Prozess geschehe, sei kostenrechtlich nur noch ein Prozess. Ob man *Anträge* neu formulieren müsse, ob Anträge wegfielen, seien Fragen von untergeordneter Bedeutung. Die hierzu gehörige Grundbestimmung könne lauten: „Wenn in zwei Prozessen im Wesentlichen dieselben tatsächlichen und rechtlichen Verhältnisse ...“

Lent: Man müsse berücksichtigen, dass hiermit die *Verbindung von Prozessen* einen anderen Sinn bekommen habe als bisher. Wären früher zwei Prozesse verbunden worden, so seien sie in einheitlicher Verhandlung nebeneinander hergelaufen, seien aber selbständige Prozesse geblieben und hätten jederzeit wieder getrennt werden können. Jetzt wolle man die beiden Verfahren zu einem *einheitlichen Prozess* verschmelzen – jedenfalls bei Vollidentität –, so dass eine spätere Trennung nicht mehr in Betracht komme. Allerdings würden sich hieraus wohl keine technischen Schwierigkeiten ergeben. Hätte zum Beispiel der zweite Prozess gegenüber dem ersten das Verhältnis der Widerklage sachlich inne – 1. Klage auf Zahlung des Kaufpreises, 2. Klage auf Wandlung –, so würde sich die zweite Klage in eine Widerklage oder in einen Gegenantrag verwandeln.

Staud: Nach diesen Vorschlägen solle offenbar die *Verweisung zum Zwecke der Verbindung* erfolgen. Daraus entständen zwei Fragen. Erstens werde das verweisende Gericht seinerzeit erst zu prüfen haben, ob die Verbindung der beiden Sachen zulässig sei. Wäre späterhin eine Verbindung doch nicht möglich, so könnte keine Rede davon sein, dass die Verweisung sachdienlich sei. Zweitens sei die Frage, wodurch die Verbindung zustande komme. Das könne theoretisch durch den Verweisungsbeschluss geschehen oder dadurch, dass das Gericht, an das verwiesen wird, seinerseits die Verbindung der bei ihm jetzt anhängigen Sachen beschließe. Nur das Letztere sei ein gangbarer Weg. Die andere Ansicht entspräche nicht den Grundsätzen einer gesunden Verhandlungsleitung.

Es kämen auf diese Weise zwei Akten in den Prozess hinein, die zeigten, dass man mit dem Verweisungsgedanken nicht gerade zu einer Vereinfachung gekommen sei, dass vielleicht der entstehenden Komplikationen wegen von diesem Institut auch nicht allzu viel Gebrauch gemacht würde. Die Parteien würden sich vermutlich lieber mit Klagerücknahme usw. begnügen. Man müsse daran festhalten, dass dann, wenn die Sache beim angewiesenen Gericht eingegangen sei, nur die örtliche Konzentrierung beider Sachen und damit auch eine einheitliche örtliche Zuständigkeit erzielt sei. Das zeige übrigens, dass man in diesem Zusammenhang auch noch gleichzeitig an die Zuständigkeitsfrage zu denken habe.

Mit aller Entschiedenheit müsse er davor warnen, Verweisungen der Art zuzulassen, dass sie ipso iure zur Verbindung von Sachen beim ersten Gericht führten. Die Fälle, in denen gleichartige

Sachen bei verschiedenen Gerichten anhängig geworden seien, würden vermutlich zum größeren Teile mit Zuständigkeitsmängeln behaftet sein. Sie würden daher von selbst an ein und dasselbe Gericht kommen. Demnach habe wohl auch die Behandlung etwaiger Erörterungen über die *örtliche Zuständigkeit* stets etwaigen Verweisungsanträgen vorzugehen.

Lent: Er sei kein Freund eines besonderen Verbindungsbeschlusses, wenn er eine reine Formalität in dem Sinne sei, dass die Verbindung doch immer ausgesprochen werden müsste. Ein besonderer Verbindungsbeschluss sei nur dann erforderlich, wenn das Gericht sagen könnte, es wolle in einem bestimmten Falle nicht verbinden. Aus welchen Gründen solle es aber ablehnen, zu verbinden? Könne das angewiesene Gericht noch sagen, die Verbindung sei nicht sachdienlich?

Staud: Man müsse eben für die *Verbindung* derartiger zweier Prozesse im Gesetz bestimmte Voraussetzungen aufstellen. Einigkeit bestehe doch auch darüber, dann man nicht zwei Prozesse verbinden könne, von denen der eine in der ersten Instanz, der andere in der Berufungsinstanz schwebe. Darüber sei man sich doch auch einig: Irgendwie solle der Richter, der den großen vereinigten Prozess weiterführen solle, darüber befinden können, ob er die Verbindung für zulässig und sachdienlich halte. Über die technischen Einzelheiten hierbei könne man durchaus verschiedener Ansicht sein.

Jonas: Die *Voraussetzungen* für die *Verweisung* und die *Verbindung* müssten selbstverständlich aufeinander abgestimmt sein. Zur Zeit sei eine derartige Verbindung undurchführbar; das Gericht spreche von mehreren Prozessen, die bei demselben Gericht anhängig seien.

Eine wirklich erörternswerte Frage hierbei sei, ob die Verweisung die *Einfügung der Sache in den anderen Prozess* zur Folge habe oder nur die *Anhängigkeit bei demselben Gericht.* Der angewiesene Richter werde wohl schwerlich die Übernahme des Prozesses ablehnen können. Man könne ihm nur zugestehen, dass er sage, er wolle die Prozesse nebeneinander durchführen, weil prozesstechnisch im Augenblick der Zeitpunkt für eine Verbindung nicht mehr günstig sei. Ein *Zurückweisungsrecht* könne diesem Richter des ersten Prozesses aber nicht zugestanden werden.

Über Eines müsse man sich klar sein: Man dürfe die Einrichtung der Verweisung nicht unnötig komplizieren. Sonst sei die ganze Bestimmung wertlos.

Altstötter: Man werde niemals zu einem praktisch wertvollen Ergebnis kommen, wenn man die *Verweisungsmöglichkeit* an den übereinstimmenden Antrag der Parteien und die Zustimmung des Gerichts binde. Hier sei kein Platz für die Parteidisposition. Für die Frage der Prozessökonomie herrsche unter den Parteien dann bestimmt kein Verständnis mehr, wenn sie sich miteinander im Streit befänden. Und reine prozessökonomische Fragen seien es, die man abhandle. Zudem würden sich doch auch die mit der Sache bereits befassten Anwälte diese ungern entwinden lassen.

Vorsitzender: Zweifelhaft sei es allerdings, ob man die Verweisungsmöglichkeit an das *Einverständnis aller Beteiligten* binden solle. Die Tendenz gehe heute dahin, die Gestaltung des Prozesses nicht nach der Willkür der Parteien, sondern nach Vernunft und Zweckmäßigkeit vorzunehmen. Damit sei es wohl schwerlich vereinbar, wenn man hier vor dem Willen der Parteien Halt mache.

Bei den Fragen nach den *Folgen der Verweisung,* insbesondere, ob die Verbindung automatisch eintrete, oder ob sie erst von dem angewiesenen Richter auszusprechen sei, müsse man sich die einschneidenden Folgen einer Verbindung vor Augen halten. Man werde alle diese Fragen erst noch eingehend vorbereiten müssen, um sie dann erneut im Ausschuss zu beraten.

Es ständen nunmehr noch die Erörterungen über *Eventualanträge, Eventualklagen* und *Anträge auf Eventualurteil* (§§ 208 ff. des Entwurfs von 1931) aus. Es handle sich um Dinge, die man teils aus dem geltenden Recht übernommen habe, die teils auf neuen Gedanken beruhten. § 208 des Entwurfs bedeute lediglich die *Zulässigkeit der Klagenverbindung* oder Klagenhäufung. *§ 209 des Entwurfs* sei eine Ausnahme von dem Grundsatz, dass jede Klage einen bestimmten Antrag haben müsse. In *§ 210 des Entwurfs* sei etwas Neues gesagt, es handle sich um die *Eventualklage.* Diese dürfe nicht mit dem *Eventualantrag* verwechselt werden. Hier bestehe ein grundsätzlicher Unterscheid. Angenommen, es klage jemand aus dem Anfechtungsgesetz. Der Schuldner des Klägers besitze ein Grundstück, das er mit einer Hypothek für seine Ehefrau belastet habe, um es dem Zugriff des Klägers zu entziehen. Nun wolle der Kläger gegen die Ehefrau aufgrund des Anfechtungsgesetzes vorgehen. Da die Fassung des Anfechtungsgesetzes insoweit dunkel sei, auch keine einheitliche Praxis vorliege, wisse der Kläger nicht, welche Anträge er stellen sollte. Um sicherzugehen, stelle der Kläger mehrere Anträge, die der Richter nacheinander durchprüfen solle. Hier wolle der Kläger den materiellrechtlichen Anspruch aus dem Anfechtungsgesetz geltend machen und wisse nur nicht, wie er ihn zu formulieren habe. Um sich zu helfen, stelle er drei Anträge, von denen selbstverständlich nur einem entsprochen werden könne. Hier handle es sich um bloße *Eventualanträge.*

Etwas Anderes sei die *Eventualklage.* Dazu folgendes Beispiel: Ein alter wohlhabender Witwer gehe mit seiner jungen Haushälterin ein Verhältnis ein. Der Sohn entzweie sich deswegen mit seinem Vater mit dem Erfolg, dass die Haushälterin zur Alleinerbin eingesetzt werde. Da der Sohn die ganze Erbschaft haben möchte, klagt er als gesetzlicher Erbe nunmehr auf Herausgabe der Erbschaft. Er trage vor, ein Mann, der solch ein Testament errichte, sei nicht mehr im Vollbesitz seiner Geisteskräfte gewesen. Um aber nicht zwei Prozesse führen zu müssen, erhebe er nun auch noch den Pflichtteilsanspruch an. Hier schlössen sich beide Klagen gegenseitig aus. Die erste Klage habe die Nichtigkeit des Testaments, die Pflichtteilsklage dagegen die Gültigkeit des Testaments zur Voraussetzung. Das sei der typische Fall der Eventualklage. Die zweite Klage werde zwar sofort erhoben, aber nur für den Fall, dass der Kläger mit seiner ersten Klage nicht durchdringe.

Die mit der Eventualklage zusammenhängenden Fragen seien in der Praxis sehr streitig. Als Ansicht der Praxis könne man vielleicht heute den Grundsatz aufstellen: Jede Klage kann nur unbedingt erhoben werden. Eine Ausnahme muss in den Fällen gegeben sein, in denen die Eventualklage davon abhängig ist, dass die in erster Linie erhobene Klage unbegründet ist. In einem solchen Falle bestehe ein rechtliches Interesse und müsse es deshalb zulässig sein, eine Eventualklage durchzuführen. Im Beispielsfall habe der Kläger an dem Pflichtteilsanspruch nur dann ein Interesse, wenn sein Erbanspruch unbegründet sei. Er erhebe deshalb beide Klagen, die Pflichtteilsklage aber nur für den Fall, dass die Hauptklage unbegründet sei. Ähnlich könne es übrigens auch bei der Widerklage sein. Man könne eine Widerklage in der Art erheben, dass sie nur für den Fall der Beurteilung des Gerichts unterbreitet sein solle, dass man mit seinem Klageabweisungsantrag unterliege.

Jonas: Wesentlich sei hier die *Fassungsfrage.* Der Begriff der *Klage* sei mindestens *dreideutig.* Unter Klage verstehe man zunächst einmal die *Klageschrift,* mithin das Klageinstrument. Klage sei dann aber auch das *Anhängigmachen eines Verfahrens bei Gericht.* Die dritte Bedeutung sei das *Geltendmachen eines Begehrens.* Fasse man alle diese Bedeutungen in dem farblosen Begriff „Klage“ zusammen, so werde man alsbald hier den alten Streit um den Streitgegenstand wieder aufrollen. Man sollte daher im hier vorliegenden Zusammenhang – wo „Klage“ wohl die dritte genannte Bedeutung haben solle – statt „Klage“ besser „im Prozess“ sagen. Die jetzt erörterte Bestimmung laute dann z.B. „Im Prozess können Begehren auch hilfsweise gestellt werden“. Das Wesentliche hierbei sei, dass man sage, Anträge und Begründungen könnten auch hilfsweise gegeben werden, die unter Umständen mit der primären Begründung in Widerspruch ständen. Bei der Problematik aller Beweisführung auf diesem Gebiet sei es doch selbstverständlich, dass man sagen müsse: Ich behaupte, Erbe zu sein; für den Fall, dass ich mit dieser Behauptung nicht durchdringe, muss ich mich auf die Linie zurückziehen, dass ich nur pflichtteilsberechtigt bin.

Um den Ausdruck „Klage“ zu vermeiden, sei man auch darauf abgekommen, statt *„Widerklage“* zu sagen *„Gegenantrag“*; es sei unlogisch, auf der einen Seite den Ausdruck „Anträge“ und auf der anderen Seite den Ausdruck „Widerklage“ zu gebrauchen. Denn es bleibe alles in einem einheitlichen Verfahren. Das einzige Problem sei, dass es in diesem Sinne der Klage natürlich keine Eventualität gebe. Man könne das Gericht nicht für den Fall anrufen, dass ein anderer Prozess ungünstig ausgehe. Deshalb brauche man auch den § 210 des Entwurfs nicht zu streichen, sondern müsse ihn nur anders formulieren, etwa in der Art, dass man sage: „In einem Prozess können Begehren in Hilfsstellung gebracht werden, und ebenso können Begründungen in Hilfsstellung gegeben werden.“

Vorsitzender: Man müsse doch auch fernerhin einen Unterschied zwischen *Eventualantrag* und *Eventualklage* machen. Wenn man – um bei den eingangs gegebenen Beispielen zu bleiben – den Anfechtungstatbestand behaupte, so trage man einen einheitlichen Tatbestand vor und nur diesen wolle man vom Gericht entschieden haben. Voraussetzung dafür, dass man überhaupt gewinne, sei, dass dieser einheitliche Tatbestand festgestellt werde. Wenn er aber festgestellt werde, könne das Gericht daraus verschiedene Rechtsfolgen ableiten. Deshalb stelle man eine Reihe von Rechtsfolgen auf, die das Gericht nacheinander durchprüfen solle. Abgewiesen könne man in einem solchen Fall niemals werden, denn man gewinne den Prozess entweder mit dem einen oder aber mit dem anderen oder dem dritten Antrag.

Im Falle der *Eventualklage* – Erbschaftsfall – setze der zweite Antrag einen ganz anderen Tatbestand voraus, als der erste Antrag, nämlich die entgegengesetzte Sachlage. Dringe man mit dem Antrag 2 durch, so müsse man unbedingt mit dem Antrag 1 abgewiesen werden. Das Urteil würde in einem solchen Fall lauten: Der Anspruch auf Herausgabe der Erbschaft werde abgewiesen, dagegen werde der Beklagte verurteilt, X Reichsmark Pflichtteil zu zahlen. Es handle sich hier eben nicht um zur Wahl gestellte Anträge, sondern um zur Wahl gestellte Tatbestände. Es handle sich um an sich widersprechende Tatbestände, was rein logisch ein Unsinn sei; es sprächen aber Zweckmäßigkeitserwägungen mit, gleichzeitig zwei Prozesse in Eventualstellung nebeneinander anhängig zu machen.

Jonas: Vom Standpunkt des geltenden Rechts aus sei dies alles zutreffend. *De lege ferenda* aber müsse man sich *von der Eventualmaxime in der jetzigen Form lösen.* Der Kläger trage dem Richter nur einen einheitlichen Lebenskomplex vor, aus dem man verschiedene Rechtsfolgen ableiten könne. Wenn man daraus konstruiere, es lägen zwei verschiedene Anrufungen des Gerichts vor, von denen die eine eventualiter gestellt sei, so sei diese Konstruktion nach dem geistigen Gebäude des jetzigen Gesetzes begründet und habe für die Zukunft in keinem Falle mehr Berechtigung. Daher müsse man farblose Ausdrücke wählen und sagen: *In einem Prozess können Begehren auch in Eventualstellung vorgebracht werden; auch Begründungen können in Eventualstellung vorgebracht werden.*

Deshalb werde man in § 210 des Entwurfs auch nicht mehr von „Klageantrag“ sprechen können. Hier genüge es zu sagen: „Im Prozess …“. Es handle sich hier um reine Fragen der *Verfahrenstechnik.*

Vorsitzender: Er wolle unter Umständen auch dem Vorschlag folgen, dass man den Ausdruck „Klage“ fallen lasse. Es sei allein wichtig, im Gesetz festgestellt zu haben, dass solche *Eventualanträge,* die keine eigentlichen Eventualanträge seien, nur dann zugelassen werden könnten, wenn die Zusprechung des Eventualantrages von der Unmöglichkeit des Hauptantrags abhänge.

Staud: Man könne dann einfach in § 210 des Entwurfs den Satz 1 wegfallen lassen und Abs. 1 lauten lassen: „Der Kläger kann mit dem Klageantrag für den Fall seiner Erfolglosigkeit einen weiteren Antrag verbinden, wenn das Durchgreifen des zweiten Antrags von der Erfolglosigkeit des Hauptantrags abhängt.“ Wenn man wolle, könne man erläuternd hinzufügen: „und zwar auch dann, wenn dieser zweite Antrag auf andere tatsächliche oder rechtliche Gesichtspunkte gestützt wird."

Vorsitzender: Zum Gebrauch des Begriffs „Klage" wolle er noch auf die Fälle einer *Eventualwiderklage* hinweisen. Hier könne sich folgender Fall ergeben: Der Kläger klage auf Feststellung der Gültigkeit eines Mietvertrags. Der Beklagte erwidere: Der Mietvertrag sei ungültig, für den Fall aber, dass er für gültig erklärt werden sollte, bitte er festzustellen, dass der Beklagte verpflichtet sei, die Wohnung in einer bestimmten Art herzurichten. Hier könne man den Ausdruck *„Widerklage"* schwerlich ausmerzen, zumal er doch sehr populär geworden sei. Die Lage sei hier so, dass das Durchgreifen der Widerklage abhängig sei von dem Unterliegen des Klägers mit der Klage. In allen anderen Fällen könne man vielleicht tatsächlich statt „Klage" besser „im Prozess" sagen. Man könne dabei die entsprechende Handlung in jedem Stadium des Prozesses vornehmen. Hier aber handle es sich gerade um den *Akt der Erhebung der Widerklage;* dieser einmalige Akt der Erhebung der Widerklage werde *nur für den Fall* vorgenommen, dass der Kläger mit seiner Klage obsiege. Allerdings handle es sich bei der Eventualklage nur um einen zweiten Antrag, den man in der Klageschrift, den man auch in einem späteren Stadium des Prozesses seitens des Klägers vorbringen könne. Hier bei der Widerklage handle es sich aber darum, dass die Widerklage primär gerade nur in Eventualstellung erhoben werde.

Jonas: So sehe er die Sachlage nicht an. Durch den formellen Akt der *Klage* sei ein *gerichtliches Verfahren* über einen gewissen Lebenskomplex *eingeleitet worden.* In diesem gerichtlichen Verfahren ständen sich die Parteien mit Waffengleichheit gegenüber. Der Kläger könne etwas wollen, desgleichen der Beklagte. Man dürfe die Sache aber nicht so ansehen, dass durch die Erhebung der Widerklage noch ein zweites gerichtliches Verfahren eingeleitet worden sei. Deshalb erscheine es zweckmäßiger, *„Gegenantrag"* statt „Widerklage" zu sagen.

Vorsitzender: Vielleicht könne man sich auch damit abfinden, zu sagen, der Beklagte müsse für diesen Fall einen *Gegenantrag* stellen. Es sei aber nicht einzusehen, dass dies plastischer wirke als die bisherige Konstruktion.

Staud: Eine besondere Frage entstehe nach dem *Schicksal des Gegenantrags, wenn die Klage zurückgenommen werde.* Ein Vorbild für die Konstruktion habe man schon heute in dem Antrag auf Schadenersatz wegen vorläufiger Vollstreckung nach § 717 ZPO. Hier handle er sich um einen Gegenantrag, der keine Widerklage sei. Das führe nach geltendem Recht zu dem merkwürdigen Ergebnis, dass bei Klagerücknahme auch der Gegenantrag gegenstandslos werde und nach Zurückziehung der Klage nicht für sich allein weiterbehandelt werden könne. Die Widerklage dagegen bleibe bei dieser verfahrensrechtlichen Situation existent. Sie sei eine Klage, die vom Schicksal der Hauptklage völlig unabhängig sei. Wenn man auch den Gegenantrag nach Klagerücknahme selbständig bestehen lassen wolle, müsse man sich damit irgendwie auseinandersetzen.

Jonas: Diese Vorstellung könne nur entstehen, wenn man mit dem *alten Klagebegriff* arbeite. Den Anhängigmachungsakt könne man nicht zurücknehmen. Der Kläger ziehe allerdings seinen Antrag zurück, wenn aber nicht gleichzeitig der Antrag des Beklagten zurückgenommen werde, laufe dies andere weiter.

Vorsitzender: Es seien dann noch zwei sehr wichtige Vorschriften vorhanden, die hier zu besprechen seien.

§ 212 des Entwurfs entspreche den heutigen §§ 255 [Fristbest. im Urteil] und 510 b ZPO. Bei § 255 ZPO entständen heute keine weiteren Folgen hinsichtlich des Urteils. Nehme man an, der Beklagte sei zur Lieferung verurteilt worden. Es werde ihm nun sofort eine Frist gestellt, während der er liefern müsse, widrigenfalls das Recht des Klägers auf Schadenersatz wegen Nichterfüllung entstehe. Das bedeute nicht etwa, dass gleichzeitig über den Antrag auf Schadenersatz wegen Nichterfüllung entschieden werde. Es werde lediglich die Frist gesetzt und der Kläger sei für sei-

nen etwaigen späteren Prozess hinsichtlich der Fristsetzung gesichert. Nur beim *Amtsgerichtsprozess* gehe man mit der Regelung des § 510 b ZPO heute bereits weiter. Hier vermeide man den zweiten Prozess ganz. Man habe sich nun gefragt, ob man dieses Verfahren nicht vereinfachen solle. Dieser Absicht entspringe § 212 des Entwurfs.

In § 211 des Entwurfs habe man eine ähnliche Frage regeln wollen, die *hauptsächlich bei Abzahlungsgeschäften* eine Rolle spiele. Habe der Kläger einen Anspruch auf Herausgabe eines Fahrrades, so solle der Gerichtsvollzieher durch das beabsichtigte Verfahren in die Lage versetzt werden, zum Schuldner hinzugehen und, falls er den herauszugebenden Gegenstand nicht finden sollte, den Schadenersatzanspruch zu vollstrecken. Im zweiten Absatz dieser Vorschrift sei an den Fall gedacht, dass jemand aus einem Abzahlungsvertrag noch z.B. 50 Reichsmark zu zahlen habe und nunmehr der Gerichtsvollzieher versuchen solle, die Summe beizutreiben, für den Fall aber, dass ihm dies nicht gelingen sollte, Herausgabe der Sache fordern könne.

Jonas: Diese Fragen seien bereits einmal sehr eingehend unter dem Gesichtspunkt der Zwangsvollstreckung erörtert worden. Hinter dieser Frage stehe das *Problem der Verurteilung zu einer prinzipalen Leistung und einer dahinter stehenden Eventualleistung.* Es frage sich nun, worauf die Vollstreckung gehen solle. Der damalige Standpunkt sei gewesen, dass man eigentlich *nur auf das letzte vollstrecken könne.* Dann aber tauche die Frage auf, ob *§ 510 b ZPO* eine *materielle Vorschrift* sei oder eine *reine Verfahrensnorm.* Sicherlich sei es nur eine Verfahrensvorschrift. Dementsprechend dürfe der Kläger auch nur sagen: Ich verlange Zahlung von X Reichsmark. Ich lasse aber dem Beklagten nach, sich durch Herausgabe des von mir gelieferten Fahrrades von der Leistungspflicht zu befreien. In gleicher Weise bestimmten es bereits heute korrekterweise Abzahlungsgeschäfte, die auf Rückgabe klagten, dem Beklagten aber nachließen, durch Fortzahlung der Raten die Vollstreckung abzuwenden. Vertrete man eine andere Ansicht, so lasse man eine *Doppelvollstreckung* zu und überlasse es dem Beklagten, in einem späteren Vollsteckungsgegenprozess die Rechts- und Sachlage zu klären. Die gesamten Vorschriften spielten eine derart geringe Rolle, dass man sie ohne Bedenken streichen könne.

Altstötter: Man solle derartige Möglichkeiten doch beibehalten, werde allerdings anerkennen müssen, dass sie *nicht nur verfahrensrechtliche,* sondern *auch materielle Bedeutung* hätten. Vor allen Dingen der Gesichtspunkt der Prozessökonomie spreche entschieden dafür, derartige *Vorwegentscheidungen beizubehalten.* Man gebe auf diese Weise den Gerichten Gestaltungsmöglichkeiten in die Hand, mit denen sie vielfältigen praktischen Bedürfnissen Rechnung tragen könnten, ohne dass dem Gegner ein Nachteil erwachse.

Staud: Praktische Bedeutung hätten derartige Bestimmungen nur für *Abzahlungssachen.* Die besondere Schwierigkeit des Problems liege darin, dass der Richter nicht wisse, wann vollstreckt werde. Er verurteile zu einem Schadenersatz, dessen Voraussetzungen dem Grunde und der Höhe nach davon abhingen, dass zu einem gewissen für den Richter nicht feststellbaren späteren Zeitpunkt der Urteilsanspruch nicht erfüllt werde.

Eine weitere Gefahr bei einer solchen Verurteilung sei, dass das Abzahlungsgeschäft meistens erst nach einer gewissen Zeit vollstrecke. Inzwischen habe der Beklagte oft bereits wieder mehrere Raten gezahlt; trotzdem werde dann rücksichtslos noch vollstreckt. Selbst wenn der Schuldner z.B. Postabschnitte vorlege, aus denen die Zahlungen hervorgingen, wende das Abzahlungsgeschäft meistens ein, es handle sich hierbei um andere Schulden des Beklagten. Das seien unbedingte Missstände, die es nicht zu unterstützen gelte. Es möge misslich sein, wenn man nach Beseitigung der hier vorgeschlagenen Möglichkeit in einzelnen Fällen zu zwei Prozessen komme. Es sei aber ein besonders großer Missstand, wenn der Richter in einem Prozess jemanden *aufgrund hypothetischer Unterlagen zu Schadenersatz verurteile* und die wirkliche Entscheidung in die Zwangsvollstreckung verlagert werde. Verweise man den Beklagten auf die Vollstreckungsgegenklage, so komme es ohnedies zu einem zweiten Prozess. Deshalb solle man § 211 des Entwurfs streichen.

Altstötter: Man dürfe auch die Gläubiger nicht schlechter machen als sie seien. Jeder Gläubiger werde doch nicht darauf ausgehen, ein derartiges Urteil in doppelter Weise zu vollstrecken. Dass der Richter über die Schadenersatzansprüche aufgrund hypothetischer Unterlagen entscheiden müsse, sei in den meisten Schadenersatzprozessen die Regel. Der Richter müsse alsdann einfach nach § 287 ZPO vorgehen. Das sei kein Grund für die völlige Beseitigung derartiger Vorschriften.

Schrutka: In Österreich bestehe für derartige Klagen beim Vollzugsgericht ein eigener individueller Gerichtsstand. Der Vollstreckungsrichter entscheide hierbei nicht im Beschlusswege, sondern im Prozess. Das von Herrn Ministerialrat Staud vorgebrachte Argument sei stichhaltig: der Schadenersatzanspruch sei noch nicht spruchreif.

Vorsitzender: Das leuchte nicht ohne weiteres ein. Werde der Beklagte verurteilt, die Sache herauszugeben, oder, falls sie nicht vorgefunden würde, Schadenersatz zu leisten, so sei es doch wohl richtig, *den Stichtag des Urteils zugrunde zu legen.* Der Beklagte könne unmittelbar, nachdem das Urteil gesprochen worden sei, die Sache herausgeben. Wenn er stattdessen warte, bis der Kläger vollstrecke, gehe das zu seinen Lasten.

Jonas: Der Beklagte könne unter Umständen gar nicht wissen, ob er die Sache noch besitze. Insbesondere die *Frage des Verschuldens* stehe noch nicht fest. Man könne ein Verschulden bei Urteilsfällung nur unterstellen. Er könne auch jetzt noch kein Bedürfnis für eine derartige Bestimmung anerkennen. Die an sich ausgezeichnete Bestimmung des § 510 b ZPO sei eigentlich auch so gut wie gar nicht angewandt worden.

Engelmann: Angenommen, jemand habe ein Schlafzimmer zum Preise von 1000 RM gekauft. Es sei ein Rest von 300 RM zu bezahlen geblieben. Klage der Lieferant auf Herausgabe des Schlafzimmers oder Zahlung von 300 RM, so führe man jetzt die Vollstreckung so durch, dass man zunächst versuche, die 300 RM zu bekommen. Gelinge das nicht, so gebe man in der Praxis den Vollstreckungsauftrag an den Vollstreckungsrichter zurück. Dann werde dem Beklagten nunmehr nicht das ganze Schlafzimmer weggenommen, sondern z.B. nur die Frisiertoilette. Diese praktische Handhabung habe sich allgemein eingebürgert. Man führe das so durch, weil der Gläubiger in erster Linie sein Geld haben wolle, nicht dagegen den abgenutzten gelieferten Gegenstand.

Schlegel: Er könne die Ausführungen des Herrn Engelmann bestätigen.

Vorsitzender: Man werde hier nicht darum herumkommen, *eine ausdrückliche Regelung zu schaffen,* da doch offenbar erhebliche Unklarheit herrsche.

Staud: Man müsse grundsätzlich *von allen Eventualverurteilungen abkommen.* Die Praxis zeige, dass derartige Möglichkeiten, obwohl ihr Anwendungskreis sehr eng sei, missbraucht würden. Der Missbrauch bei § 510 b ZPO liege darin, dass gerade in den Fällen, auf die er zugeschnitten sei, von der Bestimmung kein Gebrauch gemacht werde.

Fischer: Vielleicht könne man, ohne die Vorschriften gänzlich zu beseitigen, die Missbräuche dadurch beseitigen, dass bei derartigen Urteilen *zunächst der Zahlungsanspruch vollstreckt werden müsse.* Dem betreffenden Schuldner könnte daneben die Möglichkeit, vielleicht sogar das Recht eingeräumt werden, sich durch Herausgabe des Gegenstandes zu befreien.

Staud: Die Ersatzleistungsbefugnis hänge davon ab, dass der Kläger sich damit einverstanden erkläre. Er wolle nicht, dass der Beklagte sich in allen Fällen durch Naturalleistungen befreien könne, sondern die Möglichkeit solle vom Ermessen des Klägers abhängen.

Jonas: Die ganze Frage liege auf dem *Gebiet der Zwangsvollstreckung.* Wenn gewährleistet sei, dass die Gegenstände sachgemäß abgeschätzt und zum Schätzungswert zurückgenommen würden, sei dies die vernünftigste und wirtschaftlich richtigste Lösung. Zurzeit sei das nicht möglich, weil die Sachen gepfändet und in unserem wirtschaftlich unvollkommenen Versteigerungsverfahren mit der ganz mangelhaften Mindestgebotsordnung von dem Kläger – d.h. dem Abzahlungsgeschäft – selbst ersteigert würden. Wenn künftig, was geplant sei, die *normale Verwertung nach § 825 ZPO* geschehe, wenn der Vollstreckungsrichter dem Abzahlungsgeschäft einen bestimmten Wert vorschreibe, zu dem es die Sachen zurück erwerben könne, dann gewinne das hier geplante Prozessverfahren ein ganz anderes Bild. Dann bestehe übrigens auch nicht mehr das Bedürfnis nach einer solchen Doppelverurteilung.

Vorsitzender: Es habe sich ergeben, dass die *Zustände in der Praxis* im Hinblick auf die recht problematischen Bestimmungen der §§ 211 und 212 des Entwurfs keineswegs befriedigend seien. Vielleicht unterrichte man sich zunächst einmal, ob derartige Urteile – wie sie auch Herr Engelmann erwähnt habe – so häufig seien und wie sie in der Praxis behandelt würden.

Der Beratungsstoff der diesmaligen Tagung sei damit erschöpft. In der *nächsten Tagung* würden die Probleme der *Feststellungsklage,* der *Klage auf künftige Leistung,* der *Rechtskraft* und des *Beweises durch Parteivernehmung* zu behandeln sein.

Bezüglich des letzten Problems habe die Novelle von 1934 noch zu keinem endgültigen Ergebnis geführt. Man müsse hierbei feststellen, wie diese Frage vom Standpunkt des österreichischen Rechts aus vielleicht anders zu beurteilen sei. Hier spiele die Frage des subsidiären Beweismittels eine Rolle. Jetzt habe man sich noch an den alten zugeschobenen Eid geklammert, indem man die Gegenpartei vernehmen lasse und die Möglichkeit vorgesehen habe, dass der Richter von sich aus beide Parteien vernehmen könne.

Weiter wären noch die Fragen der *Rechtsmittel* zu behandeln, wobei nochmals das Problem der Beschränkung der Parteien im Nachbringen von Nova innerhalb der ersten Instanz zu erörtern sei. Endlich wäre noch zur Frage des *Begründungszwangs* Stellung zu nehmen sowie zu der Frage, ob die Begründung mit der Einlegung des Rechtsmittels zusammenfallen, also innerhalb der Berufungsfrist auch die Begründung gegeben werden solle. Dies wäre das Programm der nächsten Tagung, die für die Tage des 12. bis 15.4. ds. Js. in Aussicht [Eine Sitzung vom Juni 1939 ist nicht protokolliert worden; vgl. unten S. 551] genommen sei. Über den Tagungsort werde noch weitere Nachricht ergehen.

Der Herr *Vorsitzende* dankt sodann den Tagungsteilnehmern für ihre rege Mitarbeit und schließt die Sitzung und damit die Tagung um 13 Uhr.

VI. Unterausschuss für Bürgerliche Rechtspflege (Januar-Juli 1940)

1. Der *Unterausschuss für Bürgerliche Rechtspflege* brachte in seiner Tagung vom 29.2. bis 2.3.1940 in Berlin die Beratungen über das Schiedsverfahren zum Abschluss. Er prüfte insbesondere die Fragen, ob Mängel des Verfahrens oder des Schiedsspruchs Nichtigkeit oder nur Aufhebbarkeit des Schiedsspruchs bewirken sollen, wann der Schiedsspruch rechtskräftig wird, welches Gericht für die vorgesehenen gerichtlichen Handlungen und Entscheidungen zuständig ist, und erörterte die Kostenfrage. Grundlage der Beratungen war die geltende ZPO und der Entwurf von 1931 (ZADR 1940, 132).

2. Bericht über die Tagung des Unterausschusses in Feldafing vom 5.-7.7.1940 (Streitgenossenschaft. Beteiligung Dritter am Rechtsstreit). Von Prof. Dr. Fischer.

Lent stellt die Frage zur Erörterung, ob die bisherigen Entschließungen des Ausschusses auch durchführbar sind, wenn die *Streitgenossenschaft* auf einer Verbindung von Prozessen durch das Gericht beruht. Ihm sei zweifelhaft, ob dadurch die prozessuale Rechtsstellung einer Partei, die den Prozess selbständig begonnen habe, geändert werden dürfe (Beispiel: Zurücknahme der Klage).

Fischer führt dazu aus, dass er nach weiterer Überlegung zu dem Ergebnis gekommen sei, zwischen der notwendigen Streitgenossenschaft und der besonderen (nach der Ausdrucksweise des Ausschusses) liege eine weit größere Kluft als zwischen den verschiedenen Arten der besonderen, auch wenn man die bisher abgelehnten Fälle hinzuziehe, insbesondere die des logischen Zusammenhanges. Bei der notwendigen Streitgenossenschaft ergäbe sich alles schon mittelbar aus der materiellen Rechtslage.

Man muss klar herausstellen, dass die Streitgenossenschaft immer nur eine prozessuale Erscheinung ist, die sich lediglich daraus ergibt, dass auf einer oder beiden Seiten mehrere Personen auftreten. Die Frage der Zulässigkeit ist eine rein prozessuale. Das Prozessrecht kann die Zulässigkeit einschränken oder auch nicht, wie es zweckmäßig erscheint.

Die Zuständigkeitsfragen stehen damit nicht im Zusammenhang, aber auch sie sind rein prozessrechtlicher Natur. Würde der Gerichtsstand des Zusammenhanges anerkannt werden, so bedürfte es für die Fälle der Streitgenossenschaft keiner besonderen Zuständigkeitsregel.

Die Probleme der Streitgenossenschaft entstehen in Wahrheit nur aus dem Zusammenhang mit dem materiellen Recht, sowohl hinsichtlich der Voraussetzungen für das Recht der Parteien, etwas zu tun, als auch in Bezug auf die Rückwirkung dessen, was sie tun, auf die materielle Rechtslage. Hier ergeben sich zwei Fragegruppen: Welche materiellrechtlichen Bindungen, die schon bestehen, wirken sich auf das Verhalten der Parteien im Prozess aus? – Wie wirkt sich das Verhalten der Parteien im Prozess auf die materielle Rechtslage aus? Aus der Beantwortung dieser Fragen ergibt sich die Lösung der Frage: Wo entsteht die Möglichkeit, wo die Notwendigkeit, prozessrechtliche Vorschriften einzubauen, also entweder bestehende Prozessnormen auszuschalten oder besonders zu schaffen?

Hier kann die Einheitlichkeit der Entscheidung nicht die allein ausschlaggebende Rolle spielen. Man muss auch an die Aufgabe des Prozesses selbst denken, eine zwischen den Parteien bestehende materielle Rechtsstreitigkeit möglichst rasch, zuverlässig und *erschöpfend* zu beseitigen. Es darf sich nicht nur darum handeln, den Prozess selbst rasch, klar und einfach durchzuführen, der Prozess ist nicht Selbstzweck. Man muss durch ihn zu einer gründlichen, dauernden, guten Rechtsbefriedung kommen.

Nun kann man (einstweilen) mit Prozessnormen, die hierauf abzielen, freilich nur diejenigen treffen, die am Prozess schon beteiligt sind. Es ist aber weiter eine Frage, ob man durch Prozessnormen unmittelbar oder mittelbar Dritte zwingen kann, sich am Prozess zu beteiligen.

Soweit bei allem das innere Verhältnis zwischen Prozessrecht und materiellem Recht zur Erörterung steht, muss der Prozess sich dem materiellen Recht unterwerfen, er darf nicht durch seine Normen in dieses eingreifen. Aber es ist nicht zu bestreiten, dass auch der Prozess selbst seine Anforderungen und Bedürfnisse hat. Er ist weder ein mechanischer Apparat noch lediglich eine aus dem materiellen Recht entwickelte Institution, sondern eine öffentliche Staatseinrichtung mit Anforderungen, die erfüllt werden müssen. Hierzu kann man die Aufgabe rechnen, widersprechende Entscheidungen zu vermeiden. Es könnte die Frage sein, ob diese Aufgabe wirklich von

Gewicht ist; man wird sie schon im Hinblick auf das Ansehen der Rechtspflege anerkennen müssen.

Aber wann liegen denn widersprechende Entscheidungen vor? In dem oben gekennzeichneten Sinne sehr viel seltener als es zunächst den Anschein hat. Der schwer tragbare Widerspruch liegt nicht schon dann vor, wenn über die gleichen Rechtsbehauptungen und Anträge verschieden entschieden wird, sondern nur dann, wenn die Gerichte aufgrund *des gleichen Sachvortrags* zu abweichenden tatsächlichen Feststellungen oder abweichender Rechtsanwendung gelangen. Wenn die Grundlage sich ändert, kann man nicht verlangen, dass der Richter ebenso entscheidet.

Gegenüber der Besorgnis, dass wir in ein Verfahren nach Art der freiwilligen Gerichtsbarkeit gelangen könnten, wird Präsident *Jonas* recht haben. Wir dürfen keine allzu große Scheu davor haben, nach dieser Richtung hin nachzugeben, weil wir sonst in die Gefahr geraten, dass die ganze streitige Gerichtsbarkeit, wie sie jetzt besteht, untergeht. Können wir mit Prozessnormen, die sich an das Verfahren der freiwilligen Gerichtsbarkeit anlehnen, zu einer rascheren und besseren Klärung des Sachverhalts kommen, zu einer zuverlässigeren Rechtsfindung, dann müssen wir diese Normen auch für die streitige Gerichtsbarkeit nutzbar machen. Dabei soll durchaus das Recht der Partei bestehen bleiben, den Prozessstoff durch die Anträge und den Sachvortrag abzugrenzen und auch die Beweismittel zu beschaffen; das ist schon sehr viel im Sinne der Aufrechterhaltung des Verhandlungsgrundsatzes. Dies alles muss gelten, soweit keine öffentlichen Belange berührt werden. Allerdings wird hier die Grenze flüssig. Vieles, was früher reine Privatangelegenheit war, rückt heute in das Gebiet der öffentlichen Belange, auch in Bezug auf rein wirtschaftliche Belange. Dem muss Rechnung getragen werden.

Der Ausgangspunkt für die notwendige Streitgenossenschaft ist das materielle Recht (wobei auch Prozessrecht materielles Recht sein kann). Eine Notwendigkeit für Prozessnormen taucht hier doch nur da auf, wo nicht alle beteiligt sind. Also kann nur die Frage sein: Kann man die Nichtigkeit in den Prozess oder in die Auswirkungen des Prozesses hineinziehen? Das erstere kann man wohl nicht, das zweite wäre wieder eine Frage des materiellen Rechts.

Beteiligt ist aber immer nur, wer ordnungsmäßig geladen ist. Was er dann tut, ist eine andere Frage. Sind alle beteiligt, dann interessiert nur, was zu geschehen hat, wenn die Beteiligten einheitlich handeln. Das sind die Fragen, die uns interessieren.

Dabei kann der Widerspruch im tatsächlichen Vorbringen keine Rolle spielen. Wir sind uns wohl einig darüber, dass dies eine Angelegenheit der richterlichen Würdigung des Vorbringens ist, die auf dem Gesamtverlauf des Prozesses fußt. Dies ist allerdings eine allgemeine Feststellung, die nicht nur für die notwendige Streitgenossenschaft gilt.

Ebenso sind Verzicht und Anerkenntnis außerhalb des Prozesses lediglich Indizien.

Im Prozess aber sind Verzicht und Anerkenntnis Prozesshandlungen. Ihre Bedeutung für den Rechtsstreit, die Frage ihrer Zulässigkeit ist Sache des Prozessrechtes. Aber der Gesetzgeber kann nicht daran vorbeigehen, dass sie auch immer eine Willenserklärung in Richtung auf das materielle Recht haben, wenigstens in ihrer praktischen Auswirkung.

Da sind Verzicht und Anerkenntnis zweierlei.

Beraten z.B. bei einer Gesellschaft bürgerlichen Rechts die Gesellschafter, ob sie einen Prozess beginnen wollen, und einer weigert sich, so ist die Klage nicht möglich. Erklärt der eine, er beteilige sich nicht gern, wolle aber sich nicht dagegen sperren, dass die Klage erhoben wird, man könne ja sehen, was daraus werde, so ist die Klagerhebung in Ordnung. Wie aber, wenn er nun im Verlauf des Prozesses zu dem Ergebnis kommt, die Klage lasse sich nicht rechtfertigen, es sei unanständig, den Beklagten anzufassen, und nun erklärt, er mache nicht mehr mit? Sein Ausscheiden aus dem Prozess wäre an sich keine materielle Verfügung; aber sie kann sofort Rückwirkungen haben. Da entsteht das Problem: Soll seine Lage durch den Eintritt der Rechtshängigkeit verändert werden, soll dadurch eine Bindung für ihn entstehen?

Wenn man dazu käme, zu sagen, jetzt könne er materiell nicht mehr verzichten, würde das eine Frage des materiellen Rechts, nicht eine des Prozessrechts sein.

Hier setzt eine eingehende Erörterung ein, bei welcher das Beispiel der Klage auf Ausschluss aus der Gesellschaft angezogen wird; ebenso der Fall der Nichtigkeitsklage. *Fischer* weist hierzu darauf hin, dass § 617 Abs. 1 von einem Verzicht nicht spreche, nur vom Anerkenntnis.

Pagenstecher spricht sich darüber aus, ob eine Bindung durch die Rechtshängigkeit entstehen soll. Wer einmal der Klage zugestimmt hat, ist den anderen Genossen gegenüber daran gebunden. Aber dann besteht eine Kluft gegenüber dem außergerichtlichen Verhalten; oder soll man so weit gehen, den Eintritt der Rechtshängigkeit auch über den Prozess hinaus wirken zu lassen? Man könnte natürlich gesetzlich bestimmen: Wenn du mitgeklagt hast, ist dein Verfügungsrecht eliminiert.

Die Erörterung beschäftigt sich mit der Frage, inwieweit überhaupt ein Verfügungsrecht des Einzelnen besteht oder ob nicht überhaupt das Recht, wie immer, ein einheitliches in der Hand von allen sei.

Pagenstecher: Der Verzicht ist eine Prozesshandlung, die nur der vornehmen kann, der darüber verfügen kann.

Fischer folgert daraus, dass Prozessvorschriften bei der notwendigen Streitgenossenschaft nicht nötig sind.

Lent vertritt die Auffassung, dass der Klagverzicht vom materiellrechtlichen Verzicht ganz unabhängig sei, was *Jonas* dahin versteht, dass Verzicht im Prozess lediglich die Erklärung ist, den Prozess nicht weiter verfolgen zu wollen, – mit der Wirkung, dass dies wie eine Abweisung wirke.

Die Erörterung beschäftigt sich weiter mit dem Unterschied zwischen Klagzurücknahme (bei der nichts darüber erklärt wird, ob materiell eine Berechtigung vorliegt oder nicht; Lent) und dem Klagverzicht. (Die Erklärung, dass das Klagbegehren zu Unrecht bestehe, Lent.)

Fischer bedauert, dass die Erörterung so sehr dadurch erschwert wird, dass jeder mit seinen eigenen Vorstellungen und Begriffen arbeitet, und fragt daher, ob nicht dies schon ein Grund sei, für das Prozessrecht eine Klarheit schaffende Norm aufzustellen, die die Verbindung zum materiellen Recht sichert. *Lent* spricht sich dafür aus, die Notwendigkeit der einheitlichen Entscheidung gesetzlich festzulegen. Damit wäre über die Behandlung des Verzichts, des Anerkenntnisses, des Versäumnisses und des Geständnisses namentlich in den Fällen der notwendigen Streitgenossenschaft Klarheit geschaffen. Beim Verzicht würde jeder Einzelne den Verzicht erklären müssen, die Folge aber erst eintreten, wenn der Verzicht aller vorläge. So auch beim Anerkenntnis: Die Vorschrift des § 307 findet nur Anwendung, wenn das Anerkenntnis sämtlicher Streitgenossen voriegt.

Die Erörterung wendet sich der Frage zu, welche Rechtskraftwirkung bei Feststellungsurteilen über dingliche Rechte eintritt, wenn Anerkenntnis zugrunde liegt.

Fischer ist hinsichtlich des Anerkenntnisurteils der Meinung, dass man es ruhig gegen einen der Beklagten geben könne. Er mag damit aus dem Prozess ausscheiden; der Prozess gegen die anderen ginge dann weiter, und welche Wirkung das Urteil habe, stelle sich erst später heraus. *Lent* weist darauf hin, dass es auch auf der Passivseite notwendige Streitgenossenschaft gebe (Klage gegen eine Gesellschaft auf Herabsetzung der Vertragsstrafe). *Fischer* bleibt nach weiterer Erörterung bei seiner Anregung. Bei Verzicht müsse es anders sein; beim Anerkenntnis sei das Einzel-Teilurteil durchaus möglich. Natürlich fragt sich immer, ob der Einzelne für sich überhaupt anerkennen *kann.*

Die Erörterung verfolgt wieder den Gedanken, dass in vielen Fällen eine entsprechende Erklärung vom materiellen Recht aus unzulässig, unmöglich sei, so dass immer wieder geltend gemacht wird, dass bei notwendiger Streitgenossenschaft überhaupt keine Prozessnorm nötig sei, während andererseits gerade um den möglichen Streit über die Wechselwirkung zwischen Prozess- und materieller Rechtsnorm auszuschalten, eine Gesetzesnorm erwünscht sein könnte. Dies alles nur für die notwendige Streitgenossenschaft. Für die besondere liegt es anders.

Für den Vergleich ist man einig, dass er nur unter Mitwirkung aller zustande kommen kann, eine Norm nicht nötig ist. Über das Geständnis besteht bereits Einigkeit. Es bleibt also Klagzurücknahme und Versäumnis.

Fischer begründet ein Verbot der Klagzurücknahme durch einen Einzelnen mit dem Gesichtspunkt, dass jeder, der eine Klage anhängig macht, damit in ein Rechtsverhältnis zum Gericht einträte. Wollte man daran die Folge knüpfen, dass er es nicht ohne weiteres lösen könne, so müsste man freilich jede Klagzurücknahme verbieten. Das Besondere ist hier, dass die Klagzurücknahme des Einzelnen den Prozess nicht klärt, ihn nicht erledigt, sondern nur Wirrnis schaffen kann. Sie sollte daher nicht erlaubt werden. Dem stimmen die Mitglieder des Ausschusses zu.

Zum Geständnis wird doch für richtig gehalten, ausdrücklich zu sagen, dass die bindende Wirkung des Geständnisses wegfallen müsse.

Furler wirft nunmehr die Frage auf, ob man nicht, wie man dem Einzelnen verbietet, aus dem Prozess herauszugehen, so ihn auch zwingen könne, mitzuklagen, und zwar etwa durch eine Klage auf Zustimmung zur Klagerhebung. Die Möglichkeit wird für gegeben erachtet, aber für eine Frage des rein materiellen Rechts angesehen, so dass der Ausschuss dazu keine positiven Vorschläge von sich aus machen sollte.

Bei der Versäumnis besteht Einverständnis darüber, es bei der bisherigen Gestaltung zu lassen. Die Frage ist nur, wie es mit seiner Mitwirkung gehalten werden soll, wenn andere ein Rechtsmittel eingelegt haben, er aber nicht. Es besteht Einverständnis darüber, dass, wenn auch nur einer fristgerecht von dem Rechtsmittel Gebrauch macht, das Verfahren für alle in die zweite Instanz hinübergeht. Sie bleiben alle Partei. Hier ist die weitere Frage, ob sie einfach als solche handeln können, oder ob sie sich irgendwann (vor der ersten mündlichen Verhandlung?) durch eine Erklärung dem Verfahren ausdrücklich anschließen müssen, wenn sie handeln wollen. Das ist einmal wichtig für die Berechtigung, aufzutreten, obgleich der Betreffende das Rechtsmittel nicht eingelegt hat, zum anderen wichtig für die Kosten (wer ist an den Kosten 2. Instanz beteiligt), schließlich aber auch für die Frage der Vernehmung als Zeuge oder als Partei.

Erörtert wird weiter der Zeitpunkt des Beginns der Rechtsmittelfrist. Soll sie für jeden für sich beginnen oder erst mit der Zustellung an den Letzten?

Die Erörterung wendet sich nunmehr zur *besonderen Streitgenossenschaft.*

Der *Vorsitzende* gibt als Beispiel die Klage zweier gesetzlicher Erben auf Erklärung der Erbunwürdigkeit des Testamentserben. Da jeder für sich klagen kann, besteht keine notwendige Streitgenossenschaft. Die Entscheidung kann aber nur einheitlich sein.

Es wird erörtert, ob Versäumnisurteil gegen einen der Kläger ergehen kann. Es wird weiter das Beispiel der Ehenichtigkeitsklage herangezogen, aber ein Unterschied festgestellt. Bei der letzteren wird immer über die Frage der Nichtigkeit endgültig entschieden, auch bei Abweisung; nicht so bei Erbunwürdigkeit.

Fischer tritt hier mit Nachdruck dafür ein, dass widersprechende Entscheidungen in dem zu befürchtenden Sinne nicht vorliegen. Wenn die Klage aufgrund der Versäumung abgewiesen wird, so ergibt sich daraus als Folge, dass der Beklagte nicht als erbunwürdig erklärt wird, aber das Urteil sagt niemals, dass er nicht erbunwürdig sei. Der Richter trifft nicht gegensätzliche, sondern nur verschiedene Entscheidungen. Es kann nicht anerkannt werden, dass der Richter bei der Abweisung feststellt, der Beklagte sei erbunwürdig. Die Folge der Rechtskraft ist, dass der Kläger nichts weiter unternehmen kann, seine Erbunwürdigkeit herbeizuführen. Der Laie denkt *nicht* so wie die Juristen. Er geht von einer viel einfacheren Auffassung aus: Kommt der Kläger nicht, um sein Recht wahrzunehmen, dann verliert er es eben. Und das ist auch richtig. Der Richter sagt zu dem einen, der seinen Prozess durchführt: Du hast recht, ich gestalte Recht und erkläre den Beklagten für erbunwürdig, und zum anderen: Deine Klage weise ich ab, geh' nach Hause. Hierüber entspinnt sich eine längere Erörterung.

Pagenstecher will von der Regelung, die bei der notwendigen Streitgenossenschaft getroffen ist, für die besondere nur abgehen, wenn vernünftige Gründe vorliegen, und solche seien nur bei Klagzurücknahme und Verzicht gegeben.

Furler weist darauf hin, dass der gesetzliche Miterbe, wenn seine Erbunwürdigkeitsklage wegen Säumnis abgewiesen wird, doch in den Erbschein kommt, wenn sein anderer Miterbe mit der Klage auf Erbunwürdigkeit durchdringt. Das wird allgemein für richtig anerkannt.

Fischer weist darauf hin, dass es genauso ausgehen würde, wenn der Erste überhaupt nicht geklagt hätte; warum müsse da das Prozessrecht besondere Normen schaffen!

Im Laufe der Erörterung erklärt *Lent,* er halte einen Verbindungszwang oder Anschlusszwang für dringend wünschenswert. Das gebe es in anderen Fällen bereits; warum nicht auch hier. So lasse sich in Verbindung mit dem Verbot des Versäumnisurteils usw. die Einheitlichkeit der Entscheidung sichern.

Die Frage wird erörtert, Bedenken ergeben sich, wenn der erste Kläger etwa schon in der 2. Instanz ist. Der Anschlusszwang soll ja nicht so gemeint sein, dass der andere Interessent unter allen Umständen mitklagen müsse. Nur wenn er klagen solle, dann müsse er sich anschließen. (Geht das Recht, zu klagen, verloren, wenn der Anschluss verpasst wird?)

Die Erörterung kehrt zu der grundsätzlichen Frage zurück, ob es überhaupt erforderlich ist, „widersprechende“ Entscheidungen zu vermeiden, die doch auftreten, wenn die Streitgenossen nicht zufällig gleichzeitig und zusammen klagen.

Lent hat vor allem im Auge, dass nicht derselbe Richter dazu gelangen soll, unmittelbar hintereinander oder gar gleichzeitig Entscheidungen verschiedenen Inhalts zu erlassen.

Fischer weist noch darauf hin, dass, wenn etwa der Klage auf Erbunwürdigkeit stattgegeben wird, bevor die Entscheidung gegen den anderen Kläger ergeht, dessen Klage ja zusammenbrechen müsste, weil der Erfolg schon erreicht ist.

Lent schlägt vor, wenigstens bei den Gestaltungsklagen auf eine einheitliche Entscheidung in seinem Sinne hinzustreben, so dass das Gestaltungsurteil entweder für und gegenüber allen ergeht oder allen gegenüber abgelehnt wird. Dies, wenn sie zusammen klagen oder es über eine Verbindung der Prozesse zur Streitgenossenschaft kommt. Danach hätte hierfür alles zu gelten wie bei der notwendigen Streitgenossenschaft, also in Bezug auf Verzicht, Anerkenntnis, Versäumnis und Rechtsmittel. Nur Klagzurücknahme sei zu gestatten, weil damit keine divergierenden sachlichen Entscheidungen herbeigeführt würden. – Dem schließt *Pagenstecher* sich an, stellt nun aber die Frage nach dem Vergleich. Von da aus geht die Erörterung über den Unterschied zwischen Rechtskraft und Gestaltungswirkung des Urteils. Man kehrt dann zur grundsätzlichen Frage zurück, ob die Einheitlichkeit der Entscheidung gesichert werden muss. *Lent* begründet es noch einmal damit, dass der Richter gezwungen werde, ein Urteil zu verkünden, das sogleich durch das andere vollkommen sinnlos werde. Von anderen wird dem wieder entgegengehalten, dass diese Sinnlosigkeit eben nicht vorliege, denn die Grundlage der Entscheidungen sei völlig verschieden. *Lent* gibt zu, dass nicht die gleiche Zwangslage vorliege wie in den Fällen der notwendigen Streitgenossenschaft. Bisher sei man sich aber doch in der Praxis vollkommen einig gewesen, an der Notwendigkeit einheitlicher Feststellung festzuhalten. Weshalb soll man davon abgehen, wenn es zum mindesten doch ein arger Schönheitsfehler sei? Nur bei der Zurücknahme, wo der Richter nicht spreche, sei es anders.

Furler macht darauf aufmerksam, dass es dann doch auch beim Vergleich gehen müsse, und *Lent* erklärt, er wolle ihn schließlich auch noch gestatten, nicht aber das Anerkenntnis, weil es zum Urteil führe und damit die Gefahr mit sich bringe, dass der Richter verschiedene Entscheidungen erlassen müsse.

Erwähnt werden weiter die Fälle der Klage auf Nichtigkeit von Hauptversammlungsbeschlüssen und Nichtigkeit der Aktiengesellschaft. Auch hier könnten die Entscheidungen je nach dem Verhalten der Kläger auseinanderfallen.

Die Erörterung wendet sich wieder der Frage der Säumnis zu.

Fischer weist noch einmal darauf hin, dass der Richter (wenigstens im Allgemeinen) gar nicht darüber nachdenke, dass er mit der Abweisung nun das Rechtsverhältnis so oder so festlege, sondern eben einfach nichts anderes tue und wolle, als die Klage abzuweisen. Dazu weist *Furler* darauf hin, dass der Ausschuss für das neue Versäumnisverfahren gerade vorgesehen habe, dass der Richter nicht gegen seine Überzeugung ein Versäumnisurteil erlassen soll, worauf *Fischer* entgegnet, dass dann ja für die Streitgenossenschaft erst recht keine besondere Regelung nötig sei.

Lent macht aber hierzu darauf aufmerksam, dass das nur bei Säumnis gelte.

Die Erörterung wendet sich zu den Fällen der Erstreckung der Rechtskraft: Konkursfeststellungsprozess, § 856 ZPO, §§ 325/327 ZPO. Zu letzteren führt *Jonas* an die Fälle des Treuhänders und Klagen, bei denen Zedent und Zessionar auf einer Seite stehen. Es kommen dabei aber nur einseitige Rechtsbeziehungen in Betracht: Ergebnis der Klage gegen den Zedenten wirkt gegen den Zessionar, nicht umgekehrt.

Lent meint, hier könne doch gegen den Zessionar, wenn er ausbleibe, ein Urteil erlassen werden, die Folgen sind noch unbedenklicher als bei den Fällen der Rechtsgestaltung mit ihrer Gestaltungswirkung.

Furler sieht in der Zulassung des Versäumnisurteils höchstens einen ungefährlichen Schönheitsfehler und *Fischer* meint, dass es so oder so ungefährlich sei und lediglich Prozessregelung ohne Auswirkung für das materielle Recht.

Jonas sieht die Aufgabe für den Gesetzgeber in der zweckmäßigsten oder anders ausgedrückt: erträglichsten Regelung; das scheint ihm zu sein, diejenigen, die einmal zusammen geklagt hätten oder verklagt seien, zusammenzuhalten, dem Einzelnen die Möglichkeit auszubrechen, möglichst zu nehmen, gegebenenfalls einschließlich Klagzurücknahme.

Lent will die Zurücknahme ohne weiteres zulassen, weil kein Grund besteht, den, der nicht mehr mitmachen will, durchaus am Prozess festzuhalten. Er hält nur die Möglichkeit der „widersprechenden“ *Entscheidung* für beachtlich. Er will hier dem Schönheitsfehler durch Gesetzesbestimmungen vorbeugen.

Nach weiterer Erörterung einigt sich der Ausschuss dahin, dass die besondere Streitgenossenschaft, schon um Komplikationen zu vermeiden, in der prozessualen Durchführung der notwendigen gleichzusetzen, wobei *Lent* und *Pagenstecher* in Bezug auf Klagzurücknahme und Vergleich für Sonderregelung sind.

Es wird dann überlegt, wie man die besondere Streitgenossenschaft (gemeint ist auch notwendige) formulieren soll.

Lent schlägt vor: Die Streitgenossenschaft ist eine besondere, wenn

1. nach bürgerlichem oder Prozessrecht die Streitgenossen nur gemeinsam klagen oder verklagt werden können,

2. von den Streitgenossen ein und dieselbe Gestaltung begehrt wird, die für sie alle wirkt, oder

wenn die Rechtskraft sich von dem einen auf den anderen Streitgenossen erstreckt.

Der Ausschuss ist einig, dass er nur diese Fälle ins Gesetz aufnehmen will, nicht die logische Abhängigkeit der Entscheidungen.

Jonas meint, man soll es nur bei dem bisherigen Gesetz lassen, notwendige und besondere Streitgenossenschaft einheitlich behandeln und nur klarstellen, dass es Verzicht und Anerkenntnis nicht gibt.

Lent stimmt dem zu und will die Form so, dass zunächst so wie oben vorgeschlagen oder ähnlich die Fälle festgelegt werden und dann gesagt wird: In diesen Fällen findet diese oder jene Prozessvorschrift keine Anwendung. Damit fällt die heutige mysteriöse Wendung „oder aus notwendigen Gründen" fort.

Furler neigt dazu, die besondere Streitgenossenschaft (gegenüber der notwendigen) fallen zu lassen, weil es sich bei ihr doch nur um einen Schönheitsfehler (Gefährdung der Autorität des Gerichtes schlimmstenfalls) handle. Das rechtfertige die Komplikationen nicht, die durch das Zusammenkoppeln der Parteien entstehen.

Fischer weist darauf hin, dass dadurch auch wesentliche Erschwerungen entstehen können, weil die Einzelpartei die mehreren Gegner auf der Gegenseite überhaupt nicht loswerden könne, bevor alles rechtskräftig entschieden sei.

Der Ausschuss erörtert noch einmal die Frage, ob die Streitgenossenschaft nach den Behauptungen oder nach der endgültigen Klarstellung behandelt werden soll (ein mitklagender Gesellschafter ist gar nicht Gesellschafter, nach der Behauptung des Beklagten). Man ist einig, dass die Behauptungen ausschlaggebend sind. Erörtert wird weiter die Komplikation, die eintritt, wenn etwa gegen A und B Versäumnisurteil ergeht, weil der Richter den C, der für sie und für sich handelt, nicht als Streitgenossen anerkennt. Jetzt legt C Berufung ein und wird von der 2. Instanz als Streitgenosse anerkannt. Was ist mit dem Versäumnisurteil?

Pagenstecher schlägt vor, einen Aussetzungszwang einzuführen, also in einem solchen Falle kein Versäumnisurteil zu erlassen, sondern abzuwarten, ob das Urteil über C rechtskräftig wird. Frage: Ist die Berufung darauf, dass die Einheitlichkeit der Entscheidung gefährdet werde – hierauf kommt es doch an –, nicht in dieser Fassung als ausreichender Grund für den Richter einzuführen, das Versäumnisurteil oder das Urteil nach § 306 ZPO oder § 307 ZPO abzulehnen?

Zu Beginn des zweiten Verhandlungstages wurde das Ergebnis der bisherigen Ansprüche von dem Vorsitzenden nach dem stenografischen Protokoll wie folgt zusammengefasst: „Wir sind uns einig geworden, die notwendige Streitgenossenschaft im engeren Sinne, also bei der die verschiedenen Streitgenossen nur zusammen klagen und verklagt werden können, beizubehalten. Es sind dieselben Fälle, die immer schon erörtert worden sind: Auf der einen Seite in der Hauptsache die Gesamthand, in der Regel Aktivklage, Passivklage bei der Gestaltungsklage, und daneben einige besondere Fälle, in denen die Notwendigkeit der Streitgenossenschaft im Prozessrecht oder sonst wo ausdrücklich angeordnet ist. Bei diesen Fällen der notwendigen Streitgenossenschaft sind wir uns darüber klar, dass Sonderentscheidungen, Teilurteile gegen einzelne Streitgenossen schon nach der Natur des materiellen Verhältnisses und prozessual ausgeschlossen sind. Ich möchte das betonen: Nicht nur widersprechende Teilurteile, sondern auch inhaltlich übereinstimmende sind hier nicht möglich, sondern es gibt hier immer nur eine Gesamtentscheidung, und wir könnten das für die künftige Regelung so ausdrücken, dass wir, um diesen Ausdruck „oder aus sonstigem Grunde eine notwendige" zu vermeiden, direkt sagen: Das sind die Fälle, in denen nach den Vorschriften des bürgerlichen oder des Prozessrechts die Streitgenossen nur gemeinsam klagen oder verklagt werden können. Was für Vorschriften des bürgerlichen oder Prozessrechts es sind, braucht selbst nicht näher erörtert zu werden. Dieser Teil wäre also zunächst einmal, was die Voraussetzungen angeht, erledigt.

Hinsichtlich der Folgen ist Folgendes gesagt: „Die Durchführung des Prozesses erfordert die einheitliche Entscheidung. Deswegen müssen alle die Prozessregeln ausgeschaltet werden, die sonst Teilentscheidungen gegenüber einzelnen Streitgenossen veranlassen würden. Das ist zunächst die Versäumnis eines einzelnen Streitgenossen. Es gibt kein Versäumnisurteil gegenüber den einzelnen Streitgenossen. Dann ist es Anerkenntnis und Verzicht des Einzelnen oder einzelner, also nicht aller. Wir schließen auch die Klagzurücknahme des einzelnen Streitgenossen bei der notwendigen Streitgenossenschaft aus. Er kann sie nicht zurücknehmen. Auch den Vergleich schließen wir aus, und bei den Rechtsmitteln sind wir der Ansicht, dass die Rechtsmittelfristen wohl für jeden von der Zustellung des Urteils an laufen, aber dass, wenn ein Streitgenosse noch rechtzeitig ein Rechtsmittel einlegt, der Prozess für alle Streitgenossen als vollständige Partei in die obere Instanz kommt."

Pagenstecher stellt noch einmal die Kostenfrage zur Erörterung. Es sei schwer, gerade den Fleißigen nachher die Kosten tragen zu lassen, wenn er keinen Erfolg habe. Man sollte ein Ventil durch eine Ermessensvorschrift machen, um zu große Unbilligkeiten zu vermeiden.

Fischer spricht sich aus seinen Erfahrungen in der Behandlung dieses gesetzgeberischen Problems dahin aus, am System lieber nichts zu ändern. Dann müsse man den Grundgedanken aufgeben, der die Unbilligkeiten überall herbeiführe, die Gebühren an ganz bestimmte schematische Prozessvorgänge zu knüpfen. Damit komme man aber sehr schnell dahin, die Verteilung der Kosten überhaupt dem Ermessen des Richters zu überlassen. Nun braucht aber ja doch derjenige, der das Rechtsmittel durchführt, doch nur die Kosten der Rechtsmittelinstanz, nicht die des ganzen Prozesses zu riskieren, und es kann sehr unbillig sein, die Vernünftigen mitleiden zu lassen, wenn ein Prozesshansel durchaus noch durch die Instanzen gehen will. Die Kosten der Streitgenossen tragen doch immer entweder der Gegner oder jeder für sich. Außerdem könne es ein Anreiz für den Prozesshansel sein, weiterzugehen, wenn die anderen an den Kosten beteiligt sein müssen; das liege gewiss nicht im Sinne vernünftiger Prozessregelung.

Jonas erklärt, ihm scheine das Einfachste zu sein, dass, wenn einer allein in die Instanz gehe, er auch die dadurch entstehenden Kosten tragen müsse, falls sich die anderen aber (was sie nach den Vorschlägen ja könnten) beteiligten, dann müssten sie auch für die Kosten haften. Das Problem entstehe ja auch nur, wenn die Streitgenossen auf der Aktivseite ständen; andernfalls müsse die Berufung doch gegen alle gehen. Es könne auch bei dieser Lage eigentlich zu Unbilligkeiten gar nicht kommen. Nur müsse vielleicht gesetzlich klargestellt werden, dass, wenn einer von mehreren Streitgenossen allein in die Instanz gehe und dort allein bleibe, er auch allein für die Kosten hafte, dass aber, wenn die anderen sich beteiligten, sie mithaften.

Lent ist auch dafür, das ausdrücklich zu sagen, weil das Urteil, auch wenn nur einer die Berufung eingelegt habe, ja korrekterweise lauten müsse: Die Berufung des A, B und C wird verworfen.

Es wird erneut die Frage aufgeworfen, ob man die Streitgenossen zwingen kann, sich nur einen einheitlichen Anwalt zu nehmen, oder ob das nur eine Angelegenheit der Kostenerstattung sei. Eine Regelung wird nicht für angebracht angesehen. Ebenso wird davon abgesehen, etwas über die Klagänderung zu sagen. [Möglicherweise nicht vollständig.]

VII. Sitzungen des Unterausschusses für Bürgerliche Rechtspflege vom 29.-31.8.1940 (München)

1. Protokoll der Sitzung vom 29.8.1940 (Beschwerde. Streitgenossenschaft. Novenrecht)

(Beginn der Sitzung 10.30 Uhr)

Vorsitzender Prof. Dr. Lent: Wir haben heute als Beratungsgegenstand das *Rechtsmittelverfahren* und hatten uns in Feldafing zunächst eine Zusammenstellung derjenigen praktischen Fragen gemacht, die hier zu behandeln sein werden. Auf Seite 31 des Ihnen vorliegenden Exposés sind diese Fragen aufgestellt. Wir müssen uns darüber schlüssig werden, ob wir uns an diese Reihenfolge halten wollen.

Fischer: Ich würde vorschlagen, die Frage der Anwendung fremden Rechts zurückzustellen, bis Herr Pagenstecher da ist.

Volkmar: Ich nehme an, dass wir die Frage des Novenrechts und der Berufungsbegründung in dieser Tagung behandeln können, dass wir also, wenn andere Fragen sich als zu weitsichtig erweisen, damit Schluss machen, damit unter allen Umständen diese beiden Punkte erledigt werden können.

Vorsitzender: Wenn kein Widerspruch erfolgt, können wir zunächst diese beiden Fragen in Angriff nehmen.

Jonas: Wir müssen uns klar sein, dass wir dann eine Spezialfrage lediglich aus dem Gebiet der Berufung herausgreifen. Wir wollen uns doch in dieser Tagung darüber schlüssig werden, welche Probleme sich überhaupt ergeben. (*Volkmar:* Vielleicht werden wir mit den allgemeinen Fragen heute Nachmittag fertig!) An den allgemeinen Fragen ist ja Herr Pagenstecher sehr interessiert. Es ist ja die große Frage, wie wir es mit dem Rechtsmittel der Beschwerde halten wollen: Soll die Beschwerde in demselben Umfang zulässig sein wie bisher oder nicht? Soll die Unterscheidung zwischen Beschwerde und Berufung beibehalten werden? Das müsste im künftigen Gesetz wesentlich vereinfacht werden.

Volkmar: Die wesentliche Frage ist, ob wir an der Dreiteilung Berufung, Revision, Beschwerde festhalten wollen.

Fischer: Und einfache oder sofortige Beschwerde. Ich bin für die befristete Beschwerde.

Vorsitzender: Wir können ja mit der Frage der *Beschwerde,* die ungemein praktisch ist, anfangen.

Fischer: Wir müssen bei der Beschwerde wissen, was sie bezwecken soll, wofür sie da ist, welche Fragen sie erledigt. Denn je nachdem muss sie ganz verschieden behandelt werden. Dabei bin ich auch unbedingt der Ansicht, dass die Beschwerde befristet werden muss. Wir haben tatsächlich heute schon nötig, auf Arglist, Einreden und ähnliche Dinge zurückzugreifen und Beschwerden abzubiegen, die, ich möchte sagen, nach Rechtskraft erhoben werden. Diese einfache Beschwerde, die irgendwann dazwischen geworfen werden kann, ist unsinnig. Wir können die Parteien – das lehrt die Praxis – ohne weiteres zwingen, die Beschwerde dann einzulegen, wenn sie angebracht ist. Das gilt auch von der Kostenbeschwerde. Die andere Frage ist: Wie viel Fälle der Beschwerde soll es geben? Soll es noch die singulären Fälle geben, oder gibt es eine Beschwerde, und wie formuliert man dann die Voraussetzungen der Beschwerde? Denn ich nehme an, Sie werden nicht darauf hinauswollen, jede Verfahrensfrage zum Gegenstand einer Beschwerde zu machen.

Vorsitzender: Das ist das Entscheidende, ob man ein allgemeine Norm finden kann, die besagt: Dann und dann ist Beschwerde zulässig –, oder ob man es an zahlreichen Stellen verstreut machen und sagen muss: Gegen den und den Beschluss gibt es Beschwerde.

Fischer: Nach meiner Meinung ist es eine sehr gute Lösung, dass wir das in einzelnen Fällen haben, dass, wenn irgendein Verfahrensvorgang, ein wirklicher Prozessmangel und nicht nur eine Ermessensregelung in irgendeinem Sinne vorhanden ist, er dann mit dem zulässigen Rechtsmittel gerügt werden kann, aber nicht mit einer Beschwerde für sich. Wenn in der Ablehnung eines Vertagungsantrags z.B. die Verweigerung des rechtlichen Gehörs liegen würde, würde das ja bis in die höchste Instanz hinein mit Rechtsmitteln angreifbar sein. Da brauchen wir also nie eine Beschwerde gegen die Ablehnung der Vertagung. Auf der anderen Seite stimme ich Herrn Präsidenten Jonas zu, dass es eigentlich ziemlich gleichgültig ist, eine Sache Berufung oder Beschwerde zu nennen, wenn sie in die zweite Instanz geht, gegen eine Sachentscheidung, die in der Form einer Kostenentscheidung z.B. ergeht. Das könnte man also auch auf viel einfachere Linien bringen. Aber positive Vorschläge kann ich im Augenblick dazu noch nicht machen.

Vorsitzender: Das läuft auf die schon öfter erörterte Frage hinaus, wie weit eben Ermessensfreiheit des Richters in der Gestaltung des Verfahrens bestehen soll, so dass keine Beschwerde gegen alles und jedes, was er anordnete, erhoben werden kann, oder ob wir die Gestaltung des Verfahrens immer noch präzis gestalten und gegen jede Verletzung eine Beschwerde geben wollen. Die Meinung von Herrn Präsidenten Jonas war doch, die Sache möglichst frei zu gestalten und hinterher die Beschwerde verhältnismäßig einzuschränken.

Jonas: Ich glaube, die Beschwerde überall zu befristen, geht bedenklich weit. Man braucht nur an die Beschwerde gegen Versagung des Armenrechts zu denken. Soll mit der Versagung des Armenrechts, wenn die Frist nicht gewahrt ist, endgültig Schluss sein? Das scheint mir zum mindesten bedenklich zu sein.

Nun muss man doch bei der Beschwerde grundsätzlich zwischen Erkenntnisverfahren und Zwangsvollstreckung unterscheiden. Im Erkenntnisverfahren haben wir praktisch doch sehr wenige Beschwerden. Die Fälle, in denen jetzt die Beschwerde gegen ein Urteil gegeben ist, also ein Urteil, bei dem die Hauptsache erledigt ist, laufen getrost in der Form der Berufung. Sonst tauchen immer die Fälle auf, die jetzt dem Gericht Kopfzerbrechen machen. Zur Hälfte ist es Sachurteil, zur Hälfte Erledigungsurteil. Ist dann das Rechtsmittel der Berufung gegeben oder der Beschwerde oder beides? Diese Fälle würden meiner Ansicht nach auf das Hauptrechtsmittel abzuschieben sein, dass man sagt: Grundsätzlich gibt es gegen Urteile nur das Rechtsmittel der Berufung. Im Übrigen würde man es auf dem Gebiet des Erkenntnisverfahrens am besten dabei belassen, wie es jetzt ist: Im Großen und Ganzen ist die Beschwerde nur in den Fällen gegeben, wo die beanstandete Entscheidung das Verfahren blockiert, also Aussetzung, Ruhen des Verfahrens oder eine Vertagung, die praktisch auf eine Aussetzung des Verfahrens hinausläuft, Verweigerung einer Terminsbestimmung usw. In diesen Fällen muss man wohl nach wie vor die Beschwerde zulassen; sonst würde der erste Richter die Möglichkeit haben, das Verfahren einfach zu blockieren. Ob man das nun so fasst, dass man sagt: Die Beschwerde ist gegen eine Entscheidung gegeben, durch die die Fortsetzung des Verfahrens behindert wird, oder ob man, wie mir das praktisch erscheint, es dabei belässt, dass in den bestimmten Fällen gesagt wird: Die Beschwerde ist gegeben –, darüber müsste man sich schlüssig werden. Ich möchte mich auf den letzteren Standpunkt stellen. Schwierig ist die Sache auf dem Gebiet der Zwangsvollstreckung, ob man da hinter jede Entscheidung die Beschwerde setzen soll und hinter alles, was man auf der einen Seite, wie es mir vorschwebt, im Interesse der Beweglichkeit und der Beschleunigung des Verfahrens erreicht hat, immer die Möglichkeit setzen soll: Der andere, dem es nicht passt, kann durch die Beschwerde den Fortgang des Verfahrens wesentlich behindern. Man wird da schließlich auch nur zu einem Ziel kommen, indem man alle Fälle durchprüft und meinethalben jetzt bei der Behandlung der

Fälle von einem grundsätzlichen Standpunkt aus die These aufstellt: Wir wollen mit der Beschwerde zurückhaltend sein. Aber im Einzelnen wird man sich bei der Zwangsvollstreckung in jedem Fall überlegen müssen, ob man die Beschwerde zulässt oder nicht. Ich möchte allerdings auch nicht soweit gehen wie bisher. Das Gesetz sagt: Jede Entscheidung des Vollstreckungsgerichts ist beschwerdefähig. Ich möchte mich vielmehr auf den Standpunkt stellen: Für die Zwangsvollstreckung brauchen wir auch das Enumerativsystem. Wir kommen darum nicht herum. Aber ich möchte da die Beschwerde wesentlich dosierter zulassen, als es jetzt der Fall ist.

Volkmar: Wenn ich recht unterrichtet bin, haben wir heute hinsichtlich der Beschwerde im Verfahrensrecht auch ein Enumerativsystem in dem Sinne, dass nur dann, wenn es ausdrücklich gesagt ist, die Beschwerde zulässig ist.

Staud: Das ist einer der Punkte, die man abbauen muss; denn das führt leicht dazu, dass bei unwesentlichen Dingen durch Einlegung einer Beschwerde im Laufe des Erkenntnisverfahrens das Verfahren dadurch blockiert wird, dass die Sache an das Beschwerdegericht wandert. Es wird irgendein das Verfahren betreffendes Gesuch gestellt. Wenn es abgelehnt wird, lege ich Beschwerde ein. Ich glaube, dass man doch darauf hinaus soll: Man zählt für das Erkenntnisverfahren die Fälle auf, in denen die Beschwerde zulässig ist, und dann ist Schluss. Dann wäre zu prüfen, ob über die Fälle, die bis jetzt im Gesetz aufgezählt sind, hinaus noch weitere Fälle für beschwerdefähig erklärt werden müssen.

Volkmar: Denken Sie an den berühmten Fall der Ablehnung der Beiziehung eines Rechtsanwalts im arbeitsgerichtlichen Verfahren. Das machen wir jetzt mit der Generalklausel. Das müsste man ausdrücklich vorschreiben. Es ist klar, dass das beschwerdefähig sein muss.

Staud: Mir schwebt vor, dass beim Erkenntnisverfahren ein Katalog der Fälle aufgestellt werden muss und bei der Zwangsvollstreckung der Fälle, in denen Beschwerde ausgeschlossen ist, dass man also die Fälle vermehrt.

Jonas: Die Zahl der Fälle, wo die Beschwerde zulässig sein muss, wird viel größer sein, und da ist es durchaus möglich, dass man praktisch zu diesem Modus kommt.

Staud: Die Zwangsvollstreckungsbeschwerde ist ja auch in ihren Auswirkungen nicht so ungeheuerlich wie die Beschwerde im Laufe des Erkenntnisverfahrens.

Vorsitzender: Da ist es ja das Hauptrechtsmittel. Im Zwangsvollstreckungsverfahren kommt die Anwendung zunächst nicht in Frage.

Fischer: In der Praxis spielt für die Zwangsvollstreckung weniger die Beschwerde, wenn sie nicht durch die Aktenversendung erfolgt, als die Einstellung eine große Rolle. Das ist ein Problem ganz für sich. Ich denke, wir hätten das im Gebiet der Zwangsvollstreckung mit erledigt.

Staud: Die Einstellungsbeschwerde würde ich mit unter die Zwangsvollstreckung rechnen, wenn es also im Prozessverfahren zu einer Einstellung kommen soll; wenn einmal eingestellt ist, ist das Verfahren blockiert, und eine Beschwerde dagegen schadet nichts. (*Fischer:* Da kommen Sie mit Ihrem umgekehrten Katalog!) Da kommt man wieder zu einer Beschwerde gegen die Einstellung einer Beschwerde, die abgelehnt ist.

Stagel: Das österreichische Recht kennt nur die befristete Beschwerde, die als Rekurs bezeichnet wird, und zwar nicht nur im Zivilprozess, sondern in sämtlichen Verfahrensarten, die vorkommen. Ich halte dieses System für das bessere und freue mich, dass von hier aus schon von anderer Seite der Vorschlag gemacht wurde, dem zu folgen. Ich kann vorläufig wenigstens die Bedenken des Herrn Senatspräsidenten Jonas gegen die Zulassung nur der befristeten Beschwerde nicht teilen. Ich sehe insbesondere im Falle des Armenrechts keine Schwierigkeiten. Sie sind bei uns auch nicht aufgetaucht. Es kann selbstverständlich, wenn das Armenrecht zunächst verweigert wurde, in einem weiter vorgeschrittenen Stadium des Verfahrens ohne weiteres ein neuer Antrag auf Armenrechtserteilung gestellt werden, weil dann schon ein anderer Sachverhalt dafür vorliegt. Wenn sich im Laufe des Prozesses herausstellt, dass der Prozess dadurch unverhältnismäßig teuer wird, dass ein größerer Sachverhaltsbeweis oder dergl. notwendig wird, ist natürlich eine Grundlage dafür gegeben, neuerlich zu prüfen, ob nicht die Voraussetzungen für die Erteilung des Armenrechts gegeben sind, und dann ist über den neuerlichen Antrag zu entscheiden, mit der Abweisung wieder die Beschwerde für zulässig zu erklären. Ich würde also dafür eintreten, die Beschwerde nur befristet zuzulassen.

Jonas: Dann muss man sich über folgende Fälle klar sein. Wie soll folgender Fall behandelt werden? Ein kümmerliches Armenrechtsgesuch wird abgelehnt. Nach drei Wochen, also offensichtlich verspätet, wird Beschwerde gegen die Versagung des Armenrechts eingelegt, wohlbegründet. Das Berufungsgericht muss sagen: Die Sache ist verspätet; ich weise die Beschwerde zurück. Die Frage ist: Kann nun der Mann noch einmal an die erste Instanz gehen und noch einmal ein Armenrechtsgesuch, wohlbegründet, in der Sache vorbringen, oder wird ihm dabei gesagt: Nun ist Schluss, wir haben es Dir versagt; die Beschwerde ist zurückgewiesen; jetzt bekommst Du das Armenrecht nicht mehr. (*Stagel:* Wenn der Sachverhalt sich seit der ersten Entscheidung verändert hat!) Der Mann hat nur die Begründung verbessert.

Staud: Bei strenger Auffassung wird ihm die Begründung nichts helfen. Wenn jemand eine Entscheidung bekommt, von der er das Gefühl hat: Die Entscheidung ist unrichtig –, so soll er, wie das von allen anderen Entscheidungen im Gerichtsverfahren auch gilt, binnen einer Frist ein Rechtsmittel einlegen. Hier wird man praktisch in solchen Fällen darüber hinweggehen, dass man sagt: Na ja, das Armenrechtsgesuch, das jetzt vorliegt, ist ein anderes als das erste. Das würde mich aber nicht abschrecken, im äußersten Fall zu sagen: Das ist formell rechtskräftig.

Jonas: Das würde mich sehr abschrecken.

Staud: Dem Mann, der im Amtsgerichtsverfahren ohne Anwalt verurteilt worden ist, gegen den ein Versäumnisurteil ergeht, und der den Einspruch verpasst hat, passiert doch viel mehr. Er hat seinen Prozess in der Sache verloren, während der andere sich sagt: Jetzt muss ich schon, um in der Sache zum Zuge zu kommen, Kosten aufwenden.

Jonas: Der große Unterschied ist: Er hat einen Termin bekommen, zu dem er kommen sollte, während er hier ein kümmerliches Armenrechtsgesuch einreicht.

Staud: Er bekommt aber einen Beschluss des Gerichts zugestellt, in dem möglicherweise eine Rechtsmittelbelehrung steht.

Jonas: Wie man es macht, ist mir ziemlich gleichgültig. Mir liegt nur daran, dass durch ein kümmerlich begründetes Armenrechtsgesuch eine Naturalpartei von einem Richter abgewiesen wird, dem es bequem ist, die Sache einfach abzuweisen.

Staud: Es muss aber dazu kommen, dass er, nachdem die Entscheidung zugestellt ist, trotz Rechtsmittelbelehrung in der Frist Beschwerde eingelegt hat. Dann ist ihm aber immer noch mehr passiert, als dass er jetzt für seinen Prozess zu zahlen hat, während er in den von mir zum Vergleich herangezogenen Fällen rechtskräftig zu einer Leistung verurteilt worden ist.

Jonas: Natürlich wird es gemildert, wenn man überall Rechtsmittelbelehrung gibt.

Staud: Wenn ein neues Gesuch mit besserer Begründung zugestellt wird, hilft doch die Praxis.

Jonas: Ich habe dagegen gewisse Bedenken, dass man Regeln aufstellt, bei denen man sich sagt. Die Praxis wird sich helfen, wenn die Regeln zu Unbilligkeiten führen.

Staud: In der Praxis ist es mir oft begegnet, dass solche Beschwerden manchmal nach Jahr und Tag gestellt werden. Deshalb dürfen wir die Armenrechtsakten nicht vernichten, sondern müssen sie ständig verwahren. Wir vernichten zur Zeit nach den Bestimmungen über die Aktenordnung diese Sachen schon nach einem Jahr, indem wir uns darauf verlassen: Wenn nachher noch eine Beschwerde kommen sollte, muss man sich die Sache rekonstruieren.

Stagel: Wie ist es, wenn die Beschwerde unbefristet ist und der Mann, der dieses Armenrechtsgesuch eingebracht hat, hat nun Beschwerde eingelegt? Wenn diese dann abgewiesen ist, gibt es doch für ihn überhaupt nichts mehr. Er kann doch nicht noch mal Beschwerde einlegen.

Singer: Er soll ja ein Rechtsmittel bekommen.

Fischer: Sehen Sie sich doch die Praxis an, wie oft Armenrechtsgesuche erneuert werden!

Stagel: Ich sage nur, ob die Beschwerde befristet oder unbefristet ist, der Betreffende kann sie jedenfalls gegen einen Beschluss immer nur einmal einlegen.

Jonas: Ich möchte nur verhüten, dass aus der Befristung der Armenrechtsbeschwerde der Schluss gezogen wird: Nachgebesserte Armenrechtsgesuche sind auch unzulässig.

Stagel: Das Problem ist doch das gleiche, ob nun die Beschwerde befristet ist oder nicht.

Fischer: Sie haben offenbar die Vorstellung, dass die Beschwerde in der Armenrechtssache etwas Ähnliches wie die Berufung in der Sache selbst ist. Davon muss man sich freimachen. Aber so wird es tatsächlich gehandhabt. In Ihrem Fall, Herr Präsident Jonas, ist das Armenrechtsgesuch abgelehnt. Nun nehme ich an, es wird rechtzeitig Beschwerde eingelegt. Nun kommt sie glänzend begründet. Nun kann das Gericht machen, was es will. Es kann selbstverständlich die Sache erledigen. Es könnte auch sagen: Die Sache ist einfach. Es wird aber meist selbst das Armenrecht geben. Jetzt kommt die Beschwerde verspätet, mit tadelloser Begründung. Was wird der Mann sagen? Er sagt zweierlei: Entweder sagt er: Die Beschwerde wird abgelehnt, dem Beschwerdeführer wird anheimgegeben, die Sache als neues Gesuch einzureichen – dann ist das in drei Sätzen erledigt –, oder er wird sich irgendwie anders um die Sache herumdrücken und sagen: Ich behandle es als neues Gesuch und gebe es an die erste Instanz zurück. Das machen die Gerichte so.

Volkmar: Korrekterweise könnte man es als neues Gesuch nur behandeln, wenn er neu entstandene Tatsachen vorbringt. Man hat ihm beispielsweise gesagt: Du klagst auf künftige Leistung, es ist ein Fall, in dem du angeben musst, dass die Gefahr besteht, dass du nicht befriedigt wirst. Aber die Gefahr liegt nicht vor. Nun überreicht er einen jetzt eingegangenen Brief seines Gegners, aus dem hervorgeht, dass dieser gar nicht daran denkt, künftig zu bezahlen. Dann ist das eine ganz neue Tatsache. Aber wenn es so ist, dass er lediglich das bringt, was er schon vorher hätte bringen können, dass er seine unvollständigen Angaben nur ergänzt, dann ist es kein neues Gesuch.

Fischer: Der erste Fall ist ganz klar. Aber bei dem zweiten Fall greift das ein, was Herr Jonas sagt: Wir wollen nicht einen Satz herausbringen mit dem Hintergedanken: die Praxis wird sich an diesen Satz nicht halten.

Stagel: Ich kann mir nicht denken, dass die Fälle häufig sind. In meiner ganzen Praxis ist mir noch nie eine Beschwerde vorgekommen, dass das Armenrecht zu Unrecht verweigert wurde. Dagegen wurden wir ständig mit den Klagen des Missbrauchs des Armenrechts überhäuft. Das zeigt auch die Rechtsentwicklung im Laufe der Jahre im Reich hier, dass man sich genötigt gesehen hat, die Voraussetzungen für die Erteilung des Armenrechts zu erschweren, um den Missbrauch des Armenrechts zu verhindern. Ich glaube, dass die Gerichte überall so sein würden, dass sie lieber das Armenrecht geben, auch wenn die Voraussetzungen nach den strengen Vorschriften nicht gegeben sind, als umgekehrt. Darum sehe ich gerade beim Armenrecht keine Schwierigkeiten, dass man deshalb hier den Grundsatz aufgeben sollte.

Wenn ich aber gleich weiter zu den anderen Problemen, die aufgerollt worden sind, kurz Stellung nehmen darf, so kann ich sagen: Im österreichischen Recht ist der Rekurs, also der befristeten Beschwerde entsprechend, grundsätzlich gegen alle Beschlüsse zugelassen, wobei zu bedenken ist, dass nach dem österreichischen Recht ja viel mehr im Beschlussverfahren erledigt wird als nach der Reichszivilprozessordnung. In der Zivilprozessordnung ist abschnittweise angegeben, welche Beschlüsse nicht beschwerdefähig sind. Und dann gibt es noch eine dritte Möglichkeit: Gewisse Beschlüsse sind nicht unmittelbar anfechtbar, sondern erst zusammen mit der nächsten Entscheidung, die einem Rechtsmittel unterliegt, sei es der Beschwerde oder der Berufung. In diesem Falle ist also das Rechtsmittel aufgeschoben. Ich hätte gar kein Bedenken, wenn künftig dieses System umgekehrt würde und so, wie angeregt wurde, eine enumerative Aufzählung der Beschlüsse kommt, die der Beschwerde unterliegen. Ob man das für das Vollstreckungsverfahren anders machen will oder nicht, scheint mir eigentlich von geringerer Bedeutung zu sein. Ich hätte auch da nichts einzuwenden, dass man eine verschiedene Behandlung dieser beiden Teile des Verfahrens vornimmt.

Fischer: Ich wollte mich erkundigen, worauf sich die Erfahrungen des Herrn Stagel und des österreichischen Justizministeriums in dieser Beziehung gründen und ob dabei auch diejenigen ablehnenden Entscheidungen des Armenrechts berücksichtigt sind, die an den Stellvertreter des Führers gehen.

Stagel: Ich war doch auch lange Zeit österreichischer Richter.

Staud: Bei uns ist die Armenrechtsverweigerungsbeschwerde die häufigste Beschwerde. Rein praktisch sind es nur drei Gruppen von Beschwerden: Armenrechtsverweigerungsbeschwerde, Kostenbeschwerde und Zwangsvollstreckungsbeschwerde. Das sind die einzigen Sachen, die vorkommen. Bei Ihnen in Österreich wird nie ein Armenrechtsgesuch abgelehnt, da eben alle Leute Armenrecht bekommen. Infolgedessen kann man sich auch nicht beschweren. Bei uns wird ein gutes Drittel abgelehnt. Das führt fast immer zu Beschwerden, und diese Beschwerden kommen nach meiner Erfahrung im Allgemeinen postwendend.

Volkmar: Ich kann mir nicht denken, dass jemand erst nach einem Jahre wegen einer alten Armenrechtsverweigerung Beschwerde führt.

Jonas: Die alten Beschwerden nach einem oder einem halben Jahre kommen eigentlich nur in Kostensachen vor; das sind die Streitwertfestsetzungen, die Kämpfe des Bürovorstehers mit der Geschäftsstelle.

Stagel: Die soll man doch am allerersten abstellen!

Jonas: Das ist absolut richtig. Aber ich bin der festen Überzeugung, dass da die Abteilung VI des Ministeriums sehr eiserne Widerstände entgegensetzen wird. Ich habe jetzt mit der Abteilung VI einen Schriftwechsel über die Vereinfachung des Armenrechtsformulars geführt, das mit seinen dicken Einrahmungen wie ein Frachtbrief aussieht; aber ich muss sagen: nach der Antwort, die ich von der Abteilung VI bekommen habe, gebe ich überhaupt alles auf.

Stagel: Wenn es eine kleine Novelle wäre, in die man das einfügen wollte, wäre das Bedenken vielleicht gerechtfertigt. Aber wenn es eine große Reform für ein einheitliches Werk der Zivilprozessordnung ist, so wird die Abteilung VI dagegen nichts einwenden können.

Vorsitzender: Ich möchte mich auch für die Befristung aussprechen. Ich sehe nicht ein, welche Gefahr entsteht, wenn wir die Befristung einführen. Es könnte höchstens die Gefahr sein, dass jemand nicht genug Zeit hat, eine vernünftige Armenrechtsbegründung zu machen.

Jonas: Man muss bedenken: Wenn wir die Wiedereinsetzungsvoraussetzungen lockern, was wir ja vorhaben, dann wird alles wesentlich anders.

Singer: Ich möchte zu dem Wort „kümmerliches Armenrechtsgesuch", das gefallen ist, schon sagen, dass nach meiner Erfahrung an mehreren Gerichten, insbesondere zuletzt bei dem Amtsgericht, dem ich lange vorstand, eine Entscheidung über sogenannte kümmerliche Gesuche überhaupt nicht vorgekommen ist. Wenn ein Gesuch kümmerlich war, so wurde es eben durch entsprechende weitere Maßnahmen so auf die Beine gestellt, dass man entscheiden konnte. In der Regel wurden in all den Gerichten, an denen ich zu tun hatte, die Leute vorgeladen, und ein kümmerliches Gesuch stand nach meiner Erfahrung über nicht zur Entscheidung.

Jonas: Ich möchte das dann darauf zurückführen, dass unter der glänzenden Leitung des Amtsgerichts so etwas eben nicht vorkam.

Singer: Es ist mir vorgekommen, dass in einer sehr großen Sache, die schon die Dienstaufsicht beschäftigt hatte, und zwar ganz abseits zunächst beim Vormundschaftsgericht, wo ich schon einen großen Aufsichtsbeschluss gemacht hatte, in dem die ganze Geschichte darin stand, nach einem Jahre ein Armenrechtsgesuch gestellt wurde, das nach meiner Entscheidung abzulehnen gewesen wäre. Es war eine Sache, die am Landgericht geschwebt hatte. Nun hat das Landgericht lange an dem Armenrecht herumgemurkst, hat ein halbes Jahr lang Erhebungen gepflogen, und rein zufällig bin ich durch mein Dienstaufsichtsverfahren darauf gekommen; da habe ich die Akten eingeschickt, und nach ungefähr zwei Jahren ist das Armenrecht abgelehnt worden. Und das soll jetzt noch einmal eine nicht befristete Beschwerde geben? Das ist ganz undenkbar.

Vorsitzender: Man könnte solchen kümmerlichen Armenrechtsgesuchen durch eine Rücksprache einen gewissen Inhalt verleihen.

Singer: Ich behaupte, dass am Amtsgericht München über kein kümmerliches Gesuch entschieden worden ist.

Staud: Haben Sie in München, anstatt die Leute noch mit Rücksprachen und weiteren Schreibgeschäften zu belästigen, nicht gesagt, dass die Gerichtsgebühr doch nur zwei oder drei Mark beträgt? Dann sagen nämlich die Leute: Wenn das nicht teurer ist, mache ich mir die ganze Schreiberei nicht.

Singer: Es war dem Gericht darum zu tun, materiell der Sache auf den Grund zu kommen.

Staud: Die Leute sagen dann immer: Wenn ich das gleich gewusst hätte, wäre ich nicht erst zur Polizei gelaufen und hätte die 15 Pfennig Straßenbahn und die 20 Pfennig Formulargebühren ausgegeben und hätte mich soundso oft anranzen lassen und noch einmal Wege und Portoausgaben gehabt. Wenn man zwei Mark Gerichtskosten darauf klebt, bezahlt man ja schon Prozesse bis 300 RM.

Vorsitzender: Um auf die Frage der Befristung zurückzukommen: Unter dem Vorbehalt, dass wir später noch einmal darauf zurückkommen, besteht also Neigung, die Beschwerde allgemein befristet zu gestalten, auch für den Fall der Versagung des Armenrechts. (*Zustimmung.*) Dann könnten wir das zunächst als vorläufiges Ergebnis festhalten. Das wird sich ja für die Zwangsvollstreckung ohnehin empfehlen.

Fischer: Wollen Sie bei der Beschwerde einen Begründungszwang einführen?

Vorsitzender: Das ist eine weitere Frage.

Volkmar: Die Beschwerde ist immer begründet. Ich kann doch nicht einfach sagen: Ich lege gegen den Armenrechtsverweigerungsbeschluss Beschwerde ein.

Fischer: Das ist nicht ganz richtig. Sie erleben immer wieder einmal Beschwerden, in denen einfach gesagt wird: Ich beziehe mich auf die Ausführungen in der ersten Instanz. Ich möchte überhaupt die Frage zur Sprache bringen, ob wir nicht doch die Rechtsmittelbegründung mit dem Rechtsmittel verbinden. Das ist die zweite Frage. Aber die Beschwerde ist doch viel loser. In Wahrheit sind wir nicht in streitigen Verfahren, sondern in der verwaltenden Rechtspflege mit der ganzen Beschwerde. Es sind alles nicht die streitigen Fragen, sondern Verfahrensfragen und ähnlicher Kram. Das kann viel loser und ohne Formalismus gemacht werden.

Singer: Die Befristung ist notwendig. Sonst kommen wir in das Baumgartensche Fahrwasser.

Fischer: Die Herren des Ministeriums haben ja die letzten Sitzungen nicht mitgemacht, wo wir [auf] diese Fragen immer wieder trafen. Wir sind der Meinung, dass wir uns in vielen Fällen dem freiwilligen Gerichtsbarkeitsverfahren leichter angleichen könnten, um durch eine entsprechende zweckmäßige Gestaltung des Verfahrens die gänzliche Zerschmetterung unseres Zivilprozesses zu vermeiden. Das waren doch immer die Bedenken, die wir vor uns hatten.

Volkmar: Sie sind also auch nicht dafür, dass man den Begründungszwang einführt?

Fischer: Ich wollte nur die Frage aufwerfen.

Vorsitzender: Also kein Begründungszwang im Sinne der Berufungsbegründung. – Bei der Frage der allgemeinen Klausel sind wir wohl auch alle der Meinung, dass die allgemeine Klausel von § 567 jedenfalls beseitigt werden kann, dass man sich also auf die Fälle der Beschwerde beschränkt, die besonders im Gesetz genannt sind.

Jonas: Im Erkenntnisverfahren sollen im Allgemeinen nur die Entscheidungen beschwerdefähig sein, die das weitere Verfahren blockieren: Aussetzung des Verfahrens, Ruhenlassen des Verfahrens usw.

Singer: Es soll also ein Katalog aufgestellt werden, das finde ich sehr vernünftig.

Vorsitzender: Ist sonst noch etwas aus dem Recht der Beschwerde problematisch? – Ich glaube kaum. Das Beschwerdeverfahren können wir ein andermal beraten.

Fischer: Was machen wir denn nun mit dem Katalog?

Vorsitzender: Das kann man später bei der Ausarbeitung machen. Es ist immer erst die erste Lesung.

Jonas: Es handelt sich zunächst darum, das Gebiet abzugrenzen.

Volkmar: Das andere kann man später bei der Ausarbeitung im Einzelnen erledigen. – *Nun kommen Sie zu den Tatsachen und Rechtsnormen.*

Vorsitzender: Ich glaube nicht, dass wir jetzt zu den Rechtsnormen Stellung nehmen können.

Jonas: Das ist eine Frage, die die Revision betrifft.

Volkmar: Sie meinten gerade, wir müssten das von vornherein klar wissen: Steht hinter der Berufung nur eine reine Rechtsinstanz oder nicht?

Jonas: Natürlich! Unsere Revision hat sich ja aus verschiedenen Elementen herausgebildet und hat sich doch im Großen und Ganzen vollständig bewährt. Ich wüsste nicht, dass es richtiger wäre, eine Oberberufung einzuführen, wie es der gemeinrechtliche Prozess war. Da war die Möglichkeit des Vorbringens neuer Tatsachen in Superappellation gegeben. So etwas kommt nicht in Frage.

Volkmar: Erinnern Sie sich an den Briefwechsel? Ich glaube, es war ein Hamburger Senatspräsident, der sich energisch dagegen wandte, dass in gewissen Fällen das Reichsgericht Tatsachen nachprüft, insbesondere dass es sich berufen fühlt, bei generellen Verträgen, allgemeinen Lieferungsbedingungen usw. die Auslegung dieser Lieferungsbedingungen nachzuprüfen. Es gibt auch noch so einige Fälle, wo es sich um allgemeine Lebenserfahrungen handelt.

Jonas: Das ist das Wertvolle an der jetzigen Regelung, auch auf dem Gebiete des Eherechts, dass die Grenze zwischen Tatfrage und Rechtsfrage nicht so scharf gezogen ist.

Volkmar: Da wurde nun gemeint, es wäre die große Gefahr, dass dies in einer Revisionsinstanz nachgeprüft wird, wo die Parteien bei der Nachprüfung von Tatsachen vollständig gehandicapt sind. Wenn das Reichsgericht da die Tatsachen nachprüft, müsste es in einem richtigen Verfahren der Oberprüfung gemacht werden.

Jonas: Diese Auffassung ist doch nicht so ganz richtig. Man prüft nach bei Vertragsauslegung, Testamentsauslegung usw. Es gibt gewisse typische Erklärungen, ebenso Vertragsbedingungen, Tarifvertragsbestimmungen usw., wo es reiner Zufall ist, ob sie in einer öffentlichrechtlichen Norm oder in einer privatrechtlichen Abrede getroffen sind, wo es sich einzig und allein um die Auslegung fixierter Worte handelt. Das ist die eine Gruppe von Fällen, bei denen das Reichsgericht nachprüft. Bei der anderen Gruppe von Fällen prüft das Reichsgericht unter dem Gesichtspunkt nach: Aus gewissen Tatsachen hat das Oberlandesgericht die und die Schlussfolgerungen gezogen; ist es bei diesen Schlussfolgerungen von den Gesetzen der Erfahrung und des gesunden Menschenverstandes abgewichen? Ist die Vertragsauslegung, die das Oberlandesgericht unter Würdigung der gesamten Tatsachen getroffen hat, möglich? Das ist meiner Meinung nach eine ganz gesunde Regelung. Da hat das Reichsgericht auch gewisse Möglichkeiten der Würdigung der individuellen Verhältnisse. Ich denke z.B. an einen Fall, wo ein Notar jemand zum Erben eingesetzt und der Frau nur den Nießbrauch gegeben hatte. Dies war ein notarielles Testament, und das Oberlandesgericht hat gesagt: Das hat zwar der Notar Soundso gesagt, aber es hätte doch viel näher gelegen, es als Vorerbschaft und Nacherbschaft zu machen, und offenbar hat dem Notar das vorgeschwebt. Da haben wir gesagt: Nein, wenn ein Notar – es war sogar ein Hamburger Notar –, und zwar nicht unmittelbar nach Inkrafttreten des BGB, sondern ungefähr in der Zeit von 1920 – in einem notariellen Testament von Vollerbschaft und Nießbrauch spricht, dann ist es eine unmögliche Auslegung, daraus zu folgern, es war nicht dies gemeint, sondern es war Vorerbschaft und Nacherbschaft gemeint. Das ist so ein Fall.

Volkmar: Das machen ja auch die Richter der Kassation. Da haben die Franzosen die entzückende Formulierung: Der Richter des Kassationshofs ist gebunden an die Willensauslegung, die der Oberrichter der Parteierklärung beigegeben hat. Wenn aber der Richter, statt den Willen der Partei auszulegen, seinen eigenen Willen an die Stelle des Willens der Partei setzt, dann überschreitet er seine Befugnisse, und es ist Aufgabe des Kassationsgerichts, hier einzugreifen.

Jonas: Abgesehen davon, dass in Frankreich ja der Staatsanwalt als Vertreter des öffentlichen Interesses auch das Rechtsmittel einlegen kann, besteht irgendein grundsätzlicher logischer Unterschied zwischen unserer Revision und der französischen Kassation überhaupt nicht, denn unsere Revision ist ja aus der französischen Kassation hervorgegangen.

Volkmar: Nun darf ich das, was ich vorher anfing, noch ergänzen. Diese ganzen Probleme haben mich während der ganzen Vorarbeiten für diese Prozessreform ununterbrochen bewegt. Sie werden sich erinnern, ich habe damals stundenlang mit Ihnen gesprochen. Damals wurde die Sache unter einem zweiten Gesichtspunkt erörtert. Damals waren die ständigen Klagen über Überlastung des Reichsgerichts, und wir sagten uns: Diese Klagen werden ja gerade dadurch herbeigeführt, dass das Reichsgericht so stark in die Tatsachen hinein steigt. Jetzt muss jede Partei, der ein Urteil sachlich nicht gefällt, hoffen können, das Reichsgericht wird vielleicht an die Sache herangehen, obwohl seine Bedenken im Wesentlichen auf tatsächlichen Gebieten liegen. Wenn hier eine radikalere Scheidung einträte, und in weiterem Umfang als bisher das Reichsgericht von der Prüfung der Tatsachen abgehalten würde, dann würden auch soundso viele Revisionen das Reichsgericht nicht mehr beschäftigen können, weil die von vornherein aussichtslos wären. Nun ist es immer misslich, solche augenblicklichen Situationen, wie Überlastung des Reichsgerichts, zur Grundlage von Reformen grundsätzlicher Art zu machen. Heute ist die Sache nicht so. Heute sagen die Präsidenten, das Reichsgericht hätte nicht genug zu tun.

Jonas: Im Augenblick ist auf vermögensrechtlichem Gebiet eine vollständige Stagnation. Auch die Ehesachen hören jedenfalls sehr stark auf.

Fischer: Das ist auch kein Wunder bei der ganzen Umstruktur des ganzen Rechtslebens. Das geht alles aus den Gerichten heraus.

Jonas: Diese Bedenken wuchsen damals sehr aus dem Gebiete der Ehesachen heraus. Damals!

Fischer: Darf ich auf die Frage selbst noch einmal zurückkommen. Das, was streitig ist, also einmal so und einmal so angegriffen wird, ist doch das Zwischengebiet, von dem Sie gesprochen haben, und das typische Beispiel ist die Auslegung. Bei der Auslegung handelt es sich immer erst einmal um Tatsachen; dann handelt es sich um die Rechtsanwendung, und da liegt etwas dazwischen; und dieses Zwischengebiet ist das streitige, das ist das Gebiet von Treu und Glauben und ähnlichen Dingen.

Volkmar: Da kann das Reichsgericht machen, was es will. Es kann in einem Fall sagen: Das Oberlandesgericht hat festgestellt: Er hat die im Verkehr erforderliche Sorgfalt nicht angewandt, bei der Beweiswürdigung ist kein Mangel untergelaufen, infolgedessen sind wir an diese Feststellung gebunden. Es kann aber ebenso gut sagen: An sich sind wir an die Feststellung gebunden, aber die Ausführungen lassen erkennen, dass er den Begriff der im Verkehr erforderlichen Sorgfalt überspannt.

Fischer: Da kommen der Zorn und die Aufregung und all diese Dinge. Ich kenne keinen Fall, in dem das Reichsgericht von einer einfachen Tatsache weggegangen wäre und sich selbständig gelöst hätte. Die Fälle liegen alle auf diesem Gebiet. Nun möchte ich ein Wort dazu sagen: Wollen wir das doch dem Reichsgericht lassen!

Jonas: Unbedingt!

Volkmar: Wir brauchen es heute erst recht. Es gibt viele Urteile der Oberlandesgerichte, die Kopfschütteln erregen und wo alles auf das Reichsgericht blickt, das helfen soll; und wenn das Reichsgericht sagt: Es sind im Grunde tatsächliche Feststellungen, an die bin ich gebunden, dann ist die Not groß. Dann wirft man dem Reichsgericht vor, es hätte kein Verständnis für das gesunde Volksempfinden. Es ist Zeit, dass bei bockbeinigen Oberlandesgerichten das Reichsgericht in ein gesundes Fahrwasser kommt.

Jonas: Ich war zuerst sehr ablehnend in der Zuweisung an einen anderen Senat, weil das immer ein gewisses Misstrauensvotum an das Oberlandesgericht ist. Ich habe mich aber überzeugt, dass die Zurückverweisung an einen anderen Senat eigentlich das einzige Mittel ist.

Fischer: Sie haben so recht. Das ist unsere Erfahrung im Oberlandesgericht immer wieder. Manchmal ist die Zurückverweisung sehr günstig, und wir unterstützen sie natürlich nach Kräften; manchmal aber ist sie auch sehr unbequem. Das Oberlandesgericht sagt: Mein richterliches Gefühl sagt mir, die Sache muss so entscheiden werden. Das ist immer das Bestechende. – Nun, dann baut er sich eben ein anderes Gerüst, wenn das Reichsgericht ihm dies verhindert, wenn es irgendwie geht. So ist es doch.

Jonas: Wir erörtern ja jetzt so verschiedene Probleme. Da empfindet man es immer als kolossal misslich, dass man vor der Notwendigkeit steht, zurückzuverweisen; und da scheint es mir erwägenswert, ob man etwa die Möglichkeit einführen könnte, dass das Reichsgericht, wenn es auf bestimmte Fragen tatsächlicher Art abkommt, eine tatsächliche Aufklärung auch noch in der Revisionsinstanz für erforderlich hält und anordnet. Ich werfe zunächst nur die Frage auf. Nehmen wir beispielsweise den § 55 [EheG], mein tägliches Brot.

Volkmar: Da entscheiden Sie immer selbst.

Jonas: „Immer selbst" kann man eigentlich nicht sagen; im Gros der Fälle entscheiden wir.

Volkmar: Wenn Sie eine neue Beweisaufnahme für erforderlich halten, sagen Sie: Wir sind Manns genug, aus dem vorliegenden Material die Würdigung selbst vorzunehmen.

Jonas: Selbstverständlich! Es bleibt einzig und allein die Frage – und solche Fälle haben wir hin und wieder gehabt –, ist der Mann pensionsfähig oder nicht bzw. hat die Frau eine Pension oder nicht? Beim Ausbalancieren würden wir unsere Entscheidung davon abhängen lassen. Wir würden sagen: An sich ist die Ehe vollständig zerrüttet, es ist gut, wenn die Leute auseinandergehen; aber wir wollen doch nicht, dass die Frau in eine wirtschaftliche Not gerät. Wir fragen: Hat die Frau eine Pension, oder ist sie später witwenpensionsberechtigt?

Volkmar: Das ersehen Sie doch aus den Gesetzesvorschriften.

Jonas: Aus den Akten können wir nicht ersehen, ob der Mann pensionsberechtigt ist oder ob die Frau z.B. aus ihrer früheren Tätigkeit als Privatlehrerin eine Versorgung aus der Privatangestelltenversicherung hat. In den Akten ist es nicht erörtert. Wir fragen die Anwälte. Die Anwälte beim Reichsgericht wissen das natürlich absolut nicht; sie wissen doch in tatsächlicher Beziehung kein bisschen mehr, als was in den Akten steht. Man ist also öfter genötigt, um einer solchen Sache willen die Angelegenheit an das Oberlandesgericht zurückzuverweisen. Das ist misslich. Andererseits ist es natürlich auch kein so sehr großer Unterschied. Wir müssten irgendein Gesuch an irgendeine Stelle richten, etwa an das Amtsgericht oder an das Berufungsgericht: Klärt das noch auf! Dann ergibt sich die Gefahr, dass die Sache wieder weitere Kreise zieht. Es wird nicht eindeutig in einer bestimmten Richtung aufgeklärt, sondern es wird den Prozessstoff nur noch vermehren. Und dann kommt noch das Dritte hinzu: Mit einem solchen Aufklärungsbeschluss bindet man sich eigentlich schon für die Schlussentscheidung, und in zweifelhaften Sachen kann doch die Schlussentscheidung je nach der Besetzung des Senats auf des Messers Schneide liegen. Also komme ich doch nach vielem Hin- und Hererwägen dazu, einem solchen Gedanken doch eigentlich auch als Kannvorschrift nicht das Wort zu reden.

Volkmar: Ich stimme ganz bei, denn wo soll man die Grenze ziehen? Dann liegt es schließlich nahe, eine solche einfache Zeugenvernehmung auch noch vornehmen zu lassen, und dann kommt man wieder in die Beweisfrage hinein.

Jonas: Es gibt ja die komischsten Sachen. Ein noch krasserer Fall ist uns neulich passiert. Es war natürlich auch § 55 und eine Sache, die auf des Messers Schneide stand. Es sprach viel für die Aufrechterhaltung der Ehe, es sprach viel dafür, den Mann an seinen Pflichten festzuhalten. Aber es kam der Legitimierungsgesichtspunkt hinzu: das Kind aus dem ehebrecherischen Verhältnis. In der Berufungsinstanz hatte der Mann gesagt: Das Kind ist unterwegs, und es war doch nicht festzustellen, ob jetzt, nachdem das Urteil ein Dreivierteljahr vorher ergangen war, das Kind tatsächlich da war. Damals war es angeblich schon vier Monate unterwegs. Wir fragten: Ist das Kind nun da, – und beide Anwälte sagten, es täte ihnen leid, darüber könnten sie nichts sagen. Der Reichsgerichtsanwalt kann es nicht wissen.

Volkmar: Er kann doch an die Frau schreiben.

Jonas: Er sieht sich doch die Akten erst zwei Tage vor dem Termin an. Er kommt gar nicht auf diese Frage. Er kann eigentlich nicht wissen, dass das Reichsgericht zufällig auf diesen Punkt noch Gewicht legt. Da blieb uns tatsächlich nichts anderes übrig, als so ein bisschen hergeholt aufzuheben; aber der eigentliche tragende Grund war der: Nun wird sich ja in der Zwischenzeit aufgeklärt haben, ob das Kind da ist; dann ist natürlich ein Klagegrund da, die Ehe zu scheiden. Aber wegen solcher Grenzfälle, die einmal vorkommen, kann man doch kein Gesetz machen. (*Fischer:* Doch!) – Dann muss man solche Fälle in Kauf nehmen und muss das eben etwas kaschieren.

Fischer: Ich würde doch bitten, Ihrer Anregung festzuhalten. Ich habe in einem anderen Zusammenhang einen Vorschlag zu unterbreiten, über den wir nachher sprechen werden. Da heißt es: „Zeigt sich in der Revisionsinstanz, dass die endgültige, mindestens teilweise Entscheidung des Rechtsstreits nur noch von der Feststellung des Sachverhalts in einzelnen Punkten abhängt, so kann das Revisionsgericht von sich aus über diese Punkte Beweis erheben." Gerade die Fälle, die Sie anführen, sind mir so überzeugend. Es ist nur eine Frage: schwarz oder weiß, das wissen wir nicht in der Revisionsinstanz. Auch die Anwälte wissen es nicht und dürfen es nicht wissen, sie fragen nicht danach. Da könnte man doch durch eine amtliche Auskunft, einen Registerauszug oder irgendetwas Aufklärung erhalten. Ich habe einmal den Fall erlebt, wo es sich darum handelte, dass das Oberlandesgericht sich nicht um die Eintragung im Handelsregister gekümmert hatte. Also musste das Urteil in dem Prozess mit 150.000 RM Streitobjekt aufgehoben und wieder zurückverwiesen werden, wieder verhandelt, wieder Beweis erhoben werden, es musste wieder über die Beweiserhebung verhandelt werden, nur um die Frage zu klären, was im Firmenregister stand. Dann wurde wieder Revision eingelegt; denn nun konnte die Rechtsfrage erst entschieden werden. Das machte doppelte Gebühr in der Oberlandesgerichtsinstanz im Streitwert und die ganze Revisionsgebühr noch einmal, nur wegen der Frage, was im Firmenregister stand.

Singer: Sie sprechen von krassen Fällen. Mir ist einmal ein sehr krasser Fall in einem Konkurs unterlaufen. Es handelte sich um eine Anfechtung wegen Betrugs des Gemeinschuldners, dass er in dolo malo gehandelt haben soll. In der ersten Instanz wurde der Prozess gewonnen. In der zweiten Instanz wurde er verloren; es war in Süddeutschland, aber nicht in München. Der Urteilsentscheidung ging voraus, dass einer der Anwälte dem Oberlandesgericht telegrafiert hat:

Der Gemeinschuldner X ist heute Nacht gestorben. Nun stand im oberlandesgerichtlichen Urteil darin, dass der böse Glaube des Gemeinschuldners dadurch erhärtet wurde, dass er auch noch im Laufe des Prozesses kurz vor der Entscheidung Selbstmord begangen habe; das habe ich vorhin vergessen zu erwähnen, es war telegrafiert worden, er sei durch Selbstmord gestorben. - Tatsächlich hat aber der Mann gar keinen Selbstmord begangen. Er lebte! Was macht da die Revisionsinstanz?

Fischer: Aufheben!

Singer: Hier wurde einfach ins Blaue hinein behauptet: Der Mann ist tot, durch Selbstmord geendet; und es wird ins Urteil hineingeschrieben zur Erhärtung des bösen Glaubens.

Fischer: Da könnte die Revisionsinstanz sagen: Auf diesen Punkt kommt es mir nicht an, ich nehme den bösen Glauben auch so an.

Singer: Die zweite Instanz hat das erste Urteil umgedreht. Das war doch sicher ein sehr krasser Fall.

Volkmar: Die Revisionsinstanz kann sagen: Die Annahme liegt in der Luft. Das ist nicht begründet, wie das Gericht behauptet.

Fischer: Eine vertrauliche Frage: Würden Sie in einem solchen Falle, wie ich ihn erwähnte, nicht einmal das Handelsregister heranziehen?

Jonas: Wenn es wirklich darauf ankommt, würde man doch die Handelsregisterakten heranziehen, und beide Anwälte sehen es, und es ist unstreitiger Tatbestand, es steht nur im Urteil nicht darin. Über einen solchen Fall würde man hinwegkommen.

Vorsitzender: Bei unstreitigen Sachen und vermutlich unstreitigen wie in dem Fall, ob das Kind geboren ist oder nicht, geht das. Aber über streitige Punkte Beweis zu erheben, – da sehe ich die Grenze wieder nicht ein. Die Formulierung Fischer trifft doch eigentlich alle Fälle. Ich möchte eine klare Beschränkung haben.

Fischer: Ein Teil der Revision würde wegfallen.

Volkmar: Sie würden vielleicht zehn Revisionen töten und 100 neue gebären.

Jonas: Ich glaube weder das eine noch das andere. Auf den Anfall der Revisionen würde es keinen Einfluss ausüben. Nur sehe ich auch mehr die Nachteile als die Vorteile. Es würde sich nur um einwandfreie und leicht feststellbare Dinge handeln können. Das ist natürlich die große Gefahr: der eine wird das weiter ausdehnen als der andere.

Fischer: Schätzen Sie diese Gefahr wirklich groß ein?

Volkmar: Das ergibt erst die Sektion [!], ob es leicht feststellbar ist. Das kann zu den größten Verwicklungen führen.

Fischer: Ich halte das für theoretisch. Ich glaube nicht, dass das Reichsgericht die Sache missbrauchen wird. Dazu sitzen doch schließlich dort Reichsrichter, die nicht das Gefühl haben, dass sie sich selbst zu einer absoluten dritten Instanz machen müssen.

Vorsitzender: Man könnte sagen, dass das Reichsgericht außerhalb des Tatbestandes des Berufungsgerichts neue Tatsachen zuziehen kann, die unstreitig sind.

Fischer: Das wäre ein Ausweg.

Vorsitzender: Eine Handelsregistereintragung als solche kann nicht streitig sein.

Fischer: Das würde ein Weg sein, dass neue Tatsachen, soweit sie unstreitig sind, zu berücksichtigen sind.

Volkmar: Das tut doch eigentlich das Reichsgericht heute auch.

Jonas: Gewiss, es ist aber das Missliche: Wenn uns die Leute gesagt hätten: das Kind ist inzwischen da oder nicht da, dann wäre es glatt. Aber wir hatten eigentlich keinen Anlass, deswegen zu vertagen oder zu sagen: klärt das auf. – Es wäre das Beste, wenn sich die Kommentatoren mit der Rechtsprechung des Reichsgerichts begnügen und nicht eine noch größere Verwirrung anrichten würden, indem sie diese und jene Entscheidung bekämpfen.

Volkmar: Das will ich auch nicht. Darum ist es für mich so schwer, eine Formulierung zu finden.

Jonas: Vor allen Dingen ist es gerade bei Ehesachen nicht gut möglich, jede Entscheidung im Tatbestand und allem Drum und Dran so ausführlich zu machen, dass das Reichsgerichtsurteil nun auch für denjenigen voll verständlich ist, der die Instanzurteile nicht gelesen hat. Natürlich gibt es gewisse Urteile, bei denen man hier dieses Urteil und da jenes Urteil vor sich sieht und sagt: Zufällig ist in beiden Fällen die Zahl der Kinder gleich, auch das Lebensalter der Eheleute gleich usw., und das, was schließlich den Ausschlag gegeben hat, kommt nun in dem Urteil nicht so krass zum Ausdruck, weil ich doch bei der Fülle des Urteils nicht jedes einzelne Urteil in ähnlichen Fällen zur Hand habe, um zu sagen: Dieser Fall weicht aber von dem anderen Fall ab. Wir sagen immer nur, wenn man uns gegenüber den Revisionsbegründungen unsere früheren Urteile vorhält: der Tatbestand liegt wesentlich anders.

Vorsitzender: Es würde aber noch als Problem übrig bleiben, ob es gelingt, durch irgendwelche Formulierung einen Weg zu finden, der dem Revisionsgericht gestatten würde, irgendwelche neue Tatsachen doch noch zu benutzen, ohne dass aber eine Beweisaufnahme im eigentlichen Sinn erforderlich wäre. Bedenken habe ich, dem Reichsgericht eine Beweisaufnahme zu übertragen; und die Formulierung, die bisher Herr Fischer auf Seite 2 [Exposé nicht auffindbar] gegeben hat, geht mir zu weit: „Zeigt sich in der Revisionsinstanz, dass die endgültige, mindestens teilweise Entscheidung des Rechtsstreits nur noch von der Feststellung des Sachverhalts in einzelnen Punkten abhängt, so kann das Revisionsgericht von sich aus über diese Punkte Beweis erheben." Darunter könnte man schließlich das Ermessen bringen. Aber ich möchte das Problem noch nicht ganz aus der Diskussion ausscheiden, denn die Fälle, die Herr Senatspräsident vorgebracht hat, geben doch immerhin zum Nachdenken Anlass. Aber es müsste versucht werden, eine Formulierung zu finden. Es ist die Frage, ob es gelingt, indem man etwa sagt: „Heranziehung einfacher Tatsachen, die ohne Schwierigkeiten feststellbar sind und vermutlich unstreitig bleiben". Das ist möglich. Wenn sie dann streitig werden, ist es aus. Aber wenn sie unstreitig bleiben, sieht man eigentlich nicht recht ein, warum sie nicht verwertet werden können.

Singer: Also Zulässigkeit der Erhebung über vermutlich unstreitige Tatsachen!

Volkmar: Nur dass Tatsachen, die unstreitig geworden sind, auch wenn sie neu sind, in der Revisionsinstanz berücksichtigt werden können. Dann hätte in dem vorhin erwähnten Fall in der immerhin geräumigen Zeit zwischen dem Studium der Akten und dem Termin das Reichsgericht dem Mann schreiben können: Es ist die Rede von der bevorstehenden Geburt, allmählich ist die Zeit heran, wir bitten, anzugeben, ob das Kind geboren ist und erforderlichenfalls eine Geburtsurkunde einzureichen. Angesichts der Geburtsurkunde würde die Tatsache unstreitig gewesen sein.

Staud: Statt „unstreitige Tatsachen" könnte man vielleicht sagen: „offenkundig".

Volkmar: In unstreitigen Tatsachen oder in solchen, die sonst keines Beweises bedürfen.

(Die Sitzung wird hierauf bis um 15.30 Uhr unterbrochen)

Nachmittagssitzung

Vorsitzender: Auf Wunsch des MinDir. Volkmar will ich unsere Beratungen über die *besondere Streitgenossenschaft* noch einmal kurz zusammenfassen und zugleich den Herren, die früher nicht dabei waren, von den Ergebnissen Kenntnis geben, zu denen wir gekommen sind.

Es gilt, zwei Fragen zu untersuchen, die beide in der ZPO nur lückenhaft gelöst oder angedeutet sind. Die erste Frage: Wann kommt es überhaupt zu der Figur einer besonderen, d.h. von der einfachen Streitgenossenschaft abweichenden Streitgenossenschaft? Die zweite Frage: Wie wird das Verfahren bei dieser besonderen Streitgenossenschaft geregelt?

Zur ersten Frage: Wann kommt es überhaupt zu einer besonderen Streitgenossenschaft?, bietet sich als Ausgangspunkt und zugleich als wichtigstes Beispiel die Gesamthand bei den Aktivprozessen der Gesamthand. Allerdings scheidet hier die eheliche Gütergemeinschaft aus, da der Ehemann hier allein das Prozessführungsrecht hat. Was übrig bleibt, sind Gesellschaft und nichtrechtsfähiger Verein auf der einen und die Erbengemeinschaft auf der anderen Seite. Hier bestimmt das materielle Recht, dass diese Personen nur zusammen das Verwaltungs- und Verfügungsrecht haben. Daraus wird bisher allgemein gefolgert und wird auch künftig festzuhalten sein, dass diesen Personen auch nur gemeinsam das Prozessführungsrecht zusteht. Die Gesellschafter, Vereinsmitglieder und Erben können nur gemeinsam klagen. Daraus folgt für die prozessuale Situation, dass sie nur einen einzigen gemeinsamen Antrag stellen können. Ich komme hier zu der Konstruktion des österreichischen Rechts: der sog. einheitlichen Streitpartei. Sie ist im Rechtssinne eben als eine Partei und als ein Antragsteller anzusehen.

Wenn wir uns auf den Standpunkt stellen, dass hier nur ein Antrag aller Streitgenossen vorliegt, so ergibt sich daraus notwendig: Es gibt nur eine Gesamtentscheidung für und gegen alle Streitgenossen. Denn über einen Antrag kann nur eine einheitliche Entscheidung ergehen; Teilentscheidungen, Sonderentscheidungen für und gegen einzelne Streitgenossen sind ausgeschlossen. Inhaltlich kann es ja eine Entscheidung über Teilrechte einzelner Streitgenossen schon deswegen nicht geben, weil nach materiellem Recht solche Teilrechte als Gegenstand von Verfügungen und Verpflichtungen nicht existieren. Eine Entscheidung über das Gesamtrecht zu geben allen Streitgenossen gegenüber mit Wirkung für und gegen alle, entspricht der ganzen Struktur der Gesamthand, wonach sie alle zusammen verfügen können. Somit sind die Aktivprozesse der Gesamthand das eindringlichste Beispiel für die Struktur der notwendigen Streitgenossenschaft, bei der Sonderentscheidungen gegenüber einzelnen Streitgenossen ausgeschlossen sind.

Dieselbe Figur der notwendigen Streitgenossenschaft findet sich auch außerhalb der Gesamthand; dann aber nur angeordnet durch besondere Vorschriften sei es des materiellen, sei es des Prozessrechts selber. Beispiel: die Gestaltung der offenen Handelsgesellschaft, bei der die Entziehung der Vertretungs- und Geschäftsführungsbefugnis, das Ausscheiden eines Gesellschafters nur durch Klage und richterliches Urteil durchgeführt werden können. Hier bestimmt das HGB, dass die Klage von allen übrigen Gesellschaftern gemeinsam erhoben werden muss. – Beispiel für das Prozessrecht: die Ehenichtigkeitsklage, ZPO § 532, die der Staatsanwalt gegen beide Ehegatten richten muss. Zu den ausdrücklichen Vorschriften kommt hier noch der Gesichtspunkt, dass eine Teilentscheidung wiederum ausgeschlossen ist, da eine einheitliche Ordnung erforderlich ist. Der Staatsanwalt kann nicht etwa einen Antrag stellen, dass gegenüber dem Mann allein die Ehenichtigkeit erklärt werde; die Ehenichtigkeit kann nur gegenüber Mann und Frau gemeinschaftlich erklärt werden. Ebenso kann nicht ein einzelner Gesellschafter Antrag auf Ausschluss stellen, sondern die Gesellschafter können alle nur zusammen operieren. – Das ist also die Gruppe der notwendigen Streitgenossenschaft, wo durch Vorschrift des bürgerlichen materiellen Rechts oder des Prozessrechts ausdrücklich vorgeschrieben ist: Hier können mehrere Personen überhaupt nur gemeinsam klagen und auch verklagt werden.

Eine zweite Gruppe umfasst die Fälle, in denen an sich der Einzelne für sich allein klagen oder verklagt werden kann. Wenn aber mehrere sich zusammengefunden haben zu einer gemeinsamen Klage oder einer gemeinsamen Gegenklage, so ist durch Verbindung der Prozesse eine Streitgenossenschaft begründet mit der Wirkung, dass die Entscheidung für oder gegen alle einheitlich getroffen werden muss. Hierbei ist zu unterscheiden zwischen Gestaltungsklagen einerseits und Feststellungsklagen andererseits. Beispiel für Gestaltungsklagen: die Klage auf Erbunwürdigkeitserklärung, die Klage auf Nichtigkeit eines Hauptversammlungsbeschlusses oder Nichtigkeit einer AG. Hier ist einleuchtend, dass das Urteil nur auf eine Gesamtgestaltung gehen kann, die für und gegen alle Streitgenossen gleichmäßig wirkt. Es ist nach materiellem Recht ausgeschlossen, dass die Erbunwürdigkeit, wenn sie einmal ausgesprochen wird, nur gegenüber einem Einzelnen wirkt. Es ist ausgeschlossen, einen Hauptversammlungsbeschluss oder eine AG mit relativer Nichtigkeit gegenüber Einzelnen für nichtig zu erklären, sondern hier wird die Gestaltung mit gemeinsamer Wirkung für und gegen alle entweder angeordnet, oder sie wird abgelehnt. Daher ist es für den Richter unpraktisch, einem gegenüber die Gestaltung vorzunehmen, einem anderen gegenüber die Gestaltung abzulehnen. Er würde sich dann selber widersprechen.

Bei Leistungs- und Feststellungsklagen liegt die Notwendigkeit einer einheitlichen Entscheidung begründet in der Erstreckung der Rechtskraft. Wenn das Gesetz in besonderen Fällen vorschreibt: die Rechtskraft einer Entscheidung gegenüber A erstreckt sich auch gegenüber B, so folgt daraus die Notwendigkeit, gegenüber A und B zugleich zu entscheiden. Denn sonst würden verschiedene Entscheidungen ergehen, die, wenn sie beide rechtskräftig würden, den Sinn der ganzen Prozessführung vereiteln würden. Statt der Rechtssicherheit unter den Parteien würde eine nicht mehr zu beseitigende Ungewissheit herrschen, da jede Partei sich auf eine ihr günstige Entscheidung berufen könnte.

Dagegen tritt die besondere Streitgenossenschaft nicht ein bei den Passiv-Prozessen der Gesamthand, ausgenommen die Gestaltungsklagen. Aber es gibt auf der Passivseite kein Seitenstück zur Aktivgestaltung der Gesamthand.

Ferner hat der Ausschuss sich entschlossen, die Fälle der bloß logischen Abhängigkeit einer Entscheidung von einer anderen nicht zur besonderen Streitgenossenschaft zu ziehen, im Gegensatz zum Entwurf 1931. Beispiel: Bürge und Hauptschuldner. Hier können nach materiellem Recht zwei Entscheidungen ergehen; die eine kann gegenüber dem Hauptschuldner die Hauptschuld verneinen, gegenüber dem Bürgen die Bürgschaftsschuld bejahen. Das ist ein Fehler nach materiellem Recht, weiter aber nichts. Es ist insbesondere nicht so, dass das eine Urteil die Wirkung des anderen beseitigt wie bei der Erstreckung der Rechtskraft oder bei der Gesamtgestaltung. Hier liegt kein Fall vor, in dem die Notwendigkeit einer einheitlichen Entscheidung bestehen würde.

Wir haben also im Allgemeinen die Tendenz verfolgt, die besondere Streitgenossenschaft nicht auszudehnen, sondern mindestens auf den bisherigen Umfang zu beschränken.

Was nun die Regelung selbst anlangt, so ist oberster Gesichtspunkt der: Es müssen Teilentscheidungen, Sonderentscheidungen gegenüber einzelnen Streitgenossen ausgeschlossen werden. Das erfordert aber die Beseitigung und Außerkraftsetzung all der Normen, die sonst im Prozessrecht zu Sonderentscheidungen führen können. Das sind insbesondere Versäumnis, Rechtsmitteleinlegung, die Dispositionsakte, Anerkennung und Verzicht sowie die bindende Wirkung des Geständnisses. Früher kam hier noch der Parteieid in Frage; der ist jetzt ausgeschaltet, weil er der freien Beweiswürdigung unterliegt. Geregelt in der ZPO sind bisher nur die Fragen der Versäumnis und der Rechtsmitteleinlegung oder der Rechtsmittelversäumung. In beiden Fällen wird gearbeitet mit der Fiktion der Vertretung, die für die Zukunft ruhig ausgeschaltet werden kann und soll. Nun liegt aber eine Vertretung in Wahrheit gar nicht vor, und der bestimmende Gesichtspunkt ist gar nicht der, dass mit der Vertretung gearbeitet werden müsse, sondern man kann klar aussprechen: Ein Versäumnisurteil gegenüber einzelnen Streitgenossen ist in den Fällen der besonderen Streitgenossenschaft ausgeschlossen.

Schwieriger ist die Lage bei den Rechtsmitteln. Hier hat sich der Ausschuss auf die einfachste Lösung geeinigt: Jeder Streitgenosse kann für sich allein ein Rechtsmittel einlegen. Legt ein Streitgenosse in für ihn zulässiger Weise ein Rechtsmittel ein, so geht der Prozess für alle besonderen Streitgenossen in die obere Instanz über. Der Mittelweg, den das RG in seiner letzten einschlägigen Entscheidung bestritten hat, erscheint nicht richtig. Das RG hat sich zuletzt dahin ausgesprochen, dass ein Streitgenosse, der für sich rechtszeitig das Rechtsmittel noch einlegt, dieses Rechtsmittel für die anderen, für die die Frist bereits abgelaufen ist, nicht mit Wirksamkeit einlegt. Diese anderen Streitgenossen werden hiernach in der oberen Instanz nicht Partei, sondern nur Beteiligte. Allerdings wirkt das Urteil, das der eine Streitgenosse erwirkt, der noch zulässig und rechtzeitig das Rechtsmittel eingelegt hat, nachher auch für und gegen die anderen Streitgenossen, die in der oberen Instanz nicht mehr Partei geworden sind. Dieser Mittelweg, der praktisch schließlich zu demselben Ergebnis führt, hat gegen sich das Bedenken, dass hier eine neue Figur eingeführt wird, die dem Zivilprozessrecht sonst fremd ist: die des Beteiligten, der aber nicht Partei ist, und bei dem zunächst noch vollkommen unklar bleibt, welche Rechte und welche Stellung er im Verfahren hat. Einfacher, glatter und verständlicher ist zweifellos die Lösung: Wenn der eine Streitgenosse noch zulässig und rechtzeitig ein Rechtsmittel einlegt, dann werden alle anderen Streitgenossen mit ihm Partei in der oberen Instanz. Damit wird auch erreicht, dass nunmehr eine einheitliche Entscheidung in der oberen Instanz ergeht, die für und gegen alle Streitgenossen wirkt.

Was Anerkenntnis und Verzicht als Dispositionsakte anlangt, so können die nicht die Urteile zur Folge haben, die sonst vorgeschrieben sind. Sie können vom Richter frei gewürdigt werden, haben aber nicht die zwingende Folge und können sie nicht haben, dass nun nach Anerkenntnis oder Verzicht eines einzelnen Streitgenossen diesem gegenüber ein Anerkenntnis- oder Verzichturteil erginge. Damit hätten wir die Sonderentscheidung als teils unsinnig, teils aus sonstigen Gründen unzweckmäßig praktisch ausgeschlossen.

Das Geständnis unterliegt der freien Würdigung durch den Richter, aber nicht mit der zwingenden Folge, dass nun einem Streitgenossen gegenüber die Tatsache als wahr behandelt werden muss. Damit würde wieder die Gefahr einer Sonderentscheidung gegenüber dem einzelnen Streitgenossen nahe gerückt werden; diese soll aber ausgeschlossen sein.

Was Vergleich und Klagrücknahme anlangt, so wird man hier einen Unterschied machen müssen, den wir zunächst glaubten vermeiden zu können, der sich aber dann doch als zwingend erwiesen hat: Einen Unterschied zwischen der notwendigen Streitgenossenschaft und der besonderen Streitgenossenschaft. Bei der notwendigen Streitgenossenschaft, wo die Streitgenossen nur gemeinschaftlich klagen und verklagt werden können, ist ein Vergleich, den der einzelne Streitgenosse etwa zur Beendigung des Prozesses geschlossen hat, oder der Klagzurücknahmeakt, den der Einzelne vornimmt, ohne Wirksamkeit, denn diese Akte der Prozessbeendigung können nur von allen Streitgenossen gemeinsam vorgenommen werden.

In den Fällen der besonderen Streitgenossenschaft dagegen, wo der Einzelne frei für sich allein klagen oder verklagt werden kann, muss der einzelne Streitgenosse ebenso, wie er allein den Prozess beginnen kann, so auch allein aus dem Prozess herauskommen können. Daher sind hier Vergleich und Klagzurücknahme zulässig. Es muss auch im Auge behalten werden, dass nur widersprechende *Sach*entscheidungen ausgeschlossen sind. Wenn einer einen Vergleich schließt oder die Klage zurücknimmt, ergeht keine Sachentscheidung. Der Vergleich hat keine große praktische Bedeutung, da ohnehin schlecht einzusehen ist, welchen Inhalt und welche Wirksamkeit der Vergleich mit einem einzelnen Streitgenossen überhaupt haben. Danach haben wir uns entschlossen, eine Formulierung zu wählen, die auch in dem Bericht abgedruckt ist.

Was die Fälle selber anlangt, so heißt es auf S. 19 [Exposé nicht auffindbar] bei der notwendigen Streitgenossenschaft: „… wenn als Streitgenossen nur gemeinschaftlich klagen oder verklagt werden können“. Das ist die Formulierung, die schon der Entwurf von 1931 hatte anstelle der bisherigen etwas mysteriösen Ausdrucksweise: wenn es aus einem anderen Grunde notwendig ist. Wenn sie nur gemeinschaftlich klagen und verklagt werden können, das sagt das Prozessrecht nicht; hier bleiben wir zum Teil vom bürgerlichen Recht oder von besonderen Vorschriften abhängig. Einer genaueren Aufzählung bedarf es nicht.

Volkmar: Sie hatten vorhin unterschieden zwischen der notwendigen und der besonderen Streitgenossenschaft, wo zwar jeder für sich klagen kann, das Urteil aber Rechtskraft schafft auch für die anderen. Für die sog. besondere Streitgenossenschaft soll die Formulierung von [Wilhelm] Kisch gewählt werden. Nur wollte ich hier gern zwischen Gestaltung und Erstreckung der Rechtskraft unterschieden haben. Bei der Gestaltung heißt es: ... wenn alle Streitgenossen dieselbe Rechtsgestaltung beantragen, die allen gegenüber wirkt.

Vorsitzender: Der dritte Fall ist die Erstreckung der Rechtskraft. In allen Fällen des § x werden die Vorschriften über die Folgen der Versäumung von Fristen, von Anerkenntnis, Verzicht, bindender Wirkung des Geständnisses nur dann zur Anwendung gebracht, wenn die Voraussetzungen hierfür bei allen Streitgenossen vorliegen.

Bezüglich der Rechtsmittel heißt es: „Das von einem Streitgenossen zulässig eingelegte Rechtsmittel oder der Einspruch wirkt für und gegen alle Streitgenossen." Über Klagzurücknahme und Vergleich sagen wir weiter nichts. Wollte man darüber etwas sagen, dann müsste man im Gesetz die Fälle der notwendigen und besonderen Streitgenossenschaft unterscheiden. Ursprünglich hatten wir beabsichtigt, Vergleich und Klagzurücknahme überhaupt auszuschließen. Wir hatten aber doch Bedenken in den Fällen der besonderen Streitgenossenschaft, wo jeder einzelne unabhängig ist von den anderen, nun zu erklären: der Mann kann aus dem Prozess nicht mehr heraus.

Auf S. 21 [nicht überliefert] ist die Kostenfrage geregelt. Da heißt es: „Hat nur ein Streitgenosse das Rechtsmittel eingelegt, so haften die anderen für die Kosten der Rechtsmittelinstanz nur, wenn sie sich in dieser Instanz am Rechtsstreit beteiligt haben." Sie werden Partei, aber in der Kostenfrage sollen sie sich passiv verhalten. Einem Streitgenossen, der das Rennen aufgibt, soll nicht direkt ein Kostenrisiko auferlegt werden. Es soll verhütet werden, dass ein wenig bemittelter Streitgenosse auf dem Rücken der anderen weiter prozessiert.

Volkmar: Ich danke Ihnen für den instruktiven Bericht. Hier scheint mir ein wesentlicher Fortschritt gegenüber dem erreicht zu sein, was man bisher gehabt hat.

Vorsitzender: Mindestens ist eine klare Dispositionsgrundlage geschaffen, während das Gesetz sich bisher reichlich mysteriös ausdrückt. Jetzt werden immer noch die einzelnen Fälle aufgezählt. Hier sind wir weitgehend vom bürgerlichen Recht abhängig. Wir nehmen an, dass die Gesamthand bleiben wird. Falls sie beseitigt würde, würde der wichtigste Fall wegfallen, aber der Gesetzestext braucht sich nicht zu ändern. Er sagt nur: Es kommt zur besonderen Streitgenossenschaft, wenn die Beteiligten nur gemeinsam klagen und verklagt werden können. Die Gesetzgebung hat freie Hand, zu bestimmen, wann das der Fall ist.

Volkmar: Damit ist ein sehr unschöner und unklarer Punkt beseitigt.

Staud: Zur Kostenfrage eine kurze Bemerkung. Hat nur ein Streitgenosse das Rechtsmittel eingelegt, so haften die anderen für die Kosten der Rechtsmittelinstanz nur, wenn sie sich in dieser Instanz am Rechtsstreit beteiligt haben. Die Streitgenossen würden der Staatskasse gegenüber für die Gerichtskosten aber wohl gesamtschuldnerisch haften. Wie sie den Anwälten gegenüber haften, richtet sich nach dem Mandatsverhältnis. Vielleicht wäre es aber doch besser zu sagen: ... so haften die anderen für die Kosten der Rechtsmittelinstanz nur insoweit, als sie sich in dieser Instanz am Rechtsstreit beteiligt haben. Das wäre eine gerechtere Lösung. Aber es ist mir noch zweifelhaft, ob man riskieren kann, so zu sagen.

Jonas: Ein Beispiel! Zwei Streitgenossen haben die Möglichkeit, Berufung einzulegen. Der eine gibt das Rennen auf; nur der andere, nennen wir ihn A, legt Berufung ein. Dabei bleibt es. Dann haftet für die Gerichtskosten A als einziger.

Volkmar: Kann er die Berufung zurücknehmen?

Jonas: Das kann er nicht, weil dann die Gefahr der Sonderentscheidung besteht.

Vorsitzender: Das Urteil ergeht einheitlich gegenüber allen Parteien.

Staud: Nehmen wir folgenden Fall: Es sind drei Streitgenossen. Wenn nun zwei darauf verzichten, Berufung einzulegen, dann wird das Urteil ihnen gegenüber noch nicht rechtskräftig, weil der Dritte Berufung einlegen kann und einlegt. Das sehe ich nicht ein.

Vorsitzender: Praktisch haben Sie Recht. Aber theoretisch muss es so sein, dass das Rechtsmittel des einen als Rechtsmittel der anderen wirkt. Nun sind sie alle drei im Prozess. Der Fall liegt wie bei der Klagzurücknahme.

Jonas: Das sind alles Fragen, die man so oder so entscheiden kann. Ohne Willkür geht es dabei nicht ab. Man strebt danach, eine möglichst durchsichtige, einheitliche Linie zu finden. Ein anderer Weg bleibt nicht, wenn man nicht das unglückliche Gebilde der „Beteiligten" wieder einführen will, wie es der V. Senat des RG getan hat. Danach sind die Streitgenossen, die kein Rechtsmittel eingelegt haben, nicht mehr Partei, sondern Beteiligte. Aber die Rechtskraft der Entscheidung wirkt für und gegen sie. Da schien es sauberer zu sein, die Streitgenossen zur Partei zu erklären und in der Kostenfrage eine Regelung zu treffen, wonach die Streitgenossen, die sich von der Rechtsmittelinstanz völlig fern halten, von den Kosten befreit sein sollen. Haben sie sich aber irgendwie, sei es am Anfang oder in einem späteren Stadium in der Instanz beteiligt, dann gilt der Satz: mitgegangen, mitgefangen, mitgehangen.

Stagel: In diesen Fällen ist die Gefahr immer groß, dass nur der Streitgenosse, der nichts hat, in die Berufung geht, auf dem Rücken der anderen. Diese Gefahr wird durch die vorgeschlagene Kostenregelung eingeschränkt.

Staud: Von drei Streitgenossen legt nur Streitgenosse 3, der nichts hat, Berufung ein. Die Streitgenossen 1 und 2 sind passiv; sie haften also nicht für die Berufungsinstanz. Streitgenosse 3 treibt es immer bunter und türmt weitere Kosten auf. Plötzlich aber erklärt er, er wolle die Berufung allein nicht zurücknehmen. Die beiden anderen verhalten sich passiv, sie geben ihm weder die Zustimmung zur Zurücknahme der Berufung, noch verweigern sie sie. Sie geben überhaupt keine Erklärung ab. Für die Kosten haften sie nicht. Der Dritte muss das allein durchführen. Der Fall ist unbefriedigend.

Jonas: Das einzige Kraut, das dagegen gewachsen wäre, läge in der Bestimmung: Derjenige, der die Berufung allein eingelegt hat, kann sie auch allein zurücknehmen.

Staud: Wenn die anderen Streitgenossen sagen, wir lassen ihn allein in die Berufung gehen, wir beteiligen uns nicht, dann muss der Streitgenosse, der die Berufung eingelegt hat, in der Berufungsinstanz allein die Prozessdisposition haben. Die beiden anderen, die nicht in die Berufungsinstanz hineingegangen sind, können jederzeit Berufung einlegen, solange die Frist nicht verstrichen ist. Tun sie es nicht, dann möchte ich dem Streitgenossen, der allein in die Rechtsmittelinstanz gegangen ist, anders behandeln als die anderen, die nicht mitgegangen sind. Er muss folgerichtig allein die Prozessdisposition haben. Sonst komme ich zu dem merkwürdigen Ergebnis, dass der allein noch fechtende Rechtsmittelkläger in seiner Disposition abhängig ist von der Zustimmung oder Nichtzustimmung der Streitgenossen, die überhaupt nicht beteiligt sind.

Vorsitzender: Er kann dasselbe durch Versäumnisurteil gegen sich erreichen.

Volkmar: Wenn man das zugibt, kann man auch zugeben, dass er das Rechtsmittel von sich aus zurücknehmen kann.

Jonas: Das sind Fälle, die furchtbar selten vorkommen.

Staud: Die Klage haben die mehreren Kläger gemeinsam eingereicht, das Rechtsmittel dagegen nicht. Ich bin nun der Auffassung: Der Streitgenosse, der das Rechtsmittel eingelegt hat, muss dieses ebenso gut zurücknehmen können, wie er die Klage zurücknehmen könnte, wenn er sie gesetzwidrig allein erhoben hätte. Wenn ich dem einen Streitgenossen allein die Rechtsmittelinstanz gebe, während die anderen nicht mitgegangen sind, weshalb soll dieser Streitgenosse nicht allein zurücktreten können?

Vorsitzender: Praktisch liegt dagegen kein Bedenken vor; allerdings müsste man es besonders sagen.

Volkmar: In diesem Stadium brauchen wir uns darüber nicht zu unterhalten, das wird Sache der endgültigen Formulierung sein.

Jonas: Ich betrachte die Sache nur unter dem Gesichtspunkt, sie möglichst einfach zu machen. Es kommt hinzu: Wir werden in Zukunft eine Partei mit höheren Befugnissen und andere Parteien mit geringeren Befugnissen haben.

Vorsitzender: Sobald ein Zweiter sich beteiligt, sieht es schon etwas anders aus.

Jonas: Aber die Beteiligung ist unter Umständen eine Formalität; der Streitgenosse braucht sich bloß durch einen Anwalt zu melden.

Staud: Der andere Streitgenosse müsste sich immerhin in einer nach der Prozessordnung zulässigen Form beteiligen.

Vorsitzender: Er kann ohne weiteres jederzeit in den Prozess eingreifen, wenn er will, weil er eben Partei ist. Es ist immerhin eine Dispositionsgrundlage.

Jonas: Dass man den Gedanken der logischen Streitgenossenschaft des Entwurfs von 1931 fallen lässt, beruht darauf, dass eben kein Bedürfnis mehr für eine solche Figur besteht. Nehmen wir folgenden Fall: Es ergeht nach der Beweisaufnahme ein kontradiktorisches Urteil gegen den Streitgenossen A im Sinne der Verurteilung, gegen den Streitgenossen B im Sinne der Abweisung, gegen den Streitgenossen C Versäumnisurteil. Wir haben nun für diesen Fall das Versäumnisurteil beseitigt. Also fehlt der Anlass dazu, diesen Fall, der immerhin etwas unklar war, gesondert zu regeln. Darauf hatte schon Kisch hingewiesen, dass es doch nicht so ganz klappte.

Vorsitzender: Dann können wir wieder fortfahren bei der *Beschwer.*

Bei *Tatbestand und Rechtsnorm* wäre immerhin zu überlegen, in welcher Form es möglich ist, dem RG freie Bahn zur Verwertung weiterer Tatsachen als jener zu schaffen, die im Tatbestand des Berufungsurteils enthalten sind, sofern sie entweder unstreitig sind oder keines Beweises bedürfen. Damit würden die meisten Fälle gedeckt sein, die man immerhin mit Recht als anstößig und unpraktisch bezeichnet hat. Beispiel: Die Geburt des Kindes, die von Interesse für die Ehescheidungsklage ist. Über eine solche offenkundige Tatsache kann kaum ein Streit entstehen, sie soll also noch verwertet werden können.

Staud: Diese Frage hat in der Strafprozessrechtskommission eine Rolle gespielt [vgl. *W. Schubert,* Quellen zur Reform des Straf- und Strafprozessrechts, III 3, 1993, S. 337 ff.]. Die Meinungen darüber waren geteilt. Es ist vorgesehen, dass die Revisionsinstanz, wenn sie der Überzeugung ist, dass das Urteil auf unrichtigen tatsächlichen Feststellungen beruht, die tatsächlichen Feststellungen soll nachprüfen können. Aber damit nötigt man praktisch die Revisionsinstanz, die ganzen Tatsachenfeststellungen nachzuprüfen. Jeder Angeklagte wird sich darauf berufen, die Tatsachenfeststellungen seien falsch. Zudem ist der Revisionsinstanz mit der Ermächtigung nichts geholfen, tatsächliche Feststellungen nachzuprüfen.

Volkmar: Ich habe mit MinDir. Schäfer darüber gesprochen. Seine Frage, ob wir gegen die geplante Lösung im Strafprozess Bedenken zu erheben hätten, habe ich verneint, denn in dem Umfang, in dem man die Nachprüfung der Tatsachenfeststellungen jetzt zulassen will, prüft das RG sie heute schon nach. Der Strafrichter konnte sich bisher einfach damit begnügen, dass er Tatsachen feststellte. Das RG konnte nicht nachprüfen, ob die Beweiswürdigung in Ordnung war; es war an die tatsächlichen Feststellungen schlechthin gebunden. Im Zivilprozess dagegen kann der Richter immerhin noch nachprüfen, ob die Feststellung logisch begründet ist.

Jonas: Das liegt an der Entwicklung der Rechtsprechung der Strafsenate, die vollständig anders gegangen ist als die Rechtsprechung der Zivilsenate des RG.

Volkmar: Im Strafprozess gibt es auch keine Vorschrift wie im Zivilprozess, dass der Richter begründen muss, wie er zu seiner tatsächlichern Erkenntnis gekommen ist. Wir haben wohl alle in unserem Leben Strafurteile gemacht. Die waren viel schöner als Zivilurteile. Da wurde zunächst der Tatbestand dargestellt, und dann hieß es: „Dies hat die Strafkammer tatsächlich festgestellt aufgrund der Aussagen der vernommenen Zeugen und der eigenen Angaben des Angeklagten". Was der Angeklagte nun zugegeben hat und was die Zeugen bewiesen haben sollen, davon wurde kein Aufhebens gemacht. Wenn man viel zugeben wollte, erklärte man noch: „Zwar leugnete der Angeklagte; er wurde aber überführt durch die Aussagen der Zeugen X und Y." Ein Urteil revisionsfest zu machen, das war die Hauptsache.

Staud: Den Referendaren wurde immer der gute Rat gegeben, um Gottes Willen nichts darüber in die Urteilsgründe zu schreiben, wie die Strafkammer zu ihrer Überzeugung gekommen sei.

Volkmar: Ich habe einst ein Urteil begründet gegen einen Hehler und gesagt: Er muss das gewusst haben. Der Strafkammervorsitzende schrieb hinzu: ... und hat es gewusst.

Vorsitzender: Damit wäre dieser Punkt vorbehaltlich einer späteren Ausarbeitung und Formulierung erledigt. Im Übrigen wollen wir uns mit der tatsächlichen und rechtlichen Nachprüfung nach nicht befassen. Es wäre aber wünschenswert, wenn wir uns später überlegen würden, ob eine scharfe Scheidung möglich ist. Es ist sehr leicht denkbar, dass wir zu der Auffassung kommen: sie ist nicht möglich. Dann müssen wir es eben bei dem Zwischenstand belassen, der jetzt herrscht.

Jonas: Wir können niemals mit einer Formulierung Klärung über die heikle Frage schaffen: Was ist ein Rechtsbegriff und was ist eine Tatsache? Zu jedem Urteil gehören Tatsachen, ein Oberbegriff und die Subsumtion. Das Gericht hat Fahrlässigkeit angenommen. Das ist zweifelhaft. Der Fehler kann darin liegen, dass die Tatsachen nicht genau festgestellt sind. Er kann darauf beruhen, dass der abstrakte Begriff überspannt, verkannt ist, oder dass bei der Subsumtion Fehler gemacht sind. Vielleicht hat man den Oberbegriff zu streng genommen oder beim logischen Vorgang der Subsumierung zu hohe Anforderungen gestellt.

Volkmar: Hier spielt das berühmte Urteil des RG eine Rolle, von dem wir unter der Führung von Brandis wieder abgegangen sind. Ein Autofahrer kommt an eine hochgezogene Bahnschranke, fährt über das Gleis hinweg und wird von einem Zug angefahren. Frage: Trifft ihn ein Verschulden oder nicht? Das RG hat erklärt, der Fahrer dürfe sich nicht damit begnügen, dass die Schranke hochgezogen sei, sondern müsse mit aller Aufmerksamkeit prüfen, ob nicht vielleicht doch ein Zug kommt. Zu diesem Zweck müsse er eventuell halten und bei unübersichtlichem Gelände auch aussteigen [hierzu *Fritz Müller,* Straßenverkehrsrecht, 9. Aufl. 1935, S. 558 (zu § 25 StVO)]. Ein geistreicher Kritiker dieses Urteils hat dazu bemerkt, der gewöhnliche vorsichtige Mann begnüge sich nicht damit, auszusteigen und sich umzugucken, sondern er lege auch noch das Ohr auf die Schiene, um zu hören, ob ein Zug heranrolle. Dieser Kritiker hat mit Recht an Old Shatterhand gedacht. Hier ist der Begriff der Sorgfalt überspannt. Brandis [Ernst, Fundstelle nicht zu ermitteln] ist zu einer anderen Auffassung gekommen. Er hat gesagt: Selbstverständlich kann der Fahrer sich an sich darauf verlassen, dass er das Gleis überqueren könne, wenn die Schranke hochgezogen ist. Natürlich müsse er sich dabei umsehen, aber er brauche nicht zu halten, sofern nicht offenbar sei, dass ein Zug herankomme. Alles was darüber hinausgeht, wäre eine Überspannung.

Jonas: Ich erinnere mich an einen Fall, wo dem Kraftfahrer der Wagen aus der Straße glitt, weil er gedöst hatte, obwohl die Kurve vollständig zu übersehen war. Der Fahrer braucht nicht auszusteigen, er darf aber auch nicht dösen. Er muss den Blick auch auf die Bahnstrecke werfen. Aber hier ist man doch schon hart auf dem Gebiet der Subsumtion. Eine klare Scheidung lässt sich hier eben nicht treffen. Es ist gut, dass wir die Möglichkeit der Nachprüfung bei den neuen Gesetzen haben. Hätten wir bei § 55 des Ehegesetzes alles auf das Gebiet der Tatsachen abgeschoben, dann wäre es schlimm geworden. Meiner Meinung nach liegt es durchaus im Sinne einer gewünschten Entwicklung, wenn wir immer mehr dazu kommen, uns von den Tatsachen zu distanzieren und zu sagen: Das OLG hat unsere Grundsätze richtig angewendet. Das Ausbalancieren kann man ruhig dem OLG überlassen, es sei denn, dass die Abwägung, die Subsumtion von offensichtlich fehlerhaften Gedanken geleitet ist. Das ist z.B. der Fall, wenn in einem Urteil der Satz steht: „Die Interessen der ehelichen Kinder gehen unter allen Umständen den Interessen der zu legitimierenden Kinder vor.“ Ich würde hier dem Revisionsrichter keine größeren Schranken auferlegen.

Volkmar: Man darf aber auch nicht die Gefahr einer abermaligen Überlastung des RG übersehen.

Jonas: Das ist eine Frage der Revisionssumme. Die Revisionssumme ist jetzt grotesk hoch. Aus dem Gesichtspunkt des plutokratischen Systems kann man eine Summe von 6000 M ebenso bekämpfen wie 10.000 M. Hier ist noch der Gedanke, die Regelung des Arbeitsgerichtsverfahrens einzuführen.

Volkmar: Sind Sie nicht auch der Meinung: Wenn wir das erwägen wollen, müsste man es auch im arbeitsgerichtlichen Verfahren bestimmen, dass die absolute Revisibilität des Urteils schon durch das Urteil der unteren Instanz festgestellt wird? Wir müssen gar nicht abstellen auf die Beschwerdesumme, sondern auf die Streitsumme.

Jonas: Nötig wäre es auch nicht.

Volkmar: Bekannter Fall: Es ist über 11.000 M geklagt. In der Berufungsinstanz ist dem Kläger die Hälfte zugesprochen, mit der anderen Hälfte wird er abgewiesen. Nun kann keine Partei Revision einlegen, während, wenn man auf den Streitwert abkommt, beide Parteien Revision einlegen können.

Jonas: Das möchte ich gerade verhindern!

Volkmar: Nun kann man vorher gar nicht wissen, in welcher Höhe Revision eingelegt wird. Nehmen wir an, die Klage auf Zahlung von 11.000 M ist vom OLG ganz abgewiesen. Der Kläger überzeugt sich: 6000 M wird das RG mir nicht zusprechen, wohl aber die fehlenden 5000 M, also will ich in der Höhe von 5000 M Revision einlegen. Wie kann das der Berufungsrichter vorher wissen?

Jonas: Es würde in diesem Fall der Partei Anregungen nach der Richtung geben.

Volkmar: Nehmen wir an, es handelt sich nicht um eine einheitliche Summe, sondern er hat Schadenersatzansprüche aus verschiedenen Gründen geltend gemacht. Er sagt sich, bis zur Höhe von 6000 M ist das Urteil revisionsfest, aber bezüglich des restlichen Betrags ist es mangelhaft begründet, und insoweit legt der Kläger Revision ein. Wie soll der Richter dahin kommen, das vorauszusehen?

Fischer: Das könnte man machen. Man kann nachträglich Antrag stellen.

Volkmar: Das kann man im arbeitsgerichtlichen Verfahren nicht.

Jonas: Es ist misslich und ein Schönheitsfehler im arbeitsgerichtlichen Verfahren, dass ein Urteil über 10.100 M revisibel ist. Ich kann wegen 100 M Revision einlegen. Das ist doch nicht der Zweck der Übung.

Volkmar: Wir wollen die Zulassung des Rechtsmittels nicht nach der Entscheidung des Gerichts eintreten lassen, sondern wir wollen einen klaren Sachverhalt schaffen in dem Augenblick, wo das Urteil gesprochen ist. Man weiß dann: Ist es anfechtbar oder nicht?

Jonas: Nach unserer jetzigen Regelung würde das Urteil niemals rechtskräftig; denn es sind immer die Fälle von § 567 Abs. 1 und 2 zulässig.

Volkmar: Es ist nur die Frage, ob man nicht dem Reichsgericht die Möglichkeit geben sollte.

Jonas: Nein; das ist etwas, wo ich aus eigener Erfahrung sagen kann: Das geht nicht. Das ist eine Prüfung im Unreinen, d.h. es ist praktisch die Armenrechtsbewilligung. Der Protest beim Prozess ist aussichtslos, d.h. der ganze Prozess wird vom Reichsgericht kostenlos durchgearbeitet.

Volkmar: Dann ginge es eigentlich, wenn man den Grundsatz festhalten, also auch dies anerkennen will, wenn ein Urteil über 11.000 RM ergangen ist, zur Hälfte zuzuerkennen und zur Hälfte abzuweisen. Man müsste sagen: Das Gericht hat im Urteil Revision zuzulassen. Ergibt sich, dass in einem Fall, in dem die Revision an sich zulässig gewesen wäre, eine Partei nur wegen eines Teilbetrags Revision einlegen will, so kann das Gericht in diesem Fall auf Antrag noch nachträglich die Sache revisibel machen. (*Zustimmung.*)

Jonas: Irgend so etwas müsste man machen. Ich bin dem Zufall dankbar, dass man über diese Fragen einmal mit Ihnen sprechen kann.

Volkmar: Es ist ja keine theoretische, sondern die praktische Frage: Wie würde sich die Belastung des Reichsgerichts dadurch gestalten, und das hängt ja von der Situation ab, die wir haben, wenn wir zur endgültigen Formulierung schreiten.

Jonas: Ich spreche jetzt nicht für die künftige Zivilprozessreform, sondern ad hoc. Es kommt darauf an, ob es bei der Revisionsgrenze von 10.000 RM bleibt. Ich glaube, ein Senat hat im ganzen Jahre 30 Revisionen.

Staud: Dann freut sich der Finanzminister und der Minister des Innern. Wir wissen ja aus der zweiten Vereinfachungsverordnung [RGBl. I 1940, 1253; 18.9.1940], deren Veröffentlichung täglich zu erwarten ist, wo wir die landgerichtliche Berufungsinstanz, die Beschwerdekammer der Landgerichte wieder hergestellt haben, welche monatelangen Kämpfe das gekostet hat. Es war an den Fingern einer Hand abzuzählen, was nach unserer Berechung allenfalls an Mehrkräften gebraucht werden könnte. Wir wissen, was für Kämpfe das mit dem Finanzminister und dem Innenminister gekostet hat. Der Innenminister bekämpft ja fast grundsätzlich – mit vollem Unrecht – unseren Aufbau als überladen. Er fragt in dem Fall sofort: Führt das zu einem Mehraufwand an Arbeit? Das ist eine Frage, die wir bejahen müssen. Er sagt: Wir brauchen die Kräfte überall für die Verwaltung da und da; man will die Reichsgerichtsräte dahin haben, und dann wird ein Senatspräsident oder ein Chefpräsident überflüssig usw. So ist doch die Einstellung.

Volkmar: Momentan ginge es ja nicht, wie lange der Krieg dauert. Praktisch würde die Frage erst bei Herabsetzung der Rechtsmittelgrenze. Wir haben absichtlich nach Fühlungnahme mit allen Stellen von einer Herabsetzung der Berufungsgrenze abgesehen.

Staud: Die Berufungsgrenze von 500 RM ist in Wirklichkeit viel weniger beträchtlich als die Revisionsgrenze von 10.000 RM. Das ist gar keine Frage.

Jonas: Das möchte ich eigentlich bestreiten. Natürlich kommen summenmäßig viel mehr kleine Objekte heraus.

Volkmar: Es liegt wohl daran, dass überhaupt die Prozesse abnehmen, nicht die paar Sachen, die gerade zwischen der Höchstgrenze von 5000 und 10.000 RM sind.

Fischer: Das erklärt sich sehr einfach. Bei all den willkürlichen Sachen, wo die Streitwertfestsetzung nicht festliegt, wird doch immer die Revisionssumme schon im Anfang angegeben. Bei den ganzen Sachen des gewerblichen Rechtsschutzes war es früher ein Streitwert von 8000 RM, heute ist es ein Streitwert von 12.000 RM.

Jonas: Das sind alles Argumente, die man ebenso gegen die 6000-Mark-Grenze anführen kann. Es gibt viele Rechtsgebiete, bei denen es überhaupt nur Objekte in niederen Regionen gibt.

Volkmar: Es ist eine ernst zu erwägende Sache, nur im Moment noch nicht akut.

Fischer: Das möchte ich auch annehmen. Nur scheint mir der Gedanke, der von dem Herrn Präsidenten doch immer wieder vorgebracht wird, Herabgehen von 10.000 auf 6000 RM, etwas ganz Überflüssiges zu sein.

Staud: Davon verspreche ich mir auch gar nichts; denn darin steckt nichts.

Fischer: Das einzige Gebiet, wo diese Frage akut wird, sind eigentlich die Prozesse, wo man das Objekt nicht vergrößern und nicht verkleinern kann, und dass gerade in Objekten von 6000 bis 10.000 RM erschütternd viel Sachen vorkommen, die für die weitere Entwicklung des Rechts wertvoll sind, kann man auch nicht sagen.

Vorsitzender: Damit wollen wir die Frage abschließen und wollen dann zu dem *Novenrecht* und der Novenbegründung übergehen, den beiden Fällen, die die Herren auf alle Fälle in dieser Tagung erledigt haben wollen. Nun hatten wir ja beim Novenrecht irgendein Ergebnis, das ich aber nicht bei mir habe.

Volkmar: Das Berliner Ergebnis habe ich noch einigermaßen im Kopf. Wir wollten sagen: Noven in der Berufungsinstanz nicht; aber sie können unter den Voraussetzungen der Wiedereinsetzung in den vorigen Stand, der Wiederaufnahme, zugelassen werden, die wir entsprechend erweitern wollen, so dass neue Tatsachen, die der Mann nicht vorbringen konnte, insbesondere solche, die erst nachträglich entstanden sind, die Wiederaufnahme rechtfertigen; und da will man nun nicht, dass dieser Prozess erst ohne die neuen Tatsachen durchgeführt wird und nachher die Wiederaufnahme kommt, sondern er kann gleich einen Antrag stellen, der dann unter den Gesichtspunkten des Wiederaufnahmerechts geprüft wird, und wir waren uns nur noch darüber uneinig, ob der Richter implicite in den Gründen sagen kann: Ich habe diese neuen Tatsachen zugelassen, weil die Voraussetzung der Wiederaufnahme bestand, oder ob er einen formellen Beschluss machen muss. Ich war für das Letztere, weil man ja die Psychologie unserer Richter kennt und weil ich es für richtig halte, dass man eben solche neuen Tatsachen nicht so sang- und klanglos in den Prozess hineinschlittern lässt, so dass sich alle Beteiligten bewusst werden: hier liegt eine Ausnahme von der Regel vor, und wir müssen die Zulassung der Ausnahmen begründen. Dann ergab sich nur noch die weitere schwierige Frage: Wie ist es nun, wenn so nicht verfahren ist oder wenn stillschweigend neue Tatsachen zugelassen sind oder wenn die Gründe, mit denen der Richter dieses Vorliegen der Wiederaufnahmemöglichkeit rechtfertigen zu können glaubte, in sich unsinnig oder rechtlich fehlschlagend sind, – kann dann in der Revisionsinstanz die Anfechtung des Urteils auch darauf gegründet werden, dass hier zu Unrecht neue Tatsachen hineingekommen sind? Und wenn man dies heranzieht, dann ergibt sich ja immer die trostlose Lage, um einen ganz krassen Fall zu bringen: In der Berufungsinstanz bringt der Kläger, der immer behauptet hat, er hätte bezahlt, was er aber nie beweisen konnte, plötzlich eine Quittung vor, ohne dass festgestellt ist, dass er ohne Verschulden nicht in der Lage gewesen wäre, die Quittung vorzubringen. Der Beklagte kann nicht bestreiten, dass diese Quittung von ihm herrührt. Er kann auch nichts gegen die Beweiskraft der Quittung vorbringen, und infolgedessen wird nun die Klage in der Berufungsinstanz abgewiesen. Das missfällt natürlich dem Kläger. Er legt Revision ein und sagt: Hier lagen ja gar nicht die Voraussetzungen vor, um dieses neue Beweismittel, diese Quittung, noch in der Berufungsinstanz zu berücksichtigen, und das Reichsgericht muss einsehen: das war in der Tat nicht der Fall, das ist anscheinend eine reine Bummelei von dem Mann gewesen, dass er erst in der zweiten Instanz mit der Quittung kam; es war Konfusion, nicht etwa so, dass sie verloren war und durch einen Zufall nachträglich gefunden worden ist. Was ja bei mir leider Gottes das Normale ist: Ich schlage irgendein Buch auf, das ich selten zur Hand nehme, und finde plötzlich darin eine Quittung, die ich aus irgendeinem Grunde in das Buch gelegt habe, statt sie so aufzubewahren, dass ich sie jederzeit wiederfinde. Aber man kann die Formulierung ja so fassen, dass solche Fälle auch noch darunterfallen, dass nur derjenige getroffen wird, der die Quittung immer hatte und das nur verbummelt hat. Aber was macht nun das Reichsgericht, wenn es sich überzeugt: Hier lagen nicht die Voraussetzungen vor, unter denen die Quittung in der Berufungsinstanz noch hätte gewürdigt werden können? Hebt es dann das Urteil auf und sagt: Dieses Urteil war falsch, und der Richter muss nun im Prozess noch einmal entscheiden, und zwar so entscheiden, als wenn er die Quittung überhaupt nie gesehen hätte? – Da bin ich allerdings der Meinung, man könnte hier weich werden und sagen: Die Entscheidung, ob zugelassen wird, ist endgültig; die umgekehrte natürlich nicht. Und genauso, wie es bei der Zulassung einer Klageänderung auch ist, ist auch diese positive Entscheidung endgültig, und man kann sich darauf verlassen: Wenn wir es so machen, dass ein besonderer Beschluss ergehen muss usw., dann werden wir ja die Richter schon fassen können; und wenn so ein Fall vorliegt und uns bekannt wird, dann geben wir das herunter und lassen dem Richter eröffnen, er hätte sich ganz miserabel benommen, in dieser Weise dürfte er das nicht machen, künftig müsste er das besser machen. Da würde man im Wege der Dienstaufsicht schon erreichen können, dass diese Vorschrift richtig gehandhabt wird. Aber in diesen beiden Punkten waren wir nicht hundertprozentig einig, ob man ein formelles Verfahren mit einem an sich im positiven Sinn nicht mehr anfechtbaren Beschluss über die Zulassung des verspäteten Vorbringens erfordert und wie man es mit der Anfechtbarkeit macht. Und nun ist sicherem Vernehmen nach der Ausschuss mit diesem mühsam erkämpften Kompromiss nicht mehr zufrieden, und es soll wieder andersherum gehen.

Jonas: Auf der einen Seite steht für uns die Wahrheitsermittlung, und auf der anderen Seite würden wir auf diese Weise Mittel einbauen, die doch den Richter dazu verleiten, nicht den wirklichen Tatbestand, sondern einen sich aus den Akten und der Vorinstanz ergebenden Tatbestand seiner Entscheidung zugrunde zu legen. Man kann nicht das Eine wollen und gleichzeitig das Andere. Eine reinliche Lösung gibt es hier nicht. Wenn man Wahrheitsfanatiker ist, müsste man alle Mittel, die auf Präklusion hinauslaufen, ablehnen. Auf der anderen Seite dürfen natürlich Präklusionen niemals so weit gehen, dass man mit der Wahrheit in Konflikt kommt, dass man den Richter zwingt, etwas, was er weiß, nicht zu berücksichtigen. Meiner Meinung nach muss das Ziel eben das sein: Ohne Präklusionsmittel kommt man vernünftigerweise nicht aus; aber die Präklusionsmittel soll man so beweglich gestalten, dass man damit nicht die ganze Instanz, möchte ich sagen, sterilisiert, und das ist meiner Meinung nach die Gefahr, dass die Berufungsinstanz auf diese Weise zu einem stark sterilen Gebilde wird. Sie können versichert sein: Die Fälle, in denen die Frage auftritt, ob etwas verspätet vorgebracht ist oder nicht, sind ungeheuer selten. Vor allen Dingen: Ob etwas neu ist oder ob es bloß das Alte ist, was nur etwas retuschiert, etwas stärker prononciert dargestellt ist, ob etwas neu ist oder ob es das Alte nur wiederholt, das sieht man doch dem Schriftsatz nicht an; das wird mir namentlich Herr Rechtsanwalt Fischer aus seiner Praxis voll bestätigen. Wir leiden im Altreich zweifellos unter einer starken Redseligkeit der Anwälte in den Schriftsätzen. Darüber ist kein Wort zu verlieren. Das liegt etwas daran, dass wir keine Simultanzulassung haben. Der erstinstanzliche Anwalt stellt die Sache so dar, gibt einen Roman von 20 Seiten; der zweitinstanzliche Anwalt stellt dieselbe Sache nochmals mehr oder weniger nuanciert dar, und erst in der Verhandlung und bei der Zeugenvernehmung kristallisieren sich die Hauptpunkte heraus. Soll nun der Richter sich darüber klar werden: Was ist nun eigentlich in der zweiten Instanz neu vorgebracht, und was ist das Alte? Das scheint mir nicht glücklich zu sein, den Richter zu binden und die Parteien zunächst einmal unter Umständen einen Streit darüber führen zu lassen, was neu und was alt ist. Damit würde die Verhandlung von dem materiellen Streit, den wir klären wollen, auf ein Nebengebiet gebracht werden. Das würde – das ist meine feste Überzeugung – die zweite Instanz vollständig sterilisieren. Mir erscheint also die österreichische zweite Instanz unter diesem Gesichtspunkt als ein stark steriles Gebilde. Bei der zweiten Instanz des österreichischen Prozesses habe ich eigentlich den Eindruck: Wenn die zweite Instanz so beschränkt ist, wozu brauche ich dann eigentlich überhaupt noch eine zweite Tatsacheninstanz?

Fischer: Das muss ich auch sagen.

Stagel: Da fängt man gleich in der zweiten Instanz an.

Fischer: Ihre Zwischenrufe und Ihre Beziehungen auf die österreichischen Verhältnisse finden bei uns nun keinen Glauben mehr. Wir haben nun tatsächlich mehr Einblick in die österreichische Praxis bekommen und haben gelegentlich Akten in die Hand bekommen. Da sehen wir, dass diese Geschichte nicht so funktioniert, wie sie uns immer und wie sie uns auch in Salzburg so schön vorgeführt worden ist, um den österreichischen Prozess in ein schönes Licht zu setzen. Die Dinge funktionieren tatsächlich nicht so. Das, was die österreichische Prozessordnung aus der Sache macht, ist, ich will nicht sagen, ein übler, aber ein schlimmer Formalismus, ist ein Hin- und Herschicken, und das wird genauso wiederkommen, wenn die Geschichte mit der Wiederaufnahme geht. Denn dann müssen wir ja jede Tatsache sofort mit der Frage über die Wiederaufnahme umkleiden. Stellen Sie sich bitte diese Sache vor. Ich habe das gar nicht kapiert, weil ich bei den damaligen Verhandlungen nur in einer halben Sitzung zugegen war und an den eigentlichen Auseinandersetzungen nicht habe teilnehmen können. Stellen Sie sich bitte einmal vor, dass um jede neue Tatsache, die in der zweiten Instanz vorgebracht wird, ein Wiederaufnahmeverfahren in dieser Instanz losgeht mit einem Beschluss darüber, ob diese Tatsache vorgebracht werden darf oder nicht. Wir Anwälte müssen sie bringen. Wir müssen in Verbindung damit dieses Verfahren heraufbeschwören, denn wir können ja nicht wissen, wie das Gericht darüber entscheidet. Wir müssen also um jede neue Behauptung in der zweiten Instanz ein Wiederaufnahmeverfahren losgehen lassen, und das ist gänzlich unmöglich.

Volkmar: Sie können sagen: Dies ist zwar in der ersten Instanz nicht vorgebracht worden, aber wir waren in der zweiten Instanz aus den und den Gründen nicht in der Lage, das vorzubringen, und bitten um Zulassung.

Jonas: Nun soll sich der Richter entschließen, und er weiß doch noch nicht, ob es für seine Endentscheidung darauf ankommt.

Volkmar: Das muss er sich doch immer überlegen. Wenn die Tatsache unstreitig ist, ergibt sich ja gar kein Zweifel. Es handelt sich ja nur um beweisbedürftige Tatsachen, und wenn er den Beweisbeschluss macht, muss er sich doch überlegen, ob er die Sache für wesentlich hält.

Jonas: Das ist in der Theorie richtig. Aber wenn Prozesse schließlich umfangreich werden, liegt es nicht an der Unfähigkeit der Menschen, sondern an der Umfänglichkeit des Materials.

Fischer: Eine Frage! Denken Sie dann zuzulassen, wenn in der zweiten Instanz gesagt wird: Wir sind jetzt durch das Urteil erster Instanz belehrt worden, dass die Rechtsauffassung, von der wir ausgegangen sind, und von der aus wir uns den ganzen Sachvortrag aufgebaut haben, doch nicht durchschlagen kann. Wir müssen uns also darauf einrichten, dass diese Situation, um die es sich im Prozess dreht, rechtlich ganz anders behandelt wird. Das führt nun notwendigerweise, wenn wir uns dem, was der erste Richter gesagt hat, anschließen und was wir doch eigentlich hinnehmen müssen, weil uns das ein Richter sagt, – das führt dazu, dass wir nun die weiteren Gründe auch bringen, die dann auch von diesem Gesichtspunkt aus dem Kläger zum Erfolg verhelfen. Das haben wir bisher nicht getan, weil wir den ganzen Prozess anders verstanden haben; aber wir müssen es jetzt tun, und ich bitte zuzulassen. – Das ist absolut kein Wiederaufnahmegrund.

Volkmar: Das ist ganz klar, wie man diesen Fall entscheidet. Es gibt nur zwei Möglichkeiten. Entweder der Richter hat getan, was wir von ihm verlangen: Er hat dem Kläger in erster Instanz klargemacht: so geht die Sache nicht, wie du willst, du kannst es nur unter einem anderen rechtlichen Gesichtspunkt machen. Also bitte, richte dich danach ein; ich gebe Dir Gelegenheit, bringe mir nach der Richtung tatsächliches Material, – der Anwalt hat das eigentlich unterlassen –; dann würde ich ihm diese Möglichkeit nicht geben. Hat aber der Richter ihn nicht darauf hingewiesen und ist er erst für das Urteil auf die Erheblichkeit der jetzt neu vorgebrachten Tatsachen hingewiesen worden, lasse ich das ohne weiteres zu.

Fischer: Wenn Sie das in einer klaren Formulierung aufnehmen, die den Richter daraufhin bindet, ist für mich die wesentlichste Sorge weg; denn der Anwalt kann das gar nicht vertreten.

Staud: Das halte ich für selbstverständlich, denn dann trifft den Anwalt kein Verschulden.

Fischer: Entschuldigen Sie: So haben Sie das aber nicht formuliert; Sie haben nicht von Verschulden gesprochen, sondern vom Standpunkt der Wiederaufnahme.

Staud: Von Wiederaufnahmegründen in dem erweiterten Sinn.

Jonas: Sie wollen doch aber nicht so weit gehen, dass Sie eine Wiederaufnahme geben, weil der Anwalt etwas versiebt hat. Ein Anwalt hat schuldhafterweise etwas nicht vorgebracht.

Volkmar: Das ist doch nicht schuldhaft gewesen. Herr Fischer ist ja einverstanden: Wenn der Richter den Anwalt darauf hingewiesen hat, dann muss er es vorbringen. Aber der Richter hat sich über seine Rechtsauffassung in Dunkel gehüllt. Vielleicht ist ihm erst, nachdem er den Verkündungstermin anberaumt hatte, klargeworden: Du brauchst gar keine Beweisaufnahme, aus rechtlichen Gründen ist das alles Mostrich, was der Mann vorgebracht hat.

Fischer: Wie es so oft ist: Sein Referendar sagt es ihm, nicht wahr?

Stagel: Ich weiß nicht, woher Herr Prof. Fischer jetzt seine genauere Kenntnis über den österreichischen Prozess hat. Mir ist es nie untergekommen. Das ist derart selten, dass bei uns in zweiter Instanz neues Vorbringen kommt, weil die Leute alle darauf eingestellt sind, und wenn es einmal dazu kommt und zurückgewiesen wird, dann geschieht es mit vollem Recht, und es wird dann, glaube ich, nie mehr ernstlich bekämpft. Es sind immer Sachen, die entweder aus Verschleppungsabsicht zurückgehalten wurden oder, was das Gewöhnliche ist, die Leute sehen, ihre Sache ist verloren, und jetzt bringen sie alles Mögliche daher, was ihnen auch nichts helfen würde und womit sie sich gewissermaßen wie an einen Strohhalm klammern.

Volkmar: Bei Ihnen sind die Fälle überhaupt mit der Laterne zu suchen. Ich habe sehr viele österreichische Berufungsrichter gesprochen und habe den advocatus diaboli gespielt und gesagt: Fühlen Sie sich nicht an Händen und Füßen gefesselt, wenn Sie neue Tatsachen nicht mehr berücksichtigen können? Die haben mich verständnislos angestarrt, und als ich mich deutlicher im Sinne von Herrn Fischer ausgedrückt habe, haben sie mir gesagt: wir haben noch niemals neue Tatsachen in der Berufungsinstanz bekommen.

Stagel: Es kommt tatsächlich nicht vor.

Volkmar: Die Sachen werden in erster Instanz vorgebracht.

Jonas: Weil der österreichische Richter sich meiner Meinung nach in der Berufungsinstanz als Berufungsrichter ähnlich so fühlt, wie wir uns als Reichsrichter fühlen: als Rechtsinstanz.

Stagel: Das muss doch Aufgabe des Prozesses sein, dass der Prozess in erster Instanz ordentlich geführt wird. Das kann doch kein richtiger Prozess sein, der erst in zweiter Instanz ordentlich geführt wird.

Fischer: Das will auch niemand.

Volkmar: Ich muss noch einen Punkt hinzufügen. Es ist sehr bestechend, wenn gesagt wird: Du kämpfst für die Wahrheitsermittlung, – *und das hindert gerade die Wahrheitsermittlung.* Das ist aber doch nicht ganz richtig gesehen. Wahrheit kann man nur ermitteln – das ist das Axiom, von dem wir ausgehen und auf dem die ganze Reform aufgebaut ist, – Wahrheitsermittlung ist nur möglich mit Mündlichkeit und Unmittelbarkeit. Mündlichkeit und Unmittelbarkeit gedeihen aber nur in einem Verfahren, das konzentriert ist. Die Erfahrung hat gelehrt, dass Prozesse, die sich in eine Kette von Terminen verschleppen und wo auch in zweiter Instanz immer wieder neue Beweise kommen, zur Verunklarung und nicht zur Klärung des Sachverhalts führen. Nur eine konzentrierte unmittelbare Verhandlung, so in einer Instanz das gesamte Material dem Richter wirklich unterbreitet wird, kann allein mit voller Unmittelbarkeit ausgestattet werden *und deshalb auch allein die Garantie für die Wahrheitsermittlung geben.* Und deshalb muss man Auswüchse beschneiden, die dahin führen, dass der Schwerpunkt des Prozesses in die zweite Instanz gelegt wird oder dass der ganze Prozess in Dutzende von Beweisaufnahmen mit immer folgenden mündlichen Verhandlungen verkleckert wird, wo man am Schluss des ganzen Verfahrens sich lediglich aus Protokollen und Schriftsätzen auf rein papiernen Wege das Ergebnis holen muss, das dann oft von der Wirklichkeit so verschieden ist oder wenigstens früher so verschieden war – jetzt ist mir das nie wieder passiert, seit wir den Prozess doch wesentlich auf eine neue Basis gestellt haben, aber früher war es häufig, dass man in einer Beschwerde von den Parteien den Satz fand: Wenn ich das Urteil lese, begreife ich überhaupt nicht, dass es sich mit meinem Prozess beschäftigt. Das ist das papierne Urteil.

Jonas: Vielleicht darf ich meine Ausführungen zu Ende führen. Wenn wir jetzt immer in Rede und Gegenrede antworten, dann zerflattert, glaube ich, die Sache ganz. Meiner Meinung nach muss man die Möglichkeit schaffen, zu Präklusionen zu schreiten. Auf dem Boden stehe ich auch absolut. Ich möchte es nicht mit der Frage der Wiederaufnahme verquicken, denn wieweit wir Wiederaufnahme zulassen, das steht noch dahin. Da verschieben wir unsere Entscheidung nur auf ein späteres Stadium. Und bei der Wiederaufnahme liegen die Dinge seiner Meinung nach anders als bei der Berufungsinstanz. Mir scheint es unmöglich zu sein, vorher einen Zulassungsbeschluss einzuführen oder nicht, und ich möchte es beweglich haben. Auf Absicht der Prozessverschleppung und diese Nuancen, grobe Fahrlässigkeit oder dergleichen lege ich gar kein Gewicht. Es genügt für mich ein Satz: Der Richter hat neues Vorbringen, das in erster Instanz hätte vorgebracht werden können und schuldhafterweise nicht vorgebracht worden ist, zurückzuweisen.

Stagel: Also grundsätzlich möchten Sie neuen Vorbringen ausschließen.

Jonas: Ich möchte es so fassen: Der Richter hat neues Vorbringen, das schuldhaft verspätet vorgebracht wird, zurückzuweisen.

Volkmar: Das wäre noch ein Schritt zurück. Wir haben gesagt: Der Richter kann neues Vorbringen nur zulassen, wenn er die Überzeugung gewinnt, dass es ohne Verschulden geschieht.

Jonas: Ob man es positiv oder negativ fasst, das sind meiner Meinung nach Dinge, die für die Praxis infolge ihrer Undurchsichtigkeit so wirken, wie die jetzigen Bestimmungen wirken, dass sie eben in ihrer Kompliziertheit nicht angewandt werden, weil kein Mensch sie versteht. Mit den verunglückten negativen Fassungen hängt es doch aus sehr weitgehend zusammen, dass der § 55 in der Praxis solche Schwierigkeiten gemacht hat. Weshalb soll man nicht sagen: Der Richter hat das, was seiner Überzeugung nach schuldhaft verspätet vorgebracht wird, zurückzuweisen, und damit Schluss. Das ist eine durchsichtige Regelung, die so einfach ist, dass man damit rechnen kann: Die Bestimmung wird auch befolgt, und der Richter stößt sich nicht daran, wegen der komplizierten Regelung, wie sie jetzt § 529 enthält, sich überhaupt nicht zu bedenken.

Staud: In Berlin sind wir ja, wie Herr Ministerialdirektor schon ausführte, zu dem Ergebnis gelangt, dass der Richter über die Zulassung einen Ausspruch machen sollte und dass er – einmal ins Unreine gesprochen – neues Vorbringen nur zulassen darf, wenn es ohne Verschulden der früheren Instanz nicht geltend gemacht worden war. Wir haben uns nicht zu dem österreichischen System in nuce entschlossen, sondern haben gesagt: Wir werden nicht ganz so weit zu gehen brauchen wie in Österreich, indem wir uns gleich sagten: es wird wohl in Österreich praktisch die Suppe auch nicht so heiß gegessen werden, wie sie gekocht wird. Andererseits werden wir bei dem Zustand, den wir bei uns haben und der sich bei der Regelung des § 529 Abs. 2 jetzt als eine rein papierne Regelung dargestellt hat, als eine Bestimmung, die praktisch nie zur Anwendung gekommen ist, zu einem gewissen Mittelweg kommen müssen, und wir haben da gesagt: Wir dürfen uns nicht damit begnügen, dass der Richter neues Vorbringen zurückzuweisen hat. Erfahrungsgemäß wird der Richter sich da passiv verhalten und das schlucken. Wir haben gesagt: Wir müssen zu der umgekehrten positiven Bestimmung kommen, dass er neues Vorbringen ausdrücklich zuzulassen hat. Aus diesem Ergebnis nun die Folgerungen herzuleiten, die eben hier angestellt worden sind, scheint mir doch entschieden zu weit zu gehen. Ich sehe die Sache wirklich zunächst nicht anders, als dass wir den bisherigen Rechtszustand, den wir in § 529 Abs. 2 haben, rein verfahrensmäßig dahin umkehren, dass wir sagen: Es soll nicht die Zurückweisungspflicht als Barriere gegen das neue Vorbringen aufgebaut werden, sondern die ausdrückliche Zulassung. Wir wollen also erzielen, dass sich der Richter mit der Zulassung jeden neuen Vorbringens positiv auseinanderzusetzen hat, während wir hier die Sache stillschweigend schlucken. Dass dadurch gegenüber dem bisherigen Rechtszustand bei uns, jedenfalls gegenüber dem Rechtszustand, der mit dieser Bestimmung erreicht werden soll, ein derartiger Umsturz eingetreten sei, kann ich nicht zugeben. Die zweite Frage ist, wie die Zulassung ausgesprochen werden soll. Darüber wird man noch sprechen.

Fischer: Sie müssen sie doch vorher zulassen; denn wie soll man es sonst erfahren?

Staud: Das kommt dann noch in Frage, ob wir es so oder so machen. Ob ich es auf die positive oder negative Entscheidung abstelle, ist immer dasselbe. Die Zurückweisung macht der Richter auch im Urteil und nicht in einem Beschluss zwischendurch. Da ist auch die Frage, wie soll das in der Verhandlung gemacht werden.

Fischer: Jetzt ist es dann einfacher, wenn er zurückweisen will; sonst müsste er einen Beweis erheben. Dann schreibt er einfach in das Urteil: Dieses Vorbringen kann ich nicht zulassen; infolgedessen erhebe ich keinen Beweis usw.

Staud: Jetzt lässt er es zu und erhebt infolgedessen Beweis. Dann kommen wir erst zu der zweiten Frage: Hat diese Zulassung in einem besonderen Ausspruch zu erfolgen, oder kann sie in dem Urteil erfolgen? Aber ich möchte zunächst bei dem Berliner Ergebnis bleiben, das wir doch ziemlich einheitlich gefasst haben, indem wir gesagt haben: Mit dieser Regelung kommen wir nicht durch. Wir brauchen vielleicht nicht so weit zu gehen wie in Österreich. Was sich in Österreich bewährt hat, braucht sich deshalb nicht notwendig bei uns zu bewähren. Ich will das konzedieren. Wir haben uns jedenfalls in Berlin dahin geeinigt, dass wir sagen: Wir sind einen erheblichen Schritt weiter, wenn wir zu einer Lösung kommen, die den Richter mechanisch zwingt, sich damit auseinanderzusetzen: soll ich dieses neue Vorbringen schlucken, und nicht dem Richter sagt: du musst zurückweisen. Wenn er es dann nicht tut, ist eben nicht zurückgewiesen.

Jonas: Ob man den Ausdruck „zulassen“, „zurückweisen“ oder „nicht berücksichtigen“ wählt, darauf kommt es nicht an.

Fischer: Das ist ein großer Unterschied!

Jonas: Das möchte ich ganz entschieden bestreiten. Wortfassungen beeinflussen nicht. Dadurch, ob man etwas positiv oder negativ fasst, ob man die Beweislast so oder so herum dreht, beeinflusst man die Entwicklung nicht. Deshalb soll man nicht sagen: Neues Vorbringen, das in erster Instanz hätte vorgebracht werden können, ist nicht zu berücksichtigen?

Fischer: Ich bin in dem, was ich Ihnen vorgelegt habe, viel schärfer als Sie in einer Beziehung. Ich habe gesagt: „Neue rechtliche Gesichtspunkte können unbeschränkt geltend gemacht werden. Neue Tatsachen dürfen vorgebracht werden“ – ich habe die beiden Fälle ganz streng unterschieden – „soweit die Partei außerstande war, sie in der Vorinstanz geltend zu machen, und das glaubhaft macht“. Das ist der eine Punkt. In der Beziehung bin ich viel schärfer; denn ich hebe in der Beziehung nicht auf Verschulden ab. Nach dem, was Sie bisher gesagt haben, ist es auch mit der Wiederaufnahme nicht so streng zu verstehen, wie nach ihren ersten Worten. – Es kommt aber noch ein Zweites dazu. Ich sage erstens: Wenn das Vorbringen kommt und die Partei außerstande war, es vorzubringen, und das glaubhaft macht, dann kann sie es bringen. Es kann eine Urkunde oder irgendetwas im Verborgenen sein, was sie hinterher erfahren hat. Das trifft die ganze Sorgfaltsfrage. Aber ich muss dabei das andere haben, was mir sehr wichtig ist, und das möchte ich nach meiner Fassung gern im Gesetz verankert haben. Neue Tatsachen dürfen weiter vorgebracht werden, „soweit es angebracht ist, um der Rechtsauffassung des angegriffenen Urteils oder sonst dem Verlauf und Ergebnis des Verfahrens in der Vorinstanz Rechnung zu tragen“. Das ist für mich das Ausschlaggebende.

Volkmar: Nun lassen wir aber den Gesichtspunkt unter den Tisch fallen, dass in erster Instanz der Anwalt darauf hingewiesen war: Wenn du deine Ansprüche begründen willst, kannst du es nur unter dem rechtlichen Gesichtspunkt; dann musst du mir aber noch Tatsachen vortragen, ich will es gern unter dem Gesichtspunkt würdigen, aber dann brauche ich noch bestimmte Tatsachen. Ich habe den Fall erlebt: Der eigensinnige Anwalt sagt: nein, deine rechtliche Auffassung ist völlig falsch, es kommt gar nicht darauf an, was du noch von mir haben willst, ich will mein Recht und den Entscheid über den Sachverhalt, den ich hier vorgetragen habe; und die Klage wird abgewiesen, und der Mann legt Berufung ein und bringt nun all diese Dinge, die ich ihm schon in den Mund gelegt habe und die er eigensinnigerweise nicht bringen wollte. Erfolg: er steht in der Berufungsinstanz, und mein Urteil wird aufgehoben.

Fischer: Das müssen Sie als Richter erster Instanz einmal in Kauf nehmen.

Volkmar: Das ist aber keine gute Prozessökonomie.

Staud: Sie wollen doch auch die Zulassung nicht nur des Vorbringens, zu welchem die Parteien der Vorinstanz außerstande war, sondern auch die Zulassung des Vorbringens, welches von der Partei in der vorausgegangenen Instanz verständigerweise noch nicht zu erwarten war.

Fischer: Das ist eine famose Formulierung. Das hat doch Herr Ministerialdirektor vorhin konzediert.

Jonas: Solche bewegliche Fassungen scheinen mir viel gefährlicher zu sein als die Frage, ob „zulassen" oder „nicht zu berücksichtigen" oder „zurückzuweisen". Das ist viel weniger gefährlich als solche allgemeine Fassungen; denn derjenige, der, um der Wahrheit zum Siege zu verhelfen, oder aus welchen Gründen sonst, das Neue zulassen will, lässt es mit einer solchen Fassung immer zu: „soweit es angebracht ist, um der Rechtsauffassung des angegriffenen Urteils Rechnung zu tragen".

Staud: Das kann Ihnen doch von Ihrem Standpunkt aus nur Freude machen, wenn damit doch praktisch die Zulassungsmöglichkeit erweitert wird.

Jonas: Wir handeln doch hier nicht Kuh [i.S. von Kuhhandel?]. Selbstverständlich: zunächst würde diese Fassung die weitergehende sein; aber bei dieser Fassung habe ich beinahe das Bedenken: Es bleibt nunmehr eine Bestimmung, die ganz auf dem Papier steht.

Volkmar: Das meine ich auch. Dann können wir es nur so machen, dass wir sagen: ohne sein Verschulden.

Jonas: Ich bekämpfe nicht, um das immer wieder zu betonen, die Präklusion als solche; ich bekämpfe nur das Mittel. Ich will die zweite Instanz nicht zu einer papiernen Instanz machen. Alle solche Bestimmungen, mit denen man den Prozess formalisiert und sterilisiert, sind die besten Mittel, den Prozess zu untergraben und alle lebenswichtigen Materien in die freiwillige Gerichtsbarkeit zu überführen, wie es jetzt schon beinahe der Fall ist. Ich möchte in diesem Sinne nicht so auf Beschleunigung des Prozesses hinwirken, dass nachher der Prozess schließlich als ganzer tot ist.

Staud: Mit Beschleunigung hat das ja nichts zu tun, nur mit Erfüllung der ersten Instanz als der eigentlichen Tatsacheninstanz. Wir können doch im deutschen Altreich nicht die Augen davor zumachen, dass trotz der Bestimmung des § 529 Abs. 2 es sich vielfach herausgebildet hat, die erste Instanz als ein Vorfeld zu betrachten, aus dem Gefühl heraus: Die eigentliche Munition wird erst in der zweiten Instanz verschossen. Das braucht nicht notwendig dazu zu führen, dass wir den österreichischen Rechtszustand einführen.

Jonas: Nur die Ursachen sind meiner Meinung nach andere. Die Ursachen liegen darin, dass normalerweise bei uns die zweite Instanz von einem anderen Anwalt geführt wird als die erste.

Volkmar: Gerade um das durchführbar zu machen, was wir in Berlin beschlossen hatten, wollten wir alle unsere Kräfte darauf verwenden, um die Simultanzulassung zu erreichen. Das können Sie also als Voraussetzung nehmen.

Jonas: Wenn man das macht, braucht man diese Präklusionsmittel nicht so zu formalisieren, dass die zweite Instanz nicht ein Streit um die Sache wird, sondern ein Streit darüber, ob etwas vorgetragen werden darf oder nicht.

Staud: Das könnte es auch nach der jetzigen Bestimmung sein. Wenn Sie nur die zweite Instanz nehmen, die uns mit etwas Neuem überrascht, plädiere ich auch als Anwalt: Das muss doch zurückgewiesen werden, dass hättet ihr in der ersten Instanz machen können.

Jonas: Das tut keiner. (*Staud:* Das ist das Schlimme.) – Weil die jetzige Regelung in dieser Form sich als unpraktikabel erwiesen hat.

Volkmar: Wir haben aber doch viele Urteile, in denen die Zurückweisung darin steht. So ist es doch auch nicht.

Jonas: Das kommt sehr selten vor.

Volkmar: Das hängt damit zusammen, dass früher das Reichsgericht diese Bestimmung sabotiert hat.

Jonas: Das ist, glaube ich, ein Urteil, das sich doch nicht durch Tatsachen belegen lässt. Denn jetzt ist es so: Von dem § 529 wird immer nur Gebrauch gemacht – das ist meine Auffassung, – wenn der Fall so liegt, dass sie nicht am Platze ist, nämlich wenn der Richter sich bei der Urteilsabsetzung dessen bewusst wird, er hat etwas übersehen, und dann setzt er womöglich noch hinein, wie es uns neulich ging: Es wird als verspätet zurückgewiesen; im Übrigen nimmt er sachlich zu dem Einwand auch noch Stellung. Dass das Reichsgericht die Bestimmung sabotiert hätte, das glaube ich nicht.

Volkmar: Das war vor Ihrer Zeit. Es waren da Beschlüsse ergangen, die die Zurückweisung als unberechtigt hinstellten, obwohl eigentlich im Sinne unserer Vorschriften die Zurückweisung ganz berechtigt war. Die Instanzgerichte haben die Freude daran verloren.

Fischer: Ich möchte eine Bemerkung zu der ganzen Sache machen, und vielleicht ist das auch für Herrn Geheimrat Volkmar ein Trost. Es ist nämlich eine wirkliche Tatsache, dass die einfachen bestehenden Bestimmungen, obgleich sie nicht gehandhabt werden – bei uns fast nie –, erzieherisch gewirkt haben. Es ist gar keine Frage, dass die Handhabung des Prozesses in der Praxis durch die Anwälte viel besser geworden ist. Ich kenne aber nur die größeren, nicht die kleinen Landgerichtsprozesse, mit denen ich mich nur sehr selten beschäftige, und ich kann auch nur von Hamburg sprechen; aber die Sorgfalt und Vorbereitung in der ersten Instanz ist gegenüber der Zeit, in der Sie mit der Novellengesetzgebung diese Dinge zuerst brachten und durchsetzten, viel besser geworden. Ich weiß nicht, ob die Richter das auch bestätigen. (*Zustimmung.*) Aber das ist das Urteil bei uns in der Anwaltschaft. Deshalb möchte ich doch ein Wort anknüpfen. Ist es denn wirklich noch so schlecht? Sind denn die Dinge heute noch so, dass das Gesetz immer noch diese Vorschriften braucht? Das kann ich nicht beurteilen; das können ja nur Sie sehen.

Volkmar: In dem Moment, wo wir sie aufheben.

Fischer: Nein, davon ist nicht die Rede. Ich bin nicht dafür, dass man das Tor so zuschließt, wie es mit dem Gedanken der Wiederaufnahme ja eingetreten wäre.

Singer: Es war früher vielfach üblich, dass die Leute noch einige Patronen in der ersten Instanz zurückhielten für den Fall, dass sie in der ersten Instanz unterliegen sollten. Das hört man heute kaum mehr. Aber früher war das Prinzip.

Staud: Es ist noch nicht lange her, dass ich hier die Bemerkung hörte: In der zweiten Instanz fängt der Prozess erst richtig an.

Fischer: Ich glaube, nicht von mir; denn für mich hat er nie in der zweiten Instanz richtig angefangen.

Vorsitzender: Wir haben sonst überall möglichst elastische Vorschriften, zum Teil gegen meinen Geschmack, gegen meine Neigung. Aber dass man hier plötzlich keine elastische Vorschrift macht, sehe ich auch nicht ein. Wo es sich wirklich gebessert hat, könnte man es lassen. Andererseits verkenne ich nicht das Moment, dass man den Richter zwingt, indem man sagt: Du darfst nur zulassen, wenn das und das ist. Dann zwingt man ihn, über diese Frage nachzudenken und sich schlüssig zu machen. Infolgedessen würde ich mich auch mit dieser Umkehrung einverstanden erklären können, dass man nicht sagt: dann und dann ist zurückzuweisen, sondern dann und dann ist zuzulassen, damit es nicht zugunsten einer schrankenlosen Zulassung ausartet.

Singer: Dann wäre die Frage: Formell durch Beschluss oder in den Gründen?

Vorsitzender: Jedenfalls nicht durch anfechtbaren Beschluss. Sonst kommt der Streit, ob zuzulassen ist oder nicht, neues oder altes Vorbringen usw. Das möchte ich nicht.

Jonas: Unter allen Umständen würde ich den Ausdruck „zulassen“ vermeiden und sagen: Tatsachenvorbringen ist nicht zu berücksichtigen. Mit „zulassen“ kommen die Parteien und sagen erstens: Das Wort kann mir nicht verboten werden. „Zulassen“ ist überhaupt ein schiefer Ausdruck. Ebenso ist „zurückweisen“ ein schiefer Ausdruck. Meiner Meinung nach ist der glatteste Ausdruck immer noch „Vorbringen ist nicht zu berücksichtigen“.

Stagel: Das besagt aber schon, dass es nur in den Gründen zum Ausdruck kommt.

Jonas: Ja, denn sonst wird über wer weiß wie viel Dinge ein Streit geführt, ob es eine neue Tatsache ist oder nicht. Denn bei dem, was nur eine Untermalung von Dingen ist, kann man sehr darüber streiten: ist es neu oder ist es alt? Und in dem Punkt, möchte ich annehmen, spielt doch jetzt die österreichische Praxis, soweit es sich um Verschulden handelt, überhaupt keine Rolle, aber bei den Prozessen, die vor Inkrafttreten des Ehegesetzes waren, spielte es doch immerhin eine gewisse Rolle, dass der eine sagte: das ist zurückzuweisen.

Singer: Kommt das vor, dass eine Partei sagt, das wäre zurückzuweisen?

Jonas: Bei der Frage, ob etwas vorzubringen ist oder nicht, ob zuzulassen ist oder nicht in Revisionsschriftsätzen; darüber wird doch immerhin ziemlich viel Gehirnschmalz verbraten, das ich lieber für die Schlussentscheidung aufsparen möchte.

Fischer: Wenn wir uns schon über den Ausdruck unterhalten, möchte ich beinahe lieber sagen: Die Partei ist mit einem Vorbringen nicht zu hören. Das ist eigentlich das, was ich immer von diesen ganzen Dingen halte: Die Idee, dass man seine Rechte verliert, wenn man sie im Prozess nicht wahrt. Diese ganze Vorstellung ist mir viel lieber als die, dass der Richter, der etwas zulässt oder zurückweist, durch seine eigenen Handlungen sich selbst den Weg zur Erkenntnis versperrt.

Jonas: „Mit einem Vorbringen nicht hören“ ist ja nur ein etwas poetischerer Ausdruck für: das und das ist nicht zu berücksichtigen.

Fischer: Ich unterstreiche ja nur Ihren Gedanken; ich hebe ihn noch schärfer hervor, und ich begründe ihn.

Vorsitzender: Ich bin an sich für Ihren Standpunkt, würde mich aber, um einen Kompromiss zu finden, der für alle annehmbar ist, schließlich auch noch mit der Lösung Staud einverstanden erklären können.

Staud: Das war das Berliner Ergebnis.

Hierauf wird die Beratung abgebrochen und die nächste Sitzung auf Freitag, den 30. August, vormittags 10 Uhr, anberaumt.

(Schluss der Sitzung 18 Uhr)

2. Protokoll der Sitzung vom 30.8.1940 (Rechtsmittel[begründungs]frist. Novenrecht)

(Beginn der Sitzung 10 Uhr)

Vorsitzender: Wir waren gestern beim Novenrecht stehengeblieben. Herr Senatspräsident Jonas war dafür, es ganz elastisch zu machen.

Jonas: Vielleicht könnte man sich vorher noch mit der *Berufungsbegründung* befassen. Es ist das eigentlich eine technische Frage. Die Berufungsbegründung ganz wegfallen zu lassen, möchte ich nicht. Es kommt darauf hinaus: Wo legen wir die Berufung ein? Jetzt geht die Sache durch die Zwischenschaltung der Begründungsfrist sehr langsam. Wenn man die Berufungsbegründung mit der Berufung verkoppelt, wäre die Voraussetzung die Kundmachung eines mit Gründen versehenen Urteils. Dadurch würden wir meines Erachtens in sehr große Schwierigkeiten kommen. Wie sollte z.B. das ganze Problem der einstweiligen Einstellung sein? Zunächst wird das Urteil doch ohne Gründe ausgefertigt. Wir müssen immer an die Fälle denken, wo das Absetzen der Urteilsgründe eine gewisse Zeit dauert. Mir scheint, dass man es praktisch so machen soll: Wir lassen, auch wenn ich an die Revisionsinstanz denke, die Rechtsmittel beim judex a quo einlegen. Dann wandern die Akten zum Berufungsgericht, und der Berufungs- und ebenso der Revisionsrichter hat die Möglichkeit, von der er im Allgemeinen bei normaler Geschäftslage Gebrauch macht, Termin auf sechs oder acht Wochen anzusetzen, und er gibt eine Begründungsfrist ad hoc. Er bestimmt die Begründungsfrist ebenso individuell nach der Größe der Sache, wie er die Gebührenfrist bestimmt. Denn jetzt ist das Groteske, dass sich die kraft Gesetz laufende Begründungsfrist niemals mit der individuell gesetzten Vorschussfrist deckt. Das klafft immer auseinander, weil das eine noch nicht abgelaufen ist, muss das andere verlängert werden. Gegen die gesetzliche Frist sprechen meiner Meinung nach zweierlei Gesichtspunkte: Bei der jetzigen Regelung liegt die Zeit, während deren die Begründungsfrist läuft, für die Tätigkeit des Gerichts absolut brach. Wir erlassen doch unsere Anordnung mit dem Ziel, dass die Zeit intensiv ausgenutzt wird. Aber damit alles wohl vorbereitet wird, lassen wir erst die Parteien arbeiten mit einer Frist. Wenn sie versäumt ist, fällt die Sache dahin, und dann darf sich erst das Gericht daran setzen, einen Termin anzuberaumen, während die Terminanberaumung viel praktischer schon vorher läge. Weiter ist meiner Meinung nach für die Revisionsinstanz von besonderer Bedeutung, dass die Prozesse so unendlich verschieden sind, dass, wenn man eine kurze Begründungsfrist macht, diese Frist für große Sachen nicht ausreicht, oder, wenn man es auf einen normalen großen Prozess abstellt, wenn man also an den normalen oberlandesgerichtlichen Prozess denkt, so ist für kleine amtsgerichtliche Sachen, die an das Landgericht gehen, die Berufungsinstanz viel zu lang. Eine Berufungsbegründungsfrist von vier Wochen ist absolut nicht nötig, wenn es sich um einen einfachen Alimentenprozess handelt. Wir haben die Fälle, dass, wenn die Frist versäumt wird, dann der Anwalt, wenn es pressiert, im letzten Augenblick innerhalb von ein paar Stunden die Berufungsbegründung machen kann. Wenn hinter der Begründungsfrist schon der nahe Termin steht – das gilt namentlich für die Revisionsinstanz –, dann ist das Streben nach Verlängerung der Frist bei beschäftigten Anwälten lange nicht so groß wie jetzt.

Jetzt ist doch die Sache die: Wir leben nicht in einer Zeit der Überlastung am Reichsgericht. Auch in Ehesachen geht es mit den Terminen recht flott. Aber es gab Zeiten, wo die Termine mit einem Spatium von vier bis fünf Monaten anberaumt wurden. Erst wird der Anwalt durch die gesetzliche Frist gepresst. Er weiß genau: Jetzt muss ich in vier Wochen in der mir zur Verfügung stehenden Frist etwas schreiben, – und dann bleibt die Sache noch vier bis fünf Monate liegen. Wenn der Anwalt sagt: Ich habe ein paar wichtige andere große Sachen, verlängert die Begründungsfrist –, so sagt der Vorsitzende: Weshalb nicht; die Sache kommt doch erst in sechs Monaten zum Zuge. Wenn aber hinter der Begründungsfrist vier Wochen stehen, der Referent und der Vorsitzende beim Reichsgericht zur Vorbereitung drei bis vier Wochen brauchen und dann hinterher der Termin ist, dann ist die Frage der Verlängerung der Revisionsbegründungsfrist gleichzeitig die Frage der Verlegung eines angesetzten Termins, zu der sich erfahrungsgemäß alle Beteiligten viel schwerer entschließen. Also mir scheint die praktischste Lösung zu sein, dass man Berufung einlegt beim judex a quo, und beim judes ad quem lege ich lediglich aus folgenden Gründen Gewicht auf den Übergang zur österreichischen Regelung: Der Vorsitzende soll, wenn man meinem Gedanken folgt, die Frist individuell bestimmen. Das kann er nur, wenn er die Akten hat. Für den Vorsitzenden ist es natürlich eine wesentliche Erleichterung, wenn ihm, sobald eine Revision oder Berufung eingeht, gleich die Akten mit vorgelegt werden. Dann weiß er, worum es sich handelt, während man aus dem Urteil, das bei der Berufungs- oder der Revisionseinlegung mit eingereicht wird, praktisch eigentlich gar nichts ersehen kann. Bei uns werden auch eingehende Revisionen dem Vorsitzenden gar nicht vorgelegt. (*Volkmar:* Sie meinen den judex ad quem, der die Berufungsfrist bestimmt!) Jawohl. Beim Amtsgericht oder beim Landgericht wird die Berufung eingelegt. Ich gehe davon aus, dass wir die Möglichkeit der Urteilszustellung auch vor Abfassung vollständiger Urteilsgründe schaffen, so dass wir da nicht zu Schwierigkeiten kommen, dass wir sozusagen eine Kundmachung des Urteils für den Beginn der Zwangsvollstreckung und für das Rechtsmittel haben. Mir scheint es nach reiflicher Überlegung einfacher zu sein, dass wir es ermöglichen, dass die Berufungs- und die Revisionsfrist auch mit der Zustellung eines abgekürzten Urteils beginnt. (*Volkmar:* Bei der Revision ist es etwas Neues!) Ja. Jetzt ist es doch eine Hilfslösung, weil wir sagen: Revision einzulegen ohne Kenntnis der Urteilsgründe ist ein kompletter Unsinn. Wir finden uns damit ab. Bei der Berufung haben wir diesen Unsinn. Er muss an sich begründen, wenn er auch die Urteilsgründe nicht kennt. Wir hoffen bloß darauf, dass der Vorsitzende dann immer die gesetzliche Frist verlängern wird. Nun hängen die Einlegungen beim judex a quo und beim judex ad quem natürlich wesentlich davon ab, wie man zu der Frage der Simultanzulassung steht. Ich bin ein ausgesprochener Anhänger der Simultanzulassung. Mir schwebt die Sache ungefähr so vor: Das Urteil wird von Amts wegen zugestellt (*Singer:* Das abgekürzte Urteil!) – ja, und damit läuft die Berufungsfrist. Wir haben nicht die Schwierigkeit mit dem Notfristattest und diesen ganzen Apparat, dass erst angefragt wird und die Sache dann durch alle Geschäftsstellen herumläuft, ob eine Revision oder Berufung ergangen ist. Es ergibt sich aus den Akten, und wenn die Akten abgeschlossen sind, d.h. dass das Urteil kanzleimäßig erledigt ist, schickt das untere Gericht die Akten an das Oberlandesgericht. (*Singer:* Welche Frist wählen Sie da für die Einlegung der Berufung?) Das ist eine Frage, die mich augenblicklich nicht interessiert. Ob man die Berufungsfrist auf zwei Wochen verkürzt oder auf sechs Wochen verlängert, ist mir bei diesem Problem gleichgültig. Ich bin an sich dafür, dass man die Berufungsfrist verkürzt. Natürlich besteht die Möglichkeit, dass dann Vorratsberufungen eingelegt werden. Das ist aber kein großes Unglück; denn ob die Vorratsberufung nachher durchgeführt wird, ergibt die Durchsicht bei der Begründung. Wenn ich speziell an die Fälle der Revision denke, dann scheint mir folgende Regelung sehr praktisch zu sein. Wir bewilligen das Armenrecht. Wir sagen doch schließlich, wenn wir das Armenrecht bewilligt haben, dem Anwalt: Die Revision ist aussichtslos. Was der Anwalt zu machen hat, kann er innerhalb von ein paar Tagen schreiben. Er braucht sich nur das Urteil durchzulesen. Das Oberlandesgericht sagt: Wir halten die Rechtsprechung des Reichsgerichts nicht für richtig und bleiben auf unserem Standpunkt stehen. Für eine solche Begründung braucht der Reichsgerichtsanwalt nicht vier Wochen. Da kann man ihm eine ganz kurze Frist geben, und man kann nun auch schon gleichzeitig einen verhältnismäßig nahen Termin ansetzen, bei der der Berichterstatter aus seinen Armenrechtsakten sein Armenrechtsvotum, wenn er nach vier bis sechs Wochen die Sache zum Termin bekommt, halbwegs im Gedächtnis hat, während er sie nicht mehr im Gedächtnis hat, wenn dazwischen ein Vierteljahr liegt.

Volkmar: Wenn Sie die Revision beim judex a quo einlegen lassen, muss doch auch der judex ad quem über das Armenrecht entscheiden.

Jonas: Das ist absolut nicht notwendig. In Österreich ist es auch nicht der Fall. (*Volkmar:* Doch!) In Österreich klappt die ganze Sache nicht, weil das Armenrecht für den ganzen Prozess gilt.

Volkmar: Wie wollen Sie dem Mann für die Revision das Armenrecht gewähren, wenn er die Revision beim Oberlandesgericht einlegt? Das kostet doch Geld.

Jonas: Natürlich muss man gewisse Konsequenzen daraus ziehen. Praktisch ist die Einlegung des Rechtsmittels nicht mehr Anfang der neuen Instanz, sondern für die Anwaltstätigkeit Schluss der ersten Instanz.

Staud: Das zwingt zwangsläufig zur Armenrechtsregelung, wie wir sie nach dem heutigen Stand in Österreich haben. Der Anwalt ist verpflichtet, innerhalb seines Mandats als Armenanwalt das Rechtsmittel noch einzulegen, und dann entscheidet das Revisionsrecht, ob das Armenrecht belassen bleibt.

Jonas: Von Bedeutung ist es nicht; denn der formale Akt der Rechtsmitteleinlegung macht dem Anwalt keine Arbeit. Mir scheint das die Lösung zu sein, bei der man am ehesten das vermeidet, was jetzt der Fall ist, dass alle intensive Arbeit stückweise hintereinander kommt. Erst soll sich der Anwalt intensiv mit der Sache beschäftigen. In dieser Zeit ist das Gericht vollständig blockiert. Dann muss der Vorsitzende die Sache zum Termin anberaumen. Er muss sie einmal ansehen. Er zieht die Sache natürlich nur flüchtig an, weil der Termin erst in einer verhältnismäßig langen Zeit kommt, während er sich die Sache von vornherein intensiver ansehen würde unter dem Gesichtspunkt: Ist das eine große Sache; wie lange bemesse ich die Begründungsfrist? Ist es eine Sache, die ganz klein ist, dann setze ich gleich einen nahen Termin an. Er kann die Sache dem Berichterstatter schon geben, während die Begründungsfrist läuft. Wir haben noch sehr viele Fälle in der Revisionsinstanz, wo wir einfach dem Anwalt sagen: Wir haben aus dem und dem Grund die Revision bewilligt. Dies ist das einzige Prinzip, und die ganze Sache der Revisionsbegründung ist vollständig unnötig. Man hat den Eindruck, dass es das Ideal wäre, wenn auf den Armenrechtsbeschluss gleich das Urteil ergehen könnte. Wenn ein fundamentaler prozessualer Fehler da ist, ist der Lauf der starren Frist ein großer Leerlauf, und mir scheint das Wesentliche zu sein, dass man die Möglichkeit schafft, dass sich das Gericht mit der Sache auch in der Zeit befasst, wo die Begründungspflicht noch läuft, dass man vor allem die Begründungspflicht je nach der Größe der Sache von vornherein angemessen gestaltet und nicht darauf abkommt, dass immer wieder verlängert wird.

Volkmar: Das ist aber nicht das österreichische System! Beim österreichischen System geht es schneller als bei uns; denn wenn die Revision beim unteren Gericht eingelegt ist, bekommen wir normalerweise die Akten erst zwei Monate später.

Volkmar: Es wird auch immer lange dauern, bis Sie die Akten bekommen. Wenn z.B. beim Oberlandesgericht München die Revision eingelegt wird, dauert es noch mindestens zwei Monate, bis das Urteil fertig ist.

Jonas: Nur ist in Österreich das Urteil fertig.

Staud: Nein. Nach ihrem Vorschlag wird die Begründung aufgrund der Zustellung der Urteilsformel eingelegt, und dann soll der Anwalt losgehen. Währenddessen sitzt aber der Richter zwei Monate später über der Absetzung des Urteils, also einschließlich der kanzleimäßigen Herstellung. Dann kommen die Akten zum Rechtsmittelgericht ohne ausreichende Begründung. Es kann in diesem Stadium noch nicht vorliegen.

Jonas: Der Unterschied ist der: Nach meinem Vorschlag ist die Revision zwei Monate früher eingelegt, als sie jetzt nach der Praxis eingelegt wird.

Staud: Dass es gegenüber dem jetzigen Zustand keine wesentliche Verschlechterung bedeutet, gebe ich zu. Ich möchte immer noch auf den Wiesbadener Standpunkt zurückkommen und sagen: Rechtsmittelfrist und Bearbeitung des Rechtsmittels beginnt erst, wenn das vollständig abgesetzte Urteil vorliegt. Dann ist es für mich eine technische Frage, wie man in der Zeit zwischen Verkündung und Herausgabe der vollständigen Ausfertigung die Frage der vorläufigen Vollstreckbarkeit regelt.

Fischer: Die Frage der Vollstreckung möchte ich ganz ausschalten. Ich möchte die reine Rechtsmittelfrage behandelt haben. Da ist vielleicht eine Schwierigkeit, dass man die Vollstreckung mit dem abgekürzten Urteil vorweg gibt. Aber das ist eine Frage für sich, außerhalb der Frage des Rechtsmittels sonst. Nun möchte ich dringend darum bitten, dass man die Berufungsfrist und die Rechtsmittelfrist überhaupt erst mit der Zustellung des vollständigen Urteils beginnen lässt; denn es kommt doch immer so: In der Menge der kleinen, einfachen Sachen wird man ohne weiteres wissen, ob man Rechtsmittel einlegen wird oder nicht. Man weiß aus der Verhandlung ungefähr, was der Richter sagen wird. Bei allen größeren Sachen – und die Revisionssachen gehören doch zu den größeren – ist es so, dass die Entscheidung, ob man von dem Rechtsmittel Gebrauch machen will, davon abhängt, was der Richter sagt. Sehr oft lässt man sich durch ein Urteil überzeugen. Natürlich kann es Fälle geben, in denen die Partei von vornherein sagt: Wir wollen die Entscheidung des Reichsgerichts haben. Das sind namentlich Fälle, in denen der Sachverhalt nicht kompliziert ist, sondern in denen es darauf ankommt, eine Rechtsentscheidung über eine vielleicht noch offene Frage vom Reichsgericht zu bekommen. Diese Fälle können wir aber nicht als Beispiele für die Gestaltung des Rechtsmittels durch das Gesetz nehmen. Es sind besondere Fälle. Im Allgemeinen ist es so, dass wir, wenn wir hereingefallen sind, der Partei schreiben: So und so liegt es; wir haben die Sache verloren; die Gründe kenne ich noch nicht; ich kann Ihnen darüber noch nichts berichten; wir müssen die Gründe abwarten; etwas anderes können wir nicht tun. Wenn es eine Sache von äußerster Wichtigkeit ist, versucht man, mit dem Referenten zu sprechen, der das Urteil absetzen soll. Man versucht ihn zu bitten, die Sache möglichst zu beschleunigen, damit man es bekommt. Stellen Sie sich heute vor, dass man in einer wichtigen Sache gezwungen ist, ein Rechtsmittel einzulegen, ohne zu wissen, ob man es durchführt! Das kommt vor. (*Volkmar:* In der Berufung!) In der Berufung, nicht in der Revision. (*Volkmar:* Bei der Berufung habe ich die Möglichkeit, es auf die tatsächliche Seite hinüber zu spielen!) Je mehr Sie die Tür für das Tatsächliche zumachen, desto mehr fällt das Argument weg. (*Volkmar:* Dazu brauche ich nicht neue Tatsachen!) Dazu brauche ich nicht neue Tatsachen. Ich habe die Beweisaufnahme selbst angehört und kann mich darauf stützen: Der Richter hat das Ergebnis der Beweisaufnahme falsch gewürdigt. Das kann ich in der Berufungsinstanz geltend machen. Ganz anders ist es in der Begründung. Sie müssen Ihrer Partei sagen: Wie das Urteil begründet ist, ist nichts zu machen. Mir ist neulich ein Urteil des Reichsgerichts in die Hand gefallen, das nur deshalb zur Aufhebung geführt hat, weil der übereifrige Richter des Oberlandesgerichts in die Begründung geschrieben hat: Der Ehemann, der die Scheidung haben will, hat sich schweinemäßig benommen, und darauf legte er besonderes Gewicht. Dieses Urteil ist zu Fall gekommen, weil das Reichsgerichts gesagt hat: Hier scheint dem Mann wieder vorzuschweben, dass das Festhalten an einer Ehe die Strafe für schlechtes Verhalten sein soll; das missbilligen wir, und damit hat er gegen einen Rechtsgrundsatz verstoßen. Hätte der Mann das klüger begründet, hätte er nur sozusagen als Schwanz hinterher gesagt: „Im Übrigen hat sich der Mann auch schweinemäßig benommen" –, wäre das Urteil wahrscheinlich auch vor Herrn Jonas unangreifbar gewesen. Deshalb meine ich, bei Revisionssachen wird es viel mehr als bei Berufungssachen darauf ankommen, dass man die Gründe kennt.

Jonas: Sicher sind solche Betrachtungen, wie sie Herr Fischer anstellt, in vielen Fällen durchaus am Platze. Ist das aber eigentlich der Normalfall? Ich glaube, man sollte mehr von dem Normalfall, von dem kleinen Fall ausgehen, wo die Partei ganz genau weiß, weshalb der Richter so und so entschieden hat. Wenn im Alimentenprozess oder im Feld-, Wald- und Wiesenamtsgerichtsprozess eine Partei aufgrund mündlicher Verhandlung unterliegt, so weiß der Anwalt, auf welche Gedanken der Richter abgekommen ist. Und ist es so schlimm, wenn in den Fällen, in denen die Partei im Dunkeln tappt, welche Gedanken den Richter bewegt haben, ein Vorratsrechtsmittel eingelegt wird? Es werden auch bei der augenblicklichen Regelung unendlich viele Vorratsrevisionen eingelegt, auch in Ehesachen, keineswegs nur, dass die Revisionen zurückgenommen werden oder die Frist fallen gelassen wird, weil das Armenrecht hinterher nicht bewilligt wird, sondern weil nachher beim Durcharbeiten der Reichsgerichtsrat sagt: Das Urteil scheint mir richtig, also die Vorratsrechtsmittel wird man niemals verhindern, und nach meiner Meinung ist es auch gar nichts Schlimmes. Mir ist es wichtiger, dass im Gros der Fälle eine Partei, wenn sie einen Alimentenprozess oder einen kleinen Amtsgerichtsprozess führt, wenn das Urteil ergeht, wissen muss, ob sie den Prozess weiter durchführen oder sich mit dem Urteil begnügen will. Wenn sie sich damit begnügt, ist es mir wertvoll: Sie hat eine 14tägige Frist, und in einem erheblichen Prozentsatz der Fälle ist nach 14 Tagen Klarheit geschaffen, ob das Urteil rechtskräftig ist oder nicht. Das ist meiner Meinung nach ein großer Vorteil, demgegenüber ich in Kauf nehme, dass bei einer Verkürzung der Berufungs- und Revisionsfrist auch manche Rechtsmittel eingelegt werden, die nachher nicht durchgeführt werden.

Staud: Dieses Gros der Fälle, auf welches sie anspielen, also die einfachen Amtsgerichtssachen und dergl. scheinen mir gerade die Fälle zu sein, in denen praktisch das Urteil bereits in vollständig abgesetzter Form verkündet wird. In diesen kleinen Sachen werden durchweg die Urteile praktisch in dem Zeitpunkt verkündet, wo sie mit Tatbestand und Gründen abgesetzt sind. Dass das Urteil in der Verhandlung verkündet wird, ist praktisch die seltene Ausnahme. (*Jonas:* Dass da immer Verkündungstermin anberaumt wird?) Bei großstädtischen Amtsgerichten ist es die Regel.

Jonas: Das hat aber gerade die Justizverwaltung immer bekämpft. Deshalb wurde ja eingeführt, dass der Verkündungstermin beim Schiedsurteil vorgeschrieben wurde.

Staud: Ich glaube, dass bei großstädtischen Amtsgerichten die Praxis durchgängig die ist, dass die Entscheidung erst eine Woche später verkündet wird. Die Beweisaufnahmen sind beendet, und dann wird acht Tage später das Urteil mit Durchschlägen bereits vollständig abgesetzt. In der Zwischenzeit diktiert der Richter das Urteil. Die Durchschläge für die Partei sind dabei, und dann ist Verkündungstermin. Die Parteien bekommen da die Vollstreckungsausfertigung über den Tisch hinweg ausgehändigt.

Fischer: Ich bin auch nicht dafür, dass man sagt: Die Normalfälle sind die kleinen Fälle, und nach den kleinen Fällen muss man das Gesetz machen. Das geht nicht. Dann müssen Sie schon eine Rechtsmitteleinlegung einführen, die sozusagen von vornherein von Gesetzes wegen ein Vorratsrechtsmittel ist, und wo Sie durch entsprechende Kostenbestimmungen oder was sonst die Zurücknahme des Rechtsmittels erleichtern. Das ist eine Verschlechterung. Dann haben Sie das, was man wirklich vermeiden sollte. Dann reisen die Akten hin und her; dann wird der ganze Apparat in Bewegung gesetzt. Das ist schon, behördlich gesehen, ein Superfluum an Arbeit. Wozu? Wenn man nachher doch sagt: Schließlich wird sich nachher entscheiden, ob dieses Rechtsmittel durchgeführt werden wird oder nicht. Ich verstehe nicht recht, warum Herr Präsident Jonas in diesem Punkt so sehr gegen die von uns vorgeschlagene Regelung ist. Sie als Richter berührt das doch nicht. Es berührt höchstens die Länge des Prozesses, und da ist wieder die Frage: Wie schnell kommt das vollständige Urteil? Es hängt zweitens davon ab: Wird das Urteil von Amts wegen zugestellt oder durch die Partei? Das ist auch entscheidend für die Länge des Prozesses.

Aber die Frage, ob die Rechtsmittelfrist von der Zustellung des vollständigen Urteils laufen soll oder nicht, hat mit dem behördlichen Apparat und dem Leerliegen der Gerichte nichts zu tun, sondern nur mit der Dauer des Prozesses, und ich halte es für besser, dass das Rechtsmittel erst dann in Bewegung gesetzt wird, wenn die Partei auch weiß, dass sie es durchführen will. Es gibt immer noch einzelne Fälle, in welchen man es doch nicht weiß, in welchen die längste Rechtsmittelfrist nicht ausreicht, wenn man nämlich mit auswärtigen Klienten in Buenos Aires usw. darüber diskutieren muss. Das kann man mit der Flugpost in sechs Wochen einigermaßen fertigbekommen. Da gibt es schon Fälle, wo man auf gut Glück einlegen muss, aber dann muss man die Gebühren tragen, die entstehen. Es spielt auch die Frage hinein: Kann der Betreffende, wenn er seine Berufungsbegründung eingereicht hat, nach Ablauf der Frist vielleicht doch noch ein Wort mehr in der Berufungsinstanz sagen, oder will man die Sache so aufziehen, dass er nun mindestens mit der Begründung des Rechtsmittels die Sache erschöpfend vortragen muss? Aber grundsätzlich möchte ich sagen: Wenn Sie meinem Gedankengang folgen, dass es richtiger wäre, die Einlegung des Rechtsmittels von einer ausreichenden Frist zur Prüfung des Urteils abhängig zu machen, dann kann auch die Begründung gemacht werden. Heute ist es doch so, dass wir einlegen müssen, weil die Berufungsfrist abläuft, und dann setzt man sich hin; man hat ja Zeit. Oft kommt das Urteil spät. Man nutzt dann seine drei bis vier Wochen aus. Die Verlängerung bekommt man auch noch nicht. Das ist alles noch nicht so ängstlich. Da möchte ich umgekehrt arbeiten. Denn ich sage mir: Wenn eine Partei sich darüber entschieden hat, ob sie von dem Rechtsmittel Gebrauch machen will oder nicht, und sie hat diese Entscheidung aufgrund einer wirklichen Prüfung getroffen, dann muss sie auch sagen können, welche Gründe sie zur Einreichung des Rechtsmittels treiben.

Ich gehe nun noch einen Schritt weiter und komme da auf die Fristen. Ich denke zunächst an das, was mir näher liegt, an die Berufung. Wenn wir zwei Parteien in Hamburg haben, so kann ich, wenn ich das vollständige Urteil habe und der maßgebende Mann meiner Partei nicht gerade ins Ausland verreist ist, mir innerhalb von 14 Tagen vollkommen darüber klar sein, ob ich das Urteil mit dem Rechtsmittel anfechten will oder nicht. Es ist nur eine Frage, wie schnell ich an die Sache gehe. Mein Gedanke ist, dass man vielleicht die Fristen von Gesetzes wegen unterschiedlich machen könnte ähnlich wie die Wechselpräsentationsfristen oder diese Dinge. Wenn die Partei, um deren Rechtsmittel es sich handelt, im Bezirk des Oberlandesgerichts selbst sitzt, also im Bezirk des Oberlandesgerichts, an das die Berufung gehen soll, soll sie drei Wochen Frist haben. Sitzt sie nicht im Bezirk des Oberlandesgerichts, aber in Europa, soll sie sechs Wochen haben, und sitzt sie im Ausland, soll sie zwei Monate haben. Dann kommen wir aus, und damit müssen wir auskommen. Zwei Monate sind auch mit Südamerika schwierig, wenn wir z.B. Gutachten usw. haben. Aber das muss in Kauf genommen werden.

Weiter bin ich der Meinung, dass die Begründung unter allen Umständen mit der Einlegung der Berufung zu geben ist, dass erklärt werden muss, in welchem Umfange die Entscheidung angefochten wird und welche Anträge gestellt werden, und dass auch die Begründung mit der Einlegung des Rechtsmittels gegeben werden soll. Das einzige, was ich mir da überlege, ist, ob man vielleicht im Sinne der Anregung von Herrn Präsidenten Jonas eine Möglichkeit für den Vorsitzenden schaffen sollte, eine Frist zur Ergänzung der Begründung zu geben, wenn Gründe glaubhaft gemacht werden, die einen solchen Antrag rechtfertigen. Das ist also die Idee eines Ventils gegen die strenge Frist. Ich verlange aber die Glaubhaftmachung. Er soll die Gründe glaubhaft machen, die dafür sprechen, dass er nicht eher vollständig erschöpfend die Sache behandeln konnte. Das soll ihn aber nicht davon entbinden, die wesentlichen Gesichtspunkte schon in der Regel [in der] Berufungsbegründung zu bringen. Also eine Frist zur Ergänzung. Das brauche ich nur dann, wenn mir nach der Berufungsbegründungsfrist sonst das Vorbringen gesperrt ist. Ich möchte soweit gehen, zu sagen: Mit Ablauf der Berufungsbegründungsfrist ist die Sache aus. Nur dann, wenn der gegenseitige Vortrag der Parteien ohne das richterliche Fragerecht dazu führt, dass weiteres Vorbringen nötig wird, darf noch mehr gebracht werden, aber man darf nicht von sich aus immer noch etwas hineinwerfen, wie wir es in der Berufungsinstanz jetzt immer haben. Ich bin durchaus für Disziplin. Ich bin nur für dieses eine Ventil, was ich vorgeschlagen habe. Im Übrigen bin ich dafür, dass die Begründung grundsätzlich mit der Einlegung des Rechtsmittels erfolgen soll.

Eine letzte Bitte ist, dass man die rechtzeitige Einzahlung des Gerichtskostenvorschusses nicht ohne weiteres zu einer Frage der Zulässigkeit des Rechtsmittels macht, sondern höchstens bei etwaigen Nachfristen oder bei ähnlichen Dingen, aber dass man verlangt, dass der Gerichtskostenvorschuss nach dem Streitwert eingezahlt wird, der für die Vorinstanz maßgebend war, mit der Einlegung des Rechtsmittels. Das kann doch direkt nachgeprüft werden. Wenn das nicht geschieht, dann meinetwegen auch Zurückweisung, aber nicht die jetzige Sache, die zwischendurch läuft, wie Herr Präsident Jonas sehr richtig sagt, die immer mit ihren besonderen Fristen läuft, wo die Zulässigkeit des Rechtsmittels von dem einen wie von dem anderen abhängig wird und bleibt.

Nun noch ein Wort zu der Anregung von Herrn Präsidenten Jonas, dass die Begründungsfrist von dem Vorsitzenden gesetzt werden soll. Diese Anregung hat etwas sehr Bestechendes. Aber wenn man ihr nachgeht, habe ich doch Zweifel, selbst wenn der Vorsitzende des Rechtsmittelgerichts die Akten hat und nicht nur das Urteil – die Akten braucht er –, ob er eine Ahnung hat, wie viel der Rechtsmittelkläger braucht. Auch beim Rechtsmittel kann man nicht wissen, wie die Sache läuft. Natürlich wird man beim Alimentenprozess im Allgemeinen sagen, dass er Komplikationen nicht bringen kann. Gewiss hat der Vorschlag etwas Sympathisches. Aber wie soll man glaubhaft machen, dass eine Verlängerung nötig ist? Der Vorsitzende des Rechtsmittelsenats sagt sich: 14 Tage genügen; die Sache ist ganz klar; es kann höchstens ein rechtlicher Gesichtspunkt, der in erster Instanz vorgebracht ist, in Frage kommen. Wie bekommt man nun, wenn man als Partei infolge eines anderen rechtlichen Gesichtspunktes einen zweiten Aufbau des Prozesses nachbringen muss, was alles erst durch das erstinstanzliche Urteil verloren ist, die Verlängerung der Frist heraus? Gar nicht!

Jonas: Die Fälle, dass ein Prozess so schwierig ist, dass nicht innerhalb von 14 Tagen bei intensiver Arbeit die rechtlichen Probleme gelöst werden können, sind wohl sehr selten. Weshalb sollte dann nicht die Partei zum Vorsitzenden gehen und sagen: Sie haben wahrscheinlich nicht gesehen, dass das eine sehr komplizierte Sache ist; es spielen die und die Fragen mit. Wenn dann der Vorsitzende sagt: Nein, wir wollen es bei der 14tägigen Frist belassen; ich habe Termin auf sechs Wochen anberaumt – dann sind immer noch vier Wochen Zeit, die juristischen Probleme inzwischen weiter zu durchdenken. Ich sehe keine Veranlassung, die Frist zu verlängern. Ich verstehe nicht ganz die Bedenken. Gegen meinen Vorschlag wird angeführt: Es gibt Fälle, die sehr schwierig sind, bei denen die Gefahr besteht, dass das Ermessen des Vorsitzenden aufgrund dessen, was er vor sich hat, nicht sachgemäß ausgeübt werden kann; statt dessen wollen wir lieber zu einer starren Frist übergehen, die dahin geht, dass schon mit der Berufungseinlegung die Begründung geht.

Volkmar: Nur möchte Herr Prof. Fischer eine Klausel beifügen, dass nicht ad libitum wie heute, sondern bei Geltendmachung besonderer Gründe eine Ergänzung der Berufungsbegründung gestattet wird.

Jonas: Ich stehe auf dem Standpunkt, dass das alles nicht Fragen sind, bei denen man sagen kann: Das und jenes geht nicht; es ist unmöglich; da bricht die Welt zusammen. So ist es absolut nicht. Man diskutiert über Möglichkeiten und erwägt, was zweckmäßiger ist. Natürlich ist dies eine Möglichkeit, die mir, wenn man dazu übergeht, grundsätzlich die Begründung mit der Rechtsmitteleinlegung zu erfordern, die Sache wesentlich schmackhafter macht. Bloß ergibt sich dann wieder eine recht missliche Sache. Wir dürfen nicht nur an die Verhältnisse des Amtsgerichts denken, sondern auch an die Prozesse der Naturalpartei, die Landgerichtsprozesse. Die Naturalpartei hat z.B. einen Alimentenprozess oder etwas so ähnliches am kleinen Amtsgericht geführt. Sie weiß – meinethalben steht es im Urteil, auch im Formular darin –, dass das Rechtsmittel innerhalb von einem Monat einzulegen und zu begründen ist. Die Partei glaubt nun, sie habe drei oder vier Wochen Zeit. Sie geht meinethalben nach 3½ Wochen zum Landgerichtsanwalt, und dieser sagt: Das ist ein ganz kurzes Urteil; in dem steht nur: Die mündliche Verhandlung hat alles ergeben, nur nicht das, was der Kläger behauptet hat. Mit einem solchen Urteil kann ich nichts anfangen. Da muss ich erst die Akten einsehen. Die Partei hat in einem solchen Fall geglaubt, noch rechtzeitig handeln zu können, indem sie nicht gerade am allerletzten Tag, aber vielleicht drei oder vier Tage vor Ablauf der Berufungsfrist den Berufungsanwalt angegangen hat, und der Berufungsanwalt kann nun eine wirklich sachgemäße Begründung beim besten Willen in der Zeit nicht geben. Da kommen wir dann auf kolossale Schwierigkeiten. Aus einem Versehen eines Rechtsunkundigen wird nachher dem Rechtsunkundigen der Strick gedreht. Es ist schon gefährlich, wenn man es gegenüber Rechtskundigen macht. Es ist etwas sehr Missliches, wenn die Partei das auszubaden hat, was der Anwalt verbockt hat. Dagegen lehnt sich im einzelnen praktischen Fall das Rechtsgefühl des Richters immer auf; denn der Regressanspruch gegen den Anwalt steht auf dem Papier. Nehmen Sie den Fall: Eine Naturalpartei legt unter Anwaltszwang Berufung ein. Da wird ihr eine Nachbesserungsfrist gegeben, durch den Anwalt Berufung einzulegen. (*Stagel:* Aber die Frist wird immer sehr kurz!) Nun, er wird nicht gleich darauf festgenagelt, und ich weiß nicht, ob wir dann so sehr viel erreichen, wenn wir sagen: Du musst es begründen; aber wir geben die Möglichkeit der Nachbesserung und sind dann in der Anwendung large, wie es in Österreich der Fall ist. Ob des gegenüber dem jetzigen Zustand eine Änderung bedeutet, weiß ich nicht. Wenn eine solche Regelung eingeführt wird, wird es immerhin recht lange dauern, bis eine solche Bestimmung wirklich dem nicht rechtskundigen Publikum in Fleisch und Blut übergeht.

Volkmar: Was das andere System betrifft, so möchte ich nur noch auf eines hinweisen: Die Vorschläge von Fischer würden dahin führen, dass die Rechtsmittel nach wie vor beim iudex ad quem eingelegt werden. Sie möchten beim iudex a quo einlegen, und zwar auch für die Revision möchten Sie dieses Verfahren. Aber Sie erinnern sich des Sturms, den diese Anregung bei Bumke [RG-Präsident] auslöste, als wir die österreichischen Fragen besprachen. Bumke erklärte immer wieder, das RG sei daran gewöhnt, dass ihm die Sachen von hervorragenden Anwälten vorgetragen werden, die die Praxis des RG kennen.

Jonas: Nur für die Revisionsbegründung.

Volkmar: Auch für die Revisionseinlegung. Bei Ihren Vorschlägen würde das System der Reichsgerichtsanwaltschaft fortfallen.

Jonas: Das ist ein Missverständnis. Bumke meint, der Reichsgerichtsanwalt solle die Verantwortung für die Durchführung tragen. Der RG-Anwalt legt immer Revision ein, ohne das Urteil zu kennen. Er bekommt den Auftrag am letzten Tag der Revisionsfrist und legt Revision ein. Eine Prüfung der Sache ist erst möglich, wenn er die Akten hat. Die Akten werden im Allgemeinen aber erst geschickt, wenn Revision eingelegt ist.

Volkmar: Ihre Meinung ist also die: Der zweitinstanzliche Anwalt legt Revision ein und der Anwalt beim Reichsgericht begründet sie.

Jonas: Das scheint mir das Richtige zu sein. Nach der Erfahrung, die ich gewonnen habe, wird man die Einlegung von Vorratsrevisionen niemals ganz verhindern können. Es ist ein großes Unglück; wenn man es den Parteien überlässt, sich in allen Fällen endgültig darüber schlüssig zu werden, ob sie die Revision durchführen wollen oder nicht, dann reichen weder Revisionsfrist noch Revisionsbegründungsfrist aus. Bei großen Prozessen kommt es vor, dass die Parteien, wenn der Termin nach einem halben Jahr anberaumt ist, womöglich mit Rücksicht auf schwebende

Vergleichsverhandlungen bitten, den Termin zu verlegen, weil es noch nicht sicher ist, ob die Revision durchgeführt wird.

Volkmar: Es ist ein großer Unterschied, ob man die Vorratsrevision nicht restlos unmöglich macht oder ob man sie zur Regel macht.

Jonas: Die Vorratsrevision ist eine gewisse technische Registrierung. Aber der Apparat mit seiner Anordnung von Notfristattesten ist kolossal. Ich habe keine Ahnung davon, wie die Spitze des RG zu diesen Fragen steht. Ich weiß bloß das eine: dass alle Reform- und Verbesserungsvorschläge bei der RG-Anwaltschaft, die im Gros aus Herren von über 70 Jahren besteht, auf Ablehnung stoßen werden. Jede Neuerung stößt auf Ablehnung von dieser Seite. Die gegenwärtige Spitze des RG macht sich die Auffassung der RG-Anwaltschaft absolut zu Eigen. Aber wie sich das Reichsgericht in seiner jetzigen oder späteren Zusammensetzung der Spitze zu diesen Fragen stellen wird, davon sollten wir bei unseren Erwägungen abstrahieren. Das RG wird zweifellos sagen: Die Sache kann nicht anders gemacht werden, als sie jetzt geregelt ist.

Staud: Sie gehen davon aus, dass wir auch für das Reichsgericht Simultanzulassung hätten. In Hamburg würde der hamburgische Anwalt die Revision einlegen, in Leipzig würde der Leipziger Anwalt sie begründen. Da liegt die Frage nahe, ob die Parteien sich nicht gleich an den Leipziger Anwalt sollen wenden können. Diese Frage spielt gegenwärtig in Österreich eine Rolle. Wir haben da die schwierige Frage der Gebührenteilung. Praktisch scheint es so zu sein: Der Anwalt in Österreich legt das Rechtsmittel ein; er soll auch die Begründung machen, aber die Terminvertretung muss der Leipziger Anwalt übernehmen.

Jonas: Dass das eine wenig glückliche Regelung ist, darüber ist kein Zweifel.

Stagel: Diese Regelung beruht auch nicht auf prozessual-sachlichen Gründen, sondern auf ganz allgemeinen Erwägungen.

Volkmar: Diese Schwierigkeit haben wir hier auch. Das verteuert das Verfahren.

Jonas: Wir hängen hier doch sehr an den Gedanken unserer bisherigen Gebührenordnung. Hier handelt es sich nur um einen formellen Akt der Übermittlung der Willensäußerung, Revision einlegen zu wollen. Irgendwelche weiteren Überlegungen werden dabei nicht angestellt. Meist wird schon vor dem Verkündungstermin zwischen Partei und Anwalt die Frage erörtert, ob man gegen das mutmaßliche Urteil des Gerichts Revision einlegen solle oder nicht. Dafür bekommt der Anwalt nichts. Wir müssen uns darüber klar sein: Jeder Änderungsvorschlag, den wir erwägen, wird eingezwängt von dem gegenwärtigen Gebührensystem.

Die Einrichtung der besonderen Anwaltschaft beim RG hat zweifellos ihre zwei Seiten. Die Herren vom Arbeitsgericht klagen darüber, dass Anwälte, die nicht in der reichsgerichtlichen Praxis geschult sind, viel Unfug machen. Die österreichischen Revisionsbegründungen bringen eben doch unendlich Vieles, was nicht in eine Revisionsbegründung hineingehört. Der einzelne österreichische Anwalt hat darin naturgemäß keine Schulung.

Auf der anderen Seite muss ich aber sagen: Nach dem System, wie die reichsgerichtliche Anwaltschaft zusammengesetzt ist, wobei sich periodisch Überalterungserscheinungen zeigen, hat auch die RG-Anwaltschaft dieses hohe Niveau nicht.

Fischer: Wenn man wie ich Instanzanwalt ist, dann hat man oft den brennenden Wunsch, eine Sache selbst vor dem RG zu vertreten. Betrachtet man die Dinge aber objektiv und macht man sich von seinem subjektiven Gefühl und seinen Wünschen frei, dann muss ich aus meiner eigenen praktischen Erfahrung bekennen, dass die Einschaltung eines RG-Anwalts eine recht gute Einrichtung ist. Als Instanzanwalt trete ich vor das Reichsgericht mit meinen Ideen, meinen Vorstellungen, meiner Einstellung zur Sache und mit dem Bestreben, das, was ich für richtig halte, nun auch vor dem RG zum Sieg zu bringen. Ich habe immer gefunden: Die subjektive Auffassung des Anwalts ist meist viel zu stark. Hier kann eine Korrektur nur von Nutzen sein. Daher war ich von Anfang an ein ausgesprochener Gegner der Simultanzulassung. Nach meiner Erfahrung fährt jede

Sache besser, wenn sie beim OLG in die Hand eines anderen, verständigen Anwalts kommt, der die Dinge noch einmal durchprüft. Die Entscheidung über die Revisionseinlegung liegt meist beim OLG-Anwalt. Nun ist mir nichts lieber als die Möglichkeit, dass der RG-Anwalt, der die Sache übernommen hat, mir schreibt: „Lieber Freund, Deine Meinung in Ehren, aber beim VII. Senat wirst Du mit Deiner Auffassung über die Vertragsauslegung nicht durchkommen; ich kann der Revision nicht den geringsten Erfolg versprechen." Wie gut, dass mir das vorher gesagt wird! Dann kann ich mich noch einmal hinsetzen, dem RG-Anwalt noch einmal meinen Standpunkt vertreten, und schließlich kann ich meiner Partei sagen, wie es mit den Revisionsaussichten steht. Gegebenenfalls wird dann die Revision zurückgezogen.

Jonas: Diese Erwägung liegt durchaus nahe. Das ist alles wunderschön: das Gefühl, in der Verantwortung etwas entlastet zu sein, die Erwägung: vier Augen sehen mehr als zwei. Aber ich frage: Können wir uns eigentlich diesen Luxus leisten, die Frage, ob die letzte Instanz mit Aussicht durchgeführt werden kann, sozusagen durch das Dazwischenschalten einer inoffiziellen 2 ½-Instanz zu lösen? Zweifellos gibt es Anwälte, die es ablehnen, einen aussichtslosen oder wenig aussichtsreichen Prozess weiterzuführen. Es gibt auch andere. In einer Sache hatte ein angesehener Anwalt beim RG eine Revisionsbegründung von 30 Seiten eingereicht, die der OLG-Anwalt verfasst hatte. Dieser RG-Anwalt reichte aber noch eine zweite Revisionsbegründung ein, die er selbst verfasst hatte. Ich machte ihn auf diese sonderbare Tatsache aufmerksam und erklärte ihm, ich nähme an, er würde sich im Vortrag auf die Revisionsbegründung beschränken, die als die alleinige in Betracht komme. Er nahm das schweigend entgegen und ließ die andere Revisionsbegründung unter den Tisch fallen. Das war mir ein charakteristisches Zeichen dafür, dass die ethisch-moralische Grundlage, worauf die augenblickliche Regelung der Anwaltschaft beim RG sich aufbaut – die RG-Anwaltschaft soll ein Filter sein und der RG-Anwalt soll Sachen, die er für aussichtslos hält, nicht nehmen –, jetzt nicht mehr in dem Maße besteht. Der große Anwalt kann es sich leisten, die faulen Sachen abzulehnen. Dann geht das Rennen los. Es kommt zu einem Beschluss nach § 33 der Rechtsanwaltsordnung. Auf neueren Rechtsgebieten ist es zudem zweifelhaft, ob sich der Ausgang einer Sache mit einiger Sicherheit voraussehen lässt. Ich erinnere an § 55 [EheG]. Man kann heute nicht mehr sagen, die RG-Anwaltschaft sei unentbehrlich. Die RG-Anwaltschaft bloß deshalb aufrechtzuerhalten, weil der RG-Anwalt in der Regel eine gute Routine hat, den Tatbestand geschickt vorzutragen, scheint mir nicht gerechtfertigt zu sein.

Stagel: Ich gehöre nicht zu den Leuten, die nur die Vorzüge und nicht auch die Schwächen des österreichischen Zivilprozesses sehen. Aber was die Einlegung der Rechtsmittel anlangt, so halte ich das System des österreichischen Zivilprozesses entschieden für besser als das des Reichszivilprozesses. Dies gilt zunächst schon von der Berechnung der Fristen. Ich kann mir gar nicht recht vorstellen, dass die Berufungsfrist und auch die Berufungsbegründungsfrist von einem anderen Zeitpunkt an zu laufen kann als von der Zustellung des vollständigen Urteils an. Nur bei Bagatellsachen tritt an die Stelle der Zustellung die Verkündung. Aber in solchen Fällen ist eine Berufung ohnedies nicht möglich.

Was nun die Dauer der Frist betrifft, so muss die Festsetzung einer längeren Frist, als sie die österreichische ZPO kennt, zu einer Verlängerung der Prozesse führen. Ich muss daher dafür eintreten, dass die Frist möglichst kurz bemessen wird. Man hat in Österreich auch zu der Zeit, wo unser Staat noch groß und unabhängig war, mit unseren Fristen das Auslangen gefunden. Niemals sind Beschwerden darüber, dass die Fristen zu kurz gewesen seien, aufgetreten. Die ungarische und die neue jugoslawische ZPO haben sich bezüglich der Fristen der österreichischen Regelung angeschlossen.

Die Anregung, die Fristen beweglicher zu gestalten, hat viel für sich, aber es steht zu befürchten, dass auf diese Weise die längere Frist sozusagen zur Regel wird. Es ist mir zweifelhaft, ob man einer solchen Entwicklung einen Riegel vorschieben kann. Eine Frage: Will man keine Höchstgrenze der Frist festsetzen und alles dem Ermessen des Richters überlassen?

Jonas: Ich würde keine Grenze einführen, denn das würde wieder aussehen, als ob man ein Normalmaß festsetzen würde.

Volkmar: Herr Stagel, Sie lassen die Revision in der ersten Instanz einlegen?

Stagel: Ja, immer bei der ersten Instanz. Die Einlegung beim iudex ad quem muss zu einer Verzögerung der Sache führen. Die Akten befinden sich beim Erstgericht; es ist also eine umständliche Versendung der Akten nötig. Dazu kommt noch die Schwierigkeit der Rechtskraftbestätigung. Das alles lässt es im Interesse einer möglichsten Beschleunigung geboten erscheinen, das Rechtsmittel bei der ersten Instanz einzulegen. Ich verkenne natürlich nicht, dass dieses System des iudex ad quem sehr zusammenhängt mit der Frage der Lokalisierung der Anwaltschaft. Ich komme immer mehr zu der Überzeugung, dass eine der Hauptursachen der Prozessverlängerung die Lokalisierung der Anwaltschaft ist. Auch aus anderen Gründen finde ich dieses System nicht günstig. Es ist richtig: Vier Augen sehen mehr als zwei. Aber in großen Prozessen bleibt es den Parteien unbenommen, noch den Rat eines anderen Anwalts einzuholen. Im Allgemeinen jedoch ist es kaum mit einer raschen und sparsamen Prozessführung verträglich, dass sich mehrere Anwälte mit der Sache befassen.

Dazu kommt noch als weitere bedenkliche Konsequenz, dass die Unmittelbarkeit des Verfahrens unbedingt leiden muss. Ein Anwalt, der der Sache vollkommen fern steht, sie nur aus den Akten kennt, der die Partei persönlich gar nicht kennt, ja auch nicht kennenlernen will, muss sich nun mit der Sache befassen. Dieses Argument trifft, und zwar in verstärktem Maße, auch für die RG-Anwaltschaft zu. Ein Anwalt, der eine Sache von der ersten Stunde an geführt hat, ist mit ihr viel mehr verwurzelt als ein anderer, der sie erst später aus den Akten kennenlernt. Der Anwalt soll nicht unbefangen, er soll befangen sein.

Fischer: Das liebt das Reichsgericht gar nicht.

Stagel: Ob das RG das liebt oder nicht, jedenfalls ist das RG hier auf dem falschen Wege; das ist meine feste Überzeugung. Die Lokalisierung ist kein Vorteil, sondern ein Nachteil. Ich habe den starken Eindruck, dass persönliche Beziehungen und Rücksichtnahmen die Änderung eines überholten Systems unmöglich machen. Jonas hat schon ausgeführt, dass die Frage der RG-Anwaltschaft zwei Seiten hat. Ich stimme ihm vollkommen bei. Von meiner österreichischen Erfahrung aus möchte ich aber noch Folgendes anfügen: Ehesachen kommen überall vor; jeder Anwalt kann eine Ehesache in die Hand bekommen. So liegt es nahe, dass Ehesachen auch in die Hände von Anwälten kommen, denen die nötige Routine fehlt. Hier gibt es naturgemäß Schwierigkeiten. Ich glaube aber nicht, dass es in vermögensrechtlichen Streitigkeiten ebenso schlimm liegt, weil eben die großen revisiblen Sachen mehr oder weniger in die Hände einzelner Rechtsanwälte gelegt werden. Diese Anwälte haben in der Regel auch die nötigen Erfahrungen und Kenntnisse, um anständige Revisionsbegründungen zu machen.

Jonas: Ich habe den Eindruck, dass die Revisionsbegründungen, auch die Berufungsbegründungen in österreichischen Sachen nach unseren Begriffen kolossal formalistisch sind. Hier wird alles in bestimmte Rügen gekleidet, und so bekommt die Sache ein reichlich steriles und formalistisches Gepräge. Ich bitte diesen Ausdruck nicht misszuverstehen. Den Österreichern fällt bei uns auf, dass bei uns furchtbar viel geschrieben wird. Wir Reichsdeutsche haben den Eindruck: Im österreichischen Prozess wird zu wenig geschrieben und gebracht. Alles wird in bestimmte formale Rügen hineingepresst. Dadurch erhält die zweite Instanz etwas Totes; sie ist nicht eine Tatsachen-, sondern mehr eine Rechtsinstanz. Das Ideal dürfte auch hier in der Mitte liegen. Man sollte den österreichischen Prozess gut auflockern, während für den reichsdeutschen Prozess auch jetzt noch namentlich hinsichtlich der schriftlichen Sachen eine strengere Disziplin erwünscht wäre. Allerdings glaube ich, ist das geeignetste Druckmittel, Disziplin und Konzentration zu erreichen, der nahe bevorstehende Termin. Daher plädiere ich sehr dafür, dass in der Berufungsinstanz so bald wie möglich ein Terrain angesetzt wird. Die Parteien und auch die Anwälte wissen nun, dass sie entsprechend schnell und konzentriert arbeiten müssen, um die Sache vor dem Strick des beschlussmäßigen Abwürgens zu bewahren.

Stagel: Im Wesentlichen kann ich Ihnen vollkommen beistimmen. Aber ob es möglich ist, auf diese Weise eine Besserung herbeizuführen, weiß ich nicht. Jedenfalls möchte ich sehr dafür eintreten, dass die Rechtsmittel beim Erstrichter eingelegt und die Fristen tunlichst kurz bemessen werden. Wenn man schon die Möglichkeit einer Fristverlängerung gibt oder die Frist überhaupt nicht begrenzen will, so sollte man sich immer an möglichst kurze Fristen halten.

Vorsitzender [Lent]: Es ist für mich als Theoretiker schwierig, zu dieser Frage Stellung zu nehmen, die ausschließlich eine Angelegenheit der Praxis ist. Immerhin möchte ich mich den Auffassungen der Herren Fischer und Stagel anschließen. Ich halte es für geboten, die Rechtsmittelfrist erst mit Zustellung des vollständigen Urteils laufen zu lassen. Bei der Revision kann ich mir das überhaupt nicht anders vorstellen. Aber auch bei der Berufung würde ich es für das Normale halten, dass ich ein Rechtsmittel erst dann einlegen kann, wenn ich mir über die Begründung des Urteils im Klaren bin, das ich anfechten will. Ich konnte mich nicht davon überzeugen, dass überwiegende Gründe dagegen sprechen. Es ergibt sich daraus der Vorteil, dass man nach dem Vorschlag Fischer Berufungsfrist und Begründungsfrist zusammenlegen kann, so dass die Berufung, die erst nach Zustellung des vollständigen Urteils eingelegt werden kann, gleichzeitig auch begründet wird. Im technischen Aufbau erscheint mir dies als die schönere Lösung. Ob sie sich praktisch bewährt, darüber steht mir als Theoretiker ein Urteil nicht zu. Sollte aber eine besondere Begründungsfrist beibehalten werden, so bin ich allerdings für den Vorschlag Jonas, der es dem richterlichen Ermessen anheim stellt, im Einzelfall eine Begründungsfrist festzusetzen.

Was die Bemessung der Fristen anlangt, so bin ich auch für eine Verkürzung. Ich bin aber nicht abgeneigt, dem Vorschlag Fischer beizutreten, der die Bemessung der Fristen abstellt je nach der Entfernung der Parteien voneinander. Wenn wir grundsätzlich kurze Fristen festsetzen, so kann das bei weit auseinander wohnenden Parteien zu Schwierigkeiten führen.

Nun zur Frage: Soll beim iudex ad quem oder beim iudex a quo eingelegt werden? Hier muss ich grundsätzlich sagen: Ich bin für die Einlegung beim iudex ad quem. Ich kann die Vorteile nicht sehen, die damit verbunden sein sollen, dass man beim iudes a quo einlegen soll.

Über die RG-Anwaltschaft muss ich mich eines Urteils enthalten. Wenn wir aber wirklich an die Beseitigung der RG-Anwaltschaft denken, so müssten wir auch einen Herrn von der RG-Anwaltschaft hören. Was der sagen wird, ist klar, aber wichtig ist, welche Gründe er anführen wird. Ich würde bereit sein, einen jüngeren Herrn aus dem Kreise der Anwaltschaft beim RG zur Erörterung dieser Frage zuzuziehen. Ich kann mir denken, wofür er plädieren wird. Aber man kann schon aus der Art seiner Gründe und Argumente Schlüsse ziehen. Aus seiner praktischen Erfahrung heraus könnte er immerhin Gesichtspunkte vorbringen, die nicht unwesentlich sind. Wie gesagt, ich möchte mich des Urteils darüber vorläufig noch enthalten.

Jonas: Ich glaube, es ist unmöglich, die Fragen der Abkürzung der Fristen und der Einlegung und Begründung zu kombinieren, zu kumulieren. Das dürfte schlechterdings unmöglich sein.

Staud: Die Vorbedingung wäre die Zustellung des vollständigen Urteils.

Jonas: Einfach zu sagen: „Du hast 14 Tage Zeit, in dieser Zeit musst Du nicht nur einlegen, sondern auch begründen", das halte ich für schlechterdings undurchführbar.

Volkmar: Das ist auch nicht nötig. Jetzt haben wir die Berufungsfrist und die Berufungsbegründungsfrist, und außerdem eine schrankenlose Verlängerungsbefugnis, von der sinnlos Gebrauch gemacht wird.

Jonas: Dies wird von meinem Standpunkt aus dadurch beseitigt, dass vorher Termin anberaumt wird.

Staud: Man kann daran denken, die Einlegungsfrist mit 14 Tagen zu bemessen und die Begründungsfrist bei einem Monat zu belassen. Dabei würde ich festhalten an der amtlichen Zustellung des vollständigen Urteils.

Jonas: Die Zustellung aller Urteile mit Gründen von Amts wegen bedeutet eine enorme Belastung der Staatskasse. Für eine Seite der Urteilsausfertigung werden 30 Pf. berechnet. Das ist wenigstens der Betrag, der durchschnittlich herauskommt. Nun ist es eine schwierige Angelegenheit, den Parteien unentgeltlich nur eine Urteilsabschrift zu geben. Nun soll der Staat das alles umsonst machen. Die Ausfertigung eines Ehescheidungsurteils kostet durchschnittlich 10 M. Ein Berufungsurteil enthält etwa 15 Seiten, auf denen die Beweisaufnahme wiedergegeben ist. Eigentlich kommt es nur auf die zwei oder drei Seiten Würdigung an. Ich meine, ganz kann man den Gesichtspunkt nicht außer acht lassen, ob dem Staat für zwei Ausfertigungen 30 M entgehen, oder ob er diesen Betrag aus eigener Tasche bezahlen muss, häufig noch dazu vollkommen überflüssigerweise, wenn nämlich die Parteien auf die Ausfertigung kein Gewicht legen, weil sie nicht Berufung eingelegt haben.

Staud: Wenn in die Maschine zwei, drei oder vier Durchschläge eingelegt werden, so berechnet der Staat die Seite mit 30 Pf. Der Satz ist zweifellos hoch, und der Staat verdient daran noch. Nun gehen die meisten dieser Fälle doch im Armenrecht, und da erhält die Partei die vollständige Urteilsausfertigung doch; diese kommt unter die zahlungspflichtigen Auslagen, würde ich sagen. Dann zahlt die wohlhabende Partei, die nicht im Armenrecht streitet, nachher 2,50 M oder 7,60 M oder 12,30 M. Ich bin überzeugt: Alle geschiedenen Leute besitzen unter ihren Papieren eine vollständige Ausfertigung ihres Scheidungsurteils. Die Leute wollen doch wissen, weshalb ihre Ehe geschieden worden ist.

Volkmar: Das Ganze spitzt sich auf eine praktische Frage zu. So bestechend die ganze Idee an sich ist, dass das Rechtsmittel beim iudex a quo einzulegen ist, so ist doch die Voraussetzung dafür – das haben wir an dem Beispiel des österreichischen Prozesses durchexerziert – die Fortwirkung des Armenrechts. Wir haben also dann auch im Altreich den Zustand, dass jemand, der beispielsweise für die Berufungsinstanz das Armenrecht erhalten hat, aufgrund dieses Armenrechts allein schon die Einlegung der Revision ermöglichen kann. Damit verlassen wir den Gedanken, der unser heutiges Recht mit guter Begründung leitet: dass, wenn jemand im Armenrecht ein Rechtsmittel einlegen will, der Rechtsmittelrichter von seinem Standpunkt aus prüfen kann, ob den Gründe dafür vorhanden sind, um ein solches Rechtsmittel einzulegen, und ob das Rechtsmittel Aussicht auf Erfolg hat. Künftig wird es dann möglich sein, dass völlig aussichtslose Revisionen eingelegt werden können, die erst später, bei der Durchführung abgedrosselt werden können, indem erst in diesem Stadium der Richter der höheren Instanz sich mit der Sache befassen kann. Das scheint mir nicht möglich zu sein. Außerdem hat eine solche Lösung erhebliche Verteuerungen und Belastungen der Staatskasse zur Folge.

Kehrt man umgekehrt zu der Einlegung des Rechtsmittels beim iudex ad quem zurück und zieht man Berufungsfrist und Berufungsbegründungsfrist in eins zusammen, so ist das vernünftig und richtig. Es soll einer nicht sagen können, ich missbillige die Gründe des Ersturteils, kenne sie aber nicht, sondern erst, wenn er sagen kann, weshalb er sie missbilligt, soll er von dem Rechtsmittel Gebrauch machen. Dann müssen wir allerdings dahin kommen, dass die Rechtsmittelfrist überhaupt erst läuft, wenn das vollständig abgefasste Urteil zugestellt ist. Wir haben jetzt aus praktischen Erwägungen heraus die Möglichkeit, dass schon vor Fertigstellung des vollständigen Urteils eine Urteilsausfertigung, die allein aus Rubrum und Tenor besteht, zur Zustellung benutzt werden kann, um die Zwangsvollstreckung zu ermöglichen. Hier sind wir in anderer Lage als in Österreich, indem wir dafür die vorläufige Vollstreckbarkeit haben, auf die in der Praxis großer Wert gelegt wird. Man muss dem Kläger, der in einem komplizierten erstinstanzlichen Prozess nun glücklich das Urteil erstritten hat, die Möglichkeit einräumen, dass er nicht zu warten braucht, bis der Prozess in letzter Instanz entschieden ist und der Gegner Zeit genug hat, um seine Vermögensstücke beiseite zu bringen. Vielmehr soll er sofort mit der Vollstreckung angreifen können. Doch hier kommen wir wieder in große praktische Schwierigkeit. Man könnte sagen: Voraussetzung für die Zwangsvollstreckung ist die Zustellung eines Urteils. Der Partei kann auf ihren Antrag, wenn die Begründung des Urteils noch nicht vorliegt, ein abgekürztes Urteil ausgehändigt werden, und die Zustellung dieses abgekürzten Urteils genügt für die Zwangsvollstreckung, ohne dass damit die Rechtsmittelfrist in Lauf gesetzt wird. Aber da ist die andere Schwierigkeit: Jetzt kann der Gegner, wenn er das Rechtsmittel einlegt – und das kann er jetzt sofort einlegen, – die Einstellung der Zwangsvollstreckung beantragen. Diese Möglichkeit hat er später nicht. Er kann zwar auch das Rechtsmittel schon vor Beginn der Rechtsmittelfrist einlegen; er kann es aber, wenn er die Gründe des Urteils nicht kennt, schwerlich begründen. Wenn wir das Vorliegen einer Urteilsbegründung fordern, ehe die Berufung eingelegt werden kann, geraten wir in Schwierigkeiten. Diese Frage müssen wir restlos klären, ehe wir zu einem praktischen Ergebnis kommen können.

Stagel: Natürlich kann man die Berufung früher einlegen; aber eine eigene Frist dazu braucht man nicht. Die Frist läuft von der Zustellung an.

Staud: Erst von der Zustellung des vollständigen Urteils an.

Volkmar: Der Berufungskläger kann, solange die Berufungsfrist nicht abgelaufen ist, die Berufungsschrift ständig ergänzen.

Jonas: Eine solche Regelung ist aber ziemlich undurchsichtig. Wir stellen als Grundsatz auf: Die Berufung ist gleich bei ihrer Einlegung zu begründen. Wie soll das dem Publikum plausibel gemacht werden? Wir gehen davon aus, dass das Rechtsmittel gleichzeitig eingelegt und begründet wird. Aber das geht nicht in all den Fällen, wo Zwangsvollstreckung droht und das Urteil noch nicht vollständig zugestellt ist. Da muss man erst Berufung einlegen und hinterher die Berufung begründen. Diese Lösung scheint mir wenig durchsichtig zu sein.

Volkmar: Dazu braucht man gar nichts Besonderes zu sagen. Das ergibt sich aus dem Wesen der Begründung. Ich kann die Berufungsbegründung bis zum Ablauf der Begründungsfrist jederzeit ergänzen.

Staud: Man kann doch heute schon vor Beginn der Berufungsfrist das Rechtsmittel einlegen. Übrigens sind die Fälle selten, in denen schon aufgrund der abgekürzten Urteilsausfertigung sofort mit der Vollstreckung losgegangen wird. Im Großen und Ganzen sind das nur arrestartige Fälle.

Fischer: Praktisch kommt das tatsächlich selten vor. Meist wartet man lieber, bis klar ist, ob die Sache endgültig ist oder nicht. Macht man von der Vollstreckung Gebrauch, dann braucht man wieder die abgekürzte Ausfertigung, wenn das Rechtsmittel eingelegt ist. Dann vollstreckt man manchmal doch, weil man die vier Jahre nicht abwarten will, bis das RG zum Termin kommt. Hier handelt es sich nur um die kurze Urteilsausfertigung zum Zwecke der Vollstreckung. In Revisionssachen wird nicht vollstreckt; bei Berufungssachen kommt das eher vor.

Vorsitzender: Ich finde diese Zweiteilung ganz natürlich: Kein vollständiges Urteil für die Vollstreckung, dagegen vollständiges Urteil für die Einlegung des Rechtsmittels.

Staud: Wir hatten in Wiesbaden gesagt: Was für die Vollstreckung notwendig ist, braucht für die Zustellung nicht notwendig zu sein. Für die Vollstreckung genügt es, dass der Gerichtsvollzieher dem Schuldner den Titel vorzeigt, aufgrund dessen er vollstreckt. Die jetzige Art der Zustellung als Vollstreckungsvoraussetzung ist nichts Gottgegebenes; das kann man billiger und einfacher machen. Es genügt vielleicht, dass der Gerichtsvollzieher den Titel vorweist und eine Abschrift und dergl. zurücklässt. Das sind ganz untergeordnete technische Dinge.

(Mittagspause)

Nachmittagssitzung

Vorsitzender [Lent]: Wir fahren in unseren Beratungen fort und wollen zusammenfassen, worauf wir uns bei der *Berufungsbegründung* einigen konnten. Nun lässt sich ja schwer über einzelne Punkte sprechen, weil alles ineinandergreift. Es ist alles ein geschlossener Aufbau. Aber vielleicht können wir sehen, wie bei einigen Punkten die Meinungen verteilt sind. Der erste Punkt war doch wohl, ob man den Beginn der Rechtsmittelfrist an die Zustellung des vollständigen Urteils binden soll. Dafür war im Allgemeinen Neigung vorhanden. Herr Senatspräsident hatte sich ja einen anderen Aufbau gedacht. Wir müssen sehen, ob die einzelnen Glieder richtig ineinandergreifen. Wir stellen also als ersten Punkt fest: Es besteht im Allgemeinen Neigung dafür, die Rechtsmittelfristen mit der Zustellung des vollständigen Urteils beginnen zu lassen. Für Zwangsvollstreckung gelten ja dann andere Grundsätze.

Der zweite Punkt war, ob die Berufungsbegründung und die Berufung miteinander vereinigt werden sollen, oder die Abschaffung einer besonderen Frist für die Berufungsbegründung. Eine solche können wir ja wohl nun entbehren; denn mit der Zustellung des vollständigen Urteils würde ja derjenige, der ein Rechtsmittel einlegen will, bei seinem Entschluss, Rechtsmittel einzulegen, sich auch über die Begründung seiner Berufung klar werden können. Also würde wohl die Möglichkeit bestehen, von einer besonderen Berufungsbegründungsfrist Abstand zu nehmen (*Zustimmung.*)

Fischer: Es hat ja etwas für sich, und ich habe mich ja auch auf diesen Standpunkt gestellt. Ich habe nur noch zu erwägen gegeben, ob es technisch möglich wäre, für besondere Fälle eine weitere Frist zur Ergänzung der Berufung einzuführen.

Jonas: Das muss unbedingt sein.

Vorsitzender: Das wollen wir gleich festhalten. Aber im Prinzip soll eine besondere Begründungsfrist wegfallen. Nun können wir gleich den Punkt nehmen, über den wir wohl einig sein werden: Die Möglichkeit, dass der Vorsitzende in besonderen Fällen, also bei Glaubhaftmachung, eine Frist zur Ergänzung der Berufungsbegründung gewähren kann.

Jonas: Doch in dem Sinn: Die Frist kann auch nachgesucht und gesetzt werden, nachdem die Frist schon abgelaufen war? Das ist eine Frage, die wichtig ist. Im österreichischen Recht ist es ja so.

Stagel: Da ist überhaupt keine Ergänzungsfrist.

Jonas: Die Frist zur Behebung von Mängeln!

Stagel: Das muss natürlich rechtzeitig geschehen.

Jonas: Wir wollen aber einmal sagen: Es ist mangelhaft eingebracht, es ist nicht von einem Anwalt unterzeichnet.

Stagel: Dann wird eine Frist gesetzt. Die kann natürlich länger sein.

Jonas: Am letzten Tag der Berufungsfrist wird von der Partei ans Gericht geschrieben: Ich lege Berufung ein. Dann hat der Richter doch nach Ablauf der Frist die Möglichkeit, eine Frist zu setzen.

Stagel: Das schon, wenn nur die nicht formgerechte Berufung rechtzeitig innerhalb der Berufungsfrist eingelaufen ist.

Volkmar: Auch wenn sie ohne Begründung eingegangen ist?

Stagel: Ich denke schon; da sind die Gerichte ziemlich großzügig.

Volkmar: Dann würde ich wenigstens vorschreiben, dass der Antrag auf Ergänzungsmöglichkeit spätestens mit der Einlegung der Berufung oder innerhalb der Frist gestellt wird.

Jonas: Dann läuft es nur darauf hinaus: Ist dieses Formale erfüllt oder nicht?

Volkmar: Wenn sich im Prozess herausstellt, er hat eine ungenügende Berufungsbegründung eingereicht, so kann das im Prozess doch nicht noch einmal geschehen.

Jonas: Es taucht die Frage auf: Ist das, was gesagt ist, noch als Begründung anzusehen oder nicht? Der Anwalt hat nicht gebummelt, sondern wird mit der Sache am letzten Tage befasst. Er konnte gar nicht mehr schreiben und schreibt dann formularmäßig hinein: Sollte das nicht ausreichen, dann bitte ich, mir eine Nachfrist zu gewähren. Tut er das nicht, dann ist die Geschichte endgültig verfallen.

Fischer: Das möchte ich gerade nicht; denn dann kommt es darauf hinaus, dass der Druck wegfällt und man von diesem gesetzlichen Mittel immer wieder Gebrauch macht.

Jonas: Wir kommen nur immer wieder dahin, das Verfahren mit Fußangeln zu versehen, die meiner Meinung nach in einen modernen Prozess nicht hineinpassen.

Volkmar: Eine Berufungsbegründung ist doch eine ganz bewusste Fußangel. Der Mann muss doch wissen: Ich kann meine Berufungsbegründung machen oder nicht. Kann er sie machen, dann macht er sie mit der Berufungseinlegung. Kann er sie nicht machen, dann bittet er um eine Frist, und die Frist kann er doch vorher beantragen.

Jonas: Es sind aber Fälle vorgekommen, wo Reichsgerichtsentscheidungen darüber ergangen sind, ob etwas als Berufungsbegründung ausreicht oder nicht, und darüber werden die Ansichten immer verschieden sein. Ich möchte unter allen Umständen verhindern, dass die Parteien, die Brot und nicht Steine haben wollen, nachher damit abgewürgt werden: Ja, was du gebracht hast, ist nicht ausreichend, das ist keine ordnungsmäßige Berufungsbegründung. Hättest du allerdings hineingeschrieben, ich bitte um eine Fristverlängerung, dann wäre die dir natürlich gewährt worden.

Volkmar: Wir wollen doch die Fristverlängerung nicht dazu geben, dass törichte Berufungsbegründungen verbessert werden können. Denn wovon kommen die schlechten Berufungsbegründungen? Ich habe in meinen Bemerkungen in der Arbeitsrechtsabteilung immer wieder gesagt: Es ist ruchlos von einem Anwalt, hier auf Kosten seiner Partei Rechthaberei zu treiben und sich zu sagen: dies ist meines Erachtens noch das Minimum einer Begründung, das muss das Gericht noch zulassen; mag er doch lieber die schärfsten Anforderungen an seine Berufungsbegründungen stellen. Das sind doch solche Berufungsbegründungen, wo einfach steht: Ich halte das erste Urteil für verfehlt und berufe mich auf mein Vorbringen erster Instanz. Warum sagt er nicht, was ihm an dem ersten Urteil nicht zusagt?

Fischer: Selbstverständlich muss er das sagen.

Jonas: Selbstverständlich! Nun verweist er aber auf einen Armenrechtsschriftsatz, wo wörtlich alles darin steht, wo die ganze Frage, ob eine Berufungsbegründung vorliegt oder nicht, einzig und allein eine Frage ist, ob ein bei den Akten befindliches Schriftstück von zehn Seiten noch einmal abgeschrieben ist oder nicht.

Volkmar: Ist nicht die Bezugnahme auf ein in derselben Sache eingereichtes Armenrechtsgesuch gestattet?

Jonas: Darüber sind wer weiß wie viel Entscheidungen ergangen. Es herrscht ein großer Formalismus auf dem Gebiet. Man sagt: Wenn ich auf etwas verweise, was ich selbst geschrieben habe, geht es; wenn es von einem anderen Anwalt eingereicht ist, geht es nicht. Auch wenn der Anwalt auch beim Oberlandesgericht zugelassen ist, sind die Ansichten über die Frage bei den Senaten des Reichsgerichts geteilt. Ich muss also doch sagen: Es ist erschütternd, wenn wir den Ballast von Geistesgymnastik in die spätere Prozessordnung übernehmen wollen.

Vorsitzender: Diese Unterscheidungen kommen mir auch unnatürlich vor. Aber könnte man nicht hineinschreiben: Seine Bezugnahme auf Ausführungen im selben Prozess oder in dem Armenrechtsprozess ist möglich?

Volkmar: Das ist doch keine so große Zumutung für den Anwalt. Wenn ich weiß, die Sache ist zweifelhaft, dann würde ich doch die Kernsätze des Armenrechtsschriftsatzes in mehreren Seiten hineinfügen und sagen: Wegen näherer Einzelheiten darf ich auf das Gesuch verweisen. Warum sind denn die Anwälte so?

Jonas: Es ist erschütternd, wenn ich die Erziehungsarbeit, die ich an Anwälten leisten will, auf dem Buckel der Partei leiste. Die Partei wird es nicht verstehen. Jetzt hat man immer das drastische Beispiel: Wenn eine solche Rechtsprechung im „Schwarzen Korps" kritisiert wird, wissen wir, wie die Sache läuft. Wir müssen uns meiner Ansicht nach von dem Gedanken freimachen: Was der Anwalt verbockt, geht absolut auf Kosten der Partei. Aus dem Grunde bemühen sich doch immer die oberen Gerichte, Hilfsmittel und Wege zu finden. Ich erinnere an den Fall, den ich Ihnen vorhin beim Kaffeetrinken über die Wiedereinsetzung des Unteroffiziers erzählte, der in Norwegen war. Wenn man das Rechtsmittel wegen einer Fristversäumnis bei einem Unteroffizier abschlägt, der gerade in Narvik ist, so trägt das Publikum so etwas nicht.

Fischer: Ich habe eigentlich meinen Vorschlag so gedacht, dass der Anwalt schreibt: Das und das greife ich in dem Urteil an, dazu habe ich das und das vorzubringen, ich erwarte aber noch weitere Instruktionen, die habe ich nicht bekommen können, der Briefwechsel mit meiner Partei ist noch nicht abgeschlossen. Das mache ich glaubhaft. Ich lege dem Präsidenten des Gerichts einen Brief vor, in dem ich noch weitere Angaben fordere und Stellungnahme, ob z.B. auf etwas verzichtet werden oder was vorgebracht werden soll usw. Das lege ich dem Präsidenten vor und sage: Ich bitte, mir noch 14 Tage zu geben. So habe ich das gedacht. Ich habe gar nicht an Verbesserung von Mängeln und Fehlern gedacht, sondern daran, dass der Anwalt sagt: Es tut mir leid, ich bin trotz aller Sorgfalt mit der Sache nicht fertig geworden. Das kann vorkommen.

Jonas: Und glaubt er schließlich, fertig geworden zu sein, ist das Gericht vielleicht der Ansicht: Nein, das kommt nicht in Frage.

Fischer: Ich kann über die Reichsgerichtsinstanz nicht viel sagen. In der Berufungsinstanz geht es doch so, dass der Vorsitzende sagt: Bitte, § 139, hier fehlt noch etwas, das muss ich nachhaken. Sowie der Richter eine Angabe verlangt, muss sie noch gebracht werden können. Da kann nicht plötzlich der Richter sagen, wenn er sie bringt: das ist aber verspätet. Das geht doch nicht.

Volkmar: Ich kann doch eine Berufungsbegründung nur ergänzen, soweit es wesentliche Umstände sind. Nehmen Sie an, er hat ganz versäumt anzugeben, was er in dem ersten Urteil zu bemängeln hat.

Fischer: Dann ist keine Berufungsbegründung da. Das genügt mir nicht.

Volkmar: Dann ist die Berufungsbegründung unzulässig und bleibt unzulässig, und es besteht kein Bedürfnis, hier eine Nachfrist zu geben. Denn eine Berufungsbegründung zu machen, ist kein Kunststück.

Jonas: Eine formale Begründung, die hieb- und stichfest ist, das ist kein Kunststück. Aber wir wollen nicht auf formale Begründungen abkommen, sondern wollen Berufungsbegründungen haben, die den Prozess wirklich fördern.

Volkmar: Damit fördere ich ihn doch nicht. Wenn der Anwalt sagt: Im Moment kann ich nur eine formale Begründung machen, ich brauche unter Umständen noch neue Tatsachen, darüber mache ich zur Zeit Ermittlungen, die ich noch nicht abschließen konnte, das mache ich glaubhaft durch die und die Angaben, und nunmehr bitte ich, mir eine Frist zur Ergänzung zu geben, – dagegen ist nichts zu sagen. Aber wenn es ihm nicht einmal gelingt, eine Berufungsbegründung zu machen, die das Notwendige enthält, was eine Berufungsbegründung enthalten muss, dagegen ist kein Kraut gewachsen.

Jonas: Man muss sich die Frage vorlegen: Was soll die ganze Berufungsbegründung? Da müssen wir doch historisch davon ausgehen: Wie ist die Berufungsbegründung überhaupt entstanden? Sie ist doch nach dem Vorbild der Revisionsbegründung entstanden. Das Bedürfnis zur

Revisionsbegründung, zum Vorbringen bestimmter Rügen hatte einen ganz anderen Grund. Der gesetzgeberische Grund war der: Das Reichsgericht soll nicht genötigt sein, von Amts wegen die ganzen Akten nach irgendwelchen prozessualen Mängeln zu durchstöbern. Die Verantwortung dafür, ob die Rüge der prozessualen Mängel einer Vorinstanz vorlag, soll die Partei übernehmen. So war die Revisionsbegründung eingeführt worden. Wir führten 1924 die Berufungsbegründung ein. Da war doch das Ziel: Es soll nicht bis zur mündlichen Verhandlung vollständig unklar sein, was die Partei eigentlich will. Sie soll sagen, aus welchem Grunde das Urteil angefochten wird, und zweitens soll die Möglichkeit geschaffen werden, es soll aus verwaltungsökonomischen Gründen Sicherheit geschaffen werden, dass Berufungen, die an sich nur Vorratsberufungen waren, nicht am Tage vor der mündlichen Verhandlung erst zurückgenommen werden und das Gericht die Vorbereitungen überflüssigerweise gemacht hat. Also die Frage, ob eine Berufung ernsthaft durchgeführt werden soll, sollte sich schon einige Wochen vor dem Termin klären. Wenn man sich noch einmal vorhält: Dieses sind die beiden Zwecke der Begründung, ist es da so schlimm, wenn man da dem Gericht eine gewisse Bewegungsfreiheit und die Möglichkeit gibt, wenn eine unzureichende Begründung vorliegt und an sich klar ist, dass der Mann die Berufung durchführen will, dass das Gericht sagt: Höre einmal, das, was du bisher vorgebracht hast, reicht nicht aus, bessere das innerhalb von zwei Wochen, die ich dir gebe, nach. Passieren kann doch nichts, denn es ist ja, wenn Sie sich auf meinen Standpunkt stellen, klar: Der Termin, der von der Einreichung an in zwei Monaten angesetzt war, findet so oder so statt, eine Verzögerung tritt nicht ein, und das Missliche, dass eine Fußangel hier eigentlich zwecklos gelegt ist, fällt weg. Ich stelle mich auch auf den Standpunkt, und es wird mir immer leichter, mich auf den Standpunkt zu stellen: grundsätzliche Berufungsbegründungen mit der Einlegung zusammen. Das soll alles sein; bloß möchte ich nicht an den Verfall der Frist schon unbedingt den Verlust des Rechtsmittels knüpfen. Das Gericht soll in der Lage sein, noch eine Nachbesserungsfrist zu geben.

Volkmar: Aber nach Ablauf der Frist?

Jonas: Termin ist in acht Wochen angesetzt. Heute ist Berufung eingelegt. Das Kammergericht sagt: In sechs oder acht Wochen findet der Termin statt. Es ist für den Prozess vollständig ausreichend, wenn alles das, was das Gericht an Vorbereitungen braucht, sechs Wochen vorher da ist. Weshalb soll ich, wenn einer nach vier Wochen die Sache aus irgendwelchen Gründen schlecht vorbereitet hat, vielleicht weil die Partei krank war, weil die Partei im letzten Augenblick zum Anwalt gegangen ist oder weil der Anwalt, der schließlich auch einmal Urlaub nehmen muss, in der Zeit durch einen unfähigen Probeassessor vertreten war – an all solche Fälle müssen wir doch denken, – weshalb soll man, wenn da von irgendeiner Seite etwas versiebt wird, die Partei dafür büßen lassen und absolut sagen: so etwas darf nicht vorkommen? Da kann ich immer nur sagen: Damit töten wir den Zivilprozess und drängen alle Verfahren, bei denen es sich um wichtigere Sachen handelt, in die freiwillige Gerichtsbarkeit, die nicht so formal ist.

Volkmar: Das sind aber doch zwei ganz verschiedene Gedanken. Da müssen Sie auch zwei verschiedene Sätze im Gesetz machen. Das eine ist das Naheliegende und unbedingt Schutzbedürftige: Der Berufungskläger ist nicht in der Lage, innerhalb der Berufungsfrist eine richtige Begründung zu machen und er sagt: Ich schreibe eben etwas hinein, ich bin aber der Meinung, dass ich unter Umständen noch neue Tatsachen bringen muss, und bitte infolgedessen um eine Frist zur Ergänzung. Diese Frist kann er stellen, ehe die Berufungsfrist abgelaufen ist. Das kann er gleich seiner Berufungsschrift beifügen. – Der zweite Fall, der ganz anders liegt: Er hat freudestrahlend am Schluss der Frist – nehmen wir an, zwei Tage vor Ablauf der Berufungsfrist ist sie erst eingegangen – eine Berufungsschrift eingereicht, die diese krassen Mängel enthält, denn sie müssen sehr krass sein, wenn es zur Verwerfung führen würde. Er hat also eine ganz mangelhafte Berufungsbegründung eingereicht, weil er es selbst nicht gemerkt hatte, denn wenn er es gemerkt hätte, würde er ja, soweit es nötig ist, um eine Nachfrist bitten. Nachdem nun der Vorsitzende die

Sache nach Ablauf der Berufungsfrist vorgelegt bekommen hat, prüft er das und sagt: Hier liegt überhaupt keine ordnungsmäßige Berufungsbegründung vor. Nun soll er dem Mann sagen: Es sind keine Berufungsgründe im Sinne des Gesetzes, ich beziehe mich auf mein Vorbringen in erster Instanz, das ist anerkanntermaßen keine Berufungsbegründung; mache das noch einmal, dazu gebe ich dir noch eine Frist. Ich weiß nicht, ob dazu ein Bedürfnis vorliegt.

Jonas: Ich kann nur sagen, ich treibe hier Erziehungsarbeit.

Volkmar: Dann wird sich kein Anwalt mehr bemühen, eine ordnungsmäßige Berufungsbegründung zu machen.

Vorsitzender: Dann wollen wir den Begründungszwang überhaupt streichen!

Jonas: Es sind alles Fragen, die man nicht auf die Spitze zu treiben braucht. Es ist meiner Meinung nach auf die Spitze getrieben, wenn ich in diesem Fall sage: Weil der Anwalt das verbockt hat, fällt eben die Partei herein. Da gibt der Staat nicht Recht, sondern Unrecht.

Vorsitzender: Das ist beim Notar auch so, wenn etwas verbockt wird.

Jonas: Es gibt gewisse Härten, die sich nicht vermeiden lassen. Aber ich sehe das hier absolut nicht ein; denn ich treibe keine Erziehungsarbeit damit, dass ich einen Anwalt oder eine Partei auf diese Weise zur Strecke bringe; denn im Regressprozess fällt natürlich die Partei nachher grundsätzlich herein.

Vorsitzender: Wenn der Mann eine Berufungsbegründung einreicht, die den einfachsten Erfordernissen nicht entspricht, kann doch ein Verschulden kaum zu bezweifeln sein.

Jonas: Bei Regressprozessen gegen Anwälte wissen wir doch, dass das eine Sache ist, wo die Partei zunächst keinen Anwalt kriegt. Nichts ist doch schwieriger, als einen Regressprozess gegen einen Anwalt zu führen.

Volkmar: Glauben Sie, dass ein Bedürfnis für solche Sachen besteht?

Fischer: Ich sage ja, dass wir durch die neue Regelung nichts gewinnen. Ich bin ja auch dafür. Die Frage ist ja, wie Sie die Frist bemessen, ob Sie eine Staffelfrist geben wollen oder nicht. Aber selbst wenn Sie bei der Monatsfrist blieben, kann ich mich natürlich vom Standpunkt der Anwaltschaft furchtbar ins Zeug legen für die Vorschläge von Herrn Jonas, denn sie erleichtern uns die Verantwortung. Ich habe Zweifel, ob es wirklich richtig ist, dass in der anderen Gestaltung kein erzieherischer Wert läge. Ich glaube eben, dass man darauf drücken sollte, dass die Anwälte die Sache fertig machen, denn ich sehe immer einmal gelegentlich sowohl bei der Berufung wie bei der Revision, dass man sich halt Zeit lässt und sich keine sorgfältige Mühe gibt, weil man immer noch das Korrektionsmittel hat, während man, wenn man das im beschränkten Maße hat, sich viel mehr Mühe geben wird. Ich bin auch nicht der Ansicht, dass der Regressprozess gegen den Anwalt so aussichtslos ist. Es gibt eine Reihe von Anwälten, namentlich solche, die dem Kreis des Kammervorstandes nahestehen, die sagen: Natürlich, wenn gegen einen Anwalt der Vorwurf erhoben wird, dass er nicht anständig gehandelt hat, muss das zur gerichtlichen Entscheidung kommen.

Jonas: Nur bei der Frage mit der Verweisung auf Armenrechtsgrundlage usw. muss man doch sagen: Es ist an den Fingern abzuzählen, ob so oder so entschieden wird, und der Regressprozess steht dann unter dem Gesichtspunkt: Was rechtens ist, darüber hat uns ja das Reichsgericht belehrt, aber dich trifft keinerlei Verschulden, weil du diesen Punkt nicht bedacht hast, denn diese feine Nuance, dass du das nicht bedacht hast, ist kein Verschulden.

Fischer: Darin haben Sie Recht. Ich möchte nur eins genau festhalten. Es sind wirklich zwei ganz verschiedene Fragen. Die eine Frage ist die mangelhafte Begründung, und die andere Frage ist keine ausreichende Zeit für die Begründung, das klare Voraussehen, dass man nicht auskommt, und die Bitte um die Ergänzungsfrist. Da können wie einig sein. (*Zustimmung.*) – Nun kommt der zweite Punkt von Herrn Jonas: Soll der Vorsitzende, der Mängel der Berufungsbegründung oder der Revisionsbegründung sieht, von Amts wegen sagen hier sind Mängel, ich gebe dir noch 14 Tage?

Jonas: Das möchte ich.

Fischer: Das geht nicht gegen meine Idee, sondern ist eine andere Idee.

Jonas: Jetzt ist es so: die Frist ist versäumt, und dann kriegt der Anwalt ein Schreiben vom Gericht: Das Gericht beabsichtigt, die Berufung als unzulässig zu verwerfen wegen Fristversäumnis, weil du es nicht ordnungsmäßig begründet hast, äußere dich dazu! – Da schreibt der Anwalt: Ich bin der festen Überzeugung gewesen, dass meine Berufungsbegründung ausreichend war. Da hatten wir einmal einen ganz neckischen Schriftwechsel in den Akten; da schrieb der Referent immer wieder zurück: Sie sind bereits dahin belehrt worden, dass Ihre Berufungsbegründung nicht ausreichend war. Wenn eine solche Korrespondenz post festum kommt und sich sechs Wochen hinzieht, ist es doch viel einfacher, diese sechs Wochen dazu zu benutzen, diesen Fehler zu beheben, als nun die Parteien daraufhin abzuwürgen, womöglich in einem Ehescheidungsprozess, wo der Schaden mit Geld überhaupt nicht wieder gutzumachen ist.

Vorsitzender: Dann wollen wir es in der Form machen, dass der Vorsitzende, wenn er der Ansicht ist, dass Mängel in der Berufungsbegründung vorliegen, vor dem Termin den Rechtsmitteleinleger auf die notwendige Ergänzung hinzuweisen, ihm hierfür eine Frist zu setzen hat, die aber immer noch, wollen wir sagen, spätestens mit dem Termin ablaufen kann.

Singer: Also Ergänzungsfrist entweder auf Antrag oder von Amts wegen.

Vorsitzender: Das wollen wir ruhig trennen. Der Vorschlag Fischer ist einfach die Möglichkeit, dass der Vorsitzende bei Glaubhaftmachung auf Antrag eine Frist zur Ergänzung gewährt. Der Fall ist der, dass der Anwalt sagt: ich kann das Material aus den und den Gründen nicht beibringen, z.B. mein Klient ist in Narvik oder in Buenos Aires usw., – dass er von vornherein sagt: Ich weiß auch, was dazu erforderlich ist, aber ich habe die Zeit nicht. Darüber sind wir wohl alle einig, weil das wohl keine Bedenken hat. Der andere Fall ist der: Es handelt sich gar nicht um Zeitmangel, sondern um eine Berufungsbegründung, die der Vorsitzende für mangelhaft hält, so dass die Gefahr besteht, dass sie als unzulässig verworfen wird. Da meinen Sie doch, dass nun der Vorsitzende von Amts wegen die Partei auf die notwendige Ergänzung der Berufungsbegründung hinzuweisen und ihr dafür eine Frist zu setzen hat.

Jonas: Das Bedürfnis zu dieser Maßnahme sehe ich besonders darin: Wenn wir jetzt die Rechtsmittelfrist mit der Begründungsfrist verkoppeln, dann besteht natürlich die Gefahr, dass kurz vor Ablauf der Berufungsfrist, am letzten Nachmittag, die Partei mit dem Urteil zum Anwalt kommt. Der Anwalt hat die erstinstanzlichen Akten nicht, aber es ist eine Partei, bei der der Anwalt zunächst glaubt, sie berichtet ihm vollständig und aus dem Urteil ergibt sich alles vollständig, so dass er annimmt, eine vollständig ordnungsmäßige Berufungsbegründung zu machen, und nachher sieht er: Die Geschichte war doch noch nicht in Ordnung. Die Frage ist von keiner sehr erschütternden praktischen Bedeutung; denn davon bin ich fest überzeugt: in dem Vordruck für Berufungseinlegung wird am Schluss stehen: Ich bitte, mir eine Ergänzungsfrist zu geben. Damit ist die Geschichte einfach erledigt, und dann haben wir hinter der Berufungsfrist diese beantragte Ergänzungsfrist.

Volkmar: Das darf doch nicht formularmäßig sein.

Jonas: In den von der Soldan-Stiftung ausgeknobelten Formularen steht das drin; dafür lege ich meine Hand ins Feuer.

Fischer: Das will ich gerade nicht. Er soll ja sagen: Hier ist meine Begründung, und die und die Gründe habe ich dafür, dass ich noch etwas nachbringen möchte.

Volkmar: Nachbringen kann er eigentlich immer noch etwas. Darüber wird aber Herr Staud sprechen.

Staud: Ich weiß nicht, von welchem Novenrecht wir bei der Erörterung über die Berufungsbegründung ausgehen.

Stagel: Ich bin immer von der Lokalisierung der Anwälte ausgegangen.

Staud: Ich will nun einmal davon ausgehen, dass wir die Frage der Berufungsbegründung im Sinne des Novenrechts erörtern, das uns gestern am Schluss vorgeschwebt hat, dass dank einer Formulierung, über die man im Einzelnen noch streiten mag, mit dem was in § 529 Abs. 2 steht, wirklich Ernst gemacht werden würde. Wir wollen uns klar sein, dass in der Berufungsbegründung eigentlich nur zweierlei stehen kann: Entweder Rechtsausführungen oder Kritik an der Beweiswürdigung des Vorderrichters oder neue Tatsachen und neue Beweismittel. Neue Tatsachen und neue Beweismittel würden aber doch, wenn wir mit unserem Novenrecht Ernst machen, in der mündlichen Verhandlung einer Sonderbehandlung dahin unterworfen sein: Sind sie überhaupt zuzulassen? Wenn die Partei sie nicht geltend machen konnte, sie erst entdeckt hat an dem Tage, wo der Anwalt in den Sitzungssaal trat, werden wir sie doch auch zulassen oder sagen: Das kannst du nicht bringen, weil das nicht in der Berufungsbegründung gestanden hat. Da komme ich zu dem Ergebnis: Ich sehe kein rechtes Interesse daran, noch eine besondere Verlängerung der Begründungsfrist vorzusehen. Ich möchte mir die ganze Sache viel legerer vorstellen und möchte auch für die Berufungsinstanz viel mehr auf den Grundsatz hinauskommen, den wir auch in der ersten Instanz haben, dass bis zum Termin das Vorbringen der Schriftsätze entsprechend vorbereitet sein muss. Ich möchte darauf hinaus, dass die Berufung, um wirksam zu sein, auch mit der Begründung versehen sein muss. In den Fällen, wo es sich wirklich nicht um neues Vorbringen handelt, sollte es meines Erachtens in der Berufungsfrist von einem Monat oder meinetwegen auch nur von 14 Tagen möglich sein, dass in der Zeit zwischen der Einlegung der Berufung und dem Termin zur mündlichen Verhandlung ergänzt und nachgebessert wird, – ergänzt werden muss und nachgebessert werden muss. Das ist selbstverständlich. Ich halte es auch für selbstverständlich, dass ohne eine positive gesetzliche Vorschrift der Vorsitzende kraft der ihm obliegenden Pflicht, die mündliche Verhandlung – es finden doch im Übrigen die Vorschriften der ersten Instanz wieder Anwendung – durch Auflagen, Aufforderungen usw. vorzubereiten hat. Da möchte ich diesen formalistischen Apparat mit diesen weiteren Fristen, bei denen ich mir doch letzten Endes auch selbst wieder Barrieren aufbaue, missen. Kommt nach Ablauf der Verlängerungsfrist wieder etwas Neues, müsste ich ihn abweisen. Ich komme zu einem Ergebnis, Herr Jonas, das eigentlich im Sinne Ihrer Tendenz ist. Ich sehe darin aber auch keinerlei Gefahr, denn wenn wir mit den Noven so verfahren, wie es uns hier vorschwebt, kommt es ja auf dasselbe hinaus. Ich möchte nur das eine: Bis zur mündlichen Verhandlung in der Berufungsinstanz muss, ebenso wie wir das in erster Instanz verlangen, der Prozessstoff schriftsätzlich vorbereitet sein.

Jonas: Wie denken Sie über folgenden Fall. Das Gericht hat eine Tatsache nicht als erwiesen angesehen, ich bin hereingefallen und will neue Zeugen in der Berufungsinstanz benennen. Diese neuen Zeugen muss ich jetzt in der Berufungsbegründung angeben; sonst fallen sie unter den Tisch. (*Zustimmung.*) Eben klang es aber bei Ihren Ausführungen so, es würde genügen, dass diese Zeugen bis zum Termin noch nachgebracht werden.

Staud: Das habe ich nicht gesagt. Die Frage, die Sie gestellt haben, will ich einmal offen lassen. Ich würde im Augenblick nicht in der Lage sein, sie zu beantworten. Das kann man so oder so machen. Ich habe eben auf den Fall angespielt, dass eine Partei kommt und sagt: Soeben im Gerichtsgebäude haben wir durch eine Partei erfahren, dass wir noch die und die Zeugen haben. Das ist der Fall, dass die Partei erst im Termin von den neuen Beweismitteln erfährt. Das werden wir zulassen müssen, nicht deswegen zurückweisen, dass wir sagen: Das hat nicht in der Berufungsbegründung gestanden. In dem Falle würde es so laufen: die Partei würde, wenn sie Berufung eingelegt hat, die Beweiswürdigung des Vorderrichters rügen und sagen: Das hat der Vorderrichter nicht als Begründung angesehen; das müsste von vornherein in der Berufungsbegründung stehen.

Jonas: Das muss darin stehen, um die Berufung vor der Verwerfung als unzulässig zu schützen. Aber wegen der neuen Zeugen!

Staud: Das ist eine ganz andere Frage; das ist eine technische Unterfrage: Wann kann neues Vorbringen in der Berufungsinstanz gebracht werden? Bis wann spätestens hat der Mann dieses neue Vorbringen in der Berufungsinstanz anzumelden? Gewiss spätestens in der mündlichen Verhandlung, denn später geht es nicht. Meines Erachtens gilt nun hiervon auch: Dieses Vorbringen muss wie jedes Vorbringen in der mündlichen Verhandlung schriftsätzlich vorbereitet sein. Wenn also dem Mann gesagt wird: du kommst heute mit den drei Zeugen, in der Berufungsbegründung hast du lediglich gesagt: ich rüge die Beweiswürdigung des Vorderrichters, die Beweiswürdigung war falsch, und der Mann sagt: die drei Zeugen wusste ich auch damals, dann würde ich sagen: Du bringst sie jetzt in der mündlichen Verhandlung vor, ohne dass das schriftsätzlich vorbereitet ist, infolgedessen geht das nach den allgemeinen Bestimmungen nicht. Wenn er aber sagt: ich habe das erst vor drei Tagen erfahren, ist es quaestio facti, ob man zulassen soll oder nicht. Das sind Grenzfälle.

Jonas: Die Berufungsbegründung würde dahin gehen: Ich rüge falsche Beweiswürdigung; der Termin ist erst in sechs Wochen, und drei Wochen vor dem Termin werden die Zeugen angegeben, so dass die Zeugen noch rechtzeitig geladen werden können.

Staud: Da bin ich der Ansicht, dass er rechtzeitig einen Schriftsatz machen muss.

Jonas: Das wäre aber eine Änderung des geltenden Rechts.

Volkmar: Ich würde es heute auch noch machen können. Nur wenn ich in der Lage war, in der Berufungsbegründung die Zeugen anzugeben, dann verfalle ich. Das finde ich auch ganz richtig. Aber wir sprechen ja gerade von den Fällen, in denen der Mann im Augenblick der Berufungsbegründung es noch nicht wusste.

Staud: Er sagt: Ich halte die Beweiswürdigung für falsch. Er sagt: Meines Erachtens hätte der Richter mit den bisherigen Beweismitteln zu einem positiven Beweis gelangen können. Nun findet er noch zwei Zeugen, wo er sagt: Die werden noch den Ausschlag geben, wenn ich die auch noch habe, geht die Sache gut. Da sage ich: Wenn er sie damals schon wusste, hätte er sie in der Berufungsbegründung angeben müssen. Wenn er sie erst nachher erfahren hat, ist es eine Frage des Einzelfalls: Gehörte das zur schriftsätzlichen Vorbereitung der Verhandlung, war noch Zeit, das zu bringen oder nicht? Da möchte ich mich nicht durch Fristen festlegen. Gerade bei Ihrer grundsätzlichen Einstellung würde ich immer wieder dazu neigen, auch wenn die Nachbesserungsfrist verbummelt ist.

Jonas: Das ist mir eine weit sympathischere Lösung. Aber es ist doch ein Abweichen von dem bisherigen Recht. (*Staud:* Nein!) – Im Augenblick knüpfen sich an die Berufungsbegründung zwei Wirkungen: die Gefahr, als unzulässig verworfen zu werden, und zweitens die Präklusionswirkung für später.

Volkmar: Die Präklusionswirkung will Herr Staud auch nicht bestreiten.

Jonas: Worauf läuft denn ein Prozess nachher hinaus? Wir wollen bei diesem Beispiel bleiben. Er bringt 14 Tage vor dem Termin die und die Zeugen. Da ergibt sich doch wahrscheinlich eine mündliche Verhandlung darüber, ob er das schon im Zeitpunkt der Berufungsbegründung hätte angehen können oder nicht.

Staud: Das wird sich gar nicht so furchtbar abspielen.

Jonas: Der Zeuge wird natürlich zugelassen.

Staud: Das ist doch kein Unglück.

Jonas: Darauf will ich hinaus. Diese formalen Streitereien darüber will ich ausschalten.

Staud: Sie sind doch noch formaler. Denn bei Ihnen würde die Sache so laufen. Jetzt hat er die Berufungsbegründung gemacht und rügt mangelhafte Beweiswürdigung. 14 Tage nach Ablauf der Frist, aber noch drei Wochen vor dem Termin meldet er sich beim Gericht und sagt: Ich habe noch drei Zeugen. Dann würde doch die Sache nach Ihren Intentionen so laufen, dass er jetzt einen Antrag auf Gewährung einer Frist zur Ergänzung seiner Berufungsbegründung stellen müsste.

Fischer: Das ist eigentlich nicht meine Meinung gewesen.

Jonas: Ich gebe Ihnen das zu. Wenn Sie meine Ausführungen ad absurdum führen wollen, können Sie es auf diese Weise tun. Ich sage ja: Dieser Vorschlag von Ihnen, rechtzeitig vor dem Termin noch nachgebrachte Beweismittel zuzulassen, wenn das ohne Verzögerung geht, ist mir weit sympathischer.

Staud: Dann sind wir doch einig.

Jonas: Bloß nahm ich an, dass Herr Ministerialdirektor Volkmar sehr dagegen sein würde.

Staud: Nein, Herr Ministerialdirektor wird sich bestimmt dagegen wehren, dass dieses Vorbringen zugelassen wird, wenn es schon in erster Instanz hätte vorgebracht werden können. Aber ich bin der Auffassung, dass man hinsichtlich dessen, wenn das in erster Instanz nicht vorgebracht werden konnte, und bei der Frage, dass es dann in dem Stadium zwischen Berufungseinlegung und mündlicher Verhandlung mitzuteilen wäre, gar nicht so plausibel zu sein braucht, denn wenn es schon in erster Instanz nicht hat vorgebracht werden können, dann will ich es nachher nicht daran scheitern lassen, dass er es acht oder 14 Tage früher im Schriftsatz hätte mitteilen können. Wenn schon, denn schon!

Volkmar: Sie sagen aber doch auch: Wenn er es zur Zeit der Berufungsbegründung gewusst hat, muss das hinein.

Jonas: In dem Punkt scheinen mir die Ansichten der beiden Herren verschieden zu sein. Nehmen Sie den Fall: Die Berufungsbegründungsfrist läuft heute ab. Termin in acht Wochen. Die Berufungsbegründung geht dahin: Ich rüge mangelnde Beweiswürdigung, und Zeugen sind noch nicht angegeben, und drei Wochen später, fünf Wochen vor dem Termin, werden noch Zeugen angegeben. Besondere Entschuldigungsgründe bestehen nicht. Dann möchte ich die Ausführungen von Herrn Staud dahin auffassen: Der Richter würde, da irgendeine Verzögerungsgefahr nicht eintritt, diese Zeugen noch berücksichtigen können, während man nach der jetzigen Regelung doch wahrscheinlich zurückweisen müsste.

Volkmar: Nein, nur wenn es den Rechtsstreit verzögern würde.

Jonas: Das wollen wir doch unter allen Umständen herausbringen. Denn wenn alles immer von der Frage der Verzögerung des Rechtsstreits abhängen würde, könnten wir einpacken, denn das ist doch der Punkt, durch den eigentlich diese ganze Bestimmung aus den Angeln gehoben wird.

Fischer: Nehmen wir einmal einen praktischen Fall. Wir haben neulich eine Warenzeichensache gehabt. Da hat in der zweiten Instanz der Berufungsbeklagte gesagt: Das Warenzeichen ist schwach, es gibt unendlich viele Leute, die ein ähnliches Warenzeichen haben. Es handelte sich um das Warenzeichen Vita, und es gibt unendlich viele Vita-Kombinationen. Es sollte aufgrund des Warenzeichens Vita eine andere Vita-Kombination verboten werden. Er hat nichts Tatsächliches gebracht. Nach Ablauf der Berufungsbegründungsfrist oder während der Zeit kommt der Mann plötzlich mit einer vom Warenzeichenverband aufgemachten Liste von 24 Vita-Kombinationen. Das Kammergericht sagt: Die Liste genügt gar nicht, die ist nur dann interessant, wenn du uns beibringst, ob diese Zeichen im Verkehr gebraucht werden, ob sie nicht längst gelöscht sind, ob sie noch eingetragen sind. Vor allen Dingen interessiert uns die Frage, hat der Senat gesagt: Sind diese Zeichen tatsächlich im Verkehr? Denn nur wenn sie im Verkehr sind, können sie die Schutzkraft des eigentlichen Vita-Zeichens schwächen. Frist zur Erklärung: 10. Juli. Der Kläger sagt: Ich bitte den Senat, ausdrücklich zu sagen, dass das eine Ausschlussfrist ist. Der Senat sagt:

Das brauche ich gar nicht zu sagen, die Frist habe ich gestellt. Innerhalb der Frist passiert gar nichts. Es beginnt die mündliche Verhandlung, und in der mündlichen Verhandlung kommt der Berufungsbeklagte mit einem solchen Packen von Erklärungen der betreffenden Warenzeicheninhaber, aus denen hervorgeht, dass 17 von ihnen das Zeichen zur Zeit nicht gebrauchen, und fünf haben es, sagen aber nicht, wofür sie es haben, und nun wird der Antrag gestellt, den Berufungsbeklagten mit diesem Vorbringen auszuschließen. Ja, sagt der Senat, das sieht verdammt nach Verschleppungsabsicht aus, aber ich lasse zu. Ergebnis: Der Termin wird vertagt. Wir kriegen eine Frist von einem Monat zur Stellungnahme zu dieser Geschichte. Ergebnis: Der Prozess wird bis dort hinaus verschleppt. – So ist die Praxis. Wir müssen schärfer zufassen.

Volkmar: Wenn das selbst ein Anwalt sagt!

Jonas: In einem solchen Fall würde doch das Ergebnis glatt sein. Wollen wir es für erwünscht halten, dass der Prozess auf einer unzureichenden, falschen Grundlage entschieden wird, oder ist das Ziel die Wahrheit? Da muss ich sagen: Mir geht die Richtigkeit noch immer über die Fixigkeit.

Fischer: Sie wissen, wie sehr ich diesen Standpunkt immer verteidigt habe. Aber ich bin auch nur auf dem Umweg dazu gekommen, dass ich nicht die Fiktion gebraucht habe, sondern dass ich sage: Wer im Prozess ist, muss mitarbeiten, der muss das Seinige tun, und wenn er das Seinige für den Fortgang des Prozesses nicht tut, dann verliert er sein Recht, weil er es nicht wahrt. Das hat mit der Wahrheitspflicht nichts zu tun. Diese Erkenntnis ist mir erst langsam aufgedämmert. Ich habe das immer vom Standpunkt der Wahrheitspflicht bekämpft. Hier würde der Senat sagen: Es kann sehr gut sein, dass der Mann recht hat; aber ich will es nicht hören, ich weise ihn damit zurück, ich höre ihn nicht mehr darüber, weil er seiner Pflicht zur Prozessmitarbeit nicht genügt hat. Wenn dann ein Urteil ergeht, das der wahren Rechtslage nicht entspricht, so hat er sich das selbst zuzuschreiben. Das sind etwas scharf herausgeholte Gesichtspunkte der ganzen Sache. Wenn es einer Partei so gesagt wird, dass nicht etwa aufgrund des Paragraphen soundso zurückgewiesen wird, sondern dass ihr gesagt wird: du musst selbst für die Wahrnehmung deiner Rechte sorgen, du hast es nicht getan, also kann ich dir auch das Recht nicht geben, du hast es durch dein Verhalten im Prozess verloren, dann ist auch die Partei damit zufrieden.

Volkmar: Und vor allen Dingen nützen wir auf weite Sicht betrachtet damit der Wahrheitserforschung viel mehr, denn alle Wahrheitserforschung hängt davon ab, dass wir den Prozess nicht verzetteln, sondern ihn konzentrieren, und damit bringen wir die Leute zur Konzentrierung des Prozesses, wie Sie selbst gestern gesagt haben. Es ist schon wesentlich anders geworden, als es vor 1934 war. Die Leute rühren sich eben mehr. Und wenn wir die Leute dazu zwingen, ihre Sachen rechtzeitig vorzubringen, dann sind wir viel eher in der Lage, die Wahrheit zu ermitteln, als wenn wir wieder in diesen alten Schlendrian des stückweisen Prozessierens und der stückweisen Beweiserhebung zurückfallen; und mit dem Grund, dass unter allen Umständen die materielle Wahrheit ermittelt werden soll, könnte man ja dann nachher auch in der Revisionsinstanz kommen.

Stagel: Man kommt nur dazu, dass die Parteien überhaupt nicht zum Recht kommen, denn der Mann, der wirklich recht hat, kriegt nie sein Recht oder zu einem Zeitpunkt, wo er kein Interesse mehr hat. „Bis dat, qui cito dat“ gilt auch hier.

Jonas: Wir müssen uns aber und werden uns immer mehr von dem Gedanken lösen: Es ist ein Boxkampf, der vor dem Richter stattfindet, und wer die Regeln nicht beachtet, der unterliegt. Der ganze Gedanke der Verhandlungsmaxime usw. ist doch etwas im Versinken.

Stagel: Da muss man sagen: Kein Prozess darf in einer Instanz länger dauern als sechs Monate. Wie das gemacht wird, ist gleichgültig.

Jonas: Das ist viel zu lange.

Vorsitzender: Wie sollen wir da ganz ohne Präklusion auskommen?

Jonas: Das will ich auch nicht. Ich bin auch durchaus für Präklusion. Ich möchte sie nur lockerer gestalten, und ich sehe nicht ein, warum nicht etwas noch zu einer Zeit vorgebracht und berücksichtigt werden kann, ohne dass irgendeine Verzögerung eintritt.

Volkmar: Dann müssen Sie das wieder herein schreiben. Sie sagten aber gerade, dass es gefährlich ist, diesen Gedanken mit der Verzögerung hineinzuschreiben. Ich bin sehr für lockere Gestaltung. Wenn ich dies aber locker gestalte, stelle ich es zu sehr ins Ermessen des Richters und lasse die Zügel zu sehr schleifen.

Jonas: Man kann nicht eine Prozessordnung schon unter dem Gesichtspunkt des grundsätzlichen Misstrauens gegen den Richter machen. Davon gehen Sie doch aus. In der vorigen Sitzung gebrauchten Sie den Ausdruck, die Bestimmungen hätten nicht funktioniert, weil das Reichsgericht die Bestimmungen sabotiert hätte. Sie gehen davon aus, dass der Richter sich gegen diese Bestimmung aufbäumt.

Volkmar: Das haben Sie mir damals selbst zugegeben. Da waren Sie allerdings noch nicht Reichsgerichtsrat. Sie haben damals gesagt: Natürlich, wenn das Reichsgericht unsere Sachen so auslegt, nützen uns alle unsere Reformen nichts, sie werden totgeschlagen.

Jonas: Ich weiß nicht, worauf sich das bezieht.

Volkmar: Nachher kam noch einmal so ein Reichsgerichtsurteil, wo Sie gesagt haben: Der Partei ist das rechtliche Gehör nicht gewährt worden, weil der Partei der Wunsch, nach geschlossener Beweisaufnahme nach Hause zu gehen und anhand der Zeugenprotokolle das alles noch einmal recht sorgfältig und gründlich durchzuarbeiten, verwehrt worden wäre.

Jonas: Das waren nicht Zeugen, sondern Sachverständigengutachten; das war der wunde Punkt.

Vorsitzender: Es sind drei verschiedene Fälle. Der erste Fall war der ursprüngliche Fischersche Vorschlag. Es wird schon im Moment der Berufungseinlegung gesagt: Ich kann die vollständige Begründung aus den und den besonderen Gründen nicht innerhalb der Frist bringen, ich bitte um eine Verlängerung, damit ich noch die fern wohnenden Zeugen oder das schwer zu beschaffende Material herbeischaffen kann. Das ist der erste Fall: Das wollten wir, glaube ich, zugeben. – Der zweite Fall ist der, den der Herr Senatspräsident brachte: die Frage: Wenn die Berufungsbegründung so mangelhaft ist, dass die Verwerfung als unzulässig droht, soll dann die Partei von Amts wegen darauf hingewiesen werden, wie sie es zu ergänzen hat? – Und eine ganz andere dritte Frage war: Die Berufungsbegründung kann ganz in Ordnung sein; aber jetzt kommt der Mann mit neuem Material. Das ist eine ganz andere Frage als die Mangelhaftigkeit der Berufungsbegründung. Für den dritten Fall könnte man noch etwas machen. Dagegen im zweiten Fall, wenn diese Berufungsbegründung von vornherein so kümmerlich ist, dass die Verwerfung als unzulässig droht, würde ich kein besonderes Entgegenkommen zeigen. Dagegen im dritten Fall liegt das Problem anders. Da ist die Sache so: Die Berufungsbegründung reicht aus, aber jetzt kommt der Mann noch mit den drei Zeugen.

Volkmar: Das sind Zeugen, die er in erster Instanz noch nicht benannt hat.

Vorsitzender: Da konnte er sie noch nicht benennen.

Volkmar: Dann kann man sie nur zulassen, wenn er angibt, dass er sie in erster Instanz noch nicht wusste. Dann muss er aber, um das zu substantiieren, angeben, wann er davon Kenntnis bekommen hat. Wenn er dann sagt, ich habe gleich nach Erlass des Urteils von einem Angestellten, mit dem ich meinen Prozessverlust besprochen habe, erfahren, dass dieser gesagt hat: mein Gott, das weiß doch ganz genau der Schulze oder Müller bei uns; wenn ich das gewusst hätte, hätte ich sie rechtzeitig darauf hingewiesen, – dann sage ich doch mit Recht: Warum hat das nicht in der Berufungsbegründung gestanden, wenn er sagt: nach Erlass des Urteils hat mir der Zeuge das gesagt? Welchen Grund habe ich, ihm diese Bummelei zu gestatten? Denn dann hat die Berufungsbegründung wirklich keinen Zweck.

Fischer: Das ist die Frage: Soll die Berufungsbegründung ihren Zweck als solche haben, als das Fundament der Berufung dienen oder nicht? Wenn sie das tun soll, müssten Sie diesen Druck meiner Meinung nach ausüben. – Ich habe noch ein zweites Argument hineinzuwerfen, das mir auch gerade aus Fällen der Praxis in den letzten Jahren immer wieder deutlich geworden ist. Wenn Sie dies offenlassen, dass tatsächliches Vorbringen nachgebracht wird, dann kommt die Gegenpartei in große Schwierigkeiten. Wenn es nicht anders ist, muss man sich damit abfinden. Aber nehmen Sie an, die drei Zeugen oder ein anderes Beweismittel kommen erst in der mündlichen Verhandlung. Da muss doch die Gegenpartei zu dem tatsächlichen Vorbringen irgendwie Stellung nehmen.

Volkmar: Wenn es erst in der mündlichen Verhandlung kommt, kommt es zur Vertagung. Aber den Fall haben wir gar nicht in den Vordergrund gestellt, sondern den Fall, dass es zwischen Berufungsschrift und Termin bekannt wird. Da muss er bei neuen Tatsachen und neuen Beweismitteln ohnehin sagen: Weshalb hast du das nicht in erster Instanz gebracht? Dann kann er auch sagen: Weshalb hat das nicht in der Berufungsbegründung gestanden?

Fischer: Gerade dieser Vita-Fall ist besonders typisch. Das ist ein rein typischer Präklusionsfall, in dem ich einmal mehr deutlich gesehen habe, wie nötig es ist, dass man eine Verschleppung und eine Verzögerung abfängt.

Staud: Das ist der Grund, den wir auch schon in erster Instanz haben.

Volkmar: Nun darf ich immer wieder betonen: All diese Vorschriften sind gar nicht dazu da, möglichst oft angewandt zu werden, sondern durch ihr Vorhandensein ihre Anwendung überflüssig zu machen.

Fischer: Das ist auch das Korrektiv, das es ohne weiteres dazu bringt, dass der Richter doch immer einen sehr schweren Entschluss hat, so eine Zurückweisung vorzunehmen.

Vorsitzender: Warum sind die Anforderungen an die Berufungsbegründung so viel strenger als bei der Klage? Bei der Klage muss ich die Sache bringen, kann aber beliebig bis zum Termin ergänzen. Kann man das nicht auch für die Berufungsbegründung sagen: Gewisse Dinge musst du in die Berufungsbegründung hineinbringen, du kannst das aber noch bis zum Termin ergänzen.

Jonas: Man muss sich selbst immer wieder korrigieren und wieder auf die praktische Seite zurückführen. Mein Ausgangspunkt ist immer der: Im künftigen Recht haben wir nicht erst eine Frist, eine Berufungsbegründungsfrist, sondern haben die Berufungseinlegung. Innerhalb dieser Frist ist zu begründen, und dann sind vier oder sechs Wochen bis zum Termin. Ich glaube, wenn wir es so regeln, können wir die Frage, was bis zum Termin an neuen Beweismitteln herangebracht werden darf, getrost nach denselben Bestimmungen entscheiden wie in der ersten Instanz, dass wir also den Sinn der Berufungsbegründung nur darin sehen: Die Partei soll ernsthaft erklären, was sie bei der Geschichte will, aus welchem Grunde sie das Urteil anficht. Jetzt hat doch die Berufungsbegründung zwei Zwecke. Der erste Zweck ist der: Die Partei soll bei Gefahr der Verwerfung als unzulässig sagen, was sie will, natürlich nicht nur formell, sondern ernsthaft ausgeführt. Was sie aber im Einzelnen noch vorbringen kann, das richtet sich nach den gleichen Bestimmungen; oder in dem Punkte, was noch vor dem Termin vorgebracht werden kann, stehen sich Berufungskläger und Berufungsbeklagter gleich. Vielleicht ist das eine Lösung, die ein erträglicher Mittelweg ist.

Vorsitzender: Jetzt bin ich eigentlich bereit, diesen Ausführungen zu folgen.

Staud: Es ist tatsächlich etwas elastischer, und wenn wir es mit dem Novenrecht ernst nehmen, ist das auch erträglich. Denn was an Neuem kommt, muss doch erst durch die Feuertaufe, ob es zugelassen wird.

Vorsitzender: Wir lassen dann die Präklusionswirkung der Begründung fallen?

Staud: Es bleibt die Präklusionswirkung, die wir ganz allgemein haben.

Vorsitzender: Nach dem Novenrecht!

Staud: Die selbstverständlich; und dann die Präklusionswirkung, die wir allgemein an die mangelhafte schriftsätzliche Vorbereitung knüpfen. Denn es überschneidet sich alles so furchtbar. Wir haben das doch auch bei der Vorbereitung der mündlichen Verhandlung erster Instanz erörtert.

Vorsitzender: Es ist nicht eine spezielle Präklusionswirkung der Berufungsbegründung als solcher.

Staud: Nein, auch die Berufungsbegründung muss schriftsätzlich vorbereitet sein.

Vorsitzender: Dagegen würden wir den Punkt mit der Verbesserung der mangelhaften Berufung fallen lassen.

Staud: Es legt jemand Berufung ein und sagt, das Gericht sei nicht vorschriftsmäßig besetzt gewesen. Das ist keine wirksam eingelegte Berufung.

Vorsitzender: Ich sehe keinen Grund ein, da noch Kautelen einzubauen.

Staud: Der Termin muss auf den Eingang der Berufung kommen. Das ist wirksamer als eine Fristsetzung. Damit ist auch mehr gewonnen als mit einer Frist, die mit irgendeiner Glaubhaftmachung verlängert wird.

Jonas: Wir sparen immer zunächst ganze vier Wochen Begründungsfrist.

Staud: Wir haben künftig zu dem Zeitpunkt, wo sonst die Begründungsfrist abgelaufen sein wird, schon den Termin zur Verhandlung.

Vorsitzender: Nach den Ausführungen von Jonas und Staud können wir uns doch wohl auf dieses Verfahren einigen. Es läuft darauf hinaus, dass hier die Vorbereitung der mündlichen Verhandlung der ersten Instanz entsprechende Anwendung findet.

Jonas: Nun erhebt sich sofort die Frage: Ließe sich diese Regelung auch durchführen für die Revision?

Volkmar: Das Erste, was der Anwalt aus der neuen Prozessordnung herausliest, wird sein: Aha; ich brauche in der Berufungsbegründung, wenn sie sonst richtig ist, neue Tatsachen nicht einzuführen; dazu habe ich noch Zeit, acht Tage vor dem Termin kann ich noch einen solchen Schriftsatz bringen.

Staud: Das hängt davon ab, wie das Novenrecht gestaltet wird.

Volkmar: Wir müssten dann endlich das beseitigen, was wir bisher immer aus Angst vor Leuten haben stehen lassen, die uns in die Suppe spuckten. Wir müssen sagen: „Die Parteien können … neue Tatsachen und Beweismittel nur vorbringen, wenn das Gericht sie zugelassen hat. Das Gericht darf sie nur dann zulassen, wenn es die Überzeugung gewinnt, dass die Partei ohne ihr Verschulden nicht in der Lage war, sie in erster Instanz vorzubringen."

Jonas: Ich würde das anders fassen. Dass die Parteien dürfen oder nicht, darauf kommt es nicht an. Es kommt darauf an, was das Gericht berücksichtigen darf. Ich würde den Satz fallen lassen, dass die Berufungsverhandlung eine grundsätzlich neue Verhandlung ist. Dieser Satz trifft jetzt auch nicht mehr zu. Ich würde sagen: „Neues Vorbringen darf nur insoweit berücksichtigt werden, als …".

Volkmar: Diese Formulierung hat sofort ein anderes Gesicht. Es sieht ganz anders aus. Es ist zu unscharf. Man muss schon sagen: „Neue Tatsachen und Beweismittel können die Parteien nur vorbringen, wenn das Gericht sie zugelassen hat. Das Gericht darf nur zulassen, wenn …".

Jonas: Das „Zulassen" treibt uns wieder in die Frage des Beschlusses hinein.

Volkmar: Das hängt davon ab, ob wir den Beschluss hineinschreiben. Ich will in der Begründung haben: Das ist zwar eine neue Tatsache; ich habe sie aber zugelassen, weil … usw. Ich will vermeiden, dass die Leute in ihren Urteilen überhaupt nicht darauf eingehen.

Vorsitzender: Ist die Fassung „Der Richter darf neues Vorbringen nur berücksichtigen, wenn …" nicht scharf genug?

Volkmar: Nein.

Jonas: Ich muss schon sagen: Für solche Nuancen geht mir das Verständnis ab. Sie sind nur dann verständlich, wenn man zwei Fassungen nebeneinander hat, um zu prüfen, welche die stärkere und welche die schwächere ist. Mit dem „Zulassen“ allein ist es nicht getan.

Vorsitzender: Vielleicht könnte man sagen: „Neues Vorbringen usw. ist unzulässig. Der Richter darf es nur dann berücksichtigen, wenn …“. Aber ich gebe zu: Ideal ist diese Formel auch nicht.

Volkmar: Die Formel, die ich vorschlage, ist besser. Ich will einfach und schlicht den Grundsatz aufstellen: Neues Vorbringen nur, wenn es der Richter zugelassen hat.

Jonas: Sie wollen den Formalismus einführen: Jeder Richter hat sich im Urteil darüber auszusprechen. Soll nun die Revisionsinstanz ein Urteil deswegen aufheben, weil der Richter dazu nicht Stellung genommen hat?

Volkmar: Nein. Ich bin damit einverstanden, dass wir in diesem Punkt die Nachprüfung der Revisionsinstanz ausschließen.

Jonas: Dann stellen Sie also das Erfordernis auf: Jedes Urteil muss eine bestimmte Phrase dieser Art enthalten.

Volkmar: Das Urteil wird nicht deswegen aufgehoben. Die Zulassung hat ja tatsächlich stattgefunden.

Jonas: Sie sagen, der Richter soll sich dazu äußern. Nehmen wir nun an, er hat sich dazu nicht geäußert. Was ist dann?

Volkmar: Ich will einem Richter, der ein solches Urteil macht, sagen können: Mir ist an dem Urteil das und das aufgefallen; das stimmt nicht. Ich will eine Handhabe haben, um dem OLG schreiben zu können: Sorge dafür, dass das anders wird. So haben wir seinerzeit in München den Missbrauch mit § 7 der Entlastungsverordnung abgestellt. Selbstverständlich muss die Zulassung für die Revisionsinstanz bindend sein. Wir können nicht verlangen, dass das Urteil noch einmal gemacht wird.

Fischer: Zum Zuge kommt die Sache doch erst anders herum: Wenn der Berufungsrichter sagt: ich weise dieses Vorbringen zurück.

Volkmar: Meine Formulierung trifft schon genau das Richtige: „Die Parteien können neue Angriffs- und Verteidigungsmittel, insbesondere neue Tatsachen nur vorbringen, wenn das Gericht dieses Vorbringen zugelassen hat. Das Gericht darf es nur zulassen, wenn nach seiner Überzeugung die Partei ohne ihr Verschulden nicht in der Lage war, sie in erster Instanz vorzubringen.“

Jonas: Ich würde die Sache vom Richter her regeln und sagen: Der Richter darf neues Vorbringen nur berücksichtigen, wenn … Wenn wir sagen, die Partei darf es nur vorbringen, wenn es zugelassen ist, so ist das logisch nicht ganz richtig. Denn über die Zulassung soll der Richter sich erst im Urteil aussprechen; also wird erst im Urteil festgestellt, ob die Partei etwas Derartiges vorgebracht hat oder nicht.

Volkmar: Dass die Partei eine neue Tatsache und dergl. vorgebracht hat, das ist nicht strittig. Es handelt sich nur darum, ob sie sie *befugterweise* vorgebracht hat.

Staud: Ich halte es auch für glücklicher, hier von „zulassen“ und nicht von „berücksichtigen“ zu reden.

Singer: Ich halte „zulassen“ für die klarste und einfachste Ausdrucksweise.

Vorsitzender: Mir liegt „berücksichtigen“ näher. Jedenfalls können wir als Ergebnis der Debatte vorläufig feststellen: Wir wollen weder ein Zulassungsverfahren noch einen besonderen Zulassungsbeschluss. Darüber besteht Einigkeit.

Jonas: Der Richter muss doch den Parteien sagen, ob er ein neues Vorbringen zulassen oder berücksichtigen will. Das sagt er doch nicht erst im Urteil, sondern schon vorher.

Staud: Umso besser! Das Wort „zulassen" zwingt dazu, diese Frage in der mündlichen Verhandlung zu prüfen. Der Berufungsgegner wird von sich aus dafür sorgen, dass das Vorbringen des Berufungsklägers nicht berücksichtigt wird. In der mündlichen Verhandlung entspinnt sich also von selbst eine Erörterung darüber, ob ein neues Beweismittel zuzulassen ist oder nicht. Ich stelle mir diese Erörterung nicht etwa als Zwischenstreit vor, der nachher das ganze Verfahren in sich aufsaugt; im Anwaltsprozess ist diese Sache mit einigen Worten erledigt.

Volkmar: Nehmen wir den Fall einer Klagänderung. Eine Klagänderung wird gerügt. Der Richter erklärt, er halte die Klagänderung nicht für sachdienlich und lasse sie nicht zu. Der Kläger widerspricht. Dann wird verhandelt und entschieden.

Jonas: Das ist doch ein Beschluss; ob das im Protokoll steht oder nicht, ist gleichgültig.

Volkmar: Wenn der Richter eine neue Tatsache nicht berücksichtigen will, muss er sagen: Das ist ganz schön, aber ich kann das nicht berücksichtigen, denn das hättest Du in erster Instanz vorbringen können. In den Urteilsgründen steht dann: Der Beklagte hat zwar die und die Beweisanträge gestellt; diese Anträge waren aber nicht zu berücksichtigen, weil sie nicht in erster Instanz gestellt wurden.

Jonas: Jetzt nehmen Sie selbst meinen Vorschlag auf, indem Sie von „berücksichtigen" sprechen. Ich wende mich gegen die Kombination: Die Partei darf etwas nur vorbringen, wenn es vom Richter zugelassen ist. Der Anspruch über die Zulassung ist aber erst später, im Urteil, zu finden.

Staud: Das ist bei der Klagänderung genauso.

Stagel: Das österreichische Recht gibt Jonas recht. In § 482 der österreichischen ZPO heißt es: „Neue Tatumstände und Beweise dürfen nicht vorgebracht werden. Auf solches Vorbringen darf nur Rücksicht genommen werden …".

Jonas: Damit ich nicht missverstanden werde: Wir sind hier nicht beim Formulieren von Paragraphen. Gleichwohl möchte ich zum Ausdruck bringen: Die Fassung, die MinDir. Volkmar hier vorschlägt, findet nicht meine Billigung in dem Sinne, dass nachher festgelegt werden könnte, wir haben uns alle damit einverstanden erklärt. Die Fassung als solche ist eine cura posterior.

Vorsitzender: In der Sache selbst sind wir uns wohl einig. Ein besonderer Zulassungsbeschluss scheidet aus. Sachlich besteht zwischen den Herren Jonas und Volkmar keine Meinungsverschiedenheit.

Jonas: Bloß keine Zwischenurteile! Das ist das Furchtbarste.

Vorsitzender: Ich persönlich habe auch nichts gegen einen besonderen Zulassungsbeschluss, wenn Sie ihn haben wollen.

Fischer: Wie geht es in einem solchen Fall zu? Eine Partei bringt neue Tatsachen vor. Die Gegenpartei beantragt Zurückweisung. Dann wird darüber verhandelt, und schließlich verkündet der Vorsitzende, manchmal, nachdem er sich zurückgezogen hat: Das können wir nicht zulassen. So war es in dem Vita-Fall. Da wurde über die Frage der Zulassung neuer Tatsachen verhandelt. Der Senat hat sich zur Beratung zurückgezogen, und dann hat der Präsident erklärt: Die Sache riecht verdächtig nach Verschleppung; aber da es wichtiges Material ist, wollen wir es zulassen. Das war ein Beschluss, aber er ist nicht protokolliert worden.

Volkmar: Die Fälle sind sehr selten, in denen die Gegenpartei etwas sagt. Entweder merkt sie es gar nicht, oder sie widerspricht nach dem Grundsatz: Heute mir, morgen dir!

Fischer: Nein, es ist nicht ganz so. Nicht immer nehmen die Anwälte aufeinander Rücksicht. Die eigentliche Schwierigkeit liegt bei der Partei, die meist nicht übersehen kann, was alles von Bedeutung sein könnte. Sie macht sich daher vielfach auch nicht die Mühe, neue Tatsachen auszugraben und sich zu überlegen, ob sie für den Prozess von Bedeutung sein könnten. Sie verlässt sich auf den Anwalt; dieser aber kennt den Sachverhalt nicht so genau. Wenn nun der Gegner beantragt, ein neues Angriffsmittel zurückzuweisen, erklärt der Anwalt, die neue Tatsache sei ihm erst jetzt gebracht worden, er beantrage Entscheidung über die Zulassung. Dann kann der Richter sich überlegen, ob es der Partei als grobes Verschulden anzurechnen ist, wenn sie die Wichtigkeit des neuen Gesichtspunktes nicht erkannt hat.

Vorsitzender: Man müsste sich jedenfalls über das Verfahren klar werden. Bei der Klagänderung erfolgt auch kein formeller Beschluss.

Jonas: Wenn Sie es darauf abstellen, dass der Gegner die Sache kontrolliert, dann bin ich skeptisch. Wenn eine Partei etwas Neues vorbringt, dann hat die Gegenpartei ein Interesse daran, dass dieses Vorbringen ausgeräumt wird, und sie bringt ihre Einwendungen dagegen.

Staud: Nun ist es meist so, dass an dem neuen Vorbringen nichts daran ist. Die Erfahrung zeigt immer wieder, dass in der Berufungsinstanz nachher nichts dabei herauskommt, selbst wenn man um die Beweisaufnahme nicht herumkommt.

Volkmar: Erfahrungsgemäß werden in der Angst, den Prozess zu verlieren, neue Beweise beigebracht, die in den seltensten Fällen Einfluss auf das Prozessergebnis haben, auch wenn sie zu Beweiserhebungen führen.

Jonas: Es ist ein kleiner Unterschied, ob die Partei deswegen unterliegt, weil das, was sie vorgebracht hat, sich nicht als richtig erwies, oder deswegen, weil ihr, wenigstens von ihrem Standpunkt aus gesehen, das Wort abgeschnitten ist. Darum kommt man nicht herum.

Vorsitzender: Wir stehen immer noch vor der Frage: Wie wollen wir das Verfahren einrichten? Soll ein formeller Beschluss gefasst werden?

Singer: Ich bin dafür, dass ein formeller Beschluss gefasst wird. Dann können wir das weitere Verfahren einrichten wie bei der Klagänderung.

Jonas: Das Gericht soll sagen: Diese neue Tatsache lasse ich nicht zu. Wenn das ein fixierter Beschluss sein soll, was ist dann? Dann muss unter Umständen ganz scharf bestimmt werden: Die Ausführungen des Schriftsatzes vom … S. 7 bis S. 10 werden ausgeschaltet.

Singer: Ich bin für einen formellen Beschluss, der volle Klarheit schafft. Wenn der Richter bloß so eine unverbindliche Meinung kundgibt, so wird die Gegenpartei, der das Vorbringen der Partei unbequem ist, dagegen plädieren. Liegt aber ein formeller Beschluss vor, dann ist reiner Tisch gemacht.

Fischer: Ich meine fast, was Jonas gegen einen Beschluss geltend macht, spricht für den Beschluss.

Staud: Das hat den Vorteil, dass die Parteien am Schluss der Verhandlung genau wissen: Worauf kommt es noch an?

Singer: Die Parteien müssen dann auch ihr weiteres Vorbringen danach einrichten.

Vorsitzender: Wir stehen immer noch vor der Frage: Soll es ein formeller Beschluss sein oder nicht? Wir kommen eigentlich darum herum: Ob es ein formeller Beschluss ist oder nicht, irgendwie muss der Richter sich entscheiden. Die Frage liegt nicht immer ganz einfach. Ich möchte auch nicht, dass die theoretische Frage, was „neues Vorbringen" ist, zum Zankapfel zwischen Richter und Parteien wird. Genau wie bei der Klagänderung muss der Richter das nach seinem Ermessen einrichten können.

Ich darf feststellen: Die allgemeine Meinung ist mit Ausnahme von Jonas und mir für formellen Beschluss.

Singer: Man wird sich noch fragen, ob man nicht wie bei der Klagänderung in § 270 sagt: Eine Anfechtung dieser Entscheidung findet nicht statt.

Volkmar: So können wir nicht ganz sagen. Die Zulassung ist nicht anfechtbar, die Nichtzulassung nur zusammen mit dem Urteil.

Vorsitzender: Damit können wir die Erörterung dieser Frage vorläufig abschließen.

Die Frage der Anwendung fremden Rechts wollen wir zurückstellen, zumal da Herr Pagenstecher nicht zugegen ist.

Wir unterbrechen nunmehr unsere Beratungen und setzen sie morgen um 9.30 Uhr fort.

(Schluss der Sitzung 18.30 Uhr)

3. Sitzung vom 30.8.1940: Das Protokoll dieser Sitzung ist nicht überliefert.

VIII. Sitzungen des Unterausschusses für Bürgerliche Rechtspflege vom 22.-24.10.1940

1. Die Protokolle der Sitzungen vom 22.-23.10.1940 (Rechtsmittel) sind nicht überliefert.

2. Protokoll der Sitzung vom 24.10.1940 (Revisionsrecht)

(Beginn der Sitzung 10 Uhr)

Vor Eintritt in die Tagesordnung findet eine Aussprache über Ort und Termin der nächsten Arbeitstagung statt. Es wird in Aussicht genommen, am 12., 13. und 14. Dezember in Dresden zu tagen, falls das Hotel Bellevue zur Verfügung steht, sonst in München.

Vorsitzender [Lent]: Wir hatten die *§§ a, b und c* [vgl. die Übersicht unten S. 786] durchgesprochen und waren zuletzt bei der *Revisionsfrist.* Es war die Frage aufgetaucht, ob die Revisionsfrist wieder auf einen Monat verlängert werden soll.

Fischer: Ich möchte doch auf den Gedanken zurückkommen, die Revisionsfrist zu staffeln. Ich würde dem Vorschlag von Herrn Präsident Jonas folgen, die Revisionseinlegung sozusagen als eine Art formale zu behandeln, zur Wahrung des Rechts, und das Schwergewicht ganz auf die Revisionsbegründung zu legen und die Frist dafür beweglich zu halten. Bei dieser Regelung bedarf es für die Einlegung der Revision keiner Staffelung. Wenn man aber die Einlegung der Revision mit ihrer Begründung verbindet, dann müssten die Fristen anders geregelt werden. Der für mich maßgebliche Gesichtspunkt ist folgender: Wenn man sich über die Einlegung der Revision schlüssig geworden ist, dann muss man den Stoff durcharbeiten und wissen, was man etwaigen Gegenargumenten entgegenzuhalten hat, d.h. man muss im Kopf mit der Revisionsbehandlung schon fertig sein. De facto ist es beim Anwalt so, dass er die zwei, drei Punkte, auf die die Revision gestützt wird – mehr sind es in der Regel nicht –, schon klar sieht und sich im Augenblick nur noch überlegen muss: Wie viel verspreche ich mir davon, und wie groß ist das Kostenrisiko? Wenn man dann noch den Reichsgerichtsanwalt vorher fragen will, braucht man natürlich Zeit. Aber dieses letztere ist nicht so entscheidend – dafür müsste man immer einen Monat oder sogar sechs Wochen haben –, sondern man kann etwa sagen: Wenn man die Partei und den Instanzenanwalt zusammen hat, kann man die Sache in drei Wochen bearbeiten, auch dann, wenn jemand verreist oder krank ist. Bei einer Reichsgerichtssache muss man sich schon dahinter klemmen; das ist wichtig genug. Für den Fall, dass Einlegung und Begründung zusammenfallen, hatte ich als Ventil vorgeschlagen, dass der Vorsitzende ausnahmsweise bei Glaubhaftmachung von Gründen eine Ergänzung der Begründung innerhalb bestimmter Frist zulassen kann. Wenn Sie das wollen, dann würde ich vorschlagen, falls der Revisionskläger seinen Wohnsitz und seine gewerbliche Niederlassung am Gerichtsort hat, wobei es auf die juristische Qualifizierung von Wohnsitz usw. nicht ankommen kann, drei Wochen Frist zu geben; für Europa genügen sechs

Wochen und für außereuropäische Staaten zwei Monate. Mehr kann ich nicht konzedieren. Mit Buenos Aires ist das bei einigermaßen normalen Verhältnissen mit Flugpost bequem innerhalb von zwei Monaten zu schaffen.

Nun würde ich vorschlagen, dass wir uns zunächst über die Frage unterhalten, ob wir der Grundrichtung des Jonasschen Vorschlages folgen wollen, der zunächst einen Entschluss über die Revision selbst vorsieht, während die Begründung hinterher kommt. In diesem Vorschlag steckt sehr viel Praktisches, namentlich, dass die Revisionsbegründungsfrist beweglich gehalten und jedes Mal der Sache angepasst wird. Oder wollen wir alles zusammenlegen und die Fristen anders erstrecken? Die Fristen richten sich jedenfalls danach, wie wir grundsätzlich regeln. Ich will nicht sagen, dass mein Vorschlag besonders viele Vorteile hätte. Ich möchte nur, dass die beiden Möglichkeiten diskutiert werden.

Jonas: Es sind reine Zweckmäßigkeitsfragen. Ich möchte nur auf zwei Gesichtspunkte hinweisen. Der Versuch, die Fristen je nach dem Wohnsitz der Partei verschieden zu gestalten, wird sich praktisch sehr schwer durchführen lassen. In der Regel wird doch der Generalbevollmächtigte oder die Geschäftsleitung in Berlin sitzen. Herr Prof. Fischer meint selbst, es sollte die gewerbliche Niederlassung maßgebend sein. Bei einem Ehescheidungsprozess liegen die Verhältnisse klar, aber bei einer Auseinandersetzung zwischen Gesellschaftern, deren Vermögen in dem Fabrikunternehmen liegt, hängt die Frage mit der Niederlassung oder mit dem Wohnsitz der Leute zusammen, und eine bewegliche Regelung würde hier einen erheblichen Unsicherheitsfaktor hineinbringen, der diejenigen, die die Frist ausschöpfen wollen, mit großen Risiken belastet. Denken Sie an einen Grundstücksprozess von einem Emigranten, der in Argentinien sitzt und alles einem deutschen Generalbevollmächtigten übergeben hat! Welche Frist soll da gelten? Wählt er der Sicherheit halber die kurze Frist, dann ist es gut. Schöpft er aber die lange Frist aus, dann läuft er das Risiko, dabei hereinzufallen. Diese praktischen Bedenken halte ich für so schwerwiegend, dass mir dieser Weg kaum gangbar erscheint.

Es kommt auch noch ein anderer Gesichtspunkt hinzu. Herr Prof. Fischer hat auf seinem Gebiet eine ganz bestimmte Gruppe von Prozessen im Auge, bei denen wirklich seriös alles vorher beraten wird, ob man die Revision für aussichtsvoll hält usw. Ich sehe in dem Gebiet meines Senats gerade die Fülle der anderen Fälle, wo z.B. die geschiedene Ehefrau Revision einlegt und diese Revision unter Umständen wahrscheinlich selber für aussichtslos hält. Sie legt trotzdem Revision ein; denn sie kann sie immer noch im letzten Augenblick verfallen lassen, sie versucht die Zeit auszunutzen, um auf den Ehemann noch einen Druck auszuüben, solange das Urteil noch nicht rechtskräftig ist. Die Rechtsprechung zu § 55, die ja mein tägliches Brot ist, ist reichlich undurchsichtig, weil man nicht weiß, auf welchen Gesichtspunkt das Reichsgericht Gewicht legen wird. Es besteht also immer die Möglichkeit, dass der Gegner noch irgendwie vergleichsbereit ist, und da kommt es gar nicht darauf an, ob die Revision aussichtsvoll ist oder nicht. Auch in Erbprozessen ist es mir ein paar Mal vorgekommen, dass Revision eingelegt und begründet wurde und die Parteien erst vor dem Termin abschnappten; der Anwalt sagte: Ich trete nicht auf, obwohl er die Revision schon begründet hatte usw. Für diese ganze Gruppe von Prozessen würde der Gesichtspunkt, der für die Staffelung spricht, überhaupt wegfallen. Der Erwägungen treffen meiner Ansicht nach nur für Prozesse um hohe Objekte zu, bei denen die Parteien wirklich seriös sich um alle Fragen bemühen. Sie, Herr Prof. Fischer, sehen diese Prozesse als die häufigsten an, weil Sie sich auf diesem Gebiet betätigen.

Ich würde also selbst Vorratsrevisionseinlegungen in Kauf nehmen für die Fälle, wo die Parteien noch ein Spatium haben wollen. Man könnte natürlich auch an eine ganz andere Regelung denken: Die Rechtsmittelfrist wird vom Gericht, vom iudex a quo bestimmt, wie man es im englischen Recht hat. Aber eine solche Patentlösung würde schlecht in den Rahmen unserer bisherigen Regelung passen.

Singer: Der Staffelungsvorschlag hat zur Voraussetzung, dass Einlegung und Begründung der Revision zusammenfallen sollen. Bei dem Jonasschen Vorschlag kommt die Staffelung überhaupt nicht in Frage. Darum ist zunächst die Vorfrage zu entscheiden: Sind wir für Trennung oder nicht?

Fischer: Jawohl, das hängt unmittelbar zusammen.

Jonas: Wenn man darauf abstellen will, dann muss die Frist sehr geräumig sein, dann würden auch sechs Wochen nicht reichen. Es gibt Fälle, wo das Urteil ein paar hundert Seiten lang ist. Da ist selbst noch eine Revisionsfrist von sechs Wochen zu kurz. Man muss berücksichtigen, dass sich noch der Reichsgerichtsanwalt mit der Sache befassen muss, der den Fall vorher nicht gekannt hat. Dem Instanzenanwalt, der den Prozessstoff natürlich beherrscht, braucht man nicht lange Zeit zur Verfügung zu stellen. Er braucht nur das Urteil durchzugehen und mit Rotstift anzustreichen, welche Punkte ihm nicht passen.

Fischer: Das ist natürlich richtig.

Vorsitzender: Mir als Theoretiker ist es gleich, auf welchen Boden Sie sich stellen wollen. Ich habe dazu nichts zu sagen.

Fischer: Es ist eine reine Frage der Praktiker. Es fehlt uns vielleicht der Reichsgerichtsanwalt, der von seinem Standpunkt aus dazu Stellung nehmen müsste.

Jonas: Von den Reichsgerichtsanwälten bekommen Sie die Antwort: Anders, als es jetzt ist, kann es nicht gehen, auch die Beschränkung der Begründungsverlängerung führt zu einer Katastrophe. Im Kreis der Reichsgerichtsanwaltschaft herrscht natürlich stärkstes Beharrungsvermögen.

Fischer: Das ist klar. Wenn es so ist, dass bei der Reichsgerichtsanwaltschaft eine kleine Gruppe die wesentliche Arbeitslast zu tragen hat und die größere Gruppe nicht, dann spielt diese Frage für diese größere Gruppe keine Rolle; sie könnten sich sofort in die Fälle hineinstürzen und arbeiten. Bei der Belastung der Reichsgerichtsanwälte ist das schwierig. Aber die Erfahrung lehrt, dass sie disponieren können und, wenn Not am Mann ist, doch die Zeit haben. Deshalb bin ich nicht so ängstlich, das große Geschrei so ernst zu nehmen.

Vorsitzender: Trotz der mangelnden Besetzung können wir ruhig einen Entschluss fassen. Herr Pagenstecher hat ja sein Desinteresse erklärt, und Herr Altstötter wird durch Herrn Jonas mit vertreten. Herr Furler denkt natürlich in manchen Punkten anders.

Jonas: Das ganze Bild würde sich völlig ändern, wenn man die gesonderte Reichsgerichtsanwaltschaft aufgeben würde.

Furler: Nach den Erklärungen, die Ministerialdirektor Furler gegeben hat, können wir das einstweilen nicht tun. Ich bin gar nicht für die Simultanzulassung zwischen Landgericht und Oberlandesgericht. Ich würde lieber zwei Kategorien haben, den Amts- und Landgerichtsanwalt und den Oberlandesgerichtsanwalt, der gleichzeitig beim Reichsgericht auftreten kann; denn in den oberen Instanzen ist die Methode in der Behandlung der Sachen eine andere als unten. Ich sage auch immer: Vier Augen sehen mehr als zwei.

Nun einige Worte zu dem, was Präsident Jonas gesagt hat. Was zunächst die geringe Zahl der Fälle angeht, von denen ich ausgehe, so möchte ich erwidern: Ich glaube, wenn wir meine Vorschläge annehmen, geschieht den anderen kein Unrecht. Wenn wir aber den Vorschlägen von Herrn Jonas folgen, so wird es in den seriösen Fällen – die Herren werden mir erlauben, sie so zu bezeichnen – fast immer so sein, dass eine Vorratsrevision eingelegt werden müsste, weil man in 14 Tagen noch nicht fertig ist. Wenn man aber eine Vorratsrevision einlegt, so ist das eine starke geldliche und auch geschäftsmäßige Belastung. Ich verkenne nicht, dass heutzutage eine Menge Vorratsrevisionen eingelegt werden. Die werden wir künftig sicher auch haben. Nur fürchte ich, dass die Zahl der Vorratsrevisionen ganz gewaltig in die Höhe gehen wird.

Vorsitzender: Wir wollen ja einen Monat nehmen. Dann würde doch ein großer Teil der Vorratsrevisionen wegfallen können.

Fischer: Das wäre schon wesentlich. Die Frage wäre dann die, wie es mit der Begründung gehalten werden soll, ob es das richtige System ist, dass die Revision innerhalb dieser Frist auch begründet werden muss. In 90 von 100 Fällen würde ich das für möglich halten.

Jonas: Das glaube ich nicht. Wir müssen doch davon ausgehen, dass z.B. im Ehescheidungsprozess die Partei nach drei Wochen, also kurz vor Toresschluss, an den Reichsgerichtsanwalt schreibt: lege Revision ein!

Fischer: Das wird die Partei dann nicht mehr tun. Wir dürfen nicht vergessen, dass wir vorher eine andere Regelung hatten. Die Partei kommt nur deswegen am letzten Tag, weil sie weiß: Ich habe die ganze Revisionsbegründung noch vor mir. Es gibt Fälle, wo die Parteien sagen: Wir wollen natürlich Revision einlegen, aber wir wollen uns das noch überlegen, wollen Zeit gewinnen; schreiben Sie dem Reichsgerichtsanwalt, aber tun Sie das erst am letzten Tag, damit nicht etwa der Revisionsanwalt noch Bedenken erhebt; also schicken Sie ihm das Urteil am Tag vorher oder telegrafieren Sie! Die Partei hat ja immer noch mehr als einen Monat Zeit, weil bis zur Zustellung auch noch Zeit verstreicht. Die Zustellung kommt jetzt allerdings in die Hand des Gerichts, dann würde es genau ein Monat werden. Wenn aber der Anwalt weiß: Ich muss in der Zeit auch begründen, dann wird eben innerhalb dieses Monats gearbeitet. Wenn ich Zeit habe, lasse ich mir Zeit. Sie, Herr Präsident, sehen vom Gericht aus, ich gehe von der Partei aus. (*Jonas:* Nein!) – Ich meine, Sie sehen die ganze Sachlage von dem Standpunkt aus, wie sie sich vor Ihnen abspielt. Sie wollen die Frist so geben, wie sie der Sache entspricht. Ich dagegen möchte eine Normalfrist haben, damit nicht diese Uferlosigkeiten kommen, und möchte eine Verlängerung der Normalfrist nur zugestehen, wenn die Partei Gründe glaubhaft macht, die im einzelnen Fall eine Verlängerung rechtfertigen. Eine Verlängerung ist aber nicht gerechtfertigt, wenn die Partei 26 Tage verstreichen lässt und erst am 27. Tage die Revision in Gang bringt.

Jonas: Die große Schwierigkeit ist nur die folgende: Denken Sie an den kleinen Eheprozess, an die Erbschaftssachen, Unterhaltsprozess am Oberlandesgericht. Der Oberlandesgerichtsanwalt ist ein Armenanwalt, der seine Tätigkeit damit als erschöpft ansieht, dass er den Parteien schreibt: Die Sache ist jetzt verloren, ich halte das Urteil für falsch, nach den gesetzlichen Bestimmungen kannst du innerhalb eines Monats Revision einlegen, du musst dich dazu an einen Reichsgerichtsanwalt wenden, musst das rechtzeitig tun, denn innerhalb des Monats muss auch die Revision begründet werden. Nun sitzt die Partei da. Zunächst schwankt sie hin und her, und nach drei Wochen – nicht gerade am letzten Tag – schreibt sie an den Reichsgerichtsanwalt: Ich will dir die Sache übertragen, lege Revision ein! Der Reichsgerichtsanwalt kann dann zunächst nichts weiter tun, als zu antworten: Du weißt, dass ich begründen muss; aus dem Urteil kann ich nichts ersehen, also sorge dafür, dass der Oberlandesgerichtsanwalt mir seine Handakten zuschickt. Bei den jetzigen Kriegsverhältnissen, wo ein Aktenpaket von Berlin nach Leipzig acht Tage unterwegs ist, kann es dann gerade noch so klappen, dass der Anwalt die Akten vor Schluss der Revisionsfrist bekommt. Dann entsteht die Frage: Soll der Reichsgerichtsanwalt für eine Partei, die ihm sicher doch noch keinen Vorschuss gezahlt hat, tätig werden, soll er die ganze Nacht arbeiten oder soll er sagen: Wenn die Sache so steht, sehe ich keinen Anlass, eine Nacht daran zu wenden? Etwas ganz anderes ist es, wenn der Anwalt im letzten Augenblick auf eigene Verantwortung Revision einlegt ohne Kostensicherheit usw., wenn es sich lediglich um eine formale handelt. Die Regelung führt meiner Ansicht nach zu der Gefahr, dass die Partei aus Unkenntnis nicht nur der Vorschriften, sondern auch des technischen Ganges glaubt, sie hätte eine längere Frist zur Verfügung, und dann hängt es von dem Pflichteifer des Reichsgerichtsanwalts ab, wie weit er helfen will oder noch glaubt, helfen zu können. Wenn die Geschichte dann nicht klappt, wird auf die Anwaltschaft geschimpft und das Scheitern der Sache dem Anwalt in die Schuhe geschoben. Wenn man eine solche Regelung trifft, nimmt man dem Reichsgerichtsanwalt praktisch die Möglichkeit, als das berühmte Filter zu wirken. Er kann wohl sagen: Wenn du darauf bestehst, lege ich Revision ein, ich halte aber die Sache für aussichtslos. Wenn aber Einlegung und Begründung miteinander verbunden werden müssen, kann er nicht gut der Partei sagen: Ich lege nicht Revision ein, suche dir einen anderen Anwalt! Wie man es auch dreht und wendet, bei der Verkoppelung von Einlegung und Begründung sehe ich starke Perspektiven, die mir den künftigen Zustand schlechter erscheinen lassen als den jetzigen.

Fischer: Die Konsequenz wäre dann, dass die Einlegung der Revision durch den Instanzenanwalt erfolgen müsste. Dann hätte das Reichsgericht mit dieser Frage nichts zu tun.

Vorsitzender: Wenn die Begründung innerhalb der Revisionsfrist erfolgen soll, kommt mir eine Frist von einem Monat auch reichlich kurz vor. Ich habe selbst einmal Gelegenheit gehabt, für einen anderen zu überlegen, ob Revision eingelegt werden soll oder nicht. Gerade bei einem kleinen Mann, der sich genau überlegen muss, wie viel Geld er überhaupt zur Verfügung hat, ob er die großen Kosten aufbringen kann, der sich darüber erst genau erkundigen muss, wird das sehr schwierig.

Singer: Ich fürchte, dass bei dem Verkoppelungszwang innerhalb eines Monats die Begründung sehr wässerig und schlampig ausfallen wird.

Fischer: Ihre Argumente haben vieles für sich. Aber dann hat es keinen Sinn, erst den Reichsgerichtsanwalt zu bemühen, um formal Revision einzulegen. Dann sollte man das Reichsgericht mit dem geschäftsmäßigen Gang der Sache zunächst gar nicht belasten. Dann braucht sich eben die Partei nur zu überlegen, ob sie Revision einlegen soll oder nicht.

Jonas: Das ist wieder eine Zweckmäßigkeitsfrage. Dann müsste der Oberlandesgerichtsanwalt die Revision beim iudex a quo einlegen. Er würde dann dort einen Schriftsatz niederlegen: Nein, ich lege gegen das Urteil Revision ein. Mit diesem Blatt kann das Reichsgericht nichts anfangen; es würde so laufen wie jetzt in Österreich. Wie soll die Sache weitergehen? Was das Gericht zu machen hat, ist klar. Es kann nur so weitergehen wie in Österreich, dass das Oberlandesgericht die Sachen zusammenpackt. In Österreich soll die Revision auch vom Instanzenanwalt begründet werden. Das ist im Allgemeinen eine ziemlich formale Begründung. Der Anwalt kann es tun, weil er die Sache kennt. Wir gehen jetzt davon aus, dass die Begründung durch die besondere Anwaltschaft beim Reichsgericht bestehen bleibt. Wie kommt die Sache nun vom Oberlandesgericht zum Reichsgericht? Die Akten werden im Gerichtsbetrieb einfach hingeschickt mit einem Anschreiben: Es ist Revision eingelegt. Die Sache trifft nach kurzer Zeit ein. Also nach 14 Tagen bis drei Wochen sind die Akten beim Reichsgericht. Nun hat aber der Revisionskläger noch keinen Parteianwalt.

Fischer: Bitte, entwickeln Sie weiter! Ich denke mir die Sache anders.

Jonas: Also die Partei hat zunächst beim Oberlandesgericht Revision eingelegt. Wie läuft die Begründungsfrist? Da sehe ich erhebliche Schwierigkeiten. Darf ich fragen, wie Sie sich den Fall denken würden?

Fischer: Es gibt zwei Lösungen. Die eine Lösung ist die: Für die Revisionsbegründung eine gesetzliche Frist mit der Möglichkeit, dass sie beim Vorliegen besonderer Gründe verlängert werden kann. Die andere wäre die, dass wir Ihren Gedanken aufnehmen, wonach das Gericht der Partei eine Frist für die Revisionsbegründung je nach Lage der Sache setzt. Diese Frist setzt jetzt der iudex a quo. Den halte ich für besonders geeignet. Das einzige, was gegen Ihren Vorschlag spricht, ist die Terminbestimmung. Aber wenn wir von der augenblicklichen Lage absehen, halte ich den iudex a quo für sehr geeignet, die Revisionsbegründungsfrist zu geben; denn er kennt seine Parteien und seine Leute. Und nun wird doch der Instanzenanwalt, der die Revision schon hat anlaufen lassen, sich sofort mit dem Reichsgerichtsanwalt in Verbindung setzen und ihm sagen: Wir haben Revision eingelegt. Sie ist bis zum 15. August zu begründen. Hier hast du die

Sachen. Bitte begründe die Revision! Ich stelle mir vor, dass nicht eine Frist gegeben wird, sondern ein fester Termin gesetzt wird, damit nicht wieder Streit entsteht.

Jonas: Da tauchen eine ganze Reihe von schweren Bedenken auf. Zunächst zeigt die Praxis, dass die Länge der Frist bei jedem Oberlandesgericht verschieden sein wird und bei einem Oberlandesgericht auch wieder innerhalb der einzelnen Senate verschieden ausfallen wird. Der Senatspräsident hat doch schließlich von der Technik der Revisionsinstanz keine sonderliche Ahnung und hält sein Urteil für richtig. Dann könnte man ebenso gut eine einheitliche gesetzliche Frist nehmen, und dann tauchen in dieser Frist die ganzen Fragen wieder auf. Die Akten müssen einem Reichsgerichtsanwalt geschickt werden. Der Reichsgerichtsanwalt soll prüfen, ob die Sache Aussicht auf Erfolg hat.

Fischer: Entschuldigen Sie, Herr Präsident, diesen Gedanken müssen wir fallen lassen; denn darüber, ob Revision eingelegt werden soll oder nicht, ist schon entschieden. Jetzt würde es sich nur noch um die Frage handeln: Kann der Reichsgerichtsanwalt überhaupt die Verantwortung übernehmen, die Revision zu begründen? Das kann er aber innerhalb 14 Tagen doch tun.

Jonas: Der Anwalt sagt vielleicht: Das ist der berühmte Streit zwischen Oberlandesgericht und Reichsgericht. Das Reichsgericht steht ständig auf dem Standpunkt, dass es vollständig sinnlos ist, eine solche Sache zum vierten und fünften Mal vor das Reichsgericht zu bringen; ich begründe die Sache nicht, und dann ist die Frist versäumt. Dann hat die Partei nicht einmal die Möglichkeit, sich einen anderen Anwalt zu suchen.

Fischer: Wir müssen uns doch die Sache nicht so vorstellen, dass dieser Instanzenanwalt die Akten in der letzten Woche an den Reichsgerichtsanwalt schickt; der sieht: Aha, das ist die berühmte Geschichte, und sie kommt ausgerechnet auch noch an den Senat, dessen Rechtsprechung festliegt. Es hat also gar keinen Sinn. Wenn der Instanzenanwalt das alles in den letzten vier Tagen macht, dann mag er nachher die Kosten bezahlen und auf Schadenersatzanspruch verklagt werden. Das ist doch eine grobe Pflichtverletzung vor dem Instanzenanwalt.

Jonas: Das ist aber doch eine missliche Sache. Der Prozess erleidet diese Panne, und wie der Prozess hätte richtig entschieden werden müssen, ergibt sich nachher im Regressprozess. Im Regressprozess fallen natürlich die Parteien immer herein.

Fischer: Gegen die Argumente kann ich nichts sagen.

Jonas: Das ist immer die Betrachtung, ob der Anwalt fahrlässig gehandelt hat.

Fischer: Wenn ein Anwalt weiß, dass der Reichsgerichtsanwalt die Revision einlegen und begründen soll und ihm trotzdem die Akten erst in der letzten Woche schickt, dann brauche ich über die Fahrlässigkeit kein Wort zu verlieren.

Jonas: Der Reichsgerichtsanwalt ist vielleicht gerade auf Urlaub.

Fischer: Dann wird Verlängerung beantragt.

Jonas: Das soll vermieden werden. Dann sagt das Oberlandesgericht: Du hast gar keinen Anlass gehabt, diesen Anwalt zu nehmen, nimm dir einen anderen, es sind ja noch vier Tage Frist, in diesen vier Tagen kann es auch ein anderer Anwalt machen.

Fischer: Dann ist das jetzige Gesetz die einzig richtige Lösung. Seien Sie nur in der Praxis etwas härter mit der Verlängerung der Fristen!

Jonas: Die automatische Anknüpfung der Frist an die Einlegung hat den Nachteil, dass sie in vielen Fällen überflüssig lange dauert. Eine Ehescheidungsbegründung kann auch in 14 Tagen gemacht werden. Der Armenanwalt begründet im Allgemeinen schon in ein, zwei Tagen. Dazu braucht er nicht vier Wochen. Auf der anderen Seite ist die Begründungsfrist, wie sie jetzt läuft, in soundso vielen Fällen unzureichend; denn der Anwalt kann sich mit der Sache noch nicht befassen, weil die Akten noch nicht da sind. Man darf dem Reichsgerichtsanwalt nicht die Möglichkeit beschneiden, die Gerichtsakten einzusehen. Alle diese Weiterungen möchte ich dadurch vermeiden, dass ich die Begründungsfrist erst von dem Zeitpunkt ab setzten lasse, wo die Akten da sind.

Fischer: Aber dann verlängern Sie die Sache noch um weitere drei Wochen.

Jonas: Das ist nicht der Fall; denn solange die Akten nicht da sind, kann nicht fruchtbar gearbeitet werden. Bis die Gerichtsakten kommen, dauert es normalerweise zehn Tage. Man schreibt an das Landgericht und fordert die Akten ein, dann wird das Ersuchen an das Oberlandesgericht weitergegeben, oder die Geschäftsstelle schreibt an das Oberlandesgericht: Wir haben die Sache weitergegeben an das Landgericht oder die Akten sind schon an die untere Instanz zurückgegeben worden. Ich möchte die planlose Verlängerung dadurch vermeiden, dass ich von vornherein dem Anwalt eine Frist setze in dem Zeitpunkt, wo er anfangen kann zu arbeiten, wo er schätzungsweise übersehen kann, wie viel Arbeit er haben wird. Ich möchte vermeiden, dass der Anwalt innerhalb der Frist zunächst nicht arbeitet, sondern noch Korrespondenzen über die Frage führt, ob die Revision durchgeführt wird. Die meisten Verlängerungsgesuche werden einfach formal damit begründet: Ich bitte um Verlängerung um einen weiteren Monat, weil die Korrespondenz über die Durchführung der Revision noch nicht abgeschlossen ist.

Singer: Sie wollen eine Trennung zwischen Revisionseinlegung und Revisionsbegründung und eine der Sache entsprechende Fristbestimmung für die Begründung und dann die sofortige Ansetzung des Termins ohne die Möglichkeit einer weiteren Fristverlängerung.

Jonas: Fristverlängerung nur unter Voraussetzung der Wiedereinsetzung, grundsätzlich nicht.

Singer: Aber die bisherigen Fristverlängerungen fallen weg. Wie gesagt, ich fürchte, dass wir in vielen Fällen eine wenig gute, eine verwässerte, schlampige Begründung bekommen werden. Diese beiden Vorzüge veranlassen mich, mich auch für die Trennung auszusprechen.

Fischer: Dann legen Sie zunächst Revision ein. Dafür bekommen wir einen Monat Frist. Dann läuft mit der Einlegung der Revision noch einmal eine Frist. Es ist ganz sicher, dass die Einforderung der Akten zehn Tage, sagen wir 14 Tage dauert. Erst nach diesen 14 Tagen kann sich der Vorsitzende die Sache ansehen, um die Frist zu bestimmen. Das macht praeter propter mit dem Geschäftsmäßigen und der Ausfertigung eine weitere Woche. Das sind im Ganzen weitere drei Wochen, bis die Begründungsfrist beginnt. Ich will das nur feststellen. Mir ist das praktisch gleichgültig. Ich halte es für ganz unwesentlich, ob wir drei oder vier Wochen nehmen, in Bezug auf die Regelung im Ganzen gesehen. Nun muss der Vorsitzende sich die Sachen ansehen. Normalerweise wird er sagen: Ich schätze, du wirst soundso viel Wochen brauchen, um die Sache zu begründen. Vierzehn Tage werden Sie immer geben. Dann wird der Anwalt wahrscheinlich schon begründet haben.

Jonas: Bloß jetzt macht er es nicht. Wir können also sagen: Er setzt normalerweise eine Frist, die zwischen drei Wochen und sechs Wochen schwankt.

Fischer: Das geht auch zu machen.

Jonas: Das Bedenken ist natürlich, dass die gesetzte Frist erst 14 Tage später anzulaufen beginnt. Aber das ist kein Unterschied gegenüber dem jetzigen Recht; denn die Gebührenfrist wird auch erst dann angesetzt. Jetzt ist das Missliche, dass Begründungsfrist und Gebührenfrist immer treppenweise laufen. Wir setzen die Gebührenfrist schematisch immer auf einen Monat.

Fischer: Das ist reichlich. Das könnte man auch kürzer machen. Entweder habe ich das Geld, oder ich habe es nicht.

Jonas: Am Schluss der Begründungsfrist sagt nun der Anwalt: Ich bitte die Frist noch einmal zu verlängern, jedenfalls bis zum Ende der Gebührenfrist. Das ist eigentlich das Mindeste, was beantragt wird.

Fischer: Warum soll ich mich dagegen sträuben? Es ist ja nur eine Zweckmäßigkeitsfrage. Man muss das Bild nur klar haben.

Vorsitzender: Das leuchtet mir eigentlich ein, so dass ich vorschlagen möchte, es so zu lassen. Die Verkoppelung kommt mir dann zu kurz vor. Der Umstand, dass die Begründungsfrist erst nach soundso viel Wochen gesetzt werden kann, ist allerdings eine Verzögerung gegenüber dem bisherigen Recht, aber das wird durch Abkürzung der Begründungsfrist in zahlreichen Fällen ausgeglichen werden können.

Jonas: Vor allem sehe ich den Vorteil darin, dass man jetzt auch bei umfangreichen Akten schon einen Termin bestimmen kann. Es gibt Fragen, wo mir die Revisionsbegründung nichts zu sagen hat, abgesehen von anderen Fällen wie bei Ehesachen, wo es schließlich Ermessensfragen sind. Beispielsweise haben wir jetzt den kuriosen Fall, dass auch eine Revision vom Amtsgericht kommen könnte in einer Sache über 10.000 RM. Ich will den Fall erzählen. Es war ein ehelicher Unterhaltsanspruch von monatlich 100 RM über zwölf Jahre. Der Vater ist Arier, die Mutter Jüdin, der Sohn Mischling. Die Mutter ist ins Ausland gegangen, hat den Sohn mitgenommen. Der Sohn ist im Ausland in die jüdische Kultusgemeinde eingetreten, ist also jetzt Jude und klagt gegen seinen Vater auf Unterhalt. Die interessante Frage ist, ob der arische Vater für seinen im Ausland befindlichen jüdisch gemendelten Sohn Unterhalt zu zahlen hat!

Singer: Ist er beschnitten worden?

Jonas: Das weiß ich nicht. Der Mann hat sogar die Devisengenehmigung gekriegt und zahlt auf Sperrkonto. Nun setzt das Kammergericht lang und breit auseinander, dass mit der Devisengenehmigung nichts zu wollen ist. Nun kommt die Betrachtung: Der Gesetzgeber hat an alle diese Fragen gedacht, hat es aber nicht für zweckmäßig gehalten, diesen Fall besonders zu regeln; das ist also eine Frage, die der Gesetzgeber in das Ermessen des Richters gestellt hat. Es ist sehr traurig, aber der Gesichtspunkt der Verwirkung oder etwas Ähnliches kommt auch nicht in Betracht; wir verurteilen den Vater zu den Unterhaltskosten. In einem solchen Fall, wo es sich einzig und allein um diese Rechtsfrage handelt, ist die Revisionsbegründung an sich etwas Zweckloses. Der Anwalt kann nur sagen: Eine solche Entscheidung widerspricht dem nationalsozialistischen Rechtsdenken. Das Reichsgericht hat rechtschöpferische Aufgaben usw. Die Bearbeitung einer solchen Sache kann sich der Berichterstatter auf einem Spaziergang überlegen. Man forscht ein bisschen in der Literatur, auf welchen Dreh man das bringen kann, ob sich irgendein Schriftsteller schon in einer juristischen Zeitung oder einer Tageszeitung darüber ausgelassen hat. Jedenfalls kann sich der Berichterstatter mit einer solchen Sache schon eingehend befassen, ehe die Revisionsbegründung vorliegt. Dann ist es sehr wohl möglich, dass der Termin schon drei Wochen später angesetzt werden kann, während jetzt zunächst die Begründungsfrist läuft, und dann kommt der Anwalt und erklärt: Ich muss doch noch der Sicherheit halber mit meiner Partei korrespondieren, und schließlich kommt der Fall an einen Richter, der die Sache noch nicht kennt. Dann kriegt der Vorsitzende die Sachen normalerweise acht Tage vor dem Termin. Man muss also mindestens eine Bewegungsfreiheit von einem Monat als das Normale ansehen. Bei kleinen Ehesachen geht es natürlich schneller.

Ein wesentlicher Punkt in meinem Vorschlag ist also, dass der Richter die Möglichkeit hat, den Termin gleich anzuberaumen. Er braucht es nicht. Mancher Senatspräsident wird sagen: Das geht nicht, ich muss erst sehen, was in der Begründung steht.

Singer: Ist der Fall schon entschieden? (*Jonas:* Noch nicht.) Wer hat die Devisengenehmigung bekommen?

Jonas: Der Sohn hat sie bekommen, allerdings noch vor dem Krieg. Jetzt ist das Ulkige …

Singer: Da hätte doch der Richter eigentlich die Devisenstelle stoppen können, dass das zurückgezogen wird. Dann wäre es aus.

Jonas: Es wird auf Sperrkonto eingezahlt.

Fischer: Damit kann er ja nichts anfangen. Ich finde, das ist beinahe der Haken, um die ganze Sache aus den Angeln zu heben.

Jonas: Die Unterhaltsleistung ist unmöglich. Ich neige ja in solchem Fall zu der Auffassung: Wenn ein Sohn sich vom Vater dadurch so distanziert, dass er in die andere Religionsgemeinschaft und Rassegemeinschaft übertritt, dann ist damit das Band zum Vater so weit gelöst, dass man eigentlich eine Unterhaltspflicht nicht mehr anerkennen kann, höchstens noch eine Art Nothilfe. Es ist nämlich misslich, zu erklären: In solchen Fällen besteht überhaupt keine Unterhaltspflicht, auch wenn der Sohn in Deutschland ist, mit dem Ergebnis nämlich, dass der Sohn der öffentlichen Hand zur Last fällt, obwohl der Vater, der ihn unterhalten müsste, ein schwerreicher Mann ist. Das wäre eine tolle Sache. Aber gegenüber dem im Ausland befindlichen Sohn ist die Unterhaltung nicht möglich; denn damit, dass ich das Kapital auf Sperrkonto thesauriere, wird ihm nicht geholfen.

Singer: Das führt zur Klageabweisung.

Jonas: So ist mein Gedanke.

Vorsitzender: Ein gefährlicher allgemeiner Gedanke, wenn der Sohn sich vom Vater löst!

Fischer: Diese Frage ist etwas politisch gekennzeichnet. Aber wenn man von der politischen Färbung absieht, habe ich das Gefühl dafür, wenn in einem solchen Falle ein Sohn sich vom Vater lossagt und erklärt: Ich gehe meine eigenen Wege.

Vorsitzender: Handelt es sich um ein eheliches oder um ein uneheliches Kind?

Jonas: Um ein eheliches Kind. Die Frau hat sich scheiden lassen und hat einen bekannten Emigranten, einen Schriftsteller auf dem Gebiet des internationalen Privatrechts, in Paris geheiratet. – Aber einmal ganz von den politischen Verhältnissen abgesehen: Der Sohn geht nach Amerika und kommt vor die Hunde und sagt nun zum Vater: Ich bin arbeitslos geworden, schicke mir Unterhalt.

Vorsitzender: Beim ehelichen Kind wollte ich anerkennen, dass das einen Einfluss hat, wenn sich jemand direkt lossagt. – Jetzt wollen wir aber wieder zur Revision zurückkehren. Im Allgemeinen sind wir ja geneigt, dem Vorschlag Jonas doch beizutreten.

Jonas: Es sei denn, dass durch eine andere Gruppierung der Anwaltschaft eine vollständig neue Situation kommt.

Vorsitzender: Dann ändert sich das Bild.

Fischer: Aber sollte es sich jetzt bei Geltung des von uns vorgesehenen Gesetzes ändern, würde doch die Regelung immer noch nicht unpraktisch sein, wenn der Instanzanwalt diesen Monat Zeit hat.

Vorsitzender: Diese beiden Fristen würden immer noch möglich sein.

Jonas: Wenn man dazu käme, die Reichsgerichtsanwaltschaft überhaupt abzuschaffen, wäre ich durchaus dafür, dass praktisch die Sache so läuft: Der Instanzanwalt legt Revision ein und begründet; er kennt ja die Sache, er hat die Akten und kann gleich damit anfangen.

Fischer: Dann wollen wir es in diesem Sinne für das zukünftige Gesetz in Aussicht nehmen.

Vorsitzender: Nun käme *§ d* [Abschriften]. Dazu ist wohl kaum etwas zu sagen.

Singer: Es wäre vielleicht noch wegen der Abschriften in § d zu fragen; sie „sollen" mit vorgelegt werden, nicht „müssen".

Jonas: Das ist geltendes Recht.

Singer: Aber bei großer geschäftlicher Belastung der Kanzleien kann das auch zu einer kolossalen Unzuträglichkeit führen. Hier war einmal ein jüdischer Rechtsanwalt, der grundsätzlich keine Abschriften vorgelegt hat; er behauptete, sowohl die Geschäftsstelle, wie auch die Gerichtsvollzieherei müssten die Abschriften, die zu den notwendigen Amtshandlungen benötigt werden, selbst ausfertigen, und hat sich auf eine Notiz in der kleinen Handausgabe der Zivilprozessordnung [1926] von [Hugo] Freudenthal berufen, die hinten bei der Zwangsvollstreckung steht. Tatsächlich stand es dort wirklich darin. In der ersten Auflage steht aber bei der Anmerkung, dass es eine elsass-lothringische Vorschrift war, wonach das gemacht werden müsse. Ich habe das dann auch richtig gestellt. Freudenthal hatte in den spätern Auflagen nur die Bemerkung als solche aufrecht erhalten, aber die Klammer mit dem Verweis auf die elsass-lothringische Vorschrift weggelassen. – Ich würde also hier statt „sollen" „müssen" sagen.

Jonas: Hierzu muss man zwei Dinge unterscheiden. Erstens die Frage: Was ist für einen wirksamen Einlegungsakt notwendig? Da scheint es mir doch nicht möglich zu sein zu sagen: Du hast zwar ein Stück beigelegt, aber ich weise die Revision als unzulässig zurück, weil die Abschriften fehlen. Das möchten Sie zweifellos selbst nicht. (*Nein!*) Also muss diese Bestimmung über den Einlegungsakt nach wie vor lauten: Eine Ausfertigung soll vorgelegt werden.

Singer: Ich meine nur, es entsteht bei der Überlastung der Kanzleien ein Kampf zwischen Anwalt und Kanzlei.

Jonas: Nun taucht die Frage auf: Revision ist eingelegt, es passiert nichts weiter, aber wer hat die Abschriften zu beschaffen? Natürlich ist es Amtspflicht des Anwalts, die Dinge zu beschaffen. Nur knüpfen sich keine prozessualen Folgen daran.

Singer: Und wenn er sich weigert?

Jonas: Wenn er sich weigert, unterlässt zunächst einmal die Geschäftsstelle die Übersendung.

Singer: Praktisch wird es so werden, dass dann der Anwalt kommt und sagt: Du musst die Abschriften selbst machen.

Vorsitzender: Es ist doch die Pflicht desjenigen, der die Revision einlegt.

Jonas: Es fällt schließlich in das Gebiet der Pflicht des Anwalts. Aber wenn er es nicht tut?

Singer: Darum meine ich, man könnte gerade so gut sagen „muss".

Vorsitzender: Das würde heißen: wenn es fehlt, ist die Revision unzulässig.

Fischer: Wenn Sie die Sollvorschrift lassen, wie sie ist, kann das Gericht den Anwalt nicht zwingen. Das Gericht muss die Sache seinerseits machen. Also es kommt die von Ihnen bemängelte Folge heraus, dass das Gericht die Abschriften selbst machen und zustellen muss. Dann wird der Präsident auf Meldung seines Senats, auf Meldung des Urkundsbeamten die Sache der Anwaltskammer vorlegen. Es gibt ja Anwälte, die begeistert auf solchen Dingen herumreiten und sagen: Herr Präsident, ich bin ganz im Recht, warum soll ich mein Papier dafür hergeben? Im ersten Fall wird ihn der Präsident nicht bestrafen können; aber er wird ihm sagen: Lieber Kollege, lassen Sie den Unfug, das nächste Mal geht die Sache glatt!

Singer: In dem konkreten Falle, der mir passiert ist, ist die Sache weitergegangen. Ich habe ihm geschrieben: Wir haben bei der Gerichtskanzlei keine Zeit dafür, das musst du selbst machen. Darüber hat er sich beim Ministerium beschwert, und ich musste einen Bericht machen.

Jonas: Sollvorschriften sind doch keine Vorschriften, die man nicht zu befolgen braucht.

Vorsitzender: Ich würde nie auf den Gedanken kommen, dass sich daran überhaupt ein Streit anknüpfen kann.

Singer: Ich habe den praktischen Fall angeführt: Ich habe aus der Sollvorschrift ein Muss gemacht.

Vorsitzender: Jedenfalls können wir gesetzestechnisch von der Sollvorschrift nicht abgehen. Wenn wir sagen „muss", würde es heißen, dass es sonst die Gültigkeit verliert.

Fischer: Wenn Sie es ändern wollen, müssten Sie im Abs. 3 sagen: „Eine Abschrift ist dem Gegner unverzüglich zuzustellen." Dann sind Sie aus der Schwierigkeit heraus. Dann ist eine zweite Zustellung eine Förmlichkeit der Revision. Aber das wollten wir eigentlich nicht.

Jonas: Nein, das wollten wir nicht. Wenn der Anwalt es nicht einreicht, kann natürlich der Prozess deswegen nicht auf ewig ins Stocken kommen, denn dann wäre ja der Gegner der Benachteiligte. Man würde also in einem solchen Fall den Anwalt disziplinär verfolgen und im Übrigen die Abschriften von der Gerichtskanzlei herstellen lassen, natürlich auf Kosten des Anwalts; man würde das in Rechnung stellen.

Singer: Es führt aber jedenfalls zu Weiterungen.

Fischer: Wir können nicht ein Gesetz für solche verrückten Fälle machen. (*Redner* erwähnt als Beispiel, dass ein Anwalt seine Anträge auf übermäßig dünnem Papier oder zu kleinen Zetteln eingereicht hat.)

Singer: Wir haben der Geschäftsstelle verboten, solche Anträge zu behandeln, und erklärt: Anträge, die auf kleinerem Format als auf Postkartenformular geschrieben werden, werden künftig nicht mehr erledigt. Der Anwalt hat sich darauf beim Ministerium beschwert, aber ich habe Recht bekommen.

Vorsitzender: Damit können wir § d als erledigt ansehen.

§ e Abs. 1 war in der Generaldiskussion angenommen. Bei *Abs. 2* war die andere Ausdrucksweise vorgeschlagen worden: „die Erklärung, in welchem Umfang".

Fischer: Das ist mein Abänderungsvorschlag, den Sie abgelehnt haben. Das andere ist sowieso darin enthalten.

Vorsitzender: Aber „in welchem Umfang" kommt jetzt erst; das könnte ruhig stehen bleiben.

Fischer: Auf die Fassung lege ich keinen Wert.

Jonas: Ich meinte: „Anträge, die er zu stellen beabsichtigt", während es bei mir heißt: wieweit er Anträge stellt.

Fischer: Wenn wir über den Wortlaut sprechen, ist mir Ihre Fassung allerdings zu eng. Denn ich möchte nicht nur sagen: inwieweit er anficht und die Aufhebung beantragt, sondern möchte die richtigen Anträge jetzt schon haben. Das sind also die Anträge, die er in der mündlichen Verhandlung stellen will.

Jonas: Aber ebenso, wie der Klageantrag in der Klageschrift schon darin stehen muss, steht der Revisionsantrag auch in der Begründungsschrift.

Fischer: So ist meine Idee. Wenn ich überhaupt den Abänderungsvorschlag gebracht habe, so deshalb, weil ich diese Sachen in der Revisionsschrift haben wollte.

Singer: Also kann Abs. 2 so bleiben, wie es im Entwurf ist. (*Zustimmung.*)

Fischer: Ich wollte einmal Folgendes zur Erwägung stellen. Kann man nicht die Anträge und die Erklärung über den Umfang der Anfechtung schon in die Revisionsschrift setzen? – Und zwar aus einem sehr einfachen Grunde. Wenn Sie das billigen würden, würde ich vorschlagen, dass man schon dann die unbedingte Vollstreckbarkeit des nicht angefochtenen Teiles durch Beschluss aussprechen kann. Sie verstehen, was ich meine. Die Sache ist die, dass das angefochtene Urteil in sich in toto nicht rechtskräftig wird, wenn die Revision eingelegt ist, und das hat natürlich für die Vollstreckung ganz außerordentlich große Nachteile, wenn nachher die Revision sich nur um Teile, um einzelne Ansprüche dreht. Ich kann leider im Wesentlichen nur auf die Sachen exemplifizieren, die mir ganz geläufig ist. Nehmen Sie an, ich habe eine Klage, die auf Unterlassung, Auskunft und Feststellung der Schadenersatzpflicht geht, und nun lege ich Revision ein, und die Revision wird nur in Bezug auf Auskunft und Schadenersatzpflicht durchgeführt, d.h. hinsichtlich des Unterlassungsanspruchs füge ich mich; ich will die Verletzung nicht mehr bestreiten, aber ich bestreite auf das Entschiedenste, dass ich durch meine Verletzung irgendeinen Schaden verursacht habe, und will also nun die Voraussetzung der Schadenersatzpflicht in der Revisionsinstanz aus irgendwelchen Gründen – das ist ja gleichgültig – durchfechten. Nun möchte ich als Kläger furchtbar gern das Unterlassungsurteil endgültig und unbedingt vollstreckbar haben, und zwar so rasch wie möglich. Dadurch komme ich auf die Frage, ob die Herren dagegen Bedenken haben, dass diese beiden Erklärungen – die Erklärung, inwieweit das Urteil angefochten wird und welche Anträge gestellt werden –, schon in die Revisionsschrift kommen. Das möchte ich einmal zur Erörterung stellen.

Vorsitzender: Wird das Urteil in Bezug auf diesen abgetrennten Teil nicht rechtskräftig?

Fischer: Nein!

Singer: Es kann ein Teil rechtskräftig werden.

Jonas: Er kann es nachher unter Umständen erweitern.

Vorsitzender: Dann ist es natürlich unmöglich.

Jonas: Dazu darf ich auf den § o verweisen. Ich habe das gegenüber dem Jetzigen dadurch vereinfacht, dass es durch Beschluss außerhalb der mündlichen Verhandlung gemacht wird.

Fischer: Das wollte ich fruktifizieren.

Jonas: Das wollen Sie noch weiter vorverlegen. Ich glaube, für den Revisionskläger ist es misslich. Dann müsste man doch konsequent sein und sagen: Nun dürfen die Anträge auch nicht mehr erweitert werden. (*Zustimmung.*) Dabei ist mir nicht so ganz wohl.

Fischer: Bei Ihnen ist es nur ein Unterschied von sechs Wochen. Nach Ablauf der Begründungsfrist können Sie mit Ihrem § o das auch machen. Die Idee der Rechtskraft ist von Herrn Lent hineingeworfen worden. Ich will nur die unbedingte vorbehaltlose Vollstreckbarkeit, weiter nichts.

Jonas: Durch Beschluss? (*Ja!*) Er soll auch später noch Anträge erweitern können. Sie wollen nur die Möglichkeit dieses Beschlusses für die Begründung noch etwas vor verschieben. Solche Fälle sind überhaupt relativ selten. Wenn wir nun einmal davon ausgehen, dass Vorratsrevisionen bis zu einem gewissen Grade in Kauf zu nehmen sind, dann wird, glaube ich, praktisch immer die Revision für das ganze Urteil eingelegt. (*Zustimmung.*) Ich glaube, dass eine Partei sagt: Ich beantrage Unterlassungsanspruch und Schadenersatzanspruch, mit der Unterlassung beruhige ich mich, und um dem Gegner die Vollstreckung zu ermöglichen, werde ich so freundlich sein, hier nur beschränkte Revision einzulegen, – das wird nicht vorkommen. Der Streitgegenstand ist doch wahrscheinlich identisch. Der Anwalt wird sagen: Darauf, mich jetzt schon zu beschränken, ohne dass ich den Reichsgerichtsanwalt gehört habe, gehe ich nicht ein, das ist ein Risiko; also lege ich in vollem Umfang Revision ein; und wenn er Revision voll eingelegt hat, dann besteht ja die Möglichkeit des Beschlusses.

Fischer: Ich darf noch eine zweite Frage stellen. Von da aus komme ich nämlich noch auf einen anderen Punkt: den Kostenpunkt. Wenn Sie heute die Revision einlegen, wird das Urteil in toto angegriffen. Wenn Sie nun Anträge stellen, in denen Sie sagen, sie sind nur insoweit angefochten, als der Beklagte zum Schadenersatz und zur Feststellung auf Schadensersatz und Auskunft verurteilt ist, – wie ist es dann mit dem Unterlassungsanspruch? Wird der eigentlich rechtskräftig? Das ist die Frage, die ich entschieden haben will. Das Merkwürdige ist nämlich: Wenn man das immer stillschweigend so behandelt, dann wird nie über den Unterlassungsanspruch irgendwo entschieden. Er wird auch nicht Prozessstoff. Die Folge müsste also an sich sein, dass durch die Erklärung, die abgegeben wird, Rechtskraft eintritt. Wenn ich aber nachher erweitern kann, … [!]

Vorsitzender: Kann ich denn neue Revisionsanträge stellen? Die Revisionsgründe kann ich ja nicht neu vorbringen. Damit wird doch in der Regel auch die Erweiterung der Anträge unmöglich sein.

Jonas: So ist es doch nicht. Neue Gründe können nicht weiter vorgebracht werden. Die Präklusionswirkung erstreckt sich doch nur auf prozessuale Rügen, auf die die Partei verzichtet. Auf solche Rügen kann nicht später zurückgegriffen werden. Materielle Rügen kann er soviel bringen, wie er will.

Ich kann auch meine Anträge noch erweitern.

Vorsitzender: Es steht aber in Abs. 3: „Nach Ablauf der Begründungsfrist können weitere Revisionsgründe nicht mehr vorgebracht werden“.

Fischer: Gründe! Das geht das Materielle nichts an. Sie brauchen nur in einem Satz zu sagen: Die Frage der Fahrlässigkeit ist verkannt, und nun kommen Sie darauf und führen soundso viel Gründe an. Sie können sogar sagen: Die Verletzung liegt nicht vor.

Jonas: Ich muss doch sagen: Ich rüge Verletzung des materiellen Rechts. Ich muss ernsthafte Gründe vorbringen.

Vorsitzender: Ich muss doch die verletzte Rechtsvorschrift bezeichnen.

Fischer: Nein!

Vorsitzender: Wenn ich sie bezeichnet habe, kann ich nachher nicht erweitern.

Jonas: Dadurch, dass Sie ernsthaft irgendeinen materiell-rechtlichen Verstoß rügen, wird dem Reichsgericht der Weg der Nachprüfung unter dem Gesichtspunkt der Verletzung des materiellen Rechts freigemacht, und zu diesem Punkte kann natürlich die Partei dem Reichsgericht in der mündlichen Verhandlung noch Anregungen geben, die natürlich auch vom Reichsgericht beschieden werden.

Vorsitzender: Aber trotzdem: Es wäre widersinnig, wenn wir die Revisionsanträge erweitern können.

Fischer: Deswegen ist die Geschichte mit der Rechtskraft so interessant. Das wird gar nicht rechtskräftig.

Jonas: Es sei denn – die Frage taucht bei Zurücknahme des Rechtsmittels auch auf –, es sei denn, dass in der Beschränkung ein Verzicht liegt.

Fischer: Wenn ein Verzicht da ist, ist es natürlich richtig.

Jonas: Aber ob man in jedem beschränkten Antrag von vornherein einen Verzicht erblicken kann?

Fischer: Eine kleine Frage: Wenn Sie eine solche Beschränkung, die vorkommt, als Verzicht auffassen müssten, und der Revisionsbeklagte sagt: dann bitte ich, da hier ein Verzicht vorliegt, insoweit die Anträge aufgrund Verzichts abzuweisen, – müssten Sie das nicht eigentlich tun?

Vorsitzender: Dann stände fest, dass Sie nachträglich noch einen Revisionsantrag auf Unterlassungsanspruch erweitern könnten. Wir wollen also bei dem Beispiel bleiben. Wenn Sie in der Revisionsbegründungsschrift gesagt haben: Ich fechte das Urteil an, aber nicht im Punkte Unterlassungsanspruch, können Sie dann später noch den Antrag stellen: Jetzt fechte ich auch das Urteil bezüglich des Unterlassungsanspruchs an?

Jonas: Wenn Sie sagen: Ich fechte das Urteil nur in diesem Punkte, nicht auch in dem anderen Punkte an, dann möchte ich annehmen: darin liegt ein Verzicht auf das Rechtsmittel.

Fischer: Aber ein Verzicht hat noch nicht als solcher als Parteierklärung die Folge, dass der Prozess in diesem Punkte aus ist. Sie können einen Verzicht in der mündlichen Verhandlung erklären, so oft Sie wollen. Wenn Sie in der Tatsacheninstanz verhandeln, können Sie sagen: Ich verzichte auf das Rechtsmittel.

Jonas: Er nimmt das Rechtsmittel insoweit auch zurück.

Fischer: Wenn er es zurücknimmt, ist der Prozess zu Ende, weil eine Prozessrücknahme eine den Prozess beendigende Erklärung ist. Aber hier ist es nie eine Zurücknahme des Prozesses, sondern eine vollendete Grundlage.

Vorsitzender: Er kann doch den Verzicht nicht noch einmal wieder zurücknehmen.

Fischer: Das nicht. Herr Präsident Jonas sagt nur: Wenn er in der Revisionsinstanz inplicite einen Verzicht erklärt, fasse ich das in diesem Fall gleichzeitig als Zurücknahme des Rechtsmittels auf, und damit tritt insoweit die Rechtskraft ein.

Vorsitzender: Verzicht und Zurücknahme sind doch zwei verschiedene Dinge.

Jonas: Nehmen Sie an: Ich nehme die Berufung zurück. Das heißt doch normalerweise: Ich will den Prozess nicht weiter fortführen, es soll Schluss sein. Wann tritt die Rechtskraft ein? Streng genommen tritt sie doch ein, wenn ich nur sage: Ich nehme zurück.

Vorsitzender: Da tritt sie noch nicht ein.

Jonas: Noch nicht, sondern mit dem Augenblick, wo die Frist abläuft. Aber wenn die Frist schon abgelaufen ist und ich dann zurücknehme, dann taucht die Frage überhaupt gar nicht mehr auf. Das kann ich ja nicht wiederholen.

Vorsitzender: Bei Verzicht tritt sofort die Rechtskraft ein.

Fischer: Warum?

Vorsitzender: Weil damit das Rechtsmittel unzulässig wird.

Fischer: Aber das ist eine Unterlage für eine Folge. Wenn Sie auf einen Anspruch in den Tatsacheninstanzen verzichten, wenn Sie auf ein Rechtsmittel verzichten, …

Vorsitzender: Dann ergeht doch gar kein Urteil! Vor Einlegung kann ich doch verzichten.

Fischer: Dann können Sie einlegen.

Vorsitzender: Dann kann ich einlegen; es ist aber unzulässig.

Fischer: Sie können den Verzicht entgegenhalten, und dann muss das Gericht entscheiden.

Vorsitzender: Nein, dann ist die Einlegung unzulässig.

Jonas: An sich ist es nicht ganz genau, dass man sagt: Wenn man auf das Rechtsmittel verzichtet, dann tritt die Rechtskraft in einem anderen Zeitpunkt ein. Man muss doch wohl so sagen: Der prozessuale Akt ist, wenn ich das Rechtsmittel zurücknehme oder auf einen Teil beschränke, immer eine Rücknahme, die zur Folge hat, dass die Rechtskraft mit Ablauf der Frist endet [eintritt?]. Der Verzichtsgedanke spielt nur insoweit eine Rolle, als eine Wiederholung nicht möglich ist.

Fischer: Das ist vollkommen richtig, wenn Sie den Verzicht prozessual in gehöriger Form erklärt haben. Dabei können Sie, soweit ich unterrichtet bin, eine Verzichtserklärung aussprechen. Ich kann mich natürlich irren; wir müssen uns alle vorbehalten, das nachzuprüfen. Aber ein Verzicht kann doch nur in der mündlichen Verhandlung erklärt werden.

Vorsitzender: Nein!

Fischer: Auch außergerichtlich. Wenn Sie doch einlegen, ist die Rechtskraft gehemmt.

Vorsitzender: Nein, ich würde sagen: Die Rechtskraft erlischt. In dem Moment tritt die Rechtskraft ein, in dem man Verzicht auf Rechtsmittel erklärt.

Fischer: Nach meiner Meinung immer nur in der prozessual möglichen Form.

Jonas: Wenn ich sage: es läuft ein Rechtsmittel, und ich sage: ich verzichte auf das Rechtsmittel, dann heißt das, ich nehme das laufende Rechtsmittel endgültig zurück. – Ich würde sagen: mit der Zustellung.

Fischer: Das muss ich einen Augenblick überlegen: Wenn Sie ein Rechtsmittel zurücknehmen, ist keine Notwendigkeit oder gar kein Grund, dem Gegner noch irgendeine Erklärung dazu abzugeben. Bei Zurücknahme der Klage haben Sie doch die Zustimmung des Gegners nach der ersten mündlichen Verhandlung.

Singer: Sie meinen: Das eingelegte Rechtsmittel zurücknehmen.

Fischer: Davon gehe ich einmal aus, Punkt für Punkt. Das nicht eingelegte Rechtsmittel kann ich nicht zurücknehmen.

Singer: Dann kann ich sagen: Ich verzichte auf die Einlegung.

Vorsitzender: Wollen wir historisch anfangen. Es ist noch kein Rechtsmittel eingelegt. Es wird Verzicht erklärt. Da verliere ich das Recht.

Singer: Außergerichtlich! Ich kann doch dem Gegner erklären: Ich verzichte auf das Rechtsmittel.

Fischer: Das ist keine Prozesserklärung. Das kennt die Prozessordnung nicht.

Jonas: Er kann nach § 514 auf ein Rechtsmittel verzichten.

Fischer: Wie verzichtet man denn?

Vorsitzender: Durch Zustellung eines Schriftsatzes. Das ist eine einseitige Erklärung.

Jonas: Mit der Folge: Nunmehr ist das rechtskräftig.

Vorsitzender: Damit tritt die Rechtskraft ein.

Fischer: Das steht nach meiner Erinnerung nicht im Gesetz.

Vorsitzender: Nein, aber das ist die Folge. Wenn feststeht, dass das Rechtsmittel unzulässig ist, ist das eben die Folge.

Fischer: Wir kommen ja nun in die Grundfragen: Welchen Rechtsanspruch machen wir geltend? Wenn ich auf meinen Antrag in der ersten Tatsacheninstanz verzichte, dann ist damit prozessual gar nichts geschaffen.

Vorsitzender: Dann muss noch ein Urteil ergehen.

Fischer: Das ist nur die Unterlage für ein Urteil. Nun komme ich in die zweite Instanz. Jetzt verzichte ich auf ein Rechtsmittel. Das würde eine ganz andere Natur haben. Aber muss nicht danach der Verlust des Rechtsmittels noch ausgesprochen werden?

Vorsitzender: Das würde eigentlich als Parallele zu dem Klagverzicht gehören. Aber ich glaube nicht, dass es geschieht. Das Berufungsgericht kann doch nicht entscheiden, wenn nicht Berufung eingelegt worden ist.

Singer: Es hat gar keinen Anlass, zu entscheiden.

Fischer: Selbstverständlich wird es in der Regel so sein. Wenn ein Urteil ergangen ist, das an sich rechtsmittelfähig ist, und ich nun dem Gegner erkläre und vorsichtshalber sogar die Form der Zustellung eines Schriftsatzes wähle: Ich verzichte auf die Berufung oder auf die Revision, dann werde ich in normalen Fällen selbstverständlich das Rechtsmittel nicht einlegen. Aber bitte, wenn solche Komplikationen kommen: Jetzt entsteht plötzlich Streit darüber, ob die Vertragsgrundlage oder der Vergleich, auf denen der Verzicht beruht, haltbar ist oder nicht. Ich fechte ihn wegen Täuschung an. – An sich kann ich den Verzicht nicht wegen arglistiger Täuschung anfechten.

Vorsitzender: Nein, das ist eine prozessuale Erklärung.

Fischer: Nun sage ich: das will ich einmal sehen. Ich lege meine Berufung ein, und nun kommt der Gegner und sagt: Das kannst du gar nicht. Nun würde ich sagen: Diesen Verzicht erkenne ich nicht an, das ist keine prozessuale Erklärung, sie ist nicht in der mündlichen Verhandlung abgegeben, hat sich außerhalb des Prozesses abgespielt. Dieser Verzicht ist eine rechtsgeschäftliche Erklärung privatrechtlicher Natur. Ich fechte ihn an, weg damit!

Vorsitzender: Eine Erklärung, dass ich auf ein Rechtsmittel verzichte, kann nie eine privatrechtliche Willenserklärung sein.

Fischer: Das weiß ich auch nicht.

Jonas: Es ist eine außerprozessuale Erklärung.

Vorsitzender: Es ist eine reine Prozesserklärung. Sie hat doch prozessuale Bedeutung. Sie ändert am materiellen Recht nicht ein Titelchen und kann daher niemals eine rechtsgeschäftliche Willenserklärung sein.

Jonas: Da kommt man auf die Grundfrage: Ist das ein Anerkenntnis?

Vorsitzender: Da kann es zweifelhaft sein. Der Vergleich hat Doppelnatur. Aber lediglich die Erklärung auf Rechtsmittelverzicht kann nur prozessualer Natur sein. Sie können einen Vertrag schließen, wonach Sie sich verpflichten, auf das Rechtsmittel zu verzichten.

Fischer: Wenn in dem Vertrag steht: ich verzichte, ist es ein beurkundeter Vertrag.

Vorsitzender: Das ist aber nicht der Verzicht bei § 514.

Fischer: In dem Vertrag kann es heißen: Der Soundso verzichtet hiermit auf das Rechtsmittel der Berufung gegen das Urteil des Landgerichts.

Vorsitzender: Das wäre falsch. Es kann nur heißen: Er verpflichtet sich, auf das Rechtsmittel zu verzichten. Nun muss er noch nach § 514 die prozessuale Erklärung abgeben. Ich kann auch eine Klage nicht durch Privatvertrag zurücknehmen.

Jonas: Das ist aber doch die Wirkung des außergerichtlich ausgesprochenen Verzichts; es heißt doch in § 514 ausdrücklich: der nicht der Annahme des Gegners bedarf.

Vorsitzender: Das ist eben die prozessuale Erklärung.

Jonas: Dadurch, dass ich darauf verzichte, kann ich durch eigenen Willensakt das Rechtsmittel, das, wohlgemerkt, noch nicht eingelegt ist, mir nehmen. Das kann nur eine außerprozessuale Erklärung sein, denn es ist im Augenblick kein Prozess da.

Vorsitzender: Da muss ich schon widersprechen. Es ist eine prozessuale Erklärung, die nur im Rahmen des Prozesses erfolgen kann; und der Prozess ist doch da, denn es liegt noch keine Rechtskraft vor. Der Prozess ist anhängig, und in diesem anhängigen Prozess gebe ich die Erklärung ab.

Jonas: Es ist leider ein Streit um Worte.

Singer: Der Anwalt schreibt dem Gegner: Ich verzichte auf die Berufung. Jetzt legt er doch Berufung ein, und er sagt: Bitte, der Gegner hat verzichtet. Was geschieht dann?

Jonas: Die Naturalpartei schreibt es an die andere Naturalpartei.

Vorsitzender: Das halte ich für unmöglich.

Fischer: Es geschieht aber.

Jonas: Dann muss doch die Möglichkeit bestehen, dass der Gegner doch Berufung einlegt.

Vorsitzender: Die Berufung ist sogar zulässig. Aber in diesem sogenannten Verzicht kann irgendeine materielle Erklärung enthalten sein. Aber sie ist zulässig, denn nur der Anwalt kann nach § 514 den Verzicht wirksam aussprechen.

Jonas: Für außergerichtliche Prozesshandlungen besteht doch der Anwaltszwang.

Vorsitzender: Ich muss aber doch die Erklärung nach § 514 auch dem Gericht einreichen.

Jonas: Dem Gericht braucht sie nicht eingereicht zu werden.

Vorsitzender: Dem Gegner aber jedenfalls.

Jonas: Dem Gegner gegenüber aber muss es erklärt werden.

Fischer: Im Kommentar des Herrn Jonas wird erstens gesagt, ein solcher Verzicht kann nur als Vertrag, aber nicht als einseitige Erklärung angesehen werden.

Jonas: Vorher! Vor Erlass des Urteils kann es natürlich nur ein Vertrag sein.

Vorsitzender: Aber wir sind in dem Stadium nach Erlass des Urteils, aber vor Einlegung des Rechtsmittels.

Fischer: Der Verzicht kann durch einseitige Parteierklärung erfolgen. Zustellung eines Schriftsatzes ist nicht erforderlich, Annahme ist nicht erforderlich.

Vorsitzender: Zustellung des Schriftsatzes ist nicht erforderlich? Das wäre der springende Punkt.

Fischer: Ist nicht erforderlich! Das sagt das Reichsgericht im 105. Band, Seite 333 ff.

Singer: Wir wollen den Normalfall annehmen: Ein Urteil ist ergangen, und die Naturalpartei oder der Anwalt schreibt dem Gegner: Ich verzichte auf Einlegung der Berufung. Nun legt er doch Berufung ein. Da kommt der andere und legt dem Berufungsrichter den Verzicht vor.

Jonas: Das ist unzulässig.

Fischer: Der Verzicht begründet nur eine prozessuale Einrede für den Gegner. Das ist das, was ich sage: Das Urteil wird nicht rechtskräftig.

Singer: Zunächst nicht. Aber wenn er doch Berufung einlegt, und dann kommt der andere mit dem Einwand?

Fischer: Aber nun übertragen Sie es auf die Revisionsinstanz. In der Revisionsschrift wird das Urteil mit der Erklärung angefochten: Ich lege Revision ein; das ist eine Unterbrechung der Rechtskraft in toto. Nachher kommt der Antrag, in welchem gesagt wird: Ich fechte das Urteil nur insoweit an, als die Schadenersatzansprüche in Frage kommen.

Singer: Nehmen wir doch einmal an, die Klage geht um 20.000 RM, und 20.000 RM sind zugesprochen, und der Beklagte sagt: ich bin nur 10.000 RM schuldig, also legt er nur qua

10.000 RM ein. Zunächst legt er ganz ein, aber in der Begründung sagt er dann: 10.000 RM erkenne ich an.

Fischer: Er sagt: Ich fechte nur in Höhe von 12.000 RM an, 8.000 RM bezahle ich. Das ist amüsant wegen der Kosten, wegen der Prozessgebühr des Anwalts und des Gerichts. Die müsste doch wohl nach 20.000 RM berechnet werden.

Singer: Wenn er aber von Haus aus auf 10.000 RM Revision einlegt?

Fischer: Dann ist es anders.

Jonas: Wenn er unbeschränkt einlegt, ist für die Einlegung die volle Gebühr fällig.

Fischer: Das ist gerade der Grund, der mich veranlasst hat, von vornherein nicht nur wegen der Vollstreckbarkeit, sondern auch wegen der Klarheit der Situation zu sagen: Er soll schon bei Einlegung des Rechtsmittels sagen, inwieweit es geschieht.

Jonas: Wenn er nicht erweitern kann, ist meiner Meinung nach das Missliche, dass er dann immer, um Gefahren zu vermeiden, im Ganzen einlegt.

Vorsitzender: Das beruht darauf, dass nur eine Einrede erfolgt, auf die man wieder verzichten könnte. Danach würde ja die Rechtskraft nicht eintreten. Ich habe aber immer angenommen, dass durch Erlöschen des Rechtsmittels die sofortige Rechtskraft eintritt.

Fischer: Ich wollte die Frage nur anrühren. Sie ist doch interessant. (*Präsident Jonas* verabschiedet sich aus der Sitzung.)

Vorsitzender: Ich würde annehmen, der Verzicht sei eine prozessuale Erklärung. Das scheint aber bisher nicht so zu sein.

Fischer: Meine persönliche Meinung ist auch so.

Vorsitzender: Der Verzicht auf ein Rechtsmittel kann nur eine prozessrechtliche Erklärung sein. Auch der Kommentar von Jonas sagt, er hätte nur prozessrechtliche Wirkung. Das andere wäre materielle Wirkung, wenn er formlos vor Einlegung des Rechtsmittels abgegeben werden könnte. Der Verzicht hat zur Folge, dass das Recht auf Rechtsmitteleinlegung verloren gegangen ist. Ich würde annehmen, dass das nicht eine Einrede bedeutet, sondern dass es aus ist, dass er also von Amts wegen als unzulässig zu verwerfen ist, während die Rechtsprechung sagt, es wird nur als Einrede als unzulässig verworfen.

Fischer: Nehmen wir folgenden Fall. Ein Urteil des Oberlandesgerichts liegt vor. Vergleichsverhandlung. Die beiden Parteien treffen sich und sagen: Wollen wir die dumme Sache doch begraben und in angenehmer Geschäftsverbindung weiter bleiben. Bei der letzten Flasche Wein sagt der Verurteilte: Ich verzichte auf die Revision. Es wird formlos gegenüber dem Gegner erklärt, bedarf keiner Annahme. Eine Rechtskraft halte ich nicht für möglich. Das widerspricht allen Grundsätzen unserer Prozessordnung.

Vorsitzender: Erst nach Ablauf der Frist tritt die Rechtskraft ein.

Fischer: Er kommt nach Hause, weiß das nicht mehr so recht und legt Revision ein und bestreitet den Verzicht.

Singer: Jetzt kommt der andere mit der Einrede. Die Rechtskraft war noch nicht eingetreten.

Fischer: Nun muss das Revisionsgericht Beweis erheben: Ist das nun rechtskräftig oder nicht?

Vorsitzender: Dass man eine so wichtige Erklärung formlos sein lässt, halte ich für unmöglich. Ich würde direkt vorschlagen, dass das für die Zukunft anders sein muss.

Singer: Das ist heute nach dem Kommentar möglich. Wenn Beweis erhoben wird, wird festgestellt: Jawohl, er hat verzichtet; und dann wird die Revision zurückgewiesen.

Fischer: Der Kommentar bleibt bei der Formlosigkeit. Er zieht aber nicht die Konsequenz, dass Rechtskraft eintritt, sondern nur die Konsequenz der Einrede. Deswegen kann er diese Formlosigkeit geben, weil er nur die Folgen der Einrede daraus zieht. Wenn wir die Konsequenz ziehen wollen, dass der Verzicht eine wirksame Beendigung des Prozesses ist, der Rechtskraft herbeiführt, dann können wir natürlich nur eine prozessuale Form für richtig halten. Das ist bisher nicht akzeptiert. Mir ist diese Frage so weit noch gar nicht aufgetaucht. Ich bin nur auf die Frage gekommen: Was ist, wenn ich bei der Einlegung nichts sage? Dann wird das ganze Urteil nichtig, auch soweit es nicht angefochten ist.

Singer: Sie möchten, dass jemand, der wirklich nur einen Teil anfechten will, es gleich sagen soll.

Fischer: Ja! Damit hat er auch die Vollstreckbarkeit.

Singer: Und Herr Jonas meint: Das kann er in dem Moment, wo er einlegt, noch nicht entscheiden, darum gebe ich ihm den § o. Das ist Ihr verschiedener Standpunkt.

Vorsitzender: Auch diese Verwischung von Zurücknahme und Verzicht ist so merkwürdig.

Fischer: Man kommt auf neue Probleme des Prozessrechts.

Singer: Der Laie wird den Unterschied vielleicht nicht machen.

Vorsitzender: Der Verzicht soll formlos sein, obwohl er viel weitergehende Folgen hat als die Zurücknahme.

Fischer: Ihre Konsequenzen beruhen darauf, dass Sie den Verzicht auf ein Rechtsmittel anders ansehen als den Verzicht auf den Klaganspruch.

Vorsitzender: Nur deswegen, weil er vor Einlegung des Rechtsmittels erklärt werden kann. Ich würde einem Verzicht, der nach Einlegung des Rechtsmittels erklärt ist, dem Klageverzicht sehr nahe rücken.

Fischer: Nach meinem Standpunkt würde es folgendermaßen sein: Wenn der Verzicht vor der Einlegung rechtswirksam erklärt werden kann mit der Wirkung, dass dann schon die Rechtskraft insoweit eintritt, müsste die Revision als unzulässig verworfen werden. Wenn der Verzicht aber nur eine den Prozess hindernde Einrede begründet, dann kommt es zur Zurückweisung.

Vorsitzender: Hier wird auch gesagt: als unzulässig verworfen.

Fischer: Das ist nicht durchgedacht. Wenn es eine Einrede ist, kann es nicht als unzulässig verworfen werden. Auf eine Einrede können Sie verzichten, und wenn die Verzichtsmöglichkeit bei der Einrede offen ist, dann kann keine Rechtskraft eintreten.

Vorsitzender: Das läuft parallel zu den Prozess hindernden Einreden. Die sind zum Teil auch verzichtbar. Aber wenn ich sie geltend mache, ergeht eben kein Sachurteil. Dem entspricht hier die Verwerfung als unzulässig.

Fischer: Das werde ich mir bis zum nächsten Mal noch einmal durch den Kopf gehen lassen.

Vorsitzender: Ich würde geneigt sein, zu sagen, dass, wenn in dem Revisionsantrag das Urteil nicht angefochten ist, es insoweit rechtskräftig wird.

Fischer: Das würde ich dann sagen. Aber sicherlich können Sie nicht vor Zustellung der Revisionsbegründung die Sache nach der jetzt gewollten Methode klären.

Singer: Darum ist der § o vorgesehen.

Fischer: Ja, aber er trifft nur die Vollstreckbarkeit, nicht die Rechtskraft.

Vorsitzender: „wird auch der zunächst nicht angegriffene Teil des Urteils rechtskräftig", – das würde ich auch nicht angenommen haben.

Damit können wir das wohl zunächst einmal abschließen.

– Über die Erweiterung der Revisionsanträge heißt es bei Jonas zu § 554 unter V.: Die Erweiterung der Revisionsanträge kann auch noch nachträglich erfolgen. Solche Teile des Urteils, auf die sich die Anträge der Revisionsbegründung nicht beziehen, werden nicht rechtskräftig. – Wenn ich die Anträge erweitern kann, ist es klar. Mir scheint es ein Widerspruch zu sein, dass ich Material nicht mehr nachbringen kann. Die Revisionsgründe sind mit Ablauf der Begründungsfrist erschöpft. Aber ich kann die Anträge noch erweitern.

Fischer: Im Verhältnis des Unterlassungsantrags zum Verletzungsantrag ist es ganz interessant. Wenn Sie das Urteil nur in Bezug auf den Schadenersatzanspruch und nicht den Unterlassungsanspruch anfechten, wie ist dann, wenn damit der Unterlassungsanspruch rechtskräftig wird, die Wirkung in Bezug auf den Schadenersatzanspruch? Kann ich nun in der Revisionsinstanz meinetwegen auf den Vortrag des Gegners hin sagen: Ich bin zwar zur Unterlassung verurteilt, habe das auch nicht angefochten, aber eine Verletzung liegt nicht vor. – Das kann ich sowieso sagen. Also kann ich die Diskussion über die Grundlage des Unterlassungsanspruchs in der Revisionsinstanz doch durchführen. Also handelt es sich nur um die Frage, ob ich nun auch den Antrag wieder aufnehme.

Vorsitzender: Die Rechtskraft hindert mich ja niemals, die Grundlage zu erörtern.

(Die Sitzung wird um 12.30 Uhr geschlossen)

IX. Sitzungen des Unterausschusses vom 12 -14.12.1940 (München)

1. Protokoll der Sitzung vom 12.12.1940 (Revisionsrecht. Novenrecht in der Berufungsinstanz)

(Beginn der Sitzung 10 Uhr)

Vorsitzender [Lent]: Wir hatten bei unserer letzten Tagung die Beratung bei der *Revision* abgebrochen. Nach dem Entwurf Jonas [dieser Entwurf ist nicht überliefert; Inhaltsübersicht unten S. 786] hatten wir die *§§ a, b* und *c* erledigt, bei *§ d* waren wir stehen geblieben; außerdem hatten wir noch die *§§ g, h, l, q* und *s* erledigt, wobei bei § s, bei den Verfahrensmängeln, zweifelhaft geblieben war, ob der Abs. 2 in den § s gehört oder zu § b geschlagen werden sollte, wie es bisher war. Sachlich macht das aber keinen Unterschied. Das ist nachher Sache der endgültigen Anordnung. Ich bin persönlich mehr dafür, dass es nach vorn kommt, aber das ist nicht so wichtig.

Wir wollen nun bei *§ d* fortfahren, also bei der *Form der Revisionseinlegung und dem Inhalt der Revisionsschrift.*

Jonas: Dazu ist nichts Neues zu bemerken.

Vorsitzender: Herr Fischer hatte gemeint, ob der Antrag schon bei Stellung der Revisionsfrist aufgenommen werden könnte. Ich hatte dafür gesprochen wegen der Anwaltschaft beim Reichsgericht. Wir wollen uns ruhig auf den Boden stellen, dass es so bleibt. Das andere ist vorläufig ins Leere gesprochen. – Dann können wir wohl den § d als angenommen betrachten.

Wir kommen dann zu *§ e.* An der besonderen Revisionsbegründung wollen wir wohl festhalten.

Staud: Ja, im Gegensatz zur Berufung, wo wir von der formalen Begründung als einem neben der Berufungseinlegung vorzunehmenden Akt ja absehen wollen.

Vorsitzender: Also die Revisionsbegründung bleibt als besonderer Akt. (*Zustimmung.*) Damit natürlich auch die besondere Frist. Nun ist die Frage: Soll diese Frist vom Vorsitzenden von Fall zu Fall bestimmt werden?

Jonas: Ja, das ist die Abweichung vom jetzigen Recht. Das jetzige Recht lässt ja die Frist automatisch laufen. Das ist eben das Unzweckmäßige, dass dann wieder zwei Fristen nebeneinander laufen, die Begründungsfrist und die Gebührenfrist, und das kreuzt sich dann immer: dann kommt ein Antrag auf Verlängerung wenigstens bis zum Ablauf der nächsten Frist, und dann kommt der Betreffende wieder und sagt: Ich möchte das wieder bis zu der anderen Frist verlängert haben. Diese automatischen Fristen sind unzweckmäßig. Es ist viel einfacher, die Frist wird ad hoc bestimmt. Dann kann der Vorsitzende die Frist je nach dem Umfang der Sache bemessen, so dass die Gefahr, dass Verlängerungseinträge kommen, grundsätzlich von vornherein ausgeräumt wird. Das ist der Unterschied gegenüber der jetzigen Regelung.

Vorsitzender: Dagegen werden wohl keine Bedenken bestehen.

Staud: Die Frage der Verlängerung dieser Frist unter den sonst bei der Wiedereinsetzung in den vorigen Stand gegebenen Voraussetzungen wird ja wohl hier nicht mitgeregelt?

Jonas: Das geschieht unter denselben Voraussetzungen. Es soll Wiedereinsetzung erfolgen, wenn er dem Sinne nach durch unabwendbare Schwierigkeiten behindert ist.

Vorsitzender: Das wollen wir aber immerhin einmal für uns als Grundsatz notieren.

Staud: Ich glaube, das hatten wir in der vorigen Sitzung schon besprochen, in der präzisen Formulierung aber noch nicht; der Entwurf Jonas bringt es noch nicht. Aber das war der Gedanke, der uns vorschwebte, dass Verlängerung dieser Frist zulässig sein soll unter den Voraussetzungen, unter denen an sich gegen die Versäumung der Frist sonst die Wiedereinsetzung in den vorigen Stand gegeben war.

Vorsitzender: Das müsste als Abs. 2 in § e aufgenommen werden.

Staud: Im Entwurf Jonas geht wohl die Verlängerungsmöglichkeit aus den allgemeinen Bestimmungen hervor. (*Zustimmung.*)

Vorsitzender: Im § g ist gesagt: „Bei Versäumung der in den §§ e und f bezeichneten Fristen ist die Wiedereinsetzung zulässig."

Staud: Die Verlängerungsmöglichkeit sollte daraus folgen, dass diese Frist, da sie keine Notfrist oder dergl. ist, wie alle richterlichen Fristen verlängert werden könnte. Da müsste die Beschränkung der Verlängerung im Abs. 1 irgendwie besonders zum Ausdruck kommen.

Vorsitzender: Das braucht ja nicht unbedingt in den § e hinein, wenn es eine allgemeine Regel sein soll.

Staud: Aber diese Frist darf nur unter diesen besonderen Voraussetzungen verlängert werden.

Jonas: Ich kann mir vorstellen, dass dies die Regelung bei allen Fristsetzungen ist.

Pagenstecher: Wäre es nicht zweckmäßig, das einfach dem Ermessen des Vorsitzenden zu überlassen? (*Staud:* Nein!) – Wenn der Vorsitzende einsieht, er hat die Frist zu kurz bestimmt, kann verlängert werden.

Staud: Da haben wir gerade die großen Bedenken. Jetzt schon ist ja die Verlängerungsmöglichkeit dieser Fristen – ich glaube, nicht nur bei den Berufungsgerichten, sondern auch beim Revisionsgericht – die Quelle mancher Unzuträglichkeiten. Wenn die Voraussetzungen dieser Verlängerung vom Gesetz nicht ganz scharf fixiert werden, dann bürgert sich die Verlängerung sehr leicht aus einem gewissen, nun einmal nicht sehr leicht abzuschaffenden Entgegenkommen gegenüber der Anwaltschaft ein. Praktisch bedeutet dann die Verlängerungsmöglichkeit eine gewisse Verzögerung.

Pagenstecher: Wollen Sie die Verlängerung nur, wenn die Voraussetzung für Wiedereinsetzung in den vorigen Stand vorliegt? (*Ja!*) – Dann müsste sie doch herein.

Staud: Es ist nur die Frage, ob man diese Begrenzung vornehmen soll.

Vorsitzender: Das können wir also dahingestellt sein lassen. In der Sache sind wir einig, entweder als Abs. 2 des § e oder in die allgemeine Regelung hinein.

Stagel: Darf ich fragen: Die Revisionsfrist soll verlängerbar sein?

Staud: Sie kann nur dann verlängert werden!

Jonas: Sie ist doch nicht verlängerbar!

Stagel: Sie ist doch nicht als Notfrist bezeichnet.

Jonas: Den Ausdruck „Notfrist" möchte ich überhaupt vermieden haben; er ist doch sehr komisch. Bei Versäumung der Frist ist die Wiedereinsetzung in den vorigen Stand zulässig.

Staud: Die Revisionsfrist nach § c des Jonasschen Entwurfs ist zwar keine Notfrist, sondern eine gesetzliche Frist, keine richterliche Frist, und die gesetzlichen Fristen können ja nicht verlängert werden, sondern nur die richterlichen Fristen.

Jonas: Davon war ich ausgegangen. Wie man das nun ausdrückt, ist eine andere Frage.

Stagel: In der österreichischen Zivilprozessordnung ist das anders. Alle gesetzlichen Fristen, soweit sie nicht ausdrücklich als nicht verlängerbar bezeichnet sind, sind verlängerbar.

Staud: Ich weiß im Augenblick zwar nicht, ob es bei uns nicht ebenso ist, ob gesetzliche Fristen, die keine Notfristen sind, nicht doch verlängert werden können.

Pagenstecher: Nur wenn es ausdrücklich bestimmt ist.

Stagel: In Österreich können richterliche Fristen und alle gesetzlichen Fristen verlängert werden, solange sie nicht ausdrücklich als Notfrist erklärt sind.

Jonas: Jedenfalls erscheint mir der Ausdruck „Notfrist" komisch, weil es mit „Not" nichts zu tun hat. Bloß zur Klarstellung: Die gesetzliche Frist soll nicht verlängerbar sein?

Vorsitzender: In bestimmten Fällen können gesetzliche Fristen verlängert werden.

Staud: Noch eine Zwischenfrage. Aus meinen Notizen geht nicht hervor, wie wir uns zur Länge der Revisionsfrist festgelegt hatten.

Jonas: Die Stimmung war ja mehr für einen Monat.

Pagenstecher: Ich bin unbedingt für einen Monat.

Staud: Mit Rücksicht darauf, dass die Einlegung durch einen Anwalt beim Reichsgericht erfolgen muss.

Vorsitzender: Ich habe bei „zwei Wochen", ohne das durchzustreichen, darübergeschrieben: „einen Monat", als Zeichen dafür, dass mehr Stimmung für einen Monat war.

Staud: Wir kämen dann dahin, dass die Revisionsfrist länger sein würde als die Berufungsfrist.

Jonas: Das kann vielleicht auch sein.

Staud: Ich will nicht sagen, dass das widersinnig wäre. Auf den ersten Blick erscheint es neckisch. Aber es hat seinen inneren Grund darin, –

Jonas: – dass die Einspruchsfrist beim Landgericht zwei Wochen und beim Amtsgericht eine Woche ist.

Vorsitzender: Neu ist in Abs. 2 Ziffer 2 b: „soweit ein Verstoß gegen die richterliche Fragepflicht oder ein Mangel des Beweisverfahrens gerügt wird, ist anzugeben, zu welchem Ergebnis die Befragung oder die fehlerfreie Beweisaufnahme geführt haben würde".

Jonas: Das ist einfach die Wiedergabe der jetzigen Praxis. Es fragt sich, ob man das hineinschreiben soll oder nicht.

Vorsitzender: Es ist vielleicht ganz gut, wenn es darin steht, von dem Standpunkt aus, dass im Gesetz auch immerhin nicht ganz Eingeweihten die naheliegenden und oft vorkommenden Fragen vor Augen geführt werden.

Abs. 3 betrifft die Präklusion: „Nach Ablauf der Begründungsfrist können weitere Revisionsgründe nicht mehr vorgebracht werden". – Das wird auch bleiben.

Pagenstecher: Das gilt natürlich nicht für die absoluten Revisionsgründe.

Jonas: Nein, das ist nachher geregelt.

Vorsitzender: Abs. 4 betrifft die beglaubigte Abschrift. – Nun kommt die Gebührenfrist, *§ f.*

Staud: Wenn die Verquickung unserer Rechtspflege, der Rechtsmittel und dergl. mit der vorherigen Kassa bleibt, dann müssen wir ja solche Bestimmungen haben.

Singer: „Ohne Schuss kein Jus"!

Stagel: Müssen da zwei Fristen sein? Ich halte das für eine außerordentliche Komplizierung.

Vorsitzender: Man könnte auch sagen: Innerhalb der vom Vorsitzenden bestimmten Begründungsfrist.

Jonas: Das ist etwas anderes. Der Rechtsanwalt sagt: Ich habe die Sache nicht begründen können, weil ich die Akten nicht hatte. Das ist kein Anlass, deswegen auch den Mann davon zu befreien, dass er rechtzeitig die Gebühr zahlt.

Stagel: Aber wenn er nicht begründet, fällt doch das Ganze.

Jonas: Für das eine ist ja die Wiedereinsetzung gegeben.

Vorsitzender: Die Verlängerung braucht allerdings nicht damit zusammenzufallen, das ist richtig.

Stagel: Ist die Gebührenzahlung derart wichtig, dass man ihr solche Bedeutung beilegt, dass man es nicht in Kauf nehmen könnte, wenn etwas später gezahlt wird?

Staud: Solange die Gebühr nicht bezahlt ist, wird ja kein Termin bestimmt.

Jonas: Das soll ja jetzt anders sein.

Staud: Der Termin soll schon im Voraus bestimmt sein. Jetzt aber ist es so, dass er erst bestimmt wird, wenn bezahlt ist.

Stagel: Ich lese das gerade in § k.

Staud: Es fragt sich, ob ein bestimmtes Bedürfnis dafür besteht, dass die Prozessgebühr schon zu einem früheren Zeitpunkt als dem Ablauf der Begründungsfrist gezahlt sein soll.

Jonas: Unter Umständen ist es eine umfängliche Sache. Es kann zweifelhaft sein, ob der Partei das Armenrecht versagt wird. Bei einer solchen umfangreichen Sache scheint es mir zweckmäßig, die Sache abzuwürgen, indem ich eine Gebührenfrist von einem Monat setze. Ich sage mir aber: Eine Begründungsfrist von einem Monat reicht bei dem Umfang der Sache nicht aus; da muss ich dem Anwalt drei Monate geben. Nun vertieft sich der Anwalt in diese umfängliche Sache; nehmen wir an, es ist eine Sache von zehn Bänden Akten. Es wird auch in Zukunft immer Monsterprozesse geben. Dann scheitert die Geschichte unter Umständen daran, dass die Gebühr nach drei Monaten nicht gezahlt wird. Wenn die Sache nach einem Monat klar wäre, brauchte sich der Anwalt überhaupt nicht mehr mit der Sache zu beschäftigen.

Stagel: Das ist doch seine Sache, dass er sich vergewissert, ob die Gebühr bezahlt ist. Warum soll man das ins Gesetz hineinschreiben, und warum soll das so kompliziert zum Ausdruck kommen?

Jonas: Das ist doch keine Komplikation.

Stagel: Es wird aber doch wieder ein Paragraph mehr.

Staud: Es ist einer der wenigen Paragraphen, die ohne weiteres verständlich sind!

Vorsitzender: Ich enthalte mich da einer Äußerung.

Jonas: Ich hänge nicht an der Gebührenfrist.

Staud: Die ganze Sache ist uns innerlich etwas zuwider. Sie führt aus rein fiskalischen Gründen zu Komplikationen, Unbilligkeiten, Wiedereinsetzungsanträgen usw. Aber ich fürchte, wir kommen von der Sache so leicht nicht mehr ab.

Jonas: Das glaube ich auch nicht.

Staud: Was die Komplikation, den Einwand von Herrn Stagel, angeht, so scheint mir, die Komplikation ist doch nur eine mehr Äußerliche. Denn wenn ich die Zahlung innerhalb der Gebührenfrist erfüllen lassen will, dann ist für den Rechtsuchenden die Komplikation im Großen und Ganzen dieselbe: Er muss in der Frist zweierlei tun. Erstens muss sich sein Anwalt um die Begründung kümmern, und er muss sich ums Bezahlen kümmern. Wenn für diese beiden Akte, die praktisch von verschiedenen Leuten zu erfüllen sind, verschiedene Fristen bestimmt sind, es ist das kein großes Unglück. Ich könnte mir denken, dass, wenn die Zahlung innerhalb der Begründungsfrist erfolgen soll, innerhalb einer sehr langen Frist, sie dann häufiger verbummelt wird als eine kürzere Frist.

Jonas: Es geht im umgekehrten Fall nicht gut. Es wird eine verhältnismäßig kurze Begründungsfrist gesetzt, und dann stellt sich heraus, dass die Gebühr falsch berechnet war, weil das

Objekt sich ändert. Nehmen wir an, es ist bei einem Unterhaltsvertrag – ich gehe von der jetzigen Regelung aus – der 12,5fache Jahresbetrag festgesetzt worden, also eine fantastisch große Summe. Nachher wird das als gesetzlicher Unterhalt in einen einjährigen Betrag umgewandelt; oder umgekehrt: Kurz vor Ende der Frist kommt das Gericht auf die Idee: nein, nicht der einjährige Betrag, sondern der 12,5fache Jahresbetrag wird festgesetzt. Wenn sich die Summe dann ein paar Tage vor Ende der Frist um soundso viel Hundert Mark erhöht, muss ich dem Mann doch eine gewisse Zeit geben, sich das Geld in dem höheren Betrag zu beschaffen. – Darin sind wir wohl alle einig, dass es das Beste wäre, die ganze Sache mit der Gebührenfrist käme heraus.

Staud: Dasselbe Institut werden wir wahrscheinlich zwangsläufig auch bei der Berufung beibehalten müssen. Bei der Berufung haben wir keine Begründungsfrist mehr, sondern bei der Berufung hätten wir dann diese Zahlungsfrist. Da möchte ich fast sagen: Dann ist es schon aus Gründen der Kongruenz schöner, wenn bei der Revision auch wieder die besondere Zahlungsfrist ist. (*Zustimmung.*) Ein Schönheitsfehler ist die Sache; es ist ein Paragraph, der besser nicht da wäre.

Singer: Das Finanzministerium wird aber sofort verlangen, dass der Paragraph wieder hereinkommt.

Jonas: Etwa zu sagen: Das ist eine Sache, die in das Gerichtskostengesetz hineingehört, geht auch nicht gut.

Staud: Im Gerichtskostengesetz haben wir die Bestimmung darin, dass das Gericht, solange nicht bezahlt ist, keine Handlungen vornehmen soll, es soll keine Termine anberaumen usw. Aber hier die Folge, dass ein Rechtsmittel als unzulässig verworfen ist, in das Gerichtskostengesetz hineinzunehmen, ist nicht schön. Das sucht niemand im Gerichtskostengesetz, sondern bei den Rechtsmitteln.

Vorsitzender: Wir können eigentlich nur unser Desinteressement erklären. – Wenn es so bleiben soll, muss es so richtig formuliert werden. – § f hätten wir dann in dieser Weise erledigt. – Die §§ g und h waren schon besprochen worden.

§ i.

Pagenstecher: In *§ i* heißt es: „Kenntnis zu geben". Kann das telefonisch geschehen? Muss es nicht mindestens schriftlich sein? Oder versteht es sich von selbst, dass das durch Zustellung geschehen soll?

Staud: Das ist eine von den Bestimmungen, von denen man nicht weiß, ob sie nicht durch irgendeine generelle Bestimmung ersetzt werden.

Jonas: Davon bin ich ausgegangen, dass „Mitteilung machen" oder „Kenntnis geben" schriftlich ist. Wir haben jetzt auch viele Bestimmungen in der Zivilprozessordnung mit „Nachricht geben" usw. Da steht auch nichts von „schriftlich". Dass man das irgendwo vorn sagt, ist natürlich zweckmäßig, wobei die Frage auftaucht, ob es nicht doch genügt, wenn sich jemand mit einer telefonischen Nachricht begnügt.

Singer: Es muss aktenmäßig sein. Ich bin dafür, dass man das schriftlich machen müsste.

Jonas: Es ist viel einfacher, es schriftlich zu machen als telefonisch. Wenn der Bürovorsteher antelefoniert wird, muss er auch erst einen Aktenvermerk machen.

Vorsitzender: Nun kommt *§ k,* Ansetzung des Termins.

Jonas: Da möchte ich dem Vorsitzenden vollständig freie Hand lassen, ob er es vorher oder nachher macht. Man muss jetzt immer erst die Fristen abwarten. Es gibt wer weiß wie viele Fälle umfänglicher Sachen. Im Gros der Fälle ist ganz sicher: Die Revision wird rechtzeitig begründet, und die Gebühr wird rechtzeitig gezahlt; es ist aber durchaus zweckmäßig, dass sich in der Zwischenzeit der Berichterstatter schon mit der Sache befasst.

Vorsitzender: § l war zwar schon besprochen; das ist die Entscheidung ohne mündliche Verhandlung.

Staud: Das soll der Vorsitzende bestimmen können, rein theoretisch, ohne den Senat fragen zu müssen. Diese Verfügung kann doch wohl widerrufen werden? Ist das so gedacht? Würde man gegen diese Verfügung des Vorsitzenden den Senat anrufen können?

Jonas: Daran ist nicht gedacht.

Staud: Aber der Senat kann beim Vorsitzenden vorstellig werden. Bei der weiteren Behandlung der Revisionsbegründung können Dinge hereinkommen, die es doch notwendig erscheinen lassen, eine Verfügung zu erlassen.

Jonas: Bei Sachen, die als Armenrechtssachen bearbeitet worden und im Senat schon einmal vorgetragen sind, kommt der Senat bei dem Armenrechtsverfahren zu dem Ergebnis: Aus dem und dem prozessualen Grund muss die Sache aufgehoben werden. Jedes Wort, das noch gesprochen wird, ist eigentlich zwecklos. Es würde eine zu große Komplikation sein, wenn man da sagen würde: Für solche Fälle will ich auch von der Begründung absehen.

Pagenstecher: Wenn ein eklatanter Verstoß vorliegt, kann man doch die Begründung sehr kurz machen.

Staud: Der Gegenanwalt kann unter Umständen gespart werden. Es kann gerade bei Armensachen sehr praktisch sein. Es liegt ein Verfahrensverstoß vor, der zur Zurückverweisung nötigt.

Jonas: Nehmen wir einen Fall einer Blutgruppenuntersuchung bei der personenmäßigen Abstammung. Der Vater klagt negativ, dass das Kind nicht von ihm stammt. Das Oberlandesgericht wies die Klage mit der Begründung ab, die Sachverständigen wären jetzt so stark belastet, das dauerte zu lange. Das Institut, mit dem das Gericht zusammenarbeitete, hätte erklärt, man brauchte dazu über ein Jahr, die Prozesse müssten beschleunigt werden, so etwas wäre zwecklos.

Staud: Sie meinen wahrscheinlich das Urteil des Oberlandesgerichts Stettin, das jetzt in der „Deutschen Justiz" veröffentlicht ist: Wenn die Aussichten doch nicht besonders groß seien, käme es auf diese erbbiologischen Gutachten nicht an, da die Stellen, die die Gutachten zu erstatten hätten, so überlastet seien.

Jonas: In dem Falle, den ich meine, haben wir das Urteil aufgehoben und die Sache einem anderen Senat gegeben.

Staud: In dem Stettiner Urteil, das jetzt in der „Deutschen Justiz" [1940, 1274 f.] veröffentlicht wird, zitiert das Oberlandesgericht wörtlich den Erlass des Innenministers über die Erstattung erbbiologischer Gutachten und die Verfügung des Justizministers und sagt, dass diese erbbiologischen Untersuchungen keinen Zweck haben, wenn keine Vergleichspersonen weiter da sind, und nur dann Zweck haben, wenn es sich etwa darum handelt, die Rassezugehörigkeit des Kindes festzustellen. Das Urteil ist mit allerhöchster Billigung in der „Deutschen Justiz" abgedruckt.

Jonas: Bei meinem Fall handelt es sich nicht um das Oberlandesgericht Stettin, sondern um ein Urteil aus Breslau. Es ist aber sonst genau derselbe Fall. Es handelt sich um die Frage, ob man unter Umständen das Gutachten auch fordern soll, wenn keine solchen Vergleichsmöglichkeiten da sind.

Staud: Der Fall lag einfach so, dass der bekannte Vater, da er mit dem Exzeptionisten nicht durchkam, in der Berufungsinstanz zum Schluss sagte: Dann beantrage ich noch ein erbbiologisches Gutachten im Armenrecht, um zu beweisen, dass ich nicht der Vater des Kindes bin. Eine Vergleichsperson war nicht da.

Vorsitzender: Die Anhörung des Rechtsmittelklägers halten Sie nicht für nötig? (*Staud:* Nein!) Das würde die Sache wieder aufhalten.

Nun käme *§ m,* die amtsfähige Prüfung wie bisher. Neu ist der Abs. 3.

Jonas: Nach meinem Entwurf soll es nicht mehr Nachweisfrist sein, sondern Zahlungsfrist. Es kommen Fälle vor, in denen gezahlt worden ist, aber die Zahlung infolge falscher Buchung an eine andere Stelle gelangt ist. Beim Reichsgericht fragen wir in solchen Fällen immer bei der Kasse an.

Staud: Sie gehen davon aus, dass wie in anderen Gesetzen, z.B. dem Gerichtskostengesetz, der Tag des Postscheckeinlieferungsschein maßgeblich ist, nicht der Tag der Gutschrift.

Jonas: Wenn es auch der Tag der Gutschrift wäre, so bekäme die Kasse von der Gutschrift unter Umständen doch erst drei Tage später Kenntnis.

Staud: Erfahrungsgemäß verzögert sich die Gutschrift selbst. Wir hatten neulich einen Fall, der vor dem Reichsgericht entschieden worden ist. Jemand hatte einer Berliner Gerichtskasse einen Betrag überwiesen, es lag aber eine Ungenauigkeit in der Anschrift vor; er hatte es, glaube ich, an die „Geschäftsstelle des Gerichts" gerichtet, nicht an die „Gerichtskasse". Dieser Auftrag wurde vom Postscheckamt infolge übertriebener Pingeligkeit nicht ausgeführt, jedenfalls vorher noch Rückfrage gehalten. Dadurch hatte sich die Gutschrift ein paar Tage verzögert. Soweit ich mich entsinne, ist in diesem Fall Wiedereinsetzung bewilligt worden.

Vorsitzender: Dass in solchen Fällen geholfen werden muss, ist klar.

Staud: Dem Verkehrserfordernis wird man nur gerecht, wenn man auf den Tag des Posteingangs abstellt. Dann weiß jeder, woran er ist, da der Posteinlieferungsstand von der Post abgestempelt wird. Wie lange es von dort bis zum Empfänger braucht, ist eine andere Sache. Auch rein zivilrechtlich ist auf die Gutschrift abgestellt, ebenso bei der Steuer.

Jonas: Das man es hier anders macht als bei der Steuer, dazu besteht keine Veranlassung.

Pagenstecher: Es hat auch seine Schattenseiten. In dem Fall könnte man sagen: Gewiss, du hast eingezahlt, aber du hast nicht richtig adressiert.

Jonas: Da ist der Fall der Wiedereinsetzung gegeben.

Vorsitzender: Das ist eine Aufhebung von Amts wegen.

Jonas: Es ist die Bestimmung, die im Strafverfahren bei der Privatklage schon lange existiert.

Singer: Bei der Wiedereinsetzung müssen wieder neue sachliche Gesichtspunkte geltend gemacht werden.

Jonas: Wir hatten diese Fassung schon vor vielen Jahren vorgesehen. Gegen die Nachweisfrist wurden mit Recht Bedenken erhoben, weil sie zu kompliziert ist. Inzwischen ist diese Neufassung für das Privatklageverfahren in der Strafprozessordnung aufgenommen worden.

Vorsitzender: Sachliche Bedenken habe ich nicht.

Staud: Eine andere Frage ist die, ob man in allen diesen Fällen auf die Gutschrift oder auf den Einlieferungsschein abstellt.

Vorsitzender: Wir gehen über zu *§ n,* Anschlussrevision. Dass eine Anschlussrevision bleibt, ist klar.

Jonas: Ob die Frist die richtige ist, ist noch fraglich. Nur darf man sie sich nicht anders wählen als in § c, auch wenn da die Verhältnisse anders liegen.

Vorsitzender: Dann wollen wir uns auch hier vormerken: einen Monat (?), damit es im Einklang mit § c steht.

Stagel: § d Abs. 4 gibt es gar nicht.

Jonas: Es muss § d Abs. 3 heißen.

Vorsitzender: Die anderen Vorschriften gelten entsprechend.

Jonas: Das Natürliche wäre, die Anschlussrevision von der augenblicklichen Begründungsfrist zu lösen. Jetzt ist es so: Ich kann wohl in der Begründungsfrist Revision einlegen. Daraus hat man geschlossen, dass der Revisionsbeklagte, um sich die Anschlussrevision vorzubereiten, auch eine Verlängerung der Begründungsfrist erwirken kann, auch wenn die Begründung schon lange eingereicht ist. Mir scheint es logischer zu sein, hier eine besondere Frist anzusetzen, und zwar auf einen Monat als gesetzliche Frist. Wenn er nun die Revision zugestellt bekommen hat und weiß, der andere hat Revision eingelegt, dann muss er allmählich sich darüber klarwerden, ob er Anschlussrevision einlegen will oder nicht.

Staud: Sie hatten wohl den § f mit der Prozessgebühr für anwendbar erklärt. (*Jonas:* Nein.) Jetzt ist es auch so. Das ist ein merkwürdiges Ergebnis. Die Sache betrifft Klage und Widerklage; zu der Klage mit einem Streitwert, sagen wir 11.000 RM hat der Kläger Revision eingelegt; dann ist Widerklage über 25.000 RM erhoben. Bezüglich dieser Widerklage legt nun der Beklagte Anschlussrevision ein, und dafür braucht er nicht zu bezahlen.

Jonas: Wie soll es sonst gerecht werden? Wenn er nicht zahlt, müsste die Anschlussrevision als unzulässig verworfen werden. Die Schwierigkeit liegt darin, dass der Prozess wieder gespalten wird.

Staud: Das kommt auch dann vor, wenn die Anschlussrevision zu spät eingelegt wird. Jetzt ist es so, dass für die Anschlussrevision die Prozessgebühr nicht nachgewiesen zu werden braucht, wenn sie denselben Gegenstand betrifft. Bei der Klage ist es anders, ebenso bei der Widerklage. Allerdings wird dort nicht die Terminbestimmung davon abhängig gemacht, aber es wird sofort die Gebühr fällig, die durch die Erhebung der Widerklage entsteht. Bei der Klage wird die Terminbestimmung davon abhängig gemacht, dass die Prozessgebühr bezahlt wird. Solange sie nicht bezahlt ist, erfolgt keine Terminbestimmung. Hat der Kläger die Gebühr bezahlt, dann kann der Gegner mit einer Widerklage selbst über ein verhältnismäßig hohes Objekt kommen. Er wird sofort Kostenschuldner für die daraus entstehende höhere Gebühr, aber die Terminbestimmung kann davon nicht mehr abhängig gemacht werden.

Pagenstecher: Wir setzen als selbstverständlich voraus, dass die Terminbestimmung für die Klage auch die Terminbestimmung für die Widerklage sein muss.

Staud: Das ist sie. Das ist aber eine Inkongruenz. Wir haben das bei der Klage, bei der Berufung und bei der Revision. Der Gegner kann sich die Sache kostenmäßig leicht machen. Ein innerer Grund dafür besteht nicht.

Jonas: Es ist eine Kompromisslösung. Mit dem Abhängigmachen darf man nicht so weit gehen, dass dadurch der geordnete Prozessbetrieb in Schwierigkeiten gerät.

Pagenstecher: Wie wirkt sich das in der Praxis aus? Hat es zu Missständen geführt? Haben die Widerkläger nachher nicht bezahlt?

Jonas: Das Gericht hält sich nur an den Verurteilten.

Staud: Einen Schuldner hat die Gerichtskasse auf jeden Fall, oft sogar zwei, den, der das Verfahren betreibt, und den anderen.

Jonas: Die Einführung dieser Bestimmung war seinerzeit der größte Triumph. Nach dem früheren preußischen Gerichtskostengesetz musste derjenige, der die Instanz beantragt, immer für die Kosten haften. Die Neuerung wurde erst 1822 erfunden. Das Gesetz wurde mir im Reichstags-Rechtsausschuss nach allen Regeln der Kunst zerpflückt. Überall warf man uns gröbste fiskalische Einstellung vor. Der Konflikt kam durch die Vorwegerhebung. Nach vielem Hin und Her, nach manchen Besprechungen mit den Parteiführern siegten wir dann ob [vgl. § 519 Abs. 6 ZPO 1924; später § 111 GKG 1957]. Aber diese starke Fiskalisierung, dass man den obsiegenden Rechtsmittelkläger auch für die Gebühren haften lässt, hatte glücklicherweise keine Vertreter gefunden. Weder Rosenfeld noch sonst jemand von den Oppositionsrednern war darauf zu sprechen gekommen. Wir waren sehr stolz, dass die Leute das gar nicht so recht erfasst hatten.

Staud: Die Bestimmung, dass jemand, der durch ein erstinstanzliches Urteil verurteilt worden ist, Kostenschuldner geworden ist, bleibt auch dann, wenn das Urteil in der nächsten Instanz abgeändert worden ist, weil er nämlich bezahlt hat. Der Staat gibt das, was aufgrund eines falschen Urteils an die Gerichtskasse geleistet worden ist, nicht zurück. Der Gegner hat aber trotzdem zu zahlen. Eigentlich eine unanständige Methode.

Vorsitzender: Den Begriff der ungerechtfertigten Bereicherung kennt der Fiskus bei sich nicht; dem Staat schuldet man alles.

Jonas: Graf Schwerin von Krosigk hat doch einmal irgendwo den alten Satz ausgegraben und dann ein paar Mal in Reden gebracht: Wer auf die Fahne des Königs von Preußen schwört, hat nichts mehr, was ihm selbst gehört. Für meinen Reichsfinanzminister ein sehr interessanter Ausspruch!

Vorsitzender: Wir kommen zu *§ o.* Hier ist die Neuerung, dass es durch Beschluss gemacht werden kann, nicht aufgrund mündlicher Verhandlungen, jedenfalls zu begrüßen.

Dann *§ p.* Dass das Revisionsgericht das angefochtene Urteil in den Grenzen der von den Parteien gestellten Anträge prüft, ist selbstverständlich. Dass es dabei an die geltend gemachten Revisionsgründe nicht gebunden ist, ist schon geltendes Recht. Neu formuliert ist jetzt der Fall von Verfahrensmängeln: Mängel des Verfahrens, deren Rüge in der Revisionsbegründung unterblieben sind, sind unberücksichtigt zu lassen, soweit es sich nicht um Verstöße gegen Vorschriften handelt, auf deren Befolgung die Parteien wirksam nicht verzichten können.

Jonas: Das ist praktisch der Niederschlag der jetzigen Rechtsprechung. In vielen Punkten hat sich das Reichsgericht auf den Standpunkt gestellt: Das müssen wir von Amts wegen tun.

Vorsitzender: Ich bin kein Freund des Ausdrucks „wirksam nicht verzichten können". Wir haben ihn noch in § 274. Aber da heißt es künftig einfach: die von Amts wegen zu berücksichtigen sind. Der Ausdruck „wirksam verzichten können" ist bedenklich. Er entspricht zwar der bisherigen Anwendung im Zivilprozess, aber ich möchte anregen, ihn künftig zu vermeiden.

Pagenstecher: Was ist von Amts wegen zu berücksichtigen?

Staud: Von Amts wegen zu berücksichtigen sind die Vorschriften doch sämtlich.

Jonas: Was ist das Charakteristikum? Wenn etwas von Amts wegen zu berücksichtigen ist, so heißt das: Den Parteien ist über diesen Punkt die Disposition entzogen. Es ist nur eine Beschreibung dessen, dass es sich um Punkte handelt, die der Parteidisposition entzogen sind.

Pagenstecher: Ich bin etwas anderer Auffassung. Es gibt gewisse Dinge, die von Amts wegen zu berücksichtigen sind; die Partei kann aber darauf verzichten. Nehmen wir an, es hat jemand lediglich die Einrede der Unzulässigkeit des Rechtsweges vorgebracht, weiter nichts. In der Hauptsache ist noch nicht verhandelt worden. In diesem Falle bin ich der Ansicht, dass das Gericht seine Zuständigkeit von Amts wegen zu prüfen hat. In vermögensrechtlichen Sachen kann aber heute die Partei meines Erachtens darauf verzichten. Es ist nicht die Einlassung zur Hauptsache. Aber solange die Parteien auf die Einrede der Zuständigkeit nicht verzichtet haben, solange sie also diese Einrede noch erheben könnten, hat meines Erachtens das Gericht von Amts wegen die Frage zu prüfen. Beispielsweise ist im Versäumnisverfahren die Zuständigkeit von Amts wegen zu prüfen, nach Ihrer Ansicht allerdings nur nach der rechtlichen Seite hin. Davon wollen wir jetzt absehen. So ist es meines Erachtens auch in diesem Falle. Nur das zuständige Gericht darf über die Zulässigkeit des Rechtswegs entscheiden, und hier ist meines Erachtens auch von Amts wegen die Zuständigkeit zu prüfen, auch wenn der Beklagte die Zuständigkeit nicht gerügt hat. Wenn er allerdings ausdrücklich erklärt hat, dass er auf die Einrede der Zuständigkeit verzichtet, dann ist es in Ordnung.

Jonas: Hier ist es aber so, dass keine Partei darauf verzichten darf.

Pagenstecher: Auch mir erschien zunächst der Ausdruck nicht ganz korrekt. Man muss bei den Sachen, die von Amts wegen zu berücksichtigen sind, zwei Kategorien unterscheiden. Die eine Kategorie sind diejenigen, wo die Partei sagen kann: Ich verzichte, dann ist die Sache damit erledigt. Die andere Kategorie sind diejenigen, wo die Partei zwar auch sagt: Die Sache ist in Ordnung, der Rechtsweg ist zulässig, wo aber doch die Frage geprüft werden muss. Sie meinen jetzt die letztere Kategorie. (*Jonas:* Ja.)

Vorsitzender: An dieser Stelle können wir das aber nicht erörtern.

Jonas: Man könnte vielleicht in besserem Deutsch sagen: Dabei hat sich die Prüfung auf Mängel des Verfahrens, deren Rüge in der Revisionsbegründung unterblieben ist, nicht zu erstrecken.

Vorsitzender: Wir lassen den Ausdruck jetzt stehen und werden später versuchen, ob wir einen besseren Ausdruck finden können. An dieser Stelle allein können wir das nicht regeln. Was gemeint ist, ist klar.

Jonas: Woran stoßen Sie sich beim Wort „verzichten“? Klingt es zu vertraglich?

Pagenstecher. Die ganze Ausdrucksweise: „auf die Einrede der Unzuständigkeit verzichten“.

Vorsitzender: Ich würde es jetzt ruhig so stehenlassen. Es steht auch in Übereinstimmung mit dem Übrigen.

Pagenstecher: Es stimmt auch mit der heutigen Terminologie überein.

Jonas: Vielleicht wäre Ihnen die folgende Fassung angenehmer: soweit es sich nicht um Verstöße handelt, die das Gericht auch ohne Rüge der Parteien beachten muss?

Pagenstecher: Nein. Von meinem Standpunkt aus trifft das wieder nicht ganz. Nehmen wir den Fall: Es hat jemand nur die Einrede der Unzulässigkeit des Rechtswegs erhoben, die Unzuständigkeit hat er gar nicht gerügt. Dann muss meiner Auffassung nach das Gericht von Amts wegen die Zuständigkeit prüfen, es sei denn, dass der Beklagte ausdrücklich sagt: Ich verzichte auf die Einrede der Unzuständigkeit. In der Revisionsinstanz würde diese Frage aber nicht zu prüfen sein, obwohl es eine Frage ist, die das Gericht auch ohne Rüge der Partei zu prüfen hat, weil eben die Partei wirksam verzichten kann, weil der Beklagte sagen kann: Ich verzichte auf die Einrede.

Vorsitzender: Wir lassen es bei dem jetzigen Ausdruck; sonst kommen wir in Gefahr, etwas Falsches einzusetzen, weil wir die ganze Sache noch nicht vollständig übersehen. Wir müssen später gelegentlich im Zusammenhang die gesamten Prozessvoraussetzungen noch einmal durchgehen.

§ p Abs. 2 bleibt bestehen. Das ist geltendes Recht.

§ q hatten wir schon erledigt.

Pagenstecher: Es gibt beim Wiederaufnahmeverfahren auch noch Fälle, wo das Reichsgericht Tatsachen berücksichtigen müsste. Wenn eine Wiederaufnahmeklage beim Reichsgericht erhoben wird, muss dann das Reichsgericht das iudicium rescissorium zurückweisen? Müssen da auch Tatsachen berücksichtigt werden? Es fällt wahrscheinlich schon darunter.

Jonas: Jetzt ist es keine besondere Frage.

Vorsitzender: Abs. 2 ist auch unangefochten. Bei Abs. 3 wollten wir anstelle von „unbestritten“ „nicht beweisbedürftig“ setzen. Da handelt es sich um Geburtsurkunden usw.

Pagenstecher: Das bedeutet, dass sie entweder in abstracto oder in concreto nicht beweisbedürftig sind, auch in concreto.

Jonas: Ein Beispiel aus einem Ehescheidungsprozess nach § 55. Das Berufungsgericht hat bei der Abwägung der beiderseitigen Interessen darauf Gewicht gelegt, dass die Frau ein Kind erwartet. Für die Revisionsinstanz ergibt sich daraus die interessante Frage, ob dieses Kind nach nunmehr einem halben Jahr auch wirklich zur Welt gekommen ist oder nicht. Diese Frage ist als neu festzustellen.

Pagenstecher: Das wäre eine Frage, die in abstracto nicht beweisbedürftig ist.

Jonas: Nein. Hier ist es in concreto nicht beweisbedürftig, weil beide Teile sich darüber einig sind: Das Kind ist da oder es ist gestorben.

Pagenstecher: Ich habe mich vielleicht schlecht ausgedrückt: nicht beweisbedürftig, weil sich aus den Verhandlungen schon ergibt, dass es bewiesen ist. Das war nicht gemeint?

Jonas: Alles ist gemeint.

Pagenstecher: Das Berufungsgericht hat keine ausdrückliche Feststellung getroffen. Es geht aber aus dem ganzen Tatbestand hervor, und aus allem hat das Revisionsgericht die Überzeugung gewonnen, dass diese Tatsache wahr ist. Dieser Fall soll doch auch mitberücksichtigt werden.

Jonas: Ja, beim Parteivertrag das, wovon die beiden Parteien ausgehen.

Vorsitzender: § r entspricht dem jetzigen Recht und muss bleiben. *§ s.*

Pagenstecher: Ich habe gerade vor ein paar Tagen Ihren Kommentar darüber nachgelesen im Zusammenhang mit der Wiederaufnahme. Ich bin ganz Ihrer Auffassung. Aber sollte man es nicht ins Gesetz hinein nehmen, wie das abschnittsweise geteilt werden kann?

Jonas: Ein bisschen dunkel ist die Sache.

Pagenstecher: Ich habe den Eindruck, dass in der Praxis damit großer Unfug getrieben wird. Beispiel: Ein Zeuge hat bei der Einrede des Erlassvertrags einen Meineid geschworen. Das Verfahren wird aufgehoben, soweit es den Erlassvertrag betrifft. Das ist sicher falsch. Man muss doch dann das Verfahren über den betreffenden Teilanspruch aufheben. Das führen Sie selbst in Ihrem Kommentar sehr einleuchtend aus. Ob man dafür nicht gewisse Grundsätze aufstellen soll, wieweit man es aufhebt?

Jonas: In meiner zweijährigen Praxis beim Reichsgericht ist mir nie ein Fall vorgekommen, wo wir dazu Gelegenheit gehabt hätten. Wir haben immer die Entscheidung und das Verfahren aufgehoben.

Vorsitzender: Der Ausdruck „das Verfahren aufheben“ gefällt mir auch nicht sehr.

Pagenstecher: Die Berufungsgerichte machen solche Dummheiten, und auch bei der Wiederaufnahmeklage spielt es eine große Rolle. Ich wollte es nur einmal anregen. Es ist vielleicht schwer zu formulieren.

Vorsitzender: Können wir ein Beispiel finden, wo wir aufgrund dieser Vorschrift im Zweifel wären?

Pagenstecher: Gerade der Fall, den ich eben angeführt habe, mit dem Erlassverfahren. Der Beklagte wendet u.a. einen Erlassvertrag ein. Die anderen Einwendungen kommen nicht in Frage. Die Klage wird abgewiesen, weil der Erlassvertrag nicht erwiesen wird. Oder der andere Fall: Der Klage wird stattgegeben; der Zeuge, der dabei gewesen sein soll, sagt, er hätte nichts davon gehört. Nachher stellt sich heraus, dass er einen Meineid geschworen hat. Die Praxis macht es vielfach so, dass sie nun das Verfahren über den Erlassvertrag aufhebt. Das ist vollkommen unsinnig; denn es muss doch die Möglichkeit bestehen, nachher über den Anspruch neu zu entscheiden, nicht nur über den Erlassvertrag.

Vorsitzender: Das Verfahren wird doch nur so weit beseitigt, als es mit dem Erlassvertrag zu tun hatte. Warum soll das Verfahren, soweit eine Beweisaufnahme und auch Zahlung stattgefunden hat, ganz stürzen?

Staud: Das Beweisverfahren kann ruhig bestehen bleiben.

Pagenstecher: Im Wiederaufnahmeverfahren wird es auch praktisch. Über das iudicium recissorium muss neu entschieden werden. Da ist das Gericht vollkommen frei. Es können neue Beweismittel kommen, sogar neue Ansprüche geltend gemacht werden. Da wäre es ein Unfug, wenn das Verfahren nur insoweit gelten sollte. Wir können vielleicht beim Wiederaufnahmeverfahren darüber sprechen.

Vorsitzender: Wenn man sagt: „soweit es von dem Anfechtungsgrund betroffen ist“, dann ist es immer wieder derselbe Ausdruck. In dem Fall, wo sich herausstellt, dass ein Zeuge einen Meineid geleistet hat, würde es mir jedenfalls einleuchten, dass das Verfahren aufgehoben wird, soweit der Erlassvertrag behandelt worden ist, dass dagegen der andere Teil, bei dem gar keine Verfahrensmängel vorliegen, bestehen bleibt.

Jonas: Lässt sich das immer trennen?

Vorsitzender: Das ist die Frage.

Herr Präsident Jonas sagt darüber in seinem Kommentar zu § 590: „Ob das Urteil und die ihm vorangegangenen Entscheidungen (§ 523) von dem Anfechtungsgrunde im vollen Umfange oder nur teilweise betroffen werden, bestimmt sich sowohl bei der Restitutions- wie bei der Nichtigkeitsklage nach der Lage des einzelnen Falles. Die Scheidung der betroffenen und nicht betroffenen Teile kann aber stets nur in derselben Weise erfolgen, wie sie in § 539 Abs. 3 für die teilweise Aufhebung des Verfahrens dargelegt sind. Es kann als allein betroffen ausgeschaltet werden ein zum Erlasse eines Teilurteils (§ 310 Abs. 2) geeigneter Teil des Anspruchs oder der Ansprüche oder ein zeitlich begrenzter Teil des Verfahrens.“

Eine Beweisaufnahme ist wohl ein zeitlich begrenzter Teil: „Dabei kann aber wegen der Einheit der mündlichen Verhandlung nur ein früheres Urteil die Grenze bilden, mag es wie das Teilurteil selbständig der Wideraufnahme unterliegen (vgl. § 578 Abs. 1), oder als Zwischenurteil nach § 303 unter § 593 fallen. Dagegen kann ein Termin oder ein Beschluss die Grenze nicht bilden. Innerhalb des einheitlichen Anspruchs oder Verfahrens ist eine Trennung in der Weise, dass nur einzelne selbständige Angriffs- und Verteidigungsmittel, etwa Klagegründe, Einreden, Repliken usw., von dem Anfechtungsgrunde betroffen oder umgekehrt nicht betroffen werden, durch die Einheit der Verhandlung wie der Richteraufgabe ausgeschlossen.“

Pagenstecher: Nachher kommt allerdings etwas, was dazu in Widerspruch steht. Da heißt es nämlich, dass nach derartigen Eingeständnissen das Gericht gebunden wäre, soweit nicht der Anfechtungsgrund sich gerade auf das Geständnis bezieht. Das ist damit nicht zu vereinbaren. (*Jonas:* Wieso?) Das Geständnis bezieht sich doch nur auf das Ganze.

Nehmen wir folgenden Fall: Es wird auf 100.000 RM geklagt. Über 60.000 RM ist ein Teilurteil ergangen. Über die nächsten 40.000 RM ist wieder ein Teilurteil ergangen. Nun wird die Revision meinetwegen darauf gestützt, dass jemand durch Drohung oder Zwang zu einem Geständnis veranlasst worden wäre. Oder die Revision wird darauf gestützt, dass in dem zweiten Urteil ein judex inhabilis mitgewirkt hat. Das Verfahren ist dann aufgehoben. Da kann man doch nicht an das Geständnis gebunden sein. Denn über die 40.000 RM wäre doch dann ganz neu verhandelt worden.

Jonas: Das Geständnis ist doch etwas, was über die Instanz weiter wirkt.

Pagenstecher: Gewiss, aber wenn das Teilurteil über die 40.000 RM und das ganze Verfahren über die 40.000 RM aufgehoben wird, weil ein judex inhabilis mitgewirkt hat, kann man nicht plötzlich an das Geständnis gebunden sein.

Vorsitzender: Es heißt in dem Kommentar: „Soweit im Vorprozess Rechtsbehelfe schon vor dem Schluss der mündlichen Verhandlungen abgeschnitten waren oder bindende Erklärungen abgegeben waren, erwächst ihnen ein Recht zum nachträglichen Vorbringen oder zum Widerrufe nur dann, wenn der Restitutionsgrund gerade diese Erklärung betraf.“ Das würde ich auch sagen: Wenn das Verfahren wegen der 40.000 RM aufgehoben wird, kann eigentlich auch das Geständnis nicht bindend sein.

Jonas: Wenn ich das Verfahren wegen des geleisteten Meineids aufhebe, dann muss das Verfahren ganz aufgehoben werden. Aber das in diesem Verfahren abgegebene Geständnis wirkt fort, es sei denn, dass das Geständnis selber von dem Mangel erfasst ist, meinethalben in dem Falle, weil es vor einem judex inhabilis abgegeben ist. Ich habe offenbar an den Fall, dass das Verfahren in toto infolge des judex inhabilis aufgehoben worden ist, nicht gedacht.

Pagenstecher: Ach, so hatten Sie das gemeint; dann nehme ich alles zurück. Dann sind wir vollkommen einig.

Stagel: Also Vaterschaftsklage, Geständnis der Beiwohnung, falsche Zeugenaussage der Mutter bezüglich des Mehrverkehrs; dann soll das Geständnis fortwirken?

Pagenstecher: Das ist eine bindende Kraft des Geständnisses, die wir trotz des Herrn Fischer noch haben. Aber es hat keine bindende Kraft, wenn es vor dem judex inhabilis erfolgt ist.

Jonas: Für meine These, wie sie ausgesprochen ist, ist das Beispiel von Herrn Staud sehr einleuchtend. In dem Alimentenprozess ist ein Geständnis von dem Beklagten abgegeben worden, er hätte verkehrt, und der Meineid bezieht sich auf den Mehrverkehr. Wegen des Mehrverkehrs wird die Sache im Wiederaufnahmeverfahren aufgehoben. Dann würde das Geständnis der Beiwohnung nach wie vor wirksam sein. Etwas anderes ist es, wenn das Geständnis an einem Mangel leidet.

Pagenstecher: Ja, ich verstehe den Unterschied.

Vorsitzender: Was heißt überhaupt: „das Verfahren wird aufgehoben"?

Pagenstecher: Wenn das Verfahren aufgehoben wird, ist es eigentlich so, als wenn das Verfahren gar nicht dagewesen wäre.

Jonas: De lege ferenda brauchen wir uns über den Fall nicht weiter zu unterhalten.

Pagenstecher: Man könnte auch an andere Präklusionen denken.

Vorsitzender: Heißt „das Verfahren wird aufgehoben" auch, dass die Parteierklärungen, die innerhalb des Verfahrens abgegeben sind, aufgehoben worden sind?

Pagenstecher: Wie wäre es denn beim Anerkenntnis?

Vorsitzender: Das bleibt doch immer bindend!

Pagenstecher: Das sagen Sie so. Wenn es aber vor einem judex inhabilis abgegeben worden ist?

Vorsitzender: Ich meine nur: In Zukunft, de lege ferenda bleibt das ja Anerkenntnis.

Jonas: Beim Anerkenntnis ist es wahrscheinlich so: Dann ist ein Anerkenntnisurteil ergangen, und ein Teil dieses Anerkenntnisurteils ist von der Aufhebung nicht erfasst.

Vorsitzender: Das ist ein Teilurteil. Aber was bedeutet das?

Pagenstecher: Das scheint mir so wichtig zu sein, dass wir uns klar werden müssen: Inwieweit soll die Aufhebung erfolgen, und welche Folgen hat die Aufhebung?

Vorsitzender: An sich sehe ich immer noch nicht ein, warum man nicht die Aufhebung auf den Abschnitt der Verhandlungen beschränken könnte, der sich mit dem Erlass beschäftigt.

Pagenstecher: Im Wiederaufnahmeverfahren eigentlich nicht, weil im Wiederaufnahmeverfahren, im judicium rescissorium, noch einmal verhandelt werden soll.

Staud: Das braucht bei Wiederaufnahmeverfahren nicht zu sein.

Vorsitzender: Das sehe ich auch bei Wiederaufnahme nicht ein.

Jonas: Nehmen Sie den Fall eines Erlassvertrages. Aufgrund des Erlasses ist die Klage abgewiesen. Das Urteil geht dahin: Ob der Vertrag gültig ist, oder ob er in der Form abgeschlossen ist oder dergleichen, das kann alles dahingestellt bleiben. Jedenfalls ist, wenn ein Vertrag abgeschlossen ist, der Anspruch erlassen; Beweis: Zeuge Soundso. Nun stellt sich heraus: Der Zeuge hat einen Meineid geleistet. Wenn ich nun aufhebe, muss ich doch zwangsläufig auf die anderen, dahingestellt gebliebenen Dinge zurückgreifen.

Vorsitzender: Das ist klar; dafür würde ich auch sein.

Jonas: Der Richter hat das Urteil so begründet: Der Vertrag ist abgeschlossen, es spricht das dafür und das dagegen usw. Aber er kommt doch zu dem Ergebnis, der Vertrag ist abgeschlossen, aber nachher erlassen. Nun fällt der Erlass weg, und nun sollte der Richter, der nun von neuem darüber entscheidet, daran gebunden sein, was ein früherer Richter über die Beweiswirkung bezüglich des Abschlusses des Vertrages ausgeknobelt hat?

Pagenstecher: Nun kommt noch Folgendes. Der Beklagte hat einen Erlassvertrag geltend gemacht. Er hat vielleicht gar nichts Unrechtes getan. Der Zeuge hat vielleicht einen Meineid geschworen, ohne dass er es gewusst hat. Die Klage wird nun aufgrund des Erlassvertrages abgewiesen. Es sind keine weiteren Einwendungen zu machen. Er hat aber eine Aufrechnung oder noch andere Einwendungen. Da muss doch die Möglichkeit bestehen, das noch zu bringen. (*Zustimmung.*) Ich glaube, dass es der ganzen Auffassung entspricht, dass der Richter durch formalistische Vorschriften möglichst wenig beschränkt sein soll, dass das richtig ist, was Sie in dem Kommentar gesagt haben: Es muss irgendwo eine Zäsur sein, am besten bloß ein Urteil. Das muss man im Einzelnen überlegen. Wenn ein Teilurteil ergangen ist, wird es auch gehen. Ich glaube, hier steht ganz kategorisch: Es muss ein Urteil sein. Aber das ist keinesfalls unbestritten.

Vorsitzender: Im umgekehrten Fall leuchtet mir das immer noch nicht ein: Wenn lediglich ein Zeuge meineidig war, indem er gesagt hat: ich habe nichts von dem Erlass des Vertrages gehört, so wird der Klage mit der Begründung stattgegeben: Die Einwendung des Erlasses schlägt nicht durch, denn der vernommene Zeuge hat erklärt, er habe nichts von dem Erlass des Vertrages gehört. Nun ist der Klage stattgegeben. Die anderen Einwendungen, die die Partei gemacht hatte, sind auch geprüft gewesen, aber sie sind alle auch negativ: der Einwand der Zahlung usw., alles ist widerlegt. Jetzt wird behauptet: Der Zeuge mit dem Erlassvertrag war meineidig. Warum soll nun das ganze Verfahren, die Beweisaufnahme über den Einwand der Nichtigkeit wegen Geschäftsunfähigkeit, über den Einwand des Wuchers, den Einwand der Zahlung, den Einwand der Aufrechnung, die alle geprüft worden sind, – warum soll das alles wegfallen?

Jonas: Wenn es aber im späteren Verfahren gerade darauf ankommt!

Vorsitzender: Da ist doch gar kein Mangel! Warum soll das noch einmal verhandelt werden?

Jonas: Da sind wir aber von der Unmittelbarkeit des Verfahrens kolossal weit entfernt. Wenn ich als Richter an ein Verfahren gebunden sein muss, dass sich vor einem anderen Richter abgespielt hat.

Pagenstecher: Herr Lent, Sie setzen immer voraus, dass alle Einwendungen geprüft worden sind. Es ist doch möglich, dass er das andere noch zurückhält, und noch neue Einwendungen hat.

Vorsitzender: Hier ist doch der klare Stand gegeben, dass der Beklagte Anlass gehabt hat, alle Einwendungen vorzubringen. Ich will ihm ja nicht abschneiden, dass im neuen Verfahren neue Dinge kommen. Ich sage nur: Warum muss das Alte noch einmal durchgepaukt werden?

Pagenstecher: Da müsste der neue Richter aufgrund der Beweiswürdigung und der Rechtsauffassung des alten Richters entscheiden.

Vorsitzender: An die Rechtsauffassung wäre er nicht gebunden; aber an die Beweiswürdigung. Da liegt doch gar kein Mangel des Verfahrens vor.

Pagenstecher: Bei der Entscheidung über diesen Anspruch oder meinetwegen über diesen Teilanspruch ist ein Mangel. Deshalb soll über den Teilanspruch ganz neu und ganz frei entschieden werden.

Vorsitzender: Dann ist das aber nicht mehr das Verfahren, soweit es vom Mangel betroffen wird, sondern ein Mangel, soweit es den Streitgegenstand betrifft.

Pagenstecher: Der Ausdruck ist auch nicht richtig. Man müsste sagen: Die Entscheidung über einen Anspruch, die von dem Mangel betroffen wird.

Vorsitzender: Das Urteil wird ja im Ganzen aufgehoben. Da kann ich natürlich keine Trennung machen. Aber was soll das überhaupt heißen: „das Verfahren wird aufgehoben"? Auch die Erklärungen der Parteien, die in diesem Verfahren abgegeben worden sind?

Jonas: Da müsste man sagen: Das Urteil und der Abschnitt des Verfahrens, in dem der Mangel vorgekommen ist.

Vorsitzender: Mir war das Problem neu. Ich habe, offen gestanden, daran nicht gedacht. Ich habe leider keine Zeit gehabt, den Kommentar von Ihnen durchzulesen.

Pagenstecher: „Soweit es von der Anfechtung betroffen ist", – bedeutet das: soweit der Verfahrensabschnitt von der Anfechtung betroffen wird?

Vorsitzender: Bei Teilurteilen ist es klar.

Pagenstecher: So muss man das Gesetz de lege lata nach dem Kommentar Jonas nach meiner Ansicht auffassen, und wenn man de lege lata nach dem Wortlaut noch zweifelhaft sein kann, scheint es mir de lege ferenda zweckmäßig, das Gesetz neu so zu machen.

Jonas: Deutlicher wird es, wenn man sagt: Das Urteil und der Abschnitt des Verfahrens, der von dem Mangel betroffen wird.

Vorsitzender: Das finde ich auch. Ist das überhaupt etwas Neues? Genügt es nicht, zu sagen: Das Urteil wird aufgehoben? Was folgt denn aus der sogenannten Aufhebung des Verfahrens? Da gelten die alten Erklärungen.

Jonas: Wenn ich nur das Urteil aufhebe, heißt es doch: Es bleibt bei den Feststellungen, die sind alle richtig, das ist alles ganz gut und schön, bloß hast du den und den Punkt übersehen, das muss nachträglich aufgeklärt werden!

Vorsitzender: Wenn ich das Urteil aufhebe, beseitige ich doch alle Feststellungen des Urteils mit. Nun handelt es sich aber um die Parteierklärungen. Wenn ich nur das Urteil aufhebe, bleiben die Parteierklärungen, die abgegeben sind, in Kraft. Die sollen nun beseitigt werden, weil das Verfahren aufgehoben wird?

Pagenstecher: Es soll ganz neu über diesen Teilabschnitt entschieden werden. Dieser Prozessabschnitt soll ganz neu behandelt werden.

Vorsitzender: Zu sagen: „der Abschnitt des Verfahrens“, wäre vielleicht möglich, das muss ich mir noch einmal durch den Kopf gehen lassen. Praktisch sehe ich das noch nicht ein, warum, wenn alles in Ordnung war, das ganze Verfahren aufgehoben werden soll. Die Beweisaufnahme über drei Einwendungen war in tadelloser Ordnung, bei dem vierten Einwand ist der Meineid dazwischengekommen. Warum nun das ganze Verfahren über die drei anderen Einwände aufgehoben und noch einmal verhandelt werden soll, weiß ich nicht. Außerdem, wenn gesagt wird, dass die Frage der Bindung und der Unmittelbarkeit auch noch wegfällt, – es wird doch in der Regel an denselben Richter zurückverwiesen.

Pagenstecher: Das kann man nicht wissen.

Vorsitzender: Aber in der Regel.

Jonas: Das alte Urteil wird aufgehoben. Also ist an sich eine Bindung an irgendwelche Feststellungen nicht da. Es würde an sich wohl doch in seinem Ermessen stehen, wenn die Parteien doch Neues zu dem Bisherigen vorbringen, auf das Neue noch einzugehen.

Vorsitzender: Das würde ich immer annehmen. Ich will das Neue nicht abschneiden.

Jonas: Ich glaube, es könnte ebenso gut auch andersherum gemacht werden.

Vorsitzender: Nur der eine Fall, von dem wir ausgegangen sind, leuchtet mir nicht ein, dass, wenn bei Beurteilung des Erlassvertrags der Meineid des Zeugen vorliegt, man sagt: die ganze Verhandlung, soweit sie sich mit dem Erlassvertrag beschäftigt hat, muss nun natürlich neu aufgezogen werden, ist klar. Warum auch das andere, was tadellos über die Bühne gelaufen ist, wo gar nicht behauptet ist, dass irgendetwas fehlerhaft sei, alles wegfallen soll, ist mir nicht klar; denn wenn es wegfällt, muss es doch noch einmal erörtert werden. Dann *kann* ja die Beweisaufnahme nicht bloß wiederholt werden, sondern dann *muss* sie doch wohl wiederholt werden.

Staud: Nehmen wir eine Klage, bei der ein Kaufpreis geltend gemacht ist: Erstens Mängeleinrede und dann Erlassvertrag. Zur Mängeleinrede ist ein Sachverständiger mit viel Apparat vernommen worden. Das hat viel Geld gekostet. Bei dem Erlassvertrag ist etwas passiert, was zur Aufhebung führt. Es mögen Fälle denkbar sein, dass man den Sachverständigen noch einmal hört. Das wird ja nicht verboten. Aber dass man das Gericht zwingt, den Sachverständigenbeweis mit den erheblichen Kosten noch einmal zu erheben – die Durchführung ist heute unter Umständen nicht mehr möglich, – kann doch nicht gewollt sein.

Stagel: Das kommt doch in der Praxis nicht vor.

Vorsitzender: Was heißt dann aber: „das Verfahren ist aufgehoben“?

Stagel: Die Praxis hilft sich doch, indem sie sagt: Es bleibt bei den bisherigen Ergebnissen; die Beweisergebnisse werden verlesen.

Vorsitzender: Wenn ich sage: das Verfahren ist aufgehoben, dann sind damit alle Handlungen weg.

Stagel: Theoretisch ist es weg, aber praktisch doch nicht.

Vorsitzender: Dann ist es ein falscher Ausdruck.

Staud: Das Verfahren soll nur insoweit aufgehoben werden, als es sich auf den Erlassvertrag bezieht.

Vorsitzender: Es wird aber behauptet, das ginge nicht, sondern das ganze Erlassverfahren wäre aufgehoben. Aufhebung bedeutet doch wohl, dass die bisherigen richterlichen Maßnahmen Luft sind, dass das Verfahren auffliegt. Die Beweisaufnahme, die stattgefunden hat, ist dann keine Grundlage. (*Pagenstecher:* § 539!) – Das ist genau dasselbe. Es heißt in dem Kommentar Jonas: „Eine teilweise Aufhebung des Verfahrens ist wegen der Einheit der mündliche Verhandlung und der damit zusammenhängenden Gestaltung des Versäumnisverfahrens nur in der Weise möglich, dass entweder die Grenze sachlich gezogen, also das Verfahren insoweit aufgehoben wird, als es einen zum Erlass eines Teilurteils geeigneten Gegenstand betrifft, z.B. einen von mehreren Ansprüchen, die Widerklage usw., oder dass sie zeitlich gezogen wird, indem z.B. ein in der ersten Instanz erlassenes Zwischen- oder Teilurteil den Abschnitt bildet.“ Das kommt für uns nicht in Frage. „Dagegen kann ein einzelner Termin oder ein Beschluss niemals die Grenze bilden ...“ Ich will auch gar nicht auf die zeitliche Grenze abstellen. Ich kann ja nicht sagen: das Verfahren wird nicht aufgehoben, denn der Termin bildet eine Einheit, sondern ich will sogar innerhalb des Termins eine sachliche, gegenständliche Grenze bilden.

Staud: Sie wollen es auf selbständige Angriffs- und Verteidigungsmittel beschränken, auf solche Verfahrensteile, die man gegebenenfalls nach früherem Recht durch ein Zwischenurteil hätte erfassen können.

Vorsitzender: Der Mann hat erstens die Mängeleinrede erhoben und zweitens notfalls noch den Erlass eingewendet. Die Mängeleinrede ist sachlich ordnungsgemäß geprüft.

Pagenstecher: Dazu gibt es auch noch eine alte Reichsgerichtsentscheidung.

Vorsitzender: De lege lata ist es ebenso. Da füge ich mich ohne weiteres der Autorität von Herrn Jonas, aber de lege ferenda kann ich nicht einsehen, warum das ganze Verfahren auffliegen soll. Ich bin der Ansicht: Wenn es auffliegt, muss die Beweisaufnahme wiederholt werden. Das Gericht kann doch nicht sagen: es bleibt bei der Beweiswürdigung, während das Verfahren aufgehoben ist.

Pagenstecher: Wie ist es denn, wenn das Reichsgericht das Verfahren des Oberlandesgerichts nach § 536 aufhebt? Dann muss doch alles neu gemacht werden?

Vorsitzender: Aus der Aufhebung würde ich entnehmen: was geschehen ist, ist aus der Welt geschafft, gilt nicht mehr, so dass die Beweisaufnahme wiederholt werden muss. Ich kann mich nicht auf eine Beweisaufnahme stützen, die im aufgehobenen Verfahren erfolgt ist. Welchen Sinn sollte sonst die Aufhebung haben?

Pagenstecher: In dem Kommentar *Jonas* heißt es: „Der Verlust der prozesshindernden Einreden dauert also nur fort, wenn ein Teil- oder Zwischenurteil aufrecht erhalten wird, aus dem sich die Verhandlung zur Hauptsache ergibt.“

Vorsitzender: Die Präklusion würde auch wegfallen.

Jonas: Wie man es in Zukunft macht, ist mir offen gestanden ziemlich gleichgültig. Der Fall wird ja nur äußerst selten praktisch werden. Theoretisch leuchtet mir das, was Herr Prof. Lent sagt, nicht ein. Vielleicht fasst man es dann am besten so: So ist das Urteil aufzuheben; gleichzeitig ist darüber Bestimmung zu treffen, inwieweit das mangelhafte Verfahren zu wiederholen ist. Dann ist alles klar.

Singer: Das wäre eine Lösung.

Vorsitzender: Dann weiß man klar, dass es auf die Wiederholung einzelner Teile hinauskommt.

Jonas: Das Übrige bleibt, und es besteht natürlich die Möglichkeit, dass es noch fortgesetzt wird.

Pagenstecher: Das wäre insofern zweckmäßig, als ein vernünftiger Richter das Notwendige anordnen wird, wenn er sieht, dass es sich trennen lässt.

Jonas: Wenn es aber ein anderer Richter ist, kommt ihm die frühere Beweisaufnahme vielleicht etwas problematisch vor, dann kann er sie eben wiederholen.

Vorsitzender: Wir wollen den Richter möglichst wenig binden, wollen ihn nicht zwingen, etwas, was ihm überflüssig erscheint, noch einmal zu machen.

Jonas: Dann können wir also so formulieren, wie ich vorhin sagte.

Pagenstecher: Das Verfahren ist so weit zu wiederholen, als es unglücklich war. Das versteht sich von selbst.

Staud: Man könnte auch sagen: Das Rechtsmittelgericht kann bestimmen, inwieweit das Verfahren erhalten bleiben kann. Es fragt sich, was sich praktisch besser manipulieren lässt. Man muss sich in die Rolle des Rechtsmittelrichters versetzen. Bei dem Erlassvertragsbeispiel würde der Richter sagen: Das Verfahren ist so weit zu wiederholen, als es mit dem Erlassvertrag zusammenhängt. Ist das eine hinreichend präzise Bestimmung?

Stagel: Das Rechtsmittelgericht kann nicht wissen, ob der nächste Richter derselbe sein wird oder ein anderer.

Staud: Ein anderer Richter könnte sagen: mir genügt das, was der Zeuge zu dem Punkt nach den Akten gesagt hat, oder: ich möchte die Zeugen gern noch einmal selbst hören. Darin hat er freie Hand.

Pagenstecher: Wenn Richterwechsel eintritt, kann der neue Richter sagen: Mir genügt die Beweisaufnahme nicht, ich wiederhole sie.

Staud: Es fragt sich nur, wie man das ausdrückt. Soll man sagen: die und die Teile des Verfahrens brauchst du nicht zu wiederholen, kannst du aber wiederholen; aber alles andere musst du wiederholen? Oder soll man sagen: Das und das Verfahren erhalte ich aufrecht? Oder auch: Das und das aus dem Verfahren bestimme ich, als zu wiederholen?

Pagenstecher: Die Sache ist nicht immer so eindeutig wie beim Erlassvertrag. Denken Sie an andere Fälle, wo Täuschung und Betrug vorliegt! Da ist es außerordentlich schwierig, zu übersehen, wie weit das gegangen ist.

Staud: Ist es dann nicht besser, zu sagen: der Richter kann bestimmen, welche Teile des Verfahrens zu erhalten sind; so dass im Zweifel doch wie bisher die Wiederholung des Verfahrens geboten ist?

Jonas: Dann würde man aber wohl dazu kommen, das ganze Verfahren zu wiederholen.

Stagel: Das wäre schlimmer als jetzt.

Pagenstecher: Man könnte sagen: Das Verfahren fällt weg, soweit nicht ausdrücklich bestimmt wird, dass es aufrecht erhalten bleibt.

Staud: Zu einem Ergebnis kommt man nur, wenn man sich die Fülle von praktischen Fällen, die häufig vorkommen, vornimmt. Dann sieht man, wie man es formulieren müsste.

Jonas: Der normale Fall ist, dass aufgehoben wird, weil gewisse Beweismittel, richterliches Fragerecht usw., nicht ausgeübt worden sind.

Staud: Das scheint selten vorzukommen.

Jonas: Beispielsweise ein Fall in Entmündigungssachen. Der Sachverständige ist zur Vernehmung des zu Entmündigenden nicht zugezogen worden, – ein Mangel, der verhältnismäßig häufig vorkommt. In den Fällen, die bei uns durchgelaufen sind, haben wir das Urteil einfach aufgehoben und haben gesagt: Die Vernehmung genügte nicht, weil der Sachverständige nicht zugezogen war. Wir haben nicht hineingeschrieben: das Verfahren wird aufgehoben, sondern haben gesagt: Das Verfahren ist aus einem Mangel nichtig und ist nun in Ordnung zu bringen.

Vorsitzender: Steht überhaupt jemals im Urteil drin: Das Verfahren wird aufgehoben?

Pagenstecher: Wahrscheinlich wird man sich salomonisch ausdrücken. Wie ist das in der Praxis?

Jonas: Ich weiß es auch nicht. Ich habe nie da hineingefasst.

Stagel: Das würde zu keinen Schwierigkeiten führen. Mit würde die erste Fassung am besten gefallen.

Vorsitzender: Wir müssen uns nur überlegen, wieweit das „betroffen" geht. Ob man das gesetzlich anders ausdrücken muss, ist noch die Frage.

Jonas: Wir unterstellen, dass die Verkündung des Urteils mangelhaft, unheilbar ist. Dann ist bloß die Verkündung nachzuholen, wobei allerdings offen bleibt, ob die Rechtsprechung des Reichsgerichts richtig ist. In diesem Falle würde man wohl sagen: Dieses Pseudourteil, das nicht ordnungsmäßig verkündet worden ist, wird aufgehoben. Ferner müsste man sagen: Das bisherige mangelhafte Verkündungsverfahren wird aufgehoben, und nun ist noch einmal ein neues Urteil zu verkünden.

Vorsitzender: Damit ist doch das alte Urteil gewissermaßen beseitigt.

Jonas: Es kommt darauf an, ob das Gericht, das demnächst entscheidet, an das bisherige Urteil gebunden ist oder nicht.

Vorsitzender: Der Mangel besteht ja nur darin, dass das Urteil nicht verkündet ist.

Pagenstecher: An das Urteil ist doch das Gericht nie gebunden. Ich nehme an, es ist in dem Verfahren über einen Anspruch etwas als verspätet zurückgewiesen worden.

Jonas: Nein. Hier handelt es sich um den Fall, der hin und wieder vorkommt, dass ein Urteil rite beschlossen ist, dass aber im Verkündungstermin vielleicht die Parteien nicht geladen waren und das Urteil trotzdem verkündet worden ist. Hier hat sich das Reichsgericht – meiner Meinung nach von einem falschen Standpunkt ausgehend – verschiedentlich auf den Standpunkt gestellt: Dieses Urteil leidet an einem irreparablen Mangel. Dann muss doch zunächst dieses Pseudourteil, das wie ein Urteil aussieht, aber keines ist, aufgehoben werden. Was muss nun weiter aufgehoben werden? Es wäre doch vernünftig, hier nur noch das Verkündungsverfahren aufzuheben dergestalt, dass das Oberlandesgericht den Verkündungsakt noch einmal ordnungsmäßig zu wiederholen hat, aber im Übrigen an das beschlossene Urteil gebunden ist.

Vorsitzender: Jedenfalls wäre es wünschenswert.

Jonas: Es scheint mir zweckmäßig zu sein, dass das Reichsgericht in einem solchen Falle sagt: Das Urteil wird aufgehoben, die Verkündung ist nachzuholen.

Stagel: Man kann eigentlich nicht sagen, dass es ein Pseudourteil ist. Das Urteil liegt da, es ist nur nicht wirksam geworden.

Jonas: Es ist nur die Ausfertigung eines Urteilsentwurfs.

Vorsitzender: Ich würde es auch für wünschenswert halten, dass das ganze alte Verfahren in Kraft bleibt. Aber nun fragt es sich: Wo ist hier der Abschnitt zu machen?

Jonas: Ich würde sagen: so ist das Urteil aufzuheben und zu bestimmen, inwieweit das Verfahren zu wiederholen ist.

Vorsitzender: Ich würde es so stehen lassen: so muss das Verfahren wiederholt werden, oder: so genügt das alte Verfahren. Wenn es nicht zu wiederholen ist, dann bedeutet das, dass das alte Verfahren mit seinen Folgerungen bestehen bleibt. Hier könnte man z.B. bestimmen: das alte Verfahren ist nicht zu wiederholen, es bleibt alles im Gange.

Jonas: Beim Abs. 2 ist die Öffentlichkeit des Verfahrens weggefallen. Neu ist hierbei, dass dies Mängel sind, die nicht geprüft zu werden brauchen. Bisher hatten wir die eigentümliche Unterscheidung: von Amts wegen zu berücksichtigen und nicht von Amts wegen zu berücksichtigen, die absoluten und die relativen, und unter den absoluten Gründen gibt es auch welche, die der Prozessrüge bedürfen. Die ordnungsmäßige Besetzung oder nicht ordnungsmäßige Besetzung ist, wenn sie gerügt worden ist, ein absoluter Grund geworden.

Staud: Diese Fragen, Geschäftsverteilung usw. hatten wir in der voraufgegangenen Sitzung besprochen.

(Mittagspause von 12.30 bis 16 Uhr)

Nachmittagssitzung

Vorsitzender: Wir wollen in der Beratung fortfahren. Wir waren zuletzt bei § s stehen geblieben, bei den absoluten Revisionsgründen. Über diese absoluten Revisionsgründe hatten wir uns früher schon einmal geeinigt. Es bleibt bei den Bestimmungen unter a bis d unter der Einschränkung bezüglich der Öffentlichkeit. *Abs. 3* würde lauten: „Mängel des Verfahrens sind unberücksichtigt zu lassen, wenn die Partei das Rügerecht bereits im Berufungsrechtszuge nach § 295 verloren hatte.“ *Abs. 4:* „Betrifft der Mangel das Beweisverfahren, so ist von der Aufhebung abzusehen, wenn das Revisionsgericht nach Lage der Verhältnisse der Überzeugung ist, dass die Wiederholung des Verfahrens zu einem abweichenden Ergebnis nicht führen würde.“

Jonas: Das ist an sich etwas Neues.

Staud: Aber das hat nichts mit der heute Morgen in Abs. 1 erörterten Frage zu tun, inwieweit bei Aufhebung des Urteils auch das zugrunde liegende Verfahren aufzuheben ist.

Jonas: Nein! Nehmen wir einmal den Fall: Bei der Vernehmung eines Geisteskranken ist der medizinische Sachverständige nicht dabei gewesen, und wir wissen genau: im Falle der Aufhebung kommt genau dasselbe Ergebnis heraus. Oder ein anderer Fall, eine veröffentlichte Reichsgerichtsentscheidung: Da war einfach die Beweisaufnahme eines Vorprozesses übernommen worden, und es waren an sich keinerlei Anhaltspunkte dafür, dass diese Beweisaufnahme zu einem unrichtigen Ergebnis darüber geführt hat. Sie war an sich nicht bemängelt.

Pagenstecher: Es ist also aufgrund des Protokolls der Zeugenvernehmung eines früheren Prozesses entschieden worden? (*Ja!*) also nicht etwa die Beweiswürdigung ist übernommen worden, sondern aufgrund des Protokolls?

Jonas: Ja, der Berufungsrichter hat doch ohne weiteres die Möglichkeit, die Beweisaufnahme der ersten Instanz zu übernehmen. So hatte das Gericht ohne weiteres die Beweisaufnahme des Vorgerichtes übernommen. Etwas anderes ist es natürlich, wenn eine Partei geltend macht: diese Beweisaufnahme durfte so nicht stattfinden, und ich führe an: Bei der Beweisaufnahme wird etwas anderes herauskommen, der Zeuge wird nicht dies, sondern jenes aussagen. Dann ist es etwas anderes.

Pagenstecher: Es würde darauf ankommen, ob der Vorprozess zwischen den beiden Parteien geführt worden ist. Das wird wohl der Fall gewesen sein.

Jonas: Ich weiß nicht genau, ob es eine Ehesache war. Aber man kann das einmal unterstellen. In Ehesachen ist doch der ganze Schwamm der gegenseitigen Verfehlungen im Allgemeinen schon vor dem jetzigen Eherecht in zwei oder drei Vorprozessen durchgekaut worden. Da scheint es mir ganz zweckmäßig, wenn man eine solche Bestimmung in das Gesetz hinein nimmt.

Pagenstecher: Ich will mich gar nicht dagegen aussprechen. Ich glaube auch, dass die Gründe, die dafür sprechen, überwiegen. Es gibt allerdings auch einen Grund, der sich dagegen anführen lässt: das ersichtliche Moment, dass die Richter sagen: ach Gott, das ist uns so bequem, es aus dem Vorprozess zu übernehmen, das Reichsgericht wird deswegen doch nicht aufheben!

Jonas: Wegen des erziehlichen Moments ist gegen den Grundsatz Folgendes einzuwenden. Man kommt ohne diesen Grundsatz natürlich nicht aus; er muss da sein. Bloß bin ich dafür, dass er möglichst dosiert wird. Denn auf Kosten des zum Schluss Unterliegenden wird dem Richter eine Rüge erteilt. Das ist das große Bedenken. Das erziehliche Moment liegt auch darin, wenn das Gericht sagt: Dieses Verfahren geht nicht.

Pagenstecher: Es war inkorrekt!

Jonas: Hier kommt es bloß nicht ganz darauf an; und damit zu operieren: der Mangel hat nicht kausal gewirkt, das ist nicht so ganz sauber. Dann müsste man doch sagen: Dies ist eine Beweisaufnahme, die mangelhaft war, und der Mangel hat nicht auf das Ergebnis kausal gewirkt; das wäre aber etwas schief. So kann man den Fall nicht erledigen, dass eine Beweisaufnahme überhaupt nicht in dieser Form hätte stattfinden dürfen. Man könnte es eben in die Hand des Gerichts legen, „wenn es nach Lage der Verhältnisse der Überzeugung ist".

Pagenstecher: Da habe ich gar keine Bedenken. Dass das Reichsgericht keinen Missbrauch damit treiben wird, davon bin ich felsenfest überzeugt. Ich möchte mich auch dafür aussprechen. Sie haben ganz recht: Das erziehliche Moment wird berücksichtigt, wenn das Reichsgericht sagt: du hast etwas verkehrt gemacht, wir lassen es aber durch. Für den Revisionskläger ist die Sache natürlich nicht sehr angenehm, für den Anwalt, der sich die Frage vorlegt: Soll ich deswegen Revision einlegen?

Jonas: Man hört ja öfter solche Entschuldigungen von Anwälten: Ich greife dies nur zu dem Zwecke an, um das Urteil aus den Angeln zu heben, weil ich dann hoffe, noch etwas Neues vorbringen zu können. Beim § 55 spielt es ja eine gewisse Rolle, z.B. wenn es zweifelhaft ist, ob die dreijährige Trennungsfrist gewahrt ist. Früher war es so, dass die Frau in einem solchen Ehescheidungsprozess sagte: „Was heißt Scheidung von Tisch und Bett? – Der Mann schläft auf der Chaiselonge und isst an der Kommode!" In der letzten Zeit haben wir eine ganze Reihe von Fällen, wo zweifelhaft war, was „Trennung der häuslichen Gemeinschaft" ist. Die Leute haben in derselben Wohnung nach wie vor gewohnt und sich dann schließlich gelöst; bloß wegen der Zeit, wo es nun endgültig klar war, dass er nicht nur in die andere Stube, sondern in eine andere Wohnung übergesiedelt ist, haperte es mit der dreijährigen Trennungsfrist bis zum Schluss der zweiten Instanz. Da haben wir doch auch manche Fälle durchgepaukt, wo wir sagten: Das Einfachste ist eigentlich, um die Sache zu einem vernünftigen Ergebnis zu bringen, wir lassen eine Verfahrensrüge, die an sich nicht so sehr zugkräftig ist, durch, daran lassen wir die Geschichte stolpern und heben das Urteil auf, und bei den neuen Berufungsverhandlungen ist ja dann die dreijährige Frist in Ordnung, so dass es mit der Scheidung aus § 55 klappt. Da gibt es auch Fälle, wo die Anwälte sagen: An der Verfahrensrüge liegt mir natürlich nichts, mir liegt daran, das Urteil zu Fall zu bringen, um dann Gelegenheit zu haben, doch etwas Neues vorzubringen. Aber das ist eigentlich nicht der Zweck der Übung. Ich glaube also, diese Bestimmung ist eigentlich ganz praktisch.

Vorsitzender: Dann käme *§ t,* die Zurückverweisung. Das ist identisch mit § 565 der ZPO.

Jonas: Da kommt die eine grundsätzliche Sache in Frage. Im jetzigen Abs. 2 des § 565 heißt es: „Das Berufungsgericht hat die rechtliche Beurteilung, welche der Aufhebung zugrunde gelegt ist, auch seiner Entscheidung zugrunde zu legen." Jetzt wollte ich sagen: „Das Berufungsgericht hat die rechtliche Beurteilung, die das Revisionsgericht in seiner Entscheidung zum Ausdruck gebracht hat, seiner Entscheidung zugrunde zu legen", also nicht nur das, weswegen das Urteil aufgehoben worden ist, sondern alles, was das Reichsgericht dazu sagt. Beispiel: Wir müssen das Berufungsurteil wegen eines Verfahrensmangels aufheben und sagen: Die Beweisantritte sind übersehen, und im Übrigen ist zu der Auffassung des Berufungsgerichts Folgendes zu sagen: Du hast mit Recht die Zerrüttung angenommen, du hast mit Recht angenommen, dass der Mann schuld an der Zerrüttung ist und die Frau infolgedessen gegen die Scheidung einen Widerspruch hat; aber in der Frage der Beachtlichkeit des Widerspruchs hast du das Verhältnis von Regel und

Ausnahme übersehen. Dies ist ein Fall, wo man grundsätzlich zur Scheidung kommen muss, es sei denn, dass besondere Umstände für die gegenteilige Ansicht sprechen, dass das Oberlandesgericht auch an diese Auffassung des Reichsgerichts gebunden ist. An sich wollen doch die unteren Instanzen vom Reichsgericht etwas wissen, und wenn das Reichsgericht ihnen nun daraufhin etwas sagt, dann ist es zweckmäßig. Wir sind jetzt auch ein paar Mal dazu gekommen – Sie werden vielleicht ein solches Urteil an sich etwas Grausen erregend empfinden – zu sagen: die Revision ist unzulässig, im Übrigen ist aber das Urteil sachlich doch ganz richtig.

Pagenstecher: Das dürfte das Reichsgericht natürlich nicht machen. Das ist ein sehr schlechtes Beispiel für die Instanz.

Jonas: Aber es gibt Situationen, bei denen man es als peinlich empfindet, wenn es nicht gesagt wird.

Vorsitzender: Das würde aber auch hier noch nicht getroffen werden. – Aber ich bin auch dagegen.

Pagenstecher: Das ist die Frage, ob es hier getroffen wird.

Jonas: Das Berufungsgericht hatte der Wiedereinsetzung nicht stattgegeben, also die Berufung als unzulässig verworfen, aber dann gesagt: dagegen die Beschwerde, – im Übrigen wäre es, wenn eine Berufung erfolgt wäre, aussichtslos gewesen. Wir haben es mehr kaschiert, der gewöhnliche Leser wird wahrscheinlich gar nicht gemerkt haben, dass dieser Fehler von uns bewusst gemacht worden ist, er hat ihn vielleicht sogar für einen unbewussten Fehler gehalten. Aber jetzt kommt man immer mit diesen unglückseligen Bestimmungen ins Gehege, dass die Partei für das Verschulden des Anwalts haftbar gemacht wird. Ein Soldat in Norwegen wird darauf festgenagelt, was sein Anwaltvertreter hier in Deutschland macht. Das läuft ja doch nicht so, dass es noch *der* Anwalt ist, sondern es ist der Anwalt, der durch einen anderen Anwalt vertreten wird, der das Büro des ersten Anwalts abwickelt, und dieser zweite, abwickelnde Anwalt wird dann zufällig durch einen Assessor vertreten, weil der zweite Anwalt gerade eingezogen ist, und dieser Assessor lässt seine Arbeiten in der Kriegswirtschaftsstelle, wo er arbeitet, in Überstunden von der Behördenkanzlei mit erledigen. Bei solchen Situationen die Partei auf das festzunageln, was das arme Hascherl von Assessor verbockt hat, das ist doch unmöglich. – Wir können es aber nicht ändern. Statt einer Partei bloß zu sagen: du sitzt zwar in Norwegen usw., aber das ist nun mal so, ist mir dieser Verstoß gegen geheiligte prozessuale Grundsätze lieber; das nehme ich gern in Kauf, dass ich der Partei sage: Du musst dich damit abfinden, dir ist aber aus den und den Gründen gar kein Unrecht geschehen, denn wenn du mit der prozessualen Sache obsiegt hättest, würdest du sicher materiell hereingefallen sein.

Vorsitzender: So als Trostspruch würde es sich ja denken lassen.

Pagenstecher: Ich verfolge das jetzt seit 40 Jahren; das ist der ewige Kampf: Immer wieder werden Kommentare geschrieben, und immer wieder kommen Urteile mit der Eventualbegründung: die Klage ist abzuweisen, weil jedenfalls der Rechtsweg unzulässig war, aber auch das und das war zu beweisen.

Jonas: Am faulsten sind die Eventualbegründungen nach § 529: das und das wurde zu Unrecht zurückgewiesen; wenn es aber berücksichtigt worden wäre, würde es aus den und den materiellen Gründen falsch sein.

Pagenstecher: Aber hier kann es nicht in Betracht kommen, weil die Revision als unzulässig zurückgewiesen wird; da ist ja gar nichts mehr zu beachten.

Vorsitzender: Hier kann es doch nicht vorkommen.

Dann folgt der Abs. 3: „Das Revisionsgericht hat in der Sache selbst zu entscheiden, wenn“ usw. Da wird in Ziffer 2 bei den „Grenzen der deutschen Gerichtsbarkeit“ wohl wieder der Zusatz zu machen sein.

Pagenstecher: Ich möchte von meinem Standpunkt aus, dass es anders gefasst wird, nämlich entsprechend dem § 18 des Gerichtsverfassungsgesetzes: „Grenzen der deutschen Gerichtsbarkeit oder der zwischenstaatlichen Zuständigkeit". Das Wort „Grenzen" bezieht sich aber nicht auf die zwischenstaatliche Zuständigkeit; deshalb müsste man vielleicht sagen: „oder wegen Überschreitung der zwischenstaatlichen Zuständigkeit".

Jonas: Das Urteil wird aufgehoben, weil das Oberlandesgericht die Grenzen der Zuständigkeit im Verhältnis zum Ausland bejaht hat und nun die Sache zu verneinen ist. Das Revisionsgericht hat in der Sache selbst zu entscheiden. Im anderen Fall geht nun der Prozess erst los. Also ich glaube, man kann sagen: „wenn das Urteil wegen Überschreitung der Grenzen der deutschen Gerichtsbarkeit oder der Überschreitung der zwischenstaatlichen Zuständigkeit aufgehoben ist".

Staud: Oder besser umgekehrt: „wegen Überschreitung der zwischenstaatlichen Zuständigkeit oder der Grenzen der deutschen Gerichtsbarkeit".

Vorsitzender: Ja, das ist besser. (*Zustimmung.*)

Dann käme *§ u.* – Zu Abs. 1 ist wohl nichts weiter zu bemerken.

Pagenstecher: Das ist aber sehr bedeutungsvoll. Jetzt ist es doch so, dass an sich die Vorschriften der ersten Instanz und nur gewisse Vorschriften der Berufungsinstanz Anwendung finden.

Vorsitzender: Dann Abs. 2: „Versäumt eine Partei den Termin zur mündlichen Verhandlung, so ergeht das Urteil nach Lage der Akten."

Jonas: Das ist neu. Im Gegensatz zum österreichischen Prozess weisen wir, wenn der Revisionskläger nicht erscheint, die Revision zurück, und dann zahlt er bei seinem Anwalt den Gebührenvorschuss und dann legt der Rechtsanwalt Einspruch ein, und dann wird sachlich entschieden. Dieses Ergebnis ist eigentlich ziemlich dumm. Da scheint es mir vernünftiger zu sein: erscheint der Anwalt nicht, so ergeht das Urteil nach Lage der Akten, und es ist Schluss damit.

Pagenstecher: Es ist Schluss damit? Gibt es da nicht dieses Verfahren, das sonst gilt, wo er sich noch einmal entschuldigen kann usw.?

Jonas: Das ist nur bei Anberaumung des Verkündungstermins. Aber ich glaube, da hatten wir schon früher einmal „beschlossen", dass diese Bestimmung wegfallen sollte, weil das auf dem Papier steht. Davon wird nie Gebrauch gemacht.

Pagenstecher: Dann ist es jetzt in der Praxis so oder wird mindestens in der Zukunft so sein, dass, wenn nach Lage der Akten ein Urteil gefällt ist, das Urteil definitiv ist. Wenn z.B. die summa appellabilis nicht da ist, dann ist das definitiv? (*Ja!*) – Das ist aber außerordentlich bedenklich.

Jonas: Wir sind doch im Revisionsverfahren! Das Urteil nach Lage der Akten kann nur in einem besonderen Termin erlassen werden.

Pagenstecher: Aber der innere Grund ist doch der, dass der Mann sich entschuldigen kann. Wenn er glaubhaft macht, dass er ohne sein Verschulden nicht gekommen ist, dann geht der Prozess doch weiter. Das ist doch gerade der große Unterschied, wie man immer in den Vorlesungen sagt: Versäumnisverfahren ohne Rücksicht auf jedes Verschulden: der Mann ist ausgeblieben, deshalb der erleichterte Einspruch; Entscheidung nach Lage der Akten, da gibt es nur die gewöhnlichen Rechtsmittel, aber dafür kann der Mann sagen: ich habe keine Schuld gehabt; und dann wird er besser beurteilt. Dann könnte man eigentlich beinahe das ganze Versäumnisverfahren kassieren.

Jonas: Das Urteil nach Lage der Akten kann doch nur in den seltenen Fällen ergehen, wo die Sache reif ist.

Vorsitzender: Die typischen Fälle des Versäumnisurteils scheiden aus. Bei Versäumnisurteil im ersten Termin kann gar keine Entscheidung nach Lage der Akten ergehen.

Jonas: Es sind die besonderen Fälle nach der Beweisaufnahme!

Pagenstecher: Soll das später so gemacht werden? In der Sitzung, wo das besprochen worden ist, bin ich nicht gewesen.

Jonas: Es ist der Fall, wo die Beweisaufnahme stattgefunden hat, und in der Verhandlung über die Beweisaufnahme bleibt der Kläger weg. Nun besteht die Möglichkeit, entweder Versäumnisurteil zu erlassen oder nach Lage der Sache zu entscheiden. Das Versäumnisurteil war doch das Unerwünschte, weil da unter Umständen etwas als erwiesen angesehen werden muss, was durch die Beweisaufnahme schon im Gegenteil klargestellt ist. Bei der Entscheidung nach Lage der Akten wäre es doch misslich, wenn das Urteil immer erst in einem neuen Termin ergehen kann und die Partei sich dann noch immer wieder entschuldigen und die Geschichte verzögern kann. Das Gericht steht auf dem Standpunkt: Die Sache ist zur Entscheidung reif. Es ist eine Frage des Entschlusses.

Pagenstecher: Aber der Mann hat vielleicht noch eine sehr wichtige Tatsache vorzubringen, die er nicht rechtzeitig erfahren hat.

Stagel: Einmal muss schon Schluss sein. Ich bin auch überzeugt, dass es für die Zukunft unbedingt notwendig ist. Wir müssen vereinfachen.

Jonas: Es ist eine Bestimmung, die auf dem Papier steht.

Pagenstecher: Ist das in der Praxis nicht vorgekommen?

Jonas: Ich habe zu diesem Passus nicht eine einzige Entscheidung angeführt, dass sich Komplikationen mit dem Termin ergeben.

Pagenstecher: Damit wir nicht aneinander vorbeireden: Das ist für mich nicht das Entscheidende, dass das nun offiziell gemacht wird. Ich könnte mir eine Prozessordnung vorstellen, wonach zunächst einmal ein Urteil gefällt wird, weil in 999 von 1000 Fällen die Sache in Ordnung ist, und dass man nachher, wenn sich der Mann entschuldigt, wieder aufhebt. Das ist aber für mich nicht der springende Punkt, sondern prima facie kommt mir der Grundsatz etwas komisch vor, dass einer, der einmal ohne jedes Verschulden einen Termin versäumt, dadurch einen dauernden Nachteil erleiden kann, wenn auch das Gericht der subjektiven Auffassung ist: Der Prozess ist zur Endentscheidung reif. Stellen Sie sich vor, Sie sind Richter, und Sie sehen: das Gericht ist der Auffassung, der Prozess ist zur Endentscheidung reif, und dann sagt ein Anwalt: Ich bin anderer Auffassung, ich möchte dazu noch etwas sagen. Dann werden Sie ihm doch nicht das Wort abschneiden, sondern ihn hören. Nun ist er ohne sein Verschulden weggeblieben. Nehmen Sie den Fall – er wird in der Praxis Gott sei Dank kaum vorkommen –, der Mann ist auf dem Weg zum Termin unschuldig verhaftet worden, weil er verwechselt worden ist. Nun soll seine Partei dadurch einen dauernden Nachteil erleiden? Das will mir nicht in den Kopf.

Vorsitzender: Dafür war die Bestimmung mit dem Verkündungstermin eingeführt.

Stagel: Was ist denn, wenn einer bei Wiedereinsetzung zu spät kommt?!

Pagenstecher: Beim Reichsgericht würde ich es mir schon nicht so leicht denken können, obwohl natürlich auch ein Reichsgerichtsanwalt z.B. einmal das Bein unterwegs brechen kann.

Stagel: Was soll beim Reichsgericht schon passieren! Das kann ich mir nicht vorstellen!

Vorsitzender: Beim Reichsgericht kann er allerdings wohl nichts mehr vorbringen, was nicht schon in der Revisionsbegründung gebracht ist. Aber in der unteren Instanz würde ich Ihnen unbedingt recht geben.

Pagenstecher: Beim Reichsgericht würde ich mich damit befreunden können, aber bei der ersten Instanz nicht. – Und was den Abs. 1 anbetrifft, Herr Präsident Jonas, so stimme ich Ihnen im Vertrauen darauf zu, dass Sie ihn durchdacht haben. Ich habe das noch nicht durchdacht. Sie müssen doch irgendwelche Gründe gehabt haben, das zu ändern. Wir müssten darüber auch einmal die Motive nachlesen. Schon als Student ist mir aufgefallen, dass nicht etwa die Vorschriften der Berufungsinstanz, sondern die Vorschriften erster Instanz für entsprechend anwendbar erklärt werden. Das ist doch merkwürdig. Ich habe auch meine Studenten immer darauf aufmerksam gemacht. Aber die Begründung dafür habe ich nie gegeben, weil ich keine weiß.

Jonas: Ich weiß es im Augenblick auch nicht. Seit ich das niedergeschrieben habe, sind auch schon eine ganze Reihe von Wochen oder Monaten vergangen.

Vorsitzender: Viel Unterschiede können sich nicht ergeben. Neues Vorbringen scheidet sowieso aus.

Jonas: Ich glaube, wir brauchen uns im Augenblick nicht damit zu beschäftigen.

Vorsitzender: Wollen wir einmal die kleine Ungenauigkeit durchgehen lassen!

Nun käme *§ v, Sprungrevision.* Da plädieren Sie für Aufhebung.

Jonas: Ich habe das Gefühl, sie spielt doch eine so geringe Rolle, dass sie eigentlich entbehrlich ist.

Staud: Wie ist man eigentlich darauf ankommen?

Vorsitzender: Es ist an sich einleuchtend, dass, wenn die Leute sich über Tatsachen im Sachverhalt einig sind, sie sich eine zweite Tatsacheninstanz sparen können.

Jonas: Die Sprungrevision ist 1924 eingeführt worden.

Staud: Was steckte eigentlich dahinter?

Jonas: Es war das Bestreben nach Beschleunigung. Ich habe, glaube ich, in meinem Senat in den zwei Jahren zwei Sprungrevisionen erlebt, und es waren zufällig die Fragen bei blutmäßiger Abstammungsfeststellung: bedarf es da eines besonderen Interesses; es handelte sich um die Frage, ob dies eine Statusklage oder eine Klage aus § 256 war. Solche Fälle können ja einmal vorkommen.

Pagenstecher: Ich habe z.B. einmal ein Rechtsgutachten über einen Fall gemacht, wo in dem ganzen Prozess gar nichts unstreitig war. Der ganze Prozess war von der Entscheidung einer einzigen Rechtsfrage abhängig. Die Entscheidung des Oberlandesgerichts Frankfurt war das reinste Theater; es wurde irgendetwas hineingeschrieben. Auch die beiden Anwälte wussten, es wird ganz sicher Revision eingelegt, und das Reichsgericht mag das nachher entscheiden.

Vorsitzender: Theoretisch hat mir das immer eingeleuchtet: Sobald der Sachverhalt unstreitig ist, aber eine Rechtsfrage zu entscheiden ist, liegt man Revision ein.

Pagenstecher: Es kann aber Fälle geben, wo es eine große Erleichterung ist. Es geht doch auch nur, wenn beide Teile einverstanden sind.

Jonas: Wenn alles klappt wie bisher, dann könnte man sie getrost bestehen lassen. Aber die ganze Sache ist doch jetzt etwas anders aufgebaut. Ob das dann alles klappt, ist eben fraglich.

Pagenstecher: Das Landgericht könnte die Sprungrevision zulassen, aber die Parteien brauchten es nicht zu machen, das ginge ja auch.

Staud: Das Einzige, was für die Sprungrevision jetzt und in Zukunft sprechen könnte, wäre die Erwägung, dass, wenn das Berufungsverfahren ohne Novenrecht oder mit stark beschränktem Novenrecht durchgeführt wird, dann vielleicht das Interesse an der Sprungrevision größer ist als heute. Heute wird kein Anwalt so leicht eine Sprungrevision machen, weil er sagt: Man kann nie wissen, eine Tatsacheninstanz, die man noch zur Verfügung hat, soll man nicht wegwerfen. Wenn allerdings diese zweite Tatsacheninstanz, was das Tatsächliche angeht, in dem Maße verkümmert wird, wie es dieser Ausschuss mit Stimmengleichheit beschlossen hat, dann kann ich mir vorstellen, dass mancher Anwalt darauf verzichten wird. Ich habe immer meine Bedenken in puncto Wahrheitspflicht, und was alles heute darauf abgestellt ist, gehabt. Es kommt darauf an, dass die Wahrheit festgestellt und das wahre Recht gefunden wird. Da kommt einem manchmal die Beseitigung des Novenrechts wie ein innerer Widerspruch vor. Ich sage nur: Wenn wir das Novenrecht in der Berufung beschränken, dann könnte ich mir denken, dass ein Anwalt sich eher zur Sprungrevision entschließen könnte. Aber ich meine trotz alledem: Man sollte, wenn das Institut bis jetzt praktisch nur eine so untergeordnete Rolle gespielt hat, es wirklich fallen lassen.

Stagel: Ich kenne eine arbeitsgerichtliche Entscheidung, in der erwähnt war, dass die Sprungrevision eingelegt werden könne.

Jonas: In dem Verfahren vor dem Reichsarbeitsgericht gibt es sogar die Bestimmung, dass die Sprungrevision vom Reichsarbeitsminister zugelassen werden kann. Von dieser Bestimmung ist nur einmal Gebrauch gemacht worden, und zwar in der ersten Zeit. Solche Dinge sind kompliziert und leben sich erfahrungsgemäß nicht ein. Darüber bin ich eigentlich sehr traurig. So ist auch die Vorschrift des § 627 b ZPO, die einstweilige Verfügung für den Unterhalt nach der Ehescheidung absolut tot; es wird von ihr fast gar nicht Gebrauch gemacht.

Vorsitzender: Die Beibehaltung der Sprungrevision ist natürlich eine Frage. Theoretisch gefällt sie mir gut.

Pagenstecher: Das LG kann sagen: Ich lasse die Sprungrevision zu.

Jonas: Hier ist ein gewisser Haken: Das LG sagt: ich halte die Sache für so schwierig und wichtig, dass das RG sie entscheiden soll. Das OLG erklärt: ich weiß die Geschichte besser; der Fall ist bei mir eine ausgetragene Sache; ich lasse die Sprungrevision nicht zu, denn hier handelt es sich bei uns um eine herrschende Rechtsprechung. Das ist so eine Sache. Das LG hält die Sache für grundsätzlich richtig und lässt die Sprungrevision zu. Das OLG erklärt die Sache für nicht grundsätzlich bedeutungsvoll; den gleichen Fall habe es schon wiederholt entschieden. Solche Fälle werden dann geschickt von irgendeiner Stelle aufgegriffen.

Staud: Hier muss man sagen: Das OLG muss die Sprungrevision zulassen, wenn das LG sie zugelassen hat.

Vorsitzender: Wenn man die Sprungrevision beschränkt auf Nr. 2, so wird das wieder kompliziert. Ich habe keine großen Bedenken, sie zu streichen.

Staud: Mir kommt sie überflüssig vor. Das ganze Institut der Sprungrevision ist in den sechzehn Jahren sehr wenig praktisch geworden. Gewiss, es werden immer mal wieder Fälle vorkommen, aber sie sind selten. Es könnte sein, dass die Berufung kaputtgemacht wird dadurch, dass alle Parteien sagen: Von so einer Berufung machen wir keinen Gebrauch, sie nützt uns nichts; wir legen nur noch Sprungrevision ein; denn eine Berufung, in der keine neuen Tatsachen vorgebracht werden sollen, interessiert uns nicht mehr. – Wahrscheinlich werden wir aber auf eine Fassung kommen, von der man nicht sagen kann, dass sie ein absolutes Verbot der Noven enthalten wird. Man kann das Prinzip konzedieren: Kein Novenrecht in der Berufungsinstanz, aber es müssen immer noch Hintertüren offenbleiben. Denn auch dann sind doch wohl solche Tatsachen zu berücksichtigen, die keines Beweises bedürfen und auch in der Berufungsinstanz berücksichtigt werden müssen.

Vorsitzender: Die überwiegende Meinung der Herren geht offenbar dahin, die Sprungrevision zu beseitigen.

Jonas: Praktische Erfahrungen über die Sprungrevision liegen nicht vor, weil sie eben kaum vorgekommen ist. Die Sprungrevision war seinerzeit bei der Zivilprozessreform, bei den Entwürfen, die unter Radbruch aufgestellt wurden, ein Steckenpferd und Lieblingsgedanke Radbruchs.

Pagenstecher: Ich könnte mir denken, dass auch Mendelssohn dafür war, der auch in der Kommission saß.

Jonas: Wir mussten die Novelle von 1924 kolossal schnell machen, weil wir die Ermächtigung nur bis zum 4. Februar hatten.

Vorsitzender: Damit haben wir die Revision nach dem Entwurf Jonas beendigt. Es hat sich gezeigt, dass die Beratungen sehr rasch vonstatten gehen, wenn jemand sich der Mühe unterzieht, einen Vorentwurf aufzustellen. Ich möchte noch einmal Herrn Jonas unseren Dank aussprechen dafür, dass er uns in seinem Entwurf eine feste Unterlage für unsere Beratungen gegeben hat.

Staud: Wie viel schneller hätten wir die Beratung erledigen können, wenn wir einen entsprechenden Entwurf als Grundlage gehabt hätten.

Vorsitzender: Das hing nun allerdings an dem Verbot des *Novenrechts.* Wenn die Herren einverstanden sind, können wir dieses schwierige Kapitel noch einmal in Angriff nehmen.

Jonas: Ich habe hierzu folgenden Entwurf ausgearbeitet, den ich zur Verfügung stelle:

§ a. (1) Neu vorgebrachte Tatsachen, Beweismittel und Beweiseinreden, zu deren Geltendmachung in erster Instanz Veranlassung bestanden hätte, sind nur zu berücksichtigen, wenn die Partei ihr Unterlassen durch glaubhafte Aufklärung entschuldigt. Diese Beschränkung gilt nicht für Tatsachen, die eines Beweises nicht bedürfen.

(2) Vor der Zulassung oder Ausschließung des neuen Vorbringens hat das Gericht den Parteien Gelegenheit zur Stellungnahme zu geben.

(3) Sofern nicht aufgrund der Verhandlung alsbald die Entscheidung ergeht, hat sich das Gericht über die Ausschließung oder Zulassung des neuen Vorbringens durch besonderen Beschluss auszusprechen.

(4) Die Zulassung neuen Vorbringens kann nicht mit der Revision gerügt werden.

§ b. (1) Erklärungen, die im ersten Rechtszuge abgegebenen Erklärungen widersprechen (nachträgliche Bestreitungen, Widerruf von Geständnissen, nachträgliche Bereitschaft zur Aussage oder Eidesleistung u.ä.), sind nur zuzulassen, wenn die Partei ihr Verhalten durch glaubhafte Aufklärung entschuldigt. Das Gleiche gilt von der Nachholung im ersten Rechtszuge unterlassener oder verweigerter Erklärungen über Tatsachen, Urkunden und Anträge auf Parteivernehmung. Die Vorschriften des § a Abs. 2 bis 4 gelten entsprechend.

§ c. (1) Die Berufung kann nicht darauf gestützt werden, dass das Gericht seine örtliche Zuständigkeit zu Unrecht angenommen habe, sofern es sich nicht um die zwischenstaatliche Zuständigkeit handelt.

(2) Die Berufung gegen ein landgerichtliches Urteil kann nicht darauf gestützt werden, dass das Gericht erster Instanz seine sachliche Zuständigkeit zu Unrecht angenommen habe.

(3) Neu vorgebrachte Einwendungen, die solche Prozessvoraussetzungen betreffen, auf deren Beachtung die Parteien wirksam verzichten können, sind nur zu berücksichtigen, wenn die Partei das Unterlassen früheren Vorbringens durch glaubhafte Aufklärung entschuldigt.

Vorsitzender: Wir wollen diesen Entwurf nun im Einzelnen durchsprechen. Zunächst *§ a Abs. 1.*

Pagenstecher: Besteht auch nur eine ganz schwache Aussicht dafür, dass man damit bei MinDir. Volkmar durchdringt?

Staud: Durchaus. Volkmar liegt sehr viel am Prinzip. In der Sache selbst aber lässt er durchaus mit sich reden. Nach meiner Kenntnis der Dinge ist für ihn der springende Punkt der, dass die Zulassung neuen Vorbringens einen positiven Akt des Gerichts erfordert. Das ist hier vorgesehen.

Jonas: Ich habe mich loyal bemüht, das wiederzugeben, was nach meiner Kenntnis der Dinge MinDir. Volkmar mitmachen würde. Ich habe in der letzten Zeit wiederholt umfängliche Prozessakten daraufhin durchgesehen, ob man mit einer solchen Bestimmung eigentlich durchkommen kann. Hier muss ich allerdings ein großes Fragezeichen dahinter machen. Das Gericht muss sich auf Schritt und Tritt darüber schlüssig werden: Ist das nun etwas Neues oder etwas Altes? Meiner Meinung nach wird damit sehr viel Kraft vertan. Die Zulassung oder Ausschließung soll durch besonderen Beschluss erfolgen. Aber wie soll die Zulassung im Einzelnen kenntlich gemacht werden? Soll Beschluss ergehen: Das Vorbringen in dem Schriftsatz von Seite … bis Seite … wird zugelassen, von Seite … bis Seite … wird beanstandet? Es gibt nun einmal große und kleine Prozesse. In kleinen Prozessen spielt das alles keine Rolle; wohl aber in großen, und große Prozesse werden auch später vorkommen.

Staud: Ich habe das Gefühl, dass das alles praktisch immer nur dann exerziert wird, wenn die Gegenpartei sich gegen das Vorbringen wehrt. Ganz grober Fall: In der Berufungsinstanz kommt eine Partei plötzlich mit einem Erlassvertrag, einem Verzicht oder mit einer Aufrechnung. Hier merkt das Gericht ohne weiteres: Das ist neues Vorbringen. Auch der Gegner wehrt sich sofort.

Jonas: Auch das möchte ich mit einem Fragezeichen versehen. Die Parteien werden in der Regel nicht das Gericht darauf stoßen. Bei dem größeren Prozess wirkt sich der Richterwechsel stark aus. Namentlich in den Großstädten wechselt die Besetzung der Kammern und Senate der OLG kolossal. Nun nehmen wir an, ein Prozess ist schon verhältnismäßig weit gediehen. Eine umfängliche Berufungsbegründung liegt vor. Beide Seiten haben noch einmal Schriftsätze gewechselt. Nun muss der Richter sich erst hinsetzen und ausknobeln, was in der Berufungsinstanz neu vorgetragen ist. Überdies spielt sich das Gros der Fälle vor dem AG und LG ab.

Staud: Praktisch wird es sehr schwer sein, festzustellen, was vor dem AG vorgebracht wurde. Hier werden keine Tatbestände mehr gemacht, sondern es wird auf die Akten Bezug genommen, in denen nichts steht.

Jonas: Das Neueste auf diesem Gebiete ist, dass ein Zivilrichter die Urteile genauso macht wie der Schöffenrichter.

Pagenstecher: Mir hat an Ihrer Formulierung gut gefallen, dass Sie hereingeschrieben haben „... zu deren Geltendmachung in erster Instanz Veranlassung bestanden hätte“. Nun wird freilich großer Streit darüber entstehen, ob Veranlassung bestand, eine Tatsache usw. schon in erster Instanz geltend zu machen oder nicht.

Jonas: Ich möchte es darauf abstellen: Was hätte ein bonus pater familias in der ersten Instanz getan? Dann stelle ich darauf ab, ob er subjektiv sein Unterlassen durch eine glaubhafte Erklärung entschuldigt. Der Ausdruck „entschuldigen“ will besagen: Ich habe die Sache zwar verbockt, aber ich habe mir dabei nicht viel gedacht. Das ist unter Umständen eine Entschuldigung, um die man nicht herumkommt und die man mit Rücksicht auf die besonderen Umstände verzeiht.

Pagenstecher: Glauben Sie nicht, dass die Sache in der Praxis sich so abspielen wird: Zunächst wird alles berücksichtigt, bis einer den Hasen aufjagt und erklärt: Dieses Vorbringen ist neu.

Staud: Woran merkt man in Österreich in dem Verhältnis zwischen AG- und LG-Prozess, ob ein Vorbringen wirklich neu ist? Nimmt der Richter eine Gesamtvergleichung des Prozessstoffs vor? Mir schwebt vor, die Sache wird nur bei massivem neuem Vorbringen ernst. Der Zweck der Vorschrift ist nicht so sehr, die Berufungsinstanz von neuem Vorbringen zu entlasten, sondern die Parteien dazu zu erziehen, schon in erster Instanz alles auszupacken.

Stagel: Man darf bei der Frage, ob ein Vorbringen neu ist oder nicht, nicht alles auf die Goldwaage legen. Vielmehr kommt es darauf an, ob der Prozess in der zweiten Instanz durch die neue Tatsache auf eine vollkommen neue Grundlage gestellt wird.

Jonas: Wir legen es aber auf die Goldwaage, wenn wir eine Bestimmung aufheben, dass das Gericht sich in einem besonderen Beschluss dazu zu äußern hat.

Staud: Das Vorbringen ist auch da, wenn es zu dem Beschluss nicht kommt.

Jonas: So ganz ehrlich ist die Bestimmung auch nicht.

Staud: Das ist unser aller Auffassung: Ein Novenrecht ist undurchführbar in einem Prozess, der sich das Ziel der Abstreifung des Formalismus und der materiellen Wahrheit gesetzt hat. Vielleicht urteilt man darüber ähnlich wie Goethe, der gesagt hat: Es komme nicht so sehr darauf an, dass der Besitz rechtmäßig ist, sondern dass der Besitz gesichert ist. Volkmar hat den Fall ausdrücklich gebilligt, dass wir sagten: In der ersten Instanz lässt der Richter eine bestimmte Rechtsauffassung von der Sache durchblicken, die er auch dem Urteil zugrunde legen wird. Danach hat sich nun das ganze Vorbringen beider Parteien gerichtet. Das Berufungsgericht billigt nun diese Rechtauffassung nicht, und das führt dazu, dass die Parteien sagen: Wenn die Sache nach diesem neuen rechtlichen Gesichtspunkt beurteilt wird, dann müssen neue Tatsachen vorgebracht werden.

Ich gehe nun einen Schritt weiter und sage: Wenn nach diesem rechtlichen Gesichtspunkt der Richter das Klagrecht nicht berücksichtigt hat, dann brauchen die Parteien auch nicht klüger zu sein als der Richter, so dass neues Vorbringen berücksichtigt wird, weil es durch neue rechtliche Gesichtspunkte bedingt ist.

Jonas: Das liegt in dem Wort „Veranlassung".

Vorsitzender: Wir können uns noch überlegen, was für besondere Fragen bei der Berufung wir noch zu erörtern haben. Da wäre zunächst noch die Berufungsbegründung.

Staud: Da sind wir ziemlich klar. Die Anforderungen an die schriftsätzlichen Vorbereitungen müssen genügen und eine besondere Begründungsfrist entbehrlich machen. Das ist umso eher tragbar, als neue Tatsachen in der Berufungsbegründung gar nicht mehr in Frage kommen. Wenn sie aber gebracht werden, müssen sie auch dann zugelassen werden, wenn sie erst später gemacht werden. Berufungseinlegung und Berufungsbegründung müssen uno actu erfolgen, jedenfalls aber innerhalb der Berufungsfrist. Der Berufungskläger muss einen Antrag stellen und diesen muss er auch begründen. Wir brauchen keine besondere Begründungsfrist mehr, wir brauchen auch weiß Gott die formularmäßige Begründung nicht wieder in Kauf zu nehmen. Eine Begründung formularmäßig so zu fassen, dass sie nach der heutigen Rechtsprechung genügt, ist kein Kunststück.

Jonas: Der Richter sieht diese Sache mehr unter dem erzieherischen Gesichtspunkt. Er steht vor der peinlichen Situation: Soll die Partei deswegen hereinfallen, weil ihr Anwalt etwas verbockt hat? Deshalb bemühe ich mich als Richter nach Möglichkeit, um formelle Klippen herumzukommen. Die ganze Judikatur zu der Frage, was eine ordnungsgemäße Begründung ist oder nicht, wird mehr und mehr sinnlos.

Staud: Man soll mit diesem ganzen praktisch wertlosen Gezänk darüber, ob etwas noch ausreichend begründet ist oder nicht, ob eine Begründung noch ausreicht oder nicht, Schluss machen und die formularmäßige Begründung in Kauf nehmen. Der Berufungskläger läuft dabei ein gewisses Risiko. Ein gewissenhafter Anwalt wird, wenn ihm auch keine detaillierten Formvorschriften vorgeschrieben sind, den Berufungsschriftsatz genau so sorgfältig begründen wie die Klage in der ersten Instanz. Jeder Anwalt weiß, dass er schon rein stimmungsmäßig ein gewisses prae hat, wenn er seine Sache ordentlich vorbereitet hat.

Jonas: Daraus wäre die Konsequenz zu ziehen: Eine Verwerfung der Berufung wegen Fehlen der Begründung gibt es nicht mehr.

Staud: Die Verwerfung würde stattfinden wegen nicht fristgemäßer Einlegung. Nun ist die Frage: Will man die Verwerfung auch stattfinden lassen, wenn die Berufungsschrift wesentliche Mängel hat, sei es, dass ein Antrag oder eine Begründung fehlt.

Jonas: Es kommt noch die Bestimmung, die im österreichischen Verfahren sich sehr gut bewährt: Bei allen Fristen kann, wenn die Prozesshandlung mangelhaft ist, die Verbesserung gestattet werden.

Stagel: §§ 83, 84 der österreichischen ZPO.

Staud: Mir würden die Erfordernisse der Berufungsschrift genügen: Einreichung durch einen Anwalt innerhalb der Frist. Ich würde beim Berufungsantrag und bei der Berufungsbegründung auf die Verwerfung wegen Nichterfüllung der einschlägigen Bedingungen verzichten und einfach sagen: Das gehört zur ordnungsgemäßen schriftsatzgemäßen Vorbereitung. Ich würde auch keine Nachfrist setzen. Hier würde für mich die allgemeine Fristverfügung in der Vorbereitung der ersten Instanz genügen, wo die Partei angehalten werden kann, ihr Vorbringen entsprechend zu ergänzen. Kommt sie dem nicht nach, so setzt sie sich der Gefahr aus, dass zurückgewiesen wird. Die Fälle, wo einer gar nichts tut, dürften so außerordentlich selten sein, dass man auf den ganzen Apparat mit der Verwerfung wegen Mangels der Berufungsschrift verzichten kann.

Jonas: Hier ist die Frage, ob man § 84 der österreichischen ZPO übernehmen soll.

Stagel: Bei uns in Österreich hat sich diese Bestimmung segensreich ausgewirkt.

Staud: In Österreich kann jemand auch privatim die Berufung einlegen.

Stagel: Nein, die Berufung muss vom Rechtsanwalt unterschrieben sein. Zur Verbesserung bekommt der Mann nicht etwa wieder 14 Tage Berufungsfrist, sondern vielleicht drei Tage. Diese Fristen werden ganz kurz bemessen. Eine Woche ist schon sehr lang.

Jonas: Wir helfen uns in solchen Fällen einer verunglückten Berufungseinlegung damit, dass wir sie als Armenrechtsgesuch auslegen. Eine Partei schreibt: Ich bin mit meiner Ehescheidung nicht zufrieden, ich will bei meiner Ollen bleiben, das Urteil kann ich nicht annehmen. Solche Gesuche fassen wir ohne weiteres als Armenrechtsgesuch auf. Ich halte die österreichische Bestimmung für einleuchtend; sie ist mir sympathisch, aber ich kann es nicht mit Beispielen belegen, dass das Fehlen einer solchen Bestimmung sich bei uns im Reich als misslich herausgestellt hat. Künftig werden wir in einem solchen Fall nicht sagen: Du musst dein Gesuch nachbessern und durch einen Rechtsanwalt beim RG Berufung einlegen. Sondern wir fassen das Gesuch als Armenrechtsgesuch auf, denn mit dem Nachbesserungshinweis würde die Partei nicht zu ihrem Recht kommen. Dann müsste man schon wieder sagen: Die Frist ist geheilt und gewahrt, wenn innerhalb der Nachholfrist das Armenrecht nachgesucht wird. Dass falsche Rechtsmittel eingelegt werden, kommt eigentlich nur dann vor, wenn ein OLG-Anwalt, dessen Berufung vom OLG als unzulässig verworfen wurde, Beschwerde beim RG einlegt, was er nicht kann. Er kann nur Beschwerde beim OLG einlegen. Wenn er Beschwerde beim RG einlegt, dann muss das ein RG-Anwalt machen. Aber das ist eine Komplikation, die sich aus dieser ganz törichten und unpraktischen Regelung ergibt, die für die Beschwerdeeinlegung vorgesehen ist.

Stagel: In Österreich wird von § 84 viel Gebrauch gemacht.

Pagenstecher: Haben sich in Österreich Missbräuche gezeigt?

Stagel: Nein. Bei den Rechtsmitteln kommt das selten vor. Meistens ist eine Klage nicht formgerecht eingebracht. Im Übrigen gibt es eine Rechtsmittelbelehrung.

Staud: Es ist eine Frage für sich, ob künftig bei allen Entscheidungen eine Rechtsmittelbelehrung formularmäßig vorgesehen wird.

Jonas: Das wird künftig unter Umständen schwierig. Im arbeitsgerichtlichen Verfahren ist das Problem dadurch gelöst, dass das Formular eine Rechtsmittelbelehrung enthält.

Staud: Es genügt, zu sagen: Dieses Urteil ist berufungsfähig.

Pagenstecher: Man könnte auch an eine allgemeine Belehrung denken, etwa: „Wenn Sie die Absicht haben, sich gegen das Urteil zu wenden, dann wenden Sie sich schleunigst an einen Anwalt."

Ich möchte noch folgenden Fall zur Debatte stellen: Der Kläger klagt beim Amtsgericht München. Das Amtsgericht erklärt, es sei nicht zuständig. Dann kann der Kläger sagen: Bitte weisen Sie mich an das zuständige Gericht. Ich nehme hierbei an, der Kläger hat sich in einem Rechtsirrtum befunden. Er hat gemeint, Breslau wäre zuständig. Nun kommt es zur Verhandlung, und es wird die Frage der Zuständigkeit erörtert. Kurz und gut, der Kläger ist jetzt der Auffassung, dass das LG München örtlich und sachlich zuständig ist. Er beantragt demgemäß, den Rechtsstreit an das LG München zu verweisen. Der Beklagte widerspricht. Das AG erlässt Beschluss: Die Sache wird an das LG München verwiesen. Dann ist Schluss. Die Verweisung nach § 276 an das LG München ist vollkommen unanfechtbar. Hätte der Kläger aber gleich beim LG München geklagt, dann hätte der Beklagte Berufung und Revision einlegen können. Das ist ein Widerspruch.

Vorsitzender: Wir kehren nun zum Novenrecht zurück. – Ich halte die Fassung des § a Abs. 3 für gut.

Pagenstecher: Ich versuche, mir klarzumachen, wie das praktisch gehen soll. In jedem Berufungsprozess kann nicht irgendein Beschluss ergehen, sondern praktisch wird die Sache so verlaufen: Es werden ganz friedlich Schriftsätze gewechselt, der Fall wird verhandelt. Praktisch wird die

Sache nur, wenn ein neues Vorbringen ganz eklatant ist. Es wird selten vorkommen, dass das Gericht sagt, es habe nicht die Absicht, das Vorbringen zuzulassen. Wohl aber wird es vorkommen, dass eine Prozesspartei sich gegen das neue Vorbringen wehrt.

Jonas: Volkmar würde auch sagen: Ich habe nicht vor, das zuzulassen, ich gedenke dieses Vorbringen nicht zuzulassen. Dann ist also anzunehmen, dass der Richter das neue Vorbringen durch Beschluss ausschließen wird. Würde man nun in der Formulierung sagen: vor der Ausschließung des neuen Vorbringens hat das Gericht den Parteien Gelegenheit zur Stellungnahme zu geben, so würde daraus geschlossen werden, die Regel ist die Zulassung.

Staud: Volkmar würde die Voraussetzung „wenn die Partei ihr Unterlassen durch glaubhafte Erklärung entschuldigt" schärfer fassen. Der Begriff der Veranlassung ist der Puffer. Wenn man sagt: du hättest Veranlassung gehabt, die neue Tatsache schon in erster Instanz geltend zu machen, du bist sogar danach gefragt worden, dann muss man in der Entschuldigung streng sein.

Jonas: Gewiss, ein vernünftiger Mann würde das neue Vorbringen schon in erster Instanz geltend gemacht haben. Nun ist aber die Partei ausgesprochen dumm. Als Richter komme ich bei der Beurteilung des Falles zu dem Ergebnis: auch als Dussel hätte die Partei die neue Tatsache eigentlich schon in erster Instanz vorbringen müssen, aber der Anwalt erklärt, die Partei sei furchtbar ungewandt, sie habe die Tragweite nicht übersehen, ihr Verhalten sei kaum zu entschuldigen, aber es steht vieles auf dem Spiel.

Pagenstecher: Ich habe immer die Empfindung, die Parteien bringen sehr ausführlich vor, was nicht zur Sache gehört. Aber was zur Sache gehört, das muss man mühsam aus ihnen herausquetschen. Darum handelt es sich. Die Partei kann ihrem Anwalt mit einem kolossalen Redeschwall gekommen sein und ihm alles Mögliche und Unmögliche gesagt haben, aber etwas Wichtiges zu sagen unterlassen haben.

Vorsitzender: Oder: Der Richter hat die Partei auf das neue Vorbringen aufmerksam gemacht, aber die Partei hat nicht kapiert.

Jonas: Das Ergebnis kann sein: Ich komme als Richter nicht darum herum, dass die Partei objektiv schuldhaft gehandelt hat. Sie hat nicht den notwendigen Eifer gezeigt. Aber über das, was notwendiger Eifer ist, sind wir verschiedener Ansicht. Die Partei ist nicht zum Anwalt gegangen, weil sie an dem Tage eine Reise machen musste, um einer Hochzeit beizuwohnen. Der Richter steht auf dem Standpunkt: Die Prozessführung ist wichtiger, als zu einer Hochzeit zu reisen; die Entschuldigung ist durchaus plausibel, bloß erkenne ich sie nicht an. – Fordert man aber, dass die Partei ihr Unterlassen durch glaubhafte Aufklärung entschuldigt, so kommt man an solche Grenzfälle eher heran, und der Richter ist nicht gezwungen, die Unwahrheit zu sagen: Dies ist kein Verschulden. Es *ist* ein Verschulden, aber es wird durch glaubhafte Aufklärung entschuldigt.

Pagenstecher: Könnte man nicht einfach sagen: „entschuldbar"?

Jonas: Der Richter würde zugespitzt sagen: Es ist ein Verschulden, ich verzeihe es dir. Entschuldbar ist nicht fahrlässig. Der Richter muss dazu kommen, ein Verschulden zu verneinen. Das ist an sich etwas Unwahres. Sagt man aber, dass die Partei sich entschuldigen muss, dann kann der Richter den Fall eher noch wohlwollend berücksichtigen und sagen: Eigentlich ist es ein Verschulden, aber die Partei hat mir auseinandergesetzt, dass sie unbedacht gehandelt hat.

Pagenstecher: Mein Sprachgefühl reagiert hier anders. Ich finde nicht, dass es eine contradictio in adjecto ist, wenn ich von entschuldbarer Fahrlässigkeit spreche. Ich dachte, es würde den Intentionen Volkmars mehr entsprechen, wenn man sagt „entschuldbar", als wenn man sagt „glaubhaft zu entschuldigen". An sich meinen wir genau dasselbe.

Jonas: Wenn man diesen Weg überhaupt beschreitet, dann möchte ich die Fassung so wählen, dass man den Richter nicht auf Hinterwege drängt und ihn zwingt, etwas als Verschulden zu verneinen, was er mit gutem Gewissen eigentlich nicht verneinen kann. Er soll handeln können wie gegenüber einem ausgebliebenen Zeugen: Zunächst wird die Ordnungsstrafe gegen ihn verhängt; dann kommt der Zeuge und erklärt, er habe die Ladung vergessen, und schließlich wird die Ordnungsstrafe wieder aufgehoben.

Pagenstecher: Sie verstehen unter „entschuldigt" „triftig entschuldigt".

Jonas: Die Partei muss für ihr Verhalten eine Aufklärung geben, die dem Richter genügt.

Vorsitzender: Vielleicht genügt es, wenn man einfach sagt: „genügend entschuldigt".

Jonas: Das wäre wieder eine Abschwächung.

Staud: Entweder sagt man „wenn die Partei ihr Unterlassen durch eine glaubhafte Aufklärung entschuldigt", oder man sagt umgekehrt: „wenn die Partei glaubhaft macht, dass ihr Unterlassen nicht auf Verschulden beruht". Volkmar würde für die letztere Fassung sein.

Jonas: Hiergegen würde ich erhebliche Bedenken haben.

Stagel: Ich würde mich damit zufrieden geben. Mir kommt es nur darauf an, die Pflicht der Partei, alles, was notwendig ist, im ersten Rechtszug vorzubringen, so deutlich wie möglich auszusprechen. Im ersten Rechtszug hat das Hauptgewicht der Prozessführung zu liegen. Das ist ja auch der Grund, warum man die Noven nicht unbeschränkt zulassen darf.

Vorsitzender: „genügend entschuldigt" halte ich nicht für eine Abschwächung, sondern für eine Verschärfung. Auf die „glaubhafte Aufklärung" kann man dann verzichten.

Staud: Nach Abs. 1 S. 2 gilt diese Beschränkung nicht für Tatsachen, die eines Beweises nicht bedürfen. Diese muss also das Gericht zulassen. Das kann manchmal misslich sein. Ich hielte es für richtiger, zu sagen: „Das Gericht kann von dieser Beschränkung absehen, wenn es sich um Tatsachen handelt, die eines Beweises nicht bedürfen". Man darf vielleicht nicht so weit gehen, zu sagen: Das Gericht muss neues Vorbringen berücksichtigen, wenn es unstreitig ist.

Jonas: Wollte man zur Opposition geradezu reizen, so könnte man sagen: Sogar unstreitige Tatsachen braucht das Gericht nicht zu berücksichtigen; es kann so weit gehen, dass es sich bewusst von der Wahrheit entfernt, den streitigen Tatbestand, dass eine Quittung vorgelegt ist, als unstreitig annimmt und damit den Prozess erledigen.

Vorsitzender: Die Tatsache der Aufrechnung bedarf vielleicht keines Beweises, weil sie unbestritten ist. Etwas anderes ist es, ob die Aufrechnungsforderung bestritten ist.

Staud: Wenn die unstreitige Tatsache der Entstehung der Aufrechnungsforderung in der Berufungsinstanz zugelassen ist, dann sind auch zuzulassen die vom Gegner vorgebrachten Einwendungen dagegen.

Pagenstecher: Unstreitig ist eine Aufrechnung nur, wenn der andere sagt: Ja, du kannst aufrechnen.

Vorsitzender: So ist es nicht gemeint. An sich ist dieses Beispiel sehr instruktiv. Nehmen Sie an, die Quittung ist im Irrtum abgegeben; sie ist weggefallen; der Prozess wird verzögert und es besteht die Möglichkeit, auch liquide Einreden abzuschneiden.

Staud: Wir wollen den Berufungsrichter nicht in die Zwangslage bringen, zu sagen: Den Prozess so zu entscheiden, wie es richtig ist, ist mir verboten, weil ich Neues nicht berücksichtigen darf.

Jonas: Es kann sich um einen Fall handeln, wo keine Veranlassung bestand, eine Tatsache in der ersten Instanz vorzubringen. Wir setzen diese Bestimmung doch hin, um einen Einwand auszuräumen, der uns gemacht werden kann. Der Fall, dass verspätet unstreitige Tatsachen vorgebracht werden, ist immerhin der fernerliegende.

Pagenstecher: Er könnte bei der Aufrechnung eintreten. Die Partei hat diese Tatsache zurückgehalten im Glauben, sie komme so durch. Nun wird die Prozesslage aber brenzlig, und er bringt die Tatsache vor.

Vorsitzender: Gemeint sind hier doch wohl Tatsachen, aufgrund deren der Richter gleich entscheiden kann.

Staud: Eine neue Tatsache ist nicht das Vorbringen im Prozess, sondern das Behaupten einer Forderung, der eventualiter durch Aufrechnung begegnet werden kann.

Pagenstecher: In Abs. 4 heißt es: „Die Zulassung neuen Vorbringens kann nicht mit der Revision gerügt werden". Ich bin damit einverstanden. Aber das betrifft doch wohl Fälle, wo die Leute sich gar nicht den Kopf darüber zerbrochen haben.

Vielleicht könnte man besser sagen: „Die Zulassung neuen Vorbringens ist unanfechtbar".

Vorsitzender: So könnte man Abs. 4 fassen. – Im Übrigen entspricht die Fassung des § a unseren Beschlüssen.

Wir unterbrechen nunmehr die Sitzung.

(Schluss der Sitzung 18.45 Uhr)

2. Protokoll der Sitzung vom 13.12.1940 (Novenrecht. Berufung)

(Beginn der Sitzung 10 Uhr)

Vorsitzender [Lent]: Wir wenden uns jetzt wieder zu dem Entwurf von Herrn Präsidenten Jonas zum Novenrecht. § a hatten wir erledigt.

§ b lautet: „Erklärungen, die im ersten Rechtszuge abgegebenen Erklärungen widersprechen (nachträgliche Bestreitungen, Widerruf von Geständnissen, nachträgliche Bereitschaft zur Aussage oder Eidesleistung u.ä.), sind nur zuzulassen, wenn die Partei ihr Verhalten durch glaubhafte Aufklärung entschuldigt." (*Jonas:* Ich würde sagen: Ausdrücklich entschuldigt.) „Das Gleiche gilt von der Nachholung im ersten Rechtszuge unterlassener oder verweigerter Erklärungen über Tatsachen, Urkunden und Anträge auf Parteivernehmung. Die Vorschriften des § a Abs. 2 bis 4 gelten entsprechend."

Staud: Es ist genau dasselbe wie in § a für die hier aufgeführten Erklärungen.

Pagenstecher: Nur eine Kleinigkeit. Im zweiten Satz ist von verweigerten Erklärungen die Rede, im ersten Satz von nachträglichen Bestreitungen. Wenn ich nachträglich bestreite, hebe ich damit doch die verweigerte Erklärung auf.

Vorsitzender: Eine unterlassene Erklärung ist etwas anderes als ein unterlassenes Bestreiten.

Pagenstecher: Was ist eine verweigerte Erklärung über Tatsachen?

Jonas: Wenn jemand sagt: Ich äußere mich nicht dazu.

Pagenstecher: Ach so, und nachher sagt er: Jetzt gebe ich eine Erklärung ab.

Vorsitzender: Ich möchte noch einmal den Ausdruck „entschuldigt" zur Debatte stellen. Er kann wohl ruhig stehenbleiben, aber ich weiß nicht, ob er ganz korrekt ist. In § a ist das „entschuldigt" richtig; denn ich habe die Pflicht, im ersten Rechtszug alles vorzubringen; es ist eine Art Pflichtverletzung, wenn ich erst in zweiter Instanz damit komme. Aber ich bin doch nicht verpflichtet, in meinen Erklärungen ein Geständnis aufrecht zu erhalten.

Pagenstecher: Diese Verpflichtung wird damit statuiert.

Vorsitzender: Man könnte sagen: Ich bin verpflichtet, das schon in erster Instanz zu tun.

Jonas: Ich soll in meinen Erklärungen nicht wechseln.

Pagenstecher: In erster Instanz kann ich das vielleicht noch gar nicht machen, weil ich den Irrtum erst hinterher gemerkt habe. Wenn ich also ein Geständnis abgelegt habe und hinterher sehe, dass ich mich geirrt habe, muss ich in zweiter Instanz widerrufen können. Es käme höchstens der Fall in Betracht, dass ich den Irrtum schon in erster Instanz gemerkt und doch nicht widerrufen habe.

Jonas: Praktisch kommt es nur auf die Rechtsfrage an. Er sagt in erster Instanz: Das Vorbringen des Gegners soll für diese Instanz nicht bestritten werden, wie man es öfter tut; nun merkt er in zweiter Instanz, dass dieses Vorbringen für ihn doch nachteilig ist. Dieses Verhalten wird von der Prozessordnung perhorresziert.

Pagenstecher: Das ist Ihre Auffassung. Kollege Lent denkt dagegen an den Fall, dass in erster Instanz ein Geständnis abgelegt worden ist und dieses Geständnis in zweiter Instanz widerrufen wird. Hier wird der Betreffende sagen: Ich konnte es in erster Instanz nicht widerrufen, weil ich es erst nachträglich gemerkt habe. Später wird ja der Widerruf von Geständnissen, glaube ich, erleichtert. Dann kann er erst recht sagen: Ich habe es damals nicht widerrufen, weil ich es damals für wahr gehalten habe.

Vorsitzender: Die Pflichtverletzung liegt darin, dass es nicht in erster Instanz geschehen ist. (*Jonas:* Dass er gewechselt hat!) Zum Wechseln bin ich berechtigt. Das Gesetz sagt doch, dass ich ein Geständnis widerrufen kann, und wir wollen sogar den Geständniswiderruf erleichtern. Wir können also jetzt nicht sagen: Du handelst pflichtwidrig, wenn du ein Geständnis widerrufst.

Jonas: Das Geständnis an sich ist nach der Zivilprozessordnung unwiderruflich und nur unter bestimmten doppelten Voraussetzungen zugelassen, wenn etwas falsch ist und ich mich im Irrtum befand. Diese Bestimmung würde wegfallen, wie ich mir die Sache vorstelle. Nun haben wir aber in § a ausgesprochen, dass ich in erster Instanz grundsätzlich alles vorbringen muss; deshalb halte ich es für richtig, hier einen ähnlichen Grundsatz aufzustellen: Ich darf mit meinen Behauptungen nicht hin- und herschwanken.

Vorsitzender: Ich wollte auf Ihren Boden ruhig treten und sagen: ich kann wechseln – das ist unabhängig von § b –, aber wenn ich wechseln will, muss ich schon in erster Instanz wechseln, ich darf nicht erst in zweiter Instanz wechseln. Dass ich wechseln kann und wie weit ich wechseln kann, steht an einer anderen Stelle. Hier wird nur gesagt: Wenn du wechseln willst, dann tue es gefälligst in der ersten Instanz und nicht erst später.

Pagenstecher: Die Grundidee ist: Man soll sich in erster Instanz so verhalten, als ob es die einzige Instanz wäre.

Vorsitzender: Insofern ist es doch richtig, dass auch in diesem Zusammenhang der Ausdruck „entschuldigt" steht.

Staud: Wie ist es umgekehrt? In der ersten Instanz hat er bestritten, in der zweiten Instanz bestreitet er nicht mehr? Das ist nach § b auch verboten.

Vorsitzender: Das würde auch darunter fallen.

Jonas: Hier taucht die Frage auf, ob es verboten ist, weil das eines Beweises bedürftig ist.

Staud: Die Tatsache ist schon im Prozess drin als Tatsachenbehauptung des Klägers. Und dazu hat der Beklagte im ersten Rechtszug gesagt: Ich bestreite. In der zweiten Instanz sagt er nun: Ich bestreite es nicht mehr, ich gestehe es zu. Er will jetzt den Gegner auf diese Behauptung festnageln, weil er entdeckt hat: Die Tatsache ist ja nicht für den Gegner günstig, sondern für mich günstig. Wenn es zu einer Beweiserhebung gekommen wäre, wäre die Tatsache vielleicht gar nicht bewiesen. Ein solches Interesse könnte einmal für den Beklagten bestehen. Bei dieser Fassung des § b würde das auch verboten sein. Mir ist aber noch zweifelhaft, ob wir dieses § b wirklich bedürfen. Wenn jemand zwischen Bestreiten und Zugestehen hin- und herschwankt, so wird es in der Regel der Fälle praktisch sicher ein neues Vorbringen von Tatsachen sein; denn alles Bestreiten und der Wechsel zwischen Geständnis und Abrücken vom Geständnis ist in der Regel mit einer politischen Gegendarstellung verbunden. Ich kann nicht einfach sagen: ich bestreite, sondern in erster Instanz sage ich vielleicht: Ich gebe zu, was der Kläger über den Vertragsabschluss behauptet hat; ich gebe zu, dass ein Kaufpreis von 1600 RM vereinbart worden ist. Das ist das Geständnis. In zweiter Instanz widerrufe ich das Geständnis; aber damit ist es nicht getan, sondern ich muss sagen, was für ein Kaufpreis verabredet worden ist. Jetzt behaupte ich:

Es sind 1200 RM vereinbart worden. Können wir das nicht irgendwie unter den § a bringen durch Erweiterung der Fassung?

Jonas: Ich glaube, es sind zu verschiedene Dinge. Wieweit ich das Bestreiten substantiieren muss, lässt sich nicht übersehen. Das ist doch nur die Motivierung dafür, dass das Bestreiten ein ernsthaftes ist. Ich glaube nicht, dass wir mit dieser Motivierung ein Bestreiten ausschließen können und daraus die Folgerung ziehen können, dass das Bestreiten nicht glaubhaft ist.

Staud: Da fragt sich, ob man damit praktisch durchkommt, wenn man sagt: § a macht es unmöglich, ein Geständnis in zweiter Instanz dadurch zu widerrufen, dass man eine Gegendarstellung des Sachverhalts gibt.

Jonas: Ein Motivieren des Bestreitens ist ja nicht nötig.

Pagenstecher: In vielen Fällen muss man doch motivieren. Wenn der eine sagt: Du hast es gekauft, du musst es bezahlen, dann kann der andere nicht einfach sagen: ich bestreite das, sondern er muss etwa sagen: ich kenne dich nicht, oder: wir haben etwas anderes ausgemacht. Er muss das Bestreiten irgendwie substantiieren.

Jonas: Nehmen wir folgenden Fall: Ich werde von einer Buchhandlung auf Zahlung des Kaufpreises verklagt. Der Betreffende sagt: Du hast das und das gekauft. Ich bestreite das, sage: Ich habe es nicht gekauft. Hier bin ich doch nicht zu einer Gegendarstellung verpflichtet: Ich bin zwar in das Geschäft vor einem halben Jahr hineingegangen, habe da aber nichts gekauft!

Pagenstecher: Wenn nun aber der andere seine Aussage näher substantiiert, wenn er meinetwegen sagt: Sie sind am 5. Dezember dagewesen, haben das und das gesagt, dann kann ich nicht einfach sagen: ich bestreite das, sondern ich muss sagen: ich war niemals in deinem Geschäft, oder: ich war dann und dann da usw. Ein solches unsubstantiiertes Bestreiten würde ich als Richter nicht gelten lassen.

Vorsitzender: Ich halte den § b doch für nötig, und zwar parallel zu § a. § a will eine Erweiterung des Sachverhalts und § b einer Erweiterung der Beweisaufnahme vorbeugen. Wenn ich § b nicht hätte, könnte ich den ganzen Nachdruck der Beweisaufnahme in die zweite Instanz verlegen, indem ich anfange zu bestreiten. Das wollen wir gerade verhindern.

Staud: In § b steckt noch etwas anderes drin, nämlich die Bindung der Partei an die in erster Instanz des Prozesses abgegebene Erklärung. Das ist aber die Frage, die schon innerhalb der ersten Instanz selbst interessiert: Ist man an eine derartige Erklärung gebunden? Wir haben jetzt die Geständnisbildung schon innerhalb der ersten Instanz selbst. Die Terminbindung ist gefallen, dafür kriegen wir jetzt eine Geständnisbindung. Ich frage: Bedarf es alles dessen? Ich sehe wirklich kein praktisches Bedürfnis dafür, weshalb ich für solche Bestimmungen den Widerruf eines Geständnisses verbieten soll. Wenn jemand in erster Instanz zugegeben hat und in zweiter Instanz bestreitet, dass das zugegebene Geständnis als zutreffend und glaubhaft anzusehen und das spätere Bestreiten zu ignorieren ist.

Pagenstecher: Wenn sich Herr MinDir. Volkmar mit dem § a einverstanden erklärt, würde ich § b einfach versinken lassen. Wir haben ihn bis jetzt doch auch nicht gehabt. Wir sind alle der Auffassung, dass wir die Freiheit des Richters und der Parteien in der zweiten Instanz nicht mehr als unbedingt nötig beschränken wollen. Wenn wir den § b einführen, muss wieder darüber Beschluss erlassen werden, warum er es vorher nicht bestritten hat usw.

Vorsitzender: Bei den Präklusionen zur ersten Instanz hatten wir schon denselben Gedanken.

Staud: Ich glaube, wir hatten uns in erster Instanz nur eine Einzelheit herausgegriffen, die Behandlung des Geständnisses, und waren zu der Überzeugung gekommen, dass die formale Bindung an das Geständnis beseitigt werden muss. Mir kommt es nämlich so vor, als ob die Dinge, die hier aufgeführt sind – nachträgliche Bestreitung, Widerruf des Geständnisses, nachträgliche Aussage usw., wieweit eine Partei in ihren Erklärungen wechseln kann – schon für das Verhalten innerhalb der Instanz wichtig sind.

Pagenstecher: Graue Theorie! Es wird vielleicht unter tausend Fällen einmal vorkommen, dass jemand in der ersten Instanz zurückhält, in der zweiten nicht.

Jonas: Wie soll aber der Prozess weitergeführt werden? In der ersten Instanz hat der Anwalt gesagt: Die Behauptung soll für diese Instanz nicht bestritten werden. Er glaubt, es kommt auf diesen Punkt nicht an. Der Prozess wird so in der Instanz verhältnismäßig glatt erledigt, und nun in der zweiten Instanz erklärt er: Ich bestreite es.

Pagenstecher: Da muss er neue Tatsachen vorbringen.

Jonas: Wieso?

Staud: In erster Instanz sagt er: Ich will es für diese Instanz nicht bestreiten, nachdem über die anderen Punkte eine Beweisaufnahme stattgefunden hat. Am dritten oder vierten Verhandlungstermin – das wird es künftig auch noch geben – sagt er: Ich will es jetzt doch bestreiten.

Jonas: Das fällt natürlich unter die Regel, dass es verboten ist.

Staud: Die Frage der Bindung solcher Erklärungen stellt man allgemein auf die Instanz ab. Eine derartige Änderung in der Sachdarstellung – zuerst habe ich es unbestritten gelassen, und nachher bestreite ich es – halte ich für unerträglich nicht nur im Interesse von zwei Rechtszügen zueinander, sondern auch schon innerhalb desselben Rechtszuges. Dieser Wechsel in der Stellungnahme zu gegnerischen Behauptungen muss irgendwie erschwert werden. Aber mir schwebt vor, dass das allgemeine Bestimmungen sein müssen, die schon jedes Verfahren erster Instanz betreffen und dann auch ausreichen.

Jonas: Diesen Gedanken unterschreibe ich vollständig. Bloß möchte ich die Konsequenz ziehen: Wenn es für diesen Fall genügt, dann genügt es auch für die anderen Fälle. Wir brauchen diese ganzen Novenbestimmungen überhaupt nicht. So würde ich diesen Gedanken weiterspinnen. Aber wenn wir uns einmal – wie ich es jetzt vorbehaltlich meiner Schlussdarstellung tue – auf den Boden unserer Regelung des Novenrechts stellen, dann, meine ich, sollte man es hier ebenso machen. Es besteht doch ein großer Unterschied. Wenn ich innerhalb der ersten Instanz umwechsle, dann tue ich es aus irgendwelchen prozesstaktischen Gründen: Ich glaubte zunächst, damit durchzukommen, sehe dann aber, dass es doch eine etwas gefährliche Geschichte ist. Wenn ich aber in erster Instanz so durchgehalten habe und nun in zweiter Instanz ändere, dann tue ich es deshalb, weil mir der erste Richter gesagt hat: Auf den und den Punkt kommt es an? Nehmen wir den krassesten Fall: Ich habe die Aussage oder die Eidesleistung verweigert, und daraus hat der Richter Schlüsse gezogen, indem er das und das angenommen hat. Dann sage ich mir: Es ist doch sicherer, ich sage unter meinem Eid das Gegenteil aus; eine Verletzung der Eidespflicht wird mir doch kaum einer nachweisen können, und vom ersten Richter ist mir testiert worden, dass ich damit im Prozess Erfolge habe. Insofern besteht da ein Unterschied.

Staud: Ich sehe den Unterschied vollkommen ein. In dem einen Fall spekuliert er zwischen den Instanzen, und im anderen Fall wird er immer noch dem Erfordernis gerecht, sein Vorbringen in erster Instanz vollständig und abschließend vorzutragen.

Pagenstecher: Wenn er denkt, er könnte in zweiter Instanz noch ändern, verstößt er gegen den Grundsatz, dass er sich in erster Instanz so verhalten soll, als ob es die einzige Instanz wäre. Das ist der springende Punkt. Er soll sich gleich sagen: Jetzt geht es um die Wurst. Ich will nichts dagegen sagen. Ich bin ja nicht ganz objektiv, weil ich am liebsten diese Novenrechtsbestimmung überhaupt nicht hätte.

Singer: Wollen sie den Paragraphen streichen?

Pagenstecher: Nein, ich sage das nur zur Erklärung, dass ich nicht ganz objektiv wäre.

Jonas: Ich betone auch immer, dass ich dem Paragraphen nicht ganz objektiv gegenüberstehe. Ich stehe auf dem Standpunkt eines Mitglieds des Senats, das überstimmt ist. Aber ich möchte den Paragraphen auch nicht durch die Durchführung ad absurdum führen.

Pagenstecher: Man kann aber nicht sagen, dass, wenn § b gestrichen wird, die Bestimmung ad absurdum geführt wird; denn in unserer jetzigen Prozessordnung haben wir ja keinen solchen Paragraphen b.

Jonas: Unsere jetzige Prozessordnung geht dahin: Es ist eine vollständig neue Instanz, und das, was über die Instanz hinauswirkt, ist nur das Geständnis.

Pagenstecher: Die obligatorische Zurückweisung haben wir heute noch.

Staud: In § 529 sind diese Erklärungen mit aufgeführt.

Pagenstecher: Ich würde ein einfaches Bestreiten immer zulassen.

Jonas: § 529 redet von den Angriffs- und Verteidigungsmitteln. Neue Angriffs- und Verteidigungsmittel sind zweifellos auch Erklärungen, nachträgliches Bestreiten und Widerruf.

Pagenstecher: Würden Sie das nachträgliche Bestreiten ein neues Verteidigungsmittel nennen? Ich würde darunter ein selbständiges Verteidigungsmittel verstehen.

Vorsitzender: In § 278 werden in Klammern aufgeführt: Einreden, Widerklage, Repliken usw. Das müssen neue Tatsachen sein.

Staud: Nach dem Kommentar Jonas zu § 529 sind Angriffs- und Verteidigungsmittel alle Rechtsbehelfe der Parteien, die dem Zwecke inhaltlicher Beeinflussung der Entscheidung über die erhobenen Ansprüche dienen.

Vorsitzender: Es muss immer neues Bestreiten sein.

Jonas: Irgendwelche neuen Tatsachen und Beweismittel.

Pagenstecher: Ein unsubstantiiertes Bestreiten ist es nicht.

Staud: Man wird immer davon ausgehen, dass das Bestreiten substantiiert sein muss, wenn es eine neue Tatsache ist.

Pagenstecher: Insofern bin ich mit Herrn Präsident Jonas nicht ganz einig. Ein vollkommen unsubstantiiertes Bestreiten kann ich mir kaum denken.

Staud: Doch, z.B. bei der Echtheit der Unterschrift. In der ersten Instanz habe ich die Echtheit zugegeben, in der zweiten Instanz bestreite ich sie. Dazu brauche ich nichts weiter zu sagen. Ich kann ja nicht sagen, ob sie gefälscht oder verfälscht ist. Ich kann sie nur bestreiten. In einer Rechtsnachfolgersituation kann ich auch nur bestreiten. Ich weiß nicht, welchen Kaufpreis der Erblasser vereinbart hat, ich muss es aber bestreiten.

Jonas: In einer Instanz taucht die Frage des Mehrverkehrs auf. Das Kind sagt: Du bist der Vater. Der Beklagte, der Vater, erklärt: Erstens ist die Vaterschaft offensichtlich unmöglich, zweitens Mehrverkehr. Das Kind erwidert: Meine Mutter mag Mehrverkehr gehabt haben, darüber äußere ich mich nicht, das weiß ich nicht, ich gebe es meinethalben auch zu, aber schon wegen der Ähnlichkeit wird das Ergebnis sicher sein, dass du als der Vater festgestellt wirst. Wenn nun der Beweis positiv so läuft, dann würde ja, wenn er nachher sagt: es liegt doch Mehrverkehr vor, das Beweisergebnis nicht erschüttert werden. Das Beispiel klappt nicht.

Vorsitzender: Mir schwebt immer vor, als hätten wir uns schon damals bei den Präklusionen erster Instanz zu § 279 veranlasst gesehen, das Nachschieben neuer Behauptungen dem nachträglichen Wechsel in irgendeiner Form gleichzustellen.

Jonas: Es kommt darauf an, unter welchen Gesichtspunkten das innerhalb der Instanz geschieht. Es ist doch nur der eine Gesichtspunkt: Prozessverzögerung oder -beschleunigung. Jetzt kommt aber noch ein ganz anderes Moment hinein, nämlich das Umwechseln unter dem Gesichtspunkt: Ich will die mir durch das erstinstanzliche Urteil gegebene Position ausnutzen; es ist mir in dem Urteil gesagt worden, dass es auf die und die Punkte, dass es auf meine eidliche Aussage ankommt, und da leiste ich lieber den Eid, den zu leisten ich mich vorher gescheut hatte.

Singer: Das ist zulässig.

Jonas: Es ist aber doch grober Unfug.

Singer: Es wäre nicht genügend entschuldigt.

Jonas: Meinen Sie, dass alles durch den § a gedeckt wird?

Vorsitzender: Nein, ich glaube das auch nicht.

Singer: Wir brauchen schon den § b.

Pagenstecher: Würden Sie es als genügende Entschuldigung gelten lassen, wenn er sagt: Ich habe die Aussage als Partei verweigert, weil ich davon ausgegangen bin, ich würde den Prozess auch so gewinnen, und weil ich dann womöglich hätte Dinge sagen müssen, die für mich oder einen anderen, der mir nahesteht, unangenehm sind; nun hat er aber eingesehen, dass er dadurch den Prozess in erster Instanz verloren hat, und deswegen sagt er: Jetzt will ich aussagen. Das wäre m.E. ein Fall, wo es entschuldigt ist.

Singer: Ich weiß es nicht; ich möchte das nicht sagen.

Pagenstecher: Das ist doch eine Erwägung, die man nicht von der Hand weisen kann.

Jonas: Der Mann hat in erster Instanz die Aussage über den Ehebruch oder über geschlechtlichen Verkehr mit irgendjemand verweigert. Daraus hat das Gericht den Schluss gezogen: Er hat das doch getan. Nun sagt er in zweiter Instanz: Dieser Schluss ist nicht richtig; so weit sind wir nicht gegangen, es war ein ehewidriges Verhalten, aber ich wollte unter keinen Umständen, dass dieser Schluss daraus gezogen wird, aber ich glaubte aus dem und dem Grunde, dass es auf diese Frage nicht ankommen würde. Es ist natürlich ein Grenzfall. Ich könnte mir vorstellen, dass der Richter hier etwas milder urteilt.

Staud: Ich wäre der Meinung, es nicht zuzulassen, und würde sagen: Wenn du prozessierst, musst du auspacken und darfst mit der Offenlegung nicht zurückhalten in der Spekulation, dass die kleineren Mittel auch schon genügen! Es wäre dasselbe, als wenn jemand vier Zeugen hat und nur drei benennt, weil er den einen nicht belästigen will. Damit geht er ein Risiko ein. Er soll eben seine Beweisanträge schon in erster Instanz erschöpfend bringen.

Jonas: Es ist klar, dass man dem Richter in einem solchen Fall freie Hand lässt.

Staud: Es fragt sich, ob man die zweite Instanz auf den ganzen Komplex beschränken will, oder ob man in der zweiten Instanz schon eine Bindung hinsichtlich der Stellungnahme der Parteien zu diesen Tatsachen für erforderlich hält.

Jonas: Man kann das nicht voneinander trennen.

Staud: Wenn der Klagevorgang in der ersten Instanz unbestritten war, dann muss er unverändert bleiben und darf in der Berufungsinstanz nicht bestritten werden; der ganze Komplex ändert sich ja nicht. Wenn ich schon sage: ich lasse neue Beweismittel nicht zu, dann muss ich konsequenterweise auch sagen: Ich lasse in der zweiten Instanz auch die erstmaligen Beweismittel nicht zu, wenn sie in der ersten Instanz nicht geltend gemacht worden sind. Wenn z.B. zu dem Klagevorbringen in der ersten Instanz die Zeugen A und B gehört worden sind, dann lasse ich in der zweiten Instanz einen neuen dritten Zeugen C nach § a nicht mehr zu, wenn nicht die besonderen Voraussetzungen vorliegen. Es wäre natürlich zu berücksichtigen, dass dieser Zeuge vielleicht in erster Instanz schon genannt worden ist, aber nicht zum Zuge gekommen ist, weil das Klagevorbringen nicht bestritten wurde. Jedenfalls soll aber in zweiter Instanz nicht eine Beweisaufnahme stattfinden, die bei ordentlicher Prozessführung bereits in erster Instanz hätte stattfinden sollen und können, so dass man also die Bestimmung des § b doch nötig hätte. Ich würde sie als Abs. 5 dem § a anhängen in der Fassung: „Entsprechendes gilt für Erklärungen, die usw.“.

Pagenstecher: Wenn wir sie schon aufnehmen, würde ich doch einen besonderen Paragraphen für besser halten. Es ist deutlicher.

Jonas: Ich bin aus folgendem Grund zu einem neuen Paragraphen gekommen: Wenn die Partei es in erster Instanz unterlassen hat, dann ist das Gravamen, dass sie unrichtig, lässig gehandelt hat. In zweiter Instanz dagegen haben wir auf das dolose Verhalten abgestellt, indem sie wechselt. In erster Instanz ist es Bummelei, in zweiter Instanz macht der Wechsel die Partei verdächtig.

Vorsitzender: § b nehmen wir allgemein an im Zusammenhang mit § a.

Nun kommt *§ c:* „(1) Die Berufung kann nicht darauf gestützt werden, dass das Gericht seine örtliche Zuständigkeit zu Unrecht angenommen habe, sofern es sich nicht um die zwischenstaatliche Zuständigkeit handelt.

(2) Die Berufung gegen ein landgerichtliches Urteil kann nicht darauf gestützt werden, dass das Gericht erster Instanz seine sachliche Zuständigkeit zu Unrecht angenommen habe.

(3) Neu vorgebrachte Einwendungen, die solche Prozessvoraussetzungen betreffen, auf deren Beachtung die Parteien wirksam verzichten können, sind nur zu berücksichtigen, wenn die Partei das Unterlassen früheren Vorbringens durch glaubhafte Aufklärung entschuldigt."

Jonas: Im ersten Absatz haben wir die Ausdehnung des Gedankens: Wenn ich den Ehescheidungsprozess in Berlin führe und Berlin ist als zuständig angenommen, dann soll ich in zweiter Instanz nicht mehr einwenden können: Wir hätten nicht Berlin, sondern München wählen müssen.

Vorsitzender: Es ist einfach auf die nicht vermögensrechtlichen Sachen ausgedehnt.

Jonas: Eine Ausnahme besteht nur bei der zwischenstaatlichen Gerechtigkeit. Abs. 2 ist im Verhältnis zum Amtsgericht absolut klar. Im Verhältnis zum Arbeitsgericht ist es etwas anders als jetzt. Aber nach der jetzigen Fassung würde das Verhältnis zum Arbeitsgericht auch gedeckt sein.

Staud: Wie ist es im Verhältnis zwischen Amtsgericht und Arbeitsgericht? Das Amtsgericht hat seine Zuständigkeit angenommen, während nach der Behauptung des Berufungsklägers das Arbeitsgericht zuständig gewesen wäre. Das hängt mit der Frage zusammen, ob man die Arbeitsgerichte als besondere Gerichte betrachtet oder nicht. Volkmar und die herrschende Lehre lehnen das ab.

Jonas: Als Arbeitsgerichte sind sie Sondergerichte.

Staud: Volkmar lehnt das entschieden ab.

Pagenstecher: Bei der Zulässigkeit des Rechtsweges wären sie keine Sondergerichte.

Staud: § 32 ZPO wird von der Rechtsprechung für entsprechend anwendbar erklärt.

Jonas: Jetzt ist es eine Frage der Zuständigkeit und nicht eine Frage der Zulässigkeit des Rechtsweges.

Staud: Zugespitzt ausgedrückt, ist das richtig. Die Meinungen sind geteilt. Volkmar lehnt mit Leidenschaft den Gedanken ab, dass sie besondere Gerichte seien.

Jonas: Doch nur für das Reichsarbeitsgericht. Es sind doch nichtordentliche Gerichte.

Singer: Früher war es eine besondere Abteilung des Amtsgerichts. Das ist jetzt gestrichen worden.

Staud: Jetzt ist es obligatorisch: Das Arbeitsgericht ist nichts anderes als eine Abteilung des Amtsgerichts. Verwaltungsmäßig ist es allmählich so gegliedert worden, dass der Unterschied praktisch verwischt ist.

Jonas: Es ist doch wohl immer ein besonderes Gericht.

Singer: Nur eine besondere Besetzung!

Staud: Das ist die Frage. Ist es das Amtsgericht in anderer Besetzung? Ist das Urteil anfechtbar, weil das Amtsgericht in dieser Sache nicht richtig besetzt ist, weil es in der Besetzung mit einem Arbeitnehmer- und Arbeitgeberbeisitzer hätte entscheiden müssen? Nehmen wir eine Mietsache. Das Arbeitsgericht kann Mieterschutzsachen ohne Beisitzer entscheiden.

Singer: Beim Schöffengericht ist es auch so.

Staud: Das kann in jeder Instanz noch nachgeprüft werden. Auch wenn ich sage: Es ist ein Teil des Amtsgerichts, so würde man hier, wenn der Amtsrichter allein entschieden hat – er sagt sich: es ist keine Arbeitsgerichtssache, ich entscheide ohne Beisitzer –, dazu kommen, dass das Urteil anfechtbar ist, weil das Amtsgericht in nicht vorschriftsmäßiger Besetzung entschieden hat. Das würde aber gedeckt sein.

Pagenstecher: Vielleicht schadet es nichts, wenn das durch eine klare Abgrenzung geklärt wird.

Staud: Wie ist es, wenn das Amtsgericht zuständig gewesen wäre? Nehmen wir an, eine Gehaltsklage eines kaufmännischen Angestellten ist beim Landgericht eingebracht worden, nach Auffassung des Rechtsmittelklägers wäre aber das Arbeitsgericht zuständig gewesen.

Pagenstecher: Hier würde ich Regressberufung zulassen, damit die Judikatur geklärt werden kann.

Jonas: Wie ist es jetzt? Nach § 528 dürfen prozesshindernde Einreden, auf welche die Partei wirksam verzichten kann, nur geltend gemacht werden, wenn die Partei glaubhaft macht, dass sie ohne ihr Verschulden außerstande gewesen ist, dieselben in erster Instanz vorzubringen. Das ist eine Sache, auf die sie rechtlich nicht verzichten kann. Aber dann heißt es weiter: Das Gleiche gilt, wenn bei vermögensrechtlichen Ansprüchen für die Klage ein ausschließlicher Gerichtsstand oder die Zuständigkeit eines Arbeitsgerichtes begründet ist, von der Einrede der Unzuständigkeit des Gerichts, sofern der Beklagte in erster Instanz zur Hauptsache mündlich verhandelt hat; eine Prüfung der Zuständigkeit von Amts wegen findet nicht statt. Wenn also der Beklagte zur Hauptsache mündlich verhandelt hat, dann kann er in zweiter Instanz nicht damit kommen, und eine Prüfung der Zuständigkeit von Amts wegen findet nicht statt.

Staud: Wohl aber, wenn er in der ersten Instanz die Zuständigkeit des Amtsgerichts dem Landgericht gegenüber geltend gemacht hat.

Jonas: Und damit enthört [nicht gehört?] worden ist. An sich ist die jetzige Regelung sehr kompliziert.

Pagenstecher: § 528 ist ganz miserabel. Das „und" ist ein Schreibfehler.

Jonas: Das ist der Druckfehler im Reichsgesetzblatt.

Pagenstecher: Die Hauptsache ist, dass wir einfache und klare Bestimmungen treffen. Ich würde es in der Praxis nicht für notwendig halten, dass die Judikatur sich noch näher über die Abgrenzung zwischen Arbeitsgericht und ordentlichen Gerichten ausspricht.

Pagenstecher: Wenn die Judikatur genügend geklärt ist, würde ich sagen: Keine Berufung mehr. Wenn Sie aber finden, dass keine Klarheit besteht, würde ich im Interesse der Rechtssicherheit die Berufung zulassen, damit sich eine feste Rechtsprechung bilden kann. Entweder – oder!

Jonas: Es fragt sich, ob es ein gewöhnlicher höherer Angestellter ist oder ein vertretungsberechtigter höherer Angestellter. Wenn sich das Landgericht auf den Standpunkt stellt, dass es ein höherer Angestellter mit Vertretungsbefugnis ist, dann wird das Arbeitsgericht nicht gehört, sondern es wird materiell entschieden. Besteht wirklich ein Bedürfnis, dass dieser Prozess nun weiter geführt wird, und zwar doch unter Umständen bis ans Reichsgericht?

Staud: Darüber kann man zweifeln. Aber wie ist es, wenn das Amtsgericht anstelle des Arbeitsgerichts entschieden hat? Nehmen wir an, es handelt sich um eine Provisionssache.

Jonas: Wenn das Amtsgericht judiziert hat und ein Landgericht wäre zuständig bei einem Prozess über eine Million, dann soll er ans Landgericht gehen, dann soll das Urteil angegriffen werden mit dem Ziel: Das Urteil wird aufgehoben, und die Sache soll ans Landgericht gegeben werden. Im Verhältnis zwischen Arbeitsgericht und Amtsgericht würde es ebenso sein. Das ist der Gedanke in § 10 der Zivilprozessordnung. Das Landgericht ist nun einmal die beste erste Instanz. Wenn die gewählt ist, besteht kein Anlass, die Sache an eine schlechtere erste Instanz zu bringen. Wenn man nun sagt, dass das Arbeitsgericht, was mir im Grunde durchaus sympathisch ist, eigentlich nur eine Abteilung des Amtsgerichts ist, dann würde es ebenso sein wie bisher.

Staud: Dann wäre es keine Frage der sachlichen Zuständigkeit, sondern eine Frage der ordentlichen Besetzung des Gerichts.

Pagenstecher: Eine Frage der Geschäftsverteilung.

Staud: Eine Frage der ordnungsmäßigen Besetzung, ob das Amtsgericht mit zwei Laienbesitzern entscheiden muss oder ob der Amtsrichter allein entscheiden kann.

Jonas: Eine zwingende Zurückverweisung besteht nicht nach § 539. Also würde das Landgericht auch selbst judizieren können. Es würde allerdings die Möglichkeit haben, zurückzustellen.

Staud: Das geht nicht. Was hätte das für einen Zweck? Dass die Parteien von vornherein ein ernsthaftes Interesse daran haben, ob mit oder ohne Arbeitnehmerbeisitzer entschieden wird, kann man nicht wegdiskutieren. Das ist der Zweck des Arbeitsgerichtsgesetzes. Das ist ein öffentliches Interesse. Das Arbeitsgericht tagt unter Mitwirkung dieser Organe, es können auch leitende Angestellte der Arbeitsfront mit auftreten. In diesem Fall kann man also nicht sagen: der Amtsrichter hat das entschieden, jetzt geht es in die Berufungsinstanz, sondern das Landgericht sagt: Gewiss, du hättest als Arbeitsgericht unter Zuziehung von Arbeitnehmer- und Arbeitgeberbeisitzer entscheiden müssen, aber ich verweise nicht zurück, sondern entscheide wieder, und das Landgericht hat wieder eine Berufungszusammensetzung, die nicht passt.

Jonas: Hier würde das Berufungsgericht sagen müssen: Ich gebe an das Landesarbeitsgericht ab. Das ist die zuständige Stelle. Es ist einfach eine Frage der Geschäftsverteilung.

Staud: Das wäre auch komisch. Das Landesarbeitsgericht hat nicht zu entscheiden über Berufungen gegen das Landgericht, sondern über Urteile der Arbeitsgerichte.

Singer: Das ist ein circulus vitiosus.

Jonas: Wir stellen uns auf den Standpunkt: Das Arbeitsgericht ist kein Sondergericht, sondern eine Abteilung des Amtsgerichts. Dann muss man konsequent den Fall so lösen. Wenn die Zivilkammer des Landgerichts sagt: dies ist eine Arbeitsgerichtssache, sie wird nicht von der Abteilung Zivilsachen, sondern von der Abteilung Arbeitsgericht bearbeitet, dann muss man die Sache an das Landesarbeitsgericht, also an die Zivilkammer mit Arbeitnehmerbeisitzern geben.

Staud: Die Zivilkammer mit diesen Beisitzern entscheidet über die Berufung gegen Urteile des Arbeitsgerichts.

Jonas: Der Fall würde dann ebenso laufen wie derjenige, dass das Arbeitsgericht in unzulässiger Weise ohne Beisitzer entschieden hat. Unter gewissen Voraussetzungen kann der Richter ohne Beisitzer entscheiden.

Staud: Ja. Dann hat er bewusst nach den Bestimmungen des Arbeitsgerichts verfahren, hat aber diese Bestimmungen falsch angewandt. Dann gibt es selbstverständlich die Berufung an das Landesarbeitsgericht. Das mag prüfen, ob es wegen dieses Verstoßes an das Arbeitsgericht erster Instanz zurückverweist oder nicht.

Jonas: Zurückverweisen darf er nicht. Im arbeitsgerichtlichen Verfahren gibt es keine Zurückverweisung.

Singer: Die Zivilkammer kann es aber tun.

Jonas: Die kann es nach § 539.

Staud: Wir haben denselben Fall heute schon bei den Mieterschutzsachen. Das sind Abteilungen des Amtsgerichts. Da entscheidet der Amtsrichter ohne Beisitzer. (*Jonas:* Vor 1933!) Als die Mieterschutzsachen noch mit Laienbeisitzern behandelt wurden, hätte kein Amtsgericht eine Mieterschutzsache ohne Laienbeisitzer entschieden. Wenn nun die Sache in die Berufung zum Landgericht ging, konnte dieses sagen: Das ist ein Verfahrensmangel in der Besetzung des Gerichts. Ob es nach § 539 zurückverweist, steht in seinem Ermessen.

Singer: Das Mietgericht hat auch zwei Laienbeisitzer.

Jonas: Früher. Jetzt ist es schon lange nicht mehr so.

Singer: Aber als wir das noch hatten, war es genau dasselbe.

Staud: Dadurch entstand nicht die Komplikation in der Berufungsinstanz. Sie war genauso besetzt. Beim Arbeitsgericht kommt man auf diese merkwürdigen Widersprüche.

Vorsitzender: Deswegen halte ich es für besser, sich auf den Standpunkt zu stellen, das Arbeitsgericht sei ein Sondergericht.

Jonas: Ich würde mich doch mit dem Vorschlag beruhigen und daran festhalten. Es handelt sich praktisch doch nur um die Frage, ob es ein höherer Angestellter ist oder ein mit Vertretungsbefugnis ausgestatteter Angestellter.

Staud: Die Konsequenz ist diese: Wenn sie die Sache nicht durch das Arbeitsgericht laufen lassen, verbauen sie dem Mann den Zugang zum Reichsgericht. Zum Reichsarbeitsgericht kann er durch die Zulassung der Revision ja immer kommen. Wenn sie aber die Sache nicht als Arbeitsgerichtssache laufen lassen, hört sie beim Oberlandesgericht auf, und der Beklagte könnte darauf hinweisen: Wenn die Sache beim Arbeitsgericht anhängig gemacht worden wäre, wäre sie über das Landesarbeitsgericht zum Reichsarbeitsgericht gegangen; nun ist sie aber gegen den Widerspruch des Beklagten beim Landgericht anhängig gemacht worden, und der Beklagte hat nur noch die oberlandesgerichtliche Instanz.

Jonas: Sachlich doch auch das Reichsgericht, wie es früher schon gewesen ist.

Staud: Bei unter tausend Mark nicht mehr. Das Landgericht *könnte* die Revision zulassen. Aber das ist fraglich.

Jonas: Das Landesarbeitsgericht muss die Revision auch zulassen

Staud: Der Mann kriegt einen ganz anderen Instanzenzug. Das kann ich nicht billigen. Das Oberlandesgericht sagt: Eigentlich hätte dieser Prozess nicht beim Landgericht anfangen müssen, sondern beim Amtsgericht, mit dem Instanzenzug: Amtsgericht – Landgericht – Reichsgericht. Das Oberlandesgericht kann nun nicht sagen: Der Mann hat falsch beim Landgericht angefangen, aber ich lasse das auf sich beruhen, der Prozess geht bei mir zu Ende. Wenn wirklich die Revision gebilligt wird, wird es ein viel teurerer Instanzenzug.

Jonas: In unserem Beispiel müssten wir, um es plausibel zu machen, auf die negative Feststellungsklage abstellen, wenn ein Interesse daran besteht.

Staud: Nein, der Beklagte hat ein Interesse daran, dass die Sache vor das Reichsgericht kommt. Der Beklagte sagt: Ich mache meinen Anspruch beim Arbeitsgericht geltend. Das Arbeitsgericht wird mir Recht geben. Es ist nicht wegzudiskutieren, dass der Beklagte unter Umständen ein absolutes Interesse daran haben kann, dass die Sache durch den Instanzenzug Landesarbeitsgericht – Reichsarbeitsgericht geht. Denken Sie nur an die Anwaltskosten. Im arbeitsgerichtlichen Verfahren ist das alles billiger. Man könnte auch den umgekehrten Fall nehmen: Eine Feststellungsklage des Unternehmers gegen den Angestellten. Da liegt die Sache ganz auf der Hand. Deswegen glaube ich, dass man das Ergebnis nicht in Kauf nehmen sollte. Dieser andere Instanzenzug wirkt sich auch noch später aus. Im normalen Fall, an den man bei dieser Bestimmung auch nur gedacht hat, hat der Betreffende den besseren Instanzenzug anstatt des schlechteren bekommen. Da war das in Ordnung.

Jonas: Es ist auch ein Unterschied in den Anwaltskosten. Vor dem Amtsgericht braucht er sich nicht vertreten zu lassen.

Staud: Die weiteren Anwaltskosten sind dieselben. Aber beim arbeitsgerichtlichen Verfahren ist es wesentlich anders. Der Mann hat beim Amtsgericht angefangen, das Arbeitsgericht wäre zuständig gewesen. Jetzt kommt die Sache zum Landgericht in die Berufungsinstanz. Wenn Sie sagen: das Landgericht soll entscheiden wie ein Landesarbeitsgericht, dann würde gegen das Urteil des Landgerichts die Revision beim Reichsgericht möglich sein.

Jonas: Man muss sich damit abfinden, dass die Arbeitsgerichte nach ihrer Konstruktion nun einmal besondere Gerichte sind.

Pagenstecher: Ganz richtig. Dann würde ich auch ruhig die Berufung so zulassen, wie sie ist. Wir müssen nur noch die Frage klarstellen, dass dann, wenn das Gericht erster Instanz behauptet, ein Arbeitsgericht wäre zuständig, die Berufung eingelegt werden kann.

Jonas: Soll man diese Komplikation hineinbringen? Dann taucht wieder die Frage auf, ob dieses Urteil auch zur Revision gebracht werden soll.

Pagenstecher: Hier muss ich wiederholen, was ich vorhin gesagt habe, dass mir hier die nötige Erfahrung fehlt. Aber es scheint mir nur darauf anzukommen, ob die Sache durch die Judikatur genügend geklärt ist. Für mich steht die Rechtssicherheit im Vordergrund. Wenn Sie mir erklären; das sind ausgekochte Sachen, und es besteht kein öffentliches Interesse daran, das noch weiter zu entscheiden, dann würde ich auf die Weiterbehandlung verzichten. Wenn Sie aber sagen: die Abgrenzung ist noch nicht ausgekocht, es besteht noch eine allgemeine Rechtsunsicherheit, dann würde ich dafür sein, die Berufung zuzulassen.

Staud: Darauf dürfen wir aber nicht abstellen. Sie ignorieren dann völlig das Interesse der Parteien daran, ob die Sache nachher im Instanzenzug über das Landesarbeitsgericht direkt zum Reichsarbeitsgericht gehen soll oder ob sie im Instanzenzug zum Oberlandesgericht kommt.

Pagenstecher: Das geht dann doch Hand in Hand. Wenn sich schon eine feste Judikatur gebildet hat, wird es nicht so leicht vorkommen, dass einem Unrecht geschieht.

Staud: Ich gehe ja von dem Fall aus, dass das erste Gericht seine Zuständigkeit zu Unrecht angenommen hat.

Pagenstecher: Dann lassen wir die Berufung immer zu.

Staud: Die Frage wird nicht evident, wenn das nächste Gericht sagt: Der Vorderrichter hat seine Zuständigkeit zu Unrecht angenommen. Sie wird nur akut, wenn das höhere Gericht sagt: Von der bereits festgesetzten Judikatur ist das Gericht erster Instanz abgewichen und hat seine Zuständigkeit zu Unrecht angenommen.

Jonas: Es ist immer eine fatale Sache. Das Landgericht hat sachlich entschieden, und nun kommt die Sache zur Berufung ans Oberlandesgericht. Die Berufungsinstanz wird nur angerufen mit dem Ziel: Diese beiden Instanzen sollen nicht entscheiden, sondern die Geschichte soll dann erst noch einmal von vorn anfangen.

Pagenstecher: Das Landgericht hätte doch aber die Möglichkeit, nur über die Zuständigkeit zu entscheiden. Man könnte die Berufung anfechtbar machen, wenn die Sache zweifelhaft ist, damit nicht die ganze sachliche Entscheidung hinfällig wird.

Staud: Nach geltendem Recht könnte das geschehen. Darüber haben wir früher schon einmal gesprochen bei der Behandlung der prozesshindernden Einreden. dabei kommt meist ein Zwischenurteil zustande, und der Fall wird durch alle Instanzen hindurchgeschleift, ehe die Sache überhaupt richtig losgeht. Damit tut man ihr doch zu viel Ehre an.

Pagenstecher: Denken Sie an die Zulässigkeit des Rechtsweges.

Staud: Wir hatten uns gefragt, wie weit man da gehen kann. Bei der Zulässigkeit des Rechtsweges haben wir die Einrede des Schiedsvertrags besprochen. Da waren Bedenken gegen die Vorschläge geäußert worden dahingehend, man solle diese Frage der prozesshindernden Einreden, wenn die Parteien überhaupt darüber streiten, in einem Instanzenbeschlussverfahren erledigen, und wenn ein solches nicht angerufen wird, kann später das Hauptrechtsmittel überhaupt nicht mehr auf die prozesshindernde Einrede gestützt werden, so dass auch über die Grenze des jetzigen § 529 hinaus verwiesen wird, dass die Sache wegen einer prozesshindernden Einrede durch zwei Instanzen hindurch behandelt wird, zur Revision gekommen ist, dass dann aufgehoben und zurückverwiesen wird. Bei der Unzulässigkeit des Rechtsweges wird es sicherlich nicht gehen. Beim Schiedsvertrag kann man zweifeln. Aber bei der Fülle der anderen prozesshindernden Einreden hat man das Gefühl: Es darf nicht mehr vorkommen, dass eine Sache wegen einer prozesshindernden Einrede beim Reichsgericht zum Platzen kommt, nachdem zwei Tatsacheninstanzen sachlich gearbeitet haben.

Pagenstecher: Das ist nur dadurch gekommen, dass man von einer Möglichkeit, zu entscheiden, nicht Gebrauch gemacht hat.

Vorsitzender: Was soll nun mit Abs. 2 geschehen? Der Gesichtspunkt, von dem die Bestimmung ausgeht, findet allgemeine Billigung. Es handelt sich nur um die Frage der Arbeitsgerichte.

Jonas: Es hat nicht mehr viel Zweck. Wir wollen ein Fragezeichen dahinter setzen.

Vorsitzender: Wir müssen diese Frage dann im Zusammenhang behandeln. Lassen wir es hier stehen mit einem kleinen Fragezeichen.

Singer: Wenn noch mehr Sondergerichte kommen, könnte man gleich sagen: sofern nicht ein Sondergericht besteht.

Staud: Bei echten Sondergerichten liegt nicht der Mangel der Zuständigkeit vor, sondern der der Zulässigkeit des ordentlichen Rechtsweges.

Vorsitzender: Nun kommt Abs. 3: „Neu vorgebrachte Einwendungen, die solche Prozessvoraussetzungen betreffen, auf deren Beachtung die Parteien wirksam verzichten können, sind nur zu berücksichtigen, wenn die Partei das Unterlassen früheren Vorbringens durch glaubhafte Aufklärung entschuldigt." Hier haben wir den Ausdruck „Einwendungen" statt bisher „Einreden". Dagegen besteht wohl kein Bedenken. Ferner sprechen wir von „Prozessvoraussetzungen", ohne dass wir diesen Ausdruck vorher klargestellt haben.

Pagenstecher: Ich wollte vorschlagen, dass wir in der neuen Zivilprozessordnung überhaupt bei unseren Prozessvoraussetzungen bleiben sollen, wie es die Rechtsprechung jetzt schon macht, dass wir scharf unterscheiden zwischen Prozessvoraussetzungen und Prozesseinreden. Man müsste dann für den Ausdruck „verzichtbare oder unverzichtbare Prozessvoraussetzungen" einen anderen Ausdruck wählen, etwa für die verzichtbaren „Prozesshindernisse" sagen.

Jonas: „Prozessvoraussetzungen" ist für mich nur eine Umgehung des Ausdrucks. Es sind prozesshindernde Einreden gemeint.

Vorsitzender: Es ist klar, was gemeint ist. Wir wollen den Ausdruck „Prozessvoraussetzungen" zunächst beibehalten und uns eine andere Ausdrucksweise vorbehalten.

Jonas: Die Frage der Verzichtbarkeit kann man nicht ebenso behandeln wie die Prozessvoraussetzungen und Hindernisse.

Pagenstecher: Ich würde überhaupt nicht von „Prozesshindernissen" sprechen, sondern nur von „Prozessvoraussetzungen", also dem, was wir heute prozesshindernde Einreden nennen. Dann würden die unverzichtbaren prozesshindernden Einreden die prozesshemmenden Einreden sein.

Vorsitzender: Wir können Abs. 3 ruhig so stehen lassen. Dabei sind wir uns darüber klar, dass der Ausdruck „Prozessvoraussetzungen" noch nicht endgültig ist. Wir behalten ihn vorläufig bei.

Pagenstecher: Auch hier wäre statt „durch glaubhafte Aufklärung entschuldigt" zu sagen „genügend entschuldigt".

Vorsitzender: Jawohl; entsprechende Änderung zu § a Abs. 1. – Damit ist das Kapitel des Novenrechts endgültig – mit Fragezeichen – erledigt.

Jonas: Man kann vielleicht so formulieren: Diese Beschlüsse geben die Kompromisslösung wieder, die alle Mitglieder des Ausschusses notgedrungen allenfalls für tragbar halten.

Pagenstecher: Ich möchte die Gelegenheit benutzen, um ein Wort zu sagen über *formelle oder materielle Beschwer.* Ich bin der Auffassung, es ist unmöglich, beim Rechtsmittel formelle Beschwer zu verlangen. Ich halte materielle Beschwer für ausreichend. Wenn man sagt, die Natur der Beschwerde setzt formelle Beschwer voraus, so ist das eine petitio principii. Ein Beispiel: Jemand klagt beim Amtsgericht auf Feststellung des Bestehens eines Handelsvertrags. Er gewinnt den Prozess. Später stellt sich heraus, dass der Kläger geisteskrank war. Es stellt sich weiter heraus, dass der Vertrag für den Mann außerordentlich ungünstig ist. Da das Urteil wohl nichtig ist, wird man formelle Beschwer verlangen. Da lässt sich, soweit ich sehe, überhaupt nichts machen. Das Urteil ist noch nicht rechtskräftig. Nun könnte man sagen, der Vormund kann das Urteil rechtskräftig werden lassen. Das geht auch nicht, weil auch beim Wiederaufnahmeverfahren formelle Beschwer notwendig ist. Formell ist der Mann nicht beschwert. Der Geisteskranke ist durch seine Prozessführung geschädigt worden. Es bleibt dabei. Ich bin überzeugt: Wenn die Sache an das RG ginge, so würde das RG hier helfen. Ich halte es für ausgeschlossen, dass das RG solch ein Urteil in der Welt lassen würde.

Der Zustand ist unbefriedigend. Der Vormund will das Urteil aus der Welt schaffen. Aber wie macht er das? Wenn Sie der Ansicht sind, dass materielle Beschwer genügt, dann ist die Sache einfach. Dann braucht der Vormund nur zu behaupten, der Vertrag sei ungültig. Dann wird nachgeprüft, und der Vormund kann Abweisung der Klage als unzulässig beantragen, weil der Geisteskranke nicht prozessfähig war. Aber Sie können nach der herrschenden Auffassung den Instanzenzug überhaupt nicht eröffnen, auch keine Wiederaufnahme des Verfahrens. Ich habe dieses Problem in einem Vortrag in der Hamburger Juristischen Gesellschaft erörtert, der in der Hanseatischen Rechtszeitschrift 1931, 14. Jahrgang, Spalte 562 ff. abgedruckt ist.

Jonas: Er kann die Klage zurücknehmen.

Pagenstecher: Er kann das nur mit Zustimmung des Gegners.

Jonas: Es kann ihm doch nicht das zugesprochen werden, was er nicht mehr haben will.

Pagenstecher: Wenn kein Rechtsmittel eingelegt wird, wird das Urteil rechtskräftig.

Vorsitzender: Der Vertragsgegner wird, nachdem er gemerkt hat, dass der Vertrag für ihn vorteilhaft ist – was er im Prozess offenbar nicht gemerkt hat –, die Gegenleistung beanspruchen.

Staud: Einen Verzicht auf den Klaganspruch kann der Kläger nur bis zum Schluss der mündlichen Verhandlung vorgenommen haben. Er kann verzichten, so lange er dazu noch in der Lage ist, aber doch nur bis zum Schluss der mündlichen Verhandlung. Er kann Berufung einlegen, und bevor über die Berufung entschieden wird, verzichtet er auf den Klaganspruch.

Pagenstecher: Wenn die Berufung unzulässig ist, kann er die Klage nicht zurücknehmen. In Ehesachen akzeptiert das RG die materielle Beschwer mit einer sehr windigen Begründung. Ich habe darüber eine Doktorarbeit schreiben lassen.

Staud: Wenn eine mündliche Verhandlung stattfindet, kann er machen, was er will: Am Schluss der mündlichen Verhandlung ergeht das Urteil.

Vorsitzender: Das Gericht muss sagen: Der Mann kann erklären, was er will; ich muss erst prüfen, ob ich überhaupt in eine sachliche Prüfung eintreten kann. Wenn ich mich auf den Standpunkt stelle, die Berufung ist unzulässig, dann ist alles erledigt, was der Mann zur Sache erklärt.

Jonas: Diese Frage dürfte normalerweise nur in Ehesachen akut werden.

Pagenstecher: Das RG hat wenigstens in Ehesachen eine Ausnahme gemacht. Nur muss man sich darüber wundern, dass diese Ausnahme theoretisch absolut nicht gerechtfertigt wird. Entweder formelle oder materielle Beschwer.

Jonas: Wenn ich obsiegt habe, dann liegt aber keine materielle Beschwer vor.

Staud: Ich möchte auch sagen, es liegt materielle Beschwer vor. Diese besteht gerade darin, dass der Mann sagt, er habe den Prozess gewonnen, aber jetzt gefalle es ihm nicht mehr, dass er gewonnen habe.

Jonas: Materielle Beschwer ist die Differenz zwischen dem, was mir das Urteil zugesprochen hat, und dem, was ich jetzt haben möchte.

Pagenstecher: Vielleicht überlegen sich die Herren bis zur nächsten Sitzung, wie Ihrer Ansicht nach in diesem Fall zu helfen ist.

Nehmen Sie noch folgenden Fall an: Jemand klagt auf Schadenersatz von 1000 RM. Der Beklagte wird in erster Instanz zur Zahlung dieser Summe verurteilt. Ehe nun das Urteil rechtskräftig ist, erkennt der Kläger, dass sein Schaden in Wirklichkeit höher ist, und möchte nun gern auf 1100 RM klagen. Das RG hat hierzu entschieden, das sei ein und derselbe Anspruch; er kann also den höheren Schaden nicht geltend machen. Hatte er aber das Glück, dass sein Gegner nicht zur Zahlung der 1000 RM verurteilt wurde, sondern seine Klage in Höhe von 600 RM abgewiesen wurde, dann geht das. Dann kann er Berufung einlegen und den höheren Schaden geltend machen.

Vorsitzender: Der neue Schaden kann sich für ihn erst später herausstellen.

Singer: Er kann aber vorläufig die 1000 RM einklagen.

Vorsitzender: Es ist eben die Frage: Wenn ich einen Schadensersatzanspruch in bestimmter Höhe geltend gemacht habe, kann ich ihn dann noch erhöhen? Ist das Urteil ergangen, dann ist der Anspruch in dieser Höhe rechtskräftig festgestellt, und die Rechtskraft steht einer Erhöhung entgegen. Ich klage einen Kaufpreis von 1000 RM ein. Das Urteil spricht ihn mir zu und wird rechtskräftig. Dann kann ich nicht nachher kommen und sagen, der Kaufpreis ist 1300 RM.

Jonas: Nein. Ich möchte die Frage darauf abstellen, ob man sich ausdrücklich oder stillschweigend eine Nachforderung vorbehalten kann. In meinem Kommentar bin ich zu dieser Entscheidung gekommen: Man muss bei Ansprüchen aus unerlaubter Handlung grundsätzlich sagen: Wenn ich einen bestimmten Betrag eingeklagt habe, dann liegt irgendetwas wie ein Verzicht auf weitere Ansprüche nicht vor.

Staud: Das hat aber mit der Rechtskraft nichts zu tun, sondern beruht auf der Überlegung, dass ich durch die Klage den Kaufpreis festgelegt habe.

Jonas: Wenn das Ergebnis des Prozesses ist, dass aus einem Vertrag ein Anspruch von 1000 RM als Gegenleistung erwachsen ist, dann kann ich nicht hinterher einen weiteren Anspruch geltend machen.

Staud: Folgern Sie das aus der Rechtskraft, oder stützen Sie sich auf Ihre Darlegung in Ihrem Kommentar, der ich auch beitrete? Sie vertreten da die Auffassung: Wenn jemand aus unerlaubter Handlung eine bestimmte Summe als Schadenersatz einklagt, so liegt darin im Zweifel nicht ein Verzicht auf weitere Ansprüche.

Jonas: Beispiel: Ich klage auf 1000 RM mit der Begründung: Das ist ein angemessener Kaufpreis. Dies wird rechtskräftig festgestellt. Durch diese Feststellung ist mir endgültig abgeschnitten, nachher zu sagen, nicht 1000, sondern 1200 RM seien angemessen, also 200 RM mehr zu verlangen.

Vorsitzender: Das ist einer der Punkte, den wir bei der Rechtskraft zu behandeln haben. Beim Schadenersatz würden die Herren offenbar auch geneigt sein, eine Nachforderung zuzulassen.

Pagenstecher: Das wäre theoretisch zu begründen. Bei einer Schadenersatzforderung kann der Kläger sagen: Ich will vorläufig diese Summe einklagen. Die Kehrseite ist aber die, dass man dem anderen Teil die Möglichkeit geben muss, Widerklage, eine Inzidentfeststellungsklage zu erheben. Beispiel: Jemand hat geklagt auf Schadenersatz von 1000 RM aus unerlaubter Handlung. Im Laufe des Prozesses erweitert er den Anspruch auf 1200 RM. Nun wandte der Gegner die Einrede der Verjährung ein. Hierzu hat das RG erklärt, dies gehe, denn es handle sich um einen einheitlichen Anspruch, der ganze Anspruch sei rechtshängig geworden. Vertritt man diese Auffassung, dann muss man konsequenterweise auch annehmen, dass über den ganzen Anspruch entschieden ist. Man kann nicht sagen, es ist nur entschieden über 1000 RM, sondern es ist über den Anspruch entschieden. Nimmt man den grundsätzlichen Standpunkt des RG an, dass man immer noch mit der Nachforderung kommen kann, dann muss man dem Beklagten die Möglichkeit geben, eine Widerklage zu erheben auf Feststellung, dass der Betreffende sich geirrt hat. Wenn Sie sagen, eine Nachforderung kann immer geltend gemacht werden, dann ist jede Klage Teilklage.

Vorsitzender: Bei Schadenersatzprozessen stimme ich der Auffassung zu, dass die Klage immer zunächst den Charakter der Teilklage hat. Ich klage den Schaden ein, der sich bis zur Klagerhebung herausgestellt hat; sollte der Schaden sich dann vergrößern, dann mache ich später die Nachforderung geltend.

Pagenstecher: Wie liegt nun der Fall, wenn der Kläger zu viel verlangt hat und der Beklagte dazu verurteilt ist. Ich lege immer entscheidenden Wert darauf, dass die Waffen zwischen Kläger und Beklagten gut und gleich sein müssen. Der Kläger hat 1200 RM verlangt; der Beklagte ist rechtskräftig dazu verurteilt. Der Beklagte ist vielleicht der Erbe. Er findet einen Zeugen, der bekundet, dass sein Erblasser schon 200 RM gezahlt habe; der Beklagte ist in Wirklichkeit also nur 1000 RM schuldig. Der Beklagte kann, wenn er zu hoch verurteilt ist, gar nichts machen; die Sache ist res judicata. Da ist es vollkommen gerecht, wenn auch der Kläger, der infolge eines Irrtums zu wenig erhalten hat, auch nicht mit einer Nachforderung kommen kann. Das ist eins meiner Hauptargumente gewesen.

Vorsitzender: Dem würde auch ich zustimmen.

Pagenstecher: Ich habe diese Argumente dargelegt in meinem Vortrag vor der Hamburger Juristischen Gesellschaft, abgedruck in der Hanseatischen Rechtszeitschrift 1931, Sp. 562 ff. Einschlägig ist auch mein kleines Büchlein „Prozessprobleme“ [Mannheim 1930].

Der Haupteinwand der Anhänger der formellen Beschwer ist der, das widerspreche dem Wesen des Rechtsmittels. Jemand, dem der Richter gegeben hat, was er verlangte, hat keinen Grund zur Beschwer. Man macht weiter geltend: Jemand soll nicht Berufung einlegen können nur zu dem Zweck, die Klage zu erweitern. Ich würde auch z.B. Folgendes nicht zulassen: Jemand hat geklagt auf Herausgabe einer Kuh. Der Klage ist stattgegeben. Nun erklärt der Kläger: Ich habe nicht gewusst, dass die Kuh schon ein Kalb geworfen hat; ich lege Berufung ein und verlange nun auch das Kalb. Das würde ich nicht zulassen. Das Kalb kann er in einem neuen Prozess erhalten.

Mein drittes Argument ist Folgendes: Es ist eine große Unbilligkeit, namentlich wenn es sich um besonders hohe Summen handelt, dass der Kläger, wenn er das Glück hatte, mit einer geringeren Summe abgeschmettert zu werden, in der höheren Instanz die Klage weiterführen kann. Hatte er dieses Glück nicht und ist seiner Klage in vollem Umfang stattgegeben, so kann er das nicht.

Vorsitzender: Man müsste eine Vorschrift schaffen, die zunächst auf die formelle Beschwer als die Regel abstellt. Dann müsste man hinzusetzen: Es kann auch ohne formelle Beschwer geklagt werden in den Fällen, in denen die Rechtskraft einem neuen Prozess entgegensteht. Gegen eine solche Regelung hätte ich keine Bedenken. – Dann wollen wir bis zur nächsten Sitzung hierzu einen formellen Vorschlag entwerfen.

Jonas: Sie wollen die Sache auf die Fälle beschränken, in denen sonst die Gefahr besteht, dass die Rechtskraft einen weiteren Anspruch abschneidet. Nur sehe ich hier eine gewisse Schwierigkeit für die Formulierung einer gesetzlichen Vorschrift: Ein „Rechtsmittel“ kann auch eingelegt werden zur Erweiterung eines geltend gemachten Anspruchs. Das ist das Problem. Es besteht eine gewisse Gefahr, dass die erste Instanz als Versuchsballon genutzt und der Prozess lässig geführt wird. Hier muss man gewisse Bremsen einbauen, aber die können erst wirken, wenn die zweite Instanz angekurbelt ist. Das ist die große Schwierigkeit. Ich muss in die zweite Instanz gehen, um von 10.000 auf 100.000 RM zu erhöhen. Ob ich in der zweiten Instanz mit 1 Mio. zum Zuge komme und das nicht durch die etwa einzubauenden Bremsen abgeschnitten wird, das wird die Zukunft ergeben.

Pagenstecher: Es handelt sich darum, gewisse Härten zu vermeiden. Solche Sachen kommen vor. Ein Erbe prozessiert und erfährt später, dass die Forderung des Erblassers in Wahrheit höher war. Diese höhere Forderung müsste er geltend machen können.

Jonas: Für diese Fälle muss man zweifellos ein begründetes Bedürfnis bejahen. Beispiel: Jemand klagt auf Schadensersatz, weil der Beklagte ein Bild von ihm verbrannt hat. Der Wert des Gemäldes wird auf 10.000 RM gesetzt. Er klagt diese Summe ein und sie wird ihm zugesprochen. Kaum ist das Urteil erlassen, da steigen die Gemälde des betreffenden Malers schnell in die Höhe, man müsste für das verbrannte Gemälde nun mindestens 20% mehr zahlen.

Pagenstecher: Wir kommen hier auf ein ganz anderes Problem, nämlich: Wann soll überhaupt Schluss sein, welcher Zeitpunkt soll maßgebend sein? Man könnte sagen: Maßgebend ist der Zeitpunkt, zu dem das Gemälde verbrannt ist. Das ist aber nicht richtig. Die Grundidee jedes Schadenersatzes ist die Wiederherstellung des früheren Zustandes. Nach meiner Auffassung muss man hier einen Mittelweg wählen: Solange das Urteil noch nicht rechtskräftig ist, muss der Kläger die Möglichkeit haben, den inzwischen erwiesenen höheren Schaden geltend zu machen. Hatte er das Unglück, dass ihm die Summe, die er einklagte zugesprochen wurde, dann ist es Schluss.

Staud: Der Kläger erhält als Schadensersatz den Betrag, der am Tag der letzten mündlichen Verhandlung angemessen ist. Stellt sich sein Schaden inzwischen als größer heraus, dann muss er erklären: Seit der letzten mündlichen Verhandlung ist weiterer Schaden entstanden.

Vorsitzender: Das halte ich materiellrechtlich für ausgeschlossen.

Pagenstecher: Die Grundidee ist: Der Geschädigte soll in den Zustand versetzt werden, als ob der Schaden nicht entstanden wäre. Ich kann ein dem verbrannten gleichartiges Gemälde nur kaufen, wenn ich einen höheren Betrag dafür aufwende, als mir zugesprochen wurde.

Vorsitzender: Nehmen Sie das Beispiel mit den Aktien, deren Kurswert inzwischen steigt oder fällt. Der Prozess nimmt dann überhaupt kein Ende. Materiellrechtlich kann es auf den Schluss der letzten mündlichen Verhandlung nicht ankommen.

Jonas: Die Frage ist immer wieder: Welches ist der Zeitpunkt?

Vorsitzender: Welchen Zeitpunkt hat das BGB im Auge? Dazu kommt noch, dass der Schaden auch den entgangenen Gewinn umfasst. Ich würde sagen: Maßgebend ist die Zeit der Zerstörung. Wenn ich Schadenersatz wegen Verzugs geltend mache, dann habe ich die Wahl, ob ich für den Zeitpunkt der Bemessung des Schadens den Verzugseintritt oder den Ablauf der Nachfrist nehme.

Staud: Letzter Zeitpunkt ist der Tag der letzten mündlichen Verhandlung.

Vorsitzender: Man sieht, wie schwer man sich tut, wenn man plötzlich vor einem solchen grundsätzlichen Problem steht. – Wir unterbrechen die Sitzung.

(Mittagspause)

Nachmittagssitzung

Vor Wiederaufnahme der Sitzung bringt *Pagenstecher* zunächst gesprächsweise und außerhalb des Protokolls die Frage der Zulässigkeit eines Rechtsmittels bei einer Beschwer, z.B. bei Erhöhung eines Schadenersatzanspruchs während eines Prozesses, unter Anführung von Beispielen zur Sprache.

Jonas: Was ist eigentlich „Beschwer“? Bisher haben wir gesagt: *Beschwer* ist die Differenz zwischen dem, was ich in der Vorinstanz erstrebt, und dem, was ich bekommen habe. Nun wird eingewendet: das klappte in manchen Fällen nicht, man müsste richtiger sagen: das Rechtsmittel ist zuzulassen, wenn eine Differenz besteht zwischen dem, was mir zugesprochen ist, und dem, was ich jetzt haben möchte, denn es gibt Fälle, wo mir dies, was ich jetzt haben möchte, wenn ich es im Prozess nicht geltend machen kann, durch die Rechtskraft abgeschnitten wird. Ich verlange z.B. Schadenersatz in Höhe von 10.000 RM, indem ich klipp und klar zum Ausdruck bringe: dies ist nicht ein Teilanspruch, sondern der volle Anspruch; und nun stellt sich heraus: der Anspruch war nicht 10.000, sondern 12.000 RM, also, um bei dem vom Herrn Pagenstecher erwähnten Beispiel zu bleiben: Das verbrannte Bild, wegen dessen Schadenersatz begehrt wird, ist nicht eine gute Kopie, sondern ein Originalgemälde. Quaestio: Soll man in solchen Fällen ein Rechtsmittel mit dem Ziel bloß einer Erweiterung zulassen? Und das andere instruktive Beispiel: die Klage wegen Herausgabe einer Kuh; während das Urteil über die Kuh ergangen ist, bringt die Kuh ein Kalb zur Welt, und nun entsteht die Frage: Kann ich ein Rechtsmittel auch wegen des Kalbs einlegen?

Pagenstecher: Sie können den Fall auch so nehmen: Das Kalb ist vorher schon erschienen, aber er hat es nicht gewusst.

Jonas: Der Fall liegt hier anders. Wenn man solche Rechtsmittel zulässt, dann würde ich sie auch in diesen beiden Fällen zulassen.

Pagenstecher: Ich hätte auch nichts dagegen; aber ich fürchte, dass wir dann auf noch größere Widerstände stoßen.

Stagel: Ich bin gegen das ganze System, weil wieder eine Verschiebung in die zweite Instanz stattfindet.

Jonas: Nun ist aber das Komische, was sich als beachtlich für den Gedanken anführen lässt: Wenn der Andere zufällig wegen eines Punktes ein bisschen in die Rechtsmittelinstanz geht, dann habe ich durch die Anschlussberufung den Weg frei.

Pagenstecher: Und dann auch, wenn etwas aberkannt ist. Sagen wir: Eine Million wird eingeklagt, in Höhe von 600.000 RM ist aberkannt, im Übrigen ist zugesprochen. Dann kann ich Berufung einlegen, weil es dann die formale Beschwer ist und die summa appellabilis behandelt wird. Dann bin ich vollkommen frei und kann die Klage erweitern. Wenn ich das Glück gehabt habe, dass mir etwas aberkannt ist, kann ich es nachher noch geltend machen.

Jonas: Es ist ein gewisser Unterschied unter dem Gesichtspunkt der Prozessökonomie. Wenn einmal in die zweite Instanz gegangen wird, dann soll die zweite Instanz auch möglichst ausgenutzt werden.

Pagenstecher: Dann haben wir uns missverstanden. Ich will einmal annehmen, es würden beide Fälle zusammenkommen: Einmal erhöht sich der ursprüngliche Anspruch, und es kommt noch eine Nebenforderung. Wenn die Berufung erst einmal zulässig ist, weil Sie sagen, der Anspruch erhöht sich, dann kann er auch das Kalb in dem angeführten Beispiel verlangen. Ich meine aber den Fall, dass nur deswegen Berufung eingelegt wird, um einen neuen Anspruch zum ersten Mal in der Berufungsinstanz geltend zu machen.

Jonas: Sie meinen, nur zur Erweiterung eines Anspruchs?

Pagenstecher: Erweiterung im engeren Sinn. Das Gesetz spricht von Erweiterung im weiteren Sinn. Wenn von Erweiterung die Rede ist, meint es auch die Früchte, was in Wirklichkeit ein neuer Anspruch ist. Die beiden Fälle werden oft, z.B. auch von Held, nicht genügend unterschieden. Sie müssen aber schon wegen der Unterbrechung der Verjährung unterschieden werden, ob es ein neuer Anspruch ist oder nicht.

Jonas: Was ist ein neuer Anspruch? Wenn ich die Arztkosten geltend mache, kann sich nachher herausstellen, dass ich außerdem auch noch einen Anspruch auf Rente wegen Behinderung in der Arbeit habe.

Staud: Oder Sachschaden!

Jonas: Sachschaden, könnte man vielleicht sagen, ist ein neuer Anspruch.

Pagenstecher: Ich würde aufgrund der Individualisierungstheorie sagen: Ich will den ganzen Schaden einklagen – ich sage das mit allem Vorbehalt –, der mir aus diesem Unfall entstanden ist.

Jonas: Dann kommt die Frage: Wie ist es mit dem Schmerzensgeld, mit dem immateriellen Schaden?

Pagenstecher: Dass da die Entscheidung nicht ganz einfach ist, gebe ich ohne weiteres zu. Aber ich möchte immer wieder betonen, dass es eine ganze Menge anderer Fälle gibt, z.B. mit der Verjährung, wo Sie diese Entscheidung auch treffen müssen.

Vorsitzender: Ich würde geneigt sein, an sich im Falle der sonstigen Abschneidung durch die Rechtskraft auf den Boden der materiellen Beschwer zu treten. Wie ist es mit dem Geisteskranken?

Pagenstecher: Ich glaube, die Befürchtungen für die Praxis werden nicht so groß sein.

Vorsitzender: Sollte es einmal ein Ausnahmefall sein, würden wir ihn zu überlegen haben.

Pagenstecher: Dass sehr großer Missbrauch getrieben wird, glaube ich nicht. Mit Rücksicht auf die ganzen Kosten und Umstände wird jemand das nicht machen, wenn er nicht triftige Gründe hat.

Stagel: Hat sich das Bedürfnis praktisch geltend gemacht?

Vorsitzender: Es sind wohl schon Entscheidungen darüber ergangen.

Stagel: Es gibt doch keine Schadensersatzklage, in der nicht steht: ich behalte mir vor usw.

Pagenstecher: Sie dürfen nicht nur an Schadenersatzklagen denken. Ich klage den angemessenen Kaufpreis ein und sage wohl überlegt: Der angemessene Kaufpreis ist 1000 RM.

Singer: Dann kann er nachher nicht mehr kommen.

Jonas: Man kann natürlich sagen: Angemessen ist mindestens 1000 RM.

Stagel: Wo ist die Grenze, wenn einmal die Rechtskraft da ist?

Pagenstecher: Aber die andere Frage ist die, ob es nicht für den Mann außerordentlich bitter ist, wenn noch nicht Rechtskraft da ist und er nun erfährt – es trifft ihn nicht das geringste Verschulden –: in Wirklichkeit ist das ganz anders, aus irgendeinem Grunde, auch wieder, weil die Ware viel wertvoller ist, als er gedacht hat, beträgt der angemessene Kaufpreis das Doppelte und Dreifache, – es ist natürlich bitter, ihm nun zu sagen: Das Urteil ist zwar noch nicht rechtskräftig, aber du musst warten, bis es rechtskräftig ist, und dann bist du erledigt.

Vorsitzender: Wenn der Beklagte jetzt aufrechnet, kann er die Forderung jederzeit durchsetzen. Wenn er bisher z.B. 3000 RM aufgerechnet hätte, und es wird ihm gesagt, die Gegenforderung wäre nicht 3000, sondern 4000 RM, kann er es auch wieder geltend machen.

Stagel: Aber warum immer solche Fälle mit dem Mitleid für einen Mann, der eventuell einmal einen Schaden haben könnte? Wenn sich in der Praxis noch kein Bedürfnis gezeigt hat, warum dann eine solche Kompliziertheit?

Pagenstecher: In der Praxis geht eben die Judikatur sehr hin und her, weil da das Reichsgericht sogenannte Nachforderungen zugelassen hat. Das war prozessökonomisch sehr bedauerlich, dass der Mann noch einmal anfangen musste, eine neue Klage zu erheben. Aber immerhin ist die Sache nicht vollkommen weggefallen.

Vorsitzender: Ist die materielle Beschwer soviel komplizierter als die formale? Ist der Begriff der materiellen Beschwer so schwierig? Das ist immer die Frage.

Pagenstecher: Wenn der Beklagte zu wenig bekommen hat, ist es nachher mit der Rechtskraft erledigt. Deshalb ist die Nachforderung etwas sehr Unbilliges. Wenn ich dem Kläger sage: wenn das Urteil auch rechtskräftig ist, aber du siehst, du hast zu wenig verlangt, darfst du nachfordern, dann müsste ich eigentlich auch dem Beklagten sagen: du bist zuviel verurteilt worden, also darfst du zurückfordern. Man behandelt also, wenn man die Nachforderung zulässt, den Kläger schlechter als den Beklagten. Wenn man aber die Nachforderung nicht zulässt, dann ist es wieder furchtbar unbillig, dem Kläger nicht die Berufung zu gestalten. So ist die Zwickmühle.

Staud: Wenn man davon ausgeht, dass die Rechtskraft diese Wirkung hat, dann ist das Erfordernis der Berufungszulassung m.E. unabweisbar.

Pagenstecher: Herr Ministerialrat, waren Sie schon Mitglied der Kommission, als ich allen Herren mein kleines Buch über die Prozessprobleme [Mannheim 1930] gegeben habe? (*Ja!*) Da sind zwei Aufsätze darin. Der zweite ist nur kurz. Wenn Sie so freundlich sein wollen, ihn anzusehen, dann werden Sie dort die ganzen Fragen behandelt finden.

Vorsitzender: Es wäre jetzt die Aufgabe, für die materielle Beschwer, die ja die formelle einfach mit verschlucken würde, eine glatte und einwandfreie Formulierung zu finden, damit das Gericht ohne Schwierigkeiten sagen kann: Es liegt materielle Beschwer vor oder nicht. Wenn sie ebenso einfach würde wie die formelle Beschwer, brauchte man ja keine Bedenken zu haben. Dann würden auch die Bedenken wegfallen, dass nur selten Fälle materieller Beschwer ohne gleichzeitige formelle Beschwer sind. Nur wenn die Sache kompliziert wird, dass man sagt: der Begriff ist sehr viel unhandlicher und unübersichtlicher als der der formellen Beschwer, könnte man ja Bedenken haben.

Jonas: Was die Sache gegenüber dem jetzigen Rechtszustand erschweren würde, ist jedenfalls Folgendes: Jetzt kann ich ohne weiteres dem Urteil und der Berufungsschrift und den Berufungsanträgen entnehmen, ob die Berufung zulässig ist oder nicht. Künftig würde man das nicht ansehen können.

Vorsitzender: Künftig wird die ganze sachliche Verhandlung zunächst einmal unter den Gesichtspunkt gestellt, dass es so ist.

Pagenstecher: So darf man es nicht machen. Die Behauptung muss genügen.

Jonas: Natürlich, so müsste man es machen

Pagenstecher: Mit der Behauptung hat man immer zu tun. Die Schwierigkeit der Formulierung liegt nur darin: wenn man die Sache auf den Fall der Anspruchserweiterung im engeren Sinne beschränken muss, dass man eben klar herausstellt, dass es nicht der Fall ist z.B. bei dem Kalb, sondern nur, wenn der Anspruch erhöht wird.

Jonas: Da kommt dann wieder unser berühmtes nicht gelöstes Problem: Was ist Anspruch?

Pagenstecher: Darüber muss sich das Reichsgericht auch bei der Verjährung klar werden.

Jonas: Nur bei der Verjährung spielt es so gut wie gar keine Rolle, namentlich wo das Reichsgericht ausgesprochen hat: Wenn ich einen Teilanspruch einklage, dann deckt sie Verjährung das Ganze. So ist es doch wohl?

Pagenstecher: Nein, gerade umgekehrt: Das Reichsgericht sagt ausdrücklich: wenn ich einen Teilanspruch einklage, komme ich nachher mit dem nächsten Teil; aber wenn ich einen Anspruch einklage und habe ihn zu niedrig beziffert – das ist gerade der Unterschied –, dann ist der Teilanspruch, behauptet das Reichsgericht – ob mit Recht oder nicht, kann man dahingestellt sein lassen –, genau wie die Geltendmachung des ganzen Anspruchs in dieser Beziehung. Das wird also zugelassen. Aber was die Verjährung betrifft, ist es genauso, als ob die beiden Ansprüche selbständig wären. Wenn ich nachher den zweiten Teilanspruch einklage, und die Verjährung ist abgelaufen, dann ist Schluss.

Vorsitzender: Wir werden bei der Rechtskraft noch darauf zu sprechen kommen, wieweit nun die Rechtskraft präkludiert. Das ist auch eine praktisch wichtige Frage. Wir wollen das also zurückstellen und beim nächsten Mal noch einmal scharf zu sprechen kommen. Vielleicht versucht Herr Pagenstecher, bis dahin eine Formulierung zu bringen.

Pagenstecher: Wenn Sie nicht darauf eingehen wollen?

Vorsitzender: Das hängt davon ab, ob man eine passende und einigermaßen einfache Formulierung der Fassung findet.

Staud: Es sind zwei Gruppen von Fällen. Das eine sind die Fälle, in denen der Mann dadurch beschwert ist, dass ihn das ihm zusprechende Erkenntnis seine etwaigen weitergehenden Ansprüche präkludiert, wo die Frage der Rechtskraft eine Rolle spielt; und das andere ist die Gruppe von Fällen der Geisteskranken, wo der Mann sagt: Ich bin dadurch beschwert, dass ich meinen Prozess gewonnen habe. Ich möchte ja selbst nach heutigem Recht annehmen, dass in der ersten Gruppe von Fällen, wo der Mann dadurch beschwert ist, dass durch die Rechtskraft ihm seine weiteren Ansprüche präkludiert werden, man ihm auch beim jetzigen Recht schon eine Beschwer genehmigen könnte.

Pagenstecher: Allerdings in der anderen Gruppe von Fällen, bei denen der Mann sagt: Ich bin dadurch beschwert, dass ich den Prozess gewonnen habe, sehe ich auch de lege lata keine Notwendigkeit, und de lege ferenda auch kein Bedürfnis. Die Beschwer muss doch immer darin beruhen, dass ihm irgendetwas aberkannt ist, sei es ausdrücklich, sei es implicite durch die Rechtskraftwirkung.

Pagenstecher: Bei der Feststellungsklage ist es mit dem „aberkannt" so eine Sache. Er ist dadurch geschädigt, dass ein Vertrag für gültig erklärt wird, der in Wirklichkeit ungültig ist und der ihn benachteiligt.

Vorsitzender: Es klagt jemand auf Feststellung eines Vertrags, meinetwegen eines länger laufenden Liefervertrages. Mittlerweile stellt sich heraus: Der Mann ist geisteskrank, er wird entmündigt. Der Vormund überlegt sich die Sache und stellt fest: Der Vertrag ist ganz nachteilig, womöglich auch nichtig, weil der Mann schon bei Abschluss geisteskrank war. Nun will der Mann Berufung einlegen mit dem Ziel, dass er abgewiesen wird.

Staud: Sie brauchen den Fall gar nicht mit dem Geisteskranken zu komplizieren. Er klagt einfach auf Feststellung, dass der sukzessorische Lieferungsvertrag abgeschlossen ist. Während des Laufs der Berufungsfrist ändern sich die Konjunkturverhältnisse. Er sagt sich: Jetzt ist der sukzessorische Lieferungsvertrag verdammt ungünstig, jetzt lege ich Berufung ein.

Vorsitzender: Der Kläger kann doch nicht gut den Antrag stellen: Ich beantrage, meine Klage abzuweisen.

Stagel: Er muss sie zurücknehmen.

Vorsitzender: Das kann er nicht, wenn der andere nicht einwilligt. Kann ein Kläger beantragen, seine Klage abzuweisen? Das ist doch grotesk.

Stagel: Er müsste verzichten.

Vorsitzender: Das kann er auch nicht. Er kann materiell auf seine Ansprüche verzichten, aber nicht auf das Schuldverhältnis im Ganzen.

Pagenstecher: Er kann einfach eine Verzichtserklärung abgeben.

Vorsitzender: Das hilft ihm nichts. Er kann materiellrechtlich zwar auf seine Ansprüche aus dem Lieferungsvertrag verzichten, aber nicht auf das Schuldverhältnis im Ganzen. Deswegen ist kein Bedürfnis da.

Pagenstecher: Die Forderung gegen ihn wird doch voll bestehen bleiben. (*Ja!*) Aber ich glaube, wenn einer einen Klageverzicht abgibt – besonders nach Ihrer Lehre ist es so –, so heißt das: Ich bin damit einverstanden, dass die Klage abgewiesen wird. Oder er kann in der Revisionsinstanz ausbleiben.

Staud: Dann würde ja letzten Endes ein Weg über den Prozess eröffnet sein, wie jemand von einem Vertrag loskommen kann. Er sagt sich: Ich klage auf Feststellung, dass dieser Lieferungsvertrag besteht, und erkläre den Verzicht, und dann ergeht ein Verzichtsurteil.

Vorsitzender: Das hilft ihm nichts, wenn der Lieferungsvertrag nachteilig für ihn wirkt. Er kann den anderen niemals seiner Gegenansprüche berauben. Er kann nur für sich verzichten. Er hat eine Lieferung von 10.000 RM versprochen. Jetzt stellt sich heraus: 10.000 RM sind ein zu geringer Preis. Wenn er jetzt verzichtet, kann er nur auf die 10.000 RM verzichten, muss aber immer noch liefern, d.h. er macht es nur noch schlechter als vorher.

Pagenstecher: Ein materiellrechtlicher Verzicht würde natürlich nichts bedeuten.

Vorsitzender: Prozessual nützt es ihm natürlich auch nichts. Den Fall können wir, glaube ich, ausscheiden, abgesehen davon, dass er wirklich an der Peripherie liegt.

Jonas: Nehmen wir den Fall umgekehrt. Der Beklagte ist dadurch beschwert, dass der Kläger mit seiner Klage abgewiesen ist. Der möchte nun gern an dem Lieferungsvertrag festhalten. Der Beklagte wird verurteilt, 10.000 RM gegen Abnahme von soundso viel Kohle zu zahlen. Nun sagt der Beklagte: Das ist ja eine glänzende Sache, der Kläger ist damit zwar abgewiesen, aber die Kohlen sind mir jetzt so wichtig, ich möchte lieber die Kohlen haben.

Pagenstecher: Was dem Kläger billig ist, ist dem Beklagten recht. Das Gericht hat immer zu entscheiden, wie die Sache nun ist.

Vorsitzender: Das kann sich aber immer durch Konjunkturschwankungen ändern.

Pagenstecher: Nein, wenn der Vertrag besteht! Es wird wohl hier ein Fall sein, dass er mündlich oder auch schriftlich abgeschlossen ist, wo aber zweifelhaft ist, wie das zu verstehen ist. Also das bleibt ja unverändert. Allerdings müssten wir noch einmal überlegen: Was soll er, wenn man die Berufung zulässt, in dem Beispiel von dem Geisteskranken für einen Antrag stellen?

Vorsitzender: Er müsste den Antrag stellen, die Klage auf Feststellung abzuweisen. Kann nun der Kläger einen Antrag auf Abweisung der Klage stellen?

Pagenstecher: Doch, das geht!

Vorsitzender: Das ist eine contradictio in adjecto. Das ist eine merkwürdige Konstellation: Der Kläger beantragt, die Klage abzuweisen, der Beklagte beantragt händeringend, der Klage stattzugeben und ihn zu verurteilen!

Staud: Die Situation kann sich umgekehrt dadurch ergeben, dass der Beklagte seinerseits eine Widerklage erhebt, die auch auf Feststellung gerichtet ist.

Vorsitzender: Es ist ja nirgends gesagt, dass der Kläger das nicht beantragen könnte. Aber das hat man wohl für selbstverständlich gehalten.

Staud: Das halte ich für ein Unding, dass man Abweisung seiner eigenen Klage beantragt.

Vorsitzender: Das rechtliche Interesse hätte er ja vielleicht.

Pagenstecher: Wenn der Beklagte ausbleibt und überhaupt keinen Antrag stellt!

Staud: Dann hat das Gericht nach dem Klageantrag zu erkennen, wenn das tatsächliche Erbringen den Klageantrag rechtfertigt.

Vorsitzender: Ich hebe meinen Antrag auf, ich erkläre selbst: Der Klageantrag ist ungerecht.

Staud: Dann muss der andere aber das Verzichtsurteil beantragen; ich kann nicht ein Verzichtsurteil gegen mich selbst beantragen.

Pagenstecher: Wenn er in der Berufungsinstanz ausbleibt, muss der andere auch Versäumnisurteil beantragen. Höchstens könnte dann Entscheidung nach Lage der Akten ergehen, wenn er ausbliebe.

Vorsitzender: Der Fall scheint mir nicht geeignet zu sein, hereingezogen zu werden. Aber der Fall, wo eben die Forderung des Mehrwerts, des Mehrschadenersatzes usw. durch die Rechtskraft präkludiert würde, ist ernsthafter.

Pagenstecher: Der Fall mit dem Geisteskranken ist nachher bei Wiederaufnahme des Verfahrens interessant. Denn dann könnte man daran denken, dass der Geisteskranke nur verlangen könnte, das Urteil aufzuheben, damit in der Sache Schluss wäre.

Vorsitzender: Ist das bei Wiederaufnahme des Verfahrens denkbar?

Pagenstecher: De lege lata nicht, aber man könnte de lege ferenda gesehen es so machen, dass immer noch ein judicium rescissorium sich daran anschließen müsste. Ich wollte nur die Sprache darauf bringen, ob es nicht zulässig sein sollte, dass überhaupt sich einer mit der Kassation des Urteils begnügt und beide Parteien sagen: Dann machen wir Schluss.

Vorsitzender: Das könnte man bei Wiederaufnahme machen.

Singer: Das ist aber schwer zu fassen.

Vorsitzender: Nachdem dieser Punkt vorläufig erledigt ist, würden wir nunmehr prüfen, welche Fragen in der Berufungsinstanz noch sind, und zwar wollen wir uns jetzt einfach zunächst an die Reihenfolge der Zivilprozessordnung halten.

Pagenstecher: Wollen wir einfach bei jedem Paragraphen prüfen: Ist das ein Problem oder nicht?

Vorsitzender: *§ 511* ist wohl kein Problem: „Die Berufung findet gegen die in erster Instanz erlassenen Endurteile statt.“ Dazu ist wohl nichts zu bemerken.

§ 512 betrifft den Wert des Beschwerdegegenstandes.

Staud: Jetzt kommt die Frage der Berufungsgrenze. Diese Frage haben wir bei der Zulässigkeit der Revision erörtern wollen, ob man da auf eine Regelung kommt, wie wir sie im Entwurf für die Revision haben.

Vorsitzender: Schön, das würde eine Art Diskussion sein, wie es mit dem Beschwerdegegenstand gehalten werden soll.

Jonas: Ein gewisser Beschwerdegegenstand ist unvermeidlich. Man könnte schließlich darauf abkommen: Wenn ein Urteil über 2 RM ergeht, ist es unmöglich, dass man da wieder zur Berufung zurückkehrt.

Vorsitzender: Aber 500 RM sind doch zu viel.

Staud: Eine Erörterung über die Höhe der Berufungsgrenze ist völlig müßig. Die Argumente sind billig wie Brombeeren. Die Höhe einer Berufungsgrenze hängt meist von Umständen ab, auf die wir keinen unmittelbaren Einfluss haben: das sind Finanzverhältnisse, Kriegsverhältnisse usw.

Vorsitzender: Man könnte zum Ausdruck bringen, dass für normale Zeiten die Berufungsgrenze von 500 RM zu hoch ist.

Staud: Das bedarf keiner Erörterung. Ich kann offen sagen: Die Grenze, an die man denkt, beträgt 200 RM.

Jonas: Meinen Sie als Kriegsgrenze oder als Dauergrenze?

Staud: Vor dem Krieg haben Erörterungen über die Vereinfachung der Rechtspflege geschwebt, und in diesen Erörterungen war an eine Berufungsgrenze von 200 RM gedacht. Es wird doch praktisch so laufen: Wenn der Krieg zu Ende ist, wird die Vereinfachungsverordnung in manchen Teilen noch auf Jahre hinaus bestehen bleiben müssen. Das ist sicher, denn der Mangel an Menschen wird nach dem Kriege in jedem Falle groß sein. Manche Sachen, wie z.B. das Alleinrichtertum in der ersten Instanz des Landgerichts, sind Sachen, mit denen wir praktisch auf lange Sicht rechnen müssen. Wir werden auch praktisch auf lange Sicht mit einer höheren Berufungsgrenze rechnen müssen, und da sind 200 Mark die Grenze, mit der wir rechnen.

Vorsitzender: Wir wollen die Probleme nur erst einmal aufzeichnen, nicht erörtern.

Bei § 512 würde also die Frage der Höhe des Beschwerdegegenstandes zu erörtern sein – sehr nebenbei! – und die Frage einer Regelung des Zulassungsanspruchs.

Pagenstecher: Bei *§ 511 a* wollen Sie an der Zulassung der Ansprüche festhalten?

Vorsitzender: Das ist eben die Frage, ob diese Zulassung wie bei der Revision gemacht werden soll.

Staud: An der Zulässigkeit des Rechtswegs wird man wohl festhalten müssen. (*Zustimmung.*) Und ob man die ausschließliche Zuständigkeit des Landgerichts beibehalten kann, darüber wird man sehr geteilter Meinung sein können.

Jonas: Das sind die Fiskalansprüche.

Staud: Das besondere beneficium für den Fiskus, dem allerdings die Kostenvergünstigung gegenübersteht, dass in diesen Prozessen nachher die weiteren Instanzkosten unter Umständen der Fiskus selbst zu bezahlen hat.

Vorsitzender: Nun kommt *§ 512.* „Der Beurteilung des Berufungsgerichts unterliegen auch diejenigen Entscheidungen, welche dem Endurteile vorausgegangen sind, sofern nicht dieselben nach den Vorschriften dieses Gesetzes unanfechtbar oder mit der Beschwerde anfechtbar sind.“ Das wird wohl bleiben.

§ 512 a ist schon erledigt durch § c.

§ 513, Versäumnisurteil mit der Berufung nicht anfechtbar, bleibt.

Jonas: Sollte es das zweite Versäumnisurteil geben?

Staud: Ja künftig! Wir hatten uns das Versäumnisverfahren so vorgestellt, dass alles beim Alten bleiben soll, mit der einen Änderung, dass das Gericht auch ohne Antrag anstelle eines Versäumnisurteils eine Entscheidung nach Lage der Akten abgeben kann, wenn es der Überzeugung ist, dass nach Lage der Akten der Rechtsstreit zur Endentscheidung reif sei. Wenn Versäumnisurteil beantragt wird, hat das Gericht entweder auf Antrag auf Versäumnisurteil zu entscheiden oder zu sagen: Nach Lage der Akten ist der Prozess entscheidungsreif, entsprechend der Prozesssituation nach beendeter Beweisaufnahme, ich mache jetzt zuungunsten der erschienenen Partei ein Urteil. Also der Volkmarsche Fall: der Beklagte, gegen den die Beweisaufnahme ausgefallen ist, erscheint und sagt: Famos, der Kläger ist nicht da. Da sagt Herr Volkmar: Da muss das Gericht in der Lage sein zu sagen: nein, diesen Unsinn mache ich nicht, – wenn schon entschieden werden soll, entscheide ich nach Lage der Akten und beende damit die Instanz. Dahin waren wir wohl einig. Also das zweite Versäumnisurteil würde an sich möglich sein. Aber wenn ein Versäumnisurteil ergangen ist und nachher der strenge Säumnisfall eintritt, wird das Urteil verworfen.

Jonas: Zu dem zweiten Versäumnisurteil habe ich einen ganz eigentümlichen Fall. Es handelt sich um einen Unterhaltsvertrag. Die geschiedene Ehefrau klagt gegen den Mann auf Unterhalt. Der Mann wendet ein: Du bist schon durch 16.000 RM abgefunden. Das ist der Streit, ob durch diese Abfindung der Unterhaltsanspruch abgegolten ist und, nachdem sie das Geld gekriegt hat, keinen Unterhaltsanspruch mehr hat. In erster Instanz ist die Firma abgewiesen. Es wird Berufung von einem Anwalt eingelegt. Dann wird ihr das Armenrecht versagt. Der Anwalt tritt dann zurück, zeigt an, dass er die Frau nicht mehr vertritt. Nun ergeht gegen die Frau Versäumnisurteil. Da kommt die Frau mit einem zweiten Anwalt und legt Einspruch ein. Dann bittet sie erneut ums Armenrecht. Das Armenrecht wird ihr wieder versagt, und dann kommt der Termin über den Einspruch. Sicher waren als Objekt nach dem einjährigen Betrag wohl etwas über 1000 RM angenommen. Nach diesem Betrag hatte die Frau schließlich auch die Gerichtsvorschussprozessgebühr, wohl in Höhe von 50 RM bezahlt. Nun tauchte die Frage auf, ob die Frau den zweiten Anwalt, den sie genommen hatte, als bezahlten Vertrauensanwalt hinschicken kann und ob sie diesem Anwalt den Betrag zahlen kann; es waren ungefähr 60 RM Gebühren. Man unterstellte: Wenn die Frau 50 RM Gerichtskostenvorschuss gezahlt hat, kann sie auch dem Anwalt einen solchen Vorschuss geben. Aber nun stellte sich das Gericht unmittelbar vor dem Termin auf den Standpunkt: Nicht der einjährige Jahresbetrag ist als gesetzlicher Unterhalt maßgebend, sondern dies ist ein Anspruch aus dem Vertrage, also kommt man auf das 12 1/2-fache, also ist das Objekt jetzt nicht mehr etwas über 1000 RM, sondern 15.000 RM. Diese Wertfestsetzung ist meiner Auffassung nach falsch. Durch diese erhöhte Wertfestsetzung ist der Frau die Möglichkeit genommen, den Anwalt zu bezahlen. Er bekommt dann nicht 60, sondern 500 RM. Ist das ein Fall, der unter § 337 fällt, dass die Partei schuldlos an der Wahrnehmung des Termins verhindert worden ist?

Pagenstecher: Dass ein Fall der Versäumnis nicht vorgelegen hat, haben Sie hier sehr erweitert nach nicht-arischem Vorgang interpretiert. Aber die Idee des Gesetzes ist doch sehr klar: Wenn die Frau in dem ersten Termin nicht da ist, dann liegt eben der Fall der Versäumnis vor. Das Gesetz hat nur an die bekannten Fälle gedacht, dass sie auf zehn Uhr geladen ist usw. Nachher ist es erweitert und interpretiert worden aus einem Billigkeitsgefühl, das ich sehr hoch schätze, aber das eigentlich contra legem ist. De lege lata wollen wir uns nicht darüber unterhalten. Aber de lege ferenda müssten wir das auf die eine oder andere Weise klarstellen. Wenn man die Judikatur fortsetzen und bei der heutigen Judikatur bleiben will, müsste man eben den Wortlaut ändern. Denn das ist eine sehr erweiterte Interpretation, dass man sagt: Der Fall der Versäumnis hat nicht vorgelegen, wenn sie kein Verschulden trifft. Denn hier müsste man auch in erster Instanz sagen: Ein Fall des Verschuldens hat nicht vorgelegen, das Charakteristische für das Versäumnisverfahren.

Jonas: Ich lehne das Versäumnisurteil ab, wenn ich weiß, die Frau trifft kein Verschulden.

Pagenstecher: Ich kann es ablehnen, aber ich muss es nicht.

Jonas: Nein, weil ich es normalerweise nicht weiß.

Pagenstecher: Wir wollen uns de lege lata nicht darüber unterhalten.

Jonas: Mich interessiert im Augenblick der Fall, wie es de lege lata war, weil ich das Gefühl habe: Das ist doch ein tolles Vorgehen des Kammergerichts, in dem Fall, um eine Partei sozusagen abzuwürgen, mit einer Streitwertfestsetzung hineinzuhauen, die der Partei das Weitere unmöglich macht.

Pagenstecher: Wenn Sie einem Mann, dessen Urteil nicht durch Sachkenntnis getrübt ist, ein offenes Wort erlauben wollen, will ich einmal sagen, dass uns Theoretikern dieses ewige Jonglieren mit dem Streitwert, dass das Gericht immerfort einen anderen Streitwert festsetzt, gänzlich unverständlich ist.

Jonas: Vollkommen richtig!

Pagenstecher: Es müsste zunächst eine Instanz – welche, ist ganz gleichgültig – am Anfang des Prozesses einen Streitwert festsetzen. Meinetwegen könnte noch eine Beschwerde dagegen gegeben sein; aber dann muss das klar sein.

Staud: Das haben wir ja beschlossen.

Pagenstecher: Aber wenn Sie mich fragen würden, würde ich nach dem heutigen Wortlaut des Gesetzes sagen: Die Frau ist das zweite Mal ausgeblieben, also muss das Gesetz angewandt werden.

Jonas: Die Wertfestsetzung ist an sich etwas nicht mit den Rechtsmitteln Nachprüfbares. Das Gericht hat die Wertfestsetzung frei gemacht, aber hat eine Wertfestsetzung, die wir ersichtlich für falsch halten, mit dieser Folge getroffen.

Pagenstecher: Ist das ein praktischer Fall?

Jonas: Ja, es ist ein Fall, der nächsten Montag bei uns zur Entscheidung über das Armengesuch ansteht.

Wir hatten einmal einen ähnlichen Fall. Da war einer Partei das Armenrecht wegen Aussichtslosigkeit in der Blutgruppenfrage versagt worden, und es erging darauf ein Beweisbeschluss: Es wird der und der Gutachter mit der Erstattung eines Gutachtens beauftragt, Kostenvorschuss von Seiten des Klägers 300 RM. Da haben wir gesagt: Das ist eine Versagung des rechtlichen Gehörs. Wenn du für nötig hältst, das noch aufzuklären, kannst du nicht im selben Atemzug sagen: Die Rechtsverfolgung ist aussichtslos; du kannst das nicht in der Weise machen, dass du weiter sagst: gegen 300 Mark, die du als Armer nicht bezahlen kannst, kannst du den Prozess weiterführen. Hier ist ein ähnlicher Gedanke: Durch Hineintragen eines fiskalischen Gesichtspunktes wird der Partei die Rechtsverfolgung aussichtslos gemacht.

Pagenstecher: Nach Ihrem Kommentar könnte man durch die Auslegung des ominösen § 347 helfen und sagen: Es kommt auf das Verschulden an, ein Verschulden liegt nicht vor.

Vorsitzender: Nun wäre die Frage, ob das durch den Wortlaut gedeckt ist. Statt „Versäumung" muss es hier natürlich „Versäumnis" heißen.

Pagenstecher: Bei einem gewöhnlichen Versäumnisurteil kann man nach der heutigen Judikatur im ersten Termin nicht sagen: Auf das Verschulden kommt es nicht an.

Vorsitzender: Soweit Versäumnis nicht vorgelegen hat. An sich bleibt § 513 Abs. 2 die Grundlage. Es fragt sich nur, ob er erweitert werden soll.

Pagenstecher: Ich würde es dabei belassen, dass Berufung nur eingelegt werden kann, wenn die Partei nachweist, dass sie kein Verschulden trifft.

Jonas: § 337 legt man wohl so aus, dass es im Ermessen des Gerichts steht.

Pagenstecher: Das muss auch klargestellt werden. Es fragt sich, wie man das formuliert, ob man auf höhere Gewalt abstellt, dass die Partei kein Verschulden trifft. Dann darf man kein Versäumnisurteil erlassen.

Jonas: Wenn das Gericht weiß: In Berlin ist die Untergrundbahn voll Wasser gelaufen, es findet kein Untergrundbahnverkehr mehr statt, dann darf das Gericht m.E. nicht nach § 337 ein Versäumnisurteil erlassen und darf nicht sagen: dies ist ein Mann, der gerichtsnotorisch ein fauler Schuldner ist, gegen den schon soundso viele Versäumnisurteile ergangen sind; am heutigen Tage ist er auch nicht gekommen.

Pagenstecher: Das wäre eine falsche Anwendung des richterlichen Ermessens. Ich würde aber klarer fassen. Wir müssen uns überlegen, ob wir es bei höherer Gewalt belassen, oder ob wir weitergehen wollen.

Jonas: Bei der Wiedereinsetzung möchte ich überhaupt auf Verschulden abstellen.

Pagenstecher: Gut, das können wir auch machen.

Vorsitzender: Dann käme *§ 514,* der Verzicht auf Rechtsmittel, und entsprechend für die Revision. Das könnten wir anders fassen. Wir könnten zunächst aussprechen, dass es Verzicht einseitig auf die Rechtsmittel gibt.

Pagenstecher: Wie ist die heutige Judikatur, wenn beide Ehegatten auf ein Rechtsmittel verzichten? Ist dann die Ehe sofort geschieden oder nicht?

Jonas: Dann ist das Urteil rechtskräftig. Die Ehegatten schließen im Voraus einen Unterhaltsvertrag ab. Ich habe einmal einen Fall erlebt, dass beide hinterher zusammen nach Marquardt hinausfuhren und sagten: Nun sind wir geschiedene Ehegatten. Die Frau meinte: es ist doch viel schöner, dass wir nun geschieden sind, dass ich nun deine Geliebte bin, und sie setzten die Beziehungen fort.

Pagenstecher: Es ist also nicht nötig, dass zu diesem Zweck erst einmal Berufung eingelegt wird und sie dann darauf verzichten, die Klage zurückzunehmen, sondern sie können von vornherein auf das Rechtsmittel verzichten.

Jonas: Wenn sie das Urteil beseitigen wollen, müssen sie natürlich ein Rechtsmittel einlegen. Da haben wir jetzt die Erfindung von Fechner.

Staud: Es war schon immer die Auffassung, dass das ginge, solange das Urteil nicht rechtskräftig ist.

Pagenstecher: Ist das de lege ferenda auch vernünftig? Warum soll man den Leuten nicht gestatten, die Klage zurückzunehmen durch Zustellung eines Schriftsatzes, ohne dass sie Berufung einlegen müssen?

Jonas: Es ist jetzt ausdrücklich durch § 614 a ZPO [EheVO 1938] bestimmt.

Staud: Das ist die lex Fechner.

Jonas: Zum Thema Verzicht und Rücknahme muss klargestellt werden, ob in der teilweisen Berufungseinlegung oder in der teilweisen Rücknahme bzw. in der vollen Berufungseinlegung mit einem nachfolgenden beschränkteren Antrag ein Verzicht bezüglich des überschießenden Teiles liegt. Solche Fragen sind in der Rechtsprechung sehr kompliziert. Nehmen wir ein Urteil über eine Beschwerde über 1000 Mark. Ich lege Berufung ein und stelle nur einen Antrag in Höhe von 500 Mark. Nach einer ganzen Weile erweitere ich den Antrag zweckmäßig auf 1000 Mark. Oder umgekehrt: Ich verlange zunächst einmal 500 Mark und erweitere dann noch einmal auf 1000 Mark. Hier erhebt sich die Frage: Liegt in dem beschränkten Antrag in der Berufungsinstanz ein Verzicht auf die Berufung bezüglich des zweiten Teiles? Hierüber sind verschiedene Entscheidungen ergangen. Das ist eine Frage, die man meiner Meinung nach klar entscheiden muss.

Pagenstecher: Ich finde auch, dass hier Rechtssicherheit bestehen muss.

Jonas: Es ist sehr misslich, wenn ich zunächst volle Berufung einlege und dann auf 500 Mark heruntergehe. Dann kommt nämlich der Andere und möchte wegen der übrig gebliebenen

500 Mark ein Rechtskraftzeugnis haben. Dann wird gesagt: Nein, das kriegst du nicht, denn es besteht die Möglichkeit, dass der Andere doch wieder auf die 1000 Mark herausgeht.

Vorsitzender: Könnten wir nicht über die Form der Vorschrift eine Regelung treffen? Soll der Verzicht formlos möglich sein? Ich weiß nicht, wie es bisher war.

Jonas: Bisher hat man unterschieden. Man kann vertraglich verzichten. Man kann sagen: Wir wollen einen Prozess miteinander führen, der Prozess kommt vor das Amtsgericht soundso, das Gericht wird das sehr schön machen, wir wollen von vornherein auf ein Rechtsmittel verzichten. Ein solcher Vertrag ist absolut gültig. Nun wird in § 514 gesagt: Es gibt daneben den Verzicht durch einseitige Prozesshandlung. Dieser Fall ist geklärt, wenn das Urteil ergangen ist.

Vorsitzender: Es ist ein bisschen reichlich formlos. Ich würde es natürlich finden, es in Form eines Schriftsatzes zu machen. Der Verzicht ist weitergehend als die Zurücknahme. Die Zurücknahme ist in § 515 formalisiert, der weitergehende Verzicht dagegen nicht.

Pagenstecher: Ich würde es genau wie bei der Zurücknahme machen.

Jonas: Bei der Zurücknahme ist es so: Es ist schon ein Aktenstück angelegt, und zu den Gerichtsakten und den Akten des Gegenanwalts kommt nun eine Rücknahmeschrift. Beim Verzicht ist es aber anders.

Pagenstecher: Verzicht bedeutet praktisch eine Abkürzung der Berufungsfrist. Könnte man das nicht einfach durch eine Erklärung gegenüber dem Gericht tun? Das Gericht soll es dann der Partei mitteilen.

Jonas: Weshalb soll es das formell zustellen?

Pagenstecher: Einfach eine schriftliche Mitteilung.

Vorsitzender: Die Partei kann einfach telefonisch sagen: Ich verzichte.

Jonas: Beim Gericht ist aber nichts vorhanden. Es ist kein Aktenstück da.

Pagenstecher: Es sind doch noch die Akten der ersten Instanz vorhanden.

Staud: Herr Jonas denkt an den Fall, dass der Prozess überhaupt noch nicht angefangen hat.

Jonas: Es ist ein materieller Vertrag; der schaltet aus.

Staud: Der Prozess muss also anhängig sein.

Pagenstecher: Wenn das Urteil schon erlassen ist, dann ist es sehr einfach. Die Partei gibt eine Erklärung gegenüber dem Gericht ab, und das Gericht ist verpflichtet, diese Erklärung der anderen Partei mitzuteilen. Das ist auch würdiger gegenüber dem Gericht.

Jonas: Wenn die eine Partei vorzeitig ein Rechtskraftzeugnis haben will, dann muss dem Urkundsbeamten dargetan werden: Der Gegner hat verzichtet. Die beiden Teile kommen eines Tages zusammen und sagen: Wir haben den Prozess geführt, das Urteil ist teilweise gut und teilweise schlecht abgegangen; nun wollen wir uns vertragen, wir verzichten beide auf Rechtsmittel. Einen solchen Vergleich können sie abschließen.

Staud: Das ist dann nur ein pactum. Man könnte das dem Fall gleichstellen, dass die Parteien sich vor dem Prozess geeinigt haben: Wir wollen keine Berufung einlegen. Wenn ich aber irgendeine Form, auch nur die Schriftform, vorschreibe, könnte man dasselbe Argument dagegen vorbringen und könnte sagen: Die Leute haben sich geeinigt, weshalb noch die Form? Was für die Form spricht, ist die Klarstellung der rechtlichen Situation, und auch wenn der Verzicht gegenüber dem Gericht erfolgt, ist es die technische Erleichterung für die Herbeiführung des Rechtskraftzeugnisses. Man kann dann aus den Akten feststellen, dass das Urteil rechtskräftig ist. Der Richter muss in der Lage sein, selbst aus den Akten feststellen zu können, ob das Urteil rechtskräftig ist oder nicht. Das ist der Gedanke, den wir auch bei der Rücknahme haben. Das soll nicht hinter dem Rücken des Gerichts erfolgen, ohne dass das Gericht erfährt, dass sein Urteil inzwischen Hekuba geworden ist. Jedenfalls bestand auf dem Gebiet des Ehescheidungsverfahrens das praktische Bedürfnis, diese Frage zu regeln. Die Zurücknahme der Klage zwischen den Instanzen spielt gerade im Eheprozess die größte Rolle, auch mit Rücksicht auf das Rechtskraftzeugnis.

Wenn das Gericht von der Rücknahme der Klage nichts weiß, kann es passieren, dass aufgrund des Urteils eine Eintragung ins Standesamtsregister erfolgt. Das Urteil wird scheinbar rechtskräftig, obwohl es in Wirklichkeit nicht mehr existent ist. Diesen Gedanken kann man auch auf die Klagerücknahme ausdehnen, sobald wir Amtsbetrieb haben. Nun meine ich: Wenn wir das Verfahren im Amtsbetrieb haben, wird dasselbe Bedürfnis auch beim Verzicht auf die Rechtsmittel bestehen. Das Gericht soll wissen, ob der Prozess zu Ende ist, ob das Urteil rechtskräftig ist oder nicht. Was macht es schon aus, wenn man sagt: Der Verzicht muss durch Schriftsatz gegenüber dem Gericht erklärt werden? Das Gericht hat dann, wenn die Erklärung nicht von beiden Seiten übermittelt worden ist, der anderen Partei davon Kenntnis zu geben. Die Frage ist nur, bei welchem Gericht das zu geschehen hat, beim iudex a quo oder im iudex ad quem. Ich sage: Beim iudex a quo, sonst würde man beim Berufungsgericht schon ein Aktenstück anlegen müssen. Das wäre misslich.

Jonas: Wenn die Berufung schon eingereicht ist, schreibt man dorthin: Ich nehme die Berufung zurück und verzichte hiermit auf Berufung. Dann ist Schluss. Bei der gewöhnlichen Rücknahme besteht noch die Möglichkeit zu sagen: Ich nehme nur zurück, um eine schlechte Berufung zu beseitigen, um eine bessere an ihre Stelle zu setzen.

Vorsitzender: Ich würde die Form vorschlagen, weil ich die Leute dazu erziehen möchte, dass eine Erklärung in einem Prozess in erster Linie nicht an den Gegner, sondern an das Gericht erfolgen soll.

Jonas: Wie wirkt es, wenn sich die Parteien über einen Verzicht geeinigt haben?

Staud: Das wäre eine vertragliche Abmachung, ein prozessualer Akt.

Jonas: Da steht man auf dem Standpunkt: Wenn ich mich zur Rücknahme des Rechtsmittels verpflichtet habe und dem nicht nachkomme, ist das weitere Verfahren unzulässig.

Vorsitzender: Theoretisch bin ich kein Freund davon, weil ich damit Verpflichtung und Verfügung durcheinander werfe. Aber praktisch ist es gleich.

Pagenstecher: Es ist sehr unbefriedigend, wenn ich stundenlang mit meinem Gegner verhandelt habe, wenn wir uns verglichen haben und noch etwas gezahlt haben, und nachher soll ich gegen ihn Klage erheben. Hat das Reichsgericht hier nicht mit Treu und Glauben gearbeitet und das für unzulässig erklärt?

Vorsitzender: Im BGB ist man gewöhnt, scharf zu unterscheiden, ob ich mich verpflichte, auf ein Rechtsmittel zu verzichten, oder ob ich wirklich verzichte.

Jonas: Das ist doch jetzt vollständig antiquiert. Das war so in der jüdisch-individualistischen Zeit.

Vorsitzender: Das taucht alles wieder auf, triumphiert wieder. Nur die Abstraktheit fällt. Die scharfe Unterscheidung bleibt bestehen.

Pagenstecher: Das Reichsgericht sagt, auch im Prozess gelten Treu und Glauben. Das würde darauf hinauskommen, dass die Berufung als unzulässig verworfen wird. Es ist eine sehr komplizierte Frage. Wie ist es, wenn die Leute, bevor der Prozess begonnen hat oder während er noch in erster Instanz schwebt, den Vertrag schließen: Wir wollen beide kein Rechtsmittel einlegen? Wir müssen uns zunächst überlegen: Was für ein Vertrag ist das? Ist das eine Prozesshandlung? Können auch andere Leute solche Prozesshandlungen vornehmen? Zweitens wird noch die Frage praktisch, ob in solchen Fällen das Urteil mit der Verkündung rechtskräftig wird.

Vorsitzender: Ich habe Bedenken, weil wir dann den allgemeinen Begriff der Prozesshandlung untersuchen müssen. Darum kommen wir nicht herum.

Pagenstecher: Würden Sie soweit gehen, derartige Abreden für nichtig zu erklären?

Vorsitzender: Soweit würde ich nicht gehen.

Pagenstecher: Ich würde, wenn ich zu entscheiden hätte, ähnlich qualifizieren wie im Schiedsvertrag, würde die Vorschriften des Schiedsvertrags entsprechend anwenden.

Vorsitzender: Aber da ist alles streitig, was ist Prozesshandlung, was unterliegt dem Prozess?

Jonas: Nach dem, was wir eben erörtern und sozusagen beschlossen haben, würde ich sagen: Die Parteien haben ein Abkommen abgeschlossen, dass kein Rechtsmittel eingelegt werden soll; eine Verzichterklärung an das Gericht ist nicht ergangen; wenn die beiderseitigen Verzichterklärungen vor Erlass des Urteils beim Gericht eingehen, dann ist das Urteil mit der Verkündung rechtskräftig. Ergeht die Verzichterklärung später, dann ist das Urteil rechtskräftig mit dem Eingang des Verzichts. Ergeht von keiner Seite eine Erklärung, dann kann der Urkundsbeamte das Rechtskraftzeugnis erst nach Ablauf der Frist ausstellen. Wenn nun Berufung eingelegt wird, würde diese Berufung als unzulässig verworfen werden wegen Verstoßes gegen dieses Abkommen.

Pagenstecher: Aber im Großen und Ganzen würden Sie diesem Vertrag nur obligatorische Wirkung beimessen? (*Jonas:* Ja.)

Vorsitzender: Wenn der Vertrag nur obligatorische Bedeutung hat, kann man nicht sagen: Das Urteil wird als unzulässig verworfen.

Jonas: Wie soll es sonst sein? Ich verpflichte mich, ein Rechtsmittel zurückzunehmen, und tue es nicht. Was soll das Gericht anders machen?

Vorsitzender: Theoretisch richtig wäre, auf Rücknahme der Erklärung zu klagen. Mit der Rechtskraft dieses Urteils gilt die Rechtskraft als erfolgt. Das wäre das Sauberste, aber es wäre so umständlich, dass man das nicht erklären kann.

Pagenstecher: Theoretisch hätte ich es gern anders frisiert. Sie sagen: Es ist eine Prozesshandlung. Welche Konsequenzen hat das nach der heute herrschenden Ansicht? Würden Sie einen Vertrag, der zwischen den Parteien geschlossen worden ist, der also nicht wie bei einer Prozesshandlung vor Gericht vom Gericht kontrolliert wird, unter der Ägide des Gerichts steht, wegen Irrtum für anfechtbar halten?

Vorsitzender: Es fragt sich, was künftig mit der Anfechtung von Prozesshandlungen geschieht. Es muss klargestellt werden, was man bei irrigen Prozesshandlungen tun kann. Es bleibt dann der vertragliche Verzicht vor dem Prozess oder während der ersten Instanz. Er soll in der Form nachher noch die Erklärung gegenüber dem Gericht erforderlich machen. Aber wenn nun trotzdem Berufung eingelegt wird, bin ich auch aus praktischen Konsequenzen damit einverstanden, dass man die Berufung als unzulässig verwirft. Ganz sauber ist es nicht. Das Sauberste wäre, dass man einen zweiten Prozess anfängt.

Pagenstecher: Durch einen solchen obligatorischen Vertrag wird die Berufung unzulässig.

Vorsitzender: Bei Herrn Jonas ist dieser beschränkte Antrag ein Verzicht auf die Berufung, soweit nicht in dem Antrag ausgeführt wird: Ich lege Berufung ein; wegen der 1000 Mark, mit denen ich abgewiesen werde, beantrage ich jetzt nur Verurteilung zu 500 Mark. Damit habe ich auf die Berufung gegen die anderen 500 Mark verzichtet.

Staud: Warum soll das Verzicht sein? Ich sehe kein rechtes Bedürfnis. Solange die Berufungsfrist läuft, kann ich Berufung einlegen.

Stagel: Wir haben in Österreich den § 472 [österr. ZPO v. 1895].

Vorsitzender: Vielleicht könnten wir ihn hier aufnehmen. An der Verzichtannahme nach erlassenem Urteil in § 514 würde ich festhalten. Dagegen ein Verzicht, der schon vor diesem Prozess ausgesprochen ist, würde ohne Erklärung vor dem Gericht gelten. Die Leute haben sich beispielsweise vor dem Prozess vertraglich darüber geeinigt: Wir wollen prozessieren, aber wir wollen kein Rechtsmittel einlegen. Gegenüber dem Gericht ist nichts erklärt. Nun läuft die erste Instanz über die Bühne. Das Urteil wird erlassen. Eine Erklärung gegenüber dem Gericht erfolgt immer noch nicht. Nun wird Berufung eingelegt.

Staud: Da ist nichts zu wollen. Es besteht nur eine Verpflichtung, nicht Berufung einzulegen, wenn der Andere ihn nicht von der Verpflichtung entbindet. Wenn das geschieht, ist die Sache in Ordnung.

Jonas: Solange dem Gericht gegenüber nichts erklärt ist, ist es nur obligatorisch.

Staud: Es ist zunächst ohne dingliche Wirkung. Da sehe ich keine Schwierigkeiten.

Jonas: Wenn eine Erklärung gegenüber dem Gericht abgegeben ist?

Vorsitzender: Dann wird aus der obligatorischen eine dingliche Wirkung. Aber theoretisch ganz sauber lässt es sich nicht durchführen.

Pagenstecher: Es wird eine dingliche Wirkung, und dann ist die Berufung auf einmal unzulässig.

Vorsitzender: Die Unzulässigkeit würde ich für eine quasi-dingliche Wirkung halten.

Staud: Ist das Rechtsmittel dann zulässig?

Jonas: Daran brauchen wir nicht Anstoß zu nehmen.

Pagenstecher: Wenn die Berufung dadurch unzulässig wird, dann ist es gerade so, als ob es dem Gericht gegenüber erklärt wird. Dann ist die dingliche Wirkung da.

Wenn er sich darauf beruft: du hast die Verpflichtung übernommen, dann tritt dadurch die dingliche Wirkung ein, und die Berufung wird unzulässig.

Staud: Dann müssen wir uns damit abfinden, dass es Unzulässigkeit sowohl aus formalen als auch aus materiellen Gründen ist.

Vorsitzender: Abfinden kann man sich damit schon.

Staud: Man könnte Bedenken haben, ob in einem solchen Fall die Berufung durch Beschluss verworfen werden darf. Nehmen wir an, das Gericht ersieht aus den Schriftsätzen: die Leute haben sich angeblich auf den Verzicht geeinigt, und das Gericht gewinnt aus den Schriftsätzen noch vor der mündlichen Verhandlung den Eindruck: das scheint auch so zu sein. Ich frage: Kann das Gericht eine etwaige Berufung jetzt durch Beschluss als unzulässig verwerfen? Man könnte mit einer gewissen Begründung sagen: Es sollte erst in der Berufungsinstanz darüber verhandelt werden, ob die Leute sich wirklich geeinigt haben. Man könnte sagen: Die Zurückweisung durch Beschluss als unzulässig greift nur Platz wegen der formalen Unzulässigkeit, auf die Sie eben auch anspielten. Die andere Unzulässigkeit dagegen, sozusagen die mittelbare Unzulässigkeit, kann zur Verwerfung erst aufgrund der mündlichen Verhandlung führen.

Jonas: Wahrscheinlich aufgrund einer Beweisaufnahme.

Staud: Wenn es streitig ist, wird es stets zur Beweisaufnahme kommen.

Jonas: Wenn die Frage, ob die Berufung zulässig ist, vom Beweis abhängt. Gerade in der letzten Sitzung hatten wir einen solchen Fall. Das Oberlandesgericht hatte die Berufung als unzulässig verworfen wegen fehlender Begründungsschrift. Nachher stellte sich heraus, dass bei den Akten doch eine Begründungsschrift vorlag, die später offenbar aus irgendwelchen Akten hineingekommen ist. Der Berufungskläger legte Beschwerde beim Reichsgericht mit der Begründung ein: Mein Bürovorsteher ist am letzten Tage der Frist zur Geschäftsstelle gegangen und hat es einem Herrn, der schon Hut und Mantel anhatte, in die Hand gedrückt; der hat es noch entgegengenommen. Da hängt die Zulässigkeit der Berufung von Umständen ab, die nur im Wege der Beweisaufnahme geklärt werden können. Wir haben den Beschluss aufgehoben und das Oberlandesgericht angewiesen, diesen Beweis zu erheben.

Pagenstecher: Theoretisch könnte man die Sache dadurch sauberer machen – es wäre allerdings umständlicher –, dass man zwei Arten der Verwerfung der Berufung einführt: erstens als unzulässig – das wäre der Fall, wo die Leute ihre Vereinbarung dem Gericht mitgeteilt haben – und zweitens, weil die Einlegung der Berufung gegen Treu und Glauben verstößt. Wir haben aber nun einmal nur die Verwerfung als unzulässig.

Jonas: Die Verwerfung als unzulässig bedeutet: Ich steige nicht in die Sache hinein.

Pagenstecher: Aber de lege ferenda könnte man das ändern. Der zweite Fall wäre der, wo man sich verpflichtet hat, keine Berufung einzulegen.

Vorsitzender: Man könnte sagen: Der Unzulässigkeit steht der Fall gleich, dass die Einlegung der Berufung gegen Treu und Glauben verstößt.

Pagenstecher: So könnte man es machen.

Vorsitzender: Wenn zwei Personen sich verpflichten, kein Rechtsmittel einzulegen, so ist das, juristisch betrachtet, der Verzicht auf das Recht zur Rechtsmitteleinlegung, nicht bloß eine Verpflichtung.

Staud: Wir haben künftig nur einen Verzicht, den Verzicht auf prozessuale Erklärungen gegenüber dem Gericht. Alles andere können wir nur als verpflichtende Vereinbarungen anerkennen.

Pagenstecher: Wir könnten es so machen wie im Grundstücksrecht. Ein mündlicher Grundstücksvertrag ist unwirksam, solange keine Verfügung vorgenommen wird. So könnten wir auch diese Abrede unwirksam sein lassen und sagen: Sie wird erst wirksam, wenn eine Erklärung gegenüber dem Gericht vorliegt.

Vorsitzender: Rein obligatorisch wird sie immer wirksam sein.

Staud: Theoretisch könnte man sagen: Der Verzicht bedarf zu seiner Wirksamkeit zwischen den Parteien dieser Erklärung. Aber das wäre eine unnötige Erschwerung des Rechtsverkehrs.

Jonas: Genau dasselbe könnte man beim Schiedsvertrag sagen. Er ist erst wirksam, wenn er dem Gericht gegenüber erklärt wird.

Vorsitzender: Besteht überhaupt ein praktisches Interesse dafür, dass die Leute sich schon vor dem Prozess so weit entgegengekommen, dass sie sagen: Wir verzichten auf Rechtsmittel? Es ist doch immer eine Unvorsichtigkeit.

Staud: Es ist eine missliche Sache.

Pagenstecher: Kommt das praktisch häufig vor?

Jonas: In Ehesachen läuft es praktisch so. Beide einigen sich vorher und verzichten auf Rechtsmittel. Dann gibt der Ehemann im Termin die Erklärung ab: Ich habe die Ehe gebrochen mit einer Dame, die ich nicht weiter nennen will. Das Urteil ergeht, die Ehe wird auf Schuld des Mannes geschieden. Beide Parteien erklären, wir verzichten auf Rechtsmittel.

Pagenstecher: Ich meine, ob solche Vereinbarungen schon vor Erlass des Urteils getroffen werden.

Jonas: Ja. Es ist ein beiderseitiger Verzicht: Wir wollen mit der ersten Instanz abschließen. Das Wesentliche ist ja die Unterhaltsabrede.

Pagenstecher: Wird das dem Gericht schon mitgeteilt?

Jonas: Dem Gericht gegenüber erklärt der Mann, dass er die Schuld auf sich nimmt. Dann ergeht das Urteil, und darauf erklären die Parteien, wir verzichten auf Rechtsmittel.

Stagel: Wenn nun aber ein Gericht auf den Schwindel nicht eingeht und die Klage abweist, dann haben sie doch auch auf das Rechtsmittel verzichtet.

Jonas: Auf den Gegenstand haben sie nicht verzichtet.

Staud: Je mehr man die Sache durchdenkt, umso mehr kommt man zu der Überzeugung, dass solche Vereinbarungen nicht schutzwürdig sind. Wenn die Parteien verzichten wollen, dann sollen sie ein Blatt Papier nehmen und an das Gericht schreiben. Eine Gegenfrage: Was machen wir, wenn die Parteien vereinbart haben, dass gegen ein Urteil Berufung eingelegt werden soll? Bei einiger Phantasie werden wir uns auch einen solchen Fall kombinieren können.

Vorsitzender: Das ist unzulässig.

Staud: Dann sage ich umgekehrt: Weshalb soll man des beim Verzicht auf die Berufung anders machen? Oder die Parteien haben vereinbart, es soll eine Feststellungsklage erhoben werden, damit die Beziehungen zwischen ihnen geklärt werden. Wie soll das effektuiert werden? Soll dann eine Klage auf Einreichung der Feststellungsklage durchgeführt werden können? Das ist doch Unsinn. Deshalb sage ich: Bitte, wenn ihr euch einigt, dass Feststellungsklage erhoben werden soll, dann nehmt ein Blatt Papier und reicht es beim Gericht ein. Wenn ihr einen Grundstücksvertrag wirksam machen wollt, müsst ihr zum Notar gehen. Ebenso sage ich, wenn ihr wirksam diesen Verzicht wollt, dann schreibt an das Gericht. Machen wir Schluss mit dieser ganzen Streitfrage!

Stagel: Wie soll es dann gehen, wenn der eine inzwischen anderen Sinnes geworden ist?

Jonas: Der Fall ist bei mir in der Praxis vorgekommen im Rahmen einer Versöhnung. Bei Ehescheidungen wird vielfach hin- und hergependelt. Bei den Abreden über den Unterhalt kommen sie sich so nahe, dass sie sich schließlich sagen: Es wird eigentlich ziemlich teuer, etwas Rechtes haben wir beide nicht davon, also ziehen wir lieber zusammen. Die Ehe war geschieden auf Klage des Mannes, und die Frau sollte sich verpflichten, Berufung einzulegen, damit der Mann dann seine Klage zurücknehmen konnte. Eine ganz merkwürdige Sache, die nicht funktionierte. Wir zerbrachen uns den Kopf darüber. Anscheinend hat der Anwalt nicht gewusst, dass nach unserer allgemein anerkannten Rechtsprechung auch der obsiegende Teil Berufung einlegen kann mit dem Ziel, die Klage zurückzunehmen. Auch so ein verrückter Fall kommt einmal vor.

Vorsitzender: Das Einfachste wäre, man duldet den Verzicht auf ein Rechtsmittel überhaupt erst nach Erlass des Urteils. Liegt denn vorher ein besonderes Bedürfnis vor?

Staud: In der Instanz muss man es schon zulassen. Ich würde es ablehnen vor Beginn der Rechtshängigkeit. Aber weshalb soll nicht in der Instanz auf das Rechtsmittel verzichtet werden? Vor dem Prozess nicht! Da würde ich sagen: Vorher so eine Art Konventionalprozessordnung aufzustellen, gibt es nicht. Aber nachdem die Sache anhängig geworden ist, sehe ich kein Bedenken.

Pagenstecher: Diese Abrede soll also ein Gentlemen Agreement sein; daraus kann auch nicht geklagt werden. Wenn man das bestimmt, ist es auch kein dolus mehr, wenn diese Abrede unwirksam ist, wenn er doch anders handelt.

Vorsitzender: Wir wollen es vorläufig so formulieren: Verzicht auf ein Rechtsmittel ist erst nach Rechtshängigkeit, wenn überhaupt, möglich, und dann ist die Form: Erklärung gegenüber dem Gericht.

Staud: Vorherige Vereinbarungen sind wirkungslos.

Vorsitzender: Das liegt wohl darin; oder man könnte es doch sagen: vorherige Vereinbarungen sind wirkungslos, – dann kommen wir aus all den Schwierigkeiten heraus. Vor dem Prozess getroffene Vereinbarungen – da ist nachher nur immer die Frage, für welche Fälle sie getroffen sind.

Staud: Man weiß nicht: Ist das wirklich der Prozess, auf den sich das Verzichtsabkommen bezog?

Singer: Man müsste zum mindesten Schriftlichkeit vorschreiben.

Staud: Dann wissen Sie auch noch nicht, ob es der Prozess ist, der gemeint ist, und für welche Fälle es gemeint ist.

Pagenstecher: Natürlich kann jemand, wenn er keine Rechtskenntnisse hat, dadurch geschädigt werden. Gegen die Schädigungen, die daraus entstehen, muss natürlich geholfen werden.

Vorsitzender: Nun käme *§ 515,* die Zurücknahme der Berufung. – Abs. 1 ist wohl in Ordnung. – Auch Abs. 2 bleibt. Im Abs. 3 wollen wir doch sagen: „Die Zurücknahme hat den Verlust des *eingelegten* Rechtsmittels“ usw.; sonst weiß der Laie das vom Verzicht gar nicht zu unterscheiden, denn das Recht, Rechtsmittel einzulegen, geht ja gerade nicht verloren. Wir sagen also: „des eingelegten Rechtsmittels“, damit eine gewisse Klarstellung erfolgt, dass das Recht, ein Rechtsmittel einzulegen, nicht verloren gegangen ist. Wenn die Frist noch nicht abgelaufen ist, kann er ja neu noch einmal einlegen.

Jonas: „Des eingelegten Rechtsmittels“ – das ist ja etwas Selbstverständliches; das braucht eigentlich nicht gesagt zu werden.

Pagenstecher: Sie wollen das Missverständnis ausräumen, dass damit das Rechtsmittel auf Berufung überhaupt beseitigt sei.

Vorsitzender: Ich lege keinen besonderen Wert darauf.

Pagenstecher: Es kann nichts schaden. (*Zustimmung.*)

Jonas: An sich ist doch dieser Verlust die dümmste Einrichtung, die es gibt. Die Frage einer neuen Revision kommt nicht mehr in Frage, weil die Revisionsfrist schon längst abgelaufen ist. Aber es wird nicht nur Kostenurteil, sondern Verlusturteil beantragt.

Stagel: Muss man es denn überhaupt sagen? Ist es denn nicht selbstverständlich?

Vorsitzender: Die Verpflichtung mit der Kostenfrage!

Stagel: Aber die Worte „Verlust des Rechtsmittels“ sind vollständig überflüssig.

Vorsitzender: Dafür würde ich auch sein. Das kann wegbleiben. Der jetzige Ausdruck ist zweideutig.

Jonas: Die ganze Sache mit dem Verlusturteil ist doch so in die Prozessordnung hineingekommen: Wann soll das Rechtskraftzeugnis erteilt werden? Dass die Berufung zurückgenommen ist, erfährt ja zunächst das Gericht nicht, denn die Zustellungsurkunden haben ja die Anwälte.

Staud: Künftig wird es ja anders sein.

Jonas: Künftig wird es eingereicht, und wenn die Rücknahme existent wird durch die Einreichung eines Schriftsatzes, brauchen wir kein Verlusturteil.

Staud: Ich meine aber: Man muss einen Kostentitel haben. Also wir brauchen nicht die Verlustigkeit auszusprechen, aber ich muss die Kosten übernehmen.

Pagenstecher: Es kann ebenso gut ein Beschluss sein.

Vorsitzender: Das wollen wir am besten mit der Klagezurücknahme in Parallele setzen. Wenn wir bei Klagezurücknahme nur noch den Beschluss um die Kosten haben, machen wir es hier auch, im Einklang mit § 271.

Jonas: Jetzt ist das Komische, dass immer wegen dieser Sache ein Termin angesetzt werden muss.

Vorsitzender: Ich bin durchaus dafür, dass es ein Beschluss ist. - *§ 516* ist erledigt.

Pagenstecher: Da wird nur das Wort „Notfrist“ gestrichen.

Vorsitzender: Ja! – *§ 517.* Das hat wohl keine große Bedeutung. – Aber § 517 bleibt wohl bestehen.

Jonas: Man muss den Paragraphen einmal anhand der Kommentare durchsehen. Da ist dann die berühmte Frage, wenn ich nicht irre: Muss *gegen beide* Berufung eingelegt werden; oder genügt es, nur gegen ein [Urteil] Berufung einzulegen?

Pagenstecher: Dem Wortlaut nach kann doch wohl auch nur gegen eins eingelegt werden. Es heißt doch hier: „Wird gegen beide Urteile von derselben Partei Berufung eingelegt“.

Jonas: Der Fall: Das Urteil hat die Kostenentscheidung vergessen und den Ausspruch über die vorläufige Vollstreckbarkeit. Das wird im Wege von § 321 nachgeholt. Es ist nur Berufung eingelegt gegen das Hauptturteil. Diese Berufung muss natürlich auch den Kostenausspruch des zweiten Urteils decken.

Pagenstecher: Nehmen Sie an, Sie haben zwei Ansprüche geltend gemacht und eine Klage, und das Gericht hat über einen Anspruch überhaupt nicht entschieden. Der Fall wäre doch auch denkbar. Dann könnte ich mir sehr gut vorstellen. dass unabhängig Berufung eingelegt wird.

Jonas: Ja, und nun wird gesagt: die Berufungsfristen sollen von der Zustellung des zweiten Urteils laufen, von da ist die Sache eröffnet, und nun sagt er: In Sachen Soundso lege ich Berufung ein und beantrage das und das.

Vorsitzender: Das kann er doch nicht. Er muss doch nach § 518 sagen, gegen welches Urteil er Berufung einlegt. Er muss sagen: Ich lege Berufung ein gegen das Urteil vom soundsovielten und gegen das Ergänzungsurteil vom soundsovielten.

Jonas: Und wenn er das nicht sagt?

Pagenstecher: Dann ist es eine Auslegungsfrage.

Jonas: Es gibt da verschiedene Reichsgerichtsentscheidungen. Wir haben zufällig neulich mit einem Rechtsanwalt über diese Frage korrespondiert.

Vorsitzender: Also § 517 bleibt. Ich notiere: Kommentar nachsehen! Damit man weiß, was da noch für Fragen auftauchen. – *§ 518.* – Nichts zu bemerken.

Jonas: § 519 würden wir am besten streichen. Denn da wird ja Herr Volkmar entrüstet sein.

Staud: Nein, gar nicht! Das ist mit ihm besprochen. Es ist mir gelungen, ihn davon zu überzeugen, indem ich sagte, das sei der Clou für das wirkliche Novenverbot, damit könnte man das wirkliche Novenverbot untermauern. Ich sagte: Entweder Novenrecht, dann muss man die Berufungsbegründung haben; oder keine Noven, dann wird die Berufungsbegründung überflüssig. Dann muss man, wenn man die Noven beseitigt, auch den Mut zur Konsequenz haben. Der Gesetzgeber steht wirklich auf dem Standpunkt: hier gibt es nichts Neues; also da es an Neuigkeiten nur Rechtsausführungen gibt, ist eine Berufungsbegründung schädlich, denn sie würde bedeuten, dass der Gesetzgeber eigentlich eine große Hintertür für Noven offen gelassen hat.

Stagel: Bei uns ist die Berufungsbegründung hauptsächlich da, um die Berufungsgründe anzuführen.

Jonas: Aber Ihre Berufungsbegründungen führen doch auch auf Mangelhaftigkeit des Verfahrens usw. Etwas Derartiges haben wir doch nicht.

Pagenstecher: In § 519 heißt es: „der Berufungskläger", und in *§ 519 a* heißt der Mann auf einmal „Beschwerdeführer". Das sollte man vereinheitlichen.

Vorsitzender: § 519 wird also durch unsere Beschlüsse beseitigt.

Bei § 519 a bemerken wir zu „Beschwerdeführer": einheitliche Terminologie. Sonst bleibt § 519 a. (*Zustimmung.*). – *§ 519 b.*

Stagel: Gibt es da eine Berufungsbegründung?

Pagenstecher: Das muss überall durchgestrichen werden.

Jonas: § 519 Abs. 6 streichen wir auch.

Staud: Die Prozessgebühr? (*Ja!*) – Nein, das scheint mir voreilig zu sein.

Vorsitzender: § 519 b, Prüfung von Amts wegen, bleibt. Da wäre die Frage der Verwerfung der Berufung als unzulässig; das wollen wir ja durch die Regelung des Verzichts beseitigen. – Dann bleibt § 519. (*Zustimmung.*)

§ 520. – Das müsste man ja an meine Regelung für die Revisionsinstanz anpassen.

Staud: Wollen Sie da den Verzicht auf die mündliche Verhandlung?

Jonas: Der Vorsitzende kann bereits vor Ablauf der Gebührenfrist einen Termin ansetzen.

Staud: Aber Sie wollen doch nicht den Verzicht auf die mündliche Verhandlung in der Berufungsinstanz?

Jonas: Nein!

Vorsitzender: Das würde der technische Apparat sein.

Nun käme *§ 521:* Die Anschlussberufung. Das wird als Institut doch zweifellos bleiben, und zwar beides: wenn auf die Berufung verzichtet war und wenn die Berufungsfrist verstrichen ist.

§ 522: „Die Anschließung verliert ihre Wirkung" usw. kann man etwas einfacher machen.

Jonas: Nun kommt die Frage: Wie ist es mit den Kosten? Ich lege Berufung ein. Darauf kommt der Gegner mit einer großen Anschlussberufung, und ich drücke nunmehr meinen Beschwerdegegenstand so herunter, dass meine Berufung unzulässig wird.

Vorsitzender: Dann sitzt der Andere da.

Jonas: Da ist die Frage: Wie wird es mit den Kosten des Anschlussrechtsmittels, wenn das Hauptrechtsmittel hinfällig und unzulässig wird? Das ist die Frage, die man so oder so entscheiden muss.

Pagenstecher: Darf ich bitten, ein Beispiel zu geben, wenn das Hauptrechtsmittel unzulässig wird oder ist!

Jonas: Es wird ja erst durch den Antrag unzulässig. Wollen wir einmal in die Revisionsinstanz gehen; da sind die Objekte etwas größer. Ich lege Revision ein über 10.000 RM. Dann kommt der Gegner mit einer Anschlussrevision, und ich begründe nicht. Dadurch fällt die Anschlussrevision unter den Tisch. Oder in der Berufungsinstanz: Ich lege Berufung ein, Objekt 600 RM; der Gegner legt Anschlussberufung ein mit dem Ziel, auf 10.000 RM zu erhöhen. Das ist mir doch mulmig, und ich sage: Ich nehme meine Berufung insoweit zurück, als sie 400 RM übersteigt, mache meine Berufung auf diese Weise unzulässig, infolgedessen kann die Anschlussberufung nicht mehr weitergeführt werden. Wie wird es mit den Kosten? Das ist die Frage, die man sich einmal überlegen muss. Die Rechtsprechung pendelt hin und her. Die Kommentare stehen auf den verschiedensten Standpunkten.

Pagenstecher: Es würde dann eine gewisse Härte sein, dass der Mann, der die Anschlussberufung einlegt, von den anderen abhängig ist, auch in Bezug auf die Kosten, indem man sagt: Du musst dann auch die Kosten tragen.

Jonas: Ich habe mich in meinem Kommentar auf den Standpunkt gestellt, der mir als der billigste erscheint, aber aus dem Gesetz nicht so ganz leicht zu begründen ist, dass man unterscheidet: Wenn das Rechtsmittel von vornherein unzulässig war und der Andere das infolgedessen sehen konnte, hat er das Risiko, er hat also die Kosten seiner Anschlussberufung zu tragen; wenn ich aber das Rechtsmittel eingelegt habe und nun durch meine späteren Handlungen die zulässigerweise eingelegte Anschlussberufung kaputt mache, dann habe ich billigerweise die Kosten des Anschlussverfahrens zu tragen.

Vorsitzender: Dann würden wir hier sagen: Zu § 522 Kommentar nachsehen, wegen der Kosten der Anschlussberufung im Falle der Unzulässigkeit der Hauptberufung. – Sonst soll also § 522 bleiben, dass die Anschlussberufung als selbständig gilt, wenn es innerhalb der Berufungsfrist ist. (*Zustimmung.*)

§ 522 a müsste natürlich wegfallen, dass die Anschlussberufung in diesem Sinne wieder besonders begründet werden muss. Man muss natürlich auch nachsehen, was die Verweisungen bedeuten.

§ 523 bleibt natürlich.

§ 523 a ist die Verweisung auf den Einzelrichter.

Jonas: Hatten wir den Einzelrichter nicht auch gestrichen?

Staud: Das fällt ja über Bord. Im Übrigen wissen wir noch nicht einmal, ob in erster Instanz künftig ein Kollegium oder der Alleinrichter sein wird. Insofern sind die Fragen des organisatorischen Aufbaus der Gerichte letzten Endes Vorbedingung für das, was wir hier beraten. Die ganze Sache, die wir hier machen, fällt nachher zusammen, wenn wir sagen: Auf Menschengedenken wird auch bei den Landgerichten erster Instanz der Alleinrichter bleiben.

Vorsitzender: § 523 a kann wegfallen mit der Beseitigung des Einzelrichters.

Jonas: In meinen Kommentaren habe ich zunächst an den Einzelrichter gedacht. Nach den Aussichten, die Herr Staud uns entwickelt, werden wir ja den Einzelrichter noch auf lange Jahre haben.

Staud: Ich habe den Eindruck.

Pagenstecher: Wenn der Einzelrichter so lange lebt, bis unser neues Gesetz in Kraft tritt! Also vorläufig lassen wir ihn weg.

Jonas: Hat sich eigentlich der Einzelrichter beim Landgericht eingespielt?

Staud: Es wird merkwürdig wenig Sturm dagegen gelaufen. Von einzelnen Präsidenten hört man auch schon durchaus zustimmende Äußerungen dazu. Es ist ja alles eine Frage der Persönlichkeit. Nach den bisherigen Erfahrungen kann man wohl mit Sicherheit sagen, dass, wenn wir hochqualifizierte Alleinrichter am Landgericht haben, es vielleicht das richtigere System ist.

Singer: Wenn!

Staud: Die Einwendungen, die kommen, beruhen alle darauf, dass es heißt: Wir haben nicht überall die geeigneten Leute zur Verfügung. Der zweite Einwand ist der: Wir haben jetzt nicht die rechte Ausbildungsmöglichkeit für den Nachwuchs, wir können die jungen Leute nicht alle gleich – sei es als Amtsrichter, sei es beim Landgericht als Einzelrichter – auf die Menschheit loslassen. Das Kollegium war früher ein ausgezeichnetes Erziehungsmittel. Das wird vorgebracht. Dann kommt der dritte Einwand: Man vermisst zu sehr die Möglichkeit, dass man sich über die Frage einmal ausspricht. Das ist aber nicht so tragisch zu nehmen: Die Möglichkeit der Aussprache hat es z.B. beim Amtsgericht auch schon immer gegeben.

Was das Heranbildungsproblem angeht, so muss man wirklich einmal die Frage ventilieren, ob man nicht künftig die jungen Richter dem Alleinrichter beim Landgericht als Richtergehilfen, meinetwegen als verbesserte Referendare, eine Zeitlang zuteilt. Die Anregung brachte mir dieser Tage ein besonders tüchtiger sächsischer Landgerichtsdirektor, der sich als Zivilrichter immer besonders bewährt hat. Er ist jetzt Kriegsgerichtsrat beim Oberkommando. Er besuchte mich dieser Tage und brachte gerade diese Frage zur Sprache. Er hatte jahrelange Erfahrungen als Vorsitzender einer Zivilkammer und sagte: Bei meiner Art zu prozedieren, bei der der Vorsitzende von vornherein den Prozess mit vorbereitenden Anordnungen usw. scharf in der Hand behält, jede Sache auch selbst behandelt, ist mir der zweite Beisitzer sehr überflüssig und sozusagen lästig gewesen; den einen Beisitzer wollte ich als den Mann haben, der mir das Urteil absetzt, dem ich bestimmte Weisungen geben kann. Darauf wollte er aber nicht heraus; das sage ich gleich. Erst sagte er: als Alleinrichter, das gefällt mir sehr gut, wie das jetzt ist. Das hat mir auch in den sechs Monaten, wo ich in der Praxis war, gut gefallen; aber mir fehlt so ein Mann dabei, den müssen wir künftig haben, und das müssten die jungen Leute sein, die hierbei etwas lernen. Er sagte: Stellen Sie sich das nicht so vor, dass ich vorschlagen will, dass der nachher das Urteil absetzt und dergl., das lehne ich entschieden ab. Er könnte wohl subalterne Dinge einmal abnehmen, einen Beweisbeschluss absetzen usw.

Pagenstecher: Literatur nachsehen!

Staud: Auch das! Das Urteil muss natürlich derjenige absetzen, der es fertigt.

Stagel: Aber da ist es doch nicht so schlimm, wie uns vorgeworfen ist, dass die Referendare als Schriftführer gebraucht wurden. Die haben diese Aufgabe erfüllt und auch die Urteile abgesetzt.

Staud: Das sind die Referendare. Aber nun bekomme ich nach den Referendaren die Assessoren. Ich kann die Assessoren in der Strafrechtspflege noch im Kollegium unterbringen, auch in den Rechtsmittelinstanzen unterbringen; aber das hat seine Grenzen. Wir haben nur wenig Berufungskammern, und mehr als einen unerfahrenen Mann kann ich in die Berufungskammer nicht hineinsetzen; an dem Vorsitzenden und dem einen Beisitzer muss etwas daran sein; aber ich kann keinen dritten Mann in der Kammer noch verschleißen, der unerfahren ist und jedenfalls als unbrauchbar ausgeschieden wird. Ich halte den Gedanken, dass man diese Leute eine Zeitlang als Richtergehilfen verwendet, bis sie sich eine weitere praktische Qualifikation geholt haben, für gar nicht so abwegig. Warum soll ein Assessor nicht eine Zeitlang neben einem erfahrenen Richter als Hilfe arbeiten? Da kann er ungemein viel lernen, und er soll sich nicht einbilden, dass das unter seiner Würde wäre. Der Regierungsassessor usw. arbeitet doch auch noch zunächst als Gehilfe eines Rats eine Zeitlang mit.

Jonas: Bei der Staatsanwaltschaft ist es auch so.

Staud: Es wird auch noch nicht jeder gleich als Dozent auf die Menschheit losgelassen. – Das ist so, was in der Praxis über den Alleinrichter geredet wird. Dass Fehlurteile vorkommen, mag sein; die kommen beim Alleinrichter genauso vor wie beim Kollegium. Das hängt nicht mit dem Alleinrichtersystem zusammen; das ist eine Persönlichkeitsfrage.

Vorsitzender: Ich habe den Eindruck, dass die Straffheit der Verhandlung allerdings etwas leidet, wenn der Vorsitzende nicht mehr das Gefühl hat, er leitet die Verhandlungen, sondern er ist allein da. Ich habe das in einem Ehescheidungsprozess durchgemacht, wo ich Zeuge war. Die Verhandlung artete dort eine ganze Weile in eine Unterhaltung zwischen Richter und Zeuge aus.

Staud: Das ist ein Mangel der Kunst der Verhandlungsleitung.

Vorsitzender: Man hat den Eindruck, der Vorsitzende allein nimmt es nicht so streng mit der Straffheit.

Jonas: Was heißt hier „Straffheit"?

Vorsitzender: An sich sollen an den Zeugen bestimmte Fragen gerichtet werden. Eine halbe Stunde hat sich der Vorsitzende mit mir über Ehe und Ehescheidung unterhalten. Ich bin Zeuge gewesen.

Singer: Das lag aber an Ihrer Person als Universitätsprofessor; das wird er mit anderen nicht machen.

Staud: Das glaube ich auch. Wenn es ein Kollegium gewesen wäre, hätten sich wahrscheinlich nicht nur der Vorsitzende, sondern auch die beiden Beisitzer mit Ihnen unterhalten.

Jonas: Was waren die Gedanken, die uns 1924 zu dem Einzelrichter brachten? Die Möglichkeit der gegenseitigen Aussprache – das war das große Schlagwort –, die Arbeitsgemeinschaft zwischen Gericht und Parteien; das geht glatter, wenn ein Einzelner da ist, als wenn mehrere da sind. Man sieht es doch auch bei dem Gegenstück des Fünfmännerkollegiums beim Reichsgericht: Eine Diskussion mit den Anwälten über die Fragen kommt nicht in Frage, weil man ja in dem Kollegium von fünf Personen auch nicht weiß, wie die anderen denken. Wenn ich weiß, dass alle der gleichen Ansicht sind, dann lohnt es nicht, mit dem Anwalt über irgendeine Sache zu diskutieren. Dann sagt man sich: Der Fall ist klar, du trägst zu der ganzen Sache nicht viel bei, also ich will das Plädoyer nicht weiter verzögern. Aber wenn es wirklich eine intrikate Frage ist, bei der man sagen würde: wie denken Sie, Herr Rechtsanwalt, über diese Frage, dann ist er entweder auf die Frage schon selbst gekommen, oder man überrascht ihn damit, und dann hat er sich diese Rechtsfrage nicht überlegt, und dann ist es zwecklos, dem Anwalt z.B. zu sagen: wir haben daran gedacht, dass die ganze Geschichte an den Devisenbestimmungen und nicht an etwas anderem liegt. Wir hatten vor ein paar Wochen den berühmten Fall über die heikle Frage, ob der Vater sein jüdisches Kind, das im Ausland ist, zu unterhalten hat. Das haben wir dann mit Devisenbestimmungen abgewürgt.

Stagel: Ich habe mehr die Erfahrung gemacht, dass oft der Vorsitzende durch dumme Fragen der Beisitzer, die inzwischen an etwas gearbeitet und nur mit halbem Ohr zugehört haben, in Verlegenheit gebracht wurde.

Vorsitzender: Die lockere Verhandlungsform würde ich bei den Parteiprozessen für etwas Vorteilhaftes halten; aber bei Anwaltsprozessen weiß ich nicht.

Wir wollen jetzt aber die sachliche Diskussion schließen und könnten vielleicht nur noch kurz Fühlung nehmen, wann und wo die nächste Sitzung sein soll.

Es wird in Aussicht genommen, mit Zwischenräumen von etwa sechs Wochen zu tagen.

Die nächste Arbeitstagung wird vorläufig auf die Tage vom 6. bis 8. Februar in München angesetzt. Für den Fall, dass die beabsichtigte Sitzung der Vorsitzenden der Akademieausschüsse in

Krakau in diese Zeit fällt, wird als Tagungszeit der Unterausschusssitzung der 9. bis 11. Februar vorgesehen.

Die gegenwärtige Sitzung wird um 13.30 Uhr auf Sonnabend, den *14. Dezember,* vormittags 10 Uhr, vertagt.

3. Protokoll der Sitzung vom 14.12.1940 (Berufung)

(Beginn der Sitzung 10 Uhr)

Vorsitzender: Wir nehmen unsere Beratungen wieder auf und wenden uns den Einzelfragen zu, die sich bei der Berufung ergeben. Wir sind stehen geblieben bei § 525 ZPO: „Vor dem Berufungsgerichte wird der Rechtsstreit in den durch die Anträge bestimmten Grenzen von Neuem verhandelt." Hieran wird der Sache nach nichts zu ändern sein. Bestehen hier Bedenken?

Jonas: Ich würde die Vorschrift anders fassen und sagen: „Das Berufungsgericht hat die Entscheidung in den durch die Anfechtung bestimmten Grenzen … nachzuprüfen." Denn das ist doch der Grundsatz: Es ist ein novum iudicium.

Stagel: Ich verweise auf § 462 der österreichischen ZPO: „Das Berufungsgericht prüft die Entscheidung des Gerichts erster Instanz innerhalb der Grenzen der Berufungsanträge."

Pagenstecher: Nehmen Sie folgenden Fall: Jemand klagt aus einer suspensiv bedingten Forderung. Er erklärt, die Bedingung sei eingetreten. Der Beklagte wird auch verurteilt. Der Beklagte legt Berufung ein und begründet sie damit: Nein, die Bedingung war noch nicht eingetreten. Der Kläger wendet ein, auch wenn die Bedingung damals vielleicht noch nicht eingetreten war; jetzt, nach Schluss der mündlichen Verhandlung in erster Instanz ist sie eingetreten. Konkretisieren wir das Beispiel: Der Onkel hat seinem Neffen durch notarielle Urkunde 1000 M versprochen, wenn er das Physikum bestehe. Der Neffe klagt gegen den Onkel und sagt: Ich habe das Physikum bestanden, zahle die 1000 M. Der Onkel wird verurteilt. In der Berufungsinstanz stellt sich heraus, dass der Neffe zwar eine Station des Physikums bestanden hatte, aber noch nicht alle. Inzwischen hatte er aber das Physikum als Ganzes bestanden. Nach meiner Ansicht muss der Kläger damit gehört und die Berufung als unbegründet zurückgewiesen werden, obwohl der Berufungsrichter der Auffassung ist, dass der Kläger damals unrecht gehabt hatte.

Jonas: Der Anspruch auf Zahlung von 1000 M wurde von der ersten Instanz unrichtigerweise als fällig ausgesprochen. Inzwischen ist der Anspruch fällig geworden. Das ist natürlich als neue Tatsache zu bewerten.

Pagenstecher: Wenn Sie aber sagen, das Urteil soll nur in den durch die Anfechtung bestimmten Grenzen nachgeprüft werden, sind diese Fälle nicht gedeckt.

Wenden wir den Fall nun etwas anders: Der Kläger wird abgewiesen, weil er damals noch nicht alle Stationen des Physikums bestanden hatte. Er legt Berufung ein, und nun stellt das Berufungsgericht fest: Der Kläger hat das ganze Physikum bestanden. Nach heutigem Recht ist Berufung nicht nur eine Nachprüfung, sondern eine Neuprüfung. Unter Neuprüfung verstehe ich, dass nicht entschieden wird nach dem Stande der letzten mündlichen Verhandlung erster Instanz, sondern zweiter Instanz. Insofern habe ich doch gegen die österreichische Fassung Bedenken.

Stagel: Bei uns in Österreich ist in einem solchen Fall schon die Wiederaufnahme zulässig.

Jonas: Gleichviel, wie man diesen programmatischen Satz fasst, kann man in der Berufungsinstanz die neue Tatsache, dass das Physikum ganz bestanden ist, berücksichtigen. Das geht aus der Vorschrift über die Zulassung neuer Tatsachen hervor.

Pagenstecher: Neue Tatsachen sind auch solche, die schon vor Schluss der letzten mündlichen Verhandlung erster Instanz eingetreten sind.

Jonas: Ich sehe in § 525 einen programmatischen Satz. Will man mit der Beschränkung des Novenrechts ernst machen, so dass die zweite Instanz also grundsätzlich Nachprüfungsinstanz ist und nicht vollständig neue Instanz, dann besagt der Satz „Vor dem Berufungsgericht wird der Rechtsstreit in den durch die Anträge bestimmten Grenzen von Neuem verhandelt" zuviel.

Pagenstecher: Aber „Nachprüfung" besagt zu wenig. Beispiel: Die Klage wird als unbegründet zurückgewiesen, weil die Bedingung noch nicht eingetreten war. Der Kläger legt Berufung ein und weist nach, dass nach Schluss der mündlichen Verhandlung erster Instanz die Bedingung eingetreten ist. Hier ist ein Fall gelegen, wo das Gericht das Urteil erster Instanz abändern muss und in den Gründen auseinandersetzt, der Erstrichter habe zwar richtig entschieden, aber inzwischen sei die Bedingung eingetreten.

Vorsitzender: Es besteht Einigkeit darüber, dass wir die österreichischen Bestimmungen nicht wollen, sondern auch die Berücksichtigung neuer Tatsachen. Wir sind uns der Sache nach einig darüber, dass die Fassung des § 525 in Anlehnung an die österreichische ZPO geändert, aber zum Ausdruck gebracht wird die Projizierung auf die letzte mündliche Verhandlung in der zweiten Instanz.

§ 526. „Bei der mündlichen Verhandlung haben die Parteien das durch die Berufung angefochtene Urteil sowie die dem Urteile vorausgegangenen Entscheidungen nebst den Entscheidungsgründen und den Beweisverhandlungen insoweit vorzutragen, als dies zum Verständnis der Berufungsanträge und zur Prüfung der Richtigkeit der angefochtenen Entscheidung erforderlich ist. – Im Falle der Unrichtigkeit oder Unvollständigkeit des Vortrags hat der Vorsitzende dessen Berichtigung oder Vervollständigung, nötigenfalls unter Wiedereröffnung der Verhandlung, zu veranlassen."

Jonas: Zu § 526 erhebt sich eine rein technische Frage: Ob den Vortrag die Partei oder der Berichterstatter zu halten hat.

Stagel: In Österreich ist es der Berichterstatter.

Pagenstecher: Wird überhaupt noch vorgetragen oder nicht einfach auf den Akteninhalt verwiesen?

Singer: Es wird häufig sehr langweilig vorgetragen. In großen Sachen habe ich selbst als Berichterstatter ein Resümee gegeben. Das hat sich bei dem großen Umfang des Akteninhalts immer als praktisch erwiesen.

Pagenstecher: Als ich Referendar am OLG Köln war, gab es vier prominente Anwälte. Wenn einer dieser Anwälte vortrug, so war das hochinteressant. Er sprach eine Stunde lang bei größter Aufmerksamkeit des Senats und trug in freier Rede vor. Man bekam ein wundersames Bild. Dieses Verfahren war deswegen wichtig, weil es damals keine Akten gab. Vor 1900 galt das französische Recht. Ganz anders beim OLG Frankfurt; da haben die Anwälte einfach aus den Akten vorgelesen und die Richter haben entsetzlich geschlafen. Es kommt eben ganz auf den Anwalt an.

Stagel: Ich habe immer gefunden, dass das Referat des Berichterstatters eine recht gute Übung für die Richter ist.

Vorsitzender: Meinen Sie, dass die Partei bzw. der Anwalt vortragen soll oder der Richter?

Jonas: Dem Richter zuzumuten, ein seitenlanges Urteil vorzulesen, ist keine ganz würdige Aufgabe. Allerdings kann der Richter besser resümieren. Der Anwalt befindet sich in der komischen Situation: Er trägt das Urteil als derjenige vor, der mit dem Urteil nicht zufrieden ist. Sein Vortrag wirkt fast wie ein Plädoyer. Ich wäre grundsätzlich dafür, die Sache in das Ermessen des Gerichts zu stellen. Es wird in den deutschen Ländern verschieden sein. In der Ostmark wird weiterhin der Berichterstatter vortragen, und die Richter sind von vornherein dazu erzogen, geschickt vorzutragen. Bei uns ist jetzt die komische Situation: Der Richter bringt seinen Vortrag nachher in der Beratung und nimmt zu dem Vortrag des Anwalts Stellung: Der Anwalt habe die Sache nicht ganz richtig dargestellt; der Mann habe zwar das und das pekziert, aber das andere sei vorausgegangen gewesen. Das ist also eine zwiespältige Situation.

Pagenstecher: Von diesem Gesichtspunkt aus wäre es besser, dass der Berichterstatter vorträgt und der Anwalt nachher dazu Stellung nimmt.

Jonas: Ich habe in meinem Senat darüber keine Erfahrung. Aber Herr Kollege [Ernst] Brandis vom Unfallsenat [RG] sagte mir, es wäre komisch, wenn ein Anwalt vortrüge, machten die Richter irgendwelche Zwischenbemerkungen etwa der Art: Vielleicht tragen Sie aus den Akten noch vor, dass der Herr Soundso der Schwager oder der Schwippschwager war, 37 Jahre alt ist. Darauf sagt dann der Anwalt: Das stimmt wohl schon, darauf kommt es nicht an. Vielleicht kommt es doch darauf an, und dann ist man schon in der Auseinandersetzung drin.

Pagenstecher: Mir leuchtet vor allen Dingen das ein, was Sie vorher gesagt haben. Wenn der Berichterstatter vorträgt, kann der Anwalt immer hinterher seine Meinung äußern.

Jonas: Wenn der Richter vorträgt, kann er von vornherein sagen: nach Auffassung des Senats kommt es einzig und allein auf die Frage an, oder in dem und dem Punkt hat das Landgericht meiner Ansicht nach die Sache vollständig richtig gemacht. Wenn aber der Anwalt vorträgt, ist das nicht möglich.

Pagenstecher: Haben Sie denn beim Reichsgericht in den Sitzungen keinen Protokollführer?

Jonas: Nein. Davon wird nach § 164 abgesehen.

Staud: Bei den höheren Gerichten wird von dieser Bestimmung sehr wenig Gebrauch macht. Ich halte es auch bei den unteren Gerichten nicht für besonders notwendig.

Jonas: Nach § 163 Abs. 3 kann von der Zuziehung eines Protokollführers nach Bestimmungen des Vorsitzenden abgesehen werden.

Pagenstecher: Ich finde auch, dass man einem Reichsgerichtsrat nicht zumuten kann, ein drei Seiten langes Urteil vorzulesen. Andererseits kann man auch dem Rechtsanwalt, der das Referat hält, schlecht bitten, die drei Seiten vorzulesen. Da wäre es doch angemessen, wenn man irgendeinen Protokollführer hätte, der das Urteil im Auftrag des Richters verliest.

Jonas: Dann liest es ein Militäranwärter mit stockender Stimme, ohne den Inhalt recht zu verstehen. Ich denke noch an meine Referendarzeit, als alles handschriftlich geschrieben werden musste. Es gibt doch nichts Kümmerlicheres, als wenn ein Referendar mit stockender Stimme ein solches handschriftlich geschriebenes Urteil verlesen muss. Jetzt, wo man im Entziffern fremder Handschriften keine Übung mehr hat, wäre das erst recht ein Kunststück.

Pagenstecher: Es könnte ja mit der Maschine geschrieben werden.

Jonas: Nur das erstinstanzliche Urteil in den Akten ist handschriftlich.

Staud: Im Verhältnis zwischen Amtsgericht und Landgericht werden wir sehr viele handschriftliche Urteile erleben.

Jonas: Der Vorsitzende hat das Urteil wenigstens vorher gelesen. Dann kann er es auch ordentlich vortragen.

Pagenstecher: Es wäre sehr gut, wenn die Anderen wieder lernten, ein Urteil gut vorzulesen.

Staud: Mir scheint, dass die Verlesung eines Urteils etwas ist, was man unter allen Umständen streichen sollte. Das Urteil in extenso zu verlesen, ist ein ganz überflüssiger Zopf, der in der Praxis tatsächlich nicht mehr beachtet wird. Die Frage ist lediglich, ob man eine ausdrückliche Bestimmung über den Gang der Berufungsverhandlung treffen will. Wenn ja, dann kann m.E. nur eine Bestimmung dahin in Frage kommen, dass für die Zukunft von einem Vortrag des Vorsitzenden oder des Berichterstatters ausgegangen wird. Die jetzige Bestimmung, dass die Anwälte das vorzutragen haben, hängt mit der Parteidisposition über den Prozess zusammen. Die Anwälte sollen dem Gang der mündlichen Verhandlung aufgrund dieser Bestimmung eine gewisse Richtung geben. Für die Zukunft erstreben wir genau das Gegenteil. Leitung und Richtung in der Verhandlung zu geben ist von vornherein Sache des Vorsitzenden oder des von ihm damit beauftragten Berichterstatters. Wenn wir also eine Bestimmung treffen, dann kommt nur in Frage, dass die Verhandlung durch einen Vortrag des Vorsitzenden oder des von ihm beauftragen Richters eingeleitet wird, wobei man noch zum Ausdruck bringen kann, dass das keine zwingende Vorschrift, sondern nur eine gesetzliche Empfehlung sein soll. Alles Weitere würde ich für überflüssig halten. Aber ich neige dazu, eine solche Vorschrift doch zu empfehlen; denn eine gewisse Einheitlichkeit im Gange der Berufungsverhandlung müssen wir im Reich haben. Es geht nicht an, dass in Bayern eine mündliche Verhandlung in Berufungssachen grundsätzlich so herum stattfindet und in Berlin so herum.

Vorsitzender: Dann wollen wir formulieren: Vortrag des Vorsitzenden nach seinem Ermessen.

Stagel: Nach § 457 der österreichischen Zivilprozessordnung ist das Urteil auch zu verlesen.

Jonas: Dass es verlesen werden muss, steht bei uns nur in der Strafprozessordnung, nicht in der Zivilprozessordnung.

Vorsitzender: Also wir wollen den Vortrag des Vorsitzenden oder des Beisitzers nach seinem Ermessen, soweit er es für nötig hält, nicht der Anwälte. Abs. 2 würde dann wegfallen.

Jonas: In § 526 wäre noch die Frage, ob eine Tatsache zu berücksichtigen ist, wenn die Partei etwas nicht vorträgt. Ist es dann in den Rechtszug der Berufung eingeführt? Diese Frage kann man damit abtun: Es ist immer global auf die ganzen Vorakten Bezug genommen.

Vorsitzender: § 528, die prozesshindernde Einrede, hatten wir schon in § c erledigt.

§ 529.

Pagenstecher: Mit der Widerklage haben wir uns noch nicht befasst. Fällt das auch unter den Wortlaut der Formulierung Jonas?

Vorsitzender: Nein, das müssen wir noch erledigen.

Pagenstecher: Auch die Aufrechnung?

Vorsitzender: Die Absätze 1, 2 und 3 sind erledigt, nicht aber 4 und 5. Da ist die Widerklage zuzulassen, wenn der Gegner einwilligt oder das Gericht sie für sachdienlich hält.

Pagenstecher: Nach dem neuen Grundsatz würde „eingewilligt" wegfallen.

Vorsitzender: Wie ist es bei der Widerklage in erster Instanz?

Pagenstecher: Nach dem Grundsatz könnten die Parteien, wenn sie einig sind, den neuen Verhandlungsstoff in die Berufungsverhandlung einführen. Das soll nicht sein. Das müsste wegfallen, das andere würde ich stehen lassen.

Staud: Also die Zulassung wegen Sachdienlichkeit.

Vorsitzender: Das würde sich wohl empfehlen. Die Einwilligung würde wegfallen.

Pagenstecher: Hier erhebt sich aber die Frage, ob der Vorsitzende sich mit dem „sachdienlich" helfen kann? Nehmen Sie an, der Betreffende hätte eine Aufrechnungseinrede schon in erster Instanz vorbringen können. Er hat nicht eine neue Forderung erhoben, sondern hätte sie schon in erster Instanz bringen können, hat das aber aus grober Fahrlässigkeit oder aus irgendwelchem Grunde nicht getan.

Vorsitzender: Die Aufrechnung würde unter die vorgebrachten Tatsachen fallen. Das geschieht hier nur, weil es strenger sein sollte als das sonstige Novenrecht.

Staud: Wir müssen wahrscheinlich auch über die Widerklage noch ein Wort sprechen. Sie ist nichts anderes als eine besonders qualifizierte Form des neuen Vorbringens. Einwendungen oder Gegenrechte kann ich in dem Prozess in der verschiedensten Weise geltend machen. Ich kann es in der schwachen Form tun, dass ich darauf nur eine Einrede stütze. Das ist hier durch den Abs. 2 des Jonasschen Vorschlages verbaut, wenn ich das Unterlassen in erster Instanz nicht genügend entschuldige. Nun sagt der Mann: Dann mache ich es einfacher, dann will ich mein Gegenrecht nicht in Form der Einrede, sondern die Widerklage geltend machen, dann kriege ich nämlich die Zulassung bei Sachdienlichkeit. Darin liegt eine gewisse Inkongruenz.

Jonas: Es hängt schließlich alles von dem Ermessen des Gerichts ab, ob es zulassen will oder nicht, gleichviel, wie man den Paragraphen fasst. Ist es nicht richtiger, hier Widerklage und Aufrechnung etwas freier zu gestalten und zu sagen: Wenn es der Richter für sachdienlich hält? Dann spielen Verzögerungsgesichtspunkte, Lässigkeitsfragen usw. praktisch keine Rolle. Hier kann doch der Richter die Betrachtung anstellen: An sich hätte er alles in erster Instanz vorbringen können, aber es ist prozessökonomisch durchaus vernünftig, wenn die ganze Geschichte in diesem Prozess mit abgetan wird, gerade auch im Interesse des Gegners. Wenn es dann als sachdienlich zugelassen ist, dann ist doch damit der Weg für das zur Begründung Vorzubringende freigegeben.

Staud: Das Ergebnis ist nur, dass jemand in der Berufungsinstanz bei einer Kaufmannsklage unter Umständen die Mängeleinrede nicht mehr geltend machen kann. Wenn er aber sagt: ich erhebe Widerklage auf Wandlung, dann kann er das tun.

Vorsitzender: Es ist ein anderer Gesichtspunkt als der der schuldhaften Unterlassung.

Staud: Dann käme man für die Behandlung des Prozesses dazu, dass erklärt wird: Soweit auf die Klage zu entscheiden war, ist das Mängelvorbringen nicht zu berücksichtigen, weil es in zweiter Instanz nicht mehr vorgebracht werden dürfte, es hätte in erster Instanz gebracht werden müssen und ist aus grobem Verschulden dort nicht gebracht worden; also wird die Kaufpreisklage zugesprochen; die Einrede des nicht erfüllten Vertrags, die Mängeleinrede darf nicht berücksichtigt werden. Aber auf die Widerklage wird auf Wandlung verurteilt. Das ist ein völlig inkongruentes Ergebnis.

Jonas: Das Ergebnis ist aber genauso inkongruent, wenn man das nicht zulässt, sondern es in einem neuen zweiten Prozess macht. Es wirkt nicht so toll. Normalerweise wird ja der Fall nicht so laufen.

Vorsitzender: Bei der Aufrechnung ist es ganz einfach.

Staud: Bei der Aufrechnung fällt es von selbst weg. Bei der Widerklage habe ich einstweilen gewisse Bedenken.

Jonas: Die Aufrechnung ist meiner Meinung nach genauso zu behandeln wie die Widerklage.

Vorsitzender: Technisch nicht. Die Widerklage ist die Einführung eines neuen Streitgegenstandes, der zu einem neuen Prozess führt.

Pagenstecher: Ich hatte mir die Sache so gedacht, dass die Grundsätze, die im Paragraphen Jonas stehen, immer gelten sollen, und dass hier nur klargestellt werden soll, dass der Richter überhaupt eine Widerklage und eine Aufrechnungseinrede zulassen darf.

Staud: Wir wollen sagen: Widerklage und Aufrechnung sind nur zuzulassen, wenn die Voraussetzungen des Abs. 1 vorliegen. Ferner ist noch das weitere Hindernis zu überwinden, ob es überhaupt sachdienlich ist.

Pagenstecher: Hier komme ich mit einem Argument, das ich schon so oft vorgebracht habe, bei dem aber immer Herr Ministerialdirektor Volkmar die Schale seines Spottes über mich ausgegossen hat. Ich halte es nicht für richtig, dass der Kläger einfach eine Instanz verliert. Ich würde mich auch mit der Sachdienlichkeit abfinden, wenn der Richter dabei auch die Interessen des Klägers erwägen soll und nicht nur prozessökonomische Gründe. Warum haben wir die Instanzen? Gewiss, es gibt Fälle, wo man sich aus praktischen Gründen darüber hinwegsetzen soll. Aber unter Umständen kann es für den Kläger höchst unangenehm sein, wenn er dadurch eine Instanz verliert. Wenn die Sache nicht reversibel ist, hat er nur eine einzige Instanz für seine Widerklage.

Staud: Bei der Widerklage müsste man das Argument der Sachdienlichkeit wie bisher an die Einwilligung des Gegners knüpfen.

Pagenstecher: Ich würde beides nehmen: Wenn der Gegner einwilligt und das Gericht es für sachdienlich hält. Die Einwilligung des Klägers deshalb, weil er unter Umständen eine Instanz verliert.

Vorsitzender: Bei der Klageänderung verliert der Beklagte eventuell eine Instanz. Die Klageänderung in der zweiten Instanz ist sehr schwierig. Mir ist das auch aufgefallen. Soll man die Widerklage erleichtern oder erschweren?

Jonas: Die Widerklage muss doch mit der Klageänderung kongruent gemacht werden. Wir wollen die Klageänderung nicht erschweren. Die ganze Frage, ob eine Änderung vorliegt oder ob es keine Änderung ist, die soviel Gehirnschmalz gekostet hat, ist jetzt durch den § 264 Gott sei Dank unter den Tisch gefallen. Sie entsinnen sich vielleicht an den Aufsatz von *Ernst Fuchs* [vgl.: Die Justiz, Jg. 1926/27, S. 125 ff., 288 ff.] über Klageänderungsfimmel und Rechtskraftmanie. Er schrieb furchtbar temperamentvoll.

Pagenstecher: Er war sehr geistvoll, aber nicht immer sehr gründlich.

Staud: Die Erleichterung der Klageänderung in erster Instanz in allen Ehren, auch bei Aufrechnung und Widerklage so großzügig wie nur möglich. Aber wenn wir die Berufungsinstanz im Gegensatz zum bisherigen Recht mehr als eine Art Nachprüfungsinstanz ausbauen, dann kämen wir doch dazu, dass Widerklage und Aufrechnung, selbst wenn [wir] sie nach Abs. 1 noch durchpassieren könnten, dem weiteren Erfordernis der Sachlichkeit genügen müsste.

Pagenstecher: Bei der Sachdienlichkeit müsste das Gericht dazu erzogen werden, auch die Interessen des Klägers zu berücksichtigen, ob es dem Kläger nach Lage der Sache zuzumuten ist, dass er eine Instanz verliert.

Jonas: Ist es eigentlich ein besonderer Unterschied, wenn man sagt: Widerklage und Aufrechnung sind nur zuzulassen, wenn die Parteien durch glaubhafte Erklärung genügend entschuldigen, dass sie es in erster Instanz nicht haben vorbringen können?

Staud: Das ist die erste Prämisse. Zusätzlich kommt als zweites Erfordernis die Sachdienlichkeit hinzu.

Vorsitzender: Zusätzlich, weil es ein zweiter Gesichtspunkt ist, der mit dem zweiten nichts zu tun hat.

Pagenstecher: Vergegenwärtigen wir uns die historische Entwicklung! Früher wurde darauf abgestellt, ob die Verteidigung des Beklagten dadurch nicht wesentlich erschwert wurde, ob es dem Beklagten zumutbar war, sich darauf einzulassen. Wenn man in erster Instanz von dieser Prüfung absieht, könnte man sich noch damit abfinden und könnte sagen: Es ist eigentlich eine andere Form, die Erhebung einer neuen Klage. Aber ähnlich wird die Sache immer sein. Kann er sich damit abfinden, dass er auf die Einlassungsfrist verzichten muss? Etwas ganz anderes ist es aber, wenn in der Berufungsinstanz eine Klageänderung vorgebracht wird. Ich will immer, dass die Waffen gut und gleich sind. Da muss ich genau dasselbe sagen wie bei der Widerklage. Wir müssen uns überlegen: Ist es dem Beklagten zuzumuten, dass er eine Instanz verliert? Ebenso würde ich bei der Widerklage sagen: Ist es dem Kläger zuzumuten, dass er eine Instanz verliert? Ich möchte noch einmal darum bitten, dass dieser Gesichtspunkt nicht ganz unter den Tisch fällt.

Jonas: Muss man das sagen: Ist es dem Beklagten zuzumuten, wenn den Kläger für sein Unterlassen in erster Instanz kein Verschulden trifft?

Pagenstecher: Warum soll der Beklagte den Schaden tragen? Er verliert eine Instanz.

Jonas: Er verliert auch gegenüber dem neuen Vorbringen eine Instanz.

Staud: Das wird aber, wenn es ein Gegenrecht ist, nicht rechtskräftig verbraucht. Er verliert also keine Instanz.

Pagenstecher: Bei der komplizierten Einrede doch. Wenn festgestellt ist, dass die Forderung nicht besteht, wird es rechtskräftig.

Staud: Bei der Aufrechnung kann er widerklagen. Wenn er die Mängeleinrede im Prozess geltend macht, führt das nicht zur Ablehnung der Kaufpreisklage. Dann ist eben die Wandlungsklage nicht abgeschnitten.

Jonas: Diese Konsequenzen sind nur bei einer äußerst komplizierten materiellrechtlichen Situation gegeben.

Pagenstecher: Wenn der Beklagte Widerklage erhebt, verliert der Kläger unter Umständen eine Instanz.

Staud: Ja, aber solange er nicht durch Widerklage den Einwand geltend macht, verliert er keine Instanz. Er muss sich wohl in dieser Instanz die Einrede gefallen lassen. Aber wenn er nicht zum Zuge kommt, kann er, wenn er sich davon etwas verspricht, noch die neue Klage erheben. Bisher hat man auch im Gesetz Aufrechnung und Widerklage nur unter qualifizierten Voraussetzungen in der Berufungsinstanz zugelassen, – wie mir scheint, doch aus beachtlichen Gründen.

Jonas: Sie sind besonders behandelt und nicht unter den Gesichtspunkt des Verschuldens, sondern den der Sachdienlichkeit gestellt.

Staud: Bis jetzt geht das Gesetz davon aus, dass bestimmtes Vorbringen als verspätet zurückgewiesen werden kann. Neues Vorbringen ist nach geltendem Recht an sich in der Berufungsinstanz schlechthin zugelassen. Ausnahme: Widerklage und Aufrechnung nur bei Sachdienlichkeit.

Jonas: Und dann sind sie frei.

Staud: Nein. Wenn zu der Widerklage oder der Aufrechnung Tatsachen vorgetragen werden, die an sich zurückgewiesen werden müssen, werden sie auch nach geltendem Recht zurückgewiesen werden können.

Vorsitzender: Das glaube ich nicht.

Staud: Aber wir brauchen das nicht zu vertiefen. Es scheint mir doch richtig zu sein, dass Widerklage und Aufrechnung nach geltendem Recht unter qualifizierten Voraussetzungen zugelassen sind.

Jonas: Ob zulässig darin steht oder zurückzuweisen, ist reiner Zufall; denn der ganze Paragraph ist später stückweise ins Gesetz hineingenommen, bald so, bald so.

Staud: War die Beschränkung bei der Widerklage und Aufrechnung nicht schon vor § 529 Abs. 2 darin enthalten, wenn auch in anderer Form?

Pagenstecher: Es hängt damit zusammen, dass damals die Klageänderung nur mit Zustimmung des Beklagten möglich war. Mir ist es ganz sympathisch, wenn in das Gesetz hineinkommt, dass Klageänderung nur unter der Voraussetzung des Paragraphen Jonas zuzulassen ist und wenn dadurch die Verteidigung des Beklagten nicht wesentlich erschwert wird.

Staud: Mir würde sachdienlich genügen.

Pagenstecher: Der Richter beruft sich immer nur auf prozessökonomische Interessen und Interessen der Partei, die die Instanz verliert.

Jonas: Wenn ich keine Schuld gehabt habe, wenn ich es in erster Instanz nicht vorbringen konnte, dann muss man es in der zweiten Instanz zulassen. (*Pagenstecher:* Ohne Rücksicht auf die Interessen des Gegners?) Ohne Rücksicht auf die Interessen des Gegners.

Vorsitzender: Der Gesichtspunkt des Verschuldens muss für die Widerklage ausscheiden. Denn ob ich Widerklage erhebe oder nicht, das ist doch kein Verschulden. Ich bin doch nicht dazu verpflichtet.

Pagenstecher: Man kann aber doch sagen: Wenn du Widerklage erheben willst, steht dir das vollkommen frei, du musst es aber in erster Instanz tun!

Jonas: Der Richter kommt dann dazu: Du hattest keine Veranlassung, das in erster Instanz vorzubringen, aber trotzdem halte ich es nicht für sachdienlich.

Pagenstecher: Das ist etwas anderes. Der Betreffende wird ja mit dem Anspruch nicht ausgeschlossen. Er kann ja noch einmal Klage erheben. Ich könnte mir sehr wohl Fälle denken, wo es einer höheren Gerechtigkeit entspricht zu sagen: du hast gewisse Umstände erst jetzt erfahren und hast erst jetzt Widerklage erhoben, aber trotzdem halte ich es bei den Ausnahmefällen nicht für billig gegenüber dem Kläger – der wohlgemerkt auch kein Verschulden hat –, dass er eine Instanz verliert, nur damit der Beklagte seinen Anspruch noch im Gegenprozess geltend machen kann.

Jonas: Klage und Widerklage müssen im Zusammenhang miteinander stehen. Es ist immer derselbe Komplex.

Pagenstecher: Sie wollen damit sagen: Es sind keine Fälle denkbar, wo der Kläger dadurch geschädigt wird, dass der rechtliche Zusammenhang vorhanden ist.

Jonas: Ich denke an die Fälle, wo der Kläger keine Veranlassung hatte, das schon in erster Instanz vorzubringen, oder wo er plausibel machen kann: In erster Instanz glaubte ich davon absehen zu können.

Pagenstecher: Nehmen Sie den Fall: Ich habe auf 10.000 RM geklagt, und nun behauptet der Andere, er hätte eine Gegenforderung von 20.000 RM. Die überschießenden 10.000 RM klagt er im Wege der Widerklage ein. Hier braucht nicht der allergeringste rechtliche Zusammenhang zu bestehen.

Jonas: Es ist misslich, dass man die Aufrechnung anders behandeln muss als einen gewöhnlichen Einwand. Man muss dann unterscheiden, ob ich mit einem Schadensersatzanspruch aufrechne oder ob ich unmittelbar bestreite. Das ist u.U. eine rein juristische Frage. Ein Anwalt oder ein Arzt klagt seine Gebührenforderung ein. Ich wende ein: Die Operation ist schlecht gemacht; ich rechne gegen deine Gebührenforderung meine Schadenersatzforderung auf.

Pagenstecher: Da besteht wieder der rechtliche Zusammenhang.

Jonas: Oder wenn ich sage: Ich bestreite den Anspruch, weil du die Operation schlecht ausgeführt hast. Diese beiden Fälle kann man nicht verschieden behandeln.

Vorsitzender: Doch deswegen, weil die Aufrechnung zur Rechtskraft über die Gegenforderung führt. Es ist doch eine Art neuer Streitgegenstand. Der Gegenstand wird weiter. Wenn Sie aufgerechnet haben, wird nachher über diese Aufrechnungsgegenforderung rechtskräftig entschieden. Dadurch ist es anders als eine gewöhnliche Einwendung. Praktisch ist es sehr nahe verwandt. Das gebe ich zu.

Pagenstecher: Ich vermisse hier wieder einen Hinweis des Gerichts darauf, auch die Interessen des Gegners zu berücksichtigen. In Ihrem Fall wird jeder vernünftige Richter, wenn nicht andere Fragen entgegenstehen, sagen: Hier ist es absolut zumutbar, wenn der Andere Widerklage erhebt, er kann ja auch höheren Schaden haben als das Honorar. Hier ist es also absolut zumutbar. Aber in dem anderen Fall, den ich vorhin angeführt habe, wo eine vollständig neue Sache vorliegt, eine Forderung, von der der Kläger vielleicht noch niemals etwas gehört hat, die auf einmal im Wege der Widerklage erhoben wird, habe ich doch gewisse Bedenken, ebenso wie ich Bedenken habe, in zweiter Instanz noch die Aufrechnung zuzulassen. Aber de facto ist es so, dass über diesen Anspruch entschieden wird, ob er im Wege der Widerklage geltend gemacht wird oder im Wege der Aufrechnung.

Vorsitzender: Wir müssen beides gleichsetzen, und die besondere Stellung der Aufrechnung über allen anderen Einwendungen besteht darin, dass ein neuer rechtsfähiger Gegenstand eingeführt wird, da die Entscheidung über die Aufrechnung eine rechtskräftige Entscheidung über die Gegenforderung bedeutet. Das ist der Unterschied gegenüber allen anderen Einwendungen. Wenn ich Mängeleinrede erhebe, bleibt es mir immer möglich, meinen aktiven Wandlungsanspruch noch zu verfolgen. Er ist mir nicht abgeschnitten. Wenn aber die Aufrechnung geltend gemacht wird, dann wird darüber eine Entscheidung im Urteil getroffen, und dann ist gleichzeitig über die Aufrechnungsgegenforderung rechtskräftig entschieden. Deswegen bedarf das einer Sonderbehandlung, und dabei müssen natürlich Aufrechnung und Widerklage möglichst konform behandelt werden. Das gilt auch für den von Ihnen gebrachten Fall, dass man Teile einer einheitlichen Forderung aufrechnet und für den Überschuss Widerklage erhebt. Das muss konform sein.

Jonas: Der Gesichtspunkt, ob es dem Beklagten oder dem Kläger zuzumuten ist, hängt auch davon ab, wie dieser sich darauf einlässt.

Pagenstecher: Man könnte ihn zunächst hören und dann darüber entscheiden. Das kann sehr schnell geschehen.

Jonas: Nur wenn er provisorisch über diese Widerklage verhandeln will, kann man das erst nachträglich festellen.

Pagenstecher: Herr Präsident, das kann ich nicht zugeben, dass man das erst nachträglich sehen kann. Wenn es eine ganz andere Forderung ist, wird der Richter von vornherein sagen: Es darf ihm nicht zugemutet werden, denn er verliert dabei eine Instanz. Das andere Beispiel, das Sie vorhin gebracht haben, wo der Gegner erklärt: das Honorar zahle ich nicht, weil er schlecht gearbeitet hat, außerdem rechne ich auf, ich habe einen Schadenersatzanspruch, der noch höher ist als das Honorar, ist wieder genau dasselbe Problem, bloß in anderer Form. Hier ist schon in erster Instanz über die Sache geredet worden. Hier würde ich sagen: Das kann man zumuten, wenn es auch zu einer Fehlentscheidung führen kann. Es geht nicht an, dass zunächst verhandelt wird und dann erklärt wird, das ist nicht zumutbar.

Vorsitzender: Das spricht dafür, an diesem doppelten Gesichtspunkt festzuhalten und zu sagen: Widerklage und Aufrechnung stehen zunächst unter § a; wenn du es schon in erster Instanz vorbringen konntest und hast es nicht getan und entschuldigst nicht, warum du es erst jetzt tust, dann wird es schon nach § a zurückgewiesen. Ferner unterliegt es noch dem Gesichtspunkt der Sachdienlichkeit, wobei unter Sachdienlichkeit auch die Interessen beider Parteien mit verstanden werden. Wenn wir so formulieren, müssten wir uns bis zum nächsten Mal überlegen, ob wir das auch bei den Bestimmungen über die Klageänderung aufnehmen sollen. Jetzt ist es darin nicht enthalten. Es bleibt natürlich die heikle Frage: Wann liegt eine Klageänderung vor?

Staud: Die Frage ist genauso zu beantworten wie für die erste Instanz. Das genügt m.E.

Pagenstecher: Es ist zuzulassen, wenn das Gericht es für sachdienlich hält. Es kommt darauf an, wie der betreffende Richter es handhaben will.

Vorsitzender: Im § 529 ist noch ein Punkt, den wir uns überlegen müssen.

Pagenstecher: Bei der Widerklage wird es in sehr vielen Fällen so sein, dass es dem Kläger nicht zugemutet werden kann.

Vorsitzender: Weil er sich kaum denken kann, dass es ohne Zusammenhang ist. Ist es ohne jeden Zusammenhang, dann wird es schon durch § a abgeschnitten.

Pagenstecher: Wenn es abgeschnitten wird, könnte er sagen: Ich habe es in erster Instanz nicht vorbringen können.

Vorsitzender: § 530. Die Verletzung einer das Verfahren erster Instanz betreffenden Vorschrift kann in der Berufungsinstanz nicht mehr gerügt werden.

Jonas: Das muss bleiben. Es steht auch in unserem Revisionsentwurf.

Vorsitzender: § 531 ist schon erledigt. *§ 532* ist unser § b. *§ 533,* die Erklärungsbereitschaft zur Eidesleistung, ist auch schon behandelt. Nur der 2. Absatz ist noch nicht erledigt.

Jonas: Diesen Absatz habe ich bewusst nicht übernommen, weil dann Eid gegen Eid steht. Weshalb soll derjenige, der zuerst vereidigt wird, das prae haben. Man kann sich natürlich dadurch helfen, dass man sagt: die Beeidigung war unzulässig; denn man sah es der Aussage an, dass sie offensichtlich falsch, unrichtig war; der Eid hätte nicht abgenommen werden dürfen.

Pagenstecher: Der Hauptfall wird doch sein, dass die Vernehmung unzulässig war. Darüber hat Herr Volkmar einen Artikel geschrieben, in dem er diesen Paragraphen ganz eigentümlich auslegt, weil er in einem Fall zu irgendwelchen schlechten Konsequenzen geführt hat. Die näheren Einzelheiten weiß ich nicht mehr.

Vorsitzender: Der Eid soll unter keinen Umständen durch den zweiten Eid des Gegners erschüttert werden. Man will verhindern, dass Eid gegen Eid steht. Das wird beim Ermessen des Richters immer eine Rolle spielen.

Jonas: Nehmen Sie an, die Kindsmutter ist vereidigt, und der Richter sagt in erster Instanz: Ich glaube ohne weiteres dem eidlichen Zeugnis der Kindsmutter. Die Kindsmutter hat den Mehrverkehr abgelehnt. Es ist ein gewöhnlicher Alimentationsprozess, die blutmäßige Abstammung wird geprüft. Da würde die Kindsmutter Zeugin sein.

Wir können das Beispiel auch umdrehen. Der Beklagte hat abgeschworen, in der Empfängniszeit mit der Frau verkehrt zu haben. Er sagt: Ich habe soundso oft mit ihr verkehrt, aber nicht in der Empfängniszeit. Die Kindsmutter bleibt aber dabei, dass er in der Empfängniszeit doch mit ihr verkehrt hat. Nun wird in der zweiten Instanz zunächst einmal ein erbbiologisches Ähnlichkeitsgutachten erstattet, das dazu führt: Es ist im hohen Grad wahrscheinlich – nicht absolut sicher –, dass nicht der X, sondern dieser Beklagte der Vater ist. Und nun sagt sich das Gericht: Wenn ich noch den Eid der Kindsmutter habe, dann glaube ich ihr. Warum soll man diesen Eid nicht zulassen?

Pagenstecher: In diesem Fall bin ich auch dafür.

Vorsitzender: Der Richter wird, wenn er sich zu einem Eid des Gegners entschließt, das nur aus besonderer Lage heraus tun. Er kommt nicht gern in die Lage, im Prozess Eid gegen Eid zu stellen. Deswegen glaube ich, dass wir Abs. 2 einfach weglassen können.

Jonas: Ich würde ihn weglassen mit der Folge, dass das Gericht u.U. in der Lage ist, trotz eines Eides auch den Gegner zum Eid zuzulassen.

Pagenstecher: Damit bin ich auch einverstanden.

Vorsitzender: § 533 Abs. 2 fällt weg.

Pagenstecher: Wenn er wegfällt, ist der Richter ganz frei.

Vorsitzender: Man darf das Vertrauen haben, dass der Richter zu einem weiteren Eid des Gegners nur schreitet, wenn besondere Anhaltspunkte gegeben sind. Es kann sich ja nur um den richterlichen Eid handeln. Ein anderer kommt nicht in Frage.

§ 434, die vorläufige Vollstreckbarkeitserklärung.

Jonas: Der erste Absatz bleibt. Der zweite Absatz ist überflüssig geworden und könnte wegfallen.

Staud: Denkbar wäre der Fall: Es ist Vorbringen, das in der ersten Instanz noch nicht geltend gemacht werden konnte, neue Tatsachen, die erst nach Schluss der ersten Instanz entstanden sind und die nun innerhalb der Berufungsinstanz verschleppt vorgebracht worden sind. Darüber haben wir schon so scharfe Zurückweisungsbestimmungen, dass wir auf dieses Mätzchen verzichten können.

Vorsitzender: Dann könnten wir also Abs. 2 weglassen.

Jonas: Wir müssen ihn zum mindesten anpassen. Nehmen wir an: der Richter sagt: Dieses Vorbringen lasse ich nicht zu – nach unserem berühmten Sonderbeschluss –, aber der Prozess ist noch nicht zu Ende.

Staud: Dann sehe ich keinen innerlichen Grund dafür, dass man das Urteil für vollstreckbar erklärt. Denn hier liegt die weitere Verzögerung nicht an dem Vorbringen, sondern daran, dass er mit seinem rechtzeitigen Vorbringen noch nicht zum Zuge gekommen ist. (*Jonas:* Auf die Verzögerung kommt es nicht an.) Der Zweck der Bestimmung ist, dass solches Vorbringen zwar berücksichtigt werden kann, aber wenn der Prozess dadurch länger dauert, soll der Berufungsbeklagte darunter nicht leiden. Jetzt wird das Urteil für vorläufig vollstreckbar erklärt. Wenn es ein Vorbringen ist, welches wegen Verspätung ohnehin zurückzuweisen ist, dann kommt es zur endgültigen Entscheidung, und wenn es noch nicht zur Endentscheidung kommt, liegt es an den Dingen, die mit dem verspäteten Vorbringen nichts zu tun haben.

Vorsitzender: Es ist ein Pflaster auf die Wunde des Gegners dafür, dass man dieses verspätete Vorbringen noch zugelassen hat.

Jonas: Das möchte ich nicht annehmen. Man gibt ihm die vorläufige Vollstreckbarkeit mit dem Ergebnis, dass er es nachher gegen Schadenersatz wieder zurückzuerstatten hat. Der Gedanke ist doch der, den Fall, dass unzulässige neue Einwendungen gebracht werden, den Fällen der aussichtslosen Anfechtung gleichzustellen. Es sind ja fast alle Urteile vorläufig vollstreckbar. In dem Kommentar heißt es: Abs. 2 verfolgt den Zweck, das Streitverfahren mit Rücksicht auf die drohende Zwangsvollstreckung hinzuziehen.

Staud: Diese Möglichkeit wird verbaut, wenn man sagt: Verspätetes Vorbringen wird zurückgewiesen. Ich habe fast den Eindruck, dass die Bestimmung schon damals, als § 529 aufgestellt wurde, hätte gestrichen werden sollen. Sie stammt ja aus einer älteren Zeit.

Jonas: Es ist offen gelassen, ob das alles zutrifft oder nicht. Man legt Berufung ein lediglich zu dem Zweck, die Sache ein Jahr hinzuziehen, und da soll das Urteil vorläufig vollstreckbar sein.

Staud: Dann kann er die Berufungsinstanz ruhig ein Jahr hinziehen. So war es, bevor wir den § 529 in der jetzigen Fassung der Novellengesetzgebung hatten. Aber schon als diese Novellengesetzgebung kam, wurde er gegenstandslos, weil das Gericht den Mann zurückweisen konnte.

Vorsitzender: Ich nehme an, dass § 534 Abs. 2 wegfallen kann.

Jonas: Jedenfalls ist er nie praktisch geworden.

Vorsitzender: Abs. 3 dagegen bleibt.

Staud: Ja, weil er zu Abs. 1 gehört.

Vorsitzender: § 536, Urteilsabänderung nur, soweit beantragt, bleibt.

Jonas: § 525 sagt: Vor dem Berufungsgericht wird der Rechtsstreit in den durch die Anträge bestimmten Grenzen von neuem verhandelt, und hier wird gesagt: Es wird nur in den und den Grenzen entschieden.

Vorsitzender: Man könnte es vielleicht in einem Satz zusammenziehen. § 536 würde inhaltlich bleiben. Es fragt sich nur, ob wir ihn mit § 525 verbinden können.

§ 537.

Pagenstecher: Die Fassung dieses Paragraphen ist nicht gut. Sie ist dem Studenten nur sehr schwer klarzumachen. Für mich ist immer der Maßstab, ob eine Gesetzesbestimmung so ist, dass man sie befähigten fleißigen Studenten im Kolleg verständlich machen kann.

Jonas: Man müsste ihn deutlicher fassen.

Staud: Kann man ihn nicht auch mit § 525 zusammenziehen?

Vorsitzender: Das ist vielleicht möglich.

Jonas: Das Thema ist: Inwieweit erwächst der Rechtsstreit in die zweite Instanz?

Vorsitzender: Nun käme die Zurückverweisung in *§ 538.* Ist da etwas zu ändern?

Jonas: Ich bin hier unbedingt für eine Sollvorschrift. Die obligatorische Zurückverweisung wäre ganz unpraktisch.

Vorsitzender: Besteht hier nicht auch die Gefahr der Instanzentziehung?

Staud: Ja, aber trotzdem.

Jonas: Nehmen wir an, ein Prozess wird nach allen Richtungen materiell durchverhandelt. Das Landgericht kam zu dem Ergebnis: Es fehlt das rechtliche Interesse an der Feststellungsklage. Das Oberlandesgericht kommt aber zu dem Ergebnis: Nein, das rechtliche Interesse ist auch gegeben, ich möchte sachlich entscheiden. In diesem Fall ist zurückzuverweisen.

Vorsitzender: Das würde aber nicht unter § 538 fallen.

Jonas: Weil es keine Prozessvoraussetzung, keine prozesshindernde Einrede ist. Aber nun können wir genau denselben Fall mit der Zulässigkeit des Rechtsweges konstruieren.

Vorsitzender: Da würde es eine prozesshindernde Einrede sein.

Jonas: Der Prozess wird vollständig durchexerziert, alles wird vorgebracht, bloß der Rechtsweg ist für unzulässig erklärt worden, und das Oberlandesgericht sagt: Nein, der Rechtsweg ist zulässig.

Vorsitzender: Dann müssten wir doch vielleicht eine Andeutung darüber machen, dass von der Zurückverweisung Abstand genommen werden kann, wenn der Sachverhalt schon in erster Instanz genügend durchgesprochen worden ist. Das ist doch der Gesichtspunkt, den Sie haben wollen und den ich auch anerkenne.

Jonas: Wir hatten denselben Fall schon in der Nummer 3. Hier passt es nicht ganz. Es ist ja ein Rechtsstreit über den Betrag in dem Augenblick vor der Berufungsinstanz gar nicht erwachsen.

Vorsitzender: Jedenfalls können wir nicht einfach sagen: Das Gericht kann zurückverweisen.

Staud: Es fragt sich, ob wir die Interessen der Parteien an der Aufrechterhaltung der Instanzenmöglichkeiten unterstützen wollen. Nehmen wir an, es handelt sich um die Frage des Rechtsweges. Es mag hinzugekommen sein, dass der Berichterstatter gewechselt hat und der neue Berichterstatter sagt: Ich neige wieder mehr zur Unzulässigkeit des Rechtsweges, wir weisen die Klage wegen Unzulässigkeit des Rechtsweges ab. Zu dem Anspruch selbst ist noch nicht alles erschöpft. Nun habe ich hier das Gefühl: Wenn die Sache am Oberlandesgericht hängt und zurückverwiesen wird, dann ist das der Partei im Allgemeinen unangenehmer, als wenn die Sache von demselben Oberlandesgericht zu Ende gebracht wird, welches nachher endgültig entscheiden würde. Denn das Interesse an der landgerichtlichen Instanz hat nur derjenige, der sich sagt: Am Landgericht würde ich gesiegt haben, vorausgesetzt, dass das Oberlandesgericht das Urteil nicht doch geändert hätte.

Vorsitzender: Solche Fälle sind denkbar.

Staud: Die Kostenbelastung und den Zeitverlust, den die Parteien durch eine solche Zurückverweisung erleiden, schätze ich viel höher ein als ihr Interesse an der Aufrechterhaltung des Instanzenzuges. Ein so enormes Interesse haben die Parteien gar nicht an der Revisionsinstanz; wenn sie in dem Fall überhaupt gegeben ist, läuft sie ihnen nicht weg.

Vorsitzender: Bei Nr. 1 des § 538 ist überhaupt noch nicht sachlich verhandelt. Damit konnte ja ein raffinierter Beklagter durch zweimaliges Ausbleiben die Sache überhaupt zum Scheitern bringen.

Staud: Meinen Sie denn, dass das Oberlandesgericht hier von seiner Sollvorschrift überhaupt Gebrauch macht?

Vorsitzender: Es ist jedenfalls ein großes Risiko. – Ich will auch den beiden Instanzen nicht so übertriebene Bedeutung beimessen. Aber der Gedanke ist sehr gesund, dass, wenn in erster Instanz über gewisse Punkte überhaupt nicht verhandelt ist, zurückverwiesen werden soll.

Staud: Man macht den Parteien damit ein Danaergeschenk. Wir legen doch gar keinen Wert darauf. Dass das Oberlandesgericht in dem Fall des Verwerfens des Einspruchs von der Zurückverweisungsbefugnis Gebrauch machen wird, das möchte ich fast für selbstverständlich halten.

Pagenstecher: Man könnte einfach in das Gesetz hineinsetzen, dass die Zurückverweisung dann unterbleibt, wenn die Parteien die Zurückverweisung nicht wünschen.

Staud: Einer wird sagen: Je länger es dauert, umso besser. Das wird nicht derjenige sagen, dem an der Ermittlung des wahren Rechts liegt; sondern derjenige, dem daran liegt, die Vollstreckung möglichst lange hinauszuzögern, wird sagen: Verweist die Sache zurück.

Pagenstecher: Es sind auch andere Fälle denkbar: Ich erhebe Einrede der Unzulässigkeit des Rechtswegs. Ich bin sicher, dass ich damit durchdringe, verhandle aber zur Sache, damit nicht eventuell Versäumnisurteil gegen mich ergeht. Wird die Klage als unzulässig abgewiesen, dann ist doch die Instanz erledigt?

Jonas: Die Frage, ob der Rechtsweg zulässig ist oder nicht, hängt eigentlich davon ab, ob der Rechtsstreit nach allen Ecken und Kanten schon durchgekaut ist. Man kann sich natürlich ganz glatte Fälle vorstellen wie den Fall mit dem Judenlied in Borkum [hierzu Entscheid. des preuß. Oberverwaltungsgerichts, Bd. 80, 176; 14.5.1925]. Da hatte wohl der Amtsgerichtsrat die Klage auf Unterlassung des Singens für zulässig erklärt. Das wäre so ein Fall, wo der Tatbestand überhaupt nicht angeschnitten ist, wo nur über die grundsätzliche Seite der Sache verhandelt wird. Aber bei den Fällen, die ich so in meinem Senat über die Zulässigkeit des Rechtswegs erlebt habe, den Fragen, ob irgendeine Anordnung vom Reichsnährstand usw. im ordentlichen Prozess nachprüfbar war, war bei der Frage, ob der Rechtsweg zulässig ist, die Sache nach allen Ecken und Kanten durchgekaut.

Vorsitzender: Ich bin auch einverstanden, dass das in eine Kannvorschrift umgewandelt wird. Ich möchte nur einen kleinen Hinweis, der den Gerichten Anlass gibt, diese Frage zu prüfen: Können wir es verantworten oder nicht, und zwar unter dem Gesichtspunkt: Ist in erster Instanz wirklich schon genügend verhandelt, oder ist noch nichts geschehen? Man könnte ja auch sagen, man könnte es in den Kommentar schreiben; aber ich meine, ob sich nicht eine Fassung finden lässt, die den Richter nicht zu sehr einengt, aber ihm einen Wegweiser gibt.

Staud: Sicher soll doch künftig die Zurückverweisung eine Ausnahme werden.

Vorsitzender: Das ist ganz gesund wegen der Kosten.

Staud: Man würde sagen können: „es kann zurückverweisen, wenn es sachdienlich ist".

Vorsitzender: Ja, irgendeinen solchen Ausdruck; er kann sehr frei gefasst sein.

Staud: Ich möchte nicht sagen: es kann von der Zurückverweisung absehen, wenn das und das der Fall ist, sondern, um den Ausnahmecharakter der Zurückverweisung noch zu betonen, wollte ich sagen: es kann zurückverweisen, wenn es sachdienlich ist, nämlich bei den nachbezeichneten Fällen.

Vorsitzender: Gut, machen wir als Regel, dass es selbst entscheidet, aber es kann zurückverweisen, – als Ausnahme.

Staud: Meinetwegen auch: „es kann zurückverweisen, wenn es sachdienlich ist".

Vorsitzender: Wollen Sie keine Aufzählung mehr in dem bisherigen Sinn?

Pagenstecher: Warum soll man als Regel sagen, dass es selbst entscheidet?

Staud: Das hat sich doch im arbeitsgerichtlichen Verfahren auch schon bewährt. Es gibt nichts, was unter den Rechtsuchenden solchen Ärger verursacht wie Zurückverweisung einer Sache in die frühere Instanz.

Jonas: Fallen die Fälle im arbeitsgerichtlichen Verfahren darunter?

Pagenstecher: Das Berufungsgericht kann zurückverweisen, soll von dieser Befugnis aber keinen Gebrauch machen, – es kann zurückverweisen, wenn es es für sachdienlich hält, namentlich wenn in erster Instanz über die Hauptsache nicht verhandelt ist.

Jonas: Ich hatte gesagt: Die Nr. 4 scheidet hier wegen § 46 Abs. 2 Satz 3 des Arbeitsgerichtsgesetzes aus, – weil die Vorschriften über den Urkundenprozess im arbeitsgerichtlichen Verfahren keine Anwendung finden. Die Bestimmung im Arbeitsgerichtsgesetz bezieht sich nur auf § 539.

Pagenstecher: „Das Berufungsgericht kann zurückverweisen, wenn es es für sachdienlich hält; es soll insbesondere zurückverweisen, wenn in erster Instanz noch nicht zur Hauptsache verhandelt ist" – so ungefähr!

Jonas: Der ganze Streitstoff ist vorgetragen und durchgekaut immer nur unter dem Gesichtspunkt der Zulässigkeit des Rechtsweges. Alles ist vorgetragen.

Pagenstecher: Dann soll eben nicht zurückverwiesen werden.

Jonas: Sie sagen aber: „wenn noch nicht zur Hauptsache verhandelt ist".

Vorsitzender: Dann können wir sagen: „über den Sachverhalt verhandelt ist", damit wir den technischen Ausdruck „Hauptsache" vermeiden.

Jonas: Wenn wir hier sagen: „zur Hauptsache verhandelt", ist es doch wohl im Gegensatz zur prozesshindernden Einrede?

Pagenstecher: Wir reden wohl aneinander vorbei. Denken Sie an den Fall, dass das Gericht abgesonderte Behandlung angeordnet hat? Nein, dann ist doch ein besonderes Rechtsmittel gegeben. Sie denken an den Fall, dass das Gericht keine abgesonderte Verhandlung angeordnet hat, dass die Parteien aber trotzdem über Zulässigkeit des Rechtsweges verhandelt haben und bei dieser Gelegenheit auch in die Sache selbst eingetreten sind, aber immer unter dem Gesichtspunkt der Zulässigkeit des Rechtsweges. Dann ist doch das Formelle die Verhandlung in der Hauptsache.

Jonas: Wollen wir unterstellen, es ist irgendein Streit über Schulbaulasten, über die Frage, ob diese unter das preußische Gesetz, unter das Verfahren vom Oberpräsidenten fallen oder nicht. Wir hatten vor ein paar Monaten einmal einen solchen Prozess in Landeck in der Grafschaft Glatz. Vor 100 Jahren war da irgendein Haus gebaut worden, und es handelte sich um die Frage, ob die Kirche oder die Schule dieses Haus haben sollte. Der Richter sagt: Nun wollen wir uns zunächst über die Zulässigkeit des Rechtsweges unterhalten. Der Tatbestand wird vollständig vorgetragen, und es ist an sich ein vollständig unstreitiger Tatbestand, und der Richter sagt: Ich weise die Klage ab, weil der Rechtsweg unzulässig ist.

Pagenstecher: Das ist doch formell eine Verhandlung über die Hauptsache.

Jonas: Das Gericht hat ganz korrekt einen Beschluss erlassen: Wir wollen uns nur mit der Zulässigkeit des Rechtsweges zunächst befassen.

Pagenstecher: Es hat abgesondert verhandelt? (*Ja!*) Dann ist es auch anfechtbar. Dann fällt es doch nicht darunter.

Vorsitzender: § 538 Ziffer 2!

Pagenstecher: Nein, das betrifft doch nur die Fälle, wo keine abgesonderte Behandlung angeordnet ist.

Vorsitzender: Beide Fälle, wenn nur über prozesshindernde Einreden entschieden ist.

Jonas: Es kann der Fall sein, dass durch das Zwischenurteil oder ein Endurteil der prozesshindernden Einrede stattgegeben ist.

Vorsitzender: Nun sollen Sie in Zukunft das Zwischenurteil beseitigen. Ich wäre nicht abgeneigt, das Zwischenurteil zu beseitigen, obwohl es manche Vorteile hat. Wenn Sie aber das Zwischenurteil aufrecht erhalten, ist die Zurückverweisung logisch; denn sonst hat sie gar keinen Zweck.

Jonas: Dieses Zwischenurteil ist doch praktisch eigentlich nur der Fall, dass das Gericht dazu kommt zu sagen: Die Einrede des Schiedsvertrags halte ich nicht für begründet. Das ist doch eigentlich der einzige Weg der Zwischeninstanz. Wenn er sagt: ich halte den Rechtsweg für zulässig, dann kann er doch entscheiden.

Vorsitzender: Das wäre ganz umsonst. Wenn zur Hauptsache eine Beweisaufnahme stattfindet und dann Berufung eingelegt wird, und in der zweiten Instanz heißt es: der Rechtsweg ist unzulässig, dann ist damit die ganze Beweisaufnahme mit allen Kosten für die Parteien für die Katz gewesen.

Pagenstecher: Wenn die Praxis kein Bedürfnis danach hat, braucht sie das ja nicht anzuwenden. Ich habe jetzt einen Fall gehabt, wo ich ein großes Gutachten gemacht habe. Da hat es sich allerdings um internationale Zuständigkeit gehandelt. Es ist eine außerordentlich zweifelhafte Frage gewesen. Da hat selbstverständlich das Gericht angeordnet, zuerst über die Zuständigkeit zu verhandeln. Die Sache ist dann bis ans Reichsgericht gegangen. Dann ist der Prozess weitergegangen. Das eine Gericht hat so entschieden, das andere so. Es handelte sich um ein Riesenobjekt, um die Beschlagnahme eines Dampfers in Spanien. Es war eine außerordentlich zweifelhafte Angelegenheit. Es sind doch Fälle denkbar, wo das durchaus unsicher ist. Es braucht ja kein Richter zu tun; es ist ja eine Kannvorschrift.

Vorsitzender: Es sind seltene Fälle, und selbst wenn man die prozesshindernde Einrede verwirft, und die Sache selbst ist einfach, dann wird man vielleicht in der Hauptsache entscheiden. Wenn man aber sieht: die Hauptsache erfordert auch noch längere Verhandlung und Beweisaufnahme, dann will ich nicht das Risiko laufen, dass ich monatelang zur Hauptsache verhandle, und das wird in zweiter Instanz umgeschmissen. Das war der Gesichtspunkt; das kann immerhin vorkommen. Er könnte sich einmal um einen Querulanten handeln, wo umstritten ist: Ist der Mann geisteskrank oder prozessfähig? Aber das wird selten vorkommen, ist aber denkbar.

Jonas: Es kann vorkommen, dass der erste Richter sagt: Ich halte den Rechtsweg für zulässig und mache ein Zwischenurteil. Dieses Zwischenurteil wird angefochten, und der Berufungsrichter bestätigt das Urteil.

Vorsitzender: Nun soll doch zurückverwiesen werden.

Jonas: Durch Endurteil wird die Sache abgeschlossen.

Pagenstecher: Es muss zurückverwiesen werden. Es gibt ja noch Revision.

Vorsitzender: Dann würde ich die Zurückverweisung für richtiger halten, damit der Prozess zwei Instanzen durchläuft.

Jonas: Nun ist er so in der Rage, dass er sagt: Diesen ganz einfachen Fall kann ich jetzt schon entscheiden.

Vorsitzender: Wenn er einfach ist, wird der Richter erster Instanz auch gleich auf Hauptsache verhandeln. Er wird doch nur dann ein besonderes Zwischenurteil fällen, wenn er sich sagt: die Hauptsache ist auch nicht einfach, sondern wird auch noch lange dauern; sonst tut er es doch nicht.

Pagenstecher: Wenn die ganze Entscheidung über die Hauptsache von der Entscheidung über eine Rechtsfrage abhängt, dann wird kein Richter so dumm sein zu entscheiden: Der Rechtsweg ist zulässig, und es wird so und so entschieden.

Staud: Wenn die Berufung nur gegen das Zwischenurteil eingelegt ist, dann ist doch in die Berufungsinstanz überhaupt nur der Prozess bis zu dem Zwischenurteil hineingebracht, noch nicht das Weitere. Die Frage wird doch m.E. nur akut, wenn im Endurteil die Frage implicite behandelt ist.

Jonas: Das wollten wir in Nr. 3 bei dem „nach Grund und Betrag streitigen Anspruch".

Staud: Ja, kraft des positiven Ausspruchs!

Jonas: Das wollten wir doch auf jeden Fall beibehalten.

Pagenstecher: Ich muss immer noch daran festhalten, dass Nr. 2 sich auf den Fall, dass abgesonderte Verhandlung abgeordnet ist, überhaupt nicht bezieht.

Vorsitzender: Zweifelhaft kann doch mindestens dann sein, wenn der prozesshindernden Einrede stattgegeben ist. Also der Richter hat sich von vornherein auf den Standpunkt gestellt: der Rechtsweg ist unzulässig, aber ob mit oder ohne abgesonderte Entscheidung, ist dann ganz gleichgültig; er hat einfach gesagt: Ich weise die Klage ab wegen Unzulässigkeit des Rechtswegs. Jetzt wird Berufung eingelegt. Der Richter zweiter Instanz hält den Rechtsweg für zulässig. Dann soll er sagen: Jetzt geht mich die Hauptsache noch nichts an, die soll erst in erster Instanz durchgekaut werden. Es sind also solche Fälle, wo man sagt: Wir wollen die Sache in zwei Instanzen machen oder dem erstinstanzlichen Richter die Sache nicht einfach entziehen.

Jonas: Das natürlich! Ich möchte diese Fälle auch in das Ermessen des Richters stellen.

Vorsitzender: Danach sind wir einig, dass wir die Zurückverweisung als Ausnahme wollen, einschränken wollen, in das Ermessen des Richters stellen, und wir kämpfen sozusagen nur darum, ob im Gesetz noch eine Andeutung gemacht werden soll, ein Hinweis, unter welchen Gesichtspunkten der Richter sich sagen soll: ich entscheide selbst oder weise zurück, – eine Andeutung in der Richtung: ist in erster Instanz überhaupt schon der Sachverhalt verhandelt oder einfach oder kompliziert; das könnte man auch mit dem Ausdruck „sachdienlich" bezeichnen; aber es ist etwas verschwommen.

Pagenstecher: Er soll insbesondere zurückverweisen, wenn die Hauptsache in erster Instanz noch nicht geklärt ist – oder so ähnlich.

Vorsitzender: Wir wollen sehen, ob wir da eine Form finden. In der Sache selbst sind wir wohl der Ansicht, dass die Zurückverweisung für die Parteien oft auch ein Danaergeschenk ist. (*Zustimmung.*).

Pagenstecher: Ich hatte noch ein Bedenken. Wenn nicht zurückverwiesen wird und es ist überhaupt über die Hauptsache noch nicht verhandelt worden, dann müsste selbstverständlich alles zugelassen werden.

Vorsitzender: Ja, weil er nicht Veranlassung hat, der ersten Instanz etwas vorzuwerfen.

Jonas: Wenn er die Sache zur Instanz zulässt, aber sagt: du bringst etwas Neues vor, – das geht nicht!

Pagenstecher: Nein! Es ist ein großer Unterschied. Er hat vielleicht verhandelt und ist auf die Sache selbst eingegangen, aber immer nur unter dem Gesichtspunkt: Ist der Rechtsweg zulässig oder nicht? Nun kommt er mit neuen Sachen. Das kann ihm natürlich nicht abgeschnitten werden, weil der Gesichtspunkt doch ein ganz anderer ist.

Vorsitzender: Da wollen wir immer noch retten können, weil er keine Veranlassung hatte.

§ 539: Zurückverweisung, weil das Verfahren in erster Instanz an einem wesentlichen Mangel leidet. Da heißt es ja nun: „kann zurückverweisen". Sollen wir das ganz streichen?

Jonas: Ich möchte eigentlich den Paragraphen ganz streichen. Im arbeitsgerichtlichen Verfahren haben wir die Bestimmung nicht. Es ist die Bestrafung des ersten Richters auf dem Buckel der Parteien. Es ist die Entscheidung ab irato. Der zweite Richter ärgert sich, und die Zurückverweisung zwischen Landgericht und Amtsgericht ist doch ganz besonders misslich, finde ich.

Pagenstecher: Wenn Sie kein praktisches Bedürfnis sehen!

Singer: Es besteht gar kein praktisches Bedürfnis, den Paragraphen zu halten.

Pagenstecher: Dann könnte nicht einmal zurückverwiesen werden, wenn die Partei als Richter mitgesessen hat. Ob nicht doch Fälle denkbar sind, das auch als Kannvorschrift bestehen zu lassen? Oder kommt es vor, dass sich die Leute gegenseitig schikanieren und vom Landgericht an das Amtsgericht zurückverweisen?

Jonas: Es sind gewisse Reibungen. Ich besinne mich aus meiner Referendarzeit auf einen Fall, wo die Sache akut wurde. Es war irgendein Holzprozess in Stettin mit einem tschechoslowakischen Händler. Der Holzvertrag war in Abweichung vom formularmäßigen Vertrag abgeschlossen, und die Kammer für Handelssachen sagte dem Zeugen: Den Beweis, dass der Vertrag in Abweichung von dem Üblichen geschlossen ist, lehne ich ab, es ist nur der Beweis angetreten durch Zeugenbenennung eines in der Tschechoslowakei wohnenden Holzhändlers, solchen Leuten glaube ich grundsätzlich nicht. Damit war die Sache abgetan. Der Senat hob das Urteil auf und wies zurück wegen Mangels des Verfahrens.

Pagenstecher: Das finde ich gar nicht so unbillig. Sie meinen, die Parteien hätten darunter gelitten?

Jonas: Ja, zweifelhaft war nur, ob es ein Mangel des Verfahrens war, ob es nicht ein Mangel des Urteils war.

Pagenstecher: Wenn Sie meinen, dass es zu erheblichen Missständen führt, bin ich mit der Streichung einverstanden. An sich wäre es mir sympathisch, es als Kannvorschrift zu lassen, auch wieder unter dem Gesichtspunkt des Instanzverlustes. Es sind auch Fälle denkbar, dass in erster Instanz so prozessiert wird, dass man das beinahe kaum als Prozess ansehen kann.

Vorsitzender: Das Gehör ist abgeschnitten, wenn man sagt: Das lasse ich nicht zu.

Jonas: Soll man aber nun denjenigen, der das verbockt hat, zum Gärtner setzen?

Stagel: Es ist doch jetzt auch Kannvorschrift.

Jonas: Es wird doch nur wenig Gebrauch davon gemacht.

Stagel: Wir verweisen sehr viel zurück. Ich würde mehr für die Streichung sein.

Singer: Praktisch halte ich das für überflüssig.

Vorsitzender: Also im Allgemeinen für Wegfall, vorbehaltlich der Überlegung, dass einem irgendetwas einfällt, wonach es doch vielleicht besser ist, es zu belassen.

Pagenstecher: Ich bin für Beibehaltung.

Jonas: Ich will es lieber streichen.

Vorsitzender: Also notieren wir: kann wegfallen – Fragezeichen!

§ 542: Die Vorschriften über das Versäumnisverfahren in erster Instanz finden entsprechende Anwendung.

Jonas: Ich würde empfehlen, in diese Beratung heute nicht mehr einzutreten.

Vorsitzender: Das bleibt dann also noch als großer Punkt. – die §§ 543 und 544 sind ja unbedeutend. Ich wollte an sich nur mit der Prüfung zu Ende kommen. Dann würden für das nächste Mal diese Punkte des Berufungsverfahrens und die Wiederaufnahme des Verfahrens bleiben. Da wäre hauptsächlich die Frage, ob wir das Verfahren nicht vereinfachen können.

Dann wollen wir für heute schließen. Für die nächste Tagung bleibt es also vorläufig bei der Anberaumung auf den 6. bis 8. Februar 1941.

(Schluss der Sitzung 12.30 Uhr)

X. Sitzungen des Unterausschusses vom 6.-8.2.1941

1. Protokoll der Sitzung vom 6.2.1941 (nicht überliefert)

2. Protokoll der Sitzung vom 7.2.1941 (Berufung)

(Beginn der Sitzung 10 Uhr)

Vorsitzender: Wir waren gestern stehen geblieben bei der Beratung des *§ f Abs. 2* [der wohl von *Jonas* stammende Entwurf ist nicht überliefert; vgl. unten S. 785 die Inhaltsübersicht]. Da war die Frage, wie es mit der Anschlussberufung sein sollte, ob die Anschlussberufung überhaupt fallen sollte. Ich hatte mich für die Erhaltung der Anschlussberufung eingesetzt, wenn ich auch gegen eine Befristung derselben an sich nichts einzuwenden habe. Aber zu einem Abschluss war die Debatte noch nicht gekommen.

Staud: Mir scheint doch, dass, wenn man die Anschlussberufung stehen lässt, man den § f Abs. 2 so, wie er ist, ruhig bestehen lassen kann, indem man sagt: Dann mag jemand, der sich der Erweiterung seiner Anträge nicht begeben will, einen Vorbehalt zu machen. Eine andere Sache ist die: Soll jemand selbst nach Abschluss der Berufungsfrist seine Berufungsanträge noch erweitern können? Ein Teil der Herren – und dazu zähle auch ich – war bei § f Abs. 2 davon ausgegangen, dass die Erweiterung der Berufungsanträge nach Ablauf der Berufungsfrist ja überhaupt aufhören würden. Das soll aber nicht der Zweck der Bestimmung sein. Es soll, wie es zurzeit vorherrschend angenommen wird, weiter so bleiben, dass noch während des ganzen Berufungsverfahrens der Berufungskläger, sofern er sich nicht durch Verzicht dieses Rechtes begeben hat, seine Berufungsanträge erweitern kann. Also er soll rein theoretisch die Möglichkeit haben, jeweils von Monat zu Monat die Berufung von 100 zu 100 RM zu erweitern.

Fischer: Bei dieser Frage des Vorbehalts und der Erweiterung handelt es sich doch nur um den Teil des Streitstoffes, der zwar in erster Instanz schon prozessiert war, durch die beschränkte Berufung aber nicht in die zweite Instanz gelangt ist. Die ganze Frage, ob wir über den Streitstoff der ersten Instanz hinaus noch Streitstoff in die zweite Instanz bringen können, hängt hiermit nicht zusammen. (*Jonas:* Das ist zu trennen!) Jawohl. Ich wollte nur die beiden Sachen mal klar trennen. Man kann sich doch nur auf den Standpunkt stellen: Entweder wir geben der beschränkten Berufung die Wirkung, dass insoweit, als Berufung nicht eingelegt wird, bis zum Ablauf der Berufungsfrist, eine gewisse Rechtskraftwirkung eintritt. Das ist das, was die beste Klarheit schafft. Dann ist der Anspruch erledigt. Dann würden wir ja nun überhaupt nicht mehr darüber nachzudenken brauchen, unter welchen Voraussetzungen dieser Stoff nun doch wieder in die zweite Instanz kommen kann.

Auf der anderen Seite haben wir ganz klare Gesichtspunkte darüber, wie wir eventuell eine Klage in zweiter Instanz erweitern können. Dazwischen liegt dieser Komplex, der durch die Beschränkung der Berufung nicht in die zweite Instanz kommt. Und nun ist die Frage: Wie wollen wir den behandeln? Wollen wir dem die Rechtskraft abschneiden oder sagen: Das ist eo ipso so, da genügt der Vorbehalt, jederzeit können wir es aufnehmen in die zweite Instanz. Oder wollen wir es unter den Gesichtspunkt stellen, dass diese Wiederaufnahme eines an sich in die Berufungsinstanz rechtzeitig nicht gebrachten Stoffes nur möglich ist unter den Voraussetzungen, unter denen überhaupt neuer Streitstoff in die zweite Instanz gebracht werden kann?

Das sind meiner Ansicht nach die drei Behandlungsmöglichkeiten. Von diesen bin ich an sich für die erste. Ich bin also dafür, dass, wenn jemand keine Berufung einlegt, er damit, wie Sie es interpretieren, verzichtet, falls er keinen Vorbehalt macht. Ich bin aber gegen den Vorbehalt; denn es ist eine sehr unsichere Situation, die sich da ergibt, und ich möchte nur das eine Türchen aufmachen, dass er auf seine Sache zurückkommen kann, wenn das Verhalten des Gegners, also die Anschlussberufung, dazu Grund und Veranlassung gibt. Aber darüber kann man natürlich verschiedener Meinung sein.

Jonas: Mir scheint das Praktischste zu sein, dass man sagt: Inwieweit die Parteien mit dem Urteil zufrieden sind oder nicht, müssen sie sich bis zu einem bestimmten Zeitpunkt überlegen. Ob man nun den Zeitpunkt ein bisschen früher oder später nimmt, scheint mir ziemlich gleichgültig zu sein. Ich würde es aber auch unter dem Vereinfachungsgesichtspunkt für durchaus diskutabel halten, dass man, wenn jetzt die Berufungsfrist ein Monat wird, sagt: Die Anträge müssen am Schluss des einen Monats vorliegen, der Berufungskläger muss seinen Antrag bis dahin stellen. Und wenn auch der Gegner sich sozusagen anschließen darf innerhalb der Berufungsfrist, dann sind es nur gewöhnliche wechselseitige Berufungen. Ein gewisser Haken ist dabei. Jetzt sagt man, für die Anschlussberufung ist es nicht notwendig, dass eine Beschwer vorliegt; er kann Anschlussberufung einlegen lediglich zu dem Zweck der Erweiterung des Anspruchs. Darauf will ich nachher erst eingehen. Mir scheint es eigentlich zweckmäßig zu sein, man sollte das Institut der Anschlussberufung überhaupt über Bord werfen. Jeder hat die Möglichkeit, innerhalb von vier Wochen Berufung einzulegen. Damit die Kostenentscheidung abgeändert werden kann, bedarf es überhaupt keiner Anschlussberufung. Es ist unnötig, da irgendetwas vorzusehen.

Also Punkt 1: Anschlussberufung gibt es nicht; es gibt nur wechselseitige Berufungen. Punkt 2: Die Berufungsanträge sind zu stellen bis zum Schluss der Berufungsfrist. Also die Partei muss beschwert sein, und wenn nicht Angriffe gegen das Urteil vorliegen, dann ist eben die Berufung unzulässig, dann ist Schluss.

Nun taucht wieder eine zweite Frage auf. Wenn die Berufung zulässig ist und die Sache nun neu verhandelt ist, dann kann sich sehr wohl das Bedürfnis ergeben, dass mit Rücksicht auf den Zeitablauf – neue Raten werden fällig usw. – aus der Beweisaufnahme ergibt sich, der Schaden ist wesentlich größer –, dass mit Rücksicht darauf auch neue Ansprüche, sei es im Wege der Widerklage, sei es im Wege der Klageerweiterung in diesem Prozess mit zu erledigen sind. Dafür kann durchaus ein Bedürfnis bestehen, nur brauchen wir, um diese neuen Ansprüche und Erweiterungen oder Widerklagen hineinzubringen, nicht noch das Gebilde einer Anschlussberufung. Jetzt nennen wir das alles Anschlussberufung. Weshalb soll nicht einfach, eine zulässige Berufung vorausgesetzt, hier in dem § s gesagt werden: „Neue Ansprüche, die im Wege der Erweiterung oder Änderung des Klageantrags oder im Wege der Widerklage geltend gemacht werden, sind nur zu berücksichtigen, wenn ihre Erledigung in dem Prozess sachdienlich erscheint."

Vorsitzender: Ich bin noch nicht überzeugt, dass man die Anschlussberufung nicht braucht. Ich habe durchaus Verständnis dafür, dass jemand sagt: Wegen der Kleinigkeit, in der ich unterlegen bin, will ich nicht in die zweite Instanz gehen, aber wenn ich genötigt werde, weil der Gegner Berufung einlegt, dann sehe ich nicht ein, warum ich nicht auf meinem ursprünglichen Standpunkt beharren und den Versuch machen soll, das nun auch noch hereinzubringen.

Pagenstecher: Ich bin ganz der Ansicht von Herrn Prof. Lent.

Jonas: Ich weiß bloß nicht, ob das eigentlich Erwägungen sind, die vom Standpunkt der Prozessökonomie noch am Platze sind. Das Bedürfnis für solche Möglichkeiten liegt doch eigentlich mehr auf dem Gebiet der Prozesstaktik. Ich kann ebenso gut sagen: Die Partei kann sich das auch vorher überlegen.

Pagenstecher: Es kann doch dann dazu kommen, dass ein Teil nur Berufung einlegt aus dem Gedanken, dass der andere Berufung einlegt, während bei der jetzigen Regelung vielleicht der Prozess vermieden wird.

Fischer: Ich würde ja an sich gern meine Berufung vorsorglich einlegen und nachher, wenn ich sehe, der Andere macht nichts, sie wieder zurückziehen. Aber wenn ich meine Berufung einlege, kann ich, wie die Dinge praktisch liegen, damit rechnen, dass der gegnerische Anwalt aufpasst und in demselben Moment, wo die Berufung da ist, sich zu den Akten meldet und seinen Antrag auf Abweisung der Berufung einlegt. Dann ist wieder eine Prozessgebühr mehr verdient. In dieser Beziehung sind die Anwälte hinterher wie die Schießhunde.

Pagenstecher: Es fragt sich, ob wir nicht von der Kostenseite her Vorsorge treffen können.

Stagel: Vielleicht lässt es sich vereinfachen, indem man für den Fall, dass eine Partei Berufung einlegt, die Berufungsfrist für die andere Partei [sich] etwas verlängert.

Vorsitzender: Da bin ich ohne weiteres dafür, dass man das beschränkt.

Jonas: Jetzt besteht die Möglichkeit, die Anschlussberufung wer weiß wie lange bis zum Schluss der mündlichen Verhandlungen hinauszuziehen, namentlich da jetzt die Erhebung neuer Ansprüche immer frisiert wird als Anschlussberufung.

Staud: Ich kann nur dem Vorschlag von Herrn Jonas beitreten. Ich hatte vorher selbst ausgeführt, dass erhebliche Gründe dafür sprechen, die Anschlussberufung zu entbehren. Das Bestechendste bei der ganzen Sache und der große Gewinn für die Kodifikation ist ja der, dass eine wesentliche Vereinfachung des Verfahrens sich technisch ergibt. Alles, was für die Anschlussberufung spricht, sind doch Erwägungen reiner Prozesstaktik, die ich nicht mehr für zeitgemäß halte.

Fischer: Es ist richtig, die Prozesstaktik spielt dabei eine große Rolle. Aber die alte Frage ist immer, von welchen Standpunkt aus macht der Gesetzgeber das Gesetz: Macht er es vom Standpunkt des Fiskus aus, d.h. vom Standpunkt der Behörde, die ein einfaches und klares Verfahren haben will, oder denkt er auch dabei an sein Publikum? Das ist schließlich auch eine Frage, die mal mit erörtert werden müsste. Nun ist es doch aber charakteristisch, dass z.B. bei dem an sich ganz anders liegenden Verfahren vor dem Reichspatentamt, wo wir keine Anschlussberufung gehabt haben, sich doch unter Billigung des Reichsgerichts die Einführung der Anschlussberufung durchgesetzt hat, weil sie offenbar einem Bedürfnis entspricht.

Den Gedanken von Herrn Stagel, dass man eine Verlängerung der Berufungsfrist für den Gegner macht, könnte ich mich anschließen.

Stagel: Wenn eine Partei die Berufung einlegt, müsste für die andere Partei noch 14 Tage nach dieser Einlegung die Frist gegeben sein.

Staud: Dann kommen Sie zu dem Ergebnis: Der Kläger legt Berufung ein zum Teilbetrag von 1000 RM, jetzt verlängert sich für den Anderen die Frist, er legt Anschlussberufung ein, und nun sagt sich der Kläger, nachdem er Anschlussberufung eingelegt hat, muss ich meine Berufung erweitern. (*Widerspruch.*)

Pagenstecher: Dann muss er vorher einen Vorbehalt machen.

Stagel: Nein, dann muss Schluss sein.

Staud: Das führt meines Erachtens logischerweise dazu, dass sich das Problem immer aufs Neue wiederholt.

Vorsitzender: Es ist doch der rein menschliche Gedanke dabei, dass ich zwar wegen eines Drecks nicht in die zweite Instanz geben will, dass ich mir aber sage: Wenn ich hineingetrieben werde, dann will ich auch das Ursprüngliche haben.

Pagenstecher: Ganz recht! Es ist immer die Idee, dass ein friedfertiger Mann sagt: Leider habe ich prozessieren müssen, ich habe aber nicht alles bekommen, was ich wollte, aber ich will jetzt meine Ruhe haben; aber wenn der Andere mich nun zwingt, noch doch weiter zu prozessieren, dann sage ich mir: warum soll ich nun, wo ich doch die Lasten des Prozesses habe, zurückweisen?

Furler: Ich möchte mich auch für Beibehaltung der Anschlussberufung aussprechen. Es ist gewiss etwas Prozesstaktik dabei, aber nicht nur Prozesstaktik. Es ist eine gewisse Notwendigkeit, und wenn ich vor einer neuen Situation stehe, muss ich auch die Möglichkeit haben, meine Auffassung wieder zu überprüfen. Ich möchte mich auch nicht dem Antrag von Herrn Stagel anschließen, die Frist zu verlängern. Das würde zu formal klingen.

Jonas: Sie wollen also die Anschlussberufung theoretisch bis zum Schluss der mündlichen Verhandlung? (*Wird bejaht.*) Dann müssen Sie aber auch sagen: Der Berufungskläger muss die Möglichkeit haben, seine beschränkte Berufung dann zum Schluss noch erweitern zu können.

Furler: Das leuchtet mir an sich ein. Ich befürchte nur, dass das eine ziemliche Komplikation gibt, schon in der Formulierung des Gesetzes. Mir scheint es weniger kompliziert so, wie es jetzt ist, als wenn ich da wieder Fristen einführe.

Fischer: Könnte man nicht sagen: Die Anschlussberufung wird zugelassen, sie kann aber zurückgewiesen werden, wenn dadurch der Prozess verzögert wird.

Staud: Dann ist mir der jetzige Zustand noch erträglicher. Das Einzige, was uns bei Beseitigung der Anschlussberufung passieren kann, ist doch nur, dass jemand sich bei Abschluss der Berufungsfrist nicht binden lassen will, dass er nicht genötigt sein will, das volle Rechtsmittel vorsorglich einzulegen. Ob das wirklich dahin führt, dass davon besonders stark Gebrauch gemacht wird, kann ich nicht beurteilen. Wenn es aber wirklich so würde, dann wäre doch das kein großes Unglück. Dann mögen meinetwegen die beiden Anwälte sich sagen: Wenn wir uns nicht einigen, müssen wir vorsorglich beide heute Berufung einlegen, und dann nach nunmehr beschrittener Berufung Fühlung miteinander nehmen, ob wir unsere Berufung durchführen oder wieder zurückziehen wollen. Und wenn das Abschreckende lediglich die Kosten sind, dann sollten wir uns dadurch nicht so sehr beeindrucken lassen. Es wäre ja eine Kleinigkeit zu sagen: Im Falle der Zurücknahme der Berufung ermäßigen sich die Gebühren.

Fischer: Wenn ich einen vernünftigen Gegner habe – in Hamburg ist es im Allgemeinen so -, dann kann ich mich zu dem begeben oder ihn anrufen und ihm sagen: Die Situation ist jetzt so, wie machen wir das? Aber es ist nicht überall so in Deutschland. Jedenfalls spielt für viele der Kollegen die Gebühr eine gewisse Rolle. Wenn wir da kostenmäßig die Sache etwas beeinflussen könnten, wäre darüber zu reden.

Vorsitzender: Also entschiedene Gegner der Beibehaltung der Anschlussberufung sind Herr Senatspräsident Jonas, Herr Ministerialrat Staud und wohl auch Herr Ministerialrat Stagel, wenigstens in erster Linie. Und Herr Prof. Fischer?

Fischer: Ich möchte doch, dass wir die Anschlussberufung beibehalten, aber mit der Maßgabe: Sie kann zurückgewiesen werden, wenn der Prozess dadurch verzögert wird.

Furler: Ich möchte mir das noch einmal überlegen.

Singer: Ich bin der gleichen Ansicht wie Herr Fischer.

Pagenstecher: Ich möchte noch mal etwas fragen. Die Anschlussberufung setzt ja bekanntlich gar keine Beschwer voraus. Wenn nun die Anschlussberufung ganz abgeschafft würde, dann würde das ja auch entfallen, dann wäre für beide Teile eine Beschwer notwendig.

Jonas: Wohlgemerkt: Das Vorbringen neuer Ansprüche, Erweiterung und Widerklage, das wird mal ausgeschaltet. Die Anschlussklage zum Zweck der Klageerweiterung oder Widerklage würde offen bleiben.

Pagenstecher: Nehmen wir folgenden Fall. Es kann einer jetzt Anschlussberufung einlegen, nur um einen Nebenanspruch anzumelden. (*Jonas:* Ja, das soll er später auch können.) Und er kann weiter auch Anschlussberufung einlegen, um die Klage zu erweitern? (*Jonas:* Das würde künftig auch der Fall sein!) Ich würde mich auf den Standpunkt stellen, dass der Schaden wachsen kann. Angenommen, er hat 10.000 RM verlangt. Der Beklagte hat Berufung eingelegt. Nun könnte der Kläger doch heute Anschlussberufung einlegen auf alle Fälle und sagen: Ich verlange jetzt 12.000 RM. Wie wird das später sein?

Jonas: Künftig würde er auch sagen können: Ich erweitere meine Klage auf 12.000 RM.

Fischer: Ich bin nicht der Meinung, dass der Kläger, wenn er seine Ansprüche erweitert, nach der heutigen Prozessordnung Anschlussberufung einlegen muss. Denn eine Berufung und auch die Anschlussberufung ist immer nur ein Rechtsmittel gegen die Entscheidung erster Instanz. Wenn nun aber jemand sagt, der Wert des Bildes ist 10.000 RM, und er klagt die Summe ein, und die Sache wird verhandelt, und das Gericht entscheidet: nicht 10.000 RM, sondern 8.000 RM, dann kann nach meiner Meinung der Kläger in der zweiten Instanz seine Klage ohne Anschlussberufung erweitern, nämlich mit Rücksicht auf den Zeitpunkt, in dem das Bild verbrannt ist, auf den Zuwachsschaden, aber die 2.000 RM kann er nur mit einer weiteren Berufung hereinholen.

Pagenstecher: Nehmen Sie den Fall, der Beklagte ist zur Zahlung von 10.000 RM verurteilt, der Kläger hat auch nur 10.000 RM verlangt. Nun hat der Beklagte Berufung eingelegt, …

Fischer: Da ist keine Anschlussberufung nach meiner Meinung möglich.

Vorsitzender: Wir scheinen nicht zum Ziele zu kommen, wir wollen hier mal abbrechen. Ich wollte nur mal konstatieren, dass die Meinungen des Ausschusses in diesem Punkte geteilt sind.

Pagenstecher: Ich bin für Anschlussberufung mit zwei Wochen Frist.

Vorsitzender: Das ist mir auch am liebsten, und zwar in dem Sinne, dass ich mir sage: Zwei Wochen hat er noch einmal Zeit, Anschlussberufung einzulegen.

Nun wollen wir den *§ f Abs. 2* nehmen. Bei § f Abs. 2 war der Vorbehalt bestritten.

Jonas: Der Vorbehalt fällt nunmehr unter den Tisch.

Vorsitzender: Ich bin auch für den Wegfall. Ich wollte es nur noch mal festhalten.

Staud: Wer seine Berufung auf einen bestimmten Teil beschränkt, ist nicht mehr in der Lage, nach Ablauf der Berufungsfrist seine Berufung zu erweitern. Diejenigen, die für die Anschlussberufung sind, wollen es ja teilweise an eine Frist knüpfen.

Vorsitzender: Wenn jemand nur den Mut hat, in Höhe von 2000 RM Berufung einzulegen, so sehe ich nicht ein, warum er durch die Anschlussberufung mehr Mut kriegen soll.

Fischer: Das Vernünftigste ist, es fallen zu lassen, oder aber es zu lassen und nur den Riegel vorzuschieben, dass der Mann nicht im letzten Moment noch einmal kommt und der ganze Prozess muss wieder erweitert werden. Wenn der Prozess dadurch verzögert wird, Schluss, aus!

Jonas: Den Verzögerungsgesichtspunkt hereinzubringen, ist mir recht unsympathisch. Denken Sie an den Ehescheidungsfall. Es wird gestritten um § 50 [EheG], die Hysterie. Der Mann hat obsiegt und die Frau ist geschieden. Die Frau legt Berufung ein mit dem Ziel, an der Ehe festzuhalten, und nun kommt er mit der Anschlussberufung: Wenn einmal gestritten wird, ist es mir sympathischer, dass aus § 49, also nicht wegen Hysterie, sondern wegen Verschuldens geschieden wird, damit er seine Unterhaltslast los wird. Das wird dem Mann vom Gericht abgestritten mit der Begründung, das verzögere den Prozess. Es geht nicht an, dass das Gericht nachher aus dem eigentlichen Prozessstoff aus dem Gesichtspunkt der Verzögerung etwas herauslässt. Wir haben die Noven-Beschränkung auf den Verschuldensgesichtspunkt gestellt, und nun wollen wir es in ähnlichen Fällen rein auf die Verzögerung abstellen? Der Betreffende soll sich innerhalb der Berufungsfrist überlegen, was er will und was er nicht will.

Dann wollte ich noch eins sagen: Zu unserem gewissen Kummer sind die Verfahren der freiwilligen Gerichtsbarkeit immer mehr ausgedehnt, und auch in der Beschwerde haben wir doch die Anschlussmöglichkeit auch nicht vorgesehen. Es gibt doch immer nur die wechselseitige Beschwerde, aber nicht die Anschlussbeschwerde in dem Sinne, dass sie keine Beschwer voraussetzt.

Fischer: Wenn uns nachher in der Kostenfrage geholfen wird, wird es mir leichter. Aber Sie kommen zu einer mechanischen Regelung, nämlich dass der Kläger, wenn er sich zur Berufung entschließt, sie voll einlegt.

Vorsitzender: Wir wollten die Berufung möglichst wenig haben. Stattdessen drücken Sie darauf, dass vorsorglich Berufung eingelegt wird.

Furler: Die Angst vor der Anschlussberatung hält manche von einer Berufung ab, weil sie sich sagen: Wenn ich Berufung einlege und der Andere bringt eine Anschlussberufung, so kann es mir schlecht gehen.

Fischer: Was Herr Furler sagt, ist ganz richtig. Wenn ich einen Erfolg sicher in der Tasche habe, gebe ich mich mit dem Rechtsfrieden zufrieden und nehme es hin. Es ist eine vernünftige Erwägung, dass ich mich mit dem schlechteren Erfolg abfinde. Das ist aber nicht das durchschlagende Argument, die Anschlussberufung beizubehalten. Es ist eine Frage des Entschlusses des Gesetzgebers. Die klarere Regelung ist die, dass sie wegfällt. Dann muss jeder wissen, was er innerhalb der Berufungsfrist tut. Diese gewisse Härte in der Behandlung der Berufung liegt wohl im Zuge der Zeit. Aber für den anderen Standpunkt lässt sich aus dem Publikum heraus eine ganze Menge sagen.

Pagenstecher: Der Kompromissantrag ist absolut tragbar.

Vorsitzender: Dies bleibt noch offen. An sich war § f Abs. 2 ohne Vorbehalt angenommen. Das muss nachher noch in Einklang gebracht werden.

Wir kommen zu *§ g,* die Zurücknahme.

Fischer: Hier sind keine Anträge. Nur zu Abs. 4 möchte ich bemerken, dass es sich um die Kosten handelt, die durch *diese* Berufung veranlasst sind.

Staud: Soll man nicht einfach sagen: „Die Kosten der Berufung“?

Fischer: Die durch *diese* Berufung veranlassten Kosten, nämlich durch die Berufung, die er zurücknimmt. Er kann ja noch eine zweite haben, die er nicht zurücknimmt. Im Übrigen sind wir in der Sache einig; es handelt sich nur um eine Wortfrage. Ich bin aber auch einverstanden mit „der“ Berufung.

Staud: Zu Abs. 2 schlage ich eine redaktionelle Änderung vor und würde ihn gemäß § f fassen: „Die Zurücknahme ist nur wirksam, wenn …“.

Vorsitzender: Gegen Abs. 3 habe ich inhaltlich nichts einzuwenden.

Jonas: An sich könnte der Abs. 3 auch wegbleiben.

Pagenstecher: Wäre es nicht praktisch, dem Gegner mitzuteilen, wenn die Zurücknahme durch Einreichung eines Schriftsatzes bei Gericht geschieht? Bekommt der Gegner einen Schriftsatz und erfährt es?

Staud: Er muss eine beglaubigte Abschrift der Berufungsschrift erhalten.

Jonas: Vorn müsste eine generelle Bestimmung stehen, dass alle eingereichten Schriftsätze dem Gegner durch die Geschäftsstelle mitgeteilt werden. Der Anwalt kann aber auch, statt diesen Weg über die Geschäftsstelle zu wählen, direkt mitteilen, wie es in Österreich auch geschieht.

Stagel: Praktisch geht in Österreich alles über die Geschäftsstelle.

Jonas: Der Gegner soll eine Mitteilung bekommen über den Zeitpunkt, wann die Berufung eingelegt ist.

Vorsitzender: Ich bin auch dafür, dass die Einwilligung des Gegners immer überflüssig ist.

Fischer: Es hat seinen Sinn, dass er die Einwilligung geben muss. Wie ist es nun mit der Anschlussberufung, wenn hier zurückgenommen werden kann? Wenn er eine Anschlussberufung eingelegt hat, hat er ein kolossales Interesse daran, dass die Zurücknahme von seiner Zustimmung abhängig gemacht wird.

Vorsitzender: Die Fassung des Abs. 3 gefällt mir nicht ganz. Inhaltlich ist es schon richtig.

Jonas: Folgende Fälle sind in der Rechtsprechung vorgekommen: Ich lege Berufung ein, nehme sie dann aber zurück. Das Urteil war aber noch nicht zugestellt, so dass die Berufungsfrist noch neu läuft, ich also immer die Möglichkeit habe, noch zu überlegen und nochmals Berufung einzulegen. In solchen Fällen taucht die Frage auf: Was war der Zweck der Berufung? War das eine endgültige Zurücknahme mit dem Ziel, dass Rechtskraft erzielt werden soll oder nur eine Zurücknahme, um einen fehlerhaften Akt zu erneuern? Das alles wird künftig nicht praktisch, wenn das Urteil von Amts wegen zugestellt wird und eine Vierwochenfrist läuft. Es ist eine Frage des Kommentars. Wenn eine fehlerhafte Berufung eingelegt und die Frist noch nicht abgelaufen war, weil die Zustellung fehlerhaft war, kann es noch mal gemacht werden.

Stagel: Ist es klar, wie da die Berufung zurückgenommen werden kann?

Jonas: Bis zur Entscheidung; mit Einwilligung immer, ohne Einwilligung vorher.

Stagel: Ist es notwendig, darüber etwas zu sagen?

Vorsitzender: Folgende Fassung wäre gut: „… kann bis zum Schluss der mündlichen Verhandlung zurückgenommen werden“. An sich ist es immer zulässig; nötig ist es nicht. Am besten streichen wir Abs. 3.

Fischer: Vom anwaltlichen Standpunkt bin ich sehr dafür. Wenn Sie als Anwalt es vergessen, ist der Teufel los.

Vorsitzender: Wir lassen also den Abs. 3 weg, wenn er auch inhaltlich nicht zu beanstanden ist. Abs. 4 würde redaktionell geändert, statt „die Kosten des Berufungsrechtszuges“ heißt es „die Kosten der Berufung“.

Wir kommen zu *§ h,* der Prozessgebühr.

Singer: Der Sinn des ersten Satzes ist mir nicht klar. Ich möchte belehrt werden: was hat es für eine Bedeutung, wenn die Prozessgebühr nicht bezahlt wird.

Jonas: Das steht in § k. Wenn es nicht rechtzeitig erfolgt ist, ist es als unzulässig zu verwerten. Wir sind alle keine begeisterten Anhänger der Fristen.

Vorsitzender: Gegen Abs. 1 bestehen keine Bedenken, ebenso wenig gegen Abs. 2 und 3.

Fischer: Kann man nicht irgendeine generelle Bestimmung über die gesamte Unterrichtung des Gegners seitens des Gerichts machen? Dann brauchen wir es nicht bei jedem Paragraphen wieder hineinzuschreiben.

Staud: Der Gedanke ist sehr gut, vorn irgendeine Benachrichtigungsbestimmung zu machen. Die Fälle, wo man sagen müsste: die Benachrichtigung des Gegners findet nicht statt, sind an Zahl sehr gering.

Vorsitzender: Wir kommen zu *§ i.*

Jonas: Volkmar hatte früher den Gedanken, das Gesetz so aufzubauen, wie sich der Prozess abrollt, dass man die Prozessordnung so lassen kann, wie sich der Prozess abspielt, und nicht immer von vorn nach hinten und von hinten nach vorn durchblättern muss, ob es im allgemeinen Teil oder irgendwo hinten steht. Meiner Meinung nach kommt man ohne einen allgemeinen Teil nicht aus.

Furler: Man muss das ganze Gesetz kennen, um es zu verstehen. Ich möchte anregen, den Satz 2 des Abs. 1: „Er kann die Terminbestimmung bis zum Ablauf der Frist vorbehalten" zu streichen. Unter Umständen geht die Entwicklung dahin, dass der Termin überhaupt nicht bestimmt wird. Das ist für die Beschleunigung wesentlich.

Staud: Wenn der Vorsitzende mit der Terminbestimmung zurückhält, mag er es tun. Es empfiehlt sich aber nicht, es hineinzuschreiben.

Vorsitzender: Also wollen wir es streichen.

Staud: Im Abs. 2 hatten wir den hinteren Teil nach vorne genommen und im Übrigen gesagt: die vorläufigen Maßnahmen, die der Vorsitzende treffen kann, folgen schon aus den allgemeinen Bestimmungen, so dass der ganze Abs. 2 gestrichen wird bis auf den zweiten Teil, der nach vorn genommen wird.

Stagel: Ist es nicht logischer, wenn wir § i vor § h stellen? Die Anberaumung der Berufungsfrist ist doch das Primäre und die Bestimmung der Prozessgebühr nur ein Annex.

Furler: Man könnte auch die §§ h und i vereinheitlichen.

Vorsitzender: Ich hätte keine Bedenken gegen die Fassung: „Der Vorsitzende beraumt den Termin zur mündlichen Verhandlung nach Eingang der Berufungsschrift an".

Jonas: Wir wollen die Bestimmung nicht so krass fassen, dass sie nachher nicht eingehalten wird.

Furler: Die Berufungsschrift kommt ein, die Klageschrift wird dem Vorsitzenden vorgelegt, und er bestimmt den Termin.

Jonas: Zunächst müssen die Akten vom Amtsgericht oder Landgericht kommen.

Staud: Dann taucht die Frage des Vorschusses auf. Wenn die Berufung unzulässig ist, kann der Vorsitzende sie doch ohne Terminbestimmung durch Beschluss verwerfen. Deshalb würde ich es bei der hier stehenden Reihenfolge belassen.

Stagel: Nur sollte man einen Zeitpunkt festlegen.

Staud: Zur Terminsbestimmung kommt er doch nur, wenn er nicht überhaupt verwirft. Dazu muss er die Akten haben.

Vorsitzender: Wir kommen damit zu *§ k.* Zu Abs. 1 ist nichts zu bemerken; er unterliegt keinen Einwendungen.

Wie ist es mit Abs. 2?

Stagel: Muss es nicht statt „kann" heißen „ist"? Ist die Entscheidung auch Beschluss? Müsste es nicht als Beschluss in den Abs. 1 genommen werden? Ich weiß nicht, ob durch allgemeine Vorschrift klargestellt ist, dass im Termin mit Urteil entschieden wird.

Furler: Ich würde die Worte „als Beschluss“ streichen, weil das selbstverständlich ist.

Jonas: Ich bin davon ausgegangen: Alle Entscheidungen, die aufgrund mündlicher Verhandlung ergehen, nennt die ZPO Urteil.

Vorsitzender: Wir kommen zu Abs. 3.

Jonas: Das ist die Bestimmung, die schon bei der Privatklage geltendes Recht ist.

Vorsitzender: Damit ist § k erledigt. Wir kommen zu *§ l.*

Jonas: Das würde jetzt wohl gegenstandslos werden. Eine Erweiterung gibt es ja nicht.

Staud: Das Urteil ist, soweit es nicht in Berufung gezogen wird, rechtskräftig. Es bedürfte also keiner besonderen Vollstreckbarkeit mehr. § 534 ZPO hatte nur Bedeutung, solange man die Ungewissheit, die durch die Berufungsinstanz bestand, noch in Kauf nehmen musste. Das fällt jetzt weg, wenn die Anschlussberufung wegfällt.

Jonas: Damit in Zusammenhang steht auch die Frage, ob Anträge erweitert werden können oder nicht.

Stagel: Wir haben da eine ganz praktische Bestimmung, die sagt, dass das Berufungsgericht in einem solchen Falle auf Antrag feststellen kann, inwieweit das Urteil nicht angefochten und darum rechtskräftig ist.

Staud: Wenn sich Zweifel ergeben, würde sich der Urkundsbeamte Weisung des Richters erteilen lassen. Gegen die Erteilung des Notfristzeugnisses kann die Gegenpartei Beschwerde einlegen, wenn Berufung eingelegt wird. An und für sich erteilt das Notfristzeugnis der Urkundsbeamte des Gerichts der ersten Instanz.

Jonas: Dann würde § l entbehrlich sein.

Vorsitzender: Wir kommen zu *§ m.* Das ist in Ordnung.

Wir kommen zum *§ n.* Hier handelt es sich um die Grenzen der deutschen Gerichtsbarkeit.

Staud: Es ist dasselbe wie bei der Revision.

Jonas: Die Grenze der deutschen Gerichtsbarkeit ist nach der Terminologie von Pagenstecher die Frage der Exterritorialität.

Vorsitzender: Abs. 1 ist in Ordnung.

Jonas: In Abs. 2 habe ich „Amtsgericht“ geschrieben im Anschluss an unsere Erörterungen, dass die Frage der Zuständigkeit der Arbeitsgerichte nachprüfbar bleiben soll.

Vorsitzender: Wir kommen zu *§ o.*

Staud: Ich nehme Bezug auf meine früheren Ausführungen.

Vorsitzender: Ein Teil der Herren, nämlich Staud, Stagel und Jonas, ist für Streichung des § o, die anderen Herren sind für Beibehaltung, Herr Furler hatte sich seine endgültige Stellungnahme noch vorbehalten.

Nun käme der *§ p.*

Staud: Da könnte wegen des zweiten Satzes das Bedenken auftauchen: Welchen Zweck soll der Vortrag im Abs. 1 Satz 1 haben? Er soll doch sicher die Bedeutung haben: Das Gericht soll ein neutrales, unparteiisches Resümee über den Sach- und Streitstand geben. Wenn nun der Vorsitzende von der Möglichkeit des Satzes 2 Gebrauch macht, wird sich der Berufungsbeklagte etwas beschwert fühlen, indem er sagt: Es wäre mir doch lieber, wenn von unparteiischer Seite ein aufklärender Vortrag gehalten würde, als dass von meinem Gegner der Vortrag gehalten wird. Wenn der Vorsitzende es so manipuliert, dass er praktisch den Anwälten das Wort überlässt, habe ich nichts dagegen. Die Frage ist nur, ob man es ins Gesetz hineinschreiben soll. Ich möchte dafür sein, den zweiten Satz zu streichen.

Fischer: Ich bin auch für Streichung. Ich halte ja den Vortrag des Vorsitzenden für sehr günstig, weil der Anwalt dann weiß, woran er ist. Er sieht das Bild schon, das das Gericht sich gemacht hat. Das ist ein großer Vorteil, da wir doch nicht mehr die mündliche Verhandlung in dem Sinne haben, wie wir sie früher hatten. Früher war es vom taktischen Standpunkt aus für den

Berufungskläger ein großer Vorteil, wenn er das Referat hatte vor dem Fünfmännersenat. Ich habe das noch alles durchexerziert. Dann gab der Berufungskläger, auch wenn er das Bestreben hatte, so objektiv wie möglich zu sein, der Darstellungsweise eine gewisse Färbung. Und wenn Sie es ganz objektiv haben wollen, ist es besser, ein Gerichtsmitglied macht es. Es ist auch für die Parteien besser. Sie merken sofort: Das sind die Punkte, auf die es ankommt.

Furler: Ich bin auch für Streichung des zweiten Satzes.

Vorsitzender: Also streichen wir den Satz!

Fischer: Sollen nun in dem Satz vorher die Worte „soweit erforderlich" stehen bleiben?

Staud: Die würde ich streichen. Es braucht nicht ausdrücklich vorgeschrieben zu werden.

Jonas: Ich wollte eigentlich klarstellen, dass das Urteil nicht notwendig ganz vorgelesen zu werden braucht. Im Strafprozess muss es ja ganz vorgelesen werden. Wenn wir hier nichts sagen, taucht die Frage auf: Ist es notwendig oder nicht? Und wenn wir sagen: „es ist, soweit erforderlich, vorzulesen", dann ist klargestellt, dass es im Ermessen steht.

Furler: Und wenn wir nichts sagen, dann ist es nicht notwendig. Es fehlt doch die positive Vorschrift, dass es verlesen werden muss.

Jonas: Beim Strafprozess steht es positiv drin. Das Gesetz wird doch nicht weiter dadurch kompliziert.

Staud: Ob es in dem Entwurf der neuen Strafverfahrensordnung noch drin steht, weiß ich nicht. Es ist ja eigentlich etwas antiquiert.

Jonas: Ich kann mir eigentlich eine Revisionsverhandlung nicht vorstellen, wenn nicht das Urteil dem Wortlauf nach vorgetragen ist. Deshalb ist es doch richtig zu sagen: soweit erforderlich. Worüber streiten wir uns denn: ob der Satz entbehrlich ist oder ob er falsch ist?

Staud: Nein, wir stehen auf dem Standpunkt, er ist entbehrlich. Es wird genügen, wenn es heißt: Der Vorsitzende trägt den Streitfall vor.

Furler: Weil zum Streitstand auch das Urteil gehört!

Jonas: Das ist die Frage, das erkenne ich nicht ohne weiteres an.

Furler: Dann müssen wir es drin lassen.

Staud: Es schadet nichts, wenn es stehen bleibt.

Vorsitzender: Also es bleibt stehen. Aber der zweite Satz fällt weg.

Es kommt Abs. 2!

Staud: Der ist sehr wichtig. Er gewinnt erhöhte Bedeutung dadurch, dass die Berufungsbegründungsfrist weggefallen ist.

Vorsitzender: Dann kommt *§ q*!

Staud: Hier hatte Herr Volkmar eine Fassung vorgeschlagen, die ich kurz vortragen möchte. Er hatte sich lebhaft gegen das gewandt, was hier steht, und die Beobachtung der zur Anwendung einer ordentlichen Prozessführung erforderlichen Sorgfalt gefordert.

Wir müssen doch diesen § q in Einklang bringen mit der Präklusion in erster Instanz. Dieselbe Nachlässigkeit, die in erster Instanz zur Präklusion führt oder führen kann, müssen wir doch auch hier bei der Zurückweisung der Berufung zugrunde legen. In Frankfurt haben wir 1939 in der Junisitzung darüber gesprochen. Wir haben leider kein Protokoll über diese Sitzung. Nach meiner Erinnerung haben wir damals gesagt, die Tatsache, dass das Vorbringen in erster Instanz objektiv verzögerlich wirkt, ist Voraussetzung, dass die ganze Maßnahme überhaupt zum Zug kommt. Verzögerliches Vorbringen ist in zweierlei Weise denkbar: Erstens derart, dass es nicht im ersten Termin, sondern erst in einem späteren Termin gebracht wird, und zweitens ist es auch denkbar schon im ersten Termin, wenn das Vorbringen verzögerlich deshalb wirkt, weil es nicht genügend vorbereitet worden ist. Wann die Fälle der nicht genügenden Vorbereitung vorliegen, das zeigt sich später. Diese beiden Fälle muss man auseinanderhalten. Es sind zwei Gruppen von Fällen, die wir auch heute schon haben.

Wann muss nun die Partei für diese Verzögerung einstehen? Da sind wir doch davon ausgegangen: Es muss die Partei subjektiv irgendein Verschulden treffen. Die Frage ist: Wie wollen wir das definieren? Da würde mir die Volkmarsche Definition an und für sich passend vorkommen, dass man sagt: Die Partei hätte eben bei Anwendung der zu einer sachgemäßen Prozessführung erforderlichen Sorgfalt dieses Vorbringen entweder schon im ersten Termin vorbringen müssen, oder sie hätte das Vorbringen schriftsätzlich vorher mitteilen müssen.

Was hat nun, wenn diese Fälle vorliegen, zu geschehen? Da haben wir erstens die Kostenmaßnahme, darüber brauchen wir hier nicht zu sprechen. Und wir haben als schwerste Waffe die Zurückweisung. Die kommt in Frage als Kann-Bestimmung für die Regel der Fälle, als Muss-Bestimmung nur, wenn das Gericht die Überzeugung gewonnen hat: Die Partei hat das Verzögern nicht nur aus Vernachlässigung der erforderlichen Sorgfalt verursacht, sondern in der Absicht der Verschleppung. Liegt Verschleppungsabsicht vor, dann soll die Zurückweisung ein Beschluss sein.

Das ist meiner Ansicht nach das, was in Frankfurt herausgekommen ist. Die Frage ist nun, soll schon die ausdrückliche Vernachlässigung einer im Vorverfahren getroffenen Anordnung die Sanktion der Zurückziehung nach sich ziehen, das heißt, soll hier die Zurückweisung auch zu einem Beschluss ausgestaltet werden? Ich glaube, dazu hatten wir uns nicht entschließen können.

Fischer: Ich finde die Volkmarsche Fassung ausgezeichnet.

Jonas: Ich möchte doch dem Richter da eine Latitüde lassen, über ein Versehen hinwegzugleiten. Ich denke an den Fall, dass ein Zeuge den Termin vergessen hat.

Fischer: Ja, wenn aber die ganze Partei von auswärts zu dem Termin kommt! Der Zeuge, der sich nicht entschuldigt, soll die Kosten des Termins tragen. Die Fassung von Herrn Volkmar ist mir viel sympathischer.

Jonas: Was heißt: objektive Sorgfalt?

Staud: Darüber entscheidet das Gericht.

Fischer: Sie können sicher sein, dass der Richter den Rahmen, den er da hat, sachliche handhabt.

Staud: Für den Richter wird schon entscheidend sein das Empfinden, ob irgendetwas dahinter steckt oder nicht.

Jonas: Es wäre doch besser, wenn man sagte: die von der Partei zu erwartende Sorgfalt oder die der Partei zuzumutende Sorgfalt.

Staud: Ich habe nicht den Eindruck, dass es Herrn Volkmar daran lag, auf die normale Sorgfalt abzustellen, sondern er hatte das Empfinden: „genügend entschuldigt" klingt so. als ob auch Fälle des Verschuldens mit dem Mantel der Liebe zugedeckt werden sollen.

Jonas: Dem Großstädter kann ich mehr zumuten als dem Mann auf dem Land, dem die Einbringung seiner Ernte wichtiger erscheint, als einen Entschuldigungsbrief zu schreiben. Das möchte ich gern in der Fassung zum Ausdruck gebracht haben.

Staud: Sie wenden sich gegen den Begriff „normale Sorgfalt". Ich verstehe darunter nicht eine genormte Sorgfalt, die für alle Leute gleich ist, sondern die Sorgfalt eines ordentlichen Landarbeiters, die Sorgfalt eines ordentlichen Kaufmanns, die Sorgfalt eines ordentlichen Professors. Nur stehe ich nicht auf dem Standpunkt, dass man zwischen Kaufleuten wieder einen Unterschied macht, dass man da eine gewisse Privilegierung schafft.

Vorsitzender: Wir müssen jetzt Schluss machen, wir wollen heute Nachmittag versuchen, die Präklusion in erster Instanz zu formulieren.

(Mittagspause)

Nachmittagssitzung (Beginn 16 Uhr)

Vorsitzender Singer: Wir setzen die Beratung fort. Wir kommen zu *§ q (§ 529).* „(1) Neu vorgebrachte Tatsachen, Beweismittel und Beweiseinreden, zu deren Geltendmachung in erster Instanz Veranlassung bestanden hätte, sind nur zu berücksichtigen, wenn die Partei ihr Unterlassen durch glaubhafte Aufklärung genügend entschuldigt. Diese Beschränkung gilt nicht für Tatsachen, die eines Beweises nicht bedürfen.

(2) Vor der Zulassung oder Ausschließung des neuen Vorbringens hat das Gericht den Parteien Gelegenheit zur Stellungnahme zu geben.

(3) Sofern nicht aufgrund der Verhandlung alsbald die Endentscheidung ergeht, hat sich das Gericht über die Ausschließung oder Zulassung des neuen Vorbringens durch besonderen Beschluss auszusprechen.

(4) Die Zulassung neuen Vorbringens ist unanfechtbar.

Die Frage der Nova haben wir in der letzten Sitzung schon erörtert; § q gibt den Niederschlag unserer Beratung wieder.

Staud: Wir sind uns darüber klar, dass § q nur für vermögensrechtliche Sachen gilt. Wie ist es bei nichtvermögensrechtlichen Sachen?

Jonas: Auch ich bin allerdings immer davon ausgegangen, dass § q nicht gilt für Ehesachen und Statussachen. Würde man allerdings auf eine Kann-Vorschrift abkommen, dann könnte man zu einer einheitlichen Regelung für alle Sachen kommen, also sowohl für vermögensrechtliche wie für nichtvermögensrechtliche. Die vorliegende Regelung passt nicht für alle Sachen. In Österreich gilt das Novenverbot für Ehesachen auch nicht.

Staud: Wir werden derartige Maßnahmen im Ehe- und Statusprozess doch nicht entbehren können. Auch im Eheprozess gibt es neues Vorbringen, das als Verschleppung anzusehen ist und zurückgewiesen werden muss. Beispiel: Eine Partei benennt im Eheprozess ihre Zeugen nur kleckerweise. In einem Feststellungsprozess über die Abstammung wird der wahre Sachstand in einem Offizialverfahren ermittelt; da kann man nicht sagen: Die Geschwindigkeit geht vor der Richtigkeit. Im Eheprozess ist es etwas anders.

Jonas: Statusverfahren, Ehelichkeitsprozesse usw. sollen ja in einem besonderen Verfahren der freiwilligen Gerichtsbarkeit durchgeführt werden.

Staud: Wenn der Unehelichen-Entwurf [bei *W. Schubert,* Das Familien- und Erbrecht unter dem Nationalsozialismus, Paderborn 1993, 509 ff.] Gesetz werden sollte, dann sind wir ja auf dem besten Wege dazu.

Jonas: In Ehesachen kann man § q nicht anwenden. Das geht nicht.

Pagenstecher: § q kann sich nur auf vermögensrechtliche Streitigkeiten beziehen.

Staud: Wir haben jetzt im Eheprozess im § 626 eine Vorschrift, wonach § 279 ZPO, unsere jetzige Präklusionsbestimmung, dann auch § 529 ZPO nur in gewissem Rahmen anwendbar sind. Ob wir damit durchkommen, weiß ich nicht. Man könnte daran denken, § q in Ehesachen als Kann-Bestimmung aufzufassen. Wir haben auch Streitigkeiten über das Namensrecht, Klagen auf Widerruf einer ehrenkränkenden Behauptung. Da müsste eigentlich dieser Grundsatz gelten. Man kann also gar nicht die Antithese stellen: vermögensrechtliche Streitigkeiten und nicht vermögensrechtliche Streitigkeiten, sondern man wird zu sagen haben: Besondere Bestimmungen gelten für die Verfahren, die in der ZPO besonders behandelt sind, bei denen das öffentliche Interesse das Privatrecht überwiegt. Hierher gehören Ehesachen, Statussachen, sofern sie nicht zur freiwilligen Gerichtsbarkeit kommen, das Aufgebotsverfahren und dergleichen.

Pagenstecher: Man wird noch einmal gründlich die Frage überprüfen müssen, ob alle diese Bestimmungen bei nicht vermögensrechtlichen Streitigkeiten überhaupt passen. Das Recht, einen

Namen zu führen, ist etwas, wo ein erhebliches öffentliches Interesse an einer richtigen Entscheidung besteht.

Staud: Ob Sie berechtigt sind, den Namen Lent oder Lento zu führen, das wird [nicht] im Prozess entschieden, sondern das bestimmt der Reichsinnenminister.

Pagenstecher: Lent klagt gegen einen Mann, der sich auch Lent nennt, mit dem Antrag, die Führung dieses Namens zu unterlassen. Gegen den Beklagten Lent ergeht Versäumnisurteil, er wird rechtskräftig verurteilt. Nun steckt der Beklagte Lent in einer Zwickmühle. Entweder er nennt sich weiter Lent, dann hat er die Urteilsstrafe zu zahlen, oder er nennt sich anders, dann rückt ihm die Polizei auf den Hals.

Jonas: Das Beispiel ist eine treffliche Illustration dafür, wie unglücklich im materiellen Recht das Namensrecht geregelt ist. Das Namensrecht ist mit einem privatrechtlichen Einschlag versehen, in seinem Wesen aber doch öffentliches Recht.

Vorsitzender: Man kann klagen gegen jemand, dass er die Führung eines bestimmten Namens unterlässt.

Pagenstecher: Es erhebt sich die Frage, ob es nicht auch noch andere nicht vermögensrechtliche Streitigkeiten gibt, wo man die Verhandlungsmaxime anwenden muss.

Jonas: Die Grenze zwischen vermögensrechtlichen und nicht vermögensrechtlichen Sachen ist durchaus flüssig. Beim Ausschluss aus dem Verein gilt das Novenverbot nicht, beim Ausschluss aus der Genossenschaft gilt es.

Pagenstecher: Ich bin immer noch bei der Überlegung, ob es überhaupt zweckmäßig erscheint, für nicht vermögensrechtliche Streitigkeiten gewisse Sonderbestimmungen zu treffen, und ob die Verhandlungsmaxime für alle nicht vermögensrechtlichen Streitigkeiten passt, für die heute keine Sonderbestimmungen bestehen. Heute haben wir solche Sonderbestimmungen nur für Ehe- und Statussachen. Was von Amts wegen zu berücksichtigen ist, da kann es keine Präklusion geben.

Jonas: ... Da darf es keine Präklusion geben. Nun sagen wir aber in § q: es gibt eine Präklusion.

Staud: Die Präklusion haben wir jetzt schon. Das Problem, das hier angeschnitten ist, ist nicht erst durch § q heraufbeschworen worden; wir haben es bereits de lege lata. Wir haben Zurückweisungsbestimmungen als Kann-Vorschrift und als Muss-Vorschrift. Wir haben die Zurückweisungsbestimmungen in umgekehrter Form schon heute.

Jonas: Aber wir gehen davon aus, dass nun ernst gemacht wird damit.

Staud: Wir werden wahrscheinlich dahin kommen: Es ist nicht darauf abzustellen, ob es sich um Tatsachen handelt, die von Amts wegen zu berücksichtigen sind, sondern um Tatsachen, die das Gericht unabhängig vom Parteivortrag zu ermitteln hat. Ob eine Partei prozessfähig ist, das ist eine Tatsache, die das Gericht nicht nur von Amts wegen zu berücksichtigen, sondern auch zu ermitteln hat.

Pagenstecher: Die Rechtsprechung steht auf einem anderen Standpunkt: Im Allgemeinen ist davon auszugehen, dass der Betreffende prozessfähig ist; nur wenn sich Anhaltspunkte ergeben, die die Prozessfähigkeit als zweifelhaft erscheinen lassen, hat das Gericht nachzuprüfen.

Staud: Wenn Sie oder Prof. Lent prozessieren, dann werde ich als Richter nicht sagen, ich muss Ermittlungen anstellen darüber, ob die Herren prozessfähig sind. Beispiel: In der Berufungsinstanz stellt sich heraus: die eine Partei ist geisteskrank. Das ist zu berücksichtigen selbst dann, wenn die Parteien übereinstimmend vortragen, der Beklagte sei geistig gesund. Diese Dinge sind nicht nur von Amts wegen zu berücksichtigen, sondern auch, wenn das Gericht dazu eine Veranlassung sieht, von Amts wegen zu erforschen.

Pagenstecher: Es kommen auch materiellrechtliche Tatsachen in Frage. Ist ein Rechtsgeschäft unsittlich, so ist das von Amts wegen zu berücksichtigen.

Vorsitzender: Dann ist aber der Inhalt des Vertrags vorgetragen.

Jonas: Ein Beispiel: In der Berufungsinstanz entsteht Streit über die Gültigkeit eines Vertrags. Nun kommt die eine Partei mit neuen Tatsachen, z.B. der Vertrag sei deswegen nichtig, weil der Gegner meines Bevollmächtigten gestorben sei. Dieser Fall gehört meiner Meinung nach unter § q. Alle Tatsachen treten im Prozess zunächst als Behauptungen auf.

Vorsitzender: Auch Tatsachen, die den Abschluss eines Vertrags betreffen, fallen unter § q.

Jonas: Ein anderer Fall: Der Vertragsgegner ist Devisenausländer, und es ist eine Genehmigung der Devisenstelle erforderlich. Hier habe ich das Gefühl, dass § q nicht in Betracht kommt. Ebenso wäre es bei der Überschreitung einer Höchstpreisregelung. Nicht so aber bei einem wucherischen Geschäft.

Fischer: Zwischen wucherischem Geschäft und Verstoß gegen ein Gesetz besteht ein Unterschied.

Furler: Wucherisch würde unter § q fallen, nicht aber Verstoß gegen ein Gesetz.

Staud: Einen Verstoß gegen Devisenbestimmungen muss das Gericht nach Rechtskenntnis berücksichtigen.

Jonas: Solche Fragen tauchen erst auf, wenn in der Berufungsinstanz der Wert des Gegenstandes beanstandet wird. Beispiel: Es wird darüber gestritten, ob der Vertrag in notarischer Form ordnungsgemäß abgeschlossen ist. Im letzten Termin der Berufungsinstanz, wo die eine Partei sieht, die Sache geht schief, kommt sie mit der Behauptung: Hier liegt ein Verstoß gegen die Preisstoppvorschriften vor. Soll das unter § q fallen oder nicht?

Furler: Das Gericht darf keinesfalls sagen, es berücksichtige das nicht.

Stagel: Hier handelt es sich doch nicht um eine neue Tatsache, sondern um eine rechtliche Behauptung.

Furler: Bei der Devisengenehmigung ist der Fall klar. In der Berufungsinstanz, und zwar schon vor Beginn des Prozesses, wird neu vorgetragen: Der Beklagte ist ausgewandert.

Staud: Das Beispiel erscheint mir instruktiv. Erst in der Berufungsinstanz wird geltend gemacht: der Kläger wohnt in Zürich, ist also Devisenausländer. Dann ist das Geschäft nichtig. Diese Tatsache ist in erster Instanz nicht vorgetragen worden, sondern wird erst in zweiter Instanz vorgebracht, und zwar, wie ich zugeben will, in ausgesprochener Verschleppungsabsicht.

Jonas: Um das Beispiel zu retuschieren: In ausgesprochener Verschleppungsabsicht bringe ich vor: Der Gegenstand hat nicht annähernd den Wert von 10.000 RM, Beweis Sachverständigengutachten. – Das sind doch zum mindesten vorgebrachte Tatsachen oder Umstände.

Staud: In dem Beispiel, das Furler gebracht hat, wird das Verfahren anders laufen. Auf die Behauptung der Partei hin, das Geschäft verstoße gegen die Preisstoppvorschriften, wird die zuständige Preisbehörde eine Erklärung darüber abzugeben haben, ob der vereinbarte Preis gegen die Preisstoppvorschriften verstößt oder nicht. Dann wäre das Novum in der Berufungsinstanz, nämlich die von einer Partei produzierte Feststellung der Preisbehörde, dieser Vertrag verstoße gegen den Preisstopp, eine Tatsache, die keines Beweises bedürfte; denn die Feststellung der Preisbehörde hat bindende Wirkung für das Gericht. Somit wäre diese neue Tatsache nach § q Abs. 1 S. 2 zuzulassen.

Furler: Im Prozess wird nie vorgetragen: der Preis ist unangemessen, sondern es wird die Tatsache vorgetragen: der Preis für den gleichen Artikel sei vor dem 15. November 1936 niedriger gewesen, also eine glatte Tatsache, aus der sich die Unzulässigkeit des neuen Preises ergibt. Das ist eine neue Tatsache.

Jonas: Zunächst handelt es sich doch nur um die Frage, ob auf eine neue Behauptung eingegangen werden soll oder nicht. – Es ist übrigens interessant, dass wir jetzt § q aus einem ganz anderen Gesichtswinkel betrachten und doch noch starke Dunkelheiten in der Regelung aufdecken.

Pagenstecher: Nehmen Sie folgenden einfachen Fall: Ich klage auf Feststellung eines Vertrags. In der Berufungsinstanz werden zum ersten Mal Tatsachen vorgetragen, aus denen, wenn sie wahr sind, hervorgeht, dass der Vertrag geschlossen ist unter Ausnützung einer Notlage. Ist dies der Fall, dann ist die Voraussetzung des Wuchers gegeben. Hier wäre es rechtspolitisch verkehrt, § q anzuwenden. Wir müssen doch den Richter davor bewahren, einen Vertrag für gültig zu erklären, obwohl er sich sagen muss, es besteht große Wahrscheinlichkeit, dass Wucher vorliegt.

Jonas: Ich zweifle nicht daran, dass MinDir. Volkmar sich auf den gegenteiligen Standpunkt stellen würde.

Furler: Ich kehre zu dem vorigen Beispiel zurück. Nehmen wir an, § q wäre anwendbar. Nun wird in der Berufungsinstanz vorgetragen, die Partei sei Ausländer. Lässt nun der Richter diese neue Behauptung unter § q fallen, so kann er sie, selbst wenn sie wahrscheinlich richtig ist, nicht berücksichtigen, muss also urteilsgemäß Klagantrag erlassen. Stellt sich nun heraus, dass die Partei tatsächlich ausgewandert ist, dann hat der Richter ein Urteil gefällt, das glatt gegen die Devisenbestimmungen verstößt.

Jonas: Was ist der Unterschied zwischen dem Fall, wo nach einer neuen Behauptung ein Vertrag, wenn die Behauptung sich als wahr herausstellt, als unsittlich erscheint, und dem Fall, wo ein Vertrag gegen das Devisenrecht verstößt?

Fischer: Ich habe das Gefühl, hier besteht ein enormer Unterschied. Gewiss ist Wucher auch eine Angelegenheit des allgemeinen Interesses, Wucher wird auch von Strafgesetzen erfasst. Aber es gibt kein glattes, klares gesetzliches Verbot des Wuchers. Von den Bestimmungen der Preisstoppverordnung oder des Devisenrechts dagegen gibt es keine Ausnahme, es sei denn, der Betreffende habe eine Genehmigung erhalten. Hier liegt eine andere gesetzliche Lage vor als beim Wucher.

Furler: Ein wucherisches Geschäft kann ich aus meinem freien Willen und in voller Kenntnis der Sachlage trotzdem erfüllen. Ein verbotenes Devisengeschäft kann nie erfüllt werden; es ist immer ungesetzlich.

Vorsitzender: Zweifellos verstößt ein erpresster Vertrag gegen ein gesetzliches Verbot. Das werden Sie doch nicht leugnen können.

Furler: Wenn ich erpresst worden bin, so kann ich den abgepressten Vertrag, wenn ich in freier Lage bin, bestätigen. Man könnte nun freilich sagen: Es schadet nichts, wenn das Gericht ein Urteil erlässt, das gegen die Devisenbestimmungen verstößt. Denn es kann nicht vollstreckt werden, denn der Gläubiger braucht auch die Genehmigung zur Vollstreckung des Urteils.

Fischer: Das ist ein Fehlschluss. In dem Urteil steht nichts über den Ausländer. Der Gerichtsvollzieher geht hin und vollstreckt.

Pagenstecher: Was heißt eigentlich „Prüfung von Amts wegen“? Es heißt doch wohl: Der Richter hat der Sache nachzugehen, wenn sich aus dem Vortrag der Parteien ein Anhaltspunkt dafür ergibt, dass etwas nicht in Ordnung ist. Das RG hat in ständiger Rechtsprechung entschieden, es sei von Amts wegen zu prüfen, ob ein Vertrag nach § 138 BGB nichtig ist oder nicht. Werden in der Berufungsinstanz, wenn auch mit Verspätung, Tatsachen vorgetragen, aus denen sich ergibt, dass eine Partei unter Ausnützung einer Notlage gehandelt hat, so ergibt sich aus dem Gesagten: Hier sind Anhaltspunkte vorhanden, dass etwas nicht stimmt, und da muss das Gericht der Sache nachgehen und die Dinge von Amts wegen prüfen.

Staud: So wird man nicht sagen können. Ergibt sich aus dem Vortrag der Parteien, dass der Vertrag gegen § 138 BGB verstößt, dann hat das Gericht aus den Tatsachen den rechtlichen Schluss zu ziehen, auch wenn keine der Parteien den Einwand der Nichtigkeit gemacht hat. Handelt es sich aber um Dinge, die von Amts wegen zu prüfen sind, Prozessfähigkeit usw., so hat das Gericht nicht von selbst den Schluss zu ziehen, dass eine Partei prozessunfähig ist, sondern, wenn es den Anschein hat, ist das Gericht gehalten, in solchen Fällen durch Ermittlungen Klarheit zu schaffen. Das ist der Unterschied.

Pagenstecher: Meinen Sie nicht, dass wir eine Prüfung von Amts wegen insoweit zulassen müssen?

Jonas: Die Präklusionsbestimmungen bauen sich auf der Verhandlungsmaxime auf. Nun ist die Verhandlungsmaxime schon so durchlöchert, dass sie vielleicht ganz aufzuheben ist. Der ganze § q steht auf der Plattform einer sterbenden Prozessauffassung.

Fischer: Wollen Sie für den Fall, dass die Verhandlungsmaxime fällt, auch § q fallen lassen?

Jonas: Ich will § q als Kann-Vorschrift. Das scheint mir das Ziel zu sein, auf das wir künftig abkommen sollten.

Furler: Liegt nicht der Unterschied darin: § q kann nicht dazu führen, dass die Partei benachteiligt wird in der Disposition über ein Recht, über das sie gar nicht disponieren kann. Über die Ehe z.B. oder über ein Devisengeschäft kann ich nicht disponieren; es ist gültig oder nicht. Ein unsittliches Geschäft kann ich bestätigen.

Jonas: Über die Ehe kann ich in dem Sinne disponieren, dass ich einen Ehescheidungsgrund nicht geltend mache.

Staud: Wenn wir sagen, § q gilt nur so weit, als die Parteien über den Streitgegenstand verfügen können, so würden wir damit ziemlich weit gekommen sein. Im Eheprozess würde das bedeuten, dass § q insoweit gilt, als seine Anwendung zur Erhaltung der Ehe führen würde. Hiernach würde ein Ehescheidungsgrund, den ich in erster Instanz hätte vorbringen können und aus Saumseligkeit vorzutragen unterlassen habe, eine Ehe erhaltende Tatsache sein. Bei dieser Formulierung würden wir im Eheprozess eine Ausnahme schaffen, die bedeutet, dass die Partei mit dem in zweiter Instanz nachgeschobenen Scheidungsgrund zurückgewiesen wird. Das wäre kein untragbares Ergebnis.

Furler: Bei der Devisengesetzgebung kann § q nicht gelten. Darüber, ob ich ein Wuchergeschäft aufrecht erhalten will, kann ich verfügen.

Pagenstecher: De facto kann man verfügen, indem man eine Tatsache nicht vorbringt. Die Partei hat sich vielleicht gesagt, ich komme vielleicht durch, ohne den Wucher geltend zu machen. Später kommt sie dann doch mit dieser Behauptung. Hier kann man sagen, die Partei hat die Behauptung zu spät vorgebracht, also bleibt es bei § q.

Jonas: Unter dem Gesichtspunkt der auch von Amts wegen zu berücksichtigenden Umstände lässt sich § q als Kann-Vorschrift halten. Der Richter gewinnt aus dem verspäteten Vorbringen innerlich die Überzeugung: hier stimmt etwas nicht. Als Muss-Vorschrift als § q in diesem Falle nicht denkbar, wenn wir davon ausgehen, dass die Verhandlungsmaxime die Plattform ist, auf der sich alles bewegt.

Vorsitzender: Was würde die Öffentlichkeit dazu sagen, wenn der Einwand des Wuchers nicht berücksichtigt werden dürfte!

Jonas: Die Rechtskraft ist auch ein verflucht schwieriger Punkt. Auch die Rechtskraft passt nicht mehr so ganz in unsere Zeit hinein. In Statussachen, z.B. bei den Rechten unehelicher Kinder, wird sie bewusst abgeschafft, weil sie untragbar ist.

Staud: Meines Erachtens hat das Recht nicht nur die Aufgabe, dem Einzelnen bei der Durchsetzung seines Rechts zu helfen, sondern es hat noch eine zweite Funktion: die Aufrechterhaltung des Rechtsfriedens, der Rechtssicherheit und der Einheitlichkeit. Heute geht das Staatsinteresse allen anderen Individualinteressen voran; umso mehr müssten wir uns dafür einsetzen, die Bedeutung der Rechtskraft für die Aufrechterhaltung des Rechtsfriedens und der Rechtssicherheit herauszustellen.

Jonas: Wenn die Staatsgewalt die Energie hat, das durchzusetzen – gut und schön! Aber heute geschieht auf Schritt und Tritt das Gegenteil. Es ergeht ein Urteil, das nicht passt. Sofort wird eine Verordnung gemacht, die die Sache anders regelt. Rechtskräftige Urteile binden nicht mehr.

Vorsitzender: Wenn Sie sagen, der Einwand des Wuchers sei nach § q, weil verspätet, nicht zu beachten, so will ich die Konsequenz ziehen.

Fischer: Sie betrachten die Sache zu juristisch. Wir sagen: Das Geschäft ist wucherisch und daher nichtig. Aber ich kann zahlen ohne rechtlichen Grund. Ich kann zahlen in Kenntnis des wucherischen Geschäfts.

Furler: Dann habe ich auch keinen Bereicherungsanspruch. Wenn ich zahle, obwohl ich weiß, dass ich dazu nicht verpflichtet bin, dann kann ich nicht zurückfordern. Das steht in § 814 BGB. Der Bewucherte braucht nicht zu leisten, aber er kann leisten.

Staud: Der Wucher ist verboten. Nicht verboten aber ist, aufgrund des Wuchers zu leisten. Eine Zuwiderhandlung gegen das Devisengesetz ist verboten. Aber es ist auch verboten, aufgrund eines verbotenen Devisengeschäfts zu leisten. Tut man das, dann macht man sich strafbar.

Furler: Ich möchte annehmen, § q gilt nicht für Fragen der Preisregelung, Marktregelung. Der Richter würde dann ja ein Urteil erlassen, dessen Erfüllung beide Parteien strafbar machen würde.

Jonas: Es ist ein Unterschied, ob ein Geschäft aufgrund der Devisenbeschlagnahme oder aufgrund eines anderen strafrechtlichen Tatbestandes nichtig ist.

Fischer: In Bezug auf die Nichtigkeit besteht nicht die Spur eines Unterschieds, wohl aber in Bezug auf die Möglichkeit und Zulässigkeit der Leistung.

Jonas: Ich darf also im Hinblick auf eine Preisregelungsvorschrift nicht liefern und werde trotzdem verurteilt, wegen Nichtlieferung Schadenersatz zu leisten, weil die Tatsache zu spät vorgetragen ist.

Furler: Dieses Ergebnis wäre nur möglich, wenn der Richter Fehler macht.

Jonas: Ich möchte das Gericht von solchen Bindungen möglichst befreien.

Furler: Fällt das Gericht ein Urteil, das gegen den Preisstopp verstößt, und wird dieses Urteil rechtskräftig, so ist trotzdem ein Vollzug unzulässig.

Staud: Ich habe das Gefühl, die Einschränkung zu § q gilt nur insoweit, als die Parteien über den eingeklagten Anspruch verfügen können. Ein wucherisches oder unsittliches Geschäft ist nichtig, aber es ist nicht verboten, aufgrund dieses verbotenen Geschäfts zu leisten. Beim Devisenrecht ist nicht nur das Geschäft verboten, sondern auch das, worauf geklagt wird, die Leistung aus dem Geschäft.

Jonas: Der Gedanke, die Einschränkung zu § q gilt nur insoweit, als eine Partei über den Streitgegenstand verfügen kann oder darf, scheint mir eine glückliche Lösung zu sein. Soll nun in den Fällen, wo die Partei über den Streitgegenstand nicht verfügen darf, die Partei auch noch im letzten Augenblick der Berufungsverhandlung eine neue Tatsache vorbringen dürfen, auch wenn der Richter sie für durchaus unglaubwürdig hält?

Fischer: Uns Anwälten sind die Devisenbestimmungen derart in Fleisch und Blut übergegangen, dass ich auf diese Frage mit einem unbedingten Ja antworte.

Staud: Wird die neue Behauptung in einer Form gebracht, dass der Richter von ihrer Glaubwürdigkeit nicht überzeugt ist, dann muss er der Sache nachgehen. Weiß der Richter, der Mann bringt die neue Behauptung nur vor, um den Prozess zu verschleppen, so sagt er nicht: ich weise die Behauptung zurück wegen Verschleppungsabsicht, sondern er sagt: Ich halte dieses Vorbringen für widerlegt und unglaubwürdig; es dient nur dazu, um den Prozess zu verschleppen. Das hat aber nichts mit § q zu tun. Hier handelt es sich um die Aufstellung von Behauptungen, die offenkundig unwahr sind und die das Gericht ohne Beweisaufnahme von vornherein als widerlegt ansieht.

Vorsitzender: Ich habe den Eindruck, aus § q ergeben sich gewisse Schwierigkeiten in der Abgrenzung der Dinge.

Jonas: Wir drehen uns hier immer im Kreise herum. Die Konsequenz, die ich aus der Debatte ziehe, ist die: Man sollte die Muss-Vorschrift in eine Kann-Vorschrift verwandeln.

Stagel: Wenn Wucher eingewendet ist, und dieser Einwand fallen gelassen wird, dann kann Anerkenntnisurteil gefällt werden. Die Partei kann die Leistung vollbringen.

Furler: Niemand kann anerkennen, dass ein Devisenausländer 10.000 RM zahlen kann. Das ist verboten und strafbar. Wohl aber kann eine Partei anerkennen, dass sie aufgrund eines wucherischen Geschäfts leistet.

Stagel: Die Tatsache des Wuchers muss doch auch nicht von Amts wegen erwogen werden.

Fischer: Die Herren werden sich nie einigen, weil ihr Ausgangspunkt verschieden ist. Das Wesen des Anerkenntnisses wird von den Herren verschieden beurteilt.

Furler: Liegt darin nicht ein Anerkenntnis, wenn eine Partei sagt: Ich bin zwar überzeugt, der Vertrag ist wucherisch, habe mich aber entschlossen, trotzdem zu leisten, ich gebe ein selbständiges Schuldanerkenntnis ab.

Jonas: Es ist schwierig, Beispiele zu konstruieren, die in dieser krassen Einfachheit nicht vorkommen.

Staud: Wir können feststellen, dass § q noch gewisse Schwierigkeiten bietet.

Noch eine Frage: In § q Abs. 1 S. 2 heißt es: Diese Beschränkung gilt nicht für Tatsachen, die eines Beweises nicht bedürfen. S. 1 enthält eine Muss-Vorschrift. Frage: Kann sie nicht zu einer Kann-Vorschrift abgeschwächt werden? Auch in der Revision *kann* das Gericht nur berücksichtigen; es *hat* nicht zu berücksichtigen. Sollen wir nicht die Zurückweisungsmöglichkeit auch hier geben? Auch die Feststellung von Tatsachen, die eines Beweises nicht bedürfen, kann zu einer Verlängerung des Prozesses führen.

Jonas: Nehmen Sie den Fall: In der Berufungsinstanz wird eine Quittung vorgelegt. Das ist eine Tatsache, die eines Beweises nicht bedarf. Frage: Darf der Richter verurteilen, obwohl die Quittung vorgelegt wird?

Staud: Sie haben hier ein Beispiel gebildet, wo eine Zurückweisung ernsthaft nicht in Frage kommt. Es ist durchaus denkbar, dass auch die Berücksichtigung neuen Vorbringens, das eines Beweises nicht bedarf, zu einer starken Verzögerung des Verfahrens führt. Denn nun kann auch der Berufungsbeklagte mit neuen Einwendungen kommen, die ihrerseits eine Beweiserhebung nötig machen.

Vorsitzender: Die Quittung würde hier nicht darunter fallen.

Pagenstecher: Damit lässt man auch das Beweismittel zu. Das darf ich aber nach Abs. 1 nicht mehr vorführen.

Staud: Das folgt aus § r.

Jonas: Der Beweis wird erbracht durch die Vorlegung der Quittung.

Furler: Offenbar ist der Beschluss, der neues Vorbringen ausschließt, anfechtbar. Ich sehe hier nicht ganz klar. § q Abs. 3 sagt: „Sofern nicht aufgrund der Verhandlung alsbald die Endentscheidung ergeht, hat sich das Gericht über die Ausschließung oder Zulassung des neuen Vorbringens durch besonderen Beschluss auszusprechen."

Abs. 4 sagt: „Die Zulassung neuen Vorbringens ist unanfechtbar." Offenbar ist also die Ausschließung neuen Vorbringens, die in Form eines Beschlusses ergeht, anfechtbar.

Jonas: Beschlüsse, die aufgrund der mündlichen Verhandlung ergehen, sind niemals anfechtbar. § q geht davon aus, dass es so bleibt wie im geltenden Recht. Der Gedanke ist: Dieser Beschluss ist nicht mit der Beschwerde anfechtbar.

Furler: Das gilt also nur fürs Urteil. Dann ist die Ausschließung neuen Vorbringens anfechtbar durch Revision.

Jonas: Gewiss.

Staud: Eine Frage: Kann man nicht, wie es in § 279 ZPO zurzeit geschieht, diese ganze Geschichte, die §§ q und r zusammenfassen unter den Sammelbegriff „Neue Angriffs- und Verteidigungsmittel"? Unter „Neue Angriffs- und Verteidigungsmittel" des § 279 ZPO versteht man zweifellos auch das, was unter § q aufgezählt ist; wohl aber auch jene, die in § r aufgeführt sind. Bestreiten gilt als Angriffs- oder Verteidigungsmittel nach § 279.

Jonas: Es mag sein, dass man es so auslegt. § r gewinnt dadurch eine gewisse Bedeutung. Früher war ein novum iudicium nochmals eine neue Verhandlung, während jetzt die Berufungsinstanz die Fortsetzung der ersten Instanz ist. Da muss also etwas darüber sagen, in welchem Umfang ich von meiner prozessualen Einlassung abgehen darf. Jetzt geht der Richter davon aus: ich bin grundsätzlich darin frei, während künftig es sich um die Fortsetzung desselben Verfahrens handelt.

Staud: Das ist richtig. *§ r* entspricht der Auffassung Volkmars; also würden wir § r doch wohl lassen.

Vorsitzender: Wir kommen nun zu § s (§ 529 Abs. 4, 5). „Neue Ansprüche, die im Wege der Erweiterung oder Änderung des Klageantrags oder im Wege der Widerklage geltend gemacht werden, sind nur zu berücksichtigen, wenn ihre Erledigung in dem anhängigen Verfahren sachdienlich erscheint. Die Vorschriften des § q Abs. 2 bis 4 gelten entsprechend."

Jonas: § s ist das Rudiment dessen, was von der Anschlussberufung noch übrig geblieben ist.

Staud: Soll es nicht heißen, dass die Vorschriften des § q *Abs. 1* bis 4 entsprechend gelten?

Jonas: Abs. 1 will ich gerade nicht haben!

Staud: Dann müssen wir darüber sprechen, ob man die Geltendmachung solcher neuen Ansprüche in der Berufungsinstanz zulassen will, die die Partei bei ordentlicher Prozessführung auch schon in erster Instanz hätte geltend machen sollen.

Jonas: Beispiel: Die Beweisaufnahme hat ergeben: der Schaden ist nicht 4000, sondern 8000 M. Es ist am praktischsten, das Urteil auf das Ganze zu erstrecken.

Staud: Bei diesem Beispiel könnte man darüber reden, ob es der Partei zuzumuten war, das Ganze schon in erster Instanz einzuklagen. Man kann sagen, ohne Beweisaufnahme konnte sie nicht wissen, was los war. – Ein anderer Fall: Jemand klagt ein Darlehen ein. Das Darlehen beträgt 1000 M. Der Kläger hat in der ersten Instanz davon 600 M eingeklagt; in der Berufungsinstanz entschließt er sich, ohne dass weitere Gründe vorliegen, die weiteren 400 M einzuklagen. Er hätte das ebenso gut schon in erster Instanz machen können. Ein anderer Fall: Der Kläger hat Mietzahlung für die Monate Januar bis Mai eingeklagt. Der Beklagte legt Berufung ein, und der Kläger erhöht seine Klage für die Monate Juni, Juli und August. Das geht in Ordnung. Im ersten Beispiel ist es nicht so. Sachdienlich ist die Zulassung neuen Vorbringens immer, wenn dadurch ein zweiter Prozess vermieden wird.

Jonas: Unter Umständen wird einer Partei eine Instanz abgeschnitten. – Angenommen, es handelt sich um einen Schadensersatzprozess erster Instanz. Dem Grunde nach steht alles fest, die Arztkosten usw. Nun taucht in der zweiten Instanz plötzlich die Frage der dauernden Erwerbsunfähigkeit auf. Hier ist es unsachgemäß, für diesen ganz neuen Fragenkomplex der Partei eine Instanz abzuschneiden. Hier kann ich mir vorstellen, dass der Richter sagen würde: Es ist nicht sachdienlich. Hier möchte ich also den Gesichtspunkt der Zumutbarkeit, den Gesichtspunkt, die Sache hätte schon in erster Instanz vorgebracht werden sollen, also den Verschuldensgesichtspunkt nicht in den Vordergrund stellen, sondern den Gesichtspunkt der Prozessökonomie, also die Frage: Was ist zweckmäßig? Die Frage ist also: Was ist unter prozessökonomischen Gesichtspunkten und unter Würdigung der Interessen beider Parteien sachdienlich? Hiervon auszugehen halte ich für das Richtigste. Man kann es nur nicht so in das Gesetz hineinschreiben.

Staud: Soll die Präklusion, die in § q gilt, nicht auch bei § s zum Ausdruck kommen? Ich kann aus Gründen der Zweckmäßigkeit hier Erweiterung und Änderung des Klageantrags zulassen, die durch Ereignisse notwendig werden, welche erst in der Berufungsinstanz hervorgetreten sind. Ich kann aber durchaus verstehen, dass man sagt: Für die Erweiterung und Änderung der Klage, die auch schon in erster Instanz möglich waren, ist in der Berufungsinstanz kein Raum mehr. Hier ist nur Raum für Erweiterungen und Änderungen des Klageantrags aufgrund neuer facta, die ich in der Berufungsinstanz ohnehin vortragen kann. Wir haben heute früh gesagt: Wenn es nicht möglich ist, kleckerweise Berufung einzulegen, dann ist auch in der Berufungsinstanz eine Klagerweiterung hinsichtlich solcher Ansprüche, die schon in erster Instanz geltend gemacht werden konnten, nicht mehr zulässig.

Jonas: Sie meinen also, künftig wird die erste Instanz das Armenrecht für die volle Summe geben. Der Arme klagt gegen einen Wohlhabenden auf Zahlung von 2000 M; dieser siegt als Beklagter ob und zieht mit seinen Kosten in den Mond. Das Armenrecht wird bewilligt, weil die Sache gewisse Aussichten hat.

Staud: Sie werden doch nicht ernsthaft empfehlen wollen, dass das Gericht bei großen Objekten das Armenrecht nicht bei einer Teilklage geben will. Das würde zu einer Benachteiligung der armen Partei führen.

Jonas: Das ist eine Regelung, die im gegenwärtigen Prozess zu keinen Schwierigkeiten geführt hat.

Staud: Wir gestalten das Berufungsverfahren so, dass die Berufungsinstanz nur eine Nachprüfung des Ersturteils ist, nicht eine neue Verhandlung. Daraus muss man die Konsequenz ziehen.

Jonas: Weshalb soll man bloß um der Folgerichtigkeit willen einen Gedanken so weit treiben, dass er wieder zu Härten führt?

Staud: Wir müssen die Konsequenz auch in dem Punkt ziehen, dass in der ersten Instanz gleich der ganze Anspruch vorgebracht wird. Die erste Instanz soll künftig nicht mehr nur als Vorfeld dienen, während das große Objekt erst in der Berufungsinstanz gebracht wird. Beispiel: Der angebliche Schaden beträgt 40.000 M. Der Geschädigte klagt in der ersten Instanz 1000 M ein. Es folgt die Beweisaufnahme. Die Sache geht in die Berufungsinstanz. Da wird die Klage auf 30.000 M erhöht. Hier ist das Schwergewicht von vornherein und mit Überlegung in die Berufungsinstanz verwiesen worden. Ein zweiter Prozess ist nicht schlimmer als eine Berufungsinstanz, bei der zu der Nachprüfung des Ersturteils noch der weitere Anspruch auftritt. Hier ist weder kostenmäßig noch zeitmäßig ein Unterschied.

Jonas: Hier bin ich doch sehr anderer Ansicht. Sie sagen, der zweite Prozess schreckt sehr. Hier wird nicht die Beweisaufnahme der ersten Instanz ergänzt, sondern von neuem über den Streitgegenstand prozessiert mit dem Ergebnis, dass jetzt ein anderes Gericht mit der Sache befasst ist und etwas anderes herauskommen kann. Ist dies der Fall, dann ist das Malheur da, und wir haben glücklich zwei widerstreitende Urteile.

Staud: Wenn das zweite Urteil richtig ist, dann sage ich: Gott sei Dank, dass wenigstens der Rest der Forderung richtig entschieden ist.

Jonas: Sie haben vorhin mit beredten Worten ein Lied auf die Rechtssicherheit und Rechtsautorität gesungen, und wir haben begeistert mit eingestimmt.

Staud: Das hat damit gar nichts zu tun.

Fischer: Das Vorkommen einander widerstreitender Entscheidungen spielt für das Publikum keine so erschütternde Rolle, wie man denkt. Wenn die zweite Entscheidung anders ausfällt als die erste, so in den seltensten Fällen deswegen, weil der Richter anders denkt, vielmehr in der Mehrzahl der Fälle aus dem Grund, weil der Tatsachenkomplex sich erweitert und neue Gesichtspunkte auftreten. Die Parteien sehen das ohne weiteres ein.

Jonas: Solche Fälle sind immer peinlich, und wir sollten sie nicht geradezu züchten, auch wenn man sie nicht ganz verhindern kann.

Fischer: Diese Fälle kommen vor; daran wird man nichts ändern können.

Furler: Ich halte es für unlogisch und untragbar, auf der einen Seite die erste Instanz aktivieren und aus diesem Grund das Vorbringen neuer Tatsachen beschränken zu wollen, gleichzeitig aber auf der anderen Seite viel wichtigere und zerstörende neue Ansprüche zuzulassen. Man will in der Berufungsinstanz das Vorbringen neuer Tatsachen und Beweismittel beschränken; neue Ansprüche aber lässt man zu. Das halte ich für absolut unlogisch.

Jonas: Ein Teil eines Anspruchs ist etwas, was mit einer neuen Tatsache völlig inkommensurabel ist.

Pagenstecher: Ich kann die Bedenken Furlers nicht ganz von der Hand weisen. Beispiel: Klage auf Zahlung von 1000 M. Der Beklagte wendet Aufrechnung mit 3000 M ein, erhebt aber keine Gegenklage. In der zweiten Instanz erhebt er wegen 2000 M Widerklage. Das darf er. Wenn er aber eine Tatsache vorbringen will, die er in der ersten Instanz zurückgehalten hat, so darf er das nicht. Trotzdem bin ich für den Vorschlag Jonas. Die Leute haben sich auf den Prozess eingestellt; das Material ist ungefähr das gleiche; die Forderung ist in der ersten Instanz geprüft worden; es ist aus prozessökonomischen Gründen durchaus zweckmäßig, das zuzulassen.

Vorsitzender: Wenn es sich aber um eine Mietrate handelt, die nachträglich fällig geworden ist?

Staud: Unter denselben Voraussetzungen, unter denen neue Tatsachen vorgebracht werden dürfen, sollen auch neue Ansprüche geltend gemacht werden können.

Jonas: In der ersten Instanz hält der Kläger das Risiko für zu groß, den ganzen Anspruch einzuklagen; er begnügt sich also damit, einen Teilanspruch geltend zu machen. Das ist absolute prozessuale Sorgfalt.

Furler: Die erste Instanz soll in Zukunft aber nicht mehr Vorfeld und Versuchsballon sein. In der ersten Instanz einen Teil einzuklagen und in der zweiten mit dem ganzen Anspruch nachzufolgen, das führt ja gerade zur Abtötung der ersten Instanz.

Pagenstecher: Jonas will die Präklusionswirkung des § q auch anwenden auf die Tatsachen, die zur Begründung einer Widerklage vorgebracht werden.

Jonas: Das will ich nicht. Beispiel: Ich klage in erster Instanz auf Feststellung eines Schadenersatzanspruchs. Die Lage ist noch völlig unabgeklärt, ich kann also zunächst nur auf einen Feststellungsanspruch abkommen. Nachdem die Beweisaufnahme abgelaufen ist und der Richter die Sache gewürdigt hat, gehe ich über zum Verurteilungsanspruch, ich verlange also nicht mehr Feststellung, sondern Leistung von 3000 M Schadenersatz. Weshalb soll ich das in der Berufungsinstanz nicht tun können?

Stagel: Das kann der Mann aber schon in erster Instanz machen.

Fischer: Wenn der Mann in erster Instanz weiß, wie groß sein Schaden ist, und er geht nicht auf den Leistungsanspruch über, so wird seine Klage in zweiter Instanz abgewiesen, weil das Feststellungsinteresse fehlt.

Jonas: Wir nehmen oft überspitzte Beispiele, die mehr verwirren als klären.

Staud: Wenn die Umstände, aus denen folgt, dass der Mann kein Feststellungsinteresse mehr hat, weil er einen Leistungsanspruch hat, erst in der Berufung entstehen, dann kann er selbstverständlich die Klage noch ändern. Waren diese Umstände aber in der ersten Instanz entstanden, dann mag er auch in der ersten Instanz seine Klage ändern.

Jonas: Wir sind daran, den Prozess mit Fußangeln für die Parteien zu spicken.

Furler: Unser Ziel ist, dass in erster Instanz richtig und vollständig prozessiert wird.

Jonas: Wir dürfen uns nicht in Betrachtungen darüber verlieren, was eine Partei richtig hätte machen müssen. Beispiel: Ich klage auf Vorlegung eines Familienpasses. In der zweiten Instanz erkenne ich, es ist zweckmäßig, meinen Anspruch anders zu fassen, nicht auf Vorlegung, sondern auf Einsichtsgewährung. Das ist etwas anderes. Soll man da wirklich sagen, diese Verbesserung des Anspruchs ist unzulässig, weil die Partei es schon in erster Instanz hätte anders machen können? Soll man den Anspruch abweisen, weil seine Neufassung nicht zulässig ist? Dass Anträge in zweiter Instanz neu formuliert, geändert werden, ist eine so häufige Erscheinung, dass es mir bedenklich erscheint, das einfach zurückzuweisen.

Furler: In solchen Fällen wird man im Interesse der Rechtspflege dieses Opfer bringen müssen, um dafür zu sorgen, dass die erste Instanz vollständig ist.

Jonas: Man denke an Parteien, die in erster Instanz ohne Anwälte verhandeln. Der Richter hat vielleicht bei der Ausübung seiner Frage- und Belehrungspflicht versagt. Es ist immer unerfreulich, wenn die zweite Instanz dem Erstrichter attestieren muss, er habe es falsch gemacht.

Staud: Das wäre kein großes Unglück. Der Erstrichter kann daraus lernen, dass er darauf zu achten hat, dass eine rechtsunkundige Person ihre Anträge richtig formuliert. Das wird er künftig noch viel mehr tun müssen als bisher.

Jonas: Dagegen habe ich Bedenken. Dann kommt die andere Partei und beklagt sich darüber, der Richter komme dem Kläger zu sehr entgegen. Das führt zu einer unzulässigen Belehrung.

Staud: Ich habe nicht den Eindruck, dass der Prozentsatz landgerichtlicher Berufungssachen so groß ist, in denen festgestellt wird, der Prozess sei unrichtig geführt, weil die Parteien in erster Instanz falsche Anträge gestellt haben.

Jonas: Dass in der zweiten Instanz andere Anträge gestellt werden als in der ersten, kommt recht häufig vor.

Staud: Das ist eine Folge des jetzigen Systems, wo der Prozess in der zweiten Instanz neu beginnt.

Jonas: Die Parteien werden durch den Erstrichter [Zweitrichter?] belehrt, dass sie es falsch gemacht haben. Weshalb soll man ihnen nicht die Möglichkeit geben, sich darauf einzustellen?

Furler: Wir kommen immer noch nicht über die Unlogik hinweg, dass wir die Berufung beschränken hinsichtlich neuer Tatsachen, aber nicht hinsichtlich der Widerklage und der Klagerweiterung.

Jonas: Sie wollen die Widerklage und Klagerweiterung auch zulassen, und zwar unter dem Gesichtspunkt des § q, also ob die Partei in der ersten Instanz etwas hätte machen können. Das ist mir bezüglich der neuen Ansprüche und der Widerklage zu eng. Ich möchte auch das auf den prozessökonomischen Gesichtspunkt abstellen, also wenn das Gericht es für zweckmäßig erachtet, die Sache in einem Aufwaschen zu erledigen.

Fischer: Sie müssen sich von dem Beispiel der Klagänderung lösen. Das ist nicht das Maßgebende. Wie ist es beim Übergang von der Feststellungs- zur Leistungsklage? In der ersten Instanz bleibt alles bei der Feststellungsklage. Kein Mensch denkt darüber nach. In der Berufungsinstanz macht der Senatspräsident die Parteien darauf aufmerksam, man müsse von der Feststellungs- auf die Leistungsklage übergehen. Das können wir niemals unterbinden. Wogegen wir kämpfen, ist, dass ein kleiner Prozess durch Klagerweiterung oder Widerklage so aufgeblasen wird, dass er ein ganz anderes Gesicht erhält. In der Praxis kann man oft folgendes Bild beobachten: Man lässt eine Sache vor dem Amtsgericht anlaufen. Die Sache läuft sich ein; dann erweitert man die Klage. Da steht man dann wie erschossen vor der Situation, dass man auf einen 1000 M-Prozess eingestellt ist und nun plötzlich einen Prozess über 20.000 M führen soll. Der Beklagte hat das Recht der Feststellungswiderklage und kann das Objekt hochtreiben.

Vor widerstreitenden Entscheidungen habe ich nicht die Spur einer Angst; die gibt es wie Sand am Meer. Dass die Gerichte verschieden entscheiden, das kann man auch in der ersten und zweiten Instanz schon beobachten. Das LG weist die Klage ab; das OLG verurteilt den Beklagten;

das RG hebt die Sache wieder auf, alles nur aus rechtlichen Erwägungen. Hier haben Sie drei widerstreitende Entscheidungen; sie werden ohne weiteres hingenommen.

Jonas: Nun ist aber ein großer Unterschied, ob derselbe Fall zwischen A und B in verschiedenen Instanzen verschieden entschieden ist, oder ob zwischen X und Y oder zwischen A und B zwei rechtskräftige Urteile vorliegen: In dem einen Urteil ist über einen Teil des Anspruchs so entschieden, in dem anderen so.

Furler: Wenn der Kläger das verhindern will, dann kann er gleich das Ganze zur Entscheidung bringen.

Staud: Nehmen wir einen Mietprozess. Eingeklagt ist die Miete für Januar bis Mai, in der Berufungsinstanz weiter für Juni bis Oktober. Kann der Kläger die Mietrate Juni bis Oktober in der Berufungsinstanz hinzunehmen, dann ist die Sache gut. Kann er sie nicht hinzunehmen, dann ist sie wirklich nicht gut. Die Sache läuft dann praktisch so, dass zwei Prozesse nebeneinander laufen. Meist wird es reiner Zufall sein, ob der Kläger schon in der ersten oder erst in der zweiten Instanz die weiteren Mietraten hinzunimmt.

Furler: Man wird ernsthaft in zwei Instanzen doch nur prozessieren, wenn der Mietzins als solcher strittig ist. Ist die Sache bezüglich der eingeklagten fünf Mietraten durch zwei Instanzen entschieden, dann brauche ich über die anderen Mietraten nicht mehr zu prozessieren; die werden dann auch ohne Titel gezahlt. Ist der Beklagte ein boshafter Schuldner, dann bekommt er einen neuen Zahlungsbefehl.

Vorsitzender: Wir haben im Interesse der Elastizität bei unseren bisherigen Beratungen vieles über den Haufen geworfen, jetzt wird auf einmal die Elastizität fallen gelassen und alles wird straff.

Jonas: Es ist sonnenklar: Wir haben es hier mit zwei Verfahren zu tun. Jeder Rufer im Streit wird sagen: Das Ideal ist, die Unterhaltssachen in die freiwillige Gerichtsbarkeit hineinzunehmen.

Staud: Es wäre nur heilsam und eine gute Kur, wenn man den ganzen Zivilprozess in die freiwillige Gerichtsbarkeit hinein nehmen würde. Es wird nicht lange dauern, und die Leute werden aus der freiwilligen Gerichtsbarkeit in die Schiedsgerichtsbarkeit flüchten und schließlich wieder den Zivilprozess fordern. Anders ist es allerdings bei Unterhaltssachen. Hier handelt es sich nicht um einen Parteistreit, sondern um Fragen, bei denen das öffentliche Interesse überwiegt. Es ist schade, dass der Scheidungsprozess nicht in die freiwillige Gerichtsbarkeit gekommen ist. Man hätte dann bald gemerkt, dass eine Ehescheidung eine höchst streitige Sache ist. In der Stube der freiwilligen Gerichtsbarkeit ist es schön und geht es ruhig zu, weil zwischen den Beteiligten keine Streitpunkte zu entscheiden sind. Handelt es sich aber in der freiwilligen Gerichtsbarkeit um wirkliche Streitpunkte, dann geht das Verfahren endlos.

Jonas: Die Tendenz zur freiwilligen Gerichtsbarkeit hin wird verstärkt, wenn man den Zivilprozess noch formaler gestaltet wie jetzt.

Furler: Die Flucht aus dem Zivilprozess in die Schiedsgerichtsbarkeit ist in der Hauptsache auf die Langsamkeit des Zivilprozesses zurückzuführen. Wenn wir eine Instanz haben und aktivieren, wenn wir die Berufung beschränken, dann wird der Zivilprozess dadurch gewinnen und nicht verlieren.

Jonas: Es handelt sich darum, eine Kompromisslösung zu finden. Klagänderung und Widerklage in der zweiten Instanz völlig abzuschaffen, scheint mir zu weit zu gehen. Ich würde so sagen: Alles, was in der zweiten Instanz sachdienlich ist, ließe ich nach § q auch zu.

Vorsitzender: Es empfiehlt sich, zu dieser Frage die Meinung der Ausschussmitglieder festzustellen.

Jonas: Gegeben sind drei Möglichkeiten: die Einschränkung durch die Sachdienlichkeit, Regelung wie § q und überhaupt Ausschließung.

Vorsitzender: Für Ausschluss unbedingt ist Furler. Für Sachdienlichkeit sind Pagenstecher, Singer, Lent, Jonas; für die Regelung wie § q sind Staud und Fischer.

Die Sache ist also umstritten. Wir werden das Problem noch im Hauptausschuss zu klären haben.

Zu *§ t* ist wohl nichts zu bemerken; wir kommen zu *§ u.*

Jonas: Abs. 1 ist wohl klar. Abs. 2 handelt von der Zurückverweisung. Die Fassung ist das Ergebnis unserer Erörterung; sie soll möglichst weit sein. Hier handelt es sich besonders um den Fall des zweiten Versäumnisurteils. Hat sich die Verhandlung des ersten Rechtszugs auf die Frage der Prozessvoraussetzungen oder bei einem nach Grund und Betrag streitigem Anspruch im Wesentlichen auf die Frage des Grundes beschränkt oder hatte aus sonstigem Grunde eine Verhandlung zur Hauptsache nicht stattgefunden, so *kann* das Berufungsgericht, wenn eine weitere Verhandlung erforderlich ist, die Sache an das Gericht des ersten Rechtszuges zurückverweisen. Es soll dies nur geschehen, wenn es nach Art und Umfang der Sache geboten erscheint.

Vorsitzender: Wir kommen zum *§ v.*

Jonas: Hierzu ein Beispiel: Der Berufungskläger bringt im Schriftsatz etwas Neues vor und zahlt seinem Anwalt den Vorschuss nicht. Der Anwalt tritt daher nicht auf. Hier liegt der Haken. Dieses Problem wollte ich lösen mit der Formel: „Inwieweit es Tatsachen, Beweismittel und Beweiseinreden, die von der säumigen Partei neu vorgebracht sind, berücksichtigen will, steht in seinem Ermessen."

Staud: Zunächst sind §§ q und s anzuwenden, dann gilt § u. Es kann der Fall eintreten, dass ein Berufungskläger, wenn das Gericht sein Vorbringen berücksichtigt, in der Berufungsinstanz obsiegt und eine Abänderung des erstinstanzlichen Urteil erzielt, ohne dass er aufgetreten ist. Das Berufungsgericht kommt vielleicht zu dem Ergebnis: Das Urteil erster Instanz ist aus Rechtsgründen falsch. Konsequenz: Bei wirklich aussichtsreichen Berufungen zahlt man am besten keinen Vorschluss und nimmt keinen Anwalt. Das Berufungsgericht prüft ja von Amts wegen nach, ob das Ersturteil falsch oder richtig ist. Kommt es zu dem Ergebnis, dass die Rechtsfrage anders zu beurteilen ist, dann ändert es das Ersturteil ab, und der Berufungskläger hat den Prozess gewonnen. Zunächst hat man in diesem Fall das Gefühl: Die Berufung des Berufungsklägers, der nicht zum Termin erscheint, müsste verworfen werden.

Jonas: In Österreich ist es anders. Für die Revision wollen wir es auch anders machen. Man muss sich schon in der ersten Instanz darauf einstellen, dass das Berufungsverfahren die Fortsetzung des Verfahrens erster Instanz ist.

Staud: Wenn der Berufungskläger den Vorschuss nicht gezahlt hat, wird seine Berufung verworfen.

Jonas: Das Nächstliegende ist: Man entscheidet nach Lage der Akten. Das Missliche ist: Der Berufungskläger erscheint nicht; der Prozess geht weiter. Im zweiten Termin erscheint er auch nicht. Nun muss die Sache zu Ende kommen. Dann kommen wir aber wieder zu der Notwendigkeit eines Versäumnisurteils mit Einspruch dagegen. Es ist vielleicht die vernünftigste Lösung, die Sache in das Ermessen des Gerichts zu stellen und das Urteil nach Lage der Akten erst nach acht Tagen zu verkünden.

Staud: Das Ermessen bezieht sich nur auf neues Vorbringen.

Jonas: Bisher wird die Berufung verworfen oder zurückgewiesen, wenn der Berufungskläger nicht erscheint.

Staud: Wenn der Berufungskläger nicht erscheint, wird die Berufung a limine verworfen.

Jonas: Ich sehe die Sache aus der Perspektive der Revisionsinstanz. Die Partei hat die Möglichkeit, ihren Anwalt nicht zu zahlen. Der Anwalt betrachtet es als gutes Recht, nicht zu erscheinen. Auf diese Weise wird erreicht, dass der Prozess sich zwei Monate hinzieht. Das Versäumnisurteil wird ausgestellt, Einspruch eingelegt, neuer Termin anberaumt. Ist das eine glückliche Lösung? Diese Konsequenz möchte ich vermieden haben.

Furler: Der Zeitverlust geht auf Kosten des Berufungsklägers.

Jonas: Das Missliche ist: Der Berufungskläger legt Berufung ein, und allein dadurch, dass er den Anwalt nicht bezahlt, erzielt er eine Verzögerung von vielleicht zwei Monaten.

Furler: Das ist unerwünscht; das gebe ich zu.

Staud: Ich würde die Regelung für sehr gefährlich halten. Sie wird dazu führen, dass die Versicherungsgesellschaften versuchen werden, die Sache billiger zu machen. Es ist nur die Rechtsfrage nachzuprüfen, und zu dem Zweck braucht man den Anwalt nur mit der Einlegung der Berufung zu beauftragen. Ein weiteres Mandat ist nicht notwendig. Der Anwalt erhält die Gebühr für die Einlegung der Berufung; die Verhandlungsgebühr aber wird gespart.

Jonas: Dass sich das so auswirkt, halte ich nicht für wahrscheinlich. Es ist jetzt etwas Ähnliches insofern, als der Revisionsbeklagte keinen Anwalt braucht. Der Fall, dass der Revisionsbeklagte keinen Anwalt hatte, ist mir nur zweimal in meiner Praxis vorgekommen.

Stagel: Ich kann das Argument Stauds nicht anerkennen.

Staud: Ich gehe von dem Grundsatz aus: Wenn der Berufungskläger sein Recht nicht wahrnimmt, so soll er die Folgen tragen.

Vorsitzender: Hier müsste Verwerfung eintreten.

Furler: Sie wollen die Verschleppung verhindern. Ergeht nun ein Versäumnisurteil auf Verwerfung der Berufung, dann wird das LG-Urteil vorläufig vollstreckbar. Das Interesse wird also nicht groß sein, das Verfahren zu verschleppen.

Jonas: Ein vorläufig vollstreckbares Urteil hat wenig Zweck. Die Vollstreckung geht furchtbar langsam und hat das Risiko nachträglichen Schadenersatzes. Das Missliche ist, dass die Partei, indem sie ihren Anwalt nicht zahlt, praktisch eine Verlängerung des Prozesses um zwei Monate erreicht. Der Anwalt ist in einer Zwangslage und tritt nicht auf.

Furler: Dann wird eben die Berufung verworfen und gegen die Partei kann vollstreckt werden.

Jonas: Der Gläubiger vollstreckt doch nicht, weil er sich sagt, der Prozess kann noch anders laufen. Die vorläufige Vollstreckung ist also kein Mittel, um die Verschleppung des Prozesses zu verhindern. Normalerweise hat der Berufungskläger ein Interesse daran, den Termin wahrzunehmen. Hier handelt es sich um die Fälle, wo der Berufungskläger das Rennen aufgibt.

Staud: Ich habe immer noch das Bedenken: Vernünftige Leute sagen sich, es handelt sich lediglich um die Nachprüfung einer Rechtsfrage. Zwei Syndici treffen die Abmachung, dass die Anwälte nur die Berufung einlegen, aber nicht auftreten sollen. Die Anwälte sollen also nicht verdienen.

Furler: Die Berufung eines Klägers, der sich um sie nicht kümmert, ist zu verwerfen. Diesen Grundsatz kann man nicht abschaffen.

Vorsitzender: Wir unterbrechen die Beratung für heute.

(Schluss der Sitzung 18.45 Uhr)

3. Protokoll der Sitzung vom 8.2.1941 (Berufung)

(Beginn der Sitzung 10 Uhr)

Vorsitzender: Bei § v waren wir uns nicht einig, ob wir es bei diesem Vorschlage belassen sollten, kurz gesagt, Entscheidung nach Lage der Akten, oder ob man nicht doch einen Berufungskläger, der säumig ist und sich um seine Sache nicht kümmert, durch Verwerfung seiner Berufung strafen soll. Es war die Gefahr ausgemalt, dass nun Parteien, die findig sind, dann, wenn es lediglich auf eine Rechtsfrage ankommt, es einfach dem Gericht überlassen, aber selber beide nicht erscheinen und das Gericht arbeiten lassen, ohne dass sich die beiden Parteien um das Berufungsverfahren kümmern. Das waren die Bedenken gegen den Vorschlag. Andererseits spricht die Konsequenz unserer früheren Regelung, dass ein Versäumnisurteil im späteren Stadium des Verfahrens nicht mehr ergehen soll, für die Lösung nach § v. (*Staud:* Ebenso, wenn die Sache urteilsreif ist.) Das ist nicht der Fall; denn die Berufung hat ja neues Material gebracht.

Staud: Trotz fortgesetzten Ausbleibens des Berufungsklägers Gerichtsbeweisbeschluss!

Jonas: Wir sind im Anwaltsprozess. Wenn er im zweiten Termin ausbleibt, ist es genauso wie in zweiter Instanz. Der Anwalt ist bestellt; das geht aus den Akten hervor. Er bleibt aus, weil ihm unterwegs ein Unfall zugestoßen ist, so dass er nicht die Möglichkeit hat, einen Vertreter zu bestellen. Der andere Fall: Die Parteien hatten den Vorschuss an den Anwalt nicht bezahlt, und aus diesem Grunde tritt er nicht auf, oder das Mandat ist gekündigt. Nun ergibt sich die Vorfrage: Soll man es weiterhin ermöglichen, dass der Anwalt, weil er keinen Vorschuss bekommen hat, einfach sagt, er macht so lange nicht mit, und dass man das dann wieder für die Parteien dadurch erträglich macht, dass man sagt: jetzt Versäumnisurteil? Ist das eigentlich eine glückliche Regelung?

Furler: Ich weiß nicht, ob man das Gesetz nach einem solchen Falle formulieren soll.

Staud: Sobald diese Bestimmung da ist, werden Firmen, die Rechtsbüros haben, Syndici, Versicherungsgesellschaften, Haus- und Grundbesitzer, Inkassobüros lediglich einem Anwalt das Mandat erteilen, der dann die Prozessgebühr bekommt. Das kann sogar auf beiderseitiges Einverständnis unter den Parteien abgestellt werden. Ich würde als reiner Jurist dieses Verfahren gar nicht mal für unpraktisch halten und würde sagen: Wenn Ihr Gegner vernünftig ist und es sich lediglich um die Nachprüfung nach der rechtlichen Seite oder Beweiswürdigung handelt, macht es einfach so; dann kostet die Sache nichts!

Jonas: Ist der jetzige Zustand nicht eigentlich misslich? Der erste Termin kann frustriert werden. Der Anwalt hatte das Druckmittel gegen den Mandanten: Wenn Du nicht zahlst, trete ich nicht auf. Dem Mandanten schadet das nichts; denn das Versäumnisurteil wird durch Einspruch wieder weggepustet.

Staud: Jeder Privatkläger, auch der Angeklagte, hat gewusst: Wenn er Berufung einlegt, geht es nicht um 500 RM, sondern um sechs Monate Gefängnis. Er weiß, wenn er nicht zur Berufung erscheint, sagt der Vorsitzende: Die Berufung ist verworfen, und dagegen gibt es kein Rechtsmittel. Jemand, der sich nicht mal die Mühe nimmt, zum Gericht zu kommen, zwingt das Gericht, das Urteil zu prüfen und das Urteil der Vorinstanz aufzuheben und zu ändern. Jemand, der sich nicht um das Rechtsmittel kümmert, läuft Gefahr, dass es beim früheren Urteil bleibt. So behandeln wir auch Kläger, die nicht erscheinen.

Jonas: Nur kommen Sie dazu, den Rechtsmittelträger und den Rechtsmittelbeklagten nach ganz anderen Grundsätzen zu beurteilen, ebenso das Versäumnisverfahren nach der ersten und nach der zweiten Instanz.

Fischer: Sie haben doch aus der zweiten Instanz etwas ganz anderes gemacht als aus der ersten. Entweder machen wir eine Nachprüfungsinstanz oder eine zweite Instanz.

Staud: Es tritt kein schriftliches Verfahren ein. Hier handelt es sich um die Behandlung einer Partei, die Berufung einlegt, sich aber dann nicht mehr um sie kümmert. Dadurch könnte sich das schriftliche Verfahren einbürgern.

Jonas: Fast jeden Gedanken kann man dadurch ad absurdum führen, dass man sagt: Ich fürchte, daraus ergibt sich die und die Konsequenz. Ich kann mir keine Partei vorstellen, die Berufung einlegt und sagt: Ich lege auf die mündliche Verhandlung überhaupt kein Gewicht.

Staud: Wenn sie an die Partei denken, die durch einen widrigen Zustand am Erscheinen verhindert ist, so sehe ich nicht ein, dass Sie dieser Partei, die auf dem Wege zum Gericht war, um die Sache vorzutragen, nun ihr Recht nehmen und sagen: Ich entscheide in der Sache, ohne dein Vorbringen in der mündlichen Verhandlung entgegengenommen zu haben. Dann müssen Sie dieser Partei erst recht eine „restitutio in integrum" geben und sie noch einmal zum Wort kommen lassen, weil sie ja wirklich verhindert war.

Jonas: Es gibt nur den einzigen praktischen Fall, dass der Anwalt nicht erscheint, weil er den Vorschuss nicht bekommen hat.

Furler: Das kommt praktisch nicht häufig vor. Ich würde das nie tun.

Fischer: Ich würde stets erscheinen, es sei denn, dass ich mein Ausbleiben ausdrücklich rechtzeitig vorher dem Gericht angezeigt habe.

Jonas: Normalerweise tritt doch der Anwalt nicht auf, wenn er keinen Vorschuss bekommen hat.

Fischer: Wenn der Anwalt einen Kostenvorschuss nicht bekommt, kann er das Mandat niederlegen, aber niemals zur Unzeit. Wenn das drei Tage vor dem Termin geschieht, muss er den Termin wahrnehmen; sonst verletzt er seine anwaltlichen Pflichten. Die Situation kann rechtzeitig vorher vollkommen geklärt werden; wenn nicht, ist der Anwalt an das Mandat gebunden und muss auch den Termin wahrnehmen.

Jonas: Dann brauchen wir das Versäumnisurteil überhaupt nicht einzuführen. Was wollen Sie für eine Regelung vorschlagen?

Staud: Wenn ich die Verwerfung habe, wird jeder Berufungskläger, der die Berufung durchführen will, erscheinen.

Jonas: Verwerfung ist falsch, – Zurückweisung! Da kommen wir wieder zu einem ganz anderen Begriff. Das Rechtsmittel wird nachträglich unzulässig, weil jemand im Termin nicht erscheint. Es ist alles möglich. Einmal bemühen wir uns, das Gesetz zu vereinfachen, und dann werden leichthin wieder ganz andere Bestimmungen aufgenommen.

Staud: Das Versäumnisurteil gegen den Kläger beruht nicht auf der Erkenntnis des Gerichts: die Klage ist unschlüssig, sondern auf der Überlegung: die Klage weise ich deshalb ab, weil sich der Kläger nicht um die Klage gekümmert hat. Nirgendwo steht in der ZPO, dass Voraussetzung für die Zulässigkeit der Berufung die Zahlung des Kostenvorschusses ist, sondern es ist später eine Bestimmung gekommen: Es ist Vorschuss zu bezahlen, und wenn du nicht bezahlst, wird die Berufung verworfen. Ebenso wenig würde es ein Denkfehler sein zu sagen: Wenn ein Berufungskläger im ersten Termin nicht erscheint, würde die Berufung als unzulässig gelten.

Jonas: Im zweiten Termin ist Beweisaufnahme angeordnet. Sie wissen genau, der Prozess geht weiter. Da erscheint der Berufungskläger nicht. Wollen Sie es da auch als unzulässig verwerfen?

Staud: Ich habe nichts dagegen. In der ersten Instanz ist es etwas anders: Erkenntnisverfahren, in der zweiten Instanz ist es Nachprüfungsverfahren.

Jonas: Die zweite Instanz ist die Fortsetzung der ersten.

Fischer: Sie haben doch schon in der ersten Instanz eine Entscheidung. Da können Sie so nicht verfahren. Das ist eben nicht identisch, ganz abgesehen von der Frage, ob sie es als Nachprüfung oder andere Instanzen machen. Das Urteil erster Instanz steht doch da.

Jonas: Die jetzige Regelung klappt nicht. Die Verkoppelung mit der Würdigung des bisherigen Beweisergebnisses und dem Zugeständnis geht. Es fragt sich, wie man zu einem vernünftigen einfachen Ergebnis kommt.

Furler: Es fragt sich, ob ein Anreiz zur Verschleppung besteht. Wenn eine Verwerfung ergeht, ist das Urteil vorläufig vollstreckbar, und der Betreffende läuft Gefahr, dass gegen ihn vollstreckt wird. Er hat als Berufungskläger ein Interesse an der Aufhebung des Urteils. Sie erreichen den Zweck ja gar nicht mit Ihrem Vorschlage. Wenn ich verschleppen will, werde ich dem Gericht schreiben, dass ich das nächste Mal komme. Am sechsten Tag kommt ein Schriftsatz, in dem steht: Ich werde kommen; ich bitte das Urteil nicht zu verkünden! Dann habe ich die Verschleppung doch erreicht.

Staud: Die glaubhafte Aufklärung ist immer zu berücksichtigen.

Jonas: Das ist zu deutsch die Wiedereinsetzung.

Staud: Niemals; wir reden von dem Furlerschen Beispiel, das sagt: Auch diese Regelung gibt der Partei genauso viel Verschleppungsmöglichkeiten.

Fischer: Der arme Richter muss trotzdem aber sein Urteil machen.

Jonas: Wollen Sie die Verwerfung endgültig ohne die Möglichkeit einer Wiedereinsetzung geben?

Staud: Er kann von mir aus sogar den bedingungslosen Einspruch haben. Was Sie hier haben, ist tatsächlich, wenn ich die zeitliche Verschleppung nehme, kein Deut besser. Am Ersten des Monats ist Verhandlungstermin, und der Kläger ist ausgeblieben. Beim Versäumnisverfahren ergeht Versäumnisurteil. Am 4. wird es zugestellt. Dagegen hat er eine Einspruchsfrist von einer Woche. Er legt Einspruch ein. Wir können ihm eine Woche geben. Dann bekommt er einen neuen Termin. Wenn er wieder ausbleibt, wird sein Einspruch endgültig verworfen und es ist Schluss; die Sache ist in einem Monat zu Ende. Der andere Fall: Am 1. ist verhandelt worden, der Einspruchstermin ist der 8. Am 7. geht beim Gericht der Schriftsatz ein, worin beantragt wird, dass die Verkündigung unterbleibt. Die Entschuldigung ist stichhaltig. Das wird dem Vorsitzenden auf den Tisch gelegt. Er hat das Gefühl: der Entschuldigungsgrund ist eine faule Ausrede, aber er kann es dem Betreffenden nicht nachweisen, der ja nur eine glaubhafte Aufklärung zu bringen braucht. Oder aber er schreibt dem Gericht: Ich habe den Termin nicht wahrgenommen, weil ich mit der Vorschusszahlung gewisse Schwierigkeiten hatte. Die Sache geht jetzt aber in Ordnung; im nächsten Termin wird der Rechtsanwalt wieder für mich auftreten. – Dann werden Sie als Richter einen neuen Termin bestimmen. Ich kann dem Mann nicht sagen: Was du da geschrieben hast, ist mir nicht glaubhaft. Ich habe zwar das unbestimmte Gefühl, dass es eine faule Ausrede ist, aber ich kenne ja den Mann nicht so weit, um ihm sagen zu können: Das glaube ich dir nicht! An und für sich ist es ein glaubhaftes Vorbringen.

Furler: Wenn der Anwalt das Mandat wenige Tage vorher niederlegt und die Partei das dem Gericht mitteilt, so wird kein Richter die Partei deshalb schädigen.

Jonas: Ich will ja der Partei helfen.

Fischer: Wir können nicht umhin, die Tendenz, die Herr Jonas vertritt, zu billigen, und wir müssen Mittel finden, um die Frage zu lösen. Es gibt nur die Wahl: 1. sich über das Ausbleiben hinwegzusetzen und zu vertagen, 2. Versäumnisurteil, 3. Entscheidung nach Aktenlage. Wenn wir die Entscheidung nach Aktenlage anwendbar machen könnten, ohne die Nachteile, so wäre das vorzuziehen.

Staud: Dann unterbinden wir das Versäumnisurteil wie für die erste Instanz. Das Gericht kann ein Versäumnisurteil erlassen, aber auch, wenn die Sache reif ist, Urteilsentscheidung treffen. Wenn die Partei ausbleibt, kann gegen sie Versäumnisurteil auf Verwerfung der Berufung ergehen, das Gericht kann aber auch nach Lage der Akten entscheiden, wenn es die Sache für reif zur Endentscheidung hält. Das unterscheidet sich von Ihrem Vorschlag dahin, dass das Gericht nicht gezwungen ist, Aktenentscheidung zu treffen und die Partei sich darauf verlassen kann. Wenn das Gericht den Eindruck hat, dass mit ihm Missbrauch getrieben werden soll, kann es sagen: Es fällt mir gar nicht ein, ein Urteil nach Lage der Akten zu machen, sondern ich erlasse Versäumnisurteil, wie in der ersten Instanz das Gericht ein Urteil ohne Antrag erlassen kann.

Jonas: Ich nehme den Fall: Die Anwälte legen bei einer Versicherungssache, bei der es sich um typische Rechtsfragen dreht, Berufung ein, um Kosten zu sparen usw. Dann hat das Gericht die Wahl zu sagen: Ich verwerfe die Berufung und lasse den Kläger hereinfallen, oder ich bin der Überzeugung: der Fall liegt zu seinen Gunsten, das weiß ich, aber es ist mir bequemer, ein Urteil zu machen, mit dem ich ihn hereinfallen lasse, und zwar lasse ich ihn aus erzieherischen Gründen hereinfallen, während ich ihn, wenn ich anderer Laune wäre, obsiegen lassen würde.

Staud: Es ist eine Übertreibung. Das hängt nicht von der Laune des Richters ab.

Jonas: Wie soll es abgestellt werden? Es ist jetzt verzerrt. Der Richter sagt: An und für sich hat der Berufungskläger vollständig Recht, er muss obsiegen, bloß passt mir die Richtung nicht, dass der Berufungskläger nicht kommt; ich will ihn dazu erziehen, dass er kommt.

Staud: Das soll er auch. Wenn das Gericht den Eindruck gewinnt: bestimmte Firmen oder Anwälte machen es sich zur Gepflogenheit, die Berufungsinstanz derart zu führen, dass sie nicht auftreten, lässt er ein Versäumnisurteil ergehen. Wenn das Gericht den Eindruck hat, das Ausbleiben der Partei hängt nicht irgendwie mit einem Missbrauch dieser Bestimmung zusammen, auch nicht mit dem Versuch, das Berufungsverfahren zu einem schriftlichen Verfahren umzugestalten, Anwaltskosten und dergl. zu sparen, würde ich sagen: Ich entscheide nach Lage der Akten. Dieses Wahlrecht des Richters ist doch für uns kein Novum. Wir haben es in der ersten Instanz doch auch vorgesehen.

Fischer: Es kommt natürlich sehr auf den Richter an. Es ist klar, dass er es so oder so machen kann. Ich gebe Herrn Jonas Recht, dass man nicht weiß, was der Richter macht. In der Berufungsinstanz liegt es ja ganz anders als in der ersten Instanz. In der Berufungsinstanz haben Berichterstatter und Präsident es schon gehabt, und es handelt sich nur darum, die Entscheidung abzusetzen. In der ersten Instanz ist es anders: Wenn der Richter vor der Entscheidung steht: Versäumnisurteil oder Entscheidung nach den Akten, könnte er durch das Moment bewogen werden, dass er beim Versäumnisurteil weiter keine Arbeit zu leisten hat. Hier handelt es sich darum: Hat es einen Sinn, dass ich eine Entscheidung nach Aktenlage ankündige oder kommt etwas dazwischen, wird die Woche ausgenutzt? Die Woche kommt eine Aussetzung mit einer Entschuldigung. Es ist nicht dieselbe Form, aber für die Arbeit des Gerichts ist es nicht wesentlich anders. Es kann genauso missbraucht werden ohne die Gefahr des Versäumnisurteils. Da stimme ich Herrn Staud zu. In den anderen Fällen kann ich mir überlegen, ob ich als Anwalt hingehen soll, wenn es sich um eine reine Rechtsfrage handelt, ob ich plädieren soll oder dem Gegner sage: Wir könnten den Parteien das ersparen; lasst doch die Leute nach der Aktenlage entscheiden. Dann werden sie das Gericht anrufen und sagen: Herr Präsident, wir kommen nicht; wir halten es nicht für nötig zu verhandeln, die Sache ist klipp und klar! – vorausgesetzt, dass das Gesetz das zulässt. Als anständiger Anwalt wird man sich nicht erlauben, das Gericht darüber im Dunkeln zu lassen, dass man nicht kommt. Deswegen neige ich zu der Kompromisslösung, möchte aber die Entscheidung nach Aktenlage gern als möglich erhalten. Von der Entscheidung nach Aktenlage wird ja sehr wenig Gebrauch gemacht. Nicht ganz so wenig wie vom Schiedsverfahren, von dem ja gar kein Gebrauch gemacht wird, obgleich sich damals die Reformatoren einen unendlichen Vorteil davon versprachen. Vom Grünen Tisch können wir ja heute auch nicht beurteilen, wie es gehen wird.

Singer: In der ersten Zeit wurde vom Schiedsverfahren viel Gebrauch gemacht.

Fischer: Ich fürchte, das hat an Ihrer Person gelegen.

Staud: Beim Amtsgericht war das Schiedsgericht de lege eingeführt.

Jonas: Sie meinen das Urteil ohne mündliche Verhandlung?

Fischer: Was ich eben besprach, war das Schiedsverfahren, das die große Lösung sein sollte, aber gänzlich unfruchtbar blieb. Bei der Aktenlage haben Sie den Beweis dafür: Es sieht wunderschön aus, aber in der Praxis führt es dazu, dass das Urteil nicht gemacht wird. Trotzdem denke ich an den Beweisbeschluss, dass die Sache weiter kommt, nicht abgeschnitten wird. Da brauchen die Parteien sehr oft nicht darüber zu verhandeln. Nach der Aktenlage muss noch der und der Beweis erhoben werden. So sehr ich an der Mündlichkeit an sich hänge, aber wenn die Sache klipp und klar für alle Beteiligten ist, ist doch dieser Weg gangbar. Wenn noch ein Zeuge gehört werden muss, kann das ja ohne weiteres geschehen.

Furler: Es ist interessant, wohin es uns führt. Herr Fischer möchte damit etwas ganz anderes erreichen, nämlich dass er sich in der zweiten Instanz in Fällen, wo er es nicht für notwendig hält, die mündliche Verhandlung erspart. Das ist aber nicht der Sinn Ihres Vorschlages gewesen, Herr Präsident.

Jonas: Für den Fall kommt die Entscheidung nach Aktenlage am ehesten in Betracht. Die mündliche Verhandlung wird sich in vielen Fällen so abspielen, dass der Vorsitzende sagt: Die erste Instanz hat den Beweisbeschluss mit der Begründung abgelehnt, dass sie Ausländern grundsätzlich nicht glaubt. Das ist aber unmöglich; natürlich muss Beweis erhoben werden, und alle sind sich darüber einig. Da liegt es nahe zu sagen: In solchen Fällen ist die mündliche Verhandlung überflüssig; das kann nach Aktenlage gemacht werden. Auf der anderen Seite wäre es in solchen Fällen auch kein Unglück, wenn die Anwälte zwei Minuten verhandeln.

Furler: Dann müssen wir eine Bestimmung aufnehmen: Die zweite Instanz kann ohne mündliche Entscheidung verhandeln, weil es sonst auf Umwegen doch dahin kommen würde. Damit würden Sie der Berufungsinstanz die Möglichkeit geben, immer ohne mündliche Verhandlung zu entscheiden. Sie kommen mit Ihrem Vorschlag auf ein Gebiet, das wir nicht betreten wollen. Aber wenn Sie es betreten sollen, so sagen Sie doch direkt: In der Berufungsinstanz kann ohne mündliche Verhandlung entschieden werden.

Stagel: Wenn beide Partei ausbleiben, gilt doch die Regelung der ersten Instanz. Also könnte auch hier eine Entscheidung nach Aktenlage ergehen.

Fischer: Gilt nicht überhaupt für die Entscheidung nach Aktenlage die Vorschrift der ersten Instanz? Wir könnten es auch so machen, dass wir die Bestimmung treffen, das Versäumnisurteil fakultativ zu machen.

Staud: Das ist mein Vorschlag.

Jonas: Dass die Klagebehauptungen zugestanden sind?

Fischer: Dass das Gericht die Vorschriften über das Versäumnisverfahren anwenden kann, aber nicht anwenden muss.

Jonas: Denken wir nun an den Fall: Der Berufungsbeklagte hat obsiegt; der Kläger ist abgewiesen, ist beweisfällig geblieben, legt Berufung ein und tritt noch neue Beweise an oder behauptet, die Beweise seien falsch gewürdigt. Nun erscheint der Beklagte nicht mit der Wirkung: Es gilt als zugestanden.

Fischer: Das hat mir nicht in den Kopf gewollt, solange ich Jurist bin. Nun kommt hier wieder die Komplikation für die zweite Instanz.

Jonas: Aber der Gegner, der Berufungsbeklagte!

Staud: Gegen den mag stets nach Aktenlage entschieden werden.

Jonas: Wenn der Berufungskläger nicht erschienen ist, würde das Gericht die Wahl haben zwischen Verwerfung der Berufung oder Entscheidung nach Aktenlage. Wenn der Berufungsbeklagte ausbleibt, mag nach Aktenlage entschieden werden. Ich will nur verhüten, dass das Gericht bei Ausbleiben des Berufungsklägers gezwungen ist, in die Sache hineinzusteigen.

Vorsitzender: Wir sind darüber einig, dass Entscheidung nach Aktenlage kommt, wenn der Beklagte säumig ist.

Jonas: Wenn er *allein* nicht erscheint.

Vorsitzender: Gewiss. Wenn nur der Berufungskläger säumig ist, habe ich immer noch Neigung für den Vorschlag Staud, dass der Richter die Wahl hat, das Rechtsmittel zu verwerfen oder, wenn er einen anderen Eindruck von der Sache gewonnen hat, die Entscheidung nach Aktenlage zu treffen.

Fischer: Es wäre zu überlegen, ob man nicht das Versäumnisurteil in diesem Falle zwingend einführt.

Jonas: Ich bin gegen das Wahlrecht. Dann mag der Richter die Berufung verwerfen oder zurückweisen. Es kommt dann die Frage, ob dies nun eine absolut endgültige Entscheidung ist oder ob man hier gegen die Fristversäumung eine Wiedereinsetzung zulässt; ein Einspruch, der an Voraussetzungen geknüpft ist, oder ohne Voraussetzungen?

Fischer: Das ist eine interessante Frage, die noch nicht diskutiert ist.

Staud: Wir haben die Frage nicht behandelt: Soll gegen das Versäumnisurteil entsprechend der ersten Instanz nur Einspruch schlechthin oder nur mit der Begründung zulässig sein, dass die Partei ihr Fernbleiben im Termin entschuldigt?

Stagel: Volkmar hat sich für die Aufrechterhaltung des bisherigen Zustandes ausgesprochen.

Staud: Ich neige auch dazu.

Fischer: Warum? Der Vorteil des Versäumnisverfahrens bleibt erhalten, dass bei Erlass des Urteils nicht nachgeprüft zu werden braucht. Wir haben die Frage nicht weiter zu untersuchen. Die kleine Arbeit, die wir dem Gericht mehr zumuten, ob der Einspruch gerechtfertigt werden kann, ist doch gut. Die zweite Instanz ist ihrem Charakter nach ein anderes Verfahren als die erste Instanz. Das wollen Sie doch, und dem füge ich mich. Sie wollen das Nachprüfungsverfahren. Dann kommt ein ganz anderes Bild, das sich im Ganzen dem österreichischen Prozess mehr nähert. Dass man da den Einspruch erschwert und die Leute zwingt, nicht unentschuldigt wegzubleiben, leuchtet mir schon ein. Ich finde es gut, dass Präsident Jonas die Frage aufgeworfen hat. Die Prüfung ist nicht schlimm. Das Gericht mag es aus dem Ärmel machen; das ist mir gleichgültig.

Staud: Dann würde der Einspruch unter den Voraussetzungen zulässig sein, unter welchen gegen ein erstinstanzliches Versäumnisurteil die Berufung zulässig wäre, wenn ein Wiedereinsetzungsgrund vorläge oder die Versäumnis hinreichend entschuldigt ist. Die Voraussetzungen sind etwas schärfer.

Jonas: Man muss es aufeinander abstimmen. Dass man den Einspruch erster Instanz an gewisse Voraussetzungen knüpft und den anderen an stärkere Voraussetzungen, geht nicht.

Staud: Ich würde für die erste Instanz auch die Komplikation mit der Entschuldigung und dergl. weglassen. Es führt nur zu einem Rattenkönig von Streitigkeiten darüber, was eine Entschuldigung ist, und das Verfahren wird nur aufgehalten. Bei wirklich säumigen Parteien führt der Einspruch erfahrungsgemäß zum zweiten Versäumnisurteil. Ich würde in der Berufung dieselben Voraussetzungen nehmen wie bei § b. Dann haben wir keine große und kleine Entschuldigung. Der Einspruch ist zulässig, aber nur unter der Voraussetzung des § b.

Jonas: Wir haben das Versäumnisverfahren ja nur sehr kursorisch durchgesprochen. Man denkt hier sehr an den Fall des Versäumnisurteils im ersten Termin. Aber dass dem Kläger, wenn der Beklagte im späteren Termin ausbleibt und ein Versäumnisurteil gegen ihn ergeht, noch immer die Möglichkeit des voraussetzungslosen Einspruchs gegeben sein soll, ist mir doch zweifelhaft.

Staud: Das halte ich für eine unnötige Komplikation. Die Gründe der Versäumnis können doch im ersten Termin genau dieselben sein wie in einem späteren Termin.

Pagenstecher: Ich wollte zu Satz 2 sprechen. Sie wissen, dass ich ein Gegner von § q bin. Da der leider existiert und womöglich noch verschärft wird, müssen wir uns damit abfinden. Nun finde ich, dass im Interesse eines einheitlichen Systems hier der Satz 2 nicht so bleiben kann. Da besteht eine Unstimmigkeit. Das möchte ich am folgenden Beispiel klarlegen. Der Kläger ist mit seiner Klage abgewiesen worden und hat Berufung eingelegt, so dass der Kläger auch zugleich Berufungskläger ist. Gleich im ersten Termin bleibt sein Anwalt infolge einer leichten Fahrlässigkeit aus. Er hat vielleicht am Abend vorher etwas getrunken und vergisst den Termin. Jetzt kann der Richter alle neuen Tatsachen, die der Kläger behauptet hat, ohne weiteres zulassen. Der ganze Apparat des § q fällt vollständig unter den Tisch. Der Richter braucht gar nicht zu prüfen, ob das neue Tatsachen sind, ob das Unterlassen des Vorbringens genügend entschuldigt ist.

Jonas: Wenn Sie das aus dem Satz 2 herauslesen, dann ist es missverständlich ausgedrückt. So ist es nicht gemeint.

Pagenstecher: Dann ist es gut. Ich hatte es so verstanden, dass es im Ermessen des Gerichts steht, ob es zulassen will.

Jonas: Nein, es ist gemeint, im Rahmen des § q.

Pagenstecher: Aber nun weiter! Also angenommen, es würde eine leichte Fahrlässigkeit des Anwalts vorliegen, und es ergeht daraufhin ein Verkündungsurteil. Es ist dann also gegen das Urteil nichts zu machen. Da finde ich es recht bitter, wenn durch eine leichte Fahrlässigkeit eine ganze Menge Tatsachen, die der Beklagte behauptet hat, ausgeschlossen sind unter der Behauptung, es sind neue Tatsachen, während der Kläger auf dem Standpunkt steht, es sind keine neuen Tatsachen, oder weil das Gericht sich auf den Standpunkt gestellt hat: Bei sorgfältiger Prozessführung hättest du das bei der ersten Instanz schon vorbringen müssen. Ich finde es bitter, dass durch eine einmalige leichte Fahrlässigkeit des Anwalts die Tatsachen ausgeschossen sind, während im anderen Fall, wenn er sie früher gehört hätte, er etwas dagegen hätte machen können.

Fischer: Sie setzen voraus, dass das Gericht ihn tatsächlich damit ausschließt. Wir wollen doch mal den Gang der Ereignisse uns vorstellen. Also es kommt nach Ihrer Meinung jetzt zum Termin. Im Termin erscheint der Berufungskläger nicht. Das Gericht muss nun erst einmal prüfen nach § q. Ich will mal den Fall ausschalten, dass das Gericht das Versäumnisurteil ergehen lässt. Es prüft also und sagt: Ich lege die Entscheidung in die Akten und setze Termin auf Verkündung des Urteils auf dann und dann an. Da könnte man Ihre Bedenken ausschalten, wenn das Gericht gleichzeitig seine Entscheidung über die Zurückweisung der Tatsachen durch Beschluss verkündet.

Pagenstecher: Wenn Sie den Behelf geben wollen! Dann würde ich es mir so vorstellen: Es wird der Beschluss dem Kläger zugestellt, und dann kann der Kläger das Gericht in diesem Falle anregen, den Beschluss zurückzunehmen.

Fischer: Das meine ich.

Pagenstecher: Dann müsste man eben klarstellen, dass das Gericht den unanfechtbaren Beschluss wieder ändern kann.

Fischer: Der Berufungskläger muss sich klarmachen, dass er sich anstrengen muss, den Termin wieder zu bekommen.

Staud: Es ist doch so bei der Unanfechtbarkeit: Wenn die Sache in die Revisionsinstanz kommt, kann die Revisionsinstanz nicht sagen, ich ändere das Urteil ab, weil hier etwas zugelassen ist, was nicht zugelassen werden durfte.

Die weitere Erörterung dieser Frage führt zu dem Ergebnis, das der *Vorsitzende* dahin zusammenfasst: „Wenn nur der Berufungsbeklagte säumig ist – Entscheidung nach Lage der Akten; ist nur der Berufungskläger säumig – Versäumnisurteil mit Einspruch, wobei auf die Beschränkung des Einspruchs kein Gewicht gelegt wird. Wenn beide säumig sind, ist die Lage so, als ob der Kläger ausbleibt.“

Der Ausschuss wendet sich dann noch der Besprechung über die Vorbereitung der nächsten Sitzung zu, und zwar der *Wiederaufnahme.*

Staud: Der Ausgangspunkt unserer Überlegung war, dass wir die Wiederaufnahme propter noviter reperta erweitern wollten, und zwar aufgrund des Bedürfnisses und auch mit Rücksicht auf die etwas starrere Regelung des Berufungsverfahrens. Dann war die Rede davon, ob wir nicht der Wiederaufnahme propter noviter reperta ein schärferes Ziel vorschreiben wollen, nicht die bloße Erschütterung des früher ergangenen Urteils, sondern den Nachweis, dass das frühere Urteil falsch ist. Damals hat gerade Herr Pagenstecher diesen Vorschlag begrüßt. Nehmen Sie folgenden Fall: Jemand hat in einem früheren Prozess eine Zahlung durch Zeugen bewiesen, und daraufhin ist die Klage abgewiesen worden. Jetzt kommt der Kläger und bringt neue Beweismittel nach ein oder zwei Jahren, Papiere, Zeugen, aus denen er darlegen will, dass doch nicht bezahlt worden ist. Das Gericht kommt jetzt im Zusammenhalt mit den alten Beweismitteln zu dem Ergebnis: Wir haben nicht mehr die Überzeugung, dass bezahlt worden ist, unsere Überzeugung ist erschüttert worden; freilich habe ich die Überzeugung, dass nicht bezahlt worden ist, auch nicht gewinnen können. – Das würde nach heutigem Recht ausreichen, um im Wiederaufnahmeverfahren das frühere Urteil zu Fall zu bringen. Nun geht meine Meinung dahin: Das darf nicht ausreichen. Die Wiederaufnahme muss zu einer Widerlegung des früheren Beweises führen.

Jonas: Wenn die neuen Beweismittel nun versagen und die Zeugen überhaupt nicht aussagen, so ist vom iudicium recessorium überhaupt kein Raum.

Staud: Das gehört nicht hierher, sondern betrifft die Verfahrenssache. Hier handelt es sich lediglich um die Frage: In welchem Maße und in welcher Richtung will man sich die Erweiterung der Wiederaufnahme vorstellen? Wenn ich z.B. nachweise, dass ein früherer Zeuge einen Meineid geschworen hat, so ist das ein absoluter Wideraufnahmegrund, dann findet der Prozess von neuem statt, und das Gericht mag darüber befinden, ob es dem Zeugen glaubt oder nicht.

Nach weiterer Aussprache beschließt der Ausschuss, die nächste Sitzung in der am 15. März beginnenden Woche abzuhalten.

(Schluss der Sitzung 13 Uhr)

XI. Sitzungen des Unterausschusses vom 20.-22.3.1941

Tagesordnung: Abschließende Beratung über die in den letzten Sitzungen behandelten Fragen: 1. Zurückverweisung verspäteten Vorbringens in erster Instanz. – 2. Rechtsmittel, insbesondere Berufung und Revision. – 3. Wiederaufnahme des Verfahrens.

1. Protokoll der Sitzung vom 20.3.1941 (Berufung)

(Beginn der Sitzung 10 Uhr)

Vorsitzender Ministerialdirektor Dr. Volkmar: Bei der letzten Sitzung bin ich nicht anwesend gewesen. Ich habe aber anschauliche Berichte von Herrn Staud und Herrn Stagel bekommen. Herr Staud hat sich die Mühe gemacht, nach dem Manuskript des Jonasschen Entwurfs und nach den Ergebnissen der Beratungen etwas Abschließendes fertigzubringen. Es wird sich vielleicht nicht empfehlen, jetzt irgendeine Generaldebatte anzufangen, sondern es dürfte zweckmäßig sein, gleich auf die einzelnen Probleme einzugehen. Da wäre das erste Problem: Welche Entscheidungen sollen berufungsfähig sein? Diese Frage ist in § a der Fassung [Entwurf nicht überliefert; vgl. unten die Übersicht], die Ihnen vorliegt, geregelt. Die erste Neuerung ist, dass die Berufungsgrenze nicht mehr abhängig gemacht wird von der Schätzung des Beschwerdegegenstandes, die das Berufungsgericht selbst vorzunehmen hat, sondern es wird wie im arbeitsgerichtlichen Verfahren auf den im Urteil selbst festgesetzten Wert des Streitgegenstandes abgestellt. Das bezieht sich auf vermögensrechtliche Streitigkeiten. In allen nicht vermögensrechtlichen Streitigkeiten soll die Berufung nach wie vor unbeschränkt zulässig sein, und es soll auch dann die Berufung in vermögensrechtlichen Streitigkeiten ohne Rücksicht auf den Wert zulässig sein, wenn für den geltend gemachten Anspruch das Landgericht gesetzlich ausschließlich zuständig ist.

Staud: Es ist den Herren bekannt, dass das Reichsverwaltungsgericht immer als drohendes Gespenst am Himmel stand. Solange ich im Ministerium bin, ist über das Reichsverwaltungsgericht verhandelt worden, und es ist noch nie etwas geworden. Ich dachte, es würde nun auch nichts werden. Aber nun ist eine besondere Ursache hinzugekommen, und Hals über Kopf ist ein Entwurf über die Einführung des Reichsverwaltungsgerichts zur Beratung gestellt worden. Es ist wohl anzunehmen, dass dieser Entwurf in kürzester Zeit Gesetz [RGBl. I 1941, 201] wird.

Furler: Dann kommen ja dahin auch die beamtenrechtlichen und vermögensrechtlichen Fragen usw.

Vorsitzender: Dann wird wohl kaum etwas übrigbleiben.

Furler: Was ist da die erste Instanz? Ist das Reichsverwaltungsgericht erste und letzte Instanz?

Staud: Nein, ich glaube, da kommt noch ein Zusatz. Das Reichsverwaltungsgericht ist nur die oberste Instanz.

Vorsitzender: Wie beim Reichswirtschaftsgericht wird es auch beim Reichsverwaltungsgericht sein; es entscheidet als einzige Instanz; denn, wenn ich nicht irre, steht im Beamtengesetz, dass diese Ansprüche an das Reichsverwaltungsgericht gehen. Sobald das Reichsverwaltungsgericht errichtet ist, gehören diese Ansprüche zu seiner Zuständigkeit. Das ist aber Nebensache. Vorläufig können wir die vorgesehene Fassung ruhig bestehen lassen. Alles andere wird sich dann von selbst ergeben. Hierbei ist nun auffällig, dass die Unzulässigkeit des Rechtsweges herausgelassen ist.

Lent: Da hat man gesagt, dass es sich doch um kleine Gegenstände handle, die an das Landgericht gingen, und dass die grundsätzliche Bedeutung von Landgerichtsentscheidungen so minimal sei, dass es sich nicht lohne, eine Bestimmung darüber aufzunehmen. Wir haben überlegt, ob man nicht die Berufung an das Oberlandesgericht ergehen lassen solle.

Vorsitzender: Aber wir könnten sagen: Es droht wenigstens die Nachprüfung.

Lent: Bedenken bestanden an sich sonst nicht.

Staud: Es wird auch diese Sache mit der ausschließlichen Zuständigkeit des Landgerichts gegenstandslos werden. Dann würde es noch bestechender sein, die Unzulässigkeit des Rechtsweges vorzusehen. Dann kann jeder dem Urteil ohne weiteres ansehen, ob es rechtskräftig ist oder nicht. Jede andere Regelung, die eine grundsätzliche Berufung zulässt, sei es wegen ausschließlicher Zuständigkeit des Landgerichts, sei es wegen Unzulässigkeit des Rechtsweges, hat das Missliche, dass wegen dieser paar Dinge, die im Verhältnis von 1:1000 oder 1:10.000 stehen, ohne Not der Ablauf der Berufungsfrist abgewartet werden muss, so dass ich nie sagen kann: Ein Urteil ist mit der Verkündung rechtskräftig. Die Sache trifft auch bei allen Amtsgerichtsurteilen zu, da sie keine Schiedsurteile sind. Sie sind nicht mit der Verkündung rechtskräftig. Also wenn die Sache mit der ausschließlichen Zuständigkeit des Landgerichts künftig entbehrt werden kann, ist es noch bestechender, auf diese Finesse mit der Unzulässigkeit des Rechtsweges zu verzichten. Bei den Landgerichtsurteilen wird es kaum vorkommen. Für den Fall, dass da etwas passiert, gibt es vielleicht künftig ähnliche Mittel auf dem Wege des österreichischen § 42 über die Nichtigkeitsbeschwerde usw. Ich glaube, dass man die Frage, ob man später die Unzulässigkeit des Rechtsweges als besonderen Berufungsgrund noch braucht, eigentlich davon abhängig machen muss, ob nach dem sonstigen Stande des Rechts es so ist.

Vorsitzender: Dann müssten wir also die Vorschriften über das rechtskräftige Attest noch abändern und sagen, dass die Rechtskraft ohne weiteres gegeben ist.

Staud: Wenn unsere Fassung so lauten würde: „Die Endurteile des ersten Rechtszuges unterliegen der Berufung, in vermögensrechtlichen Streitigkeiten, wenn der in dem Urteil festgesetzte Wert des Streitgegenstandes 200 RM übersteigt, ferner in allen nicht vermögensrechtlichen Streitigkeiten“, dann ergibt sich die Frage: Kann der Urkundsbeamte, wenn er das Rechtskraftzeugnis erteilen soll, der Sache ohne weiteres ansehen: a) ist es eine Sache, in der der Wert des Streitgegenstandes 200 RM nicht übersteigt, b) ist es eine nicht vermögensrechtliche Streitigkeit, oder ist es eine vermögensrechtliche Streitigkeit? Das ist mir offen gestanden zweifelhaft; denn da gehen die Meinungen auch sehr oft auseinander. Wir müssten wohl auf eine Vereinfachung kommen, die die Entscheidung ermöglicht. Das Gericht muss zu der Frage indirekt schon Stellung nehmen, nämlich bei der Frage: Soll es vorläufig für vollstreckbar erklären? Nehmen wir an, das Gericht erklärt ein Urteil für vorläufig vollstreckbar – auch wenn es selten zu einer Berufung kommt, selbst bei Unzulässigkeit des Rechtsweges –; das Gericht sagt aber: Ich erkläre das Urteil für vorläufig vollstreckbar; denn es könnte eine Berufung oder eine Revision darauf gestützt werden; ich kann also nicht auf Vollstreckbarkeit verzichten, da ich nicht weiß, ob das Urteil mit der Verkündung rechtskräftig wird. Praktisch ist es mit der Verkündung rechtskräftig; aber absolut sind mit der Verkündung bei uns ja nur die landgerichtlichen Berufungsurteile rechtskräftig, weil da ein Rechtsmittel überhaupt ausgeschlossen ist, ferner die amtsgerichtlichen Schiedsurteile, weil es im Gesetz heißt: sie unterliegen nicht der Berufung, worauf auch immer die Berufung gestützt sein mag. Bei der Fülle von Urteilen, die im Übrigen die Berufungsgrenze nicht erreichen, oder bei der Fülle von oberlandesgerichtlichen Urteilen, die die Revisionssumme nicht erreichen, bleibt die Sache immer unklar. Infolgedessen ist es gerichtlich unmöglich, das Urteil für vorläufig vollstreckbar zu erklären, obwohl das Urteil praktisch einem rechtskräftigen Urteil schon gleich steht. Auch das müsste man technisch vereinfachen. Man könnte daran denken, dass dann, wenn in solchen Fällen das Gericht eine vorläufige Vollstreckbarkeit nicht ausgesprochen hat, das Rechtskraftzeugnis schon zu erteilen ist. (*Volkmar:* Das ist mir doch zweifelhaft!) Wie es jetzt vorgeschlagen ist, ist praktisch nichts damit gewonnen. Wenn wir sagen: wir wollen auf die ausschließliche Zuständigkeit des Rechtsweges verzichten, um das Urteil möglichst schnell mit Rechtskraft auszufertigen, also vollstreckungsfähig zu machen, dann müssen wir natürlich einen erleichterten Weg suchen, der es auch dem Urkundsbeamten möglich macht, das von vornherein zu erkennen. Die Sache wird ihm schon wesentlich erleichtert, wenn er nur noch die zwei Arten zu berücksichtigen hat, vermögensrechtliche Streitigkeiten, wenn der Wert des Streitgegenstandes eine bestimmte Summe nicht übersteigt, und nicht vermögensrechtliche Streitigkeiten.

Stagel: Wir könnten das zum mindesten für alle amtsgerichtlichen Sachen festlegen, wenn man den zweiten Satz über die ausschließliche Zuständigkeit des Landgerichts so fasst, dass er nur die beim Landgericht anhängigen Sachen betrifft.

Staud: Das mag sein. Wir wollen ja die Berufung gegen die amtsgerichtlichen Urteile gerade auch deshalb haben, dass man nicht mit allen Sachen an das Landgericht gehen muss. Ich weiß nicht, ob man dann, wenn es sich um minimale Beträge handelt, eine Berufung eröffnen muss.

Vorsitzender: Für Ansprüche, welche aufgrund des Reichsbeamtengesetzes gegen den Reichsfiskus erhoben werden, und für Ansprüche gegen Reichsbeamte wegen Überschreitung ihrer amtlichen Befugnisse oder wegen pflichtmäßigen Unterlassens einer Handlung ist auch das Reichsverwaltungsgericht zuständig.

Staud: Ich würde an und für sich kein Bedenken dagegen sehen, dass man das ruhig dem Urkundsbeamten überlässt.

Vorsitzender: Also nicht vermögensrechtliche Streitigkeiten gehören auch zur Zuständigkeit der Landgerichte.

Staud: Ja! Das schließt aber nicht aus, dass das Amtsgericht auch Urteile in vermögensrechtlichen Streitigkeiten macht und dass man deswegen die Berufung nötig hat. Also mit einer Sonderregelung für die Amtsgerichte ist nichts gewonnen; denn alles das kann beim Amtsgericht kaum vorkommen.

Furler: Man könnte sagen: Wenn es beim Amtsgericht vorkommt, ist es keine Berufungssache.

Staud: Nein, da möchte ich doch die Berufung haben. Es fragt sich, welchen technischen Weg man geht, um die Urteile mit Rechtskraftzeugnis zu beschleunigen. Nun könnte man sagen: Man überlässt die Prüfung dem Urkundsbeamten. Was kann da groß passieren, wenn der Urkundsbeamte völlig selbständig verfährt? Er überlegt sich Folgendes: Die Sache ist unter 200 RM; das ersehe ich aus dem Beschluss des Gerichts. Wenn er einen Grenzfall hat – es ist vielleicht eine Schadenersatzklage oder eine Klage wegen übler Nachrede, also nicht eine vermögensrechtliche Streitigkeit –, wenn er sich irrig auf den Standpunkt stellt, es sei eine vermögensrechtliche Sache, während es in Wirklichkeit eine nicht vermögensrechtliche Sache ist, dann gibt er vielleicht das Rechtskraftzeugnis.

Vorsitzender: Eine Schadenersatzklage wegen Beleidigung ist auch vermögensrechtlich.

Furler: Die Berufung ist zweifellos zulässig.

Staud: An der Zulässigkeit der Berufung ändert das nichts. Wenn der Urkundsbeamte das Rechtskraftzeugnis zu Unrecht erteilt, gibt es die Berufung an das Gericht. Das ist m.E. eine Sache, die in die Geschäftsanweisung für die Gerichtsschreiberei gehört, wo gesagt wird: Ihr habt das zu prüfen und in Zweifelsfällen den Richter zu fragen. Der Urkundsbeamte könnte vielleicht von dem Rechtskraftzeugnis da absehen, wo nachweislich nach seiner Prüfung die Voraussetzungen der Berufung überhaupt nicht gegeben sind.

Vorsitzender: Dann lassen wir die Unzulässigkeit des Rechtsweges unbekümmert fort und überlassen es dem Innenminister, dagegen Sturm zu laufen und die Unzulässigkeit des Rechtsweges herbeizuführen.

Nun käme noch in Betracht, wenn man das schon macht, dass man also nicht mehr auf den Beschwerdegegenstand abstellt, sondern auf den Streitgegenstand, ob man das Verfahren nun nicht auch in anderen Punkten dem arbeitsgerichtlichen Verfahren annähert, d.h. die Zulassung der Berufung gibt. Davon hat der Entwurf abgesehen, obwohl er beim Reichsgericht die Revision ermöglicht, soweit sich diese hinkende Gestaltung des Verfahrens rechtfertigt.

Lent: Da hat man gemeint, dass die Zulassung einer Berufung vom Amtsgericht an das Landgericht keine rechtliche Bedeutung für die Rechtsprechung im Ganzen habe.

Staud: Die landgerichtlichen Urteile werden ja künftig auf den Streitgegenstand und nicht auf den Beschwerdegegenstand abgestellt sein und der Berufung stets unterliegen; denn die Berufungsgrenze wird sicher stets niedriger sein als die Grenze der landgerichtlichen Zuständigkeit. Also das Landgericht wird alle vermögensrechtlichen Sachen haben, wenn ich von den Fällen der Provokation absehe, die nicht schutzbedürftig sind; es wird die vermögensrechtlichen Sachen mit einem Streitwert bis zu 1000 oder 1500 Mark haben. Diese Sachen sind also ohne weiteres berufungsfähig. Bleiben die amtsgerichtlichen Sachen. Da haben Sie, Herr Professor, schon hervorgehoben, dass mit der Tätigkeit des Landgerichts im Allgemeinen nicht allzu viel gewonnen ist, da die Qualität der Landgerichte die der Amtsgerichte nicht in einem Maße überragt, dass ein sonderliches Interesse besteht. Aber auch der Einfluss der landgerichtlichen Rechtsprechung auf die Einheitlichkeit der Rechtsentwicklung ist gleich Null. Dieses Bedenken kommt aber hinzu. Der Ausspruch über die Zulassung hat doch nur Wert in der Hand eines Gremiums, welches eine gewisse Qualifikation besitzt und auch die Rechtsmaterie, die Rechtsprechung kennt. Beim Oberlandesgerichtssenat ist dies der Fall. Der Senat des Oberlandesgerichts kennt die Rechtsprechung des Reichsgerichts oder sollte sie wenigstens kennen. Ein Arbeitsrichter kennt auf seinem begrenzten Rechtsgebiet der Arbeitsrechtspflege auch die Rechtsprechung des Reichsarbeitsgerichts und der Landesarbeitsgerichte. Die Richter, die in Arbeitssachen beschäftigt sind, sind meistens Leute, die dazu ausgesucht worden sind, die sich durch ihr Interesse und ihre Befähigung für dieses Rechtsgebiet ausgezeichnet haben. Sie behalten auch diese Tätigkeit jahrelang und beherrschen das Rechtsgebiet. Aber ein Amtsrichter ist doch meistens gar nicht in der Lage, einer Sache anzusehen, ob sie von grundsätzlicher Bedeutung ist. Noch weniger ist er in der Lage, einer Entscheidung anzusehen, ob sie von der herrschenden Rechtsprechung abweicht oder nicht. Hinzu kommt, dass die Amtsgerichte die Zulassung verschieden handhaben. Das ist ein mehr verwaltungsmäßiger Gedanke. Es hängt eigentlich von der Zulassungsfreudigkeit der einzelnen Amtsrichter ab, wie die Entscheidung fällt. Wir werden Bezirke haben, wo alle Amtsrichter grundsätzlich sagen: „Ich will die Verantwortung nicht übernehmen, will keine Beschwerde bekommen; ich lasse stets zu.“ Wir werden andere Gegenden haben, in denen die Amtsrichter sagen: „Ich lasse erst recht nicht zu; ich lasse dann nicht zu, wenn ich befürchten muss, dass mein Urteil abgeändert wird.“ Das sind doch immerhin Gedanken, die damals für die Fassung, wie wir sie jetzt haben, ausschlaggebend gewesen sind. In dem ursprünglichen Jonasschen Entwurf war es darin. Nun meine ich mich zu erinnern, dass auch in diesem Punkt Herr Jonas auf unserer Seite war. Was man als widersinnig empfinden könnte, wäre vielleicht, dass man sagt: Die Revision wird von der Zulassung abhängig gemacht; die Zulassung der Revision kann ich indirekt damit abschneiden, dass ich vorher die Berufung nicht zulassen. Dieses Argument würde ziehen, wenn die ganze Sache Landgerichtssache bleiben würde. Aber diese Landgerichtssachen kommen nicht dazu, nachher auf ihre Revisionswürdigkeit geprüft zu werden.

Lent: Wenn man überlegt, ob in diesen Fällen die Berufungen an das Oberlandesgericht gehen soll, so muss man sagen: Das würde unpraktisch sein. Wir haben damals nach allen Seiten die Frage erörtert, ob eine Möglichkeit wäre, der Sache eine praktische Bedeutung zu geben. Aber das ist eigentlich auch gescheitert.

Furler: Man hat auch auf den Unterschied abgehoben, der darin besteht, dass dieser typisch arbeitsgerichtliche Streit grundsätzlicher Art mit keinem Streitwert bei einem Zivilgericht nicht vorkommt. Streitigkeiten über die Auslegung der Tarifordnung u.Ä. gibt es da kaum. Das Einzige, was Herr Jonas vorbrachte, waren die Beamtenfragen, die sowieso wegfallen.

Staud: Das Ganze hätte Zweck, wenn wir den Justizaufbau derart hätten, dass die Berufung auf die arbeitsgerichtlichen Urteile an die Oberlandesgerichte ginge. Das wäre eine Vereinfachung. Früher bestand ja die Möglichkeit, auch einmal an das Reichsgericht mit Fragen der Jurisprudenz des täglichen Lebens heranzukommen. Diesen Zustand haben wir nicht mehr. Das ist eine der Lichtseiten der damaligen Regelung. Wenn wir das jetzt hätten, würde ich sagen: es geht. Aber so ist es etwas inkongruent.

Vorsitzender: Ich bin auch nicht traurig darüber, dass wir das nicht mehr haben, seitdem ich die Entscheidung eines Kammergerichts in Mietsachen gesehen habe, die derart fürchterlich war, dass ich mir sagte: Irgendeine Mietkammer irgendeines Landgerichts würde dieses Urteil nicht gemacht haben.

Also dann würde es so bleiben können. Wir haben nun eine Schwierigkeit, die sich bei arbeitsgerichtlichen Sachen ergibt, beseitigt. In diesen arbeitsgerichtlichen Sachen kann eine Berufung, abgesehen von der Zulassung, nur stattfinden, wenn der im Urteil festgestellte Wert des Streitgegenstandes 300 RM übersteigt. Nun gibt es immer noch Arbeitsgerichte, die es unterlassen, den Wert des Streitgegenstandes festzustellen. In der Theorie hat man – ich habe ja selber auch geforscht und in meinem Kommentar Ausführungen dazu gemacht – folgenden Standpunkt eingenommen: Selbstverständlich kann man nach § 319 das Urteil im Wege der Berichtigung ändern; das setzt aber voraus, dass der Richter mit gutem Gewissen sagen kann: Ich hatte vor, den Wert des Streitgegenstandes so und so festzustellen, durch einen unglücklichen Zufall ist es unterblieben, in den Tenor und in den Gründen des Urteils das aufzunehmen. Wenn das nicht der Fall war, dann gab es keine Möglichkeit einer nachträglichen Feststellung des Streitwerts im arbeitsgerichtlichen Verfahren, wobei insbesondere die Vorschriften über die Ergänzung des Urteils (§ 321) in Frage kamen. Es würde mir richtig erscheinen, den Wert der [durch] Ergänzung des Urteils vorzusehen, und man würde das am besten hier hineinschreiben. Es steht vorläufig darin. Damit ist gesagt: Man hat das vor. Man würde aber bei § 321 sagen müssen: Wird der Kostenpunkt oder die Festsetzung des Streitwertes übergangen, dann kann das nachträglich gemacht werden. Das wäre alles, was zu § a zu sagen wäre.

Dann kommt *§ b,* der grundsätzlich dieselbe Frage betrifft, nämlich die Zulässigkeit der Berufung. § b, der von der Anfechtung von Versäumnisurteilen spricht, entspricht ja dem geltenden Recht mit der einen Ausnahme, dass das, was mühsam durch die Rechtsprechung hervorgebracht worden ist, nun gleich in vereinfachter Form in das Gesetz hineingebracht wird. Also ein Versäumnisurteil soll der Berufung, wenn der Einspruch nicht zulässig ist, insoweit unterliegen, als sie darauf gestützt wird, dass eine Versäumung nicht vorlag oder die Versäumung unverschuldet war. Dagegen sind wohl keine Bedenken. – Dann können wir auch § b als gesichert in die Scheuer bringen.

Nun hatte ich mir notiert, dass es sich empfehlen würde, hier gleich *§ n* zu erörtern. Ich weiß nicht, warum § n so weit hinten steht. Er gehört eigentlich hierher.

Staud: Sollten wir nicht überlegen, ob nicht § b ebenso fehl am Platze steht, ob man also nicht lieber § b hinter § c stellt; denn hinter § a erwartet man doch eigentlich § c!

Vorsitzender: Nein! An erster Stelle will ich doch erschöpfend wissen: Wann ist die Berufung zulässig? § a betrifft das Endurteil. Zum Endurteil gehören auch Versäumnisurteile. Diese Ausnahme muss gleich gemacht werden. Also ich würde gleich hinter § b § n setzen, wie es heute auch der Fall ist. Was soll nun in § n heißen: „als es sich um die zwischenstaatliche Zuständigkeit handelt"? Ich nehme an, es ist etwas sehr Kluges und Wohldurchdachtes. Aber ich muss zu meiner Schande gestehen, dass ich törichter bin als der Feld-, Wald- und Wiesenamtsrichter, dem wir ja zumuten künftig das zu verstehen; aber ich nehme an, dass andere Herren es verstanden haben.

Lent: Wir haben uns in diesem Spezialpunkt alle auf Herrn Pagenstecher verlassen.

Furler: Diese Bestimmung hat den Grund, dass nach internationalem Prozessrecht ein deutsches Gericht eben nicht zuständig ist, einen Antrag auf Berufung geltend zu machen. Zum Beispiel Karlsruhe ist nicht zuständig, sondern Bern. Man kann nicht durch eine Einschränkung der Berufungsmöglichkeit gewissermaßen den Ausländer vor das deutsche Gericht zwingen.

Lent: Es handelt sich nicht um die örtliche Unzuständigkeit, sondern es ist eine Begrenzung der deutschen Gerichtsbarkeit überhaupt.

Stagel: Der Ausländer kann der deutschen Gerichtsbarkeit an sich unterliegen; aber die Zuständigkeit muss irgendwie eingeschränkt werden.

Vorsitzender: Dann müssten wir sagen: „... kann das Urteil nur insoweit angefochten werden, als das Gericht eines anderen Staates oder Landes zuständig ist".

Furler: So wäre es richtiger gefasst, indem man sagt: Das Gericht wäre nach zwischenstaatlicher Zuständigkeitsnorm nicht zuständig gewesen, sondern ein ausländisches Gericht. So habe ich es verstanden.

Stagel: Würde es nicht genügen, wenn man sagte, dass ein inländisches Gericht nicht zuständig sei?

Vorsitzender: Man könnte vielleicht sagen: „... als geltend gemacht wird, dass ein ausländisches Gericht zuständig gewesen sei".

Furler: Dann würde ich vorschlagen zu sagen: „kann das Urteil nur deshalb angefochten werden, weil ein deutsches Gericht nicht zuständig war".

Staud: Wie wäre es, wenn wir die Fassung wählten, die Herr Pagenstecher vorschlug?

Stagel: Herr Pagenstecher unterschied nur zwischen staatlicher Zuständigkeit und Mangel der inländischen Gerichtsbarkeit. Das braucht aber nicht gegeben zu sein.

Vorsitzender: Wir können es ihm ja einmal vorschlagen. Dann kann er uns in einem Schriftsatz widersprechen oder zustimmen. Was Herr Pagenstecher vorgeschlagen hat, ist eigentlich die Begründung und nicht ein brauchbarer Text.

Furler: In dem Vorschlag Pagenstecher heißt es: Berufung soll möglich sein, wenn es sich um die Zulässigkeit des Rechtsweges oder die zwischenstaatliche Zuständigkeit und um die Grenze der deutschen Gerichtsbarkeit handelt.

Stagel: Diese Fassung umfasst ja alles. Sie umfasst sowohl die Gerichtsbarkeit als auch die internationale Unzuständigkeit.

Lent: Das ist etwas, was Herr Pagenstecher bemängeln würde. Die ausländische Zuständigkeit bezieht sich nicht auf Urteile der deutschen Gerichtsbarkeit.

Vorsitzender: Wir wollen § n vorläufig einmal so formulieren, wie er vorgesehen ist. Jedenfalls geht meine Empfindung dahin, dass wir § n gleich hier § b bringen müssen.

Zu einer anderen Frage wäre Herr Pagenstecher auch Spezialist gewesen, nämlich zu der Frage der materiellen und formellen Beschwerde. Da wollten verschiedene Herren Doktorarbeiten durchstudieren.

Lent: Ich habe das getan. Ich möchte aber nicht in Abwesenheit des Herrn Pagenstecher darüber sprechen. Die Sache hat etwas für sich.

Staud: Vielleicht könnten wir diese Bestimmung als Abs. 2 zu § c bringen.

Lent: Ich bin noch nicht so weit gekommen, dass ich selber etwas vorschlagen könnte.

Vorsitzender: § m könnte man vielleicht auch hier gleich anfügen.

Staud: Das hat doch nichts mit der Zulässigkeit der Berufung zu tun, sondern hängt mit dem Umfang der Nachprüfung zusammen. Ich würde vorschlagen, diesen Paragraphen unter § c zu bringen.

Vors.: Meinetwegen auch zu § e. Jedenfalls hätte ich ihn gern hier vorn. Mit § c haben Sie nun den großen Schritt vorwärts getan, den ich bisher immer vergebens tun zu können hoffte und im Entwurf von 1931 noch nicht tun konnte. Es handelt sich hier um den ersten Satz des § 529. In dem Entwurf der Zivilprozessnovelle von 1924 war natürlich der erste Satz des § 529 [bei *W. Schubert,* Zivilprozessreform in der Weimarer Zeit, 2005, 32] mit darin. Aber das war der Preis, um die Zustimmung des RT-Ausschusses zu bekommen. Der grundsätzliche Ausspruch wird jedenfalls nun endlich beseitigt zugunsten der herrschenden Berufung. Damit wird zum Ausdruck gebracht, dass die Berufung künftig eine deutsche Berufung sein soll. Ich darf selbst auf die Gefahr hin, von den Herren Professoren ausgelacht zu werden, einmal rekapitulieren, wie sich in meinem einfachen Verstand die Sache festgesetzt hat. Die germanische Berufung ist immer eine unterstellte gewesen. Der Berufungsrichter war nämlich dazu da, nachzuprüfen: Hat der erste Richter es richtig gemacht? Ganz anders war die romanische Berufung, und zwar hatte das, wie ich mir einbilde, einen historischen Grund. Wir hatten ja im alten Rom zurzeit des klassischen Zivilrechts den Judex, den Laienrichter, und was er entschied, war eben gültig, weil man damals die Idee hatte: Über einen Laien kann man keinen Oberlaien setzen. Damit war es aus. Als dann die Kaiserzeit kam, entstand natürlich das Bedürfnis, Urteile abändern zu können, und dann setzten die Kaiser ihre Beamtengerichte ein. Diese Beamtengerichte konnten nun nicht mehr lediglich sagen: „Das Urteil ist richtig", obwohl es der genauen Begründung usw. entbehrte, sondern es blieb nur übrig, durch ein Beamtengericht ein novum iudicium zu eröffnen. So ist die römischrechtliche Berufung, das novum iudicium entstanden, und je nach dem Einfluss, den das römische Recht, das römische Wesen auf die einzelnen deutschen Landesrechte hatte, wurde in den einzelnen Ländern die römische Berufung als novum iudicium eingeführt, so z.B. in der ZPO von 1879, während das glücklichere Österreich sich die germanische Berufung erhalten hat. In der Schweiz ist es in den einzelnen Kantonen merkwürdigerweise verschieden. Es ist mir immer noch in erschütternder Erinnerung ein Buch von [Andreas] Heusler über die Berufung, in dem dieser tüchtige Mann, von seinem Kanton ausgehend, sagt, es wäre doch absurd, in der Berufungsinstanz neue Tatsachen zuzulassen; denn im Wesen der Berufung liege es ja gerade, dass nachgeprüft werden soll, ob das erste Gericht richtig entschieden hat, während Sie von dem Rechtskreis, in den nun einmal die deutsche ZPO hineingerutscht ist, mit derselben Emphase immer hören können: Es ist ja auch Berufung, wenn man keine neuen Tatsachen beibringen kann. Es ist ja nun das Wesen der Berufung, neue Tatsachen hervorzuzaubern. Ich weiß nicht, ob Sie sagen: Das ist Kitsch, das hält wissenschaftlicher Nachprüfung nicht stand. Jedenfalls hat sich in meinem Kopf das Problem so dargestellt. Also man wird von vornherein die Idee aufgeben müssen, etwa durch sorgfältiges Erforschen von Zweck und Wesen der Berufung herauszukriegen, ob die Nova zuzulassen sind oder nicht; denn das ist historisch bedingt. Es gibt einen Rechtskreis, in dem es ebenso unsinnig erscheint, neue Tatsachen in der Berufung einzuführen, wie es umgekehrt einen Rechtskreis gibt, in dem die Berufung als novum iudicium eine Selbstverständlichkeit ist. Hier begrüße ich es auf das Wärmste, dass der Ausschuss sich entschlossen hat, sich auch grundsätzlich zur deutschrechtlichen Berufung zu bekennen, indem hier gesagt wird: „Die Berufung dient der Überprüfung der Entscheidung des ersten Rechtszuges in rechtlicher und tatsächlicher Hinsicht." Nun ist die Sache im österr. Recht damit fertig, dass gesagt wird: Neue Tatsachen können überhaupt nicht vorgebracht werden. Dafür haben wir aber in Österreich die Wiedereinsetzung in den vorigen Stand wegen neuer Tatsachen, die inzwischen ja nur entstanden oder bekanntgeworden sind.

Stagel: Auch bekannt geworden sind, die vorzubringen die erste Instanz nicht in der Lage war!

Vorsitzender: Den Umweg, dass nun erst ein Wiederaufnahmeverfahren nötig ist, wollen wir vermeiden und in einem vereinfachten Verfahren solche neuen Tatsachen zulassen, die in Österreich die Wiederaufnahme des Verfahrens ermöglichen. Das ist der Sinn des Abs. 2. Die Ausfüllung dieses Blanketts finden wir nachher in § q. Zur Formulierung des Abs. 2 hätte ich nur noch Folgendes zu sagen. Wenn es in Abs. 2 heißt: „Die Parteien können ihr Vorbringen nur nach Maßgabe dieses Abschnittes ergänzen und abändern", so klingt das etwas doppelsinnig. Man kann das auch auf das Vorbringen innerhalb der Berufungsinstanz beziehen, während doch wohl abgestellt ist auf das Verhältnis von erster und zweiter Instanz. Man müsste das deutlicher machen, indem man sagt: „Die Parteien können in der Berufungsinstanz ihr früheres Vorbringen nur nach Maßgabe der Vorschriften dieses Abschnittes ergänzen und abändern." Nun ist mir zweifelhaft, ob der letzte Satz an der richtigen Stelle steht. Es sieht nämlich beinahe so aus, als ob er maßgebend ist für die Entscheidung, ob neues Vorbringen zugelassen wird. Das ist doch aber nicht der Sinn. Würde dieser Satz nicht besser vorne im ersten Satz stehen?

Staud: Oder wollen wir die Absätze 2 und 1 vertauschen?

Vorsitzender: Das geht auch.

Singer: Vielleicht machen wir drei Absätze!

Lent: Aber die Verhältnisse, die am Schluss maßgebend sind, können auch nur im Prozess gelten und beim Vorbringen der Parteien. Die Parteien müssen vorbringen, dass sich die Lage geändert hat. (*Staud:* Das können Sie ohne weiteres!) Das muss aber gesagt werden.

Staud: Das ist eine Abänderung. Es handelt sich hier um ein Vorbringen, welches die Parteien in erster Instanz noch nicht geltend machen konnten. Es brauchen nicht Verhältnisse zu sein, die sich seit der ersten Instanz geändert haben. Die Verhältnisse können dieselben geblieben sein. Maßgebend sind die Verhältnisse der letzten mündlichen Verhandlung in der Berufungsinstanz; aber diese Verhältnisse können von den Parteien nach Maßgabe der Bestimmungen dieses Abschnitts vorgebracht werden, namentlich wenn es Verhältnisse sind, die tatsächlich auch schon in der ersten Instanz bestanden haben, können die Parteien sie jetzt nur dann noch vorbringen, wenn sie in der ersten Instanz zu diesem Vorbringen außerstande gewesen sind. So wird die Bestimmung zu verstehen sein; jedenfalls habe ich sie so verstanden.

Furler: Wie es jetzt da steht, wirkt es als Abschwächung des ersten Satzes.

Vorsitzender: Dann wäre es doch vielleicht besser, wir bringen es vorne hin.

Furler: An sich ist es selbstverständlich. Ich würde es weglassen.

Stagel: Es ist ein Grundsatz des österreichischen Rechts, dass der Streitpunkt am Schluss der mündlichen Verhandlung ausführlich vorgebracht sein muss.

Staud: Wir sprechen von den Wirkungen. Die Entscheidung war damals, als sie am 11.3. erging, richtig; denn sie entsprach dem damals geltenden Recht. Es ist aber nicht nur zu prüfen, ob die Entscheidung richtig war, sondern es ist auch zu prüfen, ob sie nach dem heutigen Rechtszustand noch richtig ist. Also wenn sich inzwischen das Gesetz geändert hat, dann war damals die Entscheidung zwar nicht falsch; aber sie ist heute falsch. Man würde also sagen: Du, Amtsgericht, hast damals richtig entschieden; aber wenn du heute zu entscheiden haben würdest, würdest du, da das Gesetz heute anders ist, anders entscheiden.

Stagel: Oder es ist inzwischen Fälligkeit eingetreten, und zum Zeitpunkt der ersten Instanz war es nicht fällig.

Vorsitzender: Also nehmen wir es zum ersten Absatz; da gehört es hin, und dann floriert der zweite Absatz allein. Wenn wir den zweiten Absatz so lassen, so erhält er seine Ausfüllung durch § q. Es läge nahe, den § q gleich hereinzunehmen; aber es ist vielleicht besser, wenn wir ihn nach Möglichkeit später erörtern, wenn Herr Senatspräsident Dr. Jonas anwesend ist; denn das ist ja eigentlich der Kernpunkt unserer ganzen Erörterung. Auch noch ein weiterer Umstand empfiehlt die Hinauszögerung. Wir müssen, wenn wir die Präklusionsmöglichkeit in der Berufungsinstanz erörtern, auch prüfen: Wie wollen wir es in der ersten Instanz halten? Auch dazu brauchen wir Herrn Jonas. Herr Staud und ich haben uns nun zusammengesetzt, und Herr Staud hat einen Entwurf gemacht, den wir aufgrund unserer Beratungen noch etwas geändert haben, und wir sind nunmehr zu einer Eventualfassung gekommen, die in der Vorlage nicht richtig wiedergegeben ist. Es muss folgendermaßen zu lesen sein: Angriffs- und Verteidigungsmittel – nun entweder: „die zeitiger geltend zu machen die Partei Veranlassung hatte und imstande war“ oder: „die die Partei bei Anwendung der zu einer sachgemäßen Prozessführung erforderlichen Sorgfalt zeitiger hätte geltend machen müssen“. Was dann kommt: „sind als nachträgliches Vorbringen zu behandeln“ gilt für beide Fassungen. Das ist die Fassung, die wir zur Beratung stellen, und diese Frage müssen wir dann mit § q erörtern.

Nun ist mir aufgefallen ein Wunsch des Herrn Prof. Pagenstecher, die materielle Beschwer mit aufzunehmen. Es ist in der Tat merkwürdig; denn es ist ein ungeschriebenes Gesetz: Der Berufungskläger muss durch das erste Urteil beschwert sein. Das steht nirgends; aber es ergibt sich aus der Natur der Sache und wird infolgedessen immer vom Berufungsgericht geprüft. Aber darüber, wie diese Prüfung vorzunehmen ist, nach welchen Grundsätzen die Frage des Vorhandenseins einer Beschwer zu entscheiden ist, gibt das Gesetz bisher nichts. Das findet man in den Kommentaren. Da ist es selbstverständlich, dass Herr Prof. Pagenstecher das Bedürfnis hat, etwas darüber zu sagen. Vielleicht kann uns Herr Prof. Lent darüber Auskunft geben.

Lent: Herr Pagenstecher ist von Beispielen ausgegangen. Das eine Beispiel war, dass die Schadenshöhe sich nachher als größer erweist und die Gefahr besteht, dass das ihm günstige, seinen bisherigen Angaben entsprechende Urteil mit der Berufung nicht angefochten werden kann, erst Rechtskraft erlangt und eine Nachforderung ausschließt. Das hängt allerdings mit der Rechtskraftauffassung zusammen. Wenn jemand 10.000 RM einklagt und zu erkennen gibt, dass das eine Teilforderung ist, dann haben wir eines der Beispiele, auf die sich Herr Pagenstecher bezieht. Der Betreffende, der also nur einen Teil seiner Schadenersatzforderung eingeklagt hat, aber zu erkennen gibt, dass seine ganze Schadenersatzforderung höher ist, bekommt nun das Urteil: Seinem Antrag entsprechend wird der Beklagte zur Zahlung von 10.000 RM verurteilt. Mittlerweile merkt er, dass der Schaden nicht 10.000 RM ist, sondern 12.000 RM. So kamen wir an das Problem heran: Wonach richtet sich überhaupt die Schadenshöhe? Kann sie wechseln? Ein Beispiel, das Herr Pagenstecher anführte, bezog sich auf Gemälde. Es hat jemand ein Gemälde nicht geliefert oder zerstört. Das Gemälde war zunächst 10.000 RM unter Brüdern wert. Aber mittlerweise ist eine solche Steigerung eingetreten, dass dasselbe Gemälde 15.000 RM unter Brüdern wert ist. Nun sagt Herr Prof. Pagenstecher: Dann muss er doch in der Lage sein, obwohl seinem Antrage entsprochen worden ist, die Erhöhung auf 15.000 RM geltend zu machen; denn sonst bleibt es bei dem ihm formell günstigen, aber materiell wegen der Beschränkung der Rechtskraft abträglichen Urteil. Das ist der Fall, in dem durch Ausschluss der Berufung die Gefahr erwächst, dass ein Urteil rechtskräftig wird, das jede Nachforderung ausschließt. Dies hängt mit zwei Fragen zusammen: Ist es richtig, dass die Rechtskraft dann sagt: bis hierher und nicht weiter; jede Nachforderung ist ausgeschlossen? Das ist eine Frage der Rechtskraftauffassung. Die zweite Frage ist – mit dieser Frage sind wir noch nicht fertig geworden: Wie hoch berechnet sich der Schaden, kann der materielle Schadenersatzanspruch wirklich mit dem Schwanken des Preises und des Wertes herauf- und heruntergehen? Dazu kamen noch Zwischenfälle, die von Herrn Jonas aufgenommen worden waren.

Staud: Herr Prof. Pagenstecher hat den ganzen Abs. 2 von seinem Standpunkt aus als entbehrlich bezeichnet; auch Herr Jonas glaubte, dass diese Bestimmung entbehrt werden könne.

Vorsitzender: Insofern ist es sehr traurig, dass die Herren sich über die Bedeutung der Rechtskraft immer noch nicht einig sind.

Lent: Das soll dann erörtert werden. Nun kommen noch sehr merkwürdige Fälle, die von Herrn Pagenstecher angeführt worden sind und bei denen ich doch Bedenken habe.

Vorsitzender: Mir ist es sehr zweifelhaft, ob die Rechtskraft diese Wirkung hat. Stellen Sie sich folgenden Prozess vor! Ich habe einen Gegenstand ohne Preisvereinbarung geliefert und verlange den Preis, der angemessen ist, meinetwegen 300 RM. Darauf sagt der Beklagte: „Das ist Unsinn; der angemessene Preis ist nur 100 RM; 100 RM habe ich gezahlt. Der Kläger verlangt also 200 RM noch nach. Darauf wird Beweis erhoben und die Sachverständigen kommen zu dem Ergebnis: Der angemessene Preis ist 350 RM. In den Urteilsgründen steht nun: „Nach dem Gutachten der Sachverständigen ist der angemessene Preis sogar 350 RM; die Forderung des Klägers, der nur 300 RM verlangt hat, ist in jedem Fall gerechtfertigt." Glauben Sie, dass dadurch das Urteil präkludiert wird, so dass eine Nachforderung durch das Urteil ausgeschlossen wird, indem man sagt: da dieser Mann von der naheliegenden Möglichkeit, seinen Antrag zu erweitern, keinen Gebrauch gemacht hat, gibt er zu erkennen, dass er mit 300 RM zufrieden sei?

Lent: Das muss man sich überlegen.

Staud: Für Herrn Pagenstecher liegt die Rechtskraft ja so, dass er sagt: Wenn das Urteil erklärt, dem Mann ständen 300 RM zur Verfügung, so ist damit gesagt: der Preis beträgt nicht weniger. Das ist seine Besonderheit. Er dehnt die Rechtskraft auch in Richtung auf Dinge aus, über die das Gericht selber formell nicht entscheidet. Er zieht in Wirklichkeit für die Rechtskraft, auch was die Ausdehnung angeht, nicht was die Auslegung angeht, die Urteilsgründe heran. Das widerspricht der herrschenden Lehre.

Lent: Er sagt: Das würde die Gleichheit der Parteien verletzen; der Kläger wäre günstiger gestellt als der Beklagte.

Staud: Diese ganzen Gedanken sind eigentlich erst hochgekommen durch die Rechtsprechung des Reichsgerichts über die Rechtskraft in Aufwertungssachen. Da hat gerade Herr Pagenstecher, wie mir scheint, immer den Standpunkt vertreten: Was das Reichsgericht in der Aufwertung gemacht hat, ist alles Unsinn; wenn damals die Leute verurteilt worden sind, das und das zu zahlen, dann bedeutet das: qua Rechtskraft, also rechtskräftig steht doch fest, dass sie weiteres nicht zu zahlen brauchten, dass also eine Nachforderung ausgeschlossen war. Diese Probleme wurden damals akut, als die Aufwertungsprozesse losgingen. Da suchte man sich mit dem Gedanken der Aufwertungsforderung zu helfen.

Lent: Herr Pagenstecher sagt, damit sei das Reichsgericht, nur um die Aufwertungsfrage zu einer praktischen und vernünftigen Lösung zu bringen, von seiner richtigen Theorie abgewichen und habe seine neue Theorie auch auf andere Sachen ausgedehnt. Das bekämpft er.

Vorsitzender: Nehmen wir den normalen Prozess. Die Sache hat ja auch mit dem angemessenen Preis zu tun. Der Beklagte gibt 200 RM während der Klage 300 RM fordert. Das Gericht erklärt: Es genügen 200 RM. Da würde ich doch eine Erneuerung des Prozesses mit der Begründung, man könne über 200 RM hinaus eine Nachforderung erheben, nicht zulassen.

Staud: Die Erneuerung des Prozesses wird auch durch die Rechtskraft nicht ausgeschlossen. Die Rechtskraft ist kein Prozesshindernis der Art, dass man abgewiesen werden kann.

Vorsitzender: Nehmen Sie den Fall: Der Kläger fordert 300 RM, und das Gericht sagt: 200 RM genügen. Dann wird er abgewiesen. Oder nehmen Sie den anderen Fall: Der Kläger fordert 300 RM, das Gericht stellt, nachdem es Sachverständige vernommen hat, fest: der angemessene Preis beträgt 350 RM; da aber der Kläger nur 300 RM gefordert hat, konnten ihm nur 300 RM zugesprochen werden. Das Gericht erkennt also nach Antrag.

Furler: Er kann 50 RM nachfordern.

Staud: Nehmen Sie den Fall wie folgt: 300 RM verlangt der Kläger. Das Gericht gibt ihm recht, und im Urteil steht: Wie der angemessene Preis ist, darüber brauchte das Gericht keine Beweiserhebung: für das Gericht ist es nach seiner eigenen Kenntnis der ganzen Materie zweifellos, dass dem Kläger in jedem Falle 300 M zuzusprechen sind. Nun kriegt der Kläger Appetit.

Vorsitzender: Glauben Sie nicht, dass das Problem ganz anders liegt nach dem bisherigen Recht und nach dem jetzigen Recht? Es gibt z.B. manche Ärzte, die gewohnt sind, in ihren Rechnungen zu schreiben: Für ärztliche Behandlung liquidiere ich 300 RM. Dazu schreibt ihm der

Empfänger zurück: „Sehr verehrter Herr Doktor, es ist ja sehr nett von Ihnen, aber es wäre noch netter, wenn Sie mir die Rechnung ein bisschen spezialisieren würden." Dann bekommt der Betreffende eine Rechnung über 330 M, sauber spezifiziert. Frage: Kann er das? Das ist eine zivilrechtliche Frage, die ich eigentlich vom heutigen Standpunkt aus verneinen möchte. Es ist ein unanständiges Verfahren, wenn sich der Arzt für die Mühe, die er sich macht, plötzlich 30 M mehr aufschreibt.

Lent: Ich muss mir meine Stellungnahme hierzu erst noch überlegen. Die anderen Fälle, die Pagenstecher anführt, sind noch viel grotesker. Da gibt es einen völligen Frontwechsel: Der Kläger kann die vollständige Abweisung seiner Klage erreichen. Ich muss sagen: Diese Figur gefällt mir nicht. Pagenstecher bringt folgendes Beispiel: Der Kläger klagt auf Feststellung eines Vertragsverhältnisses. Seiner Klage wird stattgegeben; die Gültigkeit und Wirksamkeit des Vertragsverhältnisses wird festgestellt, Nachher entdeckt er einen materiellen Grund, aus dem der Vertrag ungültig ist; zweitens entdeckt er, dass der Vertrag für ihn ungünstig ist. Hier muss der Kläger, meint Pagenstecher, Berufung einlegen können, weil sonst das Urteil, das das Rechtsverhältnis feststellt und ihn materiell belastet, in Rechtskraft erwächst. Er beantragt Abweisung der Klage. Wenn nun der Beklagte seinerseits entdeckt, dass das Schuldverhältnis für ihn, den Beklagten, günstig bleibt, dann muss er seine Verurteilung beantragen. Das geht mir doch gegen den Strich.

Vorsitzender: Diese Fälle haben Ähnlichkeit mit folgendem: Ein Mann hat ein Rennpferd gekauft, ein herrliches Pferd. Nachträglich entdeckt er, dass das Pferd mit einem groben Mangel behaftet ist. Der Andere sagt, er will das Pferd nicht hergeben. Nun wird ein Prozess geführt um die Frage: Handelt es sich um eine Vorverhandlung oder um einen perfekten Kaufvertrag? Inzwischen stellt der Kläger fest: Das Pferd hat den Koller. Der Anspruch auf Wandlung entsteht erst bei der Übergabe.

Furler: Pagenstecher würde das Beispiel so stellen: Der Mann hat ein Rennpferd gekauft. Später entdeckt er, dass der Kauf für ihn ungünstig ist, gleichzeitig, dass er beim Kauf geisteskrank war, der Vertrag also ungültig ist.

Vorsitzender: Wenn der Kläger während des Prozesses geisteskrank war, dann ist das Urteil mit einem Nichtigkeitsgrund behaftet.

Lent: Nehmen wir folgendes Beispiel: A klagt gegen B auf Feststellung des Bestehens eines zwischen ihnen abgeschlossenen Grundstückskaufvertrags. Nach Erlass des Urteils, aber vor Eintritt der Rechtskraft stellt A fest, dass a) der angebliche Vertrag nicht besteht, weil er wegen Formfehlers nichtig ist, b) dass der Vertrag für ihn im Falle seiner Wirksamkeit höchst ungünstig sein würde. Materiell ist also zum Nachteil des A entschieden. Nun soll der Kläger Berufung einlegen und in der oberen Instanz die Abweisung seiner Klage beantragen. So ungefähr liegt der Fall, den Pagenstecher uns wiederholt vorgetragen hat. Wollen wir vorerst von der Berufung ganz absehen und den Kernpunkt des Problems herausgreifen: Was kann man machen, wenn man vor dem Urteil merkt, dass die Sache ungünstig ist? Hier bin ich immer an den anderen gebunden. Die Sache geht glatt, wenn nur ich merke, dass die Sache für den anderen günstig ist. Ein Verzichtsurteil kann nur ergehen auf Antrag des Beklagten. Stellt keiner einen Antrag, dann wäre der Rechtsstreit für erledigt zu erklären.

Stagel: Kommen solche Fälle in der Praxis häufig vor?

Vorsitzender: Nein. Hier steht Prof. Brandt auf dem Standpunkt, dass der Gesetzgeber die Aufgabe hat, einzugreifen. Ich glaube, wir lassen diesen Punkt doch lieber fallen.

Lent: Es handelt sich um Fälle, bei denen man schon das Gefühl hat, man könnte helfen. Aber sie lohnen sich nicht. Es fragt sich immer nur: Wurde die Tatsache, dass ein Schuldverhältnis ungünstig ist, binnen einem Monat entdeckt oder nicht? Wurde sie rechtzeitig entdeckt, dann kann der Kläger noch etwas machen; später kann er nichts mehr machen. Aber ich wiederhole: Ein Kläger, der die Abweisung seiner Klage beantragt, das ist eine Figur, die mir nicht gefällt.

Stagel: Ich habe das Gefühl: Ist einer Klage zu 100% stattgegeben, so ist das Urteil dem Kläger gegenüber, wenn auch nicht formell, so doch dem Wesen und dem Gefühl nach rechtskräftig. Der Kläger hat ja alles, was er mit der Klage erreichen wollte.

Lent: Das Problem mag für eine wissenschaftliche Betrachtung interessant sein.

Vorsitzender: Man kann die Frage: wann liegt eine Beschwer vor?, der Praxis überlassen.

Wir wollen uns nun der Berufungsfrist zuwenden. Hier haben Sie eine gesetzgeberische Tat vollbracht, indem Sie in § q [?] den Begriff der Notfrist beseitigen. Was ist eine Notfrist? Diese Frage wurde vor vielen Jahren bei den Prüfungen gestellt. Die richtige Antwort lautete: „Notfristen sind nur diejenigen, die im Gesetz als solche bezeichnet sind." – Die Herren meinen also, man könnte den geheiligten Begriff der Notfrist beseitigen.

Staud: Vom Gericht gesetzte Fristen können vom Gericht verlängert werden. Daneben gibt es gesetzliche Fristen: die Einlegungsfrist, die Revisionsbegründungsfrist.

Vorsitzender: § 224 Abs. 1 kann man also wohl in Zukunft entbehren. Dann würde es künftig einfach heißen: „Auf Antrag können richterliche Fristen abgekürzt oder verlängert werden." Alles Andere fällt fort.

Nun kommt die *Berufungsbegründung:* Die Berufungsbegründung muss in der Berufungsschrift enthalten sein oder innerhalb der Berufungsfrist nachgeholt werden. Die Berufungsfrist lassen wir erst laufen mit der Zustellung des in vollständiger Form abgefassten Urteils. Wir sagen also: „(2) Die Berufungsschrift muss enthalten

1. die Bezeichnung des Urteils, gegen das die Berufung eingelegt wird,

2. die Erklärung, inwieweit das Urteil angefochten wird und welche Abänderungen des Urteils beantragt werden (Berufungsanträge)." Alles Übrige soll Sollvorschrift sein. „(3) Der Berufungskläger soll zur Vorbereitung der mündlichen Verhandlung seine Angriffe gegen das angefochtene Urteil darlegen und die Tatsachen, Beweismittel und Beweiseinreden angeben, die er zur Rechtfertigung seiner Berufung einführen will." Mit dieser Regelung hat man nach meiner Meinung das Kind mit dem Bade ausgeschüttet. § 519 Abs. 3 ist als Mussvorschrift gefasst, er lautet: „Die Berufungsbegründung muss enthalten:

1. die Erklärung, inwieweit das Urteil angefochten wird und welche Abänderungen des Urteils beantragt werden (Berufungsanträge)

2. die bestimmte Bezeichnung der im Einzelnen anzuführenden Gründe der Anfechtung (Berufungsgründe) sowie der neuen Tatsachen, Beweismittel und Beweiseinreden, die die Partei zur Rechtfertigung ihrer Berufung anzuführen hat."

Diese Vorschrift hatte einen Mangel. Man hat mit Recht gesagt: Was ist dann, wenn die Partei nun gar keine neuen Tatsachen anführt, aber nachher in der Berufungsinstanz mit solchen neuen Tatsachen kommt? Was geschieht nun? Werden die neuen Tatsachen nun einfach zurückgewiesen? Oder muss nicht nach § 519 Nr. 3 die Berufung als unzulässig verworfen werden? Das ist ein schwieriges Dilemma und ein Mangel. Die Berufungsbegründung muss enthalten die bestimmte Bezeichnung der im Einzelnen anzuführenden Gründe der Anfechtung. Das ist der Grund, weshalb wir die österreichische Regelung nicht übernommen haben, um die widerlichen Formalbegründungen zu beseitigen. Die Gründe für die Anfechtung sind im Einzelnen darzulegen. Das hat sich sehr bewährt. Ich habe eine Reihe von RG- und RAG-Entscheidungen gelesen, in denen mangelhafte Berufungsbegründungen wie etwa „Es wird das Vorbringen erster Instanz wiederholt" oder „Die Beweiswürdigung wird gerügt" oder „Der Richter hat § 823 falsch angewendet" als unzureichend betrachtet werden. Das Gesetz fordert die bestimmte Bezeichnung der im Einzelnen anzuführenden Gründe der Anfechtung. Es muss also in der Berufungsbegründung etwa gesagt werden: „Der Erstrichter stützte sich bei seiner Entscheidung auf den Zeugen A, er hat dabei übersehen, dass der Zeuge B etwas anderes gesagt hat; wägt man die beiden Aussagen gegeneinander ab, dann muss man zu einem anderen Ergebnis kommen." Oder: „Der Richter hat erklärt, § 823 finde entsprechende Anwendung; er hat hierbei übersehen, dass die Voraussetzungen des § 823 nicht erfüllt waren." – Das ist das Mindeste, was man verlangen muss. Wir laufen sonst Gefahr, dass diese ekelhafte Formalbegründung wieder Schule macht. Daher möchte ich empfehlen, einzufügen: „die bestimmte Bezeichnung der im Einzelnen angeführten Gründe der Anfechtung (Berufungsbegründung)". Dann folgt als 3. Absatz: „Der Berufungskläger soll zur Vorbereitung der mündlichen Verhandlung auch die Tatsachen, Beweismittel und Beweiseinreden angeben, die er zur Rechtfertigung seiner Berufung anführen will." Hier muss noch stehen, dass jemand, der zulässigerweise in der Berufungsinstanz noch neue Tatsachen anführt, doch damit ausgeschlossen wird, wenn er in der Lage war, sie in der ersten Instanz vorzubringen. Dann haben wir die Unklarheit beseitigt, die darin besteht, als ob die Anführung neuer Tatsachen eine Voraussetzung der Zulässigkeit der Berufung wäre, wie man § 519 Abs. 3 entnehmen könnte. Ich stelle diese Anregungen zur Diskussion.

Staud: Jonas hatte in seinem ersten Entwurf noch eine besondere Berufungsbegründungsfrist. Er hatte auch nur vorbereitende Schriftsätze mit Bestimmung einer Frist ohne Sanktionsandrohung. Er ist zum Ziele gekommen, zu sagen: Das, was in dem vorbereitenden Schriftsatz steht, sollte doch schon bei der Berufungseinlegung geschehen. Nun war unser Gedankengang der, das zu einem Formerfordernis der Berufung zu machen, mit dem Ergebnis, dass bei Verletzung dieses Formerfordernisses die Berufung als unzulässig verworfen wird. Die Praxis macht unter dem geltenden Recht dasselbe. Unser Gedankengang war der: Wir wollen auf das Formerfordernis als solches verzichten, vor allem aus der Erwägung heraus, dass unsere Berufung eine reine Nachprüfungsberufung sein wird, bei der das Gericht mit etwas Neuem normalerweise nicht überrascht werden kann. Neue Tatsachen sind grundsätzlich ausgeschlossen. Können wir darauf verzichten, dass die Partei sagt: Ich bringe die und die Rüge in rechtlicher, die und die Rüge in tatsächlicher Hinsicht vor, zumal diese Rügen in rechtlicher Hinsicht oder in Bezug auf die Beweiswürdigung doch mehr oder weniger formularmäßig vorgebracht werden könnten. Beispiel: Die Partei ist der Auffassung, der Erstrichter habe das Gesetz falsch angewendet, der Begriff der Fahrlässigkeit sei überspannt, oder das Gericht habe den Vertrag für formbedürftig gehalten. Soll jemand verpflichtet sein, so etwas in der Berufungsbegründung anzuführen bei Gefahr, dass seine Berufung als unzulässig verworfen wird? Soll er gezwungen sein, in der Berufungsbegründung seine Angriffsmittel zu präzisieren?

Vorsitzender: Wenn ich Berufung einlege, muss ich doch wissen, was ich erreichen will. Warum sollen wir diesen Schritt tun, nachdem sich aus der jetzigen Regelung nirgends Schwierigkeiten ergeben haben und die Praxis doch ernst gemacht hat?

Furler: Formale Begründungen gibt es schon heute nicht mehr.

Vorsitzender: Ich glaube, wir brauchen das Problem hier nicht weiter zu erörtern. Wir sind uns darüber einig, dass wir das als Sollvorschrift hinein nehmen wollen.

Staud: Alles Vorbringen im Anwaltsprozess ist schriftsätzlich vorzunehmen. Geschieht das nicht, dann ist die Frage: Soll die Berufungsinstanz einer schärferen Präklusion ausgesetzt werden als die erste Instanz?

Vorsitzender: In § 529 heißt es doch heute schon: „Neue Angriffs- und Verteidigungsmittel ... sind nur zuzulassen, wenn die Partei sie unverschuldet in der ersten Instanz nicht vorgebracht hat." Das steht schon heute so da; bloß hat sich niemand darum gekümmert. Was ich hier vorschlage, ist im Prinzip dasselbe wie § 529 Abs. 2. Man kann doch verlangen, dass der Berufungskläger solche Tatsachen wenigstens in der Berufungsschrift anführt, damit der Gegner informiert ist, worum es sich handelt.

Staud: Was ich an der Sache perhorresziere, ist die Komplikation. In der Nr. 3 steckt eigentlich schon darin, was jetzt in Abs. 3 gesagt werden soll: dass die Partei materiell die Möglichkeit verliert, diese Tatsachen vorzubringen. Das Ergebnis ist dann für die Partei, die wirklich die Berufung einlegt, wieder dasselbe.

Vorsitzender: Ist es denn so furchtbar, dass man die Angabe verlangt, es handle sich um eine Tatsache, die in erster Instanz noch nicht vorgebracht werden konnte?

Furler: Man könnte sagen: Wenn jemand schon neue Tatsachen vorbringen will, dann muss er sie formell in der Berufungsbegründung vorbringen, und die neuen Tatsachen müssen materiell gerechtfertigt sein, wie in § q steht. Ich habe Bedenken dagegen, dass man in der Berufungsbegründung etwas verlangt, was zur Verwerfung der Berufung führt.

Staud: Es ist ja eine Sollvorschrift. Nehmen Sie folgenden Fall: Eine Partei legt Berufung ein und macht geltend, das Gesetz sei falsch angewendet, die Bestimmungen über den Kaufvertrag seien verkannt worden, die Zeugenaussagen seien vollkommen falsch gewürdigt worden. Sagt er das nun nicht in der Berufungsbegründung, dann wird das Gericht, wenn er diese Tatsachen erst in der mündlichen Verhandlung vorbringt, mit Recht sagen: Wenn du darüber schriftsätzlich etwas gesagt hättest, hätten wir die Zeugen für heute laden können. Das ist nun nicht möglich, und wir müssen einen neuen Termin ansetzen. – Dann hat er die Hilfsmittel aus der ersten Instanz. Nach der bloßen Vorschrift, wie sie hier steht, verliert er die neue Tatsache, dass die Zeugenaussagen falsch gewürdigt worden seien, wenn er diese neue Tatsache schriftsätzlich nicht mitgeteilt hat. Ich würde dringend empfehlen, derartige Verschiedenheiten zwischen dem Verfahren erster Instanz und dem Berufungsverfahren nicht hereinzubringen, wenn man sie irgend vermeiden kann. Ein Verfahren, welches einfach ist, wird von den Gerichten sorgfältiger beachtet als ein Verfahren, das kompliziert ist. Jede Komplikation in der Verfahrensregelung führt beim Gericht zum Schlendrian, und der faule Richter schwimmt in den vielen Vorschriften. Ist das Verfahren aber einfach, dann kennt der dümmste Richter sich darin aus, er ist darin exerziert und macht die Sache auch noch im Schlafe richtig. Vielleicht ist es das Beste, wir stellen § q zurück. Vielleicht bringen wir die Sache später noch auf einen Nenner. Jonas wird dann auch zugegen sein. Grundsätzlich kann man sagen: Die Vorbereitungsmaßnahmen der ersten Instanz gelten auch in der Berufungsinstanz. In der ersten Instanz hat der Richter es in der Hand, durch prozessleitende Anordnungen Ordnung in das Verfahren zu bringen.

Vorsitzender: Ich finde die Fassung gar nicht so furchtbar kompliziert. Ich sehe keine Schwierigkeit, wenn wir sagen: „Neu vorgebrachte Tatsachen, Beweismittel und Beweiseinreden, zu deren Geltendmachung in erster Instanz Veranlassung bestanden hätte, sind nur zu berücksichtigen, wenn die Partei ihr Unterlassen genügend entschuldigt und sofern sie dazu imstande ist gemäß § e Abs. 3."

Furler: Wir würden dann die zweite Hälfte des § e Abs. 3 in die Formulierung des § q hineinzunehmen.

Staud: Man darf doch nicht nach Beendigung der ersten Instanz die Parteien schärfer behandeln und ihr Vorbringen schlechter stellen als das Vorbringen in der ersten Instanz.

Furler: Wenn der Kläger vorbringt: Wie kann man dem Zeugen A glauben, nachdem Zeuge B das Gegenteil zu Protokoll niedergelegt hat?, dann sieht doch jeder Richter, wie die Sache liegt. Daher braucht man niemand zu zwingen, diese Tatsache möglichst frühzeitig noch einmal ins Gedächtnis zurückzurufen. Neue Tatsachen aber kennt niemand; das Gericht bestimmt nicht, der Gegner wahrscheinlich auch nicht. Meistens sind es Tatsachen, die weder das Gericht noch der Beklagte kennt, die also ganz neu in die Erscheinung treten. Also muss ein Zwang bestehen, solche neue Tatsachen möglichst rechtzeitig vor dem Termin vorzubringen. Dass Widersprüche in den Prozessakten vorhanden sind, das ist nichts Neues, das war schon in der ersten Instanz bekannt.

Vorsitzender: Es dürfte das Zweckmäßigste sein, diese Frage bei § q noch einmal zu erörtern.

Die Abs. 4 und 5 des § e gehören offenbar nicht hierher; ich habe den Eindruck, dass man sie streichen kann.

Stagel: Was ist Abs. 4 und 5 steht, gehört wohl in die allgemeinen Normen; hier braucht darüber nichts gesagt zu werden.

Vorsitzender: Dann würden wir also die Abs. 4 und 5 des § e streichen. Was hier steht, kann intern vorgeschrieben werden; es hat dann seinen Platz in der Geschäftsordnung.

Wir treten in die Mittagspause ein.

Nachmittagssitzung

Vorsitzender: Wir müssen uns noch beschäftigen mit dem Verzicht auf die Berufung. Sie ist etwas abweichend von dem bestehenden Recht geregelt, und diese Abweichung könnte zu Zweifeln Anlass geben. Es heißt hier: „Ein Verzicht auf die Berufung ist erst nach Eintritt der Rechtshängigkeit zulässig. Er ist nur wirksam, wenn er dem Gericht mündlich oder schriftlich erklärt wird." Der Satz, dass der Verzicht nicht der Annahme seitens des Gegners bedarf, ist weggefallen. Kluge Leute wie z.B. KGR Gädicke könnten daraus folgern, dass jetzt der Verzicht das ist, was er immer war, ein Vertrag und sich in diesem Vertragszustand bewegt, außerdem der schriftlichen oder mündlichen Erklärung gegenüber dem Gericht bedarf. Ich würde daher vorschlagen, den letzten Satz folgendermaßen zu fassen: „Er ist dem Gericht gegenüber schriftlich oder in mündlicher Verhandlung zu erklären." Dann sieht man: Dieser Verzicht ist einseitig und wird durch Erklärung gegenüber dem Gericht, nicht gegenüber dem Kläger gegeben. Dann sollte man sich aber überlegen: Hat es einen Sinn, einen Verzicht während des Prozesses zuzulassen? Es ist schon schlimm genug, wenn jemand zum Richter sagt: „Ich kenne dein Urteil zwar noch nicht, aber ich missbillige es". Aber ihm zu sagen: „Ich kenne dein Urteil zwar noch nicht, aber auf alle Fälle beruhige ich mich damit", ist doch auch etwas merkwürdig. Sollte man sich nicht damit begnügen – meistens sind es ja üble Geschäfte, die zu diesem Verzicht auf die Berufung führen –, einfach zu sagen: „Ein Verzicht auf die Berufung ist erst nach Erlass des Urteils zulässig"!

Lent: Wir wollten die bisherige Fassung verschärfen, weil wir der Meinung waren, dass eine weitere Verschärfung keine Bedenken hätte.

Staud: Wir wollten zweierlei. Wir wollten erstens – ob das in dem § f zum Ausdruck gekommen ist, ist eine ganz andere Frage – klarstellen, dass es verpflichtende Verträge auf die Vornahme oder Nichtvornahme von Prozesshandlungen künftig nicht mehr gebe. Wenn jemand eine Klage zurücknimmt, auf Rechtsmittel verzichtet, soll die verpflichtende Wirkung nicht mehr bestehen. Das, was die Parteien damit bisher erzielen wollten und konnten, soll eben nur, wenn ich so sagen soll, durch die reale Verwirklichung eines derartigen Abkommens zustande gebracht werden. Wir sagen den Parteien: Wenn ihr euch dahin einigt, dass ihr die Klage zurücknehmen oder auf Berufung verzichten wollt, dann tut das, indem ihr diesen Akt dem Gericht gegenüber vornehmt. Wir müssen ja überhaupt noch einmal darüber reden, was man davon halten soll, wenn an irgendeiner Stelle der Zivilprozessordnung zum Ausdruck kommt, dass es solche Verträge auf Vornahme oder Nichtvornahme von Prozesshandlungen nicht gibt. Wenn man solche Verträge zulassen will, dann taucht die merkwürdige Frage auf. Wie soll die Erfüllung des Vertrages erzwungen werden? Soll etwa eine Klage eingereicht werden: es wird auf Berufung verzichtet? Wird der Verzicht wirksam dadurch, dass mit Rechtskraft im Urteil gesagt wird: der Beklagte verzichtet auf die Berufung und erklärt diesen Verzicht? So würde es eigentlich laufen. Nehmen wir an, jemand will in einer Grundstücksangelegenheit eine Klage zurücknehmen. Dann müsste er die formelle Erklärung beim Grundbuchamt abgeben. Wenn es zu einer solchen Erklärung gekommen ist, steht sie im Grundbuch positiv darin. Dann gehe ich zum Grundbuchamt, und die

Ausfertigung des Grundbuchamts ersetzt das Erscheinen vor Gericht sowie die Abgabe einer Erklärung gegenüber dem Gericht. Aus allen diesen Erwägungen sind wir dazu gekommen, solche verpflichtenden Verträge nicht mehr anzuerkennen. Das Zweite ist die zeitliche Beschränkung des Verzichts. In § f steht, dass der Verzicht auf die Berufung erst nach Eintritt der Rechtshängigkeit zulässig sein soll. Die Darlegung, dass man es auf den Erlass des Urteils abstellen soll, halte ich für schlechthin überzeugend; denn das andere ist eigentlich ein kleiner Rest aus dem Konventionalprozess. Dass nach Erlass eines Urteils jemand, um die schnellere Rechtskraft zu erzielen, sagt: „Ich verzichte auf ein Rechtsmittel", dazu besteht ein praktisches Bedürfnis. Das Bedürfnis besteht ja vor allem im Eheprozess. Frage ist, ob wir des Verzichts noch bedürfen, wenn wir die Berufungsinstanz haben, ob gewisse Wirkungen nicht durch die Zurücknahme ersetzt werden können. Die Frage scheint jetzt nur zu sein, ob § f dasselbe Problem berührt und ob wir bei diesem einzelnen Paragraphen eine Fassung erzielen können, die zum Ausdruck bringt: Verträge auf dieser Grundlage, Verzicht usw. erkennen wir nicht an, oder ob wir sagen: Dazu brauchen wir eine besondere Bestimmung in den allgemeinen Bestimmungen der ZPO. In dem nächsten Paragraphen wiederholt sich die Frage. Da kommt § g mit der Zurücknahme der Berufung.

Lent: Ich würde die Verpflichtungsverträge lieber unter einen allgemeinen Paragraphen nehmen.

Singer: Das haben wir das letzte Mal gesagt, indem wir zum Ausdruck brachten: Es soll ein allgemeiner Paragraph die Verpflichtungsverträge enthalten, und zwar mit der Maßgabe, dass sie allgemein unzulässig sein sollen.

Staud: Wir haben gesagt: Wir müssen uns darüber unterhalten, ob wir solche Verträge künftig noch anerkennen wollen. Wenn wir eine dahingehende Regelung treffen, brauchten wir keine geschwollene Fassung.

Vorsitzender: Ich wollte eigentlich folgende Formulierung wählen: „Er ist dem Gericht gegenüber schriftlich oder in mündlicher Verhandlung zu erklären."

Staud: Da könnte nun einer sagen, er verzichtet nicht aufgrund eines Vertrages, sondern aufgrund eines freiwilligen Aktes, und dieser Akt braucht nur noch notifiziert zu werden. Ich würde folgende Fassung vorschlagen: „Er erfolgt durch schriftliche oder mündliche Erklärung gegenüber dem Gericht."

Vorsitzender: Man könnte sagen: „Eine Partei kann auf die Berufung durch schriftliche oder mündliche Erklärung dem Gericht gegenüber verzichten", aber das würde etwas hässlich aussehen. (*Lent:* „Durch Erklärung in mündlicher Verhandlung"!)

Staud: Darauf kommen wir nachher noch. Unter diesen Umständen brauchen wir den Verzicht nur als Instrument vor der Einlegung der Berufung. Nach der Einlegung der Berufung erfolgt der Verzicht durch die Zurücknahme, die dann dieselbe Wirkung haben soll.

Lent: Dann würde aber „mündlich" ganz wegfallen; denn gemeint ist ja wohl nicht, dass einer dem Richter gegenüber eines Tages eine mündliche Erklärung abgibt.

Staud: Der Grund ist: Es sind Teilurteile ergangen oder es sind Grundurteile ergangen in erster Instanz, und jetzt wird über die Höhe verhandelt. Nun sagt das Gericht: Das Grundurteil ist noch nicht rechtskräftig. Darauf sagt die eine Partei: „Damit wir vorwärtskommen, verzichte ich auf die Berufung gegen das Grundurteil". Die andere Partei sagt: „Ich verzichte auch". Dann ist das eine Erklärung in mündlicher Verhandlung.

Lent: Die Form „mündlich" ist zu ungenau. Es soll wohl heißen: „in der mündlichen Verhandlung".

Vorsitzender: Ich würde jedenfalls sagen: „Er ist dem Gericht gegenüber schriftlich oder in mündlicher Verhandlung zu erklären".

Lent: Sie haben das Bedenken, dass man meinen könnte: der Verzicht wäre schon vorher wirksam und sollte nur noch zusätzlich erklärt werden; denn wenn es im BGB heißt: „Die Erklärung ist gegenüber dem Nachlassgericht abzugeben", so bedeutet das: sie muss, um wirksam zu sein, vor Gericht abgegeben werden.

Furler: Nun gibt es ja einen verbindlichen Vorvertrag. Wenn ich mich außergerichtlich dahin einige, dass ich verpflichtet bin, die Berufung zurückzunehmen, und das nicht mache, was geschieht dann?

Staud: Darüber sprechen wir nicht. Wir wollen solche verpflichtenden Verträge nicht mehr anerkennen oder sagen: Wenn die Parteien solche Verträge schließen, sollen sie auf ein Blatt Papier schreiben: „Ich nehme die Berufung zurück" und das dem Gericht einreichen. Dass kein obligatorischer Vertrag auf Vornahme eines Verzichts oder Rücknahme anerkannt wird, davon gehen wir aus.

Furler: Ich würde nur meinen: Er kann das einfach nachher zu Protokoll geben. Die vorgeschlagene Regelung würde ich für eine Beeinträchtigung der Parteien in der Prozessführung halten, die zu weit geht. Die Parteien haben immer noch eine gewisse Möglichkeit, das Verfahren, das sie eingeleitet haben, auch in anderer Weise zu gestalten.

Lent: Sie können gegen ihren Willen nicht vom Richter gezwungen werden.

Vorsitzender: Warum sollen sie sich im Voraus zur Klagezurücknahme verpflichten? Das ist doch immer eine faule Sache. Würden Sie jemals einen Prozess einleiten und mit Ihrem Gegner vereinbaren: „Ich verpflichte mich aber, wie das Urteil auch ausgeht, niemals Berufung einzulegen"?

Furler: Ich halte das nicht für bedenklicher, als wenn ich mit dem Gegner vereinbare: „Wir bringen den ganzen Streit zunächst einmal vor ein Schiedsgericht" und nun jene Instanz endgültig entscheidet. Ich kann sagen: Ich will nicht in drei Instanzen gehen; so wichtig ist es nicht. Ich kann mich auch verpflichten, eine Klage zurückzunehmen, ohne mich über den Streitgegenstand zu einigen. Nehmen wir an, es wäre eine Anfechtungsklage gegen einen Generalversammlungsbeschluss erhoben worden, und man einigt sich über alle Punkte, darüber, dass der Beschluss so oder so sein soll. Alsdann wird die Klage zurückgenommen und damit ist der Beschluss sanktioniert.

Staud: Mit der Verpflichtung zur Klagezurücknahme ist er noch nicht sanktioniert, sondern die Klage muss zurückgenommen sein. Sie können denselben Effekt erzielen, indem sie die Wirkung auf die materielle Rechtslage erstrecken und sagen: Der Mann verzichtet auf seinen Anspruch.

Vorsitzender: Dann habe ich auf mein Anfechtungsrecht verzichtet.

Staud: Das ist die Frage, ob ich auf mein Recht noch materiell verzichten kann. (*Furler:* Ich sehe gar nicht ein, warum nicht!) Dann komme ich aber prozessrechtlich viel besser durch. Dann sage ich: Der Mann hat auf sein Recht verzichtet. Wenn er jetzt nicht auf die Klage verzichtet, wenn er die Klage nicht zurücknimmt, dann wird er wegen seines Verzichts materiell abgewiesen.

Furler: Warum wollen Sie Vorschriften schaffen, die man auf solche Weise in der leichtesten Art umgehen kann?

Lent: Sie sind auch schwer durchzuführen.

Staud: Ich komme aber in die merkwürdige Zwickmühle: Wie soll ich den Verzicht auf die Berufung erzwingen? Dann kommen die verschiedenen Varianten, die die Rechtsprechung erfunden hat. Die Parteien haben sich zum Verzicht auf die Berufung verpflichtet und dann heißt es: rechtswidrig, unzulässig, zu verwerfen. Das Ganze ist eine Notlösung. Darüber müssen wir uns klar sein.

Lent: Trifft einer eine entgegenstehende Verfügung, ist immer die Verfügung wirksam.

Furler: Es wäre viel logischer, statt überhaupt den Vertrag für unwirksam zu erklären, ihm eine ausgesprochen prozessuale Wirkung zu geben. Wenn einer sich materiell verpflichtet hat, eine Berufung zurückzunehmen, dann gilt die Berufung eben als zurückgenommen.

Staud: Damit verlegen Sie diesen formalen Akt aus der Gerichtssphäre in die Parteisphäre. Wir haben mehrfach den Schritt, um den es sich hier handelt, schon getan und haben gesagt: Die Rücknahme in Eheprozessen erfolgt nicht mehr zwischen den Parteien, sondern erfolgt über das Gericht. Als wir die Bestimmung des § 614 schufen, waren wir uns darüber einig, dass das künftig der normale Weg für die Klagerücknahme sein muss.

Furler: Bei Ehesachen liegen die Dinge ja etwas anders.

Lent: Ich muss eine Erklärung vor Gericht abgeben. Darauf würde ich Wert legen.

Furler: Aber warum soll ich mich nicht verpflichten können, privat eine Prozesshandlung vorzunehmen?

Lent: Wenn ich nun die Klage nicht zurücknehme, was dann? Dann entsteht ein Rattenschwanz von Schwierigkeiten.

Furler: Es könnte eine Schadenersatzverpflichtung daraus entstehen, aber nach Ihrer Meinung doch nicht.

Stagel: Weil das eine materiellrechtliche Wirksamkeit hat.

Staud: Diese Form der Verträge, dass der Vertrag seinem Inhalt nach darauf gerichtet ist, eine bestimmte Prozesshandlung vorzunehmen oder nicht vorzunehmen, ist ja immer nur der Ausfluss einer materiellen Vereinbarung der Parteien, die in sich diese Verpflichtung schon beinhaltet. Wenn die Leute sich sagen: „Wir einigen uns dahin, dass du die Klage zurücknimmst", liegt ja immer irgendeine Disposition über den eingeklagten Anspruch zugrunde, entweder eine Abmachung, dass man den Anspruch zurzeit nicht gelten lassen will oder dass man auf den Anspruch verzichtet oder sich über den Anspruch durch Vergleich anderweitig geeinigt hat. In allen diesen Fällen bin ich mit diesem materiellen Urgrund der ganzen Vereinbarung im Prozess genauso gehemmt. Das Gericht sagt, wenn der Mann die Klage nicht zurücknimmt: „In welchem Zusammenhang habt ihr von der Klagezurücknahme gesprochen? War es ein Verzicht, ein Vergleich", und dann wird eben die Klage mit Rücksicht auf die Vereinbarung materiell abgewiesen.

Furler: Wir wollen einmal den Fall nehmen, dass ich mich durch Vereinbarung verpflichte, keine Berufung einzulegen. Die Vereinbarung hat praktisch diesen materiellen Inhalt. Ich bin in meinem Recht materiell dadurch nicht irgendwie beschränkt worden, sondern es ist eine sich später prozessrechtlich auswirkende Vereinbarung.

Staud: Da, wo ein solcher materieller Grund nicht dahinter steckt, besteht in meinen Augen kein Bedürfnis für die Verbindlichkeit solcher Verträge; denn die Parteien können auf die Berufung verzichten; sie brauchen nur einen Schriftsatz an das Gericht zu richten.

Lent: Es müsste irgendeine Gegenleistung dafür da sein.

Staud: Wenn Sie von dem Generalversammlungsbeschluss sprechen, wo also vereinbart wird, dass die Anfechtungsklage zurückgezogen wird, so ist das gewiss ein Beispiel, das zunächst besticht, weil ein materielles Interesse hinter der Sache steckt, weil die Leute sich in der Generalversammlung usw. über die strittigen Punkte nach der Richtung hin geeinigt haben, dass sie sagen: Die erhobene Anfechtungsklage nehmen die und die Herren zurück. Das ist aber dann der Ausfluss einer materiellen Einigung. Wenn ich jedoch von vornherein auf die Berufung verzichte, wenn die Leute sagen: „Ob das Urteil richtig ist oder falsch, wir sind das Prozessieren satt, wir einigen uns dahin, dass keine Berufung eingelegt wird und eine eingelegte Berufung zurückgenommen wird", wenn also auf die Berufung verzichtet wird, dann sage ich: Weiß Gott, ich sehe kein Bedürfnis dafür, dass dieser Vertrag schon auf die Abmachung hin verbindlich ist. Ich sage in einem solchen Fall den Leuten: „Nehmt ein Blatt Papier und schreibt: ich, der Rechtsunterzeichnete, nehme die Berufung zurück, und ich, der Linksunterzeichnete, verzichte auf die Berufung. Adresse: an das Landgericht, Zivilkammer". Dann ist die Sache erledigt.

Lent: Ich finde: Es ist komplizierter, wenn man die Verpflichtungsanträge als gültig annimmt.

Vorsitzender: Wir sprechen vorläufig uns hier nur darüber aus. Wir können uns das ja noch überlegen. Dass man es so ausdrückt, dagegen haben Sie nichts!

Furler: Ich halte es nicht für notwendig, weil es bisher an sich gültig ist, solche Verträge abzuschließen. Wir durchbrechen hier das Prinzip in einem Punkt.

Vorsitzender: Wir regeln hier nur, wie der Verzicht ausgesprochen wird.

Furler: Daraus ergibt sich doch, dass man in Zukunft sagt: wenn ich heute einen Vertrag des Inhalts abschließe: wir haben einen Parteienstreit, und wir sollen ihn nicht in drei Instanzen durchführen, wir lassen eine Instanz entscheiden, so wäre das nach dieser Fassung nicht mehr gültig.

Vorsitzender: Das nicht! Das geht schon daraus hervor, dass der Verzicht erst nach Erlass des Urteils zulässig ist.

Furler: Wir wollen nicht formulieren, wie der Verzicht auszusprechen ist, sondern unter welchen Voraussetzungen ein Verzicht zulässig ist. Ich muss es zur Klage kommen lassen; dann bin ich wieder frei. Diese Logik sehe ich nicht ein. Ich verstehe nicht, warum ich die Klage einreichen muss.

Vorsitzender: Aber ob man sich nicht verpflichten kann, nachher zu verzichten, das ist damit noch nicht gesagt.

Furler: Dagegen, dass das nicht zulässig sein soll, wenden sich auch meine Ausführungen. Die Herren verstehen die Bestimmungen dahin, dass die Vornahme von Verpflichtungen auf Verzicht nicht zulässig sein soll.

Vorsitzender: Wir müssten dann evtl. eine Generalbestimmung darüber treffen, inwieweit man sich zur Vornahme prozessualer Handlungen verpflichten kann. Das müssen wir uns noch überlegen. Der zweite Absatz hängt mit § o zusammen, der noch die Anschlussberufung vorsieht.

Staud: Vielleicht kann man das bis zur Anschlussberufung zurückstellen.

Vorsitzender: Jetzt kommt *§ g,* der sich mit der Zurücknahme der Berufung beschäftigt. Bisher war ohne Einwilligung des Gegners die Zurücknahme der Berufung nur zulässig vor der mündlichen Verhandlung; nachdem sich der Gegner eingelassen hatte, nicht mehr. Es fragt sich, ob irgendein Grund besteht, diese Beschränkung aufrechtzuerhalten. Bei der Klage ist es ja etwas anderes. Wenn ich die Klage zurücknehme, ohne mich auf den Anspruch zu verzichten, kann ich sie jederzeit erneuern. Da muss ich den Gegner davor schützen, dass sich etwa der Kampf zu einer Zeit, wo es ihm unangenehm und dem anderen angenehm ist, erneuert. Aber so ist es bei der Berufung nicht. Nimmt der Berufungskläger die Berufung zurück, wird das Urteil rechtskräftig. Der Berufungsbeklagte ist in nichts geschädigt. Also ich würde auch dem Vorschlage beistimmen, zu sagen: „Der Berufungskläger kann ohne Einwilligung des Klägers die Berufung zurückzunehmen". Der zweite Absatz ist anscheinend auch durch einen Schreibfehler verunglückt. Ich würde folgende Fassung vorschlagen: „Die Zurücknahme wird in der mündlichen Verhandlung oder durch Einreichung eines Schriftsatzes erklärt." (*Stagel:* „ist zu erklären"!) Dann würde der Abs. 2 lauten: „Die Zurücknahme ist in der mündlichen Verhandlung oder durch Zustellung eines Schriftsatzes zu erklären."

Furler: Warum sollen wir hier eine andere Form wählen als beim Verzicht? Wir können hier schreiben: „durch Zustellung eines Schriftsatzes oder in der mündlichen Verhandlung".

Vorsitzender: „Schriftsatz" ist nicht gut nach Beendigung des Prozesses. Das Urteil ist da, und morgen schreibe ich dem Gericht: Ich verzichte auf die Berufung. Das ist kein eigentlicher Schriftsatz.

Staud: Er würde allerdings nach den Grundsätzen des Schriftsatzes behandelt werden. Es ist kein vorbereitender Schriftsatz, aber es wäre ein bestimmender Schriftsatz, der den Verzicht ausspricht. Es ist wie bei der Klagezurücknahme. Die Instanz ist ja genau gesehen noch nicht beendet, da das Urteil noch nicht rechtskräftig ist. Zum Beispiel sind noch Schriftsätze denkbar, in denen Ergänzungen des Urteils beantragt werden (Anträge nach §§ 319 ff.). Durch einen Schriftsatz könnte auch noch der Antrag auf Erlass eines Arrestbefehls gestellt werden. Ich glaube also, man könnte in beiden Bestimmungen von Schriftsatz sprechen.

Furler: Ich bin jedenfalls für Einheitlichkeit.

Vorsitzender: Würden Sie denn auch hier die mündliche Verhandlung in den Vordergrund stellen? – Wir müssten dann folgende Fassung wählen: „Der Verzicht ist dem Gericht gegenüber durch Einreichung eines Schriftsatzes oder in mündlicher Verhandlung zu erklären", und hier müssten wir sagen: „Die Zurücknahme ist durch Einreichung eines Schriftsatzes oder in mündlicher Verhandlung zu erklären."

Dann kommt Abs. 3.

Staud: Nun ergibt sich die Frage: Kann eine zurückgenommene Berufung innerhalb der Berufungsfrist erneuert werden? Das wollen wir ja künftig nicht mehr, und dann müsste man sagen: „Die Zurücknahme hat, wenn sie erfolgt, die Wirkung des Verzichts auf das Rechtsmittel." Zurzeit ist es ja möglich, dass ich die Berufung zurücknehme und, wenn die Berufungsfrist noch läuft, die Berufung erneut einlege. Dann habe ich zwar die Berufung zurückgenommen, kann aber mit der Berufung wiederkommen, so dass eine zweite eingelegte Berufung, eine vielleicht verbesserte Berufung noch zulässig ist. Soll man diese Möglichkeit noch beibehalten? Diese Frage haben wir in der vorigen Sitzung nicht erörtert. Meine persönliche Auffassung geht ja dahin, dass dafür ein Bedürfnis nicht besteht. Handelt es sich darum, dass die Zurücknahme nur erfolgt, um die Berufung in verbesserter Form erneut einzulegen, so sehe ich einstweilen keinen praktischen Fall, wo ich dasselbe Ziel nicht auch dadurch erreichen kann, dass ich innerhalb der Berufungsfrist die eingelegte Berufung nachbessere. Ich kann ja, solange die Berufungsfrist noch läuft, meine Berufungsanträge nach Herzenslust abzuändern. Eine Schwierigkeit entsteht, wenn Sie an dem Schriftsatzgebot für die neuen Tatsachen festhalten und der Mann innerhalb der Berufungsfrist diese neuen Tatsachen vorbringen will. Ich denke an folgende Fälle: Er legt Berufung ein mit form- und fristgerechter Angabe der Berufungsgründe am 1. Mai. Die Berufungsfrist läuft noch bis zum 27. Mai. Er kriegt Termin auf den 1. Juni. Am 26. Mai, wenn der Anwalt die Terminakten durchsieht, sagt er: In Wirklichkeit muss ich die Berufung hauptsächlich darauf stützen, dass ich die und die neuen Tatsachen vortrage, die ich Ende April erfahren habe. Nun sagt er: In meiner Berufungsschrift vom 1. Mai steht das nicht. Nun sagt der Paragraph, den Sie gern herein haben wollen: Die neuen Tatsachen werden nur dann berücksichtigt, wenn sie in der Berufungsinstanz sofort mit einem Schriftsatz eingereicht werden. Nun sagt sich der Mann: Wenn ich das jetzt nach 20 Tagen mache, falle ich damit hintenüber, und dann heißt es: Das hättest du am 1. Mai machen müssen.

Vorsitzender: Nein, es ist gemeint: Er kann die Berufungsschrift bis zum Ablauf der Berufungsfrist immer noch ergänzen.

Furler: Er muss es nur innerhalb der Berufungsfrist machen.

Staud: Dann müsste man das anders formulieren. Dann braucht er die neuen Tatsachen nicht, wie es in § g steht, vorher sofort in einem Schriftsatz mitzuteilen, sondern dann darf er das noch innerhalb der Berufungsfrist machen.

Vorsitzender: Aber es ist doch allgemein so: Er hat zuerst nur die Anträge gestellt und die Gründe angegeben.

Staud: Das sind zwei verschiedene Dinge. Die Zulässigkeitsvoraussetzungen der Berufung, die Essentialia der Berufungseinlegung, kann er innerhalb der Berufungsfrist zweifellos nachschieben. Das andere aber sind keine Dinge, die damit zusammenhängen, dass die Berufung wirksam eingelegt ist – die Berufung wird ja dadurch nicht unzulässig –, sondern es ist eine verschärfte Bestimmung für die Präklusion der neuen Tatsachen, die mit der Berufungseinlegung und dem Inhalt der Berufungseinlegung nichts zu tun hat. Er sagt sich: Ziehe ich die Berufung zurück und lege sie am 24. Mai wieder ein – aber mit neuen Tatsachen –, dann kann mir keiner etwas am Zeuge flicken.

Furler: Aber es ist auch nicht unter allen Umständen verlangt, dass die neuen Tatsachen gleich vorgelegt werden; er muss sie nur innerhalb der Berufungsfrist vorlegen.

Vorsitzender: Ich stehe auf dem Standpunkt, dass man die Soll-Vorschriften genauso wie die Muss-Vorschriften ergänzen und neue Tatsachen innerhalb der Berufungsfrist noch vorbringen kann. Das müssen wir so oder so auch noch klarstellen. Es ist ein unmögliches Ergebnis, zu sagen: Die Muss-Vorschrift kann man noch bringen, die Soll-Vorschrift nicht. Praktisch ist es so, dass hier eine Parallele zur Klagezurücknahme vorliegt.

Staud: Zwischen Berufungszurücknahme und Klagezurücknahme besteht nur eine äußerliche Parallele, nämlich bloß in dem Wort „Zurücknahme". Die Klagezurücknahme hat eine ganz andere Bedeutung. Ich kann mich auch bei der Klagezurücknahme gegen die Wiederholung der Klage als Gegner dadurch sichern, dass ich sage: Ich bin nicht damit einverstanden. Das haben wir bei der Berufungszurücknahme nicht. Wenn wir schon sagen. „Die Berufung kann zurückgenommen werden, auch ohne Einwilligung des Gegners", dann müssen wir eigentlich die Konsequenz ziehen und sagen: Wenn der Mann die Berufung zurücknimmt, wird das Urteil rechtskräftig. Wenn man die Berufungszurücknahme aber morgen wieder erneuern kann, müsste der Berufungsbeklagte sich sagen: Mit einer solchen wiederholten Prozedur bin ich nicht einverstanden. Deswegen müsste man dahin kommen, dass man sagt: Die Berufungszurücknahme hat die Wirkung des Berufungsverzichts. So kämen wir systematisch zu einer erheblichen Vereinfachung. Dann würden in Wirklichkeit Verzicht und Zurücknahme genau dasselbe sein mit dem einzigen Unterschied: Die Sache heißt Verzicht, bevor die Berufungsinstanz eröffnet ist, und sie heißt Zurücknahme, nachdem die Berufungsinstanz beschritten ist. Frage: Sollen wir daraus nicht die Konsequenz ziehen, dass man die Zurücknahme der Berufung Verzicht nennt, die Berufungszurücknahme, die ja bisher lediglich die Bedeutung hatte: die Berufung wird rein papiermäßig zurückgenommen, um vielleicht einmal wieder erneuert zu werden? Diese Art der Zurücknahme wollen wir ja gar nicht haben. Was uns bei dieser neuen Zurücknahme vorschwebt, ist nichts anderes, als das, was im geltenden Recht Verzicht ist, d.h. mit der Wirkung; damit wird das Urteil rechtskräftig, damit geht das Rechtsmittel verloren. Es ist also im einen wie im anderen Fall dieselbe Sache.

Furler: Nicht ganz! Nach Ihrem Vorschlag kann man auf die Berufung schon verzichten nach Eintritt der Rechtshängigkeit. (*Staud:* Nein, nach Erlass des Urteils!)

Lent: Dann brauchte man § g Abs. 1 und 2 nicht, sondern brauchte nur Abs. 3, indem man sagen würde: Erfolgt der Verzicht erst nach Einlegung der Berufung, dann hat der Berufungskläger die Kosten zu tragen. Die Kostenvorschrift des Abs. 3 müsste unbedingt hinein. Man kann den Verzicht vor und nach der Berufung erklären. Erklärt der Betreffende sie nachher, hat das die Folge der Kosten.

Vorsitzender: Sie wollen die Zurücknahme gar nicht mehr haben!

Staud: Dann könnten wir diesen Absatz dem vorauf gegangenen Paragraphen anhängen und sagen: Erfolgt der Verzicht nach der Berufungserklärung, dann hat der Berufungskläger die Kosten der Berufung zu tragen; auf Antrag des Gegners ist der Beschluss auszusprechen. Wenn wir die Zurücknahme unabhängig von der gegnerischen Einwilligung machen und ihr die Wirkung des Verzichts geben, ist das in Wirklichkeit das, was nach heutigem Recht der Verzicht ist. Es fällt dann je ein Paragraph weg bei der Berufung und beim Vergleich. Wir kommen dann auch nicht mehr in die scheinbare Parallele mit der Klagerücknahme. Die Klage kann ja auch in der Berufungsinstanz noch zurückgenommen werden. Dann fällt Abs. 2 in § f weg. Man kann das noch kürzer fassen. Ich würde sagen: verzichtet die Partei …

Vorsitzender: Ich würde vorschlagen, zu sagen: „Verzichtet der Berufungskläger nach Einlegung der Berufung" oder „Erfolgt der Verzicht auf die Berufung nach ihrer Einlegung, so hat der

Berufungskläger die Kosten der Berufung zu tragen. Auf Antrag des Gegners ist der Beschluss auszusprechen".

Lent: Es kommt ja wohl kaum vor, dass jemand bei dem unrichtigen Gericht Berufung einlegt. Kommt es vor, dann hätten wir den einfachen Fall, dass der Mann zurücknimmt, und dann könnte er nur noch darauf verzichten.

Furler: Was geschieht nach der neuen Formulierung, wenn jemand dem Amtsrichter schreibt: Ich nehme die Berufung zurück? Gilt das als Verzicht?

Lent: Ich glaube, dass es sehr selten vorkommen wird; aber es kommt vor, dass Leute z.B. beim verkehrten Landgericht Berufung einlegen.

Staud: Nehmen wir den Fall an: Es legt jemand anstatt beim Oberlandesgericht die Berufung beim Landgericht ein. Das ist ein Fall, der nicht so selten ist.

Lent: Dann würde er darüber informiert werden, und dann würde die Zurücknahme eine praktische Notwendigkeit sein.

Staud: Nehmen wir den Fall: Es legt jemand die Berufung bei einem örtlich nicht zuständigen Amtsgericht z.B. in München ein.

Lent: In Berlin könnte es eher passieren, dass man beim falschen Landgericht Berufung einlegt; aber es wird auch selten vorkommen.

Furler: Dann würde die Zurücknahme notwendig.

Staud: Warum soll ich, wenn eine Berufung beim falschen Gericht vorliegt, den Betreffenden dazu zwingen, die Berufung zurückzunehmen und sie anderswo neu einzulegen. Es ist dasselbe, wie wenn jemand eine Klage beim falschen Gericht einreicht. Weshalb soll man da nicht die Verweisungsmöglichkeit schaffen? Als wir die Vereinfachungsverordnung einführten, hat uns eine solche Verweisungsmöglichkeit gefehlt. Die Leute legten die Berufung vielfach noch beim Landgericht ein, weil sie nicht wussten, dass sie beim Oberlandesgericht einzulegen war. Bis sie vom Landgericht darüber aufgeklärt waren, dass die Berufung beim Oberlandesgericht einzulegen sei, war die Berufungsfrist verstrichen. Viele Landgerichte haben es so gemacht, dass sie die Berufungen an die Oberlandesgerichte gegeben haben. Dann haben die Oberlandesgerichte sich auf den Standpunkt gestellt: Das zieht nur dann, wenn der Berufungsschriftsatz mit Begründung beim Oberlandesgericht noch innerhalb der Berufungsfrist eingereicht worden ist. Wir haben eine ganze Reihe von Fällen, die damals auch zu Eingaben und Berichten der Chefpräsidenten geführt haben, in denen die Abgabe der fälschlich beim Landgericht eingereichten Berufung an die Oberlandesgerichte erst erfolgt war, nachdem die Berufungsfrist verstrichen war. Die Oberlandesgerichte haben die Berufung durch Beschluss als unzulässig verworfen. Die Sache ist bis zum Reichsgericht gediehen, und das Reichsgericht hat diese Beschlüsse bestätigt. An dieser Schwierigkeit kämen wir vorbei, wenn wir ermöglichten, dass hier ein Rechtsmittel, welches bei einem hierfür nicht zuständigen Gericht eingelegt ist, an das für die Einlegung zuständige Gericht abgegeben werden kann. Das hat den Vorteil einer Erleichterung für die Parteien und der Vermeidung von Härten.

Furler: Es hat allerdings auch den Nachteil, dass man nun Berufung einlegt, wo man will, indem man sich sagt: Ich schicke es einfach an irgendein Gericht; die werden es schon weitergeben. (*Lent:* Judex a quo!)

Staud: Das haben wir nie gehabt. Das erlebt man in der Praxis alle Tage, dass die Leute beim Amtsgericht Berufung einlegen. Die Rechtsanwälte schreiben eine Postkarte. Aber die Schwierigkeit mit dem judex a quo habe ich bis dahin noch nicht erlebt. Wohl haben wir von den Naturalparteien Zuschriften bekommen: gegen das Urteil lege ich Berufung ein, verbunden mit Berufungsschelte, die sich aber nicht gegen die Urteilsbegründung richtete, sondern in der es hieß: Der Zeuge Soundso ist unmöglich. Das ist öfter vorgekommen. Wir haben dann den Leuten geschrieben: Gegen das amtsgerichtliche Urteil muss die Berufung beim zulässigen Landgericht eingelegt werden. Diese Dinge haben wir als Berufung behandelt. Was soll der Amtsrichter machen? Soll er etwas Termin bestimmen und gegen sich einen Berufungstermin stattfinden lassen? Soll das Oberlandesgericht einen bei ihm eingelegten Revisionstermin bestimmen und eine Revisionsverhandlung stattfinden lassen? Soll die Zivilkammer eines Landgerichts, wenn bei ihm gegen ein landgerichtliches Urteil Berufung eingelegt wird, Termin zur Verhandlung anberaumen? Ob das Gericht, bei dem das Rechtsmittel eingelegt wird, für das Rechtsmittel sachlich und örtlich zuständig ist, kann ja an und für sich das Gericht bei Eingang des Rechtsmittels stets sehen. Wenn beispielsweise beim Landgericht in München eine Berufung gegen ein Urteil des Amtsgerichts in Donauwörth eingeht, weiß das Landgericht in München gleich: Das geht uns nichts an; der Mann muss die Berufung beim Landgericht Augsburg einlegen. Ich weiß nicht, ob wir uns hier nicht den Kopf über etwas zerbrechen, was ziemlich müßig ist. Wer ein Rechtsmittel beim falschen Gericht einlegt, hat es eben gar nicht eingelegt. Das ist ja auch ein Akt, der keinerlei Rechtswirkung hat. Er hindert weder die Erteilung des Notfristzeugnisses, noch hat er sonst irgendeine Wirkung. Wer die Berufung beim falschen Gericht einlegt, braucht sie in diesem Sinne auch gar nicht zurückzunehmen.

Lent: Er könnte sie nachher beim richtigen Gericht einlegen.

Staud: Wenn beim Landgericht Berlin eine Berufungsschrift gegen ein Urteil des Amtsgerichts Frankfurt a.d. Oder eingeht, was wird der Vorsitzende der Berufungskammer in Berlin machen? Er wird dem Mann einfach schreiben: Berufungen gegen Urteile des Amtsgerichts Frankfurt a.d. Oder sind beim Landgericht Frankfurt a.d. Oder einzulegen. Wenn er das nicht tut und sagt: „Ich bestimme jetzt einen Termin“, dann könnte man es weiß Gott der Rechtsprechung überlassen, was dann geschieht.

Furler: Er wird dem Betreffenden wahrscheinlich schreiben: Das ist unzulässig; nehmen Sie die Berufung zurück.

Staud: Nein, das wird er nicht machen. Er wird sagen: Was Sie hier gemacht haben, ist wohl ein Irrläufer, oder sagen Sie uns, was wir damit machen sollen; holen Sie sich die Sache wieder. Er wird die Sache also so behandeln wie der judex a quo, bei dem eine solche Schrift eingeht. An und für sich müsste auch der Amtsrichter, wenn er formalistisch verführe, den Leuten empfehlen, die Berufung zurückzunehmen; denn wenn sie sie zurücknehmen, kommen sie nachher mit einer halben Gebühr davon oder brauchen gar nichts zu zahlen.

Vorsitzender: Was da geschieht, können wir künftig in unseren Notgesetzen regeln.

Staud: Das haben wir uns auch nach den bisherigen Erfahrungen gesagt. Wir haben auch infolgedessen für die Berufungen eine Übergangsbestimmung geschaffen.

Lent: Ist es sicher, dass die beim unrichtigen Gericht eingelegten Rechtsmittel überhaupt nicht existieren? (*Furler:* Das glaube ich nicht!)

Vorsitzender: Der Betreffende muss seine Berufung beim Berufungsgericht einlegen, und das ist nicht das Berufungsgericht. Baumbach schreibt dazu: Es sind zu prüfen a) die geschäftliche Zuständigkeit, b) die Statthaftigkeit des Urteils usw. Er nimmt also an, dass geprüft wird, ob es das richtige Gericht ist.

Lent: Dann liegt es an den Zuständigkeitsvorschriften. Die Sache ist vielleicht nicht so ganz sicher. Ich habe da kleine Bedenken.

Furler: Wir kämen zu dem Ergebnis, dass das, was an das falsche Gericht geht, gar keine Berufung sei. Die Berufung soll aber an das zuständige Gericht geleitet werden. Das mag man durch das Notfristengesetz regeln.

Staud: Wenn das Landgericht Berlin wirklich so verrückt wäre, auf die Berufung gegen ein Urteil des Amtsgerichts Frankfurt a.d. Oder Termin anzuberaumen, dann würde das Rechtskraftattest dazu nicht erteilt werden, weil man beim Landgericht Frankfurt a.d. Oder erfahren hat, dass dort kein Rechtsmittel eingelegt ist. Wenn man den Fall für wert hält, positiv zu regeln, müsste man ihn irgendwie mit einer Verweisung regeln. Man kann ja die Verweisungsbestimmungen dahin fassen, dass man sagt, dass ein Rechtsmittel erst dann als eingelegt gilt, wenn die Rechtsmittelschrift kraft der Verweisung dort eingegangen ist, wo sie hingehört. Ich denke mehr an die Fälle im Verkehr zwischen Landgericht und Oberlandesgericht, wo meines Erachtens die Gefahren eines Fehlgriffs am ehesten in örtlicher Hinsicht möglich sind, obwohl ich ja sagen muss: Es müssen doch die Rechtsmittel durch Anwälte eingelegt werden, die bei dem betreffenden Gericht zugelassen sind, und die sollten doch eigentlich wissen, welche Bezirke in Frage kommen.

Furler: Bei uns in Württemberg weiß man nicht immer genau, wohin eine Sache gehört. Beim Amtsgericht gibt es viele Anwälte, die darüber nicht genau Bescheid wissen, weil die Bezirke etwas ungleich sind. Man muss dann tatsächlich anfragen. Aber wir kommen auf die ganze Frage nur deshalb, weil wir untersuchen, ob die Zurücknahme mit dem Verzicht gleichbehandelt werden soll.

Staud: Was passiert, wenn der Mann die Berufung beim falschen Gericht eingelegt hat? Wird er dadurch irgendwie behindert? Nehmen wir an, die Umstände lassen die Zurücknahme nicht zu, sondern nur den Verzicht, und wir haben auch keine Verweisungsbestimmungen. Wer hindert dann den Berufungskläger, jetzt an das richtige Gericht zu gehen? Er sagt sich dann: Ich habe die Berufung fälschlich in Berlin eingelegt; was die in Berlin damit machen, ist mir egal; bis morgen ist noch Zeit; ich telegrafiere nach Frankfurt a.d. Oder und bitte einen Rechtsanwalt, beim Landgericht Frankfurt a.d. Oder Berufung einzulegen.

Furler: Jetzt kommt der boshafte gegnerische Anwalt mit der Einrede und sagt: Der Prozess schwebt schon beim Landgericht. Das sind Winkelzüge, die doch angewandt werden.

Staud: Mit den Winkelzügen würde man fertig werden. In Frankfurt a.d. Oder würde man sagen: Bei uns ist eine Berufung form- und fristgerecht eingelegt; auf die verhandeln wir; was das Berliner Gericht mit dem eingereichten Schriftsatz macht, überlassen wir ihm.

Vorsitzender: Jetzt kommt etwas hinzu. Was bedeutet der Verzicht? Angenommen, ich habe in dem von Herrn Staud angeführten Beispiel Berufung beim Landgericht Berlin eingelegt. Nun sehe ich ein, dass das Wahnsinn ist, und sage: Ich verzichte auf das Rechtsmittel. Dann habe ich doch nur auf die beim Landgericht Berlin eingelegte Berufung verzichtet.

Furler: Mit derselben Logik können wir sagen: Ich verzichte auf die zuerst eingelegte Berufung und mache eine zweite daraus. Wir kommen doch wieder darauf zurück, dass es zweckmäßig ist, zwischen Zurücknahme und Verzicht zu trennen.

Staud: Das Einzige, was man verhindern wollte, war, dass ich die erste Berufung aus gewissen formellen Gründen zurücknehme und dann innerhalb der Frist eine zweite Berufung einlege. Das wollte man verhindern und dadurch der Zurücknahme die Wirkung eines Verzichts geben. Wegen dieser an sich kleinen technischen Veränderung ist man jetzt so weit, dass man Zurücknahme und Verzicht überhaupt zusammennimmt und nur noch Verzicht hat. Dadurch entsteht eine Komplikation, wenn ich beim falschen Richter die Berufung einlege und nun darauf verzichten muss.

Furler: Diese Komplikation haben wir doch auch heute. Nehmen wir an: Der Mann hat an das Landgericht Berlin eine Berufung gerichtet. Sie liegt nun beim Vorsitzenden auf dem Tisch. Der Mann sagt sich plötzlich: Ich will mich mit dem Berliner Gericht nicht lange herumschlagen; morgen läuft die Berufungsfrist ab; heute lege ich Berufung in Frankfurt a.d. Oder ein. Der Mann in Berlin sagt sich: Bei mir liegt die Sache auch; was soll ich machen? Ich bestimme darauf auch Termin.

Vorsitzender: Dann liegt keine Zurücknahme vor.

Staud: Das ist noch nicht vorgekommen. Es kommt nur vor beim Amtsgericht, dass die Naturalpartei in Unkenntnis der Rechtsorganisation das Rechtsmittel beim judex a quo einlegt. Das sie sich örtlich vergreift, kommt auch nicht vor.

Furler: Bisher konnte man die Berufung auf jeden Fall zurücknehmen, wenn es Streit gab. In Zukunft müsste man verzichten. Das kann man nicht.

Stagel: Dann würde ich doch eine Möglichkeit der Verweisung vorsehen.

Furler: Mit der Verweisung wird es noch komplizierter.

Vorsitzender: Wir wollen die Sache in Gegenwart des Herrn Jonas noch einmal erörtern. Er wird uns noch eine ganze Fülle von Gesichtspunkten angeben können.

Furler: Es handelt sich darum, ob wir Verzicht und Zurücknahme zusammenbringen oder trennen.

Staud: Damit ist das Problem auch noch nicht gelöst. Die Zurücknahme mit der Möglichkeit der Rechtsmittelerneuerung müssten wir belassen.

Vorsitzender: Diese Möglichkeit müsste bestehen bleiben. Wenn wir die Zurücknahme gleich als Verzicht gelten lassen, dann sind wir so weit wie heute.

Lent: Ich bin nicht für Zusammenlegung. Nur fiel mir dieser Fall ein; ob er vorkommt, weiß ich nicht.

Stagel: Er ist bei der Gesetzesvereinfachung vorgekommen.

Staud: Wenn er vorkommt, müsste man ihm irgendwie durch Verweisungsmöglichkeit abhelfen.

Furler: Nehmen Sie einen anderen Fall! Sie haben Berufung beim zuständigen Gericht eingelegt, haben sie aber formal falsch eingelegt, die Berufungsbegründung nicht richtig gemacht. Sie müsste als unzulässig verworfen werden. Dann müssten Sie es bei dieser Lösung immer auf den Beschluss ankommen lassen, dass die Berufung als unzulässig verworfen wird. Sie können nicht zurücknehmen.

Staud: Bei dieser fehlerhaft eingelegten Berufung ohne Berufungsbegründung kann man sagen: Die Berufungsbegründung hole ich in der Berufungsfrist nach. In derselben Berufungsfrist müssen Sie auch die im anderen Fall eingelegte Berufung nachholen. Wenn die Berufungsfrist verstrichen ist, hilft ihm auch nicht die Berufungserneuerung.

Vorsitzender: Ich habe auch Interesse daran, hier auszusprechen, dass die Zurücknahme der Berufung dieselbe Wirkung wie der Verzicht hat; denn irgendwelcher Unfug wird dadurch nicht entstehen, namentlich wenn künftige die Sechsmonatsfrist wegfällt, weil wir das nicht mehr den Parteien überlassen. Dann wird jeder so viel Zeit haben, dass er seine Berufung zurücknimmt. Warum soll er sie zurücknehmen und erneuern, nur um sich dadurch Kosten zu verursachen?

Staud: Die Kosten verursacht er nicht nur sich, sondern auch dem Gegner. Was hilft es mir, dass der andere die Kosten zu tragen hat; ich muss zunächst einmal meinen Rechtsanwalt selbst bezahlen. Bis jetzt sehe ich nur die eine Frage, die aber auch im anderen Fall nicht gelöst ist, dass ich nämlich das Problem einer Berufung, die beim falschen Gericht eingelegt ist, damit löse, dass ich sage: Du kannst sie zurücknehmen und anderswo erneut einlegen. Das ist eine Selbstverständlichkeit. Wenn ich das Problem für lösenswert halte, muss ich sagen, dass das praktische Bedürfnis nur bei dem einzigen Fall gegeben ist, der jetzt bei der Zuständigkeitsverschiebung praktisch geworden ist. Dann muss man die Lösung wählen, die wir in der zweiten Vereinfachungsverordnung auch gewählt haben. Da haben wir gesagt: Die Berufung, die in einer Übergangszeit noch fälschlich beim Oberlandesgericht eingelegt wird, geht an die zuständige Stelle.

Furler: Ich brauche doch kein Problem zu lösen, das gar kein Problem ist. Ich nehme die beim falschen Gericht eingelegte Berufung zurück.

Vorsitzender: Es ist ja eine ausgefallene Möglichkeit, dass beim falschen Gericht, beim Amtsgericht oder beim judex a quo die Berufung eingelegt wird. Soll man deswegen das Ganze überhaupt beibehalten? Da sagen Sie: Ich muss es beibehalten, weil ich sonst keine Lösung für diese Fälle habe.

Staud: Wenn ich für diese Fälle eine Lösung suche, so suche ich sie nicht auf dem Wege, dass ich sage: die Berufung wird zurückgenommen und wird durch die neu eingelegte ersetzt mit den anfallenden Mehrkosten, die nicht nur den Berufungskläger, sondern auch den Beklagten belasten; denn der Anwalt fragt nicht, wer die Kosten zu tragen hat, sondern er fragt: Wer ist mir die Gebühren schuldig geworden; ich will gar nicht erst versuchen, sie bei dem anderen beizutreiben; ob da etwas herauskommt, weiß ich nicht. Infolgedessen sage ich mir: Wenn ich das Problem lösen will, soll ich es dadurch lösen, dass ich eine Bestimmung dahingehend treffe: die Rechtsmittel, die beim falschen Gericht eingelegt werden, werden an das richtige Gericht verwiesen.

Furler: Aber das Kostenproblem ist damit nicht gelöst; denn der Anwalt in Berlin wird auch Ersatz seiner Kosten verlangen. Also die Kostenfrage ist genau die gleiche. Sie haben doch den Gegner vor den Kosten schützen wollen.

Vorsitzender: Nehmen wir an: Ich habe Berufung eingelegt, und das Urteil ist noch nicht zugestellt. Dadurch, dass ich Berufung einlege, habe ich die Berufungsfrist in Lauf gesetzt. Es ist mir nun nicht geglückt, innerhalb dieser Frist eine anständige Berufungsbegründung fertig zu kriegen. Daraufhin nehme ich die Berufung zurück. Ich kann sie jetzt erneuern, kriege dann eine neue Berufungsbegründungsfrist, und innerhalb dieser neuen Berufungsbegründungsfrist kann ich die Berufung ordnungsmäßig begründen. Das Reichsgericht hat das einmal für unzulässig erklärt, ist aber schließlich wieder davon abgekommen. Diese Schwierigkeit haben Sie heute nicht mehr, wo wir die besondere Berufungsbegründungsfrist nicht mehr haben, sondern heute läuft die Berufungsfrist nach Einlegung der Berufung, und innerhalb der Berufungsfrist kann er noch alles, was er machen muss, machen; dazu braucht er die Berufung nicht zurückzunehmen.

Staud: Der andere Fall kommt ja künftig nicht mehr vor, weil das Urteil amtlich zugestellt wird. Infolgedessen spielt die Frage, wo Berufung eingelegt wird, keine große Rolle mehr.

Vorsitzender: Früher, wo die Berufungsfrist noch sechs Monate lang lief, konnte so etwas vorkommen.

Staud: Diese Geschichte kommt deshalb nicht mehr vor, weil die Berufungsfrist künftig ja meistens schon verstrichen sein wird. Der Fall, dass jemand zurücknimmt, um eine neue Begründungsfrist zu bekommen, kommt nicht mehr vor. Besondere Berufungsbegründungsfristen finden nicht mehr statt.

Vorsitzender: Ich meine: Dieses Problem ist gar nicht mehr praktisch; wir könnten es ruhig wagen, einfach zu sagen: Die Zurücknahme der Berufung hat zur Folge, dass der Berufungskläger die Kosten der Berufung zu tragen hat.

Staud: Wir stehen vor der Frage: Nötigt uns der Fall, dass die Berufung beim falschen Gericht eingelegt wird, überhaupt zu einer gesetzgeberischen Regelung, wenn ja, nötigt er uns dazu, das Institut der Berufungsrücknahme mit der Möglichkeit der jederzeitigen Erneuerung beizubehalten, oder findet man nicht einen einfacheren Weg, der ja im Allgemeinen auch der billigere ist, dass man sagt: das beim falschen Gericht eingelegte Rechtsmittel wird an das richtige Gericht verwiesen?

Furler: Es ist doch heute auch die Frage in der Debatte entstanden, ob man die Zurücknahme überhaupt streichen soll.

Staud: Darüber, dass überhaupt die Rücknahme die Wirkung des Verzichts haben soll, waren wir uns in der vorigen Sitzung einig, und das ist das wesentlichste Argument dafür, dass man sagt: Sie kann auch ohne Einwilligung des Gegners zurückgenommen werden.

Lent: Das stand ursprünglich darin; aber dann haben wir wieder davon abgesehen.

Staud: Der Paragraph kam uns reichlich kompliziert vor, und wir kamen eigentlich dahin, dass wir sagen mussten: Wenn die Berufung zurückgenommen ist, ist es selbstverständlich, dass sie nicht mehr erneuert werden kann. Das Problem begegnet uns nicht nur bei der Berufung, sondern begegnet uns vor allem bei der Beschwerde. Da spielt es eine viel größere Rolle als bei der

Berufung und Revision; denn Beschwerden können auch ohne Anwaltszwang bei dem höheren Gericht eingelegt werden. Nehmen Sie an: Jemand reicht eine Beschwerde in einer landgerichtlichen Sache, die beim Oberlandesgericht einzulegen wäre, an das Landgericht ein, oder die Naturalpartei vergreift sich örtlich und legt die Beschwerde etwa beim Landgericht München I gegen ein Urteil aus Starnberg ein, während örtlich das Landgericht München II zuständig ist. Dann entsteht die Komplikation.

Singer: Das Landgericht München I schickt dann die Sache an das Landgericht München II und schreibt dem Betreffenden: Wir haben sie abgegeben.

Staud: Frage: Wie sind solche Rechtsmittel zu behandeln, die beim unzuständigen Richter eingelegt worden sind? In diesen Fällen hat die Praxis heute die verschiedensten Varianten herausgebildet, aber alle praeter legem. Nur einen Weg geht die Praxis nicht, den Weg, der sich eigentlich nach dem Gesetz ergeben müsste, nämlich dass auf ein Rechtsmittel hin nun stur verhandelt und entschieden wird, also dass in dem zuletzt genannten Beispiel dem Manne vom Landgericht München I der Beschluss geschickt wird: Deine Beschwerde wird als unzulässig verworfen; du hättest die Beschwerde an das Landgericht München II richten müssen. Das wäre der Weg, den eigentlich das Gesetz, solange die Parteien keine Anträge stellen, wiese. Diesen Weg geht aber die Praxis nicht, und das zeigt, dass dieses Problem der Regelung bedarf. In meinen Augen ist der gegebene Weg, dass man es mit dem Rechtsmittel so hält wie mit einer Klage, die beim unzuständigen Gericht eingelegt wird.

Vorsitzender: Das ist eben der Blödsinn, dass dann unter Umständen ein völliges Desordre eintritt. Dann geht die Sache an das Reichsgericht, und das Reichsgericht muss den Beschluss fassen: Sie wird abgegeben.

Staud: Im Allgemeinen schreiben die Leute heute nicht an das Reichsgericht; aber was würde das Reichsgericht machen, wenn jemand an das Reichsgericht schreiben würde: Ich lege Berufung ein gegen das und das Urteil des Landgerichts?

Furler: Es wird ihm eine Rechtsbelehrung erteilt.

Staud: Das Reichsgericht wird sicher nicht sagen: Ich bestimme jetzt Termin und halte die Verhandlung ab.

Stagel: In Österreich ist die Sache so, dass in solchen Fällen das unzuständige Gericht die Sache an das zuständige Gericht abgibt, ohne dass eine ausdrückliche Regelung nach dieser Richtung hin bestände. Es wird aber angenommen, dass die Rechtsmittelfrist nicht gewahrt ist, wenn die Sache verspätet an das zuständige Gericht kommt. Das würde ich auch beibehalten.

Furler: Das ist bei uns heute nicht positives Recht.

Staud: Einen anderen Weg kann ich nicht gehen; sonst entsteht Verwilderung. Die Hauptsache ist, dass die Frist gewahrt ist. Die Frist läuft mit Eingang der Sache bei dem Gericht, an welches sie, sei es von Amts wegen, sei es auf Antrag der Partei, abgegeben wird.

Furler: Es gibt da sehr schwierige Zuständigkeitsprobleme bei der Verweisung der Klage, während sie hier ganz glatt sind.

Vorsitzender: Dieses Kapitel wollen wir morgen noch einmal besprechen, wenn Herr Jonas dabei ist.

Nun kommt die schöne Regelung der prozessrechtlichen Vorschriften in § h. Dagegen ist wohl nichts zu sagen. Diese Bestimmung würde in den Allgemeinen Teil gehören. Es wäre höchstens die Frage, ob man die Zustellung herausnehmen soll.

Staud: Dazu kommt eine Verwaltungsverfügung. Wir haben schon einmal darüber gesprochen und uns, wie mir scheint, im Großen und Ganzen auch geeinigt, indem wir sagten: In die Prozessordnung kommen über die Zustellung nur ein paar grundlegende Bestimmungen; die Einzelheiten werden durch Verwaltungsverfügung des Reichsministers der Justiz geregelt, die Fälle, wenn die Ersatzzustellung zulässig ist, usw. Das sind Verwaltungsbestimmungen, die man jeweils regeln muss. Nachdem wir jetzt den allgemeinen Heilungsparagraphen haben, haben die gesetzlichen Bestimmungen über die Form der Zustellung eigentlich kaum noch praktischen Wert.

Vorsitzender: Zu *§ h* sind weiter keine Anträge gestellt. Bei diesen Vorschriften über die Berufungszurücknahme bedarf es einer Mitteilung an den Gegner.

Staud: Soweit sie durch Einreichung eines Schriftsatzes erfolgt, folgt aus den allgemeinen Vorschriften, dass dem Gegner die Schriftsätze im Amtsweg zuzustellen sind.

Stagel: Warum muss eigentlich die Prozessgebühr innerhalb einer bestimmten Frist eingezahlt werden? Warum sagt man nicht: Wer Berufung einlegt, hat gleichzeitig die Prozessgebühr zu entrichten?

Vorsitzender: Gleichzeitig keinesfalls! Es muss ihm noch eine Frist gegeben werden, wie üblich.

Staud: Die Sache läuft praktisch so: Der Mann erhält von der Gerichtskasse eine Zahlungsaufforderung; auf ihr ist die Prozessgebühr bereits berechnet. Im Übrigen ist die ganze Vorschrift eine Angelegenheit des Finanzministers; es handelt sich um die Grundsätze der Gebührenvorwegleistung.

Vorsitzender: Wir lassen die Bestimmung ruhig so stehen, wie sie ist.

Wir kommen zu *§ i:* „Der Vorsitzende beraumt gleichzeitig mit der Bestimmung der Gebührenfrist den Termin zur mündlichen Verhandlung an."

Staud: Die Terminbestimmung soll als Druckmittel für die Bearbeitung der Sache auf beiden Seiten dienen.

Stagel: Ich würde es doch vom prozessualen Standpunkt aus für richtiger halten, gleichzeitig die Anberaumung der mündlichen Verhandlung und die Prozessgebühr zu bestimmen.

Furler: Die Bezahlung der Prozessgebühr gehört zu den Prozessvoraussetzungen.

Vorsitzender: Stagel hat mit seinen Bedenken eigentlich recht.

Staud: Jonas hat diese Anordnung lebhaft verteidigt.

Stagel: § i hat nur einen Absatz; also muss die Absatzbezeichnung weg. Ich sehe nicht ein, warum dieser Satz hinter § h steht.

Vorsitzender: Es ist etwas Richtiges an dem, was Stagel sagt. Wir wollen die Frage noch mit Jonas besprechen.

Wir kommen zu *§ k:* „(1) Das Berufungsgericht hat von Amts wegen zu prüfen, ob die Berufung an sich statthaft und form- und fristgerecht eingelegt ist und ob die Einzahlung der Prozessgebühr rechtzeitig erfolgt ist. Mangelt es an einem dieser Erfordernisse, so ist die Berufung als unzulässig zu verwerfen.

(2) Die Entscheidung kann, auch wenn bereits Termin zur mündlichen Verhandlung anberaumt ist, ohne mündliche Verhandlung als Beschluss ergehen.

(3) Die Entscheidung, durch die die Berufung wegen Versäumung der Gebührenfrist verworfen wird, ist von Amts wegen aufzuheben, wenn sich nachträglich herausstellt, dass die Zahlung innerhalb der Frist bewirkt worden war."

Neu ist, dass diese Prüfung stattfindet, nachdem schon der Termin zur mündlichen Verhandlung anberaumt ist. Es muss eigentlich so sein.

Staud: Es ist denkbar, dass der Vorsitzende erklärt, die Berufung sei überhaupt nicht statthaft. Er sagt nun: Ich bestimme weder Termin zur mündlichen Verhandlung noch Gebührenfrist, noch verwerfe ich nach § k Abs. 2 die Berufung, weil sie unzulässig ist; der Streitgegenstand beträgt nur 100 RM. Das ist zulässig. Er sieht auf den ersten Blick, dass die Berufung durch Beschluss zu verwerfen ist.

Stagel: Die Gebührenrechnung bekommt der Berufungskläger doch.

Staud: Die bekommt er. Es braucht keine Kostenrechnung aufgestellt zu werden. Der Berufungskläger erhält mit dem Verwerfungsbeschluss zugleich die Kostenberechnung über die als unzulässig verworfene Berufung.

Furler: Die Entscheidung über die Verwerfung der Berufung kann ohne mündliche Verhandlung durch Beschluss ergehen, auch wenn der Termin zur mündlichen Verhandlung schon bestimmt ist.

Staud: Nun könnte man sagen: Wenn schon Termin zur mündlichen Verhandlung anberaumt ist, dann muss diese abgewartet werden. Das war der Grund zu der Bestimmung. Das ist auch nötig. Die Leute haben die Ladung zur mündlichen Verhandlung. Da das im Gesetz nicht stand, würden die Leute sagen: Wie kommt das Gericht dazu, mir diesen Beschluss zuzuschicken; ich wollte gerade die Gründe anführen, die für die Statthaftigkeit der Berufung sprechen. Das ist das Missliche. Das passiert zwar jetzt auch; aber die Leute sind durch die Fassung des Gesetzes auf diese Möglichkeit hingewiesen. Ich glaube, diese Erwägung war für Jonas bestimmend. Ich meine, man kann das so stehen lassen.

Vorsitzender: § l. Diese Bestimmung fällt weg bei Beseitigung der Anschlussberufung.

§ m: „Der Beurteilung des Berufungsgerichts unterliegen auch diejenigen Entscheidungen, die dem Endurteil vorausgegangen sind, sofern sie nicht unanfechtbar oder mit der Beschwerde anfechtbar sind."

Furler: Diese Vorschrift gehört als letzter Absatz zu § c.

Vorsitzender: Wir wollen § m als letzten Absatz zu § c nehmen.

§ n soll nach vorn hinter § b kommen.

Wir kommen nun zu *§ o.* Hier handelt es sich um das Geheimnis mit der Anschlussberufung. Nehmen wir folgenden Fall: Es hat sich herausgestellt, dass der Richter in dem und dem Punkt sich geirrt hat. Aber hier kann man nicht nachbessern, denn in diesem Punkt hat der Erstrichter sich zuungunsten des Klägers geirrt. Nun hat aber nicht der Kläger Berufung eingelegt, sondern der Beklagte. Es muss also dieser Teil des Urteils zugrunde gehen. Wenn wir nun die Anschlussberufung abschaffen, sind solche Möglichkeiten der Nachbesserung gar nicht mehr gegeben. Stellt sich erst in der Berufungsinstanz heraus, dass das Urteil in einem Punkt, in dem es dem Kläger ungünstig war, nicht richtig ist, dann ist für den Kläger wichtig, diesen Punkt ändern zu lassen.

Staud: Wir haben diese Möglichkeit jetzt, wenn der Kläger seinerseits Anschlussberufung einlegt. Die Möglichkeit, Anschlussberufung einzulegen, besteht nach dem nunmehrigen Vorschlag auch noch, aber nur innerhalb der Berufungsfrist.

Vorsitzender: Früher hatten es die Parteien in der Hand, die Berufungsfrist zu bestimmen.

Staud: Ob sich das in allen Fällen in einer Verkürzung oder Verlängerung der Berufungsfrist auswirkt, ist nicht abzusehen. Bisher hatten wir eine Berufungsfrist, die verstreichen konnte, ohne dass die Partei das vollständig abgesetzte Urteil überhaupt zu Gesicht bekam. Das Urteil wurde mit der verkündeten Urteilsformel zugestellt; die Urteilsgründe wurden unter Umständen erst nach Wochen bekannt.

Vorsitzender: Ich möchte nun Herrn Furler darüber hören: Sind Ihnen in Ihrer Praxis viele Fälle der Anschlussberufung vorgekommen? Sie werden das am besten übersehen können.

Furler: Anschlussberufung kommt öfter vor.

Vorsitzender: Wir müssen nun selbständige und unselbständige Anschlussberufung unterscheiden.

Furler: Am häufigsten kommt die selbständige Anschlussberufung vor.

Vorsitzender: Es könnten nun Fälle eintreten, in denen man erst im Verlauf der Berufungsinstanz merkt, es wäre doch von großem Wert, in dem einen oder anderen Punkt eine Änderung des Ersturteils herbeizuführen.

Furler: Soweit ich es übersehen kann, waren die meisten Anschlussberufungen, die mir untergekommen sind, selbständige.

Vorsitzender: Nun ist merkwürdig: In Österreich hat man die Anschlussberufung nie gehabt.

Stagel: Das hängt mit der Gestaltung des Berufungsverfahrens in Österreich zusammen. Nach einer beschränkten Berufung besteht viel weniger Bedürfnis als nach der unbeschränkten Berufung, wo der Prozess von neuem aufgebaut wird und beide Parteien ein größeres Bedürfnis haben, mit neuen Tatsachen daher zu kommen.

Staud: Es ist kein Wort darüber zu verlieren, dass die unselbständige Anschlussberufung sein muss, wenn das Interesse besteht, einen Punkt in der Berufungsverhandlung aufzurollen. Der Berufungskläger kann ja nach geltendem Recht einer Verhandlung, die eine vollständige Erneuerung ist, opponieren, wie er will. Weshalb soll der Beklagte gebunden sein? Wenn wir aber sagen: Diese Dispositionsbefugnis des Klägers über das frühere Urteil hört mit dem Ablauf der Berufungsfrist auf, dann kann das auch für den Beklagten gelten. Die Berufung ist dazu da, dass die Parteien sich darüber klar werden, wie weit sie das Ersturteil anfechten und wie weit nicht.

Lent: Nehmen wir folgendes Beispiel: Der Kläger hat 1000 RM eingeklagt. Das Urteil gibt ihn zu 800 RM recht; mit 200 RM wird der Kläger abgewiesen. Er sagt sich, wegen dieser lumpigen 200 RM wolle er nicht in die Berufungsinstanz gehen; wenn er aber merkt, dass der Prozess vom Gegner fortgesetzt wird, dann sieht er nicht ein, warum er auf die 200 RM verzichten soll. Nun legt der Gegner die Berufung erst am letzten Tag der Berufungsfrist ein, so dass der Kläger sich nicht mehr anschließen kann.

Stagel: Das sind mehr oder weniger taktische Erwägungen; ob diese so berücksichtigenswert sind, ist eine andere Frage.

Vorsitzender: Nun kann der Anwalt A beim Anwalt B anfragen, ob dieser Berufung einlegen werde oder nicht.

Furler: Das ist auch nicht sicher; das kann sich vielleicht erst in den letzten zwei Tagen entscheiden.

Stagel: Loyalerweise muss der Anwalt B sagen, er wisse es nicht.

Staud: Wer sich die taktischen Vorteile offenhalten will, kann sagen, solange er nicht weiß, ob der andere von der Berufung Gebrauch macht oder nicht, lege er vorsorglich wegen der 200 RM Berufung ein. Dann hat er die selbständige Anschlussberufung eingelegt. Das alles würde man in Kauf nehmen können, wenn nicht die Beibehaltung der Anschlussberufung dazu zwänge, beiden Parteien für die ganze Dauer der Berufungsinstanz jede beliebige Erweiterung der Berufungsanträge offenzuhalten. Was helfen alle Bestimmungen über die Berufungsbegründung, über die Anführung der Berufungsanträge und Gründe in der Berufungsschrift, wenn man für die mündliche Verhandlung doch nicht wissen kann, ob es bei diesen Anträgen bleibt. Zunächst legt er Berufung ein mit einem Antrag über 300 RM. Dann ändert er seine Anträge und sagt: Wegen der ersten 300 RM rege ich mich nicht auf; das mag so bleiben, aber auf die nächsten 400 RM richte ich meine Berufungsanträge. Das hat Einfluss auf die Praktikabilität des ergangenen Urteils, auf die Erteilung des Rechtskraftzeugnisses usw. Wir haben hier zwar den Ausweg der Vollstreckbarkeitserklärung. Aber die vorläufige Vollstreckbarkeitserklärung ist in ihren Auswirkungen nicht so weitgehend wie die Rechtskraft; ihr sind auch bestimmte Vollstreckungsarten verschlossen. All das muss man in Kauf nehmen dafür, dass man den Gegner des Berufungsklägers die taktische Möglichkeit eröffnet, noch den letzten Tag der Berufungsfrist verstreichen zu lassen.

Stagel: Damit bringt man eigentlich die ganze beschränkte Berufung wieder um. Gibt man dem Berufungsbeklagten die Möglichkeit, nach seinem Belieben erweiterte Anträge zu stellen, so muss man sie dem Kläger auch geben, wegen des von ihm bisher nicht angefochtenen Teiles des Urteils Anschlussberufung zu erheben.

Vorsitzender: Woraus lässt sich dem Entwurf entnehmen, dass die Berufungsanträge nicht erweitert werden können? Auf die Berufung finden die Vorschriften für die erste Instanz Anwendung. In erster Instanz aber kann ich meine Anträge beliebig erweitern.

Staud: Wird die Anschlussberufung beseitigt, dann ist die Berufung nur eingelegt insoweit, als die Klage in Höhe von 300 RM abgewiesen ist. Das ist dann selbstverständlich und braucht nicht mehr gesagt zu werden. Es steht fest: Das Urteil ist nur insoweit angefochten; es ist rechtskräftig, insoweit es nicht angefochten ist. Das Urteil ergeht also a) auf Zahlung von 1000 RM bzw. auf Herausgabe von zwei Pferden, ferner auf Erteilung einer löschungsfähigen Quittung. Berufung wird eingelegt lediglich wegen der 1000 RM. Dann ist die Berufungsfrist abgelaufen. Wenn das Gesetz aussieht wie dieser unser Entwurf, dann bedarf es keines Wortes, dass das Urteil bezüglich der Herausgabe von zwei Pferden und der Erteilung einer löschungsfähigen Quittung rechtskräftig geworden ist.

Vorsitzender: Aber auf das weitere Verfahren in der Berufungsinstanz finden die Vorschriften über das Verfahren im ersten Rechtszuge entsprechende Anwendung.

Staud: Im Verfahren erster Instanz haben wir wohl Grundsätze darüber, ob und inwieweit die Klage erweitert werden kann; inwieweit das in der Berufungsinstanz geht, ergibt sich aus den Vorschriften über die Berufung. In unserem Entwurf würde hier § s einschlagen. Hiernach ist die Erweiterung des Klageantrags nur unter bestimmten Voraussetzungen zulässig.

Vorsitzender: Ich nehme folgenden Fall: Angenommen, Anschlussberufung kommt nicht in Frage. Meine Klage auf 1000 RM ist vollständig abgewiesen. Ich lege nun Berufung ein wegen 500 RM. Ich habe 500 RM Krankenkosten gefordert und 500 RM Schmerzensgeld. Das Gericht hat erklärt, Schmerzensgeld komme nicht in Frage, und hat mir nur 500 RM Krankenkosten zuerkannt. Nun lege ich Berufung ein wegen 500 RM. In der zweiten Instanz fällt die Beweisaufnahme zu meine Gunsten aus; es ergibt sich, dass ich erhebliche Schmerzen gehabt habe. Nun erweitere ich meine Berufungsanträge auf weitere 500 RM, indem ich die Grundsätze der Klagerweiterung entsprechend anwende.

Staud: Zurzeit gilt § 525 ZPO. Nun sagt § o unseres Entwurfs: Die Berufung dient der Überprüfung der Entscheidung des ersten Rechtszuges in rechtlicher und tatsächlicher Hinsicht, aber nur soweit Berufung eingelegt ist, also im Rahmen der Berufungsanträge. Das müsste [man] in § o Abs. 1 hinzufügen.

Stagel: Man könnte erwägen, eine Vorschrift aufzunehmen, die dem § 483 der österreichischen ZPO entspricht. Da heißt es: „In der mündlichen Verhandlung dürfen die Berufungsanträge ohne Einwilligung des Gegners weder erweitert noch durch andere ersetzt werden. Das Gleiche gilt für die in der Berufungsschrift angegebenen Berufungsgründe."

Staud: Sie haben noch die Berufungserweiterung kraft Parteidisposition.

Vorsitzender: Mir scheint, wenn wir dieses Ergebnis erreichen wollen, müssen wir einen solchen Zusatz ins Auge fassen.

Wir kehren zurück zur Anschlussberufung. Ich könnte mich damit abfinden, dass wir uns hier dem österreichischen Vorbild anschließen.

Furler: Ich bin dafür, die Anschlussberufung zu streichen. Wenn man sich schon entschließt, die Berufung zu vereinfachen, dann braucht man die Anschlussberufung nicht. Dem taktischen Grund, dem Gegner die Möglichkeit vorzubehalten, seine Dispositionen zu ändern, kann ich nicht gelten lassen. Ist ihm ernst, dann kann er Berufung einlegen; ist ihm nicht ernst, dann muss er sich damit abfinden. Die Anschlussberufung bringt immer die Gefahr mit sich, dass die ganze Konzentration des Verfahrens plötzlich aufgesplittert wird. Die Anschlussberufung passt nicht in das neue System der Berufung hinein. Außerdem wünscht man keine Taktik mehr im Prozess.

Vorsitzender: Wir kommen zu *§ p:* „(1) Die mündliche Verhandlung beginnt damit, dass der Vorsitzende oder ein von ihm beauftragter Richter den Sach- und Streitstand und, soweit erforderlich, das angefochtene Urteil vorträgt. – (2) Auf das weitere Verfahren finden die Vorschriften über das Verfahren des ersten Rechtszuges entsprechende Anwendung, soweit sich nicht aus den Vorschriften dieses Abschnittes ein Anderes ergibt." Wenn wir wirklich wollen, dass die Beschränkung der Berufung nicht mehr durch die Partei vorgenommen wird, sondern unabänderlich ist, dann möchte ich das irgendwo ausgesprochen haben, und zwar bei § e. Man weiß sonst nicht, was die Praxis mit der Analogie anfängt. Entsprechende Anwendung heißt doch: die Berufungsanträge entsprechen den Klageanträgen; ebenso wie ich die Klageanträge erweitern kann, kann ich die Berufungsanträge erweitern.

Staud: Das wird durch § s ausgeräumt.

Vorsitzender: Wir kommen nun zu der wichtigen Vorschrift des *§ q,* wo wir versucht haben, schrittweise Terrain zu erobern: „(1) Neu vorgebrachte Tatsachen, Beweismittel und Beweiseinreden, zu deren Geltendmachung in erster Instanz Veranlassung bestanden hätte, sind nur zu berücksichtigen, wenn die Partei ihr Unterlassen durch glaubhafte Aufklärung genügend entschuldigt." Wie man mir mitgeteilt hat, hat man das absichtlich so weit gefasst. Man war der Meinung, die Partei muss sich damit entschuldigen können, dass sie etwa vor der entscheidenden Verhandlung erster Instanz gerade silberne Hochzeit gefeiert hätte und sich mit dem Prozess nicht habe befassen wollen, und hierbei seien gewisse Tatsachen unter den Tisch gefallen. Ich weiß nicht, ob das richtig ist, etwas Derartiges zum Anlass zu nehmen zu dem Zweck, ein Vorbringen zu verschleppen. Das entspricht nicht der Würde des Gerichts. Das erinnert an die Argumente, die man uns in liberalistischer Zeit entgegen hielt, wo man uns sagte, wir kennen das Leben nicht, der Herr Kommerzienrat habe eine Fülle von Geschäften und sei nicht jeden Tag gelaunt, sich mit seinem Anwalt über den Prozess zu unterhalten. Ich habe darauf immer erwidert, wenn der Herr Kommerzienrat seinen Zahn plombieren lassen wolle, dann teilt ihm sein Zahnarzt auch mit, zu welcher Stunde er kommen solle. So wichtig wie der Zahnarzt sei der Prozess auch; man müsse entweder einen Prozess führen oder eben nicht; mit solchen Argumenten könne man nicht kommen. Ebenso war es mit der Verpflichtung zum persönlichen Erscheinen. Da hatte der Herr Kommerzienrat seinen Chauffeur entlassen, weil er sich unpassend verhalten habe. Nun wird Termin zur mündlichen Verhandlung anberaumt. Nun soll der Kommerzienrat, dessen Zeit so kostbar ist, mit dem Chauffeur persönlich vor Gericht erscheinen!

Staud: Solche Grundsätze gelten heute nicht mehr für Kommerzienräte.

Lent: Es könnte eine gewisse Fahrlässigkeit vorliegen, die immerhin glaubhaft erklärt wird.

Vorsitzender: Wir müssen hier schon eine genauere Formulierung bringen und entweder sagen: „Neue Tatsachen, Beweismittel und Beweiseinreden, die schon in erster Instanz geltend zu machen die Partei Veranlassung hatte oder imstande war", oder: „die die Partei bei einer angemessenen, sachgemäßen Prozessführung und bei Anwendung der erforderlichen Sorgfalt schon in erster Instanz hätte geltend machen müssen". Welche Formel besser ist, darüber wollen wir uns noch unterhalten.

Die weitere Bestimmung: „Diese Beschränkung gilt nicht für Tatsachen, die eines Beweises nicht bedürfen", ist wohl auch etwas zu weit.

Staud: Ich habe schon in der vorigen Sitzung hervorgehoben: Wenn wir Tatsachen, die eines Beweises nicht bedürfen, als nova in der Berufungsinstanz ohne weiteres zulassen, laufen wir Gefahr, dass die Berufungsinstanz unabsehbar erweitert wird. Ein Beispiel: Der Beklagte trägt in der Berufungsinstanz vor: Unstreitig hat der Gegner mir die Ware zu dem und dem Preis abgekauft. Diese Tatsache bedarf nicht des Beweises; sie ist unstreitig. Nun kommt der Gegner und sagt: Er hat mir die Ware zwar zu dem und dem Preis verkauft, aber sie war mangelhaft. Das ist schon streitig. So ruft das unstreitige Vorbringen der einen Partei zwangsläufig das streitige Vorbringen der anderen Partei hervor. Wenn man den Schritt schon tun will, dann müsste man die

Vorschrift in eine Kannvorschrift umgestalten und die Sache in das Ermessen des Gerichts stellen.

Vorsitzender: Nehmen Sie folgenden Fall: Der Ausgang eines Prozesses hängt von der Vorlage einer Quittung ab. Ich habe die Quittung gehabt, kann sie aber absolut nicht finden. Als ich dann bei rechtswissenschaftlichen Arbeiten ein selten benutztes Buch aufschlug, lag die Quittung darin. Nun lege ich die Quittung in der Berufungsinstanz vor. Hier wird man mir nicht unordentliche Prozessführung vorwerfen können.

Staud: In einer Sache vor dem RG wurde eine Erklärung des Führers vorgelegt, die, wenn sie in der Berufungsinstanz bekannt gewesen wäre, zu einem anderen Urteil hätte führen müssen. Das RG hat dieses Faktum, das unstreitig war, berücksichtigt. Das Revisionsgericht kann Tatsachen, die des Beweises nicht bedürfen, berücksichtigen. Das ist der Kern des Gedankens und muss auch für die Berufungsinstanz gelten. Wenn wir über dieses Faktum hinweggehen, machen wir die Berufungsinstanz lächerlich. Man könnte an eine Kannvorschrift denken und dem Richter überlassen, davon eingeschränkten Gebrauch zu machen. Ob das geschehen wird, ist eine andere Frage.

Furler: Nach solchen einmaligen Fällen kann man doch die Prozessordnung nicht gestalten.

Staud: Wenn der Staatsanwalt in der Berufungsinstanz ex officio eine solche Tatsache vorbrächte, wäre es etwas anderes. Das würde aber mit dieser Fassung nicht getroffen werden, selbst wenn man sie zu einer Kannvorschrift macht. Alles hängt davon ab, was die Gerichte daraus machen. Wenn wir die Bestimmung aber in der Revisionsinstanz haben, muss sie auch in der Berufungsinstanz da sein.

Stagel: Durch das „Kann“ wären die Fälle, die Staud vorgebracht hat, ausgeschlossen. Das Gericht könnte die bloße Tatsache der Aufrechnungseinrede berücksichtigen, nicht aber weiteres Vorbringen.

Staud: Wenn wir dieses neue Vorbringen zulassen, müssen wir auch das Gegenvorbringen zulassen. Denn dazu bestand in erster Instanz noch keine Veranlassung. Wird neues Vorbringen zugelassen, dann muss man auch das Gegenvorbringen zulassen, weil eben das Vorbringen in erster Instanz nicht geltend gemacht wurde und werden konnte.

Furler: Es liegt kein zwingender Grund dafür vor, zu unterscheiden Tatsachen, die keines Beweises bedürfen, und solche, die eines Beweises bedürfen. Entscheidend ist vielmehr der Gesichtspunkt der Verzögerung. Im Übrigen wird übersehen: Wenn eine Tatsache, die des Beweises nicht bedarf, vorgebracht wird, kann der Gegner ohne weiteres sagen, er müsse neue Tatsachen vorbringen, die des Beweises bedürftig sind. Ich finde die ganze Regelung nicht ganz logisch.

Staud: Anders wäre es nach der jetzigen Fassung des Entwurfs, wenn in dem Beispiel des Vorsitzenden die Quittung in erster Instanz aus Nachlässigkeit nicht vorgezeigt wurde.

Vorsitzender: Diese Tatsache bedarf doch des Beweises.

Furler: Die Quittung selbst bedarf keines Beweises.

Staud: Die Vorlegung einer Quittung im Prozess ist zunächst nur die Aufstellung der Behauptung, dass der Gegner die schriftliche Erklärung abgegeben hat, dass ich bezahlt habe. Wird dies bestritten, so liegt darin gleichzeitig Beweisantritt und Beweisführung durch die Urkunde. Die bloße Behauptung und Vorlage einer Quittung ist noch nicht Beweisführung, sondern dadurch wird zunächst eine Tatsache in den Prozess gebracht.

Vorsitzender: Der Gegner kann sagen: Ich gebe zu, ich habe die Quittung erteilt, aber das Geld nicht erhalten. Der Schurke hat mich um die Ausstellung der Quittung ersucht und einen Postschein vorgelegt, wonach das Geld eingezahlt war; daraufhin habe ich die Quittung erteilt, aber der Kerl ist zur Post gegangen und hat das Geld wieder abgeholt. Herr Staud hat uns den Weg gezeigt, auf dem solche Fälle berücksichtigt werden können. Aber die Formel „Diese Beschränkung gilt nicht für Tatsachen, die des Beweises nicht bedürfen“, ist zu weit.

Staud: Mit anderen Worten: Unbestrittene Tatsachen können in zweiter Instanz vorgebracht werden. Das sind zweifellos auch solche Tatsachen, die aufgrund des im Übrigen vorliegenden Beweisergebnisses als erwiesen anzusehen sind.

Furler: Man sollte die Unterscheidung zwischen Tatsachen, die des Beweises nicht bedürfen und Tatsachen, die des Beweises bedürfen, fallen lassen.

Staud: Wenn wir die Bestimmung hier streichen, müssen wir sie auch in der Revisionsinstanz streichen. So, wie die Fassung hier steht, geht es unter keinen Umständen. Eine Kannvorschrift wäre möglich, birgt aber in sich die Gefahr, dass die Regelung stark durchlöchert wird.

Furler: Es ist ein reiner Zufall, ob die Quittung in dem Buch entdeckt wird, das man aus irgendeinem Anlass aufschlägt, oder ob sie nicht rechtzeitig gefunden wird. Wir wollen doch den Schluss schon an das Ende der ersten Instanz legen.

Lent: Ich halte es für untragbar, jemand zu einer Zahlung zu verurteilen, obwohl unter den Parteien feststeht, dass gezahlt ist.

Staud: Nehmen wir an, die Partei hat einen Zeugen mitgebracht, der mit eigenen Augen gesehen hat, dass gezahlt wurde. Lassen wir Noven nicht zu, dann erklärt der Richter, der Zeuge wird nicht mehr vernommen; die Tatsache hätte in erster Instanz vorgebracht werden müssen. Das ist die Konsequenz. Will ich in zweiter Instanz keine Noven haben, dann muss ich auch den Mut haben, die Konsequenzen daraus zu ziehen. Im Übrigen liegen die Fälle, die man hier gebildet hat, doch stark an der Peripherie. So sehr häufig wird es nicht vorkommen, dass einer die Quittung nicht rechtzeitig vorliegen kann.

Stagel: Die Partei hat das neue Beweismittel zwar vorgebracht, konnte es aber nicht produzieren. Sie wird erklären, sie werde als Beweis für ihre Behauptung die Quittung vorlegen; aber in der mündlichen Verhandlung sagt sie, sie könne die Quittung nicht finden.

Staud: In der Revisionsinstanz „können Tatsachen berücksichtigt werden, wenn die Verhandlung vor dem Revisionsgericht ergibt, dass sie keines Beweises bedürfen". Das ist also eine Kannvorschrift.

Lent: Mit der Kannvorschrift könnte ich mich abfinden.

Vorsitzender: Vielleicht sagen wird: „Das Gericht kann von der Anwendung dieser Vorschrift für Tatsachen absehen, durch deren Berücksichtigung weder eine Beweiserhebung noch sonst eine Verzögerung des Verfahrens erfolgt". Oder: „Das Gericht kann von der Anwendung dieser Beschränkung für solche Tatsachen absehen, deren Berücksichtigung weder zu einer Beweiserhebung noch sonst zu einer Verzögerung des Verfahrens führt".

Lent: Dann sind die Beweismittel nicht getroffen. Außerdem: Wenn ein Zeuge in die mündliche Verhandlung mitgebracht wird und dort in fünf Minuten vernommen werden kann, so würde ich darin keine Verzögerung sehen.

Vorsitzender: Siehe § q Abs. 2, 3, 4: „(2) Vor der Zulassung oder Ausschließung des neuen Vorbringens hat das Gericht den Parteien Gelegenheit zur Stellungnahme zu geben. (3) Sofern nicht aufgrund der Verhandlung alsbald die Endentscheidung ergeht, hat sich das Gericht über die Ausschließung oder Zulassung des neuen Vorbringens durch besonderen Beschluss auszusprechen. (4) Die Zulassung neuen Vorbringens ist unanfechtbar." Kein Prinzip lässt sich auf die Spitze treiben. Nehmen wir folgenden Fall: In der Berufungsinstanz wird ein verschleppter Zeuge doch noch vernommen und hat das Ergebnis beeinflusst. Nun wird Revision eingelegt mit der Begründung, dieser Zeuge hätte nicht mehr vernommen werden dürfen. Soll da nun das RG das Urteil aufheben und die Sache zurückverweisen, damit so entschieden wird, als ob der Zeuge nicht vernommen worden wäre?

Furler: Welche Rechtsgarantie haben wir dafür, dass das OLG nicht alles zulässt?

Vorsitzender: Zunächst fordern wir einen Beschluss über die Zulassung und verhindern damit die stillschweigende Zulassung. Ich ärgere mich immer über Urteile, in denen noch und noch neue Tatsachen zugelassen sind, ohne dass der Richter sich die Mühe gab, nachzuprüfen, ob diese Dinge nicht schon in erster Instanz vorgebracht werden konnten. Jetzt muss oder soll nach unserer Absicht ein Beschluss über die Zulassung gefasst und diese begründet werden. In Österreich kommt es überhaupt nicht vor, dass neue Tatsachen zugelassen werden.

Wie ist es mit den sonstigen neuen Ansprüchen? Hier sagt § r Abs. 1: „Erklärungen, die im ersten Rechtszuge abgegebenen Erklärungen widersprechen ..., sind nur zuzulassen, wenn die Partei ihr Verhalten durch glaubhafte Aufklärung genügend entschuldigt." Der Sinn ist: Nachträgliches Bestreiten soll verhindert werden. Kann man aber sagen, dass ein nachträgliches Bestreiten Erklärungen widerspricht, die im ersten Rechtszug abgegeben sind? Man müsste sagen: „Für Erklärungen, die dem Verhalten einer Partei im ersten Rechtszug widersprechen, gelten die Vorschriften des § q." Man müsste noch nachprüfen, ob der Satz 2 des § r noch einen Sinn hat.

Wir sagen also: „Für Erklärungen, die im ersten Rechtszuge abgegebenen Erklärungen widersprechen, insbesondere nachträgliche Bestreitungen, Widerruf von Geständnissen, nachträgliche Bereitschaft zur Aussage oder Eidesleistung u.ä. gelten die Vorschriften des § q Abs. 2 bis 4. Das Gleiche gilt von der Nachholung im ersten Rechtszuge unterlassener oder verweigerter Erklärungen über Tatsachen, Urkunden und Anträge auf Parteivernehmung."

Wir kommen zu *§ s:* „Neue Ansprüche, die im Wege der Erweiterung oder Änderung des Klageantrags oder im Wege der Widerklage geltend gemacht werden, sind nur zu berücksichtigen, wenn ihre Erledigung in dem anhängigen Verfahren sachdienlich erscheint. Die Vorschriften des § q Abs. 2 bis 4 gelten entsprechend."

Staud: Es muss hier heißen: § q Abs. *1* bis 4. Für neue Ansprüche müssen mindestens dieselben Beschränkungen gelten wie für neue Tatsachen.

Vorsitzender: Hier wäre wohl der geeignete Augenblick, zu sagen, in Abs. 2: „Abgesehen von dem Fall des Abs. 1 ist eine Änderung der Berufungsanträge nach Ablauf der Berufungsfrist nicht mehr zulässig."

Staud: Man würde zu § s sagen: „Berufungsanträge können nicht mehr erweitert oder geändert werden."

Genau genommen müssten wir sagen: „Eine Änderung des Klageantrags ist nur zulässig, wenn sie sachdienlich ist. Die Vorschriften des § q gelten entsprechend." Dann würde die Klagänderung aufgrund solcher Tatsachen, die sich erst nachträglich herausgestellt haben, zulässig sein dann, wenn sie sachdienlich ist. Auf die Klageerweiterung müssen wir verzichten, wenn wir daran festhalten wollen, dass die Berufungsinstanz eine Nachprüfungsinstanz ist. Denn dann dürfen wir in die Berufungsinstanz nichts hereinnehmen, worüber in erster Instanz nicht schon judiziert ist. Anders ist es bei der Klagänderung: Wenn ich vom Herausgabeanspruch auf den Ersatzanspruch übergehe, so ist es in Wirklichkeit derselbe Anspruch, nur mit anderem Inhalt. Wenn wir sagen, es wird lediglich akademisch nachgeprüft, ob der Vorderrichter richtig entschieden hat, und gar nicht danach gefragt, was sich in der Zwischenzeit ereignet hat, so können wir die Berufung abschaffen. Für die Erweiterung des Klagantrags besteht jedoch kein Bedürfnis. Das hat mit Nachprüfung nichts zu tun. Wenn ich als Gegenstand des Anspruchs statt der Sache deren Wert verlange, so ist es derselbe Anspruch, nur mit anderem Inhalt, und auch derselbe Prozess wie in erster Instanz.

Vorsitzender: Wir würden also sagen: „Abgesehen von dem Fall des Abs. 1 dürfen Berufungsanträge weder erweitert noch durch andere ersetzt werden. Unzulässig ist auch die Erhebung neuer Ansprüche und die Erhebung einer Widerklage. – Eine Änderung des Klageantrags ist nur zulässig, wenn sie sachdienlich erscheint. Die Vorschriften des § q gelten entsprechend." Jedenfalls haben wir zunächst einmal festgelegt, worauf wir hinauswollen.

Staud: Einen Teil dieser Bestimmung kann man in § e hinein nehmen. – Soweit neue Tatsachen in Betracht kommen, sind sie nur zulässig, wenn der Klageantrag unverändert bleibt. Es kann bei gleichbleibendem Klageantrag trotzdem Klageänderung vorliegen. Beispiel: Ich habe 1000 RM verlangt als Miete für das letzte Quartal 1940. Nun verlange ich diese Summe als Miete aus 1941. Das ist Klagänderung, auch wenn scheinbar der Klageantrag unverändert geblieben ist.

Vorsitzender: Ich bin mir immer noch im Unklaren darüber, ob dann die entsprechende Anwendung des § q genügt. Beispiel: Ich habe in erster Instanz geklagt auf Zahlung von soundso viel Flaschen Wein. Dann stellt sich heraus, ein untergeordneter Angestellter habe den Wein eigenmächtig in Empfang genommen. Daraufhin wird die Klage abgewiesen, ohne dass der Richter gefragt hat, was mit dem Wein geschehen sei. Nun wird Berufung eingelegt und geltend gemacht, das Urteil sei wahnsinnig; es komme nicht darauf an, ob der Wein bestellt worden sei, sondern es werde behauptet, der Wein sei getrunken worden; die Klage gehe jetzt auf ungerechtfertigte Bereicherung. – Das ist keine Änderung des Klageantrags.

Stagel: Das ist eine Änderung des Klagegrundes.

Vorsitzender: Aber nicht des Klageantrags. Den Klagegrund darf der Mann ändern. Nehmen wir folgendes Beispiel: An ein Restaurant ist Wein geliefert worden. Der Chef hat angeordnet: der Wein geht zurück. Nichts desto weniger hat einer seiner Angestellten den Wein ausgeschenkt. Kann der Chef nun nachweisen, er habe erst nachträglich erfahren, so besteht kein Grund, diese Klageänderung nicht zuzulassen.

Staud: Diese neue Tatsache kann er nach § q vorbringen, vorausgesetzt, dass er sagen kann, er habe in erster Instanz keine Veranlassung gehabt, das vorzubringen. Das kann unter Umständen genügen. Lassen wir die Fassung ruhig so stehen, wie sie hier ist. Wir würden dann aber sagen: „Unzulässig ist die Erhebung neuer Ansprüche und die Erhebung einer Widerklage."

Vorsitzender: Wir brechen die Beratung für heute ab.

(Schluss der Sitzung 18.45 Uhr)

2. Protokoll der Sitzung vom 21.3.1941 (Berufung)

(Beginn der Sitzung 10 Uhr)

Vorsitzender: Ich darf zunächst Herrn Senatspräsidenten Jonas gewissermaßen als unseren Protagonisten bei unseren Beratungen besonders begrüßen. Gestern haben wir uns bei manchen Fragen gesagt: Wir wollen uns die endgültige Entscheidung noch vorbehalten, bis wir die Ansicht des Herrn Jonas gehört haben. § a der Vorlage [vgl. unten S. 785 die Übersicht] haben wir gestern nicht geändert. Wir sind dabei zum Streitgegenstand übergegangen, während früher der Beschwerdegegenstand maßgebend war, wenn für den geltend gemachten Anspruch das Landgericht ausschließlich zuständig ist. Diese letzten Worte werden ja wohl in kurzer Zeit obsolet werden, da das Reichsverwaltungsgericht in der Geburt begriffen ist. Wenn die Geburt zustande gekommen ist, werden wohl traurigerweise alle diese Sachen, die bisher in erster Instanz zur ausschließlichen Zuständigkeit des Landgerichts gehörten, auf das Reichsverwaltungsgericht übergehen.

Jonas: Es gibt aber noch erhebliche andere Dinge.

Vorsitzender: Was denn?

Staud: Z.B. die Anfechtungsklage im Verwaltungsrecht. Ich möchte annehmen, dass das durchweg Sachen sind, bei denen der Streitgegenstand 100 und 200 RM übersteigt. An alle diese Sachen, die unbeschränkte Rechtsmittelzulassung für Ansprüche, die zur ausschließlichen Zuständigkeit des Landgerichts gehören, ist ja wohl in erster Linie gedacht.

Vorsitzender: Nach langem Schwanken haben wir uns gestern dazu bekannt, vorzusehen, dass für die Berufung keine Zulassung gewährt wird, während sie für die Revision gewährt werden soll. Das ist eine gewisse Unstimmigkeit und eine Abweichung von dem sonst vorbildlichen arbeitsgerichtlichen Verfahren; aber man kann sich damit wohl abfinden. Bedenklicher ist vielleicht, dass die Unzulässigkeit des Rechtsweges nicht mehr gewährleistet wird. Aber meines Erachtens kann man sich auch damit abfinden, weil die Fortlassung der bisherigen Bestimmung keine allzu große praktische Bedeutung hat. Diese Maßnahme ermöglicht es nun, dass man in sehr vielen Sachen dem Urteil gleich in erster Instanz ansieht, ohne dass man eines Attestes darüber bedarf, ob das Urteil rechtskräftig ist. Allerdings bleibt bestehen: In allen nicht vermögensrechtlichen Streitigkeiten ist die Berufung ohne Rücksicht auf den Wert des Streitgegenstandes zulässig. Wir haben uns damit getröstet, dass wohl der Urkundsbeamte der Geschäftsstelle es in aller Regel herauskriegen kann, ob etwas eine vermögensrechtliche Streitigkeit ist oder nicht. Davon hängt es allerdings ab, ob mit dieser Fassung das erreicht wird, was man im arbeitsgerichtlichen Verfahren erreicht hat, dass man schon, wenn das Urteil erster Instanz ergeht, sehen kann, ob es anfechtbar ist oder nicht.

Jonas: Dürfte ich eine Frage nochmals zur Sprache bringen, die wir das vorige Mal schon gestreift haben. Was schwebt dem Ausschuss eigentlich für die Verteilung zwischen amtsgerichtlicher und landgerichtlicher Zuständigkeit vor? Diese Frage ist ja für die Berufung von erheblicher Bedeutung. Welche Wertgrenze ist gemeint? (*Vorsitzender:* 1000 RM!) Das scheint mir allerdings eine reichlich hohe Summe zu sein, und ich weiß nicht, ob für diese Summe die Regelung möglich ist. (*Singer:* Seinerzeit haben wir an 2000 RM gedacht!) Die ganze Angelegenheit ist dadurch in eine vollständig veränderte Situation gekommen, dass wir nach dem, was Sie das vorige Mal sagten, mit einer kollegialen Besetzung des Landgerichts in erster Instanz nicht zu rechnen haben.

Damit ist in nächster Zeit nicht zu rechnen, solange die Kriegswirkungen und die unmittelbaren Nachkriegswirkungen andauern. Später wollen wir einmal sehen, wie die Dinge sich entwickeln. Also behalten wir uns diese Frage vor, nämlich die Frage, welche Summe in Betracht kommt. Ich neige eigentlich heute mehr zur amtsgerichtlichen Zuständigkeit. Die Frage, was billiger wird oder nicht, scheidet aus, wenn man die erste Instanz mit einem Richter besetzt; denn der Landrichter ist nicht nennenswert teurer. (*Staud:* Anwaltszwang!) Bloß die Prozesse, die über 200 RM geführt werden, werden normalerweise am Amtsgericht mit Anwalt geführt.

Vorsitzender: Das wird ja leider von den Anwälten bestritten.

Jonas: Unter Umständen wäre das durch eine Enquete einmal festzustellen. Immerhin wird eine ganze Reihe von Amtsgerichtsprozessen, von Unterhaltsprozessen usw. mit Anwälten geführt. Ich habe noch keinen Prozess gesehen, der beiderseitig ohne Anwälte geführt worden wäre. Ein ehelicher Unterhaltsprozess könnte ohne weiteres vom Amtsgericht an das Oberlandesgericht gehen. Die Leute suchen ja dann das Armenrecht nach. Aber alles das ist harmlos. Ob man die Zulässigkeit des Rechtsweges im amtsgerichtlichen Verfahren herausstreicht, wenn es sich meinethalben um eine Wertgrenze von 300 oder 400 RM handelt, spielt keine große Rolle. Es handelt sich hier wirklich nur um Bagatellprozesse.

Vorsitzender: Die endgültige Berufungsgrenze werden wir nicht über 100 RM festsetzen können.

Jonas: Bei den Sachen, die an das Landgericht gehen! Diese Fragen sind alle nicht so wichtig. Wenn aber höherwertige Sachen auch vom Amtsgericht entschieden werden, dann …

Staud: Die höherwertigen Sachen, die vom Amtsgericht entschieden werden, fallen ohne Zweifel über den Wert des Streitgegenstandes. Der Wert des Streitgegenstandes würde nicht über 200 RM betragen, und da ist die Berufung eo ipso zulässig.

Jonas: Ich meinte jetzt die Zulässigkeit des Rechtsweges.

Vorsitzender: Die Zulässigkeit des Rechtsweges soll doch nur die absolute Berufungsfähigkeit betreffen, und sie hängt davon ab, wie hoch wir die Grenze setzen.

Jonas: Auf die absolute Berufungsfähigkeit lege ich kein Gewicht, wenn es sich um Objekte bis meinethalben 300 oder 500 RM handelt.

Vorsitzender: Es ist ganz egal, wie hoch die amtsgerichtliche Zuständigkeit ist; denn die Berufung findet ja immer statt, wenn der Wert des Streitgegenstandes 100 RM übersteigt. Dann sind die Sachen schon nach Nr. 1 berufungsfähig.

Jonas: Da haben Sie recht, und das ist dadurch ausgeglichen. Mein Wunsch ist eigentlich mehr darauf abgekommen, dass das Berufungsgericht das Oberlandesgericht ist, während jetzt das Landgericht das Berufungsgericht für 90% der Sachen und für 10% das Oberlandesgericht ist. Es ist wirklich interessant, in einer Reihe von ehelichen Unterhaltsprozessen einmal zu sehen, welche Fülle von Fragen darin streckt, die wirklich der Behandlung durch eine höhere Gerichtsbarkeit und damit einer Klärung zugeführt werden könnten.

Staud: Ich bin auch unbedingt dafür, und in der ersten Verordnung haben wir das auch versucht. Leider ist uns das aus der Hand geschlagen worden.

Jonas: Wir haben auf diesem Gebiete in einer ganzen Reihe von Sachen die Oberlandesgerichtsurteile aufgehoben.

Vorsitzender: Die Oberlandesgerichte haben in all den Sachen, die bisher zur Domäne der Landgerichte gehörten, nicht viel geleistet. Ich habe schon einmal das Urteil eines Kammergerichts in einer Mietsache angeführt, das so unglücklich war, das ich mir gesagt habe: Die Mietkammer eines Amtsgerichts hätte das entschieden besser gemacht.

Jonas: Das mag sein. Das liegt aber daran, dass es eine ihnen fremde Materie ist.

Vorsitzender: Nun ist die Schwierigkeit folgende. Wenn Sie z.B. an Mietsachen denken, vielleicht auch an Unterhaltssachen, ist ja die Unmittelbarkeit beim Oberlandesgericht sehr schwer herzustellen, das ja vielfach zu weit von den zu vernehmenden Zeugen entfernt liegt.

Jonas: Wie ist es bei den Landesarbeitsgerichten? Da geht es. Da ist es nachher die Frage der detachierten Senate. Alles das sind Fragen, die meines Erachtens technisch zu lösen sind, und ich fürchte beinahe: schließlich bleibt für die Oberlandesgerichte recht wenig übrig.

Staud: Der Frage, welches Gericht künftig über die Berufung gegen amtgerichtliche Urteile entscheidet, das Landgericht oder das Oberlandesgericht, ist in diesem Entwurf in keiner Weise präjudiziert.

Jonas: Bloß wird es vielleicht doch eine bedenkliche Lösung sein, wenn man in allen Bagatellsachen diese Regelung vorsieht. Ich will einmal sagen: Eine Sache über 100 RM soll nun vom Amtsgericht an das Oberlandesgericht gehen. Ob das wirklich nötig ist? Vielleicht ist ein Doppelweg möglich. Was schlagen Sie denn vor?

Staud: Ich bin mir noch nicht ganz klar darüber, inwieweit wir uns mit dieser Frage beschäftigen müssen, um uns über die Gestaltung des Berufungsverfahrens schlüssig zu werden, ob Landgericht oder Oberlandesgericht oder beide in Frage kommen. Das ist eine rein organisatorische Frage der Justiz.

Jonas: Wir müssen uns doch bei allen unseren Betrachtungen ein gewisses Bild davon machen: Denken wir eigentlich an den Oberlandesgerichtsprozess oder an den Landgerichtsprozess?

Vorsitzender: Ich würde vorschlagen, vorläufig an den Landgerichtsprozess zu denken. (*Jonas:* Also landgerichtliche Berufungsinstanz!)

Staud: Wenn man die Berufung an die Oberlandesgerichte geben würde, würde das Oberlandesgericht zweifellos einen anderen Charakter gewinnen, als es heute hat, wobei man beim Oberlandesgericht durchaus daran denken könnte, senatsweise Landgerichtsberufungen und Amtsgerichtsberufungen verschieden zuzuteilen und die Senate des Amtsgerichts gewissermaßen als Zivilkammern arbeiten zu lassen. Die Senate für die landgerichtlichen Berufungen können weiter wie bisher ihre Urteile anfertigen, die dann dort gekürzt werden. Wir hatten damals noch daran gedacht, wegen der räumlichen Entfernung, des Arbeitstempos usw. dem Landgericht zu sagen: Ihr sollt die Frage nicht dadurch lösen, dass ihr die Berufung an das Oberlandesgericht detachiert, z.B. an die Oberlandesgerichtssenate für die großen Städte, die man dann einfach landgerichtliche Zivilkammern nennt, im anderen Falle Senate des Oberlandesgerichts. Dann wäre organisatorisch die Berufung in Wirklichkeit beim Landgericht gemacht worden. Was den Rechtsmittelzug angeht, hätten aber dann die landgerichtlichen Urteile als Urteile des Oberlandesgerichts gegolten, so dass in den Fällen, wo es überhaupt in Frage kam, die Revision zum Reichsgericht möglich wäre.

Vorsitzender: Wir betrachten jetzt die Sache vom Standpunkte der Verstädterung. Das wird nach dem Kriege alles anders werden. Nach dem Kriege wird wohl in allen amtsgerichtlichen Sachen eine Revisionsinstanz geschaffen werden.

Jonas: Ob wir die Unterhaltsgrenze auf den 12,5fachen Jahresbetrag oder auf den 5,5fachen Jahresbetrag oder dergleichen festsetzen, das sind alles nachträgliche Fragen, die zunächst den Arbeitsanfall sehr wohl ausbalancieren können, wenn das Reichsverwaltungsgericht wirklich kommen sollte. Das Rad der Weltgeschichte geht weiter. Wir kommen meines Erachtens zum dreigliedrigen Aufbau der Gerichte, wenn vielleicht auch in unseren Kreisen noch Hemmungen vorhanden sind.

Vorsitzender: Wie denken Sie sich denn diesen Aufbau? Jede kleine Sache geht an das Oberlandesgericht, und die Landgerichte verschwinden? Die Schiffersche Sache wollen wir nicht wieder aufwerfen.

Jonas: Das sind Gedanken, die doch schließlich nicht damit abgetan sind, dass sie seinerzeit von Schiffer propagiert wurden, also von einem Nichtarier. Es sind doch in der neuen Zeit manche Gedanken aufgetaucht, die in früherer Zeit von anderen auch schon geäußert worden sind. Wir müssen zu einer Vereinfachung kommen. Damals zwang die Geldnot dazu. Heute zwingt uns die Leutenot dazu.

Vorsitzender: Wir werden bei den Landgerichten die Kammern behalten.

Staud: Wenn wir das nicht machen, wird es uns bestimmt aufgezwungen.

Jonas: Dann haben wir doch einen recht unerfreulichen Zustand, wenn eine Kriegsmaßnahme perpetuiert wird.

Vorsitzender: Das ist doch nur wegen des Personalmangels gemacht worden. Die Berichte, die wir aus der Praxis bekommen, gehen überwiegend nach der Richtung, dass die alten Kammern besser arbeiten als der Einzelrichter.

Jonas: Das mag sein. Bloß muss man immer bedenken: Die Herren, die sich jetzt in dem Sinne äußern, äußern sich aus einer ganz bestimmten Blickrichtung, genau wie sich das Reichsgericht damals bitter beklagte und den Zusammenbruch der reichsgerichtlichen Rechtsprechung befürchtete, als es sich um das Abgehen von der Sieben-Männer-Besetzung zur Fünf-Männer-Besetzung handelte. Heute würde im Reichsgericht keine Menschenseele mehr auf den Gedanken kommen, zur Sieben-Männer-Besetzung zurückzukehren.

Lent: Auch die miserable Ausbildung der Juristen ist zu berücksichtigen. Sie müssen bedenken: Sie bekommen künftig Einzelrichter, die 1 ½ Jahre studiert und zwei Jahre Vorbereitungszeit gehabt haben, die nie in ihrem Leben ein Wort vom Zivilprozess gehört haben, bevor sie Referendare geworden sind. Solche Leute können Sie nicht als Einzelrichter auf die Menschheit loslassen, sondern Sie müssen sie erst als Beisitzer schulen.

Jonas: Heute nimmt kein Mensch Anstoß daran, dass unter den jetzigen Verhältnissen das Landgericht mit einer großen Reihe von Assessoren Urteile spricht. Es war ja ausgerechnet worden, dass wir 1946 ohnehin, und zwar ohne Krieg, in eine Mangelperiode hineinkommen würden. Nun ist den Herren bekannt, dass in den Ostgebieten allein nach dem, was ich im Reichsgesetzblatt durchgezählt habe, 103 neue Amtsgerichte entstehen sollen. Die Absichten im Westen – denken Sie an das Oberlandesgericht Dijon oder an das Oberlandesgericht Lille – erwecken auch Perspektiven, die noch vergrößert werden, wenn wir zu einer detachierten Handelskammer in Narvik kommen. Es werden also noch viel mehr Leute gebraucht. (*Vorsitzender:* Das ist eine spätere Sorge!) Ich halte es für vollständig ausgeschlossen, dass wir in den nächsten zehn Jahren zur Drei-Männer-Besetzung zurückkehren können.

Vorsitzender: Ich habe in dieser Beziehung eine wesentlich andere Meinung. Dreigliedriger Gerichtsaufbau usw. sind alles sehr schöne Worte. Schon in der Begründung zum Entwurf von 1931 habe ich eingehend auseinandergesetzt, dass diese Teilung, die man vom rein schematischen Gesichtspunkt aus immer beklagt, naturgegeben ist. Wenn wir hervorragende Oberlandesgerichte haben wollen, brauchen wir wenige Oberlandesgerichte mit großen Bezirken. Diesen Oberlandesgerichten können wir unmöglich die Berufung in Bagatellsachen geben. Sie müssen wir auf die größeren Landgerichtssachen beschränken. Wir müssen dafür sorgen, dass die Berufungen in kleinen Sachen, die zur Zuständigkeit der Amtsgerichte gehören, an Orte kommen, die den Parteien näher liegen als das Oberlandesgericht, und an eine größere Zahl von Gerichten. Dann bleibt nichts weiter übrig, als detachierte Kammern des Oberlandesgerichts einzurichten. Reduziere ich die Oberlandesgerichte, indem ich auch hier Landgerichte schaffe, dann wären das in Wirklichkeit Landgerichte, die wir nur anders genannt hätten. So laufen doch solche Reformen immer aus: Es bleibt alles beim Alten und kriegt bloß andere Namen. Anders lässt es sich gar nicht machen. Dann würden wir es folgendermaßen regeln. Diejenigen Berufungen, die an die Amtsgerichte gehen, gehen zum Teil an die Amtsgerichte, zum Teil an die Landgerichte. Wir müssen schon deswegen die Trennung haben, weil wir bei größeren Sachen den Anwaltszwang nicht entbehren können. Also müsste man die erste Instanz einheitlich festlegen. Dann müssen wir aber sagen: Die kleinen Sachen bis zu 1000 RM ohne Anwaltszwang gehen an bestimmte Abteilungen dieser Gerichte, und größere Sachen gehen an andere Abteilungen, die mit wahrscheinlich kollegial besetzen werden. Und da herrscht Anwaltszwang. Da nennen wir das ein Gericht, und in Wirklichkeit sind es zwei Gerichte. Für unsere Erörterungen braucht uns das nicht zu beeindrucken, wie man das später macht, ob man den jetzigen Zustand beibehält, oder ob man ihn tatsächlich beibehält, die Sache aber anders nennt. Praktisch müssen wir immer daran festhalten, dass Bagatellsachen in der Berufungsinstanz nicht so behandelt werden können wie die größeren Sachen, die schon in der ersten Instanz mit Anwaltszwang behandelt werden.

Jonas: In der Praxis ist es vielfach so, dass das Oberlandesgericht besetzt ist mit einem Oberlandesgerichtsrat als Vorsitzendem und einem Landgerichtsrat oder Amtsgerichtsrat als Beisitzer. Ob das einen Deut besser ist als eine Zivilkammer mit einem Landgerichtsdirektor und zwei Räten, weiß ich nicht.

Vorsitzender: Das ist ein weites Feld, das wir heute nicht abgrasen können. Jedenfalls gegen die vorgeschlagene Fassung hätten Sie an sich nichts. Sie meinen auch, man kann es so machen, dass man bei kleinen Sachen bis zu 100 RM die Unzulässigkeit des Rechtsweges nicht als absoluten Berufungsgrund einführt. Es ist ja sehr dankenswert das, was wir heute im arbeitsgerichtlichen Verfahren nicht haben, die Nachholung der Wertfestsetzung. Wir sind uns ja wohl auch darüber klar, dass man das praktisch hier nicht hinein nimmt, sondern vielleicht in eine Neugestaltung des § 321, wo man hinzufügen würde: Ist die Wertfestsetzung nicht ergangen, so wird sie durch eine nachträgliche Entscheidung nachgeholt. Dann wäre über das Versäumnisurteil nichts zu sagen. Nun hatten wir uns gedacht, dass sich an den § b, den wir eben erörtert haben, gleich anschließen müsste *§ n;* denn hier handelt es sich um die Beschränkungen der Berufungsmöglichkeit. Da könnte man gleich sagen: „Hat das Gericht des ersten Rechtszuges seine örtliche Zuständigkeit bejaht, so kann das Urteil insoweit nur angefochten werden, als es sich um die zwischenstaatliche Zuständigkeit handelt." Das scheint mir aber zu theoretisch zu sein. Ich habe es jedenfalls nicht kapiert. Ich fürchte: Der Amtsrichter im Bayerischen Wald kapiert es auch nicht. Würde es nicht völlig genügen, wenn man sagt: „... so kann das Urteil insoweit nur angefochten werden, als geltend gemacht wird, dass ein ausländisches Gericht zuständig sei“?

Jonas: Nein! Es kann ja auch der umgekehrte Fall vorliegen, dass geltend gemacht wird, dass nicht ein ausländisches Gericht, sondern ein inländisches Gericht zuständig ist.

Vorsitzender: In § n heißt es aber ausdrücklich: „Hat das Gericht des ersten Rechtszuges seine örtliche Zuständigkeit bejaht“. Wenn er versehentlich bejaht hat, ist immer die Berufung zulässig.

Jonas: Das ist richtig. Die Differenz, ob meinethalben Italien oder die Slowakei zuständig wäre, kann nicht auftauchen.

Vorsitzender: Dann würden wir § n Abs. 1 so fassen, wie es vorgeschlagen ist. Den zweiten Absatz möchte ich nun dem ersten entsprechend fassen, also sagen: „... als geltend gemacht wird, dass ein ausländisches Gericht zuständig sei“. Das kann jeder verstehen, während die Fassung in Abs. 1 doch Geisteskräfte verlangt, die viele, die z.B. auch ich nicht besitze.

Jonas: Es ist ein allgemeiner technischer Ausdruck: die Prozesseinrede oder irgendetwas. Da kann sich auch mancher nichts dabei denken.

Vorsitzender: Als zweiten Absatz möchte ich folgende Fassung vorschlagen: „Hat das Landgericht seine sachliche Zuständigkeit bejaht, so kann seine Entscheidung nicht deshalb angefochten werden, weil die Zuständigkeit des Amtsgerichts begründet sei.“ Es handelt sich doch hier um eine Beschränkung des Amtsgerichts.

Nun kommt § c. Der erste Absatz ist wohl jetzt nicht mehr nötig. Im zweiten Absatz würde ich vorschlagen, zu sagen: „Die Parteien können in der Berufungsinstanz ihr früheres Vorbringen“ – damit klar ist, dass es sich hier nicht um Neuerungen innerhalb der Berufungsinstanz handelt, sondern um Neuerungen im Verhältnis von erster zu zweiter Instanz – „nur nach Maßgabe der Vorschriften dieses Abschnittes ergänzen und abändern.“ Der zweite Satz des Abs. 2 gehört eigentlich in den ersten Absatz, so dass Abs. 1 lauten würde: „Die Berufung dient der Überprüfung der Entscheidung des ersten Rechtszuges in rechtlicher und tatsächlicher Hinsicht. Für die Entscheidung innerhalb der Berufungsfrist sind die Verhältnisse am Schluss der mündlichen Berufungsverhandlung maßgebend.“

Jonas: Nun greifen Sie aber wieder zurück. Dann scheint es mir am praktischsten zu sein, man macht einen dritten Absatz daraus. § c würde dann lauten: „Die Berufung dient der Überprüfung der Entscheidung des ersten Rechtszuges in rechtlicher und tatsächlicher Hinsicht. – Maßgebend für die Entscheidung sind die Verhältnisse zur Zeit der Entscheidung. – Die Parteien können in der Berufungsinstanz ihr früheres Vorbringen nur nach Maßgabe der Vorschriften dieses Abschnittes geltend machen.“ Dann ist es besser formuliert.

Vorsitzender: Nun kommt § [d?], den ich hier an diesen Abs. 3 gleich anfügen würde.

Staud: Man kann es auch zwischen die Abs. 2 und 3 bringen. Wenn man § c mit der Entscheidung aufhören lassen will, müsste der Inhalt des § m vorher kommen.

Jonas: Am richtigsten würde man es nach Abs. 1 bringen.

Vorsitzender: Dann fügen wir es an Abs. 1 des § c an, so dass Abs. 1 lauten würde: „Die Berufung dient der Überprüfung der Entscheidung des ersten Rechtszuges in rechtlicher und tatsächlicher Hinsicht. Der Beurteilung des Berufungsgerichts unterliegen auch diejenigen Entscheidungen, die dem Endurteil vorausgegangen sind, sofern sie nicht unanfechtbar oder mit der Beschwerde anfechtbar sind.“

Dann käme Abs. 2: „Die Parteien können in der Berufungsinstanz ihr früheres Vorbringen nur nach Maßgabe der Vorschriften dieses Abschnittes ergänzen und abändern.“

Als Abs. 3 würde dann folgen: „Für die Entscheidung des Berufungsgerichts sind die Verhältnisse am Schluss der Berufungsverhandlung maßgebend.“ Da ist allerdings noch zu prüfen, inwiefern sich das mit § m überschneidet. Das können wir uns dann später noch einmal überlegen. Jedenfalls habe ich damit Kenntnis davon genommen, dass Sie, wie Herr Staud sagen würde, einen gewaltigen Schritt getan haben; denn Sie haben die Notfrist abgeschafft und sagen nicht mehr: „Die Berufung ist eine Notfrist“, sondern Sie sagen einfach: Sie beträgt einen Monat, beginnt mit der Zustellung usw. Das wird man hier nur stehen lassen, um es sich in das Gedächtnis zurückzurufen. Später im fertigen Gesetz wird es wahrscheinlich unter die Wiederaufnahmevorschriften kommen, unter die Fälle, in denen die Wiedereinsetzung zulässig ist.

Jonas: Der Ausdruck „Notfrist“ ist ja jetzt ganz töricht, weil es ja bei der Wiedereinsetzung auch Fristen gibt, die nicht Notfristen sind. Die Begründungsfrist, die Gebührenfrist sind keine Notfristen. Dass wir bloß die Wiedereinsetzung gegen andere Fristen einführen, ist doch nicht notwendig. Bei jeder Frist zu sagen, um welche Frist es sich handelt, scheint mir gesetzestechnisch nicht ganz glücklich zu sein. Hier sagt man über die Fristen gar nichts und gibt vorn einen Katalog der Fristen, gegen die er eine Wiedereinsetzung gibt. Unser Bestreben muss doch dahin gehen, die Kreuzundquerwege möglichst zu vermeiden, an denen das jetzige Gesetz krankt, so dass man immer nicht weiß, ob etwas vorn steht unter den allgemeinen Bestimmungen oder hinten. Aber das sind alles technische Fragen.

Vorsitzender: Das können wir uns vorbehalten. – Dann kommt die Hauptsache: *§ e.* Sie hatten als notwendige Voraussetzung der Berufungsschrift nur angesehen die Bezeichnung des Urteils und die Erklärung, inwieweit das Urteil angefochten wird. Hingegen die Angabe der Angriffe, die gegen das angefochtene Urteil gemacht werden, soll ebenso wie die Anführung der Tatsachen, der Beweismittel und Beweiseinreden nur als Sollvorschrift gegeben werden. Mit anderen Worten: Wir kehren zur Formalbegründung der Berufung zurück, tun also den Schritt rückwärts, den wir in der letzten Prozessnovelle vorwärts getan haben bei der Fassung des § 519. Nun gebe ich Folgendes zu: Wenn wir gesagt haben: „Die Berufungsschrift muss enthalten … 2. die bestimmte Bezeichnung der im Einzelnen anzuführenden Gründe der Anfechtung (Berufungsgründe) sowie der neuen Tatsachen, Beweismittel, Beweiseinreden …“, so war das insofern misslich, als diese Nummer 2 zwei verschiedene Dinge enthielt. Die bestimmte Bezeichnung der im Einzelnen anzuführenden Gründe der Anfechtung war unbequem, und da bin ich nun dem Reichsgericht dankbar, dass es da immer auf Ordnung gehalten hat. Das sollte die bloße Formalbegründung beseitigen; eine Berufungsbegründung, die diesen Vorschriften nicht entsprach, war ohne weiteres als unzulässig zu verwerfen. Enthielt sie dagegen die neuen Tatsachen nicht, verstieß sie auch gegen eine Prozessvorschrift, war aber nicht als unzulässig zu verwerfen, sondern nur durch verschlungenes Hineinarbeiten in den Gedankengang des Gesetzgebers konnte man dazu kommen, dass die Partei mit ihren neuen Tatsachen, die sie unzulässigerweise in der Berufungsbegründung nicht hervorgebracht hatte, ausgeschlossen werde, auch wenn es Tatsachen waren, die sie an sich in der Berufungsinstanz noch hätte vorbringen können. Nun meine ich: Diesem Bedenken könnte man dadurch Rechnung tragen, dass man den beiden Nummern eine Nummer 3 hinzufügt des Inhalts: „die bestimmte Bezeichnung der im Einzelnen anzuführenden Gründe der Anfechtung (Berufungsgründe); der Berufungskläger soll zur Vorbereitung der mündlichen Verhandlung auch die Tatsachen, Beweismittel und Beweiseinreden angeben, die er zur Rechtfertigung seiner Berufung anführt.“ Dann ist es keine Mussvorschrift mehr, sondern die Zulässigkeit wird von der Begründung abhängen. Die Gründe, die er zu erheben hat, soll er nach wie vor vorbringen können. Wenn man die Praxis zu einem ordentlichen und die Arbeit des Berufungsgerichts erleichternden Verfahren gezwungen hat, dann soll man das nicht ohne dringenden Grund wieder aufgeben und den alten Schlendrian wieder eintreten lassen. Die Herren, die gestern an der Verhandlung teilgenommen haben, waren auch alle mit dieser Nummer 3 einverstanden.

Jonas: Damit kann ich mich unter keinen Umständen einverstanden erklären. Sie übersehen, dass dem anderen doch eine Begründungsfrist hinterher ging. Entweder soll die Bestimmung ernst genommen werden, oder sie wird umgangen. Die Naturalpartei kommt womöglich vom Amtsgericht drei Tage vor Schluss der Berufungsfrist zum Anwalt nach der Stadt und sagt: Ich lege Berufung ein. Das kann er einfach nicht.

Vorsitzender: Warum nicht? Er bekommt doch das Urteil.

Jonas: Sie haben die Frist für den Anwalt.

Vorsitzender: Früher konnte die Berufung schon durch ein abgekürztes Verfahren eingelegt werden. Jetzt wird die Berufungsfrist erst in Lauf gesetzt, wenn das vollständig ausgefertigte Urteil vorliegt. Anhand dieses vollständig abgefassten Urteils und der Klage, die seine Partei über das Urteil vorbringt, wir der Mann wohl sagen können, weshalb er das Urteil anfechten will.

Jonas: Das kann er offengestanden nicht, ohne die Prozessvorgänge zu kennen. Nehmen Sie an: Es kommt ein Jüngling, der zur Alimentenzahlung verurteilt ist, drei Tage oder meinethalben sechs oder sieben Tage vorher zum Anwalt und legt Berufung ein. Da sagt der Anwalt zunächst einmal: „Ich muss das Urteil angreifen; schicken Sie mir das Urteil, oder ich muss die Akten einsehen."

Vorsitzender: Das Urteil wird er seinem Anwalt wohl mitbringen.

Jonas: Und wenn er es nicht mitbringt? Wollen Sie dann die Wiedereinsetzung gewähren oder nicht? Wollen Sie den Prozess so mit Fallstricken angehen, dass der Hauptzweck ist, die Partei zunächst abzuwürgen?

Vorsitzender: Das haben wir im österreichischen Prozess schon immer gehabt. (*Stagel:* Da ist die vierzehntägige Berufungsfrist!)

Jonas: Es handelt sich im österreichischen Prozess – den kenne ich allmählich auch – um die Akten. Es wird dort absolut formal geschrieben: Ich rüge das Urteil, und dann wird nachher auseinandergesetzt: für die Aktenwidrigkeit ist nichts geltend gemacht. Der österreichische Prozess ist doch der formalistischste Prozess, den wir uns vorstellen können.

Staud: In der Begründung brauchte er eigentlich bloß zu sagen: Das Gericht hat den Sachverhalt falsch beurteilt. Es genügt nicht, dass er sagt: der Richter hat den Sachverhalt falsch beurteilt, sondern er muss sagen: er hat ihn insofern falsch beurteilt, als er der Mündelmutter geglaubt hat, die aber lügt; er hat den Antrag, eine Blutprobe vorzunehmen, übergangen. Irgendetwas wird der Mann schon anführen können. Ich kann doch nicht ein Urteil mit den Worten schelten: Ich weiß zwar nicht, was ich gegen das Urteil zu sagen habe, aber ich fechte es an.

Vorsitzender: Deshalb wendet er sich an einen Juristen. (*Furler:* Er muss das rechtzeitig tun!) Wir wollen Herrn Furler hören, denn er würde das auszubaden haben.

Furler: Ich finde, die Leute werden zweifellos rechtzeitig kommen, und wenn sie nicht rechtzeitig kommen, dann können sie nichts mehr machen. Darauf kann man die Prozessordnung nicht aufbauen, dass jemand acht Wochen lang sein Urteil hängen lässt.

Jonas: Wenn es das Ziel der Prozessordnung ist, sie mit derartigen Schwierigkeiten zu umgehen, dann werde ich derjenige sein, der am energischsten den Gedanken propagieren wird, in die freiwillige Gerichtsbarkeit überzugehen. Denken wir nur an die Eheverfahren.

Furler: Das würde heißen, das Kind mit dem Bade auszuschütten. Es handelt sich nicht darum, dass man den Prozess mit Schwierigkeiten umgibt, sondern man muss dafür sorgen, dass die Berufungsinstanz sich möglichst rasch abwickelt. Das ist der Grundgedanke. Man kann nicht darauf abkommen, dass der Anwalt in der Berufungsverhandlung seine Begründung mitbringt, nachdem es nur eine Sollvorschrift ist. Denken Sie an das Strafverfahren. Da kann die Revision auch zu Protokoll eingelegt werden, und die Revisionsbegründungsfrist beträgt acht Tage. Also in etwas weniger als acht Tagen, innerhalb von sechs Tagen, kann der Mann kommen. Es muss ja manchmal mit noch viel kürzeren Fristen gehen, und es sind bis jetzt keine Schäden eingetreten.

Jonas: Die Dinge sind überhaupt nicht miteinander zu vergleichen. Wenn eine Bestimmung zu einer unglückseligen Kasuistik geführt hat, dann ist es doch der § 519. Was ist da auch in der

Reichsgerichtsjudikatur alles zusammengeschrieben worden, ob eine Bezugnahme auf ein Armenrechtsgesuch zieht, wenn das Armenrechtsgesuch von einem anderen Anwalt unterzeichnet ist usw. Alle diese Fragen werden nun in die neue Prozessordnung mit hineingeschleppt. Bloß sind sie jetzt viel schwieriger, weil nicht eine Berufungsbegründungsfrist von vier Wochen zur Verfügung steht.

Furler: Wenn der Mann Berufung einlegt, soll er im Allgemeinen auch wissen, warum, und dann kann er auch das niederlegen. Dazu hat er vier Wochen Zeit. Ich erinnere mich, dass man einmal diskutiert hat, ob man nicht die Berufungsbegründungsfrist auf 14 Tage beschränken soll. Vier Wochen müssen genügen, um die Berufung sachlich so zu begründen, dass das Gericht weiß, worum es sich in der Berufungsverhandlung dreht, damit es sich auch vorbereiten kann.

Vorsitzender: Ich weiß, wie scheußlich es in der früheren Zeit war, wenn ich beim Landgericht Berufungsakten hatte. Man knobelte herum: Was gefällt dem Mann an dem Urteil nicht? Warum soll nicht der Richter verlangen können, dass dargelegt wird, warum dem Berufungskläger das Urteil nicht gefällt. Er wird ja nicht präkludiert, wenn er einen Mangel des Urteils nicht anführt, diesen Mangel kann er noch nachbringen.

Jonas: Dann hat die ganze Geschichte keinen Sinn; dann haben wir einfach die Formalbegründung. Dann schreibe ich einfach: Ich bin mit dem Ergebnis nicht einverstanden; ich rüge die Glaubwürdigkeit der Zeugin usw. Dann haben wir das schönste Formular nach acht Tagen.

Vorsitzender: Es ist ja jetzt auch noch nicht gekommen.

Jonas: Weil der Anwalt Zeit hat, die Sache durchzuarbeiten. Wenn Sie eine solche Begründung wollen, dann schreibt der Anwalt einfach: Da ich das Urteil nur aus den Äußerungen meines Auftraggebers kenne, rüge ich den rechtlichen Standpunkt; die materiell anzuwendenden Vorschriften sind nicht richtig ausgelegt worden; ich rüge, dass die Zeugen, die meine Partei benannt hat, nicht vernommen worden sind; ich rüge, dass der Beweis falsch gewürdigt worden ist, weil jedenfalls die vernommenen Zeugen nicht glaubwürdig sind. Das ist eine Begründung, gegen die man absolut nicht herankommen kann, weil die Anwalt ja nachher wieder sagen kann: Ich stütze jetzt die Berufung darauf, dass die Sache verjährt ist. Soll dann der Richter sagen: Also hast du dir bei deiner Begründung nur dies alles herangeholt, du hast die Geschichte nicht gekannt und alles aus den Fingern gesogen; es ist alles nicht ernsthaft gemeint; ich weise infolgedessen deine Berufung als unbegründet zurück?

Vorsitzender: Das kann er nicht machen. Es sind alles übrigens weit hergeholte Fälle, die man mit der Laterne wird suchen müssen.

Jonas: Wenn die Partei am Tage vor dem Fristablauf zum Anwalt kommt, kann das schon passieren.

Vorsitzender: Dann bringt sie das Urteil todsicher mit.

Furler: Sie kommt heute nicht am Tage vorher.

Jonas: Ich kenne Fälle, wie sie uns bei jeder Wiedereinsetzungssache vorkommen, in denen die Partei im letzten Augenblick zum Anwalt kommt. Dann ergibt sich immer die Frage, ob der Anwalt im letzten Augenblick noch etwas hätte machen können oder nicht.

Vorsitzender: Solche Fälle laufen natürlich bei Ihnen zusammen. Aber im Verhältnis zum praktischen Leben sind es seltene Fälle.

Furler: Wenn ich vom anwaltlichen Standpunkt und vom Standpunkt des leichteren, bequemeren Arbeitens ausgehen wollte, müsste ich Herrn Senatspräsidenten Jonas unbedingt recht geben. Es ist für mich sehr viel bequemer: ich habe noch eine Möglichkeit. Aber wir wollen doch gerade die Berufungsinstanz rasch gestalten und vor allem dazu führen, dass sie im ersten Termin auch wirklich durchgeführt werden kann. Da sehe ich nicht ein, warum man nicht schon in der Berufungsschrift auch eine konkrete Berufungsbegründung geben kann.

Vorsitzender: Es mag einmal ein Fall durchrutschen, in dem ein Anwalt nur notdürftig diese gesetzliche Vorschrift erfüllt. Aber es werden von zehn Fällen neun Fälle sein, in denen eine solche Vorschrift durchgeführt und eine ordentliche Berufungsbegründung gegeben wird, mit der der Richter etwas anfangen kann.

Jonas: Wir wollen doch auch für die Fälle eine Bestimmung treffen, bei denen in der ersten Instanz nur die Naturalpartei in Erscheinung tritt.

Furler: Jawohl! Ich glaube aber, in all den Fällen, in denen Anwaltszwang besteht, kommt Ihr Bedenken gar nicht in Betracht.

Jonas: Wenn die amtsgerichtliche Zuständigkeitsgrenze so hoch ist, wie sie jetzt ist, und vielleicht noch höher, wird dann das Gros der Prozesse sich vor dem Amtsgericht abspielen?

Furler: Ich habe selten Fälle erlebt, in denen die Partei in letzter Minute kam.

Vorsitzender: Wenn die Partei das Urteil bekommt, zu zahlen, dann fürchtet sie schon den Gerichtsvollzieher und geht schleunigst zum Anwalt.

Furler: Man darf nicht immer die paar kranken Fälle nehmen, die Sie beim Reichsgericht zu bearbeiten haben, sondern man muss die hunderttausende von Fällen nehmen, die normal laufen, bei denen jeder, der ein Urteil zugestellt bekommt, am nächsten oder dritten Tage zum Anwalt geht und nicht die Zeit 29 Tage lang verstreichen lässt.

Jonas: Ich will die Debatte nicht fortsetzen; denn ich sehe, dass ich tauben Ohren predige. Jedenfalls könnte ich einer solchen Bestimmung unter keinen Umständen zustimmen, auch nicht als Kompromisslösung, es sei denn, dass sie so gefasst ist, dass es schließlich nur eine Hintertür ist. Dann wäre es aber eine mehrfach gemeinte Vorschrift.

Furler: So ist es nicht gemeint.

Staud: Was kann den groß passieren? Die Partei legt sich mit ihren Berufungsgründen nicht fest, und der Anwalt sagt: Ich rüge falsche Anwendung der gesetzlichen Bestimmungen. Das würde schon genügen.

Jonas: Steht der Herr Vorsitzende auf dem Standpunkt, dass er eine solche Bestimmung billigt oder nicht?

Vorsitzender: Ich würde sie nicht billigen. Die Partei müsste sagen: Der Richter hat hier z.B. angenommen, dass ein Kaufvertrag geschlossen ist; das ist aber nicht richtig; bei richtiger Würdigung hätte der Richter erkennen müssen, dass die Sache in den Vorverhandlungen stecken blieb.

Jonas: Wir wollen auch den Fall einmal unterstellen: Die Partei hat in der ersten Instanz einen Anwalt als Armenanwalt gehabt. Bekanntlich wird eine recht erhebliche Zahl von Prozessen im Armenrecht geführt, und das wird später auch so sein. Damit ist dann die Tätigkeit des Anwalts abgeschlossen. Der Anwalt sagt zur Partei: Bitte, wende dich zur Berufungsverhandlung an den und den Anwalt. Die Partei sitzt meinetwegen in Stolpe; das Oberlandesgericht ist in Stettin. Die Partei hat den Oberlandesgerichtsanwalt instruiert. Das, was Sie hier den Parteien zuraten, soll heißen, dass er gegen das Kaufrecht oder gegen das und das verstößt.

Vorsitzender: Wir werden durch gegenseitiges Wiederholen unserer Argumente nicht weiterkommen. Ich kann nur feststellen, dass die übrigen Teilnehmer des Ausschusses dem Vorschlage zustimmen, während Sie darin ein Unglück für unsere Rechtspflege erblicken. Letzten Endes müssen wir doch in unserem Ministerium entscheiden: Soll man den Schritt, den man damals getan hat, weil man die überhandnehmende Formalbegründung nicht mehr dulden wollte, wieder zurücktun und die Formalbegründung wieder ins Kraut schießen lassen? Trotz Ihrer Meinung, dass man sich um diese Vorschrift herumschwindeln konnte, haben doch die Formalbegründungen aufgehört. Ich habe wiederholt Reichsarbeitsgerichtsentscheidungen gesehen, in denen gesagt wurde: Hier ist die Berufung unzulässig, weil die allgemeine Erklärung, dass die Beweisaufnahme nicht richtig gewürdigt worden sei, nicht genügt. Der Anwalt hätte sagen können: Man hat der X geglaubt; man hat übersehen, dass der Zeuge Y etwas anderes gesagt hat; bei richtiger Abwägung der beiden Zeugenaussagen hätte der Richter zu einem anderen Ergebnis kommen können. Das wäre eine richtige Berufungsbegründung gewesen. Bei solchen Entscheidungen habe ich in Anmerkungen natürlich, wie Sie bei meiner Einstellung nicht anders annehmen können, immer gesagt: Die Anwälte müssen sich immer klar machen, dass sie nicht auf dem Rücken der Parteien ihr Spintisieren durchführen können. Es ist pflichtwidrig, wenn ein Anwalt sagt: Ich werde mir das genau überlegen; was ist die Mindestforderung; ich will nicht einen Schritt über die Mindestforderung hinausgehen; ich mache die Berufungsbegründung so knapp, dass sie gerade noch die Mindestforderung erfüllt. Wenn das Reichsgericht und das Reichsarbeitsgericht anderer Meinung sind, dann hat der Anwalt sich die Folgen selbst zuzuschreiben. Die Differenz, die er mit der Rechtsprechung des Reichsgerichts hat, soll er nicht auf dem Rücken der Parteien austragen, sondern er soll lieber ein Wort mehr sagen.

Jonas: Das ist absolut richtig. Aber ich muss offen gestanden sagen: Die Anwälte tragen es gerade auf dem Rücken der Parteien aus, und die Parteien leiden darunter. Wir haben das staatliche Organ des Rechtsanwalts. Der Rechtsanwalt ist ein Rechtswahrer, der im engsten Verhältnis zur Rechtsfrage steht und doch eine amtliche Funktion ausübt. Wenn jemand, der eine amtliche Funktion ausübt, etwas verbockt, dann wird achselzuckend der Partei gesagt: Das ist nun einmal so, du hast den Anwalt genommen, und du fällst mit ihm herein; du kannst gegen den Anwalt einen Schadenersatzprozess führen, und dann wird nachher die Rechtspflege im zweiten Prozess feststellen, wie, wenn der Anwalt richtig gehandelt hätte, der erste Prozess entschieden worden wäre.

Vorsitzender: Es hieße, auf die Ordnung des Verfahrens verzichten, wenn man das sagen würde.

Jonas: Das ist doch kein Argument, dass meine Auffassung nun dahin ausgelegt wird, ich wollte auf jede Ordnung des Verfahrens verzichten. Darum handelt es sich nicht; das sind doch Zerrbilder.

Vorsitzender: Das, was Sie anführen, kann man gegenüber jeder Vorschrift einwenden, auch dagegen, dass der Anwalt die Berufungsfrist versäumt.

Jonas: Dann lesen Sie bitte die RG-Entscheidung nach, in der gesagt wird, unter den gegenwärtigen Kriegsverhältnissen könnten an die Pflichttreue und Tüchtigkeit des Anwalts nicht die bisherigen normalen Anforderungen gestellt werden. Sie haben vielleicht auch den neuen Aufsatz im Schwarzen Korps über § 74 EheG gelesen, worin gesagt wird, die Vorschrift möge ausgelegt sein, wie sie gefasst sei, aber man hätte sie doch vernünftiger auslegen können. Man sieht: Es geht alles zu Lasten der Rechtspflege. Auf diese Rechtspflege wird geschimpft, nicht auf den Gesetzgeber. Zwischen den Herren des Ministeriums besteht offenbar eine weite Divergenz darüber, wie weit mit der Vorschrift inhaltlich ernst gemacht werden soll, welche Anforderungen tatsächlich zu stellen sind. Dann hält man mir entgegen, eine solche Vorschrift könne auf keinen Fall etwas sagen, denn nachher könne man die Sache trotzdem bringen.

Vorsitzender: Das ist in der Revisionsbegründung genauso. Hat der Revisionskläger keine formalen Bedenken gegen das Urteil, dann ist er verpflichtet, irgendeine haltbare Revisionsrüge vorzubringen. Er kann z.B. sagen, der § 823 BGB sei falsch ausgelegt.

Jonas: Das ist etwas völlig anderes. Die Revisionsbegründung soll Antwort auf die Frage geben: Rügst Du Verstoß gegen materielles Recht oder gegen Verfahrensrecht?

Vorsitzender: Der Revisionskläger muss sagen: Ich rüge die Anwendung der und der Vorschriften.

Jonas: Der Revisionskläger rügt bei § 55 [EheG] die falsche Anwendung des Abs. 2. Das sagt er, und mehr braucht er nicht zu sagen. Er rügt lediglich die Wirkung, will aber nicht darauf abstellen, dass gewisse Zeugen nicht gehört worden sind usw. Es ist doch ein himmelweiter Unterschied, ob der Anwalt das macht, der eine besondere Begründungsfrist [-schrift?] hat, oder ob man aus demselben Gedanken die Folgerung ziehen soll, schon in der Berufungsschrift soll das alles angegeben werden.

Vorsitzender: Die Berufungsbegründung ist doch um vieles leichter als die Revisionsbegründung. Irgendwie muss der Berufungskläger doch wissen, weshalb ihm das Urteil nicht gefällt.

Staud: Einen wirklichen Berufungsgrund verliert der Berufungskläger nicht dadurch, dass er ihn in der Berufungsbegründung nicht angibt. Er verliert ihn auch nicht dadurch, dass er zunächst einen falschen Berufungsgrund angibt.

Vorsitzender: Wenn der Berufungskläger in der Berufungsbegründung sagt, es sei fälschlich angenommen worden, dass der Schulze zu einer Sitzung bestellt war; darin liege eine falsche Auslegung des § 831 BGB, so ist das vollkommen ausreichend begründet. Das hindert ihn nicht, in der Berufungsverhandlung weiter zu sagen, seiner Meinung nach seien die Zeugen missverstanden worden, auch tatsächlich sei das Urteil falsch.

Jonas: Dann ist es also gleichgültig, ob etwas Richtiges oder Falsches in der Berufungsbegründung steht?

Vorsitzender: Absolute Vollständigkeit kann man nicht verlangen. Mir liegt daran, für das Gros der Fälle eine Erleichterung für den Richter zu haben.

Lent: Uns ist ein falscher Berufungsgrund lieber als gar keiner; Sie haben lieber gar keinen Berufungsgrund als einen falschen. Diese Auffassung wäre nur begründet, wenn falsche Berufungsbegründungen die Regel wären. Wir wollen erzieherisch wirken, dass die Leute nicht erst im letzten Augenblick kommen. Es bleibt der Notausweg, zunächst einen schnell zusammengestoppelten Berufungsgrund zu bringen; den richtigen Mann kann man noch nachschieben. Wichtig ist allerdings, dass die Leute rechtzeitig zum Anwalt kommen.

Vorsitzender: Wenn die Anwälte alle böswillig wären und nur darauf ausgingen, die Vorschriften zu umgehen, läge der Fall anders. Aber der normale Anwalt tut alles, um die volle Berufungsbegründung zu bringen. Lassen wir die Vorschrift aber so stehen, dann verführen wir den Anwalt wieder dazu, die alte, scheußliche Formalbegründung zu bringen.

Jonas: Ihr grenzenloses Misstrauen gegen den Anwalt kommt hier deutlich zum Ausdruck. Sie erwarten vom Anwalt, dass er eine normale Begründung bringt, aber Sie misstrauen ihm, dass er das macht, wenn diese Bestimmung nicht dahinter steht. Zeiten völliger Ohnmacht der Justizverwaltung wie vor 1924, wo ihr die Anwaltschaft auf der Nase herum tanzte, werden nicht wieder kommen. Diese Zeiten sind endgültig vorbei.

Vorsitzender: Aber die Bequemlichkeit der Menschen können wir niemals aus der Welt schaffen.

Jonas: Sie kennen meine Auffassung. Wir werden uns hierüber nie verständigen, und es ist zwecklos, darüber noch zu sprechen. Jedenfalls wird durch solche Bestimmungen die vertrauensvolle Zusammenarbeit zwischen Richter und Anwaltschaft nicht erreicht.

Furler: Ich verstehe nicht, was Jonas hier sagt. Schließlich bin ich Anwalt und müsste es begreifen.

Jonas: Ihre Auffassung ist mir auch ein vollständiges Rätsel.

Furler: Sie kennen offenbar nicht die normale Tätigkeit eines Anwalts, sondern Sie gehen von anormalen Dingen aus.

Jonas: Wenn Sie so reden, dann können wir überhaupt nicht miteinander sprechen. Sehen Sie denn nicht, dass künftig eine Frist von vier Wochen nicht mehr zur Verfügung steht? Sie verlangen hier etwas von der Partei, was sie unmöglich leisten kann.

Vorsitzender: Die Partei muss eben rechtzeitig zum Anwalt kommen. Es ist heilsam und pädagogisch richtig, diese Frist zu setzen.

Jonas: Sie sind offenbar der Auffassung, dass der Anwalt sich um Sollvorschriften nicht kümmert, sondern nur handelt, wenn die Knute einer Mussvorschrift dahinter steht. Ich bezweifle, ob diese Ihre Auffassung von dem Gros Ihrer Berufsgenossen geteilt wird.

Vorsitzender: So liegen die Dinge ja gar nicht!

Wir kehren nun zur Sache zurück und stehen an einem Punkt, der auch noch Schwierigkeiten bietet. Wenn wir davon ausgehen, wir nehmen die *Nr. 4* hier herein, dann kommt der zweite Absatz, der so *lauten* würde: „Der Berufungskläger soll in der Berufungsschrift zur Vorbereitung der mündlichen Verhandlung auch die Tatsachen, Beweismittel und Beweiseinreden angeben, die er zur Rechtfertigung seiner Berufung anführen will." Hierzu meint nun Herr Staud, das brauche man nicht noch einmal besonders zu betonen, weil die allgemeinen Grundsätze über vorbereitende Schriftsätze in erster Instanz hier Anwendung finden. Besonders zu betonen brauche man es nur dann, wenn man etwa nachher bei der Frage, mit welchen neuen Tatsachen einer in der Berufungsinstanz noch gehört wird, nicht nur verlangen wollte, dass er nicht in der Lage war, die Tatsache schon in erster Instanz geltend zu machen, sondern darüber hinaus fordern würde, er müsse solche Tatsachen, wenn er das konnte, schon in der Berufungsschrift oder mindestens bis zum Ablauf der Berufungsfrist gebracht bzw. nachgebracht haben. Herr Staud meint, es würde das Verfahren komplizieren, wenn man in der Berufungsinstanz nicht nur prüfen soll, ob eine Tatsache fähig sei, in zweiter Instanz zum ersten Mal vorgebracht zu werden, sondern auch noch untersuchen soll, ob er eine Tatsache, die er in der Verhandlung vorbringt, nicht schon in der Berufungsschrift innerhalb der Berufungsfrist vorzubringen Gelegenheit gehabt hätte. Herr Staud möchte diese Komplizierung vermieden haben und ist dafür, den ganzen Absatz zu streichen.

Jonas: Ich würde empfehlen, den Abs. 3 mit der Sollvorschrift stehen zu lassen. Das durchschlagende Argument ist für mich dies: Dann würde der Begründungschance Nr. 3 eine kolossale Ausweitung gegeben. Ich möchte unter allen Umständen klargestellt haben, dass es sich hier nur um eine Sollvorschrift, nicht um eine Mussvorschrift handelt.

Vorsitzender: Wir würden Sie sich zu folgendem Fall stellen: In der mündlichen Verhandlung macht eine Partei geltend, sie habe eine neue Tatsache und einen neuen Zeugen vorzubringen; in erster Instanz sei ihm dies nicht möglich gewesen, denn der Zeuge habe sich erst gemeldet, nachdem das Ersturteil gefällt war. Damals habe er die Angelegenheit mit seinem Personal besprochen, und bei dieser Gelegenheit habe sich der Zeuge gemeldet. Nun wird ihm das Berufungsgericht vielleicht antworten: Ganz schön; du hast die Prozesslage erst nach dem Urteil mit deinem Personal besprochen; aber warum hast du deinem Anwalt davon nichts gesagt, warum steht das nicht schon in deiner Berufungsschrift? – Ich würde diese Frage für berechtigt halten, und wenn der Berufungskläger für diese Bummelei keine genügende Erklärung geben kann, würde ich die Zurückweisung des neuen Vorbringens für möglich und richtig halten.

Jonas: Zunächst wollen wir davon ausgehen, dass Abs. 3 eine Sollvorschrift ist.

Vorsitzender: Ja. Das heißt: die Berufung wird nicht etwa unzulässig, weil die Tatsache nicht gebracht wurde, aber offen bleibt, dass die Partei mit dieser Tatsache zurückgewiesen wird, weil sie sie verspätet vorbrachte. Das würde die Ausgestaltung des § q betreffen.

Staud: Dazu soll noch die Bestimmung kommen, wonach in der Berufungsinstanz eine neue Tatsache sofort durch Schriftsatz mitzuteilen ist, nachdem sie der Partei zur Kenntnis gekommen ist.

Jonas: Dann wird die Sache noch komplizierter als im geltenden Recht. § 529 ZPO ist eine so komplizierte Vorschrift, dass die Praxis sich damit überhaupt nicht zurechtgefunden hat, und auch der Kommentator weiß nichts Rechtes damit anzufangen.

Ich sehe die Sache anders an. Aus dem Beispiel des Vorsitzenden ergibt sich zweierlei: Zunächst ist klar, dass die Zulässigkeit der Berufung nicht darunter leidet. Die zweite Frage ist: Fällt die neue Tatsache unter § q? Nach § q wäre die Tatsache an sich zuzulassen, jedenfalls nicht von vornherein auszuschließen. Nun taucht noch die Frage auf, welche Wirkung die Verweisung auf die erstinstanzlichen Vorschriften hat.

Staud: Nein; so ist es nicht. Welche Folgen die Verweisung auf die Vorschriften für das Verfahren im ersten Rechtszug hat, wird sich später zeigen. Die Frage ist vielmehr: Soll jetzt außer dem § q noch eine positive Vorschrift in das Berufungsrecht kommen, dass eine neue Tatsache nur zuzulassen ist, wenn sie a) in erster Instanz nicht geltend gemacht werden konnte, und b) wenigstens danach in der Berufungsinstanz sofort durch Schriftsatz mitgeteilt worden sei.

Jonas: Das ist selbstverständlich. Ich möchte nur den Fall so lösen: Nach § q ist die neue Tatsache an sich zuzulassen. Nun ergibt sich die weitere Frage, ob nach den noch nicht formulierten Bestimmungen über das Verfahren in erster Instanz innerhalb der Berufungsinstanz verspätet Vorgebrachtes oder nicht schriftsätzlich Angekündigten zurückgewiesen werden kann oder nicht.

Staud: … oder ob es in der Berufungsinstanz einer Sondervorschrift bedarf.

Jonas: Die Sache scheint mir kompliziert zu werden. Zunächst soll Beschluss darüber ergehen, ob das Vorbringen zugelassen wird oder nicht. Dieser Beschluss müsste sich auch noch darüber äußern, ob der Partei zuzumuten war, das Vorbringen früher geltend zu machen oder nicht. Bei der Frage, ob er die Tatsache eher hätte vorbringen können oder nicht, wird es wahrscheinlich zunächst darauf ankommen, was denn überhaupt das Neue an der Tatsache ist.

Vorsitzender: Kehren wir zu meinem Beispiel zurück; nur wollen wir es anders nuancieren. Die Partei hat ihrem Anwalt die neue Tatsache mitgeteilt. Der Anwalt hatte aber etwas anderes zu tun oder er war zu einer Akademiesitzung verreist und hatte im Anschluss daran drei Tage Urlaub genommen. Schließlich diktierte er es seinem Tippfräulein, aber dieses wurde krank, so dass die Sache schließlich drei Wochen später bei Gericht eingegangen ist.

Stagel: Ich möchte gleich Herrn Staud eine Komplizierung vermeiden. Obwohl auch ich für eine möglichste Konzentration des Verfahrens bin, möchte ich das doch in Kauf nehmen.

Furler: Ich schließe mich dem an.

Vorsitzender: Um eine Komplizierung zu vermeiden, würde ich, wenn auch schweren Herzens, auf dieses Druckmittel, dass man die neue Tatsache, wenigstens wenn man sie schon in zweiter Instanz vorbringen will, nach Möglichkeit prüft, verzichten.

Staud: Wenn wir den Abs. 3 mit den neuen Tatsachen stehen lassen, dann genügen die Bestimmungen erster Instanz. Wenn wir ihn aber hereinsetzen, dann haben wir die Gefahr der Verwässerung der Ziff. 3, auf die Jonas dankenswerterweise hingewiesen hat. Die Ziff. 3 hat eigentlich nur noch die Bedeutung einer Formvorschrift. Was wirklich zu sagen ist, steht in Abs. 3. Was in Ziff. 3 steht, wollen wir der Praxis überlassen. Was in Abs. 3 steht, steht schon im Verfahren erster Instanz: Die Tatsachen sind schriftsätzlich vorzubereiten; wer das nicht tut, läuft nach den Grundsätzen der Präklusion Gefahr, dafür zu büßen.

Vorsitzender: Dann streichen wir Ziff. 3. Dann würde man die Absätze 4 und 5 herausnehmen und, soweit man sie überhaupt braucht, in eine besondere Vorschrift bringen. Ich halte sie für überflüssig.

Jonas: Das ist notwendig aus technischen Gründen. Wesentlich ist, dass man es gleich weiß.

Staud: Die Zustellung erfolgt von Amts wegen.

Jonas: Das ist richtig. Den Zustellungsnachweis haben wir nachher in den Gerichtsakten. Dazu braucht man das also nicht; das ist wohl richtig.

Vorsitzender: Das ist auch nur eine kleine Unterfrage; programmatisch sind wir uns alle darüber einig. Wir wollen uns einstweilen mit solchen Vorschriften nicht belasten; wir können also Abs. 4 weglassen.

Wir kommen zu *§ e, Abs. 5:* „Die Geschäftsstelle des Berufungsgerichts hat dem Gegner eine beglaubigte Abschrift der Berufungsschrift unter Angabe des Zeitpunktes ihres Eingangs unverzüglich zuzustellen. Die dazu erforderlichen beglaubigten Abschriften sollen mit der Berufungsschrift zusammen eingereicht werden." Die Zustellung wird künftig schon deshalb von Amts wegen erfolgen, weil alle Zustellungen so behandelt werden. Das kann man schon durch die Geschäftsanweisungen herbeiführen, dass der Zeitpunkt des Eingangs vermerkt wird.

Jonas: Wesentlich ist, dass der Gegner eine Mitteilung erhält, dass der andere Berufung eingelegt hat.

Staud: Der Gegner erfährt auch nach Ihrem Entwurf künftig von der Berufungseinlegung dadurch, dass ihm die Ladung zur mündlichen Verhandlung mit Gebührenfestsetzung zugestellt wird. Das wird uno actu erledigt.

Jonas: Der Gegner soll unverzüglich wissen, dass der andere Berufung eingelegt hat. In vielen Fällen folgt auf die Berufungseinlegung ein mitunter recht langes Verfahren über die Bewilligung des Armenrechts. Der Anwalt schreibt: Ich lege Berufung ein und bitte ums Armenrecht. Nun erhält der Gegner eine Äußerung, der er überhaupt nicht entnehmen kann, ob Berufung eingelegt ist. Überflüssigerweise stellt er vielleicht einen Antrag auf Erteilung eines Rechtskraftzeugnisses und dergleichen. Das alles verursacht einen Leerlauf. Das kann vermieden werden, wenn die Geschäftsstelle dem Gegner unmittelbar Mitteilung über den Eingang der Berufung macht. Statt „zuzustellen" sagt man richtiger „mitzuteilen".

Staud: Es genügt, zu sagen: „Die Berufungsschrift ist dem Gegner unverzüglich mitzuteilen".

Jonas: Mir ist es vor allem um das „unverzüglich" zu tun. Ob man diese Bestimmung in das Gesetz selbst aufnimmt oder aber in die Geschäftsordnung schreibt, ist eine untergeordnete Frage. Dies gilt für viele andere Vorschriften.

Vorsitzender: Wir sind uns darüber einig: Es ist wertvoll, darüber etwas zu sagen.

Wir kommen nun zu *§ f: Verzicht auf die Berufung.*

Ein Verzicht auf die Berufung ist erst nach Eintritt der Rechtshängigkeit zulässig. – Hier ist die Frage aufgetaucht: Soll es wirklich zulässig sein, dass jemand zu seinem Richter sagt: Ich kenne zwar das Urteil nicht, billige es aber im Voraus und verzichte schon jetzt auf die Berufung. Das Normale ist doch der Verzicht auf die Berufung, wenn ich durch das Urteil beschwert werde. Wir wollen doch keinen Konditionalprozess haben.

Jonas: Die Frage ist wichtig bei Unterhaltsvereinbarungen. Die Leute treffen eine Unterhaltsvereinbarung und einigen sich dahin, auf die Rechtsmittel zu verzichten, gewisse Dinge nicht in den Prozess hineinzutragen. Im Ehegesetz wollte man die Unterhaltsregelung erleichtern. Sie kommt meist nur zustande, solange beide Ehegatten noch nicht wissen, wie der Hase läuft. Es besteht ein dringendes Bedürfnis, den Ehegatten den Weg frei zu geben, um den Schmutz, den sie nicht an die Öffentlichkeit bringen wollen, auch ohne Risiko aus dem Prozess herauszunehmen.

Vorsitzender: Aber die Frage ist immer: Kann ich, solange ich den Ausgang des Prozesses nicht kenne, auf eine Berufung verzichten?

Jonas: Ich sehe eigentlich kein Bedürfnis dafür, einen Verzicht unmittelbar vor dem Urteil zu unterbinden. Ein Verzicht kommt in der Regel erst in Frage, wenn die Parteien wissen, worauf die Sache hinausläuft. Die Parteien verzichten auf die Geltendmachung verschiedener Tatsachen usw. Der Mann übernimmt die Schuld wegen der und der Verfehlung; die Frau wegen einer anderen, und beide verzichten auf das Rechtsmittel.

Furler: Die Ehegatten müssen eine Vereinbarung über den Unterhalt auch schon vor Einreichung der Klage treffen können, ebenso über die Art der Führung des Scheidungsprozesses.

Vorsitzender: Ich will unter keinen Umständen den Verzichtvertrag, wodurch sich vorher die Parteien gegenseitig binden. Die österreichische Rechtsprechung hat den Verzichtvertrag überhaupt nicht anerkannt. Wir haben ihn anerkannt mit der Folge, dass das Rechtsmittel nachher unzulässig wird. Das möchte ich nicht. Der Verzichtvertrag soll nur wirksam sein, wenn er dem Gericht gegenüber erklärt ist.

Jonas: Mir ist nicht geläufig, welche Missstände sich dabei ergeben sollten. Der einzige Missstand war die unklare Situation, ob Verzichtsverträge gültig sind oder nicht.

Furler: Wäre es nicht doch vertretbar, zu sagen: Die Gatten müssen eine solche Vereinbarung über die Art der Unterhaltsregelung und der Führung des Scheidungsprozesses auch schon vor Einreichung der Klage treffen können. Warum soll das nicht möglich sein? Die Gattin klagt wegen Verlassung; die Ehegatten vereinbaren, dass der Gatte keine Widerklage erhebt, und das Urteil wird rechtskräftig. Unter dieser Voraussetzung wird dann die folgende Unterhaltsvereinbarung getroffen. Das kommt häufig vor.

Jonas: Das ist durchaus beachtlich. Auch im Ehescheidungsprozess sollte man alles zulassen, was Unterhaltsvereinbarungen ermöglicht und erleichtert. Was nach Eintritt der Rechtshängigkeit möglich ist, lässt sich ebenso gut für die Zeit vor Eintritt der Rechtshängigkeit sagen. Der Prozess läuft noch sicherer, wenn vorher möglichst alles klargestellt ist.

Vorsitzender: Für andere Fälle als diese kommt der Verzicht auf das Rechtsmittel vor Erlass des Urteils nicht vor. Denn wenn die Parteien sich über alles einig sind und die Entscheidung einer Streitfrage einem vertrauenswürdigen Mann übertragen wollen sowie darauf verzichten, die höhere Instanz anzurufen, dann gehen sie doch gleich zu einem Schiedsrichter und nicht zur ersten Instanz des Gerichts. Die Frage wird nur akut in Ehesachen. Hier erkenne ich an, dass ein solcher Verzicht sogar vor Eintritt der Rechtshängigkeit möglich sein muss. Nur soll er, und hier liegt der Haken, erst wirksam sein, wenn er dem Gericht schriftlich oder mündlich erklärt wird. Das geht nicht vor Eintritt der Rechtshängigkeit. Den einseitigen Verzicht durch Erklärung gegenüber dem Gericht kennen wir schon heute. Damit ist aber nicht ausgeschlossen die Möglichkeit eines Verzichtsvertrags; der kann jederzeit, schon vor Eintritt der Rechtshängigkeit geschlossen werden. Er macht die Berufung unzulässig, ähnlich wie ein Schiedsvertrag die Rechtsverfolgung unzulässig macht. Man kann hier etwas machen, was dem Schiedsvertrag ähnlich ist. Aber das sollte man gerade heute nicht propagieren.

Jonas: Nehmen wir folgenden Fall: Die Frau will an der Ehe festhalten; sie hält mit ihrem Material zurück und obsiegt. Der Mann legt vereinbarungswidrig Revision ein, weil ihn kein Verschulden trifft.

Staud: Die Partei kann dann immer noch geltend machen, sie habe noch das und das vorzubringen und dies im Vertrauen auf eine unter den Parteien geschlossene Vereinbarung unterlassen. Dann wird das RG die Sache zurückverweisen.

Jonas: Selbstverständlich wird das Reichsgericht in solchen Fällen irgendeine hergeholte Prozessrüge, die man in einem anderen Fall ohne Schwierigkeit abschmettern würde, als Krücke dafür benutzen, um den Weg für eine nochmalige tatsächliche Würdigung freizumachen. Das ist natürlich durchaus möglich, aber es ist immerhin ein krummer Weg.

Staud: Weist das RG Revision zurück, dann wird die Frau durch den Bruch der Vereinbarung in keiner Weise geschädigt. Nur wenn die Revision des Mannes wirklich Erfolg hat, braucht das RG eine Krücke, um die Sache an das OLG zurückzuverweisen.

Jonas: Nein; wir erkennen durch. Wenn ein Fall an sich klar zur Entscheidung ist, dann ist es doch nicht gerade sinnvoll, zurückzuverweisen, sondern es ist richtig, durchzuerkennen. Im Übrigen ist das keine Frage von erschütternder Tragweite.

Vorsitzender: Wir könnten § f Abs. 1 so fassen: „Ein Verzicht auf die Berufung ist erst nach Erlass des Urteils zulässig. Der Verzicht ist dem Gericht gegenüber durch Einreichung eines Schriftsatzes oder in mündlicher Verhandlung zu erklären." Damit ist der Frage nicht vorgegriffen, ob ein Verzichtsvertrag möglich ist.

Jonas: Aber gerade diese Frage wollen wir doch klarstellen.

Vorsitzender: Sie meinen, einen Verzichtvertrag kann man nicht entbehren.

Jonas: In Ehesachen spricht vieles für solche Verträge. Ich halte es für erwünscht, die Möglichkeit zu schaffen, schon vor Erlass des Urteils ein fait accompli zu schaffen. Dann wird durch Erklärung gegenüber dem Gericht Klarheit geschaffen und gleichzeitig dem Unterhaltsvertrag, der bisher in der Luft schwebte, die Sanktion gegeben. Das schiene mir noch die glatteste Regelung. Ich wiederhole: Vieles spricht dafür, im Eheprozess solche Verträge beizubehalten. Aber sie auf das ganze Prozessrecht auszudehnen, dabei ist mir nicht recht wohl. Meines Erachtens ist dem Bedürfnis genügt, wenn die Parteien sich nicht durch gegenseitigen Vertrag, sondern durch klare Erklärung dem Gericht gegenüber deutlich binden können. Mit dem Urteilsausspruch soll dann die sich daran knüpfende Unterhaltsregelung perfekt werden. Ich bin dafür, dass eine solche Erklärung die sich daran knüpfende Unterhaltsregelung schon vor Erlass des Urteils perfekt macht.

Staud: Dann müssen Sie das konsequenterweise auch schon vor Eintritt der Rechtshängigkeit zulassen.

Jonas: Das ist richtig. Bloß kann ich eine Regelung, die sich auf die Zeit vor Eintritt der Rechtshängigkeit bezieht, nur im Wege eines Vertrags treffen, der der bürgerlichen Rechtsprechung unterliegt.

Furler: Ein solcher Verzichtsvertrag enthält nicht einen absoluten Verzicht auf jedes Rechtsmittel gegen ein Urteil, sondern er gilt nur, wenn das Urteil, das dann ergeht, dem vorher abgesprochenen Sinn entspricht. Ergeht dieses Urteil nicht, dann entsteht eine neue Situation.

Vorsitzender: Mir ist nicht wohl bei dieser Sache. Ich glaube nicht, dass ich in meinem Ressort es verantworten kann, solche Dinge im Voraus zuzulassen. Es handelt sich mehr oder weniger doch um einen teilweisen Ausschluss des Rechtswegs, und dies auf einem Gebiet, auf dem ich vertraglich nicht verfügen kann.

Jonas: Das ist nicht ganz zutreffend. Ich kann darüber in weitem Maß verfügen, indem ich mir zunächst überlege, ob und welche Ehescheidungsgründe ich geltend machen will. Aber ich gebe zu, hundertprozentig ist keine Lösung für uns befriedigend. An sich wäre der Grundsatz erwünscht: Vertragliche Verzichte und Abreden soll es überhaupt nicht geben. Mache ich mit diesem Grundsatz ernst, dann kann ich begrifflich keinen Verzichtvertrag vor Einreichung der Klage schließen.

Vorsitzender: Mir fällt der Gedanke schwer, dass ich dem Gericht gegenüber auf ein Rechtsmittel gegen ein Urteil verzichte, das noch gar nicht da ist.

Jonas: Denken Sie an das schiedsgerichtliche Verfahren, an das Schiedsurteilverfahren.

Vorsitzender: Das Schiedsurteilverfahren geht gerade in Ehesachen nicht. Wir haben das Schiedsurteilverfahren unter dem Einfluss von Lucas [preuß. MinR] mehr oder weniger gezwungen gemacht. Ich wäre durchaus bereit, in das Gesetz aufzunehmen: Verträge, durch die sich jemand im Voraus verpflichtet, auf ein Rechtsmittel zu verzichten, sind nicht zulässig. Wir wollen zunächst die grundsätzliche Frage festlegen. Wir sind uns also darüber einig: Verzicht auf die Berufung nur gegenüber dem Gericht und erst nach Erlass des Urteils.

Jonas: Für mich ist das Wesentliche, dass Sie den Vertrag ausschließen.

Furler: Wie will man nun aber bei den Unterhaltsverträgen helfen?

Vorsitzender: Solche Verträge werden geschlossen für den Fall, dass die Ehe geschieden und der eine Teil für schuldig erklärt wird. Sie werden erst wirksam, wenn das Urteil in diesem Sinne ergeht.

Staud: Nehmen wir an, der Unterhaltsvertrag wird geschlossen unter der Voraussetzung, dass die Ehe aus beiderseitigem Verschulden geschieden wird. Nun erklärt die Frau, so wolle doch nicht geschieden sein. Vorher hatte sie sich aber dazu verpflichtet. Das ist doch eine unmögliche Situation.

Vorsitzender: Wir wollen in die Mittagspause eintreten.

Vorsitzender: Wir müssen wieder zu unserem *Verzicht* zurückkehren. Wir hatten ein *vorläufiges Ergebnis* dahin gefunden, dass wir sagen wollten: „Der Verzicht auf die Berufung ist erst nach Erlass des Urteils zulässig. Der Verzicht ist dem Gericht gegenüber durch Einreichung eines Schriftsatzes oder in mündlicher Verhandlung zu erklären." Wir wollten uns vormerken, dass wir entweder an dieser Stelle oder anderswo irgendwie zum Ausdruck bringen, dass eine Parteienvereinbarung, in der sich eine Partei zu einem Verzicht auf ein künftiges Rechtsmittel verpflichtet, nicht wirksam ist.

Jonas: Weshalb soll es heißen „schriftlich" oder „zur Niederschrift wenigstens in einer mündlichen Verhandlung"? Eine mündliche Verhandlung kann wohl nicht in Frage kommen.

Vorsitzender: Doch, sie kann auch vorkommen, weil der Verzicht ja nach Einlegung der Berufung noch erklärt werden kann. Außerdem kann es so sein, dass ein Grundurteil erlassen ist; das Gericht verhandelt vielleicht weiter über die Höhe. In diesem Verfahren erklärt nun der Beklagte: Ich verzichte auf Berufung. Das kann er in einer mündlichen Verhandlung erklären.

Jonas: Es kann natürlich in mündlicher Verhandlung geschehen. Aber weshalb soll er nicht hingehen dürfen und das zu Protokoll erklären?

Staud: Wir hatten ursprünglich einfach „mündlich" vorgeschlagen.

Jonas: Es geschieht einmal mündlich, einmal schriftlich. Weshalb sollen wir es aber auf die mündliche Verhandlung einengen?

Staud: Wenn wir sagen „zur Niederschrift", dann würde er den Verzicht auch auf der Geschäftsstelle erklären können.

Jonas: Weshalb nicht? Er kann die Sache schriftlich einreichen.

Vorsitzender: „Oder mündlich" ist zu ungenau. Dann müsste man schon sagen: „durch Einreichen eines Schriftsatzes zur Verhandlung oder zur Niederschrift auf der Geschäftsstelle".

Jonas: Dann unterliegt der Verzicht keinem Anwaltszwang.

Vorsitzender: Das soll er auch nicht. Er hat keinen Anwalt.

Jonas: Doch, er kann einen haben. Wenn er keinen Anwalt hat, soll er sich lediglich, um dies zu erklären, einen Anwalt nehmen müssen?

Vorsitzender: Er muss vor dem Amtsgericht bleiben, wenn er keinen Anwalt hat.

Jonas: Also muss er es auch mündlich erklären können.

Vorsitzender: Die Erklärung kann auch ein anderer schriftlich für ihn abgeben.

Staud: Vielleicht können wir den ersten Punkt damit vereinfachen, dass wir sagen: einen wirksamen Verzicht auf die Berufung selbst zu erklären, ist unzulässig.

Vorsitzender: Das berührt die Frage mit dem Vertrag immer noch nicht; diese Sache müssen wir extra regeln. Ich möchte nicht „schriftlich oder mündlich" sagen, weil man dann erst lange knobeln muss, was das bedeutet. Wenn man will, dass es zur Niederschrift der Geschäftsstelle erklärt werden kann, würde ich lieber ausführlicher sein und sagen: durch Einreichen eines Schriftsatzes oder in der mündlichen Verhandlung oder zur Niederschrift der Geschäftsstelle. Nun aber kommt etwas viel Grundsätzlicheres. Sie haben doch selbst vorgeschlagen, dass der Berufungskläger ohne Einwilligung des Gegners jederzeit die Berufung zurücknehmen kann, auch in der mündlichen Verhandlung. Da haben wir uns überlegt: Braucht man dann überhaupt noch die Rechtsfigur der Zurücknahme; soll er das nicht einfach durch Verzicht auf die Berufung machen?

Jonas: Dann kommen wir wieder zu den Fällen: Ich lege beim falschen Gericht Berufung ein.

Vorsitzender: Das haben wir gestern exerziert. Wie stellen Sie sich nun dazu?

Jonas: Ich lege beim falschen Gericht Berufung ein. Dann ist es von meinem Standpunkt aus – ich weiß nicht, ob Sie da auch einen anderen Standpunkt vertreten –, um die Sache beschleunigt zu Ende zu bringen, notwendig, ihm den Weg zu eröffnen, an das richtige Gericht zu gehen. Oder es stellt sich heraus: die eingelegte Revision ist mangelhaft begründet gewesen, und er hat auch das Glück gehabt, dass die Zustellung nicht ordentlich war, so dass die ganze Geschichte neu von vorn angefangen werden konnte. Solche Fälle kommen vor. Man darf nicht ausschließlich an den Fall der Disziplinarentscheidung des Reichsgerichts denken.

Vorsitzender: Wenn er die Berufung nicht ordnungsmäßig eingelegt hat und die Berufungsfrist nicht abgelaufen ist, dann kann er in einem weiteren Schriftsatz bis zum Ablauf der Berufungsfrist seine Berufungsschrift immer noch ergänzen. Also solche Mängel kann er heilen. Das war bloß früher nicht möglich. Also der Fall, dass er die Berufung unvollständig einlegt, braucht uns nicht zu schrecken. Wenn die Berufungsfrist noch nicht abgelaufen ist, kann er immer noch in demselben Verfahren etwas nachholen; er braucht die Berufung nicht zurückzunehmen.

Jonas: Natürlich! Bloß ist es unter Umständen praktischer: es wird reiner Tisch gemacht; ich will auf das, was bisher falsch gemacht ist, nicht zurückkommen; wir wollen es gleich richtig machen. Die Fälle sind natürlich alle unwichtig. Man kann sie getrost der Praxis überlassen. Wenn es nach mir ginge, würde ich diese ganzen Bestimmungen überhaupt nicht in das Gesetz hinein nehmen. Ich würde es lassen wie bisher. Die Frage, ob die Zurücknahme materiell ein Verzicht ist, würde ich auf sich beruhen lassen. All diese Fragen spielen natürlich jetzt keine solche Rolle mehr, weil ja von Amts wegen zugestellt wird.

Vorsitzender: Die Zustellung von Amts wegen wird auch seltener schief laufen als die Parteizustellung.

Jonas: Es könnte so kommen, wie es sehr häufig ist, dass das Urteil überhaupt nicht zugestellt wird. Nehmen wir an: Eine Revision wird eingelegt und wird meinethalben als unzulässig verworfen. Oder der Anwalt sieht: Das Gericht steht auf dem Standpunkt, dass seine Bezugnahme nicht ausreicht, und er nimmt zurück. Nun hat er an sich, da das Urteil noch nicht zugestellt ist, die Möglichkeit, die Geschichte noch einmal anzukurbeln. Dieser Fall taucht künftig praktisch nicht auf, weil wir die amtliche Zustellung mit der Frist haben.

Staud: Der Fall, dass die Berufung bei der Revision eingelegt wird, kommt nicht vor. Aber es kommt wohl vor, dass die Berufung bei dem örtlich unzuständigen Gericht eingelegt wird oder bei dem Wechsel der Gesetzgebung anstatt beim Oberlandesgericht beim Landgericht. Auf diesem Gebiet haben wir jetzt eine ziemliche Erfahrung. Damals wurden viele Berufungen bei den Landgerichten eingelegt, die bei den Oberlandesgerichten eingelegt werden mussten und die nachher, wenn sie nicht rechtzeitig an die Obergerichte abgegeben wurden, als unzulässig verworfen wurden. Das Reichsgericht hat sich auch mit solchen Fällen befasst. In der zweiten Vereinfachungsverordnung [v. 18.9.1940 (RGBl. I 1941, 1253)] haben wir dem Rechnung getragen und gesagt: In einer gewissen Übergangszeit ist es egal, wo die Berufung hinkommt; die Gerichte geben sie ab. Nun könnte man das Bedürfnis für die Zurücknahme zum Zwecke der erneuten Einlegung des Rechtsmittels allenfalls anerkennen, wenn es sich darum handelt, dass die Berufung bei einem örtlich unzuständigen Gericht, bei dem falschen Landgericht, z.B. bei dem Landgericht München I statt München II eingelegt worden ist. Die Stelle, so zurückgenommen wird, um eine verbesserte Berufung anzubringen, möchte ich nicht für schutzbedürftig halten, weil ja das, was in der Berufungsschrift gefehlt hat, noch innerhalb der Berufungsfrist nachgebessert werden kann. Aber soll man sich bei den örtlichen Fällen nicht damit helfen können, dass man irgendwo in das Gesetz eine Bestimmung hineinbringt etwa ähnlich wie bei der Klage: die bei einem unzuständigen Gericht eingelegte Berufung wird an das zuständige Gericht abgegeben?

Jonas: Das kommt natürlich dann praktisch immer zu spät.

Staud: Das will ich nicht sagen. Es kommt bei den Leuten zu spät, die die Frist nicht einhalten. Wer ein Rechtsmittel einlegen will, muss sich an die Frist halten.

Jonas: Wenn ich beim falschen Gericht Berufung eingelegt habe, dann besteht die Möglichkeit, an das richtige Gericht zu verweisen. Das ist ein Gedanke, der mir durchaus sympathisch ist. Bloß soll man es dann meiner Meinung nach auch damit genügen lassen. Mit der Einreichung beim falschen Gericht ist die Sache eben dann in Ordnung. Mit der Unterscheidung, dass die Frist gewahrt sein muss, kommen wir nicht weiter.

Staud: Mit der Notfrist ergibt sich doch immer ein technisches Bedenken. Ich weiß nicht, wo ich das Notfristattest bekomme. Ich müsste letzten Endes bei allen deutschen Gerichten anfragen, um bei dem Rechtsmittel zu sagen: Du wahrst die Frist. Die Einlegung beim falschen Gericht ist ja deswegen ungemein misslich, weil es vielleicht zu dem Missbrauch führen kann, dass man sagt: Ich lege der Bequemlichkeit halber das Rechtsmittel irgendwo ein, wo es mir gerade am bequemsten ist. Dann legt jemand gegen ein Urteil Berufung beim Landgericht ein, und dann braucht er keinen Anwalt.

Jonas: Genau dasselbe kann man bei § 276 schließlich auch sagen. Damit hat man Tür und Tor geöffnet, nun Klagen bei den falschen Gerichten einzulegen. Aber ich meine: Alles das führt doch eigentlich etwas von der allgemeinen Frage ab.

Staud: Wir können das Institut der Zurücknahme neben dem des Verzichts völlig entbehren. Dann haben wir die Zurücknahme nur bei der Klage. Die Klage kann auch in der Berufungsinstanz noch zurückgenommen werden. Aber das Rechtsmittel ist dann etwas, was nicht zurückgenommen wird, sondern was durch den Verzicht aus der Welt geschafft wird. Das hat aber die reale Wirkung, dass mit dem Verzicht nun auch die angegriffene Entscheidung rechtskräftig wird. Dies würde zu einer systematischen Vereinfachung führen. Die feinsinnigen Unterscheidungen zwischen Verzicht und Zurücknahme, die Frage, welche Bedeutung die Zurücknahme hat und dergleichen werden gegenstandslos, weil dann die Lücke geschlossen ist. Es bleibt nur noch eine kleine Lücke für Fälle, dass die Berufung beim unzuständigen Gericht eingelegt wird; aber diese Fälle werden sich selten ereignen. Die alltägliche Berufungseinlegung beim Amtsgericht gestaltet sich dann folgendermaßen: gegen das Urteil lege ich hiermit Berufung ein; man kennt die Dinge, sie werden in der amtsgerichtlichen Praxis nicht nach der Prozessordnung erledigt, sondern damit, dass man dem Manne schreibt: Die Berufung muss beim Landgericht durch einen dort zugelassenen Rechtsanwalt eingelegt werden; die Berufungsfrist beträgt zwei Monate ab Zustellung des Urteils; nun sieh zu, dass du das rechtzeitig machst. Am Amtsgericht zerbricht man sich über solche Feinheiten nicht den Kopf. Wenn heute beim falschen Landgericht eine Berufung eingelegt wird, meinetwegen beim Landgericht München I statt beim Landgericht München II, so wird praktisch die Geschäftsstelle beim Landgericht München I die Geschäftsstelle beim Landgericht München II antelefonieren und sich mit ihr über die Sache verständigen. Man könnte der Meinung sein: Solche Dinge sollten gar nicht abgegeben werden. Es geschieht aber praeter legem. Darüber muss man sich klar sein.

Jonas: Wir behandeln auch solche Parteieingaben praeter legem grundsätzlich als Armenrechtsgesuche, ausgehend von der Auffassung: wenn die Parteien so törichte Schriftsätze einreichen, dann gehören sie zu den geistig Armen, die wahrscheinlich materiell auch arm sind. (*Heiterkeit.*)

Vorsitzender: Also die Frage, ob die Verweisung ausdrücklich gemacht werden muss oder ob man sich etwa anders helfen kann, lassen wir noch offen. Dann würde sich die Sache sehr vereinfachen. Dann würde man nämlich nur einen zweiten Absatz zu § f machen, der lauten würde: „Verzichtet der Berufungskläger auf die Berufung nach ihrer Einlegung, so hat er die Kosten der Berufung zu tragen. Auf Antrag des Klägers ist dies im Beschluss auszusprechen." Damit würde

§ g beseitigt sein, und wir hätten wieder einen ungeheuren Fortschritt in der Entwicklung zu verzeichnen.

Nun hätten wir noch Abs. 2 des § f zunächst vorbehalten. Diese Bestimmung würde auch wegfallen.

Es käme nun § h, der wieder harmlos ist. Dies ist hoffentlich der Weisheit letzter Schluss. Nachdem wir so viele Erfahrungen mit der einzufordernden Prozessgebühr gemacht haben, ist diese Fassung am praktischsten und einfachsten.

Jonas: Im Strafprozess ist sie schon seit langen Jahren Gesetz, und zwar stammt die Fassung hierher. Die Zivilisten kamen ja niemals dazu, während bei der Privatklage diese Fassung übernommen wurde.

Vorsitzender: Nun ist es etwas niedlich, dass wir bei dieser wichtigen Tat der Einforderung der Prozessgebühr in *§ i* schreiben: „Der Vorsitzende beraumt gleichzeitig mit der Bestimmung der Gebührenfrist den Termin zur mündlichen Verhandlung an." Eigentlich müsste es wohl umgekehrt sein. Wichtiger ist ja, dass der Mann den Termin zur mündlichen Verhandlung anberaumt. Dann wollen wir das voranstellen und sagen: „Gleichzeitig mit der Anberaumung des Termins zur mündlichen Verhandlung bestimmt er die Frist." Also die §§ h und i würden miteinander tauschen. Zuerst würde man einfach sagen: Nach Einlegung der Berufungsschrift beraumt der Vorsitzende Termin zur mündlichen Verhandlung an. Dann würde kommen: gleichzeitig stellt er dem Berufungskläger eine Frist, innerhalb deren er die erforderte Prozessgebühr einzuzahlen hat. (*Staud:* Ich würde einen Paragraphen daraus machen!) Gewiss, es ist besser, wenn wir einen Paragraphen machen. Wie man das glatt formuliert, ist eine rein technische Frage.

Nun käme *§ k.* Während früher der Termin erst anberaumt wurde, wenn die Statthaftigkeit und Zulässigkeit der Berufung geprüft war, heißt es jetzt: „Das Berufungsgericht hat von Amts wegen zu prüfen, ob die Berufung an sich statthaft und form- und fristgerecht eingelegt ist und ob die Prozessgebühr rechtzeitig eingezahlt ist. Mangelt es an einem dieser Erfordernisse, so ist die Berufung als unzulässig zu verwerfen. – Die Entscheidung kann, auch wenn bereits Termin zur mündlichen Verhandlung anberaumt ist, ohne mündliche Verhandlung als Beschluss ergehen. – Die Entscheidung, durch die die Berufung wegen Versäumung der Gebührenfrist verworfen wird, ist von Amts wegen aufzuheben, wenn sich nachträglich herausstellt, dass die Zahlung innerhalb der Frist bewirkt worden war."

§ l brauchen wir nicht mehr, weil wir die Anschlussberufung wegfallen lassen und eine Erweiterung der Berufungsanträge nicht zulassen wollen.

Die §§ m und n hatten wir schon nach vorn versetzt und besprochen. § o erledigt sich ebenso. Ich weine der Anschlussberufung auch keine Träne nach.

Jonas: Ich weine dem auch keine Träne nach, dass diese Möglichkeit nicht mehr eröffnet wird. Wenn die eine Partei sagt: „Ich will friedlich sein, wenn der Gegner friedlich ist; wenn er mich haut, will ich ihn wiederhauen", so sind das meiner Meinung nach taktische Erwägungen. Eine andere Frage ist die der Erweiterung von Anträgen überhaupt. Aber dazu braucht man absolut nicht das Kind als Anschlussberufung zu bezeichnen. Nehmen wir an: Ich bin auf 1000 RM verklagt und habe obsiegt; der Gegner ist abgewiesen worden und legt nun Berufung ein; mir scheint es zweckmäßig zu sein, im Wege der negativen Feststellungsklage nun auch vorzugehen. Ob man das zulassen soll oder nicht, ist eine Zweckmäßigkeitsfrage. Aber wenn man es zulässt, braucht man es nicht Anschlussberufung zu nennen.

Vorsitzender: Nein, das könnte durch die entsprechende Anwendung der Vorschriften über die erste Instanz geregelt werden.

Zu *§ p* ist nichts Besonderes zu sagen. Es muss nur ein Schreibfehler verbessert werden. Es darf nicht „Streitgegenstand" heißen, sondern „Streitstand".

Nun kommt *§ q*. Diesen Paragraphen haben sie, indem Sie uns weitherzig entgegenkamen, so formuliert, wie er in der Vorlage steht. Nun erscheint der Mehrheit dieses Ausschusses es etwas zu dünn, wenn man sagt: „… sind nur zu berücksichtigen, wenn die Partei ihr Unterlassen durch glaubhafte Aufklärung genügend entschuldigt". Wir sind der Meinung: Man sollte dem Richter einen gewissen Anhalt für die Entscheidung der Frage geben, wann die Unterlassung genügend entschuldigt ist. Das könnte man auf zwei Wegen machen. Die eine Formulierung würde so lauten: „sind nur zu berücksichtigen, wenn die Partei sie zeitiger geltend zu machen keine Gelegenheit hatte". Aber so passt es noch nicht ganz. Wir könnten vielleicht sagen: „sind nicht zu berücksichtigen, wenn die Partei sie in erster Instanz geltend zu machen Veranlassung hatte und imstande war" oder, was vielleicht empfehlenswerter wäre: „wenn die Partei bei Anwendung der zu einer sachgemäßen Prozessführung erforderlichen Sorgfalt sie in der ersten Instanz hätte geltend machen müssen".

Jonas: Das ist ja der alte Punkt, ob man es negativ oder positiv fasst.

Vorsitzender: Gegen die negative Fassung habe ich gar nichts, auch nichts gegen die positive Fassung. Was ich möchte, wäre nur, dass man statt „genügend entschuldigt" eben sagt, was man meint, etwa in der Form: „sind genügend entschuldigt, wenn die Partei keine Veranlassung hatte, sie in erster Instanz geltend zu machen oder in zweiter Instanz dazu nicht imstande war". Die andere Fassung, die ich eigentlich vorziehen möchte, würde lauten: „sind nicht zu berücksichtigen, wenn die Partei bei Anwendung der zu einer sachgemäßen Prozessführung erforderlichen Sorgfalt sie in der ersten Instanz hätte geltend machen müssen". Wir wollen es zunächst einmal bei der letzten Fassung belassen. Wir können sie ja nachher positiv machen. Es kommt im Augenblick auf den Inhalt an.

Staud: Entweder lässt man die Veranlassung weg und spricht davon, dass die Partei die vorgebrachten neuen Tatsachen usw. bei Anwendung der zu einer sachgemäßen Prozessführung erforderlichen Sorgfalt in der ersten Instanz hätte geltend machen müssen, oder man nimmt die Veranlassung mit hinein, dann wird man statt „müssen" wohl richtiger „können" sagen.

Vorsitzender: Das ist allerdings richtig. Nach meinem Vorschlag müsste es heißen: „neu vorgebrachte Tatsachen, Beweismittel und Beweiseinreden … sind nicht zu berücksichtigen, wenn die Partei sie bei Anwendung der zu einer sachgemäßen Prozessführung erforderlichen Sorgfalt bereits in der ersten Instanz hätte geltend machen müssen".

Jonas: Was soll der Unterschied dabei sein? Wollen Sie auf eine Verschärfung oder auf eine Abschwächung hinaus?

Vorsitzender: Auf eine Verschärfung, damit der Richter genau weiß, worauf er zu achten hat.

Jonas: Ich muss sagen: Bei der anderen Fassung kommt das viel klarer heraus. (*Widerspruch.*) Zunächst hat der Richter einmal klarzustellen, ob zur Geltendmachung in erster Instanz Veranlassung bestanden hätte. Es ist also objektiv zu prüfen, gleichviel wie die Partei aussieht, ob sie dumm ist oder klug usw., ob nicht nach der Prozesslage Veranlassung bestanden hätte, und dann kommt die Würdigung der Partei, während das bei dieser Fassung wieder durcheinander gebracht wird. Es war eigentlich sein Ziel, dass man das auseinander bringt. Wenn die Formulierung so schwammig erscheint, kann man sie ja noch ein bisschen auffüllen. Es fragt sich nur, ob nicht nachher der ganze Satz vielleicht etwas zu abstrakt klingt; denn wenn Sie sagen: „durch glaubhafte Aufklärung genügend entschuldigt", so ist das nur ein Spruch. Wenn man sagt: „bei Anwendung der zu einer sachgemäßen Prozessführung erforderlichen Sorgfalt", so ist das ebenso nur ein Spruch.

Vorsitzender: Wenn die Partei sagt: „Ich hatte gerade Geburtstag oder keine Lust, zum Anwalt zu gehen", so ist das vielleicht eine genügende Entschuldigung, aber nicht die Anwendung der zu einer sachgemäßen Prozessführung erforderlichen Sorgfalt. Die Formulierung „genügend entschuldigt" lässt jedes subjektive menschliche Verstehen zu.

Jonas: Und diese menschliche Betrachtung wollen Sie ausschließen. Also es ist doch ein sachlicher Unterschied.

Vorsitzender: Ich sage nur: ich halte die andere Formulierung für schärfer.

Jonas: Gegen alles, was noch mehr zur Verschärfung dient, wende ich mich natürlich ganz grundsätzlich von meinem Standpunkte aus.

Vorsitzender: Wenn man solche gutmütigen Entschuldigungen zulässt, dann wird schließlich kein Richter davon Gebrauch machen. Da sagen Sie: Gott sei Dank!

Jonas: Das sage ich nicht. Wenn die Partei sagt: „Ich konnte das nicht machen, weil ich zu einem Todesfall musste“ – Sie sprechen vom Geburtstag, ich spreche einmal vom Todesfall, – dann sagen Sie: ja, Todesfall ist ordnungsmäßige Prozessführung. Auf so etwas gehe ich nicht ein. Dann scheint mir das doch nicht unter den Begriff zu fallen.

Vorsitzender: Das wäre dann eine Überspannung der Sorgfalt. Wenn mir die Frau stirbt, und ich nun auch noch an meinen Prozess denken soll, so ist das etwas ganz anderes, als wenn ich Geburtstag feiere, oder aus Bequemlichkeit nicht an meinem Prozess denke. Es gibt natürlich Abstufungen. Man wird nie die Sorgfalt überspannen. Dass die Gerichte das nicht tun, nehme ich ohne weiteres an. Nun ist die Fassung, die ich eben diktierte, insofern nicht schön, als sie lediglich aus praktischen Gründen, um das einmal hereinzubringen, was wir für die erste Instanz formuliert hatten, um es in einen verständlichen Satz zubringen, entstanden ist. Ich ziehe natürlich die Formulierung „sind nicht zu berücksichtigen“ vor, weil sonst ja die Beweislast gewissermaßen beim Gericht ist. Das Erste war nur eine Notlösung, um schnell zum Ausdruck zu bringen, worauf ich hinaus wollte. Nun müsste man versuchen, das neu positiv zu formulieren.

Jonas: Wir wollen also verschärfen, nicht abschwächen.

Vorsitzender: Wir wollen es bei dem belassen, wie Sie es formuliert haben: „sind nur zu berücksichtigen“. Dann würde *§ q Abs. 1* lauten: „Neu vorgebrachte Tatsachen, Beweismittel und Beweiseinreden, zu deren Geltendmachung in erster Instanz Veranlassung bestanden hätte, sind nur zu berücksichtigen, wenn die Partei auch bei Anwendung der zu einer sachgemäßen Prozessführung erforderlichen Sorgfalt ...“.

Jonas: Wenn nachher einen solchen Satz kein Mensch versteht, dann sind die Gedankengänge eben zu kompliziert.

Furler: Man weiß genau, was man will.

Jonas: Wir sind uns darüber nicht einig, weil jeder etwas anderes will.

Stagel: Warum nimmt man die Veranlassung mit in den Vordersatz hinein? Wie wäre es, wenn wir sagten: bei der ersten Instanz nicht vorgebrachte Tatsachen, Beweismittel und Beweiseinreden sind nicht zu berücksichtigen, es sei denn, dass ...

Jonas: Solche Paragraphen können wir – nehmen Sie es mir nicht übel – nicht in ein modernes Gesetz bringe.

Vorsitzender: Vielleicht könnten wir sagen: „sind nur zu berücksichtigen, wenn die Partei glaubhaft darlegt, dass sie auch bei Anwendung der zu einer sachgemäßen Prozessführung erforderlichen Sorgfalt zur Geltendmachung in der ersten Instanz nicht in der Lage war“.

Jonas: Das wäre die denkbar krasseste Form, und das wäre das Ergebnis des Bemühens, eine Linie zu finden, die allenfalls noch tragbar wäre. Ich identifiziere mich natürlich mit meiner Fassung nicht im Entferntesten. Ich habe mich bemüht, das wiederzugeben, was bisher die Auffassung des Unterausschusses in seiner bisherigen Zusammensetzung war. Jetzt liegen die Dinge natürlich wieder vollständig anders.

Lent: Die letzte Fassung „geltend machen konnte“ geht mir auch zu weit.

Jonas: Wenn ihm die Frau gestorben ist, konnte er die neuen Tatsachen usw. natürlich geltend machen. Wenn ich dann sage: „Das ist ein Fall, den ich durchschlüpfen lassen will“, so tue ich das praeter legem in dem Bewusstsein, es ist eine so starre Bestimmung, dass ich hoffe: die Richter werden das nicht ernst nehmen.

Furler: Wenn wir von der nötigen Sorgfalt sprechen, so geht die erforderliche Sorgfalt nicht so weit, dass ich, auch wenn meine Frau heute gestorben ist, zum Anwalt gehen muss. (*Jonas:* Das sind Hintertüren!) Nein, das sind keine Hintertüren, sondern gegen eine solche Auffassung würde schon der Sorgfaltsbegriff sprechen.

Vorsitzender: Vielleicht könnten wir an folgende Formulierung denken: „sind nur zu berücksichtigen, wenn die Partei glaubhaft darlegt, dass sie auch bei Anwendung der zu einer sachgemäßen Prozessführung erforderlichen Sorgfalt zu ihrer früheren Geltendmachung keine Veranlassung hatte oder hierzu nicht in der Lage war".

Jonas: Die Ermessensfälle, dass die Partei plötzlich vor derart wichtige andere Dinge gestellt war, dass sie sich um den Prozess nicht kümmern konnte – weil die Frau gestorben war oder dergl., – kann man einfach nicht darunter bringen.

Furler: Das sehe ich nicht ein. Ich hatte keine Bedenken, diese Fälle mit darunter zu bringen.

Vorsitzender: Sie dürfen an keiner Stelle den Sorgfaltsbegriff überspannen.

Staud: Ich schreibe einfach: „Infolge eines Todesfalls war ich nicht in der Lage, zu der Verhandlung zu erscheinen".

Stagel: Was heißt überhaupt in diesem Zusammenhang Todesfall? Der Prozess ist in erster Instanz ist doch etwas, was sich binnen weniger Stunden abspielt.

Jonas: Vor dem Termin ist er einfach nicht in der Lage, seinen Anwalt zu instruieren, und der Anwalt kann infolgedessen nichts vorbringen, weil er keine Informationen bekommen hat.

Stagel: Aber wenn er weiß: der Mann hat die Frau verloren.

Staud: Er kann dem Gericht oder dem Anwalt mitteilen, dass er sich um den Prozess nicht kümmern kann, weil seine Frau gestorben ist, dann wird der Termin verlegt. Das wird ohne weiteres gemacht. Es ist doch nicht zu viel verlangt, wenn man diese Mitteilung fordert. Wenn jemand weiß, dass er Donnerstag einen Termin hat, und wenn nun Dienstag ein Todesfall eintritt, dann soll er durch eine Postkarte dem Anwalt oder dem Gericht mitteilen: Es ist ein Todesfall eingetreten, ich bitte, den Termin zu verschieben.

Vorsitzender: Wir müssen zu einer Formulierung kommen. Vielleicht können wir es kürzer fassen. Ich möchte gern eine Fassung finden, mit der auch Sie, Herr Jonas, einverstanden sein können. Vielleicht könnten wir sagen: „Neu vorgebrachte Tatsachen, Beweismittel und Beweiseinreden, die noch nicht den Gegenstand der Verhandlung erster Instanz gebildet haben, sind nur zu berücksichtigen, wenn ihre frühere Geltendmachung von der Partei auch bei Anwendung der zu einer sachgemäßen Prozessführung erforderlichen Sorgfalt nicht zu erwarten war".

Jonas: Diese Formulierung scheint mir noch am ehesten möglich zu sein.

Vorsitzender: Wir weisen dann den Richter darauf hin: Du musst den Maßstab einer ordentlichen Prozesspartei zugrunde legen, aber gewissermaßen ein Zumutungselement beachten, ob man bei Auslegung dieser Sorgfalt das Vorbringen erwarten kann. Dann wird man natürlich sagen: Wenn ihm plötzlich seine Frau stirbt, dann ist er in einer derartigen Erregung, dass man von ihm nicht erwarten kann, dass er das nun an dem Tage macht. Nun werden in der Regel Wochen darauf folgen, in denen er allmählich zur Besinnung kommt und sich seines Prozesses erinnert. Er wird womöglich vom Anwalt angerufen, der ihm mitteilt: „Wir haben nächstens wieder Termin, haben Sie noch etwas Wichtiges zu sagen?" Das ist dann eine Tatfrage. Im Übrigen ist der Todesfall ein Ausnahmefall. Ich würde also in den Vordersatz die objektive Veranlassung nach wie vor hereinbringen. Die vorgebrachten Tatsachen, zu deren Geltendmachung in erster Instanz Veranlassung bestanden hat, sind objektive Erfordernisse. Wenn wir die von mir vorgeschlagene Fassung wählen, dann sind die Worte „genügend entschuldigt" ersetzt durch die Worte „wenn ihre frühere Geltendmachung auch bei Anwendung der zu einer sachgemäßen Prozessführung erforderlichen Sorgfalt nicht zu erwarten war". Das Erste ist die objektive Voraussetzung und das Zweite ist der subjektive Tatbestand. Damit steht in der Fassung das, was man sonst billigerweise in den Kommentar hineinschreibt. Ist es notwendig – weil wir gerade bei der Fassung sind –, zu sagen: „auch bei Anwendung der zu einer sachgemäßen Prozessführung erforderlichen Sorgfalt"?

Jonas: Dass es sich hier um eine sachgemäße Prozessführung handelt, versteht sich eigentlich von selbst. Ich meine: die Fassung wird ein bisschen schwerfällig. Es genügt, zu sagen: „bei Anwendung der erforderlichen Sorgfalt". Aber das ist nur ein Schönheitsbedenken.

Vorsitzender: Wir können es bei der Formulierung lassen. Ehe die Sache einmal gesetzgeberisch vorgelegt wird, wird sie doch noch umpoliert werden müssen. Wenn wir also gegen den Inhalt keine Bedenken haben, können wir uns mit diesem Ergebnis begnügen.

Nun kommt eine zweite Schwierigkeit, die vielleicht noch größer ist. Es heißt in *§ q weiter*: „Diese Beschränkung gilt nicht für Tatsachen, die eines Beweises bedürfen". Diese Formulierung kann Schwierigkeiten verursachen. Herr Staud führt Folgendes an. In erster Instanz ist darüber verhandelt worden, ob die Klage begründet ist, und zwar in langer Beweiserhebung. Der Beklagte hat in der ersten Instanz immer bloß bestritten, dass der Klageanspruch entstanden ist. Das erste Urteil hat aber dem Kläger seinen Anspruch zugesprochen. In der zweiten Instanz kommt der Beklagte plötzlich und sagt: „Ich rechne meine Gegenforderungen auf, und zu diesem Zwecke trage ich vor: ich habe dem Kläger die und die Waren dann und dann zu dem und dem Preise geliefert". Der angegriffene Kläger erwidert: „Das ist richtig". Es bedarf also die Begründung seiner Aufrechnung keines Beweises. Der Kläger sagt aber: „Dieser Einwand ist faul; denn die Ware hat sich nachher als mit Mängeln behaftet herausgestellt; es sind lange Auseinandersetzungen darüber gewesen, und schließlich hat sich der Beklagte damit einverstanden erklärt, dass die Ware zurückgegeben wird oder dass mir das Recht zusteht, den Preis zu mindern; die Forderung, die der Beklagte als Gegenforderung erhebt, besteht gerade aus dieser Differenz". Die neue Behauptung des Beklagten würde also gar keines Beweises bedürfen; aber der Kläger muss sich gegen diese Behauptung verteidigen können, und seine Gegeneinwendung würde eine lange Beweiserhebung erfordern. In einem solchen Falle wird man also den Mann doch nicht wegen seiner praktisch erhobenen Aufrechnungseinrede mehr hören können. Oder ist Ihre Meinung eine andere?

Jonas: Wir kommen vielleicht weiter, wenn Sie sagen, welche Schlussfolgerung Sie daraus ziehen wollen.

Vorsitzender: Ich möchte die Bestimmung anders formulieren. Ich würde – es ist noch nicht hundertprozentig elegant ausgedrückt – den Gedanken präzise fassen und sagen: Das Gericht kann von der Anwendung dieser Beschränkung für solche Tatsachen absehen, deren Berücksichtigung weder zu einer Beweiserhebung noch sonst zu einer Verzögerung des Verfahrens führt.

Jonas: Natürlich muss man nach irgendeiner Lösung suchen. Nur dass man die Lösung schafft, indem man dem Richter eine Bewegungsfreiheit gibt, scheint mir selbstverständlich zu sein. Ich hoffe ja, dass der Ausschuss sich schließlich doch noch zu der Auffassung durchringen wird, dass die Kannvorschrift am richtigsten ist, dass eine starre Regelung nicht möglich ist. Soll man nicht einfach sagen: kann?

Vorsitzender: Nein! Dann würde man wieder die ganze Vorschrift verschlechtern. Wir machen hier den großen Schritt zur österreichischen Zivilprozessordnung. So ist doch die Sache entstanden, dass wir gesagt haben: Die österreichische Zivilprozessordnung hat die Nova überhaupt nicht; sie hat dafür die Wiederaufnahme. Wir wollen nun dasselbe, was die Österreicher durch die Wiederaufnahme erreichen, dadurch erreichen, dass wir die Nova gleich in der Berufungsinstanz zugänglich machen, dann aber unter denselben Voraussetzungen, unter denen in Österreich die Wiederaufnahme möglich ist. Dazu ist eine gewisse Starrheit nötig. Nur will ich in den Fällen dem Ermessen des Richters weiten Spielraum lassen, in denen eine neue Tatsache kommt und gar kein Zeitaufwand erforderlich ist, in denen also die neue Tatsache weder einen Beweis nötig macht noch sonst das Verfahren verzögert. Da hatte ich gestern ein Beispiel gebracht. Sie kennen meine in der Abteilung schon sprichwörtlich gewordene Unordnung. Ich kann irgendeine Quittung nicht finden, und nachträglich finde ich sie in irgendeinem Buch, das ich zufällig aufschlage. Nun ist leider inzwischen schon der Rechtsstreit bis zur Berufungsinstanz gediehen. Wenn ich nun das Glück habe, mit dieser Quittung in eine mündliche Verhandlung zu kommen, und wenn mein Gegner ein anständiger Mensch ist und sagt: „die Quittung habe ich ausgeschrieben", dann bin ich salviert. Wenn aber der Anwalt erklärt: „Ich bitte mir Gelegenheit zu geben, Zeugen darüber zu vernehmen; ich muss erst mit meinem Mandanten sprechen, dann wird sich herausstellen, ob er die Echtheit einräumt oder nicht", dann lässt sich natürlich nichts machen.

Jonas: Wegen der Quittung würde ich kein Bedenken haben, wenn die Quittung ein Beweismittel ist, wenn er also schon in erster Instanz die Tatsache der Zahlung behauptet hat.

Vorsitzender: Er behauptet: Der Kläger hat ein Empfangsbekenntnis ausgestellt.

Jonas: Es ist an sich ungeheuer misslich, obschon eine Quittung vorgelegt wird, noch einmal zu verurteilen. Nehmen wir an: es ist eine Bankquittung. Der Gegner sagt: „Ich bestreite die Echtheit der Unterschrift".

Vorsitzender: Dann würde ja ein mündliches Verfahren erst noch nötig sein. Wenn ich da den kleinen Finger reiche, was wird dann geschehen? Das Gericht müsste direkt ein Verfahren einleiten, einen neuen Termin festsetzen. In diesem neuen Termin kommt der Anwalt und sagt: „Ich habe inzwischen die Quittung meinem Mandanten vorgelegt, er hat Folgendes erklärt: „Gewiss, die Quittung habe ich ausgestellt, die Echtheit wird nicht bestritten, aber ich habe die Quittung ausgestellt, weil der andere gesagt hat, das Geld sei schon unterwegs, das war ein Schwindel, infolgedessen kann er sich auf die Quittung nicht berufen". Dann stehen wir mitten in den kompliziertesten Verhandlungen.

Jonas: Am einfachsten ist es natürlich: man schneidet die Komplikationen vorher ab.

Vorsitzender: Nein! Dazu ist die erste Instanz zuständig.

Jonas: An die erste Instanz konnte die Sache gar nicht gebracht werden, weil er die Quittung nachher gefunden hat.

Vorsitzender: Wenn ich das Beispiel so bilde, dann kommt ja der erste Satz des § q zur Anwendung; denn dann, wenn ich die Quittung in der ersten Instanz nicht hatte, konnte ich sie nicht vorlegen.

Jonas: Der Richter wird sagen: Bei ordnungsmäßiger Sorgfalt hätten Sie sie suchen sollen.

Vorsitzender: Darum ist es sehr gut, in der Formulierung zu sagen: „zu einer sachgemäßen Prozessführung".

Jonas: Zur sachgemäßen Prozessführung gehört das Suchen nach Beweismitteln.

Vorsitzender: Ich habe danach gesucht. Ich konnte die Quittung aber nicht finden, weil ich sie in irgendein Buch gelegt hatte. Sie müssen sich in meine Mentalität versetzen. Ich habe die Quittung bekommen. Als ich in dem Buch las, habe ich sie als Lesezeichen hineingelegt, und dort ist sie geblieben. Mein Verfehlen lag nicht bei der Prozessführung, sondern bei der Aufbewahrung meiner Papiere, und das gehört nicht mehr zur Prozessführung. (*Furler:* Also ist es entschuldbar!) Ich nehme nun aber einen Fall, wo es nicht entschuldbar ist.

Jonas: Diese Beispiele haben einen gewissen scherzhaften Anspruch, aber wir wollen einmal bei den Beispielen bleiben, wie sie praktisch vorkommen. Die Quittung ist von einem Angestellten oder vom Prokuristen ausgestellt worden. Der Geschäftsherr hat von der Quittung nichts gewusst, und die Quittung ist nachher gefunden worden. Wenn der Fall so liegt, kann man sagen: ihn trifft ein Verschulden oder ihn trifft kein Verschulden. Aber zu sagen: dies ist ein Verschulden, das außerhalb der ordnungsmäßigen Prozessführung liegt, scheint mir nicht möglich zu sein.

Vorsitzender: Weiter will ich doch nichts von der Partei, als dass sie in ihrem Prozess aufpasst und sich Mühe gibt, nicht alles dem Gericht allein überlässt, sondern bei der Prozessführung mitwirkt, in diesem Falle lediglich mit der Aufbewahrung ihrer Papiere. Das ist keine schuldhafte Prozessführung.

Jonas: Dann ist also praktisch die Urkunde immer zu berücksichtigen. Wenn ich komme und sage: „Hier habe ich eine Quittung gefunden, die ich vorher nicht kannte", dann muss sie immer berücksichtigt werden, und auf die Einwendungen des Gegners, dass die Quittung vorher ausgestellt war oder sich auf eine andere Zahlung bezog, muss doch auch eingegangen werden. Darum kommen Sie nicht herum.

Vorsitzender: Natürlich nicht! Ich will nur verhindern, dass die Partei die Quittung, die sie in erster Instanz hatte, aus reiner Bummelei nicht vorlegt. Es kommt doch bei uns alle Tage vor, dass die wichtigsten Gegenargumente erst in der Berufungsinstanz gebracht werden.

Singer: In der ersten Instanz ist doch wohl gesagt worden: Ich habe eine Quittung, aber ich finde sie nicht.

Vorsitzender: Manchmal weiß man nicht, ob man eine Quittung hat. Sie lag in einem Buch, wo sie nicht hineingehört.

Jonas: Für solche Beispiele brauchen wir natürlich keine Sonderregelung. Solche Fälle kann ich mir offen gestanden nicht recht vorstellen.

Vorsitzender: Bei mir ist so etwas passiert.

Jonas: Sie haben aber doch keinen Prozess deswegen geführt. Wenn Sie eine Quittung in ein Buch legen und sie nachher nicht finden, dann werden Sie wahrscheinlich suchen.

Furler: Es braucht nicht eine Quittung zu sein, sondern es kann auch irgendeine Korrespondenz sein, die Sie schon längst hätten bringen können. Da sind Briefe aus alten Ordnern zum Vorschein gekommen. Darauf muss man auch noch zurückgreifen können, wenn man schon Ernst mit diesen Dingen macht. Nehmen Sie an: Sie haben einen Prozess und suchen nach bestimmten Briefen, ohne sie zu finden. Sie suchen erst richtig nach, nachdem Sie den Prozess verloren haben und merken: Es wird ernst. Auf eine solche Korrespondenz soll man doch zurückgreifen können. Solche Fälle kommen vor. Der Rechtsanwalt muss doch zunächst aus der Partei herausholen, worauf es ankommt.

Jonas: Jawohl! Aber die Partei ist oberflächlich und sagt es Ihnen gar nicht.

Furler: Der Fall kann auch so liegen, dass der Rechtsanwalt sagt: Die Geschichte ist sonnenklar; es muss mit einem Dreh gemacht werden, auf die Korrespondenz kommt es nicht an.

Jonas: In beiden Fällen würde ich die neuen Tatsachen nicht mehr zulassen. Wenn der Rechtsanwalt so nachlässig ist, dann muss er die Konsequenzen tragen und sich mit der Partei auseinandersetzen.

Furler: Dann sollte man vom Anwalt absehen.

Staud: Das hätte auch nicht geholfen. Auch wenn die Partei keinen Anwalt gehabt hätte, hätte der Nichtanwalt sie auch nicht davor bewahrt.

Furler: Der Satz, dass die Beschränkung nicht für Tatsachen gilt, die eines Beweises nicht bedürfen, ist etwas unlogisch, weil der Gedanke der Verzögerung in die Sache hineinkommt. Ich bin nach wie vor dafür, es bei der vorgeschlagenen Fassung zu belassen. Der Quittungsfall wird doch nicht gedeckt.

Vorsitzender: Ich will die Formulierung des Herrn Jonas erhalten, weil ich zugeben muss, dass darin etwas Vernünftiges steckt. Wir haben auch einmal den grotesken Fall gehabt, dass in einem Prozess es von wesentlicher Bedeutung war, ob der Führer eine bestimmte Erklärung abgegeben hatte. Sie kennen den Fall. Da wurde nun die Sache kritisch, weil das erst in der Reichsgerichtsinstanz vorgebracht wurde, wo es an sich nicht mehr hätte vorgebracht werden können, weil es eine neue Tatsache war. Daraufhin wollen Sie ja auch, dass in der Revisionsinstanz solche neuen Tatsachen keines Beweises bedürfen. Also irgendein Ventil scheint mir schon praktisch zu sein. Wenn in der Berufungsinstanz neue Tatsachen vorgebracht werden, dann muss man der Partei sagen: Das hast du in der ersten Instanz schon gewusst, warum hast du es damals nicht erwähnt?

Jonas: Dass in einem solchen Fall auch die Berücksichtigung von Tatsachen strikt verboten wäre wie in der Revisionsinstanz, darüber ist kein Zweifel.

Furler: Wir müssen die normalen Fälle nehmen. Da sehe ich nicht ein, warum man das System durchlöchern soll, wenn die Tatsache keines Beweises bedarf.

Vorsitzender: Im österreichischen Prozess würde das wohl auch nicht berücksichtigt werden.

Stagel: Da mache ich bewusst ein von der wahren Rechtslage abweichendes Opfer.

Furler: Wenn Sie so denken, dann müssen Sie konsequent sein, und dann müssten Sie schreiben: Neu vorgebrachte Tatsachen, Beweismittel und Beweiseinreden ..., die also ohne weiteres wirken. Mit diesem Satz retten Sie Ihren Quittungsfall auf keine Weise. Dann müssen Sie alles hereinnehmen, und dann geht es ins Uferlose.

Vorsitzender: Würden Sie es für eine Frage der Beweiserhebung halten, wenn ich die Quittung vorlege und der Gegner sagt: ich erkenne sie an?

Jonas: Aus gebührenrechtlichen Gründen, weil entschieden werden muss, ob dadurch eine Beweisgebühr entsteht oder nicht.

Furler: Aber mindestens ist die Quittung ein Beweismittel. Die Tatsache, dass eine Quittung vorliegt, wird ja wahrscheinlich schon früher behauptet worden sein. Nur konnte das Beweismittel nicht vorgebracht werden. Also die Tatsache ist nicht neu. Die Tatsache ist nämlich die Zahlung oder die Ausstellung der Quittung.

Jonas: Nun bitte ich, diesen Fall auch noch einmal unter folgendem Gesichtspunkt zu erwägen. Es wird eine Quittung vorgelegt und Klage auf Zahlung eingereicht. Der Herr Vorsitzende hat seine Quittung gefunden und legt sie vor. Ich sage: Die Quittung ist da, aber ich halte trotzdem meine Klage aufrecht und verlange die 100 RM mit der Begründung, dass sie nicht gezahlt sind. Wäre das nicht unter Umständen der Gesichtspunkt der dolosen Prozessführung, also des Verstoßes gegen die Wahrheitspflicht usw.? Würde man nicht unter diesem Gesichtspunkt um diese ausgesprochen seltenen Fälle herumkommen?

Vorsitzender: Wollen Sie das einfach streichen?

Jonas: Immer unter dem Vorbehalt – jetzt bemühe ich mich um eine praktikable Lösung in einer Linie, die ich absolut nicht für glücklich halte – könnte man einmal auf diesen Boden treten.

Vorsitzender: Wenn er seine Klage aufrecht erhält und sagt: „Diese Quittung brauche ich gegen mich nicht gelten zu lassen; denn ich habe sie in Erwartung der Zahlung, die mir in sicherer Aussicht stand, ausgestellt; die Zahlung ist ausgeblieben; dann ist das doch ein Umstand, der berücksichtigt werden muss.

Jonas: Die Voraussetzung ist doch, dass ihn ein Verschulden trifft.

Furler: Nein, das gilt dann nicht mehr, weil ja das ganze Prinzip durchbrochen wird.

Jonas: Nur wenn ihn ein Verschulden trifft, wird die ganze Geschichte akut.

Vorsitzender: Dann lassen wir diese ganze Sache vorläufig weg. Sehr begrüßen würde ich den dritten Absatz, ebenso den vierten Absatz. Damit wären wir einigermaßen in Bezug auf § q im Reinen.

Jetzt kommen aber die weiteren Paragraphen, und zwar zunächst *§ r.* Hier würde ich eigentlich, ohne damit eine sachliche Änderung vorzuschlagen, folgende Fassungsänderung propagieren: „Für Erklärungen, die dem Verhalten einer Partei im ersten Rechtszuge widersprechen, insbesondere nachträgliche Bestreitungen, Widerruf von Geständnissen, nachträgliche Bereitschaft zur Aussage oder Eidesleistungen, Nachholung im ersten Rechtszuge unterlassener oder verweigerter Erklärungen über Tatsachen, Urkunden und Anträge auf Parteivernehmung, gelten die Abschriften des § q Abs. 2 bis 4 entsprechend."

Jonas: Ob man es so macht oder anders, ist eine Geschmacksfrage. Sachlich gemeint ist, dass solche Erklärungen nur zuzulassen sind, wenn die Partei ihr Verhalten durch glaubhafte Aufklärung genügend entscheidet. So hatte ich gesagt. Ob sich das mit Ihrer Linie deckt, weiß ich nicht. Worauf verwiesen wird, müssen wir noch nachprüfen.

Vorsitzender: Es wird darauf verwiesen, dass die Erklärung früher auch bei Anwendung der zu einer sachgemäßen Prozessführung erforderlichen Sorgfalt nicht zu erwarten war.

Jonas: Das passt doch aber jetzt gar nicht; denn das ist nur rein zeitlich. Nehmen Sie an: Eine Partei sagt in erster Instanz: ich verweigere die Aussage, und nun will sie plötzlich aussagen.

Vorsitzender: Dann muss sie eine glaubhafte Erklärung dafür abgeben, weshalb von ihr nicht erwartet werden konnte, dass sie nicht schon früher sagte: ich will aussagen. Sie muss eine Erklärung darüber abgeben, weshalb sie dazu kommt, jetzt auszusagen.

Jonas: Die Partei hatte in erster Instanz den Eid abgelehnt; in zweiter Instanz erklärt sie, sie wolle doch den Eid leisten. Der Grund ist natürlich: Sie weiß, dass es im Prozess auf den Eid ankommt. In erster Instanz war sie vorsichtig, denn es ist so eine Sache, einen Eid zu leisten, wenn das Gedächtnis vielleicht doch nicht ganz sicher ist. Aus dem Urteil ersieht die Partei nun, dass das Gericht daraus gewisse Schlüsse gezogen hat und der Darstellung des Klägers Glauben schenkte. Vor dem Zweitrichter erklärt die Partei nun, an eine solche Konsequenz habe sie nicht gedacht, um ihr Recht zu retten, wolle sie jetzt den Eid leisten.

Vorsitzender: Es wird geprüft: War von ihr bei sachgemäßer Prozessführung zu erwarten, dass sie die jetzige Erklärung schon im ersten Rechtszug abzugeben hatte?

Lent: Es ist ein Unterschied, ob die Partei beweisen muss, dass sie das Geständnis schon in erster Instanz hätte widerrufen können, oder dass sie überhaupt nicht gestanden hat.

Vorsitzender: Die Partei kann auch noch geltend machen, sie habe inzwischen noch Umstände ermittelt, die sie so sicher gemacht hätten, dass sie nun den Eid leisten könne.

Furler: Sie braucht nur nachzuweisen, warum sie das novum erst jetzt bringt.

Vorsitzender: Vielleicht helfen wir uns damit, dass wir sagen: „sinngemäße Anwendung".

Wir kommen nun zu der schwierigsten Vorschrift: *§ s:* „Neue Ansprüche, die im Wege der Erweiterung oder Änderung des Klageantrags oder im Wege der Widerklage geltend gemacht werden, sind nur zu berücksichtigen, wenn ihre Erledigung in dem anhängigen Verfahren sachdienlich erscheint. Die Vorschriften des § q Abs. 1 bis 4 gelten entsprechend." Nach dieser Fassung wäre die Partei, wenn sie einen ganz neuen Anspruch bringt, dessen Einführung in den Prozess man aber für zweckmäßig hält, in der Lage, neue Tatsachen vorzubringen, die sie schon in erster Instanz hätte vorbringen können.

Staud: Wir wollen nur sagen: „Eine Änderung des Klageantrags ist nur zulässig, wenn sie sachdienlich ist. Nicht zulässig ist die Einführung solcher Ansprüche, die im ersten Urteil überhaupt noch nicht erfasst sind." Wir sagen: Die Berufungsinstanz ist eine reine Nachprüfungsinstanz.

Jonas: Beispiel: Ich klage zunächst nur 1000 M ein, weil mir das Armenrecht nur am 1000 M bewilligt ist. Sachgemäß ist aber die Klage auf 2000 M zu erledigen. – Das ist von Ihrem Standpunkt aus nicht zulässig.

Staud: Wohl aber ist zulässig, wenn der Kläger in erster Instanz auf Herausgabe geklagt hat und in zweiter Instanz auf Schadenersatz geklagt wird, weil inzwischen der Gegenstand untergegangen ist. Nicht zugelassen wird die Erweiterung des Klageantrags in der Hauptsache. Zugelassen wird wieder nach allgemeinen Grundsätzen die Erweiterung der tatsächlichen und rechtlichen Ausführungen.

Jonas: Ich klage auf 1000 M aus Vertrag. In der zweiten Instanz mache ich für den Fall, dass es kein Vertrag ist, unerlaubte Handlung geltend. Das ist nach dem Standpunkt von Lent zweifellos eine Änderung des Anspruchs; er kann nicht in diesem Prozess mit erledigt werden.

Vorsitzender: Sie brauchen den Antrag nicht zu ändern. Wir sagen nur: Eine Änderung des Klageantrags ist nur zuzulassen, wenn sie sachdienlich erscheint. Im Übrigen bleibt es bezüglich der Klagänderung usw. bei genau denselben Vorschriften wie in erster Instanz. Nur eine Schwierigkeit entsteht: Müssen zu dieser Klagänderung neue Tatsachen vorgebracht werden, so werden diese durch § q gesiebt.

Jonas: Wenn mir nun § q abgeschnitten wird, was ist dann? Kann ich dann sagen, ich ziehe die Klage zurück und behalte mir einen neuen Prozess vor, oder werde ich damit abgeschmettert?

Vorsitzender: Wird die Partei in erster Instanz denselben Anspruch geltend, den sie jetzt auf unerlaubte Handlung stützt, und steht ihr da der Einwand der Rechtskraft entgegen usw., so werden wir darum nie herumkommen. Das kann man durch keine Vorschrift beseitigen, auch nicht durch diese.

Jonas: Ich kann mich gar nicht in diesen Gedankengang hinein versetzen. Sind Missstände auf diesem vorgekommen? Absolut nicht! Ich empfinde eine solche Regelung als großen Rückschritt.

Lent: Zunächst besteht Einigkeit darüber, dass nicht zugelassen werden soll die zweite Mietrate.

Jonas: Dann muss man die Möglichkeit schaffen, künftige Mietzahlungen unbegrenzt einklagen zu können. Den § 239 ZPO kann man ändern.

Lent: Wir wollen doch die zweite Instanz umbauen. Angenommen, es handelt sich um Umstände, die erst nach der ersten Instanz eingetreten sind. Die zweite Mietrate ist erst nach dem Urteil der ersten Instanz fällig geworden. Das soll also nicht zulässig sein, ebenso nicht der Übergang zu einer Erhöhung der Teilklage. § 268 Nr. 1 fällt einfach unter § q. § 268 Nr. 2: Erweiterung oder Beschränkung der Hauptsache, soll ausgeschlossen werden.

Staud: Bei § 268 Nr. 2 sehe ich ein Bedürfnis: Es stellt sich heraus, dass der Herausgabeanspruch nicht mehr durchführbar ist, weil der Gegenstand untergegangen ist. Hier möchte ich eine Abweisung der Klage auf Herausgabe vermeiden.

Jonas: Beispiel: Ich klage auf Herausgabe des Pferdes. Der Beklagte erklärt in der zweiten Instanz, das Pferd sei schon vor vier Wochen eingegangen. Das habe ich nicht gewusst. Hier wäre also die Klagänderung zulässig.

Vorsitzender: Das wird zugelassen.

Lent: Nun käme die richtige Klagänderung ohne die besonderen Voraussetzungen, also statt Vertragsanspruch Anspruch aus unerlaubter Handlung. Hier wäre § q entsprechend anzuwenden.

Jonas: Und wenn ich damit nicht zugelassen werde, was dann? Entsteht dann Rechtskraftwirkung?

Vorsitzender: In der Klagabweisung steht, das Gericht erster Instanz habe den Vertragsabschluss verneint, denn der Mann der Firma des Beklagten, der diese Bestellung unterzeichnet habe, ist dann nicht berechtigt gewesen. Die neue Behauptung, dass der Wein verbraucht sei, konnte nicht zugelassen werden, weil nicht ersichtlich sei, dass diese Tatsache nicht schon in erster Instanz vorgebracht werden konnte.

Furler: Was Jonas meint, ist nur eine Rechtskraftfrage. Das hat mit der Berufung als solcher nichts zu tun.

Vorsitzender: Nehmen wir an, die Partei lässt das Urteil, weil es ihr richtig erscheint, rechtskräftig werden. Nun will der Kläger den Wein beim Beklagten abholen lassen. Bei der Gelegenheit stellt sich heraus: Der Wein ist gar nicht mehr; er ist inzwischen ausgeschenkt worden. Das Ergebnis ist doch eine neue Klage.

Jonas: Für meine Entschließung, ob ich mich damit allenfalls abfinden kann, ist es ein sehr großer Unterschied. Wenn ich Aufrechnungseinreden usw. in der zweiten Instanz abwürge, so kann man immer sagen, es passiert nichts, der Mann hat immer seinen Klaganspruch. Wenn ich aber sage, ich lasse das geänderte Begehren zu, aber mit dem Vorbehalt, dass nur beschränkte Beweismittel zur Würdigung herangezogen werden dürfen, möchte ich natürlich wissen: Wie ist das gedacht?

Furler: Nach § q kann man nicht rechtskräftig abweisen.

Jonas: Wenn nach § q etwas rechtskräftig abgewiesen wird, dann ist der Anspruch rechtskräftig. Wir waren bei der Erörterung über die Erfordernisse der Klage usw. immer bestrebt, die Systematik möglichst klar zu machen.

Vorsitzender: Dies wird doch nicht einen Deut anders durch diese Formel. Wenn ich sage, ich fordere 500 M für angeblich gekauften Wein und stütze diese Forderung nicht mehr auf Kaufvertrag, sondern auf Bereicherung, so habe ich damit keinen neuen Anspruch erhoben, denn es sind immer die alten 500 M. Diesen Anspruch habe ich doch nicht im Wege der Klagänderung geltend gemacht. Sie nehmen dieses neue Vorbringen, dass der Wein getrunken sei, auch nicht von § q aus.

Jonas: Es wird doch die Theorie vertreten, der Mann kann mit einer neuen Klage kommen.

Vorsitzender: Warum soll ich diesen Anspruch auf Bereicherung nicht zulassen?

Jonas: Wenn ich auf Zahlung von 500 M für bestellten und gelieferten Wein klage, und es wird darüber diskutiert, ob der Kaufvertrag zustande gekommen ist, und wenn ich mit der Klage auf Zahlung von 500 M abgewiesen werde, dann kann ich nicht nachher meinen Anspruch auf ungerechtfertigte Bereicherung stützen, denn nach § q werde ich damit doch ausgeschaltet.

Vorsitzender: Das ist etwas ganz anderes. Aber warum soll er den Anspruch nicht in einem neuen Prozess geltend machen können? Auch wenn Sie § s so lassen, ergibt sich das aus § q. Das hat nichts mit der Regelung des § s zu tun. Übrigens kommen solche Beispiele im praktischen Leben kaum vor.

Jonas: Die Fälle, dass in zweiter Instanz andere Anträge gestellt werden als in der ersten, sind außerordentlich häufig. Wir diskutieren hier doch darüber, welche Tragweite diese Bestimmungen haben.

Lent: „Sachdienlich" heißt, wir wollen die ganze Sache in einem Prozess erledigen.

Furler: Wir brauchen den technischen Begriff der Klagänderung gar nicht zu erwähnen, sondern bloß von einer Änderung des Klageantrags zu sprechen.

Staud: Man kann sagen: Eine Änderung des Klageantrags ist nur zulässig, wenn sie wegen einer nach Eintritt der Rechtshängigkeit eingetretenen Änderung erfolgt. Dann brauchen wir nicht mehr von Sachdienlichkeit zu sprechen, dann ist sie sicher sachdienlich. Aber auch diese Änderung ist nur zulässig unter den Voraussetzungen des § q.

Vorsitzender: Dann würden wir also sagen: „Die Berufungsanträge können nach Ablauf der Berufungsfrist weder erweitert noch abgesehen vom Fall des § 268 Nr. 3 durch andere ersetzt werden. Unzulässig ist die Erhebung neuer Ansprüche … usw."

Lent: Ein Beispiel: Ich klage auf Zahlung eines Kaufpreises von 1000 M und werde damit abgewiesen. Ich lege Berufung ein und fordere die Zahlung von 1000 M, weil der Beklagte mich mittlerweile mit dem Auto überfahren hat.

Staud: Das ist eine Änderung des Klageantrags. Das ist dasselbe, wie wenn ich in der ersten Instanz 1000 M Miete aus 1939, in der zweiten aber denselben Betrag Miete aus 1940 verlange.

Furler: Wir sind uns doch darüber einig, dass das nicht zugelassen werden soll.

Jonas: Ein anderes Beispiel: Ich klage die Miete aus 1939 ein. Es stellt sich heraus, die Miete aus 1939 war gezahlt, nicht gezahlt war aber die Miete aus 1938. Wenn wir abstellen auf Änderung des Klagantrags, dann soll mir das recht sein. Es ist mir gleichgültig, dass der Begriff der

Klagänderung in Zukunft etwas anderes bedeuten soll. Änderung der Begründung ist dann eben keine Klagänderung. Aber dann soll man die Sache nicht wieder unklar machen, dass man sagt, in gewissen Fällen sind die 1000 M, die ich in der Berufung eingeklagt habe, andere als die 1000 M, die ich in der ersten Instanz begehrt hatte. Angenommen, ich klage in erster Instanz aus Anerkenntnis, und nachdem ich erkannt habe, dass es mit dem Anerkenntnis nichts ist, gehe ich zum Grundgeschäft über.

Staud: Das sind dieselben 1000 M. Aber ich kann natürlich keine Klage auf Zahlung von 1000 M Miete für 1939 und eventualiter für 1940 erheben.

Jonas: Ich kann doch sagen, nach den bisherigen Mietzahlungen ergibt sich ein Debet von 1000 M; streitig ist nur, wie die Zahlungen zu verrechnen sind, im Endergebnis besteht ein Debet von 1000 M.

Staud: Das geht nur beim Kontokorrent.

Lent: Wollen wir nicht ruhig von Änderung des Klagegrundes sprechen?

Jonas: Änderung des Klagegrundes soll gerade zugelassen werden.

Vorsitzender: Wir brauchen uns darüber nicht den Kopf zu zerbrechen, sondern sagen einfach: „Unzulässig ist die Erhebung neuer Ansprüche und die Erhebung einer Widerklage".

Staud: Wir müssen hier sagen: Die Berufungsanträge dürfen unbeschadet der Vorschriften des § s nach Ablauf der Berufungsfrist nicht mehr geändert werden.

Jonas: Ob man nicht zuviel sagt: „Anträge sind ausgeschlossen"? Mir kommen RG-Fälle ins Gedächtnis, vor allem bezüglich der Zurverfügungstellung von Ahnenpapieren usw. Da haben die Parteien dem Gericht eine Blütenlese von Verbesserungen vorgelegt: in erster Linie Vorlage zur Verfügung der Partei, in zweiter Linie Vorlage bei einem Archiv. Soll das ausgeschlossen sein? Es muss doch die Möglichkeit sein, die Anträge sachgemäß zu verbessern, ohne ihnen eine andere Richtung zu geben, etwa dass man statt auf Vorlegung auf Auskunftsereilung klagt und dergleichen. Ich frage also: Sagt man hier nicht etwas zuviel? Mir wäre es beinahe sympathischer, gar nichts zu sagen.

Vorsitzender: Dass ich nicht erweitern darf, das muss man wohl sagen.

Jonas: Wenn man hier sagt, die Berufungsschrift muss enthalten das Urteil und die Erklärung, inwieweit das Urteil angefochten wird, dann ergibt sich meiner Meinung nach daraus, dass eine sachdienliche Erweiterung nicht mehr zulässig ist. Sagt man aber, eine Änderung von Anträgen ist ausgeschlossen, dann kann das so ausgelegt werden, als ob damit auch vernünftige Nachbesserungen ohne Änderung in der Substanz ausgeschlossen wären.

Vorsitzender: Vielleicht würde es genügen, zu sagen: „Die Erweiterung ist nicht zulässig". Wir müssen auf die Berufung die Vorschriften über die Klage entsprechend anwenden.

Jonas: Wenn man schreibt: „Sie dürfen nicht erweitert werden", so habe ich nichts dagegen einzuwenden.

Vorsitzender: Man kann auch folgendes Beispiel bilden: Jemand hat doloserweise, um die Vollstreckung in das Grundstück zu verhindern, eine Hypothek bestellt. Dann wird die berühmte Anfechtungsklage erhoben. Da werden immer falsche Anträge gestellt; z.B. wird verlangt, er solle die Hypothek löschen lassen, während der Antrag richtig lautet, er soll die Vollstreckung in das Grundstück ohne Rücksicht auf die Hypothek dulden. Nun hat die erste Instanz nicht so erkannt, sondern aus sachlichen Gründen abgewiesen. Nun wird Berufung eingelegt. Die Berufungsinstanz sagt: Lieber Freund, ich bin eigentlich geneigt, dir recht zu geben, aber niemals kann ich erkennen, dass die Hypothek an dich abgetreten ist; du musst deinen Antrag ändern, und zwar dahin, nunmehr nicht nach dem Klagantrag zu erkennen, sondern dahin, dass er die Vollstreckung in die Hypothek duldet. Das ist sachlich keine Erweiterung des Berufungsantrags, aber es ist eine Änderung.

Staud: Ich halte eine Änderung des Berufungsantrags als eine Änderung des Klageantrags.

Jonas: Das einzige Bedürfnis, das hier besteht, ist, es soll nicht eine Teilberufung eingelegt werden, und nachher geht man zur vollen Berufung über. Da scheint es mir durchaus am Platze zu sein, dass man sagt: Erweiterungen gibt es nicht. Im Übrigen würde ich diese Frage wirklich der Entwicklung überlassen.

Vorsitzender: Dann sind wir mit dieser schwierigen Frage einigermaßen fertig geworden, und wir leben alle noch.

Wir kommen nun zu *§ t:* „Das angefochtene Urteil darf, abgesehen von der Entscheidung über die Prozesskosten, nur insoweit abgeändert werden, als dies beantragt ist." Hierzu ist nichts weiter zu sagen.

§ u: „(1) Gegenstand der Verhandlung und Entscheidung sind alle für die Beurteilung der Sache wesentlichen tatsächlichen und rechtlichen Verhältnisse, auch wenn sich die Verhandlung und die Entscheidung des ersten Rechtszuges auf sie nicht erstreckt haben.

(2) Hat sich die Verhandlung des ersten Rechtszuges auf die Frage der Prozessvoraussetzungen oder bei einem nach Grund und Betrag streitigen Anspruch im Wesentlichen auf die Frage des Grundes beschränkt oder hatte aus sonstigem Grunde eine Verhandlung zur Hauptsache nicht stattgefunden, so kann das Berufungsgericht, wenn eine weitere Verhandlung erforderlich ist, die Sache an das Gericht des ersten Rechtszuges zurückverweisen. Es soll dies nur geschehen, wenn es nach Art und Umfang der Sache geboten erscheint." Dies weicht wesentlich ab vom geltenden Recht.

Furler: Ich halte den Abs. 1 für überflüssig. Er passt nicht in unseren Gedankengang hinein. Er ist sogar irreführend. Aus § o ergibt sich, dass die Berufung der Überprüfung der Entscheidung des ersten Rechtszuges in rechtlicher und tatsächlicher Hinsicht dient. Nach § o Abs. 2 sind für die Entscheidung die Verhältnisse am Schluss der mündlichen Berufungsverhandlung maßgebend. Ich halte die Vorschrift für überflüssig.

Vorsitzender: Ich meine auch. Teilweise wiederholt sie schon Gesagtes, teilweise ist sie ein Widerspruch.

Furler: Man ist erstaunt, diese Bestimmung so weit hinten zu lesen.

Jonas: Der Sinn ist der: Es ist der ganze Tatsachenkomplex zu behandeln. Ein Beispiel: Es war zunächst geklagt aus Vertrag und aus unerlaubter Handlung. Der Erstrichter hatte sich nur mit dem Vertrag befasst. Sinn der Bestimmung ist nun: Der Berufungsrichter muss sich mit allem befassen und darf sich nicht auf den Vertrag beschränken mit der Folge, dass dann bezüglich des Tatbestandes der unerlaubten Handlung die Rechtskraft nicht wirkt. Aber ich gebe zu, es ist eine Frage, die der Kommentator schon klarstellen wird.

Stagel: Ich könnte mir vorstellen, dass das, was für das Urteil erster Instanz gilt, auch für das Berufungsurteil gilt.

Jonas: Ich wiederhole mein Beispiel von vorhin: Es ist geklagt aus Vertrag und aus unerlaubter Handlung. Der Erstrichter hat den Tatbestand ausschließlich unter dem Gesichtspunkt des Vertrags gewürdigt. Nun legt § u dem Berufungsgericht die Pflicht auf, die Prüfung auf alles zu erstrecken, auch wenn der Erstrichter den Sachverhalt nur unter dem einen Gesichtspunkt geprüft hat.

Furler: Das ergibt sich doch schon aus § c Abs. 1.

Jonas: Nein; § c spricht von der Überprüfung der Entscheidung des ersten Rechtszugs. Das ist etwas anderes.

Lent: Nehmen wir das Beispiel mit der beschädigten Plüschdecke. Jemand hat durch Unvorsichtigkeit als Mieter eine Plüschdecke in Brand gesetzt; dadurch ist Schaden entstanden. Der Vermieter klagt nun auf Zahlung von 200 M wegen Beschädigung des Zimmers, Verletzung des Mietvertrags und Verletzung des Eigentums. Der Erstrichter findet, der Mietvertrag sei in Ordnung, und verurteilt den Mieter zu 200 M wegen Vertragsverletzung. Der Beklagte legt Berufung ein. In der Berufungsinstanz wird vorgetragen, der Mietvertrag sei ungültig, denn der Mann sei minderjährig. Dieses Vorbringen ist nach § q zu behandeln. Nun wird nachgeprüft, ob die Entscheidung des Erstrichters über den Vertrag richtig war oder nicht. Dann müsste die Klage aus Vertrag abgewiesen werden; es könnte aber nicht der Gesichtspunkt der Verletzung des Eigentums herangezogen werden.

Stagel: Dieser Grundsatz muss auch für das Ersturteil gelten.

Lent: Der Richter darf den Eigentumsanspruch nicht prüfen, wenn er schon den Vertragsanspruch zuerkennt.

Vorsitzender: Das kommt nur in Betracht, wenn die Klage auf zwei Gründe gestützt wird; dann muss das Gericht prüfen, ob die Entscheidung aus dem anderen Grunde möglich ist. Ich neige auch der Auffassung zu, man könnte diese Vorschrift streichen unter dem Gesichtspunkt, alles Überflüssige zu beseitigen. Oder wir müssten sagen: „Gegenstand der Verhandlung und Entscheidung sind *vorbehaltlich der Vorschriften des § q* alle für die Beurteilung der Sache wesentlichen tatsächlichen und rechtlichen Verhältnisse …".

Jonas: Das hat wieder einen ganz anderen Sinn. Wenn etwas nach § q nicht zulässig ist, ist es für die Beurteilung nicht wesentlich.

Furler: Nach § q kann man sogar sehr wesentliche Sachen nicht geltend machen.

Lent: Ich würde es ausdrücklich beschränken auf die Sachen, die die Parteien vorgebracht haben.

Vorsitzender: Ich stelle also als Ergebnis der Debatte fest: § u Abs. 1 wird gestrichen.

§ u Abs. 2 ist nur insofern bedenklich, als S. 2 sagt: „Es soll dies nur geschehen, wenn es nach Art und Umfang der Sache geboten erscheint."

Jonas: Sie stimmen damit überein, dass der Grundsatz des § 538 ZPO nicht Mussvorschrift, sondern Kannvorschrift ist. Oder wollen Sie umgekehrt, dass grundsätzlich zurückverwiesen wird?

Vorsitzender: Mir scheint es besser zu sein, dass die Sache grundsätzlich zurückverwiesen wird.

Nun wird hier gesagt: „… so kann das Berufungsgericht, wenn eine weitere Verhandlung erforderlich ist, die Sache an das Gericht des ersten Rechtszuges zurückverweisen". Wenn ich nicht irre, beruht das auf einer Anregung von Pagenstecher. Es ist ein richtiger Gedanke darin. Denn die kleinen Sachen vertragen die drei Instanzen noch weniger als die großen. Meinetwegen mag der Schlusssatz gestrichen werden. Wir wollen ihn zunächst einklammern.

§ v: „Versäumt der Berufungskläger den Termin zur mündlichen Verhandlung, so ist die Berufung durch Versäumnisurteil zu verwerfen. Gegen dieses Versäumnisurteil kann der Berufungskläger binnen einer Frist von zwei Wochen seit Zustellung Einspruch einlegen." Gegen diesen ersten Absatz ist nichts zu sagen.

Abs. 2 des § v bringt die Entscheidung nach Lage der Akten, wenn der Berufungsbeklagte den Termin zur mündlichen Verhandlung versäumt. Nehmen wir folgendes Beispiel: Der Kläger wurde in erster Instanz abgewiesen, weil der Zeuge, den er bestellt hatte, nicht erschienen war. Nun legt er Berufung ein und erklärt, zu seinem Bedauern habe er erst nach Erlass des Urteils erfahren, dass der Zeuge, den er in erster Instanz geladen hatte, gar nicht der richtige war; der richtige Zeuge sei der Zeuge Schulze, der im Sinne der Klage bekunden werde. Nehmen wir nun an, der Berufungsbeklagte erscheint nicht zur mündlichen Verhandlung. Soll nun hier wirklich das Gericht unter allen Umständen, wenn es nach Lage der Akten entscheiden kann, doch einen Beweisbeschluss machen und Zeugen vernehmen? Wir würden erreichen können, dass der Berufungsbeklagte sich unter Umständen die Anwaltskosten erspart. Ist das wünschenswert? Ich würde es ruhig dabei belassen, dass wir insoweit die Versäumnisvorschriften, wie wir sie heute haben, anwenden.

Jonas: Was mit der Bestimmung gemeint ist, darüber besteht im Augenblick die größte Unklarheit. Jetzt wird unterstellt, dass in der zweiten Instanz Beweis geführt wird auf eine Weise, dass die Zeugen unter den Tisch fallen, die in erster Instanz das Gegenteil ausgesagt haben. Das passt meiner Meinung nach in unseren Aufbau nicht recht hinein. Es ist für ein fingiertes Geständnis kein Raum mehr, wenn ein Beweisergebnis vorliegt, das eigentlich überzeugt hat.

Vorsitzender: Nun nimmt der Berufungsrichter im Gegensatz zum Erstrichter an, der Zeuge habe glaubwürdig ausgesagt, und erlässt ein Versäumnisurteil. Hat der Beklagte diese Befürchtung, dann muss er sich natürlich in der Berufungsinstanz vertreten lassen.

Jonas: Der Erstrichter hat dem Zeugen nicht geglaubt; er hat das eingehend ausgeführt. Nun wird in der zweiten Instanz gegenüber dem glaubwürdigen Zeugen eine Ehefrau der Partei in den Prozess eingeführt, und der Berufungsbeklagte bleibt zufällig aus. Dann wird fingiert: der Kläger hat obsiegt mit der Klage auf Rückzahlung des Darlehens, weil der Beweis der Rückzahlung nicht erbracht ist. Nun kommt der Berufungskläger und sagt, seine Frau werde die Rückzahlung beweisen. Der Berufungsbeklagte ist ausgeblieben. Das hätte zur Folge: Es ergeht Versäumnisurteil dahin: es wird angenommen, dass die Frau das bewiesen hat, während der Erstrichter haarscharf auseinandergesetzt hat, dass die Zeugin das Gegenteil gesagt hat. Jetzt wird auf einen suspekten Zeugen hin anders entschieden. In älterer Zeit sind zu § 542 ZPO Entscheidungen ergangen, worin man dieses Ergebnis abbiegen wollte, indem man dann auch den fingierten Zeugen gewürdigt hat. Das geht nicht. Wäre es eigentlich nicht das glücklichste, die Sache in das Ermessen des Gerichts zu stellen? Solche Fälle passieren doch äußerst selten.

Vorsitzender: Ja, jetzt! Aber ich fürchte, wenn wir diese Vorschrift haben, werden die Leute sagen: Das Urteil erster Instanz ist so hieb- und stichfest, dass ich mich in der Berufungsinstanz nicht vertreten zu lassen brauche. Vor allem schneiden wir den Fall ab, wo in der Berufungsinstanz der Beklagte sagt: Wenn du diesen Zeugenapparat hinstellst, dagegen renne ich nicht an; da mache ich mir gar nicht mehr die Kosten, ich gebe das Rennen auf. – Das geht jetzt nicht.

Jonas: Das klappt dann wieder nicht. In der ersten Instanz war unser Bemühen, das Versäumnisurteil im späteren Termin abzubiegen. Jetzt wird der Gedanke propagiert: In der zweiten Instanz wollen wir das aber doch.

Vorsitzender: Wir wollen in der Berufungsinstanz dem Richter die Möglichkeit geben: Er *kann* aufgrund der Aktenlage Entscheidungen treffen.

Ich unterbreche die Beratung.

(Schluss der Sitzung 19.14 Uhr)

3. Protokoll der Sitzung vom 22.3.1941 (Berufung)

(Beginn der Sitzung 9.00 Uhr)

Vorsitzender: Wir hatten gestern die Frage der Berufungsinstanz erörtert. Ich habe mir die Sache noch einmal eingehend überlegt und habe mich überzeugt, dass es wohl das geringere Übel ist, wenn wir die Möglichkeit in Kauf nehmen, dass ohne Beteiligung des Berufungsbeklagten im Berufungsverfahren ein langes Beweisaufnahmeverfahren usw. stattfinden kann, also eine ganz einseitige Regelung. Das wird wohl das kleinere Übel sein gegenüber der komplizierten und künstlichen Regelung des Versäumnisverfahrens gegen den Berufungsbeklagten, wie es heute besteht. Ich könnte also meine Bedenken gegen Abs. 2 des § v zurückstellen. Sonst sind wohl keine Bedenken geäußert worden. Dann können wir also das so, wie es vorgeschlagen ist, in unsere Fassung aufnehmen.

Staud: Soll man nicht den letzten Satz des § v streichen?

Vorsitzender: Sie müssen berücksichtigen, Herr Jonas, wie wir hierzu gekommen sind. Das war die große Konzession, die wir 1924 machen mussten, weil die Anwälte befürchteten, sie würden unter den Schlitten kommen, wenn es so bliebe. Die Berichte aus der Praxis sind eigentlich übereinstimmend dahin gegangen, dass dieser Fall so gut wie nie vorkommt, nämlich dass sich jemand nachträglich entschuldigt und dann der Termin aufgehoben wird. Ich könnte mich schon damit einverstanden erklären, dass wir das fallen lassen.

Jonas: Es handelt sich dabei wohl um § 251 a. Die Bestimmung ist nur dem Wortlaut nach gleich; sachlich ist es ein ganz anderer Fall. Der Berufungsbeklagte ist deshalb nicht vertreten, weil sein Anwalt nicht den Vorschuss bekommen hat – das ist ja eigentlich der praktisch am nächsten liegende Fall – oder weil der Anwalt verhindert war. Nun wird das an sich beachtliche Vorbringen des Berufungsbeklagten nach dieser Bestimmung ausgeschaltet. Dagegen musste man eine Art Wiedereinsetzungsmöglichkeit schaffen. Es sind natürlich alles sehr seltene Fälle. In der revisiblen Sache kommt man ja an den Fall auf andere Weise heran, indem man sagt: Der Beklagte ist schuldhaft weggeblieben. Diese Fälle will ich ja nur treffen. Es wäre dann also keine Terminversäumnis, und dieses Urteil hätte nicht ergehen dürfen. Aber in den nicht revisiblen Sachen ist dagegen kein Kraut gewachsen.

Staud: Das ist kein großes Übel. Es ist ja nicht ein Versäumnisurteil im eigentlichen Sinne, sondern der Sachverhalt ist nach Lage der Akten entschieden worden. Das ist das Einzige, was ihm passiert ist. Wenn er sich auch seinerseits noch gern schriftsätzlich geäußert hätte, so hätte er noch Gelegenheit gehabt. Das obsiegende Urteil erster Instanz hatte er ja bereits in der Tasche. Nun käme doch nur in Frage, dass wirklich etwas passiert, nicht in Gestalt des Beweisbeschlusses, sondern in Gestalt eines Urteils. Das wäre doch nur dann denkbar, wenn das Gericht sagte: Das Urteil erster Instanz ist rechtlich falsch, ohne auf die Beweisaufnahme und ohne auf neue Beweistatsachen einzugehen.

Jonas: Der Fall liegt glatt. Es ist eigentlich nur der immerhin fernliegende Fall, dass der erste Richter eine törichte Beweiswürdigung vorgenommen hat. Es kommen ja sehr ulkige Beweiswürdigungen vor. Wir hatten neulich ein Alimentenurteil, wo das Mädel eine ausgesprochene Dirne war, und es war ein anderer nackt bei ihr im Zimmer angetroffen worden. Das Gericht hatte gesagt: So etwas kann einmal vorkommen; es ist in keiner Weise dadurch glaubhaft gemacht, dass der Mann mit ihr verkehrt hat; ihre uneidliche Aussage genügt uns, um ihn als Verkehrer auszuschließen. Das ist ein vollständig irriges Urteil. Nun entscheidet das Berufungsgericht anders, und der Berufungsbeklagte wird dann unter Umständen mit den neuen Beweismitteln ausgeschlossen. Also man muss immerhin schon fernliegende Beispiele heranziehen, um das Bedürfnis anzuerkennen. Ich lege auf den Zusatz kein sonderliches Gewicht.

Staud: Die Bedenken gegen die Streichung des Zusatzes könnten größer werden bei Urteilen nach Aktenlage im Versäumnisverfahren erster Instanz.

Jonas: Sie meinen, dass die Partei schon in erster Instanz das Rennen aufgegeben hatte und sich sozusagen im Wege der Aktenlage hat kontumazieren lassen, und nun hätte sie in der zweiten Instanz das Manöver noch einmal.

Staud: Nein, man sollte da nach der Aktenlage entscheiden und sagen: Der Termin ist dann und dann. Man sollte an die sämtlichen Parteien die Mitteilung geben: Der Anwalt hat sich entschuldigt; es wird nach der Aktenlage entschieden. In der ersten Instanz besteht dieses Erfordernis auf Aktenlageentscheidung; in der zweiten Instanz besteht er nicht. Worauf ich eigentlich hinaus möchte, ist, dass man die Wahl streicht.

Vorsitzender: In der ersten Instanz hatten wir sie auch gestrichen. Ich sehe: Die Fälle, in denen ein Bedürfnis danach auftauchen könnte, sind wirklich so fernliegend, dass man sie kaum zu berücksichtigen braucht. Unter Umständen ergibt sich eben daraus die Konsequenz, dass meinethalben gesagt wird: Wenn ein Anwalt ohne Vorschuss ein Mandat übernommen hat, dann darf er nicht einfach im letzten Augenblick der Partei sagen: ich kann nicht.

Staud: Wenn man schon nach Aktenlage entscheidet, so sollte man meines Erachtens keine Unterausnahme zugunsten der säumigen Partei machen. Wenn die säumige Partei eine neue Tatsache im Schriftsatz mitgeteilt hat, die nach § q zulässig ist, dann sehe ich nicht ein, warum sie nicht berücksichtigt werden soll. Ich berücksichtige doch auch die neuen Tatsachen, die nach § q zulässig sind und die der Berufungskläger vorgebracht hat.

Jonas: Sie müssen an folgenden Fall denken. Der Berufungsbeklagte gibt das Rennen praktisch auf, und zwar aus irgendeinem Grunde, weil etwa die Zeugen in erster Instanz dem Kläger recht gegeben haben. Also der Kläger hat obsiegt. Nun kommt der Beklagte mit den Gegenzeugen, und diese Gegenzeugen sind nur Verwandte. An sich müssen wir nach § q unterstellen, dass die Sache rechtzeitig vorgebracht ist. Die neuen Tatsachen sind danach nicht auszuschließen, weil es Tatsachen sind, die ihm erst später bekannt geworden sind. Es stehen sich dann nachher die Zeugen gegenüber. Es ist praktisch für das Gericht eine vorweggenommene Beweiswürdigung. Auf der einen Seite haben die unbefangenen Zeugen in der ersten Instanz schon ein klares Bild gebracht, und in der zweiten Instanz sind nur faule Zeugen dagegen vorgebracht wurden. Nun kommt sogar der Anwalt nicht, sondern sagt: Ich gebe das Rennen auf.

Staud: Sie vergessen Nr. 1. Wir sprechen doch vom Berufungsbeklagten. Das ist der Mann, der den Prozess in erster Instanz gewonnen hat. Mit 22,2 % Wahrscheinlichkeit ist der Berufungskläger ein fauler Kopf; denn wer in erster Instanz einen Prozess gewonnen hat, von dem kann man nicht sagen: Er ist ein fauler Schuldner, der es versäumt hat, seinen Vorschuss zu zahlen, und er will sich nur aus der Affäre ziehen. Also wir dürfen diesen Berufungsbeklagten nicht mit dem Maß messen wie irgendeinen säumigen Beklagten in erster Instanz; denn der Berufungsbeklagte ist in dubio doch der, auf dessen Seite das Recht steht. Auch im Armenrecht wird er so behandelt; er bekommt das Armenrecht eo ipso; denn dass seine Rechtsposition die richtige ist, hat ihm ein Gericht erster Instanz schon aufgrund mündlicher Verhandlung durch Urteil bescheinigt. Also dieses ganze schriftsätzliche Vorbringen hat dann nur die Bedeutung eines Vorbringens zur Erhärtung und Stützung des erstinstanzlichen Urteils. Wenn ich nun im Aktenlageentscheidungsverfahren die Angriffe des Berufungsklägers gegen das Urteil berücksichtige, dann muss ich doch sicher auch das berücksichtigen, was in den Schriftsätzen des andern zur Stärkung des erstinstanzlichen Urteils steht; denn es hat doch, wenn ich so sagen soll, die Vermutung des Richtigen für sich.

Vorsitzender: Es kann dann doch nur so liegen: dem Berufungsgericht wurde gesagt: Die Beweiswürdigung ist nicht zutreffend; ich bitte, noch den Zeugen X zu vernehmen; er wird die Sache ganz klar stellen. Dann schreibt der Berufungsbeklagte in seiner Erwiderung: Wenn der Zeuge X noch vernommen wird, müssen auch noch die Zeugen Y und Z vernommen werden. Warum soll das nun bloß im Ermessen des Richters stehen, ob er nun aufgrund der Aktenlage entscheidet oder nicht. Ich glaube, man könnte das weglassen. Dann würde der zweite Absatz nur den ersten Satz behalten.

Furler: Das ist der einzige Anreiz für den Beklagten, dass er sich wirklich bewogen fühlt, zu kommen.

Staud: Wenn der Berufungsbeklagte einen Anwalt hat, dann wird er doch sicher kommen, schon um die Verhandlungsgebühr zu verdienen.

Stagel: Die Befürchtung, dass der Berufungsbeklagte nicht kommt, kann man wirklich nicht haben, nachdem er sich so sicher fühlt.

Staud: Wer sich so sicher fühlt, geht erst recht hin und sagt sich: Da ich mir den Anwalt genommen habe, soll ihn mein Gegner auch bezahlen. Wenn er kein Geld hat, bekommt er ohne weiteres das Armenrecht, da er in erster Instanz obsiegt hat. Die Voraussetzungen werden bei ihm gar nicht mehr geprüft. – Ich hatte dann noch eine Frage zu Abs. 1. Ursprünglich waren Sie gegen diese Regelung des Abs. 1, Herr Jonas. Dasselbe kommt ja auch bei der Revision vor. Ich möchte da empfehlen, auf Verwerfung abzukommen, nicht auf Zurückweisung; denn es ist eine Entscheidung über die Berufung ohne Rücksicht auf ihren sachlichen Gehalt. Das Urteil bestätigt dann nicht die Richtigkeit des voraufgegangenen Urteils, sondern sagt nur: Ein Rechtsmittel ist verloren, wenn du ein Rechtsmittel nicht betreibst.

Jonas: Es ist ganz richtig: hier ist der Ausdruck „verwerfen" in unserer bisherigen terminologischen Gedankenreihe richtiger als „zurückweisen". Die Revision ist ohne weiteres zuzulassen, wenn es sich um die Zulässigkeit der Berufung handelt.

Staud: Ich habe ja nicht gesagt: „als unzulässig zu verwerfen", sondern nur „zu verwerfen". Auf den Unterschied habe ich geachtet.

Vorsitzender: Wie ist es denn heute? Wenn ich in der Berufungsinstanz gegen ein Versäumnisurteil Einspruch eingelegt habe und erscheine in dem Einspruchsverfahren nicht, behaupte, dass der Fall des Versäumnisses nicht vorliege, kann ich gegen dieses verwerfende Urteil, wenn sonst die Voraussetzungen der Revision gegeben sind, Revision einlegen?

Furler: Entsprechend der Anwendung der Berufungsvorschriften sicher! Der entsprechenden Anwendung der Berufung entspricht hier die Revision.

Vorsitzender: Ich glaube, es genügt, wenn wir so formulieren. Dann besteht der *Paragraph nur aus zwei Sätzen:* „Versäumt der Berufungskläger den Termin zur mündlichen Verhandlung, so ist die Berufung durch Versäumnisurteil zu verwerfen. – Versäumt nur der Berufungsbeklagte den Termin zur mündlichen Verhandlung, so entscheidet das Berufungsgericht nach Lage der Akten." Nun hätten wir uns noch mit dem Staudschen Entwurf über das nachträgliche Vorbringen zu befassen.

Jonas: Da bleibt nur die Frage übrig, die ja unter Umständen nur eine Formulierungsfrage ist, wenn wir sachlich darüber einig sind – wozu wir in der vorigen Besprechung nicht gekommen waren: Wie sind die Fälle abzugrenzen? Das Eheverfahren wollen wir ja außer Betracht lassen. Aber es handelt sich um das Vorbringen neuer Tatsachen hinsichtlich solcher Punkte, die vom Gericht von Amts wegen zu berücksichtigen sind. Ich erinnere an den Preisstopp und an den Unsittlichkeitsparagraphen.

Staud: In der Berufungsinstanz wird meinetwegen vorgetragen: Der Kläger ist Devisenausländer; er wohnte bei Abschluss des Geschäfts gar nicht in Stuttgart, sondern in Zürich; also das Geschäft und auch die von mir verlangte Leistung würden gegen das Devisenverbot verstoßen. Die Tatsache, dass der Kläger Devisenausländer ist, ist in der ersten Instanz nicht vorgetragen worden. Er hätte sie vortragen können, er hat sie aber nicht vorgetragen aus unlauteren Absichten, weil er sich sagte: Wenn ich davon etwas verlauten lasse, bekomme ich selbst noch Unannehmlichkeiten. In der Berufungsinstanz trägt er diese Tatsache nun vor.

Jonas: Dazu kommen die anderen Fälle, die die Kollision mit den Preisstopp-Bestimmungen betreffen. Es wird z.B. vorgetragen: Über den und den Preis haben wir einen Vertrag abgeschlossen. Wenn ihm nun die Sache zu brenzlig wird, trägt er vor: Ja, der Vertrag bezieht sich aber nicht auf dieses gleiche Grundstück, sondern nur auf einen Teil davon; bloß aus irgendwelchen Gründen ist das eben zur Umgehung der Preisstopp- und Devisenvorschriften so gemacht worden; tatsächlich ist gegen die Preisstopp-Vorschriften verstoßen worden. Natürlich muss das Gericht, das das auch von Amts wegen zu ermitteln hat, weil hier die Präklusionsbestimmungen nicht gelten können, die Dinge prüfen.

Vorsitzender: Wollen wir das extra sagen? Ich halte das für selbstverständlich.

Jonas: Es versteht sich gar nicht von selbst, sondern es muss klargestellt werden.

Staud: Man soll zu dem Ergebnis auch ohne Klarstellung aus der Überlegung herauskommen, dass § q eigentlich nur eine Auflösung der Disposition über diese neuen Tatsachen ist. Die Partei verliert eine Tatsache, wenn sie sie in erster Instanz nicht vorgebracht hat. Mit anderen Worten: Der Paragraph gilt nur insoweit, als es sich um solche Tatsachen handelt, auf deren Vorbringen die Parteien wirksam verzichten können; er gilt nur insoweit, als die Parteien über den Prozessstoff zu verfügen berechtigt sind. Das wäre eine Überlegung, der man folgen könnte.

Jonas: Mir scheint es zweckmäßig zu sein, dies auszusprechen und vor allen Dingen auszusprechen, wie weit die amtswegliche Ermittlungspflicht des Gerichts gehen soll, ob sie sich nur darauf bezieht, dass praktisch Devisenvorschriften und Preisstopp-Vorschriften verletzt sind oder auch auf allgemeine Unsittlichkeit.

Staud: Allgemeine Unsittlichkeit kommt bestimmt nicht in Frage; denn wenn allgemeine Unsittlichkeit vorliegt, würde ich sagen: Hier kann die Partei sich zur Leistung im Prozess ja trotzdem verpflichten. Wenn gegen mich z.B. Bordelllohnklage erhoben wird, würde ich den Anspruch anerkennen können. Es würde ein Erkenntnisurteil ergehen. Es ist ja nicht verboten, dass ich aufgrund eines Bordellabkommens eine Leistungspflicht habe. Ich kann auch aufgrund einer Wucherung leisten, wenn ich sage: Ich möchte nicht verklagt werden, weil mir das aus irgendwelchen Gründen unsympathisch wäre und zahle 20 Mark.

Jonas: Meiner Meinung nach muss man doch Farbe bekennen und sagen, was man eigentlich will. Über das, was Herr Staud ausgeführt hat, und darüber, dass das die landläufige Auffassung ist, ist kein Wort zu verlieren. Bloß man stelle sich vor: Es wird Klage auf Hurenlohn eingereicht, also eine klipp und klare Sache, und es ergeht ein Versäumnisurteil oder ein Anerkenntnisurteil! Ich möchte einmal sehen, wie überhaupt ein solches Urteil aussähe.

Vorsitzender: Ein solches Urteil würde nicht ergehen können.

Jonas: Wenn ein Anerkenntnisurteil ergeht, und wenn wir das Anerkenntnisurteil in einem solchen Fall zulassen, so muss man sich doch darüber im Klaren sein, dass das einem Unbefangenen nicht in den Kopf will. Die Vorstellung, dass man Unsittliches anerkennen kann, ist etwas, was einer Gedankenwelt angehört, die meinethalben heute noch die herrschende sein mag, die aber in den unbefangenen Laienverstand nicht hineingeht. Dass hier der unbefangene Laienverstand und der Juristenverstand auseinandergehen, darüber kann kein Zweifel sein.

Furler: Es wäre doch wohl viel erstaunlicher, wenn ich nicht einmal anerkennen könnte, 1000 RM zu schulden. Das ist doch meine freie Disposition.

Jonas: Diese Vorstellung bekämpfe ich eben. In solcher Konsequenz durchgeführt, passt sie nicht. Meinetwegen passt sie noch in die jetzige Zeit hinein. Aber nach fünf Jahren werden wir alle in der Entwicklung weiter sein. (*Widerspruch.*)

Staud: Beim Preisstopp kommen Sie auch nicht darum herum, dass Leistung und Gegenleistung in einem Missverhältnis stehen. Beim Preisstopp handelt es sich um das Leistungsverbot. Beim Wucherungsgeschäft ist nicht die Leistung aus einem wucherischen Geschäft verboten. Dagegen ist beim Preisstopp und beim Devisengesetz nicht nur der Abschluss des Geschäfts verboten, sondern auch die Leistung des Geschäfts. Wenn ich aus einem Devisengeschäft verklagt bin, kann kein Anerkenntnisurteil ergehen, da ich nicht durch Anerkenntnis über die Verpflichtung zu einer Leistung verfügen kann, deren Vornahme überhaupt verboten ist. Ich kann nicht etwas annehmen, was zu tun verboten ist. Das ist der Unterschied.

Furler: Auch dieses Anerkenntnis wäre gesetzwidrig und strafbar, während ich das wucherische Geschäft von 1000 Mark nachher ruhig anerkennen kann.

Stagel: 1000 RM im Inland kann ich ohne weiteres zahlen, aber nicht ins Ausland.

Vorsitzender: Vielleicht könnten wir folgende Formulierung wählen: „Diese Bestimmungen gelten nicht für solche Tatsachen, die das Gericht, auch wenn sie von keiner Partei vorgebracht sind, von Amts wegen zu berücksichtigen hat."

Furler: Ich glaube nicht, dass man das braucht.

Jonas: Wir bemühen uns um möglichste Klarstellung aller Sachen, und dann kommen wir sonderbarerweise an einen Punkt, an dem anscheinend von gewisser Seite das Interesse besteht, etwas, was in der Linie nicht genehm ist, zu kaschieren.

Furler: Diese Bestimmung gehört ins materielle Recht.

Jonas: Wenn Sie sie für überflüssig halten, ich halte es für dringend erwünscht, dass man das klarstellt. Weshalb sollen wir die Bestimmung nicht so formulieren? Mir schwebt es so ungefähr vor. Jedenfalls muss die Sache klargestellt werden.

Vorsitzender: Darüber wird man noch etwas Besonderes sagen müssen. Ich glaube nicht, dass man im Eheprozess darauf eingehen kann.

Jonas: Da haben Sie auch die Präklusionsbestimmungen, und die wollen Sie fallen lassen! (*Widerspruch.*) Beim Eheprozess ist es jetzt auf etwas ganz anderes abgestellt, nämlich auf den Gesichtspunkt der Prozessverschleppung, auf den Gesichtspunkt der Verzögerung des Prozesses. Es sind ja wohl Bestimmungen, von denen eigentlich nie Gebrauch gemacht wird, und zwar handelt es sich um die §§ 626 und 519.

Vorsitzender: Da würde nachher bloß noch das Letzte übrigbleiben. Künftig würde es lauten: „findet nur insoweit Anwendung, als die Partei absichtlich den Prozess verschleppt." Das kann man sagen. Wer absichtlich den Eheprozess verschleppt hat, muss es sich gefallen lassen, dass er für alle Zeit ausgeschlossen wird. Daran werden wir doch wohl festhalten müssen, dass jemand Sachen, die er in einem früheren Prozess geltend machen konnte, nicht zur Begründung eines neuen Prozesses verwerten darf. Da man daran festhalten muss, würde ich glauben, dass man § 626 so lassen kann. Damit wäre allem Genüge getan. Aber nun wollen wir einmal vorläufig in Aussicht nehmen: Die Einschränkung des § q gilt nicht für Tatsachen, die das Gericht auch ohne dass sie von einer Partei vorgebracht sind, von Amts wegen zu berücksichtigen hat.

Furler: Darf ich fragen: Fallen jetzt die Wuchergeschäfte unter die Bestimmung oder nicht?

Vorsitzender: Die Wucherbestimmungen fallen nicht darunter.

Furler: Aber das muss das Gericht auch von Amts wegen in einem Verfahren berücksichtigen.

Staud: Nein, da verbleibt es bei der Rechtsanwendung von Amts wegen, wie mir scheint, mit der Ermittlungspflicht für Tatsachen.

Furler: Andererseits ist das Gericht in dem Devisenfall verpflichtet, Ermittlungen anzustellen.

Staud: Das meine ich auch nicht. Das Gericht muss die Tatsachen kennen. Aber wenn das Gericht die Tatsachen gekannt hat, ohne dass sie von einer Partei vorgebracht worden sind, muss es sie berücksichtigen.

Furler: Dann deckt das auch den Wucherfall; denn das Gericht weiß: Die und die Wuchertatsachen liegen vor. Das Gericht muss sie also berücksichtigen. Daran ist kein Zweifel. So habe ich das verstanden.

Staud: Das ist der Einwand der Sittenwidrigkeit oder der Gesetzwidrigkeit. Das Wuchergeschäft unterscheidet sich in der Beziehung vom Devisengeschäft nur dadurch, dass bei Devisengeschäft die Gesetzwidrigkeit auch nachher in der Erfüllung besteht. Das Gericht sagt sich: Der Beklagte darf nicht sagen: ich erkenne an. Es muss auf den Gedanken abgestellt werden, ob es sich um solche Tatsachen handelt, hinsichtlich deren Vorbringen die Parteien disponieren können oder nicht.

Vorsitzender: Die Parteien brauchen doch nicht darüber zu disponieren, dass ich die Einrede des Wuchers erhebe. (*Staud:* Selbstverständlich!) Wenn ich ein Wucherdarlehen nehme, und der Betreffende macht mit mir ein faules Darlehensgeschäft, dann sagt er zu mir: „Sie müssen aber in den Schuldschein hineinschreiben: Ich verzichte von vornherein auf die Geltendmachung der Einrede des Wuchers". (*Furler:* Das ist unzulässig!) Das ist unzulässig; dann ist diese Abrede selbst Teil des Wuchergeschäftes. Aber ob ich im Prozess nachher darüber disponieren kann, dass ich das vorbringe oder nicht, ist eine andere Frage.

Lent: Wenn es aber aus dem Vorbringen des Klägers selbst hervorgeht?

Furler: Dann muss das Gericht das berücksichtigen.

Staud: Jeden Einwand, den der Kläger gegen sich selbst vorbringt, muss er gelten lassen, weil das eine rechtsvernichtende Tatsache ist.

Vorsitzender: Er trägt nicht vor: „Ich habe gewuchert", aber das kluge Gericht entnimmt aus seiner Darlegung des Geschäfts: das ist ein Wuchergeschäft.

Staud: Das tut genau denselben Dienst. Die rechtliche Qualifikation als Wucher ist Sache des Gerichts. Wenn der Kläger Tatsachen vorträgt, die den Tatbestand des Wuchers nach der objektiven und subjektiven Seite begründen, dann hat das Gericht diese Tatsachen zu begründen.

Vorsitzender: Es sagt zu dem Beklagten: „Das ist doch ein offenbares Wuchergeschäft; wollen Sie nicht die Einrede des Wuchers erheben?" Dann antwortet er vielleicht: „Nein, das entspricht nicht meinem Anstandsgefühl."

Furler: Der Richter könnte sagen: Es ist ein Wuchergeschäft; ich weise die Klage ab. Darauf könnte der Beklagte sagen: Ich will ein Anerkenntnis bekommen.

Jonas: Die Frage, ob das de lege lata richtig ist oder nicht, interessiert mich im Augenblick nicht. Mich interessiert nur, dass mir für die Zukunft das allein gegeben zu sein scheint, was rückwärts noch in der Vergangenheit steckt. Nehmen Sie einmal den Fall des Wuchergeschäfts! Denken Sie an die frühere Zentrale für Schwindelbekämpfung. Irgendein armes Schwein wird von einer Firma verklagt, und das Gericht weiß aus Parallelprozessen ganz genau durch die Stelle für Wucherbekämpfung, worum es sich handelt.

Vorsitzender: Diese Stelle gibt es Gott sei Dank heute auch noch.

Jonas: Das Gericht weiß von Amts wegen, dass das eine vollständige Betrugsgeschichte ist. Nun kommt es zur Verhandlung. Das sind alles ein bisschen überspitzte Beispiele. Der Beklagte sagt: Ich muss anerkennen.

Staud: Sehen Sie sich an, wie sich die Geschichte beim Amtsgericht abspielt! Da sagt der Amtsrichter dem armen Würstchen: Das ist ja die und die Firma, mit der Sie zu tun haben; die kennen wir; wie ist das Geschäft zustande gekommen? Wenn der Beklagte dabei bleibt, und sagt: „Ich will solche Sachen nicht", und wenn dann gegen ihn ein Anerkenntnisurteil ergeht, dann ist das letzten Endes Selbstaufgabe jedes Prozesses.

Jonas: Ihr Beispiel sehe ich folgendermaßen an: Im Augenblick kommt man zu einem vernünftigen Ergebnis dadurch, dass man sagt: Der Richter soll den Parteien zureden, meinethalben auf die Gefahr hin, dass er dann vom Gegner für befangen erklärt wird. Wenn der Richter der einen Partei sagt: „Der Kläger ist eine Schwindelfirma", dann hat der Kläger einen guten Grund, daraufhin den Richter abzulehnen.

Staud: Er wird sich natürlich anders ausdrücken. Er wird den anwesenden Kläger nicht gerade eine Schwindelfirma nennen, sondern er wird sagen: Aus einer Reihe von Fällen ist dem Gericht das und das bekannt; das Gericht weiß, dass Praktiken angewandt worden sind. Wenn Sie sagen: „Der Richter wird abgelehnt", dann muss ich erwidern: Die Ablehnung eines solchen Richters kommt mir allerdings so vor, als ob sie aus einer Einstellung stammt, die wir heute nicht mehr kennen.

Furler: Dann wird der Richter umso befangener sein.

Jonas: Weshalb holen Sie Dinge heran, bei denen wir im Augenblick doch immer nur auf gewissen krummen Wegen zu einem vernünftigen Ziel kommen?

Vorsitzender: Herr Jonas meint, wir könnten ruhig die Formulierung, die ich vorgeschlagen habe, annehmen.

Jonas: Den Fall, dass der Kläger nichts über die Zahlung vorträgt und das Gericht von Amts wegen weiß, dass gezahlt ist, und der Angeklagte nichts darüber sagt, kann ich mir nicht vorstellen.

Lent: Nehmen wir an: der Mann hat vor dem Termin gezahlt. Würden Sie jetzt die Kosten dem Kläger auferlegen? Jetzt kommt der Mann und sagt: Ich habe soeben bezahlt. (*Jonas:* Das ist gleichgültig!) Dann müssen Sie auch sagen: Es ist gleichgültig, wenn es eine Wuchersache ist. Dann müssten Sie formulieren: Ein Anerkenntnisurteil ist zu versagen, wenn ... Ich habe von vornherein nichts dagegen, möchte aber wissen, wie man es formulieren soll, wenn das Anerkenntnisurteil trotz der Anerkenntnis zu versagen sein soll.

Jonas: Es gibt gewisse Dinge, die das Gericht von Amts wegen zu vermitteln hat, und gewisse Dinge, die es nur von Amts wegen zu berücksichtigen hat, wenn sie von einer Seite vorgetragen werden.

Lent: Es gibt drei Kreise: Es muss von einer bestimmten Partei vorgetragen werden; das sind die Einreden nach dem BGB; sie werden nur beachtet; dann kommen die Sachen, die von einer beliebigen Partei im Prozess eingeführt werden müssen, und dann kommen die Sachen, die von Amts wegen zu berücksichtigen sind.

Staud: Das ist genau dasselbe wie bei dem Einwand des Wuchers. Das eine wie das andere ist ein rechtsvernichtender Einwand. Ich darf auf ein Wuchergeschäft hin leisten; ich darf auch eine bereits bezahlte Sache nochmals bezahlen. Eine andere Gruppe von Fällen sind diejenigen, wo ich die Leistung, die von mir verlangt wird, nicht bewirken darf, weil auch die Leistung verboten ist.

Jonas: Das Argument, das ich bei einem wucherischen Geschäft zahlen darf, ist meiner Meinung nach absolut davon zu trennen, ob ein Staat sich dazu hergeben darf, bei einem wucherischen Geschäft zu verurteilen, wenn er sieht, dass das ein wucherisches Geschäft ist, bloß weil ...

Staud: Wenn der Beklagte bezahlen will, dann können Sie das Beispiel genauso bilden; dann soll der Staat sich dazu hergeben, dass jemand zweimal bezahlt. Das ist doch ein dialektisches Argument. Wenn ich die Sache so zuspitze – so drücken Sie es doch ganz allgemein aus –: Darf der Staat sich dazu hergeben, ein Urteil zu vollstrecken, welches sich bei hinterheriger Prüfung doch nicht als richtig herausstellt?

Jonas: Nein, es ist ein himmelweiter Unterschied, ob ein Urteil erlassen wird, dem man ansieht: Die Grundlage ist eine unsittliche.

Furler: Man muss eben von anderen Gesichtspunkten ausgehen.

Jonas: Diese Devisen- und Preisstopp-Fälle kommen oft genug vor.

Furler: Der Unterschied liegt wohl darin: Das Gericht darf kein Urteil auf eine Leistung erlassen, die an sich gesetzlich verboten ist.

Stagel: Ob ein Geschäft Wucher ist oder nicht, wird sehr häufig auf der Schneide stehen. Wo soll die Grenze gezogen werden?

Furler: Das Gericht darf nicht – das ergibt sich aus allgemeinen Gesetzen – Urteile auf eine gesetzlich verbotene Leistung erlassen. Es darf also niemals auf eine nicht genehmigte Devisenzahlung oder auf eine unzulässige Preisvereinbarung verurteilen. Aber das Gericht darf einen Inländer auf 1000 RM verurteilen, auch wenn die Grundlage dieses Anspruchs an sich ungültig gewesen wäre; denn das Wuchergeschäft ist zwar ungültig; aber dass 1000 RM vielleicht aus einem anderen Grunde bezahlt werden, ist an sich nicht verboten.

Vorsitzender: Dann würden Sie eine Fassung vorziehen, die etwa dahin lautete: Für Tatsachen, aus denen sich ergibt, dass die vom Kläger geforderte Leistung verboten ist.

Furler: Ja, das ergibt sich schon aus allgemeinen Vorschriften. Ich würde also dagegen sein, überhaupt eine Einschränkung aufzunehmen, sondern wenn in der zweiten Instanz vorgebracht wird: „Der Mann ist Devisenausländer", dann wird das Gericht sagen: Ich bitte, bringen Sie die Devisengenehmigung bei, um die Sache in Ordnung zu bringen; sonst kann kein Urteil ergehen. Wenn aber nur nachlässigerweise ein Wuchereinwand in der zweiten Instanz vorgebracht wird, so hätte man ihn schon in der ersten Instanz bringen können.

Vorsitzender: Das alles sind doch Zufälligkeiten, die sich aus gewissen verschiedenen Formulierungen ergeben.

Stagel: Nein, es ist ein großer Unterschied. Die Devisenvorschriften sind Vorschriften aus öffentlich-rechtlichen Gründen. Aber ob einer bewuchert wird oder nicht, ist rein seine Privatsache.

Jonas: Die Frage, ob wucherische Geschäfte zu dulden oder zu bekämpfen sind, ist doch keine Privatsache.

Furler: Beim Wuchergeschäft besteht eine gesetzliche Vorschrift. Aber beim Devisen- und Preisrecht liegen doch allgemeine Gesichtspunkte zugrunde, nämlich vor allem der Gesichtspunkt des öffentlichen Interesses daran, dass kein derartiges Geschäft abgeschlossen oder erfüllt wird.

Vorsitzender: Es ist niemand verboten, aus einem wucherischen Geschäft zu bezahlen. Das verstößt gegen kein Gesetz. Wenn ich bezahlt habe, ist sogar die Frage der Rückforderung sehr zweifelhaft.

Furler: Rückforderung ist ausgeschlossen, wenn ich weiß, dass ich bewuchert worden bin und doch zahle. Das steht positiv im Gesetz.

Vorsitzender: Hingegen bin ich nicht berechtigt, einen Kaufpreis zu zahlen, der über dem Preisstopp liegt. Ebenso ist es mit den Devisenbeschränkungen. Wenn das Devisengesetz eine Leistung an Ausländer verbietet, darf er nicht nur nicht die Leistung fordern, sondern ich darf es auch nicht machen. Also es ginge schon, wenn man sagte: „Diese Beschränkung gilt nicht für Tatsachen, aus denen sich ergibt, dass die von der Partei geforderte Leistung gesetzlich verboten ist."

Staud: Das deckt sich mit den Devisen- und Preisstopp-Bestimmungen, deckt aber nicht alles.

Jonas: Die glücklichste Formulierung scheint mir zu sein: die Fälle, die das Gericht von Amts wegen zu ermitteln hat.

Vorsitzender: Das Gericht wird doch in dem Falle nicht von Amts wegen ermitteln, ob ein Devisenverstoß vorliegt. (*Jonas:* Selbstverständlich!)

Furler: Niemals! Dann müsste man bei jedem Fall, der vorliegt, sofort zum Staatsanwalt gehen.

Staud: Zunächst einmal kann es so sein: Das Gericht glaubt Anhaltspunkte dafür zu haben, und die Staatsanwaltschaft stellt Ermittlungen an. Nun sagt das Gericht: Ich setze das Verfahren aus, bis die Staatsanwaltschaft ihre Ermittlungen gepflogen hat. Aber das Gericht gibt die Akten nicht der Staatsanwaltschaft, damit sie für den Zivilprozess Ermittlungen anstellt, sondern damit in jedem Fall ein Strafverfahren stattfinden kann. Hat es stattgefunden, dann ist es natürlich etwas anderes: Dann sind es gerichtsbekannte Tatsachen.

Lent: Dann kommt die berühmte Geisteskrankheit während des Prozesses. Ich würde formulieren: Tatsachen, die von Amts wegen ermittelt sind, sind zu berücksichtigen.

Jonas: Wenn der Verdacht auftaucht, dass es sich um ein genehmigungspflichtiges Devisengeschäft gehandelt hat, dann muss ich mich von Amts wegen darum kümmern, ob eine Partei verrückt ist oder nicht.

Furler: Die Prozessvoraussetzungen muss ich von Amts wegen ermitteln.

Jonas: Ich verlange natürlich nicht von jeder Partei ein amtsärztliches Zeugnis darüber, sondern stelle nur Ermittlungen notfalls durch Einforderung von Attesten an. Wenn irgendein Verdacht besteht, ob eine Devisenbestimmung einschlägt, sage ich den Parteien: Legt mir eine Devisengenehmigung vor.

Furler: Aber nur, wenn das Gericht von Amts wegen das Devisengesetz zu berücksichtigen hat.

Lent: Es gibt keine Ermittlungen von Amts wegen, sondern nur Berücksichtigung.

Jonas: Das ist das, was Baumbach sagt; aber das ist doch keineswegs richtig.

Lent: Doch! Ich bin auch darauf gestoßen, weil ich das verwechselt habe, und ich habe es dann, wenn ich nicht irre, in Ihrem Kommentar gefunden. Die Berücksichtigung von Amts wegen ist nicht gleichbedeutend mit der Ermittlung von Amts wegen.

Jonas: Wenn wir in einem Ehescheidungsprozess den Eindruck haben, dass eine Partei verrückt ist, dann muss von Amts wegen ermittelt werden. Das ist gar nicht zu bestreiten.

Furler: Es muss von Amts wegen ermittelt werden, nur weil es zu den Prozessvoraussetzungen gehört.

Jonas: In dem Sinne, dass das non liquet zulasten des einen geht.

Lent: Das Gericht ist nicht befugt, über die Geisteskrankheit einen Zeugen zu vernehmen, wenn er nicht vorgeschlagen ist. Nehmen wir an: Der Beklagte behauptet zwar, er sei geisteskrank, aber tritt keinen Beweis an. Dann hat der Kläger den Beweis zu erbringen, dass er geistig gesund ist. Schlägt er keinen Zeugen vor, wird er abgewiesen. Das Gericht ist nicht befugt, von Amts wegen auch nur einen einzigen Zeugen zu vernehmen. (*Widerspruch.*) Das vertreten Sie aber in Ihrem Kommentar.

Furler: Das Gericht kann sagen, und zwar ohne dass das vorgetragen wird: Ich verlange, dass das festgestellt wird. Es braucht nicht selbst Ermittlungen anzustellen. Es kann sagen: Ich verlange ein amtliches Attest. Es müsste in der Verhandlung erklären: Ich prozessiere nicht weiter, bis Sie mir nachgewiesen haben, dass der Mann normal ist.

Vorsitzender: Wenn Sie auf Tatsachen abstellen, die das Gericht von Amts wegen zu ermitteln hat, dann könnte es ja auch in der Berufungsinstanz Zeugen vernehmen.

Staud: Es kann Auskunft bei der Polizei einholen, muss es aber nicht. Das sind die von Amts wegen zu prüfenden Dinge, nicht die von Amts wegen zu berücksichtigenden Dinge.

Furler: Im Gesetz steht es aber anders. Dort steht: Das Gericht hat den Mangel von Amts wegen zu berücksichtigen. Den Ausdruck „von Amts wegen zu ermitteln" kennt das Gesetz, glaube ich, nicht.

Lent: Im Eheprozess ist es so: Das Gericht ist nicht befugt, einen Zeugen über die Geisteskrankheit einer Partei zu vernehmen, wenn der Zeuge nicht benannt wird.

Furler: Mit dieser Unterscheidung kommen wir hier nicht durch. Man muss schon auf die gesetzlich verbotene Leistung abheben. Es kommt darauf an: Wieweit sind über derartige Tatsachen die Parteien im Prozess zu disponieren berechtigt? Bei Devisengeschäften sind sie nicht zu disponieren berechtigt, weil sie sonst durch eine Disposition über den Streitgegenstand oder über die Tatsachen dazu kämen, dass das Urteil auf eine Leistung erginge, die nicht indiziert wird.

Lent: Man kann über Rechte disponieren, nicht über Tatsachen.

Jonas: Bei der Ungeklärtheit der Ansichten de lege lata scheint es mir zweckmäßig zu sein, erstens die Sache für die Zukunft klarzustellen, und zweitens von der bisherigen Auffassung Abstand zu nehmen; denn die Idee der freien Disposition scheint mir von meiner Grundanschauung aus völlig antiquiert zu sein.

Vorsitzender: Dann kommen Sie zu der Ansicht von Baumbach, den ganzen Prozess in der freiwilligen Gerichtsbarkeit vor sich gehen zu lassen. Das führt zu weit. Die freiwillige Gerichtsbarkeit ist doch etwas wesentlich anderes, und dieser Prozess ist ein Prozess ohne Verhandlungsmaxime im alten Sinne. Dass wir den Ehescheidungsprozess nicht als freiwillige Gerichtsbarkeit ansehen, ist auch klar. Wir wollen aber jetzt nicht weiter auf allgemeine Betrachtungen abkommen. Von meinem Standpunkt aus ist mir die Fassung mit dem „von Amts wegen ermitteln" viel sympathischer. Wenn das Gericht die Tatsachen von Amts wegen ermitteln kann, dann kommt ja § q überhaupt nicht zur Anwendung. Das Gericht kann von Amts wegen Sachverständige vernehmen; wenn der Beklagte sagt: „Der jetzt in der Berufungsinstanz benannte Sachverständige ist verspätet benannt; ich bitte ihn nicht zuzulassen", dann sagt das Gericht: Gewiss, ich lasse ihn nicht zu; ich bin aber berechtigt, von Amts wegen einen Sachverständigen zu vernehmen, mir scheint die Sache aufklärungsbedürftig, und nun vernehme ich den Sachverständigen von Amts wegen.

Jonas: Das möchte ich klargestellt haben. Wir diskutieren hier immer mit den verschiedensten Ansichten darüber, was klargestellt wird, wieweit die Vorschrift gelten soll oder nicht. Da möchte ich klargestellt haben: Dies gilt nicht; soweit es sich um Dinge handelt, die das Gericht von Amts wegen zu ermitteln hat. Sie können doch mit dieser Fassung am ehesten einverstanden sein.

Vorsitzender: Mit der Fassung bin ich vollständig einverstanden. Ich halte sie nur für überflüssig; denn soweit das Gericht von Amts wegen ermittelt, ist es ja nicht an das Parteivorbringen gebunden, und dabei kommt es gar nicht darauf an, ob das Parteivorbringen verspätet ist oder nicht.

Jonas: Bei vielen Bestimmungen kann man sagen: Durch Überlegung usw. kommt man dazu, dass man sie nicht braucht.

Vorsitzender: § q gilt doch nicht von Tatsachen, die der Verhandlungsmaxime unterliegen; denn wenn das Gericht die Tatsachen von Amts wegen berücksichtigt, ist es ja unerheblich, ob die Partei sie vorträgt oder sie vortragen darf oder nicht.

Lent: Wir sind alle über die Sache einig. Der Streit geht nur darum: Was heißt „von Amts wegen zu berücksichtigen"? Welche Tatsachen sind das? Das wird auch durch keine Formulierung geklärt.

Jonas: Ich stelle mich einmal auf den Standpunkt: § q soll nicht durch irgendeine andere Regelung so beiseite geschoben werden, dass er nicht zieht. Mir liegt daran, klarzustellen, dass das „von Amts wegen berücksichtigen" nicht genügt. Ich will es nur auf die Fälle beschränkt haben, wo das Gericht von Amts wegen zu ermitteln hat.

Vorsitzender: Aber soweit das Gericht berechtigt ist, von Amts wegen zu ermitteln, ist es doch von dem Parteivorbringen unabhängig. § q kann das Gericht nicht an seinen amtlichen Ermittlungen hindern.

Jonas: Wenn es heißt: „Es ist etwas von Amts wegen zu berücksichtigen" und wenn nun etwas verspätet vorgebracht wird, so ist die Folge, dass das von Amts wegen zu berücksichtigen ist.

Staud: Es ist ein Unterschied, ob etwas von Amts wegen zu berücksichtigen oder von Amts wegen zu ermitteln ist.

Jonas: Das will ich beschränkt haben. Das Ermitteln versteht sich in den angeführten Fällen von selbst.

Vorsitzender: Sie wollen auch nicht hineinschreiben: „von Amts wegen zu berücksichtigen", sondern Sie wollen hineinschreiben: „von Amts wegen zu ermitteln".

Jonas: An sich gilt der Paragraph grundsätzlich, und ausgeschlossen sollen nur die Fälle sein, wo von Amts wegen zu ermitteln ist. Wenn die ganze Frage nicht erörtert wird, muss jeder vernünftige Mensch sich sagen: Ich habe von Amts wegen z.B. zu prüfen, ob Wucher vorliegt oder dergleichen. Sie sagen: Jeder wird es nicht so auslegen, sondern anders. Wenn wir schon in unserem Kreise verschiedener Ansicht sind, ist eine Klarstellung unbedingt notwendig.

Vorsitzender: Das sehe ich jetzt gar nicht ein, nachdem Sie mir zugeben: Den verspäteten Wuchereinwand kann ich ruhig zurückweisen.

Jonas: Ich habe nie in Zweifel gezogen, dass vom Standpunkt der jetzigen Auffassung der Wuchereinwand unter § q fällt. Ob das allerdings eine glückliche Lösung ist, möchte ich bezweifeln. Bloß wenn man nichts sagt, muss man meines Erachtens zu dem Ergebnis kommen: Das Gericht hat den Wuchereinwand von Amts wegen zu berücksichtigen.

Vorsitzender: Ich verstehe Sie so: Sie wollen das gerade im Interesse der möglichst weiten Auslegung des § q.

Jonas: Das habe ich immerzu gesagt. Ich stelle mich auf den Standpunkt, dass dies die Regelung sein soll, und das will ich klargestellt haben. Diese ganze Geschichte ist eine sehr heikle Angelegenheit. Dass wir in nicht zu ferner Zeit allgemein über derartige Dinge anders denken werden, davon bin ich überzeugt.

Furler: Wie ist es in Österreich?

Lent: Der Ausdruck „von Amts wegen zu berücksichtigen" kommt in der ZPO vor. Er bedeutet, dass unabhängig von dem Vorbringen der Partei das Gericht solche Tatsachen berücksichtigen kann. Wenn aber keine Partei etwas vorbringt, liegen die Dinge anders. Wir müssen also klar sagen, was wir mit dem Ausdruck meinen. Von Amts wegen ermitteln, ist etwas anderes als von Amts wegen berücksichtigen. Auch die Frage der Parteiprozessfähigkeit ist nicht von Amts wegen zu ermitteln.

Furler: Was ist denn heute von Amts wegen zu ermitteln?

Lent: Gar nichts, außer der Devisensache! Es gibt gewisse Dinge, die als Prozessvoraussetzungen von Amts wegen zu berücksichtigen sind. Aber der Richter kann ohne Antrag in dem Schriftsatz einer Partei keinen Zeugen von Amts wegen vernehmen. Sachverständige kann er von Amts wegen immer vernehmen.

Vorsitzender: Wir einigen uns heute nicht auf eine Fassung. Aber es war sehr interessant, dass dieses Problem aufgeworfen wurde. Wir können nun die Berufungserörterung damit abschließen. Ich würde es für richtig halten, dass wir jetzt das nachträgliche Vorbringen erörtern. Herr Jonas, Sie haben die kurze *Notiz des Herrn Staud über das nachträgliche Vorbringen* [nicht auffindbar] gesehen. Diese Bestimmungen sollen schon für die erste Instanz gelten. Zunächst wird in § a definiert, was nachträgliches Vorbringen ist. Ich habe eine Definition gegeben und Herr Staud hat eine andere gegeben. Wir können ja zunächst einmal von meiner Fassung ausgehen. Den Mangel der schriftsätzlichen Vorbereitung wollen wir gegenüber heute etwas abschwächen. Eine Tatsache, die nicht rechtzeitig vorgebracht war, kann, wenn die Berücksichtigung zur Prozessverzögerung führt, glatt zurückgewiesen werden. Das ist eine Vorschrift, von der wohl auch wenig Gebrauch gemacht worden ist. Die Vorschriften sind bewusst gelockert und auf die Fälle beschränkt worden, wo das Gericht gesagt hat: Du machst Mängel geltend, die in deinem Schriftsatz nicht substantiiert sind. Er kommt nun stattdessen mit der Substantiierung seiner Mängel erst in der mündlichen Verhandlung, und der Beklagte kann sich nicht darauf erklären. Es müsste zur Vertagung kommen. Dann kann das Gericht sie zurückweisen.

Staud: Ich bin auch dafür, zu sagen: „Angriffs- oder Verteidigungsmittel, die die Partei zeitiger geltend zu machen Veranlassung hatte und imstande war". Ich habe gedacht, die Formulierung muss hier genauso lauten wie bei § q. § q muss, so haben wir uns nach eingehender Überlegung gesagt, beides enthalten: das objektive und das subjektive Moment. Man kann natürlich mit dem subjektiven Moment auskommen, indem man sagt, die Partei hätte das Vorbringen zeitiger geltend machen müssen, aber es ist zweckmäßiger, auch noch das objektive Moment zu berücksichtigen. Es muss also die objektive Veranlassung bestehen und die Partei muss dazu imstande gewesen sein. Das hat den Vorteil, dass die beiden Erfordernisse nicht vermanscht werden. Eine solche Vermanschung führt zur Unklarheit.

Vorsitzender: Ich glaube, die erste Fassung wird wohl genügen. Wir würden also sagen: „Angriffs- und Verteidigungsmittel, die die Partei bei Anwendung der zu einer sachgemäßen Prozessführung erforderlichen Sorgfalt zeitiger hätte geltend machen müssen, sind als nachträgliches Vorbringen zu behandeln".

Staud: § b enthält die schwächere Maßnahme: Der Partei, die die Erledigung des Rechtsstreits durch nachträgliches Vorbringen verzögert, sind die Kosten des Rechtsstreits ganz oder teilweise aufzuerlegen. Auch kann ihr durch Beschluss eine Verzögerungsgebühr bis zur Höhe einer dreifachen Gebühr auferlegt werden. Die Kostenmaßnahme ist die schwächere Maßnahme: Sie müsste also vorher kommen.

Jonas: In § b soll es auf die Verzögerung ankommen; in § c nicht. Besteht hierfür eine Notwendigkeit? Was heißt eigentlich „verzögern"?

Staud: Wenn ich die Zurückweisung von der Verzögerung abhängig mache, dann liefere ich die ganze Zurückweisung der Rechtsprechung aus, und es wird nicht als Verzögerung angesehen, wenn noch eine Beweisaufnahme angeordnet werden muss. Daher sollte man in diesem Fall von der Erfordernis der Verzögerung absehen und sagen: Der Zwang der Parteien zur Vorbereitung der mündlichen Verhandlung und zur Konzentration dient nicht nur dazu, einen Zeitverlust für diese oder jene Partei zu unterbinden, sondern soll auch dazu führen, dass das Gericht in der Lage ist, eine fertig vorbereitete und ordentliche Verhandlung zu führen. Auf das Moment der Verzögerung kann man in § c umso eher verzichten, als die Zurückweisung von Vorbringen im ersten Termin nach Maßgabe des § a Abs. 2 an besondere Kriterien geknüpft wird. Die Zurückweisung von Vorbringen nach § a Abs. 1 käme im ersten Verhandlungstermin gar nicht in Frage, sondern in späteren Verhandlungsterminen. Im ersten Termin ist verhandelt worden. Dann ergeht Beweisbeschluss, dann hat Beweisaufnahme stattgefunden. Dann ist die Verhandlung vertagt worden. Im Schlussverhandlungstermin kommt die Partei mit einem neuen Vorbringen, zu dem sie den Zeugen gleich mitgebracht hat. Der Richter könnte nun solchem Verhalten gegenüber die Hände in den Schoß legen. Das würde zu schwächlich erscheinen. Die Kostenmaßnahme würde ich ruhig von dem Eintritt einer Verzögerung abhängig machen. Denn der Prozess soll nicht nur schnell, sondern auch gut geführt werden. Wir haben es daher vermieden, einseitig auf die Verzögerung abzustellen. Der Sinn der Vorschrift ist, die Parteien nicht nur zu schneller, sondern auch zu guter Verhandlung zu erziehen.

Vorsitzender: Sie sagten ganz richtig, im ersten Termin würde § a nicht ziehen, nicht zur Anwendung kommen. Soll man nicht zur Verdeutlichung sagen „in einem früheren Termin" statt „zeitiger"?

Staud: Jawohl; das kann man sagen, dadurch wird es klarer.

Stagel: Ist es richtig, von einem „früheren Termin" zu sprechen; warum soll das Gleiche nicht auch gelten für innerhalb eines Termins verspätet Vorgebrachtes?

Staud: Sie meinen, der Richter könnte dem Anwalt, der eine Tatsache im Laufe einer mündlichen Verhandlung vorbringt, sagen, das hätte er schon in seinem Vortrag erwähnen müssen?

Stagel: So meine ich es natürlich nicht. Ich meine es nicht nach der Uhr, sondern nach dem Gang des Prozesses.

Furler: Der Anwalt kann praktische Gründe dafür haben, etwas Derartiges erst am Schluss vorzubringen.

Jonas: Um eine magische Wirkung zu erzielen, behält er sich die Sache bis zum Schluss des Vortrags vor.

Staud: Nehmen wir an, es sind zehn Zeugen geladen. Sie werden vernommen und nach Hause geschickt. Dann wird über das Ergebnis der Beweisaufnahme verhandelt. Nun macht eine Partei noch das und das geltend. Dann wird ihr gesagt: „Mensch, warum haben Sie das heute Morgen nicht gesagt; jetzt müssen wir die zehn Zeugen wieder rufen, und die kriegen wir nicht mehr."

Vorsitzender: Die Zeugen sind vernommen und entlassen. Nun bringt eine Partei eine Tatsache, die man durch die Zeugen mit Leichtigkeit hätte parieren können.

Staud: Es könnte sein, dass man auf diese Weise das Beweisergebnis vermanschen kann.

Jonas: Wir dürfen die Bestimmung über prozesshindernde Einreden nicht übersehen.

Staud: Die prozesshindernde Einrede der Unzuständigkeit des Gerichts verliert eine Partei nicht aufgrund der §§ a bis c, sondern nach positiver Gesetzesvorschrift, § 274 Abs. 3.

Jonas: Die einheitliche Bestimmung, die für alles gilt, sollte doch sein, dass ich eine Tatsache nachbringen kann, wenn ich sie nicht schuldhaft vorher zu bringen unterlassen habe. Fast alle prozesshindernden Einreden sind von Amts wegen zu berücksichtigen.

Vorsitzender: § 274 möchte ich eigentlich lassen.

Jonas: Ich ging davon aus, dass man Präklusionsbestimmungen, nachdem sie nun endlich zustande gekommen sind, nun auch einheitlich bringt und nicht an verschiedenen Stellen verkrümelt.

Staud: § 274 Abs. 3 regelt die Frage, bis wann ich eine Einrede geltend machen muss, wann ich das Recht zu einer Einrede verliere. Hier aber ist nicht die Rede davon, wann ich das Recht zu einer Einrede verliere, sondern es handelt sich um die Frage: Hat eine Partei die zur Begründung erforderlichen Tatsachen rechtzeitig vorgetragen, so dass ihre Einrede als begründet angesehen werden kann?

Jonas: Sie gehen doch davon aus, dass § 274 unter § a fällt.

Staud: In den Voraussetzungen, aber nicht in den Wirkungen. § 274 spricht vom Rechtsverlust; bei §§ a bis c ist dies nicht der Fall.

Jonas: Praktisch wird die Sache bei den Einreden des Schiedsvertrags, der Unzuständigkeit und der Prorogation.

Staud: Es ist die Frage, ob wir die Einrede des Schiedsvertrags künftig als prozesshindernde Einrede behandeln. Der Schiedsvertragseinrede wird zurzeit zuviel Ehre angetan.

Jonas: Mir schwebt hier eine Globalbestimmung vor, die für alles gilt.

Staud: Unabhängig hiervon können wir sagen: Wer eine prozesshindernde Einrede von der und der Art geltend macht, verliert überhaupt die Einrede. Dann ist die Regelung vollkommen.

Jonas: Der Begriff der prozesshindernden Einrede stammt aus der Zeit Karls des Dicken oder aus dem kanonischen Prozess. Er muss überhaupt verschwinden. Man nehme folgenden Fall: Die Partei lässt sich in der und der Weise sachlich ein. Es werden die berühmten zehn Zeugen vernommen. Als die Partei nun sieht, sie kommt mit der materiellen Klagebekämpfung nicht durch, erklärt sie: Im Übrigen habe ich den Schiedsvertrag in der Tasche. Hier könnte man die Möglichkeit für den Richter schaffen, diese Sache auf dem ersten Termin zurückzuverweisen. Ich halte das nicht für unmöglich. Aus dem Grunde scheint es mir doch glücklicher zu sein, den Ausdruck „zeitiger" zu lassen.

Vorsitzender: Dann belassen wir „zeitiger". Das Ergebnis würde dann sein: Prozessvoraussetzungen, soweit sie unverzichtbar sind, sind von Amts wegen zu berücksichtigen, soweit sie verzichtbar sind, fallen sie unter §§ a bis c.

Jonas: Dabei bleibt die Frage offen, ob es in Zukunft überhaupt verzichtbare Dinge gibt. Wir müssen klarstellen, dass solche Einreden nicht durch die Instanz geschleppt werden können.

Vorsitzender: Vielleicht kann man in § 274 eine Bestimmung aufnehmen, dass eine Partei das Recht zu einer Einrede verliert, wenn sie diese nicht vor Beginn der mündlichen Verhandlung geltend gemacht hat. Dies würde auch für die Einrede des Schiedsvertrags gelten.

Jonas: Das ist eine Bestimmung, die nur für die Zuständigkeit gilt, soweit die Prorogation möglich ist. Als die einzige prozesshindernde Einrede sehe ich die Einrede der Unzulässigkeit des Rechtswegs an. Da gibt es komische Fälle. Da gibt es Parteien, die in den unteren Instanzen ein gerichtliches Urteil darüber haben wollen, ob etwa das Predigerseminar in Wuppertal geräumt werden soll oder nicht. Die Unzulässigkeit des Rechtswegs wird weder in der ersten noch in der Berufungsinstanz geltend gemacht. Das RG betrachtet solche Fälle so: Es erklärt, es sei auf beiden Seiten, sowohl auf Seiten der Bekenntniskirche wie auf der Gegenseite der größte Unfug, eine absolut politische Frage dem RG vorzulegen. Wir weisen die Sache wegen Unzulässigkeit des Rechtswegs ab. Hier wird die höhere Instanz ohne Not in eine missliche Situation gebracht. Das Argument, auch jetzt gebe es schon Fälle, in denen dieses missliche Ergebnis herauskommt, schlägt für mich nicht durch. Es ist traurig, dass es solche Fälle gibt. Ich möchte aber diese Fälle grundsätzlich vermeiden.

Vorsitzender: Die Sache muss noch gründlich vorbereitet werden. Herr Jonas wird uns hierzu noch einen Vorschlag vorlegen.

Wir kommen zur *Revision.*

§ a [Entwurf nicht überliefert; vgl. unten S. 786] enthält eine Reihe von Neuerungen. Sie betreffen zunächst die Zulassung der Revision. Hier ist eine Mussvorschrift hineingeheimnist: Das Oberlandesgericht *hat* die Revision zuzulassen, z.B. wenn über einen vermögensrechtlichen Anspruch, für den das LG ausschließlich zuständig ist, die Partei die Zulassung beantragt hat, und wenn es sich um die Zulässigkeit des Rechtswegs handelt.

Staud: Wann soll das OLG die Revision zulassen? Mit der Möglichkeit muss das OLG immer rechnen. Oder wollen wir das OLG zwingen, in den Fällen. wo eine Partei auch nur glaubt, über die Zulässigkeit des Rechtswegs bestehe Streit, einen Ausspruch zu machen?

Jonas: Es scheint mir zweckmäßig zu sein, auch hier auf den Parteiantrag abzustellen.

Staud: Die Fälle b und c setzen einen Antrag der Partei voraus. Es heißt: „... soweit es sich um die Zulässigkeit des Rechtswegs, die Grenzen der deutschen Gerichtsbarkeit oder um die zwischenstaatliche Zuständigkeit handelt".

Jonas: Es kommt darauf an, ob ein deutsches Gericht im Verhältnis zum Ausland zuständig ist, ob überhaupt ein deutsches Gericht zuständig ist.

Staud: Ein ausländisches Gericht kann außerdem zuständig sein.

Vorsitzender: Bei der Berufung heißt es nur: „wenn das deutsche Gericht sich für zuständig erklärt, kann die Berufung wegen Bemängelung der Zuständigkeit nur erhoben werden, wenn die Zuständigkeit eines ausländischen Gerichts geltend gemacht wird". Das ist ganz in Ordnung. Der Ausdruck „zwischenstaatliche Zuständigkeit" ist unglücklich.

Jonas: Auch ich hänge an diesem von Pagenstecher gewählten Ausdruck absolut nicht; bloß scheint mir der Ausdruck „Zuständigkeit eines ausländischen Gerichts" schief zu sein.

Vorsitzender: Ich kann die örtliche Unzuständigkeit mit der Berufung nicht rügen, wenn sich das Gericht für zuständig erklärt hat, es sei denn, dass ich geltend machen will, es sei ein ausländisches Gericht zuständig. Wir lassen die Fassung vorläufig so stehen. Unter „Grenzen der deutschen Gerichtsbarkeit" ist eigentlich gemeint „Grenzen der Zuständigkeit der deutschen Gerichte". Ein konkreter Ausdruck wäre mir lieber; aber darüber werden wir uns erst genauer unterhalten, wenn Pagenstecher wieder anwesend ist.

Meine Zeit ist nun abgelaufen; ich muss mich verabschieden.

Staud: Die Anschlussrevision, § n, fällt weg. Dann wird auch *§ o* gegenstandslos.

Jonas: Ich nehme folgenden Fall: Die Ehe ist geschieden; der Mann ist für schuldig erklärt. Die Frau sagt, sie wolle an der Ehe festhalten. Der Mann erklärt, an sich würde er sich mit dem Schuldspruch abfinden, aber wenn der Prozess weiter geht, dann wolle er auch weiter kämpfen.

Vorsitzender Lent: Das haben wir verworfen.

Staud: Bei der Berufung haben wir gesagt, das geht nicht.

Vorsitzender Lent: Wenn die Anschlussberufung gefallen ist, sehe ich nicht recht, was die Anschlussrevision noch zu tun hat.

Staud: Dann ist § o gegenstandslos. Bei der Berufung sind wir davon ausgegangen: Nach Ablauf der Berufungsfrist sind Berufungsanträge nicht mehr erweiterungsfähig. Aus der Berufungsschrift muss hervorgehen, wie weit das Urteil von der Berufung angefochten wird und wie weit nicht. Wir sind davon ausgegangen: Die Partei erhält das Urteil mit der Begründung; sie muss sich innerhalb der Frist darüber klar werden, wie weit sie das Urteil rechtskräftig werden lassen will.

Jonas: Sie gehen davon aus, dass die Rechtsanwaltschaft beim RG sozusagen als Filter wirken soll, damit nicht törichte Revisionen an das RG kommen. Ob dieses Ziel erreicht wird, will ich dahingestellt sein lassen. Jedenfalls ist dies das Argument, das die besondere Rechtsanwaltschaft beim RG rechtfertigt. Dann muss man aber den RA beim RG die Möglichkeit geben, sich vorher in die Sache hinein zu vertiefen, sich darüber schlüssig zu machen: Was für Anträge sind möglich, wie weit kann ich das Urteil anfechten?

Staud: Sie meinen, auch der RG-Anwalt wirkt mit bei der Frage, wie weit soll die Partei sich berufen und wie weit nicht?

Jonas: Deshalb soll die Rechtsanwaltschaft beim RG als Filter wirken.

Staud: Wenn feststeht, dass das Urteil von Anträgen nicht angefochten ist, wird man das Rechtskraftzeugnis erteilen. Was soll dann noch § o?

Jonas: Wir haben eben gesagt, § o soll gestrichen werden.

Staud: Dann kann das Rechtskraftzeugnis bei der Revision anders als bei der Berufung erst erteilt werden, nachdem die Frist abgelaufen ist. Dann haben wir bei der Berufung in § q die Bestimmung gestrichen über Tatsachen, die eines Beweises nicht bedürfen. Bei der Revision haben wir es als statthaft erachtet und gesagt: „… so können die Tatsachen berücksichtigt werden, wenn die Verhandlung vor dem Revisionsgericht ergibt, dass sie keines Beweises bedürfen.

Jonas: Streichen wir den ganzen Absatz; er ist seinerzeit aus dem komischen Fall erwachsen, den ich mitteilte. Es werden trotzdem noch viele Unstimmigkeiten bestehen bleiben.

Staud: § o würde also entbehrlich sein. Ebenso würden wir § u Abs. 2 streichen.

Jonas: Machen wir es ruhig wie bei der Berufungsinstanz.

Staud: Dann würden wir also eine Regelung treffen wie bei der Berufung in § v.

Jonas: Die Sprungrevision streichen wir auch. Sie ist verhältnismäßig selten.

Staud: Ich würde sie auch streichen, kenne allerdings Volkmars Meinung, der bekanntlich an der Erfindung der Sprungrevision in besonderem Maße beteiligt war.

Vorsitzender Lent: Wir wollen die Beratung nunmehr abschließen und uns darüber schlüssig werden, welche Gegenstände wir auf die Tagesordnung unserer nächsten Zusammenkunft setzen. Da wäre zunächst die *Wiederaufnahme,* die *Beschwerde* und die *Einreichung von Rechtsmitteln beim falschen Gericht.* Als Tagungszeit sind der 1., 2. und 3. Mai in Aussicht genommen. Tagungsort voraussichtlich München.

(Schluss der Sitzung 12.40 Uhr

XII. Sitzungen des Unterausschusses vom 2.-3.5.1941 (Beschwerde. Wiederaufnahme des Verfahrens)

1. Protokoll der Sitzung vom 2.5.1941 (Beschwerde)

(Beginn der Sitzung 10 Uhr)

Vorsitzender [Lent]: Ich eröffne die Sitzung.

Unser heutiger Beratungsgegenstand ist die Beschwerde. Ich muss sagen, dass ich der *Beschwerde* bisher geringeres Interesse entgegengebracht habe. Die einzige Frage von Gewicht, die für mich hier aufgetaucht ist, ist die, ob man die Beschwerde nicht immer befristet gestalten soll. Zunächst wird man aber wohl von den Voraussetzungen auszugehen haben, unter denen die Beschwerde zulässig sein soll. Hier entsteht die Frage: Soll man das Enumerationsprinzip wählen, also die einzelnen Fälle, in denen die Beschwerde zulässig ist, aufzählen, oder soll man zu einer allgemeinen Zusammenfassung wie etwa in § 567 ZPO kommen?

Stagel: Staud hat einem Hilfsarbeiter des RJM den Auftrag gegeben, sich mit der Beschwerde zu befassen. Dieser, StA Becker, hat seine Bemerkungen in Form loser Notizen zusammengestellt; ich habe sie hier zur Hand. Hiernach erscheint eine allzu starke Einengung der Beschwerde nicht zweckmäßig; auch das System der Einzelaufzählung erscheint nicht erwünscht. Das österreichische Recht kenne grundsätzliche Beschränkungen der Beschwerde, die man hier wohl in Erwägung ziehen könne. Hier handle es sich insbesondere um die Beschwerde in Bagatellsachen. Es sei nicht einzusehen, warum in einem Verfahren, wo das Hauptrechtsmittel, die Berufung, so gut wie abgeschnitten sei, die Beschwerde ebenso zugelassen werde wie in anderen Verfahren. Auch ich wäre dafür, in solchen Fällen die Beschwerde abzuschneiden, soweit nicht erforderlich. Insbesondere kommt in Betracht eine Abschneidung der weiteren Beschwerde.

Vorsitzender: Man muss vermeiden, in Beschwerdesachen mehr Instanzen zu schaffen als in der Hauptsache.

Stagel: Österreichischem Empfinden ist es unverständlich, weshalb im Altreich Kostenfragen eine so überragende Stellung eingeräumt wird. Der Oberste Gerichtshof in Österreich hat es immer unter seiner Würde gehalten, sich mit Kostenfragen zu befassen. Beim KG in Berlin besteht aber ein eigener Kostensenat, der eine umfangreiche Entscheidungssammlung herausgibt.

Der Ausschuss geht sodann in eine vorläufige, allgemeine Erörterung *grundsätzlicher Fragen des Prozessrechts* ein; so über den allgemeinen Aufbau des Verfahrens, die Verhandlungsmaxime und das Problem der Schaffung nur einer Tatsacheninstanz. Diese Fragen grundsätzlicher Art sollen in späteren Sitzungen von Grund auf behandelt werden; im Hinblick hierauf wird auf die Wiedergabe der heutigen Aussprache im Protokoll verzichtet.

Nachmittagssitzung

(Beginn 16.00 Uhr)

Vorsitzender: Wir wollen die grundsätzlichen Fragen der Verhandlungsmaxime und des Aufbaus des Prozesses nach den Sommerferien erörtern. Ich werde hierzu Leitsätze aufstellen, die als Grundlage der Diskussion dienen sollen. Die heutige ZPO enthält kein Wort über die Verhandlungsmaxime. Es wird notwendig sein, in die neue ZPO die Hauptgrundsätze des Zivilprozessrechts aufzunehmen.

Wir kehren nun zur *Beschwerde* zurück. Sie ist unser Hauptgegenstand. Wir wollen zunächst vom geltenden Recht ausgehen.

Jonas: Nach dem neuen Aufbau des Verfahrens wird es zweifellos nur eine Beschwerde geben; die weitere Beschwerde wir nur als Rechtsbeschwerde möglich sein.

Vorsitzender: Die Mehrheit des Ausschusses ist dafür, die Beschwerde zu befristen.

Pagenstecher: Da ist auch die Frage: Kann das Gericht eine beschwerdefähige Entscheidung von Amts wegen abändern?

Jonas: Nehmen wir folgenden Fall: Die Berufung ist wegen Nichtzahlung des Kostenvorschusses durch Beschluss verworfen. Nachher findet der Richter in den Akten die Quittung über die Zahlung des Kostenvorschusses. Dieser Fall wurde uns im RG vorgelegt. Die Partei legte Beschwerde ein. Der Nachweis der Kostenzahlung fand sich in den Akten. Der Beschluss, die Berufung zu verwerfen, ist also versehentlich ergangen. Wir sagen, das Gericht hätte diese Sache als offensichtlichen Irrtum auch nach § 319 berichtigen können. Das ist allerdings zweifelhaft. Jedenfalls müssen solche Versehen irgendwie bereinigt werden.

Pagenstecher: Hier würde ich schon lieber sagen: Das Gericht kann von Amts wegen abändern.

Jonas: Derartige Fälle kommen in der Praxis immer wieder vor.

Pagenstecher: Mit § 319 ZPO kann großer Unfug getrieben werden. In vielen Fällen wird die Wiederaufnahme des Verfahrens der zweckmäßigere Weg sein. In Fällen jedoch, wo ein offensichtliches Versehen vorliegt – der Richter hat sich vielleicht verlesen –, ist de lege ferenda gesprochen die Wiederaufnahme des Verfahrens nicht nötig; vielmehr soll das Gericht das Urteil ex officio abändern können. Selbstverständlich haben die Parteien auch das Rechtsmittel.

Jonas: Der Begriff „offensichtlich" ist eine faule, zweideutige Angelegenheit. Die Rechtsprechung hat den Begriff schon sehr weit gefasst. Ein „offensichtlicher" Irrtum kann auch vorliegen, wenn die Partei dem Richter falsche Zahlen genannt hat. Die Partei hat etwa von 600 m gesprochen und das Urteil übernimmt diese falsche Angabe, während es sich in Wirklichkeit um 300 m handeln sollte. Nun macht man hier eine feine Unterscheidung zwischen Denkfehler und Ausdrucksfehler. Diese Unterscheidung schafft zwar in vielen Fällen Ordnung; aber sie ist trotzdem nicht klar. Addiere ich falsch, so mache ich einen Denkfehler und nicht nur einen Ausdrucksfehler. So hat sich zu § 319 eine sehr weite Praxis herausgebildet. Jedenfalls ist die Kautele, dass der Irrtum offensichtlich sein müsse, in der Praxis mehr und mehr verschwunden. Die Rechtsprechung hat das Erfordernis der Offensichtlichkeit sozusagen gestrichen.

Pagenstecher: Würden Sie es als offensichtlichen Irrtum ansehen, wenn eine Berufung durch Beschluss verworfen wird, weil der Kostenvorschuss nicht gezahlt wurde, nachträglich aber in den Akten die Quittung darüber gefunden wird? Das ist doch kein offensichtlicher Irrtum.

Jonas: Ja. Der Richter hat die Quittung beim Durchsehen der Akten übersehen.

Furler: Wenn der Richter eine Entscheidung erlässt und er irrt sich darüber, ob geleistet ist oder nicht, so ist das kein Irrtum, der nach § 319 zu berücksichtigen wäre.

Pagenstecher: § 319 spricht von Schreibfehlern, Rechenfehlern und ähnlichen offenbaren Unrichtigkeiten, welche in dem Urteil vorkommen und jederzeit vom Gericht auch von Amts wegen zu berücksichtigen sind.

Jonas: Die Rechtsprechung legt den Begriff „offenbar" sehr weit aus.

Pagenstecher: Beispiel: Der Richter zählt falsch zusammen; die einzelnen Posten sind aber richtig angegeben. Das wäre ein Fall, der nach § 319 zu berichtigen wäre.

Jonas: Der Gesetzgeber hat bei § 319 von vornherein nur an die Fälle gedacht, wo aus dem Urteil die Unrichtigkeit sich ohne weiteres für den unbefangenen Leser ergibt, aber nicht erst in Zusammenhang mit anderen Dingen. Das war zu eng, und die Rechtsprechung dehnt § 319 auch auf Fälle aus, in denen man einem Urteil die Unrichtigkeit an sich nicht ansieht, weil etwa falsche Zahlen übernommen sind.

Pagenstecher: Ich bin ganz dafür, das zu erweitern, aber doch auch eine scharfe Grenze zu ziehen. Der Richter soll nicht genötigt sein, contra legem zu entscheiden.

Jonas: Man sollte die Möglichkeiten für das Gericht, das eigene Urteil abzuändern, fest umgrenzen, man müsse verhindern, dass ein Gericht nach Ablauf eines Jahres ein Urteil abändert, weil die Rechtsprechung sich geändert hat.

Vorsitzender: Wir wollen zunächst festhalten, dass §§ 319 ff. noch zu prüfen sind; unter Umständen ist an eine Neufassung zu denken.

Wir gehen davon aus, dass die Beschwerde befristet sein soll. Die Kostenerstattung und die Armenrechtsgebühren wollen wir dem Justizverwaltungsverfahren überlassen.

Jonas: Hier erhebt sich die schwierige Frage: Ist es zweckmäßig, diese Dinge der Justizverwaltung zu übergeben? Das sind ähnliche Fragen, wie sie beim KG und bei den OLG auftauchen. Beim KG bearbeitet der 20. Zivilsenat die Kostensachen. Diese Leute wissen manches besser als der judizierende Senat, und fragen bei diesem an, ob die Entscheidung nicht zu einer schiefen Beurteilung Anlass gebe, ob die Sache denn wirklich so schwierig war usw. Hier handelt es sich um Dinge, die mit dem Prozess selbst so eng zusammenhängen, dass die am sachgemäßesten von der Stelle entschieden werden, die in der Hauptsache entscheidet. Das Vernünftigste erschiene mir zu sein, dass man die Frage, wie viel zu erstatten ist, besser dem übergeordneten Beamten beim Präsidenten überlässt; der macht diese Dinge besser als der Mann an der Geschäftsstelle. Aber die Frage, ob ein bestimmter Betrag zu erstatten ist, ob die Verkehrsgebühr zu gewähren ist oder nicht, ob ein Privatgutachten notwendig war oder nicht, also erstattungsfähig ist oder nicht, alle diese Fragen sollte man der richterlichen Entscheidung überlassen, denn schließlich kann der Richter den Prozessstoff am besten überblicken. Ich betrachte dieses Problem unter dem Gesichtspunkt der Prozessökonomie.

Pagenstecher: Die Frage, ob ein Gutachten nötig war, kann doch nur der Richter beurteilen.

Jonas: Praktisch werden solche Fragen bei großen Objekten in Patent- und Warenzeichenprozessen, bei der Zuziehung eines technischen Beraters.

Furler: Es empfiehlt sich wohl, solche Fragen dem Richter zu überlassen, der über den Prozess entscheidet.

Jonas: Das Problem wird akut im Kostenfestsetzungsverfahren. Darüber, ob ein Verkehrsanwalt zuzuziehen war, ob Privatgutachten, Überwachungskosten usw. zu erstatten sind, entscheidet im Grundsatz das Gericht.

Pagenstecher: Wenn Streit über die Angemessenheit des Honorars für ein Gutachten herrscht, soll darüber doch auch das Gericht entscheiden?

Jonas: Wenn Leute wie Sauerbruch vom Gericht als Sachverständige herangezogen werden, so muss die Kostenfrage im Hinblick auf die Person des Sachverständigen so oder so bewertet werden. Das Gericht kommt in solchen Fällen leicht in die Kalkulationsarbeit hinein, und man begegnet dann Aufstellungen wie dieser: Ausarbeitung des Gutachtens 100 Stunden, Nachdenken 80 Stunden, damit der Sachverständige auf das Honorar kommt, auf das er Anspruch erheben zu können glaubt. Die Justizverwaltung kann hier sagen: Wir müssen sparen; so viel können wir nicht ausgeben. Der gerichtlich bestellte Sachverständige erhält sein Honorar vom Gericht ausgezahlt. Ein Streit zwischen Sachverständigem und Gericht soll Verwaltungssache sein. Anders liegt es bei der Frage der Privatgutachten. Da kann man die Erstattungsfähigkeit annehmen, wenn die Zuziehung des Sachverständigen angemessen war und die Partei sich auf den Prozess nicht einlassen konnte, ohne vorher einen Sachverständigen zu Rate gezogen zu haben. Rechtsgutachten werden grundsätzlich nicht erstattet. Hier gilt der Grundsatz: iura novit curia. Anders liegt es bei schwierigen Fragen des internationalen Rechts. Grundsätzlich ist die Aufklärung des Sachverhalts Sache des Gerichts.

Furler: Jede Partei muss die Möglichkeit haben, den Rat eines Sachverständigen einzuholen, bevor sie das Risiko eines Prozesses auf sich nimmt.

Jonas: Eine Partei will sicher gehen. Wenn sie dafür Aufwendungen macht, die durchaus vernünftig sind, dann soll man sie diese Aufwendungen auch tragen lassen. Das scheint mir gerecht zu sein.

Vorsitzender: Wenn zwei Parteien vor den Richter treten und sagen: Untersuche hier diesen zweifelhaften Tatbestand!, wo liegt dann die Kostentragung für eine Partei, die ihre unrichtige Behauptung nicht beweisen kann?

Jonas: Wenn ich technisch so gebildet bin und aufgrund meiner Kenntnis der tatsächlichen Vorgänge davon überzeugt bin, dass ich recht habe, dann trete ich vor den Richter und sage: so und so ist es gewesen. Der Beklagte bestreitet das. Nun vernimmt der Richter einen Sachverständigen. Die Kosten dieses Sachverständigen bestreitet derjenige, der am Schluss hereinfällt.

Aber nun der andere Fall. Ich will sicher gehen und nehme zunächst einen privaten Sachverständigen, der sich so und so äußert. Der Gegner wie der Richter sagen mit Recht, das ist ein bestelltes Gutachten, das zieht natürlich nicht; wir nehmen einen unbefangenen Sachverständigen, der sich noch nicht an eine Partei gebunden hat. Diese Kosten hat natürlich die unterliegende Partei zu tragen.

Furler: Nehmen wir aber einen anderen Fall: Der gerichtliche Sachverständige hat sich geäußert. Die Partei gewinnt den Eindruck, dieses Gutachten kann nicht stimmen. Sie bringt ein Privatgutachten bei. Der Sachverständige trägt neue wichtige Tatsachen und Gesichtspunkte vor, so dass der Richter sich davon überzeugt, dieses Gutachten war notwendig, denn es habe den Tatbestand erst richtig durchleuchtet.

Jonas: Was die vorprozessualen Gutachten betrifft, so neigt die Rechtsprechung namentlich in technischen Prozessen stark dazu, auch diese für erstattungsfähig zu erklären unter dem Gesichtspunkt der Prozesskosten.

Pagenstecher: Nehmen wir folgenden Fall: Eine Greiferkatze, die von einer Firma geliefert worden war, ist abgestürzt. Sie wurde repariert, und nach einem Vierteljahr ist sie wieder abgestürzt. Bevor es zu einem Prozess kommt, will die Partei durch einen Sachverständigen klarstellen, wo der Fehler liegt und ob es sich um einen Konstruktionsfehler handelt. Wie würden Sie diesen Fall beurteilen? Können die Kosten dieses Gutachtens nur unter dem Gesichtspunkt des Schadensersatzes erstattet werden, oder unter dem Gesichtspunkt der Prozesskosten?

Jonas: Mir wäre es sympathischer, einen solchen Fall unter dem Gesichtspunkt des Schadenersatzes zu behandeln.

Vorsitzender: Was wäre korrekter.

Jonas: Im Falle der Gegner verurteilt wird, wäre ein materieller Schadenersatzanspruch bezüglich der Kosten des Gutachtens gegeben. Nehmen wir aber nun im gleichen Fall an, die beklagte Partei habe sich einen Sachverständigen genommen, dieser hat bestätigt, dass die Anlage korrekt war, und zum Schluss bekommt die beklagte Fabrik recht. Hier käme doch nur der prozessuale Kostenerstattungsanspruch in Frage; der materielle Schadenersatzanspruch steht hier nicht zur Diskussion.

Pagenstecher: Prima facie scheint es mir richtiger zu sein, ein solches Gutachten unter dem Gesichtspunkt der Notwendigkeit und der Prozesskosten zu behandeln. War das Gutachten notwendig, so hat der unterliegende Teil dafür aufzukommen. Ob solche Aufwendungen notwendig waren, muss das Gericht entscheiden und nicht die Justizverwaltung.

Jonas: Solche Nebenansprüche kommen beim Eheprozess häufig vor. Da ist der Kostenvorschuss des Mannes. Der Mann hat den Kostenvorschuss für die Frau gezahlt. Er obsiegt im Prozess, so dass die Frau alles zu erstatten hat. Die Frage ist, ob unverbrauchte Kostenvorschüsse im Kostenfestsetzungsverfahren zu berücksichtigen sind. Diese Frage hat man früher abgelehnt. Eine berühmte Streitfrage ist auch die einstweilige Einstellung der Zwangsvollstreckung, §§ 767, 707; ferner § 323, Änderung der Klage, weiter §§ 302 und 599, Vollstreckung von rechtskräftigen Vorbehaltsurteilen. Hier hat sich der II. Senat meiner Auffassung angeschlossen, beide Materien an die Justizverwaltung zu bringen. Wir könnten also sagen: In Fragen, ob ein Beitrag zu erstatten ist, wäre darauf abzukommen: Kommt es auf die genaue Sachkenntnis des Prozesses an, so erteilt der Sachsenat hierüber eine bindende Auskunft. Im Übrigen wären diese Fragen der Justizverwaltung zu überlassen.

Vorsitzender: Als weiteren Grundsatz haben wir festgestellt: Keine Beschwerde, wenn ein Hauptrechtsmittel nicht gegeben ist.

Jonas: Die Autorität der Rechtspflege wird meiner Meinung nach durch einen Abbau der Instanzen gehoben. Jetzt ist die Situation doch so: die Partei bekommt ein Urteil. Sie nimmt den Urteilsspruch hin mit dem Gedanken: Die erste Partie habe ich verloren; ich habe aber die Möglichkeit, eine Revanchepartie zu beginnen. Ob ich mich mit dem ersten Urteil abfinde oder nicht, unterliegt meinem eigenen Entschluss. Es ist daran zu denken, die Berufungsgrenze bei 500 M festzusetzen.

Vorsitzender: Es sind aber nur ganz primitive Rechte, die nur eine Instanz haben.

Jonas: Wie ist es denn heute? Ein Gericht entscheidet so; die zweite Instanz entscheidet, und die dritte Instanz entscheidet wieder wie die erste. Wir haben uns nun einmal zum Abbau der Instanzen bekannt, und wir werden wohl auf diesem Weg weiter schreiten müssen. Ich möchte eigentlich abkommen auf 200 M. Es gibt Dinge, die den großen Aufwand einfach nicht tragen können, den man heute treibt. Mit Lappalien soll ein Gericht sich als zweite Instanz nur abgeben, wenn es sich um eine grundsätzliche Frage handelt. Auch in Bagatellsachen, bei einem Objekt von 200 RM, können grundsätzliche Fragen zur Entscheidung kommen.

Pagenstecher: Auf dem Lande gibt es nachbarrechtliche Streitigkeiten, die außerordentlich schwierig und zweifelhaft sind. Ich weiß nicht, ob man hier die Instanz einfach abschneiden kann.

Stagel: Aber das ist doch gerade ein Segen! Diese nachbarrechtlichen Streitigkeiten sind endlos und das Ärgste, und die Bauern sind oft große Prozesshanseln.

Vorsitzender: Man kann auch sagen: Die kleinen Leute haben noch ein Rechtsgefühl, und gerade denen nimmt man die Möglichkeit, ihr Recht durchzusetzen. Die Großkapitalisten, so kann man sagen, haben überhaupt kein Rechtsgefühl. Das ist zwar nicht hundertprozentig, aber doch mindestens 25%ig richtig.

Jonas: Ich erinnere mich hier an ein Wort des Reichsministers Heintze: Der Maus ist ihr Fell ebenso lieb wie dem Löwen sein Fell. Aber man kommt doch nicht darum herum, dass das Fell des Löwen wertvoller ist als das der Maus.

Vorsitzender: Wir kommen nun zur Frage der Zulässigkeit der Beschwerde, § 567 ZPO. Wollen wir weiterhin eine allgemeine Vorschrift über die Zulässigkeit der Beschwerde geben? Welche Bedenken sind gegen die bisherige Formulierung des § 567 erhoben worden?

Furler: Der Entwurf hat § 567 unverändert gelassen. Ich bin überhaupt erstaunt darüber, wie wenig der Entwurf an der ZPO geändert hat. Die Formulierung des Entwurfs ist gar nicht schlecht.

Jonas: Die Missstände entstehen dadurch, dass die Akten zwei Monate beim Rechtsmittelgericht sind. Ist es nicht eigentlich das Vernünftige, die Beschwerde während des Prozesses auf den Fall zu beschränken, dass zur Diskussion steht, ob der Prozess weitergeführt wird oder nicht?

Vorsitzender: Der Kommentar von Jonas zählt bei § 567 25 Fälle auf, in denen die Beschwerde ausdrücklich zugelassen ist. Wir verfahren zweckmäßig so, dass wir anhand des Jonasschen Kommentars die 25 Fälle einzeln prüfen:

1. Die Zurückweisung oder Ablehnung eines Richters, Urkundsbeamten oder Geschäftsstelle oder Sachverständigen (§§ 46, 49, 406). – Hier muss die Beschwerde wohl bleiben.

2. Die Zulassung oder Zurückweisung eines Nebenintervenienten (§ 71). – Hier könnte die Beschwerde wegfallen.

3. Das Urteil über die Kosten nach Erledigung der Hauptsache (§ 99). – Auch hier muss die Beschwerde wohl bleiben.

4. Die Verurteilung eines Urkundsbeamten, der Geschäftsstelle, gesetzlichen Vertreters, Rechtsanwalts, Bevollmächtigten oder Gerichtsvollziehers zur Tragung der Kosten (§ 102). – Hier muss die Beschwerde wohl bleiben.

5. Die Entscheidung über Erinnerungen gegen den Kostenfestsetzungsbeschluss (§ 104). – Das scheidet aus.

6. Die Entscheidung über Erinnerungen gegen die nachträgliche Änderung der Kostenfeststellung (§ 107). – Das können wir streichen.

7. Die Ablehnung der Fristsetzung und die Anordnung über die Rückgabe bei Sicherheitsleistung (§ 109). – Das können wir streichen.

8. Die Versagung oder Entziehung des Armenrechts (§ 127). – Das muss bleiben.

9. Die Verurteilung des Anwalts der Gegenpartei zur Zurückgabe einer ihm eingehändigten Urkunde (§ 135). – Das muss bleiben.

Jonas: Diese Frage ist eigentlich eine typische Justizverwaltungssache. Das kann man also hier wegfallen lassen.

Furler: Überdies leitet die Anwaltskammer in solchen Fällen sofort ein Disziplinarverfahren ein.

Vorsitzender: Wir wollen die Ziff. 9 vorläufig stehen lassen.

10. Die Aussetzung des Verfahrens oder deren Ablehnung (§ 252). – Auch das bleibt.

11. Die Berichtigung des Urteils (§ 319). – Bleibt.

12. Die Zurückweisung des Antrags auf Versäumnisurteil (§ 336). – Bleibt auch.

Jonas: Zu Nr. 11, Berichtigung des Urteils, ist anzumerken, dass es unter Umständen die Beschwerde nicht gibt, wenn das Urteil nicht abänderbar ist.

Vorsitzender: Zu Nr. 12 ist noch zu sagen: Wenn es gegen das Hauptsurteil kein Rechtsmittel mehr gibt, dann gibt es auch keine Beschwerde.

Jonas: Es handelt sich hier um eine Bestimmung, die sich auf der Verhandlungsmaxime aufbaut.

Vorsitzender: Ich glaube, Nr. 12 hat kaum praktische Bedeutung. Jeder vernünftige Mensch wird hier Vertagung beantragen. Diesen Hinweis gebe ich auch im Kolleg.

Jonas: Die Geschichte geht furchtbar schwierig weiter. Man kommt hier zu den unmöglichsten Problemen. Das Beschwerdegericht sagt: Du hättest das Versäumnisurteil erlassen müssen.

Dann wird noch ein Termin angesetzt, zu dem der Beklagte nicht geladen ist, aber doch erscheint, und es ergeht dann doch Versäumnisurteil.

Vorsitzender: Ich glaube, man kann Nr. 12 streichen.

13. Die Verurteilung eines Zeugen oder Sachverständigen zur Leistung des Zeugnisses oder Abgabe eines Gutachtens (§§ 387, 402). – Hier muss Beschwerde gegeben sein. Zeugnisverweigerung ist eine Sache, die eine gewisse Bedeutung hat.

14. Die Verurteilung eines Zeugen oder Sachverständigen zu Strafe und Kosten sowie die Anordnung von Zwangsmaßregeln gegen ihn (§§ 380, 390, 402, 409). – Hier kann man die Beschwerde auch lassen, und zwar auch in Bagatellsachen.

Jonas: Der typische Fall ist: Der Richter bekommt Krach mit einem Zeugen oder Sachverständigen. Es handelt sich hier um disziplinäre Maßnahmen.

Vorsitzender: 15. Die Strafverfügungen bzw. Zwangsmaßregeln gegen die zum persönlichen Erscheinen aufgeforderte Partei (§ 141), bes. in Ehesachen (§ 619) und Familienstandssachen (§§ 640 f.) – Auch hier ist die Beschwerde gegeben.

16. Die Anordnung der Unterbringung des zu Entmündigenden in einer Heilanstalt (§ 656). – Diesen Fall können wir offen lassen.

17. Die Ablehnung eines Antrags auf Entmündigung (§§ 663, 680). – Auch das können wir offen lassen. Wenn das Entmündigungsverfahren im Zivilprozess bleibt, muss auch die Beschwerde bleiben.

18. Die Zurückweisung des Gesuchs um den Vollstreckungsbefehl im Mahnverfahren (§ 699). – Beispiel: Der Gläubiger beantragt Vollstreckungsbefehl; der Urkundsbeamte will dem nicht entsprechen und legt das Gesuch dem Gericht vor; das Gericht lehnt ebenfalls ab. Dagegen gibt es jetzt sofortige Beschwerde.

Jonas: Das kommt nicht vor. Der Richter sagt: Das und das muss nachgebessert werden. Hier handelt es sich um einen Fall des Kampfes zwischen Bürovorsteher und Geschäftsstelle.

19. Die Entscheidungen, die im Zwangsvollstreckungsverfahren ohne mündliche Verhandlung erlassen werden können (§ 793). – Hier muss die Beschwerde bleiben.

20. Die Aufhebung eines Arrestes oder einer einstweiligen Verfügung nach ihrer Vollziehung (§§ 934, 936). – Wie es hier mit der Beschwerde steht, das kann man aus dem Handgelenk heraus nicht sagen.

21. Die Versagung des Ausschlussurteils im Aufgebotsverfahren (§ 952). – Man wird hier wohl davon ausgehen, dass das Aufgebotsverfahren aus der ZPO in die Freiwillige Gerichtsbarkeit hinüberwechseln wird.

22. Die Aufhebung der Zahlungssperre (§§ 1022 f.). – Das wird wohl auch fallen.

23. Die durch Beschluss erfolgte Ablehnung der Vollstreckbarerklärung eines Schiedsspruchs oder schiedsgerichtlichen Vergleichs (§§ 1042 c, 1044 a). – Das wollen wir behalten.

24. Die gerichtlichen Entscheidungen im schiedsgerichtlichen Verfahren (§ 1045 Abs. 3). – Das muss auch bleiben; ebenso Nr. 25.

Man könnte an sich riskieren, auf die Generalklausel zu verzichten.

Nach Abs. 3 des § 567 ist gegen die Entscheidungen der OLG eine Beschwerde nicht zulässig. – Auch diese Bestimmung muss bleiben.

Stagel: Wie ist es mit den Beschwerden gegen Beschlüsse des LG als Berufungsgerichts? Die wollten wir vollkommen ausscheiden.

Vorsitzender: Wir hatten den allgemeinen Grundsatz aufgestellt: Eine Beschwerde soll dann nicht stattfinden, wenn ein Hauptrechtsmittel gegen das Urteil nicht gegeben ist. Eine Durchbrechung dieses Grundsatzes hatten wir nur bei der Ordnungsstrafe bei Nichterscheinen der Parteien vorgesehen.

Pagenstecher: Nehmen wir folgenden Fall: Der Richter setzt keinen Termin an, weil der Beklagte exterritorial ist. Nehmen wir an, es hat einer Klage erhoben gegen den englischen Botschafter in Berlin. Würden Sie in diesem Fall Termin anberaumen? Oder aber würden Sie die Terminsbestimmung ablehnen?

Jonas: Es ist wohl anzunehmen, dass in solchem Falle die Anberaumung des Termins abzulehnen wäre. Das wäre wohl ein Beispiel für den Fall, dass ein das Verfahren betreffendes Gesuch abgelehnt wird.

Pagenstecher: Ich halte es für ganz falsch, hier die Anberaumung des Termins abzulehnen. Man kann im Vorhinein gar nicht wissen, ob der Betreffende sich nicht der deutschen Jurisdiktion unterwirft. Es kann auch sein, dass es sehr schwer zu beurteilen ist, ob der Betreffende exterritorial ist oder nicht. Darüber würde der Richter im Beschlussverfahren entscheiden können. Hier sollte man ruhig den Termin zur mündlichen Verhandlung ansetzen.

Stagel: In Österreich wurde dieser Fall so gelöst: Zunächst musste auf dem Weg über das Bundeskanzleramt festgestellt werden, ob der Betreffende sich der österreichischen Jurisdiktion unterwerfen wollte. Erst dann konnte Termin anberaumt werden.

Pagenstecher: Ein Botschaftsattaché hatte mit seinem Auto einen Mann überfahren und wurde von diesem auf Schadenersatz in Anspruch genommen. In diesem Fall erschien der Attaché und erklärte, er unterwerfe sich selbstverständlich der deutschen Jurisdiktion. Zwar sei er der Ansicht, dass er unschuldig sei; aber wenn er für schuldig befunden werde, wolle er sich dem Urteilsspruch unterwerfen und zahlen. Warum soll man solchen Leuten nicht die Möglichkeit geben, sich zu unterwerfen? Man sollte zunächst auf irgendeine Art und ohne den Betreffenden zu verstimmen, klarstellen, ob er kommen wolle oder nicht. Das ist keine Ladung; aber wenn der Mann dann erscheint, dann ist es gut.

Jonas: So wird es wohl auch praktisch gehandhabt: Man fragt zunächst an und setzt Termin zur mündlichen Verhandlung erst an, wenn der Betreffende erklärt, er wolle kommen. Der Richter prüft dann, ob der Mann exterritorial ist oder nicht. Ist es nun zweifelhaft, ob er exterritorial ist, wie soll der Richter diese Frage in einem geordneten Verfahren mit mündlicher Verhandlung entscheiden können?

Stagel: Das kann der Richter nicht klären.

Pagenstecher: Ist die Gegenseitigkeit verbürgt, dann entscheidet gar nicht das Gericht über die Frage der Exterritorialität, sondern die Partei kann sich an eine höhere Behörde wenden, die darüber entscheidet, ob der Betreffende exterritorial ist oder nicht.

Jonas: So wird diese Frage jetzt wohl auch gelöst.

Pagenstecher: Wenn die Auskunft dahin ergeht, der Mann ist nicht exterritorial, dann sind die Gerichte an diese Entscheidung gebunden. Dann erst wird der Mann geladen. Die Frage kann immer nur geklärt werden durch Anfrage beim Auswärtigen Amt.

Stagel: Wenn es in Österreich zweifelhaft war, ob die inländische Gerichtsbarkeit für eine vielleicht exterritoriale Person begründet war oder nicht, dann hatte das Gericht hierüber die Entscheidung des Justizministers einzuholen. Die Stellungnahme des Justizministers war für das Gericht bindend.

Jonas: Praktisch laufen die Fälle so: Der Richter erfährt von der Exterritorialität überhaupt erst durch die Ladung. Dann kommt der Mann und erklärt, er sei Botschaftsattaché. Unter Umständen taucht dann noch die Frage auf: Ist er diplomatischer oder konsularischer Vertreter?

Pagenstecher: Es gibt hier sehr strittige Fälle. Es gibt Fälle, wo der ausländische Staat verklagt werden kann, wenn gegen ihn auch vielleicht nicht immer vollstreckt werden kann, ohne dass er sich unterwirft.

Jonas: Die Russen haben sich für ihre Geschäfte ausdrücklich der deutschen Gerichtsbarkeit unterworfen. Aber wenn der Staat für seine Botschaft einkauft, so ist zweifellos Exterritorialität gegeben.

Pagenstecher: Ich werde die Frage bis zur nächsten Sitzung nachprüfen und dabei auch die Literatur, die hierzu vorliegt, heranziehen.

Vorsitzender: Wir brechen nunmehr die Beratung ab.

(Schluss der Sitzung 18.35 Uhr)

2. Protokoll der Sitzung vom 3.5.1941 (Beschwerde)

(Beginn der Sitzung 10 Uhr

Vorsitzender: Wir nehmen unsere Beratung wieder auf. Ich darf zusammenfassend wiederholen, was wir gestern zur *Beschwerde* beschlossen haben. Unsere erste These lautet: Die weitere Beschwerde soll nur noch als Rechtsbeschwerde zugelassen werden. Ferner: Die Fragen der Kostenerstattung und Armenrechtsgebühren sollen dem Justizverwaltungsverfahren überwiesen werden. Das bedeutet die Ausschaltung des Kostenwesens usw. aus dem Beschwerderecht.

Staud: Damit sind wir nicht wesentlich über den bisherigen Zustand hinausgegangen. Was an die Stelle der Beschwerde gesetzt werden soll, steht dahin. Für die Frage der Höhe der Gerichtskosten und Anwaltskosten leuchtet das ohne weiteres ein.

Jonas: Was die Kostenrechnung betrifft, so kommen im Wesentlichen zwei Fälle in Betracht: Zunächst die Höhe der Kosten bei Privatgutachten, und sodann die Frage, ob die Zuziehung eines privaten Gutachters, eines Verkehrsanwalts usw. erforderlich ist. Die erste Frage, die Angemessenheit von Vergütungen an Sachverständige, hat ihre Parallele in dem Erstattungsanspruch von Sachverständigen gegen die Staatskasse. Hier wird vernünftigerweise die Justizverwaltung eingeschaltet.

Schwieriger ist zu behandeln die Frage der Notwendigkeit. Da schwebt mir vor: Man soll sich einfach die Frage vorlegen: Welche Stelle entscheidet am besten darüber? Das ist zweifellos die Stelle, die den Prozess am genauesten kennt, das Gericht. Man käme also auf folgende Lösung ab: In allen diesen Fällen handelt es sich grundsätzlich um eine Justizverwaltungssache; aber darüber, ob die Zuziehung eines Verkehrsanwalts und die Beibringung eines außergerichtlichen Gutachtens notwendig ist, entscheidet im Streitfall eine Äußerung des erkennenden Gerichts. Das scheint mir die glatteste Lösung zu sein.

Staud: Ohne Zweifel handelt es sich hier um Justizverwaltungsangelegenheiten. Das schließt aber nicht aus, dass mit der justizverwaltungsmäßigen Tätigkeit dieselben Personen betraut werden, die in dem betreffenden Prozess als Richter tätig sind; mit anderen Worten: Der Vorsitzende des Gerichts erster Instanz erledigt diese Angelegenheit als Justizverwaltungsangelegenheit.

Jonas: Das wird dekretiert wie beim KG. Dann ist Schluss. Der wesentliche Gesichtspunkt scheint mir zu sein, derartige Fragen aus der Sphäre der Rechtsprechung herauszuheben. Hier handelt es sich um reine Zweckmäßigkeitsfragen, hinter denen allerdings gewichtige fiskalische Probleme stehen.

Vorsitzender: Die weiteren Sätze, die wir zur Beschwerde aufgestellt haben, lauten:

Es gibt nur noch eine *befristete Beschwerde.*

Ist kein Hauptrechtsmittel gegen das Urteil gegeben, dann soll auch keine Beschwerde mehr gegeben sein. Wo also die Berufung oder Revision ausgeschlossen ist, soll auch die Beschwerde ausgeschlossen sein.

Wir haben nun anhand von Jonas' Kommentar einzeln die Fälle untersucht, in denen Beschwerde gegeben ist. Dabei haben wir einige Fälle gefunden, in denen Beschwerde gegeben sein muss, obgleich es keine Berufung mehr gibt: Die Verurteilung eines Zeugen oder Sachverständigen zu Strafen; die Strafverfügungen bzw. Zwangsmaßregeln gegen eine zum persönlichen Erscheinen aufgeforderte Partei. Sonst hatten wir auf die Generalklausel verzichtet. Von den 25 Fällen, die in dem Kommentar von Jonas aufgezählt sind, haben wir bei unserer Prüfung einige Fälle ausgeschieden, bei denen die Beschwerde nicht mehr zulässig sein soll.

So weit waren wir in unserer gestrigen Beratung gekommen. Das Hauptgebiet der Beschwerde liegt in der Zwangsvollstreckung. In Wirklichkeit ist hier die Beschwerde eigentlich schon die weitere Beschwerde. Soweit es sich um Vollstreckungsmaßnahmen handelt, geht die Erinnerung nach § 766 ZPO voraus.

Jonas: Bei der Einstellung der Zwangsvollstreckung heißt es: Eine Anfechtung des Beschlusses findet nicht statt; § 707. Bei § 771 ist es ganz anders.

Vorsitzender: Unsere Aufgabe wird es nun sein, die Vorschriften über die Beschwerde der Reihe nach durchzugehen.

Zunächst wird § 567 Abs. 1 dadurch geändert, dass die Generalklausel wegfällt. § 567 Abs. 2 wird in irgendeiner Form bleiben. Es handelt sich hier um die Beschwerdesumme. Da wir bei den Rechtsmitteln den Beschwerdegegenstand beseitigt haben, wäre hier nicht auf die Beschwerdesumme, sondern auf den Streitgegenstand abzustellen.

Staud: Sie haben vorhin den Grundsatz aufgestellt, die Beschwerde sei ausgeschlossen dann, wenn kein Hauptrechtsmittel mehr zulässig ist. Wie liegt nun die Sache dann, wenn von der Berufung noch gar nicht die Rede ist, z.B. bei der Vollstreckbarerklärung auf dem Beschlusswege? Wir kommen nicht damit aus, dass wir sagen, die Beschwerde ist nur dann zulässig, wenn in der Hauptsache ein Rechtsmittel gegeben ist. Nehmen wir als Beispiel den Antrag auf Vollstreckbarerklärung eines Schiedsspruchs.

Furler: Dagegen wollten wir die Beschwerde. Bei einem Prozess über 2,50 M gibt es keine Berufung; aber ob ein Schiedsspruch über 2,50 M vollstreckbar ist oder nicht, das kann im Beschwerdeverfahren nachgeprüft werden. Man müsste also in gewissen Fällen ohne Rechtsmittelwert die Beschwerde haben. Das Problem haben wir bei der Revision gelöst; bei der Berufung geht es nicht. Das würde erst gehen, wenn die Verzahnung zwischen Amtsgericht und RG da ist. Alle Amtsgerichtssachen kämen in eine Berufungsinstanz, aus der heraus in gewissen Fällen auch Revision eingelegt werden könnte. Bezüglich der Zwangsvollstreckung bestehen keine Bedenken, weil wir bei allen Zwangsvollstreckungsakten, wo es sich darum handelt, die Zwangsvollstreckung weiter durchzuführen, schon die Erinnerung haben.

Vorsitzender: Wenn ein Gegenstand von 5 M gepfändet ist, würde ich sagen: hier lohnt sich eine Beschwerde nicht. Die Frage ist: Nehmen wir eher in Kauf, dass einer Lappalie wegen Beschwerde eingelegt werden kann, als dass das Gericht gezwungen ist, einen Sachverständigen über einen alten Anzug zu vernehmen?

Staud: Dass wir das Rechtsmittelsystem in der Zwangsvollstreckung entschieden vereinfachen müssen, ist klar. Wir haben da ein kompliziertes System, einen schwierigen Apparat: Erinnerung, sofortige Beschwerde und weitere Beschwerde ohne Rücksicht auf den Wert. Ich stoße mich vor allem an diesem maßlos komplizierten System. Man weiß nicht: Ist das, was jetzt eingelegt wird, eigentlich Erinnerung, oder ist es Beschwerde? Nun schalten Sie den Rechtspfleger ein, und dabei kommen Sie zu ganz wahnsinnigen Schwierigkeiten. Das müssen wir alles vereinfachen.

Jonas: Bei der Zwangsvollstreckung stand die Mehrheit des Ausschusses unter dem Eindruck: Um eine zu schuldnerfreundliche Tendenz zu verhindern, müssen Kautelen zugunsten des Gläubigers eingebaut werden. Die Zwangsvollstreckung wird mehr und mehr aus der Sphäre der Gefühlsbetonung herausgehoben. Die einzige Zwangsvollstreckungsmaßnahme, die praktisch eine Rolle spielt, ist die Lohnpfändung. Im Vergleich dazu spielt die Mobiliarpfändung kaum eine Rolle. So ist es wenigstens im Augenblick.

Pagenstecher: Auf die augenblicklichen Zustände darf man aber nicht abstellen.

Vorsitzender: Wir wollen also einstweilen von einer Beschwerdesumme usw. Abstand nehmen.

Jonas: Jetzt gibt es eine Beschwerdesumme nur bei § 99.

Staud: Man muss das Beschwerdewesen in der Zwangsvollstreckung vereinfachen. Da hat der Schuldner schon die Erinnerung per se. Die Erinnerung ist schon Rechtsmittel, und der Richter entscheidet bereits über die Sache. Die Beschwerde ist normalerweise schon die weitere Beschwerde.

Jonas: Nun kommt es bei der Mobiliarpfändung doch sehr auf die Persönlichkeit des Richters und seine wirtschaftliche Einstellung an. Der eine Richter wird großzügig sein und sagen, der Schuldner brauche sein Motorrad und seine Schreibmaschine. Ein anderer Richter, vielleicht ein alter Herr, wird vielleicht sagen, wir haben auch ohne Schreibmaschine unsere Jugend verlebt; der Schuldner braucht keine Schreibmaschine. Hier besteht doch die Gefahr, dass sich nach der Individualität des Kadi bezirksweise eine völlig verschiedene Praxis entwickelt. Natürlich kann ein LG auch eine sehr ausgeprägte Rechtsprechung haben.

Staud: Nehmen wir die Gebiete des Pfändungsschutzes. Da ist die Frage: Ist ein Radio, ein Fahrrad, eine Schreibmaschine pfändbar oder unpfändbar? Darüber soll der Reichsminister der Justiz im Wege von Richtlinien Klarheit schaffen. Man komme hier nicht mit dem Argument, darin liege eine Verkümmerung der Rechtsprechung. Das ist nicht der Fall. Irgendwie muss man hier Klarheit schaffen; man tappt im Einzelfall völlig im Düstern. Wir haben eine komplizierte Lohnpfändungsverordnung. Dazu haben wir eine Anordnung des Reichsministers der Justiz, wonach den Steuern und Sozialabzügen weitere Abzüge und Leistungen gleichgestellt werden. In den nächsten Tagen kommt eine allgemeine Verwaltungsanordnung heraus, die die Arbeitsfront- und Parteibeiträge den allgemeinen Steuer- und Sozialabzügen gleichstellt. Bisher hatte die Rechtsprechung diese Fragen ganz verschieden gehandhabt.

Pagenstecher: Welches ist die Wirkung einer solchen allgemeinen Verfügung?

Staud: Wenn in einem Gesetz auf eine allgemeine Verfügung hingewiesen wird, dann ist der Richter an das, was im Verwaltungswege bestimmt wird, gebunden.

Jonas: Bei den Beamten wird normalerweise der Parteibeitrag nicht abgezogen.

Staud: Da ist die Regelung schon getroffen: Der Drittschuldner hat die Leistung, die ihm obliegt, glaubhaft zu machen. Er braucht sie nicht nachzuweisen, sondern nur glaubhaft zu machen. Der Schuldner genießt die Befreiung, wenn er die Beiträge leistet; der Drittschuldner kann sie aber schon absetzen, wenn die Verpflichtung zur Leistung glaubhaft gemacht wird. Werden die Parteibeiträge usw. nicht geleistet, dann kann er die Sache im Wege der Erinnerung an das Gericht bringen. Praktisch kräht kein Hahn nach diesen Dingen; entscheidend sind hier einzig und allein lohnbürotechnische Erwägungen. Die Lohnbüros haben für Pfändungen eine andere Lohnberechnung anzustellen als für die Lohnzahlungen und Steuern. Die großen Lohnbüros klagen darüber sehr. Mir schwebt vor, diesen privilegierten Unpfändbarkeitskatalog durch eine Art Pauschale, ausgedrückt in Prozenten des Lohns, zu ersetzen. Wir müssen auf einen Lohnschutz hinauskommen mit dem Ziel: Je höher der Lohn wird, umso höher liegt prozentual auch der Pfändungsschutz. Ich gehe hierbei von der Erwägung aus: Man darf dem Mann nicht den Anreiz nehmen, zusätzlich zu arbeiten.

Vorsitzender: Wir wollen wieder zur Beschwerde zurückkehren.

Staud: Bei der Zwangsvollstreckung müssen wir uns zunächst über den Rechtsmittelzug klar sein. Ich möchte dahin abkommen, dass wir sagen: Bei Gegenständen, die Pfändungsschutz genießen, werden Richtlinien erlassen. Dann ist es nicht mehr möglich, die Sache im Rechtsmittelzug auszutragen; das wird durch Erhebungen festgestellt.

Jonas: Dass man die Möglichkeit schafft, Richtlinien zu geben, damit bin ich durchaus einverstanden.

Staud: In den Einzelfall wird nicht eingegriffen. Nun darf man daraus nicht den Schluss ziehen, die Beschwerde sei nun entbehrlich. Gewiss, das Gros der Fälle wird so klar gestellt, dass es zur Beschwerde nicht kommt; aber wir behalten Beschwerde für die Fälle bei, die durch Richtlinien nicht gedeckt sind.

Man kann davon ausgehen, dass man die Beschwerde in den bisherigen Fällen beibehält, soweit sie nicht dadurch gegenstandslos wird, dass die Kostenbeschwerde Justizverwaltungsangelegenheit wird. Hat man schon die Frage untersucht, ob § 99 Abs. 3 bleiben soll? Die Hauptsache ist erledigt; es wird nur noch über die Kosten entschieden. Dagegen gibt es die sofortige Beschwerde. Entweder ich entscheide durch Urteil, dann greift die Berufung Platz. Die reine Kostenentscheidung ergeht durch Beschluss, und dagegen gibt es die sofortige Beschwerde. Bei der Klagzurücknahme haben wir schon gesagt, die Kosten werden durch Beschluss auferlegt. Jetzt werden die Fälle vermanscht; durch die Erledigung des Streitgegenstandes wird das scheinbare Kostenurteil in Wirklichkeit ein Urteil zur Hauptsache. Uns schwebt in solchen Fällen eine einfache mechanische Lösung vor: Ist der Prozess in der Hauptsache erledigt, dann werden die außergerichtlichen Kosten gegeneinander aufgehoben und die Gerichtskosten verteilt. Diese Lösung ist in Ehesachen die zweckmäßige.

Vorsitzender: Diese Frage wollen wir noch einmal durchberaten. Wir können sie heute nicht aus dem Handgelenk heraus entscheiden.

Damit wäre § 567 Abs. 2 erledigt. Eine Beschwerdemaßnahme werden wir vorläufig nicht einführen; ob wir bei der Zwangsvollstreckung dazu kommen werden, fragt sich noch.

§ 567 Abs. 3: „Gegen die Entscheidungen der Oberlandesgerichte ist eine Beschwerde nicht zulässig." Diese Bestimmung wird wohl bleiben müssen. „Ausgenommen sind Beschlüsse, durch die eine Berufung als unzulässig verworfen wird." Das wird auch bleiben müssen.

Stagel: In dem Entwurf von 1931 heißt es: „Ausgenommen sind Beschlüsse, durch die eine Berufung verworfen wird oder bei denen es sich um die Versagung der Vollstreckbarerklärung eines Schiedsspruchs aus einem der in § 557 Nr. 2 und 3 bezeichneten Gründe handelt."

Vorsitzender: Ich glaube, das können wir vorläufig auf sich beruhen lassen.

§ 568 Abs. 1: Über die Beschwerde entscheidet das im Instanzenzuge zunächst höhere Gericht. Gegen die Entscheidung des Beschwerdegerichts ist, insoweit nicht ein neuer selbständiger Beschwerdegrund darin enthalten ist, eine weitere Beschwerde nicht zulässig. – Das müsste geändert werden. Hier käme der Satz, dass die weitere Beschwerde nur Rechtsbeschwerde ist. Der neue selbständige Beschwerdegrund würde keine Rechtsgrundlage mehr haben.

Staud: Wenn zwischen Amtsgericht und RG ein Instanzenzug hergestellt wird, dann könnte die weitere Beschwerde doch noch einen Sinn haben. Nehmen wir an, wir hätten künftig die amtsgerichtlichen Berufungen beim OLG, dann würde gegen dessen Urteile die Revision zulässig sein. Dann wäre denkbar, dass man die Beschwerde auch vom Amtsgericht zum RG zulässt.

Stagel: Es erscheint aber nicht logisch, in diesen größeren Sachen nur zwei, in den kleineren Sachen aber drei Instanzen zu geben.

Staud: Wenn man es sich scharf überlegt, dann kommt man zum Schluss: Die weitere Beschwerde hat keinen Zweck.

Vorsitzender: Ich glaube auch, man kann die weitere Beschwerde fallen lassen.

Stagel: Das wird ganz vom Aufbau der Instanzen abhängen.

Jonas: Die ZPO von 1879 hatte die weitere Beschwerde grundsätzlich bis zum RG. In der Folge hat man dann dem Hund stückweise den Schwanz abgehauen.

Staud: Ich halte die weitere Beschwerde für absolut entbehrlich. Die praktische Bedeutung der weiteren Beschwerde liegt heute fast ganz auf dem Gebiet der Zwangsvollstreckung.

Jonas: Eigentlich spielt die weitere Beschwerde auch da nur eine Rolle in der Immobiliarvollstreckung.

Vorsitzender: Ich darf als Auffassung des Ausschusses feststellen: Wir können die weitere Beschwerde im Erkenntnisverfahren streichen. Für die Zwangsvollstreckung bleibt die Frage noch offen.

Furler: Wäre es nicht zweckmäßig, die Beschwerde in der Zwangsvollstreckung besonders zu regeln?

Staud: Selbstverständlich kann man das machen.

Vorsitzender: § 568 Abs. 3 fällt weg. – § 569: Einlegung beim iudex a quo.

Jonas: Die Beschwerde kann nur eingelegt werden beim iudex a quo.

Staud: Wir stehen hier wieder vor der Frage: Was geschieht mit der Beschwerde, die beim falschen Richter eingelegt wird?

Furler: Zweckmäßig ist es, das Rechtsmittel bei dem Gericht einzulegen, das die angefochtene Entscheidung gefällt hat.

Jonas: Meiner Meinung nach soll man es lassen, wie es jetzt ist. Bei der Berufung und Revision ist die Möglichkeit, beim iudex ad quem einzulegen. Dann werden eben die Akten beim iudex a quo angefordert.

Staud: Ich würde es für das Glatteste halten, das Rechtsmittel beim iudex a quo einzulegen. Wird das Rechtsmittel an der falschen Stelle eingelegt, so wird es an die richtige Stelle weitergegeben.

Jonas: Die Sache ist misslich in den Fällen, wo es zweifelhaft ist, ob es sich um einen Beschluss oder ein Urteil handelt.

Furler: Hier kann man doch nach der Bezeichnung gehen.

Staud: Hier muss man die Art des Rechtsmittels davon abhängig machen, wie die Entscheidung sich bezeichnet, die man angreifen will. Bezeichnet sich die Entscheidung als Urteil, dann ist eben als Rechtsmittel die Berufung gegeben.

Jonas: Wie ist es nun, wenn ein Richter das Rechtsmittel dadurch abschneiden will, dass er eine falsche Bezeichnung seiner Entscheidung gewählt hat?

Staud: Wer das Rechtsmittel danach einlegt, wie die Entscheidung sich bezeichnet, der soll keinen Schaden erleiden, wenn diese Bezeichnung sich als falsch erweist; er muss gedeckt werden.

Stagel: Die Berufung lassen Sie doch nur beim iudex ad quem einlegen; die Beschwerde dagegen beim iudex a quo.

Jonas: Die Einlegung beim iudex a quo hat man zugelassen mit Rücksicht darauf, dass der iudex a quo seine Entscheidung abändern darf.

Staud: Wenn die Abänderungsbefugnis die Regel bei der Beschwerde ist, dann muss man daraus die Konsequenz ziehen.

Vorsitzender: Ich bin für Einlegung der Beschwerde beim iudex a quo.

Pagenstecher: Gibt es nicht Fälle, die so eilig sind, dass der Betreffende ein großes Interesse daran hat, gleich eine endgültige Entscheidung zu verlangen?

Staud: Wenn die Sache wirklich eilig ist, kann der Mann sagen: Ich mache das hilfsweise.

Vorsitzender: Wir würden uns also auf folgenden Grundsatz einigen: Einlegung nur beim iudex a quo und Abänderungsbefugnis.

§ 569 Abs. 1 würde also bleiben. Die Bestimmung, dass die Beschwerde in dringenden Fällen auch beim Beschwerdegericht eingelegt werden kann, würde wegfallen.

§ 569 Abs. 2 wird wohl bleiben.

§ 570. – Hier lohnt es sich wohl nicht, Einschränkungen wie bei der Berufung vorzusehen.

§ 571 bleibt auch.

Staud: Man muss verhindern, dass die Beschwerde ein Tummelfeld für Noven ist und die Gerichte keine rechte Möglichkeit haben, dagegen anzugehen, sondern immer nur mit dem allgemeinen Begriff des Missbrauchs des Verfahrens operieren müssen. Vielleicht empfiehlt sich eine Bestimmung, wonach die Beschwerdeinstanz neue Tatsachen zurückweisen kann, die in Verschleppungsabsicht vorgetragen werden. Immerhin kann man sich heute mit dem Gesichtspunkt des Verfahrensmissbrauchs helfen. In der Zwangsvollstreckung wird die Erinnerung oft erst eingelegt kurz vor Beginn des Versteigerungstermins. Wir haben seinerzeit daran gedacht, die Erinnerung zu befristen, damit diese Sachen am Vorabend der Versteigerung aufzuhören. Man könnte also sagen: In der Zwangsvollstreckung muss, wer ein Rechtsmittel einlegt, dies in angemessener Zeit geltend machen. Gewinnt das Gericht den Eindruck, dies hätte schon früher geschehen sollen, dann liegt Verfahrensmissbrauch vor.

Furler: Ich glaube, man sollte das Beschwerderecht in der Zwangsvollstreckung für sich behandeln.

Vorsitzender: § 570 bleibt also; § 571 bleibt auch.

§ 572. Diese Bestimmung handelt von der aufschiebenden Wirkung der Beschwerde. Das kommt mir auch so kompliziert vor. Aber ich glaube, man lässt die Bestimmung so stehen.

Jonas: Meine Überzeugung ist: Das Entmündigungsverfahren ist ein prozessualer Nonsens. Dies gilt auch für das Aufgebotsverfahren.

Staud: Das ist wirklich Nonsens. Das Aufgebotsverfahren gehört ganz in die Freiwillige Gerichtsbarkeit. Hier den Parteien eine prozessuale Stellung zu geben, ist Nonsens.

Vorsitzender: § 572 Abs. 2 kann wohl auch bleiben.

§ 572 Abs. 3. Diese einstweiligen Einstellungen sind zurzeit in der ZPO verzettelt. Bei der Beschwerde haben wir die einstweilige Anordnung des Beschwerdegerichts. Vielleicht sollten wir zu einer Vorschrift kommen, die für die Durchführung von Rechtsmitteln generell sagt, was § 572 für die Beschwerde ausspricht.

Jonas: Das wäre durchaus zweckmäßig. Zunächst ging Volkmar davon aus: Einen Allgemeinen Teil gibt es nicht, das Gesetz müsse so aufgebaut sein, dass jede Materie in sich geschlossen da stehe. Im Laufe der Zeit sind wir aber doch auf Grundsätze gestoßen, die an zahlreichen Stellen des Gesetzes wiederkehren, so dass es doch praktischer ist, solche allgemeinen Sätze vorweg zu bringen. Genau dieselbe Erwägung spielte eine Rolle beim Entwurf des Strafgesetzbuchs und der Strafprozessordnung.

Vorsitzender: § 573 Abs. 1, Entscheidung ohne vorgängige mündliche Verhandlung, bleibt wohl aufrecht erhalten.

§ 573 Abs. 2. Für die mündliche Verhandlung in der Beschwerdeinstanz gelten hinsichtlich der Vertretung dieselben Grundsätze wie in dem noch laufenden Hauptprozess. Diese Bestimmung muss wohl neu formuliert werden. StA Becker schlägt hier Beseitigung des Anwaltszwanges vor.

§ 574 bleibt. – Die österreichische Regelung erscheint schlechter.

§ 575 kann man wohl auch so stehen lassen.

Staud: Im Kern muss das wohl so bleiben.

Jonas: Die Akten müssen doch an irgendeine andere Instanz geschickt werden. Da ist der Prozessrichter näher dran als der übergeordnete Berufungsrichter. Es besteht ein enormes praktisches Interesse für den die Verhandlung leitenden Richter daran, unter eigener Verantwortlichkeit auch gegen den Widerspruch der Beteiligten die Verhandlung so zu Ende zu führen, wie er es für richtig hält. Dann mag das ersuchende Gericht bestimmen, ob es mit dieser Prozedur einverstanden ist. An und für sich muss der ersuchte Richter auch sich selbst ein Bild machen können; er kann nicht sagen, er frage beim Prozessgericht an. Er muss entscheiden können, ob er eine Frage zulässt oder nicht.

Staud: Gegen seine Entschließung, eine Frage zuzulassen, kann jetzt die Erinnerung eingelegt werden.

Furler: Hat die Erinnerung aufschiebende Wirkung?

Stagel: Der Entwurf von 1931 vermerkt, dass hier § 538 entsprechend gilt. Es ist also keine aufschiebende Wirkung gegeben.

Pagenstecher: Er lässt also eine Frage zu. Sie sind der Ansicht, die Frage soll nicht zugelassen werden. Was nützt dann Ihre Beschwerde?

Furler: Wenn die Erinnerung aufschiebende Wirkung hat, dann muss er nach Hause fahren und abwarten. Hat sie keine aufschiebende Wirkung, dann führt er den Termin durch, wie er es für richtig hält. Dann wird die Sache entschieden.

Staud: Je mehr Tatsachenmaterial in die Akten hineinkommt, umso besser. Im Zweifel soll die Sachaufklärung möglichst weit gehen.

Pagenstecher: Nehmen Sie an, es handelt sich um eine strafbare Handung.

Staud: Dann sagt der Zeuge vielleicht, er gebe keine Antwort. Dann kommt der Augenblick, wo über das Zeugnisverweigerungsrecht des Zeugen entschieden werden muss.

Furler: Verweigert der Zeuge in einem Eheprozess die Aussage, dann ist die Sachlage geklärt, und es wird angenommen, dass ein Ehebruch vorliegt.

Vorsitzender: So kann man es nicht sagen. Der Zeuge kann die Aussage auch verweigern wegen Gefahr strafrechtlicher Verfolgung.

Jonas: Es handelt sich um die Zulassung einer Frage. Der Richter lässt die Frage zu. Beantwortet der Zeuge die Frage nicht, dann kommt das Problem der Ordnungsstrafe. In Zusammenhang damit wird darüber entschieden, ob die Frage zu Recht gestellt war oder nicht.

Staud: Im Ergebnis müssen wir darauf abkommen, dass die Einlegung keine aufschiebende Wirkung hat. Der ersuchte Richter muss hier seine Anordnungen treffen können, und seine Anordnungen müssen zunächst durchgeführt werden. Man muss ihm insoweit dieselben Befugnisse geben, wie ein Prozessgericht sie hätte. Man muss ihm die Befugnis für die Leitung und Durchführung der Verhandlung geben. Den Beteiligten dürfen nicht mehr Hindernisse bereitet werden als im Prozess selbst. Soll man hier nicht einfach sagen: Die Entscheidung wird ebenso behandelt wie die Entscheidung des Prozessgerichts selbst?

Jonas: So glatt ist es nun doch nicht. Es liegt ein Beweisbeschluss vor: Der Zeuge soll über die und die Frage in dem Termin vorgenommen werden. Der Zeuge ist da, die beiden Anwälte sind zugegen, und die Sache wächst sich zu einer kleinen Verhandlung aus. Nun wir vorgeschlagen, der Zeuge solle sich auch noch über eine andere Frage äußern. Das Gericht hält diese Frage für ganz zweckmäßig unter dem Gesichtspunkt der Instruktionsmaxime. Der gegnerische Anwalt widerspricht aber entschieden und wendet ein, durch diese Sache komme ein völlig falsches Bild in die Akten; hier handle es sich um Dinge, die im Prozess noch nicht vorgetragen seien, und so werde die ganze Sache auf ein schiefes Gleis gebracht. Wenn nun der Beschluss des Gerichts keine aufschiebende Wirkung hat, dann findet die Beweisaufnahme statt.

Furler: Eine Aufklärung des Sachverhalts kann im Grunde genommen nie schaden. Freilich kann die Gefahr entstehen, dass etwas Falsches in die Akten hineinkommt. Aber das kann später widerlegt werden.

Staud: Das kann auch dem Prozessgericht passieren. Wenn schon der ersuchte oder beauftragte Richter eingeschaltet wird, dann muss das Prozessgericht das Risiko auf sich nehmen, dass die Sache in der Hand des ersuchten oder beauftragten Richters falsch aufgezogen wird. Beim Prozessgericht kann es auch vorkommen, dass es, wenn der Mann Beschwerde einlegt, das Ergebnis der Beschwerde abwartet, ehe es etwas Weiteres unternimmt.

Furler: Eine Beschwerde gegen eine prozessleitende Verfügung gibt es nicht. Dagegen gibt es beim ersuchten Richter die Erinnerung. Die beiden Dinge gleichzuschalten, ginge zu weit.

Vorsitzender: Wir wollen heute Nachmittag kurz zusammenstellen, welche Punkte auf dem Gebiet der Beschwerde noch zu erörtern sind, welche Bestimmungen formuliert werden müssen. Ferner wollen wir die Frage der Einlegung von Rechtsmitteln an falscher Stelle nochmals prüfen.

Nachmittagssitzung

(Beginn 16 Uhr)

Vorsitzender: Wir wollen uns nun über die Punkte klar werden, die wir bei der Beschwerde noch nicht erledigt haben.

Wir waren heute Vormittag stehen geblieben bei § 576. Das wäre wohl einer der Punkte, die noch der Überlegung bedürfen. Der Begriff der Notfrist würde wegfallen. Die Bemessung der Frist kann vorläufig auf zwei Wochen festgelegt werden. Für die Zwangsvollstreckung ist das allerdings etwas lang.

Staud: Wenn wir die sofortige Beschwerde haben, können wir in § 576 nicht mehr die unbefristete Erinnerung haben.

Jonas: § 576 gilt nur für die Beschwerde gegen Entschließungen; im Übrigen fällt alles unter § 577.

Stagel: Hier taucht nun die Frage auf: Soll das Gericht auch einen rechtskräftigen Beschluss ändern können?

Pagenstecher: Nehmen Sie an, die Entscheidung wird mit der Verkündung rechtskräftig. Die Entscheidung ist eine Fehlentscheidung. Ich sehe hier keine Möglichkeit, eine Abänderung zuzulassen. § 318 schließt eine solche Möglichkeit für Urteile aus.

Jonas: Man hat das Gefühl, es müsste möglich sein, dass in allen Fällen eine solche auf einem Irrtum beruhende Entscheidung vom Gericht selbst richtig gestellt wird.

Staud: Das ist so eine Sache. Es ist genau dasselbe, wie wenn die Berufung durch Urteil verworfen wird, und es ist dabei etwas passiert.

Jonas: Ich denke an die Fälle des offensichtlichen Irrtums, wobei ich den Begriff „offensichtlich" bewusst weiter fasse als der Gesetzgeber es jetzt tat.

Staud: Die formelle Rechtskraft hat doch den Zweck: Nachdem die Frist abgelaufen ist, steht die Sache fest.

Jonas: Dieser Satz wirkt in der Theorie weit stärker als in der Praxis. Vielfach ist die Rechtskraft des Ehescheidungsurteils schon attestiert. Wir erhalten die Akten im Rechtskraftstadium. Das Armenzeugnis ist vor Ablauf der Rechtsmittelfrist erteilt. Dann folgt die Gewährung des Armenrechts um Wiedereinsetzung in den vorigen Stand, und damit ist die Rechtskraftbescheinigung hinfällig geworden. Dieser Fall kommt in der Praxis häufig vor. Häufig ereignet sich auch dieser Fall: Das Landgericht verwirft die Berufung gegen das Urteil des Amtsgerichts als unzulässig, und zwar wegen Nichtzahlung des Kostenvorschusses. Nachher stellt sich heraus, der Kostenvorschuss war bezahlt; das Gericht hatte die Quittung in den Akten übersehen. In solchen Fällen sagt man sich: Hier muss eine Änderung des Urteils doch möglich sein. Ich möchte eine Regelung, die den § 319 weiter ausdehnt. Das Gericht soll einen offenbaren Irrtum, mag dieser nun auf einem Denkfehler oder auf einem falschen Exzerpieren der Akten beruhen, von sich aus berichtigen können. Dies soll sowohl für das Urteil wie für den Beschluss möglich sein. Natürlich soll das Gericht diese Berichtigungsbefugnis nicht missbrauchen dürfen, indem es etwa seine Rechtsansicht ändert.

Pagenstecher: Man muss hier die Gefahr eines Missbrauchs bannen. Daher wird es sehr auf eine präzise Formulierung ankommen. Unter keinen Umständen darf das Gericht unter falscher Gesetzesauslegung diese Befugnis dazu benutzen, um unter dem Deckmantel eines Versehens das Urteil auf ganz andere Grundlagen zu stellen. Die Gefahr, dass hier Missbrauch getrieben wird, ist groß. So kann es vorkommen, dass das Gericht feststellt, ein bestimmtes Gesetz sei außer Kraft getreten und das Urteil dementsprechend zu berichtigen. In einem solchen Fall müssen unbedingt die Parteien gehört werden.

Jonas: Die Parteien sollen gehört werden; dann muss eben die Verhandlung wieder aufgenommen werden.

Ich plädiere wohlverstanden nicht dafür, das ein Urteil mit der Begründung angegriffen werden kann: Richter, prüfe dein Urteil nach; es ist falsch! Ich will vielmehr dem Richter die Befugnis geben, von sich aus einen Irrtum abzustellen, den er nachträglich erkennt.

Pagenstecher: Ich fürchte, dass der Richter diese Möglichkeit benützt, um jedes Fehlurteil abzuändern, wenn er erkennt, dass er anders entscheiden würde, wenn er noch einmal zu entscheiden hätte.

Vorsitzender: Die Sache erscheint mir bedenklich. Wo will man hier die Grenze ziehen?

Jonas: Der Gesichtspunkt sind „offensichtliche Unrichtigkeiten“. Dabei hat „offensichtlich“ eigentlich schon den Wert von „offenbar“.

Pagenstecher: Gemeint ist also: Hier liegt offenbar ein Irrtum vor, und jeder, der das Urteil liest, erkennt diesen Irrtum.

Jonas: Ein Unterschied zwischen Denkfehlern und Fehlern im Judizieren, in den Grundlagen der Entschließung, lässt sich hier nicht machen. Eine Grenze kann man hier nicht ziehen.

Vorsitzender: Also: Dem Richter fällt ein: Ich habe eine wichtige Zeugenaussage falsch bewertet. Und nun will er das von sich aus berichtigen. Das halte ich für bedenklich.

Staud: Der Begriff „offenbare Unrichtigkeit“ ist außerordentlich dehnbar. Da muss man schon fragen: Wann kann man sich dann überhaupt noch auf das Urteil verlassen?

Jonas: Der Richter hat vielleicht die Parteien vertauscht; an sich wollte er dem Kläger recht geben, nicht dem Beklagten.

Pagenstecher: Der Irrtum muss aus dem Urteil ersichtlich sein. Wenn der Richter die Quittung übersehen hat, so ist das aus dem Urteil nicht zu ersehen.

Jonas: Im Tatbestand wird auf die Quittung verwiesen, aus der hervorgeht, dass der Beklagte das Darlehen zurückgezahlt hat. Dann aber heißt es plötzlich in den Gründen, da die Quittung nicht vorgelegt sei, müsse der Beklagte das Darlehen zurückzahlen. Eine scharfe Grenze ist hier nicht zu ziehen.

Pagenstecher: Eine ziemlich scharfe Grenze wäre es zu sagen: Die offenbare Unrichtigkeit muss aus dem Urteil erkennbar sein. Das genügt aber offenbar den Wünschen von Jonas nicht.

Staud: Wir kommen auf dieses Problem vielleicht bei der Wiederaufnahme des Verfahrens. Wir haben als Wiederaufnahmegrund eine neue Urkunde, die die Partei zu benutzen nicht in der Lage war. Vielleicht kann man einer solchen Urkunde die Urkunde gleichstellen, die die Partei zwar eingeführt, das Gericht aber nicht berücksichtigt hat. Nehme ich diesen Fall als Wiederaufnahmegrund, so ist das eine glatte Lösung. Die Sache geht ihren richtigen und normalen Weg im Wiederaufnahmeverfahren, und es braucht dann nicht am Urteil nachträglich herumgemurkst zu werden.

Jonas: An diese Lösung könnte man denken, wenn man die Wiederaufnahme nicht als besondere Klage, sondern als einen Antrag auf Wiedereröffnung der mündlichen Verhandlung gestaltet. Jedenfalls muss die Wiederaufnahme, wenn wir sie für solche Zwecke nutzbar machen wollen, ein praktikables Verfahren sein.

Staud: Fälle, wie man sie hier erörtert hat, kommen unter einer Million einmal vor. Wir wollen verhüten, dass nicht am Ende der Instanz jede Partei mit Anträgen auf Berichtigungen und Änderungen kommt.

Jonas: So meine ich das nicht. Vielmehr gehe ich davon aus, dass das Gericht selbst erklärt, es habe sich geirrt, der Kostenvorschuss sei zweifellos rechtzeitig eingezahlt.

Staud: Wenn wir wegen eines so überaus seltenen kranken Falles schlankweg für alle normalen Fälle das Risiko eröffnen, dass jeder das Gericht mit dem Antrag behelligen kann, die mündliche Verhandlung wieder zu eröffnen, und wenn sich das herumspricht, dass so etwas möglich ist, dann werden die Folgen verhängnisvoll sein. Ich brauche das nicht weiter auszumalen.

Jonas: In solchen Fällen sagt der Richter selber, von sich aus, er habe sich geirrt.

Staud: Sollen wir bei rechtskräftigen Entscheidungen Abänderungen auch nach Ablauf aller Rechtsmittelfristen zulassen? Solche Fälle kommen, wie wir festgestellt haben, nur äußerst selten vor. Ist es da überhaupt erträglich, zu sagen, bei jedem rechtskräftigen Beschluss und Urteil besteht die Möglichkeit für eine Partei, Gegenvorstellungen zu erheben, zu denen der Richter dann sachlich Stellung nehmen muss?

Furler: Wenn der Richter die Möglichkeit sieht, er kann ein Urteil oder einen Beschluss nachträglich ändern, dann wird er das tun. Er wird weniger sorgfältig arbeiten, weil er eben diese Chance hat. Weiß er aber, dass seine Entscheidung endgültig ist, dass er daran nicht mehr herumbessern kann, dann wird er sich von vornherein an gründlicheres Arbeiten gewöhnen. Vom Standpunkt der Praxis aus halte ich es für gänzlich untragbar, die Beendigung eines Verfahrens durch solche Berichtigungen und Änderungen geradezu illusorisch zu machen.

Jonas: Aber es ist doch im Augenblick Praxis, dass solche Fälle im Weg des § 319 berichtigt werden. Im Übrigen scheint mir, wir reden hier etwas aneinander vorbei. Ich spreche von den Fällen, in denen der Richter selber erklärt, er habe sich geirrt. Für diesen Fall bietet § 319 die Möglichkeit einer Abhilfe. Da hält man mir nun entgegen, das führe dazu, dass die Parteien nun den Richter bestürmen, zu erklären, er habe sich geirrt, das Urteil müsse berichtigt werden. Mit einem solchen Argument schiebt man aber die Sache auf ein vollständig falsches Gleis.

Furler: Gegenwärtig ist es nicht Praxis, dass ein Urteil auf der Grundlage eines versehentlich nicht beachteten oder außer Kraft getretenen Gesetzes auf dem Weg über § 319 berichtigt werden kann.

Jonas: Ich kann nur sagen: Gott sei Dank, dass ein solches Ventil in Gestalt des § 319 da ist. Ich verstehe absolut nicht, was für rechtspolitische Bedenken hier bestehen. Wenn der Richter erkennt, dass er etwas Falsches gemacht hat, dann hat er die Möglichkeit der Berichtigung nach § 319. Wenn er aber sieht, dass er die Quittung überhaupt nicht beachtet hat, dann soll es untragbar sein, dieselbe Lösung nach § 319 zu wählen!

Pagenstecher: Es kann sich hier nur um Fehler handeln, welche aus dem Urteil selbst ersichtlich sind. Nur so weit kann eine Berichtigung gehen.

Vorsitzender: Es kann nicht in Betracht kommen, dass der Richter dann anders entscheidet.

Staud: Unter Umständen ist mit einem Rechtsmittel nichts mehr zu machen, weil die Rechtsmittelfrist versäumt ist. Es kann auch sein, dass überhaupt kein Rechtsmittel gegeben ist. Ich sehe hier eine gewisse Gefahr: Wenn die Berichtigung von Urteilen so leicht gemacht wird, dann wird man den Parteien geradezu empfehlen, kein Rechtsmittel einzulegen, sondern einfache Gegenvorstellungen zu erheben. Ich halte es nicht für unbillig, in solchem Falle den Parteien den komplizierteren Weg vorzuschreiben, nämlich die Wiederaufnahme des Verfahrens zu beantragen.

Stagel: Auf Beschwerde wird der Richter ohnedies ändern.

Staud: Es handelt sich um Fälle, wo die Frist versäumt ist. Schön. Ich könnte mir denken, dass man auf diesem Weg noch helfen könnte. Aber weshalb denn nicht Wiederaufnahme?

Jonas: Ich möchte eine ganz andere Frage aufwerfen: Wir wollen alle Beschwerden zu sofortigen Beschwerden machen mit der Möglichkeit, dass der iudex a quo abändert. Müsste man da nicht eigentlich dazu kommen, gegen die Entscheidung des Beschwerdegerichts innerhalb der Beschwerdefrist eine Möglichkeit der Gegenvorstellung zu geben? Ich will die Frage nur aufwerfen.

Staud: Das haben wir alles in §§ 624 a, b, c.

Pagenstecher: Die Gegenvorstellung wäre dann bis zu einem gewissen Grade ein Ersatz für die weitere Beschwerde.

Jonas: In bin nicht dafür; ich will die Frage nur aufwerfen. Nehmen wir folgendes Beispiel: Die Entscheidung über die Zollstrafe unterliegt der einfachen Beschwerde. Künftig soll es die sofortige Beschwerde sein. Nun passiert beim Amtsgericht ein Irrtum; den kann der Amtsrichter ohne weiteres abändern. Passiert die Sache beim OLG, dann ist eine Beschwerde nicht gegeben. Da müsste das OLG doch eigentlich in der Lage sein, auf eine Gegenvorstellung hin den Beschluss wieder aufzuheben. Man nimmt an, dass die Möglichkeit der Abänderung immer besteht. Auch wenn ich das Armenrecht versagt habe, kann ich es nachher bewilligen.

Pagenstecher: Ich finde die Idee gar nicht schlecht, die weitere Beschwerde abzuschaffen. Die Gegenvorstellung müsste dann aber auch befristet sein.

Staud: Das heißt dann aber nichts anderes als das: Über die sofortige Beschwerde wird auf Verlangen zweimal entschieden: Das erste Mal auf die sofortige Beschwerde hin, und wenn dem Beschwerdeführer das nicht passt, noch einmal durch Gegenvorstellung. Dass man als Ersatz für die weitere Beschwerde noch einmal die Gegenvorstellung zulässt, das möchte ich auf keinen Fall.

Furler: Sie wollen also vermeiden, dass das OLG seinen Zollstrafbeschluss nicht mehr aufheben kann.

Jonas: Das Problem ist, dass auch nach Ablauf der Beschwerdefrist das Gericht von Amts wegen noch etwas ändern kann. Hier würde Staud den Einwand erheben, dies sei nicht mehr eine Beschwerde, sondern eine Anregung an das Gericht, nach Ablauf der Beschwerdefrist von sich aus zu ändern.

Pagenstecher: Innerhalb der Frist ist die Gegenvorstellung möglich; nach Ablauf der Frist kann das Gericht nur ex officio ändern.

Furler: Gegen Beschlüsse des OLG geben wir keine Beschwerdemöglichkeit, sondern nur Gegenvorstellungen.

Stagel: Das würde dann für alle Fälle gelten, wo die Beschwerde überhaupt ausgeschlossen ist.

Vorsitzender: Das Problem kann man nicht aus dem Handgelenk heraus lösen.

Jonas: Zu einer praktisch vernünftigen Lösung käme man, wenn man den Grundsatz belässt: Entscheidungen sind nur durch Beschwerde anfechtbar, und wenn man den § 319 nicht allgemein erweitert, sondern nur für gewisse Entscheidungen bestimmt: Das Gericht kann die Entscheidung jederzeit aufheben und abändern. Dies gilt z.B. für den Armenrechtsbeschluss. Das Gericht kann das Armenrecht nachträglich nicht nur entziehen, sondern auch gewähren. Wird mir das Armenrecht versagt, dann kann ich nur eine Entscheidung des Beschwerdegerichts innerhalb von zwei oder einer Woche erzwingen. Ich kann aber mit einem Armenrechtsgesuch an den iudex a quo gehen und sagen: Nun ist die Rechtsverfolgung aussichtsvoller.

Vorsitzender: Ich möchte nun die Fragen bezüglich der Beschwerde zusammenfassen, die noch zweifelhaft sind. Vielleicht übernimmt dann Staud die Aufgabe, die Bestimmungen über die Beschwerde zu formulieren.

Zunächst war noch zweifelhaft, ob wir die weitere Beschwerde, die wir sicherlich im Erkenntnisverfahren beseitigen wollen, auch in der Zwangsvollstreckung streichen. Das ist mehr eine Frage, die bei der Zwangsvollstreckung wichtig ist. Gegen die Streichung der weiteren Beschwerde im Erkenntnisverfahren sind jedenfalls keine Bedenken erhoben.

Zweifelhaft war ferner die Behandlung der neuen Tatsachen nach § 570. Hier erhebt sich die Frage, ob nicht eine Einschränkung im Sinne der Abschneidung der Verschleppungsabsicht erfolgen soll. Dies gilt hinsichtlich der Gestaltung der Zwangsvollstreckung.

Jonas: In den allgemeinen Bestimmungen meines Entwurfs ist eine Vorschrift enthalten, wonach der Richter ein Gesuch unberücksichtigt lassen kann, das Verschleppungsabsichten dient.

Vorsitzender: Dann brauchen wir die Bestimmung an dieser Stelle nicht.

Bei § 572 Abs. 3 entstand die Frage, ob diese Bestimmung nicht auf eine allgemeine Norm zurückgeführt, also hier herausgenommen werden sollte.

Bei § 573 Abs. 2 entstand die Frage der Einschränkung des Anwaltszwangs zwischen LG und der Zulassung des LG-Anwalts aus [beim] OLG.

Pagenstecher: Das ist eine Frage, die hier zum ersten Mal auftaucht.

Jonas: Der Einzelrichter am LG hat nach § 296 die Möglichkeit, einen Sühnetermin zu bestimmen. Die Folge ist: Im Einzelmann-Verfahren vor dem LG kann auch ohne die Anwesenheit von Anwälten ein Vergleich protokolliert werden. Das muss doch jetzt für das gesamte landgerichtliche Verfahren gelten. Ich habe das in dem Nachtrag zu meinem Kommentar angemerkt.

Staud: Das ist eine Argumentation, die kaum ganz stichhaltig ist. Daran hat man nicht gedacht, als man dem beauftragten Richter die Möglichkeit gab, das ganze LG zu vertreten.

Furler: Das kann man, wie Jonas es tut, nur so auslegen, wenn man es so will, nicht weil es so ist.

Jonas: Ein Beispiel: Der Kläger klagt und ist vertreten durch einen Anwalt. Der Beklagte erscheint nicht, und es müsste zu einem Versäumnisurteil kommen. Es kommt stattdessen zu einem Vergleich.

Furler: Der Richter wird dann sagen: „Meine Herren Anwälte, treten Sie ab; ersparen Sie den Parteien die Vergleichgebühr!" Wenn ich Sie richtig verstanden habe, dann wollen Sie das Gesetz dahin interpretieren, dass jetzt der Alleinrichter, der immer die Zivilkammer repräsentiert, jederzeit einen Vergleich ohne Anwälte abschließen kann.

Jonas: Wenn die Kammer den Einzelrichter dazu bestellen kann, ohne Anwaltszwang einen Sühnetermin anzuberaumen, dann muss es doch der Einzelrichter auch machen können, wenn die Kammer nur aus ihm selber besteht. Das scheint mir unwiderleglich.

Vorsitzender: Man kann den Schluss auch umgekehrt ziehen: Wenn die Kammer nicht in der Lage ist, ohne Anwälte einen Vergleich abzuschließen, dann kann es auch der Einzelrichter nicht, erst recht nicht.

Jonas: Weshalb soll das nicht gehen, dass der Richter ansetzt: Am soundsovielten 10 Uhr Verhandlungstermin, vorher, 9.30 Uhr Sühnetermin nach § 296. Der Einzelrichter ist doch nicht eine Einrichtung, die die Möglichkeiten des § 296 ausschließen soll. Das einzelrichterliche Verfahren soll doch dazu dienen, weitere Möglichkeiten auszuschöpfen und ist unter keinen Umständen ein Mittel, solche Möglichkeiten auszuschließen.

Pagenstecher: Ich glaube, wir müssen hier sehr vorsichtig sein. Ich halte den Anwaltszwang für etwas Heilsames.

Stagel: Aber ich frage mich immer wieder: Warum soll der Einzelrichter, der doch die Geschäfte der Kammer und des Einzelrichters vereinigt, anderen Grundsätzen unterworfen sein als die Kammer?

Furler: Es war bisher doch so, dass der beauftragte Richter erst aufgrund Kammerbeschlusses, aufgrund einer mündlichen Verhandlung beauftragt werden konnte. Damit war der Anwaltszwang im Grunde gewährleistet. Jetzt aber tut man einen Schritt rückwärts, und der Alleinrichter beauftragt sich schon vor der Verhandlung. Früher hätte er das nicht ohne mündliche Verhandlung tun können.

Jonas: in vielen Fällen wird in der Praxis heute schon der Anwaltszwang durchlöchert. Man erweist dem Anwaltszwang einen schlechten Dienst, wenn man ihn allzu starr durchführen und durchsetzen will. Es ist schon eine peinliche Sache, etwa für einen Antrag auf Verlängerung der Gebührenfrist den Anwaltszwang durchzuführen. Die Partei geht zum Anwalt und beauftragt ihn, Berufung einzulegen. Der Anwalt erklärt, die Berufung lege er nur ein, um dem Regress aus dem Weg zu gehen; jeden weiteren Schritt aber tue er nur gegen Bezahlung.

Furler: Dann wird er sicher auch Gebührenfristverlängerung beantragen.

Jonas: Nein, das macht er eben nicht. Solche Fälle kommen massenhaft vor. In den Kriegsverordnungen wird der Anwaltszwang häufig durchlöchert. Diese Fragen sind doch alle dadurch zur Entscheidung gekommen, dass es zweifelhaft war, ob ein solcher Vergleich ein ordnungsmäßiger Vollstreckungstitel ist.

Pagenstecher: Warum will man die Anwälte so gern ausschalten? Was ist der innere Grund dafür?

Jonas: Ich will die Anwälte gar nicht ausschalten! Ich will nur verhindern, dass glatte Ergebnisse durch den starren Anwaltszwang geradezu vereitelt werden. Die Parteien sind beide vergleichsbereit, aber der Richter muss erklären, den Vergleich könne er nicht annehmen, er müsse einen Anwalt haben.

Vorsitzender: Die Parteien schließen Vergleiche doch nur nach Beratung mit ihren Anwälten.

Furler: Sie wollen den Anwaltszwang weiter einschränken. In der Praxis wird es doch sehr selten vorkommen, dass die Parteien einen Vergleich ohne die Zuziehung ihrer Anwälte schließen wollen.

Vorsitzender: Ich bin der Meinung, dass ein Einzelrichter sich nicht als beauftragten Richter einsetzen kann.

Furler: Das Gesetz ist ursprünglich nicht von dem Einzelrichtersystem ausgegangen; wenn es vom Einzelrichtersystem ausgegangen wäre, dann wäre die Idee des Einzelrichters gar nicht aufgetaucht.

Staud: Dann wäre das Gesetz dazu gekommen, einen Sühnetermin vorzusehen.

Stagel: Die österreichische ZPO ist diesen Weg gegangen.

Staud: Wir könnten sagen: Für den Abschluss von Vergleichen und in Sühneterminen ist kein Anwaltszwang vorgeschrieben.

Furler: Es wäre schade, wenn der Anwaltszwang fiele. Die Gerichte werden durch den Anwaltszwang doch wesentlich entlastet. Das RG würde unangenehm überrascht sein, wenn der Anwaltszwang plötzlich verschwände. Herr Jonas geht immer von den Ehesachen aus. Aber Ehesachen werden oft formularmäßig erledigt. Aber man darf nicht von den Ehesachen auf die anderen Sachen schließen; solche Schlüsse sind falsch.

Vorsitzender: Damit haben wir die Punkte erledigt, die noch einer Klärung bedürfen.

Nun käme noch die Frage der Einlegung eines Rechtsmittels bei einer falschen Stelle.

Staud: Die Frage wurde praktisch, als wir überlegten, ob wir auf die Zurücknahme der Berufung als besondere Rechtseinrichtung verzichten können. Es kam vor, dass man die Berufung zurücknahm, nicht um sie bei demselben Gericht, sondern stattdessen bei einem anderen Gericht einzulegen. Diese Fälle sind in der Praxis selten, hatten aber eine gewisse Bedeutung erlangt angesichts der nicht gerade glücklichen Formulierung der Ersten Vereinfachungsverordnung [RGBl. I 1939, 1658; 1.9.1939] mit dem Übergang der Amtsgerichtsberufungen von den LG an die OLG. Da gab es Durcheinander. Was geschah mit diesen Berufungen? Die LG haben diese Berufungen überwiegend an die OLG abgegeben. Die Berufungen sind zum Teil rechtzeitig, also innerhalb der Frist, beim zuständigen OLG eingegangen; zum Teil auch erst nachher. Immerhin können sich Fälle ereignen, dass eine Berufung beim falschen Gericht eingereicht wird. Diese Fälle werden aber immer selten sein.

Das Problem ist dasselbe für die Einlegung der Beschwerde, zumal wir die Beschwerde künftig befristen. Für die Beschwerde haben wir keinen Anwaltszwang. Man legt Beschwerde ein, wo man meint sie einlegen zu müssen. Wird sie beim iudex a quo eingelegt, so kann nicht viel passieren. Das alles schadet nichts; die Dinge kommen immer noch rechtzeitig an. Wie aber, wenn künftig die Frist für die sofortige Beschwerde abgelaufen ist? Wie sollen dann Rechtsmittel behandelt werden, die an falscher Stelle eingelegt werden? Das Bedürfnis spricht dafür, hier mit einer Verweisung zu arbeiten und zu sagen: Das Rechtsmittel wird von dem unzuständigen an das zuständige Gericht abgegeben. Allerdings, im letzten Augenblick beim falschen Gericht einlegen, das geht nicht.

Nun ergibt sich folgende Frage: Das Rechtsmittel ist eingelegt beim LG A; es hätte aber beim LG B eingelegt werden müssen, natürlich durch einen beim LG B zugelassenen Rechtsanwalt. Sie geht ein innerhalb der Frist, aber nicht mit den sonstigen Erfordernissen. Die Gefahr des Missbrauchs ist hier nicht klein. Ich würde sagen, das Rechtsmittel ist wirksam eingelegt, wenn innerhalb der Frist auch beim neuen Gericht die Erfordernisse erfüllt sind. Demnach müsste noch innerhalb der Frist für das Rechtsmittel ein Anwalt da sein, der bei dem zuständigen Gericht zugelassen ist und die Rechtsmittelschrift zeichnet. Das sind Dinge, die innerhalb der Berufungsfrist nachgeholt werden können.

Nehmen wir folgenden Fall: Die Berufung ist statt beim LG beim AG eingelegt worden. Die Berufungsfrist läuft bis zum 26. d.M. Am 14. d.M. wird die Berufung beim Amtsgericht eingelegt. Das Amtsgericht gibt sie an das LG ab; dort geht sie am 18. d.M. ein. Die Berufungsschrift ist nur unterzeichnet von dem nur beim AG zugelassenen RA A.

Stagel: Das kann man doch gar nicht anders behandeln, als wenn die Berufung unmittelbar beim LG eingebracht wäre.

Staud: Das sagte ich eben. Was fehlt noch? Es fehlt nur die Unterschrift des beim LG zugelassenen RA. Ich sehe kein Bedenken, dass der RA beim AG den RA beim LG ersucht, die Berufungsschrift zu unterzeichnen. Die Fälle werden so leicht nicht vorkommen. Eine weitere Frage ist: Soll die Abgabe des Rechtsmittels an das wirklich zuständige Gericht von Amts wegen erfolgen oder nur auf Antrag? Die Abgabe muss für das angewiesene Gericht bindend sein. Man wird hier sagen müssen: In Fällen offensichtlicher Unrichtigkeit kann das Gericht die Sache auch von Amts wegen abgeben.

Furler: Es kann sich doch eigentlich nur um eine Partei handeln, die sich irrt. Eine Naturalpartei etwa weiß nicht um die Zuständigkeit und legt beim falschen Gericht ein. Dort bleibt die Sache vielleicht liegen, bis der Anwalt kommt.

Vorsitzender: Wenn schon, dann muss die Abgabe von Amts wegen geschehen. Wir müssen sagen: Die Verweisung ist bindend; das andere Gericht wird dadurch zuständig.

Staud: Heute kann ein Mann, der Berufung an falscher Stelle eingelegt hat, die Berufung zurücknehmen. Darin liegt kein Verzicht auf die Berufung; er kann die Berufung innerhalb der Frist erneuern. Wir sagen nunmehr: Wenn er die Berufung zurücknimmt, verzichtet er auf die Berufung. Er kann auf die Berufung in toto verzichten, nicht auf die Einlegung der Berufung.

Furler: Die Sache wird kompliziert. Was wollen wir mit dem Zwangsverzicht erreichen? Doch lediglich, dass er die Berufung nicht widerruft.

Vorsitzender: Wir wollten den Unterschied zwischen Zurücknahme und Verzicht auf die Berufung beseitigen. Zurücknahme setzt voraus, dass der Mann darüber orientiert ist, dass er das Rechtsmittel bei der falschen Stelle eingelegt hat.

Stagel: Ich meine, man könnte es bei der Verweisung belassen. Der Fall, dass das Gericht sich auch irrt, ist fast nicht denkbar.

Staud: Nehmen wir den praktischen Fall der von der Naturalpartei beim Amtsgericht selbst eingelegten Berufung. Nun wird dem Mann mitgeteilt, gegen das Urteil müsse er beim LG durch einen Anwalt Berufung einlegen. Das Amtsgericht denkt nicht daran, zu sagen: Diese Berufung wird vom Amtsgericht verworfen. Es lässt diese Dinge bei den Akten, stellt fest, Berufung ist nicht eingelegt, und teilt mit, was die Naturalpartei als Berufung bezeichnet, sei keine Berufung.

Jonas: Eine andere Frage ist, ob ein solcher Schrieb nicht sinngemäß als ein Gesuch ums Armenrecht aufzufassen ist.

Staud: Wenn die Berufung beim Amtsgericht durch einen beim LG zugelassenen Anwalt eingelegt wird, dann wäre sie abzugeben. Ich sehe nicht ein, weshalb das nicht geschehen soll.

Jonas: Alle diese Fälle sind so ausgefallen, dass man wohl kaum eine Bestimmung dafür zu schaffen braucht.

Staud: Es wäre einfach die Abgabe von Geschäftsstelle an Geschäftsstelle. Die Fälle der Beschwerde sind heute gegenstandslos. Bei Berufung und Revision wird das Rechtsmittel an das richtige Gericht weiter gegeben. Es mag der Praxis überlassen bleiben, was sie mit einem Fall anfängt, wo gegen ein und dasselbe Urteil zweimal bei zwei verschiedenen Gerichten Berufung eingelegt wird.

Vorsitzender: Damit hätten wir die Erörterung der Beschwerde abgeschlossen.

Die *Wiederaufnahme des Verfahrens* werden wir in der nächsten Sitzung in Angriff nehmen. Wir können uns darüber heute nur vorläufig unterhalten.

Jonas: Das ist ein weites Feld. Unsere Aufgabe wäre, zunächst die Voraussetzungen der Wiederaufnahme zu behandeln und nachher das Verfahren. Man könnte darauf abkommen, dass man auf die Kasuistik verzichtet und die Wiederaufnahme des Verfahrens abstellt auf eine Zulassung. Dem Gericht ist glaubhaft zu machen, dass das Urteil falsch ist, dass es an einem wesentlichen Mangel leidet. Daraufhin wird die Wiederaufnahme gewährt. Nun ist der Weg frei für einen neuen Prozess, und diese ganze unsinnige Entscheidung zwischen iudicium rescindens und iudicium rescissorium fällt fort.

Staud: Die Stelle, die über die Wiederaufnahme entscheidet, macht ein iudicium rescindens.

Furler: Eine rechtskräftige Entscheidung soll eine rechtskräftige Entscheidung bleiben. Sie soll grundsätzlich unangreifbar sein. Wenn das Hindernis leicht zu überwinden ist, dann bedeutet das das Ende jeder Rechtskraft.

Jonas: Die Frage ist eben: Will man eine evident falsche Entscheidung beseitigen, oder soll die Wiederaufnahme des Verfahrens ein mit zahllosen Fußangeln versehenes Rechtsmittel sein, das unmöglich funktionieren kann? Die Rechtssicherheit wird nicht dadurch gehoben, dass man das falsch verstandene Idol der Rechtskraft in den Vordergrund stellt. Es muss einen Weg geben, eklatant falsche Entscheidungen erneut nachzuprüfen. Die Frage ist schwierig. Rein gefühlsmäßig stellt der eine den Grundsatz der Rechtskraft über alles; der andere hält sie zwar auch für eine unentbehrliche Einrichtung, aber doch nicht so starr, dass darunter wichtige Belange des Rechts leiden müssen.

Pagenstecher: Ich sage nicht: Rechtskraft über alles, sondern über alles nur so lange das rechtskräftige Urteil in mundo ist. Auch ich bin für eine Erweiterung der Wiederaufnahme; was ich an § 826 BGB tadle, ist der Weg, dass das Urteil bestehen bleibt.

Jonas: Das deckt sich ganz mit meiner Auffassung. Nur möchte ich das Wiederaufnahmeverfahren nicht bewusst mit solchen Risiken umgeben, dass die Leute davon abgehalten werden.

Vorsitzender: Ich bin nicht dafür, dass die Wiederaufnahme grundsätzlich der Beseitigung unrichtiger Urteile schlechthin dient.

Furler: Das Wiederaufnahmeverfahren muss von strengen Kautelen umgeben sein. Es kann nur für Entscheidungen in Betracht kommen, die im Interesse des Rechtsfriedens und der Rechtssicherheit der Nachprüfung bedürfen und im Wege des regulären Verfahrensrechts nicht mehr beseitigt werden können.

Jonas: Das ist ein Satz, der mir absolut unsympathisch ist.

Furler: Dieser Satz entspricht aber nationalsozialistischem Denken.

Staud: Nach der Begründung des Entwurfs erfolgt die Wiederaufnahme des Verfahrens durch den Staatsanwalt nur, wenn schwerwiegende Bedenken gegen das Urteil vorliegen und die Entscheidung von besonderer Bedeutung für die Volksgemeinschaft ist.

Furler: Hier zeigt sich deutlich die Tendenz: Der Staat will, dass Staatsakte bleiben.

Jonas: Es soll hier ein außerordentliches Rechtsmittel geschaffen werden, und zwar im Interesse der Allgemeinheit und nicht der Einzelnen. Wenn man aber schon ein solch außerordentliches Rechtsmittel schafft, dann darf man die Voraussetzungen für seine Anwendung für die Parteien nicht derart erschweren und riskant machen, dass diese wahrscheinlich nicht davon Gebrauch machen werden.

Furler: Wenn wir hier ein summarisches Verfahren schaffen, dann ist derjenige hoffnungslos verloren, dem das Urteil günstig war, das nun beseitigt wird.

Jonas: Die heutigen Voraussetzungen der Wiederaufnahme des Verfahrens sind unhaltbar. Ich möchte, dass der Wiederaufnahmeprozess vernünftig geführt wird, in demselben Sinne wie ein früherer Prozess, aber nicht, dass der Prozess unter dem Gesichtspunkt steht: Würde die Sache anders sein, wenn der Zeuge das und das ausgesagt hätte?

Pagenstecher: Ich bin in meinem ganzen Leben für die Rechtskraft eingetreten. Aber wenn man die Zulassung der Wiederaufnahme zu sehr erschwert, dann wird immer der Unfug über § 826 kommen.

Jonas: Es kommt nicht darauf an, dass die Gründe für die Wiederaufnahme erweitert werden, sondern dass ein vernünftiges Verfahren geschaffen wird.

Pagenstecher: Es entspricht nationalsozialistischen Grundsätzen, dass ein rechtskräftiges Urteil respektiert wird, solange es vorhanden ist. Eine ganz andere Frage ist, ob und unter welchen Voraussetzungen es aufgehoben werden kann.

Vorsitzender: Wir wollen zunächst die Voraussetzungen der Wiederaufnahme prüfen und dann sehen, welche Erweiterungen hier vorgesehen werden können. Das wird eine Aufgabe unserer nächsten Sitzung sein.

(Schluss der Sitzung 18.15 Uhr)

XIII. Sitzungen des Unterausschusses vom 12.-14.6.1941

1. Protokoll der Sitzung vom 12.6.1941 (Beschwerde. Wiederaufnahmeverfahren)

(Beginn der Sitzung 10 Uhr)

Den Vorsitz führt *Prof. Dr. Lent.*

Vorsitzender: Ich eröffne die Sitzung.

MinR. Staud hat uns als Niederschlag unserer Beratungen vom letzten Mal einen Entwurf über die Beschwerde vorgelegt, was wir mit Dank begrüßen. Wir wollen gleich in die vorläufige Beratung dieses Entwurfs eintreten.

§ a (§ 567). (1) Die Beschwerde findet statt

1. gegen solche Entscheidungen, die eine mündliche Verhandlung nicht erfordern und durch die ein das Verfahren betreffendes Gesuch zurückgewiesen ist;

2. in den in diesem Gesetz besonders bezeichneten Fällen.

(2) Sie ist nicht zulässig gegen Entscheidungen der Oberlandesgerichte sowie der Berufungs- und Beschwerdegerichte mit Ausnahme der Beschlüsse, durch die eine Berufung als unzulässig verworfen wird.

Wir hatten das vorige Mal die Frage diskutiert, ob wir hier eine Generalklausel schaffen oder uns mit Einzelaufzählungen begnügen sollen. Nach meiner Erinnerung hatten wir die Generalklausel fallen gelassen; nun taucht sie in diesem Entwurf wieder auf. Ich meine aber, wir brauchen nicht allzu viel Arbeit und Zeit auf diese Frage zu verschwenden, ob man das eine oder andere machen will. Herr Staud hat gewiss seine Gründe gehabt, eine Generalklausel vorzusehen.

Staud: In manchen Fällen ist eine Generalklausel unentbehrlich. Angenommen, der Vorschuss zur Durchführung der Beweisaufnahme ist eingezahlt; der Richter muss aber die Beweisaufnahme dann ablehnen. Hier müssen wir eine Generalklausel haben.

Fischer: Die Frage ist nur, ob man nicht auf diesem Wege viel zu viele Beschwerden bekommen wird. Überdies haben wir doch eine Fülle von Fällen, in denen wir innerhalb der Instanz keine Beschwerde zulassen.

Staud: Das Bedürfnis spricht dafür, eine Generalklausel zu schaffen. Wir haben bisher nicht die Erfahrung gemacht, dass aufgrund der Generalklausel zu viele Beschwerden gekommen wären. Jedenfalls besteht immer dann ein Bedürfnis für die Beschwerde, wenn das Gesuch auf Fortsetzung des Verfahrens zurückgewiesen wird. Ich verweise nur auf die österreichische Regelung. Man könnte sich aber überlegen, die Generalklausel irgendwie zu beschränken. Die Beschwerde hat keine aufschiebende Wirkung.

Vorsitzender: Man kann beide Systeme wählen: Die Generalklausel oder die Einzelaufzählung. Es handelt sich hier wohl nur um eine Zweckmäßigkeitsfrage, nicht um eine Prinzipienfrage.

Stagel: Unter die Generalklausel würde wohl fallen, wenn die Aussetzung beantragt und dieses Gesuch abgewiesen wird.

Vorsitzender: Diesen Fall würde ich doch für keineswegs unerheblich, sondern für wichtig halten.

Wichtig ist Abs. 2 des § a: „Sie ist nicht zulässig gegen Entscheidungen der Oberlandesgerichte sowie der Berufungs- und Beschwerdegerichte mit Ausnahme der Beschlüsse, durch die eine Berufung als unzulässig verworfen wird."

Staud: Das Neue hieran ist, dass eine Beschwerde gegen Beschlüsse, durch die eine Berufung als unzulässig verworfen wird, zulässig sein soll. Ich halte das für ganz unbedenklich, soweit es sich um Beschlüsse handelt, die das Verfahren betreffen. Wenn das LG in der Berufungsinstanz über die Aussetzung so oder so entscheidet, so sehe ich nicht ein, weshalb dagegen eine Beschwerde an das OLG gegeben sein soll.

Etwas zweifelhaft ist immerhin die Frage im Verhältnis zu Dritten, z.B. Zeugen und Sachverständigen. Beispiel: Ein Zeuge wird wegen Ausbleibens bestraft. Wird er vom OLG bestraft, so hat er keine Rechtsmittel an das RG. Es handelt sich hier im Wesentlichen um eine Entschließungsfrage.

Pagenstecher: Diese Frage wird ein Zivil[prozessrechts]theoretiker schwer beurteilen können.

Staud: In der Praxis sehe ich ein einziges Bedenken: Wenn ein Zeuge wegen Ausbleibens vom OLG bestraft worden ist, so kann er sich nicht beschweren. Diese Anomalie schreckt mich aber nicht ab; sie besticht mich sogar. Das unterstreicht den Gedanken: Die Beschwerde ist künftig nur gegen die Entscheidungen des Alleinrichters und nicht mehr gegen solche des Kollegiums zulässig. In der Praxis wird meist so verfahren, dass man sagt: Eine Beschwerde steht dem Manne nicht zu.

Fischer: So ganz einfach ist die Sache nicht. Ich erinnere mich an einen Fall aus meiner Praxis: Ich hatte mit einem Kollegen eine Beweisaufnahme in Saarbrücken. Wir fuhren von Hamburg aus dorthin. Das macht immerhin erkleckliche Reisekosten. Nun war der Zeuge zur Beweisaufnahme nicht erschienen. Der Amtsrichter begab sich mit uns in das Amtszimmer des Zeugen; die dort anwesende Sekretärin erklärte, der Zeuge sei in Berlin. Er hatte die Ladung bekommen, sie aber verschwitzt. Der Richter geht nun hin und macht seinen Beschluss. Bedenken Sie, was das für Kosten sind: Es werden Strafen und Kosten auferlegt. Ein solcher Fall ist durchaus nicht vereinzelt.

Staud: Vor dem OLG kann das auch passieren. Die Frage ist nun die: Wenn das beim OLG vertretbar ist, warum soll es nicht ebenso bei einer Berufungskammer des LG vertretbar sein? Ich halte einen LG-Direktor mit zwei LG-Räten für genauso intelligent wie den Senatspräsidenten und die OLG-Räte eines OLG, wenn es sich um solche Fragen handelt.

Fischer: Ich möchte nur noch eins wissen: Wie ist das in dem Fall, wo der beauftragte Richter den Zeugen zu vernehmen hatte?

Staud: Hier ist der Instanzenzug gegeben. Wenn wir künftig dazu kommen werden – ich persönlich werde da nicht locker lassen –, dass die Berufung an das OLG kommt, um auch für Amtsgerichtssachen eine Verbindung zum RG herzustellen, ist diese Bestimmung überhaupt selbstverständlich.

Pagenstecher: Ich habe hier doch noch Bedenken. Mit dem Argument, das LG sei ebenso klug wie das OLG, darf man nicht arbeiten. Es ist nun einmal so, und es ist etwas Wahres daran, dass höhere Richter zuverlässiger und gewissenhafter sind als untere. Ich verstehe Herrn Staud nicht recht. Offenbar will er die Beschwerde geben, wenn das LG einen Aussetzungsbeschluss macht. Ich möchte das nicht.

Staud: Vor allem bei Zwischenentscheidungen scheint mir der Apparat nicht so recht zu funktionieren. Die Leute haben schon ein Gefühl dafür, dass sie in der Berufungsinstanz des LG nichts mehr machen können. Ich denke an eine so wesentliche Entscheidung wie die Bewilligung des Armenrechts, die für das Schicksal der ganzen Berufung ausschlaggebend sein kann.

Stagel: Ich begreife nicht, wie man in einem Verfahren, das in der Hauptsache kein Rechtsmittel mehr zulässt, in allen möglichen Nebensächlichkeiten den Rechtszug an eine höhere Instanz eröffnet. Ich würde sogar so weit gehen und auch in den Fällen des Abs. 2 Nr. 2 in den nicht berufungsfähigen Sachen aus demselben Gedankengang heraus die Beschwerde ausschließen.

Staud: Kurz ausgedrückt wollen Sie sagen: Wenn es keine Berufung gibt, gibt es auch keine Beschwerde. Nun, das ist im Wesentlichen eine Entschlussfrage. Der Gedanke von Stagel ist an sich konsequent und richtig; aber ich habe dagegen doch Bedenken.

Stagel: Man müsste zum mindesten bei den Fällen, die man im Gesetz besonders bezeichnet, überlegen: Ist das auch ein Fall, der selbst in einer nicht berufungsfähigen Sache der Beschwerde bedarf?

Staud: Wie stellen Sie sich zum Armenrecht?

Stagel: Hier würde ich sie zulassen.

Vorsitzender: Ich habe auch gewisse Bedenken. Wir sind uns darüber einig, dass die weitere Beschwerde fallen soll. Warum will man hier auf indirektem Weg drei Instanzen schaffen, wenn man in der Hauptsache nur zwei hat?

Staud: Warum will man eine weitere Instanz haben, die ihrerseits schon Rechtsmittelinstanz ist?

Vorsitzender: Das Beschwerdegericht kann wohl stehen bleiben.

Staud: Ein Beschwerdegericht kann auch innerhalb des Beschwerdeverfahrens einen Beschluss darüber machen, ob das Beschwerdeverfahren ausgesetzt wird, ob der Zeuge, der geladen ist und nicht erscheint, bestraft wird. Das kommt in der Praxis häufig vor. Die Sache ist deshalb noch im Dunkeln, weil wir uns leider noch nicht völlig einig sind darüber, wie der organisatorische Aufbau aussehen soll.

Fischer: Hier ist eine Frage von Bedeutung, die erst neuerdings immer mehr in den Vordergrund tritt: die Frage des Nachwuchses. Sie wird schwierig zu lösen sein. Auf Jahrzehnte hinaus werden alle möglichen Verwaltungsorganisationen einen starken Bedarf an Juristen haben, und für die Gerichte werden nur wenige Kräfte übrig bleiben. Jede Reform wird darauf bedacht sein müssen, die Gerichte zu entlasten, die Richter möglichst wenig zu beanspruchen. Aber es ist immer noch die Frage: Ist der Richter, an den die Beschwerde geht, immer der beste Richter?

Staud: Dass man für die Frage, ob ein Zeuge genügend entschuldigt ist oder nicht, ein OLG nicht mehr zu bemühen braucht, das halte ich für sicher, zumal wir hier den Gnadenerweis haben.

Vorsitzender: Ich glaube, wir können die Fassung des § a unverändert stehen lassen. So ernst sind die Bedenken nicht, dass man sagen könnte: Mit dieser Formulierung kann man nicht auskommen.

§ b (§ 577). Die Beschwerdefrist beträgt zwei Wochen. Sie beginnt mit der Zustellung oder, wenn es einer solchen nicht bedarf, mit der Verkündung der Entscheidung.

Hierzu ist nichts weiter zu bemerken.

§ c (§ 589). (1) Die Beschwerde wird durch Einreichen einer Beschwerdeschrift bei dem Gericht eingelegt, das oder dessen Vorsitzender die angefochtene Entscheidung erlassen hat.

Pagenstecher: Die Wortfolge „... das oder dessen Vorsitzender“ ist nicht schön.

Vorsitzender: Dem kann man vielleicht abhelfen, indem man die Worte „oder dessen Vorsitzender“ in Klammern setzt.

Staud: Ich möchte fast glauben, man kann die Worte „oder dessen Vorsitzender“ überhaupt streichen. Der Sinn ist klar.

Vorsitzender: Es gibt aber doch Entscheidungen, die der Vorsitzende als Vorsitzender des Kollegiums trifft. Wir müssen also den Vorsitzenden doch belassen.

Fischer: Würde man nicht zweckmäßiger sagen: „... *bei dem* die angefochtene Entscheidung erlassen ist“?

Furler: Oder: „... von dem die angefochtene Entscheidung ausgeht“.

Staud: Die gleiche Frage kehrt bei § f wieder.

Vorsitzender: Wir stehen vor dem Problem: Wie unterscheiden wir, ob der Vorsitzende etwas allein unternehmen kann, oder aber als Vorsitzender des Kollegiums?

Staud: In der letzten Sitzung haben wir den Fall erörtert, wo jemand Beschwerde beim Beschwerdegericht einlegt. Jonas hatte hierzu bemerkt, da könne es passieren, dass die Beschwerde erst nach Ablauf der Beschwerdefrist eingehe. Die Beschwerde ist also innerhalb der Beschwerdefrist eingelegt, aber beim falschen Gericht; eine solche Bestimmung müsste man treffen. Das hätte man auch tun können. Überlegt man sich aber die Sache, so könnte man sagen: Es handelt sich um die Gruppe von Fällen, in denen ein Rechtsmittel zwar innerhalb der Frist eingelegt ist, aber innerhalb der Frist nicht in der nötigen Form oder an der richtigen Stelle. Es schwebt uns vor, ob man da nicht wieder einen allgemeinen Wiedereinsetzungsgrund schafft, nämlich dass die Wiedereinsetzung dann gewährt werden kann, wenn eine Prozesshandlung zwar innerhalb der Frist, aber aus entschuldbarer Rechtsunkenntnis nicht in der vorgeschriebenen Form oder bei der richtigen Stelle vorgebracht wird.

Pagenstecher: Wird eine Klage beim falschen Gericht erhoben, dann wird sie an das richtige Gericht überwiesen, und damit ist die Frist gewahrt.

Staud: Wir sind sehr dafür, dass die Formvorschriften gewahrt bleiben. Niemand, der eine Formvorschrift versäumt, darf sich darauf verlassen, es geht auch so.

Fischer: Könnte man in der Anmerkung zu § c Abs. 1 nicht statt „bei der richtigen Stelle" sagen „beim richtigen Gericht"? Man würde so eine Unklarheit beseitigen.

Staud: Hier ist der Gedanke ganz allgemein ausgesprochen. Man denke etwa an den Fall: Die Beschwerde wurde beim Generalstaatsanwalt eingelegt. Will man den Mann schützen? Eine bessere Formulierung des Fischerschen Vorschlags wäre: „beim zuständigen Gericht".

Singer: In München ist es vorgekommen, dass die Beschwerde in einer Beamtenhaftungssache beim Salzamt eingelegt wurde, weil dieses zufällig seinen Sitz im gleichen Gebäude hatte.

Vorsitzender: Wir wollen also sagen: „beim zuständigen Gericht". – § c (2) „Die Beschwerde kann auch durch Erklärung zur Niederschrift der Geschäftsstelle eingelegt werden, wenn die Entscheidung von einem Amtsgericht erlassen ist, wenn die Beschwerde das Armenrecht betrifft oder wenn sie von einem Zeugen oder Sachverständigen erhoben wird." – Hierzu ist wohl nichts zu bemerken.

(3) Vor dem Beschwerdegericht können sich die Parteien ebenso vertreten lassen wie in dem Verfahren, in dem die angefochtene Entscheidung ergangen ist.

Staud: Uns würde es interessieren, zu erfahren, ob, was wir meinen, richtig und deutlich ausgesprochen ist.

Furler: Gemeint ist wohl: Die Parteien können sich vor dem OLG durch den LG-Anwalt vertreten lassen.

Fischer: Aus dem Wortlaut – „können" – ergibt sich, dass die Parteien sich so vertreten lassen können; sie brauchen sich nicht so vertreten zu lassen.

Staud: Alles Weitere folgt aus den Bestimmungen über den Anwaltszwang.

Furler: Die Bestimmung soll doch wohl eine Ausnahme bedeuten von dem allgemein herrschenden Grundsatz.

Vorsitzender: Immerhin, die Formulierung ist noch nicht ganz klar. Sie sagt nichts darüber, was ist, wenn eine Partei keinen Vertreter braucht und selbst auftritt.

Singer: Insoweit kann die Bestimmung allerdings zu Zweifeln Anlass geben.

Furler: Um dem zu begegnen, könnte man sagen: „Vor dem Beschwerdegericht können die Parteien ebenso auftreten oder sich vertreten lassen".

Fischer: Oder: „Vor dem Beschwerdegericht können die Parteien sich auch durch die Bevollmächtigten des ersten Verfahrens vertreten lassen".

Staud: Dass eine Partei sich vor dem OLG durch den OLG-Anwalt vertreten lassen kann, folgt aus den allgemeinen Bestimmungen über den Anwaltszwang. Nun soll die Partei eine Erleichterung erhalten: Sie soll sich so vertreten lassen können wie vor dem LG, nämlich durch den LG-Anwalt.

Fischer: Der Grundgedanke ist der, dass die Parteien ihre Anwälte behalten sollen.

Furler: Es sollen auch unnötige Kosten vermieden werden.

Staud: Wir haben zwei Fassungen: Man kann entweder sagen: „Die Parteien können sich ebenso vertreten lassen“, oder die Fassung „Die Parteien können ebenso auftreten und sich vertreten lassen“.

Vorsitzender: Wir sagen: „... können die Parteien ebenso auftreten und sich vertreten lassen ...“.

Pagenstecher: Sprachlich bleibt das immer noch scheußlich.

Vorsitzender: Wir kommen zu *§ d.* (1) Aus der Beschwerdeschrift muss hervorgehen, gegen welche Entscheidung die Beschwerde sich richtet.

(2) Sie soll ferner enthalten

1. die Erklärung, inwieweit die Entscheidung angefochten wird und welche Abänderungen beantragt werden (Beschwerdeanträge);

2. die bestimmte Bezeichnung der im Einzelnen anzuführenden Gründe der Anfechtung (Beschwerdegründe).

Staud: § d spricht vom Inhalt der Beschwerde. Ich denke an den Fall: Beim Gericht in München geht eine Postkarte ein des Inhalts: „Gegen die Entscheidung des Amtsgerichts München lege ich Beschwerde ein“. Das war vielleicht völlig harmlos, solange die Beschwerde an keine Frist gebunden war. Die Forderung, dass aus dem Skriptum hervorgehen müsse, gegen welche Entscheidung man sich beschwert, halte ich nicht für ein unbilliges Verlangen. – Die weitere Vorschriften sind im Wesentlichen eine Reproduktion der Bestimmungen über den Inhalt der Berufungsschrift. Wer sich beschwert, soll angeben, weshalb er sich beschwert. Eine Mussvorschrift daraus zu machen, geht mir zu weit.

Pagenstecher: Wollen Sie eine Bindung an die Beschwerdeanträge machen?

Staud: Bei der Berufung haben wir das.

Fischer: Sie können Beschwerde und Berufung nicht gleichstellen.

Staud: Da die Beschwerdeanträge keine Musserfordernisse sind, können sie auch nachgeholt werden, so dass beim Beschwerdeverfahren nicht die Konzentrierung eintritt wie bei der Berufung. Beispiel: In der Beschwerdeschrift sind die Beschwerdeanträge enthalten. Nehmen wir an, die Einstellung der Zwangsvollstreckung ist abgelehnt worden bezüglich des Warenlagers und der Wohnungseinrichtung. Die Beschwerde geht nun dahin, diesen Beschluss abzuändern insoweit er sich auf die Wohnungseinrichtung bezieht, hilfsweise die Zwangsvollstreckung einzustellen, weil es sich um unpfändbare Gegenstände handle. Die Verletzung der Sollvorschrift, das Weglassen der Beschwerdeanträge bringt den Vorteil, dass der Beschwerdeführer das nachliefern kann.

Fischer: Ich habe aus dem Text eigentlich nur das Gegenteil herausgelesen: Die Anträge brauchen nur in Sollform gefasst zu sein. Daraus kann man entnehmen: Ich kann beliebig andere Anträge nachschieben.

Staud: Ich würde kein Bedenken tragen, in Abs. 1 Ziff. 1 hereinzubringen: „Aus der Beschwerdeschrift muss hervorgehen, gegen welche Entscheidung die Beschwerde sich richtet, *inwieweit die Entscheidung angefochten wird und welche Abänderungen beantragt werden.*“

Fischer: Wenn Sie sagen, „welche Abänderungen beantragt werden“, geben Sie etwas mehr, aber nicht zu viel: Sie geben der Beschwerde die Richtung.

Staud: Ich glaube, man muss hier doch von den Musserfordernissen der Beschwerde sprechen. Dann kann ich die Entscheidung in toto anfechten. Das scheint mir doch die richtige Lösung zu sein. Im Übrigen kann man das wohl der Rechtsprechung überlassen. Wir können die Fassung ruhig so stehen lassen.

Stagel: In dem Zusammenhang möchte ich auf § e Abs. 2 des Entwurfs über die Berufung verweisen.

Fischer: Vielleicht kann man die Ziff. 2 des Abs. 1 in Ziff. 1 übernehmen. Der Mann reicht einen Zettel ein und sagt, hiermit lege er Beschwerde gegen den Beschluss des Amtsgerichts vom soundsovielten ein. Dann hat er das Rechtsmittel gewahrt. Warum soll der Mann nicht sagen, warum? Eine Parallele zu den anderen Rechtsmitteln ist hier nicht am Platze; die Beschwerde ist etwas anderes. Ich würde sagen: Aus der Beschwerdeschrift muss hervorgehen, gegen welche Entscheidung die Beschwerde sich richtet und aus welchen Gründen die Beschwerde erhoben wird.

Staud: Nehmen wir folgenden Fall: Einen Mann ist das Armenrecht verweigert worden a) weil er leistungsfähig ist, b) weil die beabsichtigte Rechtsverfolgung aussichtslos erscheint. Gegen diesen Beschluss legt der Mann Beschwerde ein, sagen wir mit der Begründung, seine Sache sei doch ganz aussichtsreich.

Fischer: Ich würde die Sollvorschriften ruhig weglassen.

Staud: Vielleicht kommen wir noch einmal darauf zurück, wenn wir § f besprechen.

Fischer: Die §§ e, h und i gehören zusammen und wir sollten sie auch zusammen behandeln.

Staud: Die §§ e und i werden überflüssig, wenn § h Abs. 3 in der primären Fassung akzeptiert wird. Man kann nicht sagen, das sei zu kompliziert. Das Beschwerdeverfahren soll ein handliches, praktikables Verfahren sein, das man für irgendwelche Instanzen für anwendbar erklärt. Auch im geltenden Recht ist es herrschende Meinung, dass für das Beschwerdeverfahren die Grundsätze des Verfahrens erster Instanz und des Berufungsverfahrens gelten, wie es gerade passt. Das ist die Auffassung, die in den Kommentaren vertreten wird. Jedenfalls muss man etwas über die Gestaltung des Beschwerdeverfahrens sagen. Ohne Zweifel kann man nicht sagen: Auf die Beschwerde finden die Vorschriften des Verfahrens erster Instanz Anwendung. Damit trägt man nicht einem Verfahren Rechnung, das genau so ein Nachprüfungsverfahren in der Berufungsinstanz ist. Wenn man sagt, die Berufungsinstanz ist eine Nachprüfungsinstanz, so gilt das für die Beschwerde noch viel mehr. Die Bedenken insoweit sind bei der Beschwerde noch viel weniger gerechtfertigt als bei der Berufung.

Pagenstecher: Ich möchte nur klarstellen, dass ich in diesem Punkt absolut anderer Auffassung bin. Selbst wenn Sie die Berufung so gestalten, wie Sie und Volkmar das wollen, würde ich das bei der Beschwerde weglassen.

Staud: Ich denke bei der Beschwerde vor allem an die Entscheidungen, die wirklich ein Verfahren beenden. Hier tritt der Beschluss an die Stelle des Urteils. Dies gilt vor allem auf dem Gebiet der Zwangsvollstreckung, wo mit der Beschwerde nicht nur eine bestimmte Zwischenfrage, sondern das gesamte Verfahren in die höhere Instanz gezogen wird. Gerade in der Zwangsvollstreckung halte ich es für erforderlich, dass für das Rechtsmittelverfahren eine gewisse Konzentration eintritt. Wir dürfen bei der Zwangsvollstreckung nicht vergessen, dass der Beschwerde fast stets ein Rechtsmittel vorausgeht: die Erinnerung. Der gewiegte Schuldner legt kurz vor der Versteigerung die Erinnerung ein. Dann wird ein Erinnerungsverfahren durchgepaukt, und dann wird am letzten Tage das [gegen den] auf die Erinnerung ergehenden Beschlusses sofortige Beschwerde zum LG eingelegt. Ist diese Beschwerde dann endlich verworfen, dann kommt der Mann und legt eine neue Erinnerung ein. Die Erinnerung ist unbefristet und stützt sich wieder auf etwas Neues. Bei normalem Zwangsvollstreckungsverkehr kann man namentlich in den Großstädten diese ganz typische Art missbräuchlicher Verwendung der Rechtsmittel in der Zwangsvollstreckung durch den Schuldner beobachten. Zum Schluss kommt die Interventionsklage.

Die andere Gruppe von Fällen betrifft Beschwerdeverfahren, die sich an ein Kostenurteil, an die Vollstreckbarerklärung eines Schiedsspruchs anschließen. Das LG lehnt die Vollstreckbarerklärung ab, weil der Schiedskläger das Zustandekommen des Schiedsvertrags nicht bewiesen habe. Der Mann legt Beschwerde ans OLG ein und legt da den Schiedsvertrag vor. Oder umgekehrt: Gegen den Schiedsspruch verteidigt sich der Schiedsbeklagte mit den und den Argumenten. Der Schiedsspruch wird für vollstreckbar erklärt. Er legt Beschwerde ein; die Sache kommt vor das OLG, und da packt er nun aus. Das sind Fälle, bei denen die Beschwerde doch dasselbe ist wie die Berufung. In Wirklichkeit handelt es sich um materiellrechtliche Streitigkeiten durch mehrere Instanzen. Es ist weiß Gott nicht einzusehen, weshalb, bloß weil dieses Verfahren Beschwerdeverfahren ist, es gestattet sein soll, den Schwerpunkt der Entscheidung in die zweite Instanz zu legen.

Wir wirken sich nun die neuen Grundsätze in der Berufung auf die Beschwerde aus? Das Novum ist, dass der Satz gilt: Was ich vor dem Erlass der angefochtenen Entscheidung bei gesunder Prozessökonomie bereits hätte geltend machen können und müssen, kann ich nicht nachher mit der Beschwerde geltend machen. Das Novenverbot bei der Beschwerde hat zur Voraussetzung, dass vor Erlass der angefochtenen Entscheidung Veranlassung bestand, das betreffende Vorbringen vorzutragen. Dass dabei die Zumutbarkeit eine erhebliche Rolle spielt, ist klar. Dass man bei einer Naturalpartei einen anderen Maßstab anlegt wie bei einer geschäftsgewandten Partei, ist auch selbstverständlich. Wenn wir diese Sachen nicht bringen, kehrt das, was die Berufungsgrundsätze für die Beschwerde bedeuten, in mehr oder weniger veränderter Form ohnehin wieder, und zwar in §§ e und i.

Fischer: Ich neige immer mehr dazu, die §§ e und i beizubehalten. Die einfachere Lösung wäre vielleicht, die Grundlagen für die Berufung aufzunehmen. Ich neige aber mehr zu der anderen Lösung, weil wir dann in § e ganz klare Abgrenzungen haben.

Stagel: Hier ist einschlägig § q aus der Berufung.

Fischer: Diese Verweisungen sind für uns, die wir das Handwerkszeug haben, gut und schön. Wir wissen, was gemeint ist. Ich möchte aber ganz deutlich gesagt haben: Für die Beschwerde gilt das auch.

Staud: Dann müssen wir auch wiederholen die Kardinalvorschrift der Nachprüfung der angefochtenen Entscheidung und dergl. Unsere ZPO wird außer den Rechtswahrern wohl kein Mensch lesen. Ich glaube nicht, dass die ZPO ein Volksgesetzbuch des Prozessverfahrens werden wird. Dass eine Partei, die Beschwerde einlegen will, in der Prozessordnung herumblättert, das scheint mir höchst unwahrscheinlich. Mir liegt daran, die Prozessordnung möglichst kurz und präzis zu fassen. Am liebsten sähe ich es, die 1048 Paragraphen auf 600 herunterzubringen. Wir müssen nicht nur diese Bestimmung, sondern viele andere Paragraphen wiederholen, vor allem den Kardinalparagraphen, dass auch das Beschwerdeverfahren ein Nachprüfungsverfahren ist.

Fischer: Eine grundsätzlich aufgenommene Beschwerde ist ihrer Natur nach immer Nachprüfungsverfahren. Für mich ist das Beschwerdeverfahren stets Nachprüfungsverfahren. Ich habe niemals das Gefühl gehabt, eine Beschwerde sei eine Berufung.

Staud: Das ist wohl auch nur ein Gefühl; die Beurteilung wird bei den einzelnen Arten von Beschwerden verschieden sein.

Fischer: Nach meiner Meinung müssten wir die Kostenbeschwerde überhaupt ausscheiden.

Staud: Umgekehrt! Wir wollen aus dem Urteil einen Beschluss machen. Wir müssen einen Weg finden, wie man an der Schwierigkeit der hypothetischen Kostenentscheidung vorbeikommt.

Fischer: Sie können das nur so machen, dass Sie zwangsweise die Kosten teilen. Aber das ist untragbar für das Gerechtigkeitsgefühl, vorausgesetzt, dass Sie überhaupt an der Auferlegung der Kosten an den unterliegenden Teil festhalten.

Staud: Diesen starren Grundsatz werden wir irgendwie zu lockern haben. Wenn jemand glaubt, dass der Andere schon aus Verzugsgründen die Kosten tragen müsse, dann mag er klagen. Es wird darum sehr wenig geklagt werden, dessen bin ich sicher. Der Prozess als solcher ist doch erledigt.

Furler: Dann müssen Sie die Klagänderung auf die Verzugskosten verbieten.

Staud: Wir wollen eine aleatorische Lösung haben und die Regelung auf die wirklich in Betracht kommenden Fälle beschränken. Unter seriösen Parteien wird über die Kosten nicht gestritten.

Fischer: Wie oft habe ich mit meinen Bekannten aus Wirtschaftskreisen darüber gesprochen, dass ein Urteil im Kostenpunkt überhaupt nicht angreifbar sein soll. Alle Wirtschaftler stimmen mir darin bei.

Staud: Das haben wir bereits beschlossen; nur die Formulierung ist schwierig. Die Rechtsmittelinstanz ändert die Kostenentscheidung des Urteils dann, wenn sie der Auffassung ist, schon die erste Instanz hätte über die Kostenfrage so entscheiden müssen.

Fischer: Dann können Sie auch noch den zweiten Schritt gehen.

Doch kehren wir zur Beschwerde zurück. Das Beschwerdegericht kann sagen: Nach den Präklusionsgrundsätzen erster Instanz hätte der Beschwerdeführer Anlass gehabt, etwas schon innerhalb der Beschwerdeinstanz vorzubringen; der Beschwerdeführer sei durch gesetzliche Vorschrift gehalten, schon den der Beschwerdeschrift mitzuteilen, was er zur Begründung der Beschwerde vorzubringen habe. Bringt jemand sein Vorbringen zur zögernd, so besteht die Möglichkeit; gegen ihn die Grundsätze für die Präklusion erster Instanz anzuwenden.

Wir können wohl davon ausgehen, dass die §§ e und i wegfallen; sie sind durch § h Abs. 3 überflüssig geworden.

§ f (§ 571). Hält das Gericht oder der Vorsitzende, dessen Entscheidung angefochten wird, die Beschwerde für begründet, so haben sie ihr abzuhelfen; andernfalls ist die Beschwerde vor Ablauf einer Woche dem Beschwerdegericht vorzulegen.

Ich glaube, diese Fassung kann man so lassen, wie sie ist.

§ g (§ 572). (1) Die Beschwerde hat nur dann aufschiebende Wirkung, wenn sie sich gegen die Anordnung der Rückgabe einer Sicherheit, die Verhängung einer Strafe, die Anordnung von Zwangsmaßnahmen oder die Auferlegung eines Kostenersatzes (oder: gegen eine in den §§ … erwähnten Entscheidungen) richtet.

(2) Das Beschwerdegericht kann vor der Entscheidung einstweilige Anordnungen treffen, insbesondere Anordnungen, dass die Vollziehung der angefochtenen Entscheidung auszusetzen sei.

(3) Solange die Akten dem Beschwerdegericht nicht vorgelegt sind, kann diese Anordnungen auch das Gericht oder der Vorsitzende treffen, dessen Entscheidung angefochten wird.

In Abs. 1 müssen wir uns für eine Lösung entscheiden: entweder die einzelnen Fälle zu benennen, oder aber die einschlägigen Paragraphen anzuführen. Ich bin mehr für Klarheit als für Volkstümlichkeit, möchte mich daher für die letztere Möglichkeit entscheiden.

Pagenstecher: Ich bin auch dafür, die einschlägigen Paragraphen hier aufzuzählen.

Staud: Was ist eine Zwangsmaßnahme? Beispiel: Jemand wird aus dem Sitzungssaal wegen ungebührlichen Verhaltens verwiesen und legt Beschwerde ein. Das wäre eine Zwangsmaßnahme.

Vorsitzender: Wir entscheiden uns also für die einfachere Lösung der Aufzählung der einzelnen Paragraphen. Das ist zwar weniger volkstümlich, aber dafür klar.

Die Abs. 2 und 3 sind ohne Beanstandung.

§ h (§§ 568 Abs. 1, 573). (1) Über die Beschwerde entscheidet das im Rechtszug nächst höhere Gericht (Beschwerdegericht).

(2) Das Beschwerdegericht kann ohne mündliche Verhandlung entscheiden.

(3) Im Übrigen finden auf das Beschwerdeverfahren die Vorschriften über das Berufungsverfahren mit Ausnahme der §§ … (510 a, 519 Abs. 6, 542 ZPO) entsprechende Anwendung.

§ h macht, wie gesagt, die §§ e und i überflüssig.

§ k (§ 575). Hält das Beschwerdegericht die Beschwerde für begründet, so kann es dem Gericht oder dem Vorsitzenden, dessen Entscheidung angefochten war, die erforderliche Anordnung übertragen.

Auch hierzu ist nichts zu bemerken; das ist alles in Ordnung.

§ l (§ 575). (1) Gegen Entscheidungen des Urkundsbeamten und gegen solche Entscheidungen des beauftragten oder ersuchten Richters, die gemäß § a der Beschwerde unterliegen würden, ist binnen einer Frist von zwei Wochen die Erinnerung an das Prozessgericht zulässig.

(2) Auf die Erinnerung finden die Vorschriften über die Beschwerde entsprechende Anwendung.

(3) Die Entscheidung des Prozessgerichts unterliegt der Beschwerde nach Maßgabe der Vorschrift des § a.

Staud: § *l* enthält einiges Neue. In den Fällen der sofortigen Beschwerde hat die Erinnerung den besonderen Charakter, dass, falls ihr nicht entsprochen wird, die sofortige Beschwerde gilt. Das ist in § *l* nicht enthalten; vielmehr wird das Beschwerdegericht erst in Bewegung gesetzt durch eine Beschwerde gegen den Beschluss. Überlegen Sie sich das Folgende: Wahrscheinlich wird in einem sehr hohen Prozentsatz aller Fälle eine Partei, die sich mit der Erinnerung gegen eine Anordnung des Urkundsbeamten oder Richterkommissars wendet, sich damit abfinden, wenn das Prozessgericht sagt: Ja, so war es, wir billigen und bestätigen das, wir treten dem Richterkommissar oder Urkundsbeamten bei, und damit soll es beruhen.

Fischer: Für den Richterbeamten mag das zutreffen; für den Urkundsbeamten ist es anders. Denn der Richter wird in aller Regel den Urkundsbeamten decken.

Staud: Nehmen wir an, der Urkundsbeamte hat die Erteilung des Rechtskraftzeugnisses abgelehnt, weil Berufung eingelegt ist.

Fischer: Nach meiner Beobachtung wird der Richter dem beitreten, was sein Urkundsbeamter entschieden hat.

Staud: Wenn der Urkundsbeamte eine autoritäre Stellung wie das Gericht hat, hat die Partei das Gefühl, die Sache ist von einer qualitativ kompetenten Stelle nachgeprüft. Sie steht vor der Frage, ob sie die Kosten des Beschwerdeverfahrens riskieren will, und die Sache noch einmal nachprüfen lassen. Wenn jemand die Sache durchpeitschen will, dann dauert es eine Kleinigkeit länger.

Stagel: Halten Sie es für möglich, Herr Staud, dass eine Partei mit der Erinnerung gleich eine Eventualbeschwerde verbindet?

Staud: Nein.

Pagenstecher: Hat die Erinnerung aufschiebende Wirkung? Nach § *l* Abs. 2 müsste das der Fall sein.

Staud: Ich komme zu § m.

Hier könnte man die Formulierung des § 425 Abs. 2 der öZPO wählen. Diese würde für die jetzige Praxis der Gerichte eine Einschränkung bedeuten.

Stagel: Die öZPO sagt: „An seine Beschlüsse ist das Gericht insoweit gebunden, als sie nicht bloß prozessleitender Natur sind."

Staud: Jonas sagt in seinem Kommentar: Beschlüsse im Armenrechtsverfahren und in der Beweissicherung sind abänderbar. Nicht abänderbar sind Beschlüsse, durch die ein Verfahren abgeschlossen oder durch die eine Rechtsmittelinstanz abgeschlossen wird. – Die Frage ist, ob man das kodifizieren will oder der Praxis und Rechtsprechung überlässt.

Fischer: Ich habe folgenden interessanten Fall gehabt: Einem Erfinder war von seinem Geldgeber übel mitgespielt worden. In der zweiten Instanz habe ich gegen den Beschluss des Gerichts, der das Armenrecht ablehnte, eine Gegenvorstellung erhoben; das Gericht ging darauf ein und hat die bisherigen Beschlüsse aufgehoben. Es erklärte, obwohl nicht eine neue Tatsache vorgebracht worden war, jetzt sei deutlich geworden, wie bedenklich die Abtretung der Gewinnanteile sei. Demgemäß bewilligte es jetzt das Armenrecht. Ist das armenrechtliche Verfahren nicht eine Sache für sich? Es ist, wenn es einen verwaltungsmäßigen Charakter hat, die Zubilligung des Armenrechts.

Staud: Ist das Armenrecht versagt, dann kann auf ein erneutes Armenrechtsgesuch hin das Armenrecht bewilligt werden. Der das Armenrecht versagende Beschluss ist nicht rechtskräftig.

Fischer: Für mich besteht hier ein großer Unterschied: Der Charakter des Prozesses besteht im Kampf um die Entscheidung der Rechtsfrage, während das Armenrechtsverfahren nur prüfen soll, ob man dem Mann die Wohltat des Armenrechts, die Kostenfreiheit zugestehen soll oder nicht.

Staud: Im armenrechtlichen Verfahren genügt es vollkommen, dass der Mann in erster Instanz sein Gesuch stets erneuern kann. Das ist das Praktischere. Die Abänderbarkeit des Armenrechtsbeschlusses auf Gegenvorstellung hin ist ganz unmöglich. Einmal muss hier Schluss sein, und zwar nicht nur, wenn eine Instanz beendet wird, sondern auch bei allen Beschlüssen, aus denen eine Partei die Zwangsvollstreckung zu betreiben in der Lage ist. Hier muss doch die Partei, die einen Entschluss erhalten hat, sich darauf verlassen können, dass die Sache so bleibt. In der Zwangsvollstreckung muss man wissen, woran man ist. Ist ein Pfändungsbeschluss auf Beschwerde erlassen, so kann der Beschwerdeführer mit der Sache nicht wiederkommen.

Die Bestimmung hätte das eine Gute, dass sie verhindert, verbockte Sachen praeter legem zu behandeln. Man würde sagen: Zunächst gilt der Grundsatz des österreichischen Zivilprozesses; zweitens würden Beschlüsse, die als solche erster Instanz ergehen und der sich aus § a Abs. 2 ergebenden Beschränkung nicht unterliegen, binnen der für die sofortige Beschwerde bestimmten Frist nachgeprüft bzw. die Abhilfe durch das Gericht nachgesucht werden können. Man müsste die Regelung abstellen auf solche Beschlüsse, die wegen des Beschwerdeausschlusses in § a Abs. 2 der Beschwerde nicht unterliegen.

Vorsitzender: Die Formulierung wollen wir uns noch vorbehalten.

Nachmittagssitzung

Vorsitzender: Wir wenden uns nun dem *Wiederaufnahmeverfahren* zu und wollen uns zunächst mit der Zulässigkeit befassen. Bisher haben wir drei Gründe für die Zulassung. Das sind einmal die schweren prozessualen Mängel. Die Unterscheidung zwischen Nichtigkeits- und Restitutionsklage werden wir fallen lassen müssen, und wir werden diese beiden Klagen unter einem Namen zusammenfassen müssen. Bisher war in § 579 die Nichtigkeitsklage und dann in § 580 die Restitutionsklage, und zwar zunächst Ziff. 1 bis 5, d.h. strafbare Handlungen, die in Bezug auf den Prozess von einem Prozessbeteiligten begangen sind und sich auf eine Grundlage des Urteils bezogen haben. Dann kam als dritte Gruppe in sehr bescheidenem Umfang die Schaffung neuen Materials, Ziff. 6 und 7 von § 580. Die Hauptfrage, die uns beschäftigen wird, ist wohl die Erweiterung dieses Punktes des neuen Materials, wo, vom rechtskräftigen Urteil abgesehen, nur eine Urkunde als neues Material gilt, auf andere Beweismittel, Zeugen, eventuell Sachverständige – was wohl bedenklich ist – und Augenschein.

Die zweite große Frage ist, dass wir die Anwendung des § 226 BGB gegenüber rechtskräftigen Urteilen ausräumen wollen durch eine Erweiterung des Wiederaufnahmeverfahrens.

Wollen wir nun einfach nach der Reihenfolge gehen und die schweren Mängel zuerst besprechen, oder wollen wir lieber eine Generaldebatte haben?

Fischer: Es kommt wohl zunächst auf die beiden großen Fragen an.

Vorsitzender: Zunächst wäre zu überlegen: Sollen die prozessualen Mängel, die jetzt nach § 579 die Nichtigkeitsklage begründen, bleiben, sollen sie ergänzt werden oder sollen sie wegfallen? Wir haben da als ersten Grund Ziff. 1: wenn das erkennende Gericht nicht vorschriftsmäßig besetzt war.

Furler: Im bisherigen Umfang kann das selbstverständlich nicht bleiben. Wir haben das schon bei der Revision über Bord geworfen und können es deshalb bei der Wiederaufnahme nicht beibehalten.

Stagel: Für die Revision heißt die Vorschrift: Wenn das erkennende Gericht abgesehen von den Vorschriften über die Geschäftsverteilung und die Vertretung vorübergehend behinderter Richter nicht vorschriftsmäßig besetzt ist.

Vorsitzender: Das müssten wir hier natürlich übernehmen. Genügt das? Ganz fallen lassen möchte ich es nicht.

Stagel: An was für Fälle denkt man da? Dass ein Einzelrichter hätte entscheiden sollen, und es hat eine Kammer entschieden? Das kommt wohl nicht in Frage, und den umgekehrten Fall würde ich auch nicht für so entsetzlich halten.

Furler: Wenn in der Kammer ein Referendar sitzt.

Stagel: Das ist etwas anderes; der ist ja nicht Richter.

Furler: Das ist dann aber nicht vorschriftsmäßig besetzt. Das könnte bei uns vorkommen.

Vorsitzender: Es ist ja nur sozusagen eine Warnung. Es ist nicht in dem Sinne gemeint, dass es praktisch wäre.

Stagel: Es ist ein Nichtigkeitsgrund bei der Berufung, aber nicht bei der Nichtigkeitsklage.

Fischer: Die Fälle in der Praxis gibt es; das sind die geisteskranken Richter.

Staud: Nehmen wir einmal die Referendare. Wir haben eine Zeitlang die Möglichkeit gehabt und auch von ihr Gebrauch gemacht, dass wir Referendaren richterliche Geschäfte in weitgehendem Maße übertragen haben. Nach dem besagten Recht konnten Referendare richterliche Spruchentscheidungen in Zivil- und Strafsachen fällen. Nun wollen wir annehmen, in irgendeinem Lande ist es kritisch. Durch ein Versehen des Landgerichtspräsidenten wird ein Referendar zu richterlichen Geschäften beim Amtsgericht verwendet. Was machen wir da, wenn wir keine Nichtigkeitsklage haben?

Vorsitzender: Nach Jonas ist das ein absolut nichtiges Urteil.

Staud: Mit diesem sogenannten Nichturteil, das überhaupt nicht respektiert wird, operieren wir wohl am besten nicht und stellen uns auf den Standpunkt, dass ein Urteil, das sich äußerlich als Staatsakt darstellt, auch wie ein solcher behandelt werden muss. Man wird praktisch immer an Fälle kommen, wo man sagt, hier ist die Sache so toll, dass wir das als Nichturteil betrachten.

Vorsitzender: Ganz können wir die Nichturteile nicht entbehren.

Pagenstecher: Das muss man der Wissenschaft überlassen.

Furler: Lassen wir doch die Vorschrift.

Staud: Wo wollen Sie die Grenze ziehen?

Furler: Wenn ein Referendar zur Vertretung eines vorübergehend verhinderten Amtsrichters benannt wird, würde das nicht ein Nichturteil sein.

Staud: Das ist nicht damit gemeint.

Stagel: Wenn nicht die vorgeschriebene Zahl der Richter da ist, würde das doch nicht als Nichtigkeitsgrund anzusehen sein.

Fischer: Da bin ich anderer Meinung. Irgendetwas muss schließlich noch übrig bleiben.

Furler: Man kann die Bestimmung lassen und die Vorschrift über die vorschriftsmäßige Besetzung der Gerichte entsprechend fassen.

Staud: Nehmen Sie an, ein geisteskranker Amtsrichter hat das arbeitsgerichtliche Urteil allein gemacht, und das Urteil ist nicht berufungsfähig.

Furler: Dem braucht man sich doch nicht zu unterwerfen.

Fischer: Es ist doch wiederholt vorgekommen, dass ein Richter geisteskrank ist. Dafür müssen wir eine Vorschrift haben.

Stagel: Dafür bin ich auch.

Vorsitzender: Ich würde dafür sein, dass wir es lassen mit der für die Revision geltenden Einschränkung.

Stagel: Ich nehme an, dass der Jonassche Vorschlag so weit angenommen wird, dass so etwas nicht mehr als eigene Klage aufgefasst wird. Das hängt in gewissem Grade damit zusammen.

Vorsitzender: Ich würde sagen: Nr. 1 bleibt mit der Einschränkung wie bei der Revision. Man kann nicht eine Wiederaufnahme geben, wo man die Revision versagt. (*Zustimmung.*)

Nun käme Nr. 2: Die Mitwirkung eines kraft Gesetzes ausgeschlossenen Richters. Das würde ich auch lassen.

Staud: Es stellt sich z.B. hinterher heraus, er ist verwandt gewesen. Niemand hat das im Prozess geltend gemacht. Der Richter selbst hat es verschwiegen. Wo ist die Grenze der Verwandtschaft? Wir haben ja auch den ausgeschlossenen Richter und den Richter, der wegen Befangenheit abgelehnt wird. Wenn ein Richter ausgeschlossen ist, so mache ich das auch mittels Ablehnungsgesuchs geltend. Nun ist dieses Gesuch erfolglos geblieben.

Stagel: Wenn er ausgeschlossen war und doch mitgewirkt hat, wie dann? Es stellt sich nachträglich heraus, er war wirklich ausgeschlossen.

Vorsitzender: Es kann auch bleiben mit der Einschränkung: Wenn die Sache schon einmal offiziell verhandelt ist infolge eines Ablehnungsgesuchs, dann soll es nicht noch einmal aufgenommen werden.

Furler: Es gibt aber Grenzfälle.

Fischer: Würden Sie den Fall, dass ein Richter ausgeschlossen ist und dann doch mitwirkt, nicht unter Ziff. 1 bringen können? Herr Stagel sagt: Das Ablehnungsgesuch ist eingereicht, der Mann ist ausgeschlossen, und es wird nachher nicht berücksichtigt, er wirkt doch mit. Dann gibt es keine Hilfe.

Vorsitzender: Da hat man auch nach der gegenwärtigen Fassung die Nichtigkeitsklage. Es trifft nur die Fälle, wo es ohne Erfolg geltend gemacht wird.

Dann können wir wohl auch in Nr. 3 Entsprechendes sagen: wenn das Ablehnungsgesuch begründet war.

Nr. 4 betrifft die mangelnde Vertretung der Parteien.

Pagenstecher: Da kommt die Frage, ob das auch gilt, wenn die Partei überhaupt nicht existiert.

Furler: Ich glaube, die Partei, die nicht existiert, brauchen wir nicht zu schützen.

Vorsitzender: Das kann man wohl der Wissenschaft überlassen und braucht es nicht ins Gesetz aufzunehmen. Aber die mangelnde Vertretung müssen wir wohl aufnehmen.

Fischer: Bei der Partei mit dem falschen Namen ergeben sich so viele andere Folgen daraus, dass man das nicht braucht.

Vorsitzender: Ich würde Nr. 4 auch lassen. Der Fall, dass eine nicht prozessfähige Partei ohne gesetzlichen Vertreter prozessiert, kann vorkommen. Der Richter übersieht z.B., dass jemand minderjährig ist.

Pagenstecher: Auch der Gegner eines Geisteskranken z.B. kann das machen.

Vorsitzender: Dann hätten wir die Nichtigkeitsklage mit der Einschränkung bei Nr. 1 an sich unverändert. Neue schwere Mängel finden wir wohl nicht, die zur Nichtigkeitsklage Anlass geben können. Wir haben ja nicht die Tendenz, das zu erweitern. Abs. 2 wird wohl auch bleiben. Ich weiß nur nicht, wie es mit Ziff. 2 ist.

Stagel: In unserem Gesetz haben wir nur 2 und 4, nicht 1 und 3.

Fischer: Gegen die Differenzierung habe ich nichts. Sie macht einen Gedanken geltend, der ganz richtig ist.

Pagenstecher: Es kann einer geltend machen, das Gericht war nicht vorschriftsmäßig besetzt.

Vorsitzender: Warum nun aber bei Nr. 2 nicht?

Stagel: Weil der Ausschluss eines Richters viel kräftiger wirken muss und viel mehr schützt. Man wird doch dazu kommen, § 579 und § 580 zusammenzuziehen, und da wird sich auch ergeben, wohin die Nr. 2 kommt.

Vorsitzender: Es ergeben sich nachher noch Unterschiede darüber, wie weit das Verfahren neu gestaltet werden muss. Aber man braucht es nicht unter zwei Namen zu machen.

Staud: Die ganzen Fälle des § 579 bzw. § 545 des Entwurfs sind Dinge, die mit dem öffentlichen Interesse an der Ordnung der Rechtspflege zusammenhängen. § 560 bzw. § 546 des Entwurfs sind Fragen, die sich mit dem Parteiinteresse an der Richtigkeit der Entscheidung befassen. Wenn man wirklich Neues bringen wollte, könnte man auf den Gedanken kommen, zu sagen: Die Nichtigkeitsklage bleibt dem Staatsanwalt vorbehalten und wird nur erhoben, wenn ein öffentliches Interesse daran besteht, die Entscheidung zu beseitigen. Das sei aber nur am Rande bemerkt. Das hängt alles mit der Frage zusammen, wie weit die Wahrnehmung der öffentlichen Belange im Zivilprozess in vorderster Linie steht. Nehmen wir an, es hat am Oberlandesgericht ein Gerichtsassessor mitgewirkt, der am Oberlandesgericht nicht mitwirken konnte. Ob das Urteil richtig ist oder falsch, steht gar nicht zur Diskussion. Frage: Soll man das Weiterbestehen des so ergangenen Urteils lediglich davon abhängig machen, ob es der einen Partei passt oder nicht, oder soll man sagen: Das geht dich nichts an, ich will das Urteil als Staatsakt bestehen lassen oder beseitigen? Es ist ja ein Urteil, hinter dem der Staat nachher stehen muss. Ich stelle mich nicht hinter ein Urteil, welches in irgendeiner Behörde Leute gemacht haben, die zur Mitwirkung nicht berechtigt sind. Denken Sie an die Urteile, die sich mit der Adelsklausel oder der Konfessionsklausel im Fideikommissrecht befassen. Nehmen Sie an, die Urteile erkennen die Klausel an. Die Frage, die ich aufwerfe, ist die, ob man, wenn wir den Staatsanwalt im Zivilprozess in irgendeiner Form haben, dann nicht sagt: Die Fälle der Nichtigkeitsklage sind solche, bei denen das vorwaltende Interesse daran, ob das Urteil bestehen bleibt oder nicht, eigentlich ein staatliches ist.

Fischer. Die Sache kann zweierlei Gesichtspunkte haben. Es kann sicherlich ein öffentliches Interesse sein. Die Sache kann aber auch von so geringem öffentlichen Interesse sein, dass der Staatsanwalt sein Eingreifen nicht für notwendig hält, weil er sonst in hundert Fällen eingreifen müsste, während es für die Partei bedeutsam sein kann. Die Konsequenz, in solchen Fällen dem Staatsanwalt die Befugnis zur Nichtigkeitsklage zu geben und die Befugnis der Partei auszuschalten, ist mir zu gefährlich.

Vorsitzender: Nein, sondern beide. Die Partei durch die Staatsanwaltschaft zu ersetzen, dafür wäre ich unter keinen Umständen.

Furler: Da wir bei unserem Aufbau die Staatsanwaltschaft nicht dabei haben, brauchen wir das gar nicht zu diskutieren.

Staud: Die Frage, inwieweit der Staatsanwalt im Verfahren zu einer Mitwirkung berufen ist, können wir am Rande immer behandeln. Ich würde es für sehr nützlich halten. Was hülfe es uns, wenn wir sagen, die Frage existiert für uns nicht, wenn der Staatsanwalt nachher doch da ist und wir anfangen müssen, zu sehen, wie stellen wir uns in diesem oder jenem Stadium die Stellung des Staatsanwalts vor.

Vorsitzender: Wenn wir den Staatsanwalt einschalten, müssten wir fragen: Gegen wen erhebt er Nichtigkeitsklage? Gegen beide Parteien?

Pagenstecher: Das müsste er schon.

Furler: Was für ein Interesse soll im Grunde der Staat an dieser Stelle haben? Dann müssten wir auch die Kostenregelung anders machen.

Staud: Sie müssen nicht immer meinen, dass der Staatsanwalt sich nur in Form einer Klage gegen beide Parteien betätigen könne, weil es zufällig bei der Ehenichtigkeitsklage so ist. Ich kann mir auch ein Verfahren denken, wo der Staatsanwalt von Amts wegen beantragt: Du, Gericht, hebe das Verfahren, in dem die und die Ungesetzlichkeiten vorgekommen sind, auf. Die Parteien können ja ein neues Verfahren anfangen.

Fischer: Ich würde die Staatsanwaltschaftsfrage aussetzen, bis wir uns über das Verfahren geeinigt haben.

Staud: Die Fälle der Nichtigkeitsklage kann man m.E. nicht mit denen der Restitutionsklage einfach über einen Kamm scheren. Diese Unterscheidung hat doch ihren inneren Grund, und ich möchte die Frage aufwerfen, ob man nicht bei den Fällen der Nichtigkeitsklage sagen kann: Das sind Dinge, die die Partei überhaupt nichts mehr angehen. Man braucht die Frage nicht zu bejahen, ich stelle sie nur.

Furler: Nr. 4 unterscheidet sich sehr stark von Nr. 1 bis 3. Nr. 4 ist ja nur Parteiinteresse.

Vorsitzender: Ich bin dafür, dass die Partei die Nichtigkeitsklage, wenn wir sie vorläufig so nennen, in demselben Umfange wie bisher behält. Diskutabel ist die Frage: Soll auch der Staatsanwalt eingeschaltet werden, der sich um den Inhalt des Urteils gar nicht zu kümmern hat?

Fischer: Die Einschaltung des Staatsanwalts wird doch wahrscheinlich gerade die Richtung nehmen, dass die inhaltlich nicht ertragbaren Urteile angegriffen und vernichtet werden.

Vorsitzender: Darum handelt es sich nicht.

Fischer: Darin haben Sie recht. Aber deswegen können Sie mit diesen Argumenten die Geschichte nicht schlagen.

Furler: Bei Ziff. 1 kann man dann sogar der Auffassung sein, dass nur der Staatsanwalt zu klagen berechtigt ist.

Fischer: Die Mängel, die vorkommen können, können für den Staat nicht alle interessant sein. Für eine Partei kann aber jeder einzelne Fall interessant sein, und ich finde es für die einzelne Partei zu hart, dass ihr gegenüber der Staatsanwalt ein solches Vorrecht haben soll.

Furler: Der Einzelne wird doch die Klage nicht deshalb erheben, weil das Gericht unvorschriftsmäßig besetzt ist, sondern weil er zu einem anderen Ergebnis kommen will. Wenn ich die 10.000 Mark bekomme, um die es geht, ist es mir gleich, wie das Gericht besetzt ist.

Vorsitzender: Wir sind jedenfalls allgemein dafür, dass die Partei diesen Rechtsbehelf behält. Darüber ist wohl Einigkeit? (*Zustimmung.*)

Staud: Die Nichtigkeitsfälle wollen wir doch von den Restitutionsfällen trennen?

Vorsitzender: Jawohl.

Pagenstecher: Wie ist es, wenn einer in der ersten Instanz ordnungsgemäß vertreten war und in der zweiten nicht?

Staud: Das wird wahrscheinlich alles schon in dem segensreichen Kommentar von Jonas drinstehen.

Vorsitzender: Es käme nun der Katalog der Gründe für die Restitutionsklage nach § 580. Nr. 1, 2 und 3 sind ziemlich ähnlich. Das sind immer die Beweismittel, bei denen eine strafbare Handlung begangen worden ist, und zwar Nr. 1 die Parteiaussage, Nr. 2 der Urkundenbeweis, Nr. 3 der Zeugen- und Sachverständigenbeweis. Der Augenschein ist ausgelassen. Da ist es wohl schwer denkbar. Ich könnte natürlich dem Richter einen falschen Augenschein vormachen; aber das fällt wohl unter Nr. 4, Täuschung des Richters.

Stagel: Es ist zu hoffen, dass jetzt auch die unbeeidete falsche Zeugenaussage unter Strafe gestellt wird.

Staud: Wenn wir das haben, ist die Frage geklärt. Eine Restitution deswegen, weil jemand eine Aussage gemacht hat, die ihn straffrei machen könnte, kann man unter keinen Umständen mitmachen. Die Gruppe als solche wird bleiben müssen.

Stagel: Ziff. 3 ist im Entwurf etwas anders formuliert.

Furler: Auch Ziff. 1 ist anders formuliert. Warum ist das eigentlich geschehen? In der Begründung steht nichts darüber.

Stagel: Das hängt wohl mit der Änderung der Parteivernehmung zusammen.

Vorsitzender: Im Prinzip sollen also Ziff. 1 bis 3 bleiben mit der Ergänzung von § 581.

Nun käme Nr. 4. Da fragt es sich, ob wir hier die Frage der arglistigen Erschleichung hineinarbeiten sollen. Aber die wird im Entwurf extra behandelt. Die Nr. 4, wie sie jetzt ist, muss ja bleiben. (*Zustimmung.*)

Fischer: Es heißt in Ziff. 4: Wenn das Urteil von dem Vertreter der Partei oder von dem Gegner oder dessen Vertreter usw. Warum ist die Partei eigentlich nicht dabei?

Vorsitzender: Weil man nicht annimmt, dass sie sich selbst bezichtigt. Das kommt doch nicht vor. Wenn die Partei selbst betrogen hat, wird sie nicht selbst die Restitutionsklage gegen das ihr günstige Urteil erheben mit der Überlegung: Ich will für den Betrug eingesperrt werden.

Furler: Bei einer Amnestie könnte man sich auf den Standpunkt stellen: Ich habe nicht nur betrogen, sondern will auch noch das Urteil aufgehoben haben. Aber lassen wir es so.

Vorsitzender: Nr. 5 muss grundsätzlich auch bleiben. Es handelt sich hier um die Verletzung von Amtspflichten des Richters.

Furler: Das gehört eigentlich mehr zur Nichtigkeit.

Vorsitzender: Es ist nur wegen der strafbaren Handlungen hier angereiht.

Singer: Ziff. 5 gehört mehr zur Nichtigkeit als zur Restitution.

Vorsitzender: Ziff. 6 betrifft die Erschleichung der Rechtskraft.

Furler: Das wird auch bleiben müssen.

Fischer: Soll man das lassen? Nehmen Sie eine Ehescheidung aufgrund eines Strafurteils. Der Mann wird verurteilt, die Frau beantragt Scheidung, und diese wird ausgesprochen. Im Wiederaufnahmeverfahren stellt sich heraus, dass der Mann gänzlich unbeteiligt an diesem Verbrechen war; es liegt eine Personenverwechslung vor. Wie stellen Sie die Ehe wieder her?

Staud: Das muss schon bleiben.

Vorsitzender: Dann käme Nr. 7.

Staud: Es kämen noch die Fälle in Ziff. 6 des Entwurfs, die die Erschleichung der Rechtskraft betreffen.

Pagenstecher: Dadurch sollte doch § 826 BGB ganz ausgeschlossen werden.

Furler: Das Reichsgericht sagt, nicht nur bei der Erschleichung, sondern auch in anderen Fällen ist § 826 gegeben. Die Benutzung eines falschen Urteils verstößt an sich nicht gegen die guten Sitten, sagt das Reichsgericht, sondern es müssen noch besonderen Umstände dazukommen. Das lässt sich aber nicht in einen Paragraphen fassen.

Staud: Mit der Erschleichung der Rechtskraft, von der der Entwurf spricht, sind Dinge gemeint, in denen das Rechtskräftigwerden eines Urteils durch einen Trick erzielt wird; z.B. die öffentliche Zustellung eines Urteils wird herbeigeführt, und das Urteil wird rechtskräftig, ohne dass der Gegner etwas davon erfährt. Es sind damit nicht Fälle gemeint, in denen die der Partei günstige Entscheidung erschlichen worden ist, also nicht die Erschleichung, die sich auf den Inhalt des Urteils bezieht.

Pagenstecher: Wir sollten es doch so fassen, dass § 826 da ganz ausgeschlossen wird.

Staud: Man müsste nun noch die Erschleichung innerhalb des Verfahrens hineinbringen. Das ist zum Teil in Ziff. 4, und es wird sich darum handeln, diese Ziffer zu erweitern.

Vorsitzender: Wir sind jedenfalls für Erweiterung über die Erschleichung der bloßen Rechtskraft hinaus auch auf die Erschleichung nach dem Entwurf.

Pagenstecher: Sie müssen z.B. auch folgenden Fall berücksichtigen. Ich benutze ein Urteil. Ich weiß, das Urteil ist zu Unrecht ergangen. Ich habe mich zwar vollkommen fair in dem Prozess benommen, aber ich weiß jetzt auch, dass durch die Tätigkeit eines Dritten das Urteil in unlauterer Weise zustande gekommen ist, und jetzt benutze ich das Urteil. Da gibt das Reichsgericht auch § 826. Ich möchte eben, da soll der Betreffende die Möglichkeit haben, gegen das Urteil anzugehen. Wenn er das nicht tut, soll es auch benutzt werden können.

Furler: Man muss sich auch darüber klar sein, ob man durch die Erweiterung der Restitutionsgründe diese Rechtsprechung des Reichsgerichts ausschaltet. Das wird nur der Fall sein, wenn wir positive Gründe schaffen. Wenn Sie die Restitutionsgründe erweitern, ist die Partei ohne besondere Vorschrift niemals gezwungen, den Restitutionsweg zu gehen, sondern sie klagt gleich über § 826. Beides läuft doch nachher nebeneinander her.

Staud: Jonas meint, wenn man die Restitutionsgründe erweitert, fällt die Sache mit § 826 von selbst weg. Der Gesetzgeber hat sich gedacht: Mit diesen Restitutionsgründen habe ich dafür Sorge getragen, dass es in den Fällen, wo ich die Restitution nicht vorsehe, bei dem Urteil bleibt.

Furler: Es hätte nur eine Zweck, wenn man eine materiellrechtliche Vorschrift schafft, dass die formelle Rechtskraft nicht durch materielle Vorschriften aufgehoben werden kann.

Pagenstecher: Eine Entscheidung des bayerischen Oberlandesgerichts sagt: Aus diesem Paragraphen muss man schließen, dass es gegenüber dem rechtskräftigen Urteil gar keinen anderen Rechtsweg mehr gibt.

Fischer: Zwei Sachen sind nötig: Einmal die Formulierung der Erweiterung und zweitens die Festlegung, dass außerhalb dieses Verfahrens das Urteil selbst in gar keiner Form angegriffen werden kann.

Vorsitzender: Nun sagt Jonas, das sei gar kein Angriff gegen die Rechtskraft.

Furler: Ob Sie damit der Sache einen Nutzen erweisen, ist fraglich.

Fischer: Versuchen wir doch, die Sache so zu machen, dann bekommen wir sie klar.

Staud: Das Gericht ist an die Rechtskraft eines Urteils gebunden, solange das Urteil nicht aufgehoben ist.

Fischer: Nun frage ich mich, ob man in Ziff. 4 nicht einfach sagen soll: Wenn das Urteil durch eine Handlung erwirkt ist, die gegen die guten Sitten verstößt.

Furler: Die meisten Fälle aus § 826 kommen in Eheprozessen und den nachfolgenden Unterhaltsklagen vor. Da wird einfach gesagt, der Schuldspruch gilt nicht für den Unterhaltsanspruch.

Staud: Vielleicht können wir abwarten, was Herr Jonas morgen dafür vorbringt.

Vorsitzender: In der Tendenz sind wir ja ziemlich einig. Die Sache mit § 826 bleibt doch. Wir tasten die Rechtskraft gar nicht an.

Fischer: Wenn Sie es so formulieren, dass Sie Ziff. 4 ganz weit fassen und einfach auf die guten Sitten abstellen, was mir selbst unbequem ist und zu weit geht, dann kommen Sie nicht mehr in Verlegenheit. Welche Fälle sollen dann noch die Rechtsprechung aufreizen, Urteile aufzuheben? Ich setze die Bindung an das Urteil voraus.

Pagenstecher: Es dürfen nur auf dem Wege über die Restitutions- und Nichtigkeitsklage Konsequenzen daraus gezogen werden, dass das Urteil zu Unrecht ergangen ist. Überall gilt daneben eine Schadenersatzklage. Nur auf diesem Wege darf man Konsequenzen daraus ziehen, dass das Urteil zu Unrecht ergangen ist.

Fischer: Soll das nicht für alle Restitutionsgründe gelten?

Pagenstecher: Überall; im Übrigen steht das Urteil wie ein Fels im Meer.

Fischer: Es würde doch heißen: Solange ein rechtskräftiges Urteil nicht durch die und die Klage oder das Verfahren beseitigt ist, wie wir es nennen, sind die deutschen Gerichte an diese Entscheidung gebunden.

Vorsitzender: Es ist besser, wenn wir sagen: „dürfen keine Folgen abgeleitet werden". Sonst entsteht Streit.

Pagenstecher: Man könnte sagen: Durch das Urteil ist eine Forderung entstanden, aber sie ist zu Unrecht entstanden, und dadurch hat man sich schadenersatzpflichtig gemacht.

Vorsitzender: Wir wollen das zurückstellen, bis Herr Jonas kommt. Es taucht ja schon bei der Frage der Benutzung eines Urteils in Kenntnis seiner Unrichtigkeit auf.

Pagenstecher: Wenn einer weiß, dass jemand, der eigentlich aus moralischen Gründen seinen Mund hätte auftun können, dies nicht getan hat, darf er das Urteil nicht benutzen.

Furler: Es muss natürlich ein unsittliches Handeln des andern bewiesen werden.

Vorsitzender: Nun kommt Ziff. 7 des Entwurfs.

Furler: Diese Ziffer macht einen eigenartigen Eindruck. Das kann man nicht übernehmen.

Vorsitzender: Nun kommt Ziff. 7 ZPO. Zunächst: Wenn die Partei ein in derselben Sache erlassenes, früher rechtskräftig gewordenes Urteil usw. auffindet. Das ist der Konflikt zwischen zwei rechtskräftigen Urteilen. Das ist eigentlich wieder eine ganz andere Sache.

Pagenstecher: Das kann ruhig bleiben.

Vorsitzender: Ich würde künftig nur a und b in verschiedene Nummern trennen.

Stagel: Ich glaube, b muss erweitert werden. Es ist ein ganz anderer Gesichtspunkt. Bei 7 a könnte man auch wieder daran denken, ob nicht das öffentliche Interesse daran beteiligt ist.

Staud: Da ist das Privatinteresse vorherrschend; denn es wirkt sich auf die Bindung an die früher ergangene Entscheidung aus.

Vorsitzender: Wir kommen dann zu Ziff. 7 b. Da ist zunächst die Frage: Soll das auf Urkunden beschränkt werden, oder sollen auch Zeugen, Sachverständige und Augenschein hinzugenommen werden?

Stagel: Am wichtigsten, glaube ich, ist der Zeuge. Ich glaube nicht, dass Sachverständige und Augenschein eine wesentliche Rolle spielen, es sei denn, man nimmt den Fortschritt der Wissenschaft in Kauf. Ich denke insbesondere an die Blutgruppenuntersuchungen usw.

Staud: Der Mann sagt z.B.: Der Ring, den ich bezahlen soll, hat einen falschen Stein gehabt. Der Ring war nicht aufzufinden. Nachher bringt er ihn, und der erste Blick zeigt, es ist ein Similistein. Warum ist das kein Wiederaufnahmegrund?

Fischer: Da muss man aber Kautelen einführen, dass nicht ein Sachverständiger kommt und sagt: Jetzt ist die Wissenschaft so weit, und wir müssen die Sache wieder aufnehmen. Wollen Sie, wenn Sie heute eine sichere Methode zur Blutgruppenbestimmung bekommen, die ganze Reihe der früheren Urteile wieder aufnehmen?

Furler: Die Möglichkeit muss gegeben sein.

Pagenstecher: Bei der Urkunde kann man bis zu einem gewissen Grade sehen, ob es zu einer günstigeren Entscheidung kommen wird. Da hat es einen Sinn.

Stagel: Den Sachverständigenbeweis sehe ich nicht darin, dass eine bestimmte Person als Sachverständiger auftritt. Der Sachverständigenbeweis ist m.E. ein Beweismittel, das nicht an eine Person geknüpft ist. Irgendein Sachkundiger, den das Gericht bestimmt, ist der Sachverständige, nicht der, den die Parteien bestimmen.

Furler: Man muss unterscheiden zwischen den ganz neuen wissenschaftlichen Methoden, die als Beweis gelten, und den gewöhnlichen Gutachten.

Fischer: Wenn man es auf den gerichtlichen Sachverständigen abstellt, ist es richtig. Aber den bekommt man nicht. Wenn Sie das Wiederaufnahmeverfahren aufrollen, müssen Sie privat an das Gericht herankommen.

Pagenstecher: Man muss mit dem Gutachten eines Sachverständigen herankommen und sagen: Wenn der Mann vernommen worden wäre, wäre es anders gekommen.

Vorsitzender: Das kann ich doch immer bringen.

Fischer: Ich sehe schon bei unseren Patentprozessen die Gründe der technischen Sachverständigen.

Furler: Die Blutgruppenbestimmung z.B. müssen wir unterscheiden von den üblichen Meinungen der Sachverständigen. Wenn plötzlich ganz neue wissenschaftliche Methoden entdeckt werden wie bei der Blutgruppenbestimmung, ist nicht einzusehen, warum ich das nicht vorbringen kann. Es ist nur die Frage, wie man das abgrenzend formuliert. Wenn jemand sagt, er hat eine neue wissenschaftliche Methode, so könnte diese auch wieder bestritten werden. Wenn die Blutgruppenbestimmung nicht wäre, würde ich unbedingt dagegen sein.

Vorsitzender: Bei der künftigen Entscheidung wollte Herr Staud eine Verschärfung in dem Sinne einführen, dass es nicht genügen soll, dass es jetzt zu einem non liquet kommt, sondern dass eine positiv andere Entscheidung herbeigeführt wird.

Staud: Die nova reperta müssen geeignet sein, das Gegenteil der früher ergangenen Entscheidung darzutun. Das würde aber für alle nova reperta gelten. Man könnte etwa sagen: Die Unrichtigkeit des früheren Urteils muss dargetan werden durch den Beweis von Tatsachen oder durch die Widerlegung solcher Tatsachen, die in dem früheren Urteil als feststehend angesehen worden sind. Der Mann muss also die Unrichtigkeit durch den Beweis einer Tatsache nachweisen, nicht dadurch, dass er eine tatsächliche Feststellung des früheren Urteils erschüttert. Wenn das frühere Urteil gesagt hat: es ist nicht erwiesen, dass ein Vertrag zustande gekommen ist, deswegen weise ich die Klage ab –, muss der Wiederaufnahmekläger die Tatsache nachweisen, aus der sich der Vertragsabschluss ergibt, oder er muss z.B. die früher vom Gericht als feststehend angesehene Tatsache der Zahlung widerlegen.

Pagenstecher: In der Praxis gibt es zwei Entscheidungen eines Feriensenats des Reichsgerichts. Kommt es in solchen Fällen darauf an, was der alte Richter nach seiner Auffassung getan hätte, wenn er die Urkunde schon gehabt hätte, oder kommt es darauf an, wie die Dinge nach der Rechtsauffassung des neuen Richters liegen, die vielleicht von der Rechtsauffassung des alten Richters vollständig abweicht? Das ist kein theoretischer Fall, sondern hat in der Praxis eine große Rolle gespielt. Es wäre gut, wenn das ausdrücklich entschieden würde. Ich möchte es dahin entscheiden, dass die Rechtsauffassung nicht des früheren Richters, sondern des jetzigen Richters, der die Zulässigkeit der Wiederaufnahme zu prüfen hat, maßgebend ist.

Staud: Man kann sich eigentlich nur auf den letzteren Standpunkt stellen; denn sonst muss der prüfende Richter eine merkwürdige Gehirnakrobatik vornehmen.

Pagenstecher: Und außerhalb bezieht sich der ganze Streit nur auf die Zulässigkeit.

Vorsitzender: Die Formulierung ist nicht ganz einfach. Aber das Reichsgericht neigt zu der anderen Auffassung.

Staud: Es muss dann nicht heißen „herbeigeführt haben würde", sondern „herbeiführen würde".

Fischer: Trotzdem muss es immer eine neue Tatsache sein; denn sonst wäre es schrecklich.

Staud: Diese neue Tatsache muss nun bewiesen werden mit einem noch zu bezeichnenden, damals nicht benutzbaren Beweismittel. Ich glaube, wir kommen am Zeugen nicht vorbei.

Stagel: Ich weiß, dass praktisch nur der Zeuge eine Rolle spielt, obwohl wir bei uns alle Beweismittel darin haben. Allerdings wird bei uns viel weniger mit diesen Privatgutachten gearbeitet.

Vorsitzender: Bei Ihnen stehen aber nur neue Tatsachen darin.

Staud: Man muss die Tatsachen mit hereinbringen. Es ist z.B. in einem früheren Prozess eine Klage wegen Zahlung abgewiesen worden, weil das Gericht aufgrund einer Zeugenaussage: Ich habe das und das gesehen –, gesagt hat: Die Zahlung ist erfolgt. Nun wird als neues Faktum vorgetragen: Es ist das und das geschehen, woraus folgt, dass der Mann nicht gezahlt haben kann. Das würde nach österreichischem Recht ein Wiederaufnahmegrund sein. Das Gericht schöpft seine neue Überzeugung nicht aus dem neuen Zeugen, sondern aus der neu vorgebrachten Tatsache. Es braucht nicht einmal ein Zeuge zu sein. Vielleicht ist die Tatsache, die die frühere gerichtliche Entscheidung über den Haufen wirft, unbestritten.

Furler: Die Tatsache ist viel wichtiger als das Beweismittel. Das Beweismittel ist der erste Schritt zur Tatsache.

Fischer: Aber wir müssen beide Fälle haben.

Staud: Der Mann trägt nun z.B. vor: Der Beklagte hat nach dem Termin, den das Urteil als den Termin der erfolgten Zahlung ansieht, erklärt: Ich bitte wegen dieser Zahlung um weiteren Aufschub für sechs Monate. Er hat das mündlich erklärt. Vielleicht sagt nun die Gegenpartei: Ich kann das nicht bestreiten. Das ist dann bei uns heute kein Wiederaufnahmegrund; nach österreichischem Recht ist es einer. Nach meiner Meinung muss es auch bei uns einer werden.

Furler: Ich möchte das nur nicht so stark erweitern, dass es genügt, ein neues Beweismittel zu bringen, um das alte Urteil zu Fall zu bringen.

Staud: Wenn das rechtskräftige Urteil vorliegt, muss es auf den Nachweis aufgestellt werden, dass das Urteil falsch ist.

Furler: Das liegt auch im Gedankengang der Rechtsprechung zu § 826. Ich muss den Beweis für die Voraussetzungen des § 826 führen. Darum kann es hier nicht genügen, dass ich einfach das Urteil anstoße, und dann fällt es zusammen. Wir müssen aber durchdenken, ob das etwas nützt. Der Gedanke ist ja etwas ganz Neues. Wir gehen jetzt von einer Prozesstaktik aus, die das Gegenteil von dem darstellt, was im normalen Prozess vorliegt.

Staud: Bei der Wiederaufnahme propter nova reperta muss sozusagen die Feststellung des früheren Urteils übernommen werden, und das Ziel des neuen Verfahrens ist: Bin ich in der Lage, das, was früher festgestellt worden ist, zu widerlegen? Darauf hat sich auch das novum iudicium zu beschränken.

Pagenstecher: Sie wollen, dass hinterher klar bewiesen wird, dass das Urteil falsch gewesen ist.

Vorsitzender: Sie können nicht blindlings neue Tatsachen nehmen. Dann könnte der Mann sagen: Ich habe eine neue Tatsache –, kriegt die Wiederaufnahme und sagt dann: Beweismittel habe ich nicht.

Furler: Wenn die Tatsache unbestritten ist, braucht er kein Beweismittel.

Vorsitzender: Aber ich kann nicht davon absehen, dass er ein Beweismittel bringt. Sie können nicht ins Gesetz schreiben, es sei ein Wiederaufnahmegrund, wenn er neue Tatsachen behauptet.

Fischer: Er muss die neuen Tatsachen doch glaubhaft machen; sonst würden wir ins Uferlose kommen.

Vorsitzender: Bisher gibt es kein Glaubhaftmachen. Er muss ein Beweismittel bringen.

Fischer: Bisher waren wir auch nicht in Verlegenheit.

Furler: Verlangen Sie, dass er bei diesen neuen Beweismitteln nicht nur glaubhaft macht, dass sie zum Erfolg führen, sondern auch, dass er sie ohne sein Verschulden nicht benutzen konnte?

Staud: Das muss er nicht nur glaubhaft machen, sondern sogar beweisen.

Vorsitzender: Bei der Zulässigkeit wird unterstellt, dass der Zeuge das sagen wird, was die Partei behauptet.

Fischer: Darauf würde ich eine gesetzliche Zulassung der Wiederaufnahme nie gründen.

Furler: Weiter muss er nachweisen, dass er den Zeugen bisher nicht benennen konnte.

Staud: Der Zeuge, der dies bekundet, ist vielleicht nach jahrelanger Verschollenheit nach Deutschland zurückgekehrt und erst jetzt für mich greifbar.

Fischer: Das ist etwas anderes. Das ist Beweismittel.

Vorsitzender: Wenn Sie jetzt auf neue Tatsachen abstellen, muss doch mit der Tatsache irgendein Beweisantritt verbunden sein.

Fischer: Im bisherigen Gesetz ist das nicht nötig.

Vorsitzender: Lassen wir doch die Tatsachen weg, nehmen wir die Beweismittel und nur die Tatsachen, die keines Beweises bedürfen. Die bloße Behauptung einer Tatsache selbst mit dem Hinzufügen, der andere wird sie nicht bestreiten, genügt doch nicht.

Stagel: Die Partei muss doch erstens die Tatsache behaupten und zweitens nachweisen, dass sie nicht in der Lage war, sie früher vorzubringen.

Furler: Wäre ein solches Beweismittel auch die Parteieinvernahme?

Staud: Das ist zurzeit ausgeschlossen. Es steht in § 547 Abs. 2 des Entwurfs.

Stagel: Wenn Sie die Partei vernehmen, kann sie doch nicht vorher außerstande gewesen sein, das vorzubringen.

Staud: Der Betreffende sagt: Ich habe es bisher nicht gewusst; jetzt wird mir die Tatsache bekannt, er hat nach dem Termin, an dem er in dem früheren Prozess gezahlt zu haben behauptet hat, noch einmal um Stundung gebeten und erneut die Zahlung versprochen. Er fügt dabei hinzu: Die Gegenseite wird das nicht bestreiten können.

Pagenstecher: Sie würden es für genügend halten, wenn er das behauptet?

Staud: Ja. Und wie geht es nun weiter? Wenn ich nur die Beweismittel und nicht die neuen Tatsachen zulasse, ist das unlogisch. Nichts sticht so sehr wie eine unbestrittene Tatsache. Das Geständnis der Gegenpartei sticht viel mehr als die neue Zeugenaussage.

Pagenstecher: Ich finde z.B. eine neue Urkunde; aus dieser Urkunde ergibt sich eine neue Tatsache. Da gibt es Entscheidungen, die sagen: Das geht nicht, Urkunden, aus denen sich eine neue Tatsache ergibt, ziehen nicht. Es gibt aber auch andere Entscheidungen, die sagen: Es kann auch eine neue Tatsache sein. Letzteres halte ich für richtig.

Bestritten ist auch folgende Frage. Ich lege eine neue Urkunde vor und sage: Diese Urkunde kann allerdings nicht für sich allein eine andere Entscheidung rechtfertigen; aber wenn der Zeuge X, der damals vernommen worden ist, diese Urkunde gekannt hätte, dann hätte er ganz anders ausgesagt. Dann ist die Urkunde zusammen mit der Beweiserhebung des früheren Prozesses, die jetzt wiederholt wird, geeignet, eine neue Entscheidung herbeizuführen.

Furler: Oder etwa eine Fotografie, die dem Zeugen vorgelegt wird und zeigt, dass er dabei war.

Staud: Wenn der Zeuge unsicher ist und nur sagt: Ich kann es nicht mehr aufrechterhalten, dass ich die Zahlung gesehen habe –, dann ist der Beweis der Zahlung noch nicht erbracht. Dann hat es nichts geholfen.

Vorsitzender: Wenn die Urkunde nur in Verbindung mit noch anderen Beweismitteln vorgebracht wird, gilt das nach Jonas nicht als genügend.

Fischer: Besonders interessant würde der Fall sein, wenn der Zeuge sagt: Ich erinnere mich nicht –, und jetzt wird ihm gesagt: Ich habe einen Brief gefunden, aus dem das hervorgeht. Da wird er sich wohl erinnern. Wenn es so krass ist, würde ich doch die Restitution geben.

Staud: Das ist der Fall, dass ich im Strafverfahren dem Zeugen sage: Wenn du dein Gewissen richtig befragt hättest, so hättest du das wissen müssen. Dann kann das Gericht sagen, es bestraft den Zeugen wegen fahrlässigen Falscheides.

Fischer: Wollen wir doch sehen, ob wir den Fall von Herrn Pagenstecher mit erfassen, wenn wir formulieren.

Vorsitzender: In der Formulierung von Herrn Staud steht „Beweis von Tatsachen“. Die Formulierung können wir nehmen.

Staud: Es käme das Merkwürdige heraus: Wenn der Mann sagt: Ich gestehe die Tatsache zu –, dann schneiden wir die Wiederaufnahme ab. Wenn er aber bestreitet und ich dann sage: Ich bringe noch einen Zeugen dazu –, dann lassen wir die Wiederaufnahme zu.

Vorsitzender: Das geht natürlich nicht.

Furler: Kann er z.B. durch Parteieinvernahme das Objekt bringen, oder auch das konkrete Objekt, z.B. den verlegten Diamanten?

Staud: Das ist der Beweis des Augenscheins. Das muss zweifellos genügen. Die Frage ist, ob wir die Parteivernehmung zulassen. Das geltende Recht lässt sie nicht zu.

Stagel: Im österreichischen Gesetz steht nichts über die Parteivernehmung. In Österreich ist aber die Parteivernehmung anders aufgezogen. Es werden grundsätzlich immer beide Parteien vernommen.

Vorsitzender: Die Formulierung von Herrn Staud deckt den Fall, dass der Gegner die Tatsache zugesteht, nicht. Das Geständnis ist ja kein Beweis von Tatsachen. In der Sache sind wir einig, nur muss man neben den Beweis noch stellen: Tatsachen, die keines Beweises bedürfen.

Staud: Dann könnte man statt „Beweis von Tatsachen" sagen „Feststellung von Tatsachen".

Vorsitzender: Ich wende mich aber dagegen, dass überhaupt das Vorbringen, das Behaupten von Tatsachen zur Wiederaufnahme genügen soll.

Fischer: Der Fall, dass die Tatsache nicht des Beweises bedürftig ist, muss ins Gesetz hinein. Wenn der Gegner sie bestreitet, muss man sehen, was er bringt.

Staud: In dem Wiederaufnahmeantrag wird die Behauptung der Tatsache aufgestellt. Der Antrag wird dem Gegner zur Äußerung übersandt. Wenn er das bestreitet, ist die Sache erledigt.

Fischer: Der Gegner kann aber sagen: Das gebe ich zu, aber das und das folgt nicht daraus.

Furler: Er wird doch immer vortragen: Ich behaupte das und nehme an, der Gegner bestreitet das nicht; sollte er es tun, so gebe ich fürsorglich die und die Beweismittel an.

Staud: Die hat er aber vielleicht nicht. Es kommen Fälle vor, wo die Gegenpartei sagt: Ich bestreite es nicht, ich habe kein Interesse daran, dass der Mann zweimal bezahlt.

Fischer: Nehmen Sie an, er hat das Beweismittel nicht, aber er kann eine Tatsache vorbringen, die zwischen ihm und dem Gegner vorgekommen ist. Der Andere muss das zugeben, wenn er ein ehrlicher Kerl ist. Das ist die Aufstellung einer einfachen Behauptung. Schließen wir dann die Parteivernehmung aus, so ist das Gericht nicht in der Lage, dem Antrag stattzugeben. Wir könnten natürlich im Gesetz sagen: Über alle solche Anträge ist die Gegenpartei zu hören. Wenn Sie die Parteivernehmung nicht wollen, müssen Sie zwangsläufig die Anhörung der Gegenpartei einführen.

Furler: Wenn Sie konsequent sein wollen, müssen Sie die Parteivernehmung zulassen.

Fischer: Wenn der Gegner es bestreitet und der Andere hat kein anderes Beweismittel, wird er die Parteivernehmung beantragen und erzwingt damit durch die einfache Aufstellung der Behauptung die Durchsetzung des Wiederaufnahmeverfahrens.

Vorsitzender: Die Zahlung usw. hat er im Prozess vorher geltend machen müssen. Es wird kaum etwas geben, was er neu vorbringen kann.

Furler: Vielleicht wird der Gegner unter dem Druck des Eides etwas, was er vorher bestritten hat, nicht mehr bestreiten.

Fischer: Das ist es eben.

Pagenstecher: Irgendeine neue Tatsache kann ein Licht auf frühere Vorgänge werfen.

Fischer: Das ist Ihr alter Fall, den wir noch nicht zu Ende exerziert haben. Es ist das Auffinden der Urkunde, durch welche der Zeuge veranlasst wird, seine Aussage zu überprüfen und zu ändern.

Furler: Dann können Sie auch nicht umgehen, dass er sagt: Ich habe inzwischen erfahren, dass der Zeuge, der das beschworen hat, ein völlig unglaubwürdiger Mensch ist; er ist in einem anderen Verfahren als völlig unglaubwürdig hingestellt worden.

Fischer: Das ist nur Erschütterung des Beweises, nicht Widerlegung.

Furler: Das gilt aber auch für die Urkunde und den Brief, den Sie vorlegen.

Staud: Auch da würde es nicht zu einer Widerlegung führen.

Fischer: Also der Fall Pagenstecher fällt aus.

Furler: Sie wissen ja noch nicht, wie das endet. Der Zeuge kann ja plötzlich etwas ganz anderes aufgrund des Prozesses aussagen.

Staud: Das ist eine Spekulation auf den Prozess. Das ist nicht zulässig. Das Novum, das in den Prozess induziert wird, ist nur dieser Brief, und der kann für die Beurteilung jetzt zugrunde gelegt werden. Wie dieser Brief auf die anderen Zeugen wirken würde, kommt nicht in Frage.

Furler: Dann sind aber die ganzen Urkunden, die Herr Pagenstecher meint, ausgeschaltet.

Staud: Wie ein Zeuge auf den Brief reagieren würde, muss außer Betracht bleiben. Man muss sich dann doch in die Situation hineinversetzen: Wie wäre der Prozess jetzt zu entscheiden, wenn ich die Aussage des Zeugen habe, wie sie in den Akten steht, und daneben den neu herzu gebrachten Brief? Dann führt der Brief dazu, zu sagen: Was der Zeuge gesagt hat, ist unglaubwürdig.

Furler: Damit ist aber nicht getroffen, was Herr Pagenstecher wollte.

Pagenstecher: Ich meine das Gegenteil.

Furler: Nehmen Sie z.B. eine Fotografie, wo etwa der Zeuge tatsächlich im Theater zu sehen ist.

Staud: Dann ist im Wiederaufnahmeverfahren die Situation folgende: Hier habe ich die Zeugenaussage und hier die Fotografie. Daraus folgt, die Zeugenaussage ist unglaubwürdig. Wenn aus dem Faktum, dass der Zeuge dort war, nun für die Tatsachenfeststellung das Gegenteil von dem gefolgert wird, was der Richter angenommen hat, dann genügt es.

Fischer: Für Ihre Meinung genügt Ihre Fassung. Für die Meinung von Herrn Pagenstecher genügt die Fassung von Herrn Staud nicht. Da müsste Herr Pagenstecher eine andere Fassung vorschlagen.

Pagenstecher: Die Hauptsache ist für mich, dass die unerquicklichen, törichten Streitfragen vermieden werden. Ob es so gemacht wird, wie ich will, oder so, wie Herr Staud will, ist von sekundärer Bedeutung.

Furler: Wir müssen dann prüfen, ob die Formulierung nicht in einem weiteren Sinne ausgelegt werden kann.

Vorsitzender: Kann ich einmal Ihre Formulierung haben, Herr Stagel?

Stagel: Sie würde nur sagen: Die Unrichtigkeit des früheren Urteils muss dargetan werden durch die Feststellung von Tatsachen oder durch die Widerlegung solcher Tatsachen, die im früheren Urteil als feststehend angesehen worden sind. Würden Sie nun hinzufügen: durch neu aufgefundene Tatsachen oder Beweise?

Staud: Das, was der Mann neu produziert, die neuen Beweismittel, die neuen Tatsachen, können für sich allein zur Feststellung von Tatsachen oder zur Widerlegung von Tatsachen, die im früheren Urteil als feststehend angesehen worden sind, führen.

Pagenstecher: Sie können nur sagen: sie müssen geeignet sein.

Stagel: Wenn der Mann sagt: Hier ist die Urkunde, und daher sagt der Zeuge jetzt etwas anderes aus, würde die Wiederaufnahme dann nicht zulässig sein?

Staud: Nein. Der Wiederaufnahmerichter sagt sich: Hier ist die alte Zeugenaussage, und hier habe ich die Urkunde. Wie würdige ich jetzt den Sachverhalt?

Furler: Nehmen Sie eine Zahlung. Ich bringe nachträglich die Quittung über die Zahlung. Das würde genügen. Nun bringe ich aber einen Brief, worin steht, dass der Zeuge gesehen hat, wie die Zahlung erfolgt ist. Der Zeuge schildert das am gleichen Tage, an dem die Zahlung geschehen ist.

Staud: Im Brief kann er sich genauso geirrt haben wie in der Aussage.

Furler: Dann muss er gelogen haben; denn der Brief ist vom gleichen Tage.

Staud: Wir kämen dann nur dazu, zu sagen: Der Zeuge muss noch einmal vernommen werden; wenn ich dem das vorhalte, wird er etwas anderes sagen. Wir hatten bis jetzt nur die Urkunde. Wenn wir das erweitern, müssen es gleichwertige Beweismittel sein, Beweismittel, die für sich allein stichhaltig sind. Wenn Sie sagen: Aus dem Brief stelle ich fest, dass der Zeuge falsch ausgesagt hat –, dann gehen Sie den Weg der Ziffern 1, 2 und 3.

Furler: Es ist eine gewisse Inkonsequenz dabei.

Staud: Für den Zivilprozess muss es bei der Zeugenaussage so lange bleiben, wie der Zeuge nicht strafrechtlich desavouiert ist.

Stagel: Aber wenn Urkunden vorgelegt werden, die etwas Neues bringen?

Furler: Also den Brief lehnen Sie ab. Nun wird aber behauptet, es ist inzwischen in Erfahrung gebracht worden, dass noch ein zweiter Zeuge bei dem Zahlungsvorgang anwesend war, und ich benenne den zweiten Zeugen dafür, dass tatsächlich bezahlt ist. Das würden Sie für zulässig halten?

Staud: Dann ist im Zulässigkeitsverfahren abzuwägen: Der Zeuge wird das und das sagen, wird das zum Nachweis der Zahlung genügen? Das ist eine reine Tatfrage.

Stagel: Die erste Aussage ist durch den Brief erschüttert, und es bleibt nun die zweite.

Staud: Der Zivilprozess muss auch für den Gegner eine gewisse Zuverlässigkeit haben. Die Garantie gegen falsche Zeugenaussagen ist der Strafprozess, und wenn ein strafloser Irrtum vorgekommen ist, muss einer den Schaden tagen. Der, welcher den ersten Prozess gewonnen hatte, kann auch nichts dafür, dass der Zeuge sich geirrt hat. Einer muss das Prozessrisiko tragen.

Furler: Ich bin ganz Ihrer Meinung. Wir müssen es nur klarstellen.

Fischer: Für mich ist das Wesentliche, dass jede Partei, die ein Verfahren abgeschlossen hat und sagt: damit gehe ich nach Hause –, nun auf dieser Entscheidung aufbaut. Die Welt läuft weiter. Ob hinten ein Stein falsch eingebaut ist oder nicht, kann uns nicht furchtbar erschüttern. Wir müssen an das denken, was später ist. Deshalb dürfen wir nicht zu viele Türen wieder aufmachen. Das ist die praktische Erfahrung.

Vorsitzender: Die Sache mit dem Geständnis müssen wir noch klären.

Staud: Wenn er im Wiederaufnahmeverfahren einfach die Behauptung aufstellt: ich habe doch bezahlt –, so kann ihm das kein Mensch verwehren.

Vorsitzender: Er kann sagen: Meine Frau hat für mich bezahlt. Oder: Von meinem Freunde X, der zur Zeit des Prozesses im Kriege war, habe ich erfahren, dass er bezahlt hat. Darin liegt die Benennung eines neuen Zeugen.

Staud: Nehmen Sie doch einmal den Fall, den ich eben erwähnte. Was macht das Gericht mit einem solchen Antrag? Es schickt ihn dem Gegner zur Äußerung, und wenn der Gegner es zugibt, ist die Wiederaufnahme zulässig.

Furler: Das wird gar nicht bestritten.

Vorsitzender: Sie wollen die Zulässigkeit gewähren, ohne dass der Mann ein Beweismittel bringt. Wenn Sie sagen: es müssen neue Tatsachen gebracht werden usw. –, kann der Mann sagen: Meine verstorbene Frau hat bezahlt; da meine Frau tot ist, habe ich keinen Beweis. Aber das Wiederaufnahmeverfahren ist zulässig; er bringt dann andere Zeugen.

Fischer: An sich sind wir alle derselben Meinung, dass nämlich der Mann Tatsachen aufstellen und mit Beweismitteln belegen muss. Das Einzige, was bleibt, ist die Vernehmung der Gegenpartei. Wenn der Mann behauptet, der Gegner muss es zugestehen, dann ist für uns die Frage, ob wir diesen einzigen Fall noch besonders als Wiederaufnahmegrund zugeben wollen.

Stagel: Wir haben seit Bestehen der österreichischen Zivilprozessordnung die Parteivernehmung nicht ausgeschlossen. Ich glaube nicht, dass jemals ein Fall vorgekommen ist, wo sich eine Wiederaufnahmeklage auf Parteivernehmung gestützt hat.

Furler: Wenn ich weiß, dass der Gegner es bestreitet, hat es gar keine Aussicht.

Staud: Die Parteien sollen auch dagegen geschützt werden, dass sie nach dem Prozess sich noch einmal vernehmen lassen müssen.

Fischer: Wenn er im vorigen Verfahren sich auf die Partei beziehen konnte, kann er nicht damit kommen.

Vorsitzender: Wir wollen morgen diese Erörterung fortsetzen.

(Schluss 18.15 Uhr.)

2. Protokoll der Sitzung vom 13.6.1941 (Wiederaufnahmeverfahren)

(Beginn der Sitzung 10.30 Uhr.)

Vorsitzender: Wir hatten bei der *Wiederaufnahme* angefangen, die verschiedenen Fälle durchzusprechen, wie sie jetzt oder nach dem Entwurf behandelt werden. Wir werden die Namen Nichtigkeits- und Restitutionsklage nicht beibehalten. Aber wie wir es im Einzelnen nennen und gruppieren, wird sich erst zeigen, wenn wir das Verfahren behandelt haben. Wir haben vorläufig die Zulässigkeitsgründe durchgesprochen und haben bei der Nichtigkeitsklage nach § 579 zunächst bei Ziff. 1 Einschränkungen vorgenommen, wie sie bei der Revision sind. Nr. 2, 3 und 4 haben wir belassen, und zwar die Mitwirkung eines gesetzlich ausgeschlossenen Richters auch wieder mit der Einschränkung, sofern nicht dieses Hindernis ohne Erfolg geltend gemacht ist, ferner die Mitwirkung eines mit Erfolg abgelehnten Richters und die mangelnde Vertretung der Parteien. Das sind wohl die Gründe, die wir beibehalten müssen.

Jonas: Wenn das Urteil absolut richtig ist, wie ist es dann?

Staud: Wenn das Urteil absolut richtig ist, gehen die bei der Nichtigkeitsklage vorgebrachten Dinge mehr den Staat als die Parteien an. Der Staat könnte aus dem Gesichtspunkt einer Ordnung der Rechtspflege sagen: Ich dulde das an sich richtige Urteil nicht, weil es nicht vor dem vorschriftsmäßigen Gericht zustande gekommen ist.

Pagenstecher: Oder denken Sie an den Fall, dass ein Exterritorialer verurteilt wird.

Jonas: Nehmen Sie einmal folgenden Fall einer Ehescheidungsklage. Die Frau war geisteskrank. Zur Erhebung der Widerklage bedürfte sie der Einwilligung des gesetzlichen Vertreters. Dieser musste den Rechtsanwalt beauftragen. Der gesetzliche Vertreter war aus irgendeinem Grunde versehentlich nur für einen Unterhaltsprozess bestimmt worden. Der Prozess hat jahrelang gedauert. Materiell war die Geschichte vollständig in Ordnung. Nun kam die Partei mit einem Wiederaufnahmeantrag mit dem Ziele, sie wollte die Klage aus § 55 EheG anders entschieden haben. Die Sache wurde nicht ausgepaukt, aus welchem Grunde, weiß ich im Augenblick nicht mehr.

Pagenstecher: Das muss man dann in Kauf nehmen.

Vorsitzender: Es ist ja selten, dass ein Vertreter da ist, der sich nachher als nicht legitimiert erweist. Gemeint sind solche Fälle, wo der Mangel der Prozessfähigkeit übersehen wird. Z.B.

einer ist minderjährig, der Richter merkt das nicht, und hinterher stellt sich heraus, der Mann konnte selber überhaupt nicht prozessieren.

Pagenstecher: Oder er klagt an einem anderen Ort.

Fischer: Der wichtigste Fall ist der Minderjährige, der 19 oder 20 Jahre alt ist und den Eindruck eines verständigen Mannes macht, wenn er beim Amtsgericht auftritt.

Jonas: Meist genehmigt er dann hinterher, wenn er 21 ist. Der Ehescheidungsfall, wo die Frau zur Widerklage nicht die Zustimmung hatte, ist der einzige Fall, der mir überhaupt in meinem Leben bekannt geworden ist.

Pagenstecher: Deswegen können wir es ruhig lassen.

Vorsitzender: Es wurde auch erwogen, ob hier ein Eingreifen der Staatsanwaltschaft zu wünschen ist, ob der Staatsanwalt zur Erhebung der Nichtigkeitsklage legitimiert werden sollte, weil in diesen Fällen ein gewisses öffentliches Interesse vorliegt.

Jonas: Wir hatten damals den Fall so gerettet, dass wir bei der Armenrechtsbewilligung sagten, im Endergebnis ist die Sache vollständig aussichtslos. Ob das bei der Wiederaufnahmeklage ganz klappen würde, möchte ich nicht sagen.

Pagenstecher: Ich bin gegen den Staatsanwalt.

Staud: Die Dinge bei der Nichtigkeitsklage interessieren mehr den Staat selbst. Daraus könnte sich die Konsequenz ergeben, ob man die Nichtigkeitsklage nicht überhaupt den Parteien entwinden und sie stattdessen dem Staatsanwalt übergeben soll. Der mag darüber befinden, ob der Verstoß gegen die öffentliche Ordnung bei einem Verfahren ein solcher ist, dass die Nichtigkeitsklage erhoben werden muss. Das habe ich aber nicht als Vorschlag gebracht.

Jonas: Wenn man diesen Gedanken verfolgt, müsste man sagen: Wozu dann überhaupt eine Klage?

Staud: Das ist ein Antrag des Staatsanwalts an irgendeine gerichtliche Stelle, die ohne Beteiligung der Parteien entscheidet. In gewissen Entwürfen haben wir bereits ein Vorbild dafür. Es wäre ein Verfahren zwischen dem Staatsanwalt und einem Senat des Oberlandesgerichts, in dem der Staat in einem objektiven Verfahren die Entscheidung darüber trifft, ob das Urteil aufrecht erhalten werden soll.

Jonas: Ich könnte mir vorstellen, dass dies zulässig wäre, wenn die zuständige Gerichtsbarkeit überschritten ist, z.B. bei einem Urteil gegen einen Botschafter.

Staud: Man könnte es ohne Zweifel mit der außerordentlichen Wiederaufnahme machen.

Vorsitzender: Wir kommen dann zur Restitutionsklage nach § 580. Nr. 1 bis 3 sind die strafbaren Handlungen in Bezug auf Urteilsgrundlagen, Parteivernehmung, Urkunde, Zeugnis und Sachverständigengutachten. Das wollten wir belassen auch mit der Einschränkung von § 581, dass der Regel nach eine rechtskräftige Verurteilung stattgefunden haben muss.

Staud: Nun nehmen Sie die uneidliche Aussage hinzu.

Jonas: Man muss dabei fragen: Wann ist die uneidliche Aussage vollendet? Doch dann, wenn die Vernehmung zu Ende ist. Dann kommt man wieder zu den Fragen, die eine Rolle spielten unter dem Schlagwort: Der große Eid und der kleine Eid.

Stagel: In Österreich hat dieser Zustand seit 1803 geherrscht, und es ist gelungen, in der Praxis über alle diese Schwierigkeiten hinwegzukommen. In Österreich wird wenig beeidigt, weil wir es nicht nötig haben.

Jonas: In Ehesachen ist mir aufgefallen, dass verhältnismäßig viel beeidigt wird.

Stagel: Weil das Gesetz den Eid viel mehr vorschreibt und nur, wenn beide Parteien verzichten, auf die Beeidigung verzichtet werden kann.

Vorsitzender: Wir brauchen hier nicht zu diskutieren, ob die uneidliche Aussage bestraft werden soll oder nicht. Wenn sie bestraft wird, ist sie auch Wiederaufnahmegrund. Wird sie nicht bestraft, dann kann sie wohl nicht Wiederaufnahmegrund sein.

Fischer: Das ist die Frage.

Jonas: Wenn ein allgemeiner Fall eingeführt wird, wird man doch dahin kommen müssen, zu sagen: Wenn neue Tatsachen bekannt werden. Braucht man dann noch die anderen Fälle? Es hat sich etwa herausgestellt, der Richter hat das Recht gebeugt. Das muss schließlich bewiesen werden. Oder ein Zeuge hat die Unwahrheit gesagt, ein Prozessvertreter hat mit dem Gegner konspiriert. Wenn man den allgemeinen Fall vorsieht, braucht man dann noch die kasuistische Regelung mit den strafbaren Handlungen?

Staud: Sicher. Wenn feststeht, dass ein Richter das Recht gebeugt hat, bin ich der Auffassung, dass das Urteil, egal ob es richtig oder falsch ist, aufgehoben werden muss. Nehmen wir an, der Richter hat auf Bestechung hin eine Kaufpreisklage deswegen abgewiesen, weil bezahlt worden ist. Der Beweis war ein bisschen dünn, aber er hat es gelten lassen. Ein Unbefangener wird vielleicht sagen: Weshalb hat die Partei den Richter bestochen? Ein vernünftiger Richter wäre auch ohnedies zum selben Ergebnis gekommen. Dass ein solches Urteil auffliegen muss, darüber ist kein Wort zu verlieren. Ob es richtig oder falsch ist, darf gar nicht diskutiert werden.

Stagel: Das wäre noch viel mehr ein Fall für den Staatsanwalt.

Staud: Deswegen haben wir gesagt: Das ist eine Sache, die eigentlich zur Nichtigkeit gehört. Es ist unerträglich, dass der Staat mit seiner Autorität bei der Zwangsvollstreckung usw. für die ganze weitere Zukunft hinter ein Urteil tritt, welches in seiner Entstehung mit einem strafbaren Mangel behaftet ist.

Jonas: Fällt dieser Fall nicht auch darunter?

Furler: Wir waren gestern doch darüber einig, dass die neuen Tatsachen nur solche sind, die den Tatbestand des Anspruchs betreffen, nicht etwa die Tatsache, dass der Zeuge falsch ausgesagt hat.

Jonas: Ich kann nicht unterscheiden zwischen direkten und indirekten Tatsachen. Der Richter hat dem Zeugen geglaubt. Er hat auseinandergesetzt: Dies und jenes spricht dagegen, aber ich glaube dem Zeugen, weil er ein durchaus ehrenwerter Mann ist usw. Nun beziehen sich die nova reperta auf die Glaubwürdigkeit des Zeugen. Das ist zweifellos ein Fall, der möglich ist.

Staud: Ein Teil von uns ist gestern zu der Auffassung gekommen, dass wir bei dem noviter reperta nur die direkten Tatsachen nehmen.

Jonas: Lässt sich im praktischen Leben zwischen direkten und indirekten Tatsachen unterscheiden?

Furler: Direkte Tatsachen sind solche, die den Anspruch selbst betreffen, indirekte solche, die nur die Beweismittel betreffen.

Jonas: Aber die meisten Beweise werden doch indirekt geführt. Eine Zahlung wird oft aus Indizien geschlossen.

Staud: Wir haben die Unterscheidung so gemacht: Es kann an und für sich jede Tatsache unter die noviter reperta fallen. Aber wir haben es in der Mehrheit abgelehnt, dass die Auswirkungen dieser Tatsache derart gewürdigt werden darf, dass man sagt: Wenn die und die Tatsache vorliegt, wird der Zeuge seine Aussage ändern; wenn diese Tatsache dem Zeugen vorgetragen worden wäre, hätte er anders ausgesagt. Wir haben den Fall genommen, dass ein Zeuge sagt: Ich habe gesehen, dass der Beklagte bezahlt hat. Darauf ist die Zahlungsklage abgewiesen worden. Jetzt kommt der Kläger und legt zur Wiederaufnahme einen Brief vor, in dem der Zeuge …

Fischer: Es war so: Der Zeuge hatte gesagt: Ich erinnere mich nicht. Darauf hatte das Gericht gesagt: Dann ist der Beweis nicht geführt –, und wies die Klage ab. Dann kam der Kläger später mit einem Brief und sagte: Wenn du diesen Brief dem Zeugen vorliest – den hat er mir geschrieben, da steht alles drin, wenn auch vielleicht nicht ganz exakt –, so muss er jedenfalls anhand dieser Urkunde ohne weiteres sehen, wie die Sache gewesen ist.

Furler: In dem Briefe hat der Zeuge selbst einem Freund geschildert, wie die Zahlung erfolgt ist.

Vorsitzender: Der Zeuge hatte gesagt: Ich erinnere mich, dass bezahlt ist. Nun wurde ein Brief der Partei selbst produziert, in dem er nach dieser angeblich erfolgten Zahlung um Stundung nachgesucht hat. Da würde der Zeuge dann sagen: Da muss ich mich doch getäuscht haben.

Pagenstecher: Es kann sein, dass aus der Urkunde allein der Beweis nicht zu führen ist. Herr Staud verlangt bei den nova reperta nun, dass die Unrichtigkeit bewiesen wird. Da kann es sein, dass die Urkunde allein nicht genügt, dass aber der Zeuge anders ausgesagt hätte, wenn ihm damals die Urkunde vorgelegt worden wäre.

Jonas: Man kommt auf die Frage ab, wie der Gegenbeweis geführt werden soll usw. Da stehe ich allerdings bis jetzt durchaus auf dem entgegengesetzten Standpunkt. Ich möchte die Sache so konstruiert haben: Wird eine solche Urkunde vorgelegt mit der Wirkung, dass sich diese Möglichkeit ergibt, dann wird das judicium rescindens ausgesprochen. Das Urteil ist nicht mehr da, und nunmehr ist freier Tisch für die Gesamtwürdigung.

Staud: Das ist der grundlegende Unterschied zwischen unseren Auffassungen.

Pagenstecher: Herr Staud hat nur gesagt, die Urkunde muss geeignet erscheinen, einen Gegenbeweis zu führen. Ob sie den Gegenbeweis führt, wird in dem zweiten Verfahren entschieden. Aber im zweiten Verfahren muss die Unrichtigkeit des Urteils nachgewiesen werden.

Staud: Dazu würde schon die Herstellung des non liquet genügen. Die Unrichtigkeit des Urteils muss dadurch erhärtet werden, dass bei der Durchführung der Wiederaufnahme positive Tatsachen festgestellt werden oder dass solche Tatsachen, die in dem früheren Urteil als feststehend angesehen worden sind, widerlegt werden. Wenn eine Zahlungsklage wegen geleisteter Zahlung abgewiesen worden ist, genügt es für das Ziel der Wiederaufnahme nicht, dass durch die neuen Beweismittel nunmehr die frühere Beweisüberzeugung, dass die Zahlung erbracht sei, erschüttert wird, sondern es muss jetzt ein Schritt weitergegangen und dem Gericht nachgewiesen werden, dass nicht gezahlt worden ist.

Jonas: Das halte ich eben nicht für den richtigen Weg. Denn bei der strafbaren Handlung wollen Sie den Schritt doch nicht tun. Man bringt dann eine Unterscheidung hinein, die im jetzigen Gesetz nicht besteht.

Staud: Noch nicht. Aber wir bringen die Unterscheidungen nur bezüglich solcher Wiederaufnahmegründe, dir völlig neu sind und weit über das, was bisher im Gesetz steht, hinausgehen. Bezüglich der Urkunde bin ich der Auffassung, dass von der Urkunde dasselbe gelten muss wie von anderen Beweismitteln. Aber in der Mehrzahl der praktischen Fälle wird die Urkunde diesen Erfordernissen genügen. Denn wenn ich über eine Zahlung eine Quittung vorlege oder gegenüber einer Zahlung, von der man behauptet hat, sie sei bewiesen, eine Urkunde vorlege, aus der hervorgeht, sie ist nicht erfolgt, so müsste das genügen. Ich bin dabei davon ausgegangen, dass in dem früheren Verfahren etwas positiv festgestellt war. Sie sind davon ausgegangen, dass etwas nicht bewiesen war. Wenn sich aus dem Brief ergibt, am Soundsovielten ist zwischen den Parteien oder von einem Beteiligten und einer Partei über einen weiteren Aufschub der Zahlung geredet worden, dann beweist dieser Brief ja, dass an dem und dem voraufgegangenen Tage nicht bezahlt worden ist.

Fischer: Das ist schon direkter Beweis.

Staud: Nein. Aus dem Faktum, dass die Partei über die Stundung verhandelt hat, folgt der Beweis, dass nicht gezahlt worden ist.

Jonas: Dann ergibt sich die Frage: Ist etwa an einem anderen Tage bezahlt, und dann kommt man zu einem non liquet.

Staud: Der Wiederaufnahmekläger hat sich nach meinem Vorschlag darauf zu beschränken, dass er den konkreten Zahlungsvorgang widerlegt.

Jonas: Dann eröffnen Sie den Weg zum judicium rescissorium, und dieses führt dazu: Mit dieser Zahlung ist es allerdings nichts, aber im Übrigen bleibt ein non liquet.

Fischer: Herr Staud sagt: Wenn die Tatsache, die im ersten Urteil festgestellt ist, widerlegt ist, dann ist der Weg frei. Er sagt nicht: Ich muss noch weiter etwas Negatives oder Positives beweisen, sondern ich muss nur die Grundlage der ersten Entscheidung zerstören. Was dann an die Stelle tritt, bleibt offen. Er sagt: Ich brauche so viel, dass die tatsächlichen Feststellungen des ersten Urteils widerlegt oder aufgehoben sind.

Jonas: Dann habe ich Herrn Staud falsch verstanden. Das Beispiel ist doch: Der Mann hat bezahlt.

Staud: Ganz konkret: Am 24. Juni ist im Café Odeon bezahlt worden.

Fischer: Diese Feststellung steht im Urteil. Nun kommt der Wiederaufnahmekläger und sagt: Hier sind Briefe, es ist widerlegt, ausgeräumt, es ist nicht am 24. Juni im Café Odeon bezahlt. Das ergibt sich aus dieser Urkunde klar. Ob, wann und wie bezahlt ist, ist offen.

Jonas: Diese Betrachtungen stellen Sie alle noch im judicium rescindens an.

Staud: Im judicium rescindens wird die Tatsache darauf geprüft, ob sie in dieser Hinsicht schlüssig ist.

Jonas: Dann kommen sie zu drei Abschnitten. Zunächst wird festgestellt, ob überhaupt ein rechtskräftiges Urteil da ist usw. Das ist in Ordnung. Nun sagt er: Hier lege ich eine Urkunde vor. Die festgestellte Urkunde hat den und den Inhalt, und der Richter stellt die Erwägung an: Ja, die Urkunde widerlegt den Zeugen. Damit ist dann der Weg frei. In dem Punkte gehe ich mit Ihnen absolut konform, dass aus der Urkunde nicht nur die bisherige Aussage als zweifelhaft angegriffen wird, sondern dass sie widerlegt wird.

Staud: Sie wollten doch schon genügen lassen, dass aus der Urkunde die Unglaubwürdigkeit des Zeugen hervorgeht.

Jonas: Es ist die Frage, ob man es auch auf Indizien ausdehnt. Wenn die Sache so weit gediehen ist: Die bisherige Grundlage des Urteils ist falsch –, muss der Prozess neu aufgezogen werden. Da hatte ich Sie so verstanden: Wenn nun ein non liquet eintritt, dann gehe ich nicht nach der allgemeinen Beweislastregelung, sondern halte an dem falschen Urteil fest. Den Schritt wollen Sie tun? (*Staud:* Jawohl!) – Und den möchte ich nicht gehen. Im ersten Punkt gehen wir einig.

Staud: Ich will davon ausgehen, dass in beiden Verfahrensteilen dieselben Anforderungen zu stellen sind, woraus sich vielleicht ergibt, ob man das Verfahren nachher nicht vereinfachen kann. Wenn jetzt im judicium rescissorium gesagt wird, das ist ein Faktum, welches das im Urteil festgestellte Faktum widerlegt, dann kann doch gleich entschieden werden.

Fischer: Da komme ich zu der anderen Frage: Wie viel verlangen Sie eigentlich schon am Anfang? Wenn Sie daran denken, dass widerlegt werden muss, so liegt eigentlich die ganze Beweiswürdigung schon im judicium rescindens.

Pagenstecher: Aber es ist doch nur bewiesen, dass nicht im Café Odeon bezahlt ist. Damit ist der Prozess doch noch nicht entscheidungsreif.

Fischer: Ich meine nur die Doppelform der Zulassung des Verfahrens und die Aufstellung der Frage, ob es aufgehoben werden soll oder nicht. Das könnte man einfacher machen.

Staud: Man könnte sagen: Das Ganze wird von vornherein in Gestalt einer Klage eingebracht, und wenn die Wiederaufnahmegründe nach der Auffassung des Gerichts nicht vorliegen, wird die Sache durch Beschluss abgelehnt, und wenn das Gericht sie für gegeben hält, dann prozediert es eben in der Sache.

Jonas: Ich möchte die Sache mehr als einen Antrag aufziehen. Es gibt auch Fälle der Wiedereinsetzung, wo inzwischen schon ein Urteil ergangen ist. Da fällt der Verwerfungsbeschluss einfach unter den Tisch. Es ist also ein Urteil ergangen, und ich stelle bei dem Gericht, das dieses Urteil erlassen hat, einen Antrag und sage: Ich bitte, dieses Urteil aufzuheben, das und das sind die Wiederaufnahmegründe. Dann wird geprüft, ob die Wiederaufnahmegründe vorliegen. Es wird also nicht nur geprüft, ob das Vorbringen schlüssig ist, sondern ob Tatsachen vorliegen. Die Beweise werden erhoben, und dann ergeht ein Beschluss: Die Wiederaufnahme wird bewilligt. Dann ist die Bahn frei.

Pagenstecher: Das Urteil wird kassiert, und dann kommt nachher der Ausgleich.

Jonas: Ja. Unter Umständen kann die Sache auf ein ganz anderes Gleis geschoben werden.

Fischer: Wenn Sie mit dem Antrag auf ein Beschlussverfahren lossteuern wollen, statt auf den bisherigen formellen Prozess, so scheint mir das kein wesentlicher Unterschied zu sein. Es kommt dann nur darauf an, mit welchen Voraussetzungen und Kautelen Sie diesen Antrag ausstatten. Wenn wir es heute eine Klage nennen, so nur deswegen, weil alle Voraussetzungen einer Klage erfüllt werden müssen.

Furler: Ich möchte vorschlagen, dass wir etwas systematischer bei unserer Aussprache vorgehen. Wir waren ja noch bei den Voraussetzungen. Wir müssen zunächst klarstellen: Inwieweit wollen wir die Wiederaufnahmegründe erweitern? Dann wird sich zeigen, ob wir sie so weit erweitern, dass dieses Schutzregulativ von Herrn Staud notwendig wird. wenn wir zu dem Ergebnis kämen, die Wiederaufnahmegründe sind nicht oder nur in geringem Maße zu erweitern, wäre das vielleicht nicht erforderlich. Sie wollen mit Ihrem Gedanken nur verhindern, dass das non liquet erreicht wird. Da kommen wir wieder an den Punkt: Genügt es schon, dass ich einen Zeugen durch eine neue Urkunde unglaubwürdig mache, oder müssen die neuen Tatsachen unmittelbare Tatsachen sein? Sind wir da im Reinen, dann wird sich zeigen, ob es notwendig ist, einen Schutz gegen das non liquet einzubauen.

Vorsitzender: Wir würden darüber einig sein, dass es, wenn es nicht unter einen Generalbegriff zu bringen ist, bei Nr. 1 bis 3 bleiben muss, ebenso auch bei der Einschränkung von § 581, die praktisch sehr wesentlich ist, dass es ein Wiederaufnahmegrund ist, wenn der Mann bereits verurteilt ist. Das würde ich für gut halten, weil viele Meineidsprozesse schon von der Staatsanwaltschaft abgesägt werden. Denn mit Meineidsanzeigen sind die Leute manchmal rasch bei der Hand, und bei der Staatsanwaltschaft werden die meisten Meineidsanzeigen abgewimmelt.

Furler: Es muss eine gewisse Gewähr dafür sein, dass er sich tatsächlich strafbar gemacht hat. Das kann man im Zivilprozess gar nicht so nachprüfen wie die Staatsanwaltschaft, die ganz andere Ermittlungsmöglichkeiten hat.

Vorsitzender: Es bleibt nur fraglich, ob Nr. 1 bis 3 durch eine Generalklausel etwa überflüssig werden. Andernfalls würden sie bleiben.

Nr. 4 muss auch bleiben, wenn sie nicht durch eine Generalklausel „Neue Tatsachen" gedeckt werden kann, ebenso Nr. 5, falls sie nicht in die Nichtigkeitsklage hineinfällt.

Jonas: Bei den Nichtigkeitsgründen kommt es aber auf Kausalität nicht an, während es hier auf Kausalität ankommt.

Furler: Wir sind der Meinung, wenn ein Richter sich bestechen lässt unter Verletzung seiner Amtspflicht, dann muss das Urteil weg, gleichgültig, ob es richtig ist oder nicht. Ein Richter, der bei der Ausübung seines Amtes eine strafbare Handlung begangen hat, ist mindestens ebenso schlimm, wie ein Richter, der abgelehnt ist.

Stagel: Es kommt doch weiter darauf an, wie sich das Verfahren gestaltet.

Staud: Solange wir den getrennten Katalog haben, wollen wir sagen: Wenn die Trennung beibehalten wird, bleibt die Ziff. 5. Sollte man sie zu den Fällen der Nichtigkeitsklage nehmen? Es ist ja der schlimmste von allen Fällen.

Furler: Das ist mehr eine systematische Frage. Dass der Tatbestand bleibt, ist sicher.

Fischer: Die Frage besteht auch für 1 bis 4.

Vorsitzender: Nur ist bei 1 bis 3 der Kausalzusammenhang gefordert zwischen dem strafbaren Vergehen einerseits und dem Inhalt des Urteils andererseits, während wir das bei der Bestechung ausschalten wollen. Da muss es aus der Welt geschafft werden, auch wenn es richtig ist.

Furler: Insofern würden wir es zu § 579 rechnen.

Vorsitzender: Dann käme Nr. 6. Das könnte auch unter die Generalklausel „Neue Tatsachen" fallen.

Jonas: Ich wollte noch erwähnen: Beim Betrug eines Anwalts, bei der Beeinflussung durch die Gegenpartei verlangt man die Kausalität. Wir sagten: Der Richter fällt systematisch unter die Nichtigkeitsklage. Müsste das dann nicht eigentlich beim Anwalt auch so sein?

Furler: Nein. Der Anwalt ist doch immer Parteivertreter. Er ist auch nicht ablehnbar.

Staud: Das muss ich letzten Endes von jedem Parteivertreter sagen, auch von der Naturalperson, die jemand vertritt.

Furler: Die Nichtigkeitsgründe wollen nur die Sauberkeit der Justiz gewährleisten.

Jonas: Zur Justiz gehört auch der Anwalt. Einerseits sagt man: Bei der Bestechung des Richters kommt es auf Kausalität überhaupt nicht an, andererseits: Bei der Bestechung des gegnerischen Anwalts aber doch.

Staud: Der Unterschied ist der: Der bestochene Richter ist doch schlimmer als der gesetzlich nicht befugte Richter. Beim Anwalt dagegen ist der Grundgedanke folgender: In dem Prozess haben die Parteien einander oder das Gericht betrogen. Dazu gehört natürlich als besonders gravierender Fall die Bestechung des gegnerischen Anwalts.

Jonas: Natürlich ist es etwas anderes. Aber wir sagen doch: Wenn ein Rechtspflegeorgan mitgewirkt hat, das sich hat bestechen lassen, so soll das ein absoluter Wideraufnahmegrund sein.

Fischer: Mir ist die Parallelität vom Standpunkt des Anwalts aus an sich angenehm. Es müsste dann heißen: Verletzung der Amts- und Berufspflichten.

Furler: Wenn der Richter bestochen ist, kann man immer unterstellen, es ist kausal für eine unrichtige Entscheidung.

Staud: Das braucht nicht der Fall zu sein. Aber es ist doch etwas anderes. In dem einen Fall hat ein intaktes Gericht geurteilt. In den ganzen Fällen der Nichtigkeitsklage liegt es bei Nr. 1, 2 und 3 so, dass ein Gericht judiziert hat, das nicht intakt war. Das gilt von Ziff. 5 der Restitutionsklage eigentlich auch. Wir sagen auch nicht: Die Nichtigkeitsklage ist deshalb gegeben, weil bei dem Prozess ein Anwalt mitgewirkt hat, der bei dem Gericht nicht zugelassen war. Wenn das noch bestehen sollte, müsste er schleunigst aufgehoben werden.

Jonas: Solche Fälle werden alle durch Genehmigung geheilt.

Staud: Ja, aber er könnte sagen: Ich genehmige nicht, ich bin froh, dass ich das als Grund habe.

Vorsitzender: Nach dem Kommentar von Jonas ist das aber ein anderer Fall. Es handelt sich da um eine auf einem Formmangel beruhende Unwirksamkeit von Prozesshandlungen. Ein nicht zugelassener Anwalt fällt danach nicht unter § 579. Gemeint ist in § 579 Ziff. 4 nur, dass ein Mangel im Vertretungsverhältnis vorlag, dass der Anwalt keine Vollmacht oder keine gesetzliche Vertretungsmacht hatte.

Fischer: Dann können die Parteien, die gar keine Anwälte sind, in der Maske des Anwalts auftreten, und dann würden sie keine Nichtigkeitsklage haben.

Staud: Wenn die Parteien vor dem Landgericht persönlich aufgetreten sind, und es ist ein Urteil ergangen, sehe ich nicht ein, weshalb das Urteil nicht bestehen bleiben soll.

Furler: Ich möchte vorschlagen, dass wir es bei dem bisher bewährten Rechtszustand lassen.

Vorsitzender: Durch Genehmigung kann ich nicht den Mangel heilen, dass jemand, der kein Anwalt ist, sich als Anwalt ausgegeben hat.

Stagel: Bei uns ist der Gedanke viel enger. Bei uns heißt es: Wenn eine Partei in dem Verfahren gar nicht oder, falls sie eines gesetzlichen Vertreters bedarf, nicht durch einen solchen vertreten war. Es ist der Gedanke: Die Partei muss die Möglichkeit haben, zu Worte zu kommen.

Pagenstecher: Wenn die Partei geisteskrank ist, würde das darunter fallen?

Stagel: Dann müsste sie ja einen gesetzlichen Vertreter haben.

Fischer: Aber wenn sie einen geisteskranken Anwalt hat, macht es nichts nach dem österreichischen Gesetz.

Furler: Oder ein anderes Beispiel: Das Amtsgericht stellt das Urteil einem Anwalt zu, und der war gar nicht bevollmächtigt.

Fischer: Dann war die Partei überhaupt nicht vertreten.

Pagenstecher: Wenn jemand zu Unrecht sagt: Er tritt als Vertreter auf?

Stagel: Dann ist die Partei überhaupt nicht vertreten.

Vorsitzender: Es ist wohl so gemeint: vertreten mit Vertretungsmacht. Ich glaube, wir können es bei § 579 Ziff. 4 belassen.

Dann bleibt die Frage: Soll der Anwalt als Rechtspflegeorgan in diesem Punkte dem Richter gleichgestellt werden? Das ist wohl nicht beabsichtigt, weil der Tatbestand in Ziff. 5 noch etwas anders ist als in Ziff. 4.

Nun käme § 580 Nr. 6. Das muss bleiben und könnte eventuell unter eine Generalklausel fallen. Geschieht das aber nicht, so ist es jedenfalls ein Grund, der beibehalten werden muss.

Nr. 7 des Entwurfs haben wir gestrichen. Wenn die unbeeidigte Aussage bestraft wird, würde es ohnehin unter Nr. 3 kommen.

Jonas: Was besteht für ein Anlass, diese Misshelligkeit zu besitzen, dass man an diese Fälle nicht herankommt? Im arbeitsgerichtlichen Verfahren hat ein Zeuge etwa soundso ausgesagt, und nachher kommt er und sagt: Ich habe gelogen. Muss man diese Misshelligkeiten in Kauf nehmen? Jetzt hilft man mit § 826 BGB. Das Ziel ist doch, etwas Derartiges zu vermeiden.

Fischer: Wir kommen noch auf die andere Frage, wie man § 826 einbaut. Da wird es wahrscheinlich erfasst werden. Allerdings setzt das voraus, dass die Partei irgendwie von diesem Verhalten etwas weiß. Ich weiß nicht, ob Sie so weit gehen wollen, zu sagen: Ich will jedes Urteil angreifbar machen ohne Rücksicht auf Kenntnis und Wissen einer Partei, wenn sich nachher herausstellt, dass ein Zeuge die Unwahrheit gesagt hat.

Jonas: Ich will über den jetzigen Stand der Rechtsprechung nicht hinausgehen. Die Partei muss innerlich davon überzeugt sein, dass das frühere Urteil unrichtig ist.

Furler: Das Reichsgericht hat in neueren Entscheidungen wiederholt betont, dass das nicht genügt, sondern es muss das sittenwidrige Verhalten hinzukommen.

Jonas: Das liegt doch darin, dass es geltend gemacht wird.

Staud: Wenn man hinterher erkennt, den Prozess, den ich bona fide gewonnen habe, hätte ich eigentlich nicht gewinnen dürfen. Handelt man dann sittenwidrig, wenn man ihn trotzdem geltend macht?

Furler: Ein Mann ist etwa in einer Scheidungsklage allein schuldig gesprochen worden. Nachher kommt heraus, die Frau hat auch einen Ehebruch begangen, der gar nicht geltend gemacht wurde. Da sagt das Reichsgericht, das genügt nicht.

Jonas: Ich berufe mich auf das Zeugnis eines Menschen. Dieser Zeuge sagt zu meinen Gunsten unbeeidigt aus.

Staud: Nein. Der Zeuge bekundet falsch, das Gericht glaubt ihm, und ich selbst, die Partei, die den Zeugen benannt hat, glaube dem Zeugen auch. Ich bin z.B. verklagt, weil ein Angestellter von mir eine Handlung vorgenommen hat, für die ich hafte. Da wird mir gesagt: Bei der Gelegenheit stand der Straßenbahnschaffner in der Nähe. Der sagt aus: Ich habe gesehen, der verstorbene Herr Soundso fuhr mit seinem Fahrrad um die Ecke, ganz langsam, hat auch geklingelt, der Kläger aber guckte nicht rechts und links, und er wurde angefahren, es war dichter Verkehr. Die Klage gegen mich wird abgewiesen. Oder umgekehrt: Der Überfahrene hat nach rechts und links geguckt, aber der Radfahrer fuhr schnell und rücksichtslos. Unter diesen Umständen ist ein Schadenersatzanspruch auf Beerdigungskosten begründet. Hinterher stellt sich heraus und der Zeuge gibt zu: Ich habe mich doch geirrt, ich kann das so nicht aufrecht erhalten, es war etwas anderes. Nun soll ich gegen die guten Sitten verstoßen, wenn ich von dem Urteil weiterhin Gebrauch mache.

Jonas: Was für ein Grund besteht, ein solches Urteil trotzdem zu erhalten?

Furler: Der Grund der Rechtskraft.

Jonas: Gegen dieses Idol der Rechtskraft wende ich mich.

Furler: Die Fälle, die schlecht lagen, hat man mit § 826 zu retten versucht. Es ist aber kein Mensch auf den Gedanken gekommen, mit § 826 BGB diesen Fall zu retten.

Jonas: Ich möchte ihn aber damit retten.

Furler: Das ist aber gegen die Rechtsprechung Ihres eigenen Gerichts.

Jonas: Es ist immer gesagt worden, es muss etwas dazukommen, und es ist meiner Meinung nach eine Sittenwidrigkeit, wenn ich an einem Urteil festhalte, obwohl ich mich durch den Widerruf des Zeugen überzeugt habe, dass die Grundlage falsch ist.

Furler: Dann reißen Sie die Schranken ein, die das Gesetz aufgestellt hat.

Jonas: Wir sprechen de lege ferenda. Ich sehe nicht den geringsten Grund, sich an solchen Stellen immer an die Rechtskraft zu klammern, wo ein solches Ergebnis vom Publikum nicht verstanden wird.

Furler: Aber dann brauchen wir überhaupt keine Rechtskraft mehr. Sie würden den Satz aufstellen, dass die Richtigkeit des Urteils später jederzeit nachgeprüft werden kann.

Jonas: Das bestreite ich. Man kann nicht in der Weise argumentieren, dass man sagt: Wenn du einen Gedanken bis zum Extrem verfolgst, kommst du zu Zerrbildern. Ich verfolge den Gedanken nicht so weit.

Furler: Man muss den Gedanken nur klar durchdenken.

Jonas: Es ist meiner Meinung nach kein klares Durchdenken, wenn man Gedanken bis zum Zerrbild verfolgt.

Furler: Sie sagen, wenn ein Zeuge kommt und erklärt: Ich habe mich geirrt –, dann muss das Urteil beseitigt werden. Dann bleibt doch eigentlich nichts mehr übrig.

Jonas: Ich setze mich nur für das ein, was schon im Entwurf steht. Es ist dies ein Gebiet, wo man zu einer vernünftigen Mittellösung kommen kann, und diese kann man nicht damit bekämpfen, dass man bis ins Extrem geht.

Furler: Man kann bald einen dazu bringen, dass einer vor Gericht geht und widerruft. Dann habe ich den ganzen alten Prozess wieder.

Jonas: Wenn wir zu einer Strafvorschrift für die falsche unbeeidete Aussage kommen, ist es ganz glatt. Wenn diese nicht bestraft wird, müsste grundsätzlich immer beeidigt werden. Dann haben wir wieder die Eidessuche.

Staud: Das ist nur ein Schlagwort. Es gibt jetzt genau so viel Meineidsanzeigen wie früher. Ich stehe auf dem Standpunkt, dass kein Zivilurteil aufgrund von solchen Urteilen ergehen darf, bei denen eine falsche Aussage unbestraft bleibt. Wenn wir die Strafbestimmung für die unbeeidete Aussage nicht bekommen, machen wir einen Paragraphen im Zivilprozess, wonach jeder Zeuge beeidigt wird.

Fischer: Man kann eine Meinung nicht von ihren Zerrbildern aus beurteilen. Trotzdem ist in den Ausführungen von Herrn Furler etwas Richtiges. Unsere große Besorgnis ist wohl die, dass man in zu vielen Fällen mit irgendeiner korrigierten Zeugenaussage zum Gericht läuft. Die Gewissenhaftigkeit der Zeugen, die heute offenbar schon angeknackst ist, würde dadurch wieder einmal einen neuen Stoß bekommen. Schon heute bearbeitet die Partei ihren Zeugen hinter den Kulissen und sagt ihm: Heute wirst du im Zivilprozess ja nicht mehr beeidigt, sage nur das und das, wenn es darauf ankommt, kannst du immer noch zurückzucken, aber es passiert dir nichts. Das Einzige, was dem Zeugen heute passieren kann, ist, dass vielleicht eine Anklage wegen Betruges kommt. Das soll aber erst einmal einer machen.

Jonas: Dieses Problem ist aufgetaucht durch die von Volkmar beim Arbeitsgerichtsgesetz mündlich und schriftlich verkündete These: Grundsätzlich soll beim Arbeitsgerichtsverfahren nicht beeidigt werden. Dieser Gedanke gehört auch in den Zivilprozess hinein.

Staud: Wir kehren uns heute doch wieder davon ab.

Jonas: Das Problem ist natürlich am glattesten gelöst, wenn man dazu kommt, die ganze Bestimmung für entbehrlich zu halten.

Fischer: Kann man hier nicht prozessuale Möglichkeiten schaffen, die Gefahren der falschen Zeugenaussage zu beseitigen? Wenn der Prozessgegner dahinter kommt, dass die andere Partei den Zeugen bearbeitet hat, ist es doch gut, wenn er dann sagen kann: Hier hast du etwas gesagt, was nicht richtig ist.

Staud: Das ist Ziffer 4. – Ich darf noch eins sagen: Die Ziff. 7 des Entwurfs, der Widerruf der uneidlichen Aussage, war auch in der großen Novelle von 1933 enthalten. Sie erinnern sich vielleicht, dass man es damals wieder gestrichen hat wegen der Bedenken, die wohl sämtliche Landesjustizverwaltungen in der damaligen Besprechung aus der Erwägung geltend gemacht hatten, dass dann vor allem in ländlichen Gegenden, wo die Parteien mit dem Zeugen in engem Konnex stehen, eine Flut von Wiederaufnahmeanträgen kommt, weil der Zeuge auf Zureden sagt: Ich bin auch bereit, an der Aussage etwas zu ändern. Aus diesem Grunde hat man 1933 von dieser Bestimmung zunächst Abstand genommen. Ohne Zweifel sind danach eine ganze Reihe von Fällen bekannt geworden, in denen sich uneidliche Aussagen als falsch erwiesen haben und es an einer Wiederaufnahmemöglichkeit fehlte. Über die Fälle der falschen eidlichen Aussagen, wo es aber nicht zur Wiederaufnahme gelangt hat, weil eine Verurteilung wegen Meineids nicht erzielt wurde, hat man sich nicht so aufgeregt. Die Lücke ist also bei den unbeeidigten Zeugenaussagen genauso wie bei den beeidigten. Auf 100 Meineidsklagen kommen doch nur ungefähr 40 Verurteilungen.

Pagenstecher: Wir wollen doch einfach beschließen: Die uneidliche falsche Zeugenaussage wird bestraft.

Staud: Das ist unser Wunsch. Wenn wir das nicht erreichen, stehen wir auf dem Standpunkt, dass im Zivilprozess der Beeidigungszwang wieder eingeführt werden soll. Dabei können wir sagen: Die Parteien können auf die Beeidigung verzichten. Wenn sie das tun, müssen sie wissen, dass sie sich der Wiederaufnahme begeben.

Fischer: Könnten wir in diesem Fall nicht als Ausschuss für bürgerliche Rechtspflege im Strafrechtsausschuss ein Memorandum vorlegen, in dem steht: Wir halten es nach Lage der Dinge für notwendig, dass die uneidliche Aussage bestraft wird? Das müssten wir natürlich gründlich überlegen.

Jonas: Nach dem Lauf der früheren Entwicklung fürchte ich, dass dann vom Eid überhaupt kein Gebrauch mehr gemacht wird, weil ja die uneidliche Aussage unter Strafe steht. Ergebnis der Sache: Die Strafe für Meineid ist nicht mehr Zuchthaus, sondern ein paar Wochen Gefängnis.

Pagenstecher: Was früher eigentlich Meineid hieß, wird viel milder bestraft.

Furler: Es wäre erwünschter, wenn man wieder dazu käme, die Leute regelmäßig zu beeiden.

Jonas: Das Unterlassen der Beeidigung führt vielfach zu Unzuträglichkeiten. Ich erinnere an die Abstammungsfragen in Alimentenprozessen.

Fischer: Ich glaube nicht, dass heute so leichtfertig geschworen wird wie etwa vor zehn Jahren. Wenn der Eid im Zivilprozess wieder mehr zu seiner Bedeutung käme, möchte ich glauben, dass auch die Moral dahintersteht.

Jonas: Sicher. Jetzt sagt der Richter aber: Ich traue mir die Menschenkenntnis zu. Die Selbstherrlichkeit der Richter ist ziemlich groß. Der Richter sagt: Nach dem persönlichen Eindruck glaube ich diesem Zeugen mehr als dem anderen. Diese Einstellung fällt mir auch bei der Beurteilung der inneren Tatsachen in Ehescheidungssachen häufig auf.

Singer: Was will er aber bei einander widersprechenden Aussagen anderes machen?

Jonas: Als gewissenhafter Richter würde man doch sagen: Ich neige dazu, diesem Zeugen zu glauben, dann soll er aber auf den Eid festgelegt werden. Das kann dann wenigstens die andere Partei verlangen.

Fischer: Ich kenne seit zehn bis fünfzehn Jahren bei uns keine Zeugenvereidigung mehr.

Furler: Doch; bei uns wird viel vereidigt.

Stagel: Das kommt auch darauf an, ob der Zeuge glaubwürdig ist.

Staud: Die Beeidigung soll nicht von der Glaubwürdigkeit abhängig gemacht werden. Ist der Zeuge unglaubwürdig, so beeide ich ihn erst recht, damit er ins Zuchthaus kommt. Im Entwurf geht die Tendenz dahin, dass eine Beeidigung vorgenommen werden muss, wenn die Aussage erheblich ist, ohne Rücksicht auf die Glaubwürdigkeit.

Vorsitzender: Es spielt auch eine Rolle, dass die Beeidigung für eine Beleidigung gehalten wird.

Jonas: Jawohl. Die Sache war seinerzeit aufgezogen worden aus dem Gedanken, dass der Eid ein Misstrauen gegen den Zeugen ist. Das ist aber falsch. Wenn ich einem Zeugen glaube, hat die Gegenpartei einen Anspruch darauf, dass die Aussage unter Sanktion gestellt wird.

Pagenstecher: Wie wäre es, wenn wir beschließen: Obligatorische Beeidigung wie früher, es sei denn, dass die uneidliche Aussage unter Strafe gestellt wird?

Staud: Natürlich, darüber ist kaum ein Wort zu verlieren.

Fischer: Wir haben aber mit dem Verfahren der Nichtvereidigung keine schlechten Erfahrungen gemacht.

Jonas: So starr braucht man es auch nicht zu machen. Es genügt, dass man sagt: Grundsätzlich ist zu beeidigen.

Vorsitzender: Ich bin kein Freund davon, dass der Widerruf der Zeugenaussage ein Wiederaufnahmegrund wird. Lassen wir das lieber weg. Es erübrigt sich, wenn die uneidliche Aussage bestraft wird, und auch bei einer stärkeren Beeidigung.

Nun käme die eigentliche Hauptfrage der nova reperta. Da waren wir für eine Erweiterung. Punkt a) ist nicht zu beanstanden. Wir wollen es aber als eine besondere Nummer nehmen.

Pagenstecher: Was heißt in Ziffer 7 a „Urteil"? Wenn die Zivilprozessordnung von Urteil spricht, meint sie in der Regel ein Urteil eines ordentlichen Gerichts.

Staud: Es muss ein Urteil in derselben Sache sein. Aber es fragt sich, ob nicht auch noch ein Beschluss in Frage kommt. Diese Bestimmung muss doch eigentlich von allen gerichtlichen Entscheidungen gelten, die vermöge ihrer Rechtskraft das nunmehr anzufechtende Urteil beeinflusst haben. Das kann doch auch einmal ein Beschluss sein.

Stagel: Wir haben viel mehr Beschlussentscheidungen und haben auch nur das Wort Urteil in der Bestimmung.

Jonas: Ein Beispiel wäre Folgendes: Wir sind beide Rechtsnachfolger der Parteien, und nun finde ich einen Schiedsspruch, der sich auf dieselbe Sache bezog und schon für vollstreckbar erklärt ist.

Furler: Maßgebend ist doch nicht die Vollstreckbarkeitserklärung, sondern der Schiedsspruch an sich. Und der Schiedsspruch gilt als Urteil.

Staud: Weshalb soll man das Wort Urteil nicht durch Entscheidung ersetzen?

Furler: Dann wird es wieder unklar.

Jonas: Ich möchte auch vorschlagen, „Entscheidung“ zu sagen. Wenn es nun ein Verfahren der freiwilligen Gerichtsbarkeit gewesen ist, z.B. Alimentensachen, Erbhofverfahren? Der Erbhof ist z.B. abgebrannt, und nun kommt es zu einem Prozess, und dann extrahiert einer einen Beschluss des Erbhofgerichts, dass die Sache schon in anderem Sinne entschieden ist. Passieren kann eigentlich nichts; denn es ist von rechtskräftigen Entscheidungen die Rede.

Pagenstecher: Es fragt sich, ob formell oder materiell rechtskräftig.

Stagel: Die Sache hat praktisch doch sehr wenig Bedeutung.

Jonas: Das schon, aber korrekter ist wohl „Entscheidung“.

Vorsitzender: Ich bin kein besonderer Freund davon; ich möchte „Urteil“ lassen. Es soll doch den Konflikt der materiellen Rechtskraft beseitigen, nicht der formellen. Den Schiedsspruch rechnen Sie dazu.

Fischer: Richtig ist das nicht. Denn Schiedsspruch ist weder Gericht noch sonst etwas. Der Schiedsspruch ist nur im Wege der Auslegung hineinzubringen.

Vorsitzender: Wir müssen zum Ausdruck bringen, dass es früher sachlich rechtskräftig geworden ist. Es geht doch um die materielle Rechtskraft.

Fischer: Für die Frage, ob das zweite Urteil sich darauf stützt, kommt es auf die formelle Rechtskraft nie an.

Pagenstecher: Ein Urteil im Wechselprozess z.B., wo kein Nachverfahren stattgefunden hat, hat nur formelle Rechtskraft.

Jonas: Unter die Wiederaufnahme fällt doch nur der Fall, dass über den identischen Streitgegenstand zwei Urteile gefällt sind. Es ist nicht etwa der Fall, dass ein zweites Urteil ergeht, das nach Rechtskraftgrundsätzen nicht hätte ergehen dürfen, weil über diese Frage schon in anderem Sinne materiell rechtskräftig entschieden war.

Fischer: Diese Sache könnte gerade beim Schiedsspruch aktuell werden.

Furler: Da besteht aber Einigkeit, dass der Schiedsspruch darunter fällt.

Fischer: Richtig. Aber nach dem Wortlaut des Gesetzes ist das nicht der Fall. Ich würde es der Einfachheit halber ergänzen. Denn gerade dieser Fall könnte gefährlich werden.

Staud: Ich würde doch bitten, „Entscheidung“ zu lassen.

Vorsitzender: Setzen wir also „Entscheidung“ hinein. Nun kommt die Hauptsache.

Wir sind wohl darin einig, dass wir über die Urkunde hinaus grundsätzlich alle neuen Beweismittel heranziehen wollen: Zeugen, mit Vorsicht Sachverständige und Augenschein. Damit es nicht ins Uferlose geht, wollte Herr Staud – und dem haben sich die meisten angeschlossen – die Verschärfung haben, dass durch diese neuen Tatsachen plus Beweismittel nicht bloß das alte Urteil erschüttert wird, sondern die positiv neue Grundlage für eine andere Entscheidung gewonnen werden kann, damit das non liquet nicht zum Schaden ausschlägt. Es soll eine Art Umkehrung der Beweislast stattfinden. Wer jetzt das Urteil angreift, muss Tatsachen und Beweismittel bringen, die geeignet sind, das Urteil umzuwerfen.

Staud: Also formuliert: indem durch die Feststellung von Tatsachen oder durch die Widerlegung solcher Tatsachen, die in dem früheren Urteil als feststehend angesehen worden sind, eine den Parteien günstigere Entscheidung herbeigeführt wird.

Jonas: Ein Beispiel: Der Zeuge hatte gesagt, es ist bezahlt. Daraufhin war die Klage abgewiesen worden. Nun wird ein Zeuge ausfindig gemacht, aus dessen Aussage sich ergibt, der andere Zeuge hat gelogen. Was ist nun die der Partei günstigere Auffassung: Das non liquet mit der Folge, dass noch einmal bezahlt werden muss, oder soll dies erst zum Zuge kommen, wenn durch die Zeugenaussage negativ und positiv festgestellt ist, es ist nicht bezahlt?

Staud: Der erste Zeuge wird doch nicht sagen, es ist bezahlt. Er wird den konkreten Vorgang schildern.

Jonas: Er sagt etwa: Ich bin Geschäftsführer bei der Firma, meiner Erinnerung nach hat der Mann bezahlt. Ein Datum ist nicht festgelegt.

Staud: Dann ist die Wiederaufnahme für ihn außerordentlich erschwert.

Jonas: Nun kommt ein Zeuge und sagt: Dieser Geschäftsführer oder dieses Geschäftsfräulein konnte das überhaupt nicht wissen, sie hat die Bücher nicht gehabt usw. Das Geschäftsfräulein wird auch noch einmal vernommen und sagt: Ich hatte das so gedacht; es wird wohl stimmen, ich muss meine Aussage zurückziehen.

Pagenstecher: Allein auf die Aussage des Geschäftsfräuleins hin würde die Zahlung wohl nicht als erwiesen angesehen werden.

Staud: Es wäre eine sehr saloppe Beweisaufnahme in einer Bagatellsache. Wir wollen unterstellen, dass der Zeuge sagt: Das ergibt sich aus den Büchern. Und nun kommt er und sagt: Hier ist das Bürofräulein. Was soll das Bürofräulein bekunden?

Jonas: Es kommt nun ein anderer Zeuge und sagt: Es ist nicht bezahlt; ich habe auch mit dem Geschäftsführer gesprochen, der hat mir einmal gestanden, er hätte das nur so hingesagt, er wisse überhaupt über die Geschichte nichts, er könnte sich ebenso gut geirrt haben. Dann haben wir das non liquet. Der Schuldner müsste an sich den Beweis der Zahlung führen, und wenn er ihn nicht erbringt, wird er eben verurteilt. Wollen Sie es in diesem Fall bei dem Urteil belassen?

Staud: Nach der bisherigen Formulierung würde es zur Wiederaufnahme genügen, dass er die dem Urteil als feststehend zugrunde gelegte Tatsache, dass bezahlt worden sei, widerlegt. Wenn diese Tatsache nur als allgemeine Tatsache zugrunde gelegt worden ist, müsste er sie in ihrer Allgemeinheit widerlegen. Wenn in dem Urteil gestanden hätte, an dem und dem Tage ist an der und der Stelle durch Hingabe von Bargeld gezahlt worden, dann würde zur Wiederaufnahme genügen, dass dieser konkrete Zahlungsvorgang widerlegt wird. Hat sich aber das Urteil mit einer ganz allgemeinen Feststellung begnügt, dann müsste diese allgemeine Feststellung widerlegt werden, und mir scheint, als ob die Aussage dieses Fräuleins dazu nicht ausreicht.

Jonas: Es sind ja alles rechtspolitische Erwägungen. Mir ist bei der ganzen Sache immer noch zweifelhaft, ob die Einführung neuer Zeugenaussagen wirklich möglich ist. Dass man Urkunden auch ausdehnt auf Augenscheinsobjekte, darüber ist kein Wort zu verlieren.

Staud: Jemand ist auf Zahlung verklagt worden und hat den Beweis nicht erbracht.

Jonas: Und ist verurteilt und hat bezahlt. Nun kommt ein Zeuge, der bekundet: Er hat bezahlt.

Staud: Wenn er eine Quittung bringt, reicht es aus. Nun hat er einen Mann, den er damals nicht haben konnte, der vielleicht in Kriegsgefangenschaft war, und sagt: Der Mann war dabei. Da sehe ich nicht ein, weshalb ich die Sache anders behandeln soll, als wenn er eine Quittung mitbringt. Nehmen Sie an, der Mann sagt in dem früheren Prozess: Ich habe einen Zeugen dafür, ich kann den Mann aber nicht bringen, er ist in Übersee, ich habe keine Verbindung dahin, ich weiß auch nicht seinen Namen, ich brauche aber nur zu der Firma hinzugehen, dann kann ich den Mann ausfindig machen. Vielleicht sagt auch die Gegenpartei: Der Mann, den der Herr meint, ist Herr Soundso, der ist in Neuseeland interniert. Da könnte das Gericht sagen: Das ist eine faule Ausrede. Nun bringt er den Mann. Warum dann keine Wiederaufnahme?

Pagenstecher: Ich bringe in der Vorlesung immer als Beispiel den Prozess zwischen zwei Erben. Der eine wird verklagt auf Zahlung, und dann kommt ein Onkel von der Weltreise zurück und sagt: Was, du hast noch einmal bezahlt? Ich war ja dabei, wie das zurückgezahlt worden ist.

Jonas: Die Sache mit der Urkunde ist doch ein Kompromiss. Man sucht für krasse Fälle den Weg mit der Urkunde und beschränkt sich darauf. Der Vorschlag von Herrn Staud sucht auf einem anderen Wege weiterzukommen. Im österreichischen Prozess ist es insofern anders, als dort der Wiederaufnahmefall auch noch in der zweiten Instanz vorkommen kann. Der Prozess schwebt in der zweiten Instanz noch, und dann kommt die Wiederaufnahme in den ersten Prozess hinein.

Stagel: Aber das muss nicht sein.

Jonas: Nein. Aber da kann der Fall eher auftauchen, als er bei uns bis jetzt auftauchen konnte. Wie wird es nun mit den zugelassenen Zeugen sein?

Staud: Die konnte er ja früher geltend machen. Das ist kein Beweismittel, das er früher geltend zu machen nicht in der Lage war.

Jonas: Es ist eine Frist zur Benennung der Zeugen gesetzt. Nun ist die Frist verpasst. Soll man es dann darauf abstellen, ob er die Frist aus Sorglosigkeit verpasst hat? (*Staud:* Selbstverständlich!) – Von Ihrem Standpunkt selbstverständlich.

Staud: Wenn der Mann in früheren Prozessen nicht schon sagt, ich habe den Zeugen, ich kann ihn aber nicht bringen –, sondern das für sich behält, dann wird ihm die Frist aus § 317 [?] gar nicht gesetzt.

Fischer: Nein, wenn ihm nachgewiesen wird, dass er ihn früher hätte nennen können, bekommt er keine Wiederaufnahme.

Furler: Man wird ja unterscheiden müssen, ob man neue Tatsachen und neue Beweismittel noch später als Wiederaufnahmegrund einführen kann oder ob man neue Beweismittel nur für alte Tatsachen vorbringen kann. Ich kann ja neue Tatsachen vorbringen und dafür alte Beweismittel bezeichnen, und ich kann alte Tatsachen mit neuen Beweismitteln zu beweisen versuchen.

Stagel: Wenn es neue Tatsachen sind, sind es auch neue Beweise.

Jonas: De lege lata kann ich bei Urkunden auch neue Tatsachen vorbringen. Dies auf Zeugen auszudehnen, scheint mir bedenklich.

Furler: Also neue Tatsachen, die noch in den Entscheidungstatbestand des alten Urteils hineinfallen. Bei einer späteren Zahlung muss ich ja eine Vollstreckungsgegenklage bringen. Wollen wir so weit gehen, zu sagen: Alle neuen Tatsachen, die ich in Erfahrung bringe, können als Wiederaufnahmegrund gebracht werden? Dann erst kommen die Beweismittel.

Fischer: Wir müssen auch sagen: Alle neuen Tatsachen, die man in früheren Verfahren nicht hätte bringen können.

Stagel: Die man wohl hätte bringen können, aber nicht imstande war, zu bringen.

Pagenstecher: Objektiv hätte bringen können, aber subjektiv nicht.

Staud: Beispiel: Ein Hund hat mich gebissen, ich bin mit der Tierhalterklage abgewiesen worden, und hinterher erfahre ich, der Mann hat den Hund auf mich gehetzt. Wir wollen einmal unterstellen, dass das ein Tatsachenkomplex ist. Dann wäre das eine neue Tatsache, die nach meiner Auffassung zur Wiederaufnahme vorgebracht werden kann, auch nach österreichischem Recht. Für diese Tatsache habe ich nötigenfalls die neuen Beweismittel. Ein neues Beweismittel ist auch der gleiche Zeuge dann, wenn er für eine neue Tatsache benannt wird.

Pagenstecher: Das klappt nicht, solange ich keine Garantie habe, dass das Reichsgericht nicht noch weiter geht.

Furler: Das ist etwas anderes. Also wäre das Ergebnis: alle neuen Tatsachen, die die Entscheidung beeinflusst hätten. Wie ist es mit dem Beweismittel?

Staud: Wenn die Tatsache vom Gegner nicht bestritten wird, brauche ich keine Beweismittel. Wenn sie bestritten wird, ist die Frage, ob ich alle Beweismittel oder auch noch die Parteivernehmung zulasse, die nach deutschem Recht jetzt ausgeschlossen ist.

Furler: Für die Parteivernehmung würde sprechen, dass ich sonst von der Gutmütigkeit meines Gegners abhängig bin.

Stagel: Wir haben in unserem Formularbuch ein Beispiel, wo als Wiederaufnahmegrund geltend gemacht ist, dass der Mann, der aus seinem Alleinverschulden geschieden ist, nachträglich einen Brief seiner Frau hervorbringt, wo sie schreibt: Jetzt kann ich es dir ja sagen, nachdem du nichts mehr machen kannst, es ist schon richtig, was du behauptet hast, ich habe die Ehe gebrochen.

Jonas: Lassen Sie da die Wiederaufnahme zu?

Stagel: Ja.

Furler: Von unserem theoretischen Standpunkt ist es so, dass wir jeden Scheidungsprozess wieder aufnehmen können, wenn ich nachher einen Grund finde und ein Beweismittel dazu. Wir denken es ja nur durch, ohne dazu Stellung zu nehmen.

Jetzt kommt die weitere Frage: Direkte oder indirekte Tatsachen? Sind neue Tatsachen nur solche, die den Anspruch selbst betreffen, oder auch Tatsachen, die die Beweismittel verändern können, die also Schlüsse auf irgendwelche Dinge zulassen? Ist die neue Tatsache Behauptung der Zahlung oder die Behauptung, der Zeuge ist unglaubwürdig, oder aber die Behauptung, der Zeuge hat sich selbst in anderem Sinne festgelegt? Er sagt etwa, bei einem Verkehrsunfall war er nicht dabei. Nun bringe ich eine Fotografie, wo er drauf ist.

Staud: Meine Neigung geht entschieden dahin, die Wiederaufnahme erheblich zu erweitern, aber unter den Voraussetzungen, dass dann in absolut zuverlässiger Weise alle Umwege über § 826 und sonstige Hilfsmethoden verbaut werden. Dagegen soll die Form der Wiederaufnahme nach meiner Auffassung nicht erleichtert werden.

Jonas: Man stellt doch ab auf Dinge, die sich erst im Prozess herausstellen. Das weiß vorher keiner. Auch Ihre Tendenz geht dahin: Ich erweitere die Möglichkeiten, sage aber dem Mann: Der Weg, der dir gegeben wird, ist immerhin mit so viel Fußangeln besetzt, dass du es dir reiflich überlegen musst, ob es einen Sinn hat. Ist es dann nicht eigentlich glatter zu sagen: Schluss, ich gebe dir auch kein Pseudomittel? Denn weitgehend sind es Pseudomittel, wenn ich sagen muss: Du kannst das alles machen, aber wenn ein non liquet herauskommt, dann bleibt es doch bei der ganzen Geschichte.

Staud: Das ist ja vollkommen gerecht.

Stagel: Er hat doch das Urteil, das einmal da ist.

Furler: Heute sucht die Rechtsprechung den Ausweg über § 826 BGB. Wenn Sie über diesen Paragraphen zum Ziel kommen wollen, müssen Sie auch das alte Urteil positiv widerlegen. Sie müssen nämlich den Tatbestand der unerlaubten Handlung nachweisen, also nicht nur ein non liquet finden. Die Absicht von Herrn Staud ist, diesen positiven Gedanken in die Wiederaufnahme hineinzubringen.

Jonas: Ein großer Unterschied ist noch folgender: Das Reichsgericht hat immer nur die Fälle, wo verurteilt ist, und jetzt wird es auch auf die Fälle ausgedehnt, wo die erste Klage abgewiesen war.

Stagel: Wenn da nachträglich ein strikter Beweis für die Klagebehauptung erbracht wird, kann man ein anweisendes Urteil viel eher wieder aufnehmen.

Jonas: Dann muss ich die Konsequenz ziehen, das erste Urteil ist weg, und nun prüfe ich es gemäß der jetzigen Lage nach. Das frühere Urteil geht mich gar nichts mehr an.

Furler: Wenn Sie nach fünf Jahren einen Verkehrsunfall wieder aufnehmen und ihn so nachprüfen, wie er jetzt steht, wird immer ein non liquet herauskommen. Die Zeugen können sich doch nicht mchr crinncrn.

Jonas: Ist es denn überhaupt glücklich, diesen Gedanken zu verfolgen? Eine Wiederaufnahmeklage kommt praktisch nur innerhalb gewisser zeitlicher Begrenzung in Frage.

Furler: Aber einige Zeit muss man doch lassen.

Jonas: Die Sache mit § 826 ist doch in die Wege geleitet, weil die Wiederaufnahme mit so viel Fußangeln versehen ist.

Furler: Sie kämen zu dem Ergebnis, Sie lassen alles beim Alten und arbeiten mit § 826 weiter. Wir wollen § 826 abtöten.

Jonas: Das wird Ihnen nie gelingen. Für gewisse Fälle wird immer die Möglichkeit bleiben, auf § 826 BGB zurückzugreifen, z.B. wenn die Fünfjahresfrist versiebt ist und ein offensichtlich doloses Verhalten vorliegt.

Furler: Man müsste das durch eine positive Vorschrift genau bestimmen.

(Mittagspause)

Nachmittagssitzung

Vorsitzender: Wir setzen unsere Beratung fort.

Wir stehen bei der Frage der *Präklusion.* Hierzu hat Jonas eine Einteilung gemacht, an die ich nochmals erinnern möchte: Handelt es sich um neue Tatsachen, oder sollen es nur neue Beweismittel für alte Tatsachen sein? Da kann doch wohl kein Unterschied gemacht werden. Es kann kein Unterschied sein, ob als Grund der Wiederaufnahme Zahlung angeführt wird, für die jetzt die Quittung vorgelegt wird, während im Prozess selbst von Zahlung überhaupt keine Rede war. Das kann passieren, wenn ein Erbe verklagt wird. Er findet nachträglich die Quittung vor und behauptet jetzt als Wiederaufnahmegrund die Zahlung. Das würde zwar eine neue Tatsache sein, kann aber doch kein Hindernis für die Wiederaufnahme darstellen. Dabei muss es sich um neue Tatsachen vor dem Zeitpunkt der letzten mündlichen Verhandlung handeln, in der sie gebracht werden konnten, weil die nachher eingetretenen Fälle von der Rechtskraft nicht getroffen sind. Soll nun aber die Wiederaufnahme ausschließen eine Tatsache, die der Mann hätte bringen können, aus Fahrlässigkeit aber nicht gebracht hat, weil er nicht genau hingesehen hat?

Staud: Der Mann wird präkludiert mit allen anderen Verteidigungsmitteln, die als solche bereits entstanden sind. Die Präklusionswirkung bezieht sich auf alle Tatsachen, die als solche bereits eingetreten sind, ob er sie nun kannte oder nicht kannte.

Vorsitzender: Das bezieht sich auch auf solche Tatsachen, die er bei einiger Sorgfalt hätte vorbringen können?

Furler: Darauf bezieht sich die Präklusion doch auch.

Staud: Wenn er sich darum bemüht hätte, hätte er die Zeugen schon vor vier Wochen bringen können. In der Berufungsinstanz wird ihm gesagt, wenn er sich nur die Mühe gegeben hätte, seinen Gewährsmann zu fragen, wie der Zeuge heiße und wo er wohne, dann hätte er die Tatsache schon in der letzten mündlichen Verhandlung erster Instanz bringen können; in der Berufungsinstanz wird er damit nicht mehr gehört.

Vorsitzender: Das kommt dann nicht zum Ausdruck.

Staud: Hier ist die Wiederaufnahme nicht wegen neuer Tatsachen und Beweismittel, sondern wegen solcher Beweismittel, die die Partei nicht geltend machen konnte, vorgesehen.

Fischer: Ich verweise auf den Unterschied zwischen Nichtigkeitsklage und Restitutionsklage. Nichtigkeitsklage ist immer zulässig. Nach § 582 ZPO ist die Restitutionsklage nur zulässig, wenn die Partei ohne ihr Verschulden außerstande war, den Restitutionsgrund in dem früheren Verfahren, insbesondere durch Einspruch oder Berufung oder mittels Anschließung an eine Berufung geltend zu machen. – Ich möchte haben, dass man bei der Behandlung dieser Vorschrift die Grundsätze der Präklusion ohne weiteres heranzieht.

Stagel: Bei uns ist es nur bei der nova reperta.

Stagel: Nun wirft sich die Frage auf: Was wird in die Nichtigkeitsklage verwiesen, und was bleibt?

Pagenstecher: Die Richterbestechung wollen wir in die Nichtigkeitsklage verweisen.

Furler: Ich glaube nicht, dass wir zu einer Verschmelzung in einem einheitlichen Wiederaufnahmeverfahren kommen.

Vorsitzender: Das fürchte ich auch.

Nun käme die dritte und am schwersten zu formulierende Einschränkung: Das Beweismittel muss geeignet sein. Nehmen wir Klage auf Zahlung. Der Beklagte wendet Zahlung ein und bringt einen Zeugen bei, der bekunden werde, er habe am 1. Mai gesehen, wie der Beklagte an den Kläger einen Hundertmarkschein gezahlt habe. Nun kommt es zur Wiederaufnahme. Der Kläger legt einen Brief des Beklagten vor, den er mittlerweile aufgefunden hat, worin der Beklagte am 3. Mai um Stundung der Forderung nachsucht. Der Hundertmarkschein war, wie sich herausstellte, für die Zahlung einer anderen Schuld bestimmt. Hier scheidet der Fall aus, dass der Zeuge wegen Eidesverletzung verfolgt werden kann: er hat wahrheitsgemäß bekundet, er habe gesehen, wie der Beklagte dem Kläger 100 Mark bezahlt habe. Hier hat es sich aber, wie sich herausstellte, um eine ganz andere Zahlung gehandelt. Hier müsste der Brief mit dem Stundungsgesuch allein zur Wiederaufnahme genügen.

Staud: Das glatt abweisende Urteil, welches angefochten wird, beruht auf der Feststellung der Tatsache, dass der Beklagte am 24. Juni an den Kläger mit einer Banknote gezahlt habe. Der Kläger kann mit neuen Tatsachen und Beweismitteln die Wiederaufnahme betreiben mit dem Ziel, dass dadurch die im Urteil festgestellte konkrete Tatsache der Zahlung widerlegt wird. Er braucht nicht seinerseits den ihm allgemein gar nicht zumutbaren Beweis zu führen, dass nicht gezahlt worden ist; er braucht nur das festgestellte Faktum der konkreten Zahlung zu widerlegen. Schwierigkeiten entstehen natürlich, wenn man den Fall so nimmt wie Jonas heute Morgen, dass die Zahlung nicht in konkreter Form, sondern mehr in ihrer Allgemeinheit in Betracht kommt.

Jonas: Das wird ein sehr häufiger Fall sein. Das wird überall gelten, wo aus Indizien auf die Zahlung geschlossen wird. Die Parteien sind nachher so und so oft zusammengekommen, haben sich über alle möglichen Dinge unterhalten, sind aber auf die streitige Schuld nie mehr zurückgekommen.

Staud: Dann müsste die Tatsache oder das Beweismittel, das die Wiederaufnahme begründen soll, schon geeignet sein, festzustellen, dass die Zahlung überhaupt nicht erfolgt ist. Dies würde der Fall sein, wenn sich herausstellt, an dem und dem Tage habe der Beklagte jedenfalls noch um Stundung gebeten und habe diese auch erhalten. Dann ist nur noch abzuwägen: Wenn ich das aus dem neuen Beweismittel schließe, ist damit das widerlegt, was das Gericht aus dem früheren Beweismittel geschlossen hatte? Wenn die Indizien mit einem bestimmten Zeitpunkt abschließen, der Beklagte aber nach diesem Zeitpunkt um Stundung nachgesucht hat, dann ist der Beweis gelungen. Wenn die Indizien aber noch offen bleiben, dann würde das Gericht wohl zu einem non liquet kommen. Im einzelnen Fall wird es von dem Gewicht der Tatsachen und Beweismittel vergleichen mit der Art der Feststellung des angefochtenen Urteils abhängen, ob die Wiederaufnahme nun zieht. Eines ist sicher: Künftig wird die Wiederaufnahme im Allgemeinen leichter sein, wenn das Urteil aufgrund präziser tatsächlicher Feststellungen ergeht. Die Parteien werden bei richtiger Prozessführung sagen: Ich lege Wert darauf, dass der Zahlungsvorgang nicht mit so allgemeinen Wendungen gebracht wird, sondern dass das Gericht irgendwie die Überzeugung zum Ausdruck bringt, von welchem tatsächlichen Vorgang nun eigentlich auszugehen ist. Je konkreter dieser Vorgang in dem früheren Urteil festgestellt ist, umso klarer sind nachher die Verhältnisse für die Wiederaufnahme.

Fischer: In der Praxis spielt eine große Rolle die sogenannte Eventualfeststellung: Wenn das nicht ist, ist das. Darin liegt eben die Schwierigkeit: Kommen Sie mit der Widerlegung aus? Ich neige sehr zu Ihrem Standpunkt, frage mich aber, ob Sie mit der Widerlegung auskommen.

Staud: Aufgrund der Wiederaufnahme wird eine positive Feststellung getroffen.

Vorsitzender: Die bloße Erschütterung der Glaubwürdigkeit eines Zeugen darf nicht genügen. Wenn im Prozess ein Zeuge ausgesagt hat, er habe den Vorgang der Zahlung mit angesehen, und wenn nun die Wiederaufnahme bloß darauf gestützt wird, dieser Zeuge sei ein notorisch unzuverlässiger Mann, dann darf das nicht genügen.

Staud: Nehmen wir den Fall: Der eine Zeuge ist vernommen worden und hat ausgesagt, er habe mit angesehen, wie der Beklagte gezahlt habe. Es kommt zum Wiederaufnahmeverfahren und ein anderer Zeuge, der auch bei der angeblichen Zahlung zugegen war, sagt aus, er sei damals anwesend gewesen, habe aber nichts davon gesehen, dass eine Zahlung geleistet worden wäre, obwohl er das hätte sehen müssen. Hier wird jedes Gericht zu einem non liquet kommen. Kein Zeuge widerlegt zwingend den anderen. Nach den bisherigen Grundsätzen des Wiederaufnahmerechts führt das zur Ablehnung und Abweisung der Wiederaufnahme.

Furler: Wir diskutieren hier immer nur den einfachen und glatten Fall der Zahlung, also eine einheitliche Tatsache. Wie ist es nun aber bei komplexen Tatsachen? Nehmen wir einen Autounfall. Hier werden fünferlei Tatsachen als entscheidend vorgebracht. Zunächst wird behauptet und bewiesen, die Bremse sei nicht in Ordnung gewesen. Dann wird eine neue Tatsache vorgebracht und bewiesen. Was dann?

Staud: Wenn das Urteil auf fünf festgestellten Tatsachen basiert, dann ist zu prüfen: Waren diese Tatsachen zu der früheren Entscheidung kumulativ nötig oder alternativ nötig? Waren sie alternativ nötig, dann genügt eine, waren sie kumulativ nötig, dann müssen sie sämtlich zusammenwirken.

Fischer: Bei den kumulativen Tatsachen kommt es darauf an, ob das erste Urteil abgewiesen oder verurteilt ist.

Vorsitzender: Nehmen wir folgenden Fall: Das Gericht hat in einem Versicherungsfall eine Verurteilung ausgesprochen. Es hat dabei festgestellt, die Fahrlässigkeit des Beklagten ergebe sich aus Folgendem: Der Beklagte sei angetrunken gewesen; er sei außerdem noch falsch gefahren, und schließlich sei die Bremse seines Wagens nicht in Ordnung gewesen. Nun wird in der Wiederaufnahme Beweis angeboten, der alle Punkte getrennt bringt. Das würde für die Wiederaufnahme nicht genügen.

Staud: In meiner Formel steht zweierlei: durch die Feststellung oder Widerlegung einer früher festgestellten Tatsache zu einer günstigeren Entscheidung.

Furler: Ich möchte hier auf eine Schwierigkeit hinweisen. Wenn ich feststelle, der Mann war nicht betrunken, dann wird das Ganze wieder aufgerollt, und die Sache wird schwierig werden.

Staud: Der Streitstoff des neuen Prozesses erstreckt sich doch nur auf die Prüfung dieser einen Tatsache. Ich stelle mir die Sache nicht als Wiederaufnahme des vorigen Prozesses vor.

Jonas: Man kann aber nicht dazu kommen, dass der Richter vor eine unmögliche Situation gestellt wird. Er hat die Feststellung zu treffen, ob der Mann fahrlässig gehandelt hat und wie stark seine Fahrlässigkeit war, wie sie im Vergleich zum Verschulden des anderen zu bewerten ist. Es ist kaum möglich, dem Richter zu sagen: Auf der einen Seite hast du einen lebendigen Zeugen vor dir, und diesen stellst du in eine Relation zur Feststellung eines höheren Urteils, von dem ein Teil wegfällt. Was soll der Richter nun feststellen? Die Bewertung, dass die Fahrlässigkeit auf 80% zu schätzen ist? Diese Bewertung hat doch zur Voraussetzung, dass das erste Gericht eine Feststellung getroffen hatte, von der nachher ein Teil herausgebrochen ist.

Stagel: Sie bringen die andere Partei in eine nicht zu rechtfertigende schlechte Lage. Sie sagen, hier sei ein lebendiger Zeuge. Aber vor dem ersten Richter standen auch lebendige Zeugen, und die wissen jetzt vielleicht nicht mehr viel von der Sache, weil sie schon zu weit zurückliegt.

Jonas: Dann lassen wir doch diese ganze Geschichte! Man muss hier unterscheiden zwischen iudicium rescindens und iudicium rescissorium. Man muss sich diese Unterscheidung immer klarmachen. Ich trete in die neue Verhandlung hinein; durch die Aussage des neuen Zeugen wird festgestellt: Der Mann war nicht betrunken. Das muss positiv festgestellt sein. Nun ergibt sich doch ein wesentlich anderes Bild. Der Erstrichter hat sich absolut nicht zu der Frage geäußert, ob er Fahrlässigkeit auch für den Fall angenommen hätte, dass der Mann nicht betrunken war. Der zweite Richter muss doch freie Hand haben, wenn man in solchen Fällen überhaupt die Wiederaufnahme zulassen will. Ich muss schon sagen: Mir ist es doch sehr zweifelhaft, ob man so weit gehen soll.

Staud: In der rechtlichen Beurteilung des Tatbestandes ist das Gericht frei. Wir nehmen an, das frühere Urteil stützt die Entscheidung auf folgende Punkte: Fahrlässige Handlung; der Mann war betrunken, er ist zu schnell gefahren, er ist auf der falschen Seite gefahren, und seine Bremse hatte nicht mehr funktioniert, wie er wusste. Daraufhin hat ihn das Gericht wegen Fahrlässigkeit zum Schadenersatz verurteilt. Der Schaden war 10.000 RM. Nun kommt der Mann und sagt, er sei jetzt in der Lage, die Bremse zu bringen, die er seinerzeit nicht vorlegen konnte; jeder Sachverständige werde bestätigen, dass die Bremse in Ordnung sei. Daher ist im Wiederaufnahmeverfahren zu beweisen: Die Bremse war in Ordnung, also die Feststellung, die Bremse sei nicht in Ordnung gewesen, die für das frühere Urteil mitbestimmend war, zu widerlegen. Dann hat das Gericht im neuen Verfahren davon auszugehen: Es steht nach dem früheren Urteil fest: der Mann ist auf der falschen Seite gefahren und er ist zu schnell gefahren. Aber es ist widerlegt, dass die Bremse nicht in Ordnung war. Welche Rechtsfolgerungen das Gericht hinsichtlich der Schuldfrage und der Verteilung des Schadens ziehen will, das steht ihm vollkommen frei. Das Gericht ist gebunden an die tatsächlichen Feststellungen des früheren Urteils, soweit diese nicht durch die Wiederaufnahme mit neuen Beweismitteln widerlegt sind.

Jonas: So kann es sein, und wenn das Urteil gutausziseliert war, dann ist es ganz gut und schön. Aber Sie werden wohl kaum ein Urteil finden, das nicht den schönen Ausdruck „umso mehr als" enthält.

Staud: Darin sehe ich keine besondere Schwierigkeit.

Jonas: Rechtspolitisch lässt sich natürlich alles rechtfertigen; nur kommt man hier auf subtile Unterscheidungen, und das ist immerhin bedenklich.

Furler: Meiner Meinung nach lassen sich die einzelnen Tatsachen nicht auseinander halten, sondern wenn das Urteil überhaupt betroffen wird, wird es im Wiederaufnahmeverfahren ganz beseitigt.

Staud: In dem von Ihnen gebildeten Beispiel des Verkehrsunfalls zeigt sich, dass wir bei der Durchführung in gewisse Schwierigkeiten geraten. Wenn ich durch das Ausbrechen eines Steines in dem Fundament des ersten Urteils die Wiederaufnahme in toto herbeiführen will, dann ist der Mann verraten und verkauft. Die Zeugen sind unsicher geworden und werden erst recht unsicher dadurch, dass einer aus der Kette ausgebrochen ist. Es will keiner mehr bei der Partie bleiben, und keiner will sich mehr genau an die Sache erinnern können. Dann stehen wir vor der Tatsache, dass ein Mann, der eine unwesentliche Tatsache herausgebrochen hat, die ganze Sache auffliegen sieht.

Jonas: Ich stimme Staud in diesem Punkt absolut bei.

Staud: Der Augenschein ist der schlagendste Beweis.

Auf dem Gerichtstisch liegt nun der Gegenstand, und durch den Augenschein ist eine wesentliche Urteilsstütze weggefallen.

Jonas: Ich will die Urkunde auch in die Augenscheinsobjekte aufnehmen.

Staud: Dann muss der ganze Unfallprozess aufgerollt werden, und die Zeugen werden nicht nur in dem einen, sondern in allen Punkten unsicher.

Furler: Wir sind uns im Klaren darüber, dass es notwendig ist, die unwiderlegten Punkte des ersten Urteils bestehen zu lassen und nur den widerlegten Punkt zu beseitigen. Aber es gibt Fälle, wo sich das gar nicht durchführen lässt. Nehmen wir folgendes Beispiel: Ein Autounfall ist nur von zwei Zeugen beobachtet worden. Beide Zeugen haben angegeben, der Mann habe einen betrunkenen Eindruck gemacht, er sei auf der falschen Seite und überdies zu rasch gefahren. Nun bringt der Mann den einwandfreien Nachweis, dass er nicht betrunken gewesen sei. Damit entfällt nicht nur die Trunkenheit, sondern es wird auch die Glaubwürdigkeit der beiden Zeugen erschüttert.

Stagel: Wenn die anderen Tatsachen und Unterlagen des ersten Urteils auch wegfallen sollen, dann müssen sie auch widerlegt werden. Wer das Wiederaufnahmeverfahren betreibt, ist nun einmal in der schlechteren Lage.

Furler: Die beiden Zeugen müssten sich so unzuverlässig erwiesen haben, dass auf ihre Angaben überhaupt nichts zu geben ist.

Staud: Ich glaube, dieses ganze System würde viel besser funktionieren, wenn der Zivilrichter ebenso wie der Strafrichter genötigt wäre, im Urteil festzustellen, welchen Tatbestand er als erwiesen ansieht. Im Strafprozess wird das verlangt.

Jonas: Das ist absolut richtig. Aber wie ist es dann mit den Eventualfeststellungen?

Fischer: Ich möchte eine Frage stellen: Wie ist es, wenn der erste Richter sagt: Offenbar ist der Mann betrunken gewesen; er ist auch auf der falschen Seite gefahren; aber das ist nicht so richtig, ich stelle fest: Seine Bremse hat nicht funktioniert. Nun wird im Wiederaufnahmeverfahren die Bremse vorgelegt und bewiesen, dass sie in Ordnung ist. In diesem Fall muss doch der ganze Prozess aufgerollt werden.

Staud: Der erste Richter sagt: Es mag dahingestellt sein, ob der Mann betrunken war, aber für erwiesen halte ich, dass die Bremse schlecht war; ich verurteile ihn daher wegen Fahrlässigkeit bezüglich der Bremse. Ich habe keinen Zweifel: Wenn das erste Urteil sich mit einer Stütze begnügt hat und diese Stütze im Wiederaufnahmeverfahren hinfällig wird, gewinnen die Parteien ein Interesse daran, dass der Sachverhalt doppelt genäht wird. Doppelt genäht hält besser. Wenn das Urteil auf der Feststellung beruht, der Mann habe fahrlässig gehandelt, weil er betrunken war, zu schnell gefahren und überdies eine schlechte Bremse gehabt habe, so würde nach heutigem Recht eine Eliminierung der schlechten Bremse zur Herbeiführung einer günstigeren Entscheidung nicht ausreichen, da die beiden anderen Urteilsfundamente für sich allein schon zur Urteilsbildung genügen. Demgemäß würde heute der Wiederaufnahmeantrag abgelehnt werden.

Jonas: Ideal ziselierte Urteile gibt es kaum. Man muss auch einen Unterschied machen zwischen dem, was das Gericht festgestellt hat und welche Tatsachen es für erheblich erachtet hat. Nehmen wir den Fall: Drei Punkte seien durch Zeugenaussagen erwiesen. Der Richter schreibt das aber nicht in das Urteil hinein, er äußert sich auch gar nicht zu der Frage, ob die Kumulierung der drei Punkte oder auch schon der einzelne Punkt gemeint war. Er sagt einfach: Danach ist es klar, dass die Partei unverantwortlich leichtsinnig gehandelt hat. In einem solchen Fall müsste man den Prozess in toto wieder aufrollen.

Stagel: Das würde zu dem Ergebnis führen, es sei im Wesentlichen Sache des Richters, der über die Wiederaufnahme zu entscheiden hat.

Jonas: Jedenfalls gibt diese Lösung doch Anlass zu starken Unklarheiten.

Staud: Ich habe aber das Gefühl, dass man in solchen Fällen helfen muss.

Jonas: Aber in dem Augenblick, wo man dem Wiederaufnahmekläger helfen will, erhebt sich die Gefahr, dass man den anderen beschädigt. Ich neige dazu, hier doch den Rechtskraftgedanken zu betonen. Ein Prozess wird nach der jetzigen Rechtslage durchgeführt. Die Beweismittel werden im Laufe der Zeit nicht besser, sondern schlechter. Von dieser Regelung kann man nur abgehen bei Beweismitteln, die über der konkreten Würdigung stehen: Urkunden und Augenscheinsobjekte. Das Gesetz ist einen Mittelweg gegangen, und auch wir suchen hier nach einer Mittellinie. Wir gewinnen so eine Regelung, die man an Schulbeispielen sehr schön und richtig durchexerzieren kann. Man muss aber immer an die Urteile denken, wie sie in der Praxis üblich sind und die in Zukunft ebenso unvollkommen gefasst sein werden wie bisher.

Staud: Außer der Urkunde und dem Augenschein gibt es noch etwas Schlagenderes: Neue, nicht berücksichtigte unstreitige Tatsachen, die den Parteien unbekannt waren und die das Gericht daher auch nicht berücksichtigt hat. Eine neue unstreitige Tatsache schlägt noch mehr durch als Urkunde und Augenschein, die dazu dienen, dem Gericht von einer Tatsache immer erst eine Überzeugung zu verschaffen. Der Fall kann doch vorkommen: Im früheren Prozess ist eine Tatsache einfach unbekannt geblieben; diese wird jetzt als Wiederaufnahmegrund vorgebracht und auch von der Gegenseite nicht bestritten.

Furler: Dann brauchen Sie keine Wiederaufnahme.

Pagenstecher: Die Gegenseite gibt zu, dass die neue vorgebrachte Tatsache wahr ist, sie ziehe andere Folgerungen aus dieser Tatsache, habe also eine andere Rechtsauffassung. Das Urteil sei trotzdem richtig.

Furler: Ein Teil des Ausschusses hat gewisse Hemmungen gegen die Erweiterungen der Wiederaufnahme, weil er den Gesichtspunkt der Rechtskraft für wesentlich hält.

Vorsitzender: Wie soll aber anders geholfen werden in folgendem Fall: Ein Zeuge hat bestätigt, dass der Beklagte dem Kläger einen Hundertmarkschein gegeben habe. Daraufhin würde die Klage wegen Zahlung abgewiesen. Nun bringt der Kläger den berühmten Brief des Beklagten, worin dieser einige Tage nach der angeblichen Zahlung des Hundertmarkscheins um Stundung der Schuld bittet. Außerdem bringt er einen Zeugen bei, der bekundet, die Zahlung des Hundertmarkscheins habe sich auf etwas anderes, nicht auf die eingeklagte Schuld bezogen.

Fischer: Dieser Fall ist klar. Durch die Aussage des Zeugen ist die Tatsache als solche und ihre Qualifizierung im ersten Prozess widerlegt.

Jonas: Ich meine, die Zeugenaussagen des ersten Prozesses sind doch da und sind als Urkunden und niedergelegte Aussagen des früheren Prozesses zu bewerten. Ich wende mich bloß dagegen, dass diese Feststellungen nun den Richter binden sollen. Der Richter des Wiederaufnahmeprozesses hat natürlich das Beweisergebnis des früheren Prozesses zu berücksichtigen, aber er darf daran nicht gebunden sein.

Staud: Da besteht nun die Gefahr, dass der Richter erklärt, der neue Zeuge stelle den Sachverhalt anders dar als der Zeuge im ersten Prozess; es liegen also widersprechende Zeugenaussagen vor, und das Ergebnis ist ein non liquet. Welche Überzeugungskraft haben nun die früheren Protokolle auf den Richter im Verhältnis zu den nun auftretenden Zeugen? Ich gehe immer von dem Gedanken aus, dass ich den Mann zufriedenstelle, wenn ich ihm sage: Wenn du nachweisen kannst, dass das im früheren Urteil Festgestellte falsch ist, dann lasse ich dich zum Zuge kommen. Aber du musst dich damit abfinden, dass das in dem früheren Urteil einstweilen festgestellt ist. Ich will dir jetzt durch die Wiederaufnahme Gelegenheit geben, das zu widerlegen.

Pagenstecher: In einem Punkt muss man Jonas zweifellos recht geben: Es ist für den Richter eine außerordentlich peinliche Situation: Er soll würdigen: ist die Tatsache wahr oder nicht?

Jonas: Wir nehmen nun folgenden Fall: Auf einer Schifffahrtsstraße hat sich ein Unglücksfall ereignet. Der Kapitän eines Vergnügungsdampfers war betrunken. Die Maschine war auch nicht in Ordnung. Der Kapitän ist noch dazu in falschem Fahrwasser gefahren. Nun kommt der sachverständige Zeuge, der Schifffahrtspolizist, der ausfindig gemacht worden ist, und sagt, die Auffassung sei falsch, dass der Kapitän in falschem Fahrwasser gefahren sei; er sei vielmehr im Hinblick auf die komplizierten Stromverhältnisse auf der richtigen Seite gefahren. Neben dieser Feststellung können die Gesichtspunkte der Trunkenheit und der nicht ordnungsmäßigen Betreuung der Maschinen gar nicht in Betracht kommen. Der Prozess steht vielmehr mit einem Mal unter dem Gesichtspunkt: Der Kapitän ist auf der richtigen Seite der Fahrrinne gefahren. Die Trunkenheit ist nun unter einem anderen Gesichtspunkt zu würdigen: Dass der Kapitän sich unter

Umständen der Möglichkeit begab, durch ein geistesgegenwärtiges Manöver den Unfall im letzten Augenblick zu vermeiden. Der ganze Fall wird also plötzlich auf ein anderes Gleis geschoben. Da kann man den Richter nun nicht bezüglich einzelner Punkte binden.

Fischer: Wir müssen davon ausgehen, dass im ersten Urteil gewisse Feststellungen getroffen sind. Die Maschine war nicht in Ordnung; das hätte der Kapitän erkennen und wissen müssen. Der Kapitän war zweitens betrunken und ist drittens auf der falschen Seite gefahren. Nun sagt der nautische Sachverständige, dies sei ein Irrtum; das Schiff sei auf der richtigen Seite gefahren. Die beiden anderen Tatsachen, dass die Maschine nicht in Ordnung und der Kapitän betrunken war, sind noch da. Warum wollen Sie den Richter an diese beiden Tatsachen nicht mehr binden? Sie sind doch in einem ordnungsmäßigen Verfahren festgestellt. Ist nun auch festgestellt, dass das Schiff nicht auf der falschen, sondern auf der richtigen Seite gefahren sei, so bleiben immer noch die beiden anderen Tatsachen, aus denen der Richter die Konsequenzen ziehen muss.

Jonas: Nehmen wir nun an, der Fall stellt sich so dar: Das Schiff ist auf der falschen Seite gefahren, das ist eine Fahrlässigkeit. Außerdem war der Kapitän betrunken und die Maschine funktionierte nicht. Nun ergibt sich mit einem Mal ein ganz anderer Tatbestand: Das Schiff ist auf der richtigen Seite gefahren, und die Fahrlässigkeit des Kapitäns kann doch nur darin bestehen, dass er nicht im letzten Augenblick, als er die Gefahr erkannt hatte, ein Ausweichmanöver machte, um den Zusammenstoß mit dem entgegenkommenden und falsch fahrenden Schiff zu vermeiden. Jetzt hat der Richter den Sachverhalt unter dem Gesichtspunkt zu prüfen: Würde ein ordnungsmäßiges Schiff mit intakter Maschine überhaupt die notwendigen Rudermanöver machen können, würde ein geistesgegenwärtiger Kapitän überhaupt dazu imstande sein? Für diese Frage kommt es wesentlich darauf an, was an der Maschine kaputt war und wie stark der Kapitän betrunken war. Kurz: Der ganze Tatbestand erscheint mit einem Mal unter einem anderen Gesichtspunkt.

Fischer: Auch in diesem Beispiel bleiben gewisse Feststellungen des ersten Urteils. Sie reichen aber für die Schuldfrage nicht aus, und dann muss eben weiter exerziert werden.

Furler: Man kann die Tatsachen nicht voneinander trennen; sie beeinflussen sich gegenseitig. Wenn festgestellt wird, der Kapitän war wirklich in einer schwierigen Situation und sei im richtigen Fahrwasser gefahren, dann spricht Vieles dafür, dass er nicht betrunken war. Wir kommen nicht darüber hinweg, dass man nicht die einzelnen Tatsachen auseinanderreißen darf, ohne Klarheit darüber zu haben, wie sie sich gegenseitig ausgewirkt haben.

Herrn Pagenstecher würde es genügen, wenn wir die Rechtsprechung zu § 826 ZPO gesetzlich verankern. Der Grundgedanke ist der: Wir wollen im Gesetz eine Wiederaufnahme soweit zulassen, wie es die Entwicklung der Rechtsprechung zu § 826 gestattet. Ich glaube nun aber, dass diese Rechtsprechung die Fälle nicht berührt, von denen wir hier ausgehen; sie liegen ganz außerhalb des § 826. Die Entscheidungen nach § 826 haben mit neuen Tatsachen im Grunde nichts zu tun.

Jonas: Die Entscheidungen des RG zu § 826 betreffen lauter Fälle, in denen die Wiederaufnahme nach geltendem Recht aus irgendeinem Grund nicht funktioniert, sei es wegen Fristablauf oder aus irgendeinem sonstigen Grunde.

Pagenstecher: Das erste Urteil stützt sich darauf, dass der Schiffskapitän in einer falschen Fahrrinne gefahren ist. Nun kommt der Lotse und sagt aus, der Kapitän sei in der richtigen Fahrrinne gefahren. Nun benutzt der Kläger das Urteil, obwohl er weiß, dass es unrichtig ist und durch einen Irrtum des Gerichts zustande gekommen ist. In diesem Fall würde das RG § 826 geben.

Jonas: Ich glaube nicht. Es müsste in diesem Fall ferner davon überzeugt sein, dass der Maschinendefekt durch die Betrunkenheit keine Rolle spiele.

Pagenstecher: Ich sage: Der Mann benutzt das Urteil, von dem er weiß, dass es unrichtig ist, weil das erkennende Gericht sich in Bezug auf die Fahrrinne geirrt hat.

Jonas: Er rechnet vielleicht mit der Möglichkeit, dass das Urteil aus dem Gesichtspunkt der Trunkenheit und des Maschinendefekts im Ergebnis doch richtig sein könnte. Dann würde nach der Rechtsprechung § 826 nicht gegeben werden.

Pagenstecher: Der Kläger weiß, das Urteil ist zu Unrecht ergangen; dem Gesichtspunkt der Trunkenheit und des Maschinendefekts legt er keinen Wert bei. Hier würde das RG § 826 geben.

Jonas: Ich glaube nicht.

Pagenstecher: In einem Fall war es so: In einem Alimentenprozess hat die Alimentenmutter geschwiegen, obwohl sie nach sittlichem Empfinden hätte sprechen müssen. Der Betreffende weiß, das Urteil ist durch eine unlautere Manipulation beeinflusst worden; trotzdem benutzt er das Urteil.

Jonas: Dieser Fall würde durch unsere Regelung auch nicht getroffen.

Fischer: Wenn wir zu der Konsequenz kommen, dass wir mit § 826 gegenüber der Rechtskraft doch rechnen müssen, so fragt sich, ob wir mit der Wiederaufnahme so weit gehen und diesen Versuch machen wollen.

Furler: Wir haben keinen Grund, weiter als die Rechtsprechung zu gehen.

Vorsitzender: Dann wäre es eine Aufgabe, bis zur nächsten Sitzung die Rechtsprechung des RG zu § 826 genau zu prüfen.

Jonas: Die letzten Entscheidungen des RG zu § 826 wären unter dem Gesichtspunkt zu prüfen: Würde in diesen Fällen den Wiederaufnahmemöglichkeiten, wie sie uns vorschweben, mit solchen Mitteln geholfen sein?

Vorsitzender: Ich sehe in dem Beispiel mit dem Schiffsunfall für unseren Standpunkt keine Schwierigkeit. Die Trunkenheit bleibt festgestellt. Es ist Sache des Richters, welche Rechtsfolgen er aus der Trunkenheit zieht. Der Richter kann sagen: Wenn feststeht, der Mann sei in der richtigen Fahrrinne gefahren, so mag er betrunken gewesen sein oder nicht. Er ist vollkommen frei, das Urteil aufzuheben oder abzuändern; aber er darf nicht in eine neue Beweisaufnahme darüber eintreten, ob der Mann betrunken war oder nicht.

Fischer: Rechtskraft von Tatsachen – die Sache ist ganz amüsant!

Furler: Es fragt sich nur, ob man auf diese Weise nicht zu Folgen kommt, die Staud nicht will: Zwar bleiben die Tatsachen bestehen, aber ich bin in ihrer Würdigung frei. Sie beeindrucken mich gar nicht mehr, also komme ich zu einem non liquet.

Fischer: Die Würdigung von Zeugenaussagen liegt auf einem anderen Gebiet.

Jonas: Die Bindung an Tatsachenfeststellungen, das ist etwas ganz Neues.

Staud: Wir haben sie im Versäumnisverfahren, in der Berufungs- und in der Revisionsinstanz.

Jonas: Der einzige Fall einer Kombination zwischen Tatsachenfeststellung und neuem Vorbringen ist der, wo alle sich darüber einig sind: das führt zu unlösbaren Komplikationen. Die Feststellung von Tatsachen kann man furchtbar schwer trennen von der Subsumierung. Die Feststellung, jemand habe fahrlässig gehandelt, ist eine juristische Würdigung.

Vorsitzender: Es soll doch nur verhindert werden, dass ein neuer Beweis wegen Trunkenheit geführt wird. Nach dem Ablauf von drei Jahren weiß der Zeuge nicht mehr, wie viel Glas Bier der Mann getrunken hatte.

Jonas: Das will ich auch nicht. Dazu würde es aber praktisch gar nicht kommen. Auf der einen Seite liegt die Beweisaufnahme vor. In unserem Fall mit der richtigen und falschen Fahrrinne würde doch der Richter die Sache unter einem ganz anderen Gesichtspunkt betrachten: Wie stark war der Mann betrunken? War er derart betrunken, dass er von vornherein die falsche Fahrrinne benutzt hat, oder war er durch den Alkoholgenuss in seiner Wahrnehmungsfähigkeit und Geistesgegenwart etwa so geschwächt, dass er ein letztes Ausweichmanöver im Augenblick der Gefahr nicht mehr richtig durchgeführt hat?

Fischer: Es kann auch übrig bleiben, dass es auf die Betrunkenheit nicht ankommt, sondern nur auf den Umstand, dass die Maschine nicht funktionierte.

Vorsitzender: Dann wäre es einfacher.

Jonas: Interessant ist die berühmte Wiederholungsklage aus § 55 des Ehegesetzes. Hier sagt man: Es müssen neue Tatsachen vorliegen, die eine Würdigung ermöglichen. Das erste Urteil enthält nichts über alle die Grundsätze, die wir in unserer Rechtsprechung aufgestellt haben über das Unterhaltsverhältnis der Frau, über die Opfer, die die Frau in der Ehe gebracht hat usw. Eine solche Würdigung enthält das erste die Klage abweisende Urteil nicht. Es umfasst praktisch gesehen drei Zeilen: Der Mann hat die Ehe gebrochen und ist vor zehn Jahren von der Frau weggegangen. Ob die Ehe vorher glücklich war oder nicht, kann dahingestellt bleiben; jedenfalls hat der Mann durch den Ehebruch die Trennung herbeigeführt und es erscheint daher sittlich gerechtfertigt, den Mann an der Ehe festzuhalten. – Man sieht: Hier ist praktisch überhaupt nichts festgestellt. Ich führe dieses Beispiel nur an dafür, dass man mit kranken Fällen, mit mangelhaft abgefassten Urteilen rechnen muss. Dies gilt gerade auch für die Wiederaufnahme.

Furler: Die ganze Diskussion zeigt mehr und mehr: Wenn wir irgendwo die Zulassung gewähren, wenn wir irgendwo einen Wiederaufnahmegrund geben, dann wird das *ganze* Verfahren wieder aufgerollt, ob wir das nun verbieten oder nicht. Einen Rettungsanker stellt vielleicht noch der Gedanke Stauds dar, dass man das frühere Urteil widerlegen muss.

Staud: Sie können nicht ein Urteil, sondern nur Tatsachen widerlegen. Die Widerlegung von Tatsachen kann zu einer günstigeren Entscheidung führen. Ob und in welchem Umfang diese Tatsachen zu einer günstigeren Entscheidung führen, das ist eine Rechtsfrage, in der das Gericht frei ist. Dass die Beispiele, die wir zuletzt erörtert haben, mit ihrer Mehrheit von Tatsachen schwierige Fälle sind, das liegt auf der Hand. Aber solche Schwierigkeiten findet man in jedem Fall, mag man das Wiederaufnahmeverfahren gestalten wie man will. Wenn man Schifffahrtsunfälle, Autounfälle oder dergleichen in einem späteren Verfahren erneut behandelt, dann kann man das Verfahren gestalten, wie man will, nie wird man zu einem Ergebnis kommen, das der historischen Wahrheit näher kommt als das frühere Urteil.

Fischer: Ich möchte unbedingt daran festhalten, dass man an der Feststellung von Tatsachen nicht rüttelt. Die Feststellung des ersten Richters ist in aller Regel die beste. Diese Erfahrung macht man schon beim Übergang von der ersten zur zweiten Instanz. Wenn man in der zweiten Instanz einen Zeugen wiederholt vernimmt, dann kommt das „Aufweichen" durch die ganze Rederei. Wenn also der erste Richter eine klare Feststellung getroffen hat – das ist allerdings Voraussetzung –, dann soll es bei dieser Tatsachenfeststellung im Wiederaufnahmeverfahren bleiben, ohne dass der Richter nun in Bezug auf die Würdigung der Tatsachen und des rechtlichen Zusammenhangs gebunden wird.

Stagel: Ich möchte mich dem anschließen, was Staud sagt.

Vorsitzender: Da möchte ich mich auch anschließen.

Jonas: Die Praxis wird darüber hinwegkommen, weil die Fälle so unendlich selten sind. Es gibt für die Wiederaufnahme kaum eine Judikatur.

Fischer: Sie haben recht. Nur müssen Sie bedenken, dass wir auf die Wiederaufnahme deshalb so viel Gewicht legen, weil wir in vielen Fällen soundso viel abschneiden.

Jonas: Wir wollen uns die Entscheidungen daraufhin ansehen, ob mit einer solchen Regelung die Fälle des § 826 überhaupt abgeschafft werden.

Staud: Ob wir die ganze Rechtsprechung zu § 826 BGB billigen werden, das ist eine andere Frage. Es liegt eine Reihe von Entscheidungen der Instanzgerichte vor, die § 826 schon dann für anwendbar erklären, wenn eine Partei bona fide ein Urteil erstritten hat, aber nachher erfährt, dass es unrichtig ist und nun doch von ihm Gebrauch macht.

Pagenstecher: Das RG geht aber nicht so weit.

Furler: Sicher ist, dass die Tendenz da ist, so weit zu kommen.

Vorsitzender: Der Erschleichungsfall ist unbestritten.

Pagenstecher: Ich bin nicht der Ansicht. § 826 muss immer noch da sein; wenn eine Frist abgelaufen ist, dann soll man keine Frist machen, sondern 30 Jahre festsetzen.

Jonas: Dagegen würde die Etatabteilung Sturm laufen. Prozessakten würden dann nicht vernichtet werden können.

Wir würden Sie übrigens über folgenden Fall denken: Es handelt sich um die Feststellung der Vaterschaft. Das Kind ist drei Jahre alt. Es wird ein Sachverständiger vernommen. Er untersucht den Fall und sein Gutachten geht dahin: Vieles spreche dafür, dass A der Vater des Kindes ist. Daraufhin wird die Vaterschaft des A festgestellt.

Meist handelt es sich um Kombinationsfälle, Vergleichsfälle: ob A oder B der Vater des Kindes ist. Es wird festgestellt: Die Wahrscheinlichkeit auf der einen Seite ist so wesentlich größer, dass der andere nicht der Vater ist. Es wird mit einer an Gewissheit grenzenden Wahrscheinlichkeit festgestellt, dass A der Vater ist. Es vergehen einige Jahre. Das Kind hat sich etwas entwickelt. Es ist ein ausgesprochenes Mutterkind. Die Ohrläppchen und die Nasenpartie ändern sich erst in späteren Jahren. Es kommt ein neuer Gutachter, und nun wird ausgeknobelt: Die Wahrscheinlichkeit, dass ein Dritter der Vater ist, ist vielleicht noch größer. Man müsste also jetzt an einen non liquet kommen. Soll man in einem solchen Fall dazu kommen, zu sagen: Dies genügt nicht, um die Wiederaufnahmeklage durchzudrücken. Man würde vielmehr nur damit durchdringen, dass man beweist, nicht A, sondern B sei der Vater.

Staud: Es würde genügen, wenn festgestellt wird, dass A *nicht* der Vater ist.

Pagenstecher: Sie können doch nicht alle Urteile aufheben, weil die Wissenschaft der Erbforschung damals noch nicht so weit war wie heute.

Jonas: Die Parallele zu Urkunde und Augenscheinsobjekt liegt hier durchaus nahe. Man würde sagen: Was nach dem wissenschaftlichen Stande von damals falsch entziffert wurde, wird jetzt von der Wissenschaft richtig entziffert. Die Sache wäre analog einer neu aufgefundenen Urkunde zu beurteilen. Auf diesem Wege würde man den Fall auch schon jetzt behandeln.

Stagel: Staud und ich würden so sagen: Nur wenn festzustellen wäre, dass A nicht der Vater ist, würden wir die Wiederaufnahme geben.

Jonas: Nach geltendem Recht würden wir diese Unterscheidung nicht machen.

Staud: Die Vaterschaft des A soll durch die Wiederaufnahmeklage ausgeschlossen werden.

Jonas: Die Beispiele sind theoretisch überspitzt. Praktisch würde der Richter sagen: Die größere Wahrscheinlichkeit besteht dafür, dass B und nicht A der Vater ist.

Stagel: Der Richter müsste so weit gehen können, zu sagen: Alle Wahrscheinlichkeit spricht dafür, dass A nicht der Vater ist.

Furler: Nehmen wir an, das Urteil ist zu einer Zeit ergangen, wo die Blutgruppenuntersuchung noch nicht möglich war wie heute. Ergibt nun die Blutgruppenuntersuchung, dass A nicht der Vater ist, so würde das Wiederaufnahmeverfahren berechtigt sein.

Jonas: Man kann diese Frage abschneiden mit der anderen Frage: Hat die Rechtskraft für Statusprozesse überhaupt einen Sinn?

Staud: Das ist eine grundsätzliche Frage.

Vorsitzender: Ich möchte nun versuchen, das Ergebnis unserer Aussprache zusammenzufassen. Diese Aufgabe ist nicht ganz einfach. Der Ausschuss ist geneigt, über die Urkunde und den Augenschein hinauszugehen und auch den Zeugenbeweis als neues Beweismittel für die Zulassung der Wiederaufnahme zuzulassen.

Jonas: Laienhaft gesprochen: Man muss nachweisen, dass das Urteil falsch ist. Wie steht es aber mit dem non liquet?

Staud: Wir sagen so: „Solche Tatsachen und Beweismittel, die durch die Feststellung von Tatsachen oder durch die Widerlegung solcher Tatsachen, die durch das frühere Urteil als feststehend angesehen worden sind, eine der Partei günstigere Entscheidung herbeiführen würden …"

Jonas: Ich frage mich bloß, ob diese Formel wirklich alles deckt, was wir gedeckt wissen wollen. Was Sie damit sagen wollen, wissen wir ja. Nehmen wir an, die Zahlungsfeststellung des ersten Urteils wird widerlegt, ist also eliminiert, und es bleibt nun beim non liquet. Dann wird die allgemeine Beweislastregel wirksam.

Vorsitzender: Es ist uns klar, was Staud mit seiner Formel will und wir stimmen ihm auch darin zu. Nur müssen wir uns noch um eine Formulierung bemühen. Über die Einschränkung, die Staud will, sind wir uns auch einig. Es bleibt nur noch zu prüfen, ob diese Formulierung das deckt.

Pagenstecher: Nehmen wir folgenden Fall: Die Klage wird abgewiesen, weil Wucher vorliegt. Es wird geklagt aus Vertrag. Nach der Rechtsprechung des RG Bd. 155 [vgl. RGZ 150, 1] setzt Wucher ein auffälliges Missverhältnis zwischen Leistung und Gegenleistung voraus. Darüber sind die Ansichten außerordentlich verschieden. Der Mann ignoriert den Beschluss des Zivilsenats und hält die allgemeinen Lieferungsbedingungen aufrecht. Es ist nun sehr leicht möglich, dass ein neuer Richter den Vertrag überhaupt für nichtig erklärt. Die Frage ist hier, inwieweit der Richter an die rechtliche Würdigung gebunden ist. Ich meine, er ist nicht gebunden.

Vorsitzender: Sicher gibt es Grenzfälle, in denen die Lösung zweifelhaft ist. Aber das muss man schließlich in Kauf nehmen.

Wir werden also diese Formulierung noch einmal zu prüfen haben. Ich darf die Herren bitten, es möge jeder für sich und auf eigene Faust die Rechtsprechung zu überprüfen, damit wir die Frage klären können: Sind wir in der Lage, durch die Erweiterung der Wiederaufnahme alle Fälle auszuschalten?

Jonas: Ich glaube, unser Studium der Judikatur wird ergeben, dass man doch nicht alle Fälle mit dem Wiederaufnahme decken kann.

Vorsitzender: Ich darf die Beratung für heute schließen.

(Schluss 18.20 Uhr)

3. Protokoll der Sitzung vom 14.6.1941 (Beschwerde. Wiederaufnahme)

(Beginn der Sitzung 10.13 Uhr)

Vorsitzender: Wir wollen die *Beschwerde* noch einmal durchsprechen.

In § a ist wieder die Generalklausel aufgenommen.

Staud: In § a Abs. 2 ist nicht ganz befriedigend die Regelung über die Bestrafung eines Zeugen wegen Ausbleibens. Der Zeuge ist dann darauf angewiesen, bei dem Gericht vorstellig zu werden, sich zu entschuldigen und auf Abhilfe zu warten. Wir haben in unserer Mehrheit geglaubt, dass das kein besonderes Bedenken begründet.

Jonas: Wenn das Landgericht als Rechtsmittelinstanz gar nicht mit drei Richtern besetzt ist, dann habe ich gar kein Bedenken.

Staud: Das wird ja sicher bleiben.

Jonas: Meinen Sie, dass das so sicher ist?

Staud: Dass der eine Einzelrichter über den anderen Einzelrichter als Beschwerdeinstanz entscheidet, wird man nie machen.

Jonas: Ich plädiere überhaupt dafür, dass das nur ein Obergericht ist. Ein Einzelrichter kann ab irato eine Entscheidung gefällt haben und hält an ihr fest. Das gibt man als Kollegium. Aber beim Kollegium ist es schließlich ein bisschen anders.

Vorsitzender: Zu § b wird nichts Besonderes zu vermerken sein.

Dann kommt § c. Nach Abs. 3 soll kein Anwaltszwang bestehen, auch wenn das Beschwerdegericht das Landgericht ist.

Jonas: Was heißen die Worte „wenn es einer solchen Entscheidung nicht bedarf" in § b? Wozu einer solchen Entscheidung nicht bedarf? Zum Existentwerden?

Staud: So wie es dasteht: verkündet aus dem Existentwerden. Wenn es ein Beschluss ist, der in der mündlichen Verhandlung verkündet wird, läuft die Frist für die Beschwerde mit der Verkündung ab, egal ob die Parteien anwesend sind oder nicht. Das ist unbedenklich für den Prozess. Wer in den Verhandlungstermin nicht hineingeht, muss sich gefallen lassen, dass die Beschlüsse, die da verkündet werden, gegen ihn gelten.

Jonas: Nehmen Sie an, ein Streitwertbeschluss wird in der mündlichen Verhandlung verkündet. Es liegt noch in den Akten irgendein Streitwertantrag vor. Dann erlassen wir ein Urteil: 1. Die Revision wird zurückgewiesen. 2. Der Streitwert wird soundso festgesetzt. Es wird verhandelt, und das Recht sagt: Ich will die Bewilligung des Armenrechts vom Ergebnis der Beweisaufnahme abhängig machen.

Staud: Geht das? Der Beschluss im Armenrechtsverfahren wird doch erst mit der Zustellung existent.

Jonas: Hier ist es aber davon abhängig gemacht, dass eine mündliche Verhandlung angeordnet ist. Man müsste wohl sagen: beginnt mit der Zustellung oder, wenn die Entscheidung aufgrund mündlicher Verhandlung ergangen war, mit der Verkündung der Entscheidung.

Vorsitzender: Dann ist noch bemerkenswert § c Abs. 3. Das soll bedeuten: Die Parteien können selber auftreten, wenn die Sache beim Amtsgericht begonnen hat und zum Landgericht geht, oder können sich durch jede beliebige Person vertreten lassen. Wenn ich eine Norm gebe: Die Parteien können sich soundso vertreten lassen –, liegt darin nicht notwendig, dass sie selber auftreten.

Singer: Man hat es nur eingefügt, weil es missverständlich sein könnte.

Jonas: Es geht jetzt nicht mehr, dass der Oberlandesgerichtsanwalt die Beschwerde beim Oberlandesgericht gegen eine landgerichtliche Entscheidung einlegt. Er kann sie auch nicht beim Landgericht einlegen. Oder doch?

Vorsitzender: Doch, das kann er.

Pagenstecher: Das kann er nicht; denn er kann die Parteien vor dem Landgericht nicht vertreten.

Jonas: Das scheint mir nicht ganz logisch zu sein. Für die Beschwerdeentscheidung nehme ich mir einen Oberlandesgerichtsanwalt. Dieser kann beim Landgericht nicht Beschwerde einlegen. Es müssen also für die Beschwerdeinstanz zwei Anwälte genommen werden.

Stagel: Will man eine derartige Lokalisierung denn wirklich beibehalten?

Pagenstecher: Gegen die Simultanzulassung sind immer sehr große Bedenken von der Justizverwaltung erhoben worden.

Staud: Kommen wir durch, wenn wir sagen: Im Beschwerdeverfahren können die Parteien sich vertreten lassen? Man könnte es daraus herleiten, dass man sagt: Das Verfahren findet vor dem Oberlandesgericht statt, und infolgedessen kann der Oberlandesgerichtsanwalt beim Beschwerdeverfahren auftreten, auch wenn er das bei dem judex a quo machen muss.

Fischer: Das würde aber eine energetische Ausnahme von dem bisherigen Grundsatz sein.

Pagenstecher: Sie können auch weiter schreiben: Sie können sich von jedem bei dem Beschwerdegericht zugelassenen Anwalt vertreten lassen.

Fischer: Wollen Sie nicht sagen, dass die Parteien sich so vertreten lassen können, wie sie wollen?

Staud: Man könnte sagen: Im Beschwerdeverfahren können sich die Parteien durch einen beim Beschwerdegericht zugelassenen Anwalt vertreten lassen. Wir müssen das Wort „Beschwerdegericht" zunächst in jedem Falle durch das Wort „Beschwerdeverfahren" ersetzen; sonst bezieht sich die Bestimmung nur auf das Verfahren vor dem Beschwerdegericht und nicht auf das Beschwerdeverfahren, soweit es noch vor dem judex a quo stattfindet.

Jonas: Was ist mit den Worten: „Ebenso vertreten lassen" gemeint?

Vorsitzender: Ebenso wie in dem Verfahren erster Instanz.

Fischer: Das heißt, vor dem Landgericht können sie auch selber auftreten, ohne Anwalt. Genauso, wie sie in der ersten Instanz erscheinen oder sich vertreten lassen, können sie es auch in der zweiten Instanz machen.

Jonas: Sollte man nicht einfach sagen: Soweit die Entscheidung vom Amtsgericht erlassen ist oder es sich um Beschwerden von Zeugen und Sachverständigen handelt?

Staud: Das hilft nicht. Wenn im Landgerichtsprozess im laufenden Verfahren eine Beschwerde vom Oberlandesgericht eingelegt wird und dies hält eine Verhandlung ab, dann müssen die Parteien deswegen noch einen Oberlandesgerichtsanwalt nehmen. Das wollten wir vermeiden und allgemein sagen: Die Vertretungsgrundsätze, die in dem Verfahren vor dem judex a quo galten, sollen den Parteien auch in dem Verfahren vor dem judex ad quem zugute kommen.

Jonas: Ich hatte meinen Gedanken noch nicht zu Ende geführt. Man könnte vielleicht sagen: Das Beschwerdeverfahren unterliegt, wenn sich die Beschwerde gegen eine Entscheidung des Amtsgerichts richtet oder von einem Zeugen oder Sachverständigen erhoben wird, nicht dem Anwaltszwang. In dem Beschwerdeverfahren vor dem Oberlandesgericht kann sich die Partei sowohl durch einen beim Landgericht wie einen beim Oberlandesgericht zugelassenen Anwalt vertreten lassen. Damit ist wohl alles gedeckt.

Stagel: Man brauchte nur noch einen Satz dazu.

Jonas: Der Landgerichtsanwalt reicht Beschwerde ein beim Oberlandesgericht. Das Oberlandesgericht ordnet mündliche Verhandlung an. Da ist der Gedanke, die Partei kann sich durch den Landgerichtsanwalt oder auch durch einen Oberlandesgerichtsanwalt vertreten lassen. Kann man da nicht am glattesten sagen: In amtsgerichtlichen Sachen und in den Sachen der Zeugen und Sachverständigen besteht kein Anwaltszwang; in den Beschwerdesachen, die vom Landgericht an das Oberlandesgericht gehen, kann sich die Partei sowohl durch einen am Landgericht wie einen beim Oberlandesgericht zugelassenen Anwalt vertreten lassen?

Staud: Das ist viel zu lang. Da können wir unseren Satz anfügen: Die Beschwerde kann auch durch einen beim Beschwerdegericht zugelassenen Anwalt eingelegt werden.

Jonas: Durch meinen Vorschlag ersetze ich Abs. 2 und 3. Abs. 2 fällt dann ganz weg.

Staud: Das scheint mir allerdings sehr beachtlich zu sein.

Jonas: Ich würde schreiben: „Das Beschwerdeverfahren unterliegt, wenn die angefochtene Entscheidung von einem Amtsgericht erlassen ist, wenn die Beschwerde das Armenrecht betrifft oder wenn sie von einem Zeugen oder Sachverständigen erhoben wird, nicht dem Anwaltszwang. Im Übrigen können sich die Parteien sowohl durch einen beim Beschwerdegericht als auch durch einen beim Gericht der Vorentscheidung zugelassenen Anwalt vertreten lassen."

Pagenstecher: Sehr schön ist die Formulierung nicht. Wir müssen für den judex a quo und den judex ad quem einen deutschen Ausdruck finden.

Staud: Für den Ausdruck „judex ad quem" haben wir das Beschwerdegericht. Für das andere haben wir einen Satz, aber noch kein Wort.

Jonas: Man könnte auch sagen: Das Gericht der angefochtenen Entscheidung.

Staud: Man könnte sagen: „Im Übrigen können die Parteien sich durch einen beim Beschwerdegericht zugelassenen Anwalt oder ebenso vertreten lassen wie in dem Verfahren, in dem die angefochtene Entscheidung ergangen ist.“

Stagel: Das deckt dann auch den Fall, dass eine Beschwerde vom Amtsgericht an das Oberlandesgericht geht.

Vorsitzender: Dann gehen wir zu § d über. Dazu war angeregt, ob die Beschwerdeanträge auch als Mussvorschrift aufgenommen werden sollten. Aber wir haben davon Abstand genommen. Die Bedeutung dieser Sollvorschrift ist nur die, verspätetes Vorbringen eventuell abzuschneiden.

§§ e und 1 würden überflüssig werden durch § h Abs. 3.

Zu § f ist nichts Besonderes zu bemerken.

Jonas: In § f heißt es „haben ihr abzuhelfen“ statt „kann abhelfen“. Wie ist es, wenn die Partei in dem Armenrechtsgesuch neues Tatsachenmaterial vorbringt? Soll das Gericht nun verpflichtet sein, diese Beweise auch zu erheben? Der Abänderungszwang besteht für den Fall, dass die Geschichte von vornherein klar ist.

Staud: Ich verstehe Ihre Frage so: Die Partei bringt neues Vorbringen zur Beschwerde zulässigerweise und stellt dies unter Beweis. Der Richter sagt: Wenn der Beweis zieht, würde ich der Beschwerde abhelfen müssen. Andererseits sagt er: Wenn ich die Beweise erhebe, verstreicht die einwöchige Frist. Das ist dieselbe Frage wir zur Zeit bei § 629 a bis c. Die Sache ist hier etwas unklar.

Jonas: Bloß dort ist die Glaubhaftmachung. Hier ist es ein bisschen anders.

Staud: Ich würde die Bestimmung, so wie sie dasteht, dahin auslegen: Wenn der judex a quo sagt: Das Vorbringen der Partei halte ich für erheblich, ich erhebe deswegen Beweis –, so hat der Abhilfeakt schon begonnen. Das hat das Missliche, dass die Beweisaufnahme schon vom judex a quo vermanscht wird, bevor die Sache ans Beschwerdegericht kommt. Der Beschwerdeführer sagt sich doch: Das Beschwerdegericht bekommt eine Beweisaufnahme, die sich der Vorderrichter zurechtgemacht hat. Will man nun sagen, es kommt nur eine solche Abhilfe in Frage, die binnen einer Woche durchgeführt werden kann?

Pagenstecher: Oder man kann einführen, dass die Partei die Wahl hat, die Beschwerde einzulegen beim judex a quo oder beim judex ad quem.

Staud: Das kann man nicht mehr machen, dass die Partei das bestimmt.

Pagenstecher: Früher war es auch so.

Jonas: Die Gerichte werden sich praktisch helfen. Erwägenswert wäre, zu sagen: so kann das Gericht abhelfen. Das bedeutet, es hat die Ermächtigung, abzuhelfen. Ob es davon Gebrauch macht, steht in pflichtgemäßem Ermessen des Gerichts. Wenn ein Richter sich stur ablehnend verhält, gibt der Oberrichter ihm auf, diese Beweise nachzuerheben und unter diesem Gesichtspunkt zu prüfen.

Staud: Das halte ich für glücklich.

Fischer: Ich bin eigentlich dagegen. Ich finde den Zwang des Abhelfens besser. Das spart den Parteien Kosten. Was Sie umgekehrt wollen, würde ich im zweiten Halbsatz ändern und sagen: Will das Gericht der Beschwerde grundsätzlich oder von vornherein nicht abhelfen, dann hat es sie sofort vorzulegen.

Staud: Das führt zu der unerquicklichen Situation, dass der Vorderrichter sich sagt: Ich habe den Entschluss zur Ablehnung noch nicht gefasst, und er hält die Akten fest.

Furler: Vielleicht sagt man: Hält das Gericht es ohne Beweisaufnahme für begründet.

Jonas: Das geht wieder zu weit. Wenn es eine kleine, glatte Beweisaufnahme ist, ist es durchaus erwünscht, dass sie erfolgt.

Stagel: Ich halte das „kann“ genauso für ein „hat“. Wenn die Voraussetzungen gegeben sind, so hat er abzuhelfen.

Jonas: Die Sanktion, die dahintersteht, ist ja: Wenn der Richter es nicht ordnungsmäßig geprüft hat, kann das Oberlandesgericht ihn damit ärgern, dass er sagt: Ich entscheide nicht, sondern gebe dir auf, die Beweiserhebung noch nachzuholen.

Pagenstecher: Was haben Sie aber damit geholfen? Er sagt: Ich möchte den Beweis aufnehmen, das kann ich aber nicht in einer Woche.

Stagel: Dann soll er vorlegen.

Jonas: Das ist, glaube ich, auch ganz richtig. Wenn ich Beschwerde einlege, ist nicht der Zweck der Übung, dass sich die Sache wochenlang hinzieht.

Staud: Normalerweise sollen die Akten vorgelegt werden. Wenn der Richter die Beweise nicht erheben kann, kann er auch nicht abhelfen.

Pagenstecher: Er könnte ja seine Rechtsauffassung ändern.

Fischer: Es ist aber ganz drollig, dass Sie bei diesem Rechtsmittel die höhere Instanz nicht zur Überprüfungsinstanz, sondern zur neuen Instanz machen. (*Staud:* Nein!) – Sicher, denn Ihr Grundsart ist: Wenn du nicht ganz schnell abhelfen kannst, dann musst du bei neuen Tatsachen abgeben.

Staud: Die neuen Tatsachen dienen auch nur der Überprüfung der angefochtenen Entscheidung.

Jonas: Es scheint mir wenig zweckmäßig zu sein, den Gedanken für die ordentlichen Rechtsmittel dahin auszubauen: Man soll das Rechtsmittel beim judex a quo einlegen und diesem allgemein eine Abänderungsmöglichkeit geben.

Fischer: Darauf will ich auch nicht hinaus.

Vorsitzender: Dann kommen wir zu *§ g.* Hier sollen die einzelnen Paragraphen aufgeführt werden.

Staud: Was heißt in Abs. 1 „Anordnung von Zwangsmaßnahmen“?

Jonas: Gemeint sind Zeugenvorführungen oder Vorführung einer Partei oder Einsperrung in eine Irrenanstalt zu einer Untersuchung usw.

Vorsitzender: Dann kommt *§ h.* Dazu ist wohl nichts zu bemerken, außer dass durch Abs. 3 die §§ e und i überflüssig werden.

Jonas: Ist der Satz „Das Beschwerdegericht kann ohne mündliche Verhandlung entscheiden“ eine zufällige Fassung? Das Normale soll doch die mündliche Verhandlung sein. Es gibt auch im Berufungsverfahren die Entscheidung ohne mündliche Verhandlung nach Lage der Akten. Müsste man nicht sagen: „entscheidet das Gericht durch Beschluss“? Was gemeint ist, ist natürlich klar.

Staud: Setzen wir zu Abs. 1 die Worte „durch Beschluss“ hinzu.

Vorsitzender: Dann kommen wir zu *§ k.* Dazu ist nichts zu bemerken.

In *§ l* ist dagegen etwas Neues.

Pagenstecher: Zu „die gemäß § a der Beschwerde unterliegen würden“ ist zu ergänzen: „Wenn sie vom Beschwerdegericht selbst erlassen wurden“.

Jonas: Es entsteht z.B. beim ersuchten Richter ein Krach [Streit?] über die Zulässigkeit einer Frage. Dieser Fall ist doch gemeint. Ob die Frage zulässig ist oder nicht, ist jetzt eine erinnerungsfähige Unterscheidung.

Staud: Das soll künftig beseitigt werden.

Jonas: Ich überlege, ob man da nicht das Kind mit dem Bade ausschüttet.

Staud: Was wird dadurch verdorben, dass der ersuchte Richter eine Frage stellt und auch beantworten lässt, gegen die sich eine Partei wehrt? Unter Umständen wird der Sachverhalt noch mehr aufgeklärt. Soll man dem ersuchten Richter freie Hand lassen – ob das Prozessgericht die Sache verwertet, ist ja seine Sache –, oder soll man den bisherigen Zustand erhalten, der es immerhin ermöglicht, die Tätigkeit des ersuchten Richters durch Erinnerungen fortgesetzt lahmzulegen? Eine Partei, die dem ersuchten Richter Schwierigkeiten machen will, kann ihm die Durchführung der Beweisaufnahme fast unmöglich machen, indem sie sagt: Ich bin mit dieser Frage nicht einverstanden.

Singer: Wenn der Gegner gegen die Fragestellung protestiert, habe ich die Frage immer beantworten lassen.

Jonas: Dieser Fall ist glatt. Aber nun wollen wir den Requisitionsrichter unterstellen. Ich habe einmal in Stettin einen Typus von Richter gefunden, der grundsätzlich jede nähere Darstellung ablehnte. Dessen Protokoll lautete etwa: ad 1: Ja. ad 2: Nein. ad 3: Hier kamen ein paar durchgestrichene Zeilen, und dann stand dort: Ich kann zu 3 nichts aussagen. Dort lag also eine absolut liederliche Beweisaufnahme vor. Nun kommen die Parteien damit zum Landgericht.

Staud: Ob das durch die Erinnerung oder mit dem unvollständigen Beweisprotokoll an den Prozessrichter kommt, in jedem Fall muss das Prozessgericht eine neue Beweisaufnahme loslassen.

Jonas: Die Fragen sind beantwortet. Aber meiner Auffassung nach sind sie nicht genügend beantwortet. Es sagt jemand: Ich wollte noch die und die Frage an den Zeugen gestellt wissen, ich kann aber im Augenblick bestimmte Behauptungen dazu nicht aufstellen.

Staud: Die weitere Unterhaltung über das Problem vor dem ersuchten Richter hat keinen Zweck; denn der bleibt auf seinem Standpunkt. Es bleibt nur übrig, dass die Parteien dem Prozessgericht sagen: So geht das nicht weiter, das und das muss noch geklärt werden, der Amtsrichter soundso tut es einfach nicht. Ob das aufgrund einer Erinnerung erfolgt oder nicht, ist gleichgültig.

Fischer: Ich halte den Ausschluss der Erinnerung für besser. Denn wenn das Prozessgericht auf diese Weise gezwungen wird, sich die Frage zu überlegen, ob es eine Frage noch zulassen will oder nicht, die streitig ist, dann kann es das aus seinem grundsätzlichen Standpunkt zur ganzen Sache beurteilen. Wenn es als Erinnerungsrichter handeln müsste, müsste es die Sache überprüfen. Das ist eine ganz andere Stellung, als wenn es sagt: Wie handle ich vom Standpunkt des Prozessgerichts aus?

Jonas: Wann ist aber der nächste Verhandlungstermin? Der kann u.U. bei laufender Beweisaufnahme ein Vierteljahr später liegen.

Staud: Es kann auch sein, dass bei der Erinnerung kein Mensch da ist. Über die Erinnerung muss doch mündlich verhandelt werden. Mit dem bloßen Hin- und Herschreiben ist es nicht getan. Sehr oft zeigt sich doch, der ersuchte Richter hat vom Standpunkt des Beweisersuchens und des Beweisbeschlusses, so wie er formuliert ist, gar nicht so Unrecht. Der Fehler liegt mitunter daran, dass der Beweisbeschluss nicht ganz korrekt gefasst war. Anstatt es zu einem Streit zwischen dem ersuchten Richter und dem Prozessgericht kommen zu lassen, der immer peinlich ist und die Spur einer Zurechtweisung in sich trägt, kann das Gericht in all diesen Sachen sagen: Für mich als Prozessgericht ist die entscheidende Beweisaufnahme noch nicht erschöpfend erledigt, ich mache ein erneutes Beweisersuchen und u.U. einen erneuten Beweisbeschluss.

Jonas: Weshalb soll das nun hingezögert werden bis zur nächsten mündlichen Verhandlung? Die Sache kann u.U. wesentlich schneller gehen, wenn die Sache zurückgeschickt wird. Das Oberlandesgericht berichtigt und ergänzt seinen Beweisbeschluss oder sagt: Ich weise dich dazu an, auf die und die Frage noch einzugehen. Ob die Sache in der nächsten mündlichen Verhandlung oder in einem Zwischenverfahren bearbeitet wird, ist ganz gleichgültig.

Staud: Ich spare durch den Ausschluss der Erinnerung die Schikane, dass die Partei dem Richter durch Erinnerungen Schwierigkeiten macht. Dazu gehört die Frage der Entscheidung über die Beeidigung. Ich bin der Meinung, dass diese Entscheidung vom ersuchten Richter getroffen werden muss. Gerade hier erleben wir es häufig, dass die Partei, der die Anzeige ungünstig ist, die Beeidigung zu hintertreiben sucht.

Jonas: Wer sagt denn, dass diese Erinnerung Suspensiveffekt hat?

Staud: Wenn Sie es nicht hat, ist sie zwecklos. Deswegen sage ich: Weg damit, wenn der ersuchte Richter doch machen kann, was er will.

Pagenstecher: Nur damit die Sache schneller weitergeht.

Staud: Wenn ich der Erinnerung beim ersuchten Richter keinen Suspensiveffekt gebe, kommen die Akten vom Prozessgericht in genau demselben Zustande zurück, und das Prozessgericht prüft sie nach.

Jonas: Im jetzigen Verfahren hat die Erinnerung zweifellos keinen Suspensiveffekt. In den Fällen, in denen der Richter sagt, ich beeidige doch, ist die Sache damit erledigt.

Furler: Das macht er aber im Allgemeinen nicht.

Jonas: Das liegt daran, dass jetzt die starke Abneigung gegen die Beeidigung überhaupt besteht.

Fischer: Das Gericht wird sich über die Beeidigung schwer hinwegsetzen können. Im heutigen Verfahren interessiert uns nur die Ablehnung von Anträgen beim ersuchten Richter. Ist es, wenn er ablehnt, wirklich nötig, dass wir erst beim Prozessgericht darüber streiten, ob die Frage wichtig ist oder nicht, oder ist es nicht auch bei einer laufenden Beweisaufnahme praktischer, man lässt sie laufen? Der nächste Zeuge beim Amtsgericht sagt vielleicht schon, was wir brauchen. Dann kommen die Akten zurück, und die Sache ist fertig. Wenn es dann noch auf eine Frage ankommt, kann sich das Prozessgericht den einen Zeugen noch kommen lassen. Ich kenne diese Prozesse aus verschiedenen Beweisaufnahmen, wo es tatsächlich auf eine solche Frage ankommen kann und es andererseits die Parteien gern durch das weitere Fragen heraushorchen möchten, was eigentlich an dem ist, was sie noch nicht wissen. Das kommt z.B. bei Patentverletzungen häufig vor. Wir brauchen die Erinnerung nicht für die Fälle, wo der ersuchte Richter doch tut, was er will; wir brauchen sie nur für die Fälle, in denen er negativ verfährt, und in dem Fall scheint mir das Hin- und Herschicken der Akten nicht zu genügen.

Jonas: Ich retuschiere den Fall etwas anders. Der ersuchte Richter sagt: Ob ich den Nebenpunkt noch erörtere oder den Zeugen beeide, kann ich aus dem Beweisersuchen nicht sehen. Man legt ja auch großes Gewicht darauf, die Beweisersuchen an mehrere Gerichte ohne Akten zu geben. Wenn man die Akten mitgibt, dauert der Prozess u.U. ewig. Der Richter hat im Augenblick nur das Ersuchen. Daraus kann er nicht ersehen, ob es zweckmäßig ist, auf den Nebenpunkt einzugehen oder nicht. Die eine Partei sagt: Es muss noch auf den Punkt ausgedehnt werden. Der Richter sagt: Davon steht nichts im Beweisersuchen. Es wird abgelehnt. In der Form der Erinnerung ist die Rückfrage an das Prozessgericht zu stellen: Wie soll es gemacht werden? Nach 8 bis 14 Tagen hat er eine Antwort, und die Geschichte geht u.U. wesentlich schneller, als wenn nach sechs Wochen der Verhandlungstermin ist und dann ein neues Ersuchen losgeht. Man braucht die Erinnerung nicht unter dem Gesichtspunkt zu sehen, dass sie immer eine Verzögerung ist. Sie ist vielmehr eine Rückfrage, wie es gemacht werden soll, und die ist u.U. wesentlich leichter. Nun kann man natürlich sagen, solche Rückfragen sind ohne weiteres jederzeit möglich.

Staud: Jetzt gehen die Beweisprotokolle beim Gericht ein. Nun stellen wir uns künftig vor, dass der Richter sich um den Prozess nicht erst vom Moment des Aufrufs ab kümmert, sondern dass er die Eingänge auch durchsieht und sich fragt, ob er etwas zu veranlassen hat. Er liest also eingehende Schriftsätze nicht erst unmittelbar vor der Sitzung. Wenn er jetzt sieht, die Beweisaufnahme hat in Kiel stattgefunden, das Protokoll ist merkwürdig dürftig, und der Beklagte schreibt auch, wir wollten noch das und das fragen usw., wer hindert dann den Richter, dass er die Sache zurückschickt und das Ersuchungsschreiben noch ergänzt, indem er sagt: Ich bitte, die Frage auf die und die Punkte auszudehnen?

Jonas: Das ist schon richtig. Ob sich dieses Idealbild praktisch durchführen lässt, ist meiner Meinung nach mehr als problematisch. Ich denke z.B. an den Richterwechsel. Es ist mir zweifelhaft, ob man den Prozess auf dem Gedanken aufbauen kann, der Richter muss jederzeit alle Prozesse laufend im Kopf haben, so dass er übersieht, ob ein eingehender Schriftsatz irgendeine sofortige Maßnahme erfordert.

Pagenstecher: Ich bin überzeugt, dass Sie niemals durchsetzen werden, dass ein Richter alle eingehenden Schriftsätze sofort liest.

Staud: Ich kenne genug Richter, die das tun. Es gibt natürlich auch andere.

Fischer: Ein solches Armutszeugnis habe ich für den deutschen Richter nicht erwartet. Von einem jeden deutschen Anwalt verlange ich, dass jedes Schriftstück, das bei ihm eingeht, auf seinen Inhalt und seine Bedeutung geprüft wird und mit sofortigen Maßnahmen beantwortet wird. Soll man das vom Richter nicht verlangen können?

Jonas: Es ist doch etwas anderes, ob ein Schriftstück daraufhin durchgesehen wird, ob sofortige Maßnahmen notwendig sind, oder ob der Richter sich von dem Protokoll des ersuchten Richters ein Bild machen soll. Ob der Zeuge beeidigt wird, hängt doch davon ab, wie die anderen Beweisprotokolle aussehen.

Fischer: Richtig. Dann hat er es gesehen und seinen Entschluss getroffen. Wir haben nur die Frage diskutiert, ob der Richter das Protokoll sieht und heraufschreibt: per 17.9., und bis dahin tut er nichts. Wenn ein Anwalt ein auswärtiges Beweisprotokoll bekommt und legt es hin, bis alle Beweisprotokolle da sind, und dann kommt die Verhandlung und es stellt sich heraus, das Beweisprotokoll, das er sieben Wochen in der Hand hat, enthält wesentliche Fehler, – dann würde ich den Anwalt regresspflichtig machen.

Staud: Der Fall, der sonst zur Erinnerung führt, wird doch dadurch erregt, dass die Partei darauf hinweist: Da liegt ein Fehler vor, ich werde den Beweisantrag erneut stellen müssen. Der Anwalt, dessen Fragen nicht zugelassen worden sind, wird in dem Fall sagen: Ich mache rechtzeitig vorher einen Schriftsatz, damit das Gericht, wenn möglich, schon vor dem Termin diese Beweisaufnahme korrigiert.

Jonas: Das ist doch aber die Erinnerung. Dann streiten wir um Worte. Ob man eine solche Vorstellung als Erinnerung bezeichnet oder davon ausgeht: Da sie nicht verboten und da sie zweckmäßig ist, ist sie ohne weiteres zulässig –, ist gleichgültig.

Staud: Wir sagen so: Da die Möglichkeit solcher Vorstellungen doch in keiner Weise beschränkt ist, besteht für die formelle Erinnerung doch gar kein Bedürfnis.

Fischer: Herr Jonas sagt nur: Alles das ist ja schon die Erinnerung, an die ich denke.

Jonas: Gewiss, es ist keine formelle Erinnerung, es ist eine Vorstellung beim Gericht, und es ist die Frage, ob das Gericht verpflichtet ist, darauf zu reagieren, oder verpflichtet ist, erst in der mündlichen Verhandlung darauf zu reagieren.

Fischer: Dann würden wir besser tun, es Erinnerung zu nennen; denn dadurch wird der Richter verpflichtet, darauf einzugehen.

Staud: Dann zwinge ich den Richter, einen Beschluss zu fassen. Dann ist die Erinnerung auch an diese Frist gebunden. Das alles halte ich für überflüssig. Die Erinnerung, die an die Frist gebunden ist, soll gegebenenfalls Suspensiveffekt haben.

Jonas: Ich habe nur die Frage aufgeworfen, ob es richtig ist, die Vorstellungen, die es jetzt völlig unbefristet und frei an das Prozessgericht gibt, auch im Gesetz zu erwähnen. Sachlich sind wir einig.

Staud: Eigene Maßnahmen kann das Prozessgericht auch nach Ablauf des Prozesses ändern, so oft es will.

Jonas: In solchen Punkten steht über dem ersuchten Richter der Prozessrichter, nicht etwa sein vorgesetztes Gericht. Was in § *l* steht, ist absolut richtig.

Vorsitzender: Dann wollen wir es bei § l lassen. – Nun käme noch *§ m.*

Staud: Da hatten wir uns entschlossen, die österreichische Fassung zu wählen.

Stagel: Darin steht, dass Beschlüsse, soweit sie nicht rein prozessleitender Natur sind, den Richter binden.

Jonas: Auf den ersten Blick habe ich hier gewisse Bedenken. Wie ist es z.B. bei der Versagung des Armenrechts?

Singer: Da kann jederzeit ein neues Gesuch gemacht werden.

Stagel: Aber das Gericht darf nach 14 Tagen nicht sagen, ich habe es mir anders überlegt, es ist eine Entscheidung des Reichsgerichts gekommen, nach der die Sache anders aussieht, jetzt bewillige ich das Armenrecht von Amts wegen.

Jonas: Das Gericht lehnt das Armenrecht ab. Dann sieht es, in einem Parallelprozess hat das Reichsgericht soundso entschieden, ich muss also das Armenrecht bewilligen. Weshalb soll das Gericht das nicht tun können?

Stagel: Ja, aber von Amts wegen? Die Partei hat kein Rechtsmittel ergriffen und sich damit abgefunden. Es kann sein, dass die Partei inzwischen zu Geld gekommen ist.

Jonas: Nehmen Sie an, dass das Reichsgericht plötzlich in einem typischen Fall die erwartete Entscheidung fällt, z.B. Zulässigkeit der blutsmäßigen Abstammungsklage. In soundso vielen Fällen ist das Armenrecht abgelehnt, und die Parteien finden sich zunächst damit ab. Weshalb soll das Gericht nicht von Amts wegen das nachher ändern?

Stagel: Weil es gar nicht weiß, ob sich die Verhältnisse inzwischen geändert haben. Inzwischen hat der Vormund vielleicht erfahren: Wer weiß, mit wem diese Mutter noch verkehrt hat, lassen wir die Finger davon.

Jonas: Wenn das Armenrecht versagt ist, und es ist ein halbes Jahr ins Land gegangen, so wird kein Richter darauf kommen, alte Akten vorzusuchen und ein Armenrecht zu bewilligen.

Stagel: Die Partei soll sich rühren: aber von Amts wegen nicht.

Fischer: Ein solcher Fall ist gerade im Sinne des Richters ziemlich kritisch, wenn er abändern kann. Er sieht klar: In verschiedenen Fällen habe ich so entschieden, das Reichsgericht sagt etwas anderes und hat recht, ich müsste den alten Beschluss ändern. Nun geben Sie ihm die Befugnis zur Änderung. Wie weit geht dann die Pflicht zur Änderung?

Jonas: Nehmen Sie an, das Armenrecht wird in der Berufungsinstanz abgelehnt. Die Partei führt nun den Prozess auf eigene Kosten. Nachher sehe ich, ich habe mich mit dem Armenrecht verhauen. Der Anwalt, der seine Forderung an die Partei hat, hält die Sache zunächst für sehr problematisch. Dass das Gericht nun gezwungen wird, den Prozess ohne Armenrecht durchzuführen, ist doch wirklich ein Ergebnis, das man nicht wünschen kann.

Stagel: Das ist doch das wünschenswerteste Ergebnis, das ich mir denken kann.

Jonas: Dann müssen Sie sagen: Der Richter hat die Amtspflicht, die Parteien darauf aufmerksam zu machen, dass sie ein neues Armenrechtsgesuch stellen müssen.

Stagel: Gut. Das kann man dem Ermessen des Gerichts überlassen. Aber es geht doch nicht, dass man die Parteien mit einem neuen Beschluss ohne Antrag überrascht.

Jonas: Wenn ich nach abgelehntem Armenrechtsgesuch den Prozess weiterführe, habe ich doch immer noch den Wunsch, das Armenrecht zu bekommen.

Staud: Da kann ich jederzeit einen neuen Antrag stellen.

Jonas: Ich weiß doch nicht, wie das Gericht über die Sache denkt. Ich spreche nur das aus, was bei allen Gerichten die Praxis ist.

Staud: Es ist ohne Zweifel nicht bei allen Gerichten Praxis, dass die Armenrechtsbeschlüsse von Amts wegen hinterher geändert werden.

Jonas: Nicht dass sie geändert werden, sondern dass es für zulässig gehalten wird, sie zu ändern.

Staud: Die Praxis scheint mir zu sein, dass ein erneutes Gesuch trotz vorheriger Ablehnung bewilligt wird. Ich kann mir auch denken, dass in einem Prozess, den die Parteien fortführen und der eine neue Wendung nimmt, der Richter darauf zurückkommt und sagt: Es steht den Parteien nichts entgegen, einen neuen Antrag zu stellen. Das Abänderungsrecht umfasst auch eine Abänderungspflicht. Wo hört das denn auf? Nehmen Sie folgenden Fall: Das Armenrecht ist in erster Instanz abgelehnt worden, auf Beschwerde hin in der zweiten Instanz ebenfalls. Der Prozess läuft weiter. Auf einmal kommt vom Oberlandesgericht ein Brief, und da hat der Mann auf einmal das Armenrecht, das vorher abgelehnt wurde. Eine solche Entscheidung kann doch nicht in den Prozess beim Vorderrichter hineinplatzen.

Singer: Von Amts wegen habe ich nur Entziehung des Armenrechts erlebt, nicht eine Bewilligung.

Pagenstecher: Ich kann ja nach acht Tagen einen neuen Antrag stellen.

Staud: Wenn ich dem Beschluss eine Rechtskraft beimesse, so bedeutet das nur: Wenn jemand ein neues Gesuch mit der gleichen Begründung macht, wird es unter Verweisung auf den früheren Beschluss abgelehnt.

Jonas: Der Armenrechtsbeschluss wird ja nie rechtskräftig, weil er nicht an eine Frist gebunden ist. Jetzt binden wir alles an Fristen.

Pagenstecher: Eben; dann kann ich also ein neues Armenrechtsgesuch machen, wenn ich neue Tatsachen vorbringe.

Staud: Das geht nur dann, wenn wir dem Beschluss materielle Rechtskraft verleihen, und das geschieht nicht. Ich lehne das beim Armenrechtsbeschluss ab.

Jonas: Wenn man allgemein sagt, eine Änderung von Amts wegen gibt es nicht, so würde das auch für Armenrechtsbeschlüsse gelten und logischerweise zu dem Ergebnis führen müssen: Aus der Rechtslage, die hier vorgetragen ist, erwächst dir kein Anspruch auf unentgeltliche Rechtshilfe.

Pagenstecher: Es wurde vorhin gesagt, er kann ein neues Armenrechtsgesuch einreichen mit der Begründung, dass das Reichsgericht anders entschieden hat. Wenn eine Bindung an die Entscheidung vorliegt, geht das natürlich nicht. Ich wollte gerade wissen, wie Sie darüber denken. De lege lata würden Sie sagen: Gewiss, es wird neu geprüft, es ist eine neue Reichsgerichtsentscheidung ergangen. De lege ferenda müssen Sie sich klarmachen, was Sie unter Bindung verstehen.

Fischer: Das Armenrecht verliert doch dadurch, dass man bestimmte formelle Vorschriften macht, nicht seinen Charakter. (*Jonas:* Doch!) – Wenn Sie in einem Verwaltungsverfahren einen Beschluss an eine Frist binden, so wird dadurch sein Charakter nicht geändert; es kann nie ein Rechtsverfahren werden.

Jonas: Wenn ich aber das Verwaltungsverfahren unter eine Vorschrift bringe, die für Rechtsverfahren gilt, so bringe ich zum Ausdruck, dass es zum Rechtsverfahren wird. Sachlich bin ich einverstanden, nur muss man es hinschreiben.

Furler: Nach unserem prozessualen Denken muss, wenn wir die österreichische Vorschrift aufnehmen, ein Gericht auf einen Antrag hin auch eine gegenteilige Entscheidung ohne neue Tatsachen fällen dürfen. Sonst müssten wir sagen, das Gericht kann seine Beschlüsse nur auf Antrag abändern. Dann ist es klar.

Staud: Beim Armenrechtsverfahren liegt es so: Man sagt, dieses Armenrechtsverfahren ist abgeschlossen, und in diesem Verfahren werden die Beschlüsse nicht mehr geändert. Das schließt aber nicht aus, dass ein neues Armenrechtsverfahren eingeleitet wird.

Stagel: In Österreich würde man das Armenrecht nicht mehr aufgrund derselben Tatsachen gehen.

Jonas: Soweit ich sehe, sind Komplikationen nur beim Armenrechtsverfahren. Da könnte man den Bindungsparagraphen hinein nehmen und sagen: Die Versagung des Armenrechts steht der Bewilligung eines Armenrechts aufgrund eines neuen Gesuchs nicht entgegen. Beim Armenrecht möchte ich die Bindung nicht haben, weil es eine Verwaltungsmaßnahme ist.

Stagel: Ich bin auch hier dagegen, weil ich keine Notwendigkeit sehe.

Staud: Einer Gesetzesbestimmung, die sagt, die Versagung des Armenrechts schließt die Erneuerung des Gesuchs nicht aus, würde ich aufs Dringendste widerraten. Das ist eine Aufforderung, ein neues Gesuch zu machen. Ist denn jemals in der Praxis eine Schwierigkeit daraus erwachsen, dass ein Richter, nachdem er das Armenrecht verweigert hat, sich durch Bindung gehindert gesehen hat, das Armenrecht zu gewähren, weil er zu einer anderen Überzeugung gekommen war?

Jonas: Jetzt nicht. Aber bei Übernahme der österreichischen Bestimmungen wird es anders.

Staud: Könnten wir das nicht weiterhin der Rechtsprechung überlassen?

Jonas: Am glattesten ist es, man rührt an diese Frage nicht.

Staud: Dann brauche ich auch nicht den Paragraphen über die Gegenvorstellung.

Jonas: Mein Gedanke war, man müsste dann von der Bindung für das Armenrechtsverfahren eine Ausnahme zum mindesten in dem Sinne machen: Die Versagung steht einer Bewilligung aufgrund eines neuen Gesuches nicht entgegen. Da liegt aber der praktische Einwand auf der Hand, dass ich damit zu wiederholten Gesuchen bis in die Puppen auffordere.

Furler: Bei dem neuen Gesetz und in jedem Kommentar taucht sofort die Frage auf: Wie ist es mit der Bindung? Da ist mir die österreichische Lösung sehr sympathisch. Sie stellt klar, der Richter kann nur auf Antrag abändern, und eine neue Entscheidung kann nur aufgrund einer neuen Tatsache ergehen. Wenn die Partei nichts Neues vorbringen kann, muss es dabei bleiben.

Jonas: Auf das Armenrechtsgesuch, das nicht plausibel erscheint, wird gesagt: Die Sache ist aussichtslos.

Furler: Dann sollen die Leute Beschwerde einlegen.

Jonas: Darauf wird die Beschwerde abgelehnt. Nun geht die Partei zum Anwalt, und der Anwalt sagt: Dieses Armenrechtsgesuch muss noch ausführlicher und eingehender gemacht werden. Er macht nun den Fall durch Urkunden glaubhaft, benennt Zeugen usw., so dass nun erst ein vernünftiges Gesuch da ist. Ist es nun etwas Neues, dann kommt man auch beim Armenrechtsgesuch zu der Frage: Ist das derselbe Tatsachenkomplex oder etwas Neues? Das bringt subtile Unterscheidungen hinein.

Furler: Wenn jemand ohne Anwalt eine schlecht begründete Klage nicht durchbringt, ist es auch aus. Da kann er hinterher noch so viel zum Anwalt gehen.

Jonas: Es ist eben ein Unterschied. Wenn ich einen Prozess als Naturalpartei durchführe, tue ich es auf mein Risiko. Beim Armenrecht muss ich mich erst ans Gericht wenden, um einen Anwalt zu bekommen. Denn ein Anwalt wird sich unentgeltlich nicht dazu hergeben, ein Armenrechtsgesuch zu machen.

Furler: Im Allgemeinen macht er es. Ich habe noch niemand deswegen weggeschickt zum Gericht. Wir machen es namentlich bei Ehesachen.

Jonas: Bei Ehesachen wissen Sie genau, die Sache wird schließlich durchgeführt.

Furler: Auch davon abgesehen kann ich keinen Grund einsehen, beim Armenrechtsgesuch die kleinen Rechtskraftwirkungen auszuschalten. Wenn eine neue Reichsgerichtsentscheidung da ist, wird die Partei schon zunächst die Kosten aufbringen. Im Allgemeinen wird das Armenrecht doch nur bei einem aussichtslosen Prozess versagt; sonst ist es eine üble Prüfung durch das Gericht.

Jonas: Das Gericht steht vor folgender Situation. Es weiß, auf die Bewilligung des Armenrechts kommt es kolossal an. Also erhebt es die Beweise möglichst im Armenrechtsverfahren. Hier kommt zunächst das Unerwünschte, dass der Prozess im Armenrechtsermittlungsverfahren durchgeführt wird. Er wird dabei unendlich hinausgezögert. Ich habe öfter Akten erlebt, wo ein

Vierteljahr hindurch Vernehmungen stattfanden, ob das Armenrecht für den Eheprozess bewilligt werden soll. Diese Sache möchte ich nicht noch verschärfen. Wenn ich dem Richter sage: Du bist endgültig an deinen Armenrechtsbeschluss gebunden, dergestalt, dass das Armenrechtsgesuch nicht wiederholt werden kann, muss der Richter sehr subtile Prüfungen anstellen.

Furler: Prüfen Sie nicht so genau, wenn Sie nicht daran gebunden sind?

Jonas: Ein liederliches Gesuch weise ich zunächst ab und sage, es ist nicht glaubhaft gemacht.

Stagel: Dann hat der Mann ja die Beschwerde.

Pagenstecher: Wenn sich in der Praxis bei dem heutigen Zustand gar keine Mängel herausgestellt haben, wollen wir es doch dabei belassen.

Furler: Der heutige Zustand hat schon Mängel, weil wir keine Frist haben.

Jonas: Zweifellos ist die Frist eine notwendige Einrichtung, damit die Partei nicht nach fünf Jahren kommt, nachdem die erste Instanz abgelehnt hat.

Pagenstecher: Man sollte aber die Festsetzung mit der Bindung nicht verkoppeln.

Furler: Ich sehe nicht ein, warum man eine Bindung an eine Armenrechtsentscheidung ablehnt, während man sie bei allen anderen Entscheidungen hat, insbesondere beim Urteil.

Jonas: Es ist doch etwas anderes. Nehmen Sie an, das Armenrechtsverfahren würde in die Hand der Justizverwaltung gelegt werden. In England ist es in der Hand der Anwaltskammer. Da taucht die ganze Frage nicht auf.

Furler: Auch dort könnte man sagen: Wem einmal das Armenrecht verweigert werden ist, der bekommt es nicht mehr, wenn er nichts Neues vorbringt.

Jonas: Die Querulanten, die immer mit demselben Gesuch kommen, können durch ein Formular beschieden werden. Im Allgemeinen wird der Gesuchsteller das folgende Gesuch verbessern. Wenn man dann sagt: Ob etwas neu oder alt ist, prüfe ich recht wohlwollend –, so heißt das: Die Bindung besteht eigentlich nicht.

Vorsitzender: Wer hat nun Neigung, eine Bindung im Sinne des österreichischen Musters hineinzunehmen?

Pagenstecher: In dem Sinne, dass er diesen Beschluss nicht von Amts wegen abändern darf; aber wenn ein neues Armenrechtsgesuch eingereicht wird, ist er nicht daran gebunden.

Fischer: Sprechen wir jetzt von der Beschwerde oder vom Armenrechtsverfahren. Ich bitte, die beiden Sachen auseinanderzuhalten.

Jonas: Wollen wir eine Regelung, die beides umfassen soll, dann kann man für das Armenrecht eine Ausnahme machen.

Staud: Ich bin nach reiflicher Überlegung für die Stagelsche Lösung. Ich halte die Einbeziehung der Armenrechtsbeschlüsse nicht für so schlimm. Ein aussichtsreicher Prozess, der aufgrund einer Reichsgerichtsentscheidung schnell gewonnen werden muss, ist noch nie unterbleiben, weil das Armenrecht nicht gewährt wurde. Das macht ein Anwalt unter Umständen auch ohne Vorschuss und sagt: Da erholen wir uns beim Gegner. Ich bin also für die Stagelsche Fassung.

Jonas: Ich bin dagegen.

Furler: Ich bin auch für die Stagelsche Lösung. Die arme Partei kann immer noch die Kosten aufbringen. Es ist ihr nichts Schlimmes passiert.

Jonas: So kann man nicht argumentieren, dass man sagt: Wenn es der Partei um die Sache ernst ist, wird sie die Kosten schon aufbringen.

Fischer: Halten Sie, wenn wir die Bindung akzeptieren, beim Armenrechtsgesuch eine neue Bestimmung für erforderlich, in welcher gesagt wird: Die Anbringung eines neuen Armenrechtsgesuchs ist nur aufgrund veränderter Umstände zulässig? Umstände sind auch die Rechtsprechung.

Jonas: Was sind nun veränderte Umstände?

Fischer: Das weiß ich nicht. Wenn Sie dabei bleiben, dass Sie alle Fälle des streitigen Verfahrens und des Armenrechtsverfahrens gleichstellen, bringen Sie zwei ihrem Charakter nach ganz verschiedene Verfahren unter einen Hut. Das Armenrechtsverfahren ist ein reines Verwaltungsverfahren. Man könnte dann schließlich sagen, es gehört in das Streitverfahren, und dann kommen Sie mit der Rechtskraft und allen möglichen Konsequenzen. Das möchte ich von vornherein abfangen, indem ich sage: Solange es sich nur um denselben Sachverhalt handelt, muss, und wenn der Mann wiederkommt, braucht der Richter nicht zu sagen: Das Armenrecht wird aus den Gründen des Beschlusses vom Soundsovielten zurückgewiesen, sondern er kann höchstens sagen: Die Anbringung wird als unzulässig verworfen. Wenn Sie nur die veränderten Umstände hineinbringen, können Sie alles nehmen: das neue Urteil, Sachen, die in der Person des Armenrechtsführers oder seines Gegners liegen, oder was Sie wollen. Im Übrigen haben Sie die Ruhe, die wir wirklich im Armenrechtsverfahren brauchen.

Vorsitzender: „Wegen veränderter Umstände" wäre eine absichtlich etwas weitgefasste Klausel und würde eine Veränderung der Rechtsprechung nicht ausschließen.

Singer: Ich würde es nicht hineinschreiben; das versteht sich von selber.

Jonas: Gemeint ist ja zum mindesten auch Änderung der Erkenntnis, Auffinden neuer Zeugen.

Fischer: Ich will Ihnen nur die Brücke bauen. Ich bin an sich mit der Bindung einverstanden. Wir haben aber bei meinem Vorschlag eine Tür offen für eine vernünftige Erneuerung des Armenrechtsgesuchs, und wir haben den Schutz gegen die massenhaften unbegründeten Gesuche.

Furler: Das kann man im Armenrechtsverfahren gesondert bringen.

Staud: Wir werden sowieso zu einer Abstellung akuter Klagen im Armenrechtsverfahren kommen müssen.

Fischer: Meine Anregung ist so zu verstehen, dass die Vorschrift an die Armenrechtsvorschriften angeschlossen wird.

Jonas: Wir wollen nur den Vorbehalt anmelden, dass für das Armenrechtsverfahren eine solche Tür offen ist.

Vorsitzender: § m würde also bleiben mit dem bei Armenrechtsverfahren nachzuprüfenden Vorbehalt. Das Gericht soll also an Beschlüsse gebunden sein, sobald sie nicht prozessleitender Natur sind.

Nun sollte noch eine Abhilfe durch das Gericht in solchen Fällen kommen, in denen Rechtsmittel nicht zulässig sind, in denen also auch die Beschwerde nach unserem § a Abs. 2 nicht zulässig ist.

Staud: Das gilt für Beschlüsse, die das Gericht erstmalig erlässt. Nehmen wir einen das Armenrecht verweigernden Beschluss des Oberlandesgerichts für die Durchführung der Berufung.

Jonas: Für das Armenrecht würde ja dieser Weg geöffnet sein.

Staud: Die arme Partei hat beim Oberlandesgericht für die Berufung das Armenrecht beantragt. Das ist ihr verweigert worden. Die Partei steht auf dem Standpunkt, diese Entscheidung des Oberlandesgerichts ist, im Verhältnis zur bisherigen Rechtsprechung des Reichsgerichts gesehen, falsch; das Oberlandesgericht hat sich nach Auffassung der Partei geirrt. Da kann ich mir nicht mit veränderten Umständen helfen. Denn das Oberlandesgericht wird sagen: Was hat sich an den Umständen geändert? Nach den neuen Beschlüssen wird das Oberlandesgericht das Gesuch ja wiederum bewilligen können. Es ist nur die Frage, ob man da nicht eine Abhilfemöglichkeit auf Erinnerungen binnen der Frist schaffen soll, d.h. eine sofortige Beschwerde. Ich will aber nicht sagen, dass ich dafür plädiere.

Furler: Ob dafür ein dringendes Bedürfnis besteht, ist immerhin fraglich.

Staud: Nehmen Sie an, das Oberlandesgericht lehnt die einstweilige Einstellung der Zwangsvollstreckung ab oder bewilligt sie. Eine sofortige Beschwerde hiergegen gibt es nicht. Hätte das Landgericht oder das Amtsgericht das gemacht, wäre die sofortige Beschwerde gegeben.

Stagel: Dann müsste man grundsätzlich auch gegen das gerichtliche Urteil, das nicht berufungsfähig ist, die Beschwerde geben.

Jonas: Der Fall ist ja so: Die Einstellung ist bewilligt. Nun kommt der Gegner und sagt: Es ist ja unerhört, dass der Schuldner noch die Einstellung kriegt.

Staud: Da müsste man praeter legem etwas machen, oder aber man müsste einen Arrestbefehl beantragen. Künftig werden wir bei allen einstweiligen Einstellungen der Zwangsvollstreckung die Klausel bringen, dass diese Anordnung jederzeit geändert werden kann. Dann ist der Fall geregelt.

Jonas: Dann taucht noch die Frage wegen der Nichtbezahlung des Kostenvorschusses auf. Angenommen, aus diesem Grunde wird die Berufung etwa vom Landgericht verworfen. Damit ist Schluss. Nun stellt sich nachträglich heraus, die Zahlung ist doch rechtzeitig geleistet. Der Fall ist ja geregelt. Der Fall der einstweiligen Anordnung in der Zwangsvollstreckung ist auch geregelt. Dass die einstweiligen Anordnungen nach § g Abs. 2 abänderbar sind, ist selbstverständlich; das liegt im Begriff der Einstweiligkeit. Wenn man unter dem Gesichtspunkt, dass auch die Armenrechtsbewilligung etwas Einstweiliges ist, hier ebenfalls eine solche Möglichkeit schafft, ist auch dieser Teil ausgeräumt. Ich würde dann kein Bedürfnis für die generelle Öffnung des befristeten Gegenvorstellungszuges sehen.

Vorsitzender: Wir können damit die Beschwerde abschließen und wollen nachmittags mit der Wiederaufnahme fortfahren.

(Mittagspause)

Nachmittagssitzung

Vorsitzender: Wir haben die *Voraussetzungen der Wiederaufnahme* zu einem vorläufigen Abschluss gebracht, aber noch nicht zu einer Formulierung. Wir haben die Erweiterung der Wiederaufnahme beschlossen: Über die Urkunde und den Augenschein hinaus wollen wir auch den Zeugenbeweis zulassen. Hierbei wollen wir aber im Sinne von Staud eine Einschränkung vorsehen: Das neue Beweismittel darf nicht zu einem bloßen non liquet, sondern muss zu einer positiv gegenteiligen Überzeugung des Gerichts führen. Ferner gehen wir aus von der Festlegung auf diejenigen Tatsachen, die durch das neue Beweismittel nicht tangiert werden, während die Würdigung des Gerichts hinsichtlich der Schlüsse, die es aus dem Tatsachenmaterial zusammen mit dem neuen Beweismittel zu ziehen hat, frei ist.

Nun hätten wir noch die Frage des Sachverständigen zu behandeln. Wir hatten den Fall erörtert, wo die wissenschaftlichen Methoden sich vervollkommnet haben. Diesen Fall wollten wir zulassen. Dagegen muss die bloße Anführung eines Sachverständigengutachtens, das eine andere Ansicht vertritt, als Wiederaufnahmegrund ausscheiden. Ein Sachverständigengutachten, das eine andere Auffassung vertritt als das Urteil, kann man immer produzieren.

Stagel: Es muss erstens der Sachverständige da sein, den einzuführen die Partei im früheren Verfahren keine Möglichkeit hatte. Es muss sozusagen ein Stern sein, der plötzlich aufgegangen ist. Zweitens muss dieses Sachverständigengutachten imstande sein, das andere nicht zu erschüttern, sondern den Gegenbeweis zu erbringen. Unter diesen Voraussetzungen sehe ich keine Veranlassung, bezüglich des Sachverständigen eine Ausnahme zu machen.

Jonas: Ich denke hier an eine Gruppe von Fällen: Eine Urkunde, die bis jetzt nicht entziffert werden konnte, kann nunmehr entziffert werden. Hier handelt es sich um eine bessere Beurteilung des Augenscheinsobjekts. Das Kind, das nach der bisherigen wissenschaftlichen Forschung keine Ähnlichkeitsmerkmale mit dem mutmaßlichen Vater aufwies, weist nunmehr solche unter Anwendung einer verfeinerten Methode auf. Dieser Fall fällt streng genommen nicht unter den Sachverständigenbeweis, sondern unter den Augenschein.

Was den Sachverständigen betrifft, so käme folgender Fall in Betracht: Der Sachverständige baut sein Gutachten – mir ist zufällig ein solcher Fall durch die Finger gelaufen – auf einer fehlerhaften Berechnung auf. In diesem Fall bestand in der Tat große Wahrscheinlichkeit, dass der Sachverständige die Kapazität eines Bergwerks oder einer Kiesgrube unter Anwendung falscher Rechnungsmethoden unrichtig errechnete. Es war ihm tatsächlich ein Denkfehler unterlaufen. Das ist der einzige Fall des fehlerhaften Gutachtens. Darum kommt man nicht herum; dagegen ist kein Kraut gewachsen.

Stagel: Das kann die Partei bei entsprechender Sorgfalt auch schon im ersten Prozess nachweisen.

Jonas: Der Richter war aber an dieses Gutachten gar nicht gebunden. Hier ist kein Kraut gewachsen. An diesen Fall kommt man nicht heran. Es ist überhaupt eine Frage, ob ein Bedürfnis nach dieser Richtung besteht.

Stagel: Ich möchte es nicht ausschließen, sondern mit der österreichischen ZPO von „Tatsachen und Beweisen" sprechen.

Jonas: Bloß dass man sich hier darüber verständigt. Der Umstand, dass ein Sachverständiger aufgrund einer anderen Methode zu einem vollständig anderen Ergebnis kommt, kann nicht ausschlaggebend sein. Im ersten Prozess liegen zwei Gutachten vor, die einander widersprechen. Der Richter schließt sich dem einen Sachverständigen an.

Staud: Das Gutachten des Sachverständigen ist als solches nicht Grundlage des Urteils, vielmehr ist Grundlage des Urteils erst das, was das Gericht aus dem Sachverständigengutachten für die Tatsachenfeststellung folgert. Der Richter folgert daraus vielleicht, die Unterschrift unter der Urkunde sei nicht die des Ausstellers, sondern eine andere. Nun kann ein neues Sachverständigengutachten kommen und geeignet sein, das zu widerlegen, und zwar mit dem Ziel der positiven Feststellung einer bisher nicht festgestellten Tatsache.

Jonas: Der Fall ist natürlich auch möglich, dass der Sachverständigenbeweis dazu führt, Tatsachen festzustellen. Ich dachte im Augenblick nur an den Fall: Die Tatsachen stehen fest. Die Sachfeststellung dient dazu, um den Schluss von der Tatsache zur Rechtsfolge herzustellen: Das Kind ist da; der eine mögliche Zeuge und der andere mögliche Zeuge ist da. Der Sachverständige soll dem Richter nun die Schlussfolgerung erleichtern.

Staud: Das läuft im Ergebnis auch auf die Feststellung einer Tatsache hinaus: Dass das Kind von A und nicht von B erzeugt ist.

Jonas: Mir scheint es hier die glatteste Lösung zu sein, man macht keine Sonderbestimmungen für diesen Fall.

Vorsitzender: Umso wertvoller sind die Einschränkungen. Herr Staud vertritt die Theorie, es muss nachgewiesen werden, dass die Klage nur dann Erfolg hat, wenn das Ergebnis des ersten Prozesses sich als falsch herausstellt. Wenn man sich auf den Standpunkt stellt, dann kann man keine Unterscheidung machen zwischen Zeugen und Sachverständigen und darf auch nicht die Urkunde ausnehmen. Man muss dann eine Regelung treffen, die sämtliche Beweismittel umfasst. Man muss dann aber auch den Schritt ganz tun und sagen: Dies gilt auch für den Fall des bestochenen Richters, für die Nichtigkeitsfälle und für den Zeugen, der einen Meineid geschworen hat.

Staud: Hat der Zeuge einen Meineid begangen, dann braucht man nicht nachzuweisen, dass die Entscheidung falsch ist, dann genügt schon die Erzeugung eines non liquet. Hat der Zeuge in der Sache falsch ausgesagt, dann ist die Partei gezwungen, durch neue Tatsachen und Beweismittel die Schlussfolgerungen zu widerlegen, die das Gericht aus der angeblich falschen Zeugenaussage gezogen hat. Liegt aber eine Verurteilung des Zeugen wegen Meineides vor, so genügt das für sich allein.

Jonas: Das ist richtig für den Fall, dass die Meineidsaussage genau die zu beweisende Tatsache trifft, und nicht etwa nur einen Umstand, der auch mit ein Indizium ist.

Staud: Der Verurteilung wegen Meineides hilft auch, wenn die Aussage des Zeugen nur eine Indiztatsache betrifft. Hat die Partei keine Verurteilung wegen Meineides in Händen, dann muss sie sehen, wie sie im Wege der allgemeinen Wiederaufnahme die Richtigkeit der früheren Feststellung widerlegen kann.

Jonas: Die Meineidsaussage ist zunächst eine Glaubwürdigkeitsfrage.

Staud: Ist das erste Urteil mit dieser falschen Zeugenaussage begründet, dann fliegt es auf. Daran ist nichts zu ändern. Dann ist das Vertrauen in das Urteil so stark erschüttert, dass es keine Hilfe mehr gibt. Die Leute sagen: Der Zeuge ist wegen Meineids verurteilt, und in dem Zivilurteil steht, dass die Aussage des meineidigen Zeugen mit bestimmend war. Dieses Urteil fliegt auf. Solange aber die Partei das Meineidurteil nicht hat, hat sie jetzt die Möglichkeit propter reperta. Ich würde auf dem Gebiet keine Einschränkungen vornehmen, sondern alles so lassen. Auch jetzt ist für die Restitution wegen Meineids nicht erforderlich die Darlegung, dass ich ohne diesen Umstand zu einer günstigeren Entscheidung kommen würde. Es ist durchaus möglich, dass das Gericht erklärt, die Glaubwürdigkeit des Zeugen sei für das Urteil ohne Bedeutung. Das mag also alles so bleiben.

Vorsitzender: Die Zeugenaussage kann immer widerlegt werden, ohne dass der Zeuge seine Eidespflicht verletzt hat. Nehmen wir an, er hat ausgesagt, in seiner Gegenwart habe der Beklagte dem Kläger 100 RM gezahlt. Nachher stellt sich heraus, dass es sich um eine andere Schuld handelte.

Jonas: Der Zeuge hat ausgesagt, die Zahlung sei geleistet. Nun weise ich durch einen neuen Zeugen das Gegenteil nach, und der erste Zeuge wird in die Enge getrieben. Die bisherige Feststellung, die Zahlung sei an dem und dem Tage geleistet, ist zerplatzt. Ob irgendwann eine andere Zahlung geleistet worden ist, wissen wir nicht. Die Beweislast ändert sich nicht.

Staud: Sie ändert sich nicht. Es tritt nicht eine allgemeine Verschiebung der Beweislast ein, sondern es ändert sich nur die Beweislast hinsichtlich derjenigen Tatsache, auf die sich der Wiederaufnahmegrund bezieht.

Jonas: Es würde also nicht genügen, wenn das Ergebnis der neuen Beweisaufnahme das ist: Der erste Zeuge hat uneidlich dies ausgesagt; vieles spricht dafür, dass diese Aussage nicht richtig ist. Ich würde, wenn ich neu entschiede, sagen: Es ist ein non liquet. Wenn aber diese Tatsache ausgeschaltet ist, dann würde nicht eine allgemeine Umkehrung der Beweislast eintreten. Dieser Umstand würde nicht genügen, um eine Umkehrung der Beweislast zu erwirken. – Ich wollte mich nur vergewissern, dass ich Herrn Staud gar nicht falsch verstanden habe.

Staud: So weit wollte ich nicht gehen. Die Tatsachen, die als festgestellt bezeichnet sind, sind konserviert und stehen unter einem erhöhten Beweisschutz.

Jonas: Dieser Beweisschutz scheidet aus, wenn eine Verurteilung wegen Meineides vorliegt. Wenn man diesen Weg geht, würde praktisch die Unterscheidung zwischen iudicium rescindens und iudicium rescissorium vollständig verwischt.

Staud: Ich sehe hier in großen Zügen eine Vereinfachung des Verfahrens. Das Verfahren muss uno actu durchgeführt werden; hinsichtlich des Antrags müssen dieselben Formerfordernisse gelten wie für eine Klage für ein LG- oder OLG-Urteil. Der Antrag zur Wiederaufnahme wird ebenso dem Anwaltszwang unterliegen müssen; ob man ihn Antrag oder „Klage" nennt, ist gleichgültig. Man kann ruhig „Klage" sagen. Wegen des Zulassungsbeschlusses kann das Gericht sich nicht vorzeitig festlegen; nur wenn es zur Erkenntnis kommt: das ist kein Wiederaufnahmegrund, das zieht nicht, schlägt es durch Beschluss die Sache ab. Ich bin bei der Ablehnung nicht für die Form des Urteils. Ich möchte für die Ablehnung ebenso wie für die Verwerfung die Form des Beschlusses. Man kann den Beschluss der sofortigen Beschwerde unterwerfen, in dem die Wiederaufnahme a priori abgelehnt wird. Die Ablehnung kann ohne Antrag erfolgen, wenn es sich um eine Sache handelt, die vollkommen in Ordnung ist. Das Gericht wird leicht erkennen, wenn es einen querulantischen Wiederaufnahmeantrag vor sich hat: Die Kammer setzt sich zusammen und lehnt ab.

Jonas: Es würde mir beinahe besser erscheinen, das Wiederaufnahmeverfahren nicht als neue Instanz, als besondere Klage usw. zu frisieren. Es handelt sich im Wesentlichen um einen Antrag, die bisherige Instanz fortzusetzen. Dieser Antrag kann durch Beschluss zurückgewiesen werden. Das würde besser in das ganze Bild hineinpassen.

Staud: Wenn die Wiederaufnahme für zulässig erklärt wird, kann das neue Verfahren durch Beschluss eröffnet werden. Die erste Frage ist, ob die Frist gewahrt ist: die formelle Zulässigkeit. Die nächste Frage ist: Liegt ein schlüssiger Wiederaufnahmegrund vor? Würde, wenn die Behauptung des Antragstellers zutrifft, die Wiederaufnahme zu der gewünschten Entscheidung führen? Wird diese Frage verneint, dann folgt Ablehnungsbeschluss; wird sie bejaht, dann wird die Verhandlung erneuert.

Jonas: Herr Staud sieht zwei Stufen vor. Zunächst die Zulässigkeit der Klage: Wahrung der Frist und Substantiiertheit der Klage. Nun kommt systematisch die Frage des iudicium rescindens. Liegen die Wiederaufnahmegründe wirklich vor, mit dem Erfolg, dass nunmehr das alte Urteil eliminiert ist und man neuerdings in die Sache hinein steigt? Diese systematische Scheidung von iudicium rescindens und iudicium rescissorium geht bei den noviter-reperta-Fällen nicht; da sind die Fragen untrennbar miteinander verknüpft. Erst am Schluss der neuen Verhandlung weiß ich, ob ich zu einem anderen Ergebnis komme.

Pagenstecher: Darf die kurze Entscheidung durch Beschluss ergehen, ohne dass der Gegner gehört wird?

Staud: Beschluss ergeht über die Zulässigkeit und die Schlüssigkeit.

Vorsitzender: Die Beweismittel müssen, wenn ihr Ergebnis so ist, wie der Antragsteller behauptet, das Urteil ändern.

Staud: In vielen Fällen wird das Gericht sagen: Stehen sich beide Aussagen gegenüber? Damit würde die eine Aussage aber nicht widerlegt, sondern nur erschüttert sein. Das reicht zur Wiederaufnahme nicht aus.

Jonas: Ob man so weit gehen kann, ist zweifelhaft. Ob die erste Aussage durch die neue glatt erschüttert wird, das hängt von der Glaubwürdigkeit der beiden Zeugen ab.

Stagel: Der Richter kann auch später noch eine Zulässigkeit der Wiederaufnahme finden; die ist später nicht abgeschnitten.

Jonas: Man könnte schließlich auch den Gedanken zur Diskussion stellen, der den umgekehrten Weg einschlägt. Zunächst der Zulassungsanspruch. Nun ist der Weg frei für eine neue Erörterung der Sache, bei der man das frühere Beweismittel würdigen kann usw. Ich stimme aber mehr dem Weg zu, den Staud aufgezeigt hat.

Eine andere Frage ist es aber, ob man nicht die Fälle der Nichtigkeitsklage ganz anders behandeln sollte.

Pagenstecher: Ich möchte empfehlen, nicht immer von vornherein davon auszugehen, dass die Wiederaufnahme sicher unbegründet ist. Man gewinnt auf diese Weise ein falsches Bild. Eine Wiederaufnahme kann sehr wohl begründet sein, und in einem solchen Fall möchte ich doch davor warnen, dass die Sache in einem rechtlich sehr summarischen Verfahren abgeschmettert wird.

Das muss man sich genau überlegen. Unter Umständen hängt für einen Menschen sehr viel davon ab.

Staud: Eine offensichtlich unbegründete Revision kann auch durch Beschluss verworfen werden. Das haben wir schon im Strafprozess; das kommt auch im Zivilprozess. Dagegen gibt es die sofortige Beschwerde zum OLG.

Pagenstecher: Ich halte es für sehr bedenklich, hier einfach im Beschlusswege abzuschmettern. Wenn eine Klage abgewiesen wird, dann habe ich die Revision; bei der Ablehnung der Wiederaufnahme habe ich die Revision nicht.

Staud: Im Amtsgerichtsverfahren kann der offensichtlich unbegründete Antrag zurückgewiesen werden. Der jetzige Zustand ist der: Man sagt in einem solchen Falle: Die Klage ist beim unzuständigen Richter erhoben; sie ist auch vollkommen unwichtig. Was sollen wir machen? Der Termin zur mündlichen Verhandlung ist anberaumt, und es liegt eine Ladung auf den Termin vor. Genau gesehen können wir davon Abstand nehmen. Wir lassen es bleiben, indem wir uns darauf verlassen, der Richter werde wohl der Klage ansehen, dass sie a) beim unzuständigen Gericht erhoben, b) nicht schlüssig ist, und werde kein Versäumnisurteil erlassen, sondern die Klage abweisen. Warum soll ich die Partei, die in eine unbequeme Klage gezogen wird, zwingen, zu sagen: Wenn du dich nicht vertreten lässt, setztest zu dich der Gefahr einer unrichtigen Beurteilung aus; die Kosten der Versäumnis hast du auf jeden Fall zu tragen.

Jonas: Das ist absolut richtig; nur steht die Partei auf dem Standpunkt: Es handelt sich nicht nur um die offensichtlich unschlüssige Klage, sondern die Partei ist noch entrüsteter über eine Klage, in der alles wunderschön darin steht, die Tatsachen aber unrichtig sind.

Staud: Es wird gesagt: Der Zeuge ist unglaubwürdig. Da soll ich den Gegner nötigen, zur mündlichen Verhandlung zu kommen und einen Anwalt zu bestellen?

Fischer: Sie nehmen immer die einen Fälle, bei denen die Sache ganz simpel ist, während Pagenstecher die anderen Fälle im Auge hat.

Staud: Ich habe das Vertrauen, dass ein OLG – das OLG ist bezüglich der Tatsachen die letzte Instanz; daran kann auch das RG nichts mehr ändern – die Sache richtig machen wird. Die Wiederaufnahme bezieht sich doch nur auf Tatsachen.

Pagenstecher: Ich muss nochmals betonen: Ich halte es für meine Pflicht, darauf aufmerksam zu machen: Es handelt sich um ein Wiederaufnahmeverfahren gegen das Urteil eines OLG. Man weiß, die Herren sehen es nicht sehr gern, wenn ein Wiederaufnahmeverfahren kommt; sie haben vielleicht etwas verbockt. Dass da ein OLG durch Beschluss und ohne mündliche Verhandlung die Sache abschmettern kann, dass dagegen kein Rechtsmittel gegeben ist, das halte ich für bedenklich. Es kann sich um eine außerordentlich verwickelte, schwierige Frage handeln. Ich wiederhole: Man darf gerade bei der Wiederaufnahme nicht immer nur von den leichten Fällen ausgehen und alles auf die leichten Fälle abstellen.

Staud: Glauben Sie, dass das OLG in seiner Abneigung dagegen, sein eigenes Urteil wieder aufzuheben, geschwächt würde, wenn die Gegenpartei kommt und lange Reden darüber hält, was der Antragsteller vorgebracht habe, sei Unsinn, und das Urteil des OLG sei richtig?

Pagenstecher: Ob ein Urteil schlüssig ist, das ist doch eine Rechtsfrage. Hier könnte man doch Revision einlegen.

Staud: Wenn ich von Schlüssigkeit gesprochen habe, so war das irreführend. Gemeint ist nicht die Schlüssigkeit einer Klage, sondern die Schlüssigkeit, die sich auf die Tatsachen bezieht. Ich bin ein entschiedener Anhänger der Lösung, dass ein offensichtlich unbegründeter Wiederaufnahmeantrag durch Beschluss zurückgewiesen werden kann.

Stagel: Ich bin ganz der Ansicht Stauds; nur müsste dann eine unzuständige Klage in gleicher Weise zurückgewiesen werden können.

Staud: Das können wir jetzt nicht ohne weiteres sagen.

Stagel: Eine unzulässige Klage muss doch in erster Linie vom zuständigen Gericht zurückgewiesen werden. Es ist doch nicht recht angängig, dass zunächst über die Unzuständigkeit verhandelt wird. Wir müssen da eine Zurückweisungsmöglichkeit oder eine amtswegige Verweisungsmöglichkeit haben.

Staud: Der Wiederaufnahmeantrag ist statt beim LG beim OLG eingelegt oder umgekehrt. Der Antrag wäre dann so zu behandeln wie ein Rechtsmittel, das an unrichtiger Stelle eingelegt worden ist.

Stagel: Das wäre wieder ein Argument dafür, die Wiederaufnahme doch mehr nach dem Rechtsmittelschema zu behandeln und nicht als Klage.

Vorsitzender: Sozusagen als außerordentliches Rechtsmittel.

Pagenstecher: Nehmen Sie an, das OLG sei zuständig; aber die Sache wird beim LG eingelegt.

Staud: Dann würde das LG wählen müssen, ob es durch Beschluss den Antrag wegen Unzuständigkeit abweist, oder ob es entgegenkommend ist und die Sache an das OLG abgibt. Oder es fragt bei der Partei an. Es ist dasselbe wie bei der Beschwerde, die beim Beschwerdegericht statt beim ersten Gericht eingelegt wird.

Vorsitzender: Man könnte hier teilen: Die Sache wird durch Beschluss verworfen, wenn die Wiederaufnahme unzulässig ist; eine Verurteilung kommt in Frage, wenn sie offensichtlich unschlüssig ist.

Staud: Bei der Revision kann eine offensichtlich unbegründete Revision durch Beschluss zurückgewiesen werden.

Vorsitzender: Es kommt hier auf die Bedeutung des Wortes „offensichtlich" an.

Stagel: Ich verweise auf folgende Formel: „Der Vorsitzende kann, wenn nach Lage des Falles eine mündliche Verhandlung nicht erforderlich erscheint, bestimmen, dass die Entscheidung ohne mündliche Verhandlung ergehen wird."

Vorsitzender: Hier ist weniger auf „offensichtlich unbegründet" abgestellt. Eine Gefahr liegt nur beim OLG vor; in allen übrigen Fällen haben wir die Beschwerde. Unter diesen Umständen könnte man ja über die Bedenken hinwegkommen.

Staud: Man könnte die Wiederaufnahme erweitern und die Erweiterung an sehr subtile Voraussetzungen knüpfen. Wir werden vielleicht eine Flut von Wiederaufnahmeanträgen bekommen, wenn sich herumspricht, wegen solcher neuen Sachen ist die Wiederaufnahme zulässig.

Furler: Wenn ich schon die Wiederaufnahme erweitere, dann verlange ich eine strenge Form.

Stagel: Im österreichischen Recht ist nur von „mangelnden Voraussetzungen" die Rede. Das Gericht hat vor Anberaumung eines Termins zu prüfen, ob die Behauptung auf die gesetzlichen Anfechtungsgründe gestützt wird.

Vorsitzender: Wir wollen zunächst festhalten: Beschluss ohne mündliche Verhandlung bei formeller Unzulässigkeit der Wiederaufnahme.

Staud: Die Frage ist nun noch, ob auch Beschluss bei offensichtlicher Unschlüssigkeit. Es muss eine Sache sein, die klar ist.

Fischer: Ich glaube nicht, dass in der Praxis bei dem Begriff „offensichtlich" Fehler vorgekommen sind.

Vorsitzender: Nun käme logisch die Frage: Ist der behauptete Wiederaufnahmegrund wirklich gegeben? Jetzt wird der berühmte Zeuge vernommen, der aussagt, was da unterstellt ist. Tut er das, dann weiß das Gericht, dass es das alte Urteil beseitigen kann. Ich möchte die Wiederaufnahme gern als Rechtsmittel aufziehen.

Pagenstecher: Nur muss man hier vorsichtig sein; sonst entsteht ein Kuddelmuddel. Wenn zufällig das neue Urteil mit dem alten übereinstimmt, dann soll man das alte aufheben. Ich meine so: Es stellt sich heraus: das alte Urteil ist falsch, aber aus ganz anderen Gründen kommt das Gericht bei erneuter Prüfung zu demselben Ergebnis.

Fischer: Ich darf die Konsequenz daraus ziehen. Die Tenorierung des Urteils muss klar erkennen lassen, was die Rechtsfrage ist. Nun müssen Sie Folgendes sagen: Die Wiederaufnahme ist begründet. Das erste Urteil wird also aufgehoben, die Klage wird abgewiesen. Wie ist es nun mit den Rechtsmitteln dagegen? Da müssen beide Parteien dagegen Berufung einlegen; die eine Partei, weil sie beschwert ist in Bezug auf den Wiederaufnahmegrund, die andere Partei, weil sie sonst beschwert ist.

Pagenstecher: Ich persönlich gehe viel weiter: Ich würde grundsätzlich immer ein iudicium rescindens verlangen; ob durch Urteil oder Beschluss, ist gleichgültig. Sobald das Gericht so weit ist, dass das erste Urteil zu kassieren ist, würde ich das in irgendeiner Weise aussprechen. Dann ist reiner Tisch geschaffen, so, wie es schon heute ist in dem Fall, dass das Gericht ein Zwischenurteil erlässt. Nach § 318 ist es an das Zwischenurteil gebunden. Darin liegt keine Schwierigkeit.

Furler: Heute, wo man den Wiederaufnahmegrund der neuen Tatsachen hat, können Sie die Trennung gar nicht mehr vornehmen. Das können Sie erst am Schluss feststellen. Die Trennung in die beiden Verfahren kann man also nicht mehr durchführen.

Pagenstecher: Das ist nicht meine Ansicht. Der andere Richter soll doch seine Rechtsauffassung geltend machen. Er kann zu einem ganz anderen Ergebnis kommen. Damit ist die Sache noch gar nicht abgeschlossen. Der Zeuge, der die Zahlung im ersten Prozess bekundet hat, ist nun eliminiert durch einen anderen Zeugen oder durch eine Urkunde. Damit ist der Prozess noch nicht zu Ende und der Beklagte ist noch nicht verurteilt, sondern der Richter hat nunmehr den ganzen Sachverhalt aufgrund der neuen Tatsachen neu zu prüfen. Dann fängt die Sache von vorne an. Die Trennung der beiden Verfahren bleibt also immer noch.

Vorsitzender: Ich bin auch dafür, dass man ausdrücklich die alte Entscheidung aufrecht erhält. Wir haben das auch beim Einspruch gegen ein Versäumnisurteil. Da wird der Einspruch nicht als unbegründet zurückgewiesen, sondern das alte Urteil wird aufrecht erhalten.

Pagenstecher: Das will ich gerade nicht! Das gibt Verwirrung. Das alte Urteil wird nicht aufrecht erhalten, sondern es ergeht ein ganz neues Urteil, das sich von dem alten wesentlich unterscheidet.

Fischer: Das ist gerade der Punkt, in dem ich mit Pagenstecher einig gehe. Es müsste im Einspruchsverfahren folgendermaßen heißen: Einspruch geprüft, formell zulässig. Es heißt: Das alte Urteil wird aufgehoben. Dahinter heißt es: Der Beklagte wird verurteilt. – Das scheint ein reiner Formalismus zu sein.

Furler: Nehmen wir an, der Zeuge hat im ersten Verfahren falsch geschworen. Dann bleibt es also doch bei dem alten Urteil aus einem anderen Grund. Dann hat der Mann die Wiederaufnahme tatsächlich verloren.

Pagenstecher: Wie soll man es mit den Kosten halten? Wir haben hier den Fall, der analog dem ist, wo eine Partei in einer Instanz recht, in der anderen unrecht bekommen hat. Meine Auffassung ist die: Ein Mann, der gegen ein Urteil ein Wiederaufnahmeverfahren eingeleitet hat und damit durchgedrungen ist, aber nachher aus anderen Gründen den Prozess doch verliert, braucht nicht alle Kosten zu tragen.

Fischer: Das ist auch meine Auffassung.

Furler: Maßgebend muss das endgültige Ergebnis sein.

Vorsitzender: Bei der Nichtigkeitsklage muss das alte Urteil verschwinden; es wird neu tenoriert und erklärt: Der Beklagte ist zu verurteilen. Bei der Restitutionsklage ist es anders.

Pagenstecher: In dem neuen Verfahren können doch neue Tatsachen vorgebracht werden. Die Rechtskraft des Urteils ist weg; es können ganz neue Tatsachen vorgebracht werden.

Vorsitzender: Es wird unsere Aufgabe sein, die Frage noch einmal eingehend zu prüfen: Soll die Entscheidung auf Aufrechterhaltung des alten Urteils lauten, wenn sich aufgrund des neuen Verfahrens ergibt, dass dieses inhaltlich richtig war? Oder soll die Entscheidung auf alle Fälle eine neue Entscheidung darstellen, das alte Urteil also beseitigen?

Pagenstecher: Das Urteil, nicht nur das Verfahren wird beseitigt. Aufgrund des alten Verfahrens zusammen mit dem, was Neues hinzukommt, wird ein neues Urteil gefällt. Bei der Nichtigkeitsklage wird das ganze Verfahren beseitigt.

Staud: Beim Nichtigkeitsverfahren wird zu erwägen sein, es grundlegend anders aufzuziehen: nämlich als ein Verfahren mit Offizialmaxime, in welcher das angefochtene Urteil und das diesem zugrunde liegende Verfahren aufgehoben werden. Dann bleibt es den Parteien überlassen, ob sie die Sache noch einmal aufnehmen oder aber die Finger davon lassen sollen.

Vorsitzender: Wir werden bis zur nächsten Sitzung die bisherigen Ergebnisse formulieren.

Die nächste Tagung unseres Ausschusses wird am 10., 11. und 12 Juli in München stattfinden.

(Schluss der Sitzung 16.35 Uhr)

4. Überblick über die Beratungen von 1941:

Die Akademie hat zur *Neugestaltung des Zivilprozesses* einen selbständigen Ausschuss eingesetzt, dessen Arbeiten zur Zeit ein kleineres Gremium unter dem Vorsitz von *Prof. Dr. Lent* wahrnimmt. Nachdem der Ausschuss seine Beratungen über die Reform der Rechtsmittel (Berufung, Revision, Beschwerde und Wiederaufnahme des Verfahrens) mit Gesetzesvorschlägen abgeschlossen hatte, befasste er sich zuletzt mit Einzelfragen der Rechtskraft. Bei den Beratungen über die Reform der Rechtsmittel stand im Mittelpunkt der Erörterungen über die Berufung das Problem der Zulassung des neuen Parteivorbringens, wofür Verbesserungsvorschläge gemacht worden sind. Neu geregelt ist auch der Verzicht auf die Berufung und das Versäumnisverfahren in der Berufungsinstanz. Der Ausschuss hat sich auch für eine Beschränkung der Zurückverweisung eingesetzt, die sich in den meisten Fällen nur verzögernd und verteuernd auswirkt. Bei der Revision ist als wesentliche Erweiterung – abgesehen von sonstigen Verbesserungen – der Vorschlag anzusehen, die Revision auch wegen der Bedeutung des Rechtsstreits durch das OLG für zuständig erklären zu lassen, selbst wenn der Wert des Streitgegenstandes – dieser und nicht der Beschwerdegegenstand soll maßgebend sein – die Revisionssumme nicht erreicht. Bei der Beschwerde soll die wesentliche Erneuerung die Befristung aller Beschwerden betreffen, womit der Unterschied zwischen einfacher und sofortiger Beschwerde wegfallen würde. Wiederaufnahmeklage soll nur noch die bisherige Restitutionsklage sein, die Nichtigkeitsklage soll selbständig daneben bestehen bleiben. Die Zulässigkeit der Wiederaufnahmeklage soll aber erweitert werden; sie soll möglich sein, wenn das Urteil durch ein sittenwidriges Verhalten des Gegners erschlichen worden ist. Hier soll insbesondere die Abhilfe, welche die Rechtsprechung bisher mit materiellrechtlichen Schadensersatzansprüchen aus § 826 BGB gefunden hat, durch eine Wiederaufnahmeklage gegeben werden (siehe oben). Eine Erweiterung der Wiederaufnahme schlägt der Ausschuss auch dann vor, wenn eine Partei neues Tatsachen- oder Beweismaterial, an das allerdings strengste Nachweiserfordernisse zu stellen sind, gefunden hat, das die Unrichtigkeit der rechtskräftigen Entscheidung klarstellt. (ZADR 1941, 358)

XIV. Sitzungen vom 4.-6.12.1941

1. Protokoll der Sitzung vom 4.12.1941 (nicht überliefert)

2. Protokoll der Sitzung vom 5.12.1941 (Rechtskraft [§§ 322, 325 ZPO]. Anerkennung ausländischer Urteile [§ 328 ZPO]. Wiederaufnahme des Verfahrens)

(Beginn der Sitzung 9.30 Uhr)

Vors. [Lent]: Ich möchte zunächst das Ergebnis der gestrigen Besprechungen rekapitulieren.

Wir haben uns zuerst mit dem *§ 322* beschäftigt, der eine Art *Definition der Rechtskraft* enthält, und haben zunächst beschlossen, an der Rechtskraft als solcher festzuhalten. Sie ist durch unsere Vorschläge hinsichtlich der Wiederaufnahme des Verfahrens praktisch eher zu durchlöchern als bisher. Es ist nun folgende Formulierung vorgeschlagen worden: „Ist das Urteil rechtskräftig, so ist für jedes spätere Verfahren zwischen den Parteien die in ihm getroffene Entscheidung bindend." Durch die Formulierung „Die Entscheidung ist bindend" wird zum Ausdruck gebracht, dass nur das eigentliche Entscheidungsurteil an der Rechtskraft teilnimmt, nicht aber die Gründe, die tatsächlichen Feststellungen oder die Entscheidung über präjudizielle Fragen. Es ist also nicht gesagt, dass das Urteil bindend ist, sondern bindend ist die in ihm getroffene Entscheidung.

Ferner war festgestellt, dass es sich nur um eine relative Bindung innerhalb der beiden Parteien handelt. Daher die Formulierung: „für jedes spätere Verfahren der Parteien." Wir sind davon ausgegangen, dass wir nur die Bindung innerhalb der bürgerlichrechtlichen Streitigkeiten einschließlich der Zwangsvollstreckung hier auszusprechen hätten und die Frage, inwieweit ein rechtskräftiges Urteil im Strafprozess, in der freiwilligen Gerichtsbarkeit und vor den Verwaltungsbehörden eine bindende Kraft hat, hier beiseite lassen müssten. Deshalb haben wir in der Formulierung gesagt: „für jedes spätere Verfahren zwischen den Parteien"; denn ein Verfahren zwischen den Parteien kann ja eigentlich auch wieder nur ein Zivilprozess sein.

Das war der Versuch einer Definition der Rechtskraft, wobei manche Fragen offen bleiben. Wir waren aber der Ansicht, dass man nicht in alle wissenschaftlichen Erörterungen im Wege der Gesetzgebung eingreifen könnte.

Sodann haben wir uns längere Zeit mit den *objektiven Grenzen der Rechtskraft* beschäftigt, und zwar in dem Sinne, ob durch die rechtskräftige Feststellung des Bestehens eines Rechtes gleichzeitig auch gesagt wird, dass dieses Recht nicht vernichtet werden könne, oder anders ausgedrückt: ob durch die Feststellung des Bestehens eines Rechtes Gestaltungsrechte und deren spätere Ausübung – Anfechtung, Aufrechnung usw. – ausgeschlossen sein sollen. Eine volle Einigkeit wurde in dieser Frage nicht erzielt. Die Mehrheit hat sich aber wohl dem Standpunkt genähert, dass mit der rechtskräftigen Feststellung des Bestehens eines Rechtes eine spätere Ausübung von Gestaltungsrechten ausgeschlossen sein soll, natürlich insofern die Gründe für das Gestaltungsrecht schon im Moment der letzten Tatsachenverhandlung vorhanden gewesen sein sollten. Ich persönlich stehe auf einem anderen Standpunkt. Wie gesagt, ist eine volle Einigkeit nicht erzielt worden, und infolgedessen haben wir die Frage gesetzgeberisch offen gelassen. Die Rechtsprechung steht auf dem Standpunkt, dass durch die Rechtskraft eine spätere Ausübung eines Gestaltungsrechts ausgeschlossen ist, wenn das Gestaltungsrecht schon zur Zeit der letzten Tatsachenverhandlung bestand, wenn es auch im Prozess noch nicht ausgeübt worden ist.

Anschließend haben wir uns dem Abs. 2 des § 322 zugewandt, nämlich der Frage, inwieweit bei der *Aufrechnung eine Erstreckung der Rechtskraft auf die Gegenforderung* stattfinden soll.

Wir haben uns auf den Standpunkt gestellt, dass die Gegenforderung rechtskräftig festgestellt wird, und zwar nach der jetzt herrschenden Ansicht in beiden Fällen: Wenn das Gericht auf dem Standpunkt steht, dass die zur Aufrechnung verwandte Gegenforderung nicht bestehe, oder umgekehrt wenn das Gericht auf dem Standpunkt steht, sie habe bestanden, sei aber durch die Aufrechnung getilgt und bestehe somit nicht mehr. Es besteht also auf beiden Seiten Rechtskraft, obwohl auf Bedenken hingewiesen wurde, die sich für den Beklagten ergeben, indem für ihn die Berufung abgeschnitten ist, wenn er aufgerechnet hat und später entdeckt, dass die Aufrechnung gar nicht nötig und auch nicht rechtswirksam war, weil die Klagforderung ohnehin nicht bestand.

Wir haben uns also auf den Boden des § 322 Abs. 2 in der jetzigen Fassung gestellt. Eine endgültige Formulierung haben wir noch nicht getroffen.

Der nächste Punkt unserer Beratungen betraf den *§ 325*, wobei über den Grundsatz von *Abs. 1,* die Erstreckung auf die Rechtsnachfolger und gewisse Besitznachfolger kein Streit herrschte. Sodann haben wir lange versucht, dem *Abs. 2* eine etwas klarere Fassung zu geben, als er sie heute hat. Eine endgültige Formulierung haben wir noch nicht gefunden. Es ist aber *etwa folgende Fassung* beabsichtigt: „In den Fällen, in denen Rechte von einem Nichtberechtigten nach dem materiellen Recht hergeleitet werden, erstreckt sich die Rechtskraft nicht auf denjenigen, der in Bezug auf den Prozess gutgläubig war." Unter gutem Glauben ist natürlich jeweils das zu verstehen, was im bürgerlichen Recht unter gutem Glauben zu verstehen ist. Einmal wird er ausgeschlossen durch die Kenntnis der Rechtshängigkeit, einmal wird er ausgeschlossen durch die grob fahrlässige Unkenntnis der Rechtshängigkeit – je nach den jeweiligen Vorschriften des BGB. Eine endgültige Formulierung muss hier noch gesucht werden. Das wird dadurch kompliziert, dass nach dem bürgerlichen Recht verschiedene Anforderungen an den guten Glauben gestellt werden. Hinzu kommt die technische Schwierigkeit, dass das BGB ausdrücklich vom guten Glauben nicht spricht. Immerhin wird aber ein Weg gefunden werden, der über die bisherige primitive Formulierung mit der entsprechenden Anwendung hinauskommen wird.

Dabei hat es sehr langer Erörterungen bedurft, um den wirklichen Sinn von § 325 Abs. 2 herauszudestillieren, so dass das Gefühl entstand, dass der normale Jurist und vollends der Nichtjurist kaum in der Lage ist, den Sinn dieser Bestimmung zu erkennen. Wenn es uns auch nicht gelingen kann, diese Bestimmung für den Laien klarzumachen, so soll doch versucht werden, eine Fassung zu finden, die wenigstens dem Juristen einen gewissen Anhaltspunkt gibt, was mit dieser Bestimmung gemeint ist.

Volkmar: Ich danke Ihnen für die sehr klare Darlegung der bisherigen Ergebnisse. Die vorgetragene Formulierung ist ja von einer gewissen Resignation getragen. Ich glaube, das ist auch bei dieser komplizierten Frage das Richtige. Sie gibt der Theorie weitesten Spielraum, und schließlich sind ja die Ergebnisse ziemlich klar.

Vorsitzender: Ich glaube auch, dass die Formulierung von dem Streit der materiellen und formellen Rechtskraft unabhängig ist, denn dass die Entscheidung für jedes spätere Verfahren zwischen den Parteien bindend ist, wird ja von beiden Theorien aufgestellt.

Jonas: Sachlich ist das Ergebnis etwa, dass es bei dem Zustand bleibt, wie ihn die heutige Rechtsprechung herausgearbeitet hat. Ein Unterschied besteht nur darin, dass wir jetzt mit den Gestaltungsrechten ernst machen wollen. Heute habe wir folgende Lösung: Wenn ich einredeweise die Wandlung nicht geltend gemacht habe, dann kann ich trotzdem später noch wandeln, und zwar durch ein neues klageweises Vorgehen im Prozess. Das ist eine etwas merkwürdige Sache, und wir wollen das künftig ausschließen.

Volkmar: Bezieht sich das nicht auf Fälle, in denen ich mein Wandlungsrecht noch nicht kannte?

Jonas: In diesen Fällen helfen wir von unserem Standpunkte aus mit den erweiterten Bestimmungen über die Wiederaufnahme. Denn wenn man es auf das Kennen und Kennenmüssen abstellt, dann kommt man zu dieser unglücklichen Lösung, dass die Forderung präkludiert sein soll, auch wenn man die aufrechnungsweise geltend gemachte Forderung noch nicht kannte. Wenn man diesen Gedanken weiterführt, dann würde man schließlich dahin kommen, dass nur solche Einwendungen durch die Rechtskraft präkludiert werden, die ich kannte. Das ist der Sinn der Rechtskraft: dass alles abgeschnitten sein soll.

Volkmar: Das klassische Beispiel für diese Frage des Wandlungsrechts wäre folgendes. Jemand hat eine Maschine bestellt. Der Verkäufer hat ihm eine bestimmte Leistung der Maschine zugesichert. Nachher ist es dem Besteller leid geworden, und er behauptet, er sei noch nicht verpflichtet, die Maschine abzunehmen. Im Prozess wird festgestellt, dass die Bestellung als endgültig anzusehen ist, und der Besteller wird verurteilt, den Kaufpreis zu zahlen. Er übernimmt die Maschine. Nachdem sie eine Woche im Betrieb ist, stellt sich heraus, dass sie nicht das leistet, was der Verkäufer zugesichert hat.

Staud: Das Wandlungsrecht ist hier erst nachher entstanden. Der Besteller kann daher auf Wandlung klagen und bedarf keiner Wiederaufnahme. Man hat nicht darauf abzustellen, ob ihm der Mangel bekannt war, sondern ob die mangelhafte Lieferung schon vorlag. War bereits während des Vorprozesses geliefert, dann kommt es nicht darauf an, ob er den Mangel kannte oder nicht. Wenn er wegen eines Mangels, der schon bestanden hat, die Wandlung geltend macht, dann ist er auf die Wiederaufnahme angewiesen, weil die Wandlung präkludiert ist. Ist aber erst nachher geliefert worden, dann ist auch das Wandlungsrecht erst nachher entstanden, und es kann auf Wandlung geklagt werden.

Volkmar: Es ist doch herrschende Ansicht, dass ich schon vorher wandeln kann, bevor die Maschine geliefert war. Nehmen Sie an, ich habe mich bei dem Werkmeister der Lieferfabrik vorsichtig erkundigt, ob die Maschine auch voll leistungsfähig ist. Er sagt mir, dass die volle Leistungsfähigkeit von der Maschine nicht erreicht wird, dass aber der Unterschied nicht sehr groß sein soll. Dann kann ich doch schon in dem ersten Prozess sagen, dass ich im Übrigen überhaupt nicht verpflichtet bin, die Maschine abzunehmen.

Staud: Das ist aber streng genommen noch keine Wandlung, sondern fällt unter die positive Vertragsverletzung und kommt nur bei nicht vertretbaren Sachen vor.

Jonas: Nehmen wir folgenden Fall: Sie haben mir einen Kommentar geliefert und klagen den Kaufpreis ein. Ich weigere mich, den Kaufpreis zu zahlen mit der Behauptung, der Kommentar sei mangelhaft, weil die und die Reichsgerichtsentscheidung nicht zitiert sei, und wandle unter diesem Gesichtspunkt. Ich werde damit einredeweise abgewiesen. Dann habe ich nach der jetzigen Rechtsprechung die Möglichkeit, nunmehr die Wandlung klageweise geltend zu machen. Das wollen wir für die Zukunft ausschließen.

Volkmar: Und das ist nach Ihrer Ansicht in dem Worte „Entscheidung“ enthalten?

Staud: Nein. Das wollte ich noch ergänzen. Wir sind uns nicht darüber einig geworden, dass wir auf eine Definition der Präklusionswirkung verzichten. Wenn wir darauf nicht verzichten, dann bleibt alles beim Alten. Wir wollen aber die weitergehende Wirkung haben, dass sog. Gegenrechte nicht nur in ihrer einrede- und einwendungsweisen Geltendmachtung, sondern auch in ihrer selbständigen klageweisen Geltendmachung dann ausgeschlossen werden sollen, wenn es Gegenrechte sind, die ihrer Art nach die Existenz und Durchführung des rechtskräftig festgestellten Anspruchs unterbinden. Wir hatten auch schon den Versuch einer Formulierung notiert.

Fischer: Damit ist die Frage aber noch keineswegs erschöpft. Es kommen auch noch die anderen Fälle, z.B. das vertragsmäßige Rücktrittsrecht und die Anfechtungsmöglichkeit.

Staud: Es ist nicht gelungen, diese Fälle auf einen wissenschaftlichen Nenner zu bringen. Beim gesetzlichen Rücktrittsrecht hat man das Gefühl, dass eine Präklusion vorgeschrieben werden muss. Das vertragliche Rücktrittsrecht ist aber nicht präkludiert. Jonas hat mit Recht darauf hingewiesen, dass das vertragliche und das gesetzliche Rücktrittsrecht in Wirklichkeit verschiedene Rechte sind, wenn sie auch im BGB nach den gleichen Vorschriften behandelt werden. Das gesetzliche Rücktrittsrecht aus § 326 BGB usw. erwächst aus einem tatsächlichen Umstande, der nach Vertragsabschluss eingetreten ist, während das vertragsmäßige Rücktrittsrecht von vornherein dem Vertrag immanent ist. Nun wurde der Einwand gemacht, wie es zu halten sei, wenn das vertragsmäßige Rücktrittsrecht nicht im ursprünglichen Vertrag, sondern in einem späteren Zusatzvertrag vereinbart wurde. Da sind wir in gewisse Schwierigkeiten geraten.

Vorsitzender: Hellwig sagt, dass die vertraglichen Rücktrittsrechte präkludiert seien und die gesetzlichen nicht. Ich sehe nicht ein, warum jemand gezwungen sein soll, das ihm zustehende Recht vor dem Ablauf der Frist auszuüben, die ihm das Gesetz gewährt. Die Anfechtungsfrist bei arglistiger Täuschung beträgt ein Jahr. Wie kommt das Prozessrecht dazu, zu verlangen, dass schon vor Ablauf dieser Frist die Anfechtung geltend gemacht werden muss? Dann hat es der Betrüger in der Hand, durch eine vorzeitige Klage, die er ja jederzeit erheben kann, zu erreichen, dass die Anfechtung noch vor Ablauf der Anfechtungsfrist präkludiert wird.

Staud: Die Anfechtungsfrist bedeutet nicht, dass man das Recht hat, ein Jahr lang anzufechten, sondern sie bedeutet, dass man das Anfechtungsrecht verliert, wenn man nicht binnen eines Jahres angefochten hat. Schließlich ist die Anfechtung genauso ein Einwand wie etwa der Einwand des Wuchers, und den Einwand des Wuchers kann ich immer geltend machen. Mache ich ihn aber im Prozess nicht geltend, dann kann ich dieses Recht unter Umständen schon nach sehr kurzer Zeit verlieren.

Fischer: Sie können doch nicht die Situation der Nichtigkeit mit der Situation der Anfechtung vergleichen! Wenn Sie das tun, dann müssen Sie zu der Konsequenz kommen, dass das materielle Recht durch die Tatsache der Klagerhebung verändert wird.

Jonas: Wenn Sie diesen Satz so zugespitzt aussprechen wollen, dann sage ich, dass ich es in Kauf nehme. Die Grenzen zwischen der Anfechtung wegen arglistiger Täuschung und der Nichtigkeit wegen eines Verstoßes gegen die guten Sitten sind doch ganz flüssig. Man kann die Rechtsprechung beinahe dahin auffassen, dass bei sehr schwerer arglistiger Täuschung das Rechtsgeschäft wegen Verstoßes gegen die guten Sitten nichtig ist, und dass bei einer milderen arglistigen Täuschung nur die Anfechtung gegeben ist.

Pagenstecher: Die Nichtigkeit ist doch von Amts wegen zu berücksichtigen, während es im anderen Falle im Willen des Anfechtungsberechtigten liegt, ob das Rechtsgeschäft aufrecht erhalten werden soll oder nicht.

Volkmar: Wenn er die Anfechtung nicht geltend macht, dann kommt das doch einer Verwirkung sehr nahe.

Jonas: Etwas anderes sind die Fälle des vertraglichen Rücktrittsrechts, wobei praktisch der vertragliche Rücktritt nach richtiger Konstruktion eigentlich die Kündigung eines Dauerrechtsverhältnisses ist.

Fischer: Dass das vertragliche Rücktrittsrecht der Kündigung nahekommt, ist doch schlechthin unverständlich. Wir können doch nicht sagen, dass das materielle Recht uns gleichgültig ist, dass im Augenblick des Prozessbeginns sich das materielle Recht ändert. Gewiss, wir können das sagen, aber dann müssen wir das ganz bewusst sagen, und wir müssen den Herren vom bürgerlichen Recht sagen, sie möchten ihr materielles Recht dem Prozessrecht anpassen, denn unser Prozessrecht sei viel wichtiger. Das ist eben die Frage: Was ist wichtiger: das Prozessrecht oder das materielle Recht? Wenn man verschiedene Konstruktionen gemacht hat, dann hat man dafür bestimmte Gründe gehabt. Sie sagen, das verwische sich in der Praxis. Aber die Verwischung ist nicht Sache des Prozessrechts, sondern die Schwierigkeit der Anwendung des materiellen Rechts auf den Sachverhalt, den das Leben liefert. Darin liegen die Schwierigkeiten – nicht aber im materiellen Recht. Der Aufbau des materiellen Rechts ist einfach. Wenn Sie sagen, das vertragliche Rücktrittsrecht und die Nichtigkeit usw. lägen dicht nebeneinander, so kann das in Grenzfällen so sein. Das liegt aber daran, dass das Leben unpräzis ist. Das Leben liefert nicht Sachverhalte, die ganz klar sind. Aber wenn Sie zu dem Satz kommen, dass mit der Klagerhebung das Interesse des Staates, von seiner Idee aus die Sache zu erledigen und die Rechtsstörung zu beseitigen, so groß ist, dass sich das materielle Recht dem unterordnen muss, dann müssen Sie diesen Satz nach vorn stellen, und dann müssen wir eine Gesamtsitzung des Prozessrechtsausschusses mit sämtlichen bürgerlichrechtlichen Ausschüssen abhalten, und wir müssen eine Stellungnahme aller Ausschüsse zu der Frage herbeiführen, ob in dem Moment des Prozessbeginns das ganze materielle Recht in seinem Aufbau verändert werden soll.

Vorsitzender: Es ist so, dass die Herren des bürgerlichen Rechts schon durchweg auf unserem Standpunkt stehen und die Prozessrechtler auf einem anderen Standpunkt. Wenn Sie aber die Kommentare des BGB durchsehen, dann werden Sie nirgends eine Präklusion finden. Man kann sehr wohl aufrechnen, anfechten usw.

Jonas: Bei der Aufrechnung und Wandlung nimmt man es an; aber bei der Anfechtung doch wohl nicht. Ich weiß nicht, ob die Kommentare auf dem Standpunkt stehen, dass man, wenn man zur Zahlung verurteilt ist, nachher noch wegen Irrtums anfechten kann.

Staud: Es ist absolut herrschende Auffassung, dass man mit der Anfechtung präkludiert ist.

Vorsitzender: Im bürgerlichen Recht ist es einhellige Auffassung, dass die Anfechtung nicht präkludiert ist.

Pagenstecher: Die ganze Frage ist eine Frage des objektiven Umfangs der Rechtskraft. Die eine – enge – Auffassung geht dahin: Es wird festgestellt, dass ein Rechtsverhältnis jetzt besteht. Eine andere Auffassung ist: Es wird festgestellt, dass das Rechtsverhältnis als ein solches Verhältnis besteht, das mit rückwirkender Kraft nicht beseitigt werden kann. Ein sehr gutes Beispiel ist die positive Ehefeststellungsklage. Der Mann hat gegen die Frau eine positive Ehefeststellungsklage erhoben. Der Klage ist stattgegeben worden. Nach der Ansicht, die ich für richtig halte und der sich das Reichsgericht angeschlossen hat, liegen die Dinge so: Es ist festgestellt, dass jetzt eine Ehe zwischen den Parteien besteht. Über die Frage, ob die Ehe im Wege der Nichtigkeitsklage beseitigt werden kann, hat das Urteil noch nicht entschieden. Nehmen wir an, die eine Partei behauptet, die Ehe sei in England geschlossen worden. Die andere Partei sagt: Das trifft wohl zu, aber jedenfalls ist die Ehe in Deutschland nicht gültig. Das Bestehen der Ehe ist aber festgestellt. Später stellt sich heraus, dass die Ehegatten nahe verwandt sind. Dann kann nach meiner Ansicht Nichtigkeitsklage erhoben werden. Hellwig ist anderer Ansicht. Wenn eine positive Ehefeststellungsklage erhoben ist und ein Ehegatte einen Nichtigkeitsgrund hat, dann muss nach seiner Ansicht der Ehegatte Aussetzung des Verfahrens beantragen, und es wird dann der Nichtigkeitsprozess durchgeführt. Stellt sich heraus, dass der Nichtigkeitsgrund nicht gegeben ist, dann wird der Klage stattgegeben. Schlimm ist es aber, wenn der Nichtigkeitsgrund nicht bekannt ist. Damals hat man gemeint, die positive Ehefeststellungsklage wäre für den Fall gegeben, dass sich ein Ehegatte rühmt, einen Nichtigkeitsgrund zu haben. Tatsächlich ist beides etwas ganz Verschiedenes. Bei der positiven Ehefeststellungsklage ist die Frage, ob überhaupt eheliche Beziehungen entstanden sind, während wir bei der Nichtigkeitsklage voraussetzen, dass eheliche Beziehungen entstanden sind.

Volkmar: Das Reichsgericht ist auch der Meinung, dass die Nichtigkeitsklage nicht präkludiert ist.

Pagenstecher: Jawohl, und zwar in einer ganz neuen Entscheidung.

Jonas: Die Nichtigkeit kann nicht einredeweise, sondern nur klageweise geltend gemacht werden.

Pagenstecher: Ich bin auch der Auffassung, dass man die Gestaltungsrechte nicht präkludiert sein lassen soll, denn man sollte m.E. den objektiven Umfang der Rechtskraft nicht zu weit, sondern möglichst eng fassen, jedenfalls nicht weiter als den praktischen Bedürfnissen entspricht, und dann soll man die Rechtskraft auch durchhalten. Ich will die Möglichkeit bestehen lassen, dass jemand ein Anfechtungsrecht im Prozess geltend macht, und wenn das Anfechtungsrecht verneint wird, dann will ich eine dem § 322 Abs. 2 analoge Bestimmung geben, indem also in dem Urteil gesagt wird: Rechtskräftig ist die Anfechtung verneint.

Nun käme noch etwas Weiteres, was man auch machen könnte. Wenn sich jemand außerhalb des Prozesses eines Anfechtungsrechts rühmt, und er macht es im Prozess nicht geltend, dann könnte man ihn bei Strafe der Präklusion zwingen, das Anfechtungsrecht auszuüben. Herr Jonas hat mit Recht gesagt, man dürfe bei der Rechtskraft keinen Unterschied machen, ob jemand einen Einwand gekannt hat oder nicht. Die Franzosen stehen auf einem anderen Standpunkt; sie lassen nur Einwendungen präkludiert sein, die der Betreffende kannte. Das ist eine völlig unhaltbare Lehre. Immerhin ist es sehr bitter, wenn jemand mit einem Einwand präkludiert ist, den er nicht gekannt hat.

Volkmar: Kann da nicht die Wiederaufnahme erleichtert werden?

Fischer: Das ist sehr fraglich.

Pagenstecher: Das ist auch der Grund, weshalb ich die objektive Grenze der Rechtskraft so eng wie möglich ziehen möchte: Um die Präklusion, die ein notwendiges Übel der Rechtskraft ist, möglichst eng zu ziehen, damit nicht außer den richtigen rechtserlöschenden Einwendungen auch noch ein Anfechtungsrecht präkludiert ist, das der Betreffende überhaupt nicht gekannt hat.

Fischer: In diesem Punkte kann man verschiedener Ansicht sein. Wir haben noch keine Klarheit geschaffen, weil wir uns noch nicht über die Theorien und den Umfang der Rechtskraft unterhalten haben. Ich würde einen großen Teil auf diesem Wege mitgehen. Es leuchtet mir aber noch nicht ein, dass Gestaltungsrechte, also Rechte, die der Partei vom Gesetz gegeben sind, schlechter behandelt werden sollen als vertragliche Rechte.

Vorsitzender: Rücktrittsrechte, Anfechtungsrechte usw. bedeuten einen Schwebezustand. Wieso soll eine Partei einfach durch Erhebung der Klage in der Lage sein, diesen Schwebezustand zu ihren Gunsten zu beseitigen? Solange der Schwebezustand besteht, kann die Entscheidung nur vorläufiger Natur sein.

Volkmar: Das ermöglicht aber doch eine recht schikanöse Prozessführung. Nehmen wir an, dass mir ein Anfechtungsrecht zusteht. Ich lasse mich in einen langen Prozess ein und verschweige mein Anfechtungsrecht und mache es erst nach einem halben Jahr geltend.

Vorsitzender: Das wird man aber doch nur dann tun, wenn man den Anfechtungsgrund nicht gekannt hat oder das Beweismaterial noch nicht beisammen hatte. Wenn ich vom Gericht zur Zahlung verurteilt werde, und die Zahlung leiste, dann behalte ich doch mein Anfechtungsrecht!

Fischer: Der Fehler liegt darin, dass das bürgerliche Recht das Anfechtungsrecht wegen arglistiger Täuschung auf ein Jahr festgelegt hat. Würde das BGB die Frist auf drei Monate festsetzen, dann wäre die Sache ganz in Ordnung. Beim vertraglichen Rücktrittsrecht ist es eine ganz andere Frage. Bei Herrn Pagenstecher ist die Idee hier anders; er meint, dass das in der Gestaltung des Rechtsverhältnisses von vornherein begründet liege.

Jonas: Mit logischen Erwägungen wird man sich nicht überzeugen können. Gewiss kann man es durchaus logisch so aufbauen, wie es Herr Pagenstecher will. Darüber besteht m.E. nicht der geringste Zweifel. Es handelt sich nur darum, was zweckmäßiger ist. Für die Auffassung von Herrn Pagenstecher wurde der Gedanke angeführt, die Rechtskraft mit Rücksicht darauf, dass sie präkludiert ist, relativ eng zu halten, um die misslichen Fälle möglichst einzuschränken, indem jemand mit unbekannten Einwendungen und Gegenrechten ausgeschlossen wird. Das ist ein Argument, das ich von meinem Standpunkt aus eigentlich nicht gelten lassen kann, denn der Gedanke des Kennens und Kennenmüssens trifft die Fälle der echten Einwendungen genauso wie die Kann-Rechte, und für diese Fälle ist ja doch auf der ganzen Linie durch die erweiterte Wiederaufnahme des Verfahrens Vorsorge getroffen. Ich ziehe also die Gesichtspunkte des Kennenmüssens von der Pagenstecherschen Gedankenführung ab. Da habe ich keine Bedenken, weil diese Fälle durch die erweiterte Wiederaufnahme befriedigt bereinigt werden.

Auf der anderen Seite schreckt mich doch das Ergebnis sehr stark. Ich stelle mir etwa vor, ich wende im Prozess die Nichtigkeit des Vertrags wegen Verstoßes gegen die guten Sitten ein. Es wird über diese Frage sehr lange prozessiert und Beweis erhoben usw. Das Ergebnis wäre, dass der Richter sagt: Der Vertrag ist nicht unsittlich, aber du hättest wegen arglistiger Täuschung anfechten können. Wenn ich nun, nachdem ich also abgewiesen worden bin, nun in einem selbständigen Prozess die arglistige Täuschung geltend machen kann, dann wäre das doch eine Methode, die nicht gerade zu sehr prozessökonomischen Ergebnissen führt.

Nun das vertragliche Rücktrittsrecht! Nehmen wir an, ich schließe einen Lieferungsvertrag und behalte mir vertraglich den Rücktritt vor. Ein solches vertragliches Rücktrittsrecht ist in Wirklichkeit kein vertragliches Rücktrittsrecht, sondern die Kündigung eines Dauerverhältnisses. Nehmen wir an, ich kaufe eine Maschine, die eine bestimmte Leistung aufweist, mit der Maßgabe, dass ich ein Rücktrittsrecht ausüben kann, wenn sich mein Betrieb so entwickelt, dass ich eine viel stärkere Maschine brauche. Natürlich kann ich juristisch dieses Recht in die Form eines Rücktrittsrechts bringen, aber sachlich ist es kein Rücktrittsrecht, sondern eine Bedingung oder ein obligatorisches Verhältnis, etwa ein Wiederkaufsverhältnis. Ich bediene mich einer Rechtskonstruktion, bei der die Verfasser des BGB an ein solches Dauerrechtsverhältnis nicht gedacht haben, denn Dauerlieferungsverträge sind den Schöpfern des BGB unbekannt gewesen. Praktisch handelt es sich um die Vereinbarung eines Wiederkaufsrechts.

Pagenstecher: Bei den sukzessiven Lieferungsverträgen gebe ich Ihnen recht. Wenn ich aber eine Maschine bestelle, deren Anfertigung ein Jahr dauert, und ich mir ein Rücktrittsrecht vorbehalte, dann ist doch die Erklärung des Rücktritts nicht als Ausübung eines Wiederkaufsrechts aufzufassen.

Jonas: Nehmen wir einen anderen Fall: Ich kaufe eine Maschine mit der Maßgabe, dass der Verkäufer sie wieder zurücknehmen muss, falls sich innerhalb eines Jahres herausstellt, dass ich eine wesentlich stärkere Maschine brauche. Würde es sich um einen echten Rücktritt im Sinne des BGB handeln, dann wäre die Konsequenz, dass alle Dinge, die in dieser Zeit passiert sind, lediglich nach den Grundsätzen über die ungerechtfertigte Bereicherung zu entscheiden waren, und das wäre doch sicher fehlsam. Meines Erachtens gilt für diese Zeit ein mietartiges Verhältnis, und dann ist es kein echtes Rücktrittsrecht mehr.

Volkmar: Ich schließe mich ganz Ihrer Auffassung an, dass man die Sache nach praktischen Gesichtspunkten beurteilen muss. Ich glaube auch, dass bei den theoretischen Grundsätzen, von denen Herr Pagenstecher ausgeht, im Hintergrunde immer die alte gesetzgeberische Regelung der Wiederaufnahme des Verfahrens steht, also die große Gefahr, die derjenige, der ein Anfechtungsrecht nicht kennt, läuft, wenn er mit seinem Anfechtungsrecht präkludiert wird. Es wäre misslich zu sagen, dass er mit den Gestaltungsrechten auch präkludiert ist, wenn er sie nicht gekannt hat. Meines Erachtens ist es besser, die Frage, ob er sie gekannt hat, in das künftige Prozessrecht zu verweisen und da mit der Wiederaufnahme zu helfen. Dann sind alle Gefahren ausgeschaltet, und wir kommen zu einer praktischen Regelung.

Ich glaube allerdings, dass man eine Ausnahme für ein befristetes vertragliches Rücktrittsrecht machen muss, weil man sagen kann, dass das Setzen einer bestimmten Frist für den Rücktritt bedeutet, dass die Partei mit ihrem Rücktritt so lange warten kann, wie die Frist andauert, dass sie also, wenn der Prozess früher stattfindet, in dem Prozess von diesem Rücktritt keinen Gebrauch machen muss. Beim Anfechtungsrecht dagegen scheue ich mich nicht zu sagen, dass der Betreffende das Anfechtungsrecht schon im Prozess geltend machen muss, da das keine Schädigung seiner Rechtsposition darstellt. Es ist doch etwas anderes, ob ich vertraglich eine Frist zugestanden erhalte oder ob das Gesetz sagt: Ein Betrug ist eine so schwerwiegende Verletzung von Treu und Glauben, dass man den Betrogenen schützen muss und erst nach einem Jahr normalerweise präkludieren darf. Wenn sich dieser Zustand im Prozess ändert, dann sehe ich darin keine Bedenken, da ja immer noch die Wiederaufnahme hilft, wenn ihm sein Anfechtungsrecht nicht bleibt.

Vorsitzender: Er weiß aber nicht, was günstiger ist: beim Vertrag stehen zu bleiben oder ihn zu vernichten.

Volkmar: Die Frist ist ihm doch nicht vom Gesetz gegeben, damit er auf Kosten des Betrügers spekulieren kann. Jedenfalls steht das BGB auf dem Standpunkt, dass sich der Betrüger mit einem einjährigen Schwebezustand abfinden muss.

Stagel: Man muss doch bedenken, dass der Betrug nur in den seltensten Fällen wirklich vorhanden ist, in denen er geltend gemacht wird.

Vorsitzender: Man muss sagen, dass die Vollstreckungsgegenklage nicht darauf gestützt werden kann. Das würde ich konzedieren. Mit der Wiederaufnahme wird es auch nicht kürzer gemacht. Das Damoklesschwert, dass jemand einen neuen Prozess anfangen kann, finden Sie ungewöhnlich; das Damoklesschwert einer Wiederaufnahme ist aber doch dasselbe.

Jonas: Es gibt zweifellos Fälle, die folgendermaßen liegen. Ich behalte mir bewusst vor, die Maschine ein Jahr zu probieren. Die Frist kann aber schließlich auch in dem Sinne gefasst sein, dass ich ein Rücktrittsrecht in dem Sinne habe, dass ich nach einem Jahr überhaupt nichts mehr geltend machen kann. Aus diesem Grunde habe ich Bedenken, dass man hier nun wieder eine Unterscheidung hineinbringt, wobei dann wieder die Frage auftaucht, ob es eine echte Befristung des Rücktritts ist.

Volkmar: Ich würde da lieber sagen, dass bei einem vertraglich befristeten Rücktritt die Präklusion nicht gilt.

Vorsitzender: Sie legen das BGB dahin aus, dass man bei arglistiger Täuschung unverzüglich, spätestens aber innerhalb eines Jahres anfechten muss. Das ist falsch; das Gesetz sagt davon nichts. Die Bestimmung ist so zu verstehen, dass man den Vertragspartner ein Jahr lang zappeln lassen kann.

Staud: Die Schutzfrist für den Anfechtungsgegner beträgt beim Irrtum einen Monat und bei arglistiger Täuschung ein Jahr.

Vorsitzender: Es ist nicht nur eine Schutzfrist, sondern eine Frist für die Anfechtung. Die Anfechtung ist doch nicht zum Schutze des Betrügers, sondern zum Schutze gegen den Betrüger gegeben.

Jonas: Ich will klare Verhältnisse schaffen, sonst kommt die Rechtsprechung mit dem naheliegenden Argument der unzulässigen Rechtsausübung. Wenn ich von meinem vertraglichen Rücktrittsrecht schon zu einer Zeit hätte Gebrauch machen können, da der erste Prozess noch schwebte, es aber nicht getan habe, sondern den Rücktritt erst nachher geltend mache, dann ist es naheliegend, dass die Rechtsprechung darin eine unzulässige Rechtsausübung erblickt.

Vorsitzender: Das kann man dadurch umgehen, dass man in der Prozessverhandlung erklärt, man behalte sich die Anfechtung vor.

Jonas: Der Richter kann aber sagen, das sei eine unzulässige Rechtsausübung; es sei unsittlich und widerspreche den Grundsätzen eines fairen Rechtsverkehrs, wenn man sich die Anfechtung vorbehalte.

Pagenstecher: Er kann ja ein schutzwürdiges Interesse daran haben.

Volkmar: Praktisch wird ein solcher Fall selten vorkommen. Nehmen wir an, ich kaufe eine Maschine, die mir zurzeit ausreicht. Ich behalte mir aber den Rücktritt vor, weil ich mir nach zwei Jahren vielleicht eine leistungsfähigere Maschine anschaffen muss. Trotzdem komme ich in Differenzen und erkläre dem Verkäufer plötzlich: Ich habe mich überhaupt noch nicht verpflichtet, der Vertrag ist noch nicht bindend, die endgültige Erklärung habe ich mir noch vorbehalten. In dem Prozess werde ich damit abgewiesen. Dann werde ich in dem Prozess doch sagen, dass ich außerdem ein Rücktrittsrecht besitze und davon Gebrauch mache.

Stagel: Die Parteien bringen doch alles vor, wenn der Prozess für sie ungünstig zu verlaufen beginnt.

Vorsitzender: Gewiss ist es auffallend, wenn jemand von seinem Anfechtungsrecht in dem Prozess keinen Gebrauch macht.

Jonas: Unser Ausgangspunkt war doch der, dass bei der Wandlung nach dem jetzigen Recht ein Rechtszustand besteht, der den Juristen eigentlich kaum recht eingeht: Dass man im Falle der Abweisung des Wandlungseinwandes die Wandlung auch später noch klageweise geltend machen kann. Wir operieren immer mit den Begriffen Gestaltungsrecht, Kann-Recht usw. Das sind doch Begriffe der Theorie, und man müsste sie eigentlich im Gesetz katalogmäßig aufführen.

Pagenstecher: Ich würde sagen: Alle Rechte, die den Vertrag mit rückwirkender Kraft vernichten können. Das wäre das Kriterium. Die Kündigung fällt dann nicht darunter.

Volkmar: Welche Formulierung hatten Sie gewählt?

Staud: Wir waren soweit gekommen, dass wir sagten: „Ausgeschlossen ist die klage- und einredeweise Geltendmachung von Angriffen oder Verteidigungsmitteln gegen den im Urteil festgestellten Anspruch, deren tatsächliche Grundlage im früheren Verfahren schon gegeben war." Ob ein solcher Ausspruch sich empfiehlt, ob es eines solchen Ausspruchs überhaupt bedarf, darüber kann man streiten. Ich sehe einstweilen nur in dem von Herrn Jonas angeführten Fall die Notwendigkeit einer Änderung des jetzigen Rechts.

Volkmar: Ich würde es für glücklich halten. Nach Ihrer Ansicht, Herr Pagenstecher, geht diese Formulierung zu weit.

Staud: Die Herren, die gegen diese Auffassung Bedenken haben, scheinen auch davon auszugehen, dass man sich eine Anfechtung wegen Irrtums oder arglistiger Täuschung auch für eine zweite Instanz aufsparen kann.

Vorsitzender: Das ist die Konsequenz. Aber wenn der Prozess beginnt, muss ich unverzüglich anfechten.

Staud: Nein; wenn ich die Rechtsmittel noch nicht habe, kann ich warten, bis ich sie habe.

Vorsitzender: Sie können wohl die Eventualaufrechnung an die letzte Stelle setzen; Sie können aber nicht eventualiter anfechten.

Pagenstecher: Man kann sagen, es gilt der Grundsatz, dass man alles möglichst frühzeitig vorbringen muss. Also wird man vor der Frage stehen, im Prozess sogleich anzufechten oder überhaupt nicht anzufechten.

Staud: Dann möchte ich diesen Gedanken zu Ende denken und sagen, dass der Prozess auch hinsichtlich seiner weiteren Auswirkung durch die Rechtskraft und durch spätere Verfahren dann doch etwas Einheitliches ist, wenn man schon innerhalb des einen Prozesses die Meinung vertritt, dass die Partei sich schon in der ersten Verhandlung darüber schlüssig werden muss, ob sie anfechten will oder nicht.

Vorsitzender: Wenn ich zulasse, dass man nach dem Prozess anfechten kann, dann muss ich auch zulassen, dass man sich in dem Prozess so einrichtet, wie man will.

Jonas: Man kann doch die Präklusionsbestimmung nicht überspannt dahin deuten, dass Kann-Rechte unverzüglich geltend gemacht werden müssen. Bei der Anfechtung wegen Irrtums ist es aber so. Ich muss die Anfechtung unverzüglich im Schriftsatz geltend machen.

Staud: Es entspricht doch durchaus einer gesunden Prozessführung, wenn man einen Einwand erst dann bringt, wenn man in der Lage ist, ihn zu beweisen. Man wird doch mit seinem Anfechtungsrecht noch zurückhalten, wenn man noch keine schlüssigen Beweise hat.

Vorsitzender: Würden Sie die Ehenichtigkeitsklage auch ausschließen?

Staud: Nein. Ich kann nichts abschneiden, was ich in dem früheren Prozess objektiv nicht geltend machen konnte. Ich kann z.B. nicht mit dem Einwand ausgeschlossen werden, dass der und der Beschluss der Generalversammlung nichtig ist, denn die Nichtigkeit dieses Beschlusses kann ich ja nicht einredeweise geltend machen, sondern ich muss dazu eine besondere Klage erheben. Ich werde ausgeschlossen, wenn die Ehe für nichtig erklärt war. Aber den Nichtigkeitseinwand gegen die noch bestehende Ehe kann ich nur durch Klage erheben.

Vorsitzender: Vom Standpunkte der anderen Auffassung aus habe ich gegen die Formulierung von Herrn Staud keine Bedenken.

Pagenstecher: Vom Standpunkte der von mir begründeten Auffassung habe ich auch keine Bedenken.

Volkmar: Das, was uns am meisten interessiert, ist doch die praktische Wirkung.

Staud: In *§ 325* haben wir den etwas dunklen Satz: „Die Vorschriften finden entsprechende Anwendung". An der sachlichen Regelung, die da getroffen ist, wird sich kaum etwas ändern lassen; das korrespondiert mit der entsprechenden Regelung im BGB. Zu Absatz 2 hatten wir folgende Formulierung gefunden: „Derjenige, der aufgrund der Vorschriften des bürgerlichen Rechts gutgläubig ein Recht erworben hat, braucht das Urteil nur dann gegen sich gelten zu lassen, wenn er bezüglich des Prozesses im bösen Glauben war." Das ist dem Sinne nach der Inhalt dieses Satzes.

Volkmar: Muss man nicht sagen: bezüglich der Anhängigkeit des Prozesses?

Staud: Ja, das kann man noch hineinbringen.

Vorsitzender: Wobei dann die Anforderungen an den guten Glauben sich nach den jeweiligen Fällen des materiellen Rechts richten. Ein solcher Zusatz könnte noch angefügt werden.

Jonas: Ist es nicht beinahe richtiger, auf den Prozess und nicht auf die Rechtsprechung abzustellen?

Staud: Die Kenntnis, dass ein Prozess läuft, kann schon den guten Glauben zerstören. Der gute Glaube muss sich darauf erstrecken, dass hinsichtlich des in Frage kommenden Rechtes ein Prozess zwischen dem Rechtsvorgänger und einem Dritten schwebt.

Pagenstecher: Ist es denn de lege ferenda richtig, dass wir auch in Bezug auf die Rechtshängigkeit die Abstufung des BGB mitmachen?

Staud: Jawohl. Ich bin der Auffassung, dass man denjenigen, der im Vertrauen auf das Grundbuch erwirbt, stärker schützt als den Erwerber einer beweglichen Sache, sofern schon im materiellen Recht ein Unterschied gemacht wird. Wenn auf dem Gebiet des bürgerlichen Rechts eine Vereinfachung käme, würde sich auch hier alles vereinfachen.

Der Ausschuss geht nun über zu *§ 328.*

Jonas: § 328 ist eine reichlich unglückliche Bestimmung. Ein wesentliches Gravamen ist, dass man alle Urteile gleichmäßig behandelt und auch die Statusurteile gleichmäßig behandelt hat. Bei gewöhnlichen Urteilen hat das Gegenseitigkeitsprinzip einen Sinn, nicht aber bei Statusurteilen. Hier hat nun die Regelung der vierten Ehedurchführungsverordnung den nach meiner Ansicht sehr begrüßenswerten Schritt getan, dass sie die Eheurteile herausgenommen und in das Justizverwaltungsverfahren hineingebracht hat. Diese Regelung sollte man auf alle Statusurteile, also auch auf Kindschaftsurteile usw. ausdehnen.

Nun die gewöhnlichen Urteile! Da gibt es zurzeit vier Systeme. Wir haben einmal das angelsächsische System. Da steht z.B. das nordamerikanische System auf dem Standpunkt, dass man grundsätzlich die Urteile in der ganzen Welt anerkennt – unter dem Gesichtspunkt, dass es einer vertraglichen Regelung entspricht, wenn man sich in einen fremden Prozess einlässt. Wenn ich mich auf einen holländischen Prozess eingelassen habe, dann habe ich mich unterworfen. Das ist der Gedanke. Ebenso, wie ich im Auslande abgeschlossene Verträge anerkenne, muss ich auch im Auslande gesprochene Urteile anerkennen. Gewisse Kautelen sind auch da gegeben. Wir sprechen von einem Verstoß gegen die guten Sitten; die Engländer sagen force, wobei man bei uns im Unklaren ist, was eigentlich darunter fällt, wieweit eine Nachprüfung möglich ist oder nicht.

Absolut entgegengesetzt ist z.B. das polnische System, das ausländische Urteile nur bei vertraglicher Regelung anerkennt.

Dazwischen liegen die Systeme der autonomen Regelung; das Land regelt die Frage der Anerkennung von sich aus. Da haben wir wieder zwei Systeme: das italienische System, das nicht auf die Gegenseitigkeit abstellt, und das deutsche System, das auf die Gegenseitigkeit abstellt. Das italienische System ist in einem Aufsatz von Prof. *[Hans] Sperl* im „Deutschen Recht" [1941, 1694] übersichtlich dargestellt. Es hat sich gegen früher sachlich eigentlich nicht geändert. Das deutsche System stellt auch von sich aus die Erfordernisse autonom fest und hat unter diesen Erfordernissen u.a. auch die Gegenseitigkeit aufgeführt.

Nun muss man eigentlich sagen, dass von allen Systemen das unglückseligste das deutsche System ist, das auf die Gegenseitigkeit abstellt, denn was Gegenseitigkeit ist, ist mit mancherlei Fußangeln und Zweifeln belastet. Wir haben jahrzehntelang in dem Glauben gelebt, dass mit einer ganzen Reihe von Kantonen der Schweiz Gegenseitigkeit bestand, bis das Reichsgericht eines Tages nachwies, dass mit der Schweiz eine Gegenseitigkeit nicht besteht. Als Gegenstück die Gegenseitigkeit mit Amerika! Wir haben da das berühmte Urteil nach der Franciscoer Brandaffäre. Amerikanische Urteile werden in Deutschland nicht anerkannt. Die Sache lief dann folgendermaßen. In Amerika wurden die deutschen Versicherungsgesellschaften verurteilt, und der amerikanische Staat erließ ein Gesetz, durch das deutsche Urteile in Amerika anerkannt werden. Da hat nun das Reichsgericht mit einer sehr erzwungenen Begründung nachgewiesen, dass das nicht zieht. Jedenfalls ist der Gedanke der, dass eine ad hoc geschaffene Gegenseitigkeit nicht zieht.

Dann taucht die Frage auf, für welchen Zeitpunkt die Gegenseitigkeit gegeben sein muss. Die bisherige Rechtsprechung ging dahin: Wenn zur Zeit des Urteils eine Gegenseitigkeit nicht bestand, nachher aber eingetreten ist, dann werden die früher ergangenen Urteile von der Gegenseitigkeit gedeckt. Der Gedanke der Rechtssicherheit kommt dabei sehr zu kurz. Das Risiko, ob ich mich auf einen ausländischen Prozess einlassen soll oder nicht, kann ich nicht klären durch Einsicht in Kommentare daraufhin, ob die Gegenseitigkeit mit dem Lande besteht; denn nachher kann die Gegenseitigkeit noch eintreten. Solche Gegenseitigkeitserklärungen sind aufgetaucht, indem man später den Zustand geändert hat.

Wir haben nun für einen spanischen Ehescheidungsprozess den Satz aufgestellt für Statusurteile: Wir wollen an sich den Grundsatz, den das Reichsgericht bisher vertreten hat, im Ganzen offenlassen. Jedenfalls muss man für die Frage der Statusurteile auf den Zeitpunkt des Erlasses des Urteils abstellen; denn sonst würde es eine merkwürdige Sache sein: Ehegatten werden im Auslande geschieden oder die Klage wird abgewiesen, nachher tritt der Gegenseitigkeitszustand ein, und inzwischen ist eine Ehe abgeschlossen worden. Zu der Zeit, als in Spanien die ehescheidungsfreundliche Gesetzgebung bestand, bestand mit Spanien die Gegenseitigkeit. Jetzt besteht eine Gegenseitigkeit nicht mehr. Die Gesetzgebung von Franco hat die Scheidung in Spanien beseitigt. Nun ergibt sich: Deutsche haben sich in Spanien scheiden lassen und haben nachher von neuem geheiratet. Nun müssen wir feststellen, dass das Urteil nicht anerkannt wird. Infolgedessen ist die zweite Ehe bigamisch. Also sind wir dazu gekommen, jedenfalls für Statusurteile, bei der Gegenseitigkeit auf den Zeitpunkt der anzuerkennenden Entscheidung abzustellen. Wenn man es ganz korrekt machen wollte, würde man wohl sagen müssen: Die Gegenseitigkeit muss zu beiden Zeitpunkten bestehen. Dann ist Klarheit geschaffen und es besteht Sicherheit in Bezug auf die

Voraussehbarkeit, so dass die Partei ihre Entschließung treffen kann, ob sie sich auf einen ausländischen Prozess einlassen muss oder nicht.

Was für einen Vorteil hat nun diese Regelung für uns gebracht? Wir sind durch das Gegenseitigkeitsprinzip eigentlich keinem Lande in den Rechtsbeziehungen näher gekommen. Das Gegenseitigkeitserfordernis hat sogar im Verhältnis zu Danzig und Memel in der ersten Zeit Schwierigkeiten gemacht, obwohl mit diesen Ländern bei uns eigentlich normalerweise über die gegenseitige Anerkennung keine Zweifel hätten bestehen sollen. Bedenken bestanden unter dem Gesichtspunkt: wir sind gern bereit, gegenwärtige Urteile anzuerkennen. Aber bis jetzt ist es nicht festgestellt. – Man erließ schließlich eine allgemeine Verfügung und gab den Gerichten vorsichtig anheim, davon auszugehen, dass die Gegenseitigkeit als verbürgt anzusehen sei. Wir waren uns 1920/21 aber im Zweifel, ob damit nicht die Befugnisse der Justizverwaltung überschritten würden. Praktisch hat also die autonome Regelung, belastet mit den Gegenseitigkeitserfordernis zu nichts Gutem geführt, sondern nur zu Komplikationen.

Könnten wir die Frage nun autonom lösen wie Italien, abgesehen von dem Gegenseitigkeitserfordernis? Da spielen natürlich – das ist die crux auch bei Italien – die Versäumnisurteile die große Rolle. Die Italiener erkennen auch jetzt Versäumnisurteile nicht an, erteilen ihnen das Exequatur nach ihrer Regelung nicht. Der einzige Gesichtspunkt, der eine Rolle spielt, ist der des Risikos, sich auf einen ausländischen Prozess einzulassen. Wenn ich mich nicht einlasse, dann brauche ich das Urteil nicht, dann brauche ich mit der Anerkennung des Urteils in Deutschland nicht zu rechnen. Das italienische System steht praktisch der Nichtanerkennung ausländischer Urteile vollständig gleich.

Ich komme zu dem Ergebnis: Die einzige vernünftige Lösung ist, dass man die Statusurteile ausscheidet. Da liegt die Sache ganz anders als hier. Im Übrigen sollte man ausländische Urteile nur aufgrund einer vertraglichen Regelung anerkennen. Wir sind zu einer Regelung mit der Schweiz gekommen, die gut funktioniert. Die italienische Regelung soll erheblich schlechter funktionieren. Wir haben eine Regelung mit den Slowaken und den Kroaten. Mit dem Exequaturverfahren soll es praktisch nicht recht funktionieren. Mit Holland würden wir schnell zu einer Regelung kommen. Mit den anderen Ländern liegt die Sache verschieden. Es ist dasselbe Problem, das früher auf internationalem Gebiet für die Frage: bilateraler Vertrag oder Gesamtvertrag bestand. Das Ergebnis von Genf war: Ein allgemeiner Vertrag über die Vollstreckung von Urteilen in allen Ländern ist unmöglich. Wenn man sagt, dass ein Gesamtvertrag unmöglich ist, dann muss man erst recht sagen, dass dieses Ziel nicht mit einer autonomen Regelung erreicht werden kann.

Das Ergebnis ist also: Nur Anerkennung von Urteilen im Verhältnis zu Staaten, mit denen eine regierungsseitige Vereinbarung getroffen worden ist. Ob es übereinstimmende Verordnungen sind oder Staatsverträge, ist gleichgültig. Eine Verschlechterung des Rechtszustandes tritt nicht ein. (*Zuruf*) – Auch beim Gegenseitigkeitserfordernis ist es eine Frage für sich: Kann die Gegenseitigkeit auf Teilgebieten bestehen? Beim Statusurteil hat man das schließlich angenommen. Alle Verträge sind von einer erfreulichen Einheitlichkeit. Das ist ein Zeichen dafür, dass man sich die Vertragsgegner für solche Dinge aussucht. (*Zuruf*) Ich habe im „Volksdeutschen Recht" [Publikation nicht auffindbar] einen Aufsatz geschrieben über die Anerkennung ausländischer Urteile und fand keine Belege dafür bis auf einen aus dem badischen Strafrecht. In den 50er Jahren ermordete ein Badenser in Amerika einen Mann und kam nach Baden zurück. Er konnte nicht verurteilt werden, weil die Gegenseitigkeit zwischen Baden und den Vereinigten Staaten auf dem Gebiete des materiellen Strafrechts nicht bestand.

Im Verhältnis zu Italien ist die Gegenseitigkeit nur auf dem Gebiete der Eheurteile für Angehörige des anderen Staates anerkannt. Wir erkennen italienische Eheurteile, wenn sie zwischen Italienern ergangen sind, ohne weiteres an. Mit der Schweiz ist es anders: Wir erkennen auch

Schweizer Urteile über deutsche Ehegatten an, wenn in der Schweiz nach Schweizer und nach unserem Recht ein Gerichtsstand begründet war. Also wenn zwei deutsche Ehegatten in Zürich wohnen, dann erkennen wir das Scheidungsurteil an. Ein solches Urteil würde, damit es in Deutschland wirksam ist, des ministeriellen Feststellungsentscheids bedürfen. Der Schweizer Vertrag hat nur die materielle Voraussetzung klargestellt, ob ein Exequaturverfahren notwendig ist oder nicht. Zufällig taucht die Frage in einem Prozess auf, ob ein Schweizer Ehescheidungsurteil anzuerkennen ist. Diese Frage kann bei uns nur durch einen negativen Ehefeststellungsstreit geklärt werden. Sollen solche Ehefeststellungsstreitigkeiten schlechthin ausgeschlossen sein? (*Zuruf:* Soweit es sich um deutsche Staatsangehörige handelt. Soweit es die Anerkennung für Schweizer Staatsangehörige betrifft, ist wohl das Exequatur nicht erforderlich.) – Der Anerkennung bedarf es nicht, wenn beide dem ausländischen Staat angehören. Mein Gedanke war, man könnte argumentieren: Diese Frage ist im Deutsch-Schweizer Abkommen geregelt.

Vorsitzender: Wir würden gebunden sein durch den Vertrag, dass Exequatur zu erteilen. Andererseits würden wir nicht gehindert sein, italienischen Urteilen das Exequatur zu geben. Ob wir es tun, ist eine andere Frage.

Jonas: Einem italienischen Urteil können Sie es selbstverständlich geben, wenn eine Zuständigkeit nach unserem Recht in Italien gegeben ist.

Vorsitzender: Wir haben uns gesagt, dass wir uns im Einzelfall über die Gegenseitigkeit hinwegsetzen können. (*Zuruf:* In der Verordnung steht, dass vom Erfordernis der Gegenseitigkeit abgesehen werden kann.) Normalerweise wird der Minister in seinem Bescheid nicht sagen: Weil wir mit Amerika böse sind, bestrafen wir zwei deutsche Ehegatten, die in Amerika geschieden worden sind und nun in Deutschland leben, damit, dass sie in der Ehe festgehalten werden. – Die Abweisung einer Eheklage schafft in Deutschland niemals Rechtskraft.

Vorsitzender: Nein, das haben wir in unseren neuen Verträgen so gemacht. Wir haben mit der Slowakei einen Vertrag über die Anerkennung familienrechtlicher Entscheidungen getroffen. Da erkennen wir die Abweisung einer Klage nur unter bestimmten Voraussetzungen an. Darüber hinaus werden nur Urteile auf Scheidung anerkannt.

Jonas: Ich bin durch eine ausländische Abweisung einer Ehescheidungsklage niemals für den Scheidungsprozess in Deutschland gebunden. Anders ist es in der Regelung gegenüber der Schweiz.

Pagenstecher: Eine Instanz muss immer prüfen, ob die Voraussetzungen nach dem Vertrage vorliegen. Bis jetzt ist das durch eine Feststellungsklage ausgepaukt worden, später wird eine Verwaltungsbehörde die Anerkennung aussprechen müssen.

Vorsitzender: Damit ist der Abschnitt „Rechtskraft" erschöpft.

Staud: Ich möchte auf die fünfjährige Frist für die *Wiederaufnahme* zurückkommen. Es kommt jemand nach acht Jahren und sagt: Ich bin mit der Unterhaltsklage damals abgewiesen worden, weil der Prozessgegner einen falschen Eid geschworen hat. – Er kann aus unerlaubter Handlung noch einen Schadenersatzanspruch erheben, aber keine Unterhaltsansprüche. Die Verjährung für den Schadenersatzanspruch fängt erst mit der Kenntnis von Tat und Täter an. Auch bei Statusurteilen kann man nicht an der fünfjährigen Frist festhalten, z.B. bei einem Abstammungsurteil. 1934 ist von B die blutsmäßige Abstammung des A festgestellt worden. Nun kommt heute B und sagt, er habe Beweismittel, ein Gutachten, dass in dem Prozess ein Meineid geleistet worden ist. Jede Grenze ist da willkürlich. Bei einer Statussache muss die Wiederaufnahme möglich sein, wenn sich ergibt, dass die früheren Statusfeststellungen falsch waren. Wenn wir das fallen lassen, entwerten wir unsere Statusfeststellungen. Die Frage ist gesetzgeberisch noch nicht gelöst. Eine Rechtsnachfolge gibt es beim Statusurteil nicht.

Jonas: Kommen noch andere Fälle vor, in denen ein Bedürfnis dafür besteht?

Staud: Es handelt sich um eine vordringliche Frage. Wenn wir die Wiederaufnahme hätten, brauchten wir den Oberreichsanwalt nicht zu bemühen. Beim Unterhalt können wir die Wiederaufnahme betreiben, beim Status aber nicht.

Pagenstecher: Gibt es keine Möglichkeit, nachzuweisen, dass jemand Arier ist?

Staud: Er muss zum Reichssippenamt gehen und sich ein Zeugnis geben lassen. Das Reichssippenamt hält sich an die Urteile, wenn es sie für richtig hält, es ist an die Statusurteile nicht gebunden.

Wir haben bei der Wiederaufnahme unter die Zulässigkeitsvoraussetzungen aufgenommen, dass jedes nachträglich angebotene Beweismittel zieht, dass also der Gegenbeweis nicht angeboten, sondern erbracht wird, mit dem Ergebnis, dass im Beschlussverfahren jemand mit seinem Wiederaufnahmeantrag abgewiesen werden kann, wenn sich bei der Vernehmung des Zeugen herausstellt, dass er das, was in sein Wissen gestellt war, nicht so bekundet hat, dass die Urteilsfeststellung widerlegt wird. Dagegen hatten wir uns entschlossen, dass Vorbringen, die rechtserheblich, also rechtlich schlüssig sind, nicht Zulässigkeitsvoraussetzungen, sondern Begründetheitsvoraussetzungen sind. Das führt zu dem Ergebnis, dass, wenn jemand einen Wiederaufnahmeantrag stellt, die und die neuen Tatsachen vorträgt, die er durch die und die Zeugen zum Beweis stellt, dann das Gericht sagt: Selbst wenn die Zeugen das aussagen und die und die neuen Tatsachen festgestellt werden, ist es unerheblich; darauf kommt es nicht an. Dann muss es ein Urteil machen. Ich schlage deshalb vor, dass wir in die Zulässigkeitsvoraussetzungen auch die Rechtserheblichkeit der neu vorgebrachten Tatsachen hineinbringen, damit das Gericht auch hier durch Beschluss entscheiden kann. Die Frage, ob etwas erheblich ist, kann zweifelhaft sein. Das Beschlussverfahren ist eine Kannvorschrift. Davon wird das Gericht vernünftigen Gebrauch machen. Wir haben gegen den Beschluss die Beschwerde. Wir müssen uns nur hüten, dass ein völlig unschlüssiges Vorbringen im Wiederaufnahmeantrag zur mündlichen Verhandlung führt.

Lent: Die Prüfung, ob eine beantragte Aussage eines Zeugen rechtserheblich ist, müsste erfolgen, bevor ich sehe, was er in der Vernehmung sagt. Das ist eine Vorfrage.

Jonas: Theoretisch zweifellos. Aber wie wird ein solcher Fall liegen? Es wird gestritten, ob ein Vertrag abgeschlossen ist oder nicht. Nun bringe ich Zeugen dafür, dass zu einem bestimmten Zeitpunkt die Parteien noch sehr aneinander vorbeigeredet haben. Es fragt sich, ob ein Vertrag zustande gekommen ist oder nicht. Das Gericht hat angenommen, dass der Vertrag zustande gekommen ist. Nun werden Zeugen ausfindig gemacht, die besagen, dass die Parteien über die grundsätzliche Frage stark aneinander vorbeigeredet haben.

Staud: Dann ist nach früherem rechtskräftigen Urteil als feststehend in tatsächlicher Hinsicht anzunehmen, dass die Parteien sich geeinigt hatten.

Jonas: Aus dem Urteil geht nicht hervor, in welchem Zeitpunkt sich die Parteien geeinigt haben.

Staud: Wenn das Urteil keine klaren Feststellungen trifft, dann besteht auch keine Notwendigkeit, die Wiederaufnahme dadurch zu betreiben, dass ich bestimmte Feststellungen widerlege. Der Richter muss wissen, dass er die Wiederaufnahme erleichtert, wenn er die Beurteilung unklar lässt. Ich kann nur etwas widerlegen, was in früheren Urteilen greifbar festgestellt ist. Wenn das Gericht festgestellt hat, dass sich die Parteien an dem und dem Tage geeinigt haben, dann muss jemand, der behauptet, er habe Beweise, dass eine Einigung nicht stattgefunden habe, den Hergang, den das Gericht als bewiesen angesehen hat, widerlegen.

Jonas: Nach dem von Zeugen bestätigten Gespräch liegt ein Schriftwechsel vor, aus dem hervorgeht, dass die Parteien sich damals geeinigt haben. In diesem Sinne liegt die Sache für den Wiederaufnahmerichter vollständig klar. Es erscheint mir angemessen, dass man für solche Fälle die Beschlussabweisung vorsieht.

Staud: Das ist wohl möglich. Durch das Hervorheben der Rechtserheblichkeit wollten wir aus der Regelung herauskommen, die es dem Gericht ermöglicht, in allen Fällen die Abweisung der Wiederaufnahme durch Beschluss durchzuführen. Wenn wir schon die Wiederaufnahme so weit ausdehnen, dann ist das unbedingt notwendig. Das Gericht ist in der Lage, die Abweisung stets durch Beschluss auszusprechen.

Vorsitzender: Nur mit der Bemerkung, dass es sich um Zulässigkeitsvoraussetzungen handelt.

Jonas: Ob Zuverlässigkeitsvoraussetzungen oder Begründetheitsvoraussetzungen, kann dahingestellt bleiben. Theoretisch ist es vom Gesetz als Zulässigkeitsvoraussetzung gedacht.

Vorsitzender: Sie haben gesagt, die Wiederaufnahme ist nicht statthaft, wenn die Begründung des Urteils ergibt, dass auch bei Kenntnis und Berücksichtigung des Wiederaufnahmegrundes eine günstigere Entscheidung nicht ergangen wäre. Wie ist das in denjenigen Fällen möglich, in denen die Partei ein in derselben Sache erlassenes früheres rechtskräftiges Urteil zu benutzen in den Stand gesetzt wird?

Staud: Nehmen Sie folgenden Fall. Die Partei hat sich in dem früheren Verfahren auf das Urteil berufen, war aber nicht in der Lage, es vorzulegen. Das Gericht hat in den Urteilsgründen gesagt: Wenn es vorgelegt worden wäre, würde es unerheblich sein. Nun kommt es an den Wiederaufnahmerichter. Er sagt, dass er es für erheblich hält. Wir wollen vermeiden, dass der Wiederaufnahmerichter überlegen muss, wie der frühere Richter oder wie er selbst entschieden haben würde. In allen Fällen, in denen der frühere Richter nichts gesagt hat, wird die Überlegung, wie wäre der frühere Prozess entschieden worden, nicht mehr angestellt. (*Zuruf*) – Das ist denkbar, wenn der Richter seinem Urteil eine Eventualbegründung beigegeben hat, wenn er z.B. aus einem Vertrage verurteilt und dann sagt: Selbst wenn der Vertrag nicht mehr bestehen sollte, besteht die Haftung auch aus ungerechtfertigter Bereicherung. Jetzt kann nicht die Wiederaufnahmebegründung nur das Eine aufgreifen; der Richter kann nicht sagen: Ich hätte die Verurteilung wegen der Bereicherung nicht gemacht.

Jonas: Nehmen Sie folgenden Fall: Ein Ehegatte klagt gegen den anderen auf Unterhalt aus einem Vertrage, der vor einer Scheidung geschlossen ist. Es war eine ausländische Scheidung. Der Richter sagt: Ich erkenne das ausländische Scheidungsurteil nicht an; ich behandle die Leute nach wie vor als Ehegatten, die getrennt leben. Für den Fall aber, dass das ausländische Scheidungsurteil doch anerkannt wird, stehe ich auf dem Standpunkt, dass der Unterhaltsvertrag, den die Leute damals abgeschlossen haben, nicht nur gelten sollte für die Zeit der Trennung als Ehegatten, sondern auch für die Zeit nach der Scheidung. – Nun attestiert das Ministerium das ausländische Ehescheidungsurteil, es wird anerkannt.

Staud: Dann haben Sie ein Urteil, das vollkommen selbstverständlich auch auf der zweiten Eventualbegründung beruht. Wenn Sie die erste Begründung zu Fall bringen, ergibt die Begründung des Urteils, dass, selbst wenn der frühere Richter sich auf den Standpunkt gestellt hat, das Ehescheidungsurteil wird anerkannt, er doch auf Unterhalt verurteilt haben würde; denn er sagt ja selbst: Ganz unabhängig davon würde ich den Vertrag soundso auslegen. Das muss so sein, ist aber heute nicht, zum mindesten ist es zweifelhaft. Es besteht die Gefahr, dass der Richter in die Sache hinein steigt, und wenn er zur Eventualbegründung eine andere Rechtsauffassung hat, dann wird in der Wiederaufnahme der Beklagte wesentlich benachteiligt. Die Frage, wie weit man die Wiederaufnahmegründe auf die Urteile aus der Vergangenheit anwendet, ist eine Frage der Übergangsregelung, sie wird erst bei Unterhaltssachen praktisch. Ich glaube, dass man sich bei alten Urteilen auf die Wiederaufnahme gegen verurteilende Erkenntnisse beschränkt und sie nicht auf abweisende Erkenntnisse erstreckt.

Jonas: Wir haben gestern die *Frage der Aufrechterhaltung des Duldungsurteils* gegen den Mann im gesetzlichen Güterrecht gestreift. Im Augenblick ist es so: Um in das eingebrachte Gut der Frau zu vollstrecken, muss ich einen Titel nicht nur gegen die Frau, sondern auch einen Titel gegen den Mann auf Duldung haben, wohlgemerkt, eine Ausnahme für den Fall, dass die Frau ein Erwerbsgeschäft betreibt. Da kann ich gegen die Frau schlechthin vollstrecken, die Einwendungen sind dem Mann vorbehalten. Für die Einwendung, dass das eingebrachte Gut nicht haftet, ist jetzt der Weg der Vollstreckungsgegenklage gegeben. Nach unserer künftigen Regelung der Zwangsvollstreckung ist zunächst vorgesehen, dass das im Beschlussverfahren durchgeführt wird. Mir schwebt eigentlich vor: Es ist nicht das Gegebene, dass man die Regelung, die jetzt für die Erwerbsfrau gilt, allgemein gelten lässt, dass man also für die Klage gegen die Frau und für die Vollstreckung das Urteil gegen die Frau genügen lässt und es dem Mann überlässt, sich zu rühren. Jetzt ist immerhin die eigentümliche Lage, dass ich, wenn ich klage, mich vorher über den Güterstand der Ehegatten vergewissern muss. Wenn sie im gesetzlichen Güterstand leben, muss ich gegen den Mann klagen. Wenn sie in allgemeiner Gütergemeinschaft leben, muss ich gegen den Mann klagen. Nun bin ich weise und fürsorglich und klage gegen beide Ehegatten als Gesamtschuldner. Dann stellt sich bei der Vollstreckung heraus: Du hast einen Titel gegen den Mann, du hast auch einen Titel gegen die Frau. Du kannst aber in das eingebrachte Gut nicht vollstrecken, weil der Leistungstitel gegen den Mann nicht einen Duldungstitel bezüglich des Frauengutes darstellt. Ist es nicht einfacher, zu sagen: Zur Vollstreckung genügt ein Titel gegen die Frau; wenn der Mann Einwendungen unter dem Gesichtspunkte, dass das eingebrachte Gut nicht haftet, vorbringen will, sollte er es bei der Zwangsvollstreckung machen.

Vorsitzender: Ich muss die Möglichkeit haben, diese Einwendungen von vornherein abzuschneiden, indem ich ihn zur Duldung verurteile.

Jonas: Bei der Erwerbsfrau ist die Sache materiellrechtlich genau ebenso.

Vorsitzender: Da wird in der Regel gegen das kaufmännische Vermögen der Frau vollstreckt.

Staud: Da muss der Mann es sich einfach gefallen lassen, weil vermutet wird, dass die Frau das Handelsgeschäft mit Einwilligung des Mannes führt. Ich habe Bedenken vor allem wegen der kleinen Sachen, der Unterschrift von Bestellzetteln usw. Der Duldungstitel, der gegen den Mann nötig ist, ist das wirksamste Ventil.

Jonas: Es ist eine unbefriedigende Lösung: Die Frau hat etwas gekauft, die Leute haben es bekommen, und nur weil der Mann nicht zugestimmt hat, scheitert die Vollstreckung.

Staud: Es kommt häufig vor, und es findet mit Sicherheit in diesen Sachen ein zweites gerichtliches Verfahren statt.

Jonas: Das ist eine große Erschwerung.

Staud: Solange wir die materiellrechtliche Regelung so haben, dass der gesetzliche Güterstand die Dispositionsfähigkeit der Frau einschränkt, kann man daran im Prozess nicht vorübergehen und den Prozess so gestalten, dass man umgekehrt praktisch das Verwaltungs- und Nutznießungsrecht des Mannes entwertet.

Jonas: Das eheliche Güterrecht ist kompliziert. Man muss es darauf abstellen, dass man den Anteil der Frau am Zugewinn auf Verteilungsvorschriften beschränkt, wenn die Ehe zu Bruch geht.

Vorsitzender: Es ist so geplant, dass die Errungenschaftsgemeinschaft erst eintritt mit Auflösung der Ehe, damit nicht die Frau, die ihr ganzes Leben dem Geschäft des Mannes gewidmet hat – sie ist Trägerin der Arbeit gewesen – später schlecht wegkommt. Es ist nicht geplant, eine Errungenschaftsgemeinschaft unter Lebenden einzuführen.

(Schluss der Sitzung 18.30 Uhr)

3. Protokoll der Sitzung vom 6.12.1941 (Grundsätzliche Stellungnahme zur Frage der Verhandlungsmaxime, in Bd. VI der Reihe, S. 318-329)

XV. Sitzungen vom 8.-10.1.1942

1. Protokoll der Sitzung vom 8.1.1942 (Verhandlungsmaxime, in: Bd. VI der Reihe, S. 330-348)

2 a) Protokoll der Sitzung vom 9.1.1942 (Verhandlungsmaxime, Bd. VI, S. 348-357)

b) Protokoll der Sitzung vom 9.1.1942 – Nachmittagssitzung – (Kostenerstattung)

Nachmittagssitzung

Vorsitzender: Wir wollen nun in einer allgemeinen Aussprache die Probleme der *Kostenerstattung* erörtern. Die grundsätzliche Frage ist zunächst: Soll man an dem Grundsatz der Kostenerstattung durch die unterliegende Partei festhalten?

Jonas: Zunächst handelt es sich nur darum, die Probleme aufzuzählen. Da ist zunächst das Problem der Einschränkung der Kostenerstattung in Bezug auf die erwachsenen Kosten. Das andere Problem ist die Verteilung der Kosten mit Rücksicht auf den Verlauf des Prozesses. Als Kosten kommen zunächst in Frage: Gerichtskosten, Zeugen- und Sachverständigengebühren, Anwaltskosten. Bei den Anwaltskosten wird man an dem Grundsatz festhalten, dass die tarifmäßigen Kosten des Anwalts unter der vollen Erstattungsfähigkeit bleiben. Als sonst entstandene Kosten kommen in Betracht der Korrespondenzanwalt und die sonstigen Nebenkosten: Privatgutachten, Überwachung durch Detektive usw. Hier ergibt sich ein Zusammenhang mit dem allgemeinen Schadensersatzrecht, nämlich wie weit der Ersatz des Schadens zu gehen hat: unmittelbarer Schaden, mittelbarer Schaden. Hier wird man zu einer Abgrenzung kommen müssen. Die Rechtsprechung ist zum Teil sehr weit gegangen und hat alle möglichen Kosten als erstattungsfähig angesehen. Beim Korrespondenzanwalt und den Privatgutachten wäre die Lösung zu erwägen, dass das Gericht der obsiegenden Partei einen Beitrag zu solchen Kosten zubilligt.

Die andere Seite des Problems betrifft die Verteilung der Kosten je nach dem Gang des Prozesses. Wenn eine Partei teilweise obsiegt und teilweise unterliegt, dann sind die Kosten selbstverständlich zu teilen. die ZPO (§ 96) enthält gewisse Ansätze, die aber mehr oder weniger auf dem Papier stehen geblieben sind. Sie werden kaum beachtet und sind auch nicht ganz glücklich gefasst. Wenn zunächst eine große Beweisaufnahme mit vielen Zeugen stattgefunden hat, ohne Klarheit zu bringen, und es folgt hinterher eine glatte Beweisaufnahme, die das Ergebnis zeitigt, was wird der Partei aufgebrummt, die die überflüssigen Beweismittel vorgebracht hat? Die Frage ist, ob man nicht auch in solchen Fällen Gebühren verteilt.

Die Kostenverteilung in der Rechtsmittelinstanz, wie sie heute ist, ist wohl auch nicht der Weisheit letzter Schluss. Hier muss man die Frage aufwerfen: Wer trägt das Risiko dafür, dass die erste Instanz falsch entschieden hat?

Staud: Diese Frage haben wir schon wiederholt erörtert und vertieft. Zweifellos würde sich praktisch viel mehr auseinander als das Novenverbot der Grundsatz auswirken, dass jeder die Kosten der Instanz zu tragen hat, in der er unterliegt. Eine Ausnahme wäre in dem Fall denkbar, wo das Gericht der vorausgegangenen Instanz sich geirrt hat und eigentlich ebenso hätte erkennen müssen wie die Rechtsmittelinstanz. Hier könnte man eine andere Regelung der Kostenverteilung erwägen, muss es aber nicht tun, weil man sagen kann: Auch die Gefahr eines Irrtums des erkennenden Gerichts trägt die Partei, die in der unteren Instanz unterliegt. Man kann hier helfen, dass man nachher die Gerichtskosten außer Ansatz lässt. Die einwandfreie Formulierung einer solchen Bestimmung ist gar nicht einfach; die Ausnahme von der Regel müsste dann etwa so festgelegt werden: „... es sei denn, dass das Gericht schon in der Vorinstanz anders hätte entscheiden müssen". Der Entwurf zur ZPO enthält die Bestimmung, dass das Gericht die Kosten angemessen verteilen kann, wenn der Prozess sich mit einer zweifelhaften Rechtsfrage befasst hat. Diese Bestimmung hat lebhafte Kritik hervorgerufen, und mit Recht. Was heißt: „zweifelhafte Rechtsfrage"? Schließlich sind alle Rechtsfragen zweifelhaft. Wenn ich den Grundsatz festlege: Jeder trägt die Kosten der verlorenen Instanz selbst, dann brauche ich die Bestimmung des § 96 des Entwurfs überhaupt nicht, dann ist die Verteilung schon gegeben.

Pagenstecher: Angenommen, die Entscheidung des Prozesses hängt von einer einzigen Rechtsfrage ab. Die erste Instanz gibt dem Kläger recht. In zweiter Instanz wird die Klage abgewiesen. Das RG gibt dem Kläger wieder recht. Es ist eine Ungerechtigkeit, den Kläger in diesem Falle die Kosten der zweiten Instanz tragen zu lassen.

Jonas: Am besten stellt man die Verteidigung der Kosten in das *Ermessen des Gerichts.* Natürlich kann man sagen: Es ist das Risiko der Partei, dass ein Richter absolut falsch entscheidet.

Staud: Im Normalfall wird es so liegen, dass im Laufe der Instanz die Gestaltung des Sachverhalts eine gewisse Verschiebung erfahren hat. Die Prozesse sind selten, wo es sich lediglich um die Anwendung des Rechts auf einen klaren Sachverhalt handelt. Meist bekommt die Sache in der Berufungsinstanz eine andere tatsächliche Nuance. Hier liegt eine force majeure vor, gegen die die Parteien machtlos sind.

Fischer: Ich möchte mich sehr für den Grundsatz der Beschränkung auf die jeweilige Instanz aussprechen, und zwar aus einem anderen, für mich entscheidenden Grund. In der Praxis spielt die Frage des Risikos eine ungeheure Rolle, wenn es darum geht, ob eine Partei sich für das Rechtsmittel entscheidet oder nicht. Die Kostenfrage spielt überhaupt für die Rechtspflege eine gewichtige Rolle.

Staud: Es ist aber immerhin misslich, wenn am Schluss des Instanzenweges sich die Kosten wie eine Lawine auf die letzten Endes unterliegende Partei unvorhergesehenerweise ergießen. Für die Verteilung der Kosten in der Instanz sprechen die verschiedensten Gesichtspunkte, vor allem auch die erzieherische Erwägung. Fischer will offenbar nicht die mechanische Lösung, wonach jeder die Kosten der verlorenen Instanz selbst trägt, sondern mehr die Ermessenslösung. Damit haben wir aber äußerst schlechte Erfahrungen gemacht.

Jonas: Eine gewisse Abschwächung des Prinzips liegt darin, dass der zweite Richter, der die Entscheidung der Vorinstanz als fehlsam erklärt, die Gerichtskosten niederschlägt. Das kann der Richter auch jetzt schon so machen; nur denkt keiner daran. Praktisch sind die Kosten im Wege des Vorschusses schon bezahlt. Das muss auch geändert werden.

Die formelle Seite des Kostenproblems hängt mit der materiellen Seite aufs Engste zusammen. Da ist zunächst die Voraussehbarkeit des Kostenrisikos. Es ist eine unerträgliche Regelung, dass nachher, in dem Kostenfestsetzungsverfahren nach dem Prozess der Streit um den Streitwert losgeht. Zunächst sind die Parteien heilfroh, dass ein niedriges Objekt angenommen wird. Nun aber hat einer obsiegt und kommt nun mit dem Antrag auf Heraufsetzung des Streitwerts. Der Anwalt ist hier in einer unangenehmen Situation; als Anwalt ist er an der Erhöhung des Streitwerts materiell interessiert. Auch kollegiale Gesichtspunkte spielen hier mit.

Unerfreulich am geltenden Zustand ist ferner, dass das Kostenfestsetzungsverfahren sich als ein *absolut selbständiges* Verfahren hinterher zieht. Unerquicklich ist weiter die von der Justizverwaltung gut gemeinte aber m.E. unglückliche Regelung: Die Zuweisung der Kostensachen an eine bestimmte Kostenkammer oder einen Kostensenat. Die Bedenken gegen diese Regelung erkennt man, wenn man die Fülle der Entscheidungen des Kostensenats des KG liest. Man geht doch sehr weit in der Frage der Erstattung der Korrespondenzgebühren. Wenn man den Gedanken vertritt: *Der Richter, der entschieden hat, soll auch die Möglichkeit haben,* für den Korrespondenzanwalt einen Beitrag zu geben, dann kommt man zwangsläufig auf den Weg der Ermessensentscheidung, die in der Hand derer liegen muss, die den Prozess kennen.

Dazu gehört auch: Die Entscheidung muss zu einem Zeitpunkt getroffen werden, wo der Prozessstoff dem Gericht noch in lebendiger Erinnerung ist. Die ganze Regelung bleibt tot, wenn zuerst eine abstrakte Kostenentscheidung ergeht und das Gericht keine Vorstellung darüber hat, wie sich das nachher auswirkt. Mir schwebt vor eine Anknüpfung an den vielbewährten österreichischen Prozess. Im *österreichischen Prozess müssen die Kosten bis zum Schluss der Verhandlung angemeldet* werden; wenn sie bis dahin nicht angemeldet sind, sind sie verfallen. Nun ist freilich der Tarif in Österreich wesentlich anders als im Altreich, und ich fürchte, dieses Verfahren würde für die Anwaltschaft des Altreichs eine nicht unerhebliche Erschwerung bedeuten.

Stagel: In Österreich wird alles in das Kostenverzeichnis eingestellt. Das Kostenverzeichnis wird unmittelbar vor Schluss der Verhandlung überreicht. Die Kosten werden ziffernmäßig bei der Urteilsausfertigung bestimmt, mit Einschluss der Gerichtskosten. Ausgeschlossen wird nur die Urteilsgebühr, die später nach Prozenten bemessen wird. In dem Beschluss heißt es: Der Beklagte hat dem Kläger die auf X Reichsmark bestimmten Kosten ausschließlich der besonders zu bemessenden Urteilsgebühr zu ersetzen.

Staud: Mir scheint es für den Richter einfacher zu sein, wenn er seinen Ausspruch darauf zu beschränken hat, wer die Gerichtskosten zu tragen hat. In der Kostenentscheidung findet sich auch ein Ausspruch darüber, in welcher Höhe die außergerichtlichen Kosten zu erstatten sind. Ich könnte mir vorstellen, dass der Richter sagt: Die Gerichtskosten trägt der Kläger, der in der zweiten Instanz unterlegen ist; der Kläger hat dem Beklagten 160 RM außergerichtliche Kosten zu erstatten. Bei den außergerichtlichen Kosten braucht der Richter im Gegensatz zu den Gerichtskosten nicht lange zu prüfen, ob sie bezahlt sind, sondern nur, ob sie erwachsen sind. Bei den Gerichtskosten muss ich, wenn ich sie in die Erstattung hereinnehme, ehe ich eine Erstattungspflicht festsetze, den Nachweis der Zahlung haben. Das ganze Kostenfestsetzungsverfahren macht nur Scherereien bei den außergerichtlichen Kosten.

Jonas: Eine solche Regelung zwingt das Gericht, sich aus dem plastischen Bild des Prozesses ein Urteil darüber zu bilden, ob der Prozess so schwierig war, dass ein Privatgutachten erstattet oder ein Detektiv angestellt werden musste, um den anderen Ehegatten zu überwachen. Das alles kann das Gericht gut machen, das den Prozess entschieden hat.

Fischer: Manche Richter werden dabei stöhnen.

Staud: Sicherlich ist es eine Belastung. Aber nach der jetzigen Regelung hat der Richter sich mit den kniffligsten Fragen auseinanderzusetzen.

Staud: Im Prinzip sind wir uns über die grundlegenden Fragen einig: *Die modifizierte Kostenerstattung, die Beschränkung der Kostenerstattung auf die Instanz, die Beseitigung des separaten Kostenfestsetzungsverfahrens.*

Was die *Festsetzung des Streitwerts* betrifft, so können wir darüber ein abschließendes Bild nur gewinnen, wenn wir uns darüber klar sind, wie wir das Festsetzungsverfahren gestalten wollen. Die Festsetzung des Streitwerts muss erstens sofort und zweitens unabänderlich erfolgen, mag der Streitwert nachher bemessen werden wie er will. Aber es ist nicht erträglich, dass unter Umständen nach Jahr und Tag eine Veränderung der Streitwertfestsetzung dazu führt, dass die ganze Arbeit der Kostenfestsetzung wiederholt werden muss.

Wir haben vorgesehen, dass die *Streitwertfestsetzung der Beschwerde* unterliegt. Aber das ist eben die Frage: Kann die Streitwertfestsetzung angefochten werden?

Fischer: Ich habe Folgendes verstanden: Sie gehen von einem bestimmten Streitwert aus, der die Instanz durchläuft bis zur endgültigen Festsetzung im Urteil. Dann wird die Expens-Note überreicht, und das Gericht entscheidet: der Kläger hat 250 RM zu ersetzen. Nun hatte ich angenommen, dass der Beklagte nun nicht sagen kann, das sei unbillig.

Staud: Die Frage ist eben, ob wir die Entscheidung über die außergerichtlichen Kosten anfechtbar machen. Der Richter muss sagen, wie viel außergerichtliche Kosten der Kläger dem Beklagten zu erstatten hat. Die Kostenentscheidung enthält somit den Ausspruch über die Gerichtskosten und darüber, in welcher Höhe der Kläger dem Beklagten die außergerichtlichen Kosten zu erstatten hat. Die Frage ist nun die: Soll der Ausspruch des Gerichts: der Beklagte hat dem Kläger 183 RM außergerichtliche Kosten zu erstatten, besonders anfechtbar sein? Die Sache ist die: Gegenüber dem geltenden Rechtszustand wollen wir beseitigen das *Rechtsmittel zur Frage der außergerichtlichen Kosten dem Grunde nach.* Darüber kann selbständig nachher nicht ein Rechtsmittel eingelegt werden. Aber zur Frage der Kosten*höhe* haben wir zwei Rechtsmittel: die Erinnerung und dahinter die sofortige Beschwerde. Eine Rechtsprechung in Kostensachen gibt es dann nicht mehr.

Stagel: In Österreich ist die Judikatur in Kostensachen äußerst gering. Man kennt in Österreich den Korrespondenzanwalt nicht, weil es dort den lokalisierten Anwalt nicht gibt.

Fischer: Für mein persönliches Empfinden passt der alte Satz, dass der Unterlegene bezahlen muss, nicht.

Jonas: Unser Volk versteht vom Zivilprozess herzlich wenig. Nur an einem Satz hängt es, und der ist ihm in Fleisch und Blut übergegangen: Wer verloren hat, muss bezahlen, und zwar fest bezahlen. Ist das nicht eigentlich auch ein Grundsatz?

Fischer: Es gibt auch im deutschen Recht Verfahren, wo man sich an diesen sogenannten Grundsatz nicht hält und die Sache trotzdem tadellos klappt. Ich denke vor allem an das patentrechtliche Verfahren, an die Gebühren in der Nichtigkeitsklage. Da erklärt das Patentamt in aller Ruhe: Es besteht keine Veranlassung, Kosten zuzubilligen.

Stagel: Ich erinnere an alle Verfahren, die in die Freiwillige Gerichtsbarkeit hinübergewandert sind, z.B. an das Verfahren in Fideikommisssachen. Da gibt es nie die Erstattung außergerichtlicher Kosten.

Staud: Ich habe die Erfahrung gemacht: Wer seinen Prozess gewonnen hat, der hat die Gerichtskosten selbst seinem Anwalt gezahlt und ist noch überrascht, wenn er hört, er bekomme noch einmal Geld. Er hat das gar nicht erwartet. Er ist heilfroh, dass er seinen Prozess gewonnen hat.

Fischer: Es ist richtig: Die breite Masse des Volkes kann nicht verstehen, dass Recht und Unrecht gar nicht so weit voneinander abzuliegen brauchen. Der einfache Mann hat immer die Vorstellung: entweder – oder.

Stagel: Ich möchte meinen: Es würde im Volke nicht verstanden werden, wenn eine arme Partei dem reichen Gegner die außergerichtlichen Kosten erstatten müsste.

Jonas: Angenommen, beide Parteien sind arm. Jede Partei kassiert ihre Anwaltskosten von der anderen Partei ein; die eine von der ersten Instanz, die andere von der zweiten Instanz. Beide treiben die Kosten bei, oder man kommt zu einer Aufrechnung, die natürlich oft nicht klappt. Die Sache läuft schließlich darauf hinaus, dass beide Parteien den Prozess ohne Armenrecht geführt haben.

Eine andere Frage: Sollte man nicht eigentlich die Lösung wählen: der Armenanwalt erhält seine Gebühren aus der Staatskasse, eine Erstattung ist nicht statthaft, wenn die andere Partei auch arm ist?

Staud: Man wird das Armenrecht von Grund auf umgestalten müssen. Die Beitreibung der Anwaltskosten durch den Anwalt der Armenrechtspartei ist etwas Missliches. Hier wäre die Lösung zweckmäßig: *Der Armenanwalt hat nur mit der Staatskasse* zu tun; die Staatskasse erhält ein Rückgriffsrecht.

Fischer: Eine recht amüsante Regelung ist die gesonderte Fassung des Streitwerts für die verschiedenen Parteien im Patentrecht.

Jonas: Bloß ist sie reichlich kompliziert.

Vorsitzender: Die Kostenerstattung durch die unterliegende Partei muss als Grundsatz aufrecht erhalten werden. Bevor man auf die Teilfragen eingeht, muss man die Frage prüfen: Soll die Frage der Kostentragung in jeder Instanz selbst entschieden werden? Hier schien es nun, als ob Jonas die Lösung vorschlug, aus einer gewissen Billigkeit heraus in diesem Fall die Kosten zwischen den Parteien zu verteilen.

Staud: Ich würde mich dafür begeistern, darüber gar nichts zu sagen, sondern einfach den Grundsatz festzulegen: *Jede Instanz entscheidet über ihre Kosten unabänderlich.*

Jonas: Der Gedanke der absoluten Erstattungsfähigkeit ist im Volksbewusstsein tief eingewurzelt. Hier wird man also wohl nicht zu sehr auf das Ermessen abstellen dürfen, sondern nach Möglichkeit bindende Regeln geben. Ich bin mit dem Grundsatz einverstanden: Jede Instanz entscheidet über ihre eigenen Kosten endgültig. Dabei wird es allerdings ohne einige Komplikationen nicht abgehen.

Staud: Nehmen wir an, eine Sache geht in die höhere Instanz. Die höhere Instanz sieht, dass die Vorinstanz eine falsche Kostenentscheidung getroffen hat. Angenommen, die Vorinstanz hat die gesamten Kosten dem Kläger auferlegt, obwohl er nur teilweise unterlegen war.

Ein anderer Fall: In erster Instanz erkennt der Beklagte an und trägt die Kosten. In der zweiten Instanz ficht der Beklagte das Anerkenntnis an, und zwar mit Erfolg, wird aber trotzdem verurteilt und hat auch die Kosten der zweiten Instanz zu tragen. Nun hat der Beklagte die Kosten der ersten Instanz zu tragen, weil er anerkannt hat. Sein Anerkenntnis war aber nicht echt, daher dürfte er doch nicht die Kosten tragen.

Jonas: Man müsste doch wohl die Möglichkeit abschneiden, dass die Kosten der unteren Instanz in einem besonderen Prozess als Schadensersatz geltend gemacht werden.

Staud: Soweit der Tatbestand der unerlaubten Handlung vorliegt, sehe ich nicht ein, warum man diese Möglichkeit abschneiden soll. Man nehme den Fall: Der Kläger hat die erste Instanz verloren infolge eines betrügerischen Manövers und ist mit den Kosten hängengeblieben.

Jonas: Für solche Fälle möchte ich dem Richter die Befugnis geben, die Kosten anders zu verteilen.

Staud: Angenommen, der Kläger ist im ersten Prozess infolge eines betrügerischen Manövers des Beklagten unterlegen. Nun könnte man sagen: Diese Kostenentscheidung, die für die Instanz abschließend getroffen ist, kann nur angefochten werden unter der Voraussetzung der Wiederaufnahme des Verfahrens.

Jonas: Aber man sollte davon absehen, eine solche Sache mit einem so feierlichen Namen zu belegen. Hier kommt es doch einzig und allein auf die Frage an: Wer soll die Entscheidung treffen, der untere oder der obere Richter? Der obere Richter hat nun einmal recht, weil er eben derjenige ist, der zuletzt gesprochen hat. Unter gewissen Voraussetzungen sollte man ihm also die Befugnis geben, die erste Kostenentscheidung abzuändern. Es wäre für den ersten Richter eine gewisse Belastung, wollte man ihm zumuten, seine eigene Kostenentscheidung umzustellen. Grundsatz müsste sein: Der Richter der oberen Instanz kann die Kosten anders regeln, wenn dies nach dem Verhalten der Parteien in der unteren Instanz angenommen erscheint.

Staud: Die Formulierung müsste mehr das Merkmal der Unlauterkeit und der groben Unbilligkeit enthalten. Vielleicht kann man im Katalog der Wiederaufnahme eine entsprechende Bestimmung anbringen. Bei der Wiederaufnahme haben wir die Bestimmung: Die im früheren Verfahren ergangene Entscheidung über die Kosten bleibt unberührt, es sei denn, dass der Gegner den Wiederaufnahmegrund verschuldet hat. Der Grundgedanke, der hier ausgesprochen ist, scheint mir richtig zu sein. Wenn wir bei der Wiederaufnahme unter besonderen Voraussetzungen die Abänderung der früheren Kostenentscheidung zulassen, müssen wir sie auch in der Nachprüfungsinstanz zulassen. Wir sollten also eine Parallele zu § k des Wiederaufnahmerechts bringen. Hat der Richter sich geirrt, dann muss man sagen: Die Gerichtskosten mögen niedergeschlagen werden oder außer Ansatz bleiben. Es besteht kein Bedürfnis dafür, hinsichtlich der außergerichtlichen Kosten eine Sonderregelung zu treffen. Eine Unterscheidung zwischen krassem und leichtem Irrtum zu machen, dürfte sich auch sehr schwierig gestalten.

Vorsitzender: Die Möglichkeit, in einem solchen Falle die Gerichtskosten niederzuschlagen, erscheint mir zweckmäßiger, als die Verteilung zuzulassen.

Staud: Nun bleibt noch der Fall, dass in verschiedenen Instanzen verschiedene Entscheidungen über die Kosten ergehen, wobei die Kosten der ersten Instanz schon beigetrieben oder gezahlt sind. Nehmen wir folgenden Fall: In der ersten Instanz hat der Beklagte dem Kläger 183 RM zu zahlen; in der zweiten Instanz hat umgekehrt der Kläger dem Beklagten 211 RM zu erstatten. Dann wird aufgerechnet. Was schon gezahlt oder beigetrieben ist, bleibt gezahlt. Es ist schwierig, eine Regelung zu finden, die in allen Fällen der Billigkeit entspricht. Bei einem Irrtum des Richters mit verschiedenen Arten von Irrtum zu operieren, scheint mir schwierig und bedenklich zu sein. Im Übrigen halte ich die Fragen des Kostenrechts für praktisch wichtiger und in ihrer Auswirkung tiefgreifender als das Novenverbot.

Jonas: Im Miet- und Pachtschutzverfahren werden die Kosten angemessen verteilt. Aber hier handelt es sich nicht um eigentliche Streitigkeiten; diese Verfahren gehören begrifflich in die nichtstreitige Gerichtsbarkeit.

Staud: Wir haben auch im Zivilprozess eine Reihe von Verfahren, bei welchen wir zu der Frage Stellung nehmen müssen: Findet hier eine Kostenerstattung durch die unterliegende Partei statt? Beispiel: Ein Bigamist heiratet eine unschuldige Frau und strengt dann die Nichtigkeitsklage an; mit den Kosten wird die unschuldige Frau belastet. Hier erscheint es geboten, die Kostenentscheidung nach der Billigkeit zu bemessen. Ob man eine solche Regelung auf den Eheprozess ausdehnen sollte, diese Frage möchte ich nicht entscheiden.

Jonas: Das wäre reiflich zu erwägen. Im Ehescheidungsprozess zahlt der Mann die Kostenvorschüsse; er finanziert sozusagen die Sache. Wird die Ehe nun gelöst und obsiegt der Mann, dann ist er in die Lage versetzt, die unter Umständen recht hoch aufgezogenen Beträge später von seiner früheren Frau einzutreiben.

Vorsitzender: Wir unterbrechen nun die Beratung.

(Schluss der Sitzung 18.30 Uhr)

3. Protokoll der Sitzung vom 10.1.1942 (Kostenfragen)

(Beginn der Sitzung 10 Uhr)

Stellv. Vorsitzender Singer: Wir setzen die Beratung über die Kostenfragen fort.

Staud: Wir haben gestern von einer Parallelvorschrift bei der Wiederaufnahme gesprochen. Beispiel: Prozessbetrug in erster Instanz, der in zweiter Instanz aufgedeckt wird.

Jonas: Es fragt sich nur, ob man darüber hinaus nicht auch dem Richter die Möglichkeit geben soll, die Kosten gegeneinander aufzuheben.

Pagenstecher: Man sollte dem Richter eine solche Möglichkeit geben. Freilich besteht, wie Staud richtig bemerkt, die große Gefahr, dass die Richter von dieser Möglichkeit zu viel Gebrauch zu machen. Es wird schwer sein, eine Formulierung zu finden.

Staud: Es handelt sich bei der Frage, die wir jetzt erörtern, nicht darum, wie hoch der Richter die zu erstattenden Kosten festsetzt, sondern darum, wie die *Kostenverteilung* stattfindet. Das ist ein Ausspruch, der auch heute nur mit der Hauptsache angefochten werden kann. Gibt man dem Richter in der zweiten Instanz eine Ermessensentscheidung, dann wird diese letzten Endes auch in der dritten Instanz ermessensmäßig nachgeprüft werden müssen. Es ist nicht unbedenklich, dem Ermessen einen weiteren Spielraum zu eröffnen. Je enger die Voraussetzungen sind, unter denen der Richter vom Schema abweichen darf, umso weniger Streit ist möglich. Dieselben Überlegungen, die wir hier anstellen, hätten uns auch bei der Wiederaufnahme beschäftigen können. Auch da standen wir vor der Frage, ob wir allgemeinen Billigkeitserwägungen einen gewissen Spielraum gewähren sollten. Ich neige nicht dazu, die Voraussetzungen, unter denen dies möglich sein soll, zu erweitern, sondern möchte empfehlen, die Voraussetzungen für eine Abweichung von dem Grundsatz der Unabänderlichkeit der früheren Kostenentscheidung ganz eng zu fassen. Dagegen kann man in der Frage *Niederschlagung der Gerichtskosten* weitherzig sein. Man könnte eine Regelung treffen, wonach die Gerichtskosten einer früheren Instanz zurückerstattet werden, wenn die Entscheidung abgeändert wird. Aber hierbei haben auch die Stellen mitzureden, die für den Reichshaushalt verantwortlich sind.

Pagenstecher: An sich könnte man davon ausgehen: Wenn das Gericht eine Sache verbockt hat, hat der Staat die Kosten zu tragen. Er trägt sie aber nicht.

Jonas: In solchen Fällen wäre eine gegenseitige Aufhebung der Kosten gerechtfertigt.

Fischer: Unbilligkeiten werden sich nie ganz vermeiden lassen. Sonst müssten wir sagen: Am Schluss soll das RG die Kosten angemessen verteilen, und zwar nach dem Verlauf des ganzen Prozesses in allen Instanzen.

Staud: Man könnte darauf abkommen: Über die Kosten wird erst dann entschieden, wenn die Sachentscheidung rechtskräftig geworden ist. Das halte ich aber nicht für praktisch.

Fischer: Die Parteien würden bei einem solchen Verfahren todunglücklich sein; sie könnten nicht über die möglichen Prozesskosten disponieren.

Jonas: Vielleicht wäre die glücklichste Lösung die: Wenn das Urteil erster Instanz aufgehoben ist, so ist damit auch die Kostenentscheidung aufgehoben und eine Erstattung der Kosten findet grundsätzlich nicht statt. Wenn das Urteil erster Instanz aufgehoben wird, dann werden die Kosten der ersten Instanz gegeneinander aufgehoben.

Pagenstecher: Dann soll die Berufungsinstanz eine neue Entscheidung über die Kosten zweiter Instanz fällen.

Staud: Die Sache geht glatt, wenn in der ersten Instanz abgewiesen, in zweiter Instanz aber glatt zugesprochen wird. Wie ist es aber, wenn in erster Instanz statt auf 10.000 RM auf 6000 RM stattgegeben, in zweiter Instanz Urteil in Höhe von 4000 RM ergeht, in dritter Instanz aber die 10.000 RM in voller Höhe zugesprochen werden? Dann würden nach dem Vorschlag Jonas nur die Kosten der Revisionsinstanz erstattet werden.

Jonas: Nehmen wir folgenden Fall: Die erste Instanz erkennt die vollen 10.000 RM zu; in zweiter Instanz ergeht nur eine Entscheidung auf 5000 RM. Dann wird die Berufung in Höhe von 5000 RM zurückgewiesen und das erste Urteil in Höhe von 5000 RM wird damit rechtskräftig. Insoweit bleibt es bei der ersten Kostenentscheidung.

Staud: Was wird nun von dem Ausspruch des ersten Richters, „der Beklagte hat dem Kläger 520 RM außergerichtliche Kosten zu erstatten" aufrecht erhalten?

Jonas: Das muss natürlich im Urteil gesagt werden. Unser Ziel ist, den Unterlegenen nicht mit den Kosten des Ganzen zu belasten. Grundsatz: Man brummt ihm nur eine Instanz auf. Nun ist eine Instanz voraufgegangen, die im Ergebnis falsch entschieden hat. Ich will nun die Kosten nicht dem einen, auch nicht dem anderen aufbürden, sondern ich sehe in diesem Fall von einer Kostenerstattungspflicht ab.

Staud: Man muss sagen: Insoweit das Urteil nicht rechtskräftig wird, gelten die Kosten der früheren Instanz als gegeneinander aufgehoben.

Jonas: Das robuste System ist natürlich das einfachste. Unser geltendes System, das die Kosten dem in der Schlussentscheidung Unterlegenen auferlegt, empfinden wir als ungerecht. Nun werfen wir das Steuer herum und sagen: Jeder Partei werden nur die Kosten einer Instanz auferlegt. Ich meine, das System ist das gerechtere, das die Kosten der unteren Instanzen im Grundsatz gegeneinander aufhebt. Den Einwand, dieses System führe zu Komplikationen, vermag ich nicht anzuerkennen.

Staud: Wie steht es dann mit § 97 Abs. 2? Nehmen Sie den Fall, der Kläger ist in der ersten Instanz deshalb unterlegen, weil er erst in der Berufungsinstanz mit einem neuen Vorbringen gesiegt hat. Bei unserer Regelung, wonach jeder die Kosten seiner Instanz selber trägt, wird § 97 Abs. 2 überflüssig.

Jonas: In allen möglichen anderen Verfahren besteht weitgehend die Möglichkeit, die Kosten nach dem Ermessen festzusetzen. Dagegen besteht nur ein Bedenken: Die Gerichte werden den Übergang zu der Neuregelung nur schwer finden.

Staud: Nein. Aber kein Mensch weiß, wie er mit den Kosten daran ist.

Fischer: Die Schwierigkeit des Vorschlags von Jonas liegt in dem Hin und Her. Wenn in erster Instanz entschieden ist, muss der Unterlegene zahlen. Nach unserem Vorschlag ist das erledigt. Nach dem Vorschlag von Jonas aber wird das wieder aufgerollt.

Stagel: Dann wäre es doch einfacher, dem Gericht der höheren Instanz die Möglichkeit zu geben, nach Ermessen und unter Berücksichtigung dessen, was schon in den unteren Instanzen endgültig festgesetzt wurde, die Kostenentscheidung zu fällen. Nehmen wir an, in erster Instanz würde der Kläger abgewiesen und mit der Kostenerstattung belastet, in der zweiten Instanz dagegen hat er obsiegt. Es wären nun ihm die Kosten der zweiten Instanz zuzusprechen, er wäre erstattungsberechtigt. Nun soll das Gericht die Möglichkeit haben, ihm nicht die ganzen Kosten, sondern nach billigem Ermessen nur einen Teil zuzusprechen.

Fischer: Hier fehlt auch wieder die Voraussehbarkeit des Kostenrisikos. Wenn ich vor der Frage stehe, ob ich Berufung einlegen soll oder nicht, dann weiß ich nicht, was in der Berufungsinstanz passiert. Die Entscheidung der ersten Instanz kann von der zweiten Instanz jedenfalls umgestoßen werden. Dann kann ich zwar nicht gezwungen werden, die Kosten erster Instanz, die der Beklagte mir erstatten musste, dem Beklagten wieder zu erstatten, aber immerhin doch die Hälfte. Es ist immer ein Risiko dabei.

Staud: Man muss sich entscheiden, welches System man wählen will: das eine oder das andere. Will man von dem System abgehen, dass der am Schluss Unterlegene die Kosten der ganzen Prozedur bezahlt, so muss man von den Voraussetzungen ausgehen, unter denen die Wiederaufnahme zulässig ist; etwa dass der Gegner durch doloses Verhalten die Sache selbst verschuldet hat und ein Prozess nach § 826 BGB möglich wäre. Dem will ich vorbeugen.

Jonas: Das Staudsche System ist zweifellos besser als das geltende. Aber ist es nicht richtiger, den Grundsatz aufzustellen: Wenn eine Instanz ergebnislos verlaufen ist, dann trägt jede Partei ihre Kosten allein und insoweit findet eine Erstattung nicht statt?

Staud: Man soll die Vollstreckung der Kostenerstattungsentscheidung erst bei Rechtskraft des Urteils zulassen. Bei dem Jonasschen Vorschlag muss man zwei Ausnahmen vorsehen: Erstens, dass der Beklagte selbst durch doloses Verhalten den Ausgang der früheren Instanz verschuldet hat, zweitens, dass umgekehrt durch Verschulden des Klägers der Verlust der ersten Instanz verursacht wurde.

Jonas: Ist es so schwierig, zu bestimmen, der Richter hat in seine Kostenerstattungsentscheidung nur die Kosten der Instanz aufzunehmen; aber er kann, je nachdem das Ergebnis der ersten Instanz durch das Verhalten der einen oder anderen Partei verursacht wurde, auch einen Beitrag zu den Kosten der Vorinstanz geben.

Staud: Das läuft also darauf hinaus: Wenn das Urteil erster Instanz abgeändert wird, ist auch die Kostenentscheidung der ersten Instanz abzuändern und vom Rechtsmittelgericht zu prüfen, ob beim Kläger oder Beklagten doloses Verhalten oder dergleichen vorliegt. Doch diese Fälle kann man an den Fingern einer Hand abzählen. Ich fürchte, wir kommen zu einer Judikatur über Kostenentscheidungsfragen, die der bisherigen kaum viel nachgibt.

Pagenstecher: Ich halte den Gesichtspunkt der Voraussehbarkeit des Kostenrisikos für richtig.

Fischer: Ich möchte die Vorschläge von Jonas und Staud an einem Beispiel nachprüfen. In erster Instanz verliert der Beklagte. Er zahlt an den Kläger 160 RM. In zweiter Instanz verliert der Beklagte wieder. Er zahlt an den Kläger 190 RM. In dritter Instanz verliert der Kläger und zahlt an den Beklagten 190 RM. Dann zahlt nach dem Vorschlag Staud der Beklagte dem Kläger 160 RM.

Nun dieselbe Situation nach dem Vorschlag Jonas. Hier werden die beiden ersten Instanzen gegeneinander aufgehoben. Endergebnis: Der Kläger zahlt 190 RM. Die Differenz ist also 30 RM. Lassen Sie nun den Kläger an den Beklagten in der ersten Instanz 160 RM, den Beklagten an den Kläger in der zweiten Instanz 190 RM zahlen, dann zahlt der Beklagte in Wahrheit nur 30 RM. Nach dem Vorschlag Jonas zahlt er 190 RM. Das ist kein Ausgleich.

Jonas: Ich halte es für das gerechtere, dass die erste Instanz, die zerplatzt ist, von beiden Parteien getragen wird.

Staud: Wenn das Urteil erster Instanz wieder hergestellt wird, dann kann man nicht mehr sagen, es ist zerplatzt.

Fischer: Mit anderen Worten: Jonas will nur die Kosten gegeneinander aufheben, bei denen die Entscheidung anders lautet als im Schlussurteil.

Dem Anwalt gehen viele Prozesse verloren, weil das gesamte Kostenrisiko zu groß ist. Wenn ich die erste Instanz gewonnen habe, dann laufe ich das Kostenrisiko der zweiten Instanz, weil die Initiative beim Gegner liegt.

Pagenstecher: Mir scheint, man sieht hier immer nur die Nachteile der geltenden Regelung, nicht aber die Nachteile der neuen Regelung.

Jonas: Soviel steht fest: Die Lösung, die Staud vorschlägt, ist der jetzigen Regelung unbedingt vorzuziehen, wenngleich mir eine gerechtere Lösung noch vorschwebt.

Nun muss man dabei aber noch eine andere Frage berücksichtigen: Wie verhält es sich mit den gerichtlichen Auslagen? Nehmen wir folgenden Fall: Der erste Richter verurteilt den Beklagten in einem Abstammungsprozess aufgrund eines Gutachtens, das 200 RM kostet. Die zweite Instanz verneint das Vorliegen eines rechtlichen Interesses und weist die Klage ab. Hier muss man die Ungerechtigkeit nach dem Vorschlag Staud achselzuckend in Kauf nehmen: Der Beklagte muss die Kosten der ersten Instanz tragen. Wollen Sie bei diesem Ergebnis bleiben? Man denke an Patentstreitigkeiten, Warenzeichenprozesse usw.

Fischer: Die Kosten der Gutachten in solchem Falle sind sehr hoch. Die Lage kann katastrophal werden, wenn der Beklagte, ein verhältnismäßig unvermögender Mann, verliert, während Kläger die IG Farben ist. Handelt es sich um zwei große Unternehmungen, die die Prozesskosten abschreiben können, so ist die Kostenfrage gleichgültig. Angenommen, in der ersten Instanz gewinnt IG Farben; in der zweiten Instanz wird ein Gegengutachten, ein Privatgutachten beigebracht, das Gericht zieht noch einen Gutachter bei und weist daraufhin die Klage ab. Das RG erklärt, das AG habe vollkommen übersehen, dass das Patent nicht so ausgelegt werden dürfe, es sei viel enger; auf die Gutachtenfrage komme es gar nicht an. Nach geltendem Kostenrecht muss er beide Instanzen und die Gutachten bezahlen. Nach unserem Vorschlag muss er nur das eine Gutachten zahlen.

Vorsitzender: Dann kämen wir zu dem Grundsatz, dass im Kostenfestsetzungsverfahren nicht nachträglich eine Erinnerung des Streitwerts erfolgen darf, so dass dadurch das Risiko der Partei nachträglich ein anderes wird.

Jonas: Hier plädiere ich dafür, die Regelung zu übernehmen, die seit langem im arbeitsrechtlichen Verfahren besteht: dass jedenfalls im Urteil eine Wertfestsetzung vorgenommen werden muss, schon mit Rücksicht auf die Rechtsmittelfähigkeit, und dass diese Festsetzung endgültig ist.

Staud: Ich würde sagen, dass im Urteil der Streitwert für die Instanz endgültig festgesetzt wird, auch wenn vorher eine Streitwertfestsetzung erfolgt ist. Die Streitwertfestsetzung im Urteil ist endgültig.

Fischer: Ich bin ganz einverstanden mit dem Grundsatz, dass die Streitwertfestsetzung im Urteil für die betreffende Instanz endgültig ist. Aber ich möchte doch auf den Vorteil einer provisorischen Streitwertfestsetzung hinweisen, nach der der Gerichtskostenvorschuss bezahlt wird. Die Parteien haben dann Gelegenheit, gegen die provisorische Festsetzung etwas geltend zu machen. Diese provisorische Streitwertfestsetzung ist also diskutabel, und zwar bis zur ersten mündlichen Verhandlung. Dann sollen die Parteien den Mund halten. Kommt das Gericht im Laufe des Verfahrens der ersten Instanz zu der Auffassung, dass der Streitwert doch anders ist, dann soll es ihn anders festsetzen. Was ich beseitigen möchte, ist das Auflauern, wer verliert.

Jonas: Soll nun diese provisorische Streitwertfestsetzung durch Anrufung einer höheren Instanz anfechtbar sein?

Fischer: Ich würde vorschlagen, gegen die provisorische Streitwertfestsetzung die Beschwerde zu geben.

Staud: Wir müssen den festen Streitwert haben für den Gerichtskostenvorschuss und faktisch auch für den Anwaltskostenvorschuss. An der Vorschusspflicht über die Gerichtskasse werden wir wohl hängen bleiben. Dazu ist eine Wertfestsetzung notwendig. Ich würde sagen: Das soll die einzige Festsetzung sein, die vor der Festsetzung im Urteil überhaupt zulässig ist. Diese Festsetzung muss der sofortigen Beschwerde unterliegen. Die Wertfestsetzung ist für eine Partei praktisch die Voraussetzung dafür, dass sie den Prozess beginnt. Ein Streitwert von 10.000 RM bedeutet für den Kläger, dass er 100 RM Kostenvorschuss zahlen muss. In diesem Vorstadium des Prozesses besteht keine Gefahr, bei der Wertfestsetzung nach Ermessensgrundsätzen vorzugehen, indem man sagt, die endgültige Streitwertfestsetzung nimmt das Gericht im Urteil vor.

Jonas: Aber diese Wertfestsetzung ist nicht bindend für die Wertfestsetzung im Urteil?

Staud: Nein!

Jonas: Dann bin ich ganz einverstanden.

Was die Erstattung außergerichtlicher Kosten wie für Gutachten und Reisen betrifft, so bin ich nicht für eine Lösung nach dem Grundsatz aut-aut, sondern es soll hier ein Beitrag gegeben werden können. Hier handelt es sich um eine Ermessensentscheidung, die nicht der Geschäftsstellenbeamte, sondern der Richter treffen kann, der den Prozess kennt. Darüber einen Kostensenat entscheiden zu lassen, halte ich für verfehlt. Das Kostenwesen ist heute ein Tummelplatz für Reibereien zwischen den Anwaltskanzleien und den Geschäftsstellen des Gerichts.

Fischer: Hier haben wir in Hamburg eine sehr erfreuliche und bewährte Regelung getroffen. Es ist bei uns dafür gesorgt, dass es zwischen den Kanzleivorstehern und den Gerichtsstellenbeamten nicht zu Reibereien kommt. Vielmehr werden alle Fragen in gemeinsamen Besprechungen erledigt. Diese Besprechungen verlaufen durchaus freundlich und harmonisch.

Staud: Soll die Festsetzung durch den Richter im Urteil einer selbständigen Anfechtung unterliegen? Meines Erachtens nicht.

Fischer: Nach meiner Auffassung auch nicht.

Jonas: Ich möchte bezüglich dieser Kosten die Möglichkeit schaffen, statt der Lösung nach dem Grundsatz aut-aut einen Beitrag festzusetzen. Was der Richter hierbei als zweckmäßig erachtet, erkennt er als notwendig an.

Fischer: Das Merkmal der Notwendigkeit halte ich nicht für geeignet; der Gesichtspunkt der Förderlichkeit scheint mir die Sache besser zu treffen.

Jonas: Die Praxis hat dazu geführt, den Begriff „notwendig" mit „zweckmäßig" zu übersetzen. Will man damit ernst machen, so muss man sagen: Was notwendig war, muss man ganz ersetzen. Bei Anwaltsgebühren kommt es, so wird man wohl sagen, auf Zweckmäßigkeit oder Unzweckmäßigkeit nicht an.

Fischer: Bezüglich der Reisekosten herrscht Streit darüber, wie viele Reisen der Anwalt machen darf. Das Reisen ist unter Umständen ziemlich teuer.

Nachmittagssitzung (Beginn 16 Uhr).

Vorsitzender: Wir wollen die allgemeine Erörterung der Kostenfrage fortsetzen.

Pagenstecher: Obwohl ich in Kostenfragen keineswegs sachkundig bin, möchte ich einen Vorschlag machen. Ich gehe davon aus, dass das System Fischer vollkommen akzeptiert wird. Wenn also der Kläger in der ersten Instanz seinen Prozess verliert, bekommt er automatisch die Kosten auferlegt. Verliert er den Prozess in zweiter Instanz, so gilt das Gleiche. Nehmen wir nun aber an, er gewinnt in zweiter Instanz den Prozess. Ich möchte nun folgende Formulierung anregen: „Das Gericht zweiter Instanz kann die Kostenentscheidung der ersten Instanz aufheben, wenn durch die Aufrechterhaltung dieser Entscheidung das gesunde Volksempfinden gröblich verletzt wird." Somit würde das System Staud-Fischer gelten; jedoch kann, nicht muss, die höhere Instanz die Kostenentscheidung der Vorinstanz abändern, wenn die letztere das gesunde Volksempfinden gröblich verletzt. Die Formulierung muss so sein, dass in der Aufhebung oder Abänderung der Kostenentscheidung der Vorinstanz kein Vorwurf gegen den ersten Richter liegt.

Staud: Wir sind von vornherein davon ausgegangen, dass man von dem Grundsatz, wonach jeder die Kosten der Instanz, in der er verliert, selbst zahlen muss, für gewisse Fälle eine Ausnahme machen muss. Beispiel: Die dolose Prozessführung des Gegners. Bei der Wiederaufnahme sagen wir auch: Die Wiederaufnahme bezieht sich nur auf die Sache, aber nicht auf die Kosten. Die Kostenentscheidung des früheren Prozesses darf im Wiederaufnahmeverfahren nur geändert werden, wenn der Grund der Wiederaufnahme vom Gegner verschuldet war, indem dieser etwa ein Beweismittel arglistig zurückgehalten hat. Für solche Fälle müssen wir auch hier eine Ausnahme schaffen. Das geschieht am zweckmäßigsten durch eine Klausel, die besagt, von dem Grundsatz kann aus Gründen der Billigkeit abgegangen werden. Bis jetzt waren [wir] nur so weit gekommen, zu sagen: Wir wollen hier eine Ausnahme nur unter den Voraussetzungen der Wiederaufnahme zulassen. Dies ist der Fall, wenn etwa der Verlust der ersten Instanz darauf zurückzuführen ist, dass der Gegner im Prozess arglistiges Verhalten an den Tag gelegt hat. Man müsste die Ausnahmen auf die Fälle beschränken, in denen die Partei gegen den Gegner einen Anspruch auf Schadensersatz aus § 826 BGB hat. Zieht man den Kreis weiter, dann wird der Richter nach seinem Gefühl prüfen, was dem gesunden Volksempfinden entspricht oder nicht. Das ist eine zweischneidige Angelegenheit.

Pagenstecher: Das dürfte aber noch andere Fälle geben, in denen die Kostenentscheidung der Vorinstanz nach dem Ergebnis der zweiten Instanz unbillig erscheint.

Fischer: Es kommt hier sehr darauf an, eine genauere Angrenzung zu finden. Mancher ältere Richter wird sich nicht mehr zu dem Grundsatz des gesunden Volksempfinden bekehren können.

Staud: Es wird sich auch hier eine ständige Praxis herausbilden. Nehmen wir an, in der zweiten Instanz stellt sich heraus, das Urteil erster Instanz ist falsch und muss jetzt abgeändert werden. Wer ist nun schuld daran, dass das Urteil erster Instanz falsch ist? Es ist möglich, dass der Kläger, der die Instanz verloren hat, daran selbst schuld war: er hat etwa zu früh geklagt. Wenn das abweisende Urteil erster Instanz auf Umständen beruht, die vom Kläger zu vertreten sind, so besteht für die zweite Instanz kein Anlass, Kostenentscheidung der Vorinstanz aufzuheben oder abzuändern.

Zweiter Fall: Das Urteil erster Instanz beruht auf einem Umstand, der in der Person des Beklagten liegt. Hier muss man natürlich sagen: Weshalb soll hier der Kläger die Kosten der ersten Instanz tragen?

Dritter Fall: Kläger und Beklagter haben den Prozess erster Instanz richtig geführt, aber das Gericht ist an dem falschen Urteil schuld. Hier meint Jonas, es sei richtiger, in diesem Fall jede Partei ihre Kosten selbst tragen zu lassen. Damit wird das Wertvollste, was man bei unserer Regelung erreicht, preisgegeben, nämlich dass man sich auf die Kostenentscheidung verlassen kann. In den Fällen des dolosen Verhaltens des Beklagten hat dieser ein Interesse daran, dass es bei der Kostenentscheidung bleibt. Aber der Beklagte muss sich entgegenhalten lassen, er habe sich in der Vorinstanz unfair verhalten; daher habe er die Kosten sozusagen als Buße auf sich zu nehmen.

Pagenstecher: Wenn in einem Anwaltsprozess eine Partei dolos handelt, so tut dies meist ihr Anwalt.

Staud: Solche Fälle sind immer peinlich. Da ist denkbar, dass die Anwälte die Frage nicht aufrollen wollen. Es kann aber auch sein, dass ein Anwalt durchaus bona fide gehandelt hat; der Mandant hat ihn nicht richtig informiert. Es gibt ja genug Leute, die ihre eigenen Anwälte hintergehen. Ich habe nicht das geringste Bedenken, wenn der betrogene Anwalt daraufhin sein Mandat niederlegt.

Pagenstecher: Beruht das Urteil erster Instanz auf einem Fehler des Gerichts, so möchte ich nicht so weit gehen wie Jonas und die Kosten verteilen, obwohl dies an sich gerecht wäre. Ich möchte aber weiter gehen als Staud und in Fällen grober Unbilligkeit eben ein Ventil schaffen.

Fischer: Man müsste eine Formulierung wählen, die die Merkmale der unbilligen Härte oder des Missbrauchs enthält.

Vorsitzender: Sind Fälle denkbar, die nicht unter das arglistige Verhalten des Gegners fallen und doch eine unbillige Härte darstellen?

Pagenstecher: Nehmen wir an, der Kläger dringt in zwei Instanzen mit seiner Rechtsauffassung nicht durch. Das RG dagegen gibt dem Kläger recht und stellt fest, die beiden Vorinstanzen hätten einen ganz naheliegenden wichtigen Gesichtspunkt übersehen. Hier sehe ich eine unbillige Härte: Der Kläger hat vollkommen recht bekommen, muss aber die Kosten von zwei Instanzen tragen, während der Beklagte nur die Kosten einer Instanz zu zahlen hat.

Staud: Hier zeigt sich die ganze Problematik. Der Entwurf von 1931 zieht die Möglichkeit einer Aufhebung der Kosten vor, wenn es sich um eine zweifelhafte Rechtsfrage handelt. Aber was ist zweifelhaft? Kann man das objektiv bestimmten? Es handelt sich immer um die Anwendung des Gesetzes auf den konkreten Fall.

Der Einwand von Jonas, es entspreche einem tief eingewurzelten Volksempfinden, dass der Verlierer zahle, ist nach der Erfahrung des Lebens nicht ganz stichhaltig. Wenn eine Partei den Prozess gewonnen hat, dann ist sie heilfroh über dieses Ergebnis und meist sogar erstaunt darüber, dass sie auch noch Kosten ersetzt erhält.

Vorsitzender: Wenn ein kleiner Mann einen Prozess in Höhe von 500 RM gewonnen hat, glauben Sie, dass er dann noch entscheidendes Gewicht darauf legt, 100 RM Kosten erstattet zu erhalten?

Fischer: Soweit braucht man in der Rücksichtnahme auf die Gefühle der breiten Volksmasse auch nicht zu gehen, dass man deswegen eine Regelung aufgibt, die wir als vernünftig und gerecht anerkennen. Man muss dann eben das Volk zu dieser gerechteren Auffassung erziehen.

Vorsitzender: Das ist auch das sicherste Mittel, die Leute zu einer strafferen Prozessführung zu erziehen. Dieses Mittel ist besser als die Präklusion.

Staud: Wir gehen also davon aus: Die maßgebende Festsetzung des Streitwerts sowohl für die endgültige Kostenberechnung wie auch für die Zulässigkeit von Rechtsmitteln erfolgt im Urteil. Daneben gibt es am Eingang des Verfahrens die Festsetzung des Streitwerts für die Erhebung des Gerichtskostenvorschusses und der Anwaltskostenvorschüsse. Diese Festsetzung erfolgt durch besonderen Beschluss, der der sofortigen Beschwerde unterliegt.

Fischer: Die im Urteil festgesetzte Summe ist für die Einlegung des Rechtsmittels maßgebend. Die Festsetzung ist für jede Instanz besonders.

Pagenstecher: Der Streitwert der ersten Instanz bleibt. Das Berufungsgericht soll das ändern können, wenn sich an der Sache selbst gar nichts geändert hat?

Fischer: Es leidet keine Partei darunter. Wenn der Streitwert in erster Instanz auf 3000 RM festgesetzt ist und das Berufungsgericht setzt ihn auf 10.000 RM fest, darunter leiden die Parteien nicht. Der Streitwert kann sich im Verlauf einer Instanz ändern.

Staud: Das kann der Richter am Schluss übersehen.

Vorsitzender: Aufgabe unserer nächsten Sitzung würde sein, den ganzen Katalog der §§ 91 bis 107 ZPO durchzuprüfen.

Staud: Es tauchen hier eine Reihe von Problemen auf. Zunächst: Wie ist es im Fall der sofortigen Anerkenntnis, des sofortigen Verzichts? Beispiel: Der Beklagte hat zur Klage Anlass gegeben, aber der Kläger zieht dann zurück. Weiter ist zu prüfen die Frage der Ablehnung des Grundsatzes der Kostenerstattung bei Streitgenossen. Ferner: Die Besonderheiten für bestimmte Verfahrensarten. Der Staatsanwalt beteiligt sich an einem Prozess im Hinblick auf das öffentliche Interesse und verursacht ein sehr teures Sachverständigengutachten. Muss man in diesem Fall eine Kostenseparation vornehmen?

Eine grundsätzliche Frage ist: Soll der richterliche Ausspruch über die Höhe der der anderen Partei zu erstattenden Kosten nicht selbständig anfechtbar sein? Die bisherige Kostenentscheidung war nicht selbständig anfechtbar. Die Kostenfestsetzung konnte durch Beschwerde angegriffen werden. Sollen wir nun den Ausspruch des Richters über die Höhe der zu erstattenden Kosten anfechtbar sein lassen? Das ist die wichtigste Frage. Jonas neigt dazu. Zu der Frage: Was ist erstattungsfähig und was nicht? muss sich eine Rechtsprechung entwickeln. Meines Erachtens muss der Richter in der Begründung zu den Kosten Stellung nehmen, die er aufgesetzt hat. Ich halte es für eine Pflicht des Richters, zu begründen, wenn er von der Kostenfestsetzung abweicht.

Ich würde ferner vorschlagen, zu bestimmen, dass Anwaltskosten erstattungspflichtig sind. Zu den sonstigen Kosten kann das Gericht den Parteien einen angemessenen Beitrag auferlegen. Das ist Ermessenssache. Die Anwaltskosten würde ich für absolut erstattungspflichtig erklären.

Eine Aufgabe wird es auch sein, die Formulierung des § 139 ZPO der jetzigen Praxis anzupassen. Was wir schaffen wollen, bedeutet eine Revolutionierung des Kostenrechts, die aber eine erhebliche rechtstechnische Vereinfachung mit sich bringt. Das Volk wird sich daran genauso gewöhnen wie in anderen Ländern. In England gibt es keine Kostenerstattung; in den romanischen Ländern gibt es sie auch nicht in diesem Maß wie bei uns.

Vorsitzender: Wir wollen nun noch kurz die Bestimmungen des geltenden Rechts durchgehen.

§ 91 wird bleiben. Hier handelt es sich auch um den Umfang der Kostenerstattung.

§ 92 betrifft die Verteilung; wird auch so bleiben. Zu § 93 können wir noch keine Stellung nehmen.

§ 93 a betrifft den Eheprozess.

Staud: In Ehe- und Statusverfahren gibt es eigentlich keinen Unterliegenden. Man hat die Feststellung in die Formeln des kontradiktatorischen Prozesses hineingezwängt. Hier kann man nicht durch Sonderbestimmungen helfen, sondern muss nach einem anderen Gesichtspunkt suchen. Hier könnte am besten eine Kostenverteilung Platz greifen.

§ 95 betrifft die Terminversäumung. § 96 wird man dem Grundgedanken nach weiter aufrecht erhalten müssen. § 97. – Der Ausgleich, den § 97 schafft, wird von uns durch den Grundsatz erzielt, dass die verlorene Instanz der Verlierer trägt. § 97 Abs. 2 wird überflüssig. § 98 betrifft die Kosten eines abgeschlossenen Vergleichs.

§ 99 betrifft die Anfechtung. Die Vorschrift dürfte gegenstandslos sein. Angenommen, der Prozess hat sich der Sache nach erledigt, der Richter entscheidet über die Kosten. Frage: Soll diese Entscheidung noch angefochten werden können, besteht also noch ein Bedürfnis für § 99 Abs. 2? Der Ausspruch des Richters über die Erstattung der Kosten kann nicht einem Rechtsmittel unterworfen werden, wenn nicht gleichzeitig die Hauptsache angefochten wird. Nun ist in unserem Fall eine Hauptsache nicht mehr da. Die Partei führt also die neue Instanz nur wegen der Kosten. Ich würde dafür plädieren, hier eine Anfechtung nicht zuzulassen. Auch die isolierte Kostenerstattung soll nicht mehr anfechtbar sein. Äußerstenfalls könnte man die Anfechtung der isolierten Kostenentscheidung zulassen, wenn die Belastung der Partei ein berufungsfähiges Objekt ausmacht.

Pagenstecher: Nehmen wir folgenden Fall: Beim OLG schwebt ein Ehescheidungsprozess. Nun stirbt ein Ehegatte. Kinder sind nicht da. Der Neffe führt den Prozess über die Kosten weiter.

Staud: Hierzu möchte ich de lege ferenda vorschlagen: In Ehesachen usw. soll, wenn der eine Ehegatte stirbt, das Gericht nach billigem Ermessen die Entscheidung über die Kosten treffen.

§ 101 betrifft die Nebenintervention. Der Nebenintervenient, der Erfolg hat, erhält seine Kosten von der unterliegenden Partei. Der Nebenintervenient, der keinen Erfolg hat, bleibt mit seinen Kosten hängen. Der Beklagte kann sich seinerseits, wenn die Nebenintervention erfolglos war, an den Nebenintervenienten halten.

Fischer: Die Hauptpartei ist in den Fällen, in denen sie verliert, nicht verpflichtet, die Kosten des Nebenintervenienten zu zahlen. Der Nebenintervenient haftet für die Kosten dem Beklagten gegenüber. Angenommen, die Partei, die klagt, ist arm; der Nebenintervenient ist reich. Gewinnt nun der Beklagte den Prozess, dann bleibt der Nebenintervenient mit seinen Kosten hängen.

Vorsitzender: § 102 betrifft die Strafen.

Staud: Diese Bestimmung ist im Entwurf von 1931 gestrichen worden. Die Anwaltschaft setzt sich für die Beibehaltung ein. Es schadet vielleicht nichts, wenn sie beibehalten wird. Es kommen immer Fälle vor, wo ein Anwalt leichtfertig ein Rechtsmittel einlegt, das nicht zulässig war. Es fällt darunter auch, wenn der Anwalt ein Rechtsmittel verspätet einlegt.

Vorsitzender: Damit brechen wir unsere Beratungen ab. Unsere nächste Tagung ist für den 19., 20. und 21. Februar in München in Aussicht genommen.

(Schluss der Sitzung 17.45 Uhr

XVI. Sitzungen des Unterausschusses vom 19.-21.2.1942

In der Zeit vom 19. bis 21.2.1942 fand eine Sitzung des Unterausschusses für *Bürgerliche Rechtspflege* unter dem Vorsitz von *Prof. Dr. Lent,* Erlangen, statt. Der Ausschuss hat sich mit der Regelung der Kostenfragen im Zivilprozess befasst. Insbesondere wurde erörtert, ob in Zukunft die in einer Instanz unterlegene Partei die Kosten derselben auch dann zu tragen hat, wenn sie in der oberen Instanz siegt, so dass die Kostentragung für jede Instanz gesondert erfolgt. Ferner wurde auch der Umfang der Erstattungspflicht behandelt. Abschluss der Beratungen bildete die Frage, ob eine Anfechtung der Kostenentscheidung noch gegeben werden soll. [ZADR 1942, 105]

XVII. Sitzungen des Unterausschusses vom 28.-30.4.1942 (Prozessvoraussetzungen)

In der Zeit vom 28. bis 30.4.1942 tagte der Unterausschuss für *bürgerliche Rechtspflege* unter dem Vorsitz von *Prof. Dr. Lent,* Erlangen. Der Ausschuss prüfte, welche Erfordernisse als Prozessvoraussetzungen (Sachurteilsvoraussetzungen) in Betracht kommen und zu welchem Zeitpunkt sie gegeben sein müssen. Ferner wurde untersucht, in welchem Falle eine Prozessabweisung die Folge des Fehlens der Voraussetzung ist. Das Bestreben nach möglichster Vereinfachung des Verfahrens beherrschte auch diese Beratungen. [ZADR 1942, 170]

XVIII. Sitzungen des Unterausschusses vom 4.-6.6.1942

In der Zeit vom 4.-6.6.1942 fand eine Sitzung des Unterausschusses für *bürgerliche Rechtspflege* unter dem Vorsitz von *Prof. Dr. Lent,* Erlangen, statt. Der Ausschuss beendete die Beratungen über die Prozess- oder Sachurteilsvoraussetzungen und über das Verfahren zwecks Feststellung ihres Vorhandenseins oder Fehlens. Er beschäftigte sich außerdem mit einer Reihe von Kriegsvereinfachungsmaßnahmen und wandte sich der Frage zu, wie die Unmittelbarkeit des Sachverständigenbeweises erreicht werden kann. [ZADR 1942, 202]

XIX. Sitzungen des Unterausschusses vom 1.-3.10.1942

(Protokoll in: Bd. VI der Reihe, S. 358-369): Vom 1. bis 3. Okt. 1942 fand eine Sitzung des Unterausschusses für *bürgerliche Rechtspflege* unter dem Vorsitz von *Prof. Dr. Lent,* Erlangen statt. Der Ausschuss befasst sich mit weiteren Maßnahmen der Kriegsvereinfachung, wobei insbesondere auch erörtert wurde, inwieweit sich die dauernde Beibehaltung dieser Maßnahmen empfiehlt. Hauptsächlich befasste sich der Ausschuss jedoch mit dem Grundsatz der Verhandlungsmaxime und seiner Einschränkung im öffentlichen Interesse. Die das Gericht bindende Wirkung des Geständnisses ist durch die freie Würdigung zu ersetzen, die Ablehnung des Versäumnisurteils gegen den Beklagten muss jedenfalls dann möglich sein, wenn es gegen die Überzeugung des Richters verstößt (während bloße Zweifel für Ablehnung nicht genügen können); die Ausübung des Fragerechts hat dem Richter die Grundlage hierfür zu liefern. [ZADR 1942, 331]

XX. Sitzungen des Unterausschusses vom 19.-21.11.1942

(Vereinfachungsverordnung. Verhandlungsmaxime, in: Bd. VI der Reihe, S. 370-371): Vom 19. bis 21.11.1942 fand eine Sitzung des *Unterausschusses für bürgerliche Rechtspflege* statt. Es wurde zunächst erörtert, welche Maßnahmen zur Vereinfachung des Verfahrens in bürgerlichen Rechtsstreitigkeiten außer den bereits in der 3. VereinfVO vom 16.5.1942 getroffenen noch in Durchführung des Führererlasses vom 31.3.1942 in Betracht zu ziehen sind. Es bestand Einigkeit darüber, dass solche Maßnahmen namentlich im Zustellungswesen und im Rechtsmittelverfahren empfehlenswert erscheinen. Sodann trat man in eine Vorerörterung darüber ein, ob bei der allgemeinen Zivilprozessreform ein weiterer Ausbau der in § 138 Abs. 1 ZPO enthaltenen Vorschrift über die Wahrheitspflicht zu empfehlen ist und inwieweit etwa die nationalsozialistische Rechtsentwicklung einen Übergang von der Verhandlungsmaxime zum Untersuchungsgrundsatz erforderlich machen könne. [ZADR 1943, 13]

Nachweise zum Entwurf „Revision"

§ a	(Zulassung der Revision) 658
§ b	(Zulässigkeit der Revision; § 547 ZPO a.F.) 658
§ c	(Revisionsfrist) 441 ff., 461
§ d	(Form der Revisionseinlegung. Inhalt der Revisionsschrift. Abschriften) 449, 459
§ e	(Revisionsbegründung) 451 ff., 459 f.
§ f	(Gebührenfrist) 461 f.
§ g	(Wiedereinsetzung bei Fristversäumnis hinsichtlich der §§ e, f) 460
§ h	(-) 463
§ i	(-) 463
§ k	(Ansetzung des Termins) 463
§ l	(Entscheidung ohne mündliche Verhandlung) 463 f.
§ m	(amtsfähige Prüfung) 464
§ n	(Anschlussrevision; deren Wegfall) 465 f., 658
§ o	(Entscheidung durch Beschluss) 467, 658 f.
§ p	(Umfang der Prüfung) 467 f.
§ q	(Berücksichtigung von Tatsachen, die keines Beweises bedürfen) 558 ff., 659
§ r	(Gesetzesverletzung?) 469
§ s	(absolute Revisionsgründe) 469 ff., 477 ff.
§ t	(Zurückverweisung) 478 ff.
§ u	(Versäumnis; Entscheidung nach Lage der Akten) 480, 569
§ v	(Sprungrevision; gestrichen) 482, 569

Register der Redner und Referenten

Sachregister

Quellennachweis

Ausschuss für Freiwillige Gerichtsbarkeit:
BA Berlin-Lichterfelde, R 61/196 und 479; R 3001/20502
Ausschuss für Bürgerliche Rechtspflege:
BA Berlin-Lichterfelde, R 61/454-458; R 3001/20642.

Akademie für deutsches Recht 1933-1945
Protokolle der Ausschüsse

Herausgegeben von Werner Schubert

Band 1-4 sind erschienen im de Gruyter Verlag, Berlin

Band 5 Werner Schubert (Hrsg.): Ausschuß für das Recht des Handelsstandes und der Handelsgeschäfte (1937–1942). Ausschuß für Bank- und Börsenrecht. Unterausschuß für Depotrecht (1934/1935). Herausgegeben und mit einer Einleitung versehen von Werner Schubert. 1997.

Band 6 Werner Schubert (Hrsg.): Zivilprozeß und Gerichtsverfassung. Ausschüsse der Akademie für Deutsches Recht und „Ämter" des Reichsjustizministeriums von 1934–1944. Herausgegeben und mit einer Einleitung versehen von Werner Schubert. 1997.

Band 7 Werner Schubert (Hrsg.): Ausschüsse für Strafprozeßrecht und Strafrechtsangleichung (1934–1941). Herausgegeben und mit einer Einleitung versehen von Werner Schubert. 1998.

Band 8 Werner Schubert (Hrsg.): Ausschüsse für Strafrecht, Strafvollstreckungsrecht, Wehrstrafrecht, Strafgerichtsbarkeit der SS und des Reichsarbeitsdienstes, Polizeirecht sowie für Wohlfahrts- und Fürsorgerecht (Bewahrungsrecht). Herausgegeben und mit einer Einleitung versehen von Werner Schubert. 1999.

Band 9 Werner Schubert (Hrsg.): Ausschüsse für den gewerblichen Rechtsschutz (Patent-, Warenzeichen-, Geschmacksmusterrecht, Wettbwerbsrecht), für Urheber- und Verlagsrecht sowie für Kartellrecht (1934–1943). Herausgegeben von Werner Schubert. 1999.

Band 10 Werner Schubert (Hrsg.). Ausschuß für die Reform der Sozialversicherung/für Sozialversicherung (1934–1944). Versorgungswerk und Gesundheitswerk des Deutschen Volkes (1940–1942). Herausgegeben und mit einer Einleitung versehen von Werner Schubert. 2000.

Band 11 Werner Schubert (Hrsg.): Ausschuß für Jugendrecht, Arbeitsgemeinschaften für Jugendarbeitsrecht und Jugendstrafrecht (1934–1941). Herausgegeben und mit einer Einleitung versehen von Werner Schubert. 2001.

Band 12 Werner Schubert (Hrsg.): Ausschuß für Rechtsfragen der Bevölkerungspolitik (1934–1940) und Ausschuß für Kolonialrecht zusammen mit den Entwürfen des Kolonialpolitischen Amts (1937–1941). Sachverständigenbeirat für Bevölkerungs- und Rassenpolitik im Reichsministerium des Innern (1933–1939). Herausgegeben und mit einer Einleitung versehen von Werner Schubert. 2001.

Band 13 Werner Schubert (Hrsg.): Ausschüsse für Versicherungswesen/-recht und für Versicherungsagenten- und Versicherungsmaklerrecht (1934–1943). Herausgegeben und mit einer Einleitung versehen von Werner Schubert. 2002.

Band 14 Werner Schubert (Hrsg.): Ausschüsse für Völkerrecht und für Nationalitätenrecht (1934–1942). Herausgegeben und mit einer Einleitung versehen von Werner Schubert. 2002.

Band 15 Werner Schubert (Hrsg.): Ausschuß für Religionsrecht. Herausgegeben und mit einer Einleitung versehen von Werner Schubert. 2003.

Band 16 Werner Schubert / Claudia Rönnau (Hrsg.): Ausschuß für Wasserrecht (1934–1941). Herausgegeben und mit einer Einleitung versehen von Werner Schubert und Claudia Rönnau. 2004.

Band 17 Werner Schubert (Hrsg.): Ausschüsse für Vergleichs- und Konkursrecht sowie für Bürgerliche Rechtspflege–Zwangsvollstreckungsrecht (1934–1938). Nachtrag: Beratungen über das Immissionsschutzrecht im Bodenrechtsausschuss (1938). Herausgegeben und mit einer Einleitung versehen von Werner Schubert. 2008.

Band 18 Werner Schubert (Hrsg.): Ausschüsse für Luftfracht, Luftschutzrecht, Kraftfahrzeugrecht und Rundfunkrecht. Herausgegeben und mit einer Einleitung versehen von Werner Schubert. 2009.

Band 19 Werner Schubert (Hrsg.): Öffentlichrechtliche Ausschüsse (1934–1938: Kommunalrecht. Sparkassenwesen. Bau-und Zwecksparen. Beamtenrecht). Volkswirtschaftliche Arbeitsgemeinschaften (1939–1943: Volkswirtschaftslehre. Geld und Kredit. Sozialpolitik. Agrarpolitik. Reform des volkswirtschaftlichen Studiums). Herausgegeben und mit einer Einleitung versehen von Werner Schubert. 2011.

Band 20 Werner Schubert (Hrsg.): Ausschuss für Seerecht (1933–1942). Herausgegeben und mit einer Einleitung versehen von Werner Schubert. 2012.

Band 21 Werner Schubert (Hrsg.): Freiwillige Gerichtsbarkeit und Zivilprozess II. Ausschüsse für Freiwillige Gerichtsbarkeit (1935–1939) und für Bürgerliche Rechtspflege (1937–1942). Herausgegeben und mit einer Einleitung versehen von Werner Schubert. 2013.

www.peterlang.de